DICTIONNAIRE HISTORIQUE

DE LA

LANGUE FRANÇAISE

PARIS. — TYPOGRAPHIE DE FIRMIN-DIDOT ET Cie, RUE JACOB, 56

DICTIONNAIRE HISTORIQUE

DE LA

LANGUE FRANÇAISE

COMPRENANT

L ORIGINE, LES FORMES DIVERSES, LES ACCEPTIONS SUCCESSIVES DES MOTS,

AVEC UN CHOIX D'EXEMPLES TIRÉS DES ÉCRIVAINS LES PLUS AUTORISÉS,

PUBLIÉ PAR L'ACADÉMIE FRANÇAISE

TOME QUATRIÈME.

PARIS,

LIBRAIRIE DE FIRMIN-DIDOT ET Cᴵᴱ

IMPRIMEURS DE L'INSTITUT DE FRANCE,

RUE JACOB, 56.

1894.

DICTIONNAIRE HISTORIQUE

DE

LA LANGUE FRANÇAISE.

A

ASCENSIONNEL, ELLE, adj. Terme didactique. Il n'est guère employé que dans ces locutions : Force *ascensionnelle*, La force par laquelle un corps tend à s'élever; Différence *ascensionnelle* d'un astre, La différence entre l'ascension droite et l'ascension oblique.

Du verbe latin *ascendere*, d'où sont venus les mots précédents, on avait tiré un verbe qui ne s'est point conservé :

ASCENDRE, v. n. Monter, s'élever.

> Cil levant par nuit, *ascendi* el mount Sinai, com nostre Seignor out comandé.
>
> *Traduction de la Bible*, Exode, c. 34, 4.

> Petit home n'eiez en despit,
> Car celi k'ore est vil e petit,
> Si com avenu est sovent
> A richesces e à honurs *ascent*.
>
> PIERRE DE VERNON, *Enseignement d'Aristote*. (Voyez *Histoire littéraire*, t. XIII, p. 117.)

ASCÈTE, s. des deux genres (du grec ἀσκητής, de ἀσκέω, exercer). Celui ou celle qui se consacre d'une manière particulière à des exercices de piété.

> Dès les premiers temps, nous admirons en Orient des hommes et des femmes qu'on nommait *ascètes*, c'est-à-dire exercitants.
>
> BOSSUET, *Sermons*. Sur les obligations de l'état religieux.

> Je comprends sous ce nom ceux que l'on nommoit *ascètes* dans les premiers temps, les moines et les anachorètes.
>
> FLEURY, *Discours sur l'histoire ecclésiastique*, II, § 3.

ASCÉTIQUE, adj. des deux genres. Qui a rapport aux exercices de la vie spirituelle.

> Saint Chrysostome avait pratiqué quatre ans la vie *ascétique* sur les montagnes; il passa deux années entières dans une caverne, sans se coucher et presque sans dormir.
>
> CHATEAUBRIAND, *Génie du christianisme*.

Il s'emploie substantivement en parlant de Certains ouvrages de la dévotion.

> Les *Ascétiques* de saint Basile.
>
> *Dictionnaire de l'Académie*, 1694.

ASCÉTISME, s. m. Genre de vie des *ascètes*. Ce mot, qui ne se trouve dans aucun de nos anciens dictionnaires, est de création récente. L'Académie l'a admis dans son édition de 1878.

IV.

I

ASCITE, s. f. (de ἀσκίτης, tiré d'ἀσκὸς, outre). Terme de Médecine. On nomme ainsi l'hydropisie de l'abdomen, et spécialement Celle qui résulte de l'épanchement d'un fluide séreux dans le péritoine.

L'hydropisie humide du ventre est nommé *ascites*.

AMB. PARÉ, *Œuvres*, VI, 11.

ASCLÉPIADE, adj. (d'Ἀσκληπιάδης, nompropre, signifiant descendant d'Esculape). Il se dit D'un vers, grec ou latin, composé d'un spondée, de deux choriambes et d'un ïambe.

Plus le vers héroïque français approche de l'*asclépiade* par les nombres, plus il est harmonieux.

MARMONTEL, *Éléments de littérature*. Alexandrin.

ASIATIQUE, adj. des deux genres. Qui appartient à l'Asie.

C'est alors qu'on voit commencer l'inondation des barbares... L'Orient fut envahi par les Scythes *asiatiques* et par les Perses.

BOSSUET, *Discours sur l'histoire universelle*, I, 10.

Les Grecs *asiatiques* furent les premiers à se corrompre.

FÉNELON, *Dialogues sur l'éloquence*, I.

Il se dit particulièrement Du luxe :

Couché dans un antre rustique,
Du Nord il brave la rigueur ;
Et notre luxe *asiatique*
N'a point énervé sa vigueur.

J.-B. ROUSSEAU, *Odes*, II, 9.

Des Mœurs, des coutumes :

Nous avons d'ailleurs remarqué que plusieurs rois, à l'exemple de l'empereur, avaient exigé qu'on fléchît un genou en leur parlant ou en les servant; que cet usage *asiatique* avait été introduit par Constantin, et précédemment par Dioclétien.

VOLTAIRE, *Essai sur les mœurs*. De la Bourgogne et des Suisses, c. 95.

On appelle *asiatique* un style diffus et chargé d'ornements inutiles.

Ces harangues *asiatiques* où il faut prendre trois fois haleine pour arriver à la fin d'une période.

BALZAC, *Socrate chrétien*, Avant-propos.

Ce que j'admire le plus en elle (la langue française)... c'est qu'elle est claire sans être trop étendue. Il n'y a peut-

être rien qui soit moins à son goût que le style *asiatique*.

BOUHOURS, *Entretiens d'Ariste et d'Eugène*, II.

Vous voudriez donc que je visse votre cœur sur mon sujet, je suis persuadée que j'en serois contente : vous n'êtes point une diseuse, vous êtes assez sincère ; et, en un mot, sans étendre ce discours, que je rendrois *asiatique*, si je voulois, je suis assurée que vous m'aimez tendrement.

Mme DE SÉVIGNÉ, *Lettres*, 19 janvier 1674.

Il s'emploie substantivement :

Quand la Grèce, ainsi élevée, regardoit les *Asiatiques* avec leur délicatesse, avec leur parure et leur beauté semblable à celle des femmes, elle n'avoit que du mépris pour eux.

BOSSUET, *Discours sur l'histoire universelle*, III, 5.

ASILE, s. m. (d'*asylus*, du grec ἄσυλος, de ἀ privatif et σύλη, pillage). Lieu établi pour servir de refuge aux débiteurs, aux criminels.

L'autel n'est pas fait pour servir d'*asile* aux assassins.

BOSSUET, *Politique tirée de l'Écriture sainte*.

Originairement le seul palais de l'ambassadeur étoit exempt de la juridiction du pape, et ceux qui s'y réfugioient y trouvoient un *asile* assuré.

LE MARQUIS DE POMPONNE, *Mémoires*, II. Rome.

Comme la Divinité est le refuge des malheureux, et qu'il n'y a pas de gens plus malheureux que les criminels, on a été naturellement porté à penser que les temples étoient un *asile* pour eux.

MONTESQUIEU, *Esprit des lois*, XXV. Des temples.

Il abolit (Louis XII) les *asiles* ou droits de franchises des églises, usage aussi déshonorant pour la religion que dangereux pour la société.

HÉNAULT, *Histoire de France*, IIe part.

Il se dit, par extension, de Tout lieu où l'on se met à l'abri des poursuites de la justice, d'une persécution, d'un danger, etc.

Un moulin se présenta au pauvre homme comme un *asile*.

SCARRON, *Roman comique*, II, 16.

La clôture que vous embrassez n'est pas une prison où votre liberté soit opprimée, mais un *asile* fortifié où elle se défend avec vigueur contre les dérèglements du péché.

BOSSUET, *Sermon pour une vêture*.

Romulus, nourri dans la guerre et réputé fils de Mars, bâtit Rome, qu'il peupla de gens ramassés, bergers, esclaves, voleurs, qui étoient venus chercher la franchise et l'impunité dans l'*asile* qu'il avoit ouvert à tous venants.

> Bossuet, *Discours sur l'histoire universelle*, III, 5.

M. de Guise étant mort, et son hôtel n'étant plus un refuge si sûr, ni un *asile* si sacré, d'Espinchal jugea à propos de se retirer dans la province.

> Fléchier, *Mémoires sur les grands jours de 1665.*

Je crois que vous devez vous employer en sorte qu'aucun des officiers de S. A. R. (Madame) n'abuse de son nom et de l'*asile* de son palais pour donner retraite à ces sortes de gens qui sont capables de troubler la police et le repos de la capitale du royaume.

> Colbert à de Braque, 18 juin 1671. (Voyez Depping, *Corresp. admin. sous Louis XIV*, t. I, p. 838.)

Mon petit château est plein actuellement de Genevois fugitifs à qui j'ai donné *asile*.

> Voltaire, *Lettres*, 20 avril 1770.

Le duc d'Orléans répondit à M. Sum (envoyé du roi Auguste) ces paroles remarquables : « Monsieur, mandez au roi votre maître que la France a toujours été l'*asile* des rois malheureux. »

> Le même, *Histoire de Charles XII*, liv. VII.

Depuis l'invention de la poudre il n'y a plus de places imprenables, c'est-à-dire qu'il n'y a plus d'*asile* sur la terre contre l'injustice et la violence.

> Montesquieu, *Lettres persanes*, CV.

On ne s'établit pas pour toujours dans le méchant *asile* où l'on se réfugie quelquefois pendant un orage.

> Chateaubriand, *Discours et opinions.* Sur le projet de loi sur la suspension de la liberté individuelle, 25 mars 1820.

Une incroyable trahison
Me fit rencontrer ma prison
Où j'avois cherché mon *azile*.

> Théophile, *Requeste au Roy.*

Et contre son beau-père ayant besoin d'*asiles*,
Sa déroute orgueilleuse en cherche aux mêmes lieux
Où contre les Titans en trouvèrent les dieux.

> P. Corneille, *Pompée*, I, 1.

Tout fuit et, sans s'armer d'un courage inutile,
Dans le temple voisin chacun cherche un *asile*.

> Racine, *Phèdre*, V, 6.

O Jupiter, montre-moi quelque *asile*,
S'écria-t-il, qui puisse me sauver.

> La Fontaine, *Fables*, VI, 2.

La France, redoutable au crime,
Sert d'*asyle* aux rois qu'on opprime

Et de patrie à la vertu.

> Houdar de la Motte, *la Fortune*, ode 1.

Paris va révérer le martyr de la croix,
Et la cour de Louis est l'*asile* des rois.

> Voltaire, *Zaïre*, II, 3.

Il s'emploie souvent au figuré en ce sens :

Cruels et lâches persécuteurs, faut-il donc que les cloîtres les plus retirés ne soient pas des *asiles* contre vos calomnies?

> Pascal, *Provinciales*, XVI.

Le monde est comme une mer orageuse; au lieu que la retraite est comme un port et un *asile* où l'on est à couvert de tous les orages.

> Bourdaloue, *Retraite spirituelle*, 6e journée, 3e méditation.

Ces collèges ont été, comme les monastères, des *asiles* pour la piété et les bonnes mœurs.

> Fleury, *Mœurs des chrétiens*, § 54.

L'*asile* le plus sûr est le sein d'une mère.

> Florian, *Fables*, II, 1.

Il signifie encore, Retraite, séjour, habitation.

Qui auroit eu l'amitié du roi d'Angleterre, du roi de Pologne et de la reine de Suède, auroit-il cru pouvoir manquer de retraite et d'*asile* au monde?

> Pascal, *Pensées.*

Rien ne remuoit en Judée contre Athalie : elle se croyoit affermie par un règne de six ans. Mais Dieu lui nourrissoit un vengeur dans l'*asile* sacré de son temple.

> Bossuet, *Discours sur l'Histoire universelle*, I, 6.

Pluton fut le point de lui offrir une retraite dans ses États; mais c'est un *asile* où les malheureux n'ont recours que le plus tard qu'il leur est possible.

> La Fontaine, *Psyché*, II.

Je me suis dérobée la nuit à leur tyrannie, j'ai besoin d'un *asile* : on ne viendra point me chercher ici.

> Le Sage, *le Diable boiteux*, c. 9.

Si elle (la patrie) vous exile, si elle vous rejette, vous pouvez aller chercher un *asile* ailleurs.

> Fénelon, *Dialogues des morts :* Coriolanus et Camillus.

Si le monde n'est plus digne de vous, le lieu saint du moins ne sauroit-il plus vous servir d'*asile*?

> Massillon, *Discours*. De la vocation à l'état ecclésiastique

Le roi de Suède, de son *asile* de Bender, sut si bien remuer la Porte en sa faveur qu'on sut par Désalleurs... que le grand-seigneur déclaroit la guerre.
> Saint-Simon, *Mémoires,* 1711.

Il m'offense de gaieté de cœur, moi qui lui avais offert non pas un *asile*, mais ma maison, où il aurait vécu comme mon frère.
> Voltaire, *Lettres,* 19 mars 1761.

Quand le soir approchoit, je descendois des cimes de l'île, et j'allois volontiers m'asseoir au bord du lac, sur la grève, dans quelque *asile* caché.
> J.-J. Rousseau, *les Rêveries du promeneur solitaire,* 5e promenade.

Dans les premiers moments, il (l'abbé de Bernis) n'avoit d'*asile* que dans les coulisses de l'Opéra.
> Hénault, *Mémoires,* c. 18.

De retourner à mon village, c'étoit une folie : je n'y avois plus d'*asile*.
> Marivaux, *la Vie de Marianne,* Iro partie.

La perdrix et les cailles décèlent leurs doux *asiles* par leurs chants amoureux.
> Bernardin de Saint-Pierre, *Harmonies de la nature,* liv. I.

J'appris à M. le garde des sceaux qu'il existait un ordre d'arrêter la presse, de violer l'*asile* de la pensée.
> Beaumarchais, *Mémoire.* Avertissement.

Leur maison de tout temps est l'*asile* du vice.
> Racan, *Psaumes,* LIV.

Des soucis dévorants c'est l'éternel *asile*.
> La Fontaine, *Philémon et Baucis.*

... Qui m'arrêtera sous vos sombres *asiles* ?
> Le même, *Fables,* II, 4.

Les plaisirs ont choisi pour *asile*
Ce séjour agréable et tranquille.
> Quinault, *Armide,* V, 1.

Quelle est cette maison ? — Monsieur, c'est un *asile*
Où nous nous retirons du fracas de la ville.
> Regnard, *le Joueur,* III, 3.

Quels lieux t'ont retenu caché depuis deux jours, Daphnis? Nous avons cru te perdre pour toujours !
Chacun fuit, disions-nous, ces champêtres *asiles*;
Nos hameaux sont déserts et nos champs inutiles.
> J.-B. Rousseau, *Églogue,* I.

Hélas ! le fils des rois n'a pas même un *asile*.
> Voltaire, *l'Orphelin de la Chine,* I, 2.

Non loin de ce rivage, un bois sombre et tranquille
Sous des ombrages frais présente un doux *asile*.
> Le même, *Henriade,* I.

César n'a point d'*asile* où son ombre repose,
Et l'ami Pompignan pense être quelque chose !
> Voltaire, *la Vanité.*

Droit d'asile, Privilège accordé par certaines nations, par certains corps, à ceux qui se placent sous leur protection.

Il (le Directoire) ne rougit point de faire proclamer, dans ses journaux... l'intention de détruire ce beau *droit d'asile* qui appartient à toute nation indépendante.
> Napoléon, *Mémoires,* t. VI, p. 50.

Dans l'exemple suivant cette expression est employée au figuré :

C'est à cette sincérité que j'attribue le penchant qu'ont les opinions les plus divergentes à se rapprocher de moi. J'exerce envers elle le *droit d'asile* : on ne peut les saisir sous mon toit.
> Chateaubriand, *Mémoires d'outre-tombe,* t. IX, p. 22.

Depuis un certain nombre d'années, on désigne, sous le nom de *Salles d'asile,* ou simplement d'*Asiles*, des Établissements charitables destinés à recevoir les enfants de deux à six ans, auxquels les parents pauvres et travaillant en journée ne sauraient donner les soins nécessaires.

Asile se dit aussi des Établissements de bienfaisance qui servent de retraite à des infirmes, à des vieillards ou à des convalescents.

L'*asile* de Vincennes, l'*asile* du Vésinet.
> *Dictionnaire de l'Académie,* 1878.

Asile se dit encore, figurément, Des choses qui protègent, qui défendent.

Enfin ceux qui se sentirent les plus forts, cherchèrent leur *asile* dans les armes.
> Vaugelas, trad. de Quinte-Curce, liv. IX.

Elle (Calvia Crispinilla) gagna depuis les bonnes grâces du peuple par le mariage d'un consul, ayant échappé les règnes de Galba, d'Othon et de Vitellius par la grandeur de ses richesses, qui servent d'*asile* en tout temps.
> Perrot d'Ablancourt, trad. de Tacite, *Histoire,* I, 10.

Ils (les soldats révoltés de Germanicus) en vouloient surtout à Plancus, que sa dignité empêchoit de prendre la fuite, et tout son recours fut d'embrasser l'aigle de la première légion pour se garantir par cet *asile*.

> Perrot d'Ablancourt, trad. de Tacite, *Annales*, I, 5.

Il lui représentoit (Silius à Messaline) qu'ils n'étoient plus en état d'attendre la mort de Claudius; que les conseils vertueux étoient bons pour les innocents, mais qu'il n'y avoit point d'*asiles* pour les coupables, que les crimes.

> Le même, même ouvrage, XI, 14.

Il (Lucien) dit lui-même qu'il embrassa la profession d'avocat, mais qu'ayant en horreur les criailleries et les autres vices du barreau, il eut recours à la philosophie comme à un *asile*.

> Le même, trad. de Lucien. Préface.

Le sénat tenoit en bride les gouverneurs et faisoit justice aux peuples. Cette compagnie étoit regardée comme l'*asile* des oppressés.

> Bossuet, *Discours sur l'histoire universelle*, III, c. 6.

Saint Athanase, qui a tant aidé à composer le symbole de Nicée, ne savoit pas qu'on y avoit mis cette pensée de Tertullien dans le dessein d'en faire un *asile* à l'erreur de l'inégalité.

> Le même, *Histoire des variations de l'Église protestante*.

Si vous regardez la justice comme l'unique *asile* de la vie humaine... contenez-vous dans les limites qui vous sont données, et ne faites pas à autrui ce que vous ne voulez pas qu'on vous fasse.

> Le même, *Sermons*. Sur la justice.

Je vous plains de ne point aimer les histoires; M. le chevalier les aime, et c'est un grand *asile* contre l'ennui.

> Mme de Sévigné, *Lettres à Mme de Grignan*, 8 janvier 1670.

La pourpre des Césars, jusque-là rougie du sang de vos serviteurs, devint leur bouclier et leur *asile*.

> Massillon, *Paraphrases*, psaume 9.

Là (au conseil du roi) personne n'a de nom à se faire, de liberté ni d'autorité à acquérir, de foule où se dérober, ni, pour ainsi dire, la nation en croupe pour *asile* (comme aux États généraux).

> Saint-Simon, *Mémoires*, 1717.

Un crime ne devient pas permis parce qu'il a été commis plusieurs fois, et la malice des hommes renverseroit bientôt les lois les plus saintes, si l'on espéroit de trouver dans la longueur du temps, un *asile* contre leur autorité.

> D'Aguesseau, 7e plaidoyer.

Je me suis démis de la dictature dans le temps qu'il n'y avoit pas un seul homme dans l'univers qui ne crût que la dictature étoit mon seul *asile*.

> Montesquieu, *Dialogue de Sylla et d'Eucrate*.

Comment, Monsieur, à vingt ans, seul, sans famille, avec de la santé, de l'esprit, des bras et un bon ami, vous ne voyez d'autre *asile* contre la misère que le tombeau!

> J.-J. Rousseau, *Lettres*, 24 novembre 1770.

Ainsi M. de La Monnoye, réfugié presque entièrement dans l'*asile* de l'érudition... ne sortant de cet *asile* que rarement et par des vers qui ne devoient pas exciter l'envie, en essuya néanmoins les coups.

> D'Alembert, *Éloge de La Monnoye*.

Je ne vois plus d'*asile* que la mort, et jamais aucun malheureux ne l'a invoquée avec plus d'ardeur.

> Mlle de Lespinasse, *Lettres*, 96.

C'est un *asile* ouvert que mon pouvoir suprême,
Et si l'on m'obéit, ce n'est qu'autant qu'on m'aime.

> Corneille, *Sertorius*, III.

Oui, Lamoignon, je fuis les chagrins de la ville,
Et contre eux la campagne est mon unique *asile*.

> Boileau, *Épîtres*, VI.

Il s'emploie aussi en ce sens en parlant des personnes :

Il (Dieu) est l'*asile* de ceux qu'on persécute, et le consolateur des affligés.

> Fénelon, *Lettres spirituelles*, CCXV, 17 novembre 1690.

Job mettoit au-dessus de ses plus glorieux titres d'être l'œil de l'aveugle, le pied du boiteux, le père des pauvres, l'*asile* des étrangers.

> Rollin, *Traité des études*, liv. VI, IIe part., art. 2.

Je dis qu'il falloit qu'il (le duc d'Orléans) allât trouver le roi, qu'il lui dît qu'il venoit à lui comme à un *asile* contre soi-même.

> Saint-Simon, *Mémoires*, 1710.

Elle (Mme de Castelmoron) a ressenti mes joies, elle a partagé mes peines, elle a été mon *asile* dans mon ennui, dans mes chagrins.

> Hénault, *Mémoires*, c. 15.

Tu t'offres pour *asile* à ceux que tes vertus
Ont de tes grâces revêtus.

> Racan, *Psaumes*, 5.

L'homme qui vit ainsi de Dieu peut tout attendre,
Dieu reconnoîtra sa ferveur;

Lorsqu'on l'attaquera, Dieu le viendra défendre;
Il sera son *asile,* il sera son sauveur.
GODEAU, *Psaumes,* 23.

Elle n'a que vous seul. Vous êtes en ces lieux
Son père, son époux, son *asile,* ses dieux.
RACINE, *Iphigénie,* III, 5.

J'irois, j'irois pour vous, ô mon illustre *asile,*
O mon fidèle espoir,
Implorer aux enfers ces trois fières déesses.
J.-B. ROUSSEAU, *Odes,* III, 1. Au comte du Luc.

ASINE, adj. f. (d'*asinus,* âne).

Bête *asine.*
Bulletin des lois, an X.

On employait autrefois :
ASININ, NE, adj. des deux genres.

Pour sa stérilité, le mulet est postposé à l'asne ; et pour ce aussi, que la muletaille s'engendre des bestes chevalines et *asinines,* accouplées ensemble, comme sera monstré.
OLIVIER DE SERRES, *Théâtre d'agriculture,* IV° lieu, c. 11.

Il fut dit qu'il ne falloit qu'user d'une ptisanne qui se fait avec racine de chardon de nostre Dame, autrement espine blanche, chardon argentin, artichaut sauvage et chardon *asinin.*
BOUCHET, *Serées,* liv. II, 24.

ASPECT, s. m. Vue d'une personne ou d'une chose.

La vue de son troupeau, l'*aspect* des campagnes, tout ce qui se présente à elle lui fait connoître Dieu et l'élève à Dieu.
BOURDALOUE, *Sermon pour la fête de sainte Geneviève.*

Nous revenions tous quatre (d'Argenson, de Séchelles, Duverney et le président Hénault); le chemin est de passer sous la Bastille. Nous causions fort gaiement, et tout à coup l'*aspect* de cette prison me fit dire : « Messieurs, voilà où je n'irai jamais, je n'en dirois pas autant de vous autres. »
HÉNAULT, *Mémoires,* c. 20.

L'*aspect* des lieux rapproche les temps, réalise les fictions, et donne du mouvement aux objets les plus insensibles.
BARTHÉLEMY, *Voyage d'Anacharsis,* c. 53.

Le caractère et les habitudes des animaux, l'*aspect* et la physionomie des contrées furent retracés par son pinceau (de Buffon) avec une inconcevable magie.
BARANTE, *De la littérature française pendant le* XVIII° *siècle.*

Je ne vois rien que champs, que rivières, que prez,
Où le plus doux rozier me pût (pue) comme cyprez,
Où je n'ay plus l'*aspect* de la place royale.
THÉOPHILE, *Élégie.*

Nos rois n'exigent point cet odieux respect,
Chacun peut chaque jour jouir de leur *aspect.*
P. CORNEILLE, *les Victoires du roi en Flandre.*

Et ses remords sont la Gorgone
Dont l'*aspect* le glace d'horreur.
J.-B. ROUSSEAU, *Odes,* IV, 7.

Votre *aspect* rend le calme à mon cœur agité.
DE LA FOSSE, *Manlius,* III, 2.

Orientation :

En sorte que la maison fut tournée à un *aspect* sain.
FÉNELON, *Télémaque,* XII.

Apprenez en deux mots leur brutale insolence :
Le prêtre avoit à peine obtenu du silence,
Et devers l'orient assuré son *aspect,*
Qu'ils ont fait éclater leur manque de respect.
CORNEILLE, *Polyeucte,* III, 2.

Il s'emploie figurément dans ces divers sens :

C'est un grand avantage pour une cause que de paraître la meilleure dès le premier *aspect.*
MARMONTEL, *Éléments de littérature.* Judiciaire.

A cet air vénérable, à cet auguste *aspect,*
Les meurtriers surpris sont saisis de respect.
VOLTAIRE, *Henriade,* II.

A l'aspect de, à cet aspect, est une locution fort employée, tant au propre qu'au figuré.

Psyché demeura comme transportée *à l'aspect* de son époux.
LA FONTAINE, *Psyché,* liv. I°ʳ.

Au bout de quatre jours on m'apporta mon habit et du linge; c'étoit un jour de fête, et je venois de me lever quand cela vint. — *A cet aspect,* Toinon et moi, nous perdîmes d'abord toutes deux la parole.
MARIVAUX, *la Vie de Marianne,* Iʳᵉ part.

Mon cœur palpite au seul *aspect* d'une femme.

BEAUMARCHAIS, *Mariage de Figaro*, I, 7.

L'on concevra facilement l'enthousiasme dont on étoit saisi à l'*aspect de* tant d'individus appartenant à diverses classes, et venant les uns offrir leurs sacrifices, les autres prendre possession de leurs droits.

Mᵐᵉ DE STAËL, *Considérations sur la Révolution française*, IIᵉ part., c. 11.

Vaincus plus d'une fois aux yeux de la patrie, [furie?
Soutiendront-ils (vos soldats) ailleurs un vainqueur en
Sera-t-il moins terrible, et le vaincront-ils mieux
Dans le sein de sa ville, à l'*aspect de* ses dieux?

RACINE, *Mithridate*, III, 1.

À l'*aspect du* péril si ma foi s'intimide,
Si la chair et le sang, se troublant aujourd'hui,
Ont trop de part aux pleurs que je répands pour lui,
Conserve l'héritier de tes saintes promesses,
Et ne punis que moi de toutes mes foiblesses.

LE MÊME, *Athalie*, I, 2.

ASPECT signifie souvent La manière dont une personne ou un objet s'offre à la vue.

Comme un jour un de ceux qui se mesloient de juger des fortunes des hommes par l'*aspect* du visage, fut prié de dire ce qui arriveroit à Britannicus, il dit résolument qu'il ne se verroit jamais eslevé à l'empire, mais que sans doute celuy qui estoit auprès de luy, parlant de Titus, y parviendroit.

COEFFETEAU, *Histoire romaine*, liv. VII.

Il faut cependant avouer que son premier *aspect* (de don Gaspard Giron) rappeloit tout à fait le souvenir de don Quichotte.

SAINT-SIMON, *Mémoires*, 1721.

Je les voyois tantôt se baisser, s'appuyer, se redresser, puis sourire, puis saluer à droite et à gauche, moins par politesse, ou par devoir, que pour varier les airs de bonne mine et d'importance, et se montrer sous différents *aspects*.

MARIVAUX, *la Vie de Marianne*, IIᵉ part.

Il (Richard II) était contrefait dans toutes les parties du corps et son *aspect* était aussi hideux que son âme était méchante.

VOLTAIRE, *Histoire générale*.

La vue de la campagne, la succession des *aspects* agréables, le grand air, le grand appétit, la bonne santé que je gagne en marchant... tout cela dégage mon âme, me donne une plus grande audace de penser.

J.-J. ROUSSEAU, *les Confessions*, part. I, liv. IV.

Mille accidents changeoient la nature du sol et les *aspects* du terrain.

J.-J. ROUSSEAU, *Essai sur l'origine des langues*, c. 9.

Désagréable en tout, la mine basse, l'*aspect* sauvage... le loup est odieux.

BUFFON, *Histoire naturelle*.

Nous entrâmes dans le port de Zéa : il était vaste, mais d'un *aspect* désert et sombre.

CHATEAUBRIAND, *Itinéraire de Paris à Jérusalem*, IIᵉ part. Voyage de l'archipel.

Quand on voyage dans la Judée... des *aspects* extraordinaires décèlent de toutes parts une terre travaillée par des miracles.

LE MÊME, même ouvrage, 3ᵉ part.

Je le vis, son *aspect* n'avoit rien de farouche.

RACINE, *Iphigénie*, II, 1.

Il se dit également, au figuré, Des différentes faces, des divers points de vue sous lesquels se présente une chose.

Nous n'avons, pour ainsi parler, que de nouveaux *aspects*, pensant avoir de nouvelles connoissances.

SAINT-ÉVREMONT, *Sur la morale d'Épicure*.

Quoiqu'il n'y ait presque qu'une vérité dans ce livre (les *Maximes* de La Rochefoucauld), qui est que « l'amour-propre est le mobile de tout, » cependant cette pensée se présente sous tant d'*aspects* variés, qu'elle est presque toujours piquante.

VOLTAIRE, *Siècle de Louis XIV*, c. 32.

L'état social en fermentation montre l'homme sous un singulier *aspect*.

Mᵐᵉ DE STAËL, *De l'Allemagne*, IIᵉ part., c. 13.

ASPECT, en Astrologie, se dit de La situation respective des étoiles ou des planètes par rapport à l'influence que les astrologues lui attribuaient sur les destinées humaines.

Là notoient les cometes sy aulcunes estoient, les figures, situations, *aspectz*, oppositions, et coniunctions des astres.

RABELAIS, *Gargantua*, I, c. 23.

Il fabrica promptement sa maison du ciel en toutes ses parties, et consyderant l'assiete, et les *aspectz* en leur triplicitez, jecta vn grand souspir.

LE MÊME, *Pantagruel*, III, c. 25.

Après cette harangue toute l'assistance jetta les yeux sur Vespasian, le conjura d'embrasser l'Empire, et rapporta là-dessus les oracles, et les *aspects* des astres qui luy en promettoient la possession.

COEFFETEAU, *Histoire romaine*, liv. VI.

Il me semble que tout le ciel me regardoit de mauvais *aspect*.

VOITURE, *Nouvelles Lettres*. A Mlle de Marolles.

Un horrible *aspect* de Mars le (Mélanchthon) fait trembler pour sa fille.

BOSSUET, *Histoire des variations des Églises protestantes*.

Comme les astrologues, lorsqu'ils savent un certain accident, ne manquent jamais de trouver l'*aspect* des astres qui l'a produit, on ne manque aussi jamais de trouver, après les disgraces et les malheurs, que ceux qui y sont tombés les ont mérités par quelque imprudence.

Logique de Port-Royal, III° part., c. 20.

Ce lit de justice ne réussit pas mieux que le reste. L'avocat général Talon eut beau dire au jeune roi « qu'il fît « réflexion sur la diversion naturelle des maisons célestes, « sur l'opposition des astres et des aspects contraires qui « composent la beauté de la milice supérieure. »... On s'assembla dès le lendemain.

VOLTAIRE, *Histoire du parlement de Paris*, c. 55.

Mais quand le ciel, lassé du tourment qu'il me livre,
Sous un meilleur *aspect* m'ordonnera de vivre,
Et qu'en leur changement les astres inconstants
Me pourront amener un favorable temps,
Mon âme à votre objet se trouvera changée.

THÉOPHILE, *Élégie*.

Mon astre, qui ne sait reluire
Que pour me troubler et me nuire,
Cachera son mauvais *aspect*.

LE MÊME, à M. de Montmorency.

Des astres irrités les *aspects* inhumains
Vouloient pour s'adoucir la pourpre des Romains.

CORNEILLE, *Desseins de la Toison d'or*, prologue.

ASPERGE, s. f. (du latin *asparagus*, tiré lui-même du grec ἀσπάραγος, qu'on dérive habituellement de σπαργάω, être plein de sève).

Ce mot a d'abord été masculin, conformément à son étymologie, mais sa terminaison féminine a fini par le faire changer de genre.

On a dit quelquefois, par scrupule étymologique, *asparage* et *asparge* :

Les *asparages* de Grèce, qu'ils appellent corruda, ont la feuille piquante.

PIERRE BELON, *Observations de plusieurs singularitez de divers pays estranges*, I, c. 60.

Ceux qui vendent les herbes au marché de Constantinople... vendent aussi les *asparges* de smilax aspera... ces *asparges* sont bons en salade.

PIERRE BELON, *Observations de plusieurs singularitez des divers pays estranges*, III, c. 51.

Néanmoins *asperge* est la forme la plus ancienne :

Prenez moy ces cornes là, et les concassez un peu avecques un pilon de fer, ou avecques un landier, ce m'est tout un. Puis les enterrez en veue du soleil la part que vouldrez et souvent les arrouzez. En peu de moys vous en voirez naistre les meilleurs *asperges* du monde. Je n'en daignerois excepter ceulx de Ravenne.

RABELAIS, *Pantagruel*, IV, c. 7.

Un jeune conseiller de Paris, estant à un festin... auquel l'abbé Colledo, nourri aux voluptueuses delicatesses de Rome, n'avoit rien oublié..., interrogé de ce somptueux et superbe souper, dit que le tout s'estoit assez bien porté, s'il y eust eu des *asperges*. Mais il ouit pour responce que ce n'estoit comme à Paris, où il y avoit abondance de cornes, dont issent et proviennent icelles herbes.

NOEL DU FAIL, *Contes et discours d'Eutrapel*, XXXI. Du gentilhomme qui fit un beau tour au marchand.

Je n'oublie pas ici pour les véritables curieux, qui ont moyen de le faire, le soin de réchauffer des *asperges*, et de veiller à renouveler les réchauffements, dès qu'ils ont passé leur grande chaleur : la chose n'est pas sans peine, ni sans dépense, mais le plaisir de voir au milieu des neiges et des frimas une abondance d'*asperges* bien grosses, bien vertes, et tout à fait excellentes, est assez grand pour n'avoir pas de regret au reste, et dans la vérité on peut dire qu'il n'appartient guère qu'au roi de goûter ce plaisir.

LA QUINTINIE, *Instruction pour les jardins*, VI° part., c. 4, décembre.

J'allois tous les matins moissonner les plus belles *asperges*.

J.-J. ROUSSEAU, *Confessions*, part. I, liv. I.

Un de ses amis (de Fontenelle) étant venu un jour lui demander à dîner, il lui dit qu'il lui faisoit un grand sacrifice en lui cédant la moitié de son plat d'*asperges*.

GRIMM, *Correspondance*, 15 février 1757.

L'artichôt et la salade,
L'*asperge* et la pastenade,
Et les pompons tourangeaux,
Me sont herbes plus friandes
Que les royales viandes
Qui se servent à monceaux.

RONSARD, *Odes*, III, 21.

Le seigneur des jardins, que les herbes revèrent,
Et Vertumne et Pomone ensemble s'y trouvèrent,
D'*asperges*, de pois verds, de salades pourvus,
Et des plus rares fruits que jamais on eût vus.
                    SAINT-AMANT, *le Melon.*

Il croit vous redevoir, pour apurer son compte,
L'histoire du départ, des malles, des adieux.

. . . .
        Le nom, l'enseigne des auberges,
        S'il y mangea des pois et des *asperges.*
                    DELILLE, *la Conversation*, 1.

Ce mot est employé dans une locution proverbiale que Suétone (§ 87) a mentionnée comme familière à Auguste :

Remede n'y a que d'escamper de hait, je dis plustost que ne sont cuictes *asperges.*
                    RABELAIS, *Pantagruel*, V, c. 7.

ASPERGER, v. a. (du latin *aspergere*, de *ad* et *spargere*, répandre). Jeter de l'eau ou quelque autre liquide sur une personne, sur un objet, avec un rameau ou un goupillon. Il n'est guère usité qu'en parlant des cérémonies religieuses.

L'eau et le feu mis à l'entrée estoient touchez par les mains du marié et de la mariée, laquelle estoit *aspergée* de ceste eau.
                    BOUCHET, *Serées*, I, 5.

Passant, ne cherche rien ici dans l'incertitude du monde. Dis les bonnes paroles à mon ombre; *asperge* mes cendres et t'en va.
                    MALHERBE, épitaphe d'Henri, son premier fils.

Il trempera le doigt dans son sang, et il en *aspergera* les portes du tabernacle.
                    VOLTAIRE, *Ancien Testament*, Nombres.

Le benoistier fut faict en un grand plain,
D'un lac fort loing d'herbes, plantes, et fleurs :
Pour eau beneiste, estoit de larmes plein,
Dont fut nommé le piteux lac de pleurs ;
Car les amans dessoubz tristes couleurs
Y sont en vain mainte larme espandans.
Les fruictz d'amours là ne furent pendans
Tout y sechoit tout au long de l'annee :
Mais bien est vray, qu'il y avoit dedans,
Pour *asperger* une rose fannee.
                    CL. MAROT, *Temple de Cupidon.*

Partons. Dépêche-toi, curé de mon hameau,
Viens de ton eau bénite *asperger* mon caveau.
                    VOLTAIRE, *Épîtres*, 95.

IV.

Il s'emploie dans le sens de Répandre un liquide sur quelqu'un ou quelque chose :

Les pous et autres bestioles... tourmentent les chous, quand par faute de pluie leur fueillage n'est quelquefois lavé, dont ces bestes s'engendrent. A cela le remede est d'*asperger* sur le chous de l'eau fraische au matin contrefaisant la pluie, pour les rafreschir et nettoier.
                    OLIVIER DE SERRES, *Théâtre d'agriculture*, 6e lieu, c. 8.

Il s'emploie quelquefois avec le pronom personnel :

Euchidas de la ville de Platée, s'étant chargé d'apporter avec toute la diligence possible le feu de Dieu, alla à Delphes ; il se purifia d'abord, *s'aspergea* d'eau sacrée.
                    ROLLIN, *Histoire ancienne.*

ASPERGÉ, ÉE, participe.

Pourtant envoia soubz la conduicte du conte Tyravant, pour descouvrir le pays, seize cens chevaliers tous montez sus chevaulx legiers, en escarmouche, tous bien *aspergez* d'eau beniste.
                    RABELAIS, *Gargantua*, I, c. 43.

Du verbe ASPERSER, qui se trouve dans les Dictionnaires de Cotgrave et d'Oudin, on avait tiré les participes ASPERSÉ et ASPERS.

Chiquanous rioit par compaignie, quand par Oudart furent sus les fiansez dictz motz mysterieux, touchees les mains, la mariee baisee, tous *aspersez* d'eaue beniste.
                    RABELAIS, *Pantagruel*, IV, 14.

Quant à ses yeux qui estoyent ardans et estincellans à merveille, la couleur de son visage les rendoit encore plus efroyables à voir : car il estoit fort couperosé et semé de taches blanches par endroits, dont on dit que le nom de Sylla lui fut imposé à raison de sa couleur, et y eut un des gaudisseurs d'Athenes qui lui en donna un trait de moquerie par ce vers :
Sylla est une meure *asperse* de farine.
                    AMYOT, trad. de Plutarque, *Vie de Sylla*, c. 2.

On a dit :
ASPERGEMENT, s. m. Action d'asperger.

De jeunes garsons quand et eulx qui portoient de beaux vases d'or et d'argent pour faire les *aspergemens* et effusions qui se font ès sacrifices.
                    AMYOT, trad. de Plutarque, *Vie de Paul-Émile*, c. 15.

ASPERSION. s. f. (de *Aspersio, aspersionis*). Action d'asperger.

Il n'y auroit rien plus sot ou frivole que d'offrir de la gresse et fumée puante des entrailles des bestes pour se reconcilier avec Dieu, ou avoir son refuge à quelque *aspersion* de sang ou d'eau, pour nettoyer les souillures de l'âme.
> Calvin, *Institution chrestienne*, liv. II, c. 7.

Ils n'allument feu ni font libations en goûtant le vin et l'épandant ; davantage, ils ne sonnent flutes ne hautbois, ils ne portent couronnes en leurs têtes, et ne font *aspersion* de farine.
> Saliat, trad. d'Hérodote, I, c. 132.

L'homme de douleur, dont les plaies devoient faire notre guérison, étoit choisi pour laver les gentils par une sainte *aspersion*, qu'on reconnoît dans son sang et dans le baptême.
> Bossuet, *Discours sur l'histoire universelle*, II, c. 4.

Je suis comme une victime qui va être immolée, et qui a reçu l'*aspersion* pour le sacrifice.
> Bourdaloue, *Carême*. Sermon sur la pensée de la mort.

Tous ces rites changèrent : le rite grégorien ne fut point le rite ambroisien; le baptême, qui était le plongement dans l'eau, ne fut bientôt dans l'Occident qu'une légère *aspersion*.
> Voltaire, *Fragments sur l'histoire*, art. 8.

Il puise dans la fontaine Castalie de l'eau pour en remplir les vases qui sont dans le vestibule, et pour faire des *aspersions* dans l'intérieur du temple.
> Barthélemy, *Voyage d'Anacharsis*, c. 23.

ASPERGÈS, s. m. (de *asperges*, tu aspergeras, premier mot de l'antienne qui précède la messe). Goupillon à jeter l'eau bénite.

Ung eaubenoistier et son *aspergés* d'or, que l'on mect au chevet du roy, de nuyt.
> *Inventaire du mobilier de Charles V*, art. 254.

Aspergetz ou guepillon, aspergillum.
> Robert Estienne, *Dictionaire françois-latin*, 1539.

Il prit l'*aspergés* et de l'eau béniste, et nous en donna.
> Brantôme, *Grands Capitaines estrangers*, M. de Bourbon.

Monsieur avoit manqué ce matin à prendre de l'eau beniste, mais quelque personne charitable luy a donné de l'*aspergés*.
> Furetière, *Roman bourgeois*, liv. I.

Apportez ceste estolle, il faut prendre sa teste, Et luy serrer le col, il faut semer espais Sur luy de l'eau beniste avec un *aspergés*. Il faut faire des croix en long sur son eschine.
> Ronsard, *Response à quelque ministre*.

Il se dit aussi Du moment de l'office où se fait la cérémonie de jeter l'eau bénite :

On en est à l'*aspergés*.
> *Dictionnaire de l'Académie*, 1718.

On a dit aussi aspergoir. (Voyez Jean Palsgrave, *L'esclarcissement de la langue françoyse*, édit. Génin, p. 228.)

ASPERSOIR, s. m. Aspergès, goupillon à jeter de l'eau bénite.

Ung fredon premier portoit la bannière de Fortune, après luy marchoit un aultre portant celle de Vertus, en main tenant un *aspersouoûer* mouillé en eaue mercuriale descripte par Ovide en ses fastes.
> Rabelais, *Pantagruel*, liv. V, c. 27.

Les ecclésiastiques de Paris qui parlent le mieux ne disent jamais *aspergés*, mais *aspersoir*, ou goupillon. Monsieur l'abbé Chatelin, chanoine de Notre-Dame de Paris, qui est un homme d'esprit et de qualité, également savant et poli, m'a assuré qu'à Notre-Dame on disoit toujours *aspersoir* ou goupillon.
> Richelet, *Dictionnaire françois*, 1680. Remarques sur la lettre a.

ASPÉRITÉ, s. f. (du latin *asperitas*, dérivé lui-même de *asper*, âpre). Ce mot désigne, soit la qualité de ce qui est raboteux, soit les élévations qui rendent une surface rude, inégale.

Les medecins ordonnent les pierres sur l'estomac qui n'ont nulle *aspirité*, odeur, saveur, ny force.
> Bernard Palissy, *Abus des médecins*.

Il y en a quelques-uns qui ont tousjours les yeux moüillez d'un humeur subtil, acre et chaud, qui leur cause une perpetuelle *aspérité*, et pour peu de chose il survient inflammation, et quelquefois lippitude, ou chassie, et enfin eraullement des yeux.
> Ambroise Paré, *OEuvres*, liv. XVII, c. 11.

Lorsqu'une masse de métal ou de verre fondu commence à se refroidir, il se forme à la surface des trous, des ondes, des *aspérités.*

BUFFON, *Époques de la nature.*

Les hautes montagnes que nous venons de désigner (les Cordillères, les montagnes d'Afrique) sont les éminences primitives, c'est-à-dire les *aspérités* produites à la surface du globe au moment qu'il a pris sa consistance.

LE MÊME, même ouvrage.

Il y a de fort bons chevaux dans toutes les îles de l'Archipel : ceux de l'île de Crète étaient en grande réputation chez les anciens pour l'agilité et la vitesse, cependant aujourd'hui on s'en sert peu dans le pays même, à cause de la trop grande *aspérité* du terrain, qui est presque partout fort inégal et fort montueux.

LE MÊME, *Histoire naturelle.* Du cheval.

En quittant le pays des Druzes, les montagnes perdent de leur hauteur, de leur *aspérité*, et deviennent plus propres au labourage; elles se relèvent dans le sud-est du Carmel, et se revêtent de futaies qui forment d'assez beaux paysages.

VOLNEY, *Voyage en Syrie.*

Il s'emploie aussi au figuré :

Ayant estudié de le rendre le plus clair qu'il m'a été possible (Plutarque) en si profonde obscurité bien souvent, et si scabreuse et raboteuse *aspérité* presque partout ordinairement.

AMYOT, trad. de Plutarque, épître dédicatoire des *Œuvres morales.*

ASPHALTE, s. m. Espèce de bitume compact, noir et luisant, très fusible, que l'on trouve à la surface de quelques lacs, et particulièrement sur la mer Morte ou lac Asphaltite dans l'ancienne Judée.

Pour mortier, ils usoient de la vase ou limon nommé *asphalte*, lequel ils faisoient chauffer pour mettre en œuvre.

SALIAT, trad. d'Hérodote, liv. I, 179.

Le véritable *asphalte* est celui qu'on tirait des environs de Babylone, et avec lequel on prétend que le feu grégeois fut composé. Plusieurs lacs sont remplis d'*asphalte* ou d'un bitume qui lui ressemble.

VOLTAIRE, *Dictionnaire philosophique*, Asphalte.

A une petite lieue de Motiers, dans la seigneurie de Travers, est une mine d'*asphalte*, qu'on dit qui s'étend sous tout le pays.

J.-J. ROUSSEAU, *Lettres*, 28 janvier 1763.

Le naphte, le pétrole et le succin paraissent être les huiles les plus pures que fournisse cette espèce de distillation, et le jayet, la poix de montagne et l'*asphalte* sont les huiles plus grossières.

BUFFON, *Histoire naturelle*, Minéraux. Du bitume.

L'*asphalte* inextinguible alimente leurs feux.

DELILLE, *Paradis perdu*, liv. I.

ASPHODÈLE, s. m. (du grec ἀσφοδελός). T. de botan. Plante de la famille des liliacées.

Ne pensez que la beatitude des Heroes et semidieux qui sont par les champs Elysiens soit en leur *asphodele* ou ambrosie.

RABELAIS, *Gargantua*, c. 13.

L'herbe d'*asphodelles* est commune par toutes les montaignes.

PIERRE BELON, *Observations de plusieurs singularitez de divers pays estranges*, liv. I, c. 25.

Parmi les plantes, la mauve rampante avec ses fleurs rayées de pourpre et l'*asphodèle* avec sa longue tige garnie de belles fleurs blanches ou jaunes, se plaisent à croître sur les tertres funèbres... C'est ce que prouve cette inscription gravée sur un tombeau antique : « Au dehors je suis entouré de mauve et d'*asphodèle* et au dedans je ne suis qu'un cadavre. » L'*asphodèle* est du genre des lis et elle s'élève à deux ou trois pieds de hauteur. Ses belles fleurs, qui méritent d'être cultivées, produisent des graines dont les anciens croyaient que les morts faisaient leur nourriture et dont les vivants tirent quelquefois parti. Suivant Homère, après avoir passé le Styx, les ombres traversaient une longue plaine d'*asphodèles*.

BERNARDIN DE SAINT-PIERRE, *Harmonies de la nature*, liv. I.

ASPHYXIE, s. f. (du grec ἀσφυξία, de ἀ privatif et de σφύξις, pouls). T. de médec. État de mort apparente et imminente, causé principalement par la suspension de la respiration.

L'*asphyxie* est le dernier degré de la syncope.

Dictionnaire de l'Académie, 1762.

ASPHYXIER, v. a. Déterminer, causer l'asphyxie.

La vapeur du charbon *asphyxie.*

Dictionnaire de l'Académie, 1835.

Il s'emploie aussi avec le pronom personnel, et signifie, Se donner la mort au moyen d'une vapeur qui asphyxie.

Il a voulu *s'asphyxier.*

Dictionnaire de l'Académie, 1835.

ASPHYXIANT, ANTE, adj. Qui produit l'asphyxie.

Odeur *asphyxiante,* Gaz *asphyxiants.*

Dictionnaire de l'Académie, 1878.

ASPIC, s. m. (du latin *aspis,* tiré lui-même du grec ἀσπίς). Serpent dont la morsure est très dangereuse.

On a employé anciennement les formes. *Aspe, Aspides, Aspid.* (Voyez les exemples suivants.)

Fu tantost morz unz chevaliez d'un serpent qui a non *aspe.*

Recueil des historiens des croisades, Historiens occidentaux, t. II, p. 579.

Aspides est une maniere de venimeus serpent qui ocist home de ses denz.

Brunetto Latini, *Li livres dou Tresor,* liv. I, part. V, c. 139.

Il y a des bestes qui ont le venin si dangereux, qu'il fait mourir une personne en moins d'une heure, comme sont les *aspics,* basilics et crapaux.

A. Paré, *Œuvres,* liv. XXI, c. 12.

Comme ils vouloient repliquer et sur tout le petit monsieur de Villeroy fier comme un *aspic,* ayant les joües bouffies et les yeux rouges de desppit, le Roy leur imposa silence.

Sully, *Œconomies royales,* c. 4, t. II.

Si le vulgaire François nomme quelques serpents *aspics,* c'est par erreur : car il n'y en a aucuns en France.

Pierre Belon, *Observations de plusieurs singularitez de divers pays estranges,* liv. I, c. 2.

Cette jeune princesse de Conti, qui est méchante comme un petit *aspic* pour son mari, demeure à Chantilly, auprès de madame la duchesse.

Mᵐᵉ de Sévigné, *Lettres,* 14 juillet 1680.

Mon dessein n'est pas de m'enfoncer un fer dans le sein..... mais si je refuse la nourriture, si je permets à

un *aspic* de décharger sur moi sa colère..... est-ce un si grand crime?

La Fontaine, *Psyché,* liv. II.

Madame de Gontaud, qui ressembloit à la Cléopâtre blessée par l'*aspic* et qui n'étoit pas tout à fait aussi sauvage que madame de Flamarens, faisoit aussi un des plus grands agréments de cette société.

Hénault, *Mémoires,* c. 9.

Il (Innocent VIII) recommande aux inquisiteurs, à tous les ecclésiastiques, et à tous les moines, « de prendre una- « nimement les armes contre les Vaudois, de les écraser « comme des *aspics,* et de les exterminer saintement. »

Voltaire, *Conspirations contre les peuples.* Conspiration dans les vallées du Piémont.

Me fut advis qu'en un grand chemin sec,
Un jeune enfant se combatoit avec
Un grand serpent, et dangereux *aspic.*

Cl. Marot, *Ballades,* XVII. Du jour de Noël.

Sur lyonceaux, et sur *aspidz,*
Sur lyons pleins de rage,
Et sur dragons qui valent pis,
Marcheras sans dommage.

Le même, *Psaumes,* XXXVI.

... Maint *aspic,* sifflant autour de luy,
Redoubla son ennuy.

Saint-Amant, *la Plainte de Tirsis.*

Aspic, au figuré :

Ce sont les *aspics* qu'ils nourrissent en leur sein, qui les tueront.

Henri IV, *Lettres,* 6 juin 1589.

Hélas! un petit *aspic* comme M. de Rohan, revient de la mort; et cet aimable garçon (le chevalier de Grignan), bien né, bien fait, de bon naturel, d'un bon cœur, dont la perte ne fait de bien à personne, nous va périr entre les mains.

Mᵐᵉ de Sévigné, *Lettres,* 29 janvier 1672.

ASPIC, s. m. Nom vulgaire de la grande lavande.

Huile d'*aspic.*

Bulletin des lois, an II.

ASPIRER, v. a. (du latin *aspirare,* tiré lui-même de *ad,* vers, et *spirare* respirer).
Attirer l'air extérieur dans ses poumons.

Haletants, dévorés d'une soif ardente, retenant fortement notre haleine dans la crainte d'*aspirer* des flammes, la sueur ruisselle à grands flots de nos membres abattus.

         CHATEAUBRIAND, *Martyrs*, liv. XI.

> Retenons petit à petit,
> Sanz trop mangier, nostre appétit
> Tant que nous aions un lieu vuit,
> Sanz trop emplire le conduit
> Pour *aspirer* et respirer.
>
>   EUST. DESCHAMPS, *Notable enseignement*.

Aspirer s'emploie souvent au figuré dans un sens analogue ;

Alternativement il (l'abbé Petit) rougit de colère, ou bien il pâlit d'aise à la louange ; son nez est dans un mouvement perpétuel à *aspirer* l'encens que les persifleurs lui prodiguent.   GRIMM, *Correspondance*, 1er août 1755.

Voyez-les s'agiter en tous sens sur vos frontières, *aspirer* en Allemagne vos munitions de guerre, recruter dans votre sein des hommes, des chevaux, pomper ou du moins faire enfouir par les terreurs qu'ils répandent votre numéraire !   VERGNIAUD, *Choix de rapports, opinions et discours*, t. VIII, p. 201.

Anciennement on a souvent réuni les verbes *aspirer* et *respirer, aspirer* et *soupirer* dans une même expression figurée.

Il ne reste plus maintenant qu'à la rendre notoire (une alliance) à tous les gens de bien qui *soupirent* et *aspirent* incessamment après une telle faveur du ciel.

      SULLY, *Œconomies royales*, c. 23.

On ne verra rien en France qui ne soit François, qui n'ait le Lys au cœur, qui n'*aspire* et ne *respire* la durée de ce Saint don du Ciel digne d'un meilleur siècle.

    MATTHIEU, *Histoire des guerres entre les maisons de France et d'Espagne*.

Le Roy, la Royne sa Mere, Messieurs ses freres, les Princes ne *respirent* et n'*aspirent* qu'à ce contentement.

    LE MÊME, *Histoire des derniers troubles de la France*, liv. I.

Il se dit, par extension, De l'action par laquelle une pompe aspirante attire, élève l'eau en faisant le vide.

Le tuyau de cette pompe *aspire* l'eau avec beaucoup de force.

      Dictionnaire de l'Académie, 1835.

ASPIRER, en termes de Grammaire, Prononcer plus ou moins fortement de la gorge :

La faute qui se commet en cela (dans la prononciation de l'*h*), n'est pas d'*aspirer* une *h* muette, comme de dire, le honneur pour dire l'honneur, la heure pour dire l'heure ; personne ne parle ni n'écrit ainsi.

      VAUGELAS, *Remarques*, H aspirée.

ASPIRER, s'emploie aussi comme neutre, avec la préposition *à*, et signifie au figuré Prétendre à quelque chose, désirer vivement quelque chose.

En tous siecles il y en a eu quelques uns, qui par la conduite de nature *ont aspiré* en toute leur vie *à* vertu : et mesme quand on trouvera beaucoup à redire en leurs mœurs, si est-ce qu'en l'affection d'honnesteté qu'ils ont euē, ils ont monstré qu'il y auoit quelque pureté en leur nature.   CALVIN, *Institution chrestienne*, liv. II, c. 3, § 8.

Dieu sera juge de noz consciences... et tesmoing, quant à moy, que je ne desire tyrannie, ny usurpation, ny chose qui ne soit raisonnablement mienne ny pretendant ny *aspirant* à l'Empire ny *à* la monarchie.

    FRANÇOIS Ier. DU BELLAY, *Mémoires*. (Voyez MARTIN, liv. III, 1528.)

Les femmes et filles *ont aspiré à* ceste loüange et manne celeste de bonne doctrine.

      RABELAIS, *Pantagruel*, II, 8.

Et pensois veritablement en debtes consister la montaigne de vertus heroïcque, descrite par Hesiode... *à* laquelle tous humains semblent tirer et *aspirer*. Mais peu y montent pour la difficulté du chemin.

      LE MÊME, même ouvrage, III, 3.

Il falloit que ceulx qui *aspiroyent à* quelque magistrat, feussent en personne dedans la ville ; et que ceulx qui *aspiroyent à* faire entrée triomphale, attendissent au dehors.   AMYOT, trad. de Plutarque, *Caton d'Utique*, c. 10.

Voyla pourquoy les femmes mesmes *aspiroient à* ceste gloire d'éloquence et érudition.

    DU BELLAY, *Deffence et illustration de la langue françoyse*, liv. I, c. 11.

C'est chose honneste à celuy qui *aspire au* premier ranc, demeurer au second, voire au troizieme.

      LE MÊME, même ouvrage, liv. II, c. 5.

Entre espérer et *aspirer* il y a seulement cette différence, que nous espérons les choses que nous attendons par le moyen d'autruy, et nous *aspirons aux* choses que nous prétendons par nos propres moyens, de nous-mêmes.

SAINT FRANÇOIS DE SALES, *Traité de l'amour de Dieu,* II, c. 16.

Il n'est point permis d'*aspirer au* moindre ministère qu'en se fondant sur la vocation de Dieu et y mettant son appui.

NICOLE, *Essais de morale,* Sur l'épître de la messe du point du jour de Noël, VIII.

Nous devons *aspirer à* un autre jour, à une autre lumière, qui est celle de l'éternité.

LE MÊME, même ouvrage, Sur l'épître du dimanche de la Quinquagésime, IX.

L'infante (Marie-Thérèse) étant mariée à Sa Majesté (le roi Louis XIV), nous pourrions *aspirer à* la succession des royaumes d'Espagne, quelque renonciation qu'on lui en fît faire.

Extrait d'un mémoire, adressé le 20 janv. 1648 par le card. Mazarin aux plénipotentiaires français à Munster. (Voyez MIGNET, *Succession d'Espagne,* t. I, p. 33.)

L'abbé Fouquet *aspiroit à* la seconde place dans l'espionnage.

CARDINAL DE RETZ, *Mémoires,* IIᵉ partie, 1652.

J'embrasse M. de Grignan, mesdemoiselles ses filles, son petit sobre de fils; cela est plaisant d'*aspirer à* cette qualité : nos Bretons n'ont point cette fantaisie.

Mᵐᵉ DE SÉVIGNÉ, *Lettres,* 18 octobre 1673.

Il (Mazarin) peut *aspirer à* la gloire de l'avoir regardée (la mort) avec une intrépidité pareille à celle des plus grands hommes.

Mᵐᵉ DE MOTTEVILLE, *Mémoires.*

Il (Richelieu) abaissa la maison d'Autriche, et la mit hors d'état d'*aspirer à* la monarchie universelle.

CHOISY, *Mémoires,* liv. I.

La fortune toute seule ou plutôt l'imprudence de ses ennemis lui porta (à Lubomirsky) dans son camp un avantage *auquel* il n'*aspiroit* pas, et lui mit la victoire entre les mains.

LE MARQUIS DE POMPONNE, *Mémoires,* I, c. 5.

Il faut placer vers ce temps la fondation de Carthage, que Didon, venue de Tyr, bâtit en un lieu où, à l'exemple de Tyr, elle pouvoit trafiquer avec avantage, et *aspirer à* l'empire de la mer.

BOSSUET, *Discours sur l'histoire universelle,* I, 6.

Les discussions se réchauffent par les nouvelles prétentions du peuple, qui *aspire aux* honneurs, et au consulat réservé jusqu'alors au premier ordre.

BOSSUET, *Discours sur l'histoire universelle,* III, 7.

Il (Melanchthon) *aspiroit à* l'unité : il la perdit pour jamais.

LE MÊME, *Histoire des variations des Églises protestantes,* liv. V, n° 32.

Sortez du temps et du changement, *aspirez à* l'éternité : la vanité ne vous tiendra plus asservie.

LE MÊME, *Oraison funèbre de la duchesse d'Orléans.*

C'est assez d'avoir de la qualité pour *aspirer à* ce qu'il y a de plus éminent dans le sacerdoce.

BOURDALOUE, *Sermon sur l'ambition.*

Ils disent hardiment que les corps tendent en bas, qu'ils *aspirent à* leur centre.

PASCAL, *Pensées.*

Une nation se sert de la nécessité d'en rabattre une autre qui *aspire à* la tyrannie universelle, pour y *aspirer* elle-même à son tour.

FÉNELON, *Examen de conscience sur les devoirs de la royauté.*

Êtes-vous assez pur et assez saint, pour *aspirer à* des ministères si sublimes ?

MASSILLON, *Discours.* De l'ambition des clercs.

Il s'appliqua avec ardeur à la connoissance des métaux, premier objet des travaux de la chymie et dernier terme de ses espérances, si elle ose *aspirer à* la transmutation.

FONTENELLE, *Éloge de Poli.*

Eh ! quel malheur ne seroit-ce pas qu'un jeune homme comme lui, qui peut *aspirer à* tout, qui est l'espérance d'une famille illustre, fût peut-être obligé de déserter sa patrie pour avoir épousé une fille que personne ne connoît.

MARIVAUX, *la Vie de Marianne,* VIIIᵉ partie.

Lorsque Cassius fut condamné pour avoir *aspiré à* la tyrannie, on mit en question si l'on feroit mourir ses enfants.

MONTESQUIEU, *Esprit des lois,* XII, 18.

Les citoyens de cette célèbre ville *aspirèrent* toujours à la liberté dès qu'ils y virent le moindre jour; ils firent toujours les plus grands efforts pour empêcher les empereurs, soit francs, soit germains, de résider à Rome, et les évêques d'y être maîtres absolus.

VOLTAIRE, *Pyrrhonisme de l'histoire,* c. 25.

C'est *à* Rome et *à* l'empire d'Occident que cette ambition (de Charlemagne) *aspirait.*

VOLTAIRE, *Essai sur les mœurs,* c. 15. De Charlemagne
empereur.

Il me paroissoit fort juste, en servant bien, d'*aspirer*
au prix naturel des bons services, qui est l'estime de ceux
qui sont en état d'en juger.

J.-J. ROUSSEAU, *les Confessions,* part. II, liv. VII.

Je crois que M. de Francueil *aspiroit à* l'Académie des
sciences; il vouloit pour cela faire un livre.

LE MÊME, même ouvrage, *ibid.*

La réputation d'auteur médiocre, *à* laquelle seule j'aurois pu *aspirer,* a peu flatté mon ambition.

LE MÊME, *Lettres,* 25 juillet 1750.

Quiconque *aspire à* ma confiance doit commencer par
me donner la sienne.

LE MÊME, même ouvrage, 16 février 1771.

L'homme peut *aspirer à* la vertu; il ne peut raisonnablement prétendre de trouver la vérité.

CHAMFORT, *Maximes et pensées,* c. 5.

Ils (les Allemands) ont *aspiré* même *à* la gloire de l'épopée.

MARMONTEL, *Éléments de littérature.* Poésie.

Le vainqueur avait disputé le prix au nom de Philippe,
roi de Macédoine, qui *aspirait à* toutes les espèces de
gloire, et qui en fut tout à coup si rassasié, qu'il deman-
dait à la fortune de tempérer ses bienfaits par une disgrâce.

BARTHÉLEMY, *Voyage d'Anacharsis,* c. 38.

Un ancien décret du peuple permit à tout poète d'*aspi-*
rer à la couronne avec une pièce d'Eschyle, retouchée et
corrigée comme il le jugerait à propos.

LE MÊME, même ouvrage, c. 70.

Adonc me pris à reminer
A part moy les estatz du monde,
Car le saige se doit mirer
Sur fait d'autruy, et *aspirer*
A l'estat qui fut le plus monde.

Les Secretz et loix de mariage. Poés. françoises
des xve et xvie siècles, t. III, p. 190. *Biblio-*
thèque elzévirienne.

Vous dont l'âme divine *aspire aux* choses saintes,
Et que le ciel a faict l'object de son amour,
Verserez-vous des pleurs et ferez-vous des plaintes
Quand pour l'amour de Dieu vous laisserez le jour?

THÉOPHILE, *Sonnet.*

Ton ardeur criminelle *à* la vengeance *aspire.*

P. CORNEILLE, *Horace,* IV, 5.

Je n'*aspire* en effet qu'*à* l'honneur de vous suivre.

RACINE, *Iphigénie,* I, 2.

... Une fortune immense
Doit vous faire *aspirer aux* plus nobles partis;
Jugez si vous et moi nous sommes assortis.

DESTOUCHES, *le Glorieux,* I, 8.

J'*aspire à* votre main; mais je veux être aimé.

LE MÊME, même ouvrage, III, 2.

Et je n'*aspire* point *à* l'honneur singulier
D'être le successeur de l'univers entier.

GRESSET, *le Méchant,* IV, 9.

Et si votre grand cœur compte sur sa vaillance,
S'il *aspire à* l'honneur d'une illustre alliance,
A tous ces grands débats nous sommes étrangers :
Le prix en est pour vous, courez-en les dangers!

DELILLE, *l'Énéide,* XI.

Aspirer à ne se dit pas seulement des choses,
il s'emploie aussi en parlant soit de Dieu, soit des
personnes :

Mon Dieu, je ne désire que vous, je n'*aspire* qu'*à* vous.

BOURDALOUE, *Sermons.* Sur le renouvellement des
vœux.

Comment paraître aux yeux de celle *à* qui j'*aspire?*

PIRON, *la Métromanie,* V, 1.

Aspirer à est souvent suivi d'un verbe.

Ils se doubtoyent qu'il (César) *aspiroit à* se faire monarque.

AMYOT, trad. de Plutarque, *Vie de César,* 38.

La nature intelligente *aspire à* être heureuse.

BOSSUET, *De la Connoissance de Dieu et de soi-même,*
c. 4, art. 1.

Nous *aspirons* ambitieusement *à* tout comprendre, et
nous ne le pouvons pas.

SAINT-ÉVREMONT, *Sur la religion.*

Ce sera une perfection en vous de n'*aspirer* point *à* être
parfaite.

Mme DE MAINTENON, *Lettres,* à Mme de la Maison-
fort, 1691.

Leur ambition les faisoit *aspirer à* s'égaler aux princes du sang, et à partager le pouvoir du connétable de Montmorency.

Mᵐᵉ DE LAFAYETTE, *la Princesse de Clèves*, I.

Quand on *aspire à* se faire une grande réputation, on est toujours dépendant de l'opinion des autres.

Mᵐᵉ LA MARQUISE DE LAMBERT, *Avis d'une mère à son fils*.

Plusieurs des plus grands empereurs romains croyoient ne pouvoir *aspirer à* devenir véritablement grands, qu'autant que s'élevant au-dessus de la corruption de leur siècle, ils se rapprochoient des vénérables modèles de l'antiquité.

ROLLIN, *Traité des Études*, liv. VI, Iʳᵉ part., § 4.

Un homme de province sollicite une place dans un corps respectable d'une capitale, et l'obtient; et pour tout remerciment, il dit à ses confrères qu'eux et tous ceux qui *aspirent à* l'être, sont des extravagants, des ennemis de l'État et de la religion, et même des gens sans goût, qui ne lisent point ses cantiques.

VOLTAIRE, *les Honnêtetés littéraires*, 6ᵉ honnêteté.

Il (Charles XII) ordonna... à son grand maréchal des logis, de lui donner par écrit la route depuis Leipsick... jusqu'à toutes les capitales de l'Europe. Le maréchal lui apporta une liste de toutes ces routes, à la tête desquelles il avait affecté de mettre en grosses lettres : « Route de Leipsick à Stockholm. » La plupart des Suédois n'*aspiraient qu'à* y retourner; mais le roi était bien éloigné de songer à leur faire revoir leur patrie.

LE MÊME, *Histoire de Charles XII*, III.

Les maîtres des requêtes ressemblent aux désirs du cœur humain, ils *aspirent à* n'être plus.

D'AGUESSEAU, *Vie de son père*.

La vie orageuse que je mène sans relâche, seroit terrible pour un homme en santé; jugez ce qu'elle doit être pour un pauvre infirme épuisé de maux et d'ennuis, et qui n'*aspire qu'à* mourir en paix.

J.-J. ROUSSEAU, *Lettres*, 20 octobre 1765.

Dégoûté du monde et de la gloire, il (Bossuet) n'*aspiroit* plus, disoit-il, qu'à être enterré au pied de ses saints prédécesseurs.

D'ALEMBERT, *Éloge de Bossuet*.

Ils (les grands) ne connoissoient ni l'étendue ni les bornes de leur autorité, et tandis que les uns n'*aspiroient qu'à* devenir des tyrans, les autres ne demandoient qu'à être esclaves.

MABLY, *Observations sur l'histoire de France*, I, c. 3.

Quoique cet habile traducteur (Dureau de la Malle) *aspire à* rendre partout la nerveuse rapidité de son modèle (Salluste), sa version néanmoins pourrait gagner encore du côté de la couleur et de l'énergie.

M.-J. CHÉNIER, *Tableau historique de la littérature française*, c. 5.

L'ennemi épouvanté n'*aspire* plus qu'*à* regagner les frontières.

NAPOLÉON, *Mémoires*, t. I, p. 224

Par son art, nos voisins, nos propres ennemis,
N'*aspirent qu'à* nous être alliés ou soumis.

ROTROU, *Venceslas*, V, 1.

Et comme notre esprit, jusqu'au dernier soupir,
Toujours vers quelque objet pousse quelque désir,
Il se ramène en soi, n'ayant plus où se prendre,
Et monté sur le faîte il *aspire à* descendre.

CORNEILLE, *Cinna*, II, 1.

Ce passage de Corneille a donné lieu à la remarque suivante :

Racine admirait surtout ce vers, et le faisait admirer à ses enfants. En effet, ce mot *aspire*, qui d'ordinaire s'emploie avec *s'élever*, devient une beauté frappante quand on le joint à *descendre*. C'est cet heureux emploi des mots qui fait la belle poésie, et qui fait passer un ouvrage à la postérité.

VOLTAIRE, *Commentaire sur Corneille*.

À vous bien divertir toute la troupe *aspire*.

BOURSAULT, *Fables d'Ésope*, V, 4.

Non, je n'*aspire* plus qu'*à* triompher de moi.

DESTOUCHES, *le Glorieux*, V, 6.

On m'apprit qu'à Paris, leurs vœux prenant l'essor,
N'*aspiraient à* rien moins qu'à trouver un trésor.

ANDRIEUX, *le Trésor*, I, 7.

Aspirer s'emploie souvent avec *où* dans une signification analogue :

Tout tel que tu es, tu ne laisses pas d'*aspirer où* tu ne sçaurois atteindre.

VAUGELAS, trad. de Quinte-Curce, *Histoire d'Alexandre*, liv. VII.

Il y en a qui ne se contentent pas de renoncer à leur air propre et naturel pour suivre celui du rang et des dignités *où* ils sont parvenus. Il y en a même qui prennent par avance l'air des dignités et du rang *où ils aspirent*.

LA ROCHEFOUCAULD, *Réflexions diverses*, VII. De l'air et des manières.

L'air spirituel est dans les hommes ce que la régularité des traits est dans les femmes : c'est le genre de beauté *où* les plus vains puissent *aspirer*.

LA BRUYÈRE, *Caractères*, c. 12.

Oui, monseigneur, je le répète encore une fois, il n'y a sorte de louanges *où* vous ne puissiez *aspirer*.

LA FONTAINE, *Lettres*, au duc de Guise, 1671.

S'approchant du ciel, *où* ils *aspirent*, ils regardent encore, presque sans y penser, la terre qu'ils quittent.

FLÉCHIER, *Oraison funèbre de M*^me^ *de Montausier*.

Si une fille se détermine à se faire religieuse, sans y être poussée par ses parents, tournez dès ce moment toute son éducation vers l'état *où* elle *aspire*.

FÉNELON, *De l'Éducation des filles*, c. 12.

Regardez le sacerdoce *où* vous *aspirez* comme un précipice affreux pour vous.

MASSILLON, *Discours*. De la Communion.

Ne t'esbahis si j'ay suivy la trace,
Noble seigneur, pour en France tirer,
Où long temps a je ne fais qu'*aspirer*.

CL. MAROT, *Épîtres*, liv. I, 27.

Goûte le bien que tant d'hommes désirent,
Demeure au but *où* tant d'autres *aspirent*.

LOUISE LABÉ, *Élégies*, 1.

   O que le desir aveuglé
   Où l'âme du brutal *aspire*
   Est loin du mouvement réglé
   Dont le cœur vertueux souspire!

THÉOPHILE, *la Maison de Sylvie*, ode IV.

Une fausse louange est un blâme secret :
Je suis belle à tes yeux, il suffit, sois discret ;
C'est mon plus grand bonheur, et le seul *où* j'*aspire*.

P. CORNEILLE, *Mélite*, I, 4.

Ne me reprochez plus que par mes cruautés
Je tâche à conserver mes tristes dignités,
Je dépose à vos pieds l'éclat de leur faux lustre;
Celle *où* j'ose *aspirer* est d'un rang plus illustre.

LE MÊME, *Polyeucte*, V, 6.

Le bonheur de lui plaire est le seul *où* j'*aspire*.

RACINE, *Britannicus*, III, 8.

Le bonheur *où* j'*aspire* est d'être convaincu.

BOURSAULT, *Ésope à la cour*, III, 3.

Un trésor de vertus est le seul *où* j'*aspire*.

DESTOUCHES, *le Philosophe marié*, I, 4.

IV.

Permettez qu'un hymen *où* Didon même *aspire*
Fasse d'un Phrygien le maître de l'empire.

DELILLE, *l'Énéide*, IV.

Il en est de même avec *y* :

Cato le retint..., le priant de n'abandonner point la desfense de la liberté à l'encontre des tyrans, qui donnoyent assez à cognoistre comment ils useroyent de leur magistrat, puisqu'ils *y* aspiroyent et *y* prétendoyent par si malheureuses et si meschantes voyes.

AMYOT, trad. de Plutarque, *Cato d'Utique*, c. 12.

On *y* *aspire* sans cesse, à cette vie aisée et commode.

BOURDALOUE, *Sermons*, Sur le couronnement de Jésus-Christ.

Égalité, désintéressement, liberté, ces trois mots sont écrits dans le cœur de tous les gens de lettres qui la composent (l'Académie) et de tous ceux qui sont dignes d'*y* *aspirer*.

D'ALEMBERT, *Éloge du président Rose*.

Aspirer est quelquefois suivi de *jusqu'à, jusqu'où*.

Il arriva à la fin que tous les sujets de l'empire se crurent Romains. Les honneurs du peuple victorieux peu à peu se communiquèrent aux peuples vaincus : le sénat leur fut ouvert, et ils pouvoient *aspirer jusqu'à* l'empire.

BOSSUET, *Discours sur l'histoire universelle*, III, c. 6.

Mon amour *jusqu'à* vous a-t-il lieu d'*aspirer*?

CORNEILLE, *Andromède*, IV, 1.

Je sais *jusqu'où* son choix vous permet d'*aspirer*.

DESTOUCHES, *l'Ingrat*, II, 2.

On trouve aussi devant un verbe *Aspirer de* :

On vous propose une liberté pour prétexte, avecques autres semblables tiltres merveilleusement beaux en apparence : mais onques homme n'*aspira de* reduire les autres en servitude, et establir sa domination dessus eux, qu'il ne s'aidast des mesmes mots.

BLAISE DE VIGENÈRE, trad. de Tacite, *Histoires*, IV, 13.

Elle n'*aspiroit* pas, comme elle a pu faire depuis, d'être héritière du royaume.

Mme DE MOTTEVILLE, *Mémoires*.

                                          3

On a dit aussi *Aspirer en, vers*.

> Aspirez donc bien souvent *en Dieu*, Philotée, par de
> courts, mais ardens eslancemens de vostre cœur.
>> Saint François de Sales, *Introduction à la vie
>> dévote;* II, c. 13.

> Le chêne... voit au-dessous de lui ses vieilles racines
> s'enfoncer dans la terre, et à son sommet des boutons
> naissants qui *aspirent* vers le ciel.
>> Chateaubriand, *Génie du christianisme,* III⁰ part.,
>> liv. IV, c. 5.

Aspirer s'emploie aussi absolument au figuré,
particulièrement dans ces locutions : *Aspirer plus
haut, aspirer plus qu'il ne faut :*

> De Salle, esprit ferme, entier dans ses opinions, attaché
> au mestier qu'il faict en homme de bien et sans intérest,
> *aspire plus haut.*
>> *Notes secrètes des intendants de province à Colbert,*
>> fin de 1663. (Voy. Depping, *Corresp. administr.
>> sous Louis XIV,* t. II, p. 43.)

> Espoirs, Ixions en audace,
> Du ciel desdaignant la menace,
> Vous *aspirez plus qu'il ne faut;*
> Au ciel comme Icares prétendre,
> C'est bien pour tomber d'un grant saut :
> Mais ne laissez de l'entreprendre.
>> D'Urfé, *l'Astrée,* Iʳᵉ part., liv. VIII. Stances des
>> desirs trop eslevez.

Aspiré, ée, part. passé.

> Je n'aime pas les *h aspirées,* cela fait mal à la poitrine ;
> je suis pour l'euphonie.
>> Voltaire, *Lettres,* 10 juillet 1767.

D'*aspirer* on avait formé :
Aspirement, s. m.

> L'*aspirement* donc est un rejetton de l'espérance comme
> nostre coopération l'est de la grace.
>> Saint François de Sales, *Traité de l'amour de
>> Dieu,* liv. II, c. 16.

ASPIRANT, ANTE, adj. Qui aspire.

> Les continents étant toujours, à égalité de latitude et
> de niveau, plus échauffés que les mers, il en doit résulter

un courant habituel qui porte l'air, et par conséquent les
nuages, de la mer sur la terre. Ils s'y dirigeront d'autant
plus que les montagnes seront plus échauffées, plus *aspirantes.*
>> Volney, *Voyage en Syrie et en Égypte.* Syrie, c. 21.

Pompe aspirante :

> Un petit enfant, pour tirer des mamelles de sa nour-
> rice la liqueur dont il se nourrit, ajuste aussi bien ses
> lèvres et sa langue que s'il savoit l'art des *pompes aspi-
> rantes.*
>> Bossuet, *De la Connoissance de Dieu et de soi-même,*
>> c. 2, n° 13.

Aspirant, s. m. Celui qui aspire à une chose,
qui veut y parvenir :

> Il y en eut quelqu'un d'oublié, qui donna advis du peu
> d'esprit et de capacité de l'*aspirant,* dont il donnoit d'ail-
> leurs assez de marques par l'aspect de sa personne.
>> Furetière, *Roman bourgeois,* liv. II.

> Apparemment, monsieur est ce mortel heureux,
> Ce fidèle *aspirant* dont vous comblez les vœux.
>> Regnard, *le Joueur,* V, 3.

> Tout beau, l'ami, tout beau! L'on diroit à t'entendre,
> Qu'à la succession tu peux aussi prétendre.
> Déjà, ne sont-ils pas assez de concurrents,
> Sans t'aller mettre encor au rang des *aspirants?*
>> Le même, *le Légataire universel,* I, 1.

> C'étoit d'abord un *aspirant* timide,
> C'est maintenant un docteur intrépide.
>> J.-B. Rousseau, *Épîtres,* II, 4.

Il est souvent suivi de la préposition *à :*

> Un prétendant et *aspirant à* l'empire universel ne peult
> toujours avoir ses aises.
>> Rabelais, *Gargantua,* I, 33.

> Pour seconder cette première nouvelle arriva celle de la
> Rochelle, par les menees de Sainct Hermine, et par l'au-
> thorité et resolution que prit Truchard, nommé pour un
> des trois *aspirans à* la mairie et choisi par Jarnac, senes-
> chal et gouverneur en la justice.
>> D'Aubigné, *Hist.,* t. I, liv. III, c. 11, p. 248.

> Cette perquisition demeure presque toujours sans effet...

mais elle n'en renferme pas moins une condition essentielle pour l'*aspirant* au ministère.

> Massillon, *Discours*. De la vocation à l'état ecclésiastique.

Dans cette salle d'assemblée étoient quatre ou cinq affreux bandits, mes camarades d'instruction, et qui sembloient plutôt des archers du diable que des *aspirants à* se faire enfants de Dieu.

> J.-J. Rousseau, *les Confessions*, part. I, liv. II.

A peine nos jeunes *aspirants aux* lauriers du Parnasse ont-ils secoué la poudre collégiale, qu'ils s'élancent dans la lice ; hier, ils étaient disciples ; ils se croient aujourd'hui des maîtres.

> Saint-Foix, *Essais historiques sur Paris*. Pensées diverses.

On ne s'étonne point de ce que les *aspirants aux* services spéciaux civils et militaires sont soumis au concours.

> Royer-Collard, *Opinions et discours,* Sur la loi du recrutement, 5 février 1818.

Il s'emploie aussi avec la préposition *de :*

Les titres d'élève et de volontaire de la marine demeurent supprimés ; les fonctions dont ces navigateurs étaient ci-devant chargés à bord des vaisseaux de l'État seront remplies par des *aspirants de* marine.

> *Décret de l'Assemblée nationale,* 17 septembre 1792, art. 1er.

Les ascètes erroient en silence sur le Sinaï comme les ombres du peuple de Dieu. Ces *aspirants du* ciel exerçoient un grand pouvoir sur la terre.

> Chateaubriand, *Études historiques*, 5e disc., 2e part.

Il fait au féminin Aspirante :

Mme la supérieure vit bien toutes ces irrévérences avec douleur : mais le ciel, en cette rencontre, bénit ses saintes intentions. L'orage ne l'étonna point, l'*aspirante* fît ses vœux, et toute la cérémonie fut heureusement achevée.

> Patru, *Plaidoyers*, 17.

Le commerce de vous autres dévotes ou *aspirantes* est mille fois plus agréable que celui de la plupart des belles et jeunes dames de la cour.

> Bussy, *Lettres*, 6 mai 1672, à Mme de Scudéry.

ASPIRATION, s. f. Action d'attirer l'air extérieur.

Regarde comment tu abuses, premier tu luy oste l'*aspiration*, et le rends plus mélancolique que ne fait sa maladie.

> Bernard Palissy, *les Abus des médecins.*

La cendre qui estoit fort haulte, emeue par les vents et par la vehemence de la chaleur, rendoit un air sec et perceant, qui offensoit griefvement leurs corps quand ilz venoient à l'attirer par l'*aspiration*.

> Amyot, trad. de Plutarque, *Camillus.*

Il signifie, en termes d'Hydraulique, L'action par laquelle une pompe élève l'eau en faisant le vide.

Voilà une pompe par *aspiration*.

> *Dictionnaire de l'Académie*, 1694.

Il signifie, en Grammaire, La manière de prononcer en aspirant.

Ceste lettre (*h*) n'est point *aspiration* en françoys comme en latin.

> P. de la Ramée, *Grammaire*, c. 3.

Un nomé Sylvie, maistre de jeux, trouva les lettres H, K, et Q, bien que ce ne sont lettres, mais *aspirations*.

> Antoine du Verdier, *Les diverses Leçons*, liv. II, c. 2.

La langue des Indiens du Pérou est pleine de fortes *aspirations* et de consonnes qui se choquent.

> Bernardin de Saint-Pierre, *Études de la nature*, étude 12e.

Aspiration se dit figurément De certains mouvements de l'âme vers Dieu, vers les choses nobles, élevées.

Commencez le soir précédent à vous préparer à la sainte communion, par plusieurs *aspirations* et eslancemens d'amour.

> Saint François de Sales, *Introduction à la vie dévote,* part. II, c. 21.

Il (Dieu) ne nous demande pas nos biens, nos thresors, nos honneurs, grand travail du corps, grandes peines et fatigues ; il ne veut seulement qu'une simple *aspiration*, qu'un petit mouvement du cœur, qu'une pure action de graces, voire sans paroles.

> Camus, évêque de Belley, *les Diversitez*, liv. IV, c. 8.

ASPRE, s. m. Petite monnaie chez les Turcs.

On mande du Levant... que Salla-Rays avoit esté faict bellierbey d'Affricque avec provision et estat de je ne sçay combien de sommes d'*aspres* par an qui pouvoit revenir à L mille ducatz.

> M. DE SELVE au connétable de Montmorency, 1ᵉʳ février 1552. (Voy. CHARRIÈRE, *Nég. de la France dans le Levant*, t. II, p. 177.)

Pour dix *aspres* il se trouve tous les jours entre eulx (les Turcs) qui se donnera une bien profonde taillade dans les bras ou dans les cuisses.

> MONTAIGNE, *Essais*, I, 40.

Je trouvay que le pois de six livres de bon vin ne cousteit plus d'un *aspre*, qui est trois pintes mesure de Paris, pour un carolus.

> PIERRE BELON, *Observations de plusieurs singularitez de divers pays estranges*, liv. I, c. 25.

Ce Turc s'appelloit Soliman : il étoit muttafar aga, c'est à dire huissier du grand seigneur. Quand on l'envoya au roy, c'étoit un homme à quinze *aspres* de gages par jour, c'est à dire sept souls et demy.

> CHARDIN, *Journal du voyage en Perse*, Iʳᵉ part.

ASSAGIR, v. a. Rendre sage.

Quant à assagiar, on auroit bien quelque raison de l'entendre autrement, de prime face, et de penser que assagiar soit ce que nous disons quelquefois *assagir*, pour faire sage.

> H. ESTIENNE, *la Precellence du langage françois*.

Par mon ame je croy qu'il n'y a poing n'y poinct, qui sceut *assagir* la femme quand elle l'a mis en sa teste.

> BONAVENTURE DES PERIERS, *les Contes ou Nouvelles*, Nouvelle LIII. Du clerc des finances.

Les conditions de la vieillesse ne m'advertissent que trop, m'*assagissent* et me preschent.

> MONTAIGNE, *Essais*, III, 5.

Robes de vair ne de gris n'ont puissance
D'*assagir* nul.

> EUST. DESCHAMPS, *Ballades*, XII.

Se peut-il qu'ayant pris tant d'empire sur elle,
Par droit de voisinage et droit de parenté,
Au lieu de l'*assagir* par votre autorité,
Vous travailliez encore à la rendre coquette?

> DUFRESNY, *la Coquette de Village*, I, 1.

Il s'emploie quelquefois comme verbe pronominal :

Il nous faut abestir pour *nous assagir*.

> MONTAIGNE, *Essais*, II, 12.

J'estudiay jeune pour l'ostentation; depuis un peu pour *m'assagir*; à cette heure pour m'esbattre; jamais pour le quest.

> LE MÊME, même ouvrage, III, 3.

ASSAGI, IE, participe.

Je suis envieilly de nombre d'ans, depuis mes premières publications, qui furent l'an mille cinq cens quatre vingts. Mais je doute que je sois *assagi* d'vn pouce.

> MONTAIGNE, *Essais*, III,

Du verbe *assagir* on a tiré :

ASSAGISSEMENT, s. m.

L'affinement des esprits, ce n'en est pas l'*assagissement*.

> MONTAIGNE, *Essais*, III, 9.

ASSAILLIR, v. a. (de *adsalire*, qui se trouve dans la loi salique [*Rerum Gallicarum scriptores*, t. IV, p. 133], et qui vient lui-même de *ad*, à, et *salire*, sauter).

Les doubles formes *j'assaille, j'assaus*; *j'assaillirai, j'assaudrai*, ont été à peu près également employées jusqu'au milieu du seizième siècle.

Comme nous sommes en controverse s'il faut dire *j'assaudray* ou *j'assailliray*, ainsi voyons-nous que les uns (parmi les Italiens) disent assaliscono, les autres assalgono.

> HENRI ESTIENNE, *De la Precellence du langage françois*.

C'est seulement à la fin du dix-septième siècle qu'*assaillirai* a définitivement prévalu :

Il est indubitable qu'il faut dire j'*assaillirai*.

> MÉNAGE, *Observations sur la langue françoise*, 1671.

On trouvera ces diverses formes dans les exemples qui suivent :

ASSAILLIR, attaquer.

Ki en alcun de ces chemins oceït home qui seit errant par le pais u *asalt...*
      Lois de Guillaume le Conquérant, XXX.

David prist cunseil de nostre Seigneur s'il i irreit u nun, pur les Philistins *assaillir*.
      Les quatre Livres des Rois, I, 23, 2.

Adonc pristrent cil de l'ost conseil qu'il porroient faire, s'il *asaudroient* la vile ou par mer ou par terre : et li Vénitien s'acordèrent à ce qu'il *asausissent* par mer, et li François distrent qu'il ne se savoient mie si bien aidier par mer comme il faisoient par terre.
      VILLEHARDOUIN, *Conquête de Constantinople*, § LXXIII.

Se chil defors *assaillissent* ausi asprement comme chil dedens se deffendoient, li castiaus et esté tot pris, mais il *assailloient* lentement.
      HENRI DE VALENCIENNES, *Conqueste de Constantinoble*, XXXIV.

Et maintenant firent destraveir leur treis et leur tentes et tout leur harnois, et ne finerent d'aleir de ci qu'il vinrent devant Acre..... et firent mainte foiz *assaillir* aus muriaus de la citei, et geteir perrieres et mangoniaus.
      Récits d'un ménestrel de Reims au treizième siècle, publiés par N. DE WAILLY (Soc. de l'Hist. de France), p. 28.

Se nostre gent sont *assailli* de dous pars, ils pourront bien perdre.
      JOINVILLE, *Vie de saint Louis*, XLVIII.

Adonc vindrent nouvelles au roy anglois que les François les *assailloient* par derrière, et qu'ilz avoient déjà prins ses sommiers et autres bagaiges.
      MONSTRELET, *Chroniques*, c. 148.

Si allèrent à conseil ensemble les seigneurs, et conseillèrent qu'ils enverroient quérir sur la rivière de Gironde des nefs et des bateaux, et *assaudroient* Bergerac par eau.
      FROISSART, *Chroniques*, liv. I, Irᵉ part., c. 219.

Là vouloit le duc de Bretagne que tantôt on les *assaulsit.*
      LE MÊME, même ouvrage, liv. I, IIᵉ part., c. 380.

Et estimoient, pour ce qu'il estoit dimanche, que on ne les *assauldroit* point.
      COMMINES, *Mémoires*, c. 13.

Par l'advis desditz deleguez par Vostre Saincteté, est dit que les Écossois, Suisses, Lorrains, Savoysiens, Venitiens, Florentins, Siennois et Lucquois seront joincts avec moy à l'exercice d'icelle guerre, et que par la voye de For-Julle, *assailleront* le Turc du côté de la Grèce.
      FRANÇOIS Iᵉʳ à Léon X, 16 décembre. (Voy. CHARRIÈRE, *Nég. de la France dans le Levant*, t. I, p. 43.)

Ledit Turc se prépare d'autre costé pour venir à Vienne, laquelle l'empereur a bien garny de deffense, et à l'esperance que s'*il l'assaut*, il n'y fera grand chose.
      Avis reçus de Suisse, 12 juillet 1532. (Voy. CHARRIÈRE, *Nég. de la France dans le Levant*, t. I, p. 206.)

On estoit apres au duché de Millan avecques toute diligence pour mectre vivres et municions dedans les places, où il y en a telle faulte que ladicte duché seroyt en assez grant danger qui *l'assauldroit* de present.
      L'Évêque de Montpellier à Rincon, 1ᵉʳ août 1540. (Voy. CHARRIÈRE, *Nég. de la France dans le Levant*, t. I, p. 434.)

Pichrocole, mon amy ancien, de tout temps, de toute race et alliance, me vient il *assaillir*?
      RABELAIS, *Gargantua*, I, c. 28.

Il pensoit que, à la première ville qu'il *assaudroit*, sans en venir au-dessus et à son intention, amattiroit et affoibliroit le cuer de ses gens.
      GUILLAUME DU BELLAY, *Mémoires*.

S'il estoit besoing de combat ou d'*assaillir* un fort, se mettoyent à pied, et ne leur faloit nul sergent pour les mettre en bataille, par-ce que d'eux mesmes chacun sçavoit qu'il avoit à faire.
      MARTIN DU BELLAY, *Mémoires*.

La nuict est une chose effroyable, lorsqu'on ne voit qui vous *assaut*.
      MONTLUC, *Commentaires*, liv. II.

Sire, nous sommes asture à prendre une résolution d'aller *assalir* ceulx qui sont à Lavaur et à Castres.
      LE MÊME, *Lettres*, 53.

La fleur de tant de vaillans hommes seroit plus que suffisante pour aller *assaillir* nostre vieil ennemy jusques dans Madric.
      ANT. ARNAULD, *Plaidoyer pour l'Université* (1594).

N'étoit-ce rien dans un État que d'y révoquer en doute la majorité du roi... d'entrer dans son palais à main armée? de l'*assaillir* et de le forcer?...

> Bossuet, *Histoire des variations des Églises protestantes.*

Les bastions la Pucelle et Cohorn (à Berg-op-Zoom) *sont assaillis* et emportés avec la même vivacité.

> Voltaire, *Précis du siècle de Louis XV*, c. 26.

De sun palais uns bels veltres (lévrier) acurt
Entre les altres *assaillit* le greignur (ours).

> *La Chanson de Roland*, v. 2563.

Sire, dist Fortinbrans, laissiés vostre tenchon,
Faites sonner vos cors, cele tor *assalonz.*

> *Fierabras*, v. 3728.

La nuit fist sa gent reposer
Et par matin les fist armer;
La cité voloit *assalir.*

> Wace, *Roman de Brut*, v. 8555.

Bien desfendrons se Turc vont *assaillant.*

> *Aliscans*, v. 1957.

Les engiens ont en contremont levés
Et le palais *asalent* de tous lés.

> *Huon de Bordeaux*, v. 4402.

Si uns l'*assalt* devers le destre,
Il turne e fert devers senestre.

> *Tristan*, vol. II, v. 255.

Il ne verra mon courage faillir,
Et l'*assaudray* au lieu de m'*assaillir.*

> Ronsard, *Cartel fait pour un combat que fist le roy en l'Isle du Palais.*

On *assaut*, on defend, le fer de toutes parts
Flamboye estincelant en la main des soudards.

> Garnier, *Porcie*, III, 1.

Un jour, qui n'est pas loin, elle (l'Église) verra tombée
La troupe qui l'*assaut* et la veut mettre à bas.

> Malherbe, *Larmes de saint Pierre.*

Assaillir s'emploie au figuré, en plaisantant :

Aller *assaillir* un muy de vin.

> Larrivey, *les Jaloux*, V, scène dernière.

J'entreprends tout seul d'*assaillir*
Qui voudra ces petits pastez,
Car je suis des enfans gastez
De ce pays.

> *Moralité des enfans de Maintenant.* Ancien Théâtre François, *Bibl. elzévirienne*, t. III, p. 6.

Il se dit en parlant Des tempêtes, des orages :

Il débarque sur la côte d'Alger, le 22 octobre, avec autant de monde à peu près qu'il en avait quand il prit Tunis; mais une tempête furieuse ayant submergé quinze galères et quatre-vingt-six vaisseaux, et ses troupes sur terre étant *assaillies* par les orages et par les Maures, Charles est obligé de se rembarquer sur les bâtiments qui restent.

> Voltaire, *Annales de l'empire*, Charles-Quint, 1540.

... Rendons à Dex mercis!
Se nous en escapons, ce sera à envis;
Quar maintes grant tormente nos ont hui *asali.*

> *Roman d'Alexandre*, v. 35.

Pendant cela, le mauvais temps l'*assaille.*

> La Fontaine, *Contes*, l'Oraison de saint Jullien.

De la douleur physique et morale, de la mauvaise fortune, du chagrin, du malheur, etc.

L'enfermeté des Jues (lieux) et la chalor deu tens les *assaudra.*

> *Recueil des historiens des Croisades*. Histor. occidentaux, t. II, p. 49.

Je voy ores que vostre dueil, allié du mien, ont tant *assailly* et combattu mon cueur, qu'ilz l'ont vaincu et navré à mort.

> Ant. de la Salle, *l'Hystoyre du petit Jehan de Saintré*, c. 26.

Par lui saurez de la santé de Madame, que la goutte hier et ennuist a voulu *assaillir* au pied et au genoul.

> Marguerite de Navarre, *Lettres*, à François Ier, juillet 1525.

Elle est vive (la vraie douleur), elle est remuante, elle nous *assaut* la première, elle nous surprend, elle nous saisist et serre de si pres, que nous ne nous pouvons aider.

> Du Vair, *De la constance et consolation ez calamitez publiques.*

Je veux dire tout simplement et sans figure que les malheurs nous *assaillent* et nous pénètrent par trop d'endroits pour pouvoir être prévus et arrêtés de toutes parts.

> Bossuet, *Sermons*, Sur l'amour des plaisirs.

La mort ne viendra pas de loin avec grand bruit pour nous *assaillir*.

> BOSSUET, *Sermons*, Sur la nécessité de travailler à son salut.

Il fallut continuer à porter le faix jusqu'au bout. Les infirmités et la décrépitude qui l'*assaillirent* (le Père de la Chaise) bientôt après ne purent le délivrer.

> SAINT-SIMON, *Mémoires*, 1707.

Je voy, quant règle deffault,
Que poureté l'omme *assault*
Et maine à perdicion.

> EUST. DESCHAMPS, *Lai du Roi*.

Remontrez, en votre harangue,
Que faulte d'argent si m'*assault*.

> VILLON, *Requeste à M. de Bourbon*. Envoi.

Bien tost apres ceste fortune là,
Une autre pire encores se mesla
De m'*assaillir*, et chascun jour m'*assault*.

> CL. MAROT, *Épîtres*, liv. I, 14. Au roy pour avoir esté dérobé.

Ah! fiévreuse maladie,
Comment es-tu si hardie
D'*assaillir* mon pauvre cors.

> RONSARD, *Odes retranchées*.

Il se dit Des sentiments, des passions, des idées, etc. :

Au jour darriein verra li fels qu'i ne nous porra tolir les biens que nous averons fait... lors nous *assaura* d'autre part et se traveillera et fera son pooir de nous metre en aucune temptation contre la foi.

> JOINVILLE, *Credo*, LVIII.

Refraignez ces evagacions, et abatez les temptacions qui me *assaillent*.

> *Le Livre de l'internelle consolation*, liv. II, c. 23.

De faire un long denombrement des erreurs dont la pureté de nostre foy *a esté* jadis *assaillie* en cest article, il seroit trop long et fascheux sans profit.

> CALVIN, *Institution chrestienne*, liv. I, c. 13, § 22.

Ce ne sont pas seulement les animaux qui font la guerre à l'homme depuis son péché ; mais Dieu, pour le punir et pour se venger, l'a comme abandonné à son propre sens, par la corruption duquel mille folles passions, comme autant de furies, l'*assaillent* intérieurement.

> THÉOPHILE, *Apologie*.

On peut dire que ma patience fut bien exercée pendant ce temps-là ; mille désagréables pensées vinrent m'*assaillir*.

> LE SAGE, *Gil Blas*, liv. VII, c. 11.

Comment se sont évanouies ces images qui m'*assailloient* en foule et qui me troubloient.

> DIDEROT, *De Térence*.

Que quelqu'un soit dans un spectacle, où une multitude d'objets paraissent se disputer ses regards, son âme sera *assaillie* de quantité de perceptions.

> CONDILLAC, *Essai sur l'origine des connaissances humaines*, Ire part., sect. 2, c. 1, § 5.

Li dé m'ocient;
Li dé m'aguetent et espient;
Li dé m'*assaillent* et défient.

> RUTEBEUF, *De la Griesche d'yver*.

Je trouve, quant à moi, bien peu de différence,
Entre la froide peur et la chaude espérance :
D'autant que même doute également *assaut*
Nostre esprit qui ne scait au vray ce qu'il luy faut.

> RÉGNIER, *Satires*, XVI.

Il était fort usité dans le langage de la galanterie :

Et quant il *fut* bien d'elles tout *assailly*, alors il dist : Que voulez-vous que je vous dye?

> ANT. DE LA SALLE, *l'Hystoyre du petit Jehan de Saintré*, c. 3.

Oncques place ne fut bien *assaillie* sans estre prise.

> MARGUERITE DE NAVARRE, *Heptameron*, 9e nouvelle.

Amour adonc estoit en embusche qui par long temps avoit *assailly* ceste jeune princesse, sans l'avoir sceu vaincre.

> HERBERAY DES ESSARTS, trad. d'*Amadis de Gaule*, liv. I, c. 1.

Amour dedans le cœur m'*assaut* si vivement,
Qu'avecque tout desdain, je perds tout jugement.

> RÉGNIER, *Élégies*, II.

Il s'est dit anciennement, en droit, de celui qui attaque, qui se constitue demandeur :

Il (le plaideur) ne se doit mie laisser à défendre pour autrui *assaillir*.

> BEAUMANOIR, *Coutumes de Beauvoisis*, c. 3, 19.

ASSAILLIR s'est souvent employé substantivement :

Li chastiaus estoit trop forz. Quant li rois vit qu'ainsi estoit, si fist laissier l'*assaillir*.

> *Récits d'un ménestrel de Reims au treizième siècle,* p. 185.

A l'*assaillir* Normanz entendent,
E li Engleiz bien se desfendent.

> WACE, *Roman de Rou,* v. 13,209.

Dès le matin jusqu'à la nuit
Ne finèrent d'asaillir tuit.
La nuit les a fait departir,
Vont s'en, si laissent l'*asaillir*.

> *Roman de Renart,* v. 11,496.

ASSAILLI, IE, part. passé.

Je sens de tous costez mon espoir *assailly* :
Pourquoi veux-je espérer aussi qu'on me pardonne ?
On ne pardonne point à qui n'a point failly.

> THÉOPHILE, *Sonnets,* Sur son exil.

Il est souvent suivi de la préposition *de* :

Ceste bonne dame qui riche, belle et bien jeune estoit et bonne, estoit de grans amys continuellement pressée et *assaillie de* ces amis qu'elle se voulsist remarier.

> *Les Cent Nouvelles nouvelles,* LXIX.

J'estois cecy escrivant dans une chambre et un lict, *assailli d*'une malladie si cruelle ennemie qu'elle m'a donné plus de mal, plus de douleurs et tourmans que ne receut jamais ung pauvre criminel estandu à la gesne.

> BRANTÔME, *Grands Capitaines estrangers,* préface.

Law avoit été *assailli de* coups de pierre dans son carrosse.

> DUCLOS, *Mémoires sur le règne de Louis XIV.* La Régence.

Le filz hardy ne craindra l'improper
De se bender contre son propre pere ;
Mesmes les grandz de noble lieu sailliz
De leurs subjectz se verront *assailliz*.

> MELIN DE SAINT-GELAIS, *Énigme en façon de prophétie,* reproduite par RABELAIS, *Gargantua,* I, 58.

Le proverbe *Bien assailli, bien défendu,* se trouve très fréquemment, avec de légères variantes, chez nos anciens auteurs.

> *Bien assailly, bien deffendu.*
> COMMINES, *Mémoires,* liv. IV, c. 8.

Ce siege fut grand, long et beau : mais *à bien assailly mieux deffandu.*

> MONTLUC, *Commentaires,* liv. VII.

Des choses estans en cette façon disputées, et *à bien assailly bien défendu,* avant que d'y interposer aucun décret, il fut advisé d'implorer la grâce du S. Esprit.

> PASQUIER, *Recherches,* III, 24.

Le Roy livre l'assaut. *A bien assailly mieux deffendu,* et est contraint de sonner la retraicte.

> LE MÊME, même ouvrage, IV, 21.

J'ay sceu, veu, leu, aprins, cogneu,
Noté, entendu, souvenu,
Epilogué milles traphicques ;
Mais peu, quoy ? Quel est tout devenu ?
Bien assailly, bien soustenu,
Tout n'en a pas valu trois nicques.

> COQUILLART, *le Blason des armes et des dames.*

ASSAILLI a été quelquefois employé substantivement :

Repassez par toute l'Allemagne, la Flandre et Pays-Bas, et plusieurs provinces de nostre France, quand un homme a beu à un autre d'autant, il tire cela en obligation, voire le tourne à mespris et injure si l'*assailly* ne luy rend la pareille.

> PASQUIER, *Recherches,* VIII, 61.

Du participe *Assailli* on avait tiré :

ASSAILLIE, s. f. Assaut, souvent Sortie dirigée par les assiégés contre les assiégeants. (Voyez le *Glossaire* de Sainte-Palaye.)

L'endemain, quant fu hore de tierce, se firent une *assaillie* cil de la tor de Galathas, et cil qui de Constantinoble lor venoient aidier en barges ; et nostre gent corent as armes.

> VILLEHARDOUIN, *la Conquête de Constantinople,* § 160.

Johannis li rois de Blaquie ne repousa mie, qui avoit Andrenoble assise, ainz giterent ses perrieres dont il avoit assez, et par jor et par nuit as murs et aus tors, et empirierent mult les murs et les tors. Et mist ses trencheors as murs, et firent maintes foiz *assaillies.*

> LE MÊME, même ouvrage, § 172.

Si eut des coups et horions à l'*assaillie* qui fut donnée.
Vigilles de Charles VII.

On avait, en outre, tiré d'*assaillir* :
Assaillement, s. m.

Si firent-ilz bien pourtant, ne voulant pour ce coup croyre leur général dom Pedro, qui les tenoit retrenchez et ressarrez, et ne vouloit qu'ilz bougeassent de leur retranchement et advantage, voulans là attendre l'*assaillement.*
Brantôme, *Grands Capitaines françois.* Des couronnels françois.

Assailleur, s. m.

Héraut, portes-tu la sûreté du camp telle qu'un *assailleur* comme l'est ton maître doit bailler à un défendeur tel comme je suis?
Martin du Bellay, *Mémoires,* liv. III.

ASSAILLANT, s. m. Celui qui attaque.

Il se dit tant de ceux qui attaquent un homme, que de Ceux qui assiègent une place.

Sur le confort et aide d'eux, j'ai empris à accomplir le vœu que de long temps avois voué; et fus par la force et bonté d'eux le premier *assaillant.*
Froissart, *Chroniques,* liv. I, 2ᵉ part., c. 50.

Sur tout, mes compagnons, il faut avoir l'esprit tendu à espier ce que vostre ennemy peut faire : et jouër deux rolles, disant à par vous : Si j'estois l'*assaillant,* que ferois-je? par quel costé pourrois-je entreprendre? car croyez que le plus souvent vostre jugement et celuy de vostre ennemy se rencontrent.
Montluc, *Commentaires,* liv. III.

La garnison de Madras tomba sur eux; on se battit de rue en rue; maisons, jardins, temples chrétiens, indiens et maures, furent autant de champs de bataille où les *assaillans,* chargés de butin, combattaient en désordre ceux qui venaient leur arracher leur proie.
Voltaire, *Fragments sur l'Inde,* art. XIV. Le comte Lalli prend Arcate.

Il se dit spécialement en parlant De tournois, de combat singulier :

Premier entra l'*assaillant* qui estoit Azevedo avecques

IV.

le seigneur Frederic de Bozolo de la maison de Gonzago qu'il avoit prins pour son parrain.
Le Loyal Serviteur, c. 47.

En matière d'honneur et combat y a *assaillant* et défendeur; l'*assaillant* baille la sûreté du camp; et le défendeur, provoqué et assailli, baille les armes.
Martin du Bellay, *Mémoires,* liv. III.

Chacun courra trois coups en masque, et qui mettra
Plus de fois en la bague, Amour luy permettra
De gagner seul le prix, n'estant pour rien contées
Les attaintes qui sont sans effect emportées.
Et quand les *assaillans* et les tenans seront
Égaux et non vaincus, de rechef ils pourront
Recommencer la course et retenter la gloire
Tant que l'un dessus l'autre emporte la victoire.
Ronsard, *Mascarades,* Cartel.

Cette expression s'emploie au figuré :

Dieu sçait les belles raisons qui sont mises en campagne tant d'une part que d'autre; comme de la part de Castelvetro *assaillant,* et de Annibal Caro défendant.
Henri Estienne, *Précellence du langage françois.*

Ce grand Grégoire, au lieu que ses prédécesseurs n'avoient fait que parer aux coups des empereurs pour l'élection du papat, voulut se rendre *assaillant.*
Pasquier, *Recherches,* III, 14.

Il fait, certes, quasi plus qu'il ne doit, s'il soutient de si violents efforts et s'il résiste à tant d'*assaillants.*
Balzac, *le Prince,* c. 6.

Guillaume de Saint-Amour avoit un grand nombre de soustenans pour luy, mais à la vérité bien inégaux à ces deux grands *assaillans,* Thomas d'Acquin et Bonaventure du Bain-Royal.
Mézeray, *Histoire de France.* Saint Louis.

Je n'ai déjà que trop d'un si rude *assaillant.*
Molière, *les Femmes savantes,* IV, 3.

ASSAUT, s. m. Attaque pour emporter de vive force une ville, une place de guerre, un poste, etc.

Cume ço vit li rei Achab ki fud en la cited, tute sa gent fist eissir el champ e firent cil un fier *asalt* sur le ost.
Les Quatre Livres des Rois, III, 20, 20.

4

Lors comencierent à jeter les perrieres as murs de la ville et as tors. Ensi dura cil *asals* bien par cinq jorz.

VILLEHARDOUIN, *la Conquête de Constantinople*, § 85.

Incursus, insultus, *assaus*.

G. BRITON, *Vocabulaire latin-français* (XIVᵉ siècle).

Si vous dis qu'il y eut pardevant Bervich, pendant le terme que le roi y sist, maint *assaut* et maint hutin.

FROISSART, *Chroniques*, liv. I, Iʳᵉ part., c. 58.

Conséquemment estoit figuré le hourt et l'*assaut* que donnoit le bon Bacchus contre les Indians.

RABELAIS, *Pantagruel*, V, 40.

Si est-ce qu'il estoit besoin de trouver trente mille écus pour contenter ses soldats (du duc de Bourbon); et cela fourny, si jamais leur estoit faict tort, il prioit Dieu qu'au premier lieu qu'il se trouveroit, fust en bataille ou *assault*, il fust tué d'un coup d'arquebouze; ce que depuis luy advint devant Romme.

MARTIN DU BELLAY, *Mémoires*, liv. III, 1526.

Ils demandent un *assaut* général ou une bataille, pour n'avoir rien à faire le lendemain.

BALZAC, *le Prince*, c. 22.

Grave, Blancafort et Poix, officiers du régiment de Picardie, furent blessés en soutenant cet *assaut*.

SARAZIN, *Siège de Dunkerque*.

Il se retrancha donc contre les *assauts* de l'assiégeant, et se défendit jusqu'à ce qu'on eût forcé la première porte.

FLÉCHIER, *Mémoires sur les grands jours de 1665*.

Dans la première ruine de Jérusalem, les Juifs s'entendoient du moins entre eux : dans la dernière, Jérusalem assiégée par les Romains étoit déchirée par trois factions ennemies.....Un moment après les *assauts* soutenus contre l'étranger, les citoyens recommençoient leur guerre intestine; la violence et le brigandage régnoient partout dans la ville.

BOSSUET, *Discours sur l'histoire universelle*, II, 21.

L'armée s'éloigna, et le château, après avoir pensé être emporté aux deux derniers *assauts*, capitula pour sortir le 5 septembre, n'y ayant pas trois mille hommes en santé de toute la garnison.

SAINT-SIMON, *Mémoires*, 1695.

Ils se livrent entre eux des combats seul à seul, des *assauts* corps à corps.

BUFFON, *Histoire naturelle*. Oiseaux, le PAON de mer.

Vn jour trestout entier a li *assaus* duré.

Chanson d'Antioche, III, v. 382.

Là véissiez borjois, trestoz au piez levez,
Espées et maçues dedans lor mains porter;
Ils ont as traîtors.r. grant *assaut* livré.

Parise la duchesse, 2691.

. . . . Lors dist li lupars :
Ore al *assaut!* ore al *assaut.!*
Tuit s'armerent et bas et haut.

Renart le Nouvel, v. 6052.

Je croy bien que vous dictes voir,
Que demain nous arons l'*assault*.

Le Mistere du siege d'Orleans, v. 2295.

Le Dieu que nous servons est le maître du monde,
Qui de rien a basti le ciel, la terre et l'onde;
C'est luy seul qui commande à la guerre, aux *assaux*;
Il n'y a Dieu que luy, tous les autres sont faux.

GARNIER, *les Juives*, IV.

S'il faut des assiégés repousser les sorties,
S'il faut livrer *assaut* aux places investies,
Il montre à voir la mort, à la braver de près.

P. CORNEILLE, *les Victoires du roi en l'année 1667*.

Contre les *assauts* d'un renard
Un arbre à des dindons servoit de citadelle.

LA FONTAINE, *Fables*, XII, 18.

Sur leur triple rempart les ennemis tranquilles
Contemploient sans péril nos *assauts* inutiles.

RACINE, *Bérénice*, I, 3.

Il se disait aussi des combats qui avaient lieu sur mer :

Un joesdi maitin fu lor *assaus* atornez, et les eschieles; et li Venisien rorent le lor appareillié par mer.

VILLEHARDOUIN, *Conquête de Constantinoble*, § 170.

Bataille et *assaut* sur mer sont plus durs et plus forts que sur terre.

FROISSART, *Chroniques*, liv. I, Iʳᵉ part., c. 121.

Donner l'assaut, un assaut, des assauts.

Je suis d'advis que à l'heure presente, apres que voz gens auront quelque peu respiré et repeu, faciez *donner* l'*assault*.

RABELAIS, *Gargantua*, I, 48.

On se préparoit à *donner* le lendemain *l'assaut* au corps de la place (de Fribourg), lorsqu'on aperçut sur le rempart deux drapeaux blancs.

SAINT-SIMON, *Mémoires*, 1713.

Dès le mois de mai on *donna des assauts* à la ville qui se croyait la capitale du monde : elle était donc bien mal fortifiée ; elle ne fut guère mieux défendue.

VOLTAIRE, *Essai sur les mœurs*, c. 91. Prise de Constantinople.

Franceiz et Aleman si quant il furent armé,
Ont à cels de Roen *un* grant *assalt doné*.

Le Roman de Rou, v. 4061.

Emporter d'assaut :

Le lendemain, de la part de M. de Lautrec, fut faicte telle batterie, que la breche fut si raisonnable que la ville (de Pavie) *fut emportée d'assault*.

MARTIN DU BELLAY, *Mémoires*, liv. III, 1528.

Prendre d'assaut, par assaut :

Il faut commencer par vous dire que Condé *fut pris d'assaut* la nuit de samedi à dimanche.

Mᵐᵉ DE SÉVIGNÉ, *Lettres*, à Mᵐᵉ de Grignan, 29 avril 1676.

De là il (Bélisaire) va assiéger et *prendre* Naples *par assaut*.

BUSSY, *Discours à ses enfants*. Bélisaire.

Ils (les flibustiers) *prennent* la Vera-Cruz *d'assaut* ; ils en rapportent cinq millions et font quinze cents esclaves.

VOLTAIRE, *Essai sur les mœurs*, c. 152.

Vit li chastel ki siest en halt,
N'est mie à *prendre par assalt*.

Roman de Rou, v. 9425.

Monter à l'assaut :

Celuy qui deffend, ayant toutes ses forces unies et peu de terrain à garder, il le garde presque sans péril, au lieu que l'assiégeant doit sortir de sa tranchée, passer le fossé, *monter à l'assaut* à découvert, ce qu'il ne peut faire sans beaucoup de perte.

VAUBAN, *Traité de la défense des places*, c. 6.

On a dit frère d'assaut :

Je vous fairay part de ma fortune et de mes moyens,

comm' à mon compaignon et *frère d'assaut*, que nous fusmes hière.

BRANTÔME, *Grands Capitaines françois*. Des coronnels françois.

Ce mot *assaut* entrait dans des locutions proverbiales aujourd'hui hors d'usage :

Es guerres a eu toujours (Bayard) trois excellentes choses et qui bien affierent à parfait chevalier : *assault* de levrier, deffense de sanglier, et fuyte de loup.

Loyal Serviteur, c. 66.

Il s'emploie au figuré en parlant des tempêtes, des passions, des tentations, des maladies.

Et à la foiz soffrons nos adversiteiz par defors, et dedenz nos, li *assalz* de temptacion.

Commentaire sur Job, p. 451.

Si quelque cholere, ou quelque *assaut de superstition...* ou quelque violente querelle... commande en notre entendement il ne faut pas fuir, en rompant le propos, à en estre repris.

AMYOT, trad. de Plutarque, *Œuvres morales*, Comment il faut ouïr.

C'est accident l'arresta (le roi de Navarre) en un petit village appelé Sainct-Pere, et le saisit avec un *assaut* de fievre si estrange qu'apres les saignees et remedes plus souverains que les medecins y peurent apporter, on douta de sa santé, et le bruit de sa mort fut porté à la cour.

MATTHIEU, *Histoire des derniers troubles de France*, liv. IV.

L'homme..... rejette-t-il le témoignage des sens, comment se guidera-t-il sur cette terre? et s'il n'en croyoit qu'eux cependant, quel enthousiasme , quelle morale, quelle religion résisteroient aux *assauts* réitérés que leur livreroient tour à tour la douleur et le plaisir ?

Mᵐᵉ DE STAEL, *De l'Allemagne*, c. 6, § 8.

Je ne mange poisson ne lard,
Non que craigne le papelard :
Mais mon mal me faict trop d'*assaulx*.

CL. MAROT, *Rondeaux*, I, 12. A Geoffroy Brulart.

Ce n'est qu'en ces *assauts* qu'éclate la vertu,
Et l'on doute d'un cœur qui n'a point combattu.

P. CORNEILLE, *Polyeucte*, I, 3.

Gardez-vous d'imiter ces coquettes vilaines
Dont par toute la ville on chante les fredaines,
Et de vous laisser prendre aux *assauts* du malin,
C'est-à-dire d'ouyr aucun jeune blondin.

MOLIÈRE, *l'École des femmes*, III, 2.

Un vaisseau. . . . .
. . . . . . Vogue à l'aise et ne craint nul *assaut*
Quand il n'a justement que le poids qu'il lui faut.
Boursault, Ésope à la cour, III, 2.

Montagne à la cime voilée,
Pourquoi vas-tu chercher si haut,
Au fond de la voûte étoilée,
Des autans l'éternel *assaut ?*
Lamartine, Harmonies, le Mont Blanc.

Il se dit de Toute attaque ou de toute sollicitation vive et pressante, et quelquefois même des agitations, des tourments qu'elles causent :

Et voulentiers telles vieilles, mariées à jeunes homs, sont si jalouses et si gloutes qu'elles sont toutes enragées ; et quelque part que le mary aille, soit à l'église ou ailleurs, il leur semble qu'il n'y va que pour mal faire : et Dieu sceit en quel triboil et tourment il est, et les *assaulx* qu'il a.
Les Quinze Joyes de mariage, XIV.

Lors ma dame, comme par courroux, luy dist : Allez-vous-en, garson, allez, car jamais ne vauldrez rien...Alors toutes se prindrent à rire des grans *assaulx* que ma dame luy faisoit.
Ant. de la Sale, l'Hystoyre et plaisante Cronicque du petit Jehan de Saintré, c. 12.

Monseigneur qui ne jeusnoit jour de l'amoureux mestier tant qu'il trouvast rencontre, ne cela guères à la belle méchine le grant bient qu'il luy veult, et luy va faire ung grant prologue des amoureulx *assaulx* que incessamment amours pour elle lui envoye.
Les Cent Nouvelles nouvelles, XVII.

En nostre seconde lignee, nos François vivans catholiquement, sçavoient maintenir la grandeur de leurs roys contre tous *assaux* estrangers, voire contre ceux-là mesme de Rome.
Pasquier, Recherches, III, 10.

Quant il se passe une heure sans que j'aie quelque *assaut*, je suis trompé.
Malherbe, trad. de Sénèque, Épîtres, 88.

Il est temps que je me retire. Ouf, le rude *assaut !*
Marivaux, l'Épreuve, sc. 12.

Les gens de naturel peureux
Sont, disoit-il (le lièvre), bien malheureux.
Ils ne sauroient manger morceau qui leur profite.
Jamais un plaisir pur ; toujours *assauts* divers.
La Fontaine, Fables, II, 14.

... Quel courage endurci
Soutiendroit les *assauts* qu'on lui prépare ici :
Une mère en fureur, les larmes d'une fille,
Les cris, le désespoir de toute une famille !
Racine, Iphigénie, IV, 3.

On l'a quelquefois employé dans un sens libre :

Je ne suis si fol, si oultrecuidié, ne si jeune de sens, que je ne doie bien savoir que ce n'appartient pas à moy de vous faire tels *assaulx*, ne essais ou semblables.
Le Ménagier de Paris, Ire distinction, 6° art.

Les bonnes créatures ne meurent pas en si doux *assaut*.
Larrivey, le Laquais, II, 4.

Dames, dansez : et que l'on se déporte
(Si m'en croyez) d'escouter à la porte
S'il donnera l'*assault* sur la minuict.
Cl. Marot, Chant nuptial du mariage de madame Renée avec le duc de Ferrare.

On dit au figuré : *Aller à l'assaut, donner, redonner, essuyer, livrer un assaut, des assauts, emporter d'assaut, par assaut, au premier assaut.*

Jamais général d'armée n'*alla à l'assaut* plus courageusement que vous quand il est question de la conversion d'une âme.
Mlle de Montpensier, Portraits, XXVII. Mme la comtesse de Brienne, la mère.

Recourez assidûment aux sacrements, qui sont les sources de vie, et n'oubliez jamais que l'honneur du monde et celui de l'Évangile sont ici d'accord. Ces deux royaumes ne sont donnés qu'aux violents qui les *emportent d'assaut*.
Fénelon, Lettres spirituelles, XXXIV.

Le grand écuyer en furie, et accoutumé à tout *emporter* du roi *d'assaut*, alla lui représenter l'injustice que M. de Lorraine leur faisoit.
Saint-Simon, Mémoires, 1707.

Ainsi je compris qu'il ne falloit rien omettre, parce que M. le duc de Berry étoit une place que nous n'*emporterions* que par mines et *par assaut*.
Le même, même ouvrage, 1710.

Il (le régent) pirouetta un peu dans le cabinet du conseil, en homme qui n'est pas bien brave et qui va *monter à l'assaut*.
Le même, même ouvrage, 1721.

Je veux être déshonoré si je ne m'applaudis davantage

de l'*avoir emporté d'assaut*, ce petit cœur mutin, que d'avoir enfoncé seul vingt escadrons de cavalerie.

DUFRESNY, *le Négligent*, III, 7.

Quant j'oi illec esté grant piece,
Le Diex d'Amors qui tout depiece
Mon cuer dont il a fait bersaut,
Me *redonne ung* novel *assaut*.

Roman de la Rose, v. 1827.

J'ai cette nuit été secoué comme il faut,
Et je viens d'*essuyer un dangereux assaut*.

REGNARD, *le Légataire universel*, I, 3.

Une belle paroît, lui sourit et l'agace,
Crac... *au premier assaut elle emporte* ta place.

DESTOUCHES, *le Philosophe marié*, I, 4.

ASSAUT, en termes d'Escrime, se dit d'un Exercice qui s'exécute avec des fleurets, et qui représente un véritable combat à l'épée.

Il s'en retourna eh son pays, où estant se mit à tirer des armes et faire des *assautz* contre un chascun.

BRANTÔME, *Grands Capitaines*. M. d'Aussun.

Après trois mois de leçons, je tirais encore à la muraille, hors d'état de *faire assaut*.

J.-J. ROUSSEAU, *Confessions*, V.

Au figuré :

Des philosophes païens étoient accourus à ce grand *assaut* de l'intelligence (le concile de Nicée).

CHATEAUBRIAND, *Études historiques*, t. I, second discours, Iʳᵉ part.

Et sembloit que la gloire, en ce gentil *assaut*,
Fust à qui parleroit, non pas mieux, mais plus haut.

REGNIER, *Satires*, X.

Faire assaut de, au figuré :

Je serois mal conseillé de me présenter aujourd'huy sur la carrière, et de *faire assaut de réputation* avecque vous.

BALZAC, *Dissertations critiques*, II.

Quelquefois même après le repas, dans la belle humeur et en habit de théâtre, ils (d'Ablancourt et Gautier Garguille) *faisoient assaut de* pantalonnades l'un contre l'autre.

PATRU, *Vie de d'Ablancourt*.

L'on *fait assaut d'*éloquence jusqu'au pied de l'autel, et en la présence des mystères.

LA BRUYÈRE, *Caractères*, c. 15.

Ayant ouï un sermon de l'abbé Bouzez, il lui fit dire par Mᵐᵉ Saintot qu'il vouloit *faire assaut de* religion contre lui. « Je le veux bien, répondit l'abbé, à la première maladie qu'il aura. »

TALLEMANT DES RÉAUX, *Des Barreaux*.

Vos yeux peuvent *faire assaut d'*appas avec ceux de Philis.

SOMAIZE, *Dictionnaire des Prétieuses*.

Tantôt c'étoient des promenades où les beautés de la cour, à cheval, *faisoient assaut de* grâces et d'attraits.

HAMILTON, *Mémoires de Grammont*, VII.

Je pensai ces jours passés colleter un jeune abbé qui *faisoit assaut de* compliments avec une petite précieuse qui vous ressembloit comme deux gouttes d'eau.

DELOSME DE MONCHENAI, *la Cause des femmes*, scène de la comtesse. (Voyez GHERARDI, *Théâtre italien*, t. II, p. 39.)

La lingua italiana è bella, è buona, ma non per voi, che non l'entendete. — Comment, morbleu ! je ne l'entends pas ? est-ce que j'ai la physionomie sourde ? Quand vous voudrez, Monsieur de l'Italie, *nous ferons assaut d'*oreille ensemble.

LE MÊME, *la Critique de la Cause des femmes*. (Voyez GHERARDI, *Théâtre italien*, t. II, p. 78.)

Je vais donc avec lui *faire assaut de* génie.

DESTOUCHES, *l'Ingrat*, II, 8.

ASSAINIR, v. a. Rendre sain. Ce verbe figure, en 1801, dans la *Néologie* de Mercier.

L'homme aura saisi la flamme des volcans, ou profité du feu de leurs laves brûlantes : avec le secours de ce puissant élément il a nettoyé, *assaini*, purifié les terrains qu'il vouloit habiter.

BUFFON, *Époques de la nature*.

ASSAINI, IE. Part. passé.

ASSAINISSEMENT, s. m. Action d'assainir, ou Le résultat de cette action.

On ne peut douter que les dispositions faites par le général Friant, pour l'*assainissement* d'Alexandrie, n'aient beaucoup contribué à y empêcher la peste.

CostaZ. (Cité par Mercier dans sa *Néologie*.)

ASSAISONNER, v. a. (De *ad*, *à*, et de *saison;* au propre, Amener à sa saison, mettre à point.) Ce mot est employé avec ce sens étymologique dans les exemples suivants :

Il semble qu'il nous veuille monstrer et assurer que la longueur du temps, engendrant les expériences est du tout propre pour *assaisonner* et façonner un grand capitayne, comme ne le pouvant estre sans ce moyen.

BrantÔme, *Grands Capitaines estrangers*. Charles-Quint.

En ces choses donc de telle conséquence il y faut bien adviser et attendre un peu le boiteux, que nos roys et supérieurs ayent un peu meury leurs advis, comme l'on fait des fruictz verdz sur la paille, que le temps *assaizonne*.

Le même, *Grands Capitaines*. Le mareschal de Bourdillon.

Accommoder une viande, ou autre chose à manger, avec les ingrédients qu'il faut pour la rendre plus agréable au goût.

Comme le sel *assaisonne* les viandes, ainsi l'argile et le sablon estans distribuez ès terroirs par juste proportion, ou par nature, ou par artifice, les rendent faciles à labourer.

Olivier de Serres, *Théâtre d'agriculture*, Ier lieu, c. 1.

La plupart des gens qui veulent faire de beaux discours... ne songent qu'à charger leurs discours d'ornements; semblables aux méchants cuisiniers qui ne savent rien *assaisonner* avec justesse, et qui croient donner un goût exquis aux viandes en y mettant beaucoup de sel et de poivre.

Fénelon, *Dialogues sur l'éloquence*, II.

Ses hachis *étoient assaisonnés* d'une manière qui les rendoit très agréables au goût.

Le Sage, *Gil-Blas*, liv. XI, c. 1.

Nanso est routier et trop fin;
Dieu pardoint au Francoys Daulphin,
On dict qu'il fut empoisonné,
Et qu'il *avoit assaisonné*
La viande....

Cl. Marot, *Épîtres*, liv. II, 11.

Assaisonner, au figuré :

Quelquefois ils (les amis) usent d'un jeu, d'un boire et manger ensemble, d'une risée, d'une facetie l'un avec l'autre, comme de saulse pour *assaisonner* des affaires de pois et de grande consequence.

Amyot, trad. de Plutarque, *Œuvres morales*, Comment on pourra discerner le flatteur d'avec l'amy.

Personne ne sait plus gracieusement *assaisonner* un repas que M. l'évêque de Genève.

Henri IV, *Lettres*, à saint François de Sales.

Le cardinal de Richelieu n'étoit pas libéral, mais il donnoit plus qu'il ne promettoit, et il *assaisonnoit* admirablement les bienfaits.

Cardinal de Retz, *Mémoires*, liv. II.

Je veux que l'esprit *assaisonne* la bravoure.

Molière, *les Précieuses ridicules*, sc. 12.

Je remets donc mes intérêts entre vos mains pour *assaisonner* les assurances que je vous prie de lui donner de la part que je prends à ce qui lui arrive.

Mme de Grignan, *Lettres*, à Bussy, 23 juillet 1676.

Un des artifices de M. de Voiture pour *assaisonner* les proverbes les plus fades, et pour leur donner je ne sais quoi de piquant, c'est de les renverser quelquefois ou de les détourner de leur signification ordinaire.

Bouhours, *Remarques nouvelles sur la langue françoise*. Proverbes.

Pour rendre les louanges utiles, il faut les *assaisonner* de manière qu'on en ôte l'exagération.

Fénelon, *De l'Éducation des filles*, c. 5.

La course, la sueur, la fatigue, la faim, la soif, c'est là, ajouta le cuisinier, ce qui *assaisonne* à Sparte tous nos mets.

Rollin, *Traité des Études*, liv. VIe, IIIe part., art. 1er.

Le roi me demanda fort comment ce malheur étoit arrivé, avec beaucoup de bonté pour mon père et pour moi : il savoit *assaisonner* ses grâces.

Saint-Simon, *Mémoires*, 1693.

La satire, en leçons, en nouveautés fertile,
Sait seule *assaisonner* le plaisant et l'utile.

Boileau, *Satires*, IX.

Là, sans s'assujettir aux dogmes du Broussain,
Tout ce qu'on boit est bon, tout ce qu'on mange est sain.

La maison le fournit, la fermière l'ordonne,
Et mieux que Bergerat, l'appétit l'*assaisonne*.

Boileau, Épîtres, IV.

Assaisonner est souvent suivi de la préposition *de* :

Les nécessités naturelles que Dieu a *assaisonnées* de plaisir, leur sont corvées.

Charron, De la Sagesse, liv. II, c. 6.

Il sembloit n'avoir eu autre dessein que de dire de belles et fastueuses paroles, qui ne peussent estre entenduës ou pour le moins *fussent* si bien *assaisonnées* d'une double intelligence, qu'il restast en sa puissance de quoy y donner telles explications que bon luy sembleroit.

Sully, OEconomies royales, c. 54.

De quel sel avez-vous *assaisonné* votre fin du repas ? Que je meure si jamais rien m'a tant plu !

Voiture, Lettres, à M. d'Avaux.

Dans la conférence que j'eus avec M. et Mme de Bouillon... je ne leur cachai rien de mes raisons... que j'*assaisonnai*, comme vous pouvez juger, de toute la raillerie la plus douce et la plus honnête qui me fût possible.

Cardinal de Retz, Mémoires, 1649.

J'*assaisonnai* mon discours de tant de protestations, de bonnes intentions et d'honnêtetés, qu'il ne fut pas reçuté.

Le même, même ouvrage, 1652.

Le Tellier, qui s'étoit appliqué à étudier l'esprit du roi avec beaucoup de soin, me confirma en ce temps-là ce que mon frère m'avoit dit du fonds de vérité et de sérieux *dont* il savoit *assaisonner* sa bonté naturelle.

Mme de Motteville, Mémoires.

Mon tempérament est chaud et bilieux, mais la raison le corrige et l'*assaisonne* de flegmes.

Mlle de Montpensier, Portraits, XIII. Le prince de Tarente.

Mme de Montespan lui fit encore des merveilles (à Mme de Schomberg). Voilà comme on fait en ce pays-là : quand on fait du bien, on l'*assaisonne* d'agrément, et cela est délicieux.

Mme de Sévigné, Lettres, 30 juillet 1677.

J'aurois juré d'abord que je me serois contenté de manger pour vivre seulement ; mais la chère se trouva si bonne, si grande et si magnifique, que je l'*assaisonnai* de toute ma bonne humeur.

M. de Coulanges, Lettres, à Mme de Sévigné, 4 mars 1675.

Je souhaiterois qu'elles (les femmes de condition) fissent des ouvrages où l'art et l'industrie *assaisonnassent* le travail *de* quelque plaisir.

Fénelon, De l'Éducation des filles, c. 5.

Elle (l'Université) a ordonné que dans toutes les classes... les écoliers réciteront chaque jour quelques sentences tirées de l'Écriture sainte, et surtout du Nouveau Testament, afin, dit-elle, que les autres études *soient* comme *assaisonnées* de ce divin sel.

Rollin, Traité des Études. Discours préliminaire.

Scipion savoit *assaisonner* les réprimandes mêmes d'un air de bonté et de cordialité, qui les rendoit aimables.

Le même, même ouvrage, liv. VI, IIIe part., c. 2, art. 2.

A-t-elle quelque bon mot à débiter, elle l'*assaisonne* d'un souris malin et plein de charmes.

Le Sage, Gil Blas, liv. III, c. 6.

J'*assaisonnai* cela *de* toutes les excuses et de tous les respects bienséants à mon âge.

Saint-Simon, Mémoires, 1699.

La contestation où il s'engagea par lettres en 1713 avec M. Bernouilli, fut digne de tous deux, et par la force des raisons, et par la politesse *dont* ils les *assaisonnèrent*.

Fontenelle, Éloge de Renau.

Arténice et Julie louèrent le jeune poëte (Boileau), mais en même temps lui conseillèrent par bonté, et avec cette politesse *dont* les personnes de leur rang savent toujours *assaisonner* un avis, de consacrer ses talents à une espèce de poésie moins odieuse, et plus généralement approuvée que ne l'est la satire.

D'Olivet, Histoire de l'Académie, l'abbé Cotin.

Il *assaisonna* sa commission *de* tout ce qui pouvoit la rendre insultante et cruelle.

J.-J. Rousseau, Confessions.

Quiconque ne veut voir que le rhinocéros, doit aller, s'il veut, à la foire, et non pas chez moi ; et tout le persiflage *dont* on *assaisonne* cette insultante curiosité n'est qu'un outrage de plus.

Le même, Lettres, 23 mai 1771.

Mais, pour moi, je soutiens un parti tout contraire,
Et dis qu'un galant homme, et qui fait tant d'aimer,
Par de jaloux transports peut se voir animer,

Céder à ce penchant, et qu'il faut, dans la vie,
Assaisonner l'amour *d'un peu de jalousie.*

REGNARD, *les Folies amoureuses*, II, 5.

Le discoureur aimable est ce mortel charmant
Qui, sans paresse et sans empressement,.
. . . .
De sel sans âpreté, *de* gaîté sans grimace
Assaisonne ses moindres mots.

DELILLE, *la Conversation*, III.

Quelquefois aussi *assaisonner* est suivi de *par* :

C'est pour porter les religieux à éviter cette manière
choquante, qu'un saint leur prescrivit *d'assaisonner* tous
leurs discours *par* le sel du doute opposé à cet air dogmatique et décisif.

NICOLE, *Des Moyens de conserver la paix avec les
hommes*, c. 9.

Il y a un art *d'assaisonner* les matières sèches et rebu-
tantes *par* de courtes histoires ou réflexions qu'on y
mêle.

ROLLIN, *Traité des Études,* liv. VI, IVe part., c. 1er,
art. 2.

ASSAISONNÉ, ÉE, participe.
Il s'emploie dans les différents sens du verbe.
Dans la signification étymologique de Venu en
sa saison, en son temps, soit au propre, soit au
figuré :

Quant on veut faire quelques ouvrages délicats, comme
cabinets, estudes, bibliotheques, et autres, on fait communement provision de bois sec et *assaisonné,* et quelquefois coloré, principalement si on veut faire marqueterie.

PHILIBERT DE L'ORME, *Architecture,* liv. I, c. 13.

Toute farine *assaisonnée* par longue garde, panifie mieux
que la récente.

OLIVIER DE SERRES, *Théâtre d'agriculture*, VIIIe lieu, c. 1.

Ceste paix estant bien *assaisonnée* promettoit à tous les
estats un entier et solide contentement.

MATTHIEU, *Histoire des derniers troubles de France*, liv. I.

Dans le sens d'Accommoder, au propre, en
parlant d'un mets :

Dites-leur combien il y a de petitesse d'esprit et de bassesse à gronder pour un potage mal *assaisonné.*

FÉNELON, *De l'Éducation des filles*, c. 11.

Dans un sens analogue, au figuré :

M. le cardinal Mazarin qui avoit pris part aux acclamations du peuple, quand le roi étoit revenu de Guienne,
éprouva bientôt pour la seconde fois que cette nourriture,
quoique *assaisonnée* avec beaucoup de soin par la flatterie
des courtisans, n'étoit pas d'une substance tout à fait solide.

CARDINAL DE RETZ, *Mémoires.*

Il faudroit être parfaite, c'est-à-dire n'avoir point d'a-
mour-propre, pour n'être pas sensible à des louanges si
bien *assaisonnées.*

Mme DE SÉVIGNÉ, *Lettres,* à Bussy-Rabutin, 19 déc. 1670.

Ah! que toute sa personne (de Pauline) est *assaisonnée!*
Que sa physionomie est spirituelle !

LA MÊME, même ouvrage, 18 décembre 1689.

Dans cette acception, le participe *assaisonné*
est, comme le verbe, très souvent suivi de la
préposition *de* :

Les services du festin furent magnifiques, et *assaisonnez*
*d'*une tres-bonne musique.

SULLY, *Œconomies royales,* c. 16.

Dis-moi un peu quelle est la félicité des rois ; car je suis
bien aise de l'apprendre. — Elle est *assaisonnée de* beaucoup de maux.

PERROT D'ABLANCOURT, trad. de Lucien. *Le Songe.*

Est-il un esprit si affamé de plaisanterie, qu'il puisse
tâter des fadaises *dont* cette comédie est *assaisonnée?*

MOLIÈRE, *la Critique de l'École des femmes,* sc. 3.

Le beau ragoût, je vous prie, qu'une douceur *assaisonnée de* grec et *de* latin, au prix de ces fleurettes appétis-
santes que l'esprit savoure si délicieusement dans les Clé-
lies et les Polexandres !

DELOSME DE MONCHENAI, *la Cause des femmes,* scène
sur les romans. (Voyez GHERARDI, *le Théâtre italien,*
t. II, p. 26.)

Un abord peu gracieux, une révérence mal faite, un chapeau ôté de mauvaise grâce, un compliment mal tourné,
tout cela mérite qu'on donne aux enfants quelques avis
assaisonnés de douceur et de bonté.

ROLLIN, *Traité des Études,* liv. VIII, Ire partie, art. 9.

Sa femme, bien qu'horriblement laide, faisoit l'adorable,
et disoit mille sottises *assaisonnées d'*un accent biscayen qui
leur donnoit du relief.

LE SAGE, *Gil Blas,* liv. III, c. 3.

C'étoit (le marquis de Canillac) un grand homme bien

fait... L'esprit étoit orné; beaucoup de lecture et de mémoire; le débit éloquent, naturel, choisi, facile; l'air ouvert et noble, de la grâce au maintien et à la parole toujours *assaisonnée d'*un sel fin, souvent piquant.

Saint-Simon, Mémoires, 1715.

Elles (les femmes) ont d'ailleurs beaucoup plus de loisir, qui dégénère en une grande corruption de mœurs, s'il n'est *assaisonné de* quelque étude.

Fleury, Du Choix des études, c. 38.

Je remercie très-humblement M. de Boissy de la bonté qu'il a eue de me communiquer cette pièce; elle me paroît agréablement écrite, *assaisonnée de* cette ironie fine et plaisante qu'on appelle, je crois, de la politesse, et je ne m'y trouve nullement offensé.

J.-J. Rousseau, Lettres, 24 janvier 1756.

Et je pense qu'ici je ne ferai pas mal
De joindre à l'épigramme, ou bien au madrigal,
Le ragoût d'un sonnet qui, chez une princesse,
A passé pour avoir quelque délicatesse.
Il est *de* sel attique *assaisonné* partout,
Et vous le trouverez, je crois, d'assez bon goût.

Molière, Les Femmes savantes, III, 1.

Table riche des dons que l'automne étalait,
Où les fruits du jardin, où le miel et le lait,
Assaisonnés des soins d'une mère attentive,
De leur luxe champêtre enchantaient le convive.

Lamartine, Harmonies, Souvenir d'enfance.

ASSAISONNEMENT, s. m. Ce qui sert à assaisonner.

Le sel et l'orange sont l'*assaisonnement* le plus général et le plus naturel.

Saint-Évremont, Lettre au comte d'Olonne.

L'*assaisonnement* nécessaire, c'est-à-dire, le sel.

Somaize, le Grand Dict. des Précieuses.

Il signifie l'action et la manière d'assaisonner:

Il falloit avoir l'âme bien à l'épreuve du plaisir que peuvent donner les bons morceaux, pour ne pas donner dans le péché de friandise en mangeant de ce rôt-là, et puis de ce ragoût; car il y en avoit un d'une délicatesse d'*assaisonnement* que je n'ai jamais rencontrée ailleurs.

Marivaux, le Paysan parvenu, Ire partie.

Quant à la truite, l'*assaisonnement* et la main qui l'a préparée doivent rendre excellente une chose naturellement aussi bonne.

J.-J. Rousseau, Lettres, 20 août 1764.

IV.

Il s'emploie au figuré pour désigner ce qui rend une chose plus piquante, plus agréable:

J'ay estimé que vostre esprit que j'ay tousjours recognu tant excellent, vostre prudence et grand jugement seroient capables de bien recevoir les ouvertures que je luy proposerois, pour vous faire vivre et converser ensemble, avec de tels tempéraments et *assaisonnements* que vous y trouveriez tous deux de quoy raisonnablement vous contenter.

Sully, Œconomies royales, c. 79.

Il faut que ses figures, qui sont comme l'*assaisonnement* du discours, ne soient ni trop hautes, ni trop recherchées.

Perrot d'Ablancourt, trad. de Lucien. Comment il faut écrire l'histoire.

Je suis bien assurée qu'elle (Pauline de Grignan) me plaira; il y a de l'*assaisonnement* dans son visage et dans ses jolis yeux.

Mme de Sévigné, Lettres, à Mme de Grignan, 17 juillet 1689.

Les enregistrements des traités faits entre les couronnes et les vérifications des édits pour les levées d'argent sont des images presque effacées de ce sage milieu que nos pères avoient trouvé entre la licence des rois et le libertinage des peuples. Ce milieu a esté considéré par les bons et sages princes, comme un *assaisonnement* de leur pouvoir.

Cardinal de Retz, Mémoires.

La haulteur que j'avois affectée dès que je fus coadjuteur me réussit, parce qu'il parut que la bassesse de mon oncle l'avoit rendue nécessaire. Mais je connus clairement que sans cette considération et même sans les autres *assaisonnements* que la qualité des temps, plutôt que mon adresse me donna lieu d'y mettre, je connus, dis-je, clairement qu'elle n'eût pas été de bon sens, ou qu'elle ne lui eût pas été attribuée.

Le même, même ouvrage.

C'est un merveilleux *assaisonnement* aux plaisirs qu'on goûte que la présence des gens qu'on aime.

Molière, le Misanthrope, V, 4

Cicéron sait employer avec discrétion et sobriété ces grâces du discours qui en font le sel et l'*assaisonnement.*

Rollin, Traité des Études, liv. IV, c. 3, art. 2, § 2.

Ces hommes de péché font d'une impiété et du mépris des choses saintes l'*assaisonnement* d'une débauche.

Massillon, Carême, Sermon sur la prière.

On y fit grande chère; et la joie, qui est le meilleur *assaisonnement* des festins, régna dans le repas.

Le Sage, Gil Blas, liv. III, c. 8.

Ce qui est rare au conseil, Mme de Lussan y eut la honte des dépens, de l'amende et de tous les plus injurieux *assaisonnements*.

SAINT-SIMON, *Mémoires*, 1707.

Je lui témoignai ma reconnoissance en homme qui sentoit très bien le prix de la place (de gouverneur du roi) et celui de l'*assaisonnement* qu'il (le régent) y mettoit, mais qui n'en étoit pas ébloui.

LE MÊME, même ouvrage, 1719.

Sa table bien servie, et suffisante sans être somptueuse, exprimoit, comme tout le reste, le caractère de sa modération naturelle; une liberté honnête, un visage toujours serein et gracieux, en faisoient le plus doux *assaisonnement*.

D'AGUESSEAU, *Vie de son père*.

La critique (d'un ouvrage de Wallis) avoit tous les *assaisonnements* possibles d'honnêteté; mais enfin c'étoit une critique.

FONTENELLE, *Éloge de Varignon*.

La diversité de sentiment est l'âme de la vie, et l'*assaisonnement* même de l'amitié.

LAMOTTE, *Discours sur la fable*.

Amitié, confiance, intimité, douceur d'âme, que vos *assaisonnements* sont délicieux !

J.-J, ROUSSEAU, *Confessions*, II, VIII.

C'étoit un homme (l'archevêque de Lund) de basse naissance, sans érudition, et même sans habileté, mais savant dans l'art d'inventer de nouveaux plaisirs, et qui en connoissoit également tous les secrets et les *assaisonnements*.

VERTOT, *Révolutions de Suède*.

ASSASSIN, s. m. L'origine orientale de ce mot, qui a donné lieu a de nombreuses dissertations, se trouve assez bien indiquée dans les exemples suivants :

Li Beduyn ne croient point en Mahomet, aincois croient en la loy Haali, qui fu oncles Mahommet, et ainsi ils croient le Vieil de la Montaigne, cil qui nourrit les *Assacis*. Et croient que quant li om meurt pour son signour, ou en bone entencion, que l'ame d'aus en va en meillour cors et en plus aaisié que devant, et pour ce ne font force li *Assacis*, se on les occist quant il font le commandement dou Vieil de la Montaigne.

JOINVILLE, *Histoire de saint Louis*, LI.

Le roi saint Louys, estant au Levant, eut advis que le vice-roy de la Montagne avoit despesché quelques siens subjects, du nom d'*Assassis*, pour le tuer de guet apens.

PASQUIER, *Recherches*, IX, 22.

Le mot *assassin* a une singulière origine : au douzième siècle, le chef d'une tribu persane, appelé le Vieux de la Montagne, avait su maintenir son autorité en s'entourant de fanatiques qu'il exaltait par un breuvage enivrant appelé haschich, et qui, à sa voix, couraient assassiner ses ennemis. Du nom de cette redoutable liqueur, les Orientaux et les croisés ont fait *hassassin*, puis *assassin*.

VOLTAIRE, *Histoire de Charles XII*, note.

ASSASSIN, celui qui assassine.

Il fit dessein dès lors de se délivrer d'un si redoutable rival en l'ôtant du monde, s'assura d'*assassins* de louage.

SCARRON, *le Roman comique*, II, 19.

Les *assassins* ne sont-ils pas indignes de jouir du privilège des églises? Oui, par la bulle de Grégoire XIV; mais nous entendons par le mot d'*assassin* ceux qui ont reçu de l'argent pour tuer quelqu'un en trahison. D'où il arrive que ceux qui tuent sans en recevoir aucun prix, mais seulement pour obliger leurs amis, ne sont pas appelés *assassins*.

PASCAL, *Provinciales*, VI.

Leurs lois (des Égyptiens) étoient simples, pleines d'équité, et propres à unir entre eux les citoyens. Celui qui, pouvant sauver un homme attaqué, ne le faisoit pas, étoit puni de mort aussi rigoureusement que l'*assassin*.

BOSSUET, *Discours sur l'histoire universelle*, III, 3.

Il est vrai qu'un pays de confins est un pays d'*assassins*, et qu'il se commet quelquefois en celui-ci des crimes de cette nature.

L'ÉVÊQUE DE TARBES à Colbert, 21 mars 1664.
(Voy. DEPPING, *Corresp. adm. sous Louis XIV*, t. II, p. 134.)

Vous animez le médisant; vous réchauffez le serpent qui pique afin qu'il pique plus sûrement; vous ne voulez pas être l'*assassin*, mais vous devenez le complice.

FLÉCHIER, *Oraison funèbre de Mme la Dauphine*.

Le roi Jacques étoit demeuré caché à Nonancourt, où, charmé des soins de cette généreuse maîtresse de poste qui l'avoit sauvé de ses *assassins*, il lui avoua qui il étoit.

SAINT-SIMON, *Mémoires*, 1715.

Il n'y a que quatre ou cinq siècles qu'un roi de France prit des gardes... pour se garantir des *assassins* qu'un petit prince d'Asie avoit envoyés pour le faire périr.

MONTESQUIEU, *Lettres persanes*, CII.

Je rapporte cette circonstance, qui d'ailleurs serait frivole, et qui est ici très-importante, car les *assassins* prièrent saint Étienne et saint Ambroise à haute voix de leur donner assez de courage pour assassiner leur souverain.

> VOLTAIRE, *Essai sur les mœurs*, c. 105.

Dans le temps même que la voix publique criait vengeance, Marie (Stuart) se fit enlever par cet *assassin*, qui avait encore les mains teintes du sang de son mari, et l'épousa publiquement.

> LE MÊME, même ouvrage, c. 169.

Il y a entre l'homme d'esprit méchant par caractère et l'homme d'esprit bon et honnête, la différence qui se trouve entre un *assassin* et un homme du monde qui fait bien des armes.

> CHAMFORT, *Maximes et pensées*, c. 2.

Marculfe nous a conservé le modèle des lettres par lesquelles les mérovingiens mettoient sous leur sauvegarde un *assassin* qu'ils avoient chargé du soin de les servir.

> MABLY, *Observations sur l'histoire de France*, liv. I, c. 3.

Il y a toujours dans l'*assassin* politique un désir confus de se justifier, même auprès de sa victime.

> Mᵐᵉ DE STAEL, *De l'Allemagne*, IIᵉ part., c. 21, § 13.

> Dedans ce commun lieu de pleurs,
> Où je me vis si misérable,
> Les *assassins* et les voleurs
> Avoient un trou plus favorable.
>
> THÉOPHILE, *Requeste au Roy*.

L'auteur de mes malheurs, l'*assassin* de mon père !

> P. CORNEILLE, *le Cid*, IV, 5.

> . . . Tu me parles encore,
> Exécrable *assassin* d'un héros que j'adore.
>
> LE MÊME, même ouvrage, V, 5.

> Un jour seul ne fait point d'un mortel vertueux
> Un perfide *assassin*, un lâche incestueux.
>
> RACINE, *Phèdre*, IV, 1.

Soyons ses ennemis, et non ses *assassins*.

> LE MÊME, *Andromaque*, IV, 3.

> Cet *assassin* illustre, entouré de victimes,
> En descendant du trône effaça tous ses crimes.
>
> VOLTAIRE, *Mort de César*, III, 4.

> Ton maître était un fourbe, un tranquille *assassin* ;
> Pour voler son tuteur il lui perça le sein.
>
> LE MÊME, *Épîtres*, à Horace.

A l'assassin ! Cri que l'on pousse pour faire arrêter un meurtrier.

> Au voleur, au voleur, *à l'assassin*, au meurtrier !
>
> MOLIÈRE, *l'Avare*, IV, 7.

Assassin s'emploie quelquefois figurément :

Après avoir discouru des assassins du corps, il ne sera hors de propos de parler des *assassins* de nos âmes : car si nous croyons aux poëtes, l'amour est le meurtre d'icelles.

> PASQUIER, *Recherches de la France*, VI, 32.

Les auteurs comiques et satiriques emploient quelquefois ce mot pour désigner un médecin ignorant.

Les maris étoient aussi fort discrets, ils ne nous chicanoient point sur la perte de leurs femmes, ni les personnes affligées dont il nous falloit essuyer les reproches avoient quelquefois une douleur brutale ; ils nous appeloient ignorants, *assassins*.

> LE SAGE, *Gil Blas*, II, 5.

Ce titre (docteur) prodigué à des ignorants... peuple le monde d'*assassins* avec un brevet d'impunité.

> MARMONTEL, *Éléments de littérature*, École.

> Que dit-il (l'âne) quand il voit, avec la mort en trousse,
> Courir chez un malade un *assassin* en housse ?
>
> BOILEAU, *Satires*, VIII.

> Dans Florence jadis vivoit un médecin,
> Savant hableur, dit-on, et célèbre *assassin*.
>
> LE MÊME, *Art poétique*, IV.

> Ton frère, dis-tu, l'*assassin*,
> M'a guéri d'une maladie.
> La preuve qu'il ne fut jamais mon médecin,
> C'est que je suis encore en vie.
>
> LE MÊME, *Épigrammes*.

On a quelquefois employé le substantif féminin ASSASSINE :

L'épithète d'*assassines* n'avait jamais été donnée jusqu'ici aux dames ; mais, puisque vous le voulez, Fulvie est une *assassine*.

> VOLTAIRE, *Lettres*, 23 auguste 1763.

> Nous ne sommes qu'un sang, et ce sang dans mon cœur
> A peine à le passer pour calomniateur.

— Et vous en avez moins à me croire *assassine*,
Moi dont la perte est sûre, à moins que sa ruine.
CORNEILLE, Nicodème, III, 8.

Voltaire a dit au sujet de ces vers :

Je ne sais si le mot *assassine* pris comme substantif féminin se peut dire. Il est certain du moins qu'il n'est pas d'usage.
Commentaire sur Corneille.

C'est surtout en plaisantant que ce mot a été employé :

Que dit-elle de moi cette gente *assassine?*
MOLIÈRE, l'Étourdi, I, 6.

ASSASSIN a été quelquefois employé anciennement dans le sens d'*Assassinat*. Voyez ce mot.

ASSASSIN a été quelquefois employé en parlant de mouches de forme allongée qui servaient à la parure des femmes.

En galanteries on appelle *assassins* certaines mouches taillées en long que les femmes coquettes mettent sur leur visage pour paroître belles.
FURETIÈRE, Dictionnaire.

Cela fera à merveille avec vos boucles d'oreilles de topaze de Bohême, une nuance de rouge, deux *assassins*, trois croissants, sept mouches.
DIDEROT, les Bijoux indiscrets, c. 19.

Après tout je vous plains; ce courage farouche
Ne vous est échappé qu'à faute d'une mouche :
Encore un *assassin*, vous lui perciez le cœur.
La Comédie des Tuileries, III, 5.

Si vous n'avez mouche sur nez,
Adieu galants enfarinez;
Vous auriez beau estre frisée,
Par anneaux tombants sur le sein,
Sans un amoureux *assassin*,
Vous ne seriez guère prisée.
TALLEMANT DES RÉAUX, Historiettes. Le père André.

Avec ces *assassins*, cette poudre, ces mouches,
Et ce souris fatal aux cœurs les plus farouches,
Si tu prends peine encore à bien feindre sa voix,
Le prince, entre vous deux, hésiteroit au choix.
ROTROU, Laure persécutée, III, 1.

Anciennement on s'est servi d'ASSASSINEUR, dans le sens d'assassin.

Les homes seront loups es homes. Loups guaroux et lûtins, comme feurent Lychaon, Bellerophon, Nabugotdonosor : briguans, *assassineurs*, empoisonneurs, malfaisants, malpensans, malveillans, haineportans.
RABELAIS, Pantagruel, III, 3.

On l'envoya quérir (Maurevert) pour tuer M. l'admiral, comme *assassineur*; mais il le faillit.
BRANTÔME, M. de la Noue.

Quant à cest acte, je ne l'ay pas veu, mais j'en raconteray un autre duquel je suis tesmoin, non pas toutesfois à propos d'*assassineurs* et tueurs à gages... mais à propos de l'impunité que nous voyons aujourd'hui estre donnée généralement à tous meurtriers.
HENRI ESTIENNE, Apologie pour Hérodote, c. 18.

Des *assassineurs* de la ville de Mer on n'a faict aucune justice.
HENRI IV, Lettres, 15 avril 1580.

On a dit aussi ASSASSINATEUR :

Taulpinieres de *assassinateurs*.
RABELAIS, Pantagruel, III, 2.

Assassinateur, un qui fait mestier d'aller tuer des personnes pour certain pris qu'il reçoit de celui qui leur porte quelque malveillance.
H. ESTIENNE, Dialogues du nouveau langage françois italianizé.

Il faudroit que la parole de Dieu fust menteuse, si vous ne recevez bientost le salaire que Dieu promet aux meurtriers et assacinateurs.
Satire Ménippée, Catholicon d'Espagne, harangue du sieur d'Aubray.

L'Église, dans sa plus grande sévérité, n'ordonnoit aux homicides volontaires et aux *assassinateurs* qu'une pénitence de vingt ans.
LE MAISTRE, Plaidoyers, XXVIII.

Ce formidable tyran (le Vieux de la Montagne) qui se disoit et qui étoit l'*assassinateur* de tous les princes de la terre.
FLÉCHIER, Panégyrique de S. Louis.

On chercha vers la fin du XVIIᵉ siècle à rajeunir ce mot alors très peu usité. C'est ce que Bouhours fait remarquer en ces termes :

D'autres écrivains illustres ont fait murmurateur, coronateur, *assassinateur*, ne se contentant pas d'*assassin*, ou du moins les ont fait revivre..... Si quelqu'un assembloit, dit le traducteur de saint Jean Chrysostome, tout ce qu'il pourroit trouver de libertins et d'*assassinateurs* (Homélies ou sermons de S. Chrysostome... traduits... par Paul Antoine de Marcilly, 2ᵉ éd., 1666, t. Iᵉʳ, p. 399). En quoi êtes-vous différent d'un *assassinateur* (p. 505)?..... Je sais le meilleur gré du monde à ces grands hommes du dessein qu'ils ont d'enrichir la langue. Je vous demande seulement si ces mots entreront dans le Dictionnaire de l'Académie.

> Bouhours, *Doutes sur la langue françoise, proposés à Messieurs de l'Académie par un gentilhomme de province*, 1674, p. 13.

En 1694, ce mot n'entra pas dans le *Dictionnaire de l'Académie* et il n'y a jamais été admis depuis cette époque.

ASSASSIN, INE, adj. Qui assassine :

> Tant d'esclaves de tous âges d'un et d'autre sexe, les uns enchaînez, les autres attachez deux à deux, ces Doüaniers et leur air brigand et *assassin*, m'avoient rempli l'imagination de frayeur.
>
> Chardin, *Journal du voyage en Perse*, Iʳᵉ part.

> Icy l'on voit fumer les mèches
> Entre les doigts des fantassins,
> De qui les tuyaux *assassins*
> Menacent l'homme de cent brèches.
>
> Saint-Amant, *la Généreuse.*

> Il faut que les efforts des puissantes machines
> Élancent contre lui des roches *assassines.*
>
> Brébeuf, trad. de la *Pharsale.*

> ..... Jamais chez eux (les animaux) un médecin
> N'empoisonna les bois de son art *assassin.*
>
> Boileau, *Satires*, VIII.

> Ai-je donc oublié que sa barbare main
> Fit tomber tous les miens sous un fer *assassin!*
>
> Crébillon, *Rhadamiste*, II, 2.

> Tout aussitôt l'*assassine* cohorte,
> Du saint office abominable escorte,
> Pour se saisir du superbe Dunois,
> Deux pas avance et recule de trois.
>
> Voltaire, *la Pucelle*, VII.

> Je ne vais point tenter de nocturnes larcins,
> Ni tendre aux voyageurs de pièges *assassins.*
>
> A. Chénier, *Élégies*, XIII.

Il s'emploie surtout en plaisantant et dans le langage de la galanterie :

> Je jurerois en assurance,
> A voir son visage *assassin*,
> Et son œillade cauteleuse,
> Qu'elle a sa part à ce larcin (de mon cœur),
> Et qu'elle en est la recéleuse.
>
> Voiture, *Poésies*. Stances sur sa maîtresse rencontrée en habit de garçon.

> ... Vous savez qu'en princesse on la traite,
> Je la voyois tantôt devant une toilette,
> D'une mouche *assassine* irriter ses attraits,
>
> Regnard, *Démocrite*, II, 5.

ASSASSINER, v. a. Attenter, de dessein formé, de guet-apens, à la vie de quelqu'un.

> Ceux qui sont versez dans l'histoire d'Italie savent que les trois jeunes hommes qui tuèrent Ludovic, dernier duc de Milan, ne furent induits à ce faire que par les leçons de leur maistre, qui ne leur preschoit autre chose, sinon combien il estoit louable et meritoire d'*assassiner* un tyran.
>
> Pasquier, *Recherches de la France*, III, 43.

> Les paroles sont paroles qui, chez les casuistes, ne sont pas plus, en cas d'offense, que les simples pensées : parler de la douceur de la vengeance n'est pas *assassiner* son ennemi.
>
> Théophile, *Apologie.*

> J'avoue, lui dis-je, que cela m'est nouveau ; et j'apprends de cette définition qu'on n'a peut-être jamais tué personne en trahison, car on ne s'avise guère d'*assassiner* que ses ennemis.
>
> Pascal, *Provinciales*, VII.

> L'année suivante, Joas, battu par les Syriens et tombé dans le mépris, *fut assassiné* par les siens.
>
> Bossuet, *Discours sur l'histoire universelle*, I, 6.

> Il est aussi familier d'*assassiner* ici (à Madrid) que de se désaltérer lorsqu'on a soif, et il n'y a jamais de châtiment.
>
> Le marquis de Villars au marquis de Pomponne, 17 août 1672. (Voyez Mignet, *Succession d'Espagne*, t. IV, p. 169.)

> Crillon refusa d'*assassiner* le duc de Guise, mais il offrit à Henry III de se battre contre lui.
>
> Montesquieu, *l'Esprit des Lois*, IV, 2.

Il (Absalon) donna ordre à ses valets que, dès qu'ils verraient Ammon pris de vin dans un festin, ils l'*assassinassent* en gens de cœur.

VOLTAIRE, *Ancien Testament*, David.

Un Saint-Hérem en Auvergne, un Laguiche à Mâcon, un vicomte d'Orte à Bayonne, et plusieurs autres, écrivirent à Charles IX la substance de ces paroles : qu'ils périraient pour son service, mais qu'ils n'*assassineraient* personne pour lui obéir.

LE MÊME, *Essai sur les mœurs*, c. 171.

Jacques Clément, disait-il (le professeur Guignard), a fait un acte héroïque, inspiré par le Saint-Esprit : si on peut guerroyer le Béarnais, qu'on le guerroye; si on ne peut le guerroyer, qu'on l'*assassine*.

LE MÊME, même ouvrage, c. 174, De Henry IV.

Je ne puis me défendre de parler ici d'une calomnie renouvelée trop souvent à la mort des princes, que les hommes malins et crédules prétendent toujours avoir été ou empoisonnés ou *assassinés*.

LE MÊME, *Histoire de Charles XII*, liv. VIII.

Je fus enfin forcé de quitter le pays, pour ne pas exposer l'officier du prince à s'y faire *assassiner* lui-même en me défendant.

J.-J. ROUSSEAU, *Confessions*, part. II, liv. XII.

Je diray tout pour flatter ta colère :
J'ay, si tu veux, *assassiné* mon père,
Mesdit des dieux, empoisonné l'autel.

THÉOPHILE, *Élégie*.

Tu t'en souviens, Cinna : tant d'heur et tant de gloire
Ne peuvent pas sitôt sortir de ta mémoire ;
Mais ce qu'on ne pourroit jamais imaginer,
Cinna, tu t'en souviens, et veux m'*assassiner*.

CORNEILLE, *Cinna*, V, 1.

Mais parle : de son sort qui t'a rendu l'arbitre?
Pourquoi l'*assassiner*? Qu'a-t-il fait? A quel titre?
Qui te l'a dit?...

RACINE, *Andromaque*, V, 3.

Assassiner s'emploie quelquefois, en plaisantant, en parlant des animaux tués à la chasse.

Il portoit un grand fusil sur son épaule, dont il avoit *assassiné* plusieurs pies.

SCARRON, *Roman comique*, Ire part., c. 1.

Il signifie, par extension, excéder de coups en trahison.

Mais, reprit la Caverne, s'il aimoit tant ma fille, pour-

quoi *assassiner* sa mère? Car celui de ses compagnons qui m'a saisie m'a cruellement battue.

SCARRON, *Roman comique*, Ire part., c. 23.

Le bruit court qu'avant-hier on vous *assassina*.

BOILEAU, *Épîtres*, VI.

Comment, battre une veuve et la violenter?
Au secours! aux voisins! au meurtre! on m'*assassine*.

REGNARD, *le Légataire universel*, III, 11.

ASSASSINER s'emploie aussi au figuré par exagération, comme dans les exemples suivants :

Sans dessein, comme je croy, de m'*assassiner*, elle me dit que vous deviez partir demain, et qu'elle avoit appris cette nouvelle de votre bouche.

VOITURE, *Lettres amoureuses*, lettre 8.

Monsieur a-t-il invité des gens pour les *assassiner* à force de mangeaille?

MOLIÈRE, *l'Avare*, III, 1.

On m'*assassine* dans le bien, on m'*assassine* dans l'honneur.

LE MÊME, même ouvrage, V, 5.

J'ai besoin d'argent; cependant vous m'*assassinez*, vous me coupez la gorge.

DUFRESNY, *le Négligent*, I, 4.

D'autant plus dangereux dans leur âpre colère,
Qu'ils prennent contre nous des armes qu'on révère,
Et que leur passion, dont on leur sait bon gré,
Veut nous *assassiner* avec un fer sacré.

MOLIÈRE, *Tartuffe*, I, 6.

Trop obligeant Grison, ta douceur m'*assassine*.

BOURSAULT, *le Médecin volant*, sc. 22.

Il n'est guère d'amour que l'hymen n'*assassine*.

LE MÊME, *les Fables d'Ésope*, IV.

Un fils audacieux insulte à ma ruine,
Traverse mes desseins, m'outrage, m'*assassine*.

RACINE, *Mithridate*, II, 5.

Comment, le père aussi m'outrage et m'*assassine*?

LE GRAND, *Plutus*, II, 5.

J'écoute leurs projets de sang et de ruine :
Leur parole menace, et leur geste *assassine*.

DELILLE, *l'Imagination*.

Assassiner se dit en parlant des attaques des médisants :

Ceux qui de guet-apens ont voué leurs plumes pour *assassiner* la reputation de Brunehaud sur le fait des assassinats, luy imputent entr'autres choses qu'elle fit entendre à Theodoric que Theodebert n'estoit son frere.

PASQUIER, *Recherches*, 1621, X, 17.

Dans toutes les villes subalternes du royaume, il y a d'ordinaire un tripot..... C'est là que l'on rime richement en Dieu, que l'on épargne fort peu le prochain, et que les absents *sont assassinés* à coups de langue.

SCARRON, *Roman comique*, Iᵉ part., c. 3.

L'étourdi de marquis, dont la langue *assassine*,
A dessein de nous joindre, et je crains son caquet.

BOURSAULT, *la Satire des Satires*, I, 3.

Il se dit aussi dans le sens de Fatiguer, importuner excessivement :

J'ai l'esprit tendre et facile à prendre l'essor; quand il est empesché à part soy, le moindre bourdonnement de mouche l'*assassine*.

MONTAIGNE, *Essais*, III, 13.

Vous deviez bien me nommer les quatre dames qui vous venoient *assassiner*.

Mᵐᵉ DE SÉVIGNÉ, *Lettres*, 6 octobre 1675.

Vous me fatiguez, repartit brusquement le jeune seigneur; vous m'*assassinez*.

LE SAGE, *Gil Blas*, III, 3.

En ce sens, *assassiner* est souvent suivi de la préposition *de* :

Si je ne finissois présentement, je vous *assassinerois de* latin.

BALZAC, *Lettres*, liv. VI, 51.

Ne me délivrerez-vous jamais de cet importun..... qui m'*assassine de* paraphrases et de sermons?

LE MÊME, *Lettres à Chapelain*, liv. XIX, 28.

Il pensa bientôt après se repentir de son humanité, car ces bonnes filles l'*assassinérent de* leurs lettres.

TALLEMANT DES RÉAUX, *Historiettes*, Mᵐᵉ d'Yères.

Il *assassinoit* autrefois tout le monde *de* ses maudits vers.

LE MÊME, même ouvrage, Neufgermain.

Si l'on joue quelques marquis, je trouve qu'il y a bien plus de quoi jouer les auteurs et que ce seroit une chose plaisante à mettre sur le théâtre que leur vicieuse coutume d'*assassiner* les gens de leurs ouvrages.

MOLIÈRE, *la Critique de l'École des femmes*, sc. 6.

Je voulois apprendre votre départ d'Ay, afin de pouvoir supputer un peu juste votre retour; tout le monde m'*en assassine*, et je ne sais que répondre.

Mᵐᵉ DE SÉVIGNÉ, *Lettres*, à Mᵐᵉ de Grignan, 3 février 1674.

A propos de Livry, on y *étoit*, l'année passée, *assassiné de* chenilles; celle-ci ce sont des voleurs qui assassinent les passants dans la forêt.

LA MÊME, même ouvrage, 7 juillet 1680.

Lorsqu'il *a* comme *assassiné de* son babil chacun de ceux qui ont voulu lier avec lui quelque entretien, il va se jeter dans un cercle de personnes graves qui traitent ensemble de choses sérieuses et les met en fuite.

LA BRUYÈRE, *Caractères de Théophraste*, Du grand parleur.

Son moindre défaut est d'avoir, ainsi que ses confrères, une démangeaison continuelle d'*assassiner* les gens *du récit* de ses ouvrages.

LE SAGE, *le Diable boiteux*, ch. 14.

— Monsieur, c'est votre receveur de Cotte-Ronde qui demande quittance des quatorze mille francs qu'il vous a apportés ce matin.....
— Hé! ventrebleu, *serai-je* toute ma vie *assassiné d'*argent? A la fin il faudra que je m'enfuye pour éviter ces persécutions. Voilà un plaisant maraut de me donner la peine de signer pour quatorze mille francs!

Le Banqueroutier, scène du prêt. (Voyez GHERARDI, *Théâtre italien*, édit. de 1717, t. I, p. 366.)

Quand le président de Ruffac devrait encore m'*assassiner de* ses vers, je risquerai le voyage.

VOLTAIRE, *Lettres*, 15 oct. 1754.

Ah! c'est m'*assassiner d'*un discours inutile.

CORNEILLE, *Pertharite*, II, 4.

Sous quel astre, bon Dieu, faut-il que je sois né,
Pour être *de* fâcheux toujours *assassiné*?

MOLIÈRE, *les Fâcheux*, I, 1.

On a dit quelquefois dans le même sens : *assassiner par* :

Tiberge, disois-je, le bon Tiberge me refusera-t-il ce qu'il aura le pouvoir de me donner? Non, il sera touché de ma misère; mais il m'*assassinera par* sa morale.

PREVOST, *Manon Lescaut*, IIᵉ part.

Assassiner a été quelquefois employé comme verbe réciproque :

Ces insulaires (les Corses) *s'assassinaient* continuellement les uns les autres, et leurs juges faisaient ensuite assassiner les survivants.

VOLTAIRE, *Précis du siècle de Louis XV*, c. 40. De la Corse.

Assassiné, ée, part. passé.

Du premier lit il maria sa seconde fille à Jean d'Orléans, comte d'Angoulême, deuxième fils du duc d'Orléans, frère de Charles VI, *assassiné* par ordre du duc de Bourgogne.

SAINT-SIMON, *Mémoires*, 1698.

Voilà deux rois *assassinés* en deux ans, la moitié de l'Allemagne dévastée.

VOLTAIRE, *Lettres*, à M. Vernes, 23 sept. 1758.

Assassinant, assassinante, adj. verbal.

Dans le procédé des dieux
Dont tu veux que je me contente,
Une rigueur *assassinante*
Ne paroît-elle pas aux yeux?

MOLIÈRE, *Psyché*, II, 1.

ASSASSINAT, s. m. Action d'assassiner.

Si Charles Martel eust voulu faire mourir paravant de poison et *d'assassinat* cet Eudon, la France s'en fust mal trouvée, et infailliblement elle estoit du tout renversée.

BRANTÔME, *Grands Capitaines françois*. Charles IX.

O mon père, lui dis-je, je n'avois pas ouï parler de cette voie d'acquérir; je doute que la justice l'autorise, et qu'elle prenne pour un juste titre l'*assassinat*, l'injustice et l'adultère.

PASCAL, *Provinciales*, VIII.

Tant ils se soucioient peu d'un *assassinat*, pourvu que la religion en fût le motif.

BOSSUET, *Histoire des variations des Églises protestantes*.

Ainsi, avouant lui-même (le vicomte de Canillac) qu'il avoit tiré le coup de pistolet à travers du corps de son ennemi, et étant prouvé d'ailleurs qu'il avoit été l'agresseur, il se convainquit lui-même *d'assassinat*.

FLÉCHIER, *Mémoires sur les grands jours de 1665*.

C'étoit (le comte Bozelli) un homme de beaucoup d'esprit et de valeur, mais homme à tout faire, et un franc bandit. Les *assassinats* et toutes sortes de crimes ne lui coûtoient rien.

SAINT-SIMON, *Mémoires*, 1706.

C'est dans une chambre de cet hôtel (de Mayenne, rue Saint-Antoine) que furent enfantées les dernières horreurs de la ligue, l'*assassinat* de Henri III.

LE MÊME, même ouvrage, 1707.

Enfin tous ces visages-là me faisoient frémir, je n'y pouvois tenir; je voyois des épées, des poignards, des *assassinats*, des vols, des insultes; mon sang se glaçoit aux périls que je me figurois.

MARIVAUX, *la Vie de Marianne*, Ire part.

Ils déposent, ils égorgent un sultan; mais c'est toujours en faveur d'un prince de la maison ottomane. L'empire grec au contraire avoit passé par les *assassinats* sous vingt familles différentes.

VOLTAIRE, *Essai sur les mœurs*. État de la Grèce sous le joug des Turcs.

Très-peu de sociétés se sont rendues coupables de ces *assassinats* publics, appelés proscriptions.

LE MÊME, *Conspirations contre les peuples*.

Tout meurtre commis avec préméditation ou de guet-apens est qualifié *assassinat*.

Code pénal, 186.

Le peuple (de Rome) se croit, pour ainsi dire, en fonds par le carême, et dépense en *assassinats* les trésors de sa pénitence.

Mme DE STAEL, *Corinne*, liv. X, c. 5, § 2.

Le jour fatal est pris pour tant d'*assassinats*.

RACINE, *Esther*, I, 3.

. . . Faire passer ce malheureux combat
Pour effet du hasard, pour un *assassinat*.

DESTOUCHES, *le Glorieux*, IV, 3.

Assassinat juridique :

Vous êtes trop savant dans l'antiquité pour ne pas convenir que la mort de Socrate fut l'effet d'une cabale criminelle et d'un fanatisme passager, à peu près comme l'*assassinat juridique* commis à Toulouse contre Calas.

VOLTAIRE, *Lettres*, 26 février 1768.

Assassinat a été employé quelquefois en parlant du résultat du traitement d'un médecin inhabile :

> Vive un médecin de faubourg! ses fautes sont moins en vue, et ses *assassinats* ne font point de bruit.
>
> Le Sage, *Gil Blas,* II, 3.

> Je ne laissai pas de compter avec plaisir l'argent que j'avois dans mes poches, bien que ce fût le salaire de mes *assassinats.*
>
> Le même, même ouvrage, II, 6.

Assassinat s'emploie figurément en divers sens :

> Votre commerce est une chose qui passe toute la douceur qu'on peut imaginer ; mais je sacrifierai toujours ce plaisir à celui de ne vous point accabler, ma pauvre bonne. Vous savez que je hais de contribuer aux *assassinats* : jugez comme je suis pour le vôtre.
>
> Mᵐᵉ de Sévigné, *Lettres,* 17 nov. 1675. Supplément Capmas.

> Je ne sais que vous dire, à moins que je ne vous conte les sermons que j'ai entendus toute cette sainte semaine. Mais comme vous pourriez en avoir autant ouï que moi, ce seroit un *assassinat* que de vous en faire lire une demi-douzaine sur la pénitence dans le temps que vous chantez alleluia.
>
> Mᵐᵉ de Montmorency, *Lettres,* à Bussy, 7 avril 1687.

> Vous en avez une (loi) qui consacre l'*assassinat* de la morale publique, qui applaudit au sacrilège, qui souille l'autel, qui autorise la violation des serments les plus sacrés : cette loi, c'est la loi qui permet le mariage des prêtres.
>
> Chateaubriand, *Opinions et Discours sur les Pensions ecclésiastiques,* 12 mars 1816.

> Tout le monde disoit de moy
> Que je n'avois ny foy ni loy...
> Et, quelque traict que j'escrivisse,
> C'estoit pis qu'un *assassinat.*
>
> Théophile, *Requeste au Roy.*

On a employé anciennement Assassinement dans le sens d'*Assassinat :*

> O lors paix obstinée, infringible en l'univers : cessation de guerres, pilleries, anguaries, brigandries, *assassinemens* exceptez contre les heretiques et rebelles mauldictz !
>
> Rabelais, *Pantagruel,* IV, 51.

> Le seigneur de Langey.... peu après eut autre advertissement, qu'ilz (les Espagnols) avoient mené le comte

Camille de Sesse, lequel ils n'avoient tué audit *assassinement,* dedans le chasteau de Pavie.

> Martin du Bellay, *Mémoires.*

> Ces souldards envoyez pour faire cest *assassinement* feurent d'advanture advertis que Timoleon devoit un jour sacrifier à ce dieu.
>
> Amyot, trad. de Plutarque, *Vie de Timoléon,* c. 7.

> Je tays les voleries et *assassinements* qui se font sous l'ombre d'icelles.
>
> Anthoine du Verdier, *les Diverses Leçons,* liv. II, c. 19. Des Masques.

On a dit aussi assassin avec la même signification :

> L'*assassin* commis en la personne du duc d'Orléans estoit abominable devant Dieu et devant les hommes.
>
> Pasquier, *Recherches de la France,* VI, 3.

> Louys, roy de Hongrie, frère ainé d'André, indigné d'un *assassin* si detestable, s'achemine avecques une puissante armée vers la Pouille.
>
> Le même, même ouvrage, VI, 26.

Assécher, v. a. Rendre sec, dessécher.

> Nous nous rencontrames sur une levée, et des deus parts des marèts... Ce sont autrefois esté des grands estangs, mais la seigneurie s'est essaié de les *assécher,* pour en tirer du labourage.
>
> Montaigne, *Voyage.*

> On voit par experience que les chemins non pavez qui sont ombragez d'arbres ou de hayes, ne se peuvent *assécher* qu'avec un long temps.
>
> Bergier, *Histoire des grands chemins de l'empire romain,* liv. II, c. 8, 4.

> L'empereur Claude plus hardy qu'Auguste entreprit de faire la vuidange des eaux de ce lac... et d'*assécher* les marests voisins.
>
> Le même, même ouvrage, liv. III, c. 46, 4.

> Sur un asne on le lie, et six torches en feu
> Le vont de rue en rue *asséchant* peu à peu.
>
> D'Aubigné, *Tragiques,* les Feux, liv. IV.

Assécher, au figuré, mettre à sec :

> Le prince de Conti qui en avoit amassé (du papier) à toutes mains, et à qui il en restoit encore après avoir *asséché* Law du plus gros... cherchoit à employer encore des papiers qui lui restoient.
>
> Saint-Simon, *Mémoires,* 1721.

Ce beau gouffre de buffet
Ne parut pas sans effet;
Je l'*assechay* sans haleine,
Chose formidable à voir,
Et pour l'une et l'autre reine
Fy triompher mon devoir.

Saint-Amant, la Polonoise.

Assécher s'emploie aussi neutralement, dans le sens de Devenir sec.

Deux neffs ou plusieurs sont dans ung havre où il y a poy d'eaue, et si *asseiche* l'ancre d'une neff, le Maistre de cette neff doit dire au Maistre de l'autre : Maistre, levez vostre ancre, car elle est trop près de nous et nous pourroît faire dommage.

Coutumes de la mer, art. XV.

Les vers qui font nostre soye, on les voit comme mourir et *assécher,* et de ce même corps se produire un papillon.

Montaigne, Essais, II, 12.

Asséché, ée, part. passé.

Tout *asseiché* que je suis, et appesanti, je sens encore quelques tièdes restes de cette ardeur passée.

Montaigne, Essais, III, 5.

L'eschanson, voulant verser de ce vin en la coupe, trouva la bouteille *assechée* et vuide.

Bouchet, Serées, I, Ire serée.

Toutes les mares de la Beauce, d'Étampes à Orléans, étoient tellement *asséchées* qu'il n'y avoit pas une goutte d'eau.

Malherbe, Lettres, 1615.

On aura à la fois des canaux toujours pleins d'eau, et des îles *asséchées* qui seront très fertiles et très saines.

Bernardin de Saint-Pierre, Études de la nature, VII.

... Malades *assechez*
Dont le cueur tout repas
Et viande abomine.

Cl. Marot, trad. des Psaumes, XI.

...Les plaintes pressantes
De leurs enfans pendus par les pieds, arrachez
Du sein qu'ils empoignoient, des tetins *assechez.*

D'Aubigné, Tragiques, Misères, liv. Ier.

Asséché est quelquefois accompagné de la préposition *de* :

D'humeur je suis comme tuile *asseché.*

Cl. Marot, trad. des Psaumes, XVIII.

Elle (l'Ire) a dans la main droicte un poignard *asséché*
De sang qui ne s'efface; elle le tient caché.

D'Aubigné, Tragiques, Chambre dorée, liv. III.

Asséchir s'employait dans le même sens qu'*assécher* :

La viande crue n'est pas toujours bonne à nostre estomach ; il la faut *asséchir,* altérer et corrompre.

Montaigne, Essais, II, c. 12.

Com' ils (les habitants de Bâle) sont excellans ouvriers de fer, quasi toutes leurs broches se tournent par ressorts... et font aler le rost mollement et longuemant : car ils *asséchissent* un peu trop leur viande.

Le même, Voyage.

D'Asséchir on avait tiré Asséchement.

Ce qu'Auguste Cæsar n'avoit voulu faire, quelque requeste que luy en eussent présenté, il fut si hardy que de l'entreprendre : c'est le canal ou deschargeoir creusé dans un mont, pour la vuidange et *assechement* du lac de Celano.

Bergier, Histoire des grands chemins de l'empire romain, liv. Ier, c. 16, 3.

ASSEMBLER, v. a. (de *adsimulare,* pris conformément à son étymologie *ad* et *simul,* dans le sens de mettre ensemble).

Ce mot figure dans les plus anciens dictionnaires latins-français.

Agregare, *assembler.*
Dictionnaire latin-français, XIIIe s. Bibliothèque nat., ms. lat. 7692.

Coagitare, *assembler.*
G. Briton, Vocabulaire latin-franç., XIVe s.

Mettre ensemble, en parlant des choses.

Asemblet sunt li abisme en mi la mer.
Psaumes, trad. du ps. de Corbie.

Il *assembloit* les bouts de tous les doigts ensemble.
Rabelais, Pantagruel, II, 19.

Les hommes (le corps humain) sont *assemblez* et conjoinctz de veines, nerfs, et os.
Robert Estienne, Dictionnaire françois-latin, 1539.

Ainsi qu'on apporte la chaux du four, vous l'*assemblerez* en une grand'place bien droicte.
Philibert de l'Orme, Architecture, liv. Ier, c. 17.

Le phœnix *assemble* des bûches de bois aromatique, et les posant sur la cime d'un mont, fait sur ce bûcher un si grand mouvement de ses ailes, que le feu s'en allume aux raions du soleil.

> Saint François de Sales, *Sermon prononcé à Paris*, en 1602, le jour de l'Assomption.

Qui se fioit à la bonté de son cheval et le poussoit pour fendre le courant (du Méandre); qui passoit à la nage et portoit un compagnon sur ses épaules; qui *assembloit* des bois et des troncs d'arbres pour en faire des pontons.

> Mézeray, *Histoire de France*, Louis VII.

Tout leur dîner se passa à s'entretenir des choses qu'ils avoient vues, et à parler du monarque pour qui on a *assemblé* tant de beaux objets.

> La Fontaine, *Psyché*, I.

Pendant qu'il se néglige lui-même (l'homme) jusqu'au point de ne se parer d'aucune vertu, il peut être assez orné quand il *assemble*, pour ainsi dire autour de lui ce que la nature a de plus rare.

> Bossuet, *Sermons*, Sur l'honneur.

Le marchand par ses soins *assemble* de mille endroits différents tout ce que le monde entier produit d'utile et d'agréable.

> Louis XIV, *Mémoires*, Iʳᵉ part., année 1666.

Il y a bien de l'apparence que Dieu fit naître dans toute la terre des arbres de quelque espèce; mais que ce ne fut que dans le lieu où il devoit placer Adam, qu'il *assembla* tous les genres de fruits et tous les arbres ou stériles ou féconds.

> Duguet, *Explication de l'ouvrage des six jours.*

Ces heureux domestiques comptoient d'*assembler* les dépouilles de leurs maîtres par un hyménée dont ils goûtoient les douceurs par avance.

> Le Sage, *Gil Blas*, liv. II, c. 1.

Et vont aus chimiteres, s'ont les corps desterrés,
Tout ensemble les *ont* en un mont *assemblés*.

> *Chanson d'Antioche*, V, v. 52.

Et semblable à l'abeille en nos jardins éclose,
De différentes fleurs j'*assemble* et je compose
Le miel que je produis.

> J.-B. Rousseau, *Odes*, III, 1.

Assembler, dans un sens analogue, réunir les diverses parties d'un vêtement, en termes de tailleur et de couturière :

J'ai chez moi un garçon qui, pour monter une ringrave, est le plus grand génie du monde; et un autre qui, pour

assembler un pourpoint, est le héros de notre temps.

> Molière, *le Bourgeois gentilhomme*, II, 8.

Or, prens le cas qu'un cousturier
Veult tailler de gris ou de vert
Une grand'robe a drap ouvert.
Puis il coult ses pièces ensemble,
L'ung avec l'aultre il *assemble*,
Et puis ce n'est qu'une robbe.

> *Farce des Cris de Paris*. Ancien Théâtre françois. Biblioth. elzévirienne, t. II, p. 320.

Assembler les cheveux :

Quelle main importune, en formant tous ces nœuds,
A pris soin sur mon front d'*assembler mes cheveux?*

> Racine, *Phèdre*, I, 3.

L'or couvre son carquois; l'or, en flexibles nœuds,
Sur son front avec grâce *assemble ses cheveux*.

> Delille, *Énéide*, IV.

Assembler, en termes de cuisine.

Assemblés les (les pourreaux) avec bouillon de beuf et en jour maigre de purée de pois.

> Taillevent, *le Viandier.*

Assembler de l'or, de l'argent, des richesses, dans le sens où nous disons *amasser de l'argent.*

Quant il *eut* cueilli et *assemblé* moult de peccunes, lors demonstra aux autres et leur dist que c'est legiere chose aux philosophes destre faiz riches.

> Oresme, *Le premier livre de politiques*, c. 14.

Lui considérant ceste entreprinse et aucunes autres ses favorables, afin de y résister et pourvoir se besoing lui estoit, se disposa de tout son pouvoir à *assembler finances*.

> Enguerran de Monstrelet, *Chronique*, c. 68.

Amasse force or, *assemble de l'argent*, édifie de belles galeries... si tu n'applanis les passions de ton âme... c'est autant comme si tu versois du vin à un qui auroit la fiebvre.

> Amyot, trad. de Plutarque, *Œuvres morales.*

Louys ayant fouillé dans toutes les bonnes bourses de son royaume, *assembla de l'argent* trois fois plus qu'il ne luy en falloit.

> Mézeray, *Histoire de France*, Louis XI.

Diex! où fu prins li ors qui ci est *assemblés*.
Il n'en a mie tant en la crestienté.

> *Fierabras*, v. 3165.

Ah ! si je pouvois *assembler*
Cinq ou six cents escus ensemble,
Je serois riche ce me semble.

RÉMY BELLEAU, *la Reconnue*, I, 5.

Assembler des lettres, des termes, des pensées, les parties d'un sujet, etc.

C'est chose superflue à moy d'*assembler des témoignages* de sainct Augustin sur ceste matiere, veu qu'il en a escrit un livre propre, lequel il a intitulé De l'Esprit et de la Terre.

CALVIN, *Institutions chréstiennes*, liv. II, c. 7.

Ces premières leçons qu'on leur fait de connoître leûrs *lettres* et de les *assembler*, ne leur enseignent pas les sciences libérales.

MALHERBE, trad. des *Épitres* de Sénèque, 88.

C'est encore ici, mes pères, une des plus subtiles adresses de votre politique, de séparer dans vos écrits les *maximes* que vous *assemblez* dans vos avis.

PASCAL, *Provinciales*, XIII.

Je ne doute point que ceux qui vivront après moy ne soyent étonnés quand ils sauront que mon père... ait eu le courage de pousser sa fortune dans les armes, dont à vingt ans il n'avoit aucune expérience, et que moy j'aye pu espérer d'acquérir de la gloire dans les *lettres*, qu'à peine je sçavois *assembler* et épeler.

RACAN, *Lettres*, IX.

Je formois mes *lettres* et les *assemblois* de façon que cela ressembloit un peu à de l'écriture.

LE SAGE, *Gil Blas*, X, 10.

Dans une proposition, c'est autre chose d'entendre les termes dont elle est composée, autre chose de les *assembler* ou de les disjoindre.

BOSSUET, *De la Connoissance de Dieu et de soi-même*, c. 1, art. 13.

L'homme s'est trouvé l'imagination remplie par les sensations d'une infinité d'images. Par cette force qu'il a de réfléchir, il les a *assemblées*, il les a disjointes.

LE MÊME, même ouvrage, c. 5, art. 8.

La méthode d'apprendre par cœur met je ne sais combien d'esprits bornés et superficiels en état de faire des discours publics avec quelque éclat ; il ne faut qu'*assembler* un certain nombre de *passages* et de *pensées*.

FÉNELON, *Dialogues sur l'Éloquence*, II.

Le poëte n'est lui-même poëte que par la manière

adroite et spirituelle dont il dispose et *assemble les parties* du sujet qu'il traite.

ROLLIN, *Traité des études*, liv. III, c. 1, art. 3.

J'*assemblois* je ne sais combien de réflexions dans mon esprit ; je me taillois de la besogne, afin que, dans la confusion de mes pensées, j'eusse plus de peine à prendre mon parti, et que mon indétermination en fût plus excusable.

MARIVAUX, *la Vie de Marianne*, Ire part.

M'entremis de *lais assembler*
Por rime faire è reconter.

MARIE DE FRANCE, *Prologue des lais*.

ASSEMBLER, en parlant des choses morales.

Plusieurs âmes *ont assemblé des richesses*, mais (ô notre sainte Dame !) vous les avez toutes surpassées.

SAINT FRANÇOIS DE SALES, *Sermon prononcé à Paris*, en 1602.

C'est un des défauts de la botanique de ne nous présenter les caractères des végétaux que successivement ; elle ne les *assemble* pas, elle les décompose.

BERNARDIN DE SAINT-PIERRE, *Études de la nature*, XI.

Ce sont les hommes qui *assemblent* les nuages, et ils se plaignent ensuite des tempêtes.

J. DE MAISTRE, *Considérations sur la France*, c. 3, § 17.

ASSEMBLER, avec un nom de choses pour sujet.

La nécessité compose les hommes et les *assemble*.

MONTAIGNE, *Essais*, III, 9.

Les effets de la foiblesse sont plus prodigieux que ceux des passions les plus violentes. Elle *assemble* plus souvent qu'aucune les contradictoires.

CARDINAL DE RETZ, *Mémoires*.

Les vices entrent dans la composition des vertus, comme les poisons entrent dans la composition des remèdes. La prudence les *assemble* et les tempère et elle s'en sert utilement contre les maux de la vie.

LA ROCHEFOUCAULD, *Maximes*, CLXXXII.

Chrétiens, qu'une triste cérémonie *assemble* en ce lieu.

FLÉCHIER, *Oraison funèbre de M. de Turenne*.

L'incrédule croiroit se faire plus d'honneur en se persuadant qu'il n'est qu'une vile boue, que le hasard *a assemblée*, et que le hasard dissoudra.

MASSILLON, *Carême. Sermon sur la vérité de la religion.*

M. de Beauvilliers ne voulut pas qu'on dit un mot de ce qui nous *assembloit* que tous ne fussent arrivés.

> SAINT-SIMON, *Mémoires*, 1712.

Les républiques de Grèce et d'Italie étoient des villes qui avoient chacune leur gouvernement et qui *assembloient* leurs citoyens dans leurs murailles.

> MONTESQUIEU, *Esprit des Lois*, XI, 8.

Les vents sont ses courants (de l'air); ils poussent, ils *assemblent* les nuages.

> BUFFON, *Histoire naturelle*. Sur l'air.

L'hymen sait embellir les sujets qu'il *assemble*.

> BOURSAULT, *Fables d'Ésope*, V, 2.

Afin qu'un même toit elle et moi nous *assemble*,
Sans nous apercevoir que nous logions ensemble.

> DESTOUCHES, *le Glorieux*, I, 5.

Quelques malheurs sur nous que le destin *assemble*.

> DE LA FOSSE, *Manlius*, I, 6.

ASSEMBLER, réunir, en parlant des personnes :

Manderent e *assemblerent* tuz les princes et les baruns des Philistiens.

> *Les quatre Livres des Rois*, I, 5.

Quant il *furent* tous trois *assemblé*, si dist chascuns ce qu'il avoit trouvé et veu.

> MARC POL, *le Livre*, c. 30.

Il fist ses cors et instrumens bondir, et *assembla* ses gens pour courre sus au conte d'Urgel.

> *Le Livre du chevalereux comte d'Artois*, p. 52.

Un porteur de rogatons, un mulet avecques ses cymbales, un vieilleuz au mylieu d'un carrefour *assemblera* plus de gens, que ne feroit un bon prescheur evangelicque.

> RABELAIS, *Gargantua*, I, 18.

Pour les Bactriens, Sogdiens, Indiens et tous ces autres peuples qui habitent le long de la mer Rouge, dont les noms mêmes lui étoient inconnus, il fut si pressé qu'il n'eut pas le temps de les *assembler*.

> VAUGELAS, trad. de Quinte-Curce, liv. III.

Ni lui (saint Paul) ni ses compagnons n'ont jamais excité de sédition, ni *assemblé* tumultuairement le peuple.

> BOSSUET, *Politique tirée de l'Écriture sainte*.

On me mande que le pape a *assemblé* ses amis pour finir l'affaire des franchises avec la France et avec toutes les couronnes.

> Mᵐᵉ DE SÉVIGNÉ, *Lettres*. A madame de Grignan, 6 novembre 1689.

Chez mon père, j'ai le plaisir d'*assembler* les gens d'esprit deux fois la semaine.

> *Le Banqueroutier*, scène des Ambassadeurs. (Voyez GHERARDI, *Théâtre italien*, t. I, p. 395.)

Quoi qu'on pût faire, ils (les conjurés) ne purent *être* tous *assemblés* qu'il ne fut presque nuit.

> SAINT-RÉAL, *Conjuration des Espagnols contre Venise*.

J'avois soin d'*assembler* les plus amusantes de nos comédiennes et nous passions une bonne partie de la nuit à rire.

> LE SAGE, *Gil Blas*, liv. VII, c. 7.

Me comblant de bontés et madame de Saint-Simon d'éloges, (le duc de Bourgogne) me mena au bout du cabinet où je me tirai à peine de ce qui *étoit assemblé* sur mon passage.

> SAINT-SIMON, *Mémoires*, 1710.

Cependant Warwick, maître de Londres, *assemble* le peuple dans une campagne aux portes de la ville, et lui montrant le fils du duc d'Yorck : Lequel voulez-vous pour votre roi, dit-il, ou ce jeune prince ou Henri de Lancastre? Le peuple répondit, Yorck.

> VOLTAIRE, *Essai sur les mœurs*. De l'Angleterre et de Marguerite d'Anjou, c. 115.

Le lendemain matin on nous *assembla* de nouveau pour l'instruction et ce fut alors que je commençai, pour la première fois, à réfléchir sur le pas que j'allois faire et sur les démarches qui m'y avoient entraîné.

> J.-J. ROUSSEAU, *les Confessions*, part. I, liv. II.

Un jour donc vous *assemblez* vos gens, et, dans un discours grave et simple vous leur direz que vous croyez devoir en bon père apporter tous vos soins à bien élever l'enfant que Dieu vous a donné.

> LE MÊME, *Lettres*, 10 novembre 1763.

Entor lui *furent assemblé* si ami.

> *Garin le Loherain*, t. II, p. 183.

Sous prétexte de chasse il nous *assemble* tous.

> PALAPRAT, *la Prude*, I, 7.

J'*assemble* un auditoire et nombreux et galant.

> PIRON, *la Métromanie*, I, 4.

On le dit particulièrement en parlant des troupes, des armées qu'on rassemble, qu'on range en bataille :

Quant li rois Guis le soi, si fu a mesaise de cuer; et fait escrire ses letres, et les envoie partout à ses barons et à ses hommes, et à touz ceus qui armes povoient porteir. Et *assembla* tant de gent comme il pot; mais ne fu rien au regart de l'ost que Solehadins *avoit assemblei* en deus parties.

> *Récits d'un ménestrel de Reims au treizième siècle,*
> publiés par N. de Wailly, p. 19.

Ainçois que les batailles *fussent* ordonnées et *assemblées* à leur droit, commença le jour à paroir.

> Froissart, *Chroniques,* I, Iʳᵉ part., c. 37.

Ce prince *assembla* son peuple, et fit un tel effort contre l'ennemi que non-seulement il ruina cette forteresse, mais qu'il en fit servir les matériaux pour construire deux grands châteaux par lesquels il fortifia sa frontière.

> Bossuet, *Sermon,* Sur la Providence.

Comme les deux armées tant des conjurés que du Roy *estoient assemblées* de diverses pièces qui n'avoient pas grande liaison ensemble, il falloit qu'elles se dissipassent ou qu'elles en vinssent aux mains.

> Mézeray, *Histoire de France.* Philippe-
> Auguste.

Mon fils doit aller à Rennes prendre les ordres de M. de Chaulnes, pour *assembler* et faire marcher ces nobles régiments (l'arrière-ban).

> Mᵐᵉ de Sévigné, *Lettres.* A Mᵐᵉ de Grignan,
> 15 juin 1689.

Avant que de se disposer à ce voyage, il (le prince de Condé) devoit *assembler* quelques troupes dans son gouvernement de Bourgogne.

> Le marquis de Pomponne, *Mémoires,* I, 10.

Dès que le porteur se fut découvert à mon père, il jugea que c'étoit trop, et sur-le-champ *assembla* son état-major et tous les officiers de sa garnison avec ce qui se trouva de ses amis du voisinage dans Blaye.

> Saint-Simon, *Mémoires,* 1693.

Ses ennemis (du roi de Suède) *avoient assemblé* de grandes forces pour faire une descente dans la province de Schonen, et envahir après la Suède.

> Le même, même ouvrage, 1716.

Non-seulement il (Charles-Quint) eut dans Henri II, successeur de François, un ennemi redoutable, mais dans ce temps-là même les princes, les villes de la nouvelle religion en Allemagne, faisaient la guerre civile, et *assemblaient* contre lui une grande armée.

> Voltaire, *Essai sur les mœurs.* Troubles d'Allemagne, c. 126.

Marsilie vient par mi une valée
Od sa grant ost que li *out asemblée.*

> *Chanson de Roland,* v. 1449.

Par pleintes ke Willame fist,
E par paroles ke il dist,
Fist li reis *asemler* son ost.

> *Roman de Rou,* t. II, v. 8944.

Il a mandé ses Turs; quant il sont *assamblé,*
Bien furent trente mil sor les chevaus monté.

> *Chanson d'Antioche,* III, v. 534.

Assembler s'employait, dans l'ancien français, avec le sens d'Aborder, Joindre, Attaquer, En venir aux mains.

Li cuens Loeys (le comte de Blois) qui *fu assemblés* premiers, fu navrés en deus leus mult durement.

> Villehardouin, *Conquête de Constantinople,* § 359.

Quant il vit toutes les batailles rangées d'une part et d'autre et vit la bataille du roi un petit esmouver, il cuida qu'elle allât *assembler.*

> Froissart, *Chroniques,* I, Iʳᵉ part., c. 48.

Devers senestre va Herris *assembler.*
Eh Diex! quens hons, se il peust durer!
Foudre ressemble quant il vient *assembler.*

> Garin le Loherain, t. I, p. 59.

Assembler, en ce sens, était très souvent suivi de la préposition *à :*

Cil à cheval vindrent ferant des esperons et n'osèrent *assembler* à nostre gent à pié.

> Joinville, *Histoire de saint Louis,* LII.

Messire Charles de Montmorency et sa bannière chevaucha tandis avant, et ne voulut oncques reculer; mais s'en vint de grand courage *assembler aux* Allemands, et les Allemands *à* lui et *à* ses gens.

> Froissart, *Chroniques,* I, Iʳᵉ part., c. 140.

Le connestable fist marcher sa bataille et aler avant pour *assembler* à eulx, et leur escria à haute voix : « Cà ribaudaille, veez me cy que vous quérez. Venez à moy. »

> Monstrelet, *Chronique,* c. 89.

Si m'ait Diex, je vi le duc Garin
Qui *assembla* à Bernart do Naisil :
Parmi le corz son roit espié li mist.

> *La Mort de Garin,* v. 3779.

Assembler se dit particulièrement en parlant de l'action de convoquer des corps constitués, conciles, conseils, assemblées populaires, états généraux, parlements, etc. :

Nus doit estre avec chix qui jugent, el tans qu'*il sont as-*

sanllé, por fere le jugement, s'il n'est appelés de cix qui doivent jugier.

BEAUMANOIR, *Coutumes de Beauvoisis*, I, c. 1, 32.

Il y a une circonstance présente qui pourroit être de quelque considération, qui est que, comme les cortès ou états de Castille *sont assemblés* en cette ville par les députés ou procureurs des villes capitales, l'on pourroit y faire recevoir le contrat de mariage de l'infante.

L'ARCHEVÊQUE D'EMBRUN à Louis XIV, 12 avril 1663:
(Voy. MIGNET, *Succession d'Espagne*, t. I, p. 296.)

L'exemple de tous les autres états qui *ont été assemblés* les années dernières devoit vous servir d'une puissante raison pour porter les députés (de la Provence) à leur devoir.

COLBERT au comte de Grignan, 21 novembre 1671. (Voyez
DEPPING, *Corresp. admin. sous Louis XIV*, t. I; p. 393.)

Ils (les nonces de Pologne) consommèrent tout le temps de la Diète, et la rompirent au commencement de mars 1668, sans avoir travaillé à aucune des affaires pour lesquelles elle *avoit été assemblée*.

LE MARQUIS DE POMPONNE, *Mémoires*, I, 9.

En ce temps, Constantin *assembla* à Nicée en Bithynie le premier concile général, où trois cent dix-huit évêques qui représentoient toute l'Église, condamnèrent le prêtre Arius.

BOSSUET, *Discours sur l'histoire universelle*, I, 11.

On fut contraint de lui accorder (au peuple romain) des magistrats particuliers qui pussent l'*assembler* et le secourir contre l'autorité des consuls, par opposition ou par appel.

LE MÊME, même ouvrage, III, 7.

Ces raisons ne donnèrent pas à la vérité de meilleurs sentiments au premier président, mais bien un vif repentir de ne s'être pas assez ménagé avec nous, et un regret cuisant sur l'intérêt de sa réputation, qui lui arrachèrent enfin la parole positive qu'il donna à M. de Chaulnes, pour nous, qu'il *assembleroit* toutes les chambres pour la continuation et le jugement de notre procès.

SAINT-SIMON, *Mémoires*, 1694.

Tandis que le pape, cassé de vieillesse, était sous les armes, le roi de France, encore dans la vigueur de l'âge, *assemblait* un concile; il remuait la chrétienté ecclésiastique, et le pape la chrétienté guerrière.

VOLTAIRE, *Essai sur les mœurs*, c. 113.

Un maire de Londres va le lendemain, suivi de cette populace, lui offrir la couronne. Il l'accepte; il se fait couronner sans *assembler* le parlement, sans prétexter la moindre raison.

LE MÊME, même ouvrage, c. 117. Suite *Des
troubles d'Angleterre*.

J'y consens, leur dit-il, *assemblons* le chapitre.

BOILEAU, *le Lutrin*, IV.

On a employé très souvent jadis *faire assembler*, dans les cas où l'on dirait simplement de nos jours, Assembler, Convoquer :

Si *ferai* tot mon lignage *assembler*.

Aliscans, v. 7765.

Li rois Pépins *a fait* moult grant gent *assembler*
Pour aler en Hongrie la dame demander.

Roman de Berte, p. 8.

ASSEMBLER s'emploie quelquefois quand il est question d'une alliance spirituelle ou temporelle, d'une union, d'un mariage.

Il ne me semble pas grant chose se je vous sers, mais se me semble grant merveille que vous avez daigné et vous a pleu une si povre et si meschante et indigne créature appeler et recepvoir à vostre service, et *assembler* avecques vos amez serviteurs.

Le livre de l'Internelle Consolacion, liv. II, c. 10.

Le duc de Bethfort épousa Anne, sœur de Philippe, et Artur de Richemond, frère du duc de Bretagne, Marguerite, aussi sœur du mesme Philippe. Ces mariages étoient de forts liens pour *assembler* les trois princes, et si la mort ne les eust rompus ci-après, difficilement se fussent-ils désunis.

MÉZERAY, *Histoire de France*. Charles VII.

Non, Madame, l'époux dont je vous entretiens
Peut sans honte *assembler* vos aïeux et les siens.

RACINE, *Britannicus*, II, 3.

ASSEMBLER pris absolument en divers sens :

Les enquêtes envoyèrent le lendemain leurs députés à la Grande Chambre, et l'on fut obligé d'*assembler*.

CARD. DE RETZ, *Mémoires*.

Les praticiens ne savent que le détail de ce qui se pratique... Ils ne savent ni *assembler*, ni diviser, ni arranger.

FLEURY, *Du Choix des études*, c. 41, Études
des gens de robe.

Quelquefois ce verbe s'employait de la sorte dans le sens où nous nous servons d'amasser :

Assemblerai-je ? Pourquoi faire ? pour avoir de la peine ?

MALHERBE, trad. des *Épîtres de Sénèque*, XV.

Assembler, pris absolument, signifiait, surtout dans l'ancien français, Se rassembler, se réunir.

En tout cel an ne passa onques deus mois que il n'assemblassent parlement à Compaigne.

Villehardouin, *Conquéte de Constantinople*, § 11.

Assemblèrent li baron et li dux de Venise en un palais où li dux ere à ostel.

Le même, même ouvrage, § 91.

Là véissiez communes *assembler*
Et les villains venir et aüner.

Garin le Loherain, t. I, p. 140.

Des Romains n'est-il pas merveille
S'ils sont faux et malicieux,
La terre le doit et li lieux.
Cil qui primes y *assemblèrent*
La félonie y apportèrent.

Guyot de Provins, *Bible*.

On a dit quelquefois *assembler ensemble :*

Ne vois-tu pas comme son front *assemble*
La gravité et la douceur *ensemble !*

Ronsard, *la Franciade*, IV.

Ce pléonasme, aujourd'hui complètement hors d'usage, était très fréquent dans l'ancien français. (Voyez le *Glossaire* de Sainte-Palaye.)

Assembler s'emploie souvent avec le pronom personnel.

S'assembler, se réunir, en parlant des personnes :

Li Philistien *s'assemblèrent à* bataille.

Les quatre Livres des Rois, I, 13.

Si vinrent en la place et sonnèrent les saints, et *s'assemblèrent* tous, hommes et femmes, et firent ouvrir leurs portes.

Froissart, *Chroniques*, liv. I, Ire part., c. 221.

Il vous plera prouvoir à ces frontières d'un meilleur cerveau que le mien et d'ung cueur aussi fidèle et loyal; car il en est bien besoing, si l'Anglois et l'Espaignol *s'assemble.*

Marguerite de Navarre, *Lettres*. A François Ier, 1537.

Quand tous cocus *s'assembleront*, tu porteras la banière.

Rabelais, *Pantagruel*, III, 25.

Je m'imaginai que les peuples qui, ayant été autrefois demi-sauvages, et ne s'étant civilisés que peu à peu, n'ont fait leurs lois qu'à mesure que l'incommodité des crimes et des querelles les y a conduits, ne sauroient être aussi bien policés que ceux qui, dès le commencement qu'ils *se sont assemblés*, ont observé les constitutions de quelque prudent législateur.

Descartes, *Discours de la méthode*, Ire part.

Vous voulez que je fasse du bruit! Quoi donc!... pour faire parler des hommes que je méprise en détail et que je commence à estimer lorsqu'ils *s'assemblent.*

Bossuet, *Discours sur la vie cachée.*

Une montagne élevée devoit paroître dans les derniers temps, selon Isaïe : c'étoit l'Église chrétienne. Tous les Gentils y devoient venir, et plusieurs peuples devoient *s'y assembler.*

Le même, *Discours sur l'histoire universelle*, II, 15.

Malgré toute sa prudence, le mal ne put finir : cette race libertine voulut *s'assembler.*

Mme de Motteville, *Mémoires.*

M. de Coulanges me donna un grand souper, où tout le monde *s'assembla* pour me dire adieu.

Mme de Sévigné, *Lettres*. A Mme de Grignan, 18 mai 1671.

Les meilleurs amis de M. de Luxembourg *s'assemblent* encore souvent; le prétexte est de le pleurer, et ils boivent, ils mangent, ils rient.

Mme de Coulanges, *Lettres*. A Mme de Sévigné 21 janvier 1695.

Après une longue pétaudière, il fut résolu que le roi seroit informé de cette insolence par MM. de La Trémoille et de La Rochefoucauld, chez lequel *nous nous assemblerions* avec chacun un projet de réponse pour en pouvoir choisir.

Saint-Simon, *Mémoires*, 1696.

Ils ne pouvoient *s'assembler* commodément qu'à des fêtes.

Fleury, *Mœurs des Israélites*, § 22.

Jamais on n'a été si sot que depuis qu'on *s'est assemblé* en cérémonie pour disputer méthodiquement et en bonne forme, le tout pour le bien et pour le progrès de la vérité.

Grimm, *Correspondance*, 15 mai 1758.

Il y a eu donc bien du bruit? dit M. de Climal. Oh! du bruit, si vous voulez, reprit-elle; je me suis un peu emportée contre lui; mais, au surplus, il n'y a eu que quelques voisins qui *se sont assemblés* à notre porte, quelques passants par-ci par-là.

Marivaux, *Vie de Marianne*, IIIe part.

Le Vassor, compilateur grossier, qui a fait un libelle en dix-huit volumes de l'histoire de Louis XIII, dit que « l'établissement de l'Académie est une preuve de la tyrannie du cardinal. Il ne put souffrir que d'honnêtes gens *s'assemblassent* librement dans une maison particulière. »
Voltaire, Histoire du Parlement de Paris, c. 52.

On montre encore à Narva, dans l'hôtel de ville, la table sur laquelle il posa son épée en entrant; et on s'y ressouvient des paroles qu'il adressa aux citoyens qui *s'y assemblèrent.*
Le même, Histoire de Charles XII, liv. III.

Les femmes *s'assemblèrent* tumultueusement demandant du pain ou la mort.
Napoléon, Mémoires, t. I, p. 223.

Chascun se doit à son per assembler.
Eust. Deschamps, Ballades, 5.

Le loup est l'ennemi commun,
Chiens, chasseurs, villageois s'assemblent pour sa perte.
La Fontaine, Fables, X, 6.

Quand commencera-t-on? — Tout à l'heure on *s'assemble.*
Piron, la Métromanie, IV, 3.

Ossements desséchés, insensible poussière,
Levez-vous! recevez l'esprit et la lumière!
Que vos membres épars s'assemblent à ma voix!
Lamartine, Premières Méditations, La poésie sacrée.

En parlant des corps, des compagnies :

La junte *s'est assemblée* tous les matins à onze heures dans la chambre de Ruby, au palais, où Don Blasco de Loyola assiste pour secrétaire.
L'archevêque d'Embrun à Louis XIV, 9 octobre 1665. (Voy. Mignet, Succession d'Espagne, t. I, p. 397.)

Les commissaires du roi n'entrent dans les états (de Languedoc) que le jour de l'ouverture, pour leur donner la permission de *s'assembler.*
Extrait du Mémoire général de la province de Languedoc dressé par ordre du roi en 1698. (Voyez Depping, Correspondance administrative sous Louis XIV, t. I, p. 6.)

C'est une autre vérité que les états généraux mêmes ne *se* peuvent *assembler* que par les rois.
Saint-Simon, Mémoires, 1707.

Les cortès ou états généraux ne *s'y assemblent* plus (en Castille) par ordre des rois que pour prêter les serments que le roi veut recevoir.
Le même, même ouvrage, 1707.

IV

Ceux qui ont prétendu que la juridiction appelée parlement, *s'assemblant* deux fois par an pour rendre la justice, était une continuation des anciens parlemens de France, paraissent être tombés dans une erreur volontaire, qui n'est fondée que sur une équivoque.
Voltaire, Histoire du Parlement de Paris, c. 3, Des barons siégeants en parlement.

L'heure à présent m'appelle au conseil qui s'assemble.
Corneille, le Cid, I, 4, de la 1re éd.

C'est dans ce lieu, vous dis-je, où le conseil s'assemble.
Boursault, Ésope à la cour, II, 1.

S'assembler les uns contre les autres, s'est dit dans un sens analogue à celui qu'avait *assembler* employé neutralement.

Il (le sire de Montmorency) fist... telle revenche de Brignolles, que le camp ennemy ne fut oncques un jour, ou sans alarme, sans nouvelle de quelque rencontre, et ne passa jamais jour que leurs gens et les nostres ne *s'assemblassent les uns contre les autres*, en quelque lieu, mais tous les jours et sans aucun en excepter, au desavantage et perte de l'ennemy.
Du Bellay, Mémoires, 139, liv. VII, année 1536.

S'assembler, s'accoupler :

Sachiez que de chien et de loup, quand il *s'assemblent*, naist une manière de chiens qui molt sont fier; mais li très fiers naissent par assemblement de chien et de tigre.
Brunetto Latini, Li livres dou tresor, liv. I, part. V, c. 186.

S'assembler par mariage :

Agnes... *s'assembla par mariage* à Hue d'Ybelin.
Recueil des historiens des Croisades, Hist. occidentaux, t. II, p. 5.

S'assembler, en parlant des choses :

Sortant de la ville (Saint-Jean de Lus), les deux rivières *s'assemblent*, où la mer flue et reflue deux fois en vingt-quatre heures, de sorte que les grands navires y rentrent à plaine voile.
Du Bellay, Mémoires, liv. II, 1523.

D'autant que nous n'avons qu'une seule et simple pensée d'une même chose en même temps, il faut nécessairement qu'il y ait quelque lieu où les deux images qui viennent d'un seul objet par les doubles organes des autres sens, *se* puissent *assembler* en une avant qu'elles parviennent à l'âme, afin qu'elles ne lui représentent pas deux objets au lieu d'un.

DESCARTES, *les Passions de l'âme*, part. I, art. 32.

Raoul, duc de Berry, bastit sur la rivière d'Indre un chasteau pour sa demeure, de son nom appellé Chasteau Raoul, à l'entour duquel *s'est* peu à peu *assemblé* une ville.

MÉZERAY, *Histoire de France*, Philippe Ier.

En maints endroits il pleut du sang, de la chair, de la laine; on vit en maints endroits les campagnes *s'entr'ouvrir*, et les montagnes esloignées *s'assembler* pour se choquer impétueusement.

LE MÊME, même ouvrage, Louis XII.

Je me dis quelquefois à moi-même : Pourquoi vous embarrassez-vous de l'avenir? Avant de venir au monde, vous êtes-vous inquiété de quelle manière *s'assembleraient* vos membres, et se développeraient vos nerfs et vos os?

BERNARDIN DE SAINT-PIERRE, *Études de la nature*, Récapitulation.

Là où la mers Loire reçoit,
Là où Loire et la mers *s'asamble*.

WACE, *Roman de Brut*, v. 800.

Prions au Peire glorieus
Et à son chier fils précieus
Et le saint Espériz ensemble,
En qui toute bontoiz *s'assemble*.

RUTEBEUF, *Complainte au roi de Navarre*.

... Jà les ondes ensemble
S'entrebattoient : l'eau sallée *s'assemble*
Tout en un mont : les flots vont jusqu'aux cieux.

CL. MAROT, *Histoire de Leander et Hero*.

Regrect me point, dueil me vient esblouir;
Mais si m'aymez, chagrin qu'on doit fuyr
Garderay bien qu'avec vous ne *s'assemble*.

ROGER DE COLLERYE, *Rondeaux*, IV.

En vostre esprit le ciel s'est surmonté,
Nature et l'art ont en vostre beauté
Mis tout le beau dont la beauté *s'assemble*.

J. DU BELLAY, *Œuvres françoises*. A Marie Stuart.

A chaque coup de pied toute la maison tremble,
Et semble que le feste à la cave *s'assemble* !

REGNIER, *Satires*, XI

..... Que de feux esclattans....
D'horribles tourbillons, d'esclairs et de tempestes
Dans ce nuage espais *s'assemblent* sur nos testes !

RACAN, *Bergeries*, acte II, sc. 4.

ASSEMBLÉ, ÉE, part.

Lesquels païsans *assemblez*, partout où ils passoient pilloient maisons de gentilhommes, tuoient femmes et enfans avecques cruauté inusitée.

DU BELLAY, *Mémoires*.

Au commencement Dunkerque n'estoit qu'un hameau composé de cabanes de pecheurs, *assemblez* par la commodité du havre.

SARAZIN, *Siège de Dunkerque*.

Je prie MM. les plénipotentiaires *assemblés* en la ville de Cologne de la part de Leurs Altesses électorales et princes du Saint empire auprès desquels j'ai été envoyé, de me donner une réponse par écrit sur les demandes que j'ai faites de la part du roi mon maître.

M. DE GOMONT aux plénipotentiaires des électeurs, 15 juillet 1667. (Voy. MIGNET, *Succession d'Espagne*, t. II, p. 178.)

Outre que les roys étoient électifs (à Rome) et que l'élection s'en faisoit par tout le peuple, c'étoit encore au peuple *assemblé* à confirmer les lois et à résoudre la paix ou la guerre.

BOSSUET, *Discours sur l'histoire universelle*, III, 6.

Il fut arresté que si l'empereur élu s'ingéroit de violer la paix, ou sous couleur d'aller prendre la couronne à Milan, vouloit troubler le repos de l'Italie, ou entreprendre quelque autre nouveauté, les deux roys s'assisteroient en leurs personnes et forces *assemblées*.

MÉZERAY, *Histoire de France*, François Ier.

Il rêve qu'il se meurt, et qu'il voit toutes les divinités de l'Olympe *assemblées* pour décider de ce qu'elles doivent faire d'un mortel de son importance.

LE SAGE, *le Diable boiteux*, c. 16.

Un prophète inconnu vient de la part de Dieu reprocher au roi d'Israël *assemblé* à Béthel avec tout son peuple pour sacrifier à Baal l'impiété de ses sacrifices; et les mystères profanes sont suspendus.

MASSILLON, *Carême*, Sermon sur le mélange des bons et des méchants.

Il faut bien se donner de garde de prendre pour sublime une apparence de grandeur bâtie ordinairement sur de grands mots *assemblés* au hasard.

ROLLIN, *Traité des études*, liv. IV, c. 3, art. 1er, § 2, n° 6.

En rentrant au logis, nous vîmes à deux portes au-dessus de la nôtre une grande quantité de peuple *assemblé*.

MARIVAUX, *la Vie de Marianne*, IIe partie.

Le parlement de Paris vit alors quel crédit il pouvait un jour avoir sous les minorités ; le duc d'Orléans vint s'adresser aux chambres *assemblées* pour avoir un arrêt qui changeât le Gouvernement.

VOLTAIRE, *Essai sur les mœurs*, c. 101, De Charles VIII.

Tant i a des paiens venus et *asamblés*
Que tos en fu emplis li palais principés.

La Chanson d'Antioche, c. 5, v. 453.

Si manderai Sarrasins et Esclers
Tant qu'en aurai .c. millier *assanlés*.

Aliscans, v. 7557.

On n'a tous deux qu'un cœur qui sent mêmes traverses;
Mais ce cœur a pourtant ses fonctions diverses,
Et la loi de l'hymen qui vous tient *assemblés*
N'ordonne pas qu'il tremble alors que vous tremblez.

P. CORNEILLE, *Polyeucte*, I, 3.

Ah ! je me réjouis de vous voir *assemblés*.

MOLIÈRE, *Tartuffe*, IV, 3.

Vous voyant *assemblés*, je suppose d'abord
Qu'après un peu de bruit vous voilà tous d'accord.

DESTOUCHES, *Philosophe marié*, V, 10.

Au discrétoire entrent neuf vénérables;
Figurez vous neuf siècles *assemblés*.

GRESSET, *Ververt*, c. 4.

ASSEMBLER a été employé substantivement :

Si que en l'*assembler* pristrent trois galies de Jenoeis.

Recueil des historiens des Croisades. Hist. occidentaux, t. II, p. 412.

As armes courent Normant et Berruier;
A l'*assembler* font les cris enforcier.

Garin le Loherain, t. I, p. 263.

Voyez SAINTE-PALAYE, *Glossaire*.

On avait tiré du verbe ASSEMBLER, divers composés aujourd'hui hors d'usage :

S'ENTRE-ASSEMBLER.

Li evesque s'entremanderent
Et li baron *s'entrasamblerent*.

WACE, *Roman de Brut*, v. 9243.

DÉSASSEMBLER.

Ainsi Héro mourut le cueur marry
D'avoir veu mort Leander son amy :
Et après mort, qui amans *désassemble*,
Se sont encor tous deux trouvez ensemble.

CL. MAROT, *Histoire de Leander et Hero*.

On s'est servi autrefois de l'adverbe ASSEMBLÉMENT :

Allons à luy *assemblément*,
Nous en serons mieulx, ce me semble,
Et aussi plus honnestement
A mener noz gens tous ensemble.

Le Mistere du siege d'Orleans, v. 4507.

Voyez SAINTE-PALAYE, *Glossaire*.

ASSEMBLEUR, s. m. Qui assemble, qui réunit :

Compilator, assembleres.

G. BRITON, *Vocabulaire latin-français* (XIVe s.).

Nos poètes ont emprunté littéralement à Homère l'expression d'*assembleur de nues, de nuages*, appliquée à Jupiter.

Tout l'Olympe s'en plaignit,
Et l'*assembleur de nuages*
Jura le Styx et promit
De former d'autres orages.

LA FONTAINE, *Fables*, VIII, 20.

ASSEMBLÉE, s. f. Réunion d'un nombre plus ou moins considérable de personnes dans un même lieu.

Comment Pantagruel faict *assemblée* d'un theologien, d'un medecin, d'un legiste et d'un philosophe, pour la perplexité de Panurge.

RABELAIS, *Pantagruel*, III, titre du c. 29.

Je n'ay que faire de dire la magnificence de leurs accoustremens, puis que leurs serviteurs en avoient en si grande superfluité, qu'on nomma ladite *assemblée* le camp du drap d'or.

MARTIN DU BELLAY, *Mémoires*, liv. I, 1520.

C'est, disent-ils, une cérémonie ordinaire aux abouchements de tels princes, que le plus grand soit avant les autres au lieu assigné, voire avant celui chez qui se fait l'*assemblée*.

> MONTAIGNE, *Essais*, I, 14.

Au lieu de : « La frayeur a saisi toute l'*assemblée*, » Cléocrite l'aîné (P. Corneille) a dit, dans son Criminel innocent (Œdipe), en langage précieux : « La frayeur a couru dans toute l'*assemblée*. »

> SOMAIZE, *Dictionnaire des Pretieuses*.

Je vous avois bien prédit, Monsieur, qu'en la première *assemblée* du quartier on se mettroit sur vos louanges.

> BUSSY-RABUTIN, *Lettres*. Au marquis de Trichateau, 20 février 1679.

Dans l'*assemblée* de toute la Grèce, à Pise premièrement, et dans la suite à Élide, se célébroient ces fameux combats, où les vainqueurs étoient couronnés avec des applaudissements incroyables.

> BOSSUET, *Discours sur l'histoire universelle*, I, 6.

Voilà les vérités que j'ai à traiter, et que j'ai crues dignes d'être proposées à un si grand prince, et à la plus illustre *assemblée* de l'univers.

> LE MÊME, *Oraison funèbre de la duchesse d'Orléans*.

Que ne puis-je vous le montrer parmi ce nombre de gens choisis qui formoient chez lui une *assemblée*, que le savoir, la politesse l'honnêteté, rendoient aussi agréable qu'utile ?

> FLÉCHIER, *Oraison funèbre de M. de Lamoignon*.

J'entends Théodecte de l'antichambre... Il n'est pas encore assis qu'il a déjà, à son insu, désobligé toute l'*assemblée*.

> LA BRUYÈRE, *Caractères*, c. 5.

Antisthène avoit l'esprit subtil et étoit si agréable en compagnie qu'il tournoit toute l'*assemblée* comme il lui plaisoit.

> FÉNELON, *Vies des Philosophes*, Antisthène.

Toute l'Église n'étoit encore qu'une *assemblée* de saints.

> MASSILLON, *Petit Carême*.

Quand on veut éviter d'être charlatan, il faut fuir les tréteaux ; car si l'on y monte, on est bien forcé d'être charlatan, sans quoi l'*assemblée* vous jette des pierres.

> CHAMFORT, *Maximes et pensées*, c. 2.

Cette église de Santa Croce contient la plus brillante *assemblée* de morts qui soit peut-être en Europe.

> Mme DE STAEL, *Corinne*, liv. XVIII, c. 3, § 5.

Quant la cort al roi fu jostée,
Mult véissiés forte *asamblée*,
Et tote la cité frémir.

> WACE, *Roman de Brut*, v. 10609.

Et cependant, du sang de la chair immolée,
Les prêtres arrosoient l'autel et l'*assemblée*.

> RACINE, *Athalie*, I, 2.

Moins l'*assemblée* est grande et plus elle a d'oreilles.

> PIRON, *la Métromanie*, III, 11.

Dans le passage suivant, ASSEMBLÉE est employé dans le sens de réunion, en parlant d'insectes :

Tu peus regarder par dessoubs les fueiles des choulx et là trouveras grant *assemblée* de mittes blanches.

> *Le Ménagier de Paris*, IIe distinction, 2e art.

Il se dit en particulier de certains corps délibérants :

Quant aucune *assanllée*, si comme communs de vile, veut mouvoir aucun plet qui touce le communité, il n'est pas mestiers que toute le communité voist pledier.

> BEAUMANOIR, *Coutume de Beauvoisis*, c. 4, 32.

Grands parlements et *assemblées* sur le dit hommage furent en celle saison en Angleterre.

> FROISSART, *Chroniques*, liv. I, 1re partie, c. 53.

Le dernier arrest, donné en plein parlement et en grande *assemblée* de juges, a recogneu véritable le désadveu que j'avois fait de livres supposez.

> THÉOPHILE, *Apologie au Roy*.

L'empereur Marcien assista lui-même à cette grande *assemblée* (le concile de Chalcédoine) à l'exemple de Constantin, et en reçut les décisions avec le même respect.

> BOSSUET, *Discours sur l'histoire universelle*, I, 11.

Pendant qu'on méditoit la guerre contre Persée, Eumènes, roi de Pergame, ennemi de ce prince, vint à Rome pour se liguer contre lui avec le sénat. Il y fit ses propositions en pleine *assemblée*, et l'affaire fut résolue par les suffrages d'une compagnie composée de trois cents hommes.

> LE MÊME, même ouvrage, III, 6.

O juges, quelle majesté de vos séances ! quel président de vos *assemblées* ! Mais aussi quel censeur de vos jugements !

> LE MÊME, *Oraison funèbre de Michel Le Tellier*.

Je me souviens de l'avoir vue venir (Mme de Montespan) chez Mme de Maintenon un jour de l'*assemblée* des pauvres.

Mme DE CAYLUS, *Souvenirs.*

Il lui répondit qu'il ne pouvoit sur-le-champ se déterminer dans une pareille affaire ; qu'il étoit à propos de consulter là-dessus Hippolyte, et de faire une *assemblée* de parents.

LE SAGE, *le Diable boiteux*, c. 19.

Il (le cardinal d'Estrées) fut évêque duc de Laon à vingt-cinq ans, sacré à vingt-sept, et brilla fort cinq ans après en l'*assemblée* du clergé de 1660.

SAINT-SIMON, *Mémoires*, 1714.

Toutes les puissances de l'Europe y envoyèrent (à Cambrai). Cette *assemblée* dura longtemps, où les cuisiniers eurent plus d'affaires que leurs maîtres.

LE MÊME, même ouvrage, 1720.

Le nom d'église, qui ne signifie qu'assemblée, se prenoit dans les villes grecques pour l'*assemblée* du peuple.

FLEURY, *Mœurs des chrétiens*, § 12.

Ils (les quakers) étaient répandus dans toute l'Europe, et se sont multipliés depuis à un excès prodigieux, mais sans jamais établir ni secte ni société, sans s'élever contre aucune puissance. C'est la seule religion sur la terre qui... n'ait jamais eu d'*assemblée*, celle dans laquelle on a le moins écrit, celle qui a été la plus paisible.

VOLTAIRE, *Essai sur les mœurs*, Suite de la religion d'Angleterre, c. 136.

Les premières *assemblées* générales de la nation étaient appelées Champ de Mars ; on les nomma ensuite Champ de Mai.

SAINT-FOIX, *Essais historiques sur Paris, mœurs, usages et coutumes jusqu'au règne de Louis XI.*

On a vu que, chez les Germains, on n'alloit point à l'*assemblée* avant la majorité.

MONTESQUIEU, *Esprit des lois*, XVIII, 27.

L'*assemblée* des Leudes défendit expressément aux magistrats publics d'exercer aucun acte de juridiction dans les terres des seigneurs.

MABLY, *Observations sur l'histoire de France*, liv. I, c. 3.

Il fallait un grand théâtre à l'étendue de ses talents : il (Mirabeau) les déploya dans l'*assemblée* constituante.

M.-J. CHÉNIER, *Tableau historique de la littérature française*, c. 4.

Ce fut son motif (à M. Necker) pour établir des *assemblées* provinciales.

Mme DE STAEL, *Considérations sur la Révolution française*, Ire part. c. 6.

Il n'y a de meilleur instrument pour la tyrannie qu'une *assemblée* quand elle est avilie.

Mme DE STAEL, *Considérations sur la Révolution française*, VIe part., c. 29.

On sait assez que plus une *assemblée* est nombreuse, plus elle est susceptible d'enthousiasme.

ROYER-COLLARD, *Discours*, Sur la loi des élections, 1815.

Les expressions politiques et administratives suivantes : *Assemblées* de communes ou de sections, *assemblées* nationales, *assemblées* primaires, *assemblées* de canton, *assemblées* électorales, figurent au *Bulletin des lois*, an II, III et IV.

ASSEMBLÉE a quelquefois le sens de Séance :

A la première *assemblée*, usa de l'oraison qui s'ensuit : traduitte de latin en nostre vulgaire françois.

MARTIN DU BELLAY, *Mémoires.*

ASSEMBLÉE se dit aussi de l'action de convoquer, de réunir :

Le roi très chrétien étant fort incommodé de ses gouttes, s'étoit fait apporter en litière à Amiens où il pressoit l'*assemblée* de toute son armée.

MÉZERAY, *Histoire de France*, Louis XI.

Savonarole fut appréhendé à Florence... puis brûlé... n'étant toutefois coupable d'autre chose que d'avoir trop affectionné les François et trop ardemment poursuivi l'*assemblée* d'un concile général pour réformer l'Église.

LE MÊME, même ouvrage, Charles VIII.

J'ai fait tout ce qui m'a été possible, conformément aux ordres de Votre Majesté, pour disposer le roi d'Angleterre à différer de quelques mois l'*assemblée* de son parlement.

COLBERT DE CROISSY à Louis XIV, 11 septembre 1673. (Voyez MIGNET, *Succession d'Espagne*, t. IV, p. 225.)

ASSEMBLÉE se dit encore particulièrement d'une réunion de personnes en société :

Elle me deist que elle et tout plein de damoiselles estoient venues à une feste de sainte Marguerite, où tous les ans avoit grant *assemblée*.

Le Livre du chevalier de la Tour Landry, c. 49.

Sa sœur l'envoya querir, et luy feit fort bonne chere, la priant de la venir veoir souvent. Ce qu'elle faisoit, quand il y auoit quelques nopces ou *assemblées*.

MARGUERITE DE VALOIS, *Heptameron*, 42e nouv.

Son mary jaloux (comme sont ordinairement les vieux qui ont de jeunes et belles femmes) et sa belle-mère soupçonneuse, la tenoient de si court qu'elle ne se trouvoit jamais en *assemblée*.

D'Urfé, *l'Astrée*, Iʳᵉ part., liv. VIII.

Il y a longtemps que te voyant jeune et beau, comme tu es, j'ai pitié de te voir confiné dans ces rochers, sans venir aux villes ny aux *assemblées*, et passer la fleur de ton âge parmy les bestes dans une solitude.

Perrot d'Ablancourt, trad. de Lucien, *Dialog. de Jupiter, Mercure, Pâris*.

Toutes les *assemblées* se faisoient dans la salle de l'évêché, où il (Joachim d'Estaing, évêque de Clermont) ne paroissoit pas comme évêque pour instruire son peuple, mais comme un gentilhomme en habit violet, qui disoit des douceurs aux dames comme les autres.

Fléchier, *Mémoires sur les grands jours de 1665*.

Dès vingt ans elle ne voulut plus aller aux *assemblées* du Louvre : chose assez étrange pour une belle et jeune personne, et qui est de qualité.

Tallemant des Réaux, la marquise de Rambouillet.

L'offense la plus irrémissible parmi ce sexe, c'est quand l'une d'elles en défait une autre en pleine *assemblée*.

La Fontaine, *Psyché*, liv. I.

Il cache, un temps, sa passion à l'objet aimé, et cependant lui rend plusieurs visites, où l'on ne manque jamais de mettre sur le tapis une question galante, qui exerce les esprits de l'*assemblée*.

Molière, *les Précieuses*, sc. 4.

De tout temps on a vu des *assemblées*, de tout temps on a vu des ruelles, de tout temps on a vu des femmes d'esprit, et, par cette raison, il est vrai de dire que de tout temps on a veu des prétieuses.

Somaize, *Dictionnaire des Prétieuses*.

Le roi mena la reine, et honora l'*assemblée* de trois ou quatre courantes.

Mᵐᵉ de Sévigné, *Lettres*. A Mᵐᵉ de Grignan, 9 février 1671.

J'ai peu de disposition à la danse, et comme je rougis facilement parce que je suis fort sanguine, je me dispense de me trouver aux *assemblées*.

Mˡˡᵉ de Montpensier, *Portraits*, cvi. La marquise de la Grenouillère.

Toutes les femmes de la ville sont devenues joueuses pour lui plaire : elles viennent régulièrement chez elle, pour la divertir ; et qui veut voir une belle *assemblée* n'a qu'à lui rendre visite.

Chapelle et Bachaumont, *Voyage*.

Ces *assemblées* publiques et de pur plaisir, où sont reçus tous ceux qu'y amène soit l'envie de paroitre, soit l'envie de voir : en deux mots, pour me faire mieux entendre, comédies et bals, sont-ce des divertissements permis ou défendus ?

Bourdaloue, *Sermons pour les dimanches*, Sur les divertissements du monde.

Pour les exercices du corps, soit des armes, soit de la danse, soit du manège, Louis XII emportoit le prix dans toutes les *assemblées*.

Mézeray, *Histoire de France*, Louis XII.

A tous ces lieux d'*assemblées* se trouve d'ordinaire une espèce de cabaret portant le nom de Pavillon de verdure.

Hamilton, *Mémoires de Grammont*, XIII.

Eh ! pourquoi s'en aller ? dit madame d'Alain, qui aimoit les *assemblées* nombreuses et bruyantes, et qui se voyoit enlever l'espoir d'une soirée où elle auroit fait la commère à discrétion.

Marivaux, *le Paysan parvenu*, IIIᵉ part.

Ces sociétés déréglées,
Qu'on nomme belles *assemblées*,
Des femmes, tous les jours, corrompent les esprits.

Molière, *École des femmes*, III, 2.

Assemblée de chasse.

Quand le roy son mary vivoit, elle alloit quasi ordinairement avec luy à l'*assemblée* du cerf et autres choses.

Brantome, *Dames*, Catherine de Médicis.

Mariembourg, auparavant que la reine Marie fût régente des Pays-Bas, n'estoit qu'un petit village où se faisoient les *assemblées* de grosse chasse, en quoy cette princesse prenoit grand plaisir.

Mézeray, *Histoire de France*, Henri II.

Assemblée, réunion de troupes en vue d'un combat et quelquefois le combat lui-même.

Conflictus, *asamblées* de batailles.

Glossaire roman-latin du xvᵉ siècle.

Concile d'apostoile,
Parlemenz de Rois,
Assamblée de chevaliers,
Compaignie de clers.

Proverbes et dictons populaires.

Ha Diex ! quex domage fu, que ceste *assemblée* de ceste force qui estoit iqui, ne fu avec les autres à Andrinople.

Villehardouin, *Conquête de Constantinople*, § 384.

Ainsi que vous pouvez ouïr recorder, se derompit en celle saison celle armée et *assemblée* des Espaignols, des Anglois, des François et dès Portingalois.

FROISSART, *Chroniques*, liv. II, c. 147.

Assemblées de communes, petitement armez et pleines de leurs voulentés irraisonnables, non obstant qu'ilz soient grant nombre, à peine pevent-ils résister contre multitude de nobles hommes.

MONSTRELET, *Chronique*, liv. I, c. 47.

Après avoir diligemment recherché, trouvarent tout le pays à l'environ en paix et silence sans *assemblée* quelconque.

RABELAIS, *Gargantua*, I, 26.

Du mot de bande dont les François usent pour *assemblée*.

PASQUIER, *Recherches de la France*, liv. VIII, titre du c. 51.

Le Roi manda tous les seigneurs et tous les hommes capables de tirer de l'épée, desquels il choisit vingt mille hommes d'armes, autant d'archers et pareil nombre de fantassins; le rendez-vous de cette *assemblée* étoit à l'Escluse.

MÉZERAY, *Histoire de France*, Charles VI.

Le printemps qui est la saison de l'*assemblée* des armées, fit apercevoir bien distinctement à Cambrai le changement qui étoit arrivé à la cour.

SAINT-SIMON, *Mémoires*, 1711.

ASSEMBLÉE, en termes militaires, se dit de l'Appel fait pour réunir les soldats :

Il crut qu'il les faloit ramener à leur devoir, en leur témoignant de la résolution; et ayant publié l'*assemblée*, leur tint ce discours.

PERROT D'ABLANCOURT, trad. de Tacite, *Histoires*, liv. IV.

ASSEMBLÉE, union de l'homme et de la femme, mariage, alliance.

La crainte que chacun d'eux avoit de l'*assemblée* du roy et de la damoiselle estoit tournée en désir.

MARGUERITE DE NAVARRE, l'*Heptameron*, 3e nouv.

Plutarque dit que les Romains n'approchoient pas de leur nouvelle espouse, la première fois, tant qu'il y eust de la lumière, mais en tenebres : à fin d'adjouster quelque honte en l'*assemblée* de l'homme et de la femme, encores qu'elle soit légitime.

BOUCHET, *Sérées*, liv. I, 5.

Ele est bele et il biaus, bele *assemblée* i a,
Quer chil qui plus est viex plus de .xv. ans n'en a.

Doon de Maience, v. 3867.

ASSEMBLAGE, s. m. Union, réunion de plusieurs choses.

L'âme..... est d'une nature qui n'a aucun rapport à l'étendue, ni aux dimensions, ou autres propriétés de la matière dont le corps est composé, mais seulement à tout l'*assemblage* de ses organes; comme il paroît de ce qu'on ne sauroit aucunement concevoir la moitié ou le tiers d'une âme, ni quelle étendue elle occupe, et qu'elle ne devient point plus petite de ce qu'on retranche quelque partie du corps, mais qu'elle s'en sépare entièrement lorsqu'on dissout l'*assemblage* de ses organes.

DESCARTES, *les Passions de l'âme*, part. I, art. 30.

Il faudroit dire qu'à la vérité les corps viennent de Dieu, mais non leurs mouvements, ni leurs *assemblages*, ni leurs divers arrangements, qui font néanmoins tout l'ordre du monde.

BOSSUET, *Traité du libre arbitre*, c. 3.

Si les parties se choquent entre elles, c'est sans préjudice du tout; elles s'accordent avec le tout, dont elles font l'*assemblage* par leur discordance et leur contrariété.

LE MÊME, *Sermons*. Sur la Providence.

Toute la religion se tournoit en allégories : c'étoit le monde ou le soleil qui se trouvoient être ce Dieu unique; c'étoit les étoiles, c'étoit l'air, et le feu, et l'eau, et la terre, et leurs divers *assemblages* qui étoient cachés sous les noms des dieux et dans leurs amours.

LE MÊME, *Discours sur l'histoire universelle*, II, 26.

L'*assemblage* de quatre corniches, — c'est-à-dire : « Un carrosse. »

SOMAIZE, *le Grand Dict. des Précieuses*.

C'est donc à l'*assemblage* de ces parties si terrestres, si grossières, si corporelles, qui toutes ensemble sont la matière universelle ou ce monde visible, que je dois ce quelque chose qui est en moi qui pense, et que j'appelle mon esprit, ce qui est absurde.

LA BRUYÈRE, *Caractères*. Des esprits forts.

Si on pouvoit mettre le mot d'aimable avec celui d'emplâtre, je dirois que celui que vous m'avez envoyé mérite cet *assemblage*.

Mme DE SÉVIGNÉ, *Lettres*; à Mme de Grignan, 14 février 1685.

(L'expression) est aussi bien dans la couleur que dans

le dessin ; elle doit encore être dans la représentation des paysages et dans l'*assemblage* des figures.

CH. LEBRUN, *Conférence tenue en l'Académie royale de peinture et sculpture*, p. 2.

Les épicuriens, venus après vous, ont raisonné plus sensément que vous sur les figures et sur le mouvement des petits corps, qui forment par leur *assemblage* tous les composés que nous voyons.

FÉNELON, *Dialogues des morts*, Platon et Aristote.

La cavalerie était à peu près ce qu'est la cavalerie polonaise, et ce qu'était autrefois la française, quand le royaume de France n'était qu'un *assemblage* de fiefs.

VOLTAIRE, *Histoire de Charles XII*, liv. I.

Un individu n'est qu'un tout uniformément organisé dans toutes ses parties intérieures, un composé d'une infinité de figures semblables et de parties similaires, un *assemblage* de germes ou de petits individus de la même espèce.

BUFFON, *De la reproduction en général*, c. 11.

Le grand nombre de divisions, loin de rendre un ouvrage solide, en détruit l'*assemblage*.

LE MÊME, *Discours sur le style*.

Il n'était pas besoin que les nations élevassent de si grands *assemblages* de pierre, pour m'inspirer du respect par leur antiquité.

BERNARDIN DE SAINT-PIERRE, *Études de la nature*, XIII.

Le Jura, considéré comme l'*assemblage* de toutes ces chaînes, a donc 60 à 80 lieues de longueur, sur 15 ou 16 de largeur en ligne droite.

SAUSSURE, *Voyages dans les Alpes*, c. 14, § 329.

Ce n'est pas seulement (Rome) un *assemblage* d'habitations, c'est l'histoire du monde, figurée par divers emblèmes, et représentée sous diverses formes.

Mᵐᵉ DE STAEL, *Corinne*, liv. V, c. 3.

Dans la première (pièce) on voyoit un chaos,
Masse confuse, et de qui l'*assemblage*
Faisoit lutter contre l'orgueil des flots
Des tourbillons d'une flamme volage.

LA FONTAINE, *Psyché*, I.

Quelle bassesse, ô ciel ! et d'âme et de langage !
— Est-il de petits corps un plus lourd *assemblage* !

MOLIÈRE, *les Femmes savantes*, II, 9.

Il se dit plus particulièrement, en termes d'architecture, de la Manière de joindre ensemble des pierres ou des pièces de bois :

Par ainsi l'*assemblage* et liaison se dissipera, ou pour

le moins les commissures ou joincts du mortier se rompront.

PHILIBERT DE L'ORME, *Architecture*, liv. II, c. 7.

Il se rencontre deux choses dignes de remarque en ce pont : l'une, c'est que les pierres taillées et esquarries, dont il est faict, quoy que pesantes et grandes à merveilles, ne laissent pas de tenir ensemble d'un *assemblage* et liaison très-ferme, quoy que elles ne soient joinctes avec chaux ne ciment quelconque.

BERGIER, *Histoire des grands chemins de l'empire romain*, liv. IV, c. 37.

La voute et le pavé sont d'un rare *assemblage*,
Ces cailloux, que la mer pousse sur son rivage,
. . . .
Différents en couleur font maint compartiment.

LA FONTAINE, *Psyché*, I.

ASSEMBLAGE se dit figurément Des choses morales :

Le contentement du sage est d'une contexture si bien entrelacée et d'un *assemblage* si fort que la fortune n'a point de pouvoir assez pour la rompre.

MALHERBE, trad. de Sénèque, *Épîtres*, 72.

Vous avez oublié de marquer l'*assemblage* des conditions qu'il déclare être nécessaires pour former cette obligation.

PASCAL, *Provinciales*, XII.

Aussi a-t-il (le Cid) les deux grandes conditions que demande Aristote aux tragédies parfaites, et dont l'*assemblage* se rencontre si rarement chez les anciens et les modernes.

P. CORNEILLE, *Examen du Cid*.

L'*assemblage* des armes et des loix est si nécessaire, que les unes ne peuvent se maintenir sans les autres.

CARD. DE RETZ, *Mémoires*.

Sa vie et sa mort, également pleines de sainteté et de grâce, deviennent l'instruction du genre humain . . . . . c'est ce rare et merveilleux *assemblage* que nous aurons à considérer dans les deux parties de ce discours.

BOSSUET, *Oraison funèbre de Marie-Thérèse d'Autriche*.

Le nombre des passions qui se font de l'*assemblage* des autres est nécessairement infini.

MALEBRANCHE, *Recherche de la vérité*, liv. V, c. 7.

C'est (l'ouvrage de Rabelais) un monstrueux *assemblage*

d'une morale fine et ingénieuse, et d'une sale corruption.

LA BRUYÈRE, *Caractères*, c. 1.

Ma versification n'est point un *assemblage* de sentiments communs et d'expressions triviales que la rime seule soutienne.

LE SAGE, *le Diable boiteux*, c. 14.

Il faut chercher la raison de l'existence du monde, qui est l'*assemblage* entier des choses contingentes.

LEIBNIZ, *Théodicée*. De la bonté de Dieu, part. I, § 7.

Qu'importe, après tout, par où l'on commence un portrait, pourvu que l'*assemblage* des parties forme un tout qui rende parfaitement l'original?

HAMILTON, *Mémoires de Grammont*, c. 1.

Qu'on lise toutes les histoires, on ne trouvera point d'exemple d'un *assemblage* si parfait de tous les biens que l'on peut goûter sur la terre.

FLEURY, *Mœurs des Israélites*, § 27.

Lulli préféra M. Quinault, dans qui se trouvoient réunies diverses qualités, dont chacune en particulier avoit son prix, et dont l'*assemblage* faisoit un homme unique en son genre.

D'OLIVET, *Histoire de l'Académie*.

Les ouvrages mêmes bâtis sur les fictions les plus chimériques..... ne sont des inventions que par l'*assemblage*.

LA HARPE, *Cours de littérature*, IIIᵉ part., liv. III, c. 1, § 5.

Quelle connoissance du cœur! quel choix dans l'*assemblage* des vices et des travers dont il compose le cortège d'un vice principal! avec quelle adresse il les fait servir à le mettre en évidence!

CHAMFORT, *Éloge de Molière*.

Ses romans (de Diderot) présentent aussi le burlesque *assemblage* de je ne sais quel amour de la vertu, mêlé avec le plus honteux cynisme.

BARANTE, *De la littérature française pendant le* xviiiᵉ *siècle*.

Mes dix lustres et plus n'ont pas tout emporté
Cet *assemblage* heureux de force et de clarté,
Ces prestiges secrets de l'aimable imposture
Qu'à l'envi m'ont prêtée et l'art et la nature.

P. CORNEILLE, *Au Roi*.

ASSEMBLAGE se dit aussi en parlant des personnes.

Je voudrois bien la voir mariée avec le marquis dont

nous avons parlé. Le bel *assemblage* que ce seroit d'une précieuse et d'un turlupin!

MOLIÈRE, *la Critique de l'École des femmes*, sc. 2.

Je vous assure que je suis ravi que vous soyez unis ensemble : je la félicite d'avoir un mari comme vous; et je vous félicite, vous, d'avoir une femme si belle, si sage, et si bien faite comme elle est... Ne voulez-vous pas que je me réjouisse avec vous d'un si bel *assemblage*?

LE MÊME, *le Médecin malgré lui*, II, 4.

Nous outrons le fabuleux par un *assemblage* confus de dieux, de bergers, de héros,... de furies, de démons.

SAINT-ÉVREMONT, *Sur les opéras*.

Le monde n'est point un fantôme, c'est l'*assemblage* de toutes les familles; et qui est-ce qui peut les policer avec un soin plus exact que les femmes?

FÉNELON, *De l'Éducation des filles*, c. 1.

Un mausolée plus modeste recèle depuis peu de temps le bizarre *assemblage* d'un doyen du conseil des Indes et de sa jeune femme.

LE SAGE, *le Diable boiteux*, c. 12.

La vie de Sceaux, l'*assemblage* bizarre des commensaux, les fêtes, les spectacles, les plaisirs de ce lieu, étoient chamarrés en ridicule.

SAINT-SIMON, *Mémoires*, 1711.

C'est un *assemblage* nombreux (le barreau) de personnes en qui se trouvent réunies toutes les qualités les plus estimables.

ROLLIN, *Traité des études*, liv. IV, c. 1, art. 3.

On est surpris de la faiblesse de ces voyageurs et des missionnaires qui ont titré de royaume le petit pays de Travancor, aussi bien que tous ces autres *assemblages* de riches bourgades que nous venons de parcourir.

VOLTAIRE, *Fragments sur l'Inde*, art. X.

La société fut regardée comme un *assemblage* d'individus réunis pour la défense mutuelle de leurs intérêts.

BARANTE, *De la littérature française pendant le* xviiiᵉ *siècle*.

C'étoit un grand guerrier, mais dont le sang ni l'âge
Ne pouvoient avec vous faire un digne *assemblage*.

CORNEILLE, *Sertorius*, V, 4.

Ces carrosses sans cesse à la porte plantés
Et de tant de laquais le bruyant *assemblage*
Font un éclat fâcheux dans tout le voisinage.

MOLIÈRE, *Tartuffe*, I, 1.

Ils s'adorent l'un l'autre, et ce couple charmant
S'unit longtemps, dit-on, avant le sacrement.
Mais, depuis trois moissons, à leur saint *assemblage*
L'official a joint le nom de mariage.

                              BOILEAU, *le Lutrin*, I.

Que maudit soit celui qui fit notre *assemblage!*

              DESTOUCHES, *le Médisant*, I, 10.

Anciennement on a dit, dans les divers sens d'*Assemblage*, ASSEMBLEMENT.

Citez est un *assemblemens* de gens à habiter en .i. leu et vivre à une loy.

               BRUNETTO LATINI, *li Livres dou tresor*, liv. III, part. II, c. 1.

Si très tot que l'archiprêtre vit l'*assemblement* de la bataille, et que on se combattroit, il se bouta hors des routes.

               FROISSART, *Chroniques*, liv. Ier, IIe part., c. 170.

Messieurs le prince et l'admiral le suivirent de près pour se mettre entre deux, et empescher leur *assemblement*.

               BRANTÔME, *Grands capitaines*. M. de Montpensier.

La reddition de Ligny si prompte, étonna bien fort le roi qui n'étoit pas encore en état de se défendre, et l'obligea de diligenter l'*assemblement* de son armée.

               MÉZERAY, *Histoire de France*. François Ier.

De chascun âge de la gent
Trova iluec *assemblement*.

               MARIE DE FRANCE, *le Purgatoire*, v. 1055.

C'est en l'*assemblement* de ces couples célestes
Que si nos maux passés ont laissé quelques restes,
Ils vont du tout finir.

               MALHERBE, *Récit d'un berger au ballet de Madame*.
                 (A propos des mariages de Louis XIII et de Philippe IV.)

On a dit aussi : ASSEMBLEISON :

D'une sue fille plus bele
Que dame nule ne pucele
Que l'on seust en tote France
Donner al duc seur demorance,
Faire en vont mult l'*asembleison*.

             Chroniques de Normandie, t. I, v. 9,956.

Et même ASSEMBLURE et ASSEMBLAILLE. (Voyez SAINTE-PALAYE, *Glossaire*.)

ASSENER, v. a. (du latin *Assignare*, dérivé de *ad*, vers, et *signum*, signe, avait primitivement le sens qu'a conservé le verbe *assigner*, forme plus moderne du même mot).

Porter un coup violent.

Vaugelas l'a défendu contre ceux qui le trouvaient trop vieux : « *Assener*, dit-il, est un bon mot, et il n'est pas seulement d'Amadis, comme le prétendent quelques-uns, M. Coëffeteau s'en sert assez souvent. »

ASSENER s'employait en parlant des personnes. *Asséner quelqu'un*, l'atteindre après l'avoir visé. Cette expression, déjà hors d'usage du temps de Joachim du Bellay, qui la regrettait, est ainsi expliquée par lui :

Te faudroit voir tous ces vieux romans et poëtes françoys, où tu trouverras *assener*, pour frapper où on visoit, et proprement d'un coup de main.

             Deffense et illustration de la langue françoyse, II, 6.

En voici des exemples :

Cil arbalêtrier entoise et trait un carreau, et *assenne* le portier de droite visée en la tête et lui embarre tout dedans.

             FROISSART, *Chroniques*, liv. II, c. 47.

Quand ce vint au joindre, le sire de Moncalde *assena* le comte d'Artois en l'escu ung cop si grant que sa lance vola contremont en esclas.

             Le Livre du chevalureux comte d'Artois, p. 70.

Cyrus luy tira un coup si à poinct, qu'il l'*assena* au dessus de l'os qui conjoint les deux épaules, tellement que le fer de la javeline luy percea le col de part en part.

             AMYOT, trad. de Plutarque, *Artaxerxes*.

Ozmin *assena* son adversaire dans la visiere où il rompit son bois.

             CHAPELAIN, *la Vie de Guzman d'Alpharache*, liv. I, c. 8.

Li gentiex quens en a .I. *asené*,
C'est Matamars, le frère Cosroé ;
Toutes ses armes li ont petit duré.

             Aliscans, v. 1025.

Robastre sa cuignie a levé par fierté,
Et vient au premier ours ; si fort l'a *assené*
Que la teste li a par le milieu rasé.

Gaufrey, v. 7735.

Et li Turs li lançoient dars et guivres assés ;
El dos et en la teste fu li bers *assenés*.

Chanson d'Antioche, c. 4, v. 982.

Assener est quelquefois suivi de la préposition *à*, désignant la personne ou le but contre lequel on dirige les coups :

Un Breton prit son glaive et ne se put abstenir de commencer la mêlée, et vint *assener à* un écuyer anglois qui s'appeloit Simekins Dodale.

Froissart, *Chroniques*, liv. I, IIᵉ part., c. 295.

Il est accompagné aussi de la préposition *de* désignant l'instrument dont on se sert :

De la pesant cuignie l'a si fort *assénés*
Dessus son elme amont, qui fu bien painturés,
Que parmi le plus fort en est outre coupés.

Gaufrey, v. 3560.

D'un maillet qui là pent a sus l'uis *assené*.

Roman de Berte, p. 64.

Assener, en parlant des choses :

Pource il se tourne et promptement *assène*
L'endroit certain où tressailloit la veine.

Ronsard, *la Franciade*, II.

Assener une pierre, un coup :

Jetad la pierre, adreit mès l'*asenad*.

Les quatre Livres des Rois, I, 17.

Le reistre ne combat jamais de front, il tourne le flanc contre l'ennemy, le salue de la pistole en courant, et passe sans bien *assener le coup*.

Matthieu, *Histoire des derniers troubles de France*, liv. II.

Il n'y a celui d'entre eux (des habitants des îles Baléares) qui ne combatte avec trois fondes. Mais qui s'esmerveillera qu'*ils assenent* si justement *leurs coups*?

Coeffeteau, *Histoire romaine de L. Florus*, liv. III, c. 8.

Sus le hiaume *est le cous* si de droit *assenés*
Que il est sous le branc si derout et faussés.

Doon de Maience, v. 5083.

Du meilleur de mon cœur je donnerois sur l'heure
Les cent plus beaux louis de ce qui me demeure
Et pouvoir à plaisir sur ce mufle *asséner*
Le plus grand *coup* de poing qui se puisse donner.

Molière, *Tartuffe*, V, 4.

On a dit *assener un coup d'œil :*

Je vis de loin, vers la porte du petit cabinet, Monseigneur le duc de Bourgogne avec un air fort ému et peiné ; mais le *coup d'œil* que j'*assénai* vivement sur lui, ne m'y rendit rien de tendre.

Saint-Simon, *Mémoires*, 1711.

Assener s'emploie souvent au figuré :

J'apperceois, ce me semble, es escripts des anciens, que celui qui dict ce qu'il pense l'*assene* bien plus vifvement que celui qui se contrefaict.

Montaigne, *Essais*, II, 31.

De là s'ensuyvit le mandement rigoureux qu'on fit au roy de Navarre... et beaucoup d'autres tristes accidents longs à raconter : lesquels eussent continué beaucoup pires, si la soudaine mort du petit roy n'en eust destourné le cours, et rompu le coup qu'on alloit *assener* sur les premiers princes du sang royal.

Satyre Menippée, Harangue de M. d'Aubray.

Madame de Castries étoit un quart de femme... plaisante naturellement... et *assénant* aussi les ridicules à ne les jamais oublier.

Saint-Simon, *Mémoires*, 1696.

Assener, avec un nom de chose pour sujet :

Cyrus luy tira un coup qui l'*assena* en l'estomac, si rudement qu'il faulsa la cuirace et entra bien deux doigts dedans la chair.

Amyot, trad. de Plutarque, *Vie d'Artaxerxes*.

Un mien frere... jouant à la paulme, receut un coup d'esteuf qui l'*assena* un peu au dessus de l'aureille droicte.

Montaigne, *Essais*, I, 19.

Charles de Boheme qui conduisoit nostre gendarmerie se veut mesler parmi les ennemis, mais la gresle des fleches que tirent les archers couverts de leurs chariots, as-

senant ses chevaux dru et menu, il n'y a point moyen de maintenir ferme aucun escadron.

MÉZERAY, *Histoire de France*. Philippe de Valois.

Ung vireton que l'en tira
La vint en la jambe *assener*.

Vigilles de Charles VII, t. I, p. 114.

ASSENER, assigner, fixer, décider.

Assener le jour de bataille.

Assises de Jérusalem, c. 73.

Assener jour convenable.

BEAUMANOIR, *Coutumes de Beauvoisis*, c. 34.

Ceux qui vinrent à Bervich ne faillirent mie ; ainçois *assenèrent* de prendre et écheller le châtel.

FROISSART, *Chroniques*, liv. I, IIe part., c. 16.

ASSENER, assigner une part, partager :

D'autre part, en maintes contrées
Ont maint maintes dames amées,
Et les servirent quanqu'il porent,
N'onques ung sol baisier n'en orent,
Si s'en sunt-il forment pené ;
Dont m'a miex Amors *assené*.

Roman de la Rose, v. 21145.

Por amor Dieu, biau sire, cu m'avés vos donée ?
— Bele suer, dist li rois, bien estes *asenée*
Au mellor chevalier qui ains ceinsist s'espée.

Renaud de Montauban. (Voyez *Histoire littéraire de la France*, t. XXII, p. 682.)

Faire signe, appeler de la main :

Il n'est oisiax ne beste ne sengler,
Tant soit hautains ne de grant cruauté,
Se jou le veul de ma main *acener*,
C'à moi ne viene volontiers et de gré.

Huon de Bordeaux, v. 3553.

ASSENÉ, ÉE, part. passé.
Au propre :

Si assemblerons desdictes lances une fois, et *assené* desdictes lances ou non, chacun ostera sa targe à part lui, et prendra son espée sans aide d'autrui.

MONSTRELET, *Chroniques*, c. 8.

...Ce coup de poing *assené* bien et beau
A jusqu'à son menton enfoncé son chapeau.

LA FONTAINE, *Ragotin*, III, 14.

Au figuré :

Sa lettre (de Campistron) étoit bien écrite pour le style... Tout l'art possible y est principalement employé, et on voit que c'est tout le but de la pièce, au dessein de tomber à plomb sur monseigneur le duc de Bourgogne..., et de lui arracher ce que les hommes ont de plus précieux ; il ne se peut une pièce mieux faite dans cette vue, ni plus cruellement *assenée*.

SAINT-SIMON, *Mémoires*, 1708.

Sa valeur (à Albergotti) étoit froide et des plus éprouvées et reconnues, avec laquelle toutefois les affronts les plus publics et les mieux *assenés* ne lui coûtoient rien à rembourser.

LE MÊME, même ouvrage, 1717.

Je l'accablai donc (le premier président) à cent reprises, dans la séance, de mes regards *assenés* et forlongés avec persévérance.

LE MÊME, même ouvrage, 1718.

Avec toute sa politique et sa bassesse (Lauzun), il tomboit sur tout le monde, toujours par un mot *assené* le plus perçant, toujours en toute douceur.

LE MÊME, même ouvrage, 1723.

Assené, dans le sens où nous employons *assigné*.

Toutes voies avoient-il leurs roiaumes *assenez* en autres parties de France.

Chroniques de France, t. III, p. 197.

ASSENÉ, partagé :

Il luy semble qu'il est mieux *assené* que nul autre, et qu'il fust bien heuré quand il pleust à Dieu qu'il la trouva.

Les Quinze Joyes de Mariage, XII.

Par ma foy, quant j'ay bien regardé, elle seroit en vous bien *assenée* d'avoir ung tel amoureux.

ANT. DE LA SALE, *l'Hystoyre et plaisante Cronicque du petit Jehan de Saintré*, c. 12.

Mut est Lanvax bien *asenez*,
Cum plus despendra largement,
Et plus ara or et argent.

MARIE DE FRANCE, *Lai de Lanval*.

ASSENTIR, v. n. Du latin *assentire*, formé de *ad* et *sentire*. Il est ordinairement suivi de la préposition *à*.

Donner son assentiment.

Dunc descendi la dame e parlad sagement à tut le pople, e li poples *asentit à* sun cunseil.

> *Les quatre Livres des Rois*, II, 20.

Il a été employé aussi activement et absolument.

Favere, otrier vel *assentir*.

> *Dictionnaire latin-françois* du xiiie siècle, Bibl. nat., mss. lat. n° 7692.

Pour ce que lesdiz inconvéniens sont moult grans et qu'il y a plusieurs autres inconvéniens et larrecins qui ont jà pieçà duré, ausquelz il ne pourroit estre si tost pourveu, vostre fille (l'université) et voz subjetz devantdiz *assentent* et promectent de eulx y employer à leur povoir.

> Monstrelet, *Chronique*, c. 99.

Tout mon vivant, je vous seray fidelle :
Aymer ailleurs mon cueur n'*assentira*.

> Roger de Collerye, *Rondeaux*, XVI.

Assentir s'employait souvent avec le pronom personnel.

Et pourchacierent au patriarche de Jherusalem qu'il feroit laissier le roiaume le roi Guion, car il n'estoit mie dignes (ce disoient) d'estre rois. Et ne le fesoient mie en bonne foi, mais pour ce que chascuns vouloit estre rois de Jherusalem. Li patriarches *s'i assenti*.

> *Récits d'un ménestrel de Reims au xiiie siècle*, publiés par N. de Wailly, p. 13.

Je *me assentis*, ainsi que par demie volonté, que il fit son plaisir.

> Froissart, *Chroniques*, liv. II, c. 50.

Cascuns le voloit retenir,
Ne se pooient *assentir*.

> *Roman de Brut*, v. 1496.

A çou *se sunt* tuit *assenti*.

> *Roman de Renard*, t. IV, p. 437.

ASSENTIMENT, s. m. Consentement volontaire donné à une proposition, à un acte.

Dans les vieux textes, la forme ASSENTEMENT prévaut; c'est la seule, du reste, que l'on trouve dans les anciens dictionnaires. Ce n'est qu'en 1798 qu'ASSENTIMENT paraît dans celui de l'Académie.

Fai avant aporter le chartre ke li marchis eut de l'empereour Baudouin, ki faite fu par le commun *assentement* des haus barons.

> Villehardouin, *la Conquête de Constantinople*, § 577.

Cil apostoles Leons, par la malisce des Romains establi que jamais papes ne peust estre fais ne esleus sans l'*assentement* des empereours.

> Brunetto Latini, *Li livres dou tresor*, liv. I, part. I, c. 92.

Si parla par l'*assentement* d'eux tous, ainsi que bien sçut dire au commencement de son langage.

> Froissart, *Chroniques*, liv. I, IIe part., c. 370.

Vous n'ignorez pas que le devis du juge, du jour et de la place, doit estre esleu du commun *assentement* des parties.

> Monstrelet, *Chronique*, I, c. 2.

En la sainte terre aler durent
Par un commun *assentement*.

> G. Guiart, *Royaus Lignages*, v. 2694.

Il se dit aussi de l'approbation intérieure qu'on donne à une chose évidemment vraie, évidemment bonne.

Toujours de bonne foi avec moi-même, je sens se joindre à mes raisonnements, quoique simples, le poids de l'*assentiment* intérieur.

> J.-J. Rousseau, *Lettres*, 13 janvier 1769.

On a employé autrefois dans le même sens le mot :

Assent, aujourd'hui complètement hors d'usage.

Ses *assenz* prent e ses avis.

Chroniques de Normandie, v. 25324.

Après lui tint le siege Silveres, que Theodores li rois des Gosciens mist ou siege ausi comme par force sans le seu et sans l'*asent* l'empereour.

Chroniques de France, t. III, p. 191.

Si regardèrent et considérèrent ces barons et ces chevaliers par le conseil l'un de l'autre et par grand avis, qu'ils se retrairoient au matin hors de leurs logis et prendroient terre et place sur les champs, et là aviseroient de tous *assents* pour mieux en avoir la connoissance.

FROISSART, *Chroniques*, liv. I, IIe part., c. 183.

> Quant à or, plus dire n'en vueil,
> Car on doit mettre son *assent*
> Autant à un mot comme à cent.

JEAN BRUYANT, *Chemin de povreté et de richesse.*
(Voyez *le Ménagier de Paris*, t. II, p. 24.)

ASSEOIR, v. a. (Du latin *assidere*, formé de *ad*, vers, et *sedere*, seoir.)

Les plus anciennes formes de ce verbe sont ASSEER, ASSEIER. (Voyez le *Glossaire* de Sainte-Palaye. *Sedere* est traduit par *séer* dans un *Dictionnaire latin-françois* manuscrit de la Bibliothèque nationale (mss. lat., n° 7692).

Plus tard on trouve *assir.*

Intronizare. Assir en caiere.

G. BRITON, *Vocabulaire latin-français*, XIVe s.

Les doubles formes j'*assieds*, j'*asseois*, encore employées de nos jours, ont donné lieu à de nombreuses discussions grammaticales, et les puristes du XVIIe siècle ont sévèrement proscrit l'emploi de certaines personnes de ce verbe, fort en usage néanmoins jusqu'à la fin du siècle précédent.

Il faut dire *asseiez-vous*, et non pas *assisez-vous*, comme disent une infinité de gens, ni *assiez-vous*, qui est neantmoins moins mauvais qu'*assisez-vous.*

VAUGELAS, *Remarques*, Asseoir.

Assisons-nous, me dit-il, car j'ay lu dans l'École de Salerne : *Post prandium sta.* — Il n'est pas le seul, reprit le duc, qui cite mal à propos ce qu'on appelle des trippes de latin, et qui dit : *Assisons-nous* ou *sisons-nous*; il y en a

d'autres qui disent : *Assoyons-nous* ou *soyons-nous*; et cependant je crois qu'il faut dire : *Asseyons-nous.*

DE CALLIÈRES, *Du bon et du mauvais usage dans les manières de s'exprimer.* Paris, Barbin, 1693, p. 44.

ASSEOIR, faire asseoir, placer :

Cil de la vile remestrent mult esbahi; et traistrent à la prison où l'emperiere Sorsac estoit, avoit les ialz traiz. Si le vestent emperialment et l'emporterent el halt palais de Blacquerne, et l'*asistrent* en la halte chaiere, e li obéirent come lor seignor.

VILLEHARDOUIN, *la Conquête de Constantinople*, XXXVIII, § 182.

Assit le prince (le prince Noir), le roi de France et son fils monseigneur Philippe, monseigneur Jacques de Bourbon, monseigneur Jean d'Artois, le comte de Tancarville, le comte d'Estampes, le comte de Dampmartin, le seigneur de Joinville et le seigneur de Partenay, à une table moult haute et bien couverte.

FROISSART, *Chroniques*, liv. I, IIe part., c. 49.

> Li quens Guillames, li marcis au vis fier,
> Manda son oste Guimart et sa moillier,
> De joste lui les *assist* au mangier.

Aliscans, v. 3034.

> Et il après à pié descent,
> Entre ses bras souef le prent,
> Par cent fois baise la Meschine,
> Et puis l'*assiet* desous l'Espine.

MARIE DE FRANCE, *Lai de l'Espine.*

> Hercule fut-il pas l'esclave d'Eurysthée?
> Et nonobstant après sa puissance indontée
> L'*assit* entre les dieux, bien qu'il eust mille fois
> Senti de ce tyran les outrageuses lois.

RONSARD, *le Temple de messeigneurs le connestable et des Chastillon.*

Dans l'exemple suivant, *Asseoir* a pour sujet un nom de chose :

> Viens, viens, mon jeune ami; viens, nos muses t'attendent;
> Nos fêtes, nos banquets, nos courses te demandent;
> Viens voir ensemble et l'antre et l'onde et les forêts.
> Chaque soir une table aux suaves apprêts
> *Asseoira* près de nous nos belles adorées.

ANDRÉ CHÉNIER, *Élégies*, X.

Faire asseoir :

1° Au propre :

Il nous reçut bonnement et sans façon, et sans autre compliment que d'embrasser d'abord le religieux, il jeta un coup d'œil sur moi et puis nous *fit asseoir*.

MARIVAUX, *la Vie de Marianne*, Iʳᵉ partie.

Sus, ma Corinne! que je cueille
Tes baisers du matin au soir!
Voy comment, pour nous *faire asseoir*,
Ce myrthe a laissé choir sa fueille!

THÉOPHILE, *la Solitude*, ode.

2° Comme terme de distinction :

Il (le marquis de Dangeau) se flatta peut-être qu'à la considération du prince Guillaume on *feroit asseoir* sa femme, qui étoit et lui aussi d'assez bonne maison pour cela.

CHOISY, *Mémoires*, liv. V.

Tite, par vingt années de services dans une seconde place, n'est pas encore digne de la première qui est vacante; ni ses talents, ni sa doctrine, ni une vie exemplaire, ni les vœux des paroissiens ne sauroient l'y *faire asseoir*.

LA BRUYÈRE, *Caractères*. De quelques usages.

Si l'opinion est la reine du monde, elle *fait asseoir* sur son trône auprès d'elle ceux qui savent la dominer.

CHATEAUBRIAND, *Opinions et Discours*, sur l'emprunt de 100 millions, 15 mars 1823.

Non, non, s'il est vrai que nous sommes
Issus de ces nobles ayeux
Que la voix commune des hommes
A *fait asseoir* entre les dieux.
Ces arrogants, à leur dommage,
Apprendront un autre langage.

MALHERBE, *Poésies*. Pour les pairs de France, assaillants au combat de barrière.

ASSEOIR, poser, placer.

L'arche sur le char *aséez*.

Les quatre Livres des Rois, I, 6.

E funt lur sacrefises le matin e le vespre, chascun jur, e offrent le gentil thimiame, e *assient* les pains de proposiciun sur la table nostre Seignur.

Même ouvrage, III, 15.

Lors fu atournei par le conseil aus barons que la roine

seroit a un jour dedenz l'eglise de Sainte Croiz, qui est eveschiez d'Acre, et tenroit la couronne roial en sa main, et tuit li baron seroient entour lui; et celui en cui chief elle *asserroit* la couronne, cil seroit rois.

Récits d'un ménestrel de Reims au treizième siècle, publiés par N. de Wailly, p. 16.

Le chevalier anglois cuida venir dessus messire Oudart et *asseoir* son glaive sur sa targe.

FROISSART, *Chroniques*, liv. I, IIᵉ part., c. 43.

Là venoit le comte de Flandre à lui, qui lui *asséoit* sur son poing un faucon pèlerin moult gent et moult bel.

LE MÊME, même ouvrage, liv. II, c. 164.

Tout ainsi comme celluy qui joue aux eschez tient longuement en sa main son eschec avant qu'il l'*assiée* pour adviser de le mettre en lieu seur, tout ainsi la femme se doit tenir pour adviser et choisir et se mettre en bon lieu.

Le Ménagier de Paris, Iʳᵉ distinction, 8ᵉ art.

Trouvarent neuf flacons en tel ordre qu'on *assied* les quilles en Gasgogne.

RABELAIS, *Gargantua*, c. 7.

La main gauche (il) *assit* toute pleine sur la poitrine.

LE MÊME, *Pantagruel*, II, 14.

Nous *asserrons* nostre logis des champs en lieu sain, et le composerons de bonne matiere.

OLIVIER DE SERRES, *Théâtre d'agriculture*, Iᵉʳ lieu, c. 5.

Au devant du poulailler *asserra*-on l'abbreuoir.

LE MÊME, même ouvrage, Vᵉ lieu, c. 2.

C'estoit sur ce premier lict de fougere ou de paille que les ouvriers venoient à poser et *asseoir* leur massonnerie par quatre diverses couches.

BERGIER, *Histoire des grands chemins de l'empire romain*, liv. II, c. 13.

Tous les autres qui bâtissent voudroient *asseoir* euxmêmes chaque pierre qui entre dans leur bâtiment.

VOITURE, *Lettres*, à M. d'Avaux.

Encor serez par moi roïne moult vaillant :
U chief vous *asserroi* couronne d'or luisant.

Gaufrey, v. 6797.

Les plaies cuevrent maintenant sans respit,
L'emplastre mistrent, lor bandiaus ont *assis*.

Garin le Loherain, t. II, p. 91.

... Ils ont le cuir en tirant escorché,
Puis estripé, puis menu dehaché
A morceaux crus; ils ont d'une partie
Sur les charbons fait de la chair rostie,

Embroché l'autre, et cuite peu à peu
Blanche de sel à la chaleur du feu,
L'ont retirée, en des paniers l'ont mise,
Puis sur la table en des plats l'*ont assise*.
Ronsard, la Franciade, I.

Et se fiant à lui, la belle désirée
Ose *asseoir* sur son flanc cette charge adorée.
A. Chénier, Europe.

Il s'emploie particulièrement en ce sens en termes de Guerre et de Fortification.

Firent, les deux freres, appareillier merrien et firent faire grant perrieres et grans mangoniaus, et les firent *asseoir* en divers lieux entour la cité.
Marc Pol, le Livre, c. 145.

Il fit au dehors de la porte de Honnecourt faire et charpenter en grand' hâte une barriere, et mettre et *asseoir* au travers de la rue.
Froissart, Chroniques, liv. I, Ire part., c. 80.

Le duc de Luxembourg fist très-puissamment environner et combatre ladicte ville, et fist *asseoir* plusieurs bombardes et gros engins contre les portes et murailles.
Monstrelet, Chronique, c. 218.

Il (M. de Lavardin) fut aussi blasmé de n'avoir bien recognu son champ de bataille, ny *assis* ses bataillons.
Brantôme, Grands capitaines françois; Des couronnels françois.

Alexandre *assit* son camp, et se retrancha au même endroit où il se trouva quand les ennemis parurent.
Vaugelas, trad. de Quinte-Curce, liv. III, c. 239.

L'art d'*asseoir* un camp sur une position n'est autre chose que l'art de prendre une ligne de bataille sur cette position.
Napoléon, Mémoires, t. II, p. 185.

Li sires qui la tient i a par droit *assis*
.C. homes qui la gardent, armé et fervestis.
Gui de Bourgogne, v. 3470.

Sa gent devise et renja et *assist*.
Garin le Loherain, t. II, p. 94.

Asseoir, Assiéger :

Assidere, *asseer*. Insidere, *asseer*. Obsidere, *asseer*.
Dictionnaire latin-français, ms. du xiiie s. Bibliothèque nationale, n° 7672.

Cumandad à tut le pople qu'il s'aprestassent à bataille, e venissent à Ceila pur David *aséer* et les suens.
Les quatre Livres des Rois, I, 23.

Après ce, il chevauchierent à une cité qu'on apele Coronne, qui siet sour mer, et l'*assistrent* et n'i sistrent gueres longuement quant la cité leur fu rendue.
Villéhardouin, Conqueste de Constantinoble, CXXXV.

Un pou après ce que nous eussiens pris Damiete, vindrent devant l'ost toute la chevalerie au soudanc, et *assistrent* nostre ost par devers la terre.
Joinville, Histoire de saint Louis, XXXVII.

Quant Sarrezin virent qu'il ne le porroient endureir, si tournent les dos et s'enfuient, et se fierent en Damiete; et clorent les portes. Et crestien se logent et herbergent, et *assiéent* la citei; et furent enqui une piece de tans.
Récits d'un ménestrel de Reims au xiiie siècle, publiés par N. de Wailly, p. 194.

Il (Ninus) *asseia* Babiloine et print la cité et la tor de Babel à fine force.
Brunetto Latini, Li Livres dou tresor, liv. I, c. 24.

Oncques ne sçut la ville *asseoir*; et cuidoit bien, par grandeur et présomption qui étoit en lui, que cils d'Audenarde se dussent de fait venir rendre à lui.
Froissart, Chroniques, liv. II, c. 165.

Li Rois macidonois à Ataines *assise*.
Roman d'Alexandre, p. 46.

Sire, font-il, acordé sommes
Par l'accord de tretous vos hommes,
Fors de Richece solement,
Qui a juré son serement
Que jà ce chastel n'*asserra*.
Roman de la Rose, v. 10723.

Messeigneurs, comme vous savez,
Les Anglois ont le siege mis;
Il y a douze jours passez,
Que cy devant nous ont *assis*.
Le mistère du siége d'Orléans, v. 3207.

Voyez Assiéger.

Asseoir jugement.

Pàrce que sa parfaicte amour ne vouloit qu'elle *assist* jugement sur un soupçon, trouva moyen d'envoyer secrettement un serviteur en qui elle se fioit.
Marguerite de Navarre, Heptameron, 21e nouvelle.

Aucuns se monstrent encore plus ridicules, quand ils veulent *asseoir jugement* du style d'un historien, sur la traduction qu'ils en ont.

> H. Estienne, *Apologie pour Hérodote*, Discours préliminaire.

Je suis tout esmerveillé comment les hommes ont osé *assoir jugement* de mort sur luy (Philibert Hamelin), veu qu'ils savoyent bien, et avoyent entendu sa saincte conversation.

> Bernard Palissy, *Récepte véritable.*

Il y doibt avoir en l'entendement, ainsi qu'au trident de Neptune, trois pointes : l'une pour trouver les choses dont il fault que lon parle ; l'autre pour *asseoir jugement* sur les choses trouvées ; la dernière, a sçavoir la mémoire, est la gardienne et thresoriere de toutes les richesses de l'éloquence.

> Amyot, *Projet de l'éloquence royale.*

Combien qu'il ne soit en nous d'*asseoir notre jugement* sur les jugemens de Dieu, toutesfois je me suis advisé d'inserer en ce lieu deux exemples pour cet effet.

> Pasquier, *Recherches de la France*, VI, 23.

Ils se resolurent vn jour, par ce que d'ailleurs ils s'entre aymoient fort, de sçavoir qui des deux estoit le plus aimé, et vindrent pour cet effet à Silvie, de laquelle ils eurent de si froides responses qu'ils n'y peurent *asseoir jugement.*

> D'Urfé, *l'Astrée*, Ire part., liv. III.

Asseoir « pour établir, comme quand on dit : On ne sauroit *asseoir aucun jugement* sur cela, » ne se conjugue pas comme asseoir, pour sedere ; car asseoir pour établir, ou poser, n'est en usage qu'en cet infinitif seulement, et ce seroit fort mal parler que de dire : « *Je n'assieds* ou *je n'ai assis* aucun jugement* là-dessus. »

> Vaugelas, *Remarques*, Asseoir, pour établir.

Ainsi raisonnoit Psyché, sans qu'il lui fût possible d'*asseoir* aucun *jugement* sur ces deux personnes.

> La Fontaine, *Psyché*, liv. Ier.

Quoique les plus fins ne sceussent quel *jugement asseoir* sur l'intention du Roi et de la Reine, le Prince de Condé avoit toujours l'œil à sa conservation et à celle de son parti.

> Mézeray, *Histoire de France*, Charles IX.

Asseoir s'emploie avec divers compléments abstraits. On a dit : *Asseoir un soupçon, une conjecture, une résolution, une condamnation, une*

sentence ; *asseoir ses pensées, ses paroles, son imagination :*

Mes *pensées* dorment, si je *les assieds*. Mon esprit ne va pas seul, comme si les jambes l'agitent.

> Montaigne, *Essais*, III, 3.

En cest estrif, il passa toute la nuit sans sçavoir sur quel pied il devoit *asseoir sa résolution.*

> Pasquier, *Recherches de la France*, VI.

Cette volubilité n'a point de grâce en la philosophie : ce n'est point son fait de jeter les *paroles* en désordre, mais de *les asseoir* tout bellement chacune en sa place, et ne s'avancer autrement que pied à pied.

> Malherbe, trad. de Sénèque, *Épîtres*, XL.

Dans la vue de ces infinis, tous les finis sont égaux, et je ne vois pas pourquoi *asseoir son imagination* sur l'un plutôt que sur l'autre.

> Pascal, *Pensées.*

Sur la simple notoriété d'un duel entre les chevaliers d'Auvergne et de Kailus... ils furent condamnés à avoir la tête tranchée... Messieurs du parlement de Paris... mirent dans l'arrêt qu'ils jugeoient ainsi sur le fondement et en conséquence de l'article 23 (de l'ordonnance 1679), afin d'*asseoir leur condamnation.*

> Le Chancelier de Pontchartrain à Neef, procureur général au parlement d'Alsace. (Voy. Depping, *Corresp. admin. sous Louis XIV*, t. II, p. 513 et 514.)

Parmi cette troupe mâle et femelle de cette cabale, je n'ai pu démêler ni *asseoir aucun soupçon* sur personne de distinct.

> Saint-Simon, *Mémoires*, 1710.

Hault devant eulx le grand Minos se sied,
Qui sur leurs dictz *ses sentences assied.*

> Clément Marot, *l'Enfer*, v. 47.

Je ne sais point sur qui *ma conjecture asseoir.*

> Molière, *le Dépit amoureux*, III, 7.

Asseoir des tailles, des impôts :

Ils vouloient que nul roi de France, ses hoirs ni ses successeurs, ne pussent mettre ni *asseoir* sur eux ni sur leurs masuyers, *taille*, subside, gabelle, imposition ni fouage.

> Froissart, *Chroniques*, liv. I, IIe part., c. 351.

C'est pourtant sur ce seul excès, dont l'exportation surpasse l'importation, qu'on peut imaginer d'*asseoir* la portion de *l'impôt* qu'on voudroit faire payer aux étrangers.

TURGOT, *Lettre sur la liberté du commerce des grains*, 5º, 14 novembre 1770.

Il (Sieyes) indiqua les moyens de garantir la dette publique..., ceux encore *d'asseoir l'impôt* sur des bases constitutionnelles.

M.-J. CHÉNIER, *Tableau historique de la littérature française*, c. 2.

Dessur les marchéans fist coustume *asséir*.

Roman de Berte, p. 89.

S'ASSEOIR, Se placer sur un siège ou sur quelque chose qui tient lieu de siège. Il s'emploie aussi absolument.

Sur une culche *s'asit*.

Les quatre Livres des Rois, III.

S'assirent tous à terre, leurs bassinets et leurs arcs devant eux.

FROISSART, *Chroniques*, liv. I, c. 284.

(La bergère) ne dormira et ne *s'asserra* jamais en la campagne, ains comme soucieuse sentinelle, se tiendra debout près de son bestial, sans l'abandonner jamais de l'œil.

OLIVIER DE SERRES, *Théâtre d'agriculture*, 4º lieu, c. 13.

Tous les Mahométans croient que cette invocation couvre de grands misteres, et renferme une infinité de vertus. Ils l'ont toujours à la bouche. Ils la font en se levant, en *s'asseant*, en prennant un livre, un instrument, une plume.

CHARDIN, *Journal du Voyage en Perse*, Iʳᵉ partie.

Ma niepce m'amye, je suis bien aise de voir comme vous vous portez bien : mais encores je vous prie *asseons-nous*, et me dites si vous trouvez mieulx en ce pays qu'en Escoce.

HERBERAY DES ESSARTS, trad. d'*Amadis de Gaule*, liv. I, c. 24.

Assis-toy, Mercure, à l'entrée de la nacelle, et ne laisse entrer personne qui n'ait tout quitté.

PERROT D'ABLANCOURT, trad. de Lucien, *Dial. de Caron et de Mercure*.

Nous nous asseoirons sur l'herbe menue pour écouter Polyphile.

LA FONTAINE, *Psyché*, liv. I.

Le bassa... le salua (le baron de Saint-Blancard) baissant la teste un peu, mectant la main à sa poitrine, puis à

sa bouche et après au front; parlerent ung peu ensemble, puis *s'assit* en ung petit et bas siége.

Journal de la Croisière du baron de Saint-Blancard, 1537. (Voy. CHARRIÈRE, *Nég. de la France dans le Levant*, t. I, p. 346.)

Le fleuriste a un jardin dans un faubourg, il y court au lever du soleil, et il en revient à son coucher. Vous le voyez planté, et qui a pris racine au milieu de ses tulipes et devant la solitaire... Il passe au drap d'or, de celle-ci à l'agathe, d'où il revient enfin à la solitaire, où il se fixe, où il se lasse, où il *s'assit*, où il oublie de dîner.

LA BRUYÈRE, *Caractères*, c. 13.

Aux grand' messes, il (Louis XIV) ne *s'asseyoit* dans son fauteuil qu'aux temps où on a coutume de *s'asseoir*.

SAINT-SIMON, *Mémoires*, 1715.

Avez-vous achevé de dîner? nous dit-il. — Oh! sans doute, reprit Mᵐᵉ Dutour : nous causions de choses et d'autres. Ne vous *asseyez-vous* pas, monsieur?

MARIVAUX, *la Vie de Marianne*, IIIᵉ part.

Au compliment très-court que je lui fis en l'abordant, il répondit en parlant d'autre chose, comme si j'eusse été là depuis huit jours; il ne nous dit pas même de *nous asseoir*.

J.-J. ROUSSEAU, *les Confessions*, part. II, liv. XII.

Je viens, comme Thémistocle, *m'asseoir* au foyer du peuple britannique.

NAPOLÉON, *Lettre au Prince régent d'Angleterre*, 13 juillet 1815.

Un faldestoel i unt mis d'olifant;
Desur *s'asiet* li païens Buliganz.

Chanson de Roland, v. 2654.

Andoi *s'asisent* sor l'erbe enmi le pré.

Aliscans, v. 7253.

L'enfes Guis de Borgoigne *s'asist* ou pavillon.
Joste lui est *assis* ses chiers peres Sanson,
Et d'autre part *s'asist* li gentils dus Naimon,
Et li autre barnage *s'asiet* tot anviron.

Gui de Bourgogne, v. 2939.

.I. faudestuel d'or fin aporta .I. serjant;
La puchele et Maprin *s'asistrent* tout avant,
Puis *s'asist* Machabré et le roi Gloriant.

Gaufrey, v. 8650.

Tout se furent *assis* sur l'erbe qui verdie.

Chanson d'Antioche, I, v. 801.

Lors *s'assiet* sous un arbre, car li cuers li doloit,
Ses très beles mains blanches moult souvent détordoit,
A Dieu et à sa mère souvent se commendoit.
Roman de Berte, p. 44.

Quant li pelerins venu furent
A Male-Bouche où venir durent,
Tout lor hernois moult près d'eus mistrent,
Delez Mal-Bouche *s'assistrent.*
Roman de la Rose, v. 12351.

Assisons-nous sur ceste molle couche.
RONSARD, *Amours,* II, 75, Amourette.

... Ils entrent dans le bois,
Tous deux sous un ormeau *s'assisent* à la fois.
RACAN, *Bergeries,* II, sc. 4.

Asseyez-vous, baron, vous prêcherez bien mieux.
DESTOUCHES, *le Dissipateur,* I, 6.

Souvent sur la montagne, à l'ombre du vieux chêne,
Au coucher du soleil, tristement je *m'assieds.*
LAMARTINE, *Premières Méditations.*

S'ASSEOIR emporte souvent une idée accessoire de cérémonial, de rang, de préséance :

Ce grand personnage (le pape Corneille), se plaignant des prerogatives que les diacres s'estoient donnez dans Rome, dit qu'il avoit veu quelquefois un diacre *s'asseoir* dans l'esglise au rang des prestres sans scandale.
PASQUIER, *Recherches de la France,* III, 5.

Il *s'assit* à dix-huit ans avec les anciens d'Israël, et se mit à juger comme eux les différents qui naissent parmi le peuple.
FLÉCHIER, *Oraison funèbre de M. de Lamoignon.*

Dès qu'elle y paroissoit (la maréchale de la Mothe au petit couvert), on lui apportoit un siège, et elle *s'asseyoit,* car elle étoit duchesse à brevet.
SAINT-SIMON, *Mémoires,* 1715.

Le duc de Bourgogne *s'assit* à son rang de premier pair.
VOLTAIRE, *Histoire du parlement de Paris,* c. 6.

Le patriarche Nicon, que les moines regardent comme un saint, et qui siégeait du temps d'Alexis, père de Pierre-le-Grand, voulut élever sa chaire au-dessus du trône ; non seulement il usurpait le droit de *s'asseoir* dans le

sénat à côté du czar, mais il prétendait qu'on ne pouvait faire ni la paix ni la guerre sans son consentement.
VOLTAIRE, *Histoire de Pierre le Grand,* Ire part., c. 2.

Le légat même y présida (aux états de la ligue) et *s'assit* dans le fauteuil qu'on avait laissé vide, et qui marquait la place du roi qu'on devait élire.
LE MÊME, *Essais sur les mœurs,* c. 174. De Henri IV.

J'allai d'un pas hardi, par moi-même guidé,
Et de mon seul génie en marchant secondé,
Studieux amateur et de Perse et d'Horace,
Assez près de Regnier *m'asseoir* sur le Parnasse.
BOILEAU, *Épîtres,* X.

S'asseoir à table :

Si en cest habit je *m'assys à table,* je boiray, par dieu, à toy et à ton cheual.
RABELAIS, *Gargantua,* I, 39.

Puis, sans qu'on les convie, ainsi que vénérables,
S'assient en prélats les premiers *à vos tables.*
REGNIER, *Satires,* II.

On trouve souvent aussi, dans nos anciens auteurs, *S'asseoir au manger, au dîner, au souper :*

Li reis *s'assist al mangier.*
Les quatre Livres des Rois, I, 20.

.I. mangier moult très riche fist Tierris conréer,
Il demanderent l'aive, *s'asistrent au soper.*
Parise la duchesse, v. 2806.

Quant li mengiers fu pres et atornés,
Les tables misent, *s'asisent al souper.*
Huon de Bordeaux, v. 4082.

Cil demanderent l'eve et *au mangier s'asistrent.*
Gui de Bourgogne, v. 3079.

S'ASSEOIR, en parlant des oiseaux, Se poser, se percher.

Se les masles s'arrestent, aussi font les femelles et *s'as-sieent* pres de leurs masles.
Le Ménagier de Paris, Ire distinction, 5e art.

D'un Couluu cunte que jadis
S'esteit seur une croix assis.
MARIE DE FRANCE, Fables, 52.

Prés le chemin, au milieu de la plaine,
Un orme estoit, dont la cyme estoit pleine
De mainte branche, où les oiseaux au soir
Prenoient leur perche et se souloient asseoir.
RONSARD, là Franciade, IV.

S'ASSEOIR, Se poser, en parlant des choses:

Se il survient une nuée noire et moicte qui s'assiée sur
vos robes et en tel estat vous les ploiez, cest air enveloppé
et ployé dedans vos robes couvera et engendrera pire vermine que devant.
Le Ménagier de Paris, IIe distinction, 3e art.

S'asseoir entre deux selles :

Se asséoyt entre deux selles le cul à terre, se couvroit
d'un sac mouillé.
RABELAIS, Gargantua, I, 11.

S'ASSEOIR s'emploie souvent au figuré :

L'impiété et l'ignorance se sont en beaucoup d'endroits
assises au thrône de saincteté et vérité.
G. DU VAIR, De la Constance et Consolation
es calamitez publiques.

Les Muses vinrent s'asseoir au pied du trône, et le Palais des Rois devint l'asile des savants.
LAMOTTE, Remerciment à l'Académie.

Les chagrins montent sur le trône et vont s'asseoir à
côté du souverain.
MASSILLON, Oraison funèbre de M. le Dauphin.

La république française se serait assise sur elle-même
et sur la sécurité environnante, elle n'aurait eu ni la pensée ni le besoin d'envahir.
NAPOLÉON, Mémoires, t. VI, p. 148.

Un despotisme sanglant se serait assis pour jamais sur
les ruines de la France.
CHATEAUBRIAND, De l'état de la France
en 1814.

Si la langue latine se fût assise à Kieff, à Novógorod, à
Moscou, jamais elle n'eût été détrônée.
J. DE MAISTRE, du Pape, liv. I, c. 20.

L'hérédité vient à son tour, dernier état, état le plus fixe

de toute nation. Alors la religion s'assoit dans un temple,
et la royauté dans un palais.
DE BONALD, Législation primitive, Discours
préliminaire.

ASSEOIR s'est employé autrefois substantivement :

On ne connoist mie l'oume al asseoir au mangier, mais
au lever : la fins loe le fait.
Li Mireoirs du monde, ms. 7363, fol. 227, col. 2.

ASSIS, ISE, part. passé.
Il s'emploie dans les divers sens correspondant
à ceux du verbe :
Placé sur un siège, ou sur quelque chose qui
tient lieu de siège, tant au propre qu'au figuré :

Truvad le vesche Hely al entree, ki asis iert.
Les quatre Livres des Rois, I, 1, 9.

Le duc de Berry, frère du Roy, présidoit assis en chaire,
et tous les aultres seigneurs debout.
PHILIPPE DE COMMINES, Mémoires, c. 8.

Les grands mangent assis sur des tapis à la façon des
Orientaux.
CHARDIN, Journal du voyage en Perse, Ire partie.

Apprends, marquis, je te prie, et les autres aussi, que le
bon sens n'a point de place déterminée à la comédie...
que debout ou assis on peut donner un mauvais jugement.
MOLIÈRE, la Critique de l'École des femmes,
sc. V.

Monsieur, si vous étiez assis, vous en seriez mieux pour
parler.
LE MÊME, le Festin de Pierre, IV, 6.

M. de Louvois est entré et assis au conseil depuis quatre
jours en qualité de ministre.
Mme DE SÉVIGNÉ, Lettres, 5 février 1672.

Dans la troisième (pièce), Cupidon paroissoit assis sur
un char tiré par des tigres.
LA FONTAINE, Psyché, liv. I.

Il (Dieu) leur fait voir (aux rois)... que toute leur majesté est empruntée, et que, pour être assis sur le trône,
ils n'en sont pas moins sous sa main et sous son autorité
suprême.
BOSSUET, Oraison funèbre de la reine de la
Grande-Bretagne.

Il (Jésus-Christ) découvre l'orgueil caché et l'hypocrisie des pharisiens et des docteurs de la loi, qui la corrompoient par leurs interprétations. Au milieu de ces reproches, il honore leur ministère, et la chaire de Moïse où ils sont *assis*.

BOSSUET, *Discours sur l'histoire universelle*, II, 19.

Il suffit de lui faire voir en éloignement le trône où il doit être *assis*, et de lui essayer, pour ainsi dire, la couronne, afin qu'il sache la porter quand la providence de Dieu la fera tomber sur sa tête.

FLÉCHIER, *Oraison funèbre de M. de Montausier*.

Le Fils de l'Homme sera *assis* sur le siége de sa majesté; vous qui m'avez suivi, vous serez vous-mêmes *assis* sur douze siéges, et vous jugerez les douze tribus d'Israël.

BOURDALOUE, *Pensées*. De l'état religieux.

La France étoit puissante en richesses, puissante en bons soldats, en grands capitaines, en artillerie; et tout cela disposé avec tel ordre, qu'elle pouvoit faire la guerre sans troubler son repos, et combattre le reste de l'Europe, étant *assise*.

MÉZERAY, *Histoire de France*, Louis XI.

On pouvoit dire de lui, comme de Périclès, que la déesse de la persuasion étoit *assise* sur ses lèvres.

D'AGUESSEAU, *Vie de son père*.

Le chancelier Gui de Rochefort reçut dans Arras cet hommage. Il était *assis* et couvert, tenant entre ses mains les mains jointes du prince, qui, découvert, sans armes et sans ceinture, prononça ces mots : Je fais hommage à monsieur le roi pour mes pairies de Flandre et d'Artois.

VOLTAIRE, *Essai sur les mœurs*.

Nous devions tout attendre du principe de la vieille monarchie, de cet honneur *assis* sur le trône avec Charles X.

CHATEAUBRIAND, *Mélanges politiques*, De l'abolition de la censure.

Li amirans Balans est *assis* au mengier.

Fierabras, v. 3840.

Mais aussi vray comme vous estes
Là *assis*, monseigneur le juge,
Il en a fait un tel deluge
De brebis et de mes moutons.

La Farce de Pathelin.

Ainsi le bon temps regretons
Entre nous, pauvres vieilles sottes,
Assises bas, à croppetons,

Tout en ung tas comme pelottes
A petit feu de chenevottes.

VILLON, *Regrets de la belle Heaulmière*.

Desja les plus belles bergeres
Sont *assises* sur les fougeres.

RACAN, *Bergeries*, I, 4.

Ce dieu se reposant sous ces voûtes humides
Est *assis* au milieu d'un chœur de Néréides.

LA FONTAINE, *Psyché*, liv. I.

A peine étois-je *assis* sur une de ces bornes
Que deux gros limaçons me présentent les cornes.

BOURSAULT, *le Mercure galant*, III, 4.

Dieux ! que ne suis-je *assise* à l'ombre des forêts.

RACINE, *Phèdre*, I, 3.

De cet amas d'honneurs la douceur passagère
Fait sur mon cœur à peine une atteinte légère ;
Mais Mardochée, *assis* aux portes du palais,
Dans ce cœur malheureux enfonce mille traits.

LE MÊME, *Esther*, II, 1.

Pour nous, vil peuple, *assis* aux derniers rangs,
Troupe futile et des grands rebutée,
Par nous d'en bas la pièce est écoutée.

J.-B. ROUSSEAU, *Épigrammes*, I, 14.

Posé, perché, en parlant des oiseaux :

Il m'est souvenu de la fable
Du corbeau, qui estoit *assis*
Sur une croix, de cinq à six
Toises de hault...

La Farce de Pathelin.

Assis, situé, placé, au propre et au figuré.

Fut mis et *assis* ce parlement par tous communs accords à Halle.

FROISSART, *Chroniques*, liv. I, 1ro part., c. 72.

En passant par devant le dressouer où ledit plat du Roy estoit pour servir, saluant le queux, disant Dieu gart! gecta dessus le plat pouldre blanche. Et après que ledit fut *assis* devant le Roy, la Royne bien informée et moult courroucée dudit fait, fist incontinent oster ledit plat de devant lui.

MONSTRELET, *Chroniques*, I, 39.

Or, aupres d'Ascolly, il y a vne petite ville nommée Capistrano sur le haut d'vne montaigne, *assize* de sorte qu'il falloit monter tousiours.

MONTLUC, *Commentaires*, liv. I.

Il me ressouvenoit tousjours d'vn prieuré *assis* dans les montagnes, que j'avois veu autresfois, partie en Espagne, partie en France, nommé Sarracoli. J'avois fantaisie de me retirer là en repos. J'eusse veu la France et l'Espagne en mesme temps. Et si Dieu me preste vie, encores je ne sçay que je feray.

> Montluc, *Commentaires*, liv. VII.

La ville de Rome... estoit alors difficile à approcher ayant pour boulevard le chasteau *assis* où est aujourd'hui le Capitole.

> Amyot, trad. de Plutarque, *Vie de Romulus*, c. 26.

Ayans obtenu cet arrest, ils (les Jésuites) acheptent un hostel *assis* en la rue Saint-Jacques, pour y establir leur demeure vulgairement appellée cour de Langres.

> Pasquier, *Recherches de la France*, III, 48.

Notre Université est *assise* sur quatre forts pillotis, qui la soustiennent, sur les quatre facultez de théologie, décret, médecine et des arts.

> Le même, même ouvrage, IX, 9.

Cette ville (Paris) est *assise* dans vne isle si petite que les murailles sont continuellement lavees de la riviere qui l'environne de tous costez : de sorte que l'on n'y scauroit aller que par les ponts.

> D'Urfé, *l'Astrée*, IIe part., liv. X.

Que ses compositions deviennent plus sages, plus décidées que les figures en soient mieux *assises*.

> Diderot, *Salon de* 1767. Doyen.

Ils (les Turcs) sont aussi ce qu'ils étoient en 1454, un camp de Tartares, *assis* sur une terre européenne.

> J. de Maistre, *Du Pape*, III, 7.

Ilec avoit un fort dongeon postis
Sur une roche, en un petit pourpris,
A quatre estages bien fait et bien *assis*.

> La Bretagne conquise. (Voir *Histoire littéraire de la France*, t. XXII, p. 105.)

J'ay dur sain et hault *assis*,
Lons bras, gresles doys aussi.

> Eust. Deschamps, *Portrait d'une pucelle*. Virelai.

Les oilz out veirs, è bel le vis,
Bele buche, neis ben *asis*.

> Marie de France, *Lai d'Équitau*.

Rose est bien sor espine *assise*.

> Rutebeuf, *la Descorde de l'Université*.

... Mout est bien l'offrande *assise*
Qui à la table Diu est mise.

> *L'Ordène de chevalerie*.

Sachiés por voir, li arbres furent
Si loing à loing cum estre durent.
Li ung fu loing de l'autre *assis*
Plus de cinq toises, ou de sis.

> *Roman de la Rose*, v. 1372.

Chacun d'un œil veillant vos actions contemple,
Vous estes la lumière *assise* au front du temple.

> Ronsard, *le Bocage royal*.

Assis, Assujetti, enchâssé :

Prist la curune del chief le rei ki d'or esteit e *asise* de pierres préciuses.

> *Les quatre Livres des Rois*, II, 12.

Le collier de cet Ordre, qui ne l'a veu jamais sçaura qu'il estoit faict de coquilles entrelassées l'une à l'autre d'un double lacz, *assises* sur chaisnettes ou mailles toutes d'or.

> Brantôme, *Grands capitaines*. Le mareschal de Tavannes.

Et li mur de la ville sont tout de marbre bis,
As cevilles de fer sont li quarrel *assis*.

> *Fierabras*, v. 4897.

... L'en ne porroit pas prisier
L'avoir que les pierres valoient,
Qui en l'or *assises* estoient.

> *Roman de la Rose*, v. 1100.

Assis, *assise*, Établi, constitué, en parlant de coutume, de rente, de pension, de contribution :

Benoiste soit la vieille. Je lui veulx vraybis constituer en Salmigondinois quelque bonne rente, non courante comme bacheliers insensez, mais *assise* comme beaulx docteurs regens.

> Rabelais, *Pantagruel*, III, 18.

Je pense vous avoir descouvert l'air general des quatre servitudes foncieres de la France. Toutes fois, lorsqu'elles tomberont en dispute, il faut avoir recours aux coustumes, sous lesquelles elles sont *assises* toutes en general.

> Pasquier, *Recherches*, IV, 5.

Corbie revint au Cardinal... le brevet fut fait au nom du roi, et la pension *assise* sur l'abbaye de Corbie, sans qu'il en coûtât un sou à Chapelain.

> Tallemant des Réaux, *Historiettes*, Chapelain.

Pour peu qu'on ait de connoissance de ce qui se passe à la campagne, on comprend aisément que les tailles sont une des causes de ce mal, non qu'elles soient trop grosses, mais parce qu'elles sont *assises* sans proportion.

VAUBAN, *Projet d'une Dixme royale*, Préface.

Ainsi l'impôt, quand il est réglé et constant... n'affecte et ne peut affecter que le revenu du propriétaire... Il n'en est pas de même lorsque l'impôt *assis* sur le fermier est variable et sujet à des augmentations imprévues.

TURGOT, *De la grande et petite culture.*

Nous devions espérer que les revenus publics resteraient du moins ce qu'ils étaient, jusqu'au moment où vous les remplaceriez par des contributions plus sagement *assises* et plus équitablement réparties.

MIRABEAU, 18 août 1789.

Fixé, posé, en parlant des yeux, du regard, du visage.

Eudémon... le bonnet au poing, la face ouverte, la bouche vermeille, les yeux asseurez et le regard *assis* sus Gargantua... commença le louer et magnifier.

RABELAIS, *Gargantua*, I, 15.

Puis estudioit quelque meschante demye heure, les yeulx *assis* dessus son livre : mais (comme dict le Comicque) son ame estoit en la cuisine.

LE MÊME, même ouvrage, I, 21.

Fixé, déterminé, en parlant du temps, des habitudes, des coutumes :

N'i ot nul terme, ne jor n'i ot *assis*.
Garin le Loherain, t. I, p. 158.

Od lui l'amenad en l'iglise
Si cume costume est *assise*
Quinze jurs li fist demurer,
Orer, e veiller, et juner.
MARIE DE FRANCE, *le Purgatoire de Saint-Patrice*, v. 575.

Placé bien ou mal, équilibré, en parlant de l'esprit, du discours, du langage, des paroles :

En habondance de paroles ne peut estre qu'il n'en y ait aucune fois de mal *assises* aucunes.
Le Ménagier de Paris, Ire distinction, 8e art.

Pour parler au pape, je t'aprendrai trois mots de latin bien *assis*, que quand tu les auras dit il croira que tu sois le plus grand clerc du monde.
BONAVENTURE DES PÉRIERS, *Contes et Nouvelles*, VII.

S'il y a de la discordance entre le faire et le dire, c'est signe d'un esprit qui n'est ni bien fait ni bien *assis*.
MALHERBE, trad. de Sénèque, *Épîtres*, XXXIV.

Biax est li dis
Et cortois et bien *assis*.
Aucassin et Nicolette.

ASSERMENTER, v. a. Lier, affirmer par un serment.

La vérité n'a pas besoin d'être *assermentée* hors de devant les juges, et sans une urgente nécessité.
CHAPELAIN, *Le Gueux*, ou *la Vie de Guzman d'Alpharache*, liv. I, c. 6.

Chacun dans le territoire pour lequel ils auront été *assermentés*.
Code d'instruction criminelle, 16.

ASSERMENTÉ, ÉE. Participe.
En parlant d'une personne qui a prêté serment.

Que nous ayons à Ferney et à Versoi un poinçon affecté à nos fabriques; que ce poinçon soit fabriqué par deux de nos fabricants *assermentés* et par un tiers, nommés tous trois par M. l'intendant de la province, ou par son subdélégué, pour empêcher toute fraude.
VOLTAIRE, *au Roi en son Conseil.*

Pourquoi une nation qui est représentée s'épuiserait-elle en vains murmures, en stériles imprécations, plutôt que de faire entendre le vœu de tous par ses organes *assermentés*?
MIRABEAU, 16 juillet 1789.

Quelquefois en parlant des choses attestées par un serment.

La déclaration *assermentée* des envoyeurs.
Bulletin des lois, an V.

Assermenté se disait de celui qui avait prêté serment sur les livres saints, sur des reliques, etc. Coquillard, faisant allusion à cet usage, a dit en plaisantant :

Assermenté dessus ung crible.
L'enqueste d'entre la Simple et la Rusée.

On a dit anciennement *Sermenté*. (Voyez ce mot.)

_SSERTION, s. f. Du latin *assertio*. Proposition qu'on avance et qu'on soutient comme vraie.

Maistre Révérend, on vous fait assavoir que nous vous envoions la cédule contenant aucunes *assercions* avecques leurs réprobacions.
MONSTRELET, *Chronique*, c. 112.

Au lendemain... (Couillatris) se transporte à Chinon, ville insigne, ville noble, ville antique, voyre premiere du monde, scelon le jugement et *assertion* des plus doctes Massorethz.
RABELAIS, *Pantagruel*, IV, prologue.

Dans toutes les matières dont la preuve consiste en expériences et non en démonstrations, on ne peut faire aucune *assertion* universelle que par l'énumération générale de toutes les parties et de tous les cas différents.
PASCAL, *Pensées*.

Ces derniers (les Bénédictins) avoient donné depuis peu une belle édition de saint Augustin... les Jésuites, à bout de preuves et de raisons, mais non d'injures et d'*assertions* plus que hardies, ne purent venir à bout de ternir cette édition, ni de la faire supprimer.
SAINT-SIMON, *Mémoires*, 1699.

Cet auteur impartial paroît certain que Charlemagne exerça tous les droits de l'empire en Occident autant qu'il le put. Cette *assertion* est conforme à tout ce que les historiens rapportent, aux monuments qui nous restent, et encore plus à la politique, puisque c'est le propre de tout homme d'étendre son autorité aussi loin qu'elle peut aller.
VOLTAIRE, *Pyrrhonisme de l'histoire*, c. 24.

Ces détracteurs ne se contentent pas de ces *assertions*, auxquelles il est si aisé de répondre; ils vont jusqu'à dire que le Pentateuque n'a pu être écrit que dans le temps où les Juifs commencèrent à fixer leur culte, qui avait été jusque-là fort incertain.
LE MÊME, *Défense de mon oncle*, c. 21.

Luther ayant affirmé que la doctrine d'Aristote était fort inutile pour l'intelligence de l'Écriture, la sacrée Faculté de Paris traita cette *assertion* d'erronée et d'insensée.
LE MÊME, *Essai sur les mœurs*, c. 128.

Quand vous attaquez... la chaîne des êtres si bien décrite par Pope, vous dites qu'il n'est pas vrai que si l'on ôtoit un atome du monde, le monde ne pourroit subsister... Je vous avoue que sur tout cela, monsieur, je suis plus

frappé de la force de l'*assertion* que de celle du raisonnement, et qu'en cette occasion je céderois avec plus de confiance à votre autorité qu'à vos preuves.
J.-J. ROUSSEAU, *Lettres*, 18 août 1756; à M. de Voltaire.

L'inconvénient presque infaillible qui éternise toutes les controverses, est la fureur des *assertions* générales.
D'ALEMBERT, *Éloge de Charpentier*.

Fontenelle, toujours modéré dans ses opinions, avouoit sans peine que Perrault avoit été trop loin, et qu'il ne falloit pas souscrire sans réserve à toutes ses *assertions*.
LE MÊME, *Éloge de Despréaux*.

On a dit autrefois ASSERTEUR, qui affirme son droit, qui appuie celui d'un autre :

Quand à moy je la maintien franche (la philosophie), et me rends *asserteur* de sa liberté.
DU VAIR, *de la Constance et Consolation ès calamités publiques*, liv. I.

On a employé aussi l'adverbe ASSERTIVEMENT.

Le philosophe perfaict, et tel qu'est Trouillogan, respond *assertivement* de tous doubtes proposez.
RABELAIS, *Pantagruel*, III, 29.

ASSERVIR, v. a. Assujettir, réduire à une extrême dépendance.

Il se conjuguait anciennement comme Servir, ainsi que le prouvent plusieurs des exemples qui suivent.

En parlant des personnes :

Quand il advient que ceulx qui estoient francs de nature que ilz *soient* ainsy *asserviz* par violence, telles servitudes sont contraires à droit naturel.
ORESME, *Politiques*, liv. I, c. 7.

Le mesme tort faisoient anciennement à vous autres Romains ceulx d'Albe... contre lesquelz vous avez pris et prenez les armes toutefois et quantes qu'ilz ne vous veulent pas departir de leurs biens, *asservez* leurs personnes, pillez leurs biens et ruinez leurs villes.
AMYOT, trad. de Plutarque, *Camillus*, XIX.

Depuis que ceste corruption a une fois commencé ès elections des offices, elle est passée de main en main jusques aux sentences des juges... tant qu'à la fin elle a esté cause de reduire la chose publique en monarchie, en *asservant* et assubjettissant les armes mesmes à l'argent.
LE MÊME, même ouvrage, *Coriolanus*, XIX.

L'un des plus grands instruments qui se trouva et lors et depuis pour *asservir* nos prélats, fut le pallium, dont chacun se rendoit, par une ambition particuliere, esclave, afin d'estre comme vice-gerans du sainct siege en ceste France.

PASQUIER, *Recherches de la France*, III, 12.

Le moi... est injuste en soi, en ce qu'il se fait centre du tout; il est incommode aux autres, en ce qu'il les veut *asservir*.

PASCAL, *Pensées.*

Ils (les tyrans) promettent toutes les vertus de la société, et ils ne font de la société qu'un trafic dans lequel ils veulent tout attirer à eux, et *asservir* tous les citoyens.

FÉNELON, *Dialogues des morts*, Socrate, Alcibiade et Timon.

Les maîtres des châteaux et des terres qui composaient le corps de la noblesse en tous pays, excepté dans les républiques, *asservirent* autant qu'ils le purent les habitans de leurs terres; mais les grandes villes leur résistèrent toujours.

VOLTAIRE, *Essai sur les mœurs*, c. 98.

Si les Saxons avaient été baptisés dans des ruisseaux de sang par Charlemagne, c'est qu'il s'agissait de les *asservir* et non de les éclairer.

LE MÊME, même ouvrage, c. 138.

A toy même *asservant* la douce Polimnie.

DE LA FRESNAIE-VAUQUELIN, *Art poétique françois*, I.

Il (le ciel) venge, et c'est de là que votre mal procède, L'injustice rendue aux beautés d'Andromède. Sous les lois d'un mortel votre choix *l'asservit.*

P. CORNEILLE, *Andromède*, I, 1.

En parlant d'une nation, d'un pays, d'une ville :

Crésus planta là son camp, et fit le dégât des terres et labourages des Syriens, et, ayant pris la ville, *l'asservit* du tout.

SALIAT, traduction d'Hérodote, liv. I, 76.

Le cardinal de Richelieu forma, dans la plus légitime des monarchies, la plus scandaleuse et la plus dangereuse tyrannie qui ait peut-être jamais *asservi* un Estat.

CARD. DE RETZ, *Mémoires.*

Il (Philippe V) cassa toutes les lois, il changea le tribunal suprême, il *asservit* l'Aragon et toutes les provinces qui en dépendent, les mit en tout et partout sur le pied de la Castille.

SAINT-SIMON, *Mémoires*, 1707.

IV.

Tout législateur profane qui osa feindre que la divinité lui avait dicté ses lois, était visiblement un blasphémateur et un traître : un blasphémateur, puisqu'il calomniait les dieux; un traître, puisqu'il *asservissait* sa patrie et ses propres opinions.

VOLTAIRE, *Essai sur les mœurs*, c. 53.

Vous voyez dans tous les temps connus que l'Égypte fut toujours conquise par quiconque voulut l'attaquer. Il est donc bien probable que les barbares du Caucase avaient *asservi* les bords du Nil; mais il ne l'est point que Sésostris se soit emparé du Caucase.

LE MÊME, même ouvrage, c. 159.

Les conspirations peuvent être des actes héroïques de patriotisme, et il y en a eu de telles; mais presque toujours elles ne sont que des crimes punissables, dont les auteurs songent bien moins à servir la patrie qu'à *l'asservir.*

J.-J. ROUSSEAU, *Lettres*, 27 septembre 1766.

Il se dit figurément au sens moral :

Voulons nous... abbaisser nostre esprit, et *l'asservir* à nostre corps, pour se condouloir avec luy, et compatir à nos maux.

G. DU VAIR, *De la Constance et Consolation ès calamitez publiques.*

Il hommagera sous Vostre Majesté sa vie, ses biens, et les personnes qui lui sont acquises; mais son honneur, Sire, il ne *l'asservira* ni à vous, ni à prince vivant, tant qu'il aura un pied d'espee dans le poin.

D'AUBIGNÉ, *Histoire universelle*, t. II, liv. V, c. 3.

Le chancelier Olivier, quoiqu'il eût appris à *asservir* son intégrité, fit de rudes réprimandes à Robertet, secrétaire d'État, d'avoir expédié les lettres qui conféroient au duc de Guise le titre de lieutenant-général du royaume.

MÉZERAY, *Histoire de France*, François II.

Toutes ces remontrances, quoique fortes et réitérées, ne firent point changer Sa Majesté (Louis XIV). La duchesse (de Savoye) se vit réduite, ou de tomber dans sa disgrâce, ou d'*asservir* en quelque sorte sa liberté.

LE MARQUIS DE POMPONNE, *Mémoires*, II.

Les hommes se recherchent quelquefois avec empressement, mais ils se dégoûtent aisément les uns des autres; cependant la paresse les retient longtemps ensemble après que leur goût est usé. Le plaisir, l'amitié, l'estime, liens fragiles, ne les attachent plus; l'habitude les *asservit.*

VAUVENARGUES, *Conseils à un jeune homme*, VII.

Mais la reconnoissance... est une tyrannie Qui ne pourra jamais *asservir* mon génie.

DESTOUCHES, *l'Ingrat*, I, 6.

10

Dans ses divers sens il est très fréquemment suivi de la préposition *à* ou d'un complément analogue :

Ceux qui faisoient profession d'une exacte discipline, qui vivoient de peu, et de viandes les plus communes, seulement pour sostenir leur vie, ne pouvoient souffrir qu'il les jettast dans ces dissolutions, et les *asservist* aux mœurs des vaincus.

> VAUGELAS, trad. de Quinte-Curce, *Histoire d'Alexandre*, liv. VI.

Les plus cruels tyrans ne sauroient trouver de cachots pour notre ame, et ils n'en peuvent devenir les maîtres, à moins que nous ne voulions bien nous-mêmes la leur *asservir.*

> SAINT-EVREMONT, *De l'Usage de la vie*, c. 6.

N'est-il pas, j'ose le dire, contre nature, qu'un héros, qu'une princesse *asservissent* tous leurs discours à un certain nombre de syllabes?

> LAMOTTE, 4e *discours sur la tragédie.*

Ces planètes n'en sont pas moins dignes d'être habitées, pour avoir le malheur d'être *asservies* à tourner autour d'une autre plus importante.

> FONTENELLE, *les Mondes*, 4e *soir.*

Les gestes étant réduits en art, et notés, il fut facile de les *asservir* au mouvement et à la mesure de la déclamation : c'est ce que firent les Grecs et les Romains.

> CONDILLAC, *Essai sur l'origine des connaissances humaines*, IIe partie, sect. I, c. 10, § 32.

Astres qui présidez dessus mes destinées,
A combien de malheurs, de pleurs et de tourmens
Avez-vous *asservy* le cours de mes années !

> RACAN, *Ode.*

Et c'est? — Un jeune objet qui loge en ce logis,
Dont vous voyez d'ici que les murs sont rougis,
Simple à la vérité, par l'erreur sans seconde
D'un homme qui la cache au commerce du monde,
Mais qui dans l'ignorance où l'on veut l'*asservir*,
Fait briller des attraits capables de ravir.

> MOLIÈRE, *l'École des femmes*, I, 6.

Un fils audacieux insulte à ma ruine,
Traverse mes desseins, m'outrage, m'assassine,
Aime la reine enfin, lui plaît, et me ravit
Un cœur que son devoir à moi seul *asservit.*

> RACINE, *Mithridate*, II, 5.

Il est un certain art que je sais à ravir
Pour fixer un tel homme et pour se l'*asservir.*

> DESTOUCHES, *le Philosophe marié*, II, 1.

. . . . Ordinaire industrie
De qui veut à ses loix *asservir* sa patrie.

> DE LA FOSSE, *Manlius*, I, 3.

Il s'emploie souvent au figuré dans le langage de la galanterie :

Assez *tu as* sa franchise *asservie.*

> DESPORTES, *Villanelle.*

Aussi puisque vostre œil m'a tout seul *asservy*,
C'est raison que luy seul voye comme je vy.

> REGNIER, *Élégies*, V.

Non, non, elle a bien fait de m'être favorable,
Voyant mon feu si grand, et ma foi si durable,
Et j'ai bien fait aussi d'*asservir* ma raison
En si belle prison.

> MALHERBE, *Victoire de la constance*, Stances.

Elle *asservit* mon âme, elle charme mes sens.

> BOURSAULT, *le Médecin volant*, sc. 3.

Il s'emploie avec le pronom personnel :

Celuy est bien sot qui *se asserit.*

> ALAIN CHARTIER, *Œuvres*, p. 502.

De prier son ennemy, ny de luy demander pardon, ou confesser d'estre vaincu, il n'en est point de nouvelles : ny ne vit-on jamais que un lion *s'asservist* à un autre lion ny un cheval à un autre cheval à faute de cœur, comme fait un homme à un autre homme.

> AMYOT, trad. de Plutarque, *Œuvres morales*, Que les bestes brutes usent de la raison.

Entre les astres ne sera cours régulier. Tous seront en desarroy... Mercure ne vouldra *soy asservir* ès aultres.

> RABELAIS, *Pantagruel*, III, 3.

Il dict que vous estes fol. Et quel fol? Fol enragé, qui sus vos vieulx jours voulez en mariage *vous lier* et *asservir.*

> LE MÊME, même ouvrage, III, 46.

C'est le peuple qui *s'asservit*, qui se coupe la gorge, qui ayant le chois d'estre subject ou d'estre libre, quite sa franchise et prend le joug.

> LA BOETIE, *Discours de la Servitude volontaire.*

Je ne *m'asservis* aux livres, ains les livres à moy.

> ÉTIENNE PASQUIER, *Lettre à Loisel.*

Je suis trop grand pour *m'asservir* à mon corps, disoit un païen éclairé de la seule raison naturelle.

> BOURDALOUE, *Sermons pour les dimanches*, Sur la tempérance chrétienne.

La raison qui suit les sens et l'imagination et *s'y asservit* est une raison corrompue, qui ne mérite plus le nom de raison.

> BOSSUET, *de la Connoissance de Dieu et de soi-même*, c. 1, art. 7.

Birague... *s'asservissoit* aveuglément aux caprices du Roi et à la convoitise des Grands.

> MÉZERAY, *Histoire de France*, Henri III.

Virgile est blâmé par quelques critiques et loué par d'autres de *s'être asservi* à imiter Homère.

> VOLTAIRE, *Essai sur la poésie épique*, c. 3.

Les Italiens réussirent surtout dans les grands poëmes de longue haleine ; genre d'autant plus difficile que l'uniformité de la rime et des stances, à laquelle ils *s'asservirent*, semblait devoir étouffer le génie.

> LE MÊME, *Essai sur les mœurs*, c. 121.

Mon esprit, impatient de toute espèce de joug, ne peut *s'asservir* à la loi du moment : la crainte même de ne pas apprendre m'empêche d'être attentif.

> J.-J. ROUSSEAU, *Confessions*, Ire part., liv. III.

J'aime à rêver, mais librement, en laissant errer ma tête et sans *m'asservir* à aucun sujet.

> LE MÊME, *Lettres*, 31 janvier 1767.

Je voyais ses disciples (de Pythagore), souvent joués sur le théâtre, *s'asservir* avec opiniâtreté à des pratiques minutieuses, et les justifier par des raisons puériles ou des allégories forcées.

> BARTHÉLEMY, *Voyage d'Anacharsis*, c. 75.

Il (Necker) n'avait point les préjugés d'habitude, auxquels une raison supérieure ne saurait jamais *s'asservir*.

> Mme DE STAEL, *Considérations sur la Révolution française*, Ire part., c. 4.

Si, parmi les écrivains illustres de ce siècle, il en est un qui ait eu une influence particulière, et qui ne *se soit* pas *asservi* à suivre le mouvement commun, c'est sans doute Rousseau.

> BARANTE, *De la littérature française pendant le* XVIIIe *siècle*.

Las ! avise : se tu *t'assers*,
Tu seras une esservellée.

> *Le Songe doré de la pucelle*. (Voyez *Poésies françaises des* xve *et* xvie *siècles*, t. III, p. 211, *Bibliothèque elzévirienne*.)

Ah ! Dieu, que ne me fis-tu naistre
Serve de quelque homme champestre
Ou de quelque bon laboureur
Sans *m'asservir* à ce monsieur.

> REMY BELLEAU, *la Reconnue*, I, 1.

Donnant ma liberté je *me suis asservy*.

> REGNIER, *Satires*, II.

Pour moi, je *m'asservis* à ce que vous voulez.

> DESTOUCHES, *le Philosophe marié*, I, 6.

ASSERVI, IE, part. passé : *

Que si les hommes estans *asservis* à peché, ne peuvent vouloir que mal, cela ne vient point de leur creation premiere, mais de la corruption qui est survenue.

> CALVIN, *Institution chrestienne*, liv. II, c. 5, § 1.

Les cruels ménagements auxquels Mélanchthon se voyoit *asservi*, l'empêchoient de dire tout ce qu'il pensoit.

> BOSSUET, *Histoire des variations des Églises protestantes*, liv. VIII, n. 41.

Ce ne sont plus ces Juifs maîtres de leur sort sous le vaste empire des Perses et des premiers Séleucides, où ils n'avoient qu'à vivre en paix. Hérode, qui les tient de près *asservis* sous sa puissance, brouille toutes choses.

> LE MÊME, *Discours sur l'histoire universelle*, II, 18.

La tyrannie de Sylla, quoique passagère, quoique courte, a fait voir que Rome, malgré sa fierté, étoit autant capable de porter le joug que les peuples qu'elle tenoit *asservis*.

> LE MÊME, *même ouvrage*, III, 7.

C'est la volonté de Dieu qui est l'unique loi de la nature ; et nous nous trompons lorsque nous la croyons *asservie* à des moyens qui ne sont tels que parce qu'il lui a plu de les choisir.

> DUGUET, *Explication de l'ouvrage des six jours*.

Les Arméniens *asservis* font le commerce comme les Juifs dans toute l'Asie, et ne s'allient communément qu'entre eux.

> VOLTAIRE, *Un chrétien contre six juifs*.

Si ces rois (les anciens rois d'Angleterre) avaient régné en France, l'Angleterre n'eût été qu'une province *asservie*.

> LE MÊME, *Essai sur les mœurs*, c. 167.

L'architecture est encore moins que la musique *asservie* à l'imitation.

> MARMONTEL, *Éléments de littérature*, Arts libéraux.

Il (Voltaire) a soutenu... le système de la nécessité, c'est-à-dire que tous les événements de ce monde sont éternellement *asservis* à un ordre constant et nécessaire qui les enchaîne les uns aux autres.

> LA HARPE, *Cours de littérature*, IIIe part., liv. IV, c. 2. Helvétius.

Qui s'amor en ung sol leu livre,
N'a pas son cuer franc ne delivre,
Ains l'a malement *aservi*.

Roman de la Rose, v. 13365.

...Il rendroit toute sa vie
A mon commander *asservie*.

ÉTIENNE JODELLE, *l'Eugène*, V, 1.

Voyla doncq', de par Dieu, comme tourne la vie,
Ainsi diversement aux humeurs *asservie*.

REGNIER, *Satires*, V.

L'âme n'est point nette et purgée
Tant qu'elle demeure engagée
Sous la stupidité du corps,
Et languit tousjours *asservie*,
Aussi bien dans la nuict des morts
Que dans les clairtez de la vie.

THÉOPHILE, *Immortalité de l'âme.*

Si jamais le bonheur accorde à mon envie
De voir d'un si beau nœud ma franchise *asservie*,
Je veux, quand je perdray la lumière du jour
Que mon dernier souspir soit un souspir d'amour.

RACAN, *Bergeries*, III, 4.

La ballade, *asservie* à ses vieilles maximes,
Souvent doit tout son lustre au caprice des rimes.

BOILEAU, *Art poétique*, II.

Aricie à ses lois tient mes vœux *asservis*.

RACINE, *Phèdre*, IV, 2.

Les vainqueurs fatigués dans nos murs *asservis*,
Lassés de leur victoire et de sang assouvis,
Publiant à la fin le terme du carnage,
Ont, au lieu de la mort, annoncé l'esclavage.

VOLTAIRE, *l'Orphelin de la Chine*, I, 3.

Vivre est-il donc si doux! De quel prix est la vie,
Quand sous un joug honteux la pensée *asservie*,
Tremblante au fond du cœur, se cache à tous les yeux!

ANDRÉ CHÉNIER, *Ode à Charlotte Corday.*

...Qu'as-tu vu cependant?
Aux désordres du mal la matière *asservie*.

LAMARTINE, *Premières méditations.*

ASSERVISSEMENT, s. m. État de ce qui est asservi.

L'effet qu'a produit ce misérable *asservissement* du clergé, c'est que la religion n'y a plus été qu'une politique.

BOSSUET, *Histoire des variations des Églises protestantes*, liv. X, n. 22.

Les Indiens n'étaient plus ce peuple supérieur chez qui les anciens Grecs voyagèrent pour s'instruire. Il ne resta plus chez ces Indiens que la superstition, qui redoubla même par leur *asservissement*, comme celle des Égyptiens n'en devint que plus forte quand les Romains les soumirent.

VOLTAIRE, *Essai sur les mœurs*, c. 157.

Solon ne survécut pas longtemps à l'*asservissement* de sa patrie.

BARTHÉLEMY, *Voyage d'Anacharsis*, Introduction, part. II.

Il s'emploie au figuré :

Pénible coutume, *asservissement* incommode! Se chercher incessamment les uns les autres avec l'impatience de ne se point rencontrer, ne se rencontrer que pour se dire des riens.

LA BRUYÈRE, *Caractères*, De la ville.

Il est souvent suivi de la préposition *à* :

Ce mélange étonnant que nous sentons en nous de bassesse et de grandeur, de foiblesse et de force, de désir de félicité et d'*asservissement* à la misère, étoit pour eux (les anciens philosophes) une énigme inexplicable.

ROLLIN, *Traité des études*, Discours préliminaire.

Chez les petits, chez les grands, mêmes passions, mêmes inconséquences, même *asservissement aux* circonstances.

PICARD, *les Marionnettes*, I, 1.

ASSESSEUR, s. m. (de *assessor*, tiré de *adsidere*, s'asseoir auprès). Officier de justice adjoint à un juge principal, pour l'aider dans ses fonctions ou le suppléer en son absence.

Assessor, asseour.

Dictionnaire latin-françois, XIIIᵉ siècle. Bibliothèque nationale, mss. latins, nᵒ 7692.

Sor toutes choses soit son estude (au seigneur) à avoir ses juges et ses *assesseors* discrez et sages et esprovez.

BRUNETTO LATINI, *li Livres dou Tresor*, liv. III, part. II, c. 7.

Cil sont apelé *acesseur* qui representent le persone du bailli ou du prevost en fesant lor office.

BEAUMANOIR, *Coutumes de Beauvoisis*, c. 1, 26.

Il y avoit lors un *assesseur* nommé Blandin qui avoit donné avis et à Jarnac mesmes, que si Truchard estoit esleu maire, la ville seroit au prince de Condé.

D'AUBIGNÉ, *Histoire universelle,*
t. I, liv. III, c. 11.

Le père du sieur de Malherbe n'estoit qu'*assesseur* à Caen.

RACAN, *Vie de Malherbe.*

Pour faire rendre la justice avec plus d'integrité, il (Claude) prit pour *assesseurs* les plus gens de bien du Sénat.

COEFFETEAU, *Histoire romaine,* liv. IV.

Il (Adrien) ne voulut point permettre que les chevaliers qui avoient accoustumé d'estre comme les *assesseurs* du Prince aux jugemens qu'il rendoit, assistassent aux causes où les senateurs estoient interessez.

LE MÊME, *même ouvrage,* liv. X.

Les deux consuls et l'*assesseur* d'Aix, comme procureurs du pays, ont aussi leur rang (à l'assemblée des communautés de Provence).

Extrait du Mémoire de l'intendant LEBRET, *sur la Provence, en* 1698. (Voy. Depping, *Correspondance administrative sous Louis XIV,* t. I, p. 322.)

Dans ce moment même l'*assesseur* arrivait avec les sieurs Clausade et Lavaisse.

VOLTAIRE, *Déclaration de Pierre Calas.*

Ils (les ducs) ne pouvoient prononcer un jugement sans prendre, parmi les citoyens les plus notables, sept *assesseurs,* connus sous le nom de Rachimbourgs.

MABLY, *Observations sur l'histoire de France,* liv. I, c. 2.

Assesseur s'est dit aussi en parlant de certains personnages qui en assistaient d'autres, sans être officiers de justice.

Voilà pour le regard des prestres cardinaux ; mais il y peut avoir plus d'obscurité aux diacres qui estoient simples *assesseurs* des prestres.

PASQUIER, *Recherches de la France,* III.

Les papes les associèrent (les évêques) aux moines inquisiteurs qui exerçoient pleinement leur autorité dans presque tous les États d'Italie, et dont les évêques ne furent que les *assesseurs.*

LE MÊME, *Essai sur les mœurs,* c. 140.

De ce mot ASSESSEUR, on a fait l'adjectif ASSESSORIAL.

Les Jésuites demandèrent vengeance au nom de Dieu et de sa mère ; ils l'obtinrent malgré l'intervention de toutes les puissances voisines ; la cour *assessoriale,* à laquelle le chancelier préside, jugea cette cause.

VOLTAIRE, *Fragments sur l'histoire,* art. 21.

ASSEZ, adv. (De *ad* et *satis*.) Suffisamment, et quelquefois, surtout dans l'ancienne langue, Beaucoup :

Il i avoit deus grans périls : li uns, de ce qu'il estoient petit de gent et leur anemi estoient *assés,* et l'autre, de ce qu'il ne créoient mie les Grieus.

VILLEHARDOUIN, *Conquête de Constantinople,* CLXI.

Assez s'emploie : 1° avec un verbe ; 2° avec un adjectif ; 3° avec un substantif, accompagné souvent de la préposition *de ;* 4° avec un adverbe.

1° Avec un verbe :

Envoia granz presenz et granz dons, et *assez* promist a ceaus qui prendre le porroient.

Recueil des Historiens des Croisades. Historiens occidentaux, t. II, p. 300.

Bien avoient entendu qu'ils étoient sur les champs ; mais ils ne savoient mie justement quel part, fors tant qu'ils supposoient *assez* qu'ils n'étoient mie loin.

FROISSART, *Chroniques,* liv. I, II° part., c. 28.

Henriette, d'un si grand cœur, est contrainte de demander du secours ; Anne, d'un si grand cœur, ne put en donner *assez.*

BOSSUET, *Oraison funèbre de la reine d'Angleterre.*

Elle ne fut point satisfaite de lui : il fit *assez* le fier.

TALLEMANT, *Historiettes,* Mme Pilou.

Maintenant qu'elle est veuve, un de mes parents y dépense *assez,* et il n'est pas seul, car elle a bien du monde à nourrir.

LE MÊME, *même ouvrage,* Colletet.

Ames tièdes, qui ménagez votre timide et avare piété, qui croyez avoir toujours *assez* fait pour votre salut.

FLÉCHIER, *Oraison funèbre de Marie-Thérèse.*

L'étude des textes ne peut jamais être *assez* recommandée.

LA BRUYÈRE, *Caractères*, De quelques usages.

Il (Boudin) tenoit fort à la cabale de Meudon et *assez* à celle des seigneurs.

SAINT-SIMON, *Mémoires*, 1710.

Le Dauphin ne vit que ses menins, et des instans les médecins, peu de suite M. son frère, *assez* son confesseur.

LE MÊME, même ouvrage, 1712.

La piété du duc de Beauvilliers qui commença de fort bonne heure le sépara *assez* de ceux de son âge.

LE MÊME, même ouvrage, 1714.

Personne presque ne se parloit, et chacun, debout ou assis, çà et là, se tenoit *assez* en sa place.

LE MÊME, même ouvrage, 1718.

S'il s'agit d'un secours que le Turc voulait envoyer aux armées françaises, le fait est faux, et l'idée en est ridicule. S'il s'agit d'une diversion des Turcs en Hongrie ou ailleurs, quiconque connaît le monde, quiconque a la moindre idée du cardinal de Richelieu, sait *assez* que de telles offres ne se refusent pas.

VOLTAIRE, *Contre le testament politique du cardinal de Richelieu*, art. 13.

Li jogléor sont paié à leur gré.
Li quens Guillames leur a *assés* donné,
Or et argent *assés* et à plenté.

Aliscans, v. 8310.

Viandez i ot mis *assés* et largement,
Et dras et couverteurs et lis à leur talent.

Doon de Maience, v. 9947.

Quant Robastre a les mos oïs et escoutés
A Gaufrey est venu, si le beisa *assés* ;
Puis li a dit : « Gaufrey, bien soiés vous trouvés
Et vous et vostre gent et vo riche barnés. »

Gaufrey, v. 724.

Assés menacent et poi font.

WACE, *Roman de Brut*, v. 12155.

J'aurai *asseiz* où que je soie,
Qui n'en ait anui et pezance.

RUTEBEUF, *la Paix de Rutebeuf*.

Pur veir vus di une nuvele,
On puet *assés* truver plus bele.

MARIE DE FRANCE, *Lai de Graelent*.

Il ont *assez*, et si ont po.

GUIOT DE PROVINS, *la Bible*, v. 1377. (Voyez MÉON, *Fabliaux et Contes anciens*, t. II, p. 352.)

Au regard de l'autre cousté
Il est *assez* de tous noté
Que nulz vivres de là n'aront.

Le Mistère du siége d'Orléans, v. 4326.

Vous ne répondez rien ? — C'est te répondre *assez*.

BOURSAULT, *Ésope à la Cour*, III, 2.

On emploie souvent la locution *assez pour* avec un verbe à un temps personnel, et un second verbe à l'infinitif :

Prendrez tant de mon trésor qu'il vous semblera que *assez* en ayez *pour* parfournir tout le voyage.

FROISSART, *Chroniques*, liv. I, Ire part., c. 47.

Ce peuple abject n'a de mœurs qu'*assez pour* être méprisé.

BUFFON, *De l'homme*. Variétés dans l'espèce humaine.

Tu me viens de réduire en un étrange point ;
Aime *assez* ton mari *pour* n'en triompher point.

CORNEILLE, *Horace*, II, 6.

Assez où :

Ils ne trouveroient point alors d'*assez* épaisses ténèbres ni de retraite *assez* profonde *où* se précipiter et s'abîmer ?

BOURDALOUE, *Sermon sur le jugement de Dieu*.

C'est assez, c'en est assez, ou simplement *Assez*, Il suffit :

J'ai vu le récit de la cérémonie du mariage de la reine d'Espagne ; *c'en est assez* à ceux qui ont déjà vu de ces spectacles-là.

BUSSY-RABUTIN, *Lettres*, 18 septembre 1679 ; à Mme de Scudéry.

On causeroit longtemps là-dessus, mais de si loin, *c'est assez* et peut-être trop.

Mme DE SÉVIGNÉ, *Lettres*, 13 décembre 1679.

Il (d'Antin) songeoit toujours à entrer dans le conseil, car a-t-on jamais vu un heureux se dire, *C'est assez* ?

SAINT-SIMON, *Mémoires*, 1711.

Georges et ses ministres, peu satisfaits de tout ce qu'ils tiroient de la France, et incapables de se dire, *C'est assez*, voulurent se donner les moyens de se rendre pour longues années les maîtres de leurs parlements.

LE MÊME, même ouvrage, 1718.

Versez, versez toujours, tant qu'on vous dise *assez*.

> MOLIÈRE, *le Bourgeois gentilhomme*, IV, 1.

C'est assez est quelquefois accompagné d'un participe passé.

> Qu'attendez-vous plus des destins?
> *C'est assez puny* de mutins,
> *C'est assez desmoly* de villes.

> THÉOPHILE, *Au Roy sur son retour de Languedoc.*

Mais *c'est assez parlé.* Prenons un peu d'haleine.

> BOILEAU, *Satires*, VII.

C'est assez que, c'est assez que de, suivi d'un verbe.

Princesse, le digne objet de l'admiration de deux grands royaumes, n'*étoit*-ce pas *assez que* l'Angleterre pleurât votre absence?

> BOSSUET, *Oraison funèbre de la duchesse d'Orléans.*

Non, crois-moi, *c'est assez que d'*éteindre ta flamme.

> CORNEILLE, *le Cid*, IV, 2.

Dans un roman frivole aisément tout s'excuse :
C'est *assez qu'*en courant la fiction amuse.

> BOILEAU, *Art poétique*, III.

ASSEZ, avec un adjectif :

Assez est clere (l'estorie) et semble nue, mais pleine est de sens.

> *Les quatre Livres des Rois*, I, I, 20, note.

On doit bien tenir pour *assez* preux tous ceux qui en si crueuses batailles et si périlleuses ont été vus et sont demeurés jusques à la déconfiture, suffisamment faisant leur devoir.

> FROISSART, *Chroniques*, liv. I, Ire part., c. 1.

Tous lesquels exemples nous doivent estre argumens *assez* suffisans pour penser que ce droit d'ainesse ne fut cognéu sous les deux premières lignées de nos Roys.

> PASQUIER, *Recherches de la France*, II, 17.

Les péchés n'obligent qu'à se confesser, selon vos maximes; la simonie oblige à restituer, et il y a des personnes à qui cela paraîtroit *assez* différent.

> PASCAL, *Provinciales*, XII.

Il (l'électeur de Brandebourg) me dit d'un air un peu courroucé... qu'il trouvoit *assez* rude qu'après avoir pris ses villes, démoli ses places, fait sauter ses châteaux, et généralement avoir fait de ses villes des villages, Sa Ma-

jesté voulût encore l'empêcher d'avoir des troupes dans ses États.

> M. DE LA VAUGUYON au marquis de Pomponne,
> 2 septembre 1672. (Voyez MIGNET, *Succession
> d'Espagne*, t. IV, p. 99.)

Dans une paroisse *assez* voisine de Clermont, un jeune berger étoit devenu amoureux d'une bergère, la plus jolie et la plus honnête de son village.

> FLÉCHIER, *Mémoires sur les grands jours de 1665.*

Rome eut beaucoup à souffrir de la cruelle politique de Tibère; le reste de l'empire fut *assez* tranquille.

> BOSSUET, *Discours sur l'histoire universelle*, I, 10.

C'étoit (M. le Prince) un petit homme très mince et très maigre, dont le visage d'*assez* petite mine ne laissoit pas d'imposer par le feu et l'audace de ses yeux.

> SAINT-SIMON, *Mémoires*, 1709.

L'abbé de Clérembault mourut aussi. C'étoit un *assez* vilain bossu, qui avoit de l'esprit et de la science.

> LE MÊME, même ouvrage, 1714.

C'étoit (le czar Pierre) un fort grand homme, très bien fait, *assez* maigre, le visage *assez* de forme ronde.

> LE MÊME, même ouvrage, 1717.

L'orgueil des hommes, dans le fond, est d'*assez* bonne composition sur certains préjugés; il semble que lui-même il en sente le frivole.

> MARIVAUX, *le Paysan parvenu*, Ire partie.

A cette heure que mes agréments sont passés, je vois qu'on me trouve un esprit *assez* ordinaire, et cependant je suis plus contente de moi que je l'ai jamais été.

> LE MÊME, *la Vie de Marianne*, Ire partie.

Dans ce monde il faut être un peu trop bon pour l'être *assez.*

> LE MÊME, *Jeu de l'amour et du hasard*, I, 2.

La fortune ayant pris des empereurs dans toutes les conditions, il n'y avoit pas de naissance *assez* basse, ni de mérite si mince, qui put ôter l'espérance.

> MONTESQUIEU, *Grandeur des Romains*, c. 21.

Je reviens toujours à l'ancien objet de mon chagrin : les sages ne sont pas *assez* sages, ils ne sont pas *assez* unis, ils ne sont ni *assez* adroits, ni *assez* zélés, ni *assez* amis.

> VOLTAIRE, *Lettres*, 11 décembre 1767.

> ...Pourtant
On dit que mon visage est *assez* ragoutant.

> BOURSAULT, *les Fables d'Ésope*, III, 6.

Et je me marierai quand je serai plus vieux.
— Eh! vous l'êtes *assez*, monsieur, pour une femme.
DUFRESNY, la Coquette de village, II, 3.

Quelquefois, surtout en vers, *assez* se place après l'adjectif.

Tous les jours on leur rapportoit telles nouvelles ou pires *assez*.
FROISSART, Chroniques, liv. I, Ire part., c. 32.

Seigneur... — Allez, Septime, allez vers votre maître,
César ne peut souffrir la présence d'un traître,
D'un Romain lâche *assez* pour servir sous un roi,
Après avoir servi sous Pompée et sous moi.
P. CORNEILLE, Pompée, III, 4.

Aucun n'est sage *assez* de sa propre sagesse.
LE MÊME, l'Imitation, I, 1148.

Vous serez noble *assez*, si vous paroissez l'être.
BOURSAULT, Fables d'Ésope, III, 4.

Trou, ni fente, ni crevasse
Ne fut large *assez* pour eux.
LA FONTAINE, Fables, IV, 6.

...Et déjà de tant d'auteurs manœuvres
Aucun n'est riche *assez* pour acheter ses œuvres.
GILBERT, Satires, le XVIIIe siècle.

ASSEZ avec un substantif. Dans ce cas il est suivi de la préposition *de* qui précède le substantif :

Là en ot *assés de* mors et de pris, et li fors de Constantinoble i fu gaaingniés.
VILLEHARDOUIN, Conquête de Constantinople, LXXII.

Vous avez tant fait de bien au roy de Navarre de l'envoyer voir, qu'il est bien marry qu'il n'a *assez de* mal pour mériter cet honneur.
MARGUERITE DE VALOIS, Lettres; à François Ier, juin 1537.

Je croyois avoir déjà donné *assez de* temps aux langues, et même aussi à la lecture des livres anciens, et à leurs histoires, et à leurs fables.
DESCARTES, Discours de la méthode, Ire partie.

Quelquefois, dans les locutions de ce genre,

le mot *assez* se trouve placé après son complément :

Et Karles va encontre, et Naimes li barbés,
Et Sanses, et Ogiers, et Richart l'aduré,
Li dus Oedes de Langres, et *des* autres *assés*.
Gui de Bourgogne, v. 4005.

Au partir de Coloigne i ot lermes plorés;
Tierris les convoia et *des* autres *assez*.
Parise la duchesse, p. 126.

J'ai *de* la mine encor *assez* pour plaire aux yeux.
MOLIÈRE, l'Étourdi, I, 5.

Andres et Trufaldin à l'éclat du murmure,
Ainsi que force monde, accourus d'aventure,
Ont à les décharpir eu *de* la peine *assez*.
LE MÊME, même ouvrage, V, 9.

Vaugelas blâme ces façons de parler.

Assez, joint à un substantif, le doit précéder, et non pas le suivre. Par exemple, il faut dire « il a *assez d'es*prit, il a *assez d'*invention, » et non pas « il a *de* l'esprit *assez*, il a *de* l'invention *assez*. »
Remarques, Assez.

Dans les plus anciens textes, *assez*, soit qu'il précède ou qu'il suive le substantif, n'est point d'ordinaire accompagné de la préposition *de* :

A Val, en Provence, se croisa Pierre de Bromont et autres gens *assez* dont nous ne savons mie les noms.
VILLEHARDOUIN, Conquête de Constantinople, XXIX.

Si vint à Véronne en Lombardie et se héberja en la ville; et là trova-il pélerins *assés* et gens qui s'en aloient en l'ost.
LE MÊME, même ouvrage, XLII.

Ains se deffendirent la genz le roi bien et viguereusement, et *asseiz* i ot trait et lancié. Et après i vint li cuens Henriz et *asseiz* autre baron.
Récits d'un ménestrel de Reims au XIIIe siècle, publiés par N. de Wailly, p. 31.

Il y a villes et chasteaux *assez*, et ont soie à grant habondance.
MARC POL, le Livre, c. 22.

Assez, avec un adverbe ou une locution adverbiale.

Ils les haioient plus *assez* que les Escots qui tous les jours leur ardoient leurs pays.

    Froissart, *Chroniques*, liv. I, 1ʳᵉ part., c. 31.

Assez tôt après fut le souper appareillé.

    Le même, même ouvrage, liv. I, Iʳᵉ part., c. 81.

Un laboureur, qui avoit *assés* bien de quoy, liant les gerbes aux champs, envoya son fils en la maison pour lui apporter quelque chose.

    Henri Estienne, *Apologie pour Hérodote*, IIᵉ partie, c. 18.

Tout se fait *assez* tost, si *assez* bien; *sat celeriter, quicquid satis bene.*

    Camus, évêque de Bellay, *Diversités*, t. I, fol. 217.

Il y avoit aussi des évêques métropolitains qui étoient les chefs des provinces, et qui précédoient les autres évêques. On commença *assez* tard à les appeler archevêques; mais leur autorité n'en étoit pas moins reconnue.

    Bossuet, *Discours sur l'histoire universelle*, I, 11.

Il me semble que tout le monde est *assés* bien disposé, et que si on ne donne pas temps au tiers état de s'unir, les choses iront bien.

    De Bonsy, évêque de Béziers, à Colbert, 6 janvier 1662. (Voyez Depping, *Correspondance administrative sous Louis XIV*, t. I, p. 54.)

C'étoit (don Domingo Guerra) une très-bonne tête, fort instruit, fort expérimenté, grand travailleur, fort Espagnol et *assez* peu François.

    Saint-Simon, *Mémoires*, 1711.

Et si le tiennent à preudomme
Empereor et roi et conte
Assez plus que je ne vous conte.

    Rutebeuf, *Complainte de Geffroy de Sargines*.

Dunc s'est li Asnes purpenseiz
Ke melx dou Chien vaut-il *asseiz*
Et de biauté è de grandor.

    Marie de France, *Fables*, XVI.

Se li peres est maus, li fix vaut pis *assés*,
Et du tout en tout est li siecles redoutés.

    Fierabras, v. 18.

Il est molt bel, mais sa bonté
Valt *assez* mielz que sa beauté.

    Fabliaux. (Voyez Méon, t. II, p. 357.)

Je pourrois *assez* mal répondre à votre attente.

    Molière, *Dépit amoureux*, II, 2.

La peste! un mousquetaire est *assez* bien choisi.

    Boursault, *Mots à la mode*, sc. 15.

Entre les pattes d'un lion
Un rat sortit de terre *assez* à l'étourdie.

    La Fontaine, *Fables*, II, 11.

Ma foi, prenons l'argent et laissons les vertus.
Au siècle où nous vivons c'est *assez* là l'usage.

    Destouches, *l'Irrésolu*, II, 8.

Assez employé substantivement.

Séparez le peu d'avec le beaucoup, l'*assez* d'avec le trop.

    Bayle, *Dictionnaire historique*, Chrisostome.

Tous jors li croist son apetit
Et tient son *assez* à petit.

    Roman de la Rose, II, 22.

ASSIDU, UE, adj. (Du latin *assiduus*, tiré lui-même de *assidere*, être assis auprès.)

On trouve la forme Assiduel, dans le dictionnaire latin-français manuscrit du xiiiᵉ siècle de la Bibliothèque nationale qui porte le n° 7692, pour traduire le mot latin *jugis;* et dans le vocabulaire de G. Briton (xivᵉ siècle) le même mot est expliqué par *assidueus.*

Assiduel a persisté assez longtemps, comme l'indiquent les exemples qui suivent :

Altrement ne porat estre planteuouse nostre terre de teil maniere de semence, c'est de bonne conservation, anz irat legièrement à mal et si désacherat, s'ele ne n'es soscourrue par *assiduels* arrosemenz.

    Saint Bernard, *Sermons*. (Voyez Leroux de Lincy à la suite des *Quatre livres des Rois*, p. 540.)

La muraille de la devant dite cité furent depecié par *assiduel* batement de perrieres.

    Recueil des histoires des Croisades, Historiens occidentaux, t. II, p. 171.

La maniere de vivre qu'il leur a baillee (Dieu aux fidèles) n'estoit qu'un exercice *assiduel*, par lequel il les admonestoit qu'ils estoyent les plus miserables du monde, s'ils eussent eu leur félicité en terre.

> CALVIN, *Institution chrestienne*, liv. II,
> c. 10, § 10.

Ils s'attendent à vostre clémence et miséricorde en cest endroict, et persévèrent en *assiduelles* prières à Dieu le Créateur pour l'estat et prospérité du roy et vostre.

> MONTLUC, *Lettres*, LXIV.

Un quidam, nommé Jean Menusier, agé de quarante ans, avoit presque une *assiduelle* douleur de cœur.

> A. PARÉ, *Œuvres*, liv. XX, c. 3.

La jeunesse delicate par l'*assiduelle* lecture de ces folies (les vieux romans) les va cachetant dans son cœur.

> LA NOUE, *Discours politiques et militaires*,
> 6e discours.

Il est difficile de pénétrer dans les choses hautes et profondes, que par *assiduelles* méditations.

> LE MÊME, même ouvrage, 25e discours.

Ce n'est pas sa vieillesse qui l'a rendu ainsi si grand capitaine, car il ne scauroit avoir que trente-deux ans; mais ce sont ses *assiduelles* pratiques de guerre et combatz qui l'ont mis là.

> BRANTÔME, *Grands capitaines*, le mareschal
> de Biron.

Or, comme ainsy fust que les comtes prestassent residence *assiduelle* sur les lieux, comme juges ordinaires des villes, et que, pour cette cause, ils peussent commettre plusieurs abus et malversations, qui ne leur eust fait controlle : pour y obvier nos Roys s'adviserent d'une nouvelle police.

> PASQUIER, *Recherches de la France*, II, 14.

Les amoureux ne dorment gueres, et par consequent ne songent pas beaucoup : toutesfois on dit qu'ils sont grands resveurs, à cause de l'*assiduelle* pensee amoureuse, qui les rend melancholiques.

> BOUCHET, *Serées*, liv. II, 16e serée.

La forme actuelle, *assidu*, se trouve déjà, du reste, au XVIe siècle.

Ce mot s'emploie en parlant des personnes dans le sens d'Exact, Attentif.

Le Sénat et les peuples le détestèrent (Commode) : ses plus *assidus* courtisans et sa maitresse le firent mourir.

> BOSSUET, *Discours sur l'histoire universelle*, I, 10.

Je ne perds point de vue le roi d'Angleterre... et je suis le plus *assidu* courtisan qu'il y ait en cette cour.

> M. COURTIN à M. de Pomponne, 14 janvier 1677.
> (Voyez MIGNET, *Succession d'Espagne*, t. IV,
> p. 435.)

Qui est plus esclave qu'un courtisan *assidu* si ce n'est un courtisan plus *assidu*?

> LA BRUYÈRE, *Caractères*, c. 8.

Le danger (de la duchesse de Berry) redoublant, Languet, célèbre curé de Saint-Sulpice, qui déjà s'étoit rendu *assidu*, parla des sacrements à M. le duc d'Orléans.

> SAINT-SIMON, *Mémoires*, 1719.

La Fontaine ne se donne point pour un philosophe; il semble même avoir craint de le paroître. C'est en effet ce qu'un poëte doit le plus dissimuler. C'est, pour ainsi dire, son secret, et il ne doit le laisser surprendre qu'à ses lecteurs les plus *assidus* et admis à sa confiance intime.

> CHAMFORT, *Éloge de la Fontaine*.

Un époux sérieux, *assidu*, lui fait peur.

> DESTOUCHES, *l'Irrésolu*, V, 8.

ASSIDU est souvent suivi de la préposition *à* ou d'une locution analogue.

Elle faindra d'estre en colere, et de ne vouloir plus parler à vous : mais continuez seulement, et si vous *y* estes bien *assidu*, soyez asseuré que vous l'emporterez.

> D'URFÉ, *l'Astrée*, IIe part., liv. III.

C'est là que la conscience agira plus fortement et qu'elle sera plus *assidue* à te présenter sans cesse la double image et de ton crime et de ton devoir.

> BOURDALOUE, *Sermons pour les dimanches*,
> Sur les remords de la conscience.

Les raisonnements qu'on feroit dans les assemblées... pourroient être redigés par écrit dans une espèce de journal... Cette occupation rendroit messieurs les Académiciens *assidus aux* assemblées.

> FÉNELON, *Lettre à l'Académie*.

Dès que son neveu étoit en visites ou à Paris, il (l'évêque de Troyes) occupoit un appartement qu'il s'étoit accommodé dans la Chartreuse de Troyes, où il ne voyoit que les Chartreux, et se rendoit *assidu à* leurs offices.

> SAINT-SIMON, *Mémoires*, 1715.

Sa femme (du comte de Croi) qui étoit Bournonville, cousine germaine de la maréchale de Noailles, étoit fort *assidue à* la cour, sans tabouret ni prétention.

> LE MÊME, même ouvrage, 1716.

Les trois ou quatre premiers mois furent fort heureux : ma femme étoit *assidue à* son comptoir; elle se levoit de bonne heure ; elle régloit sa maison, elle pourvoyoit à tout.

MARIVAUX, *le Paysan parvenu*, VI° partie.

On a dit aussi *assidu avec, assidu auprès :*

J'ordonne et veulx que Ponocrate soit sur tous ces gouverneurs intendant, avec aucthorité à ce requise et *assidu avec* l'enfant, jusqu'à ce qu'il le connoistra idoine de pouvoir par soi agir et regner.

RABELAIS, *Gargantua*, I, 50.

Il (le cardinal Del Giudice) se rendit *assidu auprès* du roi (Louis XIV) sans l'importuner d'audiences qu'il n'avoit pas matière à remplir.

SAINT-SIMON, *Mémoires*, 1714.

Charles n'osait pas alors dissoudre le parlement : on ne lui eût pas obéi. Il avait pour lui plusieurs officiers de l'armée assemblée auparavant contre l'Écosse, *assidus auprès* de sa personne.

VOLTAIRE, *Essai sur les mœurs*, c. 180.

ASSIDU, en parlant des choses, signifie Continuel, répété, fait avec suite, avec zèle.

Une continuelle et *assidue* pratique d'armes... a fort aidé à les rendre pairs aux vieillards (les jeunes capitaines).

BRANTÔME, *Grands capitaines estrangers*, Disc. I, Charles-Quint.

Les répétitions *assidues* qui se trouvent dans l'original, sont des obstacles assez malaisés à surmonter.

CORNEILLE, *Imitation*, au lecteur.

La dernière audience qu'on tint devant les fêtes de Noël fut assez plaisante, et finit fort agréablement le travail *assidu* de messieurs des grands jours.

FLÉCHIER, *Mémoires sur les grands jours de 1665.*

Ces dédains, ces dégoûts, que le respect *assidu* des grands et l'abaissement des petits ne produisent que trop souvent dans l'âme des princes, ne rebutèrent jamais le malheureux ni l'indigent lorsqu'il implora son secours.

FLÉCHIER, *Oraison funèbre de Marie-Thérèse.*

Elle multiplie ses aumônes toujours abondantes, elle redouble ses dévotions toujours *assidues.*

BOSSUET, *Oraison funèbre de Marie-Thérèse d'Autriche.*

Outre la lecture *assidue* que chacun en devoit faire en particulier (de la loi de Moïse), on en faisoit tous les

sept ans, dans l'année solennelle de la rémission et du repos, une lecture publique.

BOSSUET, *Discours sur l'histoire universelle*, II° part., c. 3.

Alors je le suppliai (le roi) de se souvenir de moi pour un logement, dans le désir que j'avois de continuer à lui faire une cour *assidue.*

SAINT-SIMON, *Mémoires*, 1710.

C'est par cette comparaison *assidue*, ou pour ainsi dire habituelle de différentes beautés, que se forment le goût et le discernement du vrai mérite, plus facilement et plus parfaitement que par toute autre voie.

D'AGUESSEAU, *Instruction à son fils.*

Non, ma révérende mère, lui répondis-je en l'embrassant avec tendresse, non, je n'oublierai de ma vie les marques sincères que vous m'avez données de votre amitié ; je viendrai vous voir souvent : je tâcherai de soulager vos ennuis par des soins *assidus*, et qui ne finiront qu'avec mes jours.

MARIVAUX, *la Vie de Marianne*, XII° partie

Ceux qui allaient dans les villes voisines étaient les seuls qui sussent qu'il y avait une messe et des évêques. Ils priaient Dieu dans leur jargon, et un travail *assidu* rendait leur vie innocente.

VOLTAIRE, *Essai sur les mœurs*, De la religion en France, c. 138.

Il étudia les grands écrivains, anciens et modernes, et perfectionna, par cette lecture *assidue*, les talents que la nature lui avoit donnés.

D'ALEMBERT, *Éloge de Poncet de la Rivière.*

Ils ne sauroient quitter les soins de leur métier,
Pour aller chaque jour fatiguer ton portier,
Ni partout, près de toi, par d'*assidus* hommages
Mendier des prôneurs les éclatants suffrages.

MOLIÈRE, *la Gloire du Val-de-Grâce.*

Je lui rends chaque jour mille soins *assidus.*

DESTOUCHES, *le Médisant*, III, 7.

ASSIDÛMENT, adv. D'une manière assidue. On a dit d'abord ASSIDUELLEMENT, expression qui traduit le mot latin *jugiter* dans le Dictionnaire latin-français du XIII° siècle, cité dans l'article précédent.

S'ils ont quelque relasche de leurs angoisses, c'est comme le dormir des yvrongnes ou des phrenetiques, qui mesmes en dormant ne reposent point paisiblement, pour ce qu'ils sont *assiduellement* tormentez de songes horribles et espouvantables.

CALVIN, *Institution chrestienne,* liv. I, c. 3.

Tu m'as cy-devant dit, qui estoit la cause que la pierre s'augmentoit *assiduellement* ès minieres.

BERNARD PALISSY, *De l'histoire naturelle.*

Or comme ainsi soit que le vent austral soit chaud et humide, celuy de septentrion froid et sec, l'oriental net et pur, celuy d'aval nubileux et tout moitte de pluye, c'est chose toute asseurée que l'air lequel *assiduellement* nous inspirons, tient en tout et par tout la qualité du vent, qui par son souffler domine sur les autres.

A. PARÉ, 2ᵉ *Discours,* en tête du IIᵉ livre.

Cela n'estoit pas le pire de leurs exercices et vocations (des moines), mais très bon si *assiduellement* s'y fussent amusez, sans s'adonner à d'autres non pas trop bien sceans à leur ordre.

BRANTÔME, *Grands capitaines françois,* le grand roy François.

Celadon y consentit aisément, et plein d'un zele incroyable y travailla si *assiduellement* qu'en peu de jours il acheva ce que le druyde luy avoit ordonné.

D'URFÉ, *l'Astrée,* IIᵉ part., liv. VIII.

A partir de la seconde moitié du XVIIᵉ siècle, on ne trouve plus qu'*assidûment.*

La mère, qui étoit de son naturel assez défiante, lui défendit enfin d'écrire, et la tenoit le jour si *assidûment* auprès d'elle, qu'elle n'avoit pas un moment de liberté.

FLÉCHIER, *Mémoires sur les grands jours de 1665.*

Pour revenir au cardinal mourant, le roi et la reine-mère lui tenoient compagnie *assidûment.*

CHOISY, *Mémoires,* liv. II.

J'ay trouvé les manufactures de Sens dans un très bon ordre : il y a plus de 300 ouvrières qui travaillent fort *assiduement.*

LE CAMUS à Colbert, 11 juin 1669. (Voyez DEPPING, *Correspondance administrative sous Louis XIV,* t. I, p. 805.)

Il coûte à un homme de mérite de faire *assidûment* sa cour.

LA BRUYÈRE, *Caractères,* c. 2.

Moins ébloui de l'éclat de ses places qu'attentif à l'établissement durable de sa famille, il (Chamillart) songeoit à lui procurer de solides appuis. Elle ne lui offroit que le seul La Feuillade, que dans cette vue il tâchoit *assidûment* d'agrandir.

SAINT-SIMON, *Mémoires,* 1706.

Eh bien! me dit-il, mons Jacob, comment se comporte votre jeune maître? Étudie-t-il *assidûment?* — Pas mal, monsieur, repris-je.

MARIVAUX, *le Paysan parvenu,* Iʳᵉ partie.

Mᵐᵉ de Vercellis, n'ayant point d'enfants, avoit pour héritier son neveu, le comte de la Roque, qui lui fesoit *assidûment* sa cour.

J.-J. ROUSSEAU, *les Confessions,* part. I, liv. XI.

Ils (les Chaldéens) ne poussèrent loin l'astronomie qu'en tant qu'elle est la science des yeux, et le fruit de la patience. Ils observèrent le ciel *assidûment,* remarquèrent tous les phénomènes, et les transmirent à la postérité.

VOLTAIRE, *Essai sur les mœurs,* c. 1ᵉʳ.

ASSIDUITÉ, s. f. Action de se montrer assidu.

La bonne chere qu'elle (Mˡˡᵉ de Saint-Mesmin) et les siens vous faisoient (croyants bien qu'enfin vous seriez homme pour l'espouser, voyants l'*assiduité* que vous rendiez pres d'elle) estoient de grands liens bien puissans pour vous y tenir enlassé.

SULLY, *Œconomies royales,* c. 18.

A la cour des rois une heure de faveur vaut mieux que dix années d'*assiduité.*

BALZAC, *Socrate chrétien,* discours XI.

Je vous rendray une subjettion et une *assiduité* qui approchera fort de la domestique.

LE MÊME, *Lettres,* liv. VII, 22.

Si j'ay rendu depuis peu une *assiduité* particulière au devoir de la bonne conscience, je l'ay faict plustost en intention de meriter la grace de Dieu que d'obtenir celle du Roy.

THÉOPHILE, *Lettres,* 22.

Lorsque vous estes esloigné de moy, rien ne vous suit avec tant d'*assiduité* que ma mémoire et mon désir.

LE MÊME, même ouvrage, 45.

Je continuai à lui rendre mes respects avec beaucoup d'*assiduité,* et je charmai par là et par d'autres divertissements le chagrin que ma profession ne laissoit pas de nourrir toujours dans le fond de mon ame.

CARD. DE RETZ, *Mémoires,* liv.

Elle a été si bien guidée par les soins de son illustre mère, qu'on ne peut pas douter qu'elle ne soit instruite des plus solides maximes et qu'elle n'en soit persuadée à fond; aussi est-ce ce qui fait qu'elle s'emploie avec tant d'*assiduité* au culte de la véritable religion.

Mˡˡᵉ DE MONTPENSIER, *Portraits,* XCIX, Portrait de la duchesse de *** sous le nom d'Iris.

J'avois une continuelle *assiduité* auprès de la Reine.

Mᵐᵉ DE MOTTEVILLE, *Mémoires.*

A Paris, l'*assiduité* de notre cour nous attache.

SAINT-EVREMONT, *Sur nos comédies.*

L'amant ne perdit point de temps, et connoissant par ses actions et par ses discours que son âme étoit ébranlée, il redoubla son *assiduité.*

FLÉCHIER, *Mémoires sur les grands jours de 1665.*

Jamais il n'exigea ni de circonspection gênante ni d'*assiduité* servile.

LE MÊME, *Oraison funèbre de M. de Lamoignon.*

Ce domestique est habile, et, à l'égard du maître, il a toute l'*assiduité* et toute l'adresse nécessaire.

BOURDALOUE, *Sermons pour les dimanches,*
Sur le soin des domestiques.

Ce que les autres ne découvroient qu'à force de travail et d'application, ce grand homme le voyoit dans les petits moments où il se délassoit de la forte *assiduité* qu'il apportoit à son ministère.

MASCARON, *Oraison funèbre de Pierre Séguier.*

M. de Créqui a tant fait par son *assiduité* à la cour et par les couleuvres qu'il y a avalées sans se plaindre, qu'il est rentré dans l'emploi.

BUSSY, *Lettres,* à Mᵐᵉ de Scudéry,
23 décembre 1674.

Je ne doute pas que les courtisans n'aient beaucoup d'impatience de revenir : leur *assiduité* leur est aussi bien comptée à Saint-Germain qu'à Cambrai, et ne leur coûte pas tant de peine; cependant je ne crois pas qu'ils aient encore longtemps à pâtir.

LE MÊME, même ouvrage, à la Rongère, 9 avril 1677.

On ne peut assez louer le zèle et la fidélité de ce serviteur, qui ne demandoit jamais rien : il se contentoit de faire parler ses services et son *assiduité.*

LE SAGE, *le Diable boiteux,* c. 9.

Il repose dans le quatrième mausolée un courtisan qui ne s'est jamais fatigué qu'à faire sa cour; on le vit pendant soixante ans, tous les jours au lever, au dîner, au souper et au coucher du roi, qui le combla de bienfaits pour récompenser son *assiduité.*

LE MÊME, même ouvrage, c. 12.

Il (Philippe II) remarqua alors, pour la première fois, l'*assiduité* de son fils auprès de sa femme.

SAINT-RÉAL, *don Carlos.*

Il (don Carlos) connut bien qu'il s'étoit trompé, quand il vit avec quelle *assiduité* la princesse Eboli les observoit.

LE MÊME, même ouvrage.

Ne manquez jamais d'aller à toutes les choses où les autres vont, non-seulement pour les occasions de danger, mais encore pour tout ce qui peut montrer votre *assiduité* à votre prince.

FÉNELON, *Lettres spirituelles,* 63.

D'Antin eut ordre du roi de lui (à l'électeur de Bavière) faire les honneurs avec une *assiduité* légère qui ne préjudiciât point à l'entier incognito.

SAINT-SIMON, *Mémoires,* 1709.

Mᵐᵉ la duchesse de Berry rendoit avec usure à monsieur son père les rudesses et l'autorité qu'elle éprouvoit de Rion (son amant), sans que la foiblesse de ce prince en eût moins d'*assiduité.*

LE MÊME, même ouvrage, 1716.

Qui a fait comprendre à tous les oiseaux qu'ils devoient faire éclore leurs œufs en les couvant; que le père et la mère ne pouvoient quitter en même temps, et que si l'un alloit chercher de la nourriture, l'autre devoit attendre son retour? Qui leur a marqué dans le calendrier le nombre précis des jours de cette rigoureuse *assiduité?*

DUGUET, *Explication de l'ouvrage des six jours.*

Il ne jugea pas à propos de déclarer des sentiments qu'il ne convenoit pas à Mˡˡᵉ d'Hamilton d'apprendre; mais il lui paroît tant qu'il pouvoit, et la lorgnoit d'une grande *assiduité.*

HAMILTON, *Mémoires de Grammont,* VII.

Son *assiduité* (de Testu) auprès des femmes nuisit beaucoup dans l'esprit de Louis XIV à sa réputation ecclésiastique.

D'ALEMBERT, *Éloge de Testu.*

En ce sens, *assiduité* s'emploie souvent au pluriel.

Vous trafiquez de vos soins, de vos brigues, de vos *assiduités.*

MASSILLON, *Discours de l'ambition des clercs.*

Rendre des *assiduitez* à une personne. Façon de parler assez nouvelle.

BOUHOURS, *Entretiens d'Ariste et d'Eugène* (1671), II.

Le duc du Maine retrancha des *assiduités* inutiles (auprès de Louis XIV mourant). C'étoit pour lui un spectacle trop attendrissant.

SAINT-SIMON, *Mémoires,* 1715.

Les offices du jour n'avoient nulle préférence sur ceux

de la nuit, ni les *assiduités* utiles sur celles qui n'étoient que de piété.

FONTENELLE, *Éloge de Montmort.*

Il lui étoit plus impossible encore de se plier à ces *assiduités* si nécessaires auprès des hommes puissants.

D'ALEMBERT, *Éloge de Crébillon.*

Tu veux absolument donner un mauvais tour
Aux *assiduités* que j'ai pour la comtesse.

DESTOUCHES, *le Médisant*, III, 7.

ASSIDUITÉ se dit souvent pour Continuité, persévérance. En ce sens, il est suivi d'ordinaire de la préposition *de* et d'un substantif abstrait :

La longueur du temps adjoustée à l'*assiduité de* labeur en la manufacture d'un ouvrage, luy donne force et vigueur de longue durée.

AMYOT, trad. de Plutarque, *Vie de Périclès*, c. 5.

La liaison des scènes qui unit toutes les actions particulières... est un grand ornement dans un poëme... Ce qui n'étoit point une règle autrefois l'est devenu maintenant par l'*assiduité de* la pratique.

P. CORNEILLE, *Discours des trois unités.*

Un amour curieux des livres, une avidité de savoir, une *assiduité*, et, si je l'ose dire, une intempérance de lecture, ont été les passions de sa jeunesse.

FLÉCHIER, *Oraison funèbre de M. de Montausier.*

Il passa les jours et les nuits à l'étude ; et quels progrès n'y fait-on pas quand on soutient de longues veilles par la santé et la constance ; quand, outre ses propres lumières, on a le conseil et la communication des grands hommes, et quand on joint à l'*assiduité du* travail la facilité du génie !

LE MÊME, *Oraison funèbre de M. de Lamoignon.*

L'*assiduité des* soins n'est jamais utile, quand elle est excessive.

MASSILLON, *Discours*, De la conduite des clercs dans le monde.

ASSIÉGER, v. a. (Du bas-latin *assediare*, tiré de *ad* et de *sedia*, forme dérivée de *sedes*.)

Faire le siège d'une place de guerre, d'une citadelle, etc.

Dans l'ancienne langue, on a souvent employé en ce sens *asseoir*, soit sous cette forme, soit sous la forme *asséer*. (Voyez ASSEOIR.)

Obsidere, *asieger.*

Dictionnaire latin-françois du XIII° *siècle.* Bibliothèque nationale, mss. latins, n° 7692.

Si enveiad ses messages al rei David, si li mandad que cil de la cited que il *out asegié* ne se pourent mais tenir.

Les Quatre livres des Rois, II, XII, 27.

David se curecad forment et *aséjad* la cited e prist la tur de Syon.

Même ouvrage, II, V, 7.

Onques de si poi de gent tant de pueplé ne fu *assegié* en une vile.

VILLEHARDOUIN, *Conqueste de Constantinoble*, LXXIV.

Mais de fait icellui roy d'Angleterre l'estoit venu envayr en son pays, et *asséger* ladicte ville de Harfleu et la conquerre.

MONSTRELET, *Chronique*, CXLV.

Si prist un de ses barons et l'envoia entour ce chastel atout grant ost, et *assegerent* le chastel trois ans qu'il ne le porent prendre, tant estoit fort.

MARC POL, *le Livre*, c. 42.

Après *assegierent* li Romain la cité de Fiesle.

BRUNETTO LATINI, *li Livres dou tresor*, liv. I, part. I, c. 27.

Ils n'étoient mie assez gens pour *assiéger* une si grand' ville que Valenciennes est.

FROISSART, *Chroniques*, liv. I, Ire part., c. 112.

Toute l'armée de mer turquesque s'estoit retirée à Constantinople, reservé treize gallères qui sont demourées au siége de Napoli de Romanye, qui tient encores bon, combien qu'elle *soit* aussi *assiégée* par terre de la pluspart de l'exercite turcq.

L'ÉVÊQUE DE MACON au grand maitre de France, Montmorency, 7 novembre 1537. (Voy. CHARRIÈRE, *Négociations de la France dans le Levant*, t. I, p. 357.)

Le prince d'Orenge *assiegea* le chasteau Saint-Ange, dedans lequel le pape et presque tous les cardinaux s'estoient retirez.

MARTIN DU BELLAY, *Mémoires.*

De ce havre sortoient les frégates qui *assiegeoient* l'embouchure de nos rivières et qui s'estoient rendues si redoutables dans toutes nos costes des mers du Ponant.

SARAZIN, *Siége de Dunkerque.*

Il (le peuple de Bayonne) attaque mes gens : l'on leur

ASS

ôte lesdits prisonniers, et ensuite l'on les poursuit dans des maisons où ils se réfugient, où l'on les *assiége*.

PELLOT à Colbert, 3 mai 1685. (Voy. DEPPING, *Corresp. admin. sous Louis XIV*, t. II, p. 151.)

Cependant Ézéchias, le plus pieux et le plus juste de tous les rois après David, régnoit en Judée. Sennachérib, fils et successeur de Salmanasar, *l'assiégea* dans Jérusalem avec une armée immense : elle périt en une nuit par la main d'un ange.

BOSSUET, *Discours sur l'histoire universelle*, I, 7.

On sait que Louis foudroie les villes plutôt qu'il ne les *assiége*, et tout est ouvert à sa puissance.

LE MÊME, *Oraison funèbre de Marie-Thérèse*.

Un officier d'armée mandoit l'autre jour à un de ses amis qui est ici (à Paris) : Je vous prie de me mander si nous allons *assiéger* Maëstricht, ou si nous allons passer l'Issel.

Mᵐᵉ DE SÉVIGNÉ, *Lettres*; au comte de Bussy, 16 mai 1672.

M. de Noailles prit Roses. Un gros détachement de son armée alla joindre le maréchal Cattinat, et la gendarmerie y fut aussi de l'armée du Rhin. M. de Savoie faisoit mine *d'assiéger* Pignerol, et se contenta de le bombarder.

SAINT-SIMON, *Mémoires*, 1693.

Il (Condé) *assiégeoit* Paris, pour la cour qui en étoit sortie, contre le Parlement et les mécontens en 1649, lorsque le duc de Châtillon fut tué à l'attaque du pont de Charenton et enterré à Saint-Denis.

LE MÊME, même ouvrage, 1694.

Il en coûta six années de temps pour conquérir le royaume mahométan. Enfin la ville de Grenade *fut assiégée* : le siége dura huit mois. La reine Isabelle y vint jouir de son triomphe.

VOLTAIRE, *Essai sur les mœurs*, c. 102.

Une loi d'Athènes vouloit que, lorsque la ville *étoit assiégée*, on fît mourir tous les gens inutiles.

MONTESQUIEU, *Esprit des Lois*, XXIX, 14.

Quant Herchembaut sara de ses hommes verté,
Que les aion ochis et getés u fossé,
Lors nous *asegera* o son riche barné.

Doon de Maience, v. 5699.

Ahi! dist-il, caitif, Mahomés vous maudie!
Moult *avés* bien à tort Antioche *asségie*,
Por nient l'arés fait, ne vous vaut une pie,
Car la vile est moult fort, si ne la prendrez mie.

Chanson d'Antioche, IV, v. 109.

Onques ne furent tex mellées
De tant de gens ainsinc mellées.
Mès ne vous en mentirai jà,
L'ost qui le chastel *asseja*,
En avoit adès le pior.

Roman de la Rose, v. 15824

Ung siege y auroit fort à faire
De nous *assiger* en tous sens.

Le mistere du siege d'Orleans, v. 19868.

Au figuré, en parlant des personnes ou des êtres personnifiés :

Le Roy (Charles le Simple) estoit *assiégé* de plusieurs seigneurs, accoustumez, pendant le regne d'Eude, de ne le recognoistre.

EST. PASQUIER, *Recherches de la France*, II, 10.

Je fus voir le lendemain Mᵐᵉ de Longueville chez elle; elle *fut* toute l'après-dinée *assiégée*, à son logis, de compagnies qui la visitèrent.

MALHERBE, *Lettres*, 1614.

Cette longue suite de condamnés..... se présente à ses yeux (de Tibère) le jour et la nuit... Ce sont ces spectres hideux, qui forcent les avenues de son île, qui *assiégent* son palais.

BALZAC, *Socrate chrétien*, disc. VIII.

Je ne veux pas avoir sans cesse devant moi un espion de mes affaires, un traître dont les yeux maudits *assiégent* toutes mes actions.

MOLIÈRE, *l'Avare*, I, 3.

Le grand point est de *l'assiéger* (le Roi), puisqu'il veut l'être ; de le gouverner, puisqu'il veut être gouverné : son salut consiste à *être assiégé* par des gens droits et sans intérêts.

FÉNELON, *Lettres spirituelles*, XL; à Mᵐᵉ de Maintenon.

M. le marquis de Marsilly me désole, et cela sans vouloir parler à la mode : il est ici, *assiégeant* ma porte. On ne veut rien faire pour lui : il veut que je lui donne de l'argent.

Mᵐᵉ DE MAINTENON, *Lettres*, 9 juin 1685 ; à M. d'Aubigné.

Il *l'assiége* des yeux (une jeune femme), il la minaude, il l'aborde enfin.

DUFRESNY, *Amusements sérieux et comiques*, XI.

Toutes nos femmes vont le consulter (M. Tronchin), sa porte *est assiégée*.

GRIMM, *Correspondance*, 5 avril 1756.

Ce Roy doit estre abusé par flateurs,
Peste des Rois, courtisans et menteurs,
Qui des plus grands *assiegant* les aureilles
Font les discrets et leur content merveilles .
Pour ce, Francus, si le ciel te fait Roy,
Sage, entretiens des vieillars pres de toy.

RONSARD, *la Franciade*, IV .

Incontinent ceste vieille maline (Jalousie)
De la pucelle (Clymène) *assiegea* la poitrine ;
D'un froid venin ses lèvres elle enfla,
Et la poison haletant luy soufla
Aux yeux, au cœur...

LE MÊME, même ouvrage, III.

Quoi ! masques toute nuit *assiègeront* ma porte !

MOLIÈRE, *l'Étourdi*, III, 9.

Quelquefois de fâcheux arrivent trois volées,
Qui du parc à l'instant *assiègent* les allées.

BOILEAU, *Épîtres*, VI.

Adieu ! j'*assiégerai* Néron de toutes parts.

RACINE, *Britannicus*, III, 5.

Mathan, d'ailleurs, Mathan, ce prêtre sacrilége,
Plus méchant qu'Athalie, à toute heure l'*assiége*.

LE MÊME, *Athalie*, I, 1.

La foule des Amours de tous côtés *assiège*
L'atelier de l'Albane et celui du Corrége.

LEMIERRE, *la Peinture*, III.

En parlant des phénomènes physiques :

Comme le Roy s'estoit retiré dans la cité (à Carcassonne), attendant les préparatifs que la ville luy dressoit pour son entrée, il tomba une si prodigieuse quantité de neige, qu'il y *fut assiégé* dix jours entiers.

MÉZERAY, *Histoire de France*, Charles IX.

Tantôt il (l'Esquimau) entend gronder l'Océan, qui le couvre, à cent pieds au-dessus de sa tête ; tantot il *assiége* les cieux sur la cime des vagues.

CHATEAUBRIAND, *Génie du christianisme*,
Iʳᵉ part., liv. V, c. 14.

Soit ou qu'il se trouue enclos
De milles picques guerrieres
Ou qu'aux ondes marinieres
Il *soit assiegé* des flots,
Sa face libre de crainte
Ne pallira point desteinte.

GARNIER, *Porcie*, acte II, v. 490.

Elle (la Mort) amène à la fois les bonzes, les brachmanes,
. . . .
Les pâles habitants de ces froides contrées
Qu'*assiégent* de glaçons les mers hyperborées.

VOLTAIRE, *la Henriade*, VII.

En parlant des passions, des sentiments, des chagrins :

Quand nous voyons que nous *sommes assiegez* de tant de dangers, de tant de nuisances, de tant de diverses especes d'ennemis, selon que nous sommes fresles et debiles, il nous peut advenir quelques fois que nous soyons preoccupez de frayeur, ou que nous perdions courage, sinon que Dieu nous face sentir la presence de sa grace selon nostre petite mesure et rudesse.

CALVIN, *Institution chrestienne*, liv. I, c. 14, § 11.

La vie humaine *est* environnee et quasi *assiegee* de miseres infinies.

LE MÊME, même ouvrage, liv. I, c. 17, § 10.

Alcibiades *fut* au commencement *assiégé* de délices.

AMYOT, trad. de Plut., *Alcibiade*, 6.

Estant l'homme naturellement *assiégé* de tant de passions dereglees, on ne le peut nommer parfaict, ains seulement pouvons dire cestuy estre de plus grand merite qui est le moins imparfaict.

EST. PASQUIER, *Recherches de la France*, III, 14.

Le roy Charles septiesme estoit presque reduit au desespoir de toutes choses, *estant* mesmement *assiégé* par les divisions de sa cour.

LE MÊME, même ouvrage, VI, 4.

Il n'est point d'homme si effronté à qui tant de bienfaits ne fassent baisser les yeux. Qu'il vous trouve en quelque part qu'il vous fuie, *assiégez*-le d'obligations.

MALHERBE, trad. de Sénèque, *Traité des bienfaits*,
liv. I, c. 3.

Les douleurs de la mort, ses regrets, ses désespoirs m'ont investi, m'*ont assiégé* de toutes parts.

BOURDALOUE, *Carême*, Sermon sur la pensée
de la mort.

Tant d'iniquités dont je ne puis faire le dénombrement, ce sont là les monstres qui investiront le reprouvé, qui l'*assiégeront*, qui le saisiront des plus vives frayeurs.

LE MÊME, même ouvrage, Sermon sur l'enfer.

Les discours flatteurs *assiégent* leur trône.

MASSILLON, *Petit Carême*, Tentations des grands.

C'est quelque chose encor que de faire un beau rêve ;
A nos chagrins réels, c'est une utile trêve.
Nous en avons besoin : nous *sommes assiégés*
De maux, dont à la fin nous serions surchargés,
Sans ce délire heureux qui se glisse en nos veines.

       COLLIN D'HARLEVILLE, *les Châteaux en Espagne,*
       III, 7.

Si le sort ennemi m'*assiége* et me désole,
Je pleure ; mais bientôt la tristesse s'envole.

       ANDRÉ CHÉNIER, *Élégies,* XVI.

Quand l'amour nous *assiége,* aveugles que nous sommes !

       PICARD, *les Conjectures,* III, 16.

D'Aubigné a employé ASSIÉGER avec le pronom
personnel :

Les rois aux chiens flatteurs donnent le premier lieu,
Et, de cette canaille endormis au milieu,
Chassent les chiens de garde en nourrissant le vice,
S'assiegent de trompeurs...

       Tragiques, Princes, liv. II.

ASSIÉGÉ, ÉE, part. pass.
Au propre :

Oncqués gens *assiégés* ne se défendirent si vaillamment
comme ceux qui furent enclos dedans Aiguillon.

       FROISSART, *Chroniques,* liv. I, Ire part., c. 257.

Charles II dit à M. de Ruvigny qu'il étoit pressé de
toutes parts par ses sujets, et qu'il étoit comme une place
assiégée qui ne peut plus se défendre.

       LE MARQUIS DE RUVIGNY à Louis XIV, 6 juin 1675.
       (Voy. MIGNET, *Succession d'Espagne,* t. IV,
       p. 153.)

Carthage, étroitement *assiégée,* étoit perdue sans Amil-
car surnommé Barcas.

       BOSSUET, *Histoire universelle,* I, 8.

Pendant qu'on étoit à Fontainebleau on apprit la mort
de Boisselot... Il avoit été capitaine aux gardes, et s'étoit
acquis une grande réputation en Irlande par l'admirable
et longue defense de Limerick, *assiégé* par le prince d'O-
range en personne.

       SAINT-SIMON, *Mémoires,* 1698.

Au figuré :

Notre chevet *assiégé* de medecins et de prescheurs.

       MONTAIGNE, *Essais,* I, 19.

IV.

Je plains Vostre Majesté, *assiégée* de ceulx qui ont conjuré sa mort et sa ruine.

       HENRI IV, *Lettres,* 1er déc. 1585.

Ma belle-fille est encore à Rennes, *assiégée* par les
neiges.

       Mme DE SÉVIGNÉ, *Lettres ;* à Mme de Grignan,
       25 janvier 1690.

Sans doute que par le siége d'Orléans la reyne se voyoit
elle-mesme *assiégée* de si grandes difficultez, que tous ses
artifices estoient trop foibles pour l'en delivrer.

       MÉZERAY, *Histoire de France,* Charles IX.

Grands et petits ruisseaux se rassemblent en un ;
Je regarde en pitié ma maison *assiégée,*
Soustenir les efforts d'une vague enragée.

       RACAN, *Bergeries,* V, 5.

Nous nous voyons sans cesse *assiégés* de témoins,
Et les plus malheureux osent pleurer le moins.

       RACINE, *Iphigénie,* I, 6.

ASSIÉGÉ est quelquefois employé dans les anciens textes, dans le sens d'Assis :

Par droit dist donkes li apostles ke nos quariens les
choses ki desore sunt, lai ou Criz est séans en la dextre
de Deu, car en vain se travilleroit por eslever nos cuers,
s'il ne savoit ke li créeres de nostre salveteit fut *assigiez*
en ciel.

       SAINT BERNARD, *Sermons.* (Voyez à la suite des
       Quatre Livres des Rois, publiés par Leroux
       de Lincy, p. 525.)

Il se dit substantivement de Ceux qui sont dans
une place assiégée :

Tant en ce fut continué, que les *asségez* voyans qu'ilz
estoient en péril d'estre prins de force, commencèrent à
parlementer, et finablement, par le moien dudit seigneur
de Ronc, se rendirent à la voulenté du duc d'Aquitaine.

       MONSTRELET, *Chronique,* c. 84.

On se souviendra toujours de l'opiniâtreté des *assiégés*
et de la constance des assiégeans.

       SAINT-EVREMONT, *Dissertation sur le mot de Vaste.*

Je puis me dire de ce matin maître de Maestricht. Deux
portes m'en sont consignées entre les mains de mes troupes ;
les otages des *assiégés* sont dans mon camp.

       LOUIS XIV au chevalier de Gremonville, 1er juil-
       let 1673. (Voyez MIGNET, *Succession d'Espagne,*
       t. IV, p. 191.)

12

A la fin les *assiégés* (à Barcelone) se rendirent à discrétion la vie sauve.

SAINT-SIMON, *Mémoires*, 1714.

Il (Mahomet II) fait tirer à force de machines et de bras, quatre-vingts galères et soixante-dix allèges du détroit, et les fait couler sur ces planches. Tout ce grand travail s'exécuta en une seule nuit, et les *assiégés* sont surpris le lendemain matin de voir une flotte entière descendre de la terre dans le port.

VOLTAIRE, *Essai sur les mœurs*, c. 91. De la prise de Constantinople par les Turcs.

ASSIÉGEANT, ANTE, adj. Qui assiège :

La contagion qui désolait depuis quelque temps ces climats, se mit dans l'armée *assiégeante* et lui enleva neuf mille hommes : cependant le siège (de Riga) ne fut point ralenti.

VOLTAIRE, *Histoire de Russie*, Ire part., c. 19.

Il est plus ordinairement substantif :

Le vingt-septième jour de tranchée ouverte, qui étoit le mardi 1er juillet, le prince de Barbançon, gouverneur de la place (Namur), battit la chamade, et certes il étoit temps pour les *assiégeants*, à bout de fatigues et de moyens par l'excès du mauvais temps, qui ne cessoit point et qui avoit rendu tout fondrière.

SAINT-SIMON, *Mémoires*, 1692.

A la fin, ils sortirent l'un et l'autre, mais le comte d'Albert, avec tout le crédit de M. de Chevreuse, et la belle action qu'il avoit faite de s'être jeté dans Namur à travers les *assiégeans* et y être entré à la nage, son épée entre ses dents, ne put jamais être rétabli.

LE MÊME, même ouvrage, 1700.

Les petits combats y étoient continuels avec les miquelets qui troubloient les convois, et qui assiégeoient tellement les *assiégeants* (devant Barcelone) qu'il n'y avoit pas de sûreté à cent pas du camp.

LE MÊME, même ouvrage, 1706.

Slerp, ayant lu ce billet, résolut d'obéir et de mourir, comme il lui était ordonné, pour le service de son maitre. Le 22, au point du jour, les ennemis donnèrent l'assaut (au château de Pennamonder) : les assiégés, n'ayant tiré que quand ils virent les *assiégeants* au bord du fossé, en tuèrent un grand nombre.

VOLTAIRE, *Histoire de Charles XII*, liv. VIII.

On l'a quelquefois employé au figuré :

Point de fenêtre et point de jalousie
Ne lui permet d'entrevoir les appas
N'y d'entrouir la voix de sa maîtresse.
Il ne fut onc semblable forteresse.
Si faudra-t-il qu'elle y vienne pourtant.
Voici comment s'y prit notre *assiégeant*.

LA FONTAINE, *Contes*, IV, 15

D'ASSIÉGER on a formé :
ASSIÉGEMENT, s. m. Action d'assiéger :

La ville de Chatelleraud fut surprinse par ceux de la Religion : ce qui leur haussa le cœur, et fut en partie cause de faire incliner beaucoup de gens à l'*assiégement* de Poictiers.

DE LA NOUE, *Discours politiques et militaires*, XXVI.

Nous avons esprouvé par cet *assiégement*
Que les sceptres des rois tombent en un moment.

GARNIER, *Troade*, acte III, v. 173.

ASSIÉGEUR, s. m.

Je voulus veoir la dispute à l'œil, car en ces choses je ne me suis jamais fié à personne, et un bon *assiegeur* de places en doit faire ainsi.

MONTLUC, *Commentaires*, liv. VII.

C'est un grand *assiégeur* de villes, mais il n'entend rien à la guerre de campagne.

TALLEMANT DES RÉAUX, *Historiettes*, le maréchal de la Meilleraye.

Il faisait au féminin ASSIÉGERESSE et s'employait quelquefois adjectivement :

... Il me suffit de dire
Que, depuis quelques mois que tu tiens cest empire,
Ta valeureuse main a pris plus de remparts
Que n'ont fait en trente ans tous les chefs des deux parts,
Bien que des assiegez la fourmillante troupe
En nombre surmontast la troupe *assiegeresse*.

DU BARTAS, *Cantique sur la victoire d'Ivry*.

ASSIETTE, s. f. Situation, manière d'être assis, couché, placé :

Il y en a, à qui il suffit... de leur monstrer un bon œil... une *assiette* modeste en son siege sans apparence de desdaing.

AMYOT, trad. de Plut., *Œuvres morales*. Comment il faut ouïr.

Ce malade ne peut trouver une bonne *assiette*.

> *Dictionnaire de l'Académie*, 1694.

Si l'homme n'était posé que sur une jambe, non seulement son *assiette* serait beaucoup moins solide que sur deux, mais il ne pourrait pas marcher.

> BERNARDIN DE SAINT-PIERRE, *Études de la Nature*, X.

ASSIETTE, situation de ceux qui sont assis, particulièrement à table, et action de s'y asseoir :

Portoit ledict conte honneur à tous, les conviant à l'*assiette*.

> COMMINES, *Mémoires*, c. 9.

L'*assiete* du souper fut en la gallerie dorée.

> *Chronique scandaleuse*, 1478.

Le seigneur Jehan Jacques luy fist ung des triumphans bancquetz qui jamais fut veu pour ung simple seigneur, car quant on cherchera bien par tout, se trouvera qu'il y avoit plus de cinq cens personnes d'*assiete* sans les dames qui estoient cent ou six vingtz.

> *Loyal Serviteur*, c. 28.

Il signifie particulièrement, en termes de Manège, la situation du cavalier sur la selle :

Adoncques, en tel poinct qu'il estoit, feit la guambade sus un pied, et, tournant à senestre, ne faillit oncques de rencontrer sa propre *assiette*.

> RABELAIS, *Gargantua*, I, 35.

Il estoit un tres-bon homme de cheval..... M. le grand prieur y estoit fort adroict, de très-belle *assiette* et de fort belle grace.

> BRANTÔME, *Grands capitaines françois*, M. le grand prieur de France.

Je ne desmonte pas volontiers quand je suis à cheval ; car c'est l'*assiette* en laquelle je me trouve le mieulx et sain et malade.

> MONTAIGNE, *Essais*, I, 48.

Sa plus belle qualité estoit d'être à cheval aussi bien qu'homme du monde ; il tenoit un teston sur l'étrier sous son pied, et travailloit un cheval, tant il étoit ferme d'*assiette*, sans que le teston tombât.

> TALLEMANT, *Historiettes*, Le connétable de Montmorency.

ASSIETTE signifie aussi La situation d'un corps posé sur un autre :

J'ay observé que les colomnes qui ne sont ainsi toutes rondes, ont esté faites de plusieurs pieces et plusieurs *assiettes*.

> PHILIBERT DE L'ORME, *Architecture*, liv. VII, c. 11.

En faisant les colomnes toutes d'*assiette* et mettant les pierres sur leur lict, non seulement lesdites colomnes en sont plus fortes, mais aussi la muraille où elles sont apposées.

> LE MÊME, même ouvrage, *ibid.*

Il se dit également de La situation d'une maison, d'une ville, d'une forteresse.

Le lendemain se approcha le duc de Bourgongne d'ung lieu, sur la riviere de Somme, qui s'appelle Picquigny, une *assiette* très forte.

> COMMINES, *Mémoires*, liv. III, c. 8.

Et fus bien esmerveillé de veoir l'*assiete* de ceste cité (Venise), et de veoir tant de clochiers et de monasteres, et si grant maisonnement, et tout en l'eaue.

> LE MÊME, même ouvrage, liv. VII, c. 18.

Les ennemys estoient bien fors, et estoit impossible de les prendre dedans leur ost, tant estoient bien fermez de fosses plaines d'eau, et l'*assiette* propre.

> LE MÊME, même ouvrage, liv. VIII, c. 17.

Plus je regarde le bastiement et esperimente l'air de l'*assiette*, et plus je confesse votre élection bonne.

> MARGUERITE DE NAVARRE, *Lettres* ; à François Ier, du château de Blois, juin 1530.

La ville (de Liège) est plus grande que Lion, et est presque en mesme *assiete*, la riviere de Meuse passant au milieu.

> MARGUERITE DE VALOIS, *Mémoires*.

Il faudra prendre garde que l'*assiette* de vostre bastiment ne soit en tel lieu que, quand les torrens ou rivieres viendront à croistre et à se desborder, elles le puissent offenser.

> PHILIBERT DE L'ORME, *Architecture*, liv. I, c. 2.

Au tiers jour... nous apparut une isle triangulaire bien fort ressemblante quant à la forme et *assiette* à la Sicile.

> RABELAIS, *Pantagruel*, IV, 9.

Et lors curieusement contemplions l'*assiette* et beauté de Florence, la structure du Dôme, la sumptuosité des temples et palais magnificques.

> LE MÊME, même ouvrage, IV, 11.

Remus... choisit (pour fonder Rome) un autre endroit fort d'*assiette* sur le mont Aventin.

> AMYOT, trad. de Plutarque, *Romulus*, 14.

Reste maintenant à parler de l'*assiete* des terroirs, chose tres-considerable, pour en augmenter ou diminuer la valeur.

OLIVIER DE SERRES, *Théâtre d'agriculture*, Ier lieu, c. 1, p. 5.

Les François furent redoutez des Romains en la tuition des Gaules, leur faisans continuellement guerre au moyen de leur *assiette*.

EST. PASQUIER, *Recherches de la France*, I, 6.

De là, tous les princes de la Ligue prindrent occasion de dire que le Roy favorisoit les heretiques, qu'il vouloit introduire l'heresie, et ne consideroient pas que ces villes estoient habituées d'Huguenots, en *assiette* forte, difficiles à recouvrer de force.

MATTHIEU, *Histoire des derniers troubles de France*, liv. I.

Le lendemain, qui fut le cinquième jour de nostre separation d'avec la caravane, nous marchâmes en descendant près de trois heures jusqu'à un gros village dans une belle *assiette*, et où il y a d'excellens fruits.

TAVERNIER, *Voyages de Perse*, liv. I, c. 4.

Mon lict estoit de telle disposition que l'humidité de l'*assiette* et la pourriture de la paille y engendroit des vers et autres animaux qu'il me falloit escraser à toute heure.

THÉOPHILE, *Apologie au Roy*.

Barcelone, non moins pour la beauté de son *assiette* que pour la fertilité de sa côte, est une des plus célèbres villes d'Espagne.

VOITURE, *Histoire d'Alcidalis et de Zélide*.

Ayant à combattre l'*assiette* du lieu, autant que l'ennemy, ses gens furent d'abord mal-menez.

VAUGELAS, trad. de Quinte-Curce, *Histoire d'Alexandre*, liv. V.

Les peuples pasteurs ne peuvent se séparer de leurs troupeaux, qui font leur subsistance; ils ne sauroient non plus se séparer de leurs femmes, qui en ont soin. Tout cela doit donc marcher ensemble, d'autant plus que, vivant ordinairement dans de grandes plaines, où il y a peu de lieux forts d'*assiette*, leurs femmes, leurs enfants, leurs troupeaux deviendroient la proie de leurs ennemis.

MONTESQUIEU, *Esprit des Lois*, XVIII, 13.

Si, dans l'occasion, je ménage un peu mieux
L'*assiette* du pays et la faveur des lieux,
Si mon expérience en prend quelque avantage,
Le grand art de la guerre attend quelquefois l'âge.

CORNEILLE, *Sertorius*, III, 1.

Et, quoique l'*assiette* du lieu
A l'ennemi fût favorable,
Mon grand et noble demi-dieu
En fit un meurtre déplorable.

SAINT-AMANT, *Ode héroï-comique pour monseigneur le prince*.

ASSIETTE, en Art militaire, en parlant de la situation choisie pour un camp, pour un combat, de la pose des sentinelles, etc.

C'estoit l'homme du monde qui recognoissoit mieux un' *assiette* et logement de camp et place de bataille.

BRANTÔME, *Grands capitaines*, M. le mareschal Biron.

Au soir et au matin, à l'*assiette* et levement des gardes, les prières publiques se faisoyent, et le chant des psalmes retentissoit en l'air.

DE LA NOUE, *Discours politiques et militaires*, XXVI.

Les *assiettes* se prirent, puis six contre six, à la façon du pays, ils attaquèrent un combat bien mesuré.

CHAPELAIN, *Le Gueux, où la vie de Guzman d'Alpharache*, liv. I, c. 8.

ASSIETTE, employé au moral :

Je ne suis pas bon naturaliste (qu'ils disent), et ne sçay guere par quels ressorts la peur agit en nous, mais tant y a que c'est une estrange passion : et disent les médecins qu'il n'en est aucune qui emporte plustost nostre jugement hors de sa deüe *assiette*.

MONTAIGNE, *Essais*, liv. I, c. 17.

Et qui ne recognoist en luy (Socrates) non seulement de la fermeté et de la constance (c'estoit son *assiette* ordinaire que celle-là), mais encore je ne sçay quel contentement nouveau, et une allégresse enjouée en ses propos et façons dernières?

LE MÊME, même ouvrage, II, 11.

Il (Auguste) aymoit uniquement la Republique, et disoit ne desirer rien plus passionnément que le pouvoir mettre droicte sur la base, et luy donner une parfaicte *assiette*.

COEFFETEAU, *Histoire romaine*, liv. I.

L'on ne peut faire de nous de jugement asseuré que l'on ne nous ayt veus jouer le dernier acte de nostre comédie. C'est à celuy-là seul que nous faisons nostre veritable personnage, et c'estoit là où j'espérois d'apprendre si les pensées de N... avoient toujours esté conformes à ses paroles, et si cette âme qui faisoit tant la résolue contre les choses qu'elle ne connoissoit pas, fust demeurée en son

assiette à l'objet de ceste mort environnée de cierges bé-
nits et pleureurs.

RACAN, *Lettres.*

Il (Auguste) alla plus loin que son oncle et se mit dans
une meilleure *assiette.*

BALZAC, *Discours,* V.

Vous ne me pouviez pas mieux témoigner la bonne *assiette* où est votre âme qu'en m'écrivant une lettre comme
celle que je viens de recevoir.

VOITURE, *Lettres;* à M. d'Avaux.

Je vous jure qu'en l'*assiette* où je suis, je ne pouvois
pas faire autrement.

LE MÊME, même ouvrage, à Mme la Princesse,
5 août 1639.

La cour, qui m'oblige à quelque contrainte pour ce qui
touche l'extérieur, n'aura jamais le pouvoir d'ébranler
tant soit peu mon âme aux choses d'importance, ni de
lui faire prendre d'autre *assiette* que celle où vous l'avez
vue.

LA MOTHE LE VAYER, *Lettres,* LXVI.

Il ajoustoit que s'il faisoit difficulté d'accepter ces offres,
il se ressouvint que la fortune ne demeure pas longtemps
en mesme *assiette.*

VAUGELAS, trad. de Quinte-Curce, *Histoire
d'Alexandre,* liv. IV.

Dans ces diverses occupations, le Prince, selon sa coustume, se trouvoit présent à tout, et ne laissoit rien exempt
de ses soins, parmy ce grand nombre d'actions, conservant son esprit dans une *assiette* toujours tranquille, et
qu'on reconnoissoit sur son visage.

SARAZIN, *Siége de Dunkerque.*

Don Ramire fut satisfait de me voir l'esprit dans l'*assiette* qu'il désiroit.

Mme DE LA FAYETTE, *Zayde.*

Je veux supposer que vous vous soyez rendu maître de
tout le monde : votre âme n'en est pas en meilleure *assiette;* vos mœurs n'en sont pas pour cela plus innocentes
ni mieux ordonnées.

BOSSUET, *Sermons,* Sur la loi de Dieu.

Elles (les sœurs de Psyché) reconnurent bientôt que
l'esprit de leur cadette étoit toujours dans la même *assiette.*

LA FONTAINE, *Psyché,* liv. Ier.

Il n'y a rien qui puisse effacer l'horreur du passage que
la persuasion d'une autre vie attendue avec confiance dans
une *assiette* à tout espérer et à ne rien craindre.

SAINT-EVREMONT, *Sur les plaisirs.*

Qui ne sait que l'ame s'ennuye d'être toujours dans la
même *assiette,* et qu'elle perdroit à la fin toute sa force,
si elle n'étoit réveillée par les passions?

SAINT-EVREMONT, *Sur les plaisirs.*

Il (César) fut le plus agissant homme du monde, et le
moins ému : les grandes, les petites choses le trouvoient
dans son *assiette,* sans qu'il parût s'élever pour celles-là,
ni s'abaisser pour celles-ci.

LE MÊME, *Jugement sur César et sur Alexandre.*

J'ai pris ce temps pour voir M. de Witt sur d'autres sujets, pour découvrir ce qu'il savoit et pénétrer de quel
pied il marchoit dans toutes ces propositions. Je l'ai trouvé
dans la bonne *assiette* où je le pouvois désirer.

LE COMTE D'ESTRADES à Louis XIV, 26 juillet 1663.
(Voyez MIGNET, *Succession d'Espagne,* tome I,
p. 212.)

L'Angleterre est un État qui ne demeure pas long-temps
dans une même *assiette,* et il y peut arriver facilement,
d'un jour à l'autre, tant de sortes de changements ou de
révolutions, ou bien dans les autres affaires de l'Europe,
qu'il ne faut jamais désespérer de rien.

Louis XIV à M. Colbert de Croissy, 26 décembre 1668. (Voyez MIGNET, *Succession
d'Espagne,* t. III, p. 63.)

Nous brûlons de désir de trouver une *assiette* ferme et
une dernière base constante pour y édifier une tour qui
s'élève à l'infini; mais tout notre fondement craque et
la terre s'ouvre jusqu'aux abymes.

PASCAL, *Pensées.*

Les qualités de Philippe-Auguste furent royales : une
grande et magnifique libéralité, une vaillance sans super-
cherie, un courage haut, vif, esclatant, qui n'appréhendoit
rien, ne se rebutoit de rien, toujours dans une mesme
assiette, plus fort dans les grands dangers.

MÉZERAY, *Histoire de France,* Philippe Auguste.

Les hommes commencent par l'amour, finissent par
l'ambition, et ne se trouvent dans une *assiette* plus tranquille que lorsqu'ils meurent.

LA BRUYÈRE, *Caractères,* c. 4.

Il ne pouvoit se lasser de louer la sobriété et la continence, qui servent merveilleusement à tenir l'esprit dans
une *assiette* tranquille.

FÉNELON, *Vies des philosophes,* Épicure.

Les plus puissantes nations du monde s'étant disputé
l'empire avec les derniers efforts, une confusion horrible
a longtemps régné dans l'univers, jusqu'à ce que la République romaine ayant réuni sous elle les peuples et les
royaumes, tout enfin a pris une *assiette* ferme et une consistance assurée.

ROLLIN, *Traité des Études,* liv. VI, IIIe part.,
c. 2, art. 2.

Il est vrai qu'en la quittant (la vie) il (Louis XIV) n'en regretta rien, et que l'égalité de son âme fut toujours à l'épreuve de la plus légère impatience; qu'il ne s'importuna d'aucun ordre à donner, qu'il vit, qu'il parla, qu'il régla, qu'il prévit tout pour après lui, dans la même *assiette* que tout homme en bonne santé et très libre d'esprit auroit pu faire.

SAINT-SIMON, *Mémoires, 1715.*

Comme il y a des âmes volages que toutes les passions dominent tour à tour, on voit des esprits vifs et sans *assiette* que toutes les opinions entraînent successivement.

VAUVENARGUES, *Réflexions et maximes, DV.*

Mon confesseur, qui étoit aussi le sien, contribuoit pour sa part à me maintenir dans une bonne *assiette.*

J.-J. ROUSSEAU, *Confessions.*

Aristophane, qui, pour célébrer Apollon, avait mis son esprit dans une *assiette* tranquille, s'agite avec violence lorsqu'il entame l'éloge de Bacchus.

BARTHÉLEMY, *Voyage d'Anacharsis, c. 80.*

Je sens que je ne suis pas ici dans mon *assiette* ordinaire.

BEAUMARCHAIS, *le Barbier de Séville,* III, 11.

Dans la bonne fortune et dans l'adversité,
Leur esprit (des élus) est toujours en une même
Du monarque des cieux la libéralité   [*assiette.*
Défend de leur maison l'entrée à la disette.

RACAN, *Psaume 36.*

Vous voulez que je meure avec ce grand courage
Qui m'a fait entreprendre un si fameux ouvrage,
Et je veux bien périr comme vous l'ordonnez
Et dans la même *assiette* où vous me retenez.

P. CORNEILLE, *Cinna,* IV, 4.

Sur l'état de ton cœur ne prends pas d'assurance;
Son *assiette,* mon fils, se change en un moment.

LE MÊME, *Imitation,* III, 32.

Veux-tu que je te die? une atteinte secrète
Ne laisse point mon âme en une bonne *assiette.*

MOLIÈRE, *le Dépit amoureux,* I, 1.

Mais une église seule, à ses yeux immobile,
Garde au sein du tumulte une *assiette* tranquille.

BOILEAU, *Lutrin,* I.

ASSIETTE se dit aussi de La répartition des impôts, des contributions, et quelquefois même de l'assemblée qui l'effectuait.

Pendant le cours de cette année mil six cens deux, il se passa plusieurs autres affaires en France... Le grand procès intenté par le tiers état de Dauphiné contre l'ordre du clergé et de la noblesse, touchant la forme de l'*assiette* des tailles.

SULLY, *OEconomies royales,* c. 10.

L'assemblée particulière de chaque diocèse doit être convoquée, suivant les règlements, un mois après la tenue des états (de Languedoc) pour faire l'*assiette,* sur toutes les communautés des diocèses, de l'imposition qui a été départie dans les états sur le diocèse, et c'est pour cela que ces assemblées sont appelées *assiettes.*

Extrait du Mémoire général de la province de Languedoc, dressé par ordre du Roi en 1698. (Voyez DEPPING, *Correspondance administ. sous Louis XIV,* t. I, p. 7.

L'*assiette* de la contribution foncière.

Bulletin des lois, an VII.

ASSIETTE, en parlant de terres données, concédées, ou de propriétés sur lesquelles des rentes sont assises :

Noz veismes debat que Pierres se requeroit à Jehan qu'il li asseist dix livrées de terre, les queles il li devoit asseir de son heritage; et qu'il li rendist, por ce qu'il avoit cinq ans qu'il li dut fere cele *assiete,* les arrierages.

BEAUMANOIR, *Coutumes de Beauvoisis,* c. 9, 7.

Douze mille livres tournois en *assiette* de terre par an (pour l'apanage du frère du roi, c'est-à-dire assis sur des terres).

Chronique scandaleuse, 1468.

Jules, homme pratic, pour les détourner (les Goths), leur promit diverses *assiettes* de terres.

EST. PASQUIER, *Recherches de la France,* I, 8.

Auguste, qui premier se fit à titre ouvert proclamer empereur de Rome, pour captiver le cœur de ses soldats, commença de leur donner certaines *assiettes* de terres.

LE MÊME, *même ouvrage,* II, 15.

ASSIETTE, en termes d'Eaux et forêts. Désignation du canton de bois que l'on a destiné à être coupé :

Après l'adjudication, il ne pourra être fait aucun changement à l'*assiette* des coupes.

Code forestier, 624.

ASSIETTE, Sorte de vaisselle sur laquelle chacun met ou reçoit ce qu'il veut manger.

J'entray dans la salle où nous avions desjeuné pour voir s'ils estoient encore à la desbauche. Mais je les treuvay l'un endormy le nez sur son *assiette*, l'autre renversé sur le banc, Lydias tout plat sur les carreaux.

> THÉOPHILE, *Fragment d'une histoire comique*, 6.

Un chien qui vouloit avoir sa part du divertissement et profiter de la fête, s'approcha de lui et lui enleva tout ce qu'on lui avoit servi sur son *assiette*.

> FLÉCHIER, *Mémoires sur les grands jours de 1665*.

Vertubleu! petit compère, que vous êtes habile à donner des *assiettes* nettes !

> MOLIÈRE, *D. Juan*, IV, 7.

J'ai rendu compte au roi de ce que vous m'avez écrit au sujet du religieux Augustin qui a volé deux *assiettes*: et S. M. m'ordonne de vous écrire que son intention est que vous le remettiez entre les mains de ses supérieurs pour le mettre en pénitence, ne voulant pas que son procès lui soit fait.

> LE MARQUIS DE SEIGNELAY à Robert, procureur du roi, 6 novembre 1685. (Voyez DEPPING, *Correspondance administrative sous Louis XIV*, t. II, p. 591.)

Je soupirai en voyant le manoir de nos pères à Montelon ; mais Toulongeon soupiroit, je crois, encore davantage en voyant la longue vie de sa mère, qui ne lui donnoit pas une *assiette* d'argent, ayant deux coffres pleins de la vaisselle de nos oncles.

> Mᵐᵉ DE SÉVIGNÉ, *Lettres*, 31 mai 1687 ; à Bussy.

Ayant par malheur souhaité une vive, Mᵐᵉ de Saint-Germain m'en mit une toute des plus belles sur une *assiette* pour me l'envoyer.

> Mᵐᵉ DE COULANGES, *Lettres*; à Mᵐᵉ de Sévigné, 4 mars 1695.

Il (le père du président de Mesmes) ne lui épargnoit pas les coups de bâton, et lui jetoit quelquefois des *assiettes* à la tête.

> SAINT-SIMON, *Mémoires*, 1712.

C'étoient les jeunes demoiselles de la chambre qui faisoient tout ce ménage (Mᵐᵉ de Maintenon à Saint-Cyr), et qui lui servoient à boire, des *assiettes* et un nouveau service quand la cloche les appeloit.

> LE MÊME, même ouvrage, 1719.

Je cherchois dans ses yeux ce qu'elle alloit demander, j'épiois le moment de changer son *assiette*.

> J.-J. ROUSSEAU, *les Confessions*, part. I, liv. III.

Quand M. le maréchal (de Luxembourg) m'étoit venu voir à Mont-Louis, je l'avois reçu avec peine, lui et sa suite, dans mon unique chambre, non parce que je fus obligé de le faire asseoir au milieu de mes *assiettes* sales et de mes pots ébréchés ; mais parce que mon plancher pourri tomboit en ruine, et que je craignois que le poids de sa suite ne l'effondrât tout à fait.

> J.-J. ROUSSEAU, *les Confessions*, part. II, liv. X.

Il (M. d'Arnouville) avoit constamment les yeux attachés sur son *assiette*, mangeoit peu et parloit encore moins.

> HÉNAULT, *Mémoires*.

Le maréchal de Turenne n'avoit eu longtemps que des *assiettes* de fer en campagne. Le marquis d'Humières fut le premier au siége d'Arras, en 1658, qui se fit servir en vaisselle d'argent à la tranchée, et qui fit manger des ragoûts et des entremets.

> VOLTAIRE, *Siècle de Louis XIV*, c. 8.

J'avoue que je suis surpris de trouver dans ces mémoires de Perse une anecdote qui est très-vraie parmi tant de faussetés. J'avais appris cette anecdote l'année passée, c'est celle de l'*assiette* d'argent et du pêcheur, laquelle est insérée dans mes éditions de Dresde et de Paris de 1753.

> LE MÊME, même ouvrage, Supplément, Iʳᵉ part.

Cet historien (Denys d'Halicarnasse) trace exactement le cours de la navigation d'Énée ; il n'oublie ni la fable des harpies, ni les prédictions de Céléno, ni le petit Ascagne, qui s'écrie que les Troyens ont mangé leurs *assiettes*.

> LE MÊME, *Essai sur le poème épique*, c. 3.
> Virgile.

Ce brouet fut par lui (le renard) servi sur une *assiette* :
La cigogne au long bec n'en put attraper miette.

> LA FONTAINE, *Fables*, I, 18.

Je vous trouve aujourd'hui l'âme toute inquiète,
Et les morceaux entiers restent sur votre *assiette*.

> BOILEAU, *Satires*, III.

L'autre esquive le coup, et l'*assiette* volant
S'en va toucher le mur et revient en roulant.

> LE MÊME, même ouvrage.

Les clercs laissent-ils rien jamais sur leurs *assiettes*?

> LE GRAND, *la Famille extravagante*, sc. 9.

ASSIETTE, ce qu'une assiette contient :

Dans l'office on appelle *assiette* tout ce qui se met sur une *assiette*... comme une *assiette* de sec, *assiette* de four, *assiette* de fruits crus, *assiette* de fromage, *assiette* de marrons, etc. On dit communément faire une *assiette* de sec, etc.

> GILLIERS, chef d'office de S. M. le Roi de Pologne.
> *Le cannaméliste françois*, Nancy, 1751.

ASS

Je n'y perdis rien du côté des attentions et de la bonne chère ; il y eut bien des *assiettes* envoyées à la petite table, dont l'intention n'étoit sûrement pas pour lui.

J.-J. Rousseau, *Confessions*, part. I, liv. XI.

Voici une petite *assiette* de marrons que Raton envoie à son Bertrand... Ces marrons sont comme les livres de mon libraire Caille, ils ne valent rien qui vaille.

Voltaire, *Lettres*, 19 novembre 1773 ; à d'Alembert.

Deux marmitons crasseux, revêtus de serviettes,
Lui servoient de massiers et portoient deux *assiettes*,
L'une de champignons avec des ris de veau,
Et l'autre de pois verts qui se noyoient dans l'eau.

Boileau, *Satires*, III.

Assiette a eu anciennement le sens que nous donnons aujourd'hui au mot Service.

Disner à jour de char, servi de trente et un mès à six *assiettes*.

Le Ménagier de Paris, 2e distinction, 4e art.

Autre disner de char de vingt-quatre mets à six *assiettes*.

Même ouvrage, *ibid.*

Hé bien, il faudra quatre grands potages et cinq *assiettes*.

Molière, *l'Avare*, III, 1.

Assiette a désigné autrefois, en termes de lapidaire, une partie plane sur laquelle on pouvait fixer des pierres fines, des perles ou tout autre ornement.

Une autre couronne de très grant façon, appelée la couronne de l'estoille, en laquelle a huit *assiettes*, et a, en l'une des *assiettes*, ung balay au milieu.

Inventaire du mobilier de Charles V, § 5.

Une saincture, en laquelle a soixante *assiettes*, et en trente d'icelles, a, en chascune, deux saphirs, deux rubis et quatre grosses perles, et, en chascune des autres trente *assiettes*, a ung ruby au milieu.

Même ouvrage, § 58.

A, en ladicte ayguière, quinze rubiz balaiz, dix huit saphirs et trente cinq *assiettes* de perles.

Même ouvrage, § 288.

ASSIETTÉE, s. f. Le contenu d'une assiette.

Madame est fort foible, mais pas aussi malade qu'elle

se croit... Elle vient de manger une bonne *assiettée* de potage et un petit biscuit ; elle est plus forte que tantôt.

Mme du Deffand, *Lettres*, 22 août 1780 ; à H. Walpole.

ASSIGNER, v. a. On a longtemps employé au lieu d'*assigner* la forme *asséner*, dont l'origine est la même. (Voyez ce mot.)

Assigner paraît néanmoins de bonne heure.

Designare, *assigner*.

Dictionnaire latin-françois du XIIIe siècle. Bibliothèque nationale, mss. latins, n° 7692.

Affecter un fonds ou une certaine nature de deniers au payement d'une dette, d'une rente, etc.

Ces seigneurs (les maîtres de requêtes) estans necessitez d'estre à la suitte du Roy pres du chancelier, ils furent faicts ses commensaux, voire que pension luy *fut assignée* pour les recevoir à sa table.

Est. Pasquier, *Recherches de la France*, II, 3.

L'oblat est le soldat ou gendarme pauvre qui, au service du Roy, est demeuré perclus et estropié de l'un de ses membres ; en recognoissance de quoy, le Roy luy peut *assigner* ses aliments sur quelques abbayes et monasteres.

Le même, même ouvrage, III, 35.

L'assemblée du clergé murmure encore du règlement des portions congrues qu'on *assigne* aux curés.

Fléchier, *Mémoires sur les grands jours de 1665*.

Au demeurant, ledit Rabi desire *estre assigné* de ses gages en la façon que vous estimerez la meilleure.

D'Ossat, *Lettres*, liv. III, 109.

Vous ne m'abuserez pas là-dessus, non plus que sur les dettes que vous *avez assignées* sur le mariage de ma fille.

Molière, *M. de Pourceaugnac*, II, 6.

La chambre des Communes a résolu de donner un secours de quatre cent mille livres sterling, qui font environ cinq millions de livres tournois, mais on ne croit pas que ce prince veuille accepter ce don, tant parce qu'il est trop modique pour subvenir aux nécessités de l'État, qu'à cause aussi qu'elle n'a pas *assigné* de fonds, ni déclaré en quel temps le payement se feroit.

Colbert de Croissy à Louis XIV, 9 décembre 1669.
(Voyez Mignet, *Succession d'Espagne*, tome III, p. 115.)

Comme dans ce vilain monde que j'ai quitté, il est toujours question d'argent, et que j'ai *assigné* celui qui me doit revenir de mon terme de la Saint-Jean à des gens à qui je dois des arrérages qui sont attendus avec impatience dans le mois de juillet, je mande à M. Boucard de m'envoyer 1,394 livres.

Mᵐᵉ DE SÉVIGNÉ, *Lettres*, 20 juillet 1694.

Le parlement d'Angleterre ne veut point assigner les fonds du subside qu'il n'ait établi des commissaires perpétuels pour recevoir les comptes royaux.

L'ABBÉ DE BROSSE, *Lettres*, 6 mars 1692. (Voyez *Correspondance de Bussy*, lettre 2721.)

M. Necker est venu nous déclarer que les finances de l'État ont un besoin pressant de cent soixante-dix millions. Il nous annonce que les objets sur lesquels le trésor royal peut les *assigner*, d'après nos décrets, sont assujettis à une rentrée lente et incertaine.

MIRABEAU, 20 novembre 1789.

Si respondant voulez que vous adresse,
Je le veulx bien : mais il n'est que promesse,
Quand on la scait sagement *assigner*
En beau papier.

CL. MAROT, *Rondeaux*, liv. I, 26.

Tu me diras, comme princesse fière,
Que je ne puis *assigner* ton douère
Que sur la mer, mes erreurs et le vent.

RONSARD, *la Franciade*, IV.

Gallet a sa raison, et qui croira son dire,
Le hasard pour le moins lui promet un empire;
Toutefois au contraire étant léger et net,
N'ayant que l'espérance et trois dés au cornet,
Comme sur un bon fonds de rente et de recettes,
Dessus sept ou quatorze il *assigne* ses dettes.

RÉGNIER, *Satires*, XIV.

ASSIGNER s'emploie quelquefois au figuré dans ce sens :

Je n'*assignay* onc ma grandeur sur la mort de ceux auxquels je dois mon service et ma vie.

HENRI IV, *Lettres*, 6 mars 1583.

Tu ne sens pas, misérable, que la cruauté de ton luxe arrache l'âme à cent orphelins auxquels la Providence divine *a assigné* la vie sur ce fonds?

BOSSUET, *Sermons*, 2ᵉ sermon pour le jour de la Pentecôte.

Il signifie encore, Fixer, donner, attribuer.

IV.

Assigna tantôt bien et suffisamment à l'écuyer les cent livrées de terre que promises avoit.

FROISSART, *Chroniques*, liv. I, Iʳᵉ part., c. 41.

Si le reçut le jeune roi anglois liement, et le retint volontiers de-lez lui et son conseil, et lui *assigna* le comté de Richemont qui avoit été à ses devanciers.

LE MÊME, même ouvrage, liv. I, Iʳᵉ part., c. 55.

Combien qu'elle (Isabelle, fille de Charles VI, femme de Richard II) feust honnorablement renvoiée, comme dit est, si ne lui *fut assignée* aucune rente, ne revenue, pour son dit douaire.

MONSTRELET, *Chronique*, I, 4.

Après les mains-lavées, la damoiselle lui *assigna* sa place, et elle se mist auprès de luy, et le vallet et la chambrière se misdrent à servir.

Les cent Nouvelles nouvelles, LXXXIII.

Au reste, si chacun fidèle a un ange propre qui lui *soit assigné* pour sa défense, ou non, je n'en oseroye riens affermer.

CALVIN, *Institution chrestienne*, liv. I, c. 14.

Nos ancestres *assignoyent* pour partage aux capitaines l'honneur et aux soldats l'argent.

DE LA NOUE, *Discours politiques et militaires*, IX.

Maintenant que tout respect est perdu, on *assigne* les combats sans authorité, et se bat-on quand il en prend fantaisie, tant contre ceux que l'on hait que contre les propres amis.

LE MÊME, même ouvrage, XII.

Luy qui n'avoit moins de finesse que de beauté, se conduisit si sagement, qu'il entra en sa chambre à l'heure qu'elle luy *avoit assignée*.

MARGUERITE DE NAVARRE, *Heptameron*, 16ᵉ nouvelle.

Or demain je ne fauldray me trouver au lieu et heure que m'*as assigné*.

RABELAIS, *Pantagruel*, II, 18.

Certainement ils *assignent* une bien petite et estroitte place à la joye pour se pouvoir esgayer et promener à son aise.

AMYOT, trad. de Plutarque, *Œuvres morales*, Que l'on ne sçauroit vivre joyeusement selon la doctrine d'Epicurus.

Ledict Vigand fit tant qu'une dispute touchant cette question *fut assignée* à Heidelberg.

HENRI ESTIENNE, *Apologie pour Hérodote*, c. 35.

Le lendemain, le prince d'Orange le va trouver, lui

13

parle du dessein plus ouvertement, le prie de remettre la reveuë de l'armée qui *estoit assignee* à ce jour-là.

D'Aubigné, *Histoire,* t. II, liv. V, c. 20.

Au 25 de juillet, les deux armees *assinerent* la bataille tout contre S. Geoire aux ruines de Rolle Boqui.

Le même, même ouvrage, t. III, liv. II, c. 24.

L'endemain au matin à heure de dix heures la bataille *fut assignee.*

Brantôme, *Discours sur les duels.*

Ayans les bonnes lettres trouvé lieu dedans Paris, sous le nom d'Université, elle fut après esparse par toute la ville, et non au recoin que l'on luy *assigne* maintenant.

Est. Pasquier, *Recherches de la France,* III, 29.

S'il se trouve quelque pauvre soldat qui soit demeuré estropié de l'un de ses membres au service de la république en la guerre, nos Roys ont pleine puissance de leur *assigner* une place de religieux pour leur vivre et sustentation en certaines abbayes.

Le même, même ouvrage, III, 39.

M'amye, respondit le Roy, ne scavez-vous contre qui se doibt faire ce combat, ne le lieu où il *est assigné?*

Herberay des Essarts, *Amadis de Gaule,* liv. I, c 34.

Alaric accorda de se retirer deça les Alpes, en quelques provinces qui luy *furent assignées* par l'Empereur.

D'Urfé, *l'Astrée,* IIe part., liv. XI.

Ils luy (les Cimbres à Marius) demanderent jour de bataille et il leur *assigna* le lendemain.

Coeffeteau, *Histoire romaine,* de L. Florus, liv. III, c. 3.

Quelques jours après, comme ils se furent rassurez, ils rejettent l'offre que Domitien leur faisoit, de leur *assigner* des terres pour demeure.

Perrot d'Ablancourt, trad. de Tacite. *Histoire,* liv. IV, c. 7.

Je me trouve attaché à un coin de cette vaste étendue, sans que je sache pourquoi je suis plutôt placé en ce lieu qu'en un autre, ni pourquoi ce peu de temps qui m'est donné à vivre m'est *assigné* à ce point plutôt qu'en un autre de toute l'éternité qui m'a précédé et de toute celle qui me suit.

Pascal, *Pensées.*

Nous ne laisserons pas de dire qu'un corps est un, et de dire qu'il est fini; encore que nous ne puissions nier qu'il ne soit possible d'y *assigner* des parties toujours moindres jusqu'à l'infini.

Bossuet, *Traité du libre arbitre,* c. 4.

Après plusieurs plaintes faites de tous costez, Charles le Chauve et Louis le Germanique *assignèrent* un parlement général à Basle.

Mézeray, *Histoire de France,* Charles le Chauve.

Olivier de Clisson assembla des forces pour conduire le Roy à Rheims où son sacre *fut assigné* au jour de la Toussaints.

Le même, même ouvrage, Charles VI.

Je ne sais comme ils n'ont point fait descendre du ciel ces mêmes fables, et comme ils ne leur *ont point assigné* un dieu qui en eût la direction, ainsi qu'à la poésie et à l'éloquence.

La Fontaine, *Fables,* Préface.

Il n'étoit pas permis (chez les Égyptiens) d'être inutile à l'État : la loi *assignoit* à chacun son emploi, qui se perpétuoit de père en fils.

Bossuet, *Discours sur l'histoire universelle,* III, 3.

Quelle notion *assignerons-nous* à une telle espèce de justice, qui n'a que la volonté pour règle?

Leibnitz, *Théodicée,* Préface.

Il y a une Providence qui règle les conditions, et qui *assigne* à chacune ses devoirs.

Rollin, *Traité des études,* liv. Ier, c. 2, art. 2, § 1er.

Numa réunit tous ceux d'un même art et d'un même métier dans une même confrérie, en leur *assignant* des jours de fête et des cérémonies propres.

Le même, même ouvrage, IIIe part., art. 2.

Le roi de France Philippe le Hardi leur *assigna* le camp de Bordeaux : rien ne ressemble plus aux duels juridiques. Charles d'Anjou arriva le matin au lieu et au jour *assignés,* et prit acte du défaut de son ennemi, qui n'arriva que sur le soir.

Voltaire, *Essai sur les mœurs,* c. 100.

Tous les couvents furent supprimés, on *assigna* des retraites aux vieux religieux qui ne pouvaient retourner dans le monde, une pension aux autres.

Le même, même ouvrage, c. 135, Du roi Henri VIII.

Il semble même que la nature *ait assigné* aux différents climats du globe les différents métaux : l'or et l'argent aux régions les plus chaudes, le fer et le cuivre aux pays les plus froids, et le plomb et l'étain aux régions tempérées.

Buffon, *Époques de la Nature,* 2e époque.

Nous entendîmes les regrets amers de ceux qui avoient

attenté à leurs jours. Ils sont punis, disoit l'hiérophante, parce qu'ils ont quitté le poste que les dieux leur *avoient assigné* dans ce monde.

    BARTHÉLEMY, *Voyage d'Anacharsis*, c. 68.

Quelque charme que puissent répandre les animaux et les plantes sur les sites qui leur *sont assignés* par la nature, je ne trouve pas qu'un paysage ait toute sa beauté, si je n'y vois au moins une petite cabane.

    BERNARDIN DE SAINT-PIERRE, *Études de la Nature*, étude 11.

A chaque parallèle que le soleil décrit dans les cieux, une ceinture de plantes nouvelles éclot autour du globe. Chacune d'elles paraît successivement au poste et au jour qui lui *sont assignés*.

    LE MÊME, même ouvrage, *ibid.*

Il s'occupa surtout très longtemps du soin délicat et pénible de faire l'énumération exacte des sons de notre langue, et d'*assigner* à chacun une marque particulière et distinctive.

    D'ALEMBERT, *Éloge de Dangeau.*

L'Académie françoise étoit fondée, et s'occupoit assidûment à former, à fixer la langue en *assignant* à chaque mot son vrai sens.

    MARMONTEL, *Éléments de littérature*, Essai sur le goût.

En effet, le butin que faisoit une armée appartenoit à l'armée, et le roi lui-même n'avoit que la part que le sort lui *assignoit*.

    MABLY, *Observations sur l'histoire de France*, liv. I, c. 1.

Le premier décret de cette assemblée législative fut pour refuser le titre de majesté au roi, et pour lui *assigner* un fauteuil en tout semblable à celui du président.

    Mᵐᵉ DE STAEL, *Considérations sur la Révolution française*, t. II, IIIᵉ part., c. 3, § 2.

Cils, qui ne fait de paiz nul signe,
Autre journée li *assigne*
De venir en sa cour plaidier.

    G. GUIART, *Royaus lignages*, t. I, v. 2832.

Et certes, ny l'esclat de votre auguste race
Qui dans le rang des dieux *assigne* vostre place,
Ny le sceptre éternel qu'ils vous ont mis aux mains
Pour disposer comme eux du destin des humains,
Ne m'obligent pas tant que vos propres mérites.

    RACAN, *Bergeries*, Iʳᵉ journée.

Il falloit donc qu'elle (la Discorde) eût un séjour affecté,
Un séjour d'où l'on pût en toutes les familles
L'envoyer à jour arrêté.

Comme il n'étoit alors aucun couvent de filles,
On y trouva difficulté.
L'auberge enfin de l'Hyménée
Lui *fut* pour maison *assinée*.

    LA FONTAINE, *Fables*, VI, 20.

Quelquefois, avec le sens de Donner, attribuer, il se rapporte non à une chose, mais à une personne :

On ne pouvoit mieux ni plus hautement *assigner* madame Béatrix de Portingal que au roi d'Espaigne.

    FROISSART, *Chroniques*, liv. II, c. 147.

A l'aventure il lui fust bien mestier d'en avoir trouvé une autre : mais il ne le vouldroit pour riens, car il lui semble qu'il *est mieux assigné* que nul aultre, et qu'il fust bien benheuré quant il pleut à Dieu qu'il la trouvast.

    Les quinze Joyes de mariage, XII.

ASSIGNER signifie aussi Déterminer, faire connaître.

Croyez que Dieu n'a point establi l'office de roy ny d'aultre prince, pour estre exercé par les bestes ne par ceulx qui, par vaine gloire, dient : « Je ne suis pas clerc, je laisse faire mon conseil, je me fie en eulx ; » et puis sans *assigner* aultre raison, s'en vont en leurs esbatz.

    COMMINES, *Mémoires*, liv. II, c. 6.

Certains grands personnages de la Grèce qui se cuident la sagesse même, *assignent* trois causes de ce débord (du Nil).

    SALIAT, trad. d'Hérodote, liv. II, 20.

Le vertueux Philippe de Villiers... indigné de voir si laschement desarçonner ses chevaliers, où il *avoit assigné* l'opinion d'une singulière vaillance, choisit une grosse et forte lance, et baissant la visière en peu de mots deffia le vaincueur.

    JAQUES YVER, *Le Printemps d'yver.*

Je ne pensois pas qu'après m'avoir dit au commencement que nostre esprit disposoit de toutes choses, il n'alloit après *assigner* autre cause des choses sinon la cause d'estre bien.

    THÉOPHILE, *Immortalité de l'âme.*

Nous avons jusqu'ici parlé des erreurs dont on peut *assigner* quelque cause occasionnelle dans la nature de l'entendement pur.

    MALEBRANCHE, *Recherche de la vérité*, liv. III, partie II, c. 9.

Les arts, bien loin de ne point connoître de limites, sont circonscrits dans des bornes si étroites et si connues que les enfants pourroient les *assigner*.
GRIMM, *Correspondance*, 15 janvier 1755.

Tous ces cercles dont nous circonscrivons la puissance suprême, loin d'en *assigner* les bornes, ne montrent que celles de notre génie.
BERNARDIN DE SAINT-PIERRE, *Études de la nature*, I.

Si l'on compare chacune de ces pierres avec celles dont on trouve des montagnes dans les Alpes, on les reconnoît au point de pouvoir presque *assigner* le rocher dont elles ont été détachées.
SAUSSURE, *Voyages dans les Alpes*, t. I, c. 6, § 206.

ASSIGNER s'emploie quelquefois avec le pronom personnel :

Durant les neuf jours que ie demeuray à Ayre, *nous nous assignasmes* de nouveau en un village, il ne me souvient du nom.
MONTLUC, *Commentaires*, liv. VII.

ASSIGNER, en termes de Procédure, Sommer par exploit de comparaître devant un tribunal :

Assigner aucun par sergent par devant un juge à tel jour ou heure.
NICOT, *Thresor*.

J'ay receu l'exploit que vous m'avez envoyé, par lequel Savery *est assigné* devant M. le lieutenant civil pour desclarer par quel ordre il a arresté et mis à Saint-Lazare le sieur Gobillon.
LE COMTE DE PONTCHARTRAIN à d'Argenson, 28 septembre 1700. (Voyez DEPPING, *Correspondance administrative sous Louis XIV*, t. II, p. 322.)

Le duc de Gesvre *fut assigné* et mis en cause sans donner le moindre signe de vie au premier président, non plus que lors de sa récusation que nous fîmes de suite.
SAINT-SIMON, *Mémoires*, 1696.

Cependant tout le monde convient qu'il (le parlement) a commis une irrégularité choquante en décrétant d'abord de prise de corps celui qu'il devoit premièrement *assigner* pour être ouï.
J.-J. ROUSSEAU, *Lettres*, 1762.

Ils n'en avaient pas moins fait les dépositions les plus fortes, lorsqu'ils avaient été *assignés* comme témoins.
TURGOT, *Mémoire sur les prêts d'argent*, § 8.

Au figuré :

J'*assigne* l'envieux cent ans après la vie,
Où l'on dit qu'en amour se convertit l'envie.
REGNIER, *Satires*, XV

ASSIGNER est, dans ses divers sens, très souvent précédé du verbe *faire* :

Les Anglois et Saxons... favorisez du roy Breton, il leur *fait assigner* pour certain temps quelque territoire.
EST. PASQUIER, *Recherches de la France*, I, 10.

J'ay fait venir les sindics des communautés voisines, et leur ai donné ordre de *faire assigner* leurs créanciers.
D'HERBIGNY, intendant, à Colbert, 2 septembre 1683. (Voyez DEPPING, *Correspondance administrative sous Louis XIV*, t. I, p. 758.)

Celui-là conte qu'une fois vous *fîtes assigner* le chat d'un de vos voisins, pour vous avoir mangé un reste d'un gigot de mouton.
MOLIÈRE, *l'Avare*, III, 3.

On accorda seulement à la considération que nous avions tous pour M. de Chaulnes, qu'on ne *feroit* point *assigner* M. de Gesvres tant que rien ne péricliteroit.
SAINT-SIMON, *Mémoires*, 1694.

Le Breton, qui n'entend point raillerie, *fait assigner* au Châtelet les auteurs des feuilles, par-devant le lieutenant criminel, en réparation d'honneur et de conscience, au mois de juin 1763.
VOLTAIRE, *les Honnêtetés littéraires*, X.

Au lieu de prendre cette voie simple, on a *fait assigner* à l'Élection les collecteurs qui n'avaient aucune part au rôle.
TURGOT, *Lettre circulaire à MM. les curés*, 14 janvier 1770.

Vous satisfaire, moi? mais je ne vous dois rien ;
Faites-nous assigner, nous vous répondrons bien.
REGNARD, *les Ménechmes, ou les Jumeaux*, IV, 5.

ASSIGNÉ, ÉE, part. pass.
En parlant de ce qui est affecté à un payement.

Les membres du comité des finances proposèrent à l'assemblée constituante d'acquitter les dettes de l'État, en créant dix-huit cents millions de billets avec un cours forcé, *assignés* sur les biens du clergé.

Mᵐᵉ DE STAEL, *Considérations sur la Révolution française*, IIᵉ part., c. 18.

ASSIGNÉ, Attribué, au figuré :

La vertu *assignée* aux affaires du monde est une vertu à plusieurs plis, encoigneures et coudes, pour s'appliquer et joindre à l'humaine foiblesse.

MONTAIGNE, *Essais*, III, 9.

ASSIGNÉ, Convoqué :

Voilà donc au premier mai les Estats *assignez* à Edimbourg.

D'AUBIGNÉ, *Histoire universelle*, II, liv. I, c. 17.

ASSIGNÉ, Fixé :

Le jour *assigné* environ une heure après midy se trouva sur les rencs le bon cheualier armé de toutes armes.

Le loyal Serviteur, c. 13.

Quand vint l'heure *assinée*, il (Panurge) conduisit son maistre Pantagruel au lieu constitué.

RABELAIS, *Pantagruel*, liv. II, c. 18.

Nos ancestres, et nottamment du temps de la guerre des Anglois, ès combats solennels et journées *assignées*, se mettoient la pluspart du tems tous à pied, pour ne se fier à autre chose qu'à leur force propre et vigueur de leurs membres.

MONTAIGNE, *Essais*, I, 48.

Il avoit toujours decousu ou dechiré les habits de son ennemi en tout ou en partie. C'étoit son coup sûr, et qui eût eu à faire contre lui à coups de poing en combat *assigné*, eût pu défendre son habit comme on défend le visage en faisant des armes.

SCARRON, *le Roman comique*, II, 9.

La nuit vint. Le Destin se trouva au lieu *assigné*.

LE MÊME, même ouvrage, II, 12.

Il est donc clair que c'est de là qu'il faut commencer à compter les 1260 ans *assignés* à la durée de l'empire du papisme.

BOSSUET, *Histoire des variations des Églises protestantes*.

Les deux parties adverses, ou bien leurs champions, comparaissaient au jour *assigné* dans une lice de quatre-vingts pas de long et de quarante de large, gardée par des sergens d'armes.

VOLTAIRE, *Essai sur les mœurs*, c. 100. Des duels.

D'abord je remarquai que la reine était très émue ; elle arriva plus tard que l'heure *assignée*, et les couleurs de son teint étaient altérées.

Mᵐᵉ DE STAEL, *Considérations sur la Révolution française*, Iʳᵉ part., c. 16.

ASSIGNÉ, dans le sens judiciaire :

Gille *assigné* de son mieux se défend.

LA FONTAINE, *Contes*, IV, 3.

ASSIGNÉ, se prend quelquefois substantivement, en parlant de Celui qui a reçu un exploit d'ajournement :

Il intervient un arrêt, qui décrète le sieur Le Jay de prise de corps, le sieur Daiolles et moi d'ajournement personnel, et Mᵐᵉ Goëzman seulement d'*assignée* pour être ouïe.

BEAUMARCHAIS, *Mémoires*.

Le curé d'un village voisin venait d'être décrété de prise de corps dans une procédure du même genre, enlevé par cent soldats, traduit en plein jour, et renvoyé, sur ses réponses, tellement son innocence fut reconnue, en l'état d'un décret d'*assigné* pour être ouï.

MIRABEAU, 26 janvier 1790.

Si l'*assigné* ne comparaît pas.

Code de procédure civile, 330.

ASSIGNABLE, adj. des deux genres. Qui peut être assigné, déterminé avec précision.

Nous y trouvons toujours (dans les corps) deux parties *assignables* par la pensée, que nous ne pouvons comprendre être en effet la même chose.

BOSSUET, *Traité du libre arbitre*, c. 4.

Tout nombre est fini ou *assignable*.

LEIBNITZ, *Théodicée*, De la conformité de la foi, § 70.

Le bonheur me suivoit partout : il n'étoit dans aucune chose *assignable*, il étoit tout en moi-même, il ne pouvoit me quitter un seul instant.

J.-J. ROUSSEAU, *les Confessions*, part. I, liv. VI.

Ne peut-on pas dire que s'il y a un minimum *assignable* dans le recrutement forcé..., la chambre, en le votant à perpétuité, n'usurperait point l'existence des chambres futures ?

ROYER-COLLARD, *Discours,* sur la loi de recrutement, 16 janvier 1818.

ASSIGNAT, s. m. T. de Jurispr. Assignation d'une rente sur un héritage nommément affecté au payement annuel de cette rente.

Je suppliay la Royne ma mère de se souvenir de ce qu'elle m'avoit promis, à la paix faicte avec mon frere : qu'advenant que je partisse pour m'en aller en Gascogne, elle me feroit bailler des terres pour l'*assignat* de mon dot.

MARGUERITE DE VALOIS, *Mémoires.*

Sa Majesté très-chrétienne s'oblige d'assurer et assurera le dot de la sérénissime infante dame Marie-Thérèse, sur rentes bonnes et bien assurées, et sur fonds et *assignats* valables... et enverra aussitôt à Sa Majesté catholique les actes de ladite assignation et consignation de rentes.

Extrait du contrat de mariage de Louis XIV avec Marie-Thérèse, du 7 novembre 1659, article 3. (Voy. MIGNET, *Succession d'Espagne,* t. I, p. 52.)

ASSIGNAT s'est dit d'Une sorte de papier-monnaie dont le payement était assigné sur la vente des biens nationaux.

M. Necker s'opposa fortement à l'établissement des *assignats.*

Mᵐᵉ DE STAEL, *Considérations sur la Révolution française,* IIᵉ part., c. 18.

Les *assignats* en tombant précipitèrent la république.

CHATEAUBRIAND, *Opinions,* Sur le projet de loi relatif à la dette publique, 26 avril 1826.

Les idées libérales seront pour les esprits ce que les *assignats* ont été pour les fortunes; elles ont réussi aux premiers qui les ont employées, et elles ruineront les derniers possesseurs, qui ne sauront où les placer.

DE BONALD, *Pensées.*

Pour vous apitoyer sur ses pertes passées
Il tire un *assignat* de ses poches percées.

DELILLE, *la Conversation,* II.

ASSIGNATION, s. f. Affectation d'un fonds au payement d'une dette, d'une rente, ou pièce constatant cette affectation.

A la fin de ce mois vous debvrez aux soldatz, qui sont icy, juing et juillet; et vous scavez qu'ilz sont tousjours payés au commencement du moys; et il s'en faut de l'*assignation* de may, les huict ou neuf mille livres susdicts.

BLAISE DE MONTLUC, *Lettres,* 34.

Pour le remboursement du principal, comme des intérestz d'icelle (somme), je vous promets en foy et parole de Roy, vous donner une bonne et seure *assignation,* et telle que ceulx qui auront advancé ladite somme, en seront remboursez dedans peu de temps et à leur contentement.

CHARLES IX, lettre au sieur de Mandelot, 7 mai 1572. (Voyez *la Correspondance du roi Charles IX et du sieur de Mandelot,* p. 14.)

Nous avons aussi acheté et prins à crédit de fort belles escarlates, tant rouges que violettes, pour la somme de deux mil escus, et comme il est porté dans l'*assignation* que cette emploicte se faict au nom du roy, nous supplions V. M. de faire acquitter notre parole.

L'ÉVÊQUE D'ACQS, à Catherine de Médicis, 30 nov. et 2 déc. 1571. (Voyez *Négociations dans le Levant,* t. III, p. 218, note col. 2.)

Il convindroit que les *assignations* du payement fussent certaines : à fin que le soldat ne se corrompist, estant contraint d'aller cercher à vivre dehors.

DE LA NOUE, *Discours politiques et militaires,* XIII.

Or, que ces terres s'appellassent benefices, comme firent du commencement les fiefs entre nous, je ne l'ay pas véritablement remarqué. Bien trouvé-je estre faicte mention des gens d'armes beneficiers, qui semblent avoir esté seuls ausquels l'on faisoit telles *assignations.*

EST. PASQUIER, *Recherches de la France,* II, 15.

Sans bailler ni or ni argent, par quelque *assignation,* transport de lettres, ou quelques assurances, que nous baillerons à notre créancier, nous le rendrons content.

MALHERBE, trad. de Sénèque, *Traité des bienfaits,* liv. VI, c. 5.

Si l'ordre des finances vous permettoit, Monsieur, de donner d'*assignations* qu'il vous seroit possible en Languedoc, pour y consommer les deniers du don gratuit tout ou en partie, comme ce qui s'employe pour le payement des troupes du Roussillon, ou pour l'entretenement des galères qui sont en Provence, ce seroit un grand soulagement pour la province.

LE CARDINAL DE BONSY à Colbert, 13 septembre 1673. (Voyez DEPPING, *Correspondance administrative sous Louis XIV,* t. I, p. 295.)

On le payoit en mauvaises *assignations.*

CARDINAL DE RETZ, *Conjuration de Fiesque.*

A l'époque du premier compte rendu par M. Necker

dans l'assemblée nationale, les 80 millions d'*assignations* suspendues, et 150 millions d'autres *assignations* ou rescriptions à longue échéance circulaient encore.

MIRABEAU, 6 novembre 1789.

Un de ces hommes avait confié une *assignation* russe de cinq roubles à son camarade.

J. DE MAISTRE, *Soirées de Saint-Pétersbourg.*

On l'a quelquefois employé figurément en ce sens :

Dieu donne des *assignations* aux nécessiteux sur le superflu des opulents.

BOSSUET, *Sermons*, Sur l'éminence des pauvres dans l'Église.

ASSIGNATION, en termes de Procédure, se dit d'Un ajournement, d'un exploit par lequel on assigne une personne à comparaître :

Laphystius lui donna *assignation* à certain jour, pour venir respondre devant le peuple à quelque cas, dont il prétendoit le convaincre.

AMYOT, trad. de Plutarque, *Vie de Timoléon*, c. 13.

Pour nourrir paix et concorde entre ses enfants, Charlemagne leur donna *assignation* de partage en un parlement, faisant jurer à tous grands seigneurs et barons de l'avoir pour agreable.

EST. PASQUIER, *Recherches de la France,* II, 2.

M. de Chaulnes avoit attaqué M. d'Elbœuf par de fines railleries sur son indolence contre M. de Luxembourg, et il étoit venu à bout de l'exciter à imiter son père... et il étoit là lorsque M. de Vendôme, persuadé par l'abbé de Chaulieu, obtint la permission du roi d'attaquer ses anciens, et leur donna la première *assignation*.

SAINT-SIMON, *Mémoires*, 1694.

Hé bien, soit ! plus il doit à maints particuliers,
Ou quidams, dont les noms, qualités et métiers,
Sont déduits plus au long avecque les parties,
Es *assignations* dont je tiens les copies,
Dont tous lesdits quidams, ou du moins peu s'en faut,
Ont obtenu déjà sentence par défaut.

REGNARD, *le Joueur,* III, 3.

Partons d'ici, plaidez ; une *assignation*
Détruira le projet de la donation.

GRESSET, *le Méchant,* II, 3.

On l'a parfois employé au figuré en ce sens :

A son retour, il (François Ier) entendit la mort du Roy d'Angleterre, et receut ceste nouvelle comme une *assignation* à un mesme passage, parce qu'ils estoient tous deux d'un mesme aage, et y avoit une grande convenance en leurs humeurs.

MATTHIEU, *Histoire des guerres entre les maisons de France et d'Espagne.*

Le ciel donnoit à Louys XI des *assignations* de temps en temps par diverses recheutes, pour aller rendre compte devant le Tribunal souverain.

MÉZERAY, *Histoire de France*, Louis XI.

La mort de Henry, roy d'Angleterre, redoubla merveilleusement le chagrin du Roy pour ce que, comme ils estoient tous deux presque de mesme aage et de mesmes complexions, il la prenoit pour une *assignation* de la sienne.

LE MÊME, même ouvrage, François Ier.

Convocation, rendez-vous, jour fixé :

Sus la fin de Juillet subséquent estoit l'*assignation* du chapitre general des Lanternes.

RABELAIS, *Pantagruel,* liv. IV, c. 5.

Il lui envoya dire qu'il avoit résolu de se battre avec lui, qu'il l'attendoit avec deux de ses amis, et qu'il ne lui donnoit qu'une heure. L'*assignation* étoit bien précise.

FLÉCHIER, *Mémoires sur les grands jours de 1665.*

Une fois elle appela en duel un gentilhomme qui étoit en réputation de brave : il se trouva à l'*assignation*, mais il n'avoit qu'un bidet.

TALLEMANT DES RÉAUX, *Historiettes,* Femmes vaillantes.

Les émirs prioient saint Louis de se vouloir trouver à Japhé pour parlementer ensemble, où ils jureroient de lui rendre le royaume de Jérusalem, pourveu qu'il leur promist secours contre le sultan de Damiette : mais celui-là ayant eu vent de cette *assignation*, se mit aux champs entre deux avec une armée de 20,000 hommes.

MÉZERAY, *Histoire de France*, saint Louis.

Une heure après, je reçus la réponse de Tiberge, qui me promettoit de se rendre au lieu de l'*assignation*.

PRÉVOST, *Manon Lescaut*, Ire part.

Il se disait particulièrement d'un rendez-vous d'amour :

Et pour en faire l'expérience, luy commanda bailler à

son fils *assignation* de venir à minuict coucher avecques elle en sa chambre en un lict auprès de la porte.

MARGUERITE DE NAVARRE, *Heptameron*, XXX.

Un jeune prince allant à une *assignation* amoureuse, et son chemin s'adonnant au travers d'une église, il ne passoit jamais en ce lieu sainct, allant ou retournant de son entreprinse, qu'il ne fist ses prières et oraisons.

MONTAIGNE, *Essais*, I, 56.

Un jeune chevalier nommé Sarquile... estoit par fortune caché derriere la tapisserie de la chambre, attendant quelque *assignation* que luy avoit donné s'amye.

HERBERAY DES ESSARTS, *Amadis de Gaule*, liv. II, c. 22.

Ceste femme sçachant que ce docteur aimoit sa chambriere, et qu'il luy vouloit avancer son service pour neuf mois, pria sa chambriere, qui se plaignoit à elle de son maistre, de luy donner *assignation*.

BOUCHET, *Serées*, liv. I, 8.

La bergere qui veritablement l'aimoit, quoy qu'elle previst que cet à-dieu ne feroit que rengreger son desplaisir, ne voulut luy refuser ceste requeste, et luy donna *assignation* le lendemain au matin à la fontaine des Sicomores.

D'URFÉ, *l'Astrée*, Ire part., liv. X.

Pourveu que je trouve à mon arrivée que quatre mois ne m'ont pas effacé de votre esprit, et que l'amour y laisse quelque place à l'amitié, j'aurai toujours pour moi le temps qui se passera à attendre l'heure d'une *assignation*.

BALZAC, *Lettres*, liv. IV, 90.

Le jour ou plutôt la nuit de l'*assignation* qu'on luy avoit donnée vint à la fin; et devant qu'elle eût bien épaissi les ombres, il étoit déjà au pied de la tour.

VOITURE, *Histoire d'Alcidalis et de Zélide*.

La nuict venue, comme il me sembla qu'il en fust temps, je me rendis à l'*assignation* où elle me fist toutes sortes de bonne chère.

CHAPELAIN, *Le Gueux, ou la vie de Guzman d'Alpharache*, Ire part.

Enfin la nuit vint. Il se trouva à l'*assignation* embelli et parfumé, où l'attendoit l'ambassadrice du matin.

SCARRON, *Roman comique*, II, 19.

Qui s'imagineroit qu'un jeune garçon manqueroit à une telle *assignation*? Patru y manqua pourtant; il étoit amoureux ailleurs.

TALLEMANT DES RÉAUX, *Historiettes*, la Cambrai.

Suillius, poursuivant son accusation, dénonça deux illustres chevaliers romains surnommez Petra, pour avoir

fait servir leur maison de rendez-vous aux *assignations* de Poppea et de Mnester.

PERROT D'ABLANCOURT, trad. de Tacite, *Annales*, XI, 1.

Montsoreau... force sa femme d'écrire à Bussi, et de lui donner une *assignation* dans le château de la Coutancière.

MÉZERAY, *Histoire de France*, Charles IX.

Tout cela fait place à la comédie (les Fâcheux), dont le sujet est un homme arrêté par toutes sortes de gens sur le point d'aller à une *assignation* amoureuse.

LA FONTAINE, *Lettres*; à Maucroix, 22 août 1661.

Mais au sortir d'icy, pour nous voir en peu d'heure, Quelle *assignation* trouverons-nous plus seure?

THÉOPHILE, *Pyrame et Thisbé*, IV, 2.

Je ne sais point par où l'on a pu soupçonner Cette *assignation* qu'on m'avoit su donner.

MOLIÈRE, *l'École des femmes*, V, 2.

ASSIMILER, v. a. (De *assimilare*, formé de *ad*, à, et *similis*, semblable.) Rendre semblable, ou présenter, considérer comme semblable.

La propre action de l'estomac est d'attirer, retenir et *assimiler* ce qui lui est convenable.

AMBROISE PARÉ, *Œuvres*, introduction.

Il n'y eut point de crédit ni de considération qui pût obtenir du roi d'*assimiler* un bâtard de Lorraine aux siens en quoi que ce pût être.

SAINT-SIMON, *Mémoires*, 1707.

Ce peuple (égyptien) chez lequel les statues ressemblent plus aux momies qu'aux hommes, et qui, par ses institutions silencieuses, roides et serviles, semble avoir, autant qu'il le pouvait, *assimilé* la vie à la mort.

Mme DE STAEL, *Corinne*, liv. VIII, c. 2, § 10.

Le pouvoir temporel appartient au Pape comme souverain... et l'*assimile* parfaitement à tous les autres.

J. DE MAISTRE, *Du Pape*, liv. II, c. 6.

L'interdit est *assimilé* au mineur.

Code civil, 509.

Il s'emploie fréquemment dans ses différentes significations, avec le pronom personnel.

Je vois qu'en général les êtres qui ont la puissance de convertir la matière en leur propre substance, et de s'*assimiler* les parties des autres êtres, sont les plus grands destructeurs.

BUFFON, *De la Reproduction en général*, c. 2.

Nos goûts s'*assimilent* si bien qu'on dit communément d'une société qu'elle a son goût, comme on le diroit d'un seul homme.

> Marmontel, *Éléments de littérature,*
> Essai sur le goût.

ASSIMILATION, s. f. Action d'assimiler ou de s'assimiler.

Nutrition est parfaicte *assimilation* de la chose qui doit nourrir, avec la partie qui doit estre nourrie.

> A. Paré, *Œuvres,* liv. I, c. 12.

Dans cette agonie d'une société prête à passer, l'*assimilation* de langage, d'idées et de mœurs était presque complète entre les hommes supérieurs des deux religions.

> Chateaubriand, *Études historiques,* III° discours,
> III° part.

Dans cette insouciance du pays pour Charles X, il y a autre chose que de la lassitude : il y faut reconnaître le progrès de l'idée démocratique et de l'*assimilation* des rangs.

> Le même, *Mémoires d'outre-tombe.*

ASSIMILABLE, adj. Qui peut être assimilé.

Les aliments tirés des végétaux nourrissent moins bien que ceux tirés du règne animal, parce que, sous un volume donné, ils contiennent moins de molécules *assimilables* à notre propre substance.

> Richerand, *Nouveaux éléments de physiologie,*
> c. 1. De la digestion.

Du verbe Assimiler on a formé encore quelques adjectifs ; entre autres :

Assimilateur, trice, Qui procure l'assimilation.

La peur comprime toutes les fonctions *assimilatrices.*

> Alibert, *Physiologie des passions,* sect. I, c. 9.
> De la peur.

ASSISE, s. f. Rang de pierres de taille qu'on pose horizontalement pour construire une muraille.

Les hauts murs qui forment l'enceinte du château de Lillebonne sont écornés aux angles, et sont si couverts de lierre, qu'il y a peu d'endroits où l'on aperçoive leurs *assises.*

> Bernardin de Saint-Pierre, *Études de la*
> *Nature,* XII.

Il avoit formé çà et là des pyramides dans les *assises* desquelles il avoit mêlé de la terre et des racines de rosiers.

> Bernardin de Saint-Pierre, *Paul et Virginie.*

Le haut de l'aiguille nous parut un assemblage de grandes *assises* horizontales, composées de pièces rectangulaires comme un ouvrage de maçonnerie : ces *assises* se répétoient dix ou douze fois de suite.

> Saussure, *Voyage dans les Alpes,* c. 13, § 612.

Les *assises,* au moyen de ce procédé, arrivaient à un aplomb incroyable.

> Chateaubriand, *Itinéraire de Paris à Jérusalem.*

Assises, au pluriel, se disait anciennement de Certaines séances extraordinaires que tenaient les officiers des seigneurs de fiefs ; et Des assemblées de seigneurs convoquées par le prince pour juger des causes importantes et solennelles.

Après ce que les avant dites *assises* furent faites et les usages établis, le duc Godefroi...

> *Assises de Jérusalem.*

Voulons que li bedel soient nommé en pleinne *assise,* ou autrement ne soient pas tenu pour bedaus.

> Joinville, *Histoire de saint Louis,* CXL.

Ces eschiquiers à Rouen et Grands Jours de Troyes, estoient *assises* générales que l'on avoit autrefois tenues sous ces noms, en Normandie et Champagne.

> Est. Pasquier, *Recherches de la France,* II, 3.

Les baillifs et seneschaux vuidoient ès *assises,* en dernier ressort, la plus grande partie des causes.

> Le même, même ouvrage, *ibid.*

Je leur feray tenir les *assises* pour vuider ceste cause.

> Henri Estienne, *Dialogues du nouveau langage*
> *françois italianisé,* I.

Il est ordonné... que les États ne se tiendront qu'une fois l'année par les ordres de S. M., et pendant quinze jours seulement, et les *assises* pendant huit jours.

> *Extrait du mémoire général de la province de Lan-*
> *guedoc, dressé par ordre du roi en 1698. (Voyez*
> Depping, *Correspondance administrative sous*
> *Louis XIV,* t. I, p. 10.)

Les *assises,* que les envoyés tenoient quatre fois par an dans leurs légations, remédièrent à la plupart de ces abus.

> Mably, *Observations sur l'histoire de France,*
> II, 2.

Chevaliers de plais et d'*axises*.
RUTEBEUF, *Œuvres*, t. 1, p. 110.

Ce mot s'emploie souvent au figuré en ce sens :

Pourquoi ces grandes *assises*, pourquoi cette solennelle convocation, et cette assemblée générale du genre humain?
BOSSUET, *Sermons*, Sur le Jugement dernier.

Il (Lanjamet) tenoit ses *assises* chez Mme de Ventadour, chez la duchesse du Lude et chez M. le Grand.
SAINT-SIMON, *Mémoires*, 1708.

Chacun vit à sa manière dans un pays où le despotisme de l'usage ne tient pas ses *assises* dans une grande capitale.
Mme DE STAEL, *De l'Allemagne*, c. 26, IIe part., § 5.

Les troublées saisons, les civiles fureurs,
Les menaces du ciel sont les avant-coureurs
De Christ, qui vient tenir ses dernieres *assises*.
DU BARTAS, *le Triomphe de la foy*, IV.

Il donnait lieu à certaines locutions proverbiales aujourd'hui hors d'usage :

Il est en bon poinct jusqu'à l'autre *assise*.
Les Quinze Joyes de mariage.

ASSISES, se dit maintenant Des sessions d'une cour criminelle.

Les *assises* se tiendront ordinairement dans le chef-lieu de chaque département.
Code d'instruction criminelle, 258.

On nomme actuellement, en France, *Cours d'assises*, Les cours criminelles, les tribunaux criminels.

Cours d'assises.
Code d'instruction criminelle, 251.

Le renvoi des délits de la presse aux *cours d'assises* peut-il être l'objet d'un amendement?
ROYER-COLLARD, *Discours*, Sur la loi de la presse, 18 décembre 1817.

ASSISE, se disait encore anciennement d'un impôt assis, établi dans les formes voulues :

Et Manaen fist se *osise* e sun taillage sur tuz les riches

humes de Israel, cinquante sicles d'argent sur chacun pur duner al rei de Syrie.
Les Quatre Livres des Rois, IV, 15, 20.

Le roi et ses consaulx vouloient remettre sus généralement parmi le royaume de France, les aides, les fouages, les gabelles et les *assises* qui avoient couru et étoient levées du temps du roi Charles.
FROISSART, *Chroniques*, liv. II, c. 127.

ASSISTER, v. n. (Du latin *adsistere*, de *ad*, à, et *sistere*, être debout.) Suivi de la préposition *à* et d'un nom de chose, ou accompagné d'un adverbe de lieu, il signifie Être présent par devoir, par bienséance ou par tout autre motif.

En ces jours-là, le mariage de Saint-Luc se fist, auquel mon frere (le duc d'Alençon) ne voulant *assister* me pria aussi d'en faire de mesme.
MARGUERITE DE VALOIS, *Mémoires*.

Ester à droict, qui est fort familier en pratique, est un raccourcissement d'*assister à droict* : ce que vous trouverez vérifié par deux passages de l'histoire mesdisante de Louys unziesme, comme si on eust voulu dire judicio sistere, ci dans Froissard, chap. 246 du Ier tome de son histoire, où il dit qu'il fut ordonné que le prince de Galles seroit adjourné à comparoir à Paris en la Chambre des pairs de France, pour *assister à droict* et respondre aux requestes contre luy faites.
EST. PASQUIER, *Recherches de la France*, VIII, 34.

Les femmes qui succédoient aux pairies avoient nonobstant leur sexe droit d'*assister* et opiner *aux* causes.
MONTAIGNE, *Essais*, I, 41.

L'Église abhorre tellement le sang, qu'elle juge encore incapables du ministère de ses autels ceux qui *auroient assisté à* un arrêt de mort.
PASCAL, *Provinciales*.

On retourna ensuite dîner à l'Évêché, et sur les cinq heures on en partit pour aller au palais, où se faisoit le festin, et *où* le parlement, les cours souveraines et la maison de ville, étoient priés d'*assister*.
Mme DE LAFAYETTE, *la Princesse de Clèves*, IIIe part.

Je me levai assez matin pour *assister à* l'ouverture de l'audience, car on trouve ici peu d'habitudes à faire, et les matinées sont si longues et si difficiles, qu'il faut, après l'église, suivre le palais.
FLÉCHIER, *Mémoires sur les grands jours de 1665*.

Aussitôt après la mort du Cardinal, le Roi étoit revenu

à Paris, et y avoit *assisté au* mariage de Marie Mancini avec le connétable Colonne.

         L'ABBÉ DE CHOISY, *Mémoires,* III.

Entre mille personnes qui *assisteront au* théâtre, il y aura peut-être six philosophes qui seront capables d'un retour à la tranquillité par ces sages et utiles méditations; mais la multitude ne fera point ces réflexions.

         SAINT-EVREMONT, *De la Tragédie ancienne et moderne.*

Toute la Grèce le pleura, et tout le peuple athénien *assista à* ses funérailles.

         LA BRUYÈRE, *Discours sur Théophraste.*

Le beau spectacle de les voir engagés dans l'Église! Pourquoi? Pour en recueillir les revenus; jamais pour servir à l'autel, jamais pour *assister à* l'office divin.

         BOURDALOUE, *Sermon sur l'ambition.*

N'*assistez* point *aux* théâtres; car tout y est comme dans le monde, dont ils sont l'image.

         BOSSUET, *Traité de la concupiscence,* c. 31.

Au reste, les papes n'*assistèrent* que par les légats *aux* premiers conciles généraux; mais ils en approuvèrent expressément la doctrine, et il n'y eut dans l'Église qu'une seule foi.

         LE MÊME, *Discours sur l'histoire universelle,* II, 11.

Le concile de Chalcédoine, quatrième général... anathématisa Eutychès, et Dioscore, patriarche d'Alexandrie, son protecteur... L'empereur Marcien *assista* lui-même *à* cette grande assemblée, à l'exemple de Constantin, et en reçut les décisions avec le même respect.

         LE MÊME, même ouvrage, *ibid.*

On crut voir dans les prophéties de Luther la mort de la papauté si prochaine, qu'il n'y avoit aucun protestant qui n'espérât d'*assister* à ses funérailles.

         LE MÊME, *Histoire des variations des Églises protestantes,* liv. XIII, n° 40.

En nous instruisant de l'ouvrage des six jours, Dieu exige de nous les mêmes actions de grâces que lui rendirent les esprits célestes, qui *assistèrent à* l'origine de l'Univers.

         DUGUET, *Explication de l'ouvrage des six jours.*

Mon Dieu, les bonnes lettres que les vôtres, ma très-aimable gouvernante, et que les détails me font plaisir! J'ai vu toutes vos noces comme si j'y avois *assisté.*

         M. DE COULANGES, *Lettres;* à Mᵐᵉ de Sévigné, 21 janvier 1695.

J'*assistai* avec Mᵐᵉ de Coulanges à la parure de Mᵐᵉˢ de Villeroi et de Barbesieux, dont je fus ébloui.

         LE MÊME, même ouvrage, 27 janvier 1696.

C'est alors qu'on peut dire que le spectateur *assiste à*

des événements, et non pas simplement à des discours, comme dans la plupart des pièces.

         LAMOTTE, 2ᵉ *discours sur la Tragédie.*

Vous n'*assistez à* nos discours que comme autrefois Augustin encore pécheur *assistoit à* ceux d'Ambroise.

         MASSILLON, *Carême,* Sermon sur la parole de Dieu.

Je ne fais qu'*assister* tristement *aux* plus grands repas du monde.

         J.-B. ROUSSEAU, *Lettres,* 24 juillet 1740.

Le Conseil des finances commença à prendre forme. M. le duc d'Orléans *y assista* quelquefois, mais rarement.

         SAINT-SIMON, *Mémoires,* 1715.

Ce prince (le régent) *assista,* comme faisoit feu Monsieur, *aux* dévotions de Noël à Saint-Eustache et aux pères de l'oratoire de Saint-Honoré.

         LE MÊME, même ouvrage, 1715.

Il est servi à dîner par les grands officiers de l'empire. Henri de Bavière fait les fonctions de maître d'hôtel, le comte Palatin de grand échanson, le duc de Saxe de grand écuyer, le duc de Franconie de grand chambellan. Les ducs de Bohême et de Pologne *y assistent* comme grands vassaux.

         VOLTAIRE, *Annales de l'Empire,* Othon III.

Les rois dont ailleurs la seule présence suffit pour donner grâce à un criminel, *assistent* nu-tête *à* ce spectacle, sur un siége moins élevé que celui de l'inquisiteur, et voient expirer leurs sujets dans les flammes.

         LE MÊME, *Essai sur les mœurs,* De l'inquisition, c. 140.

Si le peuple *assistait à* des spectacles honnêtes, il y aurait bien moins d'âmes grossières et dures.

         LE MÊME, *Lettres,* 23 décembre 1760.

Il (Bossuet) refusa même d'aller voir la tragédie d'Esther, *à* laquelle toutes les personnes pieuses de la cour briguoient l'honneur et le plaisir d'*assister.*

         D'ALEMBERT, *Éloge de Bossuet.*

Sa tête étoit mise à prix, et lui-même avoit *assisté* paisiblement *à* cette proclamation.

         LE MÊME, *Éloge de milord Maréchal.*

Dans un voyage que j'ai fait à Davenport chez mon hôte, *assistant à* la leçon d'arithmétique de ses enfants, j'ai fait sans faute, avec un plaisir incroyable, une opération des plus composées.

         J.-J. ROUSSEAU, *les Confessions,* part. I, liv. V.

L'exil condamne à se survivre; les adieux, les séparations, tout est comme à l'instant de la mort, et l'on *y assiste* cependant avec les forces entières de la vie.

Mᵐᵉ ᴅᴇ Sᴛᴀᴇʟ, *De l'Allemagne*, liv. I, c. 13, § 1.

A l'hymen d'un grand roi l'amour n'*assiste* guère.

Bᴏᴜʀsᴀᴜʟᴛ, *Ésope à la cour*, II, 2.

Assister au lever, *au* coucher de vos maîtres.

Cᴏʟʟɪɴ ᴅ'Hᴀʀʟᴇᴠɪʟʟᴇ, *les Riches*, II, 8.

Assɪsᴛᴇʀ ᴀ s'emploie au sens figuré, ou au moins au sens moral.

Il (David) *a assisté* en esprit *au* conseil de Dieu, et a ouï de la propre bouche du Père éternel cette parole qu'il adresse à son Fils unique : « Je t'ai engendré aujourd'hui. »

Bᴏssᴜᴇᴛ, *Discours sur l'histoire universelle*, II, 4.

L'âme *assiste* nécessairement *au* jeu de sa machine.

Mᴀʟᴇʙʀᴀɴᴄʜᴇ, *Recherche de la vérité*, liv. V, c. 3.

C'est un plaisir *d'assister*, pour ainsi dire, *au* travail de ce principe caché qui forme les langues.

Jᴏsᴇᴘʜ ᴅᴇ Mᴀɪsᴛʀᴇ, *Soirées de Saint-Pétersbourg*, 2ᵉ entretien.

Elle (l'Europe) est venue, pour ainsi dire, se placer au milieu de nous, afin *d'assister à* des résolutions qui décideront de son repos autant que du nôtre.

Cʜᴀᴛᴇᴀᴜʙʀɪᴀɴᴅ, *Opinions et discours*, 22 août 1815.

Assister à est quelquefois suivi d'un verbe :

Il y a d'autres pères qui semblablement sont dignes de grande répréhension, lesquels depuis que une fois ont commis leurs enfans à des maistres et precepteurs ne daignent pas *assister à* les veoir et ouïr eux-mesmes apprendre quelquefois.

Aᴍʏᴏᴛ, trad. de Plutarque, *Œuvres morales*.

Vous, Monsieur, comme ami de toute la famille,
A signer leur contrat vous pourrez *assister*.

MᴏʟɪÈʀᴇ, *les Femmes savantes*, IV, 4.

Assɪsᴛᴇʀ s'emploie quelquefois, soit absolument, soit avec une autre préposition que la préposition *à*.

Tant avoit vacqué et donné son entente à l'estude qu'en tout le pays n'y avoit clerc de plus grant renommée par les magistraux de la cité ; et *avecques eulx assistoit* continuellement.

Les cent Nouvelles nouvelles, C.

Il (Dieu) *assiste* tousjours *auprès* de celuy qui est vestu de la robe blanche pleine de loyauté.

Mᴏɴᴛʟᴜᴄ, *Commentaires*, liv. II.

Et veux dire que tous ceux, qui se despouilleront et brusleront ce que j'ay dict cy-dessus (leurs vices), que Dieu *assistera* tousjours *avec* eux.

Lᴇ ᴍÊᴍᴇ, même ouvrage, liv. III.

C'est parmi ces galanteries honteuses à un religieux qu'il (le Père Lemoine) ose mêler insolemment ces esprits bienheureux qui *assistent devant* Dieu, et dont les chrétiens ne doivent parler qu'avec vénération.

Pᴀsᴄᴀʟ, *Provinciales*, XI.

Il n'*assistait* presque jamais *dans* le conseil que pour croiser les jambes sur la table.

Vᴏʟᴛᴀɪʀᴇ, *Histoire de Charles XII*.

Assɪsᴛᴇʀ, accompagné de la préposition *à* et suivi d'un nom de personne ou d'être personnifié, s'employait anciennement dans le sens d'Aider, de Secourir :

Jacob en benissant Ephraim et Manassé, prioit que l'Ange de Dieu qui *lui* avoit tousjours *assisté*, les fist prosperer.

Cᴀʟᴠɪɴ, *Institution chrestienne*, liv. I, c. 14, § 6.

Quand il dit par plusieurs fois, que le Seigneur previent celui lequel ne veut point, afin qu'il vueille : et *assiste à* celui qui veut, afin qu'il ne vueille en vain : il le fait entierement autheur de tous biens.

Lᴇ ᴍÊᴍᴇ, même ouvrage, liv. II, c. 3, § 7.

Le baron donc le soir entra avec trois de ses lyons (ainsi appelloit-on ses confidans, qui *luy assistoient* en ses résolutions et entreprises meurtrières), mettant l'espée au poing dès la porte, courut au lict.

BʀᴀɴᴛÔᴍᴇ, *Grands capitaines françois*, Des couronnels françois.

Si son corps estoit captif, son brave cœur ne l'estoit point, et ne luy manqua point, et *luy assista* très-bien.

Lᴇ ᴍÊᴍᴇ, *Des dames*, Marguerite, reyne de France et de Navarre.

César Borgia remplit l'Italie de sang et de vices, et ne trouva que trop de satellites et d'adhérans pour *lui assister*.

Dᴇ ʟᴀ Nᴏᴜᴇ, *Discours politiques et militaires*, II.

Les enfants du Roy et Empereur Louys le Debonnaire prierent le Pape Grégoire quatriesme de venir en France pour excommunier le Roy et les prelats qui *luy assistoient*.

Esᴛ. Pᴀsǫᴜɪᴇʀ, *Recherches de la France*, III, 10.

Encores que les Roys ne voyent que par les yeux, n'oyent que par les oreilles de ceux qui *leur assistent,* si est-ce qu'il y a plus d'asseurance en un Roy sage, quelque mauvais conseil dont il soit environné, qu'en un fol, quelques sages personnes qu'il ait près de soy.

Est. Pasquier, *Recherches de la France,* VI, 2.

Les Églises de M. de Montmorency m'ont fort pressé de *leur assister* de mes troupes.

Henri IV, *Lettres,* 22 janvier 1588.

Anciennement les Fees ou Nymphes *assistoient aux* petits enfans comme nourrices, et presidoient aux enfantemens.

Bouchet, *Serées,* liv. II, 23.

Il eut bien de la peine à lever des soldats à Rome; personne ne voulant aller à ceste guerre. Ce refus fut cause qu'il flestrit d'infamie, et mesmes qu'il fit mourir quelques-uns de ceux qui, estans en âge de porter les armes, ne vouloient pas *assister à* leur République en ceste grande adversité.

Coeffeteau, *Histoire romaine,* liv. I.

Plus habituellement *assister,* signifiant Aider, Secourir, était actif, et aujourd'hui on ne l'emploie plus autrement en ce sens.

Quel bonheur vous est-ce de voir que Dieu vous a reservez, pour venger une telle injure, et *assister* vostre Roy et prince naturel en une telle nécessité!

Montluc, *Commentaires,* liv. VI.

Cependant qu'on se ralie à lui, Richard, qui commandoit la garde de la porte du dedans, *estant* promptement *assisté* de bons hommes, fait tirer premièrement de la courtine aux soldats qui avoient la garde du dehors.

D'Aubigné, *Histoire universelle,* t. III, liv. IV, c. 6.

J'ay parlé cy-devant de plusieurs bons et grands capitaines qui *ont assisté* M. le mareschal de Brissac en Piedmont, en ses belles guerres qu'il a faictes.

Brantôme, *Grands Capitaines,* M. le mareschal de Cossé.

Vous estes tousjours maistre et conducteur du propos, quiconques soient ceus qui vous *assistent,* et pouvés le faire tomber où il vous plaist.

Amyot, *Projet de l'éloquence royale, composé pour Henri III.*

Charles le Simple *estoit assisté* de la justice de sa cause, parce que le subject qui prend les armes contre son Prince n'est jamais excusé envers Dieu.

Est. Pasquier, *Recherches de la France,* II, 10.

Quand je dy que le Pape ne peut entreprendre chose aucune au prejudice des droicts de nos ordinaires au dedans de leurs dioceses, ne *suis-je* icy *assisté* de nostre pragmatique sanction, vray guidon de nostre discipline ecclésiastique?

Est. Pasquier, *Recherches de la France,* III, 43.

Jamais une personne accusée ne fut tant chevalée par un juge, pour estre surprise, et toutesfois jamais personne ne respondit plus à propos que ceste-cy (la Pucelle) : monstrant assez par cela qu'elle *estoit assistée* de Dieu et de la vérité, au milieu de ses ennemis.

Le même, même ouvrage, VI, 5.

Si le Roy d'Angleterre est ouvertement attaqué tout seul par celuy d'Espagne en aucun lieu de ses Royaumes ou Estats, il sera secouru et *assisté* par le Roy de France, son beau frere, d'une gaillarde et forte armée.

Sully, *Œconomies royales,* II, c. 22.

Je sçay que Dieu m'aidera ;..... qu'il m'*assistera* d'amis.

Henri IV, *Lettres,* déc. 1585.

Je survins donc tout auprès pour les secourir, et prenant d'une main celuy qui ne sçavoit nager, je le soulevay un peu, et donnant courage à l'autre, il reprit force, et se voyant assisté de moy me fit signe que son amy luy ostoit le souffle..... Dieu m'*assista* si bien que je les mis en fin sur le bord.

D'Urfé, *l'Astrée,* II⁰ part., liv. XII.

Jamais Dieu n'*assiste* les armes du subject contre son Prince, et peu souvent les Roys ont remporté de grands trophez de la guerre contre leurs subjects.

Matthieu, *Histoire des derniers troubles de France,* liv. I.

Il est des hommes que rien ne sauroit obliger davantage, que de les *assister* à supporter une douleur.

Malherbe, trad. de Sénèque, *Traité des bienfaits,* liv. III, c. 13.

Faites ce qui est en vous, et Dieu *assistera* votre bonne volonté.

Michel de Marillac, *Imitation de J.-C.,* I, 7.

En cet endroit, César ne *fut* pas *assisté* de tout le bonheur qui l'avoit accompagné ailleurs.

Coeffeteau, *Histoire romaine de L. Florus,* liv. IV, c. 2.

Au reste, durant tout ce temps-là Auguste se montra si populaire, qu'un soldat l'estant venu prier de l'*assister* en une cause qu'il avoit au Sénat, et Auguste luy ayant donné un de ses amis pour estre son procureur... ce soldat eut bien la hardiesse de luy reprocher, qu'aux guerres il ne l'avoit pas ainsi servy par Procureur; mais s'estoit luy mesme exposé aux dangers pour l'*assister.*

Le même, *Histoire romaine,* liv. I.

Pour se mettre du costé d'un inconnu, il leur suffit (aux ames nobles) qu'il *soit assisté* de peu, et attaqué de plusieurs.

BALZAC, *Lettres*, V, 8; à M. de Boissat, 20 octobre 1629.

Ceux-ci (les Espagnols) se servirent de sa facilité (de Ferdinand), et d'une occasion si pressante pour empiéter sur la fonction de ses ministres, et voulurent diriger eux-mêmes les secours d'hommes et d'argent dont ils *l'assistoient.*

SARAZIN, *Conspiration de Valstein.*

Il ne fut pas en mon pouvoir de l'obliger (le duc d'Orléans) à *assister* de mille pistoles le roi d'Angleterre.

CARD. DE RETZ, *Mémoires*, 1650.

L'arrest fust donné par lequel il fut dict... que défence seroit faite à touts les subjets du roi de recognoistre le mareschal d'Hocquincourt et autres qui *assistoient* le cardinal en qualité de commandants des troupes de Sa Majesté.

LE MÊME, même ouvrage, 1652.

Je crus que la charité m'obligeoit de luy donner de bons avis en cette rencontre, comme je *l'avois assisté* de ma bourse en d'autres.

TAVERNIER, *Voyages de Perse*, liv. II, c. 5.

Le Roy ne pouvant souffrir que la réputation de cette héroïne qui avoit relevé sa couronne avec la pointe de son espée, fust noircie par une sentence si inique, *assista* ses frères à poursuivre sa justification, quand les Anglois eurent esté exterminez.

MÉZERAY, *Histoire de France*, Charles VII.

Le zèle et la franchise dont les François *assistèrent* le Roy en cette calamité publique (le désastre de Saint-Quentin), monstrent assez quelle fut la bonté de ce Prince et la douceur de son gouvernement.

LE MÊME, même ouvrage, Henri II.

Son fils (de la présidente Tambonneau), à dix-sept ans, eut la petite vérole : elle *l'assista* avec un soin étrange ; il pensa mourir : elle étoit désespérée.

TALLEMANT DES RÉAUX, *Historiettes*, Le président Tambonneau et sa femme.

Après avoir détruit l'obligation de donner l'aumône du superflu, qui est la plus grande source des charités, il (Vasquez) n'oblige les riches *d'assister* les pauvres de leur nécessaire que lorsqu'il permet aux pauvres de voler les riches.

PASCAL, *Provinciales*, XII.

Les religieuses de l'Hôtel-Dieu établies à Loches eurent vocation de venir *assister* les misérables de cette ville

(Clermont), et en détachèrent deux de leurs maisons pour venir faire une colonie de charité.

FLÉCHIER, *Mémoires sur les grands jours de 1665.*

Quelle mission y a-t-il eu qu'elle n'*ait* ou *assistée* de son crédit ou entretenue par ses bienfaits?

LE MÊME, *Oraison funèbre de Marie-Thérèse.*

Elle emplit sa cruche, et s'en retourna triomphante. Vénus se douta que quelque puissance divine *l'avoit assistée.*

LA FONTAINE, *Psyché*, II.

L'abbé de Saint-Denis, cousin germain de ma femme, vient de mourir, mon R. P.; il laisse vacante au Maine l'abbaye de Fontaine d'Aniers. Je me donne l'honneur d'en écrire au roi. *Assistez*-moi, s'il vous plaît, en cette rencontre.

BUSSY-RABUTIN, *Lettres*; au P. de la Chaise, 30 mars 1677.

Vous êtes ma bonne amie, la cousine et la marraine de mon fils; lui et moi avons tout sujet d'espérer que vous *l'assisterez* à son avénement dans le monde.

LE MÊME, même ouvrage; à la maréchale d'Humières, 26 mai 1677.

Dieu ne m'a pas encore abandonné dans mes afflictions, j'espère qu'il m'*assistera* de ses graces jusqu'au bout.

LE MÊME, même ouvrage; à Mme de Sévigné, 6 août 1687.

Qu'on ne me demande plus maintenant jusqu'où va l'obligation d'*assister* les pauvres.

BOSSUET, *Sermons*, Sur l'impénitence finale.

Dans le dessein qu'il (Julien l'Apostat) avoit de susciter de tous côtés des ennemis aux chrétiens, il s'abaissa jusqu'à rechercher les Juifs, qui étoient le rebut du monde. Il les excita à rebâtir leur temple; il leur donna des sommes immenses, et les *assista* de toutes les forces de l'empire.

LE MÊME, *Discours sur l'histoire universelle*, II, 22.

Le catholique, dont la foi est divine et ferme, dira sans hésiter : Si le Saint-Esprit a promis à l'Église universelle de *l'assister* indéfiniment contre les erreurs, donc contre toutes, et si contre toutes, donc toujours.

LE MÊME, *Histoire des variations des Églises protestantes*, liv. XV, n° 97.

Malgré les Anglois, cette conquête sera assurée à l'Espagne, et dans peu de temps, si je m'engage à l'y *assister.*

LOUIS XIV à l'archevêque d'Embrun, 14 février 1662. (Voyez MIGNET, *Succession d'Espagne*, t. I, p. 106.)

Il est certain que le roi (d'Espagne) laisse, par son testament, la reine régente de l'État pendant la minorité du prince; mais qu'on ne sait pas encore certainement quels sont les conseillers ou ministres principaux qu'il lui donne pour l'*assister* dans les affaires.

> L'ARCHEVÊQUE D'EMBRUN à Louis XIV, 14 septembre 1665. (Voyez MIGNET, *Succession d'Espagne*, t. I, p. 374.)

Ce ministre (Morstein), à son retour de France, où il avoit trouvé le roi (Louis XIV) très disposé à *assister* la Pologne contre le Turc, avoit eu ordre du roi son maître de passer à Berlin pour demander les mêmes secours.

> LE MARQUIS DE POMPONNE, *Mémoires*, I.

Ne pouvant se nourrir lui-même (l'évêque de Pamiers), il *fut assisté* par son clergé et par ses diocésains.

> LE MÊME, même ouvrage, II.

Il y a impossibilité manifeste qu'un État puisse subsister, si les sujets qui le composent ne l'*assistent* et ne le soutiennent par une contribution de leurs revenus.

> VAUBAN, *Projet d'une dixme royale*, c. 11.

Il répétoit souvent ... qu'il falloit *assister* son père et sa mère, pour mériter d'*être assisté* de ses enfants.

> FÉNELON, *Vies des philosophes*, Thalès.

Stanhope reprocha à d'Herville, chargé des affaires du roi à Londres, que le régent se contentoit de sauver les apparences, tandis qu'il *assistoit* le prétendant en effet,

> SAINT-SIMON, *Mémoires*, 1715.

Il (Albéroni) promettoit, s'il étoit *assisté*, c'est-à-dire élevé à la pourpre, que le pape auroit avant la fin de mars une forte escadre bien équipée dans un port de l'État de Gênes.

> LE MÊME, même ouvrage, 1716.

Jésus-Christ n'a jamais cessé d'*assister* son Église, suivant sa promesse.

> FLEURY, *Discours sur l'histoire ecclésiastique*, 5e discours, § 11.

Si vous m'obéissez, je vous assure et je promets à Dieu que je ne vous punirai pas, et que si vous revenez, je vous aimeraï plus que jamais; mais si vous ne le faites pas, je vous donne, comme père, en vertu du pouvoir que j'ai reçu de Dieu, ma malédiction éternelle; et comme votre souverain, je vous assure que je trouverai bien les moyens de vous punir; en quoi j'espère que Dieu m'*assistera*, et qu'il prendra ma juste cause en main.

> VOLTAIRE, *Histoire de Pierre le Grand*, IIe partie, c. 10.

On eût dit... qu'en voulant me faire des patrons, il

(David Hume) cherchoit à m'ôter leur bienveillance; qu'il vouloit plutôt que j'en fusse *assisté* qu'aimé.

> J.-J. ROUSSEAU, *Lettres*; à M. de Malesherbes, 10 mai 1766.

Non seulement il prodiguoit sa fortune aux indigents, il les *assistoit* encore, avec autant de zèle que de succès, de son crédit et de sa plume.

> D'ALEMBERT, *Éloge de Massillon*.

Assiste-nous, notre Dieu secourable,
Pour l'honneur hault de ton nom venerable.

> CLÉMENT MAROT, *Psaumes*, XXXIV.

Mais moy, qui vois mon astre en si mauvais sentier...
Qui sens que tout me choque et qui ne vois personne
M'*assister* aux assauts que Fortune me donne,
Suis-je pas bien-heureux qu'au fort de mon malheur
Je n'aye ressenty tant soit peu de douleur!

> THÉOPHILE, *Élégie*.

Le plus juste et le plus chrestien
Croit que sa charité m'*assiste*
Si sa haine ne me fait rien.

> LE MÊME, *Lettre à son frère*.

Pour vous, estimez plus qui plus vous donnera.
Vous gouvernant ainsi, Dieu vous *assistera*.

> REGNIER, *Satires*, XIII.

Elle (Mlle de Sévigné) verroit mourir le plus fidèle amant
Faute de l'*assister* d'un regard seulement.

> BENSERADE, *la Naissance de Vénus*, ballet.

Vous dont la volonté règle mon sentiment,
Assistez ma raison de votre jugement.

> SCUDÉRY, *la Mort de César*, II.

Les prêtres décimés manquent aux agonies.
. . . .
A peine jusqu'ici trois ou quatre survivent,
Et pour les *assister* dans leur pieux devoir,
Je descends chaque jour et reviens chaque soir.

> LAMARTINE, *Jocelyn*, 9e époque.

ASSISTER se dit particulièrement en parlant des exhortations qu'on donne à une personne pour l'aider à bien mourir, à mourir chrétiennement.

Quand sera-ce (le jour de votre mort), en hyver ou en esté? en la ville ou au village? de jour ou de nuict? Sera-ce à l'impourveu ou avec advertissement? sera-ce de maladie ou d'accident? aurez-vous le loisir de vous confesser ou non? *serez-vous assisté* de vostre confesseur et père spirituel?

> Saint François de Sales, *Introduction à la vie dévote*, part. I, c. 13.

M. de Malherbe avoua qu'il (Yvrande) avoit raison, et envoya querir le vicaire de Saint-Germain, qui *l'assista* jusqu'à la mort.

> Racan, *Vie de Malherbe*.

— Ne m'approchez point, je suis inconsolable. — As-tu perdu ton père? — Je ne serois pas si fâché. — Un frère peut-être? — Le mien est sec il y a plus de quatre ans. Mais, grâce au ciel, tant d'honnêtes gens l'ont *assisté* à la mort que je n'ai pas sujet de le regretter.

> *La Précaution inutile*, II, 1. (Voyez Gherardi, *Théâtre italien*, t. I, p. 437.)

Le Mascaron *l'assistoit* (le chancelier Séguier) et se trouvoit confondu par ses réponses et par ses citations.

> Mme de Sévigné, *Lettres*; à Mme de Grignan, 3 février 1672.

Je parle de Mme de Sainte-Hermières, qui, le lendemain même de ce que je viens de vous dire, et en présence de sa famille, de ses amis, et d'un ecclésiastique qui *l'avoit assistée*, remit un papier cacheté et écrit de sa main à M. Villot, qu'elle avoit envoyé chercher.

> Marivaux, *la Vie de Marianne*, IXe partie.

Le docte confesseur qui au feu *l'assista*,
Changé, le lendemain en chaire présenta
Sa vie au mesme feu.

> D'Aubigné, *Tragiques*, les Feux, liv. IV.

Dieu vous assiste! se disait à une personne qui éternuait.

Isabelle, à Mezzetin qui éternue : *Dieu vous assiste*, monsieur le marquis! — Mezzetin, riant : La civilité est un peu bourgeoise. — Isabelle : Quoi! on offense les gens en leur souhaitant du bien? — Mezzetin : Quand on a l'air du monde, il faut voir crever un homme en éternuant sans lui rien dire.

> *Le Marchand dupé*, sc. 6. (Voyez Gherardi, *Théâtre italien*, t. II, p. 172.)

Assister s'emploie avec le pronom personnel.

Art. 1er. Il y aura entre le roi très chrétien et lesdits électeurs et princes alliés... une sincère et ferme union pour ce qui regarde la paix de Munster et d'Osnabruck, et une obligation réciproque pour leur mutuelle défense;

en sorte que ceux qui sont compris dans le traité de paix *s'assisteront* mutuellement.

> *Alliance du Rhin*, 15 août 1658. (Voy. Mignet, *Succession d'Espagne*, t. II, p. 15.)

On se console, on *s'assiste*, on se fortifie l'un l'autre.

> Bossuet, *Politique tirée de l'Écriture sainte*.

Les trois armes ne peuvent pas se passer l'une de l'autre, et elles doivent être cantonnées et placées de manière à pouvoir toujours *s'assister*.

> Napoléon, *Mémoires*, t. II, p. 138.

Assisté, ée. Participe. Accompagné, aidé. Il est ordinairement suivi de la préposition *de*.

Dom Ferrand *assisté des* meilleurs capitaines de gens de pied donna de fort bonne grâce dans le bois.

> Agrippa d'Aubigné, *Histoire universelle*, liv. I, c. 7.

Pepin, *assisté de* cette sentence (du pape Zacharie), confina Childeric en un monastere reclus, et se fit proclamer Roy par la voix du clergé et de la noblesse.

> Est. Pasquier, *Recherches de la France*, III, 10.

Toutes les considérations par moy discourues ont fait que l'on n'en douta jamais que nos Roys, *assistez des* premières dignitez de France, ne peussent reformer leur clergé.

> Le même, même ouvrage, III, 30.

Bandée (Marie Stuart), elle s'agenouille, s'accoudoyant sur un billot, estimant devoir estre exécutée avec une espée à la françoise; mais le bourreau, *assisté de* ses satellites, luy fit mettre la teste sur ce billot, et la luy couppa avec une doloire.

> Le même, même ouvrage, VI, 15.

Il prist resolution avec vous autres Messieurs de la Cour qui estiez avec luy de faire mettre pied à terre à toute la cavallerie, pour aller, la halebarde... au poing *assistée du* pistolet et de l'espée, enfoncer les Espagnols.

> Sully, *Œconomies royales*, c. 52.

Deux livres de poudre bien ménagée feront plus d'effet que toute la rhétorique de Cicéron, *assistée de* tous les arguments d'Aristote.

> Balzac, *Lettres*, liv. IV, 10.

L'hôtesse... lui sauta aux yeux, *assistée de* deux servantes, aussi nues et aussi décoiffées qu'elle.

> Scarron, *Roman comique*, I, 12.

Lothaire venoit à la rencontre de Charles avec une puissante armée, *assisté de* la faveur des peuples, mais sans courage et sans résolution.

MÉZERAY, *Histoire de France*, Charles le Chauve.

Quand il (Joas) eut atteint l'âge de sept ans, Joïada le fit connoître à quelques-uns des principaux chefs de l'armée royale, qu'il avoit soigneusement ménagés ; et *assisté des* lévites, il sacra le jeune roi dans le temple.

BOSSUET, *Discours sur l'histoire universelle*, I, 6.

Maxime se rend maître à Rome... Après qu'il eut occupé tout l'Occident, et dans le temps qu'il se croyoit le plus paisible, Théodose, *assisté des* Francs, le défit dans la Pannonie, l'assiégea dans Aquilée, et le laissa tuer par ses soldats.

LE MÊME, même ouvrage, I, 11.

Si je la prends (l'Église) comme *assistée* et inspirée *de* l'esprit de vérité, toutes les passions et tous les intérêts des hommes n'empêchent pas que je lui doive une soumission entière dans mon esprit.

BOURDALOUE, *Sermons*, Pour la fête de saint Pierre.

Comme il fut question de porter ce tribut,
Le mulet et l'âne s'offrirent,
Assistés du cheval ainsi que du chameau.

LA FONTAINE, *Fables*, XII, 29.

ASSISTÉ s'emploie quelquefois absolument, surtout en style administratif.

Les enfants *assistés.*

Dictionnaire de l'Académie, 1878.

ASSISTANT, ANTE, adj. Qui est présent en un lieu.

Il s'emploie plus habituellement comme substantif. Il désigne alors,

Soit des personnes quelconques présentes en un lieu :

Les *assistans* dirent que vrayement il debvoit avoir par ce le nom Gargantua, puis que telle avoit esté la première parolle de son père à sa naissance à l'imitation et exemple des anciens Hébreux.

RABELAIS, *Gargantua*, I, 7.

Un pauvre vieux fauconnier..... fut apperceu par le comte..... fut appelé pour venir à luy ; ce que fit le fauconnier, lequel son maistre consolla... Tous les *assistans*, voyant un si familier devis d'un si grand seigneur à un si petit malottru, se mirent à plorer de compassion.

BRANTÔME, *Grands capitaines estrangers*, M. de Bure.

IV.

Il déconfit si bien messieurs de l'embuscade que tous les *assistans* avouèrent qu'ils n'avoient jamais vu un si vaillant homme.

SCARRON, *Roman comique*, I, 3.

Le silence fut entier pendant nos deux discours, et l'application des *assistans* extrême.

SAINT-SIMON, *Mémoires*, 1712.

Elle (la duchesse de Berry) se soumit aux remèdes pour ce monde et pour l'autre. Elle reçut ses sacremens à portes ouvertes, et parla aux *assistans* sur sa vie et son état, mais en reine de l'un et de l'autre.

LE MÊME, même ouvrage, 1719.

Le moyen qu'aucun des *assistans* eût voulu renoncer à voir le progrès d'une querelle qui promettoit tant ! A tout moment on touchoit à la catastrophe.

MARIVAUX, *la Vie de Marianne*, II⁰ partie.

Il ne faut pas que tragédie finisse comme comédie ; et, autant qu'on peut, il faut laisser le poignard dans le cœur des *assistants*.

VOLTAIRE, *Lettres*, 28 juillet 1761.

Rameau prétendit ne voir en moi qu'un petit pillard sans talent et sans goût. Les *assistants*, et surtout le maître de la maison, ne pensèrent pas de même.

J.-J. ROUSSEAU, *les Confessions*, II, 7.

Enfant, se tu es sage, escoute
De la table les *assistens.*

Les contenances de table. (Voyez *Poésies françoises des* XV⁰ *et* XVI⁰ *siècles*, Bibliothèque elzévirienne, t. I, p. 191.)

Soit l'Aide d'un ecclésiastique ; *Assistant* est quelquefois en ce sens un titre officiel :

Comme Evesque *assistant* au Pape je seois avec les autres Evesques *assistans.*

LE CARDINAL D'OSSAT, *Lettres*, liv. IV, 159.

Il (le père d'Aubenton) étoit passé en Italie où il restoit *assistant* françois du général des jésuites, qui est pour chaque nation la première place après la sienne.

SAINT-SIMON, *Mémoires*, 1713.

Le saint et son *assistant* terminent la marche du clergé.

DIDEROT, *Salon de* 1765, C. Vanloo.

L'archevêché était alors vacant, et le chapitre permit à l'évêque de Beauvais de besogner (c'est le terme dont on se servit). Il choisit pour ses assesseurs neuf docteurs de Sorbonne, avec trente-cinq autres *assistants*, abbés ou moines.

VOLTAIRE, *Un chrétien contre six juifs*, 18⁰ sottise, Sur Jeanne d'Arc.

Puis, avec l'*assistant* disant les saints cantiques,
Je m'assis pour pleurer près des chères reliques.
LAMARTINE, *Jocelyn*, Prologue.

ASSISTANCE, s. f. Présence, droit, devoir d'assister.

Les ducs et comtes..... commencèrent d'appeler leurs grands barons, pairs, et leur donner voix et *assistance* en leurs jugemens.
EST. PASQUIER, *Recherches de la France*, II, 9.

Les entreprises des inquisiteurs obligèrent le Sénat (de Venise)... au seizième siècle, d'ordonner que l'inquisition ne pourrait jamais faire de procédure sans l'*assistance* de trois sénateurs.
VOLTAIRE, *Essai sur les mœurs*, c. 140.

Quelques pairs qui s'assemblaient encore dans la Chambre haute, seulement pour la forme, tous les autres s'étant retirés, furent sommés de joindre leur *assistance* juridique à cette Chambre illégale; aucun d'eux n'y voulut consentir.
LE MÊME, même ouvrage, c. 180.

Souvenez-vous pourtant que ma famille illustre
De l'*assistance* au sceau ne tire point son lustre.
BOILEAU, *Satires*, X.

Il se dit aussi d'Un nombre plus ou moins considérable de personnes assemblées en quelque lieu.

J'ay appris par le caquet, que l'*assistance* de l'accouchée estoit composée de plusieurs femmes et de diverses qualitez.
Recueil général des caquets de l'Accouchée, VIII.

En ce poinct entra en la sulle où l'on banquetoit, et hardiment, qu'il espoventa bien l'*assistance*.
RABELAIS, *Pantagruel*, II, 4.

Je ne trouvay autre expedient pour eschapper d'un si grand et manifeste danger, que de persuader à toute l'*assistance* par mon nayf et comme naturel langage italien, que cestuy-là s'abusoit grandement en ce qu'il me prenoit pour un François.
H. ESTIENNE, *la Précellence du langage françois*.

Ainsi finit le parlement de ces deux soldatz, qui dura longtemps et donna grand plaisir à toute l'*assistance* qui estoit là.
BRANTÔME, *Grands Capitaines*, M. de Montluc.

Ce mot-là ne fust pas plustost dit qu'il fut relevé de plusieurs de l'*assistance*.
BRANTÔME, *Rodomontades espaignolles*.

Comme toute l'*assistence* du peuple, aussi tost qu'il (Aratus) se presenta sur la scene, se desbordast à luy faire toutes les demonstrations d'honneur, de caresses et de bon recueil qui leur estoit possible il... se teint longuement debout... recevant les cris de joye et les batemens de main.
AMYOT, trad. de Plutarque, *Aratus*, 27.

Lors les consuls demanderent tout hault à l'*assistance* des senateurs s'ils estoyent d'advis que Pomponius laissast les armes.
LE MÊME, même ouvrage, *César*, 39.

J'ai veu des récits bien plaisants devenir tres ennuyeux en la bouche d'un seigneur; chascun de l'*assistance* en ayant été abbreuvé cent fois.
MONTAIGNE, *Essais*, I, 9.

Platon l'ayant invitee (la philosophie) à son Convive, nous voyons comme elle entretient l'*assistance* d'une façon molle, et accommodée au temps et au lieu, quoy que ce soit de ses plus hauts discours et plus salutaires.
LE MÊME, même ouvrage, I, 25.

Il y en a qui parlent bien et qui n'écrivent pas bien. C'est que le lieu, l'*assistance* les échauffent et tirent de leur esprit plus qu'ils n'y trouvent sans cette chaleur.
PASCAL, *Pensées*.

C'est son visage que l'on voit aux almanachs représenter le peuple ou l'*assistance*.
LA BRUYÈRE, *Caractères*, De la ville.

Ceux de l'*assistance* qui avoient souvent ouï la comédie dans Paris avouèrent que les comédiens du roi n'eussent pas mieux représenté.
SCARRON, *le Roman comique*, Ire partie, c. 17.

Le chancelier remontra l'état des affaires présentes, qu'il compara à une grière maladie, dont les médecins ignoroient la cause, et conjura toute l'*assistance* d'employer tous leurs soins et leurs advis pour la descouvrir et pour y appliquer les remèdes.
MÉZERAY, *Histoire de France*, François II.

Toute l'*assistance* fit des vœux pour le nouveau prince (Joas), et on fit retentir le temple du cri : Vive le roi!...
BOSSUET, *Sermons*, Sur les devoirs des rois.

La Fare, capitaine des gardes de M. le duc d'Orléans, se présente vis-à-vis de lui (de Villeroy), l'arrête et lui demande son épée. Le maréchal entre en furie et toute l'*assistance* en émoi.
LE MÊME, même ouvrage, 1722.

Quelqu'un des courtisans lui dit (au charlatan) qu'à
[la potence
Il vouloit l'aller voir; et que pour un pendu
Il auroit bonne grace, et beaucoup de prestance :
Surtout qu'il se souvint de faire à l'*assistance*
Un discours où son art fut au long étendu.

LA FONTAINE, *Fables*, VI, 19.

ASSISTANCE, signifie ordinairement Aide, secours.

Hélas! mes travaux sont des consolations, et mes peines
des roses, en comparaison de ceux qui, sans secours, sans
assistance, sans allegement, vivent en une mort continuelle, accablez d'afflictions infiniment plus grandes.

SAINT FRANÇOIS DE SALES, *Introduction à la vie dévote*, part. III, c. 3.

Je voudrois bien qu'on me dît quelle comparaison il
pourroit y avoir d'un jeune éventé, de qui toute la vertu
n'étoit autre chose qu'une *assistance* extraordinaire que la
fortune faisoit à ses témérités, et de celui qui ne cherchoit autre fruit de ses victoires que le repos du monde.

MALHERBE, trad. de Sénèque, *Traité des bienfaits*, liv. I, c. 14.

Vous lui desirez un danger certain, sans espoir d'une
assistance qui ne l'est pas.

LE MÊME, même ouvrage, liv. VI, c. 28.

Dans ma disgrâce, j'ay pour le moins cet advantage
que mon protecteur est asseuré de ma justification. Cela
estant, je ne dois point douter de la continuation de son
assistance, où je trouve plus de repos que tous mes ennemis ne sçauroient faire de trouble.

THÉOPHILE, *Lettres*, XXII.

Jean ayant assemblé les Estats à la Saint-André de l'an
1356, leur demanda subvention pour les frais de la guerre
et *assistance* contre ses ennemis.

MÉZERAY, *Histoire de France*, Jean.

Elles (les eaux de Vichy) se rendent dans de grands bassins qu'on leur a faits, et se présentent en bouillonnant à
tous ceux qui viennent rechercher leur *assistance*.

FLÉCHIER, *Mémoires sur les grands jours de 1665*.

Un pauvre neveu qui demeura dix-sept ans avec lui,
n'en eut jamais la moindre *assistance*.

TALLEMANT DES RÉAUX, *Historiettes*, les Pugets.

Des lois de cette milice (romaine) étoient dures, mais
nécessaires..... Qui mettoit les armes bas devant l'ennemi,
qui aimoit mieux se laisser prendre que de mourir glorieusement pour sa patrie, étoit jugé indigne de toute *assistance*.

BOSSUET, *Discours sur l'histoire universelle*, III, 6.

Cette démonstration est fondée sur l'*assistance* perpétuelle que Dieu doit, selon lui (Jurieu), à son Église.

BOSSUET, *Histoire des variations des Églises protestantes*, liv. XV, § 88.

La justice doit une *assistance* particulière aux foibles,
aux orphelins, aux épouses délaissées et aux étrangers.

LE MÊME, *Oraison funèbre de Le Tellier*.

L'Espagne ne pourra de longtemps se relever de la fatale
assistance que nous avons prêtée à l'Angleterre pour ruiner sa marine.

SAINT-SIMON, *Mémoires*, 1718.

La justice humaine n'est pas tout à fait dénuée, dans la
recherche des coupables, d'une certaine *assistance* extraordinaire.

J. DE MAISTRE, *Soirées de Saint-Pétersbourg*, Ier entretien.

Les époux se doivent mutuellement fidélité, secours, *assistance*.

Code civil, 212.

Les saints même, les saints, tous comblés de ce don
[(la grâce),
Ont éprouvé souvent de ces vicissitudes,
Et senti des momens tantôt doux, tantôt rudes,
Par la pleine *assistance* et l'entier abandon.

P. CORNEILLE, *l'Imitation*, II, 9.

Je dois à sa misère une prompte *assistance*.

BOURSAULT, *Ésope à la cour*, III. 9.

Enfin il est tombé, malgré mon *assistance*, [sance.
Sans voix, sans sentiment, sans poulx, sans connoisREGNARD, *le Légataire universel*, III, 8.

ASSISTANCE, en ce sens, est souvent suivi de la
préposition *de* précédant le nom de la personne
ou de la chose qui a aidé, assisté.

J'ai veu discourir à plusieurs honnestes gens qui disoient que si M. le mareschal a faict de si belles choses
en Piedmond, et que s'il a acquis le nom et titre de grand
capitaine, qu'il faut bien qu'il en remercye aussi l'*assistance* des bons et grandz capitaines qu'il avoit avec luy.

BRANTÔME, *Grands Capitaines*, M. le maréchal de Brissac.

J'ay recogneu une tant visible *assistance de* la main paternelle de Dieu parmy tant de diverses fortunes et bonnes
et mauvaises qui m'ont esté occurentes pendant la bataille,
que la delivrance des uns et la gloire des autres en appartient à luy seul.

SULLY, *OEconomies royales*, c. 30.

Vous avez commandé l'*assistance des* enfants à l'endroit de leurs pères vieux, et l'avez gravée si avant en la nature, que les cigognes mêmes en pratiquent la loi.

> SAINT FRANÇOIS DE SALES, *Sermon prononcé à Paris en l'église de Saint-Jean-en-Grève, en 1602.*

Quelle triste condition sera celle du sage, si, prisonnier entre les mains des ennemis, en quelque terre lointaine, ou retenu en quelque long voyage sur mer, ou jeté par la tempête en quelque rivage solitaire, il ne se trouve en toutes ses incommodités secouru de l'*assistance* ni de la consolation *d'un* seul ami!

> MALHERBE, trad. de Sénèque, *Épîtres,* IX, 4.

Je pensois que, pour entreprendre de les examiner (les vérités révélées) et y réussir, il étoit besoin d'avoir quelque extraordinaire *assistance du* ciel et d'être plus qu'homme.

> DESCARTES, *Discours de la Méthode,* I.

Ils (les Macédoniens) étoient persuadés qu'il (Alexandre) n'entreprenoit rien sans une *assistance* particulière *des* Dieux.

> VAUGELAS, trad. de Quinte-Curce, *Vie d'Alexandre,* liv. III.

Je ne vois pas comme quoi on peut faire obéir les autres sans l'*assistance de* la parole.

> BALZAC, *Dissertations critiques,* II.

Je crois qu'une si grande affaire comme celle-là (la prise de La Rochelle) avoit besoin pour être achevée de votre présence et de l'*assistance de* votre génie.

> VOITURE, *Lettres;* au cardinal de la Valette.

Qu'un général d'armée ne s'assure pas toujours du commandement, et ne s'enfle pas de la gloire qu'il a acquise autant par l'*assistance de* ses troupes que par sa propre valeur.

> SAINT-ÉVREMONT, *De l'usage de la vie,* c. 5.

Il (Schönborn) venoit encore d'augmenter sa réputation par le siége d'Erfort, qu'il avoit entrepris, et qu'il avoit heureusement achevé avec l'*assistance de* la France.

> LE MARQUIS DE POMPONNE, *Mémoires,* I, c. 1.

Ceux qui me doivent tout m'insultent lâchement,
Pendant que *de* vos soins vous m'offrez l'*assistance,*
Vous, qui ne me devez que de l'indifférence.

> BOURSAULT, *Ésope à la cour,* II, 5.

On a dit *Implorer, prêter, apporter, offrir, donner, rendre assistance.*

Les catholiques au Levant... ne voulurent point soubsigner les décrets du Concile tenu à Arimini, par ce, entr'autres choses, que l'évesque de Rome n'y *avoit presté* consentement et *assistance.*

> EST. PASQUIER, *Recherches de la France,* III, 1.

Ayant sceu l'*assistance* que vous avez *apportée* au recouvrement de ma ville de Foix..., je vous en ai voulu remercier par cette mienne (lettre).

> HENRI IV, *Lettres,* 28 mai 1582.

C'estoit la coustume des bergers de Lignon de ne rencontrer jamais estranger, sans luy *offrir* toute sorte d'*assistance,* leur semblant que les loix de l'hospitalité le leur commandoient ainsi.

> D'URFÉ, *l'Astrée,* IIe part., liv. IV.

Dans la plus grande chaleur de la calomnie, et dans la plus froide *assistance* qui *fut* jamais *rendue* à un innocent, vous vous estes passionné pour moi.

> BALZAC, *Lettres,* V, 28.

L'*assistance* incomparable que vous *avez rendue* à feu M. votre frère vous doit être maintenant une consolation non pareille.

> VOITURE, *Lettres;* à Mlle de Rambouillet.

Elle crut que l'*assistance* qu'elle lui *rendoit* ne pouvoit être mieux employée.

> SCARRON, *Roman comique,* I, 22.

Dieu (dit le Jésuite) n'a jamais laissé pécher un homme sans lui donner auparavant la vue du mal qu'il va faire, et le désir ou d'éviter le péché ou au moins d'*implorer* son *assistance,* pour le pouvoir éviter.

> PASCAL, *Provinciales,* IV.

Il semble à l'entendre, leur dit-elle (Vénus), qu'il (l'Amour) soit fort en colère contre Psyché; cependant il ne laisse pas, sous main, de lui *donner assistance.*

> LA FONTAINE, *Psyché,* II.

Achaz, roi de Juda... appela Theglathphalasar, premier roi d'Assyrie ou de Ninive, qui réduisit à l'extrémité le royaume d'Israël, et détruisit tout à fait celui de Syrie; mais en même temps il ravagea celui de Juda qui avoit *imploré* son *assistance.*

> BOSSUET, *Discours sur l'histoire universelle,* I, 7.

Cette jeune personne est venue de province *implorer* l'*assistance* d'un parent, qui n'a voulu ni la voir ni la secourir.

> DIDEROT, *le Père de famille,* I, 10.

Balzac a dit, dans un sens analogue, *Contribuer son assistance ·*

Il a *contribué son assistance* à la production de l'excellent ouvrage que vous m'ayez envoyé.

Balzac, Lettres, liv. VII, 16.

Il s'employait très fréquemment au pluriel dans le sens de secours :

Le Roi après une responce de bouche plaine de courtoisie, aiant reconu par cet escrit quel jugement les Princes Allemans faisoient de lui, fut conseillé d'envoyer par l'Allemagne pour empescher, rendre plus difficile, ou au moins retarder les *assistances* que les Refformez pourroient esperer de ce costé-là.

D'Aubigné, Histoire universelle, t. II, liv. III, c. 18.

Considérez les graces corporelles que Dieu vous a données, quel corps, quelles commoditez de l'entretenir, quelle santé, quelles consolations loisibles pour iceluy, quels amis, quelles *assistances.*

Saint François de Sales, Introduction à la vie dévote, part. I, c. 11.

Quoy que, par la première opinion que j'avois euë de vous, je me fusse incontinent figuré des *assistances* extraordinaires du ciel, je n'en veux pas pour cela perdre l'esperance entièrement.

D'Urfé, l'Astrée, IIe part., liv. IX.

Mlle de L'Estoile leur apprit aussi les *assistances* qu'elle avoit reçues d'une dame de Tours.

Scarron, Roman comique, I, 12.

A qui refusa-t-elle jamais ses *assistances?*

Fléchier, Oraison funèbre de Mme la Dauphine.

Voilà des âmes égarées qu'il a ramenées à vous par ses *assistances*, par ses conseils, par son exemple.

Le même, Oraison funèbre de Turenne.

Les Gascons des Pyrénées, qui faisoient métier de brigandage, récompensèrent mal le roi Charles de toutes ses généreuses *assistances.*

Mézeray, Histoire de France, Charlemagne.

Le même principe qui le faisoit agir (Louis XIV) en tant d'endroits pour le bien de ses alliés, l'obligeoit encore à porter ses pensées et ses *assistances* du côté de la Pologne.

Le marquis de Pomponne, Mémoires, I, c. 1.

Il (le roi d'Espagne) ne desiroit que le repos et ne se soucioit plus de conquêtes; si bien qu'il ne donna aucune des *assistances* que l'archiduc lui demanda.

Hardouin de Perefixe, Histoire de Henri le Grand, IIe part., 1597.

Vous eûtes la bonté de vouloir savoir leurs noms (des députés du diocèse de Mende), et je vous les mandai, en-

suite de quoi vous leur offrites vos *assistances* et la protection du roi, aux occasions qui se pourroient rencontrer.

L'évêque de Mende, à Colbert de Croissy, 6 janvier 1663. (Voyez Depping, Correspondance administrative sous Louis XIV, t. I, p. 108.)

Il (le roi d'Angleterre) répond du succès (de la guerre contre la Hollande), pourvu que son parlement lui accorde seulement les deux tiers ou la moitié des *assistances* qu'il lui a données naguère pour ce même sujet.

Colbert de Croissy, à Louis XIV, 13 nov. 1669. (Voyez Mignet, Succession d'Espagne, t. III, p. 105.)

Le roi de Sicile se défioit de la France et de l'Angleterre et différoit d'accepter les *assistances* qui lui étoient affectées de part et d'autre.

Saint-Simon, Mémoires, 1718.

En termes de marine, on appelait *enseigne d'assistance* un signal par lequel on demande de l'aide :

Vaisseau qui met *enseigne d'assistance* pour avoir un pilote qui le toue.

Coutume d'Oleron.

Assistance judiciaire.

Institution judiciaire qui permet aux indigents de procéder en justice, devant toute juridiction, sans payer ni honoraires ni frais.

Le projet de loi accorde le bénéfice de l'*assistance judiciaire* à ceux qu'une indigence réelle met dans l'impossibilité de faire valoir leurs droits devant la justice. Ils sont admis à ce bénéfice par le Bureau d'*assistance judiciaire*, espèce de bureau de bienfaisance spécial.

M. Rouher, Exposé des motifs de la loi du 22 janvier 1851.

Assistance publique se dit de l'Administration et des établissements qui, sous l'autorité de l'État, des départements ou des communes, viennent au secours des pauvres et des malades.

Dans notre organisation administrative actuelle, les deux principaux services de l'*Assistance publique* (hôpitaux et hospices et bureaux de bienfaisance) ont chacun leur administration séparée, sauf à Paris, où ces deux services sont réunis.

Maurice Block, Dictionnaire de l'administration française. Assistance publique.

ASSOCIER, v. a. (Du latin *associare*, de *ad* et *sociare*, joindre.) Prendre ou donner quelqu'un pour compagnon, pour collègue dans une dignité, dans un emploi, dans une entreprise, etc.

Un jeune homme du lieu s'étoit joué à contrefaire une nuict, en sa maison, la voix d'un esprit, sans penser à autre finesse qu'à jouir d'un badinage présent : cela luy ayant un peu mieulx succédé qu'il n'espéroit, pour estendre sa farce à plus de ressorts, il y *associa* une fille de village, du tout stupide et niaise : et furent trois enfin de même aage et pareille suffisance.

MONTAIGNE, *Essais*, III, 11.

Nos historiographes nous enseignent que Louys, dès le vivant de son père (Charlemagne), *avoit esté* par luy *associé* et faict compagnon de son Empire.

EST. PASQUIER, *Recherches de la France*, V, 2.

Ceux qui rejettent plus bas le commencement d'Artaxerxe, pour concilier les auteurs, sont réduits à conjecturer que son père l'*avoit* du moins *associé* au royaume quand Thémistocle écrivit sa lettre ; et en quelque façon que ce soit, notre date est assurée.

BOSSUET, *Discours sur l'histoire universelle*, I, 8.

Sa science (de Huet) vaste et nette, et sa sage et sûre critique, avec de très bonnes mœurs, l'avoient fait *associer* au célèbre Fléchier, depuis évèque de Nîmes, dans la place de sous-précepteur de Monseigneur.

SAINT-SIMON, *Mémoires*, 1721.

Le bon Hollandois m'*associa* à son commerce.

SEDAINE, *le Philosophe sans le savoir*, II, 4.

Cette femme m'*associoit* à tous ses pieux exercices, m'enfermoit avec elle pour de saintes lectures, m'emmenoit à l'église et à toutes les prédications qu'elle couroit.

MARIVAUX, *la Vie de Marianne*, 9e partie.

Ils ont fait la princesse arbitre de l'empire.
Qu'elle épouse Léon, tous sont prêts d'y souscrire ;
Mais je ne réponds pas d'un long respect en tous,
A moins qu'il *associe* aussitôt l'un de nous.

P. CORNEILLE, *Pulchérie*, IV, 4.

ASSOCIER signifie Joindre, unir, agréger à un corps, à une compagnie, à un ordre.

Si le cardinal de Retz, ne l'ayant jamais été, en refusoit le chapeau, je trouverois l'action bien plus exemplaire : mais il ne sent plus le plaisir d'avoir cette dignité, qu'on a même avilie par les gens qu'on lui *a associés*.

BUSSY-RABUTIN, *Lettres; à Mme de Scudéry*, 27 mai 1675.

Encore une fois, à quels hommes, à quels grands sujets m'*associez-vous*?

LA BRUYÈRE, *Discours prononcé dans l'Académie*.

Dès que l'Église, par la grâce de l'onction sacerdotale, nous a *associés* au saint ministère...

MASSILLON, *Discours*. Du zèle contre les scandales.

Il (la Beaumelle) met de cette société (de Mme Scarron) M. de Charleval, qu'il appelle le plus élégant de nos poëtes négligés, et dont nous n'avons que trois ou quatre pièces qui sont au rang des plus médiocres ; il y *associe* le comte de Coligni, qu'il dit avoir été à Paris le prosélyte de Ninon, et à la cour l'émule de Condé.

VOLTAIRE, *Lettre à l'auteur des honnêtetés littéraires sur les mémoires de madame de Maintenon*, publiés par la Beaumelle.

Il (Jacques II) alla descendre chez eux à Paris, dans la rue Saint-Antoine. Il leur dit qu'il était jésuite lui-même ; et ce qui est plus singulier, c'est que la chose était vraie. Il s'était fait *associer* à cet ordre, avec de certaines cérémonies, par quatre jésuites anglais, étant encore duc d'York.

LE MÊME, *Siècle de Louis XIV*, c. 15.
Le roi Jacques détrôné.

La reine de Suède me fit le même honneur, et m'*associa* à son académie de Suède.

HÉNAULT, *Mémoires*, c. 19.

Le Roi (Louis XV) le fit commandeur de l'Ordre du Saint-Esprit, où il *avoit été associé*.

MAIRAN, *Éloge de Polignac*.

ASSOCIER, unir, joindre :

Brief les hommes racomptent plusieurs autres telles merveilles, où il n'y a apparence quelconque de vérité, voulans déifier la nature humaine, à l'*associer* avec les dieux.

AMYOT, trad. de Plutarque, *Vie de Romulus*, c. 47.

La jouissance du bien ne peut être agréable si l'on n'y *associe* quelqu'un.

MALHERBE, trad. de Sénèque, *Épîtres*, VI.

Cette trinité incréée... a fait une trinité créée sur la terre, et a voulu imprimer en ses créatures une image de ce mystère ineffable qui *associe* le nombre avec l'unité d'une manière si haute et si admirable.

BOSSUET, *Sermons*, Sur le mystère de la sainte Trinité.

Le vers hexamètre a quelque chose de grave et de majestueux; mais il devient plus simple et plus familier si on lui *associe* le vers pentamètre.

> Rollin, *Traité des Études*, liv. III, c. 2, art. 1er.

Rameau aima mieux que son nom fût supprimé que d'y voir *associer* le mien.

> J.-J. Rousseau, *les Confessions*, II, 7.

Il n'y a sûrement que l'abbé Trublet dans le monde qui puisse *associer* Fréron avec M. Diderot.

> Grimm, *Correspondance*, 1er mai 1754.

L'on pouvait espérer qu'un monarque d'une conscience aussi scrupuleuse serait heureux d'*associer* de quelque manière la nation à la responsabilité des affaires publiques.

> Mme de Staël, *Considérations sur la Révolution française*, Ire part., c. 3.

Quelquefois Unir en mariage :

Je veux à leurs égaux *associer* vos filles.

> Boursault, *les Mots à la mode*, sc. 3.

Il s'emploie surtout au figuré dans le sens d'Unir :

Vous *associerez* une tache sur vostre reputation, que toute l'eaue de la mer ne seroit suffisante à effacer, ne toutes les tenebres du monde pour la cacher.

> Martin du Bellay, *Mémoires.*

Mandez-moi si vous croyez que je doive parler de M. de Luxembourg. Vous n'ignorez pas combien notre maître est chatouilleux sur les gens qu'on *associe* à ses louanges.

> Boileau, *Lettres*; à Racine, 6 juin 1693.

Tout le monde s'élève contre un homme qui entre en réputation; à peine ceux qu'il croit ses amis lui pardonnent-ils un mérite naissant, et une première vogue qui semble l'*associer* à la gloire dont ils sont déjà en possession.

> La Bruyère, *Caractères*, c. 12.

Faute d'avoir lu ses autres ouvrages, j'étois persuadé, sur ce qu'on m'avoit dit de lui, que M. Hume *associoit* une âme très républicaine aux paradoxes anglois en faveur du luxe.

> J.-J. Rousseau, *les Confessions*, II, 12.

Lorsque quelque circonstance permanente, quelquefois même passagère, a *associé* certaines idées dans la tête des peuples, elles ne s'y séparent plus.

> Diderot, *Salon de 1765*, Essais sur la peinture, c. 4.

Ne peut-on pas le louer lui-même (Voltaire)..... et un

grand nombre d'écrivains, d'avoir *associé* l'éloquence avec la philosophie?

> Marmontel, *Éléments de littérature*, Essai sur le goût.

J'irois loin d'elle encor tâcher de l'oublier? Non, non, à mes tourments je veux l'*associer*.

> Racine, *Andromaque*, III, 1.

Il s'emploie aussi avec le pronom personnel :

Il valloit mieux s'*associer* en l'honneste fortune d'un mary que d'attacher ses affections à des frivoles concupiscences.

> *Recueil général des caquets de l'Accouchée*, 5e journée.

Vous scavez quel grand nombre d'hommes... se sont *associez* à dresser cet équipage et nous jetter en ceste tempestueuse mer de guerres plus que civiles.

> G. Du Vair, *De la constance et consolation es calamitez publiques*, liv. I.

Je m'*associai* avec des chevaliers d'industrie. Ils m'apprirent à faire de bons tours.

> Le Sage, *Gil Blas*, I, 5.

Plusieurs seigneurs s'*associèrent* insensiblement pour protéger la sûreté publique et pour défendre les dames.

> Voltaire, *Essai sur les mœurs*, c. 97. De la chevalerie.

En Allemagne, les villes de Francfort, Mayence, Cologne, Vorms, Spire, s'*associent* pour leur commerce et pour se défendre des seigneurs de châteaux qui étaient autant de brigands.

> Le même, *Annales de l'empire*, Conrad IV.

Il me vient une pensée, reprit l'autre : travaillons de concert à nous donner de l'esprit, *associons-nous* pour cela.

> Montesquieu, *Lettres persanes*, LIV.

Il est difficile que les États qui s'*associent* soient de même grandeur et aient une puissance égale.

> Le même, *Esprit des lois*, IX, 3.

C'est un des grands moyens de l'éloquence populaire, que de se jeter ainsi soi-même dans la foule, de s'*associer* à ses auditeurs.

> Marmontel, *Éléments de littérature*, Éloquence de la chaire.

Dans une nation policée, la cruauté et la fourberie annoncent une âme faible... Chez un peuple encore sauvage, elles s'*associent* souvent avec une âme grande, noble et fière.

> Mably, *Observations sur l'histoire de France*, liv. I, c. 1.

Quelquefois il *s'associait*, pour les dresser, un habile maître de chœur, nommé Télestès.

BARTHELEMY, *Voyage d'Anacharsis*, c. 69.

Consolider la constitution existante..., c'eût été *s'associer* aux préjugés révolutionnaires.

NAPOLÉON, *Mémoires*, t. I, p. 67.

Il (Paoli) recommandait à ses compatriotes de ne jamais se séparer de la France, et de *s'associer* au bonheur comme au malheur de cette grande nation.

LE MÊME, même ouvrage, t. IV, 58.

Les députés élus par la nation peuvent seuls *s'associer* à ses besoins et à ses désirs, selon chaque époque.

Mme DE STAEL, *Considérations sur la Révolution française*, § 7.

S'associer, se faire associer quelqu'un, Se le donner ou se le faire donner pour compagnon, pour collègue, pour collaborateur, etc.

Puis que de femme ne me peuz passer en plus qu'un aveugle de baston... n'est-ce le mieulx que *je me associe* quelque honeste et preude femme, qu'ainsi changer de jour en jour?

RABELAIS, *Pantagruel*, III, 9.

Le maréchal avoit contribué à *se faire associer* le comte de Tessé pour la négociation.

SAINT-SIMON, *Mémoires*, 1696.

On a dit quelquefois, dans le même sens, *S'associer de quelqu'un :*

Ce n'est pas d'ast'heure que les grandz capitaines *se sont associez* en leurs guerres *de* bons secondz et confidans.

BRANTÔME, *Grands capitaines françois*, M. le marchal de la Chastre.

C'est une lâcheté à un magistrat, aussi bien qu'à un capitaine, quelque grand que soit le péril, de lâcher le pied dans l'occasion, encore plus de *s'associer des* ennemis de la patrie et de son Roi.

MÉZERAY, *Histoire de France*.

Aprés *s'estre* donc *associé de* ceux de sa faction, il fut suivi du peuple crédule et de quelques soldats, soit par ignorance ou par malice.

PERROT D'ABLANCOURT, trad. de Tacite, *Histoires*, II, 19.

Je me suis associé d'un fort honnête homme, qui *est*, je pense, lui, *associé* d'un autre fort honnête homme.

RÉGNARD, *la Sérénade*, sc. 13.

Associé, ée, participe.

L'autre, nommée la Pebrada, est une honorable dame de même profession : elles sont *associées*, et elles partagent en ce moment les fruits d'une aventure qu'elles viennent de mettre à fin.

LE SAGE, *le Diable boiteux*, c. 6.

Spengenberg, capitaine de vaisseau *associé* à ce voyage, partit le premier du Kamtschatka : mais il ne put se mettre en mer qu'en 1739, tant il avait fallu de temps pour arriver au port où l'on s'embarqua.

VOLTAIRE, *Histoire de Pierre le Grand*, Ire part., c. 1.

Épouse de Crésus, que mon sort sera doux,
Pouvant faire du bien, de commencer par vous ;
Je viens exprès ici vous le dire moi-même.
Demain *associée* à son pouvoir suprême,
Comme de votre bien usez de mon crédit.

BOURSAULT, *Ésope à la cour*, IV, 2.

Il se dit quelquefois des choses :

Feit apporter vin de collation *associé* d'ung nombre de pastez, de jambons, de fruict et de fromaiges.

RABELAIS, *Pantagruel*, IV, 13.

Il s'emploie beaucoup comme substantif :

J'ay conféré tous les jours avec le sieur Chasse et quelques autres de ses *associez*, qui me paroissent avoir très-bonne intention, pourvu qu'ils soient un peu soutenus.

DE MACHAULT à Colbert de Croissy, 23 mai 1665.
(Voyez DEPPING, *Correspondance administrative sous Louis XIV*, t. I, p. 593.)

Ceux de Strasbourg, et leurs *associés* défenseurs du sens figuré s'offrirent de la souscrire (la confession d'Augsbourg) à la réserve de l'article de la cène.

BOSSUET, *Histoire des variations des Églises protestantes*, liv. III, 3.

C'est le nom de notre *associé*. Qui te l'a dit?

REGNARD, *la Sérénade*, sc. 13.

Un peuple, presque esclave sous les rois, et foible client sous les patriciens, devint par degrés égal à ses patrons, et leur *associé* dans toutes les dignités de la république.

ROLLIN, *Traité des Études*, liv. VI, IIIe partie, c. 2, art. 2.

Quel fut mon étonnement quand, à la fin de la partie, je vis Mme de Vambures en faire tous les frais, que ramassoit Mme de Damville, en répétant cent fois que, sans les étourderies de ses *associés,* dont elle étoit victime, elle auroit dû gagner le triple ou le quadruple!

MARIVAUX, *le Paysan parvenu,* VIᵉ partie.

Vous daignâtes, Monsieur, vous abaisser à répondre à ce mauvais livre; cela le fit connaître, et a enhardi Nonotte et ses *associés* à en faire une seconde édition pleine d'injures, les plus méprisables à la fois et les plus punissables.

VOLTAIRE, *les Honnêtetés littéraires,* XXIIᵉ honnêteté, nᵒ 17.

Il me marqua ce désir, que je n'encourageois pas, sachant que la compagnie qui s'étoit formée se trouvoit déjà trop nombreuse et ne vouloit plus d'autre *associé.*

J.-J. ROUSSEAU, *Correspondance,* 8 août 1765.

Chaque *associé* est débiteur envers la société de tout ce qu'il a promis d'y apporter.

Code civil, art. 1845.

Facteurs, *associés,* chacun lui fut fidèle;
Il vendit son tabac, son sucre, sa cannelle.

LA FONTAINE, *Fables,* VII, 14.

Dans quelques Académies, on appelle *associés* les membres autres que les titulaires.

M. Halley fut reçu dans l'académie des sciences en qualité d'*associé* étranger

MAIRAN, *Éloge de Halley.*

L'Académie..... ne laissa pas d'accorder en 1727 à M. Boulduc une de ses places d'*associé* ordinaire.

LE MÊME, *Éloge de Boulduc.*

ASSOCIATION, subst. fém. Union de personnes, de corporations, de villes, etc., qui se joignent ensemble pour quelque intérêt commun :

Là il y eust plusieurs disputes : mais en fin fust conclue l'*association* du Roy, et arresté que tous les Princes, grands Seigneurs, gouverneurs de provinces, capitaines de gens-d'armes, renonceroient à toute ligue et confederation, tant dehors que dedans le Royaume, et que tous seroient de celle du Roy, et feroient le serment, à peine d'estre declarez rebelles à la couronne.

MONTLUC, *Commentaires,* liv. VI.

Il se montra fort ennemy des huguenotz; et disoit-on que ce fut luy le premier qui fit l'*association* du triumvirat.

BRANTÔME, *Grands capitaines.* M. le maréchal de Saint-André.

IV.

L'*association* qu'il me fait, et le soin qu'il a de moi, me rendent coupable, non-seulement d'injustice, mais d'ingratitude, si je me fâche qu'il se profite en une chose en laquelle il m'a profité.

MALHERBE, trad. de Sénèque, *Traité des bienfaits,* VI, 13.

Notre *association* n'est point si ferme que je ne la rompe quand bon me semblera.

LE MÊME, même ouvrage, *Épîtres,* LXV.

Les *associations* des villes étoient autrefois plus nécessaires qu'elles ne le sont aujourd'hui.

MONTESQUIEU, *Esprit des lois,* IX, 1.

Quand Rome fut parvenue au comble de sa grandeur, ce fut par des *associations* derrière le Danube et le Rhin, *associations* que la frayeur avoit fait faire, que les barbares purent lui résister.

LE MÊME, même ouvrage, IX, 1.

C'étoient des *associations* de villes libres qui avoient des assemblées générales et des magistrats communs.

LE MÊME, *De la grandeur et de la décadence des Romains,* c. 5.

Trajan, qui avait renouvelé les défenses portées par la loi des douze tables contre les *associations* particulières, écrit à Pline : Il ne faut faire aucune recherche contre les chrétiens.

VOLTAIRE, *Essai sur les mœurs depuis Charlemagne,* c. 8, De l'Italie et de l'Église.

Il y avait long-temps que des pirates de toutes nations, et particulièrement des Anglais, ayant fait entre eux une *association,* infestaient les mers de l'Europe et de l'Amérique.

LE MÊME, *Histoire de Charles XII,* liv. VIII.

On assure même que ces pères (Jésuites) ont eu l'adresse d'engager dans une *association* si habilement formée des princes et des monarques.

D'ALEMBERT, *Éloge de d'Olivet.*

Il (M. Lescaut) me dit... qu'entreprendre de jouer simplement... c'étoit le vrai moyen d'achever ma perte; que de prétendre exercer seul... les petits moyens qu'un habile homme emploie pour corriger la fortune, étoit un métier trop dangereux; qu'il y avoit une troisième voie, qui étoit celle de l'*association.*

L'ABBÉ PRÉVOST, *Manon Lescaut,* Iʳᵉ part.

Il reste encore une chose vraiment belle et morale..... c'est l'*association* de tous les hommes qui pensent, d'un bout de l'Europe à l'autre.

Mᵐᵉ DE STAEL, *De l'Allemagne,* III, 21, § 15.

16

Association de malfaiteurs.
> *Code criminel*, art. 582.

Ils peuvent encore faire honneur à leurs affaires ; mais il est temps. Et avoir voulu m'entraîner avec eux ! Mé proposer des placements, des *associations !*
> PICARD, *la Manie de briller*, III, 2.

Il s'emploie en parlant du mariage :

L'*association* du mariage est d'accord avec toute l'existence humaine.
> Mme DE STAEL, *Corinne*, III, 19, § 3.

Association conjugale.
> *Code civil*, 1387.

On appelle *esprit d'association,* la disposition, l'aptitude à former des associations pour divers objets.

Deux caractères particuliers vous distinguent de tous les peuples du monde : *l'esprit d'association* et celui du prosélytisme.
> J. DE MAISTRE, *Soirées de Saint-Pétersbourg,* 6e entretien.

ASSOCIATION, se dit quelquefois en parlant des choses :

Les animaux sont incapables de former cette *association* d'idées que seule peut produire la réflexion.
> BUFFON, *Histoire naturelle.* De l'homme.

ASSOLER, v. a. Il a signifié anciennement Mettre à ras du sol, raser. (Voyez le *Dictionnaire* de M. GODEFROY.) Il ne s'emploie plus que comme terme d'agriculture, avec le sens de diviser des terres labourables par soles, faire un assolement. ASSOLÉ, ÉE. participe.

ASSOLEMENT, s. m. Terme d'agriculture. Partage des terres labourables en grandes portions ou soles, pour y faire succéder les récoltes suivant un certain ordre.

Les alternats et *assolements* d'usage.
> *Bulletin des lois*, an VII.

Faire donner aux terres, en les conservant dans le meilleur état possible, la rente la plus forte qu'elle puisse produire, voilà le but des *assolements.*
> CH. PICTET, de Genève, *Traité des assolements, ou de l'art d'établir les rotations de récoltes.*

On désigne ordinairement, sous le nom de sole ou saison, chacune des divisions annuelles et alternatives que l'on établit sur les terres cultivables... De ce nom, qui paraît dérivé du mot latin *solum,* sol, sont formés les mots assoler, dessoler et assolement.
> YVART, *Assolements, jachère et succession des cultures.*

ASSOMBRIR, v. a. Rendre sombre. Ce mot, proposé en 1801 par Mercier dans sa *Néologie,* n'a été admis dans le *Dictionnaire de l'Académie* qu'en 1878.

Le passé me revint à l'esprit, et ces souvenirs *assombrissoient* beaucoup le tableau du présent.
> MIRABEAU, *Mémoire à son père, lettres originales,* t. I, p. 301.

Il s'emploie aussi avec le pronom personnel. ASSOMBRI, IE, participe.

ASSOMMER, v. a. (De Somme, fardeau, encore en usage dans l'expression : Bête de somme.)
Il s'emploie au propre en parlant d'un fardeau qui accable :

Surtout, ne prends jamais de fardeau qui t'*assomme.*
> BOURSAULT, *Fables d'Ésope*, II, 6.

Il signifie plus ordinairement, Tuer avec quelque chose de pesant, comme une massue, un levier, des pierres, ou tout au moins accabler de coups :

Il m'a esté dit par leurs principaulx serviteurs (des barons napolitains), que par ung More du pays d'Affrique les feit (le roi Alfonse) *assommer* villainement et horriblement.
> COMMINES, *Mémoires,* VII, 18.

Sesveillerent les rustres qui sortoient des maisons les ungs apres les autres, mais on les *assommoit* comme bestes.
> *Loyal Serviteur,* c. 39.

Les soudards mutinez *assommerent* à coups de pierre les capitaines de Marius.

> AMYOT, trad. de Plutarque, *Vie de Sylla*, c. 18.

(Gargantua) raconta l'estat onquel avoit trouvé les ennemis..... afferment que..... hardiment ilz se missent en voye, car il leurs seroit tres facile de les *assommer* comme bestes.

> RABELAIS, *Gargantua*, I, 36.

Je me suis couché mille fois chez moy, imaginant qu'on me trahiroit et *assommeroit* cette nuict-là; composant avec la fortune que ce feust sans effroy et sans langueur.

> MONTAIGNE, *Essais*, III, 9.

Un homme..... *assomma* d'un marteau..... une jeune femme.

> EST. PASQUIER, *Recherches de la France*, VI, 36.

Je n'ai pas le naturel violent : je n'*ai assommé* que trente ou quarante laquais en ma vie.

> DELOSME DE MONTCHENAI, *la Cause des femmes*, scène du baron. (Voyez GHERARDI, *Théâtre italien*, t. II, p. 291.)

Il (Voltaire) se moqua de lui. Le chevalier de Rohan n'y sut autre chose que de le faire *assommer* par ses gens.

> HÉNAULT, *Mémoires*, c. 9.

Ces mêmes matelots *assomment* à coups de rame une favorite d'Agrippine, qui, étant tombée dans la mer, criait qu'elle était Agrippine.

> VOLTAIRE, *Pyrrhonisme de l'histoire*, c. 13.

Nous devons d'autant plus pencher vers la douceur que nous sommes dans l'année centenaire et dans le mois de la Saint-Barthélemi, fête un peu lugubre, dans laquelle en effet les frères *assommèrent* leurs frères, et que M. l'abbé de Caveyrac nous reproche dans une nouvelle dissertation de n'être pas de son avis sur cette journée.

> LE MÊME, *Réflexions philosophiques*. Réponse à M. l'abbé de Caveyrac.

Sortir pour appeler du secours étoit le moyen de nous faire *assommer*.

> J.-J. ROUSSEAU, *les Confessions*, II, 12.

De .VIIe. colt ne fuissent miex tué
Et li ceval desous aus *asomé*.

> *Aliscans*, v. 5499.

Et l'enfes se deffent du poing, qu'il ot quarré,
Et devant et d'encoste en a maint *assommé*
Et maint couchié à terre, trestout eschervelé.

> *Doon de Maience*, v. 5298.

Aucuns d'entr'eus (des ribauds) vilains *assoment*,
Et leurs fames méismes tuent.

> G. GUIART, *Royaus lignages*, t. II, v. 7486.

Ce sera grant proecce quant l'*aras asomé*.

> *Roman d'Alexandre*, p. 49.

.... Moi pour lors, comme un bœuf qu'on *assomme*,
Je laisse cheoir la teste...

> RÉGNIER, *Satires*, VIII.

On *assomma* la pauvre bête.
Un manant lui coupa le pied droit et la tête.

> LA FONTAINE, *Fables*, IV, 16.

Maint estafier accourt : on vous happe notre homme,
On vous l'échine, on vous l'*assomme*.

> LE MÊME, même ouvrage, XII, 22.

L'ordre étoit de le battre et non de l'*assommer*.

> MOLIÈRE, *École des femmes*, V, 1.

Je veux qu'on m'assomme si... est une espèce de serment, d'imprécation, pour annoncer qu'une chose ne se fera pas :

La chose étant ainsi vous êtes un grand homme.
— Si je le suis jamais, *je veux bien qu'on m'assomme*.

> DESTOUCHES, *l'Ingrat*, I, 6.

Il se dit figurément De ce qui accable, incommode, importune; de ce qui afflige, de ce qui ennuie :

La tristesse et le regret avoient tellement *assommé* le Cardinal que pour quelque appréhension de la mort qui le peut saisir, il ne laissa de s'endormir aussi tost qu'il se fut jetté sur le matelas qu'on luy avoit préparé.

> MATTHIEU, *Histoire des derniers troubles de France*, liv. IV.

La conversion de Madame, sœur du Roy, que nous espérons à ces Pasques prochaines, leur sera comme un coup de massuë sur leurs testes, et la publication du Concile de Trente, qui se fera en temps et lieu, les *assommera* du tout.

> D'OSSAT, *Lettres*, liv. III, 93.

La mort de M. du Mans m'a *assommée*.

> Mme DE SÉVIGNÉ, *Lettres*; à Mme de Grignan, 2 août 1671.

Je suis embarquée dans la vie sans mon consentement; il faut que j'en sorte, cela m'*assomme*.

> LA MÊME, même ouvrage; à Mme de Grignan, 16 mars 1672.

On n'est point fâché de le connoître (Caraccioli), de le

rencontrer, de l'avoir chez soi, mais cependant il fatigue, il *assomme*.

> Mᵐᵉ DU DEFFAND, *Lettres;* à H. Walpole, 21 mars 1776.

Un livre entier de rondeaux endormiroit, ou plutôt *assommeroit* par trop d'uniformité.

> D'OLIVET, *Histoire de l'Académie.*

Tel est l'inconvénient des Mémoires : lorsqu'ils n'ont pas de faits historiques à raconter, ils ne vous entretiennent que de la personne de l'auteur et vous en *assomment*.

> CHATEAUBRIAND, *Mémoires d'outre-tombe.*

De Rome vient li max qui les vertus *asome*.

> RUTEBEUF, *De la vie dou monde,* t. I, p. 233.

Morte je suis en enfantant ung filz,
Lequel faisant, moy-mesmes je defflz,
Et luy aussi mort cruelle *assomma*.

> MICHEL D'AMBOISE, *Épitaphe de sa femme.*

Les ans legiers s'en volent,
Et la Mort nous *assomme*.

> JOACH. DU BELLAY, *Du premier jour de l'an au seigneur Bertrand Bergier.*

.....Je lui disois, moi, qu'un froid écrit *assomme*.

> MOLIÈRE, *le Misanthrope,* I, 2.

Son monsieur Trissotin me chagrine, m'*assomme*.

> LE MÊME, *les Femmes savantes,* I, 3.

... Pour empoisonner un jeune gentilhomme
Que divertit la chasse, et que l'étude *assomme*,
On lui met dans l'esprit que rien n'est si galant
Que l'innocent plaisir de tirer en volant.

> BOURSAULT, *Fables d'Ésope,* III, 4.

Pour calmer la douleur de ce coup qui l'*assomme*,
Laissons-le, s'il se peut, dormir un petit somme.

> LE GRAND, *le Mauvais Ménage,* sc. 26.

Je vois que mon abord vous surprend. — Il m'*assomme*.

> DESTOUCHES, *l'Ingrat,* II, 5.

ASSOMMER, employé soit au propre, soit au figuré, est souvent accompagné d'un complément précédé de la préposition *de* :

Quand ceulx qui s'estoient confessez voulurent sortir par icelle bresche, le moyne les *assommoit de* coups.

> RABELAIS, *Gargantua,* I, 27.

Les Carthaginois et Toscans tenant prisonniers la bonne

part des soldats qui étoient dans les vaisseaux qu'avoient perdus les Phocéens les jetèrent en terre, et les *assommèrent de* pierres et de cailloux.

> SALIAT, trad. d'Hérodote, liv. I, 167.

Il (le maréchal de Villeroy) proposa à M. le duc d'Orléans de ressusciter le puissant office de la couronne de colonel-général de l'infanterie, en faveur de M. le duc de Chartres, et l'*assomma de* tant d'autorité et d'exclamation qu'il en vint à bout sur-le-champ.

> SAINT-SIMON, *Mémoires,* 1721.

On eût cru voir des esclaves qui voulaient *assommer de* leurs fers un de leurs compagnons.

> VOLTAIRE, *Fragments sur l'Inde.*

J'*assomme* les frères *de* petites dépenses : je prie M. Thieriot de mettre tout sur son agenda.

> LE MÊME, *Lettres;* à M. Damilaville, 27 février 1761.

Les mastins à un chesne lie,
De la maçue les *asome*.

> *Roman de Renart,* v, 17752.

Mais le mal, qui me réveille,
Ne permet que je sommeille
Ung seul moment de la nuict,
Sinon que l'ennuy m'*assomme*
D'ung espoüantable somme,
Qui plus que le veiller nuyt.

> JOACH. DU BELLAY, *Complainte du désespéré.*

Marchons, courons, suivons comme tempeste
Les pas fourchus de ceste noire beste,
Monstre hideux qui s'enfuit devant nous ;
Armons nos mains et l'*assommons de* coups.

> RONSARD, *la Franciade,* III.

Oh! je suis patient! je veux lasser votre homme,
Et que *de* l'encensoir ce soit moi qui l'*assomme*.

> PIRON, *la Métromanie,* I, 3.

ASSOMMER s'emploie quelquefois avec le pronom personnel :

Je suis ravie de votre bonne santé ; mais ne vous remettez point sitôt à *vous assommer* d'écrire.

> Mᵐᵉ DE SÉVIGNÉ, *Lettres;* à Mᵐᵉ de Grignan, 4 mars 1676.

ASSOMMER, qu'on tire alors de Somme au sens de sommeil, semble parfois signifier dans d'anciens textes, Plonger dans un profond sommeil.

Entretant ung somme *assomma*
La pucelle et l'oprima.
>> *Therence en françois,* fº 112.

ASSOMMER a signifié aussi, jusqu'au XVIIᵉ siècle,
Faire la somme, le total :

Assommer, sommer, faire une somme de plusieurs pièces.
>> Monet, *Dictionnaire.*

ASSOMMER se trouve aussi sous les formes *asu-
mer, asummer, assumer,* dans des textes très anciens, avec le sens d'Achever, d'accomplir (*ad
summum ducere*).

En cel jur susciterai encuntre Hely tuit ço que jo ai
parlé sur lui et sur sa maignée : Jo l' cumencerai et si
l'*assumerai.*
>> *Les quatre livres des Rois,* I, III, 12.

Dans le passage qui précède, « Jo l'cumencerai
et si l'assumerai, » traduit *Incipiam et complebo.*

Asummée est e acumplie encuntre tun marid sa malice
e encuntre sa maisun.
>> *Les quatre livres des Rois,* I, XXV, 17.

E quant tes jurs ierent asumez e tu serras en repos od
tes ancestres, jo susciterai tun fiz et afermerai sun règne.
>> Même ouvrage, II, VII, 12.

Je ne vinc pas, dit-il, desfaire
La loi, einz la vinc aconplir
Et *assummer* et aenplir.
>> Guillaume, *Bestiaire divin.*

Voyez le *Glossaire* de Sainte-Palaye et le *Dictionnaire* de M. Godefroy.

ASSOMMÉ, Participe, a les divers sens du verbe.
Il s'emploie au propre :

Quand la déconfiture fut passée et tous les François
retraits, le dit messire Courageux qui étoit tout *assommé*
et là couché entre les morts, et étoit si comme demi-
mort, leva un petit le chef.
>> Froissart, *Chroniques,* liv. I, IIᵉ part., c. 97.

Frere Jean daubba tant et trestant Rouge Muzeau, dours
et ventre, braz et jambe, teste, et tout à grand coups de
batton, que je le cuidoy mort *assommé.*
>> Rabelais, *Pantagruel,* IV, 16.

Au figuré :

Le cardinal (de Guise), étant *assommé* par la pesanteur
de l'ennui, s'étoit laissé choir sur une paillasse.
>> Mézeray, *Histoire de France,* Henri III.

Le premier président, *assommé* de ce dernier coup de
foudre, se démonta le visage à vis, et je crus un moment
son menton tombé sur ses genoux.
>> Saint-Simon, *Mémoires,* 1718.

ASSOMMÉ, plongé dans un profond sommeil :

Uns compains estoit *assommez*
Qui romfloit dessus une escame..
>> Eust. Deschamps, *Le dit du jeu des dés.*

Dedans Rouan la bonne ville
Fut un taquin nommé Fainville.
. . . .
Il va tomber en maladie
D'une pesante léthargie
En laquelle estoit *assommé.*
>> J.-A. de Baïf, *les Mimes,* I.

... A la fin elle va
D'un pied si prompt que Clymène trouva
Encore au lit du sommeil *assommée.*
>> Ronsard, *la Franciade,* III.

Il y avait anciennement plusieurs termes pour
désigner l'Action d'assommer ou le résultat de
cette action :

ASSOMMEMENT, s. m.

... A mon retour une aspre maladie,
Par ne sçay quel destin, me vint boucher l'ouïe,
Et, dure, m'accabla d'*assommement* si lourd,
Qu'encores aujourd'huy j'en reste demi-sourd.
>> Ronsard, *Élégies* XX, à Remy Belleau.

ASSOMMAIGE, s. m.

Tu me rendras, quoy qu'il advienne
Six aulnes..., dis-je ; l'*assommaige*
De mes bestes, et le domaige
Que tu m'as faict depuis dix ans.
>> *La Farce de Pathelin,* III, 2.

ASSOMMÉIS, s. m.

Assomméis de massues.
>> *Proverbes et dictons populaires des* XIIIᵉ *et* XIVᵉ *siècles.*
>> Paris, Crapelet, 1831, p. 17.

ASSOMMANT, ANTE, adj. Qui assomme.

Arrête, ou sur ton dos le moindre pas attire
Un *assommant* éclat de mon juste courroux.

MOLIÈRE, *Amphitryon*, I, 2.

Il s'emploie surtout au figuré :

Nous prétendons que s'il s'agit de certaines vérités *assommantes*, pardonnez-moi cette expression, le devoir d'un ami, quoique sincère, est de les adoucir, de les envelopper, et de nous y préparer.

BOURDALOUE, *Carême*, Sermon sur le jugement de Dieu.

Il y a de plus dans l'air d'aujourd'hui certaine vapeur *assommante*.

DUFRESNY, *la Malade sans maladie*, I, 3.

Je me suis fait savant à Senones... Je me suis fait compiler par les moines des fatras horribles d'une érudition *assommante*.

VOLTAIRE, *Lettres*; 6 août 1754.

Si vous m'avez d'abord trouvée un peu bête, je me suis rendue ensuite *assommante*.

Mlle DE LESPINASSE, *Lettres*; CXXXVI, 18 octobre 1775.

Il ne s'agissoit pas moins que de lire, de méditer, d'extraire vingt-trois *assommants* volumes.

J.-J. ROUSSEAU, *Confessions*, II, 9.

La pastorale languedocienne de M. Mondonville n'a pas eu à Paris le même succès qu'à la cour; il est vrai que la musique en est mince et d'une monotonie *assommante*.

GRIMM, *Correspondance*, 1er avril 1755.

Quoique pour mon amour ce coup soit *assommant*,
Je ne suis point surpris d'un pareil changement.

REGNARD, *le Joueur*, III, 1.

ASSOMMOIR, s. m. Instrument pour assommer; bâton garni, à l'une de ses extrémités, d'une balle de plomb.

Debout sur la chaussée, un *assommoir* à la main, les chiens derrière eux, les chasseurs (de castors) sont attentifs.

CHATEAUBRIAND, *Voyage en Amérique*, Chasse.

Au figuré :

Il ne fallut pas moins qu'un enchaînement de miracles pour produire si grand effet... Vendôme... en eut le premier déshonneur... Enfin, pour dernier coup, la lâcheté si punissable de ce refus de secours à Le Guerchois et à sa brigade, qui fut le dernier *assommoir* qui détermina la victoire d'une part, le désordre et la fuite de l'autre; voilà la chaîne de tant d'incroyables miracles pour la délivrance de Turin.

SAINT-SIMON, *Mémoires*, 1706.

Sorte de piège que l'on tend à certains animaux, et qui est disposé de manière à les assommer.

ASSOMPTION, s. f. (Du latin *assumptio*, tiré d'*assumere*, formé lui-même de *ad* et *sumere*, prendre.)

Enlèvement miraculeux de la sainte Vierge au ciel par les anges.

La fidélité de Marie n'est pas le seul titre de la béatitude et de la gloire dont Dieu, comme juge équitable, la comble dans son *assomption*.

BOURDALOUE, *Assomption de la Vierge*, Mystères.

La nuevme (joie) fut t'*assomptions*,
Quant en arme (âme) et en cors assise
Fus sur tote creacion.

RUTEBEUF, II, 18.

ASSOMPTION, en termes de Logique, signifie La seconde proposition d'un syllogisme, plus ordinairement appelée La mineure.

Les prémisses sont vraies, mais l'*assomption* est captieuse.

FURETIÈRE, *Dictionnaire*, 1690.

Anciennement ce mot était fort employé dans le sens d'élévation, d'avènement au saint-siège, au trône, etc.

Et sera bon que V. M. escrive une lettre amiable audit bassa (Méhémet) pour se conjouir de l'*assumption* nouvelle à ce degré entre les mains duquel est tout le gouvernement de cest empire.

M. DE PETREMOL, à Charles IX, 15 juillet 1565.
(Voyez CHARRIÈRE, *Négociations de la France dans le Levant*, t. II, p. 794.)

Il (Sully) se conjouira avec ledit Roy (d'Angleterre) de son heureuse inauguration et *assomption* audit Royaume.

HENRY IV, dans SULLY, *Œconomies royales*, t. II, c. 16.
Instruction du roy à M. de Rosny, pour son voyage d'Angleterre.

Lors de son *assumption* au Pontificat, il trouva qu'il y avoit une armée du sainct Siege par delà.

D'Ossat, Lettres, liv. I, 3.

ASSONANCE, s. f. Terme de Rhétorique. Ressemblance imparfaite de son dans la terminaison des mots. On l'écrivait autrefois avec deux *n*.

Dans la prose, il ne suffit pas d'éviter les rimes à la fin des membres des périodes, il faut éviter les *assonances*.

Dictionnaire de l'Académie, 1694.

ASSONANT, ANTE, adj. Qui produit une assonance. Il ne s'emploie guère qu'au pluriel.

Mots *assonants*. Syllabes *assonantes*.

Dictionnaire de l'Académie, 1835.

ASSORTIR, v. a. (de *à* et de *sorte*). On trouve dans nos anciens auteurs les formes *Assorter* et *s'assorter*.

> Je te supplye, vueilles apprendre
> A hanter toûtes gens de sorte,
> Et aux méchans point ne t'*asorte*.

Les moyens d'eviter merencolie. (Voyez Poesies des xve et xvie siècles, t. II, p. 51. Bibliothèque elzévirienne.)

(Voyez Sainte-Palaye, *Glossaire*.)

Assortir, Assembler des choses qui se conviennent :

Elle (Mlle de Chartres) alla, pour *assortir* des pierreries, chez un Italien qui en trafiquoit par tout le monde.

Mme de La Fayette, la Princesse de Clèves, Ire part.

Tout l'art avec lequel les joailliers assemblent leurs pierreries, disparaît auprès de celui avec lequel la Nature *assortit* les fleurs.

Bernardin de Saint-Pierre, Études de la nature, XI.

Il s'emploie dans le même sens, au moral :

Mettre la traduction à côté du texte pour les *assortir* ensemble.

Est. Pasquier, Recherches de la France, liv. XV, c. 10.

On met tout en œuvre pour *assortir* les fortunes, on ne se met point en peine d'*assortir* les cœurs : pourvu que tout le reste convienne, on ne compte pour rien que les humeurs ne conviennent pas.

Massillon, Panégyrique de sainte Agnès.

Sa figure (de Mlle de Saint-Germain) avait quelque chose de si piquant, que le chevalier de Grammont s'y laissa prendre d'abord. Son esprit et son humeur étoient faits pour *assortir* le reste.

Hamilton, Mémoires de Grammont, c. 4.

C'est la nécessité de ce concours de tant de qualités indépendantes les unes des autres, qui fait apparemment que le génie est toujours si rare. Il semble que c'est une espèce de hasard quand la nature *assortit* ces divers mérites dans un même homme.

Vauvenargues, Introduction à la connoissance de l'esprit humain, liv. I, 15. Du génie et de l'esprit.

L'art de placer, d'*assortir* les mots, de les relever l'un par l'autre... ne peut se prescrire.

Marmontel, Éléments de littérature, Élégance.

> Pour combler un hymen de joye et de fortune,
> Il faut l'*assortir* un peu mieux.

Boursault, les Fables d'Ésope, V, 5.

Mon vin a la vertu d'*assortir* les humeurs.

Dufresny, Mariage fait et rompu, I, 2.

L'amour prendra le soin d'*assortir* nos humeurs.

Destouches, le Glorieux, V, 6.

Assortir s'emploie quelquefois en parlant de plusieurs choses que l'on met d'accord entre elles.

Il avoit pris un soin extrême de son éducation (de sa fille), et il paroît qu'il n'avoit rien oublié de tout ce qui pouvoit *assortir* l'esprit et les grâces dont elle a été pourvue par la nature.

Mairan, Éloge de Lemery.

En parlant des personnes :

J'ay estimé que je devois continuer à mettre par escript les vies des hommes illustres, et en ay composé ce dixiesme livre, auquel sont contenues celles de Pericles et de Fabius Maximus... Mais si nous avons bien rencontré de les *assortir* et conférer l'un à l'autre, on le pourra mieux juger par ce que nous mettrons cy dessoubs en escript.

Amyot, trad. de Plutarque, Pericles, 2.

> Plus de la moitié des hommes est forcée au célibat.
> L'autre moitié maudit les nœuds qui l'ont *assortie*.

Bernardin de Saint-Pierre, Études de la nature, XI.

Et vous êtes si bien avec monsieur son père
Qu'un mot que vous diriez le feroit consentir,
S'il veut qu'elle soit femme, à la mieux *assortir*.
Boursault, *les Fables d'Ésope*, I, 3.

Assortir s'employait autrefois comme Terme militaire, en parlant de la manière de disposer les troupes, et en particulier l'artillerie.

Il fut advisé que toute l'artillerie de l'ost seroit *assortie* encontre celle du Roy.
Philippe de Commines, *Mémoires*, c. 9.

Ledit duc mit le siége devant Sainct-Tron et *assortit* son artillerie.
Le même, même ouvrage, liv. II, c. 2.

Ranger et *assortir* l'armée.
Octavien de Saint-Gelais, *le Vergier d'honneur*.

Assortir est souvent suivi de la préposition *à* :

Il étoit le maître d'imaginer les circonstances pour les *assortir au* fait principal qu'il avoit à raconter.
Lamotte, *Discours sur Homère*.

Si je veux estre mariée,
Je ne refuse le parti
Que monsieur m'*avoit assorti*,
Me promettant bon avantage
Si j'accepte le mariage.
R. Belleau, *la Reconnue*, IV, 1.

De la préposition *avec* :

Il (Henri III) vit un bal de deux cents des plus aimables... menées par autant de gentils hommes, que la bonne mine et la richesse de leurs habits *assortissoient* bien *avec* elles.
Mézeray, *Histoire de France*, Henri III.

Marianne, me dit-il d'un ton froid, faites travailler à votre habit dès aujourd'hui : je vous reverrai dans trois ou quatre jours, et je veux que vous l'ayez. Et puis parlant à madame Dutour : j'ai tâché, dit-il, de l'*assortir avec* de très beau linge qu'elle m'a montré, et que lui a laissé la demoiselle qui est morte.
Marivaux, *la Vie de Marianne*, Iᵉ partie.

Autrefois on l'a fait suivre de la préposition *de*, mais alors il avait le sens de Fournir, munir, doter.

Faut noter que (Louis) le Débonnaire eut trois enfans masles d'Hermingarde, sa première femme, qu'il *assortit de* divers royaumes.
Est. Pasquier, *Recherches de la France*, V, 3.

Il s'emploie avec le pronom personnel :

Je partis à pied avec trois messieurs, dont un médecin, qui faisoient semblant d'aimer la botanique, et qui, désirant me cajoler, je ne sais pourquoi, s'imaginèrent qu'il n'y avoit rien de mieux pour cela que de me faire bien des façons. Jugez comment cela *s'assortit*, non seulement avec mon humeur, mais avec l'aisance et la gaîté des voyages pédestres.
J.-J. Rousseau, *Lettres*, 16 septembre 1769.

Assorti, Participe.
Avec un nom de chose : Mis avec des choses qui conviennent :

Au tour du bois de Theleme estoit ung grand corps de maison long de demie lieuë, bien clair et *assorti* : en laquelle demouroient les orfebvres, lapidaires, brodeurs, tailleurs.
Rabelais, *Gargantua*, I, 56.

L'hérésie, foible production de l'esprit humain, ne se peut faire que par pièces mal *assorties*.
Bossuet, *Histoire des variations des Églises protestantes*, préface, n. 7.

J'ai été ravi du mariage de la petite d'Ormesson avec M. d'Aguesseau ; je n'en ai jamais vu de mieux *assorti*, ni de plus désirable.
M. de Coulanges, *Lettres* ; à Mᵐᵉ de Sévigné, 3 octobre 1694.

L'on juge en le voyant qu'il n'est occupé que de sa personne, qu'il sait que tout lui sied bien et que sa parure est *assortie*.
La Bruyère, *Caractères*, c. 11.

Le duc d'York l'avoit un peu négligée (Mᵐᵉ Brook)..... mais les circonstances d'un mariage si mal *assorti* réveillèrent ses empressements.
Hamilton, *Mémoires de Grammont*, IX.

Cette grande mésintelligence qui avoit toujours été entre lui et sa femme, lui avoit donné beaucoup d'aversion pour ces mariages mal *assortis*.
Fénelon, *Vie des philosophes*, Pittacus.

M. d'Estain maria son fils à la fille unique de madame de Fontainemartel, qui étoit une riche et noble héritière, ce qui fit un mariage très *assorti*.
Saint-Simon, *Mémoires*, 1716.

Jusqu'alors, ce qu'on appeloit prêcher, c'étoit mettre ensemble beaucoup de pensées mal *assorties*, souvent frivoles, et les énoncer avec de grands mots.
D'Olivet, *Histoire de l'Académie*.

Le divorce est aboli; les mariages mal *assortis* ne se raccommodent plus.

MONTESQUIEU, *Lettres persanes*, CVII.

Vos cœurs sont parfaitement bien *assortis*.

MARIVAUX, *le Legs*, sc. 14.

Et puis ma mère secouant la tête : Cette union n'est guère *assortie*, ce me semble, dit-elle, et j'ai peine à croire qu'elle soit du goût de Marianne.

LE MÊME, *la Vie de Marianne*, VIIᵉ partie.

Je suis toujours persuadé que le vrai bonheur de la vie est dans un mariage bien *assorti*.

J.-J. ROUSSEAU, *Lettres*, 17 mars 1763.

Des vers plats sur une plate pensée font du moins un tout *assorti*; au lieu qu'à mal dire une belle chose, on a le double tort de mal dire et de la gâter.

J.-J. ROUSSEAU, même ouvrage, 14 octobre 1764.

Cette compagnie n'étoit pas *assortie*.

Mᵐᵉ DU DEFFAND, *Lettre* LXV, à H. Walpole, 24 mai 1769.

Pierre abolit les poignées de verges, défendit aux maris de tuer leurs femmes; et pour rendre les mariages moins malheureux et mieux *assortis*, il introduisit l'usage de faire manger les hommes avec elles.

VOLTAIRE, *Anecdotes sur Pierre le Grand*.

Comme un bouquet de fleurs *assorties* dont chacune brille de ses couleurs et porte son parfum, l'éloge doit présenter les vertus, les talents, les travaux de l'homme célébré.

BUFFON, *Réponse à M. de Chatelus*.

Votre goût et le mien sont bien mal *assortis*.

DESTOUCHES, *le Philosophe marié*, II, 2.

J'ai vu que nos humeurs étoient bien *assorties*.

COLLIN D'HARLEVILLE, *les Châteaux en Espagne*, III, 4.

ASSORTI, en parlant des personnes :

Elle (Mᵐᵉ Scarron) dit que personne n'a jamais tant touché son goût; qu'il n'y a rien de si aimable, ni de si *assorti* que votre esprit et votre personne.

Mᵐᵉ DE SÉVIGNÉ, à Mᵐᵉ de Grignan, 1ᵉʳ décembre 1673.

Nous dînâmes tous deux avec ces nouveaux mariés, qui me parurent bien *assortis*.

LE SAGE, *Gil Blas*, liv. II, c. 9.

IV.

Ces chœurs (chez les Hébreux) étoient des troupes d'hommes ou de femmes, de filles ou de garçons, *assortis* ensemble, vêtus et ornés de même manière.

FLEURY, *Discours sur l'histoire ecclésiastique*, 9ᵉ discours, § 8.

Ils chantoient ensemble et dansoient une espèce de branle, étant *assortis* selon l'âge et le sexe.

LE MÊME, *Mœurs des Israélites*, § 15.

Son air et ses discours sont simples, mesurés,
Honnêtes, prévenants et pleins de modestie.
Si bien qu'avec mon maître elle est mal *assortie*.

DESTOUCHES, *le Glorieux*, I, 4.

En parlant des personnes, *Assorti* signifie quelquefois Muni, partagé, loti :

En cette distribution de terres qui se faisoit aux soldats, ces gentils et escuyers estoient les mieux *assortis* comme les plus estimez.

PASQUIER, *Recherches de la France*, II, 15.

Il arrive souvent qu'en une grande famille de princes, les premiers estant richement *assortis*, ceux qui les suivent d'aage ne sont pas lotis de mesme.

LE MÊME, même ouvrage, VI, 26.

Les affaires délicates, monsieur, c'est de savoir à point nommé vieillir une hypothèque, corriger un testament. — De la manière dont vous arrangez vos talents, je vous crois sans flatterie un des notaires de Paris le mieux *assorti*.

Le banqueroutier, scène du notaire. (Voyez GHERARDI, *Théâtre italien*, t. I, p. 359.)

Ne lui chault,
Car sa vigueur est amortie.
— Tout en ce point suis-je *assortie*.

Farce des femmes qui font refondre leurs maris. (Voyez VIOLLET-LE-DUC, *Ancien Théâtre françois*, t. I, p. 73. *Bibliothèque elzévirienne*.)

Assorti à, Approprié à :

C'est pour cette raison qu'ayant affaire à des personnes de toutes sortes de conditions et de nations si différentes, il est nécessaire qu'ils (les Jésuites) aient des casuistes *assortis à* toute cette diversité.

PASCAL, *Provinciales*, V.

Je vous souhaite, ma très-chère, un très-bon et très-agréable époux. S'il est *assorti à* votre mérite, il ne lui manquera rien.

Mᵐᵉ DE SÉVIGNÉ, *Lettres*; à Mˡˡᵉ de Bussy. 3 avril 1675.

17

Chacun d'eux (Bossuet, Pascal, Fénelon) s'exprime dans les termes les plus *assortis au* caractère de ses sentiments et de ses idées.

> VAUVENARGUES, *Fragments,* Bossuet, Pascal, Fénelon.

C'est à une constitution si bien *assortie aux* véritables intérêts d'une congrégation monastique, que cette société (des Jésuites) doit les hommes célèbres qu'elle a produits.

> D'ALEMBERT, *Éloge de d'Olivet.*

Despréaux ne s'étoit chargé qu'avec répugnance d'un travail (l'Histoire de Louis XIV) si peu *assorti à* ses talents et à son goût.

> LE MÊME, *Éloge de Despréaux.*

Cet amour immodéré de l'étude et ce travail continuel, mal *assortis à* une santé délicate, ont... abrégé ses jours.

> MAIRAN, *Éloge de Brémond.*

Les graines des plantes aquatiques ont des formes qui ne sont pas moins *assorties* que celles de leurs feuilles *aux* lieux où elles doivent naître.

> BERNARDIN DE SAINT-PIERRE, *Études de la nature,* XI.

Et le reste *au* visage est si bien *assorti*
Qu'il n'a membre en son corps qui ne soit mal bâti.

> BOURSAULT, *les Fables d'Ésope,* I, 1.

Assorti avec :

Nous voyons dans les livres saints que Dieu, qui nous avoit donné une âme immortelle, lui avoit aussi uni un corps immortel, si bien *assorti avec* elle qu'elle n'étoit ni inquiétée par aucun besoin, ni tourmentée par aucune douleur, ni tyrannisée par aucune passion.

> BOSSUET, *De la connoissance de Dieu et de soi-même,* c. 4, art. 11.

Assorti de, Fourni, muni de :

Nostre Roy et le duc de Lorraine estoient diversement *assortis des* biens, terres et seigneuries.

> PASQUIER, *Recherches de la France,* VI, 28.

L'on ne laissa pas... d'entreprendre... d'aller assieger Marmande, ville scituée sur Garonne : trop grande, trop forte et trop bien munie de toutes choses, pour une armée si mal unie, et si mal *assortie de* ce qui estoit nécessaire, qu'estoit celle du Roy de Navarre.

> SULLY, *Œconomies royales,* c. 8, t. I, p. 29.

Monsieur le Prince Maurice voyant l'hyver passé avoit fait une reveuë de tous ses gens de guerre mis en garnison durant iceluy, en avoit tiré les meilleures et plus gaillardes troupes, et d'icelles composé une merveilleusement belle armée et bien *assortie de* toutes les choses nécessaires pour faire un grand et long trajet.

> HENRI IV, dans : SULLY, *Œconomies royales,* t. II, c. 3, p. 14.

De combien de nuances devoit être *assortie* la palette d'un peintre comme Racine, pour exprimer le caractère de Phèdre !

> MARMONTEL, *Éléments de littérature,* Essai sur le goût.

Maintenant ne suis *assortie,*
Fors que *de* souspirs et de larmes.

> *Farce de Colin.* (Voyez VIOLLET-LE-DUC, *Ancien Théâtre françois,* t. I, p. 233. *Bibliothèque el-zévirienne.*)

Un juge mantouan belle femme épousa.
Il s'appeloit Anselme ; on la nommoit Argie ;
Lui, déjà vieux barbon ; elle, jeune et jolie,
Et *de* tous charmes *assortie.*

> LA FONTAINE, *Contes,* Le petit chien qui secoue de l'argent et des pierreries.

ASSORTISSANT, ANTE, adj. Qui convient, qui assortit bien.

Plus, trois gros mousquets tout garnis de nacre de perle, avec les fourchettes *assortissantes.*

> MOLIÈRE, *l'Avare,* II, 1.

Il avoit bien fallu faire une musique *assortissante.* Ce fut pourtant là-dessus que Mme de la Poplinière fonda sa censure, en m'accusant, avec beaucoup d'aigreur, d'avoir fait une musique d'enterrement.

> J.-J. ROUSSEAU, *les Confessions,* part. II, liv. VII.

Il est souvent suivi de la préposition *à :*

On prend des manières *assortissantes aux* choses qu'on dit.

> J.-J. ROUSSEAU, *la Nouvelle Héloïse.*

ASSORTIMENT, s. m. Convenance de plusieurs choses de diverses sortes qui ont entre elles quelque rapport.

Quand tout l'empire de Flore, avec les deux Arabies et les lieux où naît le baume seroient distillés, on n'en feroit pas un *assortiment* de senteurs comme celui-là.

> LA FONTAINE, *Psyché,* liv. I.

Le chanoine (Mme de Longueval) m'a écrit... le moyen

de lui plaire, c'est de ne lui rien demander. C'est le plus bel *assortiment* de feu et d'eau que j'aie jamais vu, Mme de Brissac et elle.

Mme DE SÉVIGNÉ, *Lettres*, 1er juin 1676.

Ces *assortiments* bizarres que l'avarice suggère à nos pères, ouvrent la porte à des abus sans nombre; c'est la pépinière des séparations.

DELOSME DE MONCHENAI, *la Cause des femmes*, scène du plaidoyer d'Isabelle. (Voyez GHERARDI, *Théâtre italien*, t. II, p. 56.)

Ils (les hommes) ont assez de bon sens pour sentir intérieurement le ridicule d'un si bizarre *assortiment* et d'un si monstrueux mélange du sacré et du profane.

ROLLIN, *Traité des études*, c. 1. De la poésie, art. 4.

Leurs caractères différents faisoient un *assortiment* complet et heureux.

FONTENELLE, *Éloge de Varignon*.

On appelle finesse d'une langue, ses élégances les plus exquises..., les caractères qu'elle donne à la pensée, par le choix, le mélange, l'*assortiment*.

MARMONTEL, *Éléments de littérature*, Finesse.

Le bouquet fait, il commence à louer
L'*assortiment*.....

LA FONTAINE, *Contes*, la Servante justifiée.

On a quelquefois employé ce mot en parlant des personnes :

Puissiez-vous vivre ensemble aussi tranquillement
Qu'on le doit espérer d'un tel *assortiment!*

DESTOUCHES, *l'Irrésolu*, III, 3.

Il signifie aussi L'assemblage de certaines choses qui vont ensemble ou qui se complètent :

Pour le bastiment et *assortiment* de l'abbaye Gargantua feist livrer de content vingt et sept cent mille huyt cent trente et un mouton à la grand laine.

RABELAIS, *Gargantua*, liv. I, c. 53.

C'étoit (le sujet d'Esther) un hasard et un *assortiment* de toutes choses qui ne se retrouvera peut-être jamais.

Mme DE SÉVIGNÉ, *Lettres*, 21 mars 1689.

J'ai fait, il y a quelques mois, à madame la duchesse douairière de Portland, un envoi de plantes que j'avois

été herboriser pour elle au mont Pilat, et que j'avois préparé avec beaucoup de soin, de même qu'un *assortiment* de graines que j'y avois joint.

J.-J. ROUSSEAU, *Lettres: à M. Moultou*, 1770.

Il signifie, en termes de commerce, Un fonds, une collection de marchandises :

Allons vite, j'en vas faire un payement à un marchand forain qui m'a vendu quelqu'*assortiment* pour ma boutique.

CHAPELAIN, trad. de *la Vie de Guzman d'Alpharache*.

ASSORTISSEMENT a été employé dans les diverses acceptions données à *Assortiment* :

Outre les caractères particuliers de certains hommes, distingués par la vertu ou par le vice, ou par le mélange et l'*assortissement* bizarre de l'une et de l'autre, il est très-important de remarquer encore dans l'histoire les caractères généraux des différentes conditions.

D'AGUESSEAU, *Instruction à son fils*.

ASSOTER, v. a. Rendre sot, fou, faire perdre le sens, infatuer d'une passion, tromper. On trouve dans d'anciens textes la forme *Assotir*.

Desipere, infatuere, *assoter*.

G. BRITON, *Vocabulaire latin-françois du* XIVe *siècle*.

La roine a une levrière, comme vous sçavez, dont elle est beaucoup *assotée*, et la fait couchier en sa chambre.

Les cent Nouvelles nouvelles, XXVIII.

Je l'aime déjà tout plein, et je en suis tout *assoty*.

RABELAIS, liv. III, c. 18.

Encore que les autres livres soient grandement advancez, si ne suis-je pas tant *assotté* de mes œuvres que par une précipitation trop légère, je les veuille rendre avortons.

PASQUIER, *Recherches de la France*, I, 1.

La coustume est telle par tout le pays de Turquie, tant des riches que des pauvres, qu'ilz ne sont tant *assotez* de leurs enfants, comme lon est au pays des Latins.

PIERRE BELON, *Observations de plusieurs singularitez de divers pays estranges*, liv. III, c. 11.

Cet autre Beringhen et sa femme sont assez *assotés* de leur noblesse.

TALLEMANT DES RÉAUX, *Historiettes*, Beringhen.

Regarde la grosse Thomasse, comme elle *est assotée* du jeune Robain.

MOLIÈRE, *le Festin de Pierre*, II, 1.

Quand je dansions aux chansons, alle étoit toujours la première à me prendre : et si alle auroit voulu pouvoir me tenir par les deux mains, tant alle *étoit assotée* de ma parsonne.

DANCOURT, *le Mari retrouvé*, sc. 11.

Moult *fu* Do de Maience chele fois *assotés*.

Gaufrey, v. 1178.

Ensi Renart le roi *assote*.

Roman de Renart, t. IV, p. 328.

Vous m'*averiés* bien *assoté*,
Si le bouton aviés osté
De son rosier ; n'est pas droiture
Que l'en l'oste de sa nature.

Roman de la Rose, v. 2923.

Quel drap est cecy ? Vrayement,
Tant plus le voy et plus m'*assotte* ;
Il m'en fault avoir une cotte.

Farce de Patelin, v. 208.

Et si mengerez de mon oye,
Par Dieu ! que ma femme rotist.
— Vraiement cest homme m'*assotist* !

Même ouvrage, v. 300.

On l'a quelquefois employé avec un nom abstrait pour complément :

Dieu dit par le prophète Isaïe qu'il dissipe les signes des devins et tourne les magiciens en fureur, qu'il détourne les sages au rebours et *assotit leur science*.

CALVIN, *Traité ou avertissement contre l'astrologie judiciaire*.

On le trouve avec le pronom personnel :

Adonc iceulx mariés comme fols *se assotent* d'icelles méchans femmes qui scevent garder leur paix et iceulx honnorer et obéir à tous propos et faire leurs plaisirs.

Le Ménagier de Paris, Iʳᵉ distinction, 6ᵉ art.

Il est aussi quelquefois neutre :

Vieillesse le surprendra, il *assotira*, et s'abestirà du tout par le droit du jeu.

Les quinze Joyes de mariage, 6ᵉ joye.

ASSOTÉ, ÉE, participe.

Les Thraces, *assottez* de ceste frenaisie, gardent leurs femmes resserrées et cachées.

CAMUS, évêque de Belley, *Diversités*, t. II, p. 377.

Que voulez-vous que plus vous die,
Jeunes *assotés* amoureux.

CHARLES D'ORLÉANS, *Poésies*.

ASSOUPIR. v. a. (de *ad*, à, et *sopire*, endormir). Endormir à demi.

Il n'y a rien au monde qui *asoupisse* tant l'esprit de l'homme, et qui l'invite tant à dormir que le vin.

MONTLUC, *Commentaires*, liv. I.

Quand il pleut, je suis *assoupy* et presque chagrin ; lorsqu'il fait beau, je trouve toute sorte d'objects plus agréables.

THÉOPHILE, *Fragments d'une histoire comique*.

La peine que ces bergeres avoient euë le jour et une partie de la nuict avec la fraischeur du lieu, les *assoupit* d'un plus long sommeil qu'elles n'avoient pensé.

D'URFÉ, *l'Astrée*, IIᵉ part., liv. VIII.

Le conducteur du brancard, que l'ardeur du soleil *avoit assoupi*, alla planter le brancard dans un bourbier.

SCARRON, *le Roman comique*, I, 7.

Psyché avoit pris leur lit, couché proprement sous du linge jonché de roses. L'odeur de ces fleurs, ou la lassitude, ou d'autres secrets dont Morphée se sert, l'*assoupirent* incontinent.

LA FONTAINE, *Psyché*, II.

Pour moi je ne me suis endormie qu'à quatre heures : la joie n'est point bonne pour *assoupir* les sens.

Mᵐᵉ DE SÉVIGNÉ, *Lettres*, 24 décembre 1673.

Je suis auprès du chevalier (de Grignan) qui *est* tout *assoupi* dans sa grande chaise.

LA MÊME, même ouvrage, 7 janvier 1689.

J'ai eu un rhume pour lequel j'ai été saigné et purgé, et qui m'a fait tenir le lit huit jours. Quand je suis ainsi, je ne suis pas tout à fait bête, mais *je suis assoupi* et un peu bouché, je le sens bien.

BUSSY-RABUTIN, *Lettres* ; à Mᵐᵉ de Scudéry, 14 février 1679.

L'on ne rêve point lorsque le sommeil est profond ; tout *est* alors *assoupi*, on dort en dehors et en dedans.

BUFFON, *Histoire naturelle*, Des rêves.

Lucrèce s'adresse à Vénus, et la prie d'*assoupir* entre ses bras le dieu des batailles.

DIDEROT, *Salon de 1767*, Lagrenée.

Écho ne répond point, et semble *être assoupie.*

LA FONTAINE, *Songe de Vaux*, I.

Il s'emploie très fréquemment au figuré dans diverses acceptions :

Voilà la première exécution, que je fis au sortir de ma maison sans sentence ny escriture, car en ces choses, j'ay ouy dire qu'il faut commencer par l'exécution. Si tous eussent fait de mesme ayant charge és provinces, on *eust assoupi* le feu qui a depuis bruslé tout.

MONTLUC, *Commentaires*, liv. V.

Toutes vieilles querelles *furent assopies* et mises soubs le pied.

MARTIN DU BELLAY, *Mémoires.*

Estant la conjuration de Catilina la plus grande et la plus dangereuse, qui eust jamais esté faitte contre la chose publique, il *l'avoit* esteinte et *assopie.*

AMYOT, trad. de Plutarque, *Cicéron.*

Adoncques les plus sages de la ville, voyants que Solon seul estoit hors de coulpe,... le prièrent de se vouloir entremettre des affaires, pour appaiser et *assoupir* toutes ces partialitez.

LE MÊME, même ouvrage, *Solon.*

Tristesse abâtardit tout l'homme, endort et *assoupit* sa vertu.

CHARRON, *de la Sagesse*, I, 33.

Et néantmoins *fut* ceste querelle de l'Université totalement *assopie* par l'édict du Roy Charles VII.

PASQUIER, *Recherches de la France*, III, 29.

Eussiez-vos jamais souspeçonné que Amadis se feust ainsi desguisé, et prins nom si estrange, entre ses plus grands amys, voulant faire *assopir* la renommée de luy mesmes par les grandes proesses qu'il faisoit soubz le tiltre d'estranger.

HERBERAY DES ESSARTS, *Amadis de Gaule*, liv. II, c. 16.

J'en escris le semblable au dict sieur de Sesignon, et aux consuls du dict Clerac, *d'assoupir* les dictes émotions.

HENRI IV, *Lettres*, 13 décembre 1588.

Toute la recepte qu'on baille à ceux qu'on met en torture n'est autre chose que le savon destrempé en eau claire qu'on leur fait avaller, qui a ceste proprieté de faire entierement *assoupir* les sens.

BOUCHET, *Serées*, II, 14.

Ce trait d'une insigne clemence luy acquit tellement (à Auguste) les bonnes volontez de tout le monde, que de-puis ce jour-là, non seulement personne ne conspira contre luy, mais mesmes tous les soupçons et toutes les deffiances des conjurations *furent* pleinement *assoupies.*

COEFFETEAU, *Histoire romaine*, liv. I.

Cette consideration et celle aussi de la veritable affection que je luy portois, *assoupit* en moy toute mauvaise volonté.

D'URFÉ, *l'Astrée*, II° part., liv. I.

Il publioit qu'il falloit attendre la venuë d'un autre chef, et qu'il *assoupiroit* bien les differens qui restoient, sans mettre l'épée à la main, ny mescontenter la Province.

PERROT D'ABLANCOURT, trad. de Tacite, *Annales*, XIV, 7.

L'on n'a fait qu'un mal imaginaire à l'Église, et j'en ferois un solide à l'État si je ne faisois tous mes efforts pour y *assoupir* les divisions.

CARDINAL DE RETZ, *Mémoires*, II° partie, 1651.

Il (Mazarin) vouloit seulement aller à ses fins, apaiser la révolte et *assoupir* la haine publique.

Mme DE MOTTEVILLE, *Mémoires.*

Ils n'avoient plus de procès ensemble qui fust pendant en justice, et qui pust *estre assoupi* par un mariage.

FURETIÈRE, *Roman bourgeois*, liv. II.

Que veut donc faire ce la Rivière? Voudroit-il d'une furie, d'une bacchante, quand même il la pourroit ravoir? Ne vaudroit-il pas bien mieux *assoupir* et accommoder cette affaire?

Mme DE SÉVIGNÉ, *Lettres*; 28 janvier 1682, au comte de Guitaut.

Au sortir des ténèbres profondes où les siècles précédens *avoient été* comme *assoupis,* on se réveilla tout d'un coup.

SAINT-EVREMONT, *De la vraie et de la fausse beauté des ouvrages d'esprit*, c. 1.

Si la licence fut réprimée, si les haines publiques et particulières *furent assoupies...* c'est à lui (Turenne), France, que tu le dois.

FLÉCHIER, *Oraison funèbre de M. de Turenne.*

Brissac surprit quelques troupes à Confolant, qui dormoient en assurance, et en les réveillant les *assoupit* d'un sommeil éternel.

MÉZERAY, *Histoire de France*, Charles IX.

Les grands sentiments de religion dont mon père avoit été rempli dans son enfance, et qui *avoient été* longtemps comme *assoupis* dans son cœur, sans s'y éteindre, se réveillèrent tout à coup.

L. RACINE, *Mémoires sur la vie de J. Racine.*

Ce qui montre encore combien les événements trompent les hommes, c'est que cette prison des trois princes, qui semblait devoir *assoupir* les factions, fut ce qui les releva.

VOLTAIRE, *Siècle de Louis XIV*, c. 4.

La nature, épuisée par la douleur, *assoupit* quelquefois le sentiment dans les malades.

VAUVENARGUES, *Réflexions*, 138.

Quoique la quantité des matières rejetées par les volcans soit très-petite en comparaison de la quantité de matières calcaires, elles ne laissent pas d'occuper d'assez grands espaces sur la surface des terres situées aux environs de ces montagnes ardentes et de celles dont les feux sont éteints et *assoupis*.

BUFFON, *Époques de la nature*.

Tout dort ici; mais dans un pays où les grands intérêts *sont assoupis*, le repos et l'insouciance sont plus nobles qu'une vaine agitation pour les petites choses.

Mme DE STAEL, *Corinne*, liv. VI, c. 3, § 12.

Vostre chapelain demandez :
Dites que mals vus *asoupisse*,
Si volez aveir le servise,
Que Diex a el munt establi,
Dont li péchéor sunt gari.

MARIE DE FRANCE, *Lai d'Ywenec*.

Si j'*assopi* cette vengeance,
Je viendray sentir telle outrance
Que despit me fera crever.

ESTIENNE JODELLE, *l'Eugène*, IV, 3.

Il dit ainsy. Les dieux, qui s'esleverent,
Tous d'un accord sa parole approuverent,
En murmurant comme flots de la mer
De qui le front commence à se calmer
Quand Aquilon *assoupit* son orage.

RONSARD, *Franciade*, I.

L'âme à qui les vertus ont esté des supplices,
Dans les plaisirs trompeurs dont nos sens abrutis
Ne peuvent sans effort estre icy divertis,
Elle *est* comme *assoupie*, et languit dans des charmes.

THÉOPHILE, *Immortalité de l'âme*.

De ces légions impies
Les fureurs *sont assoupies*.

RACAN, *Psaumes*, 75.

Toutesfois, si ce crime en ce meurtre s'expie,
L'ire de l'Éternel n'en *est point assoupie*.

SAINT-AMANT, *Moyse*, VIe part.

... Oronte et lui se sont tantôt bravés
Sur certains petits vers qu'il n'a pas approuvés,
Et l'on veut *assoupir* la chose en sa naissance.

MOLIÈRE, *le Misanthrope*, II, 5

Avez-vous avec elle eu quelque intelligence ?
C'est ma sœur, et je puis *assoupir* tout cela.

REGNARD, *les Ménechmes*, V, 3.

... De ma douleur extrême
Tu ne peux adoucir l'horreur.
Tu n'*assoupiras* point le remords dans mon cœur !

SAURIN, *Béverlei*, II, 2.

Entretenu dans son stupide ennui,
Par une cour aussi morne que lui,
Vous eussiez cru qu'une vapeur magique
Eût assoupi son âme léthargique.

J.-B. ROUSSEAU, *Allégories*, II, 3. Le jugement de Pluton.

Vous allez rappeler vos débats de collège,
Qui depuis quarante ans devroient *être assoupis*.

COLLIN D'HARLEVILLE, *Les querelles des deux frères*, I, 2.

Dieu jeune, viens aider sa jeunesse. *Assoupis*,
Assoupis dans son sein cette fièvre brûlante
Qui dévore la fleur de sa vie innocente.

ANDRÉ CHÉNIER, *le Jeune Malade*.

Un jour cependant, ô ma lyre,
Un jour *assoupira* ta voix !

LAMARTINE, *Harmonies*.

Il s'emploie quelquefois absolument :

Ses maximes favorites (de Mazarin) étoient d'*assoupir* plutôt que d'employer les derniers remèdes.

HAMILTON, *Mémoires de Grammont*, c. 5.

Il s'emploie avec le pronom personnel.
Au propre :

C'est une chose estrange que les archers, qui devroient empescher le desordre, au lieu d'y prendre garde, s'endorment et s'*assoupissent* sur la venaison.

Caquets de l'accouchée, II.

Pour les vieillards et les infirmes, ils remarquent en eux-mêmes des changements fort sensibles après leur repas. Ils s'*assoupissent* presque tous; ou pour le moins leur imagination devient toute languissante, et n'a plus ni vivacité ni promptitude.

MALEBRANCHE, *de la Recherche de la vérité*, liv. II, de l'Imagination, Ire part., c. 2.

ASS

ASS 135

Au figuré :

Par faute d'exercice, la chaleur naturelle *s'assoupit*, et les humeurs deviennent gros et terrestres.

AMB. PARÉ, *Œuvres*, liv. I, c. 9.

Plusieurs bons esprits de la France, picquez de l'amorce du gain présent, laissent bien souvent les bonnes lettres pour suivre le train du Palais, et *s'assoupissent* par cette voye.

PASQUIER, *Recherches de la France*, II, 4.

Charles VII... prit conclusion en son conseil d'aller guerroyer de gayeté de cœur l'Allemagne, afin que ses soldats ne *s'assoupissent* point cependant dans une lasche oysiveté.

LE MÊME, même ouvrage, II, 16.

Horace, ce critique si pénétrant et si charmé d'Homère, est mon garant quand j'ose soutenir que ce grand poëte *s'assoupit* un peu quelquefois dans un long poëme.

FÉNELON, *Lettre à l'Académie*.

Cette rage des conspirations contre un peuple entier sembla *s'assoupir* jusqu'au temps des croisades.

VOLTAIRE, *Conspirations contre les peuples*.

Précisément dans ce temps-là même il fallait de l'argent, et ce sont là de ces affaires qui ne *s'assoupissent* pas.

LE MÊME, *Histoire du parlement de Paris*, c. 49.

Que vos liaisons soient avec des personnes au-dessus de vous : par là vous vous accoutumez au respect et à la politesse. Avec ses égaux on se néglige; l'esprit *s'assoupit*.

LA MARQUISE DE LAMBERT, *Avis d'une mère à son fils*.

Les premiers volcans ont existé dans les terres élevées du milieu des continents, et à mesure que les mers en s'abaissant se sont éloignées de leur pied, leurs feux *se* *ront assoupis*.

BUFFON, *Époques de la nature*.

Dès que la mort ce grand coup eust donné,
Tous les plaisirs champestres *s'assoupirent*.

CL. MAROT, *Complaintes*, I.

Comme un enfant bercé par un chant monotone,
Mon âme *s'assoupit* au murmure des eaux.

LAMARTINE, *Premières méditations*, VI, le Vallon.

ASSOUPIR s'est employé quelquefois neutralement au sens de *s'assoupir* :

Les choses en cet état, j'estimai qu'il les falloit laisser reposer..... surtout ne point exciter madame la duchesse par des mouvements..... et la laisser *assoupir* dans la confiance en ses forces.

SAINT-SIMON, *Mémoires*, 1710.

ASSOUPI, IE, participe.
Au propre :

Avez-vous passé chez mon frère, mon fils? Comment se porte-t-il ce matin? Un peu mieux, mais toujours *assoupi* comme hier, répondit Valville.

MARIVAUX, *la Vie de Marianne*, Vᵉ partie.

Les oiseaux *assoupis*, la tête dans la plume.

RACAN, *les Bergeries*, II, 5.

Au figuré :

Et de fait le Seigneur s'attribue toute puissance, et veut que nous la recognoissions estre en lui : non pas telle que les Sophistes l'imaginent vaine, oisive, et quasi *assopie*, mais tousjours veillante, plene d'efficace et d'action.

CALVIN, *Institution chrestienne*, liv. I, c. 16, § 3.

Les troubles... demeurent *assoupiz* par l'édict de pacification.

HENRI IV, *Lettres*, 20 novembre 1577.

Les plus endormis et *assoupis* commencèrent à se réveiller, les plus timides à changer leur crainte en désespoir.

ANTOINE ARNAULD, *Plaidoyer pour l'Université*.

La guerre estant un peu *assoupie*, il fut advisé par l'évesque et diocesain, qu'on envoyeroit aux lieux les plus reculez, quelques ecclésiastiques et gens sçavans.

BOUCHET, *Serées*, liv. III, 34.

Parmi ceux qui communient, il y en a tant de foibles, tant d'*assoupis* et de languissants.

BOURDALOUE, *Carême*. Sermon sur la communion.

Un nommé André, qui se donna pour un messie, pour un libérateur des juifs, ranima leur exécrable enthousiasme qui paraissait *assoupi*.

VOLTAIRE, *Conspirations contre les peuples*.

Il (Henri IV) tenait par une administration douce et forte tous les ordres de l'État réunis, toutes les factions *assoupies*, les deux religions dans la paix, les peuples dans l'abondance.

LE MÊME, *Essai sur les mœurs*, c. 175.

La chute de Charles et son absence réveillèrent les intérêts et les jalousies de tous ces princes, *assoupies* longtemps par des traités et par l'impuissance de les rompre.

VOLTAIRE, *Histoire de Charles XII.*

> Mais au premier coup de tonnerre
> Dont le ciel menace la terre,
> La frayeur saisit les mortels ;
> On voit leurs rages *assoupies*
> Et les ames les plus impies
> Embrasser le pied des autels.

RACAN, *Bergeries,* acte II, sc. 5.

> Fay que les factions de ces audacieux
> Que des aisles de cire élevoient dans les cieux,
> Puissent dès en naissant demeurer *assoupies.*

LE MÊME, *Psaumes,* 93.

> Tremble, lâche, frémis d'effroi !
> De ton Dieu la haine *assoupie*
> Est prête à s'éveiller sur toi.

J.-B. ROUSSEAU, *Odes,* I.

> Il revoit ces sillons par l'hiver *assoupis*
> Où l'herbe verte encor recèle les épis.

LEMIERRE, *les Fastes,* IV.

> J'ai vu dans ses regards la flamme de la vie,
> Sous la main du trépas par degrés *assoupie.*

LAMARTINE, *Premières Méditations,* II, l'Homme.

ASSOUPI est fréquemment accompagné d'un complément précédé de la préposition *de :*

Monsieur de Guise campa un quart de lieuë en arrière : et me dict qu'il estoit tout *assoupi d'*envie de dormir.

MONTLUC, *Commentaires,* liv. IV.

Si la lune esclairoit, il passoit les nuits sous quelques arbres, où bien souvent *assouppy du* sommeil, sans y penser il s'y retrouvoit le matin

D'URFÉ, *l'Astrée,* Ire part., liv. XII.

Soit qu'il sentist sa conscience nette, ou qu'il fust *assoupy de* lassitude, il dormoit d'un profond sommeil.

VAUGELAS, trad. de Quinte-Curce, *Histoire d'Alexandre,* liv. VI.

ASSOUPISSANT, adj. Qui assoupit ; quelquefois, Qui s'assoupit.

> Régnez, divin sommeil, régnez sur tout le monde,
> Répandez vos pavots les plus *assoupissants.*

QUINAULT, *Atys,* III, 4.

Il s'emploie quelquefois au figuré :

Et sur la fin que le buscher s'en alloit declinant, et le feu *assopissant,* il tumba une grosse pluye qui dura toute la nuict.

AMYOT, trad. de Plutarque, *Sylla,* c. 15.

Une monotonie *assoupissante* plane sur la plupart de ses écrits (de Voltaire).

JOSEPH DE MAISTRE, *Soirées de Saint-Pétersbourg,* IVe entretien.

ASSOUPISSEMENT, s. m. État d'une personne assoupie.

J'ay autrefois attribué la cause des fiebvres et maladies où je suis tombé, à la pesanteur et *assoupissement,* que le long sommeil m'avoit apporté : et me suis tousjours repenty de me rendormir le matin.

MONTAIGNE, *Essais,* III, c. 13.

Après avoir esté plus d'un mois sans reposer, un *assoupissement* le prit qui, s'augmentant peu à peu, le fit mourir aussi doucement comme il s'estoit endormy.

RACAN, *Lettres;* à M. d'Armilly. Il lui écrit les particularités de la mort de N...

Durant l'*assoupissement* que l'accablement lui causa, il (Dieu) lui mit dans l'esprit cette parabole si semblable à celle de l'Évangile.

BOSSUET, *Oraison funèbre d'Anne de Gonzague.*

Je le donnerois pour exemple à ceux qui, renversant l'ordre des choses, se font une occupation de leurs amusements, et qui ne donnent à leurs charges que les restes d'une oisiveté languissante, comme s'ils n'étoient juges que pour être de temps en temps assis sur les fleurs de lis, où ils vont rêver à leurs divertissements passés, dont ils ont l'imagination encore remplie, ou réparer par un mortel *assoupissement* les veilles qu'ils ont données à leurs plaisirs.

FLÉCHIER, *Oraison funèbre de M. de Lamoignon.*

La fièvre de ce pauvre chevalier s'est relâchée et lui a donné un jour de repos. Cela ôte l'horreur d'une fièvre continue avec des redoublements, et des suffocations, et des rêveries, et des *assoupissements,* qui composent une terrible maladie.

Mme DE SÉVIGNÉ, *Lettres ;* 12 octobre 1689.

Je ne suis point contente de la santé de Mme de Noailles, quoiqu'on me cite tous les jours des exemples de gens qui ont vécu vingt ans avec de pareils *assoupissements.*

Mme DE MAINTENON, *Lettres ;* au duc de Noailles, 22 août 1708.

Elle (Mme de Montespan) couchoit tous ses rideaux ouverts, avec beaucoup de bougies dans sa chambre, ses veilleuses autour d'elle, qu'à toutes les fois qu'elle se réveilloit elle vouloit trouver causant, jouant ou mangeant, pour se rassurer contre leur *assoupissement*.

SAINT-SIMON, *Mémoires*, 1707.

Il est d'un grand usage au figuré :

Ces deux roys, qui un peu auparavant avoient esté si grands ennemis à se couper la gorge, et alors devenus si bons amis et si bien réconciliés, non seulement de par ce nouveau parentage et alliance, mais d'*assoupissement* de toute hayne et d'offenses passées.

BRANTÔME, *Vie des capitaines illustres.*

Il se contente de faire publier une oubliance et *assoupissement* des choses passées.

MATTHIEU, *Histoire des derniers troubles de France,* liv. IV.

Ces subtilités qui semblent insidieuses ôtent l'*assoupissement* et la nonchalance des esprits.

MALHERBE, trad. du Traité des bienfaits de Sénèque, liv. V, c. 12.

Leur gouvernement n'est ni paix, ni guerre, ni trève : c'est un repos de paresse, c'est un somme d'*assoupissement* qu'ils procurent au peuple par artifice et qui n'est ni bon ni naturel.

BALZAC, *Aristippe,* discours V.

Ce qui cause l'*assoupissement* dans les Estats qui souffrent, est la durée du mal qui saisit l'imagination des hommes et qui leur fait croire qu'il ne finira jamais.

CARDINAL DE RÉTZ, *Mémoires.*

Il estoit continuellement à animer ses concitoyens, et à les réveiller de leur *assoupissement*.

PERROT D'ABLANCOURT, trad. de Lucien, *la Louange de Démosthène.*

Il faut avouer que les honnêtes gens même trouvent dans les plus fortes liaisons des intervalles d'*assoupissement* et de langueur dont ils ne connoissent pas toujours la cause.

SAINT-ÉVREMONT, *Maxime* : Qu'on ne doit jamais manquer à ses amis.

La conclusion est qu'il faut tenir présentement l'Espagne en divers embarras et en quelque *assoupissement* par des propositions de ligue, par les offres de la médiation pour l'accommodement de la guerre de Portugal et par les secours contraires pour faire durer cette guerre.

L'ARCHEVÊQUE D'EMBRUN à Louis XIV, 22 octobre 1666. (Voyez MIGNET, *Succession d'Espagne,* t. I, p. 501.)

IV.

Le monde avoit vieilli dans l'idolâtrie, et, enchanté par ses idoles, il étoit devenu sourd à la voix de la nature, qui crioit contre elles. Quelle puissance falloit-il pour rappeler dans la mémoire des hommes le vrai Dieu si profondément oublié, et retirer le genre humain d'un si prodigieux *assoupissement*?

BOSSUET, *Discours sur l'histoire universelle,* II, 26.

Ne faut-il pas avoir avalé jusqu'à la lie le breuvage d'*assoupissement* que boivent les prophètes de mensonge, et s'en être enivré jusqu'au vertige, pour annoncer au monde de tels prodiges?

LE MÊME, *Histoire des variations des églises protestantes,* liv. XIII, n° 20.

C'est le dangereux *assoupissement* que craignoit le divin Psalmiste, lorsqu'il faisoit cette prière : « Éclairez mes yeux, ô Seigneur, de peur que je ne m'endorme dans la mort. »

LE MÊME, *Sermons,* Sur l'importance du salut.

Dieu détermine jusqu'à quand doit durer l'*assoupissement*, et quand aussi doit se réveiller le monde.

LE MÊME, *Oraison funèbre de la reine d'Angleterre.*

Dieu laisse parfois un juge, un magistrat, dans le plus profond *assoupissement* sur des abus qui s'introduisent, et qui le condamneront au tribunal de Dieu, pour ne les avoir pas d'abord condamnés à son tribunal.

BOURDALOUE, *Sermons pour les dimanches,* Sur le zèle pour la défense des intérêts de Dieu.

Jamais Madrid n'a moins produit de nouvelles. Tout y est dans une manière d'*assoupissement* misérable.

Mme DE VILLARS, *Lettres;* 27 décembre 1680.

Dans la peur que j'ai, monsieur, que vous ne veniez pas le mois de mai non plus que le mois d'avril; je me donne l'honneur de vous écrire; car il ne faut pas laisser dormir l'amitié trop longtemps; le repos ne lui est pas mauvais, mais non pas l'*assoupissement*.

Mme DE SCUDÉRY, *Lettres;* à Bussy, 7 mai 1681. (Voyez *Correspondance de Bussy.*)

Je ne sais pas ce que fait le prince d'Orange pour parer ce coup-là; mais s'il n'est sûr de son fait, son *assoupissement* est inexcusable.

BUSSY, *Lettres;* à l'abbé de Brosse.

Tout tendoit à l'extrême, et il étoit plus que temps que le régent se réveillât d'un *assoupissement* qui le rendoit méprisable.

SAINT-SIMON, *Mémoires*, 1718.

Le grand succès de Cicéron réveilla Hortensius de son *assoupissement*.

ROLLIN, *Traité des Études*, V, c. 1, art. 2.

Ne rendez pas inutiles ces espérances de grâce qui accompagnèrent votre ordination... Venez les tirer de cette léthargie et de cet *assoupissement* qui n'est jamais loin de la mort.

MASSILLON, *Discours synodaux*, III.

Pendant une de ces années funestes de la langueur de Henri VI, le duc d'York et son parti se rendent maîtres du Conseil. Le roi, comme en revenant d'un long *assoupissement*, ouvrit les yeux : il se vit sans autorité.

VOLTAIRE, *Essai sur les mœurs*. De l'Angleterre et de Marguerite d'Anjou, c. 115.

Je suis enchanté de votre lettre, de votre souvenir; vous réveillez l'*assoupissement* mortel dans lequel mon âge et mes maladies m'ont plongé.

LE MÊME, *Lettres*; 3 décembre 1768.

... Nous n'en concevons (de l'enfer) qu'une légère

[image,

Dont les traits impuissants ne vont point jusqu'au

[cœur :

Nous aimons ce qui flatte, et consumons notre âge

Dans l'*assoupissement* d'une froide langueur.

P. CORNEILLE, *l'Imitation*, I, 21.

ASSOUPLIR, v. a. Rendre souple.

On trouve dans l'ancien français la forme *assouploier*. On a dit aussi *ensouplir*. Voyez les exemples qui suivent et le *Glossaire* de Sainte-Palaye.

Obmettant à dessein, tant d'autres... ageancemens... comme de passer la terre... la restaller de sillon en sillon avec des rasteaux ferrés, afin de l'emmenuiser et *ensouplir*.

OLIVIER DE SERRES, *le Théâtre d'agriculture*, II, 4.

Le mercure *assouplit* les métaux.

EST. PASQUIER, *Recherches de la France*, XVIII, 1.

Eux, toutefois, pinçant la lyre,

Si bien *assouplirent* les dois,

Qu'encor le fredon de leur vois

Passe le bruit de leur empire.

RONSARD, *Odes*, I, 10.

Il s'emploie au figuré dans un sens analogue :

Par l'ayde de Bacchus, c'est le bon vin friant et delicieux, sont hault eslevez les espritz des humains : leurs corps evidentement alaigriz : et *assouply* ce que 'en eulx estoit terrestre.

RABELAIS, *Pantagruel*, IV, 65.

La langue des Romains, pour devenir presque aussi susceptible des métamorphoses du style, fut obligée d'attendre que le génie de Rome se fût lui-même détendu et comme *assoupli*.

MARMONTEL, *Éléments de littérature*, Style.

C'est la langue de la civilisation (le latin). Mêlée à celle de nos pères les Barbares, elle sut raffiner, *assouplir*, et pour ainsi dire spiritualiser les idiomes grossiers qui sont devenus ce que nous voyons.

J. DE MAISTRE, *Du Pape*, I, 20.

Il se dit en parlant des personnes :

...Le comte, si comme il me fut dit, fut durement *assoupli* quand il fit la lettre.

FROISSART, *Chroniques*, liv. I, IIe part., c. 10.

Mauvais couars! com estes *assouplis*!

Garin le Loherain, t. II, p. 7.

Quant ele ot la nouvele moult en *fu assouplie*

Et moult en fu de cuer dolente et esbaubie.

Le Roman de Berte, p. 99.

Il s'emploie avec le pronom personnel :

Quant li rois l'entendi un petit *s'assoupli*.

Le Roman de Berte, p. 97.

Merveilla sei k'il ne se mut

E qu'il ne li laissa la voie

E que vers lui ne *s'assouploie*.

MARIE DE FRANCE, *Fables*, 76.

Il s'est employé aussi neutralement, avec un sens analogue :

La cars nous tranble, li cuers nous *asoplist*,

S'avons paour que ne soions traï.

Huon de Bordeaux, v. 637.

...Se cil s'en peut vengier

Dunc le voit-il *asoplier*.

MARIE DE FRANCE, *Fables*, 10.

ASSOUPLI, IE, **Participe**.

Dans l'ombre *assouplie*,
Le ciel se replie
Comme un pavillon.

LAMARTINE, *Harmonies*.

ASSOURDIR, v. a.

Dans les plus anciens textes, il signifie Devenir
sourd :

Surdescere, *assourdir*.

Dictionnaire latin-françois du XIII° siècle. Biblioth.
nationale, mss., fonds latin, n° 7692.

D'ordinaire il se dit D'un bruit très fort, très
éclatant, qui cause une surdité passagère, qui
ne permet d'entendre aucun autre son :

Les vagues qui *assourdissaient* en brisant sur la côte, le
vent qui agitait les grosses lanternes du crucifix, le danger sur la mer, l'inquiétude sur la terre, la confiance
dans le ciel, donnaient à l'amour de cette pauvre paysanne une étendue et une majesté que le palais des grands
ne saurait donner à leurs passions.

BERNARDIN DE SAINT-PIERRE, *Études
de la nature*, VII.

De loin, à son babil, je reconnois un homme
Dont le bruit m'*assourdit*, dont le fracas m'assomme.

DELILLE, *la Conversation*, I.

Au figuré, *Assourdir quelqu'un d'une chose*, lui
en parler sans cesse, en faire grand bruit.

Le même coup qui a frappé les antiquités indiennes, a
fait tomber celles de la Chine, dont Voltaire surtout n'a
cessé de nous *assourdir*.

J. DE MAISTRE, *Soirées de Saint-Pétersbourg*,
2° entretien.

Il s'emploie souvent avec un nom de chose
pour complément :

Le bruit, à force de devenir grand, étourdit et *assourdit* les oreilles.

BOSSUET, *de la connoissance de Dieu et de soi-
même*, c. 1, art. 17.

Gentil rossignol passager,
Qui t'es encor venu loger
Dedans ceste coudre ramée,
Sur ta branchette accoustumée,
Et qui nuit et jour de ta vois

Assourdis les mons et les bois,
Redoublant la vieille querelle
De Térée et de Philomele.

RONSARD, *Odes retranchées*, Au Rossignol.

Si Colin voit Paris, ce fracas de merveilles
Sans rien dire à son cœur *assourdit* ses oreilles.

VOLTAIRE, *Discours sur l'homme*, I, De l'inégalité
des conditions.

Tintamarre scientifique
Dont *assourdit* les airs maint et maint instrument
A vent,
Vous êtes, je l'avoue, un concert magnifique
Si le grand bruit fait la musique.

E. LEBRUN, *Épigrammes*, 59.

Dans le passage suivant, *Assourdir son ouïe à*,
équivaut à : *Fermer l'oreille à*.

Cette vertueuse jouvencelle..... *assourdissoit* son ouye à
ces emmielez propos.

JACQUES YVER, *le Printemps d'Yver*, p. 170.

ASSOURDIR, en Peinture, signifie Diminuer la
lumière et les détails dans les demi-teintes.

Cette grande terrasse verte et monotone qui occupe le
fond, joue très bien le vieux tapis usé d'un billard, et
achève d'obscurcir, d'*assourdir* et d'attrister la scène.

DIDEROT, *Salon de* 1765, Roslin.

ASSOURDI, IE, participe.

Au propre : Rendu sourd. On a dit anciennement en ce sens : ESSOURDI :

Vous m'asseurez de me pouvoir guérir
Du mal qui rend mon oreille *essourdie*.

JOACH. DU BELLAY, *les Amours*, XXVIII.

Au figuré : Devenu sourd, inaccessible à tout
autre bruit que celui qui domine.

L'âme fut de celuy meschantement hardie,
Hardie à nostre mal,
Qui vogua le premier sur la mer *assourdie*
Et son flot inégal.

GARNIER, *la Troade*, II, 3.

La cascade qui pleut dans le gouffre qui tonne
Frappe l'air *assourdi* de son bruit monotone.

LAMARTINE, *Harmonies*, X, Poésie ou paysage
dans le golfe de Gênes.

Si Dieu brisait ce globe en confus éléments,
Devant sa face ainsi passeraient ses fragments...
Dans l'abîme *assourdi* l'avalanche qui plonge,
Et sous la main de Dieu pressés comme une éponge,
Noyés dans son soleil, fondus dans sa lueur,
Ces grands fronts de la terre exprimant sa sueur!...
LAMARTINE, *Premières Méditations,* XVIII.
Ressouvenir du lac Léman.

ASSOURDISSANT, ANTE. Adjectif. Qui assourdit :

Le bruit *assourdissant* de l'humaine tempête.
LAMARTINE, *Jocelyn.*

ASSOUVIR, v. a. (Ce verbe paraît venir du latin *assopire,* assoupir, d'où rassasier, assouvir.)

On trouve les formes ASSOVIR, ASSEVIR, qui arrivent à se confondre avec ASSOUFIR, satisfaire. (Voyez le *Glossaire* de Sainte-Palaye, le *Dictionnaire de l'ancienne langue française* de M. Godefroy, et les exemples qui suivent.)

Rassasier.

Au propre :

Et se peut et doit-on émerveiller où pourvéances pouvoient être prises pour *assouvir* un tel ost.
FROISSART, *Chroniques,* liv. II, c. 211.

L'engendreur de Pelops, au milieu des viandes,
Assouvisse aujourd'huy ses entrailles gourmandes.
GARNIER, *Porcie,* I, v. 44.

A peine de ces mets leur faim est *assouvie,*
Qu'ils perdent tout d'un coup la parole et la vie.
GODEAU, *Psaumes,* 77.

Merci de moi! lui dit la mère ;
Tu mangeras mon fils? L'ai-je fait à dessein
Qu'il *assouvisse* un jour ta faim?
LA FONTAINE, *Fables,* IV, 16.

Au figuré :

Certainement, Sire, rien ne peut vrayement *assovir* mon cueur et mon desir contenter, s'il ne repose en vous, mais surmonte et passe toutes créatures.
Le Livre de l'internelle consolacion,
liv. II, c. 21.

Lis attentivement cet abrégé de la vicissitude humaine, et tu trouveras quelque chose propre à *assouvir* ton appe-

tit, si au moins, desbauché et despravé, toutes sortes de viandes ne luy sont à cœur.
Les Caquets de l'accouchée, au lecteur.

Antipater mesme souloit dire qu'il avoit deux amys à Athenes, Phocion et Demades, à l'un desquelz il n'avoit jamais sceu faire rien prendre, et n'avoit jamais peu *assouvir* l'aultre.
AMYOT, trad. de Plutarque, *Vie de Phocion,* c. 42.

Ses ennemys n'ayants pas encores leur ire *assouvie,* feirent ordonner par le peuple que son corps seroit banny et porté hors des bornes du païs de l'Atticque.
LE MÊME, même ouvrage, *ibid.*

Ces bons ambassadeurs ont craint que le moyen leur fust clos *d'assouvir* leur haine et volonté particulière, en laquelle ils sont si animez que, tout ainsi que Dido de Vergile, ils seroient contens de se perdre et ruiner, moyennant qu'ils ruinassent, qu'ils destruisissent et pere et fils.
M. DU BELLAY, *Mémoires.*

Ilz enfermoient en un estroicte logette celle qui avoit commis l'adultère, et puis après permettoient impudemment qu'ell' *assouvist* sa lubricité et paillardise son saoul.
BRANTÔME, *Grands capitaines,*
M. de Montpensier.

Le desir estant *assouvy,* n'est plus desir; n'y ayant plus de desir, il n'y a plus d'amour.
D'URFÉ, *l'Astrée,* Ire part., liv. IX.

Les vaincus n'eurent point de repos, jusques à ce qu'ils eussent *assouvy* leur vengeance par le massacre du vainqueur.
COEFFETEAU, *Histoire romaine,* de L. Florus,
liv. IV, c. 2.

Je demandai conseil aux Muses de la voie que je prendrois pour *assouvir* mon ambition.
RACAN, *Lettres;* à MM. Chapelain, Ménage et Conrart.

Les premiers des Syriens qui l'avoient suivy (Alexandre) à cause des inimitiez qu'ils portoient aux Juifs, et qui croyoient *assouvir* leur haine par le supplice de leurs ennemis, demeurèrent confus et estonnez.
DU RYER, *Suppléments de Freinshemius sur Quinte-Curce,* liv. II, c. 11.

Est-ce là tout, mes pères... votre animosité seroit-elle enfin *assouvie?*
PASCAL, *Provinciales,* XVI.

Ils délibérèrent s'ils devoient s'en venger sur-le-champ,

ou s'il falloit différer quelque temps leur ressentiment pour l'*assouvir* avec plus de violence.

> FLÉCHIER, *Mémoires sur les grands jours de 1865.*

Sous prétexte de rendre conformes les mœurs de ses sujets, et en effet pour *assouvir* son avarice en pillant toute la Judée, il (Antiochus l'Illustre) ordonne aux Juifs d'adorer les mêmes dieux que les Grecs.

> BOSSUET, *Discours sur l'histoire universelle,* II, 14.

Assouvissez par vos médisances cette humeur malfaisante qui vous domine.

> LE MÊME, *Sermons,* 4° sermon sur la passion de Jésus-Christ.

Dans ta brutale fureur (Alger) tu te tournes contre toi-même, et tu ne sais comment *assouvir* ta rage impuissante.

> LE MÊME, *Oraison funèbre de Marie-Thérèse d'Autriche.*

César demeura le maître et s'attribua une puissance souveraine, à laquelle, pour *assouvir* son ambition, il ne manquoit que le diadème et le titre de roi.

> ROLLIN, *Traité des Études,* 3° partie, 4° morceau de l'histoire romaine, n° 3.

Ce projet d'envahir tout, si bien formé, si bien soutenu, à quoi aboutit-il, qu'à *assouvir* le bonheur de cinq ou six monstres?

> MONTESQUIEU, *Grandeur des Romains,* c. 15.

Plusieurs nations vivent encore dans l'état de pure nature; et, tandis que nous fesons le tour du monde pour découvrir si leurs terres n'ont rien qui puisse *assouvir* notre cupidité, ces peuples ne s'informent pas s'il existe d'autres hommes qu'eux, et passent leurs jours dans une heureuse indolence qui serait un malheur pour nous.

> VOLTAIRE, *Essai sur les mœurs,* c. 196.

En 1544, d'Oppède et Guérin à leur tête, mirent le feu à tous les villages : tout fut tué; et Aubri rapporte dans son plaidoyer que plusieurs soldats *assouvirent* leur brutalité sur les femmes et sur les filles expirantes qui palpitaient encore.

> LE MÊME, *Conspirations contre les peuples,* Conspiration contre Mérindol.

J'ai résolu d'achever mes jours dans ce royaume, et d'y laisser à ceux qui disposent de moi le plaisir d'*assouvir* leur fantaisie jusqu'à mon dernier soupir.

> J.-J. ROUSSEAU, *Lettres;* 28 mars 1770.

Le peuple, égaré par l'excès de ses sentiments, se prosterne devant Dion, l'invoque comme une divinité bienfaisante, répand sur lui des fleurs à pleines mains, et

ne pouvant *assouvir* sa joie, il se jette avec fureur sur cette race odieuse d'espions et de délateurs.

> BARTHÉLEMY, *Voyage d'Anacharsis,* c. 60.

Qu'heureux estoit le siècle où parmy l'innocence
L'amour, sans tyrannie, exerçoit sa puissance,
Quand le ciel libéral versoit à pleines mains
Tout ce dont l'abondance *assouvit* les humains!

> RACAN, *les Bergeries,* III, 4.

Cet avis est utile, et je veux m'en servir.
Vers qui que ce puisse être où mon penchant me porte,
Je veux les contenter, et non les *assouvir.*

> BOURSAULT, *Ésope à la cour,* III, 2.

Je te loue, ô Destin, de tes coups redoublés,
Je n'ai plus rien à perdre, et tes vœux sont comblés;
Pour *assouvir* encor la fureur qui t'anime,
Tu ne peux rien sur moi, cherche une autre victime.

> REGNARD, *le Joueur,* IV, 10.

Jadis tous les humains, errant à l'aventure,
A leur sauvage instinct vivoient abandonnés,
Satisfaits d'*assouvir* de l'aveugle nature
Les besoins effrenés.

> J.-B. ROUSSEAU. *Odes,* II, 10.

Tonne, éclate, *assouvis* la fureur qui t'inspire.

> DE LA FOSSE, *Manlius,* I, 5.

Assouvir est souvent suivi d'un complément précédé de la préposition *de* :

Fu pris li marchis et sa famme; et fu meneiz, les mains liées derrière le dos, devant Solehadin qui mout le desirroit à veoir. Et quant il le vit, si li dist : «... Par Mahom! vostre convoitise vous a deceu. Vous ne futes onques *asseviz* d'or ne d'argent; mais je vous *en assevirai...* » Adonc fist Solehadins or et argent penre, et le fist fondre en une paele de fer, et li fist avaleir tout bouillant en la gorge.

> *Récits d'un ménestrel de Reims au XIII° siècle,* publiés par N. de Wailly, p. 111.

Je pense que ceux qui ont quelque impression de religion en l'âme doyvent estre induits à s'adoucir, et ceux qui y ont la vengeance logée doyvent *estre assouvis de* tant de sang qui a esté repandu.

> DE LA NOUE, *Discours politiques et militaires,* Discours premier.

Faites-moi voir un jeune homme qui n'ait point encore eu de part à la corruption du siècle et qui ait l'esprit vif : je m'assure qu'il m'avouera qu'un homme qui magnanimement supporte le faix des adversités lui semble plus heureux, que celui que la fortune *assouvit de* toutes les prospérités qu'il peut désirer.

MALHERBE, trad. de Sénèque, Épîtres, 71.

Puisse Votre Majesté avoir bientôt le moyen d'*assouvir* son cœur *de* ce plaisir vraiment chrétien et vraiment royal de rendre ses peuples heureux !

BOSSUET, Sermons, 3e sermon sur la passion
de Jésus-Christ.

Dans l'ancien français, ASSOUVIR signifiait souvent Achever, Accomplir.

Chiers sires (Louis X le Hutin), je vous faiz à savoir que madame la royne vostre mere... me pria si à certes comme elle pot, que je li feisse faire un livre des saintes paroles et des bons faiz nostre roy saint Looys... et à l'aide de Dieu li livres est *assouvis* en dous parties.

JOINVILLE, Histoire de saint Louis, 1.

Et brief ce livre à fin menray
Que piessa commencé avoye,
Mais la fin trouver n'en savoie;
Mais Dieu, par son digne plaisir,
M'a donné espace et loisir
De l'*asouvir* tout bellement.

HARDOUIN, Trésor de venerie, v. 1908.

Bien me sembloit que je fusse Rolans;
Saiges sur tous, et comme oiseauls volans,
Fors et appers, convoiteus de vouloir
Tout *assovir*, et plus que mon povoir.

EUST. DESCHAMPS, Ballades, 41.

Et s'aucun, dont n'ay congnoissance,
Estoit allé de mort à vie,
Audict Calais donne puissance,
Affin que l'ordre soit suyvie
Et mon ordonnance *assouvie*,
Que ceste aulmosne ailleurs transporte.

VILLON, Grand Testament, 162.

Je vueil *assouvir* ceste caige.
. . . .
Mais que j'aye mis cy une broche
Ma caige *sera assouvie*.

Farce de l'obstination des femmes. (Voyez Ancien
Théâtre françois, t. I, p. 21-26.)

ASSOUVIR s'emploie avec un pronom personnel. Au propre :

Maintenant, pour nous nourrir, il faut répandre du sang, malgré l'horreur qu'il nous cause naturellement; et

tous les raffinements dont nous nous servons pour couvrir nos tables suffisent à peine à nous déguiser les cadavres qu'il nous faut manger pour *nous assouvir*.

BOSSUET, Discours sur l'histoire univer-
selle, II, 1.

Au figuré :

Les Normans non contens d'avoir condamné à mort la Pucelle, la voulurent mitrer lorsqu'ils l'envoyèrent au gibet, et estoient ces mots escrits sur la mitre : Hérétique, relapse, apostate, idolâtre; et au-devant d'elle un tableau plein d'injures et contumelies, ne *se* pouvant *assouvir* de sa seule mort, ores qu'elle fust très cruelle.

EST. PASQUIER, Recherches de la France, VI, 5.

Pardonne à Cinna... Si tu continuës les vengeances en sa personne et en celle de ses complices, on jugera que tu as tousjours aymé le sang, et que tu ne *t'*en peux *assouvir*.

COEFFETEAU, Histoire romaine, liv. I.

L'on ouvre les yeux pour *s'assouvir* de la vue des beautés mortelles, ou même se délecter à les voir et en être vu.

BOSSUET, Traité de la concupiscence, c. 5.

La croix paroît à David comme le trône véritable de ce nouveau roi. Il voit ses mains et ses pieds percés, tous ses os marqués sur sa peau par tout le poids de son corps violemment suspendu, ses habits partagés, sa robe jetée au sort, sa langue abreuvée de fiel et de vinaigre, ses ennemis frémissant autour de lui, et *s'assouvissant de* son sang.

LE MÊME, Discours sur l'histoire univer-
selle, II, 4.

Les esprits vifs, pleins de feu, et qu'une vaste imagination emporte hors des règles et de la justice, ne peuvent *s'assouvir* de l'hyperbole.

LA BRUYÈRE, Caractères, c. 1.

Je suivois d'ordinaire un but de promenade; c'étoit d'aller débarquer à la petite île, de m'y promener une heure ou deux, ou de m'étendre au sommet du tertre sur le gazon, pour *m'assouvir* du plaisir d'y admirer le lac et ses environs.

J.-J. ROUSSEAU, les Confessions, II, 12.

Maints fascheux accidens surprennent sa vieillesse :
Soit qu'avecq' du soucy gagnant de la richesse,
Il s'en deffend l'usage, et craint de s'en servir,
Que tant plus il en a, moins *s'*en peut *assouvir*.

REGNIER, Satires, V.

Et fais......
Que ces chiens affamés, ces nations impies,

Qui sur les gens de bien, non moins que des harpies,
    Se vouloient assouvir,
Renonçant à l'erreur qu'ils avoient publiée,
Fassent voir à tes pieds leur âme humiliée,
    Soumise à te servir.

           RACAN, *Psaumes*, 58.

Laissez-moi *m'assouvir* dans mon courroux extrème
Et laver mon affront au sang d'un scélérat.

           MOLIÈRE, *Amphitryon*, III, 5.

Barbare, *assouvis-toi* du sang de ta patrie.

           VOLTAIRE, *Catilina*, III, 1.

Il s'emploie souvent avec un nom abstrait pour sujet.

L'avarice ne *s'assouvit* pas par les richesses, ni l'intempérance par la volupté, ni la paresse par l'oisiveté.

           VAUVENARGUES, *Réflexions et Maximes*, 321.

Pour moy, comme je puis, par tout je m'en acquitte,
Sçachant que la Raison, qui connoist son mérite,
Requiert que le devoir ne *se puisse assouvir*
En moy de la louer, en toy de la servir.

           SAINT-AMANT, *Élégie à Damon.*

Assouvi, ie, participe.
Rassasié. Au propre :

Alors que le corps est *assouvy* et plein de viandes et de vin, il est moins à sec : parquoy la chaleur naturelle estant attiedie, le corps est moins suject à courroux.

           BOUCHET, *Serées*, liv. I, 1.

Apres la cuirée *asouvie*
Li pluseur ont de boire envie.

           HARDOUIN, *Trésor de venerie*, v. 1517.

Au figuré :

Toujours vous plaignez, toujours vous lamentez, jamais n'estes *assouvys.*

           RABELAIS, *Pantagruel*, V, 7.

Il y avoit assez de subject pour contenter l'opinion de Gregoire (VII), toutes fois non *assouvy* : il fait degrader ce pauvre prince (Henri IV) de ses ornemens imperiaux.

           EST. PASQUIER, *Recherches de la France*, III, 14.

Ainsi deux puissans exercites furent taillez en pieces avec une telle effusion de sang que l'ennemy mesme vid sa rage *assouvie.*

           COEFFETEAU, *Histoire romaine* de L. Florus, II, 6.

Quand je considere ces testes
Entassées en ces charniers,
Tous furent maistres des requestes
Ou tous de la Chambre aux Deniers,
Ou tous furent porte-paniers.
. . . .
Et icelles qui s'inclinoient
Unes contre autres en leur vies;
Desquelles les unes regnoient,
Des autres craintes et servies :
La les voy toutes *assouvies*,
Ensemble en ung tas pesle-mesle.

           VILLON, *Grand Testament*, v. 149.

Le soin qui te tourmente
Suit le bien qui s'augmente,
  Guidant deçà, delà,
  Parmi les eaux, ta vie,
Qui moins est *assouvie*
  Quand plus de biens elle a.

           RONSARD, *Odes*, II, 2, Contre les avaricieux.

Il suffit que rien n'importune
Ny sa vertu, ny sa fortune,
Que le ciel rit à son plaisir,
Que sa gloire a lassé l'envie,
Et que sa grandeur *assouvie*
Ne trouve ny but, ny desir.

           THÉOPHILE, *Sur la paix de l'année* 1620.

Race lasche et desnaturée
Autrefois si mal figurée
Par mes vers mal recompensez,
Si ma vengeance est *assouvie*,
Vous serez si bien effacez
Que vous ne ferez plus d'envie
Aux honnestes gens offencez
Des louanges de vostre vie.

    LE MÊME, *Requeste à nos seigneurs de Parlement.*

Ses sens sont fatigués et non pas *assouvis.*

           THOMAS, *Messaline*, trad. de Juvénal.

Il est peut-être en moi quelque fibre sonore
Qui peut sous ton regard se torturer encore,
Comme un serpent coupé sur le chemin gisant,
Dont le tronçon se tord sous le pied du passant,
Quand l'homme, ranimant une rage *assouvie*,
Cherche encor la douleur où ne bat plus la vie !

    LAMARTINE, *Harmonies*, VII, Hymne à la douleur.

Assouvi, Parfait, achevé, accompli :

Je congnéuz au temps de ma verde et plus vertueuse jeunesse, deux gentilz hommes, beaulx compaignons, bien *assouvis* et adréciez de tout ce que on doit louer en ung gentil homme vertueux.

Les Cent Nouvelles nouvelles, 58.

> Entière dame et *assouvie*
> J'espoir de vous servir ainçoys.
>
> VILLON, *Double ballade.*

Assouvi, dans ses diverses acceptions, est souvent suivi d'un complément précédé de la préposition *de*, ou exprimé par le pronom *en :*

Simeon... ne voulut pas pour neant si longuement vivre... qu'il n'eust veu par avant le Sauveur de la terre. Or vesquit il tant d'ans en attendant, qu'il mourut *assouvy* de son attente.

A. CHARTIER, *l'Esperance ou consolation des trois vertus.*

Tout le ciel a esté remply des louanges et congratulations que vous-mesmes et vos peres feistes lors que Alpharbal, roy de Canarre, non *assovy* de ses fortunes, envahyt furieusement le pays de Onys.

RABELAIS, *Gargantua,* I, 50.

Formose ayant esté créé pape, avecques le mescontentement de plusieurs seigneurs de la ville, Estienne Sixiesme, son successeur, annulla tous les decrets par luy faits, et, non *assouvy de* cette vengeance, fit tirer le corps du tombeau.

EST. PASQUIER, *Recherches de la France,* III, 4.

Le Connestable (de Bourbon) dist que c'estoit une nouvelle calomnie de ses ennemis, lesquels, non *assouvis de* l'avoir induement despouillé de la plus grande partie de ses biens, le vouloient priver des meilleurs, qui estoient la bonne grace de son Roy et son honneur.

LE MÊME, même ouvrage, VI, 12.

Je ne m'estonne point, soldats, si quand vous considerez les grandes choses que nous avons faites, vous estes *assouvis de* gloire, et ne cherchez plus que le repos.

VAUGELAS, trad. de Quinte-Curce, liv. VI.

Ils ne sont pas *assouvis de* la simple mort du comte d'Armagnac, de Henry de Marle, chancelier, et de Raimonnet de Guené, ains exposent leurs corps tous nuds sur la pierre de marbre dans le Palais.

MEZERAY, *Histoire de France,* Charles VI.

> Est-elle bien si estourdie
> Que de cuidier, ou de penser
> La chair d'ung homme estre *assouvie*
> D'une femme, et de s'en passer.
>
> COQUILLART, *Plaidoyé d'entre la simple et la rusée.*

> Le mal d'amour si fort me blesse
> Que je ne sçay que j'en feray,
> Et croy fermement qu'en mourray
> Si n'*en suis* bientost *assouvie.*
>
> *Farce de Toutmesnaige.* (Voyez *Anc. Thédtre fran-çois, Biblioth. Elzévirienne,* t. II, p. 410.)

> Je suis en cueur presque ravye
> De veoir Bon Temps devant mes yeulx.
> Or, a toujours je me convye
> De n'*estre* jamais *assouvie*
> De vous aymer de mieulx eu mieulx.
>
> ROGER DE COLLERYE, *Satyre pour les habitans d'Auxerre.*

> Ce neantmoins ma pensée *assouvie*
> De ce ne fut : tousjours me preparay
> De poursuyvir.
>
> CL. MAROT, *Temple de Cupido,* v. 88.

> THÉSÉE. Il n'est rien plus horrible aux hommes que la mort.
> PHÈDRE. Elle est aux affligez un desirable port
> Comme à moy qui *suis* tant *de* ce monde *assouvie,*
> Autrement il fait mal de laisser ceste vie.
>
> GARNIER, *Hippolyte,* act. IV, v. 81.

ASSOUVISSEMENT, s. m. Action d'assouvir. On l'a surtout employé au figuré :

C'est (l'avarice) une cupidité qui repugne à son *assouvissement,* là où toutes autres cupiditez y aident.

AMYOT, trad. de Plutarque, *Œuvres morales,* De l'avarice et convoitise d'avoir.

Ayans plus d'esgard à l'advenir qu'au present, ils repensent que la convoitise des hommes est sans bride, et que jamais ne trouve *assouvissement.*

EST. PASQUIER, *Recherches de la France,* I, 10.

ASSUJETTIR, v. a. (De *à* et *sujet.*) On a écrit aussi *assujétir.* (Voyez les exemples suivants.) Soumettre, ranger sous sa domination. Au propre :

Les messagiers d'iceux princes (des États de l'Empire)... luy apporterent (à François Ier) un double autantique de leur traitté... luy remonstrans... comme, s'ils estoient par luy abandonnez, ils seroient contraints... d'entierement se soubsmettre au vouloir et intention de l'Empereur, lequel apparemment ne tendoit à autre fin qu'à les *assubjettir.*

MARTIN DU BELLAY, *Mémoires,* liv. IV, 151.

Il n'est pas croyable comme le peuple, dès lors qu'il *est*

assubjecty, tombe soudain en un tel et si profond oubly de la franchise, qu'il n'est pas possible qu'il s'esveille pour la r'avoir.

LA BOÉTIE, *Discours de la Servitude volontaire.*

Les Indiens et leurs Eléphans prirent la fuite, avant que d'estre à la portée du javelot. Ils *furent* donc défaits et *assujettis*, ayant appris à leurs despens, qu'il ne faut jamais mépriser son ennemi.

PERROT D'ABLANCOURT, trad. de Lucien, *Bacchus.*

Il (César) eut une dextérité admirable à ménager les Gaulois, se prévalant de leurs jalousies particulières pour les *assujettir* les uns par les autres.

SAINT-EVREMONT, *Dissertation sur le mot Vaste.*

Les Romains victorieux passèrent le Pô pour la première fois..... La victoire les suivit partout : Milan fut pris ; presque tout le pays *fut assujetti.*

BOSSUET, *Discours sur l'histoire universelle*, I, 8.

Ces deux grandes républiques (Athènes et Sparte), si contraires dans leurs mœurs et dans leur conduite, s'embarrassoient l'une l'autre dans le dessein qu'elles avoient d'*assujettir* toute la Grèce ; de sorte qu'elles étoient toujours ennemies, plus encore par la contrariété de leurs intérêts que par l'incompatibilité de leurs humeurs.

LE MÊME, même ouvrage, III, 5.

Paris, las d'une dépendance qui *avoit* tout *assujéti*, respira dans l'espoir de quelque liberté... (à la mort de Louis XIV).

SAINT-SIMON, *Mémoires*, 1715.

Il entre dans Pavie en triomphe avec Adélaïde. Mais il fallait du temps et des soins pour *assujettir* le reste du royaume et surtout Rome, qui ne voulait point de lui.

VOLTAIRE, *Annales de l'Empire*, Othon Ier dit le Grand.

Au figuré :

Communément on *assujettit* les choses externes qui n'appartiennent de rien au royaume de Dieu, au conseil et élection des hommes.

CALVIN, *Institution chrestienne*, II, 2, § 5.

Il faut être simple, obéissant, pour être propre à recevoir religion... *assujettir* son jugement, et se laisser mener et conduire à l'autorité publique.

CHARRON, *De la Sagesse*, II, 5.

Je vous allois prier qu'autre que moy ne travaillast à l'épitaphe de vostre fils... Sa vertu obligeoit tout le monde, mais son affection *avoit* particulièrement *assujetty* la mienne.

THÉOPHILE, *Lettres*, V ; à M. le Long.

IV.

Avec cette discipline que quelqu'un a nommée le fondement de l'empire et la source des triomphes, ils (les Romains) *ont assujetti* la force, le nombre, les richesses, la politesse et la vertu même des autres peuples.

BALZAC, *Dissertations politiques*, le Romain, disc. 1.

A moins que la foi n'*assujettisse* notre raison, nous passons la vie à croire et à ne croire point, à nous vouloir persuader et à ne pouvoir nous convaincre.

SAINT-EVREMONT, l'*Homme ne se connoît pas lui-même.*

Il faut toujours montrer aux enfants un but solide et agréable qui les soutienne dans le travail, et ne prétendre jamais les *assujettir* par une autorité sèche et absolue.

FÉNELON, *De l'Éducation des filles*, c. 5.

La mémoire qui a peine à souffrir le joug, a besoin d'*être* contrainte et *assujettie.*

ROLLIN, *Traité des Études*, liv. II, c. 3.

On honore trop souvent du nom de raison une certaine médiocrité de sentiment et de génie, qui *assujettit* les hommes aux lois de l'usage et les détourne des grandes hardiesses, sources ordinaires des grandes fautes.

VAUVENARGUES, *Réflexions critiques sur quelques poëtes*, II. Boileau.

Enfin l'aimable Agnès a su m'*assujettir*.
C'est un joli bijou, pour ne vous point mentir.

MOLIÈRE, l'*École des femmes*, I, 6.

ASSUJETTIR, s'employait en parlant des charges dont certains fiefs étaient grevés :

Mgr de Colbert est très-humblement supplié d'ordonner au fermier des droits du domaine du roi de surseoir toutes poursuites pendant le temps de six semaines contre les possesseurs de fiefs nobles pour raison du droit de lodz, s'il ne justifie du titre qui *assujettisse* les fiefs.

Mémoire remis par les Députés de Languedoc à Colbert, septembre 1667. (Voyez DEPPING, *Correspondance administrative sous Louis XIV*, t. I, p. 228.)

ASSUJETTIR, dans ses diverses acceptions, est souvent suivi de la préposition *à* :

Qui plus est, l'Escriture, pour mieux exprimer que rien du tout ne se fait sans Dieu et sa prédestination, *lui assujettit* les choses qui semblent estre les plus fortuites.

CALVIN, *Institution chrestienne*, liv. I, c. 16, § 6.

19

Le jeu est de telle nature, qu'il *assubiectit* l'homme à ne faire jamais autre chose, ny avoir autre pensement, soit en gain ou en perte.

MONTLUC, *Commentaires*, liv. I.

Aussi les a incités cette curiosité... jusques à vouloir *assujetir* les histoires de la saincte Escriture à cela mesme à quoi ils *ont assujéti* les fables des légendes, à-scavoir jusques à leur faire rendre compte du nom qu'avoit le chien de saint Roch.

HENRI ESTIENNE, *Apologie pour Hérodote*, tom. IIᵉ, partie IIᵉ, c. 35.

Toutes leurs pensées, tous leurs désirs, toutes leurs actions, tous leurs sermons, toutes leurs confessions, n'ont autre visée que d'*assujétir* toute l'Europe à la domination espagnole.

ARNAULD, *Plaidoyer pour l'Université contre les jésuites*.

On fit une loy qui *assujettissoit* absolument la prestresse de Jupiter à son mary, pour le regard des choses de la religion; pour le reste, on luy laissoit le mesme droit qu'aux autres femmes.

PERROT D'ABLANCOURT, trad. de Tacite. *Annales*, IV, 9.

Leur souverain plaisir sera de n'avoir plus rien en eux qui s'oppose à la justice de Dieu, et de *lui être* parfaitement *assujetis*.

NICOLE, *De la soumission à la volonté de Dieu*, Iʳᵉ partie, c. 10.

Il (le duc d'Orléans) *assujetissoit* sés intérêts, ses pensées et ses jugements *aux* passions de ceux dont il vouloit croire les conseils.

Mᵐᵉ DE MOTTEVILLE, *Mémoires*.

Il faut *assujettir* le corps à l'esprit, pour *assujettir* ensuite plus aisément l'esprit à Dieu.

BOURDALOUE, *Sermons pour les dimanches*, Sur la tempérance chrétienne.

En commandant aux membres des exercices pénibles, l'âme les fortifie, elle les durcit aux travaux, et se fait un plaisir de les *assujettir* à ses lois.

BOSSUET, *De la Connoissance de Dieu et de soi-même*, c. 3, art. 10.

Elle (la Grèce) ne pouvoit souffrir que l'Asie pensât à la subjuguer; et en subissant ce joug, elle eût cru *assujettir* la vertu à la volupté, l'esprit *au* corps, et le véritable courage à une force insensée qui consistoit seulement dans la multitude.

LE MÊME, *Discours sur l'histoire universelle*, III, 5.

Qu'est-il besoin de parler de la très-chrétienne maison de France, qui par sa noble constitution est incapable d'*être assujettie* à une famille étrangère?

BOSSUET, *Oraison funèbre de Marie-Thérèse d'Autriche*.

Qu'est-ce qu'une armée? c'est un corps animé d'une foule de passions différentes, qu'un homme habile fait mouvoir pour la défense de la patrie... C'est un assemblage confus de libertins qu'il faut *assujettir* à l'obéissance.

FLÉCHIER, *Oraison funèbre de Turenne*.

S'il disputoit avec ardeur, ce n'est pas qu'il voulût *assujettir* le monde à ses opinions, mais le réduire à la vérité qu'il connoissoit, ou que du moins il croyoit connoître.

LE MÊME, *Oraison funèbre de M. de Montausier*.

Corneille nous *assujettit* à ses caractères et à ses idées; Racine se conforme aux nôtres.

LA BRUYÈRE, *Caractères*, c. 1.

Vu par la Cour, la requête présentée par les régents, maîtres-ès-arts, docteurs et professeurs de l'Université... contenant que depuis quelques années, une inconnue nommée la Raison, auroit entrepris d'entrer par force dans les écoles de ladite Université..... Voulant *assujettir* ledit Aristote à subir devant Elle l'examen de sa doctrine.

BOILEAU, *Arrest burlesque pour le maintien de la doctrine d'Aristote*.

Il (Dieu) nous a de telle sorte *assujetis* à nos sens et à nos passions que nous sommes portés à croire que notre corps est la principale des deux parties dont nous sommes composés.

MALEBRANCHE, *Recherche de la vérité*, préface.

Ce n'est point le choix, la police, l'art, l'institution arbitraire qui *assujettit* les enfants à un père; c'est la nature qui l'a décidé.

FÉNELON, *Dialogues des morts*, M. Coriolanus et F. Camillus.

Qu'on n'*assujettisse* point les femmes à goûter certaines personnes ou certains livres qui ne leur plaisent pas.

FÉNELON, *De l'Éducation des filles*, c. 9.

Un des exercices les plus utiles pour les jeunes gens, c'est de leur proposer quelques endroits choisis des auteurs grecs ou latins, non pour en faire de simples traductions où l'on *est assujetti aux* pensées de son auteur, mais pour les tourner à leur manière.

ROLLIN, *Traité des études*, liv. II, c. I, art. 4.

D'où les lois tirent-elles leur force et leur vigueur,

sinon de la bonne éducation qui y accoutume et y *assujettit* les esprits ?

ROLLIN, *Traité des études*, liv. VIII, avant-propos, art. 1.

Il falloit une compagnie qui, par le concours des lumières, établît des principes certains, rendît le goût plus fixe, disciplinât le génie même, et en *assujétît* les fougues à la raison.

LAMOTTE, *Remerciement à l'Académie*.

L'esprit dominant *assujétît* les autres à son tribunal, et la plupart du temps à ses erreurs.

VAUVENARGUES, *Réflexions*, 281.

Assujettir toute la robe à cette humiliation, ce serait avilir la magistrature au point qu'aucun citoyen ne voudrait embrasser cet état.

VOLTAIRE, *Arbitrage entre M. de Voltaire et M. de Foncemagne*.

Un des plus grands efforts de l'esprit humain est d'*avoir assujetti* les langues à des règles.

D'ALEMBERT, *Éloge de Du Marsais*.

Je vous le répète, il ne faudroit qu'*assujettir* la peinture et la sculpture à notre costume.

DIDEROT, *Salon de 1767*, le Prince.

La mer a ses limites et ses lois; ses mouvements y *sont assujétis*.

BUFFON, *Théorie de la terre*.

L'âme *est assujétie* à tout ce qui l'environne.

CONDILLAC, *Essai sur l'origine des connoissances humaines*, Ire part., sect. II, c. 5, § 51.

Si l'on veut alors *assujettir* au tirage les étrangers qui se trouveront dans chaque paroisse, on doit s'attendre que tous les étrangers quitteront la paroisse.

TURGOT, *Lettre sur la milice*, 8 janvier 1773.

Il (Say) écarte... ces théories systématiques dont l'effet infaillible est de tout confondre en voulant tout *assujettir* à une seule idée générale.

CHÉNIER, *Tableau historique de la littérature française*, c. 2.

Il (Frédéric II) ne se doutait guère que de tous les hommes les Allemands étaient ceux qu'on pouvait le moins *assujétir* à la routine littéraire et philosophique.

Mme DE STAEL, *De l'Allemagne*, liv. I, c. 16, § 13.

Les facultés et les écoles primaires n'y sont pas *assujetties* (à la taxe universitaire).

ROYER-COLLARD, *Discours*, Sur le budget de l'Instruction publique, 27 février 1817.

Oyseaulx de l'air, qui volent et qui chantent,
Poissons de mer, ceulx qui nagent, et hantent
Par les sentiers de mer grans et petis,
Tu les as tous à l'homme *assubjectis*.

CL. MAROT, *Psaumes*, VIII, v. 29.

Quoi! Rome ne veut pas, quand vous avez voulu?
Que faites-vous, Seigneur, de pouvoir absolu?
N'êtes-vous dans ce trône, où tant de monde aspire,
Que pour *assujettir* l'empereur à l'empire?

P. CORNEILLE, *Tite et Bérénice*, III, 5.

Je trouverois pour vous encore plus de gloire,
A *vous l'assujétir*, à l'aimer tout de bon.

DESTOUCHES, *le Philosophe marié*, II, 1.

ASSUJETTIR signifie encore Arrêter une chose de telle sorte, qu'elle soit stable et sans mouvement.

On le lia avec de grosses cordes retenues par des cercles de fer qui *assujétissaient* ses bras et ses cuisses.

VOLTAIRE, *Histoire du parlement de Paris*, c. 67, Attentat de Damiens.

Avec l'angle d'une pierre il fit un petit trou sur une branche d'arbre bien sèche qu'il *assujétit* sous ses pieds.

BERNARDIN DE SAINT-PIERRE, *Paul et Virginie*.

Il s'emploie avec le pronom personnel,
Soit comme régime indirect :

Il (l'orateur) *s'assujétira* l'intellect par la force du raisonnement.

BALZAC, *Dissertations critiques*, II.

Ils (les Jansénistes) portent la crainte où nous (Jésuites) portons l'espérance, et veulent *s'assujettir* ceux que nous voulons nous attirer.

SAINT-EVREMONT, *Conversation du maréchal d'Hocquincourt avec le père Canaye*.

Dieu règne sur les pécheurs condamnés parce qu'il *se les assujettit* malgré eux.

BOSSUET, *Sermons*, Sur la nécessité de la pénitence.

Il n'est pas nécessaire que, pour répondre aux objections qui se font contre les mystères, on *s'assujétisse* ces mystères, et qu'on les soumette à la confrontation avec les premiers principes qui naissent des notions communes.

LEIBNITZ, *Théodicée*, Conformité de la foi, § 71.

Le cardinal de Bouillon, dans son exil vide d'occupations meilleures, travailloit à *s'assujétir* les moines réformés de la congrégation de Cluni.

Saint-Simon, Mémoires, 1708.

Ils (les chefs du parti de la Constitution) n'avoient pu, dans leur puissance, *s'assujétir* l'archevêque de Bordeaux.

Le même, même ouvrage, 1715.

Il y avoit dans son voisinage (de Jupiter) quatre petites planètes; il *se* les *assujétit* toutes quatre.

Fontenelle, les Mondes, 4ᵉ soirée.

Indépendamment de ces espèces qu'il (l'homme) *s'est assujetties*, et dont il dispose à son gré, il fait aussi la guerre aux animaux sauvages, aux oiseaux, aux poissons.

Buffon, Histoire naturelle, Aliments de l'homme.

La même sagacité qui *s'étoit assujéti* les mouvements des corps célestes, s'est portée sur les corps qui nous environnent.

D'Alembert, Éléments de philosophie.

Soit comme régime direct :

<blockquote>
Importune le Louvre, et, de jour et de nuit,
Perds pour <i>t'assujettir</i> et la table et le lict.
</blockquote>

Regnier, Satires, III.

<blockquote>
Pour être souveraine il faut <i>m'assujettir,</i>
En montant sur le trône entrer dans l'esclavage,
Et recevoir des lois de qui me rend hommage.
</blockquote>

P. Corneille, Pulchérie, V, 2.

Avec le pronom personnel servant de régime direct, il est très fréquemment suivi de la préposition à.

Jamais je ne *me assubjectis à* heures : les heures sont faictes pour l'homme, et non l'homme pour les heures.

Rabelais, Gargantua, I, 41.

Le François estant fier de sa nature et haïssant la servitude estrangere, voudroit plustot *s'assujettir à* soymesmes.

La Noue, Discours politiques et militaires,
Discours I.

Quand on aura vu que dans la plus part des siècles, ç'a esté (l'or) un instrument fatal, qui a si terriblement remué toutes les cupidités des hommes et que tant de maux en sont procedez, on se gardera mieux de *s'assujettir à* lui, veu qu'il est fait pour servir, et non pour régner.

Le même, même ouvrage, XXIII.

Les événements despendent la pluspart de la fortune,

laquelle ne *se* veut pas ranger et *assujettir à* nostre discours et prudence.

Montaigne, Essais, I, 47.

Ayant été à un sermon qui dura deux heures, je l'écrivis tout entier à mon retour de l'église, véritablement sans *m'assujettir aux* paroles avec scrupule, mais aussi sans perdre quoi que ce soit de la substance des choses.

Balzac, Aristippe, Avant-propos.

J'ai guerre contre la fortune, et n'ai que faire d'elle; je ne *me* veux point *assujettir à* sa domination, ou, ce qui est plus difficile, je m'en veux dégager.

Malherbe, trad. de Sénèque, Épîtres, LI.

S'ils n'ont soin de faire le valet, je ne m'aperçois point que je sois le maistre; aussi, ne pouvant *m'assujettir à* personne, je serois injuste de vouloir prendre empire sur les autres.

Théophile, Lettres, 49.

Pour l'analyse des anciens et l'algèbre des modernes... On *s'est* tellement *assujetti* en la dernière *à* certaines règles et *à* certains chiffres, qu'on en a fait un art confus et obscur qui embarrasse l'esprit.

Descartes, Discours de la Méthode, IIᵉ partie.

Aux choses qui vont purement à plaire, comme la comédie, il est fâcheux de *nous assujettir à* un ordre trop austère, et de commencer par la gêne en des sujets où nous ne cherchons que le plaisir.

Saint-Evremont, Sur nos comédies.

Il (Louis XIII) avoit toujours été malheureux, parce qu'*il s'étoit* trop *assujeti à* ses sujets.

Mᵐᵉ de Motteville, Mémoires.

Que l'homme parut alors éloigné de sa première institution, et que l'image de Dieu y étoit gâtée! Dieu pouvoit-il l'avoir fait avec ces perverses inclinations qui se déclaroient tous les jours de plus en plus? et cette pente prodigieuse qu'il avoit à *s'assujettir à* toute autre chose qu'à son seigneur naturel, ne montroit-elle pas trop visiblement la main étrangère par laquelle l'œuvre de Dieu avoit été si profondément altérée ?

Bossuet, Discours sur l'histoire universelle, II, 2.

Les travaux les plus rudes en eux-mêmes deviennent presque insensibles à ceux qui *s'y* sont *assujétis* depuis longtemps.

Louis XIV, Mémoires, Iʳᵉ part., 1666.

Les Rois, qui sont nés pour posséder tout et pour commander à tout, ne doivent jamais être honteux de *s'assujétir à* la renommée.

Le même, même ouvrage, IIᵉ partie, 1667.

Mme la comtesse de Maure seroit une personne parfaite, si elle pouvoit, comme le reste du monde, *s'assujettir aux horloges.*

Mlle DE MONTPENSIER, *Portraits,* XXXVIII.
Mme la comtesse de Maure.

Son tempérament (d'Alphonse VI, roi de Portugal) est bon et les médecins croient qu'ils le guériroient, s'il vouloit *s'assujettir au* régime et aux remèdes.

L'ABBÉ DE SAINT-ROMAIN, *Portrait d'Alphonse VI, roi de Portugal,* 1er mars 1667. (Voyez MIGNET, *Succession d'Espagne,* t. II, p. 566.)

Ils (les hommes) aiment mieux *s'assujétir à* l'erreur que de *s'assujétir à* la règle de la vérité.

MALEBRANCHE, *Recherche de la vérité,* liv. III, 9, § 3.

L'absence de la cour *m'assujettit à* un nombre infini de lettres.

Mme DE MAINTENON, *Lettres,* XVII; 9 octobre, à M. de Villette.

Sentant bien que s'il vouloit *s'assujétir* servilement *aux* expressions, il défigureroit la pensée.

ROLLIN, *Traité des Études,* De l'Étude de la langue françoise, art. 3.

Ils (les Français) veulent bien *s'assujettir aux* lois d'une nation rivale, pourvu que les perruquiers françois décident en législateurs sur la forme des perruques étrangères.

MONTESQUIEU, *Lettres persanes,* C.

Quand on aura vu quel homme c'étoit (La Fontaine), on sera moins en peine de savoir pourquoi il en sortit (de l'Oratoire), que de savoir comment il avoit songé à se mettre dans une maison où il faut *s'assujettir à* des règles.

D'OLIVET, *Histoire de l'Académie.*

Il est bien aisé de me nuire,
Car je ne puis *m'assujettir*
Au soucy de me garantir.

THÉOPHILE, *A feu M. de Losières.*

Il est vrai qu'*à* la mode il faut *m'assujettir,*
Et ce n'est pas pour moi que je me dois vêtir.

MOLIÈRE, *l'École des maris,* I, 1.

A quoi qu'en reprenant on *soit assujettie,*
Je ne m'attendois pas à cette repartie.

MOLIÈRE, *le Misanthrope,* III, 4.

En *s'assujétissant à* mon pouvoir suprême,
Elle m'a d'un coup d'œil assujetti moi-même.

BOURSAULT, *Ésope à la Cour,* II, 2.

Est-il juste après tout que l'on *s'assujettisse*
A répondre à cent sots selon leur sot caprice?

REGNARD, *le Distrait,* IV, 6.

A votre folle humeur il faut *m'assujettir.*

BARTHE, *les Fausses Infidélités,* sc. 6.

Dans le passage suivant, *s'assujettir à* équivaut à Être sujet à, Devenir sujet à.

Ha! Madelon! qui l'eust pensé,
Que nostre amour encommencé,
Voire asseuré par le serment,
S'assujetist au changement.

JACQ. GUÉRIN, *les Esbahis,* II, 1.

ASSUJETTI, IE, participe.

Qu'on fasse ici un tableau de l'Europe. On verra deux papes qui la partagent; deux empereurs qui déchirent l'Allemagne; la discorde en Italie après la mort de Visconti; les Vénitiens s'emparant d'une partie de la Lombardie, Gênes d'une autre partie; Pise *assujettie* par Florence.

VOLTAIRE, *Annales de l'Empire.* Robert, 1402-1403.

Il y a encore un inconvénient aux conquêtes faites par les démocraties. Leur gouvernement est toujours odieux aux États *assujettis.*

MONTESQUIEU, *Esprit des lois,* X, 8.

Il est souvent suivi de la préposition *à :*

Voilà les commencements du monde, tels que l'histoire de Moïse nous les représente : commencements heureux d'abord, pleins ensuite de maux infinis;... tels enfin que nous apprenons, en les repassant dans notre esprit, à considérer l'univers et le genre humain toujours sous la main du Créateur, tiré du néant par sa parole, conservé par sa bonté, gouverné par sa sagesse, puni par sa justice, délivré par sa miséricorde, et toujours *assujetti à* sa puissance.

BOSSUET, *Discours sur l'histoire universelle,* II, 1.

Il est visible que l'âme se trouve *assujettie* par ses sensations *aux* dispositions corporelles.

LE MÊME, *De la connoissance de Dieu et de soi-même,* c. 3, art. 2.

L'homme devenant captif de son corps, qu'il trouve lui-même *assujetti aux* choses extérieures et inférieures, en est lui-même dépendant.

BOSSUET, *Traité de la concupiscence,* c. 15.

Tant que nous sommes détenus dans cette demeure mortelle, nous vivons *assujétis aux* changements.

LE MÊME, *Oraison funèbre de la duchesse d'Orléans.*

Voilà les musiciens et les poètes *assujettis* à n'inspirer que la vertu ; voilà les citoyens de votre République exclus des spectacles où le plaisir seroit sans instruction.

FÉNELON, *Dialogues sur l'éloquence*, I.

Assujetti (Jean de Witt) *à* la frugalité et à la modestie de sa République, il n'avait qu'un laquais et une servante.

VOLTAIRE, *Siècle de Louis XIV*, c. 9.

Les mécontentements des grands *assujettis à* la discipline militaire, l'épuisement des finances, rien ne découragea Pierre un seul moment.

LE MÊME, *Histoire de Pierre le Grand*, Ire part., c. 14.

Assujettis (les poètes) *à* des règles qui les gênent, leur imagination fait de plus grands efforts et produit nécessairement de nouveaux tours.

LA HARPE, *Cours de littérature*; IIIe part., liv. III, c. 1, sect. 5.

Il est aussi parfois suivi d'une autre préposition :

Je sçay que pour la plus part vous estes *assubjectis sous* ceste violence.

HENRI IV, *Lettres*; 1er janvier 1586.

Il falloit enfin comme un mélange de toutes ces autres qualités, en un tempérament égal, *assujéti sous* la loi de l'entendement, et sous un jugement solide.

PELLISSON, *Histoire de l'Académie*.

ASSUJETTISSANT, ANTE, adj. (On a écrit aussi *assujétissant*.) Qui astreint, qui lient dans une grande sujétion, qui exige beaucoup d'assiduité.

Il y a un commerce ou un retour de devoir du souverain à ses sujets, et de ceux-ci au souverain. Quels sont les plus *assujettissants* et les plus pénibles ? Je ne le déciderai pas.

LA BRUYÈRE, *Caractères*, c. 10.

Il y a même un dégoût attaché à ce qui se trouve de gênant, de continuel, d'*assujettissant* dans nos ministères, qui aboutit toujours à un éloignement criminel des devoirs.

MASSILLON, *Discours synodaux*, III.

ASSUJETTISSEMENT, s. m. (On a écrit aussi *assujétissement*.) État de dépendance.

Évitons l'*assujétissement* et la liberté entière pour nous contenter d'une liaison douce et honnête, aussi agréable à nos amis qu'à nous-mêmes.

SAINT-EVREMONT, *l'Amitié sans amitié*.

La disposition intérieure d'*assujétissement* où ils sont (les courtisans) appaise l'aigreur de leurs sentiments et règle insensiblement leurs paroles.

NICOLE, *Des moyens de conserver la paix avec les hommes*, Ire part., c. 11.

On n'envieroit pas ma condition si l'on savoit de combien de peines elle est environnée et combien de chagrins elle me coûte. C'est un *assujétissement* qui n'a point d'exemple.

Mme DE MAINTENON, *Lettres*; à la comtesse de Saint-Géran, I.

Je conviens que je suis insensible aux honneurs qui m'environnent et que je n'y vois qu'*assujétissement* et contrainte.

LA MÊME, même ouvrage. Au cardinal de Noailles, 9 septembre 1698.

Il faut prendre en pénitence de vos péchés les *assujétissements* fâcheux de l'état où vous êtes.

FÉNELON, *Lettres spirituelles*, XLIX.

La félicité n'est jamais que dans l'idée qui se la promet ; les *assujétissements* et les peines sont dans le cœur qui les sent et qui les dévore.

MASSILLON, *Sermons*, Purification.

Quelle vie que celle qui se passe toute en des mesurés, des projets, des craintes, des espérances, des alarmes, des jalousies, des *assujétissemens*, des bassesses !

LE MÊME, *Carême*, Sermon du jeudi de la Passion.

Loin de la cour ils (les grands) croient vivre dans un triste exil ; sous les yeux du maître ils se plaignent sans cesse de l'*assujétissement* des devoirs et de la contrainte des bienséances.

LE MÊME, *Petit Carême*, 3e dimanche.

Ce projet du comte de Gouvon étoit noble, judicieux, magnanime et vraiment digne d'un grand seigneur bienfaisant et prévoyant. Mais outre que je n'en voyois pas alors toute l'étendue, il étoit trop sensé pour ma tête et demandoit un trop long *assujétissement*.

J.-J. ROUSSEAU, *les Confessions*, I, 3.

Bientôt il auroit fallu me montrer comme polichinelle, à tant par personne. Je ne connois pas d'*assujétissement* plus avilissant et plus cruel que celui-là.

LE MÊME, même ouvrage, II, 8.

Vous savez, ami, qu'il m'est impossible de travailler autrement que dans ma retraite, seul, à mon aise, au milieu des bois, sans distraction et sans *assujettissement*.

J.-J. ROUSSEAU. *Lettres;* 19 octobre 1757.

Le plus grand *assujétissement* des Grecs a été longtemps d'être obligés de livrer au Sultan des enfans de tribut, pour servir dans le sérail ou parmi les janissaires. Il fallait qu'un père de famille donnât un de ses fils ou qu'il le rachetât.

VOLTAIRE, *Essai sur les mœurs*, État de la Grèce sous le joug des Turcs, c. 93.

Les tristes *assujétissements* auxquels mes maladies continuelles me condamnent, me forcent à la vie sédentaire.

LE MÊME, *Lettres;* 13 d'auguste 1764.

Il est souvent suivi de la préposition *à :*

L'*assujétissement* de ses volontés (de Louis XIII) *à* celles de son ministre avoit étouffé toutes ces belles qualités.

Mᵐᵉ DE MOTTEVILLE, *Mémoires.*

Une chose folle et qui découvre bien notre petitesse, c'est l'*assujétissement aux* modes, quand on l'étend à ce qui concerne le goût, le vivre, la santé et la conscience.

LA BRUYÈRE, *Caractères*, c. 13.

Prêcher l'enfer à la cour, c'est un devoir du ministère évangélique, et à Dieu ne plaise que par une fausse prudence ou par un lâche *assujettissement au* goût dépravé de ses auditeurs, le prédicateur passe une matière si essentielle et ce point fondamental de notre religion.

BOURDALOUE, *Carême.* Sermon sur l'enfer.

ASSUMER, v. a. (De *assumere*, prendre sur soi, formé lui-même de *ad* et *sumere*.)
Prendre.

Pour *assumer* une si grande charge sur toy, je n'ay pas ton faict advoué.

PALSGRAVE, *L'esclarcissement de la langue françoyse*, édit. Génin, p. 439.

L'établissement de la dixme royale *assumeroit* les revenus du Roi sur les biens certains et réels qui ne pourront jamais lui manquer.

VAUBAN, *Projet d'une dixme royale*, Préface.

Quand, vers le milieu du xvᵉ siècle, il fallut non partager, mais *assumer* l'empire de l'opinion, le christianisme, bien qu'arrivé au trône, se trouva en même temps revêtu de la force populaire.

CHATEAUBRIAND, *Études historiques*, Iᵉʳ discours, Iʳᵉ partie.

Assumer sur soi la responsabilité d'une chose.

Dictionnaire de l'Académie, 1835.

ASSUMÉ, ÉE, participe.

ASSURER, v. a. (Du bas-latin *assecurare*.) Ce mot présente dans l'ancien français des formes très nombreuses et très diverses dont les principales sont ASSEGUREIR, ASSEURER, ASSEURIR, ESSEURER, etc. (Voyez le *Glossaire* de Sainte-Palaye, le *Dictionnaire* de M. Godefroy et les exemples qui suivent.)
Rendre stable, affermir.

Cæsar commanda qu'elles fussent redressées (les statues) comme elles le furent. Car Cicéron dit alors que Cæsar par ceste humanité d'avoir fait redresser les statues de Pompéius *avoit asseuré* les siennes.

AMYOT, trad. de Plutarque, *Cicéron.*

Il faut que la démonstration soit précédée de la demande des principes évidents qui y sont nécessaires; car si l'on n'*assure* le fondement, on ne peut *assurer* l'édifice.

PASCAL, *Pensées.*

Je chanteray de vostre mère aussy
Le sage advis, le conseil, le soucy,
Et le bonheur que le destin luy donne
D'*asseurer* ferme au chef vostre couronne.

RONSARD, *le Bocage royal.*

On a dit en ce sens, *Assurer le maintien, les idées, les vertus*, etc.

La timidité doit être le caractère des femmes; elle *assure* leurs vertus.

LA MARQUISE DE LAMBERT, *Lettres;* à Mᵐᵉ la Supérieure de la Magdeleine du Tresnel.

Je suis bien loin d'avoir cet usage du monde qui *assure* le maintien des femmes en toute occasion.

BEAUMARCHAIS, *Barbier de Séville*, II, 16.

Laissons les mots, *assurez* vos idées, expliquez-vous, et je rédigerai fidèlement votre interpellation.

LE MÊME, *Mémoires.*

ASSURER, rendre sûr en parlant des choses.

Pour ce mieux *assurer*, il en mit son fils en otage.

FROISSART, *Chroniques*, liv. I, Iʳᵉ part., c. 190.

Ils *assurèrent* la ville et le pays qui à la dame étoit ap-partenant.

FROISSART, *Chroniques*, liv. I, Iʳᵉ part., c. 281.

M. le Président Roffignac me fist les remerciements de par toute la Cour, parce que nostre petite guerre *avoit asseuré* les chemins devers Sainctonge, de sorte que tout le monde pourroit aller et venir de Bourdeaus en France seurement.

MONTLUC, *Commentaires*, liv. VI.

La plus grande partie du peuple tient pour histoire très-certaine que l'Empereur Charlemagne, pour *assurer* son Estat, donna presque semblable authorité qu'à soy à douze de ses principaux.

EST. PASQUIER, *Recherches*, II, 9.

Il (Néron) avoit un grand nombre de Romains qui lui faisoient escorte pour *asseurer* son voyage par les terres de l'Empire.

COEFFETEAU, *Histoire romaine*, liv. V.

Je crois vous avoir ouvert des moyens d'*assurer* son salut assez faciles, assez sûrs et en assez grand nombre.

PASCAL, *Provinciales*, IX.

Il envoya le régiment de Rambure au poste de Ville-quier, pour l'*asseurer* mieux.

SARAZIN, *Siége de Dunkerque.*

J'estimois qu'elle (Votre Majesté) mettroit plus son am-bition à diminuer la puissance de la maison d'Autriche, pour *assurer* le repos de ses alliés, qu'à se procurer quel-que nouvel agrandissement qui leur pût donner de la jalousie.

LE COMTE D'ESTRADES, à Louis XIV, 13 septem-bre 1663. (Voyez MIGNET, *Succession d'Espa-gne*, t. I, p. 222.)

Ce qui fortifioit Poitiers davantage, c'étoient tant de seigneurs de marque qui s'y étoient volontairement en-fermés. Et ces noms de Guise et du Lude ne l'*asseuroient* pas moins qu'eussent fait de forts bastions.

MÉZERAY, *Histoire de France*, Charles IX.

Jésus-Christ leur promet d'être avec eux jusqu'à la con-sommation des siècles, et *assure*, par cette parole, la perpétuelle durée du ministère ecclésiastique.

BOSSUET, *Discours sur l'histoire universelle*, II, 6.

Dieu promet de tenir son peuple dans une durable et parfaite tranquillité. Ils en jouirent sous les rois de Perse. Tant que cet empire se soutint, les favorables décrets de Cyrus qui en étoit le fondateur, *assurèrent* le repos des Juifs.

LE MÊME, même ouvrage, II, 12.

Plus content de lui-même, et peut-être plus grand aux yeux de Dieu, lorsque dans le fond d'une sombre allée, et sur un tribunal de gazon, il avoit *assuré* le repos d'une pauvre famille, que lorsqu'il décidoit des fortunes les plus éclatantes sur le premier trône de la justice.

FLÉCHIER, *Oraison funèbre de M. de Lamoignon.*

Il ne restoit plus au roi (Louis XIV) que de se remettre dans une possession qui lui étoit due; et parce qu'il ne vit que trop qu'elle lui seroit contestée, il se mit en état de l'*assurer* par les armes.

LE MARQUIS DE POMPONNE, *Mémoires*, I, 8.

Il (Albéroni) flattoit le roi d'Espagne de lui armer qua-rante vaisseaux pour l'année prochaine, en état d'*assurer* le commerce des Indes espagnoles.

SAINT-SIMON, *Mémoires*, 1715.

L'écrit sert à *assurer* la doctrine, faisant passer à la postérité la tradition des anciens.

FLEURY, *Discours sur l'histoire ecclésiastique*, discours I, § 9.

Assurez la félicité de son règne, par la bonté de son cœur et par l'innocence de sa vie.

MASSILLON, *Petit Carême*, 3ᵉ dimanche.

Il (l'archevêque de Lisbonne) représenta que Philippe II, pour *assurer* sa conquête, avoit fait périr un nombre in-fini de noblesse.

VERTOT, *Révolutions de Portugal.*

Le roi de Danemarck, et ensuite le roi de Suède et ses frères, en subissant l'inoculation, ont excité tout le Nord à les imiter; et en *assurant* leur précieuse vie, ont con-servé celle de la sixième partie de leurs sujets.

VOLTAIRE, *Fragments sur l'histoire*, art. 22.

Le livre était muni de toutes les formalités qui en *assu-raient* le débit.

LE MÊME, même ouvrage, art. 23.

Le roi voulut *assurer* son honneur en proposant un duel à Charles-Quint, comme Philippe de Valois avait défié Édouard III.

LE MÊME, *Essai sur les mœurs*. Prise de François Iᵉʳ, c. 124.

Tant que dure l'argent que j'ai dans ma bourse, il *as-sure* mon indépendance, il me dispense de m'intriguer pour en trouver d'autre.

J.-J. ROUSSEAU, *les Confessions*, I, 1.

Ce jour *assure* ma liberté pour jamais.

MONTESQUIEU, *Dialogue de Sylla et d'Eucrate.*

Ce qui *assure* le plus la liberté des peuples qui ne cultivent point les terres, c'est que la monnoie leur est inconnue.

> MONTESQUIEU, *Esprit des Lois*, XVIII, 17.

A l'époque où vivait Henri IV, les esprits n'étaient tournés que vers la liberté religieuse ; il crut *l'assurer* par l'édit de Nantes.

> Mme DE STAEL, *Considérations sur la Révolution française*, Ire part., c. 2.

Si Toussaint, Dessaline et Christophe eussent voulu se soumettre, ils *auraient assuré* leur état, leurs grades, leur fortune.

> NAPOLÉON, *Mémoires*, t. II, p. 227.

Quel de tous les plus grands et les plus braves Roys
Asseure mieux que vous l'authorité des loix ?

> THÉOPHILE, *Au Roy, Estrennes*.

C'est aux rois, c'est aux grands, c'est aux esprits bien
[faits
A voir la vertu pleine en ses moindres effets ;
C'est d'eux seuls qu'on reçoit la véritable gloire ;
Eux seuls des vrais héros *assurent* la mémoire.

> P. CORNEILLE, *Horace*, V, 3.

D'un mari valeureux les armes et le bras
Sauroient bien mieux que nous *assurer* vos États.

> LE MÊME, *Don Sanche d'Aragon*, I, 1.

C'est acheter la paix du sang d'un malheureux.
— Oui. Mais je veux, Seigneur, *l'assurer* davantage :
D'une éternelle paix Hermione est le gage.

> RACINE, *Andromaque*, II, 4.

Il peut bien se tromper sur le choix des moyens
D'*assurer* son bonheur et le bonheur des siens ;
Mais son intention est toujours droite et pure.

> COLLIN D'HARLEVILLE, *l'Optimiste*, II, 7.

Assurer une convention, une pension, une succession, la garantir.

Ensi fu ceste convenance *asseurée* et jurée d'une part et d'autre des Véniciens et des François.

> VILLEHARDOUIN, *Conqueste de Constantinoble*, CII.

Il vient de m'*assurer* certaine pension.

> LE GRAND, *l'Aveugle clairvoyant*, sc. 3.

Je n'exige de vous d'autre condition
Que de leur *assurer* votre succession.

> DESTOUCHES, *le Philosophe marié*, V, 10.

Vous le verrez finir par m'*assurer* son bien.

> GRESSET, *le Méchant*, II, 3.

IV.

Assurer le camp, en termes de chevalerie, garantir que le camp ne sera point troublé et qu'on pourra combattre sans craindre aucune surprise :

Ce chevalier peut librement accuser et deffier celuy qu'il voudra : car ie luy promets de luy *assurer le camp*.

> D'URFÉ, *l'Astrée*, Ire part., liv. IX.

François Ier lui répondit ces propres mots : Vous en avez menti par la gorge, et autant de fois que vous le direz, vous mentirez... *Assurez-nous le camp*, et nous vous porterons les armes.

> VOLTAIRE, *Annales de l'Empire*, Charles-Quint, 1528.

Assurer contre, Garantir, protéger contre :

Montrez que les conseils sont donnés pour faciliter les préceptes, pour *assurer* les hommes *contre* leur propre fragilité.

> FÉNELON, *De l'Éducation des filles*, c. 8.

On a dit quelquefois, dans un sens analogue :
Assurer de :

Les chemins *estoient asseurez des* infidèles.

> ANT. DUVERDIER, *Les diverses leçons*, liv. II, c. 1.

M. de Lyonne me dit que la reine ne pouvoit plus souffrir M. le Prince ; qu'il falloit que lui ou elle périst ; qu'elle ne vouloit pas se servir des voies de sang, mais que ce qui avoit esté proposé par Hocquincourt ne pouvoit pas avoir ce nom, puisqu'il l'avoit *asseurée* la veille qu'il prendroit M. le Prince sans coup férir, pourveu que je *l'asseurasse du* peuple.

> LE CARDINAL DE RETZ, *Mémoires*.

Quelque grande qu'elle soit (la prudence), elle ne sauroit nous *assurer du* moindre événement.

> LA ROCHEFOUCAULD, *Réflexions morales*, 64.

Là son mastin, veillant pour le salut de tous,
Asseuroit leur repos *des* embusches des loups.

> RACAN, *Bergeries*, III, 2.

Assurer quelque chose à quelqu'un, faire en sorte qu'il en jouisse paisiblement.

Ce sont tous gens d'eslite qui sont deliberez si bien besongner à ceste fois qu'ilz *asseureront* l'estat de Milan *au* roy nostre maistre.

> *Le loyal Serviteur*, c. 15.

Robert Guischard, Normand, s'estant emparé du royaume de Naples au préjudice du vray héritier, pour *assurer* son

Estat *à sa postérité*, eut recours à l'authorité du Saint-Siége.

ESt. PASQUIER, *Recherches de la France*, III, 4.

Les Carthaginois, puissants alors, furent battus dans la Sicile, où ils vouloient étendre leur domination à la sollicitation des Perses. Malgré ce mauvais succès, ils ne cessèrent depuis de faire de nouveaux desseins sur une île si commode à *leur assurer* l'empire de la mer, que leur république affectoit.

BOSSUET, *Discours sur l'histoire universelle*, I, 8.

Au lieu qu'elle sembloit être faite (la mort) pour nous dépouiller de tout, elle commence, comme dit l'Apôtre, à nous revêtir et *nous assurer* éternellement la possession des biens véritables.

LE MÊME, *Oraison funèbre de la duchesse d'Orléans.*

Un fils digne de lui succéder (à Saül) sembloit *assurer* la couronne *à sa race.*

MASSILLON, *Petit Carême*, 3e dimanche.

Les grandes fortunes ne *vous assurent* pas plus de jours que les médiocres.

LE MÊME, *Sermon sur la mort.*

Despréaux... eut dans Racine un disciple qui auroit suffi pour *lui assurer* l'immortalité, quand il ne l'auroit pas d'ailleurs si bien méritée par ses propres écrits.

D'ALEMBERT, *Éloge de Despréaux.*

La religion, qui répare le vice des choses humaines, *assure* des indemnités dignes d'envie *à ceux* qui nous semblent lésés.

VAUVENARGUES, *Introduction à la connoissance de l'esprit humain*, liv. III, 43. Du bien et du mal moral.

Il vous offre sa main; ce seroit un mariage terminé en très peu de jours, et qui *vous assureroit* un établissement considérable.

MARIVAUX, *la Vie de Marianne*, IXe partie.

Ce n'est point un moment d'enthousiasme, ce sont les mœurs et le génie d'une nation qui *assurent à* la poésie un règne constant et durable.

MARMONTEL, *Éléments de littérature*, Poésie.

Les Luthériens de Silésie eurent plus de cent églises que les catholiques furent obligés de leur céder par ce traité; mais beaucoup de ces concessions, que *leur assurait* la fortune du roi de Suède, leur furent ravies dès qu'il ne fut plus en état d'imposer des lois.

VOLTAIRE, *Histoire de Charles XII*, liv. III.

Dans ce temps-là même, le roi de France, Henri II, se saisit de Metz, Toul et Verdun, qui sont toujours restés à la France pour prix de la liberté qu'elle *avoit assurée à* l'Allemagne.

VOLTAIRE, *Essai sur les mœurs;* Troubles d'Allemagne, c. 126.

La tolérance, dans une société, doit *assurer à* chacun la liberté de croire ce qu'il veut.

FRÉDÉRIC II, *Lettres;* à Voltaire, 13 août 1766.

...J'épouserai celle
Qui pourra *m'assurer* le sort le plus heureux.

DESTOUCHES, *l'Ingrat*, IV, 7.

... Loin de Rome une fuite facile
Peut contre leur pouvoir *m'assurer* un asile.

DE LA FOSSE, *Manlius*, II, 1.

Et quel autre que vous doit porter la couronne?
Votre droit *vous l'assure*, et le sang vous la donne.

ANDRIEUX, *Lénore*, I, 1.

ASSURER, S'engager, moyennant une somme convenue, à rembourser la valeur de certains objets, s'ils viennent à être détruits ou perdus.

Assurer un vaisseau marchand.

Dictionnaire de l'Académie, 1694.

Assurer un navire à tant pour cent.

Même ouvrage.

Assurer le capitaine et l'équipage du vaisseau, pour dire, S'engager à les racheter en cas qu'ils soient pris.

Même ouvrage, 1740.

ASSURER se prend encore dans le sens de Faire assurer.

J'ai assuré ma maison.

Dictionnaire de l'Académie, 1878.

ASSURER, avec un nom de personne pour complément, Donner à quelqu'un de la confiance, de la sécurité, des garanties, dissiper ses craintes; dans ce dernier sens on emploie aujourd'hui le composé Rassurer.

Ensi come chascune cité et chascun chastiaus se rendoit à lui, et il les *avoit asseurés*, il les faisoit abatre, et homes et femes mener en prison, et nule riens el monde qu'il leur eust en covenant ne leur en tenoit.

VILLEHARDOUIN, *Conqueste de Constantinoble*, CLIX.

Et li (au Soudan) escrièrent qu'il descendist. Et lors dist que si feroit-il, mais que il l'*asseurassent.*

JOINVILLE, *Histoire de saint Louis*, LXIX.

Sa venue l'*asseura* et l'encouragea encore davantage.

AMYOT, trad. de Plutarque, *Vie de Démétrius.*

Si eut d'avantage grand soing d'*asseurer* sa femme et sa mère, à ce qu'elles n'eussent point de peur.

LE MÊME, même ouvrage, *Vie d'Othon.*

Tremble, ô mon âme, à ce souvenir. O Dieu, qui me peut *asseurer* pour cette journée, en laquelle les colomnes du ciel trembleront de frayeur?

SAINT FRANÇOIS DE SALES, *Introduction à la vie dévote*, part. I, c. 14.

Ils sont (les généreux) entièrement maîtres de leurs passions, particulièrement de la peur, à cause que la confiance qu'ils ont en leur vertu les *assure.*

DESCARTES, *les Passions de l'âme*, part. III, art. 156.

On y apporta aussitôt des bariques, et déjà on avoit commencé à s'y couvrir, lorsque les assiégés qui jusques là avoient peu tiré, peut-être pour nous *asseurer* et puis nous surprendre, se jetèrent tout à coup hors de leurs retranchements.

SARAZIN, *Siége de Dunkerque.*

La première chose qui *asseura* Othon, fut la nouvelle qui luy vint que les Légions de l'Illyrie avoient presté le serment en son nom.

PERROT D'ABLANCOURT, trad. de Tacite, *Histoire*, liv. I, 9.

J'avois peur, mais cela m'a *asseuré.*

Dictionnaire de l'Académie, 1694.

. . . La meschine ki fu sage
E plus hardie de curage,
La reconforte et *aséure.*

MARIE DE FRANCE, *Lai de Gugemer.*

Le calme jusqu'ici *vous a trop assurés.*

MALHERBE, *Poésies*, III, Stances, XXVI.

C'est le savoir seul qui l'*asseure*
Et qui l'empesche de trembler
Au moment de la dernière heure.

THÉOPHILE, *Immortalité de l'âme.*

Un oracle m'*assure*, un songe me travaille;
La paix calme l'effroi que me fait la bataille.

CORNEILLE, *Horace*, IV, 4.

Girot en vain l'*assure* et, riant de sa peur,
Nomme sa vision l'effet d'une vapeur.

BOILEAU, *le Lutrin*, IV.

Et qui de ma faveur se voudroit honorer,
Si mon hymen prochain ne peut *vous assurer?*

RACINE, *Iphigénie*, V, 2.

O bonté qui m'*assure* autant qu'elle m'honore!

RACINE, *Esther*, II, 7.

Par un mot de sa bouche il daigna l'*assurer.*

VOLTAIRE, *la Henriade*, X.

Ronsard a employé ce mot *assurer* au sens de *rassurer*, avec un nom abstrait pour complément :

Va, Livre, va, débouele la barrière,
Lasche la bride et *asseure* ta peur.

RONSARD, *Sonnets*, I

Assurer quelqu'un à son service.

Le roi va en diligence à Angers. Là, il *asseure* René d'Anjou *à son service.*

MÉZERAY, *Histoire de France*, Louis XI.

ASSURER s'employait en termes de Fauconnerie.

Comment il faut affeter et *asseurer* le passager.

PH. DE GOMMER, seigneur de Lusancy, *De l'autourserie*, 1594, titre du c. 13.

Assurer un faucon ou un autre oiseau... l'apprivoiser et empêcher qu'il ne s'effraye par la vue des gens.

FURETIÈRE, *Dictionnaire*, 1690.

ASSURER, avec un nom de personne pour régime direct, Engager fortement à regarder une chose comme certaine, à y croire.

En ce sens le verbe est suivi,
Soit de la conjonction *que :*

J'*asseureray* bien Vostre Majesté *que* l'avarice ou le gain que le dict cappitaine Montluc pourroit avoir en ce voyage, ne le luy a point tant faict entreprendre que le désir qu'il a de vous y faire ung grand et notable service.

BLAISE DE MONTLUC, *Lettres.*

Je puis *asseurer* Vostre Majesté *que* ce Prince a eu un contentement extrême de sa procédure.

SULLY, *OEconomies royales*, t. II, c. 21.

Ces gens les exhortèrent de souffrir courageusement le siége, les *asseurant qu'il* leur viendroit bien-tost un puissant secours de leur ville.

VAUGELAS, trad. de Quinte-Curce, *Vie d'Alexandre*, liv. IV.

Les Devins, aussi bien que les Oracles, *assuroient* tantost l'un et tantost l'autre, *qu'il* survivroit à son compagnon.

PERROT D'ABLANCOURT, trad. de Lucien, *Dialogue de Cratès et de Diogène.*

On vint donc *asseurer* le Roy *que* la statue de ce héros qui estoit faite de bois de cyprés, et qu'on avoit en vénération dans cette ville, avoit jetté beaucoup de sueur.

DU RYER, Supplément de Freinshemius sur Quinte-Curce, liv. I, c. 11.

Il *assura* mon père *que,* pourvu qu'il eût soin de l'enfant et qu'il fût secret, sa fortune étoit faite.

SCARRON, *Roman comique,* I, 13.

Le roy (Louis XIV), bien aise d'apprendre les sentiments de ce prince (l'électeur Palatin), l'invita à demeurer dans ces bonnes dispositions, et Sa Majesté l'*assura qu'*elle lui rendroit sa première confiance.

LE MARQUIS DE POMPONNE, *Mémoires,* II, Mayence.

Redressez donc au plus tôt tout ce que vous avez dit au sieur de Witt sur cette matière, et *assurez*-le bien *que* non seulement je consens de bon cœur à la proposition desdits députés, mais que je l'*exhorte* autant qu'il m'est possible à ne pas perdre une occasion qui s'offre si favorable d'immortaliser sa gloire par un avantage de si grande considération pour la patrie et pour le bien public.

LOUIS XIV au comte d'Estrades, 6 avril 1663. (Voyez MIGNET, *Succession d'Espagne,* t. I, p. 188.)

Il suffit donc là-dessus que vous *assuriez* le roi de la Grande-Bretagne *que* Sa Majesté (le roi de France) a toute la disposition de s'unir avec lui *que* lui-même peut désirer.

M. DE LIONNE au marquis de Ruvigny, 5 mai 1668. (Voyez MIGNET, *Succession d'Espagne,* t. III, p. 10.)

Je demandai à La Force quel étoit donc ce moyen sûr de perdre le duc de Noailles, et je l'*assurai qu'*il me feroit grand plaisir de me l'apprendre.

SAINT-SIMON, *Mémoires,* 1716.

Stanhope l'*assuroit* (Monteléon) toujours *que* l'Angleterre ne donneroit jamais aucune occasion de plainte ni de soupçon à l'Espagne.

LE MÊME, même ouvrage, 1718.

On a conservé une de ses lettres (de Louis XI) à je ne sais quel prieur de Notre-Dame de Salles, par laquelle il demande à cette Notre-Dame de lui accorder la fièvre quarte, attendu, dit-il, que les médecins l'*assurent qu'*il n'y a que la fièvre quarte qui soit bonne pour sa santé.

VOLTAIRE, *Essai sur les mœurs,* c. 94.

Je vous charge de lui dire mes dégoûts, et de l'*assurer qu'*ils sont invincibles.

MARIVAUX, *Jeu de l'amour et du hasard,* II, 7.

Soit de la préposition *de :*

Les compagnons *assurèrent* la femme *de* sa vie, afin qu'elle leur baillât les clefs du châtel et de la maîtresse tour.

FROISSART, *Chroniques,* liv. II, c. 47.

Moindre ne m'a esté la peine, Monseigneur, de ne vous pouvoir *asseurer de* la doubte et sentement que vous avez eue de mon ennuy que de seule le porter, comme à moy seule appartient.

MARGUERITE DE VALOIS, *Lettres;* à François Ier, après le 11 avril 1525, lettre IV.

Je ne vous *asseureray* pas, s'ils combattent, *du* gaing ni *de* la perte; car il n'y a que Dieu qui le puisse sçavoir.

MONTLUC, *Commentaires.*

Quand on les *assuroit de* les laisser en patience manger les choux de leur jardin, et serrer leurs gerbes, ils couloient aisément l'un et l'autre temps.

LA NOUE, *Discours politiques et militaires.*

Le comte de Fuensaldagne m'avoit envoyé don Anthonio de la Crusa pour me faire des propositions; il m'avoit offert de faire un traité secret par lequel il m'*asseuroit d'*argent.

LE CARDINAL DE RETZ, *Mémoires.*

Elle (Proserpine) mit entre les mains de Psyché une boîte bien fermée avec défense de l'ouvrir, et avec charge d'*assurer* Vénus *de* son amitié.

LA FONTAINE, *Psyché,* liv. II.

Il ne faut pas s'imaginer que Dieu ressemble aux ouvriers mortels, lesquels, comme ils peinent beaucoup dans leurs entreprises, et craignent toujours pour l'événement, sont ravis que l'exécution les décharge du travail et les *assure du* succès.

BOSSUET, *Sermons,* Sur la Providence.

Dès lors il (Manassès) résolut de bâtir un temple près de Samarie, sur la montagne de Garizim, que les Samaritains croyoient bénite, et de s'en faire le pontife. Son beau-père, très-accrédité auprès de Darius, l'*assura de la* protection de ce prince, et les suites lui furent encore plus favorables.

LE MÊME, *Discours sur l'histoire universelle,* I, 8.

M. de Tréville *assure* votre esprit et votre visage *de* son admiration particulière.

Mme DE SÉVIGNÉ, *Lettres;* à Mme de Grignan, 4 février 1689.

M. de Grignan et ma fille vous *assurent de* leurs très-humbles services.

LA MÊME, même ouvrage, à Bussy, 27 janvier 1692.

Il (Innocent XI) avoit eu soin, aussitôt après son exaltation, non seulement d'en donner part à Sa Majesté, mais encore de lui témoigner sa reconnaissance et de l'*assurer de* son affection pour sa personne et pour sa gloire.

LE MARQUIS DE POMPONNE, *Mémoires*, II, Rome.

En vain l'électeur de Brandebourg lui écrivit la lettre la plus soumise, l'appelant Monseigneur, selon l'usage, le conjurant de lui laisser ce qu'il avait acquis, l'*assurant de* son zèle et de son service. Ses soumissions furent aussi inutiles que sa résistance, il fallut que le vainqueur des Suédois rendît toutes ses conquêtes.

VOLTAIRE, *Siècle de Louis XIV*, c. 13.

Quelque vanité qu'on nous reproche, nous avons besoin quelquefois qu'on nous *assure de* notre mérite.

VAUVENARGUES, *Réflexions*, 242.

Il (Lescaut) me répondit que se casser la tête étoit la ressource des sots... que c'étoit à moi d'examiner de quoi j'étois capable; qu'il m'*assuroit de* son secours et de ses conseils, dans toutes mes entreprises.

L'ABBÉ PRÉVOST, *Manon Lescaut*, Ire part.

... Je vois sur le bord
Un ange dont la grâce est la gloire du monde,
Qui m'*assure du* port.

MALHERBE, *Poésies*, Stances pour le comte de Charny, qui recherchoit en mariage Mademoiselle de Castille.

Nos malheurs vont finir, c'est moi qui t'*en assure*.

LE GRAND, *Plutus*, I, 4.

Je ne viens vous troubler dans vos réflexions
Que pour vous *assurer de* mes soumissions.

DESTOUCHES, *le Glorieux*, III, 7.

Assurer quelqu'un de quelque chose a quelquefois pour sujet un nom abstrait :

Le sens de la vue ne nous *assure* pas moins *de* la vérité de ses objets que font ceux de l'odorat ou de l'ouïe.

DESCARTES, *Discours de la méthode*, IV.

Je ne pouvois prendre aucun ombrage du danger le plus apparent, et me trouvois fort nonchalant à l'éviter; ma conscience m'*assuroit de* ma probité et votre justice m'*assuroit de* mon salut.

THÉOPHILE, *Apologie au Roy*.

Ses richesses et ses établissements m'*assuroient de* la netteté de ses mains (du duc de Noailles).

SAINT-SIMON, *Mémoires*, 1715.

Assurer quelqu'un de s'emploie quelquefois avec un nom de personne :

Dites-leur qu'ils ouvrent leur ville et nous laissent entrer dedans : nous les *assurons de* nous et des nôtres.

FROISSART, *Chroniques*, liv. I, Ire part., c. 221.

M. de Bouillon se prenoit à moi de ce que des gens *dont* je l'avois toujours *assuré*, tenoient une conduite aussi contraire à ce que je lui en avois dit mille fois.

CARDINAL DE RETZ, *Mémoires*, liv. II.

De peur de les affliger, il faut bien qu'une troupe d'amis flatteurs prononcent pour eux et les *assurent du* public.

BOSSUET, *Traité de la concupiscence*.

Je suis extrêmement aise que vous ayez M. de La Garde. *Assurez*-le de moi.

Mme DE SÉVIGNÉ, *Lettres*; 1er juin 1676.

Au lieu de *Assurer quelqu'un de quelque chose*, on dit aussi, ce qui revient au même, bien que la construction soit différente, *Assurer quelque chose à quelqu'un*, le lui affirmer, le lui garantir.

Lui promettoit tandis et *assuroit* qu'il le feroit venir à son entente.

FROISSART, *Chroniques*, liv. I, Ire part., c. 247.

Pour moi, contre chacun je pris votre défense,
Et *leur assurai* fort que c'étoit médisance.

MOLIÈRE, *le Misanthrope*, III, 5.

Non : on vous a dit vrai, c'est moi qui *vous l'assure*.

DESTOUCHES, *le Glorieux*, II, 2.

Lorsque le complément est *me, te, nous, vous*, en un mot un pronom qui n'a qu'une seule forme pour le régime direct et le régime indirect, comme dans les exemples suivants, il est quelquefois difficile de reconnaître avec certitude si l'auteur a voulu dire, *assurer quelqu'un que*, ou *assurer à quelqu'un que*.

Et *vous asseure que* c'estoit une tres grant et belle compaignie.

PHILIPPE DE COMMINES, *Mémoires*, c. 78.

Je *vous asseure*, messeigneurs, dist Laurencin, *qu*'il n'y a rien ceans qui ne soit à vostre commandement.

Le loyal Serviteur, c. 7.

Pour ceux qui s'étonneront de ce nombre infini d'années que les Égyptiens se donnent eux-mêmes, je les renvoie à Hérodote, qui *nous assure* précisément, comme on vient de voir, *que* leur histoire n'a de certitude que depuis le temps de Psammitique.

BOSSUET, *Discours sur l'histoire universelle*, I, 7.

Je *vous assure que* ces jours sont bien longs à passer, et que l'incertitude est une épouvantable chose.

Mᵐᵉ ᴅᴇ Sᴇ́ᴠɪɢɴᴇ́, *Lettres ;* à M. de Pomponne, 1664.

Je *vous assure,* ma chère cousine, *que* j'ai été fort aise que M. Frémiot vous ait donné du bien en mourant.

Bᴜssʏ-Rᴀʙᴜᴛɪɴ, *Lettres;* à Mᵐᵉ de Sévigné, 1670.

Les médecins sortent de ma chambre et *m'assurent que* ce matin le mal du roi va à souhait.

Mᵐᵉ ᴅᴇ Mᴀɪɴᴛᴇɴᴏɴ, *Lettres;* à Mᵐᵉ de Brinon, 1686.

On a voulu me donner de la jalousie contre toi en *m'assurant que* tu m'as surpassé en prodiges, mais je n'en crois rien.

Fᴇ́ɴᴇʟᴏɴ, *Dialogues des morts,* Caligula et Néron.

La foi *nous assure que* nous serons bientôt réunis aux personnes que les sens nous représentent comme perdues.

Lᴇ ᴍᴇ̂ᴍᴇ, *Lettres spirituelles,* XCII.

Vous *nous assurez que* dans le désert affreux d'Oreb, les garçons juifs et les filles juives, qui manquaient de vêtemens et de pain, avaient assez d'or à leurs oreilles pour en composer un veau.

Vᴏʟᴛᴀɪʀᴇ, *un Chrétien contre six Juifs.*

Je *vous assure que,* dans la bouche d'une laide, mes folies auroient paru dignes des petites-maisons.

Mᴀʀɪᴠᴀᴜx, *la Vie de Marianne,* Iʳᵉ partie.

Assᴜʀᴇʀ, affirmer.

Les sages dont nous fîmes hier l'examen, *n'assurent* quoi que ce soit, n'oseroient jurer qu'il soit jour en plein midi.

Bᴀʟᴢᴀᴄ, *Aristippe,* discours VI.

Parce qu'il se défie de son propre sens, il *n'assure* rien de ce qu'il dit.

Lᴇ ᴍᴇ̂ᴍᴇ, *Socrate chrétien,* Avant-propos.

Il faut savoir douter où il faut, *assurer* où il faut, et se soumettre où il faut. Qui ne fait ainsi n'entend pas la force de la raison.

Pᴀsᴄᴀʟ, *Pensées.*

Assembler ou disjoindre les termes, c'est en *assurer* un de l'autre ou en nier un de l'autre, en disant : Dieu est éternel; l'homme n'est pas éternel.

Bᴏssᴜᴇᴛ, *de la Connoissance de Dieu et de soi-même,* c. Iᵉʳ, art. 18.

J'avoue qu'il y a une simplicité superstitieuse qui croit tout, qui *assure* tout, qui se plait à donner au mensonge la forme de la vérité.

Fʟᴇ́ᴄʜɪᴇʀ, *Panégyrique de saint François de Paule.*

On nie hardiment les choses les plus claires, et on *assure* fièrement et magistralement les plus fausses et les plus obscures.

Mᴀʟᴇʙʀᴀɴᴄʜᴇ, *De la Recherche de la vérité,* liv. II. De l'imagination, Iʳᵉ part., c. 4.

Quelle nécessité lui fait forger des songes,
Nier des vérités, *assurer* des mensonges?

Rᴏᴛʀᴏᴜ, *les Sosies,* III.

Il fera son chemin, à ce que l'on *assure.*

Dᴇsᴛᴏᴜᴄʜᴇs, *le Glorieux,* I, 2.

... Votre bouche *l'assure,*
Mais votre cœur vous dit que c'est une imposture.

Lᴇ ᴍᴇ̂ᴍᴇ, *le Philosophe marié,* III, 8.

Assᴜʀᴇʀ, pris dans le sens d'*Affirmer,* est très souvent suivi de la conjonction *que :*

Je ne veux pas *assurer qu'*ils soient compris dans une si rigoureuse sentence.

Bᴀʟᴢᴀᴄ, *Aristippe,* discours V.

Je puis bien *asseurer que* toute chose belle est faicte par le beau mesme.

Tʜᴇ́ᴏᴘʜɪʟᴇ, *Immortalité de l'âme.*

Pour confirmer la foi de sa résurrection, il (Jésus-Christ) se montre à diverses fois et en diverses circonstances. Ses disciples le voient en particulier, et le voient aussi tous ensemble : il paroît une fois à plus de cinq cents hommes assemblés. Un apôtre, qui l'a écrit, *assure que* la plupart d'eux vivoient encore dans le temps qu'il l'écrivoit.

Bᴏssᴜᴇᴛ, *Discours sur l'histoire universelle,* II.

Mᵐᵉ la princesse de Tarente, qui, à propos, vous fait mille et mille amitiés, dit et *assure qu'*elle ne se porte jamais si bien que quand elle fait le tour du monde.

Mᵐᵉ ᴅᴇ Sᴇ́ᴠɪɢɴᴇ́, *Lettres;* à Mᵐᵉ de Grignan, 25 septembre 1680.

Je ne sais comme vont les affaires d'Angleterre; il n'y a que la comtesse de Fiesque qui en ait bonne opinion, *assurant* toujours *qu'*elles iront bien.

M. ᴅᴇ Cᴏᴜʟᴀɴɢᴇs, *Lettres;* à Mᵐᵉ de Sévigné, 17 mars 1696.

Un homme du peuple, à force d'*assurer qu'*il a vu un prodige, se persuade faussement qu'il a vu un prodige.

Lᴀ Bʀᴜʏᴇ̀ʀᴇ, *Caractères,* c. 14.

Guichardin, auteur contemporain très-accrédité, *assure que* dans l'église le roi (Charles VIII) se plaça au-dessous du doyen des cardinaux.

Vᴏʟᴛᴀɪʀᴇ, *Essai sur les mœurs,* c. 107.

Les préjugés de l'Europe et de tous les écrivains s'élevaient contre nous, lorsque nous *assurâmes que* Louis XIV n'avait aucune part au testament de Charles II, roi d'Espagne, en faveur de la maison de France.

VOLTAIRE, *Fragments sur l'histoire*, art. IX.

De quoi pouvoit se mêler la Sorbonne dans cette affaire? Vouloit-elle *assurer que* je n'étois pas catholique?

J.-J. ROUSSEAU, *les Confessions*, part. II, liv. XII.

Cicéron *assure que* la versification des meilleurs poètes lyriques ne paraît qu'une simple prose quand elle n'est pas soutenue par le chant.

LA HARPE, *Cours de littérature*, IIIᵉ part., liv. III, c. 1ᵉʳ, sect. V.

Au sens d'Affirmer, de Promettre, *Assurer* est souvent suivi de la préposition *de :*

Il (le duc d'Albe) brava et *asseura,* non pas seulement *de* lever le siège de Vulpian, mais *de* reconquérir en peu de temps tout le Piedmont.

BRANTÔME, *Grands capitaines estrangers.* Le duc d'Albe.

Peu prévoyant, et qui ne jouoit point du tout de la tête, il *assuroit* toujours *de* prendre, et dans peu de temps, et souvent il ne prenoit que trop tard, ou point du tout.

TALLEMANT, *Historiettes.* Le maréchal de Châtillon.

ASSURER, en termes de marine. *Assurer son pavillon,* Tirer un coup de canon en arborant le pavillon de sa nation.

ASSURER s'emploie très souvent avec le pronom personnel.

S'assurer, S'affermir,

La voix s'étend, s'affermit et prend du timbre; les bras se développent, la démarche *s'assure,* et l'on s'aperçoit que de quelque manière qu'on soit mise, il y a un art de se faire regarder.

J.-J. ROUSSEAU, *Émile,* liv. V.

S'assurer, Se fortifier, se consolider, compter sur soi.

A la fin je *m'asseuray,* me sentant asses fort pour le colleter, s'il avoit entrepris de faire quelque mauvais coup.

MONTLUC, *Commentaires,* liv. IV.

Combien il faut qu'un seigneur estranger altère de loix, combien il faut qu'il ruine de familles avant que de *se pouvoir assurer!*

DU VAIR, *Actions et Traités oratoires.*

Tout mon dessein ne tendoit qu'à *m'assurer,* et à rejeter la terre mouvante et le sable pour trouver le roc ou l'argile.

DESCARTES, *Discours de la Méthode,* III.

Qui veut trop *s'assurer* et trop prévoir ne fera rien.

BOSSUET, *Politique tirée de l'Écriture sainte.*

Cependant Louys *s'asseuroit* au dedans de son royaume, afin d'estre plus libre et plus puissant.

MÉZERAY, *Histoire de France,* Louis XI.

Li quens Rollans mie ne *s'asouret.*
> Chanson de Roland, v. 1321.

Lors s'en torne grant aleure
Con cil qui pas ne *s'aseure.*
> Roman de Renart, I, 51.

Mais peu à peu prenant cueur et audace,
Pour *s'asseurer* parloit tout seul ainsi.
CL. MAROT, *Histoire de Leander et de Héro.*

Tous les esprits, respond Anchise alors,
Qui retourner doivent en nouveaux corps,
Pour *s'asseurer,* boivent dedans cette onde
Le long oubly des miseres du monde.
JOACH. DU BELLAY, *Énéide,* VI.

Sylle estant assailly de la force adversaire,
S'arma pour se défendre et de Cinne et de Maire
Les desfit, les chassa, puis *s'estant asseuré,*
Devestit le pouvoir qu'il n'avoit desiré.
GARNIER, *Cornélie,* IV, v. 79.

Avec le désespoir je me veux *asseurer;*
C'est salut aux vaincus de ne rien espérer.
RÉGNIER, *Élégies,* I.

Quel garant est-ce encor que votre amour demande?
Que lui faut-il? — A moins que Valère se pende,
Bagatelle, son cœur ne *s'assurera* point.
MOLIÈRE, *Dépit amoureux,* I, 2.

Laisserez-vous un fils sans nom et sans empire,
Tandis qu'un étranger jouira de son sort,
Et peut-être osera *s'assurer* par sa mort?
QUINAULT, *Thésée,* V, 3.

Princesse, *assurez-vous* : je les prends sous ma garde.
RACINE, *Athalie,* II, 7.

C'est à cette acception que se rattache la locution *Je m'assure,* dans le sens de Je l'espère, J'en ai la conviction, la certitude.

Cela vous a semblé si peu commun de voir des livres de la façon d'un homme qui à peine sçavoit assembler des lettres, que tout y passe pour rareté, et vous y avez, *je m'asseure,* remarqué des graces que vous eussiez appelées des deffauts ailleurs.

RACAN, *Harangue à l'Académie.*

Pour ceux qui joignent le bon sens avec l'étude, lesquels seuls je souhaite pour mes juges, ils ne seront point, *je m'assure,* si partiaux pour le latin, qu'ils refusent d'entendre mes raisons pour ce que je les explique en langue vulgaire.

DESCARTES, *Discours de la Méthode,* VI.

Vous estes si généreux que vous vous contenterez, *je m'asseure,* de cette reconnoissance secrète.

BALZAC, *Lettres,* IV, 2.

Vous pardonnerez cette faute, *je m'assure,* au désir que j'ai de vous expliquer ce que j'ai pensé plusieurs fois sur ce sujet.

PELLISSON, *Histoire de l'Académie.*

On conviendra, *je m'assure,* qu'après m'être engoué de M. Baile, qui, tout compté, n'étoit qu'un manant, je pouvois m'engouer de M. Venture qui avoit de l'éducation, de l'esprit, des talents, de l'usage du monde, et qui pouvoit passer pour un aimable débauché.

J.-J. ROUSSEAU, *Confessions,* I, 3.

... Je vois deux lévriers,
Qui, *je m'assure,* sont courriers
Que pour ce sujet on envoie.

LA FONTAINE, *Fables,* II, 15.

S'assurer s'emploie avec diverses prépositions :
S'assurer à :

Un Romain qui estoit demeuré parmy les Parthes apres la deffaite de Crassus, s'en vint à cheval devers l'armee, habillé à la façon des Parthes, et apres avoir salué les chefs en langage romain, se descouvrit à eux, afin qu'ils *s'asseurassent à* sa parole.

COEFFETEAU, *Histoire romaine de L. Florus,* IV, 10.

Ah! je vois tes desseins. Tu crois, quoi que je fasse,
Que mes propres périls t'assurent de ta grâce,
Qu'appuyé sur toi par de si forts liens,
Je ne puis séparer tes intérêts des miens.
Mais *je m'assure* encor *aux* bontés de ton frère.

RACINE, *Bajazet,* II, 1.

S'assurer en :

J'ai receu une lettre de vous, ma maistresse, par laquelle vous me mandés que ne me voulés mal, mais que *vous ne vous* pouvez *asseurer en* chose si mobile que moi.

HENRI IV, *Lettres;* 1er mars 1588.

Ils ne *s'assurent* point *en* leurs propres mérites,
Mais *en* ton nom sur eux invoqué tant de fois,
En tes serments jurés au plus saint de leurs rois.

RACINE, *Athalie,* III, 7.

S'assurer sur, dessus.

Il (Fiesque) en appela trois (de ses amis) *sur* la fidélité des quels il pouvoit *s'assurer.*

CARDINAL DE RETZ, *Conjuration de Fiesque.*

Tout d'un train il tira vers la ville des Oxydraques, où la pluspart s'estoient retirez, quoy qu'ils *s'asseurassent* moins *sur* la bonté de la place, que *sur* leurs armes et leur courage.

VAUGELAS, trad. de Quinte-Curce, *Histoire d'Alexandre,* liv. IX.

Notre langue est encore vague et dans les irrésolutions et les doutes; elle n'a point de loix establies *sur* lesquelles nous puissions *nous asseurer.*

BALZAC, *Lettres,* 57.

Je ne conseillerois à personne de *s'assurer sur* cet exemple.

P. CORNEILLE, *Premier Discours sur le poème dramatique.*

Il n'est pas possible d'exprimer quelle fut la joie et le ravissement des Suisses, lorsqu'ils apprirent qu'on *s'assuroit* du salut d'une si précieuse tête (celle du roi) *sur* leur vaillance.

MÉZERAY, *Histoire de France.* Charles IX.

De glace sont tous vos desseins,
Ils sont fondus à la même heure;
Qui *dessus* la glace *s'asseure*
Bien souvent tombe sur ses reins.

Catholicon d'Espagne, Sur la mort du duc d'Aumale.

S'assure-t-on *sur* l'alliance
Qu'a faite la nécessité?

LA FONTAINE, *Fables,* VIII, 22.

Ne *vous assurez* point *sur* l'amour qu'il vous porte.

RACINE, *Mithridate,* I, 5.

Ne *vous assurez* point *sur* ma foible puissance.

LE MÊME, *Iphigénie,* IV, 4.

Ne *vous assurez* point *sur* ce cœur inconstant.

LE MÊME, *Phèdre,* V, 3

S'assurer contre :

La bonne et la mauvaise politique sont également sujettes à ces derniers inconvénients, et rien ne *se* peut *assurer contre* le ciel.

BALZAC, *Aristippe,* Discours IV.

Le roi commanda à Jean de Humieres de s'en aller en son gouvernement de Dauphiné, et à Jean d'Albret, roi de Navarre, dans le sien de Guyenne, pour *s'assurer contre* les entreprises que les Espagnols se vantoient y devoir faire.

Mézeray, Histoire de France, François Ier.

Contre mon ennemi laisse-moi *m'assurer.*

Racine, Andromaque, II, 1.

S'assurer, avec un nom de chose pour complément :

Le même empereur (Auguste), s'il en est cru, prend des mesures pour *s'assurer* les regrets du peuple romain, ménageant artificieusement les avantages de sa mémoire par le choix de son successeur.

Saint Evremont, Observations sur Salluste
et sur Tacite.

L'on peut dire que le roi, donnant les mains audit cantonnement et faisant le modéré à ne se pas servir de la plénitude de son droit, ne donne rien en effet aux États, et qu'il ne laisse pas néanmoins de s'en servir très utilement pour *s'assurer* la succession des dix provinces.

Le comte d'Estrades, à M. de Lionne, 15 novembre 1663. (Voyez Mignet, Succession
d'Espagne, t. I, p. 239.)

Vous reconnoissez que l'Église a une tige toujours subsistante, dont on ne peut se séparer sans se perdre ; et que ceux qui, étant unis à cette racine, font des œuvres dignes de leur foi, *s'assurent* la vie éternelle.

Bossuet, Discours sur l'histoire universelle, II, 31.

Ils (les Romains) tâchoient de faire goûter leur gouvernement aux peuples soumis, et croyoient que c'étoit le meilleur moyen de *s'assurer* leurs conquêtes.

Le même, même ouvrage, III, 6.

On y trouve d'ailleurs (dans la conversation) l'avantage de redresser ses idées ou de les perfectionner, de les confirmer, de *s'en assurer* la stabilité, et de se mettre en état d'en avoir la jouissance paisible et tranquille.

D'Aguesseau, Instruction à son fils.

Le maître *s'assure* une jouissance plus libre et plus sûre en intéressant les esclaves à la culture.

Turgot, Réflexions sur la formation des richesses,
§ XXVI.

Va ; qui fait son devoir *s'assure* un sort heureux.

Andrieux, le Vieux Fat, II, 8.

S'assurer que, Être persuadé, avoir la certitude, la confiance que :

IV.

Je fus encore conseillé par les médecins de ne passer plus outre, *s'assurant que,* si je m'hasardois, je n'arriverois jamais à Marseille en vie.

Montluc, Commentaires, liv. III.

Je leur demanderay (afin de ne les prendre à despourveu) par où ils voudront commancer la comparaison de ces deux langages, et *m'assure que* bien-tost nous tomberons d'accord touchant les points qui doivent estre examinez en icelle.

H. Estienne, la Précellence du langage françois.

Je *m'assure que,* quand messieurs les Italiens ne confesseront la debte en aucun autre endroit (ce que toutesfois par raison ils devront faire en plusieurs), pour le moins la confesseront-ils ici.

Le même, même ouvrage.

Ce que *m'asseurant que* vous ferés..., je ne vous en diray davantage.

Henri IV, Lettres; 18 décembre 1583.

Qui, avecques la fortune, voudra considérer la police et bonne conduicte de nos roys, je *m'asseure qu'*il la trouvera n'avoir cédé à la romaine.

Est. Pasquier, Recherches de la France, II, 1.

La seigneurie de Venise les a chassez (les Jésuites) et *m'asseure que* quelque jour la ville de Rome n'en fera pas moins.

Le même, même ouvrage, III, 42.

Elle (Votre Majesté) m'a fait cet honneur de me dire qu'elle vouloit que je me tinsse auprès d'elle, et que je *m'assurasse qu'*elle me feroit du bien.

Malherbe, Lettres; Au roi (1628).

Et *m'asseure que* si vous regardez tout le monde... que de mille il n'y en a pas dix qui boivent du vin.

G. Bouchet, les Serées, II, De l'eau.

Je *m'asseure que* vous m'avouerez que sa Jérusalem (du Tasse) est l'ouvrage le plus riche et le plus achevé qui se soit veu depuis le siècle d'Auguste.

Balzac, Dissertations critiques, III.

Vous pouviez... lui envoyer votre objection, et je *m'assure qu'*il y eût bien répondu.

Pascal, Provinciales, XII.

Je *m'assure que,* toutes les fois que le Menteur a été représenté, bien qu'on l'ait vu sortir du théâtre pour aller épouser l'objet de ses derniers désirs, il n'y a eu personne qui se soit proposé son exemple pour aller épouser une maitresse.

P. Corneille, la Suite du Menteur, dédicace.

21

Pour M. de Grignan, il peut bien *s'assurer que* si je puis quelque jour avoir sa femme, je ne la lui rendrai pas.

Mᵐᵉ ᴅᴇ Sᴇ́ᴠɪɢɴᴇ́, *Lettres;* à Mᵐᵉ de Grignan, 11 mars 1671.

Je vous conseille de m'envoyer tout cet endroit, et quelques autres morceaux détachés, si vous pouvez ; *assurez-vous qu'ils* ne sortiront point de mes mains.

Rᴀᴄɪɴᴇ, *Lettres;* à Boileau, 30 mai 1693.

On dit de Boileau qu'il commençoit par le second vers, afin de *s'assurer qu'il* seroit le plus fort.

Mᴀʀᴍᴏɴᴛᴇʟ, *Éléments de littérature,* Diffus.

Fay-moy l'honneur de *t'assurer* aussi
Que je languis de mon premier soucy.

Tʜᴇ́ᴏᴘʜɪʟᴇ, *Élégie.*

Ils peuvent *s'assurer que* si j'étois leur femme,
Ils seroient en effet ce qu'ils craignent dans l'âme.

Lᴇ Gʀᴀɴᴅ, *Rue Mercière,* sc. XI.

S'ᴀssuʀᴇʀ ᴅᴇ a des emplois fort divers :
Suivi d'un nom de personne, il signifie :
1° *S'assurer de* la protection, du concours, de l'obéissance de quelqu'un.

En terme d'Estat, comment *se* peut-on *asseurer d'un* homme, lorsqu'il a moyen de s'agrandir impunément ?

Du Vᴀɪʀ, *Actions et Traités oratoires.*

Obligeant les colonels dont il *s'asseuroit* le moins, de hasarder leurs biens sur la seule espérance de ses paroles, gagnant les principaux officiers par les hautes charges, corrompant les soldats par les présents... il (Valstein) avoit fait en sorte que cette armée ne pouvoit subsister sans lui.

Sᴀʀᴀᴢɪɴ, *Conspiration de Valstein.*

Ce seroit une mauvaise réponse de dire que Dieu pourroit *s'assurer des* hommes en leur ôtant la liberté qu'il leur a donnée.

Bᴏssᴜᴇᴛ, *Traité du Libre Arbitre,* c. 3.

Les Romains, pour attaquer avec sûreté de si turbulens voisins, *s'assurèrent des* Carthaginois.

Bᴏssᴜᴇᴛ, *Discours sur l'histoire universelle,* I, 8.

Sa Majesté (Louis XIV) devoit *s'assurer de* la Suède, ou pour favoriser l'élection par les armes, s'il en étoit besoin, ou pour la soutenir si elle étoit faite.

Lᴇ ᴍᴀʀǫᴜɪs ᴅᴇ Pᴏᴍᴘᴏɴɴᴇ, *Mémoires,* I, c. 6.

Quand on se voit nombre compétant pour arborer l'étendart de la bassette, on commence par *s'assurer du* commissaire du quartier, qu'on engage, traitable ou non, à se transporter tous les jours en robe pour voir si la police est exacte.

Dᴇʟᴏsᴍᴇ ᴅᴇ Mᴏɴᴄʜᴇɴᴀɪ, *la Cause des femmes,* scène de Colombine et d'Isabelle. (Voyez Gʜᴇ-ʀᴀʀᴅɪ, *Théâtre italien,* t. II, p. 17.)

Sa jalousie (d'Albéroni) et son extrême défiance ne *s'assuroient* pas même *de* ses plus intimes amis.

Sᴀɪɴᴛ-Sɪᴍᴏɴ, *Mémoires,* 1716.

On gagna d'abord quelques citoyens par des présents et des espérances ; on *s'assura de* l'abbé de Vatteville.

Vᴏʟᴛᴀɪʀᴇ, *Siècle de Louis XIV,* c. IX.

Dans le même temps, les infirmités du cardinal de Furstemberg, que le roi avoit fait évêque de Strasbourg, firent penser au roi qu'il ne falloit pas attendre sa mort pour *s'assurer d'un* successeur

Hᴇ́ɴᴀᴜʟᴛ, *Mémoires,* c. 3.

Les évêques étoient si puissants, qu'il étoit de l'intérêt des rois de *s'en assurer.*

Fʟᴇᴜʀʏ, *Discours sur l'histoire ecclésiastique,* III, § 10.

2° *S'assurer de* quelqu'un, L'arrêter, l'emprisonner :

Je crois que si Monsieur eût été au-devant du roi, et que le roi eût voulu *s'en assurer,* il eût pu réussir, vu la disposition du peuple.

Cᴀʀᴅɪɴᴀʟ ᴅᴇ Rᴇᴛᴢ, *Mémoires.*

Touché (Saül) de sa fidélité (de David), il fait son éloge, et se reconnoît moins juste et moins innocent que lui ; et le lendemain il lui dresse des embûches pour *s'en assurer* et lui faire perdre la vie.

Mᴀssɪʟʟᴏɴ, *Petit Carême,* 3ᵉ dimanche.

On m'a noirci dans l'esprit de la justice, dont tous les suppôts doivent dès demain se mettre en campagne pour venir dans cet ermitage *s'assurer de* ma personne.

Lᴇ Sᴀɢᴇ, *Gil Blas.*

Il n'y eut ni dissimulation, ni artifice, ni serments qu'il ne prodiguât pour *s'assurer de* leurs personnes.

Vᴏʟᴛᴀɪʀᴇ, *Essai sur l'histoire générale,* Richard III.

Le sultan mit la lettre dans son sein, et continua son chemin vers la mosquée. Cependant on *s'assure de* Ville-longue et on le conduit dans les bâtiments extérieurs du sérail.

Lᴇ ᴍᴇ̂ᴍᴇ, *Histoire de Charles XII,* liv. VII.

Tout le droit que la guerre peut donner sur les captifs,

est de *s'assurer* tellement *de* leur personne, qu'ils ne puissent plus nuire.

MONTESQUIEU, *Esprit des Lois*, XV, 2.

S'ASSURER DE, avec un nom de chose pour complément, a aussi deux significations différentes :
1° Prendre ses précautions pour pouvoir compter sur une chose, la considérer comme certaine.

Je crus avoir quatre millions. J'étois sur le point de *m'assurer* d'une de ces flûtes hollandoises, qui sont toujours à la rade de Retz, lorsqu'il arriva un accident qui rompit toutes mes mesures.

CARDINAL DE RETZ, *Mémoires*, I.

Celui-là ne pouvoit *s'assurer* de son repos, qui troubloit le repos des autres.

FLÉCHIER, *Oraison funèbre de M. de Montausier*.

C'étoit dans une telle rencontre qu'il importoit à Sa Majesté de *s'assurer* d'une armée sur la frontière.

LE MARQUIS DE POMPONNE, *Mémoires*, I, c. 6.

Henri IV, content de ses services (de Henri de la Tour) de plus en plus, voulut faire sa fortune, et *s'assurer* en même temps d'une frontière jalouse en la mettant entre les mains d'un de ses plus affidés serviteurs.

SAINT-SIMON, *Mémoires*, 1706.

Le désir de voir son pays et de *s'assurer de* son larcin sur la Suède, persuadèrent au roi Georges que l'Angleterre se trouvoit désormais assez calme pour qu'il pût faire un voyage à Hanovre.

LE MÊME, même ouvrage, 1716.

Il avait un ami nommé Cador, qui était un de ces jeunes gens à qui sa femme trouvait plus de probité et de mérite qu'aux autres : il le mit dans sa confidence, et *s'assura*, autant qu'il le pouvoit, *de* sa fidélité par un présent considérable.

VOLTAIRE, *Contes*, Zadig.

Ce conquérant (Alexandre) avoit fondé Alexandrie dans la vue de *s'assurer de* l'Égypte.

MONTESQUIEU, *Esprit des Lois*, XXI, 8.

2° Se procurer la certitude d'une chose :

Ils se fioient bien de sa volonté, mais ils ne *s'assuroient* point de son courage.

LA BOETIE, *Discours de la servitude volontaire*.

Si tu te remets au jeu, je n'auray pas subjet de *m'as-*

seurer de ta fidélité aux autres promesses que tu m'as faites.

BALZAC, *Lettres*, III, 3.

Je *m'assurai* encore *de* la totale expulsion de Pontchartrain et de Desmarets.

SAINT-SIMON, *Mémoires*, 1715.

Il n'y a rien de terrible ni de charmant que de loin, mais pour *s'en assurer* il faut avoir le courage ou la sagesse de voir l'un et l'autre de près.

BUFFON, *Histoire naturelle*, De la mort.

Une règle infaillible pour *s'assurer* au théâtre *de* l'effet d'un caractère, c'est d'examiner l'effet que doit produire le caractère qu'on y opposera pour le mettre en action.

D'ALEMBERT, *Éloge de Destouches*.

L'occasion pour vous ne peut être meilleure,
Pourvu que vous puissiez vous *assurer de* l'heure.

RACAN, *Bergeries*, I, 2.

Des sentiments du peuple il *se faut assurer*.

DE LA FOSSE, *Manlius*, II, 2.

Quelquefois *S'assurer de*, employé dans une des acceptions qui viennent d'être indiquées, est suivi d'un verbe à l'infinitif :

N'estant qu'à une lieue de ma maison, et sain et gaillard, je m'estois hasté de l'escrire là, pour ne *m'asseurer* point *d'*arriver jusques chez moy.

MONTAIGNE, *Essais*, I, 19.

Apprenez-moy comment tout s'est passé, afin que je m'ose *asseurer de* le bien savoir.

THÉOPHILE, *Fragments d'une histoire comique*, c. 3.

Par exemple, un enfant instruit en l'arithmétique, ayant fait une addition suivant ses règles, se peut *assurer* d'avoir trouvé, touchant la somme qu'il examinoit, tout ce que l'esprit humain sauroit trouver.

DESCARTES, *Discours de la Méthode*, II.

Le connestable, mesurant les forces des Confederez aux siennes, n'estimoit pas qu'ils dussent avoir la hardiesse d'attendre le combat, mais *s'assuroit de* les desloger d'Aubervilliers.

MÉZERAY, *Histoire de France*. Charles IX.

Je me souviens que quand nous commençâmes à ouvrir Puffendorf, qui avait écrit dans Stockholm, et à qui les archives de l'État furent ouvertes, *nous nous assurions d'*y trouver quelles étaient les forces de ce pays.

VOLTAIRE, *Fragments sur l'histoire*, art. 28.
À l'occasion du siècle de Louis XIV.

Ce Miramolin (Mohamed-ben-Joseph), fortifié contre les Maures d'Andalousie, *s'assurait de* conquérir l'Espagne.

VOLTAIRE, *Essai sur les mœurs.*

S'il est vrai qu'il y ait un bon goût reconnu par toutes les nations cultivées, il sembleroit que, pour *s'assurer d'*avoir le bon ton, il suffiroit d'acquérir le bon goût.

MARMONTEL, *Éléments de littérature.* Ton.

*Assure-toy d'*avoir desormais le plaisir
De me voir indulgente à son jeune desir.

THÉOPHILE, *Pyrame et Thisbé*, IV, 2.

.... Vous *assurant d'*avoir son héritage,
Vous aviez au·hasard réglé votre partage.

GRESSET, *le Méchant*, II, 3.

Assurer a été employé substantivement dans l'exemple suivant :

Un miel confit en amere poison,
Un *assurer* hors de toute apparence.

HUGUES SALEL, *Chant poétique.*

ASSURÉ, ÉE, participe.
A l'ancien verbe *assegureir* (voyez page 281) correspondaient le participe *aseguré* et l'adjectif *asegur*.

Il cuidoit estre *asegur*.

Recueil des Historiens des croisades. Historiens occidentaux, t. II, p. 292.

Encor dormoient Turc trestout *aségurés*.

Chanson d'Antioche, VI, v. 867.

L'adjectif *asseur* avait aussi anciennement le sens que nous attribuons aujourd'hui au participe *assuré* employé adjectivement.

Ilec trouvèrent Guillaume de Braiecuel et cex qui avoec lui estoient, qui mout estoient à grant paor ; et lors refurent mout *asseur*.

VILLEHARDOUIN, *Conqueste de Constantinoble*, CXXXVIII.

Entre les armes des anemis doivent estre mesagier *aseur*.

Chroniques de France, t. III, p. 173.

Aré ont *asséur* et *asséur* semé
Et *asséur* cuilli è li fruict è li blé.

Roman de Rou, v. 4959.

Et li Romain tinrent lor rote
Tot *aseur*, ne dotent gote.

Roman de Brut, v. 3047.

Assuré s'emploie dans toutes les significations correspondantes à celles du verbe :
Assuré, Assujetti, affermi.

Si tost que les ancres feurent jectées, et le vaisseau *asseuré*, l'on descendit l'esquipe.

RABELAIS, *Pantagruel*, liv. V, 18.

Premièrement le sire de Puisances, de Poitou, et le sire de Vertaing, de Hainaut, deux barons de haute emprise et de grand hardiment, s'en vinrent l'un sur l'autre et tout à pied, tenant leurs glaives *assurés*.

FROISSART, *Chroniques*, liv. II, c. 80.

Assuré, Ferme, se dit souvent de l'âme, de la conscience, des qualités bonnes ou mauvaises.

·Entre les autres y en avoit un nommé Amadour, lequel combien qu'il n'eust que dix-huict ou dix-neuf ans, avoit la grace tant *asseurée*, et le sens si bon, que l'on l'eust jugé entre mille digne de gouverner une republique.

MARGUERITE DE NAVARRE, *l'Heptameron*, X.

Il poursuit son chemin d'une audace très-*asseurée*.

BRANTÔME, *Vies des capitaines illustres*, disc. I.

J'ai une ame *assurée* contre tout ce qui fait trembler le vulgaire.

LA MOTHE LE VAYER, *Dialogues d'Oratius Tubero*, III.

Un cœur étendu comme le sable de la mer, c'est-à-dire capable d'un détail infini, des moindres particularités, de toutes les circonstances les plus menues, pour former un jugement droit et *assuré*, tel étoit Salomon.

BOSSUET, *Sermons*, Sur les devoirs des rois.

Jusque dans l'adversité, leur conscience est plus forte et plus *assurée* que celle des heureux du vice.

VAUVENARGUES, *Discours sur la gloire.*

Et Méduse, aux crins hérissés,
. . . .
Portoit la terreur et l'effroi,
Dans l'âme la plus *assurée*.

REGNIER DESMARESTS, *Poésies.*

Assuré, Sûr, certain, garanti, en parlant des choses.

Demoura (Æschylus) on mylieu d'une grande praerie, soy commettant en la foy du ciel libre et patent, en sceureté bien *asseurée*, comme luy sembloit.

RABELAIS, *Pantagruel*, IV, 17.

J'ay entendu cy devant par tes propos que tu as beaucoup perdu auparavant que d'avoir mis les esmaux en doze asseurée.

BERNARD PALISSY, *De l'art de terre.*

Les orateurs de ce temps-là, applaudissant aux empereurs, entre autres choses leur congratuloient qu'ils avoient rendu les mers quoyes et *asseurées.*

EST. PASQUIER, *Recherches de la France,* I, 6.

J'ai été nourri aux lettres dès mon enfance ; et, pour ce qu'on me persuadoit que par leur moyen on pouvoit acquérir une connoissance claire et *assurée* de tout ce qui est utile à la vie, j'avois un extrême désir de les apprendre.

DESCARTES, *Discours de la Méthode,* I.

J'ai résolu de n'employer le temps qui me reste à vivre à autre chose qu'à tâcher d'acquérir quelque connoissance de la nature, qui soit telle qu'on en puisse tirer des règles pour la médecine plus *assurées* que celles qu'on a eues jusques à présent.

LE MÊME, même ouvrage, VI.

L'on ne peut faire de nous de jugement *assuré* que l'on ne nous ayt veus jouer le dernier acte de nostre comédie.

RACAN, *Lettres;* à M. d'Armilly, 26 décembre 1616.

Je vous ai, ce me semble, déjà dit que je ne m'estois jamais plu qu'à celles (les sciences) qui se démontrent méthodiquement, comme sont les quatre parties des mathématiques ; encore n'ai-je jamais seu gouster l'astrologie. J'en trouvois les démonstrations trop peu *asseurées.*

LE MÊME, même ouvrage ; à M. Chapelain, novembre 1656.

Le Destin alla voir si l'homme estoit mort ou endormy. On peut dire qu'il étoit l'un et l'autre, puisqu'il étoit si ivre qu'encore qu'il ronflât bien fort, marque *assurée* qu'il étoit en vie, le Destin eut bien de la peine à l'éveiller.

SCARRON, *le Roman comique,* II, 13.

Les papiers que je croyois vous envoyer à Paris par une voie *assurée,* je les recommande au hazard, pour vous les rendre je ne sais où.

BALZAC, *Socrate chrétien,* Avant-propos.

Il (Annibal) fut contraint d'abandonner la ville sans l'avoir attaquée, tant il eut de haste se se retirer et de s'enfuir dans le sein et aux lieux plus *asseurez* de l'Italie.

COEFFETEAU, *Histoire romaine,* de L. Florus, II, 6.

On dit au reste qu'Alexandre partit au son de la flûte de Timothée auec une extrême joye de tous ses soldats, qui se promettoient comme un butin tout *asseuré* les richesses des barbares à qui ils alloient faire la guerre.

DU RYER, *Suppléments de Freinshemius sur Quinte-Curce,* II, 3.

Il faut revenir à l'autorité qui n'est jamais *assurée,* non plus que légitime, quand elle ne vient pas de plus haut, et qu'elle s'est établie par elle-même.

BOSSUET, *Histoire des variations des Églises protestantes,* V, n° 23.

Le moyen le plus *assuré* pour entendre ce qui est écrit, c'est de voir comment on l'a toujours entendu.

LE MÊME, même ouvrage, XII, n° 37.

Pour arrêter quelques jours l'armée persienne à un passage difficile..., une poignée de Lacédémoniens courut avec son roi à une mort *assurée.*

LE MÊME, *Discours sur l'histoire universelle,* III, 5.

Merci voit sa perte *assurée;* ses meilleurs régiments sont défaits.

LE MÊME, *Oraison funèbre du prince de Condé.*

Les progrès qu'on faisoit dans les dignités étoient des marques et des récompenses du mérite ; et les services qu'on avoit rendus dans les unes étoient des gages *assurés* des services qu'on devoit rendre dans les autres.

FLÉCHIER, *Oraison funèbre de M. Le Tellier.*

La nonchalance de Duras est blasmée généralement de tous ceux qui entendent la guerre. Il n'avoit point ordonné de bateurs d'estrade pour découvrir si les ennemis étoient en campagne, ni de corps de garde bien *assurés.*

MÉZERAY, *Histoire de France,* Charles IX.

Il me parut que le parti le plus *assuré* étoit de s'emparer promptement de certains passages dans les campagnes.

FÉNELON, *Télémaque,* IX.

Ils (nos rois) ont prétendu, en fondant votre compagnie, fonder pour l'éloquence... un domicile, une patrie, une citadelle *assurée.*

ROLLIN, *Traité des études,* Dédicace à l'Université.

Se former l'esprit, voir clair à ce que l'on fait, se conduire par des lumières *assurées,* et non par des opinions incertaines, c'est ce qui mérite d'être recherché, et c'est cette recherche qui mérite le nom d'étude.

FLEURY, *Du choix des études,* c. 26.

En Égypte, où le fils étoit obligé d'embrasser l'état de son père, l'éducation du moins avoit un but *assuré.*

ROUSSEAU, *Émile.*

Toute la maison me fait bonne mine ; on n'y hait pas les gros garçons de mon âge ; je suis dans la faveur de la cuisinière ; voilà déjà mes quatre repas *assurés,* et le cœur me dit que tout ira bien ; courage !

MARIVAUX, *le Paysan parvenu,* Ire partie.

La vie des empereurs commença à être plus *assurée.*

MONTESQUIEU, *Grandeur des Romains,* c. 17.

La grande muraille fut admirable et inutile : le courage et la discipline militaire eussent été des remparts plus *assurés*.

VOLTAIRE, *Fragments sur l'histoire*, art. 11.

Nos ports sont libres, nos remparts
Sont *asseurez* de tous parts.

THÉOPHILE, *Au prince d'Orange*, Ode.

Son partage *assuré*, c'est la soif et la faim.

PIRON, *la Métromanie*, V, 4.

Servilius, dit-on, dans ces lieux retiré,
Croit y jouir, par vous, d'un asile *assuré*.

DE LA FOSSE, *Manlius*, I, 3.

Assuré s'emploie particulièrement en ce sens, en termes de finances et d'affaires, en parlant des impôts, des revenus, des intérêts, qui sont garantis, certains.

La vie est trop courte : à peine avons-nous passé la jeunesse, que nous nous trouvons dans la vieillesse. Je voudrois qu'on eût cent ans d'*assurés* et le reste dans l'incertitude.

Mme DE SÉVIGNÉ, *Lettres*; à Bussy-Rabutin, 6 août 1675.

(La dixme royale) seroit une rente foncière suffisante sur tous les biens du royaume, la plus belle, la plus noble et la plus *assurée* qui fût jamais.

VAUBAN, *Projet d'une Dixme royale*. Préface.

Il (Pygmalion) n'a eu toute sa vie aucun moment d'*assuré*.

FÉNELON, *Télémaque*, III.

La seule province de Hollande possède environ douze mille Hébreux, quoiqu'elle puisse assurément faire sans eux le commerce. Les Juifs ne paraissaient pas plus dangereux en Espagne, et les taxes qu'on pouvait leur imposer étaient des ressources *assurées* pour le gouvernement.

VOLTAIRE, *Essai sur les mœurs*, c. 140.
De l'Inquisition.

Voilà mes fonds *assurés*.

PICARD, *Marionnettes*, II, 6.

Tenir pour assuré, se dit dans le sens de Regarder comme certain :

Prends de mes almanachs et *tiens pour assuré*
Que le bonheur de l'autre est fort aventuré.

PIRON, *la Métromanie*, IV, 1.

Assuré, En sûreté, en parlant des personnes :

Et les plusieurs y étoient jà assis comme gens *assurés*; car ils ne cuidassent jamais que le comte Derby dût là venir ainsi à cette heure.

FROISSART, *Chroniques*, liv. I, Ire part., c. 229.

La ruine de tous ces seigneurs et le peu de séjour qu'Othon faisoit en Italie, rendit les papes beaucoup plus *asseurez* que devant, encores que ce ne fust sans coup férir.

EST. PASQUIER, *Recherches de la France*, III, 4.

Le chevalier *asseuré* comme s'il eût été enclos de murailles.

LE MÊME, même ouvrage, VI, 22.

Jonathas fut comblé d'honneurs : mais quand le roi (Nicanor) se crut *assuré*, il reprit les desseins de ses ancêtres, et les Juifs furent tourmentés comme auparavant.

BOSSUET, *Histoire universelle*, I, 9.

Plus heureux et *assurés* sont les grands sous un grand roi, que sous ces petits souverains qui appréhendent tout.

LE DUC DE ROHAN, *Discours*, VI. Sur le temps présent, 1617.

... Tout à coup je me suis retiré
Voulant dorénavant demeurer *assuré*;
Et comme un marinier échappé de l'orage,
Du havre sûrement contempler le naufrage.

RÉGNIER, *Épîtres*, II.

Assuré, Ferme, résolu, glorieux, en parlant des personnes :

A mesure qu'ils (Romulus et Remus) allèrent croissans, le courage leur creut aussi, et devinrent hommes *assurez* et hardis, de sorte qu'ilz ne se troubloient, ny ne s'estonnoyent aucunement pour quelque danger qui se presentast devant leurs yeulx.

AMYOT, trad. de Plutarque, *Vie de Romulus*, 7.

Quelques capitaines, faisans des bons compaignons, comme gens bien *asceurez* et deliberez luy dirent (à Cicéron) : Voyez-vous combien nous avons encores d'aigles?... Cela, respondit Cicéron, seroit bon et à propous, si guerre aviez contre les pies.

RABELAIS, *Pantagruel*, IV, 39.

Mon asseurance rendoit *asseurez* souvent les plus timides.

MONTLUC, *Commentaires*.

Bien servit audict mareschal de Matignon d'estre brave et *assuré*, ce qu'aucuns ne l'eussent jamais creu, car Bourdeaux estoit perdu.

BRANTÔME, *Grands capitaines françois*, M. le mareschal de Matignon.

Si j'avois de quoy payer les gens de guerre, j'aurois des personnes *asseurées* que j'enverrois aux hasards, et je n'irois poinct.

HENRI IV, *Lettres; Harangue au parlement*,
1er octobre 1593.

Quoyque l'honneur que vous m'avez fait de m'écrire et le témoignage que vous me donnez de votre amitié ne m'ait pas rendu plus *assuré*, il m'a rendu plus content.

VOITURE, *Nouvelles Lettres; au marquis du Fargis.*

Assuré, ainsi employé, a souvent un sens identique à celui que nous donnons aujourd'hui au mot *rassuré* :

La fuite des autres seigneurs du parlement devoit rendre ceux qui estoient demeurez dans Paris peu *assurez*.

EST. PASQUIER, *Recherches de la France*, III, 26.

La pauvre Mlle de Saldaigne trembloit comme la feuille et n'osoit parler; Verville n'étoit guère plus *assuré*.

SCARRON, *Roman comique*, I, 15.

On n'a rien à reprocher à un chrétien qui, *assuré* du côté de Dieu, n'a plus à craindre et à douter que de lui-même.

BOSSUET, *Histoire des variations des Églises protestantes*, V, n° 154.

... Il y fut porté par la défiance qu'il avoit naturellement de lui-même, et par le désir d'être aidé ou *assuré* par les lumières d'autrui.

D'AGUESSEAU, *Vie de son père.*

Assuré, Ferme, résolu, en parlant de l'air, de la démarche, du regard, etc.

Alors Eudemon demandant congé de ce faire audict viceroy son maistre, le bonnet au poing, la face ouverte, la bouche vermeille, les yeulx *asseurez* et le regard assis sur Gargantua, avecques modestie juvenile, se tint sus ses pieds, et commença le loüer et magnifier.

RABELAIS, *Gargantua*, I, 15.

Avec un air *assuré* il s'avance pour recevoir la parole de ces braves gens.

BOSSUET, *Oraison funèbre du prince de Condé.*

Dix jours entiers il la considère (la mort) avec un visage *assuré*.

LE MÊME, *Oraison funèbre de Michel Le Tellier.*

Il (Henri IV) avoit le front large, les yeux vifs et *asseurez*.

HARDOUIN DE PÉRÉFIXE, *Histoire de Henri le Grand.*

Leur démarche (des lamas) est grave et ferme, leur pas *assuré*.

BUFFON, *Histoire naturelle.*

Il (le lion) a la figure imposante, le regard *assuré*, la démarche fière, la voix terrible.

LE MÊME, même ouvrage.

Que j'aimais à le voir . . . .
Lancer le disque au loin d'une main *assurée*.

LAMARTINE, *Nouvelles Méditations.*

Ses regards *assurés* ne se détournent pas !

LE MÊME, *Harmonies.*

On a dit *assuré menteur,* en parlant d'un homme qui ment avec assurance :

Et toutes foys je ne suis pas *menteur* tant *asseuré* comme il (Pline) ha esté.

RABELAIS, *Gargantua*, I, 6.

J'avois un jour un vallet de Gasgogne,
Gourmand, ivrongne, et *asseuré menteur*.

CL. MAROT, *Épîtres*, I, 14.

Mal assuré, Peu ferme, peu sûr, au propre et au figuré, en parlant des personnes ou des choses :

Leurs forces sont épuisées, leurs forteresses dégarnies, leurs colonies pleines de vieillards, leurs villes *mal assurées* parmy la tyrannie des uns, et la desobeissance des autres.

PERROT D'ABLANCOURT, trad. de Tacite. *Vie d'Agricola.*

Un homme *mal assuré* du bien qu'il poursuit ou qu'il possède, entre en inquiétude.

BOSSUET, *De la connoissance de Dieu et de soi-même*, c. 1er, art. 6.

Il (M. de Paulmy) avoit des défauts, car il faut les avouer : une contenance *mal assurée*, une modestie qui lui venoit de manque d'usage.

HÉNAULT, *Mémoires*, c. 15.

Mes enfants sont dans l'âge tendre où la vie est encore *mal assurée*.

ROUSSEAU, *Nouvelle Héloïse.*

Puissent tous ses voisins, ensemble conjurés,
Saper ses fondements encor *mal assurés* !

CORNEILLE, *Horace*, IV, 5.

Les yeux *mal assurés*, il m'a trop fait connoître
Un repentir secret dont il n'est pas le maître.

De la Fosse, *Manlius*, III, 6.

Assuré, Sur qui on peut compter, en parlant des personnes :

J'ay... opiné en faveur d'un des envoyés (aux États de Languedoc) qui avoit des deffauts particuliers, le cognoissant homme *asseuré.*

L'évêque de Saint-Papoul à Colbert, 6 janvier 1662. (Voyez Depping, *Correspondance administrative sous Louis XIV*, t. I, p. 59.)

J'ai un homme *assuré* au bureau de la grande poste qui met mes dépêches entre les mains du sieur de Marivaux, mon intendant.

Le duc de Saint-Aignan, *Lettres;* à Bussy-Rabutin, 28 septembre 1680. (Voyez *Correspondance de Bussy.*)

Il lui échappa (au duc d'Orléans)... des commencements de paroles, qu'un effort retenoit à demi prononcées, et qui, s'étant répété quelquefois, m'enhardit à lui dire que je voyois bien qu'il vouloit se soulager avec nous de quelque peine qui l'agitoit; que je ne le pressois point de le faire, mais que je le suppliois de considérer qu'il étoit entre ses deux plus *assurés* serviteurs, et dans un état qui ne demandoit point de contrainte.

Saint-Simon, *Mémoires*, 1710.

En ce sens, *assuré* est souvent accompagné de la préposition *de* suivie du nom de la chose ou de la personne dont on est sûr :

Fouquet, bien éloigné de penser que sa perte fût l'objet de ce voyage, se croyoit tout à fait *assuré de* sa fortune.

Mᵐᵉ de La Fayette, *Histoire d'Henriette d'Angleterre.*

C'est un malheur ordinaire aux plus grands princes, de ne considérer pas assez les hommes de service quand une fois ils croyent estre *assurés de* leur fidélité.

Cardinal de Retz, *Conjuration de Fiesque.*

L'Église catholique, immuablement attachée aux décrets une fois prononcés, sans qu'on y puisse montrer la moindre variation depuis l'origine du christianisme, se fait voir une église bâtie sur la pierre, toujours *assurée* d'elle-même.

Bossuet, *Histoire des variations des Églises protestantes;* XV, n° 176.

Louis... *assuré de* sa gloire; dont la sagesse de ses conseils et la droiture de ses intentions lui répondent toujours malgré l'incertitude des événements... auroit-il refusé son bras à ses voisins?

Bossuet, *Oraison funèbre de la reine d'Angleterre*

... Suivre ses conseils *du* succès *assurés,*
C'est obéir aux Dieux qui les ont inspirés.

De la Fosse, *Manlius,* I, 2.

Assuré de est quelquefois suivi d'un mot qui indique, non la chose sur laquelle on compte, mais celle contre laquelle on espère être garanti :

Et Philomele *assurée*
De la fureur de Térée,
Chante aux forests jour et nuit.

Racan, *la Venue du printemps,* ode.

Assuré est parfois suivi de la conjonction *que :*

Ainsi il se passa quatre cent trente ans avant que Dieu donnât à son peuple la terre qu'il lui avoit promise. Il vouloit accoutumer ses élus à se fier à sa promesse, *assurés qu*'elle s'accomplit tôt ou tard, et toujours dans les temps marqués par son éternelle providence.

Bossuet, *Discours sur l'histoire universelle,* II, 3.

Souvent, *assuré* est employé après un verbe impersonnel :

J'ay souventesfois entendu qu'*il est* plus *asseuré* d'ouyr et recevoir conseil que de le donner.

Michel de Marillac, *Imitation de J.-C.*

Il n'y a rien de plus *assuré* parmi nos adversaires qu'un article qu'on voit également enseigné des deux partis.

Bossuet, *Histoire des variations des Églises protestantes,* XIV, n° 87.

Il lui parut plus *assuré* (à Astarté) d'empoisonner Pygmalion.

Fénelon, *Télémaque,* VII.

Assuré est quelquefois placé avant le substantif auquel il se rapporte :

Nostre religion n'a pas eu de plus *assuré fondement* que le mespris de la vie.

Montaigne, *Essais,* I, 19.

La ville de Rome estoit la plus *assurée retraite* de tous les évesques.

Est. Pasquier, *Recherches de la France,* III, 2.

Les seigneurs de Montluc et de Marrillac proposèrent que le plus *assuré* remède pour estouffer ces naissantes sectes, estoit de se soumettre à la résolution d'un concile libre et légitime.

MATTHIEU, Histoire des derniers troubles
de France, liv. I.

Je vous ai dit qu'il y avoit encore un endroit où, par le jugement de l'Académie, Malherbe péchoit contre ses propres maximes. C'est dans la septième stance, en ce vers :

L'infaillible refuge et l'assuré secours,

En ce lieu vous voyez qu'il dit *assuré secours*, au lieu de *secours assuré*; aussi bien qu'en un autre dont je me souviens :

De combien de tragédies,
Sans ton assuré secours.

Cependant il tenoit pour maxime que ces adjectifs, qui ont la terminaison en *é* masculin, ne devoient jamais être mis devant le substantif, mais après.

PELLISSON, Histoire de l'Académie.

Seul, sous la main de Dieu, qui sera continuellement à son secours, on le verra l'*assuré* rempart de ses États.

BOSSUET, Oraison funèbre du prince de Condé.

On l'a quelquefois employé substantivement dans cette locution : *Faire l'assuré :*

Continuant de *faire l'assuré*, il (Néron) s'en alla au parc des exercices, et y vit les combats de la luitte avec plus d'attention et de plaisir que jamais.

COEFFETEAU, Histoire romaine, V.

Vous avez beau *faire l'assuré* et dire :

Cantabit vacuus coram latrone viator,

la plupart de ces chanteurs-là meurent de peur.

VOITURE, Lettre à M. d'Avaux.

Le cardinal (Mazarin) *faisoit l'assuré*, et il ne l'étoit pas autant qu'il le paroissoit.

CARDINAL DE RETZ, Mémoires, II.

L'assuré a aussi été quelquefois opposé à *l'incertain :*

Les princes n'ont pas sçeu que c'est pauvre butin
D'esbranler l'asseuré pour cercher l'incertain.

D'AUBIGNÉ, Tragiques, Princes, liv. II.

ASSURÉMENT, adverbe.

D'une manière ferme, résolue, en parlant de la démarche.

IV.

Puis dévaloit si roidement et si *asseurément* que plus ne pourriez parmi un pré bien égallé.

RABELAIS, Gargantua, I, 33.

Nature ne peut pas l'âge en l'âge confondre :
L'enfant qui sait déjà demander et répondre,
Qui marque *assurément* la trace de ses pas,
Avecque ses pareils se plaît en ses ébats.

RÉGNIER, Satires, V.

Qui marche *assurément* n'a point peur de tomber.

P. CORNEILLE, Polyeucte, II, 5.

Anciennement il s'est dit pour En sûreté.

David s'enturnad *aseurément* e les Philistins en Baal Pharasim desconfist et ocist.

Les quatre Livres des Rois, II, V, 20.

Ils luy dirent qu'il trouveroit l'affection des peuples redoublée par la mort d'Agrippine, de qui le nom estoit odieux et la memoire en execration; et qu'il allast *asseurément* jouir de sa renommée et de sa gloire.

PERROT D'ABLANCOURT, trad. de Tacite. Annales,
liv. XIV, 2.

ASSURÉMENT, Avec assurance.

Je le demanderois plus *asseurement*.

RABELAIS, Gargantua, I, 12.

ASSURÉMENT, D'une manière sûre, certaine.

Je m'esbahys que l'empereur n'a mandé mes compaignons et moy pour plus *asseureement* deliberer de cest affaire.

Le Loyal Serviteur, c. 37.

Je me doubte que ne croyez *asseurement* ceste étrange nativité.

RABELAIS, Gargantua, I, 6.

Il luy a donné des lettres, et ne sçay d'où elles viennent; mais il faut que ce soit de bon lieu, car elle a changé de couleur deux ou trois fois. Léonide incontinent se douta que c'estoit de Lindamor, qui fut cause qu'elle laissa le Berger avec Sylvie, et alla vers Galathée le sçavoir *assurément*.

D'URFÉ, l'Astrée, Iʳᵉ part., liv. X.

Je ne puis dire *assurément* quand je partiray d'icy, si dans un mois, dans deux ou dans trois.

VOITURE, Lettres; à Mˡˡᵉ Paulet.

L'affaire est *assurément* difficile à deviner et ne se peut savoir à moins que d'estre révélée.

SCARRON, Roman comique, II, 16.

22

Il (M. Begon) fut ensuite amoureux d'une demoiselle qui est la Sapho de ce pays, et qui est *assurément* l'esprit le plus fin et le plus vif qu'il y ait dans la ville.

> FLÉCHIER, *Mémoires sur les grands jours de 1665.*

Assurément, monseigneur, on ne peut rien concevoir qui soit plus digne de Dieu, que de s'être premièrement choisi un peuple qui fût un exemple palpable de son éternelle providence.

> BOSSUET, *Discours sur l'histoire universelle*, II, 1.

Assurément, depuis Julien, il n'y a point de plus parfait pélagien que Zuingle.

> LE MÊME, *Histoire des variations des Églises protestantes.*

Pour M. le chancelier (P. Séguier), il est mort très-*assurément*.

> Mme DE SÉVIGNÉ, *Lettres*; à Mme de Grignan, 3 février 1672.

Je vous plains d'être sujette à des humeurs noires qui vous font *assurément* beaucoup de mal.

> LA MÊME, même ouvrage; à Mme de Grignan, 4 mai 1672.

Une grande nouvelle, c'est que le prince d'Orange est malade, très *assurément*.

> Mme DE COULANGES, *Lettres;* à Mme de Sévigné, 21 janvier 1675.

Les turbulents perdirent seulement d'une voix... et si ces emportés l'avoient eue pour eux, on ne peut pas dire *assurément* quelle en auroit été la suite.

> LE MARQUIS DE RUVIGNY à Louis XIV, 25 mai 1675. (Voyez MIGNET, *Succession d'Espagne*, tome IV, p. 351.)

Au costé gauche, le connestable mit son régiment de cavalerie. La fleur de toute la gendarmerie françoise espauloit la main droite de son fils avec des argoulets qui, pour faire leur salve plus *assurément*, devoient estre conduits à la charge par six compagnies de chevaux légers.

> MÉZERAY, *Histoire de France.* Charles IX.

Assurément celui qui sait vaincre ses ennemis domestiques, ne craindra pas les ennemis de l'État.

> MASSILLON, *Petit Carême.*

Le trait est joli, *assurément*.

> MARIVAUX, *le Jeu de l'Amour et du Hasard*, I, 7.

La seule province de Hollande possède environ douze mille Hébreux, quoiqu'elle puisse *assurément* faire sans eux le commerce.

> VOLTAIRE, *Essai sur les mœurs*, c. 140. De l'Inquisition.

S'il y a des cas où le fond doit faire taire la forme, c'est *assurément* quand il s'agit de la vie des hommes.

> VOLTAIRE, *Lettres;* 8 février 1768.

> Quant est de toi, premierement
> Fais que l'on croie *assurément*
> Ces noces ici.
>> BONAVENTURE DES PÉRIERS, *Andrie*, I, 1.

Cet homme *assurément* n'aime pas la musique.

> MOLIÈRE, *Amphitryon*, I, 2.

> Mère qui met du fard pour paroître plus belle
> Mérite *assurément* une fille comme elle.
>> BOURSAULT, *Fables d'Ésope*, III, 5.

> J'ai dans le cœur, Hector, un bon pressentiment
> Et je dois aujourd'hui gagner *assurément*.
>> REGNARD, *le Joueur*, III, 11.

> ... Reprenez votre bien
> Car très-*assurément* nous n'y prétendons rien.
>> DESTOUCHES, *l'Ingrat*, III, 2.

Assurément s'emploie souvent comme réponse:

> Et sa fille; elle est gentille, au moins? — *Assurément*.
>> MARIVAUX, *l'Épreuve*, sc. 2.

> Vous en souviendrez-vous, Monsieur? — *Assurément*.
>> BOURSAULT, *le Mercure galant*, II, 7.

ASSURÉMENT, avec un sens affaibli, Probablement, sans doute.

Il m'est tombé des nues le plus beau chapelet du monde; c'est *assurément* parce que je le dis si bien : la balle au bon joueur.

> Mme DE SÉVIGNÉ, *Lettres;* à Mme de Grignan, 12 juin 1680.

Sa franchise (de Charles de Bourbon) était à la vérité celle d'un rebelle, sa défection était condamnable; mais il n'y avait *assurément* ni perfidie ni bassesse.

> VOLTAIRE, *Essai sur les mœurs*, c. 123. Charles-Quint et François Ier.

ASSURANCE, s. f.

On trouve dans les anciens textes la forme *Assegurance*.

Cil vint avant à la porte parler audit messire Robert, et sur *assegurance* d'une part et d'autre.

> FROISSART, *Chroniques*, liv. I, IIe part., c. 7.

Assurance, Hardiesse, résolution, courage.

Courage invincible, sobresse non pareille, contentement certain, *assurance* parfaite, desprisement incroyable de tout ce pour quoy les humains tant veiglent, courent, navigent et bataillent.

> Rabelais, *Gargantua*, Prologue.

De raconter sa valeur, son *assurance*, sa prudence et son sage temporisement, comme il parvint à ceste principaulté n'ayant que dix-huict ans, ce seroit chose superflue et redicte à moy.

> Brantôme, *Grands capitaines estrangers*. Le grand Cosme de Médicis.

L'*asseurance* du... seigneur de Bayard donnoit grand cueur aux soldats.

> Martin du Bellay, *Mémoires*.

Ces pleurs m'esmeurent de pitié, mais ils ne me donnèrent pas une petite *asseurance*, et n'augmentèrent peu mon courage.

> D'Urfé, *l'Astrée*, IIe part., liv. XII.

Un homme qui a consommé tout son âge en l'estude de la philosophie doit attendre la mort avec *assurance*.

> Théophile, *Immortalité de l'âme*.

J'allai droit à elles, avec plus d'*assurance* que je n'eusse fait dans Rome, m'étant beaucoup formé le corps et l'esprit durant le temps que j'avois demeuré à Paris.

> Scarron, *Roman comique*, I, 18.

Rien ne peut mieux confirmer l'*assurance* de ses troupes (de M. de Lorraine) que de voir que les Turcs n'ont osé sortir de leurs retranchements.

> Boileau, *Lettres*; à Racine, 28 août 1687.

La beauté, la douceur et la noble *assurance* de ce jeune inconnu, qui traversoit sans précaution tant de troupes ennemies, étonna les alliés.

> Fénelon, *Télémaque*, IX.

M. de Climal se retira; on a si peu d'*assurance* quand on n'a pas la conscience bien nette!

> Marivaux, *la Vie de Marianne*, IIe partie.

Le conseil délibéra en sa présence sur le danger où l'on était : quelques conseillers proposaient de détourner la tempête par des négociations. Tout d'un coup le jeune prince se lève avec l'air de gravité et d'*assurance* d'un homme supérieur qui a pris son parti.

> Voltaire, *Histoire de Charles XII*, II.

C'étoit un grand homme, bien fait..., n'ayant ni le maintien cafard ou effronté des moines, ni l'abord cavalier d'un homme à la mode, quoiqu'il le fût; mais l'*assurance* d'un honnête homme.

> J.-J. Rousseau, *les Confessions*, I, 5.

Il a tant d'*assurance*, qu'il finit par m'en inspirer.

> Beaumarchais, *le Mariage de Figaro*, II, 2.

Elle devina les pensées qui l'occupaient, et se sentit le besoin de les satisfaire en parlant du bonheur avec moins d'*assurance*.

> Mme de Staël, *Corinne*, liv. II, c. 3, § 28.

Des-ja l'air retentit et la trompette sonne,
Le bon prend *assurance* et le meschant s'estonne.

> D'Aubigné, *Tragiques*. Jugement, liv. VII.

... Ceux à qui la France
A veu tenir les premiers rangs
Dans le siècle des ignorants
Devant luy perdent l'*assurance*.

> Racan, *Odes*, à M. de Balzac.

C'est d'elle d'où me vient la force et l'*assurance*.

> Racan, *Psaumes*, 70.

... Son indigne attentat
D'un si ferme soutien a privé votre État,
De vos meilleurs soldats abattu l'*assurance*.

> P. Corneille, *le Cid*, II, 9.

... Sous moi donc cette troupe s'avance
Et porte sur le front une mâle *assurance*.

> Le même, même ouvrage, IV, 3.

Mon esprit en conçut une mâle *assurance*.

> Le même, *Horace*, I, 4.

La pauvre femme eut si grand'peur
Qu'elle chercha quelque *assurance*
Entre les bras de son époux.

> La Fontaine, *Fables*, XV, 20.

Eh! mais, elle vous parle avec une *assurance*...

> Picard, *les Conjectures*, I, 14.

Il a, pour un coupable, une grande *assurance*.

> Le même, même ouvrage, I, 17.

En ce sens, *Assurance* est souvent suivi de la préposition *de* et d'un verbe à l'infinitif.

Je suis de l'advis de Plutarque, qu'Aristote n'amusa pas tant son grand disciple à l'artifice de composer syllogismes, ou aux principes de geometrie, comme à l'instruire de bons preceptes, touchant la vaillance, la prouesse, la magnanimité et temperance, et l'*asseurance* de ne rien craindre.

> Montaigne, *Essais*, I, 25.

Le consul Philippus eut *l'asseurance de* s'opposer aux loix, et de denoncer le mal qui en pourroit naistre.

COEFFETEAU, *Histoire romaine*, de L. Florus, III, 17.

Je ne doute point que cecy ne passe un jour pour une fable, qu'un particulier ait *l'asseurance* d'épouser la femme de son prince.

PERROT D'ABLANCOURT, trad. de Tacite, *Annales*, XI, 14.

Ils n'eurent jamais *l'asseurance* ni *de* combattre ceux qu'ils avoient en teste, ni *de* donner en queuë à ceux qui estoient passez.

VAUGELAS, trad. de Quinte-Curce, *Histoire d'Alexandre*, III.

La criminelle Psyché n'eut pas *l'assurance de* dire un mot.

LA FONTAINE, *Psyché*, I.

Les compagnies (des Tard-venus) eurent *l'asseurance* d'attendre Jacques de Bourbon à trois lieues de Lyon, en un lieu nommé Brignay.

MÉZERAY, *Histoire de France*. Jean.

C'est sasez, selon le langage ordinaire, qu'un tel soit fils d'un tel, pour que le fils ait *l'assurance de* vouloir être tout ce qu'a été le père.

BOURDALOUE, *Sermons*, Sur l'Ambition, Iᵉ part.

Assurance, Certitude, confiance.

Tant pour *l'asseurance* de sa fidélité, que par sa souveraine vaillance..., il le constitua colonel de ses Janissaires.

JAQUES YVER, *le Printemps d'Yver*.

Pensez-vous que le roy vous ayme si peu que de m'avoir envoyé icy, s'il n'avoit grande *asseurance* de moy, et qu'il n'eust essayé en autre lieu qu'est-ce que je porte et ce que je puis?

MONTLUC, *Mémoires*, III.

Au regard de l'âme, il n'y peut avoir joie certaine ny contentement, si tranquillité d'esprit, constance et *asseurance* n'en ont posé le fondement.

AMYOT, trad. de Plutarque, *Œuvres morales; Du vice et de la vertu.*

Il faut que la foy du patient préoccupe par bonne esperance et *asseurance* leur effect et operation.

MONTAIGNE, *Essais*, II, 37.

Aussi ne vous ay-je fondé mon opinion sur *l'asseurance*, ains sur une présomption de laquelle vous tirerez tel profit qu'il vous plaira.

EST. PASQUIER, *Recherches de la France*, II, 14 bis.

Grégoire le tiers... se meit sous la protection de Martel... Cette première ouverture apporta depuis de grands biens à la papauté, voire que je vous puis presque dire que *l'asseurance* de leur grandeur temporelle vient de là.

EST. PASQUIER, *Recherches de la France*, III, 4.

Saint Romain, lors archevesque de Rouen, meu d'une charité très-ardente, se meit en prieres et oraisons, et armé d'un surplis et estole, mais beaucoup plus de la foy et *asseurance* qu'il avoit en Dieu, ne doubta de s'acheminer en la caverne où ceste hideuse beste faisoit son repaire.

LE MÊME, même ouvrage, IX, 42.

Mᵐᵉ la comtesse de Sault, ne voyant point d'*assurance* aux remèdes de la terre, s'est résolue à ceux du ciel.

MALHERBE, *Lettres*; à Peiresc, 1611.

J'avois toujours un extrême désir d'apprendre à distinguer le vrai d'avec le faux, pour voir clair en mes actions et marcher avec *assurance* en cette vie.

DESCARTES, *Discours de la Méthode*, I.

Encore qu'on ait une *assurance* morale de ces choses (de l'existence de son corps et des astres), qui est telle qu'il semble qu'à moins d'être extravagant, on n'en peut douter, toutefois...

LE MÊME, même ouvrage, IV.

Lorsque l'espérance est extrême, elle change de nature et se nomme sécurité ou *assurance*. Comme au contraire l'extrême crainte devient désespoir.

LE MÊME, *les Passions de l'âme*, part. II, art. 58.

DIOGÈNE. Mais Jupiter estoit donc un imposteur de dire que tu estois son fils, et ta mere nous en faisoit accroire en disant qu'elle avoit couché avec un dragon. — ALEXANDRE. C'est qu'il n'y a pas trop *d'assurance* aux femmes, ny aux oracles.

PERROT D'ABLANCOURT, trad. de Lucien, *Dialogue de Diogène et d'Alexandre.*

Sans s'arrêter aux vaines raisons des Pyrrhoniens, qui ne détruisent pas *l'assurance* raisonnable que l'on a des choses certaines.

Logique de Port-Royal, Iᵉ discours.

Nous pensons à disposer les choses qui ne sont pas en notre puissance pour un temps où nous n'avons aucune *assurance* d'arriver.

PASCAL, *Pensées.*

Nous sommes obligés... de ne point juger de ce que nous ne connoissons pas avec *assurance*.

NICOLE, *Des jugements téméraires*, c. 8.

La marque que nous entendons distinctement les opérations de notre âme, c'est que jamais nous ne prenons l'une pour l'autre. Nous ne prenons point le doute pour *l'assurance,* ni affirmer pour nier, ni raisonner pour sentir.

> Bossuet, *De la connoissance de Dieu et de soi-même,* c. 2, nᵒ 14.

Viendra enfin le dernier repos et *l'assurance* parfaite, où nous serons assurés de Dieu, et non moins assurés de nous.

> Le même, *Sermons,* 4ᵉ sermon pour la Circoncision.

Le duc (de Guise) parut, avec une gaie contenance, avec un port audacieux, avec des regards perçants qui semblèrent inspirer dans le sein des assistants une entière *assurance* de la victoire.

> Mézeray, *Histoire de France.*

Comment cette passion fut-elle accompagnée dès sa naissance des sentiments qu'elle inspire le moins, la paix du cœur, le calme, la sérénité, la sécurité, *l'assurance* ?

> J.-J. Rousseau, *les Confessions,* I, 2.

Le doute n'est pas un état bien agréable, mais *l'assurance* est un état ridicule.

> Voltaire, *Lettres;* au prince royal de Prusse, 28 novembre 1770.

Le catholique sait qu'il ne peut se tromper; il sait de plus que s'il pouvait se tromper, il n'y aurait plus de vérité révélée, ni *d'assurance* pour l'homme sur la terre.

> J. de Maistre, *Du pape,* 1, 1, § 33.

Les anges du Seigneur... le couvroient de lumière et lui donnoient une *assurance* divine.

> Chateaubriand, *les Martyrs,* XVI.

> Nous ne tenons en nostre main
> Le temps futur du lendemain ;
> La vie n'a point d'*assurance,*
> Et, pendant que nous desirons
> La faveur des roys, nous mourons
> Au milieu de nostre esperance.
>
> Ronsard, *Odes,* V, 14.

Celuy vrayment est fol qui, changeant l'*assurance* Du bien qui est présent, en douteuse espérance, Veult toujours contredire à son propre désir.

> J. Du Bellay, *les Regrets,* LIII.

Heureux qui met en Dieu son espérance Et ne se fie en humaine *assurance.*

> Pibrac, *Quatrains,* XXII.

Après qu'on a suivy sans aucune *assurance* Cette vaine faveur qui nous paist d'espérance, L'envie en un moment tous nos desseins destruit.

> Racan, *Stances.*

Damon, j'ay vu depuis d'une claire apparence Qu'en toy seul j'ay plus d'aise, et d'heur, et d'*assurance* Que je n'en puis trouver dans ces liens honteux Où le mal est certain et le plaisir douteux.

> Théophile, *Élégies,* à M. de Pesé.

Avez-vous cependant une pleine *assurance* D'avoir assez de vie et de persévérance ?

> P. Corneille, *Polyeucte,* I, 1.

Assurance, Sûreté, garantie.

Par foi, dit li sages, puisque nous ne povons avoir pais à l'empereur sans nous destruire, je lo endroit moi que nous envoions à la pape..... A ce conseil s'acorderent tuit, et envoierent à la pape un bourjois de Plaisence pour querre *asseurance* d'aleir parleir à lui de pais.

> *Récits d'un ménestrel de Reims au* XIIIᵉ *siècle,* publiés par M. N. de Wailly, p. 120.

Pour *asseurance* de ma personne, emmena deux des plus grands de la ville pour hostage, mesmement un frère de l'hoste, les *asseurant,* si j'avois desplaisir, de les faire pendre.

> Montluc, *Mémoires,* I.

Le conseil que je leur donne sur ce faict ne procède que de la seulle loyauté, fidellité et amour que je porte à leur service et à l'*asseurence* de leurs personnes.

> Le même, *Lettres.*

Nous estions, pour l'*asseurance* de nos vies, sur le point de nous absenter de la présence de Vos Majestés.

> Henri IV, *Lettres;* 18 avril 1574.

En un mot, le duc de Guise veut la guerre et dict resolument au roy qu'il n'est du costé de la paix, et quand il sera forcé d'y estre, ce sera la religion et l'*asseurance* de son party sauve.

> Matthieu, *Histoire des derniers troubles de France,* II.

Ils (les historiens) nous font voir le tyran, qui tremble au milieu de je ne sçais combien de légions ; qui a des armées et des citadelles, et n'a point d'*assurance* et de sûreté.

> Balzac, *Socrate chrétien,* discours VIII.

Cependant, les assiegez qui travailloient à leur *asseurance* autant qu'il leur estoit possible, firent faire en dedans une autre muraille de brique.

> Du Ryer, Suppléments de Freinshemins sur Quinte-Curce, liv. II, c. 10.

La parole se donne. Voylà Lambert enragé. Il envoya offrir de donner cent mille écus par contrat de mariage, et de mettre pour cela des pierreries entre les mains du père pour *assurance*.

> TALLEMANT DES RÉAUX, *Historiettes*,
> Mmes de Bretonvilliers.

Il semble, à nous voir agir, que nous avons des lettres d'*assurances* de notre salut.

> NICOLE, *De la Crainte de Dieu*, c. 5.

Vous ne pouvez pardonner, mais vous pouvez prier, et le pouvoir de prier est pour vous une *assurance* et un gage du pouvoir de pardonner.

> BOURDALOUE, *Sermons pour les Dimanches*.
> Sur la Prière.

Où en sont donc les impies? Et quelle *assurance* ont-ils contre la vengeance éternelle dont on les menace?

> BOSSUET, *Oraison funèbre d'Anne de Gonzague*.

Le connestable ordonna à la gauche de Cossé et Gontaud-Biron, qui estoit degarnie, le duc d'Aumale avec six cens lances; puis à gauche et plus avant six cens chevaux commandez par le mareschal Danville : ces deux escadrons estant ainsi disposez comme pour l'*asseurance* de l'infanterie françoise et suisse.

> MÉZERAY, *Histoire de France*. Charles IX.

Ils (les fermiers) ont fondé l'*assurance* de l'intérêt de ces avances sur les bénéfices résultant d'une plus grande production.

> TURGOT, *Lettres sur la liberté du commerce des grains*, VI, 27 novembre 1770.

Hélas! vain est notre espoir,
Caduque est notre esperance,
Et rien en ce bas manoir
Ne peut avoir *asseurance*.

> FRANÇOIS D'AMBOISE, *Odes sur les désastres de 1568.*

... Cependant, si pour plus d'*assurance*,
Et pour m'encourager, vous les donniez d'avance?

> LE GRAND, *la Famille extravagante*, sc. 6.

Prendre, mettre, donner assurance.

Vespasian... à la veue et venue inopinée d'ung sien serviteur, nommé Basilidès, c'est-à-dire royal... *print* espoir et *asseurance* d'obtenir l'empire romain.

> RABELAIS, *Pantagruel*, IV, 37.

Mettons asseurance en Dieu qui ne délaisse personne.

> CHAPELAIN, trad. de *le Gueux, ou la Vie de Guzman d'Alpharache*, Ire part., liv. II.

Je rejetai toute proposition qui ne mettoit pas le roy

en état de *donner* une *assurance* entière à ses alliés, sur celle qu'il auroit reçue de la Suède.

> LE MARQUIS DE POMPONNE, *Mémoires*, I, c. 4.

Quelle *asseurance* peut-on *prendre* d'un homme (Gondebaud), qui a si souvent et si cruellement violé les droits de la nature?

> MÉZERAY, *Histoire de France*. Clovis.

Louys, *mettant* sa plus forte *asseurance* à avoir de grands trésors amassez, et faisant d'ailleurs conscience de fouler ses peuples du moindre impost, congédia ses troupes immédiatement après le succez, ainsi qu'il faisoit d'ordinaire.

> LE MÊME, même ouvrage. Louis XII.

Quelque chose que je vous dye,
N'y *prenez* point grant *asseurance*.

> *Le Mystère du siége d'Orléans*, v. 1605.

On a dit : *En assurance, en toute assurance, en lieu d'assurance,* pour En sûreté, en toute sûreté, en lieu de sûreté.

Je ne veux rien mal presagir du sainct Siége, mais en matiere d'Estat il faut, *en une assurance* de tout, craindre tout.

> EST. PASQUIER, *Recherches de la France*, III, 43.

Il n'est pas possible que celui passe la vie *en assurance* qui prend trop de peine à la prolonger.

> MALHERBE, trad. de Sénèque, *Épîtres*, IV, 2.

Voilà, mon père, le dernier retranchement où se retirent ceux de votre parti qui ont voulu entrer en dispute. Mais vous y êtes aussi peu *en assurance*.

> PASCAL, *Provinciales*. IV.

Si la terre est bien cultivée, si les mers sont libres, si le commerce est riche et fidèle, si chacun vit dans sa maison doucement et *en assurance*, c'est un effet des conseils et de la vigilance du prince.

> BOSSUET, *Sermons*, Ier Sermon pour la Circoncision.

Ceux de nos voisins qui étoient oppressés par leurs ennémis, vivent maintenant *en assurance* sous notre protection.

> PELLISSON, *Histoire de l'Académie*.

Pour ce qui nous étoit resté de bagues d'argent, il étoit déjà *en lieu d'assurance*.

> LA FONTAINE, *Psyché*, liv. II.

Les frères (Charles le Chauve et Louis le Germanique) ainsi d'accord n'estoient pas *en assurance* l'un de l'autre.

> MÉZERAY, *Histoire de France*. Charles le Chauve.

Son homme (M. de Senantes) étant *en toute assurance* de cette manière, il fallut pourvoir à ses sûretés à l'égard de l'autre (Matha).

   HAMILTON, *Mémoires de Grammont*, c. 4.

J'ai un collier de perles lui dit Camille, et des pendants d'oreille d'un prix considérable... Vous pouvez les prendre *en assurance*... je vous les garantis fins.

   LE SAGE, *Gil Blas*, II, 4.

Ma chère madame Marcelle, vous pouvez vous fier à moi *en toute assurance*.

   LE MÊME, *le Diable boiteux*, c. 4.

Pontchartrain, à l'abri de la considération de son père et de la protection d'Effiat et de Besons, vivoit *en assurance* cramponné aux stériles restes de sa place.

   SAINT-SIMON, *Mémoires*, 1715.

Les vapeurs du roi (d'Espagne) donnoient de la crainte aux médecins. Ils en avoient aussi sur la santé du prince des Asturies; ainsi la reine régnoit en plein et *en assurance*.

   LE MÊME, même ouvrage, 1716.

Je sçay que votre bras, fatal aux factieux,
- Et par qui cet estat repose *en assurance*,
Avant que l'on vous mette au rang des autres dieux,
Doit borner l'Univers des bornes de la France.

   RACAN, *Sonnet au Roi*.

Sur l'état de mes biens on t'interrogera :
Sans entrer en détail, réponds *en assurance*
Que ma fortune au moins égale ma naissance.

   DESTOUCHES, *le Glorieux*, III, 1.

Cependant tout subsiste et marche *en assurance*.

   LAMARTINE, *Premières méditations*, VIII, la
   Providence à l'homme.

ASSURANCE se dit souvent pour Promesse formelle.

Après avoir apaisé le bon père, dont j'avois un peu troublé le discours par l'histoire de Jean d'Alba, il le reprit sur l'*assurance* que je lui donnai de ne lui en plus faire de semblables.

   PASCAL, *Provinciales*, VII.

Le père, sur ses vieux jours, s'étant retiré, Nicolas, puisque Nicolas y a, fut si fou que de quitter l'abbaye de Sainte-Geneviève, dont il étoit pourvu, et l'*assurance* de l'évêché de Meaux.

   TALLEMANT DES RÉAUX, *Historiettes*, Le maréchal
   de l'Hôpital.

Il (l'ambassadeur d'Espagne) voulut entrer en de grandes justifications sur les véritables motifs de cette résolution, et me persuader que l'on n'a rien changé aux articles du mariage de l'infante, dont la dot ne seroit qu'en argent, suivant l'*assurance* qu'il m'en a donnée souvent de la part du roi son maître.

   Louis XIV à l'archevêque d'Embrun, 19 février 1663.
   (Voyez MIGNET, *Succession d'Espagne*, t. I, p. 334.)

Il (Lubomirsky) s'étoit retiré à Breslau incontinent après la paix, avec *assurance* d'en revenir aussitôt qu'il auroit terminé ses affaires particulières.

   LE MARQUIS DE POMPONNE, *Mémoires*, I, c. 6.

ASSURANCES s'emploie souvent au pluriel, principalement dans les sens de Sûretés ou de Promesses.

Et sur bonnes *assurances* que l'évêque lui avoit données et accordées par son scel..., le dit Jean vint à Troyes et entra dedans la cité.

   FROISSART, *Chroniques*, liv. I, II⁰ part., c. 98.

Je vous supplie de trouver bon que je vous confirme par cette lettre les *assurances* de mon très-humble service.

   BALZAC, *Lettres*, liv. I, 3. A Richelieu.

On voit tout le long dans du Bellay les artifices avec lequels l'empereur amusoit le roy, entremeslant beaucoup de doutes avec beaucoup d'*assurances* et de grandes espérances avec de grandes difficultez.

   MÉZERAY, *Histoire de France*, François I⁰ʳ.

Votre Majesté voit bien qu'il y a peu de réponse à cela, si ce n'est que la plus grande sûreté consistoit dans la parole de Votre Majesté qui étoit inviolable, avec les autres *assurances* que l'on pouvoit prendre dans les traités.

   L'ARCHEVÊQUE D'EMBRUN à Louis XIV, 25 mai 1662.
   (Voy. MIGNET, *Succession d'Espagne*, t. I, p. 141.)

A ces saintes institutions il (Moïse) ajouta des cérémonies majestueuses... et, ce qu'aucun législateur n'avoit osé faire, des *assurances* précises que tout leur réussiroit tant qu'ils vivroient soumis à la loi.

   BOSSUET, *Discours sur l'histoire universelle*, II, 3.

Je ne répondis à l'ouverture que le grand chancelier me fit, que par les *assurances* que Sa Majesté verroit toujours avec plaisir l'augmentation de la puissance et de la gloire d'une couronne (la Suède) qui lui étoit si étroitement unie.

   LE MARQUIS DE POMPONNE, *Mémoires*, I, c. 3.

Sa Majesté (Louis XIV) voulut que je lui promisse pour lui (à Mathioli) dix mille écus, lorsque l'affaire seroit achevée, et m'ordonna de lui donner des _assurances_ de plus grandes grâces dans la suite.

LE MARQUIS DE POMPONNE, _Mémoires_, II, Mantoue.

C'est là qu'elle portoit sa reconnoissance et sa joie pour les _assurances_ de la paix, et pour les bons succès de la guerre.

FLÉCHIER, _Oraison funèbre de Marie-Thérèse._

Le landgrave, sur ces _assurances_, consentit à tout.

VOLTAIRE, _Annales de l'Empire_, Charles-Quint, 1547.

ASSURANCE se dit d'un contrat par lequel l'une des parties s'engage à payer à l'autre, ou à un tiers désigné par elle, une somme fixée dans l'acte, en compensation de la perte de la chose assurée.

Assurance contre l'incendie, la grêle, etc.
Assurance sur la vie.
Compagnie d'_Assurances._
Prime d'_Assurance_, somme payée par l'assuré à l'assureur.

Le contrat d'_assurance_ s'est introduit dans le commerce maritime par la nature même des choses, et par le désir que les hommes ont toujours eu de se mettre à couvert des caprices de la fortune.

EMERIGON, _Traité des assurances_, 1782.

(Les Sociétés) sont venues ensuite au secours de la marine, tantôt en armant des vaisseaux, tantôt en protégeant la navigation contre les dangers de la mer. Je citerai la Compagnie d'_assurance_ contre les risques maritimes, due à Louis XIV.

TROPLONG, _Du Contrat de société._ Préface.

On a employé autrefois, dans le même sens qu'_Assurance_, ASSEGUREMENT et ASSEUREMENT.

Quant il orent l'_assegurement_ des Blacs que ils les secorroient.

Recueil des historiens des Croisades. Historiens occidentaux, t. II, p. 279.

Lors vinrent li marchis de Montferrat et li quens Baudoins de Flandres et de Hénault..... et dient qu'il loent ceste convenance, quar il seroient honi si il le refusoient. Einsi s'en alèrent à l'ostel le duc, et furent mandé li message, et firent cest _aséurement_ par seremens et par chartres pendans.

VILLEHARDOUIN, _Conqueste de Constantinoble_, LIII.

Li quens pot mix justichier cix qui brisent trives ou _asseurement_ que ne feroient si souget.

BEAUMANOIR, _Coutumes de Beauvoisis_, X, 6.

Nous n'avons yver ne estei
Dont aions _asseurement._

RUTEBEUF, _la Chanson de paille._

ASSUREUR, s. m. Il n'est usité qu'en parlant de Ceux qui, pour une certaine somme, assurent les navires de commerce, les marchandises, les maisons, etc.

Soit à raison de différents _assureurs._

Code de Commerce maritime, 423.

ASSYRIEN, IENNE, adj. Il se dit De la langue, des monuments, de l'histoire des anciens peuples de l'Assyrie.

La langue _assyrienne._ L'écriture _assyrienne._ La sculpture _assyrienne._

Dictionnaire de l'Académie, 1878.

ASSYRIEN s'emploie aussi, dans le premier cas, comme substantif. L'_assyrien_, La langue parlée à Babylone et à Ninive.

ASTHME, s. m. (Du grec Ἀσθμὰ, respiration.) Maladie caractérisée par une grande difficulté de respirer, qui revient par accès.

Le prince d'Orange a tellement son _asthme_ que toutes les troupes qu'il assemble désertent croyant qu'il va mourir.

Mme DE SÉVIGNÉ, _Lettres_; 30 mars 1689.

On m'a conseillé d'aller aux eaux pour un petit _asthme_, qui vraisemblablement ne durera pas longtemps.

HAMILTON, _Mémoires de Grammont_, VIII.

Il y avoit longtemps que la chancelière (de Pontchartrain) étoit menacée d'une hydropisie de poitrine après un _asthme_ de presque toute sa vie.

SAINT-SIMON, _Mémoires_, 1714.

Le mari (de Mme de Castries) s'étoit fort distingué à la guerre, et y auroit été loin sans un _asthme_ et une santé fort triste qui le força à quitter.

LE MÊME, même ouvrage, 1716.

Il n'étoit accompagné d'aucune autre incommodité habituelle que de l'insomnie durant les nuits, et en tout temps d'une courte haleine qui n'alloit pas jusqu'à l'_asthme._

J.-J. ROUSSEAU, _les Confessions_, I, 6.

On ne pourrait en débiter une centaine de cette espèce (des vers) sans courir le risque d'une attaque d'_asthme._ Quel choix étrange de mots, de constructions et de rimes!

LA HARPE, _Cours de littérature._

Je suis en train de rire, et veux, malgré mon *asthme*,
Lui lire tous mes vers, sans en excepter un.
. PIRON, *la Métromanie*, III, 4.

En fauconnerie on employait les formes ASMA
et ASME.

Dans ce même langage technique on se servait
de l'adjectif ASTHMÉ, qui était employé en parlant d'un oiseau qui ne peut avoir son haleine.
(Voyez le *Glossaire* de Sainte-Palaye.)

ASTHMATIQUE, adj. des deux genres. Nicot
l'écrit *Astmatic*.

Parce aussi que les costes sont perverties de leur situation naturelle, les malades deviennent *asthmatiques*, ne
pouvans avoir librement leur inspiration et expiration
naturelle.
A. PARÉ, *Œuvres*, liv. XVI.

L'abbé Poulle s'est morfondu sur les livres, il est devenu
asthmatique.
Mme DE SIMIANE, *Lettres;* 4 août 1734,
à M. d'Héricourt.

Cette momie vivante étoit *asthmatique*, et toussoit à
chaque parole qui lui sortoit de la bouche.
LE SAGE, *Gil Blas*, IV.

Elle a d'ailleurs une vieille parente *asthmatique* dont
elle hérite.
MARIVAUX, *les Fausses Confidences*, I, 3.

J'avois appris à danser d'un nommé Thibaud; il étoit
asthmatique et avoit plus l'air d'un maître à écrire que d'un
maître à danser.
HÉNAUT, *Mémoires*, c. 2.

Quelques ignorants prétendent, parce que je respire dif-
ficilement, que je suis *asthmatique*, et ils appellent goutte
mes douleurs de jambes..., mais ce sont des médecins;
c'est tout dire.
PESSELIER, *l'Amant fabuliste*.

Il s'employait aussi substantivement.

Je la trouvai avec un gentilhomme qui ne venoit chez
elle que depuis ma disgrâce... homme à peu près de
quarante ans, infirme, presque toujours malade, souvent
mourant, un *asthmatique* qui avoit, disoit-on, fort aimé
la dissipation et le plaisir.
MARIVAUX, *la Vie de Marianne*, IXe partie.

Vous perdre, et pour époux prendre un vieux *asthmatique*,
N'est-ce pas là pour elle une fin bien tragique?
DESTOUCHES, *le Médisant*, IV, 1.

IV.

ASTICOT, s. m. Sorte de petit ver blanc,
larve d'insecte, servant d'amorce pour la pêche.

ASTICOT, au XVIe siècle, a été employé dans un
sens très différent, comme on peut voir par
l'exemple qui suit. En ce sens il paraît avoir été
pris de l'allemand Stich, piqûre. C'est de là que
viendrait le verbe *Asticoter*.

Les lansquenets s'acharnent sur eux en criant d'*asticot* :
Schelme, Montcontour.
D'AUBIGNÉ, *Histoires*, I, 331.

ASTICOTER, v. a. Contrarier, tracasser quelqu'un sur de petites choses. Il est familier.

Il ne cesse d'*asticoter* ses enfants, cela les rebute.
Dictionnaire de l'Académie, 1798.

ASTICOTÉ, participe.

ASTRACAN, s. m. Sorte de fourrure de peau
d'agneau, ainsi nommée de la ville d'Astracan,
où il s'en fait un grand commerce.

ASTRAGALE, s. m. (Du grec Ἀστράγαλος,
qui signifie proprement une des vertèbres du
cou.) Terme d'anatomie, l'un des os du tarse.

Si vous estiez clerc, vous sçauriez que es membres plus
inferieurs de ces animaulx divins, ce sont les pieds, y a
ung os, c'est le talon, l'*astragale* si vous voulez, duquel...
l'on joûoit anticquement au royal jeu des tales.
RABELAIS, *Pantagruel*, IV, 7.

Le petit focile de la jambe est apposé sans cavité contre
le gros focile, à sçavoir en la partie superieure pres le
genoüil et en bas près l'*astragale*.
A. PARÉ, *Œuvres*, liv. XVI, c. 52.

Ce mot, comme l'indique l'exemple de Rabelais cité plus haut, s'employait quelquefois dans
le sens d'Osselet. Le *Dictionnaire* de Monet le
définit : « Tel os du talon à jouer à guise de
dez. »

ASTRAGALE, terme d'architecture, Moulure
ronde qui embrasse l'extrémité supérieure d'une
colonne.

Cela se nomme *Astragale*, du mot grec *Astragalos*, qui

signifie certain os du pied d'un mouton, auquel cette double moulure est semblable.

BERGIER, *Histoire des grands chemins de l'Empire romain*, liv. V, c. 10.

Les *astragales*..., tous les détails de l'édifice offrent la même perfection.

CHATEAUBRIAND, *Itinéraire de Paris à Jérusalem*.

Il compte des plafonds les ronds et les ovales.
Ce ne sont que festons, ce ne sont qu'*astragales*.

BOILEAU, *Art poétique*, I.

Terme de botanique, genre de plantes légumineuses.

ASTRE, s. m. (du grec Ἄστρον).
Il se dit en général de Tous les corps célestes.

La doctrine de cettuy-cy (Thessalus) fut abatue par Crinas de Marseille, qui apporta de nouveau de regler toutes les operations medicinales, aux éphemerides et mouvemens des *astres*, manger, dormir et boire à l'heure qu'il plairoit à la Lune et à Mercure.

MONTAIGNE, *Essais*, II, 37.

Toutes les autres choses dont ils se pensent peut-être plus assurés, comme d'avoir un corps, et qu'il y a des *astres* et une terre, sont moins certaines (que l'existence de Dieu).

DESCARTES, *Discours de la méthode*, IV.

Aussi voit-on remonter jusqu'à ce temps, et pas plus haut, les observations que les Chaldéens, c'est-à-dire, sans contestation, les premiers observateurs des *astres*, donnèrent dans Babylone à Callisthène pour Aristote.

BOSSUET, *Discours sur l'histoire universelle*, I, 2.

Il a plu à ce grand ouvrier de créer la lumière, avant même que de la réduire à la forme qu'il lui a donnée dans le soleil et dans les *astres*.

LE MÊME, même ouvrage, II, 1.

Elle (une fée) se moquoit du destin, disposoit des vents et des *astres*, et faisoit aller le monde à sa fantaisie.

LA FONTAINE, *Psyché*, liv. II.

Anaxagoras a cru que c'étoit l'air qui étoit la cause du mouvement des *astres*.

FÉNELON, *Vies des philosophes*. Anaxagoras.

Quel prodigieux usage les Grecs et les Romains ne firent-ils pas depuis des mécaniques! Cependant on croyait de leur temps qu'il y avait des cieux de cristal, et que les étoiles étaient de petites lampes qui tombaient quelquefois dans

la mer; et un de leurs grands philosophes, après bien des recherches, avait trouvé que les *astres* étaient des caillous qui s'étaient détachés de la terre.

VOLTAIRE, *Lettres philosophiques*, XII.

Je voudrois que vous vissiez avec des lunettes cette fourmilière d'*astres*, et cette graine de mondes (si ces expressions sont permises).

FONTENELLE, *les Mondes*, V.

Telle tousjours a esté la parolle
Des roys, de qui le bruict aux *astres* volle.

CL. MAROT, *Épîtres*, liv. I, 4.

Ne craignez pas que le murmure
De tous ces *astres* à la fois,
Ces mille voix de la nature
Étouffent votre faible voix!

LAMARTINE, *Harmonies*, I, Invocation.

Le mot *Astre*, pris dans un sens moins général, s'emploie avec un adjectif ou un complément qui détermine l'étendue de sa signification, en parlant soit des étoiles, soit des planètes, soit du soleil et de la lune.

C'est lui qui a prédit le premier les éclipses du soleil et de la lune, et qui a fait des observations sur les différents mouvements de ces deux *astres*.

FÉNELON, *Vies des philosophes*, Thalès.

Le nombre de ces *astres* errants (les comètes) qui ont été remarqués, n'est pas aussi grand que celui des apparitions.

BUFFON, *Époques de la Nature*.

Il est des *astres* fixes et des *astres* errants, des *astres* solitaires et d'autres accompagnés de satellites.

LE MÊME, même ouvrage.

Il désigne souvent le soleil.

On nous offrit d'abord quelques sonnets de province, qui finissoient tous par des allusions froides et réitérées sur les grands jours. M. Talon ou M. de Novion étoient des soleils; ils venoient dans cette province, comme cet *astre* va dans une de ses maisons, pour dispenser la lumière du droit et exciter le zèle de la justice.

FLÉCHIER, *Mémoires sur les grands jours de* 1665.

Il paroît nécessaire que la matière de la terre et des planètes, qui a été dans un état de liquéfaction, appartînt au corps du soleil, et qu'elle fît partie des matières en fusion qui constituent la masse de cet *astre* de feu.

BUFFON, *Époques de la Nature*.

Rien n'étant sans inconvénients, je prouverai facilement que le soleil est *l'astre* le plus malfaisant et le plus dangereux qui existe dans l'univers ; je n'ai qu'à taire ses influences heureuses.

GRIMM, *Correspondance*, 1er décembre 1758.

L'*astre* doré qui sort de l'onde,
Promet le plus beau jour au monde.

RACAN, *Bergeries*, I, 4.

Cet *astre* dont le temps a caché la naissance,
Le soleil, comme nous, marche à sa décadence.

LAMARTINE, *Premières Méditations*, V, l'Immortalité.

On s'est souvent servi en ce sens de cette périphrase : *L'astre du jour.*

Pour toi *l'astre du jour* prend des soins superflus,
Tu regrettes des biens qui ne te touchent plus.

LA FONTAINE, *Fables*, VIII, 1.

Mais nous établissons une espèce d'amour
Qui doit être épuré comme *l'astre du jour.*

MOLIÈRE, *les Femmes savantes*, V, 3.

L'astre du jour se lève : il luit pour tous les hommes.

PIRON, *la Métromanie*, II, 8.

On a désigné la lune par cette expression : *L'astre des nuits, l'astre de la nuit.*

Il invoque cette puissante divinité, qui, étant dans le ciel le brillant *astre de la nuit*, et sur la terre la chaste Diane, est aux enfers la redoutable Hécate.

FÉNELON, *Télémaque*, XVIII.

Dans le passage suivant elle est appelée *L'astre des ruines.*

La lune est *l'astre des ruines.*

Mme DE STAEL, *Corinne*, XV, 4, § 3.

ASTRE se disait, en Astrologie, Des corps célestes par rapport à leur influence prétendue sur les corps terrestres, et particulièrement sur les hommes.

Il y a eu de long-tems une folle curiosité de juger par les *astres* de tout ce qui doit advenir aux hommes.

CALVIN, *Traité ou avertissement contre l'astrologie judiciaire.*

Les Reistres r'appelez par le Roi, la Noue revint à la Rochelle, donnant congé à plusieurs capitaines d'aller

passer le temps à diverses entreprises, qui toutes se trouvèrent vaines, comme si les *astres* eussent esté lors ennemis des entreprenans.

D'AUBIGNÉ, *Histoire*, t. II, liv. II, c. 14.

Ayans esté quelques uns chassez de la ville, mais fort peu, encores hommes tres-seditieux, hommes nais soubs un malheureux *astre*, à la ruine de la ville, et de toute la France, il a rendu la tranquillité à tous les autres.

MATTHIEU, *Histoire des derniers troubles de France*, liv. V.

Cela me fait douter quelquefois si la faveur des Grands, et leur haine, sont des effets du destin et de *l'astre* qui préside à nostre naissance, comme à toutes les choses du monde ; ou si la prudence humaine n'y a point encore quelque part.

PERROT D'ABLANCOURT, trad. de Tacite, IV, 11.

La fortune royale et le bonheur des souverains sont attachés, disent les astronomes, au mouvement des étoiles qui tiennent les plus hautes régions de l'air ; mais ils sont susceptibles de grandes calamités sans le secours des *astres* inférieurs et des planètes qui président aux fortunes particulières.

OMER TALON, 29e discours prononcé le 24 octobre 1648, au sujet de la déclaration préparée dans les conférences tenues chez M. le duc d'Orléans.

S'il est écrit dans les *astres* que je sois enclin à parler de vous, comment voulez-vous que je résiste à ma destinée?

MOLIÈRE, *Les Amants magnifiques*, I, 2.

Il n'y a dans le monde ni fortune ni *astre* dominant : rien ne domine que Dieu.

BOSSUET, *Politique tirée de l'Écriture sainte.*

On le (Mélanchton) voit sans cesse effrayé par les tristes conjonctions des *astres*.

LE MÊME, *Histoire des variations des églises protestantes.*

Les *astres* arrêtent leur cours et détournent leurs malignes influences.

FLÉCHIER, *Panégyrique de saint François de Paule.*

C'estoit la fille d'un sergent, conçue dans le procès et dans la chicane, et qui estoit née sous un *astre* si malheureux qu'elle ne fit autre chose que plaider toute sa vie.

FURETIÈRE, *Roman bourgeois*, liv. II.

Je ressens vivement les peines que je lui cause : mais, par un cruel effet de la malignité des *astres*, mon cœur ne sauroit être le prix de ses services.

LE SAGE, *le Diable boiteux*, c. 15.

Plusieurs princes pensaient, par une superstition orgueilleuse, que la nature les distinguait jusqu'à écrire leur destinée dans les *astres*.

VOLTAIRE, *Siècle de Louis XIV*, c. 25.

L'*astre* qui de naissance à la muse me lie,
Me fait rompre la tête après cette folie.

RÉGNIER, *Satires*, XV.

Les *astres* les plus doux ont conjuré ma perte,
Je n'ay plus nul soustien.

THÉOPHILE, *Stances*, à Philis.

Quoi! la nécessité des vertus et des vices
D'un *astre* impérieux doit suivre les caprices?

P. CORNEILLE, *Œdipe*, III, 5.

Sous quel *astre* ton maître a-t-il reçu le jour?
— Sous un *astre* à jamais ne changer son amour.

MOLIÈRE, *l'Étourdi*, I, 4.

Sous quel *astre*, bon Dieu, faut-il que je sois né
Pour être de fâcheux toujours assassiné!

LE MÊME, *les Fâcheux*, I, 1.

J'ignore pour quel sort mon *astre* m'a fait naître.

LE MÊME, *l'École des maris*, I, 2.

La richesse permet une juste fierté;
Mais il faut être souple avec la pauvreté.
C'est par là qu'un auteur que presse l'indigence
Peut des *astres* malins corriger l'influence.

BOILEAU, *Satires*, I.

C'est en vain qu'au Parnasse un téméraire auteur
Pense de l'art des vers atteindre la hauteur :
S'il ne sent point du ciel l'influence secrète,
Si son *astre* en naissant ne l'a formé poëte,
Dans son génie étroit il est toujours captif.

LE MÊME, *Art poétique*, I.

L'*astre* qui fait aimer est l'*astre* des poëtes.

ANDRÉ CHÉNIER, *Élégies*, VIII.

On a souvent comparé les personnes aux *astres*.

Je ne m'amuserai point à chercher des comparaisons jusque dans les *astres* pour vous la représenter (Psyché) assez dignement.

LA FONTAINE, *Psyché*, liv. Ier.

Quel *astre* brille davantage dans le firmament que le prince de Condé n'a fait dans l'Europe?

BOSSUET, *Oraison funèbre de Louis de Bourbon*.

Comparer en général un homme courageux à un lion, une femme à un *astre*, un homme léger à un cerf, cela est aisé.

MONTESQUIEU, *Essai sur le goût*.

Souvent même on a appelé *astre* un homme à cause de sa valeur et de ses qualités éclatantes, une femme à cause de sa beauté.

Sa beauté (de la marquise du Palais) fit bien du bruit lorsqu'elle fut à Clermont, dès qu'elle y parut; et la plupart des galants d'Auvergne adorèrent cet *astre* naissant.

FLÉCHIER, *Mémoires sur les grands jours de 1665*.

Souvenez-vous, messieurs, de ce temps de désordre et de trouble..... où les *astres* les plus brillants souffrirent presque tous quelque éclipse.

LE MÊME, *Oraison funèbre de M. de Turenne*.

Dès que ces nouveaux *astres* parurent à la cour de la duchesse, chacun eut les yeux dessus.

HAMILTON, *Mémoires de Grammont*, XI.

L'*astre* éclipsé à Sainte-Hélène a reparu à la grande joie des peuples : l'univers a revu Napoléon.

CHATEAUBRIAND, *Mémoires d'outre-tombe*.

Puissant roy des François, *astre* vivant de Mars.

REGNIER, *Satires*, I.

O toute parfaite princesse,
L'étonnement de l'univers,
Astre par qui vont avoir cesse
Nos ténèbres et nos hivers.

MALHERBE, *Odes*, I, 11

Il a desjà fait des explois
Qui volent par toute la terre,
Et dans l'honneur des beaux emplois
Il brille en fier *astre* de guerre.

SAINT-AMANT, *Ode héroï-comique pour monseigneur le Prince*.

... Adieu, Gros-René, mon désir.
— Adieu, mon *astre*.

MOLIÈRE, *Le Dépit amoureux*, I, 2.

Mais, peut-être, il n'est pas que vous n'ayez bien vu
Ce jeune *astre* d'amour de tant d'attraits pourvu.

LE MÊME, *l'École des femmes*, I, 6.

Lorsque je vois parmi tant d'hommes différents,
Pas une étoile fixe et tant d'*astres* errants.

RACINE, *les Plaideurs*, III, 3.

On vit paraître Guise, et le peuple inconstant
Tourna bientôt les yeux vers cet *astre* éclatant.
VOLTAIRE, *la Henriade*, III.

Quelquefois même on a appelé *astres* les yeux d'une personne.

Aussi mon cœur dores-en-avant tournera-t-il toujours
vers les *astres* resplendissants de vos yeux adorables.
MOLIÈRE, *le Malade imaginaire*, II, 6.

Une personne très imparfaite est nommée un soleil, ou
tout au moins une aurore; ses yeux sont deux *astres*.
FÉNELON, *Dialogues sur l'éloquence*.

Un petit poème du XVIIᵉ siècle, composé par Habert de Cerisy, a pour titre : *La métamorphose des yeux de Phylis en astres.*

Dans le passage suivant le mot d'*astre* est appliqué au ver luisant.

Je reviens au chasteau, resvant,
Sous la faveur d'un ver qui brille
Ou plustost d'un *astre* vivant.
SAINT-AMANT, *le Contemplateur*.

D'ASTRE on avait fait ASTRER, v. a. Placer sous une heureuse constellation, et, par suite, rendre heureux :

Pour bien *astrer* ta géniture.
BAÏF, *Œuvres*, f° 225, r°. (Cité par Sainte-Palaye.)

De ce verbe on avait tiré le participe ASTRÉ, qui s'employait adjectivement et qu'Oudin, dans son Dictionnaire, explique par Plein d'astres.

Amour, que j'aime à baiser les beaux yeux
De ma maistresse, et à tordre en ma bouche
De ses cheveux l'or fin qui s'escarmouche
Dessus son front *astré* comme les cieux!
RONSARD, *les Amours*, I.

Bien astré signifiait bien heureux, né sous un astre heureux; et *mal astré* s'employait dans le sens contraire. (Voyez le *Glossaire* de Sainte-Palaye.)

ASTRAL, ALE, adj. Qui appartient aux astres, ou Qui offre quelque rapport avec les astres.

Année astrale, Le temps que le soleil emploie à revenir au point du ciel d'où il était parti. On dit plutôt *Année sidérale*.

Lampe astrale, Lampe construite de manière que sa flamme éclaire les objets de haut en bas, sans porter d'ombre par ses appuis.

ASTÉRISME, s. m. T. d'Astron. Constellation, assemblage de plusieurs étoiles.

On remarque aussi dans le nom que ces peuples donnent aux pléiades, un rapport très-marqué avec la figure que cet *astérisme* présente aux yeux.
GOGUET, 4° *Dissertation*.

Il y avoit alors entre les quatre *astérismes* de la Vierge, du Lion, de la Grande-Ourse et du Bouvier, sept étoiles qui n'avoient point de nom.
L'ABBÉ ARNAUD, *De Catulle*.

Afin de distinguer les étoiles, on les rapporte à certain assemblage, qu'on nomme *astérisme* ou constellation.
CONDILLAC, *L'art de raisonner*.

ASTER, s. m. T. de Botan. On désigne sous ce nom des plantes dont les fleurs ont la forme d'étoiles.

On retrouve les modèles des fleurs à miroirs plans dans les fleurs de doronic, de laitue, de chicorée, dans les *asters*, dans les marguerites de nos prairies.
BERNARDIN DE SAINT-PIERRE, *Études de la Nature*, XI.

ASTÉRIE, s. f. T. d'hist. nat. Genre d'animaux marins de la classe des zoophytes, qu'on appelle aussi *Étoiles de mer*.

On trouve dans Rabelais et dans le *Dictionnaire* de Cotgrave le nom ASTÉRION, qui désigne une sorte d'araignée.

ASTRÉE, s. f. T. d'hist. nat. Sorte de polypier pierreux dont la surface est parsemée d'étoiles. On l'appelle aussi *Astroïte*.

Les animaux à coquilles, les polypes des coraux, des madrépores, des *astroïtes*, et tous les petits animaux qui convertissent l'eau de la mer en pierre, ont, à mesure qu'ils périssoient, abandonné leurs dépouilles et leurs ouvrages aux caprices des eaux.
BUFFON, *Époques de la Nature*.

ASTÉRISQUE, s. m. T. d'impr. Signe en forme d'étoile. On a dit aussi *astérique*. (Voyez Du Cange, *Glossaire*, Asteriscus.)

ASTROLABE, s. m. (Du grec ἀστρόλαβον, de ἄστρον, astre, et de λαμβάνω, prendre.)

Instrument astronomique qui servait autrefois pour mesurer la hauteur des astres au-dessus de l'horizon.

On trouve, dans les textes anciens, les formes Astralabe, Astrelabe, Astraleibe, Atreslebe. (Voyez le *Glossaire* de Sainte-Palaye et les exemples suivants.)

L'*astrolabe* est faiz en tele maniere, que il a une reonde roele de cuevre ou de laton bien plene et bien polie. En cele roele sont segnié li signe et li degré des signes.
> *Astrologue anonyme*, Bibl. roy., anc. fonds fr., n° 7485, c. 5. (Voyez *Histoire littéraire de la France*, t. XXI.)

Pour juger même par la nativité de la nature d'un homme, outre ce qu'il faut avoir tous les degrés du climat bien marqués, il faudroit que le généthliaque eût son *astrolabe* au poing.
> Calvin, *Traité ou avertissement contre l'astrologie judiciaire*.

Epistemon regardoyt par son *astrolabe* en quelle élévation estoyt le pôle.
> Rabelais, *Pantagruel*, IV, 63.

L'*astrolabe* est un instrument plat et rond, composé de plusieurs lignes tant droites que circulaires, pour cognoistre et examiner les mouvements des cieux, estoilles et autres choses appartenantes à la science d'astrologie et geometrie, appellé d'aucuns (mais abusivement) Planisphere, c'est à dire la sphere solide, mise et estendue en platte forme.
> Dominique Jacquinot, *l'Usage de l'Astrolabe*, 1559.

Les arts que nous appelons méchaniques, qui sont sans doute les plus nécessaires, estoient ceux qu'ils (les Romains) méprisoient le moins, et n'estoient pas si honteux que l'on leur trouvast en main une charrue qu'un *astrolabe*.
> Racan, *Harangue académique*, 1636.

Les autres nations inventèrent des fables allégoriques; et les Chinois écrivirent leur histoire, la plume et l'*astrolabe* à la main, avec une simplicité dont on ne trouve point d'exemple dans le reste de l'Asie.
> Voltaire, *Essai sur les mœurs*, c. 18.

L'*astrolabe* surtout étant connu des anciens, il pouvoit leur venir dans l'esprit de partir de France ou d'Espagne, et de faire route vers l'occident, en laissant toujours l'étoile polaire à droite, et en prenant souvent hauteur pour se conduire à peu près sous le même parallèle.
> Buffon, *Histoire naturelle*.

Le broüet estoit maigre, et n'est Nostradamus,
Qui, l'*astrolabe* en main, ne demeurast camus,
Si par galenterie, ou par sottise expresse,
Il y pensoit trouver un estoile de gresse.
> Régnier, *Satires*, X.

Que, l'*astrolabe* en main, un autre aille chercher
Si le soleil est fixe, ou tourne sur son axe;
Si Saturne à nos yeux peut faire un parallaxe.
> Boileau, *Satires*, V.

Qui s'offrira d'abord? Bon, c'est cette savante,
Qu'estime Roberval, et que Sauveur fréquente.
D'où vient qu'elle a l'œil trouble et le teint si terni?
C'est que sur le calcul, dit-on, de Cassini,
Un *astrolabe* en main, elle a dans sa gouttière
A suivre Jupiter passé la nuit entière.
> Le même, même ouvrage, X.

Mais depuis que votre Apollon
Voulut quitter la bergerie
Pour Euclide et pour Varignon,
Et les rubans de Céladon
Pour l'*astrolabe* d'Uranie,
Vous nous parlerez le jargon
De l'abstraite philosophie,
De calcul, de réfraction.
> Voltaire, *Épîtres*; à M. de Fontenelle, 1ᵉʳ septembre 1720.

On ne le verra point (le poète épris de la science) sur
[les pas de Boileau,
Douter si le soleil tourne autour de son axe,
Et, l'*astrolabe* en main, chercher un parallaxe.
> Le même, même ouvrage; à M. de Formont, 11 novembre 1736.

Un prince, triomphant du Maure et de l'Arabe,
Conquit sur les vaincus le savant *astrolabe*,
Qui des cieux enflammés mesure la hauteur,
Et qui, du nautonnier sage modérateur,
Consultant tour à tour la nuit et la lumière,
Lui marque sur les flots sa place et sa carrière.
> Esménard, *la Navigation*, III.

ASTROLOGIE, s. f. (Du grec Ἀστρολογία, de Ἄστρον, astre, et de λόγος, discours.)

Art chimérique suivant les règles duquel on prétendait connaître l'avenir par l'inspection des astres.

Quelquefois, dans les plus anciens textes, ce mot a le même sens qu'Astronomie.

Tous les deux furent astrologiens et appliquèrent *astrologie* au cultivement des olives.
> Oresme, *Le premier livre de politiques*, XIII.

Astrologia, astrologie, astrelogie.
> G. Briton, *Vocabulaire latin-françois.*
> (xivᵉ siècle).

C'est de la vraie science d'*astrologie* que tirent les médecins ce qu'ils ont de jugement pour ordonner tant saignées que breuvages, pilules et autres choses en temps opportun : ainsi il faut bien confesser qu'il y a quelque convenance entre les étoiles et planètes et la disposition des corps humains.
> Calvin, *Traité ou avertissement contre l'astrologie judiciaire.*

Cette *astrologie* bâtarde ne se contentant point d'avoir disposé de la complexion des mœurs et des hommes, étend sa judiciaire plus avant, qui est en devinant ce qui leur doit advenir toute leur vie, et quand et comment ils doivent mourir.
> Le même, même ouvrage.

Cæsar aymoit l'*astrologie*. Le duc de Guise croyoit les astrologiens qui l'assuroient de sa grandeur.
> Matthieu, *Histoire des derniers troubles de France*, liv. IV.

Je vous ai... déjà dit que je ne m'estois jamais plu qu'à celles (aux sciences) qui se démontrent méthodiquement, comme sont les quatre parties des mathématiques; encore n'ai-je jamais sceu gouster l'*astrologie*.
> Racan, *Lettres;* à M. Chapelain, novembre 1656.

Avec tout le respect que je dois à madame, il y a une chose qui m'étonne dans l'*astrologie*, comment des gens qui savent tous les secrets des dieux, et qui possèdent des connoissances à se mettre au-dessus de tous les hommes, ayent besoin de faire leur cour et de demander quelque chose.
> Molière, *les Amants magnifiques*, I, 2.

Je crois, monsieur... qu'il ne seroit pas... impossible que le roi d'Angleterre ne pût être persuadé par des raisons d'*astrologie*, à laquelle il donne grande foi, qu'il n'a de bonne et sûre liaison à faire qu'avec la France.
> M. de Lionne à M. Colbert, 23 février 1669. (Voyez Mignet, *Succession d'Espagne*, t. III, p. 75.)

Un de leurs secrets est l'*astrologie* et les autres genres de divination, qui réussissent quelquefois.
> Bossuet, *Politique tirée de l'Écriture*, liv. V, art. 3.

Quand on veut faire le grand homme, on affecte de mépriser l'*astrologie;* mais quoiqu'on fasse en public l'esprit fort, on est curieux et crédule en secret.
> Fénelon, *Dialogues des Morts.*

Il faut en même temps faire attention que les Chaldéens n'ont pas été les seuls entêtés des chimères de l'*astrologie*. Il n'est aucun peuple de l'antiquité qui n'y ait donné. Les Égyptiens n'en ont pas été plus exempts que les autres.
> Goguet, *Origine des Lois.*

Les secrets étoient de lire dans le passé, comme de prédire l'avenir par le secours de l'*astrologie*.
> Hamilton, *Mémoires de Grammont*, XII.

Nous nous servons, lui repartis-je, de l'*astrologie* comme vous vous servez de l'algèbre.
> Montesquieu, *Lettres persanes*, CXXXV.

Je suis convaincu que tout nous vient des bords du Gange, astronomie, *astrologie*, métempsycose, etc.
> Voltaire, *Lettres;* à M. Bailly, 15 décembre 1775.

Il paroit par là que si on ne donne plus aujourd'hui dans l'*astrologie*, du moins on daigne encore dire qu'on n'y donne pas.
> Fontenelle, *Éloge des Manfredi.*

Des trois sçavans en la sainte magie
Qu'il a conduits droit au propre lieu
Là où le fils d'une vierge et de Dieu
Ilz ont trouvé par leur *astrologie*.
> La Boderie, *Hymnes.*

Il se connoît à tout et par l'*astrologie*,
Il a vu que bientôt il changeroit de vie.
> Le Grand, *Plutus*, I, 1.

La guerre me feroit d'ailleurs assez d'envie,
Si des gens bien versez en l'art d'*astrologie*,
Ne m'avoient assuré que je vivrai cent ans.
Or, comme les guerriers vont peu jusqu'à ce temps,
Quoi que mon nom fameux pût voler dans l'Europe,
Je veux, si je le puis, remplir mon horoscope.
> Regnard, *les Ménechmes*, III, 8.

On nomme particulièrement ce genre d'astrologie, *Astrologie judiciaire.*

Les affronteurs qui ont voulu, sous ombre de l'art, passer plus outre, ont controuvé une autre espèce d'*astrologie*, qu'ils ont nommé *judiciaire*.
> Calvin, *Traité ou avertissement contre l'astrologie judiciaire.*

De toutes les choses que nous ignorons et dont on ne voit qu'une diversité d'opinions également ridicules, il s'en est fait une science d'*astrologie judiciaire* plus inutile et plus vaine que toutes les autres ensemble.

       Racan, *Harangue à l'Académie.*

Vous savez sans doute qui étoit le père Pregnani, théatin, que le roi a tiré du cloître pour en faire un abbé, à la recommandation de madame l'électrice de Bavière, et vous n'ignorez pas non plus que la connoissance qu'il a de l'*astrologie judiciaire,* aussi parfaite qu'on la peut avoir dans une science d'ailleurs fort incertaine, lui donne d'abord un grand renom dans Paris.

       M. de Lionne à M. Colbert, 23 février 1669. (Voyez Mignet, *Succession d'Espagne,* t. III, p. 74.)

J'ai vu à Rome un père Bagnareo, augustin, homme vénérable. Il s'adonnoit à l'*astrologie judiciaire,* et ayant trouvé qu'il devoit mourir avec un habit rouge, il conclut qu'il devoit être cardinal.

       Tallemant des Réaux, *Historiettes.* Pronostics.

Après que l'on voit tant de géns infatués des folies de l'*astrologie judiciaire,* et que des personnes graves traitent cette matière sérieusement, on ne doit plus s'étonner de rien.

       Arnauld, *Logique de P. R.,* Ier discours.

Il fut encore ordonné (dans l'Académie des sciences) que les astronomes ne s'appliqueroient point à l'*astrologie judiciaire,* et que les chimistes ne travailleroient point à la pierre philosophale : ces deux choses ayant été trouvées très frivoles et très pernicieuses.

       Ch. Perrault, *Mémoires,* liv. I.

Ajoutons à tous ces faits l'étude de l'*astrologie judiciaire,* dont toute l'antiquité attribuoit l'invention aux Chaldéens. Cette science vaine et ridicule leur aura fait trouver de bonne heure les moyens de déterminer le cours des astres et leurs différens aspects. Sans cette connoissance, ils n'auroient pas pu tirer les horoscopes. C'est à l'art frivole de vouloir lire les destinées des hommes dans le ciel que l'astronomie a dû ses plus grands progrès.

       Goguet, *Origine des lois.*

Pour ceux de Babylone et de l'Orient, l'étude des astres, loin de les conduire, comme elle auroit dû, à la connoissance de celui qui en est le créateur et le maître, les jeta pour la plupart dans l'impiété et dans les folies de l'*astrologie judiciaire.* On appelle ainsi cette science fausse et téméraire, qui enseigne à juger de l'avenir par la connoissance des astres, et à prédire les événements par la situation des planètes, et par leurs différents aspects : science traitée avec raison de rêverie et d'extravagance

par ce qu'il y a eu d'écrivains plus distingués dans le paganisme même.

       Rollin, *Histoire ancienne,* liv. IV, c. 4, art. 3.

Pic de la Mirandole écrivit, à la vérité, contre l'*astrologie judiciaire;* mais il ne faut pas s'y méprendre, c'était contre l'astrologie pratiquée de son temps. Il en admettait une autre, et c'était l'ancienne, la véritable, qui, disait-il, était négligée.

       Voltaire, *Essai sur les mœurs,* De Pic de la Mirandole, c. 109.

On était encore très entêté à la cour de l'*astrologie judiciaire.*

       Le même, *Siècle de Louis XIV,* c. 25.

Il savoit trop d'astronomie pour donner dans l'*astrologie judiciaire.*

       Fontenelle, *Éloge de Ozanam.*

Rabelais a dit, dans le même sens, l'*astrologie divinatrice.*

Poursuis le reste, et d'astronomie saches en touts les canons. Laisse-moy l'*astrologie divinatrice,* et l'art de Lullius, comme abus et vanitez.

       Rabelais, *Pantagruel,* II, 8.

ASTROLOGIQUE, adj. des deux genres. Qui appartient à l'astrologie.

Voilà, juifs et chrétiens, disciples des Perses, d'où sont venus votre Jérusalem d'apocalypse, votre paradis, votre ciel, caractérisé par tous les détails du ciel *astrologique* d'Hermès.

       Volney, *Les Ruines.*

Thomas Corneille s'est servi de l'adverbe Astrologiquement.

Le vieillard nous parloit *astrologiquement.*

       Le feint astrologue, II, 5.

ASTROLOGUE, s. m. Celui qui s'adonne à l'astrologie judiciaire.

On a dit anciennement *Astrologien.*

Desja toute la cité estoit abreuvée de ce miserable meurdre, et qu'il estoit arrivé un fameux *astrologien,* qui, selon le cours des estoilles, sçavoit les choses et predisoit ce qui est à venir.

       Larivey, trad. de Straparole, *Facécieuses nuits,* Ire nuit, fable IV.

Au premier logement que le G. S. feist au serrail de feu Braïm-Bassa, v mil de Constantinople, eut une si grande inondation d'eaue si à coup, que sa personne et ses enfans furent en grant danger, et y eut plusieurs personnes nayez et fort grant perte et dommaige. Mais leurs *astrologiens* dirent que ce n'estoit que bon signe de heureux voyaige.

> L'ÉVÊQUE DE MONTPELLIER, à François Ier, 12 juillet 1541. (Voyez CHARRIÈRE, *Négociations de la France dans le Levant*, t. I, p. 503.)

Cependant on trouve, dès le seizième siècle, la forme *Astrologue*.

Les *astrologues* se fondent mal en jugeant par la nativité plutôt que par la génération.

> CALVIN, *Traité ou avertissement contre l'astrologie judiciaire*.

Que tes *astrologues* viennent en avant, qu'ils contemplent les cieux et épluchent les étoiles, pour voir s'ils jugeront de ce qui te doit advenir.

> LE MÊME, même ouvrage.

Gaurin, *astrologue*, a pronostiqué à l'empereur que dès le 1er jusqu'au 15 d'octobre il aura temps heureux de se combattre contre le Turc, principalement le 5 octobre.

> *Avis reçus de Vienne, Nuremberg et Augsbourg*, 16 septembre 1532. (Voyez CHARRIÈRE, *Négociations de la France dans le Levant*, t. I, p. 227.)

Pour les mauvaises doctrines, je pensois déjà connoître assez ce qu'elles valoient pour n'être plus sujet à être trompé ni par les promesses d'un alchimiste, ni par les prédictions d'un *astrologue*.

> DESCARTES, *Discours de la Méthode*, I.

J'ai mes secrets aussi bien que notre *astrologue*, dont la princesse Aristione est entêtée.

> MOLIÈRE, *les Amants magnifiques*, I, 1.

Mais comment périt cette Babylone? comme les prophètes l'avoient déclaré... Ses *astrologues*, en qui elle croyoit, et qui lui promettoient un empire éternel, ne purent la sauver de son vainqueur. C'est Isaïe et Jérémie qui l'annoncent d'un commun accord.

> BOSSUET, *Discours sur l'histoire universelle*, II, 6.

O foiblesse extrême d'un esprit d'ailleurs admirable (Mélanchthon), et hors de ses préventions si pénétrant! Les menaces des *astrologues* lui font peur.

> LE MÊME, *Histoire des variations des Églises protestantes*.

Un jour il (M. d'Elbœuf) vint tout triste, et dit... ma femme est morte, les médecins en désespèrent... et de plus

un *astrologue*, qui a fait son horoscope, et que je viens de visiter exprès pour cela, assure qu'elle n'en sauroit échapper.

> TALLEMANT DES RÉAUX, *Historiettes*, le connétable de L'Esdiguières.

Il y a une comète qui paroît depuis quatre jours. M. de Neuré, grand *astrologue*, dit qu'elle est d'une grandeur considérable.

> Mme DE SÉVIGNÉ, *Lettres*; 17 décembre 1664.

Paris est aussi grand qu'Ispahan : les maisons y sont si hautes qu'on jureroit qu'elles ne sont habitées que par des *astrologues*.

> MONTESQUIEU, *Lettres persanes*, 24.

Les *astrologues* sont proprement nos directeurs, ils font plus, ils entrent dans le gouvernement de l'État.

> LE MÊME, même ouvrage, 135.

Le duc de Savoie, Victor Amédée, père de la duchesse de Bourgogne, eut un *astrologue* auprès de lui, même après son abdication.

> VOLTAIRE, *Siècle de Louis XIV*, c. 25.

A la naissance de Louis XIV on avait fait entrer l'*astrologue* Morin dans la chambre même de la reine mère, pour tirer l'horoscope de l'héritier de la couronne.

> LE MÊME, même ouvrage, c. 26.

Chardin prétend que de son temps l'État dépensait quatre millions par an en *astrologues*. Si un Newton, un Halley, un Cassini, se fussent produits en Perse, ils auraient été négligés, à moins qu'ils n'eussent voulu prédire.

> LE MÊME, *Essai sur les mœurs*, c. 148.
> De la Perse.

Nous autres *astrologues*, nous le savons mieux que personne, nous leur disons hardiment qu'il y a des signes froids et des signes chauds, qu'il y eu a de mâles et de femelles, qu'il y a des planètes bonnes et mauvaises, et d'autres qui ne sont ni bonnes ni mauvaises d'elles-mêmes, mais qui prennent l'un ou l'autre caractère selon la compagnie où elles se trouvent; et toutes ces fadaises sont fort bien reçues, parce qu'on croit qu'elles mènent à la connoissance de l'avenir.

> FONTENELLE, *Dialogues des morts*.

Le peuple croit aux prédictions des éclipses comme il croit à la pluie et au beau tems que lui promettent les *astrologues*.

> CONDILLAC, *De l'art de raisonner*, liv. V.

Un *astrologue* un jour se laissa choir
Au fond d'un puits; on lui dit : Pauvre bête,
Tandis qu'à peine à tes yeux tu peux voir,
Penses-tu lire au-dessus de ta tête?

> LA FONTAINE, *Fables*, II, 13.

IV.   24

Chez nos ayeux, à qui Dieu fasse paix,
Un *astrologue* étoit un meuble nécessaire.
Sans son avis on ne pouvoit rien faire.
                    LA MOTTE, *Fables*, IV, 11.

Tout monarque indolent, dédaigneux de s'instruire,
Est le jouet honteux de qui veut le séduire.
Un *astrologue*, un moine, un chimiste effronté,
Se font un revenu de sa crédulité.
            VOLTAIRE, *Épitres;* au prince royal de Prusse,
                    octobre 1736.

Un *astrologue*, expert dans les choses futures,
Voulut en ce moment prévoir mes aventures ;
Des planètes alors les aspects étoient doux
    Et les conjonctions heureuses.
        FONTENELLE, *Poésies diverses*, l'Horoscope.

Il s'emploie quelquefois figurément :

Ne vous souvenez-vous point que quand j'eus l'honneur
de vous voir, vous me dites que je vous retrouvois, le
comte de Guiche et vous, aussi peu avancés que je vous
avois laissés tous deux, et que je vous répondis que si
vous vouliez vous aider, vous n'attendriez pas longtemps
à recevoir quelque grâce? Je ne prétends pas par là passer pour un grand *astrologue*.
            BUSSY, *Lettres ;* au comte de Vivonne,
                    13 janvier 1674.

Dans le passage suivant, *Astrologue* est employé adjectivement :

Non seulement l'auteur des Entretiens loue notre langue
pour son étendue, il la loue encore pour sa durée, espérant qu'elle ne finira qu'avec le monde... mais quelques
personnes plus curieuses que les autres ne trouvent pas
fort à propos qu'il y ait mêlé que l'étoile de notre grand
monarque promet ce bonheur à la France. Cela, disent-
ils, est un peu trop *astrologue*, et la religion chrétienne
ne reconnoît point cette puissance dans les étoiles.
        BARBIER D'AUCOURT, *Sentiments de Cléante*
                sur les Entretiens d'Ariste et d'Eugène,
                2ᵉ lettre.

Thomas Corneille a employé en plaisantant,
dans *Le feint astrologue* (II, 2), le superlatif As-
TROLOGISSIME.
On trouve aussi le verbe ASTROLOGISER :

Aulu Gelle tenoit tel langage à ceux qui croyent à ce
qu'ils entendent arioler, *astrologiser* et mathématiser :
gardez-vous de vous fier aux astrologues.
                    DE CHOLIÈRES, *Contes*.

On a dit, dans un sens analogue à celui d'astrologue, ASTROPHILE.

Le principal message de sa mort (de Charles IX) fut une
estoille ou comette qui apparut et commença durant le
siége de la Rochelle ; ce qui n'est jamais guières advenu,
ainsi que disent les resveurs *astrophiles*.
        BRANTÔME, *Grands capitaines françois*.
                Le roy Charles IX.

ASTRONOMIE, s. f. (Du grec ἀστρονομία, tiré
d'ἄστρον, astre, et νόμος, loi.)
Science qui enseigne à déterminer les posi-
tions relatives des astres, à constater les lois de
leurs mouvements et les détails physiques de
leur configuration.
On trouve fréquemment la forme *Astrenomie*.
(Voyez le *Glossaire* de Sainte-Palaye.)
Dans les anciens textes, *Astronomie* signifie
souvent astrologie.

Sachiez que le roi de Mangy trouvoit en son *astronomie*
qu'il ne povoit perdre son royaume, fors par un homme
qui eust .c. iex.
                    MARC POL, *le Livre*, c. 138.

M. Duval, qui a été, si je ne me trompe, bibliothécaire
de l'empereur François Iᵉʳ, a rendu compte de la manière
dont un pur instinct, dans son enfance, lui donna les premières idées d'*astronomie*.
        VOLTAIRE, *Dictionnaire philosophique*,
                Astronomie.

L'*astronomie* ne considère plus que le cours des astres,
sans faire attention aux rapports qu'ils ont avec les saisons.
        BERNARDIN DE SAINT-PIERRE, *Études de la*
                Nature, IX.

L'*astronomie* s'est élevée à travers les illusions des sens;
et ce n'a été qu'après les avoir dissipées par un grand
nombre d'observations et de calculs, que l'homme enfin
a reconnu les mouvements du globe qu'il habite, et sa
vraie position dans l'univers.
        LAPLACE, *Exposition du système du monde*, II, 1.

Mult i avoit rice clergie,
Et convines de bone vie
Qui savoient d'*astronomie;*
Des estoiles s'entremetoient.
                    WACE, *Roman de Brut*, v. 10484.

Ja verroiz tuit communement
Conbien je sai d'*astronomie*.
Roman de Renart, v. 19556.

Cele ot à non *astronomie,*
Dist : Je voi enz ou firmament
La nuance de toz les tans.
Mariage des sept Arts, p. 52.

ASTRONOME, s. m. Celui qui connaît et pratique l'astronomie.

On a dit anciennement *Astronomien* et *Astrenomien,* avec le sens d'*Astrologue.*

De celé estoile dient li sage *astrenomien* que quant ele apert el firmament, ele senefie remuemens de regnes ou mort de grans seigneurs.
BRUNETTO LATINI, *Li Livres dou Tresor,*
I, II° part., c. 98.

Manda il querre ses *astronomiens.*
Recueil des historiens des Croisades. Historiens
occidentaux, t. II, p. 18.

Et sachiez que il ne feroient ardoir le corps mort, se il ne fesoient veoir à leur *astronomiens* lequel jour doit estre bon à ce faire.
MARC POL, *le Livre,* c. 57.

Lequel roi Robert... étoit un grand *astronomien* et plein de grand prudence.
FROISSART, *Chroniques,* liv. I, part. Ire, c. 93.

On a dit aussi, dans le même sens, *Astronoman.*

Guerir ne se peut maladie
Par phisique ne cireurgie,
Astronomans, ne enchanteurs.
CHARLES D'ORLÉANS, *Ballades,* CXI.

ASTRONOMIE, au contraire, n'a guère été employé que dans son sens actuel.

Les *astronomes* de Chaldée étoient instruits que le soleil et les planètes avoient un mouvement propre d'Occident en Orient, et que les révolutions se faisoient avec de grandes inégalités de temps et de grandes différences de vitesse.
GOGUET, *Origine des lois, des arts et des*
sciences, III° part., liv. III.

Il (M. le prince de Conti) fut aussi les constantes délices du monde..., l'ami avec discernement des savants, et souvent l'admiration de la Sorbonne, des jurisconsultes, des *astronomes.*
SAINT-SIMON, *Mémoires,* 1709.

Cassini, le plus habile mathématicien et le plus grand *astronome* de son siècle, mourut à l'observatoire de Paris.
LE MÊME, même ouvrage, 1712.

Il faut savoir un peu de géométrie pour être même un *astronome* ignorant.
VOLTAIRE, *Lettres chinoises,* X.

Alphonse fut surtout un habile *astronome* :
Il connoissoit le ciel bien mieux que son royaume,
Et quittoit souvent son conseil
Pour la lune ou pour le soleil.
FLORIAN, *Fables,* Le roi Alphonse.

ASTRONOMIQUE, adj. des deux genres. Qui appartient à l'astronomie.

On peut aussi rapporter à ce temps le commencement des lois et de la police des Égyptiens; celui de leurs pyramides qui durent encore, et celui des observations *astronomiques,* tant de ces peuples que des Chaldéens.
BOSSUET, *Discours sur l'histoire universelle,* I, 2.

Leur première époque *astronomique* (des brachmanes) commençait à une conjonction de toutes les planètes, et cette conjonction était arrivée vingt-trois mille cinq cent et un an avant notre ère.
VOLTAIRE, *Lettres chinoises,* X.

Le fameux Ouloughbey... fonda dans Samarcande la première académie des sciences, fit mesurer la terre et eut part à la composition des tables *astronomiques* qui portent son nom.
VOLTAIRE, *Essai sur les mœurs,* c. 88.

Cet homme immortel (Galilée) par ses découvertes *astronomiques* et mécaniques, n'avoit pas trouvé dans la géométrie de son temps des secours suffisants pour résoudre la question.
D'ALEMBERT, *Éloge de Bernoulli.*

ASTREINDRE, v. a. (Du latin *adstringere,* formé de *ad* et *stringere,* étreindre.) Anciennement Serrer, Presser, conformément à l'étymologie.

Avoit ouï recorder le dessus dit roi d'Angleterre que ses gens *étoient* durement *astreins* et fort assiégés dedans le châtel d'Aiguillon.
FROISSART, *Chroniques,* liv. I, Ire part., c. 264.

Il s'employait aussi comme maintenant dans les sens figurés de Lier, d'Assujettir, de Resserrer, Contraindre :

Tous ceulx que il trovoit parmi les champs *astregnoit* il par serment prendre les armes.

> PIERRE BERCHEURE ou BERSUIRE, trad. de Tite-Live, ms, Sainte-Gen., fol. 335.

Parce que tant hommes que femmes, une foys repceuz en religion après l'an de probation *estoient* forcez et *astreinctz* y demourer perpetuellement leur vie durante, feust estably que tant hommes que femmes là repceuz (à Thélème) sortiroient quand bon leurs sembleroit.

> RABELAIS, *Gargantua*, I, 52.

Toutes fois ne faut tant *astraindre* ces descriptions des aages, qu'il les faille tousjours definir par les ans, veu qu'aucuns sont plus vieils en l'aage de quarante ans, que les autres à cinquante.

> A. PARÉ, *Œuvres*, liv. I, c. 7.

Il est ordinairement suivi de la préposition *à* :

Ce n'estoit pas raison que Dieu *fut astreint à* ceste necessité de faire l'homme tel qu'il ne peust ou ne voulust aucunement pecher.

> CALVIN, *Institution chrestienne*, I, c. xv, § 8.

Ceux (les Jésuites) qui sont de la petite Observance *sont*, sans plus, *astraincts* à deux vœux, l'un regardant la fidélité qu'ils promettent au Pape, et l'autre l'obéissance envers leurs supérieurs et ministres.

> EST. PASQUIER, *Recherches de la France*, III, 43.

Oultre l'union qui doibt toujours estre en personnes si proches, le temps principalement vous y doibt *astreindre*.

> HENRI IV, *Lettres*; 1er avril 1587.

Les bienfaits de sa magnificence m'*ont* tellement *astrainte* à son service, que je cercheray toute ma vie... le moyen de lui complaire.

> JACQUES YVER, *le Printemps d'Yver*.

Estant fille d'un Empereur Theodose, petite-fille d'un Empereur Arcadius et ayant pour bisayeul Théodose le Grand, ne voyés-vous pas que ceste naissance m'*astraint*, pour ne leur point faire de honte, *à* laisser la disposition de mon corps à ceux qui me l'ont donné ?

> D'URFÉ, *l'Astrée*, IIe part., liv. XII.

Pour l'analyse des anciens et l'algèbre des modernes, outre qu'elles ne s'étendent qu'à des matières fort abstraites et qui ne semblent d'aucun usage, la première *est* toujours si *astreinte à* la considération des figures, qu'elle

ne peut exercer l'entendement sans fatiguer beaucoup l'imagination.

> DESCARTES, *Discours de la Méthode*, IIe part.

Pour faire une horloge, je ne me propose aucune matière déterminée : je la ferai également de bois ou d'ivoire, de cuivre ou d'argent. Voilà ce qui s'appelle une idée universelle, qui n'*est astreinte à* aucune matière particulière.

> BOSSUET, *De la Connoissance de Dieu et de soi-même*, c. 5, art. 5.

Ce n'est pas ici l'univers tel que l'ont conçu les philosophes, formé, selon quelques-uns, par un concours fortuit des premiers corps, ou qui, selon les plus sages, a fourni sa matière à son auteur, qui par conséquent n'en dépend, ni dans le fond de son être, ni dans son premier état, et qui l'*astreint à* certaines lois que lui-même ne peut violer.

> LE MÊME, *Discours sur l'histoire universelle*, II, 1.

Le roi nommoit les ducs (pour tenir la nappe quand il communiait), pour montrer qu'il étoit maître du choix d'entre eux, sans *être astreint à* l'ancienneté.

> SAINT-SIMON, *Mémoires*, 1707.

Que je suis à plaindre d'être né dans un rang où le cœur doit *astreindre* tous ses mouvements *aux* lois rigoureuses qu'impose la naissance !

> MARIVAUX, *le Paysan parvenu*, VIIe part.

Les pasteurs des églises protestantes avaient si hautement élevé leurs voix contre les richesses du clergé, qu'ils s'imposèrent à eux-mêmes la bienséance de ne pas recueillir ce qu'ils condamnaient : et presque tous les souverains les *astreignirent à* cette bienséance.

> VOLTAIRE, *Essai sur les mœurs*, c. 134.

Le comédien (dans l'antiquité) *étoit* aussi *astreint à* la mesure que le sont aujourd'hui le chanteur et le danseur.

> LA HARPE, *Cours de littérature*, IIIe part., liv. III, c. 1er, sect. 5.

Une nouvelle cause de la décadence prochaine du gouvernement, c'est que l'assemblée du Champ de Mai n'*étoit astreinte à* aucune forme fixe.

> MABLY, *Observations sur l'histoire de France*, liv. II, c. 3.

Sa Majesté a permis à toutes personnes de faire commerce de grains, et de faire tels magasins qu'ils jugeront nécessaires, sans qu'ils puissent *être* recherchés, inquiétés ou *astreints à* aucunes formalités.

> TURGOT, *Ordonnance pour la liberté du commerce*, 3 avril 1770.

Quelquefois il est suivi de la préposition *de* :

Ils *étoient* moult contraints et *astreints de* famine.
FROISSART, *Chroniques,* liv. I, Ire part., c. 320.

Sur ce qu'on disoit à Rome que Janus-Bey estoit mandé à vostre instance pour *astreindre* ces seigneurs (les Vénitiens) *de* s'unir avec V. M. contre l'empereur, le pape les avoit pryé de ne voulloir jamais ce faire.
L'ÉVÊQUE DE MONTPELLIER à François Ier, 20 et 25 mars 1542. (Voyez CHARRIÈRE, *Négociations de la France dans le Levant,* t. I, p. 537.)

Je sais bien que les Rois ont toujours la plus grande part à la provision des évêques, et que les élections ne se faisoient que de leur consentement, comme les premiers du peuple; mais cela est bien différent de les nommer seuls et sans *être astreint de* prendre conseil de personne.
FLEURY, *Discours sur l'histoire ecclésiastique,* XII, § 22.

Et le salut commun de la Grece m'*astreint*
De repousser vos pleurs, et l'oreille fermée
Entendre au vueil d'Achille et au bien de l'armée.
R. GARNIER, *la Troade,* III, 3.

On trouve même *Astreindre sous :*

Improprement notz anciens *ont astrainct* le nom du genre *soubz* l'espece, appellant rythme cete consonance de syllabes à la fin des vers.
DU BELLAY, *Deffence et illustration de la langue françoise,* liv. II, c. 7.

Il s'emploie avec le pronom personnel; dans le passage suivant, il signifie, conformément à l'étymologie, Se resserrer, Se ramasser en un petit espace :

Engeiz par place *se aestreignent,*
Cels ocient ke il ateignent.
Roman de Rou, v, 13903.

Il est ordinairement suivi de la préposition *à :*

Il (notre langage) ne *s'astreind* pas tellement *à* celuy des Latins, qu'il ne se reserve toujours quelque liberté.
H. ESTIENNE, *la Précellence du langage françois.*

Ce qui s'est passé en 1718 m'a paru si curieux et si important que j'ai cru devoir non pas abréger ni extraire (les lettres de Torcy), mais *m'astreindre à* copier fidèlement tout.
SAINT-SIMON, *Mémoires,* 1718.

Les États d'Orléans, convaincus que ces baillis de robe courte ne pouvaient guère *s'astreindre à* étudier les lois,

leur ôtèrent l'administration de la justice, et la conférèrent à leurs seuls lieutenants de robe longue.
VOLTAIRE, *Essai sur les mœurs;* c. 17. De la France sous Charles IX.

J'admire votre courage de faire deux plans en prose (de la tragédie d'Eudoxie). Il faut être bien maître de son génie pour *s'astreindre à* un tel travail.
VOLTAIRE, *Lettres;* 29 mai 1766. A M. de Chabanon.

Les individus de cette nation (française) sont trop vifs pour *s'astreindre à* la persévérance qu'il faut pour être despote.
Mme DE STAEL, *Considérations sur la révolution française,* Ire part., c. 2, § 14.

On l'a quelquefois employé avec la préposition *de :*

Par grands serments ils *s'étoient astreints de* garder et entretenir icelles lois l'espace de dix ans.
SALIAT, trad. d'Hérodote, liv. I, 29.

ASTREINT, EINTE, participe passé. Resserré, Contraint, au propre et au figuré :

On void que de mille filles villageoises, on n'en trouve pas une bossuë, à raison qu'ils n'ont eu le corps *astraint* et trop serré.
A. PARÉ, *Œuvres,* liv. XXIII, c. 8.

J'ai adjousté cette cinquieme traduction, qui est encore moins *astreinte* que les autres.
H. ESTIENNE, *Précellence du langage françois.*

Cette espèce de chevalerie fut différente de l'ancienne : elle produisit en effet des ordres monastiques militaires fondés par les papes, possédant des bénéfices *astreints* aux trois vœux des moines.
VOLTAIRE, *Essai sur les mœurs,* c. 97. De la Chevalerie.

ASTREINTE, s. f. Terme juridique, s'est employé dans le sens d'Obligation.

ASTRINGENT, ENTE. Terme de Médecine. Il se dit des substances, des médicaments qui resserrent.

Les pouldres dont les femmes se saupouldrent pour reprimer les sueurs, sont ameres de nature et *astringentes.*
AMYOT, trad. de Plutarque. *Œuvres morales.*

Au commencement on doit user de remedes froids et *astringens,* afin que le sang ne tombe sur les parties offensées.
A. PARÉ, *Œuvres,* liv. XII, c. 15.

Les anciens ont eu en grand estime le bol d'Arménie, à cause de son action *astringente*.

> BERNARD PALISSY, *De la manne.*

Une potion anodine et *astringente*, pour faire reposer Monsieur, trente sols.

> MOLIÈRE, *le Malade imaginaire*, I, 1.

Le mari compose une pillule prolifique pour un vieil avocat qui doit se marier demain ; le garçon fait une tisanne laxative, et la femme pile dans un mortier des drogues *astringentes*.

> LE SAGE, *le Diable boiteux*, c, 3.

Agaty... arbre du Malabar... Sa racine est noire, *astringente* au goût.

> DIDEROT, *Dictionnaire encyclopédique.* Agaty.

La chair du lièvre est sèche et *astringente*.

> BARTHÉLEMY, *Anacharsis*, c. 25.

La centaurée, en qui le ciel a mis
Quelque âpreté, quelque force *astringente*.

> LA FONTAINE, *Poème du Quinquina*, II.

Il est quelquefois substantif :

On lui a arrêté le sang avec des *astreingents*.

> *Dictionnaire de l'Académie*, 1694.

ASTRICTION, s. f. Terme de Médecine. Action d'une matière astringente sur l'économie animale.

Les lentilles empeschent que la gorge et autres parties internes ne soient esprises de boutons... pource qu'elles ont une *astriction* bénigne.

> A. PARÉ, *Œuvres*, liv. XIX, c. 2.

ASTRICTION, Obligation, au sens juridique :

La loi de Genève n'accorde aux sindics ni à personne le droit absolu d'emprisonner les particuliers sans *astriction* ni condition.

> J.-J. ROUSSEAU, *Lettres écrites de la Montagne.*

On a employé anciennement ASTRINCTION, ABSTRINCTION, ASTRAINCCION dans le sens de Contrainte, Violence.

ASTUCE, s. f. (Du latin *astucia*, de *astus*, ruse.) Finesse, ruse qui a pour objet le mal, qui nuit ou qui tend à nuire.

Ce qu'aucuns disent, que la religion a esté controuvée par l'*astuce* et finesse de quelques gens subtils, afin que par ce moyen ils missent quelque bride sur le simple populaire est du tout frivole.

> CALVIN, *Institution chrestienne*, liv. I, c. 3, § 2.

Nicias feut vaincu par l'*astuce* et l'ambition d'Alcibiades.

> AMYOT, trad. de Plutarque, *Vie de Nicias*, c. 6.

Il ne conclut point absolument à propos sur cest article, ains, par *astuce* et cautuleusement, baille le moien pour se reserver tousjours une porte ouverte.

> G. DU BELLAY, *Mémoires.*

Capet, plus fin que vaillant, et qui par *astuce* seulement estoit arrivé à la couronne, fit au moins mal qu'il peut une paix avecques tous ses grands ducs et comtes.

> EST. PASQUIER, *Recherches de la France*, II. 2.

L'indigeste composition et formation de tout le nouveau gouvernement (de la Régence) fut due à l'ambition, à l'*astuce* et aux persévérantes adresses du duc de Noailles.

> SAINT-SIMON, *Mémoires*, 1715.

Le cardinal d'Estrées réussit à tout pacifier, mais il n'en vint à bout, grâce aux détours insidieux de l'*astuce* italienne, qu'après plusieurs années de négociations.

> D'ALEMBERT, *Éloge du cardinal d'Estrées.*

L'*astuce* est une finesse pratique dans le mal, mais en petit ; c'est là finesse qui nuit ou qui veut nuire.

> MARMONTEL, *Éléments de littérature.* Finesse.

Dans l'*astuce*, la finesse est jointe à la méchanceté, comme à la fausseté dans la ruse.

> LE MÊME, même ouvrage, *ibid.*

Anciennement *astuce* a été employé en bonne part :

Quant li proposemens est bons, proprement lors il est apelé *astuce*, mais quant il est malvais, lors il est apelez malice.

> BRUNETTO LATINI, *Li livres dou tresor*, II, 29.

Grande fut l'*astuce* et bonne grace qu'eut la princesse de sçavoir si bien temperer son grand plaisir receu, avecques une delicate et fœminine plaincte de l'audace d'Amadis.

> HERBERAY DES ESSARTS, *Amadis de Gaule*, liv. I, c. 36.

Ils (les Gaulois) eurent une singulière *astuce* de planter leurs noms es contrées qu'ils avoient conquises.

> EST. PASQUIER, *Recherches de la France*, I, 1.

Je ne veux en cet endroit laisser en arriere l'*astuce* et invention du chirurgien de monseigneur le duc de Lorraine, nommé Nicolas Picart, lequel fut appellé en un village pres Nancy, pour reduire une luxation de l'espaule d'un païsan.

> A. PARÉ, *Œuvres*, liv. XVI, c. 25.

On l'emploie souvent au pluriel :

Là ledict dom Pedro de Navarre y perdit son latin et son espagnol, tout meslé de ses *astuces*.
> BRANTÔME, *Grands Capitaines estrangers*. Dom Pedro de Navarre.

Je luy respondis que je me resjoüissois infiniment de le voir si bien disposé à l'endroit de Vostre Majesté, et si véritablement informé des *astuces* espagnoles.
> SULLY, *Œconomies royales*, c. 18.

Aprés avoir couru diverses rencontres de fortune duquel il fut garenty par les *astuces* de sa mère, Clotaire se veit enfin monarque et roy des deux Frances.
> EST. PASQUIER, *Recherches de la France*, X, 2.

Athanase raconte que sainct Anthoine l'Hermite, descouvrant diverses *astuces* des mauvais demons a ses freres religieux assemblez pour l'ouyr, dit ainsy d'iceux.
> ANT. DUVERDIER, *les Diverses Leçons*, c. 10.

On a dit *Astuce militaire*, *Astuce de guerre*, dans le sens de Ruse de guerre, Stratagème :

Ce discours doit être mis à part, car il faut qu'il soit ample et long. Je le remetz au chapitre que j'espère de faire touchant les stratagèmes et *astuces militaires*.
> BRANTÔME, *Grands Capitaines estrangers*. Le mareschal d'Estrozze.

Il le loua, et admira estrangement qu'une telle ville impériale, si grande et peuplée, fust esté prise sans coup frapper, et d'une telle ruse et *astuce de guerre*.
> LE MÊME, *Grands Capitaines françois*. Le connestable Anne de Montmorency.

ASTUCIEUX, EUSE, adj.

On employait autrefois *Astut* ou *Astuc,* dérivé de *Astutus.*

Voilà pourquoy M. l'admiral fut fin et *astuc* d'user de très-sobres parolles à l'endroict de ce maraut.
> BRANTÔME, *Grands Capitaines françois*. M. de Guise.

Les variantes de l'édition de M. Lalanne citent un autre manuscrit qui donne *astut.*

La forme *astucieux* est moderne, elle n'est entrée dans le *Dictionnaire de l'Académie* qu'en 1798.

Astucieux se dit des personnes et des choses :

Rien de plus achevé que la peinture de l'intérieur des deux dévotes, de l'arrogant patelinage de Monsieur le

directeur Doucin, du bavardage de Madame d'Alain, qui sert de médiatrice pour le mariage, et de la coquetterie *astucieuse* et jalouse de Mademoiselle Agathe, fille de madame d'Alain.
> MARIVAUX, *le Paysan parvenu*, Ire partie.

ASTUCIEUSEMENT, adverbe.

On avait d'abord formé sur *Astut, Astutement.*

Lesquels (les Génois), par ung simple sauf-conduict qu'ils avoient retiré de sa chancellerie lorsque l'armée estoit à Calvy, de pouvoir venir en sa Porte, y aïant envoyé dernièrement leurs ambassadeurs, auroient *astutement* persuadé à son beglierbey, que, par l'advis qu'ilz disoient avoir eu de leur ambassadeur, S. H. les avoit desjà receuz pour ses esclaves et tributaires.
> M. DE LA VIGNE à Henri II, 10 novembre 1558.
> (Voyez CHARRIÈRE, *Négociations de la France dans le Levant*, t. II, p. 526.)

Plus tard, sur *astucieux* on forma *astucieusement.*

Cet usage n'est bon qu'à mettre une assemblée entièrement dans la main de celui qui la préside; à dépouiller les opinions de leur propre pensée, et à les circonscrire dans le cercle qu'on peut leur avoir *astucieusement* préparé.
> MIRABEAU, *Discours sur la motion de M. de La Molle*, 21 janvier 1789.

ASYMPTOTE, s. f. (De ἀσύμπτωτος, de ἀ privatif et de σύμπτωτος, coïncidant.) Terme de Géométrie. Ligne droite qui, indéfiniment prolongée, s'approche continuellement d'une courbe, sans pouvoir jamais la couper.

Celui (le théorème) qui dira que les *asymptotes* d'une courbe s'en approchent sans cesse sans jamais la rencontrer, et que les espaces formés par une portion de l'axe, une portion de la courbe, l'*asymptote* et le prolongement de l'ordonnée, sont entre eux comme tel nombre à tel nombre, sera beau.
> DIDEROT, *Encyclopédie*, Beau.

Dans les *asymptotes* de l'hyperbole deux lignes vont toujours s'approchant de la courbe sans jamais la rencontrer.
> BERNARDIN DE SAINT-PIERRE, *Chaumière Indienne*, Préambule.

On l'a quelquefois employé au figuré :

Il n'obtint... jamais que des accessit pour le prix de discours, ce qui fit dire à M. de Mairan, géomètre académicien, que l'abbé Seguy était l'*asymptote* du prix d'éloquence.

D'ALEMBERT, *Éloge de Seguy.*

Raffinez tant qu'il vous plaira par la pensée cette âme quelconque, ce principe inconnu, cet instinct, cette lumière intérieure qui leur a été donnée (aux animaux) avec une si prodigieuse variété de direction et d'intensité, jamais vous ne trouverez qu'une *asymptote* de la raison, qui pourra s'en approcher tant que vous voudrez, mais sans jamais la toucher.

J. DE MAISTRE, *Soirées de Saint-Pétersbourg,* V.

ASYMPTOTIQUE, adj. des deux genres. Qui appartient ou qui a rapport à l'asymptote.

Point *asymptotique.* Courbe *asymptotique.*

Dictionnaire de l'Académie, 1835.

ATARAXIE, s. f. (Du grec ἀταραξία, de ἀ privatif et de ταράσσω, troubler.) Terme de Philosophie, Quiétude, calme, tranquillité.

L'homme sauvage et l'homme policé diffèrent tellement... que ce qui fait le bonheur suprême de l'un réduiroit l'autre au désespoir. Le premier ne respire que le repos et la liberté, il ne veut que vivre et rester oisif, et *ataraxie* même du stoïcien n'approche pas de sa profonde indifférence pour tout autre objet.

J.-J. ROUSSEAU, *Discours sur l'origine de l'inégalité parmi les hommes.*

ATELIER, s. m. (D'*attelle*, anciennement *astelle*, petite planche.) Lieu où des ouvriers travaillent réunis. Il s'est écrit *astelier* et *attelier*. (Voyez les exemples suivants.)

Comment seroyt sans elle (la corde de chanvre) porté le plastre à l'*astelier?*

RABELAIS, *Pantagruel,* III, 50.

Je vais d'*atelier* en *atelier*, car j'ai des peintres et des maçons, des menuisiers et des manœuvres, et puis je dîne à midi.

BUSSY-RABUTIN, *Lettres* ; à Mᵐᵉ de Scudéry, 10 décembre 1670.

En le promenant d'*attelier* en *attelier*, ne souffrez jamais qu'il ne voye aucun travail sans mettre lui-même la main à l'œuvre.

J.-J. ROUSSEAU, *Émile.*

Allez voir ce jeune homme à l'*attelier*, et vous verrez s'il méprise la condition du pauvre.

LE MÊME, même ouvrage.

Le capitaine et ingénieur Perri, qui le suivit de Londres en Russie, dit que depuis la fonderie des canons jusqu'à la filerie des cordes, il n'y eut aucun métier qu'il n'observât, et auquel il ne mit la main, toutes les fois qu'il était dans les *ateliers.*

VOLTAIRE, *Histoire de Pierre le Grand,* Iʳᵉ part, c. 9.

Quand il avait travaillé dans son *atelier* à la construction des vaisseaux, il étudiait la géographie, la géométrie et l'histoire.

LE MÊME, *Anecdotes sur Pierre le Grand.*

ATELIER se dit aussi Du lieu de travail d'un peintre, d'un sculpteur, etc.

Retenu dans cet *attelier* par un charme inconcevable, je ne sais rien faire et je ne puis m'en éloigner.

J.-J. ROUSSEAU, *Pygmalion.*

Une foule d'expressions, relevées auparavant dans les *ateliers* des artistes et dans les cabinets des savants, ont passé non seulement dans les ouvrages, mais encore dans la société et l'usage ordinaire de la conversation.

THOMAS, *Réflexions sur les langues.*

Dans la Grèce, chaque artiste célèbre tenoit école dans son *atelier.*

MARMONTEL, *Éléments de littérature.* École.

Mon ami, transportez-vous dans un *atelier*; regardez travailler l'artiste.

DIDEROT, *Salon de 1765.* Essai sur la peinture, c. 2.

Les Éléens connoissent le prix du monument qu'ils possèdent; ils montrent encore aux étrangers l'*atelier* de Phidias. Ils ont répandu leurs bienfaits sur les descendants de ce grand artiste.

BARTHÉLÉMY, *Anacharsis*, c. 38.

La foule des Amours de tous côtés assiège
L'*atelier* de l'Albane et celui du Corrège.

LEMIERRE, *la Peinture,* III.

On l'a souvent employé au figuré :

Il semble qu'on soit admis dans l'*atelier* du génie, qui travaille en silence à perfectionner la société, l'homme et la terre.

THOMAS, *Essai sur les Éloges.*

Le poëte avec lui porte son *atelier.*

COLLIN D'HARLEVILLE, *les Artistes,* I, 5.

Atelier entre dans certaines locutions familières où il a le sens de Métier, de Profession.

Nogaret est ce grand personnage qui, faisant un même *attelier* des armes et de la justice, prit le pape Boniface.

> Est. Pasquier, *Recherches de la France*, II, 3.

J'étois de deux *ateliers :* je dogmatisois le matin, et je chantois le soir.

> Hénault, *Mémoires*, c. 10.

ATELLANES, s. f. pluriel. Espèces de farces en usage sur le théâtre romain, qui tiraient leur nom de la ville d'Atella.

On donnoit toute liberté au bas comique et au comique populaire, dans les mimes et dans les *atellanes*.

> Marmontel, *Éléments de littérature*. Comédie.

Les *atellanes* étoient des pièces telles à peu près que les comédies italiennes ordinaires, c'est-à-dire dont le dialogue n'est point écrit; l'acteur des *atellanes* jouoit dans son rôle d'imagination, et il le brodoit à son plaisir.

> Du Bos, *Réflexions critiques*.

La jeunesse de Rome n'avoit pas voulu que cet amusement devînt un art; elle se l'étoit réservé. Voilà pourquoi ceux qui jouent dans les *atellanes* conservent tous les droits de citoyens et qu'ils servent même dans les légions, comme s'ils ne montoient point sur le théâtre.

> Le même, même ouvrage.

ATERMOYER, v. a. Terme de Commerce et de Jurisprudence. Prolonger, reculer les termes d'un payement.

Tout obligé pour cause judiciaire est contraignable par corps, sans qu'il puisse être *attermoié* ni reçu à faire cession.

> Loysel, *Institutes coutumières*, 907.

On disait anciennement *aterminer*, qui venait du latin *ad* et *terminare*, tandis qu'*atermoyer* a été formé directement sur le mot Terme.

Atermoyé, ée, participe

Les anciens collèges reposaient sur la propriété, non sur des recettes incertaines, variables, *atermoyées*.

> Royer-Collard, *Discours*, sur le Budget de l'Université, 27 février 1817.

On a dit autrefois Atermoyeur, dans le sens d'usurier, qui prête à terme.

> Faux monoyeurs, *attermoyeurs*,
> Baillifs, bedeaulx, prevostz, mayeurs
> Et procureurs et advocatz.
> *Roman de la Rose*, v. 12,259.

IV.

ATERMOIEMENT ou **ATERMOÎMENT**, s. m. Terme de Commerce et de Jurisprudence. Accommodement d'un débiteur avec ses créanciers, qui lui accordent des délais pour se libérer, et souvent même la remise d'une partie de ses dettes.

Les créanciers hypothécaires ne sont obligés d'entrer en aucune composition ou *atermoiement* avec le débiteur.

> *Dictionnaire de Trévoux.*

ATHÉE, s. m. (Du grec ἄθεος, formé lui-même de ἀ privatif et de Θεὸς, Dieu.)

Anciennement on a surtout employé la forme Athéiste :

Theodorus, celui qui fut surnommé l'*Athéiste,* c'est-à-dire mescréant, qui nioit qu'il y eust des dieux.

> Amyot, trad. de Plutarque, *Phocion*.

Il n'y a point de plus certain signe d'un *athéiste* que de mettre à nonchaloir ou commettre quelque faulte à l'encontre de son père et sa mère.

> Le même, même ouvrage, *Œuvres morales*, De l'amitié fraternelle.

Or ne trouvez pas estrange, si j'ay esté si heureux, comme j'ay escrit, car je ne me suis jamais proposé que ma charge. Et ay recogneu que tout venoit de Dieu, auquel je remettois tout, quoy que les Huguenots m'ayent estimé un *athéiste*. Ils sont mes ennemis, et ne les faut pas croire.

> Montluc, *Commentaires*, VII.

S'en va la pluspart de ce royaume en libertins et *athéistes*.

> Le même, *Lettres*, Mémoire au roy d'Espagne, juin 1565.

Tout ce que nous avons escrit de la nature des bestes, n'est pour donner matière aux naturalistes, épicuriens et *athéistes*, qui sont sans Dieu, de conclure par ces raisons qu'il n'y a point de différence entre les hommes et les bestes.

> A. Paré, *Œuvres*, II, 22.

Vous asseurez-vous en la foi d'un *athéiste*, et aux jours des batailles suivrez-vous d'asseurance les vœux et les auspices d'un parjure et d'un apostat ?

> D'Aubigné, *Histoire universelle*, t. III, liv. II, c. 23.

Voylà pourquoy ceste devise, *Qui nescit dissimulare nescit regnare*, ne vaut rien, ainsy que j'ouy une fois prescher à un grand docteur de la Sorbonne, nommé

25

M. Poncet... qui dict tout haut... que telle parolle estoit d'un vray *athéiste*.

> Brantôme, *Grands Capitaines françois.* Le roy Charles VIII.

A un *athéiste* tous escripts tirent à l'athéisme ; il infecte de son propre venin la matière innocente.

> Montaigne, *Essais,* II, 13.

Platon disoit en ses loix qu'il y avoit trois espèces d'*athéistes*.

> Est. Pasquier, *Recherches de la France,* III, 8.

Seras-tu protecteur, non des mahometistes,
Mais de ces faux chrestiens de race d'*atheistes ?*

> Joach. du Bellay, *les Furies contre les infracteurs de foy.*

Tu voi du sang des tiens les rivieres changées,
Se rire les meschans des ames non vangées,
Ton nom foullé aux pieds, nom que ne peut nommer
L'*atheiste*, sinon quand il veut blasphemer.

> D'Aubigné, *Tragiques.* Chambre dorée, liv. III.

On trouve toutefois les deux expressions au XVIᵉ siècle :

Ces moqueurs sont de la confrairie de ceux qu'on appelle *athées,* ou *athéistes.*

> H. Estienne, *Dialogues du nouveau langage françois italianizé,* II.

Au XVIIᵉ siècle, c'est Athée qui est définitivement adopté.

On a veu mes accusateurs... par des injures d'*athée*, d'impie et d'abominable, imprimer dans l'âme de leurs auditeurs l'aigreur et l'animosité qu'ils avoient contre moy.

> Théophile, *Apologie au Roy.*

Je ne me sentirois pas assez fort pour trouver dans la nature de quoi convaincre des *athées* endurcis.

> Le même, même ouvrage.

Athènes, la plus polie et la plus savante de toutes les villes grecques, prenoit pour *athées* ceux qui parloient des choses intellectuelles ; et c'est une des raisons qui avoient fait condamner Socrate.

> Bossuet, *Discours sur l'histoire universelle,* II, 5.

Un *athée*, tout *athée* qu'il est, se confiera plutôt à un homme qui croit un Dieu, qu'à un libertin et un impie comme lui.

> Bourdaloue, *Carême.* Sermon sur la religion et la probité.

Cependant il n'y a que deux sortes de gens à qui la mort imprévue soit la meilleure, les saints et les *athées*.

> Bussy-Rabutin, *Lettres ;* à Mᵐᵉ de Sévigné, 11 août 1675.

Son désir passionné (du duc d'Orléans), comme celui de ses pareils en mœurs, étoit qu'il n'y eût point de Dieu ; mais il avoit trop de lumières pour être *athée*.

> Saint-Simon, *Mémoires,* 1715.

M. Bayle a prétendu prouver qu'il valoit mieux être *athée* qu'idolâtre.

> Montesquieu, *Esprit des lois,* XXIV, 2.

L'homme pieux et l'*athée* parlent toujours de religion : l'un parle de ce qu'il aime, et l'autre de ce qu'il craint·

> Le même, même ouvrage, XXV,

Les reproches d'athéisme... ont été prodigués aux Chinois. Il faut être aussi inconsidérés que nous le sommes dans toutes nos disputes, pour avoir osé traiter d'*athée* un gouvernement dont presque tous les édits parlent d'un être suprême.

> Voltaire, *Essai sur les mœurs,* c. 2.

Une fausse science fait les *athées,* une vraie science prosterne l'homme devant la Divinité.

> Le même, *Lettre sur les auteurs anglais qui ont écrit contre la religion.*

J'ai toujours regardé les *athées* comme des sophistes impudents ; je l'ai dit, je l'ai imprimé.

> Le même, *Lettres ;* 4 d'Auguste 1775.

L'essentiel est de penser autrement que les autres. Chez les croyants il est *athée*, chez les *athées* il est croyant.

> J.-J. Rousseau, *Émile.*

A la mort de l'auteur (Helvétius) la secte des *athées*... affecta de lui prodiguer tous les honneurs d'usage, et d'en faire un des saints de la philosophie.

> La Harpe, *Cours de littérature,* IIIᵉ part., liv. IV, c. 11. Helvétius.

Dans cette lettre (de Bolingbroke), se retrouvent les mêmes principes qu'a défendus Voltaire, et la même distinction insurmontable entre les libres penseurs et les *athées*.

> Villemain, *Littérature au XVIIIᵉ siècle,* 7ᵉ leçon.

Jouissez d'une gloire avec peine achetée ;
Acceptez à la fin votre brevet d'*athée*.

> Voltaire, *les Cabales.*

Athée est quelquefois suivi de la préposition *de* et d'un complément :

Il y a dans le monde chrétien des hommes sans religion. Vous en connoissez : des *athées de* créance et *de* mœurs.

Bourdaloue, Carême. Sermon sur la religion
chrétienne.

L'*athée de* cabinet est presque toujours un philosophe tranquille ; le fanatique est toujours turbulent ; mais l'*athée de* cour, le prince athée pourrait être le fléau du genre humain.

Voltaire, Dictionnaire philosophique,
Dieu, Dieux.

Il est quelquefois adjectif :

L'Espagnol, sous ce beau prétexte de piété, s'efforçoit de se rendre arbitre de nos affaires ; et dès lors il s'étoit glissé dans le cœur de l'Éstat des brigues très-catholiques en apparence, mais en effet *athées,* qui commencèrent d'empoisonner les esprits simples avec ce faux Catholicon d'Espagne qui nous a fait tant de mal.

Mézeray, Histoire de France. Charles IX.

Les écrivains *athées* ont été plus funestes qu'on ne le croit généralement.

De Barante, De la littérature française pendant
le XVIIIe siècle.

D'*Athéiste* on a fait l'adjectif Athéistique.

Croiriez-vous bien qu'un jésuite irlandais a fourni, en dernier lieu, des armes à la philosophie *athéistique,* en prétendant que les animaux se formaient tout seuls.

Voltaire, Lettres ; 26 d'Auguste 1768.

On en a tiré aussi le substantif Athéisterie.

Il crie aussi contre les blasphèmes qui contiennent propos monstrant une grande impiété, voire une vraye *athéisterie.*

H. Estienne, Apologie pour Hérodote, I, 6.

ATHÉISME, s. m. L'opinion, la doctrine des athées.

N'est-ce point chose bien estrange ?... Par une miraculeuse metamorphose, veoir tout à un coup l'*atheisme* converty en ardeur de devotion.

Satyre Ménippée, Discours de M. de Lyon.

Je sçay bien qu'en un siècle infecté de sacrilège et d'*atheisme* comme celuy-cy, c'est estre juste de n'avoir que les vices naturels et ordinaires à ceux de ma profession.

Racan, Lettres, I.

Voicy encore un flot d'injures où il (le P. Garasse) escume avec plus de fureur. Il m'appelle athéiste, corrupteur de jeunesse et adonné à tous les vices imaginables. Pour athéiste, je luy respons que je n'ay pas publié comme luy et Lucilio Venino les maximes des impies, qui ont esté autant de leçons à l'*athéisme.*

Théophile, Apologie.

Ils (les hommes) s'imaginent qu'elle (la religion chrétienne) consiste simplement en l'adoration d'un Dieu considéré comme grand... ce qui est proprement le déisme, presque aussi éloigné de la religion chrétienne que l'*athéisme* qui y est tout à fait contraire.

Pascal, Pensées.

Il prêche l'*athéisme* partout où il se trouve.

Tallemant des Réaux, Historiettes, Des Barreaux.

Quelle assurance ont-ils (les impies) contre la vengeance éternelle dont on les menace ? Au défaut d'un meilleur refuge, iront-ils enfin se plonger dans l'abîme de l'*athéisme* ?

Bossuet, Oraison funèbre d'Anne de Gonzague.

Tandis que les uns ne cesseroient de disputer... les autres, fatigués de tant de folles visions... iroient enfin chercher un repos funeste, et une entière indépendance dans l'indifférence des religions, ou dans l'*athéisme.*

Le même, Oraison funèbre de la reine
d'Angleterre.

Le roy ayant esté informé que le sieur de Saint-Yon, médecin de S. M., fait profession de n'avoir aucune religion, et qu'il a ramassé en Angleterre plusieurs livres d'*athéisme* et autres livres impies, S. M. m'ordonne de vous envoyer l'ordre ci-joinct pour le faire mettre à la Bastille.

Le marquis de Seignelay à la Reynie, 17 novembre
1685. (Voyez Depping, Correspondance adminis-
trative sous Louis XIV, t. II, p. 574.)

L'*athéisme* n'est point.

La Bruyère, Caractères, 16.

Un *athéisme* funeste, qui est le contraire du théisme, naquit encore dans presque toute l'Europe de ces divisions théologiques.

Voltaire, Essai sur les mœurs, c. 16.

Ce livre conduit à l'*athéisme* que je déteste.

Le même, Lettres ; 15 décembre 1766.

Ardents missionnaires d'*athéisme* (les philosophes modernes) et très impérieux dogmatiques, ils n'enduroient point sans colère que, sur quelque point que ce pût être, on osât penser autrement qu'eux.

J.-J. Rousseau, les Rêveries du promeneur
solitaire, 3e promenade.

Il ne faut pas nous refuser le plaisir de voir les patriarches de l'*athéisme*, dans ces derniers temps, ici aux prises avec un déiste.

> La Harpe, *Cours de littérature*, liv. IV, c. 2, sect. 2.

Pour peu qu'il (Diderot) eût réfléchi, ce qu'il dit de ces fanfarons qui voudroient qu'il n'y eût pas de Dieu, auroit dû suffire pour l'éloigner de l'*athéisme*.

> Le même, même ouvrage, *ibid.*

On vit alors l'*athéisme* lever un front plus hardi, et proclamer que tout sentiment religieux était une rêverie et un désordre de l'esprit humain.

> De Barante, *De la littérature française pendant le XVIII° siècle.*

J'oste Grevin de mes escris,
Pour ce qu'il fut si mal-appris,
Afin de plaire au calvinisme
(Je vouloy dire à l'*atheïsme*),
D'injurier par ses brocards
Mon nom cogneu de toutes parts.

> Ronsard, *Odes retranchées.*

Athéisme est quelquefois accompagné d'une épithète qui en modifie la signification.

L'homme sage et inconsolé de ce siècle sans conviction ne rencontre un misérable repos que dans l'*athéisme politique*.

> Chateaubriand, *Mémoires d'outre-tombe.*

L'impiété évita depuis l'absurdité d'un *athéisme dogmatique*, et se renferma dans une incrédulité vague.

> De Barante, *De la littérature française pendant le XVIII° siècle.*

Son *athéisme poétique* (de La Motte), spirituellement déduit et appuyé de ses odes, eut assez d'autorité.

> Villemain, *Littérature au XVIII° siècle*, 2° leçon.

ATHLÈTE, s. m. (Du latin *athleta*, tiré du grec ἀθλητής, de ἆθλος, combat.) Celui qui combattait à la lutte ou au pugilat, dans les jeux solennels de l'ancienne Grèce.

Il est malaisé qu'un *athlète* qui n'a jamais eu ni coups ni atteinte, puisse aller au combat avec la même assurance que celui qui a versé du sang.

> Malherbe, trad. des *Épîtres* de Sénèque, XIII.

Quand Diodore nous dit qu'ils (les Égyptiens) rejetoient la lutte comme un exercice qui donnoit une force dangereuse et peu durable, il a dû l'entendre de la lutte outrée des *athlètes*, que la Grèce elle-même, qui la couronnoit dans ses jeux, avoit blâmée comme peu convenable aux personnes libres.

> Bossuet, *Discours sur l'histoire universelle*, III, 8.

Tous les *athlètes* gardent en toutes choses une exacte tempérance; et cependant ce n'est que pour gagner une couronne corruptible, au lieu que nous en attendons une incorruptible.

> Sacy, *Première Épître de saint Paul aux Corinthiens*, c. 9, v. 25.

Il appeloit l'huile dont se frottoient les *athlètes* avant de se battre la préparation à une folie enragée.

> Fénelon, *Vie des philosophes*. Anacharsis.

Le corps d'un *athlète* et l'âme d'un sage, voilà ce qu'il faut pour être heureux.

> Voltaire, *Lettres*; à Helvétius, 27 octobre 1740.

Athlètes maladroits, vous ne pensez à vous garantir des coups qu'après les avoir reçus.

> Barthélemy, *Voyage d'Anacharsis*, c. 61.

Il y a de ces vieux chênes dans les montagnes, qui ont, avec leurs grosses branches courbées, l'attitude d'un *athlète* qui combat contre les tempêtes.

> Bernardin de Saint-Pierre, *Harmonies de la nature*, liv. IV. Harmonies terrestres de l'air

Simonide avoit entrepris
L'éloge d'un *athlète*....

> La Fontaine, *Fables*, I, 14.

Il s'emploie au figuré :

L'on remarque de grandes cruautez exercées de son temps (d'Adrien) contre les serviteurs de Jesus-Christ. Mais ces genereux *athletes* faisoient reluire leur constance au milieu des tourmens.

> Coeffeteau, *Histoire romaine*, liv. X.

Son fils aisné Jean estant tombé en une maladie que les médecins jugeoient mortelle, Philippe de Valois commanda à ses gens de ne le point ensevelir s'il trespassoit, mais de le porter devant les saintes châsses, espérant fermement que Dieu luy rendroit la vie en faveur de ces glorieux *athletes*.

> Mézeray, *Histoire de France*, Philippe de Valois.

Rome qui les ménageoit (les molinistes) comme les *athletes* des prétentions ultramontaines, auxquelles elle a tant sacrifié de nations, n'osa tout refuser, mais ne voulut pas aussi aller de front contre l'autorité de Clément IX.

SAINT-SIMON, *Mémoires*, 1707.

Le dogme, la règle de foi pointèrent. Les grands *athlètes* de la constitution (*Unigenitus*) s'établirent dans leurs discours et dans leurs écrits.

LE MÊME, même ouvrage, 1717.

Il faut regarder les Grecs comme une société d'*athlètes* et de combattants.

MONTESQUIEU, *l'Esprit des lois*, IV, 8.

Cours, généreux *athlète*, en l'illustre carrière
Où de la nuit du monde on passe à la lumière.

ROTROU, *Saint Genest*, IV, 4.

Plus une palme est disputée
Sur quelque arène que ce soit
Et plus un *athlète* en reçoit
D'honneur et de plaisir en sa force indomptée.

SAINT-AMAND, *Stances*.

Que veut-il, dira-t-on? Quelle fougue indiscrète
Ramène sur les rangs encor ce vain *athlète* ?

BOILEAU, *Épîtres*, X.

Quand la première fois un *athlète* nouveau
Vient combattre en champ clos aux joutes du barreau,
Souvent, sans y penser, ton auguste présence
Troublant par trop d'éclat sa timide éloquence,
Le nouveau Cicéron, tremblant, décoloré,
Cherche en vain son discours sur sa langue égaré.

LE MÊME, *le Lutrin*, VI.

ATHLÉTIQUE, adj. des deux genres. Qui appartient, qui est propre à l'athlète.

Retournons à nostre bon Gargantua, qui est à Paris bien instant à l'estude de bonnes lettres et exercitations *athlétiques*.

RABELAIS, *Gargantua*, I, 27.

Le chêne a un caractère *athlétique* dans son tronc noueux et ses branches tortueuses.

BERNARDIN DE SAINT-PIERRE, *Harmonies de la nature*, liv. I. Leçon de botanique.

Le vieillard, malgré la souffrance, ne sera pas hideux, si j'ai bien choisi ma nature, qu'on voye à ses muscles, à toute l'habitude de son corps, une constitution vigoureuse et *athlétique*.

DIDEROT, *Salon* de 1765. Lagrenée.

Les individus robustes et d'une stature *athlétique* ne se moquent de personne.

ALIBERT, *Physiologie des passions*, section 3°, c. 7, De la Moquerie.

ATINTER, v. a. Arranger, équiper, parer, orner avec recherche :

Les femmes étoient plus embesognées que vingt à... *atinter* leurs collets, enserrer leurs demi-ceints.

DU FAIL, *Baliverneries*, III.

On l'employait aussi avec le pronom personnel.

Hector ainsi ne *s'atteintoit*,
Ainsi ne *s'atteintoit* Achille.

Les Vertus et propriétés des Mignons. (Voyez *Variétés historiques et littéraires*, t. VII, p. 336. Bibliothèque elzévirienne.)

Voyez le *Glossaire* de SAINTE-PALAYE.

ATINTÉ, ÉE, participe.

Sur mol duvet assis, ung gras chanoine
Lez ung brasier en chambre bien nattée,
A son costé gisant dame Sydoine,
Blanche, tendre, pollie et *attaintée*.

VILLON, *Grand Testament*, les Contredictz de Franc-Gontier.

ATLAS, s. m. Il s'emploie quelquefois comme nom commun pour désigner un homme d'une force exceptionnelle :

Le ministère l'enivra (Desmarets); il se crut l'*atlas* qui soutenoit le monde, et dont il ne pouvoit se passer.

SAINT-SIMON, *Mémoires*, 1711.

De ma longue obligeance enfin je me sens las;
Pour y suffire il faudrait un *Atlas*.

DELILLE, *la Conversation*, II.

Le mot ATLAS s'emploie aussi comme substantif commun, en parlant d'un Recueil de cartes géographiques. La collection des cartes de Mercator, publiée en 1595, un an après sa mort, est précédée d'un frontispice avec la figure d'Atlas supportant le monde. Il est probable que c'est ce recueil célèbre qui a donné son nom à ceux qui l'ont suivi.

On appelle aussi, par extension, *Atlas* tout recueil de plans, de tableaux, de cartes qu'on joint à un ouvrage pour en faciliter l'intelligence.

ATLAS, en termes d'Anatomie, désigne la première vertèbre du cou.

ATLANTIQUE, adj. des deux genres. Il n'est guère usité que dans ces dénominations, *Mer* ou *Océan* Atlantique.

Avant de venir au mémorable siècle de Charlemagne, il faut voir quelles révolutions avaient amené ce siècle dans notre Occident, et comment les deux religions chrétienne et musulmane s'étaient partagé le monde depuis le golfe de Perse jusqu'à la mer *Atlantique*.

VOLTAIRE, *Fragments sur l'histoire*, art. V.

Mais cependant, ami, quelle peur enfantine
Te fait désapprouver cette écorce divine
Dont l'*Atlantique* bord fit présent aux humains?

J.-B. ROUSSEAU, *Billet à M. Duché, qui m'avoit envoyé des vers qu'il avoit faits étant malade.*

On appelle *format atlantique* le format des atlas.

ATMOSPHÈRE, s. f. (Du grec ἀτμὸς, vapeur, et σφαῖρα, sphère.) Ce mot a été indiqué comme étant du masculin par Richelet, dans son *Dictionnaire*, et quelques auteurs l'ont employé à ce genre :

Délivré de toutes les passions terrestres qui engendrent le tumulte de la vie sociale, mon âme s'élanceroit fréquemment au-dessus de *cet atmosphère*, et commerceroit d'avance avec les intelligences célestes dont elle espère aller augmenter le nombre dans peu de temps.

J.-J. ROUSSEAU, *les Rêveries du promeneur solitaire*, 5e promenade.

Quand nos regards noyés dans *un vague atmosphère*.

LAMARTINE, *Harmonies*, II, 8.

Mais cet emploi de ce mot est contraire à l'usage le plus généralement adopté.
La masse d'air qui environne la terre.

Les Grecs appelèrent l'enveloppe qui nous environne *atmosphère*, la sphère des exhalaisons, et nous avons adopté ce mot.

VOLTAIRE, *Dictionnaire philosophique*. Air.

Ce globe est enveloppé d'une masse invisible et flottante, qui est entraînée du même mouvement que la terre, presse sur sa face et y attache tous les corps : c'est l'*atmosphère*, océan élastique, et qui, comme le nôtre, est sujet à des altérations et à des tempêtes.

THOMAS, *Éloge de Descartes*.

Tant que la surface du globe n'a pas été refroidie au point de permettre à l'eau d'y séjourner sans s'exhaler en vapeurs, toutes nos mers étoient dans l'*atmosphère*.

BUFFON, *Époques de la nature*.

Il faut y avoir vu, le matin, ce ciel nébuleux et grisâtre, cette tristesse de l'*atmosphère*, qui annonce encore du mauvais temps pour le reste de la journée.

DIDEROT, *Salon de 1765*, Loutherbourg.

L'air de l'*atmosphère* est principalement composé de deux fluides aériformes ou gaz, l'un respirable, susceptible d'entretenir la vie des animaux, dans lequel les métaux se calcinent et les corps combustibles peuvent brûler; l'autre qui a des propriétés absolument opposées.

LAVOISIER, *Œuvres*, t. I, p. 48.

L'*atmosphère* affaiblit la lumière des astres, surtout à l'horizon, où leurs rayons la traversent dans une plus grande étendue.

LAPLACE, *Exposition du système du monde*, I, 16.

La pression de l'*atmosphère*, par rapport à un homme de moyenne grandeur, équivaut à un poids de 33,600 livres, environ 16,000 kilogrammes. Voilà le poids dont étaient chargés les anciens philosophes qui niaient sérieusement la pesanteur de l'air.

HAÜY, *Traité de physique*, t. I, p. 210.

Le matin incrédule, on est dévot le soir.
Tel s'élève et s'abaisse, au gré de l'*atmosphère*,
Le liquide métal balancé sous le verre.

ANDRIEUX, *le Meunier de Sans-Souci*.

Il s'emploie comme mesure de force dans les machines :

La tension... exprimée en *atmosphères* et en fractions d'*atmosphères*.

Bulletin des Lois, 1846.

Il se dit, en Physique, de tout fluide subtil et élastique qui enveloppe un corps et en suit les mouvements :

L'existence réelle de l'*atmosphère* solaire est démontrée par un phénomène qui accompagne les éclipses totales du soleil.

BUFFON, *Époques de la nature*.

Ce sont les matières volatiles, aqueuses et aériennes qui ont formé les *atmosphères* des planètes, lesquelles étoient semblables à l'*atmosphère* du soleil, tant que les planètes ont été, comme lui, dans un état de fusion ou de grande incandescence.

LE MÊME, même ouvrage.

L'explication physique du Déluge universel par la rencontre d'une comète, dont la queue ou l'*atmosphère* aqueuse inonda notre globe, appartient à M. Halley.

MAIRAN, *Éloge de Halley.*

ATMOSPHÈRE s'emploie souvent dans un sens beaucoup plus restreint, en parlant de l'air d'une ville, d'une chambre, de l'air que respire une personne, etc.

Les habitants de ce pays (Langres) ont... une inconstance de girouette; cela vient, je crois, des vicissitudes de leur *atmosphère*, qui passe en vingt-quatre heures du froid au chaud, du calme à l'orage. du serein au pluvieux.

DIDEROT, *Lettres à Mlle Voland,* 10 août 1759.

C'est sous les ombrages de ce bel arbre, dans son *atmosphère* odorante et aux doux murmures de ses rameaux, que j'ai passé dans la solitaire Finlande des moments paisibles, souvent regrettés.

BERNARDIN DE SAINT-PIERRE, *Harmonies de la nature,* liv. I, Tableau général.

Enseveli dans une *atmosphère* de sable embrasé, le guide échappe à ma vue.

CHATEAUBRIAND, *les Martyrs,* XI.

ATMOSPHÈRE s'emploie souvent au figuré :

Il (Bonaparte) ne respirait librement que dans une *atmosphère* volcanique.

Mme DE STAEL, *Considérations sur la Révolution française,* IVe part., c. 5, § 1.

Tel est le danger des passions, que, même sans les partager, vous respirez dans leur *atmosphère* quelque chose d'empoisonné qui vous enivre.

CHATEAUBRIAND, *les Martyrs,* X.

Il (Homère) sait répandre la voix divine autour de l'oreille humaine, comme une *atmosphère* sonore qui résonne encore après que le dieu a cessé de parler.

J. DE MAISTRE, *les Soirées de Saint-Pétersbourg,* 2e entretien.

En Espagne, après la victoire des armes françaises, quelques rayons de nos arts avaient paru pénétrer, mais s'étaient bientôt éteints dans la lourde *atmosphère* de l'Escurial.

VILLEMAIN, *la Littérature au XVIIIe siècle,* 1re leçon.

Et pour vous faire un tableau dramatique
Du contretemps, et du sort déplaisant
A quoi s'expose un esprit suffisant,
Qui, soutenu du vent de sa chimère,

Pour s'élever sort de son *atmosphère,*
Je finirai ce propos ingénu
Par le récit d'un conte assez connu.

J.-B. ROUSSEAU, *Épîtres,* II, 2.

Il est dans notre vie une heure de lumière,
. . . .
Où de l'éternité l'*atmosphère* divine
D'un jour surnaturel dans sa nuit s'illumine.

LAMARTINE, *Jocelyn,* 5e époque.

ATMOSPHÉRIQUE, adj. des deux genres. Qui appartient, qui a rapport à l'atmosphère.

Les Moluques ont leurs montagnes vers leur centre, en sorte qu'elles reçoivent l'influence alternative des deux moussons *atmosphériques.*

BERNARDIN DE SAINT-PIERRE, *Études de la nature,* IV.

ATOME, s. m. (Du latin *atomus,* tiré du grec ἄτομος, formé lui-même de ἀ privatif et de τέμνω, couper.)

Anciennement on l'a quelquefois employé au féminin :

.... Encor es-tu plus petit
Que n'est *une atome* parfaite.

DES ACCORDS, *les Touches,* f° 45, v°. (Cité par Sainte-Palaye.)

La France, ayant presque toujours esté unie sous Martel, Pepin, Charlemagne et Louys, avoit de plusieurs conquestes formé le plus bel empire qui ait esté en Europe depuis la domination romaine. Maintenant ses successeurs ayant démembré ce grand corps en beaucoup de pièces en vont presque faire *une atome.*

MÉZERAY, *Histoire de France.* Charles le Chauve.

Corps regardé comme indivisible à cause de son extrême petitesse.

Démocrite, après son maître Leucippe, croyoit que les premiers principes de toutes choses étoient les *atomes* et le vide.

FÉNELON, *Vies des philosophes.* Démocrite.

Les *atomes* crochus n'ont pas plus d'esprit et d'intelligence que les *atomes* sans crochet.

LE MÊME, *Lettres sur la religion,* I, c. 1.

Ce tout est si bien arrangé, qu'on n'y pourroit déplacer un seul *atome* sans déconcerter toute cette immense machine.

LE MÊME, *Traité de l'existence de Dieu,* I, 2.

Le mot d'*atome* signifie non partagé, sans parties. Vous le divisez par la pensée ; car si vous le divisiez réellement, il ne serait plus *atome*... Mais quand vous êtes arrivé au dernier élément, l'*atome* échappe au microscope, vous ne divisez plus que par imagination.

Voltaire, *Dictionnaire philosophique*, Atomes.

J'ai bien de la peine à penser que votre oraison *pro lege Manilia* ne soit qu'un résultat de la déclinaison des *atomes*.

Le même, *Lettres de Mummius à Cicéron*.

Leucippe et Démocrite avoient animé leurs *atomes* d'une même force de gravitation.

Diderot, *Dictionnaire encyclopédique*, Éléatique (secte).

L'opinion de M. l'abbé Bazin, qui croit ou fait semblant de croire qu'il y a plusieurs espèces d'hommes, est aussi absurde que celle de quelques philosophes païens, qui ont imaginé des *atomes* blancs et des *atomes* noirs, dont la réunion fortuite a produit divers hommes et divers animaux.

Voltaire, *Défense de mon oncle*, c. 18.

Dans l'exacte vérité, nous ne pouvons pas plus créer au moral qu'au physique, pas plus une idée qu'un *atome*.

La Harpe, *Cours de littérature*, IIIe part., liv. III, c. 1er, § 5.

Ces *atomes* font tout; par les uns nous croissons,
Les autres, des objets touchés en cent façons,
Vont porter au cerveau les traits dont ils s'empreignent,
Produisent la sensation.
Nulles prisons ne les contraignent;
Ils sont toujours en action.

La Fontaine, *Poème du Quinquina*.

J'aime les tourbillons, le sec et le liquide,
Les *atomes*. — Il va se perdre dans le vide!

Boissy, *le Babillard*, I, sc. 7.

Connaissons-nous quels *atomes* divers
Font l'esprit juste ou l'esprit de travers?

Voltaire, *la Pucelle*, XXI.

L'incertain Gassendi, ce bon prêtre de Digne,
Ne pouvait du Breton souffrir l'audace insigne,
Et proposait à Dieu ses *atomes* crochus,
Quoique passés de mode et dès longtemps déchus.

Le même, *les Systèmes*.

Tels, quand un soir d'été darde ses rayons d'or,
Dans le sable échauffé qui brille sur la grève,
On voit les tourbillons d'*atomes*, qu'il soulève,
Monter, descendre, errer, s'enlacer tour à tour.

Lamartine, *Jocelyn*, 1re époque.

Il se dit figurément, pour exprimer l'extrême petitesse de certains corps relativement à d'autres, ou à l'espace dans lequel ils existent.

En ce sens, il désigne souvent l'univers, le monde, ou une contrée particulière.

Je veux lui peindre non seulement l'univers visible, mais encore tout ce qu'il est capable de concevoir de l'immensité de la nature, dans l'enceinte de cet *atome* imperceptible.

Pascal, *Pensées*.

Qu'est-ce que cette pièce de terre ainsi disposée... si même toute la terre n'est qu'un *atome* suspendu en l'air?... Vous êtes placé, Lucile, quelque part sur cet *atome*.

La Bruyère, *les Caractères*. Des esprits forts.

D'un côté je vois le soleil tant de milliers de fois plus grand que la terre; je le vois qui circule dans des espaces en comparaison desquels il n'est lui-même qu'un *atome* brillant.

Fénelon, *Traité de l'existence de Dieu*, Ire part., c. 3.

Tandis que sur notre fourmilière nous nous disputons un brin de paille pour un jour, l'univers marche à jamais par des lois éternelles et immuables, sous lesquelles est rangé l'*atome* qu'on nomme la Terre.

Voltaire, *Dictionnaire philosophique*. Bien et mal.

Le monde n'est qu'un poix, un *atome* la France.

D'Aubigné, *Tragiques*. Princes, liv. II.

L'espace qui de Dieu contient l'immensité,
Voit rouler dans son sein l'univers limité,
Cet univers si vaste à notre faible vue,
Et qui n'est qu'un *atome*, un point dans l'étendue.

Voltaire, *Épîtres*, LIV, à Mme du Chatelet, sur la philosophie de Newton.

Il s'est souvent employé en ce sens pour désigner l'homme.

De la hauteur des cieux il (le duc de Bourgogne) ne regardoit les hommes que comme des *atomes* avec qui il n'avoit aucune ressemblance, quels qu'ils fussent.

Saint-Simon, *Mémoires*, 1712.

Cela est peut-être impertinent à moi, *atome* de Cirey, de dire à une tête presque couronnée que les hommes sont égaux.

Voltaire, *Lettres*; au prince de Prusse, 22 janvier 1738

Atome, à qui un sot *atome* a dit que l'Éternel a des lois particulières pour quelques *atomes* de ton voisinage, qu'il donne sa grâce à celui-là, et la refuse à celui-ci, que tel qui n'avait pas la grâce hier l'aura demain, ne répète pas cette sottise.

> VOLTAIRE, *Dictionnaire philosophique.* Grâce.

Que toutes ces petites nuances qui distinguent les *atomes* appelés hommes, ne soient pas des signaux de haine et de persécution.

> LE MÊME, *Politique et législation.*

Un *atome* presque invisible, qu'on appelle l'homme, qui rampe sur la face de la terre et qui ne dure qu'un jour, embrasse en quelque sorte d'un coup d'œil le spectacle de l'univers dans tous les âges.

> VAUVENARGUES, *Réflexions,* 202.

Quoi! dans cet océan cet *atome* qui nage
Dira : L'immensité doit être mon partage?

> VOLTAIRE, 2e discours, De la Liberté.

Atomes tourmentés sur cet amas de boue,
Que la mort engloutit, et dont le sort se joue,
Mais *atomes* pensants, *atomes* dont les yeux,
Guidés par la pensée, ont mesuré les cieux.

> LE MÊME, le *Désastre de Lisbonne.*

Ton titre devant Dieu, c'est d'être son ouvrage,
De sentir, d'adorer ton divin esclavage;
Dans l'ordre universel, faible *atome* emporté,
D'unir à ses desseins ta libre volonté.

> LAMARTINE, *Premières Méditations,* II, l'Homme,

Et moi, pour te louer, Dieu des soleils, qui suis-je?
Atome dans l'immensité,
Minute dans l'éternité.

> LE MÊME, *Harmonies,* l'Hymne de la nuit.

Il s'emploie par exagération, en parlant d'une quantité fort petite :

Au milieu de cette vallée couloit un canal... large comme un fleuve et d'une eau si transparente, qu'un *atome* se fût vu au fond.

> LA FONTAINE, *Psyché,* II.

Enfin je ne voulois pas laisser un poil d'herbe, pas un *atome* végétal qui ne fût amplement décrit.

> J.-J. ROUSSEAU, *les Rêveries du promeneur solitaire,* 4e promenade.

En ce sens, le mot *atome* est très souvent suivi de la préposition *de* et d'un complément.

En dépit enfin des eaux minérales découvertes ici de-

IV.

puis peu, il n'y a guère d'affluence à Clèves. Les eaux y sont cependant aussi bonnes que celles de Spa et de Forges, et on ne peut avaler de petits *atomes* de fer dans un plus beau lieu.

> VOLTAIRE, *Voyage à Berlin.*

On voit presque en vapeur se résoudre cette eau :
. . . .
D'*atomes de* cristal une nue est formée,
Et lorsque le soleil se trouve vis-à-vis,
Son éclat l'enrichit des couleurs de l'iris.

> LA FONTAINE, *Psyché,* I.

Frêle *atome* d'oiseau, de leur molle étamine
Je vais sous d'autres cieux dépouiller d'autres fleurs.

> ANDRÉ CHÉNIER, *Élégies,* IV.

On désigne parfois de très petits animaux sous les noms d'*atomes vivants,* d'*atomes animés:*

On voit assez souvent, avec des lunettes, des animaux beaucoup plus petits qu'un grain de sable... Ces *atomes vivants* marchent aussi bien que les autres animaux.

> MALEBRANCHE, *Recherche de la vérité,* liv. I, c. 6, § 1.

La terre fourmille de petits animaux. Chaque plante, graine, chaque particule de matière organique contient des milliers d'*atomes animés.*

> BUFFON, *Histoire naturelle.* Les animaux carnassiers.

Dans l'*atome animé* combien d'êtres divers !
Là sont un cœur, des nerfs, des veines, des viscères.

> DELILLE, *les Trois Règnes,* VII.

On s'en sert parfois au figuré dans des significations assez diverses :

Nous avons beau enfler nos conceptions au delà des espaces imaginables, nous n'enfantons que des *atomes* au prix de la réalité des choses.

> PASCAL, *Pensées.*

Ce que le roi a fait pour l'extirpation de l'hérésie, est quelque chose de si grand, que la postérité aura peine à le croire et à le comprendre; ce qui avoit paru un monstre effroyable jusqu'à présent, est devenu un *atome.*

> DE RANCÉ, *Lettres;* 30 janvier 1686.

L'amitié est si jalouse et si délicate, qu'un *atome* qui s'y mêle la blesse; elle ne peut souffrir dans l'ami que le don simple et sans réserve du fonds de son amour.

> FÉNELON, *Divers Sentiments et avis chrétiens,* III. Sur le pur amour.

Vous dites que celui qui vous oblige a l'avantage sur vous. Eh bien! voulez-vous lui conserver cet avantage, n'être qu'un *atome* auprès de lui, vous n'avez qu'à être ingrat.

MARIVAUX, *la Vie de Marianne,* V^e partie.

En matière d'État, ne fût-ce qu'un *atome,*
Sa perte quelquefois importe d'un royaume.

CORNEILLE, *Attila,* I, 2.

Est-il de petits corps un plus lourd assemblage?
Un esprit composé d'*atomes* plus bourgeois?

MOLIÈRE, *les Femmes savantes,* II, 7.

... Fat animal,
Vil carabin d'orchestre, *atome* musical.

REGNARD, *Le Bal,* sc. 11.

Dans le passage suivant, *atome* est employé comme apposition.

L'homme, embrassant les distances infinies des astres, s'élança dans les abîmes de l'espace et de la durée : là se présenta à ses regards un nouvel ordre de l'univers; le globe *atome* qu'il habitait ne lui en parut plus le centre.

VOLNEY, *les Ruines.*

ATOMIQUE, adj. des deux genres.

Ce mot, qui n'est guère usité que comme terme de chimie, a été employé d'une façon différente par Diderot dans le passage suivant :

La nature de l'âme est *atomique.*

DIDEROT, *Dictionnaire encyclopédique,* Jordanus Brunus (Philosophie de).

ATOMISTIQUE, adj. des deux genres. Terme didactique. Qui appartient, qui a rapport aux atomes.

La philosophie *atomistique* semble avoir, au fond, dominé son esprit (de Buffon).

VILLEMAIN, *Littérature au XVIIIe siècle,* 22e leçon.

On a tiré encore d'*atome* le mot ATOMISME, pour désigner la doctrine qui reconnaît les atomes comme principes de toutes choses :

Il (Leucippe) imagina l'*atomisme*; Démocrite perfectionna ce système.

DIDEROT, *Dictionnaire encyclopédique,* Éléatique (secte).

Le poème sur la nature des choses n'est que la philoso-

phie d'Épicure mise en vers, si l'on peut donner ce nom de philosophie aux rêveries de l'*atomisme* et de l'athéisme réunies ensemble.

LAHARPE, *Cours de littérature.*

Et le mot ATOMISTE, pour désigner les partisans de cette doctrine.

Ceux qui étoient dans les sentiments de Démocrite, se servoient de la supposition des atomes pour rendre raison des phénomènes; au lieu que les hylopathiens se servoient des formes et des qualités... l'on peut nommer les uns athées *atomistes,* les autres hylopathiens pour les distinguer.

DIDEROT, *Dictionnaire encyclopédique,* Hylopathianisme.

ATONIE, s. f. Terme de Médecine. (Du grec ἀτονία, tiré lui-même de ἀ privatif et de τόνος, ton.) Défaut de ton, faiblesse des organes.

Athonie ou *inhertie.*

NICOLE ORESME. (Voyez MEUNIER, *Essai sur la vie et les ouvrages de Nicole Oresme,* p. 164.)

Pendant le sommeil, la peau semble être frappée d'une espèce d'*atonie.*

BICHAT, *Anatomie générale,* Système muqueux, art. I, § 2. Sympathies actives.

ATOUR, s. m. Ce mot, qu'on trouve dans les plus anciens textes sous des formes très diverses telles que ATUR, ATURN, etc., a primitivement le sens de Préparatif.

Sachiez, sire, que li noble homme, mon sire Hugue. conte de Briene... fust alés à vos, et fist tout son *ator* d'aler.

Lettre contenue dans le cartulaire de Champagne. (Voyez DU CANGE, *Glossaire,* Atornare.)

Nous avions parole fréquente
De lui jouer un mauvais tour,
Ce que fismes sans grant *atour.*

*Moralité nouvelle contenant
Comment Envie, au temps de maintenant,
Fait que les frères qu'un bon amour assemble
Sont ennemis et ont discord ensemble.*
(Voyez *Ancien Théâtre françois.* Bibliothèque elzévirienne, t. III, p. 122.)

De ce sens général sont venus beaucoup de sens particuliers, et ce mot a désigné tout ce qui demande une grande préparation; par exemple:

Un repas :

E l'um lur mist devant riche *aturn* de viande, mangèrent et béurent, et puis ourent cungied.

Les quatre Livres des Rois, IV, vi, 23.

Une armée :

E li reis Achab requist Josaphath que il se armast e entrast en la bataille od l'*atur* Achab, si cume ço fust .Achab.

Les quatre Livres des Rois, III, xxii.

Un engin, une machine, un instrument quelconque :

> Que as tu fait de cel *ator*
> Que tu emblas à ton seignor?
> Ou est li socs e li curreis?

Chronique de Normandie, v. 7344.

Il s'est dit particulièrement de l'habillement, de la coiffure des femmes :

Toutes les dames et damoiselles furent de si riche *atour* que être pouvoient.

Froissart, *Chroniques,* liv. I, Iᵉ part., c. 192.

Là vint une damoisele moult cointe et moult jolye, et estoit plus diversement arroyée que nulles des autres, et, pour son estrange *attour*, toutes la vinrent regarder comme une beste sauvaige, car son *attour* ne sembloit à nul des autres, et pour ce eut-elle sa part des regars. Si luy demanda la bonne dame : « M'amie, comment appellezvous cest *attour?* » Et elle lui respondi que l'on l'appelloit l'*attour* du gibet. « Du gibet! » dist la dame. « En nom Dieu, le nom n'est pas bel, ne l'*attour* plaisant. »

Le livre du chevalier de La Tour Landry, c. 49.

Madame se mist en cotte simple et print son *atour* de nuit.

Les cent Nouvelles nouvelles, XXXIX.

> Frere predicator
> Sont de mult simple *ator.*

Rutebeuf, *Œuvres,* t. I, p. 171.

> Il paroit bien à son *atour*
> Q'ele iere poi embesoignie;
> Quant ele s'iere bien pignie
> Et bien parée et atornée,
> Ele avoit faite sa jornée.

G. de Lorris, *Roman de la Rose.* Portrait de Oiseuse.

> Il étoit (le soleil) témoin de la fête,
> Paré d'un magnifique *atour.*

La Fontaine, *Psyché,* I.

Ce mot s'est surtout employé en ce sens au pluriel et ne s'est conservé qu'à ce nombre :

La dame... se desvestit et desatourna de ses *atours* féminins... se para et vestit comme se ce fust ung homme proprement.

Le livre du chevalereux comte d'Artois, p. 131.

Tous ces excessifs honneurs furent comme des *atours* et des guirlandes dont on le para (César), ainsi qu'une victime destinée au massacre.

Cœffeteau, *Histoire romaine de L. Florus;* IV, 2.

La plaisanterie auroit été beaucoup plus loin qu'elle (Mˡˡᵉ d'Hamilton) n'avoit prétendu, si la princesse de Babylone eût paru dans ses *atours.*

Hamilton, *Mémoires de Grammont,* c. 7.

A la fin de ces mémoires (de Mᵐᵉ de Staal) il ne vous reste nulle estime pour la personne de madame la duchesse du Maine, quoiqu'elle y soit toujours représentée en beau et sans aucun de ces *atours* ridicules que nous lui connaissons d'ailleurs.

Grimm, *Correspondance,* 15 août 1755.

Ne pouvant la faire belle, tu la fais riche, disoit Apelles à un mauvais peintre, qui peignoit Hélène fort chargée d'*atours.*

J.-J. Rousseau, *Émile.*

On connaît ce mot de Zeuxis à un peintre médiocre qui avait représenté Vénus chargée d'*atours* et de parures. « Tu as raison de la faire riche, ne pouvant pas la faire belle. »

Laharpe, *Cours de littérature.*

> Mais ayant leurs plus beaux *atours*
> Que l'on ne porte qu'aux grands jours
> *Verbi gratia,* les dimanches.

Scarron, *Virgile travesti,* V.

> Le deuil enfin sert de parure,
> En attendant d'autres *atours.*

La Fontaine, *Fables,* VI, 21.

> Que pouvois-je penser de ce mémoire-là :
> Tâtez-y, boute-en-train, culebutes, engageantes?
> Tout cela pour le front sont des armes parlantes,
> Et je sens que le mien me démange toujours.
> Voilà de vilains noms pour de si beaux *atours.*

Boursault, *les Mots à la mode,* sc. 15.

L'autre pour se parer de superbes *atours*
Des plus adroites mains empruntoit le secours.
RACINE, Esther, I, 1.

Mise en riche demoiselle,
Je brillerois tous les jours;
De rubans et de dentelle
Je chargerois mes *atours*.
J.-J. ROUSSEAU, le Devin de village, sc. 2.

Cloris n'est que parée, et Cloris se croit belle;
. . . .
Vingt familles enfin couleroient d'heureux jours,
Riches des seuls trésors perdus pour ses *atours*.
GILBERT, le Dix-huitième siècle.

Il s'est employé quelquefois en parlant d'armes et surtout d'armures :

Li matere est de Dieu, et d'armes, et d'amours,
Et du plus noble prinche en proueche et en mours,
Qui onques endossat chevaleureus *atours*.
ADAM DE LA HALLE, Chanson du roi de Secile,
ms. la Vallière, n° 81, f° 50. (Voyez Histoire
littéraire de la France, t. XX, p. 663.)

Mes ennemys, comme chevallier,
Desireront mes harnoys et *attours*.
Epistre du Chevalier gris. (Voyez Poésies françoises
des XV° et XVI° siècles, t. III, p. 283.)

Parmi de vains atours j'étale à ses regards
Les *atours* de Bellone, une épée et des dards.
Le héros, oubliant ses vêtements de femme,
Saisit un javelot et trahit sa grande âme.
SAINT-ANGE, trad. d'Ovide. Métamorphoses,
liv. XIII

On appelait *toile d'atour* le linge fin, le linge de parure et de luxe :

Pour ployer le linge à madame,
Tant soit-il délié et fin,
De *toile d'atour* au fin lin,
Je passe en cela toutes dames.
Chambrière à louer. (Voyez Poésies françoises des
XV° et XVI° siècles, t. I, p. 99.)

Dame d'atour, Dame dont la charge était de présider à l'habillement et à la toilette de la reine ou des princesses. On a dit aussi *dame d'atours*.

Mademoiselle de Mézières a reçu, par le moyen de M. d'Arquien, qui est en Pologne, un brevet de *dame d'atours* de la reine de Pologne.
Mme DE SCUDÉRY, Lettres; 8 fevrier 1679. (Voyez
Correspondance de Bussy-Rabutin.)

Parabère épousa aussi la fille de madame de la Vieuville, *dame d'atour* de madame la duchesse de Berry.
SAINT-SIMON, Mémoires, 1711.

Castries étoit chevalier d'honneur, et sa femme, *dame d'atour* de madame la duchesse d'Orléans.
LE MÊME, même ouvrage, 1715.

Cette suite étoit alors composée de la comtesse de Panestra, passée... *dame d'atours*, de six monstres, qui se disoient filles d'honneur.
HAMILTON, Mémoires de Grammont, c. 6.

Éléonore Galigaï, maréchale d'Ancre, *dame d'atours* de la reine, fut incontinent saisie, dépouillée de tout, conduite à la Bastille, et de là transférée à la Conciergerie.
VOLTAIRE, Histoire du Parlement de Paris, c. 48.

Catherine avait un jeune chambellan nommé Moëns de la Croix, né en Russie, d'une famille flamande : il était d'une figure distinguée; sa sœur, madame de Bale, était *dame d'atour* de l'impératrice. Tous deux gouvernaient sa maison.
LE MÊME, Histoire de Pierre le Grand, II° partie,
c. 17.

J'ai reproché bien des fois à madame la duchesse de Villars, sa *dame d'atours* (de Marie Leczinska), qu'elle la réduisoit à la mendicité.
HÉNAULT, Mémoires, c. 19.

... Voici deux dames de la cour
Qu'il honore du nom de vos *dames d'atour*.
LE GRAND, le Roi de Cocagne, II, 6.

Vous courez la nuit et le jour,
Sans page et sans *dame d'atour*.
Quel état pour une princesse !
VOLTAIRE, la Princesse de Navarre.

On l'a quelquefois employé dans un sens figuré :

... La dame s'étoit mise
En un habit à donner de l'amour.
La négligence, à mon gré si requise,
Pour cette fois fut sa *dame d'atour*.
LA FONTAINE, Contes, l'Oraison de S. Julien.

Plus l'obstacle est puissant, plus on reçoit de gloire,
Et les difficultés dont on est combattu
Sont les *dames d'atour* qui parent la vertu.
MOLIÈRE, l'Étourdi, V, 6.

On s'est servi anciennement, dans un sens analogue, des mots ATOURNERESSE et ATOURNEUSE, qui ne sont plus en usage :

Le rétablissement de ses charmes (d'une des sœurs de Psyché) n'étoit point une affaire de si longue haleine : ... l'autre avoit des réparations à faire de tous les côtés. Le bain y fut employé, les chimistes, les *atourneuses*.

LA FONTAINE, *Psyché*, II.

Oudin, qui donne encore le premier de ces termes en 1642 dans ses *Recherches italiennes et françoises*, lui attribue le sens de Loueuse de bijoux :

Atourneresse, donna che dà gioie a fitto.

Cotgrave donne même ATTOURNEUR, avec le sens de Coiffeur, d'homme qui pare.

Enfin on trouve ATOURNURE, au sens de coiffure :

Atournez-vous d'une *atournure* plaine
De vostre poil; d'autre ne vous souviengne.

EUST. DESCHAMPS, *Ballades*, LXXI.

ATOURNER, v. a. Préparer, arranger :

La mere *aturnad* un bel present de flur.

Les quatre Livres des Rois, I, 1, 24.

E David sunout une manière des orgenes ki *esteint* si *aturné* ke l'um les liout as espaldes celi ki's sunout.

Même ouvrage, II, VI, 14.

Henris, li frères l'empereour, sot par les Hermins que mout grant ost venoit sour lui. Si *atorna* son afaire et ordena ses batailles.

VILLEHARDOUIN, *Conqueste de Constantinoble*, § CXXXII.

Li emperères, à tant de gent come il pot avoir, fist *atorner* pour aler devant Andrenoble.

LE MÊME, même ouvrage, § CLXXII.

Si vont, et le fist par conseil, que ses fiuz fust couronneiz à Rains, et fist *atourneir* ce que il convenoit à roi au couronnement.

Récits d'un menestrel de Reims au XIIIᵉ siècle, publiés par N. DE WAILLY, p. 8.

A sa fame est venu, si li a tout conté
Comment de chez Francheis a le murdre *atourné*.

Doon de Maience, v. 7822.

Chacuns la nuit veille e pense,
Chascuns *atorne* sa defense.

Chronique de Normandie, v. 4400.

On s'en servait en parlant de la préparation des mets :

Prendrai pur ço mun pain, e ma ewe, e la char des bestes k'*ai aturned* à mes tunteriers.

Les quatre Livres des Rois, I, xxv, 11.

Jo sui prophetes si cume tu, e uns angeles parlad à mei de part nostre Seignur e cumandad que à mun ostel te menasse e un bel digner te *aturnasse*.

Même ouvrage, III, XIII, 18.

Au faisant à qui l'en oste la queue, l'en luy reboute deux ou trois plumes quant il *est* rosty, mais *atourné*.

Le Ménagier de Paris, 2ᵉ distinction, 5ᵉ art.

Le souper lor *atourne* tantost le cuisinier.

Doon de Maience, v. 11096.

Il se disait des soins du ménage :

Quant ils orent mangié, les napes font oster,
Et li lit *furent* fait, et moult bien *atorné*.

Parise la duchesse, v. 1847.

Du pansement des plaies :

La plaie *atornent*, si ont l'emplastre mis,
Dedens un lict font le baron dormir;
Quant il s'esveille, la dolor ne senti.

Garin le Loherain, t. I, p. 266.

Enfin il s'appliquait particulièrement à la parure, aux vêtements, et c'est le sens qui a prévalu.

De plus bels dras vus *aturnez*, e od mei venez al sacrefise.

Les quatre Livres des Rois, I, xvi, 5.

Samuel... de vesture lunge *fud aturnez*,
Cume cil ki fud à deu livrez.

Même ouvrage, II, IV.

Quant sui pignée et *atornée*,
Adonc est fete ma jornée.

Roman de la Rose, v. 591.

Atournez-vous, mes dames, autrement,
Sanz emprunter tant de haribourras,

Ne de querir cheveulx estrangement
Que mainte fois rungent souris et ras.
Eust. Descहamps, Ballades, 71e.

... Tousjours à ces grans journées
Les femmes <i>sont</i> mieulx <i>attournées</i>
Qu'aux autres jours, et cela tente.
Cl. Marot, Dialogue de deux amoureux.

Au figuré, on s'en sert ironiquement dans le sens d'Accommoder, arranger :

Commanda à son fils le duc de Normandie qu'il mit une grosse chevauchée sus et s'en venist en Hainaut, et sans déport <i>atournast</i> tel le pays que jamais ne fut recouvré.
Froissart, Chroniques, liv. I, Ire part.,
c. 106.

Je me fi bien en Dieu, qui tout a à sauver,
Que ains que viengne .I. mois, les cuit si <i>atqurner</i>
N'i ara si hardi ne couviengne trembler.
Doon de Maïence, v. 7396.

Atourner s'emploie avec le pronom personnel, soit dans le sens de Faire des préparatifs, soit dans celui de Faire de la parure :

Et montèrent aus murs et aus tors et <i>s'atornèrent</i> pour défendre.
Villehardouin, Conqueste de Constantinoble,
§ CXVIII.

Vint au lit dou roi qui dormoit, et l'esveilla et li dist : « Sire, malement est; madame s'en veut aleir en Escaloingne a Solehadin... » Quant li rois l'oï, si saut sus, et se vest et <i>s'atourne</i>, et fait sa mesnie armeir et s'en va au port.
Récits d'un ménestrel de Reims au XIIIe siècle,
publiés par N. de Wailly, p. 5.

Des pennes au paon <i>s'atorne</i>,
Trestut sun cors bien s'en aorne.
Marie de France, Fables, 58, Dou corbel qi
volt resambler poon.

Atourné, ée, participe. Paré.

Sitot que la dame de Salisbury sut le roi venant, elle fit ouvrir toutes les portes, et vint hors si richement vetue et <i>atournée,</i> que chacun s'en émerveilloit.
Froissart, Chroniques, liv. I, Ire part.,
c. 165.

Vous souvenez-vous encore que vous avez une Pucelle

d'une vieille copie, et que cette Jeanne, négligée et ridée, doit faire place à une Jeanne un peu mieux <i>atournée.</i>
Voltaire, Lettres; 29 mai 1754, au comte
d'Argental.

La patiente attend sa destinée,
Bien blanchement, et ce soir <i>atournée.</i>
Voire ce soir? <i>atournée,</i> et pour qui?
La Fontaine, Contes, La mandragore.

Figurément et ironiquement : Arrangé, accommodé.

Aussitôt qu'il eut discerné
Ce prince si mal <i>atourné</i>
. . . .
Mon cher Déiphobe, ha vraiment
Te voilà bâti plaisamment.
Scarron, Virgile travesti, VI, 7.

Ce chien-ci donc étant de la sorte <i>atourné,</i>
Un mâtin passe, et veut lui prendre le dîné.
La Fontaine, Fables, VIII, 7.

Au lieu d'Atourné, Rabelais a employé Atouré :

I celles attendentes sa venue, desguiserent les paiges de l'assemblée, et les habillerent en damoyselles bien pimpantes et <i>atourées.</i>
Rabelais, Pantagruel, IV, 10.

Atourner, signifiant <i>tourner vers,</i> n'est pas seulement une acception différente, mais bien un autre verbe, qui n'a pas été recueilli par les auteurs de lexiques de l'ancienne langue.

Atornée ont el vent la nef.
Roman de la Rose, v. 14978.

Li arceveske qui iluec munt
Li menerent en un haut munt
E lui dient k'il <i>atornast</i>
Ses oilz à munt si esguardat.
Marie de France, Purgatoire.

Au figuré, Atourner à signifie Concerner, Appartenir à, Attribuer à :

A David <i>aturnent</i> la victoire de dis milie, e à mei de mil.
Les quatre Livres des Rois, I, xviii, 8.

Si li mandad que cil de la cited que il ont asegié ne se pourent mais tenir; e que li reis pur ço venist et la rited préist; que la victorie ne *fust aturnée* à lui ki cunestables ert, mais à sun seignur.

Les quatre Livres des Rois, II, xii, 28.

A li *aturnat* tel amur,
Unques à femme n'ot greinur.
MARIE DE FRANCE, *lai de Gugemer*, v. 713.

S'ATOURNER, ou s'ATORNER, s'employait aussi dans le sens de Se tourner à, se tourner vers :

Il avient bien que un enfes de dix ans ou de douze est si porvers, ou si plains de malice, qu'il ne *se veut atorner* à nul bien fere.

BEAUMANOIR, *Coutumes de Beauvoisis*, XVI, 10.

Par barat fus tantost tourné
Et par la force de son vent,
Tout ainsi que l'en voit souvent,
Quelque part que le vent *s'atourne*,
Le cochet d'un clochier se tourne.

JEAN BRUYANT, *Chemin de povreté et de richesse à la suite du Ménagier de Paris*.

ATOUT, s. m. Terme de jeu de cartes. Carte de la même couleur que celle qui retourne.

Le *Dictionnaire de l'Académie* de 1694 l'écrit en deux mots :

La triomphe est de pique, il faut faire *à tout*, jouer *à tout*, jouer un *à tout*, jouer deux fois *à tout*, jouer deux *à tout*.

Jouer à tout s'est quelquefois employé anciennement au figuré, dans le sens de jouer de son reste :

Quant ils se vèrent ainsi assiégez si *jouèrent à tout*, car ils avoient assez canons et artillerie.

Journal de Paris sous Charles VI et VII, p. 185.

ATOUT a été employé fort anciennement, dans le langage très populaire, avec le sens de Coup, de Contusion, de Blessure.

Atoult! Atoult...
Vous en arez des coups cent mille,
Faux bagoulart, si vous dictes rien.

Farce joyeuse à III personnages. (Voyez *Recueil de farces, moralités et sermons joyeux*, etc. Paris, Techener, 1837, 8°, t. II, p. 14.)

ATOUT a été employé, dans l'ancien français, au sens de Avec, et dans quelques autres acceptions analogues :

Saintré *atout* sa compaignie, vestu de sa livrée, vindrent prendre congié du roy.

ANT. DE LA SALE, *l'Hystoyre et plaisante Cronicque du petit Jehan de Saintré*, c. 27.

Atout li dux Robert ses mains
Des fonz le lieve cum parrains.

BENOIS, *Chronique rimée*, v. 6947.

Encore fauldra, par ma foy!
Que je vous monstre *atout* le doy.

Sermon des foux. (Voyez *Ancien Théâtre françois*, Bibliothèque elzévirienne, t. II, p. 208.)

Voyez le *Glossaire* de Sainte-Palaye.

ATRABILE, s. f. (Du latin *ater*, noir, et *bilis*, bile.) Terme de Médecine ancienne. Bile noire, Mélancolie.

On disait aussi *Atrebile* :

L'humeur mélancholique contre nature, qui s'appelle *atrebile*.

A. PARÉ, *Œuvres*, XX, 29.

Ce mot, assez peu usité, a été regardé comme nouveau par Bouhours, en 1674 :

M. de la Chambre emploie le mot *d'atrabile* dans l'Art de connoître les hommes (p. 40) : « En effet, l'*atrabile* domine dans le lion et dans l'homme fort et robuste. » Atrabilaire est de ma connoissance, mais *atrabile* n'en est point, et j'ai été surpris de rencontrer l'*atrabile*, au lieu de la bile noire.

Doutes sur la langue françoise, p. 44.

Vous scavez très bien que c'est un saint (M. l'évêque de Chartres), et un saint très doux, malgré cette bile et *atrabile* dont vous faites de si tristes portraits.

Mme DE MAINTENON, *Lettres;* 6 octobre 1707, à M. le cardinal de Noailles.

ATRABILAIRE, adj. des deux genres. Nom donné par les anciens médecins aux mélancoliques et aux hypocondres, chez lesquels ils croyaient l'atrabile prédominante.

On a dit aussi *Atrabiliaire* et *Atrebiliaire*. (Voyez le *Dictionnaire* de Cotgrave.)

Il s'emploie avec un nom de personne :

M. Hilaire étoit un homme purement *atrabilaire, qui tamen morum suavitate,* étoit aimé de tout le monde.

Guy Patin, Lettres; CXCVI.

C'étoit (le chevalier de Coislin) un très honnête homme de tous points, et brave, pauvre, mais à qui son frère le cardinal n'avoit jamais laissé manquer de rien, et un homme fort extraordinaire, fort *atrabilaire* et fort incommode.

Saint-Simon, Mémoires, 1699.

On peut juger si un tel pédant *atrabilaire* (Milton), défenseur du plus énorme crime, put plaire à la cour polie et délicate de Charles II.

Voltaire, Dictionnaire philosophique,
Épopée.

Les fous *atrabilaires,* les furieux, sont plus remarqués dans notre nation que dans toute autre.

Le même, Lettres; 15 octobre 1766.

Je voudrois qu'à la fois vous fussiez maniaque,
Atrabilaire, fou, même hypocondriaque.

Regnard, les Folies amoureuses, III, v.

J'aime mieux Jordan, qui s'allie
Avec certain Anglais impie
Contre l'idole des dévots,
Contre ce monstre *atrabilaire*
De qui les fripons savent faire
Un engin pour prendre les sots.

Voltaire, Lettres; au roi de Prusse,
3 auguste 1741.

Loin de ces sots *atrabilaires*
Qui cousus de petits mystères
Ne nous parlent qu'incognito.

Gresset, la Chartreuse.

Non que je veuille ici, censeur *atrabilaire,*
Effaroucher les ris et bannir l'art de plaire.

Lebrun, Épître, liv. I.

Il s'applique aussi à un nom de chose :

Principalement s'il est d'un tempérament picrochole ou *atrabilaire.*

A. Paré, Œuvres.

Le célèbre Galien établit directement à son ordinaire, trois espèces de cette maladie... la première qui vient du propre vice du cerveau, la seconde qui vient de tout le sang fait et rendu *atrabilaire...*

Molière, Pourceaugnac, I, 8.

Il me semble donc que, mademoiselle étant extrêmement mélancolique, cette mélancolie ne peut être causée

que par un suc *atrabilaire* qui fait sa résidence dans la région de la rate.

Isabelle médecin, scène de la consultation. (Voyez
Ghérardi, Théâtre italien, t. I, p. 243.)

La maladie qui l'emporta (Charles IX) est très-rare ; son sang coulait par tous les pores : cet accident, dont il y a quelques exemples, est la suite ou d'une crainte excessive, ou d'une passion furieuse, ou d'un tempérament violent et *atrabilaire.*

Voltaire, Essai sur les mœurs, c. 173. De la
France sous Henry III.

Vous n'aurez garde d'épouser les fureurs *atrabilaires* des misanthropes, ennemis mortels du genre humain.

J.-J. Rousseau, Lettres; à M..., 1749.

Elle a bien aujourd'hui l'esprit *atrabilaire.*

Regnard, le Distrait, I, 4.

La sagesse *atrabilaire*
Nous irrite et n'instruit pas.
C'est à la vertu de plaire.

Voltaire, Précis de l'Ecclésiaste.

Fuis les emportements d'un zèle *atrabilaire,*
Ce mortel qui s'égare est un homme, ton frère.

Le même, Discours en vers, II, De la Liberté.

De ces cœurs défiants l'espèce *atrabilaire*
Ressemble, je le vois, aux chevaux ombrageux ;
Il faut les aguerrir, pour venir à bout d'eux.

Piron, la Métromanie, IV, 1.

Il est aussi substantif :

Douze parlements jansénistes sont capables de faire des Français un peuple d'*atrabilaires.*

Voltaire, Lettres; 80 janvier 1764.

Le bel honneur que fera à votre famille un mélancolique, un *atrabilaire,* un rêveur qu'on ne sçauroit faire parler qu'avec des machines.

Palaprat, le Muet, I, 4.

ÂTRE, s. m. (Du bas-latin *astrum,* sol carrelé.)
On a dit Aitre, Aistre, Astre. (Voyez Sainte-Palaye, *Glossaire.*)

Le *astre* demurra al puné.

(Voyez Du Cange, Glossaire Astrum.)

Qui n'a ses enfans dont respaistre,
Dont il a six ou sept en l'*aistre.*

Miserere du Reclus de Moliens, ms. de Gaignat,
fol. 205, v°, col. 1.

Astre ou *aistre* signifie, d'une manière générale, Demeure, Habitation. Le sens plus particulier de ce mot est Foyer, endroit de la cheminée où l'on fait le feu.

Si ta maison debvoit ruiner, failloit il qu'en sa ruine elle tombast suz les *atres* de celluy qui l'avoit aornée?

RABELAIS, *Gargantua*, I, 30.

Le feu et *âtre* (aucuns l'appellent fouyer) où l'on rotissoit et faisoit les potages, estoit au milieu de la cuisine.

PHILIBERT DE L'ORME, *Architecture*, IX, 11.

On a appellé en ceste ville de Paris et en quelques autres lieux circonvoisins un *atre* ce qu'ailleurs est nommé un foyer.

H. ESTIENNE, *la Précellence de la langue françoise*.

On les (ces briques) posoit sur leur costé, tout ainsi que l'on agence les ardoises et les tuiles, quant on en fait des *aistres* ou fouyers de cheminées.

BERGIER, *Histoire des grands chemins de l'empire romain*, liv. II, c. XX, 9.

On ne prenoit pas anciennement de grandes précautions pour cuire le pain, l'*âtre* du feu servoit le plus souvent à cet usage. On posoit dessus un morceau de pâte applati, on le couvroit de cendres chaudes, et on l'y laissoit jusqu'à ce qu'il fût cuit.

GOGUET, *De l'origine des lois, des arts et des sciences*, Ire époque, liv. II, art. 2.

Trois marmites de terre de différentes grandeurs sont au fond de l'*âtre*.

DIDEROT, *Salon de 1767*, Robert.

Nostre chat print une souris
Hyer au mastin, emmy nostre *astre*.

Farce de tout mesnaige. (Voyez *Ancien Théâtre françois*, Bibliothèque elzévirienne, t. II, p. 408.)

En cercle un même attrait rassemble autour de l'*âtre*
La vieillesse conteuse et l'enfance folâtre.

DELILLE, *les Trois Règnes*, I.

Les coudes appuyés sur ses genoux, le pâtre
Penchait son front chargé de cheveux noirs sur l'*âtre*.

LAMARTINE, *Jocelyn*, 3e époque.

On disait proverbialement, d'une maison où l'on faisait peu de cuisine : *Rien n'y est plus froid que l'âtre, la broche n'y connaît pas l'âtre.*

Ayant convié à disner deux siens compaignons, lesquels

IV.

il avoit rencontrez par la ville, et voyant au retour qu'en la maison *il n'y avoit rien plus froid que l'atre...*

DESPERRIER, *Nouvelles*.

Jamais broche n'y connut *âtre*.

SAINT-AMANT, *le Passage de Gibraltar*.

ATROCE, adj. des deux genres. (Du latin *atrox*.) Énorme, excessif. Il se dit principalement des crimes, des injures, des supplices, etc.

Qui eust décidé le cas au sort des dez, il n'eust erré, advint ce que pourroit. Si contre la femme, elle meritoit punition. Si pour la femme, elle sembloit avoir eu cause de douleur *atroce*.

RABELAIS, *Pantagruel*, III, 44.

M. le cardinal de Richelieu avoit donné une atteinte cruelle à la dignité et à la liberté du clergé, dans l'assemblée de Mante, et il avoit exilé avec des circonstances *atroces* six de ses prélats les plus considérables.

CARDINAL DE RETZ, *Mémoires*.

Il (Luther) s'emporta contre ce prince (Henri VIII) avec une telle violence, que les Luthériens eux-mêmes en étoient honteux. Ce n'étoit que des injures *atroces* et des démentis outrageux à toutes les pages.

BOSSUET, *Histoire des variations des Églises protestantes*, II, 5.

Le docteur Gilbert Burnet se plaint surtout de Sanderus, historien catholique, qu'il accuse d'avoir inventé des faits *atroces*, afin de rendre odieuse la réformation anglicane.

LE MÊME, même ouvrage, VI, n° 2.

J'ay eu grande joie de voir finir les Estats, ayant une juste appréhension que les choses en estant venues jusques à l'esclat et au scandale qui se fit jeudy dernier, cela auroit eu des suites et des conséquences, estant difficile que des injures si *atroces* se puissent si aysément oublier.

DE BESONS à Colbert, 14 février 1665. (Voyez DEPPING, *Correspondance administrative sous Louis XIV*, t. I, p. 191.)

On sut qui avoit fait et envoyé ces calomnies *atroces*. C'étoit l'abbé de la Châtre, frère du gendre du marquis de Lavardin.

SAINT-SIMON, *Mémoires*, 1698.

Le peuple japonais a un caractère si *atroce*, que ses législateurs et ses magistrats n'ont pu avoir aucune confiance en lui.

MONTESQUIEU, *Esprit des lois*, XIV, 15.

Darget n'est possesseur de cet ouvrage que par infidélité. Il n'en est possesseur que par une infidélité *atroce*.

VOLTAIRE, *Lettres*: 18 juin 1755.

Je suis en proie à des misérables qui, sous le nom d'une certaine Pucelle, impriment tout ce que la grossièreté a de plus bas, et ce que la méchanceté a de plus *atroce*.

VOLTAIRE, *Lettres;* 30 décembre 1756.

Les injures *atroces* n'ont jamais fait de tort qu'à ceux qui les ont dites. Qui se met ainsi en colère a trop l'air de n'avoir pas raison.

LE MÊME, *Mélanges littéraires.*

On vit, dans le même siècle, un exemple *atroce* de la justice poussée jusqu'à l'horreur.

LE MÊME, *Essai sur les mœurs*, c. 85. Du Parlement de Paris.

Tout ce que j'ai pu faire a été d'avouer que j'avois à me reprocher une action *atroce*.

J.-J. ROUSSEAU, *les Confessions*, I, 2.

Lorsqu'elle est (l'épigramme) mordante, il est rare qu'elle ne soit pas odieuse, et si à la diffamation elle joint la calomnie, elle est *atroce*.

MARMONTEL, *Éléments de littérature.* Épigramme.

Il (le débiteur) sentiroit quelle injustice *atroce* il y auroit à se faire du bienfait un titre pour haïr le bienfaiteur.

TURGOT, *Mémoire sur les prêts d'argent*, § XXIX.

Combien, de bonne foi, d'iniquités *atroces*
Traînent des procureurs qu'on roule en des carrosses !

BOURSAULT, *les Fables d'Ésope*, IV, 3.

Dans les exemples suivants, le mot *Atroce* forme une opposition avec le substantif auquel il se rapporte :

Lorsque nous lisons, dans les histoires, les exemples de la *justice atroce* des sultans, nous sentons, avec une espèce de douleur, les maux de la nature humaine.

MONTESQUIEU, *Esprit des lois*, VI, 9.

Une autre erreur, plus généralement répandue parmi nous, faisait croire que les excommuniés étaient damnés. Le fils d'Henri IV mit le comble à son impiété, en affectant la *piété atroce* de déterrer le corps de son père inhumé dans la cathédrale de Liège, et de le faire porter dans une cave à Spire.

VOLTAIRE, *Essai sur les mœurs.*

Ce mot s'emploie quelquefois avec une certaine exagération :

Outrée de rage (Mme de Lussan) et n'ayant de ressource

qu'à faire perdre terre à Disimieu, elle l'accabla des plus *atroces* chicanes.

SAINT-SIMON, *Mémoires*, 1707.

M. de la Rochefoucauld, retiré au chenil, y reçut un billet anonyme *atroce* contre le roi.

LA MÊME, même ouvrage, 1709.

Marote Poussineau ! ce nom seul est *atroce*.

BOURSAULT, *les Mots à la mode*, sc. 10.

Il se dit quelquefois en parlant des personnes :

Je vous prouve, mes chers Velches, que tout abominable qu'était ce peuple (les juifs), tout *atroce*, tout sot qu'il était, il a cependant donné cent exemples de la tolérance la plus grande.

VOLTAIRE, *Lettres;* 1er mars 1764.

Le public de ce moment-ci est, comme la tragédie moderne, absurde, *atroce* et plat.

CHAMFORT, *Maximes et pensées*, c. 3.

Il se dit aussi des sentiments personnifiés :

Douce et tendre, sombre et terrible, plaintive et déchirante, furieuse et *atroce*, elle (la passion) prend toutes les couleurs.

MARMONTEL, *Éléments de littérature.* Éloquence poétique.

ATROCEMENT, adverbe. Avec atrocité.

ATROCITÉ, s. f. Action atroce.

Songez que Térée et Oreste tout de suite, voilà bien du grec, voilà bien de l'horreur ; il faut laisser respirer. Je voudrais une petite comédie entre ces deux *atrocités*, pour le bien du tripot.

VOLTAIRE, *Lettres.*

Il faut que le génie des Espagnols eût alors quelque chose de plus austère et de plus impitoyable que celui des autres nations. On le voit surtout ici par l'excès d'*atrocité* qu'ils mirent dans l'exercice d'une juridiction où les Italiens, ses inventeurs, mettaient beaucoup plus de douceur.

LE MÊME, *Essai sur les mœurs*, c. 140. De l'Inquisition.

Arrêtez, malheureux ! O ciel ! qu'alliez-vous faire?
— Nous délivrer de toi, finir notre misère,
A tant d'*atrocités* dérober notre sort.

VOLTAIRE, *l'Orphelin de la Chine*, V, 6.

ATROCITÉ signifie aussi Énormité, Excès. En ce

sens, il est souvent suivi de la préposition *de* et d'un complément.

Mon père sentit si vivement l'*atrocité de* la calomnie, qu'il se jeta sur une plume et mit à la marge : L'auteur en a menti.
SAINT-SIMON, *Mémoires*, 1693.

L'*atrocité des* lois en empêche donc l'exécution. Lorsque la peine est sans mesure, on est souvent obligé de lui préférer l'impunité.
MONTESQUIEU, *l'Esprit des lois*, VI, 13.

Je n'ai pas besoin, lui dit-il, de te faire sentir l'*atrocité de* l'injure que tu as reçue. Le crime est horrible, le châtiment doit l'être.
MARMONTEL, *Bélisaire*.

Sur les pas de nos rois descendons dans la tombe.
— Après l'*atrocité de* leur indigne sort,
Qui pourrait redouter et refuser la mort?
VOLTAIRE, *l'Orphelin de la Chine*, I. 5.

ATROPHIE, s. f. Terme de Médecine. (Du grec ἀτροφία, de ἀ privatif et de τρέφω, nourrir.)

L'*atrophie* ou amaigrissement vient d'avoir trop longtemps tenu la partie au repos, et aussi pour l'avoir tenue liée.
A. PARÉ, *Œuvres*, XVI, 59.

Dans l'*atrophie* du nerf optique, le trou du même nom devient plus étroit.
BICHAT, *Anatomie générale*. Système osseux, § 2, Propriétés de tissu.

ATROPHIER, v. a. Produire l'Atrophie.
ATROPHIÉ, ÉE, participe.

La partie affligée de paralysie demeure *atrophiée*.
AMBROISE PARÉ, *Œuvres*.

Rabelais a employé en ce sens le mot ATROPHE:

Ung aultre guarissoit toutes les trois manieres d'heticques, *atrophes*, tabides, emaciez.
RABELAIS, *Pantagruel*, V. 21.

ATTABLER (S'), v. pron. Se mettre à table pour y demeurer longtemps.
Ce mot ne se trouve pas dans nos anciens dictionnaires. Il paraît, en 1690, dans la première

édition de celui de Furetière ; en 1694, dans la première édition du *Dictionnaire de l'Académie*, toutefois, il n'est point à son rang dans le corps de l'ouvrage, et figure seulement dans les « Additions et corrections, » avec cette mention : Il est bas.

On pourrait croire que ce mot a été employé par le cardinal de Retz dans ses *Mémoires*.

En effet, dans un passage de la seconde partie (avril-juillet 1649) où il est question de l'expédition du duc de Beaufort au jardin des Tuileries chez Renard, on lit :

« Il tira d'abord la nappe, il renversa la table ; l'on coiffa d'un potage le pauvre Vineuil, qui n'en pouvoit mais et qui se trouva de hasard *attablé* avec eux. »

Mais ce mot ne se trouve que dans les éditions de 1837, 1866. Les manuscrits et les éditions anciennes donnent, au lieu d'*attablé* : « en table » ou « à table. »

Quand le vin fut de retour, on conclut
Qu'il ne falloit *s'attabler* davantage.
LA FONTAINE, *Contes*, les Rémois.

Cependant on a vu sous de bachiques toits,
Le noble, en d'autres tems, *s'attabler* quelquefois.
LEMIERRE, *les Fastes*, XV.

ATTACHE, s. f. (Les mots ATTACHE, ATTACHER, et ATTAQUE, ATTAQUER remontent à une même origine, et ne diffèrent que par la prononciation qui, pour les deux dernières formes, appartient au dialecte picard. Leur racine commune TACHE ou TAQUE, dont le sens n'est pas déterminé avec certitude, semble devoir signifier Clou, Lien, ou quelque chose d'approchant.)

Dans les exemples suivants, le sens d'*Attache* se confond avec celui d'*Attaque*.

Qui est donc aujourd'hui l'historien auquel ces juges, faits à la haste, ne donnent quelque *attache* et quelque coup de bec?
H. ESTIENNE, *Apologie pour Hérodote*. Discours préliminaire.

Aussi quelquefois quatre ou cinq de chacun costé, s'estans trouvez de fortune ensemble, commencerent à contester, s'entre-donnants *ataches* de chacun costé, disputants de leurs prerogatives.

NOEL DU FAIL, *Discours d'aucuns propos rustiques.*

Si nous fusmes libéraux à ces louables épithètes envers ceux (de nos rois) qui le méritoient, si nous ne feusmes non plus avaricieux de leur donner des *attaches* sur les défaux qui estoient en eux.

EST. PASQUIER, *Recherches de la France*, IV, 23.
Des épithètes que nos ancestres donnèrent à quelques-uns de nos rois par *attache.*

La goutte le prit le lendemain... il falloit... garder le lit tant qu'elle duroit. Cette *attache* le retint plus qu'il ne pensoit en un lieu où, sans cela, il ne se fût pas ennuyé.

BALZAC, *Aristippe.* Avant-propos.

Le sens primitif est Lien, Courroie, en général ce qui sert à attacher.

Il advint que secrètement et par mauvaistié on avoit cyé les poultres et les *ataches* qui soustenoient le pont.

ENGUERRAN DE MONSTRELET, *Chroniques*, c. 200.

On prenoit un morceau d'étoffe plus long que large, et on s'en couvroit, ou pour mieux dire, on s'en enveloppoit. Car, originairement, on ne se servoit point *d'attaches* pour retenir les habits.

GOGUET, *Origine des lois.*

Prenez Ogier, le cuvert sodiant.
Si le liez à une *atache* grant.

Otinel, v. 1539.

Et si voy bien, veu l'estat où je suis,
Que tu dis vray; toutefois je ne puis
D'autour du col me denouer l'*attache.*

RONSARD, *Amours*, I, XXXIII.

On l'a employé souvent en ce sens d'une manière métaphorique :

Quand une fois ce monstre (la calomnie) nous attache
Il scait si bien ses cordillons nouer,
Que bien qu'on puisse enfin les desnouer,
Restent toujours les marques de l'*attache.*

PIBRAC, *Quatrains*, LXXXIII.

On a dit, avec une signification analogue, *Tenir, mettre à l'attache.*

Lâche la assurément (la honte) en ce qui t'est d'impor-

tance : ne la *tiens* point à *l'attache* comme un chien derrière ta porte.

CHAPELAIN, traduction de *le Gueux, ou la Vie de Guzman d'Alpharache*, 1re part., liv. II, c. 1.

Louis XIV, devenu majeur, entra au parlement avec un fouet, sceptre et symbole de la monarchie absolue, et les Français *furent mis à l'attache* pour cent cinquante ans.

CHATEAUBRIAND, *Études historiques.* Préface.

Chien d'attache, lévrier d'attache, chien de cour qu'on ne détache que la nuit :

Aussi estime-on fort un beau et bon *lévrier d'attache*, ou courageux dogue, qui ne s'attaque point à des simples animaux, mais aux plus furieuses et courageuses bestes.

BRANTÔME, *Grands Capitaines françois*, M. des Diguières.

Levrier d'attache, levrier grosso, veltro.

OUDIN, *Recherches.italiennes et françoises.*

Comment! que je brûle mes livres! Veux-tu que j'aille démeubler ma tête de toutes ces belles connoissances qui font la seule consolation de ma vie? — Il est vrai que la consolation est grande, d'être sans cesse, comme un *levrier d'attache*, après de vieilles pancartes dont les vers s'éloignent par respect.

DELOSME DE MONCHENAI, *Mezzettin grand sophy de Perse*, scène de M. Grognart et de Colombine. (Voyez GHERARDI, *Théâtre italien*, t. II, p. 312.)

ATTACHE se disait d'une affiche attachée, placardée :

En seront mises *attaches* ou affiches par escrit à la porte de l'église.

Coutumier général, t. I, p. 325.

Bas d'attache, Grand bas de soie que l'on attachait autrefois au haut-de-chausse :

Il portoit des chausses troussées à *bas d'attache* comme celles des comédiens, quand ils représentent un héros de l'antiquité.

SCARRON, *Roman comique*, Ire part., c. 1.

Attache de pierreries, de diamants, assemblage de pierreries, de diamants, mis en œuvre, composé de plusieurs pièces qui s'accrochent l'une à l'autre.

Gonsalve baisa mille fois ce bracelet et y mit une *attache de pierreries* d'un grand prix.

Mme DE LA FAYETTE, *Zayde.*

On remarque néanmoins sur elle une riche *attache* qu'elle dérobe avec soin aux yeux de son mari.

LA BRUYÈRE, *Caractères,* c. 3.

ATTACHE, en termes d'Anatomie, se dit de L'endroit où vient s'attacher, se fixer l'extrémité d'un muscle, d'un ligament :

L'*attache* d'un muscle, d'un ligament. Les muscles ont chacun deux *attaches.*

Dictionnaire de l'Académie, 1835.

ATTACHE, en termes de Chancellerie, s'employait dans cette locution, *Lettres d'attache,* lettres que le roi donnait, pour rendre exécutoires dans le royaume soit des bulles du pape, soit des ordonnances d'un chef d'ordre religieux résidant hors du royaume.

Maintenant que i'ay vostre responce, je feray expédier mes bulles, et puis les envoyeray en Cour pour avoir *lettres d'attache.*

D'OSSAT, *Lettres;* liv. V, lettre XXXI.

ATTACHE se disait encore, autrefois, de L'ordonnance d'un gouverneur de province, pour faire mettre à exécution les ordres du roi qui lui étaient présentés ou adressés, ou d'un acte du gouvernement.

Comme il étoit gouverneur de la province, il leur refusoit son *attache* pour passer outre.

LOUIS XIV, *Mémoires,* IIe part.

Il se disait pareillement Des lettres expédiées par le connétable, le grand amiral, les colonels généraux et les mestres de camp généraux, en vertu des brevets ou commissions accordées par le roi aux officiers qui devaient servir sous eux.

Sur ce que Renel m'avoit fait demander si le mestre de camp général de la cavalerie légère donnoit les *attaches* aussi bien que le colonel, je lui avois envoyé un mémoire en suite duquel il m'écrivit cette lettre.

BUSSY-RABUTIN, *Correspondance.* Note en tête de la lettre du 20 mars 1675.

Comme vous, MM. de Coaslin et de Fourilles, avez donné les *attaches* aussi bien que le colonel, je crois que Sa Majesté trouvera bon que je me maintienne dans la même possession.

LE MARQUIS DE RENEL, à Bussy, 20 mars 1675.

Port d'attache, se dit des ports et localités maritimes où les navires de l'État et ceux du commerce ont été armés et immatriculés.

Attache s'emploie au figuré dans le sens de Consentement, Agrément :

Les cuisiniers du prince venoient prendre l'ordre de luy (d'Aristippe), et l'on ne les recevoit point sans son *attache.*

PERROT D'ABLANCOURT, trad. de Lucien, *le Parasite.*

M. de Bussy vous mandera tout assurément : la cour n'a point voulu lui donner d'autre nom ; celui de Rabutin est demeuré avec celui d'Adhémar, que vouloit prendre le chevalier de Grignan et que Rouville seul a empêché de prospérer ; il faut l'*attache* des courtisans pour les noms.

Mme DE SÉVIGNÉ, *Lettres;* à Bussy, 13 avril 1681.

Dignités, charges, postes, bénéfices, pensions, honneurs, tout leur convient et ne convient qu'à eux, le reste des hommes en est indigne ; ils ne comprennent point que sans leur *attache* on ait l'impudence de les espérer.

LA BRUYÈRE, *Caractères,* c. 16.

Tout homme, sans aucun excepter, se vit en proie aux exacteurs, réduits à supporter, et à discuter avec eux son propre patrimoine, à recevoir leur *attache* et leur protection sous les peines les plus terribles.

SAINT-SIMON, *Mémoires,* 1710.

La princesse des Ursins, qui d'avance se comptoit déjà souveraine, eut impatience d'en faire sentir à l'Espagne son poids... elle n'osa pourtant se hasarder sans l'*attache* de la France.

LE MÊME, même ouvrage, 1712.

Comme il étoit de leur intérêt (au père d'Aubenton et à Albéroni) que personne ne pût aborder le roi qu'avec leur *attache,* le confesseur avoit promis au premier ministre de l'avertir de tout ce qu'il découvriroit.

LE MÊME, même ouvrage, 1716.

On trouve, avec cette signification, les expressions *Avoir, demander, donner, prendre attache:*

Il s'estonna qu'un aventurier..., qui *n'avoit* point *pris attache* ni ordre de lui, eust fait si grand progrès dans un pays dont il disoit qu'il avoit la clef.

BALZAC, Dissertations critiques. Remarques sur deux sonnets, c. 2.

J'ai vu le cavalier que vous appelez intrépide, et en suis demeuré extrêmement satisfait. Mais *avez-vous pris attache* des grammairiens pour passer intrépide en notre langue.

LE MÊME, Lettres, liv. XVI.

Un peu avant la paix des Pyrénées, je *donnai attache* à Chamilly pour servir de capitaine de cavalerie dans le régiment de M. le cardinal.

BUSSY-RABUTIN, Lettres; à l'évêque de Verdun, 30 novembre 1674.

Il a de l'esprit, et il ne veut point qu'on en ait, au moins sans *avoir son attache* et sans reconnoître la supériorité du sien.

DESTOUCHES, l'Envieux, sc. 6.

J'ai suspendu cette édition, qui se faisait à Amsterdam, pour *avoir l'attache* du ministère de France.

VOLTAIRE, Lettres; janvier 1738.

Quelque sujet que nous proposions dans la suite, ne fût-ce que l'éloge de Bayle ou de Rabelais, le public ne doit trouver ni mauvais ni étrange que nous *demandions l'attache* des théologiens que, peut-être avec raison, l'on a jugée si nécessaire.

D'ALEMBERT, Éloge de Mongin.

Aujourd'hui que tout est philosophie, et que, jusqu'aux gens du monde, tout en *a pris l'attache* ou le masque, nous médisons des femmes méthodiquement et avec une pédanterie bien ridicule aux yeux du vrai philosophe.

GRIMM, Correspondance, 15 juin 1756.

Mon avocat au conseil me refuse, et s'obstine à ne vouloir *donner* ni signature, ni consultation, ni aucune *attache* à la très légitime défense de son client.

BEAUMARCHAIS, Mémoires.

ATTACHE se dit en outre, figurément, de Tout ce qui occupe l'esprit, ou qui engage le cœur et le tient en dépendance.

Dans les traités et dans les sermons il y a des termes qui me sont suspects... Il y a d'autres termes qui sont tout à fait insoutenables... L'auteur ne feroit pas mal de s'en défaire ; mais je vois qu'il y a de *l'attache,* et que c'est par inclination et par choix que ces termes lui sont plus familiers que ceux dont il pourroit user sans scrupule.

BALZAC, Socrate chrétien, Remarques sur des sermons et sur des traités de controverse, disc. X.

Il me souvient à ce propos qu'incontinent après que je fus hors de pays, me trouvant en une débauche de personnes d'esprit et de condition où, entre la poire et le fromage, seulement par galanterie, sans que pas un y eust aucune *attache* sérieuse, l'on proposa de faire une religion nouvelle, l'on me demanda si je n'en serois pas ; je dis que non.

RACAN, Lettres; à M. Chapelain, novembre 1656.

Nous sommes pleins de concupiscence, donc nous sommes pleins de mal ; donc nous devons nous haïr nous-mêmes, et tout ce qui nous excite à autre *attache* que Dieu seul.

PASCAL, Pensées.

J'aime naturellement mon sexe ; mais je ne sache guère de femmes qui méritent une grande *attache,* parce qu'elles sont presque toutes prévenues, inconstantes, légères et jalouses.

Mlle DE MONTPENSIER, Portraits, LVII. Mlle de Melson.

Mais n'est-ce pas la chose du monde la plus déplorable que nous aimions si puissamment ces plaisirs (les plaisirs) qui nous abandonnent si vite ; qu'ils aient une telle force pour nous entraîner, et nous aucune pour les retenir ; enfin que notre *attache* soit si violente, que nous soyons si fidèles à ces trompeurs et leur fuite cependant si précipitée ?

BOSSUET, Sermons. Sur l'amour des plaisirs.

Quand les crimes que vous blâmez ne seroient point dans vos consciences par une *attache* actuelle, ils sont enfermés radicalement dans ce foyer intérieur de votre corruption, et si jamais ils en sortent par une *attache* effective, en condamnant votre frère n'aurez-vous pas parlé contre vous et foudroyé votre tête ?

LE MÊME, même ouvrage, Sur les Jugements humains.

On aime son corps avec une *attache* qui fait oublier son âme, et l'image de Dieu qu'elle porte empreinte dans son fond.

LE MÊME, Traité de la Concupiscence, c. 5.

Leurs désirs ne se portoient ni aux grandeurs humaines, ni aux richesses ; ils les possédoient sans *attache,* et ils les perdoient sans regret.

BOURDALOUE, Sermons.

Cette *attache,* ou plutôt cette opiniâtreté de l'esprit à examiner des sujets infinis ou trop vastes, lui est aussi inutile que cette légèreté avec laquelle il considère ceux qui sont proportionnés à sa capacité.

MALEBRANCHE, Recherche de la vérité, liv. III, c. 4, § 5.

Mon ambition n'est que de mériter vos bonnes grâces par mon *attache* inviolable.

> DE BONSY, évêque de Béziers, à Colbert, novembre 1661. (Voyez DEPPING, *Correspondance administrative sous Louis XIV,* t. I, p. 49.)

S'il eut (le président de Lamoignon) beaucoup de bonne volonté pour moi, j'eus aussi pour lui une très forte *attache.*

> BOILEAU, *le Lutrin,* Avis aux lecteurs.

Rien ne me paroît plus difficile que de refuser son cœur à un galant homme qui tâche de le mériter par des soins assidus, et par une *attache* désintéressée.

> *La Précaution inutile,* I, 1. (Voyez GHERARDI, *Théâtre italien,* t. I, p. 405.)

Mezzetin n'est pas un bel homme, il en faut convenir ; mais il a de petites manières friponnes, et par dessus tout une *attache* pour moi qui m'enchante.

> *Colombine, femme vengée,* I, 5. (Voyez GHERARDI, *Théâtre italien,* t. II, p. 249.)

Je voulus y faire une course (à Duras) pour en dire des nouvelles à madame de Saint-Simon, et des beautés que le maréchal son oncle y avoit fait faire toute sa vie avec *attache.*

> SAINT-SIMON, *Mémoires,* 1722.

... Sans prendre d'*attache*, ou d'idée importune,
Attendez en repos les cœurs qui se rendront.

> P. CORNEILLE, *Agésilas,* IV, 4.

J'aime à troubler les cœurs, sans engager le mien,
A tourner d'un amant l'ardeur en ridicule,
A vivre sans *attache* et railler sans scrupule.

> MONTFLEURY, *la Fille capitaine,* I, 1.

Loin d'avoir pour son maître une sincère *attache.*

> BOURSAULT, *Ésope à la Cour,* II, 5.

D'ailleurs pour cet enfant leur *attache* est visible.

> J. RACINE, *Athalie,* III, 3.

Auriez-vous par hazard quelque secrette *attache ?*

> AUTREAU, *Démocrite prétendu fou,* I, 5.

... Je n'ai près de moi jamais eu de suivante,
Dont le zèle empressé, dont l'*attache* constante,
M'ait inspiré l'estime et les vifs sentiments,
Que tes soins ont fait naître en si peu de moments.

> BOISSY, *La ****,* Comédie anonyme, I, 10.

En ce sens, *Attache* est souvent suivi de la préposition *à :*

Si cela se faisoit, ce seroit avec une grande liberté de jugement, et sans aucune *attache* ni *aux* Jésuites, ni *aux* Jansénistes.

> BALZAC, *Lettres,* liv. XXIV, 1, à Conrart.

Grâces à Dieu, je n'ai d'autre *attache* sur la terre, que la seule Église catholique, apostolique et romaine.

> PASCAL, *Provinciales,* XVII.

La plupart du temps ou je reste sans dire mot, ou je n'ai presque point d'*attache à* ce que je dis.

> Mlle DE MONTPENSIER, *Portraits,* XCVIII, le duc de La Rochefoucauld.

Quel est le principe de cette *attache* prodigieuse que nous avons *à* nous-mêmes, et qui nous l'a inspirée ?

> BOSSUET, *Traité de la Concupiscence,* c. 24.

Que te reste-t-il de tous ces plaisirs, sinon que tu en reviens avec un dégoût du bien, une *attache au* mal, le corps fatigué et l'esprit vide ?

> LE MÊME, *Sermons,* Sur l'Amour des plaisirs.

Rien n'éloigne tant notre cœur de Dieu que l'*attache* aveugle *aux* joies sensuelles.

> LE MÊME, même ouvrage, *ibid.*

Cette *attache* intime que nous avons *à* nous-mêmes... c'est ce qui fait que chacun de nous se renferme tout entier dans ses intérêts.

> LE MÊME, même ouvrage. Sur la Charité paternelle.

Cette *attache à* l'argent est un défaut qui déshonore infiniment les gens de lettres, comme aussi rien ne leur fait plus d'honneur que de regarder avec indifférence les richesses.

> ROLLIN, *Traité des Études,* liv. VI, Ire part., § 1.

Pourquoi tant de faveurs répandues sur Israël par préférence à tant de nations meilleures que lui en apparence ? Pourquoi une *attache* si persévérante *à* ce peuple, malgré une si persévérante ingratitude ?

> LE MÊME, même ouvrage, liv. VI, IIe part., c. 1, art. 2.

...... De son bien il s'est laissé priver
Par son trop peu de soin des choses temporelles
Et sa puissante *attache aux* choses éternelles.

> MOLIÈRE, *Tartuffe,* II, 2.

... Sa débile paupière,
Qu'il affoiblit toujours par son *attache au* jeu,
A peine souffre la lumière.

> RÉGNIER-DESMARETS, *Poésies françoises.*

En ce sens, il s'emploie souvent au pluriel :

Néron se lassa de la vertu et s'ennuya de ceux qui lui en parloient. Il rompit toutes les *attaches* des loix, de la morale et de la commune humanité.

BALZAC, *Réponse faite sur-le-champ à M. de Pressac.*

N'avons-nous pas vu le monde poli traiter de sauvages et de rustiques ceux qui n'avoient point de telles *attaches?*

BOSSUET, *Sermons.* Sur l'Honneur.

Vous n'avez qu'à rompre ces amitiés sensuelles qui vous lient à la créature, ces funestes *attaches* qui vous portent à tant de désordres.

BOURDALOUE, *Panégyriques.*

Le cœur de l'homme n'étant pas capable de deux *attaches,* s'attacher à Jésus-Christ qui est toujours en quelque sorte visible à l'esprit et à l'imagination, est un grand moyen pour éviter de s'attacher trop aux hommes.

NICOLE, *De l'Incarnation de Jésus-Christ,* c. 8.

Avant d'être arrivé à ma destination, il ne me resta du voyage que mon goût primitif pour le voyage même ; goût d'indépendance, satisfaction d'avoir rompu les *attaches* de la société.

CHATEAUBRIAND, *Mémoires d'outre-tombe.*

ATTACHEMENT, s. m. (Pour l'étymologie, voyez *Attache*).

Ce mot paraît tard dans les lexiques. On ne le trouve ni dans le *Dictionnaire François-Latin* de ROBERT ESTIENNE de 1539, ni dans le *Dictionnaire* de NICOT de 1606. Il a été recueilli par COTGRAVE en 1611.

Il désignait anciennement l'Action matérielle d'attacher quelqu'un ou quelque chose, les Liens, les Chaînes, etc.

Quiconques fait un puys à marne et y met *attachement* pour tirer la marne, il est tenu de restouper bien et duement ledit puys, dès l'instant que l'*attachement* est ôté.

Nouveau Coutumier général, t. I, p. 605.

Le Marescal doit garder le jour, et al coronement et as grandes festes le huis de la sale... il doit avoir tous les *attachemens,* les fers et les emprisonnemens cel jour de tous ceulx dedens 12 leughes environ.

DU CANGE, *Glossaire,* Marescallus forinsecus.

Attachement du mineur, terme Militaire. (Voyez ci-après, page 355 : *Attacher le mineur.*)

ATTACHEMENTS, au pluriel, se dit en Architecture et à propos de travaux qui se rapportent à l'habitation, des notes, des mesures, que prend l'architecte, l'inspecteur ou le toiseur, sur les ouvrages de différentes espèces entrant dans la construction d'un édifice, pour y avoir recours lors du règlement des mémoires.

ATTACHEMENT a signifié aussi Contrainte par corps. Il a ce sens dans le chapitre XXVI des *lois d'Angleterre* de Britton, intitulé : *Attachemens.*

De ces divers sens était venu, fort anciennement, le sens figuré d'Engagement, d'Obligation.

Nos faciens aliance et *attachement* de garder et de sauver li uns l'autre.

Recueil des historiens des Croisades. Historiens occidentaux, t. II, p. 292.

A l'exception de celle qui est en usage en architecture, toutes ces significations ont été abandonnées pour faire place au sens nouveau d'ATTACHEMENT, Sentiment qui fait qu'on s'attache à quelque personne ou à quelque chose. Ce mot s'est substitué à *Attache,* qui, comme on l'a vu, a vieilli en cette signification.

ATTACHEMENT s'est dit de la sorte :

En parlant des liens de parenté ou des liaisons d'amitié :

Étant libre, sans engagement, sans *attachement,* sans liaison, sans relation, sans affaires.

PASCAL, *Provinciales,* 17.

Notre sexe a cet avantage de lui avoir donné (à Anne d'Autriche), dans sa jeunesse, des favorites qui ont occupé son cœur par un *attachement* fort grand et fort sensible.

Mme DE MOTTEVILLE, *Mémoires.*

Pour moi, monsieur, je considère ce prélat (l'évêque d'Alby), il y a longtemps, comme un ami du dernier *attachement,* et j'excuse volontiers ce que sa passion lui a fait dire, prenant mon parti dans la modération chrétienne et dans les règles d'une solide amitié.

L'ÉVÊQUE DE MONTAUBAN à Colbert, 1er décembre 1662. (Voyez DEPPING, *Correspondance administrative sous Louis XIV,* t. I, p. 92.)

Les circonstances qui ont serré notre *attachement* l'ont mis à l'épreuve, et lui ont donné la solidité d'une amitié de vingt ans.

> J.-J. ROUSSEAU, *Lettres;* 13 novembre 1762.

J'ai le zèle du devoir encore; mais j'ai perdu celui de *l'attachement.*

> LE MÊME, *Lettres;* 1ᵉʳ mars 1764.

L'illustre élève (Voltaire) et son digne instituteur conservèrent fidellement l'un pour l'autre une estime et un *attachement* qui font honneur à tous deux.

> D'ALEMBERT, *Éloge de d'Olivet.*

Personne... ne savoit recevoir avec plus de grâces, quand on avoit obtenu son *attachement* et son estime.

> LE MÊME, *Éloge de Marivaux.*

L'attachement des père et mère devient excessif, aveugle, idolâtre, et celui de l'enfant reste tiède et ne reprend des forces que lorsque la raison vient à développer le germe de la reconnoissance.

> BUFFON, *Histoire naturelle.* De l'Homme.

Ce zèle pour l'avancement des sciences... jeta les premiers fondements de *l'attachement* inviolable que ces deux illustres amis (Halley et Newton) conservèrent l'un pour l'autre jusqu'à la fin de leurs jours.

> MAIRAN, *Éloge de Halley.*

L'attachement qu'il inspire à ses inférieurs est d'un heureux présage pour son caractère.

> ANDRIEUX, *le Jeune Créole,* I, 3.

ATTACHEMENT a été aussi fort employé dans le langage de la galanterie :

Elvire lui répondit... qu'elle avoit eu la curiosité d'ouvrir le paquet (de lettres), ne doutant point qu'un homme de son âge n'eût quelque *attachement* de galanterie dans une grande ville comme Séville.

> SCARRON, *Roman comique,* Iʳᵉ part., c. 22.

Le galant qui suit La Roche Giffard, car je ne mets que ceux qui ont eu de *l'attachement,* fut le feu marquis de la Case, frère de mademoiselle de Pons.

> TALLEMANT DES RÉAUX, *Historiettes.* Mᵐᵉ de Gondran.

Pour vous, vous faites une de ces femmes... qui veulent conduire doucement les affaires qu'elles ont sur le pied d'*attachement* honnête, et appellent ainsi ce que les autres nomment galants.

> MOLIÈRE, *l'Impromptu de Versailles,* sc. I.

IV.

Vous n'avez pour moi qu'une sorte de bonté qui ne me peut satisfaire; vous n'avez ni impatience, ni inquiétude, ni chagrin; vous n'êtes pas plus touchée de ma passion que vous le seriez d'un *attachement* qui ne seroit fondé que sur les avantages de votre fortune, et non pas sur les charmes de votre personne.

> Mᵐᵉ DE LA FAYETTE, *la Princesse de Clèves,* I.

Pénétration... *attachement*... sont de notre temps, de la manière dont on s'en sert.

Il a un *attachement,* pour dire, il aime une personne; il a vécu jusqu'alors sans *attachement,* pour dire, sans rien aimer.

> BOUHOURS, *les Entretiens d'Ariste et d'Eugène,*
> II, la Langue françoise.

Nous faisons un Dieu de tous les objets de notre amour. Tout *attachement* vicieux est une idolâtrie.

> BOSSUET, *Méditations sur l'Évangile.*

Il est bien certain que ce qui s'appelle *attachement* du cœur, et en général, sensibilité, commence par les yeux.

> LE MÊME, *Traité de la Concupiscence,* c. 9.

Un homme peut tromper une femme par un feint *attachement,* pourvu qu'il n'en ait pas d'ailleurs un véritable.

> LA BRUYÈRE, *Caractères,* c. 3.

Tout le monde convenoit que mademoiselle d'Hamilton étoit digne de *l'attachement* le plus sincère et le plus sérieux.

> HAMILTON, *Mémoires de Grammont,* c. 6.

Rien ne contribuoit plus à *l'attachement* mutuel que la faculté du divorce.

> MONTESQUIEU, *Lettres persanes,* CXVI.

Je me rends justice, continua-t-elle; je sens bien que je n'ai jamais mérité le prodigieux *attachement* que vous avez pour moi.

> L'ABBÉ PRÉVOST, *Manon Lescaut,* IIᵉ part.

J'avois besoin d'un *attachement,* puisque enfin celui qui devoit me suffire avoit été si cruellement rompu.

> J.-J. ROUSSEAU, *les Confessions,* II, 9.

Il (M. de Belle-Isle) étoit extrêmement profond ;... jaloux d'être aimé, et n'aimant rien; libertin sans *attachement,* mais très-aimable dans la société.

> HÉNAULT, *Mémoires,* c. 22.

De quel front s'il vous plaît, sans mon consentement, Osez-vous bien penser à quelque *attachement* ?

> REGNARD, *le Distrait,* I, 4.

J'eus de tout temps pour elle un tendre *attachement.*

> PALAPRAT, *la Prude,* I, 6.

Attachement conjugal :

L'âme entière d'une femme repose sur *l'attachement conjugal.*

> Mᵐᵉ DE STAEL, *De l'Allemagne,* IIIᵉ partie,
> c. 19, § 9.

On a quelquefois employé le mot ATTACHEMENT en parlant des animaux :

L'amitié n'appartient qu'à l'homme et *l'attachement* peut appartenir aux animaux.

> BUFFON, *Histoire naturelle.* Amitié dans l'homme
> comparée à l'attachement dans les animaux.

La chèvre... est sensible aux caresses et capable *d'attachement.*

> LE MÊME, même ouvrage. La Chèvre.

ATTACHEMENT s'emploie souvent en parlant des objets ou des passions qui attachent :

De la diversité des opinions on a vu naître celle des partis, et *l'attachement* des partis a produit les persécutions et les guerres.

> SAINT-EVREMOND, *Sur la Religion.*

... L'empereur ne pouvoit avoir aucune confiance en M. le comte Guillaume, non seulement par *l'attachement* des grands biens qu'il avoit en France, mais encore par une haine naturelle qu'ont tous messieurs ses frères contre la maison d'Autriche...

> LE CHEVALIER DE GREMONVILLE, à Louis XIV;
> 19 février 1667. (Voyez MIGNET, *Succession
> d'Espagne,* t. II, p. 330.)

Sais-tu que les péchés qui seroient véniels, par leur objet, peuvent devenir mortels par l'excès de *l'attachement ?*

> BOSSUET, *Oraison funèbre de Marie-Thérèse
> d'Autriche.*

ATTACHEMENT signifie aussi application :

Je lui demandai à quoi elle pensoit avec si grand *attachement.*

> Mˡˡᵉ DE MONTPENSIER, *Portraits,* XCIII. Portrait
> d'une princesse.

M. de Novion, qui tenoit le premier rang dans cette compagnie (de la commission des grands jours), s'est acquitté de son emploi avec beaucoup de soins et *d'attachement,* négligeant même sa santé pour ne manquer point aux exercices de sa charge.

> FLÉCHIER, *Mémoires sur les grands jours
> de* 1665.

On n'a guère pu juger ce qui avoit causé *l'attachement*

si grand pour faire éloigner l'ambassadrice (la marquise de Villars).

> LE MARQUIS DE POMPONNE, *Mémoires;* II, Savoye.

Je feignis de m'appliquer à l'étude avec le dernier *attachement* et je lui donnai ainsi, dans toutes les occasions, des preuves du changement qu'il désiroit.

> L'ABBÉ PRÉVOST, *Manon Lescaut,* Iʳᵉ part.

Mᵐᵉ de Sévigné a dit, dans un sens analogue, *Se faire un attachement de quelque chose.*

Elle (Mᵐᵉ de la Troche) a établi son fils à la cour, contre vent et marée, et *se fait un attachement* d'être auprès de lui.

> Mᵐᵉ DE SÉVIGNÉ, *Lettres;* à M. de Grignan,
> 11 décembre 1675.

ATTACHEMENT, dans ses diverses significations, est souvent suivi de la préposition *à :*

Dans les différends que vous avez eus avec M. Servien, hors quelques personnes qui ont *attachement à* luy, le reste du monde est de votre party.

> VOITURE, *Lettres;* à M. d'Avaux, 1ᵉʳ avril 1645.

Cet *attachement à* la vie privée avoit moins de vérité que d'ostentation.

> SARAZIN, *Conspiration de Valstein.*

M. Talon... éluda finement de s'expliquer... par la diversion qu'il donna à la compagnie d'une déclamation... contre l'évêque d'Avranche, odieux et par l'infamie de sa vie et par *l'attachement* d'esclave qu'il avoit *au* Cardinal.

> CARDINAL DE RETZ, *Mémoires,* IIᵉ part., février 1652.

L'attachement de l'auditeur *à* l'action présente, souvent ne lui permet pas de descendre à l'examen de cette justesse (de l'unité de temps).

> CORNEILLE, *Examen d'Horace.*

Quelque temps après on parla de le marier avec une parente proche de M. Conrart qui, s'informant de lui à Patru, lui demanda, entre autres choses, s'il étoit vrai qu'il eût tant *d'attachement à* madame de Pommereuil.

> TALLEMANT DES RÉAUX, *Historiettes,* Bezons.

J'aime la lecture, sans *y* avoir le dernier *attachement,* surtout celle de l'histoire.

> Mˡˡᵉ DE MONTPENSIER, *Portraits,* XIII. Le prince
> de Tarente.

Il n'y a point de femme en France qui ait moins *d'attachement au* bien qu'Amaryllis, et qui ne fît des épargnes avec le revenu qui ne lui suffit pas.

> LA MÊME, même ouvrage, XXV. La comtesse de
> Fiesque.

En mon particulier, je n'avois nul *attachement à cet illustre prisonnier (le prince de Condé.)*

Mᵐᵉ ᴅᴇ Mᴏᴛᴛᴇᴠɪʟʟᴇ, *Mémoires*, IVᵉ part., 1650.

L'idolâtrie, si nous l'entendons, prenoit sa naissance de ce profond *attachement* que nous avons à nous-mêmes. C'est ce qui nous avoit fait inventer des dieux semblables à nous.

Bᴏssᴜᴇᴛ, *Discours sur l'histoire universelle*, II, 25.

Que dirai-je de son *attachement* immuable à la religion de ses ancêtres?

Lᴇ ᴍᴇ̂ᴍᴇ, *Oraison funèbre de la reine d'Angleterre.*

Il n'y a point de langage plus ordinaire aux hérétiques et aux novateurs que de témoigner dans leurs discours, dans leurs écrits, un grand *attachement à l'Église.*

Bᴏᴜʀᴅᴀʟᴏᴜᴇ, *Pensées sur l'Église.*

Vos enfants sont admirables du peu d'*attachement* qu'ils ont *aux* choses de ce monde. Jamais un enfant d'un an n'a pris un autre téton comme Pauline.

Mᵐᵉ ᴅᴇ Sᴇ́ᴠɪɢɴᴇ́, 13 novembre 1675. Édit. Capmas.

Il apprit l'art de la guerre en qualité de simple soldat... On le vit... faire par honneur ce que les autres faisoient par nécessité, et ne se distinguer d'eux que par un plus grand *attachement au* travail, et par une plus noble application à ses devoirs.

Fʟᴇ́ᴄʜɪᴇʀ, *Oraison funèbre de M. de Turenne.*

Cette émotion... n'étoit pas une marque d'*attachement à* la vie, c'étoit le regret d'avoir en sujet de s'y attacher.

Lᴇ ᴍᴇ̂ᴍᴇ, *Oraison funèbre de Mᵐᵉ de Montausier.*

Il faut ôter à la règle toute contrainte qui gêne et bannir une raison scrupuleuse, qui, par un trop grand *attachement à* la justesse, ne laisse rien de libre et de naturel.

Sᴀɪɴᴛ-Eᴠʀᴇᴍᴏɴᴅ, *De la Comédie angloise.*

Cet *attachement* à ma créance ne m'anime point contre celle des autres.

Lᴇ ᴍᴇ̂ᴍᴇ, *Sur la Religion.*

Telle femme évite d'être coquette par un ferme *attachement à* un seul, qui passe pour folle par son mauvais choix.

Lᴀ Bʀᴜʏᴇ̀ʀᴇ, *Caractères*, c. 3.

Il prioit les dieux de lui envoyer plutôt la folie que l'*attachement aux* plaisirs sensuels.

Fᴇ́ɴᴇʟᴏɴ, *Vies des philosophes*. Antisthène.

Il faut qu'il (l'orateur) inspire la modestie, la frugalité,

le désintéressement, le zèle du bien public, l'*attachement* inviolable *aux* lois.

Fᴇ́ɴᴇʟᴏɴ, *Dialogue sur l'éloquence*, I.

Ce sont de dignes citoyens, distingués autant par une conduite sage et mesurée, que par leur *attachement à* la constitution et *aux* lois.

J.-J. Rᴏᴜssᴇᴀᴜ, *Lettres*; 23 février 1766.

Notre estimable collègue méritoit surtout les bontés du souverain par son *attachement* inviolable *à* nos libertés et aux maximes du royaume.

D'Aʟᴇᴍʙᴇʀᴛ, *Éloge de Mallet.*

La terre est devenue le domaine de l'homme : il en a pris possession par ses travaux de culture, et l'*attachement à* la patrie a suivi de très-près les premiers actes de sa propriété.

Bᴜꜰꜰᴏɴ, *Époques de la nature.*

Cet *attachement* des peuples germaniques *à* leurs principes seroit une espèce de prodige chez les nations où l'oisiveté, l'avarice... affoiblissent l'empire des lois.

Mᴀʙʟʏ, *Observations sur l'histoire de France*, liv. I, c. 1.

Il porta toute sa vie la peine de son *attachement à* Fouquet, ennemi du grand Colbert.

Cʜᴀᴍꜰᴏʀᴛ, *Éloge de La Fontaine.*

Après avoir manqué notre premier emprunt par un malheureux *attachement à* des formes, par un désir bien ou mal entendu de perfection, voudrons-nous exposer le royaume à tous les maux que pourroit entraîner le mauvais succès de celui qui nous est aujourd'hui proposé?

Mɪʀᴀʙᴇᴀᴜ, *Discours*, 24 août 1789.

L'intérêt personnel prenoit la place de l'amour de la patrie, et l'*attachement à* un homme l'emportoit sur le dévouement à la liberté.

Mᵐᵉ ᴅᴇ Sᴛᴀᴇʟ, *Considérations sur la Révolution françoise*, IIIᵉ part., c. 23, § 1.

Partout où la propriété foncière sera attaquée, on remarquera dans les peuples moins d'*attachement aux* foyers paternels.

Bᴏɴᴀʟᴅ, *Pensées.*

L'esprit veut du relâche et succombe parfois
Par trop d'*attachement aux* sérieux emplois.

Mᴏʟɪᴇ̀ʀᴇ, *l'École des maris*, I, 3.

Souvent aussi Aᴛᴛᴀᴄʜᴇᴍᴇɴᴛ est suivi de la préposition *pour* :

L'on a fort cherché la cause d'un *attachement* si fort du duc de Savoye *pour* perdre un homme qu'il avoit paru aimer, et dont le père (le marquis de Pianezze) lui avoit rendu tant de services.

LE MARQUIS DE POMPONNE, *Mémoires*, II. Savoye.

On ne l'eût point vue s'attirer la gloire avec une ardeur inquiète et précipitée ; elle l'eût attendue sans impatience, comme sûre de la posséder. Cet *attachement* qu'elle a montré si fidèle *pour* le roi jusqu'à la mort, lui en donnoit les moyens.

BOSSUET, *Oraison funèbre de la duchesse d'Orléans.*

On ne lui reprochoit que les services qu'il rendoit à l'État et l'*attachement* qu'il avoit *pour* son bienfaiteur.

FLÉCHIER, *Oraison funèbre de M. Le Tellier.*

Son amour-propre (de Monsieur, frère du roi) sembloit ne le rendre capable que d'*attachement pour* lui-même.

Mᵐᵉ DE LA FAYETTE, *Histoire d'Henriette d'Angleterre.*

Madame de Nemours va passer dans votre voisinage ; elle est partie de Neufchâtel et sera ici bientôt. Si vous la voyez, monsieur, aidez-moi, je vous en supplie, à lui faire ma cour ; dites-lui, s'il vous plaît, combien j'ai d'*attachement pour* ses intérêts et d'envie de lui plaire.

Mᵐᵉ DE SCUDÉRY, *Lettres ; à Bussy,* 13 septembre 1680. (Voyez BUSSY, *Correspondance.*)

Vous avez trouvé fort plaisamment d'où vient l'*attachement* qu'on a *pour* les confesseurs ; c'est justement la raison qui fait qu'on parle dix ans de suite avec un amant.

Mᵐᵉ DE SÉVIGNÉ, *Lettres ; à* Mᵐᵉ de Grignan, 18 décembre 1675.

Les peines qui sont attachées à la tendresse que j'ai pour vous, étant offertes à Dieu, font la pénitence d'un *attachement* qui ne devroit être que *pour* lui.

LA MÊME, même ouvrage ; à Mᵐᵉ de Grignan, 3 avril 1688.

Fi ! la tête de veau, la fraise et les pieds, est-il rien de plus indigeste ? Croyez, ma chère gouvernante, que ce n'est point du tout un *attachement* raisonnable que celui que vous avez *pour* un tel mets.

Mᵐᵉ DE COULANGES, *Lettres ; à* Mᵐᵉˢ de Sévigné et de Grignan, 14 mars 1696.

Sa piété (du roi), son courage, augmentent avec les revers et ajoutent à l'*attachement* qu'on a *pour* lui.

Mᵐᵉ DE MAINTENON, *Lettres,* CLXXIII, à M. le cardinal de Noailles, 20 octobre 1704.

Il n'avoit aucune considération pour cette pauvre fille ; et, bien loin de rendre justice à l'*attachement* sincère qu'elle a *pour* moi, l'insolent la traitoit de fausse dévote.

LE SAGE, *Gil Blas,* liv. II, 1.

C'étoit un homme fort court (le maréchal de Boufflers), mais pétri d'honneur et de valeur, de probité, de reconnoissance et d'*attachement pour* le Roi, d'amour pour la patrie.

SAINT-SIMON, *Mémoires,* 1708.

Madame de Soubise étoit morte dans l'*attachement* et la reconnoissance *pour* le cardinal de Noailles, sans lequel elle sentoit que toute sa faveur et toute la volonté du roi auroit été peu fructueuse.

LE MÊME, même ouvrage, 1713.

Quoique dans un âge avancé, il se permettoit (le cardinal del Giudice) un *attachement* de jeune homme *pour* la princesse de Carbognano.

LE MÊME, même ouvrage, 1718.

Il avait en ce moment auprès de lui le général Poniatowski, colonel de la garde suédoise du roi Stanislas, homme d'un mérite rare, que son *attachement pour* la personne de Charles avait engagé à le suivre en Ukraine sans aucun commandement.

VOLTAIRE, *Histoire de Charles XII,* IV.

On s'est aperçu que le zèle pour les progrès de la religion est différent de l'*attachement* qu'on doit avoir *pour* elle.

MONTESQUIEU, *Lettres persanes,* LX.

Quoi ! c'est pour le bien de votre patrie que vous avez versé tant de sang ? et vous avez eu de l'*attachement pour* elle ?

LE MÊME, *Dialogue de Sylla et d'Eucrate.*

Lorsque le culte extérieur a une grande magnificence, cela nous flatte et nous donne beaucoup d'*attachement pour* la religion.

LE MÊME, *Esprit des lois,* XXV, 2.

Manon étoit une créature d'un caractère extraordinaire. Jamais fille n'eut moins d'*attachement* qu'elle *pour* l'argent ; mais elle ne pouvoit être tranquille un moment avec la crainte d'en manquer.

L'ABBÉ PRÉVOST, *Manon Lescaut,* Iʳᵉ part.

Il est bien difficile qu'un courtisan garde le même *attachement pour* quelqu'un qu'il sait être dans la disgrâce des puissances.

J.-J. ROUSSEAU, *Confessions,* XII.

La religion, on doit d'autant moins le dissimuler qu'on a plus d'*attachement pour* elle, est en butte de toutes parts à des adversaires dangereux.

D'ALEMBERT, *Éloge de Seguy.*

Il (M. de Mirabaud) avoit si peu d'*attachement pour* ses productions, il craignoit si fort et le bruit et l'éclat, qu'il a sacrifié celles qui pouvoient le plus contribuer à sa gloire.

BUFFON, *Réponse à M. Watelet.*

On renouvellera sans doute le reproche qu'on a fait autrefois à M. de Voltaire à l'occasion des Croisades... c'est d'avoir un *attachement* secret *pour* la religion des Turcs.

GRIMM, *Correspondance,* 1ᵉʳ janvier 1754.

Il (M. Necker) se trompoit toutefois : l'*attachement* de la nation *pour* lui étoit plus grand qu'il ne le croyoit.

Mᵐᵉ DE STAEL, *Considérations sur la Révolution française,* Iʳᵉ part., c. 8.

On vante ses talents, sa probité sévère,
Son noble *attachement pour* le sang de ses rois.

ANDRIEUX, *Lénore,* IV, 1.

ATTACHEMENT est aussi quelquefois suivi de la préposition *avec :*

Celui qui a eu le plus d'*attachement avec* madame Des Loges, ç'a été un Allemand nommé Borstel.

TALLEMANT DES RÉAUX, *Historiettes.* Mᵐᵉ Des Loges.

J'ai entendu dire là-dessus qu'il (Richelieu) n'aimoit point M. de Porchères-Laugier, le regardant comme un homme qui avoit eu de l'*attachement avec* ses plus grands ennemis.

PELLISSON, *Histoire de l'Académie.*

Ou de la préposition *auprès :*

Elle (Mᵐᵉ de Coligny) vous rend heureux aussi par la douceur... de son fidèle *attachement auprès* de vous.

Mᵐᵉ DE SÉVIGNÉ, *Lettres ;* à Bussy-Rabutin, 12 janvier 1681.

La conjecture la plus naturelle que je puisse vous fournir pour juger de l'affliction que devoit me causer sa mort (de la reine), c'est de vous faire observer l'*attachement* que j'avois *auprès* d'elle pendant sa vie.

Mémoires de Louis XIV, Iʳᵉ partie.

Il est très fréquemment employé au pluriel :

Environnans et attachans leur jugement avec les discours de la vraie raison, pour les en garder qu'ils ne branlent et qu'ils n'enclinent par le moyen des *attachements* du plaisir, à ce qui leur pourroit nuyre, nous les redresserons et preserverons.

AMYOT, trad. de Plutarque, *OEuvres morales.*

Mes *attachements* me retinrent à Paris, mais si serré et si modéré, que j'estudiois tout le jour.

LE CARDINAL DE RETZ, *Mémoires.*

Cette volonté infirme qui s'est toute corrompue par ses indignes *attachements.*

PASCAL, *Pensées,* Iʳᵉ part.

Je ne puis... m'empêcher de rapporter une preuve bien forte de la corruption qui se rencontre dans les *attachements* sensibles qui se peuvent compter pour honnêtes.

Mᵐᵉ DE MOTTEVILLE, *Mémoires.*

Je voyois les chagrins que son mari lui donnoit tous les jours ; elle s'en plaignoit à moi bien souvent, et me prioit de lui faire honte de mille *attachements* ridicules qu'il avoit.

BUSSY-RABUTIN, *Histoire amoureuse des Gaules.*

Toutes les avances que Crofts pourra faire pour Arlington ne sont que pour pénétrer ce qui se passe... les *attachements* de cet homme-là (Arlington) aux Hollandois étant trop évidents, et son inclination et sa partialité pour l'Espagne trop connus.

MADAME à Leighton, 12 février 1669. (Voyez MIGNET, *Succession d'Espagne,* t. III, p. 66.)

Je serai aise de marquer à une si célèbre compagnie toute l'estime possible, et à la réserve de l'assiduité que mes *attachements* ne me permettent guère, je m'acquitterai avec joie de tous les devoirs qui pourront satisfaire le corps et les illustres particuliers qui le composent.

BOSSUET, *Lettres ;* à Conrart, 22 mai 1671.

Ce qu'il fait paroître d'amour pour le travail est infiniment plus brillant lorsqu'il ne découvre ailleurs qu'une lourde oisiveté ou des *attachements* de bagatelle.

Mémoires de Louis XIV, Iʳᵉ part.

Après un mariage contracté sans attachement, on fait ailleurs de criminels *attachements* sans mariage.

BOURDALOUE, *Sermons.*

Les dames avoient des *attachements* particuliers pour la reine, pour la reine-dauphine, pour la reine de Navarre, pour Madame sœur du roi, ou pour la duchesse de Valentinois.

Mᵐᵉ DE LA FAYETTE, *la Princesse de Clèves,* Iʳᵉ part.

J'aime tout en vous, et même votre beauté, qui n'est que le moindre de mes *attachements.*

Mᵐᵉ DE SÉVIGNÉ, *Lettres ;* à Mᵐᵉ de Grignan, 18 octobre 1688.

Je comprends mieux que personne du monde les sortes d'*attachements* qu'on a pour des choses insensibles, et par conséquent ingrates ; mes folies pour Livry en sont de belles marques.

LA MÊME, même ouvrage ; *ibid.*

Elle a sauvé son cœur des *attachements* grossiers et des mauvais usages du monde.

FLÉCHIER, *Oraison funèbre de M*ᵐᵉ *d'Aiguillon.*

On se permet certains *attachements* déguisés à sa grandeur, à sa réputation, à ses commodités. Si on cherchoit bien entre Dieu et soi, on trouveroit un certain retranchement où l'on met ce qu'on suppose qu'il ne faut pas lui sacrifier.

FÉNELON, *Lettres spirituelles,* CI.

Nos *attachements* pour la terre ne sont pas moins vifs que si nous travaillions pour des années éternelles.

MASSILLON, *Sermons.* Sur la Mort.

Quel être sensible peut vivre toujours sans passions, sans *attachements?* Ce n'est pas un homme, c'est une brute ou un Dieu.

J.-J. ROUSSEAU, *Émile.*

Mon cœur tenoit encore à des *attachements* par lesquels mes ennemis avoient sur moi mille prises.

LE MÊME, *les Confessions,* II, 10.

Ma mortelle aversion pour tout ce qui s'appeloit parti, faction, cabale, m'avoit maintenu libre, indépendant, sans autre chaîne que les *attachements* de mon cœur.

LE MÊME, même ouvrage, *ibid.*

Il y a bien des prétendues amitiés, bien des actes de reconnoissance qui ne sont que des procédés, quelquefois intéressés, et non pas des *attachements.*

DUCLOS, *Considérations sur les mœurs.*

Il aimoit mieux commander l'amour que le mériter. Cependant, au milieu de tous ces goûts, qu'on ne peut pas même trop honorer du nom d'*attachements,* il ne perdit pas de vue sa profession.

THOMAS, *Éloge du maréchal de Saxe.*

L'amitié suppose la puissance de réfléchir : c'est de tous les *attachements* le plus digne de l'homme et le seul qui ne le dégrade point.

BUFFON, *Histoire naturelle.* Amitié dans l'homme comparée à l'attachement dans les animaux.

Il (Bossuet) avoit plus besoin de combat que de société domestique, et de gloire que d'*attachements.*

D'ALEMBERT, *Éloge de Bossuet.*

Les *attachements* du cœur inspirent ici plus qu'ailleurs une indulgente pitié.

Mᵐᵉ DE STAEL, *Corinne,* X, 5, § 1.

Sa parole est donnée, il faut qu'il la maintienne ;
Qu'il fasse voir ici de fermes sentiments
Et force de son fils tous les *attachements.*

MOLIÈRE, *École des femmes,* V, 7.

De tels *attachements,* ô ciel, sont pour vous plaire !

MOLIÈRE, *les Femmes savantes,* I, 1.

Plus nous sommes à lui....
Aux doux *attachements* de parents et d'amis.

LAMARTINE, *Jocelyn.*

On a dit souvent, et surtout dans le langage religieux, *les attachements de la terre, du monde,* etc.

Pour la tristesse, elle ne trouve point de place chez luy, parce qu'il n'a point les choses qui la font naistre, et qu'il a renoncé aux *attachemens du monde.*

PERROT D'ABLANCOURT, trad. de Lucien, *le Parasite.*

C'est ce que disoit saint Paul en parlant des observances de la loi, et on le peut dire de même de tous les stériles *attachements de la terre* et de toutes les gloires du monde.

BOSSUET, *Doctrine spirituelle sur la vie cachée.*

Que puis-je penser autre chose, sinon que la Providence, autant attachée à lui conserver la vie qu'à renverser sa puissance, a voulu qu'elle survéquît à ses grandeurs, afin qu'elle pût survivre aux *attachements de la terre?*

LE MÊME, *Oraison funèbre de la reine d'Angleterre.*

Je n'ai point d'autres pensées maintenant que de quitter entièrement tous les *attachements du monde.*

MOLIÈRE, *Don Juan,* V, 3.

Honteux *attachements* de la chair et du monde,
Que ne me quittez-vous quand je vous ai quittés ?

CORNEILLE, *Polyeucte,* IV, 2.

ATTACHER, v. a. (Pour l'étymologie, voyez *Attache.*) Joindre, fixer une chose à une autre, en sorte qu'elle y tienne.

Au propre, en parlant des personnes et des choses :

Et li *atachièrent,* de par Dieu, la crois en l'espaule. Et li *atachièrent* la crois en un grant chapel de coton par devant, pour ce qu'il voloit que tous le véissent.

VILLEHARDOUIN, *Conqueste de Constantinoble,* XXVII.

Adonc *furent* drecies eschieles et *atachies* aus murs, et monterent qui mieuz mieuz, et entrerent dedenz la cité ; ne ni fu qui leur deffendist, car il estoient presque tuit mort et malade.

Récits d'un ménestrel de Reims au XIIIᵉ *siècle,* publiés par N. de Wailly, p. 89.

Et prirent celui qui avoit leur compaignon ocis, et l'*ata-chièrent* à la queue de son cheval et le menerent à Mielent, et le trainerent parmi toutes les rues de la citei.

> *Récits d'un ménestrel de Reims au* xiiiᵉ *siècle,* p. 117.

Si eurent bien conscience, quel temps ni quel tempête qu'il fît, de prendre ces quatre vaisseaux et de les *attacher* aux leurs et emmener après eux.

> Froissart, *Chroniques,* liv. I, Iʳᵉ part., c. 196.

Sitôt que Aymerigot tint la main du chastelain, il la tira à lui et l'estraindi moult fort, et demanda sa dague, et dit et jura que il lui *attacheroit* la main à l'huis, si il ne lui délivroit tantôt les clefs de là dedans.

> Le même, même ouvrage, liv. II, c. 214.

Lors commença le monde *attacher* les chausses au pourpoinct et non le pourpoinct aux chausses.

> Rabelais, *Gargantua,* c. 8.

Sur la pointe du jour je me levay, et me faisant *attacher* regardant à la fenestre attendant monsieur de Sainctorens, arriva un homme à cheval, qui venoit d'un lieu, qui est au long de la riviere de Garonne.

> Montluc, *Commentaires,* liv. VI.

On m'*attacha* de grosses cordes partout, et sur un cheval foible et boiteux qui m'a faict courir plus de risque que tous les tesmoins de mes confrontations.

> Théophile, *Apologie au Roy.*

On luy dit (à Tiridate) qu'il failloit oster son espée, mais il refusa genereusement de le faire, et dit qu'il devoit suffire qu'il l'*attachast* au fourreau, comme il fit, pour lever tout soupçon de mauvais dessein.

> Coeffeteau, *Histoire romaine,* liv. V.

Charitables filles d'enfer, aidez-moi à rompre les nœuds qui m'*attachent;* venez, venez me représenter ce que j'ai perdu.

> La Fontaine, *Psyché,* II.

Je voudrois bien savoir... si une demi-douzaine d'ai-guillettes ne suffit pas pour *attacher* un haut-de-chausses.

> Molière, *l'Avare,* I, 4.

Les Juifs ne sont pas mieux traités sous Démétrius que sous ses prédécesseurs; il éprouve le même sort : ses gé-néraux sont battus par Judas le Machabée, la main du superbe Nicanor, dont il avoit si souvent menacé le temple, y est *attachée.*

> Bossuet, *Discours sur l'histoire universelle,* I, 9.

Quand elle jugea que tout le monde reposoit au logis, elle *attacha* à un balcon une échelle de soie que le comte lui avoit donnée.

> Le Sage, *le Diable boiteux,* c. 4.

La gouvernante passa sous le menton du vieillard une serviette, et la lui *attacha* aux épaules.

> Le même, *Gil Blas,* II, 1.

Les Carthaginois, après avoir tourmenté Régulus, l'*atta-chèrent* à une croix, qui étoit un supplice ordinaire chez les Carthaginois, et l'y firent périr.

> Rollin, *Histoire ancienne,* t. I, liv. II, IIᵉ part., c. 2, art. 1ᵉʳ.

De sorte qu'Alexandre dit au gouverneur : J'ai des tau-reaux fort terribles, nous l'y *attacherons.* Le gouverneur tout triste lui ayant répondu : Faites ce que vous voudrez; ils l'*attachèrent* par les pieds entre deux taureaux, aux-quels ils mirent dans l'aine des fers ardents.

> Voltaire, *Collection d'anciens évangiles.* Avant-propos.

Le jeune Yorck fut donc reconnu roi dans Londres sous le nom d'Édouard IV, tandis que la tête de son père *était* encore *attachée* aux murailles d'Yorck, comme celle d'un coupable.

> Voltaire, *Essai sur les mœurs,* c. 115. De l'Angle-terre et de Marguerite d'Anjou.

Il me prenoit des palpitations en songeant combien j'al-lois être jolie : la main me trembloit à chaque épingle que j'*attachois.*

> Marivaux, *la Vie de Marianne,* Iʳᵉ partie.

Le lion devient doux dès qu'il est pris, et si l'on profite des premiers moments de sa surprise ou de sa honte, on peut l'*attacher* et le conduire où l'on veut.

> Buffon, *Histoire naturelle.* Le Lion.

> Li quens Guillames descendi au perron,
> Mais n'ot ot lui escuier ne garçon
> Ki li tenist son destrier Aragon;
> Li ber l'*atace* à l'olivier raon.
>
> *Aliscans,* v. 2533.

> Quant l'ont véu Danois, si sunt tuit esperdu,
> Et dient tuit entr'eus : « Déablez l'ont véu
> Ou il li sunt u cors *atachié* et cousu. »
>
> *Doon de Maience,* v. 9637.

> Il orent un engien qui moult fist à prisier,
> A clous et à chevilles l'orent fait *atachier.*
>
> *Chanson d'Antioche,* c. 4, v. 351.

> Et par le col et par les piez,
> As cordes est bien *atachiez.*
>
> *Roman de Renart,* v. 21777.

> Une eau puisée au fleuve Stygieux,
> L'une sur l'autre *attachoit* les paupières,
> Charme trompeur des peines journalières.
>
> Ronsard, *la Franciade,* II.

> Icy loge le Roy des roys :
> C'est ce Dieu qui porta la croix
> Et qui fît à ce bois funèbre
> *Attacher* ses pieds et ses mains.
>
> Théophile, *La maison de Sylvie,* Ode X.

Alix appreste son fuseau :
Sa mère qui lui faict la tasche
Presse le chanvre qu'elle *attache*
A sa quenouille de roseau.
                    THÉOPHILE, *le Matin*, Ode.

... Le collier dont *je suis attaché*
De ce que vous voyez est peut-être la cause.
— *Attaché !* dit le loup : vous ne courez donc pas
Où vous voulez ?...
                    LA FONTAINE, *Fables*, I, 5.

Le rat *fut* à son pied par la patte *attaché ;*
Un brin de jonc en fit l'affaire.
                    LE MÊME, même ouvrage, IV, 11.

Il y porte une corde, et veut avec un clou
Au haut d'un certain mur *attacher* le licou.
                    LE MÊME, même ouvrage, IX, 16.

Et toi, fatal tissu, malheureux diadème,
. . . .
D'autres armes sans toi sauront me secourir ;
Et périsse le jour et la main meurtrière
Qui jadis sur mon front *t'attacha* la première.
                    RACINE, *Mithridate*, V, 1.

Qu'il mette sur son front le sacré diadème ;
Je ne veux que l'honneur de l'*attacher* moi-même.
                    LE MÊME, *Phèdre*, III, 1.

Que mes armes sans faste, emblême des douleurs,
Telles que je les porte au milieu des batailles,
Ce simple bouclier, ces casque sans couleurs,
Soient attachés sans pompe à ces tristes murailles.
                    VOLTAIRE, *Tancrède*, III, 2.

On dit proverbialement : *Où la chèvre est atta-*
chée, il faut qu'elle broute, pour indiquer qu'il est
sage de se résigner à sa situation :

Rien ne me retient ici, et je n'ai pour y rester d'autres
raisons que celle de la chèvre : *où elle est attachée, il faut*
qu'elle broute.
    Mme DU DEFFAND, *Lettres ; à Voltaire*, 28 juillet 1760.

On dit aussi : *Attacher la sonnette, le grelot,*
pour Se mettre à exécuter une chose, en prendre
la responsabilité :

Les rats trouverent bien qu'il n'y avoit expédient meilleur pour se garder du chat que de luy pendre une *sonnette*
à l'aureille, mais nul n'ose entreprendre de l'*attacher.*
    MATTHIEU, *Histoire des derniers troubles de France*, liv. II.

Dès l'abord leur doyen, personne fort prudente,
Opina qu'il falloit, et plus tôt que plus tard,

Attacher un grelot au cou de Rodilard.
. . . .
Chose ne leur parut à tous plus salutaire.
La difficulté fut d'*attacher le grelot.*
                    LA FONTAINE, *Fables*, II, 2.

Ma foi, sans mon dédit, je ne serois qu'un sot ;
Et j'ai prudemment fait d'*attacher* ce grelot.
                    J.-B. ROUSSEAU, *le Flatteur*, V, 9.

ATTACHER se dit en parlant de constructions re-
liées les unes aux autres :

La tour étoit un vieux bâtiment que l'on croyoit avoir
été fait par les Grecs et qui *étoit attaché* au palais.
        VOITURE, *Histoire d'Alcidalis et de Zélide.*

Il se dit, en Art militaire, en parlant de travaux
pratiqués pour les approches d'une place :

Pendant la guerre d'Othon, l'armée d'Allemagne *avoit*
attaché son camp aux murs de la place, et achevé depuis
de le fortifier.
    PERROT D'ABLANCOURT, trad. de Tacite, *Histoire*, liv. III, 4.

On a dit en plaisantant qu'une personne était
attachée à une rapière, au lieu de dire que cette
rapière était attachée après elle :

Ils étoient jansénistes et passoient pour des prêtres déguisés, peut-être à cause de leur façon ridicule de porter
les rapières auxquelles ils *étoient attachés.*
            J.-J. ROUSSEAU, *Confessions*, II, x.

ATTACHER s'emploie en parlant de la façon dont
les végétaux sont unis à la terre :

Les végétaux qui couvrent cette terre, et qui y *sont* encore *attachés* de plus près que l'animal qui y broute, parti-
cipent aussi plus que lui à la nature du climat.
        BUFFON, *Histoire naturelle*. Sur la nature des végétaux.

Tel que l'on voit du sep les rejetons épars
Dans l'argile *attacher* ses nombreuses racines,
Et leur bois serpentant ramper de toutes parts
Sur le dos des collines.
                    RACAN, *Psaume* 127.

Il s'emploie aussi en parlant des astres, qui
semblent fixés au ciel :

Pour ce qui est des astres, Démocrite a cru qu'ils se
mouvoient dans des espaces entièrement libres, et qu'il
n'y avoit point par conséquent de sphères solides auxquelles ils *fussent attachés.*
        FÉNELON, *Vies des Philosophes*. Démocrite.

Elles (les étoiles) étoient toutes d'un or pur et éclatant, et qui étoit encore relevé par le fond bleu où elles *sont attachées*.

FONTENELLE, *les Mondes*, 1re soirée.

En termes de guerre, *Attacher le mineur au corps d'une place,* Le porter ou le mettre à même de se rendre dans le trou pratiqué par l'assiégeant au pied du rempart, pour qu'il puisse y travailler à couvert, à l'effet de conduire la mine sous le corps de la place :

Si le fossé est sec, l'ennemi ira par une galerie souterraine ou couverte au pied de la muraille *attacher le mineur.*

VAUBAN, *De la défense des places.*

Voilà une lettre de mon fils. Il mande que le fossé et la demi-lune sont pris à Limbourg ; que le mineur *est attaché* au bastion.

Mme DE SÉVIGNÉ, *Lettres;* 21 juin 1675.

Peu de tems après, les sapeurs firent la descente du fossé, et dès le soir les mineurs *furent attachez* en plusieurs endroits.

RACINE, *Relation du siège de Namur.*

ATTACHER, Afficher, placarder.

Or signifia adonc le dit maréchal de France, messire Louis de Sancerre, l'ordonnance et l'état des Anglois à Paris, au roi et aux chevaliers qui là se tenoient, et en fit mettre et *attacher* cédules au palais et ailleurs.

FROISSART, *Chroniques*, liv. I, IIe partie, c. 299.

Quant il vy que riens ne prouffitoit, s'en retourna audit lieu de Saint-Denis et fist escripre lectres lesquelles il fist *atacher* par nuit aux aucuns de ses favorisans aux portaulx de l'église Nostre Dame, du Palais, et ailleurs aval Paris.

ENGUERRAND DE MONSTRELET, *Chronique*, c. 115.

ATTACHER, en termes d'Anatomie :

Après le cou, viennent les épaules où les bras *sont attachés.*

BOSSUET, *De la Connoissance de Dieu et de soi-même*, c. 2, art. 2.

Attacher ses yeux, ses regards, sa vue sur quelqu'un, sur quelque chose, Regarder quelqu'un, quelque chose avec attention, avec intérêt :

J'ai la *veue* clere ; mais je l'*attache* à peu d'objects ; le sens délicat et mol, mais l'apprehension et l'application, je l'ay dure et sourde.

MONTAIGNE, *Essais*, III, 10.

A ce discours, mon père ouvrit des *yeux* qui commençoient à se fermer pour jamais ; il les *attacha* sur moi, et

remarquant, malgré l'accablement où il se trouvoit, que j'étois touché de sa perte, il fut attendri de ma douleur.

LE SAGE, *Gil Blas*, X, 11.

... Mais pourquoi dans les cieux
D'un si fixe regard *attache*-t-il ses *yeux?*

ROTROU, *les Sosies*, I, 3.

... Il faut, sur des faits plus grands, plus curieux,
Attacher de ce pas ton esprit et tes *yeux.*

BOILEAU, *Satires*, X.

Attacher la vue, les yeux, les regards, Captiver les regards :

Quelle apparence d'entrer tout exprès dans les lieux saints pour *attacher* sur soi *la veüe* et l'attention des assistants?

BALZAC, *Lettres;* VIII, 47.

Il seroit à souhaiter que les figures fussent faites de bonne main et par d'habiles graveurs. Elles en plairoient beaucoup plus, *attacheroient* davantage *les yeux* (des enfants), et par là feroient plus d'impression sur les esprits.

ROLLIN, *Traité des Études*, liv. 1er, c. 1, § 3.

Conservant pour tout bien le nom de Mithridate,
Apprenez que, suivi d'un nom si glorieux,
Partout de l'univers j'*attacherois* les yeux.

RACINE, *Mithridate*, II, 4.

On a dit dans un sens analogue : *Être attaché à la bouche, au discours* de quelqu'un, pour l'Écouter avec attention :

J'étois *attaché à sa bouche* depuis le commencement de la conversation jusqu'à la fin.

BALZAC, *Aristippe*. Avant-propos.

Maints zéphirs amoureux, dans les feuilles cachés,
Furent *à ce discours* par l'oreille *attachés.*

RACAN, *Bergeries*, II, 3.

De la Noue a parlé figurément des humeurs *attachées,* adhérentes au corps :

Puisqu'en nostre France cette humeur maligne (la fureur des duels) est fort *attachée*, il convient que la purgation soit un peu gaillarde.

DE LA NOUE, *Discours politiques et militaires*, XII.

Anciennement on a quelquefois employé *Attacher* dans le sens d'*attaquer :*

Ce default (des boiteux) empeschant l'exercice, ceux qui en *sont attachez* dissipent moins leurs forces.

BOUCHET, *Serées*, II, 18.

IV.   29

Et tu verras chez lui qu'aux satyres il tache
Arracher de nos cœurs les vices qu'il *attache*.
Vauquelin de la Fresnaye, *Art poétique françois*, III.

On a dit, dans un sens voisin du précédent, *Attacher l'escarmouche,* pour La mettre en action par une première tentative :

Il y eut quelques uns des Romains qui coururent après, et cela fut cause d'*attacher l'escarmouche*.
Amyot, trad. de Plutarque, *Vie de Paul Émile*, 30.

ATTACHER s'emploie souvent dans un sens figuré, à l'actif avec un nom de chose pour complément, ou au passif avec un nom de chose pour sujet :

Que ceste persuasion soit naturellement enracinée en tous, assavoir qu'il y a un Dieu, et qu'elle soit *attachée* comme en la moëlle des os, la fierté et rebellion des iniques en testifie.
Calvin, *Institution chrestienne*, liv, I, c. 3, § 3.

Anciennement, nous n'eusmes point une langue particulièrement courtizane, à laquelle les bons esprits voulussent *attacher* leurs plumes.
Est. Pasquier, *Recherches de la France*, VIII, 3.

La vieillesse faict d'estranges metamorphoses en nous, elle nous *attache* de laides rides dans l'ame, et tousiours il y a quelque chose qui sent l'aigre et le moisy, qui tire sur le fletry et le rance.
Matthieu, *Histoire des derniers troubles de France*, liv. II.

Que pouvons-nous espérer, nous qui n'approchons en rien ses mérites, puisque ny ses perfections, ny son amitié, ny vostre alliance ne vous peuvent *attacher* la langue ?
D'Urfé, *l'Astrée*, Ire partie, liv. VI.

Si j'opine à ce que Vostre Altesse Royale désobéisse et suive les veues de M. de Beaufort, pourrois-je m'empescher de passer pour un homme qui conseille de mettre Paris à feu et à sang, et d'*attacher* ce feu à la porte du Louvre, en entreprenant sur la personne du roi ?
Cardinal de Retz, *Mémoires*.

Les cordes qui *attachent* le respect des uns envers les autres, en général, sont des cordes de nécessité ; car il faut qu'il y ait différents degrés, tous les hommes voulant dominer, et tous ne le pouvant pas, mais quelques-uns le pouvant.
Pascal, *Pensées*.

Le mal est en nous et *attaché* à nos entrailles d'une étrange sorte, soit que nous cédions au plaisir, soit que nous le combattions par une continuelle résistance.
Bossuet, *Traité de la Concupiscence*, c. 4.

Elle vit toutes les dimensions de sa croix, et résolut de s'y laisser *attacher* sans se plaindre.
Fléchier, *Oraison funèbre de Mme la dauphine*.

Les fondements de la religion ne portent point sur la terre, et c'est au ciel que *sont attachées* ses colonnes augustes.
Bernardin de Saint-Pierre, *Études de la nature*, I.

Afin d'éviter ces malheurs, la Providence a, pour ainsi dire, *attaché* les pieds de chaque homme à son sol natal par un aimant invincible.
Chateaubriand, *Génie du christianisme*. Remarques particulières, V, c. 14.

Pource, ma sœur, d'un advis sage et pront
L'honneste honte *attache* sur ton front.
Ronsard, *la Franciade*, III.

Recherche en tes désirs, ores si refroidis,
Si tu m'es aujourd'huy ce que tu fus jadis?
Je t'eusse faict passer jadis les Pyrénées,
J'eusse *attaché* tes jours avecques mes années.
Théophile, *Plainte à un sien amy*.

Le trop riant espoir que vous leur présentez,
Attache autour de vous leurs assiduités.
Molière, *le Misanthrope*, II, 1.

Cesse de t'étonner si l'envie animée,
Attachant à ton nom sa rouille envenimée,
La calomnie en main, quelquefois te poursuit.
Boileau, *Épîtres*, VI, 1.

Il *attache* une tête aux bouts rimés nouveaux.
André Chénier, *Poèmes divers*.

ATTACHER, employé avec un nom abstrait servant soit de complément à sa forme active, soit de sujet à sa forme passive, et suivi de la préposition à, donne lieu à des expressions fort variées et très particulières :

Je lui réponds en sanglottant que ma vie et ma fortune *estoient attachées* à la sienne.
Marguerite de Valois, *Mémoires*.

Quand l'homme *attache* son bien aux plaisirs corporels, il est extrêmement excessif en l'usage d'iceux.
De la Noue, *Discours politiques et militaires*, IV.

Sire, n'aurez-vous point soin de vostre vie, pour conserver la leur (celle de vos serviteurs) qui y *est* inséparablement *attachée* ?
Antoine Arnaud, *Plaidoyer pour l'Université*.

Ces duels et ces galanteries n'empêchèrent pas mon père de faire tous ses efforts pour *attacher* à l'Église l'âme peut-être la moins ecclésiastique qui fût dans l'univers.
Cardinal de Retz, *Mémoires*.

Si l'on demande pourquoi le Grand Seigneur a fait, depuis peu, périr cent mille hommes devant Candie, on peut répondre sûrement que ce n'est que pour *attacher* encore, *à* cette image intérieure qu'il a de lui-même, le titre de conquérant.

         NICOLE, *Traité de la foiblesse de l'homme*, c. 1.

Les préceptes... sont d'eux-mêmes trop subtils pour faire impression sur l'esprit, si on ne les *attache à* quelque chose de plus agréable et de plus sensible.

         Logique de Port-Royal, IIe discours.

Notre salut est *attaché* à la foi qui nous a été révélée.
         PASCAL, *Provinciales*, XVII.

La douceur de la gloire est si grande, qu'à quelque chose qu'on l'*attache*, même *à* la mort, on l'aime.
         LE MÊME, *Pensées*.

Outre l'intérêt qu'elle avoit en leur conservation (de ses enfants), elle *avoit attaché* tous ses plaisirs *à* l'agréable occupation de les voir et de les caresser.
         Mme DE MOTTEVILLE, *Mémoires*.

Quant à l'archevêché de Tolède, comme c'est une dignité fort relevée ici, surtout par la place au conseil de la junte qui *y est attachée* par le testament du feu roi, la pratique étoit de ne point faire de consultes au roi pour ce grand bénéfice.
     L'ARCHEVÊQUE D'EMBRUN, à Louis XIV, 9 octobre 1665.
     (Voyez MIGNET, *Succession d'Espagne*, t. I, p. 398.)

Dans le temps que ces diverses choses s'étoient passées, toute l'Europe étoit d'autant plus attentive à la querelle entre la France et l'Espagne, que son repos plus inséparablement *attaché à* la fin ou à la continuation de la guerre.
     LE MARQUIS DE POMPONNE, *Mémoires*, I, 10.

Songez qu'aux premiers siècles toutes les intrigues du conclave se terminoient à choisir entre les prêtres celui qui paroissoit avoir le plus de zèle et de force pour soutenir le martyre; qu'il y eut trente-sept papes qui le souffrirent l'un après l'autre, sans que la certitude de cette fin leur fît fuir ni refuser une place où la mort *étoit attachée*.
     Mme DE SÉVIGNÉ, *Lettres;* à Coulanges, 26 juillet 1691.

Les actions militaires avoient (à Rome) mille récompenses qui ne coûtoient rien au public, et qui étoient infiniment précieuses aux particuliers, parce qu'on y *avoit attaché* la gloire, si chère à ce peuple belliqueux.
     BOSSUET, *Discours sur l'histoire universelle*, III, 6.

Encore si nous pouvions arrêter cette course rapide des plaisirs et les *attacher*, pour ainsi parler, autant *à* nous que nous nous *attachons* à eux.
     LE MÊME, *Sermons*, Sur l'amour des plaisirs.

Philippe de Valois est le premier de nos roys *à* qui on *ait attaché* un surnom après sa mort par la proclamation des hérauts, ceux d'auparavant lui n'en ayant eu que par la voix du peuple.
     MÉZERAY, *Histoire de France*. Philippe de Valois.

Quelques-uns disoient que le mal qui le consumoit (Louis XI) ne procédoit d'autre cause que des remords de sa conscience et de ces tourments que les malfaits *attachent aux* entrailles du criminel.
     LE MÊME, *Histoire de France*, Louis XI.

Saint Paul *attache* tellement, en général, le salut des femmes *à* l'éducation de leurs enfants, qu'il assure que c'est par eux qu'elles se sauveront.
     FÉNELON, *De l'Éducation des filles*, c. 11.

O Athéniens, disoit-il (Démosthène), ne croyez pas que Philippe soit comme une divinité *à* laquelle la fortune *soit attachée*
     LE MÊME, *Lettre à l'Académie*.

Enfin elle montroit une extrême attention à courir au devant de tous ces secours dont j'avois besoin; il sembloit que sa vie *fût attachée à* la mienne.
     LE SAGE, *le Diable boiteux*, c. 13.

La mémoire artificielle dont Cicéron et Quintilien exposent la méthode, consistoit à *attacher à* certains lieux et *à* certaines images les choses et les mots qu'on vouloit retenir.
     ROLLIN, *Traité des Études*, II, 3.

Les bonnes expressions *sont* ordinairement *attachées aux* choses mêmes et les suivent comme l'ombre suit le corps.
     LE MÊME, même ouvrage, IV, 3.

Le monde lui-même, qui semble s'en faire honneur (du vice) *lui attache* pourtant encore une espèce de flétrissure et d'opprobre.
     MASSILLON, *Petit Carême*. Tentations des grands.

Tout est déjà usé pour eux (les grands) à l'entrée même de la vie, et leurs premières années éprouvent déjà les dégoûts et l'insipidité que la lassitude et le long usage de tout semble *attacher à* la vieillesse.
     LE MÊME, même ouvrage, 3e dimanche.

Nous avons déjà remarqué que les prêtres d'Égypte étaient prophètes et voyants. Quel sens *attachait*-on *à* ce mot? Celui d'inspiré.
     VOLTAIRE, *Essai sur les mœurs*, c. 43.

Les limites des diocèses n'étaient point celles des États. La même ville était italienne ou allemande par son évêque, et française par son roi: c'est un malheur que les vicissitudes des guerres *attachent* encore *aux* villes frontières.
     LE MÊME, même ouvrage, c. 127.

Peut-être même, si tous les docteurs de la même ville voulaient se rendre compte des paroles qu'ils prononcent on ne trouverait pas deux licenciés qui *attachassent* la même idée *à* la même expression.

VOLTAIRE, *Lettres chinoises*, III.

La nature est juste envers les hommes : elle les récompense de leurs peines; elle les rend laborieux, parce qu'*à* de plus grands travaux elle *attache* de plus grandes récompenses.

MONTESQUIEU, *Esprit des lois*, XIII, 2.

Il (Longuerue) n'estimoit guère plus les sciences exactes, et joignoit au travers de les dédaigner celui d'*attacher à* ce dédain une espèce de mérite.

D'ALEMBERT, *Éloge d'Alary*.

Dès qu'un homme s'en vêtissoit (de la pourpre), il étoit d'abord suivi, parce que le respect *étoit* plus *attaché à* l'habit qu'*à* la personne.

MONTESQUIEU, *Grandeur des Romains*, c. 2.

Le bonheur, cet objet de nos désirs, mais qui fuit et repousse la grandeur et les richesses, *scroit*-il donc *attaché à* la médiocrité en tout genre, à celle des talents comme à celle du rang et de la fortune?

D'ALEMBERT, *Éloge de Segrais*.

Vous savez comme moi quelle est la vie que mènent la plupart des jeunes gens... qui se piquent de posséder une femme qu'ils n'aiment pas, et qui trouveroient ridicule que l'inclination se mêlât d'*attacher à* leurs voluptés un nouveau charme.

VAUVENARGUES, *Discours sur les plaisirs*.

Il y vit content de son sort, n'*attachant à* sa pauvreté ni honte ni vanité, ne briguant point les emplois, les acceptant pour en remplir les devoirs.

BARTHÉLEMY, *Voyage d'Anacharsis*, c. 7.

O Dieu! que vous êtes grand dans vos œuvres, et qu'est-ce que l'homme, pour que vous *y attachiez* votre cœur !

CHATEAUBRIAND, *les Martyrs*, liv. II.

Il y a une autre preuve de l'immortalité de l'âme, sur laquelle il faut insister. C'est la vénération des hommes pour les tombeaux. Là, par un charme invincible, la vie *est attachée à* la mort.

LE MÊME, *Génie du christianisme*, Ire part., liv. VI, c. 3.

Il (Dieu) a rendu son Église visible, afin que celui qui ne veut pas la voir soit inexcusable; sa grâce même, il l'*a attachée à* des signes sensibles.

J. DE MAISTRE, *Du Pape*, liv. I, c. 11.

Le fils du premier Pépin, au milieu de trois cent mille cadavres, *attache à* son nom l'épithète terrible qui le distingue encore.

LE MÊME, *Considérations sur la France*, c. 3, § 9.

Les discussions viennent ordinairement de ce qu'on n'*attache* pas le même sens *au* même mot.

BARANTE, *De la littérature française pendant le XVIIIe siècle*.

Attachez votre espoir *à* de moindres conquêtes.

MALHERBE, *Poésies*, liv. III, XVI.

Nommons des combattants pour la cause commune;
Que chaque peuple *aux* siens *attache* sa fortune.

CORNEILLE, *Horace*, I, 4.

On me vole mon père, on le fait criminel,
On *attache à* son nom un opprobre éternel.

LE MÊME, *Don Sanche d'Aragon*, V, 5.

Il vous faut vous donner, et non pas vous promettre,
Attacher votre sort, avec le nom d'époux,
A la valeur du bras qui s'armera pour vous.

LE MÊME, *Pertharite*, II, 1.

Et j'ai trop vu par là qu'un si profond silence
Attachoit sa pensée ailleurs qu'*à* ma présence.

LE MÊME, *Sophonisbe*, II, 1.

Et pour sauver l'honneur de ses foibles appas,
Elle *attache* du crime *au* pouvoir qu'ils n'ont pas.

MOLIÈRE, *le Misanthrope*, III, 3.

Quel mépris la cruelle *attache à* ses refus !

J. RACINE, *Andromaque*, III, 5.

Que sert de se flatter? On sait qu'*à* votre tête
Les dieux ont d'Ilion *attaché* la conquête.

LE MÊME, *Iphigénie*, I, 2.

L'outrage me regarde, et quoi qu'on entreprenne,
Je réponds d'une vie, *où j'attache* la mienne.

LE MÊME, même ouvrage, III, 6.

Le ciel n'a point, *aux* jours de cette infortunée,
Attaché le bonheur de votre destinée.

LE MÊME, même ouvrage, V, 2.

D'ailleurs, vous le savez, en bannissant ses rois,
Rome *à* ce nom, si noble et si saint autrefois,
Attacha pour jamais une haine puissante.

LE MÊME, *Bérénice*, II, 2.

Attachez, s'il se peut, *au* crime,
L'applaudissement et l'estime
La vertu n'aura plus d'amis.

HOUDAR DE LA MOTTE, *l'Amour-propre*, Ode.

Et si vous *attachez* du crime *à* tout cela,
Beaucoup d'honnêtes gens sont de ces fripons-là.

GRESSET, *le Méchant*, IV, 7.

Enfants du même Dieu, qu'un même souffle anime,
Libres pour la vertu, tous le sont pour le crime;
D'eux seuls dépend leur sort. Eh! sans la liberté,
Quel prix *attacherais*-je *à* leur fidélité?

DELILLE, *Paradis perdu*, III.

J'irai, j'*attacherai* mon âme *aux* solitudes.

LAMARTINE, *Jocelyn*.

Attacher son âme, son esprit, son cœur à Dieu :

Je dois, par un amour sincère, *attacher* immuablement *mon esprit* au père de tous les esprits, c'est-à-dire *à Dieu.*

BOSSUET, *De la Connoissance de Dieu et de soi-meme,* c. 4, art. 12.

Pour dégager l'*âme* de l'amour du monde, pour la retirer de ce qu'elle a de plus cher, pour la faire mourir à soi-même, pour la porter et l'*attacher* uniquement et invariablement *à Dieu,* ce n'est l'ouvrage que d'une main toute-puissante.

PASCAL, *Provinciales,* V.

Quiconque *a attaché* fortement *son cœur à Dieu,* s'est délivré heureusement de toutes les affections qui lui peuvent arriver en ce monde et en l'autre.

BERNARDIN DE SAINT-PIERRE, *Études de la nature,* IIIe partie.

ATTACHER, en parlant des personnes, a au figuré des significations fort diverses telles que Retenir, lier par quelque chose qui engage, qui oblige à quelque devoir, à quelque marque de reconnaissance ; Unir, joindre, soit par la nécessité, soit par l'affection ; Séduire, captiver.

Combien y a-t-il de choses en nostre cognoissance qui combattent ces belles reigles que nous avons taillées et prescrites à nature, et nous entreprendrons d'y *attacher* Dieu mesme ?

MONTAIGNE, *Essais,* II, 2.

Vous n'*estes* pas... si *attaché* à vous-mesme qu'il ne vous reste quelque affection pour les choses qui en sont séparées.

BALZAC, *Lettres;* liv. II, 16.

Les hommes... ne peuvent ni vivre ni bien vivre, ni être hommes, ni être heureux les uns sans les autres. Ils *sont attachés* ensemble par une commune nécessité de commerce.

LE MÊME, *Aristippe,* disc. I.

Il a peu de santé à présent, et cela l'*attache* encore plus que jamais à la campagne.

TALLEMANT DES RÉAUX, *Historiettes,* Perrot d'Ablancourt.

Elle (madame de Valentinois) avoit tant de haine pour le vidame de Chartres qu'elle avoit souhaité d'*attacher* à elle par le mariage d'une de ses filles, et qui s'*étoit attaché* à la reine, qu'elle ne pouvoit regarder favorablement une personne qui portoit son nom.

Mme DE LA FAYETTE, *la Princesse de Clèves,* Ire partie.

Par vanité ou par goût, toutes les femmes souhaitent de vous *attacher;* il y en a peu à qui vous ne plaisiez.

LA MÊME, même ouvrage, IVe part.

Si l'on examine avec soin ce qui *attache* ordinairement les hommes plutôt à une opinion qu'à une autre, on trouvera que ce n'est pas la pénétration de la vérité et la force des raisons, mais quelque lien d'amour-propre, d'intérêt ou de passion.

Logique de Port-Royal, IIIe part. c. 20.

La vraye dévotion est raisonnable et bienfaisante : plus elle nous *attache* à Dieu, plus elle nous porte à bien vivre avec les hommes.

SAINT-EVREMONT, *Pensées,* XII.

Je sçay bien, Monseigneur, que la France compte tous vos momens avecque trop d'interest, pour souffrir qu'on vous détourne des grands employs où elle vous *attache.*

MÉZERAY, *Histoire de France,* Charles VII. (Dédicace au chancelier Séguier.)

Si quelque chose est capable de détacher du monde les gens qui y sont les plus *attachés,* ce sont les réflexions que fait faire cette mort (de Madame).

BUSSY-RABUTIN, *Lettres;* à Mme de Sévigné, 1670.

Le cœur de M. de La Rochefoucauld pour sa famille est une chose incomparable ; il prétend que c'est une des chaines qui nous *attachent* l'un à l'autre.

Mme DE SÉVIGNÉ, *Lettres;* à Mme de Grignan, 4 mai 1672.

On dit que le chevalier de Montchevreuil, qui étoit *attaché* à M. de Longueville (tué au passage du Rhin) ne veut point qu'on le panse d'une blessure qu'il a reçue auprès de lui.

LA MÊME, même ouvrage; à Mme de Grignan, 20 juin 1672.

Voilà le second ministre (Louvois) que vous voyez mourir, depuis que vous êtes à Rome ; rien n'est plus différent que leur mort ; mais rien n'est plus égal que leur fortune, et les cent millions de chaines qui les *attachoient* tous deux à la terre.

LA MÊME, même ouvrage ; 26 juillet 1691.

Je me perds dans la pensée que je ne verrai plus cette pauvre cousine (Mme de Sévigné), à qui j'ai été si tendrement *attaché* depuis que je suis au monde.

M. DE COULANGES, *Lettres;* à Mme de Simiane, 25 avril 1696.

C'étoit (chez les Perses) une belle manière d'*attacher* les particuliers au bien public, que de leur apprendre qu'ils ne devoient jamais sacrifier pour eux seuls, mais pour le roi et pour tout l'État, où chacun se trouvoit avec tous les autres.

BOSSUET, *Discours sur l'histoire universelle,* III, 5.

Pompée... flattoit tantôt le peuple et tantôt le sénat pour s'établir ; mais son inclination et son intérêt l'*attachèrent* enfin au dernier parti.

LE MÊME, même ouvrage, III, 7.

Le corps rabat la sublimité de nos pensées et nous *attache* à la terre, nous qui ne devrions respirer que le ciel.

BOSSUET, *Traité de la Concupiscence,* c. 2.

Il *attacha* par des nœuds de respect et d'amitié ceux qu'on ne retient ordinairement que par la crainte des supplices.

FLÉCHIER, *Oraison funèbre de Turenne.*

Je n'ai pas besoin de louange pour faire du bien à cette fondation; vous sçavez que c'est ma grande passion, et j'y *suis* si fort *attachée,* que je crains quelquefois de l'être moins à Dieu pour qui je la fais.

Mᵐᵉ DE MAINTENON, *Lettres,* XII, à Mᵐᵉ la comtesse de Saint-Géran, 24 octobre 1686.

On croit que je gouverne l'État, et on ne sçait pas que je suis persuadée que Dieu ne m'a fait tant de grâces que pour m'*attacher* au salut du roi.

LA MÊME, même ouvrage, XXII, à Mᵐᵉ la comtesse de Saint-Géran, 4 novembre 1688.

Il est vrai que j'ai été trop *attaché* aux femmes, mais c'est bien à toi à me le reprocher.

FÉNELON, *Dialogues des morts,* Hercule et Thésée.

Appliquez-vous à régler vos affaires, sans y *attacher* votre cœur, et sans aucune vue d'ambition.

LE MÊME, *Lettres spirituelles,* LVI.

A tout prendre, je trouve que je suis dans ma place, et je ne songe point qu'il y ait au monde d'autres lieux que ceux où mes devoirs m'*attachent.*

LE MÊME, même ouvrage, CXCVIII.

Un destin sévère m'*attache* à cette malheureuse patrie; il faut souffrir avec elle; peut-être faudra-t-il être enseveli dans ses ruines.

LE MÊME, *Télémaque,* III.

Il ne faut regarder dans ses amis que la seule vertu qui nous *attache* à eux sans aucun examen de leur bonne ou de leur mauvaise fortune.

LA BRUYÈRE, *Caractères,* c. 11.

Une application ennemie des délices qui s'offrent à cet âge, l'*attacha* (Louis XIV) tout entier aux soins du gouvernement.

HAMILTON, *Mémoires de Grammont,* V.

Romulus, en intéressant les vaincus par ces avantages au bien de l'État, les y *attacha* par des liens si puissants et si volontaires, qu'ils ne furent plus tentés de les rompre.

ROLLIN, *Traité des Études,* liv. VI, IIIᵉ part., c. 2, art. 2.

Pour *attacher* les pauvres citoyens à la culture des terres d'une manière plus intéressante et plus fixe, Numa les distribua par bourgades.

LE MÊME, même ouvrage, *ibid.*

Je trouverai moyen d'éviter le malheur qui me menace;

vous pourriez même, belle Léonor, m'aider en cela, si vous me jugiez digne de m'*attacher* à vous.

LE SAGE, *le Diable boiteux,* c. 4.

Le roi de Castille, pour *attacher* à sa fortune un si grand capitaine, lui donna en mariage une des princesses ses filles.

VERTOT, *Révolution de Portugal.*

Nos bienfaits ne sauroient faire des ingrats de ceux que le devoir tout seul et la conscience nous *attachent.*

MASSILLON, *Petit Carême,* 2ᵉ dimanche.

Quoique enfant presque encore, M. de la Trappe eut pour moi des charmes qui m'*attachèrent* à lui, et la sainteté du lieu m'enchanta.

SAINT-SIMON, *Mémoires,* 1694.

L'amour et l'oisiveté l'*attachèrent* (le duc d'Orléans) à cette maîtresse (Mᵐᵉ d'Argenton) qui l'éloigna de la cour.

LE MÊME, même ouvrage, 1715.

Selon eux (les Anglais), il n'y a qu'un lien qui puisse *attacher* les hommes, qui est celui de la gratitude.

MONTESQUIEU, *Lettres persanes,* CIV.

Comme les Grecs avoient vu passer successivement tant de diverses familles sur le trône, ils n'étoient *attachés* à aucune.

LE MÊME, *Grandeur des Romains,* c. 21.

Ces peuples (pasteurs) jouissent d'une grande liberté; car, comme ils ne cultivent point les terres, ils n'y sont point *attachés.*

LE MÊME, *Esprit des lois,* XVIII, 14.

Les Dalécarliens, qui l'avaient aidé le spremiers à monter sur le trône (Gustave Wasa), furent les premiers à l'inquiéter. Leur rusticité farouche les *attachait* aux anciens usages de leur église, ils n'étaient catholiques que comme ils étaient barbares, par la naissance et par l'éducation.

VOLTAIRE, *Essai sur les mœurs,* c. 117.

C'étaient des Circasses venus encore de la Tartarie; on les appelait Mammelucs, qui signifie esclaves; soit qu'en effet le premier soudan d'Égypte qui les employa les eût achetés comme esclaves; soit plutôt que ce fût un nom qui les *attachât* de plus près à la personne du souverain, ce qui est plus vraisemblable.

LE MÊME, même ouvrage, c. 159.

Un républicain *est* toujours plus *attaché* à sa patrie qu'un sujet à la sienne, par la raison qu'on aime mieux son bien que celui de son maître.

LE MÊME, *Politique et législation.*

Jamais peuple ne vécut sous une administration plus douce, et ne *fut* si *attaché* à ses souverains.

LE MÊME, *Siècle de Louis XIV,* c. 9.

Il demanda la princesse Anne Petrowna, fille du czar, en mariage pour le fils de Jacques II, espérant que cette alliance *attacherait* plus étroitement le czar aux intérêts de ce prince malheureux.

VOLTAIRE, *Histoire de Charles XII*, VIII.

Un goût croissant pour la littérature m'*attachoit* aux livres françois, aux auteurs de ces livres et au pays de ces auteurs.

J.-J. ROUSSEAU, *les Confessions*, liv. V, Ire part.

Qu'une femme est heureuse... lorsque le seul moyen qu'elle ait d'*attacher* celui qu'elle a distingué, c'est d'ajouter de plus en plus à l'estime qu'elle se doit; c'est de s'élever sans cesse à ses propres yeux!

DIDEROT, *le Fils naturel*, I, 4.

L'espèce de stoïcisme dont il faisoit profession, ne l'empêchoit pas d'avoir des amis auxquels il étoit fort *attaché*.

D'ALEMBERT, *Éloge de Terrasson*.

Quel est le ministre à l'abri de pareilles imputations? et qui croiroit qu'en remplissant bien tous ses devoirs, qu'en étant vraiment *attaché* au Roi... on ne fût point en sûreté?

HÉNAULT, *Mémoires*, c. 18.

Il (le cardinal de Rohan) *étoit attaché* d'inclination, de respect et de reconnoissance au cardinal de Noailles.

DUCLOS, *Mémoires secrets sur Louis XIV, la Régence, etc.*

Un louis d'or, dont je lui fis présent, acheva de me l'*attacher*.

L'ABBÉ PRÉVOST, *Manon Lescaut*, Ire part.

Il ne faut que jeter les yeux sur nos lois saliques et ripuaires, pour voir combien les François *étoient attachés* aux coutumes dans lesquelles ils avoient été élevés.

MABLY, *Observations sur l'histoire de France*, I, 2.

Je me suis fait un devoir d'apporter moi-même cette lettre; quand on *est attaché* à ses maîtres...

PICARD, *les Marionnettes*, I, 7.

Les critiques du temps m'appellent débauché;
Que je *suis* jour et nuit aux plaisirs *attaché*,
Que j'y perds mon esprit, mon âme, ma jeunesse.

REGNIER, *Satires*, V.

L'hymen qui nous *attache* en une autre famille
Nous détache de celle où l'on nous a vu fille.

CORNEILLE, *Horace*, III, 4.

Cette chaîne, qui dure autant que notre vie,
Et qui devroit donner plus de peur que d'envie,
Si l'on y prend bien garde *attache* assez souvent
Le contraire au contraire, et le mort au vivant.

LE MÊME, *le Menteur*, II, 2.

Ah! seigneur, quand l'amour tient une âme alarmée,
Il l'*attache* aux périls de la personne aimée.

LE MÊME, *OEdipe*, I, 1.

Aux crimes malgré moi l'ordre du ciel m'*attache*,

CORNEILLE, *OEdipe*, V, 5.

Louis les animant du feu de son courage
Se plaint de sa grandeur qui l'*attache* au rivage.

BOILEAU, *Épîtres*, IV.

Ne pensez qu'à moi seule, et qu'un indigne choix
Ne vous *attache* point aux nymphes de ces bois.

LA FONTAINE, *Adonis*.

Heureux qui satisfait de son humble fortune,
Libre du joug superbe où je *suis attaché*,
Vit dans l'état obscur où les dieux l'ont caché.

J. RACINE, *Iphigénie*, I, 1.

Je sais trop les défauts, les retours qu'on nous cache:
Toute femme m'amuse, aucune ne m'*attache*.

GRESSET, *le Méchant*, II, 1.

Soit dit confidemment, je crois qu'il est jaloux
De tous les sentiments qui m'*attachent* à vous.

LE MÊME, même ouvrage, V, 1.

ATTACHER s'emploie quelquefois avec une signification en quelque sorte officielle, lorsqu'il indique un Emploi, une Charge, une Fonction:

La nouvelle de Blois affoiblissoit l'armée de tous les gens de guerre passionnez à la ligue, s'ils n'*estoient attachez* de charges notables, et de ceux qui espéroient s'avancer par ceste nouveauté,

D'AUBIGNÉ, *Histoires*, II, 18.

Quand vous aurez pris cette alliance avec le dict sieur de Busset qui m'*attache* et m'appartient, j'aurai, oultre la volonté, plus d'occasion de vous faire paroistre l'amitié et affection que vous sçauriez désirer.

HENRI IV, *Lettres*; 20 juin 1589.

J'*attachai* au cardinal Marigny qui revenoit tout à propos de Suède.

CARDINAL DE RETZ, *Mémoires*.

J'admire votre bonheur, mon R. P., d'*être attaché* auprès d'un grand prince, qui a autant de raison que de naissance.

BUSSY-RABUTIN, *Lettres*; au P. Zoccoli, 19 mars 1670.

Que votre respect et votre zèle pour la religion de vos pères cultive et fasse croître celui du jeune prince auprès duquel vos noms et vos dignités vous *attachent*.

MASSILLON, *Petit Carême*, 2e dimanche.

Les qualités aimables de Moncrif lui avoient procuré l'honneur d'*être attaché* au comte de Clermont.

D'ALEMBERT, *Éloge de Moncrif*.

L'abbé de Chaulieu étoit un homme de bonne chère, dans le genre de Saint-Evremont; il étoit *attaché* à M. de Vendosme.

HÉNAULT, *Mémoires*, Post-scriptum.

Le verbe ATTACHER a été employé dans des significations analogues, bien qu'un peu différentes : on a parlé d'intelligences d'anges qui sont *attachés aux astres* pour les diriger :

Ce bienheureux prélat *est attaché* aussi fortement à Genève, qu'une intelligence *à l'astre* qu'elle remue.

BOURDALOUE, *Panégyriques*.

... Je vois l'outil
Obéir à la main : mais la main, qui la guide?
Eh! qui guide les cieux et leur course rapide?
Quelque ange *est attaché* peut-être *à ces grands corps*.

LA FONTAINE, *Fables*, X, 1.

Attacher à la terre, à la glèbe, se dit en parlant de ceux auxquels certaines lois ou certaines coutumes interdisaient de quitter le pays qu'ils habitaient :

La servitude réelle est celle qui *attache* l'esclave *aux fonds de la terre.*

MONTESQUIEU, *Esprit des lois*, XV, 10.

Leurs familles (des patriarches) *étoient* fixes et *attachées* par la même loi *à certaines terres.*

FLEURY, *Mœurs des Israélites*, § 5.

Ces expressions ont été employées quelquefois au figuré :

La nature, qui parle, et que ta fierté brave,
Aura-t-elle *à la glèbe attaché* les humains,
Comme les vils troupeaux mugissants sous nos mains?

VOLTAIRE, *les Scythes*, IV, 2.

ATTACHER, Exciter l'attention, l'application, l'intérèt; être Attachant, en parlant des personnes ou des choses :

Tout ainsi que ceux qui *sont attachez* à une dispute publique voyans que la raison leur manque et que la force de leurs adversaires est trop grande, recourent aux artifices et aux inventions pour reprendre advantage : aussi ledit sieur Cecile, se jugeant quelquefois deffait et abatu par monsieur le marquis de Rosny, essayoit, en luy proposant des choses du tout inciviles et hors de temps et de raison, de le mettre en colere et luy troubler le jugement.

SULLY, *Œconomies royales*, t. II, c. 21.

Au milieu de tant de plaisirs qui devoient remplir entièrement et *attacher* l'esprit de ceux qui en jouissoient, on ne laissa pas de se souvenir de vous.

VOITURE, *Lettres;* au cardinal de La Valette.

L'amphithéâtre donc venant à rompre, le malheur fut incroyable, car cette grande machine fondit tout à coup sous une multitude innombrable de personnes qui *estoient attachées* au spectacle.

PERROT D'ABLANCOURT, trad. de Tacite, *Annales*, IV, 27.

La lecture des livres sérieux vous plaît et vous *attache.*

Mᶩᶩᵉ DE MONTPENSIER, *Portraits*, XLIV. Portrait de Mᵐᵉ la marquise de L. R.

Zayde *étoit* si *attachée* à regarder un portrait de Consalve, qu'elle ne le vit point entrer.

Mᵐᵉ DE LA FAYETTE, *Zayde*.

Je ne sais pourquoi vous dites que vous ne contez pas bien; je ne connois personne qui *attache* plus que vous.

Mᵐᵉ DE SÉVIGNÉ, *Lettres;* à Mᵐᵉ de Grignan, 1671.

Dans la journée évitez tout ce qui vous dissipe, qui vous *attache* et qui excite votre vivacité,

FÉNELON, *Lettres spirituelles*, XCIII.

L'esprit *est* agréablement *attaché* par le choix de ses tours et de ses raisons.

LAMOTTE, *Discours sur Homère.*

Il (Phèdre) *attache* par une élégance vraie et qu'il soutient toujours dans les bornes de sa matière.

LE MÊME, *Discours sur la Fable.*

N'avez-vous pas admiré avec quel art elle *attache* un spectateur et lui fait sentir les mouvements de toutes les passions.

LE SAGE, *Gil Blas.*

Pardon, seigneur Asmodée, dit don Cléophas, si j'ai coupé le fil de l'histoire de Léonor : continuez-la, je vous prie, elle m'*attache* infiniment.

LE MÊME, *le Diable boiteux*, c. 4.

En nous offrant même la peinture de nos vices, il sait encore nous *attacher* et nous plaire.

D'ALEMBERT, *Éloge de Massillon.*

Au fort d'une certaine habitude d'être, un rien me distrait, me change, m'*attache*, enfin me passionne, et alors tout est oublié : je ne songe plus qu'au nouvel objet qui m'occupe.

J.-J. ROUSSEAU, *Confessions*, I, 1.

Tout doit courir à l'événement dans l'épopée, mais tout doit y tenir assez de place pour *attacher* l'imagination.

LA HARPE, *Cours de littérature*, IIIᵉ part., liv. I, c. 1, sect. 1ʳᵉ, Voltaire.

L'importance de la vérité rend l'auditoire patient, au lieu que la fiction n'*attache* qu'autant qu'elle intéresse.

MARMONTEL, *Éléments de littérature. Éloquence poétique.*

Fénelon sent tout ce qu'il faut dire; il le dit, et il *attache.*

CONDILLAC, *l'Art d'écrire.*

Bacon *attacha* de toutes ses forces l'attention générale sur les sciences matérielles.

J. DE MAISTRE, *Soirées de Saint-Pétersbourg,* 5e entretien.

Inventez des ressorts qui puissent m'*attacher.*

BOILEAU, *Art poétique,* III.

C'est là ce qui surprend, frappe, saisit, *attache.*

LE MÊME, même ouvrage, *ibid.*

ÊTRE ATTACHÉ A est quelquefois suivi d'un verbe à l'infinitif, et signifie alors, Avoir le vif désir de faire une chose, s'y appliquer :

J'avois été la veille chez les envoyés de l'archiduc, pour essayer de pénétrer s'ils *étoient* toujours aussi *attachés à traiter* avec nous.

CARDINAL DE RETZ, *Mémoires,* II.

ATTACHER s'emploie très fréquemment avec le pronom personnel.

S'ATTACHER se dit absolument,

Au propre :

Ce brave chevalier... portoit ordinairement des chausses à la martingalle... ainsy que j'en ai veu autresfois porter aux soldats espaignols... afin qu'en marchant ils eussent plustost faict, sans s'amuser tant à deffaire leurs aiguillettes et *s'attacher.*

BRANTÔME, *Grands Capitaines françois,* M. d'Imbercourt.

Au figuré, dans le sens de Se lier, Prendre de l'attachement, Se fixer :

Si les empereurs les exiloient (les chrétiens) de leur patrie, tout le monde leur étoit un exil; ils s'ordonnoient à eux-mêmes de ne *s'attacher* nulle part, et de n'établir leur domicile en aucun pays de la terre.

BOSSUET, *Sermons.* Sur l'amour des plaisirs.

Il ne se rebute pas par les mauvais traitements, il les subit, les oublie, ou ne s'en souvient que pour *s'attacher* davantage.

BUFFON, *Histoire naturelle,* le Chien.

A ce propos plusieurs se treuvent
Qui les mariages appreuvent
Des jeunes gens, lesquels *s'attachent,*
Sans que pere et mere le sçachent.

CL. MAROT, 2e colloque.

IV.

Quelquefois, dans S'*Attacher,* le pronom personnel est complément indirect. Le verbe s'emploie alors,

Soit au propre, avec un nom de chose pour complément direct :

Il prit ses bottes... sans oublier de *s'attacher* ses éperons.

SCARRON, *le Roman comique,* II, 2.

Soit au figuré, avec un nom de personne pour complément direct :

Les généraux commencèrent à *s'attacher* leurs soldats, qui ne regardoient en eux jusqu'alors que le caractère de l'autorité publique.

BOSSUET, *Discours sur l'histoire universelle,* III, 7.

La grande attention de Cyrus étoit de *s'attacher* les troupes, de gagner le cœur des officiers, de se faire aimer et estimer des soldats.

ROLLIN, *Traité des Études,* liv. VI, IIIe part., c. 2, art. 1.

Si nos rois ne souffroient point de cardinaux en France, et s'ils donnoient leur nomination à des Italiens, ils *s'attacheroient* les premières maisons et les principaux sujets de Rome par cette espérance.

SAINT-SIMON, *Mémoires,* 1700.

Elle (Mlle de Lislebonne la cadette) savoit servir et *s'attacher* des amis.

LE MÊME, même ouvrage, 1707.

Le duc de Vendôme *se l'attacha* (Albéroni) et l'emmena avec lui en Espagne.

D'ALEMBERT, *Éloge de Campistron.*

Attachez-vous ces insulaires par un gouvernement juste.

NAPOLÉON, *Mémoires,* t. IV, p. 36.

S'ATTACHER A est d'un usage extrêmement fréquent, dans des emplois fort divers ;

Il s'emploie souvent dans un sens physique, sans que d'ailleurs il s'agisse de liens, d'attaches, de cordages :

La flamme, portée par un vent impétueux, désola en peu de temps tout ce qu'elle rencontra. Elle *s'attacha* premièrement *aux* plus bas estages des maisons.

COEFFETEAU, *Histoire romaine,* V.

Lorsqu'on porte les doigts sur un corps très froid et très compacte, tel que du métal, il arrive quelquefois qu'ils *s'y attachent,* et qu'en voulant les retirer trop promptement on y laisse la peau, ou qu'elle est endommagée.

DORTOUS DE MAIRAN, *Dissertation sur la glace.*

Deux glaces polies, nettes et sèches, *s'attachent* l'une à l'autre, et on ne les peut plus séparer qu'avec effort.

CONDILLAC, *l'Art de raisonner*, IV, 1.

Ces vapeurs, soutenues dans les airs et poussées au gré du vent, *s'attachent aux* sommets des montagnes qu'elles rencontrent.

BUFFON, *Théorie de la Terre*.

Il combat en mourant, et ne veut point lâcher
L'endroit où sur le monstre il vient de *s'attacher*.

LA FONTAINE, *Adonis*.

Un terrain gras semblable à la gomme des bois,
S'amollit dans tes mains et *s'attache* à tes doigts.

DELILLE, trad. de Virgile, *Géorgiques*, II.

Mon père! à vos côtés je prétends *m'attacher*.

COLLIN D'HARLEVILLE, *l'Optimiste*, IV, 5.

S'ATTACHER A, avec un nom de chose pour complément, s'emploie dans des sens très divers, tels que, Prendre de l'attachement pour une chose, S'appliquer à quelque chose, etc. :

Le naturel du François est de *s'attacher aux* extrémitez.

EST. PASQUIER, *Recherches de la France*, III, 29.

Je vous repeteray donc que j'estime que c'est le pire party *auquel* les Estats *se* puissent *attacher* que ladite trefve.

HENRI IV, *Lettres*; 6 juin 1607.

Je m'accorde à leurs opinions, mais je ne *m'y attache* pas.

MALHERBE, trad. des *Épîtres de Sénèque*, LXXX.

L'envie et la haine, qui *se sont* si cruellement *attachées* à une petite ombre de bien que quelques-uns ont cru voir parmi mes défauts, m'attaquant où je n'étois pas, ne me faisoient point de mal que je sentisse.

BALZAC, *le Prince*, Avant-propos.

Pourquoy, disoit-on, s'il se trouve à redire au gouvernement, *s'attache*-t-il à des choses de si peu d'importance?

PERROT D'ABLANCOURT, trad. de Tacite, *Annales*, XIII, 18.

L'esprit croit naturellement, et la volonté aime naturellement; de sorte que, faute de vrais objets, il faut qu'ils *s'attachent aux* faux.

PASCAL, *Pensées*.

Il arrive de là que plusieurs *s'attachent*, au hasard et sans lumière, à l'un des partis, et que d'autres les condamnent tous deux, comme ayant également tort.

Logique de Port-Royal, IIIe part., c. 20.

Bien que ce soit celui de tous mes ouvrages réguliers (le Cid) où je me suis permis le plus de licence, il passe encore pour le plus beau auprès de ceux qui ne *s'attachent* pas à la dernière sévérité des règles.

P. CORNEILLE, *Examen du Cid*.

Il ne *s'attache* point *aux* écrits les plus savants pour acquérir la science, mais aux plus sensés pour fortifier sa raison.

SAINT-EVREMONT, *Épitaphe du comte de Gramont*.

Dans l'épanchement d'une âme qui se répand universellement sur tout, les affections dissipées ne *s'attachent* proprement à rien.

LE MÊME, *l'Amitié sans amitié*.

L'esprit *s'attache* par paresse et par constance à ce qui lui est facile et agréable.

LA ROCHEFOUCAULD, *Maximes*, 482.

Dans les temps des guerres civiles, M. de la Mothe, qui avoit quelque crédit dans la province, fut sollicité de *s'attacher aux* intérêts de M. le Prince (le grand Condé) et reçut une somme d'argent de lui pour lever des troupes de cavalerie

FLÉCHIER, *Mémoires sur les grands jours de 1665*.

Oublions donc ce qui n'est que périssable et passager, pour *nous attacher* à ce qui est notre partage éternel.

LE MÊME, *Oraison funèbre de Mme la Dauphine*.

J'ai à vous faire compliment sur la thèse de M. l'abbé de Bussy. Il soutient parfaitement bien et fait paroître beaucoup d'esprit et de savoir. Comme il *s'attache* à l'étude et qu'il a de l'honneur, je ne doute pas qu'il ne réussisse et qu'il ne se distingue dans sa profession.

LE P. BOUHOURS, *Lettres*; à Bussy-Rabutin, 31 janvier 1690. (Voyez *Correspondance* de Bussy.)

Il ne faut point *s'attacher* à des pensées tristes et inutiles.

Mme DE SÉVIGNÉ, *Lettres*; à Bussy, 3 avril 1681.

Depuis que les hommes ont mêlé quelque couleur de vertu à ces actions sanguinaires (les duels), l'honneur *s'y est attaché* d'une manière si opiniâtre, que ni les anathèmes de l'Église, ni les lois sévères du prince... n'ont point assez de force pour venir à bout de l'en arracher.

BOSSUET, *Sermons*. Sur l'Honneur.

Nous nous attachons à notre sens, sans vouloir jamais revenir, de peur d'être forcés à reconnoître que nous nous sommes trompés.

LE MÊME, *De la Connoissance de Dieu et de soi-même*, c. 1, art. 16.

Tant que l'âme *s'attache* à la vérité, sans écouter les passions et les imaginations, elle la voit toujours la même.

LE MÊME, même ouvrage, c. 3, art. 13.

Il leur donne pour récompense la gloire des hommes, récompense qui ne vient pas jusqu'à eux; qui s'efforce de *s'attacher*, quoi? peut-être à leurs médailles ou à leurs statues déterrées, restes des ans et des barbares ; *aux ruines de leurs monuments et de leurs ouvrages qui disputent avec le temps*; ou plutôt *à leur idée, à leur ombre, à ce qu'on appelle leur nom.*

BOSSUET, *Oraison funèbre du prince de Condé.*

Il ne faut pas que l'action de l'esprit s'arrête avec celle des sens ; il peut pénétrer ce qui leur est impénétrable, et *s'attacher à des choses qui n'ont point de prise pour eux.*

MALEBRANCHE, *De la Recherche de la vérité*, liv. II, de l'Imagination, Ire part., c. 3.

Au point de puissance où la France est élevée, et depuis l'acquisition qu'elle a faite de Pignerol, il ne reste guère de parti aux ducs de Savoye que de *s'attacher à ses intérêts.*

LE MARQUIS DE POMPONNE, *Mémoires*, II, Savoye.

On ne sçauroit donc trop *s'attacher* dans les commencemens *à la perfection de cet établissement* (de la dixme).

VAUBAN, *Projet d'une Dixme royale*, c. 3.

Lorsqu'on lui représenta (à Boileau) que s'il *s'attachoit à la satire*, il se feroit des ennemis qui auroient toujours les yeux sur lui, et ne chercheroient qu'à le décrier : « Eh bien! répondit-il, je serai honnête homme et je ne les craindrai point. »

L. RACINE, *Mémoires sur la vie de J. Racine*, Ire part.

Si vous ne formez l'esprit des filles à la vraie prudence, elles *s'attacheront à la fausse qui est la finesse.*

FÉNELON, *De l'Éducation des filles*, c. 9.

Il vaut mieux *s'attacher à un petit nombre d'auteurs* choisis que de promener sa curiosité sur une multitude d'ouvrages.

ROLLIN, *Traité des Études*, liv. IV, c. 3.

Combien te valent par an les menuets du Pont-Neuf?— Fi! ma.mie, cela est bon aux invalides du Parnasse, de s'amuser à des vaudevilles. Vive la satire, morbleu! C'est là où je *m'attache uniquement.*

La cause des femmes, scène du More. (Voyez GHERARDI, *Théâtre italien*, t. II, p. 21.)

Il y a partout d'heureux naturels... que l'on apprivoise avec l'argent, c'est *à ceux-là qu'il se faut attacher*, et c'est sur leur avidité qu'on doit fonder le succès de toutes les affaires difficiles.

Arlequin Grapignan. (Voyez GHERARDI, *Théâtre italien*, t. V, p. 24.)

Scipion partit donc encore pour Madrid, et moi, en attendant son retour, je *m'attachai à la lecture.*

LE SAGE, *Gil Blas*, liv. IX, c. 9.

Les grands corps *s'attachent* toujours si fort *aux minuties, aux vains usages*, que l'essentiel ne va jamais qu'après.

MONTESQUIEU, *Lettres persanes*, CIX.

Il faut un code de lois plus étendu pour un peuple qui

s'attache au commerce et à la mer que pour un peuple qui se contente de cultiver ses terres.

MONTESQUIEU, *Esprit des lois*, XVIII, 8.

Pressé de tous côtés, je demeure en équilibre, parce que je ne *m'attache plus à rien*, et je ne m'appuie que sur moi.

J.-J. ROUSSEAU, *les Rêveries du promeneur solitaire*, 8e promenade.

Tout pays où est la gueuserie, où la mendicité est une profession, est mal gouverné. La gueuserie, ai-je dit autrefois, est une vermine qui *s'attache à l'opulence* ; oui, mais il faut la secouer.

VOLTAIRE, *Dictionnaire philosophique*, Gueux.

Tout ce qui s'est fait ne mérite pas d'être écrit. On ne *s'attachera*, dans cette histoire, *qu'à ce qui mérite l'attention de tous les temps.*

LE MÊME, *Siècle de Louis XIV*, c. I. Introduction.

Tout cela inspirait la terreur, et en même temps augmentait l'opiniâtreté. On sait trop que les hommes *s'attachent à leur religion à mesure qu'ils souffrent pour elle.*

LE MÊME, même ouvrage, c. 36.

Laissons respectueusement ce qui est divin à ceux qui en sont les dépositaires, et *attachons-nous uniquement à l'historique.*

LE MÊME, *Essai sur les mœurs*, c. 8.

Je n'ai dessein de faire ni des éloges, ni des satires. Il y a un milieu. Je *m'attache à des récits*, vrais dans le fond, simples dans la forme.

D'OLIVET, *Histoire de l'Académie.*

Ses études achevées, il fut reçu avocat, et plaida deux causes avec assez de succès pour que les magistrats désirassent de le voir *s'attacher au barreau.*

D'ALEMBERT, *Éloge de Ch. Perrault.*

Il *s'attache de lui-même à la garde des troupeaux.*

BUFFON, *Histoire naturelle*, le Chien.

Les fermiers enrichis chercheroient à étendre leurs exploitations, leurs enfants *s'attacheroient au métier de leurs pères devenu plus lucratif.*

TURGOT, *Lettres sur la liberté du commerce des grains*, VI, 27 novembre 1770.

Il (J.-B. Rousseau) *s'attachait à polir* avec soin quelques pièces de peu d'étendue sur des sujets sérieux.

VILLEMAIN, *Littérature au XVIIIe siècle*, 2e leçon.

De ceste vision l'image triste et noire
Avecques trop d'horreur *s'attache à ma mémoire.*

THÉOPHILE, *Pyrame et Thisbé*, IV, 2.

Ainsi ces oyseaux, *s'attachants*
Au dessein de plaire à Sylvie

Dans les longs efforts de leurs chants
Semblent vouloir laisser la vie.

THÉOPHILE, *Odes*, VII.

Mais elle-même, hélas! de ce grand nom charmée,
S'attache au bruit heureux que fait sa renommée. .

P. CORNEILLE, *Sertorius*, I, 1.

Et je soupçonnerois un crime dans les vœux
D'un homme qui s'attache à tout ce que je veux?

LE MÊME, *Othon*, V, 1.

C'est là l'unique étude où je veux m'attacher.

BOILEAU, *Épîtres*, V.

Eh! qui, prêt à chercher sur les ondes émues
De la terre et des flots les bornes inconnues,
N'a pas senti son cœur en ce moment fatal
Frémir et s'attacher au rivage natal?

ESMÉNARD, *la Navigation*, VI.

S'attacher à quelqu'un est une expression fort
en usage, soit qu'il s'agisse d'un parti, d'une secte,
d'une fonction, d'un emploi, ou d'une liaison d'affection :

Les saints ont eu le pouvoir de *s'attacher à* Dieu du fond
de leur cœur, et vacquer librement à soy.

MICHEL DE MARILLAC, *Imitation de Jésus-Christ*.

Monsieur, je ne doute point que vous ne sçachiez desjà
que le mérite extraordinaire de Monseigneur (le duc de
Montmorency) et la façon dont il m'a receu, m'ont obligé
de me donner tout entier à ses intérêts, et *m'attacher* domestiquement *à* luy.

THÉOPHILE, *Lettres*, LXIV.

Depuis la mort de son fils, elle et sa belle-fille sont plus
mal que jamais. Il semble qu'elle *s'attache* entièrement *à*
l'électeur de Brandebourg, car elle laisse ruiner le petit
prince d'Orange.

TALLEMANT DES RÉAUX, *Historiettes*, la princesse
d'Orange la mère.

Le cardinal souffrit de même qu'il *s'attachât à* la reine.
Cet attachement lui servit au commencement de la régence,
car il étoit comme une espèce de ministre; mais le cardinal Mazarin prévalut et le fit éloigner.

LE MÊME, même ouvrage, M. de Lisieux.

Vous pouvez maintenant ajouter aux temps que vous venez d'observer, ceux qui vous marquent l'état et le changement de la milice; celui où elle est soumise et attachée
au sénat et au peuple romain; celui où elle *s'attache à* ses
généraux; celui où elle les élève à la puissance absolue
sous le titre militaire d'empereurs.

BOSSUET, *Discours sur l'histoire universelle*, III, 7.

Celui qui *s'attache à* Dieu ne perd ni ses biens, ni son
honneur, ni sa vie.

BOSSUET, *Oraison funèbre de la duchesse d'Orléans*.

Je comprends le chagrin que vous avez d'avoir quitté
votre aimable enfant; je suis étonnée que la petite Deville
ne *s'y attache* point.

Mme DE SÉVIGNÉ, *Lettres;* 10 février 1672,
supplément Capmas.

Quand on vous connoît, on vous adore et l'on *s'attache* entièrement *à* vous.

LA MÊME, même ouvrage, à Mme de Grignan,
22 septembre 1680.

Plus on la connoît (Mme de La Fayette), plus on *s'y attache*.

LA MÊME, même ouvrage, 4 janvier 1690.

L'homme abandonnera son père et sa mère pour *s'attacher à* sa femme, et de deux qu'ils étoient ils deviendront
une même chair.

SACI, *Épître de saint Paul aux Éphésiens*, V, 31.

Les femmes *s'attachent aux* hommes par les faveurs
qu'elles leur accordent : les hommes guérissent par ces
mêmes faveurs.

LA BRUYÈRE, *Caractères*, c. 3.

Caton, qui aimoit par pédanterie les vieilles gens, *s'attacha à* Fabius, et fut jaloux de moi, parce que j'étois jeune
et hardi.

FÉNELON, *Dialogues des morts*, Rhadamante,
Caton le Censeur et Scipion l'Africain.

Dès sa première jeunesse il fut disciple de Platon, *auquel*
il *s'attacha* si fort, qu'il le suivit même jusque dans la
Sicile.

LE MÊME, *Vies des philosophes*, Xénocrate.

Profitez de vos imperfections pour vous détacher de vous-
même, et pour *vous attacher à* Dieu seul.

LE MÊME, *Lettres spirituelles*, CXCII.

C'étoit une salutaire coutume établie chez les anciens, et
qu'il seroit à souhaiter qui le fût aussi parmi nous, que
les jeunes gens qui aspiroient aux charges, *s'attachassent*
particulièrement *aux* vieillards qui *s'y* étoient le plus distingués, et qu'ils apprissent par leurs conversations, et encore plus par leurs exemples, l'art de se bien conduire eux-
mêmes et de gouverner sagement les autres. C'est ainsi,
dit Plutarque, qu'Aristide *s'attacha à* Clisthène, et Cimon
à Aristide.

ROLLIN, *Histoire ancienne*, liv. VI, c. 1, § 7, art. 1.

Madame Guyon fut chassée de Saint-Cyr, et on ne *s'y* appliqua plus qu'à effacer jusqu'aux moindres traces de ce
qu'elle y avoit enseigné. On y eut beaucoup de peine; elle
en avoit charmé plusieurs qui *s'étoient* véritablement *attachées à* elle et à sa doctrine.

SAINT-SIMON, *Mémoires*, 1696.

Les grands sont moins excusables et plus malheureux de ne pas *s'attacher à* vous, ô mon Dieu, parce qu'ils sentent mieux et plus souvent le vide de tout ce qui n'est pas vous.

> MASSILLON, *Petit Carême*, 3° dimanche.

Un Dieu... *s'est attaché à* vous, dit un prophète, comme le ver *s'attache au* vêtement.

> LE MÊME, *Avent*, Délai de la conversion.

Je remarquai d'abord un homme dont la simplicité me plut, je *m'attachai à* lui; il *s'attacha à* moi, de sorte que nous nous trouvions toujours l'un auprès de l'autre.

> MONTESQUIEU, *Lettres persanes*, XLVIII.

Il a violé, dit-il, la foi conjugale en *s'attachant à* une fille de la plus basse extraction, du vivant de son épouse.

> VOLTAIRE, *Histoire de Pierre le Grand*, II° part., c. 10.

Il faut, je crois, présenter les personnages assez long-temps aux yeux pour qu'on ait le temps de *s'y attacher.*

> LE MÊME, *Correspondance du roi de Prusse.*

C'est *à* ce grand maître (Malebranche) dans l'art de pen-ser et d'amener les lecteurs à sa pensée, que M. l'abbé de Molières *s'attacha* étroitement.

> MAIRAN, *Éloge de l'abbé de Molières.*

Elle (la France) *s'étoit* successivement *attachée à* M. Tur-got, à M. de Malesherbes, et particulièrement *à* M. Necker.

> Mᵐᵉ DE STAEL, *Considérations sur la Révolution française*, Iʳᵉ part., c. 8.

On a dit *S'attacher auprès* d'une personne, pour : Ne pas la quitter, la Surveiller :

Nugna Bella entra dans mes sentiments et m'assura qu'elle *s'attacheroit* si fort *auprès* d'Hermenesilde, que dif-ficilement le prince pourroit lui parler.

> Mᵐᵉ DE LA FAYETTE, *Zayde.*

S'ATTACHER A est souvent suivi d'un verbe à l'infinitif; ainsi employé, il a le sens de S'appli-quer :

Si on luy baille à lire un épigramme qui ne vaille rien, il (le flatteur) *s'attachera à* blasmer le papier qui sera trop gros.

> AMYOT, trad. de Plutarque, *Œuvres morales*, Comment on pourra discerner le flatteur d'avec l'amy.

Il y en a qui ne *s'attacheroient* jamais à dire tous les jours ces deux paroles...

> PASCAL, *Provinciales*, IX.

Je lui dis (au prince Lobkowitz) que quand on seroit con-venu du partage de la future successsion, je croyois que Votre Majesté ne *s'attacheroit* pas si fortement *à* se faire donner ce qu'elle doit si légitimement prétendre.

> LE CHEVALIER DE GREMONVILLE, à Louis XIV, 17 novembre 1667. (Voyez MIGNET, *Succession d'Espagne*, t. II, p. 341.)

Comme la gloire véritable ne peut jamais être forcée, ils doivent en poser les fondements sur une vertu solide, qui *s'attache à* ne se démentir jamais.

> BOSSUET, *Sermons*, sur l'Honneur.

C'est plutôt (Pétrone) un courtisan délicat qui trouve le ridicule, qu'un censeur public qui *s'attache à* blâmer la cor-ruption.

> SAINT-ÉVREMONT, *Jugement sur Pétrone*, II.

La ville (de Bremen) tenoit aussi ferme à conserver le titre de ville impériale, que la Suède *s'attachoit à* l'y faire renoncer.

> LE MARQUIS DE POMPONNE, *Mémoires*, I, c. 6.

Il *s'attacha à* étudier ce qui regardoit les mœurs, et fut, pour ainsi dire, le fondateur de la philosophie morale chez les Grecs.

> FÉNELON, *Vies des philosophes*, Socrate.

Les hommes ne *s'attachent* pas assez *à* ne point manquer les occasions de faire plaisir.

> LA BRUYÈRE, *Caractères*, c. 11.

Toutes leurs démarches, dit l'Esprit saint, sont vagues, incertaines, incompréhensibles... On a beau *s'attacher à* les suivre, on les perd de vue à chaque instant.

> MASSILLON, *Petit Carême*, 3° dimanche.

Je me tus alors, et *m'attachai* moins *à* écouter sa réponse (du Régent) qu'à examiner à son visage l'effet d'un discours si sincère.

> SAINT-SIMON, *Mémoires*, 1718.

Dans les États modérés, un bon législateur *s'attachera* moins *à* punir les crimes qu'*à* les prévenir.

> MONTESQUIEU, *Esprit des lois*, VI, 9.

Il *s'attache à* décrier en tout le cardinal de Fleuri. Il l'a-baisse au-dessous du médiocre.

> VOLTAIRE, *Examen du testament politique du cardinal Alberoni.*

Tant il est vrai que l'homme a toujours quelque foible par lequel il se démasque, sans le vouloir, aux yeux de ceux qui sont à portée de le connoître, ou qui *s'attachent à* l'é-tudier!

> MARIVAUX, *le Paysan parvenu*, VII° partie.

... Sa farouche vertu
S'attache à regarder, *à* grossir un fétu.

> PALAPRAT, *la Prude*, I, 6.

S'ATTACHER s'employait autrefois comme terme militaire :

Il (Mithridate) envoya quérir des forces navales et mari-times de tous costez, n'osant *s'attacher* ni hasarder la ba-taille contre Fimbria.

> AMYOT, trad. de Plutarque, *Lucullus*, 7.

Les Athéniens racontent qu'incontinent que le capitaine des Corinthiens vit que le combat *s'attachoit*, il eut si belle peur, qu'il fit hausser les voiles et fuit tant qu'il put.

SALIAT, trad. d'Hérodote, liv. VIII, 94.

Tant d'un costé que de l'autre, on redoutoit merveilleusement les désolations universelles, la guerre *s'attachant* une fois.

DE LA NOUE, *Discours politiques et militaires*, XXVI.

Sa Saincteté s'est déjà assez déclarée de desirer et estre d'advis que le Roy s'accordast avec ledit duc de Savoye à quelque condition que ce fust, et a trop grande peur que la guerre ne *s'attache* en Italie.

D'OSSAT, *Lettres*, 82, liv. II.

S'ATTACHER A, a été employé anciennement dans le sens de S'attaquer à.

Parfois avec un nom de chose pour complément :

Je dis donc que je n'ay voulu *m'attacher* qu'à luy (l'italien), pour ce que je m'asseurois que luy ayant fait quitter la place, je pourrois aisément venir à bout de l'espagnol.

H. ESTIENNE, *la Précellence du langage françois*, Préface.

On marqua à chacun la maison *où* il devoit *s'attacher*.

SAINT-RÉAL, *Conspiration contre Venise*.

L'Admiral tira à Baugency... afin d'y rafraischir ses troupes et d'estre près d'Orléans, si le duc de Guise *s'y* venoit *attacher*.

MÉZERAY, *Histoire de France*, Charles IX.

Plus fréquemment avec un nom de personne :

Pompeius ne fut pas plus tost de retour qu'il (Crassus) *s'attacha* vifvement *à* lui, touchant les choses qu'il avoit establies et ordonnées en Afrique, que Pompeius avoit toutes cassées et annullées.

AMYOT, trad. de Plutarque, *Pompeius*, 64.

Comme un jour Socrates *se fust attaché* un peu vehementement *à* quelqu'un de ses familiers deyant tous ceux de la maison, en pleine table, Platon ne se peut tenir de luy dire : Ne vaudroit-il pas mieux que cela eust esté dit à part en privé?... Et Pythagoras, à ce que l'on dit, *s'estant attaché* de paroles fort asprement *à* ung de sa cognoissance, en presence de beaucoup de gens, le jeune homme en eut si grand regret et si grand honte, qu'il se pendit.

AMYOT, trad. de Plutarque, *Œuvres morales*. Comment on pourra discerner le flatteur d'avec l'amy.

Nicolas estoit un grand pape, mais il *s'attachoit* aussi *à* un bien grand archevêque, lequel, revenant comme d'un profond sommeil,... escrivit une lettre bien ample à Nico-

las... par laquelle lettre il luy remonstre modestement... qu'il ne devoit retracter ce qui avoit esté passé et conclud en un concil national.

EST. PASQUIER, *Recherches de la France*, III, 12.

Les gens de messire Charles de Savoisy, grand chambellan de France, s'estant témérairement *attachés à* quelques escoliers... et en ayant blessé quelques-uns, par arrest du Roy... donné en l'an 1404, il fut dit que sa maison seroit démolie.

LE MÊME, même ouvrage, III, 29.

Ce n'estoit pas une petite entreprise de *s'attacher à* un tel corps comme estoit celuy des Prélats.

LE MÊME, même ouvrage, III, 32.

Vous m'avez donné tout ce qu'un prince pouvoit donner, et j'ay recen tout ce qu'un particulier pouvoit recevoir de son prince. Le reste ne serviroit qu'à me charger de l'envie, qui n'osant pas *s'attacher à* vous à cause du respect qu'elle vous porte, ne manqueroit pas de *s'attaquer à* moy.

PERROT D'ABLANCOURT, trad. de Tacite, *Annales*, liv. XIV, XI.

Pour ce qui est de cette sorte de dépit qui ne *s'attache à* personne, et qui n'est qu'une certaine impatience vive et prompte de voir que les choses se font ou se disent autrement qu'il ne faut, je le cache avec plus de peine, et n'en suis pas si maîtresse que je devrois.

Mlle DE MONTPENSIER, *Portraits*, Mlle de la Trémouille.

Les pages du prince (de Condé) ayant rencontré une procession par les champs et *s'estant attachez* d'injures à ceux qui portoient la croix et la bannière, les villageois s'esmurent et coururent aux pierres.

MÉZERAY, *Histoire de France*, Charles IX.

Veuillez *vous* doncques *attacher*
Aux meschants et sotz blasonneurs,
Qui n'ont sceu comment me fascher,
Sinon en touchant voz honneurs.

CL. MAROT, *Épîtres*, II, 3.

On a dit souvent que les yeux *s'attachent sur* quelque chose, *sur* quelqu'un :

Considérant plus attentivement ces aimables filles, j'en remarquai une qui avoit les yeux tournés vers moi; elle les baissa promptement, lorsqu'elle vit les miens *s'attacher sur* elle.

L'ABBÉ PRÉVOST, *Cleveland*, liv. III.

Sur les deux combattants tous les yeux *s'attachèrent*.

VOLTAIRE, *Henriade*, X.

ATTACHÉ, ÉE, participe.

Bas attaché s'est dit dans le sens de *bas d'attache*, expliqué ci-dessus au mot ATTACHE :

Le Roi, extrêmement paré de pierreries et plus de bonne mine, avec une cape, un bonnet et un *bas attaché,* menoit la mariée du côté droit.

MALHERBE, *Lettres;* à Peiresc, 19 juillet 1609.

ATTACHÉ s'emploie souvent, dans un sens très rapproché de sa signification propre, pour Fixé, Adhérent :

Je vois ces effroyables espaces de l'univers qui m'enferment, et je me trouve *attaché* à un coin de cette vaste étendue.

PASCAL, *Pensées.*

Les muscles ont leur origine à certains endroits des os, où on les voit *attachés.*

BOSSUET, *De la Connoissance de Dieu et de soi-même,* c. 2, art. 2.

Après avoir fait leur décharge sans effet, contre les tours et les créneaux du rempart, où leurs javelots demeuroient *attachés;* comme ils se virent blessez d'en haut par les Romains à coups de pierre, ils vinrent à l'assaut avec de grands cris.

PERROT D'ABLANCOURT, trad. de Tacite. *Histoire,* liv. IV, 4.

On supposoit chaque planète *attachée* à un épicycle inséparablement uni au déférent, et roulant avec lui dans le creux du ciel qui l'enveloppoit.

DUGUET, *Explication de l'ouvrage des six jours.*

D'autres (habitants de la mer), à qui tout mouvement a été refusé, croissent et vivent *attachés* aux rochers.

BUFFON, *Histoire naturelle.* La Mer.

ATTACHÉ, au figuré, est souvent employé absolument :

La magnificence, le goût et l'abondance régnoient dans son palais; les ministres étoient sages et habiles ; les courtisans, vertueux et *attachés.*

CH. PERRAULT, *Contes.* Peau-d'Ane.

Attaché continuellement, et par là dispensé du service, il falloit que je vécusse de ma paye de cadet, c'est-à-dire de soldat, et à peine consentoit-il à me donner l'uniforme.

J.-J. ROUSSEAU, *les Confessions,* I, 4.

Pourvu qu'on remplisse son devoir, qu'on fasse bien ses commissions, avec cela l'air un peu stupide, *attaché,* secret, voilà tout.

SEDAINE, *la Gageure imprévue,* sc. 18.

L'habitude est contractée; on cesse d'aimer, et l'on reste *attaché.*

DUCLOS, *Considérations sur les mœurs.*

Dans le passage suivant, *Attaché* a le sens d'Occupé, de Retenu, d'Appliqué :

Comme on pensoit le Roi *attaché* à Tours, il se va jeter d'une course dans les faux-bourgs du Mans.

D'AUBIGNÉ, *Histoire universelle,* t. III, liv. III, c. 4.

Tenir attaché, Retenir, empêcher de s'éloigner :

Sors de ce lit oiseux qui te *tient attaché,*
Et renonce au repos, ou bien à l'évêché.

BOILEAU, *le Lutrin,* I.

ATTACHÉ, Joint, uni :

Les deux armées se trouvoient tellement jointes et *attachées* ensemble, qu'on se battoit corps à corps.

VAUGELAS, Quinte-Curce, liv. III.

Dans le sens propre, on trouve souvent *Attaché à :*

Il vit une lampe de cuivre *attachée au* plafond, des livres et des papiers en confusion sur une table.

LE SAGE, *le Diable boiteux,* c. 1.

Démêlez dans un coin une table de marbre noir *attachée* à un pilier.

LE MÊME, même ouvrage, c. 12.

Une flotte entière dissipée et brûlée n'auroit pas satisfait Pallas, si elle n'avoit de sa propre main percé l'infortuné Ajax, et si elle ne l'avoit laissé *attaché* à un rocher aigu.

ROLLIN, *Traité des Études,* liv. III, c. 2, art. 2.

On a dit, poétiquement : *Fronts attachés à la terre :*

Lorsque d'un saint respect tous les Persans touchés,
N'osent lever leurs *fronts à la terre attachés,*
Lui fièrement assis, et la tête immobile,
Traite tous ces honneurs d'impiété servile.

RACINE, *Esther,* II, 1.

Ma voix feroît sur eux les effets du tonnerre,
Et je verrois leurs *fronts attachés à la terre.*

VOLTAIRE, *Mahomet,* I, 5.

Attachés à la terre, s'est employé dans un sens fort différent en parlant des paysans qui, d'après certaines lois, certaines coutumes de l'ancien droit, ne pouvaient quitter les terres de leurs seigneurs.

Le peuple (en Moscovie) n'est composé que d'esclaves *attachés aux terres.*

MONTESQUIEU, *Esprit des lois,* XXII, 14.

ATTACHÉ A, au figuré, dans des sens très divers, avec un nom de chose pour complément :

Tous ceux de vostre sorte que je trouveray assez sociables pour ne rebuter point ma liberté, ne me trouveront jamais si fort *attaché* au service d'un maistre, que je ne puisse tesmoigner à un honneste homme que rien ne me commande que la vertu.

THÉOPHILE, *Lettres*, XXVII.

Il n'y a point d'âme tant soit peu noble, qui demeure si fort *attachée aux* objets des sens qu'elle ne s'en détourne quelquefois pour souhaiter quelque autre plus grand bien, nonobstant qu'elle ignore souvent en quoi il consiste.

DESCARTES, *les Principes de la philosophie*. Préface.

Je demeurois *attaché à* son discours sans en perdre une parole.

PERROT D'ABLANCOURT, trad. de Lucien. *Nigrinus*.

Carthage, enrichie par son trafic, voyoit tous ses citoyens *attachés à* leurs richesses, et nullement exercés dans la guerre.

BOSSUET, *Discours sur l'histoire universelle*, III, 6.

C'étoit le dessein d'avancer dans cette étude de la sagesse, qui la tenoit si *attachée à* la lecture de l'histoire.

LE MÊME, *Oraison funèbre de la duchesse d'Orléans.*

On n'est jamais assuré de ne pas perdre le droit à l'héritage éternel, puisqu'on n'est pas assuré de ne pas perdre la justice à laquelle il est *attaché.*

LE MÊME, *Histoire des variations des Églises protestantes*, III, n° 39.

C'étoient des gens révoltés contre l'Église, *attachés à* leur sens.

BOURDALOUE, *Sermons*. Sur les œuvres sans la foi.

Nous serons jugés selon notre état et selon les grâces *attachées à* notre état.

LE MÊME, *Pensées*. De l'état religieux. Jugement du religieux.

Nous avons vu dans sa conduite (de Marie-Thérèse) une dévotion solide... *attachée à* tous ses devoirs, comme si elle n'en eût qu'un seul à remplir.

FLÉCHIER, *Oraison funèbre de Marie-Thérèse.*

Outre la grâce *attachée à* la voix du pasteur, voilà des raisons sensibles pour préférer ses sermons à ceux des autres.

FÉNELON, *Dialogues sur l'Éloquence*, III.

Un esprit raisonnable ne doit chercher, dans une vie frugale et laborieuse, qu'à éviter la honte et l'injustice *attachées à* une conduite prodigue et ruineuse.

LE MÊME, *De l'Éducation des filles*, c. 4.

Dieu veut vous montrer à fond le néant du monde par la misère *attachée à* tout ce que le monde lui-même a de plus éblouissant.

FÉNELON, *Lettres;* 4 octobre 1689.

Il y a un malheur *attaché à* tout ce que je protège.

Mme DE MAINTENON, *Lettres;* à M. le cardinal de Noailles, 9 octobre 1695.

Le dernier accès du mal de la reine ma mère et le funeste accident de sa mort... me tinrent plusieurs jours *attaché à* la seule considération de cette perte.

LOUIS XIV, *Mémoires.*

Telle est la destinée de l'adversité, de nous grossir et nous mettre sans cesse sous les yeux les plaisirs de notre première situation et les malheurs *attachés à* notre condition présente.

MASSILLON, *Petit Carême.*

Madame étoit une princesse de l'ancien temps, *attachée* à l'honneur, à la vertu, *au rang...*

SAINT-SIMON, *Mémoires*, 1715.

Tout dans votre vie sembloit me montrer un homme dévoré du désir de commander, et qui, plein des plus funestes passions, se chargeoit avec plaisir de la honte, des remords et de la bassesse même *attachés à* la tyrannie.

MONTESQUIEU, *Dialogue de Sylla et d'Eucrate.*

Plutarque me charme toujours; il y a des circonstances *attachées aux* personnes qui font grand plaisir.

LE MÊME, *Pensées diverses.*

Il voulait (Louis XIV) que cet éclat, *attaché à* sa personne, rejaillit sur tout ce qui l'environnait.

VOLTAIRE, *Siècle de Louis XIV*, c. 25.

On y peut ajouter la petite place d'historiographe et, au lieu de la pension *attachée à* cette historiographerie, je ne demande qu'un rétablissement de quatre cents livres.

LE MÊME, *Lettres;* 8 février 1744.

Les épines *attachées à* la littérature, et à un peu de réputation, ne sont que des fleurs en comparaison des autres maux qui de tous temps ont inondé la terre.

LE MÊME, même ouvrage, 30 d'auguste 1755.

J'éprouve toutes les calamités *attachées à* la décrépitude.

LE MÊME, même ouvrage, 5 mai 1775.

Quoique très-*attaché à* la religion par principes et par état, il ne cherchoit point à en étendre les droits au-delà des bornes qu'elle s'est prescrites à elle-même.

D'ALEMBERT, *Éloge de Mallet.*

Attaché avec superstition *aux* anciennes maximes, il s'élevoit par une espèce d'ostracisme contre toute innovation littéraire.

LE MÊME, *Éloge de d'Olivet.*

Callippe fut contraint de se réfugier en Italie, avec un reste de brigands *attachés à* sa destinée.

BARTHÉLEMY, *Voyage d'Anacharsis*, c. 60.

Si une suite de pertes est occasionnée... par les friponneries de toute espèce *attachées à* la régie de toute entreprise trop grande... que deviendra la fourniture qu'elle s'est engagée à faire?

TURGOT, *Lettres sur la liberté du commerce des grains*, VIIe, 2 décembre 1770.

Oui, les représentants de la France libre, inébranlablement *attachés à* la constitution, seront ensevelis sous les ruines de son temple avant qu'on ose vous proposer une capitulation indigne d'eux et de vous !

VERGNIAUD. (Voyez *Choix de rapports, opinions et discours*, t. VIII, p. 284.)

Ce fut là le discours *où nostre âme attachée,*
De sentiments douteux diversement touchée,
Dans un estonnement nous laissa tous ravis.

THÉOPHILE, *Immortalité de l'âme.*

Une âme généreuse, et que la vertu guide,
Fuit la honte des noms d'ingrate et de perfide ;
Elle en hait l'infamie *attachée au* bonheur
Et n'accepte aucun bien aux dépens de l'honneur.

P. CORNEILLE, *Cinna*, III, 4.

Porte-la de bon cœur, cette croix salutaire,
Que tu vois attachée à ton infirmité.
Fais un hommage à Dieu d'une nécessité,
Et d'un mal infaillible un tribut volontaire.

LE MÊME, *Imitation de Jésus-Christ*, II.

Et ce sont des papiers, à ce qu'il m'a pu dire,
Où sa vie et ses biens se trouvent *attachés.*

MOLIÈRE, *Tartuffe*, V, 1.

J'ai su faire des vers avant que de connoître
Les chagrins *attachés à* ce maudit talent.

Mme DESHOULIÈRES, *Épître chagrine.*

Votre cœur s'accusoit de trop de cruauté ;
Et, plaignant les malheurs *attachés à* l'empire,
Je voudrois, disiez-vous, ne savoir pas écrire.

RACINE, *Britannicus*, IV, 3.

J'épouserois, et qui? s'il faut que je le die,
Une esclave *attachée à* ses seuls intérêts,
Qui présente à mes yeux les supplices tout prêts.

LE MÊME, *Bajazet*, II, 5.

Ce n'est plus une ardeur dans mes veines cachée,
C'est Vénus tout entière *à* sa proie *attachée.*

LE MÊME, *Phèdre*, I, 4.

Ce n'est pas tout ; il faut combattre encore
Mille ennemis invisibles, cachés ;
A votre char en public *attachés.*

J.-B. ROUSSEAU, *Épîtres*, IV.

IV.

Nécessité cruelle *attachée à* l'empire !
Dans le cœur des humains les rois ne peuvent lire,
Souvent sur l'innocence ils font tomber leurs coups,
Et nous sommes, Araspe, injustes malgré nous.

VOLTAIRE, *Œdipe*, II, 5.

Leur voix flatte mes sens, ma main porte leurs chaînes.
On me dit, Je vous aime, et je crus comme un sot
Qu'il étoit quelque idée *attachée à* ce mot.

LE MÊME, *Discours en vers*, IV. Sur la Modération.

... Fuyez l'indolente paresse ;
C'est la rouille *attachée aux* plus brillans métaux.

LE MÊME, *Stances*, XXVIII.

Attaché à, également au figuré et avec des significations très diverses, mais avec un nom de personne ou de chose personnifiée pour complément :

Les principaux chevaliers et la meilleure partie du peuple, *attachée* par divers interest *aux* grandes familles, ne se pouvoient lasser aussi de témoigner leur contentement.

PERROT D'ABLANCOURT, trad. de Tacite. *Histoire*, III, 3.

Il n'y avoit aucune dame, dans la cour, dont la gloire n'eût été flattée de le voir *attaché à* elle.

Mme DE LA FAYETTE, *la Princesse de Clèves*, Ire partie.

Toute âme *attachée à* elle-même, et corrompue par son amour-propre, est en quelque sorte superbe et rebelle.

BOSSUET, *Traité de la Concupiscence*, c. 14.

Dans le premier de ces deux temps, les hommes de commandement qui aspiroient aux honneurs par les moyens légitimes, tenoient les soldats en bride et *attachés à* la république.

LE MÊME, *Discours sur l'histoire universelle*, III, 7.

Le Danemark ne pouvoit demeurer sans action après la déclaration de la Suède, sans donner un trop grand avantage à cette couronne et, par elle, à l'Angleterre, *à* qui elle se déclaroit *attachée.*

LE MARQUIS DE POMPONNE, *Mémoires*, I, 3.

Blécourt mourut fort vieux. C'étoit un ancien officier fort *attaché au* maréchal d'Harcourt, qui l'avoit mené avec lui en Espagne.

SAINT-SIMON, *Mémoires*, 1719.

Il semble que... la sincère grandeur d'âme, *attachée à* la fortune de l'empire romain, ait été comme enveloppée dans sa chute, et ensevelie dans ses ruines.

D'AGUESSEAU, *Mercuriales.*

Notre nation surtout, ou plus vaine ou plus frivole, comme on l'en accuse, ou, pour parler plus équitablement et lui faire plus d'honneur, plus *attachée à* ses maîtres et plus respectueuse envers les grands, se fait une gloire de copier leurs mœurs, comme un devoir d'aimer leur personne.

MASSILLON, *Petit Carême,* Exemple des grands.

Attaché à, suivi d'un verbe à l'infinitif :

Les États qui l'avoient vue (la Suède) si fortement *attachée à* refuser l'acte de neutralité avoient repris la pensée de la ligue.

LE MARQUIS DE POMPONNE, *Mémoires,* I, 6.

Seigneur, vous m'avez vue *attachée à* vous nuire;
Dans le fond de mon cœur vous ne pouviez pas lire.

J. RACINE, *Phèdre,* II, 5.

Attaché avec, ou, dans le même sens, en ancien français, *attaché à* :

Et avoient leurs nefs *attachées à* crochets et *à* chaînes de fer, par quoi ils ne pussent fuir.

FROISSART, *Chroniques,* liv. I, IIe part., c. 331.

J'avois la toque platte, le pourpoint sans bouton, *attaché avec* des épingles, des aiguillettes.

SOREL, *Francion,* III.

Il assuroit que dans les voyages qu'il avoit faits aux enfers, il avoit remarqué l'âme d'Hésiode *attachée avec* des chaines à une colonne d'airain.

FÉNELON, *Vies des philosophes.* Pythagore.

Vienent aus huis, les truevent veroilliés
Et à fors barres fermés et *atachiés.*

Garin le Loherain, t. I, p. 132.

Attaché dans :

Ne priser que l'honneur et la gloire cherchée,
Et toujours *dans* le ciel avoir l'âme *attachée.*

RONSARD, *Dialogue entre les Muses délogées et Ronsard.*

Attaché de :

Il assiege Mauzac, qui avoit double fossé, quatre esperons de terre *attachez de* quatre courtines.

D'AUBIGNÉ, *Histoire universelle,* t. II, liv. II, c. 13.

Attaché en :

Jamais ne peult (l'homme) envers Dieu satisfaire,
Et plus luy doibt le plus tard depesché.
Dont comme Christ *en* la croix *attaché*
Mourut pour toy, mourir pour luy désire.

CL. MAROT, *Complaintes,* V.

Attaché par :

Et le peuple *attaché par* l'âme et *par* les yeux,
Adore tes exploits fertiles en conquêtes.

JACQUES DAVY DU PERRON, *Stances sur la venue du roi à Paris.*

Attaché sur :

Nous ne tenons jamais tant à Dieu, que quand nous n'y tenons plus par le plaisir sensible, et que nous demeurons fidèles par une volonté toute nue étant *attachés sur* la croix.

FÉNELON, *Lettres spirituelles,* CXXXI.

Racine a dit : *Attaché sur la vue, sur les yeux de quelqu'un :*

Mais aujourd'huy, Seigneur, que ses yeux dessillés
Regardant de plus près l'éclat dont vous brillez,
Verront autour de vous les rois sans diadème,
Inconnus dans la foule, et son amant lui-même,
Attachés sur vos yeux s'honorer d'un regard,
Que vous aurez sur eux fait tomber au hasard...
Commandez qu'on vous aime, et vous serez aimé.

RACINE, *Britannicus,* II, 2.

Il n'avoit plus pour moi cette ardeur assidue
Lorsqu'il passoit les jours, *attaché sur* ma vue.

LE MÊME, *Bérénice,* I, 4.

Avoir les yeux, les regards attachés sur quelqu'un, sur quelque chose :

Les premiers jours, je dévorois des yeux le roi pour tout le temps que je ne l'avois pu voir; ce qui redoubloit mes empressements à le regarder, c'étoit que je trouvois souvent ses *yeux attachés sur* moi.

BUSSY-RABUTIN, *Lettres;* au duc de Saint-Aignan, 16 juillet 1683.

Quand Télémaque eut achevé ce discours, toutes les Nymphes qui avoient été immobiles, les *yeux attachés sur* lui, se regardoient les unes les autres.

FÉNELON, *Télémaque,* VII.

Il a sans cesse les *yeux attachés sur* le pauvre pour trouver le tems de l'opprimer.

MASSILLON, *Paraphrase morale des Psaumes.*

Le roi, parmi tous les *regards attachés sur* lui, ne distinguait que ceux de mademoiselle de la Vallière.

VOLTAIRE, *Siècle de Louis XIV,* c. 25.

Sur le phare immortel veillons l'œil *attaché.*

LAMARTINE, *Harmonies.*

ATTACHÉ s'emploie aussi substantivement : *Un attaché d'ambassade,* ou simplement *un attaché.*

Indépendamment des secrétaires d'ambassade ou de légation, il arrive encore que les gouvernements nomment, pour être attachés aux missions, notamment à celles de première classe... des gentilshommes portant le titre d'*attachés* et d'élèves.

MARTENS, *Manuel diplomatique*, 1822.

Ambassadeur à Rome, j'ai autorisé mes secrétaires et mes *attachés* à paraître au palais de madame la duchesse de Saint-Leu.

CHATEAUBRIAND, *Mémoires d'outre-tombe*.

L'aînée était d'une beauté remarquable; elle s'aperçut bientôt de la vive impression qu'elle produisait sur le jeune *attaché*, et ne s'y montra pas insensible.

ALFRED DE MUSSET, *Frédéric et Bernerette*.

ATTACHANT, **ANTE**, adjectif. Qui attache. Au propre :

Après la ruderation se trouve au chemin dessusdit pour troisiesme couche, un ciment... de certaine matiere gluante, *attachante* et mollace, que l'on appelle en Champagne du Croûin.

BERGIER, *Histoire des grands chemins de l'empire romain*, II, c. 18.

Ces mines, mélangées de terres *attachantes* qui demandent beaucoup plus de travail au lavoir et beaucoup plus de feu au fourneau, sont celles qui donnent le moins de produit relativement à la dépense.

BUFFON, *Histoire naturelle*.

Il est beaucoup plus usité au figuré avec le sens de, Qui fixe fortement l'attention, qui la captive :

Je lis les Figures de la Sainte Écriture... Cette lecture est fort *attachante*.

Mme DE SÉVIGNÉ, *Lettres*; à Mme de Grignan, 28 août 1676.

Cette pièce (le Triumvirat) ne sera pas du nombre de celles qui font répandre des larmes; je la crois très-*attachante*, mais non attendrissante.

VOLTAIRE, *Lettres*; 27 septembre 1763.

Il faut encore convenir que Molière, tout admirable qu'il est dans son genre, n'a ni des intrigues assez *attachantes*, ni des dénouements assez heureux, tant l'art dramatique est difficile.

LE MÊME, *Vie de Molière*.

J'aurois passé des mois entiers sans sortir, au milieu de mes crayons et de mes pinceaux. Cette occupation devenant pour moi trop *attachante*, on étoit obligé de m'en arracher.

J.-J. ROUSSEAU, *les Confessions*, I, 5.

Voilà ce qui rend sa lecture si *attachante*, même pour les esprits les plus élevés : c'est qu'à propos du dernier insecte il se trouve, plus naturellement qu'on ne croit, près d'une grande idée, et qu'en effet il touche au sublime en parlant de la fourmi.

CHAMFORT, *Éloge de La Fontaine*.

Il s'emploie quelquefois en parlant des personnes :

Les personnages ne sont pas si *attachants* pour le reste de l'Europe. Je ne sais comment il est arrivé qu'Agamemnon fils d'Atrée, Achille aux pieds légers, le pieux Hector, le beau Paris, ont toujours plus de réputation que le comte de Montefeltro, Guido da Polenta et Paolo-Lancilotto.

VOLTAIRE, *Lettres chinoises*, XII.

ATTACHEUR, EUSE, s. S'emploie vulgairement dans les arts et métiers, surtout en parlant de celui ou de celle qui attache les cordes ou les fils d'un métier.

On trouve au XIIIe siècle, dans le *Livre des métiers*, d'ÉTIENNE BOILEAU (XXV rubr.), les mots ATACHEUR et ATACHIER dans le sens de fabricant d'*attaches*.

ATTAQUE, s. f. (Pour l'étymologie, voyez ATTACHE.) Action d'attaquer :

Le passereau sauvage cache sa tête entre des pierres... et croit se mettre à l'abri des *attaques* par cette précaution.

BUFFON, *Histoire naturelle*. Oiseaux: le Passereau sauvage.

Nous tînmes conseil un moment sur la manière dont nous ferions notre *attaque*.

PRÉVOST, *Manon Lescaut*, IIe part.

Il se dit, particulièrement, à la guerre, de l'Action par laquelle on attaque l'ennemi, on engage le combat :

L'artillerie... estoit de quinze canons... et de quantité de grenades, dont l'usage est merveilleux pour les *attaques* des places.

SARAZIN, *Siège de Dunkerque*.

Voici un autre coup qui me perça de part en part à l'*attaque* de Gravelines.

MOLIÈRE, *les Précieuses ridicules*, sc. 11.

Il étoit bien malaisé qu'une expulsion générale des Espagnols se pût faire en Flandre sans une déclaration de guerre, et particulièrement sans l'*attaque* des places où il y a des citadelles.

LE COMTE D'ESTRADES à Louis XIV, 30 mars 1663.
(Voyez MIGNET, *Succession d'Espagne*, t. I, p. 184.)

Où brillent avec plus d'éclat les effets glorieux de la vertu militaire, conduites d'armées, sièges de places, prises de villes, passages de rivière, *attaques* hardies, retraites honorables?

FLÉCHIER, *Oraison funèbre de M. de Turenne.*

Comme une aigle qu'on voit toujours... aussi vifs étoient les regards, aussi vite et impétueuse étoit l'*attaque*, aussi fortes et inévitables étoient les mains du prince de Condé.

BOSSUET, *Oraison funèbre du prince de Condé.*

On croit qu'il expose les troupes; il les ménage en abrégeant le temps des périls par la vigueur des *attaques*.

LE MÊME, même ouvrage.

Ces deux *attaques* à la droite et à la gauche furent vivement repoussées, et, sans le prince de Conti, le désordre auroit été fort grand à celle de droite.

SAINT-SIMON, *Mémoires*, 1693.

En attendant le sacre qui s'alloit faire, on amusa le roi de l'*attaque* d'un petit fort dans le bout de l'avenue de Versailles.

LE MÊME, même ouvrage, 1722.

Nos remparts sont debout, nos maisons sont tranquilles
Et leurs *attaques* inutiles.

RACAN, *Psaumes*, 57.

Dans un ordre effrayant, trois *attaques* formées
Sur trois terrains divers engagent les armées.

VOLTAIRE, *Poème de Fontenoi.*

Il se dit également Des travaux qu'on fait pour s'approcher d'une place assiégée :

Sitôt que Sa Majesté fut arrivée, elle forma le dessein du siège de Dôle, et en disposa elle-même les *attaques*.

LE MARQUIS DE POMPONNE, *Mémoires*, I, 10.

Vauban dirigea les *attaques* de Besançon; elle fut prise en neuf jours.

VOLTAIRE, *Siècle de Louis XIV*, c. 11.

Pour revenir au siège d'Azof, soutenu désormais par le même homme qui avait dirigé les *attaques*, on tenta vainement un assaut, et après avoir perdu beaucoup de monde, on fut obligé de lever le siège.

LE MÊME, *Histoire de Pierre le Grand*, Ire part., c. 8.

On dit souvent la *fausse attaque*, en opposition à la *grande* ou *véritable attaque* :

Il est arrivé ce matin deux courriers de Philipsbourg.

Par le premier, on a eu des nouvelles du 20, qui sont que Bordage, maréchal de camp, étant de jour à la tranchée de la *fausse attaque*, et visitant ce qu'il y avoit à faire pour la nuit, a reçu un coup de mousquet dans la tête. Presque en même temps, à la *grande attaque*, le marquis d'Uxelles a reçu un coup de mousquet dans l'épaule qui n'est que dans la chair.

LE MARQUIS DE TERMES à Bussy, 24 octobre 1688.
(Voyez *Correspondance de Bussy-Rabutin*.)

Le roi, pour ne point accabler ses troupes de trop de travail, n'attaqua d'abord que la ville seule. On y fit deux attaques différentes ; mais il y en avoit une qui n'étoit proprement qu'une *fausse attaque*, et c'étoit celle qui étoit de delà la Meuse. La *véritable* étoit en deçà.

RACINE, *Relation du siège de Namur.*

Trois bataillons, avec un lieutenant général et un brigadier, montèrent à la *véritable attaque*, et deux à la *fausse*, avec un maréchal de camp.

LE MÊME, même ouvrage.

On rapproche souvent, par opposition, l'*attaque* et la *défense* :

Ils (les Romains) savoient profiter admirablement de tout ce qu'ils voyoient dans les autres peuples de commode... pour faciliter tant l'*attaque* que la *défense*.

BOSSUET, *Discours sur l'histoire universelle*, III, 6.

Entre les citoyens, le droit de la *défense* naturelle n'emporte point avec lui la nécessité de l'*attaque*. Au lieu d'attaquer, ils n'ont qu'à recourir aux tribunaux.

MONTESQUIEU, *Esprit des lois*, X, 2.

Les duels avoient introduit une forme de procédure publique : l'*attaque* et la *défense* étoient également connues.

LE MÊME, même ouvrage, XXVIII, 34.

La différence du gouvernement et du génie paraît rendre les Français plus propres pour l'*attaque*, et les Allemands pour la *défense*.

VOLTAIRE, *Siècle de Louis XIV*, c. 2.

ATTAQUE se dit, figurément, de l'apparition soudaine, des accès de certaines maladies :

Dès lors... on le vit toujours sérieusement occupé du soin de se vaincre soi-même, de rendre vaines toutes les *attaques* de ses insupportables douleurs, d'en faire par sa soumission un continuel sacrifice.

BOSSUET, *Oraison funèbre du prince de Condé.*

Peu de jours après, le maréchal d'Harcourt eut une nouvelle *attaque* d'apoplexie qui lui ôta l'usage de la parole pour toujours.

SAINT-SIMON, *Mémoires*, 1716.

Je ne fus jamais plus surpris (c'était en 1749) qu'à sept heures du matin on m'annonça M. d'Argenson, je savois qu'il avoit encore le pied un peu délicat, d'un reste d'*attaque* de goutte.

Hénault, Mémoires, c. 18.

Je lui ai dit qu'il s'étoit joint une *attaque* de nerfs à ma douleur habituelle. Et, en effet, j'avois un bras et une main tordue et retirée.

Mlle de Lespinasse, Lettres, CXIX.

On a dit aussi quelquefois, d'une manière générale, que la santé *recevait, subissait des attaques :*

Cette belle santé, que vous avez vue si triomphante, a *reçu* quelques *attaques* dont je me suis trouvée humiliée, comme si j'avois reçu un affront.

Mme de Sévigné, Lettres; à Bussy, 6 août 1675.

On a dit, dans un sens analogue, l'*attaque,* les *attaques de la mort :*

C'est ramasser toutes ses forces, c'est unir tout ce qu'elle a de plus redoutable, que de joindre, comme elle fait (la mort), aux plus vives douleurs l'*attaque* la plus imprévue.

Bossuet, Oraison funèbre de la duchesse d'Orléans.

La seule précaution contre les *attaques* de la mort, c'est l'innocence de la vie.

Le même, Oraison funèbre de Marie-Thérèse.

ATTAQUE se dit en parlant de la façon dont un joueur présente son jeu :

Si vos *attaques* d'échecs sont de la force de vos énigmes, je n'ai qu'à me bien tenir.

J.-J. Rousseau, Lettres.

ATTAQUE signifie, au figuré, Agression, atteinte, insulte, et aussi, Moyens d'insinuation, présents, prières employés pour faire fléchir la résolution de quelqu'un :

Dans le train de la cour il y a sans cesse quelque mauvais coup à craindre, et de nouvelles *attaques* ou à livrer ou à repousser.

Bourdaloue, Pensées sur les caractères de la charité.

Ceux qui ont mis toute leur confiance dans cette fausse persuasion de leur esprit, se trouvent sans sagesse et sans force à la moindre *attaque* du vice.

Malebranche, Recherche de la vérité, liv. IV, c. 10.

L'enfer fit alors les plus grands efforts pour détruire par

elle-même cette Église que les *attaques* de ses ennemis déclarés avoient affermie.

Bossuet, Discours sur l'histoire universelle, II, 20.

Il y a tel de ces arbres, qui a résisté aux *attaques* de cent hivers.

La Fontaine, Psyché, I.

Ils emportèrent d'abord plusieurs places; mais l'argent de Jugurtha arrêta les conquêtes, et Scaurus même, qui jusques là avoit paru fort vif contre ce prince, ne put résister à une *attaque* si violente; on fit un traité.

Rollin, Histoire des Carthaginois, c. 2,

Pacuvius finit par les prières qui, dans la bouche d'un père, sont plus fortes que toutes les raisons : aussi le fils ne put-il tenir contre cette dernière *attaque.*

Le même, Traité des Études, liv. IV, c. 3, art. 2, § 1.

Sa carrière littéraire (de Rousseau) commença par une *attaque* contre la civilisation.

Barante, De la littérature française pendant le XVIIIe siècle.

En Angleterre, vous voyez Swift... défendre le christianisme contre les *attaques* impunies des sceptiques.

Villemain, la Littérature française au XVIIIe siècle, 1re leçon.

ATTAQUE, au figuré, dans le langage de la galanterie :

Ces paroles proferées avec tant de froideur, me touchèrent plus vivement que je ne sçaurois vous dire; toutefois ce ne fut pas ce qui m'en fist distraire, car je sçavois bien que les premières *attaques* sont ordinairement soustenues de ceste façon.

D'Urfé, l'Astrée, 1re part., liv. VIII.

ATTAQUE se dit en parlant de Discours, de paroles :

Il eut une grand'*attaque* une fois en plein consistoire contre le cardinal de Lorraine, qu'il disoit estre trop brouillon, pour le bien de la France dont il estoit natif.

Brantôme, Grands Capitaines estrangers. Barthelemy d'Alviano.

Il se dit particulièrement de Certaines paroles lâchées comme sans dessein, pour sonder l'intention de quelqu'un ou pour le piquer par quelque reproche :

M. de la Trousse demeure sur la frontière de M.... Louvois demanda pardon à madame de Coulanges de lui ôter, pendant l'hiver, cette douce société : au milieu de toute la France, elle soutint fort bien cette *attaque;* elle eut le bonheur de ne point rougir, et de répondre précisément ce qu'il falloit.

Mᵐᵉ DE SÉVIGNÉ, *Lettres*; 22 octobre 1677.

Quelquefois on a employé dans le sens d'AT-
TAQUE,

ATTAQUEMENT, s. m.

Ils changerent tout à coup d'opinion et de formé d'*attaquement*.

SULLY, *Œconomies royales*, c. 1.

Le Pape, l'Empereur, le Roy d'Espagne, les Archiducs, les Princes Ecclesiastiques d'Alemagne et tous les autres Grands et Communautez Catholiques, n'ont point de plus forte passion en l'esprit que de former une puissante association et faire un furieux *attaquement* pour la ruine et des-
truction de toute creance contraire à la Romaine.

LE MÊME, même ouvrage, c. 20.

ATTAQUER, v. a. *Attaquer* n'est qu'une forme différente d'*attacher*.

Ce mot *Attaquer* participe du françois Attacher (qui est le vray mot et nayf) et de l'italien Attacar, si d'avanture n'allegoyent (pour se couvrir d'un sac mouillé) qu'en di-
sant *attaquer*, ils ne veulent pas italianizer, mais plus tost picardizer. Car vous sçavez que les Picards comme un cat et un kien aussi disent ils *Attaquer* pour Attacher. Tesmoin celuy qui estant mené au gibbet aima mieux y estre atta-
ché; pendu et estranglé, qu'espouser une fille qui estoit boiteuse. Car voyant qu'elle clochoit, prit incontinent sa resolution et dit à l'executeur : *Attaque, attaque*, elle cloque. Vous fascheriez bien ces messieurs les courtisans si vous leur disiez qu'ils veulent picardizer. Ce-pendant vous n'aurez autre response d'eux sinon qu'ils trouvent plus beau *Attaquer* que Attacher.

HENRY ESTIENNE, *Deux dialogues du nouveau langage françois italianizé, et autrement déguisé*, I.

ATTAQUER, Assaillir, en parlant, soit de l'homme, soit des animaux, soit des objets inanimés, des éléments :

La vertu ressemble dans ces rencontres aux vaisseaux agitez de la tempeste, qui n'ont pas si tost surmonté une vague, qu'ils *sont* incontinent *attaquez* par une autre plus violente que la premiere.

CARDINAL DE RETZ, *Conjuration de Fiesque*.

On a jugé ce matin le procès de MM. de Pompadour et de Montataire, et ne s'estant point trouvé de preuves de duel... on a absous ce dernier, et l'on a condamné l'autre, pour l'*avoir attaqué* et obligé de se battre.

DE HARLAY, procureur général, à Colbert, 9 août 1671. (Voyez DEPPING, *Correspondance administrative sous Louis XIV*, t. II, p. 179.)

Quand on *est attaqué*, le cerveau envoie plus d'esprits aux bras et aux mains, et c'est ce qui fait qu'on est plus fort dans la colère.

BOSSUET, *De la connoissance de Dieu et de soi-
même*, c. 2, art. 12.

S'il (Henri III) n'eût fait tuer que le duc de Guise, il en eût eu meilleur marché ; mais *attaquer* la sacrée pourpre, c'étoit un crime irrémissible.

FÉNELON, *Dialogues des morts*. Sixte-Quint et Henri IV.

Le cardinal de Sion, qui leur apprit à tromper, fit amu-
ser le roi de vaines promesses, jusqu'à ce que les Suisses, ayant su que la caisse militaire de France était arrivée, crurent pouvoir enlever cet argent et le roi même, ils l'*attaquèrent* comme on *attaque* un convoi sur le grand chemin.

VOLTAIRE, *Essai sur les mœurs*, c. 122,
Charles-Quint et François Iᵉʳ.

Nous avions imploré ton assistance contre ces terribles, insolents, enragés, épouvantables, indomptables destruc-
teurs, lorsque, comme des lions et des ours qui ont perdu leurs petits, ils nous *ont attaqués*, effrayés, blessés, tués par milliers, nous qui sommes ton peuple.

VOLTAIRE, *Histoire de Charles XII*, liv. II.

La vraie puissance d'un prince ne consiste pas tant dans la facilité qu'il y a à conquérir, que dans la difficulté qu'il y a à l'*attaquer* et, si j'ose parler ainsi, dans l'immutabi-
lité de sa condition.

MONTESQUIEU, *Esprit des lois*, liv. IX, c. 6.

Ce fut comme nation rivale, et non comme nation com-
merçante, qu'ils (les Romains) *attaquèrent* Carthage.

LE MÊME, même ouvrage, XXI, 14.

Un carrosse de voiture qui alloit à Bordeaux, *fut*, dans la route, *attaqué* par des voleurs.

MARIVAUX, *la Vie de Marianne*, Iʳᵉ part.

Le lion, lorsqu'il a faim, *attaque* de face tous les animaux qui se présentent.

BUFFON, *Histoire naturelle*. Du Lion.

Nul des oiseaux d'eau n'*attaque* son semblable, nul ne fait sa victime d'aucun autre oiseau, et, dans cette grande et tranquille nation, on ne voit point le plus fort inquiéter le plus foible.

LE MÊME, même ouvrage. *Les Oiseaux aquatiques*.

Mon dessein étoit de les *attaquer* ouvertement à quelques lieues de Paris.

L'ABBÉ PRÉVOST, *Manon Lescaut*, Iʳᵉ part.

Rodelinde n'est pas du droit de ta conquête :
Il faut, pour être à toi, qu'il m'en coûte la tête ;
Puisqu'on m'a découvert, elle dépend de toi ;
Prends-la comme tyran, ou l'*attaque* en vrai roi.

CORNEILLE, *Pertharite*, III, 4.

J'ai griffe et dent, et mets en pièce qui m'*attaque*.

> La Fontaine, *Fables*, XII, 1.

L'*attaquer*, le mettre en quartiers,
Sire Loup l'eût fait volontiers.

> Le même, même ouvrage, I, 5.

Ils sont ensevelis sous la masse pesante
Des monts qu'ils entassoient pour *attaquer* les cieux.

> Quinault, *Proserpine*, I, 1.

Attaquer s'emploie quand il est question de l'union des sexes :

C'est une loi que la nature a établie pour tous les animaux ; c'est toujours le mâle qui *attaque* la femelle.

> Voltaire, *Dictionnaire philosophique*. Amour socratique.

On a dit, dans le langage de la galanterie, *Attaquer une personne, le cœur d'une personne* :

Le duc de Buckingham fut le seul qui eut l'audace d'*attaquer son cœur* (d'Anne d'Autriche).

> Mme de Motteville, *Mémoires*.

M. le prince et Jarzé... disoient qu'une femme espagnole, quoique dévote et sage, se pouvoit toujours *attaquer* avec quelque espérance.

> La même, même ouvrage.

Villarceaux, parlant au roi d'une charge pour son fils, prit habilement l'occasion de lui dire qu'il y avoit des gens qui se mêloient de dire à sa nièce que Sa Majesté avoit quelque dessein pour elle... Le roi se mit à rire et dit : Villarceaux, nous sommes trop vieux, vous et moi, pour *attaquer des damoiselles* de quinze ans.

> Mme de Sévigné, *Lettres*; 23 décembre 1671.

Elle (mademoiselle de Rambures) *attaqua le roi* et ne lui déplut pas.

> Mme de Caylus, *Souvenirs*.

Il (Mézières) s'ajustoit et se regardoit avec complaisance dans les miroirs, étoit galant, *attaquoit les femmes*.

> Saint-Simon, *Mémoires*, 1721.

S'il faut que l'amour soit une espèce de combat, j'aimerois mieux qu'on eût obligé les hommes à se tenir sur la défensive ; aussi bien ne m'aviez-vous pas dit que les femmes avoient plus de penchant qu'eux à la tendresse ? A ce compte elles *attaqueroient* mieux.

> Fontenelle, *Dialogues des morts*.

Damis passe, repasse, *attaque vingt beautés*,
Questionne au travers du tourbillon qui roule,
N'attend pas la réponse et se perd dans la foule.

> Lemierre, *les Fastes*, III.

Au figuré, *Attaquer quelqu'un*, Chercher à le prendre par son faible, à le séduire, à le tenter :

« Changez ces pierres en pain, » dit-il à Jésus-Christ. Il l'*attaque* d'abord par le plaisir, et c'est le premier piège qu'il dresse à leur innocence (des grands).

> Massillon, *Petit Carême*. Tentations des grands.

La flatterie *attaque* le dernier commis comme le premier ministre.

> Chateaubriand, *Mélanges politiques*. La Monarchie selon la Charte, IIe part., c. 25.

Que la vengeance est douce à l'esprit d'une femme !
Je l'*attaquai* par là, par là je pris son âme.

> P. Corneille, *Cinna*, V, 2.

Attaquer quelqu'un, l'Exciter à parler, à répondre, à écrire :

La reine m'*attaque* toujours sur vos enfants et sur mon voyage de Provence, et trouve mauvais que votre fils vous ressemble et votre fille à son père. Je lui réponds toujours la même chose.

> Mme de Sévigné, *Lettres*; à Mme de Grignan, 8 avril 1672.

Je suis fort bien avec le comte de Guiche, je l'ai vu plusieurs fois chez M. de La Rochefoucauld et à l'hôtel de Sully ; il m'*attaque* toujours, il s'imagine que j'ai de l'esprit.

> La même, même ouvrage ; à Mme de Grignan, 29 avril 1672.

Je vous trouve accablée de lettres ; tout le monde vous écrit, on vous *attaque* de tous côtés.

> La même, même ouvrage ; à Mme de Grignan, 27 novembre 1688.

Voilà pourquoi j'ai refusé Florentine au cavalier qui vient de m'*attaquer*, quoique ce soit un parti fort avantageux.

> Le Sage, *Gil Blas*, liv. V, c. 1.

Toutes nos lettres d'Espagne sont si pleines de louanges que l'on donne à monsieur votre fils, que je n'ai pu résister à l'envie de lui en faire mon compliment. Il sera fort étonné, je m'assure, que je l'*attaque* de si loin.

> La princesse des Ursins, *Lettres*; à Mme de Noailles, 26 avril 1704. (Recueil publié par M. Geffroy en 1859.)

Cette femme croit l'apercevoir sur la place et vient demander à Ménechme l'étranger pourquoi il se fait attendre et n'entre pas, puisqu'il n'a rien à faire. C'est précisément la scène de Regnard lorsqu'Araminte et sa suivante *attaquent* Ménechme le provincial, mais quelle différence d'exécution !

> La Harpe, *Cours de littérature*.

Il s'emploie particulièrement en parlant de guerre et d'art militaire :

Le maréchal de Biron, prenant son temps, tinst la campagne, *attaquant* et emportant toutes les petites villes (en Guyenne) qui tenoient pour les huguenots, mettant tout au fil de l'espée.

MARGUERITE DE VALOIS, *Mémoires*.

Si Monsieur de Nevers se joue d'*attaquer* quelque chose, je suis résolu de lui donner la bataille.

HENRI IV, *Lettres*; 16 décembre 1588.

L'empereur se trouvant avoir sur les bras une pesante guerre contre un redoutable ennemi, il ne paroissoit pas vraisemblable qu'on pût juger à Madrid qu'il fût plus en état que la couronne d'Espagne de soutenir la Flandre, si je l'*attaquois*.

LOUIS XIV, à l'archevêque d'Embrun, 8 février 1665.
(Voyez MIGNET, *Succession d'Espagne*, t. I, p. 324.)

Pour venger l'affront de la Perse et de Darius, Xerxès, son fils et son successeur, et petit-fils de Cyrus par sa mère Atosse, *attaqua* les Grecs avec onze cent mille combattants (d'autres disent dix-sept cent mille), sans compter son armée navale de douze cents vaisseaux.

BOSSUET, *Discours sur l'Histoire universelle*, I, 8.

Il distinguoit le temps d'*attaquer* et le temps de défendre, il ne hasardoit jamais rien que lorsqu'il avoit beaucoup à gagner et qu'il n'avoit presque rien à perdre.

FLÉCHIER, *Oraison funèbre de Turenne*.

Il eût voulu pouvoir *attaquer* sans nuire, se défendre sans offenser, et réduire au droit et à la justice ceux à qui il étoit obligé par devoir de faire violence.

LE MÊME, même ouvrage.

Le chevalier de Villeroy se noya dans la capitane de Malte, qui coula à fond en *attaquant* un bâtiment turc de quatorze pièces de canon.

SAINT-SIMON, *Mémoires*, 1700.

Il n'y a que deux sortes de guerres justes : les unes qui se font pour repousser un ennemi qui *attaque*, les autres pour secourir un allié qui *est attaqué*.

MONTESQUIEU, *Lettres persanes*.

L'art d'*attaquer* les places n'était pas perfectionné comme aujourd'hui.

VOLTAIRE, *Siècle de Louis XIV*, c. 8.

Nous sommes actuellement dans la plus belle saison du monde : voilà un temps charmant pour battre les Turcs... Est-ce que ces barbares-là *attaqueront* toujours comme des houssards? Ne se présenteront-ils jamais bien serrés?

LE MÊME, *Lettres*; à l'impératrice de Russie, 11 auguste 1770.

Le Français qu'on *attaque* est à demi vaincu.

LE MÊME, *Henriade*, X.

Apprenez un mot de Regnier,
Notre célèbre devancier :
Corsaires *attaquant* corsaires
Ne font pas, dit-il, leurs affaires.

BOILEAU, *Épigrammes*, XXVII.

Attaquer la bataille :

L'esquadre des galleres turquesques, qui estoient venues affronter et *attaquer la bataille*, fut de mesme traitée que leur generale.

BRANTÔME, *Vies des Capitaines illustres*. Don Juan d'Austriche.

Attaquer l'escarmouche :

Comme ceste *escarmouche fut attaquée*, je baillai une troupe au capitaine Breuil.

MONTLUC, *Commentaires*, II.

Il *attaqua l'escarmouche* si forte, et se mesla si bien, qu'il ne se peust après démesler.

LE MÊME, même ouvrage, IV.

M. de Salvoyson donc ayant commandé à son lieutenant d'aller *attaquer l'escarmouche* avec ces cadets esbarbatz et quelques vieux soldatz meslez parmy eux, *estant attaquée* et un peu eschauffée, il cognut aussi tost, à la contenance de l'ennemy... qu'ilz n'étoient point assurez.

BRANTÔME, *Grands Capitaines françois*. M. de Salvoyson.

On *attaque* plusieurs *escarmouches* avant de livrer bataille.

EST. PASQUIER, *Recherches de la France*, VI, 11.

Les jours suivans on leur *attaqua* diverses *escarmouches*.

MATTHIEU, *Histoire des derniers troubles de France*, liv. V.

Nous ne les eusmes pas plutost apperçus, que nous détachasmes contr'eux nostre cavalerie, pour *attaquer l'escarmouche*.

PERROT D'ABLANCOURT, trad. de Lucien. *Toxaris*.

Ils ne soustinrent pas si vigoureusement l'*escarmouche*, comme ils l'*avoient attaquée*.

VAUGELAS, trad. de Quinte-Curce. *Histoire d'Alexandre*, liv. IV.

Alors *fut attaquée* une chaude *escarmouche* par les enfants perdus, après laquelle il ne se passa pas longtemps que Montpensier ne fist commencer la charge.

MÉZERAY, *Histoire de France*. Charles IX.

ATTAQUER se dit, au figuré, en parlant de l'action des maladies, de la mort :

Gérard *fut attaqué* de la peste, et par conséquent obligé de sortir.

TALLEMANT DES RÉAUX, *Historiettes*. La Liquière.

Nous avons perdu le pauvre Chésières en dix jours de maladie; j'en ai été fâchée, et pour lui et pour moi, caj'ai trouvé mauvais qu'une grande santé pût *être attaquée* et détruite en si peu de temps.

> Mᵐᵉ ᴅᴇ Sᴇ́ᴠɪɢɴᴇ́, *Lettres;* à Bussy, 10 mai 1675.

Comment, ma fille! ce M. de Grignan, à qui nous avons toujours cru de si bonnes entrailles, *est attaqué* précisément par cet endroit!

> Lᴀ ᴍᴇ̂ᴍᴇ, même ouvrage; à Mᵐᵉ de Grignan,
> 14 septembre 1689.

Si votre mal étoit encore un rhumatisme sur cette main droite qui *fut attaquée* il y a huit ou dix ans, priez notre ami de m'informer de l'état où vous êtes.

> Bᴜssʏ-Rᴀʙᴜᴛɪɴ, *Lettres;* à Mᵐᵉ de Sévigné,
> 5 novembre 1687.

Notre malade ici présent *est* malheureusement *attaqué*, affecté, possédé, travaillé de cette sorte de folie que nous nommons fort bien mélancolie hypocondriaque.

> Mᴏʟɪᴇ̀ʀᴇ, *Monsieur de Pourceaugnac*, I, 8.

Les blessures et les autres maux qui *attaquent* le cervelet sont plus mortels, parce qu'ils vont directement au principe de la vie.

> Bᴏssᴜᴇᴛ, *De la connoissance de Dieu et de
> soi-même*, c. 2, art. 6.

Le cerveau *est attaqué* dans les maladies où le corps est entrepris, telles que sont l'apoplexie et la paralysie.

> Lᴇ ᴍᴇ̂ᴍᴇ, même ouvrage, *ibid.*

Hérodote, et après lui Strabon, remarque que c'étoit une coutume générale établie chez les Babyloniens, d'exposer les malades à la vue des passants, pour s'informer d'eux s'ils n'avoient point *été attaqués* d'un mal pareil, et pour savoir par quels remèdes ils en avoient été guéris.

> Rᴏʟʟɪɴ, *Histoire ancienne,* liv. IV, c. 4, art. 3.

La fièvre et la goutte *l'attaquèrent* à reprises (M. le Prince).

> Sᴀɪɴᴛ-Sɪᴍᴏɴ, *Mémoires,* 1707.

C'est elle (l'infortune) qui a caractérisé sa véritable grandeur (de Louis XIV), et la main même de la mort y a mis le dernier trait. On eût dit qu'elle *l'attaquoit* lentement, et qu'elle en approchoit par degrés, comme pour faire durer l'utile, le grand spectacle d'une vertu ferme sans effort, magnanime sans faste, sublime par sa simplicité même, et vraiment héroïque par sa religion.

> D'Aɢᴜᴇssᴇᴀᴜ, *Mercuriales.*

On emploie aussi ce mot en parlant de l'effet défavorable produit par un remède inopportun, ou par un air malsain :

Les eaux de Plombières ne sont pas si souveraines puisqu'elles... m'ont *attaqué* violemment la poitrine.

> Vᴏʟᴛᴀɪʀᴇ, *Lettres;* 3 août 1754.

IV.

L'air qu'on respire ici m'*attaque* les poumons. .

> Fʟᴏʀɪᴀɴ, *Fables,* II, 10.

Quelquefois cette expression est employée en parlant de maux autres que les maux physiques :

Il (le roi) se persuadoit desjà qu'il estoit parvenu à la fin de ses travaux et au but de tous ses desirs... lorsqu'entrant avec un soin paternel dans le destail de ses affaires, il a connu avec douleur qu'un mal beaucoup plus dangereux *attaquoit* son royaume.

> Lᴇ Pʀɪɴᴄᴇ ᴅᴇ Cᴏɴᴛɪ, aux États de Languedoc
> de 1662. (Voyez Dᴇᴘᴘɪɴɢ, *Correspondance
> administrative sous Louis XIV*, t. I, p. 61.)

On a dit *Être attaqué de chagrin, de tristesse,* en considérant, en quelque sorte, ces peines morales comme des maladies :

Pour ceux qui n'agissent que par les mouvements qu'ils trouvent en eux et dans leur nature, il est impossible qu'ils subsistent dans ce repos, qui leur donne lieu de se considérer et de se voir, sans *être* incontinent *attaqués de chagrin et de tristesse.*

> Pᴀsᴄᴀʟ, *Pensées.*

AᴛᴛᴀQᴜᴇʀ, au figuré, était souvent suivi de la préposition *de*, suivie par un substantif indiquant la nature de l'attaque.

Attaquer d'un regard, etc. :

Elle (Mˡˡᵉ Jennings) ne voulut rien comprendre au nombre infini de *lorgnades dont* il (le duc d'York) *l'attaqua* d'abord; ses regards se promenoient toujours ailleurs quand ceux de Son Altesse les cherchoient.

> Hᴀᴍɪʟᴛᴏɴ, *Mémoires de Grammont,* II.

Aminte *d'un regard* m'*attaque* quelquefois,
Et la folâtre après se sauve dans les bois.

> Sᴇɢʀᴀɪs, *Aminte,* Églogue IV.

Attaquer d'amitié, d'amour :

J'accepte la proposition, et ne suis point personne à reculer lorsqu'on m'*attaque d'amitié*. — Et lorsque c'est *d'amour* qu'on vous *attaque?*

> Mᴏʟɪᴇ̀ʀᴇ, *les Fourberies de Scapin,* III, 1

Attaquer de conversation :

Vous agacez, vous, le premier magot? — J'en conviens; je t'ai *attaqué de conversation*, mais pour t'éprouver; je savois bien qui tu étois.

> Dᴀɴᴄᴏᴜʀᴛ, *les Fêtes du Cours,* sc. 12.

Où courez-vous donc? lui dit-elle. N'auriez-vous point

32

ATT

envie d'*attaquer de conversation* ces deux diables pour vous exposer à toutes les impertinences qu'ils sont capables de vous dire?

HAMILTON, *Mémoires de Grammont*, II.

Ce n'étoit pas peu à mon âge, et doublement mal avec le roi, de l'aller *attaquer de conversation*.

SAINT-SIMON, *Mémoires*, 1703.

Comme il (Samuel Ornik) était fort naïf, il *attaque de conversation* un domestique qui aimait fort à dire tout ce qu'il savait de son maître.

VOLTAIRE, *Dictionnaire philosophique*. Évêque.

Il (le cardinal Dubois) les *attaquoit de conversation* (les officiers généraux) l'un après l'autre, et tiroit d'eux par ses différentes questions avec un tour d'esprit toujours fort leste, ce qu'ils savoient de plus particulier des différentes actions où ils s'étoient trouvés.

D'ALEMBERT, *Éloges*. Le cardinal Dubois.

Attaquer d'épigrammes :

On m'*attaqua* encore de quelques *épigrammes*...
LAMOTTE, *Réflexions sur les critiques*, IIIᵉ part.

Attaquer de politesse :

Lui (le duc du Maine) quelquefois venoit, avant qu'on se mit en place (au conseil,) m'*attaquer de politesses*.
SAINT-SIMON, *Mémoires*, 1716.

Quelquefois, mais beaucoup plus rarement, *Attaquer* est suivi de là préposition *à*, indiquant ce à quoi l'attaque s'adresse :

Lorsque j'estois ensevely dans ces tenebres, ces infections de cachot, parmy les soins continuels d'un procez qui m'*attaquoit à l'honneur et à la vie*, parmy tant de sujets de desesperer une ame foible, il n'y avoit point de paroles qui s'offrissent plus favorablement à exprimer ma pensée que celles du roy David.

THÉOPHILE, *Apologie au roy*.

ATTAQUER, Combattre :

Il (Dieu) ne vous *attaquera* point dans des attachements profanes et grossiers, auxquels vous avez renoncé dès que vous vous êtes donnée à lui... il vous éprouvera par le sacrifice de votre avidité pour les consolations les plus spirituelles.

FÉNELON, *Lettres spirituelles*, XXVII.

On *attaquera* les maladies accidentelles par des remèdes prompts et simples.

BARTHÉLEMY, *Voyage d'Anacharsis*, c. 54.

En vain, pour *attaquer* son stupide silence,
De tous les lieux communs vous prenez l'assistance.
MOLIÈRE, *le Misanthrope*, II, 5.

Marivaux a dit en plaisantant : *Attaquer la joue de quelqu'un :*

Violer le droit des gens en ma personne, *attaquer la joue* d'un orateur, la forcer d'esquiver une impolitesse.
MARIVAUX, *la Méprise*, sc. 19.

Attaquer en justice :

Elle sortit sur-le-champ, m'*attaqua en justice;* et depuis ce temps-là nous plaidons à mon grand regret.
MARIVAUX, *le Paysan parvenu*, IV.

ATTAQUER, en parlant du jeu, de la dispute :

Vous faites avec vos amis dans la dispute, comme avec votre adversaire aux échecs, vous *attaquez* en vous deffendant.
J.-J. ROUSSEAU, *la Nouvelle Héloïse*, VI.

ATTAQUER se dit aussi au figuré en parlant des personnes, lorsqu'il s'agit, non d'attaques matérielles, mais d'attaques morales dirigées contre elles :

Si nous escrivions tous deux en mesme liberté, peut-estre vous mettrois-je aux termes de vous deffendre au lieu de m'*attaquer* : il faut que je subisse la nécessité du temps qui vous favorise.

THÉOPHILE, *Apologie*.

En fait de calomnie, tout ce qui ne nuit pas sert à celui qui *est attaqué*.

CARDINAL DE RETZ, *Mémoires*.

L'amour-propre nous persuade toujours assez que c'est avec injustice qu'on nous *attaque*.

PASCAL, *Provinciales*, XV.

L'un (Turenne), par de vifs et continuels efforts, emporte l'admiration du genre humain, et fait taire l'envie ; l'autre (le prince de Condé) jette d'abord une si vive lumière, qu'elle n'osoit l'*attaquer*.

BOSSUET, *Oraison funèbre de Louis de Bourbon*.

Elle savoit enfin qu'on a besoin d'intercession et de faveur à la cour, où les injures sont plus fréquentes que les bienfaits, où l'on méprise ceux que la fortune a abandonnés, où l'envie *attaque* les puissants, et nulle pitié n'assiste les foibles.

FLÉCHIER, *Oraison funèbre de Mᵐᵉ de Montausier*.

C'est la destinée des grands hommes d'en *être attaqués*, et c'est le privilège de M. de Turenne d'avoir su la vaincre (l'envie).

LE MÊME, *Oraison funèbre de Turenne*.

M. de Witt *est attaqué* par les députés de province; ils

disent qu'il a avancé des propositions sans ordre, et qu'ils le vérifieront quand il en sera temps.

Le comte d'Estrades à M. de Lionne, 3 avril 1664.
(Voyez Mignet, Succession d'Espagne, t. I, p. 277.)

Il ne faut donc pas s'étonner si personne n'a été offensé de l'impression de ce poëme, puisqu'il n'y a en effet personne qui y *soit* véritablement *attaqué.*

Boileau, le Lutrin. Avis au lecteur.

Chez les Égyptiens, le parjure étoit puni de mort, parce que ce crime *attaque* en même tems et les dieux, dont on méprise la majesté, en attestant leur nom par un faux serment; et les hommes, en rompant le lien le plus ferme de la société humaine, qui est la sincérité et la bonne foi.

Rollin, Histoire ancienne, liv. Ier, IIe part., c. 1.

Je suis fâché d'*attaquer* mon ami Pope, mais c'est en l'admirant.

Voltaire, Lettres; 22 mars 1756.

Sa réputation seule lui attira des contradictions. On pouvoit l'*attaquer* pour la gloire de l'avoir *attaqué.*

Fontenelle, Éloge du Père Malebranche.

Je me suis fait une loi de m'en tenir toujours aux vérités générales; je ne fais ni libelles, ni satires; je n'*attaque* point un homme, mais les hommes; ni une action, mais un vice.

J.-J. Rousseau, Lettres.

Je l'*attaquai* avec ses propres armes, c'est-à-dire par des victoires contre les ennemis de la république.

Montesquieu, Dialogue de Sylla et d'Eucrate.

La raillerie devenoit toujours entre ses mains une marque de faveur pour ceux qu'elle sembloit *attaquer.*

Mairan, Éloge de Fleury.

On doit pardonner ces petites foiblesses de l'amour-propre à un prince que la flatterie *attaquoit,* pour ainsi dire, de toutes parts, et qui est bien excusable de n'avoir pu s'en défendre.

D'Alembert, Éloge du président Rose.

Rapin n'aimoit pas Molière, et sous le nom de Plaute on voit qu'il l'*attaquoit.*

Marmontel, Éléments de littérature. Mœurs.

Il (François Ier) défendit à la comédie d'*attaquer* les hommes en place.

Le même, même ouvrage. Poésie.

Attaquer Chapelain, ah! c'est un si bon homme!
·Boileau, Satires, IX.

Bien rusé qui pourra m'*attaquer* sur ce point.
Molière, École des femmes, 1, 1.

Il oppose à l'amour un cœur inaccessible :
Cherchons pour l'*attaquer* quelque endroit plus sensible.
Racine, Phèdre, III, 1.

La guerre est au Parnasse, au conseil, en Sorbonne;
Allons, défendons-nous, mais n'*attaquons* personne.
Voltaire, Épîtres, CIV.

Attaquer la vie de quelqu'un, Menacer son existence :

Ma mère étoit fille d'un marchand de Marseille, qui la donna à mon père en mariage pour le récompenser d'avoir exposé sa *vie* pour sauver la sienne qu'*avoit attaquée* à son avantage un officier des galères.

Scarron, Roman comique, IIe part., c. 3.

Quelque redoutable ennemi qu'ils eussent dans la personne de don Carlos, ils ne songeoient pas à *attaquer sa vie.*

Saint-Réal, Don Carlos.

Par des complots secrets aussi vains que tragiques,
Attaquoit nostre *vie* et nostre liberté.
Racan, Psaumes, CIV.

Attaquer l'enfance de quelqu'un, poétiquement, pour l'Attaquer dès l'enfance, dès le jeune âge :

Déjà mille ennemis *attaquent son enfance,*
Vous seul pouvez contre eux embrasser sa défense.
J. Racine, Phèdre, II, 5.

Attaquer la vie, les mœurs, l'honneur, la réputation, etc., *de quelqu'un,* les Blâmer, les Critiquer.

Vous me surprenez de dire que *votre réputation est attaquée* en France.
Saint-Evremont, Réponse à monsieur Corneille.

Elle est sans reproche devant Dieu et devant les hommes : la médisance ne peut *attaquer* aucun endroit de *sa vie,* depuis son enfance jusqu'à sa mort.
Bossuet, Oraison funèbre de Marie-Thérèse d'Autriche.

Si l'on ne peut ruiner son pouvoir, on *attaque* au moins *sa réputation.*
Fléchier, Oraison funèbre de Mme d'Aiguillon.

L'envie, qui poursuit sans cesse les autres *vertus,* eut quelque honte d'avoir une fois *attaqué* la sienne.
Le même, Oraison funèbre de M. Le Tellier.

Il est toujours fascheux d'avoir à se plaindre... Je conviens cependant qu'il est des occasions où non seulement on ne peut se dispenser, mais où l'on est mesme obligé de le faire, comme il arrive quand l'*honneur* et la *réputation* sont *attaqués.*

Le chancelier de Pontchartrain à Migieu, président à mortier au parlement de Dijon, 22 mars 1706. (Voyez Depping, Correspondance administrative sous Louis XIV, t. II. p. 430.)

J'avois conservé une *réputation* entière de vérité, de probité et d'honneur que les jaloux, les querelles de rang, les divers orages n'avoient jamais *attaquée*.

Saint-Simon, Mémoires, 1714.

Il me semble qu'on ne doit pas *attaquer* légèrement *la mémoire* d'un homme tel que Colbert.

Voltaire, Défense de Louis XIV.

C'est lui (Clive) qui, dans les derniers débats qui s'élevèrent au sujet de la Compagnie des Indes, répondit à ceux qui lui demandaient compte des millions qu'il avait ajoutés à sa gloire : « J'en ai donné un à mon secrétaire, deux à mes amis, et j'ai gardé le reste pour moi. » Dans une autre séance il dit : « Nul n'*attaquera* mon honneur impunément ; mes juges doivent songer à garder le leur. »

Le même, Fragments sur l'Inde, art. XII. Ce qui se passait
dans l'Inde avant l'arrivée du général Lalli.

Quelquefois du bon or je sépare le faux ;
Et des auteurs grossiers j'*attaque les défauts*.

Boileau, Art poétique, IV.

A-t-on furtivement *attaqué votre honneur* ?

Boursault, les Fables d'Ésope, III, 5.

Plus de vos ennemis *attaquent vos vertus*,
Plus vous avez de gloire à les voir abattus.

Le même, Ésope à la cour, V, 4.

Attaquer la religion, les dogmes :

Ceux qui *attaquent la religion* en laissent, pour ainsi dire, le corps qu'ils ne peuvent entamer, et ne s'attachent qu'aux dehors.

Bourdaloue, Pensées sur la foi.

Il faut éviter les lois pénales en fait de religion... Il est plus sûr d'*attaquer une religion* par la faveur, par les commodités de la vie, par l'espérance de la fortune.

Montesquieu, Esprit des Lois, XXV, 12.

On peut *attaquer la religion* dans son culte, dans ses biens, dans ses ministres ; mais on ne peut pas faire qu'une société subsiste sans religion.

Chateaubriand, Opinions et discours. Sur les
pensions ecclésiastiques, 12 mars 1816.

En Angleterre, où tous les *dogmes religieux*, tous les principes politiques pouvaient *être attaqués* sans autre répression que la loi et le jury, les doctrines sceptiques... trouvèrent dès l'origine une forte résistance.

Villemain, la Littérature au XVIIIe siècle, Ire leçon.

Attaquer Dieu :

C'est *attaquer Dieu* dans la souveraineté de son être que de prétendre, en quoi que ce soit, censurer sa conduite et sa providence.

Bourdaloue, Sermon de la Quinquagésime.

Croyez-moi, plus j'y pense, et moins je puis douter
Que sur vous son courroux ne soit prêt d'éclater,
Et que de Jézabel la fille sanguinaire
Ne vienne *attaquer Dieu* jusqu'en son sanctuaire.

J. Racine, Athalie, I, 1.

Attaquer l'âme :

La contagion des mauvais exemples n'est pas moins dangereuse pour le salut que les accidents de la guerre pour la vie corporelle ; tout ce qu'on voit, tout ce qu'on entend, *attaque l'âme*, et lui donne des coups mortels.

Fénelon, Lettres spirituelles, LXII.

Attaquer une philosophie, un genre d'écrits, une histoire, une comédie :

Attaquez nos *tragédies* et nos *comédies*, puisqu'elles sont ordinairement fort vicieuses ; mais n'*attaquez* point *la tragédie* et *la comédie* en général, puisqu'elles sont d'elles-mêmes indifférentes, comme le sonnet et les odes.

Boileau, Lettres.

Si M. Buri a cru rendre son ouvrage recommandable en décriant un homme tel que de Thou, il s'est bien trompé. Il n'a pas su qu'il y avait encore dans Paris des hommes alliés à cette illustre famille, qui prendraient la défense du meilleur de nos historiens, et qui ne souffriraient pas qu'on *attaquât* en mauvais français *une histoire* chère à la nation, et écrite dans le latin le plus pur.

Voltaire, Fragments sur l'histoire, art. XVI.

Il (Fénelon) osoit blâmer Bourdaloue... d'avoir *attaqué* dans un de ses sermons... *cette précieuse comédie* (Tartufe).

D'Alembert, Éloge de Fénelon.

Descartes *attaqua* et ruina *la philosophie* d'Aristote.

Bernardin de Saint-Pierre, Études de la nature, III.

Attaquer s'emploie de la même manière avec un grand nombre d'autres noms abstraits :

La violence n'a qu'un cours borné par l'ordre de Dieu, qui en conduit les effets à la gloire de *la vérité* qu'elle *attaque*.

Pascal, Provinciales, XII.

On inventoit tous les jours de nouveaux supplices. *La pudeur* des vierges chrétiennes n'étoit pas moins *attaquée* que leur foi.

Bossuet, Discours sur l'histoire universelle, I, 10.

Marius, plébéien, grand homme de guerre, avec son éloquence militaire et ses harangues séditieuses, où il ne cessoit d'*attaquer l'orgueil* de la noblesse, réveilla la jalousie du peuple, et s'éleva par ce moyen aux plus grands honneurs.

Le même, même ouvrage, III, 7.

Contre Turenne, Condé, Luxembourg, Vauban, cent trente mille combattants, une artillerie prodigieuse, et de l'argent avec lequel on *attaquait* encore *la fidélité* des commandants des places ennemies, la Hollande n'avait à opposer qu'un jeune prince d'une constitution faible qui n'avait vu ni siège ni combats, et environ vingt-cinq mille mauvais soldats en qui consistait alors toute la garde du pays.

VOLTAIRE, *Siècle de Louis XIV.* Conquête de la Hollande.

Peut-on prétendre, sans tomber dans une contradiction manifeste, que ceux qui *attaquent l'esprit de la loi*, qui violent son intention, qui renversent son principe et son fondement, sont moins coupables que ceux qui n'attaquent que la lettre et l'extérieur de la loi?

D'AGUESSEAU, *Plaidoyers*, XXX.

Ils *attaquent* les abus les plus anciens et les plus autorisés.

MASSILLON, *Discours.* Du zèle contre les scandales.

La comédie grecque du troisième âge, celle qui n'*attaquoit* que *les mœurs privées* en général... fut la seule qu'on admit à Rome.

MARMONTEL, *Éléments de littérature.* Satire.

Il (Gilbert) a fait voir de quel style brûlant un homme profondément blessé des *vices* de son siècle sait les peindre et *les attaquer.*

LE MÊME, même ouvrage, *ibid.*

C'est toi qui, le premier *attaquant ma raison*,
Sus me faire à longs traits avaler le poison.

DESTOUCHES, *le Philosophe marié*, I, 2.

Laissez-lui sa fierté, c'est un triste avantage,
On ne peut mieux punir une *vertu sauvage*
Qu'en ne daignant pas *l'attaquer.*

FONTENELLE, *Endymion*, I, 1.

Au figuré, *Attaquer* quelqu'un ou quelque chose *dans son fort, de front, directement :*

L'Église chrétienne ne se sauve non plus des mains du ministre (M. Jurieu) que l'Église judaïque : il *l'attaque dans son fort* et dans sa fleur, et jusque dans ces bienheureux temps où elle étoit gouvernée par les apôtres.

BOSSUET, *Histoire des variations des Églises protestantes*, liv. XV, n° 78.

Le vrai moyen de vaincre les distractions est de ne les *attaquer point directement* avec chagrin : ne vous rebutez ni de leur nombre ni de leur longueur.

FÉNELON, *Lettres spirituelles*, XLIV.

Leurs esprits vifs et bouillants se seroient révoltés si je les eusse *attaqués de front*, tandis que mes froides railleries les ramenèrent insensiblement. Cependant ce changement fut de peu de durée.

MARIVAUX, *le Paysan parvenu*, VIII° part.

ATTAQUER, Aborder, Commencer, Entamer :

On rencontre souvent, dans les mines qui n'*ont* point *été attaquées*, les métaux purs et malléables.

GOGUET, *Origine des lois*, t. I, p. 316.

Tous les mardis, l'abbé Genest se trouvoit au lever du prélat et jouissoit de son entretien jusqu'à l'heure où M. le Dauphin entroit à l'étude. Peu à peu ils *attaquèrent* toutes les parties de la philosophie.

D'ALEMBERT, *Histoire des membres de l'Académie.*

ATTAQUER, Altérer, Détériorer, Détruire :

Les matières plus fermes et plus pesantes *auront été attaquées* et transportées par les eaux en poussière impalpable.

BUFFON, *Théorie de la terre.*

Les cavernes étoient l'ouvrage du feu ; l'eau, dès son arrivée, a commencé par les *attaquer ;* elle les a détruites et continue de les détruire encore.

LE MÊME, *Époques de la nature.*

Le mouvement naturel des choses *attaque* constamment les langues vivantes.

J. DE MAISTRE, *Du Pape*, c. 20.

De même que Défense est souvent opposé à Attaque, Défendre l'est fréquemment à *Attaquer :*

Mais par une maladie éternelle des hommes, les plébéiens qui avoient obtenu des tribuns pour se *défendre*, s'en servirent pour *attaquer.*

MONTESQUIEU, *Grandeur des Romains*, c. 8.

En termes de Manège, *Attaquer un cheval*, le piquer vigoureusement avec l'éperon.

En termes de Chasse, *Attaquer la bête*, La lancer en mettant les chiens sur sa trace.

En termes d'Exercice militaire, *Attaquer l'arme*, Saisir vivement le fusil.

En termes de Musique, *Il attaque bien la note*, se dit D'un chanteur qui, passant d'une note basse à une note élevée, entonne celle-ci avec justesse. *Il attaque bien la corde*, se dit D'un musicien qui fait bien vibrer la corde de son instrument.

En termes de Marine, *Attaquer une île, un cap, une côte*, S'en approcher pour les reconnaître.

ATTAQUER est souvent accompagné du pronom personnel :

Assez près de là, on voyoit les deux fils d'Œdipe qui s'*attaquoient* avec fureur.

FÉNELON, *Fables*, XXXIV.

... Corsaires à corsaires,
L'un l'autre s'*attaquant*, ne font pas leurs affaires.

RÉGNIER, *Satires*, XII.

... C'eût été lion contre lion ;
Et le proverbe dit : Corsaires à corsaires,
L'un l'autre s'*attaquant*, ne font pas leurs affaires.

LA FONTAINE. *Fables*, IV, 12

Tous deux les bras levés d'un air audacieux,
Se provoquent du geste et *s'attaquent* des yeux.
DELILLE, trad. de l'*Énéide*, V.

Quelquefois le verbe, ainsi employé, a un sens passif :

Le xvi de ce mois deux rudes escarmouches *s'attaquèrent*.
MATTHIEU, *Histoire des derniers troubles de France*, liv. V.

S'attaquer à quelqu'un :

Ces seigneurs (les Vénitiens) estant advertiz que les Espaignolz estoyent allez treuver les fustes des Mores... feirent semblant de prendre la fuyte; quoy voyans, lesdits Mores les poursuyvirent, et soubdain les Espaignolz, leur tournant le visaige, *se attacquèrent* à eulx, et furent prins et mys à fons les fustes de l'armée moresque.
L'ÉVÊQUE DE MONTPELLIER à François Iᵉʳ, 26 octobre et 7 novembre 1540. (Voyez CHARRIÈRE, *Négociations de la France dans le Levant*, t. I, p. 450.)

Tous ses frères trouvèrent mauvaise la boutade du compagnon sur tous les gouverneurs et les justiciers; mais il *s'attaquoit* en privé à tous ceux qui le cuidoient reprendre.
D'AUBIGNÉ, *les Aventures du baron de Fœneste*, liv. IV, c. 10.

La première fois que je le cogneuz (du Gua), ce fut à nostre voyage de Malte, qu'il... eut une querelle contre un des mauvais garçons qui fust en nos troupes, qu'estoit le roux Anguervagues... Ce n'estoit pas signe de couardise de *s'attaquer à* un tel vaillant.
BRANTÔME, *Grands Capitaines françois.* Des Couronnels françois.

Apprens une autre fois à tenir mieux ton espée, et à ne *t'attaquer* point à un tel homme que moy.
LE MÊME, *Discours sur les duels.*

Nostre medecin voyant qu'on *s'attaquoit* à luy, et à son nombre impair, va soustenir que cela ne se faisoit sans cause et raison.
BOUCHET, *Serées*, liv. I, 10.

Je n'eusse pas pensé, Hylas, que vous eussiez esté si rude joüeur, autrement je ne *me fusse* pas *attaquée à* vous.
D'URFÉ, *l'Astrée*, Iʳᵉ partie, livre VIII.

Vous prenez la peine d'écrire cinq ou six lignes, où vous vous plaignez de ce que la fortune ose *s'attaquer aux* choses qui sortent de vos mains.
VOITURE, *Lettres*; à Mˡˡᵉ de Rambouillet.

Ceux qui ne croyent pas ces choses et autres semblables impertinences, passent pour impies, comme s'ils *s'attaquoient aux* dieux, et qu'ils doutassent de leur pouvoir.
PERROT D'ABLANCOURT, trad. de Lucien. *Le Menteur.*

Cette façon de parler, *s'attaquer à quelqu'un*, pour dire *attaquer quelqu'un*, est très étrange et très françoise tout

ensemble; car il est bien plus élégant de dire *s'attaquer à quelqu'un*, qu'*attaquer quelqu'un*.
VAUGELAS, *Remarques.*

Pousser l'abstinence des viandes jusqu'à dire qu'elles sont immondes et mauvaises de leur nature, et la continence jusqu'à la condamnation du mariage, c'est d'un côté *s'attaquer au* Créateur, et de l'autre lâcher la bride aux mauvais désirs.
BOSSUET, *Histoire des variations des Églises protestantes*, liv. XI, n° 60.

Lothaire, ayant dessein de *s'attaquer* premièrement à Louys, depuis surnommé le Germanique, écrivit à Charles en Aquitaine, qu'il lui portoit l'affection que doit un père à son fils, un parrain à son filleul.
MÉZERAY, *Histoire de France.* Charles le Chauve.

Vous avez tellement touché au duc d'York combien il devoit connoître que le dessein du parti qui m'est opposé en Angleterre vouloit *s'attaquer* indirectement à lui en attaquant directement les catholiques, que je n'ai rien à ajouter à ce que vous lui avez dit sur ce sujet.
LOUIS XIV, à M. Courtin, 3 juillet 1677. (Voyez MIGNET, *Succession d'Espagne*, t. IV, p. 496.)

Je n'aurois jamais cru qu'il y eût aucun chagrin assez bourru pour oser *s'attaquer à* la personne d'un homme veuf.
DELOSME DE MONCHESNAI, *la Cause des femmes*, sc. 1. (Voyez GHERARDI, *Théâtre italien*, t. II, p. 3.)

Quoi! je n'entendrai parler ici que d'amour. Le maître ose *s'attaquer à* moi, et ses gens à mes compagnes.
LEGRAND, *la Chasse du cerf*, III, 7.

Il ne censure point les œuvres de Dieu, et ne *s'attaque* point à son maître pour faire briller sa suffisance.
J.-J. ROUSSEAU, *Réponse au roi de Pologne.*

En *s'attaquant à* nous, quel opprobre eût-ce été?
BOURSAULT, *le Mercure galant*, V, 7.

Attaquer mon ami, c'est *s'attaquer à* moi.
SAURIN, *Béverlei*, II, 8.

C'est offenser les lois, c'est *s'attaquer aux* cieux.
BOILEAU, *Discours au roi.*

Ah! tu sauras, maraud, à ta confusion,
Ce que c'est qu'un valet qui *s'attaque à* son maître.
MOLIÈRE, *Amphitryon*, III, 2.

On souffre aux entretiens ces sortes de combats,
Pourvu qu'*à* la personne on ne *s'attaque* pas.
LE MÊME, *les Femmes savantes*, IV, 3.

Tu me crois assez grand pour oublier l'outrage,
Pour ne m'avilir pas jusqu'à punir en toi
Un esclave inconnu qui *s'attaque à* son roi.
VOLTAIRE, *Mérope*, V, 1.

Dans le passage suivant, *S'attaquer à* correspond à *S'adresser à* :

Les manichéens d'Allemagne *s'attaquoient à* des ignorants, *à* des gens de métiers, *à* des femmelettes, *à* des paysans.

BOSSUET, *Histoire des variations des Églises protestantes,* liv. XI, nº 32.

Quelquefois, surtout en poésie, *S'attaquer à* est suivi d'un nom abstrait :

Il a ses passions trop lentes
Et n'a jamais été battu
Des prospérités insolentes
Qui *s'attaquent à* la vertu.

THÉOPHILE, *Requête en vers au premier Président.*

S'attaquer à mon choix, c'est se prendre à moi-même,
Et faire un attentat sur le pouvoir suprême.

P. CORNEILLE, *le Cid,* II, 6.

Mais l'objet de mon art est plus noble : il guérit
Tous les maux que l'on voit *s'attaquer à* l'esprit.

REGNARD, *les Folies amoureuses,* III, 5.

ATTAQUÉ, ÉE, participe, s'emploie dans les sens précédemment indiqués pour le verbe.

Assailli, soit au propre, soit au figuré :

La crainte fait que l'animal se cache et se tapit, qui est la chose la plus convenable à la foiblesse *attaquée*.

BOSSUET, *De la Connoissance de Dieu et de soi-même,* c. 5, art. 3.

Celui (chez les Égyptiens) qui, pouvant sauver un homme *attaqué*, ne le faisoit pas, étoit puni de mort aussi rigoureusement que l'assassin.

LE MÊME, *Discours sur l'histoire universelle,* III, 3.

Elle savoit que Maximilien, son aïeul, soutint par son zèle et par son courage les autels que l'hérésie avoit ébranlés, et sauva la religion *attaquée* et chancelante dans l'Allemagne.

FLÉCHIER, *Oraison funèbre de Mme la Dauphine.*

Le pape offensoit Albéroni en faisant déclarer qu'il avoit encouru les censures. Le cardinal voulut croire son honneur *attaqué* par une telle déclaration.

SAINT-SIMON, *Mémoires,* 1718.

Il est ordinaire à des troupes *attaquées* dans leurs retranchements d'être battues, parce que ceux qui attaquent ont toujours une impétuosité que ne peuvent avoir ceux qui se défendent.

VOLTAIRE, *Histoire de Charles XII,* liv. II

Louis XII, *attaqué* par le pape, convoqua une assemblée d'évêques à Tours, pour savoir s'il lui était permis de se défendre, et si les excommunications du pape seraient valides.

VOLTAIRE, *Essai sur les mœurs.* Ligue de Cambrai, c. 113.

Dans un autre hémisphère, à l'abri de ses forts,
La flotte du Batave en vain croît se défendre ;
Du François *attaquée,* elle est réduite en cendre,
Et d'effroi l'Amérique en tremble en tous ses bords.

REGNIER-DESMARETS, *Poésies françoises.*

En ses accès je ne vous réponds pas
Qu'ayant déjà mis le bon sens à bas,   [audace
Il (un jeune auteur) n'entreprenne avec la même
De renverser tout l'ordre du Parnasse,
Et que la rime, *attaquée* en son fort,
De la raison n'éprouve aussi le sort.

J.-B. ROUSSEAU, *Épîtres,* VI.

Dans le passage suivant, Voltaire a joint plaisamment aux maladies dont il était attaqué les préoccupations qui s'y ajoutaient :

Me voilà, outre mes coliques, *attaqué* d'une édition en douze volumes qu'on vend à Paris sous mon nom, remplie de sottises à déshonorer, et d'impiétés à faire brûler son homme.

VOLTAIRE, *Lettres ;* 20 juin 1748.

Attaqué, Tenté, provoqué.

Après avoir mangé de ce beau fruit, elle (Ève) en présenta elle-même à son mari. Le voilà dangereusement *attaqué*. L'exemple et la complaisance fortifient la tentation ; il entre dans les sentiments du tentateur si bien secondé.

BOSSUET, *Discours sur l'histoire universelle,* II, 1.

Depuis qu'à la cour en quinze jours, trois semaines ou un mois, une femme *attaquée* n'a pas pris le parti de la rigueur, elle ne songe plus qu'à disputer le terrain pour se faire valoir.

BUSSY-RABUTIN, *Lettres ;* à Mme de Sévigné, 26 juin 1678.

Votre cœur, par un maître *attaqué* chaque jour,
Vaincu par mes bienfaits, crut l'être par l'amour.

VOLTAIRE, *Zaïre,* IV, 6.

En parlant des atteintes de la maladie :

Quand on se porte bien, tout est bon ; mais quand on a la poitrine *attaquée*, qu'on est maigre, qu'on est délicate, on se met en risque de ne pouvoir plus se rétablir.

Mme DE SÉVIGNÉ, *Lettres ;* à Mme de Grignan, 31 janvier 1680

Jetez les yeux sur un malade qui vous aura dit cent fois qu'il se sent *attaqué* à mort, qu'il voit bien qu'il ne peut pas en revenir, qu'il est prêt à expirer...

BUFFON, *Histoire naturelle.* Sur la mort.

On dit proverbialement : *A bien attaqué, bien défendu :*

Elle revint à la charge plusieurs fois : *à bien attaqué, bien défendu.*

SCARRON, *Roman comique,* Iʳᵉ part., c. 9.

On trouve aussi : *A bien attaqué, bien entendu :*

Nous verrons. *A bien attaqué, bien entendu.*

DESTOUCHES, *le Tambour nocturne,* I, 6.

ATTAQUANT, s. m. Assaillant, Celui qui attaque :

Il fut toute sa vie *attaquant* perpétuel, contre quiconque vouloit parler ou escrire.

BALZAC, *Dissertations critiques,* XII.

Vous me mandez qu'il s'est donné un célèbre arrest à mon advantage, et que l'*attaquant* fust autant sifflé que le soustenant fut applaudi.

LE MÊME, *Lettres,* liv. VI.

Ils forçoient l'ennemi dans ses camps et dans ses villes, parce qu'ils étoient de vigoureux *attaquants.*

BOSSUET, *Politique tirée de l'Écriture sainte.*

C'étoit le plus beau coup d'œil qu'on pût imaginer que toute cette armée (au camp de Compiègne), et ce nombre prodigieux de curieux de toutes conditions, à cheval et à pied, à distance des troupes pour ne les point embarrasser, et ce jeu des *attaquants* et des défendants à découvert.

SAINT-SIMON, *Mémoires,* 1698.

Le roi de Sardaigne au désespoir voulait se jeter lui-même au milieu des *attaquants,* et on eut beaucoup de peine à le retenir.

VOLTAIRE, *Précis du siècle de Louis XV,* c. 9.

Tant que l'Angleterre a été saine, elle n'a jamais eu qu'une opposition systématique; en quittant le portefeuille on se plaçait sur le banc des *attaquants.*

CHATEAUBRIAND, *Mémoires d'outre-tombe.*

ATTAQUEUR, s. m. S'est dit autrefois dans le même sens :

Il y a de si pauvres *attaqueurs* de places, qu'ils travaille-royent deux mois à forcer seulement un ravelin.

DE LA NOUE, *Discours politiques et militaires,* XVIII.

ATTAQUABLE, adj. des deux genres. Qui peut être attaqué :

Les assaillans regardèrent aussi de leur part aux endroits qui leur sembloyent les plus *attaquables.*

DE LA NOUE, *Discours politiques et militaires.*

Ses pièces, d'une rare beauté, si l'on y cherche seulement des chants, des odes, des pensées religieuses ou philosophiques, sont extrêmement *attaquables,* quand on les juge comme des drames qui peuvent être représentés.

Mᵐᵉ DE STAEL, *De l'Allemagne.*

ATTARDER (S'), v. pron. Se mettre en retard, se trouver hors de chez soi à une heure avancée du soir ou de la nuit.

On trouve très fréquemment, dans l'ancienne langue, *S'atarger, s'atargier, s'atardir,* et autres formes analogues :

Et li dus de Venise ne *s'atarja* mie, ains ot fait ses nés et ses vaissiaus ordener tout d'un front.

VILLEHARDOUIN, *Conqueste de Constantinoble,* LXXVII.

L'esprevier se resjoïst et enhardist quand il est tousjours au dessus et met à mercy tout ce à qui il vole, et au contraire se effroidist et *attardist* quant il est foulé ou grévé par les oiseaulx.

Le Ménagier de Paris, IIIᵉ distinction, 2ᵉ art.

Et li viels Huidelon ne *s'est* pas *atargies,*
Ains a fait as François et bras et poins lier.

Gui de Bourgogne, v. 3554.

Li cuens Amiles un petit *s'atarja,*
Vers les enfans pas por pas en ala,
Dormant la trueve, moult près les regarda,
S'espée lieve, ocire les voldra,
Mais de ferir un petit se tarja.

Amis et Amiles, ms. 7227⁵, fᵒ 107. (Voyez *Histoire littéraire de la France,* t. XXII, p. 297.)

Vous qui vous voullés marier,
Ne *vous atargés* mye.
Mariés-vous sans demourer.

La Complaincte du nouveau marié. (Voyez *Poésies françaises des* xvᵉ *et* xviᵉ *siècles,* t. I, p. 222.)

Or est li prestres derrier l'uis,
Mès il est plus de mienuis,
Si *s'est* un poi trop *atargiez.*

Le fabel d'aloul. (Voyez MÉON, *Fabliaux et contes anciens,* t. III, p. 333.)

Quelquefois, dans l'ancien langage, *Atargier* s'emploie neutralement sans le pronom personnel :

Et li rois manda maintenant au conte d'Anjo qu'il s'en revenist sans *atargier*.

> *Récits d'un ménestrel de Reims au* xiii° *siècle,* publiés par N. de Wailly, p. 221.

Le passage suivant contient la forme *Atarder*, curieuse à recueillir, si elle n'est pas le résultat d'une fausse lecture :

> Nus home ne se deit *atarder*
> De bien feire, ne d'ansaigner.
> BENOIT DE SAINTE-MAURE. (Voyez *Histoire littéraire de la France*, t. XIII, p. 424.)

La forme *S'attarder* ne paraît pas dans nos premiers lexiques. On lit en 1801, dans la *Néologie* de MERCIER :

« Se livrer trop aux plaisirs dans la jeunesse, c'est *S'attarder* dans le chemin de la gloire. »

Et en 1820, dans le *Nouveau Dictionnaire de la langue française* de J.-Ch. LAVEAUX :

«S'ATTARDER ou S'ATARDER, v. pron. On trouve ce mot dans quelques dictionnaires où on lui fait signifier Se mettre tard en route, Se retirer tard. C'est un mot que l'usage n'a encore admis que dans le langage familier. »

Il est dangereux de *s'attarder* sur cette route. Il *s'était attardé*.

> *Dictionnaire de l'Académie*, 1878.

ATTARDÉ, ÉE, participe.

Dans l'ancien français on trouve la forme *Atarzi :*

Veez ci la paix, ne mies promise, mais tramise ; ne mie *atarzie*, mais doneie ; ne mies profeitiée, mais représenteie.
> SAINT BERNARD, *Sermons*, à la suite des *Quatre Livres des Rois*, p. 547.

Le participe, comme le verbe, est définitivement entré dans la langue, même poétique :

> Il pousse dans la nuit un si funèbre adieu,
> Que les oiseaux des mers désertent le rivage,
> Et que le voyageur *attardé* sur la plage,
> Sentant passer la mort, se recommande à Dieu.
> A. DE MUSSET, *Nuit de Mai*.

On a dit anciennement ATARDEMENT pour Retard :

Lequel (le duc de Bourbon), comme le duc d'Orléans, cuida faire *atardement* de paroles, mais incontinent le duc d'Acquitaine lui copa court.
> MONSTRELET, *Chronique*, c. 128.

IV.

On a dit aussi ATARGE, ATARGANCE, ATARGEMENT, ATARGENCE, ATARGISON, etc. (Voyez le *Glossaire* de SAINTE-PALAYE, et le *Dictionnaire de l'ancienne langue française* de M. GODEFROY.)

ATTEINDRE, v. a. (Du latin *Attingere*, formé de *ad*, à, et de *tangere*, Toucher.)

ATTEINDRE se dit de ce qui frappe de près ou de loin.

Ainsi chéy à messire Guillaume Marchant qu'il *atteignit* messire Gille de Mauny si roidement, qu'il lui perça la targe de son glaive et toutes ses armures.
> FROISSART, *Chroniques*, liv. I, I⁰ part., c. 99.

Plusieurs coups se ruerent lung sur l'autre sans eulx *attaindre*.
> *Le Loyal Serviteur*, c. 22.

Un ribauld canonnier qui estoit au machicoulys, luy tira un coup de canon, et le *attainct* par la temple dextre furieusement.
> RABELAIS, *Gargantua*, I, 36.

Tout est contraire aux Romains... au lieu que les Cherusces, accoustumez à de semblables rencontres et plus robustes que nos soldats, avoient encore l'avantage de leurs longues piques, capables d'*atteindre* de loin.
> PERROT D'ABLANCOURT, trad. de Tacite. *Annales*, I, 10.

Une balle pesant une demi-livre l'avait *atteint* à la tempe droite, et avait fait un trou dans lequel on pouvait enfoncer trois doigts.
> VOLTAIRE, *Histoire de Charles XII*, liv. VIII.

Qui il *ataint* à coup, moult l'a tost aterré,
Quanque il en *ataint*, sunt tuit mort et tué,
> *Doon de Maience*, v. 3544.

Car au duc de Buillon fu grant ire montée,
Plains fu de mautalant, sa vertu est doublée,
Qui il *ataint* à coup ne peut avoir durée.
> *Chanson d'Antioche*, IV, v. 780.

Il ne ai chevalier de ci an Tabarie,
Se je bien l'*atenoie* de m'espée forbie,
Que an doue parties trestot ne porfandise ?
> *Floovant*, v. 237.

Tantost fai la pucele despoiller et desçaindre ;
Tant la bati d'un fraine, là où la pot *ataindre*,
Que toute sa char blanche li fait en vermeil taindre.
> AUDEFROY LE BASTARD, *Bele Idoine*. (Voyez le *Romancero françois*, p. 14 et 15.)

Je vois de loin, j'*atteins* de même.
> LA FONTAINE, *Fables*, IV, 19.

33

Lequel Hiérome, après plusieurs rébellions,
Auroit atteint, frappé, moi sergent, à la joue.
             J. RACINE, *les Plaideurs,* II, 4.

Une aigle au bec tranchant dévore le vautour;
L'homme d'un plomb mortel *atteint* cette aigle altière.
             VOLTAIRE, *le Désastre de Lisbonne.*

ATTEINDRE signifie encore, Parvenir à un terme, à quelque chose dont on était plus ou moins éloigné :

Mout fu merveilleuse chose à esgarder, car de Constantinoble, qui tenoit trois liues devers la terre de front, ne pooit li os *ataindre* que l'une des portes.
         VILLEHARDOUIN, *Conqueste de Constantinoble,* c. 64.

Tout ainsi comme li mires qui, por pitié de maladie de celi qui est entre ses mains, laisse bien à *ataindre* le plaie por lequel il le doit garir, et le met en péril de mort; tout aussi li baillis qui est debonneres vers les malfesans de se baillie, met cex qui veulent vivre en pais en peril de mort.
         BEAUMANOIR, *Coutumes du Beauvoisis,* c. 1, 4.

Qui en sait les devoirs (de l'amitié) et les exerce, il est vrayment du cabinet des Muses; il *a atteint* le sommet de la sagesse humaine, et de nostre bonheur.
         MONTAIGNE, *Essais,* III, 10.

Un autre capitaine allait de son côté à la découverte. Bering et lui *atteignirent* les côtes de l'Amérique au nord de la Californie.
         VOLTAIRE, *Histoire de Pierre le Grand,* Ire part., c. 1.

Des taillis les plus hauts mon front *atteint* le faîte.
         LA FONTAINE, *Fables,* VII, 9.

Ils *atteignoient* déjà le superbe portique
Où Ribou le libraire, au fond de sa boutique,
Sous vingt fidèles clefs, garde et tient en dépôt
L'amas toujours entier des écrits de Haynaut.
         BOILEAU, *le Lutrin,* III.

C'est en ce sens qu'on dit, au propre et au figuré, *Atteindre un but :*

Que l'homme dirige la marche de son esprit sur un objet quelconque, s'il voit juste, il prend la ligne droite, parcourt le moins d'espace et emploie le moins de temps possible pour *atteindre son but.*
         BUFFON, *OEuvres de la nature.*

L'art de bien décocher la flèche, c'est d'*atteindre le but.*
         MARMONTEL, *Éléments de littérature.* Dialogue
             philosophique et littéraire.

Gageons, dit celle-ci, que vous n'*atteindrez* point
Sitôt que moi *ce but...*
         LA FONTAINE, *Fables,* VII, 10.

Il signifie particulièrement, Attraper, joindre la personne, l'animal, ou même l'objet qu'on poursuit.

A pursievre, a *ateindre* et a descunfire.
         Les quatre Livres des Rois, I, XIV, 30.

Cil les chacièrent dui jors et dui nuis fors de Bouche-d'Avic bien quarante miles. Et quant il virent qu'il ne les pooient *ataindre,* si retornèrent droit en Esquise.
         VILLEHARDOUIN, *Conqueste de Constantinoble,* CLXXIII.

Quant l'en chevauche de nuit par ce desert, et il avient que aucun remaigne et se desvoie de ses compaignons pour dormir, ou pour autre chose; quant il cuide retourner et *ataindre* sa compaignit, si ot parler espriz qui semblent estre ses compaignons.
         MARC POL, *le Livre,* c. 56.

Les mariniers du roi ne purent tant fuir devant que finalement ils ne *fussent atteints* et pris atout leur batel.
         FROISSART, *Chroniques,* liv. I, Ire part., c. 22.

Si promettoit bien aux dits Navarrois que chèrement leur feroit comparer ce forfait, si il les pouvoit *atteindre.*
         LE MÊME, même ouvrage, liv. I, IIe part., c. 21.

Lesquelz Anglois là venus, sachans la départie des Daulphinois, se mirent hastivement sur le train et les poursuivirent tant et si roidement qu'ilz les *ataingnirent* environ à quatre lieues de Roye.
         MONSTRELET, *Chronique,* c. 218.

Quelque diligence qu'on pût faire, à peine eut-il le temps de se sauver; les archers le poursuivirent de si près qu'ils l'*atteignirent.*
         FLÉCHIER, *Mémoires sur les grands jours de 1665.*

En se moquant la nymphe s'enfuyoit, Amour l'*atteint.*
         LA FONTAINE, *Psyché,* I.

Un brouillard qui s'éleva tout à coup les déroba (les Anglais) à sa vue (de Ruyter) et l'empêcha de les *atteindre.*
         LE MARQUIS DE POMPONNE, *Mémoires,* I, c. 5.

Le jour devenoit grand, et du Bourg faisoit ses dispositions pour attaquer Mercy, qu'il ne venoit d'*atteindre.*
         SAINT-SIMON, *Mémoires,* 1707.

Quelque diligence que fît Scipion, il n'arriva à l'endroit où Annibal avoit passé le Rhône que trois jours après qu'il en étoit parti. Désespérant de pouvoir l'*atteindre,* il retourna à sa flotte, qui étoit à l'embouchure du Rhône.
         ROLLIN, *Histoire ancienne,* liv. II, IIe part., c. 2, art. 3.

Heureux amants! s'écria-t-il; vos yeux savent s'entendre et se répondre; vos soupirs sont payés par des soupirs! Mais moi je passe ma vie sur les traces d'une bergère fa-

rouche; malheureux pendant que je la poursuis, plus malheureux encore lorsque je l'*ai atteinte*.

MONTESQUIEU, *Temple de Gnide*, c. 7.

Ce général, qui avait environ douze mille hommes, dont
la moitié cavalerie, poursuivit les ennemis qui étaient une
fois plus forts, et les *atteignit* enfin dans le duché de Meckelbourg.

VOLTAIRE, *Histoire de Charles XII*, liv. VII.

Les femmes ne sont pas faites pour courir; quand elles
fuient, c'est pour *être atteintes*.

J.-J. ROUSSEAU, *Émile*, liv. V.

Je cours pour la suivre (Mme de Warens), je la vois, je
l'*atteins*, je lui parle.

LE MÊME, *les Confessions*, I, 2.

Il seroit même dangereux de leur faire la moindre injure, ils vont droit à l'offenseur, et quoique la masse de
leur corps soit très pesante, leur pas est si grand qu'ils *atteignent* l'homme le plus léger à la course, ils le percent
de leurs défenses ou le saisissent avec la trompe, le lancent comme une pierre, et achèvent de le tuer en le fou-
lant aux pieds.

BUFFON, *Histoire naturelle*. L'Éléphant.

François vienent sur nous irié come lion,
S'il nos poeent *atteindre*, jà n'arons raençon.

Chanson d'Antioche, c. 2, v. 218.

Cil le suivent, et Renars fuit ;
Ce ne li vaut, *ataint l'ont* tuit,
Desciré l'ont et dépillé.

Renart le nouvel, v. 6179.

Qui il *ataint* malement est menés.

La mort de Garin, v. 1292.

Par la contrée fut criéi,
Qui le larron aureit ostéi,
Sun juigemens mesmes aureit ;
S'*atains esteit*, pendus sereit.

MARIE DE FRANCE, *Fables*, XXXIII.

Notre lièvre n'avoit que quatre pas à faire,
J'entends de ceux qu'il fait lorsque, près d'être *atteint*,
Il s'éloigne des chiens, les renvoie aux Calendes.

LA FONTAINE, *Fables*, VI, 10.

Il faut paroître fuir, et se laisser *atteindre*.

THOMAS, *Poésies fugitives*.

Il s'élance, il l'*atteint* au terme d'un sentier.

LAMARTINE, *Jocelyn*.

ATTEINDRE a quelquefois le sens très particulier de Prendre, saisir, apporter, et se rapproche
alors du verbe familier *Aveindre*.

Le saint roy mangeoit et prenoit paciemment ce que on
luy *ateignoit* et mettoit devant lui.

JOINVILLE, *Histoire de saint Louis*.

Il s'en va à la despence, là où luy *fut attaint* d'entrée
une grande pièce de bœuf.

BONAVENTURE DES PERIERS, *les Contes ou les Nouvelles*, LXXV. Du prestre qui mangea à desjeuner
toute la pitance des religieux de Beaulieu.

En cest estrif les juges, pour s'asseurer, firent *atteindre*
de prison l'oncle tout pasle et défait.

EST. PASQUIER, *Recherches de la France*, VI, 35.

Attaindre pour en manger.

NICOT, *Dictionnaire*.

Philippe de Valois alloit à Saint-Denys, et luy-mesme en
grande reverence *atteignoit* les chasses des Martyrs pour
les apporter sur le grand autel.

MÉZERAY, *Histoire de France*. Philippe de Valois.

Lors *ataint* de son sain le letre.
... Je voel que vous lisiés
Vo letre en haut, et l'*ataigniés*.
Ele l'*ataint* sans plus rien metre.

Renart le nouvel, v. 4439.

Pour *atteindre* un rameau l'autre se hausse en vain.

DELILLE, *l'Imagination*, III.

ATTEINDRE se dit souvent en parlant du temps.
On dit *Atteindre un âge, une époque*, etc.

Clotaire, lors de son baptesme, *avoit attaint de l'aage* et
estoit grandelet.

EST. PASQUIER, *Recherches de la France*, X, 22.

L'on craint *la vieillesse*, que l'on n'est pas sûr de pouvoir
atteindre.

LA BRUYÈRE, *Caractères*, c. 11.

Ils sont morts souvent devant que l'on *eût atteint l'âge
de raison*.

PASCAL, *Pensées*.

C'est dommage que le bout du projet de ces mémoires
n'*atteigne* pas *le temps* de la mort du dernier prince de la
maison d'Autriche.

SAINT-SIMON, *Mémoires*, 1708.

J'*atteignis* ainsi *ma seizième année*, inquiet, mécontent
de tout et de moi, sans goûts de mon état, sans plaisirs de
mon âge.

J.-J. ROUSSEAU, *les Confessions*, I, 1.

ATTEINDRE s'emploie au figuré, dans les diverses
locutions que nous venons d'indiquer :

... M'estant toujours proposé de parvenir par la voye des

armes à toutes les poinctes d'honneur que les hommes peuvent *atteindre*.

MONTLUC, *Mémoires*, II.

Qui est le cœur qui ne *soit atteint*, considérant son sauveur fouetté, tourmenté, garrotté, cloué, couronné d'épines, crucifié ?

SAINT FRANÇOIS DE SALES, *Sermon prononcé à Paris, en 1602, le jour de l'Assomption*.

Depuis qu'il *fut atteint* à bon escient, et qu'il recogneut son mal, il jugea bien incontinent le peu d'espoir qu'il y avoit de guérison.

D'URFÉ, *l'Astrée*, Ire part., liv. III.

Pedro de Navarre estoit un homme qui *avoit atteinct* de grandz honneurs en guerre.

BRANTÔME, *Grands Capitaines estrangers*. Don Pedro de Navarre.

Je pourrois faire remarquer qu'elle connoissoit si bien la beauté des ouvrages de l'esprit, que l'on croyoit *avoir atteint* la perfection quand on avoit su plaire à Madame.

BOSSUET, *Oraison funèbre de la duchesse d'Orléans*.

Il n'y a rien de si grand que le petit ne puisse *atteindre* par quelque endroit.

LE MÊME, *Sermons*. Pour la Visitation de la Vierge.

Voyez comme Madame de La Fayette se trouve riche en amis de tous côtés et de toutes conditions ; elle a cent bras, elle *atteint* partout.

Mme DE SÉVIGNÉ, *Lettres*; 26 février 1690.

S'il y a peu d'excellens orateurs, y a-t-il bien des gens qui puissent les *atteindre* ?

LA BRUYÈRE, *Caractères*, c. 9.

Ne faut-il ni prévoyance ni finesse pour jouer l'ombre et les échecs ? Et s'il est faux, pourquoi voit-on des imbéciles qui y excellent et de très-beaux génies qui n'ont pu même *atteindre* la médiocrité ?

LE MÊME, même ouvrage, c. 12.

Voulez-vous mener tout comme Dieu, qui *atteint* d'une extrémité à l'autre avec force et douceur ?

FÉNELON, *Lettres spirituelles*, CXXIII.

Un avantage qui se rencontre dans les écoles, c'est qu'un jeune homme trouve dans ses compagnons des modèles qui sont à sa portée, qu'il se flatte de pouvoir *atteindre*.

ROLLIN, *Traité des Études*, liv. VIII. Avant-propos, art. 2.

Il (Achille III de Harlay) étoit savant en droit public, il possédoit fort le fond des diverses jurisprudences, il égaloit les plus versés aux belles-lettres, il connoissoit bien l'histoire, et savoit surtout gouverner sa compagnie avec une autorité qui ne souffroit point de réplique, et que nul autre premier président n'*atteignit* jamais avant lui.

SAINT-SIMON, *Mémoires*, 1694.

Le maréchal de Villars qui vouloit tout *atteindre*, et qui, sans avoir jamais servi l'Espagne, en avoit obtenu la Toison, reçut le collier de cet ordre à Versailles.

SAINT-SIMON, même ouvrage, 1714.

Je vois des gens qui s'effarouchent des digressions : je crois que ceux qui savent en faire sont comme les gens qui ont de grands bras, ils *atteignent* plus loin.

MONTESQUIEU, *Pensées diverses*.

Vils jouets d'une aveugle fortune, tristes victimes d'un moqueur espoir, toucherons-nous sans cesse au plaisir qui fuit sans jamais l'*atteindre* ?

J.-J. ROUSSEAU, *la Nouvelle Héloïse*.

Ceux qui n'ont que de l'esprit sont toujours de foibles copistes des meilleurs modèles, et n'*atteignent* jamais leur art.

VAUVENARGUES, *Connaissance de l'esprit humain*. Du génie et de l'esprit.

Quiconque sait les goûter (les écrivains sacrés), trouve qu'ils ont atteint la perfection de l'histoire.

FLEURY, *Discours sur l'histoire ecclésiastique*, disc. I, § 4.

Le progrès que l'auteur (Segrais) avoit fait faire au genre pastoral, fut loué comme s'il en *eût atteint* la perfection.

D'ALEMBERT, *Éloge de Segrais*.

La géométrie ne veut que découvrir des vérités, souvent difficiles à *atteindre*, mais faciles à reconnoître dès qu'on les a saisies.

LE MÊME, *Éloge de Bernouilli*.

Il faut convenir que, grâce au génie de Molière, il n'y a que le théâtre français où la comédie *ait atteint* un certain degré de perfection.

GRIMM, *Correspondance*, 1er juin 1755.

Après avoir été les disciples des Grecs, ils (les Romains) en devinrent les rivaux, et, en s'efforçant de les *atteindre*, ils eurent quelquefois la gloire de les surpasser.

MARMONTEL, *Éléments de littérature*. Essai sur le goût.

En général l'auteur (Toussaint) écrit avec une simplicité claire, élégante et précise ; il a même quelques traits heureux ; mais il s'élève très peu et très rarement, et le bon, quand il l'*atteint*, est son dernier terme.

LA HARPE, *Cours de littérature*, IIIe part., liv. IV, c. 1. Toussaint.

Auparavant, les artistes ne représentoient le maître des dieux qu'avec des traits communs, sans noblesse et sans caractère distinctif ; Phidias fut le premier qui *atteignit*, pour ainsi dire, la majesté divine.

BARTHÉLEMY, *Anacharsis*, c. 38.

Il (Pompignan) admirait, il sentait Sophocle et Pindare, mais il n'était point né pour les *atteindre*.

M.-J. CHÉNIER, *Fragments littéraires*.

La loi n'*atteint* la licence qu'en frappant la liberté.

ROYER-COLLARD, *Discours sur la loi de la Presse*, 18 décembre 1817.

Je ne sais ce que la bonne foi pourroit répondre à ce qu'on vient de lire; quant à l'esprit de contention, aucun raisonnement ne sauroit l'*atteindre*.

J. DE MAISTRE, *Du Pape*, I, 14.

O Hiéron! si tu as su *atteindre* la cime élevée de la sagesse, tu connais cette maxime : Les immortels donnent aux hommes deux maux pour un bien.

VILLEMAIN, *Littérature au XVIIIe siècle*, 3e leçon.

Mahummert sert e Apollin recleimet,
Ne s' poët guarder que mals ne li *ateignet*.

Chanson de Roland, v. 8.

Et cele, qui fu ja *atainte*,
Et conquise, et mate, et vaincue,
Si tost comme ele ot entendue,
Sa reson du frère Meneur,
Si dist : « Se Diex me doinst honeur! »

RUTEBEUF, *Œuvres*, t. I, p. 262.

Encor n'avez-vous pas *attaint*
Au vif le mal que ce peult estre.

Farce de Tout mesnaige. (Ancien Théâtre françois. Bibliothèque elzévirienne, t. II, p. 415.)

Tout homme doist ceste vertu *attaindre*.

CL. MAROT, *Épigrammes*, III, 7.

Non, non la douleur qui m'*atteint*
Toutes mes puissances esteint.

ESTIENNE JODELLE, *l'Eugène*, IV, 4.

Mais il est vrai que je *suis bien atteint*,
Et que mon mal ne sauroit être feint.

THÉOPHILE, *Élégie*.

Ah! forcez-vous, de grâce, à des termes plus doux
Pour des crimes qui seuls m'ont fait digne de vous :
Par eux seuls ma valeur, en tête d'une armée,
A des plus grands héros *atteint* la renommée.

P. CORNEILLE, *Pertharite*, II, 5.

C'est en vain qu'au Parnasse un téméraire auteur
Pense de l'art des vers *atteindre* la hauteur.

BOILEAU, *Art poétique*, I.

Sans doute aux grands exploits son âme accoutumée
Aurait de Guise un jour *atteint* la renommée.

VOLTAIRE, *Henriade*, III.

Or il faut, quelque loin qu'un talent puisse *atteindre*,
Éprouver pour sentir, et sentir pour bien feindre.

PIRON, *la Métromanie*, I, 4.

Buffon de l'art d'écrire *atteignit* les hauteurs.

M.-J. CHÉNIER, *Épître à Voltaire.*

ATTEINDRE, est souvent neutre; alors il signifie, Toucher à une chose qui est à une distance assez éloignée pour qu'on ne puisse pas y arriver sans quelque effort.

Atteindre à,

Au propre :

Il (le livre) passa en cinq ou six mains différentes, *auxquelles* Ragotin ne put *atteindre*, parce qu'il étoit le plus petit de la compagnie.

SCARRON, *Roman comique*, I, 10.

Les mêmes objets qu'il voyoit d'abord dans son cerveau, puis sur ses yeux, il les voit maintenant au bout de ses bras, et n'imagine d'étendue que celle *où* il peut *atteindre*.

J.-J. ROUSSEAU, *Émile*.

Harris, dans son abrégé de la relation de Magellan, dit qu'un homme de taille moyenne de l'équipage de Magellan n'*atteignoit qu'à* la ceinture d'un Patagon.

BUFFON, *De l'homme*. Variétés dans l'espèce humaine.

La course du poète n'est pas longue; mais il la fournit d'un élan qui rappelle celui des chevaux de Neptune, dont Homère a dit qu'en trois pas ils *atteignaient aux* bornes du monde.

LA HARPE, *Cours de littérature*.

Au figuré :

Mais por ceu ke tu te conoisses, o tu sainte espouse, de ti est conforteie cele mervillouse visions, et si ne poras mie *atignre à* lei.

SAINT BERNARD, *Sermons français*. (Voir à la suite des *Quatre livres des Rois*, p. 528.)

Qui vouldroit ses vertus et sa vie descripre comme elle a merite, il fauldroit que Dieu fist ressusciter Cicero pour le latin, et maistre Jehan de Meung pour le françois. car les modernes n'*y* sçauroient *attaindre*.

Le Loyal Serviteur, c. 58.

Dis aux Romains qu'en exerceant prouësses et temperance, ilz *attaindront à* la cyme de puissance humaine.

AMYOT, trad. de Plutarque. *Vie de Romulus*, c. 45.

Combien que les connestables n'*ayant* jamais *atteint* au point de grandeur que gaignerent jadis les maires, si semble-il que cet estat ait esté pour quelque temps suspect et odieux à nos roys.

EST. PASQUIER, *Recherches de la France*, II, 12.

Il faut donc bien philosopher tout le temps de notre vie pour *atteindre à* ceste pureté qui nous porte au ciel.

THÉOPHILE, *Immortalité de l'âme*.

Je pense avoir eu beaucoup d'heur de m'être rencontré dès ma jeunesse en certains chemins qui m'ont conduit à des considérations et des maximes dont j'ai formé une méthode par laquelle il me semble que j'ai moyen d'augmenter par degrés ma connoissance, et de l'élever peu à peu au plus haut point *auquel* la médiocrité de mon esprit et la courte durée de ma vie lui pourront permettre d'*atteindre*.

DESCARTES, *Discours de la méthode*, I.

Il faut que l'esprit sorte hors de lui-même pour *atteindre à* tant de choses, mais il ne peut en sortir sans se dissiper.

MALEBRANCHE, *Recherche de la vérité*. Préface.

Jamais nulle ode grecque ou latine n'a pu *atteindre à* la hauteur des psaumes.

FÉNELON, *Dialogues sur l'Éloquence*, III.

Il (M. de Vendôme) se montra incapable de soutenir une chute si parfaite après une si longue habitude d'*atteindre à* tout.

SAINT-SIMON, *Mémoires*, 1707.

D'autre côté il (le maréchal d'Huxelles) courtisa Harcourt, qui le produisit à madame de Quailus pour *atteindre à* madame de Maintenon.

LE MÊME, même ouvrage, 1710.

Dangeau ne pouvoit se consoler de l'inutilité de tout ce qu'il avoit tenté pour se faire faire duc, et en avoit pris une haine particulière contre la dignité *à* laquelle il n'avoit pu *atteindre*.

LE MÊME, même ouvrage, 1720.

Mon fils Ligondès, tout éloquent qu'il est, ne peut pas *atteindre à* tout ce qu'il faudroit dire pour vous exprimer nos regrets.

Mme DE SIMIANE, *Lettres*; à M. d'Héricourt, 22 juillet 1733.

Téméraire philosophie, pourquoi vouloir *atteindre à* des objets plus élevés au-dessus de toi, que le ciel ne l'est au-dessus de la terre?

GUÉNARD, *Discours sur l'esprit philosophique*, qui a remporté le prix d'éloquence en l'année 1755.

Comme les prêtres de cette secte ne reçoivent de leurs églises que des gages très-médiocres, et que par conséquent ils ne peuvent vivre dans le même luxe que les évêques, ils ont pris le parti naturel de crier contre des honneurs *où* ils ne peuvent *atteindre*.

VOLTAIRE, *Lettres philosophiques*, VI.

Enfin toute cette vaste côte de l'Afrique, depuis Damiette jusqu'au mont Atlas, était devenue barbare, tandis que plusieurs de nos peuples septentrionaux, autrefois beaucoup plus barbares, *atteignaient à* la politesse des Grecs et des Romains.

LE MÊME, *Essai sur les mœurs*, c. 162. Du royaume de Fez et de Maroc.

Mon âme n'*atteint* pas *à* la joie.

Mlle DE LESPINASSE, *Lettres*; XLVII.

Libre et maître de moi-même, je croyois pouvoir tout faire, *atteindre à* tout.

J.-J. ROUSSEAU, *les Confessions*, II, 2.

Malgré tous ces efforts réunis, je suis bien loin de croire que cet ouvrage (l'Encyclopédie) ait *atteint à* la perfection.

GRIMM, *Correspondance*, 15 novembre 1753.

L'exactitude des géomètres et la vigilance des astronomes *atteignent* à peine *à* la précision de cette mécanique céleste, et à la régularité de ses effets.

BUFFON, *Théorie de la terre*.

Que l'homme dirige la marche de son esprit sur un objet quelconque; s'il voit juste, il prend la ligne droite, parcourt le moins d'espace et emploie le moins de temps possible pour *atteindre à* son but.

LE MÊME, *Œuvres de la nature et des hommes*.

Les analyses *atteignent à* une précision d'autant plus grande, que les langues sont mieux faites.

CONDILLAC, *De la langue des calculs*.

Il (l'évêque de Senez) approche quelquefois de l'élévation de Bossuet,... il *atteint* presque *à* la douceur de Massillon.

M.-J. CHÉNIER, *Tableau historique de la littérature française*, c. 4.

Mais si à l'âge d'homme une fois tu *atteins*...

J.-A. DE BAÏF, *Passetemps*. Amour oiseau.

Je les aime encor mieux qu'une bigote altière,
Qui, dans son fol orgueil, aveugle et sans lumière,
A peine sur le seuil de la dévotion,
Pense *atteindre au* sommet de la perfection.

BOILEAU, *Satires*, X.

Quelquefois *Atteindre* est suivi de *jusqu'à*:

Ceux... qui avec leurs louanges pénètrent jusques aux mœurs et par leurs flatteries *atteignent jusques à* corrompre les conditions.

AMYOT, trad. de Plutarque. *Œuvres morales*.

Ce nous devroit estre une grand'honte qu'un homme payen, comme tastonnant en ténèbres, ait *atteint jusques à* ceste clarté, de dire que les images visibles qu'on fait à Dieu, sont indecentes à sa majesté.

CALVIN, *Institution chrestienne*, liv. I, c. 11, § 6.

O mon Dieu, que vous êtes grand! Peu de pensées *atteignent jusqu'à* vous; et quand on commence à vous concevoir, on ne peut vous exprimer: les termes manquent.

FÉNELON, *Traité de l'existence de Dieu*, c. 5.

Ou de, *au-dessus de*:

Les François, pour la proximité et voisinage qu'ils avoient avec eux (les Suèves), feirent un perpetuel vœu de conqueste et contre les Gaulois et contre toutes les nations, jusques à ce que, finalement, ils *atteindrent au-dessus de* la Gaule.

EST. PASQUIER, *Recherches de la France*, I, 6.

Charlemagne, ayant *attaint au-dessus de* tous ses desirs, commença de n'avoir, dedans sa maison, autre plus grand ennemy que soy-mesme.

Est. Pasquier, *Recherches de la France*, X, 25.

Atteindre est souvent joint au mot *y* :

Ainsi ot li rois toute Normandie à rois de Gaillart, qui trop est forz et siet ou regart de trois montaingnes ; ne on ne le puet assegier que d'une part, et est touz avironneiz de Seinne, ne n'*i* puet *ateindre* perriere ne mangoniaus.

Récits d'un ménestrel de Reims au xiii° *siècle*, publiés par N. de Wailly, p. 136.

Les victoires du roi sont admirables, mademoiselle. Le seul inconvénient que j'y trouve, c'est qu'il met la gloire bien haut, lui seul *y* peut *atteindre*.

Bussy-Rabutin, *Lettres;* à Mlle Dupré, 22 juillet 1672.

Dieu ne seroit pas ce qu'il est, s'il n'étoit incompréhensible, et ses merveilles ne mériteroient plus ce nom, si l'intelligence humaine pouvoit *y atteindre*.

Rollin, *Traité des Études*, liv. VII, art. 5.

Le roi avoit donné à ses enfants naturels cet avantage sur eux (les princes du sang) de faire manger, entrer dans les carrosses, aller à Marly, et sans demander leurs principaux domestiques, sans que M. le duc, quoique gendre du roi, eût pu *y atteindre* pour les siens.

Saint-Simon, *Mémoires*, 1696.

Cette gloire véritable, la seule récompense de ceux qui servent le public, la seule digne des grandes âmes, qu'il est beau de rechercher, et qu'on n'affecte de dédaigner que quand on est incapable d'*y atteindre*.

Voltaire, *Lettres;* Éloge historique de Mme du Châtelet.

Il est dur de sentir la perfection, et de n'*y* pouvoir atteindre.

Le même, *Lettres;* 25 février 1763.

Lorsque Codrus sacrifia ses jours pour le salut de sa patrie, les Athéniens, frappés de ce trait de grandeur, abolirent le titre de roi ; ils dirent que Codrus l'avoit élevé si haut qu'il seroit désormais impossible d'*y atteindre*.

Barthélemy, *Voyage d'Anacharsis*, Iro part.

D'Alembert était trop loin de la poésie pour chercher à *y atteindre*.

Barante, *De la Littérature française pendant le* xviiie *siècle*.

Mais son amour, et son feu vehement,
Chasteté d'œil ne les pourroit estaindre ;
Car tant plus vit la dame chastement
De tant plus croist le desir d'*y atteindre*.

Cl. Marot, *Épigrammes*, II, 16.

Le galant en eût fait volontiers un repas ;
Mais comme il n'y pouvoit *atteindre* :

Ils sont trop verts, dit-il, et bons pour des goujats.

La Fontaine, *Fables*, III, 11.

On a employé aussi *Atteindre* avec *où* :

Mes frères, je ne pense point avoir encore *atteint où* je tends.

Lemaitre de Sacy, *Épîtres de saint Paul aux Philippiens*, III.

Je vous aime toujours à ce degré *où* je ne crois point que personne puisse *atteindre*.

Mme de Sévigné, *Lettres;* à Mme de Grignan, 15 octobre 1688.

Madame de Chartres joignoit à la sagesse de sa fille une conduite si exacte pour toutes les bienséances, qu'elle achevoit de la faire paroître une personne *où* l'on ne pouvoit *atteindre*.

Mme de La Fayette, *la Princesse de Clèves*, Iro part.

C'est notre folie ordinaire de rechercher les biens *où* nous ne saurions *atteindre*, et de mépriser ceux qui sont sous nos mains.

Saint-Évremond, *De l'usage de la vie*, c. 1.

Psyché... possédoit tous les appas que l'imagination peut se figurer, et même ceux *où* l'imagination ne peut *atteindre*.

La Fontaine, *Psyché*, liv. I.

L'instruction a pour but de porter les esprits jusqu'au point *où* ils sont capables d'*atteindre*.

Nicole, *De l'Éducation d'un prince*, IIe part., § 1.

Luther et les siens ne nioient non plus que les catholiques que la présence de Jésus-Christ dans l'Eucharistie ne fût spirituelle quant à la manière, pourvu qu'on leur avouât qu'elle étoit corporelle quant à la substance ; c'est-à-dire en termes plus simples, que le corps de Jésus-Christ étoit présent, mais d'une manière divine, surnaturelle, incompréhensible, *où* les sens ne pouvoient *atteindre*.

Bossuet, *Histoire des variations des Églises protestantes*, IV, 7.

A l'âge de vingt-deux ans, le duc (d'Enghien) conçut un dessein *où* les vieillards expérimentés ne purent *atteindre*.

Le même, *Oraison funèbre du prince de Condé*.

Il y a un goût dans la pure amitié *où* ne peuvent atteindre ceux qui sont nés médiocres.

La Bruyère, *Caractères*, c. 4.

Il y a dans les maximes de l'Évangile une noblesse et une élévation *où* les cœurs vils et rampants ne sauroient atteindre.

Massillon, *Petit Carême*, IIe dimanche.

L'électeur de Bavière tira dans le petit parc, ce qui étoit une faveur *où* les fils de France avoient rarement *atteint*.

Saint-Simon, *Mémoires*, 1715.

La perfection *où* je sentois que je ne pouvois *atteindre* me rebuta, et je pris mon congé.

HÉNAULT, *Mémoires, c.* 11.

Il (Lamothe) voulut détrôner la poésie, *où* il n'avait pas pu *atteindre*.

BARANTE, *De la Littérature française pendant le* XVIIIe *siècle.*

Pour moy plus retenu, la raison m'a faict craindre,
N'osant suivre un suject *où* l'on ne peut *atteindre.*

RÉGNIER, *Satyres,* I.

On a dit, proverbialement et figurément, en parlant d'une fille de conduite peu régulière : *Elle laisse le chat atteindre au fromage.*

... Elle *eust laissé*
Attaindre le chat au fromage.

JACQ. GREVIN, *les Esbahis,* I, 1.

ÊTRE ATTEINT est souvent suivi de la préposition *de.* On dit : *Être atteint d'un trait, d'un dard, d'un projectile,* soit au propre, soit au figuré :

Ils traioient si ouniement et si épaissement que les François ne savoient de quel côté entendre qu'ils ne *fussent atteints du trait.*

FROISSART, *Chroniques,* I, IIe part., c. 37.

Notre Dame *fut* blessée et *atteinte du dard* de douleur en la passion de son fils sur le mont de Calvaire, et néanmoins ne mourut pas à l'heure, mais porta longuement sa plaie.

SAINT FRANÇOIS DE SALES, *Sermon prononcé à Paris en l'église de Saint-Jean-en-Grève, le jour de l'Assomption* 1602.

Pour ses armes Amour cuysant,
Porte de gueulles à deux *traictz :*
. . . .
De l'ung fut Apollo touché, .
De l'autre Daphné *fut atteincte.*

CL. MAROT, *le Temple de Cupido.*

Deja *du plomb mortel* plus d'un brave *est atteint.*

BOILEAU, *Épîtres,* IV.

Être atteint de s'emploie de même, au figuré, en parlant Des maux physiques et de la vieillesse :

Et pareillement mourut au dit an, le vendredi devant la my-quaresme, Marguerite, duchesse de Bourgongne, vesve du duc Philippe derrenier, trespassé en son hostel à Arras. Laquelle *fut actainte* de hastive maladie.

MONSTRELET, *Chronique,* I, 21.

S'estant faict porter ledict Jehan-Jacques dans une chaire,

estant fort boiteux, gouteux et *attainct de* quatre-vingtz ans.

BRANTÔME, *Grands Capitaines estrangers.* Jehan-Jacques Trivulse.

Un homme sait qu'il *est atteint de* ces sortes de maladies mortelles, qui ne sont point douloureuses ; il ne sent point de douleur, et toutefois il est plongé dans la tristesse.

BOSSUET, *De la connoissance de Dieu et de soi-même, c.* 1, art. 2.

Du temps de François II, il courut un bruit qu'on cherchoit des petits enfants, pour baigner dans leur sang ce jeune roi, qu'on feignoit *être atteint du* mal qui se guérit par cet étrange remède. .

SAINT-RÉAL, *Don Carlos.*

Être atteint de, se dit de même en parlant Des maladies morales, des passions :

Certes nous ne devons avoir honte de confesser ce que sainct Paul afferme tant certainement, que tous sont pervers et adonnez à malice... Comme ainsi soit donc que naturellement nous *soyons atteints* d'une mesme maladie, il n'y en a de garentis sinon ceux auxquels il plaist à Dieu de remedier.

CALVIN, *Institution chrestienne,* liv. II, c. 5, § 3.

De mesmes aucuns ambitieux qui *ont estés* une fois *attainctz* bien au vif *de* l'ambition, à grand'peine s'en peuvent-ilz deffaire bien aisément.

BRANTÔME, *Grands Capitaines estrangers.* Don Philippe.

Tous ceux qui *sont atteints de* ces remors et qui ne voudront demeurer avec moy et s'en aller, je les puis asseurer que pour cela je ne leur voudray mal.

LE MÊME, *ibid.* M. de la Noue.

Cela fut cause qu'avec un soing extrême, je l'alois destournant des vices, à quoy son naturel le rendoit enclin, quelquefois les luy blasmant en autruy, et d'autres fois luy disant que mon humeur n'estoit point d'aimer ceux qui *en estoient atteints.*

D'URFÉ, *l'Astrée,* IIe part., liv. VI.

Auguste César *estoit atteint de* douleur pour la mort de son père qui n'avoit point esté vengée.

COEFFETEAU, *Histoire romaine de L. Florus,* IV, 5.

Un barnabite du pays d'Anneci, près Genève, nommé Lacombe, fut son directeur (de Mme Guyon). Cet homme, connu par un mélange assez ordinaire de passions et de religion, et qui est mort fou, plongea l'esprit de sa pénitente dans des rêveries mystiques *dont elle était atteinte.*

VOLTAIRE, *Siècle de Louis XIV, c.* 38. Du Quiétisme.

On dit très bien qu'une femme *est atteinte* d'un amour violent, funeste, coupable, parce que la passion de l'amour emporte avec elle l'idée d'une blessure... mais je ne crois pas qu'on puisse dire Les atteintes de l'amour maternel, sentiment qui par lui-même est habituel et doux.

La Harpe, *Cours de littérature*. Au sujet d'un vers de *Mérope* rapporté plus bas.

Fontenelle, Lamotte, Trublet, Terrasson et consorts *étaient atteints d'*une autre espèce de pédantisme : celui de la philosophie, quand elle veut soumettre à ses analyses les arts de l'imagination.

Le même, même ouvrage.

Veut-il faire la satire d'un vice : il raconte simplement ce que ce vice fait faire au personnage qui *en est atteint*, et voilà la satire faite.

Chamfort, *Éloge de La Fontaine*.

Auprès d'elle Vénus ne seroit rien qui vaille ;
Ce ne sont rien que lis et roses que son teint ;
Enfin *de* ses beautés il *est* si fort *atteint*...
— Atteint ? Ah ! mon ami, tant de badinerie
Ne témoigne que trop qu'il en fait raillerie. —
Madame, je vous jure, il pèche innocemment,
Et s'il savoit mieux dire, il diroit autrement.
C'est un homme tout neuf : que voulez-vous qu'il fasse ?
Il dit ce qu'il a lu...

Corneille, *la Veuve*, I, 4.

Que veux-tu ? la douleur *dont* mon âme *est atteinte*
Rend ma plainte équitable, et me fait murmurer
Contre un objet charmant que je dois adorer.

Boursault, *le Médecin volant*, sc. 1.

Je sais *de* quel remords son courage *est atteint :*
Le lâche craint la mort, et c'est tout ce qu'il craint.

Racine, *Andromaque*, V, 2.

Ce sont là les frayeurs *dont* vous *êtes atteinte ?*

Le même, *Iphigénie*, III, 6.

Quoi ! vous *seriez atteint de* cette frénésie ?

Destouches, *l'Irrésolu*, III, 2.

Triste effet de l'amour *dont* votre âme *est atteinte !*

Voltaire, *Mérope*, II, 1.

On dit qu'il *est atteint d'*un peu de jalousie.

Barthe, *les Fausses Infidélités*, sc. 2.

De quel ennui secret son âme *est-elle atteinte ?*

Lamartine, *Nouvelles Méditations*.

Rien ne nous rend si grands qu'une grande douleur ;
Mais pour *en être atteint*, ne crois pas, ô poète,
Que ta voix ici-bas doive rester muette.

A. de Musset, *Nuit de Mai*.

Être atteint de, Être reconnu coupable de :

S'il y a trois defautes, il *est atains du* fet sor le quel il fu ajornés.

Beaumanoir, *Coutumes de Beauvoisis*, c. 2, 23.

IV.

Qui autrement le feroit, il devoit *être atteint* comme *de* mauvais et vilain fait.

Froissart, *Chroniques*, liv. I, Iro part., c. 76.

O dieux tout-puissants, qui lisez dans mon cœur, et qui sçavez que je ne *suis* point *atteinte de* ce dont je suis accusée, soyez mon support, et declarez mon innocence.

D'Urfé, *l'Astrée*, IIo part., liv. VI.

La cruauté de Lothaire fut sans exemple dans la mort de la pauvre Gerbich, religieuse et sœur du duc Bernard, laquelle par son commandement, comme si elle eust *été atteinte de* sortilège, fut renfermée dans un muy et précipitée dans la rivière.

Mézeray, *Histoire de France*. Louis le Débonnaire.

Eh ! combien notre précipitation ne devient-elle pas plus dangereuse, plus condamnable quand il s'agit de ces questions aussi neuves qu'importantes, où nos intérêts, que nous passons pour si bien connaître, sont confondus avec d'autres intérêts que nous sommes accusés de connaître si mal ; où nous pouvons *être* légitimement *atteints de* nous, décider vite, de crainte de nous déterminer avec équité.

Mirabeau, *Discours sur la motion de M. de la Molle*, 21 janvier 1789.

Ordinairement, en ce sens, on dit plutôt, *Être atteint et convaincu de :*

Ceux qui pensent... que ceux dont la compagnie et fréquentation est plaisante et joyeuse *soient* aussitôt *attaincts et convaincus d'*être flatteurs.

Amyot, trad. de Plutarque. *Œuvres morales*.

Le président luy va dire ainsi : Cambaire, vous deués bien remercier la court pour la grace qu'elle vous fait, qui avez mérité une bien rigoureuse punition pour les cas *dont* vous *êtes attaint et convaincu*.

Desperriers, *Nouvelles*, 84.

Peut-être que les plus beaux esprits qui sont gagés pour tenir notre langue saine et nette, y donneront ordre, et que la punition du premier mauvais plaisant qui *sera atteint et convaincu d'*être burlesque relaps... dissipera le fâcheux orage qui menace l'empire d'Apolon.

Scarron, *Énéide travestie*, liv. V. Dédicace.

Quoique déjà je *sois atteint et convaincu*,
Par les maux que je sens, *d'*avoir longtemps vécu...
Je suis plus vigoureux que l'on ne s'imagine.

Regnard, *le Légataire universel*, I, 4.

Il *est* proscrit, déclaré détestable,
Abominable, *atteint et convaincu*
D'avoir tenté d'entamer la vertu
Des saintes sœurs.

Gresset, *Ver-Vert*, IV.

ATTEINT, en ce sens, se trouve dans l'ancien exemple suivant joint au mot *blâmé :*

> Me leirez vous tuer, franche gent henourée ;
> Car je n'ei rien meffet, ne ne *sui* encoupée,
> De nule traïson *atainte ne blasmée.*
>
> *Doon de Maience,* v. 690.

ÊTRE ATTEINT est très souvent suivi de la préposition *par :*

> On diroit qu'il (Gœthe) n'*est* pas *atteint par* la vie, et qu'il la décrit seulement en artiste.
>
> Mᵐᵉ DE STAEL, *De l'Allemagne,* liv. II, c. 7, § 5.

ATTEINDRE s'emploie avec le pronom personnel :

> Leur péril renaissant donne un affreux plaisir;
> On se plaît à les voir s'observer et se craindre,
> Avancer, s'arrêter, se mesurer, *s'atteindre.*
>
> VOLTAIRE, *Henriade,* X.

On a employé substantivement l'infinitif ATTEINDRE :

> Ce sont serpentz enflez, envenimez,
> Mordans, mauldictz, ardans et animez,
> Jectans un feu qu'à peine on peult estaindre,
> Et en picquant dangereux à l'*attaindre.*
>
> CL. MAROT, *l'Enfer.*

ATTEINT, TE, participe.

Il s'emploie, dans les différents sens que nous avons indiqués pour le verbe.

ATTEINT se dit absolument,

Soit au propre :

> M. de Guyze, se sentant fort blessé et *attainct,* pencha un peu.
>
> BRANTÔME, *Grands Capitaines françois.* M. de Guise.

Soit au figuré :

> Il n'est rien de si doux, aux âmes bien *atteintes,*
> Que de pouvoir trouver à qui faire leurs plaintes.
>
> RAÇAN, *Bergeries,* II, 5.

ATTEINT est souvent suivi de la préposition *de :*

> Ceux qui serrent, en leur pensée *attainte* et piquée *de* repentance, les pertes et deshonneurs qu'ils ont reçus à cause de ceste honte vicieuse, en iront après plus retenus en cas semblables, et ne se laisseront pas une autre fois facilement aller.
>
> AMYOT, trad. de Plutarque. *Œuvres morales.*

La cité de Liège, Huy, Dinant et Tongres voians... et oyans la grande destruction de leurs gens et la puissance de leurs ennemis, *actains de* paour, se rendirent en l'obéissance desdiz ducs de Bourgongne et de Hollande.

> MONSTRELET, *Chronique,* I, 47.

Il envoya premier vers Eudon pour le prier d'alliance et d'amitié, et de se convertir encontre ces meschans barbares; ce qu'il fit très-volontairement, *attaint d'*un bon ange.

> BRANTÔME, *Grands Capitaines françois.* Le roy Charles IXᵉ.

Ledict Barthelomé dist qu'il sentit en soy aussitost l'ame *attaincte d'*une telle devocion et religion à son Dieu, qu'il alla oublyer toutes les derrisions qu'il avoit faictes.

> LE MÊME, *ibid.* Couronnels françois.

J'aime donc bien mieux vous gronder, et vous dire que vous êtes vraiment bien délicat et bien précieux, de vous trouver *atteint d'*une petite attaque de décrépitude, parce que vous êtes grand-père.

> Mᵐᵉ DE SÉVIGNÉ, *Lettres;* au président de Moulceau, le jour des Rois, 1687.

Ses yeux (de Henriette d'Angleterre) paroissoient même *atteints du* désir de plaire à ceux qui les regardoient.

> L'ABBÉ DE CHOISY, *Mémoires,* VII.

Tout homme *atteint du* même vice peut se reconnoître dans le tableau comique...

> MARMONTEL, *Éléments de littérature.* Satire.

> Mon ame, *de* frayeur *atteinte,*
> Nuit et jour t'adresse sa plainte.
>
> GODEAU, *Pseaumes,* 86.

> Vit-on jamais une âme en un jour plus *atteinte*
> De joie et *de* douleur, *d'*espérance et *de* crainte ?
>
> P. CORNEILLE, *Horace,* IV, 4.

> Mortellement *atteint d'*une flèche empennée,
> Un oiseau déploroit sa triste destinée.
>
> LA FONTAINE, *Fables,* II, 6.

> Ménécée, en un mot, digne frère d'Hémon,
> Et trop indigne aussi d'être fils de Créon,
> De l'amour du pays montrant son âme *atteinte,*
> Au milieu des deux camps s'est avancé sans crainte.
>
> RACINE, *la Thébaïde,* III, 3.

> Phèdre *atteinte d'*un mal qu'elle s'obstine à taire,
> Lasse enfin d'elle-même et du jour qui l'éclaire,
> Peut-elle contre vous former quelques desseins?
>
> LE MÊME, *Phèdre,* I, 1.

> Mais si vous souhaitez que je parle sans feinte,
> De ses perfections je n'ai pas l'âme *atteinte.*
>
> REGNARD, *les Ménechmes,* III, 9.

On dit aussi *Atteint par :*

Cette fille du soleil (Corinne), *atteinte par* des peines secrètes, ressemblait à ces fleurs encore fraîches et brillantes, mais qu'un point noir causé par une piqûre mortelle menace d'une fin prochaine.

Mᵐᵉ DE STAEL, *Corinne*, liv. XIII, c. 5, § 2.

ATTEINT ET CONVAINCU DE :

S'il defailloit dans le temps qui luy seroit prefix, il seroit declaré *attainct et convaincu du* cas à luy imposé.

Est. PASQUIER, *Recherches de la France*, III, 9.

Ils luy firent entendre les coutumes du pays, qui estoient telles : Que tout homme *attaint et convaincu de* quelque crime que ce pust estre, seroit delivré des rigueurs de la justice, si une fille le demandoit pour son mary.

D'URFÉ, *l'Astrée.*

On a jugé ce matin le procès de M. de Maupeou au Chastelet, et bien que la preuve ait paru très-claire, et que mesme il ait esté déclaré *attainct et convaincu d'*avoir fabriqué et faict exposer de la fausse monnoie, il a esté seulement condamné aux galères perpétuelles.

Le Procureur du roi ROBERT *à* COLBERT, 16 septembre 1677. (Voyez DEPPING, *Correspondance administrative sous Louis XIV,* t. II, p. 207.)

Le résultat de tous nos discours fut qu'Isabelle demeura dûment *atteinte et convaincue d'*être une franche coquette.

LE SAGE, *Gil Blas,* liv. IV, c. 5.

Arsénie demeura *atteinte et convaincue de* jalousie et de mauvaise foi.

LE MÊME, *même ouvrage,* VII, 7.

ATTEINTE, s. f. Coup dont on est atteint.

A l'instant laisserent courre leurs chevaulx au plus roide qu'ilz peurent l'un contre l'aultre, et furent les *attaintes* dans les escuz.

HERBERAY DES ESSARTS, *Amadis de Gaule,* liv. I, c. 19.

Il s'emploie souvent au figuré :

Quelques comédiens eurent tant d'effronterie que de représenter Louis XII en une farce, ayant le visage pasle et terny, et de l'or devant luy dans un vase précieux ; ils l'accusoient par là qu'il estoit malade d'avarice et d'un désir insatiable d'amasser des thrésors ; et néantmoins il tourna cette *atteinte* en risée.

MÉZERAY, *Histoire de France.* Louis XII.

Il se dit particulièrement, Du coup qu'un cheval se donne lui-même en s'atteignant aux pieds de devant avec ceux de derrière; ou qu'il reçoit, aux pieds de derrière, d'un autre cheval qui marche trop près de lui.

Ce cheval se donne des *atteintes.*

Prenez garde que votre cheval ne donne des *atteintes* au mien.

Ce cheval boite d'une *atteinte.*

Dictionnaire de l'Académie, 1694.

Au jeu de bague, *Donner atteinte à une bague,* la toucher en courant sans l'emporter.

On dit, soit au propre, soit au figuré, *Une légère atteinte, une dure, une cruelle, une mortelle atteinte.*

Plusieurs de ceux qui de dedans (d'Orléans) furent esbranlez d'*une si dure atteinte* et eussent bien désiré que M. l'Admiral fust revolé vers eux...

DE LA NOUE, *Discours politiques et militaires,* XXVI.

En vain les boucliers s'opposent *aux atteintes mortelles.*

LAMOTTE, *Ode en prose. De la libre Éloquence.*

Un malade ou un médecin de bel air se sera avisé de dire qu'il a eu un soupçon de fièvre, pour signifier qu'il en a eu *une légère atteinte;* voilà bientôt toute la nation qui a des soupçons de colique, des soupçons de haine, d'amour, de ridicule.

VOLTAIRE, *Dictionnaire philosophique.* Langues, section 3.

Percé jusques au fond du cœur
D'*une atteinte* imprévue aussi bien que *mortelle*...

P. CORNEILLE, *le Cid,* I, 6.

Donne quelques soupirs *aux cruelles atteintes,*
Que dans ces tristes vers ma muse t'a dépeintes.

SEGRAIS, *Uranie,* VIᵉ églogue.

D'abord il a tenté *les atteintes mortelles*
Des poisons que lui-même a crus les plus fidèles ;
Il les a trouvés tous sans force et sans vertu.

RACINE, *Mithridate,* V, 4.

De cet amas d'honneurs, la douceur passagère
Fait sur mon cœur à peine *une atteinte légère.*

LE MÊME, *Esther,* II, 1.

... La lumière éclaire encor ses yeux,
Mais il est expirant d'*une atteinte mortelle.*

VOLTAIRE, *Tancrède,* V, 5.

ATTEINTE est très souvent suivi de la préposition *de* et d'un substantif.

Soit au propre :

Nous nous rangeons contre un mur hors de la direction de la fenêtre, pour éviter l'*atteinte des* pierres.

J.-J. ROUSSEAU, *les Confessions,* II, 12.

Soit au figuré :

Parmy toutes ces vertus, le sage se trouve ferme contre les *atteintes de* la mort, et, par tout le temps de sa vie, se trouve aussi préparé pour son départ qu'à l'heure mesme qu'il faut qu'il parte.

THÉOPHILE, *Immortalité de l'âme.*

Il ne faut pas s'imaginer qu'il se trouve de si excellentes productions d'esprit, qu'elles puissent se sauver des *atteintes de* la calomnie et de l'ignorance.

GODEAU, *Discours sur les œuvres de Malherbe.*

Dès la première *atteinte d'*une si vive lumière, combien promptement disparoissent tous les fantômes du monde !

BOSSUET, *Oraison funèbre du prince de Condé.*

Dans l'abîme de maux où je suis submergé, je sens les *atteintes des* coups qui me sont portés ; j'en aperçois l'instrument immédiat, mais je ne puis voir la main qui le dirige, ni les moyens qu'elle met en œuvre.

J.-J. ROUSSEAU, *les Confessions*, II, 12.

Vous n'habiterez plus sous un toit ! Vous ne sentirez plus les *atteintes de* la misère. J'ai quinze cents livres de rente.

DIDEROT, *le Père de famille*, II, 12.

On peut assurer... que Fontenelle n'auroit jamais trouvé ce trait sublime d'Inès de Castro, qui, se voyant empoisonnée et sentant les *atteintes de* la mort, s'écrie : Éloignez mes enfants.

D'ALEMBERT, *Éloge de La Motte.*

Allons donc l'affranchir de ses frivoles craintes,
Lui montrer de mon cœur les sensibles *atteintes.*

CORNEILLE, *Pompée*, III, 3.

. De ce regard céleste,
L'*atteinte*, allant au cœur, est sans doute funeste
Et devra coûter cher à qui la recevra.

ALFRED DE MUSSET, *le Saule.*

ATTEINTE est quelquefois suivi de la préposition *à* :

Je vous ai promis de vous développer les motifs qui me font regarder toute *atteinte à* la liberté entière du commerce comme le plus grand de tous les obstacles à la prospérité de l'agriculture.

TURGOT, *Lettres sur la liberté du commerce des grains*, Ire, 30 octobre 1770.

A l'estime où je suis quelle *atteinte* profonde !

PALAPRAT, *la Prude*, II, 2.

Hors d'atteinte, hors de l'atteinte, des atteintes de, et quelquefois *à,* est une expression fort usitée au propre et au figuré :

Peut-être n'eûtes-vous jamais affaire à une personne qui fut si *hors de vos atteintes.*

PASCAL, *Provinciales*, 17.

Ces matières, accumulées par la suite du temps et élevées jusqu'à un certain point, se trouvent peu à peu *hors d'atteinte aux* eaux.

BUFFON, *Théorie de la terre.*

Les ennemis de la philosophie tâchent de représenter le despotisme royal comme un dogme religieux, afin de mettre ainsi leurs opinions politiques *hors de l'atteinte du* raisonnement.

Mme DE STAEL, *Considérations sur la Révolution française*, Ire part., c. 2, § 2.

Mettez-vous bien dans la tête qu'Aminte
Est femme sage, honnête et *hors d'atteinte.*

LA FONTAINE, *Contes.* La Confidente sans le savoir.

On dit, dans un sens analogue, *Être à couvert, à l'abri, au-dessus des atteintes, en sûreté contre les atteintes, exempt d'atteintes* :

Lorsque vous (Psyché) étiez *à couvert des atteintes* de ma colère (de Vénus), votre miroir vous disoit qu'il n'y avoit rien à voir après vous.

LA FONTAINE, *Psyché*, II.

Graces à la protection du roi et à la vôtre, ma personne est *en sûreté contre leurs atteintes.*

J.-J. ROUSSEAU, *Correspondance*, 11 février 1765.

Si le peintre n'est pas à l'abri de leurs coups, l'ouvrage est *à l'abri de leurs atteintes.*

LA HARPE, *Cours de littérature*, II, 4, sect. 5. Appendice, ou nouveaux éclaircissements sur l'éloquence ancienne.

Il promit de nous mettre *au-dessus de l'atteinte*
De la fureur jalouse, et des fers ennemis.

P. CORNEILLE, *Cantique de Zacharie.*

Quoique ma probité soit *exempte d'atteintes*,
Peut-être contre moi lui fera-t-on des plaintes.

BOURSAULT, *Fables d'Ésope*, I, 1.

Bailler, donner atteinte, une atteinte, des atteintes.

Au propre et au figuré :

Ainsi la dame ne veult pas conclure avecques le bon homme, pour ce que elle atant ses commeres, qui joueront bien le personnage demain, et lui *bailleront des actaintes*... Or, de sa part, le proudomme fait apprester à disner selon son estat, et y travaille bien; et y metra plus de viande la moitié que au commencement proposé n'avoit par les ataintes que sa femme lui a dites.

Les quinze Joyes de mariage, III.

Donner des attainctes et traits de mocquerie à l'encontre de ceux qui travaillent après la philosophie.

AMYOT, trad. de Plutarque. *Œuvres morales.*

La quadrature du cercle, amusoir ancien des mathématiciens, où ils ne peurent jamais *donner attainte.*

EST. PASQUIER, *Recherches de la France,* IV, 15.

Parquoy ceux de la serée ne se pouvoient tenir de *bailler* à nostre hoste quelque *attainte,* toutefois en riant.

G. BOUCHET, *les Serées,* III, 31.

Avant lui (Jésus-Christ) on se doutoit bien de quelque chose. On *donnoit de légères atteintes* à la vérité ; on avoit quelques soupçons et quelques conjectures de ce qui est.

BALZAC, *Socrate chrétien,* disc. I.

Il y avoit en ce festin un Athénien nommé Dioxippe, fameux entre les athletes, qui estoit fort connu et chery du roy, à cause de sa force et de son adresse; mais comme la cour est pleine d'envie et d'esprits mal-faisans, on ne cessoit de luy *donner des atteintes,* tantost serieusement, et tantost par raillerie.

VAUGELAS, trad. de Quinte-Curce. *Histoire d'Alexandre,* liv. IX.

La licence du dernier siècle a *donné* quelquefois *des atteintes* à ce fond sacré (les rentes de l'hôtel de ville).

CARDINAL DE RETZ, *Mémoires.*

Le gros du corps, qui estoit toujours très-bien intentionné pour moi, songeoit beaucoup plus à *donner des atteintes* au Mazarin qu'à me faire du mal.

LE MÊME, même ouvrage.

Louis XI, plus artificieux que prudent, *donna* sur ce chef, aussi bien que sur tous les autres, *atteinte* à la bonne foi.

LE MÊME, même ouvrage.

On n'oseroit considérer avec curiosité le détail de votre visage. Il faut se contenter de le voir avec crainte, et dire que vos yeux, en *donnant des atteintes* de leurs regards, impriment en même temps le respect et la vénération.

Mlle DE MONTPENSIER, *Portraits,* XLIV. Mme de Laboulaye.

Il ne faut point espérer que l'on cède un seul bourg de Flandre pour les droits de la reine, par trois raisons : la première, pour ne pas *donner atteinte* à la renonciation, qui est le renfort et la sauvegarde pour tous les États de la couronne...

L'ARCHEVÊQUE D'EMBRUN à M. de Lionne, 19 mai 1667. (Voyez MIGNET, *Succession d'Espagne,* t. II, p. 108.)

De telles observations, qui dans toute autre matière ne passeroient tout au plus que pour de vaines curiosités incapables de *donner atteinte* au fond des choses, nous sont ici alléguées comme faisant la décision de l'affaire la plus sérieuse qui fut jamais.

BOSSUET, *Discours sur l'histoire universelle,* II, 28.

Il (Luther) eût bien voulu pouvoir *donner atteinte* à la réalité.

LE MÊME, *Histoire des variations des Églises protestantes.*

Ni cette estime, ni tous ces grands avantages, n'ont pu *donner atteinte* à sa modestie.

LE MÊME, *Oraison funèbre de la duchesse d'Orléans.*

Il fut mis en délibération si nous partirions à l'heure même, ou si nous *donnerions* auparavant *quelque atteinte* à une autre pleine d'un excellent vin.

LE SAGE, *Gil Blas,* IV, 11.

C'est attaquer le fond de l'État et le prince même que de *donner atteinte* à l'autorité du Sénat.

ROLLIN, *Traité des Études,* liv. VI, IIIe part., c. 2, art. 2, Ier morceau de l'histoire romaine.

Je lui représentai (au duc d'Orléans) que ces sortes d'engagements ne pouvoient être aussi longs que la vie... qu'il pouvoit se souvenir qu'il ne m'étoit guère arrivé de lui *donner* là-dessus *d'atteintes.*

SAINT-SIMON, *Mémoires,* 1710.

Si celui qui se plaint de l'arrêt y étoit partie, il peut lui *donner atteinte* par des lettres en forme de requête civile.

D'AGUESSEAU, *Plaidoyers,* VIII.

Je n'ai rien dissimulé dans ce discours de l'état de ces siècles obscurs, ni des causes et des effets de cette ignorance; mais y avez-vous rien vu qui *donnât atteinte* à l'essentiel de la religion ?

FLEURY, *Discours sur l'histoire ecclésiastique,* III.

On ne doit pas entendre ce qui se dit à l'oreille d'un ami. On ne peut *donner atteinte* à cet égard à la liberté du citoyen que lorsqu'il s'est rendu justement suspect de l'État.

DUCLOS, *Mémoires secrets.*

Je n'ai garde de *donner atteinte* aux observations faites sous l'Équateur et au cercle polaire.

BUFFON, *Théorie de la terre.* De la formation des planètes.

Elle (la Reine) est sur la religion d'une sévérité bien importante dans le siècle où nous sommes : elle pardonne tout, elle excuse tout, hors ce qui pourroit y *donner quelque atteinte.*

HÉNAULT, *Mémoires,* c. 19.

Allez, je vay *donner l'atteinte*
A mon clerc, suivant ce dessain.

R. BELLEAU, *la Reconnue,* III, 4.

Il me *donne* en passant une *atteinte* légère
Parmi plusieurs auteurs qu'au Palais on révère.

           Molière, *les Femmes savantes*, III, 5.

    Ce dernier (le renard) guettoit à toute heure
Les poules d'un fermier; et, quoique des plus fins,
Il n'avoit pu *donner d'atteinte* à la volaille.

           La Fontaine, *Fables*, XI, 3.

      Je vivois sans crainte
      Qu'aucune beauté
      A ma liberté
      Pût *donner atteinte*.

           Régnier-Desmarais, *Poésies françoises*.

Porter atteinte, quelque atteinte, des atteintes :

Plusieurs cognoissoient ces entreprises indues; nul toute
fois n'y osoit *porter atteinte*.

           Est. Pasquier, *Recherches de la France*, III, 32.

J'estime, à la vérité, don Fadrique et don Alvaro, mais
je ne les aime point, et il n'est pas juste que, pour prévenir l'*atteinte* que leur combat pourroit *porter* à ma gloire,
je donne des espérances que mon cœur ne sauroit avouer.

           Le Sage, *le Diable boiteux*, c. 13.

Son amour pour la vertu étoit si tendre, et pour ainsi
dire si délicat, que rien de ce qui pouvoit lui *porter les atteintes* les plus légères ne lui paroissoit innocent.

           D'Alembert, *Éloge de Fénelon*.

Vous voyez avec quelle grâce et quelle légèreté d'escrime
Cicéron ne laisse pas de *porter de rudes atteintes*.

           La Harpe, *Cours de littérature*.

On ne sauroit le nier, la facilité du divorce dans les provinces protestantes *porte atteinte* à la sainteté du mariage.

           Mme de Stael, *De l'Allemagne*, liv. I, c. 3, § 4.

C'était *porter*, disait-on, *atteinte* à l'autorité du roi que
d'informer la nation de l'état des affaires.

           La même, *Considérations sur la Révolution fran-
çaise*, Ire part., c. 5, § 10.

Mais loin que l'exception *porte atteinte* au principe, elle
le confirme.

           Royer-Collard, *Discours*. Sur la loi de la presse,
           18 décembre 1817.

Quand je parlois ainsi, j'ignorois tes secrets;
J'offensois tes élus, et je *portois atteinte*
A l'équité de tes décrets.

           J.-B. Rousseau, *Odes*, I, 9.

Mais que va devenir notre pauvre Philinte ?
Son mérite autrefois a *porté quelque atteinte*
A votre cœur...

           Destouches, *le Glorieux*, II, 4.

On a dit aussi, *Lancer une atteinte :*

Demeurez petits escargots en vostre coquille, ne sortez
point de vos escailles pauvres tortues, vous estes asseurées
sous ceste couverture; mais vous n'aurez pas si tost monstré la teste, ny tendu l'un des pieds, qu'on vous *lancera*
une vive *atteinte*.

           Matthieu, *Histoire des derniers troubles de
           France*, liv. I.

Recevoir une atteinte, des atteintes, etc. :

S. M. m'ordonne de vous dire que vous devez juger
trois ou quatre questions de différentes espèces, ainsy que
vous l'estimerez juste, et lorsque le traitant appellera de
vos jugements au conseil, cette matière sera jugée de nouveau. Vous devez seulement observer que les moyens de
part et d'autre soient si bien déduits, et vos jugements si
bien establis, qu'ils ne puissent *recevoir d'atteinte*.

           Colbert à Morant, intendant, 17 novembre 1682.
           (Voyez Depping, *Correspondance administrative
           sous Louis XIV*, t. I, p. 412.)

Le cœur n'a pas *reçu assez d'atteinte* pour s'unir aux personnages avec toute la sensibilité dont il est capable.

           Lamotte, IIIe *Discours sur la tragédie*.

Les lois qui y sont en vigueur (en Aragon) ne peuvent
recevoir d'atteinte.

           Saint-Simon, *Mémoires*, 1707.

Les réformateurs d'Allemagne, qui voulaient refaire l'É-
vangile mot à mot, donnèrent un nouveau spectacle quelques années après; ils dispensèrent d'une loi reconnue, laquelle semblait ne devoir plus *recevoir d'atteinte* : c'est la
loi de n'avoir qu'une femme.

           Voltaire, *Essai sur les mœurs*. Progrès du
           luthéranisme, c. 130.

Ce droit, qui est plus souvent réclamé que bien connu,
et dont jamais l'étendue et les limites n'ont été fixées, *a
reçu* dans tous les temps *des atteintes*. On a chassé plusieurs
ministres des cours où ils résidaient; on a plus d'une fois
arrêté leurs personnes; mais jamais encore on n'avait interrogé des ministres étrangers comme des sujets du pays.

           Le même, *Histoire de Pierre le Grand*, IIe part.,
           c. 8.

Sentir, ressentir l'atteinte, les atteintes :

Le sage chancelier... avoit déjà *ressenti l'atteinte* de la
maladie dont il est mort.

           Bossuet, *Oraison funèbre de Le Tellier*.

Les petits maîtres lui lançoient tour à tour des traits dont
le sot ne *sentoit* point *l'atteinte*.

           Le Sage, *Gil Blas*, III, 4.

Segrais fut donc obligé de chercher un prétexte plus admissible de son refus; il le trouva dans la surdité dont il commençoit à *sentir les atteintes*.

D'ALEMBERT, *Éloge de Segrais*.

Ah! vous le pouvez croire, et parmi ces contraintes
Je sens à tout moment de mortelles *atteintes*.

LE GRAND, *la rue Mercière*, sc. 7.

Souffrir une atteinte, des atteintes :

C'est pour éviter ces miracles et ces prédictions, que les impies sont tombés dans toutes les absurdités qui vous ont surpris. Mais qu'ils ne pensent pas échapper à Dieu; il a réservé à son Écriture une marque de divinité qui *ne souffre aucune atteinte*. C'est le rapport des deux Testaments.

BOSSUET, *Discours sur l'histoire universelle*, II, 28.

L'intégrité de la loi *aura souffert une atteinte* mortelle.

D'AGUESSEAU, *Plaidoyers*, LI.

Ses réclamations, loin de remettre en honneur l'orthographe ancienne, n'ont pu même empêcher qu'elle n'*ait souffert* encore *de nouvelles atteintes*.

D'ALEMBERT, *Éloge de Régnier-Desmarais*.

... Voyant l'âne même à son antre accourir :
Ah! c'est trop, lui dit-il; je voulois bien mourir,
Mais c'est mourir deux fois que *souffrir tes atteintes*.

LA FONTAINE, *Fables*, III, 14.

Affaiblir l'atteinte, les atteintes :

C'est un des grands secrets de la vie que de savoir adoucir nos ennuis, et si nous ne pouvons nous défaire de nos douleurs, d'en *affoiblir* au moins *les atteintes*.

SAINT-EVREMONT, *De l'Usage de la vie*, c. 5.

Par lui (le sacrement de la communion), la convoitise
[au fond de l'âme éteinte,
Voit mettre sous le frein toutes les passions ;
Et l'empire qu'il prend sur les tentations,
On les dompte, ou du moins en *affoiblit l'atteinte*.

CORNEILLE, *l'Imitation de Jésus-Christ*, IV, 4.

*Venir, parvenir à son atteinte, à ses atteintes,
au-dessus de ses atteintes,* s'est dit dans le sens de
Parvenir à ses fins, à son but, réussir :

Quant le pape veit qu'il ne *viendroit* point *à ses attainctes* par ce moyen, sadvisa d'une terrible chose.

Le Loyal Serviteur, c. 45.

Ce n'est pas response, dist-il, dame, se vous n'eussiez voulu, jamais ne *fust venu à ses attainctes*.

Les Cent Nouvelles nouvelles, IV.

Lors la royne, pour mieulx *venir à ses attaintes*, appela sa fille.

HERBERAY DES ESSARTS, *Amadis de Gaule*, I, 16.

Stilicon... brassoit sous main avec toutes nations estranges toutes manières de troubles, afin que plus aisément il peust *venir au-dessus de ses attaintes*.

EST. PASQUIER, *Recherches de la France*, I, 7.

Esse raison, à vostre advis,
Que pour quaquet ou pour devis,
Pour promectre et ne rien tenir,
Ung monsieur doibve *parvenir*
Du premier coup *à son ataincte?*
Je dy qué non.

ROGER DE COLLERYE, *Sermon pour une nopce*.

ATTELLE, s. f.

Menu morceau de bois, éclat de bois :

Par le païs fu tost sceue la nouvelle ;
Plus lor plaist a oïr que harpe ne vielle.
Tuit dient qu'ils iront conquere la pucèle
Pour s'amour metteront mainte lance en *astelle*.

Bele Idoine. (Ms. de la Biblioth. Nation.,
nº 7222. Suppl. franç., nº 184.)

Andui por joindre ensanble meurent,
Es lances andui se rechéurent,
Si que de lances font *astieles*,
Mais ne widierent pas les sieles.

MARIE DE FRANCE, *Lai de l'Espine*, v. 376.

Par suite, Objet de peu de valeur :

Sire, le vaillant d'une *astiele* ne m'ont laissée.

Renart le nouvel, v. 5760.

Il ne s'emploie plus qu'en parlant d'un morceau de bois chantourné qu'on attache au collier des chevaux de harnais.

Il signifie aussi, en Chirurgie, Une petite pièce de bois, de carton, de zinc, etc., dont on se sert, dans le traitement des fractures, pour maintenir les fragments des os et prévenir leur déplacement :

Après avoir parlé des bandes et compresses, à present nous faut traicter des ferules et *astelles*, et autres choses qui servent à tenir les os en leur place, comme sont sachets, coussins, oreillers, torches de pailles, et quesses. Les ferules, ou *astelles*, sont faictes de papiers colez ensemble, ou de bois mince et délié, ou de cuir de quoy on fait des semelles aux souliers, ou d'escorce d'arbre, ou lames de fer-blanc, ou de plomb ou d'autre matiere semblable.

A. PARÉ, *Œuvres*, liv. XIV, c. 9.

On ne la pose d'ordinaire (la compresse longitudinale) suivant la longueur de la partie que sous un *attelle*.

DIONIS, *Cours d'opérations de chirurgie*, Irᵉ démonstration.

ATTELER, v. a. (De *Attelle*.)

Attacher des chevaux, des mulets, ou autres animaux de trait, à la voiture, au chariot, à la charrue, etc., qu'ils doivent tirer :

Leur carrosse (du prince et de la princesse de Condé) *étoit attelée* de six chevaux.

MALHERBE, *Lettres;* à Peiresc, 11 décembre, 1609.

Ils louoient je ne sais combien d'Amours ; qui plus, qui moins, selon la charge qu'avoit le vaisseau : chaque amour avoit son cygne, qu'il *atteloit* à la barque ; et, monté dessus, il le conduisoit avec un ruban.

LA FONTAINE, *Psyché*, II.

Elle leur présentoit une charrue, et y faisoit *atteler* des bœufs : on voyoit la terre s'ouvrir en sillons par le tranchant de la charrue.

FÉNELON, *Télémaque*, XVII.

Les enfants de Priam tirent eux-mêmes de la remise le chariot qui devoit porter le monarque au camp des Grecs ; ils y *attèlent* les mules et les chevaux, et chargent dessus le coffre qui contenoit les présents destinés pour la rançon du corps d'Hector.

GOGUET, *Origine des lois*.

Les chevaux de M. de Chevreuse *étoient* souvent *attelés* douze ou quinze heures de suite.

SAINT-SIMON, *Mémoires*, 1712.

Ils ignorent comme eux l'usage du pain ; ils ont comme eux le secours des rangifères ou rennes qu'ils *attèlent* à leurs traîneaux.

VOLTAIRE, *Histoire de Pierre le Grand*, Iʳᵉ part., c. 1.

A neuf heures du matin la bataille recommença ; une des premières volées du canon moscovite emporta les deux chevaux du brancard de Charles, il en fit *atteler* deux autres : une seconde volée mit le brancard en pièces et renversa le roi.

LE MÊME, *Histoire de Charles XII*, liv. IV.

Les chevaux qui *étoient* encore *attelés*, et qui paroissoient fumants de fatigue et de chaleur, marquoient que ces deux voitures ne faisoient qu'arriver.

L'ABBÉ PRÉVOST, *Manon Lescaut*, Iʳᵉ part.

.IIII. escuier des miex enparentés
Ont leur ronchis et mis et *atelés*.

Aliscans, v. 3503.

Si tost qu'il fut sorti de la ville fort blesme
Et qu'il *eust attelez* ses limonniers luy mesme,
Il monte dans le char, et de la droitte main
Lève le fouët sonnant, et de l'autre le frein.

GARNIER, *Hippolyte*, acte V, v. 19.

J'aime mieux t'*atteler* toi-même à ma charrue

Que d'aller sur ton dos voltiger dans la nue.

VOLTAIRE, *Dialogue de Pégase et du Vieillard*.

J'*attèle* avec des fleurs les pigeons de Cypris.

DELILLE, *l'Imagination*.

Il conduit en chantant le couple qu'il *attèle*.

LAMARTINE, *Harmonies*.

Quelquefois, au lieu d'animaux, on a attelé des personnes :

On n'avoit pas encore imaginé d'*atteler* deux hommes à une litière.

LA BRUYÈRE, *Caractères*, c. 8.

Ce qui le rendit plus inexcusable (Sésostris), c'est qu'il fut enivré de sa propre gloire ; il fit *atteler* à un char le plus superbe d'entre les rois qu'il avoit vaincus.

FÉNELON, *Télémaque*, XIX.

Je ne veux pas attendre plus longtemps l'arrivée des munitions qu'on m'a promises. J'y *attèlerai*, s'il le faut, le gouverneur Leyrit et tous les conseillers.

VOLTAIRE, *Précis du siècle de Louis XV*, c. 34.

On voit dans Paris des femmes qui *sont attelées*, comme des chevaux, à de petites charrettes.

BERNARDIN DE SAINT-PIERRE, *Études de la nature*, VII.

Dans le passage suivant, les poètes et les peintres sont donnés comme *attelant le char de Bacchus de tigres*, c'est-à-dire le décrivant, le représentant comme attelé de ces animaux :

Les poètes et les peintres ont *attelé* le char de Bacchus de tigres, de panthères et de lynx, selon leur caprice, ou plutôt parce que toutes ces bêtes féroces, à peau tachetée, étaient également consacrées à ce dieu.

BUFFON, *Histoire naturelle*. Du Linx.

On a pu dire, par une tournure hardie, qu'une personne *est attelée d'un roussin*, c'est-à-dire traînée par un roussin :

Sire Dieux, or vous pleust-il que je chetive pecheresse, qui tant ay mené de grant orgueil et de bouban, *feusse* bien *atelée* d'un chetif roussin, et puis feusse traynée par toutes les rues de Paris, là où je me suis monstrée orgueilleusement et boubencierement, et que tous ceulx et toutes celles qui m'ont veue mener mes grants cointises, me dejettassent de boes et de savates.

Relation des derniers moments de Jeanne, comtesse d'Alençon. (Voyez *Gallia christiana*, t. X, col. 1280, et *Histoire littéraire de la France*, t. XX, p. 111.)

On a dit aussi *Atteler, faire atteler un char, un carrosse, une voiture*, etc. :

Mon carrosse *étoit* tout *attelé*; je ne fis que monter dedans pour aller chez M. le duc d'Orléans.

SAINT-SIMON, Mémoires, 1718.

Attends, je vais *faire atteler* mon cabriolet.

PICARD, Manie de briller, II, 1.

Les chars *ont fait* estruire et mult bien *ateler*.

Gui de Bourgogne, v. 1626.

> Qui lors véist par les charrières...
> Chars charchiez d'armes *ateler*
> Et destriers de pris enseler.

G. GUIART, Royaux Lignages, t. II, v. 10573.

> Debout, Muses, qu'on m'*attelle*
> Vostre charrette immortelle,
> Afin qu'erner je la face
> Par une nouvelle trace.

RONSARD, Odes, I, 4.

> Mars, qui aimoit Hector durant sa vie,
> De secourir Francion eut envie;
> En sa faveur fit son côche *atteler*.

LE MÊME, la Franciade, I.

> Desja les cocqs t'appellent,
> Remonte sur ton char doré,
> Que les Heures *attellent*,
> Et viens montrer à tous les yeux
> De quel esmail tu peins les cieux.

SAINT-AMANT, le Soleil levant.

> Il *attelle* son char, et, montant fièrement,
> Lui fait fendre les flots de l'humide élément.

BOILEAU, imitation d'Homère, dans la trad. du Traité du sublime.

Le froment répandu, l'homme *attelle* la herse.

LAMARTINE, Jocelyn.

Atteler s'emploie aussi absolument :

On fait sortir les chevaux de l'écurie; on tire le char de la remise, on *attelle*.

LA MOTTE, Discours sur Homère.

Il est fort en usage au figuré :

> Il est temps, Mezzetin, de prendre ton parti
> Ou pour l'amour ou pour la gloire.
> Je ne sçai qui des deux aura le démenti,
> Je ne sçai qui des deux mérite la victoire.

Tout franc, un plus fin que moi y seroit bien embarrassé.

IV.

J'ai beau chercher à les *atteler* ensemble : l'amour dit toujours Oui; la gloire dit toujours Non.

Le grand Sophy, scène de la Magicienne. (Voyez GHERARDI, Théâtre italien, t. II, p. 305.)

> Quoi! vous pourriez vous plaire en un lieu de fracas
> Où l'envie a choisi sa demeure ordinaire,
> Où l'on ne fait jamais ce que l'on voudroit faire,
> Où l'honneur se contraint, où le cœur se dément,
> Où tout le savoir-faire est un raffinement,
> Où les grands, les petits *sont*, d'une ardeur commune,
> *Attelés* jour et nuit au char de la fortune?

REGNARD, Démocrite, III, 4.

> Que d'autres, des guerriers éternisant la gloire,
> *Attèlent* la Terreur au char de la Victoire.

DELILLE, la Pitié, IV.

ATTELER s'emploie avec le pronom personnel, Soit au propre :

Voilà un très-beau morceau (le bas-relief de Cléobis et Biton)! D'abord, rien de plus touchant que l'action de deux enfants qui, au défaut de bœufs, *s'attèlent* au chariot de leur mère et la traînent eux-mêmes au temple.

DIDEROT, Salon de 1765, Sculpture. Berruer.

Soit au figuré :

Il faut que M. de la Garde ait de bonnes raisons pour se porter à l'extrémité de *s'atteler* avec quelqu'un; je le croyois libre, et sautant, et courant dans un pré; mais enfin il faut venir au timon, et se mettre sous le joug comme les autres.

Mme DE SÉVIGNÉ, Lettres; à Mme de Grignan, 17 mai 1676.

ATTELÉ, ÉE, participe.

On disoit qu'il avoit plus de six mille chars bien *attelés*, qui tous étoient apassés d'Angleterre.

FROISSART, Chroniques, liv. I, IIe part., c. 3.

Il part donc à minuit avec la fleur de son armée, et deux canons bien *astelez*.

D'AUBIGNÉ, Histoires, t. II, liv. III, c. 9.

Vous ne labourerez point avec un bœuf et un âne *attelés* ensemble.

SACI, le Deutéronome, c. 22, v. 10.

> Quatre bœufs *attelés*, d'un pas tranquille et lent,
> Promenoient dans Paris le monarque indolent.

BOILEAU, le Lutrin, II.

On a dit souvent, figurément, *Une charrue mal attelée :*

Si vous n'avez point un homme supérieur qui tienne les rênes des deux négociations à la fois, pour les empêcher

35

de s'entre-choquer et pour subordonner l'une à l'autre, c'est *une charrue mal attelée.*

FÉNELON, *Lettres;* au duc de Chevreuse, XI.

Si on reprend la *charrue mal attelée* de l'Encyclopédie.
VOLTAIRE, *Lettres;* 7 mars 1758.

Si sont ensemble *une charrue*
Mal attelée.
ALAIN CHARTIER, *le Livre des quatre dames.*

On a dit aussi, dans un sens analogue, *Être, se trouver mal attelé :*

Ce n'étoit pas là un personnage (le maréchal de Besons) à opposer à personne dans un conseil de régence. M. le duc d'Orléans fut honteux avec moi de s'y être laissé engager; et moi, dont la destination n'avoit point changé, fort fâché de *me trouver si mal attelé.*
SAINT-SIMON, *Mémoires,* 1715.

Attelé à est suivi du nom du véhicule auquel les animaux sont attachés :

Marc Antoine fut le premier qui se fit traîner à Rome, et une garse menestrière quant et luy, par des lions *attelez à* un coche.
MONTAIGNE, *Essais,* III, 6.

L'histoire nous parle de lions *attelés à* des chars de triomphe, de lions conduits à la guerre où menés à la chasse, et qui, fidèles à leur maître, ne déployoient leur force et leur courage que contre ses ennemis.
BUFFON, *Histoire naturelle.* Le Lion.

Six chevaux *attelés à* ce fardeau pesant,
Ont peine à l'émouvoir sur le pavé glissant.
BOILEAU, *Satires,* VI.

Les coursiers *attelés à* des maisons roulantes.
DELILLE, *l'Imagination,* I.

Attelé de est suivi d'un nom qui indique par quels animaux le véhicule est traîné :

Elle (Vénus) entra dans une conque de nacre *attelée de* deux dauphins.
LA FONTAINE, *Psyché,* I.

Soit ignorance que les ambassadeurs n'entrent à Paris dans la cour du roi qu'à deux chevaux, ou entreprise, ses carrosses (de Stair), *attelés de* huit chevaux, prétendirent entrer.
SAINT-SIMON, *Mémoires,* 1719.

Cet Éliah, que nous nommons Élie, a été pris par quelques savants pour le soleil, à cause de la conformité du mot Élios, qui signifie le soleil chez les Grecs, et parce qu'Élie, ayant été transporté hors de la terre dans un char de feu *attelé de* quatre chevaux ailés, a beaucoup de ressemblance avec le char du soleil et ses quatre chevaux inventés par les poëtes.
VOLTAIRE, *Essai sur les mœurs,* c. 191.

ATTELAGE, s. m. Il se dit au propre Des traits, des harnais, de tout ce qui sert à attacher, à atteler les bêtes de trait :

C'est uniquement à la qualité de l'*attelage* (le plus ou moins de longueur des traits des chevaux) qu'on reconnoît la qualité des personnes que l'on rencontre dans les rues (à Madrid)...
SAINT-SIMON, *Mémoires,* 1721.

Les coursiers immortels reculent d'épouvante;
Ils brisent l'*attelage,* et, sans frein et sans lois,
Laissent à l'abandon le char et le harnois.
SAINT-ANGE, trad. des *Métamorphoses* d'Ovide, II.

Il se dit particulièrement Du nombre de chevaux, de bœufs, etc., qui sont nécessaires pour tirer la charrue, ou pour traîner des voitures :

Anieres, ne pouvant faire assieger Pons, obtint seulement de faire parer le canon et l'*attelage* comme pour y marcher le lendemain.
D'AUBIGNÉ, *Histoire,* t. I, liv. V, c. 25.

Le bon homme print ses enfans et serviteurs, son chariot et *hastelage,* et avec ce plusieurs outils d'agriculture, lesquels il alla exhiber devant les juges, en leur remonstrant que la sorcelerie de laquelle il usoit en ses terres estoit le propre labeur de ses mains.
BERNARD PALISSY, *Recepte veritable.*

Il (Louis XIII) régla jusqu'au chemin de son convoi pour éviter le plus qu'il pût, à un nombre de curés de venir à sa rencontre, et il ordonna jusqu'à l'*attelage* qui devoit mener son chariot avec une paix et un détachement incomparables.
SAINT-SIMON, *Mémoires,* 1693.

Le fait est qu'en général l'agriculture dans notre canton est à charge aux propriétaires, et qu'un homme qui n'a point d'*attelage* pour labourer son champ, et qui emprunte la charrue et la peine d'autrui, perd douze livres par arpent.
VOLTAIRE, *Lettres;* 5 février 1776.

Elles sont construites d'énormes rochers entassés les uns sur les autres, les moindres si lourds qu'un *attelage* de deux mulets auroit de la peine à les traîner.
BARTHÉLEMY, *Voyage d'Anacharsis,* c. 53.

ATTELAGE, en parlant De carrosses, se dit ordi-

nairement D'un certain nombre de chevaux propres à être attelés ensemble :

Elle dit à Cendrillon de lever la trappe de la souricière,
et à chaque souris qui sortoit, elle lui donnoit un coup de
sa baguette, et la souris étoit aussitôt changée en un beau
cheval, ce qui fit un bel *attelage* de six chevaux d'un beau
gris de souris pommelé.
Ch. Perrault, Contes. Cendrillon.

Il acheta même ces jours passés, et paya argent comptant, un superbe *attelage*.
Le Sage, le Diable boiteux, c. 18.

Cependant on amena deux carrosses, qu'on appeloit de
la Pompe, qui servoient à Bontemps et à divers usages pour
le roi, qui étoient à lui, mais sans armes, et avoient leurs
attelages.
Saint-Simon, Mémoires, 1693.

... Car il faut que je sorte,
Et que je sois au Cours en *attelage* gris.
Poisson, les Femmes coquettes, I, 4.

Six forts chevaux tiroient un coche ;
Femmes, moines, vieillards, tout étoit descendu,
L'*attelage* suoit, souffloit, étoit rendu.
La Fontaine, Fables, VII, 9.

Monsieur le cardinal l'entend, en bonne foi ;
Car après ces mulets marchoient quinze *attelages,*
Puis sa maison, et puis ses pages,
Se panadant en belle arroi.
Le même, Lettres ; à Fouquet. Relation de
l'entrée de la reine, le 26 août 1660.

... Le rendez-vous est au milieu du bois,
De là vous pourrez être au lancer, aux abois,
Avec cette calèche, et ce double *attelage*
Dont vous avez refait enfin votre équipage.
La Chaussée, le Préjugé à la mode, I.

On appelait *Garçon d'attelage* celui qui était
chargé de surveiller les chevaux d'un attelage
considérable :

... Seul (Beringhem) dans son carrosse, c'est-à-dire un
carrosse du roi, deux valets de pied du roi derrière, et un
garçon d'attelage portant le flambeau devant lui sur le septième cheval.
Saint-Simon, Mémoires, 1707.

Attelage s'emploie au figuré dans diverses significations.

Il signifie quelquefois les préparatifs, l'arrangement, l'attirail :

On reçoit cette vérité avec tout son bastiment et *attelage*
d'argumens et de preuves, comme un corps ferme et solide, qu'on n'esbranle plus, qu'on ne juge plus.
Montaigne, Essais, II, 12.

Il se dit d'un Couple, du mari et de la femme :

Je la trouve jolie ; et si je n'allois pas épouser Merlon,
je crois que je l'épouserois. Têteguenne ! que je ferions ensemble un bel *attelage !*
Legrand, l'Ouvrage d'un moment, sc. 11.

Comment pourroit celle (la charrue) du mariage
Ne mal aller, étant un *attelage*
Qui bien souvent ne se rapporte en rien ?
La Fontaine, Contes. Le Calendrier des vieillards.

Il s'emploie quelquefois dans un sens libre :

Sçavez-vous pas... qui fait le plus communément entrer
les maris en jalousie, ayans peur qu'on laboure leurs terres
sans leur *attelage ?*
Bouchet, Serées, II, 28.

Tout l'attelage de quelqu'un s'est dit, proverbialement et familièrement, pour la personne tout
entière, tout ce qui la compose :

Tellement qu'il n'a rien en tout son *attelage*
Qui ne suive au galop la trace du visage.
Régnier, Satires, X.

ATTENANT, ANTE, adj. Adhérent.

La meilleure cire, au contraire du miel, est la plus légère, la plus grasse, la plus *attenante* et moins frangible,
la mieux odorante, et la plus haute en couleur jaune.
Olivier de Serres, Théâtre d'agriculture, V^e lieu, c. 14.

Plus ordinairement, Contigu, qui est tout proche, tout contre. Il se dit surtout des pièces d'un
appartement, des maisons, des jardins, et ne s'emploie guère en dehors du langage familier et du
style de Pratique :

Quant à ce qui est des ruës et places publiques de la ville,
et lieux *attenants,* la charge en fut donnée par le peuple
aux édiles.
Bergier, Histoire des grands chemins de l'empire
romain, liv. I, c. 35.

Surtout n'oubliez pas d'aller chez Ferdinand.
— Il suffit ; son logis est du nôtre *attenant.*
Boursault, le Mort vivant, III, 1.

Chacun couché, pour la belle on mettoit
Un lit de camp; celui de l'hôte étoit
Contre le mur, *attenant* de la porte.
LA FONTAINE, *Contes*. Le Berceau.

Un amateur de jardinage
Demi-bourgeois, demi-manant,
Possédoit en certain vilage
Un jardin assez propre, et le clos *attenant*.
LE MÊME, *Fables*, IV, 4.

ATTENANT s'employait aussi comme préposition dans le sens de Joignant, proche, contre :

J'entends ronfler autour de nous, dit Leandro Perez, et je crois que c'est le gros homme que je démêle dans ce petit corps de logis *attenant* la demeure du procureur.
LE SAGE, *le Diable boiteux*, c. 16.

Je proposai donc à madame Dacire d'aller la voir, puisque nous étions si près de la rue Saint-Louis; elle y consentit, et la première maison à laquelle nous nous arrêtâmes pour demander celle du marquis de Viry, étoit *attenant* la sienne.
MARIVAUX, *la Vie de Marianne*, IIe part.

ATTENANT est l'adjectif verbal du vieux verbe ATTENIR :

Feme qui tient meson en doaire, le doit *atenir* de coureture et de closture soufisant.
BEAUMANOIR, *Coutume du Beauvoisis*, C. XIII, 7.

Et ores que je cuydoye en vostre service faire mon honneur, fault que je perde celle a qui *je suis* tant *atenu*.
ANT. DE LA SALE, *l'Hystoyre et plaisante cronicque du petit Jehan de Saintré*, c. 66.

Par ma foy, se ainsi vous plaisoit, je vous *seroie* à toujours bien *atenue*.
LE MÊME, même ouvrage, c. 68.

La tres-humble servitude que i'ay avec vous, estreinte avec tant d'obligations dont je vous *suis attenu*, me rend grandement coulpable de ce que j'ay tant demeuré à vous escrire.
LE CARDINAL D'OSSAT, *Lettres*, II, 60.

Doné lor ai Sessoigne et l'enor qui *atien*.
Floovant, v. 2426.

... La roïne s'aparçoit;
En la cambre le sieut tout droit
Mout sovent ses pas i *atient*
Fermèure ne le délient.
MARIE DE FRANCE, *Lai de l'épine*.

D'*Atenir* était venu aussi le substantif ATTENANCE :

Pertinentia, *attenance*.
G. BRITON, *Vocabulaire latin-françois* (XIVe siècle).

ATTENDRE, v. a. (Du latin *Attendere*, de *ad*, vers, et *téndere*, tendre.) Espérer, croire, penser qu'une personne viendra ou qu'une chose arrivera :

Samuel n'i vint pas (en Galgala), e Saül set jors l'*atendi*.
Les quatre Livres des Rois, I, XIII, 8.

Les premieres nés qui vindrent devant la ville ancrerent et *atendirent* les autres.
VILLEHARDOUIN, *Conqueste de Constantinoble*, XXVIII.

Chacun chevauchoit toujours avant, sans *attendre* seigneur ni compagnon.
FROISSART, *Chroniques*, liv. I, Ire part., c. 37.

Je soupai hier chez Gourville avec les La Rochefoucauld, les Plessis, les La Fayette, les Tournai : nous *attendions* le grand Pomponne.
Mme DE SÉVIGNÉ, *Lettres*; à Mme de Grignan, 1er mai 1672.

Enfin, ma fille, vous êtes à Grignan, et vous m'*attendez* sur votre lit.
LA MÊME, même ouvrage; à Mme de Grignan, 8 juillet 1672.

L'homme qui court après la Fortune, et l'homme qui l'*attend* dans son lit.
LA FONTAINE, *Fables*. Titre de la fable XII du liv. VII.

Je passai un moment chez madame la duchesse d'Orléans, qui étoit entre ses rideaux avec force femmes en silence, et m'en vins dîner avec gens qui m'*attendoient* chez moi.
SAINT-SIMON, *Mémoires*, 1715.

Le capitaine fut forcé de regagner le Kamtschatka après les *avoir attendus* inutilement, et Delisle expira en descendant à terre.
VOLTAIRE, *Histoire de Pierre le Grand*, Ire part., c. 1.

Tant bon Franceis i perdent lur juvente !
Ne reverrunt lur meres ne lur femmes,
Ne cels de France ki as porz les *atendent*.
Chanson de Roland, v. 1401.

Sire Belin, n'*atendez* pas
Tardif, car il ne vendra pas.
Roman de Renart, v. 26231.

Vous n'avez en ce lieu qu'un moment à l'*attendre*.
P. CORNEILLE, *Attila*, II, 5.

Je m'en vais, s'il vous plaît, vous *attendre* à l'écart.
BOURSAULT, *Médecin volant*, sc. 15.

Je sais qu'en ce moment, pour ce nœud solennel,
La victime, seigneur, nous *attend* à l'autel.
RACINE, *Mithridate*, III, 5.

A vingt pas du logis tu n'auras qu'à m'*attendre*.
DESTOUCHES, *l'Ingrat,* III, 5.

Qu'on ne m'*attende* point, je dois dîner en ville.
LE MÊME, *l'Irrésolu,* I, 5.

Votre heure? — Au point du jour. — Et votre arme? —
[L'épée.
Le lieu? — J'irai vous prendre. — Adieu ; je vous *attends*.
— Vous n'aurez pas l'ennui de m'*attendre* longtemps.
CASIMIR DELAVIGNE, *l'École des vieillards,* IV, 6.

ATTENDRE, ATTENDRE DE PIED FERME, Se tenir prêt à soutenir une attaque :

Et quant li Grieu les virent, si ordenerent lor batailles, et se rangierent pardevant lor paveillons et les *attendirent ;* et nostre gent les alerent ferir mult vigueroisement.
VILLEHARDOUIN, *Conqueste de Constantinoble,* XXVIII.

Quant Johannis oï dire que li Franc venoient, si ne les osa *attendre.*
LE MÊME, même ouvrage, C.

Et tenoit une épée à deux mains dont il donnoit les horions si grands que nul ne les osoit *attendre.*
FROISSARD, *Chroniques,* liv. II, IIᵉ part., c. 83.

De tout ce étoit le roi de Navarre bien informé, et bien savoit qu'il n'avoit mie puissance d'*attendre* bataille contre le roi Henry si étoffément accompagné.
LE MÊME, même ouvrage, liv. II, c. 42.

Le grand maistre fist pendre et estrangler ce qui se trouva, pour donner exemple aux autres de n'estre si temeraires d'*attendre,* dedans une meschante place, une armée françoize descendant en sa première fureur.
G. DU BELLAY, *Mémoires.*

Don Francisco de Mellos l'*attend de pied ferme.*
BOSSUET, *Oraison funèbre du prince de Condé.*

Il (le prince d'Orange) menace de venir au secours de cette grande place ; un prisonnier le dit ainsi au roi, qui répondit froidement : Nous sommes ici pour l'*attendre.*
Mᵐᵉ DE SÉVIGNÉ, *Lettres ;* 10 avril 1691.

Pour Polyphème, tu n'en devrois jamais parler. Si tu eusses osé l'*attendre,* il t'auroit fait payer bien chèrement l'œil que tu lui crevas pendant son sommeil.
FÉNELON, *Dialogues des morts.* Ulysse et Achille.

Il est ordinaire à des troupes attaquées dans leurs retranchements d'être battues, parce que ceux qui attaquent ont toujours une impétuosité que ne peuvent avoir ceux qui se défendent, et qu'*attendre* les ennemis dans les lignes, c'est souvent un aveu de sa faiblesse et de leur supériorité.
VOLTAIRE, *Histoire de Charles XII,* liv. II.

N'ose François *atendre,* ainçois s'en est fuis.
Chanson d'Antioche, III.

Granz est li bruiz et la bataille,
Car uns fuient, autres *atendent.*
G. GUIART, *Royaus lignages,* v. 2494.

Vous avez Engleterre et France
En voz mains, qui es grant noblesse ;
Par quoy devez vostre haultesse
Elever parsus tout le monde,
En demonstrant vostre proesse,
Qui par tout le monde redonde ;
Et ne voy pas que sur la terre
Soit si grant qui vous ose *actendre.*
Le mistere du siege d'Orleans, V, 147.

Je ne croy pas qu'i soit pays
Qui nous donne resistence,
Ne qu'il y ait gens si hardis
Qui *attendent* nostre puissance.
Même ouvrage, V, 765.

Quel si fier ennemi t'a jamais *attendu !*
MAYNARD, *Sonnet.*

ATTENDRE se dit souvent des animaux qui guettent leur proie :

C'est un lion caché à l'entrée de sa caverne, qui *attend* sa proie avec impatience.
MASSILLON, *Paraphrases.* Psaume 9.

L'homme lui ayant déclaré la guerre, l'ayant même proscrit en mettant sa tête à prix, le force à fuir, à demeurer dans les bois, où il ne trouve que quelques animaux sauvages qui lui échappent par la vitesse de leur course, et qu'il ne peut surprendre que par hasard ou par patience, en les *attendant* longtemps, et souvent en vain, dans des endroits où ils doivent passer.
BUFFON, *le Loup.*

C'est là où je l'attends, là que je l'attends, et autres locutions analogues, s'emploient figurément pour dire, Attendre quelqu'un à la difficulté qu'il ne saurait éviter, dont il ne pourrait se tirer facilement :

J'ai des remèdes qui se moquent de tout, et je l'*attends* à l'agonie.
MOLIÈRE, *le Médecin malgré lui,* III, 5.

Mon cher cousin, la mort nous égale tous ; c'est où nous *attendons* les gens heureux.
Mᵐᵉ DE SÉVIGNÉ, *Lettres ;* à Bussy, 13 novembre 1690.

Ce prince orgueilleux (Nabuchodonosor) triomphoit dans Babylone, dont il fit la plus grande ville, la plus forte et la plus belle que le soleil eût jamais vue. *C'étoit là que Dieu l'attendoit* pour foudroyer son orgueil.

> Bossuet, *Discours sur l'histoire universelle*, II, 6.

Ce lui est assez, chrétiens, que ses amis et ses serviteurs regardent de loin venir son jour avec humilité et tremblement : pour les autres, il sait *où il les attend*, et le jour est marqué pour les punir.

> Le même, *Sermon sur la Providence*.

Ce n'est pas assez qu'il prostitue les princesses de Babylone aux muletiers, il donne des boucs pour amants aux princesses de Mendès. *Je l'attends aux* Parisiennes.

> Voltaire, *Défense de mon oncle*, c. 7.

Votre La Fontaine devint bien sérieux au dernier moment : et *c'est où je vous attends.*

> Diderot, *Entretien d'un philosophe avec la maréchale de* ***.

Dussiez-vous présenter mille morts à ma vue,
Je ne saurois chercher une fille inconnue.
Ma vie est en vos mains. — Ah! *c'est où je t'attends.*

> Racine, *Mithridate*, III, 1.

Dans le langage religieux, on dit que *Dieu attend les hommes, qu'il les attend à résipiscence, à pénitence :*

Voici le temps de mérite, où il faut exercer les bons pour les éprouver, et supporter les pécheurs pour *les attendre.*

> Bossuet, *Sermons*. Sur la Providence.

Dieu durant cette vie *attend* les pécheurs *à la pénitence.*

> Le même, même ouvrage. Sur le Jugement dernier.

Il *attendoit* de jour en jour *son peuple à résipiscence.*

> Le même, *Méditations sur l'Évangile.*

S'ensuit-il que le pécheur ait droit de différer sa conversion et de faire attendre Dieu, parce que Dieu veut bien *l'attendre ?*

> Bourdaloue, *Carême*. Sermon sur la Grâce.

Dieu supporte et *attend les hommes* imparfaits, et il ne se rebute pas même de leurs résistances ; nous devons imiter cette patience si aimable, et ce support si miséricordieux.

> Fénelon, *Lettres spirituelles*, CXXV.

Le Seigneur... n'ouvre que lentement les portes de la mort aux pécheurs, pour *les attendre* plus longtemps *à pénitence.*

> Massillon, *Carême*. Sermon sur le mauvais riche.

Preneiz la croix, *Dieu vos atant.*

> Rutebeuf, t. I, p. 150.

On dit, dans le même langage, *Attendre le Messie, le Sauveur, la grâce,* etc. :

Les vrais juifs et les vrais chrétiens *ont* toujours *attendu*

un *Messie* qui les feroit aimer Dieu, et, par cet amour, triompher de leurs ennemis.

> Pascal, *Pensées.*

J'attends, ô mon Dieu, *le Sauveur* que vous avez promis.

> Le même, même ouvrage.

Voilà l'ordre des conseils de Dieu, tels que lui-même nous les a révélés, pour nous apprendre à le craindre, à l'adorer, à l'aimer, à *l'attendre* avec foi et patience.

> Bossuet, *Discours sur l'histoire universelle*, II, 3.

Jamais juste *n'attendit la grâce* de Dieu avec une plus ferme confiance.

> Le même, *Oraison funèbre de Letellier.*

Les Juifs *attendent un Messie,* et ont passé tous les temps où ils ont cru eux-mêmes qu'il devoit venir.

> Fénelon, *Lettres spirituelles.* Réflexions.

On n'*attend* point *la grâce,* on reconnoît que c'est elle qui nous prévient et qui nous attend.

> Le même, même ouvrage, XCIX.

C'est avoir Dieu que de *l'attendre.*

> Le même, même ouvrage, CXXXI.

C'est assez de remarquer que les Juifs *attendent* Élie de temps immémorial.

> Voltaire, *Essai sur les mœurs*, c. 191.

Cette locution, *Attendre le Messie,* s'emploie quelquefois figurément et familièrement :

J'attends ici *la venue du Messie,* Madame, c'est-à-dire les ordres du quartier d'hiver, avec une grande impatience.

> Bussy-Rabutin, *Lettres*; à Mme de Sévigné, 1655.

J'attends, comme les Juifs le Messie, l'effet des promesses de M. le surintendant.

> Scarron, *Lettres*; 4 février 1660.

ATTENDRE se dit quelquefois de l'Attente qui suit la dernière séparation, la mort :

Mon âme existeroit-elle sans toi? sans toi quelle félicité goûterois-je? Non, je ne te quitte pas, je vais *t'attendre.*

> J.-J. Rousseau, *la Nouvelle Héloïse*, VI.

ATTENDRE se dit figurément De certaines choses qui menacent une personne, ou qui lui sont destinées, réservées :

De rechief vint li angeles, tuchad le prophète, si le dist : Lieve e manjue, kar grant veie te *atent.*

> *Les quatre Livres des Rois*, III, xix, 7.

Platon descrit les commoditez, ou peines corporelles qui nous *attendent* après la ruine et anéantissement de nos corps e' les accommode au ressentiment que nous avons en cette vie.

Montaigne, Essais, II, 12.

On peut dire que les vices nous *attendent* dans le cours de la vie, comme des hôtes chez qui il faut successivement loger; et je doute que l'expérience nous les fît éviter, s'il nous étoit permis de faire deux fois le chemin.

La Rochefoucauld, Réflexions ou sentences et maximes morales, CXCI.

Les talents se développent par les récompenses qui les *attendent*.

Massillon, Petit Carême. Des exemples des grands.

Quels obstacles à jamais trouvés... la volonté de ceux qui tiennent en leurs mains la fortune publique? Les occasions préviennent presque leurs désirs; leurs regards, si j'ose parler ainsi, trouvent partout des crimes qui les *attendent*.

Le même, même ouvrage. Tentations des grands.

C'est un danger auquel vous avez échappé; un plus grand danger peut vous *attendre*.

Montesquieu, Dialogue de Sylla et d'Eucrate.

Les empereurs romains, qui étoient intéressés à faire valoir la divinité de leurs prédécesseurs, puisqu'une pareille divinité les *attendoit*, auroient dû tâcher à rendre plus célèbres les oracles des empereurs déifiés comme Auguste.

Fontenelle, Histoire des oracles, Ire dissertation, c. 11.

Dans ces temps, il fallait des succès; l'échafaud *attendait* le général malheureux.

Napoléon, Mémoires, t. I, p. 23.

Combat toi à tes ennemis,
La victoire demain t'attend.

Wace, Roman de Brut, v. 8546.

Tu méisme, dist Rou, as fet ton jugement;
Esgal leis, esgal paines, esgal mal vos atent.

Le même, Roman de Rou, v. 2029.

Et je viens rendre hommage au mérite éclatant
Qui vous met au-dessus du sort qui vous attend.

Boursault, Germanicus, I, 1.

Si de quelque autre amour l'invincible puissance
L'emporte sur mes soins, ou même la balance,
Il faut me l'avouer, et dans ce même instant,
Ta grâce est dans mon cœur : prononce, elle t'attend.

Voltaire, Zaïre, IV, 6.

Et je dis : Nulle part le bonheur ne m'attend.

Lamartine, Premières Méditations.

Attendre a souvent un nom de chose pour sujet :

Y ayant un mois que j'avois eu audience de Sa Saincteté, et estant passé plusieurs choses depuis, j'estois venu par devers elle, pour sçavoir si elle me voudroit commander quelqu'autre chose avant que je fermasse mon pacquet, qui n'*attendoit* plus rien que la lettre pour Monsieur le Cardinal de Gondy, et ses commandemens.

Cardinal d'Ossat, Lettres, liv. I, 7.

L'heure ordinaire (du dîner) étoit une heure; si le conseil duroit encore, le dîner *attendoit* et on n'avertissoit point le roi.

Saint-Simon, Mémoires, 1715.

Celui qui avoit fait nôtre message nous vint dire que le carrosse de l'honnête homme en question nous *attendoit* en bas.

Marivaux, la Vie de Marianne, Ire part.

Attendre a souvent pour complément un nom de chose ou même un nom abstrait :

Sitôt que j'encontrerai un homme, et je vous fais un tel signe, si le tuez sans deport, comme grand, ni comme haut qu'il soit, sans *attendre* autre parole.

Froissart, Chroniques, liv. I, Ire part., c. 65.

Il nous vaut mieux ci défendre et *attendre* l'aventure de Dieu que fuir et être morts et pris en fuyant.

Le même, même ouvrage, liv. I, IIe part., c. 82.

Ceux qui restent voient leur propre condition dans celle de leurs semblables, et, se regardant les uns les autres avec douleur et sans espérance, *attendent* leur tour.

Pascal, Pensées.

Si les bruits qui courent à Bruxelles sont vrais, dès la mort du roi d'Espagne, sans *attendre* celle du prince, la succession du duché de Brabant et comté de Namur appartient à la reine, comme aînée.

Le comte d'Estrades, à M. de Lionne, 15 novembre 1665.
(Voyez Mignet, Succession d'Espagne, t. I, p. 239.)

Je poursuis cette morale de Nicole que je trouve délicieuse; elle ne m'a donné aucune leçon contre la pluie, mais j'en *attends*, car j'y trouve tout.

Mme de Sévigné, Lettres; à Mme de Grignan, 23 septembre 1671.

Je vous écris entre la visite de madame l'intendante et une harangue très-belle. J'*attends* un présent, et le présent *attend* ma pistole.

La même, même ouvrage; à Mme de Grignan, 1673.
En tête de l'année sans indication de mois.

Nous *attendons* notre dîner comme une chose considérable dans notre journée.

La même, même ouvrage; à Mme de Grignan, 18 septembre 1684.

Mandez-moi des nouvelles, et si nous prendrons la Flandre cet hiver, ou si nous *attendrons* l'été qui vient.

Bussy-Rabutin, *Lettres ;* à M. de Corbinelli, 10 octobre 1683.

Votre lettre du 5 février m'a fait un grand plaisir, madame, mais je *l'ai* trop *attendue.*

Le même, *même ouvrage ;* à Mme de Sévigné, 5 mars 1690.

Dans les grandes occasions, et surtout dans les grands périls... on voyoit tout le peuple (de Rome) tourner les yeux sur cette sage compagnie (le sénat), et *attendre* ses résolutions comme autant d'oracles.

Bossuet, *Discours sur l'histoire universelle,* III, 6.

On ne l'eût point vue s'attirer la gloire avec une ardeur inquiète et précipitée ; elle l'eût *attendue* sans impatience, comme sûre de la posséder.

Le même, *Oraison funèbre de la duchesse d'Orléans.*

Attendez la mort sans vous en occuper tristement d'une façon qui abat le corps et qui affoiblit la santé. On *attend* assez là mort quand on tâche de se détacher de tout.

Fénelon, *Lettres spirituelles,* C.

Celui qui sait *attendre* le bien qu'il souhaite, ne prend pas le chemin de se désespérer s'il ne lui arrive pas.

La Bruyère, *Caractères,* c. 4.

Albéroni... disoit que nonobstant tout ce qui pourroit arriver, le roi d'Espagne suivroit son projet ; que s'il ne réussissoit pas, il en seroit quitte pour se retirer sur son fumier, où il *attendroit* des conjonctures plus favorables.

Saint-Simon, *Mémoires,* 1718.

Il y en a bien peu (de princes)... qui soient également capables de se servir de la fortune et de *l'attendre.*

Montesquieu, *Grandeur des Romains,* c. 5.

Un enfant ne peut donc s'occuper d'un établissement ni d'aucune fonction qui exigerait sa séparation d'avec son père ; il faut que dans l'indolence il *attende* la succession paternelle au coin de son feu, sinon elle est dévolue au seigneur.

Voltaire, *Coutume de Franche-Comté.*

Il ne tenait qu'à elle (Venise) d'apaiser Jules II, principal auteur de la ligue ; mais elle dédaigna de demander grâce et osa *attendre* l'orage.

Le même, *Essai sur les mœurs,* c. 113 . Ligue de Cambrai.

Le diocèse de Nîmes étoit alors rempli de calvinistes, et d'autant plus difficile à gouverner, qu'il falloit joindre au zèle de faire des conversions la patience qui sait les préparer et les *attendre.*

D'Alembert, *Éloge de Fléchier.*

Les fabricants sont exposés à manquer, par l'impossibilité de trouver aucun crédit pour *attendre* la rentrée de leurs fonds.

Turgot, *Mémoire sur les prêts d'argent,* § 11.

Vous voilà donc, éternel docteur ? toujours si grave et compassé, qu'on pourroit mourir en *attendant* vos secours.

Beaumarchais, *le Mariage de Figaro,* I, 4.

D'un patriotisme exalté, d'un caractère ardent, d'une bravoure remarquable, d'une ambition active, inquiète, il (Hoche) ne sut pas *attendre* les événements, et s'exposa par des entreprises prématurées.

Napoléon, *Mémoires,* t. IV, p. 270.

Monk prit la conduite de l'événement qu'*attendait* toute l'Angleterre. La restauration s'accomplit.

Guizot, *Histoire de la civilisation en Europe,* 13e leçon.

Je sais ce que je dois à l'amant qui m'oblige,
Mais j'aime qu'on l'*attende* et non pas qu'on l'exige.

P. Corneille, *Tite et Bérénice,* IV, 3.

Attends donc, Israël, attends avec courage
L'effet qu'il a promis.

Le même, *Psaumes,* 129.

Les vents me sont moins qu'à vous redoutables
. . . .
Mais *attendons* la fin.

La Fontaine, *Fables,* I, 22.

Mais puisqu'il faut enfin que j'arrive au tombeau,
Voudrois-je, de la terre inutile fardeau,
Trop avare d'un sang reçu d'une déesse,
Attendre chez mon père une obscure vieillesse,
Et toujours de la gloire évitant le sentier,
Ne laisser aucun nom, et mourir tout entier ?

J. Racine, *Iphigénie,* I, 2.

Le bonheur m'a quittée et j'*attends* en silence
L'heure où m'appellera mon ami bien-aimé.

Alfred de Musset, *Nuit d'août.*

Il arrive assez souvent en poésie qu'*Attendre* ait pour sujet et pour complément des noms de chose et même des noms abstraits :

Puis ceste royne abominable, ainçois
Ceste furie, execrable aux François,
De qui la teste *attendoit* le supplice,
Comme si Dieu favorisoit le vice,
Vivra sept ans en pompes et honneur
Avec Landri, des François gouverneur.

Ronsard, *la Franciade,* IV.

Je suis jeune, il est vrai, mais aux âmes bien nées
La valeur n'*attend* point le nombre des années.

P. Corneille, *le Cid,* II, 2.

Si dans l'occasion je ménage un peu mieux
L'assiette du pays et la faveur des lieux,
Si mon expérience en prend quelque avantage,

Le grand art de la guerre *attend* quelquefois l'âge.

CORNEILLE, *Sertorius,* III, 1.

Il montre un cœur si haut sous un front délicat,
Que dans son premier lustre il est déjà soldat :
Le corps *attend* les ans, mais l'âme est toute prête.

LE MÊME, *Attila,* II, 5.

Pour défendre vos jours de leurs lois meurtrières,
Mon amour n'avoit pas *attendu* vos prières.

J. RACINE, *Iphigénie,* IV, 4.

ATTENDRE équivaut quelquefois à Prévoir dans un sens favorable ou défavorable, à Espérer ou à Craindre :

Le comte de Namur fut si conseillé qu'il mit hors de sa terre son oncle ; ce fut moult envi, mais faire lui convenoit ou pis *attendre.*

FROISSART, *Chroniques,* liv. I, Ire part., c. 54.

Quiconque *attend* la peine, il la souffre, et quiconque l'a méritée, l'*attend.*

MONTAIGNE, *Essais,* II, 5.

Ils ne peuvent *attendre* loyer des coups qu'ils donnent ou qu'ils reçoivent, que de la servitude d'autruy.

DE LA BOÉTIE, *Discours de la servitude.*

Il est certain qu'on ne sauroit avoir un désir trop ardent pour la vertu, outre que ce que nous désirons en cette façon ne pouvant manquer de nous réussir, puisque c'est de nous seuls qu'il dépend, nous en recevrons toujours toute la satisfaction que nous en *avons attendue.*

DESCARTES, *les Passions de l'âme,* part. II, art. 144.

Il étoit difficile d'*attendre* le calme d'une diète que les deux partis vouloient faire servir également à leurs desseins, et où l'un et l'autre portoit des sentiments si opposés.

LE MARQUIS DE POMPONNE, *Mémoires,* I, c. 1.

Ainsi fut donnée au monde, en la personne de Jésus-Christ, l'image d'une vertu accomplie, qui n'a rien et n'*attend* rien sur la terre.

BOSSUET, *Discours sur l'histoire universelle,* II, 19.

L'homme a quelque chose à *attendre,* et c'est ici, chrétiens, tout le mystère du conseil de Dieu ; c'est la grande maxime d'État politique du ciel.

LE MÊME, *Sermons.* Sur la deuxième semaine de carême.

Qu'une mère évaporée et mondaine prêche à sa fille la modestie et la fuite du monde, quel succès en peut-elle *attendre?*

BOURDALOUE, *Carême.* Sermon sur le zèle.

Il (Bernard Renaud) essuya les contradictions et les railleries que tout inventeur doit *attendre.*

VOLTAIRE, *Siècle de Louis XIV,* c. 14.

Il se vit enfin obligé de quitter l'Écosse, où il n'avoit plus à *attendre* qu'une mort infructueuse pour son pays et pour son roi.

D'ALEMBERT, *Éloge de milord Maréchal.*

Corps féminin, qui tant es tendre,
Polly, souëf, si précieulx,
Te faudra-il ces maulx *atendre?*

VILLON, *Grand Testament,* XLI.

Mon fils au consulat a-t-il osé prétendre
Avant l'âge où les lois permettent de l'*attendre?*

VOLTAIRE, *Brutus,* IV, 6.

Dans son époux... on a bien droit d'*attendre*
Un esprit droit, solide, un cœur sensible et tendre.

COLLIN D'HARLEVILLE, *les Châteaux en Espagne,* II, 5.

Attendre quelque chose de, suivi d'un nom de personne ou d'un nom de chose :

Le roi qui n'*en attendoit* guère *autre chose...* avoit fait son mandement pour tout son royaume, aussi grand et aussi fort que pour aller contre le roi d'Angleterre et sa puissance.

FROISSART, *Chroniques,* I, IIe part., c. 21.

Amninius Rebius, l'un des premiers de Rome pour son opulence et pour l'intelligence des affaires, se fit couper les veines pour éviter les tourmens d'une vieillesse languissante, quoy qu'on n'*attendist* pas *d'*un homme perdu dans les voluptez une si généreuse résolution.

PERROT D'ABLANCOURT, trad. de Tacite; *Annales,* liv. XIII, 11.

Je n'*attendois rien* moins, lui dis-je, *d'*un livre tiré de vingt-quatre Jésuites.

PASCAL, *Provinciales,* VI.

Elle *attendoit* des remerciements *d'*elle, pour lui avoir donné moyen de faire voir qu'elle avoit beaucoup d'esprit.

SCARRON, *Roman comique,* II, 28.

De tous ces sentiments, qui me sont fort naturels et très-sincères, ledit sieur de Witt peut tirer la conséquence, quelle sorte de haute protection il peut *attendre de moi* en tous ses intérêts, si jamais l'occasion s'en offre.

LOUIS XIV, au comte d'Estrades, 20 avril 1665. (Voyez MIGNET, *Succession d'Espagne,* t. I, p. 196.)

J'étois l'autre jour en un lieu où l'on tailloit en plein drap sur les grâces que le public *attendoit* de la bonté du roi.

Mme DE SÉVIGNÉ, *Lettres;* au comte de Bussy, 27 février 1679.

Ceux d'entre eux qui ont été le plus loin nous ont proposé un Dieu qui, trouvant une matière éternelle... l'a façonnée comme un artisan vulgaire..., sans jamais pouvoir

IV. 36

comprendre que, si la matière est d'elle-même, elle n'a pas dû *attendre* sa perfection *d'*une main étrangère.

Bossuet, *Discours sur l'histoire universelle*, II, 1.

olon (qui le pourroit croire, et qui *attendroit d'*un si grand nom une si grande infamie?), Solon, dis-je, établit à Athènes le temple de Vénus la prostituée, ou de l'amour impudique.

Le même, même ouvrage, II, 16.

A la vue d'un si grand objet (le crucifix), n'*attendez* pas *de* cette princesse des discours étudiés et magnifiques.

Le même, *Oraison funèbre de la duchesse d'Orléans.*

Madame d'Estampes fut chassée, et reçut tous les mauvais traitements qu'elle pouvoit *attendre d'*une ennemie toute puissante.

Mme de la Fayette, *la Princesse de Clèves*, Ire part.

Sachez précisément ce que vous pouvez *attendre des* hommes en général, et *de* chacun d'eux en particulier, et jetez-vous ensuite dans le commerce du monde.

La Bruyère, *Caractères*, c. 11.

Je n'*attends de* mon ouvrage ni honneur, ni profit.

L'abbé de Choisy, *Mémoires*, liv. I.

Il ne faut rien *attendre d'*eux (des hommes) que de l'ingratitude, et les servir sans intérêt.

Fénelon, *Dialogues des morts :* Socrate, Alcibiade et Timon.

Il (Dieu) est jaloux des plus dignes instruments, et il veut que nous n'*attendions* l'accomplissement de son ouvrage que *de* lui-même.

Le même, *Lettres spirituelles*, CCI.

(Bissy) étoit de tout temps abandonné aux jésuites comme à ceux *dont* il *attendoit* tout pour sa fortune.

Saint-Simon, *Mémoires*, 1713.

Il (Fléchier) fut chargé de l'oraison funèbre de Turenne, et remplit de la manière la plus distinguée tout ce que son héros et ses talents faisoient *attendre de* lui.

D'Alembert, *Éloge de Fléchier.*

Puni par un roi juste, il se crut coupable, et n'attendit que de sa seule bonté ce qu'il auroit cru pouvoir *attendre de* sa justice.

Mairan, *Éloge de Polignac.*

Ce que Louis XV a établi, ce qu'il a détruit, exige notre reconnaissance. Nous *attendrions* une félicité entière *de* son successeur, si elle était au pouvoir des hommes.

Voltaire, *Éloge funèbre de Louis XV.*

Il faut tout *attendre* et tout craindre *du* temps et *des* hommes.

Vauvenargues, *Réflexions et maximes*, CII.

Monsieur l'archevêque, lui dit-elle (la reine de Portugal), la plus grande grâce que vous pouvez *attendre de* moi, sur ce que vous me demandez, c'est d'oublier que vous m'en ayez jamais parlé.

Vertot, *Révolutions de Portugal.*

Les croisés trouvèrent partout des trahisons, de la perfidie, et tout ce qu'on peut *attendre d'*un ennemi timide.

Montesquieu, *Grandeur des Romains*, c. 32.

Tu te plains des ingrats! Imite la nature, elle donne tout aux hommes, et n'*en attend* rien.

Thomas, *Éloge de Marc-Aurèle.*

On les accoutumoit (les Français) à tout oser et à tout *attendre de* leur courage.

Mably, *Observations sur l'histoire de France*, I, 1.

L'armée manquait de tout et ne pouvait rien espérer de la France ; elle devait tout *attendre de* la victoire.

Napoléon, *Mémoires*, t. III, p. 177.

En pourrai-je être aimé? — Douter qu'elle vous aime,
Elle qui *de* vous seul *attend* son diadème!

Corneille, *Pompée*, III, 3.

Attendez tout aussi *de* ma reconnoissance.

Le même, *Sertorius*, I, 1.

... J'*attends de* vos soins une décision
En faveur de l'amour ou de l'ambition.

Boursault, *Ésope à la cour*, II, 2.

Est-ce donc là le prix que je devois *attendre*
*D'*une estime si pure, et *d'*un amour si tendre?

Destouches, *l'Ingrat*, II, 2.

Mon père, *attendez* tout *de* mon obéissance.

Le même, *le Glorieux*, IV, 3.

O Dieu! cria Turenne, arbitre de mon roi,
Descends, juge sa cause, et combats avec moi;
Le courage n'est rien sans ta main protectrice;
J'*attends* peu *de* moi-même et tout *de* ta justice.
D'Aumale répondit : J'*attends* tout *de* mon bras;
C'est de nous que dépend le destin des combats.

Voltaire, *Henriade*, X.

Attendre est souvent suivi d'une expression indiquant le temps pendant lequel on doit attendre :

J'attendrai encore *un peu de temps* pour voir si vous voulez vous corriger ; sinon, sachez que je vous priverai de la succession, comme on retranche un membre inutile.

Voltaire, *Histoire de Pierre le Grand*, II, 10.

Et qu'*atendon nous* chi *toute jour* pour noient?

Doon de Maïence, v. 7736.

Attendre, suivi d'un verbe à l'infinitif :

Je vous supplie très-humblement que, si le roy n'a mandé encore personne à Sienne, le garder, qu'il ne change de volonté, et m'y mender. Et pourra estre que s'il y mende gens par mer, je pourray *attendre faire* le voyage avec eulx, ou bien par terre s'il n'y a grant haste.

> BLAISE DE MONTLUC, *Lettres;* au duc de Montmorency, 23 mars 1554.

Attendant graisler des chastaignes.

> RABELAIS, *Gargantua*, I, 28.

Je me suis doucement assis sur ce nuage,
Pour vous *attendre venir*.

> MOLIÈRE, *Amphitryon*. Prologue.

L'emploi d'ATTENDRE avec le verbe *Faire* : FAIRE ATTENDRE, dans des sens assez variés, est extrêmement fréquent :

L'un (Turenne), dès qu'il parut dans les armées, donne une haute idée de sa valeur et *fait attendre* quelque chose d'extraordinaire.

> BOSSUET, *Oraison funèbre du prince de Condé.*

Mais la poste m'attend, comme si j'étois gouvernante du Maine, et je prends plaisir de la *faire attendre*, par grandeur.

> Mᵐᵉ DE SÉVIGNÉ, *Lettres;* à Mᵐᵉ de Grignan, 13 décembre 1671.

Que vous dirai-je, messieurs, de sa charité?.. qu'elle n'a pas *fait attendre* inutilement la veuve et l'orphelin.

> FLÉCHIER, *Oraison funèbre de Mᵐᵉ la Dauphine.*

L'histoire du péché d'Adam *fera attendre* à l'enfant le Sauveur qui doit réconcilier les hommes avec Dieu.

> FÉNELON, *De l'Éducation des filles*, c. 7.

Une circonstance essentielle de la justice que l'on doit aux autres, c'est de la faire promptement et sans différer. La *faire attendre*, c'est injustice.

> LA BRUYÈRE, *Caractères*, c. 12.

Marc Aurèle remercioit les dieux de ce qu'il avoit toujours fait du bien à ses amis, sans les *avoir* trop *fait attendre*.

> LA MARQUISE DE LAMBERT, *Avis d'une mère à son fils.*

Je punis l'importun en le *faisant attendre*.

> DUFRESNY, *le Faux sincère*, II, 1.

Se faire attendre :

Boileau aimoit la société, et étoit très-exact à tous les rendez-vous. *Je ne me fais jamais attendre*, disoit-il, parce que j'ai remarqué que les défauts d'un homme se présentent toujours aux yeux de celui qui l'attend.

> L. RACINE, *Mémoires sur la vie de Jean Racine.*

Le dialogue est vicieux dès que la réplique *se fait attendre*.

> MARMONTEL, *Éléments de littérature :* Dialogue poétique.

ATTENDRE A, suivi, soit d'un adverbe de temps, soit d'un substantif indiquant une époque :

Et ay tousiours eu en ma teste la devise d'Alexandre, encore que ie ne la porte pas, qui est : Ce que tu peux faire aujourd'huy n'*attends pas* au lendemain.

> MONTLUC, *Commentaires*, IV.

Pense à faire du bien : la vie est courte. Si, devant servir aujourd'hui ton prochain, tu *attends à demain*, fais pénitence.

> VOLTAIRE, *Essai sur les mœurs*, c. 5. De la Perse.

Quel taon vous point? *Attendez à tantôt.*

> LA FONTAINE, *la Gageure des trois commères.*

Il faut *attendre au soir* pour dire le jour beau.

> LE GRAND, *la Famille extravagante*, sc. 28.

ATTENDRE A, suivi d'un nom ou d'un pronom, entre dans divers gallicismes :

On disoit en ce temps-là que le roi et le cardinal *attendoient à qui* mourroit le premier.

> Mᵐᵉ DE MOTTEVILLE, *Mémoires.*

On combattait alors de près, et l'acharnement produisait ces grands massacres dont il y a eu peu d'exemples depuis que des troupes réglées combattent pour de l'argent, et que les peuples oisifs *attendent à quel* vainqueur leurs blés appartiendront.

> VOLTAIRE, *Essai sur les mœurs :* De l'Angleterre et de Marguerite d'Anjou, c. 115.

ATTENDRE A, suivi d'un verbe à l'infinitif, s'employait dans diverses acceptions, dans des cas où l'on se servirait plutôt actuellement de *Attendre pour :*

Le roi *attendit un petit à parler.*

> FROISSART, *Chronique*, liv. I, Iʳᵉ part., c. 321.

Hélas! comment longuement *attendez-vous à venir*, Sire!

> *Le Livre de l'Internelle consolacion*, II, 21.

N'*attendez à me venir veoir* que vous ayez recouvert et mis ensemble l'argent qu'il faut pour le payement du sixiesme mois de mon armée.

> HENRI IV, dans Sully, *Œconomies royales*, c. 76.

Les Juifs neantmoins *attendirent à se soulever* sous Gessius Florus.

> PERROT D'ABLANCOURT, trad. de Tacite : *Histoire*, V, 1.

Prévenez ce temps-là, et n'*attendez pas à être* de ses amis (de M. le cardinal), jusques à ce que vous y soyez contraint.

> VOITURE, *Lettres;* à M***, du 24 novembre 1636.

Ne semble-t-il pas que toutes les avantures d'un païs *attendent à y arriver* au tems que vous y êtes?

> LE MÊME, même ouvrage; à Mˡˡᵉ de Rambouillet.

Mᵐᵉ Cornuel étoit l'autre jour chez Berrier... elle *atten-*

doit à lui parler dans une antichambre qui étoit pleine de laquais.

Mme DE SÉVIGNÉ, *Lettres;* 7 octobre 1676.

Heureux qui n'*attend* pas *à y penser* (à la mort) lorsqu'il ne sera plus temps d'y penser.

BOURDALOUE, *Carême :* Sermon sur la pensée de la mort.

J'aime mieux *attendre à vous dire* de vive voix tout ce que j'avois à vous mander.

RACINE, *Lettres;* à Boileau, 9 juin 1693.

Vous voudriez qu'un homme *attendît* bien tard *à parler* en public.

FÉNELON, *Dialogue sur l'Éloquence,* I.

Ce même feu dure paisiblement caché dans les veines des cailloux, et il y *attend à éclater* jusqu'à ce que le choc d'un autre corps l'excite pour ébranler les villes et les montagnes.

LE MÊME, *Traité de l'existence de Dieu,* Ire part., c. 2.

Il y a des gens qui *attendent à être* dévots et religieux, que tout le monde se déclare impie et libertin : ce sera alors le parti du vulgaire, ils sauront s'en dégager.

LA BRUYÈRE, *Caractères,* c. 16.

Une des principales règles de civilité étoit, lorsqu'on recevoit des étrangers... d'*attendre* quelques jours *à leur demander* le sujet et les motifs qui les amènent.

GOGUET, *Origine des lois.*

Il est vrai que votre captive ne pouvait avoir les honneurs d'épouse qu'au bout d'un mois; mais de braves soldats n'*attendent* pas si longtemps *à jouir* du droit de la guerre.

VOLTAIRE, *Un chrétien contre six juifs,* IIIe réponse : Filles prises en guerre.

> Ce pauvre estoit lors sur l'onde,
> Et, pendant son esloignement,
> Socrate, sans estonnement,
> *Attendoit à sortir* du monde.

THÉOPHILE, *Immortalité de l'âme.*

Mais à se *déclarer* il a bien *attendu.*

CORNEILLE, *Othon,* III, 1.

Faudra-t-il sur sa gloire (du roi) *attendre à m'exercer* Que ma tremblante voix commence à se glacer?

BOILEAU, *Épîtres,* I.

Quelques gens, à sa porte, *attendoient à le voir.*

BOURSAULT, *Fables d'Ésope,* V, 1.

Attendre à déjeuner, à dîner, à souper :

Vous me dites que vous *attendez* M. de Vins *à dîner.*

Mme DE SÉVIGNÉ, *Lettres;* à Mme de Grignan, 14 décembre 1689.

Vous *attendiez* du monde *à dîner.*

PICARD, *les Marionnettes,* II, 10.

ATTENDRE A s'est employé quelquefois aussi dans le sens de *S'attendre à :*

Li aucun s'acordent que tex gens soient procureurs por voz, en toutes causes que vous avés ou *atendés à* avoir, contre tex gens.

BEAUMANOIR, *Coutumes de Beauvoisis,* c. 4, 18.

Ceulx la estans *actendoient* de jour en jour *à* estre combattus par leurs adversaires.

MONSTRELET, *Chronique,* c. 89.

Tout le monde *attendoit à* voir entrer sur les rangs, non seulement Musonius et Celer, mais Helvidius, Marcellus, et plusieurs autres, depuis qu'on auroit une fois ouvert la porte à la vengeance.

PERROT D'ABLANCOURT, trad. de Tacite :*Histoire,* IV, 2.

ATTENDRE APRÈS :

Toutes choses *attendent apres* toy, Seigneur, à ce que tu leur donnes viande en leur temps.

CALVIN, *Institution chrestienne,* I, 16, § 1.

> Tandis que ma flame ou ma rage
> *Attendoit après* sa beauté,
> Un faux et criminel ombrage
> Embarrasse sa volonté.

THÉOPHILE, *à Cloris.* Ode.

Attendez-vous encore *après* l'aveu d'un frère ?

RACINE, *Alexandre,* II, 1.

ATTENDRE DE, suivi d'un infinitif :

Et furent bien joieux quant ilz virent le scellé du roy Henry d'Angleterre. Car chascun jour ils *actendoient d'*en avoir à faire.

MONSTRELET, *Chroniques,* c. 89.

Il faut lire de telle sorte les ouvrages des hommes, qu'on n'*attende* point *d'*être instruit par les hommes.

MALEBRANCHE, *Recherche de la vérité,* c. 3, § 1.

Cher amant, n'*attends* plus *d'*être un jour mon époux.

P. CORNEILLE, *Horace,* I, 2.

ATTENDRE JUSQU'A, JUSQUE-LA :

En va devant en Galgala... *jesque* jo vienge *atenderas,* e musterai tei que faire deveras.

Les quatre Livres des Rois, I, x, 8.

Il *atendirent jusques* au quart jour, et il revindrent au palais qui moult est riches et biaus.

VILLEHARDOUIN, *Conqueste de Constantinoble,* XII.

Quant Ferranz et sa partie sorent que li rois estoit à Tournai, si fu trop liez, car il le cuidoit bien avoir en sa nace. Si li manda bataille à l'endemain. Quant li rois l'oï, si li pesa pour le diemenge; et li manda par frere Garin que il *atendist jusqu'à* lundi.

> *Récits d'un ménestrel de Reims au XIIIe siècle,* publiés par N. de Wailly.

Je n'entendois plus raison, il n'y avoit point de lendemain à me promettre; je ne pouvois supporter *d'attendre jusque-là.*

> MARIVAUX, *la Vie de Marianne*, Ire part.

ATTENDRE POUR :

Ils m'*attendent pour* être mariés, cela est convenu !

> MARIVAUX, *Jeu de l'amour et du hasard*, I, 8.

Chez les Grecs... la louange et le blâme... n'*attendoient* pas la mort de l'homme vertueux ou du méchant *pour* éclater.

> MARMONTEL, *Éléments de littérature :* Démonstratif.

ATTENDRE QUE :

Je ne veulx pas *attendre que* me donniez vostre page ne vostre cheval, mais je le vous demande.

> *Loyal Serviteur*, c. 5.

Continuant à donner ses ordres, il *attend* avec soumission, entre l'espérance et la crainte, *que* les ordres du ciel s'exécutent.

> FLÉCHIER, *Oraison funèbre de M. de Turenne.*

Si vous *attendez que* M. de Grignan ait rempli tous ses devoirs, il ne faut point penser à venir cet hiver.

> Mme DE SÉVIGNÉ, *Lettres ;* à Mme de Grignan, 5 novembre 1680.

Je ne vous dirai même que les principales choses, car vous n'*attendez* pas *que* je vous explique par ordre le détail presque infini des préceptes de la rhétorique.

> FÉNELON, *Dialogues sur l'Éloquence*, I.

J'*attends que* vous me garderez le secret.

> VOLTAIRE, *Lettres ;* 20 juillet 1717.

C'est dans le moment critique où les républiques se corrompent, qu'on y a besoin de l'éloquence : plus tôt, la vertu se suffit et n'*attend* pas *qu'*on la harangue.

> MARMONTEL, *Éléments de littérature :* Délibératif.

> Tant *atendrés* à palais à entrer
> Que l'amirés est asis au disner.
> *Huon de Bordeaux*, v. 2331.

> Ensi tout rengié de bataille
> *Atendent que* on les assaille.
> *Renart le Nouvel*, v. 5857.

Aussi n'*attends* jamais *que* je te fasse rire
D'un vers que, sans danger, je ne sçaurois escrire.

> THÉOPHILE, *Satires*, II.

Car enfin n'*attends* pas *que* j'abaisse ma haine :
Je te l'ai déjà dit, César, je suis Romaine.

> P. CORNEILLE, *Pompée*, III, 4.

N'*attendez* pas ici *que* j'éclate en injures.

> RACINE, *Bérénice*, IV, 5.

Le véritable honneur est moins présomptueux ;
Il ne se vante point, il *attend qu'*on le vante.

> DESTOUCHE, *le Glorieux*, III, 4.

Et pour paroître, *attends qu'*on signe le contrat.

> DUFRESNY, *le Faux Sincère*, IV, 5.

Attendez, pour parler, *que* les choses soient sûres.

> PICARD, *les Conjectures*, I, 17.

ATTENDRE QUE, s'est quelquefois employé d'une façon elliptique pour *Attendre ce que :*

> ... Rome encore incertaine
> *Attend que* deviendra le destin de la reine.
> RACINE, *Bérénice*, II, 2.

N'ATTENDRE QUE, Attendre seulement :

Néantmoins nous autres, qui estions de la Guyenne, n'*attendions* autre chose *que* la ruyne d'icelle, et par consequent de nos maisons.

> MONTLUC, *Commentaires*, VII.

Quel sujet de joie trouve-t-on à n'*attendre* plus *que* des misères sans ressources ?

> PASCAL, *Pensées.*

Hâtez-vous de jouir, le temps est court. N'*attendez* plus rien au-delà *que* la mort et le jugement; vous avez reçu ici-bas votre récompense.

> MASSILLON, *Petit Carême*, IVe dimanche.

De quel œil un mari coupable peut-il voir une femme dont il n'*attend que* des reproches ?

> L'ABBÉ PRÉVOT, *le Doyen de Killerine*, VI.

Vous, devant Attila vous n'êtes que deux hommes,
Et dès qu'il m'aura plu d'abattre votre orgueil,
Vos têtes pour tomber n'*attendront qu'*un coup d'œil.

> CORNEILLE, *Attila*, V, 3.

Tous ces mille vaisseaux qui, chargés de vingt rois,
N'*attendent que* les vents pour partir sous vos lois.

> J. RACINE, *Iphigénie*, I, 1.

ATTENDRE TANT QUE, s'est dit anciennement dans le même sens qu'*Attendre jusqu'à :*

Je vous *attendrai tant que* vous serez revenu.

> FROISSART, *Chroniques*, liv. I, Ire part., c. 119.

Li traitor qui Diex doinst enconbrier,

S'estoient bien armé et haubregié ;
Tant atendirent que il fu anuitié.
Huon de Bordeaux, v. 505.

Il n'*atendi* pas tant que son elme ait fremés,
Venus est à l'estour, si s'est dedens boutés.
Gaufrey, v. 762.

Dans de fort anciens textes, on trouve *Atendre treske,* au sens d'*Attendre jusqu'à :*

Irrum nos i ainz que vienge estez,
U *atendrum treske* yver seit passez ?
Otinel, v. 678.

ATTENDRE s'emploie souvent absolument :

Quand ils furent toùs traits sur les champs ils n'*eurent* gueres *attendu,* quand veez-ci les François qui venoient en bon arroy et en grand'route.
FROISSART, *Chroniques,* II, 5.

Il avoit un compagnon qui ne le ressembloit pas, qui estoit M. le mareschal d'Aumont, qui alloit plus viste en besoigne, et n'avoit point tant ce mot dudict mareschal de Matignon en la bouche : *Attendez;* mais sans marchander, il vouloit mener les mains.
BRANTÔME, *Grands capitaines françois:* M. le
mareschal d'Aumont.

La nécessité est la plus inviolable de toutes les lois, et passe par dessus, et ne peult longuement *atiendre.*
HENRI IV, *Lettres;* 19 décembre 1589.

Je le priai (Attichi) de se servir de moi en première fois qu'il tireroit l'épée ; il la tiroit souvent, et je n'*attendis* pas longtemps.
CARDINAL DE RETZ, *Mémoires,* I.

Il y avoit cependant des saints, comme Énoch, Lamech et d'autres, qui *attendoient* en patience.
PASCAL, *Pensées.*

Il y a des cas pressants où l'on ne peut *attendre* sans perdre l'occasion.
FÉNELON, *Lettres;* au duc de Bourgogne.

Attendez ici un instant, je vais vous annoncer.
LE SAGE, *Gil Blas,* II, 7.

Je sais que l'impie prospère quelquefois... mais *attendez;* son élévation va lui creuser elle-même son précipice.
MASSILLON, *Petit Carême,* IIe dimanche.

Mais si dans la prospérité l'on doit aller au-devant de ses amis, dans l'adversité il n'est permis que d'*attendre.*
J.-J. ROUSSEAU, *Lettres;* 21 juillet 1764.

Il (Sydenham) guérissait, parce qu'il avait de l'expérience et qu'il savait *attendre.*
VOLTAIRE, *Dictionnaire philosophique:* Fièvre.

On nous envoie des tas de nouvelles dont nous ne croyons rien; nous doutons et nous *attendons.*
VOLTAIRE, *Lettres;* 27 mai 1774.

Je sens bien qu'il faut *attendre;* mais pendant qu'on *attend,* tout change, et on meurt à la peine.
LE MÊME, même ouvrage, 24 octobre 1774.

On aime les fruits précoces, et ils ne sont jamais bons. C'est une science importante et de grand usage en tout, que de savoir *attendre.*
TRUBLET, *Essais de littérature.*

Je suis comme l'homme de l'Évangile, j'*attends;* il faut me dire de venir, et je viens.
Mlle DE LESPINASSE, *Lettres,* CV.

Le cardinal de Fleuri dit fort cruement à un abbé (de Bernis) : « Soyez sûr, Monsieur, que vous n'aurez rien tant que je vivrai. » Et l'abbé répondit fort plaisamment : Monseigneur, j'*attendrai.*
LA HARPE, *Cours de littérature.*

Il n'y a qu'à *attendre* pour les peuples, quand ils tombent sous le joug d'une grande servitude.
NAPOLÉON, *Mémoires,* t. VI, p. 142.

Li enfes Hues s'est par matin levés
Vint à son oncle por congié demander,
« Biax niés, dist Oedes, encore *atenderés;*
Je ferai ja de mes barons mander. »
Huon de Bordeaux, v. 4287.

Ami, je vais sortir, et si tu veux *attendre*
Le portier du logis et moi
Nous serons tout à l'heure à toi.
LA FONTAINE, *Fables,* IX, 10.

Je suis jeune... — Et moi vieux. Je ne saurois *attendre.*
BOURSAULT, *les Fables d'Ésope,* V, 2.

Autrefois j'étois vif et j'enrageois d'*attendre.*
DESTOUCHES, *le Glorieux,* I, 2.

Sans attendre, sans plus attendre, sans plus longtemps attendre, Sans tarder :

Estant venue une nouvelle incertaine sans autheur, qu'Alexandre estoit decedé, les harangueurs ne faillirent pas de monter à l'envy les uns des autres en la tribune aux harangues, et de conseiller que sur l'heure mesme, *sans plus attendre,* l'on debvoit prendre les armes.
AMYOT, trad. de Plutarque. *Œuvres morales:*
Les dicts notables des anciens roys, princes,
et grands capitaines.

La douleur qu'on eut de leur évasion fit résoudre de visiter les maisons des ambassadeurs de France et d'Espagne, *sans plus attendre.*
SAINT-RÉAL, *Conjuration contre Venise.*

Va leur dire que *sans attendre*,
Qu'i s'en viengnent diligamment
Tout fin droit au port cy descendre,
Car le vent avons proprement.
Le Mistere du siége d'Orléans, v. 485.

J'aime mieulx mourir *sans attendre*,
Que vivre et estre reprouchée.
Moralité nouvelle d'ung empereur qui tua son nepveu, qui avoit prins une fille à force. (Voyez *Ancien Théâtre françois*, Bibliothèque elzévirienne, t. III, p. 149.)

Pour les punir, il faut *sans plus attendre*,
Révoquer le délai que l'on vous a surpris.
DESTOUCHES, *l'Ingrat*, IV, 1.

ATTENDRE s'emploie avec le pronom réfléchi :

C'est fort bien dit, a répondu Mme de Volmar ; il vaudroit mieux *s'attendre* jusqu'à midi, que de perdre le plaisir de déjeuner ensemble.
J.-J. ROUSSEAU, *Nouvelle Héloïse*, IV.

S'ATTENDRE s'emploie quelquefois dans le sens passif :

Le ballet de monsieur le Dauphin *s'attend* au premier jour ; il sera de deux mille écus de dépense.
MALHERBE, *Lettres* ; à Peiresc, LXIV, 1610.

S'ATTENDRE A, suivi d'un nom de chose, Se tenir assuré de quelque chose, y compter :

Alors (sire) vous entendrés des plus furieux combats, que jamais ayent esté. Et vous supplie très-humblement ne *vous attendre à* autre chose, sinon d'avoir nouvelles de la victoire.
MONTLUC, *Commentaires*, II.

Tous furent d'opinion, que je ne *m'attendisse* pas *aux* lettres ny paroles de la royne de Navarre.
LE MÊME, même ouvrage, V.

Je voudrois que chacun prévît et *s'attendît* tellement *à* toutes sortes de malheurs, qu'il ne pût être surpris par aucune disgrace.
SAINT-ÉVREMONT, *De l'usage de la vie*, c. 5.

Je sais que Dieu ne veut pas qu'on *s'attende à* de tels miracles.
BOSSUET, *Oraison funèbre de la duchesse d'Orléans*.

Tous ses enfants (de Louis XIV) avoient disparu devant lui, et le laissoient livré aux réflexions les plus funestes ; il *s'attendoit* lui-même à tous moments *au* même genre de mort.
SAINT-SIMON, *Mémoires*, 1714.

Madame la duchesse d'Orléans me surprit (à la mort de Louis XIV) : je *m'étois attendu à* de la douleur, je n'aperçus que quelques larmes.
SAINT-SIMON, *Mémoires*, 1714.

Le roi, ayant ôté les chevaux de frise, vit devant lui un large fossé : oh, dit-il, est-il possible ! je ne *m'y attendais* pas.
VOLTAIRE, *Histoire de Charles XII*, VIII.

Il y a apparence que le prince Eugène va occuper les Français à toute autre chose qu'à écrire des lettres dans leurs tentes. Les armées sont en présence : on *s'attend à* tout moment *à* une bataille sanglante.
LE MÊME, *Lettres* ; à la comtesse de la Neuville, 1734.

Vous ne vous attendez pas *au* fond du sac.
MARIVAUX, *le Jeu de l'amour et du hasard*, III, 6.

A quoi ne doit-on pas *s'attendre*, quand on ne veut épouser ni les passions ni les préjugés des hommes ?
D'ALEMBERT, *Éloge de Bernoulli*.

Il ne faut rien voir d'impossible, *s'attendre à* tout, et supposer que tout ce qui peut être, est.
BUFFON, *Histoire naturelle : Du Cochon*.

Quiconque *s'attend à* un salaire est esclave ; la grandeur du prix n'y fait rien, et l'âme qui s'apprécie un talent est aussi vénale que celle qui se donne pour une obole.
MARMONTEL, *Bélisaire*.

Dans la jeunesse surtout l'on *s'attend au* bonheur.
Mme DE STAEL, *Considérations sur la révolution française*, IIIe part., c. 18, § 6.

A de moindres fureurs je n'ai pas dû *m'attendre*.
RACINE, *Iphigénie*, IV, 5.

Je ne *m'attendois* pas *à* tant de brouillerie.
DUFRESNY, *le Faux Sincère*.

Je ne *m'attendais* pas, jeune et belle Zaïre,
Aux nouveaux sentiments que ce lieu vous inspire.
VOLTAIRE, *Zaïre*, I, 1.

Peste soit de ces coups *où* l'on *s'attend* pas !
PIRON, *la Métromanie*, I, 4.

Ironiquement, *Attendez-vous à cela, attendez-vous-y*, se dit Pour exprimer qu'on est loin de vouloir faire ce qu'une personne désire, ou bien de croire qu'elle obtiendra d'une autre ce qu'elle en attend :

Il suffit que si je lui ai prêté de l'argent, il me le rendra bien, et avant qu'il soit peu. — Oui, *attendez-vous à cela*.
MOLIÈRE, *le Bourgeois gentilhomme*, III, 3.

S'ATTENDRE A est quelquefois suivi d'un nom de personne :

Et du poursuyr noz delivrances d'envoyer à la court du roy des Romains, puis en Angleterre, et là ou mieulx nous semblera, *actendez vous en à moy.*

      ANT. DE LA SALE, *l'Hystoyre et plaisante cronicque du petit Jehan de Saintré.*

Secondement, disoit que ceulx de l'Université qui estoient estrangers et de diverses régions ne se devoient point entremetre du régime ne de la réformacion du royaume, mais *s'en* devoient *actendre à* lui et à ceulx du sang royal et du grant conseil.

      ENGUERRAN DE MONSTRELET, *Chronique*, I, 25.

Ce n'est pas, pourtant, que je me fie à cette tourbe de barbares ; je ne *m'attens qu'à* vous, et vostre valeur m'est un gage du succés de toutes mes entreprises.

      VAUGELAS, trad. de Quinte-Curce: *Histoire d'Alexandre*, liv. IX.

Il faut bien que j'écrive moi-même mes services à la guerre, si je veux que la postérité les sache ; car je perdrois mon temps si je *m'attendois aux* historiens publics, qui n'écrivent rien que les ministres ne le voyent, et qui dès là n'ont garde de condamner la conduite de ces ministres par les éloges des gens qu'ils ont maltraités.

      BUSSY-RABUTIN, *Lettres*; à Mme de Fiesque, 25 juin 1667.

Je m'attends au chevalier pour toutes les nouvelles, et surtout pour celles de madame la Dauphine.

      Mme DE SÉVIGNÉ, *Lettres*; à Mme de Grignan, 3 avril 1680.

Ne vous attendez point à mon fils : je ne crois pas qu'il aille à Nantes qu'après les états.

      LA MÊME, même ouvrage; à d'Herigoyen, 23 avril 1687.

M. de Beauvilliers, extrêmement pressé par les instances des Anglois, ne voûlut plus *s'attendre au* duc de Noailles.

      SAINT-SIMON, *Mémoires*, 1712.

Je prye à Dieu qui m'en doint joye.
A vous, Dieu, du tout *m'en attend* !

      Le Mistere du siége d'Orléans, v. 320.

Plus ne *me* faut *actendre à* mes amys :
Decedez sont, et en la terre mys.

      ROGER DE COLLERYE, *Complaincte de l'Infortuné.*

S'ATTENDRE A est très souvent suivi d'un infinitif :

Je lairrai donc cela en arrière, pour n'avoir commencé à escrire sur la faute des autres...; mais seulement *m'attendray à* escrire mes fortunes, pour servir d'exemple à ceux qui viendront après moy.

      MONTLUC, *Mémoires*, I.

Cette date vous surprend, ma chère enfant, et moi aussi ; car je ne *m'attendois* point à sortir sitôt des Rochers.

      Mme DE SÉVIGNÉ, *Lettres*; à Mme de Grignan, Rennes, 20 juillet 1680.

Tant qu'on désire, on peut se passer d'être heureux, on *s'attend à* le devenir.

      J.-J. ROUSSEAU, *la Nouvelle Héloïse*, VI.

Tout auteur qui s'érige un tribunal où ses confrères sont cités, doit *s'attendre*, quelque indulgent qu'il se montre, à être lui-même cité par eux.

      D'ALEMBERT, *Éloge de Cousin.*

Quel est l'homme qui, en ouvrant ce livre, ne *s'attendra* pas à voir tous les secrets du cardinal de Richelieu développés, et la grandeur et la hardiesse de son génie respirant dans son testament ?

      VOLTAIRE, *Contre le Testament politique du cardinal de Richelieu.*

Vous ne vous attendez pas à être loué par vos propres rivaux, peut être ?

      MARIVAUX, *le Jeu de l'amour et du hasard*, III, 2.

La Fortune est femme ; si vous la manquez aujourd'hui, ne *vous attendez pas à* la retrouver demain.

      NAPOLÉON, *Mémoires*, t. II, p. 193.

Je congnois que vous avez poux
Et *vous atendez à* morir.

      Le Mistere du siége d'Orléans, v. 8624.

Je croyais être aimé, Madame, et votre maître,
Soupirant à vos pieds, devait *s'attendre à* l'être.

      VOLTAIRE, *Zaïre*, IV, 2.

S'ATTENDRE DE, suivi d'un verbe à l'infinitif :

Depuis que c'est le plaisir de Dieu mon créateur et du roy mon seigneur, *je m'attendz de* prendre la mort en patience.

      BRANTÔME, *Grands Capitaines estrangers*: Le comte d'Aiguemont.

Je *m'attendois de* veoir quelque justice du cruel faict de Langon.

      HENRI IV, *Lettres*; 12 juin 1579.

Je *m'attendois de* vous veoir avec l'argent que vous avez conduit à Compiègne.

      LE MÊME, dans Sully : *Œconomies royales*, c. 76.

Quand on voit le style naturel, on est tout étonné et ravi ; car on *s'attendoit de* voir un auteur et on trouve un homme.

      PASCAL, *Pensées.*

Zélide étoit dans cette funeste tranquillité où sont ceux qui ne craignent et n'espèrent plus rien, et qui *s'attendent de* finir leurs maux en achevant leur vie.

      VOITURE, *Histoire d'Alcidalis et de Zélide.*

Neuvièmement, une des raisons dont les plus sensés des ministres d'Espagne se servent pour conseiller leur maître de sortir de l'embarras où il se trouve à toutes sortes de conditions, est l'espérance comme certaine dont ils se flattent que la paix nous empêchant de purger la France de ses mauvaises humeurs, il naîtra bientôt des divisions intestines dont ils *s'attendent de* profiter.

> Mazarin, aux plénipotentiaires français à Munster, 20 janvier 1646. (Voyez Mignet, *Succession d'Espagne*, t. I, p. 181.)

Pour dire le vrai, je ne *m'attendois* pas *d'*avoir un peintre si illustre.

> Molière, *le Sicilien*, sc. 2.

Les officiers qui commandaient sous lui ne *s'attendaient* pas *d'*être attaqués la nuit même, et croyaient Charles XII à Stralsund.

> Voltaire, *Histoire de Charles XII*, liv. VIII.

Ah ! qu'un aveu si doux auroit lieu de me plaire !
Que je serois heureux, si j'avois à le faire !
Mes transports aujourd'hui *s'attendoient d'*éclater.

> J. Racine, *Bérénice*, III, 1.

Vous vous *attendez* peu *d'*être remercié.

> Saurin, *Beverlei*, I, 3.

Je ne *m'attendois* pas *d'*être si matinale.

> Collin d'Harleville, *les Riches*, I, 2.

On a dit anciennement, *S'attendre en quelqu'un* :

Conseil requiert à Dieu, le filz sainte Marie,
Car *en luy s'en atent* et en luy tout se fie.

> *Doon de Maience*, v. 2388.

En elle chascun d'eux *s'atant*,
N'ont espoir que cestuy là.

> *Le Mistere du siége d'Orléans*, v. 20228.

S'attendre que, signifie Se tenir assuré de quelque chose, compter sur quelque chose :

Quand il s'agit de pénitence, l'erreur la plus pernicieuse où nous puissions tomber est de *nous attendre que* Dieu nous attendra.

> Bourdaloue, *Sermons*.

Le roi de Pologne *s'attendit* bien *que* son ennemi, vainqueur des Danois et des Moscovites, viendrait bientôt fondre sur lui ; il se ligua plus étroitement que jamais avec le czar.

> Voltaire, *Histoire de Charles XII*, liv. II.

La cour de Rome savante et polie ne *s'était* pas *attendue que* ceux qu'elle traitait de barbares pourraient, la Bible comme le fer à la main, lui ravir la moitié de l'Europe et ébranler l'autre.

> Le même, *Essai sur les mœurs* : De Luther et des indulgences, c. 178.

Celui qui va entendre une tragédie, *s'attend que* l'auteur fera parler à ses héros le langage convenu, c'est-à-dire celui des vers.

> D'Alembert, *Éloge de La Motte*, note 13.

Les morts ne doivent pas *s'attendre que* l'on aille pour eux à leur enterrement.

> Hénault, *Mémoires*, c. 22.

Je connois votre cœur. Vous devez *vous attendre*
Que je vais frapper par l'endroit le plus tendre.

> J. Racine, *Bérénice*, III, 3.

... J'ose *m'attendre*,
Monsieur, *que* son dessein aura votre agrément.

> Destouches, *le Glorieux*, III, 3.

Je *m'attends que* quelqu'une au moins m'épousera.

> Dufresny, *le Faux sincère*, IV, 1.

Je ne *m'attendais* pas *qu'*il s'expliquât en maître.

> Voltaire, *Sophonisbe*, III, 1.

Le verbe *Attendre* entre dans un assez grand nombre de locutions proverbiales qui se rattachent aux diverses acceptions qui viennent d'être énumérées :

Attendre quelqu'un comme les moines attendent l'abbé, c'est Ne le point attendre du tout :

Attendez-moi à la porte de la ville, non pas *comme les moines font l'abbé*.

> *La Comédie des proverbes*. (Voyez *Ancien Théâtre françois*, t. IX, p. 17.)

Vous... commençâtes à dîner en l'attendant... *comme les moines attendent l'abbé* : car l'heure du repas est si réglée dans les monastères, que quand l'heure est sonnée, ils se mettent à table, sans attendre personne, non pas mesme leur supérieur.

> Fleury de Bellingen, *l'Étymologie des proverbes françois*, liv. I, c. 7, 38.

Attendre le boiteux, signifie Attendre que le temps s'écoule :

Attendre la venue du boiteux.

> Cotgrave, *Dictionnaire*.

Attendant le boiteux, je consolois Lucrèce.

> P. Corneille, *la Suite du Menteur*, I, 1.

Attendez-moi sous l'orme, se dit en parlant D'un rendez-vous où l'on n'a pas dessein d'aller, d'une promesse sur laquelle il ne faut pas compter :

L'origine de ce proverbe vient de ce qu'autrefois les justices se tenoient à la porte des palais du roy ou des maisons des seigneurs. On les appelloit les plaids de la porte, comme tesmoigne Loiseau; et parce que d'ordinaire il y avoit un orme, c'est pour cela qu'on a dit des premières assignations données en justice, *Attendez-moy sous l'orme.*

FURETIÈRE, *Dictionnaire*, 1690.

Vous n'avez, ajouta le fils de Lucinde, qu'à nous attendre sous ces saules; nous ne tarderons pas à vous venir rejoindre. A d'autres, seigneur don Raphaël, m'écriai-je en riant; dites-nous plutôt de vous *attendre sous l'orme.*

LE SAGE, *Gil Blas*, VI, 11.

Et du reste, bonsoir; *attendez-moi sous l'orme.*

HAUTEROCHE, *l'Amant qui trompe.*

Attendez-moi sous l'orme,
Vous m'attendrez longtemps.

REGNARD, *Attendez-moi sous l'orme*, scènes 22 et 24.

Il ennuie à qui attend, C'est presque toujours avec impatience et ennui que l'on attend :

On a raison de dire qu'*il ennuie* bien *à qui attend*.

J.-J. ROUSSEAU, *la Mandragore*, acte 4.

Se d'atendre estes anuiez
Ne m'en merveil pas, ce sachiez :
Car demoré ai longuement,
Et *moult anuie qui atent.*

Roman de Renart, v. 5989.

On dit aussi, et bien l'entent,
Que *trop anoye qui atent.*

Histoire des trois mariés, en vers, ms., p. 262.
(Cité par Sainte-Palaye.)

Qui mauvais sert, mauvais loyer attend. Une mauvaise récompense, un mauvais salaire est réservé à celui qui sert un mauvais maître :

Qui malvés sert, malvés loyer atent..

BEAUMANOIR, *Coutumes de Beauvoisis*, c. 1, 9.

Une idée absolument analogue est quelquefois exprimée en termes opposés :

.,. Qui sert bon seignor s'en attent bon louier.

Doon de Maience, v. 8177.

Qui bon maistre sert *bon loyer en attend.*

COTGRAVE, *Dictionnaire.*

Peloter en attendant partie, est une expression proverbiale tirée du jeu de paume :

Nous attendons ce petit colonel, qui vient se préparer

pour aller en Piémont; car cette expédition de Nice n'est que *peloter en attendant partie.*

Mᵐᵉ DE SÉVIGNÉ, *Lettres;* 10 avril 1691.

Je ne laisserai pas de me servir du mot
D'amour et de galanterie.
Ce sera ce qu'on nomme en termes de tripot
Ploter en attendant partie.

BUSSY-RABUTIN, *Lettres;* à Mᵐᵉ de M***, 27 octobre 1686.

Tout vient à point qui peut attendre, ou, sous une forme plus moderne, *A qui peut, à qui sait attendre,* signifie : Avec le temps et la patience on vient à bout de tout :

Tout vient à poinct qui peult attendre.

RABELAIS, *Pantagruel*, IV, 48.

Tout vient à point qui peut attendre.
(Voyez *Ancien Théâtre françois*, t. IX, p. 31.)

Depuis l'accident de Léandre,
Les amours n'ont plus bride en main,
On n'en voit plus risquer un mal presque certain.
Si ce n'est aujourd'hui l'on passera demain :
Tout vient à point qui peut attendre.

BUSSY-RABUTIN, *Lettres;* à Mᵐᵉ de Montjeu, 13 janvier 1686.

Les proverbes qui suivent sont rapportés et commentés par Henri Estienne :

Mal attend qui ne perattend; (je) priray le lecteur considerer comment nous pouvons faire nostre proufit de ce proverbe, en l'alleguant à celuy qui n'aura point eu la patience d'attendre jusques à la fin, mais aura perdu courage. Et nommément, pour les attendans de la cour, ceste leçon est fort bonne, que ce n'est pas bien attendu si on n'attend jusques à la fin, sinon au cas qu'ils voyent que ceste fin ne prenne aucune fin.

H. ESTIENNE, *Précellence du langage françois.*

... Je trouve encore un autre proverbe où il y a aussi un autre composé : *Qui bien attend, ne surattend.*

LE MÊME, même ouvrage.

Les proverbes suivants sont encore indiqués au mot *Attendre*, dans le *Dictionnaire* de Cotgrave :

Pour neant recule qui malheur attend.
Qui attend il a fort temps.
Qui s'attend à l'escuelle d'autruy il disne souvent bien tard.
Qui fol envoye fol attend.

En voici deux qui se trouvent dans d'anciennes poésies, et qui n'ont pas besoin d'explications :

Mieux vaut jouir que mal atendre.

GODEFROY DE PARIS, *Chron. Métr.*, v. 2135.

Tard se repent qui trop attent.
Les Secrets et loix de mariage. (Voyez *Poésies françoises*
des xvᵉ *et* xviᵉ *siècles,* t. III, p. 198.)

Ne t'attends qu'à toi seul est un proverbe qui se
trouve souvent chez nos auteurs classiques, et notamment chez La Fontaine, soit exactement sous
cette forme, soit sous d'autres équivalentes :

Tout est fait négligemment là où *l'un à l'autre s'attend.*
COTGRAVE, *Dictionnaire.*

De ce que tu pourras faire *n'attends autruy.*
LE MÊME, même ouvrage.

Je ne sais de qui la philosophie a le plus à se plaindre
en ce moment, ou de ses vils ennemis ou de ses soi-disants
protecteurs. Je sais du moins, et j'apprends tous les jours
davantage et à mon grand regret, qu'elle doit prendre
pour sa devise : *Ne t'attends qu'à toi seule.*
VOLTAIRE, *Lettres ;* à d'Alembert, 20 avril 1773.

Ne laisse rien passer, et sois présent à tout ;
Car le sage ne doit qu'*à soi-même s'attendre.*
LA FONTAINE, *l'Eunuque,* II, 3.

Ne t'attends qu'à toi seul : c'est un commun proverbe.
LE MÊME, *Fables,* IV, 22.

... Notre erreur est extrême,
Dit-il, de *nous attendre à d'autres gens que nous.*
LE MÊME, même ouvrage, *ibid.*

T'attendre aux yeux d'autrui quand tu dors, c'est erreur ;
Couche-toi le dernier, et vois fermer ta porte.
LE MÊME, même ouvrage, XI, 4.

Le participe ATTENDANT, qui prenait autrefois
l'accord comme adjectif, était employé dans un
grand nombre de locutions que l'usage n'autori-
serait plus :

Cependant, et la fête *attendant,* il se partit de Nantes à
grand'foison de gens d'armes.
FROISSARD, *Chroniques,* liv. I, Iʳᵉ part., c. 148.

Ceulx de la ville d'Arras, qui de jour en jour estoient
actendans d'estre asségez de toute la puissance du roy de
France, faisoient grans préparacions pour résister et eulx
défendre contre tous leurs adversaires.
MONSTRELET, *Chronique,* c. 124.

Gardant seulement Milan, Cremonne et Pavie, *attendant*
que nostre armée eust passée sa fureur, et que l'hyver
l'eust mattée.
MARTIN DU BELLAY, *Mémoires.*

Tout incontinent après, à une heure *attendant* deux, arrivèrent, de toutes parts, toutes sortes de belles dames.
Les Caquets de l'accouchée, I.

Sa Saincteté estoit tousiours *attendante,* et en bonne volonté de l'expédier fauorablement autant comme nous-
mesmes le sçaurions desirer.
LE CARDINAL D'OSSAT, *Lettres,* I, 17.

Nous sommes prestz y a trois jours,
Que nous sommes cy *atendans,*
Cuidant que vens issent tousjours.
Le Mistere du siége d'Orléans, v. 482.

ATTENDANT s'employait quelquefois substantivement :

En cette multitude infinie d'*attendans,* il n'y en a pas un
qui ne pense être de ce petit nombre sur qui le sort doit
rencontrer.
MALHERBE, trad. des *Épîtres* de Sénèque, LXXIV.

EN ATTENDANT, locution adverbiale. Jusqu'à tel
moment, jusqu'à tel temps, déterminé par ce qui
précède :

Il (Segrais) venoit de voir une mère de Normandie qui,
lui parlant d'un fils abbé qu'elle a, lui avoit dit que le dessein de son fils étoit de bien étudier, et qu'il commençoit
toujours à prêcher *en attendant :* cet arrangement nous fit
rire.
Mᵐᵉ DE SÉVIGNÉ, *Lettres ;* à Mᵐᵉ de Grignan, 1ᵉʳ mai 1671.

En attendant, jouissez du plaisir d'être présentement le
seul homme de votre volée qui puisse se vanter d'avoir du
pain.
LA MÊME, même ouvrage ; à Bussy, 24 avril 1672.

Il se montre presque égal sur toute la nature humaine ;
et les biens et les maux qu'il envoie *en attendant* sur la
terre sont communs à ses ennemis et à ses enfants.
BOSSUET, *Sermons :* Sur la Providence.

En attendant on vit en Espagne le plus rare et le plus
grand exemple de fidélité, d'attachement et de courage, en
même temps le plus universel qui se soit jamais vu ni lu.
SAINT-SIMON, *Mémoires,* 1710.

Petit poisson deviendra grand
Pourvu que Dieu lui prête vie ;
Mais le lâcher *en attendant,*
Je tiens pour moi que c'est folie.
LA FONTAINE, *Fables,* V, 2.

ATTENDANT, EN ATTENDANT, est souvent suivi d'un
complément :

Il fut encore délibéré (par les états du Languedoc) que, pour subvenir aux affaires plus pressantes, les états seroient mandés par les ordres du duc de Montmorency, *attendant ceux* de S. M., et que M. de Montmorency seroit prié d'unir ses intérests inséparablement avec ceux de la province.

> *Extrait du mémoire général de la province de Languedoc,* dressé par ordre du roi en 1698. (Voyez DEPPING, *Correspondance administrative sous Louis XIV,* t. I, p. 10.)

Moïse se sauva d'Égypte en Arabie... Ce grand homme, perdant l'espérance de délivrer son peuple, ou *attendant un meilleur temps,* avoit passé quarante ans à paître les troupeaux de son beau-père Jethro.

> BOSSUET, *Discours sur l'Histoire universelle,* I, 3.

Voilà déjà une petite négociation *en attendant mieux.*

> VOLTAIRE, *Lettres;* à M. Berger, 12 décembre 1736.

Je dis, prenons toujours, c'est *en attendant mieux.*

> LE GRAND, *la Rue Mercière,* sc. 4.

Le printemps naît ce soir; les vents vont s'embraser,
Et la bergeronnette, *en attendant l'aurore,*
Aux premiers buissons verts commence à se poser.

> ALFRED DE MUSSET, *la Nuit de mai.*

EN ATTENDANT QUE, locution conjonctive. Jusqu'à ce que :

Les deux freres demourerent à Venisse deux ans, *en atendant que* Papes fust faiz.

> MARC POL, *le Livre;* c. 10.

Voici ce que le roi d'Angleterre m'a chargé de faire savoir à Votre Majesté : Qu'il désire avec passion de se lier étroitement avec vous ; qu'*en attendant qu'*on le fasse par un traité solennel, on peut commencer présentement en secret.

> LE MARQUIS DE RUVIGNY à Louis XIV, 9 janvier 1676. (Voyez MIGNET, *Succession d'Espagne,* t. IV, p. 378.)

En attendant que nos amis deviennent parfaits, il faut tourner à profit pour nous leurs imperfections.

> FÉNELON, *Lettres spirituelles,* CCLII, 26 juillet 1700.

Dans les commencements des factions, il faut être protégé par un parlement, *en attendant que* ce parlement devienne l'esclave du vainqueur.

> VOLTAIRE, *Essai sur les mœurs :* De l'Angleterre et de Marguerite d'Anjou, c. 115.

EN ATTENDANT DE s'employait souvent autrefois avant un verbe à l'infinitif :

J'ay bien voulu, à propos de l'estat du siècle d'or, passer un peu plus outre, jusques à ces autres fictions poëtiques, pour monstrer (*en attendant de* m'en servir en temps et lieu) que si les narrations qui... portent le nom de fables... ont toutesfois quelque verité cachee... nous ne devons legierement condaner les histoires anciennes.

> H. ESTIENNE, *Apologie pour Hérodote,* c. 2.

Je leur laisse cens recevoir
Sur la maison Guillot Gneuldry,
En attendant de mieux avoir.

> VILLON, *Petit Testament,* XXVIII.

ATTENDU, UE, participe.

Lors se leva Mabile, et print un flambeau qui estoit caché derriere une tapisserie, et esclaira Oriane qui se leva : et ensemble vindrent ouvrir la fenestre, où elles trouverent Amadis, non moins *attendu* que attendant.

> HERBERAY DES ESSARTS, *Amadis de Gaule,* I, 15.

O l'heureuse et desirée et tant *attendue* journée !

> RABELAIS, *Pantagruel,* IV, 50.

Le roy, par une si grande victoire non *attendue* ni espérée, se fit juger seul digne de porter les colonnes d'Hercules que l'empereur Charles V avoit quittées.

> MATTHIEU, *Histoire des guerres entre les maisons de France et d'Espagne.*

Il est quelquefois dangereux d'être trop *attendu* et trop estimé.

> BALZAC, *Lettres;* liv. XXV.

La nuit favorise les audacieux et les timides; les coups sont incertains; les blessures non *attendues.*

> PERROT D'ABLANCOURT, trad. de Tacite : *Annales,* IV, 22.

Jésus-Christ est venu dans le temps prédit, mais non pas dans l'éclat *attendu,* et ainsi ils (les Juifs) n'ont point pensé que ce fût lui.

> PASCAL, *Pensées,* part. II, art. 8, § 3.

La condamnation de M. d'Espinchas étoit la plus assurée et la plus *attendue,* parce qu'il étoit le plus décrié et le plus criminel de la province, s'il en faut croire la voix publique.

> FLÉCHIER, *Mémoires sur les grands jours de 1665.*

N'êtes-vous pas bien étonnée de cette mort du duc de Savoie (Charles-Emmanuel), si prompte et si peu *attendue* à quarante ans?

> Mme DE SÉVIGNÉ, *Lettres;* à Mme de Grignan, 17 juin 1675.

Ses caprices, même les plus vifs et les moins *attendus,* paroissent comme des suites nécessaires des incidents qu'il a préparés.

> Mme DACIER, trad. d'Aristophane : Préface.

Albéroni, au moment le moins *attendu,* reçut un billet du roi d'Espagne, par lequel il lui ordonnoit de se retirer à l'instant sans voir ni écrire à lui ni à la reine.

> SAINT-SIMON, *Mémoires,* 1717.

Licidas ne vient point : c'est assez *attendu.*

RACAN, les Bergeries, II, 3.

ATTENDU a été employé quelquefois, dans des sens assez différents, avec la préposition *à :*

Aime Dieu ; se tu le fais,
Et doubte de ton cuer, mais
Qu'*à* lui soies *attendus,*
Tous biens te seront rendus.

EUST. DESCHAMPS, Lai du roi.

Quoiqu'*attendu,* Madame, à l'empire du monde,
Chéri de l'univers, enfin aimé de vous,
Il sembloit à lui seul appeler tous les coups.

RACINE, Bérénice, I, 4.

ATTENDU est souvent suivi de la préposition *de* et de son complément :

Cet homme promis à la nature, demandé par les prophètes, *attendu des* nations, cet homme enfin descendu du ciel, a exterminé les dieux de la terre.

BALZAC, Socrate chrétien. Disc. 1.

Si le roi a agréable l'exécution que nous avons ordonnée touchant le château du Palais, et que j'ose vous dire être très-nécessaire et *attendüe de* tous les honnêtes gens, je me prépare pour faire voir que le seul nom du roi commande souverainement.

LE PRÉSIDENT DE NOVION, en mission en Auvergne,
à Colbert, 24 novembre 1665. (Voyez DEPPING,
Correspondance administrative sous Louis XIV,
t. II, p. 167.)

ATTENDU s'emploie aussi d'une manière absolue; alors il est invariable et signifie, Vu, eu égard à :

Lequel de Cornouaille en parlant à messire Jehan de Graville lui dist, qu'il s'estoit mal acquicté et aussi les autres François, de les avoir ainsi laissez passer à si peu de gens *actendu* la grande multitude qu'ils étoient.

ENGUERRAN DE MONSTRELET, Chroniques, CXCIII.

Attendu l'admirable transport des regnes et empires des Assyriens, es Medes; des Medes, es Perses.

RABELAIS, Gargantua, I, 1.

Nous avons exposé nos opinions sans suffisance, *attendu* notre insuffisance.

VOLTAIRE, Dictionnaire philosophique : Rime.

ATTENDU QUE, locution conjonctive. Vu que, comme, car :

Je trouve encores beaucoup plus estrange que l'on tasche d'avoir aide de moy et contribucion d'argent et non de gens pour le fait dudit Turc, *attendu que* toute ma vie je me suis voullu trouver en personne aux guerres que j'ai eues.

FRANÇOIS Ier à l'évêque d'Auxerre, 25 janvier 1531.
(Voyez CHARRIÈRE, Négociations de la France dans
le Levant, t, I, p. 186.)

Quand (Dieu) par le plaisir de celuy qui tout regit et modere, mon ame laissera ceste habitation humaine, je ne me reputeray totalement mourir, ains passer d'un lieu en aultre; *attendu quen* toy et par toy je demeure en mon imaege visible en ce monde.

RABELAIS, Pantagruel, II, 8.

*Attendu qu'*elle (la ville d'Athènes) estoit jà réduite à une extrême disette et nécessité de vivres.

AMYOT, Vie de Sylla, XXVI.

Attendu que, commence à se rendre fort commun dans le beau style, mais du temps du cardinal du Perron et de M. Coëffeteau il étoit banny de leurs écrits et de ceux de tous les meilleurs auteurs, qui l'avoient relégué dans le pays d'iceluy, et de pour et à icelle fin.

VAUGELAS, Remarques : Article Considéré que.

Mandez-moi, je vous prie, tout ce que vous avez sur le cœur, *attendu que* le mien est à vous.

VOLTAIRE Lettres; à d'Alembert, 24 juin 1756.

Je ne vous demande plus des nouvelles de la santé de M. de Clugny, *attendu qu'*il est mort.

LE MÊME, même ouvrage; 22 octobre 1776.

Il faut dire qu'une équivoque plaisante de M. de Marmontel m'en a fait un ennemi personnel, furieux, et implacable, *attendu que* la vanité blessée ne pardonne point.

J.-J. ROUSSEAU, Lettres; 5 février 1761.

J'eus un maître autrefois que je regrette fort,
Et que je ne sers plus, *attendu qu'*il est mort.

DESTOUCHES, le Glorieux, I, 3.

On a dit aussi anciennement ATTENDUE substantivement, dans le sens d'*Attente :*

Se la besogne estoit pesant et de telle *attendue* que vous peussiez lui faire savoir (à votre mari), rescrivez luy comment vous créez que sa voulenté soit de faire ainsi.

Le Ménagier de Paris, 1re distinction, art. 6.

A .II. mains a feru de la pesant machue,
A .II. cous .VII. paiens li eschervele et tue.
Et les .C. sunt venus après sans *atendue.*

Gaufrey, v. 6844.

La mort ne fait nulle *attendue.*

RUTEBEUF, Complainte au comte de Nevers.

... Couronné sera sans delay
En bref tans, sans longue *atendue.*

Le Mistere du siége d'Orléans, v. 14302.

Le boulengier, sans *attendue*,
Revint, mais ne le trouva point.
Villon, *Repues franches*, Ire part., III.

ATTENTE, s. f. L'État de celui qui attend, ou le Temps pendant lequel on est à attendre :

Exspectatio, *attente*.
· *Dictionnaire latin-français du* xiiie *siècle*. (Bibliothèque nationale, ms. 7692.)

Bien leur démontra le roi les grands frais et les grands dommages qu'il soutenoit chacun jour pour *attente*.
Froissart, *Chroniques*, liv, I, Ire part., c. 71.

Le seul espoir qu'elle a de vostre brefve délivrance luy fait trouver toute chose impossible bien aisée, avecques une telle *attente* et désir.
La reine de Navarre, *Lettres*; à François Ier, août 1525.

Tout ce feut faict en grand silence de tout le badault peuple, en ferme *attente* du routisseur et desespoir du facquin.
Rabelais, *Pantagruel*, III, 37.

Encore, si, à mode du bled, ilz (les grands capitaines) pouvoient renaistre et se renouveller en ce monde, ce seroit une très-belle et très-douce *attente* pour eux.
Brantôme, *Grands Capitaines :* M. le maréchal de Brissac.

J'espère qu'on ne perdra rien en l'*attente*.
Henri IV, *Lettres*; mars 1588.

Une autre, qui avoit le jugement un peu plus solide, dit qu'une bonne fuitte valoit mieux qu'une mauvaise *attente*.
Les Caquets de l'accouchée, V.

Les deux Testaments regardent Jésus-Christ : l'ancien comme son *attente*, le nouveau comme son modèle; tous deux comme leur centre.
Pascal, *Pensées*.

Mon imagination me rend souvent malheureuse, car je me figure toujours les choses pires qu'elles ne sont; et quand le mal est arrivé, je le supporte plus patiemment que je n'en avois fait l'*attente*.
Mlle de Montpensier, *Portraits*, CXLV : Mme de Montatère.

Mais après tout, que leur reste-t-il à ces rois, non plus qu'à lui, des applaudissements du monde, de la foule de leur cour, de l'éclat et de la pompe de leur fortune? Qu'un silence éternel, une solitude affreuse, et une terrible *attente* des jugemens de Dieu, sous ces marbres précieux qui les couvrent.
Fléchier, *Oraison funèbre de Turenne*.

Mais le vice-roi, qui n'avoit pas encore achevé de digérer sa colère, l'amusa si longtemps, qu'après six semaines d'*attente*, les chefs... traitèrent eux-mêmes.
Saint-Réal, *Conjuration contre Venise*.

Puis irons à Paris san nule demorance;
Lai pandroiz le François plus n'i aura *atante*.
Floovant, v. 1384.

Quant la messe fu dite n'i firent longue *attente*;
Au mengier sont assis, çà cent, çà vingt, çà trente.
Roman de Berte, p. 17.

Or s'en vont li doi roy, n'i firent plus *attente*.
Même ouvrage, p. 180.

Je me sens un peu à malaise,
Pour l'eure, de complexion;
Et n'est pas mon intencion
Y aller pour l'eure presente,
Ne de moy nulle mencion
Ne faictes, ne n'ayez *attente*.
Le Mistere du siége d'Orléans, v. 1664.

Qu'estes vous sot? Dieu vous bénye
Cuidez-vous que je ne sois mye
L'autre foy de meilleure *attente*.
Farce de Jolyet. (Voyez *Ancien Theâtre françois*, publié par Viollet-le-Duc, t. I, p. 60.)

Françoys Villon...
. . . .
Vous supplie par ceste humble escriture
Que luy faciez quelque gracieux prest.
De s'obliger en toutes cours est prest;
Si vous doubtez que bien ne vous contente,
Sans y avoir dommage ne interest,
Vous n'y perdrez seulement que l'*attente*.
Villon, *Requeste à monseigneur de Bourbon*.

Parquoy vous pry scavoir, de combien c'est
Qu'il veult cedulle, affin qu'il se contente;
Je la feray tant seure (si Dieu plaist)
Qu'il n'y perdra que l'argent et l'*attente*.
Cl. Marot, *Épîtres*, I, 15.

... Si j'ay cest heur,
J'auray gaigné avec l'*attente*
Sept ou huict cent livres de rente.
R. Belleau, *la Reconnue*, V, 3.

... Julien,
N'as-tu pas vu l'Italien
Passer par là ? — Qui, ce forfante ?
Par Dieu ! il y pert son *attente*.
Jacq. Grevin, *les Esbahis*, III, 4.

Mais pourquoy m'effrayer? c'est Pyrame qui dort.
Pour divertir l'ennuy de son *attente* oisive
Il repose au doux bruit de ceste source vive.
Théophile, *Pyrame et Thisbé*, V, 2.

Moy seul, dans la saison où chascun se contente,
Accablé des douleurs d'une cruelle *attente*,

Languy sans reconfort et tout seul dans l'hyver,
Ne voy point de printemps qui me puisse arriver.

THÉOPHILE, *Élégie*.

Chaque moment d'*attente* ôte de notre prix,
Et fille qui vieillit tombe dans le mépris.

CORNEILLE, *le Menteur*, II, 2.

Quand on attend sa belle,
Que l'*attente* est cruelle !

ÉTIENNE, *Joconde*, II, 12.

... Las d'une vaine *attente*,
Sur le bord du balcon je m'étais assoupi.

ALFRED DE MUSSET, *Nuit d'octobre*.

En attente, dans l'attente :

Toute l'Allemagne estoit *en attente* quels seroient les fruicts du Concile de Poissi.

D'AUBIGNÉ, *Histoire universelle*, t. I, liv. II, c. 25.

On a sçu depuis que le capitaine avoit été toute la nuit *en attente*.

SAINT-RÉAL, *Conjuration contre Venise*.

Villars avoit annoncé la bataille par un courrier à la cour, qui fut quatre jours *dans la plus vive attente*.

SAINT-SIMON, *Mémoires*, 1711.

Rome reposait *dans l'attente* et dans la terreur.

CHATEAUBRIAND, *Martyrs*, liv. XV.

Quel que soit le transport d'une âme impatiente,
Ma parole m'engage à rester *en attente*.

MOLIÈRE, *l'Étourdi*, V, 4.

Sans attente, sans point d'attente, Sans retard, sans difficulté, immédiatement :

Sans point d'attente, il manda les otages qui issus de Derval étoient, deux chevaliers et deux écuyers, bien gentils hommes, et les fit mener du plus près du chastel qu'il put, et là furent décolés.

FROISSART, *Chroniques*, liv. I, II⁰ part., c. 369.

Se vous ne m'aidiez *sans attente*,
Je crain que je n'y soie attente.

Miracle de l'enfant donné au diable, v. 128.
(Voyez *Miracles de N.-D.*)

... Donc *sans attente*
Vous requiers d'avoir mon sauveur.

Moralité nouvelle d'ung empereur qui tua son neveu, qui avoit prins une fille par force.
(Voyez *Ancien Théâtre françois*, Bibliothèque elzévirienne, t. III, p. 166.)

Voilà le vieil Creon, si heureux ce matin,
Malheureux à ceste heure. Il estoit *sans attente*,

Sans espoir esleu roy d'une ville puissante.

GARNIER, *Antigone*, act. V, 8.

ATTENTE signifie aussi L'espérance, l'opinion qu'on a conçue de quelqu'un, de quelque chose :

Il... surpasse l'*attente* par la montre.

BALZAC, *Lettres*, V, 20.

Les hommes jugent de nous par l'*attente* qu'ils en ont conçue, et le moindre défaut d'un auteur célèbre, joint avec les malignités du public, suffit pour faire tomber un bon ouvrage.

VOLTAIRE, *Vie de Molière*.

En ce sens, ATTENTE est très fréquemment accompagné d'un adjectif possessif :

Tout homme vivant est vanité : chacun passe comme ombre. Et maintenant quelle est *mon attente*? Seigneur, mon espérance s'adresse à toy.

CALVIN, *Institution chrestienne*, liv, II, c. 10, § 15.

Vostre responce grave et modeste, qui attribuë tout à Dieu, a surmonté *mon attente*.

SULLY, *Œconomies royales*, c. 30.

Constantin tâchoit aussi de se signaler contre les Bulgares; mais les succès ne répondoient pas à *son attente*.

BOSSUET, *Histoire universelle*, I, 2.

Peut-être que, pour les confondre, Dieu refusera cette gloire à leurs vains désirs? Non, il les confond mieux en la leur donnant et même au-delà de *leur attente*.

LE MÊME, *Oraison funèbre du prince de Condé*.

Je ne vous parle point, Monsieur, de la frayeur où je suis de ne pouvoir assez bien remplir *votre attente*, comme président des états prochains de cette province (la Bretagne).

L'ÉVÊQUE DE SAINT-MALO à Colbert, 28 août 1675.
(Voyez DEPPING, *Correspondance administrative sous Louis XIV*, t. I, p. 550.)

Voilà presque l'unique fois qu'en n'écoutant que mes penchants, je n'ai pas vu tromper *mon attente*.

J.-J. ROUSSEAU, *les Confessions*, part. I, liv. V.

Il ne s'est pas trompé dans *son attente*, il a reçu des instructions de toutes parts, et il s'est trouvé en état, dans l'espace d'une année, de donner une meilleure forme à son ouvrage.

VOLTAIRE, *Supplément du Siècle de Louis XIV*, I⁰ partie.

Voilà des faits : je leur dois la sécurité de *mon attente* et le courage d'un travail aussi pénible que celui que j'ai entrepris.

BEAUMARCHAIS, *Mémoires*, II.

Doncques, ô Chimère inconstante !
Tu as dessous les ombres mis
Le prince qui fut *nostre attante*
Et l'effroy de nos ennemis !

RONSARD, Odes, II, 3.

Quiconque a *son attente* aux grandeurs de ce monde,
. . . .
Me vienne voir chetive, ô Troye ! et vienne voir
En cendres la grandeur que tu soulois avoir.

GARNIER, Troade, I, v. 1.

Or donc, que gagne-t-on de rire ou de pleurer ?
Craindre confusément, bien ou mal espérer ?
Puisque même le bien, excédant *notre attente*,
Nous saisissant le cœur, nous trouble et nous tourmente.

RÉGNIER, Satires, XVI.

Après une action pleine, haute, éclatante, [peuple].
Tout ce qui brille moins remplit mal *son attente* (du

CORNEILLE, Horace, V, 2.

Oui, mignonne, je songe à remplir *ton attente*.

MOLIÈRE, l'École des maris, II, 7.

Xipharès ne vit plus, il n'en faut point douter.
L'événement n'a point démenti *mon attente*.
Quand je n'en aurois pas la nouvelle sanglante,
Il est mort, et j'en ai pour garants trop certains
Son courage et son nom trop suspects aux Romains.

RACINE, Mithridate, V, 1.

Mais son retour du moins consoloit *votre attente*.

SAURIN, Béverlei, I, 1.

Le héros à ces mots lui donne son épée.
Votre attente, ô grand roi ! ne sera point trompée,
Lui répondit Turenne, embrassant ses genoux :
J'en atteste ce fer, et j'en jure par vous.

VOLTAIRE, Henriade, X.

Je veux qu'à tous égards ma fille soit contente ;
Que l'époux qu'elle aura soit selon *son attente*.

PIRON, la Métromanie, II, 2.

ATTENTE s'emploie fréquemment avec la préposition DE, suivi soit d'un nom de chose ou de personne, soit d'un verbe à l'infinitif :

Autre gent sont qui bien poent pledier por autrui, sans fere serement qui apartient à fere as avocas, si comme aucun plede, sans *attente de* loier, por aucun de son lignage.

BEAUMANOIR, Coutumes de Beauvoisis, V, 5.

Despuis que je ne vous vis, la toux m'a tousjours tenue en estremité, dont me treuve tant foible que, sans l'*attente de* vostre venue, aurois peur ne passer la Toussaints.

MARGUERITE DE NAVARRE, Lettres ; à François Ier, octobre 1527.

Resjouissez-vous sur l'*attente de* bientost avoir bonne nouvelle de nous.

MONTLUC, Commentaires, II.

Les maroufles le regardoient, ouvrans la gueule d'un grand pied, et tirans les langues comme levriers, en *attente de* boyre après.

RABELAIS, Gargantua, I, 34.

Il n'avoit que ce filz, son seul espoir, sa seule joye et consolation, sa seule *attente de* le voir un jour ce que desjà sa jeunesse si belle et si accomplie luy promettoit.

BRANTÔME, Grands Capitaines : M. le prince de la Roche-sur-Yon.

Ils (certains mots) contentent suffisamment la pensée de l'écrivain et l'*attente du* lecteur.

BALZAC, Socrate chrétien, disc. X.

Alors le deuil fini, chacun retourna à ses exercices, et Drusus partit pour se rendre vers les légions de l'Illyrie, laissant toute la ville en *attente de* la vengeance que l'on prendroit de Pison.

PERROT D'ABLANCOURT. trad. de Tacite : Annales, liv. III, 1.

Corrompant les soldats par les présents et généralement tout le monde par l'*attente de* sa fortune.

SARAZIN, Conspiration de Valstein.

Il est nécessaire que chaque acte laisse une *attente de* quelque chose qui se doive faire dans celui qui le suit.

P. CORNEILLE, IIIe Discours sur la Tragédie.

Contre l'*attente du* prince, David fut assez heureux pour tuer deux cents Philistins.

BUSSY-RABUTIN, Discours à ses enfants : David.

Voilà la prédication suspendue par tout le royaume, la bouche fermée aux évêques par l'autorité du roi, et tout en *attente de* ce que le prince établiroit sur la foi.

BOSSUET, Histoire des variations des Églises protestantes, VII, n° 79.

Dieu veut que nous vivions au milieu du temps dans une *attente* perpétuelle de l'éternité.

LE MÊME, Sermons. Sur la Providence.

S'il (Dieu) punissoit ici tous les criminels, je croirois toute sa justice épuisée, et je ne vivrois pas en *attente* d'un discernement plus redoutable.

LE MÊME, même ouvrage.

Jacob disoit clairement que, dans la décadence du royaume de Juda, le Christ qui viendroit alors seroit l'*attente des* peuples ; c'est-à-dire qu'il en seroit le libérateur.

LE MÊME, Discours sur l'histoire universelle, II, 23.

Mais après tout, que leur reste-t-il à ces rois non plus qu'à lui, des applaudissements du monde, de la foule de leur cour, de l'éclat et de la pompe de leur fortune, qu'un silence éternel, une solitude affreuse et une terrible *attente des* jugements de Dieu, sous ces marbres précieux qui les couvrent.

FLÉCHIER, *Oraison funèbre de Turenne.*

Il ne faut pas s'imaginer que l'*attente* de l'éternité n'agisse point sur notre esprit.

MALEBRANCHE, *Recherche de la vérité*, IV, 12.

Nous ne vivons pas, dans l'*attente* continuelle *des* nouvelles de Flandre.

Mᵐᵉ DE MAINTENON, *Lettres*; au duc de Noailles, 30 juin 1709.

Toute l'Europe étoit en ce temps-là dans l'*attente* de la bataille qui se préparoit à la mer entre l'Angleterre et la Hollande.

LE MARQUIS DE POMPONNE, *Mémoires*, I, 5.

L'ambition... rend les hommes intrépides au milieu des plus grands dangers, pendant que l'espérance en Dieu tout-puissant et l'*attente* de son royaume éternel ne peuvent les rassurer contre les vains discours d'une impiété qui fait horreur.

FÉNELON, *Lettres spirituelles*, XLII.

Ce seroit ici le lieu de parler de ses aventures ; mais qui peut les conter avec assez d'agrément et de légèreté pour remplir l'*attente* de ceux qui en auroient déjà entendu parler?

HAMILTON, *Mémoires de Grammont*, V.

Il (le cardinal de Bouillon) étoit à Rome, où bientôt les autres cardinaux de la nation le suivirent, dans l'*attente* d'un conclave qu'annonçoit la mort prochaine du pape Innocent XII.

HÉNAULT, *Mémoires*, c. 3.

Occupé de l'*attente* de revoir bientôt ma bonne maman, je fis un peu trêve à mes chimères, et le bonheur réel qui m'attendoit me dispensa d'en chercher dans mes visions.

J.-J. ROUSSEAU, *les Confessions*, I, 4.

De quel front iroit-il... s'asseoir au banc des juges, quand l'*attente* d'un arrêt l'a presque jeté parmi les coupables?

BEAUMARCHAIS, *Mémoires.*

Schaftesbury... avait fui en Hollande. Il y passa quelques années dans l'*attente* d'une révolution nouvelle dont il avait été le plus habile artisan.

VILLEMAIN, *Littérature au XVIIIᵉ siècle*, VIᵉ leçon.

    ... Je n'ay aucune *attente*
De nul qui soit, de quoy ne me contente.

ROGER DE COLLERYE, *Complaincte de l'infortuné:*

Falloit-il permettre à l'envie
D'employer ses injustes soins
Pour faire icy languir ma vie
En l'*attente* de faux tesmoins.

THÉOPHILE, *Requeste au Roy.*

Adieu : je vais chercher au milieu des combats
Cette immortalité que donne un beau trépas,
Et remplir dignement, par une mort pompeuse,
De mes premiers exploits l'*attente* avantageuse.

CORNEILLE, *Polyeucte*, II, 2.

ATTENTE s'employoit souvent au pluriel :

Sire, le dernier mars j'ay receu lettres de Cambrai (chargé d'affaires de France à Constantinople)... et contiennent... que M. Gérard, ambassadeur du roy des Romains, sollicitoit son expédicion en très-grande instance et obtenir une partie de ses *attentes.*

DE MORVILLIERS à François Iᵉʳ, 2 avril 1547.
(Voyez CHARRIÈRE, *Négociations de la France dans le Levant*, t. I, p. 654.)

Possible que, si je fusse venu au bout de mes *attentes* et propositions, j'eusse faict plus de mal à ma patrie que jamais n'a faict renegat d'Alger à la sienne.

BRANTÔME, *Grands Capitaines françois :* M. le mareschal de Bellegarde.

Pleust à Dieu que tu fisses si bien que nos maistres parvinssent à leurs *attentes*, et les viellards fussent apaisés !

LARIVEY, *le Morfondu*, V, 4.

Quand l'empereur Julian fut parvenu au dessus de ses *attentes*, y eut-il jamais homme qui procura tant de mal à nostre chrestienté que luy?

EST. PASQUIER, *Recherches de la France*, III, 43.

Mais vous et les vostres, impatients de repos et qui aviez peu de soin de la religion, pourvu que parvinssiez à vos *attentes*, ne peustes souffrir cette tranquillité qui ne vous estoit pas saine.

Satyre Ménippée : Harangue de M. d'Aubray.

Dispensez-moi donc, Monseigneur, de profaner des effets si merveilleux et des *attentes* si hautes par la bassesse de mes idées et par l'impuissance de mes expressions.

P. CORNEILLE, Dédicace de *Rodogune*, au prince de Condé.

Pour les Vénitiens commandoit François de Gonzague, marquis de Mantoue , plus connu par les belles *attentes* qu'il donnoit que par les beaux exploits qu'il eust faits.

MÉZERAY, *Histoire de France :* Charles VIII.

Madame la Dauphine sera mariée aujourd'hui 9 à Châlons. On dit merveilles de son mérite. La plupart de ceux qui parlent ainsi de gens qu'on ne connoît pas encore sont des ennemis ou des amis indiscrets ; car on ne remplit pas d'ordinaire les grandes *attentes.*

BUSSY-RABUTIN, *Lettres*; au marquis de Trichateau, 9 mars 1680.

Un silence extrême annonçoit éloquemment la crainte, l'attention, le trouble , la curiosité de toutes les diverses *attentes.*

SAINT-SIMON, *Mémoires*, 1718.

Scipion vient, seigneur, d'arriver dans vos tentes,
Ravi du grand succès qui prévient ses *attentes.*
P. Corneille. *Sophonisbe,* IV, 3.

Je ne m'étonne pas si je romps tes *attentes.*
Molière, *l'Étourdi,* III, 4.

Nous verrons quelque jour nos *attentes* remplies.
Collin d'Harleville, *les Châteaux en Espagne,* I, 8.

Pièce d'attente, Pièce où l'on attend.

De longue main l'usage établi de ces audiences étoit que les ministres étrangers étoient introduits l'un après l'autre, suivant qu'ils étoient arrivés dans la *pièce d'attente,* pour éviter toute dispute de rang entre eux.
Saint-Simon, *Mémoires.*

Salle d'attente se dit particulièrement, dans les gares de chemins de fer, Des salles où les voyageurs attendent le départ des trains.

Table d'attente, Plaque, pierre, planche, panneau sur lequel il n'y a encore rien de gravé, de sculpté, de peint :

Au milieu j'érige une *table d'attente,* ou compartiment quarré, lequel deux enfants tiennent par les costez.
Philibert de l'Orme, *Architecture,* VIII, 10.

On l'a souvent employé figurément :

Votre face est plus reluisante
Que n'est une *table d'attente*
Où l'on assied de la couleur.
Régnier, *Louanges de Macette.*

Nos vieux romans, en leur style plaisant,
Nomment cela paroles de présent.
Nous y voyons pratiquer cet usage,
Demi-amour et demi-mariage,
Table d'attente, avant-goût de l'hymen.
La Fontaine, *Contes.* Le Remède.

Et qu'il a sur le front une *table d'attente*
Qui de sa destinée est la preuve éclatante.
Boursault, *Fables d'Ésope,* I, 4.

On a dit, par allusion à cette expression, des *Visages d'attente :*

Tu t'imagines bien que ma joie est extrême
D'y voir (à la cour) certaines gens tout fiers de leur
[maintien,
Qui ne déparlent pas, et qui ne disent rien ;
D'y rencontrer partout des *visages d'attente,*
Qui n'ont que l'espérance et les désirs pour rente.
Regnard, *Démocrite,* II, 5.

Pierres d'attente, Pierres qui font saillie, d'espace en espace, à l'extrémité d'un mur, pour faire liaison, dans la suite, avec quelque autre construction :

Les renvois sont dans un article, comme ces *pierres d'attente* qu'on voit séparées les unes des autres et saillantes sur les extrémités verticales d'un long mur.
Diderot, *Dictionnaire encyclopédique :* Encyclopédie.

Il se dit, figurément, d'Une chose qu'on ne regarde que comme un commencement, et qui doit avoir une continuation :

Il (le roi) donna ses ordres pour la visite de l'abbaye de Cluni, et de tous les monumens d'orgueil qu'en manière de *pierre d'attente* le cardinal de Bouillon y entassoit depuis longtemps.
Saint-Simon, *Mémoires,* 1710.

Il veut absolument du burlesque ; j'ai eu beaucoup de peine à obtenir qu'il n'y eût point d'Arlequin. A l'égard de Sanchette, elle n'est qu'une *pierre d'attente.*
Voltaire, *Correspondance générale.*

Certaines répétitions, certains vers lâchés et décousus qui sont des *pierres d'attente.*
Le même, *Lettres ;* au roi de Prusse.

On veut dresser un monument contre le fanatisme, contre la persécution ; c'était vous, c'était Diderot qu'il fallait mettre là ; je me tiens *pierre d'attente.*
Le même, *Lettres ;* à d'Alembert, 27 avril 1770.

Il n'a pas achevé son Optique, parce que des expériences dont il avoit encore besoin furent interrompues, et qu'il n'a pu les reprendre. Les *pierres d'attente* qu'il a laissées à cet édifice imparfait, ne pourront guère être employées que par des mains aussi habiles que celles du premier architecte.
Fontenelle, *Éloge de Newton.*

Cet académicien (Beauzée) a essayé de remplir quelques *pierres d'attente* parmi le grand nombre de celles que l'abbé Girard avait laissées en suspens.
D'Alembert, *Éloge de Girard.*

La nature, qui ne fait rien en vain, semble ici s'écarter de sa sagesse, et se livrer à des caprices ou à des excès ; mais ces superfluités sont des prévoyances et des *pierres d'attente* dans l'édifice de sa puissance.
Bernardin de Saint-Pierre, *Harmonies de la nature,* 1.

Si ces savants hommes (les Tournefort, les Le Vaillant, les Linnœus) n'ont tiré aucune conséquence des relations des plantes entre elles et avec les éléments, ils ont préparé au moins des *pierres d'attente* à la science à venir.
Le même, même ouvrage, XI.

Robespierre nous accuse d'avoir inséré dans le décret de suspension un article portant qu'il serait nommé un gouverneur au prince royal ; il prétend que c'était là une *pierre d'attente* que nous avions posée pour le royauté.

VERGNIAUD. (Voyez *Choix de rapports, opinions et discours*, t. XI, p. 386.)

ATTENTE a quelquefois été employé anciennement avec le sens de Action d'attenter, Attentat :

De tout notre pouvoir ferons réparer et radresser tous les dommages, *attemptes* ou emprises faites contre ces présentes alliances.

FROISSART, *Chroniques*, liv. I, II⁰ part., ç. 132.

ATTENTION, s. f. (Du latin *Attentio*, tiré lui-même de *Attendere*.)

On ne trouve point d'anciens exemples de ce mot, et le premier *Dictionnaire* où il soit recueilli est celui de Richelet (1680), bien que les mots *Attentif*, *Attentivement* paraissent dans nos plus anciens lexiques. Néanmoins, on le rencontre de bonne heure dans les Dictionnaires latins-français pour traduire le mot *Attentio* :

Attentio. *Attention*, Soing.

Dictionariolum puerorum, 1552.

Application d'esprit à quelque chose :

L'*attention* est épuisée, et il faut finir.

P. CORNEILLE, III⁰ *Discours sur la Tragédie*.

Parlez-moi toujours de votre santé, ma chère enfant ; hélas ! c'est toute mon *attention*.

Mᵐᵉ DE SÉVIGNÉ, *Lettres* ; à Mᵐᵉ de Grignan, 1ᵉʳ décembre 1679.

Il y a une sorte d'*attention* après que la vérité est connue, et c'est plutôt une attention d'amour et de complaisance que d'examen et de recherche.

BOSSUET, *De la Connaissance de Dieu et de soi-même*, c. 1, art. 16.

On peut comprendre la nature de l'*attention*, et que c'est une application volontaire de notre esprit sur un objet.

LE MÊME, même ouvrage, c. 3, art. 17.

L'*attention* est la force de l'âme.

LE MÊME, *Politique tirée de l'Écriture sainte*.

L'*attention* de l'esprit se fait à soi-même une solitude.

LE MÊME, *Sermons*. Sur la véritable Conversion.

La nécessité de rendre compte de ma lecture, ou d'un sermon, si j'en avois entendu, me forçoit à y donner de l'*attention*.

Mᵐᵉ DE CAYLUS, *Souvenirs*.

Elle (la reine d'Espagne) m'écoutoit aussi avec une *attention* particulière, tenant son éventail qu'elle remuoit quelquefois, et d'autres fois elle le retenoit dans les endroits qui lui étoient plus sensibles.

L'ARCHEVÊQUE D'EMBRUN à Louis XIV, 19 mai 1667.

(Voyez MIGNET, *Succession d'Espagne*, t. II, p. 103.)

Ce n'est que par l'*attention* de l'esprit que toutes les vérités se découvrent, et que toutes les sciences s'apprennent.

MALEBRANCHE, *la Recherche de la vérité*. Préface.

Agréez, Mesdames, que je m'arrête à ces dernières paroles, que je me serve de toute votre *attention*, et que je loue ici une de ces actions célèbres.

FLÉCHIER, *Oraison funèbre de Mᵐᵉ de Montausier*.

La reine avoit passé ses jours avec la même *attention* qu'on a d'ordinaire à sa dernière heure.

LE MÊME, *Oraison funèbre de Marie-Thérèse*.

Venez-vous interrompre ici l'*attention* que vous devez aux saints mystères ?

LE MÊME, *Oraison funèbre de Le Tellier*.

La flotte seule du prince d'Orange, toute prête à mettre à la voile, est digne d'*attention*.

Mᵐᵉ DE SÉVIGNÉ, *Lettres* ; à Bussy-Rabutin, 22 septembre 1688.

Qui dit *attention*, dit une opération de l'âme, et une opération intellectuelle accompagnée d'affection et de volonté.

FÉNELON, *Lettres spirituelles*, XIII.

N'hésitez pas à vous recueillir en la présence de Dieu, quand le goût vous en viendra, pourvu que ce goût n'aille pas à une trop longue ou trop forte *attention*.

LE MÊME, même ouvrage, XLVII.

L'on parle impétueusement dans les entretiens, souvent par vanité ou par humeur, rarement avec assez d'*attention*.

LA BRUYÈRE, *Caractères*, c. 5.

Notre siècle surtout, où l'irréligion fait tant de progrès, doit encore plus réveiller là-dessus leur *attention* et leur zèle.

MASSILLON, *Petit Carême*, II⁰ dimanche.

Les lois de Minos, de Lycurgue et de Platon supposent une *attention* singulière de tous les citoyens les uns sur les autres.

MONTESQUIEU, *Esprit des lois*, IV, 7.

Le voyage du czar en France, au commencement de mai, devint l'*attention* de toute l'Europe, en particulier de l'Angleterre.

SAINT-SIMON, *Mémoires*, 1717.

Il avoit si bien acquis la pénible habitude de l'*attention*, que quand on lui proposoit quelque chose de difficile, on voyoit dans l'instant son esprit se pointer vers l'objet, et le pénétrer.

FONTENELLE, *Éloge du Père Malebranche*.

Il va, vient, fait la ronde, et se donne mille peines; il voudroit être tout *attention*.

J.-J. ROUSSEAU, *Émile.*

Il ne s'agit donc pas d'écouter avec une *attention* imbécile, mais avec un air d'homme de goût, qui sent et qui entend.

TRUBLET, *Essais de littérature et de morale.*

L'*attention* est une partie essentielle de l'esprit de la conversation. Elle ne doit pas consister seulement à ne rien perdre de ce que disent les autres; il faut de plus qu'elle soit d'un caractère à ne pouvoir leur échapper; qu'ils découvrent qu'elle n'est pas uniquement l'effet de la politesse, mais d'un penchant qu'on se trouve à les entendre.

MONCRIF, *Moyens de plaire.*

Comparer, juger, réfléchir, raisonner ne sont que différentes manières de conduire notre *attention*.

CONDILLAC, *Grammaire.*

La comparaison n'est donc qu'une double *attention*.

LE MÊME, même ouvrage.

Avec de l'*attention*, on se corrige de ses mauvaises habitudes; avec de l'application, on en acquiert de bonnes.

LE MÊME, *De l'Art d'écrire.*

L'*attention* donne à l'esprit une fécondité surprenante et bien souvent inespérée.

MARMONTEL, *Éléments de littérature :* Attention.

Le défaut d'*attention* est d'un esprit léger ou préoccupé, le défaut de justesse est d'un esprit faux ou borné.

LA HARPE, *Cours de littérature,* IIIᵉ part., liv. IV, c. 2: Helvétius.

Tous ces visages napolitains exprimaient par leur vive physionomie l'*attention* la plus animée.

Mᵐᵉ DE STAEL, *Corinne,* liv. XIII, c. 4, § 1.

Ce sont les relations extérieures, les guerres, les négociations, les alliances, qui attirent l'*attention* et remplissent l'histoire.

GUIZOT, *Histoire de la Civilisation en Europe,* XIᵉ leçon.

Ah! mon *attention* est toute dans mes yeux.

DUFRESNY, *le Faux sincère,* II, 10.

ATTENTION signifie aussi Soin officieux, obligeant :

Il voulait que les étrangers y fussent tous invités (aux tables de la cour); cette *attention* dura pendant tout son règne.

VOLTAIRE, *Siècle de Louis XIV,* c. 25.

Lorsque le surintendant Fouquet donna à Louis XIV cette fête si superbe dans le château de Vaux, le surintendant porta l'*attention* jusqu'à mettre dans la chambre de chaque

courtisan de la suite du roi une bourse remplie d'or, pour fournir au jeu de ceux qui pouvoient manquer d'argent, ou n'en avoir pas assez.

DUCLOS, *Considérations sur les mœurs.*

Ce seroit une *attention* bien nécessaire, bien utile à l'État, que de faire un règlement par lequel on aboliroit les vaines pâtures.

BUFFON, *Histoire naturelle :* Dégénération des animaux.

C'est une *attention* dont les gens en place vous tiennent toujours compte.

PICARD, *les Ricochets,* sc. 4.

Ce mot était employé assez fréquemment dans une signification galante :

Plusieurs des cavaliers des plus considérables d'Espagne me recherchèrent en mariage. Celui qui s'attira mon *attention* fut don Alvar de Mello.

LE SAGE, *Gil Blas,* I, 11.

D'un autre côté, Léonor, qui s'étoit aperçue de l'*attention* que le comte avoit pour elle, n'avoit pu se défendre d'en avoir pour lui.

LE MÊME, *le Diable boiteux,* c. 4.

C'étoit un jeune homme entreprenant, et digne de l'*attention* d'une jolie femme mal mariée.

LE MÊME, même ouvrage, c. 9.

Il n'avoit jamais songé à elle (La Mothe Houdancourt); mais dès qu'il la crut honorée de l'*attention* de son maître, il crut qu'elle méritoit la sienne.

HAMILTON, *Mémoires de Grammont,* V.

ATTENTION s'emploie absolument d'une manière impérative :

Attention sur la journée, monsieur Figaro!

BEAUMARCHAIS, *Mariage de Figaro,* I, 2.

On a quelquefois employé ce mot au pluriel dans son sens habituel :

Je tâcherai pourtant de ne rien confondre, mais j'ai besoin que vous renouveliez vos *attentions*.

BOSSUET, *Doctrine spirituelle sur la vie chrétienne.*

Donnez-moi du moins vos *attentions* dans un discours où il s'agit de l'attention elle-même.

LE MÊME, *Sermons.* Iᵉʳ dimanche de l'Avent.

Voilà trois sublimes vérités que saint Augustin nous propose, et que je tâcherai de rendre sensibles, si vous me donnez vos *attentions*.

LE MÊME, IIIᵉ *Sermon :* Fête de tous les Saints.

Il y a, pour l'effet total d'un ouvrage, mille petites *atten-*

tions à faire qui, toutes prises ensemble, ne sont pas moins importantes que les grandes règles.

LAMOTTE, Discours préliminaire.

Ces trois efforts n'avoient pas été troublés par le cours rapide du jeu, ni par les différentes *attentions* promptes et vives qu'il demande à chaque instant.

FONTENELLE, Éloge de Dangeau.

L'amour de l'étude de la nature suppose dans l'esprit deux qualités qui paroissent opposées : les grandes vues d'un génie ardent qui embrasse tout d'un coup d'œil, et les premières *attentions* d'un instinct laborieux qui ne s'attache qu'à un seul point.

BUFFON, Histoire naturelle.

Les mouvements de l'armée de réserve suspendaient les pensées, fixaient toutes les *attentions*, excitaient tous les intérêts.

NAPOLÉON, Mémoires, t. I, p. 217.

Ce mot ne s'emploie guère à ce nombre que dans le sens de Soins, d'égards, de prévenances :

Quand on veut de moi certaines *attentions* suivies qui me dérangent, je suis sec et tranchant, non par indifférence ou dureté, mais par impatience et par vivacité de tempérament.

FÉNELON, Lettres spirituelles, CXCIV.

Rien de ce que feroient les pères et les mères pour leurs enfants ne doit paroître aux précepteurs au-dessous d'eux ; j'entends par là certaines *attentions*, certains soins pour leur personne et pour leur santé.

ROLLIN, Traité des Études, liv. VIII, IIe part., c. 4.

Ils eurent pour lui des égards et des *attentions* qui le charmèrent.

LE SAGE, le Diable boiteux, c. 19.

C'est un langage indécent qui blesse les égards et les *attentions* qui vous sont dus.

MASSILLON, Petit Carême, IIe dimanche.

La santé, déjà ruinée par l'intempérance, succombe sous la multiplicité des remèdes. L'excès des *attentions* achève ce que n'avoit pu faire l'excès des plaisirs.

LE MÊME, même ouvrage, IIIe dimanche.

Plus je parus depuis la mort du roi bien avec le régent, plus mes *attentions* redoublèrent pour les ducs.

SAINT-SIMON, Mémoires, 1715.

Un jeune officier, venu au quartier d'hiver dans la province, trouva mauvais qu'un enfant de seize ans, c'étoit mon âge, attirât les *attentions* d'un autre enfant.

SEDAINE, le Philosophe sans le savoir, II, 4.

Il y a des *attentions* tendres et même timides, de certains honneurs qui ne sont dus qu'à l'innocence et qu'à la pudeur.

MARIVAUX, la Vie de Marianne, IIe partie.

Catherine seule avait trouvé le secret d'apaiser ses douleurs par des soins pénibles et des *attentions* recherchées dont elle seule était capable, et se donnait tout entière à la conservation d'une santé aussi précieuse à l'État qu'à elle-même.

VOLTAIRE, Histoire de Pierre le Grand, IIe part., c. 3.

J'ai reçu, mon cher ami, le petit écrit imprimé ; je vous remercie bien de ces *attentions*.

LE MÊME, Lettres; à Thiriot, 10 avril 1738.

La table ne se trouva pas assez grande pour le nombre que nous étions, il en fallut une petite, où j'eus l'agréable vis-à-vis de monsieur le commis. Je n'y perdis rien du côté des *attentions* et de la bonne chère ; il y eut bien des assiettes envoyées à la petite table, dont l'intention n'étoit sûrement pas pour lui.

J.-J. ROUSSEAU, Confessions, I, 2.

Il paroît oublier les gens qu'il voit tous les jours, et se souvient d'eux au moment qu'ils y pensent le moins ; ses *attentions* paroissent hors de propos, ses cadeaux sont de fantaisie et non de convenance.

LE MÊME, même ouvrage, II, 12.

On eut soin de prodiguer aux autres des *attentions* pour en obtenir de plus fortes, et de respecter son amour-propre, pour n'être pas inquiété dans le sien.

BARTHÉLEMY, Voyage de la Grèce, IIe part., Introduction.

La nature appelait dans l'Amérique déserte la surabondance des peuples de l'Europe ; elle y avait tout disposé avec des *attentions* maternelles, pour dédommager les Européens de l'éloignement de leur patrie.

BERNARDIN DE SAINT-PIERRE, Études de la nature, XIII.

Mon oncle est un bon protecteur qui n'est pas insensible aux petites *attentions* qu'on a pour lui.

PICARD, les Ricochets, sc. 1.

Les petits soins, les *attentions* fines
Sont nés, dit-on, chez les visitandines.

GRESSET, Ver-vert, I.

ATTENTION est souvent accompagné de la préposition *à* et d'un complément :

Les machines... ne plairont guère au théâtre à des personnes de bon goût. Plus elles surprennent, plus elles divertissent l'esprit de son *attention au* discours.

SAINT-EVREMOND, Sur les opéras.

La France... commençoit à donner le branle aux affaires de l'Europe. On avoit une *attention* particulière *à* celles d'Italie.

BOSSUET, Oraison funèbre de Michel Le Tellier.

Je ne sais rien de nouveau ; je ne sais si c'est parce qu'il n'y a rien de nouveau: je ne sais si c'est parce qu'il n'y a rien, ou parce que j'ai peu d'*attention aux* nouvelles.

Mᵐᵉ ᴅᴇ Sᴄᴜᴅᴇ́ʀʏ, *Lettres;* à Bussy-Rabutin, 8 juillet 1677.

Il semble qu'on ne se puisse former une meilleure idée de la vie et de la piété chrétienne qu'en la considérant comme une vie d'*attention* continuelle *à* ce que Dieu demande de nous.

Nɪᴄᴏʟᴇ, *De la soumission à la volonté de Dieu*, Iʳᵉ part., c. 6.

Je ne vois personne qui ait *attention à* vous.

Mᵐᵉ ᴅᴇ Sᴇ́ᴠɪɢɴᴇ́, *Lettres;* 10 août 1680; édition Capmas.

On vit croître en cette admirable fille... cette *attention* perpétuelle qu'elle eut *à* rendre aux uns tout ce qu'elle leur devoit, *à* faire aux autres tout le bien dont elle s'estimoit capable.

Fʟᴇ́ᴄʜɪᴇʀ, *Oraison funèbre de Mᵐᵉ d'Aiguillon*.

Il n'est jamais permis de faire des digressions qui détournent l'esprit pendant un temps considérable de l'*attention à* son principal sujet, pour l'appliquer à des choses de peu d'importance.

Mᴀʟᴇʙʀᴀɴᴄʜᴇ, *De la Recherche de la vérité*, II, I, 4 : De l'Imagination.

Il entre une autre fois dans une assemblée, se place où il se trouve, sans nulle *attention aux* autres ni à soi-même.

Lᴀ Bʀᴜʏᴇ̀ʀᴇ, *Caractères*, c. 11.

Il est visible que le monde nouveau a été créé avec une *attention* particulière *à* prévenir les erreurs des nations et, par conséquent, avec l'hypothèse de la chute de l'homme, dont l'une des suites les plus funestes a été l'idolâtrie.

Dᴜɢᴜᴇᴛ, *Explication de l'ouvrage des six jours*.

Les lois qui donnent la tutelle à la mère ont plus d'*attention à* la conservation de la personne du pupille.

Mᴏɴᴛᴇsǫᴜɪᴇᴜ, *Esprit des Lois*, XIX, 24.

On sait le goût de cette princesse (Christine, reine de Suède), et son *attention à* faire fleurir les sciences, les lettres et les arts.

Hᴇ́ɴᴀᴜʟᴛ, *Mémoires*, c. 19.

Un peu d'*attention à* votre service, s'il vous plaît.

Mᴀʀɪᴠᴀᴜx, *le Jeu de l'amour et du hasard*, I, 2.

Ils ne veulent pas que l'on cherche le plaisir seul dans ce commerce dangereux quoique légitime, mais qu'il soit réglé par la raison et l'honnêteté, avec *attention* continuelle *à* la présence de Dieu.

Fʟᴇᴜʀʏ, *Mœurs des chrétiens*, § 13.

Pour peu qu'*à* cette fable on ait d'*attention*,
On ne peut se méprendre à l'application.

Bᴏᴜʀsᴀᴜʟᴛ, *Fables d'Ésope*, I, 6.

De la préposition *de :*

Je l'écoutois donc (M. de Chevreuse) avec toute l'*attention de* voir en lui mes pensées, mon dessein, mes projets.

Sᴀɪɴᴛ-Sɪᴍᴏɴ, *Mémoires*, 1709.

La cour cependant étoit en maligne *attention de* voir ce qui arriveroit de cette pique qui commençoit fort à grossir.

Lᴇ ᴍᴇ̂ᴍᴇ, même ouvrage, 1710.

De la préposition *en :*

Si vous avez eu des distractions volontaires, ou que vous ayez négligé de prendre le lieu, le temps et la contenance requise, pour avoir l'*attention en* la prière..., accusez-vous-en tout simplement.

Sᴀɪɴᴛ Fʀᴀɴᴄ̧ᴏɪs ᴅᴇ Sᴀʟᴇs, *Introduction à la vie dévote*, II, 19.

De la préposition *pour :*

Le soir je dis à son altesse que j'avois reçu une de vos lettres, qui témoignoit bien de l'*attention pour* sa personne.

M. ᴅᴇ Lᴀᴜɴᴏʏ au comte d'Estrade, 1ᵉʳ septembre 1674. (Voyez Mɪɢɴᴇᴛ, *Succession d'Espagne*, t. IV, p. 309.)

Vous ne sauriez avoir trop d'*attention pour* le régime, trop de précaution contre les remèdes.

Sᴀɪɴᴛ-Eᴠʀᴇᴍᴏɴᴅ, *Pensées*, V.

Il (M. de Sémantes) vouloit bien qu'on eût de l'*attention pour* sa femme, pourvu qu'on en eût davantage pour lui.

Hᴀᴍɪʟᴛᴏɴ, *Mémoires de Grammont*, c. 4.

Le chevalier de Grammont regardoit comme un prodige l'*attention* de son maître (Louis XIV) *pour* les soins de son État.

Lᴇ ᴍᴇ̂ᴍᴇ, même ouvrage, c. 5.

Il est singulier que les Romains, qui connoissoient peu le commerce, aient eu *pour* celui des Indes plus d'*attention* que n'en eurent les rois d'Égypte, qui l'avoient pour ainsi dire sous les yeux.

Mᴏɴᴛᴇsǫᴜɪᴇᴜ, *Esprit des Lois*, XXI, 16.

De la préposition *sur :*

La question de la justification... paroissoit bien d'une autre importance aux protestants : c'est pourquoi, dans l'Apologie, ils demandent par deux fois à l'empereur une *attention* particulière *sur* cette matière.

Bᴏssᴜᴇᴛ, *Histoire des variations des Églises protestantes*, III, 18.

Vous n'avez d'*attention que sur* vous-mêmes, de sentiments que pour vous-mêmes.

Bᴏᴜʀᴅᴀʟᴏᴜᴇ, *Carême :* Sermon sur l'Aumône.

Votre Majesté sait bien, Sire, qu'il n'a pas tenu à moi que je n'aie été présent à tout ce qu'elle a fait en personne; mais tant de gens ont *attention sur* les paroles et *sur* les actions des grands rois, que, hors le secret du conseil, vous ne sauriez rien faire ni rien dire qui ne soit su de tout le monde.

Bᴜssʏ-Rᴀʙᴜᴛɪɴ, *Lettres;* au roi, 30 août 1680.

Les Parisiens n'ont de véritable *attention* que *sur* le plaisir et *sur* la commodité.

DUFRESNY, *Amusements sérieux et comiques*, III.

Parcourons donc ensemble ce globe ; voyons dans quel état il était alors, en l'étudiant de la même manière qu'il paraît avoir été civilisé, c'est-à-dire depuis les pays orientaux jusqu'aux nôtres ; et portons notre première *attention sur* un peuple qui avait une histoire suivie dans une langue déjà fixée, lorsque nous n'avions pas encore l'usage de l'écriture.

VOLTAIRE, *Essai sur les mœurs*, Avant-propos.

Avoir attention que :

Les lois doivent *avoir attention* qu'ils (les esclaves) soient soignés dans leurs maladies et dans leur vieillesse.

MONTESQUIEU, *Esprit des lois*, XV, 17.

Être en attention avec quelqu'un :

Monseigneur le duc de Bourgogne et madame la duchesse de Bourgogne cherchoient à lui plaire (à Mlle Choin), étoient en respect devant elle, en *attention avec* ses amis.

SAINT-SIMON, *Mémoires*, 1707.

Faire attention est une expression qui a été remarquée comme nouvelle au XVIIe siècle :

Ne voyez-vous pas, dit Dorinice, qu'au lieu de ces mots que l'usage avoit introduits et qu'un autre usage a bannis, on voit naître de notre temps le grand air, le bel air... le fameux *faire attention*, si suivi et quelquefois si mal placé.

Mlle DE SCUDÉRY, *Conversations morales* : De la tyrannie de l'usage.

Cette expression est ordinairement suivie de la préposition *à :*

Elle (Mme de Maintenon) devint peu après dame du palais de la reine par la faveur de Monsieur, et le roi ne *fit* alors aucune *attention à* sa beauté.

Mme DE CAYLUS, *Souvenirs.*

Les savants, uniquement occupés des siècles passés, ne *font* nulle *attention aux* mœurs qui les environnent.

LA BRUYÈRE, *Caractères.*

L'habitude où l'on est de voir journellement ces chefs-d'œuvre, empêche d'y *faire l'attention* nécessaire pour sentir tout ce qu'ils peuvent valoir.

GOGUET, *Origine des lois*, t. V, p. 159.

Tu crois qu'elle *fera* quelque *attention à* moi.

MARIVAUX, *les Fausses Confidences*, I, 2.

Dans les premières années que j'entrai dans le monde, je donnai quelques chansons qui firent *faire attention à* moi.

HÉNAULT, *Mémoires*, c. 4.

Il est bon de ne paroître pas trop *faire d'attention à* une personne timide. Cela la met plus à son aise.

TRUBLET, *Essais de littérature et de morale.*

Quelquefois de la préposition *sur :*

M. Talon revint cheux moi le lendemain ; et, après qu'il m'eust tesmoigné de l'estonnement du peu d'*attention* que j'*avois fait sur* son premier advis, il adjousta que ces messieurs m'avoient encore manqué d'un quart d'heure la veille.

CARDINAL DE RETZ, *Mémoires.*

ATTENTION sert de complément à un très grand nombre de verbes actifs, comme on le verra par les exemples qui suivent :

Lorsqu'il vit que ses auditeurs lui *prêtoient* une favorable *attention* pour sçavoir à quoi aboutiroient ses discours, il leur fit cette harangue.

SOREL, *Francion*, X.

Le peuple juif *attire* mon *attention* par quantité de choses admirables qui y paroissent.

PASCAL, *Pensées*, part. II, art. 7, § 1.

Les idées sont si récentes que, quand les acteurs reviennent, l'auditeur n'a point besoin de se faire d'effort pour *rappeler* et *renouer* son *attention.*

P. CORNEILLE, 3e *Discours : Sur la Tragédie.*

En prenant les choses de loin, et *ménageant* bien notre *attention* dont nous sommes maîtres, nous pouvons gagner beaucoup sur les impressions de notre cerveau et le plier à l'obéissance.

BOSSUET, *De la Connoissance de Dieu et de soi-même*, c. 3, n° 18.

Elle (la princesse de Clèves) auroit eu peine à s'en apercevoir (de l'amour du duc de Nemours) elle-même, si l'inclination qu'elle avoit pour lui ne lui *eût donné* une *attention* particulière pour ses actions, qui ne lui permit pas d'en douter.

Mme DE LA FAYETTE, *la Princesse de Clèves*, Ire part.

Comme ils ont beaucoup d'argent, ces Villars, aller et venir, et faire un grand équipage, n'est pas une chose qui *mérite* leur *attention.*

Mme DE SÉVIGNÉ, *Lettres* ; à Mme de Grignan, 30 mars 1672.

Nous entendîmes un grand bruit qui, malgré nous, *attira* notre *attention.*

LE SAGE, *Gil Blas*, I, 12.

Donnez aux affaires dont la Providence vous charge une certaine *attention* paisible et modérée, aux heures convenables ; laissez le reste.

FÉNELON, *Lettres spirituelles*, LXXXVII.

La Forest alla aussi chez madame Fouquet la mère, dont la vertu et la sainteté *méritent attention*.

L'ABBÉ DE CHOISY, *Mémoires*, III.

Il fallut modérer sa gloire de façon qu'elle ne *réveillât* que *l'attention* et non pas la jalousie du prince.

MONTESQUIEU, *Grandeur des Romains*, c. 13.

On doit *donner* une grande *attention* aux disputes des théologiens, mais il faut la cacher autant qu'il est possible.

LE MÊME, même ouvrage, c. 22.

Le nouveau commerce que le czar avait ouvert dans Pétersbourg, *attirait l'attention* de ces deux nations commerçantes.

VOLTAIRE, *Histoire de Charles XII*.

Il est aisé de *réveiller l'attention* en présentant incessamment et des événements inouïs et de nouveaux visages qui passent comme les figures de la lanterne magique ; mais de *soutenir* toujours cette *attention* sur les mêmes objets et sans aventures merveilleuses, cela certainement est plus difficile.

J.-J. ROUSSEAU, *les Confessions*, I, 2.

Au voyage de juillet, M. et Mme de Luxembourg me *marquérent* tant *d'attention*, et me firent tant de caresses que, logé chez eux et comblé de leurs bontés, je ne pus moins faire que d'y répondre en les voyant assidûment.

LE MÊME, même ouvrage, II, 10.

M. de La Chapelle n'oublioit jamais dans les tragédies d'*exciter l'attention* et l'intérêt par quelques scènes propres à faire briller cet incomparable acteur (Baron).

D'ALEMBERT, *Éloge de La Chapelle*.

Vous voulez me faire prendre le change et *détourner* mon *attention* du billet qui, sans doute, est une missive de quelque amant.

BEAUMARCHAIS, *le Barbier de Séville*, II, 15.

ATTENTIONNÉ, ÉE. Adjectif peu usité, que l'Académie n'a pas admis, et qui a été formé sur *attention* :

Elle (S. M. T. C.) veut bien répondre par cette promptitude à la médiation si *attentionnée* du roi de la Grande-Bretagne.

LOUIS XIV, *Instruction à MM. de Vitry, Colbert et d'Avaux, ses plénipotentiaires au congrès de Nimègue*, 23 octobre 1675. (Voyez MIGNET, *Succession d'Espagne*, t, IV, p. 391.)

ATTENTIF, IVE, adj. Qui a de l'attention, de l'application.

Enfin c'en est fait, la Brinvilliers est en l'air... jamais il ne s'est vu tant de monde, ni Paris si ému ni si *attentif*.

Mme DE SÉVIGNÉ, *Lettres*; à Mme de Grignan, 17 juillet 1676

Elle, que j'avois vue si *attentive* pendant que je rendois le même devoir à la reine sa mère, devoit être sitôt après le sujet d'un discours semblable.

BOSSUET, *Oraison funèbre de la duchesse d'Orléans*.

Toujours vigilante, toujours *attentive*, sa mort, si précipitée et si effroyable pour nous, n'avoit rien de dangereux pour elle.

LE MÊME, *Oraison funèbre de Marie-Thérèse d'Autriche*.

Que ce domestique soit emporté et blasphémateur, si du reste il paroît fidèle et *attentif*, on en est content.

BOURDALOUE, *Sermons pour les dimanches* : Sur le soin des domestiques.

Cette preuve est capable d'ébranler d'abord les esprits un peu éclairés, de les rendre *attentifs*, et ensuite, de les convaincre.

MALEBRANCHE, *Recherche de la vérité*, Préface.

Ceux qui font des romans et des comédies sont obligés de plaire et de rendre *attentifs*.

LE MÊME, même ouvrage, liv. III, part. I, c. 1, § 1.

Le secret de Dieu, dit saint Augustin, doit vous rendre plus respectueux et plus *attentif*.

MASSILLON, *Carême*, Le jeudi après les Cendres : Vérité de la religion.

Le courtisan, *attentif* et toujours jaloux de la faveur naissante, démêla bientôt que sa prison n'avoit été qu'un prétexte pour l'introduire à la cour.

VERTOT, *Révolutions de Portugal*.

Le moment de l'élévation de l'hostie fut celui qu'on prit pour le meurtre, afin que le peuple, *attentif* et prosterné, ne pût en empêcher l'exécution.

VOLTAIRE, *Essai sur les mœurs*, c. 105.

Comptez, mon cher Monsieur, que vous aurez en moi toute ma vie un ami tendre et *attentif*.

LE MÊME, *Lettres*; à M. de Maupertuis, 1732.

Mon esprit, impatient de toute espèce de joug, ne peut s'asservir à la loi du moment, la crainte même de ne pas apprendre m'empêche d'être *attentif*.

J.-J. ROUSSEAU, *les Confessions*, VIII.

Il y a des hommes qui ont de l'esprit et un bon cœur, mais remplis de délicatesses fatigantes : ils sont pointilleux, difficiles, *attentifs*, défiants, jaloux ; ils se fâchent de peu de chose et auroient honte de revenir les premiers : tout ce qu'ils mettent dans la société, ils craignent qu'on ne pense qu'ils le doivent.

VAUVENARGUES, *Conseils à un jeune homme*.

Des coursiers *attentifs* le crin s'est hérissé.

RACINE, *Phèdre*, V, 6.

Toi, qui seras pour lui complaisante, *attentive*,
Tu le ménageras mieux que moi qui suis vive.
DUFRESNY, le Faux sincère, I, 2.

Table riche des dons que l'automne étalait,
Où les fruits du jardin, où le miel et le lait,
Assaisonnés des soins d'une mère *attentive*,
De leur luxe champêtre enchantaient le convive.
LAMARTINE, Harmonies : Souvenirs d'enfance.

On vous trouve *attentive* et présente en tout lieu.
LE MÊME, Jocelyn.

ATTENTIF, accompagné d'un nom abstrait ou d'un nom de chose :

J'ai appris de saint Augustin que « l'âme *attentive* se fait à elle-même une solitude. »
BOSSUET, Oraison funèbre de Marie-Thérèse d'Autriche.

Vous donc qui donnez aux juges ces regards bénins, ces oreilles *attentives*... écoutez-nous pour celui qui écoutoit tout le monde.
LE MÊME, Oraison funèbre de Michel Le Tellier.

L'infatigable ministre ouvre des yeux *attentifs* sur tous les tribunaux.
LE MÊME, même ouvrage.

S'ils font une vive impression sur vous, s'ils rendent votre âme *attentive* et sensible aux choses qu'ils disent, s'ils vous échauffent et vous enlèvent au-dessus de vous-même, croyez hardiment qu'ils ont atteint le but de l'éloquence.
FÉNELON, Dialogues sur l'Éloquence, I.

Celui (le visage) du régent avoit un air de majesté douce, mais résolu, qui lui fut tout nouveau, des yeux *attentifs*, un maintien grave mais aisé.
SAINT-SIMON, Mémoires, 1718.

Quoi? diriez-vous, des obligations si saintes, et des mœurs si profanes? une vigilance si continuelle, une vie si peu *attentive* et si dissipée?
MASSILLON, Carême : Sermon sur le petit nombre des élus.

Je regardai en souriant monsieur le comte, dont le visage soutint mes regards *attentifs* sans se laisser pénétrer.
MARIVAUX, le Paysan parvenu, VIIᵉ partie.

Ces turpitudes abominables ne sont guère dans la nature. Un vieillard, un empereur épié de tout ce qui l'approche, et sur qui la terre entière porte les yeux d'autant plus *attentifs* qu'il se cache davantage, peut-il être accusé d'une infamie si inconcevable, sans des preuves convaincantes? Quelles preuves rapporte Suétone? Aucune.
VOLTAIRE, Pyrrhonisme de l'histoire, c. 12.

Tout parle à des gens *attentifs*.
BUFFON, Époques de la nature, 1ʳᵉ époque.

IV.

La poule à l'œil *attentif* ramasse toutes les graines perdues dans les champs.
BERNARDIN DE SAINT-PIERRE, Études de la nature, Étude 1ʳᵉ.

Si ses lecteurs, séduits par la facilité de ses vers, refusent d'y reconnoître les soins d'un art *attentif*, c'est précisément ce qu'il a désiré.
CHAMFORT, Éloge de La Fontaine.

Tous les vents *attentifs* retiennent leurs haleines ;
Le seul Zéphire est libre, et d'un souffle amoureux
Il caresse Vénus, se joue à ses cheveux.
LA FONTAINE, Psyché, I.

Prêtez-moi l'un et l'autre une oreille *attentive*.
RACINE, Athalie, II, 5.

Le flot fut *attentif*, et la voix qui m'est chère
Laissa tomber ces mots...
LAMARTINE, Premières Méditations : Le Lac.

Souvent cet adjectif est accompagné de la préposition *à* suivie,

Soit d'un substantif ou d'un pronom :

Contemplez la forme d'un homme *attentif à* quelque estude.
RABELAIS, Pantagruel, III, 31.

Nous disons... Il est un peu trop *attentif à son proufit*, comme les Latins : *Nimium est attentus ad rem.*
H. ESTIENNE, Précellence du langage françois.

Galba qui ne sçavoit rien de ce qui se passoit, estoit *attentif à* ses sacrifices, et faisoit des vœux pour un empire qui n'estoit déjà plus à luy.
PERROT D'ABLANCOURT, trad. de Tacite, Histoire, I, 7.

Si donc les hommes sont *attentifs* par leur mouvement intéressé *à* ceux qui leur doivent de la reconnoissance, Dieu l'est aussi, selon l'Écriture, mais par une justice toute pure et toute désintéressée.
NICOLE, Des moyens de conserver la paix avec les hommes.

J'aurois bien voulu lui présenter (à la princesse de Tarente) une réponse de votre part ; l'oisiveté de la campagne rend *attentive à* ces sortes de choses.
Mᵐᵉ DE SÉVIGNÉ, Lettres; à Mᵐᵉ de Grignan, 22 mars 1676.

Vous êtes, en vérité, trop agréable et trop bonne d'être si occupée et si *attentive à* ma santé.
LA MÊME, même ouvrage, 5 août 1676.

Ses oreilles (d'Anne d'Autriche) paroissent si *attentives au* soulagement des misérables qu'il semble que son cœur, tout indifférent qu'il est, y prend aussi quelque part.
Mᵐᵉ DE MOTTEVILLE, Mémoires.

Être *attentif à* un objet, c'est l'envisager de tous côtés ; et celui qui ne le regarde que du côté qui le flatte, quelque long que soit le temps qu'il emploie à le considérer, n'est pas vraiment attentif.

BOSSUET, *De la Connoissance de Dieu et de soi-même*, c. 1, art. 16.

Ce grand Dieu sait tout, il voit tout, et néanmoins il veut que tout le monde lui parle ; il écoute tout, et il a toujours l'oreille *attentive aux* plaintes qu'on lui présente, toujours prêt à faire justice.

LE MÊME, *Sermons :* Contre l'Ambition.

Ce qu'il avoit vu arriver à tant de sages vieillards qui sembloient n'être plus rien que leur ombre propre, le rendoit continuellement *attentif à* lui-même.

LE MÊME, *Oraison funèbre de Michel Le Tellier.*

Pour apprécier Dieu dans ses ouvrages, il faut au moins y être *attentif.*

FÉNELON, *De l'Existence de Dieu.*

Les femmes, outre leur autorité naturelle et leur assiduité dans leur maison, ont encore l'avantage d'être nées soigneuses, *attentives au* détail, industrieuses, insinuantes et persuasives.

LE MÊME, *De l'Éducation des filles*, c. 1.

On n'est humble qu'autant qu'on est *attentif à* toutes ses misères. Il faut que cette vue fasse la principale occupation de l'âme.

LE MÊME, *Lettres spirituelles*, LXXVI.

Notre charité est humble et pleine de modération ; elle n'affecte point de régenter ; également *attentifs à* nos défauts et *aux* talents d'autrui, nous sommes portés à critiquer nos actions, et à excuser et redresser celles des autres.

LEIBNITZ, *Théodicée*, Préface.

Le chevalier de Grammont voyoit ce manège sans y pouvoir rien comprendre ; mais comme il étoit *attentif aux* penchants du roi (Charles II), il se mit à lui faire sa cour.

HAMILTON, *Mémoires de Grammont*, c. 6.

Tel est le malheur des grands : tout est *attentif* ou *à* leur déguiser leurs vices, ou *à* leur faire perdre le mérite de leurs vertus.

MASSILLON, *Carême*, II° dimanche : Danger des prospérités.

C'étoit un homme très généreux (le cardinal d'Estrées) ; il étoit aussi fort courtisan et fort *attentif aux* ministres et à la faveur, mais avec dignité.

SAINT-SIMON, *Mémoires*, 1714.

Attentif à son élève dès le berceau, il (Quintilien)... veut que dans le choix de tout ce qui l'approche... on ait soin avant tout des bonnes mœurs.

ROLLIN, *Traité des Études*, Discours préliminaire.

Isocrate... fut le premier, chez les Grecs, qui les rendit *attentifs à* cette grâce du nombre et de la cadence.

LE MÊME, même ouvrage, III, 3, art. 2.

Oui, mon ami, me dit-il, il n'appartient qu'à un provin-

cial ou à un bourgeois de paroître *attentif à* la comédie ; il est du bel air de ne l'écouter que par distraction.

MARIVAUX, *le Paysan parvenu*, VI° part.

Ce fut une surprise extrême pour toute l'Europe *attentive à* la fortune de Charles XII, quand, au lieu de défendre son pays menacé par tant de princes, il passa en Norvège au mois de mars 1716 avec vingt mille hommes.

VOLTAIRE, *Histoire de Charles XII*, VIII.

Cette bataille allait décider du destin de la Russie, de la Pologne, de la Suède et de deux monarques sur qui l'Europe avait les yeux. On ne savait chez la plupart des nations *attentives à* ces grands intérêts, ni où étaient ces deux princes, ni quelle était leur situation.

LE MÊME, *Histoire de Pierre le Grand*, I° part., c. 18.

L'amour est *attentif à* la félicité des Gnidiens ; il choisit les traits dont il les blesse.

MONTESQUIEU, *le Temple de Gnide*, I.

Obligé d'être *attentif à* toutes les sottises qui se discutent et à tous les compliments qui se font.

J.-J. ROUSSEAU, *les Confessions*, part. II, liv. XII.

Au milieu de Londres Voltaire, *attentif à* tout, mêlé à tout... puisait toutes les inspirations, hormis celles du poëme épique, dont l'âge était passé pour les Anglais comme pour nous.

VILLEMAIN, *la Littérature au XVIII° siècle*, I° leçon.

Son oreille *attentive au* cry de l'innocent
Oit ses soupirs, et le prend en sa garde.

RACAN, *Psaumes*, XXXII.

Dedans ton propre sang souilles tes propres mains ;
Entens ce que je dis, *attentif à* ma bouche.

RÉGNIER, *Épîtres*, I.

Je te vois *attentif à* tous mes intérêts.

DESTOUCHES, *le Glorieux*, III, 1.

Soit d'un verbe à l'infinitif :

La bergère demeura quelque temps sans luy respondre, comme si elle eust esté *attentive à* s'habiller ; mais voyant qu'il ouvroit la bouche pour recommencer elle l'interrompit par ces paroles.

D'URFÉ, *l'Astrée*, II° part., liv. VIII.

Quand on est *attentif à* bien écrire, on sait continuer et soutenir la même idée.

SAINT-ÉVREMONT, *De la vraie et de la fausse beauté des ouvrages de l'esprit*, c. 1.

M. Burnet, toujours *attentif à* tirer tout à l'avantage de la nouvelle Réforme, en fait un récit abrégé.

BOSSUET, *Histoire des variations des Églises protestantes*, VIII, 51.

Maintenant que vous avez connu Dieu, ou plutôt que vous êtes connu de lui, que votre vie est cachée en lui, que vous ne voyez que lui et qu'il est, pour ainsi parler, *attentif à* vous regarder comme s'il n'avoit que vous à voir, comment pouvez-vous voir autre chose ?

> BOSSUET, *Doctrine spirituelle sur la vie des saints.*

Ceux qui la voyoient *attentive à* peser toutes ses paroles, jugeoient bien qu'elle étoit sans cesse sous la vue de Dieu.

> LE MÊME, *Oraison funèbre de la reine d'Angleterre.*

Vous voyez... combien ceux qui remplissent les premières places doivent être *attentifs à* agir toujours avec retenue et circonspection.

> LE CHANCELIER DE PONTCHARTRAIN à Boisot, premier président au parlement de Besançon, 23 avril 1713. (Voyez DEPPING, *Correspondance administrative sous Louis XIV*, t. II, p. 315.)

Point d'ambition (Mlle de la Vallière), point de vues, plus *attentive à* songer à ce qu'elle aimoit, qu'à lui plaire.

> L'ABBÉ DE CHOISY, *Mémoires*, III.

La modestie qui semble jeter un voile sur les plus belles actions, et qui n'est *attentive qu'à* les couvrir, sert malgré elle à les relever davantage.

> ROLLIN, *Traité des Études*, liv. VI, Ire part., § 6.

Le cardinal de Rohan étoit né avec de l'esprit naturel... *attentif* surtout *à* se mettre bien avec les évêques, *à* se les attirer et *à* se conserver l'attachement de toute la gent doctrinale, qu'il s'étoit fait un capital de s'acquérir sur les bancs.

> SAINT-SIMON, *Mémoires*, 1713.

Les impériaux se plaignirent de ce que le régent étoit plus *attentif à* procurer les avantages du roi d'Espagne que ce prince n'étoit à les demander.

> LE MÊME, même ouvrage, 1718.

Tout dépend donc d'établir dans la république cet amour (des lois et de la patrie); et c'est *à* l'inspirer que l'éducation doit être *attentive.*

> MONTESQUIEU, *Esprit des lois*, IV, 5.

On voit, dans le traité qui finit la première guerre punique, que Carthage fut principalement *attentive à* se conserver l'empire de la mer.

> LE MÊME, même ouvrage, XXI, 11.

On peut voir, dans l'histoire de l'Académie, par l'abbé d'Olivet, plusieurs faits qui prouvent à l'honneur de Louis XIV, combien ce prince étoit *attentif à* conserver la liberté des élections, et mécontent de tout ce qui pouvoit y porter atteinte.

> D'ALEMBERT, *Éloge de Mauroy*, note 2.

Personne n'étoit plus *attentif* que lui *à* n'offenser jamais qui que ce soit, ni dans la société, ni dans ses ouvrages.

> LE MÊME, *Éloge de Marivaux.*

On trouve aussi *attentif sur :*

Attentive à tout ce qui peut servir le prochain, elle ne l'est pas moins *sur* tout ce qui peut le blesser.

> BOSSUET, *Oraison funèbre de Mme la Dauphine.*

Plus Dieu vous afflige, plus il vous aime, plus il est *attentif sur* vous.

> MASSILLON, *Afflictions.*

Ces hommes toujours *attentifs sur* eux-mêmes.

> LE MÊME, *Carême :* Fautes légères.

Si j'éclate, que dira toute la province, *attentive sur* un homme comme moi ?

> DUFRESNY, *le Jaloux honteux*, V, 5.

Contre le luxe il ne fait que prescher;
Et *sur* l'épargne *attentif* à toute heure,
Ce qu'il dépense il le plaint, il le pleure.

> REGNIER DESMARETS, *Poésies françoises.*

ATTENTIVEMENT, adv. Avec attention.

Son harangue dura assez longtemps, qu'un chascun oyoit fort *attentivement* sans le moindre bruict du monde.

> BRANTÔME, *Grands Capitaines françois :* M. de Guise.

Tout le monde l'arregardoit fort *attentivement*, et moy aussi bien que les autres, et tous l'admirions, autant pour sa vénérable vieillesse que pour estre sœur de ce grand M. de Bourbon.

> LE MÊME, même ouvrage : M. de Montpensier.

Il (le prince d'Auersperg) l'écouta (la réponse de Louis XIV) *attentivement*, mais non pas sans pâlir ou rougir plusieurs fois, selon les raisonnements qui lui sembloient justificatifs ou contraires à sa proposition.

> LE CHEVALIER DE GREMONVILLE à Louis XIV, 24 février 1669. (Voyez MIGNET, *Succession d'Espagne*, t. III, p. 412.)

Pour entendre parfaitement les causes de l'élévation de Rome, et celles des grands changements qui sont arrivés dans son État, considérez *attentivement*, avec les mœurs des Romains, les temps d'où dépendent tous les mouvements de ce vaste empire.

> BOSSUET, *Discours sur l'histoire universelle*, III, 6.

Les tristes dépouilles d'une illustre morte... un prêtre qui offre *attentivement* le sacrifice que l'Église appelle terrible... tout cet appareil de funérailles vous a sans doute déjà touchés.

> FLÉCHIER, *Oraison funèbre de Mme d'Aiguillon.*

J'avoue que vos principes se suivent et qu'ils persuadent quand on les examine *attentivement.*

> FÉNELON, *Dialogues sur l'Éloquence.*

J'examinerai tous vos vœux; mais pensez *attentivement* ce que vous me devez demander.

> LE MÊME, *Fables.*

Les hommes, inconcevables en tout, le sont aussi dans leurs plaisirs : ils veulent des vers et des spectacles, on leur en donne ; ils cherchent si *attentivement* les fautes de ceux qui ne travaillent que pour les amuser, qu'il ne leur faut offrir que des ouvrages parfaits.

> L. RACINE, *Remarques sur Esther et Athalie.*

Vous avez regardé très *attentivement*, ce me semble, une dame qui vient de me quitter.

> LE SAGE, *Gil Blas,* III, 5.

Il n'ose monter ; mais il écoute *attentivement*, et son oreille est frappée du concert discordant que peuvent faire ensemble un chien qui aboie, un chat qui miaule, et un enfant qui crie.

> LE MÊME, *le Diable boiteux*, c. 8.

Je me levai aussi, et, appuyé à la muraille, je l'examinois (le duc d'Orléans) *attentivement* lorsque, levant la tête et soupirant, il me demanda : « Que faire donc ? »

> SAINT-SIMON, *Mémoires,* 1710.

Je m'attendois bien que je serois *attentivement* examiné par une compagnie dont on avoit pris soin de ne me pas faire aimer.

> LE MÊME, même ouvrage, 1718.

Tout cela présente un tableau bien varié, et si l'on suit *attentivement* la chaîne de tous les usages de l'Europe depuis Charlemagne, dans le gouvernement, dans l'Église, dans la guerre, dans les dignités, dans les finances, dans la société, enfin jusque dans les habillements, on ne verra qu'une vicissitude perpétuelle.

> VOLTAIRE, *Essai sur les mœurs*, c. 97 : De la Chevalerie.

Quiconque observera un peu *attentivement* le génie anglais sera frappé d'un double fait : d'une part, la sûreté du bon sens, l'habileté pratique ; d'autre part, l'absence d'idées générales et de hauteur d'esprit dans les questions théoriques.

> GUIZOT, *Histoire de la civilisation en Europe*, 14ᵉ leçon.

ATTENTEMENT se trouve, dans Rabelais, avec le sens d'Attentivement :

Panurge leut *attentement* l'escripture du bon vieillart.

> RABELAIS, *Pantagruel*, III, 22.

ATTENDRIR, v. a. Rendre tendre :

Fault... faire comme ceux qui traitent le fer : après qu'ils l'ont amolly et *attendry* par le feu, ils le baignent en quelque humeur froide, dont il prend sa dureté et sa trempe.

> AMYOT, trad. de Plutarque, *Œuvres morales :* Comment on pourra discerner le flatteur d'avec l'amy.

Ce qu'on fait premièrement en *attendrissant* le fruit par bouillir dans l'eau claire.

> OLIVIER DE SERRES, *Théâtre d'Agriculture.*

La gelée *attendrit* les choux. Cela *attendrit* la viande.

> *Dictionnaire de l'Académie,* 1694.

Au retour du printemps, quand les neiges fondues,
De la cime des monts dans les champs descendues,
Ont *attendri* la terre.

> PINCHÊNE, trad. de Virgile, *Géorgiques,* I.

Il signifie, au figuré, Émouvoir de compassion, de tendresse, toucher, adoucir.

Il s'emploie surtout en parlant des personnes :

Cette négligence en une affaire où il s'agit d'eux-mêmes, de leur éternité, de leur tout, m'irrite plus qu'elle ne m'*attendrit*.

> PASCAL, *Pensées.*

La mort de la reine ne donna à la cour qu'un spectacle touchant. Le roi *fut* plus *attendri* qu'affligé.

> Mᵐᵉ DE CAYLUS, *Souvenirs.*

Madame de Clèves fondoit en larmes sur la main de sa mère qu'elle tenoit serrée entre les siennes, et madame de Chartres se sentant touchée elle-même : Adieu, ma fille, lui dit-elle ; finissons une conversation qui nous *attendrit* trop l'une et l'autre.

> Mᵐᵉ DE LA FAYETTE, *la Princesse de Clèves,* Iʳᵉ part.

Elle (Henriette d'Angleterre) reçut notre seigneur ; ensuite Monsieur s'étant retiré, elle demanda si elle ne le verroit plus ; on l'alla quérir ; il vint l'embrasser en pleurant ; elle le pria de se retirer et lui dit qu'il l'*attendrissoit.*

> LA MÊME, *Histoire d'Henriette d'Angleterre.*

Je vous remercie de vos lettres au roi, mon cousin ; elles me feroient plaisir à lire d'un inconnu, elles m'*attendrissent.*

> Mᵐᵉ DE SÉVIGNÉ, *Lettres ;* au comte de Bussy, 1668.

Despréaux vous ravira par ses vers, il *est attendri* pour le pauvre Chapelain.

> LA MÊME, même ouvrage ; à Mᵐᵉ de Grignan, 15 décembre 1673.

Telles sont les conditions de l'accord qui se traite aujourd'hui entre les luthériens et les calvinistes : tels sont les moyens qu'on a pour y parvenir ; et telles sont les raisons dont on se sert pour persuader et *attendrir* les luthériens.

> BOSSUET, *Histoire des variations des Églises protestantes,* Addition au livre XIV, nᵒ 12.

Faut-il vous *attendrir* par la douleur de ceux qui vivent, vous qui êtes déjà si touchées de la perte que vous avez faite !

> FLÉCHIER, *Oraison funèbre de Mᵐᵉ de Montausier.*

Vraiment, c'est bien là le moyen de surprendre, d'étonner, d'*attendrir*, de saisir et de persuader les hommes !

> FÉNELON, *Dialogues sur l'Éloquence,* III.

Il aimoit à lire cette prière, et lorsqu'il se trouvoit avec des personnes disposées à l'entendre, il les *attendrissoit*, suivant ce que m'a conté M. Rollin, qui avoit été présent à une de ces lectures.

Louis Racine, Mémoires sur Jean Racine, IIe part.

J'attendris le bonhomme, qui me donna plus d'argent qu'il ne m'en auroit donné s'il eût pu lire au fond de mon âme.

Le Sage, Gil Blas, I, 1.

Dans des temps de peste, les Carthaginois sacrifioient à leurs dieux un grand nombre d'enfants, sans pitié pour un âge qui excite la compassion des ennemis les plus cruels, cherchant un remède à leurs maux dans le crime, et usant de barbarie pour *attendrir* les dieux.

Rollin, Histoire ancienne, liv. II, Ire part., § 2.

Mon affliction, qui lui parut extrême, la toucha; ma jeunesse, ma bonne façon, peut-être aussi ma parure, l'*attendrirent* pour moi; quand je parle de parure, c'est que cela n'y nuit pas.

Marivaux, la Vie de Marianne, IIIe part.

L'aspect du lac de Genève et de ses admirables côtes eut toujours à mes yeux un attrait particulier que je ne saurois expliquer, et qui ne tient pas seulement à la beauté du spectacle, mais à je ne sais quoi de plus intéressant qui m'affecte et m'*attendrit*.

J.-J. Rousseau, les Confessions, I, 4.

Henri IV ne l'appelait (Jacques Ier) jamais que maître Jacques, et ses sujets ne lui donnaient pas des titres plus flatteurs; aussi disait-il à son parlement : Je vous ai joué de la flûte, et vous n'avez point dansé; je vous ai chanté des lamentations, et vous n'*avez point été attendris*.

Voltaire, Essai sur les mœurs, c. 179 : De l'Angleterre
jusqu'à l'année 1645.

Quand mon oncle m'*eut* ainsi *attendri*, je pris la liberté de lui dire : Vous avez couru une carrière bien épineuse; je sens qu'il vaut mieux être receveur des finances, ou fermier général, ou évêque, qu'homme de lettres.

Le même, Défense de mon oncle, c. 20.

Elle s'échappe (Hypatie), on la saisit, on la traine dans l'église nommée Césarée, on la dépouille nue : les charmes de son corps *attendrissent* quelques-uns de ces tigres; mais les autres, considérant qu'elle ne croit pas en Jésus-Christ, l'assomment à coups de pierres, la déchirent et traînent son corps par la ville.

Le même, De la Paix perpétuelle, c. 23.

Un barbare auroit été *attendri* des témoignages de ma douleur et de ma crainte.

L'abbé Prévost, Manon Lescaut, Ire part.

Ses successeurs (de Molière) sont venus; ils ont voulu nous

attendrir, nous intéresser, nous faire pleurer même dans leurs comédies.

Grimm, Correspondance, 1er avril 1754.

La nature l'a faite (la femme) pour être épouse et mère... pour adoucir les mœurs de l'homme, pour l'intéresser, l'*attendrir*.

Marmontel, Éléments de littérature : Beau.

Il (Chénier), malgré tout ce qu'on peut reprocher à sa vie, étoit susceptible d'être *attendri*, puisqu'il avoit du talent et du talent dramatique.

Mme de Stael, Considérations sur la Révolution
française, IIIe part., § 3.

Il *attendrit* la sœur, il endurcit les frères.

Racine, la Thébaïde, V, 4.

Vos pleurs m'*ont attendri*, Lisette, je me rends.

Dufresny, la Coquette de village, II, 4.

Et, comme j'ai bon cœur, son argent m'*attendrit*.

Destouches, le Glorieux, I, 4.

Le traître m'*attendrit* et m'arrache des larmes.

Le même, même ouvrage, II, 2.

Te le dirai-je ? hélas! tandis qu'il m'a parlé,
Sa voix m'*attendrissait*, tout mon cœur s'est troublé.

Voltaire, Mérope, I, 1.

Quel plaisir d'*attendrir* la beauté que l'on aime,
Et de s'aimer encore en un autre soi-même !

Collin d'Harleville, l'Optimiste, III, 9.

On dit, en parlant d'une personne très digne de pitié, *elle aurait attendri une pierre, un rocher* :

Elle auroit attendri un rocher, belle et affligée comme elle étoit.

Ch. Perrault, Contes : la Barbe-Bleue.

Attendrir le cœur, l'âme, les entrailles, etc. :

J'ay ouy raconter à de vieux mariniers de ces temps, à Gênes, que la chose qui leur *attendrist* plus *le cœur* en telz nauffrages, après les hommes, c'étoit ce piteux spectacle de chevaux.

Brantôme, Grands Capitaines estrangers : Charles-Quint.

Les femmes vous vindrent prier les genoux en terre, les mains iointes et les larmes aux yeux; il y en avoit de belles et une entr'autres la plus belle que l'on eust sçeu voir; tout cela vous *attendrit le cœur*.

Sully, Œconomies royales, c. 95.

On lui a dit qu'on alloit écorcher devant lui son père et sa mère, et de fait on les est allé querir; cela lui *a* un peu *attendri le cœur*.

Malherbe, Lettres; à Peiresc, 1610.

Narcissus, faisant plutost l'office de prince que d'affranchy, l'encouragea (Claude), prit de luy l'authorité de commander aux gardes, et donna un tel ordre à la ruyne de Messaline, qu'il empescha que ses enfans ne fussent présentez à leur père, de peur qu'ils ne luy *attendrissent* davantage *le cœur*.

> COEFFETEAU, *Histoire romaine*, liv. IV.

Je voudrois bien que vous me pussiez *attendrir le cœur* par le récit des aventures de votre belle.

> LA FONTAINE, *Psyché*, I.

La vertu souffrante *attendrit* tous *les cœurs* qui ont quelque goût pour la vertu.

> FÉNELON, *Télémaque*.

L'air de Paris vous auroit-il déjà *attendri l'âme?*

> DUFRESNY, *le Malade sans maladie*, II, 7.

Il est difficile de retenir ses larmes, lorsqu'on le voit (Joseph) obligé de se détourner ou de se retirer pour essuyer les siennes, parce que ses *entrailles étoient attendries* par la présence de Benjamin.

> ROLLIN, *Traité des Études*, IV, 3, § 7.

Maintenant, esprits dédaigneux et frivoles, qui prodiguez une plaisanterie si insultante et si déplacée sur tout ce qui *attendrit les âmes* nobles et sensibles ; vous qui, dans les événements frappants dont dépend la destinée des royaumes, ne cherchez à vous signaler que par des traits que vous appelez bons mots...

> VOLTAIRE, *Éloge funèbre des officiers morts dans la guerre de 1741*.

La scène du poignard a bien réussi: des cœurs durs *ont été attendris*.

> LE MÊME, *Lettres;* 4 août 1755.

Des inventeurs subtils les peines plus cruelles
N'ont *attendri le sein* des simples damoiselles :
Leurs membres delicats ont souffert en maint lieu
Le glaive et les fagots en donnant gloire à Dieu.

> D'AUBIGNÉ, *les Tragiques : Les Feux*, IV.

Et me déshonorant par d'injustes alarmes,
Pour *attendrir mon cœur*, on a recours aux larmes.

> RACINE, *Iphigénie*, III, 6.

Malheur aux *cœurs* ingrats, et nés pour les forfaits,
Que les douleurs d'autrui n'*ont attendris* jamais !

> VOLTAIRE, *Alzire*, II, 3.

Attendrir les yeux, les regards, la voix :

Une longue habitude avoit tellement *attendri ses regards* (de Mme Hyde), que ses yeux ne s'ouvroient qu'à la chinoise.

> HAMILTON, *Mémoires de Grammont*, c. 6.

Un de ces rhumes légers qui *attendrissent la voix* sans la grossir.

> DUFRESNY, *le Malade sans maladie*, II, 4.

Ah! charmante Angélique, *attendrissez ces yeux.*

> DUFRESNY, *la Réconciliation normande*, IV, 8.

Cette *voix* virginale, et qu'*attendrit* encore
La présence du Dieu qu'à genoux elle implore.

> LAMARTINE, *Harmonies*.

Se laisser attendrir :

Retâtez encore un peu votre résolution. Ne vous *laisserez-vous* point *attendrir* au vacarme de ces bonnes gens qui nous ont prêté leur argent? Si vous êtes pitoyable, la banqueroute est flambée.

> *Le Banqueroutier*, scène de la banqueroute. (Voyez GHERARDI, *Théâtre italien*, t. I, p. 382.)

Pour ces deux étrangers *laissez-vous attendrir*.

> VOLTAIRE, *Oreste*, IV, 8.

ATTENDRIR s'emploie encore, surtout en poésie, avec un assez grand nombre d'autres substantifs abstraits ou employés figurément :

Rollin est le Fénelon de l'histoire... Le christianisme, *attendrissant sa plume*, lui a donné quelque chose qui remue les entrailles.

> CHATEAUBRIAND, *Génie du Christianisme*, IIIe part., liv. III, c. 3.

... On voyoit Arion sur la pouppe,
Céder à la fureur de cette avare trouppe,
Et par des actions pleines d'humilité,
Essayer d'*attendrir leur dure cruauté*.

> SAINT-AMANT, *l'Arion*.

Ah! n'*attendrissez* point ici *mes sentiments*.

> CORNEILLE, *Horace*, II, 8.

Ne vous souvient-il plus, en quittant vos beaux yeux,
Quelle vive douleur *attendrit mes adieux?*

> RACINE, *Mithridate*, I, 2.

Montrez que je vais suivre au pied de nos autels
Un roi qui, non content d'effrayer les mortels,
A des embrasements ne borne point sa gloire,
Laisse aux pleurs d'une épouse *attendrir sa victoire*.

> LE MÊME, *Iphigénie*, III, 4.

Mais toujours critiquer en vers pieux et froids...
Sans qu'une fois au moins votre muse en extase
Du mot de tolérance *attendrisse une phrase*.

> GILBERT, *Mon apologie*.

Quoi! nul ne restera pour *attendrir l'histoire*
Sur tant de justes massacrés !

> ANDRÉ CHÉNIER, *Iambes*, III.

Si ces pleurs d'une amante, *attendrissant le sort*,
Écartaient de mon front les ombres de la mort.

> LAMARTINE, *Premières Méditations : A Elvire*.

ATTENDRIR est quelquefois employé neutralement :

Je ne voz onques retourner mes yex vers Joinville, pour ce que li cuers ne me *attendrisist* dou biau chastel que je lessoie et de mes dous enfans.

JOINVILLE, *Histoire de saint Louis.*

Loin de céder à sa foiblesse, plus elle se sentoit *attendrir*, plus elle marquoit d'empressement à vouloir se retirer.

LE SAGE, *le Diable boiteux.*

Sa dame vit illec, qui pleure et qui lermie ;
De la pité qu'il ot le cuer luy *atenrie.*

Doon de Maience, v. 4579.

O qu'heureux est celuy qui vit tranquillement
En son petit mesnage avec contentement !
Il ne voit tant d'horreurs commettre en sa présence,
Il ne voit esgorger une foiblette enfance,
Et les rois desastrez en miserables serfs
Couchez dessus la paille accravauter de fers.
Le cœur m'en *attendrist,* et croy qu'il n'est personne,
Quelque cruel qu'il soit, qui ne s'en passionne.

GARNIER, *Juifves,* act. IV, v. 263.

Il s'emploie souvent absolument :

L'ennui est écrit et gravé sur son visage (de madame la grande duchesse) ; elle est très-sage et d'une tristesse qui *attendrit.*

Mᵐᵉ DE SÉVIGNÉ, *Lettres;* à Mᵐᵉ de Grignan, 26 juillet 1675.

Rien n'est si doux et si nombreux que vos vers ; leur cadence seule *attendrit* et fait couler les larmes des yeux.

FÉNELON, *Dialogues des morts :* Horace et Virgile.

L'on est plus occupé aux pièces de Corneille ; l'on *est* plus ébranlé et plus *attendri* à celles de Racine.

LA BRUYÈRE, *Caractères,* c. 1.

Éryphile a été exécutée par des acteurs qui jouent incomparablement mieux que la troupe du faubourg Saint-Germain. La pièce a *attendri,* a fait verser des larmes.

VOLTAIRE, *Lettres;* 3 février 1732.

Tout ce qui est bas, commun, incapable... d'*attendrir* ou d'élever l'âme, est déplacé dans l'épopée.

MARMONTEL, *Éléments de littérature :* Épopée.

On badine d'abord, puis on *est attendrie.*

BARTHE, *les Fausses Infidélités,* sc. 8.

Qui pleure sans *être attendrie,*
Qui contre les mœurs se récrie
Et change tous les mois d'amant.

DESMAHIS, *Épîtres,* XXIV.

ATTENDRIR s'emploie souvent avec le pronom personnel ;

Au propre :

Suivez les progrès de ce grain que je confie à la terre ; voyez comme il *s'attendrit,* comme il s'enfle, comme il se relève.

VOLTAIRE, *Lettres de Mummius à Cicéron.*

Exposée à l'air, cette terre s'effleurit et *s'attendrit.*

BUFFON, *Histoire naturelle.*

Au figuré :

Je ne doute pas... que vostre âme, toute forte et toute courageuse qu'elle est..., ne *s'attendrisse* des infortunes de ceux qui vous aiment.

BALZAC, *Lettres;* liv. IV, 3.

Ces obsèques despleurent à Tibère qui n'en peust approuver la pompe, soit parce qu'il interpretoit sinistrement toutes les actions de Germanicus, soit parce qu'il craignoit que le courage des soldats ne *s'attendrist* en voyant les misères de la guerre.

COEFFETEAU, *Histoire romaine,* liv. II.

Après *s'être...* bien *attendri* le cœur l'un à l'autre, l'Étoile fit savoir au Destin tous les bons offices qu'elle avoit rendus à la Caverne.

SCARRON, *Roman comique,* II, 13.

Il me fut impossible de la voir... sans m'*attendrir* sur elle par mille pensées différentes.

Mᵐᵉ DE MOTTEVILLE, *Mémoires.*

Il n'y eut cœur qui ne *s'attendrît* à l'entendre parler de lui-même avec tant de modestie.

BOSSUET, *Oraison funèbre du prince de Condé.*

Tout *s'attendrissoit,* tout fondoit en larmes.

FLÉCHIER, *Oraison funèbre de Mᵐᵉ la Dauphine.*

L'univers est, aux yeux de Dieu, comme un tableau qu'il vient de finir. Chaque partie a son usage, chaque couleur est appliquée à propos. Les ombres mêmes donnent du relief au reste. Le lointain, en *s'attendrissant,* fait paraître ce qui est plus proche avec une force nouvelle.

DUGUET, *Explication de l'ouvrage des six jours.*

Votre mère *s'est* fort *attendrie* à la lecture de votre dernière lettre, où vous mandiez qu'une de vos plus grandes consolations étoit de recevoir de nos nouvelles ; elle est très-contente de ces marques de votre bon naturel.

RACINE, *Lettres;* à Jean-Baptiste Racine, 23 juin 1698.

Tu n'as rien à dire contre ma première jeunesse. Souvent, en écoutant tes instructions, je m'*attendrissois* jusqu'à en pleurer.

FÉNELON, *Dialogues des morts :* Socrate et Alcibiade.

Vos peines ne viennent que de vous-même : vous vous les faites en vous écoutant. C'est une délicatesse et une sensibilité d'amour-propre que vous nourrissez dans votre cœur en *vous attendrissant* sur vous-même.

FÉNELON, *Lettres spirituelles*, CXXXI.

Heureuse l'âme qui écoute en toute simplicité ce qui l'empêche de s'écouter et de *s'attendrir* sur soi !

LE MÊME, même ouvrage, CLXVII.

Mettons ce gueux-là entre les mains de la justice.
— Ah ! Messieurs, ne me faites pas un si mauvais tour. J'aime mieux vous donner encore quatre pistoles.
— J'enrage, de *m'attendrir* comme ça pour de l'argent... Pour cette fois on vous pardonne.

La Précaution inutile, II, 5. (Voyez GHERARDI, *Théâtre italien*, t. I, p. 452.)

Le luxe qu'il (le czar Pierre) remarqua le surprit beaucoup ; il *s'attendrit* en partant sur le roi et sur la France, et dit qu'il voyoit avec douleur que ce luxe la perdroit bientôt.

SAINT-SIMON, *Mémoires*, 1717.

Ce sont des émotions d'âme que ce peuple demande : les plus fortes sont les meilleures ; il cherche à vous plaindre si on vous outrage, à *s'attendrir* pour vous si on vous blesse, à frémir pour votre vie si on la menace.

MARIVAUX, *la Vie de Marianne*, IIᵉ partie.

Je *m'attendris* d'un rien, je suis trop bon.

DUFRESNY, *Amusements sérieux et comiques*, XI.

Il n'y a plus d'épanchement pour les vieillards ; mes enfants m'attendrissent et ne savent pas *s'attendrir*, je suis seule au milieu de tout le monde.

J.-J. ROUSSEAU, *la Nouvelle Héloïse*, VI.

On ne sait pas, disoit-elle, quelle douceur c'est de *s'attendrir* sur ses propres maux et sur ceux des autres. La sensibilité porte toujours dans l'âme un certain contentement de soi-même, indépendant de la fortune et des événements.

LE MÊME, même ouvrage, *ibid.*

J'adore la puissance suprême, et je *m'attendris* sur ses bienfaits.

LE MÊME, *Émile.*

Mon premier mouvement, en voyant le vénérable vieillard, fut de *m'attendrir* sur la maigreur de son corps, déjà décharné par les ans.

LE MÊME, *les Confessions*, II, 12.

Cependant les personnes de la plus grande considération venaient en foule dans la prison de madame Calas, où ses filles s'étaient renfermées avec elle. On *s'y attendrissait* jusqu'aux larmes. L'humanité, la générosité leur prodiguaient des secours.

VOLTAIRE, *Traité sur la Tolérance*, c. 25.

Combien doit être cher aux peuples, un maître dont le cœur sera sensible et capable de *s'attendrir* pour eux !

FONTENELLE, *Discours au Roi.*

Le système de notre gouvernement étant d'adoucir le caractère de nos peuples... il n'y a point de moyen plus sûr pour réussir que de leur donner des occasions fréquentes de *s'attendrir* et de verser des larmes.

GRIMM, *Correspondance*, 15 avril 1754.

Il y a dans toutes les comédies de notre académicien plus à sourire qu'à *s'attendrir*, et plus de finesse que d'intérêt.

D'ALEMBERT, *Éloge de Marivaux.*

Je ne puis écrire leur histoire (des nègres) sans *m'attendrir* sur leur état.

BUFFON, *Histoire naturelle : Sur les Nègres.*

Peut-être a-t-il un cœur facile à *s'attendrir.*

RACINE, *Phèdre*, IV, 5.

Mon esprit vous outrage, et mon cœur *s'attendrit.*
— Croyez donc votre cœur et jamais votre esprit.

DESTOUCHES, *le Philosophe marié*, II, 2.

Nous nous attendrirons sur tous les coups du sort.

PICARD, *les Filles à marier*, II, 8.

ATTENDRI, IE, participe.

Lors il ne se trouva personne si insensible aux accidens de ceste vie, qui ne fust touchée, et qui n'eust le cœur *attendry* d'un si misérable spectacle.

COEFFETEAU, *Histoire romaine*, liv. VI.

La reine, *attendrie* de pitié, pour adoucir sa douleur, lui parla et lui fit quelques caresses.

Mᵐᵉ DE MOTTEVILLE, *Mémoires.*

Les premiers chrétiens, ces créatures nouvelles que le Saint-Esprit a formées, *attendris* par la charité qu'il a répandue sur leurs cœurs, ne sont plus qu'un cœur et qu'une âme.

BOSSUET, *Sermons*, IIIᵉ pour le jour de la Pentecôte.

Quand on y lit (dans l'Évangile) cet heureux retour du prodigue retrouvé , et ce transport d'un père *attendri*, qui met en joie toute sa famille, on est tenté de croire que la pénitence est préférée à l'innocence même.

LE MÊME, *Oraison funèbre de Marie-Thérèse d'Autriche.*

Le czar se leva, prit le roi dans ses bras, l'embrassa à plusieurs reprises, les yeux *attendris.*

DUCLOS, *Mémoires secrets sur Louis XIV, la Régence.*

Les peuples et les chefs à plorer sont contrains,
Et chacun essuyoit les larmes de ses mains.
Mesme le dur Ulysse, *attendry* de courage,
De pitoyables pleurs s'est baigné le visage.

GARNIER, *la Troade*, act. IV, v. 111.

De pitié malgré nous nos cœurs étaient surpris,
Et nous nous étonnions de nous voir *attendris*.

VOLTAIRE, *l'Orphelin de la Chine*, III, 1.

Donnez quelque relâche à mon âme *attendrie*.

DESTOUCHES, *le Glorieux*, IV, 3.

ATTENDRISSANT, ANTE, adj. Qui attendrit. Ce mot figure pour la première fois en 1718 dans le *Dictionnaire de l'Académie*.

Avec un nom de personne :

Quand je me serois faite exprès pour être *attendrissante*, pour faire soupirer un amant généreux de m'avoir maltraitée, je n'aurois pu y mieux réussir.

MARIVAUX, *la Vie de Marianne*, III° part.

La Chaussée n'avoit été qu'*attendrissant;* on devint sombre.

M.-J. CHÉNIER, *Tableau historique de la littérature française*.

Avec un nom de chose :

Ces réflexions tristes, mais *attendrissantes*, me faisoient replier sur moi-même avec un regret qui n'étoit pas sans douceur. .

J.-J. ROUSSEAU, *les Confessions*, II, 9.

Catherine le regarda avec une douleur *attendrissante*, et lui dit : « Hé bien, vous avez cassé ce qui fesait l'ornement de votre palais; croyez-vous qu'il en devienne plus beau? »

VOLTAIRE, *Histoire de Pierre le Grand*, II, c. 17.

Je joue Tancrède ce soir... je fais pleurer dans le rôle du bonhomme. Il faut un vieillard vert, chaud, à voix moitié douce, moitié rauque, *attendrissante*, tremblotante.

LE MÊME, *Lettres*; à Mlle Clairon, 24 septembre 1760.

Nous avons aussi des chansons plaintives sur des sujets *attendrissants;* celles-ci s'appellent romances.

MARMONTEL, *Éléments de littérature : Chanson*.

Quant à l'origine du comique *attendrissant*, il faut n'avoir jamais lu les anciens pour en attribuer l'invention à notre siècle.

LE MÊME, *même ouvrage : Comédie*.

ATTENDRISSEMENT, s. m. Action de rendre tendre, mou :

Le fruit se prepare en l'attendrissant, à ce que mol, le sucre le penetre, entrant dedans sans resistance. C'est *attendrissement* se fait par bouillir dans l'eau claire.

OLIVIER DE SERRES, *Théâtre d'agriculture*, VIII° lieu, c. 2.

Au figuré;

IV.

État d'une âme émue par un sentiment tendre :

Il s'étoit mis en tête, à la faveur des fausses exagérations qui se pratiquent avec les grands, de lui faire paroître de grands *attendrissements* par les louanges continuelles qu'il lui donnoit.

Mme DE MOTTEVILLE, *Mémoires*.

Pourquoi pleurerions-nous ceux qui ne pleurent plus, et dont Dieu a essuyé à jamais les larmes? C'est nous-mêmes que nous pleurons, et il faut passer à l'humanité cet *attendrissement* sur soi.

FÉNELON, *Lettres spirituelles*, XCII.

Ces paroles lui causèrent un grand *attendrissement* de cœur.

Dictionnaire de l'Académie, 1694.

J'étois jolie, j'avois l'air fin; vous ne sauriez croire comme tout cela me servoit, combien cela me rendoit noble et délicat l'*attendrissement* qu'on sentoit pour moi.

MARIVAUX, *la Vie de Marianne*, Ire part.

On ne peut lire sa vie (de Marc-Aurèle) sans une espèce d'*attendrissement*.

MONTESQUIEU, *Grandeur des Romains*, c. 16.

Milord Édouard avoit craint l'*attendrissement* des adieux, et nous voulions partir sans être apperçus.

J.-J. ROUSSEAU, *la Nouvelle Héloïse*.

Jamais je n'ai vu les murs de cette heureuse ville (Genève), jamais je n'y suis entré, sans sentir une certaine défaillance de cœur qui venoit d'un excès d'*attendrissement*.

LE MÊME, *les Confessions*, I, 4.

Quiconque, en lisant ces deux lettres, ne sent pas amollir et fondre son cœur dans l'*attendrissement* qui me les dicta, doit fermer le livre.

LE MÊME, *même ouvrage*, II, 9.

Je trouvois une douceur extrême de pouvoir me dire, au moins je suis parmi mes frères; et j'allai communier avec une émotion de cœur et des larmes d'*attendrissement*.

LE MÊME, *même ouvrage*, II, 12.

Ce mouvement d'un *attendrissement* général fut presque semblable à ce que nous avons vu, lorsque son successeur fut en danger de mort à Metz, en 1744. Ces deux époques apprendront à jamais aux rois ce qu'ils doivent à une nation qui sait aimer ainsi.

VOLTAIRE, *Siècle de Louis XIV*, c. 27.

Mme Denis joue à peu près comme Mlle Clairon, excepté qu'elle a dans la voix un *attendrissement* que Clairon voudrait bien avoir.

VOLTAIRE, *Lettres;* à M. Thiriot, 22 septembre 1760.

J'ai dit, il est vrai, Monsieur, que la plaisanterie, le sérieux, *l'attendrissement*, peuvent très-bien s'accorder dans la même comédie.

VOLTAIRE, *même ouvrage*; 15 juillet 1768.

Il lui suffit (au spectateur) de se sentir, si l'on peut parler ainsi, doucement entraîné vers *l'attendrissement* et les larmes, et son cœur achève le reste.

D'ALEMBERT, *Éloge de la Motte*.

Épargne à ta mère et à moi *l'attendrissement* d'un pareil moment.

SEDAINE, *le Philosophe sans le savoir*, I, 8.

Si jamais vous arrachez un homme de bien à l'indigence, au trépas, au déshonneur, j'en prends à témoin les émotions que vous éprouverez; vous verrez alors qu'il est dans la vie des moments *d'attendrissement* qui rachètent des années de peine.

BARTHÉLEMY, *Voyage d'Anacharsis*, c. 78.

Lorsque mon cœur a besoin *d'attendrissement*, je me rappelle la perte des amis que je n'ai plus, des femmes que la mort m'a ravies; j'habite leur cercueil.

CHAMFORT, *Pensées morales*, c. 5.

Ces usages supposent toujours du respect pour les ancêtres et une certaine jeunesse de cœur, qui ne se lasse point du passé, ni de *l'attendrissement* qu'il cause.

Mᵐᵉ DE STAËL, *Corinne*, XV, 8; § 4.

Le jour de la fête le temps était doux, mais nébuleux; il fallait que la nature répondît à *l'attendrissement* de tous les cœurs.

LA MÊME, *De l'Allemagne*, I, 20, § 7.

Quoique Louis Racine fût encore dans l'enfance quand il perdit son excellent père, un souvenir plein *d'attendrissement* anime toute cette biographie.

VILLEMAIN, *Littérature au XVIIIᵉ siècle*, 11ᵉ leçon.

Pervers, je rougissais de mon bon sentiment;
Je refoulais en moi mon *attendrissement*.

LAMARTINE, *Nouvelles Méditations* : à M. de Musset.

ATTENTER, v. n. Ce verbe s'est longtemps employé soit avec un complément direct, soit absolument, dans le sens de Tenter, essayer quelque chose :

Il (Moïse) s'est toujours réglé selon la bouche de Dieu, regardant la promesse pour le temps de la rédemption, et n'*attentant* rien, sinon suivant ce qui lui étoit révélé.

CALVIN, *Traité contre l'astrologie qu'on appelle judiciaire*.

Tout ce que nous *attentons* par zèle inconsidéré n'est rien qui vaille.

LE MÊME, *Institution chrestienne*, I, c. 12, § 1.

Quantes victoires ont esté tollues des mains des vaincqueurs par les vaincuz, quand ilz ne se sont contentés de

raison, mais ont *attempté* du tout mettre à internition et destruire totalement leurs ennemys.

RABELAIS, *Gargantua*, I, 43.

Et courut le lendemain un bruit par toute la ville que Clodius avoit *attenté* une chose malheureuse et meschante.

AMYOT, trad. de Plutarque : *César*, 12.

Ce qui leur estoit comme une garnison qui les tenoit en bride et les gardoit d'*attenter* aucune nouvelleté.

LE MÊME, même ouvrage : *Périclès*, 22.

Son brave courage le poussoit à *attenter* beaucoup.

BRANTÔME, *Grands Capitaines* : M. de Montluc.

Le despit et la honte fit prendre aux chefs de la Religion une résolution pour *attenter* une chose difficile, qu'auparavant par un même jugement ils avoyent estimé n'y avoir nul profit de l'entreprendre.

DE LA NOUE, *Discours politiques et militaires*, XXVI.

Le prince de Condé ne voulut rien *attenter* témérairement, et cercha les voyes pour attirer ses ennemis à combattre.

LE MÊME, même ouvrage, *ibid.*

Cela servist d'exemples à tous aultres de ne rien *attenter* au préjudice du repos public.

HENRI IV, *Lettres*; 18 juillet 1578.

Albinus receut ses offres (de Pescennius Niger), et se contint dans son isle sans rien *attenter* davantage.

COEFFETEAU, *Histoire romaine*, XII.

Bardanés se saisit ensuite des autres provinces plus puissantes, et fust entré peut-estre dans l'Arménie sans le gouverneur de la Syrie Vibius Marsus, qui le menaça de prendre les armes, s'il *attentoit* quelque chose sur cet Estat.

PERROT D'ABLANCOURT, trad. de Tacite, *Annales*, XI, 3.

Sa mère l'ayant reconnu pour le même homme qui avoit *attenté* la même chose dans Rome, elle avoit regagné son bateau fort effrayée.

SCARRON, *le Roman comique*, I, 18.

Nous aurions grand tort, si nous n'avions vaincu Darius que pour donner son empire à un de ses esclaves, lequel ayant *attenté* le plus grand de tous les crimes en la personne de son roy... l'a mis à la chaisne comme un captif.

VAUGELAS, trad. de Quinte-Curce, *Histoire d'Alexandre*, VI.

Le peuple fit de grandes clameurs; nous entendismes mesme quelques voix qui crioient : République ! Mais l'on n'*attenta* rien.

CARDINAL DE RETZ, *Mémoires*.

Qu'y aura-t-il désormais que les hommes ne veuillent savoir? Et que n'*attentera* pas leur témérité?

BOSSUET, *Sermons* : Sur la Pénitence.

Tout droit doit venir de l'autorité publique, sans qu'il soit permis de rien envahir, ni de rien *attenter* par la force.

LE MÊME, *Politique tirée de l'Écriture sainte*.

La lettre du connestable exhortoit le prince (de Condé) à la paix, le conjuroit de ne point *attenter* par force la vengeance des injures, s'il croyoit en avoir receu, et que le temps luy en feroit avoir raison.

MÉZERAY, *Histoire de France :* François II.

Je ne puis m'empêcher d'admirer ici la manie d'avoir des cardinaux en France, et de mettre des sujets en état de faire compter avec eux, *d'attenter* tout ce que bon leur semble, et de narguer impunément les rois et les lois.

SAINT-SIMON, *Mémoires,* 1700.

Il (Villars) n'osa se commettre avec Boufflers, il désavoua tout ce qu'il *avoit attenté* dans ses lettres.

LE MÊME, même ouvrage, 1710.

... Je suis tout vostre
Et ne voudroy rien *attenter*
Qui fust pour vous mescontenter.

JACQ. GREVIN, *les Esbahis,* V, 2.

Comme entre deux rivaux la haine est naturelle,
L'entrevue aisément se termine en querelle :
L'un voit aux mains d'autrui ce qu'il croit mériter,
L'autre un désespéré qui peut trop *attenter*.

P. CORNEILLE, *Polyeucte,* III, 1.

La souffrirai-je en vous (la puissance absolue) sur lui-
[même usurpée,
Et que de mon bonheur vous ayez abusé
Jusqu'à plus *attenter* que je n'aurois osé?

LE MÊME, *Pompée,* III, 2.

Enfin Guise *attenta,* quel que fût son projet,
Trop peu pour un tyran, mais trop pour un sujet.

VOLTAIRE, *la Henriade,* III.

Il s'employait aussi, de la même manière, dans le sens de Commettre un attentat contre une personne ou une chose :

Il (d'Épernon) *a esté* guetté, cavallé, vendu, *attenté* et conjuré en toutes façons, et blessé, et pourtant eschappé jusques icy.

BRANTÔME, *Grands Capitaines :* Couronnels françois.

La loy civile chasse, bannit et rend misérables les enfans à la mamelle de ceux qui ont *attenté* la vie du Prince.

ANTOINE ARNAULD, *Plaidoyer pour l'Université.*

Dans ces divers sens, et particulièremeut dans le dernier, *attenter* est souvent suivi de diverses prépositions.

Attenter à :

Recognoissant que l'emperenr estoit entré en soupçon de luy, il se retira en sa maison comme personne privée où voyant depuis que ce soupçon au lieu de diminuer s'augmentoit de iour à autre, et que l'on vouloit mesme *attenter à* sa vie, il fut contraint de se sauver en Pannonie, parmi les Huns et les Gépides.

D'URFÉ, *l'Astrée,* II⁰ partie, liv. XI.

Nul ne peut *attenter à* l'intégrité d'autrui que par la perte de la sienne.

BOSSUET, IVᵉ *Sermon pour la Circoncision.*

C'est là qu'il se montre jaloux de ses droits, et repousse avec violence tous ceux qui veulent aussi *attenter à* la majesté de son empire.

LE MÊME, *Sermons :* De la Nativité de Notre-Seigneur.

Le duc de Sommerset renvoya les députez de Sa Majesté avec quelques chevaliers auglois, pour s'excuser plus amplement, et demander que les places demeurassent en sureté, sans qu'il *y fust attenté* de part ny d'autre.

MÉZERAY, *Histoire de France :* Charles VII.

Il y a au chasteau d'Angoulesme une nommée d'Angleberme, fille d'un apothicaire d'Orléans, qui s'estoit avisée, il y a vingt-cinq ans, de faire confidence à M. l'archevesque de Paris qu'elle avoit intention *d'attenter à* la personne du roy.

LE COMTE DE PONTCHARTRAIN, à Rouillé des Fontaines, intendant, 10 août 1706. (Voyez DEPPING, *Correspondance administrative sous Louis XIV,* t. II, p. 853.)

Le feu prit au château de Mazarin où il (le duc) étoit. Chacun accourut pour l'éteindre, lui à chasser ces coquins qui *attentoient à* s'opposer au bon plaisir de Dieu.

SAINT-SIMON, *Mémoires,* 1712.

S'il (un Persan) avoit *attenté à* la vie de son souverain.. il en seroit quitte aussi pour perdre la vie.

MONTESQUIEU, *Lettres persanes,* c. 11.

On *attente* d'abord *à* la vie du grand pensionnaire Jean de Witt; ensuite on accuse Corneille, son frère, d'avoir *attenté à* celle du prince.

VOLTAIRE, *Siècle de Louis XIV,* c. 10.

Attenter à la liberté de son prochain me parait un crime contre l'humanité.

LE MÊME, *Lettres;* à l'abbé Moussinot, novembre 1737.

La faute est irréparable, mes pleurs ne tariront point. O toi, qui les fais couler, crains *d'attenter à* de si justes douleurs; tout mon espoir est de les rendre éternelles; le pire de mes maux seroit d'en être consolée!

J.-J. ROUSSEAU, *la Nouvelle Héloïse,* Iʳᵉ part.

Par tout pays le peuple ne s'apperçoit qu'on *attente à* sa liberté, que lorsqu'on *attente à* sa bourse; ce qu'aussi les usurpateurs adroits se gardent bien de faire que tout le reste ne soit fait.

LE MÊME, *Lettres écrites de la montagne.*

La populace croit aller mieux à la liberté, quand elle *attente à* celle des autres.

> RIVAROL, extrait du journal *le Politique national.*

En fructidor, le gouvernement *attenta à* la législature.

> NAPOLÉON, *Mémoires*, p. 238.

Une poignée de chrétiens qui s'efforcent de briser un joug odieux, sont accusés par des chrétiens d'*attenter au repos* du monde.

> CHATEAUBRIAND, *Itinéraire*, Avant-propos : Note sur la Grèce.

Les souverains temporels, qui n'étaient pas moins avides ni moins ambitieux que les évêques, se prévalaient souvent de leurs droits, comme seigneurs ou comme souverains, pour *attenter à* l'indépendance spirituelle.

> GUIZOT, *Histoire de la civilisation en Europe*, V⁰ leçon.

Mais, sire, c'est un vol bien eslevé pour ceux
Qui, foibles d'exercice et d'esprit paresseux,
Enorgueillis d'audace en leur barbe première,
Chantèrent ta valeur d'une façon grossière,
Trahissant tes honneurs, avecq' la vanité
D'*attenter* par ta gloire *à* l'immortalité.

> RÉGNIER, *Satires*, I.

Je recevrois de lui la place de Livie
Comme un moyen plus sûr d'*attenter à* sa vie.

> P. CORNEILLE, *Cinna*, I, 2.

Et je serois coupable autant comme indiscret,
Moi qui ne suis que terre et fange,
D'*attenter à* comprendre un si profond secret.

> LE MÊME, *l'Imitation*, IV, 4.

Que l'on me donne, à moi, toujours le même vin
Que celui que notre hôte a percé ce matin,
Et je défie, ici, toux, fièvre, apoplexie,
De pouvoir de cent ans *attenter à* ma vie.

> REGNARD, *Folies amoureuses*, II, 3.

Attenter contre, encontre :

Si par conseil precipité ont *encontre* eulx *attempté* quelque cas de nouvelleté, le nom et tiltre de vostre alliance entendu, ont soubdain desisté de leurs entreprinses.

> RABELAIS, *Gargantua*, I, 31.

Auquel temps ils (les Daces) n'*attentèrent* aucune chose *contre* la France.

> EST. PASQUIER, *Recherches de la France*, I, 12.

Gilles, archevesque de Reims, fut demis de son archevesché pour avoir voulu *attenter contre* la vie du roy.

> LE MÊME, même ouvrage, III, 8.

Il (Auguste) n'osoit leur pardonner, craignant que leur impunité ne donnast la hardiesse à d'autres d'*attenter contre* sa vie.

> COEFFETEAU, *Histoire romaine*, I, 2.

Il (Caligula) fit accuser les plus riches d'avoir intelligence avec les ennemis de la république, ou d'*avoir attenté* quelque chose *contre* sa personne.

> COEFFETEAU, *Histoire romaine*, III.

Je vous prie de ne rien *attenter* les uns *contre* les autres.

> HENRI IV, *Lettres*; 30 novembre 1588.

Garde-toi bien d'*attenter contre* ta vie ; je veux que tu souffres, mais je ne veux pas que tu meures ; tu en serois trop tôt quitte.

> LA FONTAINE, *Psyché*, II.

Henri VIII n'*attente* rien *contre* les autres vérités catholiques : la chaire de saint Pierre est la seule qui est attaquée.

> BOSSUET, *Histoire des variations des Églises protestantes*, liv. VII, n⁰ 49.

Ravir à un seul homme le présent divin de la vie, c'est *attenter contre* Dieu, qui a mis sur l'homme l'empreinte de son visage.

> LE MÊME, *Politique tirée de l'Écriture sainte.*

Les ennemis de Jésus-Christ pouvoient bien *attenter*, mais non rien exécuter *contre* sa personne, jusqu'à ce que le signal fût donné d'en haut.

> LE MÊME, IV⁰ *Sermon sur la Passion de Jésus-Christ.*

Jusqu'à cette fatale prison, il n'avoit pas seulement songé qu'on pût rien *attenter contre* l'État.

> LE MÊME, *Oraison funèbre du prince de Condé.*

Il y a des conjonctures où l'on sent bien qu'on ne sauroit trop *attenter contre* le peuple ; et il y en a d'autres où il est clair qu'on ne peut trop le ménager.

> LA BRUYÈRE, *Caractères* : Du Souverain.

Il ne faut point exagérer, ni dire des cours le mal qui n'y est point : l'on n'y *attente* rien de pis *contre* le vrai mérite que de le laisser quelquefois sans récompense, on ne l'y méprise pas toujours.

> LE MÊME, même ouvrage, c. 8.

Le primat, *contre* les droits duquel l'évêque de Cujavie *attentoit* en tant de façons, aussi bien que *contre* toutes les lois du royaume, publia un long manifeste contre lui et contre tous les partisans de Saxe.

> SAINT-SIMON, *Mémoires*, 1697.

Clément XI, alors pape, envoya des brefs à tous les prélats de Pologne, et surtout au cardinal primat, par lesquels il les menaçait de l'excommunication, s'ils osaient assister au sacre de Stanislas, et *attenter* en rien *contre* les droits du roi Auguste.

> VOLTAIRE, *Histoire de Charles XII*, liv. III.

Attenter de :

Le prieur de Capoue a escript icy en commun à ses frères, leur rendant compte en termes généraulx de la cause de son déportement, qu'il dict estre pour saulver son honneur et sa vye, et pour n'avoir à estre subject à ceulx qui s'estoient entièrement montrés ses ennemis, et qui avoient voulu *attenter de* luy oster la vie.

M. DE SELVE à Henri II, 30 octobre 1551. (Voyez CHARRIÈRE, *Négociations de la France dans le Levant*, t. I, p. 164-165.)

Il fit une ordonnance par laquelle il permit de tuer, sans autrement mettre en justice, celui qui aspireroit à la tyrannie; voulant que celui qui auroit fait le meurtre fust absous à pur et à plain, moyennant qu'il fît aparoir comment le tué auroit *attenté de* se faire roy.

AMYOT, trad. de Plutarque, *Vie des hommes illustres :* Publicola.

De quoy Marius fut si fort indigné qu'il *attentât de* les ôter par force (des statues).

LE MÊME, même ouvrage: Sylla, IX.

Il (Vespasien) alloit outre cela discourant à par soy, qu'en ces discordes civiles la fidélité des soldats n'estoit gueres constante, et qu'il les falloit tous craindre en particulier; d'autant qu'en vain on s'asseuroit des bandes et des compagnies entieres, s'il y en avoit seulement un qui voulust *attenter de* faire un meschant acte, pour obtenir la recompense promise aux assassins.

COEFFETEAU, *Histoire romaine*, liv. VI.

Les immenses richesses qu'il (Plautian) possédoit, le respect que tout le monde luy portoit... luy donnèrent la hardiesse d'aspirer à la tyrannie, et d'*attenter de* se faire empereur.

LE MÊME, même ouvrage, liv. XIII.

Ne cognois amant si hardy qui osast *attenter de* parler à sa dame, s'il n'y estoit convié par un doux regard.

BOUCHET, *Serées*, II, 19.

Les jésuites... *avoient* déjà par plusieurs fois *attenté* d'ôter la vie et le royaume à la reine Élisabeth.

MÉZERAY, *Histoire de France.*

Depuis quelques années une inconnue, nommée la Raison, auroit entrepris d'entrer par force dans les écoles... *auroit* aussi *attenté* ladite Raison, par une entreprise inouïe, de déloger le feu de la plus haute région du ciel.

BOILEAU, *Arrest burlesque.*

Attenter jusqu'à :

Mais si vous *attentez jusqu'à* me commander,
Jusqu'à prendre sur moi quelque pouvoir de maître,
Je me souviendrai lors de ce que je dois être.

CORNEILLE, *OEdipe*, II, 1.

Je vois Pallas banni, votre frère arrêté;
Vous *attentez* enfin *jusqu'à* ma liberté.

RACINE, *Britannicus*, IV, 2.

Attenter sur :

Ces tyrans *avoyent attenté* et entrepris *sur* la liberté du peuple d'Athènes.

AMYOT, trad. de Plutarque, *Vies des hommes illustres :* Alcibiade, LIII.

Nostre reigle generale est qu'en France nous devons vivre en la religion catholique, apostolique, romaine : et celle de Rome, que le pape ne peut rien *attenter sur* nos roys ny *sur* leur royaume à leur préjudice.

EST. PASQUIER, *Recherches de la France*, III, 17.

J'avois chascun jour advis qu'on dressoit des entreprises pour *attempter sur* ma personne.

HENRI IV, *Lettres;* 15 août 1580.

Vous ne meritez pas seulement le nom d'hommes, d'avoir violé le droit des gens, et *attenté sur* des personnes sacrées et inviolables.

PERROT D'ABLANCOURT, trad. de Tacite, *Annales*, liv. I, 5.

Après, il en eut des nouvelles plus certaines par Megistaues Babylonien, qui luy dit qu'on n'*avoit* encore rien *attenté sur* sa personne, mais qu'il estoit en danger d'estre bientost ou pris ou tué.

VAUGELAS, trad. de Quinte-Curce, *Histoire d'Alexandre*, liv. V.

Si peu qu'on nous touche... nous ne craignons pas d'*attenter* hautement *sur* le droit d'autrui.

BOSSUET, *Sermons :* Sur la Justice.

C'est *sur* cette souveraine indépendance que nous osons *attenter;* c'est ce droit sacré et inviolable que nous affectons par une audace insensée.

LE MÊME, même ouvrage : Sur la Nativité de N.-S.

On remarque que de tous ceux qui prestèrent leurs armes ou leur conseil, fussent chefs ou soldats, pour *attenter sur* le Saint-Père, il n'en resta pas un qui, dans peu d'années, n'eust une fin digne d'un si détestable forfait.

MÉZERAY, *Histoire de France :* François Ier.

Unissons-nous, voyageons ensemble, *attentons sur* la bourse du prochain.

LE SAGE, *Gil Blas*, c. 1.

Celui en qui l'espérance s'éteindroit un instant, *attenteroit* en cet instant *sur* lui-même.

LAMOTTE, *Discours sur l'incertitude de l'avenir.*

Au coin de cette rue (de la Vieille Draperie) étoit la maison de cet exécrable Jean Châtel, qui *attenta sur* la personne de Henri IV.

SAINT-FOIX, *Essais sur Paris.*

On *a* dix fois *sur* vous *attenté* sans effet.

CORNEILLE, *Cinna*, II, 1.

De quel droit *sur* vous-même osez-vous *attenter?*
>   Racine, *Phèdre,* I, 3.

Attenté, ée, participe.

Clovis reduisit sous son obéissance toute l'Allemagne : chose auparavant *attentée,* mais non jamais mise à fin par le Romain.
>   Est. Pasquier, *Recherches de la France,* VI, 44.

Que le cours de la justice soit libre, et les choses *attentées* au contraire soient punies.
>   Le duc de Rohan, *Mémoires,* I, 1.

Et si... nous défiant de la justice (car nous devons toujours reconnoître... que nous n'en avons aucune pour succéder auxdits royaumes), nous les voulussions occuper par force d'armes... que dès maintenant comme pour lors on la tienne, juge et déclare pour illicite, injuste et mal *attentée...*
> *Renonciation, avec serment, de l'infante Marie-Thérèse, future reine de France, à tout le droit de succession à la couronne d'Espagne,* à Fontarabie, le 2 juin 1660. (Voyez Mignet, *Succession d'Espagne,* t. I, p. 61.)

ATTENTAT, s. m. Entreprise criminelle ou illégale contre les personnes ou les choses :

Ilz se sentoient coulpables de telz *attentats,* et pretendoient à faire de telles choses au maniement des affaires qu'ilz avoient craint que Caton ne fust eleu præteur.
>   Amyot, trad. de Plutarque : Caton d'Utique, 55.

Ce que je me suis chargé de faire... à ce que par là les dicts de la religion aient contentement,... en donnant ordre à leurs plaintes et réparant les dicts *attentats.*
>   Henri IV, *Lettres;* 29 juillet 1579.

Comme c'est *attentat* de s'ingérer dans l'administration des royaumes, si on n'y est appelé de la part de celuy qui les gouverne, c'est rebellion de les gouverner par d'autres maximes que les siennes.
> Mézeray, *Histoire de France :* Charles le Chauve ; Harangue de Lothaire à ses fils.

Les bons princes n'avoient qu'à faire observer la loi de Moïse, et se contentoient d'en recommander l'observance à leurs successeurs. Y ajouter ou en retrancher un seul article étoit un *attentat* que le peuple eût regardé avec horreur.
>   Bossuet, *Discours sur l'Histoire universelle,* II, 3.

La réformation anglicane a rayé un si grand homme (Saint Thomas de Cantorbéry) du nombre de ses saints. Mais elle a porté bien plus haut ses *attentats :* il faut qu'elle dégrade tous les saints qu'elle a eus depuis qu'elle a été chrétienne.
> Le même, *Histoire des variations des Églises protestantes,* liv. VII, n° 114.

Est-il rien de plus injuste que de verser le sang humain pour des injures particulières, et d'ôter par un même *attentat* un citoyen à sa patrie, un serviteur à son roi, un enfant à l'Église et une âme à Dieu?
>   Bossuet, *Sermons :* Sur l'Honneur.

La flatterie de notre amour-propre nous fait si grands à nos yeux, que nous prenons pour un *attentat* la moindre apparence de contradiction, et nous emportons si peu qu'on nous blesse.
> Le même, IV° *Sermon sur la Passion de Jésus-Christ,*

Le gentilhomme d'Auvergne logé dans la chambre voisine crut qu'on délibéroit sur la vie du roi, et ne sachant pas le nom du personnage, prit innocemment le héros du temps passé pour celui du nôtre, et fit un *attentat* d'un divertissement imaginaire.
> Fléchier, *Mémoires sur les grands jours de 1665.*

Il s'en faut peu que le crime heureux ne soit loué comme la vertu même, et que le bonheur ne tienne lieu de toutes les vertus. C'est un noir *attentat,* c'est une sale et odieuse entreprise, que celle que le succès ne sauroit justifier.
>   La Bruyère, *Caractères,* c. 13 : Des jugements.

Le roy luy rendit bien-tost son change (à don Pedro), et luy dit que si le roy d'Espagne continuoit ses *attentats,* il porteroit le feu jusque dans l'Escurial.
> Hardouin de Perefixe, *Histoire de Henri le Grand,* III° part., année 1608.

Cet homme (Cromwell), dont l'ambition s'étoit ouvert le chemin à la puissance souveraine par de grands *attentats,* s'y maintenoit par des qualités dont l'éclat sembloit l'en rendre digne.
>   Hamilton, *Mémoires de Grammont,* VI.

Moi! que je demeure davantage dans Paris, dans ce tripot éternel où les femmes sont des ripopées de jeu et de coquetterie? Et comment y feroit-il sûr pour les hommes, quand les oiseaux sont à peine en sûreté dans l'air contre les *attentats* des coëffures des femmes?
> Delosme de Montchenai, *Mezetin grand Sophy de Perse,* scène de M. Grognard et de Colombine. (Voyez Gherardi, *Théâtre italien,* t. II, p. 343.)

Les saints ont regardé la pénitence de ces pécheurs... comme des *attentats* semblables à ceux des infidèles qui venoient dans nos temples fouler aux pieds les mystères saints.
> Massillon, *Carême,* Mercredi de la I° semaine : Sur la rechute.

Il (Judas) fait du plus doux signe de la paix le signal du plus infâme des *attentats.*
>   Le même, même ouvrage, Vendredi saint.

Sa puissance a bien pu dominer cette célèbre école au

point de lui faire commettre l'*attentat* de dégrader Henri III, et de le déclarer sans droit ni autorité quelconque.

SAINT-SIMON, *Mémoires*, 1698.

Nous avons vu par combien d'*attentats* heureux il fut le premier roi de l'Europe absolu, depuis l'établissement du grand gouvernement féodal; Ferdinand le Catholique ne put jamais l'être en Arragon.

VOLTAIRE, *Essai sur les mœurs*, c. 94 : Louis XI.

Si ceux qui tenaient encore pour le culte romain objectaient que le siège de Rome n'était pas responsable des crimes commis par les moines, on leur mettait devant les yeux les *attentats* dont plusieurs papes s'étaient souillés.

LE MÊME, même ouvrage, c. 129 : De Zuingle.

Savez-vous que vos querelles absurdes, et enfin l'*attentat* de ce monstre Damiens, m'attirent des reproches de toute l'Europe littéraire?

LE MÊME, *Lettres*; 26 mars 1757.

Les Italiens se plaignoient, comme d'un *attentat*, des retranchements que Mirabaud avoit fait subir à son auteur (le Tasse).

D'ALEMBERT, *Éloge de Mirabaud*.

L'*attentat* du monstre Damiens a donné lieu à une requête de la ville d'Amiens, en Picardie, pour supplier le roi de permettre qu'elle changeât de nom.

GRIMM, *Correspondance*, 15 juillet 1757.

Les rois, comme leurs sujets, ne mettoient aucun art à déguiser leurs plus grands *attentats*.

MABLY, *Observations sur l'histoire de France*, I, 3.

L'*attentat* dont le but sera soit de détruire, soit de changer le gouvernement... sera puni de mort.

Code pénal, III, 87.

L'exécution ou la tentative constitueront seules l'*attentat*.

Même ouvrage, III, 88.

L'orgueil a des effets encore plus funestes, il porte ses *attentats* jusque sur Dieu.

CHATEAUBRIAND, *Génie du christianisme*, Ire part., II, 1.

La nature, continuellement attaquée par ces vils excès, se débat vainement contre nos *attentats*.

J. DE MAISTRE, *Soirées de Saint-Pétersbourg*, I.

Laissez nommer sa mort un injuste *attentat* :
La justice n'est pas une vertu d'État.

P. CORNEILLE, *Pompée*, I, 1.

Mes esclaves en sont; apprends de leurs indices
L'auteur de l'*attentat*, et l'ordre, et les complices :
Je te les abandonne.

LE MÊME, même ouvrage, IV, 4.

La satire, en leçons, en nouveautés fertile,
Sait seule assaisonner le plaisant et l'utile,

. . . .
Et souvent sans rien craindre, à l'aide d'un bon mot,
Va venger la raison des *attentats* d'un sot.

BOILEAU, *Satires*, IX.

Que de rimeurs blessés s'en vont fondre sur vous!
Vous les verrez bientôt, féconds en impostures,
Amasser contre vous des volumes d'injures;
Traiter en vos écrits chaque vers d'*attentat*,
Et d'un mot innocent faire un crime d'État.

LE MÊME, même ouvrage, *ibid.*

Je reçois vingt avis qui me glacent d'effroi:
Hier, dit-on, de vous on parla chez le roi;
Et d'*attentat* horrible on traita la satire.

LE MÊME, *Épîtres*, VI.

De quel nom cependant pourrons-nous appeler
L'*attentat* que le jour vient de nous révéler?

J. RACINE, *Britannicus*, I, 1.

Les plus dangereux séducteurs
En font leur principale affaire (de tromper en
Et par un commun *attentat*,   [flattant :)
Tout ce qu'un grand et vaste État
Peut avoir dans chaque province
De plus fin, de plus délicat,
Fait dessein sur l'esprit du prince.

REGNIER DESMARETS, *Poésies françoises*; Amst., 1753, in-12, t. II, p. 159.

Venez, Mégère, Alecton, Tisyphone,
Venez punir l'*attentat* odieux
De ces Typhons masqués en demi-dieux.

J.-B. ROUSSEAU, *Allégories* : Le jugement de Pluton.

Ma fortune a permis qu'un voile heureux et sombre
Couvrit mes *attentats* du secret de son ombre.

VOLTAIRE, *Mérope*, II, 3.

Attentat à :

Papinien, cette grande lumière de leur jurisprudence (des Romains), qualifioit ces sortes de conventions d'*attentat à* l'autorité des lois.

Traité des droits de la reine, 1667. (Voyez MIGNET, *Succession d'Espagne*, t. II, p. 67.)

Aujourd'huy, Armand Deschamps de Marcilly, clerc du diocèse de Paris, par un *attentat aux* ordres et aux volontez de V. M., a fait assigner les abbé et religieux, prieur et couvent de l'abbaye du Mont-Saint-Eloy-lès-Arras au grand conseil.

Requête du conseil d'Artois au Roi, 1665. (Voyez DEPPING, *Correspondance administrative sous Louis XIV*, t. I, p. 597.)

Tout *attentat à* la pudeur, consommé ou tenté sans violence sur la personne d'un enfant de l'un ou de l'autre

sexe âgé de moins de onze ans, sera puni de la réclusion.
Code pénal, III, 331.

A la beauté c'est faire un *attentat*
Que d'oser prophaner un teint si délicat
De votre main rude et grossière.
AUTREAU, *Démocrite prétendu fou*, II, 7.

Attentat contre :

Vous vous imaginez que le crédit que vous avez dans l'Église empêchera qu'on ne punisse vos *attentats contre* la vérité.
PASCAL, *Provinciales*, XIII.

Il (le duc d'York) envisageoit son mariage comme un *attentat contre* le respect et l'obéissance qu'il devoit au roi (Charles II).
HAMILTON, *Mémoires de Grammont*, IX.

Il y avoit une loi de majesté contre ceux qui commettoient quelque *attentat contre* le peuple romain.
MONTESQUIEU, *Grandeur des Romains*, c. 14.

Ce qui est étonnant, c'est que monsieur le lieutenant de police ait permis cet *attentat* public *contre* toutes les lois de la société.
VOLTAIRE, *Lettres*; 9 février 1736.

Toute personne qui aura été témoin d'un *attentat*, soit *contre* la sûreté publique, soit *contre* la vie ou la propriété d'un individu, sera tenue d'en donner avis au procureur du roi.
Code d'instruction criminelle, I, 30.

Attentat envers :

Les pères qui n'élevoient pas leurs enfants dans ces maximes, et comme il falloit pour les rendre capables de servir l'État, étoient appelés en justice par les magistrats, et jugés coupables d'un *attentat envers* le public.
BOSSUET, *Discours sur l'Histoire universelle*, III, 6.

Attentat sur, dessus :

Dès auparavant, je trouve un *attentat* notable *sur* la dignité royale que je compte pour le premier : c'est la déposition de Vamba, roi des Visigoths en Espagne.
FLEURY, *Discours sur l'Histoire ecclésiastique*, III.

L'*attentat* d'Appius *sur* Virginie remit le peuple dans cette horreur contre les tyrans que lui avoit donnée le malheur de Lucrèce.
MONTESQUIEU, *Esprit des lois*, XII, 21.

Dites, dites plutôt, qu'aujourd'hui, grandes reines,
Je m'impose à vos yeux la plus dure des gênes,
Et fais *dessus* moi-même un illustre *attentat*
Pour me sacrifier au repos de l'État.
P. CORNEILLE, *Don Sanche d'Aragon*, I, 2.

Choisis-moi seulement quelque nom dans l'histoire
Pour qui tu veuilles place au temple de la Gloire;
Quelque nom favori qu'il te plaise arracher
A la nuit de la tombe, aux cendres du bûcher.
Soit qu'il faille ternir ceux d'Énée et d'Achille
Par un noble *attentat sur* Homère et Virgile;
Soit qu'il faille obscurcir par un dernier effort
Ceux que j'ai sur la scène affranchis de la mort :
Tu me verras le même, et je te ferai dire,
Si jamais pleinement ta grande âme m'inspire.
P. CORNEILLE, *Vers à Fouquet*, en tête d'*Œdipe*.

ATTENTATOIRE, adj. des deux genres. Qui attente. Il ne se dit que des choses et est ordinairement suivi de la préposition *à*. Ce mot ne se trouve pas dans nos plus anciens dictionnaires. Il figure dans celui de Furetière publié en 1690.

La prétention du pape que Henri ne pouvait être légitime possesseur de son royaume que sous le bon plaisir ultramontain, était la prétention la plus absurde, et la plus *attentatoire à* tous les droits d'un souverain, *à* tous ceux des nations.
VOLTAIRE, *Fragments sur l'Histoire*, art. 16.

Henri IV mit ordre à tout : un de ses premiers soins fut de charger le chancelier Chiverni d'arracher et de déchirer au greffe du parlement toutes les délibérations, tous les arrêts *attentatoires à* l'autorité royale produits par ces temps malheureux.
LE MÊME, *Histoire du Parlement de Paris*, c. 35.

Rien n'est plus nouveau, plus irrégulier, plus *attentatoire à* la liberté civile, et surtout plus contraire à l'esprit de la religion, qu'une pareille procédure.
J.-J. ROUSSEAU, *Lettres*; 29 mars 1765.

C'est dans les anciennes formes que ce jugement a été rendu. Il est postérieur de huit jours au temps où la nouvelle loi aurait dû être exécutée. Il est donc *attentatoire à* votre décret, il est donc nul.
MIRABEAU, *Discours*, 8 décembre 1789.

Je vote contre un projet de loi destructeur des lumières, et *attentatoire aux* droits de l'intelligence humaine.
CHATEAUBRIAND, *Opinion sur le projet de loi relatif à la police de la presse*, I.

C'est elle (l'Angleterre) qui réprouve une guerre impie, *attentatoire au* droit des gens.
LE MÊME, *Opinion sur la loi relative à l'emprunt de 100 millions*, 25 février 1823.

Les auteurs de complots ou de provocations *attentatoires à* la sûreté intérieure ou extérieure de l'État.
Code pénal, 355.

ATTÉNUER, v. a. (du latin *ad* et de *tenuis*, mince). Affaiblir, diminuer.

On trouve, dans les plus anciens textes, les formes ATENUIÉR, ATENEVIER, ATENUIR, etc. (Voyez le *Glossaire* de Sainte-Palaye, le *Dictionnaire* de M. Godefroy et les exemples suivants) :

Extenuare, *Attenuier.*
> *Dictionnaire latin-françois* du XIIIe siècle. Bibliothèque nationale, ms. 7692.

Extenuare, *Atenuenir.*
> *Vocabulaire latin-françois* du XIVe siècle, publié par Escalier.

Au propre :

Elle (la femme de Henri III) *atténua* son corps de tant d'austérités et de jeûnes, qu'enfin elle se défit de cette charge mortelle le 4e de juillet, l'an 1601.
> MÉZERAY, *Histoire de France :* Henri III.

Une infinité de petits glaçons formés sur toute la superficie de l'eau, et principalement vers les bords, sont entraînés, choqués, brisés, *atténués* et arrondis par d'autres glaçons et par le courant même.
> DORTOUS DE MAIRAN, *Dissertation sur la pluie.*

L'accent de l'homme est ferme, assuré, expressif... le respect et la crainte l'*atténuent*, le modifient, l'abaissent, l'étouffent presque entièrement.
> LA HARPE, *Cours de littérature,* IIIe part., liv. III, c. 1, sect. 5.

L'anse est faite d'un hous qu'à force j'ay courbé,
En voulant l'*attenuir* le doigt je me coupé.
> RONSARD, *Éclogues,* III.

En termes de Médecine, *atténuer les humeurs,* les rendre moins grossières et plus fluides :

Telle suffumigation incise, *attenue,* resoult l'humeur.
> A. PARÉ, *Œuvres,* V, 23.

Au figuré, Diminuer, rendre moins grave :

Cette grande consternation ne put estre guerie par les lettres consolatoires du prince de Condé, lesquelles *attenuoient* comme il se pouvoit les pertes des navires et les triomphes des ennemis.
> AGR. D'AUBIGNÉ, *Histoire universelle,* t. II, liv. III, c. 15.

Vous cherchez donc un moyen de faire tomber dans le trésor du roi le produit des impôts nécessaires pour payer ses dettes, sans que ce produit passe par toutes les filières d'une armée de subalternes qui l'*atténuent* à chaque passage, et qui n'en laissent parvenir au roi que la partie la plus mince.
> VOLTAIRE, *Diatribe à l'auteur des Éphémérides,* 10 mai 1775.

Voyez le code pénal écrit sous la dictée de Richelieu. Les dispositions sanguinaires y sont multipliées... nous avons dit comment le règne de Louis XIV *atténua* cette rigueur.
> VILLEMAIN, *Littérature au* XVIIIe *siècle,* XVe leçon.

ATTÉNUER s'emploie souvent avec le pronom personnel :

Aussitôt qu'une femme est mêlée dans une affaire... le ton devient moins tranchant, l'aigreur s'*atténue.*
> BEAUMARCHAIS, *Mémoires.*

ATTÉNUÉ, ÉE, participe.

... Notre armée ja *atténuée* d'une longue faim...
> EST. PASQUIER, *Recherches de la France,* I, 3.

Les Dolonçois, nation de Thrace, tenant la seigneurie du Chersonèse, se trouvèrent fort travaillés et *atténués* de la guerre que leur faisoient les Apsinthiens.
> SALIAT, trad. d'Hérodote, liv. VI, 34.

De là, en avant, la cuisse lui empira tellement et se trouva tant *atténué* qu'il en finit sa vie.
> LE MÊME, même ouvrage, liv. VI, 136.

Je sçay bien qu'il y en pourra avoir qui diront que l'Estat de la France est maintenant si *atténué* et affoibli, qu'il ne seroit pas expédient qu'il se départist des alliances qui tiennent encores ses ennemis en quelque crainte.
> DE LA NOUE, *Discours politiques et militaires,* XXI.

Laquelle guerre civile auroit esté pernicieuse à la religion catholique, premierement, comme l'experience a monstré qu'avoient esté toutes les precedentes, et puis à tout le royaume encore, *atténué* et alangoury par trente-huict ou quarante ans de guerres civiles.
> LE CARDINAL D'OSSAT, *Lettres;* V, 10.

Je vous jure qu'il a l'esprit vert et vigoureux, et qui donne encore de l'exercice à son corps *atténué.*
> MALHERBE, trad. des *Épîtres* de Sénèque, LXVI.

Les esprits pourront être plus ou moins abondants, plus ou moins vifs, plus grossiers ou plus *atténués.*
> BOSSUET, *De la Connoissance de Dieu et de soi-même,* c. 5, art. 13.

J'entre dans la cour de saint Louis, et bien loin d'y trouver un homme mollement vêtu, j'y trouve un roi couvert d'un affreux cilice, *atténué* de jeûnes, couché sous le sac et sur la cendre.
> BOURDALOUE, *Panégyrique de saint Louis.*

Charles (frère de saint Louis) tenant le port de Marseille

ATT

bouclé avec une bonne flotte et toutes les avenues fermées avec des forts, il la réduisit en une extresme nécessité de vivres, de sorte que la famine en ayant abbatu plus de la cinquiesme partie, les autres, *attenuez* par une langoureuse disette, se vindrent jetter à ses pieds la corde au col.

    Mézeray, *Histoire de France :* Saint Louis.

Les officiers comme les soldats, plus semblables à des spectres qu'à des hommes, n'ayant plus ny couleur de vivants, ny vigueur pour mouvoir leurs corps *attenuez*, sans poux et sans voix, tomboient à chaque pas aux pieds des ennemis.

    Le même, même ouvrage : Charles VIII.

Ces pauvres soldats (du camp de l'empereur devant Metz), *attenuez* de langueur, alloient chancelant, sans pouvoir retenir leurs armes.

    Le même, même ouvrage : Henri II.

D'après cette considération, ces espèces me paroissent former un genre intermédiaire entre les vrais granits et les vrais porphyres; car pour peu que leurs grains eussent été plus *atténués*, il auroit été impossible de les appercevoir.

    Saussure, *Voyages dans les Alpes,* c. 5, § 155.

Le salpêtre et le nitre, empreints d'humidité,
Corrigent par le feu leur âpre crudité :
On les mêle avec art ; en grains légers de poudre
Leur masse *atténuée* apprend à se dissoudre.

    Delille, *Paradis perdu,* XVII.

ATTÉNUANT, ANTE, adj. Qui atténue.

On peut désavouer ces conséquences par des intentions contraires ou par des définitions *atténuantes,* toujours vagues et indécises.

    Royer-Collard, *Discours sur la loi des Élections,*
    27 février 1816.

Il se disait, en Médecine, des remèdes qui semblent augmenter la fluidité des humeurs :

Medicamens *attenuans,* incisifs et aperitifs.

    A. Paré, *Œuvres,* V, 14.

Il se dit, en Droit criminel, des faits, des circonstances qui diminuent la gravité d'un crime, d'un délit :

En toute matière criminelle... le président... avertira le jury.. que s'il pense, à la majorité, qu'il existe en faveur d'un ou de plusieurs accusés reconnus coupables, des circonstances *atténuantes,* il devra en faire la déclaration.

    Code d'instruction criminelle, 341.

ATTÉNUATION, s. f. Action d'atténuer, résultat de cette action.

Il signifiait, dans l'ancien Droit criminel, Diminution des charges contre un accusé :

Je supplie mes juges de me pardonner, si j'ai été obligé de leur envoyer à tous ma requête d'*atténuation,* sans qu'elle fût signée d'un avocat titulaire.

    Beaumarchais, *Mémoires.*

On a dit, autrefois, atténuiance :

Extenuatio, *attenuiance.*
    Dictionnaire latin-françois, XIIIᵉ s. Bibliothèque
    nationale, ms. 7692.

ATTERRER, v. a. Abattre, renverser par terre :

Peu en échappèrent qu'ils ne *fussent* mort et *aterrés.*
    Froissart, *Chroniques,* liv. I, Iʳᵉ part., c. 133.

Bien est voir que ceux de dedans se défendirent moult longuement et *atterrèrent* et blessèrent plusieurs.

    Le même, même ouvrage, liv. I, Iʳᵉ part., c. 248.

  Ains par nécessité ferrée
  Toujours notre vie *aterrée*
  Tend au fond d'enfer tenebreux.

    Amyot, trad. de Plutarque, *Œuvres morales :* Consola-
    tion à Apollinie.

Les vertueux et vertueuses ne se ressentent pas autrement des injures qu'on leur impose, ne plus ne moins que la palme que l'on essaye abbaisser et *atterrer,* et plus néantmoins elle se relève.

    Les Caquets de l'accouchée, III.

Me sembla lors et semble encores l'ordre dorique estre si beau et admirable, que je veux bien descrire et mettre icy en son entier, et signamment les mesures du chapiteau, epistyle, et de tous leurs ornements, fôrs que des colonnes et bases qui ne se pouvoient lors recouvrer pour estre *atterrées* et presque ruinées et rompues.

    Philibert de l'Orme, *Architecture,* V, 17.

Il faut que chaque cavalier s'attache à un taureau... et qu'après avoir épuisé les forces de l'animal, il le saisisse par les cornes et le jette à terre... Quelquefois, il s'élance sur l'animal écumant de fureur, et malgré les secousses violentes qu'il éprouve, il l'*atterre* aux yeux d'un nombre infini de spectateurs qui célèbrent son triomphe.

    Barthélemy, *Voyage d'Anacharsis,* c. 35.

A son branc esmoulu en fet tant *aterrer*
Que si hardi n'i a qui l'osast encontrer.

    Doon de Maience, v. 4687.

Aus premiers cous en ont quatre cens mors gités.
Dans Hues de Saint-Pol estoit jà *aterrés*
Et ses chevaus ocis, dont il estoit iriés.
Chanson d'Antioche, c. 4, v. 690.

Bidauz mainz Flamens i *aterrent*
Des dars qu'il lancent et desserrent.
G. Guiart, *Royaus Lignages,* t. II, v. 11728.

... Moi, je jure
Par l'ineffable nom dessous qui la nature
Haute, moyenne, basse *atterre* ses genoux,
Et par les traits aigus de mon juste courroux,
Que si tu vas goustant les fruits de connoissance,
La mort, l'horrible mort punira ton offence.
Du Bartas, *Eden,* 1er jour de la seconde semaine.

Hercule, sans effroi, voit renaître la guerre,
Part, vole, le saisit, le combat et l'*attere*,
L'accable de son poids, presse de son genou
Sa gorge haletante et son robuste cou.
J. Delille, *Géorgiques,* II.

Il est d'un très grand usage au figuré :

La superstition... est une opinion passionnée et une imagination, laquelle imprime en l'entendement de l'homme une frayeur qui abbat et *atterre* l'homme, estimant bien qu'il y ait des dieux, mais qui soient malfaisants, nuisibles et dommageables aux hommes.
Amyot, trad. de Plutarque, *Œuvres morales :* De la Superstition, c. 3.

Si j'en *estois* un coup vaincu et *attéré*, je ne m'en relevrois jamais bien entier.
Montaigne, *Essais,* III, 6.

L'homme désire naturellement savoir la vérité... néanmoins quand elle se présente, son éclat l'étonne, son éclat l'*atterre*.
Charron, *De la Sagesse,* I, 4.

Ce qui mit ceux du conseil du roy en une merveilleuse colere, avec chagrin et despit de voir des gens qu'ils estimoient *avoir* tous *atterrez*, se relever avec telle audace.
Sully, *Œconomies royales,* c. 6.

Nous fûmes avertis que le cardinal n'étoit revenu à Paris, après la bataille de Rhetel, que parce qu'il ne douta point qu'elle ne dût *atterrer* tous ses ennemis.
Cardinal de Retz, *Mémoires,* IIe part., 1651.

M. de Bouillon *fut atterré* de cette nouvelle, et j'en fus presqu'aussi touché que lui.
Le même, même ouvrage, IIe part.

Là ceux qui étaient si fiers et si insolents dans leurs crimes, *seront abattus* et *atterrés*.
Bossuet, *Sermons :* Sur le Jugement dernier.

Avoir perdu le prince de Condé fut pour le parti protestant le coup mortel qui l'*atterra*.
Bourdaloue, *Oraison funèbre de Henri de Bourbon.*

Le comte de la Marche, fils aisné du duc d'Yorck, poursuivit si chaudement la reyne (Marguerite d'Anjou) et son mary, et les *atterra* à la journée de Tariburge d'un si rude coup, qu'encore bien qu'ils s'en fussent relevez, si est-ce pourtant qu'ils ne purent oncque depuis se tenir debout.
Mézeray, *Histoire de France :* Charles VII.

Le duc de Guise respondoit sur sa teste d'*atterrer* de sorte le party des Huguenots, qu'ils ne s'en pourroient jamais relever.
Le même, même ouvrage : Charles IX.

Tu réjouissois par les traits de ton esprit; et moi, je frappois, j'*atterrois* par des coups de foudre.
Fénelon, *Dialogues des morts :* Cicéron et Démosthène.

Le roi veut être obéi, et obéi sur-le-champ. Ce grand mot fut un coup de foudre qui *attéra* présidents et conseillers de la façon la plus marquée.
Saint-Simon, *Mémoires,* 1718.

Tu m'imposes, tu me subjugues, tu m'*atterres*, ton génie terrasse le mien, et je ne suis rien devant toi.
J.-J. Rousseau, *la Nouvelle Héloïse,* IV.

Mais de penser qu'un homme avec qui je n'eus jamais aucun démêlé, un homme de mérite, estimable par ses talents, estimé par son caractère, me tend les bras dans ma détresse, et m'étouffe quand je m'y suis jeté : voilà, monsieur, une idée qui m'*atterre*.
Le même, *Correspondance,* 10 mai 1766.

Vous sentez que vous n'avez rien à répondre à ce grand argument que la nature fait contre vous. La disposition d'une aile de mouche, les organes d'un limaçon suffisent pour vous *atterrer*.
Voltaire, *Dictionnaire philosophique,* Athéisme.

Ces deux édits *atterrèrent* la Compagnie; mais elle fut foudroyée par un troisième, qui supprima la troisième et la quatrième chambre des enquêtes.
Le même, *Histoire du Parlement de Paris,* c. 66.

Les nouvelles foudroyantes qui nous ont *atterrés* coup sur coup, ne paraissent pas rendre le séjour de Paris délicieux.
Le même, *Lettres;* 5 novembre 1759.

Pour moi, mon cher ami, je n'entends plus rien aux affaires de ce monde : j'y vois quelquefois des abominations qui *atterrent* l'esprit et qui tuent la langue.
Le même, même ouvrage, 20 auguste 1766.

Por povreté, qui moi *aterre*,
Qui de toutes pars me muet guerre,
Contre l'yver,
. . . .
Mon dit commence trop diver.

RUTEBŒUF, *De la Griesche d'Yver.*

Mais les doctes escrits des sages animez,
Rendirent ces bouchers (quoique grands) diffamez,
Et puis le magistrat couronna d'infamie,
Et *atterra* le reste en la plus basse lie.

AGR. D'AUBIGNÉ, *Tragiques* : Misères, I.

Qui n'est point tout-à-fait dégagé de soi-même,
Qui se regarde encore et s'aime,
Voit peu d'occasions sans en être tenté ;
Les objets les plus vils surmontent sa foiblesse,
Et le moindre assaut qui le presse
L'*atterre* avec facilité.

CORNEILLE, *Imitation de Jésus-Christ*, I, 6.

Le coup, le rude coup dont je *suis atterré*,
C'est de me voir par vous ce rival préféré.

MOLIÈRE, *Don Garcie de Navarre*, III, 2.

Mais plus notre esprit qu'elle *atterre*,
En dévoile le saint mystère,
Plus du monde il est dégoûté.

LAMARTINE, *Harmonies.*

ATTERRER est employé avec le pronom personnel :

L'âme s'exerce ; mais le corps demeure sans action, *s'atterre* et s'attriste.

MONTAIGNE, *Essais*, III, 3.

ATTERRER s'emploie quelquefois, comme *atterrir*, pour Prendre terre :

Encores fumes nous a grant meschies là où nous *étions atterrez*, car chascun cuida estre noyé, et perdu, et que la gallée se fendist.

JOINVILLE, *Histoire de saint Louis.*

Cette flotte de Brésil *avoit atterré* aux îsles Açores huit jours avant que j'en étois parti.

DU GUAY TROUIN, *Mémoires*, p. 144, édit. de 1740.

Lorsqu'il apprit qu'une chaloupe montée seulement de deux hommes *était atterrée*, il ne douta point qu'Armand ne fût un des deux naufragés.

CHATEAUBRIAND, *les Martyrs*, V.

ATTERRÉ, ÉE, participe.

Au propre :

Pour vous faire voir ce courage invincible dans un corps

atterré et assommé par les furieux efforts de la mort et de la douleur, je confesse qu'il y faudroit un beaucoup meilleur style que le mien.

MONTAIGNE, *Lettres*; V.

Guise demeura *atterré* sous les coups de pique et de halebarde ; et un de ses escuyers s'estant jetté dessus pour parer les coups, il fut enfin tiré de la foule, presque estouffé et assommé.

MÉZERAY, *Histoire de France* : François Iᵉʳ.

Quant Lunbart virent lor seignor *ateré*
Les cevals brocent, cele part sont torné ;
Par vive force ont lor roi remonté.

Ogier de Danemarche, v. 5261.

Mais pour ce qu'en la terre il ne se trouve race
Qui se hazarde plus d'effronter ton audace,
Et que les plus guerriers, *atterrez* de tes mains,
Suyvent reveremment les estendards romains,
Il faut pour orager ta puissance supreme,
Emprunter les efforts de ta puissance mesme.

GARNIER, *Porcie*, acte I, v. 96.

Au figuré :

Un père *atterré* d'années et de maux, privé par sa foiblesse et faute de santé de la commune société des hommes, il se faict tort, et aux siens, de couver inutilement un grand tas de richesses.

MONTAIGNE, *Essais*, II, 8.

Quand on me tient le plus *atterré* et que les assistants m'épargnent, j'essaye souvent mes forces, et leur entame moimesme des propos les plus esloignez de mon estat.

LE MÊME, même ouvrage, II, 37.

Je n'eus toute la nuit cheux moi que des pleureux et des désespérés ; je trouvai Monsieur *atterré*.

CARDINAL DE RETZ, *Mémoires.*

Ils estoient si occupés l'un et l'autre de leurs pensées, qu'ils furent longtemps sans parler et demeurèrent le cœur et l'esprit plus *atterrés* qu'ils ne l'avoient encore eu.

Mᵐᵉ DE LA FAYETTE, *la Princesse de Clèves*, III.

A cette audace inattendue dans un homme ordinairement si craintif, je les vis l'un et l'autre *atterrés*, abasourdis.

J.-J. ROUSSEAU, *les Confessions*, II, 9.

Il est injuste d'exiger d'une âme *atterrée* et vaincue par les secousses d'un mal redoutable, qu'elle conserve la même vigueur qu'elle a fait paraître en d'autres temps.

VAUVENARGUES, *Réflexions et Maximes*, CXLI.

Les preuves furent si claires, les dépositions si accablantes, les murmures de tout le peuple romain qui était présent se firent entendre avec tant de violence, qu'Hortensius *atterré* n'osa prendre la parole pour combattre l'évi dence, et conseilla lui-même à Verrès de ne pas attendre le jugement et de s'exiler de Rome.

> LA HARPE, *Cours de littérature.*

Du participe féminin ATTERRÉE on avait fait un substantif :

> Bien plus de trente en a mort à l'espée:
> Voit le Bernier, s'a la color muée
> Quant de sa gent il fait tele *aterrée.*
> > *Raoul de Cambrai,* p. 129.

ATTERRANT, adj. verbal, tiré du verbe ATTERRER, encore employé, mais non recueilli dans le *Dictionnaire de l'Académie :*

Ce sont des lieux communs dans les imitateurs, je le veux ; mais aussi ont-ils, comme Bossuet, ce sentiment intime, cette piété si sincèrement dédaignée, ce mépris *atterrant* qui semble flétrir à chaque mot toutes les jouissances corporelles.

> LA HARPE, *Cours de littérature*, part. II, liv. II : Éloquence, c. 1, sect. 3.

Je ne sais si l'imagination peut concevoir quelque chose de plus *atterrant* que ce guerrier (Macbeth), invincible jusque-là, qui est abattu, qui est vaincu par son crime.

> VILLEMAIN, *Littérature au XVIIIᵉ siècle*, XLIVᵉ leçon.

ATTERRASSER, v. a. A été employé anciennement dans une signification analogue au sens propre de Terrasser :

> Face la bonté des dieux,
> Que la nouvelle qui vole
> De nostre camp, soit frivole ;
> Et que le sort envieux,
> N'ait selon la renommée
> *Atterracé* nostre armée.
> > GARNIER, *Porcie,* acte II, v. 449.

ATTERRASSÉ, ÉE, participe passé.

> Hélas ! tu monstres bien, que l'esclatant tonnerre,
> De Jupin courroucé
> Brise plustost un pin qui s'eleve sur terre,
> Qu'un arbre *atterracé:*
> > GARNIER, *Porcie,* acte III, v. 291.

ATTERRAGE, s. m. Terme de Marine.

Atterrage, endroit où l'on vient reconnaître la terre, en revenant de quelque voyage.

> DU GUAY TROUIN, *Mémoires :* Explication de quelques termes de marine. 1740.

Approche des premières terres après une campagne au long cours. « Pour reconnaître les erreurs qu'ils ont pu commettre dans leur estime, les bâtiments qui reviennent d'un long voyage s'avancent vers certaines terres, afin de se mieux diriger ensuite vers le terme de leur course. Ces terres, qui servent de point de reconnaissance et qu'on nomme aussi *atterrages,* doivent être visibles de loin et avancées en mer ou même isolées. C'est ainsi que le cap Finistère est l'*atterrage* ordinaire des bâtiments qui, de la haute mer, veulent se rendre dans le golfe de Gascogne. On *est à l'atterrage* quand on est près des terres qu'on cherchait pour rectifier sa route. On *a fait son atterrage* quand on a reconnu les terres. En général, les matelots disent *atterrisage* pour *atterrage.* »

> DE MONFERRIER, *Dictionnaire de Marine,* 1846.

ATTERRIR, v. n. Terme de Marine. Prendre terre :

Une bouteille, mise à la mer à cent vingt lieues de la côte d'Espagne, *a attéri* sur le cap Prior avec une lettre à mon adresse.

> BERNARDIN DE SAINT-PIERRE, *Harmonies de la nature,* I.

Je dormis à bord et n'*atterris* que le lendemain.

> CHATEAUBRIAND, *les Martyrs,* II.

ATTERRIR s'emploie quelquefois avec le pronom personnel dans le sens de Se mêler à la terre, se convertir en terre :

C'est en somme en la paille où les septentrionaux le gaignent (le grain), estant là battuë à couvert, hors du danger de la pluye, petit-à-petit, à mesure qu'on s'en veut servir, meilleure que la foulée : l'une ressemblant toute nouvelle par le fléau, luy ostant la mauvaise odeur d'humidité et de rats, qu'elle pourroit avoir acquise durant le long séjour en la grange ; et l'autre pour *s'atterrir* au bout de quelque temps, par estre trop rompuë au trepis des bestes.

> OLIVIER DE SERRES, *Théâtre d'Agriculture,* IIᵉ lieu, c. 6.

ATTERRISSEMENT, s. m. Amas de terre formé par la vase ou par le sable que la mer ou les rivières apportent le long d'un rivage par succession de temps :

Je ne nie pas que la mer ne se soit avancée trente et quarante lieues dans le continent, et que des *atterrissements* ne l'aient contrainte de reculer.

> VOLTAIRE, *Défense de mon oncle,* c. 19.

On sait que le Delta de l'Égypte, dont l'étendue ne laisse pas d'être considérable, n'est qu'un *atterrissement* produit par les dépôts du Nil.

> BUFFON, VIᵉ *Époque de la nature.*

Il ne reste aucun vestige de la ville de Troie ; ses ruines

mêmes ont disparu, des *atterrissements* et des tremblements de terre ont changé toute la face de cette contrée.

BARTHÉLEMY, *Voyage d'Anacharsis*, c. 2.

Dans l'Acarnanie, dans la plaine d'Ilion, auprès d'Éphèse et de Milet, les *atterrissements* formés à l'embouchure des rivières ont prolongé le continent.

LE MÊME, même ouvrage, c. 64.

La mer, en recouvrant de sable cette jetée, l'a élargie par des *atterrissements* successifs, et en a formé l'isthme actuel.

VOLNEY, *Voyage en Syrie*.

Les *atterrissements* et accroissements qui se forment successivement et imperceptiblement aux fonds riverains d'un fleuve ou rivière, s'appellent alluvion.

Code civil, 556.

Les îles, îlots, *atterrissements*, qui se forment dans le lit des fleuves ou des rivières navigables ou flottables, appartiennent à l'État.

Même ouvrage, 560.

Un faible rameau, arrêté dans le courant d'un fleuve, produit enfin un *atterrissement* qui le détourne.

J. DE MAISTRE, *Soirées de Saint-Pétersbourg*, VII.

ATTESTER, v. a. (du latin *attestor*, j'atteste, et, par là, de *ad* et de *testis*, témoin).

Prendre à témoin :

J'*atesterai* la foi de Dieu et des hommes, qu'il n'aura point tenu à mon soin ni à ma diligence, que les desordres de ce roiaume n'aient esté reformez.

AGR. D'AUBIGNÉ, *Histoire*, t. III, liv. I, c. 5.

L'eslite de la jeunesse romaine (qu'on sçait à peine avoir esté de mille hommes) se jetta dans la forteresse du Capitole sous la conduite de Manlius, et commença de conjurer et d'*attester* Jupiter.

COEFFETEAU, *Histoire romaine de L. Florus*, I, 13.

C'est ici que j'*atteste* la foi publique, Messieurs, et que, parlant de la douceur et de la modération de M. de Turenne, je puis avoir pour témoins de ce que je dis tous ceux qui l'ont suivi dans les armées.

FLÉCHIER, *Oraison funèbre de M. de Turenne*.

J'*atteste* ici la conscience des grands de la terre.

LE MÊME, *Oraison funèbre de Mme d'Aiguillon*.

Les uns deviennent persécuteurs, les autres, rebelles, en *attestant* Dieu des deux côtés.

VOLTAIRE, *Siècle de Louis XIV*, c. 36 : Du Calvinisme au temps de Louis XIV.

Les avocats *attestaient* Dieu, devant qui la veuve Verron avait fait son testament après avoir communié. Elle ne pouvait pas tromper Dieu, disaient-ils Non, mais elle pouvait tromper les hommes.

VOTAIRE, *Lettres*; à la noblesse du Gévaudan, III.

Mlle Hus m'a écrit; elle *atteste* les dieux contre vous.

LE MÊME, *Lettres*; 20 octobre 1761.

Dressant à nostre amitié neuve
Un autel, j'*atteste* le fleuve
Qui des parjures n'a pitié,
Que ny l'oubly, ny le temps mesme,
Ny la rancœur, ny la mort blesme,
Ne desnou'ront nostre amitié.

RONSARD, *Odes*, IV, 21.

J'*atteste* des grands dieux les suprêmes puissances
Qu'avant ce jour fini, ces mains, ces propres mains
Laveront dans son sang la honte des Romains.

P. CORNEILLE, *Horace*, III, 6.

Il *atteste* les dieux; la perfidie s'en moque.

LA FONTAINE, *Fables*, IV, 11 : La Grenouille et le Rat.

N'est-ce pas vous enfin de qui la voix pressante
Nous a tous appelés aux campagnes du Xante,
Et qui de ville en ville, *attestiez* les serments
Que d'Hélène autrefois firent tous les amants.

RACINE, *Iphigénie*, I, 3.

Attestez, s'il le faut, les puissances célestes
Contre un sang malheureux, né pour vous tourmenter.

LE MÊME, *Mithridate*, I, 2.

J'*atteste* le soleil qui luit
Que mon ignorance est sincère.

AUTREAU, *Démocrite prétendu fou*, I, 3.

Dans ce sens, on disait, *attester de quelque chose, en attester* :

Il assuroit donc qu'elle (la mule) avoit tous les défauts du monde; et, pour mieux me le persuader, il *en attestoit* l'hôte, qui, sans doute, avoit ses raisons pour en convenir.

LE SAGE, *Gil Blas*, I, 2.

Martin est exécuté dans son village. Quand on l'étendit sur la croix de Saint-André, il demanda permission au bailli et au bourreau de lever le bras au ciel pour l'*attester de* son innocence.

VOLTAIRE, *Lettres*; à d'Alembert, 4 septembre 1769.

Je voue à votre fils une amitié de père ;
J'*en atteste* les dieux, je le jure à sa mère.

RACINE, *Andromaque*, V, 3.

Le héros, à ces mots, lui donne son épée.
Votre attente, ô grand roi, ne sera point trompée,
Lui répondit Turenne, embrassant ses genoux :
J'*en atteste* ce fer, et j'en jure par vous.

VOLTAIRE, *Henriade*, X.

J'*en atteste* les dieux, je péris avec lui.

DE LA FOSSE, *Manlius*, III, 2.

Hélas! il aima trop un ami malheureux,
Voilà tout son forfait; j'*en atteste* les dieux.

DELILLE, trad. de *l'Énéide*, IX.

ATTESTER, Assurer, certifier un fait, la vérité d'un fait, soit de vive voix, soit par écrit :

C'est le bon Pan, le grant pasteur, qui, comme *atteste* le bergier passionné Corydon, non seulement ha en amour et affection ses brebiz, mais aussi ses bergiers.

RABELAIS, *Pantagruel*, IV, 28.

L'Université estoit tellement peuplée, qué Juvénal des Ursins *atteste* que, ayant fait une procession en l'an mil quatre cens et neuf... le recteur estoit encore devant les Mathurins lorsque ceux qui tenoient les premiers rangs estoient en la ville de Saint-Denis.

EST. PASQUIER, *Recherches de la France*, III, 29.

Les ouvrages publics (à Rome)... avoient une magnificence qui paroîtroit incroyable, si elle n'*étoit attestée* par tous les historiens et confirmée par les restes que nous en voyons.

BOSSUET, *Discours sur l'Histoire universelle*, III, 6.

Heureusement, de tous les grands législateurs du monde, Pierre est le seul dont l'histoire soit bien connue. Celles des Thesée, des Romulus, qui firent beaucoup moins que lui; celles des fondateurs de tous les autres États policés sont mêlées de fables absurdes, et nous avons ici l'avantage d'écrire des vérités, qui passeraient pour des fables si elles n'*étaient attestées*.

VOLTAIRE, *Histoire de Pierre le Grand*, I, 11.

Croyez qu'il y a eu des imbéciles et des fripons qui *ont attesté* ce qu'ils n'ont point vu.

LE MÊME, *Pyrrhonisme de l'histoire*.

C'est le comble de l'ignorance de mettre en doute cette vérité, qui est des plus communes et qui *est attestée* par tous les Pères, que les promesses de l'Ancien Testament n'étaient que temporelles et terrestres, et que les Juifs n'adoraient Dieu que pour les biens charnels.

LE MÊME, *Un chrétien contre six juifs* : De l'âme et de quelques autres choses.

Les parents des filles l'accusèrent juridiquement (Urbain Grandier) de diablerie. Les filles furent interrogées et confrontées avec le coupable. Elles *attestèrent* qu'elles sentaient continuellement une fourmilière dans certaines parties de leurs corps, et qu'elles étaient possédées.

LE MÊME, *Commentaire sur le livre des délits*, n° IX : Des Sorciers.

Il se dit, figurément, des Choses dont l'existence sert de preuve, de témoignage :

Les cérémonies mortuaires tendoient toutes à *attester* et à transmettre la créance publique, uniforme et constante de l'immortalité de l'âme.

ROLLIN, *Traité des Études*, liv. III, c. 2, art. 1, n° 4.

Tite-Live rapporte avec soin les prodiges qui, dès la fondation de Rome, en *attestoient* la future grandeur.

LE MÊME, même ouvrage, liv. VI, IIIe part., art. 2

Presque tous les rites de la communion romaine *attestent* encore par leurs noms mêmes leur origine grecque : église, baptême, paraclet, liturgie, litanie, symbole, eucharistie, agape, épiphanie, etc.

VOLTAIRE, *Fragments sur l'histoire*.

Dieu choisit, pour *attester* sa parole, des moyens qui ont eux-mêmes grand besoin d'attestation.

J.-J. ROUSSEAU, *Émile*.

Mes manuscrits raturés, barbouillés, mêlés, indéchiffrables, *attestent* la peine qu'ils m'ont coûtée.

LE MÊME, *les Confessions*, I, 3.

La France, défendue et vengée par Maurice, comte de Saxe, a élevé à sa cendre un mausolée qui *atteste* à la fois notre reconnoissance et nos regrets.

THOMAS, *Éloge du maréchal de Saxe*.

Le peu d'art qu'elle (la philosophie du XVIIIe siècle) a mis dans ses libelles, *atteste* encore... qu'elle n'avoit pas plus de principes de goût que de principes de morale.

LA HARPE, *Cours de littérature*, liv. III, c. 1, sect. 4.

Cent passages des anciens nous *attestent* le pouvoir singulier qu'ils attribuoient au nombre et à l'harmonie.

LE MÊME, même ouvrage, liv. III, c. 1, sect. 5.

On s'indigne contre l'extravagance des despotes qui ont commandé ces barbares ouvrages; ce sentiment revient plus d'une fois en parcourant les monuments de l'Égypte. Ces labyrinthes, ces temples, ces pyramides, dans leur massive structure, *attestent* bien moins le génie d'un peuple opulent et ami des arts, que la servitude d'une nation tourmentée par le caprice de ses maîtres.

VOLNEY, *Voyage en Égypte*.

Tout semble *attester* que cet écrivain mélancolique (l'abbé Prévost) était un excellent homme.

VILLEMAIN, *Littérature au XVIIIe siècle*, XIe leçon.

Car lorsque femme à un amant conteste,
Son contester signe d'amour *atteste*.

CL. MAROT, *Histoire de Leandre et Hero*.

Je pense, ma pensée *atteste* plus un Dieu
Que tous les firmaments et les globes de feu.

LEBRUN, *la Nature*.

Ces champs couverts de morts, et ce ravage immense,
Tout *atteste* nos maux et dit notre impuissance.

DELILLE, trad. de *l'Énéide*, XI.

Tu disais, et nos cœurs unissaient leurs soupirs
Vers cet être inconnu qu'*attestaient* nos désirs.
LAMARTINE, *Premières Méditations.*

ATTESTÉ, ÉE, participe.

L'histoire du peuple de Dieu, *attestée* par sa propre suite, et par la religion tant de ceux qui l'ont décrite que de ceux qui l'ont conservée avec tant de soin, a gardé, comme dans un fidèle registre, la mémoire de ces miracles.
BOSSUET, *Histoire universelle,* II, 1.

Jésus-Christ ressuscité donne à ses apôtres tout le temps qu'ils veulent pour le bien considérer; et après s'être mis entre leurs mains... il leur ordonne de porter témoignage de ce qu'ils ont vu, de ce qu'ils ont ouï, et de ce qu'ils ont touché... Ainsi leur prédication est inébranlable; le fondement en est un fait positif, *attesté* unanimement par ceux qui l'ont vu.
LE MÊME, même ouvrage, II, 19.

Il n'y a peut-être rien dans toute l'histoire profane de plus *attesté,* ni en même temps de plus incroyable, que ce qui regarde le gouvernement de Lacédémone, et la discipline que Lycurgue y avoit établie.
ROLLIN, *Histoire ancienne,* liv. V, art. 7.

Un des faits les plus étranges et les plus *attestés,* c'est l'usage que Mahomet fit d'une partie de ces navires.
VOLTAIRE, *Essai sur les mœurs,* c. 91 : Prise de Constantinople.

ATTESTATION, s. f. Action de prendre à témoin :

Mon ami et moi commençons par attester le Dieu vivant, car ce grand objet est digne d'une telle *attestation;* nous le prenons, dis-je, à témoin que nous croyons ce que nous enseigne notre religion chrétienne.
VOLTAIRE, *Un chrétien contre six juifs :* De l'Ame et de quelques autres choses.

Témoignage, assurance :

Aucun autre ambassadeur ne voulut prendre cette même audience sans recevoir le même honneur. Ce ne fut qu'après une longue négociation et des courriers dépêchés à leurs maîtres, et revenus plus d'une fois, qu'ils se contentèrent chacun d'un écrit signé de Torcy, portant *attestation* que cela ne s'étoit jamais pratiqué pour aucun ambassadeur.
SAINT-SIMON, *Mémoires,* 1698.

Je demandai à Madame la duchesse de Saint-Pierre, qui arrivait d'Espagne, s'il était vrai que ces trois personnes fussent mortes avec la reine; elle me donna des *attestations* que toutes trois avaient survécu longtemps à leur maîtresse.
VOLTAIRE, *Siècle de Louis XIV,* c. 26.

On l'a employé quelquefois, en ce sens, au figuré :

Dieu ne se contenta pas de ces *attestations* générales de sa colère passée.
CHATEAUBRIAND, *Génie du christianisme,* Ire part., liv. IV, c. 5.

Il se dit le plus ordinairement d'un Certificat, d'un témoignage donné par écrit :

Après, furent les *attestacions* publiées, et la sentence interlocutoire fut leue par le saint concile sur les notoires péchez desdiz contendans.
MONSTRELET, *Chronique,* I, 53.

Je laisse et commende au demandeur dormir bien fort pour l'entrée du procés : puys devant moy convenir, m'apportant bonne et juridicque *attestation* de son dormir.
RABELAIS, *Pantagruel,* III, 42.

Ils demeurèrent en ce saint estat jusques à ce qu'on envoyast de Nyort une authentique *attestation* de l'innocence et sottise des deux pelerins.
AGR. D'AUBIGNÉ, *les Aventures du baron de Fæneste,* IV, 10.

Je jeusne aux jours maigres, et, le dernier caresme, pressé d'une maladie où les médecins m'alloient abandonner pour l'opiniastreté que j'avois à ne point manger de viande, je fus contraint de recourir à la dispense, de peur d'estre coupable de ma mort. Messieurs de Rogueneau, curé de ma paroisse, et de Lorme, médecin, qui ont signé l'*attestation,* sont tesmoins irreprochables de ceste vérité.
THÉOPHILE, *Apologie.*

Il (Charles de Sévigné) sera donc ici quelques jours, en attendant qu'on lui ait envoyé de Charleville les *attestations* nécessaires pour avoir le congé.
Mme DE SÉVIGNÉ, *Lettres;* à Mme de Grignan, 23 octobre 1676.

Mon cher ami, envoyez-moi sur-le-champ une *attestation* dont je ferai usage devant les juges, et qui servira à confondre la calomnie.
VOLTAIRE, *Lettres;* à M. de Cideville, 21 juin 1736.

On a dit, en ce sens, *attestation de vie et mœurs :*

Il y en a qui célèbrent des jeux à la mémoire du défunt, et qui font des oraisons funèbres sur son sépulcre, comme si cela lui devoit servir là-bas de certificat et d'*attestation de vie et mœurs.*
PERROT D'ABLANCOURT, trad. de Lucien, *Du Deuil.*

Le théologien Vernet s'est plaint au conseil de Genève, qu'on se moquait de lui; le conseil lui a offert une *attestation de vie et de mœurs,* comme quoi il n'avait pas volé sur les grands chemins, ni même dans la poche.
VOLTAIRE, *Lettres;* 18 juillet 1766.

Les ennemis de Massillon lui ont reproché les complaisances qu'il eut pour le ministre (Dubois), en consentant à être un des évêques assistants de son sacre, et en signant *l'attestation de vie et de mœurs* dont il eut besoin pour être promu au cardinalat.

D'ALEMBERT, Éloge de Massillon.

On dit aujourd'hui, *attestation de bonne vie et mœurs.*

Attestation de civisme :

Quant à moi, à l'exception de cinq ou six *attestations de civisme* que j'ai signées, et auxquelles il est possible que les ministres aient en quelque égard, je n'ai sollicité individuellement ni auprès d'eux, ni auprès de leurs agents.

VERGNIAUD, Choix de rapports, opinions et discours,
t. XI, p. 396.

On a employé, au figuré, des expressions analogues :

M. de Voltaire nous assure que l'ode à Vénus, imitée d'Horace par M. le marquis de Mimeure, n'est pas indigne de l'original ; la décision d'un si grand juge est, pour l'auteur de la pièce, une *attestation de talent poétique.*

D'ALEMBERT, Éloge de Valon, marquis de Mimeure.

Malheur aux hommes que l'envie paroît oublier, et que la calomnie épargne ! Cette indulgence est pour eux une triste *attestation de médiocrité.*

LE MÊME, Éloge de La Trémouille.

ATTESTATOIRE, s. f., formé, comme *attestation*, du verbe *attester*, a été employé dans le même sens :

J'espère demander permission à Vostre Majesté d'en prendre raison (de l'accusation d'avoir écrit aux habitants de Montauban), après avoir faict faire une *attestatoyre* à la noblesse qui est dans la dicte ville de Montauban, et des habitans d'icelle.

MONTLUC, Lettres; au Roy, 4 mai 1573.

J'avois autresfois, à mon grand regret, veu faire icy difficulté de croire à une *attestatoire* qui fut faite de la mort du feu roy.

CARDINAL D'OSSAT, Lettres; VI, 56.

ATTICISME, s. m. Délicatesse de langage, finesse de goût particulière aux Athéniens. On l'applique, par extension, au style de tout écrivain qui joint l'élégance à la pureté :

Si certains esprits osent citer les grands noms de Chartres, de Condé, de Conti, de Bourbon, du Maine, de Ven-

dôme, comme de princes qui ont su joindre aux plus belles et aux plus hautes connoissances, et l'*atticisme* des Grecs et l'urbanité des Romains...

LA BRUYÈRE, Caractères, c. 12.

Par un sel attique, par *atticisme*, nous n'entendons pas seulement la délicatesse du langage des Athéniens, mais leur manière délicate de penser et leur manière fine et enjouée de railler. Les Romains attachoient la même idée à leur mot *urbanitas.*

L. RACINE, Traité de la poésie dramatique, c. 5.

On voit que, dans Aristophane, malgré cette politesse vantée sous le nom d'*atticisme*, bien des détails des mœurs du peuple Athénien blesseroient aujourd'hui notre délicatesse.

MARMONTEL, Éléments de littérature : Poésie.

L'*atticisme* consistoit dans une grande pureté de style et dans une extrême délicatesse de goût, qui rejettoit toute recherche et toute enflure, mais qui n'excluoit aucun des ornements convenables au sujet, aucun des grands mouvements de l'éloquence.

LAHARPE, Cours de littérature.

Et l'<i>atticisme</i> si vanté,
Et la romaine urbanité,
Et le charme françois que je ne puis décrire.

DESMAHIS, Épîtres, I.

Il s'est dit pour Une tournure élégante, un idiotisme :

Avons-nous point quelque *atticisme* en nos participes ? — Nous avons quelques façons de parler fort élégantes par le participe.

RAMUS, Grammaire, c. 10.

Henri Estienne a dit, en plaisantant, *des atticismes limosins :*

... Cecy ne peut avoir telle grâce ainsi traduit, qu'il a en sa propre langue, à sçavoir estant couché en nayfs *atticismes limosins.*

H. ESTIENNE, Apologie pour Hérodote, II, 36.

ATTIQUE, adj. des deux genres. Qui a rapport à la manière et au goût des anciens Athéniens :

L'élégance *attique* dont vous me parlez fut-elle jamais plus pure à Athènes, ni l'urbanité plus agréable et mieux entendue à Rome ?

VOITURE, Lettres; à M. d'Avaux.

L'esprit *attique* que les anciens ont tant vanté, paroît plus dans Aristophane que dans aucun autre auteur que je connoisse de l'antiquité.

Mme DACIER, trad. d'Aristophane, Préface.

Théophraste... fut reconnu étranger et appelé de ce nom

par une simple femme de qui il achetoit des herbes au marché, et qui reconnut, par je ne sais quoi d'*attique* qui lui manquoit et que les Romains ont depuis appelé urbanité, qu'il n'étoit pas Athénien.

LA BRUYÈRE, *Discours sur Théophraste.*

Leurs mœurs (des Romains) austères ou dissolues, selon les temps, n'eurent jamais la délicatesse des mœurs *attiques.*

MARMONTEL, *Éléments de littérature : Pantomime.*

Tel fut le maître (Thucydide) de la tribune *attique*, le modèle adopté par Démosthène, qui le copia huit fois tout entier...

M.-J. CHÉNIER, *Tableau de la littérature française*, c. 5.

Des amis! ta mémoire en gardera toujours!
Ils y viendront pleurer et cette grâce *attique*
Et cet accent naïf, tendre, mélancolique.

LAMARTINE, *Harmonies :* Le Retour, au comte Xavier de Maistre.

Dialecte attique :

Le *dialecte attique* est celui qui étoit usité dans Athènes et dans le pays circonvoisin. Il a été suivi particulièrement par Thucydide, Aristophane, Platon, Isocrate, Xénophon et Démosthène.

ROLLIN, *Histoire ancienne*, liv. V, art. 5.

On a dit, dans un sens analogue, *les auteurs attiques,* ou substantivement, *les attiques,* les auteurs qui ont employé ce dialecte; *formes attiques,* les formes de langage propres au dialecte attique.

Sel attique, sel d'Attique, se dit de Tout ce qui porte le caractère de cette plaisanterie délicate et fine qui distinguait les Athéniens :

De ce *sel d'Attique,* dont j'ay mangé plus d'un minot avec vous... il n'y en a pas un grain dans Paris.

VOITURE, *Lettres;* à M. d'Avaux, 13 décembre 1643.

Voiture pouvoit donner tout son amour à quelques-uns de ses ouvrages, car ils ont je ne sais quoi de si ingénieux et de si poli, de si fin et de si délicat, qu'ils font perdre le goût des *sels attiques* et des urbanités romaines.

SAINT-ÉVREMONT, *De quelques livres espagnols, italiens et françois.*

Il lui échappa je ne sais combien de traits pleins de sel castillan, qui vaut bien le *sel attique.*

LE SAGE, *Gil Blas*, II, 5.

Dupeyrou fit imprimer à Genève ce chiffon, qui n'eut dans le pays qu'un succès médiocre, les Neufchâtelois, avec tout leur esprit, ne sentant guères le *sel attique* ni la plaisanterie sitôt qu'elle est un peu fine.

J.-J. ROUSSEAU, *les Confessions*, XII.

Il est de *sel attique* assaisonné partout;
Et vous le trouverez, je crois, d'assez bon goût.

MOLIÈRE, *les Femmes savantes*, III, 2.

Vous n'y trouverez point de ces termes gaillards,
Dont vous enjolivez vos contes égrillards;
Ni de ces traits mordants, que, dans votre critique,
Un esprit médisant donne pour *sel attique.*

PESSELIER, *Ésope au Parnasse.*

ATTIQUE, s. m. Terme d'Architecture. Petit étage qui est au-dessus de la corniche supérieure d'une maison, d'un édifice :

Aux fenêtres de l'*attique*, sous le toit, régnait une guirlande de capucines et de pois de senteur.

CHATEAUBRIAND, *Mémoires.*

ATTIÉDIR, v. a.
Rendre tiède ce qui est chaud.
Ce verbe est ancien dans notre langue, où il a paru d'abord sous des formes un peu différentes :

Tepere, *atedier.*

Dictionnaire latin-françois du XIIIᵉ *siècle.* Bibliothèque nationale, ms., 7692.

Il s'emploie au propre et au figuré;
Au propre :

De quel trésor sont tirés les vents qui purifient l'air, qui *attiédissent* les saisons brûlantes, qui tempèrent la rigueur des hivers?

FÉNELON, *Traité de l'Existence de Dieu*, Iʳᵉ part., c. 2.

Les eaux d'abord reléguées dans l'atmosphère par la force expansive de la chaleur, sont ensuite tombées sur les parties du globe qui *étoient* assez *attiédies* pour ne les pas rejeter en vapeurs.

BUFFON, *Époques de la nature.*

Ne doit-on pas considérer que la déperdition de la chaleur du globe se fait d'une manière insensible; qu'il a fallu soixante-seize mille ans pour l'*attiédir* au point de la température actuelle?

LE MÊME, même ouvrage.

Au figuré :

Enfermer les cœurs des rois dans les bornes accoustumées, c'est *attiédir* leurs courages.

LA NOUE, *Discours politiques et militaires*, XX.

Cet assaut repoussé haussa fort les courages des uns, et *attiédit* ceux des autres.

AGR. D'AUBIGNÉ, *Histoire universelle*, I, c. 9.

Il résolut de s'en aller pour quelques jours à la chasse, pensant par son absence *attiédir* l'animosité de ces jeunes gens contre luy.

MARGUERITE DE VALOIS, *Mémoires.*

Nous sommes tenus dans une guerre défensive,... espérant que nostre patience *attiédiroit* la fureur et la rage de ceulx de la maison de Lorraine.

HENRI IV, *Lettres ;* 14 juillet 1587.

La cour a gagné beaucoup de terrain dans les provinces, particulièrement où l'ardeur des parlements *est* beaucoup *attiédie.*

LE CARDINAL DE RETZ, *Mémoires,* IIe part.

Je vous diray que si depuis dix-huit mois j'eusse pensé à faire travailler à la réformation des eaux et forests de Bretagne... cela auroit excité une grande rumeur dans le pays, qui *auroit attiedy* ou peut-estre mesme débauché quelqu'uns des principaux députez...

COLBERT à son frère, maître des requêtes et commissaire du roi aux États de Bretagne, 10 août 1663. (Voyez DEPPING, *Correspondance administrative sous Louis XIV,* t. I, p. 472.)

Je crois que vous devez retrancher toute société qui pourroit... vous dissiper, vous amollir, vous *attiédir* pour Dieu.

FÉNELON, *Lettres spirituelles,* XXXVII.

L'âge, la maladie, les fluxions sur les yeux, n'*attiédissent* point mon saint zèle.

VOLTAIRE, *Lettres ;* 4 février 1764.

Je resterai comme je suis, de peur qu'insensiblement le goût de la contemplation devenant une passion oiseuse, ne m'*attiédit* sur l'exercice de mes devoirs.

J.-J. ROUSSEAU, *Émile.*

Il (mon père) m'aimoit très-tendrement, mais il aimoit aussi ses plaisirs ; et d'autres goûts *avoient* un peu *attiédi* l'affection paternelle depuis que je vivois loin de lui.

LE MÊME, *les Confessions,* I, 2.

Soit qu'il me parût beau d'apprendre jusqu'à ma dernière heure, soit qu'un reste d'espoir de vivre se cachât au fond de mon cœur, l'attente de la mort, loin d'*attiédir* mon goût pour l'étude, sembloit l'animer.

LE MÊME, même ouvrage, I, 6.

Chéron (dans le Tartufe de mœurs) a supprimé quelques hardiesses ; mais il *attiédit* les effets comiques, il énerve la vigueur des scènes...

M.-J. CHÉNIER, *Tableau de la littérature française,* c. 11.

Quelles tristes réflexions ne fis-je point alors sur l'amitié, que la présence *attiédit,* que l'absence efface ?

CHATEAUBRIAND, *René.*

Vos froids raisonnements ne feront qu'*attiédir*
Un spectateur toujours paresseux d'applaudir.

BOILEAU, *Art poétique,* III.

Elle les renvoya : ces gens l'embarrassoient,
L'*attiédissoient,* l'affadissoient,
L'endormoient en contant leur flamme.

LA FONTAINE, *Contes :* Le Petit Chien.

ATTIÉDIR s'est dit aussi quelquefois dans le sens contraire de Passer du froid au chaud :

... Quand c'est pour son Dieu que le fidelle endure,
Lors le fer s'amolit ou sa peau vient plus dure :
Sur ce corps nud la bise *attiedist* ses glaçons,
Sur sa peau le soleil rafraichist ses rayons.

D'AUBIGNÉ, *Tragiques,* liv. IV : Les Feux.

L'oiseau reprend sa voix ; les zéphirs de retour
Attiédissent les airs de leurs molles haleines.

DELILLE, trad. de Virgile, *Géorgiques,* II.

Ce verbe s'emploie neutralement :

La principalle force des François est au commencement toute en esmotion et fureur ; que si on la laisse *attiédir* et reposer, elle ne vaut plus rien.

BRANTÔME, *Grands Capitaines françois :* Le grand roy François.

Il s'emploie avec le pronom personnel ;
Soit au propre :

Cette eau s'est *attiédie.*

Dictionnaire de l'Académie, 1694.

Soit au figuré :

Les ennemis d'Alcibiade s'*attiédirent* un peu, craignants que le peuple ne se monstrast en ce jugement plus mol envers luy.

AMYOT, trad. de Plutarque, *Alcibiade,* c. 33.

J'en y ay veu des plus fandans et eschauffez s'*attiédir* et baisser bas.

BRANTÔME, *Grands Capitaines, couronnels françois.*

Monsieur le Prince fait un ballet avec douze conseillers du parlement ; il l'a toujours répété jusques à cette heure ; toutefois il semble que l'ardeur s'en *attiédisse.*

MALHERBE, *Lettres ;* à Peiresc, 13 février 1615.

L'instruction est dans les naturels vifs et sensibles, un germe caché qui pousse et qui fructifie quelquefois, quand l'expérience vient au secours de la raison, et que les passions s'*attiédissent.*

FÉNELON, *De l'Éducation des filles,* c. 5.

Quand une fois jeté dans la carrière littéraire par des impulsions étrangères, je sentis la fatigue du travail d'esprit et l'importunité d'une célébrité malheureuse, je sentis en même tems languir et s'*attiédir* mes douces rêveries.

J.-J. ROUSSEAU, *Rêveries,* VII.

Tous ses ouvrages (d'Arnauld) eurent une grande vogue dans son temps, et par la réputation de l'auteur, et par la chaleur des disputes. Cette chaleur *s'est attiédie;* les livres ont été oubliés.

> VOLTAIRE, *Siècle de Louis XIV*, c. 37 : Du Jansénisme.

ATTIÉDI, IE, participe.

Au propre :

A la date de trente ou trente-cinq mille ans de la formation des planètes, la Terre se trouvoit assez *attiédie* pour recevoir les eaux sans les rejeter en vapeurs.

> BUFFON, *Époques de la nature.*

Les flots *attiédis* et agités des mers septentrionales, en battent les contours et y creusent de toutes parts des voûtes profondes.

> BERNARDIN DE SAINT-PIERRE, *Harmonies de la nature,* liv. V : Harmonie universelle.

> Ciel sans souillure et sans orages,
> Où j'aspirois sous les feuillages
> Les parfums d'un air *attiédi.*
>> LAMARTINE, *Premières Méditations.*

Au figuré :

> Peut-estre que l'esclat de cette vive estoile
> Excitera ma nef à desployer sa voile ;
> Et qu'un mot généreux, obligeant et hardy,
> Fera rebouillonner mon courage *attiédy.*
>> SAINT-AMANT, *la Vistule sollicitée.*

> La foi, de nos aïeux la lumière et le guide,
> De ce monde *attiédi* retire ses rayons.
>> LAMARTINE, *Harmonies.*

ATTIÉDISSEMENT, s. m. État de ce qui s'attiédit.

C'est autant de division et d'atediement, et *d'attiedissement* à nos ennemis.

> *Satire Ménipée.*

Pour Immortifié c'est un mot de la façon de ces messieurs (de Port-Royal), aussi bien qu'...*attiédissement*... Car ils ne font point de difficulté de faire des mots nouveaux.

> BOUHOURS, *les Entretiens d'Ariste et d'Eugène*, II : La langue françoise.

L'auteur qui a tâché d'introduire Insidiateur et Insidiatrice fait ce qu'il peut pour établir *attiédissement*, et il ne tient pas à lui qu'on ne s'en serve. Il dit dans un de ses livres que l'oraison fervente et continuelle étouffe en nous *l'attiédissement* et la paresse; que la vaine gloire est la mère de *l'attiédissement*, qu'on appelle paresse... Enfin, je n'ai jamais vu tant *d'attiédissement;* et je ne sais pourquoi

cet écrivain ne se sert jamais de tiédeur, qui est le mot propre.

> BOUHOURS, *Remarques nouvelles sur la langue françoise.*

Le fréquent usage de la confession et de la communion est un des plus sûrs préservatifs contre les *attiédissements* et les rechutes.

> BOURDALOUE, *Retraite spirituelle,* 8ᵉ jour : Fréquentation des sacrements.

... Vérité dont il est important avant toutes choses de se bien convaincre, et confiance qu'on ne doit jamais perdre, à quelque degré *d'attiédissement* et d'imperfection qu'on en soit venu.

> LE MÊME, *Pensées :* De l'État religieux; Esprit religieux.

Depuis longtemps je m'apercevois de *l'attiédissement* du sien (de son cœur).

> J.-J. ROUSSEAU, *Confessions*, II, 12.

ATTIFER, v. a. Orner, parer. Il se dit surtout de la Toilette et de la coiffure des femmes.

Nonobstant que les dames y soyent bien parées et bien *attiffées*, et que moult de belles en y ait.

> BOUCIQUAUT, *le Livre des faicts*, IV, 7.

Je vois quelquefois passer un prélat, je ne sçay s'il est evesque ou archevesque, mais je ne vis jamais une telle barbe; on dit qu'il est tous les jours pour le moins deux heures à la peigner et *attifer*.

> *Les Caquets de l'accouchée*, II.

Vouloir estre vefve, et se plaire neantmoins d'estre muguetée, caressée, cajollée; se vouloir trouver aux bals, aux danses et aux festins; *estre* parfumée, *attifée* et mignardée, c'est estre vefve vivante quant au corps, mais morte quant à l'âme.

> SAINT FRANÇOIS DE SALES, *Introduction à la vie dévote*, III, 40.

> N'entrez pas dans sa chambre, attendez-le en sa cour;
> Allez-y sans *être attifée,*
> Car il est fort coquet et plus charmant qu'Orfée.
>> VOITURE, *Poésies.*

On l'a quelquefois employé au figuré :

> Et voyant qu'un beau feu leur cervelle n'embrase,
> Ils *attifent* leurs mots, enjolivent leur phrase.
>> RÉGNIER, *Satires*, IX.

Il s'emploie souvent avec le pronom personnel :

Je vois avec despit en plusieurs mesnages, monsieur revenir maussade et tout marmiteux du tracas des affaires, environ midy, que madame est encore après à *se coiffer* et *attifer* en son cabinet.

> MONTAIGNE, *Essais*, III, 9.

ATTIFÉ, ÉE, participe passé.

Que n'avez-vous dict plustost *attifez?* — Il convient plustost aux dames.

> H. ESTIENNE, *Dialogues du nouveau langage françois italianisé,* 1.

La reyne eut toutes les envies du monde de voir la femme de Brusquet... Et la luy mena parée, *attiffée* et accommodée ny plus ny moins comme le jour de ses nopces.

> BRANTÔME, *Grands Capitaines estrangers :* Le maréchal D'Estrozze.

De la cité les dames bien coiffées,
Aux doux regards, aux gorges *atifées*
De beaux joyaux, au riche corps vestu
D'un or broché en la soye battu,
Menoient le bal.

> RONSARD, *la Franciade*, III.

La reine habillée et coeffée
Et soigneusement *attifée,*
Sortit en pompeux appareil.

> SCARRON, *Virgile travesti*, IV.

ATTIFET, s. m. Parure, et plus particulièrement, Ornement de tête, coiffure de femme :

Le bourreau lui donna (à Marie Stuart) un grand coup de hache dont il lui enfonça ses *attifets* dans la tête; laquelle il n'emporta qu'au troisième coup.

> BRANTÔME, *Dames illustres.*

A Magog de Surie y a des poissons au lac de Vénus, qui entendent la voix des marguilliers du temple de Vénus, et viennent avec leurs *attifets* d'or quand on les appelle.

> DU PINET, trad. de Pline, *Histoire naturelle*, XXXII, 11.

J'ay une espingle qui me picque
. . . .
Mon *attiffet* va de costé.

> R. BELLEAU, *la Reconnue*, I, 2.

Mais bran, bran, j'ay laissé là-bas mon *attifet.*

> REGNIER, *Satires,* I.

Lors Vénus songeant à son fait,
S'ajusta de maint *attifet*
Et s'en alla trouver Neptune.

> SCARRON, *Virgile travesti*, V.

Dans le passage suivant, Brantôme paraît lui donner le sens spécial de Coiffure de veuve :

D'Espernon avait juré cent fois... qu'il tueroit d'Aubeterre et feroit porter l'*attifaict* à sa femme.

> BRANTÔME, *Discours sur les duels.*

D'ATTIFER on avait aussi formé :
ATTIFEUR, s. m.

Il me semble, quand je les voy (les versificateurs) armez de mesmes bastons que les bons maistres, c'est à dire des mesmes vers... qu'ils ressemblent à ces Hercules desguisez ès tragedies, lesquels achetent la peau d'un lion chez un peletier, une grosse massue chez un charpentier, et une fausse perruque chez un *attifeur.*

> RONSARD, *Préface sur la Franciade.*

ATTIFURE, s. f.

Nous les dressons (les femmes), dez l'enfance, aux entremises de l'amour; leur grace, leur *attifeure*, leur science, leur parole, toute leur instruction ne regarde qu'à ce but.

> MONTAIGNE, *Essais,* III, 5.

Et **ATTIFEMENT,** s. m.

Attiffement, comptus.

> ROB. ESTIENNE, *Dictionnaire françois-latin,* 1539.

ATTIRER, v. a. Tirer, faire venir à soi.

Avec un nom de personne, au propre et au figuré :

Pourtant ce qu'on lit souvent en Chrysostome ne doit point estre receu : c'est que Dieu n'*attire* sinon ceux qui veulent *estre attirez.* En quoy il signifie que Dieu en nous tendant la main, attend s'il nous semblera bon de nous aider de son secours.

> CALVIN, *Institution chrestienne,* II, c. 3, § 10.

Il sçavoit aussi bien *attirer* les hommes à soy, comme monsieur son père; car il estoit très libéral, doux, gracieux et très éloquent, choses fort attrayantes.

> BRANTÔME, *Grands Capitaines françois :* M. le prince de Condé.

Quand Mahumet promet aux siens un paradis tapissé, paré d'or et de pierreries, peuplé de garses d'excellente beauté, de vins et de vivres singuliers, je voy bien que ce sont des moqueurs qui se plient à nostre bestise, pour nous emmieller et *attirer* par ces opinions et espérances, convenables à nostre mortel appétit.

> MONTAIGNE, *Essais,* II, 12.

Si s'est-il tousjours veu que les conquestes par leur grandeur et difficulté ne se pouvoient bonement parfaire par armes et par force; elles ont esté parfaictes par clemance et magnificence, excellans leurres à *attirer* les homes, spécialement vers le juste et légitime parti.

> LE MÊME, *Lettres*; à Henri IV, 18 janvier 1590.

Quoique j'aime extrêmement le ciel d'Italie et la terre

qui porte les orangers, votre vertu seroit capable de m'*attirer* sur les bords de la mer glaciale et jusqu'au fond du septentrion.

BALZAC, *Lettres;* à Descartes, 25 avril 1631.

Ces deux chevaliers ne pouvoient estre sans moy, et falloit que laissant bien souvent mes estudes, je les accompagnasse par tous les endroits où la curiosité les *attiroit*.

D'URFÉ, *l'Astrée,* II⁰ part., liv. XII.

Le bruit qu'on y faisoit à cause de nous *attiroit* tout le monde aux fenêtres.

SCARRON, *Roman comique,* I, 18.

Je crains que vous ne preniez mal vos mesures, et que cette indulgence ne soit capable de choquer plus de monde que d'en *attirer.*

PASCAL, *Provinciales,* IX.

Ce n'est pas encore ici la politique de la société, mais c'en est un des plus grands principes. Vous y verrez les adoucissements de la confession, qui sont assurément le meilleur moyen que ces pères aient trouvé pour *attirer* tout le monde et ne rebuter personne.

LE MÊME, même ouvrage, X.

Comme elle (Madame, sœur d'Henri II) avoit beaucoup d'esprit, et un grand discernement pour les belles choses, elle *attiroit* tous les honnêtes gens, et il y avoit de certaines heures où toute la cour étoit chez elle.

Mᵐᵉ DE LA FAYETTE, *la Princesse de Clèves,* Iʳᵉ part.

Sa maison (de M. d'Harouys) va être le Louvre des États : c'est un jeu, une chère, une liberté jour et nuit qui *attirent* tout le monde.

Mᵐᵉ DE SÉVIGNÉ, *Lettres;* à Mᵐᵉ de Grignan, 5 août 1671.

Je ne sais ce que je vais faire à Paris; rien ne m'y *attire,* je n'y ai point de contenance.

LA MÊME, même ouvrage; 2 novembre 1679.

Le sentiment du plaisir nous touche très-vivement quand il est présent, et nous *attire* puissamment quand il ne l'est pas.

BOSSUET, *De la Connoissance de Dieu et de soi-même,* c. 1, n° 6.

Quand on dit que Dieu veut toujours ce qu'il y a de mieux, ce n'est pas qu'il y ait un mieux dans les choses qui précèdent en quelque sorte sa volonté, et qui l'*attirent;* mais c'est que tout ce qu'il veut par là devient le meilleur.

LE MÊME, *Traité du Libre arbitre,* c. 2.

Mazarin, que ses négociations *attiroient* souvent à Turin, fut ravi d'y trouver un homme d'une si grande capacité.

LE MÊME, *Oraison funèbre de Michel Le Tellier.*

Je ne veux que vous faire souvenir de la cause célèbre de ces étrangers que l'espérance du gain *avoit attirés* des bords du Levant pour porter en Europe les richesses de l'Asie.

FLÉCHIER, *Oraison funèbre de M. de Lamoignon.*

Je vois la sagesse et la piété du prince, excitant les uns par ses pieuses libéralités, *attirant* les autres par les marques de sa bienveillance.

FLÉCHIER, *Oraison funèbre de M. Le Tellier.*

Le duc de Mantoue se trouva bien à Venise où les divertissements l'*avoient attiré,* mais Mathioli s'y fit attendre longtemps.

LE MARQUIS DE POMPONNE, *Mémoires,* II : Mantoue.

Un jour que la beauté d'un ruisseau l'*avoit attirée,* elle se laissa conduire insensiblement aux replis de l'onde.

LA FONTAINE, *Psyché,* I.

Voulez-vous sçavoir un secret infaillible pour *attirer* les habiles gens à coup sûr? Vous n'avez qu'à distribuer des jetons d'argent à chaque assemblée.

Le Banqueroutier, scène des Ambassadeurs. (Voyez GHERARDI, *Théâtre italien,* I, p. 396.)

J'allois à l'hôtel d'Albret ou à celui de Richelieu, sûre d'y être bien reçue et d'y trouver mes amis rassemblés, ou bien de les *attirer* chez moi en les faisant avertir que je ne sortirois pas.

Mᵐᵉ DE MAINTENON, *Entretiens à Saint-Cyr.* (Voyez *Histoire de Mᵐᵉ de Maintenon,* par le duc de Noailles, p. 281.)

Je vous recommande les catholiques ; et je vous prie de n'être pas inhumain aux huguenots, il faut les *attirer* par la douceur.

LA MÊME, *Lettres;* au comte d'Aubigné, gouverneur à Amersfort, 27 septembre 1672.

Aussitôt que Scipion Émilien fut arrivé à Alexandrie, la renommée le découvrit malgré les précautions que sa modestie avoit prises, et *attira* au-devant de lui toute la ville à la descente du vaisseau.

ROLLIN, *Traité des Études,* liv. VI, Iʳᵉ part., § 3.

Les Turcs l'*attirèrent* (le czar) sur le Pruth à travers des déserts où, manquant de tout, il falloit périr ou hasarder tout par un combat fort inégal.

SAINT-SIMON, *Mémoires,* 1711.

Ce fut là (à Saint-Germain) où il (Louis XIV) commença à *attirer* le monde par les fêtes et les galanteries, et à faire sentir qu'il vouloit être vu souvent.

LE MÊME, même ouvrage, 1715.

Rien n'*attire* plus les étrangers que la liberté, et l'opulence qui la suit toujours.

MONTESQUIEU, *Lettres persanes,* CXXII.

Elle ne fuyoit pas les jeunes gens d'une figure agréable qui paroissoient décents et modestes. Elle avoit dans sa réserve même un certain art de les *attirer* qui ressembloit assez à la coquetterie.

J.-J. ROUSSEAU, *Émile.*

Les filles (de Neufchâtel) ont beaucoup de liberté et en

font usage; elles se rassemblent souvent en société où l'on joue, où l'on goûte, on l'on babille, et où l'on *attire* tant qu'on peut les jeunes gens; mais par malheur ils sont rares, et il faut se les arracher.

> J.-J. ROUSSEAU, *Lettres;* 20 janvier 1763.

... Tout le monde m'avertissoit de me tenir sur mes gardes, qu'on me guettoit, et qu'on cherchoit à m'*attirer* sur le territoire de France pour m'y faire un mauvais parti.

> LE MÊME, *les Confessions,* II, 12.

Il *attire* dans une conférence le seigneur de la ville de Camérino: il le fait étrangler avec ses deux fils.

> VOLTAIRE, *Essai sur les mœurs,* c. 111: D'Alexandre VI et de Louis XII.

Les Gilles d'aujourd'hui ne peuvent plus *attirer* de monde à la foire.

> LE MÊME, *Lettres;* 11 novembre 1776.

Les croisades si multipliées tournèrent à mépris, on ne s'empressoit plus à écouter ceux qui les prêchoient: et pour leur *attirer* des auditeurs, il fallut promettre à quiconque assisteroit à leurs sermons, des indulgences de quelques jours ou de quelques années.

> FLEURY, *Discours sur l'histoire ecclésiastique,* VI.

Il est commun de trouver des gens dont les principes et les mœurs vous *attirent,* et dont le commerce vous rebute; on ne peut s'empêcher de les considérer, de les respecter et de les fuir.

> DE MONCRIF, *Moyens de plaire.*

Elles (les bienséances) défendent à l'honnête homme ces sortes d'affiches qu'on peut mettre sur les boutiques pour *attirer* les chalands, mais qu'il ne faut point mettre à la tête d'un livre pour *attirer* les lecteurs.

> LA HARPE, *Cours de littérature.*

Corneille, Racine, et leurs rivaux n'*attirent* pas assez le vulgaire,... pour fournir à leurs acteurs de quoi les représenter dignement.

> MARMONTEL, *Éléments de littérature:* Décoration.

Pour *attirer* des bouvreuils dans un bocage, il faut y planter de l'épine blanche.

> BERNARDIN DE SAINT-PIERRE, *Études de la nature,* X.

C'est le propre d'un métier lucratif d'*attirer* les hommes et les capitaux pour en partager le profit.

> TURGOT, *Lettres sur la liberté du commerce des grains,* VI, 27 novembre 1770.

Les yeux du despote *attirent* les esclaves, comme les regards du serpent fascinent les oiseaux dont il fait sa proie.

> CHATEAUBRIAND, *Itinéraire de Paris à Jérusalem:* Voyage dans l'Archipel.

La qualité de roy, l'esclat de ma fortune, Au lieu de l'*attirer,* la choque et l'importune.

> THÉOPHILE, *Pyrame et Thisbé,* I, 3.

Un loup survient à jeun, qui cherchoit aventure, Et que la faim en ces lieux *attiroit.*

> LA FONTAINE, *Fables,* I, 10.

Quand la perdrix
Voit ses petits
En danger, et n'ayant qu'une plume nouvelle...
Elle fait la blessée, et va trainant de l'aile,
Attirant le chasseur et le chien sur ses pas,
Détourne le danger, sauve ainsi sa famille.

> LE MÊME, même ouvrage, X, 1.

Le berger, qui, par ses chansons,
Eût *attiré* des inhumaines,
Crut, et crut mal, *attirer* des poissons.

> LE MÊME, même ouvrage, X, 11.

Quel charme, malgré vous, vers elle vous *attire?*

> J. RACINE, *Andromaque,* II, 5.

Athènes l'*attiroit,* il n'a pu s'en cacher.

> LE MÊME, *Phèdre,* III, 1.

Je ne m'étonne plus si céans l'argent roule,
Et si des emprunteurs il *attire* la foule.

> DESTOUCHES, *le Dissipateur,* II, 1.

Je sais quel est le peuple: on le change en un jour;
Il prodigue aisément sa haine et son amour.
Si ma grandeur l'aigrit, ma clémence l'*attire.*

> VOLTAIRE, *Mort de César,* I, 3.

Contre un pouvoir si grand, qu'eût pu faire d'Estrée?
Par un charme indomptable elle *était attirée.*

> LE MÊME, *Henriade,* IX.

... Malgré ses rides, ses revers,
Belle encor, l'Italie *attire* l'univers.

> A. CHÉNIER, *Élégies,* XXVI.

Attirer en jugement, faire comparaître en justice. Dans l'exemple suivant, c'est du jugement de Dieu qu'il est question:

Autant en est-il de ce que nous lisons en l'épistre aux Hébreux, que les pasteurs veillent comme ayans à rendre conte de nos ames: ce qui ne conviendroit pas si nos ames n'avoyent quelque essence propre. A quoy s'accorde ce que sainct Paul invoque Dieu tesmoin sur son ame; car si elle n'estoit point sujette à punition, elle ne pourroit estre *attirée en jugement* devant Dieu.

> CALVIN, *Institution chrestienne,* I, 15, § 2.

Attirer de quelque part:

Il y fut témoin d'un jubilé qui *attiroit* une quantité prodigieuse de peuple *de* tous les bouts de la terre.

THOMAS, *Éloge de Descartes.*

L'effet le plus ordinaire du commerce est d'*attirer* les hommes *de* la campagne dans les villes.

GRIMM, *Correspondance,* 15 mars 1755.

Présentez aux hommes la liberté et le bonheur, vous les *attirerez de* toutes les parties du monde.

BERNARDIN DE SAINT-PIERRE, *Études de la nature,* III.

ATTIRER, suivi d'un nom de chose, et souvent d'un nom abstrait, s'emploie dans des acceptions très diverses, comme Amener, Apporter, Procurer, Causer, Produire :

Nous avons dit au commencement, que la cognoissance de Dieu n'est pas située en quelque froide speculation, mais qu'elle *attire* avec elle le service d'icelui.

CALVIN, *Institution chrestienne,* I, 12, § 1.

Puisque l'homme désiroit tant de s'apparier à Dieu, il eust mieux fait, dit Cicero, de ramener à soy les conditions divines, et les *attirer* çà bas, que d'envoyer là haut sa corruption et sa misère.

MONTAIGNE, *Essais,* II, 12.

Il n'y a rien si vray, que le froc et la cogule tire à soy les opprobres, injures et maledictions du monde, tout ainsi comme le vent dict Cecias *attire* les nues.

RABELAIS, *Gargantua,* I, 40.

Ainsi comme les cornets et ventoses *attirent* du cuir ce qu'il y a de pire, aussi les aureilles des curieux *attirent* tous les plus mauvais propos qui soient.

AMYOT, trad. de Plutarque, *Œuvres morales:* De la Curiosité.

La paille estant bruslée dedans le champ, elle servira d'autant de fumier, parce qu'elle laissera la mesme substance qu'elle *avoit attirée* de la terre.

BERNARD PALISSY, *Recepte veritable.*

Je t'accorderai que tu peux... *attirer* les matieres metalliques et les rassembler pour faire l'or et l'argent.

LE MÊME, *Traité des métaux et alchimie.*

Comme les malheurs ne viennent jamais seuls, il semble aussi qu'un bonheur en *attire* un autre.

D'URFÉ, *l'Astrée,* IIe part., liv. VIII.

Un air noble et grand... qui *attiroit* l'inclination et le respect de tout le monde.

LE CARDINAL DE RETZ, *Conjuration de Fiesque.*

Un chapitre *attire* l'autre, et je fais dans mon livre comme ceux qui mettent la bride sur le col de leurs chevaux et les laissent aller sur leur bonne foi.

SCARRON, *Roman comique,* I, 12.

Quelle vanité que la peinture, qui *attire* l'admiration par la ressemblance des choses dont on n'admire pas les originaux!

PASCAL, *Pensées.*

Les principes de la religion sont fortement établis dans son âme et beaucoup plus que ceux de la dévotion, mais l'un *attire* l'autre et toutes choses viennent en leur temps.

Mlle DE MONTPENSIER, *Portraits,* CXLVI:M. le Prince.

... L'éclat de ses charmes *attiroit* toujours l'inclination de ceux qui la voyoient.

Mme DE MOTTEVILLE, *Mémoires.*

La discrétion de ce duc *attira* celle de M. le Prince.

LA MÊME, même ouvrage.

Comme la religion sembloit seule *attirer* toutes les difficultés qui lui étoient faites (à Christine), je combattis avec la force que je devois la dureté qui lui en faisoit refuser l'exercice.

LE MARQUIS DE POMPONNE, *Mémoires,* I, 7.

Le roi de Navarre *attiroit* le respect de tout le monde par la grandeur de son rang et par celle qui paroissoit en sa personne.

Mme DE LA FAYETTE, *la Princesse de Clèves,* I.

Une conduite droite, la réputation de probité, *attire* plus de confiance et d'estime, et à la longue plus d'avantage de fortune, que les voies détournées.

Mme DE LAMBERT, *Avis d'une mère à sa fille.*

Quand il s'en trouveroit un ou deux de huit évêques et quatre barons qu'il y a, qui voulust mesnager l'intérêt du peuple, le reste l'*attirera* toujours, et il est certain que dans une conférence la pluralité ira à ce que M. l'intendant jugera nécessaire pour satisfaire le roi.

L'ÉVÊQUE DE BÉZIERS à Colbert, 9 janvier 1662. (Voyez DEPPING, *Correspondance administrative sous Louis XIV,* t. I, p. 63.)

L'on voit assez que cette négociation ne peut tourner qu'à l'avantage de Votre Majesté, et qu'elle *attirera* de deçà des suites fâcheuses, si elle venoit à ne pas réussir, à quoi il étoit plus expédient de fermer d'abord la porte.

L'ARCHEVÊQUE D'EMBRUN à Louis XIV, 27 mai 1662. (Voyez MIGNET, *Succession d'Espagne,* t. I, p. 145.)

Je m'estime très-glorieux et très-heureux tout ensemble de m'être trouvé à la tête de cette assemblée la première fois qu'elle a terminé le don gratuit de cette manière tout d'une voix... Cette conduite, M., lui *attirera* sans doute quelque témoignage essentiel de la bonté et de la générosité du roi.

DE BONSY, archevêque de Toulouse, à Colbert, 22 décembre 1671. (Voyez DEPPING, *Correspondance administrative sous Louis XIV,* t. I, p. 270.)

Ce grand capitaine (Annibal), réduit à se sauver de son pays, remua l'Orient contre eux (les Romains) et *attira* leurs armes en Asie.

BOSSUET, *Discours sur l'histoire universelle*, I, 9.

Ce fut alors que les Juifs furent faits tributaires des Romains, et la ruine de la Syrie *attira* la leur.

LE MÊME, même ouvrage, II, 8.

D'une affaire il en naît une autre, et un moment de remise *attire* quelquefois la vie tout entière.

LE MÊME, *Panégyrique de saint André*.

C'est ainsi que Marie-Thérèse *attira* par la prière toutes les vertus dans son âme.

LE MÊME, *Oraison funèbre de Marie-Thérèse d'Autriche*.

Un abîme *attire* un autre abîme, et une médisance une autre médisance.

BOURDALOUE, *Essai d'Avent*, Jeudi de la 3e semaine.

Tout ce que nous fîmes les derniers jours, tous les lieux où nous fûmes, toute la douleur dont j'étois pénétrée, avec une bonne contenance de peur d'*attirer* vos sermons, tout cela m'arrache encore le cœur.

Mme DE SÉVIGNÉ, *Lettres*; à Mme de Grignan, 7 août 1675.

Nous avons une grande confiance au goût de M. de Grignan: son rire doit *attirer* celui des plus délicats.

LA MÊME, même ouvrage, à Mme de Grignan, 12 février 1690.

J'*attirerai* partout votre attention, non par la force de l'éloquence, mais par la vérité et par la grandeur des vertus dont je suis engagé de vous parler.

FLÉCHIER, *Oraison funèbre de Turenne*.

Il se surpasse lui-même et fait voir... qu'il y a une pieuse magnanimité qui *attire* les bons succès, malgré les périls et les obstacles.

LE MÊME, même ouvrage.

La hauteur et la fierté *attirent* les guerres les plus dangereuses.

FÉNELON, *Télémaque*, IX.

Un orateur habile et expérimenté... remarque fort bien ce qui entre et ce qui n'entre pas dans l'esprit, ce qui *attire* l'attention, ce qui touche les cœurs, et ce qui ne fait point ces effets.

LE MÊME, *Dialogues sur l'Éloquence*, II.

Il disoit que les dieux avoient horreur des victimes sanglantes, et que cela étoit capable d'*attirer* leur indignation sur ceux qui prétendoient les honorer par de tels sacrifices.

LE MÊME, *Vies des Philosophes*: Pythagore.

Son défaut de goût (du Prince) *attire* l'ignorance, la grossièreté et la barbarie.

LE MÊME, *Dialogues des Morts*: Achille et Homère.

Une victoire en *attire* une autre, en consternant les vaincus et en procurant aux vainqueurs beaucoup d'alliés.

FÉNELON, même ouvrage: Annibal et Scipion.

Une fleur *attire* votre compassion, quand Virgile la peint prête à se flétrir.

LE MÊME, *Lettre à l'Académie*, V.

Le dédain et le rengorgement dans la société *attire* précisément le contraire de ce que l'on cherche; si c'est à se faire estimer.

LA BRUYÈRE, *Caractères*, c. 5.

Les Babyloniens et les Mèdes ayant détruit Ninive, et avec elle l'empire des Assyriens, devinrent si redoutables, qu'ils *attirèrent* la jalousie de tous leurs voisins.

ROLLIN, *Histoire ancienne*, liv. I, IIIe part.

La reconnoissance d'un bienfait en *attire* toujours de nouveaux.

MASSILLON, *Paraphrase morale des Psaumes*.

Vous leur rappellerez tant de lieux saints profanés, tant de dissolutions capables d'*attirer* la colère du ciel sur les plus justes entreprises; le feu, le sang, le blasphème, l'abomination et toutes les horreurs qu'enfante la guerre.

LE MÊME, *Oraison funèbre de Louis le Grand*.

C'étoit de ces vrais saints (Nesmond, évêque de Bayeux) qui *attirent*, malgré eux, une vénération qu'on ne peut leur refuser.

SAINT-SIMON, *Mémoires*, 1715.

Les discours et la conduite de Cellamare entièrement conformes à l'esprit et au goût d'Albéroni à qui il cherchoit à plaire, lui en *attiroient* des louanges.

LE MÊME, même ouvrage, 1718.

La maladie du pape, qu'on crut trop tôt désespérée, *attira* l'ordre à nos cardinaux de se préparer diligemment à partir.

LE MÊME, même ouvrage, 1720.

Tant que la banque qu'il (Law) établit n'étoit que la sienne, et se nommoit: Banque de Law, elle *attira* avec raison la confiance publique.

HÉNAULT, *Mémoires*, c. 6.

On ne croit pas mourir tout à fait, lorsqu'on peut mourir avec bruit et *attirer* l'attention des hommes en mourant.

ABBADIE, *Sermons*: Sur la mort du Juste.

La conquête de Constantinople *attira* la perte de la Terre sainte.

FLEURY, *Discours sur l'histoire ecclésiastique*, VI, § 45.

Les biens acquis trop promptement n'*attirent* pas de bénédiction.

LE MÊME, *Mœurs des Israélites*, § 6.

Nous avons vu un temps où ces feux, ces illuminations, ces monuments passagers de la gloire, devenus un spectacle commun, n'*attiraient* plus l'empressement de la multitude rassasiée de succès.

VOLTAIRE, *Panégyrique de Louis XV.*

L'Espagne fut d'abord la seule puissance qui établit les fabriques d'or à vingt carats, parce que l'or est considéré en Espagne comme une production du pays.... Mais les autres États de l'Europe, n'*attirant* l'or et l'argent que par le commerce, sont intéressés à conserver chez eux le plus de métaux qu'il soit possible.

LE MÊME, *Au roi en son conseil.*

Il (Apollon) accordoit sa lyre : elle *attire* les rochers ; les arbres la suivent ; les lions restent immobiles.

MONTESQUIEU, *le Temple de Gnide,* VII.

Nous nous étions aperçus, mon élève et moi, que l'ambre, le verre, la cire, divers corps frottés *attiroient* les pailles, et que d'autres ne les *attiroient* pas.

J.-J. ROUSSEAU, *Émile.*

C'est un bonheur rare pour un sage moderne, qu'une occasion d'être législateur de barbares. Ceux qui l'ont été dans les premiers temps sont ces chantres miraculeux qui *attiroient* les rochers, et bâtissoient des villes avec la lyre.

FONTENELLE, *Éloge de Leibnitz.*

Les planètes principales *sont attirées* par le soleil, le soleil *est attiré* par les planètes, les satellites sont aussi *attirés* par leur planète principale, chaque planète *est attirée* par toutes les autres, et elle les *attire* aussi.

BUFFON, *Théorie de la Terre.*

Les mers les plus abondantes en poissons *attirent* et fixent, pour ainsi dire sur leurs bords, des peuplades innombrables de ces oiseaux pêcheurs.

LE MÊME, *même ouvrage: Les Oiseaux aquatiques.*

Plus loin, je vois ces gouffres dont on n'ose approcher, qui semblent *attirer* les vaisseaux pour les engloutir.

LE MÊME, *Théorie de la Terre.*

Le personnage qui, dans l'intention du poète, doit *attirer* sur lui l'intérêt, peut... être coupable, mais non pas vicieux.

MARMONTEL, *Éléments de littérature : Mœurs.*

Si cet acteur (Sarrasin) n'*attire* pas toujours des applaudissements bruyants, il n'en est pas moins admiré de tous ceux qui... savent apprécier les vrais talents.

GRIMM, *Correspondance,* 15 juillet 1754.

Un style simple à la fois et noble, plein de lumière, d'énergie et de chaleur, une éloquence naturelle et touchante ont *attiré* à ses ouvrages (de J.-J. Rousseau) une grande célébrité.

LE MÊME, *même ouvrage,* 15 juillet 1755.

Son port (de Byzance), inaccessible aux tempêtes, *attire* les vaisseaux de tous les peuples de la Grèce.

BARTHÉLEMY, *Voyage d'Anacharsis,* c. 2.

Il (Lycurgue) avoit son génie, ses lumières, le courage imposant qui force les volontés, et cet esprit de conciliation qui les *attire.*

BARTHÉLEMY, *Voyage d'Anacharsis,* c. 44.

Cet état respectif de l'air de la mer et de l'air des continents est la cause d'un phénomène observé dès long-temps ; la propriété qu'ont les terres en général, et surtout les montagnes, d'*attirer* les nuages.

VOLNEY, *Voyage en Syrie.*

... Il est probable qu'il eût été pris plus tôt, s'il avait arrêté le passage de l'armée, et qu'il en *eût attiré* tous les efforts.

NAPOLÉON, *Mémoires,* t. I, p. 265.

La mémoire de son nom (Virgile) *attire* dans ce lieu les hommages de l'univers.

Mme DE STAEL, *Corinne,* liv. XIII, c. 3, § 3.

Le roi de Prusse Frédéric II est un des rois qui a le plus affoibli la vénération pour la royauté, tout en *attirant* l'admiration sur sa personne.

DE BONALD, *Pensées.*

J'*attire* en me vengeant sa haine et sa colère,
J'*attire* ses mépris en ne me vengeant pas.

P. CORNEILLE, *le Cid,* I, 9.

Une chute toujours *attire* une autre chute.

BOILEAU, *Satires,* X.

On vit par le public un poëte avoué
S'enrichir aux dépens du mérite joué ;
Et Socrate par lui, dans un chœur de nuées,
D'un vil amas de peuple *attirer* les huées.

LE MÊME, *Art poétique,* III.

Mes prières n'ont pas le mérite qu'il faut
Pour *avoir attiré* cette grâce d'en haut.

MOLIÈRE, *Tartuffe,* III, 3.

Vous pourriez bien ici, sur votre noir jupon,
Monsieur l'huissier à verge, *attirer* le bâton.

LE MÊME, *même ouvrage,* V, 4.

Il sera de nos jours la fameuse merveille
Qui des bouts de la terre, en ses superbes lieux,
Attirera les pas des savants curieux.

LE MÊME, *la Gloire du Val-de-Grâce.*

Mais je me souviens bien de vous avoir appris
Qu'un orgueil ridicule *attiroit* du mépris.

BOURSAULT, *Ésope à la cour,* II, 1.

C'est pour déraciner le chêne assurément,
Et de nos nourrissons *attirer* la ruine.

LA FONTAINE, *Fables,* III, 6.

Les grâces, les honneurs par moi seule versés
M'*attiroient* des mortels les vœux intéressés.

J. RACINE, *Britannicus,* III, 4.

A ces mots, qui du peuple *attiroient* le suffrage,
Nos gens n'ont répondu que par un cri de rage.

> J. RACINE, *Andromaque*, V, 3.

C'étoit trop peu pour moi d'une telle victime :
La vengeance trop foible *attire* un second crime.

> LE MÊME, *Esther*, II, 1.

Je veux qu'on dise un jour aux siècles effrayés :
Il fut des Juifs, il fut une insolente race ;
Répandus sur la terre, ils en couvroient la face ;
Un seul osa d'Aman *attirer* le courroux,
Aussitôt de la terre ils disparurent tous.

> LE MÊME, même ouvrage, *ibid*.

... Faquin, ce badinage
Pourroit sur votre dos *attirer* quelque orage.

> DESTOUCHES, *l'Irrésolu*, V, 7.

La mer entend sa voix. Je vois l'humide empire
S'élever, s'avancer vers le ciel qui l'*attire* ;
Mais un pouvoir central arrête ses efforts ;
La mer tombe, s'affaisse, et roule vers ses bords.

> VOLTAIRE, *Épîtres*, XLIV.

... Ce ton de confiance
Pourrait vous *attirer* quelques fâcheux éclats.

> COLLIN D'HARLEVILLE, *le Vieux célibataire*, III, 6.

Attirer les yeux, les regards :

La mère et la femme de Darius qui étoient prisonnières,
attiroient les yeux et les cœurs de tout le monde.

> VAUGELAS, trad. de Quinte-Curce. *Histoire d'Alexandre*, III.

Il parut alors une beauté à la cour, qui *attira les yeux*
de tout le monde, et l'on doit croire que c'étoit une beauté
parfaite, puisqu'elle donna de l'admiration dans un lieu où
on étoit si accoutumé à voir de belles personnes.

> Mᵐᵉ DE LA FAYETTE, *la Princesse de Clèves*, Iʳᵉ part.

La Judée, qui commençoit à peine à se relever de sa ruine,
n'*attiroit* pas *les regards*.

> BOSSUET, *Discours sur l'histoire universelle*, I, 8.

On apprend aux jeunes gens à préférer les actions de
bonté et de libéralité, à celles qui *attirent* le plus *les yeux*
et l'admiration des hommes.

> ROLLIN, *Traité des Études*, Discours préliminaire.

La belle Stewart, alors au suprême degré de son éclat,
attiroit tous *les yeux* ou tous les respects.

> HAMILTON, *Mémoires de Grammont*, XIII.

Parmi les jeunes gens dont j'*attirois les regards*, il y en
eut un que je distinguai moi-même, et sur qui mes yeux
tombèrent plus volontiers que sur les autres.

> MARIVAUX, *la Vie de Marianne*, IIᵉ partie.

S'il alloit voir une manufacture et qu'un ouvrage *attirât*

plus *ses regards* qu'un autre, on lui en faisait présent le
lendemain.

> VOLTAIRE, *Anecdotes sur Pierre le Grand*.

Les collines qui forment cette vallée ont elles-mêmes des
sinuosités dont les perspectives *attirent* agréablement *les
regards.*

> CHATEAUBRIAND, *Itinéraire de Paris à Jérusalem*, IIIᵉ part.

Derrière ce lutrin, ainsi qu'au fond d'un antre,
A peine sur son banc on discernoit le chantre ;
Tandis qu'à l'autre banc, le prélat radieux,
Découvert au grand jour, *attiroit* tous *les yeux.*

> BOILEAU, *le Lutrin*, I.

Tout ce spectacle enfin, pompe digne d'Achille,
Pour *attirer vos yeux* n'est point assez tranquille.

> RACINE, *Iphigénie*, III, 1.

De grands cris ont soudain *attiré mes regards.*

> LE MÊME, *Mithridate*, V, 4.

Vous dites bien ; l'envie ! oui, c'est un envieux
Qui voudroit sur lui seul *attirer* tous *les yeux.*

> PIRON, *la Métromanie*, III, 10.

Attirer le cœur, les cœurs, l'âme, les âmes :

Le duc usa de plus grande honnesteté, et se monstra
plus courtois, comme doit faire un prince qui désire *attirer*
et gagner *le cœur* d'un peuple.

> MONTLUC, *Commentaires*, III.

Vos manières sont de mon goût et surtout votre cœur que
j'estime et qui vous a *attiré* le mien.

> BUSSY-RABUTIN, *Lettres* ; 16 janvier 1686.

Demandez plutôt à Dieu des affections qui vous attachent
à lui ; car ce n'est point par l'esprit ni par le raisonnement
qu'il *attire les âmes*, c'est par le mouvement du cœur et par
l'abaissement de notre esprit.

> FÉNELON, *Lettres spirituelles*, LXIII.

C'est un homme plein d'indulgence et de tendresse, qui
veut *attirer une âme* à Dieu et obtenir une épouse divine.

> CHATEAUBRIAND, *les Martyrs*, XII.

ATTIRER, suivi d'un nom de personne, et de
à, en, dans ou de quelque autre préposition analogue, s'emploie dans des acceptions fort diverses :

Depuis qu'on a été obligé de danser sur le Théâtre françois pour *attirer* du monde *aux* pièces de Corneille, de Molière... tout y réussit.

> GRIMM, *Correspondance*, 1ᵉʳ mars 1754.

Un roi éclairé et véritablement grand auroit du moins
tâché d'*attirer dans* son royaume les étrangers d'un certain

mérite, par ses bienfaits et surtout par la liberté et la tolérance.

GRIMM, *Correspondance*, 15 avril 1757.

Avant que les communes se fussent constituées,... quand il n'y avait encore de sûreté que dans l'église, cela suffisait pour *attirer dans* les villes beaucoup de malheureux, de fugitifs.

GUIZOT, *Histoire de la civilisation en Europe*, 7ᵉ leçon.

Pauvres gens d'*attirer sur* vos bras un tel homme! Vous feriez beaucoup mieux de l'avoir pour ami.

LA FONTAINE, *l'Eunuque*, V, 5.

Vers nous de tous côtés nous *attirons* la foule.

PIRON, *la Métromanie*, I, 6.

... Par quelle soif horrible
Oses-tu m'*attirer dans* tes bras épuisés?

ALFRED DE MUSSET, *Nuit d'octobre.*

On dit figurément : *Attirer quelqu'un à quelque chose, à une croyance, à une opinion, à un parti, dans un parti*, etc. :

L'admirable science d'enter, par la douceur de laquelle, comme par un fort hameçon, plusieurs sont *attirés à l'universel service* de l'agriculture.

OLIVIER DE SERRES, *Théâtre d'agriculture*, VIᵉ lieu, c. 21.

Nous commençasmes dès lors d'avoir plus de désir de nous voir, et *fûmes* presque plus *attirez à l'amitié* l'un de l'autre que nous n'estions auparavant.

D'URFÉ, *l'Astrée*, IIᵉ part., liv. VI.

L'extrême douleur et la dernière infamie *attiroient* les hommes *au christianisme*.

BALZAC, *Socrate chrétien*, III.

Les Lacédémoniens qui se surent bien servir de l'occasion, *attirèrent à leur parti* tout le Péloponnèse.

VAUGELAS, trad. de Quinte-Curce, *Histoire d'Alexandre*, VI.

Après la mort du roi de Suède, il accompagna le duc de Weimar en France. La première fois qu'il y vint, à la tête de son propre régiment, le cardinal de Richelieu le voulut *attirer dans le service* du Roi.

TALLEMANT DES RÉAUX, *Historiettes : Le maréchal de Gassion.*

Ces Vaudois dont les calvinistes font leurs prédécesseurs et leurs ancêtres, à vrai dire, ne sont que leurs successeurs, et de nouveaux sectateurs qu'ils *ont attirés à leur croyance*.

BOSSUET, *Histoire des variations des Églises protestantes*, liv. XI, nᵒ 123.

L'empereur (Constantin) tâcha en vain d'appaiser Sapor et de l'*attirer au christianisme*.

LE MÊME, *Discours sur l'histoire universelle*, I, 11.

Comme il (Léon) ne put *attirer à ses sentiments* saint Germain, patriarche de Constantinople, il agit de son autorité.

BOSSUET, *Discours sur l'Histoire universelle*, I, 11.

Les Romains méprisèrent ce gouvernement, et se tournèrent à Charlemagne, qui subjuguoit les Saxons, réprimoit les Sarrasins, détruisoit les hérésies, protégeoit les papes, *attiroit au christianisme* les nations infidèles, rétablissoit les sciences.

LE MÊME, même ouvrage, *ibid.*

Il (Lubomirsky) *attiroit dans son parti* tous ceux qui se laissoient séduire au nom spécieux de la liberté et du bien de la patrie.

LE MARQUIS DE POMPONNE, *Mémoires*, I, 1.

L'éclat de leurs figures les éblouit, et la magnificence de certains mots les *attire*, sans qu'ils s'en apperçoivent, *à des pensées*... peu solides.

Logique de Port-Royal, III, 20.

Le dessein du Créateur avoit été d'abord d'*attirer* les hommes *à sa connoissance* par l'usage de leur raison.

ROLLIN, *Traité des Études*, V, 3.

Ce fut aussi le premier (dom Michel d'Almeïda) sur qui Pinto jeta les yeux, pour se déclarer un peu plus ouvertement, sachant bien qu'il ne couroit aucun risque avec un homme de ce caractère, qui d'ailleurs étoit d'un grand poids pour *attirer* la noblesse *dans son parti*.

VERTOT, *Révolutions de Portugal.*

Une certaine envie d'*attirer* les autres *dans nos opinions* nous tourmente sans cesse.

MONTESQUIEU, *Lettres persanes*, LXI.

Origène se servoit utilement de toutes les sciences humaines, pour *attirer* les gens d'esprit *à la religion*.

FLEURY, *Mœurs des chrétiens*, § 7.

Le célèbre Simon, qui étoit alors de l'Oratoire et à Paris, voulut *attirer à lui*, c'est-à-dire *à l'hébreu* et *à la critique* de l'Écriture sainte, ce déserteur de l'histoire (Malebranche).

FONTENELLE, *Éloge du P. Malebranche.*

Attirer à sa cordelle s'est employé figurément et proverbialement, pour Entraîner dans son parti, mettre sous sa domination :

Il n'y a moine qui ne soit très-aise de gagner et *attirer à sa cordelle* tous ceux qui se présentent à luy.

EST PASQUIER, *Recherches de la France*, III, 43

La capitulation estant ainsi arrestée, le connestable (de Bourbon) despesche gens de toutes parts pour *attirer à sa cordelle* uns et autres gentilshommes.

LE MÊME, même ouvrage, VI, 12.

Attirer à, attirer vers, est souvent suivi d'un nom

de personne ou d'un pronom personnel, comme dans *Attirer à soi, vers soi*, etc. :

La fin est, pource que toute injustice est desplaisante à Dieu, que nous rendions à un chacun ce qui lui appartient. La somme donc sera qu'il nous defend de tascher à *attirer à nous* les biens d'autrui : et pourtant nous commande de nous employer fidelement à conserver le sien à un chacun.

CALVIN, *Institution chrestienne*, II, 8, § 45.

Il y a plusieurs especes de larrecin : l'une gist en violence, quand par force et quasi par une maniere de briganderie, on vole et pille le bien autrui : l'autre gist en fraude et malice, quand cauteleusement on apovrit son prochain, en le trompant et decevant : l'autre en une astuce encore plus couverte, quand sous couleur de droict on prive quelcun de ses biens, l'autre en flaterie, quand par belles paroles on *attire à soy*, ou sous titre de donation ou autrement, ce qui devoit appartenir à un autre.

LE MÊME, même ouvrage, *ibid.*

Quand ce vient au combat, et qu'ils sont mêlés parmi leurs ennemis, ils jettent ces courroies, qui ont lacs au bout, dont ils *attirent à eux* homme et cheval qu'ils ont empêtrés, et le font mourir.

SALIAT, trad. d'Hérodote, liv. VII, c. 85.

Il (Fiesque) estoit trop grand par sa naissance, et trop estimé par ses bonnes qualitez, pour ne donner pas de l'apréhension à celuy qui vouloit *attirer à luy* seul toute la réputation et les forces de la République.

CARDINAL DE RETZ, *Conjuration de Fiesque.*

Ce bruit de ma poésie fit un grand éclat, et *m'attira* deux ou trois précieuses languissantes, qui recherchèrent mon amitié, et qui crurent qu'elles passeroient pour savantes, dès qu'on les auroit vues avec moi, et que le bel esprit se prenoit ainsi par contagion.

FLÉCHIER, *Mémoires sur les grands jours de* 1665.

Je rends graces à Dieu d'avoir employé la mauvaise fortune pour *m'attirer à luy.*

BUSSY-RABUTIN, *Discours à ses enfants sur le bon usage des adversités.*

La conversion de mademoiselle de la Vallière me confirme de plus en plus que Dieu *attire* les gens *à lui* par toutes sortes de voies.

LE MÊME, même ouvrage ; à Mᵐᵉ de Scudéry, 14 juin 1674.

Je ne sais pas comment madame de Bussy fait des pas pour *attirer* M. de Busseaux *à sa fille.* Pour moi, c'est tout ce que je pourrois faire que de le recevoir.

LE MÊME, *Lettres* ; à Mᵐᵉ de Scudéry, 28 juin 1678.

J'ai peur que M. votre fils ne remette pas la fortune dans notre maison : il a quelque chose de brusque et d'impétueux qui ne *lui attire* pas beaucoup d'amis.

Mᵐᵉ DE SÉVIGNÉ, *Lettres* ; à Bussy-Rabutin, 28 août 1680.

Jésus-Christ avoit prédit que son Évangile seroit bientôt prêché par toute la terre : cette merveille devoit arriver incontinent après sa mort ; et il avoit dit qu'après qu'on l'auroit élevé de terre, c'est-à-dire qu'on l'auroit attaché à la croix, il *attireroit à lui* toutes choses.

BOSSUET, *Discours sur l'histoire universelle*, II, 20.

Jésus-Christ crucifié, annoncé aux peuples, devoit *attirer* tout *à lui*, mais attirer tout par l'unique vertu de la croix.

FÉNELON, *Dialogues sur l'Éloquence*, III.

La noblesse et le peuple ne songèrent plus, chacun de leur côté, qu'à *attirer* tout *à eux* et à se rendre maîtres de tout.

ROLLIN, *Traité des Études*, liv. VI, IIIᵉ part., c. 2, art. 2, IVᵃ morceau de l'Histoire romaine.

C'étoit un homme de beaucoup d'esprit (Stanhope), de conduite et de sens, mais tout en dedans, sans rien qui *attirât à lui.*

SAINT-SIMON, *Mémoires*, 1721.

Les egnosts triomphèrent et *attirèrent à eux* une partie de la faction opposée, et chassèrent le reste : de là vint que les réformés de France eurent le nom d'egnots ou d'huguenots.

VOLTAIRE, *Essai sur les mœurs* : De Genève et de Calvin, c. 133.

Le luxe à Rome étoit nécessaire, et il falloit bien qu'une ville qui *attiroit à elle* toutes les richesses de l'univers les rendît par son luxe.

MONTESQUIEU, *Esprit des lois*, XXI, 16.

Les Indes et l'Espagne sont deux puissances sous un même maître ; mais les Indes sont le principal, l'Espagne n'est que l'accessoire. C'est en vain que la politique veut ramener le principal à l'accessoire, les Indes *attirent* toujours l'Espagne *à elles.*

LE MÊME, même ouvrage, XXI, 22.

Le général Dumorbion n'avait ni l'ordre, ni le projet d'entrer en Italie... en poursuivant l'ennemi, il eût fait une pointe ; il eût *attiré à lui* toutes les forces autrichiennes et sardes.

NAPOLÉON, *Mémoires*, t. III, p. 73.

L'esprit de l'Église s'avançoit sourdement, *attirant à lui* les opinions.

J. DE MAISTRE, *Du Pape*, liv. III, c. 10, § 7.

Attirer quelque chose à quelqu'un, contre quelqu'un, sur quelqu'un, au propre et au figuré :

Le mal que nous faisons ne *nous attire* pas tant de persécution et de haine que nos bonnes qualités.

LA ROCHEFOUCAULD, *Maximes*, XXIX.

Notre mérite *nous attire* l'estime des honnêtes gens, et notre étoile celle du public.

LE MÊME, même ouvrage, CLXV.

La sainteté de ses mœurs (l'Église) est si éclatante, qu'elle *lui attire* les louanges de ses ennemis.

BOSSUET, *Discours sur l'histoire universelle*, I, 10.

Sous le règne des Asmonéens, et dès le temps de Jonathas, la secte des pharisiens commença parmi les Juifs. Ils s'acquirent d'abord un grand crédit par la pureté de leur doctrine... Les récompenses et les châtiments de la vie future, qu'ils (les Pharisiens) soutenoient avec zèle, *leur attiroient* beaucoup d'honneur.

LE MÊME, même ouvrage, II, 18.

A peine peuvent-ils se supporter, tant le péché *leur attire* de chagrins, de dégoûts.

BOURDALOUE, *Sermons :* Sur la paix chrétienne.

Ce n'est pas l'esprit que vous avez perdu, madame, c'est la mémoire ; car vous m'avez déjà écrit sur le mariage de ma fille, mais je suis fort aise que vous l'ayez oublié : cela *m'a* encore *attiré* une de vos lettres.

BUSSY-RABUTIN, *Lettres ;* à Mᵐᵉ de Sévigné, 14 mai 1675.

Le roi a bon esprit et juge bien de toutes choses ; cependant les bonnes lettres que je lui écris ne *m'attirent* rien de bon de sa part.

LE MÊME, même ouvrage ; à Mᵐᵉ de Sévigné, 20 février 1687.

J'ai été remercier madame de Meckelbourg de ses honnêtetés, et madame d'Elbeuf de sa visite ; c'est vous qui *m'attirez* ces devoirs.

Mᵐᵉ DE SÉVIGNÉ, *Lettres ;* à Mᵐᵉ de Grignan, 17 décembre 1688.

Un air doux et insinuant *lui attiroit* l'estime et la confiance.

FLÉCHIER, *Oraison funèbre de M. Le Tellier.*

C'est ainsi que s'accomplissoient les desseins de Dieu sur le roi et sur la reine, et que se vérifioient les oracles de l'Écriture : « Que la femme vertueuse est la récompense de l'homme de bien ; qu'elle *attire* grâce *sur* sa famille, et qu'elle est la couronne de son époux. »

LE MÊME, *Oraison funèbre de Marie-Thérèse.*

Cependant la protection que le pape donnoit à l'évêque de Pamiers, et la fermeté que ce prélat faisoit paroître, *lui attirèrent* l'indignation de Sa Majesté.

LE MARQUIS DE POMPONNE, *Mémoires*, II. Rome.

Hé ! ne vois-tu pas que la mort des uns *t'attiroit* la haine des autres ?

FÉNELON, *Dialogues des morts :* Platon et Denys le Tyran.

Faites remarquer aux enfants l'impertinence de certaines finesses qu'ils voient pratiquer, le mépris qu'elles *attirent* à ceux qui les font.

LE MÊME, *De l'Éducation des filles*, c. 9.

En Égypte, les prêtres étoient en même tems les dépositaires de la religion et des sciences, et c'est ce qui *leur at-*

tiroit un si grand respect de la part des habitants du pays et des étrangers.

ROLLIN, *Histoire ancienne*, liv. Iᵉʳ, IIᵉ part., c. 2.

Tonnerre avoit beaucoup d'esprit, mais c'étoit tout ; il en partoit souvent des traits extrêmement plaisants et salés, mais qui *lui attiroient* des aventures qu'il ne soutenoit pas.

SAINT-SIMON, *Mémoires*, 1694.

La parenté que j'avois avec elle (la duchesse de Sforze) par sa mère, sœur de madame de Montespan, *m'en attira* des honnêtetés.

LE MÊME, même ouvrage, 1715.

Ce fut peut-être l'impunité de cette insulte au cardinal (Mazarin) qui *lui attira* depuis quelques inconvénients sur des témérités moins heureusement hasardées.

HAMILTON, *Mémoires de Grammont*, V.

L'excès de mon malheur *m'attira* d'assez grands secours chez le curé où j'étois, et qui consentit, aussi bien que sa sœur, à me garder.

MARIVAUX, *la Vie de Marianne*, Iʳᵉ part.

Tâchez même de croire que vous avez mal vu, mal entendu ; ce sera une disposition d'esprit, une innocence de pensée qui sera agréable à Dieu et qui *vous attirera* sa bénédiction.

LE MÊME, même ouvrage, IIIᵉ part.

Leurs airs insolents, leur puérile vanité, ne *leur attirent* que mortifications, dédains, railleries ; ils boivent les affronts comme l'eau.

J.-J. ROUSSEAU, *Émile.*

Ils *attireront* contre eux la clameur publique et peut-être les rebuffades de la cour.

LE MÊME, *Lettres ;* 1765. Au sujet d'un mémoire en faveur des protestants.

Une ode qu'il (Racine) composa à l'âge de dix-huit ans, pour le mariage du roi, *lui attira* un présent qu'il n'attendait pas et le détermina à la poésie.

VOLTAIRE, *Siècle de Louis XIV*, c. 32.

Les jésuites mêmes *attirèrent* la mort à plusieurs Chinois, et surtout à deux princes du sang qui les favorisaient.

LE MÊME, même ouvrage, c. 34.

Cette conduite *lui attire* les bénédictions de toutes les provinces voisines.

LE MÊME, *Lettres*, mars 1767.

N'attirez point *sur* vous des périls superflus.

J. RACINE, *Mithridate*, IV, 4.

ATTIRER *à*, suivi d'un verbe à l'infinitif :

Vous savez et avez ouï dire aux sages que le deable subtile et *attire* nuit et jour *à* bouter guerre et haine là où il voit paix.

FROISSART, Chroniques, II, 52.

Il nous faut garder ceste modestie, de ne vouloir *attirer* Dieu *à* nous rendre conte, mais porter telle reverence à ses jugements secrets que sa volonté nous soit cause tres juste de tout ce qu'il fait.

CALVIN, Institution chrestienne, I, 18, § 1.

Le Pere plein de clemence, selon sa benignité, nous a voulu *attire à* l'aimer et desirer par la douceur du loyer qu'il nous propose.

LE MÊME, même ouvrage, II, 8, § 4.

Dieu, qui est là hault, l'avoit ainsi deliberé, soit pour punir les pechez des subjets, et les *àttirer à* le recognoistre, ou se venger des grands de la terre, qui peu souvent le recognoissent comme ils doivent.

MARTIN DU BELLAY, Mémoires.

Dieu, père de toute lumière, souverainement bon et beau, par sa beauté *attire* notre entendement *à* le contempler, et par sa bonté il *attire* notre volonté *à* l'aimer.

SAINT FRANÇOIS DE SALES, Traité de l'amour de Dieu, VIII, 5.

Le monde n'a d'autre cause que la seule volonté de Dieu, qui, ne trouvant hors de lui-même que le seul néant, n'y voit rien par conséquent qui *l'attire à* faire, et ne fait rien que ce qu'il veut et parce qu'il veut.

BOSSUET, Traité du libre arbitre, c. 4.

... Ce n'est pas... la principale vue qu'on a eue dans ce mélange, que *d'attirer* le monde *à* la lire (la logique), en la rendant plus divertissante que ne le sont les logiques ordinaires.

Logique de Port-Royal, IIᵉ discours.

ATTIRER s'emploie quelquefois absolument :

Que nous lisions Demosthene ou Ciceron, Platon ou Aristote, ou quelques autres de leur bande, je confesse bien qu'ils *attireront* merveilleusement, et delecteront et esmouveront jusques à ravir mesme l'esprit; mais si de là nous transportons à la lecture des sainctes Escritures, veuillons ou non, elles nous poindront si vivement, elles perceront tellement nostre cœur, elles se ficheront tellement au dedans des moëlles, que toute la force qu'ont les rhetoriciens et philosophes, au prix de l'efficace d'un tel sentiment, ne sera que fumée.

CALVIN, Institution chrestienne, I, 8, § 1.

Jusqu'à ce petit médecin qui a nommé le mal et commencé les remèdes convenables, je ne faisois rien que pour animer, que pour *attirer*, que pour mettre ma jambe en furie.

Mᵐᵉ DE SÉVIGNÉ, Lettres; à Mᵐᵉ de Grignan, 22 juillet 1685.

N'aime pas qui veut, et on n'aime pas ce qu'on veut, ni autant qu'on veut. Il faut *être attiré*, et surtout on n'aime pas Dieu, que Dieu n'*attire*.

BOSSUET, Méditations sur l'Évangile.

Ceux-là effraient et rebutent pour ainsi dire; ceux-ci consolent et *attirent*.

FLÉCHIER, Panégyrique de saint François de Paule.

Son éclat (de Mˡˡᵉ Jennings) *attiroit* et les charmes de son esprit engageoient.

HAMILTON, Mémoires de Grammont, XI.

La cadette (Mˡˡᵉ de Lislebonne), belle et gracieuse, *attiroit*.

SAINT-SIMON, Mémoires, 1707.

Les Euménides des anciens sont belles et n'en sont que plus effrayantes. C'est quand on *est* en même temps *attiré* et repoussé violemment qu'on éprouve le plus de mal-aise, et ce sera l'effet d'une Euménide, à laquelle on aura conservé les grands traits de la beauté.

DIDEROT, Salon de 1765: Essai sur la peinture, c. 4.

La beauté ne déplaît jamais; mais elle peut être dépourvue de ce charme secret qui invite à la regarder, qui *attire*, qui remplit l'âme d'un sentiment doux. Les grâces dans la figure, dans le maintien, dans l'action, dans les discours, dépendent de ce mérite qui *attire*.

VOLTAIRE, Dictionnaire philosophique: Grâce.

La nature a donné à l'un des deux sexes l'audace des désirs et le droit d'attaquer, à l'autre la defense et ces désirs timides qui *attirent* en résistant.

THOMAS, Essai sur les femmes.

L'éloquence onctueuse et insinuante de Massillon... entraîne moins qu'elle n'*attire*.

MARMONTEL, Éléments de littérature: Éloquence de la chaire.

L'idée d'une force qui pousse nous est plus familière que l'idée d'une force qui *attire*.

CONDILLAC, De l'Art de raisonner, II, 5.

ATTIRER, avec le pronom personnel.

Au propre :

Après trois mille ans de vaines recherches, Newton est le premier qui ait découvert et démontré la grande loi de la nature, par laquelle tous les éléments de la matière *s'attirent* réciproquement.

VOLTAIRE, Siècle de Louis XIV, c. 34.

Tous les corps, selon M. Newton, pèsent les uns sur les autres, ou *s'attirent* en raison de leurs masses.

FONTENELLE, Éloge de Newton.

Au figuré :

Que sert de renouveler aujourd'hui ce que j'ai déjà dit

dans cette chaire de l'enchaînement des péchés? Que sert de vous faire voir qu'ils *s'attirent* les uns les autres, puisqu'il n'en faut qu'un pour nous perdre?

Bossuet, *Sermons:* Sur l'amour des plaisirs.

Les homogènes *s'attirent* en révolution comme en physique.

Napoléon, *Mémoires,* t. VI, p. 199.

S'attirer, dans le sens d'Attirer à soi avec un nom de personne pour complément direct :

Ce monde est une grande foire où chaque Polichinelle cherche à *s'attirer* la foule; chacun enchérit sur son voisin.

Voltaire, *Lettres;* 15 septembre 1768.

Il soutenoit que la crainte de *s'attirer* des ennemis.... avoit forcé des milliers d'écrivains de rendre humblement leurs hommages à des préjugés qu'ils savoient nuisibles au bien des lettres.

D'Alembert, *Éloge de Saint-Pierre.*

S'attirer, employé dans le sens d'Attirer à soi, a souvent pour complément direct un substantif abstrait.

Dans les deux passages suivants, le premier de 1671 et le second de 1676, cette tournure est indiquée comme nouvelle et à la mode :

On dit élégamment *s'attirer* de l'estime, des reproches, de méchantes affaires. Je lui ai dit des choses fâcheuses; mais il *se les est attirées.*

Bouhours, *Entretiens d'Ariste et d'Eugène.*

Il *s'attire* de l'estime.

René Bary, *Rhétorique françoise:* Chapitre des phrases nouvelles.

On la trouve néanmoins beaucoup plus tôt :

Je faillis à tomber de mon haut, à un compliment de cette nature que je ne *m'étois* nullement *attiré.*

Le cardinal de Retz, *Mémoires.*

Je suis civile et familière, mais d'une manière à *m'attirer* plutôt le respect qu'à m'en faire manquer.

Mlle de Montpensier, *Portraits,* CXVI. Portrait de Mademoiselle.

On est bien aise d'avoir à rendre ce témoignage d'amitié, et à *s'attirer* la réputation de tendresse sans rien donner.

Pascal, *Pensées.*

Il n'y avoit guère de jour qu'il ne *s'attirât* quelque affaire.

Scarron, *Roman comique,* II, 18.

On se confie le plus souvent par vanité, par envie de parler, par le désir de *s'attirer* la confiance des autres.

La Rochefoucauld, *Réflexions diverses,* I: De la confiance.

Ils (les amis de don Juan d'Autriche) lui ont conseillé son retour, de crainte de tomber en d'autres extrémités où personne n'est ici disposé, ni même ne peut se jeter, comme de faire un parti, assembler leurs amis, offrir de l'argent et des places, et *s'attirer* surtout le reproche de l'infidélité.

L'Archevêque d'Embrun à Louis XIV, 19 mai 1677. (Voyez Mignet, *Succession d'Espagne,* t. II, p. 107.)

Comme la France lui avoit représenté (à la Suède) avec beaucoup de raison l'année passée qu'en l'assistant dans l'affaire de Brême elle mettroit le feu dans l'empire, la Suède considéroit de même qu'en se joignant à elle contre l'empereur, elle *s'attireroit* tout l'empire sur les bras.

Le marquis de Pomponne à Louis XIV, 20 août 1667. (Voyez Mignet, *Succession d'Espagne,* t. II, p. 312.)

Les députés des communautés de cette province étant touchés d'un véritable repentir de *s'être attiré* la juste indignation du roi, m'ont prié de me joindre à MM. les procureurs du pays, pour vous supplier de les protéger auprès de S. M.

Le comte de Grignan à Colbert, 10 janvier 1672. (Voyez Depping, *Correspondance administrative sous Louis XIV,* t. I, p. 401.)

Ceux qui tombent dans la misère par une vaine dissipation, *s'attirent* plus de mépris que de pitié.

Saint-Évremont, *Des Belles-lettres et de la Jurisprudence.*

Je ne saurois plus durer sans vous écrire, Madame, c'est-à-dire sans *m'attirer* de vos lettres.

Bussy-Rabutin, *Lettres;* à Mme de Sévigné, 6 juin 1678.

Germanicus, neveu de Tibère... *s'étant attiré* avec l'amour de tous les peuples la jalousie de son oncle, ce barbare le fit mourir ou de chagrin ou par le poison.

Bossuet, *Discours sur l'histoire universelle,* I, 10.

Car depuis que, pour se venger du sanhédrin, où il (Hérode) avoit été obligé de comparoître lui-même avant qu'il fût roi, et ensuite, pour *s'attirer* toute l'autorité à lui seul, il eut attaqué cette assemblée... peu à peu ce grand corps perdit son pouvoir.

Le même, même ouvrage, II, 23.

On ne l'eût point vue *s'attirer* la gloire avec une ardeur inquiète et précipitée.

Le même, *Oraison funèbre de la duchesse d'Orléans.*

Toujours fidèle à l'État et à la grande reine Anne d'Autriche, on sait qu'avec le secret de cette princesse elle eut encore celui de tous les partis; tant elle étoit pénétrante! tant elle *s'attiroit* de confiance !...

Le même, *Oraison funèbre d'Anne de Gonzague.*

Un ancien disoit... que les femmes n'étoient nées que pour le repos et pour la retraite; que toute leur vertu consistoit à être inconnues, sans *s'attirer* ni blâme ni louange;

et que celle-là étoit sans doute la plus vertueuse, de qui l'on avoit le moins parlé.

FLÉCHIER, *Oraison funèbre de M*ᵐᵉ *de Montausier.*

Le roi de Danemarck entra dans ses États (du roi de Suède) lorsqu'il étoit en Pologne, et *s'attira* tout le faix d'une guerre, lorsqu'il ne croyoit faire qu'une diversion.

LE MARQUIS DE POMPONNE, *Mémoires,* I, 3.

Le contentement que vous devez avoir en vous-même d'avoir obligé si efficacement dans cette affaire tant de personnes qui vous estiment et qui vous honorent depuis si longtemps, est un plaisir d'autant plus agréable, qu'il ne procède que de la vertu, et que les âmes du commun ne sauroient ni *se l'attirer* ni le sentir.

BOILEAU, *Lettres;* à Racine, 4 juin 1693.

Il (Oreste) *s'est attiré* tout cela, en dépit même du destin.

RACINE, *Remarques sur l'Odyssée,* liv. I.

Les bienheureux *s'attirent* toujours de nouvelles joies par de nouveaux progrès dans le bien.

LEIBNITZ, *Théodicée:* Essais sur la Bonté de Dieu, Iʳᵉ part., § 74.

Je plains les habiles gens qui *s'attirent* des affaires par leur travail et par leur zèle.

LE MÊME, même ouvrage: De la conformité de la foy, § 86.

Par ces grandes conquêtes, Alexandre *s'attira* la mort.

FÉNELON, *Dialogues des morts:* Pyrrhus et Démétrius Poliorcète.

Voilà un bel honneur pour un empereur romain, que de monter sur le théâtre comme un bouffon, d'être jaloux des poètes, et de *s'attirer* la dérision publique.

LE MÊME, même ouvrage: Caligula et Néron.

Il *s'attira* tant de considération à Athènes par sa probité et par ses vertus, qu'il y étoit plus respecté que les magistrats mêmes.

LE MÊME, *Vies des philosophes:* Socrate.

Autant qu'on doit mépriser les mauvais poètes, autant doit-on admirer et chérir un grand poète, qui ne fait point de la poésie un jeu d'esprit pour *s'attirer* une vaine gloire, mais qui l'emploie à transporter les hommes en faveur de la sagesse, de la vertu et de la religion.

LE MÊME, *Lettre à l'Académie.*

Ces libéralités faites sans nécessité firent penser à ceux qui les recevoient, qu'ils pouvoient *s'en attirer* de plus considérables.

SAINT-RÉAL, *Conjuration contre Venise.*

Aucune de ces dames ne faisoit plus d'impression que les autres: car, au moment que j'en remarquois une qui me frappoit, il en passoit une nouvelle qui *s'attiroit* mon attention.

LE SAGE, *le Bachelier de Salamanque,* IV, 8.

Je me tins prêt à leur verser du vin, je m'en acquittai

IV.

dè si bonne grâce, quoique je n'eusse jamais fait ce métierlà, que j'eus le bonheur de *m'attirer* des compliments.

LE SAGE, *Gil Blas,* I, 5.

L'expression soutenue impose et séduit encore, quoique ce ne soit pas la mieux choisie... au lieu que la familière ne peut *s'attirer* de respect que par la justesse et le bonheur de l'application.

LAMOTTE, *Discours sur la fable.*

Un petit nombre de personnes qui ne se distinguent des autres que par l'ambition, l'orgueil, l'avarice, cherchent à *s'attirer* l'autorité, et c'est ce qui fraie le chemin à l'oligarchie.

ROLLIN, *Traité des Études,* liv. VI, IIIᵉ part., c. 2, art. 2, IVᵉ morceau de l'Histoire romaine.

Au lieu de tomber à la mort de ce ministre (Louvois), elle (sa veuve) se releva, et sut *s'attirer* une véritable considération personnelle.

SAINT-SIMON, *Mémoires,* 1715.

Jésus-Christ ne parloit pas comme les pharisiens, par ostentation, pour *s'attirer* de vains applaudissements.

MASSILLON, *Discours:* De la Vocation à l'état ecclésiastique.

Pour le servir, il aura le courage de l'offenser, et s'il *s'attire* quelquefois sa haine, il méritera toujours son estime.

D'AGUESSEAU, *Discours,* IV.

Les Carthaginois, qui craignoient avec raison de *s'attirer* les armes romaines, ne manquèrent pas de faire savoir à Rome qu'Annibal s'étoit retiré près d'Antiochus.

ROLLIN, *Histoire des Carthaginois,* c. 2.

Un Persan qui, par imprudence ou par malheur, *s'est attiré* la disgrâce du prince est sûr de mourir.

MONTESQUIEU, *Lettres persanes,* CII.

On croyait voir renaître les beaux jours de l'empire romain, la religion n'avait rien d'austère, elle *s'attirait* le respect par des cérémonies pompeuses; le style barbare de la daterie était aboli.

VOLTAIRE, *Essai sur les mœurs:* De Léon X et de l'Église, c. 127.

Rien ne semble plus contradictoire que cette haine publique dont ils ont été chargés, et cette confiance qu'ils *se sont attirée;* cet esprit qui les exila de plusieurs pays, et qui les y remit en crédit; ce prodigieux nombre d'ennemis, et cette faveur populaire.

LE MÊME, même ouvrage: Des ordres religieux, c. 139.

Ce discours étoit assez net, et il étoit difficile de parler plus françois: je fis semblant d'être distraite pour me dispenser d'y répondre; mais un baiser qu'il m'appuyoit sur l'oreille en me parlant, *s'attiroit* mon attention malgré que j'en eusse, et il n'y avoit pas moyen d'être sourde à cela.

MARIVAUX, *la Vie de Marianne,* Iʳᵉ part.

On oublie un affront qu'on a souffert, jusqu'à *s'en attirer* un autre par son insolence.

     VAUVENARGUES, *Réflexions et Maximes*, DLXXIV.

Un roi qui avoue une faute, et qui la répare, *s'attire* l'estime générale de sa nation.

     MABLY, *Observations sur l'histoire de France*, II, 4.

Son orgueil serait flatté que sa femme parût avec éclat, *s'attirât* les hommages et les admirations.

     PICARD, *Filles à marier*, II, 1.

Je me suis *attiré* la rigueur d'un refus.

     BOURSAULT, *le Mort vivant*, I, 5.

Un libertin qui *s'est attiré* sa disgrâce.

     PIRON, *la Métromanie*, IV, 4.

Vous savez, quand on veut se mêler de satire,
Les accidents fâcheux que parfois on *s'attire*.

     ANDRIEUX, *Helvétius*, sc. XIII.

Attirer avait fort anciennement le sens de Disposer, qu'il a conservé en anglais, *to attire* :

Disponere, *atirer* vel ordener.

     Dictionnaire latin-français du XIIIe *siècle*, ms. 7692, Bibliothèque nationale.

Ci après vous dirai comment je ordenai et *attirai* mon afaire.

     JOINVILLE, *Histoire de saint Louis*, XCVIII.

C'est de cette acception du verbe qu'est dérivé le substantif *Attirail*.

ATTIRÉ, ÉE, participe passé.

Je ne feray point icy mention de nostre Hercule Gaulois tant renommé, que les peuples suivoient *attirés* par le fil de sa langue.

     AMYOT, *Projet de l'éloquence royale.*

Les nations septentrionales, qui habitoient des terres froides et incultes, *attirées* par la beauté et par la richesse de celles de l'empire, en tentent l'entrée de toutes parts.

     BOSSUET, *Discours sur l'histoire universelle*, III, 7.

Où courez-vous, mortels abusés, et pourquoi allez-vous errant de vanités en vanités, toujours *attirés* et toujours trompés par des espérances nouvelles?

     LE MÊME, *Panégyrique de sainte Thérèse.*

La chambre, en un instant, se remplit de gens, moins *attirés* par la compassion que par la curiosité.

     LE SAGE, *Gil Blas*, II, 11.

Les plaisirs de la table avec quelques étrangers *attirés* à Moscou par le ministre Gallitzin, ne firent pas augurer qu'il serait un réformateur.

     VOLTAIRE, *Histoire de Pierre le Grand*, I, 6.

Il (l'abbé Girard) auroit vraisemblablement donné, dans cette nouvelle édition, une forme un peu différente à son ouvrage... Enfin, M. l'abbé Girard eût démêlé les divers emplois des synonymes... en marquant... les différents mots auxquels ils peuvent se joindre, quelques-uns étant, pour ainsi dire, *attirés* par une expression et repoussés par une autre.

     D'ALEMBERT, *Éloge de Girard.*

Lorsque, *attirés* par une bonté apparente, nous rencontrons la mauvaise foi et la perfidie, nous sommes saisis d'horreur, comme lorsque, sous des fleurs, nous trouvons un serpent.

     BERNARDIN DE SAINT-PIERRE, *Études de la nature*, X.

ATTIRANT, ANTE, adj. Qui attire.

Relativement aux points éloignés, l'erreur est du même ordre que le produit de cette différence par le carré du rapport des rayons des corps *attirants* à leurs distances aux points attirés.

     LAPLACE, *Mécanique céleste*, II, 2.

Il ne s'emploie guère qu'au figuré.

Soit en parlant des choses, ou de l'air, de la figure, de l'extérieur des personnes :

Rien n'est tant si coquin, ny doux, ny *attirant* qu'un butin, quel qu'il soit, soit de mer, soit de terre.

     BRANTÔME, *Grands Capitaines françois: Des couronnels françois.*

Votre air doux et *attirant* nous fait connoître que vous avez toujours été infiniment aimable.

     Mlle DE MONTPENSIER, *Portraits*, CXXXVIII: Mme la comtesse de Brienne la mère.

Remplir ses discours de pensées pieuses, restes d'une bonne institution, et encore avec cela mener une vie sinon parfaite, du moins sans reproche devant les hommes, sont choses assez *attirantes.*

     BOSSUET, *Histoire des variations des Églises protestantes*, liv. V, n° 1.

Parlez, amour; parlez, indulgence; parlez, bontés *attirantes* d'un Dieu qui est venu chercher les pécheurs.

     LE MÊME, *Sermons: Sur les Jugements humains.*

Que trouvez-vous là de si aimable, de si *attirant*, de si capable d'attacher une âme chrétienne ?

     MASSILLON, *Carême: Sur la Mort.*

Numa marqua en détail les exercices et les rites de la religion, et les accompagna de tout ce que les cérémonies pouvoient avoir de plus auguste, et les fêtes de plus agréable et de plus *attirant.*

     ROLLIN, *Traité des Études*, liv. VI, IIIe part., c. 2, art. 2, Ier morceau de l'Histoire romaine.

il (Fénelon) se proportionnoit et se faisoit tout à tous; une figure fort singulière, mais noble, frappante, perçante, *attirante*...

SAINT-SIMON, Mémoires, 1711.

Un jour cependant, passant d'assez bon matin dans la contrà nova, je vis, à travers les vitres d'un comptoir, une jeune marchande de si bonne grâce et d'un air si *attirant*, que, malgré ma timidité près des dames, je n'hésitai pas d'entrer et de lui offrir mon petit talent.

J.-J. ROUSSEAU, les Confessions, I, 2.

Elle étoit un peu maigre, comme sont la plupart des filles à son âge, mais ses yeux brillants, sa taille fine et son air *attirant* n'avoient pas besoin d'embonpoint pour plaire.

LE MÊME, même ouvrage, I, 5.

Avec un extérieur peu *attirant*, et presque fait pour repousser ceux qui n'y étoient pas aguerris, M. l'abbé d'Olivet portoit au fond du cœur une envie d'obliger sincère et active.

D'ALEMBERT, Éloge de d'Olivet.

Elle avoit, ainsi que toutes les Gauloises, quelque chose de capricieux et d'*attirant*.

CHATEAUBRIAND, les Martyrs, X.

Ces charmes *attirants*, ces doux je ne sais quoi,
Sont des biens pour tout autre aussi bien que pour moi;
Et c'est dont un beau feu ne se contente guère.

P. CORNEILLE, Sonnet.

Aussitôt il se lève, et la troupe fidèle
Par ces mots *attirants* sent redoubler son zèle.

BOILEAU, le Lutrin, IV.

Soit, plus rarement, en parlant des personnes mêmes :

Je me sentois fort humilié d'avoir besoin d'une bonne dame bien charitable. J'aimois fort qu'on me donnât mon nécessaire, mais non pas qu'on me fît la charité, et une dévote n'étoit pas pour moi fort *attirante*.

J.-J. ROUSSEAU, les Confessions, I, 2.

D'ATTIRER on a fait les substantifs ATTIRANCE et ATTIREMENT (voyez le *Dictionnaire de l'ancienne langue française* de M. Godefroy), et :

ATTIRABLE, adj. Qui est susceptible d'être attiré.

Soit au propre :

Cette poudre est encore du vrai fer *attirable* à l'aimant.

BUFFON, Histoire naturelle: Des Minéraux ; Fer.

Le sablon ferrugineux... jouit non seulement de la propriété passive d'être *attirable* à l'aimant, mais encore de la faculté active d'attirer le fer.

BUFFON, Histoire naturelle: Des Minéraux ; Sablon magnétique.

J'avois pensé que l'on pourroit mesurer cette force attractive, et s'en servir à connaître la quantité de fer *attirable*.

SAUSSURE, Voyages dans les Alpes, Ire part., c. 4, § 83.

Soit au figuré :

L'homme... peut travailler sur lui-même pour se rendre moins, ou nullement *attirable*.

J. DE MAISTRE, Soirées de Saint-Pétersbourg, IIIe entretien.

ATTIRAIL, s. m. collectif. Il se dit d'un assemblage de choses diverses nécessaires pour certains usages :

Pour ceste entreprinse le roy avoit dressé une des plus belles armées; que j'aye jamais veu. Elle estoit de quarante mil'hommes de pied, deux mil'hommes d'armes, et deux mil chevaux legers, avec tout l'*atirail* necessaire.

MONTLUC, Commentaires, liv. I.

On dit que Xerxès, fuyant de la Grèce, avoit laissé tout son *attirail* à Mardonius.

SALIAT, trad. d'Hérodote, liv. IX, 82.

N'eust esté qu'il s'est rencontré qu'en ceste année que j'ay esté fait cardinal, j'ay esté payé de quatre mille écus que feu Monsieur le cardinal d'Este me laissa treize ans y a, j'eusse donné du nés en terre, tant d'*attirail* et de bagage ceste dignité traisne après soy.

LE CARDINAL D'OSSAT, Lettres; liv. V, 35.

Il avoit un corps d'armée moderé et reglé à certaines bornes qui n'avoit besoin ny de tant de munitions ny d'un si grand *attirail*.

MATTHIEU, Histoire des derniers troubles de France, liv. IV.

Comme ils pensoient estre à la fin de leurs travaux, falut tout de nouveau fermer le camp, et faire des retranchemens, quoy que la plus part de l'*attirail* fût perdu.

PERROT D'ABLANCOURT, trad. de Tacite, Annales, liv. I, 10,

Cette armée grande et mal-ordonnée comme elle estoit, venant à camper, tenoit une estendue de païs infinie, principalement à cause du bagage et de l'*attirail* qu'elle trainoit après elle.

VAUGELAS, trad. de Quinte-Curce, Histoire d'Alexandre, liv. III.

Cet *attirail* entra par une des portes du camp et, après en avoir fait le tour, sortit par une autre toute proche.

CHAPELAIN, le Gueux, ou la vie de Guzman d'Alpharache, I, 8.

Le roi ayant été prendre la bénédiction du pape à Lyon, où il se tenoit éloigné d'Italie pour crainte de Federic, tout ce grand *attirail* s'embarqua à Marseille.

MÉZERAY, *Histoire de France:* Saint Louis.

Elle commença par le point le plus important, c'est-à-dire par les habits et par l'*attirail* que le sexe traîne après lui.

LA FONTAINE, *Psyché,* I.

Qu'on me donne tout à l'heure cet arc et ces flèches, et tout l'*attirail* dont je vous ai équipé : aussi bien vous est-il inutile désormais. (Vénus à l'Amour.)

LE MÊME, même ouvrage, II.

Il est vrai que te voilà bien, et je ne sais où tu as été déterrer cet *attirail* ridicule.

MOLIÈRE, *Don Juan,* III, 1.

Heureux ceux qui, retirés humblement dans la maison du Seigneur, se délectent dans la nudité de leurs petites cellules, et de tout le foible *attirail* dont ils ont besoin dans cette vie.

BOSSUET, *Traité de la Concupiscence,* c. 9.

Les rois (Perses) marchoient accompagnés de leurs femmes, de leurs concubines, de leurs eunuques, et de tout ce qui servoit à leurs plaisirs. La vaisselle d'or et d'argent, et les meubles précieux, suivoient dans une abondance prodigieuse, et enfin tout l'*attirail* que demande une telle vie.

LE MÊME, *Discours sur l'histoire universelle,* III, 5.

Ils... ne se représentent jamais à eux-mêmes sous tous leurs titres, tout leur *attirail* et tout leur train.

Logique de Port-Royal, III, 20.

Tu te trompes, Philémon, si avec ce carrosse brillant... tu penses que l'on t'en estime davantage : l'on écarte tout cet *attirail* qui t'est étranger, pour pénétrer jusques à toi, qui n'es qu'un fat.

LA BRUYÈRE, *Caractères:* Du Mérite personnel.

Sur la foi de votre maintien ratatiné et de votre *attirail* archigrotesque, j'ai grand'peur qu'on ne m'accuse de m'être fourni d'un beau-père à la friperie.

DELOSME DE MONCHENAI, *Mezzetin grand Sophy,* scène du grand Sophy. (Voyez GHERARDI, *Théâtre italien,* t. II, p. 339.)

Elle (Mlle de Saint-Germain) ôta ses coiffes, son écharpe, et tout l'*attirail* dont on se défait quand on prétend s'établir familièrement quelque part pour le reste du jour.

HAMILTON, *Mémoires de Grammont,* IV.

Elle auroit bien troqué son père et sa mère contre le plaisir d'être orpheline au même prix que moi; elle ouvroit sur mon petit *attirail* de grands yeux stupéfaits et jaloux, et d'une jalousie si humiliée, que cela me fit pitié dans ma joie.

MARIVAUX, *la Vie de Marianne,* Ire partie.

A quoi servent les cérémonies et tout l'*attirail* lugubre qu'on fait paroître à un mourant dans ses derniers moments?

MONTESQUIEU, *Lettres persanes,* LX.

Eh! vite, que je me débarrasse de tout cet *attirail!*

PICARD, *Manie de briller,* III, 2.

A la coquette l'*attirail*
Qui suit les personnes buveuses.

LA FONTAINE, *Fables,* II, 20.

L'éléphant devoit sur son dos
Porter l'*attirail* nécessaire
Et combattre à son ordinaire.

LE MÊME, même ouvrage, V, 19.

Il est bientôt suivi du satrape Alcamène,
Dont le long *attirail* couvre toute la plaine.

LE MÊME, *Adonis.*

Je sais où gît le lièvre et ne puis, sans travail,
Fournir en un moment d'hommes et d'*attirail.*

MOLIÈRE, *l'Étourdi,* III, 5.

Je sais combien d'argent vous coûte votre office
Et comment aujourd'hui s'exerce la justice :
On ne la connoît plus que par son *attirail.*

BOURSAULT, *les Mots à la mode,* sc. 1.

Mon air de bas Normand vous auroit enchanté.
Mais, il faut dire vrai, cette coeffe m'inspire
Plus d'intrépidité que je ne puis vous dire.
Avec cet *attirail* j'ai vingt fois moins de peur.

REGNARD, *le Légataire universel,* III, 7.

Du bonhomme Géronte, en gros comme en détail,
Comme tu l'as requis voilà tout l'*attirail.*

LE MÊME, même ouvrage, IV, 4.

J'aimerois cent fois mieux n'être jamais pourvue
Que d'épouser un homme avec cet *attirail.*

DESTOUCHES, *l'Irrésolu,* V, 7.

Ce mot s'emploie quelquefois au figuré :

La fable ne s'embarrasse pas de tout cet *attirail* dogmatique.

LA MOTTE, *Discours sur la fable.*

Les cantons destinés aux ombres criminelles,
Leurs cris, leur désespoir, leurs douleurs éternelles,
Tout l'*attirail* qui suit tôt ou tard les méchants,
La remplirent de crainte et d'horreur pour ces champs.

LA FONTAINE, *Psyché,* II.

ATTIRAIL est souvent suivi de la préposition *de* et d'un complément qui indique la nature de l'attirail ou l'usage auquel il sert :

Aux champs tracassans et tous les jours dans des villages, dans des déserts et des boys, et porter tout un *attirail de* court, et la voir marcher (la table) comme nous l'avons veue, c'est une chose incroyable à qui ne l'a veu.

BRANTÔME, *Grands Capitaines.* Le grand roy François.

Le pape Clément V se retire en la ville d'Avignon, où ayant par mesme moyen attraict tout l'*attirail de* Rome... le plus grand malheur qui advint jamais à l'Église fut cette retraite.

EST. PASQUIER, *Recherches de la France,* III, 23.

Où nous accompagne tout cet *attirail de* pages et *de* laquais si richement habillés?

MALHERBE, trad. de Sénèque, *Traité des Bienfaits,* III, 28.

J'ai considéré les peines de l'autre vie et tout ce terrible *attirail de* la justice de Dieu, dont mon imagination n'est pas encore bien rassurée.

BALZAC, *Aristippe,* discours VII.

Considérez, je vous prie, tout ce grand *attirail de* la loi mosaïque.

BOSSUET, *Sermons:* Sur le caractère des deux alliances.

On lui attribue (à la secte des Manichéens) des enchantements, et enfin on y remarquoit tout l'*attirail de* la séduction.

LE MÊME, *Histoire des variations des Églises protestantes,* liv. XI, nº 10.

Pour les richesses, elles ne repaissent que les yeux. Disons-en autant des meubles, des bâtiments, de tout l'*attirail de* la vanité.

LE MÊME, *Traité de la Concupiscence,* c. 9.

Je ne saurois plus voir mon ménage propre avec cet *attirail de* gens que vous faites venir chez vous.

MOLIÈRE, *le Bourgeois gentilhomme,* III, 3.

Une belle femme est aimable dans son naturel... il y auroit moins de péril à la voir avec tout l'*attirail de* l'ajustement et de la mode.

LA BRUYÈRE, *Caractères,* c. 12.

Trois garçons de la Guerbois viennent d'arriver avec tout leur *attirail de* cuisine.

REGNARD, *le Retour imprévu,* I, 3.

Il (Homère) sort presque toujours de son sujet par la multiplicité et l'*attirail de* ses épisodes.

LA MOTTE, *Réflexions sur la critique,* IIᵉ part.

En retranchant cet *attirail de* divinités, je n'ai garde de vouloir qu'on interdise aux poëtes ce qu'ils appellent la fable, ou l'ordonnance du poëme.

ROLLIN, *Traité des Études,* c. 1, art. 4: De la Poésie.

Adieu les alambics, les creusets, les fourneaux et le noir *attirail de* la soufflerie.

HAMILTON, *Mémoires de Grammont,* XII.

Leur vie simple et la douceur de leur climat les exemptoit de ce grand *attirail de* commodités dont nous ne croyons pas nous pouvoir passer.

FLEURY, *Mœurs des Israélites,* VIII.

Mon transport et celui de tout mon *attirail de* botanique est embarrassant.

J.-J. ROUSSEAU, *Lettres;* 21 novembre 1768.

Un homme qui pouvait vivre avec tout le fracas de la puissance et tout l'*attirail de* la vanité.

VOLTAIRE, *Lettres;* 4 décembre 1751.

Que veulent dire ces fouets armés de pointes aiguës, ces chevalets, cet *attirail de* supplice!

DIDEROT, *Essai sur les règnes de Claude et de Néron.*

Addison et ses amis ne s'élèvent pas avec moins de force contre cette profusion de meurtres qui jonche la scène anglaise, tout cet *attirail de* mort qu'elle a dans ses magasins.

VILLEMAIN, *Littérature au XVIIIᵉ siècle,* 7º leçon.

La chose ainsi réglée, on compose trois lots :
En l'un les maisons de bouteille...
Les esclaves de bouche, et pour dire en deux mots
L'*attirail de* la goinfrerie.

LA FONTAINE, *Fables,* II, 9.

Vous ne pouvez aimer que d'une amour grossière,
Qu'avec tout l'*attirail des* nœuds de la matière.

MOLIÈRE, *les Femmes savantes,* IV, 2.

Après avoir conduit ces messieurs dans la rue
Où la mort du bonhomme est déjà répandue,
Où même le crieur a voulu malgré moi
Faire entrer avec lui l'*attirail* d'un convoi.

REGNARD, *le Légataire universel,* IV, 8.

Elle s'est mise en homme. En cet accès fatal,
Elle a pris aussitôt un *attirail de* guerre.

LE MÊME, *les Folies amoureuses,* III, 7.

Il faut encor des ressorts, des manœuvres;
Des partisans chez le sexe dévot,
Une cabale, un théâtre; en un mot,
Tout l'*attirail des* petites adresses,
Qui du public captivent les tendresses.

J.-B. ROUSSEAU, *Épîtres,* IV.

Ce mot est d'un usage assez rare au pluriel :

Si les armées de terre consomment beaucoup d'argent, ce n'est rien en comparaison de celles de la mer, qui demandent beaucoup plus d'instruments et d'*attirails.*

COLBERT, maître des requêtes et commissaire du roi. *Discours aux États de Bretagne,* août 1665. (Voyez DEPPING, *Correspondance administrative sous Louis XIV,* t. I, p. 486.)

Originairement il n'y avoit point de cavalerie dans les

armées; d'ailleurs elles étoient peu nombreuses, et nullement embarrassées d'*attirails* ni d'équipages.

> Goguet, *Origine des lois*, t. II, p. 274.

ATTISER, v. a. On a écrit aussi ATISER, ATIZER, ACTISSER, ATICER, ATICIER, ATTAISIER. (Voyez le *Glossaire* de SAINTE-PALAYE et les exemples ci-après.)

Approcher les tisons l'un de l'autre.

Attiser le feu, la flamme, ont été employés pour : Rendre le feu plus vif :

> Il (Conrart) demanda des devises à plusieurs de ses amis sur l'amitié... Mme de Rambouillet lui en donna une dont le corps étoit une vestale, dans le temple de Vesta, qui *attisoit le feu* sacré.
>
> TALLEMANT DES RÉAUX, *Historiettes:* Conrart.

> Un grand feu font d'espines, n'i firent longue atente;
> L'un *atise le feu*, et li autres la vente.
>
> *Roman de Berte*, p. 129.

> Il brave tous *les feux que* le soufflet *attise*.
>
> BERCHOUX, *la Gastronomie*, II.

> J'*attise la flamme*,
> C'est pour t'égayer.
>
> LAMARTINE, *Harmonies:* Le Grillon.

Dans le passage suivant, *Attiser le feu* est employé tour à tour au propre et au figuré :

> Quand le baston qui sert pour *attiser le feu*
> Travaille à son mestier, il brusle peu à peu,
> Il vient si noir, si court qu'il n'y a plus de prise,
> On le jette en la braize et un autre l'attise.
> Athalia suivit le train de cette-cy,
> Elle *attisa le feu* et fut bruslée aussi.
>
> AGR. D'AUBIGNÉ, *Tragiques:* Vengeances, liv. VI.

Attiser le feu et d'autres expressions analogues sont, du reste, d'un usage très fréquent au figuré :

> Il n'estoit jà mestier d'*attiser le feu*.
>
> CALVIN, *Institution chrestienne*, liv. II, c. 8, § 58.

> Quiconque considérera ces choses, ne pourra s'empescher qu'il n'entre en une juste colère, en une extrême indignation à l'encontre de ceux qui ont esté envoyez parmy nous, pour *attiser* et allumer continuellement *ce grand feu*, dans lequel ceste monarchie a quasi esté consumée.
>
> ANTOINE ARNAULD, *Plaidoyer pour l'Université*.

> A ces flammèches de discordes tombées par adventure, le pape avoit trop soigneusement fait *attiser les matières seiches* par les pratiques de ses émissaires.
>
> MÉZERAY, *Histoire de France:* Louis XII.

Leur ambition *attisa le feu* que les disputes de religion allumaient; il y eut beaucoup de sang répandu comme ailleurs.

> VOLTAIRE, *Essai sur les mœurs:* De la religion en Écosse, c. 137.

Les autres religieux, qui entrèrent dans cette faction, excepté les bénédictins et les chartreux, n'*attisaient le feu* qu'en France, les jésuites le soufflaient de Rome, de Madrid, de Bruxelles, au milieu de Paris. Des temps plus heureux ont éteint ces flammes.

> LE MÊME, même ouvrage: Des Ordres religieux, c. 139.

Il (le czar) ne s'éloignait pas... de remettre le roi Stanislas aux prises avec le roi Auguste, afin que le feu étant allumé de tous côtés, il pût courir pour *l'attiser* ou pour l'éteindre, selon qu'il y trouverait ses avantages.

> LE MÊME, *Histoire de Charles XII*, liv. VIII.

J'ai reçu ses excuses, parce qu'il y a des *feux* qu'il ne faut pas *attiser*.

> LE MÊME, *Lettres;* 26 mars 1754.

Tu feras de bons rapports, vrais ou faux, *tu attiseras le feu;* madame se piquera, prendra de l'humeur et se vengera.

> SÉDAINE, *la Gageure imprévue*, sc. XVIII.

> Est tous d'avarisse takiés
> Et de sa fille convoitise
> Ki en lor cuers *sen fu atise*.
>
> *Renart le nouvel*, v. 1264.

> Car que me vault veoir de près et cognoistre
> Tant de beauté, fors d'*attiser*, et croistre
> *Mon nouveau feu?*...
>
> CL. MAROT, *Élégies*, I, 3.

De là vient *la chaleur que* Vénus nous *attise*.

> RONSARD, *Réponse aux vers de Charles IX*.

> Bien que de Mars le dédaigneux orgueil,
> Bien que *le feu que* Cupidon *attise*,
> Bien que de l'or l'infâme convoitise
> Ait mis l'honneur des lettres au cercueil.
>
> JOACHIM DU BELLAY, *A Madame Marguerite*.

> Plustost peut-on conter dans les bords escumeux
> De l'Océan chenu le sable, et tous *les feux*
> Qu'en paisible minuict le clair ciel nous *attize*.
>
> AGR. D'AUBIGNÉ, *Tragiques:* Princes, liv. II.

> Quand on se brûle au *feu* que soi-même on *attise*,
> Ce n'est point accident, mais c'est une sottise.
>
> RÉGNIER, *Satires*, XIV.

J'*attisai* de mes mains *leurs feux* illégitimes.

> VOLTAIRE, *Mahomet*, II, 4.

On a dit, proverbialement, qu'*il ne faut pas attiser le feu avec une épée:*

Pythagore disoit qu'il ne faut jamais *attiser le feu avec une épée.*

> J.-J. ROUSSEAU, *Lettres*; à Mme d'Épinay, 1757.

N'attisez pas le feu avec une épée, c'est-à-dire n'irritez point les hommes en colère.

> VOLTAIRE, *Dictionnaire philosophique*. Emblème.

Lorsqu'au lieu de m'exhorter à fuir l'oisiveté, à ne pas irriter un homme en colère, vous me défendez de m'asseoir sur un boisseau ou *d'attiser le feu avec une épée*, il est évident que vous ajoutez à la peine de pratiquer vos leçons celle de les entendre.

> BARTHÉLEMY, *Voyage d'Anacharsis*, c. 75.

On trouve souvent des expressions telles que : *Attiser le feu de la discorde, de l'amour*, etc. :

Jean-Jacques a un peu *attisé le feu de la discorde.*

> VOLTAIRE, *Lettres*; 9 janvier 1765.

Cette joute des amours-propres, cette active circulation des idées devaient être comme autant de soufflets de forge qui *attisaient le feu d'une jeune intelligence* (de Mlle Necker).

> VILLEMAIN, *Littérature au XVIII° siècle*, 61° leçon.

Par tes escriptz *feu d'amour attisois*,
Par tes escriptz mourir pour moy disois.

> CL. MAROT, *Élégies*, I, 11.

ATTISER a quelquefois pour complément un nom abstrait, comme dans ces locutions : *Attiser la haine, la guerre, les désirs*, etc. :

Cette chose se couva un petit, avec autres *haines* qu'on y *attisa.*

> FROISSART, *Chroniques*, liv. I, II° part., c. 20.

Ils *attisent la guerre*, non parce qu'elle est juste, mais parce que c'est la guerre.

> MONTAIGNE, *Essais*, III, 1.

Qui voudra regarder les amourettes de Florisel, de don Rogel et plusieurs autres chevaliers, il verra de belles leçons pour *attiser l'incontinence* qui n'est que trop enflammée ès poictrines des jeunes.

> DE LA NOUE, *Discours politiques et militaires*, VI.

En l'absence les faveurs receuës ne peuvent estre de celles qui soulent par leur abondance, puisqu'elles ne font qu'*attiser les désirs.*

> D'URFÉ, *l'Astrée*, II° part., liv. I.

Du Bois se retira en Angleterre où Richard luy donna cent marcs d'argent de pension annuelle, pour *avoir attisé cette division.*

> MÉZERAY, *Histoire de France*. Charles VI.

A ses paroles outrageuses, Jules II joignoit encore de malings effets, en *attisant la révolte* de Gênes qui venoit d'estre excitée par l'insolence populaire.

> MÉZERAY, *Histoire de France*. Louis XII.

Le prince escrit au roy bien au long, et demande justice du cardinal de Lorraine, dont l'esprit inquiet, disoit-il, *attisoit et souffloit sans cesse la disconde.*

> LE MÊME, même ouvrage. Charles IX.

Jamais je n'adoptai leur désolante doctrine (des philosophes modernes), et cette résistance à des hommes aussi intolérants, qui d'ailleurs avoient leurs vues, ne fut pas une des moindres causes qui *attisèrent* leur *animosité.*

> J.-J. ROUSSEAU, *Rêveries d'un promeneur solitaire*, III.

J'errois nonchalamment dans les bois et dans les montagnes, n'osant penser de peur *d'attiser mes douleurs.*

> LE MÊME, même ouvrage, VII.

Je pense que rien n'est si absurde que d'être fanatique, et rien de si mal avisé que *d'attiser les haines.*

> Mme DU DEFFAND, *Lettres*; à H. Walpole, 12 février 1772.

O vif flambeau, qui embrases les dieux,
Pourquoy *as-tu ma froideur attisée?*

> JOACHIM DU BELLAY, *l'Olive*, LV.

... Le docte troppeau qui sur Parnasse habite,
De son feu plus divin *mon ardeur attisoit.*

> LE MÊME, *les Regrets*, VII.

Je suis comme un malade, à qui la fievre ardente
A mis dans le gosier une soif violente,
Il boit incessamment, jaçoit que la liqueur
Du desiré breuvage *attise sa langueur :*
Il ne se peut dompter, la santé desirée
Succombe à la chaleur de sa gorge alterée.

> GARNIER, *Antoine*, III, v. 61.

Un cardinal sanglant, les trompettes, les prestres
Aux places de Vassi et au haut des fenestres
Attisent leur ouvrage, et meurtriers de la voix
Guettent les eschappez pour les montrer aux doigts.

> AGR. D'AUBIGNÉ, *Tragiques*. Les Fers, V.

Le vent de ma fortune *attise mes désirs.*

> RÉGNIER, *Complainte.*

Et loin d'oser ici, par un prompt changement,
Approuver *la fureur* de votre emportement,
Loin que par mes discours je *l'attise* moi-même...

> J. RACINE, *Iphigénie*, III, 6.

ATTISER s'emploie quelquefois au sens d'Animer, Exciter, avec un nom de personne ou d'animal pour complément :

Pour ce l'ennemi les tempta plus ligierement à faire celluy vil pechié, et dist l'en que l'une en *atiza* l'autre et ainsi l'autre le fist par mauvais conseil.

> LA TOUR LANDRY, *le Livre pour l'enseignement de ses filles*, c. 55.

> Quar mon pere aime convoitise
> Qui trop le semont et *atise*.
> MÉON, *Fabliaux et contes anciens*, I, 185.

> La vostre amors me destraint et *atise*.
> *Romancero français*, p. 8.

> Li venéor les chiens *atice*
> Et amoneste durement.
> *Roman de Renart*, v. 1224.

> Demore les amans *atise*,
> Mès que trop longue ne soit prise.
> *Roman de la Rose*, v. 13865.

> Pour Dieu, alez vous confesser
> Pour l'ennemi qui vous *atise*.
> *Miracle de l'enfant donné au diable*, v. 183. (Miracles de N.-D.)

ATTISER, ayant ainsi un nom de personne pour complément, est quelquefois suivi des prépositions *à* ou *de* et d'un verbe à l'infinitif :

Tulles dit : Il n'est plus amiable chose que vertu, ne nule chose qui tant nos *atise à* amer neis noz ennemis, et ceulx que nos ne conoissons par la renomée de lor vaillance.

> BRUNETTO LATINI, *Li livres dou Tresor*, liv. II, part. II, c. 85.

C'est l'ennemy de tenèbres qui les *attise* et les esmeut à faire yceulx pechiez.

> LA TOUR LANDRY, *le Livre pour l'enseignement de ses filles*, c. 87.

> Adès amors me semont et *attize*
> De li amer.
> LE CHATELAIN DE COUCY, *Chansons*, XI. (Voyez *Histoire littéraire de la France*, t. XVII, p. 647.)

> Avarice est de put affaire,
> Car il mains maulx machine à faire
> Par le conseil de convoitise
> Qui les gens à tolir *atise*.
> JEAN BRUYANT, *Chemin de povreté et de richesse*, dans le *Ménagier de Paris*, t. II, p. 12.

> Après fu painte Coveitise :
> C'est cele qui les gens *atise*
> De prendre et de noient donner,
> Et les grans avoirs aüner.
> *Roman de la Rose*, v. 168.

ATTISER s'emploie quelquefois avec le pronom personnel, dans un sens passif :

> E ainz que l'ovre tort a plus,
> Se bien i est toens li desus,
> Fai remaindre la grant malice
> Qui es cors des felons *s'atice*.
> *Chroniques de Normandie*, t. I, v. 12122.

ATTISÉ, ÉE, participe.

Un plaisir *attisé* par la difficulté est plus vif, plus aigu; il y faut de la piqueure et de la cuisson.

> MONTAIGNE, *Essais*, III, 5.

> Il vous fault petit à petit
> Estaindre ce feu *attisé*.
> JACQ. GREVIN, *les Esbahis*, II, 2.

> Ainsi donc nos soudars *attisez* de courroux,
> *Attisez* de despit, se deliberent tous,
> Vueille ou non vueille Brute, estaindre l'infamie
> Qu'ils endurent moquez de la langue ennemie.
> GARNIER, *Porcie*, IV, v. 83.

> Cependant que nos rois doublement desguisez
> Escument une rue en courant, *attisez*
> A crocheter l'honneur d'une innocente fille.
> D'AUBIGNÉ, *Tragiques*. Princes, liv. II.

> Qu'elle se fasse un jeu du malheur des humains,
> Et des feux de la guerre *attisés* par ses mains.
> VOLTAIRE, *Don Pedro*, II.

ATTISONNER, v. a. C'est une autre forme d'*Attiser*, plus voisine de l'étymologie de ce mot :

> Granment la forsennerie *atisonet* lo corage.
> *Livre de Job*. (Commentaire, p. 517, à la suite des *Quatre Livres des Rois*.)

> ... L'ardant flame
> Qui le bruist et *atisonne* (votre cœur)
> Cesseroit.
> *Livre des Cent ballades*. (Cité par M. Godefroy.)

D'ATTISER on a tiré :

ATTISEMENT, s. m. On en trouve surtout des exemples au figuré dans le sens d'excitation :

Par l'*atizement* de sa feme.

> *Recueil des Historiens des croisades*. Historiens occidentaux, t. II, p. 23.

Est autrefois advenu que pour l'*attisement* de sa femme, le mari, qui est de noble courage et haut, se combat en champ.

> *Les Quinze Joyes de mariage*, XIII.

Paris avoit la belle Helaine, la femme au roy Menelaux, dont par celluy fait morurent plus de xl. roys et plus de cent milles personnes, dont la cause fust par l'*attisement* de celle deesse Venus.

> La Tour Landry, *le Livre pour l'enseignement de sa fille*, c. 124.

Or li est al queor un grant *atisement*
De lui ancore amer plus angoissusement.

> *Roman de Horn*, v. 849.

Attiseur, s. m. Qui attise.

Instrument pour attiser le feu :

Jehannet le Maistre frappa icellui Raveilly d'un fourgon ou *atiseur* de four qu'il tenoit.

> *Lettres de rémission* de 1470. (Voyez Du Cange, *Glossaire*, Atticinari.)

Attise-feu, s. m. Celui qui attise le feu, soit au propre, soit au figuré :

L'on ne les traicte (les damnés)... si mal que vous penseriez; mais leur estat est changé en estrange façon... Cyre estoit vachier... Ciceron, *atizefeu*.

> Rabelais, *Pantagruel*, II, 30.

Instrument destiné à remuer le feu :

Une paalle de fer ou *atisefeu*.

> *Lettres de rémission* de 1480. (Voyez Du Cange, *Glossaire*, Atticinari.)

Attise-querelle, adj. des deux genres :

Tu es une *attise-querelle*,
Tu es sorcière et maquerelle.

> Joachim du Bellay, *Jeux rustiques*.

ATTITRER, v. a. Il paraît avoir été pris d'abord dans le sens de Aposter, placer.

Nicot explique ainsi au mot *Titre* l'origine de ce mot : « *Tiltre*... signifie... les couples de chiens courans, levriers et autres servans à la chasse establis en certain lieu pour laisser courre quand mestier sera. Selon ce on dit aussi par métaphore, il m'*a attiltré* un homme pour me surprendre, Subornavit mihi aliquem ad me deprehendendum, Et gens *attiltréz*, Subornati, summissi homines. »

On a dit anciennement *Atiteler, Atiltrer*.

A cest lieu servir *furent* dui pruviere *atitelé*. (Erant autem ibi duo sacerdotes domini.)

> *Les quatre Livres des Rois*, I, 1, 3.

IV.

Ciceron *avoit* ce jour-là *attiltré* des clercs... auxquels il avoit... enseigné à faire certaines notes et abbreviations, qui en peu de traicts valoyent et representoient beaucoup de lettres, et les avoit disposés çà et là en divers endroits de la salle du sénat.

> Amyot, trad. de Plutarque. *Caton d'Utique*.

Il y eut un seigneur persien nommé Epixyes, gouverneur de la haulte Phrygie, qui lui dressa embusche, ayant de longue main *attiltré* quelques meurtriers psidiens pour le tuer.

> Le même, *Thémistocle*, c. 54.

Apposter et *attiltrer* un faulx accusateur et calomniateur. (Accusatorem vel calumniatorem apponere.)

> Rob. Estienne, *Dictionnaire françois-latin*.

Là Saint-Gelais, *aiant* dressé une intelligence dans Nyort, et *attitré* gens pour saisir la porte de son nom, de laquelle ils devoient coupper les barres, s'avança et fit donner cinq gentils-hommes de marque.

> D'Aubigné, *Histoires*, t. II, liv. III, c. 4.

M. de Salvoyson *attitra* des espions... ausquels fit courir le bruit et donna langue comme dans un tel jour assigné le remuement devoit se faire.

> Brantôme, *Grands Capitaines françois. M. de Salvoyson*.

Nous avons, dans les cent nouvelles de la reine de Navarre Marguerite, une très belle histoire de cette dame de Milan qui, ayant donné assignation à feu M. de Bonnivet, une nuict *attitra* ses femmes de chambre avec des espées nues pour faire bruit sur le degré.

> Le même, *Des Dames*. Discours sur ce que les belles et honnestes dames aiment les vaillants hommes.

Quoy voyant la roine Frédégonde, elle *attiltre* deux gentilshommes pour aller assassiner Sigebert.

> Est. Pasquier, *Recherches de la France*, VI, 33.

Le gouverneur de la haute Phrygie *avoit attiltré* quelques matois pour tuer Thémistocle lorsqu'il passeroit par la ville de Thestelin.

> Le même, même ouvrage, VI, 43.

Vous *atiltrastes* six marchands, lesquels assemblerent tous les roulliers et voituriers par eau et par terre qui estoient à trente lieuës de Paris.

> Sully, *OEconomies royales*, c. 95.

Avec le pronom personnel, *S'attitrer de*, prendre le titre de :

La quinte-essence de ces vers... nous fait entendre que ce gentilhomme, qui s'*attitre du* nom de Nécessité, pouvoit avoir intéressé l'honneur de ce brave cavallier.

> Brantôme, *Opuscules et pièces diverses*, XVI, édit. de M. Lalanne.

Ce verbe ne s'emploie plus guère qu'au participe.

ATTITRÉ, ÉE, participe. Aposté. Particulièrement en vénerie en parlant des chiens :

> Et veist on lor à l'ung tendre les toilles,
> L'autre tenir les levriers *atiltrez.*

HUGUE SALEL, *Poes. ms. de chas. Roy. du sanglier discord par François Iᵉʳ*, p. 24. (Cité par Sainte-Palaye.)

En parlant des personnes :

Mais Alcibiades, ayant aussi d'austres devins *attiltrez*, alleguoit semblablement des oracles anciens, qui disoyent qu'il debvoit advenir de la Sicile une grande gloire aux Athéniens.

AMYOT, trad. de Plutarque, *Vie de Nicias*, c. 7.

De l'occident nous passerons au septentrion par l'Escosse, où la mort du vice-roi, en laquelle, comme nous avons dit, on travailloit, fut executée, après de grands et exprès avertissements, par un Escossois caché à une fenestre et couvert de linges, *attitré* par les Amiltons, qui lui donna une harquebusade à travers le corps.

D'AUBIGNÉ, *Histoire universelle*, t. II, liv. I, c. 17.

Fut vériffié que ledict M. l'Admiral avoit mandé et adverty mondict seigneur de Guyze, quelques jours advant, qu'il se donnast garde, car il y avoit homme *attitré* pour le tuer.

BRANTÔME, *Grands Capitaines françois. M. de Guise.*

Jules, homme pratique, pour les détourner (les Goths), leur promit diverses assiettes de terres, et, comme il leur eust assigné une journée générale pour leur en faire les départements, il donna si bon ordre à son fait, qu'en chaque ville il eut des soldats *atiltrez* qui les firent tous passer par le fil de l'espée.

EST. PASQUIER, *Recherches de la France*, I, 8.

Tillier, avec une honte effacée, soustenoit que cestuy estoit un affronteur *atiltré* par ses parties adverses.

LE MÊME, même ouvrage, VI, 35.

Du côté des barbares, les Phéniciens étoient ordonnés pour combattre les Athéniens, *attitrés* environ le cap qui regarde Éleusine du côté de ponant.

SALIAT, trad. d'Hérodote, liv. VIII, 85.

Le marchand pensant que ce fussent gens *attitrez* pour gourer sa chasuble, qui estoit de velours cramoisi, va aussi après le curé, qui estoit chapé, criant au larron.

BOUCHET, *Sérées*, II, 15.

> Et soyez certains qu'à l'entrée
> N'y a nulle garde *atiltrée*
> Pour vous deffendre le passaige.

Monologue des sotz joyeulx. (Voyez *Poésies françoises des xvᵉ et xviᵉ siècles*, Bibliothèque elzévirienne, t. III, p. 22.)

> L'artifice grossier n'a rien qui m'épouvante.
> Eduige à fourber n'est pas assez savante ;
> Quelque adresse qu'elle aye, elle t'a mal instruit...
> — Quoi ? je passe à tes yeux pour un homme *attitré ?*

P. CORNEILLE, *Pertharite*, III, 4.

ATTITRÉ, en titre :

On sait, par le moyen des confesseurs *attitrés*, les secrets des prisonniers... S'ils sont chargés de savoir si un accusé a pour complice un Français ou un Italien, ils disent à l'homme qui les emploie : «Le prisonnier m'a juré qu'aucun Italien n'a été informé de ses desseins. » De là on juge que c'est le Français soupçonné qui est coupable.

VOLTAIRE, *Dictionnaire philosophique.* Confession.

C'est ce sens qui a prévalu.

ATTITUDE, s. f. (De l'italien *Attitudine*, tiré du latin *Aptitudinem* et, par ce mot, de *Aptus*.) Situation, position du corps.

Ce mot ne se trouve pas dans nos anciens dictionnaires ; il figure, en 1680, dans celui de Richelet, mais il se rencontre antérieurement dans les textes.

Dans l'exemple de Molière qui suit, ce mot se trouve, dans les premières éditions, sous la forme *Aptitude* plus conforme à son étymologie :

Voici pour mon affaire un petit essai des plus beaux mouvements et des plus belles *aptitudes* dont une danse puisse être variée.

MOLIÈRE, *le Bourgeois gentilhomme*, I, 2.

Comme cela, s'il vous plaît. Le tout dépend des *attitudes* qu'on donne aux personnes qu'on peint.

LE MÊME, *le Sicilien*, sc. 2.

Les bas-reliefs de sa colonne le représentent (Trajan) toujours dans la plus modeste *attitude*, lors même qu'il commande aux légions.

FÉNELON, *Lettre à l'Académie.*

Un peintre qui fait d'après nature, force et exagère une passion, un contraste, des *attitudes.*

LA BRUYÈRE, *Caractères*, c. 64.

Que sont les hommes avant qu'ils passent par nos mains (des maîtres à danser)?... Nous leur enseignons à se mouvoir avec grâce, nous leur donnons des *attitudes* avec des airs de noblesse et de gravité.

LE SAGE, *Gil Blas*, XII, 5.

On retrouvoit les mêmes défauts dans celles (les statues) des anciens sculpteurs grecs. C'étoient pour la plupart des figures quarrées, ayant les bras pendans et collés contre le corps, les jambes et les pieds joints l'un contre l'autre, sans geste et sans *attitude*.

GOGUET, *Origine des lois*.

Son ton de voix (de Harlay, fils du président), sa démarche, son *attitude*, tout étoit d'un mauvais comédien forcé.

SAINT-SIMON, *Mémoires*, 1717.

Son *attitude* étoit gracieuse; sa tête un peu baissée laissoit voir la blancheur de son cou.

J.-J. ROUSSEAU, *les Confessions*, I, 2.

Il ne faut jamais sacrifier l'élocution et le style à l'appareil et aux *attitudes*.

VOLTAIRE, *Lettres*; 16 décembre 1760.

Ce n'est pas là une pièce de spectacle et d'*attitudes* (don Pedro).

LE MÊME, même ouvrage, 18 mars 1775.

L'instant de sa blessure avait été celui de sa mort; cependant il avait eu la force, en expirant d'une manière si subite, de mettre par un mouvement naturel la main sur la garde de son épée, et était encore dans cette *attitude*.

LE MÊME, *Histoire de Charles XII*, VIII.

Notre poëte moderne s'est contenté de faire parler les expressions et les *attitudes* des figures gravées dans le bouclier d'Achille.

DUFRESNY, *Parallèle du bouclier d'Achille*.

La danse nous plaît par la légèreté, par une certaine grâce, par la beauté et la variété des *attitudes*.

MONTESQUIEU, *Essais sur le Goût*.

Si la nature demande des peintres et des sculpteurs qu'ils mettent de la symétrie dans les parties de leurs figures, elle veut, au contraire, qu'ils mettent des contrastes dans les *attitudes*.

LE MÊME, même ouvrage.

Ensuite, c'étoit ma coiffe à qui j'avois recours; elle alloit à merveille : mais je voulois qu'elle allât mal, en faveur d'une main nue qui se montroit en y retouchant, et qui amenoit nécessairement avec elle un bras rond, qu'on voyoit, pour le moins à demi, dans l'*attitude* où je le tenois alors.

MARIVAUX, *la Vie de Marianne*, IIe part.

Je remarquerai, pour vous amuser seulement (et je n'écris que pour cela), que, de ces deux dames, il y en eut une qui parla fort peu, ne prit presque point de part à ce que l'on disoit, ne fit que remuer la tête pour en varier les *attitudes*, et les rendre avantageuses.

LE MÊME, même ouvrage, VIIe part.

Tout marque dans l'homme, même à l'extérieur, sa supériorité sur tous les êtres vivants : il se soutient droit et élevé, son *attitude* est celle du commandement, sa tête regarde le ciel et présente une face auguste sur laquelle est imprimé le caractère de sa dignité.

BUFFON, *Histoire naturelle*: De l'Homme.

Attitudes tantôt annoncées, tantôt laissées dans un mol abandon; tout dans le cygne respire la volupté.

LE MÊME, même ouvrage: Le Cygne.

Allez-vous-en aux chartreux, et vous y verrez la véritable *attitude* de la piété et de la componction.

DIDEROT, *Salon de 1765*. Essai sur la Peinture.

Ces deux morceaux sont, à mon sens, des chefs-d'œuvre de composition : point d'*attitudes* tourmentées ni recherchées.

LE MÊME, même ouvrage: Greuze.

Tout ce qui l'intéresse doit l'émouvoir (l'acteur); tout ce qui l'émeut doit se peindre dans ses traits et dans ses *attitudes*.

MARMONTEL, *Éléments de littérature*: Déclamation théâtrale.

Cette agitation des peuples n'est que l'inquiétude d'un malade qui prend sans cesse de nouvelles *attitudes*, parce qu'il n'en trouve aucune qui le soulage.

CONDILLAC, *De l'étude de l'histoire*.

Il n'y en a pas un qui ne sache que les combats singuliers sont défendus, et beaucoup d'entr'eux vont dans les salles d'armes où l'on n'apprend qu'à se battre en duel. C'est, dit-on, pour apprendre à se tenir de bonne grâce et à marcher : comme si on marchoit de tierce et de quarte, et que l'*attitude* d'un citoyen dût être celle d'un gladiateur.

BERNARDIN DE SAINT-PIERRE, *Études de la nature*.

L'*attitude*, le maintien, le geste,... tout le servoit au barreau (Gerbier).

CHÉNIER, *Tableau historique de la littérature française*, c. 4.

... Le vêtement, le regard, la tranquillité même de l'*attitude* annoncent une femme soumise à son époux.

Mme DE STAEL, *De l'Allemagne*, II, 21, § 6.

L'art de l'acteur tragique consiste... à présenter dans ses *attitudes* l'image de la beauté poétique, sans négliger cependant ce qui distingue les différents caractères.

LA MÊME, même ouvrage, c. 27, § 11.

J'aperçois souvent à une petite fenêtre grillée qui donnoit sur une plage déserte une religieuse assise dans une *attitude* pensive.

CHATEAUBRIAND, *René*.

Quelle rareté dans ses pas! Quelle élégance dans ses *attitudes*! Tantôt elle lève ses bras avec vivacité, tantôt elle les laisse retomber avec mollesse.

LE MÊME, *les Aventures du dernier Abencérage*.

Sans doute le paganisme, religion des sens, avec ses divinités physiques, fournit aux arts d'imitation plus d'*atti-*

tudes; mais le christianisme, religion de l'intelligence, leur fournit plus d'expression.

De Bonald, *Mélanges littéraires.* De l'unité religieuse en Europe.

Il ne manque au récit (de Frédéric II) que cette simplicité facile et forte, cette vigueur correcte où excelle César, et qui ressemble aux *attitudes* élégantes et nerveuses du gladiateur antique.

Villemain, *Littérature au* xviii° *siècle,* 18° leçon.

Chaque *attitude* est juste, énergique, touchante,
Et vous formez tous quatre un tableau qui m'enchante.

Destouches, *le Philosophe marié,* IV, 7.

Dans l'exemple suivant, *Par attitude* est employé dans le sens de *Par contenance :*

Le livre de Locke n'est presque jamais saisi et ouvert que *par attitude.*

J. de Maistre, *Soirées de Saint-Pétersbourg,* VI.

Dans les exemples suivants de Bernardin de Saint-Pierre, le mot *Attitude* est appliqué à des arbres, à des plantes; cette expression est très fréquente chez cet écrivain :

C'est l'ensemble des plantes, leur *attitude,* leur port, leur élégance, les harmonies qu'elles forment étant groupées ou en contraste les unes avec les autres qu'il seroit intéressant de déterminer.

Bernardin de Saint-Pierre, *Études de la nature,* I.

Si nous examinons le développement des plantes, leur *attitude* et leur grandeur, nous verrons qu'il y a autant d'harmonie dans l'agrégation de leurs parties que dans celle de leurs espèces.

Le même, même ouvrage, V.

Je m'arrêterai peu aux rapports que les plantes ont avec l'habitation de l'homme, par leur grandeur et leur *attitude,* quoiqu'il y ait à ce sujet des choses très-curieuses à dire.

Le même, même ouvrage, XI.

Attitude se dit figurément de La situation dans laquelle on se trouve, on se maintient à l'égard de quelqu'un, des résolutions, des dispositions où l'on paraît être :

Nantes passa subitement de la grande frayeur à l'*attitude* d'une grande cité qui se lève contre la rébellion.

Napoléon, *Mémoires,* t. VI, p. 320.

Ces troupes prendront... une *attitude* mutine.

J. de Maistre, *Considérations sur la France,* c. 9, § 4.

ATTOUCHEMENT, s. m. Action de toucher.

Tactus, atouchement.

Dictionnaire latin-français ms. Bibliothèque nationale, n° 7692.

Féut ledict cheval guery d'un surot qu'il avoit en celluy pied, par l'*atouchement* des boyaux de ce gros marroufle.

Rabelais, *Gargantua,* I, 36.

La furie des viperes expire par l'*atouchement* d'ung rameau de fouteau.

Le même, *Pantagruel,* IV, 62.

Le fer et le cuivre se vont usant et consumant par le seul *attouchement* des mains de l'homme.

Amyot, trad. de Plutarque, *Œuvres morales :* Comment il faut nourrir les enfants.

Comme les corps fievreux sentent douleur des moindres *atouchemens,* l'esprit du roi, malade de tant de symptosmes divers, prit à bon escient la fievre et trembla de cette menace.

Agr. d'Aubigné, *Histoire universelle,* t. III, liv. III, c. 22.

Escrivant à Heribert, evesque du Mans, soupçonné d'avoir voulu trahir sa ville, et le roy d'Angleterre desirant qu'il s'en purgeast par l'*attouchement* du fer chaud, Yve l'admoneste qu'il se donnast bien garde de le faire.

Est. Pasquier, *Recherches de la France,* IV, 2.

C'est une pareille raison qui fait que les plantes de nos pieds étant accoutumées à un *attouchement* assez rude par la pesanteur du corps qu'elles portent, nous ne sentons que fort peu cet *attouchement* quand nous marchons, au lieu qu'un autre beaucoup moindre et plus doux dont on les chatouille nous est presque insupportable, à cause qu'il ne nous est pas ordinaire.

Descartes, *les Passions de l'âme,* part. II, art. 72.

Il disoit qu'un général d'armée, honoré de la dignité d'augure et initié dans les anciennes cérémonies, ne se devoit point souiller par l'*attouchement* des morts.

Perrot d'Ablancourt, trad. de Tacite, *Annales,* I, 10.

Qui auroit donc la liberté et la licence des poëtes pourroit comparer les plafons de ce superbe édifice au plancher des cieux; et les beautez des peintures et des tapisseries aux fleurs d'un parterre; si ce n'est que celles-cy flétrissent, et que les autres sont immortelles, comme n'estant jamais souillées par l'*attouchement* d'une main grossière, et ne souffrant que l'approche de la veuë.

Le même, trad. de Lucien : *Louange d'une maison.*

Ceux qui, non contents de le toucher (Jésus-Christ), regardent cet *attouchement* de sa chair comme un gage de la vertu qui sort de lui sur ceux qui l'aiment, le touchent véritablement, parce qu'ils lui touchent également le corps et le cœur.

Bossuet, *Histoire des variations des Églises protestantes,* liv. IX, n° 34.

Ces mains dont la seule imposition, le seul *attouchement* guérissoit les malades et ressuscitoit les morts.

Le même, *Méditations sur l'Évangile.*

En vain par le seul *attouchement* de sa baguette tira-t-il (Moyse) du sein des rochers des fontaines d'eau vive.

> BOURDALOUE, *Sermons pour les dimanches :* Sur la Tempérance chrétienne.

A souillé les regards, etc., expression très-belle. On ne contractoit une souillure légale que par l'*attouchement* ou d'un cadavre ou d'une personne impure : il semble qu'ils soient tous souillés pour avoir vu Athalie ; leurs regards le sont.

> LOUIS RACINE, *Remarques sur les tragédies de J. Racine :* Athalie, II, 8.

L'idée de souillure contractée par l'*attouchement* d'un cadavre ne nous est venue que d'une certaine répugnance naturelle que nous en avons.

> MONTESQUIEU, *Lettres persanes*, XVII.

Chardin dit qu'aux Indes les facteurs, se prenant la main l'un à l'autre et modifiant leurs *attouchements* d'une manière que personne ne peut apercevoir, traitent ainsi publiquement, mais en secret, toutes leurs affaires, sans s'être dit un seul mot.

> J.-J. ROUSSEAU, *Essai sur l'origine des langues*, c. 1.

Le peuple oblige les brames, afin de conserver leur réputation, de se laver de la tête aux pieds au moindre *attouchement*.

> BERNARDIN DE SAINT-PIERRE, *Études de la nature*, VII.

Ils se croient souillés par l'*attouchement* de tout profane. Si l'on mange dans leur plat, si l'on boit dans leur vase, ils les brisent ; et de là l'usage, assez répandu dans le pays, d'une espèce de vase à robinet d'où l'on boit sans y porter les lèvres.

> VOLNEY, *Voyage en Syrie.*

ATTOUCHEMENT désigne souvent le sens même du toucher :

Je recoy donc en premier lieu les cinq sens, lesquels toutesfois Platon aime mieux nommer organes : et que par iceux comme par canaux, tous objects qui se presentent à la veuë, au goust, ou au flair, ou à l'*attouchement*, distillent au sens commun, comme en une cisterne qui reçoit d'un costé et d'autre.

> CALVIN, *Institution chrestienne*, I, 15, § 6.

Le toucher ou *attouchement* est faict en toutes parties ayans nerfs, mais principalement en une peau nerveuse disposée par tout le corps et mise sous la peau.

> A. PARÉ, *Œuvres*, I, 12.

L'*attouchement* juge des choses rudes, ou polies et douces à la main, dures ou molles, tendres et gluantes, lubriques et glissantes, ou arides et seiches, chaudes ou froides, humides ou seiches, pesantes ou legeres.

> LE MÊME, même ouvrage, XXVI, 7.

Il est certain qu'aucuns ont l'ouye plus aigue que l'homme, d'autres la veue, d'autres le sentiment, d'autres l'*attouchement* ou le goust.

> MONTAIGNE, *Essais*, II, 12.

Aristote même confesse, que non seulement ce sens que, par un privilege spécial, on nomme l'*attouchement*, mais aussi tous les autres ne sentent que par le moien de l'attouchement.

> DESCARTES, *Réponses aux quatrièmes objections.*

> Aussitost qu'une creature
> Vient à paroistre en l'univers,
> Chacun des sens de la nature
> Trouve ses objets descouverts.
> Nostre âme d'abord est pourvue,
> Dans un corps sans empeschement,
> D'ouye, de goust et de veue,
> D'odorat et d'*attouchement*.

> THÉOPHILE, *Immortalité de l'âme.*

ATTOUCHEMENT s'emploie quelquefois dans un sens libre :

Car fol *atouchement* eschauffe le cuer et enflambe le corps.

> LE CHEVALIER DE LA TOUR LANDRY, *le Livre pour l'enseignement de ses filles*, c. 42.

... Tous enfants engendrés d'un *attouchement* illicite...

> EST. PASQUIER, *Recherches de la France*, VI, 11.

Lors que Cesar l'arracha d'entre les bras de son mary, elle estoit grosse de six mois, à cause de quoy il fit consulter les prestres, s'il estoit permis d'espouser une femme qui estoit enceinte d'un autre *attouchement*.

> COEFFETEAU, *Histoire romaine*, I.

> Premierement, il y a le regard,
> Puis le devis, et le baiser apres,
> L'*attouchement* le baiser suyt de pres.

> CL. MAROT, *Épigrammes*, III, 22.

> Mes membres languissans, perclus et refroidis,
> Par ses *attouchemens* n'estoient moins engourdis,

> RÉGNIER, *Élégies*, IV.

ATTOUCHEMENT s'est quelquefois employé en parlant d'une perception des sens dans laquelle il n'y a point de contact :

Aucun même de ces *attouchements* qui ne sont point palpables, ne me donne l'idée positive des corps.

> VOLTAIRE, *Philosophie générale.*

Je n'ai aucune idée des étoiles que par l'*attouchement*, et comme cet *attouchement* de la lumière qui vient frapper mon œil de mille millions de lieues n'est point palpable, comme l'attouchement de mes mains, et qu'il dépend du milieu que ces corps ont traversé, cet *attouchement* est ce qu'on nomme improprement trompeur, il ne me fait point voir les objets à leur véritable place.

Voltaire, Philosophie générale.

Point d'attouchement s'est dit autrefois, en géométrie, de ce qu'on appelle aujourd'hui point de tangence ou point de contact :

Des différents degrés de cette élévation tirez de part et d'autre des tangentes à la superficie de la terre, les intervalles compris entre points d'*attouchement* donneront les degrés de latitude.

J.-J. Rousseau, Réponse au Mémoire anonyme intitulé : Si le monde que nous habitons est une sphère.

Comme Point de contact, cette expression s'employait parfois au figuré :

La mélodie du chant et celle des vers, quoiqu'elles aient, pour ainsi dire, quelques *points d'attouchement* communs, sont trop séparées et trop différentes à d'autres égards, pour qu'une oreille vivement affectée de l'une, soit nécessairement entraînée et subjuguée par l'autre, surtout si la mélodie musicale est renforcée, pour ne pas dire troublée, par les effets bruyants de l'harmonie moderne.

D'Alembert, Éloge de Segrais, note 6.

Attouchement est dérivé d'un verbe qui ne figure plus dans les dictionnaires :

Attoucher, v. a. Toucher, toucher à. Il était anciennement d'un fréquent usage au propre :

Quel merveille se li hom tramblet, et s'il lo saint chief de Deu ne n'oset atochier?

Saint Bernard, Sermons françois, à la suite des quatre Livres des Rois, p. 551.

A*touchier*, contingere.

G. Briton, Vocabulaire latin-français, xiv⁰ siècle.

Oncques à homme qui fut là ils n'*attouchèrent*, fors que seulement au baillif.

Froissart, Chroniques, II, 54.

Le vendredi tout le jour ils cheminèrent, et encore n'a*touchèrent* de rien à leurs pourvéances.

Le même, même ouvrage, II, 154.

Lièvre pris de quinze jours vault mieulx, mais que le soleil ne l'*ait atouchié*.

Le Ménagier de Paris, IIᵉ distinction, art. 5.

Les deux enfants d'Orléans d'une part, et le duc de Bourgogne d'autre part, sur les sainctes évangiles, et icelles *attouchant* promeirent tenir perdurablement et garder ferme paix.

Monstrelet, Chronique, c. 49.

Moult de mal se esmeut et avient par fol baisiers et atouchemens, tout ainsi comme il avint à Ève qui *atoucha* au fruit de vye.

Le chevalier de La Tour Landry, le Livre pour l'enseignement de ses filles, c. 41.

Le sentiment, ou sensation, est fait en cinq sortes, qui sont veoir, ouyr, odorer, gouster et *attoucher*.

A. Paré, Œuvres, I, 12.

Quant Archambault ouyt Hermant ensi parler,
De la douleur qu'il ot là cuida forsener;
Maiz son cousin estoit, ne le vot *atoucher*.

Doon de Maience, v. 4582.

... Je veil por ton avantaige
Qu'orendroit me faces hommaige :
Si me baiseras en la bouche,
A qui nus vilains homs n'*atouche*.
Je n'i lesse mie *atouchier*
Chascun vilain, chascun porchier.

Roman de la Rose, v. 1943.

Mais, s'il vient à luy *atoucher*,
Tantost elle rechignera,
Le mordra, l'esgrateignera,
Tant qu'il sera tout escorché.

Sermon des maulx de mariage. (Voyez Poésies françoises des xvᵉ et xviᵉ siècles, Bibliothèque elzévirienne, t. II, p. 9.)

On disait, dans une signification rapprochée du sens propre, *sembler ne pas attoucher* à une chose :

Regardez du comte de Flandres; *il semble qu'il n'y atouche*, et il fait tout.

Froissart, Chroniques, II, 208.

Au figuré, *attoucher* s'employait dans des acceptions assez variées telles que : Toucher à, tenir à, être relatif à, etc. :

Il m'a semblé bon d'*attoucher* en brief ce poinct, pour armer et premunir les simples à l'encontre des sottes opinions et fantastiques que le diable a esmeues dès le commencement en l'Église, et que maintenant il resueille.

Calvin, Institution chrestienne, liv. I, c. 14, § 9.

Que signifie donc ce mot de repentance? dira quelcun. Je respon qu'il a un mesme sens que toutes les autres formes de parler, lesquelles nous descrivent Dieu humainement. Car pource que nostre infirmité ne *attouche* point à sa hautesse, la description qui nous en est baillée se doit submettre à nostre capacité, pour estre entendue de nous.

Le même, même ouvrage, liv. I, c. 17, § 13.

Dieu a ordonné le soleil et la lune pour gouverner les jours et les nuits, les mois, les ans et les saisons, en quoi il comprend tout ce qui *attouche* à l'agriculture et à la police.

Calvin, Traité contre l'Astrologie judiciaire.

N'est-ce pas grand cas qu'en nostre temps se soyent trouvés des médecins si transportez d'avarice, qu'ils n'ont point eu honte de solliciter ceux qu'ils pensoyent (pansoient)... combien qu'ils ne leur *attouchassent* d'aucun degré de parenté, de les faire héritiers.

H. Estienne, Apologie pour Hérodote, t. I, IIe part., c. 16.

Si nous eussions employé, quand les occasions s'y sont présentées, au recouvrement des pays qui nous *attouchent* et sont de nostre ancien estoc tout l'argent qu'avons despendu en la recherche de ce royaume (de Naples), de nous séparé et de mœurs et d'un long entrejet de chemins, il nous en fust beaucoup mieux pris.

Est. Pasquier, Recherches de la France, VI, 28.

Auquel des deux adjousterons-nous plus de créance, ou à Frédégaire, qui *attoucha* de plus près le temps dont il parloit, ou à Aimoin, qui en fut plus éloigné?

Le même, même ouvrage, X, 17.

Nostre sainct Père se rendra tousiours facile à tout ce qui vous *attouchera*.

Le cardinal d'Ossat, Lettres, IV, 105.

L'un des premiers préceptes de la prudence d'amour, c'est d'acquérir les bonnes grâces de tous ceux qui *attouchent* ou d'amitié ou de parentage à la personne aymée.

D'Urfé, l'Astrée, IIe part., liv. III.

ATTRAIRE, v. a. (du latin *attrahere* et, par ce mot, de *ad* et *trahere*, tirer.)

Attirer.

Soit au propre :

Allicere, *atrere*.

Dictionnaire latin-français du xiiie siècle. Bibliothèque nationale, ms., 7692.

Illicere, *atraire*.

G. Briton, Vocabulaire latin-français (xive siècle).

Le pape Clément V se retire en la ville d'Avignon, où *ayant* par mesme moyen *attraict* tout l'attirail de Rome... le plus grand malheur qui advint jamais à l'Église fut cette retraicte.

Est. Pasquier, Recherches de la France, III, 23.

> La grue met le bec avant
> Dedenz la goulé au mal-feisant;
> L'os en *atrait*, puis li requist
> Que sa promesse li rendist.

Marie de France, Fables, VII, 17.

> Celuy qui sceut les boys
> Et les rochers *attraire*...
> Sceut au prix de sa teste
> Combien est perilleux
> Blamer la saincte feste
> De ton nom merveilleux.

Joachim du Bellay, Du jour des Bacchanales, au seigneur Rabestan.

Soit au figuré :

Li prelaz doit les pecheeurs *atraire* par predicacion et par bon essemple, et en doit avoir miséricorde, et alegier partie de sa prenance.

Récits d'un ménestrel de Reims au treizième siècle, publiés par N. de Wailly.

Et prièrent affectueusement leur jeune seigneur et lui démontrèrent plusieurs belles raisons pour lui *attraire* que merveilles seroit à recorder.

Froissart, Chroniques, liv. I, Ire part., c. 310.

L'une parolle *attrait* l'autre.

Le chevalier de La Tour Landry, le Livre pour l'enseignement de ses filles, c. 39.

Antipater en une siene epistre parlant de la mort du philosophe Aristote, entre les autres bonnes parties qu'il dit avoir esté en lui, fait grand cas de celle-là, qu'il savoit bien gagner et *atraire* les cœurs des hommes.

Amyot, trad. de Plutarque, Vies : Coriolan

Bonne vie *attrait* bonne fin.

H. Estienne, Précellence du langage françois.

Il a falu que Pétrarque, ayant ici besoin d'un beau mot et bien choisi, le soit venu emprunter de nos rommans qui disent losenger pour decevoir, ou pour le moins *attraire* par blandissemens et flatteries.

Le même, même ouvrage.

Les bons François parmi tant de malheurs que traisnent les guerres civiles, n'en trouvoient pas de plus sensible ny de plus longuement prejudiciable à l'Estat, que d'*attraire* ainsi, et, si l'on peut user de ce terme, adomestiquer chez nous des ennemis si fins et si ambitieux qui n'entreprenoient la défense de nostre religion qu'aux despens de notre liberté.

Mézeray, Histoire de France : Charles IX.

> Des les apostles ne fut unc tel prophete
> Pur lei tenir e pur humes *atraire*.

Chanson de Roland, v. 2255.

> ... Il volent enginer
> La gent par mençonge è *atrère*
> Quant il par veir nel poent fère.

Marie de France, Purgatoire, v. 1248.

Pour son seignour conqueroit;
Les cuers des bons *attraioit*.

EUST. DESCHAMPS, *Lai de Duguesclin*.

Parfois on peut donner pour les galands *attraire*.
A ces petits présents je ne suis pas contraire :
Pourveu que ce ne soit que pour les amorcer.

RÉGNIER, *Satires*, XIII.

ATTRAIRE est souvent suivi de la préposition *à*, tant au propre qu'au figuré :

Issi l' faiseit à tuz ces de Israel ki veneient à curt pur nule parole : *atraeit à* sei par ço les quers à ces de Israel.

Les quatre Livres des Rois, II, xv, 6.

Nulz ne soit si hardis devant toy, que il die parole qui *atraie* et esmeuve *à* pechié.

JOINVILLE, *Histoire de saint Louis*.

A toute defaute nos *atrait* avarice, et naturalment est plus cheable hom à avarice que a prodigalité.

BRUNETTO LATINI, *Li Livres dou Tresor*, liv. II, part. I, c. 20.

Après, mes belles filles, gardez que vous soiez courtoises et humbles, car il n'est nule plus bele vertu, ne qui tant *attraite à* avoir la grâce de Dieu et l'amour de toutes gens.

LE CHEVALIER DE LA TOUR LANDRY, *le Livre pour l'enseignement de ses filles*, c. 10.

Ce chevalier *a* tellement *attrait* monseigneur *à* soi et *à* sa volonté, que tout ce qu'il veut dire et faire, il est.

FROISSART, *Chroniques*, liv. I, part. I, c. 7.

Le roi, qui les vouloit *attraire à* amour, leur envoya, cette souffrance durant, des vivres bien et largement pour leurs deniers raisonnablement.

LE MÊME, même ouvrage, liv. I, IIᵉ part., c. 6.

Attrayez-moi, sire, *à* vous, et me arrachez de toute ceste transitoire consolacion.

Le Livre de l'Internelle consolacion, liv. II, c. 23.

Pechié est de si vile et caduque condition, qu'il *attrait à* soy misère et servitute.

A. CHARTIER, *l'Espérance*.

C'est une chose utile et bonne, à mon advis, d'*attraire* par tous moyens les hommes *à* bien faire.

AMYOT, *Vies de Plutarque* : Aux lecteurs.

Si l'entrée de l'oraison a eu quelque grâce et vertu d'*attraire* les espritz à soi, l'issue doibt encore avoir plus d'auctorité et de force pour les ravir et transporter.

LE MÊME, *Projet de l'éloquence royale*.

Je dy que c'est chose tressalutaire
D'estre en ennuy et en desconvenue :
Veu que par là *à* luy nous veult *attraire*
Dieu tout puissant, qui tant est débonnaire.

MAROT, *Le Riche en povreté*.

l'ay descouuert (resiouis-toy ma sœur
Auecques moy) vng moyen promt et seur
Pour ce cruel *à* mon amour *attraire*.

JOACHIM DU BELLAY, trad. de l'*Énéide*, liv. IV.

Alors que l'ame éprise
Ne peut auoir celuy qui toute *à* soy l'*attrait*,
Elle se paist au moins quelquefois du pourtrait.

JODELLE, *Didon*, II.

Attraire de sa partie, de son parti, à sa cordelle :

Si prirent et envoyèrent encore suffisans passages devers l'évêque de Liège, monseigneur Aoul, et l'*eussent* volontiers *attrait de leur partie*.

FROISSART, *Chroniques*, liv. I, Iʳᵉ part., c. 64.

Lequel duc de Bourgongne, en ce temps, estoit moult curieux et ententif de *actraire de son parti* plusieurs nobles hommes et gens de guerre de tous ses pays.

MONSTRELET, *Chronique*, I, 48.

Messire Clugnet de Brabant, qui se tenoit à Vitry, escripvi à plusieurs bonnes villes pour les *actraire de la partie* du Dauphin.

LE MÊME, même ouvrage, c. 213.

A quoy respond la fille, qu'elle ne veut point user de tant de finesses, que d'*attraire à sa cordelle* un personnage de disposition gaillarde et de bonne réputation.

BONAVENTURE DES PÉRIERS, *les Contes ou les nouvelles*, CXXVII.

ATTRAIT, AITE, part. passé.
Il avait souvent le sens d'issu :

Tu es d'empereurs *attrais*,
De sains roys, et de parfais.

EUST. DESCHAMPS, *Lai du roi*.

Ce fut la mere de son pere
Qui fut *attraicte* de Bretaigne.

La Farce de Patelin, v. 939.

ATTRAIT, s. m.

Au propre, amas de matériaux, d'objets, qu'on a tirés, charriés :

Au dernier ils firent grand *attrait* de merriens et de velourdes, et les firent mener par force de gens jusqu'aux fossés du châtel.

FROISSART, *Chroniques*, liv. I, part. I, c. 155.

Voyez un grand nombre d'exemples de ce genre dans le *Glossaire* de Sainte-Palaye et dans le *Dictionnaire* de M. Godefroy.

Il ne s'emploie guère qu'au figuré en parlant de ce qui entraîne, de ce qui attire :

Calydon, avec quel *attrait* la première fois que tu commenças de m'aymer, donnay-je naissance à ton amour?

D'URFÉ, *l'Astrée*, II° part., liv. II.

L'opinion de la contempération veut que la volonté, pour être libre, puisse résister à *l'attrait*, quoique Dieu fasse en sorte qu'elle n'y résiste pas.

BOSSUET, *Traité du libre arbitre*, c. 7.

Nous remarquerons que le changement le plus essentiel que le péché ait fait dans notre âme, c'est qu'un *attrait* indélibéré du plaisir sensible prévient tous les actes de nos volontés.

LE MÊME, même ouvrage, c. 10.

Je le crois un homme juste ; cette persécution est une épreuve, cet abandon c'est un *attrait*, ce délaissement c'est une grâce.

LE MÊME, *Sermons :* Du mystère de l'Incarnation.

La pureté est un *attrait* pour conserver la pureté. Plus un habit est blanc, plus les taches qui sont dessus se font remarquer.

LE MÊME, *Méditations sur l'Évangile.*

Après avoir mangé de ce beau fruit, elle (Ève) en présenta elle-même à son mari. Le voilà dangereusement attaqué... il goûte avec le fruit défendu la pernicieuse douceur de contenter son esprit : les sens mêlent leur *attrait* à ce nouveau charme ; il les suit, il s'y soumet, et il s'en fait le captif, lui qui en étoit le maître.

LE MÊME, *Discours sur l'Histoire universelle*, II, 1.

La bonté devoit donc faire comme le fond de notre cœur et devoit être en même temps le premier *attrait* que nous aurions en nous-mêmes pour gagner les autres hommes.

LE MÊME, *Oraison funèbre du prince de Condé.*

On voit des femmes d'un zèle merveilleux pour la réformation de l'Église : c'est là leur *attrait*, c'est leur dévotion.

BOURDALOUE, *Pensées sur l'Église.*

Qu'on prononce les vers de ce grand poëte (Lucrèce), il n'y a point d'oreille qui, charmée par leur harmonie, ne se laisse aller à ce doux *attrait*.

Mme DACIER, trad. de *l'Iliade :* Préface.

Nul couvent ne vous convient ; tous vous gêneroient, et vous mettroient sans cesse en tentation très-dangereuse contre votre *attrait*. La gêne causeroit le trouble.

FÉNELON, *Lettres spirituelles*, CX.

Il faut que la force de la volonté supplée à *l'attrait* sensible.

MALEBRANCHE, *Recherche de la vérité*, liv. IV, c. 41, § 2.

IV.

Telle, sans autre *attrait* pour la retraite, se consacre au Seigneur par pure fierté.

MASSILLON, *Carême*, Mercredi de la II° semaine : La Vocation.

Les passions, déjà si favorisées par nos penchants, trouvent encore dans l'espoir de la récompense un nouvel *attrait* qui les anime.

LE MÊME, *Petit Carême :* Exemples des grands.

Rien ne coûte et rien ne s'oppose aux passions des grands : ainsi la facilité des passions en devient un nouvel *attrait*.

LE MÊME, même ouvrage : Tentations des grands.

Une belle édition qui frappe les yeux, gagne l'esprit, et par cet *attrait* innocent invite à l'étude.

ROLLIN, *Traité des Études :* De l'Étude de la langue grecque, art. 2.

S'il étoit permis à un maître de suivre son inclination et son *attrait*, il marcheroit à grands pas avec quelques écoliers qui ont plus d'esprit et plus d'ardeur pour le travail.

LE MÊME, même ouvrage, *ibid.*

Rien ne le put détourner (le roi de Suède) d'une si hasardeuse folie, l'objet et le péril qui y étoit attaché furent pour lui un double *attrait*.

SAINT-SIMON, *Mémoires*, 1706.

Il a voulu... (Jésus-Christ) qu'il n'y eût autre *attrait* pour le suivre, que le désir de devenir meilleur et l'espérance des biens éternels.

FLEURY, *Discours sur l'Histoire ecclésiastique*, Discours IV, § 11.

Dans les personnes, dans les ouvrages, grâce signifie non-seulement ce qui plaît, mais ce qui plaît avec *attrait*.

VOLTAIRE, *Dictionnaire philosophique :* Grâce.

Quand on se sent un vrai talent, qui peut résister à son *attrait*?

J.-J. ROUSSEAU, *Lettres ;* à d'Alembert.

Homme de lettres par *attrait* et par goût, M. de Sacy donnoit à ce goût si naturel tous les moments dont il pouvoit disposer.

D'ALEMBERT, *Éloge de Sacy.*

Ce vieux naturel de leur style (à Amyot et à Montaigne) a son *attrait*.

MARMONTEL, *Éléments de littérature :* Essai sur le Goût.

Le but de l'action dramatique, son utilité, son *attrait*, son intérêt durable, est de corriger les mœurs par l'imitation des mœurs.

LE MÊME, même ouvrage : Action.

Les leçons en dialogues ont deux grands avantages, l'*attrait* et la clarté ; mais elles ont un défaut, la longueur.

LE MÊME, même ouvrage : Dialogue.

Il ne s'agit pas de les faire haïr (les passions), mais de les faire craindre ; c'est l'*attrait* qui en fait le danger.

MARMONTEL, *Éléments de littérature :* Tragédie.

L'*attrait* réciproque d'un sexe vers l'autre est dans l'ordre, tant qu'il est subordonné au devoir.

LA HARPE, *Cours de littérature*, IIIᵉ part., liv. III, c. 2, lect. 1 : Vauvenargues.

Quelle femme ne sait pas que sa résistance est un *attrait* de plus ?

ANDRIEUX, *la Jeune Créole*, III, 8.

La volonté ne peut être agitée et conduite que par l'*attrait* (mot admirable que tous les philosophes ensemble n'auroient pu inventer).

J. DE MAISTRE, *Soirées de Saint-Pétersbourg*, VI.

Le petit poème et les poésies de Gresset ont moins d'*attrait* que les ouvrages légers de Voltaire.

BARANTE, *De la Littérature française pendant le XVIIIᵉ siècle.*

Attrait délicieux ! puissante sympathie !
Que je plains le mortel qui ne t'a point sentie !

COLLIN D'HARLEVILLE, *la Campagne et les vers.*

Quel *attrait* cependant à ma lyre rebelle
Du fond de ma langueur aujourd'hui me rappelle ?

LAMARTINE, *Harmonies.*

ATTRAIT, dans ses divers sens, est d'un usage très fréquent au pluriel :

C'est la coustume de ces esprits hagards et farouches, de se laisser surprendre aux premiers *attraits*, d'autant que n'ayant accoustumé telles faveurs, ils les reçoivent avec tant de goust, qu'ils n'ont point de résistance contre elles.

D'URFÉ, *l'Astrée*, Iᵃ part., liv. VII.

Est-il possible, adjousta le druide, que l'ambition qui semble estre née avec l'homme, ne vous puisse point faire sortir de vos bois, ou que la beauté dont les *attraits* sont si forts pour un jeune cœur, ne puisse vous divertir de vostre premier dessein ?

LE MÊME, même ouvrage, Iʳᵉ part., liv. X.

En disant ces paroles elle (Cléopâtre) usa encore de mille autres blandices, et de mille autres *attraits* pour charmer l'esprit d'Auguste.

COEFFETEAU, *Histoire romaine*, liv. I.

Si grande a été la terreur des victoires des descendants de Martel, si puissants les *attraits* de leur piété et de leur justice, qu'ils ont conquis toute la terre ou par force ou par amour.

MÉZERAY, *Histoire de France :* Pépin.

Le connestable n'estoit point aymé pource qu'il ne traittoit pas avec caresses et civilitez la noblesse françoise qui se veut charmer par ces *attraits* et qu'il rendoit moins aux grands qu'ils ne croyoient leur estre dû.

MÉZERAY, *Histoire de France :* François II.

Dieu fait, disent-ils, que nous choisissons par les préparations et par les *attraits* qui nous mettent en de certaines dispositions et nous inclinent aussi doucement qu'efficacement à une chose plutôt qu'à une autre ; voilà ce qu'on appelle l'opinion de la contempération.

BOSSUET, *Traité du Libre arbitre*, c. 7.

Il faut, outre les *attraits* de la parole et des miracles, une parole intérieure que tout le monde ne veut pas entendre.

LE MÊME, *Méditations sur l'Évangile.*

Elle prêtoit de nouveau l'oreille à Dieu qui l'appeloit avec tant d'*attraits* à la vie religieuse.

LE MÊME, *Oraison funèbre d'Anne de Gonzague.*

Dès que la Grèce vaincue eut captivé par ses *attraits* ses farouches vainqueurs, comme dit Horace,... les ébauches grossières de la poésie romaine commencèrent à s'embellir.

Mᵐᵉ DACIER, trad. de l'*Iliade :* Préface.

Il n'y a point d'évidence dans les *attraits* et les caresses, dans les menaces et les frayeurs que les passions causent en nous.

MALEBRANCHE, *Recherche de la Vérité*, V, 4.

Le trône où vous êtes assis a autour de lui encore plus de remparts qui le défendent contre la volupté, que d'*attraits* qui l'y engagent.

MASSILLON, *Petit Carême*, IIIᵉ dimanche.

Dieu donne à sa parole cette vertu, cette onction secrète, ces *attraits* si puissants et si heureux pour la conversion des pécheurs.

LE MÊME, *Carême :* Sermon sur la Parole de Dieu.

J'ai dû, au défaut des autres *attraits* qui manqueront à cet ouvrage, en faire trouver quelqu'un aux jeunes gens dans la facilité qu'ils auront à le lire.

ROLLIN, *Traité des Études :* Discours préliminaire, IIᵉ part.

J'entre dans ce détail à cause de vous, à qui il peut servir, Marianne, et afin que vous examiniez en vous-même si l'envie que vous avez d'embrasser notre état ne vient pas en partie de ces petits *attraits* dont je vous parle et qui ne durent pas longtemps.

MARIVAUX, *la Vie de Marianne*, IXᵉ partie.

Il n'y a pas une seule femme célèbre par l'attachement qu'elle a inspiré à ses amants ou à son époux, qui ait dû son empire à d'autres *attraits* qu'aux amusements ou aux occupations de son sexe, depuis le siècle de Pénélope jusqu'au nôtre.

BERNARDIN DE SAINT-PIERRE, *Études de la nature*, XIV.

Ces ruisseaux sont troublés des larmes que je verse,
Ces fleurs n'ont plus d'émail en leur couleur diverse,
Leurs *attraits* si plaisans sont changez en horreur.

Régnier, Dialogue.

Tous ses charmes sont pleins de chaisnes et de traits,
Et mesme les refus d'une si belle bouche
     Ne sont pas sans *attraits*.

Racan, Odes.

Saintes douceurs du ciel, adorables idées,
Vous remplissez un cœur qui vous peut recevoir :
De vos sacrés *attraits* les âmes possédées
Ne conçoivent plus rien qui les puisse émouvoir.

Corneille, Polyeucte, IV, 2.

Ou si pour l'entraîner l'argent manque d'*attraits*,
Bientôt l'ambition et toute son escorte,
Dans le sein du repos vient le prendre à main forte.

Boileau, Satires, VIII.

C'est un effort d'esprit, mais si rempli d'*attraits*,
Qu'il n'a point eu d'égal, et n'en aura jamais.

Boursault, le Mercure galant, V, 8.

Vos traits et votre argent, votre argent et vos traits
Ont par leur union d'invincibles *attraits*.

Destouches, l'Irrésolu, IV, 8.

                           [bien.
Tous lieux sont pleins d'*attraits* aux cœurs qui s'aiment

De la Fosse, Manlius, I, 6.

Oui, dans ces jours d'automne où la nature expire,
A ses regards voilés je trouve plus d'*attraits*.

Lamartine, Premières Méditations.

Attrait, au pluriel, se dit plus particulièrement des Agréments et des charmes d'une
femme :

Catherine de Médicis paroissoit maintenant grave et sérieuse, tantost douce et affable, tantost suppliante, à un
quart d'heure de là menaçante, à cette heure joyeuse, aussitost triste, et n'espargnoit ny prières ny larmes, ny mesme
ses plus familières caresses et les *attraits* de ses filles.

Mézeray, Histoire de France : François II.

... Elle employoit, outre son adresse, l'éloquence charmante de Pibrac et les *attraits* persuasifs de ses dames.

Le même, même ouvrage.

La Chesterfield savoit armer ses *attraits* de tout ce qu'il
y a de séduisant dans l'esprit d'une femme qui veut plaire.

Hamilton, Mémoires de Grammont, VIII.

On ne pouvoit comprendre qu'une jeune créature (Mlle Jennings), débarquant de la campagne droit à la cour, en de-

vint sitôt l'ornement par ses *attraits* et l'exemple par sa
conduite.

Hamilton, Mémoires de Grammont, XI.

Vous savez que le déshabillé du bain est d'une grande
commodité pour celles qui, sans offenser les bienséances,
ne sont pas fâchées d'établir leurs *attraits*.

Le même, même ouvrage, XIII.

L'indécence du siècle et l'avilissement des cours honorent même d'éloges publics les *attraits* qui réussissent à les
séduire.

Massillon, Petit Carême : Tentations des grands.

Ses *attraits* sont puissants ; il n'est cœur de rocher
Qui de sa douce humeur ne se laisse toucher.

Racan, Bergeries, II, 2.

    Ce fut avec de mesmes traicts
Que la mère d'Amour perça le cœur d'Anchise :
Suis-je pas glorieux de donner ma franchise
    A la mercy de ses *attraicts* ?

Théophile, Stances.

Il laissa les palais ; enfin votre personne
Lui parut avoir plus d'*attraits*
Que n'en auroient à beaucoup près
Tous les joyaux de la couronne.

La Fontaine, Contes : Les Oies de frère Philippe.

    Sévigné, de qui les *attraits*
    Servent aux Grâces de modèle,
    Et qui naquîtes toute belle,
    A votre indifférence près.

Le même, Fables, IV, 1.

Peut-être que l'amant épris de vos *attraits*
Est une belle tête à la cervelle près.

Boursault, Fables d'Ésope, I, 3.

Si vous manquez d'*attraits* pour plaire et pour charmer,
Amassez des vertus qui vous fassent aimer.

Le même, même ouvrage, III, 6.

Viens voir tous ses *attraits*, Phœnix, humiliés.

J. Racine, Andromaque, II, 5.

Dans le passage suivant de la *Toison d'or* de
Corneille, Hypsipyle, parlant à la magicienne
Médée, lui dit :

Je n'ai que des *attraits* et vous avez des charmes.

P. Corneille, la Toison d'or, III, 4.

Attraits a été employé, d'une façon assez bizarre par Voltaire, dans le sens de personnes attrayantes :

ATT

... Je vois certains *attraits*
S'acheminer pour prendre ici le frais.
VOLTAIRE, *l'Enfant prodigue*, IV, 1.

ATTRAIT est quelquefois suivi de la préposition *à :*

Je ne laisse pas... de vous advouer que j'en ay trop dit : mais quand ce trop auroit des *attraits à* me charmer... je le retrancheroy pour l'amour de vous.
BALZAC, *Lettres*, VI, 7.

Il ne faut pas cacher vos bonnes œuvres, Monseigneur, ce sera peut-être pour le roi un *attrait au* bien.
Mᵐᵉ DE MAINTENON, *Lettres ;* à M. le cardinal de Noailles, 27 avril 1696.

ATTRAIT est aussi suivi de la préposition *de :*

Les plaisirs que l'on reçoit de la geometrie, de l'astronomie et de la musique, ont je ne sçay quoy d'aiguillon davantage et un *attraict de* variété si delectable, qu'il semble que les hommes en soient charmez et enchantez.
AMYOT, trad. de Plutarque : *Œuvres morales*, Que l'on ne sçauroit vivre joyeusement selon la doctrine d'Épicurus.

On peut dire que cette beauté si excellente et si rare ne fut pas un *attrait de* volupté pour ce prince.
VAUGELAS, trad. de Quinte-Curce, *Histoire d'Alexandre*, IV.

La beauté de cette reine éclatoit d'autant plus vivement, qu'elle estoit rehaussée par les *attraits* de sa vertu.
MÉZERAY, *Histoire de France :* Constance IIᵉ, femme de Louis le Jeune.

Saint Bernard employa son crédit et les *attraits de* son éloquence à persuader aux princes françois une seconde croisade.
LE MÊME, même ouvrage : Louis VII.

Tout ce que je sais, chrétiens, c'est que la raison une fois livrée à l'*attrait des* sens, et prise de ce vin fumeux, ne peut plus se répondre d'elle-même ni savoir où l'emportera son ivresse.
BOSSUET, *Sermons :* Sur l'amour des plaisirs.

La loi m'a doublement donné la mort, parce qu'elle a mis le comble au péché par la transgression expresse du commandement, et qu'elle a irrité le désir par le puissant *attrait de* la défense.
LE MÊME, *Traité de la Concupiscence*, c. 14.

Écoutez ce que l'*attrait de* grâce demande, alors ne dites et ne faites que ce qu'il vous mettra au cœur.
FÉNELON, *Lettres spirituelles*, LXXXVIII.

Les âmes les plus rebelles, ces esprits opiniâtres, sur lesquels la raison n'avoit point de prise, et qui résistèrent à l'évidence même, se laissent entraîner par l'*attrait de* la persuasion.
D'AGUESSEAU, *Discours*, t. I, p. 19.

Les enchantements du plaisir, l'*attrait de* la volupté le retiennent dans un engagement criminel, et l'empêchent de reconnoître les artifices de deux filles dont la vie étoit le scandale de la province.
LE MÊME, *Plaidoyers*, 6.

La vraie élévation ne consiste pas à tenter des choses difficiles par l'*attrait* même *de* la difficulté.
ROLLIN, *Traité des Études*, liv. VI, Iʳᵉ part., § 2.

La volonté se gagne par la douceur, l'amitié, la persuasion et surtout par l'*attrait du* plaisir.
LE MÊME, même ouvrage, liv. VIII, Iʳᵉ part., art. 10.

Par l'*attrait du* plaisir elles (les bêtes) conservent leur être particulier, et par le même attrait elles conservent leur espèce.
MONTESQUIEU, *Esprit des Lois*, IV, 2.

Quelques-uns rompent les chaînes dont ils sont liés, pour suivre l'*attrait de* leur génie, et ils prospèrent.
VAUVENARGUES, *Réflexions sur divers sujets*, XXIX.

Nous ne connoissons pas l'*attrait des* violentes agitations ; ceux que nous plaignons de leurs embarras méprisent notre repos.
LE MÊME, même ouvrage, XXXIV.

Il est à craindre que la fin des abstinences ne soit pour vous un *attrait d'*intempérance et *de* volupté.
MASSILLON, *Sermons :* Sur la Résurrection.

Enfin, rien ne frappoit mes yeux sans porter à mon cœur quelque *attrait de* jouissance : la beauté réelle du spectacle rendoit cet attrait digne de la raison.
J.-J. ROUSSEAU, *les Confessions*, I, 2.

Pour captiver le cœur qu'on a touché et le sauver de l'inconstance, il faut le sauver de l'ennui, donner sans cesse à l'habitude les *attraits de* la nouveauté.
MARMONTEL, *Éléments de littérature :* Beau.

Les *attraits de* l'amour ne naissent que des apparences de la vertu.
BERNARDIN DE SAINT-PIERRE, *Études de la nature*.

L'*attrait de* la société est si grand en France qu'elle ne permet à personne de donner beaucoup de temps au travail.
Mᵐᵉ DE STAEL, *De l'Allemagne*, IIIᵉ part., c. 10, § 6.

La masse du peuple était remuée par l'*attrait de* l'égalité.
NAPOLÉON, *Mémoires*, t. III, p. 223.

Contre mon gré, l'*attrait de* tes beaux yeux
Donte mon cœur...
RONSARD, *Amours*, I, XXXIX.

Et la plus aigre médisance
N'est qu'honneur et que complaisance
Aux *attraicts* de vos doux regards.
THÉOPHILE, *Ode à Chloris.*

La coiffure en arrière et que l'on fait exprès
Pour laisser *d*e l'oreille entrevoir les *attraits*
Sentant la jeune folle, et la tête éventée,
Est ce que par le monde on appelle « effrontée ».
BOURSAULT, *les Mots à la mode*, sc. 15.

On voit les tourbillons d'atomes, qu'il soulève,
Monter, descendre, errer, s'enlacer tour à tour,
Comme à l'*attrait* caché *d*'un invisible amour.
LAMARTINE, *Jocelyn*, 1re époque.

ATTRAIT est souvent suivi de la préposition *pour* :

Nous portons en nous un *attrait*, non seulement *pour* le bon et le vrai, mais aussi *pour* le beau.
ROLLIN, *Traité des Études*, liv. IV, c. 3, art. 2, § 3.

Ses yeux qui, pour venger nos larmes,
S'armoient d'éclairs dans les alarmes
Sont armez d'*atraits pour* l'amour.
RACAN, *Ode au Roi.*

On dit qu'une chose, qu'une personne *a de l'attrait, des attraits pour* quelqu'un; *pour* quelque chose :

Les agréments de la littérature n'avoient aucun *attrait pour* cette âme desséchée par l'érudition la plus aride. (Longuerue.)
D'ALEMBERT, *Éloge d'Alary.*

Il alloit jusqu'à laisser voir à quelques-uns d'eux le peu d'*attrait* qu'ils avoient *pour* lui.
LE MÊME, *Éloge de d'Olivet.*

La philosophie, même purement contentieuse, eut encore plus d'*attrait pour* Ch. Perrault que l'étude des belles-lettres.
LE MÊME, *Éloge de Ch. Perrault.*

L'excès du malheur a donc de l'*attrait pour* certaines âmes!
LE MÊME, même ouvrage, 130.

L'on dit... que les moutons sont sensibles aux douceurs du chant, qu'ils paissent avec plus d'assiduité, qu'ils se portent mieux, qu'ils engraissent, au son du chalumeau, que la musique a *pour* eux des *attraits*.
BUFFON, *Histoire naturelle* : La Brebis.

Si la paix à ce prix vous paroît impossible,
Et si le diadème a *pour* vous tant d'*attraits*,
Au moins consolez-moi de quelque heure de paix.
J. RACINE, *la Thébaïde*, I, 3.

La vie a des *attraits pour* des cœurs innocents.
THOMAS, *Épîtres.*

On dit aussi : *j'ai de l'attrait, ils ont de l'attrait pour* quelqu'un, *pour* quelque chose :

Il feroit l'impossible pour vous obliger : *il a un attrait* particulier *pour* vous.
Mlle DE LESPINASSE, *Lettres*, 50.

Tous les hommes ont un secret *attrait pour* les ruines.
CHATEAUBRIAND, *Génie du christianisme*, IIIe part., liv. V, c. 3.

ATTRAYANT, ANTE, adj. Qui a de l'attrait, qui attire agréablement.

Il s'emploie quelquefois en parlant des personnes :

Tel d'entr'eux avoit pour sa part
Dix jeunes femmes bien payantes,
Frisques, gaillardes, *attrayantes*.
LA FONTAINE, *Contes* : Les Cordeliers de Catalogne.

Tantôt douce, *attrayante*, elle charme mon cœur;
Et tantôt ses froideurs m'accablent de douleur.
DESTOUCHES, *le Dissipateur*, II, 5.

Son fantôme *attrayant* est partout devant moi.
A. CHÉNIER, *Élégies*, XX.

Il se dit plus particulièrement des yeux, du visage, du rire :

Cæsar (de Vendôme) estoit d'une belle et advantageuse taille, bien quarrée, d'un visage plein, les yeux vifs et *attrayans*.
MATTHIEU, *Histoire des derniers troubles de France*, liv. IV.

Elle estoit blanche et blonde, avoit tous les traicts de visage très beaux, mais surtout les yeux si doux et *attrayans*, que j'advoüe n'en avoir jamais veu de semblables.
D'URFÉ, *l'Astrée*, IIe part., liv. IV.

Voici dessus les rangs une autre courtisane,
Dont l'œil est *attrayant* et la bouche est profane.
D'AUBIGNÉ, *Tragiques* : Chambre dorée, liv. III.

Son front est *attrayant*, sa peau tendre et douillette,
Son œil traistre et lascif, sa face vermeillette.
RONSARD, *le Bocage royal.*

Par un ris *attrayant*, par de tendres langueurs.
DESTOUCHES, *l'Irrésolu*, II, 6.

On le dit de l'abord, des manières, des façons :

Toutesfois (à ce que j'en ay ouy dire) ils font si bien les chatemites, quand ils veulent avoir quelque auantage sur

quelqu'une, et sont de si *attraiante* maniere en leurs propos, que je croirois bien qu'il y auroit plus de danger de
les escouter en secret que de recevoir publiquement des
coups d'un mary, qui au reste de cela seroit bon.

La Reine de Navarre, *Heptaméron*, XLVI.

Elle a une sévérité complaisante, une froideur *attrayante*,
une douceur, une civilité qui donnent à chacun ce qui lui
lui est dû, et une manière d'agir qui s'attire le respect de
tous.

Mᵘᵉ de Montpensier, *Portraits*, XCIX : Mᵐᵉ la
duchesse de ***.

(Le duc de Monmouth) avoit un abord *attrayant*, un air
de grandeur, enfin tous les avantages du corps parloient
pour lui.

Hamilton, *Mémoires de Grammont*, XIII.

L'opulence de sa maison (la femme de Voysin), et plus
encore ses manières polies et *attrayantes*, mais avec justesse à l'égard des différences des personnes, l'avoient extrêmement fait aimer.

Saint-Simon, *Mémoires*, 1709.

Chacun connoît la grâce extrême de l'impératrice José-
phine, ses manières douces et *attrayantes*.

Napoléon, *Mémoires*, t. III, p. 119.

Peignez-moi, j'y consens, sous des couleurs riantes;
Dites que j'ai des traits, des façons *attrayantes*.

Collin d'Harleville, *le Vieux Célibataire*, I, 6.

Il se dit aussi des paroles, de la conversation,
de l'éloquence, du style :

Il (César) feit une harengue pleine de doubles paroles *attrayantes*.

Amyot, trad. de Plutarque : *Caton d'Utique*, 24.

Sa conversation... étoit pour moi très-*attrayante*.

J.-J. Rousseau, *les Confessions*, II, 8.

Son avantage (à l'éloquence de la chaire) est d'être conci-
liatrice et *attrayante*.

Marmontel, *Éléments de littérature* : Éloquence de la chaire.

Quelle belle simplicité dans le style *attrayant* dont il (Voltaire) écrit l'histoire !

Le même, même ouvrage : Essai sur le Goût.

Attrayant se dit en parlant des sentiments, des
idées qui entraînent, qui déterminent à quelque
chose :

Il n'y a point de preuve qui fasse mieux connoître que
l'esprit est ferme, que quand il n'y a rien assez *attrayant*
pour le convier au désordre, ni rien d'assez fort pour l'y
traîner.

Malherbe, trad. des *Épîtres* de Sénèque, XVIII.

S'il a le succès dont je me flatte, je me donne trois plaisirs à la fois : celui de me venger, de rire et de bien faire.
Voilà trois objets trop *attrayants* pour y résister.

Destouches, *l'Amour usé*, sc. 4.

On ne sauroit croire combien l'amitié d'une religieuse est
attrayante, combien elle engage une fille qui n'a rien vu et
qui n'a nulle expérience.

Marivaux, *la Vie de Marianne*, IXᵉ part.

Ah! qu'il est beau le talent quand on ne l'a jamais pro-
fané ; quand il n'a servi qu'à révéler aux hommes, sous la
forme *attrayante* des beaux-arts, les sentiments généreux
et les espérances religieuses obscurcies au fond de leur
cœur !

Mᵐᵉ de Staël, *De l'Allemagne*, liv. II, c. 5.

Dans le passage suivant, *couleur attrayante* se
dit d'une couleur gaie propre à attirer des pigeons :

Le colombier sera blanc en son extérieur universellement
à blanc fin et glissant; tant à ce que par telle *couleur attraiante*, les pigeons estrangers soient incités d'y venir,
que les domestiques de recognoistre de loin leur giste.

Olivier de Serres, *Théâtre d'Agriculture*, Vᵉ lieu, c. 8.

Anciennement *attrayant*, conservant sa signification de participe présent, recevait un complément direct :

Tu ne veulx pas que négligence on haute,
Et si as faict mainte chose *attrayante*
Le cueur des gens à oisifve paresse.

Cl. Marot, *Oraison devant le Crucifix*.

ATTRACTION, s. f.
Action d'attirer, force qui attire. Dans son
Explication des mots plus difficiles, Bernard Palissy l'a défini de la sorte : « *Attraction* s'entend
d'attirer la teinture ou la vertu de quelque chose,
comme l'eau bouillante attire la couleur du bresil
et l'alum attire la salive de l'homme. »

On a dit d'abord *atration* :

Ces choses estoupent les voies par le grant *atration* que
li foies en fait.

Alebrant, médecin du XIIIᵉ siècle. Bibliothèque nationale,
mss. fr., n° 7929, f° 40.

Attraction est en usage depuis le XVIᵉ siècle :

Selon les légistes, agitation et motion continuelle est
cause d'*attraction*.

Rabelais, *Pantagruel*, II, 16.

Chascun a sa ceinture portoit un beau petit soufflet. Si

par cas vent leur falloit, avec ces jolis soufflets ilz en for-
geoient de tout frais, par *attraction* et expulsion réciproque.

RABELAIS, *Pantagruel*, II, 16.

La pariétaire, ainsi appelée « a pariete » parce qu'elle
croît sur les parois des murailles, a ses feuilles presque
toujours humides. Cette *attraction* est commune à la
plupart des arbres de montagnes.

BERNARDIN DE SAINT-PIERRE, *Études de la nature*, XI.

On dit l'*attraction du fer par l'aimant*, ou l'*attraction magnétique* :

Il a donné à la matière toutes ses propriétés, il a donné
à l'aimant l'*attraction* vers le fer.

VOLTAIRE, *Philosophie générale*.

Les mines primitives de fer sont demeurées susceptibles
de l'*attraction magnétique* comme le sont toutes les matières ferrugineuses qui ont subi le feu.

BUFFON, *Époques de la nature*.

Bernard Palissy emploie souvent *Faire attraction* pour attirer :

Considere l'escorce, de laquelle les taneurs courrayent
leurs peaux... des qu'elle a servi une fois, l'humidité de la
peau *a fait attraction* et a dissout le sel qui estoit en
l'escorce.

BERNARD PALISSY, *Recepte véritable*.

Toutes choses desquelles la langue ne peut *faire attraction* de saveur ne peuvent servir à la nourriture.

LE MÊME, *Traité de l'Or potable*.

En Astronomie, *attraction newtonienne*, ou simplement *attraction*, la tendance que, suivant Newton, les corps célestes ont à s'attirer les uns les
autres en raison directe des masses, et en raison
inverse du carré des distances :

J'aime les tourbillons, mais j'ai peine à résister *à l'attraction*. Descartes me ravit et Newton m'entraine.

DESTOUCHES, *Fausse Agnès*, III, 12.

M. Newton pose l'action de la pesanteur réciproque dans
tous les corps et proportionnelle seulement à leurs masses,
et par là il semble déterminer la pesanteur à être réellement une *attraction*. Il n'emploie à chaque moment que
ce mot pour exprimer la force active des corps.

FONTENELLE, *Éloge de Newton*.

Si l'on veut entendre ce qu'on dit, il n'y a que des impulsions et, si on ne se soucie pas de l'entendre, il y a des
attractions et tout ce qu'on voudra.

LE MÊME, *Éloge de Montmort*.

Je me flatte qu'un esprit philosophique comme le vôtre
ne sera point effarouché de l'*attraction*. Elle me paraît une
nouvelle propriété de la matière.

VOLTAIRE, *Lettres*; à Pitot, 17 mai 1737.

Je vois que ce qui fait toujours le plus de peine à mes
compatriotes, c'est ce mot de gravitation, d'*attraction*. Je
répète encore qu'on n'a qu'à lire attentivement la dissertation de M. Maupertuis sur ce sujet, dans son livre de la
figure des astres, et on verra si on a plus d'idée de l'impulsion qu'on croit connaître que de l'*attraction* qu'on
veut combattre.

LE MÊME, même ouvrage; à l'abbé Prévost, juillet 1738.

Ne faut-il pas bien, dans une montre, reconnaître le
ressort pour la cause de tout le mécanisme sans que nous
sachions ce qui produit le ressort? L'univers est cette
montre, l'*attraction* est ce ressort.

LE MÊME, même ouvrage; à Mairan, 11 septembre 1738.

L'*attraction*, que vous regarderez toujours comme la
cause inconnue de la pesanteur, s'observe dans toutes les
particules de la matière.

CONDILLAC, *l'Art de raisonner*, II, 4.

Quand, au théâtre, vous voyez des changements de
décorations, vous imaginez bien que les machines ne sont
mises en mouvement que par des cordes auxquelles elles
sont suspendues et que vous ne voyez pas. Or, l'*attraction*
n'est qu'une corde invisible et la tension de cette corde est
plus ou moins grande à proportion que la planète tend
plus ou moins à s'écarter.

LE MÊME, même ouvrage, III, 8.

L'*attraction* existe, on n'en peut pas douter. Mais est-ce
une qualité essentielle à la matière? Est-ce une qualité
primordiale? Voilà une question qui tourmente les philosophes.

LE MÊME, même ouvrage, IV, 1.

La princesse (duchesse du Maine), déterminée cartésienne,
dissertoit un jour sur les tourbillons, la matière subtile et
l'*attraction* avec un étalage de raisonnement que M. de Saint-
Aulaire désiroit de voir finir.

D'ALEMBERT, *Éloge de Saint-Aulaire*.

Il n'y a dans la nature qu'une seule force primitive,
c'est l'*attraction* réciproque entre toutes les parties de la
matière.

BUFFON, *Traité de l'Aimant*, art. 1.

Je demande si, dans ce torrent de matière projetée, il
ne se formeroit pas de globes par l'*attraction* mutuelle
des parties.

LE MÊME, *Époques de la nature*.

Je crois que l'*attraction* est commune à tous les métaux
et même à tous les fossiles; mais qu'elle agit en chacun

d'eux dans des circonstances particulières qui n'ont pas encore été observées.

        Bernardin de Saint-Pierre, *Études de la nature*, X.

Attraction a été employé au pluriel :

     Si ce grand génie (Descartes) revenoit au monde... il adopteroit ses ingénieuses recherches (de Newton) sur la lumière et les couleurs et même ses *attractions*.

        Mairan, *Éloge de l'abbé de Molières.*

Ce mot s'emploie au figuré, dans un sens moral :

     C'est l'union des cœurs qui fait leur véritable félicité ; leur *attraction* ne connoît point la loi des distances et les nôtres se toucheroient aux deux bouts du monde.

        J.-J. Rousseau, *la Nouvelle Héloïse*, IIe part.

     Dans le vide qui se forme autour de son ombre gigantesque (Napoléon, retour de l'île d'Elbe), s'il entre quelques soldats, ils sont invinciblement entraînés par l'*attraction* de ses aigles.

        Chateaubriand, *Mémoires d'outre-tombe.*

     Au bout de quelque temps... cédant peut-être au pouvoir d'*attraction* de quelque solitaire plus célèbre, de saint Antoine, par exemple, ou peut-être simplement lassés d'un complet isolement, les ermites se rapprochèrent, bâtirent leurs huttes les unes près des autres.

        Guizot, *Histoire de la civilisation en France*, 14e leçon.

     Et de tous ces soleils dont l'ange de lumière
     Jette sur notre terre un regard de pitié,
     Pour toi l'*attraction* est encor l'amitié.

        Delille, *les Trois Règnes*, I.

     Que je porte à moi seul le poids de cette houle ;
     Que son immense ennui, son agitation,
     M'entraînent faible et seul dans son *attraction*.

        Lamartine, *Jocelyn*, VIIIe époque.

D'attraction, on avait fait :

Attractionnaire, s. m. Nom que l'on donnait aux partisans de l'attraction, quand les découvertes de Newton étaient encore contestées :

     Circino, habile physicien et grand géomètre, fut le premier *attractionnaire*.

        Diderot, *les Bijoux indiscrets*, c. 9.

ATTRACTIF, IVE, adj. Qui attire.

On a dit anciennement atraitif, attraitif, actraitif :

     A son corps gent et faittis
     Et à ses yeulx *actraittis*.

        Christine de Pisan, *Des vrais amans.*

     Mais ta parolle est doulce et *attraitive*.

        Octavien de Saint-Gelais, *Épîtres d'Ovide.*

A partir du XVIe siècle c'est *attractif* qui prévaut :

     Il (le scordéon) mortifie l'aimant et despouille de cette vertu *attractive.*

        Rabelais, *Pantagruel*, V, 37.

     Je commenceray à la generation du sang, tant par sa cause efficiente que matérielle : qui n'est autre chose que nostre boire et mangé, lequel estant attiré par la vertu *attractrice* du ventricule et là retenu par la vertu coctrice dudit ventricule, est tourné et converti en une substance semblable à un laict d'amandes.

        A. Paré, *Œuvres*, I, 8.

     Medicament *attractif* ou attirant, contraire ou repoussant ou repercussif, que les Grecs appellent helctique, est de chaude et tenuë substance : par laquelle il attire au dehors et à la circonference ce qui est au dedans du corps bien profond et avant.

        Le même, même ouvrage, XXVI, 10.

     Vertu apéritive d'une clef, *attractive* d'un croc.

        Pascal, *Pensées.*

     On pourroit imaginer que les comètes de notre système solaire ont été formées par l'explosion d'une étoile fixe ou d'un soleil voisin du nôtre dont toutes les parties dispersées, n'ayant plus de centre ou de foyer commun, auront été forcées d'obéir à la force *attractive* de notre soleil.

        Buffon, *Époques de la nature.*

     Chaque comète et chaque planète forment une roue dont les rais sont les rayons de la force *attractive.*

        Le même, même ouvrage.

     Que sait-on si une aiguille d'or frottée de mercure n'auroit pas des pôles *attractifs* comme une aiguille de fer en a lorsqu'elle est frottée d'aimant ?

        Bernardin de Saint-Pierre, *Études de la nature*, X.

     Je ne crois pas que personne ait tenté d'éprouver les variations que la différence des lieux pourroit occasionner dans la force *attractive* de l'aimant.

        Saussure, *Voyages dans les Alpes*, t. I, § 455.

Attractif s'emploie souvent au figuré :

     Par signes (qui en amour sont incomparablement plus *attractifs*, efficaces et valables que parolles) le tira à part en sa maison.

        Rabelais, *Pantagruel*, III, 19.

     La valeur demonstree a une force *attractive* qui arrache des bouches et des mains mesmes de l'ignorant, de l'avare et de l'ingrat des louanges et des couronnes.

        De La Noue, *Discours politiques et militaires*, XVII.

Je ne sais par quelle force *attractive* les sots sont insépa-rables et font toujours cause commune.

GRIMM, Correspondance, 15 avril 1756.

Mais le sexe à Paris a la mine jolie,
L'air *attractif*, surtout la croupe rebondie;
Mais il est diablement sujet à caution.

REGNARD, le Bal, sc. 7.

On a dit aussi

ATTRACTEUR, TRICE, adj. :

Presque tous les livres de science et principalement ceux qui traitent de la physique, de la médecine, de la chimie et de toutes les choses particulières de la nature, sont tous pleins de raisonnemens fondés sur les qualités secondes, comme les *attractrices*, les *rétentrices*, les *concoctrices*, les *expultrices* et autres semblables.

MALEBRANCHE, Recherche de la vérité, liv. III, IIe part.,
c. 8 : De l'Esprit pur.

ATTRAPER, v. a. Prendre à une trappe, à un piège ou à quelque chose de semblable :

De là naîtront engins à vous envelopper,
Et lacets pour vous *attraper*.

LA FONTAINE, Fables, I, 8.

Quand reginglettes et réseaux
Attraperont petits oiseaux,
Ne volez plus de place en place.

LE MÊME, même ouvrage, ibid.

Un vieux renard, mais des plus fins,
Grand croqueur de poulets, grand preneur de lapins,
Sentant son renard d'une lieue,
Fut enfin au piège *attrapé*.

LE MÊME, même ouvrage, V, 5.

Ce verbe est d'un emploi très fréquent au figuré dans le même sens :

Il s'imaginoit qu'elle tâchoit d'*attraper* au trébuchet quelque riche serviteur qui l'épousât.

SOREL, Francion, IV.

Il sera *attrapé* comme un moineau dans un trébuchet.

LE MÊME, même ouvrage, IX.

Un mariage ne lui coûte rien à contracter; il ne se sert point d'autres pièges pour *attraper* les belles, et c'est un épouseur à toutes mains.

MOLIÈRE, le Festin de Pierre, I, 1.

Nonchaloir avec Cuer-Failly
Vont après; moult est mal bailli

IV.

Cellui qu'ils pevent entraper
Et dessoubs leur trappe *atrapper*.

JEAN BRUYANT, Chemin de povreté et de richesse. (Voyez
le Ménagier de Paris, t. II, n° 12.)

Jé vis là tant de mirlificques
Tant d'ameçons et tant d'afficques
Pour *attraper* les plus huppés.

VILLON, Ballade des Escoutans.

Cette belle trompeuse enfin sera trompée;
Je la verray bientôt dans le piège *attrapée*.

RACAN, les Bergeries, I, 4.

A présent des amants connoissant le manège,
Bien hupé qui pourra vous *attraper* au piège.

LE GRAND, le Roi de Cocagne, II, 7.

Il signifie aussi familièrement, prendre sur le fait, surprendre :

Si Monsieur de Marseille vous avoit *attrapés* à dire à des consuls ce qu'il leur disoit l'année dernière, que mourut M. d'Oppède, il ne vous l'auroit pas pardonné.

Mme DE SÉVIGNÉ, Lettres; 19 janvier 1674. Édit. Capmas.

Il signifie, au figuré, Surprendre artificieuse-ment, tromper :

Fis une entreprinse pour aller donner une escalade aux Allemans à Sainct-Cricou, qui est une petite villate, quatre mil près Montalsin, et de là voulois aller *attraper* tous les autres lieux que j'ay nommez.

MONTLUC, Commentaires, IV.

Enfin il *attrappa* finement le baron de Vaillac au com-mancement de la guerre de la Ligue, en laquelle il estoit fort embrené, disoit-on.

BRANTÔME, Grands Capitaines : M. le mareschal de
Matignon.

Ils font des jugements presque aussi plaisants que ceux qui disoient à Athenes qu'on ne se fiât pas à la mort du roi Philippe et qu'il s'étoit fait tuer tout exprès pour *attra-per* les Athéniens.

BALZAC, Aristippe, III.

Je ne vais pas si vite quand il s'agit de juger mal de mes amies et vous êtes de celles dont j'aurois autant de peine à me désabuser. Ce n'est pas que je n'aie été souvent *attrapé* avec d'autres; mais je ne saurois me corriger de me confier en ceux que j'aime.

BUSSY, Lettres; à Mme de Montmorency, 5 juillet 1667.

Depuis près de six ans je suis accoutumé aux adversités, et si ceci dure j'*attraperai* fort la fortune, car j'y deviens presque insensible.

LE MÊME, même ouvrage; à Mme de Montmorency,
7 juillet 1670.

47

Monsieur mon fils choisit mal ses gens; il est plus malaisé de m'*attraper* qu'on ne s'imagine.

REGNARD, la Sérénade, sc. 21.

Le bien que t'apporte ta future est un présent du diable
et le diable est un trompeur. Un beau jour il te reprendra
tout, afin de te damner par le désespoir après t'avoir
attrapé par sa marchandise.

MARIVAUX, le Paysan parvenu, Iʳᵉ part.

C'est bien dit, *attrapons* encore ces gens-ci et faisons
grâce au reste de la nature.

DANCOURT, la Bourgeoise à la mode, I.

Le duc de Charost fut *attrapé* par une Madame Martel, vieille bourgeoise de Paris, qui étoit un esprit et qui
voyoit assez bonne compagnie. Avec un empire fort ridicule à considérer, elle lui fit accroire des trésors pour son
deuxième fils qui n'avoit rien alors.

SAINT-SIMON, Mémoires, 1709.

Il paroît bien aussi qu'Aristodicus ne croyoit pas trop
que ce fût un Dieu qui rendît ces oracles puisqu'il cherchoit à l'*attraper* par la comparaison des oiseaux.

FONTENELLE, Histoire des Oracles : Iʳᵉ dissertation, c. 7.

On vouloit m'*attraper*, mais à bon chat, bon rat.

DESTOUCHES, la Fausse Agnès, II, 6.

Qui voudra m'*attraper* se lèvera matin.

LE GRAND, le Roi de Cocagne, II, 7.

En ce sens on dit, *attraper quelque chose de
quelqu'un :*

Le grand prieur *attrapa de* M. le duc d'Orléans *un don*
sur les loteries de Paris de plus de 25,000 écus de rente.

SAINT-SIMON, Mémoires, 1719.

Lorsque d'un chapelier on *attrape un* chapeau,
Et que d'un pâtissier on escroque un gâteau,
Ne m'avoueras-tu pas, comme chacun l'avoue,
Que c'est un procureur du Châtelet qu'on joue?

BOURSAULT, le Mercure galant, V, 7.

Proverbialement, *attrapez-moi toujours de
même,* se dit à quelqu'un qui, sous apparence ou
avec le dessein de nous jouer un tour, nous procure en réalité quelque avantage, quelque plaisir :

Tous les dieux à Vulcain firent leur compliment;
Le père de Vénus en rit longtemps lui-même.
On vanta du lacet l'admirable instrument
Et chacun dit : Bonhomme, *attrapez-nous de même.*

VOLTAIRE, le Dimanche.

ATTRAPER se dit également de ce qui occasionne
un mécompte, une surprise désagréable :

Il me vient une difficulté dans l'esprit : c'est qu'après
avoir consulté un de vos docteurs et pris de lui une opinion un peu large, on *sera* peut-être *attrapé* si on rencontre un confesseur qui n'en soit pas et qui refuse l'absolution si on ne change de sentiment.

PASCAL, Provinciales, V.

Si votre amie, Mᵐᵉ de Montglas, gronde pour me mettre en peine, elle *est* bien *attrapée,* c'est le moindre de
mes soucis.

BUSSY, Lettres; à Mˡˡᵉ d'Armentières, 15 juillet 1669.

Vous savez que rien n'*attrape* tant que quand on
croit avoir écrit pour divertir ses amis et qu'il arrive
qu'ils n'y prennent pas garde ou qu'ils n'en disent pas un
mot.

Mᵐᵉ DE SÉVIGNÉ, Lettres; à Mᵐᵉ de Grignan, 1671.

Ils fouillent dans mes poches... — Ils fouillent aussi
dans les miennes, mais il n'y a rien; ils *seront* bien *attrapés.*

REGNARD, la Sérénade, sc. 22.

Ah! mon cher ange, ce M. de Turgot-là est un homme
bien supérieur et, s'il ne fait pas de la France le royaume
le plus florissant de la terre, je *serai* bien *attrapé.*

VOLTAIRE, Lettres; 1ᵉʳ juillet 1775.

Ce mai nous avertit qu'il faut songer au vert.
— Vous y jouez donc? — Oui. — Gardez d'être attra-
— Qui se garde de tout ne peut être *attrapé.* [pée!...]

LA FONTAINE, Je vous prends sans vert, sc. 8.

Y être attrapé est une locution très fréquente,
dans un des deux sens qui précèdent :

J'appréhende furieusement le « distinguo » : j'y ai déjà
été *attrapé.*

PASCAL, Provinciales, IV.

Ma fille, vous souhaitez que le temps marche pour nous
revoir; vous ne savez ce que vous faites, *vous y serez attrapée.*

Mᵐᵉ DE SÉVIGNÉ, Lettres; à Mᵐᵉ de Grignan, 27 avril 1671.

En dérangeant les desseins qu'on avoit pour l'automne,
on dérangera aussi la fièvre de M. le Dauphin, qui la prend
dans cette saison à Saint-Germain : pour cette année *elle y
sera attrapée;* elle ne l'y trouvera pas.

LA MÊME, même ouvrage, 22 juillet 1671.

Il aime mieux hasarder avec eux (hommes de qualité)
que d'obliger un honnête bourgeois sans rien risquer. Quelle
manie! le maudit juif! puisse-t-il *y être attrapé!*

LE SAGE, Gil Blas, VI, 1.

Je n'aime pas, dis-je à Forero, les valets qui ont un air
si vertueux; j'y *ai été attrapé.*

LE SAGE, Gil Blas, VIII, 7.

Je vous ferai venir des ayeux de si loin
. . . .
  Que la vérité même *y seroit attrapée.*

                Boursault, *Fables d'Ésope,* III, 4.

On trouve souvent, tant au propre qu'au figuré, la locution *se laisser attraper :*

Qu'elles (les femmes) fuyent toujours devant nous ; je dis celles mesmes qui ont à *se laisser attraper.*

                Montaigne, *Essais,* III, 5.

On vous écrira une lettre emmiellée ; ne *vous y laissez* pas *attraper.*

          Voltaire, *Lettres,* 8 janvier 1757.

A ces mots le serpent, *se laissant attraper,*
Est pris, mis en un sac...

            La Fontaine, *Fables,* X, 2.

Attraper signifie aussi Atteindre en courant, en allant après, ou prendre au passage, saisir.
Au propre ;
1° En parlant des personnes ou des animaux :

Quant l'en vait par nuit sus ce flun, se l'en ne s'esloigne bien de la rive, si vont les lyons avous jusques au vessiau, et menjuent ceus qu'il puent *attraper.*

           Marc Pol, *le Livre,* c. 129.

Par cette manière en *attrapa-t-il* et noya ce jour plus d'une douzaine.

      Froissart, *Chroniques,* liv. I, Iʳᵉ part., c. 135.

Et s'en mirent par plusieurs fois en grand péril ; et en *furent* moult de fois chassés et presque pris et *attrapés* entre Boulogne et Calais.

    Le même, même ouvrage, liv. I, Iʳᵉ part., c. 309.

Et croy qu'il n'estoit point encores dix heures du soir, et *attrappèrent* la plupart des escoutes.

           Commines, *Mémoires,* c. 12.

Quand Carpalim l'apperceut, il courut apres en telle hastiveté et allaigresse qu'il le *attrapa* en moins de cent pas.

         Rabelais, *Pantagruel,* II, 25.

Nous espérons que le prévost, avec les forces de la compagnye du roy de Navarre, que nous y avons envoyé, en *attraperont* quelques ungs.

        Montluc, *Lettres,* 18 mars 1561.

Du commencement il (le roy d'Espagne) ne peut croyre que tous les principaux chefz *fussent estez* ainsi *attrapez,* sans la lettre que le roy son frère lui escrivoit, se disoit-il, qui en faisoit bonne foy.

      Brantôme, *Grands Capitaines françois :* L'admiral de Chastillon.

Tous les conjurateurs se sauvarent à grand'erre très-bien, et nul ne peut *estre attrappé,* et n'en sentit-on rien que le vent.

    Le même, même ouvrage : Des Couronnels françois.

Maxime, voyant qu'Eudoxe et ses deux filles s'estoient sauvées, envoya de tous costez pour nous *attraper.*

        D'Urfé, *l'Astrée,* IIᵉ part., liv. XII.

Philippe vouloit *attraper* quelques seigneurs Bretons et Normands qu'il soupçonnoit ou qu'il redoutoit ; car c'est un crime en matière d'Estat que d'estre redoutable.

      Mézeray, *Histoire de France :* Philippe de Valois.

Caumartin *attrapa* Monsieur entre deux portes, et lui mit la plume entre les doigts, et il signa (à ce que dit mademoiselle de Chevreuse en ce temps-là), comme il auroit signé la cédule du sabbat, s'il avoit eu peur d'y estre surpris par son bon ange.

        Le cardinal de Retz, *Mémoires.*

Je dépêche un de mes gens, dans l'espérance qu'il pourra *attraper,* au moins à Ratisbonne, le gentilhomme que j'ai fait partir ce matin.

    Le chevalier de Gremonville à Louis XIV. 2 août au
      soir 1667. (Voyez Mignet, *Succession d'Espagne,* t. II,
      p. 223.)

Elle se leva, et s'enfuit aussi légèrement qu'auroit fait une biche. Le prince la suivit, mais il ne put *l'attraper.*

       Ch. Perrault, *Contes :* Cendrillon.

La plus commune opinion étoit qu'un ogre y demeuroit, et que là il emportoit tous les enfans qu'il pouvoit *attraper.*

    Le même, même ouvrage : La Belle au bois dormant.

Les Albinos sont, à la vérité, une nation très-petite et très-rare ; ils habitent au milieu de l'Afrique : leur faiblesse ne leur permet guère de s'écarter des cavernes où ils demeurent : cependant les nègres en *attrapent* quelquefois, et nous les achetons d'eux par curiosité.

      Voltaire, *Essai sur les mœurs,* Introduction, 11 :
       Des différentes races d'hommes.

Il n'y a point d'oiseaux si faciles à *attrapper* que ceux qui sortent tout nouvellement de la cage.

      Dancourt, *le Galant jardinier,* sc. 1.

Bien nous poons et prisier et vanter
Que, se nous *sommes* tenu ne *atrapé,*
Nous serons tous pendu et traîné.

        Huon de Bordeaux, v. 4409.

Et dient li Danois : « Bien fet à otroier,
Mès chen ne couvient pas remanoir ne lessier.
Feites lei vistement *atraper* et lier ;
Si bel ne nous povon du traïtour vengier. »

          Doon de Maience, v. 9757.

Jà nus de vos n'*iert* pris no *atrapés*
Que tués ne soit ocis et desmenbrés.

Ogier de Danemarche, v. 8470.

Et li Rendu (les moines) l'ont *atrapé*
Qui l'ont moult durement frapé.

Roman de Renart, v. 6969.

Pour le combler, son bon destin voulut
Qu'on *attrapât* les quidams ce jour même.

La Fontaine, *l'Oraison de saint Julien.*

Le pendu ressuscite et sur ses pieds tombant
Attrape les plus paresseuses :
Nous en savons plus d'un, dit-il en les gobant.

Le même, *Fables*, III, 18.

Je me cramponne après le premier que j'*attrape;*
Et bénévole ou non, dût-il ronfler debout,
L'auditeur entendra ma pièce jusqu'au bout.

Piron, *la Métromanie*, III, 11.

Ma voix grave se mêle au murmure de l'eau,
Pendant que leurs brebis broutent l'herbe nouvelle
Sur la couche des morts; que l'agile hirondelle
Rase les bords de l'onde, *attrapant* dans son vol
L'insecte qui se joue au rayon sur le sol.

Lamartine, *Jocelyn*, 9° époque.

Attraper s'emploie quelquefois absolument en ce sens :

... Arrête! arrête! *attrape!*
— Ah! c'est mon prisonnier, sans doute, qui s'échappe!

Racine, *les Plaideurs*, II, 14.

En parlant des choses :

Cantiers qui grant desir avoit de faire courses et aussi d'*atraper* ce beau butin lasseura quil ny avoit point de faulte.

Le Loyal serviteur, c. 40.

Philippe qui suivoit les ennemis à grandes journées, arriva seulement d'une heure plus tard qu'il ne falloit, et mesme quelques-uns de ses coureurs *atrapèrent* encore du bagage de leur arrière-garde.

Mézeray, *Histoire de France :* Philippe de Valois.

Les barbares, soit que la peur les saisit, ou plustost, que la division se mist parmy eux, gagnèrent les montagnes écartées, et le roy les poursuivit en vain, n'ayant pû *attraper* que le bagage.

Vaugelas, trad. de Quinte-Curce, *Histoire d'Alexandre,* liv. IX.

Psyché admira l'esprit de nos deux bergères, et conjectura que la cadette avoit *atrapé* les livres dont la bibliothèque de sa sœur étoit composée.

La Fontaine, *Psyché*, II.

C'étoit une folie de prétendre *attraper* vos lettres, en volant, par les villes où je ne suis qu'un moment, et où je n'arrive que comme il plaît au vent.

Mme de Sévigné, *Lettres;* à Mme de Grignan, 11 mai 1680.

Elle a lu tout ce qu'elle a pu *attraper* de romans.

La même, même ouvrage, 25 mai 1680.

Enfin votre Durance a laissé passer nos lettres; de la furie dont elle court, il faut que la glace soit bien habile pour l'*attraper* et pour l'arrêter.

La même, même ouvrage, 24 janvier 1689.

Le temps a beau courir bien vite et trop vite, vous ne sauriez *attraper* vos revenus.

Le même, même ouvrage, 1er février 1690.

Voilà un fripon que je friponnerai sur ma parole, si je puis seulement *attraper* le billet.

Regnard, *la Sérénade*, sc. 13.

Depuis qu'il fut abbé (Dom Gervaise), il continua son commerce de lettres, ne pouvant mieux, et ce fut une de celles-là que nous *attrapâmes;* il en fut fort en peine n'ayant point de nouvelles de son paquet.

Saint-Simon, *Mémoires*, 1698.

Lambert a *attrapé* un de ces exemplaires, et travaille jour et nuit à faire une nouvelle édition.

Voltaire, *Lettres;* 28 juin 1756.

Ce brouet fut par lui servi sur une assiette;
La cigogne au long bec n'en put *attraper* miette.

La Fontaine, *Fables*, I, 18.

J'ai regret, disoit-il, à mon premier seigneur :
Encor quand il tournoit la tête,
J'*attrapois*, s'il m'en souvient bien,
Quelque morceau de chou qui ne me coûtoit rien.

Le même, même ouvrage, VI, 11.

Attraper le but, un but, un terme, l'atteindre. Au propre et au figuré :

Le soleil avoit achevé plus de la moitié de sa course, et son char, *ayant attrapé le penchant du monde*, rouloit plus vite qu'il ne vouloit.

Scarron, *le Roman comique*, part. I, c. 1.

Je voudrois bien savoir si la grande règle de toutes les règles n'est pas de plaire, et si une pièce de théâtre qui a *attrapé son but* n'a pas suivi un bon chemin.

Molière, *la Critique de l'École des femmes*, sc. 7.

Si le but de ma comédie étoit de faire rire, jamais comédie n'a mieux *attrapé son but.*

J. Racine, *les Plaideurs;* Préface.

L'ambition est aisée à reconnoître pour un ouvrage de l'imagination; elle en a le caractère; elle est inquiète, pleine de projets chimériques ; elle va au-delà de ses souhaits, dès qu'ils sont accomplis ; elle a *un terme* qu'elle n'*attrape* jamais.

FONTENELLE, *Dialogues des morts.*

On n'*attrape le but* qu'à force de viser.

DANCOURT, *Sancho Pança*, III, 6.

ATTRAPER s'est dit souvent de la Mort, qui saisit l'homme à l'improviste :

La mort vous *attrape* fuyant et poltron.

MONTAIGNE, *Essais*, I, 75.

La mort l'*attrapa* sur l'arrondissement d'une période.

BALZAC, *Socrate chrétien* : Discours X.

Hélas ! comme cette *mort* va courant partout et *attrapant* de tous côtés.

Mme DE SÉVIGNÉ, *Lettres* ; à Mme de Grignan, 27 septembre 1684.

Je voy ci que *la mort* m'*attrape* :
J'ai tant taillié et tant tollu,
Jamais n'en serai absolu.

Histoire de France en vers, à la suite du Roman de Fauvel, ms. du Roi, n° 6812, f° 86, v°, col. 2. (Cité par Sainte-Palaye.)

D'un egal pié *la mort* qui tout *attrape*,
Et des petiz les humbles manoirs frape,
Et des plus grands les tours hautes et fortes.

J. DU BELLAY, *De porter les misères et la calomnie.*

ATTRAPER s'emploie d'une manière analogue avec d'autres noms abstraits personnifiés pour sujets :

D'autres ont pensé qu'il avoit dessein de se mettre à prêcher, mais que la dévotion l'*a attrapé* en chemin.

TALLEMANT DES RÉAUX, *Historiettes* : Le Maistre.

Être attrapé par quelque chose, ou simplement *être attrapé*, être pris, saisi et, quelquefois, être séduit, charmé :

La fièvre me fit arrêter un jour à Roanne ; je croyois tout de bon *être attrapé*, et que je serois long-temps malade.

VOITURE, *Lettres* ; à Mlle de Rambouillet.

Hier au sortir de chez vous, je *fus attrapé* par une trouppe de soupçons, de craintes, d'ennuis, de jalousies : et votre lettre a défait tout cela.

LE MÊME, *Lettres amoureuses*, XL.

L'ouvrier avoit peint le dieu dans un grand respect ; tandis que les jeux et les ris qu'il avoit amenés à sa suite, se moquoient de lui en cachette, et se faisoient signe du doigt que leur maître *étoit attrapé*.

LA FONTAINE, *Psyché.*

C'est ung tres bon drap de Rouen,
Je vous prometz, et bien drappé.
— Or vraiement j'en *suis atrapé*,
Car je n'avoie intention
D'avoir drap, par la passion
De nostre seigneur, quand je vins.

Patelin, v. 190.

Brantôme a dit, dans le même sens, *être attrapé à* pour *être attrapé par* :

Aussi ce n'est pas tout que de prescher les diocésains, mais les veiller et les garder qu'ilz ne *soient attrapez aux* hérésies.

BRANTÔME, *Grands Capitaines* : Le grand roy François.

ATTRAPER s'emploie figurément pour Obtenir, saisir, atteindre, rencontrer quelque chose, le plus souvent par ruse, par adresse ou par quelque manœuvre :

Plus l'avarice est tendue et vigoureuse, moins elle est fertile ; communément elle *attrappe* plus promptement les richesses, masquée d'une image de libéralité.

MONTAIGNE, *Essais*, III, 10.

Le pape Boniface censura le roy d'une main, et de l'autre mit son royaume en interdiction, dont il fit présent à l'empereur Albert, lequel lors se préparoit pour en avoir pièce ou lopin, tel qu'il pourroit *attraper*.

EST. PASQUIER, *Recherches de la France*, III, 17.

Ils (divers prisonniers) s'ingérèrent dans mes affaires, et, trompant la facilité que j'ay toujours eue de donner ma confidence à ceux qui la demandent, par diverses ruses ils *attrapèrent* tous mes secrets, qui se sont, par la grâce de Dieu, trouvez à ma justification.

THÉOPHILE, *Apologie au Roy.*

Les chevaux courent les bénéfices, mais les ânes les *attrapent* (mot de Louis XII).

MÉZERAY, *Histoire de France* : Louis XII.

Mon Dieu, notre beau-père prétendu, ne vous fatiguez point tant ; on n'a pas envie de vous enlever votre fille, et vos grimaces n'*attraperont* rien !

MOLIÈRE, *M. de Pourceaugnac*, II, 6.

C'est une école que votre conversation, et j'y viens tous les jours *attraper* quelque chose.

LE MÊME, *la Comtesse d'Escarbagnas*, sc. 2.

Permettez-moi de vous conjurer de faire conserver aux catholiques, à qui le roy a confié la conduite de l'hostel-de-ville de Montauban, le droit d'eslire leurs consuls, que M. de Saint-Luc leur veut oster... Cette affectation d'avoir des hommes à luy dans les charges, sans ordre du roy, montre qu'il a envie d'*attraper* quelque argent à cette communauté.

L'Évêque de Montauban à Colbert, 9 janvier 1663. (Voyez Depping, *Correspondance administrative sous Louis XIV*, t. I, p. 661.)

... Tantôt il jouoit (l'avocat Bardan) et se laissoit perdre pour gagner les cœurs, et pour *attraper* quelque bon parti.

Fléchier, *Mémoires sur les grands jours de 1665.*

Ne vous semble-t-il pas que je me faufile avec des gens dévots autant que je puis? C'est en vérité que je les trouve plus heureux à la vie et à la mort, et que je voudrois bien *attraper* l'état où je les vois.

Mme de Scudéry, *Lettres;* à Bussy, 14 avril 1672. (Voyez *Correspondance de Bussy-Rabutin*, t. II, lettre 489.)

Je me réjouis que vous ayez de bonnes espérances du côté de la cour; tôt ou tard vous *attraperez* quelque chose, et pour peu que cela vaille, il suffira à votre modération.

Bussy, *Lettres;* à Mme de Scudéry, 19 octobre 1680.

Ce sont des relations qui sont la joie de beaucoup de personnes; M. de la Rochefoucauld en est curieux; Madame de Vins et moi nous en *attrapons* ce que nous pouvons.

Mme de Sévigné, *Lettres;* à Mme de Grignan, 28 février 1680.

Le chevalier fait bien de vous divertir par toutes les nouvelles qu'il sait; pour moi, je vous mande celles que j'*attrape.*

La même, même ouvrage, 26 mars 1680.

N'êtes-vous point surprise de la mort de cette grande Razai? N'étoit-ce pas la santé même? Pour moi, je crois que le saisissement d'entendre toujours louer sa sœur, et de n'*attraper* des regards et des douceurs que comme pour l'amour de Dieu, l'a mise au tombeau.

La même, même ouvrage, 1er août 1685.

On ne sauroit avoir un peu de bien, que les hommes ou le diable ne cherchent à vous l'*attraper.*

Regnard, *le Retour imprévu*, I, 12.

Il a pour voisin un licencié qui avoit tant d'envie d'*attraper* un bénéfice, qu'il a fait l'hypocrite à la cour pendant dix ans.

Le Sage, *le Diable boiteux*, c. 9.

Il est plus facile de prendre l'essor et de se guinder sur de grands sentiments, que d'*attraper* une plaisanterie fine et délicate.

Le même, même ouvrage, c. 14.

On a beau se fâcher contre ces bourreaux de procureurs, ils *attrapent* toujours vostre argent.

Arlequin Grapignan. (Voyez Ghérardi, *Théâtre italien;* t. I, p. 47.)

M. de Vendôme, M. le Grand, et quelques autres de cette volée, lui *attrapèrent* gros deux ou trois fois au billard (à Armand de Simiane, évêque de Langres). Il ne dit

mot, et s'en alla à Langres où il se mit à étudier les adresses du billard, et s'enfermoit bien pour cela de peur qu'on ne le sût.

Saint-Simon, *Mémoires*, 1695.

La princesse de Guéméné, si initiée auprès de la reine mère par madame de Chevreuse, sœur de son mari et de M. de Soubise, et qui *attrapa* le tabouret par les bricoles des particuliers et du Val-de-Grâce...

Le même, même ouvrage, 1698.

Pour un chapeau qu'un de nos prélats *attrape* par ses souplesses et sa dépendance de Rome, un grand nombre d'autres suivent la même route par une espérance qui se diffère, qui les anime au lieu de les rebuter, et qui pourtant ne s'accomplit jamais.

Le même, même ouvrage, 1700.

C'étoit Roquette, homme de fort peu, qui avoit *attrapé* l'évêché d'Autun...

Le même, même ouvrage, 1707.

Le père (le duc de Brancas) étoit un homme léger, sans méchanceté, sans bonté, sans affection et sans haine, sans suite et sans but que celui d'*attraper* de l'argent, pourvu que ce fût sans grand'peine.

Le même, même ouvrage, 1716.

L'insulte, le mépris, le dédain, le triomphe, lui furent lancés de mes yeux (au premier président) jusqu'en ses moelles; souvent il baissoit la vue quand il *attrapoit* mes regards.

Le même, même ouvrage, 1718.

Ses idées métaphysiques sont des espèces de points indivisibles; si on ne les *attrape* pas tout à fait juste, on les manque tout à fait.

Fontenelle, *Éloge du P. Malebranche.*

... Ce n'est que par là qu'on peut *attraper* le plan sur lequel la nature a fait son ouvrage.

Le même, *les Mondes*, I.

Quand on court après l'esprit, on *attrape* la sottise.

Montesquieu, *Pensées diverses.*

Je vais vous dire (si je puis sans verbiage) le peu que j'ai pu *attraper* de toutes ces sublimes idées.

Voltaire, *Lettres philosophiques*, XV.

On n'*attrape* jamais le repos après lequel tout le monde soupire.

Le même, *Lettre au duc de Richelieu.*

En *attrapant* du temps à tout on remédie.

Molière, *Tartuffe*, II, 4.

... Vous, souvenez-vous bien
Que qui veut avoir tout, n'*attrape* jamais rien.

Destouches, *la Belle orgueilleuse*, sc. 17.

Attraper s'emploie souvent en parlant du temps.

Attraper une heure, une époque, un âge :

Madame de Louvois... s'est donc si bien trouvée d'une liberté dont elle n'avoit jamais joui, et dont il est impossible qu'elle jouisse à Paris, ni même à Meudon, qu'insensiblement elle *a attrapé* la Toussaint.

DE COULANGES, *Lettres;* à Mme de Sévigné, 27 octobre 1694.

Les jeunes gens pour s'amuser dansèrent aux chansons... avec cela l'on *attrapa* minuit, et le mariage fut célébré dans la chapelle de l'hôtel de Créqui.

LE MÊME, même ouvrage, 3 février 1696.

Ainsi de quelque façon qu'on prenne la chose, il est certain qu'il (le manouvrier) aura toujours bien de la peine à *attraper* le bout de son année.

VAUBAN, *Projet d'une Dixme royale,* II° fonds.

Savez-vous bien, vous autres, ce qu'il y a de plus difficile à Paris? c'est d'*attraper* le bout de la journée.

VOLTAIRE, *Lettres,* 2 juillet 1754.

Avouez qu'il est plaisant que j'*aie attrapé* ma soixante et seizième année en ayant tous les jours la colique.

LE MÊME, même ouvrage, 9 auguste 1769.

Les objets que je vous présente valent bien tous les rogatons de Paris, et tous les misérables journaux que vous nous faites lire pour *attraper* la fin de la journée.

LE MÊME, même ouvrage, 30 juillet 1773.

... Il suffit qu'à la fin
J'*attrape* le bout de l'année!
Chaque jour amène son pain.

LA FONTAINE, *Fables,* VIII, 2.

Ne se rien refuser, voilà tout mon système,
Et de mes jours ainsi j'*attraperai* la fin.

REGNARD, *le Mariage de la folie,* I, 1.

Il se dit de ce qui échoit à quelqu'un dans une distribution, dans un partage :

J'ai *attrapé* le bon numéro. Ce joueur est heureux, il *attrape* toujours les bonnes cartes. On nous a donné des chevaux, mais je n'*ai* pas *attrapé* le meilleur. Quel lot avez-vous *attrapé*?

Dictionnaire de l'Académie, 1835.

Attraper, prendre, contracter :

Attraper un rhume, une fièvre.

Dictionnaire de l'Académie, 1694.

Il faut toujours quitter les lieux un moment avant d'y *attraper* des ridicules. C'est l'usage du monde qui donne cela.

MONTESQUIEU, *Pensées diverses.*

ATTRAPER, frapper, heurter :

Il mourut au chasteau de Hedin, où, aiant faict une entreprise, *il fut attrapé* d'une fougade qui lui estoit préparée.

BRANTÔME, *Grands Capitaines :* M. de Pierrepont.

J'ai seulement à craindre que quelque mousquetade ne m'*attrape* en chemin.

Mlle DE MONTPENSIER, *Portraits,* CL : Chevalier de Charny.

Sallebry a esté frappé
D'un canon, qui par la joue destre
L'a piteusement *attrappé.*

Le Mistere du siege d'Orleans, v. 3516.

ATTRAPER se dit aussi, figurément, en parlant des traits, des pensées, ou des caractères, des ressemblances que l'on saisit pour les exprimer, les rendre, les reproduire :

Il y a des peintres... qui, quelque habiles qu'ils soient, ont de la peine à *attraper* cet air qui distingue un visage de l'autre.

BOUHOURS, *Entretiens d'Ariste et d'Eugène,* II.

Je voulois presque me donner la peine de corriger votre version, et vous la renvoyer en état où il faudroit qu'elle fût; mais j'ai trouvé que cela me prendroit trop de temps, à cause de la quantité d'endroits où vous n'*avez* pas *attrappé* le sens.

RACINE, *Lettres;* à J.-B. Racine, 9 octobre 1692.

Je ne vois personne qui *ait* mieux *attrapé* que lui (Cicéron) le genre d'écrire des lettres, également propre à parler sérieusement et solidement des grandes affaires, et à badiner agréablement sur les petites choses.

LE MÊME, même ouvrage, 7 juillet 1698.

Je vous dirai... que j'ai en quelque sorte achevé l'ode sur Namur, à quelques vers près, où je n'*ai* pas encore *attrapé* l'expression que je cherche.

BOILEAU, *Lettres;* à Racine, 2 juin 1693.

Il ne faut point s'imaginer que la chute de ces auteurs... soit venue de ce que les langues de leur pays ont changé. Elle n'est venue que de ce qu'ils n'*avoient* pas *attrapé* dans ces langues le point de solidité et de perfection qui est nécessaire pour faire à jamais priser des ouvrages... Ce n'est donc point la vieillesse des mots... qui a décrié Ronsard; c'est qu'on s'est aperçu tout d'un coup que les beautés qu'on y croyoit voir n'étoient point des beautés; ce que Bertaut, Malherbe, de Lingendes et Racan... contribuèrent beaucoup à faire connoître, *ayant attrapé* dans le genre sérieux le vrai génie de la langue françoise.

BOILEAU, *Réflexions sur Longin,* VII.

Les couleurs sont préparées, et la toile est toute prête; mais comment le fixer, cet homme inquiet, léger, inconstant, qui change de mille et mille figures? Je le peins dévot, et je crois *l'avoir attrapé*, mais il m'échappe et déjà il est libertin.

LA BRUYÈRE, *Caractères*, c. 13.

Il y a un petit badinage léger et mesuré, qui est respectueux et même flatteur avec un air de liberté; c'est ce qu'il faut tâcher d'*attraper*.

FÉNELON, *Lettre au marquis de Fénelon.*

Ceux d'entre les anciens qui ont excellé, ont peint avec force et grâce la simple nature. Ils ont gardé les caractères. Ils ont *attrapé* l'harmonie.

LE MÊME, *Lettre à La Motte.*

Notre versification trop gênante engage souvent les meilleurs poëtes tragiques à faire des vers chargés d'épithètes, pour *attraper* la rime.

LE MÊME, *Lettre à l'Académie*, VI.

Aristophane *a* si bien *attrapé.*l'air et les manières de Socrate dans le ridicule qu'il lui donne, qu'on croit véritablement l'entendre parler.

Mme DACIER, trad. d'*Aristophane*, préface.

De lueurs en lueurs, nous courons après l'évidence que nous n'*attrapons* jamais.

LAMOTTE, *Discours sur la crainte de Dieu.*

Il suffit d'un certain usage, d'une routine que l'on ne manque guère d'*attraper*.

LE SAGE, *Turcaret*, II, 4.

L'autre est un peintre étranger qui fait des portraits de femmes; il est habile, il dessine correctement, il peint à merveille et *attrape* la ressemblance; mais il ne flatte point et il s'imagine qu'il aura la presse.

LE MÊME, *le Diable boiteux*, c. 10.

Il y a un style éblouissant... qui se guinde jusqu'aux nues pour *attraper* le sublime.

ROLLIN, *Traité des Études*, III, 3, art. 1.

Cicéron excelle en ces deux qualités, la simplicité et le grand et le merveilleux, dont l'une, à ce qu'il semble aux ignorants, est fort aisée à *attraper;* mais au jugement des connoisseurs, ni l'une ni l'autre ne l'est.

LE MÊME, même ouvrage, IV, 3, art. 1.

Je veux, mon cher Frontin, que tu contrefasses le financier. Comme tu as demeuré longtemps chez monsieur Patin, le plus riche financier de tout le royaume, j'ai cru que tu pourrois mieux qu'un autre en *avoir attrapé* les manières.

LEGRAND, *l'Épreuve réciproque*, sc. 1.

Mon frère... me lâcha par la ville pour perdre l'air de campagne et trouver celui du monde. Je l'*attrapai* si bien, que je ne voulus plus m'en défaire.

HAMILTON, *Mémoires de Grammont*, c. 3.

Elle (Stewart) avoit de la grâce... elle étoit polie, possé-

doit cet air de parure après lequel on court, et qu'on n'*attrape* guère.

HAMILTON, *Mémoires de Grammont*, c. 6.

Ces peintres audacieux..., voulant surpasser la nature au lieu de l'imiter, *attrapent* le grand, mais perdent le vraisemblable.

D'AGUESSEAU, *Mercuriales.*

Le lendemain je lui fis prendre en crayon (à Rigaud) le père abbé assis au bureau de M. de la Trappe pour l'attitude, les habits et le bureau même tel qu'il étoit, et il partit le lendemain avec la précieuse tête qu'il *avoit* si bien *attrapée* et si parfaitement rendue.

SAINT-SIMON, *Mémoires*, 1696.

Sa raillerie (du duc de Bourgogne) étoit d'autant plus cruelle qu'elle étoit plus spirituelle et plus salée, et qu'il *attrapoit* tous les ridicules avec justesse.

LE MÊME, même ouvrage, 1710.

Tous ses portraits (de Fénelon) sont parlants, sans toutefois avoir pu *attraper* la justesse de l'harmonie qui frappoit dans l'original.

LE MÊME, même ouvrage, 1715.

Une des choses qui nous plaisent le plus, c'est le naïf; mais c'est le style le plus difficile à *attraper*.

MONTESQUIEU, *Essai sur le Goût.*

C'est moi qui le dis, et qui le sais à merveille; et qu'en fait de parure, quand on a trouvé ce qui est bien, ce n'est pas grand'chose, et qu'il faut trouver le mieux pour aller de là au mieux du mieux; et pour *attraper* ce dernier mieux, il faut lire dans le cœur des hommes.

MARIVAUX, *la Vie de Marianne*, Ire part.

Qu'est-ce que cet art de plaire? Il ne se définit point: on l'*attrape* par hasard; on n'est pas sûr de le rencontrer deux fois enfin, c'est une espèce de magie tout à fait inconnue.

FONTENELLE, *Réflexions sur la Poétique.*

Toutes les sciences ont leur chimère, après laquelle elles courent, sans la pouvoir *attraper;* mais elles *attrapent* en chemin d'autres connoissances fort utiles.

LE MÊME, *Dialogues des Morts.*

Il ne croyoit pas que, dans les matières de pure physique, le secret de la nature soit aisé à *attraper*.

LE MÊME, *Éloge de La Hire.*

Il y a, dans tous les arts, un je ne sais quoi qu'il est bien difficile d'*attraper*.

VOLTAIRE, *Lettres*, 20 avril 1773.

Enfin il vouloit faire des fables, et sentoit que son esprit essaieroit en vain d'*attraper* la naïveté charmante de La Fontaine.

D'ALEMBERT, *Éloge de La Motte.*

On trouve à la fin de son Traité des études deux épîtres

latines, où il paroît s'être proposé d'imiter le ton d'Horace dans les siennes, et où il semble en effet *avoir* assez bien *attrapé* la manière de ce poëte.

D'Alembert, Éloge de Fleury.

Marot *ayant* le premier *attrapé* le vrai tour du genre naïf, il a été censé depuis avoir déterminé le point de perfection où notre langue pouvoit être portée dans le genre naïf.

D'Olivet, Histoire de l'Académie.

... J'en ai conclu que *j'avois...* *attrapé* ce juste milieu où la vérité se plaît.

Le même, même ouvrage.

Il (Lamotte) a quelquefois *attrapé* le naturel, jamais le naïf.

Hénault, Mémoires, CIV.

Elle (la rime) est plus clairsemée dans la langue françoise... aussi y a-t-il... plus de bonheur à la découvrir et plus d'adresse à l'*attraper.*

Marmontel, Éléments de littérature : Rime.

Je n'ai jamais été bien fait que par un pauvre diable appelé Garaut, qui m'*attrapa,* comme il arrive à un sot qui dit un bon mot.

Diderot, Salon de 1767 : Michel Vanloo.

Quand en France les ignorants des salons *ont attrapé* sur un sujet sérieux une phrase quelconque, dont la rédaction est à la portée de tout le monde, ils s'en vont la redisant à tout propos, et ce rempart de sottise est très-difficile à renverser.

Mme de Stael, Considérations sur la Révolution française, Ire part., c. 5, § 7.

Et pour courre un bon mot que parfois il *attrape,*
Du bon sens qu'il néglige à tout moment s'échape.

Boursault, la Satire des satires.

Regardez, il s'agit de voir
Si *je suis attrapé,* si c'est là ma figure.

La Motte, Fables.

Courant après l'esprit, ou plutôt se parant
De l'esprit répété qu'elle *attrape* en courant.

Gresset, le Méchant, IV, 9.

Attraper entre dans diverses locutions proverbiales :

Tost *attrappée* est la souris
Qui n'a pour giste qu'un pertuis.

Cotgrave, Dictionnaire.

Il courra bien fort si on ne l'*attrape.*

Dictionnaire de l'Académie, 1694.

Attrape!

Dictionnaire de l'Académie, 1835.

IV.

Sorte d'exclamation familière par laquelle on exprime qu'une personne vient d'être l'objet d'une malice, d'une plaisanterie piquante.

Attrape qui peut.

Dictionnaire de l'Académie, 1835.

Soit au propre, soit au figuré. Au figuré : Saisisse ou comprenne qui peut.

Attraper s'emploie avec le pronom personnel; Soit au propre :

Il s'ensuit que tous les atomes d'abord posés sur différentes lignes doivent parcourir à l'infini ces mêmes lignes parallèles, sans s'approcher jamais, et que ceux qui sont dans la même ligne doivent se suivre les unes les autres à l'infini, sans pouvoir *s'attraper.*

Fénelon, Traité de l'Existence de Dieu, Ire part., c. 5.

Soit au figuré :

Il s'en faut bien que ceux qui *s'attrapent* à nos finesses ne nous paroissent aussi ridicules que nous nous le paroissons à nous-mêmes, quand les finesses des autres nous ont attrapés.

La Rochefoucauld, Maximes, CDVII.

Il épousa au bout de l'an (en 1648) une jolie personne, fille d'un cabaretier d'Auxerre. Ils *s'attrapèrent* l'un l'autre.

Tallemant des Réaux, Historiettes : La Serre.

Et ce qui est plaisant, c'est que cette femme telle que je vous la peins, ne savoit pas qu'elle avoit l'âme si méchante; le fond de son cœur lui échappoit, son adresse la trompoit, elle *s'y attrapoit* elle-même.

Marivaux, le Paysan parvenu, IIIe part.

Est-ce qu'on se marie, à moins qu'on ne *s'attrappe?*

La Chaussée, Critique de la fausse antipathie, sc. 2.

Attrapé, ée, participe passé.

Il est d'un fort grand usage, tant au propre qu'au figuré :

Quand les compagnons de Bourdille se virent ainsi *attrapés,* si connurent bien qu'ils avoient trop follement chassé.

Froissart, Chroniques, liv. I, IIe part., c. 276.

Ce furent ses propres termes (de Louis XIII) à mon père, à qui il le raconta depuis, *attrapé* comme il l'avoit été à M. de Luynes. Il aimoit les gens de qualité, cherchoit à les connoître et à les distinguer.

Saint-Simon, Mémoires, 1693.

Mille fois *attrapé* (Boudin), mille autres il s'y laissoit prendre.

LE MÊME, *même ouvrage*, 1710.

Ce que les hommes craignent le plus, c'est de passer pour dupes, et il leur paroît beaucoup moins ridicule de se montrer occupés d'eux-mêmes en toute circonstance qu'*attrapés* dans une seule.

Mᵐᵉ DE STAEL, *De l'Allemagne*, c. 26, § 21.

Ainsi parloit au chat la souris *attrapée*.

LA FONTAINE, *Fables*, XII, 5.

J'ai vu ces gens si fins plus *attrapés* que d'autres.

GRESSET, *le Méchant*, III, 1.

Dans le passage suivant, de Froissart, nous trouvons le participe *attrapé* employé substantivement :

Si ne se pouvoient mie si bien garder qu'il n'en y eût des *attrapés*.

FROISSART, *Chroniques*, liv. I, IIᵉ part., c. 244.

ATTRAPER a formé les substantifs composés suivants :

ATTRAPE-DENIERS, s. m. Charlatan, escamoteur, qui trompe la foule pour en tirer de l'argent :

La plupart d'iceux (des grands seigneurs) prend bien plus grand plaisir d'oüyr discourir de leurs affaires, et entendre quelque moyen pour rehausser leur revenu que de voir tels discours qu'ils estiment entre eux des brigue-faveurs ou *attrape-deniers*.

TABOUROT, *Bigarrures du seigneur des Accords*, préface.

ATTRAPE-LOURDAUD, s. m. Artifice qui ne peut attraper qu'un lourdaud :

C'est un *attrape-lourdaud*.

Dictionnaire de l'Académie, 1798.

ATTRAPE-MINON, s. m. ou attrapeur de minons, un trompeur.

OUDIN, *Curiosités françoises*.

ATTRAPE-MOUCHE, s. m. Terme de Botanique. Nom qu'on a donné à diverses plantes dont les feuilles ou les fleurs se plient, se ferment lorsqu'un insecte vient s'y poser.

ATTRAPE-NIAIS, s. m. Artifice qui attrape un niais.

ATTRAPE-NIGAUD, s. m. Artifice qui ne peut attraper qu'un nigaud :

C'est un *attrape-nigaud*.

Dictionnaire de l'Académie, 1798.

ATTRAPE-PARTERRE, s. m. Voltaire a dit :

Je vous envoie.... mon ouvrage du mois de mai (Tancrède)... N'allez pas vous attendre à de belles tirades, à de ces grands vers ronflants, à des sentences, à des *attrape-parterre*, à de l'esprit, à rien enfin de ce qui est en possession de plaire.

VOLTAIRE, *Lettres;* à d'Argental, 28 mai 1759.

ATTRAPE-VILAIN, s. m. Ce qui sert à attraper un avare.

ATTRAPE, s. f.

Tromperie, apparence trompeuse :

Ce siege fut interrompu deux fois; la première, Sommerive ayant eu nouvelles que Monnans et Soreze venoient au secours, voulut leur dresser une *attrappe*.

AGR. D'AUBIGNÉ, *Histoire universelle*, t. I, liv. III, c. 7.

J'avoue qu'il est absurde que le déserteur (dans la pièce de ce nom) puisse être si sérieusement la dupe de l'espèce d'*attrape* puérile qui est le premier ressort de l'intrigue. Il n'y a point d'homme au monde qui, sur le récit d'une petite fille et sur une noce qu'il voit passer dans l'éloignement, se persuade aussitôt la trahison la moins probable.

LA HARPE, *Cours de littérature*.

Je ferois dans une grande salle une espèce de labyrinthe, avec des tables, des fauteuils, des chaises, des paravents. Dans les inextricables tortuosités de ce labyrinthe, j'arrangerois au milieu de huit ou dix boîtes d'*attrapes*, une autre boîte presque semblable, bien garnie de bonbons... puis après avoir fait tirer au sort les petits concurrents, je les enverrois tous l'un après l'autre jusqu'à ce que la bonne boîte fût trouvée.

J.-J. ROUSSEAU, *Émile*, II.

Dragées d'attrape, dragées dans lesquelles on a mis quelque chose d'un goût désagréable pour attraper ceux à qui on les offre.

On a dit quelquefois

ATTRAPERIE, s. f.

Il se trouve dans le *Dictionnaire* de Cotgrave.

ATTRAPEUR, EUSE, adj. Celui, celle qui trompe, qui obtient par séduction.

Monde, tu ne te troubles pas
De voir ces larrons *attrapeurs*
Vendre et acheter bénéfices.

Sotie à 9 personnages. (Voyez *Bibliothèque du Théâtre françois*, par LE DUC DE LA VALLIÈRE, t. I, p. 91.)

On l'a employé substantivement :

> Lors à ce bruict, là bas n'y a povre ame
> Qui ne fremisse, et de frayeur ne tremble,
> Ainsi qu'au vent fueille de chesne, ou tremble ;
> Car la plus seure a bien craincte et grand'peur
> De se trouver devant tel *attrapeur*.
>
> Cl. Marot, *l'Enfer*, v. 233.

ATTRAPOIRE, s. f. Ce mot, qui se trouve dans les *Dictionnaires* de Cotgrave et d'Oudin, désignait Un piège, une machine pour attraper les animaux. Il se disait aussi, figurément et familièrement, Des tours de finesse dont on se sert pour surprendre, pour tromper quelqu'un :

> Les filous ont cent sortes d'*attrapoires*. La plaisante *attrapoire!*
>
> *Dictionnaire de l'Académie*, 1694.

ATTRIBUER, v. a. Attacher, annexer, conférer quelque prérogative, reconnaître quelque avantage, etc. :

> Il (le roi d'Angleterre) appela le hérault du roy de France roy d'armes nommé Monjoye, et avecques lui plusieurs autres héraulx, tant françois comme anglois... et après, leur demanda auquel devoit *estre* la victoire *actribuée*, ou à luy ou au roy de France.
>
> Monstrelet, *Chronique*, c. 148.

> Le pape leur avoit voulu *attribuer* (aux rois de Castille) le nom de très-crestiens et l'oster au roy de France.
>
> Commines, *Mémoires*, VIII, 24.

> J'ay veu quelquefois mes amis appeler prudence en moy, ce qui estoit fortune ; et estimer advantage de courage et de patience, ce qui estoit advantage de jugement et opinion, et m'*attribuer* un tiltre pour autre ; tantost à mon gain, tantost à ma perte.
>
> Montaigne, *Essais*, II, 11.

> Après que Socrates fut adverty que le dieu de sagesse luy *avoit attribué* le nom de Sage, il en fut étonné ; et se recherchant et secouant par tout, n'y trouvoit aucun fondement à cette divine sentence.
>
> Le même, même ouvrage, II, 12.

> Disposer tout avec douceur, et tout exécuter avec force ; ce sont les deux excellentes propriétés que l'Écriture *attribue* à la sagesse.
>
> Bourdaloue, *Carême* : Sermon sur la Grâce.

> Ensuite, par une procédure nulle de toute nullité, *auroit attribué* audit cœur la charge de recevoir le chile, appartenant cy-devant au foie.
>
> Boileau, *Arrest burlesque*.

> Les Égyptiens ne se contentoient pas d'offrir de l'encens aux animaux : ils portoient la folie jusqu'à *attribuer* la divinité aux légumes de leurs jardins.
>
> Rollin, *Histoire ancienne*, liv. I, part. II, c. 2.

> Je suis bien éloigné de condamner certaines figures par lesquelles on *attribue* du sentiment, de la voix, de l'action même aux choses inanimées.
>
> Le même, *Traité des Études*, liv. III, c. 1, art. 4.

> Homère *a attribué* à ses dieux non seulement toutes les foiblesses de la nature humaine, mais encore toutes les passions et tous les vices des hommes.
>
> Le même, même ouvrage, liv. III : De la lecture d'Homère.

> La nomination des inspecteurs du commerce, dans les places de commerce, *fut attribuée* à ce conseil (du commerce).
>
> Saint-Simon, *Mémoires*, 1716.

> Il (le Père d'Aubenton) auroit voulu modérer leur zèle (des évêques d'Espagne) sur l'infaillibilité du pape et sur la supériorité qu'ils lui *attribuoient* sur les conciles.
>
> Le même, même ouvrage, 1718.

> Les papes étendirent la croisade à cette guerre de religion, et y *attribuérent* la même indulgence qu'au secours de la Terre Sainte.
>
> Fleury, *Discours sur l'Histoire ecclésiastique*, VI, § 12.

> On ne dira pas que l'enfant a plus de besoins que je ne lui en donne ; mais on niera qu'il ait la force que je lui *attribue*.
>
> J.-J. Rousseau, *Émile*.

> Il ne fallait pas qu'après cet aveu les historiens de sa vie (de saint François-Xavier) lui *attribuassent* le don des langues.
>
> Voltaire, *Essai sur les mœurs*, c. 142 : Du Japon.

> Vous qui m'invitez à punir mon souverain d'avoir été injuste, donneriez-vous à vos soldats le droit que vous m'*attribuez?*
>
> Marmontel, *Bélisaire*.

> Ce que Fontenelle paroît avoir recherché avec tant de soin, c'est cette simplicité délicate et fine qu'on *attribuoit* à Simonide.
>
> Le même, *Éléments de littérature* : Affectation.

> Depuis César, et sous les empereurs, toutes les grandes causes *furent attribuées* au sénat.
>
> Le même, même ouvrage : Barreau.

> Tout ce qu'on sait de certain aujourd'hui à l'égard des cerfs, c'est le temps de la gestation et leur rapide accroissement ne permettent pas de leur *attribuer* une très-longue vie.
>
> Barthélemy, *Voyage d'Anacharsis*, c. 64.

> Il est étonnant que les juges-consuls d'Angoulême n'aient pas senti que ces courtiers privilégiés et exclusifs, et les

droits qui leur *seroient attribués*, seroient une surcharge pour leur commerce.

TURGOT, *Mémoire sur les prêts d'argent*, § 52.

La députation des communes de Provence avoit fait d'inutiles efforts auprès des anciens ministres pour obtenir la révocation de la déclaration du roi, qui *attribue* exclusivement au parlement d'Aix la connoissance des troubles de la Provence.

MIRABEAU, *Opinions et Discours*, 26 janvier 1790.

Il est dangereux d'*attribuer* à des personnages que l'on met en scène tous les genres de supériorité.

CHÉNIER, *Tableau historique de la littérature française*, c. 6.

> Quand au regard du loz que m'*atribue*
> Trop tu en dis, à toy je retribue.

ROGER DE COLLERYE, *Œuvres* (d'après l'édit. unique de 1536. Bibliothèque elzévirienne, p. 50).

Il s'est dit quelquefois de Villes, de possessions de châteaux remis, concédés à quelqu'un :

Et si véons et oyons recorder tous les jours que messire Jean de Monfort prend et conquiert cités, villes et châteaux, et les *attribue* du tout à lui, ainsi comme son lige héritage.

FROISSART, *Chroniques*, liv. I, part. II, c. 19.

Et *furent* ces villes *attribuées* à Flandre pour cause de gage.

LE MÊME, même ouvrage, liv. I, part. II, c. 268.

Il se dit quelquefois au figuré, dans un sens très voisin de ceux-ci, de Ce qui est réservé, consacré à quelque chose :

Il est... constant... que durant les temps qu'on *attribue* à l'empire des Mèdes, il y avoit en Assyrie des rois très-puissants que tout l'Orient redoutoit, et dont Cyrus abattit l'empire par la prise de Babylone.

BOSSUET, *Discours sur l'Histoire universelle*, I, 7.

Toutes les montagnes *sont attribuées* aux oliviers, aux mûriers, aux fruits, et en plusieurs lieux aux vignes, dont les Grecs font du vin et les musulmans des raisins secs.

VOLNEY, *Voyage en Syrie*.

ATTRIBUER signifie aussi Rapporter, référer une chose à celui qu'on prétend en être la cause, ou le principal instrument, à Dieu, à la providence, etc. :

En telle maniere que les gens *attribuent* aux dieux leurs figures et leurs similitudes semblables, ilz attribuent aux dieux la maniere de vivre.

ORESME, *Premier livre de Politiques*, c. 1.

Toutes les graces et honneurs qu'il (le duc de Bourgogne) avoit receuz en ce monde il les estimoit toutes procéder de son sens et de sa vertu, sans les *atribuer* à Dieu, comme il debvoit.

COMMINES, *Mémoires*, V, 9.

J'ai voulu expressément... empêcher que certains esprits... ne puissent de là prendre occasion de bâtir quelque philosophie extravagante sur ce qu'ils croiront être mes principes et qu'on m'en *attribue* la faute.

DESCARTES, *Discours de la Méthode*, VI.

Pour couvrir son relâchement, vous lui *attribuez* un excès de sévérité qui le rendroit répréhensible.

PASCAL, *Provinciales*, XII.

Il seroit bien injuste d'imputer cette violence à Dieu qui nous attire, au lieu de l'*attribuer* au monde qui nous retient.

LE MÊME, *Pensées*.

On ne peut rien penser de moins raisonnable que d'*attribuer* à Dieu ce qui vaut le moins, c'est-à-dire l'être, en lui ôtant ce qui vaut le plus, c'est-à-dire le bien-être et le bien vivre.

BOSSUET, *Traité du Libre arbitre*, c. 3.

La direction qu'il faut *attribuer* à Dieu sur le libre arbitre convient à ce premier être par son être même.

LE MÊME, même ouvrage, c. 5.

Ces manières de connoître sous condition ne peuvent *être attribuées* à Dieu que par ce genre de figures qui lui *attribuent* improprement ce qui ne convient qu'à l'homme.

LE MÊME, même ouvrage, c. 6.

Nous avons fait voir qu'à la réserve du péché qui ne peut par son essence *être attribué* qu'à la créature, tout le reste de ce qu'elle a dans son fonds, dans sa liberté, dans ses actions, doit *être attribué* à Dieu.

LE MÊME, même ouvrage, c. 11.

Ne dissimule pas mes défauts, et ne m'*attribue* pas mes vertus : loue seulement la miséricorde de Dieu qui a voulu m'humilier par les uns et me sanctifier par les autres.

FLÉCHIER, *Oraison funèbre de Montausier*.

L'impie, disoit-il, n'est pas celui qui rejette les dieux qu'adore le peuple, mais celui qui *attribue* aux dieux toutes les impertinences que leur *attribue* le peuple.

FÉNELON, *Vies des philosophes* : Épicure.

Cicéron, après avoir décrit la mort de Clodius et l'*avoir attribuée* à une providence particulière, dit que la religion même et les autels des dieux y ont été sensibles.

ROLLIN, *Traité des Études*, liv. IV, c. 3, art. 2, § 5.

Mais je crois, malgré ses démonstrations, qu'il n'avoit pas moins de part à cette fourberie que mon hôte de Burgos à qui j'ai toujours *attribué* l'honneur de l'invention.

LE SAGE, *Gil Blas*, I, 16.

Albéroni, ne voulant pas se prendre directement au pape de tous les mécontentements qu'il en avoit, *attribuoit* sa partialité pour les impériaux aux conseils du cardinal Albant.

SAINT-SIMON, *Mémoires,* 1718.

Ce qui rend surtout ces premiers livres respectables, et qui leur donne une supériorité reconnue sur tous ceux qui rapportent l'origine des autres nations, c'est qu'on n'y voit aucun prodige, aucune prédiction, aucune même de ces fourberies politiques que nous *attribuons* aux fondateurs des autres États.

VOLTAIRE, *Essai sur les mœurs,* c. 1 : De la Chine.

Si la justice seule l'eût condamné, la prison, la pénitence auraient suffi; mais l'esprit de parti s'en mêla. On le condamna lui et deux dominicains à mourir dans les flammes qu'ils s'étaient vantés d'affronter, ils furent étranglés avant d'être jetés au feu. Mais ceux du parti de Savonarole ne manquèrent pas de lui *attribuer* des miracles.

VOLTAIRE, *Essai sur les mœurs :* De Savonarole, c. 108.

Les Hollandais nous prirent Pondichéri en 1693. C'était la moindre récompense que le roi de France dût attendre de son invasion en Hollande; invasion qu'assurément on n'*attribuera* pas au sage Colbert, mais au superbe et laborieux ennemi de Colbert, des Hollandais et de Turenne (Louvois).

LE MÊME, *Fragments sur l'histoire,* art. 20.

Toutes les grandes entreprises, tous les ouvrages qui demandent plus de force que d'esprit, elle les *attribue* à Hercule; tous ceux qui tiennent aux arts, et qui exigent une certaine intelligence dans l'exécution, elle les rapporte à Dédale.

BARTHÉLEMY, *Voyage d'Anacharsis.*

L'opinion publique... *attribuait* aux comités tout le sang qui avait coulé sur les échafauds.

NAPOLÉON, *Mémoires,* t. III, p. 125.

Attribuer une chose à quelqu'un, à un autre, la lui supposer :

On abuse quelquefois beaucoup de ce reproche de la pédanterie, et souvent on y tombe en l'*attribuant aux autres.*

Logique de Port-Royal, Iᵉʳ discours.

Les catholiques aussi bien que les luthériens se plaignent qu'on leur *attribue* une présence charnelle à quoi ils ne pensent pas.

BOSSUET, *Histoire des variations des Églises protestantes,* liv. XII, n° 10.

Nous faisons deux fautes, premièrement d'*attribuer aux autres* nos vices, secondement de les voir dans les autres bien plus grands qu'en nous-mêmes.

LE MÊME, *Doctrine spirituelle :* Des Jugements humains.

Je n'ai point la force que vous m'*attribuez,* j'ai ressenti la perte irréparable que j'ai faite avec un abattement qui montre un cœur très-foible.

FÉNELON, *Lettres spirituelles,* XX; 17 janvier 1711.

On ne peint bien que son propre cœur, en l'*attribuant à un autre*; et la meilleure partie du génie se compose de souvenirs.

CHATEAUBRIAND, *Génie du Christianisme,* IIᵉ part., c. 3.

Il se dit souvent en parlant d'un mot, d'une maxime, d'une réflexion, d'un écrit, d'un livre, d'un ouvrage :

Les uns me prennent pour un docteur de Sorbonne : les autres *attribuent* mes lettres à quatre ou cinq personnes, qui, comme moi, ne sont ni prêtres, ni ecclésiastiques.

PASCAL, *Provinciales,* VIII.

Quelques-uns croient qu'il y a eu deux Périandre, et qu'on a *attribué* à un seul les paroles et les actions de tous les deux.

FÉNELON, *Vies des philosophes :* Périandre.

Albert Krants parle d'un ambassadeur à qui un czar fit clouer son chapeau sur la tête, parce qu'il ne se découvrait pas en le haranguant; d'autres *attribuent* cette aventure à un Tartare; enfin on a fait ce conte d'un ambassadeur français.

VOLTAIRE, *Histoire de Pierre le Grand,* Iʳᵉ part., c. 11.

Où courez-vous? Ce n'est pas là que sont les ennemis. On *attribue* ce même mot à plusieurs capitaines; on l'attribue à Cromwell. Les âmes fortes se rencontrent beaucoup plus souvent que les beaux esprits.

LE MÊME, *Dictionnaire philosophique :* Éloquence.

On parle quelquefois à Louis XV et à sa cour d'écrits qu'on m'*attribue,* et auxquels je n'ai pas la moindre part.

LE MÊME, *Doutes sur le Testament du cardinal de Richelieu.*

Je suis toujours vivement indigné, comme je dois l'être, de l'injustice qu'on a eue, même à la cour, de m'*attribuer* le Dictionnaire philosophique.

LE MÊME, *Lettres,* 8 février 1768.

Je lui envoyai (à l'abbé de Mably) une copie de la lettre, en l'avertissant qu'on la lui *attribuoit.*

J.-J. ROUSSEAU, *les Confessions,* II, 12.

Combien de temps ces vers vous ont-ils bien coûté? Ils ne sont point de moi, monsieur, en vérité; Peut-on m'*attribuer* ces sottises étranges?

BOILEAU, *Épîtres,* VI.

Et, la première horreur qu'un méchant distribue, Ce connoisseur profond me d'abord me l'*attribue.*

DELILLE, *Poésies fugitives.*

ATTRIBUER, employé dans ces divers sens, a très

souvent pour complément indirect non pas un nom de personne, mais un substantif abstrait :

Je vous supplie très-humblement, mes très-redoubtez seigneurs, et à toute la compaignie, se je dy aucune chose qui ne soit bien dicte, qu'il me soit pardonné, et *actribué* à ma simplesse et ignorance, et non point à malice.

MONSTRELET, *Chronique*, I, 39.

Les Allemans mesprisoient la pompe et parolle dudict duc, l'*attribuant* à orgueil.

COMMINES, *Mémoires*, II, 8.

Aucuns y en a-il aussi qui sont si présumptueux de leurs vaillances et de leurs bras, qui leur *attribuent* toute la gloire, et non à Dieu.

BRANTÔME, *Grands Capitaines :* M. d'Aussun.

Je louerois davantage vostre œuvre (l'éloge de la reine Marguerite par Brantôme), si elle ne me louoit tant, ne voulant qu'on *attribue* la louange que j'en ferois plustost à la philaftie (amour-propre) qu'à la raison.

MARGUERITE DE VALOIS, *Mémoires.*

On doit priser l'or selon l'utilité qu'on en reçoit, sans lui *attribuer* davantage.

LA NOUE, *Discours politiques et militaires*, XXIII.

Après avoir ainsi considéré toutes les fonctions qui appartiennent au corps seul, il est aisé de connoître qu'il ne reste rien en nous que nous devions *attribuer* à notre âme, sinon nos pensées.

DESCARTES, *les Passions de l'âme*, part. I, art. 17.

C'est luy (Dieu), sire, qui m'a visiblement arraché des abymes où m'avoit précipité la calomnie, et sans offencer sa justice, je ne puis *attribuer* ma délivrance à la faveur des hommes.

THÉOPHILE, *Apologie au Roy.*

Quoy qu'en ce temps-là je ne sçeusse presque que c'estoit que l'Amour, si ne laissois-je d'avoir un très-grand plaisir d'estre auprès d'elle, de la servir, d'en recevoir des commendements, de baiser (lors qu'elle me tendoit quelque chose) l'endroict que sa main avoit touché, ce qu'elle ne voyoit point, ou si elle le voyoit, elle l'*attribuoit* à civilité.

D'URFÉ, *l'Astrée*, IIᵉ part., liv. XII.

Je vous demanderois pourquoy vous appelez hayne ce que vous pourriez *attribuer* à affection.

VOITURE, *Lettre à M. Du Fargis.*

Il ne nous est pas permis d'*attribuer* à l'Écriture les sens qu'elle ne nous a pas révélés.

PASCAL, *Pensées.*

Le même père (saint Augustin), secondé de saint Prosper son disciple, ferma la bouche aux demi-pélagiens, qui at-

tribuoient le commencement de la justification et de la foi aux seules forces du libre arbitre.

BOSSUET, *Discours sur l'Histoire universelle*, I, 11.

Les particuliers et les républiques vouoient à Vénus des courtisanes, et la Grèce ne rougissoit pas d'*attribuer* son salut aux prières qu'elles faisoient à leur déesse.

LE MÊME, même ouvrage, II, 5.

Peut-être que, voyant de loin l'empire romain s'avancer si vite, sans pénétrer les conseils qui faisoient mouvoir ce grand corps, ils (les Grecs) *attribuoient* au hasard, selon la coutume des hommes, les effets dont les causes ne leur étoient pas connues... Vous en avez assez vu pour... condamner Plutarque, qui, toujours trop passionné pour ses Grecs, *attribue* à la seule fortune la grandeur romaine, et à la seule vertu celle d'Alexandre.

LE MÊME, même ouvrage, III, 6.

On ne se trompe pas, chrétiens, quand on *attribue* tout à la prière.

LE MÊME, *Oraison funèbre de Marie-Thérèse.*

Je ne sais point quel est le sujet de leur mauvais ménage (de M. et Mᵐᵉ de Montvallat) : quelques-uns l'*attribuent* à la mauvaise humeur de madame.

FLÉCHIER, *Mémoires sur les grands jours de 1665.*

Malheur à moi, si j'interrompois les sacrés mystères pour faire un éloge profane, si je mêlois l'esprit du monde à une cérémonie de religion, et si j'*attribuois* à la force ou à la prudence de la chair ce qui n'est dû qu'à la grâce de Jésus-Christ.

LE MÊME, *Oraison funèbre de Mᵐᵉ d'Aiguillon.*

Telle enfin étoit son habileté, que, lorsqu'il vainquoit, on ne pouvoit en *attribuer* l'honneur qu'à sa prudence et lorsqu'il étoit vaincu, on ne pouvoit en imputer la faute qu'à la fortune.

LE MÊME, *Oraison funèbre de Turenne.*

Plutarque me paroît avoir raison lorsqu'il *attribue* ses conquêtes (d'Alexandre) à sa vertu plus qu'à son bonheur.

SAINT-ÉVREMONT, *Dissertation sur le mot de Vaste.*

Don Pedre retourna chez son père, qui, le trouvant disposé à lui obéir, en fut d'autant plus réjoui, qu'il *attribua* son obéissance à la manière ferme dont il lui avoit parlé la nuit.

LE SAGE, *le Diable boiteux*, c. 5.

Il me prit une envie de le voler, qu'on ne pouvoit *attribuer* qu'à la force du sang qui couloit dans mes veines.

LE MÊME, *Gil Blas*, X, 10.

Tacite... raffine trop ; il *attribue* aux plus subtils ressorts de la politique ce qui ne vient souvent que d'un mécompte, que d'une humeur bizarre, que d'un caprice.

FÉNELON, *Lettre à l'Académie.*

Périclès eut pour maîtres les plus savants hommes de son temps, et surtout Anaxagore de Clazomène, surnommé l'Intelligence, parce qu'il fut, dit-on, le premier qui *attribua* les événements humains aussi bien que la formation et le gouvernement de l'univers, non au hasard, comme quelques-uns, ni à une fatale nécessité, mais à une intelligence supérieure qui régloit et conduisoit tout avec sagesse.

ROLLIN, *Histoire ancienne*, liv. VII, c. 1, § 7.

Admirable sagesse de Dieu, d'avoir pris tant de précautions contre l'ingratitude et la stupidité des hommes, toujours portés à *attribuer* à une nature aveugle ce qui n'est l'effet que d'une liberté souveraine!

DUGUET, *Explication de l'ouvrage des six jours*.

On *attribuoit* à de mauvais conseils la confiance que le régent avoit prise aux promesses du roi d'Angleterre.

SAINT-SIMON, *Mémoires*, 1718.

Vos discours ont une aigreur que je ne sçais à quoi *attribuer*, et que je ne mérite pas.

MARIVAUX, *l'Épreuve*, sc. 17.

A quoi puis-je *attribuer* cette contradiction dans vos manières, qu'au dessein formel de vous moquer de moi?

LE MÊME, *la Méprise*, sc. 19.

A tout cela Valville ne disoit mot, et regardoit seulement la demoiselle, sur qui, contre son ordinaire, je lui trouvois les yeux attachés plus souvent que sur moi; ce que j'*attribuois*, sans en être contente, à un pur mouvement de curiosité.

LE MÊME, *la Vie de Marianne*, VIIᵉ part.

Machiavel *attribue* la perte de la liberté de Florence à ce que le peuple ne jugeoit pas.

MONTESQUIEU, *Esprit des Lois*, VI, 5.

Le plus heureux passe pour le plus grand, et le public *attribue* souvent au mérite tous les succès de la fortune.

VOLTAIRE, *États d'Europe avant Louis XIV*, c. 2.

Villelongue fut bientôt élargi : on vit quelques semaines après un changement subit dans le sérail, dont les Suédois *attribuèrent* la cause à cette unique conférence.

LE MÊME, *Histoire de Charles XII*, liv. VII.

Ricault, qui a demeuré long-temps en Turquie, *attribue* la puissance permanente de l'empire ottoman à quelque chose de surnaturel. Il ne peut comprendre comment ce gouvernement qui dépend si souvent du caprice des janissaires, peut se soutenir contre ses propres soldats et contre ses ennemis.

LE MÊME, *Essais sur les mœurs* : L'état de la Grèce, c. 93.

N'*attribuez* cette inconséquence, mes frères, qu'à la vanité. C'est elle qui nous fait agir contre nos intérêts.

LE MÊME, *la Défense de mon oncle*, c. 17.

Tel grand, tel riche heureux et dont on *attribue* le bonheur à sa grandeur, à ses richesses, auroit été un heureux artisan, un heureux paysan, un heureux pauvre.

TRUBLET, *Essais de littérature et de morale*.

Comme la grossesse de la reine avoit été long-temps inutilement attendue, elle passoit pour un de ces événements extraordinaires, dont tout le monde veut avoir l'honneur. Les médecins l'*attribuoient* à leurs drogues, les moines à leurs reliques, le peuple à ses prières, et le roi à son amour.

J.-J. ROUSSEAU, *la Reine fantasque*.

C'est mon plus insupportable supplice de n'être accusée que par mon cœur, et de voir *attribuer* au bon naturel les larmes impures qu'un cuisant repentir m'arrache.

LE MÊME, *la Nouvelle Héloïse*.

On regrette le bon temps d'autrefois; je le crois bien : nous *attribuons* aux choses tout le changement qui s'est fait en nous, et lorsque le plaisir nous quitte nous croyons qu'il n'est nulle part.

LE MÊME, *Lettres*, 20 janvier 1763.

Je la trouvai si bien rétablie, que je ne pus *attribuer* ce miracle qu'à l'amour.

L'ABBÉ PREVOST, *Doyen de Killerine*, liv. VI.

Ils (les théologiens) devroient sans cesse se souvenir de la maladresse des charlatans, qui, *attribuant* à leurs drogues une vertu universelle, empêchent ordinairement les gens éclairés de leur en croire aucune.

GRIMM, *Correspondance*, 1ᵉʳ janvier 1755.

Quelques avantages que nous *attribuions* à notre siècle, on voit qu'ils ne sont que pour un petit nombre d'élus, et que le peuple n'y participe jamais.

LE MÊME, même ouvrage, 15 janvier 1757.

Les anciens voyoient tomber une pierre, et les flots de la mer s'élever; ils étoient bien loin d'*attribuer* ces deux effets à la même cause.

MARMONTEL, *Éléments de littérature* : Critique.

Il faut *attribuer* la révolution à tout et à rien : chaque année du siècle y conduisoit par toutes les routes.

Mᵐᵉ DE STAEL, *Considérations sur la Révolution française*, I, 6.

C'est à la suppression des maîtrises, des jurandes, de toutes les gênes imposées à l'industrie, qu'il faut *attribuer* l'accroissement des manufactures et l'esprit d'entreprise qui s'est montré de toutes parts.

LA MÊME, même ouvrage, II, 4.

Madame, je vous crois l'âme trop raisonnable,
Pour ne pas prendre bien cet avis profitable,
Et pour l'*attribuer* qu'aux mouvements secrets
D'un zèle qui m'attache à tous vos intérêts.

MOLIÈRE, *le Misanthrope*, III, 4.

Attribuer que, est une tournure rare qu'on trouve dans le passage suivant de Brantôme :

Il y a eu le sieur de Beauvin, l'un de ses segrétayres, qui en a fait un fort beau livre de luy, qui le loue et l'exalte un peu trop, *attribuant qu'*il avoyt tout fait.

BRANTÔME, *Grands Capitaines :* M. le maréchal de Brissac.

ATTRIBUER s'emploie avec le pronom personnel dans la plupart des sens qui précèdent;

Au propre, en parlant d'argent :

Ce matin nous avons jugé un gentilhomme nommé Monvalat, accusé d'avoir exercé quelques violences et concussions assez légères sur ses vassaux et d'avoir abusé de la justice en *s'attribuant* des amendes excessives.

LE PRÉSIDENT DE NOVION, en mission en Auvergne, à Colbert, décembre 1665. (Voyez DEPPING, *Correspondance administrative sous Louis XIV*, t. II, p. 167.)

Les ennemis de Périclès ne cessoient de crier dans les assemblées que le peuple se déshonoroit en *s'attribuant* l'argent comptant de toute la Grèce qu'il avoit fait venir de Délos où il étoit en dépôt.

ROLLIN, *Traité des Études*, liv. VI, IIIᵉ part., art. 1 : Second morceau tiré de l'histoire grecque.

Maitres de l'univers, ils *s'en attribuèrent* tous les trésors.

MONTESQUIEU, *Grandeur des Romains*, c. 6.

Il s'est arrogé le droit de souverain, il le vole en *s'attribuant* le petit bénéfice que le roi fait sur les monnaies.

VOLTAIRE, *Commentaire sur le Livre des délits et des peines*, nᵒ XVIII : De la fausse monnaie.

Qui du bien de Crésus *s'attribuant* le quart
Ne manie aucun sou dont il ne prenne un liard.

BOURSAULT, *les Fables d'Ésope*, I, 2.

Au figuré : *S'attribuer l'autorité, s'attribuer un droit, des droits :*

Après avoir gagné les soldats par largesses, le peuple par le soin des vivres et tout le monde par la douceur de la paix, *il s'attribua* peu à peu *l'authorité* des loix et des magistrats.

PERROT D'ABLANCOURT, trad. de Tacite, *Annales*, liv. I, 2.

L'air du discours, étant ainsi séparé des preuves, ne marque que *l'autorité* que celui qui parle *s'attribue.*

Logique de Port-Royal, III, 20.

En jugeant les erreurs, *nous nous attribuons* ordinairement une injuste *supériorité* sur les personnes qui nous inspirent une aigreur cachée ou un superbe dédain.

BOSSUET, *Sermons :* Sur les Jugements humains.

Ils refusent à votre Église une *autorité*, une infaillibilité qu'ils ne rougissent pas de *s'attribuer* à eux-mêmes.

MASSILLON, *Paraphrase morale des Psaumes.*

Il n'est point de gouverneur qui ne *s'attribue* des *droits* injustes, point de troupes qui ne vivent avec dissolution.

LOUIS XIV, *Mémoires.*

L'université de Paris, qui perdait un de ses *droits*, *s'en attribua* un qu'à peine un parlement d'Angleterre pourrait prétendre; elle fit afficher une défense d'imprimer le concordat du roi et de lui obéir.

VOLTAIRE, *Essai sur les mœurs*, c. 138.

Ce que vous ne lirez pas, c'est qu'on ait puni l'insolence barbare de ces supérieurs monastiques, qui *s'attribuaient* le *droit* de puissance royale et qui l'exerçaient avec tant de tyrannie.

LE MÊME, même ouvrage, c. 139.

Ce jeune esprit, qu'entête et le sang de Néron
Et le choix qu'en Syrie on fit de Corbulon,
S'attribue à l'empire un *droit* imaginaire,
Et s'en fait, comme vous, un rang héréditaire.

P. CORNEILLE, *Bérénice*, II, 1.

S'ATTRIBUER s'emploie encore, dans un sens analogue, avec divers autres substantifs abstraits :

Ainsi *s'en vouloit* chacune partie *attribuer l'honneur.*

FROISSART, *Chroniques*, liv. I, part. I, c. 145.

Les jeunes gens se mocquent les uns des autres, *s'attribuans* chacun *un mestier* à quoy ils seroyent contrains de vaquer pour avoir moyen de vivre en païs estrange.

DE LA NOUE, *Discours politiques et militaires*, XXVI.

Encore que ce soit un orgueil damnable que de mépriser ce que Dieu commande, c'est une audace bien plus criminelle de *s'attribuer* à soi-même *ce que Dieu donne.*

BOSSUET, *Sermons :* Sur l'Honneur.

Chrétien, écoute : ne sois point superbe, ne fais point ta volonté, ne *t'attribue rien.*

LE MÊME, *Traité de la Concupiscence*, c. 30.

De peur que les Hébreux ne s'enorgueillissent en *s'attribuant* à eux seuls *la grâce* de Dieu, il étoit bon de leur faire entendre qu'il avoit eu ses élus même dans la race d'Ésaü.

LE MÊME, *Discours sur l'Histoire universelle*, II, 3.

Les prospérités militaires laissent dans l'âme je ne sais quel plaisir touchant, qui la remplit et l'occupe tout entière. On *s'attribue une supériorité* de puissance et de force.

FLÉCHIER, *Oraison funèbre de Turenne.*

Ils sont devenus fous en *s'attribuant le nom* de sages.

Le Maistre de Sacy, *Épître de saint Paul aux Romains;* c. 1, v. 22.

Il (Courtin) se pressa d'autant plus de finir que le marquis de Bade... devoit arriver le lendemain pour s'entremettre du différend et *s'attribuer* ou diminuer au moins *la part* que la France et la Suède y avoient seules.

Le marquis de Pomponne, *Mémoires,* I, 7.

... Si l'on y prend garde, on verra qu'il (Montaigne) ne se découvre guères que les défauts dont on fait gloire dans le monde... qu'il *s'attribue* volontiers *ceux* qui peuvent le faire passer pour esprit fort ou lui donner l'air cavalier.

Malebranche, *Recherche de la vérité,* liv. II, III° part., c. 5.

Pour la punir (la terre) du long *repos* qu'elle *s'étoit attribué,* Copernic la charge le plus qu'il peut de tous les mouvements qu'elle donnoit aux planètes et aux cieux.

Fontenelle, *les Mondes,* I° soirée.

Les ducs, les comtes, les centeniers avoient tous acheté leur emploi ou s'en étoient rendus dignes par quelque lâcheté depuis que le prince s'étoit *attribué le pouvoir* d'en disposer sans consulter le champ de mars.

Mably, *Observations sur l'histoire de France,* I, 3.

Aussitôt que le char chemine
Et qu'elle voit les gens marcher,
Elle s'en *attribue* uniquement *la gloire.*

La Fontaine, *Fables,* VII, 9.

Amyot a dit *s'attribuer une déesse,* pour La regarder comme appartenant à une nation :

Or les Romains adorent une déesse qu'ils appellent la bonne déesse... et les Phrygiens, *se l'attribuans* à eux, particulièrement, disent que c'est la mère du roy Midas.

Amyot, trad. de Plutarque, *César,* c. 11.

S'attribuer une chose, se regarder comme en étant responsable, comme en étant cause :

Nous avons une idée distincte d'une liberté qui peut pécher et *nous nous attribuons* à nous-mêmes les fautes que nous faisons.

Bossuet, *Traité du Libre arbitre,* c. 9.

Non, leur dis-je; tout ce que j'ai, c'est que, depuis quelque temps, je dors assez mal; mais cela reviendra. Là-dessus madame Dursan me regarda d'un air attendri et que j'entendis bien; c'est qu'elle *s'attribuoit* mon insomnie.

Marivaux, *la Vie de Marianne,* X° part.

En parlant d'un ouvrage, d'un écrit :
IV.

Ogier le prédicateur, comme on lui demandoit s'il feroit point l'épitaphe de Balzac : « Je m'en garderai bien, dit-il, j'aurois peur qu'il ne *se l'attribuât* encore. »

Tallemant des Réaux, *Historiettes :* Balzac.

Cette pièce, toute de la même main, a été volée en entier par celui qui *se l'attribue.*

* J.-J. Rousseau, I° dialogue.

S'attribuer a quelquefois une signification passive :

De faict, le nom de Seigneur ne *s'attribue* particulièrement à Jésus-Christ pour autre regard, sinon d'autant qu'il fait un degré moyen entre Dieu et nous.

Calvin, *Institution chrestienne,* II, 14, § 3.

... Les expédients qu'il proposoit étoient si forcés qu'ils ne pouvoient aisément *s'attribuer* à magnanimité.

M°° de Motteville, *Mémoires.*

Un procédé si extraordinaire doit *s'attribuer* en partie au naturel de Pyrrhus, en partie aux différents intérêts de ses ministres.

Saint-Évremont, *Réflexions sur les divers génies du peuple romain,* c. 5.

Ainsi nos jugements ne sont que des opérations par lesquelles nous affirmons ou nous nions une chose d'une autre; ou plutôt ce ne sont que des regards de l'esprit qui découvrent que telle propriété peut *s'attribuer* ou non à tel objet, car l'intelligence qui fait cette découverte est à l'âme ce que la vue est à l'œil.

Barthélemy, *Voyage d'Anacharsis,* c. 57.

Attribué, ée, participe.
Dans les divers sens du verbe :

La première colonne... estant de saphir azuré et céleste, la seconde de hiacinthe... qui sont pierres par les antiques Caldéans *attribuées* aux sept planettes du ciel.

Rabelais, *Pantagruel,* V, 43.

Il y a des nerfs particuliers *attribués* par la nature à chaque sens.

Bossuet, *De la Connoissance de Dieu et de soi-même,* c. 3, art. 5.

Cette ordonnance (de 1670) n'a rien changé à ce qui s'observoit auparavant soit dans la justice seigneuriale, soit dans la justice municipale, telles que celles *attribuées* dans plusieurs villes du royaume, comme aux maires et échevins, aux jurats, aux capitouls, etc.

Le chancelier de Pontchartrain à de Brilhac, premier président du parlement de Rennes, 11 mai 1711. (Voyez Depping, *Correspondance administrative sous Louis XIV,* t. II, p. 385.)

49

Tels sont les mémoires d'Espagne sous le nom de don Juan de Colmenar, l'histoire de Louis XIV, composée par le jésuite Lamotte sur de prétendus mémoires d'un ministre d'État et *attribuée* à la Martinière.

VOLTAIRE, *Histoire de l'empire de Russie*, préface.

On peut juger du reste du libelle par les articles qu'on vient de réfuter; il ne méritait pas qu'on en prît la peine; mais il était bon de prouver que les erreurs *attribuées* dans ce libelle à M. de Voltaire ne sont que les fourberies d'un calomniateur.

LE MÊME, *Un Chrétien contre six Juifs.*

On employa autrefois des fraudes pieuses pour appuyer des vérités qui n'avaient pas besoin de ce malheureux secours. De zélés indiscrets forgèrent de très mauvais vers grecs *attribués* aux sibylles, des lettres de Pilate et l'histoire du magicien Simon qui tomba du haut des airs aux yeux de Néron.

LE MÊME, *Défense de mon oncle*, c. 21.

D'ATTRIBUER on a formé
ATTRIBUABLE, adj. Qui peut être attribué :

Insignifiantes dénominations du nouveau calendrier, Pluviôse, Nivôse, Ventôse, comme si la pluie, la neige et le vent n'étaient pas indistinctement *attribuables* aux mois de Décembre, de Janvier et de Février.

LA HARPE, *Cours de littérature.*

ATTRIBUT, s. m. Ce qui est propre et particulier à un être, à quelqu'un ou à quelque chose :

Notre âme, d'une nature spirituelle et incorruptible, a un corps corruptible qui lui est uni et de l'union de l'un et de l'autre résulte un tout qui est l'homme, esprit et corps tout ensemble, incorruptible et corruptible, intelligent et purement brut. Les *attributs* conviennent au tout par rapport à chacune de ses deux parties.

BOSSUET, *Discours sur l'Histoire universelle*, II, 19.

Voilà, Messieurs, les spectacles que Dieu donne à l'univers et les hommes qu'il y envoie quand il y veut faire éclater, tantôt dans une nation, tantôt dans une autre, selon ses conseils éternels, sa puissance ou sa sagesse; car ces divins *attributs* paroissent-ils mieux dans les cieux qu'il a formés de ses doigts que dans ces rares talents qu'il distribue comme il lui plaît aux hommes extraordinaires ?

LE MÊME, *Oraison funèbre du prince de Condé.*

Quand Madame de Louvois est à Tonnerre, c'est le bruit, c'est le tumulte, ce sont tous les *attributs* de la royauté.

M. DE COULANGES, *Lettres;* à Mme de Sévigné, 27 octobre 1694.

C'étoient des grâces de tout caractère; c'étoit du noble, de l'intéressant, mais de ce noble aisé et naturel qui est attaché à la personne, qui n'a pas besoin d'attention pour se soutenir, qui est indépendant de toute contenance, que ni l'air folâtre ni l'air négligé n'altèrent et qui est comme un *attribut* de la figure.

MARIVAUX, *la Vie de Marianne,* V^e part.

Vous n'accuserez point pour cela de stérilité des écrivains chez qui au contraire l'abondance et la richesse d'invention sont les *attributs* distinctifs du talent.

LE MÊME, même ouvrage, XIIe part.

Cette noble émulation ne doit-elle point être entièrement éteinte dans le cœur de vos Persans, chez qui les emplois et les dignités ne sont que des *attributs* de la fantaisie du souverain ?

MONTESQUIEU, *Lettres persanes*, LXXXIX.

S'il (le prince) jugeoit les crimes, il seroit le juge et la partie... De plus, il perdroit le plus bel *attribut* de sa souveraineté, qui est celui de faire grâce.

LE MÊME, *Esprit des Lois*, VI, 5.

La pensée chez nous n'est-elle pas un *attribut*? et si bien un *attribut* qu'elle est tantôt faible, tantôt forte, tantôt raisonnable, tantôt extravagante? Elle se cache, elle se montre, elle fuit, elle revient, elle est nulle, elle est reproduite. L'essence est tout autre chose; elle ne varie jamais. Elle ne connaît pas le plus ou le moins.

VOLTAIRE, *Dictionnaire philosophique :* Homme.

La crainte est l'*attribut* naturel des hommes.

LE MÊME, *Histoire de Pierre le Grand*, Ire part., c. 1.

Si les idées que nous nous efforçons de nous former des *attributs* de la divinité étoient moins vagues, moins obscures... cet argument pourroit être de quelque utilité... Mais qui, de bonne foi, a jamais pu se former une notion bien distincte et nette d'un *attribut* de Dieu quel qu'il soit?

GRIMM, *Correspondance*, 1er février 1755.

(M. Diderot) a su allier les vues philosophiques les plus étendues avec l'imagination la plus brillante et avec le sentiment le plus exquis du beau et de ses *attributs.*

LE MÊME, même ouvrage, 1er février 1757.

Le génie est une sorte d'inspiration fréquente, mais passagère, et son *attribut* est le don de créer.

MARMONTEL, *Éléments de littérature :* Génie.

La grandeur par exemple, qui est un des *attributs* de la forme, varie dans chaque espèce suivant les différents climats.

BUFFON, *Histoire naturelle :* le Cerf.

L'imitation... paroît être le caractère le plus marqué, l'*attribut* le plus frappant de l'espèce du singe.

LE MÊME, même ouvrage : le Singe.

La nature, en donnant des ailes aux oiseaux, leur a départi les *attributs* de l'indépendance et les instruments de la haute liberté : aussi n'ont-ils de patrie que le ciel qui leur convient.

BUFFON, Histoire naturelle : le Perroquet.

La vitesse est tellement l'*attribut* des oiseaux que les plus pesants de cette famille sont encore plus légers à la course que les plus légers d'entre les animaux terrestres.

LE MÊME, même ouvrage : le Casoar.

La gravité du style, la sévérité de la morale, beaucoup de concision et beaucoup de sens, sont les *attributs* particuliers de Perse.

LA HARPE, Cours de littérature.

Une élégance aisée, noble et gracieuse, de l'esprit et du sentiment, du goût et du nombre, ce sont là certainement des *attributs* très distingués et ce sont ceux de Quinault.

LE MÊME, même ouvrage.

On croyoit en quelque sorte dans ces siècles grossiers que l'avarice étoit le premier *attribut* de Dieu.

MABLY, Observations sur l'Histoire de France, liv. I, c. 4.

Nul auteur n'a mieux senti le besoin de rendre son âme visible, c'est le terme dont il se sert pour exprimer un des *attributs* de la poésie.

CHAMFORT, Éloge de La Fontaine.

C'est un noble *attribut* de l'âme que ce rire qui saisit les créatures mortelles quand on leur offre le spectacle d'une d'entre elles pusillanime devant la mort.

Mme DE STAEL, De l'Allemagne, part. II, c. 26, § 1.

Tout pouvoir constitué immédiatement dans toute la plénitude de ses forces et de ses *attributs* est, par cela même, faux, éphémère et ridicule.

J. DE MAISTRE, Du Pape, II, 10, § 33.

Il est tout à fait invraisemblable que le nom de la propriété féodale n'ait désigné d'abord que la qualité, l'*attribut* de cette propriété, et non la chose même.

GUIZOT, Histoire de la civilisation en France.

Éternel, infini, tout puissant et tout bon,
Ces vastes *attributs* n'achèvent pas ton nom.

LAMARTINE, Premières Méditations.

ATTRIBUT, en termes de Logique et de Grammaire, Ce qui s'affirme ou se nie du sujet d'une proposition :

Les termes de beau, de bon, de noble, de grand, de parfait, sont des *attributs* des objets, lesquels sont relatifs aux êtres qui les considèrent.

MONTESQUIEU, Pensées diverses.

Un adjectif se prend aussi quelquefois substantivement, c'est-à-dire qu'un mot qui est ordinairement *attribut* est quelquefois sujet dans une proposition.

DU MARSAIS, Tropes.

Des deux termes que l'on compare dans une proposition, l'un s'appelle sujet et l'autre *attribut*.

CONDILLAC, De l'Art d'écrire.

L'*attribut* d'une proposition est un nom substantif, Corneille est un poète; ou un adjectif, Corneille est sublime.

LE MÊME, Grammaire.

ATTRIBUT, en termes de Peinture, de Sculpture et d'Antiquités, désigne ce qui sert à accompagner, à caractériser une figure mythologique ou allégorique :

On ne veut pas voir que celle (la statue) du grand, du clément, de l'adorable Henri IV sur le Pont-Neuf est aussi accompagnée de quatre esclaves; que celle de Louis XIII, faite anciennement pour Henri IV, en a autant et que celle même du grand-duc Ferdinand de Médicis, à Livourne, a les mêmes *attributs*.

VOLTAIRE, Fragments sur l'Histoire, art. 27 : A l'occasion du Siècle de Louis XIV.

Autour de la Justice, sa balance et ses autres *attributs*.

DIDEROT, Salon de 1765 : Lagrenée.

Dans le passage suivant, *attribut* se dit des épithètes louangeuses consacrées qui caractérisent un souverain :

Ne trouvez-vous pas qu'il faut ajouter aux *attributs* de Louis le Grand, le Victorieux et le Bien Servi, encore celui de Louis le Fortuné.

BUSSY-RABUTIN, Lettres; à Mme de Sévigné, 31 juillet 1690.

ATTRIBUTIF, IVE, adj. Terme de Jurisprudence.

Qui attribue :

L'impatience de recevoir les lettres-patentes, *attributives* de la procédure à la sénéchaussée de Marseille, donna le signal d'un dernier élan de courage.

MIRABEAU, Opinions et discours, 26 janvier 1790.

ATTRIBUTION, s. f.

Concession de quelque prérogative, de quelque privilège :

Mlle de Rohan a eu bien de la peine à obtenir le rang qu'elle a et enfin il lui a été accordé par gratification et sans *attribution* d'aucun droit au préjudice des personnes qui y prétendent intérêt.

MALHERBE, *Lettres;* à Peiresc, 1610.

ATTRIBUTION se dit de la Détermination d'une somme appliquée à un objet déterminé :

(Les États demandent) la révocation de l'édict portant création de quatre huissiers des tailles en chascun des vingt-deux diocèzes de la province pour exploiter privativement à tous autres, avec *attribution* de 6 livres pour le port des mandats de chascune paroisse.

États de Languedoc, 1659. (Voyez DEPPING, *Correspondance administrative sous Louis XIV,* t. I, p. 32.)

Lettres d'attribution, pouvoir que le roi donnait à des commissaires ou à une juridiction subalterne, pour juger une affaire en dernier ressort.

ATTRIBUTION se dit plus ordinairement de tout droit qu'une personne chargée de quelque fonction a de prononcer sur certaines affaires, de les administrer, d'en connaître, etc. :

L'on ne manqueroit pas de penser que l'objet de cette *attribution* a été de soustraire des coupables aux peines qu'ils auroient méritées.

TURGOT, *Mémoire sur les Prêts d'argent,* § 47.

Marseille contesta l'*attribution* du parlement.

MIRABEAU, *Opinions et discours,* 26 janvier 1790.

On l'emploie surtout au pluriel :

Ceci suppose qu'on revêtira le corps (le conseil des Soixante) de nouvelles *attributions* qui lui donneront du poids dans l'État.

J.-J. ROUSSEAU, *Lettres,* 9 février 1768.

Elle (l'Assemblée constituante) a retiré aux cours prévôtales les *attributions* qu'on a voulu malheureusement rétablir depuis et même étendre.

Mᵐᵉ DE STAEL, *Considérations sur la Révolution française,* IIᵉ part., c. 4.

Un conflit d'*attributions.*

Bulletin des lois, an IX.

Les *attributions* législatives de la Chambre consistent uniquement à adopter ou rejeter les propositions qui lui sont adressées par le roi.

ROYER-COLLARD, *Discours.*

Indépendamment même du nombre, vous voyez par la nature de leurs fonctions que les *attributions* des gouverneurs de province embrassaient toutes choses et que la société tout entière avait affaire à eux.

GUIZOT, *Histoire de la civilisation en France.*

ATTRISTER, v. a.
Rendre triste, affliger :

Il *fut* un peu *attristé* de ce que la Rancune n'en rit point.

SCARRON, *Roman comique,* I, 11.

Parler de ceux qui ont traité de la connoissance de soi-même, des divisions de Charron, qui *attristent* et ennuient, de la confusion de Montaigne.

PASCAL, *Pensées.*

Il vaut mieux se livrer aux charmes d'une beauté qui enchante nos maux, qu'à des réflexions qui nous *attristent,* et à des imaginations qui nous effrayent.

SAINT-ÉVREMONT, *l'Amitié sans amitié.*

Je *suis* toujours *attristée,* ma fille, quand quelqu'une de vos lettres s'égare.

Mᵐᵉ DE SÉVIGNÉ, *Lettres;* à Mᵐᵉ de Grignan, 14 septembre 1689.

Bientôt la mort va me dérober au présent qui m'*attriste* et à l'avenir qui m'effraie.

Mᵐᵉ DE MAINTENON, *Lettres;* au cardinal de Noailles, le dernier jour de 1711.

J'y voyois du moins des âmes qui honoroient assez la mienne pour s'occuper d'elle, pour se reprocher de l'*avoir attristée,* ou pour s'affliger de ce qui l'affligeoit.

MARIVAUX, *la Vie de Marianne,* VIIIᵉ part.

Anne *fut* très-*attristée,* et ayant quitté ses habits de deuil, elle orna sa tête et se vêtit de ses habits de noces.

VOLTAIRE, *Protévangile de Jacques,* art. 11.

De pareilles scènes arrivaient dans tout le royaume, et, en *attristant* quelques intéressés, amusaient la multitude oisive.

LE MÊME, *Précis du siècle de Louis XV.*

Qu'y a-t-il de plus connu des antiquaires que ces malheureux palimpsestes qui nous *attristent* encore aujourd'hui, en nous laissant apercevoir des chefs-d'œuvre de l'antiquité effacés et détruits, pour faire place à des légendes ou à des comptes de famille.

J. DE MAISTRE, *Du Pape,* I, 15.

Oui, tout ce que je vois m'*attriste* ou m'épouvante.

DESTOUCHES, *l'Irrésolu,* I, 7.

J'aime pour mon plaisir et non pour m'*attrister.*

LE MÊME, même ouvrage, II, 4.

Attrister s'emploie souvent avec un nom de chose ou un nom abstrait pour complément :

Il n'y a que les plaisirs innocents qui laissent une joie pure dans l'âme; tout ce qui la souille l'*attriste* et la noircit.

MASSILLON, *Petit Carême,* IIIᵉ dimanche.

Mais, cher ami, pardonnez les inquiétudes d'un pauvre solitaire qui ne sait rien de ce qui se passe, dont tant de cruels souvenirs *attristent* l'imagination, qui ne connoît dans la vie d'autre bonheur que l'amitié.

J.-J. ROUSSEAU, *Lettres*, 13 novembre 1762.

Pendant que le souvenir de ta belle maltresse *attristera* tous mes moments.

BEAUMARCHAIS, *le Mariage de Figaro*, I, 7.

Mon sens, noircy d'un long effroy,
Ne se plaist qu'en ce qui l'*attriste*,
Et le seul désespoir chez moy
Ne trouve rien qui lui résiste.

THÉOPHILE, *Lettre à son frère*.

Et dès que l'Aquilon, ramenant la froidure,
Vient de ses noirs frimas *attrister* la nature...

BOILEAU, *Satires*, VIII.

Duquêne triomphant n'est heureux qu'à demi :
Du rival qu'il admire et du plus digne ami
Dans ses justes regrets unissant la mémoire,
Sa douleur généreuse *attriste* sa victoire.

ESMENARD, *la Navigation*, V.

Auprès de ses égaux passant sa douce vie,
Son cœur n'*est attristé* de pitié ni d'envie.

DELILLE, trad. de Virgile, *Géorgiques*, II.

Lorsque vient le soir de la vie,
Le printemps *attriste* le cœur.

LAMARTINE, *Premières Méditations*.

Nul adieu n'*attrista* le seuil de sa maison.

LE MÊME, *Harmonies*.

Il s'emploie aussi avec le pronom personnel :

Quand on dit qu'un homme est sans tristesse, ce n'est pas qu'il ne se puisse quelquefois *attrister*; mais il n'y est ni fréquent ni excessif.

MALHERBE, trad. des *Épîtres* de Sénèque, LXXXV, I.

Heureuse donc l'âme chrétienne... qui sait s'*attrister* sans abattement.

FLÉCHIER, *Oraison funèbre de M*ᵐᵉ *d'Aiguillon*.

Il y a long-tems que je vois mourir le monde sans m'*attrister*, quand ce ne sont pas mes amis qui meurent.

BUSSY-RABUTIN, *Lettres*; à M*ᵐᵉ* de Sévigné, 2 janvier 1686.

Télémaque, en s'éveillant, s'*attristoit* de ces songes si agréables.

FÉNELON, *Télémaque*, XVIII.

Ne *vous attristez* point; et quoique Dieu ne vous console guère, ne vous rebutez point de demeurer dans son sein. Le monde ne vous convient point dans votre état.

LE MÊME, *Lettres spirituelles*, CXXVIII.

N'alla-t-il pas deux jours après vous rencontrer aux Thuileries où il avoit été s'*attrister* de votre absence?

MARIVAUX, *les Fausses Confidences*, I, 14.

Or son père et sa mère, et tous ceux qui étaient autour d'elle ou la voyaient, s'*attristaient* sur elle, et pleuraient; et tous ceux qui étaient présens, pleuraient et se lamentaient.

VOLTAIRE, *Évangile de l'enfance*, c. 33.

L'église grecque lui en sut très-mauvais gré, et lui en fit de vifs reproches à ses derniers moments. Mon oncle en fut affligé, et pour mourir en paix il dit à l'archevêque d'Astracan : Allez, ne *vous attristez* pas. Ne voyez-vous pas que je vous crois infaillible aussi ?

LE MÊME, *Défense de mon oncle*, c. 21.

Le chant assez gai des bécassines, me retraçant les plaisirs d'un autre âge, au lieu de m'égayer, m'*attristoit* ; peu à peu je sentis augmenter la mélancolie dont j'étois accablé.

J.-J. ROUSSEAU, *la Nouvelle Héloïse*, part. IV, lettre 17.

Tout, dans les souvenirs de ces temps de bonheur et d'innocence, revient souvent me ravir et m'*attrister*.

LE MÊME, *les Confessions*, I, 3.

Irai-je m'*attrister* et m'échauffer la bile?

COLLIN D'HARLEVILLE, *les Mœurs du jour*, III, 12.

ATTRISTÉ, ÉE, participe.

On a dit de Charron que c'étoit Montaigne *attristé*.

D'ALEMBERT, *Éloge de Gédoyn*.

J'éprouvois un plaisir secret à contempler ce ciel grisâtre et *attristé*.

CHATEAUBRIAND, *Itinéraire de Paris à Jérusalem* : Voyage dans l'Archipel.

Nous gravimes pendant une heure ces régions *attristées* pour atteindre un col élevé que nous voyions devant nous.

LE MÊME, même ouvrage : Voyage à Rhodes.

Il rend tous ses voisins *attristés* de sa joie.

BOILEAU, *le Lutrin*, III.

Ah! Monsieur, secourez les Muses *attristées*.

PIRON, *la Métromanie*, III, 9.

Errant et fugitif, je demande Camille
A ces antres, souvent notre commun asile;
Où je vais te cherchant dans ces murs *attristés*,
Sous tes lambris, jamais par moi seul habités.

ANDRÉ CHÉNIER, *Élégies*, III.

ATTRISTANT, ANTE, adj.

Qui attriste. Ce mot, qui ne se trouve ni dans les anciens *Dictionnaires français*, ni dans la pre-

mière édition du *Dictionnaire de l'Académie,* est
d'un emploi assez récent :

> Cessons de parler de ces matières *attristantes*, et qui ne
> m'affligeroient pourtant guère, si mon cœur n'eût été na-
> vré par de plus sensibles coups.
>
>   J.-J. Rousseau, *Lettres*, 10 mai 1766.

> Le désir de faire diversion à tant d'*attristants* souvenirs,
> qui, à force d'affecter mon cœur, altéroient ma tête.
>
>   Le même, même ouvrage, 20 juin 1768.

> Ce riant tableau n'excite jamais de réflexions *attristantes*.
>
>   Le même, *la Nouvelle Héloïse.*

ATTRITION, s. f. Terme de Physique. L'action de deux corps qui s'usent par un frottement
mutuel :

> Il y a force rochers dans la mer, et force pierres, que
> l'impétuosité des flots remue et verse les unes contre les
> autres, par l'*attrition* et rencontre desquelles se fait l'arène.
>
>   Bergier, *Histoire des grands chemins de l'empire romain*,
> liv. II, c. 2, 8.

. **Attrition**, en Théologie, signifie Regret d'avoir
offensé Dieu, causé par la crainte des peines :

> Quoi, mon père ! c'est presque un article de foi que l'*at-
> trition* conçue par la seule crainte des peines suffit avec le
> sacrement? Je crois que cela est particulier à vos pères.
>
>   Pascal, *Provinciales*, X.

> Je fis entendre raison à mon oncle, et je lui amenai un
> bon religieux du couvent des Petits-Pères... auquel se joi-
> gnit son compagnon. Lorsqu'ils furent sortis d'auprès de lui
> j'entrai, et je lui demandai comment il se trouvoit de ces
> gens-là. « Fort bien, me répondit-il ; ils disent que j'ai l'*at-
> trition.* » L'état où il étoit m'empêcha de rire de la manière
> dont il parloit de ces matières-là. Je compris que ces bons
> Pères lui avoient dit, pour le consoler sur les affaires de
> l'autre monde, qu'il n'avoit pas encore la contrition, mais
> qu'il avoit déjà l'*attrition*, et ce mot lui étoit demeuré dans
> l'esprit sans qu'il en connût la force ; mais il se doutoit seu-
> lement que c'étoit quelque chose de bon.
>
>   Bussy-Rabutin, *Mémoires.*

> Cela me fait souvenir de ce que vous disoit votre oncle,
> le grand prieur de France, en mourant : « Ils disent que
> j'ai l'*attrition.* » Il en parloit comme d'une crise.
>
>   Mᵐᵉ de Sévigné, *Lettres* ; à Bussy-Rabutin,
> 28 décembre 1681.

En 1685 a paru un livre de controverse portant
ce titre :

> Éclaircissement de cette célèbre et importante question :
> Si le concile de Trente a décidé ou déclaré que l'*attrition*
> conçue par la seule crainte des peines de l'enfer, et sans
> aucun amour de Dieu, soit une disposition suffisante pour
> recevoir la rémission des péchez et la grâce de la justifica-
> tion au sacrement de pénitence.

Celui qui possédait l'*attrition* était appelé
Attrit, adj.

> M. du Pin dit, après M. Launoy, que c'est une maxime
> commune en théologie, qu'en vertu du sacrement l'homme
> d'*attrit* devient contrit.
>
>   *Dictionnaire de Trévoux.*

> *Attrit*, contrit, à genoux comparut,
> De ses péchés contant la kyrielle.
>
>   Voltaire, *la Pucelle.*

ATTROUPER, v. a. On trouve dans les an-
ciens textes les formes ATROPELER, ATROPELLER, ATRO-
PIELER, ATRUPER. Voyez le *Dictionnaire* de Sainte-
Palaye et quelques-uns des exemples qui suivent.

Assembler plusieurs personnes en troupe ou
être cause qu'elles s'assemblent.

> Plus vains et plus déçus par leur orgueil sont ceux qui
> affectent de prier dans les coins des rues, et d'*attrouper* le
> monde autour d'eux.
>
>   Bossuet, *Traité de la Concupiscence*, c. 20.

> Une querelle de théologie pouvait, il y a deux cents ans,
> bouleverser l'Europe. Le théisme n'*attroupa* jamais quatre
> personnes.
>
>   Voltaire, *Mélanges littéraires.*

> La liberté d'imprimer est un des privilèges dont les An-
> glais sont le plus jaloux. La loi ne permet pas d'*attrouper*
> le peuple et de haranguer ; mais elle permet de parler par
> écrit à la nation entière.
>
>   Le même, *Siècle de Louis XV.*

> Il (Pierre de Boissat) négligeoit ses cheveux, se laissoit
> croître la barbe, affectoit de porter des habits grossiers,
> *attroupoit* et catéchisoit les pauvres dans les carrefours.
>
>   D'Olivet, *Histoire de l'Académie.*

> Dans un bon terrain manquez-vous d'habitants? Donnez
> tous vos soins à l'agriculture qui multiplie les hommes
> et chassez les arts qui ne feroient qu'achever de dépeupler
> le pays, en *attroupant* sur quelques points du territoire le
> peu d'habitants qu'il a.
>
>   J.-J. Rousseau, *Contrat social*, II, 11.

> Le peuple aveugle est facile à séduire ; un homme qui
> dogmatise *attroupe*, et bientôt il peut ameuter.
>
>   Le même, *Lettres écrites de la Montagne.*

Quand les vanneaux *sont attroupés* et prêts à s'élever ensemble, tous agitent leurs ailes.

BUFFON, *Histoire naturelle :* Oiseaux; le Vanneau.

Les gens du monde ne *sont* pas plutôt *attroupés*, qu'ils se croient en société.

CHAMFORT, *De la société des grands, des riches, des gens du monde,* c. 3.

Le bel honneur d'*attrouper* les passants
Au bruit honteux de nos cris indécents.

J.-B. ROUSSEAU, *Épîtres,* II, 6.

Tous nos Troyens tremblants soudain *sont attroupés.*

DELILLE, l'*Énéide,* III.

Dans le passage suivant, de date fort ancienne, *attrouper* est employé en parlant des choses :

Robastre queurent sus aussi com pour tuer.
Dont li véissiés pierres et pessemens ruer
Et de lanches ferir et d'espées capler,
De maches, de plommées, merveilleus cous donner,
De leviers et de busches entour li *atroper*.

Doon de Maience, v. 10623.

Il s'emploie surtout avec le pronom personnel :

Les soldats, s'estant mis à boire et à faire bonne chère, *s'attroupent* la nuit dans la chaleur de la débauche, et courant à sa tente, le tirent hors de son lict et l'égorgent.

PERROT D'ABLANCOURT, trad. de Tacite : *Histoire,* IV, 4.

De nos jours, un imposteur s'est dit le Christ en Orient : tous les Juifs commençoient à *s'attrouper* autour de lui : nous les avons vus en Italie, en Hollande, en Allemagne, et à Metz, se préparer à tout vendre et à tout quitter pour le suivre.

BOSSUET, *Discours sur l'Histoire universelle,* II, 22.

Il n'y a qu'en l'évêché de Quimper où les paysans *s'attroupent* tous les jours, et toute leur rage est présentement contre les gentilshommes dont ils ont reçu de mauvais traitemens.

LE DUC DE CHAULNES à Colbert, 30 juin 1675. (Voyez DEPPING, *Correspondance administrative sous Louis XIV,* t. I. p. 547.)

... Et tout Paris, et tout le peuple étoit dans le trouble et dans l'émotion; chacun parloit et *s'attroupoit* pour regretter ce héros (Turenne).

Mme DE SÉVIGNÉ, *Lettres;* à Mme de Grignan, 31 juillet 1675.

Madame de Rohan, avec une poignée de gens, a dissipé et fait fuir les mutins qui *s'étoient attroupés* dans son duché de Rohan.

LA MÊME, même ouvrage; à Mme de Grignan, 16 août 1675.

(Les peuples) *s'attroupent* aux places publiques et disent

qu'ils veulent savoir ce que sont devenues tant de sommes d'argent qui ont été levées, et pourquoi on ne fait pas la paix avec la France.

LE COMTE D'ESTRADE à M. de Pomponne, 30 juillet 1677. (Voyez MIGNET, *Succession d'Espagne,* t. IV, p. 459.)

Il (le maréchal de Villeroy) entre en comédien, s'arrête, regarde, fait quelques pas. Sous prétexte de civilité, on *s'attroupe* auprès de lui, on l'environne.

SAINT-SIMON, *Mémoires,* 1722.

Cette maladresse du gouvernement indisposa tout Paris; elle apprit au peuple à murmurer, à *s'attrouper.*

VOLTAIRE, *Histoire du Parlement de Paris,* c. 104.

Pendant qu'ils s'acquittaient de ce devoir, pendant que le père et la mère étaient dans les sanglots et dans les larmes, le peuple de Toulouse *s'attroupe* autour de la maison.

LE MÊME, *Traité sur la Tolérance,* c. 1 : De Calas.

Dans les premiers temps le peuple *s'attroupait* autour de lui; il écartait quelquefois les importuns d'une manière un peu rude, que ce peuple souffrait, lui qui souffre si peu de chose.

LE MÊME, *Anecdotes sur Pierre le Grand.*

Quelques malheureux écoliers des jésuites, et quelques bourgeois protestants ayant pris querelle, le peuple *s'attroupa,* on força le collège des jésuites, mais sans effusion de sang; on emporta quelques images de leurs saints, et malheureusement une image de la Vierge, qui fut jetée dans la boue.

LE MÊME, *Fragments sur l'Histoire,* art. 21.

Cependant la foule *s'attroupoit* autour de cette ineptie.

DIDEROT, *Salon de 1767 :* Voiriot.

La crainte de l'ennemi fait que les canards se rassemblent, *s'attroupent* lentement.

BUFFON, *Histoire naturelle :* Oiseaux; le Canard.

Nous voyons tous les oiseaux qui sont écartés dans les bois, ou dispersés dans les champs, *s'attrouper* à l'arrière-saison, et, après avoir égayé de leurs jeux les derniers beaux jours de l'automne, partir de concert pour aller chercher ensemble des climats plus heureux et des hivers tempérés.

LE MÊME, *Instinct social des oiseaux.*

Telle est la condition de tous les oiseaux chasseurs; et à l'exception de quelques lâches qui s'acharnent sur une proie morte, et *s'attroupent* plutôt en brigands qu'ils ne se rassemblent en amis, tous les autres se tiennent isolés et vivent solitaires.

LE MÊME, même ouvrage.

Si nous en étions à voir arborer des couleurs séditieuses, si l'on *s'attroupait* autour de ces couleurs,... ce serait là une guerre civile.

CHATEAUBRIAND, *Discours et opinions :* Sur la loi contre les cris séditieux, mars 1819.

Atropelés se sunt bien .IIIe. entour li.

Gaufrey, v. 6388.

Les satyres legers *s'attroupent* en silence.

LEMIERRE, *la Peinture*, III.

Comme on voit' vers l'hiver les jeunes hirondelles
S'attrouper dans les airs et fuir à tire-d'ailes.

LE MÊME, *les Fastes*, VI.

... Les passereaux instruits par l'habitude,
Enhardis par leur calme et par leur attitude,
Entourent les enfants et viennent sous leur main
S'abattre et *s'attrouper* pour émietter leur pain.

LAMARTINE, *Jocelyn*, 9° époque, août 1801.

ATTROUPÉ, ÉE, participe.

... Cette ordonnance (pour la publication de quelques octrois) a été publiée au prône de l'église paroissiale dudit Noyers, ensuite de laquelle publication plusieurs personnes *attroupées* sont allé dans la maison du nommé de Selles et du nommé Millot... et les ayant pillées, outragé la femme dudit de Selles, ils l'ont traîné par les rues.

L'INTENDANT BOUCHU à Colbert, 25 janvier 1665. (Voyez DEPPING, *Correspondance administrative sous Louis XIV*, t. II, p. 27.)

Considérons les sociétés libres ou forcées des animaux quadrupèdes, soit qu'ils se réunissent furtivement et à l'écart dans l'état sauvage, soit qu'ils se trouvent rassemblés avec indifférence ou regret sous l'empire de l'homme et *attroupés* en domestiques ou en esclaves.

BUFFON, *Histoire naturelle* : Instinct social des oiseaux.

A terre ces oiseaux courent beaucoup et très-vite; ils demeurent *attroupés* tout le jour.

LE MÊME, même ouvrage : Oiseaux; le Pluvier.

Et voit-on, comme lui (l'homme), les ours ni les pan-
[thères
S'effrayer sottement de leurs propres chimères?
Plus de douze *attroupés* craindre le nombre impair,
Ou croire qu'un corbeau les menace dans l'air?

BOILEAU, *Satires*, VIII.

Qui voudra voir cicognes *attroupées*,
Doit naviguer sur l'Hébre thracien.

J.-B. ROUSSEAU, *Allégories*, I.

Ces sauvages enfants des monts arcadiens,
Ces bannis *attroupés* sous les drapeaux troyens.

DELILLE, *l'Énéide*, XII.

ATTROUPEMENT, s. m. Rassemblement souvent tumultueux :

... Il est important que vous travailliez diligemment à l'information que vous devez faire... de la sédition arrivée à Montpellier, et même que vous me donniez, s'il vous plaît, quelques nouvelles de la manière que *l'attroupement* s'est fait.

COLBERT à de Bezons, 3 octobre 1662. (Voyez DEPPING, *Correspondance administrative sous Louis XIV*, t. I, p. 82-83.)

J'ai rendu compte à S. M. de *l'attroupement* qui s'est formé ez environs de Saint-Girons, et des diligences que vous apportez pour le dissiper et punir les séditieux.

LE MÊME à Pellot, 25 septembre 1663. (Voyez DEPPING, *Correspondance administrative sous Louis XIV*, t. III, p. 342.)

Ils ravagèrent tous les endroits où ils pénétrèrent depuis la Saxe jusqu'en Lorraine; mais bientôt ils eurent le sort de tous les *attroupements* qui n'ont pas un chef habile.

VOLTAIRE, *Essai sur les mœurs*, c. 131 : Des Anabaptistes.

Le loup est au contraire l'ennemi de toute société, il ne fait pas même compagnie à ceux de son espèce. Lorsqu'on les voit plusieurs ensemble, ce n'est point une société de paix, c'est un *attroupement* de guerre, qui se fait à grand bruit avec des hurlements affreux.

BUFFON, *Histoire naturelle* : le Loup.

Il y a des oiseaux que nous ne connoissons que par les effets de cet instinct social, et que nous ne voyons que dans les moments de *l'attroupement* général.

LE MÊME, même ouvrage : Oiseaux; le Pluvier.

L'instinct social n'est pas donné à toutes les espèces d'oiseaux; mais dans celles où il se manifeste, il est plus grand, plus décidé que dans les autres animaux. Non seulement leurs *attroupements* sont plus nombreux, et leur réunion plus constante que celle des quadrupèdes, mais il semble que ce n'est qu'aux oiseaux seuls qu'appartient cette communauté de goûts, de projets, de plaisirs, et cette union des volontés qui fait le lien de l'attachement mutuel, et le motif de la liaison générale.

LE MÊME, même ouvrage : Instinct social des oiseaux.

A trois heures le fils de M. de Caraman alla s'assurer par lui-même qu'il n'y avoit point d'*attroupement* à la Tourette.

MIRABEAU, *Opinions et discours*, 26 janvier 1790.

Les Mamlouks ne connoissent rien de notre art militaire; ils n'ont ni uniformes, ni ordonnance, ni formation, ni discipline, ni même de subordination. Leur réunion est un *attroupement*, leur marche est une cohue, leur combat est un duel, leur guerre est un brigandage.

VOLNEY, *Voyage en Syrie et en Égypte* : Égypte, c. 11, § 5.

Il existe des lois contre les emblèmes, contre les *attroupements*, contre tout ce qui fait naître des alarmes et excite la sédition.

CHATEAUBRIAND, *Discours et opinions* : Sur la loi contre les cris séditieux, mars 1819.

Attroupement séditieux.
Bulletin des lois, an III.

Rébellion avec bande ou *attroupement.*
Code pénal, 576.

Tout *attroupement* armé formé sur la voie publique est interdit. Est également interdit, sur la voie publique, tout *attroupement* non armé qui pourrait troubler la tranquillité publique.
Loi du 7 juin 1848, art. 1.

De loin nous découvrons, avec étonnement,
De ces fils de l'Etna l'horrible *attroupement.*
DELILLE, *l'Énéide,* III.

On trouve dans d'anciens poëmes :
ATROPÉE, subst. fém.

.LX. mile sunt tous à une *atropée,*
Qui ont la grant chité trestoute avironnée.
Doon de Maience, v. 8915.

AU. Mot qui contient la préposition *à* et l'article *le.* Il s'emploie avec les noms masculins qui commencent par une consonne ou par une *h* aspirée.

Dans les plus anciens textes on trouve *al* soit au masculin soit au féminin :

Vint s'en *al* tabernacle; truvad le vesche Hély *al* entrée.
Les quatre Livres des Rois, I, 1, 9.

Mais la lettre *l* de *al* s'est changée en *u* devant une consonne, conformément à une loi phonétique d'une application fort générale.

Les formes du pluriel sont, dans l'ancien français, *als, as, aus,* remplacées dans le français moderne, par l'unique forme *aux.*

Voyez À, où l'on trouve de nombreux exemples de cette préposition unie à l'article *le* dans la forme *au,* et des renvois des locutions AU-DESSOUS, AU-DESSUS, etc., aux mots DESSOUS, DESSUS, etc.

A ces exemples, contenus dans l'article consacré à la préposition *A,* nous ajouterons ceux qui suivent.

Au signifie souvent *dans le.*

En parlant d'un lieu :

Il (Nemrod) établit son royaume à Babylone, *au* même lieu où la tour avoit été commencée, et déjà élevée fort haut.
BOSSUET, *Discours sur l'Histoire universelle,* I, 3.

Maintenant que le nom du roi pénètre *aux* parties du monde les plus inconnues.
BOSSUET, *Discours sur l'Histoire universelle,* I, 3.

Vous montâtes *au* trône; il n'en fut point jaloux.
J. RACINE, *Thébaïde,* I, 3.

Et vous croiriez pouvoir, sans blesser nos regards,
Faire entrer une reine *au* lit de nos Césars!
LE MÊME, *Bérénice,* II, 2.

En parlant du temps :

Elles marquoient toutes deux (des prophéties) la ruine du royaume de Juda *au* temps que le Christ viendroit.
BOSSUET, *Discours sur l'Histoire universelle,* II, 23.

Au s'emploie encore dans le sens de *dans le,* en parlant de choses soit physiques, soit morales :

On ne saigne point en ce pays *aux* rhumatismes.
Mme DE SÉVIGNÉ, *Lettres;* à Mme de Grignan, 15 mars 1676.

La fortune, pleine des grands desseins qu'elle avoit déjà conçue pour monsieur le chancelier, se hâta de lui ouvrir avant le temps l'entrée *aux* dignités.
D'AGUESSEAU, *Discours,* VIII.

Mon cœur gêné d'amour n'a vécu qu'*aux* ennuis.
RÉGNIER, *Élégies,* I.

Aux piéges, *aux* complots, *aux* embûches secrettes,
Aux lacs qu'ils ont tendus, *aux* fosses qu'ils m'ont faites,
Ces esprits factieux sont eux-mêmes tombés.
RACAN, *Psaumes,* LVI.

Je suis jeune, il est vrai; mais *aux* âmes bien nées
La valeur n'attend point le nombre des années.
P. CORNEILLE, *le Cid,* II, 2.

Viens, suis-moi, va combattre, et montrer à ton roi
Que ce qu'il perd *au* comte il le recouvre en toi.
LE MÊME, même ouvrage, III, 6.

Si tu pouvois savoir quel plaisir on a lors
De leur faire rentrer leurs nouvelles *au* corps...
LE MÊME, *le Menteur,* I, 6.

Notre amour est bien près de nous rentrer *au* sein.
MOLIÈRE, *le Dépit amoureux,* I, 1.

Je ne me trompe guère *aux* choses que je pense.
LE MÊME, même ouvrage, I, 2.

Pour rentrer *au* devoir je change de langage.
LE MÊME, *Mélicerte,* II, 5.

Laissez-moi m'assouvir dans mon courroux extrême,
Et laver mon affront *au* sang d'un scélérat.
LE MÊME, *Amphitryon,* III, 5.

IV.

Aux ballades surtout vous êtes admirable.
Le même, les Femmes savantes, III, 1.

On souffre *aux* entretiens ces sortes de combats.
Le même, même ouvrage, IV, 3.

... Tout mon espoir
N'est plus qu'*au* coup mortel que je vais recevoir.
J. Racine, Iphigénie, V, 2.

Au signifie encore *dans le* ou *pour le*, dans la locution *au besoin*, signifiant lorsqu'une chose est utile, nécessaire :

Qu'est le feu de ton zèle *au besoin* devenu ?
Malherbe, Poésies, Les larmes de saint Pierre.

Réserve ton courroux tout entier *au besoin*.
P. Corneille, Clitandre, I, 4.

Au équivaut encore à *dans le* lorsqu'on dit *s'endormir au Seigneur* :

Le pauvre monsieur de Saintes *s'est endormi* cette nuit *au Seigneur* d'un sommeil éternel.
Mme de Sévigné, Lettres; à Mme de Grignan, 1er juillet 1676.

Plein de jours, il *s'endort* peu après *au Seigneur*.
Massillon, Panégyrique de saint Bernard.

Au, dans le sens de *Avec le* :

Dans la mine de Salcedo, on trouva dans les commencements l'argent en masse. On n'avoit alors autre peine que celle de le couper *au* ciseau.
Goguet, De l'origine des lois, des arts et des sciences.

De notre sang *au* leur font d'horribles mélanges.
P. Corneille, le Cid, IV, 3.

Prendre la lune *aux* dents, seroit moins difficile.
Ha ! ha ! la lune aux dents ! repartit le docteur.
La Fontaine, Contes, Le roi Candaule et le maître en droit.

Au a aussi le sens de *pour le* :

Les écrits qu'ils (les prophètes) faisoient étoient entre les mains de tout le peuple, et soigneusement conservés en mémoire perpétuelle *aux* siècles futurs.
Bossuet, Discours sur l'Histoire universelle, II, 5.

Vil spectacle *aux* humains des foiblesses d'amour.
J. Racine, Bérénice, V, 6.

Aux pour *chez les* :

Quel rage *aux* Messinois d'avoir tant d'aversion pour les pauvres François, qui sont si aimables et si jolis !
Mme de Sévigné, Lettres; à Mme de Grignan, 28 mars 1676.

Au, servant de complément aux adjectifs et aux participes, a souvent le sens de Envers le, à l'égard du :

Ces deux bestes sont estimées estre sacrées *au* dieu Mars.
Amyot, trad. de Plutarque : Romulus.

Un homme dur au travail et à la peine, inexorable à soi-même, n'est indulgent *aux* autres que par un excès de raison.
La Bruyère, Caractères, c. 4.

Le ciel assez souvent, doux *aux* crimes des rois,
Quand il leur a montré quelque légère haine,
Répand sur leurs sujets le reste de leur peine.
P. Corneille, Andromède, I, 2.

... Qui donne à sa fille un homme qu'elle hait
Est responsable *au* ciel des fautes qu'elle fait.
Molière, Tartuffe, II, 2.

Mon courroux *aux* vaincus ne fut que trop sévère.
J. Racine, Andromaque, I, 2.

Aux yeux, sous les yeux, devant les yeux :

Tu peux pleurer, Valère, et même *aux yeux* d'Horace.
P. Corneille, Horace, V, 7.

Vous devriez leur mettre un bon exemple *aux yeux*.
Molière, Tartuffe, I, 1.

Au, *par le* :

Les bêtes ne sont point partiales en leur affection envers leur portée. Elles se laissent têter *aux* uns comme *aux* autres.
Malherbe, trad. des Épîtres de Sénèque, LXVI.

Je me suis laissé conduire *au* fameux Lope de Vega.
P. Corneille, Épître du Menteur.

Que facilement on se laisse persuader *aux* personnes qu'on aime !
Molière, le Bourgeois gentilhomme, III, 9.

Ils se laissent encore entraîner *au* monde et *au* charme de ses plaisirs criminels.
Massillon, Avent.

Ce n'est pas que M. Fagon rejetât tout ce qui s'appelle secrets, au contraire, il en a fait acheter plusieurs *au* roi : mais il vouloit dire qu'ils fussent véritablement secrets, c'est-à-dire inconnus jusque-là, et d'une utilité constante.
Fontenelle, Éloge de Fagon.

Ne nous laissons pas abattre *au* sentiment de nos foiblesses, jusqu'à perdre le soin irréprochable de la gloire et l'ardeur de la vertu.
Vauvenargues, Réflexions sur divers sujets.

Après le verbe Changer, *au* s'emploie dans un sens qui équivaut à *contre le :*

Cependant l'humble toit devient temple, et ses murs
Changent leur frêle enduit *aux* marbres les plus durs.
La Fontaine, *Philémon et Baucis.*

Et si j'en crois, seigneur, l'entretien de la cour,
Peut-être, avant la nuit, l'heureuse Bérénice
Change le nom de reine *au* nom d'impératrice.
J. Racine, *Bérénice,* I, 3.

Au, *d'après, selon le :*

J'ai un certain valet, nommé Mascarille, qui passe, *au* sentiment de beaucoup de gens, pour une manière de bel esprit.
Molière, *les Précieuses ridicules,* sc. 1.

...Je vois ma faute *aux* choses qu'il me dit.
Le même, *Tartuffe,* IV, 8.

Mais croyez-vous qu'on l'aime, *aux* choses qu'on peut
[voir?
Le même, *le Misanthrope,* V, 1.

Et ne mesurons point *au* nombre des années
La course des héros.
J.-B. Rousseau, *Odes,* II, 9. Sur la mort du prince de Conti.

Au, *à l'aide du, au moyen du :*

Lorsqu'un loup est grièvement blessé, les autres le suivent *au* sang et s'attroupent pour l'achever.
Buffon, *Histoire naturelle :* le Loup.

Au précède quelquefois un mot qui indique l'attribut d'une personne, ce qui la distingue, ce qui la caractérise :

La cigogne *au* long bec n'en put attraper miette.
La Fontaine, *Fables,* I, 18.

Plus d'une Hélène *au* beau plumage
Fut le prix du vainqueur...
Le même, même ouvrage, VII, 13.

Une grosse Aricie, *au* cuir rouge, aux crins blonds,
N'est là que pour montrer deux énormes tétons
Que malgré sa froideur Hippolyte idolâtre.
Mme Deshoulières, *Épigrammes.*

Tel ce terrible oiseau qui porte le tonnerre
Par ses ongles tranchants enlève de la terre
Le cygne *au* blanc plumage ou le lièvre peureux.
Delille, *l'Énéide,* IX.

Au, marquant l'appartenance, l'usage :

Elle alla donc bien loin, bien loin, encor plus loin ;
Enfin elle avisa dans une métairie
Où la fermière avoit besoin
D'une souillon dont l'industrie
Allât jusqu'à savoir bien laver des torchons
Et nettoyer l'auge *aux* cochons.
Perrault, *Contes :* Peau d'Ane.

Au a parfois le sens de la préposition *du* et précède le substantif servant de complément indirect à un verbe exprimant l'extraction :

Tant de seaux d'eau que j'ai tirés *au* puits pour elle.
Molière, *le Bourgeois gentilhomme,* III, 9.

Au figure quelquefois devant un nom propre, lorsque dans un esprit de dénigrement, ou par tout autre motif, on joint l'article à ce nom :

Je ramenois insensiblement et doucement à moi tous ceux des Pacifiques qui n'étoient point attachés par profession particulière *au* Mazarin.
Le cardinal de Retz, *Mémoires,* IV.

Au est souvent suivi d'un adjectif avec lequel il forme des espèces de locutions dont quelques-unes ont été critiquées comme peu françaises :

Il faut sans doute que le bon monsieur de Peyrarède n'ait pas voulu faire différence entre la raillerie et le sérieux, et que dans la liberté de notre conversation il ait pris *au criminel* quelque parole qui venoit d'une intention innocente.
Balzac, *Lettres,* XXIII.

Un enfant de quatre ans, aimable *au possible,* qui le caressoit préférablement à tout autre, n'a pas pu trouver une petite place dans son cœur.
De Larivière, *Lettres,* LXXXVII.

Avez-vous jamais dit que Cicéron écrivait *au parfait,* que la coupe des tragédies de Racine était heureuse?
Voltaire, *Lettres ;* à l'abbé d'Olivet.

AUBAIN, s. m. Terme de Chancellerie et de jurisprudence. Étranger qui n'est pas naturalisé dans le pays où il demeure :

Se aucuns *aubains* ou bâtarz muert sans oir ou sanz lignage, li rois et oirs, ou li sires souz cui il est s'il muert ou cuer de son chastel...
Établissements de saint Louis, liv. II, c. 31.

Quant à l'estranger de nation, que nous appelons *aubain,* toutes et quantes fois qu'il se vient habituer en la France et n'est naturalizé par lettres patentes du roy, il peut, tant et si longuement qu'il est sain, vendre et disposer par donations entre vifs de ses biens comme il lui plaist, tout ainsy qu'un vray et naturel françois.

Est. Pasquier, *Recherches de la France*, IV, 6.

Aubains sont étrangers, qui sont venus s'habituer en ce royaume, ou qui, en étant natifs, s'en sont volontairement étrangés.

Loisel, *Institutes coutumières*, n° 67.

Il y a deux sortes d'*aubains* : ceux que la naissance a rendus étrangers ; ceux qu'une retraite volontaire, un abandonnement de leur patrie, une abdication tacite, ou la privation de la qualité de citoyens a rendus étrangers.

D'Aguesseau, *Plaidoyers*, XXXII.

Les Genevois ne sont pas *aubains* en France ; ils jouissent de tous les privilèges des Suisses.

Voltaire, *Lettres*; à d'Argental, 2 mars 1766.

Il (le roi) règle la succession des bâtards et des *aubains* morts dans les domaines des seigneurs.

Guizot, *Histoire de la civilisation en France*.

Dans l'exemple suivant ce mot est employé figurément :

Nous avons naturalisé en nostre France le droit civil des Romains, qui du commencement nous estoit *aubain*.

Est. Pasquier, *Recherches de la France*, IX, 33.

AUBAINE, s. f. Succession aux biens d'un étranger qui meurt dans un pays où il n'est pas naturalisé :

Depuis la mort de M. de Beringhen, M. de Beringhen, son fils, aujourd'hui M. le Premier, comme quelqu'un eut demandé l'*aubaine* de mon père qui vint à mourir, dit tout haut : On a cru peut-être qu'il n'avoit point d'amis, mais je ferai bien voir qu'il étoit mon parent.

Tallemant des Réaux, *Historiettes* : Mme de Beringhen.

Il se dit, figurément et familièrement, de tout avantage inespéré qui arrive à quelqu'un :

Ce que j'ai de bien ? J'ai trois cent mille bonnes livres... — Trois cent mille livres ! Malpeste, quelle *aubaine* ! Croyez-moi, Mademoiselle, vous ne sçauriez mieux faire que de m'épouser.

Arlequin Grapignan. (Voyez Ghérardi, *Théâtre italien*, t. I, p. 48.)

Quelle *aubaine* pour ces messieurs ! Ils n'avoient jamais peut-être fait un aussi beau coup. A chaque poignée de pistoles qu'ils tiroient, je voyois leurs yeux étinceler de joie.

Le Sage, *Gil Blas*.

Je pourrois hériter d'une centaine de coups de bâton. Je n'aime point ces *aubaines*-là.

Destouches, *le Triple Mariage*.

Madame Scaliger, votre pièce a fait pleurer les vieilles et les petits garçons, les Français et les Allobroges : jamais le mont Jura n'a eu pareille *aubaine*.

Voltaire, *Lettres*; 24 octobre 1759.

Je suis tout glorieux du baiser de madame Saurin ; elle est bien hardie à cent lieues ; elle n'oserait de près. Les pauvres vieillards ne s'attirent pas de telles *aubaines*.

Le même, même ouvrage; à M. Saurin, 1770.

Sultan léopard autrefois
Eut, ce dit-on, par mainte *aubaine*,
Force bœufs dans ses prés, force cerfs dans ses bois,
Force moutons parmi la plaine.

La Fontaine, *Fables*, XI, 1.

J'ai regret, disoit-il, à mon premier seigneur :
Encor quand il tournoit la tête,
J'attrapois, s'il m'en souvient bien,
Quelque morceau de chou qui ne me coûtoit rien.
Mais ici point d'*aubaine*; ou, si j'en ai quelqu'une,
C'est de coups...

Le même, même ouvrage, VI, 11.

La peste, quelle *aubaine* ! — Et tous ces grands biens-là Sont venus en huit jours. Que dis-tu de cela ?

Destouches, *l'Ingrat*, III, 5.

Des Indes il vous vient cent mille écus d'*aubaine*.

Dufresny, *le Faux sincère*, I, 5.

Quand apporterez-vous cette petite *aubaine*
Des deux cent mille francs en contrats bien dressés ?

Voltaire, *le Dépositaire*, I, 5.

On dit souvent, en ce sens, *une bonne aubaine* :

Alors Salzedo songeant à moi, et croyant me procurer *une bonne aubaine*, me proposa comme une personne fort propre à s'acquitter de cette commission, et dont il répondoit.

Le Sage, *le Bachelier de Salamanque*, I, 11.

Instruits par les lettres que nous pourrons trouver sur lui, j'irai rendre visite au beau-père, dont j'espère encore tirer *une bonne aubaine*.

Le Grand, *Cartouche*, II, 14.

Tout le monde dit que Dubois est devenu un grand acteur ; voilà *une bonne aubaine* pour notre Rome.

Voltaire, *Lettres*.

Thomas trouve sur son chemin
Une bourse de louis pleine ;
Il l'empoche aussitôt. Lubin, d'un air content,
Lui dit : Pour nous la *bonne aubaine* !

Florian, *Fables* : les Deux Voyageurs.

Droit d'aubaine, au propre et au figuré :

Dans ces temps-là s'établirent les *droits d'aubaine* et de naufrage.

MONTESQUIEU, Esprit des lois, XXI, 17.

Le barbare *droit d'aubaine,* par lequel un étranger voit passer le bien de son père au fisc royal, subsiste encore dans tous les royaumes chrétiens, à moins qu'on n'y ait dérogé par des conventions particulières.

VOLTAIRE, Essai sur les mœurs, c. 197.

Un aigle, sur un champ prétendant *droit d'aubaine,*
Ne fait point assigner un aigle à la huitaine.

BOILEAU, Satires, VIII.

Rien n'est mordié pour lui, trop chaud ni trop pesant.
Comme il est le seigneur, quelque chose qu'il prenne,
Il dit pour ses raisons que c'est un *droit d'aubaine.*

BOURSAULT, Fables d'Ésope, V, 3.

Puisque chacun ici prend ce qui lui convient,
Par *droit d'aubaine* aussi, Finette m'appartient.

REGNARD, Ménechmes, V, 6.

Mais quel droit avez-vous sur moi? — Quel droit, ma
            [reine?
Le *droit* de bienséance, avec celui *d'aubaine.*
Vous me convenez fort, et je vous conviens mieux.

LE MÊME, le Joueur, II, 4.

On a dit aussi AUBAINETÉ, AUBANITÉ, AUBENAGE. Voyez Du Cange, *Glossaire,* Albani.

AUBE, s. f. La pointe du jour :

Si cume la clarted del *albe* est bele e clère, quand li soleilz lieved par matin, quand nule nue ne niule n'i ad.

Les quatre Livres des Rois, II, XXIII, 4.

Aube estant dict de l'aube du jour, vient de alba, et aube espine de alba spina.

H. ESTIENNE, la Precellence du langage françois.

Il monte à cheval sur l'heure que l'*aube* commençoit à paroistre, et qu'il n'y avoit encore personne debout par la ville.

BONAVENTURE DES PÉRIERS, Nouvelles, XXVIII.

L'âme qui remonte du pesché à la dévotion est comparée à l'*aube,* laquelle s'eslevant ne chasse pas les tenebres en un instant, mais petit à petit.

SAINT FRANÇOIS DE SALES, Introduction à la vie dévote.

Il m'est advis certes que je voy en cest exemple un rossignol qui, se réveillant à la prime *aube,* commence à se secouer, s'estendre, desployer ses plumes, voleter de bran-che en branche dans son buisson, et petit à petit gazouiller son délicieux ramage.

SAINT FRANÇOIS DE SALES, Traité de l'Amour de Dieu, II, 13.

Transportez-vous dans une campagne où l'on puisse apercevoir les premiers feux de l'aurore. Vous verrez d'abord blanchir à l'horizon le lieu où elle doit paraître ; et cette espèce d'auréole lui a fait donner, à cause de sa couleur, le nom d'*aube,* du mot latin alba qui veut dire blanche.

BERNARDIN DE SAINT-PIERRE, Études de la nature, X.

Ainsi se passa leur première enfance, comme une belle *aube* qui annonce un plus beau jour.

LE MÊME, Paul et Virginie.

La voie lactée formait comme une *aube* réfléchie par l'eau du fleuve.

CHATEAUBRIAND, Itinéraire de Paris à Jérusalem.

Al matin, quant primes pert li *albe,*
Esveiller est li emperère Carles.

Chanson de Roland.

Le matinet à l'*aube* quant le cler jor auron.

Chanson d'Antioche, III, v. 210.

La nuit jut en la praerie
Tant que l'*aube* fut esclairie.

Roman de Renart, v. 19247.

El matin à l'*aube* aperant,
Ke l'on solt dire, à l'ajornant.

WACE, Roman de Rou, t. II, v. 12120.

Et lors velà la belle *aube* honnorée,
A qui tu es dignement comparée,
Qui me soulaige et donne reconfort
Par quoy mon dueil retient aulcun support.

Épistre du chevalier gris. (Voyez *Poésies françoises des* XVᵉ *et* XVIᵉ *siècles,* Bibliothèque elzévirienne, t. III, p. 282.)

Un mesme tainct avoient l'*aube* et les roses.

BONAVENTURE DES PÉRIERS, Poésies.

Le lict me semble espineux,
L'*aube* me semble une serée ;
Plus ne m'est douce Cytherée,
Ny le gobelet vineux.

RONSARD, Odes retranchées, Palinodie à Denise.

Adonc Francus, que le souci réveille
S'estoit levé devant l'*aube* vermeille

LE MÊME, la Franciade, III.

Lorsque l'*aube,* en suivant la nuict qu'elle a chassée,
Espart ses tresses d'or,
Le premier mouvement qui vient à ma pensée,
C'est l'amour d'Alidor.

THÉOPHILE, Pour Mademoiselle de M...

Il voudroit que son front fust aux astres pareil,
Que je la fisse ensemble et l'*aube* et le soleil,
Que j'escrive comment ses regards sont des armes,
Comme il verse pour elle un océan de larmes :
Ces termes esgarez offensent mon humeur.

THÉOPHILE, *A. M. du Fargis.*

L'*aube* naît, puis s'enfuit par l'aurore chassée,
Par le soleil enfin l'aurore est effacée.

CHAPELAIN, *la Pucelle,* XI.

Chez elle en ces emplois l'*aube* du lendemain
Souvent la trouve encor les cartes à la main.

BOILEAU, *Satires,* X.

Dès que l'*aube* empourproit les bords de l'horizon,
Ils menoient leurs troupeaux loin de toutes approches.

LA FONTAINE, *Captivité de saint Malc.*

... Du temple déjà l'*aube* blanchit le faîte.

J. RACINE, *Athalie,* I, 1.

Vain espoir. Un rayon de l'*aube* matinale
Vient tomber sur son casque, et de ce jour douleux
Le perfide reflet les a trahis tous deux.

DELILLE, *l'Énéide,* IX.

Comme après une longue nuit,
Sortant d'un berceau de ténèbres,
L'*aube* efface les pas funèbres
De l'ombre obscure qui s'enfuit.

LAMARTINE, *Premières Méditations.*

Pourquoi balancez-vous vos fronts que l'*aube* essuie,
Forêts, qui tressaillez avant l'heure du bruit?
Pourquoi de vos rameaux répandez-vous en pluie
Ces pleurs silencieux dont vous baigna la nuit?

LE MÊME, *Harmonies,* III : Hymne du matin.

Chaque volet ouvert à l'*aube* près d'éclore
Semblait comme un ami solliciter l'aurore.

LE MÊME, *Jocelyn,* I⁰ époque, 1ᵉʳ mai 1786.

L'*aube du jour* :

Et vinrent environ l'*aube du jour* au Quesnoy.

FROISSART, *Chroniques,* I⁰ part., p. 110.

A l'*aube du jour* furent mis grant nombre de tonneliers
en besongne.

COMMINES, *Mémoires,* c. 6.

Environ un' heure devant jour ils cessarent de faire bruit,
qui nous fist penser qu'ils n'attendoient que l'*aube du jour*
pour donner feu.

MONTLUC, *Commentaires,* liv. III.

Sur le poinct de l'*aube du jour,* cest homme se leva d'aupres d'elle.

MARGUERITE DE NAVARRE, *Heptaméron,* VIII.

Il alla tout pied nuds sur l'*aube du jour,* depuis son palais de Monte-Cavallo jusques à Saincte-Marie-Major.

LE CARDINAL D'OSSAT, *Lettres;* I, 23.

Nous découvrismes à l'*aube du jour* les antipodes.

PERROT D'ABLANCOURT, trad. de Lucien, *l'Histoire
véritable,* liv. II.

Je ne craignois rien tant que l'*aube du jour* : elle arriva,
et le cruel Brinon avec elle.

HAMILTON, *Mémoires de Grammont,* c. 3.

L'*aube du jour* arrive, et d'amis point du tout.

LA FONTAINE, *Fables,* IV, 22.

Vas-tu dès l'*aube du jour,*
Secondé d'un plomb rapide,
Ensanglanter le retour
De quelque lièvre timide?

J.-B. ROUSSEAU, *Odes,* II, 2.

Préviens donc ses efforts, et dès l'*aube du jour*
Que tes soldats armés signalent ton retour.

DELILLE, trad. de *l'Énéide,* X.

On a dit, au figuré, l'*aube de l'espérance* :

Poinct n'esclaire aux enfers l'*aube de l'espérance.*

AGR. D'AUBIGNÉ, *Tragiques :* Jugement, liv. VII.

On trouve très souvent, dans l'ancien français, l'expression l'*aube crève,* pour le jour paraît :

Lendemain Saül parti l'ost en treis, et cume l'*albe* s'es-
creva, sur le rei Naas vint sudéément.

Les quatre Livres des Rois, I, xi, 11.

Et chevauchèrent toute la nuit jusques au point du jour
que l'*aube* crevoit.

FROISSART, *Chroniques,* liv. I, I⁰ part., c. 254.

Et quant vint au matin, que l'*aube* fu crevée,
Herchembaut se leva à sa male éurée.

Doon de Maience, v. 1247.

Dans le passage suivant, *aube* signifie levant et est opposé à couchant :

Tout ce qui venoit là de l'*aube* ou du couchant
Tesmoignoit que, sans flatterie,
C'estoit pour le discours plus tost que pour le chant.

SAINT-AMANT, *Ode.*

A l'*aube des mouches,* le soir :

Au tiers jour à l'*aulbe des mouches* nous apparut une isle
triangulaire bien fort ressemblante quant à la forme et
assiette à la Sicile.

RABELAIS, *Pantagruel,* IV, 9.

A l'aube des mousches, tard, le soir.
ANTOINE OUDIN, *Curiositez françoises.*

AUBE s'est dit de divers instruments faits de bois blancs.

L'aube du bât, les ais sur lesquels repose l'embourrement du bât :

La poultre toute effrayée se mist au trot... tant qu'elle rua bas Tappecoue, quoy qu'il se tint à *l'aulbe du bast* de toutes ses forces.
RABELAIS, *Pantagruel,* IV, 13.

Par *l'aulbe du bast* que je porte, dit l'asne, je te renonce et te dis fy de ta litiere, fy de ton foin et fy de ton avoine.
LE MÊME, même ouvrage, V, 7.

Aubes d'un moulin, les planches fixées à la circonférence d'une roue de moulin à eau, et sur lesquelles s'exerce l'action du liquide :

Cil qui le tient à louage (le moulin), doit livrer quevilles, fusiax, *aubes* et teles cozes menues.
BEAUMANOIR, *Coutumes de Beauvoisis,* XXXVIII, 16.

On appelle aussi *aubes* les roues des bateaux à vapeur.

AUBE, s. f. Vêtement ecclésiastique qui est fait de toile blanche, et qui descend jusqu'aux talons :

L'apostoiles respondi qu'il le sacreroit voulentiers, et le sacra et enoinst à evesque... Après li mist on l'amit sour le chief, qui senefie humilitei; et puis après *l'aube,* qui est purement blanche, qui senefie virginitei.
Récits d'un ménestrel de Reims au treizième siècle, publiés par N. de Wailly, p. 94.

Le XXVe jour de mars, tous les seigneurs cardinaulx de l'un et de l'autre collége, et tous les prélas qui pour lors estoient à Pise, s'assemblèrent en l'église Saint-Martin... tous vestus *d'aulbes* et de chapes, et aornez de mitres.
MONSTRELET, *Chronique,* I, 52.

A ung certain jour au soir, le prévost de Paris et son bourrel, accompaignez de douze hommes ou environ tenans torches alumées et portans une eschèle, avec ung prestre revestu d'une *aube* et paré de fanon et estole, vindrent ès halles.
LE MÊME, même ouvrage, c. 86.

... Le paoure frater se voulut dévestir son *aulbe...*
RABELAIS, *Pantagruel,* II, 16.

Je n'ai plus de théâtre. Je donne à mon curé les *aubes* des prêtres de Sémiramis; il faut faire une fin.
VOLTAIRE, *Correspondance générale.*

Mais où sont ly sainctz apostoles
D'aubes vestuz, d'amys coeffez.
VILLON, *Grand Testament,* Ballade.

De leurs *aubes* de lin et de leurs blancs surplis
Le vent frais du matin fait voltiger les plis.
DELILLE, *la Pitié,* IV.

Il s'est dit quelquefois d'autres vêtements blancs que ceux des ecclésiastiques :

Tout le sert et dessert feut porté par les filles pucelles mariables du lieu, belles, je vous affie... vestues de longues, blanches et deliees *aubes* à doubles ceintures.
RABELAIS, *Pantagruel,* IV, 51.

La draperie ou grande *aube* blanche qui tombe en plis parallèles et droits, est très-belle.
DIDEROT, *Salon de 1767 :* Vien.

Le mot *aube* a été aussi employé, surtout au pluriel, pour désigner les vêtements blancs qu'on mettait aux enfants quand on les baptisait :

Le fils de Clovis mort fut en *aubes* assez tost après son baptisement.
Chroniques de Saint-Denis, t. I, f° 11. (Cité par Sainte-Palaye.)

Maudite soit l'heure que je fus oncq née, et que je ne mourus en mes *aubes.*
Les quinze Joyes de mariage, I.

S'est boen e bel e covenable
Que set jorz entierement
Qui sunt de ton bapteiement,
Qu'en *aubes* ies, cresmal portant.
Chronique de Normandie, t. I, v. 6985.

Enfants d'aubes s'est dit pour enfants de chœur. Voyez LEBEUF, *Histoire des évêques d'Auxerre,* p. 568.

Dans le passage suivant, *aube* semble signifier drap, linceul :

A grant ounor antierrés fu (Hugues le Grand)
. . . .
Rice tombe, et molt rice *aube.*
PH. MOUSKES, ms., p. 330. (Cité par Sainte-Palaye.)

AUBETTE, s. f. diminutif d'*aube :*

Comme Phebus, par son cler saphirin
Purifiant l'*aubette* du matin,
Est pourjectant sa couleur auréine
Sur les climatz de terrestre machine.

Epistre du Chevalier gris. (Voyez *Poésies françoises des* xvᵉ *et*
xvıᵉ *siècles*, Bibliothèque elzévirienne, t. III, p. 271.)

En termes d'Administration militaire, on appelle *aubette* le bureau où les sous-officiers d'une garnison vont à l'ordre, parce qu'on s'y rend d'ordinaire de bon matin.

AUBÉ, adj. Vêtu d'une *aube*, et par suite :

1° Ordonné prêtre :

Vequit caste, clerc, bon moine, meilleu abbé
Et d'Agapit ly Romain fut *aubé*.

Épitaphe de Flodoard. (Voyez D. Rıvet, *Histoire littéraire de
la France* et ci-dessus, t. I, p. 102, 103, au mot Abbé.)

2° Innocent, pardonné :

Certes, j'en remain pleges ici et devant Dé
Que au jor dou joise vos randrai tous *aubez*.

Gui de Bourgogne, v. 519.

AUBE, blanc, de *albus*, a eu beaucoup de dérivés dont nous n'indiquerons que les principaux, qui tous se rattachent à cette signification générale, mais avec une si grande variété d'acceptions que tantôt il y a pour une même forme des sens très différents et tantôt aussi pour un même sens des formes très diverses :

AUBIER, s. m. La partie tendre et blanchâtre qui est entre l'écorce et le corps de l'arbre :

Tu m'as dit que les *aubiers* estoyent creux et pourris au dedans du cœur, à cause des eaux qui sont retenues sur la teste, pour la faute ou imprudence de ceux qui couppent les branches.

Bernard Palissy, *Recepte véritable.*

Le bois de cet arbre n'est formé que d'un paquet de filaments ; mais son *aubier* est si dur, qu'il fait rebrousser les meilleures haches.

Bernardin de Saint-Pierre, *Paul et Virginie.*

Revêt le tendre *aubier* d'une écorce plus dure.

Delille, *les Trois Règnes*, VI.

Ce mot *aubier* a quelquefois désigné une espèce de raisins blancs d'une chair extrêmement ferme :

Toutesfois ils les payarent au prix accoustumé, et leur donnarent ung cent de quecas, et trois panerées de francs *aubiers*.

Rabelais, *Gargantua*, I, 25.

« A Metz on les appelle *aubins* », dit Le Duchat, dans sa note sur ce passage de Rabelais.

AUBOUR, s. m. S'emploie dans le même sens qu'*aubier* :

Le bousin, à dire vérité, sert autant, mis en œuvre avec la bonne pierre, comme fait l'*aubour* trouvé en un bon bois, et mis aussi en œuvre avec ledit bois : car non seulement il le mange et consume en poudre, mais aussi il gaste ce qui est bon en luy.

Philibert de l'Orme, *Architecture*, I, 14.

La pire chose que j'aye trouvé en un bois, est ce que les Latins appellent alburnom, et nous *aubour*. Car de là vient que le bois se vermine et met en poudre pour les vers qui s'y engendrent, et ne gaste seulement sa partie, mais l'autre bois à qui il touche.

Le même, même ouvrage, X : Inventions pour bien bastir, liv. I.

Le bois est choisi sain et entier du cœur de l'arbre, sans aucun *aubour*.

Olivier de Serres, *Théâtre d'agriculture*, VIIᵉ lieu, c. 3.

La graisse des arbres suit la peau. C'est leur *aubour* et blanc, qui est le moindre du bois, et le plus aisé à pourrir et à devenir vermoulu, et principalement ès chesnes, qui neantmoins sont bien durs. Aussi faut-il tousïours oster ce blanc, qui veut avoir de bon bois. Les Latins l'appellent alburnum : et nos chappuis le nomment *aubour*.

Du Pinet, trad. de Pline, *Histoire naturelle*, XVI, 38.

Arc d'aubour s'est dit en parlant d'un arc fait d'un bois blanc particulier :

En sa main tint d'*auborc* un arc.

Tristan, vol. I, v. 1302.

Voyez Du Cange, *Glossaire :* Arcus de aubour.

AUBAIN, s. m. S'est dit aussi pour *aubier* :

Sire emperere, bien dire os,
Que tout homme est tout de mort bos,
Tout homme est vuiz, tout homme est vains,
N a point de cuer, tout est *aubain*.

G. de Coinci, *De l'emper.*, Richelieu, 2311, fᵒ 276 b. (Cité par M. Godefroy.)

AUBAIN, s. m. A signifié aussi cheval blanc :

Alixandres monta el destrier castelain,
Il estoit trestous blans, por çou claiment *aubain*.

       Roumans d'Alixandre, f° 64 d. (Cité par M. Godefroy.)

Aubeau, s. m. Est un des noms vulgaires du peuplier :

En trois especes est divisé le peuplier, distinctes par ces mots latins, populus, alba, nigra et libyca ; et en françois appellés *aubéau*, peuplier et tremble.

       Olivier de Serres, *Théâtre d'agriculture*, VIIe lieu, c. 10.

Aubarède, s. f. A été employé dans le sens de Arbre de bois blanc, ou Lieu planté d'arbres de cette espèce :

Desrober bois et *aubarede* sec ou verd.

               Coutume de Bordeaux.

Aubaredes, taillis.

          Coutume d'Aix, titre 11, art. 8, 10.

Aubarée, s. f. S'est employé de même :

J'ouy la voix de certaines vierges qui estoyent assises sous certaines *aubarées* et chantoyent le pseaume cent quatriesme.

       Bernard Palissy, *De l'agriculture*.

Il fit couler dès le soir 400 harquebusiers ; entr'autres ses gardes, dans le chasteau, et dans les *aubarées* plaça de nuict 5,000 hommes de pied et près de 2,000 chevaux.

       Agr. d'Aubigné, *Histoire universelle*, t. III, liv. I, c. 17.

Aubraie, s. f. A aussi un usage analogue :

Un chasal, qui fut Oudart Jouvenet... o toutes ses appartenances, soit en vergiers, hoches, chasaus, mesons, *aubraies*, bois, buissons, etc.

       Charte de 1308. Cité par Du Cange, *Glossaire* : Albareta.

Aubin ou aubun, s. m. Blanc d'œuf.

Aiez œufs batus, c'est assavoir moyeux et *aubuns*.

       Le Ménagier de Paris, IIe distinction, art. 5.

Les peintres, voulans contrefaire le lustre du vermillon, font la premiere couche de mine, et la charge de rosette, demeslee en un *aubin* d'œuf.

       Du Pinet, trad. de Pline, *Histoire naturelle*, XXXV.

La taye semble à l'air, et la glere veut
Semble à la mer qui fait toutes choses germer :
L'*aubin* ressemble au feu qui peut tout animer,
La cocque en pesanteur comme la terre abonde.

       Ronsard, *Sonnets divers*.

    IV.

Aubépine, s. f. Arbrisseau épineux du genre néflier, qui est propre à former des haies, des clôtures, et qui produit de petites fleurs blanches d'une odeur très agréable, disposées par bouquets ou corymbes :

Acantis, *aube espine*.

       Dictionnaire latin-françois du xiiie *siècle*. Bibliothèque nationale, n° 7692.

Viburnum, *aube espine*.

       Glossaire latin-françois du xve *siècle*.

Aubepin ou *aulbe épine*. Ce mot semble venir de albus, comme aube.

       Nicot, *Thresor de la langue françoyse*, 1606.

Une partie de cette vaste enceinte est fermée par un rempart impénétrable d'*aubépine*, proprement taillé, qui réjouit l'odorat et la vue.

       Voltaire, *Lettres* ; à M. Dupont.

Il y a des buissons qui semblent immortels. On trouve, en plusieurs endroits du royaume, des *aubépines* que la dévotion des peuples a consacrées par des images de la bonne Vierge, qui durent depuis plusieurs siècles.

       Bernardin de Saint-Pierre, *Études de la nature*, XI.

L'*aubépine* épanouissait ses grosses houppes blanches semblables à des flocons d'une neige nouvelle.

       Mme Cottin, *Élisabeth*.

Au novel temps pascour que florist l'*aubespine*,
Espousa li cuens Guis la bien faite Argentine.

       Audefroy le Bastard, *Argentine* : Romancero françois, p. 21.

     Un rocher la domine,
     Un buisson d'*aubépine*
     Est tout son horizon.

       Lamartine, *Harmonies*.

Comme l'indique le passage de Nicot cité plus haut, on trouve très fréquemment jusqu'au xviie siècle la forme :

Aubépin, s. m.

Je planteray au-dessus des portes et fenestres des chambres hautes, tout le long du terrier un grand nombre d'*aubepins* et autres arbrisseaux portant bons fruits.

       Bernard Palissy, *Jardin délectable*.

Supposé que de toutes sortes de buissons et de ronces se puissent composer des haies, neantmoins les plus utiles

                   5^l

plantes en cest œuvre, sont les *aubespins* blancs, ou espine blanche.

        Olivier de Serres, *Théâtre d'Agriculture*, VI° lieu, c. 30.

> Si ont trové le païsant
> Desous ung *aube-espin* gisant.
>   *Roman de la Rose*, v. 3681.

> Portez rameaux parvenuz à croissance
> . . . .
> *Aubepins* blancs, *aubepins* azurez,
> Et toutes fleurs de grand'beauté nayfve.
>   Cl. Marot, *Complaintes*, I.

> Tu n'as qu'un soir et ung matin (la jeunesse)
> Comme la fleur de l'*aubespin*,
> Qui flourist huy, demain fletrie.
>   *Le Débat de nature et de jeunesse.* (Voyez *Poésies françoises des xv° et xvi° siècles.* Bibliothèque elzévirienne, t. III, p. 86.)

> Bel *aubespin* verdissant,
>   Fleurissant,
> Le long de ce beau rivage,
> Tu es vestu jusqu'au bas
>   Des longs bras
> D'une lambrunche sauvage.
>   Ronsard, *Odes*, IV, 21.

> N'agueres, verd, sain et puissant,
> Comme un *aubespin* florissant,
> Mon printemps estoit delectable.
>   Régnier, *Stances*.

AUBIFOIN, s. m. Un des noms vulgaires de la centaurée bleue appelée aussi bluet :

> On est venu jusques à contrefaire la couleur des *aubifoins* ou blavelles.
>   Du Pinet, trad. de Pline, *Histoire naturelle*, XXI, 8.

> Pour le blé qu'on pensoit avoir, la récolte ne sera que d'*aubifoin* et de pavot.
>   Malherbe, trad. des *Épîtres de Sénèque*, LXXIII, iv.

> Quantes-fois avons-nous, depuis sa mort cruelle,
> Labouré les sillons d'une peine annuelle,
> Las! qui n'ont rapporté, en lieu de bons espics,
> Qu'yvraie, qu'*aubifoin*, que ponceaux inutils!
>   Ronsard, *Églogues*, 1.

AUBADE, s. f. Concert donné en plein air vers l'aube du jour, à la porte ou sous les fenêtres d'une personne :

> Il a appréhendé de l'embarras, des fêtes, des *aubades*.
>   Sedaine, *le Philosophe sans le savoir*, III, 3.

> ... Par adventure t'amye
> Sera au lict bien endormye,
> Ou peult bien estre qu'elle aura
> Ung aultre qui la secourra
> Au son de ta plaisante *aubade*.
>   *Sermon des foulx.* (Voyez *Ancien Théâtre françois*. Bibliothèque elzévirienne, t. II, p. 213.)

> De requiem les messes sont *aulbades*,
> Cierges, rameaux, et sieges, la verdure,
> Ou les amants font rondeaux et ballades.
>   Cl. Marot, *Temple de Cupido*, v. 383.

> Tu as ouy le matin des *aubades*,
> Lais, virelais, et chansons et ballades.
>   Passerat, *Élégie d'un amant parlant à une porte*.

Il s'est dit quelquefois d'un concert donné à un autre moment de la journée que le matin, et au figuré on l'a employé sans tenir compte de l'heure à laquelle les choses se passent :

> Et quelquefois tu dois venir au soir
> La réveiller de tes douces *aubades*.
>   Pierre Leloyer, sieur de la Brosse.

> Fermez soigneusement votre porte ce soir.
> — Pourquoi? — Certaines gens font une mascarade
> Pour vous venir donner une fâcheuse *aubade* :
> Ils veulent enlever votre Célie.....
>   Molière, *l'Étourdi*, III, 7.

Aubade s'emploie quelquefois d'une façon plus générale dans le sens de Fête, divertissement, partie :

> Et n'oyoit-on que flutes et hautbois, *aubades*, chansons et danses de femmes qui baloyent et folastroient par tout chemin.
>   Amyot, trad. de Plutarque, *Alexandre le Grand*.

> Nous sommes attroupés tretous dessous l'ourmeau,
> N'attendant qu'un signal pour faire ici gambade,
> Et vous venez, dit-on, désaccorder l'*aubade*.
>   La Fontaine, *Je vous prens sans verd*, sc. 14.

> Hubert me fesait rire avec ses pasquinades;
> Et j'entrais dans la tombe au son de ses *aubades*.
>   Voltaire, *Épîtres*.

La Fontaine l'a employé dans un sens libre :

> Chacun d'eux pourtant s'éveilla,
> Bien étonné de telle *aubade*.
> Le roi Lombard dit à part soi :
> Qu'a donc mangé mon camarade?
>   La Fontaine, *Contes* : Joconde.

AUBADE se dit, figurément et par ironie, D'une insulte, d'une avanie, d'une peur faite avec vacarme à quelqu'un :

Devant ces devises elle n'oublia pas de le servir d'*aubades* assez largement : une fois le boutoit du couste en escripvant, une autre fois luy getloit des pierretes, tant qu'il brouilloit ce qu'il faisoit, et luy failloit recommencer.

             Les Cent Nouvelles nouvelles, XXIII.

Certain nombre choisi de leur cavalerie (des Tard-venus) fit vingt-cinq lieues en une nuit, et se trouva le lendemain aux portes du Saint-Esprit qui n'attendoit pas une telle *aubade*, le surprit et le saccagea.

             MÉZERAY, *Histoire de France : Jean.*

M. le maréchal d'Humières a marché avec une assez grosse armée et trente-deux pièces de canon de 24, disant qu'il alloit prendre Bitche et Hombourg ; mais comme il n'étoit pas besoin de si grands frais pour une telle conquête, on croit que MM. de Strasbourg pourroient avoir l'*aubade*, si leurs députés, qui sont à Paris, ne se dépêchent de parler françois.

        LE MARQUIS DE TRICHATEAU, *Lettres;* à Bussy, 24 septembre 1679.

Nous amener Monsieur votre père, quelle *aubade!* On dit que c'est l'homme du monde le plus extraordinaire.

             DANCOURT, *la Folle Enchère*, sc. 19.

Dieu me garde des sifflets. Lefranc fait bien tout ce qu'il peut pour m'attirer cette *aubade*.

          VOLTAIRE, *Lettres;* à M. Berger, janvier 1736.

> La finesse le prebstre a teue
> Afin de complaire aux mignons,
> Mais les seigneurs dont nous parlons
> Eurent tous pour ce coup l'*aubade*,
> Chascun fut, que nous ne faillons
> De la grant peur trois jours malade.

        VILLON, *les Franches repues*, II : De l'Épidémie.

> Et pourtant se donne soy garde
> Chascun qui aura belle femme,
> Qu'on ne lui joüe telle *aubade*
> Pour la repeue : c'est grand diffame.

        LE MÊME, même ouvrage, V : Du Pelletier.

C'est... ma femme.—A vous seul? Sur ses seules œillades Je crois que votre front a d'étranges *aubades*.

       MONTFLEURY, *l'Ambigu comique*, III° intermède, sc. 11.

Lui dirai-je? Oui, morbleu ! Je veux qu'il ait l'*aubade;* Je me fais un plaisir de voir comme un lourdaut Apprend qu'à son insçu son honneur fait le saut.

       LE MÊME, même ouvrage, III° intermède, sc. 15.

Pendant quelques moments occupe ici ma place, Ma Cécile m'appelle auprès de ses appas. Si l'on me vient chercher, dis que je n'y suis pas. — Je me passerois bien d'une pareille *aubade*.

         BOURSAULT, *le Mercure galant*, IV, 5.

Me voilà tout troublé. Cette *aubade* mortelle Va pour huit jours au moins démonter ma cervelle.

           J.-B. ROUSSEAU, *l'Hypocondre*, II.

Donner l'aubade, une aubade, des aubades.
Au propre et au figuré :

Nostre jeunesse gaillarde... lassée des folatreries du soir, eut volontiers bien haute heure au lict, sans l'*aubade* que *donnerent* les paysans villageois.

         JACQUES YVER, *le Printemps d'Yver.*

Et une *aubade* que luy *donnerez* tous les ans, le premier jour du mois de may, tant qu'il vivra.

     BONAVENTURE DES PÉRIERS, *Nouvelles*, LI.

Au logis de son avocat, où elle dina, le peuple vint lui *donner l'aubade* avec des violons, des tambours et des trompettes.

      TALLEMANT DES RÉAUX, *Historiettes :* M. de Senecterre.

Qu'il aille au diable, avec sa sérénade. Je vais songer à lui *donner l'aubade*, moi.

         REGNARD, *la Sérénade*, sc. 1.

> Or ça, parlons des tabourins.
> Lesquels s'en vont tous les matins
> Aux dames *donner des aubades*.

    Sermon des Foux. (Voyez *Ancien Théâtre françois.*
    Bibliothèque elzévirienne, t. II, p. 221.)

> Souventesfoys par devant la maison
> De monseigneur viennent à grand'foyson
> *Donner l'aulbade* à coups de hacquebutes,
> D'un autre accord qu'espinettes ou flustes,

        CL. MAROT, *Épîtres*, I, 3.

> Quand le matin ils m'ont *donné l'aubade*,
> J'ai sur le soir encor la sérénade,
> D'un ton semblable, et pour combie d'ennuis
> Les loups-garoux hurlent toutes les nuits.

         BOISROBERT, *Épîtres*, II.

> Sans se défier de l'*aubade*
> Que *donne* le traître ennemi
> Au peuple troyen endormi.

         SCARRON, *Virgile travesti*, II.

Huit ou dix jours après, vous prîtes un bâton, Et me fîtes sentir, en me *donnant l'aubade*, Que grâces à mes soins vous n'étiez plus malade.

         DESTOUCHES, *l'Ingrat*, II, 7.

Sonner l'aubade, une aubade, des aubades :

Puis quand toute leur armée estoit rangée en bataille à la veuë de l'ennemi, le roy adonc sacrifioit aux dieux une chevre, et quant et quant commandoit aux combattans qu'ils missent tous sur leurs testes des chapeaux de fleurs, et aux joueurs de flustes, qu'ils *sonnassent l'obade* qu'ils appellent la chanson de Castor, au son et à la cadence de laquelle lui-même commençoit à marcher le premier.

Amyot, trad. de Plutarque, Lycurgue.

On raconte des sciatiques que quand les gouttes les tourmentent le plus, si on leur *sonne quelque douce aubade* de flustes, ilz en sentent leur douleur allégée.

Le même, Projet d'éloquence royale.

Arion, qui fut revêtu de tous ses accoutrements, prit sa harpe et se planta sur le tillac, puis commença *sonner une aubade* haute et harmonieuse.

Saliat, trad. d'Hérodote, I, 24.

Là menestriers ne *sonnerent aubades,*
Là baladins ne jecterent gambades.

Cl. Marot, Histoire de Léandre et Hero.

AUBÈRE, adj. des deux genres.

Il se dit d'un cheval dont le poil est couleur de fleur de pêcher, entre le blanc et le bai :

Cheval *aubère*, cheval poil de pêcher, ou cheval poil de mille fleurs. C'est un cheval qui a le poil blanc, mais varié et semé par tout le corps de poil alezan et de bai. Leur peu de sensibilité à la bouche et aux flancs est cause qu'on ne les estime guère, outre qu'ils sont fort sujets à perdre la vue.

Guillet, les Arts de l'homme d'épée.

Il s'emploie aussi comme substantif masculin, pour désigner la robe du cheval aubère :

L'*aubère* clair, l'*aubère* foncé, l'*aubère* rougeâtre, brunâtre, etc.

Dictionnaire de l'Académie, 1835.

AUBERGE, s. f.

En 1606, il est ainsi décrit dans le *Dictionnaire* de Nicot :

Auberge, ou comme d'autres escrivent, mais induëment *aulberge*... est le logis où l'on demeure. Combien qu'aucuns dient qu'il doit estre prins pour hostellerie, Hospitium, ainsi que l'Espagnol en use, disant Alvergueria pour hostellerie, et comme les chevaliers malthois usent de ce mot *alberge*, pour la sale où tous les chevaliers d'une nation se reduisent pour adviser aux affaires. Mais et l'Italien Albergo, et ledit Espagnol Alvergue, ès livres d'Amadis en Espagnol, et le François Auberge se trouvent usitez pour toute de-

meure close et couverte. Domus, habitaculum. Nicot en ses odes :

La mort tel cœur ne domine,
Qui s'affine
En telle flamme, et point ne vit
Chez luy, mais en autre auberge
Il s'heberge
Et ailleurs est escondit.

Or ne sont-ce pas mesmes mots que *Auberge*, Heberge et Esberge, ains sont synonymes.

Nicot, Thresor de la langue françoyse.

En 1694, l'Académie a défini ce mot : « maison où l'on donne à manger à tant par repas, et où on loge en chambre garnie » ; mais, au commencement du xviie siècle, on hésitait encore sur sa signification et l'on croyait utile de la préciser comme on le voit par le premier des exemples qui suivent :

Notre Espagnol ne s'en émut non plus que s'il avoit été en son hôtellerie ou *auberge*.

Scarron, le Roman comique, I,

Je ne doute point du tout qu'elle n'en fût tout à fait incommodée (du voyage à la Trappe), ce lieu-ci étant aussi dépourvu qu'il est de tout secours humain des villes, des *auberges*, et sa santé étant aussi délicate qu'elle est.

Rancé, Lettres; septembre 1687.

On mange à table d'*auberge* dans presque toutes les maisons garnies cy-devant désignées à vingt, à trente ou à quarante sols par repas... Il y a d'ailleurs quelques *auberges* où il y a trois tables différentes, à quinze, à vingt et à trente sols par repas... Les gens qui ne peuvent faire qu'une très-médiocre dépense, trouvent d'ailleurs dans tous les quartiers de Paris de petites *auberges* où on a de la soupe, de la viande, du pain et de la biere à suffisance pour cinq sols.

Abraham de Pradel, le Livre commode des adresses de Paris pour 1692.

... Tâchez de le loger dans une *auberge* près de vous, afin qu'il puisse plus commodément profiter de vos sages avis.

La Précaution inutile, sc. 7. (Voyez Ghèrardi, Théâtre italien, t. I, p. 460.)

... Ce seroit porter vostre zèle trop loin que de faire des perquisitions dans les maisons des bourgeois et dans les *auberges* pour en enlever les pistolets de cette espèce (les pistolets de poche)...

Le chancelier de Pontchartrain à Lerey, procureur du roi à la police, à Bourges, 3 avril 1714. (Voyez Depping, Correspondance administrative sous Louis XIV, t. II, p. 872.)

Sentant mes espèces tirer à leur fin, j'en ménageois le chétif reste. Je prenois moins souvent des repas à mon auberge et bientôt je n'en pris plus du tout.

J.-J. Rousseau, les Confessions, I, 4.

En attendant mon départ de Paris, dont je n'avois pas encore fixé le jour, je me mis dans une de ces petites auberges à qui le mépris de la pauvreté a fait donner le nom de gargotes.

Marivaux, le Paysan parvenu, Ire part.

J'avais envoyé mon valet en avant me choisir une auberge.

Picard, Filles à marier, I, 8.

T'ai-je encore décrit la dame brelandière,
Qui des joueurs chez soi se fait cabaretière ;
Et souffre des affronts que ne souffriroit pas
L'hôtesse d'une auberge à dix sous par repas?

Boileau, Satires, X.

Il s'est même informé pour une hôtellerie.
Moi, dans les hauts projets dont mon âme est remplie,
J'ai d'abord enseigné l'auberge que voici.

Regnard, les Ménechmes, II, 1.

La Fontaine a dit figurément : l'auberge de l'hyménée :

L'auberge enfin de l'hyménée
Lui fut pour maison assignée (à la Discorde).

La Fontaine, Fables, VI, 20.

Lamartine a dit : les auberges du pauvre, pour les Hôpitaux :

Oh! de la charité j'entrevois la merveille,
Ces auberges du pauvre où l'on bénit ses pas,
Ces toits de Dieu, ces lits de ceux qui n'en ont pas.

Lamartine, Jocelyn, Ve époque : Dans l'hôpital de Grenoble, 5 août 1795.

Auberge se dit, en plaisantant, D'une maison où l'on reçoit, où l'on loge beaucoup de monde :

En vérité, je suis ravie de penser que vous ne vous ruinerez cet hiver ni à Aix, ni dans votre auberge.

Mme de Sévigné, Lettres ; à Mme de Grignan, 30 octobre 1680.

J'espère, si je suis en vie, que Ferney sera une de vos auberges dans votre voyage.

Voltaire, Lettres ; à d'Alembert.

Cette place est onéreuse, elle force à tenir auberge.

Dictionnaire de l'Académie, 1798.

Prendre la maison de quelqu'un pour une auberge.

Même ouvrage, 1835.

Auberge a signifié aussi Droit de gîte, logement de troupes. C'est ce sens qu'il a dans le passage suivant :

Je voulus être de l'auberge, à cause du beau monde que le soldat m'avoit promis dans cette maison.

Hamilton, Mémoires de Grammont, c. 3.

AUBERGE, s. f. Sorte d'abricot. Voyez ALBERGE, t. II, p. 674.

AUBERGISTE, s. des deux genres.
Celui ou celle qui tient auberge :

Il me semble que les aubergistes pourroient subsister ; on s'y accoutume insensiblement (il s'agit d'une taxe).

Le comte de Pontchartrain au président de Harlay, 1er juillet 1693. (Voyez Depping, Correspondance administrative sous Louis XIV, t. II, p. 268.)

Je vois bien que vous parlez d'une querelle qu'elle eut avec l'aubergiste qui vouloit qu'elle sortît de chez lui.

Marivaux, la Vie de Marianne, II.

Les aubergistes ou hôteliers sont responsables, comme dépositaires, des effets apportés par le voyageur qui loge chez eux.

Code civil, 1952.

Viennent baigneur, marchand, tailleur, hôte, aubergiste.

Piron, la Métromanie, I, 6.

Aubergiste s'est dit en plaisantant de Celui qui reçoit, qui loge beaucoup de monde chez lui :

J'ai été pendant quatorze ans l'aubergiste de l'Europe, et je me suis lassé de cette profession.

Voltaire, Lettres ; 30 mars 1768.

AUBERGINE, s. f. Espèce de morelle qui porte des fruits de forme allongée comme les concombres, et de couleur violette.
Il se dit aussi du fruit de cette plante :

L'aubergine est un mets recherché par quelques personnes. Manger des aubergines.

Dictionnaire de l'Académie, 1835.

AUBIN, s. m. Terme de Manège.

Cheval qui va l'aubin. C'est une allure ou un train rompu, qui tient de l'amble et du galop, et qui n'est pas estimé.

Guillet, les Arts de l'homme d'épée.

Il y a encore deux autres allures, l'entrepas et l'aubin, que les chevaux foibles ou excédés prennent d'eux-mêmes, qui sont beaucoup plus défectueuses que l'amble ; on a appelé ces mauvaises allures, des trains rompus, désunis ou composés ; l'entrepas tient du pas et de l'amble, et l'aubin tient du trot et du galop.

BUFFON, *Histoire naturelle : Du Cheval.*

Anciennement, on appelait aussi *aubin* ou plutôt *hobin* une espèce de cheval d'Écosse qui avait cette allure :

La duchesse d'Autriche chevauchoit un *hobin* ardant ; il la fit cheoir.

COMMINES, *Mémoires*, VI, 7.

AUBINER, v. n. Terme de Manège. Il se dit d'un cheval qui va l'aubin.

AUCUN, UNE, adj. (de *alque* formé d'*aliquis*, quelque, et de *un*.)

Aucun est employé dans les plus anciens textes au sens de Quelqu'un, et cet emploi persiste dans le droit et la jurisprudence :

Li reis respundi : Si *alcuns* te cuntredit, fai-le venir devant mei, e pois en iert fins.

Les quatre Livres des Rois, II, XIV, 10.

Si *alguns* crieve l'oil al altre par aventure quelqe seit, si amendrad LXX solz engleis.

Lois de Guillaume, 24.

Li sires d'Anguien pourchaça tant par *aucun* sien ami que il mit Anguien en la main le roi.

Récits d'un ménestrel de Reims au treizième siècle, publiés par N. de Wailly, p. 221.

S'*auchuns* velt oïr ou savoir la vie Mahomet...

Roman de Mahomet, XI.

Il sera ma victime, et, je jure, devant
Qu'*aucun* ait jeté l'œil sur le soleil levant.

THÉOPHILE, *Pyrame et Thisbé*, I, 3.

Prenons garde qu'*aucun* ne nous vienne surprendre.

MOLIÈRE, *le Dépit amoureux*, II, 1.

Aucuns, quelques-uns, en parlant des personnes :

Tous ceulx du roy se retirerent sur le bort d'ung fossé, où ilz avoient esté le matin ; car ilz avoient craincte d'*aucuns* qu'ilz vooient marcher.

COMMINES, *Mémoires*, c. 4.

Pour ceste cause *aucuns* des philosophes anciens ont à bon droit nommé l'homme un petit monde.

CALVIN, *Institution chrestienne*, liv. I, c. 5, § 2.

Aucuns des empereurs romains ont diligemment, voire curieusement, recherché le vray usage de leur langue.

H. ESTIENNE, *De la Précellence du langage françois.*

Aucuns ont dit qu'Hélène eust esté plus belle si elle n'eust pas esté si blanche.

LE MÊME, même ouvrage.

Enfin, il demande ou un droit bien établi, ou une couleur apparente dont il puisse se servir pour persuader ses amis... et même, pour lever les scrupules qu'*aucuns* pourroient former, que par là l'État se verroit engagé en une guerre injuste et contre la foi des traités qu'il a avec l'Espagne.

LE COMTE D'ESTRADES à Louis XIV, 23 août 1665. (Voyez MIGNET, *Succession d'Espagne*, t. I, p. 220.)

Phèdre étoit si succinct, qu'*aucuns* l'en ont blâmé.

LA FONTAINE, *Fables*, VI, 1.

Les aucuns, certains, quelques-uns :

En murmuroient *les aucuns*.

FROISSART, *Chroniques*, liv. I, part. I, c. 10.

Entre les cardinaux de Rome, l'on en appelle *les aucuns* prestres, c'est-à-dire les cardinaux qui sont pourveus des anciennes cures de Rome, à la différence de ceux qui sont cardinaux-diacres.

EST. PASQUIER, *Recherches de la France*, III, 1.

Un Thibaut, comte de Champagne, s'estant donné pour maistresse la roine Blanche, mère de saint Louys, fit une infinité de chansons amoureuses en faveur d'elle, dont *les aucunes* furent transcrites en la grande salle du palais de Provins.

LE MÊME, même ouvrage, VII, 3.

Où sont les gratieux gallans
Que je suyvoye au temps jadis,
Si bien chantans, si bien parlans,
Si plaisans en faicts et en dictz ?
Les aucuns sont mortz et roydiz,
D'eulx n'est-il plus rien maintenant :
Respit ils ayent en paradis,
Et Dieu saulve le remenant !

VILLON, *Grand Testament*, XXIX.

Au pied du mont, vaincu,
Cupido, sans escu,
Caressoit *les aucunes ;*
Ses mal-heurs leur contoit :
Mais aux Muses portoit
Toujours grandes rancunes.

Le Triomphe des Muses contre Amour, à la suite des *Quinze Joyes de Mariage.*

La locution *les aucuns* a souvent *les autres* pour corrélatif ;

Les aucuns prioit; aux *autres* promettoit ou donnoit or, argent ou joyaux.

Froissart, *Chroniques,* liv. I, Ire part., c. 9.

Les auôuns payoient et *les autres* non.

Le même, même ouvrage, liv. I, Ire part., c. 81.

Les aulcuns disoyent que de humeur il n'y en avoit goutte en l'aer dont on esperast avoir pluye... *les aultres* gens disoyent que c'estoit pluye des antipodes.

Rabelais, *Pantagruel,* II, 2.

Les aucuns (de nos autheurs) sont d'advis que l'ancienne et première police des François fut sous un gouvernement de ducs et non de roys, jusques au temps de Pharamond ; et *les autres* tiennent que depuis la deffaite des Troyens, les François furent toujours gouvernez par un monarque.

Est. Pasquier, *Recherches de la France,* I, 15.

On disait aussi quelquefois *d'aucuns, d'aucunes :*

Nous ne regardons pas ici quelles graces nostre seigneur a conferées à *d'aucuns,* mais quel ordre il a tenu pour lors.

Calvin, *Institution chrestienne,* liv. II, c. 11, § 6.

Il y en a *d'aucunes* qui prennent des maris seulement pour se tirer de la contrainte de leurs parents.

Molière, *le Malade imaginaire,* II, 7.

Non seulement *aucun* s'employait au sens de Quelqu'un en parlant des personnes, mais on s'en servait au sens de Quelque en parlant des choses ; signification qui a également persisté dans le langage du droit :

David se tapist en nostre cuntrée ; là ù il truved al bois *alcune* fermeted.

Les quatre Livres des Rois, I, xxiii, 19.

Manubrium, manche *daucun* outil.

Dictionnaire latin-français du xiiie siècle. Bibliothèque nationale, ms. 7692.

Ainsi geuna Solehadins trois jourz et trois nuiz sans boivre et sans mangier. Li maistres revint à lui et lui dist : « Biaus amis, il vous convient penre *aucune* chose pour vostre soustenance ; car nous seriens trop blasmei se vous ainsi mouriez çaienz par deffaute. »

Récits d'un ménestrel de Reims au treizième siècle, publiés par N. de Wailly, p. 105.

Après fait-on l'offrande en laquelle on doit offrir en la main du prestre *aucune* chose en signifiance que l'en offre son cuer à Dieu.

Le Ménagier de Paris, Ire distinction, art. 3.

J'étois en l'une des plus célèbres écoles de l'Europe, où je pensois qu'il devoit y avoir de savants hommes, s'il y en avoit en *aucun* endroit de la terre.

Descartes, *Discours de la Méthode.*

Il (la Rancune) avoit assez d'esprit et faisoit assez bien de méchants vers ; d'ailleurs, homme d'honneur en *aucune* façon.

Scarron, *le Roman comique,* I, 5.

Ma fille est d'une race trop pleine de vertu pour se porter jamais à faire *aucune* chose dont l'honnêteté soit blessée.

Molière, *Georges Dandin,* I, 4.

Cherchez les antiquités ; lisez les historiens et les saints docteurs, et montrez que, depuis l'origine du christianisme, *aucune* église véritablement chrétienne se soit établie en se séparant de toutes les autres.

Bossuet, *Réfutation du catéchisme du sieur Paul Ferri.*

... Ce grand homme (saint Bernard) n'a jamais souffert qu'on en affoiblît *aucun* (dogme) et a combattu avec une force invincible, tant pour la foi de l'Église que pour l'autorité de ses prélats.

Le même, *Histoire des variations des Églises protestantes,* I, 4.

Puissances ennemies de la France, vous vivez, et l'esprit de charité chrétienne m'interdit de faire *aucun* souhait pour votre mort.

Fléchier, *Oraison funèbre de M. de Turenne.*

Le jugement qui interviendra sur l'instance de compte contiendra le calcul de la recette et des dépenses, et fixera le reliquat précis, s'il y en a *aucun.*

Code de procédure civile, 540.

Si le titre contient hypothèque, et si *aucune* a été prise pour la sûreté de la rente.

Même ouvrage, 643.

Autrefois j'ai connu cet honnête garçon,
Et vous n'avez pas lieu d'en prendre *aucun* soupçon.

Molière, *l'Étourdi,* I, 4.

Aucuns, aucunes, quelques, en parlant des choses :

Selon ce que dit Saluste, au commencement d'un sien livre, nommé Cathilinaire, où il raconte *aucuns* merveilleux faits, tant des Rommains comme de leurs adversaires, tout homme doit fouir oiseuse, et soy exerciter aux bonnes œuvres.

Monstrelet, *Chronique,* prologue.

Aulcunes telles ames tant sont nobles, precieuses, et heroiques, que de leur deslogement et trespas nous est certains jours davant donnée signification des cieulx.

Rabelais, *Pantagruel,* IV, 27.

Les universitez de vostre monde, en leurs armoiries et

divises ordinairement portent un livre, *aulcunes* ouvert, aultres fermé.

RABELAIS, *Pantagruel*, IV, 53.

Nous disons d'*aulcuns* ouvrages, qu'ils puent à l'huyle et à la lampe, pour certaine aspreté et rudesse que le travail imprime en ceulx où il a grande part.

MONTAIGNE, *Essais*, I, 10.

Je me defendray contre ceux qui m'objecteront qu'aux exemples pris de la langue françoise je n'oppose qu'*aucuns* de l'italienne.

H. ESTIENNE, *De la Précellence du langage françois*.

Les paiements à compte, si *aucuns* ont été faits.

Code de procédure civile, 573.

La partie saisie sera tenue de proposer ses moyens de nullité, si *aucuns* elle a.

Même ouvrage, 654.

Aucune fois se trouve dans les plus anciens textes au sens de Une certaine fois, un certain jour :

E *alcune feiz* lur dist...

Les quatre Livres des Rois, I, II, 3.

Aucunes fois s'est employé beaucoup plus ordinairement au pluriel pour Certaines fois, quelquefois :

Nostre roy s'habilloit fort court, et si mal que pis ne pouvoit, et assez mauvais drap *aucunes fois*.

COMMINES, *Mémoires*, c. 8.

Ilz ne se peuvent contenir du peche denvye en blasmant *aucunes fois* a tort et sans cause les innocens.

Le Loyal Serviteur, prologue.

Or, pour exprimer la nature de ceste distinction, je ne say s'il est expedient d'emprunter similitudes des choses humaines. Les anciens le font bien *aucunes fois* : mais semblablement ils confessent que tout ce qu'ils en peuvent dire n'approche pas beaucoup.

CALVIN, *Institution chrestienne*, liv. I, c. 12, § 18.

Les anciens docteurs craignent *aucunes fois* de confesser la verité en cest endroit, pour ce qu'ils ont peur de donner occasion aux mauvais de mesdire, ou parler irreveremment des œuvres de Dieu.

LE MÊME, même ouvrage, liv. II, c. 4, § 3.

Voyant que les escholiers estoyent *aulcunes foys* de loisir, et ne sçavoyent à quoy passer temps, en eut compassion.

RABELAIS, *Pantagruel*, II, 5.

Pour commencer par *a*, au lieu de ceste lettre, ils (les Italiens) mettent quelquefois un *e* comme en comperatione

pour comparatione; *aucunes fois* un *o*, comme en scandolo, pour scandalo.

H. ESTIENNE, *De la Précellence du langage françois*.

Et se baille ce nom (de lancespessade) à un soldat qui est bien appointé et auquel on donne plus de privilège qu'aux autres (*aucunes fois* aussi est honoré de quelque charge, au defaut de ceux ausquels elle appartient).

LE MÊME, même ouvrage.

Quoi! ne sçavez-vous pas que la police a fait mettre une pancarte aux coins des rues qui défend, sur peine de la vie, à tous ouvriers de prêter la main à enfermer des filles ou des femmes à cause que ces drolesses-là d'*aucunes fois* se jettent la tête la première par les fenêtres du grenier?

(Voyez GHÉRARDI, *Théâtre italien*, édit. 1717, t. I, p. 414.)

Je l'ay leu, et bien m'en souvient,
En Aristote *aucunes fois*.

VILLON, *Petit Testament*, XXXVII.

Il suit *aucunes fois* un cerf par les foulées...
Dans ces vieilles forêts du peuple reculées
Et qui même du jour ignorent le flambeau;
Aucunes fois des chiens il suit les voix confuses...

RACAN, *Stances à Tyrsis*.

Aucun peu, quelque peu :

Le second article est que au moins vous prenez vostre esbatement et vous sachiez *aucun peu* congnoistre en curtilliage et jardinaige.

Le Ménagier de Paris, prologue.

Si *aucun* a le sens affirmatif de Quelque, il contracte naturellement un sens négatif lorsqu'il est accompagné de *ne*. Ce dernier emploi est maintenant le plus généralement en usage :

A Maubeuge y a un beau couvent de canonisses gentifemmes, lesquelles *ne* font *aucun* veu de religion, et se peuvent marier à leur volonté.

MARTIN DU BELLAY, *Mémoires*.

Au train de sa vertu (de Socrates) je *n'*y puis imaginer *aucune* difficulté ni *aucune* contrainte.

MONTAIGNE, *Essais*, II, 11.

Aucun ne feroit doubte de punir de mort le juge qui, par cholère, auroit condamné son criminel : pourquoy est-il non plus permis aux pères, et aux pédantes, de fouetter les enfans et les chastier estant en cholère?

LE MÊME, même ouvrage, II, 31.

Je *ne* vous dis *aucune* nouvelle; ce seroit aller sur les droits de ma fille.

Mme DE SÉVIGNÉ, *Lettres*; à M. de Grignan, 1670.

Il *ne* passera *aucun* fait dont vous n'aperceviez les conséquences.

BOSSUET, *Discours sur l'Histoire universelle*, Avant-propos.

Aucun des animaux *ne* causoit de l'horreur à l'homme, parce que, dans l'état où il étoit, *aucun ne* lui pouvoit nuire.

LE MÊME, même ouvrage, II, 1.

Un caractère bien fade est celui de *n'*en avoir *aucun*.

LA BRUYÈRE, *Caractères*, c. 5.

· Il (Helvétius) n'étoit occupé que de son métier, et tous les jours, à la fin de la matinée, voyoit chez lui tous les pauvres qui vouloient y venir, les écoutoit, leur donnoit des remèdes, à manger, souvent de l'argent, et *ne* refusoit jamais d'aller chez *aucun*.

SAINT-SIMON, *Mémoires*, 1707.

Ses saillies (du maréchal de Villars) étoient continuelles; il *ne* se contraignoit d'*aucune*.

LE MÊME, même ouvrage, 1710.

Je ne la connoissois (Madame d'Alègre) en façon du monde; et je *n'*avois jamais été en *aucun* commerce avec son mari.

LE MÊME, même ouvrage, 1717.

J'ai beaucoup vécu parmi les paysans, *n'*en ouïs jamais grasseyer *aucun*, ni homme, ni femme, ni fille, ni garçon.

J.-J. ROUSSEAU, *Émile*.

Une preuve incontestable que ces peuples furent long-temps barbares, c'est qu'ils détruisirent beaucoup de villes, et qu'ils *n'*en fondèrent *aucune*.

VOLTAIRE, *Annales de l'Empire*.

Le traité porte que le duc d'Orléans, second fils du roi de France, épousera une fille de l'empereur ou du roi des Romains, et qu'il aura le Milanais ou les Pays-Bas. Quand on promet une province, ou une autre, il est clair qu'on *ne* donnera *aucune* des deux.

LE MÊME, même ouvrage, 1543.

Il est démontré que si un dogme *n'*est pas nécessaire en tout lieu et en tout temps, il *n'*est nécessaire ni en *aucun* temps, ni en aucun lieu.

LE MÊME, *Politique et législation*.

Nous sommes inondés de tant de nouvelles que je *n'*en crois *aucune*.

LE MÊME, *Lettres*; 3 décembre 1771.

Ce fut là le vingt-septième et le dernier schisme considérable excité pour la chaire de Saint-Pierre. Le trône d'*aucun* royaume *n'*a jamais été si souvent disputé.

LE MÊME, *Essai sur les mœurs et l'esprit des nations :* Du concile de Bâle du temps de Charles VII.

Aucune des convocations des trois ordres *n'*ayant été fon-

dée sur des principes positifs, *aucune n'*a conduit à des résultats durables.

Mᵐᵉ DE STAËL, *Considérations sur la Révolution française*, Iʳᵉ part., c. 13.

Il *n'*est presque *aucune* grande idée, *aucun* grand principe de civilisation qui, pour se répandre partout, *n'*ait passé d'abord par la France.

GUIZOT, *Histoire de la Civilisation en Europe*.

D'avoir plusieurs seigneurs *aucun* bien je *ne* voy;
Qu'un sans plus soit le maistre, et qu'un seul soit le roy.

LA BOËTIE, *Discours de la Servitude volontaire*.

Des pasquins contre *aucun* je *ne* compose icy,
Et *ne* sçaurois souffrir des injures aussi.

THÉOPHILE, *Satires*, II.

Rome, par une loi qui *ne* se peut changer,
*N'*admet avec son sang *aucun* sang étranger,
Et *ne* reconnoît point les fruits illégitimes
Qui naissent d'un hymen contraire à ses maximes.

J. RACINE, *Bérénice*, II, 2.

Si sur la terre *aucun ne* vous croit digne
D'être haï, c'est un fort mauvais signe.

J.-B. ROUSSEAU, *Épîtres*, IV.

Aucun, accompagné de *sans*, a le même sens négatif que lorsqu'il est employé avec *ne :*

Qu'on laisse un roi tout seul, *sans aucune* satisfaction des sens, *sans aucun* soin dans l'esprit, sans compagnie, penser à lui tout à loisir, et l'on verra qu'un roi sans divertissement est un homme plein de misères.

PASCAL, *Pensées*.

On sait que dans tous les peuples du monde, sans en excepter *aucun*, les hommes ont sacrifié leurs semblables.

BOSSUET, *Discours sur l'Histoire universelle*, II, 3.

Nous partîmes le lendemain, et nous arrivâmes enfin à Paris avec beaucoup de joie, *sans* qu'il nous arrivât par le chemin *aucune* aventure considérable.

FLÉCHIER, *Mémoires sur les grands jours de 1665*.

Son père (de l'abbé de Pompadour) s'étoit bien différemment marié, d'abord à une Montgommery, après à une Rohan Guéméné, *sans* enfants d'*aucune;* enfin à une Fabri...

SAINT-SIMON, *Mémoires*, 1710.

Tallard si fait pour la cour, et si peu pour tout ce qui passe la petite intrigue, fut défait à Hochstet, *sans* presque *aucune* perte que de ceux qui voulurent bien se rendre.

LE MÊME, même ouvrage, 1715.

Aucun, accompagné d'une négation, s'employoit également au pluriel :

IV.

52

Les deux champions juroient *n'user* sur soy *d'aucunes* sorcelleries.

Est. Pasquier, *Recherches de la France*, IV, 1.

Je soutenois que, pour ôter toute sorte de semence aux divisions, il falloit cette déclaration de l'empereur de *ne* donner jamais *aucuns* imaginables secours à la couronne d'Espagne contre Votre Majesté.

Le chevalier de Gremonville à Louis XIV, 22 janvier 1668. (Voyez Mignet, *Succession d'Espagne*, t. II, p. 434.)

Nous ne devons point juger que les choses ne sont point, de cela seul que nous *n'en* avons *aucunes* idées.

Malebranche, *Recherche de la vérité*, liv. III, part. II, c. 9, § 2.

On peut juger qu'à mon âge, et fils d'un père de la cour du feu roi, et d'une mère qui n'avoit connu que les devoirs domestiques, *et sans aucuns* reproches, je n'étois en aucun commerce avec pas un de ceux que M. de Luxembourg attaquoit.

Saint-Simon, *Mémoires*, 1694.

Il (Louis XIV) *ne* donna *aucunes* étrennes cette année.

Le même, même ouvrage, 1714.

Je *ne* me mêlai plus *d'aucunes* affaires.

Montesquieu, *Lettres persanes*, VIII.

Je *n'en* ai vu *aucuns* qui n'aient plus de désirs... que de vrais besoins.

Voltaire, *Micromegas*, c. 2.

Qu'une jeune personne qui aura commis quelques fautes qui *ne* laissent *aucunes* traces après elles, subisse la même torture qu'un parricide, n'est-ce pas une barbarie inutile?

Le même, *Commentaire sur le Livre des délits et des peines*, n° 12 : De la Question.

J'ai vu beaucoup d'hymens; *aucuns* d'eux *ne* me tentent.

La Fontaine, *Fables*, VII, 2.

Aucuns monstres par moi domptés jusqu'aujourd'hui *Ne* m'ont acquis le droit de faillir comme lui.

J. Racine, *Phèdre*, I, 1.

Tel que le vieux pasteur des troupeaux de Neptune, Protée, à qui le ciel, père de la fortune, *Ne* cache *aucuns* secrets.

J.-B. Rousseau, *Odes*, III, 1.

Dans l'exemple suivant de Voltaire, *aucun* est employé tour à tour seul et avec la négation :

Je suis si éloigné d'envoyer à Paris *aucun* ouvrage que je *n'ai aucun* commerce, ni direct ni indirect, avec *aucun* libraire, ni même avec *aucun* homme de lettres.

Voltaire, *Lettres*; janvier 1760.

Dans les réponses où une phrase négative est sous-entendue, *aucun* prend nécessairement un sens négatif.

En aucune façon :

Moi, me moquer! *En aucune façon.*

Molière, *Georges Dandin*, II, 3.

Quoi, vous la soutenez? — *En aucune façon.*

Le même, *les Femmes savantes*, II, 6.

Quelquefois *aucun* suit une négation déjà accompagnée de son complément :

Il peut bien y ajouter (à une certaine matière) des couleurs et de la façon par le dessus, mais *non pas* lui donner *aucune* bonté intérieure.

Balzac, *Aristippe*, discours II.

Lorsque l'honneur est blessé mortellement, on *ne* doit *pas* songer à garder *aucunes* mesures.

Molière, *le Festin de Pierre*, III, 5.

Pour moi, je vous avoue que je *n'ai plus aucun* repos.

Mme de Sévigné, *Lettres*; à M. de Pomponne, 28 novembre 1664.

Et toutefois à dire ne veux craindre Qu'il *n'a point* eu *aucun* tort de se plaindre.

Cl. Marot, *Élégies*, VII.

Aucun se place quelquefois après son substantif :

Je traceray mes mémoires, à qui je ne donneray plus glorieux nom, bien qu'ils méritassent celuy d'histoire, pour la vérité qui y est contenue nuement et sans *ornement aucun*.

Marguerite de Valois, *Mémoires*.

(Au grand conseil) n'est traitée *chose aucune* dont les parties ne puissent prendre reiglement de leurs juges naturels et domiciliers, ou bien par les parlemens.

Est. Pasquier, *Recherches de la France*, II, 6.

Desmarets, sans *cause aucune*, s'étoit éloigné de moi, et dès que je m'en aperçus, je m'en éloignai de même.

Saint-Simon, *Mémoires*, 1714.

Il (le prince Camille, un des fils de M. le Grand) aimoit fort le vin et la table; mais il y étoit sans *agrément aucun*, comme partout.

Le même, même ouvrage, 1715.

... En un mot je m'espaçai sur lui (le premier président) sans *ménagement aucun* autant qu'il me fut possible.

Saint-Simon, *Mémoires*, 1718.

Je te dirai bien plus : sans *violence aucune*
J'aurois vu Nicanor épouser Rodogune.

> P. CORNEILLE, *Rodogune*, II, 2.

Aucun amant qui ne servit son roi,
Guerrier aucun qui ne servit sa dame.

> SAINT-ÉVREMONT, *Stances à Ninon.*

AUCUNEMENT, adv. En quelque sorte, à certains égards : .

Aliquatenus. *Aucunement.*

> G. BRITON, *Vocabulaire latin-françois*, xive siècle.

Le roi de France, ses oncles et tout le conseil imaginèrent bien tous ces points, et en étoient *aucunement* avisés et informés.

> FROISSART, *Chroniques*, liv. II, c. 82.

Pource qu'il ne se peut faire que l'honneur qui se fait par devotion ne comprene en soy quelque partie de la majesté de Dieu, sainct Jean ne pouvoit adorer l'ange sans frauder Dieu *aucunement* de sa gloire.

> CALVIN, *Institution chrestienne*, I, c. 12, § 3.

Vray est que leurs provisions estoient *aulcunement* endommagées par la tempeste precedente.

> RABELAIS, *Pantagruel*, IV, 25.

Cela seroyt tolérable *aulcunement.*

> LE MÊME, même ouvrage, IV, 33.

Perse, roy de Macedoine... baisant une sienne petite fille nommée Tratia, advisa qu'elle estoyt *aulcunement* triste.

> LE MÊME, même ouvrage, IV, 37.

Ce cordelier, plus enlangagé que docte, n'ayant quelques fois de quoy payer pour achever son heure s'amusoit à faire des comptes, qui satisfaisoient *aucunement* à ses bonnes gents de village.

> LA REINE DE NAVARRE, *Heptaméron*, XI.

Il y a beaucoup de personnes qui ont du jugement, qui cuident que tant de questions et querelles qu'on void ordinairement avenir sont maux nécessaires qu'il est expédient de tolérer *aucunement*, pour en éviter d'autres qui seroyent beaucoup plus grands.

> LA NOUE, *Discours politiques et militaires*, XII.

Je maintiendroy qu'il est (le langage italien) *aucunement* mol, à comparaison du nostre : pour le moins n'est pas si nerveux et viril.

> H. ESTIENNE, *De la Précellence du langage françois.*

Je di que leur langage (celui des Italiens) n'est si heureux à forger des vocables que le nostre, lequel de toute

ancienneté a imité *aucunement* la liberté des Grecs en ce qui concerne la composition des mots.

> H. ESTIENNE, *De la Précellence du langage françois.*

Abellard s'estant faict religieux de Saint-Denis par force, pour couvrir *aucunement* sa pudeur, toutesfois s'y estant habitué, ne laissa de faire des leçons publiques.

> EST. PASQUIER, *Recherches de la France*, III, 6.

Les troubles qui survindrent en France pour la religion troublèrent *aucunement* l'eau que l'on puisoit auparavant dans la fontaine du Parnasse.

> LE MÊME, même ouvrage, VII, 7.

Le commandement est si trouble et inconstant, qu'il excuse *aucunement*... la desobeysance.

> MONTAIGNE, *Essais*, III, 13.

Cela ne laissa pas de vous mettre *aucunement* mal aupres du roy de Navarre.

> SULLY, *Œconomies royales*, c. 26.

Ces responses l'appaiserent *aucunement*, mais non pas tant comme elles devoient.

> CARDINAL D'OSSAT, *Lettres*, V, 10.

L'importunité des orges s'addoucit *aucunement* par le fumier qu'on leur donne en l'ensemencement.

> OLIVIER DE SERRES, *Thédtre d'agriculture*, IIe lieu, c. 4.

Commode resveillé comme d'un profond sommeil par tant de clameurs, commanda qu'on lui fist venir Cleandre, qui se doutoit *aucunement* de ce qu'on tramoit contre luy.

> COEFFETEAU, *Histoire romaine*, XII.

La douleur de la perte de mon frère, qui est mort depuis peu de jours, me tient tellement saisi qu'il m'est impossible et de parler et d'escrire à mes amis : ce qui allége mon mal *aucunement* est que Dieu luy a faict la grâce de luy donner un peu de temps pour luy demander pardon de ses fautes.

> CARDINAL DE RICHELIEU, *Lettre*; au P. Cotton, mai 1619.

Elle (l'Académie) a fait céder, bien qu'avec regret, son inclination et ses règles aux instantes prières qui lui ont été faites à ce sujet, et s'est *aucunement* consolée voyant que la violence qu'on lui faisoit s'accordoit avec l'utilité publique.

> *Sentiments de l'Académie sur le Cid*, 1638.

La première scène du cinquième acte nous semble très-digne de censure, parce que Rodrigue retourne chez Chimène, non plus de nuit comme l'autre fois que les ténèbres favorisoient *aucunement* sa témérité, mais en plein jour.

> Même ouvrage.

Bien loin d'en introduire de nouveaux (des mots), elle (l'Académie) en a gardé quelques-uns qui sembloient vieillir, et dont peut-être plusieurs personnes eussent fait difficulté de se servir. Ainsi elle a employé (dans les sentiments sur le Cid) le mot « d'autant » pour dire « parce que » et celui « d'aucunement », pour dire « en quelque sorte» qui ne se disent que rarement aujourd'hui en ce sens-là.

PELLISSON, *Histoire de l'Académie*, 1653.

J'ajoute à celle-ci (à cette comédie) l'épithète de héroïque, pour satisfaire *aucunement* à la dignité de ses personnages.

P. CORNEILLE, *Épître dédicatoire de don Sanche d'Aragon*.

Nous avons.... restably *aucunement* les fortifications ruinées, payé plusieurs debtes, et fourny pour les contributions une forte somme de deniers...

LES BOURGMESTRES ET ÉCHEVINS de la ville et châtellenie de Bergues-Saint-Winox à Colbert, 4 février 1669. (Voyez DEPPING, *Correspondance administrative sous Louis XIV*, t. I, p. 302.)

> Excuse-moi *aucunement*,
> Et saches qu'en grand'pauvreté,
> Le mot dit-on communément,
> Ne gist pas trop grand'loyaulté.
>
> VILLON, *Grand Testament*, XIX.

Qui s'avoue insolvable *aucunement* s'acquitte.

P. CORNEILLE, *la Suite du Menteur*, III, 1.

> En confesseur exact il fit conter l'histoire,
> Et circonstancier le tout fort amplement,
> Pour en connoître l'importance,
> Puis faire *aucunement* cadrer la pénitence.
>
> LA FONTAINE, *Contes* : le Cas de conscience.

> Tout homme ment, dit le Sage.
> S'il n'y mettoit seulement
> Que les gens du bas étage,
> On pourroit *aucunement*
> Souffrir ce défaut aux hommes.
>
> LE MÊME, *Fables*, IX, 1.

Avec la négative, Nullement, en aucune manière :

Et le tenoient de si grand courage et de si gentil qu'il *ne* laisseroit *aucunement* qu'il ne vint sur eux pour secourir la dame et ceux du châtel.

FROISSART, *Chroniques*, liv. I, I⁰ part., c. 164.

Le jeune comte Louis *ne* s'y vouloit *aucunement* consentir.

LE MÊME, même ouvrage, liv. I, I⁰ part., c. 310.

Ne pensez *aucunement* que ne m'envoyse aussi content de vous que si ceste ville estoit en vostre disposition et me l'eussiez donnée.

Le loyal Serviteur, c. 15.

M. de Voltaire entreprend de démontrer que le prince d'Orange *n'était aucunement* redouté en France.

VOLTAIRE, *Fragments sur l'Histoire*, art. 28 : A l'occasion du Siècle de Louis XIV.

> Qu'un vain scrupule à ma flamme s'oppose,
> Je *ne* le puis souffrir *aucunement*.
>
> LA FONTAINE, *Rondeau redoublé*.

AUDACE, s. f. Hardiesse excessive :

Je suis content ne porter de ma vie couronne, ny destre digne de nom de roy, si je ne leur sçay abatre leur trop grand *audace*.

HERBERAY DES ESSARTS, *Amadis de Gaule*, III, 1.

La femme peut bailler son *audace* et impudicité, aussi bien que le fer qui a touché l'aimant, peut attirer l'autre fer.

BOUCHET, *Serées*, liv. II, p. 193.

L'*audace* de l'ancienne comédie a eu beaucoup plus d'applaudissement que la modestie de la nouvelle.

BALZAC, *Relation à Ménandre*, III⁰ part.

Le peuple, séduit par les promesses (des faux prophètes), souffroit la faim, la soif et les plus dures extrémités, et fit tant par son *audace* insensée qu'il n'y eut plus pour lui de miséricorde.

BOSSUET, *Discours sur l'Histoire universelle*, II, 8.

Que le sort de tels esprits est hasardeux, et qu'il en paroit dans l'histoire à qui leur *audace* a été funeste !

LE MÊME, *Oraison funèbre de la reine d'Angleterre*.

La mort de M. de Saint-Laurent est tout à fait édifiante : il me paroit qu'il a fini avec toute l'*audace* d'un philosophe et toute l'humilité d'un chrétien.

BOILEAU, *Lettres*, 13 août 1687, à Racine.

Ses propos durs (de La Feuillade) avec l'*audace* d'un étourdi qui compte éblouir par sa valeur, et qui croit tout permis au gendre du tout-puissant ministre, le firent détester de toute l'armée.

SAINT-SIMON, *Mémoires*, 1706.

L'*audace* de cet ambassadeur d'Angleterre (Stair), qu'il portoit également peinte dans sa personne, dans ses discours et dans ses actions, avoit révolté toute la France.

LE MÊME, même ouvrage, 1719.

Voulez-vous ma vie en réparation de l'*audace* dont vous m'accusez ?

MARIVAUX, *la Méprise*, sc. 4.

Warvick, dont l'artifice égalait l'*audace*, employa bientôt l'un et l'autre à se venger.

VOLTAIRE, *Essai sur les mœurs* : Édouard IV, Henri et Marguerite, c. 116.

Ce qui est étonnant, c'est que quand on l'interrogeoit (Damiens) sur son vol, il tomboit dans l'humiliation, et que sur son action détestable il reprenoit son *audace*.

HÉNAULT, *Mémoires*, c. 21.

Tout beau, tout beau, Carlos, d'où vous vient cette
[audace?

P. CORNEILLE, *Don Sanche*, I, 3.

Que le monde aujourd'hui se rend peu de justice !
Et qu'aux petites gens l'*audace* est un sot vice !

BOURSAULT, *les Mots à la mode*, sc. 10.

... Si vous refusez de punir leur *audace*,
Je sauroi les contraindre à me quitter la place.

DESTOUCHES, *le Médisant*, IV, 12.

... Quelle *audace!*
Quoi? tu peux, sans rougir, me regarder en face.

PIRON, *la Métromanie*, II, 4.

Descends du rang des dieux qu'usurpait ton *audace.*

LAMARTINE, *Premières Méditations.*

AUDACE est quelquefois suivi de la préposition
de et d'un complément qui indique la cause ou la
nature de l'audace :

Son courage pouvoit d'abord rendre suspecte l'*audace de
ses idées.*

FONTENELLE, *Éloge de Renau.*

On a vu le père et la mère, par *audace de tendresse*, venir jusque dans les mains du ravisseur porter de la nourriture à leurs petits.

BUFFON, *Histoire naturelle.*

... Ils (les Allemands) réunissent la plus grande *audace
de pensée* au caractère le plus obéissant.

Mme DE STAEL, *De l'Allemagne*, liv. I, c. 2, § 25.

Ils craignoient toujours d'être proscrits à leur tour par
des hommes qui iroient plus loin qu'eux dans l'*audace de
la persecution.*

LA MÊME, *Considérations sur la Révolution française*,
t. II, part. 3, c. 16, § 5.

AUDACE est souvent suivi de la préposition *de* et
d'un verbe à l'infinitif :

Voillà ou est aujourd'huy lougé nostre roy et son royaume,
qu'au temps passé souloict menasser et se faisoict craindre
contre tous : et à présent le moindre prend *audace de* le
menasser.

MONTLUC, *Discours au roy sur le faict de la paix*, 1573.

... S'il ne s'en faict prompte pugnition, il est impossible
qu'il en puisse advenir qu'une plus licencieuse *audace de*
continuer telles entreprises par les ungs ou les autres.

HENRI IV, *Lettres;* 7 octobre 1559.

Nous considérions même que les ministres d'Espagne
n'auroient pas l'*audace de* montrer évidemment à toute la

chrétienté de lui avoir fait une illusion et de s'être mo-
qués de tous les princes...

LOUIS XIV aux Électeurs, 20 décembre 1667. (Voyez MIGNET,
Succession d'Espagne, t. II, p. 275.)

Qui eût pu croire qu'on attribuât à la grâce de Jésus-
Christ l'*audace de* n'écouter plus son Église, contre son
précepte ?

BOSSUET, *Histoire des variations des églises protestantes*,
liv. I, § 26.

Maintenant chassée, poursuivie par ses ennemis implacables, qui avoient eu l'*audace de* lui faire son procès...

LE MÊME, *Oraison funèbre de la reine d'Angleterre.*

Je frappai fortement sur les discours qu'il (le régent) feroit tenir par l'*audace de* sauter par-dessus les pâques, au
milieu de Paris.

SAINT-SIMON, *Mémoires*, 1716.

Comment donc à votre âge avoir déjà l'*audace*
De me démentir...?

DUFRESNY, *la Coquette de village*, II, 7.

Payer d'audace :

Il sentit qu'il falloit *payer d'audace* en trouvant quelque
moyen d'échapper à la nécessité de se justifier.

LA HARPE, *Cours de littérature.*

D'audace a été employé par Garnier, dans le
sens de **Avec audace,** audacieusement :

Je veux mourir pour luy : mais de quelle defense
Serviront mes efforts? Je n'ay point de puissance.
Ils vous prendront de force, ainsi qu'en un troupeau
L'on voit un grand lion prendre un jeune taureau
Près les flancs de sa mere, et l'emporter *d'audace*
Quoyque pour le sauver son possible elle face.

GARNIER, *la Troade*, act. II, v. 565.

AUDACE est souvent accompagné d'une épithète
qui lui donne un sens favorable :

Combien qu'elle ne fust des plus belles, si avoit-elle une
grace avec une *audace* tant *bonne*, qu'il n'estoit possible de
plus.

LA REINE DE NAVARRE, *Heptaméron*, XLIX.

Audace se prend toujours en mauvaise part, à moins qu'il
ne soit adouci, ou par une épithète, comme *une belle audace, une sainte audace;* ou par un autre substantif qui
l'accompagne. Par exemple : « Il avoit de l'audace et de la
civilité, de la douceur et de la fierté, et on ne le pouvoit
voir sans le craindre et sans l'aimer. » C'est le portrait

que mademoiselle de Scudéry a fait du roi en décrivant l'entrée de la reine.

BOUHOURS, *Remarques nouvelles sur la langue françoise*, 1675.

Endors entre tes bras son *audace guerrière*.

VOLTAIRE, *la Henriade*, IX.

Quoi! ne craignez-vous point qu'une *audace* si *fière*
Ne puisse à leurs soupçons donner trop de lumière?

DE LA FOSSE, *Manlius*, I, 1.

Même sans être accompagné d'une épithète, *audace* se prend souvent pour Résolution, courage, fierté, avec une signification favorable :

Je prêchai l'Ascension, la Pentecôte, la Fête-Dieu dans les petites Carmélites, en présence de la reine et de toute la cour, et cette *audace* m'attira un éloge de M. le cardinal de Richelieu

LE CARDINAL DE RETZ, *Mémoires*.

L'*audace*, ou la hardiesse, ou le courage est une passion par laquelle l'âme s'efforce de s'unir à l'objet aimé, dont l'acquisition est difficile.

BOSSUET, *De la Connoissance de Dieu et de soi-même*, c. 1, art. 6.

L'amour de la liberté, celui de la gloire et des conquêtes rendoit de tels esprits (les Romains) difficiles à manier ; et cette *audace*, qui leur faisoit tout entreprendre au dehors, ne pouvoit manquer de porter la division au dedans.

LE MÊME, *Discours sur l'Histoire universelle*, III, 6.

Vous vivrez éternellement dans ma mémoire. Votre image y sera tracée non point avec cette *audace* qui promettoit la victoire ; non, je ne veux rien voir en vous de ce que la mort y efface.

LE MÊME, *Oraison funèbre du prince de Condé*.

Aux affaires extrêmes il ne faut les choses à demi, et souvent l'*audace* avec la diligence réussit.

LE DUC DE ROHAN, *Mémoires*.

Ce cri de Télémaque porte le courage et l'*audace* dans le cœur des siens.

FÉNELON, *Télémaque*.

En même temps mourut Bartet à cent cinq ans, sans avoir jamais été marié. C'étoit un homme de peu, qui avoit de l'esprit, de l'ardeur et beaucoup d'*audace*.

SAINT-SIMON, *Mémoires*, 1707.

Il ne sortoit pas un seul mot de ma bouche qui ne marquât mon *audace*.

MONTESQUIEU, *Dialogue de Sylla et d'Eucrate*.

Il y a je ne sais quel charme à le voir (Diderot) pénétrer dans les replis les plus profonds de la nature avec une *audace* qui épouvante.

GRIMM, *Correspondance*, 1er décembre 1754.

Elle (Mme Cottin) composa enfin sans timidité, mais sans *audace*.

M.-J. CHÉNIER, *Tableau historique de la littérature française*, c. 6.

Vous avez lu dans l'un des romans de Walter Scott, Quentin Durward, la peinture qu'il a faite du bourgeois de Liège : il en a fait un bourgeois de comédie, gros, mou, sans expérience, sans *audace*, uniquement occupé de mener sa vie commodément.

GUIZOT, *Histoire de la civilisation en Europe*, 7e leçon.

Et je sens que ta vue échauffe mon *audace*.

BOILEAU, *Satires*, XII : Sur l'équivoque.

Avec le même zèle, avec la même *audace*
Que je servois le père, et gardois cette place,
Et contre votre frère, et même contre vous,
Après la mort du roi je vous sers contre tous.

J. RACINE, *Mithridate*, I, 1.

Et tandis que l'Asie occupera Pharnace,
De cette autre entreprise honorez mon *audace*.

LE MÊME, même ouvrage, III, 1.

Une autre cependant a fléchi son *audace*.

LE MÊME, *Phèdre*, IV, 5

Cet aspect rend l'*audace* à mon âme attendrie.

LAMARTINE, *Jocelyn*.

On le trouve assez souvent au pluriel :

Alors ilz seront dignes de donner conseil à nostre roy, pour régler lesdictz Estatz et en ouster toutes les *audaces*, thémérités, mespris de nostre dict roy, désobéissance de sa justice et ses commandemens.

MONTLUC, *Discours au roy sur le faict de la paix*, 1573.

Deux ou trois auteurs n'auront pas plutôt adopté ces *audaces* que, d'exemple en exemple, elles acquerront non seulement de l'autorité, mais encore de l'agrément.

LAMOTTE, *Discours sur la Tragédie*, I.

Un auteur judicieux ne se permet pas les *audaces* épiques, en faisant parler ses acteurs.

LE MÊME, même ouvrage, IV.

Or triomphons, Antoine, et aux dieux rendons graces,
D'avoir de nos haineux rabbatu les *audaces*.

GARNIER, *Cornélie*, act. IV, v. 305.

AUDACE a été employé au XVIIe siècle comme terme d'Ajustement :

Audace. Ganse attachée à une agraffe pour empêcher que le bord du chapeau ne baisse. Mettre une *audace* à son chapeau.

RICHELET, *Dictionnaire*, 1680.

Il (M. du Plessis) me paroît, avec son *audace* au chapeau et cette cravate noire, comme ce maréchal qui devint peintre par amour : c'est bien l'amour aussi pour votre maison qui l'a fait devenir guerrier.

Mᵐᵉ DE SÉVIGNÉ, *Lettres*; à Mᵐᵉ de Grignan, 27 décembre 1688.

AUDACIEUX, EUSE, adj.

En parlant des personnes :

Le dict dauphin avoit environ trois ans, bel enfant et *audacieux* en parolle et ne craignoit point les choses que les aultres enfans ont acoustumé de craindre.

COMMINES, *Mémoires*, c. 20.

Quant à lui, c'étoit un grand homme ni beau ni laid et de mine assez passable; il étoit *audacieux* ou pour mieux dire insolent.

TALLEMANT DES RÉAUX, *Historiettes :* Le maréchal d'Ancre.

Elle avoit un air qui inspiroit un si grand respect et qui paroissoit si éloigné de la galanterie que le maréchal de Saint-André, quoique *audacieux* et soutenu de la faveur du roi, étoit touché de sa beauté sans oser le lui faire paroître que par ses soins et ses devoirs.

Mᵐᵉ DE LA FAYETTE, *la Princesse de Clèves*, Iʳᵉ part.

Aujourd'huy, Messieurs... le pavillon de France devient redoutable aux corsaires les plus *audacieux* : on ne fuit plus pour se sauver; mais on les cherche pour les empescher de se sauver eux-mesmes.

Discours de COLBERT, maître des requêtes et commissaire du roi aux États de Bretagne, août 1665. (Voyez DEPPING, *Correspondance administrative sous Louis XIV*, t. I, p. 486.)

Il ne falloit donc pas tant appuyer sur les défauts personnels, ni se tant fonder sur Luther, qu'ils voyoient si foible quoiqu'il fût d'ailleurs si *audacieux*.

BOSSUET, *Histoire des variations des églises protestantes*, II, 14.

C'étoit (le comte de Mailly) un homme de beaucoup d'ambition, qui se présentoit à tout, aimable s'il n'avoit pas été si *audacieux*, et qui avoit le nez tourné à la fortune.

SAINT-SIMON, *Mémoires*, 1692.

Avec ses jambes torses et une tête à faire peur, il (l'abbé de Vaubrun) ne laissoit pas d'être fort *audacieux* avec les femmes.

LE MÊME, même ouvrage, 1710.

Jamais homme ne fut si souple et si *audacieux* à la fois, si plein de ressources dans les disgrâces, si vaste dans ses desseins, ni si actif dans ses démarches.

VOLTAIRE, *Histoire de Charles XII*, liv. VIII.

Le roi d'Espagne, inébranlable dans son alliance, joignait

à nos troupes ses troupes *audacieuses* et fidèles dont la valeur ne s'est jamais démentie.

VOLTAIRE, *Panégyrique de Louis XV*.

... Il n'est souldard, tant soit *audacieux*,
Qui ne quittast lances et braquemars,
Et ne saillist hors du temple de Mars,
Pour estre moyne au temple d'amourettes.

CL. MAROT, *le Temple de Cupido*.

Loin de moi les mortels assez *audacieux*
Pour juger par eux-même et pour voir par leurs yeux.

VOLTAIRE, *Mahomet*, III, 6.

Il se dit très fréquemment de l'âme, du caractère, des diverses passions, des esprits, de la voix, etc. :

Monta le noble roy (Charles VIII) à cheval.., et sembloit que ce jeune homme fût tout autre que sa nature ne portoit, ne sa taille... Ce cheval le monstroit grant, et avoit le visaige bon et de bonne couleur, et la parolle *audacieuse* et saige.

COMMINES, *Mémoires*, VIII, 10.

Il est bien vray que le désir et la cupidité de jouir des voluptés est passion hardie et *audacieuse* à entreprendre choses diverses.

AMYOT, trad. de Plutarque, *Œuvres morales*, Que l'on ne sçauroit vivre joyeusement selon la doctrine d'Epicurus.

L'ignorance *audacieuse* a souvent présidé à la conduite des choses humaines.

BALZAC, *Aristippe*, Discours II.

Tout ce qui est haut et *audacieux* est toujours justifié et même consacré par le succès.

CARDINAL DE RETZ, *Mémoires*, IIᵉ part., 1652.

Il paroissoit quelque chose de vain et d'*audacieux* dans la bravoure de Bussy (Bussy d'Amboise).

SAINT-ÉVREMONT, *Discours sur les Historiens françois*.

Le comte de Guiche, soit par son naturel fier, soit par chagrin de voir Monsieur instruit d'une chose qu'il lui étoit commode qu'il ignorât, eut avec Monsieur un éclaircissement fort *audacieux* et rompit avec lui comme s'il eût été son égal.

Mᵐᵉ DE LA FAYETTE, *Histoire de Mᵐᵉ Henriette d'Angleterre*.

Cette *audacieuse* finesse, jointe à beaucoup d'autres et à une infinité d'intrigues, lui firent enfin obtenir le chapeau de cardinal.

Mᵐᵉ DE MOTTEVILLE, *Mémoires*.

Un homme s'est rencontré d'une profondeur d'esprit incroyable... Enfin un de ces esprits remuants et *audacieux* qui semblent nés pour changer le monde.

BOSSUET, *Oraison funèbre de la reine d'Angleterre*.

Son air libre (de la duchesse de Bouillon) étoit non seulement hardi, mais *audacieux*.

SAINT-SIMON, *Mémoires*, 1714.

Né avec un caractère bouillant dont rien n'a pu calmer l'effervescence, mes premiers mouvements sont toujours marqués par une étourderie *audacieuse* que je prends alors pour de l'intrépidité.

J.-J. ROUSSEAU, *Lettres*; 5 décembre 1770.

Le terrain était escarpé; il fallait franchir un ravin profond; il fallait essuyer tout le feu de Fontenoi et de la redoute. L'entreprise était *audacieuse*.

VOLTAIRE, *Siècle de Louis XV*.

J'ai bonne opinion d'un jeune homme quand je vois qu'il a l'esprit juste et que, néanmoins, la raison ne le maîtrise point. Je me dis : Voilà une âme forte et *audacieuse;* ses passions la tromperont souvent; mais, du moins, elle ne sera trompée que par ses passions et non par celles d'autrui.

VAUVENARGUES, *Réflexions*, 645.

Le plus *audacieux* courage
Devant vous ne fait que trembler.

THÉOPHILE, *à Cloris*, Ode.

AUDACIEUX s'emploie souvent en parlant des idées, des mots, des expressions, etc. :

On retrouve partout dans ses odes (de Ronsard) ces images pompeuses, ces graves sentences, ces métaphores et ces *expressions audacieuses* qui caractérisent le poëte thébain.

LA MOTTE, *Discours sur la Poésie*.

Nous ne manquons ni de termes hasardés ni d'*expressions audacieuses* et il n'y a encore que trop d'écrivains qui le font bien voir.

LE MÊME, *Discours sur Homère*.

Quelques-unes de celles (les idées) à qui nous donnions le nom d'*audacieuses* seront vues comme foibles et communes par nos descendants.

CHAMFORT, *Maximes et pensées*, c. 2.

Quelquefois l'intérêt passionné que m'inspire un entretien où l'on a parlé des grandes et nobles questions qui concernent l'existence morale de l'homme... m'élève audessus de mes forces, me fait découvrir dans la nature, dans mon propre cœur, des vérités *audacieuses*, des expressions pleines de vie.

Mᵐᵉ DE STAËL, *Corinne*, liv. III, c. 3, § 8.

Il (l'abbé Cesarotti) scandalise l'Académie de la Crusca, en introduisant quelques *métaphores audacieuses* dans la langue.

VILLEMAIN, *Littérature au XVIIIᵉ siècle*, 36ᵉ leçon.

Par une image neuve, un *mot audacieux*,
De la langue étonnée agrandir le génie.

LEGOUVÉ, *Vers à Lebrun*.

Quelquefois il se dit en parlant des choses :

Plus me plaist le séjour qu'ont basty mes ayeux,
Que des palais romains le front *audacieux*.

JOACH. DU BELLAY, *les Regrets*, XXXI.

Ces monts *audacieux* de leurs testes superbes
Ne perçoient point encor les airs voisins des cieux.

RACAN, *Psaumes*, LXXXIX.

Quand l'eau, comme un habit, couvroit également
Les monts *audacieux* et les humbles vallées,
A ta seule menace, on vit en un moment
De l'Océan soumis les vagues écoulées.

LE MÊME, même ouvrage, CIII.

Nous partons; nous posons nos pieds *audacieux*
Où le chasseur des monts n'ose poser ses yeux.

LAMARTINE, *Jocelyn*, IIᵉ époque, 15 avril 1793.

Ce mot s'emploie substantivement;
Un audacieux :

Je croy que la fortune nous eust ry : car on dict qu'elle aime *les audacieux*.

MONTLUC, *Commentaires*, IV.

Odoacre, pour concevoir et consommer l'entreprise aisée de détrôner Augustule, dut être *un audacieux*.

MABLY, *Observations sur l'Histoire de France*, I, 1.

Plus le péril est grand, plus il est glorieux;
La fortune est toujours pour *les audacieux*.

DESTOUCHES, *l'Ambitieux et l'Indiscrète*, I, 7.

Vénus ainsi que Bellone
Aime *les audacieux*.

J.-B. ROUSSEAU, *Thétis*, cantate VI.

Une audacieuse :

Quelle témérité à une bergère! Surprendre Sa Majesté!... se jeter à ses genoux sans l'en avertir! Il falloit châtier *cette audacieuse*.

LA FONTAINE, *Psyché*, II.

... Je céderois à *cette audacieuse*?

BOURSAULT, *le Mercure galant*, IV, 3.

AUDACIEUSEMENT, adverbe.
Avec audace, d'une manière insolente :

Monseigneur de Contay... luy dict semblables parolles et si *audacieusement* qu'il estima sa parole et son sens.

COMMINES, *Mémoires*, c. 4.

Et croy que s'il eust plus *audacieusement* parlé, il luy en fust mieulx prins, sinon que Dieu en eust ainsi ordonné.

COMMINES, *Mémoires*, V, 5.

Son fils aîné (de Saumery)... servit quelque temps subalterne, et se retira de bonne heure avec un coup de mousquet dans le genou... Jamais homme... ne tira tant de parti d'une blessure. Je disois de lui qu'il boitoit *audacieusement*.

SAINT-SIMON, *Mémoires*, 1699.

Albéroni, en attendant, se plaignoit *audacieusement* de son sort, disoit qu'il n'étoit retenu d'abandonner le chaos des affaires que par sa tendresse pour le roi et la reine d'Espagne.

LE MÊME, même ouvrage, 1717.

Puyguilhem, avec ses grandes entrées, épia un tête-à-tête avec le roi et le saisit; il lui parla de l'artillerie et le somma *audacieusement* de sa parole.

LE MÊME, même ouvrage, 1723.

S'il faut être un peu en garde contre les historiens qui remontent à la tour de Babel et au déluge, il ne faut pas moins se défier de ceux qui particularisent toute l'histoire moderne, qui entrent dans tous les secrets des ministres et qui vous donnent *audacieusement* la relation exacte de toutes les batailles dont les généraux auraient eu bien de la peine à rendre compte.

VOLTAIRE, *Histoire de l'empire de Russie*, préface historique, § 4.

AUDIENCE, s. f.

Action d'entendre, d'écouter des sons, des paroles;

Attention que l'on donne à celui qui parle :

Se au temps du très renommé et éloquent Bocace l'adventure dont je vueil fournir ma nouvelle fut advenue à son *audience* et congnoissance parvenue, je ne doubte point qu'il ne l'eust adjoustée et mise ou reng des nobles hommes mal fortunez.

Les Cent Nouvelles nouvelles, XXVIII.

Puys dist à haulte voix en presence et *audience* d'une grande tourbe du peuple Chiquanourroys : « Qui veult guaingner vingt escuz d'or pour estre battu en diable? »

RABELAIS, *Pantagruel*, IV, 16.

Autant par les fenestres de nos yeulx, nos esperitz s'estoyent oblectés à la contemplation des choses susdictes, autant en restoyt il aux aureilles à l'*audience* de cette harmonie.

LE MÊME, même ouvrage, V, 42.

Sainct Louys... se seoit au pied d'un chesne,... prestant *audience* libre à chacun.

EST. PASQUIER, *Recherches de la France*, II, 2.

Une cause, sire, beaucoup plus digne de vostre *audience*.

H. ESTIENNE, *la Précellence du langage françois* : Au Roy.

Les François ont tousjours eu cela de bon (entre autres mauvaises graces) de prester plus voulentiers *audience* et faveur aux estrangers qu'à leurs propres.

BONAVENTURE DES PÉRIERS, *Nouvelles*, XC.

Un autre ajoûtera, peut-estre, que je me fusse bien passé de vous entretenir d'un songe, et que c'est abuser de vostre *audience*, et de l'honneur que vous me faites de m'entendre si favorablement.

PERROT D'ABLANCOURT, trad. de Lucien, *le Songe*.

Non, non, messieurs, je ne m'oublie pas; non, non, je n'ignore pas combien grand et combien auguste est le monarque qui nous honore de son *audience*.

BOSSUET, *Sermons* : Sur la Providence.

A la facile *audience* de ce sage magistral, et par la tranquillité de son favorable visage, une âme agitée se calmoit.

LE MÊME, *Oraison funèbre de Michel Le Tellier*.

La fiction n'a pas le droit de se faire écouter si longtemps, quand la vérité peut à peine trouver *audience*.

VILLEMAIN, *Littérature au XVIIIe siècle*, 28° leçon.

Li sage clerc du temps, par leur grant sapience,
Le mistrent en escript et en grant *audience*.

Doon de Maience, v. 18.

... Quand je puis venir, enflé d'une nouvelle,
Donner à son repos une atteinte mortelle,
C'est lors que plus il m'aime, et je vois sa raison
D'une *audience* avide avaler ce poison.

MOLIÈRE, *D. Garcie de Navarre*, II, 1.

Disposez-vous à me prêter
Une *audience* favorable.

RÉGNIER DESMARAIS, *Poésies françoises*, t. I, p. 12.

Dans le passage suivant, *à mon audience*, signifie : puisque c'est à moi à parler, à me faire entendre :

Messeigneurs, à mon *audience*
Dire veul selon mon advis,
Et ce que en mon cueur je pense,
Puis que ad ce faire suis submis.

Le Mistere du siege d'Orleans, v. 105.

Audience s'est employé au sens d'Assemblée qui écoute, de réunion d'auditeurs.

IV.

53

S'il y a quelque pécheur impénitent, que la parole de l'Évangile, que la solennité de ces saints jours, que les ordonnances de l'Église, que le sang de Jésus-Christ n'ait pas ému; s'il y a dans cette *audience*, ah! Dieu ne le veuille pas! mais enfin s'il y a quelqu'un si rebelle, si opiniâtre, qui n'ait pas encore accepté cette voix...

BOSSUET, *Sermons :* Dimanche de Quasimodo.

Figurez-vous, chrétiens, quelle devoit être son émotion, se voyant ainsi attaquée dans une célèbre *audience*.

LE MÊME, *Panégyrique de sainte Thérèse.*

Je ne pouvois désirer, messieurs, une rencontre plus heureuse ni plus favorable, que de faire ici mon dernier discours en produisant, dans cette *audience*, le grand et admirable saint François de Paule.

LE MÊME, *Panégyrique de saint François de Paule.*

Élevez maintenant, ô Seigneur, et mes pensées et ma voix; que je puisse représenter à cette auguste *audience* l'incomparable beauté d'une âme que vous avez toujours habitée.

LE MÊME, *Oraison funèbre de Marie-Thérèse d'Autriche.*

Que s'il falloit avec tant d'éclat la tranquillité et la douceur, elle trouvoit dans un prince, aussi grand d'ailleurs que celui qui honore cette *audience*, avec les grandes qualités, celles qui pouvoient contenter sa délicatesse.

LE MÊME, *Oraison funèbre d'Anne de Gonzague.*

Il est très-vraisemblable que Cléopâtre parlait souvent dans ce goût; mais ce n'est point cette indécence qu'il faut représenter devant une *audience* respectable.

VOLTAIRE, *IIe Lettre à M. Falkener*, en tête de *Zaïre.*

AUDIENCE se dit plus particulièrement en parlant des princes, des personnes constituées en dignité, qui emploient un certain temps à écouter ceux qui ont à leur parler :

Il avoit mis sus une *audience* publicque, où il escoutoit tout le monde, par especial les povres, et si faisoit de bonnes expéditions.

COMMINES, *Mémoires*, VIII, 25.

Je n'ai vu M. le duc de Saint-Aignan que deux fois depuis son retour; car je n'ai pas été à Paris, et puis il est toujours à Versailles ou enfermé dans sa maison. Je n'y vais jamais que comme en Italie, par *audience.*

Mme DE SCUDÉRY, *Lettres;* à Bussy, 4 avril 1672. (Voyez *Correspondance de Bussy-Rabutin*, t. II, lettre 483.)

On croit assister jusqu'à la fin ou à la paisible *audience* d'un ministre, ou à la douce conversation d'un ami commode.

BOSSUET, *Oraison funèbre de Le Tellier.*

Je laisse ces *audiences* secrètes où la vérité prudente, mais

courageuse, a soutenu dans les occasions l'autorité des lois et de la justice.

FLÉCHIER, *Oraison funèbre de Lamoignon.*

Vous parlerai-je de ces *audiences* où elle recevoit les ambassadeurs, entrant dans les intérêts de chacun et parlant à chacun sa langue?

LE MÊME, *Oraison funèbre de Madame la Dauphine.*

Les *audiences* de cérémonie et d'affaires sont établies depuis longtemps à la cour: l'illustre Henriette est la première qui a établi des *audiences* réglées de piété.

MASCARON, *Oraison funèbre d'Henriette d'Angleterre.*

Mon retour à Marly fut un des premiers fruits de l'*audience* que le roi m'avoit accordée.

SAINT-SIMON, *Mémoires*, 1710.

Ses *audiences* (de Mme de Maintenon) étoient pour le moins aussi difficiles à obtenir que celles du roi.

LE MÊME, *même ouvrage*, 1715.

Pendant cette reprise j'aperçus le roi (Philippe V) piétiner, comme il faisoit toujours quand il vouloit finir l'*audience.*

LE MÊME, *même ouvrage*, 1722.

J'enfermai la lettre de M. de Pontverre dans la mienne, et je partis pour cette terrible *audience.*

J.-J. ROUSSEAU, *les Confessions*, I, 2.

Audience particulière :

Les grands, qui avoient fait une excessive dépense pour se mettre en état de suivre leur souverain, n'eurent pas même la satisfaction d'obtenir de lui une *audience particulière.*

LE SAGE, *Gil Blas*, XIII, 8.

Non seulement il s'imposa la loi de travailler régulièrement avec chacun de ses ministres, mais tout homme connu pouvait obtenir de lui une *audience particulière*, et tout citoyen avait la liberté de lui présenter des requêtes et des projets.

VOLTAIRE, *Siècle de Louis XIV*, c. 29.

Audience de congé :

Je pris, peu de jours après,... mon *audience de congé* dans toutes les formes et les cérémonies accoutumées.

LE MARQUIS DE POMPONNE, *Mémoires*, I, 10.

AUDIENCE signifie aussi La séance dans laquelle les juges écoutent les plaidoiries :

Il (M. de Caumartin) parla le matin avant qu'on fût assemblé à l'*audience.*

FLÉCHIER, *Mémoires sur les grands jours de 1665.*

Nous nous mîmes à solliciter tous ensemble, et à les in-

AUD

AUD 419

struire, et nous nous rendîmes assidus aux *audiences* qui étoient tous les mardis et samedis matin aux bas-siéges.
SAINT-SIMON, *Mémoires*, 1696.

Cette grande cause fut plaidée pendant cinquante *audiences*. On a encore les plaidoyers; ils sont curieux.
VOLTAIRE, *Conspirations contre les peuples* : Conspiration contre Mérindol.

Si le juge a reçu de la nature un cœur sensible, un naturel passionné, c'est un ennemi de l'équité, qui le suit à l'*audience*.
MARMONTEL, *Éléments de littérature* : Barreau.

Une des causes de la corruption de l'éloquence du barreau, c'est que l'*audience* est publique.
LE MÊME, même ouvrage, *ibid.*

Le défendeur qui aura constitué avoué pourra, sans avoir fourni de défenses, suivre l'*audience* par un seul acte.
Code de procédure civile, 154.

MAISTRE SYMON.
Monseigneur...
LE JUGE.
C'est assés.
MAISTRE SYMON.
Seulement
Ung mot !
LE JUGE.
Il est tart.
MAISTRE SYMON.
Audience!
MAISTRE OLIVIER.
Rien ! rien !
COQUILLART, *Plaidoyé d'entre la Simple et la Rusée.*

Exclud les conseillers de donner leurs avis,
Quand pendant l'*audience* ils se sont endormis.
BOURSAULT, *les Fables d'Ésope*, I, 1.

Que feriez-vous, hélas! si quelque exploit nouveau
Chaque jour, comme moi, vous traînoit au barreau;
S'il falloit sans amis, briguant une *audience*,
D'un magistrat glacé soutenir la présence ?
BOILEAU, *le Lutrin*, III.

Mais où dormirez-vous, mon père? — A l'*audience*.
J. RACINE, *les Plaideurs*, I, 4.

La pauvre Babonnette! Hélas! lorsque j'y pense,
Elle ne manquoit pas une seule *audience*.
LE MÊME, même ouvrage, I, 4.

Vous pourrez tous les jours tenir deux *audiences*.
LE MÊME, même ouvrage, II, 13.

Lassé par le rouet d'une rauque éloquence,
En songe, un magistrat s'endort à l'*audience*.
DELILLE, *l'Imagination*, I.

Il se dit du Lieu où se donne, où se tient l'audience :

Vivre avec des gens qui sont brouillés, et dont il faut écouter de part et d'autre les plaintes réciproques, c'est, pour ainsi dire, ne pas sortir de l'*audience*.
LA BRUYÈRE, *Caractères*, c. 5.

En audience, en audience de tous, en publique audience, en pleine audience publique, devant tous, de façon à être entendu de tous, soit qu'il soit ou non question de ce que nous appelons aujourd'hui une audience :

... Et distrent premièrement à leur conseil que il iroient par Babiloine, pour ce que miex pouroient Sarrasins destruire par Babiloine que par autres terres. Ce distrent-il coiement à conseil, et *en audience* distrent que il iroient outre mer.
VILLEHARDOUIN, *Conqueste de Constantinoble*, XVIII.

Quant la roïne oï ainsi parleir l'evesque, si li fu mout bel ; car elle savoit bien qu'il erroit. Et lors dist tout *en audiance* : « Seigneur, vous oëz bien que li evesques dit ; je vuel que vous en soiez recordant en lieu et en tans. »
Récits d'un ménestrel de Reims au treizième siècle, publiés par N. de Wailly.

Le nomma hautement et *en audience de tous.*
Chroniques de Saint-Denis, t. II, fº 260.

Le mardi pénultime jour de mars, le duc Guillaume, comte de Haynnau, estant à Paris, dist *en pleine audience* du conseil du roy, qu'il mettroit ensemble le Daulphin et le duc de Bourgogne dedens Paris.
MONSTRELET, *Chronique*, c. 163.

Aucun officier général, même pour des riens, n'étoit à couvert de ses sorties (de Pontchartrain), *en pleine audience publique.*
SAINT-SIMON, *Mémoires*, 1711.

Et dist *en audience* à Romme,
Quant il, por condamner ung homme,
Fu requis de la mort escrire,
Ne n'ot pas honte de ce dire,
Qu'il vosist miex non savoir letre,
Que sa main por escrire i metre.
Roman de la Rose, v. 6494.

Grâces rendent ly chapelain
En audience tout à plain.
Histoire des trois Maries, p. 470.

Prince escossoys, Venus, qui a regence
Sur tous amans, *en publicque audience*
T'a adjugée une princesse munde.

Nuptiaulx virelays. (Voyez *Poésies françoises des* xv⁰ *et* xvɪ⁰
siècles. Bibliothèque elzévirienne, t. II, p. 33.)

Avoir audience, un peu d'audience, être écouté,
entendu :

Il requist à l'abbé qu'il *eust ung peu d'audiance* et congié de parler.

JOINVILLE, *Vie de saint Louis.*

Quant ce sage ancien vit qu'il ne povoit *avoir audience,*
ne se efforça plus de parler.

Le Ménagier de Paris, Iʳᵉ distinction, art. 9.

L'exorde n'a esté institué à aultre usage que pour *avoir*
bonne et paisible *audience.*

AMYOT, *Projet de l'éloquence royale.*

Pour s'en éclaircir, il fit ce qu'il put pour éveiller les habitans endormis de trois ou quatre maisons qui étoient sur
le chemin. Il n'en put *avoir audience* et fut querellé de leurs
chiens.

SCARRON, *Roman comique,* IIᵉ part., c. 1.

Pluton fit cesser pour quelques moments les souffrances
et les plaintes des malheureux, afin que Psyché *eût une
audiance* plus favorable.

LA FONTAINE, *Psyché,* II.

Avoir audience s'est dit anciennement pour
avoir l'oreille de quelqu'un, s'en faire écouter,
et, par suite, avoir du crédit, du pouvoir :

Si leur recorda toute l'ordonnance de ceux de Gand;....
et comment Piètre du Bois *n'y avoit* ni voix ni *audience.*

FROISSART, *Chronique,* II, 240.

Il est vérité qu'en ces propres jours, le duc de Berry,
pour ce qu'il *n'avoit* plus si grande *audience* et gouvernement autour du roi et duc d'Aquitaine qu'il avoit acoustumé, print très grande desplaisance, et s'en retourna en son
pays.

MONSTRELET, *Chronique,* c. 64.

On trouve *avoir, demander audience de,* suivi
d'un infinitif :

Lesquelles requestes, par ledit roy leur furent accordées
de faire, et *eurent audience de faire* proposer tout ce qui
leur plairoit à l'encontre dudit duc de Bourgogne.

MONSTRELET, *Chronique,* c. 44.

Fille, le Dieu de Paradis
A le povoir et *audience*
De convaincre ses anemis
Sans frapper ung seul coup de lance.

Le Mistere du siege d'Orleans, v. 10295.

Avoir audience, une audience, des audiences,
être reçu par une personne constituée en dignité :

Elle entra honnorablement dedens Paris, et, à grande
quantité de gens et de chevaulx, s'en alla à l'ostel de Saint-
Pol où le roy estoit, et là *eut audience.*

MONSTRELET, *Chronique,* c. 37.

J'*aurai* au premier jour *une audience* de M. le duc de Medina de las Torres, sur quelques affaires qui regardent
l'exécution du traité de la paix.

L'ARCHEVÊQUE D'EMBRUN à Louis XIV, 18 janvier 1662.
(Voyez MIGNET, *Succession d'Espagne,* t. I, p. 92.)

Il (M. Voisin) *a eu* une grande *audience* depuis ce temps-
là; mais il ne fut pas question de cette affaire-ci.

Mᵐᵉ DE MAINTENON, *Lettres;* à M. le cardinal de Noailles,
4 novembre 1696.

Il (Chauvelin) avoit su gagner la confiance du roi qui s'en
servoit pour beaucoup de manèges des jésuites; il *avoit des
audiences* longues et fréquentes par les derrières.

SAINT-SIMON, *Mémoires,* 1713.

Donner audience, écouter :

Ils n'ignorent pas que la parole est comme instrument
par lequel le Seigneur dispense l'illumination de son Esprit. Car ils ne recognoissent point d'autre Esprit que celui
qui a habité aux Apostres et a parlé par leur bouche, par
lequel ils sont tousiours reduits et ramenez à *donner audience* à la Parole.

CALVIN, *Institution chrestienne,* liv. I, c. 9, § 3.

Timon fasché de l'ingratitude du peuple athenien en son
endroict, un jour entra au conseil public de la ville, re-
querant luy *estre donnée audience* pour certain negoce con-
cernant le bien public.

RABELAIS, *Pantagruel,* Ancien prologue, liv. IV.

Puisque tu as envie d'entendre ces choses, *donne-moy audience* et ie t'en feray volontiers le discours.

BERNARD PALISSY, *Du Sel commun.*

Je lui *donnois* donc, pour l'obliger, la plus paisible et la
plus favorable *audience* qu'il eût pu désirer d'un auditeur
extrêmement curieux.

BALZAC, *le Prince,* Avant-propos.

Le Destin... lui dit en souriant qu'il n'y avoit pas apparence de lui *donner audience* devant le souper.

SCARRON, *Roman comique*, I, 8.

Don Carlos... tâche d'apprendre à qui étoit la maison où l'on lui *donnoit* de si favorables *audiences*.

LE MÊME, même ouvrage, I, 9.

Je lui ai dit d'abord que je n'avois pas le loisir d'entendre, mais après je lui *ai donné audience*.

MOLIÈRE, *les Amants magnifiques*, II, 2.

M. Foucquet a parlé aujourd'hui deux heures entières sur les six millions. Il s'est fait *donner audience*, il a dit des merveilles.

Mᵐᵉ DE SÉVIGNÉ, *Lettres*; à M. de Pomponne, 3 décembre 1664.

Que ce soit toujours un des devoirs des plus importants de la piété chrétienne que de *donner audience* aux discours sacrés.

BOSSUET, *Sermons*, Iᵉʳ dimanche de carême.

J'ai peur... que vous ne me *donniez* pas une *audience* trop favorable sur ce que j'ai à vous dire de l'étude du droit canonique...

D'AGUESSEAU, *Instructions à son fils*.

La princesse de Montpensier ne répondit point; mais elle ne s'éloigna pas; et le duc de Guise, voyant qu'elle lui *donnoit l'audience* qu'il souhaitoit, lui apprit que, sans s'être attiré les bonnes grâces de Madame par aucun soin, elle l'en avoit honoré.

Mᵐᵉ DE LA FAYETTE, *la Princesse de Montpensier*.

Parlez : courage ; au moins, je vous *donne audience*.

MOLIÈRE, *le Dépit amoureux*, II, 6.

Donner audience, une audience, des audiences, en parlant d'une personne considérable ou qui veut le paraître :

Jamais nul plus liberallement ne *donna audience* à ses serviteurs et subjectz.

COMMINES, *Mémoires*, V, 9.

Il luy demanda si après son disner il luy plairoit de luy *donner audience*; la reyne estonnée de ce mot : « Jésus ! mon cousin, luy dist-elle, que me dites-vous ? — Je le dis, Madame, dist M. de Guyse, parce que je voudrois bien vous représenter devant tout le monde tout ce que j'ay faict depuis mon département de Paris. »

BRANTÔME, *Grands Capitaines* : M. de Guise.

Je viens de faire le fol avec mes enfants ; je m'en vais maintenant faire le sage avec vous et vous *donner audience*.

HENRI IV aux députés du Parlement de Bordeaux. (Voyez *Lettres missives de Henri IV*, V, 180.)

Tous les matins, tandis que Monsieur ronfloit de son côté, elle (Charlotte de Pompadour) *donnoit*, étant encore au lit, *audience* à tout le monde.

TALLEMANT DES RÉAUX, *Historiettes* : le marquis d'Exideuil.

Attendez, me dit-il d'un air sec; Sa Grandeur va sortir pour aller entendre la messe; elle vous *donnera* en passant un moment d'*audience*.

LE SAGE, *Gil Blas*, VII, 11.

Il (Chesterfield) apprit qu'on l'avoit mandé pour une *audience* que la reine *donnoit* à sept ou huit ambassadeurs.

HAMILTON, *Mémoires de Grammont*.

Chaque jour quelques billets tendres en expressions, ou magnifiques en promesses, se fourroient ou dans ses poches ou dans son manchon (de Mˡˡᵉ Jennings), cela ne se faisoit pas trop imperceptiblement ; et la malicieuse petite bête avoit soin que ceux qui les y avoient vus entrer les en vissent sortir sans leur *avoir donné* la moindre *audience* : elle ne faisoit que secouer son manchon et tirer son mouchoir.

LE MÊME, même ouvrage.

Le duc de Berwick arriva, et fut reçu du roi comme il le méritoit, qui lui *donna* le surlendemain une longue *audience* à Marly dans son cabinet.

SAINT-SIMON, *Mémoires*, 1714.

Le roi de Suède le fit mettre en prison au lieu de lui *donner audience*, en disant qu'il comptait recevoir une ambassade de la république, et rien du roi Auguste.

VOLTAIRE, *Histoire de Charles XII*, II.

Va *donner audience* à qui voudra se plaindre.

BOURSAULT, *Fables d'Ésope*, II, 2.

En public, à mon heure, on me *donne audience* ;
Sa réponse est dictée, et même son silence.

J. RACINE, *Britannicus*, I, 1.

Je me lève fort tard et je *donne audience*
A tous mes créanciers...

REGNARD, *le Distrait*, I, 6.

Donner audience, en parlant d'un magistrat :

Puisque Monsieur Dandin va *donner audience*,
Je vais faire venir ma fille en diligence,

J. RACINE, *les Plaideurs*, II, 1.

Hé, mon Dieu ! j'aperçois Monsieur dans son grenier.
Que fait-il là ? — Madame, il y *donne audience*.

LE MÊME, même ouvrage, II, 9.

AUDIENCE s'employait autrefois, en Espagne et dans les colonies espagnoles, pour désigner les pays qui formaient le ressort d'une cour royale :

L'*audience* de Quito. L'*audience* de Panama.
Dictionnaire de l'Académie, an VII.

Il se disait également de l'administration qui résidait dans ces provinces :

Capitale d'un pays de trois cents lieues d'étendue, et où il y a, nous a-t-on dit, une *audience* royale indépendante de celle de Mexique.
Le Sage, *le Bachelier de Salamanque*, V, 2.

Ne m'envoyez pas, de grâce, à la Nouvelle-Espagne ; je n'y voudrois point aller quand on m'y voudroit faire président de l'*audience* même du Mexique.
Le même, *Gil Blas*, XI, 13.

D'*audience* on a tiré le verbe audiencer, Porter à l'audience :

La cause *est audiencée;* là se trouvent les deux parties.
Est. Pasquier, *Recherches de la France*, VIII, 59.

AUDIENCIER, adj. m.

Il n'est guère usité que dans cette dénomination : *Huissier audiencier.* Voyez *Code civil*, art. 2199.

Il est quelquefois employé substantivement :

Ce disant, Jean Thomas parla,
Criant tout haut : « Paix là ! paix là ! »
« Ha ! ha ! » dit-il,« *audiencier*,
Puisqu'estes oy mon officier,
Faites cesser tant de langages.

Le discours du trespas de Vert Janet. (Voyez *Recueil des poésies françoises des* xve *et* xvie *siècles.* Bibliothèque elzévirienne, t. I, p. 288.)

Grand audiencier. Un des principaux officiers de la Chancellerie de France.
Dictionnaire de l'Académie, 1694.

AUDITION, s. f.
Action d'entendre :

Nous disons aucuns resguars ou visions corporelles estre delettables; aussi sont aucunes *auditions* ou oïr aucunes choses.
Oresme, *Éthiques*, 304.

Pour bien comprendre comment se fait l'ouye, il faut considérer la fabrication de la susdicte anfractuosité dont se fait l'*audition*.
Ambroise Paré, *Œuvres*, IV, 10.

Il est difficile de juger d'une pièce de théâtre à une simple *audition*, à la première *audition*.
Dictionnaire de l'Académie, 1835.

Audition est aussi un terme de procédure :

A Paris arriva toute la maison de Lorraine vestuë de deuil, pour faire une sollennelle demande de justice exemplaire sur la mort du duc de Guise, à quoi le roi fut conseillé d'esquiver pour lors, n'y ayant rien de clair sur les différentes confessions de Poltrot à sa première *audition*, à celle de la question, à ce qu'il dit en public à la mort et à quelque juge en particulier.
Agr. d'Aubigné, *Histoire*, t. I, liv. IV, c. 8.

... Ces prévosts cholères et violents, qui ne se contentent pas de condamner les criminels, mais qui leur disent des injures et leur donnent des coups de poing en recevant leur *audition*.
Balzac, *Dissertations critiques*. Discours VII.

... Pour les salaires desdicts échevins, nous les réduisimes à fort peu de chose, comme par exemple à un sol pour l'*audition* d'un témoin, à dix sols pour un procès-verbal.
Courtin à Colbert, 1er janvier 1665. (Voyez Depping, *Correspondance administrative sous Louis XIV*, t. I, p. 718.)

Dans la huitaine de l'*audition* des premiers témoins.
Code de procédure civile, 278.

Audition s'emploie encore juridiquement dans la locution suivante :

Audition de compte.
Dictionnaire de l'Académie, 1694.

AUDITEUR, s. m.
Celui qui écoute :

Auditor, auditeur.
Glossaire roman-latin du xve *siècle.*

Et m'auront, puisque compaignon je ne puis estre, pour *auditeur*, je diz infatiguable, de leurs tres celestes escripts.
Rabelais, *Pantagruel*, V.

Il (Strozzi) n'estoit pas certainement bigot, hypocrite, mangeur d'images, ny grand *auditeur* de messes et sermons.
Brantôme, *Grands Capitaines françois* : Couronnels françois.

Tout le monde ensemble ne retiendra pas un grand parleur auprès d'un autre qui lui aura rompu le dé et le voudra faire *auditeur* par force.
Scarron, *Roman comique*, II, 10.

La principale (partie de l'éloquence) consiste à concevoir fortement les choses, et à les exprimer en sorte qu'on en porte dans l'esprit des *auditeurs* une image vive et lumineuse.
Logique de Port-Royal, IIIe part., c. 20.

Celui qui n'est qu'*auditeur* et non observateur de la parole, est semblable à un homme qui jette les yeux sur son visage naturel, qu'il voit dans un miroir.

Sacy, *Épîtres catholiques de saint Jacques*, I, 23.

Je ne vous dirai rien là-dessus, mon R. P., sinon que je voudrois bien avoir été un de vos *auditeurs*.

Bussy-Rabutin au R. P. dom Côme. (Voyez *Correspondance de Bussy-Rabutin*, t. I, lettre 81, 25 décembre 1667.)

Ce sont les *auditeurs* qui font les prédicateurs.

Bossuet, *Sermon pour la profession de foi de Madame de la Vallière*.

Voilà ce que Platon appelle agir sur l'âme de l'*auditeur* et émouvoir ses entrailles.

Fénelon, *Dialogues sur l'Éloquence*.

Ensuite il rendit compte à ses parents de son voyage, et des biens qu'il avoit apportés du Pérou. Le détail fut un peu long et auroit pu ennuyer des *auditeurs* désintéressés.

Le Sage, *le Diable boiteux*, c. 8.

Un grand orateur demande souvent un grand *auditeur*, pour suivre le progrès de son raisonnement.

D'Aguesseau, *Discours*.

On peut juger du bruit que fit cette action, et quel put être le personnage de M. de Noyon se louant dans les maisons et par les compagnies de ce qu'il avoit dit et de ce qui lui avoit été répondu, et du nombre et de l'espèce des *auditeurs*, et de leur admiration unanime, et des bontés du roi à cette occasion.

Saint-Simon, *Mémoires*, 1694.

Il (Fénelon) vouloit être cru du premier mot; l'autorité qu'il usurpoit étoit sans raisonnement de la part de ses *auditeurs*.

Le même, même ouvrage, 1714.

Un jour étant mis au pilori, il harangua tout le peuple avec tant de force, qu'il convertit une cinquantaine d'*auditeurs*, et mit le reste tellement dans ses intérêts, qu'on le tira en tumulte du trou où il était; on alla chercher le curé anglican dont le crédit avait fait condamner Fox à ce supplice, et on le piloria à sa place.

Voltaire, *Lettres philosophiques*, III.

Massillon, toujours rempli du seul intérêt de son *auditeur*, semble ne lui présenter, en plusieurs manières, la vérité dont il veut le convaincre, que par la crainte qu'il a de ne la pas graver assez fortement dans son âme.

D'Alembert, *Éloge de Massillon*.

On s'ennuie bientôt dans la meilleure compagnie, quand on n'y est qu'*auditeur*; et il est quelquefois difficile, lorsqu'on est un trop grand nombre, de trouver le moment de parler à son tour.

Trublet, *Essais sur divers sujets de morale et de littérature*.

De tout temps ils (les Français) ont eu besoin les uns des autres, comme d'*auditeurs* alternatifs qui s'encourageoient mutuellement.

Mᵐᵉ de Staël, *De l'Allemagne*, liv. I, c. 11, § 6.

Les conteurs, se fiant à la patience des *auditeurs*, s'établissent trop à leur aise dans les récits.

La même, même ouvrage.

... Non seulement il (saint Césaire) parle à ses *auditeurs* un langage à leur portée, le langage qu'il croit le plus propre à agir sur eux, mais il s'inquiète de l'effet de ses paroles.

Guizot, *Histoire de la Civilisation en France*, xviᵉ leçon.

Voilà, chers *auditeurs*, comme nasquit au monde
Nostre ayeul, dont la gloire, à nulle autre seconde,
Rend depuis ce temps-là ce jour-cy solennel.

Saint-Amant, *Moyse*, II.

Vos *auditeurs* et vous, serez-vous pas plus aises
De voir ce que j'ai fait que de voir des fadaises?

Poisson, *le Poëte basque*, sc. 9.

Cotin, à ses sermons traînant toute la terre,
Fend les flots d'*auditeurs* pour aller à sa chaire.

Boileau, *Satires*, IX.

Le sévère *auditeur*, pour un mot de travers,
Ne fait miséricorde à pas un de ses vers.

Boursault, *les Fables d'Ésope*, V, 4.

Leur faisant admirer mes fausses aventures
De tous mes *auditeurs* je fais des créatures.

Dufresny, *le Mariage fait et rompu*, II, 2.

... En songe, un orateur
En quatre-points encor lasse son *auditeur*.

Delille, *l'Imagination*, I.

Il s'est dit quelquefois, pour Spectateur, de Celui qui assiste à la représentation d'une pièce de théâtre :

Après, continua-t-elle, que les acteurs et les *auditeurs* eurent ri de toutes les forces de leur faculté risible, le baron de Sigognac voulut que son page reparût sur le théâtre pour y réparer sa faute.

Scarron, *le Roman comique*, IIᵉ part., c. 8.

O jugement de l'auteur, à quoi songez-vous? O raison de l'*auditeur*, qu'êtes-vous devenue?

Scudéry, *Observations sur le Cid*.

J'avoue que l'*auditeur* fut bien facile à donner son approbation à une pièce dont le nœud n'avoit aucune justesse.

Corneille, *Examen de Mélite*.

On pria les messieurs et les dames qui avoient été jusque-là *auditeurs* et spectateurs, de se retirer.

Fléchier, *Mémoires sur les grands jours de 1665*.

Et toujours l'*auditeur* sortiroit satisfait.

> Poisson, *le Baron de la Crasse*, sc. 5.

Auditeur a été employé quelquefois dans un sens général et figuré :

Je me supposerai dans le lycée d'Athènes, répétant les leçons de mes maîtres, ayant les Platons et les Xénocrates pour juges, et le genre humain pour *auditeur*.

> J.-J. Rousseau, *Discours sur l'origine de l'inégalité parmi les hommes.*

Auditeur silencieux et solitaire du formidable arrêt des destinées, j'aurois été moins ému si je m'étois trouvé dans la mêlée (à Waterloo).

> Chateaubriand, *Mémoires d'outre-tombe.*

On donnait le nom d'*auditeur*, dans la primitive Église, aux catéchumènes de premier ordre qui n'étaient pas encore considérés comme dignes de recevoir le baptême, mais qui étaient admis à écouter les instructions.

Dans la secte des Manichéens, on appelait *auditeurs* ceux qui étaient par rapport aux véritables Manichéens ce qu'étaient dans l'Église les catéchumènes par rapport aux chrétiens :

On y voit partout très-clairement les principes, les impiétés et tout l'esprit du manichéisme, la distinction des élus et des *auditeurs*, caractère particulier de la secte célèbre dans saint Augustin et dans les autres auteurs.

> Bossuet, *Histoire des Variations des églises protestantes.*

Auditeur a servi à désigner un assez grand nombre de fonctions judiciaires ou administratives :

Auditeur sunt baillié à oïr tesmoins.

> Beaumanoir, *Coutumes de Beauvoisis*, XXXIX, 7.

En ce temps avoit un grand clerc de science et de prudence en Avignon, docteur de lois et *auditeur* du palais.

> Froissart, *Chroniques*, III, iv, 37.

L'*auditeur* général de l'armée, cinquante-neuf officiers de l'état-major, cinq colonels parmi lesquels était un prince de Virtemberg, seize mille neuf cent quarante-deux soldats ou bas officiers; enfin, en y comprenant les domestiques du roi et d'autres personnes suivant l'armée, il y en eut dix-huit mille sept cent quarante-six au pouvoir du vainqueur.

> Voltaire, *Histoire de Pierre le Grand*, Ire part., c. 18.

Commissaire-*auditeur* (marine).

> *Bulletin des lois*, an IX.

Il y aura, près des ministres et des sections du conseil d'État, seize *auditeurs*...

> Même ouvrage, an XI.

Juges-auditeurs.

> *Code d'instruction criminelle*, 256.

Auditeur des comptes, officier de la chambre des comptes, dont la fonction était de voir et d'examiner les comptes qu'on y rendait, et qui lui étaient renvoyés :

Les *auditeurs* (à la chambre des comptes) furent, du commencement, appellez petits clercs, à la différence des maistres clercs et ecclesiastiques.

> Est. Pasquier, *Recherches de la France*, II, 5.

Quelle apparence de traicter avec des rebelles qui ont desjà faussé la foy promise, dict la femme d'un *auditeur des comptes* de la paroisse de Saint-Mederic!

> *Les Caquets de l'accouchée*, V.

Elle pretendoit au moins d'avoir un *auditeur des comptes* ou un trésorier de France.

> Furetière, *le Roman bourgeois*, I.

Les *auditeurs de la chambre des comptes* de cette province se conduisent tous les jours plus mal.

> Le Président d'Oppède à Colbert, Aix, 20 avril 1669. (Voyez Depping, *Correspondance administrative sous Louis XIV*, t. II, p. 184.)

Auditeurs de rote. C'est le nom donné à douze docteurs ecclésiastiques pris dans les quatre nations d'Italie, France, Espagne et Allemagne, formant une juridiction de Rome.

Alors, estant à Rome, je fus tant honoré que d'avoir une place des juges qu'on nomme les *auditeurs de la rothe.*

> Brantôme, *Grands Capitaines françois* : Anne de Montmorency.

Tous les jours il a de nouvelles prétentions; il n'y a pas longtemps qu'il songeoit à se faire *auditeur de rote*; et, pour cela, il apprenoit le droit canon.

> Tallemant des Réaux, *Historiettes* : L'abbé Tallemant.

Dans leur première origine, les *auditeurs de rote* n'étoient pas de véritables juges; ils recevoient les plaintes, ils écoutoient les prières et les supplications de ceux qui avoient recours à l'autorité du Saint-Siége, faisant auprès du pape à peu près les mêmes fonctions que les maîtres des requêtes faisoient autrefois auprès du roi; ils se contentoient de recevoir la décision du pape, et de l'annoncer aux parties. Depuis que Jean XXII en eut fait un tribunal ordinaire, quoique toujours délégués, ils ont commencé à faire véritablement la fonction de juges.

> D'Aguesseau, *Plaidoyers*, LVII.

Tours en effet fut donné à l'abbé d'Hervault, qui avoit été long-temps *auditeur de rote* avec réputation, et qui y avoit bien fait.

SAINT-SIMON, *Mémoires*, 1693.

L'abbé de Gamaches étoit à Rome depuis assez long-temps, qu'il y avoit été envoyé succéder au cardinal de Polignac, à la place d'*auditeur de rote* pour la France.

LE MÊME, même ouvrage, 1720.

Auditeur bénévole, auditeur qui vient écouter un maître par goût et sans s'astreindre à l'assiduité; auditeur favorablement disposé.

S'il lui arrivoit de barbouiller de suite deux ou trois pages, il falloit qu'elle fût sûre au moins de deux ou trois *auditeurs bénévoles*, au bout de cet immense travail.

J.-J. ROUSSEAU, *les Confessions*, II, 9.

Et *bénévole* ou non, dût-il ronfler debout,
L'*auditeur* entendra ma pièce jusqu'au bout.

PIRON, *la Métromanie*, III, 11.

Le féminin AUDITRICE s'emploie quelquefois pour désigner une femme qui écoute un discours, une lecture, etc. :

La dernière lecture que j'en ai faite (d'une lettre de Balzac) a été à la marquise de Sablé, qui certes est une digne *auditrice*.

CHAPELAIN, *Lettres*; à Balzac, 24 juillet 1639.

Il était surtout employé pour désigner la femme d'un *auditeur* en titre d'office :

Êtes-vous toujours bien avec l'*auditrice*? — Fi! est-ce que je vois des bourgeoises?

DELOSME DE MONCHENAI, *Mezzetin grand Sophy*, scène du Substitut. (Voyez GHÉRARDI, *Théâtre italien*, t. II, p. 327.)

Quand vous voudrez écrire, ajustez mieux vos contes;
Et sachez que je suis *auditrice des comptes*.

BOURSAULT, *le Mercure galant*, I, 3.

AUDITIF, IVE, adj.
Qui appartient à l'organe de l'ouïe. Il s'emploie surtout en termes d'Anatomie :

La faculté sensitive est divisée en visive, *auditive*...

AMBROISE PARÉ, *Œuvres*, I, 1.

Il y a aux yeux les nerfs optiques, les *auditifs* aux oreilles, les olfactifs aux narines, et les gustatifs à la langue.

BOSSUET, *De la Connoissance de Dieu et de soi-même*, c. 2, n° 8.

IV.

L'orifice des oreilles est à découvert, et seulement garni de poil dans la partie intérieure où est le canal *auditif*.

BUFFON, *Histoire naturelle : De l'Autruche.*

Les poissons et les insectes n'ont point d'organe *auditif*, mais ils entendent par le frémissement que leurs corps éprouvent par la commotion de l'élément fluide où ils vivent.

BERNARDIN DE SAINT-PIERRE, *Études de la nature*, VI.

AUDITOIRE, s. m. Le lieu, l'enceinte où une assemblée se réunit pour écouter des discours prononcés en public :

Sur tout il y eut bien de la licence et du desordre aux predicateurs, qui non seulement vomirent une iliade d'injures et de vilennies contre le roy, mais au lieu de prescher l'Évangile, allumerent la revolte et la sedition aux cœurs du peuple qui ne sortoit jamais de leur *auditoire* qu'il n'eut le feu à la teste et la promptitude aux mains.

MATTHIEU, *Histoire des derniers troubles de France*, liv. IV.

Il signifie le plus ordinairement l'assemblée de tous ceux qui écoutent une personne parlant ou lisant en public :

Je iray inviter Bridoye.... auquel j'ay à parler pour le bien et advancement d'un sien honneste et docte filz, lequel estudie à Tholose soubs l'*auditoire* du tresdocte et vertueux Boissonné.

RABELAIS, *Pantagruel*, III, 29.

Ce seigneur arriva au Mans dans le temps que nos pauvres comédiens en vouloient sortir, mal satisfaits de l'*auditoire* manceau.

SCARRON, *le Roman comique*, II, 17.

Il (M. le lieutenant de Riom) m'avoit recueilli un petit *auditoire* choisi, et s'étoit piqué, par bonté, de me faire voir bonne et belle compagnie.

FLÉCHIER, *Mémoires sur les grands jours de 1665.*

De quoi sont composés ordinairement les grands *auditoires*, si ce n'est des habitants de Babylone, des mondains qui apportent leurs vanités, leur corruption, leur vie sensuelle à ces saints discours.

BOSSUET, III° *Sermon pour la Circoncision.*

Si aujourd'hui je me vois contraint de retracer l'image de nos malheurs, je n'en ferai point d'excuse à mon *auditoire*, où de quelque côté que je me tourne, tout ce qui frappe mes yeux me montre une fidélité irréprochable.

LE MÊME, *Oraison funèbre de Le Tellier.*

54

Il (Bourdaloue) nous peignit sa mort (de Condé) avec des couleurs ineffaçables dans mon esprit et dans celui de tout l'*auditoire*, qui paroissoit pendu et suspendu à tout ce qu'il disoit, d'une telle sorte que l'on ne respiroit pas.

Mᵐᵉ DE SÉVIGNÉ, *Lettres* ; à Bussy-Rabutin, 25 avril 1687.

L'*auditoire* n'est ni instruit ni persuadé, si on ne remonte à la source.

FÉNELON, *Dialogues sur l'Éloquence.*

Du temps de Quintilien, les orateurs se faisoient une loi de terminer presque chaque période par quelque pensée éclatante qui fît que l'*auditoire* applaudît et se récriât.

ROLLIN, *Traité des Études*, liv. IV, c. 3, art. 2, § 2.

Il faut songer uniquement à faire valoir le répondant en s'oubliant soi-même, par où l'on ne manque jamais de plaire à l'*auditoire*.

LE MÊME, même ouvrage, liv. VIII, IIᵉ part., c. 2, art. 2.

M. de Noyon parut avec une nombreuse suite, saluant et remorquant l'illustre et nombreuse compagnie avec une satisfaction qu'il ne dissimula pas, et prononça sa harangue avec sa confiance ordinaire, dont la confusion et le langage remplirent l'attente de l'*auditoire*.

SAINT-SIMON, *Mémoires*, 1694.

Il est si grave (le public), qu'il imprime la crainte à ceux qui lui parlent, et si badin, qu'une coiffure de travers fera rire tout un *auditoire*.

DUFRESNY, *Amusements sérieux et comiques.*

On obtient la faveur de son *auditoire* par la modestie : mais il ne vous fait pas grâce si vous êtes trop long.

VOLTAIRE, *Dictionnaire philosophique* : Faveur.

Il (Bossuet) fut obligé de s'arrêter après ces mots : «... Madame se meurt, Madame est morte. » L'*auditoire* éclata en sanglots, et la voix de l'orateur fut interrompue par ses soupirs et par ses pleurs.

LE MÊME, *Siècle de Louis XIV*, c. 82.

Il préféroit aux brillants éloges des courtisans, l'attention simple et recueillie d'un *auditoire* moins brillant et plus docile.

D'ALEMBERT, *Éloge de Massillon.*

(Les anciens) auroient donc pu appeler *elocutio* l'éloquence vague, sans *auditoire* et sans objet présent, comme celle des philosophes.

MARMONTEL, *Éléments de littérature*, Délibératif.

Ce qui est indigne de la chaire, c'est d'y paroître disputer un prix de rhétorique avec des phrases élégantes, et d'y faire sa cour à l'*auditoire*, en s'étudiant à l'amuser.

MARMONTEL, *Éléments de littérature*. Éloquence de la chaire.

A Rome, il y auroit eu de l'imprudence et du danger à censurer son *auditoire*.

MARMONTEL, même ouvrage, Exorde.

Et, puis que sommes cy ensemble,
Dire vueil à mon *auditoire* :
Nous avons encor grant pays
A subjuguer comme savez.

Le Mistere du siege d'Orleans, v. 991.

Ce discours éloquent ne fît pas grand effet :
L'*auditoire* étoit sourd aussi bien que muet,
Tircis eut beau prêcher ; ses paroles miellées
S'en étant au vent envolées, .
Il tendit un long rets...

LA FONTAINE, *Fables*, X, 11.

J'assemble un *auditoire* et nombreux et galant.

PIRON, *la Métromanie*, I, 4.

Éloge unique et difficile à croire
Pour tout parleur qui dit publiquement :
Nul ne dormoit dans tout son *auditoire*;
Quel orateur en pourroit dire autant ?

GRESSET, *Ver-vert*, II.

S'il raconte, il épargne à l'heureux *auditoire*
Les froides inutilités.

DELILLE, *la Conversation*, III.

Il se dit en particulier du lieu où l'on plaide :

Si donnons en mandement... à nos amez et féaux conseillers gens tenans nostre parlement... et à tous nos autres justiciers...que ces presentes lectres publient ou facent publier en leurs siéges et *auditoires* et hors.

MONSTRELET, *Chronique*, c. 116.

Comment seroyent portés les plaidoyers des advocats à l'*auditoire*?

RABELAIS, *Pantagruel*, III, 51.

Il sera aussi fort bon qu'il (l'architecte) ne soit du tout ignorant de la théorique de musique, pour faire résonner et ouyr la parole et voix, aussi bien de loing que de près, qui est chose requise aux temples et églises, pour les prédications qui s'y font, et psalmes et autres choses qui s'y chantent et profèrent, semblablement aux *auditoires* où l'on plaide, aux théâtres où se récitent et jouent comédies, tragédies...

PHILIBERT DE L'ORME, *Architecture*, I, 8.

... Le juge ne doit pas les entendre (les parties plaidantes) ailleurs que dans son *auditoire*.

BEAUMARCHAIS, *Mémoires.*

L'*auditoire* du tribunal.

Code civil, 2194.

Salle de l'*auditoire*.

Même ouvrage, 501.

... N'a au territoire
Où nous tenons nostre *auditoire*
Homme plus saige, fors le maire.

Farce de Patelin.

AUDITOIRE a été autrefois employé adjectivement :

L'ouyr a pour instrument le conduit ou trou de l'os petreux, nommé maxillaire, auquel il y a pannicules, nerf *auditoire*, et quelque air ou esprit contenu audit trou de l'os petreux.

A. PARÉ, *Œuvres*, liv. I, c. 12.

AUGE, s. f. On l'a fait quelquefois masculin, comme on le verra dans quelques-uns des exemples qui suivent. Pierre ou pièce de bois creusée, qui sert à donner à boire et à manger aux chevaux et à d'autres animaux domestiques :

Pour la franchise de ce qu'ils (les esqueliers) sont quite du gueit doivent chascun, chascun an, au roi six *auges* pour son celier.

ÉTIENNE BOILEAU, *le Livre des métiers*.

Alveus, *auge*.

Glossaire roman-latin du xv° *siècle*.

Davantage, ce qui autrement estoit tres utile, nous est necessaire à cause de l'importunité tant de ce monstre Servet, que d'aucuns anabaptistes, lesquels n'ont autre estime du peuple d'Israel, que comme d'un troupeau de pourceaux : veu qu'ils pensent que Nostre Seigneur l'ait voulu seulement engraisser en une comme en une *auge*, sans esperance aucune de l'immortalité celeste.

CALVIN, *Institution chrestienne*, II, 10, § 1.

Une louve nous donna la mamelle... sur les bords de la grande rivière où nous avions esté jettez dedans une *auge*...

AMYOT, trad. de Plutarque, *Vie de Romulus*, 9.

Ne pouvant trouver plus beau moyen pour lors, elle les fit retirer secretement en la cuisine, où il y avoit un *auge* pour eschauder et plumer les pourceaux, et les fit cacher là dessous.

JEAN LOUVEAU et PIERRE DE LARIVEY, *Facétieuses nuits de Straparole*, V, 3.

Pres du puits, l'on bastira les *auges* requises, pour abreuver le bestail, et servir aux arrosemens.

OLIVIER DE SERRES, *Théâtre d'agriculture*, VII° lieu, c. 4.

La dissolution qui va estiomenant tous les membres de la France l'a rendue une Babel, une sentine d'ordures, un *auge* de toutes sortes de corruptions.

MATTHIEU, *Histoire des derniers troubles de France*, liv. II.

Les eaux sortent avec une telle iustesse de la premiere corbeille aux quatre angles de l'obelisque, qu'elles viennent toutes se rendre dans la petite corbeille, laquelle estant percée à jour renvoye ses eaux à la corbeille d'embas, d'où elles coulent dans un grand *auge* de pierre où boivent les chevaux, et de cet *auge*, elles tombent dans un autre petit *auge* haut d'un pied, où viennent boire les chiens et autres petits animaux.

THÉVENOT, *Voyage du Levant*, c. 7.

Les sauvages de la Nouvelle-France faisoient cuire leurs viandes dans des espèces d'*auges* de bois, en y mettant des pierres rougies et les renouvelant de temps en temps.

GOGUET, *De l'origine des lois*.

La bonté d'une étoffe dépend en partie de la manière dont elle est foulée. C'est le foulage qui donne proprement aux draperies leur consistance. L'opération consiste dans le jeu d'espèces de gros maillets de bois qui, par le moyen d'une roue, tombent successivement dans des *auges* où les draps sont renfermés. Les coups redoublés qu'ils reçoivent les rendent plus fermes et plus unis.

LE MÊME, même ouvrage.

Il (Stanislas) crut dans ce désordre avoir perdu sa seconde fille, âgée d'un an, elle fut égarée par sa nourrice : il la retrouva dans une *auge* d'écurie où elle avait été abandonnée, dans un village voisin : c'est ce que je lui ai entendu conter.

VOLTAIRE, *Histoire de Charles XII*, III.

Dans la langue des arts, un marteau, une tenaille, une *auge*, une pelle, etc., ont presque autant de dénominations qu'il y a d'arts.

DIDEROT, *Dictionnaire encyclopédique*, Art.

Quant levés fu li rois, en fons rengenerés
François l'ont trait de l'*auge* et en .I. lit porté.

Fierabras, v. 1847.

En mesnage fault ung jardin,
Mesures et *auges* à vin,
Et la houe et la pelle.

La Complaincte du nouveau marié. (Voyez *Poésies françoises des* xv° *et* xvi° *siècles*. Bibliothèque elzévirienne, t. I, p. 222.)

Ceux qui louoient le plus de son chant l'harmonie
N'auroient pas fait le moindre pas
Pour voir si l'*auge* étoit remplie.

FLORIAN, *Fables*, Le Bouvreuil et le Corbeau.

Il se dit aussi d'un vaisseau de bois dans lequel les maçons délayent leur plâtre :

J'aimérois mieux porter l'*auge*, mieux vaudroit porter l'*auge*, que de faire ce métier-là.

Dictionnaire de l'Académie, 1798.

Le *supplice des auges*, pratiqué dans l'Antiquité, est décrit dans le passage suivant de Rollin :

Il le fit mourir du supplice des *auges;* ce qui se faisoit de cette manière : on mettoit le criminel à la renverse dans une *auge*, et après l'avoir fortement attaché aux quatre coins, on le couvroit d'une autre *auge*, à la réserve de la tête, des pieds et des mains, qui sortoient par des trous faits exprès.

Rollin, *Histoire ancienne.*

Auges, au pluriel, se dit des petits vaisseaux attachés à la circonférence de certaines roues hydrauliques. On dit mieux, *Augets*.

Auges a été aussi employé anciennement en astronomie :

Pour retourner à nos brisées, les mouvements divers des planettes et les autres choses que dessus, procedent de plusieurs causes, dont la première vient des *auges* des planettes, que les Grecs appellent Absides : car nous serons contraints user des termes grecs en ce traicté. Il faut donc noter que chasque planette a ses *auges* particulieres, qui sont autres que ceux du ciel estoilé.

Du Pinet, trad. de Pline, II, 15.

AUGÉE, s. f. Ce que contient une *auge* de maçon :

Il ne faut qu'une *augée* de plâtre pour boucher ce trou-là.

Dictionnaire de l'Académie, 1694.

AUGET, s. m. Sorte de petite auge où l'on met la mangeaille ou l'eau des oiseaux :

Pour engresser poucins..... leur nettoiez leur *auget* ou abreuvrouer neuf ou dix fois le jour.

Le Ménagier de Paris, IIᵉ distinction, art. 5.

Alveolus, *auget.*

Glossaire roman-latin du xvᵉ *siècle.*

Autour de ce vieillard, à terre, sur le devant, parmi de mauvaises herbes, une terrine, un *auget*, des bâtons, un coq qui cherche sa vie.

Diderot, *Salon de 1765* : Le Prince.

Il se passe souvent une année avant que cette femelle lui permette de manger dans son *auget.*

Buffon, *Histoire naturelle :* Oiseaux; Bouvreuil.

On nomme aussi *augets* les petits vaisseaux ou espèce de boîtes qui sont attachés à la circonférence de certaines roues hydrauliques :

La circonférence de ces roues est formée par des *augets* disposés de telle façon, qu'en tournant dans le courant du fleuve, ils se remplissent d'eau, et qu'en arrivant au zénith de la roue, ils se dégorgent dans un bassin, d'où l'eau se rend par des canaux aux bains publics et particuliers.

Volney, *Voyage en Syrie.*

Ce mot s'employait autrefois dans un sens beaucoup plus général :

La mere Moyses si a pris maintenant
Un *auget* moult bien fait et biel et auques grant,
Et si a dedens mis le petit alaitant.

Hermant, *Bible.* (Cité par M. Godefroy.)

AUGMENTER, v. a. (de *augmentare*, qui vient lui-même de *augere*). Accroître, agrandir, rendre une chose plus considérable en y joignant une autre chose du même genre :

Si régna depuis en grand'prospérité et *augmenta* moult l'église.

Froissart, *Chroniques*, liv. I, IIᵉ part., c. 151.

Nous voyons que chacun en son art le plus souvent invente quelque chose de nouveau, ou bien *augmente* et polit ce qu'il a apprins des autres.

Calvin, *Institution chrestienne*, liv. II, c. 2, § 14.

Mieulx eust-il faict soy contenir en sa maison, royalement la gouvernant, que insulter en la mienne, hostilement la pillant : car par bien la gouverner l'*eust augmentée*, par me piller sera destruict.

Rabelais, *Gargantua*, I, 46.

L'unité jointe à l'infini ne l'*augmente* de rien, non plus qu'un pied à une mesure infinie.

Pascal, *Pensées.*

Les anciens historiens, qui mettent son origine (de Carthage) devant la ruine de Troie, peuvent faire conjecturer que Didon l'*avoit* plutôt *augmentée* et fortifiée qu'elle n'en avoit posé les fondements.

Bossuet, *Histoire universelle*, I, 6.

Sitôt qu'un État *augmente* ce qu'il appelle ses troupes, les autres soudain *augmentent* les leurs.

Montesquieu, *Esprit des Lois*, XIII, 17.

Les plébéiens devinrent chevaliers, et souvent même sénateurs, soit qu'on voulût *augmenter* le sénat, soit qu'ils eussent obtenu le droit d'être élus pour les magistratures

qui en donnaient l'entrée. Cette dignité et le titre de chevalier étaient héréditaires.

VOLTAIRE, *Essai sur les mœurs : De la Noblesse*, c. 98.

Il (Henri IV) fait construire ce beau pont où les peuples
regardent aujourd'hui sa statue avec tendresse. Saint-Germain, Monceaux, Fontainebleau, et surtout le Louvre, *sont
augmentés* et presque entièrement bâtis.

LE MÊME, même ouvrage, c. 174.

Les voûtes des sanctuaires *augmentoient* la voix et faisoient un retentissement qui imprimoit de la terreur.

FONTENELLE, *Histoire des Oracles*, Iʳᵉ dissertation.

Là, sur une charrette, une poutre branlante
Vient menaçant de loin la foule qu'elle *augmente*.

BOILEAU, *Satires*, VI.

Des mulets en sonnant *augmentent* le murmure.

LE MÊME, même ouvrage, *ibid.*

Il se dit très souvent en parlant du bien, des
possessions, du revenu, des taxes, des impôts.

Périclès méprisoit si fort les richesses; il étoit tellement
au-dessus de toute cupidité et de toute avarice, que quoiqu'il eût surpassé en puissance, plusieurs tyrans et plusieurs rois, et qu'il eût manié longtemps, avec un souverain pouvoir, les finances de la Grèce, il *n'augmenta* pourtant pas d'une seule drachme *le bien* que son père lui
avoit laissé.

ROLLIN, *Histoire ancienne*, liv. VII, c. 1, § 11.

Æmilius Paulus qui *augmenta le trésor public* par le
riche trésor des rois de Macédoine, vivoit selon les règles
de l'ancienne frugalité, et mourut pauvre.

BOSSUET, *Discours sur l'Histoire universelle*, III, 6.

En cas que Sa Majesté veuille qu'on *augmente le don*,
il est nécessaire de bien concerter les moyens dont on
doit se servir pour réussir.

L'ÉVÊQUE DE SAINT-PAPOUL à Colbert, 20 janvier 1662.
(Voy. DEPPING, *Correspondance administrative
sous Louis XIV*, t. I, p. 73.)

J'ai imaginé de pourvoir avantageusement mademoiselle, de la marier à un jeune homme, né de fort honnêtes gens, qui a déjà quelque bien, dont *j'augmenterai
la fortune*, et avec qui elle sera dans une situation très-
honorable.

MARIVAUX, *la Vie de Marianne*, VIIᵉ part.

Dans l'état despotique, on ne peut *les augmenter* (les
tributs) parce qu'on ne peut pas augmenter la servitude
extrême.

MONTESQUIEU, *Esprit des lois*, VIII, 14.

Quelques gens ont cru qu'il étoit bon qu'un État dût
à lui-même : ils ont pensé que cela multiplioit les richesses en *augmentant la circulation*.

MONTESQUIEU, *Esprit des lois*, XXII, 17.

Je n'ai autre chose à vous ajouter, sinon que je conti-
nuerai jusqu'à ma mort la pension que je fais à la personne que vous savez et que je *l'augmenterai* dès que
mes affaires auront pris un train sûr et réglé.

VOLTAIRE, *Lettres*, 28 février 1754.

Content d'une petite fortune, qui étoit moins son ouvrage que la suite naturelle de ses services, il ne songea
nullement à *l'augmenter*.

MAIRAN, *Éloge de Petit*.

Il peut arriver que la cause même qui *augmente la quantité de l'argent* au marché et qui *augmente le prix de
l'argent* soit précisément celle qui *augmente le loyer de
l'argent*, ou le taux de l'intérêt.

TURGOT, *Réflexions sur la formation des richesses*, § LXXVII.

Augmenter d'un côté *les impôts*, et de l'autre diminuer
le revenu des terres, c'est attaquer à la fois la feuille et la
racine.

TURGOT, *Lettres sur la liberté du commerce des grains*,
V, 14 novembre 1770.

Les circonstances malheureuses où se trouve l'État, ne
vous permettent pas de diminuer les impôts, et il est bien
plutôt à craindre que vous ne soyez forcé de *les augmenter.*

LE MÊME, même ouvrage, *ibid.*

Cette méthode si simple, de retrancher sur ses dépenses pour *augmenter ses revenus* ne paroît pas assez ingénieuse aux écrivains qui veulent montrer des vues profondes en traitant des affaires publiques.

Mᵐᵉ DE STAEL, *Considérations sur la Révolution française*,
Iʳᵉ part., c. 5.

Pauvre riche qui ne se trouve pas assez opulent, et qui
joue perpétuellement sa fortune pour *l'augmenter* encore.

PICARD, *les Marionnettes*, I, 1.

Les rois ont moins besoin *d'augmenter leur fortune*
Que de voir croître leur renom.

BOURSAULT, *Ésope à la cour*, I, 3.

Riche, du superflu l'on craint de se priver;
Et l'on s'occupe moins alors de relever
La fortune d'autrui que *d'augmenter la sienne*.

COLLIN D'HARLEVILLE, *les Riches*, IV, 9.

Augmenter se dit en parlant d'un livre, d'un
ouvrage qu'on complète, auquel on ajoute
quelque chose :

Nous nous mîmes tous trois à faire pour le ministre un nouveau placet, qui *fut* revu, *augmenté* et corrigé.

LE SAGE, *Gil Blas.*

AUGMENTER s'emploie souvent au figuré avec des substantifs abstraits pour compléments :

Certes, seigneurs, la juridiction de notre héritage et de la couronne de France voudrions toujours garder et *augmenter.*

FROISSART, *Chroniques,* liv. I, 2e part., c. 246.

Il se présente assez de grandes occasions maintenant pour *augmenter* votre grandeur en faisant service à Dieu et à la manutention de la saincte religion catholique, sans employer votre temps et vos moïens à si basses et si petites choses.

AMYOT, *Lettre au duc de Nivernois,* août 1589.

Augmenter son deuil, à l'infini, est contre la nature.

AMYOT, trad. de Plutarque, *Œuvres morales.*

Le docteur Mercado, médecin de la Chambre, luy dist qu'il ne falloit pas changer d'air, de crainte de faire *augmenter* l'accident de son mal.

BRANTÔME, *Grands Capitaines estrangers :* Don Philippe.

Ces paroles furent autant de coups de couteau au cœur de ce jeune fils, et luy *augmentèrent* douleur sur douleur.

LARRIVEY, trad. des *Facétieuses Nuits* de Straparole, 3e nuit, fable.

Il faut étudier en la science des Saints, dont nous voulons *augmenter* le nombre.

BALZAC, *Socrate chrétien,* disc. XI.

... Une méthode par laquelle il me semble que j'ai moyen d'*augmenter* par degrés ma connoissance.

DESCARTES, *Discours de la Méthode,* I.

C'est l'étude qui *augmente* les talents de la nature, mais c'est la conversation qui les met en œuvre et qui les polit.

SAINT-ÉVREMONT, *De l'étude et de la conversation.*

Ma fille n'a pas eu le livre entre les mains sans se donner le plaisir de le lire ; et elle s'y est trouvée si agréablement, qu'elle en a sans doute *augmenté* l'estime qu'elle avoit de vous et de notre maison, comme j'en redouble aussi de tout mon cœur mes remerciements.

Mme DE SÉVIGNÉ, *Lettres;* à Bussy, 22 juillet 1685.

Multipliez les créatures et en *augmentez* les perfections de plus en plus jusqu'à l'infini, ce ne sera toujours, à les regarder en elles-mêmes, qu'un non-être.

BOSSUET, *Traité de la Concupiscence,* c. 12.

Pour *augmenter* la haine publique, le Sénat lui décerne (à César) des honneurs jusqu'alors inouïs dans Rome.

BOSSUET, *Discours sur l'Histoire universelle,* II, 7.

Monsieur, Madame, venoient partager ses déplaisirs, et les *augmentoient* par les leurs.

LE MÊME, *Oraison funèbre de Marie-Thérèse d'Autriche.*

Abattue par ses maux et non par ses chagrins, elle n'avoit que le désir d'accomplir la volonté du Seigneur, dût-il prolonger ses jours pour prolonger ses peines, dût-il *augmenter* ses douleurs pour consommer sa pénitence.

FLÉCHIER, *Oraison funèbre de Mme de Montausier.*

Combien de fois, s'unissant à Jésus-Christ crucifié, lui offrit-elle son cœur et son mal, afin qu'il fortifiât l'un, et qu'il *augmentât* ou adoucît l'autre!

LE MÊME, *Oraison funèbre de Mme la Dauphine.*

Il faut avouer qu'il (Richelieu) a *augmenté* les bornes de la France.

Mme DE MOTTEVILLE, *Mémoires.*

(Je lui dis) que de quelque façon que la chose pût être, Votre Majesté devoit mesurer sa conduite sur celle des princes ses voisins, et *augmenter* ses forces à proportion qu'ils augmenteroient les leurs.

L'ARCHEVÊQUE D'EMBRUN A LOUIS XIV, 28 février 1665. (Voy. MIGNET, *Succession d'Espagne,* t. I, p. 338.)

Ce chagrin *augmenta* ses maux; les médecins qui étoient sans cesse douze autour d'elle, les *augmentèrent* aussi. Enfin elle mourut au bout de deux mois.

FÉNELON, *Contes et fables,* VIII.

La terre est inépuisable, et elle *augmente* sa fécondité à proportion du nombre de ses habitants qui ont soin de la cultiver.

LE MÊME, *Télémaque,* XIX.

La sévérité de notre langue contre presque toutes les inversions de phrases *augmente* encore infiniment la difficulté de faire des vers françois.

LE MÊME, *Lettre à l'Académie.*

La politesse est une envie de plaire : la nature la donne et l'éducation et le monde l'*augmentent.*

LA MARQUISE DE LAMBERT, *Avis d'une mère à sa fille.*

Vous *augmenterez* vos ressources en *augmentant* leur tendresse (de vos sujets).

MASSILLON, *Petit Carême :* Tentations des Grands.

Les passions font tous nos malheurs; et tout ce qui les flatte et les irrite *augmente* nos peines.

LE MÊME, même ouvrage, 3e dimanche.

Il semble que nous *augmentons* notre être, lorsque nous pouvons le porter dans la mémoire des autres.

MONTESQUIEU, *Lettres persanes,* LXXXIX.

Ils (les Romains) *augmentoient* toujours leurs prétentions à mesure de leurs défaites.

> Montesquieu, *Grandeur des Romains*, c. 1.

Les modes sont un objet important : à force de se rendre
l'esprit frivole, on *augmente* sans cesse les branches de
son commerce.

> Le même, *Esprit des Lois*, XIX, 9.

. Devenu pape (Albani), il le fit cardinal (Fabroni) et
augmenta ainsi sa servitude.

> Saint-Simon, *Mémoires*, 1713.

Quelque soumise que l'Espagne paroisse à Rome, les
entreprises de cette cour qui cherche sans cesse à
augmenter son pouvoir forment souvent de petits orages.

> Le même, même ouvrage, 1714.

Jamais personne ne donna de meilleure grâce, et n'*augmenta* tant par là le prix de ses bienfaits (Louis XIV).

> Le même, même ouvrage, 1715.

Le duc de Guiche ne passoit pas pour *augmenter*
beaucoup les lumières du conseil.

> Le même, même ouvrage, 1718.

Louis XI, en *augmentant* son pouvoir sur ses peuples
par ses rigueurs, *augmenta* son royaume par son industrie.

> Voltaire, *Essai sur les mœurs*, c. 94.

Ce qui *augmente* encore l'indignation et la pitié, c'est
que Servet, dans ses ouvrages publiés, reconnaît nettement la divinité éternelle de Jésus-Christ.

> Le même, même ouvrage, c. 134.

Marie Stuart, veuve du roi de France François II, princesse faible, née seulement pour l'amour, forcée par Catherine de Médicis, qui craignait sa beauté, de quitter la
France et de retourner en Écosse, ne retrouva qu'une contrée malheureuse, divisée par le fanatisme. Vous verrez
comme elle *augmenta* par ses faiblesses les malheurs de
son pays.

> Le même, même ouvrage, c. 139.

Il établissait un grand commerce ; mais les commencements ne lui apportaient que des espérances : ses provinces nouvellement conquises *augmentaient* sa puissance
et sa gloire, sans accroître ses revenus.

> Le même, *Histoire de Charles XII*, liv. VIII.

Ce que j'entends ici par cette étude nécessaire à tout
le monde, ce sont seulement certains préceptes simples
et faciles pour entretenir et *augmenter* la santé.

> Fleury, *Du choix des études*, c. 22.

Ce sont toujours les grands obstacles qui *augmentent* le
ressort des grands courages.

> Hénault, *Mémoires*, c. XXII.

Notre sage cessa donc un moment de l'être... en jouant
son bonheur dans l'espérance de l'*augmenter*.

> D'Alembert, *Éloge de l'abbé de Saint-Pierre*.

L'erreur, ajoutée à la vérité, ne l'*augmente* point. Ce
n'est pas étendre la carrière des arts que d'admettre de
mauvais genres.

> Vauvenargues, *Réflexions*, 272.

Tout ne sert-il pas à *augmenter* ma confusion ?

> Sedaine, *la Gageure imprévue*, sc. 28.

Je songe aux cris affreux d'un hibou menaçant
Qui m'a toujours suivy ; ces ombrages nocturnes
Augmentent ma terreur, et ces lieux taciturnes.

> Théophile, *Pyrame et Thisbé*, V, 1.

Ce que j'apprends de luy n'*augmente* nullement
Ny mon affection, ny mon contentement.
Rien ne peut *augmenter* les choses infinies.

> Racan, *Bergeries*, act. V, sc. 2.

Qu'un nombre de captifs *augmente* notre gloire.

> Montfleury, *Mort d'Asdrubal*, I, 1.

. La voici. Sa présence *augmente* mon courroux.

> Boursault, *Mots à la mode*, sc. 2.

Ah ! par de tels discours n'*augmente* pas ma peine !

> Le Grand, *le Roi de Cocagne*, II, 5.

Mon amour pour Valère *augmente* cette haine.

> Dufresny, *Mariage fait et rompu*, I, 5.

Le reste va bien plus *augmenter* ta surprise.

> Destouches, *le Dissipateur*, II, 1.

La multitude *augmente* en moi l'indifférence.

> Piron, *la Métromanie*, II, 5.

Ne suivez point mes pas, vous *augmentez* mon trouble.

> Palaprat, *la Prude*, II, 14.

Quelquefois *augmenter*, employé au propre,
signifie non Rendre plus gros, mais seulement
Faire paraître plus gros.

On voit tout avec des verres qui diminuent ou qui
augmentent les objets, et presque rien avec les lunettes
de la vérité.

> Voltaire, *Lettres*, 5 janvier 1769.

Augmenter signifie souvent aussi au figuré
Amplifier, exagérer :

Tibère ne fut pas plutôt entré, qu'il lut les accusations
et le nom des accusateurs, sans faire paroistre aucune
envie de vouloir *augmenter* ni diminuer les crimes.

> Perrot d'Ablancourt, trad. de Tacite, *Annales*, II, 3.

Les chefs des ennemis ne manquoient pas d'*augmenter* à dessein la renommée ; de sorte qu'ayant trouvé dans le camp des espions de Vitellius, ils les promenèrent partout, et leur firent montre de leurs forces.

PERROT D'ABLANCOURT, trad. de Tacite, *Histoires*, III, 9.

Il y a deux sortes d'esprits en matière de religion, les uns vont à *augmenter* les choses établies, les autres à en retrancher toujours.

SAINT-EVREMONT, *Sur la religion.*

L'homme n'aime que son propre ouvrage, la fiction et la fable. Voyez le peuple, il controverse, il *augmente*, il charge par grossièreté et par sottise.

LA BRUYÈRE, *Caractères*, c. 16.

Augmenter quelque chose à quelqu'un :

Je suis Ardan, qui ay plus de moyen de *luy augmenter* en un jour *son bien* et honneur, que vous ne scauriez en vostre vie luy faire de service.

HERBERAY DES ESSARTS, *Amadis de Gaule*, II, 19.

Il se loüoit fort de la bonté du Roy, qui non seulement luy tenoit ce qu'il luy avoit promis, mais *le luy augmentoit.*

D'OSSAT, *Lettres*, II, 43.

Augmenter le cœur, le courage à quelqu'un :

A l'instant veid que son escuyer en avoit desja despeché deux. Parquoy pour *luy augmenter le cœur*, luy escria : Amy, c'est très bien commencé.

HERBERAY DES ESSARTS, *Amadis de Gaule*, I, 16.

Voilà, mes dames, qui devroit donner grande crainte à ceux qui presument ce qui ne leur appartient. Et doit bien *augmenter le cœur aux dames*, voyant la vertu de ceste jeune princesse.

MARGUERITE DE NAVARRE, *Heptameron*, IVᵉ nouvelle.

Tant de genereux exploits... vous *augmentoient* tellement de jour en jour *le courage*, que les occasions vous manquants pour le faire paroistre, vous voulustes aller trouver le Roy à Chartres.

SULLY, *Œconomies royales*, c. 32.

Les largesses qu'il en avoit faites aux siens, *leur augmentoient le courage.*

DU RYER, *Supplément de Freinshemius sur Quinte-Curce*, II, 3.

AUGMENTER est souvent neutre ; alors il signifie Croître en qualité, en quantité, en intensité :

Le bon chevalier surtout y fist darmes tant que son bruyt et renommee en *augmenterent* assez.

Le Loyal Serviteur, c. 23.

Ce qui m'a remise et continuée en santé, c'est l'aise que j'ay de savoir la vostre *augmenter* au travail.

LA REINE DE NAVARRE, *Lettres*, CXXV, à François Iᵉʳ, automne de 1542.

Ainsi jadis se perdit la noble Terre-Saincte, laquelle, tant que les princes chrestiens furent d'accord, fleurissoit et *aumentoit* de jour en jour.

BRANTÔME, *Grands Capitaines estrangers :* D. Juan d'Autriche.

Il me vint un regret incroyable de vos misères publiques et particulières et un soin qui m'a tousiours *augmenté* d'y apporter les salutaires remèdes.

HENRI III, *Harangue aux états.* (Voyez MATHIEU, *Histoire des derniers troubles de France,* IV.)

Pour moi, je me sentis *augmenter* le courage quand je vis que je ne pouvois être attaqué que par la porte du cabinet.

SCARRON, *le Roman comique*, I, 15.

Il (le sieur de Witt) me répondit qu'il admiroit la prudente conduite de Votre Majesté et sa modération, bien éloignée de tout ce que ses envieux publient : que pour son particulier il désirera toujours sa grandeur et que sa puissance *augmente*, espérant sa protection et s'y confiant absolument.

LE COMTE D'ESTRADES à Louis XIV, 12 avril 1663. (Voyez MIGNET, *Succession d'Espagne*, t. I, p. 193.)

Le païs se repeuplant, le labourage des terres *augmentera.*

VAUBAN, *Projet d'une dixme royale*, c. 4.

Quel soin ne prit-il pas de chercher des fonds, en un temps où la misère *étant augmentée* et la charité refroidie les pauvres avoient plus besoin de secours !

FLÉCHIER, *Oraison funèbre de Lamoignon.*

Je n'ai jamais vu un homme si fou que Pomenars : sa gaieté *augmente* en même temps que ses affaires criminelles.

Mᵐᵉ DE SÉVIGNÉ, *Lettres ;* à Mᵐᵉ de Grignan, 26 juillet 1671.

Vous me dites que la beauté de votre fils diminue, et que son mérite *augmente.*

LA MÊME, même, ouvrage à la même ; 4 mai 1672.

La dévotion de mademoiselle de Grignan *est augmentée* et *augmentera* encore, car elle puise dans une source qui ne tarit jamais.

LA MÊME, même ouvrage, au président de Moulceau, 17 avril 1682.

Il n'y a rien de pareil aux bons et somptueux dîners de l'hôtel de Chaulnes, à la beauté du grand appartement, qui *augmente* tous les jours.

Mᵐᵉ DE COULANGES, *Lettres ;* à Mᵐᵉ de Sévigné, 22 février 1695.

Je me porte bien, malgré mes peines, qui *augmentent* tous les jours par l'état où je vois le roi.

Mme DE MAINTENON, *Lettres*; au duc de Noailles, 14 mai 1710.

Ils furent étonnés de voir ainsi *augmenter* le nombre des héritiers de Polystrate.

FÉNELON, *les Aventures d'Aristonoüs.*

Tandis que nos maux diminuent, la lumière qui nous les montre *augmente*, et nous sommes saisis d'horreur.

LE MÊME, *Lettres spirituelles*, CCVIII.

Les bornes du nécessaire ne sont pas les mêmes pour tous les états; elles *augmentent* à proportion du rang et de la naissance.

MASSILLON, *Carême*, IV° dimanche. Sur l'aumône.

Les difficultés de la part de l'empereur *augmentoient* à proportion des facilités que la cour d'Angleterre trouvoit en France.

SAINT-SIMON, *Mémoires*, 1718.

Le désordre des finances *augmentoit* chaque jour, ainsi que les démêlés d'Argenson et de Law, qui s'en prenoient l'un à l'autre.

LE MÊME, même ouvrage, 1720.

Jamais elle ne me parle ou ne me regarde que mon amour n'en *augmente.*

MARIVAUX, *les Fausses Confidences*, II, 15.

Premièrement, il faut du temps pour que vous l'aimiez; et puis quand vous ferez semblant de commencer à l'aimer, il faudra du temps pour que cela *augmente;* et puis, quand il croira que votre cœur est à point, n'avez-vous pas l'excuse de votre sagesse?

LE MÊME, *Vie de Marianne*, Ire part.

Mon inquiétude en *augmenta* si fort que le cœur m'en battit.

LE MÊME, même ouvrage, VI° part.

Je m'affectionnois moi-même aux éloges que je m'entendois donner; j'étois flattée de cet applaudissement général; ma dévotion en *augmentoit* tous les jours, et ma mine en devenoit plus austère.

LE MÊME, même ouvrage, IX° part.

En même temps que M. de Machault vouloit quitter les finances, il vouloit que, loin d'en voir diminuer son crédit, son crédit en *augmentât.*

HÉNAULT, *Mémoires*, CXVIII.

Tout prit au mariage de Louis XIV un caractère plus grand de magnificence et de goût qui *augmenta* toujours depuis.

VOLTAIRE, *Siècle de Louis XIV*, c. 25.

Tous les vices intérieurs de l'État qui l'attaquaient

depuis longtemps, *augmentèrent*, et tous ceux que Henry IV avait extirpés renaquirent.

VOLTAIRE, *Essai sur les mœurs*, c. 175.

On ne se corrige de rien; au contraire, les mauvaises qualités *augmentent* avec l'âge comme les bonnes.

LE MÊME, *Lettres*; au comte d'Argental, 11 décembre 1759.

Respectez vos citoyens, et vous vous rendrez respectables; respectez la liberté, et votre puissance *augmentera* tous les jours.

J.-J. ROUSSEAU, *De l'économie politique.*

Les applaudissements donnés au *Glorieux* furent le terme des triomphes dramatiques de notre académicien qui ne pouvoient guère *augmenter.*

D'ALEMBERT, *Éloge de Destouches.*

Lucrèce a eu raison de dire que notre plaisir et notre sécurité *augmentent* sur le rivage à la vue d'une tempête.

BERNARDIN DE SAINT-PIERRE, *Études de la nature*, X.

Personne ne pouvoit la voir ni l'entendre sans se sentir ému : la tristesse de Paul en *augmenta.*

LE MÊME, *Paul et Virginie.*

Pour agir sur les Barbares, c'était surtout à leurs sens, à leur imagination qu'il fallait s'adresser. Aussi voit-on, à cette époque, *augmenter* beaucoup le nombre, la pompe, la variété des cérémonies du culte.

GUIZOT, *Histoire de la civilisation en Europe*, 5° leçon.

Chacun prenoit plaisir à voir de jour en jour
Augmenter à la fois notre âge et notre amour.

RACAN, *les Bergeries*, I, 2.

Ah! que m'apprenez-vous? Mon désespoir *augmente.*

LEGRAND, *le Mauvais Ménage*, scène 26.

Ah! monsieur, la folie *augmente* tous les jours.

AUTREAU, *Démocrite prétendu fou*, I, 3.

Riches et gens d'affaire ont toujours du souci,
Dès que la soif de l'or une fois les tourmente,
Plus ils boivent, Sophie, et plus leur soif *augmente.*

COLLIN D'HARLEVILLE, *les Riches*, IV, 1.

Augmenter signifie aussi Hausser de prix, en parlant de certaines denrées :

Le sucre *augmente.* Les vins ont beaucoup *augmenté.*

Dictionnaire de l'Académie, 1835.

AUGMENTER, employé soit passivement, soit neutralement, est souvent suivi de la préposition *de* et d'un substantif :

Je *suis* donc *augmenté d'un* enfant, et *augmenté* de la façon que souhaitoit un ancien philosophe, c'est-à-dire d'un masle et non d'une fille.

Est. Pasquier, *Lettres à M. Bigot.*

Un peu devant le souper, la bonne compagnie qui étoit dans l'hôtellerie *augmente d'un* opérateur et de son train.

Scarron, *le Roman comique*, I, 15.

La consternation passée, ceux-ci (les Romains) *augmentèrent de* courage, en diminuant de forces, et les Carthaginois diminuèrent de vigueur, en *augmentant de* puissance.

Saint-Evremont, *Réflexions sur les divers génies du peuple romain*, c. 7.

Ce favori *augmenta de* crédit par cette nomination.

Mme de Motteville, *Mémoires.*

Plus elle rioit, plus je poursuivois, petit à petit mes discours *augmentoient de* force.

Marivaux, *le Paysan parvenu*, IIe part.

L'antimoine, calciné aux rayons du soleil par le verre ardent, *a* aussi *augmenté de* poids.

Voltaire, *Lettres*; à l'abbé Moussinot, juin 1737.

Si la souveraineté réside sur une seule tête, et que cette tête tombe victime de l'attentat, le crime *augmente d'a*trocité.

J. de Maistre, *Considérations sur la France*, c. 2, § 9.

Augmenter est aussi suivi de la préposition *en* :

Le roy se faict grand et se renforce tous les jours, de sorte qu'il semble à tous ceulx qui le voyent que c'est ung vray miracle de Dieu de voir *augmenter* tousjours ce prince tant *en* force, grandeur, que *en* esprit et éloquence.

Blaise de Montluc, *Mémoire au roy d'Espagne*, juin 1565.

Depuis la paix et son retour à Paris, il (Louis XIV) *étoit augmenté en* toutes choses; sa belle taille et sa bonne mine se faisoient admirer.

Mme de Motteville, *Mémoires.*

On te fait général. — Charge encore plus grande ? — La plus grande de toutes. — Je remarque une chose. Plus *j'augmente en* charges et plus je diminue en membres.

Delosme de Monchenai, *Mezzetin grand sophy de Perse*, scène de Mezzetin et de Pasquariel. (Voyez Gherardi, *le Théâtre Italien*, t. II, p. 322.)

Aller en augmentant :

C'est un malheur dans la vie du roi et une plaie à la France, qui *a* continuellement *été en augmentant*, que la grandeur de ses bâtards.

Saint-Simon, *Mémoires*, 1715.

Hélas ! madame, répondis-je extrêmement attendrie, vos bontés pour moi *vont* toujours *en augmentant* depuis que j'ai le bonheur d'être à vous.

Marivaux, *la Vie de Marianne*, IVe part.

La caducité commence à l'âge de soixante et dix ans, elle *va* toujours *en augmentant*.

Buffon, *Histoire naturelle* : De l'Homme.

Malheureusement les ridicules *vont en augmentant*, les qualités en déclinant.

Picard, *la Manie de briller*, I, 3.

Augmenter s'emploie avec le pronom personnel dans un sens passif :

Il fault qu'un frere ne soit pas comme le bassin d'une balance qui fait le contraire de son compagnon, quand l'un se haulse, l'autre se baisse : ains fault qu'il fasse comme les petits nombres qui par multiplication d'eulx mesmes, produisent les grands, et en se multipliant ainsi l'augmenter, et *s'augmenter* aussi de biens.

Amyot, trad. de Plutarque, *Œuvres morales* : De l'amitié fraternelle.

Nous avons fort peu de choses à dire de l'Espagne pour ce qu'elle a reposé en soi, troublant les autres nations, ayant, Ferdinand, par ses ruses tousjours engagé les Princes ses voisins à ses affaires en incommodant les leurs, et pris le nom de la Religion pour *s'augmenter*.

D'Aubigné, *Histoire universelle*, liv. I, c. 4.

Le soin de *s'augmenter* en sagesse et en science fut la première ruine du genre humain.

Montaigne, *Essais*, II, 12.

Le bruit de ce que je vous avois écrit touchant Monsieur le premier président continue, et depuis quinze ou vingt jours *s'est* fort *augmenté*.

Malherbe, *Lettres à Peiresc*, 23 mai 1607.

Je ne sais plus que vous dire, sinon que le bruit de la grossesse de Mme la princesse de Conty *s'augmente*.

Le même, même ouvrage, 23 août 1609.

Avant que Periandre m'eust déclaré son affection, j'aymois certes Dorinde, mais beaucoup moins que je ne fis depuis : et sembla que comme le brasier *s'augmente* par l'agitation du vent, de mesme mon affection prit beaucoup plus de violence par la contrariété de celle de Periandre.

D'Urfé, *l'Astrée*, IIe part., liv. IV.

De là on entre dans un appartement en ovale, où l'on sent d'abord une chaleur douce qui *s'augmente* peu à peu.

Perrot d'Ablancourt, trad. de Lucien, *Hippias.*

Nostre cavalerie s'étonne et se renverse sur ceux qu'on envoyoit à son secours ; la terreur *s'augmente*, et ils alloient tous fondre dans un marais inconnu aux Romains, si Germanicus n'eust rangé son armée en bataille.

PERROT D'ABLANCOURT, trad. de Tacite, *Annales*, I, 10.

Cependant Vitellius, par une sotte et honteuse dissimulation, celoit sa défaite, et au lieu d'en arrester le mal, en differoit le remede. Car en l'avoüant, il luy restoit encore des forces et de l'espérance, mais le danger *s'augmentoit* par la dissimulation.

LE MÊME, trad. de Tacite, *Histoires*, III, 9.

Depuis sa maladie *s'augmenta* de telle sorte, que dès le sixiesme jour ayant consumé toutes ses forces, à peine pouvoit-il seulement parler.

DU RYER, *Supplément de Freinshemius sur Quinte-Curce*, liv. X.

Les désordres *s'étoient* encore *augmentés* depuis.

BOSSUET, *Histoire des variations de l'Église protestante*, 1, 17.

Comme la grandeur ne peut être conçue *s'augmenter* jusqu'à l'infini, sans détruire la raison du corps, il faut juger de même de la petitesse.

LE MÊME, *Traité du Libre Arbitre*, c. 4.

La terre commence à se remplir, et les crimes *s'augmentent*.

LE MÊME, *Discours sur l'histoire universelle*, I, 1.

Pendant que l'impiété *s'augmentoit* dans le royaume de Juda, la puissance des rois d'Assyrie, qui devoient en être les vengeurs, *s'accrut* sous Asaraddon.

LE MÊME, même ouvrage, I, 7.

Mais pendant que l'ancien peuple est réprouvé pour son infidélité, le nouveau peuple *s'augmente* tous les jours parmi les gentils.

LE MÊME, même ouvrage, II, 8.

Depuis la ruine de Carthage, les charges, dont la dignité aussi bien que le profit *s'augmentoit* avec l'empire, furent briguées avec fureur.

LE MÊME, même ouvrage, III, 7.

Sous lui (Louis XIV), la France a appris à se connoître ; elle se trouve des forces que les siècles précédents ne savoient pas ; l'ordre et la discipline militaire *s'augmentent* avec les armées.

LE MÊME, *Oraison funèbre de Marie-Thérèse d'Autriche*.

L'union de notre esprit avec notre corps... diminue à proportion que celle que nous avons avec Dieu *s'augmente*.

MALEBRANCHE, *Recherche de la vérité*, préface.

Leurs espérances se fortifient à proportion que leurs désirs *s'augmentent*.

MALEBRANCHE, *Recherche de la vérité*, liv. IV, c. 4, § 1.

Il n'y eut hier que très peu de grains aux halles. Le prix, qui s'estoit maintenu sur le mesme pied pendant quelques mois, *s'est augmenté* de 20 s. par septier, et le reste à proportion.

LA REYNIE à de Harlay, 29 mars 1693. (Voyez DEPPING, *Correspondance administrative sous Louis XIV*, t. II, p. 640.)

Les bestiaux de même que les hommes *s'augmenteront* et la dixme royale par conséquent.

VAUBAN, *Projet d'une Dixme royale*, c. IV.

Ces rendez-vous plaisent d'abord à un amant, cela est vrai ; mais lorsqu'il y fait réflexion, il en voit toute la conséquence ; cette trop grande facilité dans une maitresse lui cause toujours des soupçons ; ces soupçons-là *s'augmentent* de plus en plus, parce qu'ordinairement on ne se borne pas à ces minuties.

MARIVAUX, *la Vie de Marianne*, XIIe part.

Si tu sçavois, sans que je parle en fainte,
Le grant amour lequel mon cueur te porte,
Ton bon vouloir, que toujours me conforte,
S'augmenteroit envers moy seurement.

Moralité nouvelle, contenant :

*Comment Envie au temps de Maintenant
Fait que les Frères que Bon Amour assemble
Sont ennemis, et ont discord ensemble.*

(Voyez *Ancien Théâtre françois*. Bibliothèque elzévirienne, t. III, p. 90.)

L'ombre au matin nous voyons ainsi croistre,
Sur le midy plus petite apparoistre,
Puis *s'augmenter* devers la fin du jour.

JOACHIM DU BELLAY, *Sonnets*.

Ma douleur se rengrège, et mon cruel martyre
S'augmente et devient pire.

RÉGNIER, *Plainte*.

Mais quoy ! le jour *s'augmente* et dérobe à nos yeux
Les roses dont l'aurore avoit semé les cieux.

RACAN, *les Bergeries*, I.

L'âme est un feu qu'il faut nourrir,
Et qui s'éteint s'il ne *s'augmente*.

VOLTAIRE, *Stances*.

AUGMENTÉ, ÉE, participe.

Ce qui me fait dire : j'ai chaud, c'est un certain sentiment que le feu, qui ne sent pas, ne peut avoir ; et ce sentiment, *augmenté* jusqu'à la douleur, me fait dire que je brûle.

> Bossuet, *De la Connoissance de Dieu et de soi-même,* c. 1ᵉʳ, art. 7.

De cette sorte, pendant que l'idolâtrie, si fort *augmentée* depuis Abraham, couvroit toute la face de la terre, la seule postérité de ce patriarche en étoit exempte.

> Le même, *Discours sur l'Histoire universelle,* II, 3.

Voilà les maximes de M. de La Rochefoucauld revues, corrigées et *augmentées.*

> Mᵐᵉ de Sévigné, *Lettres;* à Mᵐᵉ de Grignan, 20 janvier 1672.

La lumière de la lune, qui n'y est obscurcie par aucun nuage, *augmentée* encore par le reflet de la neige qui couvre la terre, et très souvent par des feux semblables à la lumière zodiacale, fait qu'on voyage en Suède la nuit comme le jour.

> Voltaire, *Histoire de Charles XII,* liv. I.

Elle-même (l'Église) deux fois presque toute Arienne,
Sentit chez soi trembler la vérité chrétienne;
Lorsqu'attaquant le Verbe et sa divinité,
D'une syllabe impie un saint mot *augmenté*
Remplit tous les esprits d'aigreurs si meurtrières.

> Boileau, *Satires,* XII.

AUGMENT, s. m. Terme de l'ancien droit. Il ne s'employait que dans cette locution, *augment de dot.* La portion des biens du mari que la loi permettait de donner à la femme survivante, dans les pays de droit écrit.

Qu'est-ce que l'*augment?* Une donation faite par le mari à sa femme, pour la récompenser de la dot qu'elle offre à son mari.

> D'Aguesseau, *Plaidoyer,* XI.

Dans les contrats de mariage qui se sont toujours passés dans les pays de droit civil, on n'a jamais parlé que d'*augment,* qui est un pur gain de survie, c'est-à-dire qui s'évanouit par le prédécès de la femme.

> Cochin, 27ᵉ *Cause.*

AUGMENT, en termes de Grammaire, se dit D'une addition qui se fait au commencement d'un temps de verbe, dans certaines langues telles que le sanscrit et le grec.

L'*augment* syllabique... consiste dans l'addition d'une voyelle et l'*augment* de temps dans l'allongement d'une voyelle.

> *Dictionnaire de l'Académie,* 1798.

Augment, en termes de Médecine, désigne la Période pendant laquelle les symptômes d'une maladie prennent de l'accroissement.

Autres médicaments sont requis au commencement qu'en l'*augment,* en l'*augment* qu'en l'estat, en l'estat qu'en la déclination.

> Ambroise Paré, *Œuvres,* Introduction.

AUGMENTATION, s. f. Accroissement, addition d'une chose à une autre de même genre.

Ce fut le roy François qui les (les maréchaux) aumenta à cela; et oncques puis ne les accreust, ny le roy Henry, ny le roy François II; mais le roy Charles et Henry III et Henry IV en ont faict la grande *aumentation.*

> Brantôme, *Grands Capitaines françois :* M. de Montsalley.

Il sera particulièrement accordé une déclaration portant révocation..... de l'édict du mois de décembre 1658, portant *augmentation* du prix du sel de 7 s. 6 d. pour minot.

> *États de Languedoc, de* 1659. (Voyez Depping, *Correspondance administrative sous Louis XIV,* t. I, p. 81.)

J'y vins (chez M. de Chaulnes), j'y fus reçue en perfection, et je trouvai beaucoup de monde d'*augmentation :* tant pis!

> Mᵐᵉ de Sévigné, *Lettres;* à Mᵐᵉ de Grignan, 26 août 1671.

En même temps le roi donna, avec une légère *augmentation,* l'appartement de Monseigneur qu'occupoit le Dauphin, à M. et à Mᵐᵉ la duchesse de Berry.

> Saint-Simon, *Mémoires,* 1712.

Il a transmis à ses enfants, sans diminution ni *augmentation,* l'héritage qu'il avait reçu de ses pères.

> D'Alembert, *Éloge de Montesquieu.*

Or, s'il (le prêteur) reçoit moins, pourquoi cette différence ne seroit-elle pas compensée par l'assurance d'une *augmentation* sur la somme proportionnée au retard?

> Turgot, *Mémoire sur les prêts d'argent,* § XXVII.

Il vient de m'assurer certaine pension,
Qui dans la suite aura quelque *augmentation.*

> Legrand, *l'Aveugle clairvoyant,* sc. 3.

Augmentation est souvent suivi de la préposition *de* et d'un complément :

L'*augmentacion* du cultivement divin.

> Nicole Oresme. (Voyez Meunier, *Essai sur la vie et les ouvrages de Nicole Oresme,* p. 164.)

Affin que je ne soye seclus du très heureux et haut mérite dû à ceux qui travaillent, et labeurent à l'*augmenta-tion* des histoires de ce présent livre.

Les Cent Nouvelles nouvelles, XXXII.

Ce me sera tant plus d'obligation de prier Nostre Seigneur journellement pour la conservation et *augmentation de* Vostre Grandeur.

Amyot, *Lettre au duc de Nivernoys*, août 1589.
(Voir de Blignières, *Essai sur Amyot*, 1851, p. 350.)

Mesmes les faultes passées, par le bien qui en estoit venu, leur estoient *augmentation de* contentement.

Marguerite de Navarre, *Heptameron*, XXXVII.

L'évesque d'Alexandrie s'estoit voulu aucunement apparier à l'autre (à l'évêque de Rome) : et à vray dire, la decroissance de l'un fut l'*augmentation de* l'autre.

Estienne Pasquier, *Recherches*, III, 1.

Mes seigneurs, vous avez tous entendu le bon zèle que le Roy a au gouvernement, non seulement de la république de son royaulme, mais particulièrement à l'*augmentation* et honneur *de* chevalerie.

Herberay des Essarts, *Amadis de Gaule*, I, 33.

... Le priant (Dieu), Tres Saint-Père, que icelle votre Sainteté il veuille longuement conserver et garder à l'*augmentation de* notre saincte foi chrétienne.

Henri IV, *Lettres*; au Pape, 20 août 1572.

Je n'auray iamais bonne fortune ny *augmentation de* grandeur que vous ny participiez.

Sully, *Œconomies royales*, c. XXX.

Je lui justifiai (au duc de Medina) la conduite de Votre Majesté qui ne s'étoit point servie de tous ses avantages, depuis la mort du feu roi, pour se mettre en possession des États qui lui appartenoient; que l'on s'étoit préparé de l'autre côté à la défense... par la fortification des places et par l'*augmentation des* gens de guerre.

L'archevêque d'Embrun à Louis XIV, 22 mai 1667.
(Voyez Mignet, *Succession d'Espagne*, t. II, p. 444.)

Il vit (Mazarin) sans doute avec peine que son voyage n'auroit point d'autre succès que celui de servir, par sa présence, à l'*augmentation du* triomphe de ses ennemis.

Mme de Motteville, *Mémoires.*

Je le trouvai (Arnauld d'Andilly) dans une *augmentation de* sainteté qui m'étonna : plus il approche de la mort, plus il s'épure.

Mme de Sévigné, *Lettres*; à Mme de Grignan, 29 avril 1671.

Nous n'aurons Mme de Louvois et M. de Coulanges que

le 8 du mois qui vient; ils ont M. de Souvré et Mme de Courtenvaux pour *augmentation de* bonne compagnie.

Mme de Coulanges, *Lettres*; à Mme de Sévigné, 29 octobre 1694.

Elle (Sa Majesté Louis XIV) résolut de faire voir que l'hiver n'étoit pas capable d'arrêter ses progrès, et qu'elle pouvoit même faire servir les incommodités de la saison à l'*augmentation de* sa gloire et *de* ses conquêtes.

Le marquis de Pomponne, *Mémoires*, I, 10.

Aussi n'est-il pas étonnant, sous un prince vertueux, qu'à la disgrâce succède quelquefois une *augmentation de* faveur.

Mairan, *Éloge du cardinal de Polignac.*

Le roi donna 3,000 livres d'*augmentation de* pension à Saint-Herem, gouverneur et capitaine de Fontainebleau.

Saint-Simon, *Mémoires*, 1713.

Nouvelle *augmentation de* singularité dans ce coup de hasard. Je n'avois fait que rougir en le voyant, cet oncle; mais sa parenté, que j'apprenois, me déconcerta encore davantage.

Marivaux, *la Vie de Marianne*, IIe part.

On sait que les Suisses surtout avaient contribué à la conquête du Milanais. Ils avaient vendu leur sang, et jusqu'à leur bonne foi, en livrant Louis le Maure. Les cantons demandèrent au roi une *augmentation de* pension, Louis le refusa.

Voltaire, *Essai sur les mœurs*, c. 113.

Nous continuâmes de mener une vie toute composée de plaisir et d'amour : l'*augmentation de* nos richesses redoubla notre affection.

Prévost, *Manon Lescaut*, Ire part.

A la vérité, si la baisse du prix des denrées occasionnée par la diminution de la consommation se soutenoit, l'*augmentation des* salaires seroit moins forte.

Turgot, *Lettres sur la liberté du commerce des grains*, V, 14 novembre 1770.

L'*augmentation de* l'aisance publique accroîtra la population.

Le même, même ouvrage, *ibid.*

Quelques réflexions sur la manière dont l'*augmentation des* baux résulte de l'*augmentation des* profits du cultivateur vous feront sentir combien cette supposition est éloignée du vrai.

Le même, même ouvrage, VI; 27 novembre 1770.

Mettre les recettes de niveau avec les dépenses, arriver à ce niveau plutôt par le retranchement des dépenses que par l'*augmentation des* impôts.

Mme de Stael, *Considérations sur la Révolution française*, Ire part., c. 5.

Augmentation est très fréquemment employé au pluriel :

> Fut adonc fait marquis de Juliers, qui paravant étoit comte de Juliers, et le duc de Guerles qui étoit comte fait duc de Guerles; et impétrèrent ces *augmentations* de noms, ces gens qui là étoient.
>
> Froissart, *Chroniques*, liv. I, 1re part., c. 74.

> Jouant un jour avec le roi et Mme de Montespan, dans le commencement des grandes *augmentations* de Versailles... Le roi se mit à le plaisanter (Dangeau) sur sa facilité à faire des vers.
>
> Saint-Simon, *Mémoires*, 1696.

> J'ai été très-bien pendant une dizaine de jours ; j'étois gai, j'avois bon appétit. J'ai fait à mon herbier de bonnes *augmentations*.
>
> J.-J. Rousseau, *Lettres*; 28 novembre 1768.

> Colbert, pour fournir à la fois aux dépenses des guerres, des bâtiments et des plaisirs, fut obligé de rétablir, vers l'an 1672, ce qu'il avait voulu d'abord abolir pour jamais : impôts en partis, rentes, charges nouvelles, *augmentations* des gages.
>
> Voltaire, *Siècle de Louis XIV*, c. 30.

> ... C'est que je prenois quelques dimensions
> ... Pour des ajustements, des *augmentations*.
>
> Gresset, *le Méchant*, III, 9.

Augmentateur, trice, adj.

> La faculté auctrice et *augmentatrice*.
>
> Ambroise Paré, *Œuvres*, Introduction.

> Cet esprit communique à la matière des cordons : d'abord une faculté altératrice, ensuite une qualité formatrice, et enfin une qualité *augmentatrice*.
>
> Buffon, *Histoire naturelle*.

Ce mot s'employait aussi comme substantif :

> Je prins la teste d'un Limosin, et l'ayant mise à l'examen, je trouvay qu'il avoit sa teste pleine de folie, et grand mixtionneur et *augmentateur* de drogues.
>
> Bernard Palissy, *Recepte veritable*.

AUGMENTATIF, IVE, adj. Terme de Grammaire.

Il se dit de certaines particules et de certaines terminaisons, servant à augmenter le sens des noms ou des verbes.

> Très, plus, sont des particules *augmentatives*.
>
> *Dictionnaire de l'Académie*, 1694.

Augmentatif s'emploie souvent substantivement.

> Elle aurait (la première langue) beaucoup d'*augmentatifs*, de diminutifs, de mots composés, de particules explétives, pour donner de la cadence aux périodes et de la rondeur aux phrases.
>
> J.-J. Rousseau, *Essai sur l'origine des langues*, c. 4.

> Le françois a peu d'inversions, moins de diminutifs encore, et pas un seul *augmentatif* dans le langage.
>
> Marmontel, *Éléments de littérature* : Style.

Ce mot s'employait anciennement dans une signification plus générale :

> La faculté naturelle est divisée en nutritive, *augmentative* et générative.
>
> Ambroise Paré, *Œuvres*, I, 1.

AUGURE, s. m. Signe par lequel on croyait juger de l'avenir. Chez les anciens Romains, il se disait principalement du présage qu'on tirait de l'observation des oiseaux.

> L'*augure* qui se prenoit de temps en temps du salut de l'Empire ayant esté négligé par l'espace de vingt-cinq ans, on fut d'avis de le reprendre, avec ordre de n'y plus manquer à l'avenir.
>
> Perrot d'Ablancourt, trad. de Tacite, *Annales*, XII, 6.

> Les nations écoutent les devins et ceux qui tirent des *augures*.
>
> Bossuet, *Politique tirée de l'Écriture Sainte*.

> Marius et Sylla, Pompée et César, Antoine et Auguste ne se battaient point pour décider si le flamen devait porter sa chemise par-dessus sa robe, ou sa robe pardessus sa chemise, et si les poulets sacrés devaient manger et boire, ou bien manger seulement, pour qu'on prît les *augures*.
>
> Voltaire, *Lettres philosophiques*, VIII.

> On citoit des *augures* sinistres; il répondit que le meilleur des présages étoit de défendre la patrie.
>
> Barthélemy, *Voyage d'Anacharsis*, c. 1.

> Allez, Catilina ne craint point les *augures*;
> Et je veux du courage, et non pas des murmures.
>
> Voltaire, *Rome sauvée*, I, 3.

Parmi nous, *augure* se dit de Tout ce qui semble présager, indiquer quelque chose que ce soit.

> J'ai esté assez chiche des *augures* et prodiges, de la quantité desquels plusieurs historiens fleurissent.
>
> Agr. d'Aubigné, *Histoire universelle*, t. II, l. III, c. 12.

Cette joye publique de votre bonne fortune m'est un *augure* qu'elle sera suivie de toutes les autres qu'elle peut produire.

> VOITURE, *Lettres;* à M. le comte de Guiche.

Tous ceux qui se moquent des *augures* n'ont pas toujours plus d'esprit que ceux qui y croient.

> VAUVENARGUES, *Réflexions et maximes*, CCCXVIII.

A l'entrée de ce bois, un berger grave sur le sable le chiffre de Philis et le sien; Zéphire d'un souffle cruel efface aussitôt tout l'ouvrage. Le berger s'alarme de l'*augure*.

> HOUDART DE LA MOTTE, *la Libre Éloquence*, ode en prose.

> Henris iert reis hastivement
> Se mis *augures* ne me ment.
> > WACE, *Roman de Rou*, v. 15212.

Le cardinal de Retz a dit : Un *homme à augure*, pour Un homme tellement important qu'on tire des augures des circonstances de sa naissance :

Le jour de ma naissance, on prit un esturgeon monstrueux, dans la petite rivière qui passe sur la terre de Montmirail en Brie, où ma mère accoucha de moi. Comme je ne m'estime pas assez pour me croire un *homme à augure*, je ne rapporterois pas cette circonstance, si les libelles qui ont depuis été faits contre moi et qui en ont parlé comme d'un prétendu présage de l'agitation dont ils ont voulu me faire l'auteur, ne me donnoient lieu de craindre qu'il n'y eût de l'affectation à l'omettre.

> RETZ, *Mémoires*, Ire part., 1613.

Bon, favorable, heureux augure :

Je n'avois jamais veu personne se plaindre de votre entretien; on tiroit *bon augure* de votre rencontre, et vous aviez dans la physionomie de la joye pour ceux qui vous regardoient.

> THÉOPHILE, *Lettres*, VII.

Permettez-moi de ne pas haïr encore la vie. Lorsque vous dites que je suis destiné à de grandes choses, vous me donnez de si *bons augures* de la mienne... que je serai bien aise qu'elle ne s'achève pas encore si tôt.

> VOITURE, *Lettres*, LXXI; à Mlle de Rambouillet.

Victoria, belle comme elle étoit, parut en son habit simple si agréable et de si *bon augure* aux yeux de dom Pedro de Silva, qu'il la retint à l'heure même pour sa fille.

> SCARRON, *Roman comique*, I, 22.

Cependant je tire un *bon augure* d'avoir fait suspendre la résolution de cet envoi de troupes dans le Brisgaw.

> LE CHEVALIER DE GREMONVILLE à Louis XIV, 2 août 1667.
> (Voyez MIGNET, *Succession d'Espagne*, t. II, p. 224.)

On dit que lorsqu'on creusoit les fondements de Carthage, il s'y trouva une tête de cheval, ce qui fut pris pour un *bon augure*, et comme une marque qu'un jour cette ville seroit belliqueuse.

> ROLLIN, *Histoire ancienne*, liv. II, IIe part., c. 1.

Cette façon de me répondre me sembla de *bon augure;* le roi, avoit un air affable et point importuné, et envie de m'écouter à loisir.

> SAINT-SIMON, *Mémoires*, 1709.

Un moment après, M. le duc d'Orléans entra d'un air gai, libre, sans aucune émotion, qui regarda la compagnie d'un air souriant : cela me fut d'un *bon augure*.

> LE MÊME, même ouvrage, 1718.

Appelons Sophie votre future maîtresse : Sophie est un nom de *bon augure;* si celle que vous choisirez ne le porte pas, elle sera digne au moins de le porter.

> J.-J. ROUSSEAU, *Émile*, IV.

Tout de suite il passa chez la marquise de Breil, sa belle-fille, et me présenta à elle, puis à l'abbé de Gouvon, son fils. Ce début me parut de *bon augure*.

> LE MÊME, *les Confessions*, I, 3.

Vous commencez à vous méfier des flatteurs et de vous-même; vous concevez que nous avons raison de vous punir, et souvent vous vous condamnez vous-même; c'est d'un *bon augure*.

> CONDILLAC, *De l'Art de raisonner*, I, 4.

Jusqu'ici pour mes feux tout est de *bon augure*.

> BOURSAULT, *le Mercure galant*, I, 1.

Le prélat en conçoit un *favorable augure*.

> BOILEAU, *le Lutrin*, 1.

Vous avez certain air qui m'est de *bon augure*.

> AUTREAU, *Démocrite prétendu fou*, II, 6.

Vous flerez-vous encore à vos *heureux augures ?*

> PIRON, *la Métromanie*, V, 2.

Mauvais, funèbre, funeste, incertain, sinistre, triste augure :

Le roy François premier de ce nom, ayant esté fortuitement blessé à la teste d'un tizon... les médecins furent d'avis de le tondre. Depuis il ne porte plus longs cheveux, estant le premier de nos roys qui, par un *sinistre augure*, dégénère de cette vénérable ancienneté.

> PASQUIER, *Recherches de la France*, VIII, 9.

La fille (Mlle de Beauvesé) étant fort galante et fort affectée et la mère paroissant de *mauvais augure*, quelques zélés faillirent à leur faire affront.

> FLÉCHIER, *Mémoires sur les grands jours de 1665*.

On s'effraye à la vue d'un confesseur, comme s'il ne venoit que pour prononcer des arrêts de mort; on éloigne les derniers sacrements, comme si c'étoient des mystères de *mauvais augure*.

FLÉCHIER, *Oraison funèbre de Mᵐᵉ de Montausier*.

Quelques-uns de leurs empereurs (des Romains) les ont traitées (les renonciations à l'héritage) de *tristes* et *funestes augures* à la joie et à la vie des pères.

Traité des droits de la reine, 1667. (Voyez MIGNET, *Succession d'Espagne*, t. II, p. 68.)

Nous eûmes le bonheur de commencer et d'achever notre navigation, sans voir aucun navire de *mauvais augure*.

LE SAGE, *le Bachelier de Salamanque*.

La reine n'avoit point répondu aux deux dernières lettres que Madame des Ursins lui avoit écrites; cette négligence affectée lui avoit dû être d'un *mauvais augure*.

SAINT-SIMON, *Mémoires*, 1715.

Cellamare.... dit à Nancré avant son départ qu'il ne pouvoit faire que de *mauvais augures* de la négociation dont il étoit chargé.

LE MÊME, même ouvrage, 1718.

Quintilien a dit qu'un esprit prématuré est d'un *mauvais augure* dans les enfants, et l'expérience le confirme.

TRUBLET, *Essais de littérature*.

Jamais une si triste et si pasle figure
Ne se présente à nous sans un *mauvais augure*.

THÉOPHILE, *Pyrame et Thisbé*, IV, 2.

Une subite horreur me prend à l'impourveue...
Un *augure incertain* mes soupçons ne dément.

LE MÊME, même ouvrage, V, 2.

Oiseau de mauvais augure se disait de Celui qui, d'après les superstitions de l'antiquité, annonçait des malheurs.

La voilà (la mort) qui s'offre à vos yeux; une troupe nombreuse d'*oiseaux de mauvais augure* vole devant elle avec la terreur, et annonce son passage par des cris funèbres.

LE SAGE, *le Diable boiteux*, c. 11.

Cette expression est d'un fréquent usage au figuré :

Ils se détournent de moy lorsqu'ils me rencontrent, et me fuyent comme un *oyseau de mauvais augure*.

PERROT D'ABLANCOURT, trad. de Lucien, *Timon*.

Je meurs de peur que toute votre destinée ne soit malheureuse depuis un bout jusqu'à l'autre. Cependant, je

ne veux point vous décourager ni vous paroître un *oiseau de mauvais augure*.

Mᵐᵉ DE SÉVIGNÉ, *Lettres*, 28 juillet 1687.

Ces vilains *oiseaux-là* sont de *mauvais augure*.

LEGRAND, *le Roi de Cocogne*, II, 8.

AUGURE est souvent suivi de la préposition *de* et d'un complément.

Ils (saint Ambroise et saint Jérôme) pensoient qu'une telle sujétion, bien loin de devenir odieuse à une jeune fille, devoit lui plaire; qu'elle devoit l'aimer pour elle-même et pour sa consolation propre; et que, dès qu'elle cherchoit à s'en délivrer, ce ne pouvoit être qu'un *mauvais augure* de sa vertu.

BOURDALOUE, *Sermons pour les dimanches :* Sur les divertissements du monde.

Le comte d'Artois laissa aux Florentins Aimery de Narbonne avec cent gentils-hommes, et une bannière semée de fleurs de lys, *augure* infaillible *de* bonheur et *de* victoire.

MÉZERAY, *Histoire de France :* Philippe le Bel.

M. le Dauphin ne voulut quoi que ce soit de particulier pour lui, et persista à demeurer à cet égard comme il étoit pendant la vie de Monseigneur. Ces *augures d'un* règne sage et mesuré firent concevoir de grandes espérances.

SAINT-SIMON, *Mémoires*, 1711.

Ceux même qui avaient le plus gémi sous le despotisme du père se laissèrent entraîner à louer dans le fils cette fierté qui était l'*augure de* leur servitude.

VOLTAIRE, *Histoire de Charles XII*, liv. I.

Au moment où nos armées du Nord paraissent faire des progrès dans le Brabant et flattent notre courage par des *augures de* victoire, tout à coup on les fait se replier devant l'ennemi.

VERGNIAUD, *Choix de rapports, opinions et discours*, t. IX, p. 143.

Ainsi dans la nuit obscure
De Vénus l'étoile nous suit,
Favorable et brillant *augure*
De l'éclat du jour qui la fuit.

J.-B. ROUSSEAU, *Odes*, II, 1.

AUGURE, employé figurément, se joint à un grand nombre de verbes pour former des locutions très usitées telles que : *accepter, confirmer l'augure, prendre pour augure, tirer un augure*, etc.

Prenant votre silence *pour augure* que nous vous serons

agréables, je vais trouver mes compagnons et leur dire qu'ils se hâtent.

LARIVEY, *le Laquais*, prologue.

La grande ville fut divisée en trois parties : C'est, dit notre auteur, l'Église romaine, la luthérienne et la calvinienne : voilà les trois parties qui divisent la grande cité, c'est-à-dire l'Église d'Occident. *J'accepte l'augure :* la réforme divise l'unité : en la divisant elle se rompt elle-même en deux, et laisse l'unité à l'Église romaine dans la chaire de saint Pierre qui est le centre.

BOSSUET, *Histoire des variations*, XIII, 44.

Il y eut hier une fausse nouvelle répandue, que le siège de Charleroi étoit levé : tout le monde le *prend pour un augure*, tant on a mauvaise opinion de nos ennemis.

Mme DE SÉVIGNÉ, *Lettres*; au comte de Grignan, 15 août 1677.

Je *tirois* de cette inaction de la cour *l'augure* de leur triomphe (des Jésuites) et le fondement de leur confiance.

J.-J. ROUSSEAU, *les Confessions*, II, 11.

Je venois en héros de venger mon injure,
Quand par méchanceté, pour *confirmer l'augure*,
Un misérable oiseau pensa me rendre fou,
A force de crier coucou, coucou, coucou.

BOURSAULT, *le Mercure galant*, III, 4.

J'accepte cet augure à mes vers glorieux.

LA FONTAINE, *Poême du Quinquina*, II.

Elle rit, bon, tant mieux, j'en *tire un bon augure*.

REGNARD, *le Distrait*, I, 4.

Vous vous reconnoissez, j'en *tire un bon augure*.

DESTOUCHES, *le Médisant*, III, 1.

Et qui vous fait de lui *tirer un tel augure?*

PICARD, *les Conjectures*, III, 12.

Anciennement, on a quelquefois employé *augure* au féminin.

Quelques soldats nous ont conté qu'ils eurent plusieurs *mauvaises augures*.

D'AUBIGNÉ, *Histoire universelle*, t. III, liv. V, c. 12.

AUGURE se dit aussi, en parlant des Romains, de Celui dont la charge était d'observer le vol et le chant des oiseaux, et la manière dont mangeaient les poulets sacrés, afin d'en tirer des présages.

Pourquoi est-ce que des autres presbtres, quand il y en a un condamné et banny, ils le deposent de sa presbtrise,

et en elisent un autre en son lieu, excepté les *augures*, qui sont les presbtres qui ont charge d'observer et contempler le vol des oiseaux ?

AMYOT, trad. de Plutarque, *les Demandes des choses romaines*, question XCIX.

César est désigné souverain des *augures*.

VOLTAIRE, *Catilina*, I, 1.

On a quelquefois employé ce mot au figuré :

Monsieur, nous sommes en une saison fort stérile de nouvelles : tout est en repos, Dieu merci, et sera, si je suis bon *augure*.

MALHERBE, *Lettres*; à Peiresc, 19 septembre 1610.

AUGURER, v. a. Tirer une conjecture, un présage de certaines observations que l'on a faites ou de certains signes que l'on a remarqués.

Dès que la cavalerie commença à s'esbranler, il prit une soudaine frayeur aux gens de pied, d'avoir en teste leurs ennemis nouvellement reconciliez, et n'en *augurant* rien de bon, ils furent en branle de regagner la ville.

VAUGELAS, trad. de Quinte-Curce, *Histoire d'Alexandre*, X.

Valstein applaudit à cette ouverture, quoyqu'il vît assez où elle tendoit, bien certain d'en détourner l'exécution et y condescendant de peur qu'on n'*augurast* quelque chose do mauvais de son refus.

SARAZIN, *Conspiration de Valstein*.

Le roy de Chipre, les ducs d'Anjou et de Bourgogne ayant reçu le lendemain la nouvelle de la journée de Cocherel, *augurèrent* de combien de bonheurs seroit suivi ce couronnement, dont la veille estoit signalée par une telle victoire.

MÉZERAY, *Histoire de France :* Charles V.

La première délibération a été de 1200 mille livres de la meilleure grâce du monde... ce qui vous doit bien faire *augurer* et espérer un heureux succès, comme je le fais aussi.

LE MARQUIS DE CASTRIES à Colbert, 20 janvier 1662.
(Voyez DEPPING, *Correspondance administrative sous Louis XIV*, t. I, p. 74.)

Je ne savois ce que je devois penser de cette rencontre; je n'en *augurois* pourtant rien de sinistre.

LE SAGE, *Gil Blas*, I, 3.

Il étoit dans le dessein de se convertir, dit-on... et là-dessus on se calme sur sa destinée; on *augure* favorablement de son salut.

MASSILLON, *Carême :* Impénitence finale.

Je désespérai que mon action pût servir en rien au

IV.

mari de la jeune dame, et je vis bien à sa mine qu'elle n'en *auguroit* pas une meilleure réussite.

MARIVAUX, *le Paysan parvenu*, IV⁰ partie.

J'*augurois* beaucoup de ce mariage.

LE MÊME, *les Fausses Confidences*, II, 12.

Je ne sçais qu'*augurer* de la conversation que je viens d'avoir avec elle.

LE MÊME, même ouvrage, II, 17.

M. de Fréjus revint, le lendemain, reprendre sa place auprès du Roi : il n'étoit pas difficile d'*augurer* ce qui arriva par la suite.

HÉNAULT, *Mémoires*, c. 14.

Depuis, par un hasard d'avec vous séparé,
Pour beaucoup plus de temps que je n'*eusse auguré*,
Je n'ai pour vous rejoindre épargné temps ni peine.

MOLIÈRE, *l'Étourdi*, V, 2.

... De ce soupir que faut-il que j'*augure*?

RACINE, *Iphigénie*, I, 3.

Le comte est sûrement d'une aimable figure ;
Son mérite y répond, ou du moins je l'*augure*.

DESTOUCHES, *le Glorieux*, II, 4.

Ciel ! que dois-je *augurer* du trouble où je vous vois?

LE MÊME, *le Philosophe marié*, V, 4.

J'en *augure* une heureuse et pleine réussite.

PIRON, *la Métromanie*, III, 7.

Augurer à :

J'eus droit d'*augurer à* la Suède une félicité que nuls accidents ne pouvoient troubler puisqu'elle savoit l'art de tirer sa joie des sujets mêmes de sa mortification.

LE MARQUIS DE POMPONNE, *Mémoires*, I, 9.

Augurer que :

Il y en eut qui *auguroient* sur ledict brouillard qu'il signifioit qu'on alloit prendre terre dans un royaume brouillé, brouillon et mal plaisant.

BRANTÔME, *Des Dames* : la Reine d'Écosse.

Quand les hommes *augurent* d'un jeune prince qu'il sera grand, cette idée ne réveille en eux que des victoires et des prospérités temporelles.

MASSILLON, *Petit Carême :* Grandeur de J.-C.

Les plaisirs de la table avec quelques étrangers attirés à Moscou par le ministre Gallitzin ne firent pas *augurer* qu'il serait un réformateur.

VOLTAIRE, *Histoire de Pierre le Grand*, I, 6.

... J'*augure*
Que vous n'aurez jamais grande progéniture.

DESTOUCHES, *le Philosophe marié*, I, 4.

Augurer bien, mieux :

Il y en avoit qui *auguroient bien* de Vespasien et des armes de l'Orient.

PERROT D'ABLANCOURT, trad. de Tacite, *Histoires*, I, 8.

Quand je les vois dans l'abjection, dans la persécution, j'en *augure bien*.

BOURDALOUE, *Sermon pour la fête de saint François-Xavier*.

La Price, ayant *bien auguré* de l'issue de leur entreprise par un début si fortuné, s'avisa de demander à sa compagne ce qu'elles alloient faire chez le sorcier.

HAMILTON, *Mémoires de Grammont*, XII.

On aime à voir une nombreuse jeunesse disparoître tout à coup au premier son de la cloche, et l'on n'*augure* pas *bien* de la discipline d'un collège, quand, au lieu de ce prompt départ, on délibère pour se mettre en marche.

ROLLIN, *Traité des Études*, liv. VIII, II⁰ part., c. 1, art. 3.

Vint après monsieur le Duc, qui ne tarda pas à s'approcher de moi et à me demander si j'*augurois bien* du régent et qu'il fût ferme.

SAINT-SIMON, *Mémoires*, 1718.

J'*augure bien* de son cœur, et du caractère de son esprit.

MARIVAUX, *la Vie de Marianne*, I⁰ part.

Cette tragédie (*Paros*, de Mailhol) ne nous fait pas *mieux augurer* du talent de son auteur.

GRIMM, *Correspondance*, 1⁰ʳ mars 1754.

J'*augurois bien* de sa physionomie et de ses civilités.

PRÉVOST, *Manon Lescaut*, I⁰ part.

... Vous gardez le silence;
Mais j'*augure* assez *bien* de cet air languissant,
Car nous savons la carte, et qui se tait consent.

MONTFLEURY, *Crispin gentilhomme*, III, 8.

Ah ! j'en *augure bien*, l'amour me la ramène.

DUFRESNY, *le Faux sincère*, IV, 6.

Courage, allons, messieurs, car si son vin est bon,
J'*augure bien* de sa raison.

AUTREAU, *Démocrite prétendu fou*, II, 8.

La connaissance encore est nouvelle entre nous;
Mais par ce que je vois, j'*augure bien* de vous.

ANDRIEUX, *le Vieux fat*, I, 2.

Augurer mal :

La France tombera-t-elle? et ce prophète (M. Jurieu) *augure-t-il* si *mal* de sa patrie? Non, non; elle pourra bien être abaissée, qu'elle y prenne garde, le prophète l'en menace, mais elle ne périra pas.

BOSSUET, *Histoire des variations des églises protestantes*, liv. XIII, c. 36.

Il (le cardinal Dubois) monta à cheval... et rendit son mal si violent qu'il ne put s'empêcher d'y chercher du secours. Il vit des médecins et des chirurgiens des plus célèbres, dans le plus grand secret, qui en *augurèrent* tous fort *mal*.

SAINT-SIMON, *Mémoires*, 1723.

Nous le trouvâmes d'une pâleur et d'une faiblesse qui nous fit *mal augurer* de sa vie.

L'ABBÉ PRÉVOST, *le Doyen de Killerine*, c. 1.

Cromwell ne voulait pas d'une secte où l'on ne se battait point, de même que Sixte-Quint *augurait mal* d'une secte dove non si chiamava.

VOLTAIRE, *Lettres philosophiques*, III.

Roi, je n'hérite point des différends du prince,
Et j'*augurerois mal* de mon gouvernement
S'il m'en falloit d'abord ôter le fondement.

ROTROU, *Venceslas*, V.

Au fait! j'*augure mal* de cet avant-propos.

PIRON, *la Métromanie*, V, 8.

AUGURAL, ALE, adj. Terme d'Antiquité romaine. Relatif aux augures, aux présages; ou appartenant à l'augure :

La science *augurale*. Les livres *auguraux*. Toge *augurale*.
Dictionnaire de l'Académie, 1835.

Bâton augural :

Il portoit ordinairement le *baston augural*, qui s'appelle en latin lituus. C'est une verge courbée par le bout, avec laquelle les devins, quand ils s'asseyent pour contempler le vol des oiseaux, désignent et marquent les régions du ciel.

AMYOT, trad. de Plutarque, *Vie de Romulus*, c. 34.

Pour les augures, ils ont péri avec l'empire romain; les évêques ont seulement conservé le *bâton augural*, qu'on appelle crosse, et qui était une marque distinctive de la dignité des augures.

VOLTAIRE, *Dictionnaire philosophique*.

Delille a dit, dans le même sens, *sceptre augural :*

Le bonnet du pontife asservit à ses lois
Le casque des guerriers, la couronne des rois;
De vains rêves servoient une raison profonde,
Et le *sceptre augural* fut le sceptre du monde.

DELILLE, *l'Imagination*, VIII.

AUGUSTE, adj. des deux genres. Grand, imposant, respectable, digne de vénération.

A l'occasion de ce vers d'*Athalie* (I, 3) :

De votre *auguste* père accompagnez les pas.

Louis Racine a fait ainsi l'histoire de ce mot :

Auguste, dit d'un grand prêtre, est dans son sens propre, ainsi que dans la scène suivante :

De ce jour à jamais *auguste* et renommé,

Dieu ayant consacré ce jour. *Augustus*, mot dont Suétone cherchoit l'étymologie, vouloit dire d'abord, chez les Romains, un lieu consacré par les augures. Dans Virgile,

Centum oratores *augusta* ad mœnia regis.

C'est-à-dire, suivant Servius, *Augurio* consecrata; et dans Ovide :

Sancta vocant *augusta* patres, *augusta* vocantur
Templa sacerdotum rite sacrata manu.

Ce titre *auguste*, ayant été donné à Octave et à ses successeurs, s'est dit dans la suite non seulement de choses divines, mais de toutes les choses respectables, surtout en parlant des souverains. Hippolyte dit à son père :

Votre *auguste* visage,

et Agrippine parlant de Néron,

Sa confidence *auguste*.

Ce mot s'emploie :
En parlant des personnes :

On dit qu'estant encore dans la Macédoine, il se présenta à luy en songe un homme plus *auguste* et plus vénérable que ne sont ordinairement les hommes, qui l'advertit de le suivre dans l'Asie pour renverser l'empire des Perses.

DU RYER, *Suppléments de Freinshemius sur Quinte-Curce*, liv. II, c. 11.

Ceux qui ont vu de quel front il a paru dans la salle de Westminster... peuvent juger aisément combien il étoit intrépide à la tête de ses armées, combien *auguste* et majestueux au milieu de son palais et de sa cour.

BOSSUET, *Oraison funèbre de la reine d'Angleterre*.

Il fut vrai de dire de vous : Cet enfant *auguste* vient de naître pour la perte comme pour le salut de plusieurs.

MASSILLON, *Sermons : La Purification*.

Le roi jugea à propos de ne différer pas davantage à se faire couronner, afin de consacrer sa royauté, et rendre sa personne plus *auguste* à ses peuples.

VERTOT, *Histoire des révolutions de Portugal*.

Quel spectacle, en effet, que cet ancien palais des Tuileries, abandonné depuis plus d'un siècle par ses *augustes* hôtes!

Mᵐᵉ DE STAEL, *Considérations sur la Révolution française*, IIᵉ part., c. 11.

Sans être conquérant un roi peut être *auguste.*

BOURSAULT, *Ésope à la cour,* I, 3.

Par là votre personne *auguste*
N'admettra jamais rien en soi
De ridicule, ni d'injuste.

LA FONTAINE, *Fables,* XI, 5.

Est-ce là cette reine *auguste* et malheureuse ?

VOLTAIRE, *Mérope,* II, 2.

Il s'emploie souvent en parlant d'une partie de la personne :

Il suffit qu'un homme ait été assez heureux pour voir *l'auguste visage* de son prince, pour qu'il cesse d'être indigne de vivre.

MONTESQUIEU, *Lettres persanes,* c. 11.

Sa tête (de l'homme) regarde le ciel et présente une face *auguste,* sur laquelle est imprimé le caractère de sa dignité.

BUFFON, *Histoire naturelle :* L'Homme.

Cette couronne est due à votre *auguste tête.*

LEGRAND, *le Roi de Cocagne,* III, 7.

Adieu, vous dont *l'auguste main,*
Toujours au travail occupée,
Tient pour l'honneur du genre humain
La plume, la lyre et l'épée.

VOLTAIRE, *Stances :* Au roi de Prusse, 2 novembre 1740.

Il se dit avec un substantif collectif, désignant une réunion de personnes, tel que *maison, corps, assemblée, conseil.*

Cette *auguste compagnie* (le Sénat) n'inspiroit rien que de grand au peuple romain.

BOSSUET, *Discours sur l'histoire universelle,* III, 6.

Que dirai-je de cette intendance qui fut comme un coup d'essai de son ministère, sinon... qu'il aida par son industrie à réunir les princes de *l'auguste maison* de Savoie.

FLÉCHIER, *Oraison funèbre de Le Tellier.*

Cicéron conclut en demandant s'il y a la moindre vraisemblance que Milon eût osé se présenter devant l'*auguste assemblée* du peuple, les mains encore fumantes du sang de Clodius.

ROLLIN, *Traité des études,* IV, c. 3, art. 2, § 1.

Il (le dauphin) étoit trop instruit pour ignorer que ce *corps* (les États généraux), tout *auguste* que sa représentation le rende, n'est qu'un corps de plaignants, de remontrants.

SAINT-SIMON, *Mémoires,* 1712.

Tous ces conseils choisis, il fallut enfin en venir à celui

de régence, dont la formation étoit la plus difficile. Il devoit être composé d'assez peu de membres pour le rendre plus *auguste.*

LE MÊME, même ouvrage, 1715.

Après que le garde des sceaux se fut, à la manière des prédicateurs, accoutumé à cet *auguste auditoire,* il se découvrit.

LE MÊME, même ouvrage, 1718.

En parlant des choses :

Les palais où ils jugent, les fleurs de lis, tout cet apparat *auguste* étoit fort nécessaire.

PASCAL, *Pensées.*

Ce qu'il y avoit de plus beau dans cette loi (de Moïse), c'est qu'elle préparoit la voie à une loi plus *auguste,* moins chargée de cérémonies, et plus féconde en vertus.

BOSSUET, *Discours sur l'Histoire universelle,* II, 3.

Ici le peuple de Dieu prend une forme plus *auguste.* La royauté est affermie dans la maison de David.

LE MÊME, même ouvrage, II, 4.

Un soldat, poussé, dit Josèphe, par une inspiration divine, se fait lever par ses compagnons à une fenêtre, et met le feu dans ce temple *auguste.*

LE MÊME, même ouvrage, II, 8.

Thèbes le pouvoit disputer aux plus belles villes de l'univers... Les Grecs et les Romains ont célébré sa magnificence et sa grandeur, encore qu'ils n'en eussent vu que les ruines : tant les restes en étoient *augustes.*

LE MÊME, même ouvrage, III, 3.

De quelque côté que je suive les traces de sa glorieuse origine, je ne découvre que des rois, et partout je suis ébloui de l'éclat des plus *augustes* couronnes.

LE MÊME, *Oraison funèbre de la duchesse d'Orléans.*

C'est donc Dieu qui a voulu élever la reine par une *auguste* naissance à un *auguste* mariage, afin que nous la vissions honorée au-dessus de toutes les femmes de son siècle.

LE MÊME, *Oraison funèbre de Marie-Thérèse d'Autriche.*

Toutes ces circonstances ont je ne sais quoi d'*auguste* et de vénérable qui doit encore plus animer votre foi.

BOURDALOUE, *Sermons :* Sur le renouvellement des vœux.

Assister au sacrifice du vrai Dieu, c'est assister à l'action la plus sainte et la plus *auguste* de la religion.

LE MÊME, même ouvrage : Sur le sacrifice de la messe.

Au milieu du palais *auguste* et presque sous le trône de nos rois s'élève sous le nom de conseil un tribunal souverain, où l'on réforme les jugements, où l'on juge les justices.

FLÉCHIER, *Oraison funèbre de Le Tellier.*

Les plus puissans se servoient de la langue des Romains dans les actes publics, auxquels cette langue semble mieux convenir, étant plus *auguste* et plus étendue.

MÉZERAY, *Histoire de France* : Pharamond.

L'Université avoit élu pour chef Guillaume de Saint-Amour, ami intime de Robert Sorbon, fondateur du domicile de la sagesse, l'*auguste* Sorbonne.

LE MÊME, même ouvrage : Saint Louis.

Le sincère désir que nous avons toujours eu de procurer et de maintenir la tranquillité publique... nous porta... à rechercher les moyens d'empêcher que rien fût capable, à l'avenir, d'altérer entre nous et Votre Majesté et nos couronnes, cette bonne intelligence et amitié qui avoit été si heureusement rétablie et même cimentée par notre *auguste* mariage.

LOUIS XIV à la reine d'Espagne, 8 mai 1667. (Voyez MIGNET, *Succession d'Espagne*, t. II, p. 58.)

Elle (Mme de Longueville) a depuis employé sa vie au service de Dieu, et à faire une très *auguste* pénitence.

Mme DE MOTTEVILLE, *Mémoires*.

Une cabane chez les anciens Romains devenoit aussi *auguste* qu'un temple, parce que la justice, la générosité, la probité, la bonne foi, l'honneur y habitoient.

ROLLIN, *Traité des études*, liv. VI, Iro part., § 2.

C'étoit le Sénat qui décernoit l'honneur du triomphe, et qui régloit les dépenses nécessaires pour cette *auguste* pompe.

LE MÊME, même ouvrage, liv. VI, IIIe part., c. 2, art. 2 : 4e morceau de l'histoire romaine, c. 1.

C'est ici où l'intérêt du culte se trouve mêlé avec celui de l'État; où il importe au souverain de maintenir et les dehors *augustes* de la religion et l'unité de sa doctrine.

MASSILLON, *Petit Carême*, 2e dimanche.

L'homme est né pour le ciel : il porte écrits dans son cœur les titres *augustes* et ineffaçables de son origine; il peut les avilir, mais il ne peut les effacer.

LE MÊME, même ouvrage, 3e dimanche.

J'avois donné ordre qu'on allât chercher un médecin et un prêtre; je ne doutois pas qu'on n'administrât M. Dursau; c'étoit au milieu de cette *auguste* et effrayante cérémonie que j'avois dessein de placer la reconnoissance entre la mère et le fils.

MARIVAUX, *la Vie de Marianne*, Xe partie.

Il fit en quatorze ans le procès à près de quatre-vingt mille hommes, et en fit brûler six mille avec l'appareil et la pompe des plus *augustes* fêtes.

VOLTAIRE, *Essai sur les mœurs* : De l'Inquisition, c. 140.

L'éloquence et l'harmonie peuvent donner aux idées un

caractère imposant, *auguste* et sublime, auquel l'imitation théâtrale ne sauroit s'élever.

MARMONTEL, *Éléments de littérature* : Poésie.

Dion continuoit sa marche *auguste*... Parvenu à la place publique, il s'arrête, et d'un endroit élevé il adresse la parole au peuple, lui présente de nouveau la liberté, l'exhorte à la défendre avec vigueur.

BARTHÉLEMY, *Voyage d'Anacharsis*, c. 60.

N'est-ce pas sur le bord d'un ruisseau, élevant au milieu des herbes sa tige *auguste*, et réfléchissant dans les eaux ses beaux calices, que j'admirerai le roi des vallées?

BERNARDIN DE SAINT-PIERRE, *Études de la nature*, I.

Corinne suivit la procession qui se rendait dans le temple de Saint-Pierre, qui n'est alors éclairé que par une croix illuminée; ce signe de douleur, seul resplendissant dans l'*auguste* obscurité de cet immense édifice, est la plus belle image du christianisme au milieu des ténèbres de la vie.

Mme DE STAEL, *Corinne*, liv. X, c. 4, § 5.

Qu'y a-t-il de plus beau dans l'ordre moral qu'un jeune homme qui respecte cet *auguste* lien (du mariage)?

LA MÊME, *De l'Allemagne*, IIIe part., liv. 19, § 12.

L'éloquence y figure (dans la préface de l'Encyclopédie) parmi les sciences d'observation, la poésie, que les anciens appelaient une éloquence plus sainte et plus *auguste*... parmi les arts d'imitation.

VILLEMAIN, *Littérature au XVIIIe siècle*, 20e leçon.

On est étonné de voir, dans cette collection mal unie de petites républiques, dans cette association de municipalités, prévaloir rapidement le respect de la majesté impériale unique, *auguste*, sacrée.

GUIZOT, *Histoire de la civilisation en Europe*, 2e leçon.

Célébrez du Seigneur l'*auguste* sainteté.

GODEAU, *Pseaumes*, 150.

La reine votre épouse, à votre droite assise,
Brillera d'une *auguste* et douce majesté.

CORNEILLE, *Pseaumes*, XLIV.

Louez l'*auguste* éclat de sa magnificence,
Louez-le dans tous ses desseins.

LE MÊME, même ouvrage, CL, 1.

L'homme, cet animal si parfait? Il profane
Notre *auguste* nom, traitant d'âne
Quiconque est ignorant, d'esprit lourd, idiot.

LA FONTAINE, *Fables*, XI, 5.

Sous les yeux de mon roi, puisse croître et mûrir
L'*auguste* rejeton d'une si belle tige !

Mme DESHOULIÈRES, *Aux muses*.

L'auguste vérité marche devant tes pas.
VOLTAIRE, *Stances*, à M. Van Graven.

Cet écueil des Gaulois, ce Capitole *auguste*.
DE LA FOSSE, *Manlius*, I, 1.

Le génie à *l'auguste* cime
S'isole aussi pour resplendir.
LAMARTINE, *Harmonies*.

Recevez du martyr *l'auguste* sacrément.
LE MÊME, *Jocelyn*.

AUGUSTE, s. m. Terme d'Histoire romaine.
Titre que le sénat décerna à Octave, et qui servit
plus tard à désigner les empereurs.

Le titre d'*Auguste* et celui d'Africain sont devenus les
noms propres de César Octavien et des Scipions.
BOSSUET, *Discours sur l'histoire universelle*, I, 7.

Il le fit proclamer *Auguste* sans l'avoir auparavant déclaré César, ce qui ne s'étoit pas encore pratiqué, il lui
mit le diadème sur le front, et le revêtit des habits impériaux.
FLÉCHIER, *Histoire de Théodose le Grand*.

AUGUSTE, nom donné au mois *sextilis* lorsque
Auguste fut nommé grand pontife. *Auguste* est
devenu *août;* Voltaire s'est vainement efforcé de
le rétablir dans sa forme première :

Le 18 *auguste* on ouvre la tranchée en deux endroits,
et la place est vivement battue par le canon et par les
mortiers.
VOLTAIRE, *Histoire de Charles XII*.

D'AUGUSTE on a tiré :
AUGUSTAL, ALE, adj.

Le temps de sa mort s'approchant il en eut un violent
présage durant les jours *augustaux*, qu'on célébroit à Rome
pour sa naissance.
COEFFETEAU, *Histoire romaine*, I.

AUGUSTEMENT, adv.

... Le courrier divin s'avançant dans la grotte,
Par l'honneur chevelu qui sur ses ailes flotte,
Par l'éclat de ses yeux et par le vestement
Dont son corps immortel s'ornoit *augustement*,
Dissipa l'ombre humide...
SAINT-AMANT, *Moyse*, VI.

AUGUSTIN, INE, s.
Religieux, religieuse qui suit la règle de
Saint-Augustin :

Alexandre IV assemble diverses congrégations d'hermites
(1256) et leur donne la règle de Saint-Augustin; trois ans
après les *Augustins* viennent s'établir en France.
HÉNAULT, *Histoire de France*, Ire partie.

Il est quelquefois adjectif.

Qui ne sait que Luther, docteur *augustin* choisi pour
maintenir l'honneur de son ordre, attaqua premièrement
les abus que plusieurs faisoient des indulgences, et les
excès qu'on en prêchoit?
BOSSUET, *Histoire des variations des églises protestantes*,
liv. I, n° 6.

AUJOURD'HUI, adv.
On a d'abord dit simplement *hui*, tirée du latin
hodie.

Hodie, hui; hodiernus, de *huy*.
Dictionnaire latin-français du XIIe *siècle*. Bibl. nation., ms.,
7692.

Cette locution, qui fut conservée assez longtemps dans le langage du Palais, se trouve encore dans La Fontaine.

Dans huit jours *d'hui* je suis à vous, Phlipot.
LA FONTAINE, *Contes :* Le Diable de Papefiguière.

De bonne heure on joignit le mot *jour* au mot
hui, mais sans les réunir.

Deu ad jugied à cest *jur* de *ui* tuz ces ki revelèrent encuntre tei.
Les quatre Livres des Rois, II, XVIII, 31.

Car croyez que pour le *jour d'hui*
Plus grand bien n'est point que cettui.
BONAVENTURE DES PÉRIERS, *Andrie*, I, 1.

On réunit ensuite quatre mots en un seul et
l'on dit *aujourd'hui*.
AUJOURD'HUI désigne le Jour où l'on est.

Si vous allez reposer et rafraîchir deux jours ou trois
dedans Calais, et je m'en conseillerai encore *aujourd'hui*,
et demain plus pleinement.
FROISSART, *Chroniques*, liv. I, IIe part., c. 108.

Aujourd'hui lundi 17e novembre, M. Foucquet a été pour
la seconde fois sur la sellette.
Mme DE SÉVIGNÉ, *Lettres;* à M. de Pomponne, 17 novembre 1664.

Qu'attendez-vous de moi, Messieurs, et quel doit être *aujourd'hui* mon ministère !

FLÉCHIER, *Oraison funèbre :* Mᵐᵉ d'Aiguillon.

S'il ne vient pas *aujourd'hui*, vous irez le chercher demain, afin que je lui parle.

MARIVAUX, *la Vie de Marianne*, 1ʳᵉ part.

Vous aurez *aujourd'hui* ma couronne et mon cœur.

LEGRAND, *le Roi de Cocagne*, I, 5.

Vous êtes *aujourd'hui* coiffée à faire horreur.

GRESSET, *le Méchant*, I, 5.

Aujourd'hui premier mai, date où mon cœur s'arrête.

LAMARTINE, *Jocelyn*.

AUJOURD'HUI signifie quelquefois A présent, au temps où nous sommes :

Vous avez la grâce et la fortune d'armes plus que nul prince *aujourd'hui*.

FROISSART, *Chroniques*, liv. I, IIᵉ part., c. 218.

Ce qui est nature aux animaux, nous l'appelons misère en l'homme, par où nous reconnoissons que sa nature étant *aujourd'hui* pareille à celle des animaux, il est déchu.

PASCAL, *Pensées*.

Il n'y a personne qui ne voie que cette foi du Messie et de ses merveilles, qui dure encore *aujourd'hui* parmi les Juifs, leur est venue de leurs patriarches et de leurs prophètes dès l'origine de leur nation.

BOSSUET, *Discours sur l'histoire universelle*, II, 15.

Aujourd'hui, hélas ! l'impiété est presque devenue un air de distinction et de gloire.

MASSILLON, *Petit Carême*, 2ᵉ dimanche.

A huit heures trois minutes et trois secondes elle (la duchesse de Bourgogne) mit au monde un duc d'Anjou, qui est le roi Louis XV, *aujourd'hui* régnant.

SAINT-SIMON, *Mémoires*, 1710.

Je ne crains qu'une chose, c'est le malheureux esprit d'exagération qui règne *aujourd'hui* et qui gâte tout, rien n'est plus commun que de vouloir enchérir ou sur la raison ou sur la sottise.

LA HARPE, *Cours de littérature*.

Qu'un pied plat, *aujourd'hui*, fasse de la dépense,
On oublie à l'instant son obscure naissance.

DESTOUCHES, *le Médisant*, II, 12.

Un père est trop heureux, et surtout *aujourd'hui*,
De se voir un enfant qui tienne un peu de lui.

LE MÊME, *l'Ingrat*, II, 1.

Aujourd'hui dans le monde on ne connoît qu'un crime,
C'est l'ennui ; pour le fuir, tous les moyens sont bons.

GRESSET, *le Méchant*, IV, 7.

Faut-il absolument qu'une femme, *aujourd'hui*,
Ne soit qu'une ignorante et périsse d'ennui !

COLLIN D'HARLEVILLE, *le Vieillard et les jeunes gens*, I, 5.

AUJOURD'HUI sert quelquefois à désigner un temps quelconque par rapport à un autre, et, dans ce sens, on l'oppose ordinairement à *demain*, à *hier* ou parfois à une époque indiquée d'une manière vague comme *un autre jour*, *il y a six mois*, etc.

Ce qui est là dit d'Abraham, l'apostre monstre avoir esté universel en tout le peuple fidèle, quand il dit que Christ a esté *hier* et *aujourd'hui* et sera éternellement.

CALVIN, *Institution chrétienne*, liv. II, c. 10, § 4.

Tout l'hyver se faisoit la guerre guerroyable par toutes les garnisons dudit païs (la Picardie), *aujourd'huy* au prouffit des François, *autre jour* au prouffit des Bourguignons.

G. DU BELLAY, *Mémoires*.

Être attendu, venir, être reconnu par une postérité qui dure autant que le monde, c'est le caractère du Messie en qui nous croyons. Jésus-Christ est *aujourd'hui*, il étoit *hier* et il est aux siècles des siècles.

BOSSUET, *Discours sur l'histoire universelle*, II, 31.

Qui a vécu un seul jour, a vécu un siècle : rien ne ressemble mieux à *aujourd'hui* que *demain*.

LA BRUYÈRE, *Caractères*, c. 16.

J'ai *aujourd'hui* le cœur en paix sèche et amère ; le *demain* m'est inconnu : Dieu le fera à son bon plaisir, et ce sera toujours le pain quotidien, il est quelquefois bien dur et bien pesant à l'estomac.

FÉNELON, *Lettres spirituelles*, CXXVI.

Ce qui lui plaisoit *hier* (à Mᵐᵉ de Maintenon), pas plus loin que cela, étoit un démérite *aujourd'hui* ; ce qu'elle avoit approuvé, même suggéré, elle le blâmoit ensuite.

SAINT-SIMON, *Mémoires*, 1715.

Tout change autour de nous, nous changeons nous-mêmes et nul ne peut s'assurer qu'il aimera *demain* ce qu'il aime *aujourd'huy*.

J.-J. ROUSSEAU, *Rêveries*, 9ᵉ promenade.

Vous traitiez le roi de Prusse de Mandrin, *il y a six mois* ; *aujourd'hui* c'est Alexandre.

VOLTAIRE, *Lettres* ; à M. le comte d'Argental, 25 février 1758.

Je songe toujours que la vie est courte, et qu'il ne faut jamais remettre à *demain* ce qu'on peut faire *aujourd'hui*.

VOLTAIRE, Lettres; 14 octobre 1763.

Qui me blâme *aujourd'huy, demain* il me louera.

RÉGNIER, Satires, XV.

Ce n'est qu'un peu de vent que l'heur du genre humain ;
Ce qu'on est *aujourd'huy,* l'on ne l'est plus *demain.*

RACAN, Bergeries, V, 5.

Dieu seul cognoist l'estat humain ;
Il sçait ce qu'*aujourd'huy* nous sommes
Et ce que nous serons *demain.*

THÉOPHILE, Lettre à son frère.

Être *aujourd'hui* Grandeur et *demain* Petitesse.

BOURSAULT, Fables d'Ésope, I, 2.

Tant qu'il vivra, craignez que je ne lui pardonne.
Doutez jusque à sa mort d'un courroux incertain :
S'il ne meurt *aujourd'hui,* je puis l'aimer *demain.*

RACINE, Andromaque, IV, 3.

Et jamais ta voix ne nomme,
Hélas ! ces trois mots de l'homme :
Hier, aujourd'hui, demain !

LAMARTINE, Harmonies.

On trouve de nombreux exemples des locutions *jusqu'aujourd'hui, jusques aujourd'hui* et *jusqu'à aujourd'hui,* au sujet desquelles les grammairiens ont émis des opinions fort contradictoires, que Vaugelas rapporte sans se prononcer.

On void *jusques aujourd'huy* les dieux de la medecine se debattre de nostre anatomie.

MONTAIGNE, Essais, II, 12.

On dit encore, qui est tres mal, *jusqu'à aujourd'huy,* il faut dire, *jusques aujourd'huy.*

MARGUERITE BUFFET, Nouvelles Observations de la langue
françoise, 1668, p. 115.

Il faut dire *jusqu'à aujourd'huy,* et non pas *jusqu'aujourd'huy.*

Observations de l'Académie françoise sur les remarques
de M. de Vaugelas, 1704.

Jusques aujourd'hui les créatures seules ont décidé de ma joie comme de mes chagrins.

MASSILLON, Sermons : Sur les Afflictions.

Tout cet intervalle qui s'est écoulé depuis votre naissance *jusques aujourd'hui,* ce n'est qu'un trait rapide.

LE MÊME, Carême : Passions.

Les mages prirent leur commencement dans la Perse : c'est là et dans les Indes seulement que cette secte se répandit et qu'elle a subsisté *jusqu'à aujourd'hui.*

ROLLIN, Histoire ancienne, liv. IV, c. 4, art. 4.

La mémoire de ce Suédois en est restée flétrie *jusqu'aujourd'hui.*

VOLTAIRE, Histoire de Charles XII.

J'ai différé *jusqu'à aujourd'hui* ou *jusqu'aujourd'hui,* à vous donner de mes nouvelles.

Dictionnaire de l'Académie, 1835-1878.

Dans aujourd'hui, pendant la durée du jour où nous sommes :

Dans aujourd'hui ou demain au plus tard leur traité (des ambassadeurs de Hollande) sera signé.

MM. D'ESTRADES, D'AVAUX et COLBERT à Louis XIV,
10 août 1678. (Voyez MIGNET, Succession d'Espagne,
t. IV, p. 621 et 622.)

On a dit, dans un sens analogue, *pour aujourd'hui, pour tout aujourd'hui :*

Il est hors du logis, et *pour tout aujourd'hui.*

MONTFLEURY, la Fille capitaine, IV.

D'aujourd'hui, de la journée où nous sommes.

Cours lui dire que *d'aujourd'hui*
Je ne puis pas parler à lui.

POISSON, le Sot vengé, sc. 2.

Je ne l'ai point encore embrassé *d'aujourd'hui.*

RACINE, Andromaque, I, 4.

D'aujourd'hui, à partir du moment où nous sommes.

Ce n'est pas *d'aujourd'hui* que l'opinion gouverne le monde.

BALZAC, Lettres, VI, 1.

Grand Dieu, ce n'est pas *d'aujourd'hui* que vos grâces sont tombées sur ceux sur qui vous ne deviez faire pleuvoir que vos foudres et votre indignation.

MASSILLON, Paraphrase morale des Psaumes.

D'aujourd'hui seulement je jouis de ma gloire.

RACINE, Andromaque, II, 5.

D'aujourd'hui, d'à présent, de maintenant :

Elle fit servir un jour sur table, dans un bassin, M. de Soubise *d'aujourd'hui* qui étoit un fort bel enfant ; il s'appeloit le comte de Rochefort.

TALLEMANT, Historiettes : Mme de Montbazon.

La comtesse d'Egmont mourut à Bruxelles; elle étoit sœur du duc d'Arenberg, père de celui *d'aujourd'hui*.

SAINT-SIMON, *Mémoires*, 1716.

Henry V n'avait que cinquante-six mille livres sterling, environ douze cent vingt mille livres de notre monnaie *d'aujourd'hui* pour tout revenu. C'est avec ce faible secours qu'il voulut conquérir la France.

VOLTAIRE, *Essai sur les mœurs,* c. 84 : Tailles et monnaies.

... Au siècle *d'aujourd'hui*
Qui voudra s'abaisser à me servir d'appui?

BOILEAU, *Satires,* V.

Le Fabricateur souverain
Nous créa besaciers tous de même manière,
Tant ceux du temps passé que du temps *d'aujourd'hui*.

LA FONTAINE, *Fables*, I, 7.

Ces îles *d'aujourd'hui*, continents d'autrefois
Que rompirent les mers, tout dans le nord atteste
De l'Océan austral l'irruption funeste.

DELILLE, *les Trois Règnes*, IV.

Quoique ces expressions : *la journée d'aujour-d'hui, le jour d'aujourd'hui*, soient de véritables pléonasmes, on en trouve cependant des exemples :

Voilà, Monsieur, l'estat de ce qui s'est passé dans *la journée d'aujourd'huy*.

L'ARCHEVÊQUE DE TOULOUSE à Colbert, 14 janvier 1668. (Voyez DEPPING, *Correspondance administrative sous Louis XIV*, I, p. 236.)

L'univers est à lui (à Dieu),
Et nous n'avons à nous
Que le *jour d'aujourd'hui*.

LAMARTINE, *Méditations*, I, 2.

AUJOURD'HUI a quelquefois été employé comme substantif, on a dit *ce aujourd'hui* pour Ce jour où l'on est :

A compter de *ce aujourd'hui*, Sa Majesté britannique rappellera toutes les troupes qu'elle a en Flandre.

Article séparé du traité du 27 mai 1678. (Voyez MIGNET, *Succession d'Espagne*, t. IV, p. 581.)

Balzac a employé *aujourd'hui* au pluriel :

Vous persuaderez la brièveté à ceux qui payent et changent leurs demains menteurs en de véritables *aujourdhuys*.

BALZAC, *Lettres*, liv. II, 24.

IV.

AULIQUE, adj. des deux genres.
De cour, de la cour.

Plus me plaist le son de la rusticque cornemuse, que les fredonnemens des lucz, rebecz et violons *auliques*.

RABELAIS, *Panurge*, III, 46.

Il s'emploie surtout dans ces expressions : *conseil aulique, cour aulique*.

J'ai su qu'un des plus habiles du *conseil aulique* a dit à tous ceux qui ont voulu son avis sur cette matière, qu'en bonne justice civile la renonciation de la reine ne pouvoit subsister.

LE CHEVALIER DE GREMONVILLE à Louis XIV, 31 mai 1667. (Voyez MIGNET, *Succession d'Espagne*, t. II, p. 159.)

Conseil aulique projeté par Maximilien. C'est une image de l'ancien tribunal qui accompagnait autrefois les empereurs.

VOLTAIRE, *Annales de l'Empire*.

Cette chambre est approuvée des États de l'empire dans la diète d'Augsbourg. Il est libre d'y porter les causes, ainsi qu'à la Chambre impériale : mais le *conseil aulique*, ayant plus de pouvoir, fait mieux exécuter ses arrêts, et devient un des grands soutiens de la puissance impériale.

LE MÊME, même ouvrage : Maximilien, 1500.

Cela est si vrai, que la *cour aulique*, qui prit sa forme en 1512, et qui ne dépendait que des empereurs, fut bientôt le plus ferme appui de leur autorité.

LE MÊME, *Essai sur les mœurs*, c. 120 : De l'Allemagne et de l'Empire aux XVᵉ et XVIᵉ siècles.

Conseiller aulique :

M. l'électeur de Mayence est revenu hier en cette ville (Wurtzbourg). Il a rencontré à Schweinfurt, petite ville impériale, le comte de Zinzendorff, *conseiller aulique*, envoyé vers lui de la part de l'empereur.

L'ABBÉ DE GRAVEL à M. de Lionne, 17 juin 1667. (Voyez MIGNET, *Succession d'Espagne*, t. II, p. 174.)

AUMAILLE, s. f.
Gros bétail.

Mès ne me chaut comment qu'il aille,
J'ai des deniers, j'ai de l'*aumaille*.

Roman de la Rose, v. 11278.

Il était surtout employé au pluriel :

E *almailles* emmenerent senz numbre, e chameilz, e revindrent en Jerusalem.

Les quatre Livres des Rois, III, xv.

AUMÔNE, s. f. On trouve ce mot anciennement sous des formes très variées telles que : ALMOSNE, AULMOSNE, AUMOSNE, ALMOIGNE, ALMOSNE, OMOSNE, etc. (Voyez le *Dictionnaire* de Sainte-Palaye, et quelques-uns des exemples qui suivent.) Ce qu'on donne par piété, par charité.

Si trouverent les chartes de six rois de France qui disoient que l'église de Saint-Remi et li chastians estoit fondeiz de *l'aumosne* des rois ; et l'avoit chascuns rois renouveléi par sa chartre jusques au roi Philippe.
Récits d'un ménestrel de Reims au treizième siècle, publiés par N. de Wailly, p. 240.

De pures *aumônes* à Londres et au diocèse il y ot plein un tonnel de Gascogne d'or et d'argent.
FROISSART, *Chroniques*, II, 207.

Lessius parlera en païen de l'homicide, et peut-être en chrétien de *l'aumône* : Vasquez parlera en païen de *l'aumône* et en chrétien de l'homicide.
PASCAL, *Provinciales*, XIII.

Les maisons particulières, quoyque puissantes, retranchent leur dépense, et ne font plus gaigner la vie à quantité de manœuvres et d'artisans. Elles retranchent mesme leurs *aumosnes* de craincte que le pain ne leur manque.
Pétitions des pauvres de Paris au Roi, mai 1662.
(Voyez DEPPING, *Correspondance administrative sous Louis XIV,* t. I, p. 655.)

Ils sont dans la fournaise de la pauvreté et de la maladie ; que ne descendez-vous avec la rosée de vos *aumônes* ?
BOSSUET, *Sermons : Pour la fête de Tous les Saints*.

Elle ne se servit plus de son pouvoir que pour protéger la foi catholique, pour multiplier ses *aumônes*.
LE MÊME, *Oraison funèbre de la reine d'Angleterre*.

Que de familles... ont subsisté pendant tout le cours de sa vie par l'immense profusion de ses *aumônes !*
LE MÊME, *même ouvrage*.

L'aumône lui apprenoit à se retrancher tous les jours quelque chose de nouveau.
LE MÊME, *Oraison funèbre d'Anne de Gonzague*.

Ses *aumônes*, si bien cachées dans le sein du pauvre, ont prié pour lui. Sa main droite les cachoit à sa main gauche.
LE MÊME, *Oraison funèbre de Le Tellier*.

Saint Jean Chrysostome fut appelé le prédicateur de *l'aumône*.
BOURDALOUE, *Carême : Sermon sur l'Aumône*.

Les riches du siècle sont-ils magnifiques dans leurs *aumônes*, autant qu'ils sont splendides dans leurs tables, autant qu'ils sont prodigues dans leur jeu ?
BOURDALOUE, *Carême :* Sermon sur l'Aumône.

Que le pauvre prie, ou qu'il ne prie pas, *l'aumône* prie toujours indépendamment du pauvre.
LE MÊME, *même ouvrage*.

L'aumône, selon saint Paul, est comme une hostie qui nous rend Dieu favorable.
LE MÊME, *même ouvrage*.

L'aumône est une espèce de culte que nous rendons à Dieu.
LE MÊME, *même ouvrage*.

Quand le pauvre prie, dit saint Augustin, si c'est un pécheur, ce n'est pas lui que Dieu écoute en faveur du riche ; mais c'est *l'aumône* même du riche, qui, mise comme en dépôt dans le sein de ce pauvre, se fait entendre et a son langage pour s'exprimer.
LE MÊME, *Exhortation*.

Aux termes de l'Écriture, *l'aumône* est une justice. Ce que nous appelons un don, le sage le nommoit une dette, et la mesure de la miséricorde que nous attendons est la miséricorde que nous aurons faite.
FLÉCHIER, *Oraison funèbre de Montausier*.

Les *aumônes* ne rendent pas aux malheureux ce que la fortune leur a ôté, mais ce que la nature seule leur refuse.
MASSILLON, *Conférences*.

On se prescrit des *aumônes* qui flattent la vanité, et on se calme sur des restitutions infinies que la loi de Dieu nous prescrit.
LE MÊME, *Carême*, mercredi de la IIIe semaine: Du véritable culte.

Il ne se peut dire aussi combien tant de misère échauffa le zèle et la charité, et combien immenses furent les *aumônes*.
SAINT-SIMON, *Mémoires*, 1709.

Ses *aumônes* réglées (de la chancelière de Pontchartrain) étoient abondantes ; les extraordinaires les surpassoient.
LE MÊME, *même ouvrage*, 1714.

Je devois, j'ose le dire, être aimé dans ce pays-là, comme je l'avois été dans tous ceux où j'avois vécu, versant les *aumônes* à pleines mains.
J.-J. ROUSSEAU, *les Confessions*, II, 12.

Je ne parle pas de la profusion de ses *aumônes* : elle (la Reine) a quatre-vingt-seize mille francs pour sa poche, et c'est le patrimoine des pauvres.
HÉNAULT, *Mémoires*, c. 119.

Ce n'est qu'un désordre de plus dans l'État, qu'une communauté de mendiants puisse faire contribuer assez le public pour élever par ses *aumônes* des édifices somptueux.

GRIMM, *Correspondance*, 15 septembre 1757.

Les ... diacres chargés du soin des pauvres et de la distribution des *aumônes*.

GUIZOT, *Histoire de la civilisation en Europe*, 2e leçon.

Il est riches du Dieu avoir,
Et Diex n'en puet *aumôsne* avoir.

RUTEBEUF, *De l'estat du monde*, t. I, p. 221, éd. Jubinal.

Que ceste *aulmosne* ailleurs transporte,
Sans se l'appliquer par envie;
A son ame je m'en rapporte.

VILLON, *Grand Testament*, 162.

Si l'on vient pour me voir, je vais, aux prisonniers
Des *aumônes* que j'ai partager les deniers.

MOLIÈRE, *le Tartuffe*, III, 2.

C'est toi dont la pitié plus tendre
Verse l'*aumône* à pleines mains.

LAMARTINE, *Harmonies*.

Bourdaloue a distingué l'*aumône de justice* et l'*aumône de charité*.

Que l'*aumône de justice* précède toujours l'*aumône de charité*. Car il y a, mes frères, une *aumône de justice*. J'appelle *aumône de justice*, payer aux pauvres ce qui leur appartient, payer de pauvres domestiques, payer de pauvres artisans, payer de pauvres marchands, ou même de riches marchands, mais qui, de riches qu'ils étoient, tombent dans la pauvreté, parce qu'on les laisse trop longtemps attendre.

BOURDALOUE, *Carême* : Sermon sur l'Aumône.

Nicole distingue les *aumônes corporelles* et les *aumônes spirituelles*.

Qui ne peut pratiquer la charité par des *aumônes corporelles*, la peut pratiquer par des *aumônes spirituelles*, par le support, par la patience, par la douceur, par l'édification qu'il donne aux autres, qui est une charité continuelle.

NICOLE, *Sur l'évangile du 8e dimanche d'après la Pentecôte*.

Clément Marot a dit les *aumônes d'amours*.

Les dames donnent aux malades,
Qui sont recommandez aux prosnes,
Rys, baisers, regards et œillades;
Car ce sont *d'amours les aumosnes*.

CL. MAROT, *Temple de Cupido*.

Donner l'aumône, des aumônes :

Elle *donnoit* moult *de gran aumosnes*, et visitoit les malades, et nourrissoit les orphelins.

LE CHEVALIER DE LA TOUR-LANDRY, *le Livre pour l'enseignement de ses filles*, c. 9.

Mais que voulez-vous dire, mes Pères? S'il est vrai que les riches n'ont presque jamais de superflu, n'est-il pas certain qu'ils ne seront presque jamais obligés de *donner l'aumône* de leur superflu?

PASCAL, *Provinciales*, XII.

On ne savoit, en *donnant l'aumône*, si l'on soulageoit la misère ou si l'on entretenoit l'oisiveté.

FLÉCHIER, *Oraison funèbre de Mme d'Aiguillon*.

Elle n'a point cette charité paresseuse des riches qui payent en argent aux malheureux le droit de rejeter leurs prières, et pour un bienfait imploré ne savent jamais *donner que l'aumône*.

J.-J. ROUSSEAU, *Nouvelle Héloïse*.

Un lourdaut libéral auprès d'une maîtresse
Semble *donner l'aumône* alors qu'il fait largesse.

CORNEILLE, *le Menteur*, I, 1.

... Lui mort, après tout,
Que feroit ce cher fils? Comment venir à bout
De subsister sans connoître personne?
Les loups n'étoient pas gens qui *donnassent l'aumône*.

LA FONTAINE, *Contes* : Les Oies du frère Philippe.

Faire l'aumône, des aumônes :

Le bon exécuteur premièrement, et avant autre œuvre, il doit restituer et restablir les tors et les griefz faiz à autrui par son trespassé, et du residu de l'avoir d'icelui mort doit *faire les aulmosnes* aux povres de Dieu.

JOINVILLE, *Histoire de saint Louis*.

Il *fait* de grans *aulmosnes* aux mendians, peu de jours avant sa mort.

COMMINES, *Mémoires*, III, 25.

Mais lorsque vous *ferez l'aumône*, que votre main gauche ne sache point ce que fait votre main droite.

SACI, *Evangile selon Matthieu*, c. 6.

Que celui qui *fait l'aumône* la fasse avec simplicité.

LE MÊME, *Épîtres de saint Paul aux Romains*, XII, 9.

Quand vous distribuez de l'argent ou du pain, c'est *faire l'aumône* au pauvre; mais quand vous accueillez le pauvre avec ce sentiment de tendresse, savez-vous ce que vous faites? Vous *faites l'aumône* à Dieu.

BOSSUET, *Sermons* : Sur la miséricorde et la justice de Dieu.

Faire des aumônes du bien d'autrui, dit saint Chryso-stome, c'est faire Dieu le complice de nos larcins.

BOURDALOUE, *Carême.*

Quand le riche *fait l'aumône*, qu'il ne se flatte point en cela de libéralité, car cette aumône c'est une dette dont il s'acquitte, c'est la légitime du pauvre qu'il ne peut refuser sans injustice.

LE MÊME, *Sermons.*

Quoique les grandes affaires de Sa Majesté le mettent quelquefois hors d'état de faire à ses serviteurs tout le bien qu'il voudroit faire, il est toujours en état de *faire l'aumône*, et ce n'est que cela que je lui demande.

BUSSY-RABUTIN, *Lettres;* au Père de la Chaise, 15 novembre 1685.

J'ay fort bien remarqué que dans ces derniers temps près de la dixième partie du peuple est réduit à la mendicité... que des neuf autres parties il y en a cinq qui ne sont pas en état de *faire l'aumône* à celle-là.

VAUBAN, *Projet d'une Dixme royale,* préface.

Le roi refuse de bonnes œuvres plus que jamais. Voici son raisonnement : « Mes aumônes, dit-il, ne sont que de nouvelles charges pour mes peuples; plus je donnerai, plus je prendrai sur eux; d'ailleurs mes aumônes sont sans mérite, puisque je ne les prends pas sur moi. Je n'en ai ni plus ni moins et le nécessaire et l'agréable : un roi *fait l'aumône* en dépensant beaucoup et à propos.

Mᵐᵉ DE MAINTENON, *Lettres,* XLIX; 3 août 1696, à M. le cardinal de Noailles.

Quelques *aumônes* que l'on *fait* à un homme nu dans les rues ne remplissent point les obligations de l'État, qui doit à tous les citoyens une subsistance assurée.

MONTESQUIEU, *Esprit des Lois,* XXIII, 29.

Ne *faites* pas seulement *l'aumône,* faites la charité; les œuvres de miséricorde soulagent plus de maux que l'argent.

J.-J. ROUSSEAU, *Émile.*

Ils m'accueilloient, me logeoient, me nourrissoient trop bonnement pour en avoir le mérite, cela ne pouvoit pas s'appeler *faire l'aumône;* ils n'y mettoient pas assez l'air de la supériorité.

LE MÊME, *Confessions,* II, 2.

Au matin oent messe et servent Damedé
Et *font* largues *aumosnes* volontiers et de gré.

Fierabras, v. 2902.

Granz *aumoines* è granz biens *firent*
Tant que à Deu se convertirent.

MARIE DE FRANCE, *Lai d'Eliduc,* v. 1141.

Nostre Dieu deffend qu'on n'abuse
De ses biens, mais veut qu'on en use
Avecques actions de grace,
Et que d'iceulx *l'aumosne* on face.

Le Blason des basquines. (Voyez *Poésies françaises des xvᵉ et xviᵉ siècles.* Bibliothèque elzévirienne, t. I, p. 302.)

Travaillons et *faisons l'aumône :*
Monsieur le curé dans son prône
Donne-t-il des conseils meilleurs?

VOLTAIRE, *le Dimanche.*

Voltaire a employé au figuré cette expression *faire l'aumône.*

Je pense que si Votre Majesté voulait m'aider, nous pourrions *faire l'aumône* à cette langue française, à cette gueuse pincée et fière qui se complaît dans son indigence.

VOLTAIRE, *Correspondance avec le roi de Prusse,* lettre 118.

Être à l'aumône, mettre, réduire à l'aumône :

La maison du maréchal de Grancey est ruinée entièrement; ses filles *sont à l'aumône.*

LE COMTE DE TAVANNES à Bussy-Rabutin, 24 décembre 1680. (Voyez *Correspondance de Bussy,* lettre 1901.)

Si le fonds de la terre est bon, elle ne sera jamais ruinée; la famille qui la fesait valoir peut *être réduite à l'aumône;* mais le sol prospérera sous une autre famille.

VOLTAIRE, *Dictionnaire philosophique :* Économie.

Vous n'êtes point maudit, comme certains auteurs,
Qui feroient beaucoup mieux de jamais ne rien faire,
Que de *mettre à l'aumône* un malheureux libraire.
Un livre in-folio m'a mis à l'hôpital.

BOURSAULT, *Mercure galant,* II, 7.

Retirer de l'aumône :

J'ay *retiré de l'aumosne* des enfants pour m'en servir, qui bientost après m'ont quitté et ma cuisine, et leur livrée, seulement pour se rendre à leur première vie.

MONTAIGNE, *Essais,* III, 13.

Aller, venir à l'aumône :

La povre femme le reconnut assez; car elle *avoit été* par plusieurs fois *à l'aumône* à sa porte.

FROISSART, *Chroniques,* II, 157.

Je me laissois tous les jours comme traîner par ma tante dans les faubourgs et dans les greniers, et je voyois très souvent chez elle des gens bien vêtus, connus même quelquefois, qui *venoient à l'aumône* secrète.

RETZ, *Mémoires,* I.

Demander l'aumône :

Diogènes alloit parfois se pourmenant par la rue d'Athènes appelée Céramique, en laquelle il y avoit plusieurs statues des anciens personnages auxquelles il alloit *demandant l'aumône;* et comme quelques-uns s'en émerveilloient : J'apprends, dit-il, à estre esconduit.

> Amyot, trad. de Plutarque. *Œuvres morales :* De la mauvaise honte.

Il ne pouvoit souffrir que les pauvres, en *demandant l'aumosne*, dissent : noble gentilhomme; et disoit que cela estoit superflu, et que, s'il estoit gentilhomme, il estoit noble.

> Racan, *Vie de Malherbe.*

Je ne crois pas que, comme ce moyen se réduit à la volonté, il produise beaucoup d'argent, car l'on commence déjà à dire que c'est en quelque façon *demander l'aumône.*

> L'archevêque d'Embrun à Louis XIV, 16 juin 1667.
> (Voyez Mignet, *Succession d'Espagne*, t. II, p. 133.)

Pendant le jour il *demande l'aumône* et il a eu tantôt une plaisante conversation avec un autre gueux qui demeure auprès de Buen-Retiro.

> Le Sage, *le Diable boiteux*, c. 8.

Les Turcs étaient en campagne et Rodolphe tenait une diète à Augsbourg au mois de juin, pour s'opposer à eux. Croirait-on qu'il fut ordonné de mettre un tronc à la porte de toutes les églises d'Allemagne, pour recevoir des contributions volontaires? C'est la première fois qu'on *a demandé l'aumône* pour faire la guerre.

> Voltaire, *Annales de l'Empire*, 1594.

Il n'y a point de flatterie dans Démosthènes. Cette façon de *demander* harmonieusement *l'aumône* commence, si je ne me trompe, à Pindare. On ne peut tendre la main plus emphatiquement.

> Voltaire, *Dictionnaire philosophique*, Flatterie.

> Un jour, au dévot personnage,
> Des députés du peuple rat
> S'en vinrent *demander* quelque *aumône* légère :
> Ils alloient en terre étrangère
> Chercher quelque secours contre le peuple chat.
> > La Fontaine, *Fables*, VII, 3.

Recevoir l'aumône, les aumônes :

Les moines chrétiens habitants au mont Athos qu'on appelle maintenant la Saincte montaigne *reçoivent* tous les ans *aumosnes* du Grand Seigneur pour prier leur Dieu pour sa santé et conservation de son Estat.

> Hubert Languet, *Harangue au roi Charles IX au nom des princes protestants d'Allemagne.*

C'est un terrible homme que ce Jean-Jacques. Il prétend, dans je ne sais quel roman intitulé Héloïse ou Aloisia,

s'être battu contre un seigneur anglais de la Chambre haute, dont il *reçut* ensuite *l'aumône.*

> Voltaire, *les Honnêtetés littéraires*, XIII.

On appelait *pots à aumône* les Pots dans lesquels on mettait la boisson destinée aux pauvres.

Et aussi marchandera de la vaisselle d'estain : c'est assavoir dix douzaines d'escuelles, six douzaines de petits plats, deux douzaines et demie de grans plats, huit quartes, deux douzaines de pintes, deux *pos à aumosne.*

> Le Ménagier de Paris, 2ᵉ distinction, 4ᵉ art.

Il dérobe l'aumône aux pauvres, se dit D'un homme qui demande l'aumône par pure fainéantise.

On a dit anciennement : *C'est grand'aumône*, pour C'est une grande charité, une fort bonne action :

Grand'pitié et grand meschef seroit de laisser mourir un tel peuple que ici a, par famine ou autrement, quand on y peut trouver aucun moyen; et si seroit *grand'aumône* et grand'grâce envers Notre-Seigneur, qui de tel meschef le pourroit garder.

> Froissart, *Chroniques*, liv. I, Iʳᵉ part., c. 34.

C'est très *grand'aumône* de reconforter et conseiller pucellettes, et filles de roi espécialement, qui sont en tel état comme elles sont.

> Le même, même ouvrage, liv. I, IIᵉ part., c. 324.

Aussy vous dy-je que *c'est grant aumosne* quand une dame ou damoiselle fait un bon chevalier ou un bon escuier.

> Le chevalier de la Tour-Landry, *le Livre pour l'enseignement de ses filles*, c. 124.

> Por Dieu, signer, prenge nos ent pité;
> Secorés nos, *grant aumoune ferés.*
> > Aliscans, v. 2438.

> Mais il est *grand aumosne*, espoir,
> D'occirre un gentil chevalier,
> Qui ses amors ne sait changier.
> > Partenopeus de Blois, v. 6662.

En Jurisprudence féodale, *Terres tenues en franche aumône, qui relèvent en franche aumône*, se disait Des terres et des rentes données à l'Église par le roi ou par quelque seigneur, sans autre obligation que de reconnaître qu'on les tenait de celui qui les avait données.

Aumône, en termes de Pratique, se disait autrefois D'une peine pécuniaire à laquelle la justice condamnait, en certains cas, au profit des pauvres ceux qui perdaient leurs procès.

Le premier président... fit avancer Tencin, et l'admonesta cruellement sans épargner les termes les plus fâcheux, et de la voix la plus intelligible, il finit par le condamner à une *aumône,* qui est une peine infamante.

SAINT-SIMON, *Mémoires,* 1719.

Aumône ou *aumosnerie* s'est dit autrefois en parlant d'un établissement hospitalier :

Nicolas Rougeville a de nouvel fait édiffier ung hostel Dieu ou *aumosne* pour recueillir, loger et héberger les povres malades, pèlerins, passans et indigens.

Lettres d'amortissement de 1481. (Voyez DU CANGE, *Glossaire,* Eleemosynaria, 2.)

Les Turcs ont des *aumosnes* et des hospitaux pour les bestes.

MONTAIGNE, *Essais,* I, 11.

AUMÔNER, v. a. Donner en aumône :

Quel compte lui rendrons-nous des biens de fortune et de nature qu'il nous a baillés en garde et nous avons tout folement despendu et mis à nostre usaige et à nostre délit, sans en *avoir* riens baillié ne *aumosné* à lui ne aux souffreteux honteux et paciens qui pour l'amour et ou nom de lui nous en ont demandé.

Le Ménagier de Paris, 1re distinction, 3e art.

Le moindre honneur que l'on pouvoit faire à nos roys estoit qu'ils peussent *aumosner* une place de religieux à un pauvre soldat impotent pour le salarier de ses pertes.

PASQUIER, *Recherches,* III, 39.

Tous lesquels (religieux) en leur general, dedans la pauvreté par eux vouée, sont riches, car ils jouyssent de tous les biens qui leur *ont esté aumosnez.*

LE MÊME, même ouvrage, III, 40.

Un roy de France *aumosnant* diversement à unes et autres Églises pour le recouvrement de sa santé, il ne voulut ou n'osa toucher à la portion congrüe de la royne sa femme.

LE MÊME, même ouvrage, IV, 21.

Les roys, dans leur nécessité, se ressaisirent des biens de l'Église, qu'on lui *avoit* trop largement *aumônez.*

MÉZERAY, *Histoire de France :* Louis V.

Quand il vit que damné estoit,
Adonc forment se repentoit
De ce que plus n'*avoit* donné
Aux pouvres gens et *aulmôné.*

La Vie et l'histoire du maulvais Riche. (Voyez *Ancien Théâtre françois,* Bibliothèque elzévirienne, t. III, p. 269.)

AUMÔNER signifiait aussi : Payer une somme au profit des pauvres, en vertu d'une condamnation judiciaire.

On ne condamne plus à *aumôner.*

Dictionnaire de l'Académie, 1835.

AUMÔNIER, IÈRE, adj.
Qui fait souvent l'aumône :

Mesme les sorciers et sorcières confessent que celuy qui est *aumosnier* et misericordieux, ne peut estre offencé de leurs sortileges, encores que d'ailleurs il soit vicieux.

BOUCHET, *Serées,* III, 30.

Vous êtes bon, humain, libéral, juste, doux, *aumônier,* et tout cela sans rapport aux maximes de votre religion.

Mme DE MAINTENON, *Lettres;* à son frère, 15 mars 1693.

Bien que ce roy soit magnanime et fort,
Soit *aumosnier,* des pauvres le support,
Pourtant son âme, aux vices inclinée,
De trop de vin se verra dominée.

RONSARD, *la Franciade,* IV.

Il s'emploie souvent substantivement dans le même sens :

Si vestoit la haire et faisoit grans abstinences et estoit grant *aumosnier* aux povres.

LE CHEVALIER DE LA TOUR-LANDRY, *le Livre pour l'enseignement de ses filles,* c. 27.

Celle bonne dame estoit touz jours coustumière de herbergier les prophètes et les sergens de Dieu qui preschoient et enseignoient la loy, et estoit moult grant *aumosnière* ès povres.

LE MÊME, même ouvrage, c. 102.

Il estoit grant *aumosnier* et ne se trouva durant sa vie homme qui sceut dire avoir esté reffusé de luy en chose dont il ait esté requis, s'il a esté en son possible.

Le Loyal Serviteur, c. 10.

Il estoit grant *aumosnier* et faisoit ses aumosnes secretement.

Même ouvrage, c. 66.

Hans Carüel estoit home docte, expert, studieux, home de bien, de bon sens, de bon jugement, debonnaire, charitable, *aulmonsnier,* philosophe.

RABELAIS, *Pantagruel,* III, 28.

Et puis dictes qu'Amour ne faict point de miracles! Il a mis la courtoisie où ne fut jamais sinon une extresme avarice : je veux dire au sire Siméon qu'il a faict devenir *aumosnier*.

LARRIVEY, *le Laquais*, II, 2.

Je suis grande *aumônière;* j'aime fort à lire, et principalement la parole de Dieu.

Mlle DE MONTPENSIER, *Portraits*, CXX. La fille de la princesse de Tarente.

Il étoit grand *aumônier*. Tous les jours on lui mettoit cent sols dans sa pochette, et quand il avoit tout donné, s'il rencontroit un pauvre, il lui donnoit ou ses gants, ou son mouchoir, ou son cordon.

TALLEMANT DES RÉAUX, *Historiettes* : Le baron du Tour.

Il ne convient pas à toutes sortes de personnes de lever l'étendard *d'aumônier*, et d'avoir tous les pauvres d'une ville assemblés à sa porte.

LA BRUYÈRE, *Caractères*, c. 16.

Parmi un courant d'affaires presque toute sa vie continuelles, réglé en tout, *aumônier*, et très homme de bien (le cardinal d'Estrées).

SAINT-SIMON, *Mémoires*, 1714.

AUMÔNIER, s. m. Ecclésiastique dont la fonction ordinaire est de distribuer les aumônes de ceux à qui il est attaché, de leur dire la messe, de faire la prière du soir et du matin, etc.

Aussitôt qu'on eut desservi et que son *aumônier* eut dit grâces; car il étoit de bon exemple.

SCARRON, *Nouvelles tragi-comiques*.

La nouvelle reine les appuyoit de tout son pouvoir, et fit donner à Schaxton et à Latimer ses *aumôniers*, autres protestants cachés, les évêchés de Salisburi et de Worchestre.

BOSSUET, *Histoire des variations des églises protestantes*.

La seule chapelle royale a vu plus de trois cents convertis..., abjurer saintement leurs erreurs entre les mains de ses *aumôniers*.

LE MÊME, *Oraison funèbre de la reine d'Angleterre*.

Son père, second fils du maréchal de Boisdauphin, avec très peu de bien, épousa pour sa bonne mine la marquise de Coislin, veuve du colonel général des Suisses et mère du duc et du chevalier de Coislin, et de l'évêque d'Orléans, premier *aumônier* du roi.

SAINT-SIMON, *Mémoires*, 1692.

Il (le cardinal d'Estrées) avoit un nombreux domestique, beaucoup de gentilshommes, *d'aumôniers*, de secrétaires.

LE MÊME, même ouvrage, 1714.

M. le Prince, présent à toute cette conversation, fut ravi de me voir un *aumônier*.

HAMILTON, *Mémoires de Grammont*, VII.

Les offices claustraux de sacristain, *d'aumônier*, d'hospitalier, obligent ceux qui en sont pourvus, l'un à conserver les vases sacrés, les ornements, et tout ce qui est nécessaire au culte public du monastère, l'autre à distribuer les aumônes, l'autre à recevoir les hôtes.

COCHIN, *Cause* 152.

Il (Prévost) fut dispensé de ses vœux de bénédictin, et, restant prêtre séculier, fut choisi pour *aumônier* par le prince de Conti.

VILLEMAIN, *Littérature au* XVIIIe *siècle*, 11e leçon.

Fortunat se lia avec elle (sainte Radegonde) d'une étroite amitié, entra dans les ordres, et devint bientôt son chapelain et l'*aumônier* du monastère.

GUIZOT, *Histoire de la civilisation en France*, 18e leçon.

Sus, *aulmoniers*, dictes vistement graces.

CL. MAROT, *Chants divers*, V.

Le prudent Gilotin, son *aumônier* fidèle,
En vain par ses conseils sagement le rappelle.

BOILEAU, *le Lutrin*, I.

Grand aumônier :

Si l'empereur roi des Romains, toujours auguste, était maître de Rome de fait comme il l'est par le style de sa chancellerie, le pape serait son *grand aumônier*.

VOLTAIRE, *Dictionnaire philosophique*, Loi Salique.

Qu'un petit-fils du divin Moïse, nommé Jonathan, ait bien fait d'être *grand aumônier* des idoles de ces voleurs! Un petit-fils de Moïse! Juste Dieu! premier chapelain d'une tribu idolâtre!

LE MÊME, *Un Chrétien contre six Juifs* : De la femme à Michas.

Aumônier se dit également des ecclésiastiques attachés à certains corps, à certains établissements, pour y remplir des fonctions analogues à celles des curés.

Le nommé Wanderbourg a escrit pour obtenir un autre confesseur que vostre *aumosnier*.

LE COMTE DE PONTCHARTRAIN à Saint-Mars, gouverneur de la Bastille, 10 mai 1699. (Voyez DEPPING, *Correspondance administrative sous Louis XIV*, t. II, p. 753.)

Il les dispensa même de l'abstinence les jours maigres; les *aumôniers* de vaisseau et de régiment furent obligés d'en donner l'exemple, et le donnèrent sans répugnance.

VOLTAIRE, *Histoire de Pierre le Grand*, 1re part., c. 10.

Dans le passage suivant, *aumônier* paraît signifier :

Qui en est réduit à demander l'aumône :

> En pleignant disoit : Mari fui
> Je ne quidai estre *ausmosnier*
> Ne servir jor de cest mestier.
>
> *Tristan*, v. 3593.

D'Aubigné s'est servi du féminin *aumônière*, en parlant d'une personne qui, dans un couvent de femmes, est chargée des aumônes.

> La damoiselle d'Iverni, docte *aumosnière*, nièce du cardinal Brissonnet, se sauvoit en religieuse, mais cogneüe par ses mulles de velours cramoisi, la vie lui estant promise si elle vouloit renoncer sa religion, à son reffus fut poignardée et jettée en l'eau.
>
> D'AUBIGNÉ, *Histoire universelle*, t. II, liv. I, c. 4.

> Ton nom demeure vif, ton beau teint est terny,
> Piteuse diligente et dévote Yverny,
> Hostesse à l'estranger, des pauvres *aumosnière*,
> Garde de l'hospital, des pauvres trésorière.
>
> LE MÊME, *Tragiques* : Les Fers, V.

AUMÔNIÈRE, s. f. Bourse.

Crumena, *aumosnière*.

> *Glossaire roman-latin du* XVᵉ *siècle*.

Ainsi en donnoyent-ils (nos ancêtres) de beaux (des noms) à certaines choses, et plus beaux qu'elles n'ont aujourd'huy. Tel estoit celuy qu'ils donnoyent à la bourse, quand ils l'appeloyent une *aumosnière*, lequel nom quelques femmes donnent encore aujourd'huy à leur bourselte, pour la distinguer d'avec l'autre.

> H. ESTIENNE, *la Précellence du langage françois*.

Il se disait plus particulièrement d'une bourse qu'on portait à la ceinture.

> Cist pelerins qui là gisoit,
> Une riche *aumosnière* avoit
> Qui iert laciée à sa corroie.
>
> *Roman de Renart*, v. 19297.

On plaçait dans l'aumônière, non seulement de l'argent, mais divers menus objets.

> A s'*amosnière* mist Guillaume sa main,
> Si en traist fors de son benoît pain
> Ki fu sainés sor l'autel Saint-Germain.
>
> *Aliscans*, v. 822.

> Dist Auberons : « Encore atenderés
> « Car j'ai çaiens 1. cor d'ivoire cler,
> « Et por itant preudonme t'ai trové
> « Et net et pur et sans pecie mortel,
> « Le te donrai, si aie jou santé;
> « Ens t'*aumosniere* le pues moult bien porter.
>
> *Huon de Bordeaux*, v. 3704.

> Lors a de s'*aumônière* traite
> Une petite clef bien faite,
> Qui fut de fin or esméré.
>
> *Roman de la Rose*, v. 2009.

On appelait *aumônières sarrazinoises* des Aumônières faites à l'imitation de celles que les croisés avaient rapportées.

> Nus de nulle ne puet faire faire ne acheter *ausmonières sarrazinoises* où il ait mellé fil ne coton aveques soye.
>
> ET. BOILEAU, *Statuts des mestiers*, tit. 75 : Des merciers. (Voyez LÉON DE LABORDE, *Glossaire*, à la suite de la *Notice des émaux du Louvre*.)

AUMÔNERIE, s. f.

Charge d'aumônier. Il se disait particulièrement, dans les abbayes, de certain bénéfice claustral, affecté à la distribution des aumônes.

> L'*aumosnerie* de Saint-Denys en France, de Saint-Germain-des-Prez.
>
> *Dictionnaire de l'Académie*, 1694.

La grande aumônerie de France, la charge de grand aumônier, et la demeure, l'hôtel du grand aumônier.

Aumônerie s'est dit anciennement, de même qu'*aumône*, au sens d'Hôpital.

> Ceux qui ont esté en Turquie, sçavent bien que nous devrions mourir de honte, et rougir autant de fois que nous voyons de pauvres endurer le froid et la faim... d'autant qu'il n'y a nulle comparaison entre nostre charité et leur piété, si nous regardons à l'institution de leurs hospitaux et *aumosneries*, à l'ordre qui y est observé et au traitement que reçoivent là les pauvres.
>
> BOUCHET, *Serées*, III, 30.

AUMUSSE, s. f. Fourrure dont les chanoines, les chapelains et les chantres se couvrent quelquefois la tête, et qu'ils portent ordinairement sur le bras

Cephilacium, *amuche.*

Glossaire latin-français du xv° siècle.

La trouverez (si de prez regardons) une grande tare, au fond de son *aumusse.*

RABELAIS, *Gargantua,* I, 2.

Que vous semble de cesle imaige? — C'est (respondit Pantagruel) la ressemblance d'un pape. Je le congnois à la thiare, à l'*aumusse,* au rochet, à la pantophle... — Il me semble (dist Panurge) que ce portraict fault en nos derniers papes. Car je les ay veu non *aumusse,* ains armet en teste porter.

LE MÊME, *Pantagruel,* IV, 50.

Il introduisit la coutume italienne de sonner la cloche à midi, et de dire un Ave Maria; il demanda au pape le droit de porter le surplis et l'*aumusse* et de se faire oindre une seconde fois de l'ampoule de Reims.

VOLTAIRE, *Essai sur les mœurs : Du roi de France Louis XI,* c. 94.

Le comte d'Estrées lui a conté (à M. de la Rochefou-cauld) qu'en son voyage de Guinée il se trouva parmi des chrétiens. Il y trouva une église, il y trouva vingt chanoines nègres tout nus avec des bonnets carrés, et une *aumusse* au bras gauche, qui chantoient les louanges de Dieu.

Mme DE SÉVIGNÉ; à Mme de Grignan, 20 mars 1671.

Chacun veult porter une *aumuce,*
En manière de coqueluche.

Le Dit de chascun. (Voyez *Poésies françoises des* xv° *et* xvi° *siècles,* Bibliothèque elzévirienne, t. I, p. 224.)

Et moy, chanoyne, je souhaitte
Beau breviaire et belle *aumusse,*
Belle fille, de corps bien faite;
S'il survient gens, qu'elle se muce.

Les Souhaitz des hommes. (Voyez *Poésies françoises des* xv° *et* xvi° *siècles,* Bibliothèque elzévirienne, t. III, p. 142.)

D'un surpelis ondé les espaules je m'arme,
D'une *haumusse* le bras, d'une chape le dos.

RONSARD, *Poèmes :* Réponse à quelque ministre.

Ce qu'on voit hors de Dieu n'est que sotte apparence.
Piperie, artifice: encore, ô cruauté
Des hommes et du temps! notre méchanceté
S'en sert aux passions, et dessous une *aumusse,*
L'ambition, l'amour, l'avarice se musse.

RÉGNIER, *Satires,* IX.

Aussitôt d'un bonnet ornant sa tête grise,
Déjà l'*aumusse* en main il marche vers l'église.

BOILEAU, *Lutrin,* IV

En *aumusse* un jeune jésuite
Allait devant.

VOLTAIRE, *Lettres;* à d'Alembert.

AUNE, s. f. On a écrit *alne, aulne.* Voyez les exemples suivants :

Mesure ancienne de 3 pieds 7 pouces 10 lignes 5/6, équivalant à 1 mètre 188 millimètres.

Seisante *alnes* out li temples de lung, e vint de led. Li premiers estages out trente *alnes* de halt, e li secunz estages en out altretant, e li tierz en out trente *alnes* avant; si que li temples out del pié en amunt cent e vint *alnes* de halt.

Les quatre livres des Rois, III, VI.

Il mit pied à terre et prit à son usage une longue épée qui avoit deux *aunes.*

FROISSART, *Chroniques,* II, 18.

Pour son pourpoint furent levées huyt cens treize *aulnes* de satin blanc.

RABELAIS, *Gargantua,* I, 8.

Moy habillée à la royalle avec la couronne et couet d'hermine mouchetée, qui se met au-devant du corps, toute brillante de pierreries de la couronne, et le grand manteau bleu à quatre *aulnes* de queue portée par trois princesses.

MARGUERITE DE VALOIS, *Mémoires.*

La hauteur du terrain n'estoit pas plus que de deux *aulnes,* ny encore, ce croy je, de tant.

MONTLUC, *Commentaires,* IV.

On ne scauroit caver une *aulne* en ceste terre de Cilicie, qu'on n'y trouve la roche tout ainsi comme à Loudon le tuffeau.

PIERRE BELON, *Observations de plusieurs singularitez de divers pays estranges,* II, 100.

M. le maréchal de... a une *aune* de menton; M. de L. G... n'en a point. A une chasse du Roi, ayant seuls aperçu le cerf, ils coururent de ce côté-là. Le Roi dit : Où vont-ils si vite? — Sire, répondit M. de Grammont, le maréchal de... emporte le menton de La G..., et La G... court après pour le ravoir.

TALLEMANT, *Historiettes :* Suite des bons mots et naïvetés.

S'estant vestu un jour extraordinairement, à cause du grand froid, il avoit encore estendu sur sa fenestre trois ou quatre *aunes* de frise verte; et, comme on lui demande ce qu'il vouloit faire de cette frise, il répondit brusquement à son ordinaire : Je pense qu'il est avis à ce froid qu'il n'y a plus de frise à Paris. Je lui montrerai que si.

RACAN, *Vie de Malherbe.*

Après une telle libéralité, vous croirez qu'il vous épargnera quatre *aunes* d'étoffe pour vous mettre à couvert du froid et des injures de l'air!

BOSSUET, *Sermons sur les nécessités de la vie.*

Vous ai-je dit que Mme de Savoie avoit envoyé cent *aunes* du plus beau velours du monde à Mme de la Fayette, et cent *aunes* de satin pour le doubler.

Mme DE SÉVIGNÉ, *Lettres;* à Mme de Grignan, 31 juillet 1676.

Il (le tisserand) peut faire communément six *aunes* de toile par jour.

VAUBAN, *Projet d'une Dixme royale*, 2e fonds.

Mesurer à l'*aune*. Vendre à l'*aune*. *Aune* et demie. Demi-*aune*.

Dictionnaire de l'Académie, 1694.

Allez, vous devriez mourir de honte d'avoir une face qui a pour le moins deux *aunes* de tour.

REGNARD, *la Sérénade*, sc. 1re.

Le ladre n'a pas voulu me faire crédit de six *aunes* de drap.

LE SAGE, *Gil Blas.*

Ils sont trois ou quatre qui portent chacun une *aune* de ses cheveux (de Mme Schrewsbury), sans qu'on y trouve à redire.

HAMILTON, *Mémoires de Grammont*, c. 10.

Pour moi, avec sept ou huit *aunes* d'étoffe de Lyon, j'aurais très bien arrangé mes guenilles de vieux bonhomme.

VOLTAIRE, *Lettres;* à Mme de Fontaine, 26 janvier 1758.

Ce trompeur-là est bien bec jaune
Quant, pour vingt et quatre solz l'*aune*,
A prins drap qui n'en vaut pas vingt.

La Farce de Pathelin, sc. 4.

Pendant que nous avons une si bonne braise,
Qu'une *aune* de boudin viendroit bien à propos!

PERRAULT, *Contes :* les Souhaits ridicules.

Dans une très ancienne traduction, *alnes mesurées par le coude* traduit *cubiti*, coudées.

Uns champiuns merveillus eissi del ost as Philistiens... fud apelez li champiuns Goliath... Sis *alnes* mesurées par le cute... (altitudinis sex cubitorum).

Les quatre Livres des Rois, I, XVII.

Une aune mesurée, se disait pour indiquer Une mesure vraie, exacte, et non une simple approximation :

De chi en terre est la hace colée;
Ele i entra *une aune mesurée*.

Aliscans, v. 283.

Il signifie aussi le bâton de même longueur dont on se servait pour mesurer.

Autant meffet cil qui livre son drap à trop petite *aune* comme cil qui livre son blé à trop petite mine.

BEAUMANOIR, *Coutumes de Beauvoisis*, c. 26.

Les *aulnes* des boutiques sont tournées en pertuisanes ; les escritoires en mosquets, les bréviaires en rondaches.

Satyre Ménippée : Harangue de Monsieur de Lyon.

Faites provision d'une bonne épée, car je vous mettrai l'âme au jour. — Tout marchand que je suis, avec l'*aulne* de ma boutique, je le feray manger des pavés.

Le Marchand dupé. (Voyez GHERARDI, *Théâtre italien*, t. II, p. 177.)

Au lieu d'elle je ne vis que son mari et le vigilant commis, qui, m'ayant aperçu, me fit avec l'*aune* de la boutique un geste plus expressif qu'attirant.

J.-J. ROUSSEAU, *Confessions*, I, 2.

Ceux qui par faux contracts, par *aunes* desloyales,
Acquèrent, rapineurs, des richesses royales,
Qui vont sophistiquant les simples étrangers,
Et prestent cent pour cent sont dits bons mesnagers.

DUBARTAS, *les Furies*, 2e partie du 1er jour de la seconde semaine.

Prov. *Au bout de l'aune faut le drap,* Toutes choses ont leur fin.

Quand je les veiz ainsi bien couvers, je m'en allay à eulx rendre à l'abrit, ce que je ne peuz, tant ilz estoient, comme l'on dict, *au bout de l'aulne fault le drap.*

RABELAIS, *Pantagruel*, II, 32.

Je voudrois bien vous entretenir plus longtemps, mais *au bout de l'aune faut le drap.*

MALHERBE, *Lettres;* à Peiresc, mai 1609.

Prov. et figur. *Cela ne se mesure pas à l'aune.*

La vertu *ne se mesure pas à l'aune;* la plus longue n'est pas la meilleure.

MALHERBE, les *Épîtres* de Sénèque, LXXIII.

Ce qu'il me faut! Cela! dit le cocher, qui lui rendit sa monnoie avec un dédain brutal; oh! que nenni : cela *ne se mesure pas à l'aune.* Mais que veut-il dire avec son aune, cet homme? répliqua gravement Mme Dutour.

MARIVAUX, *la Vie de Marianne*, IIe partie.

Prov. et figur. *Les hommes ne se mesurent pas à l'aune.* Il ne faut pas juger de leur mérite par leur taille.

Encore que ton aage ne soit pas achevé, ta vie l'est. Un

petit homme est un homme entier comme un grand ; ny *les hommes ny leurs vies ne se mesurent à l'aune.*

MONTAIGNE, *Essais,* I, 19.

Long, grand d'une aune, qui a une aune de longueur :

Une bande à saigner... est *longue d'une aulne* ou environ, et large de deux doigts.

DIONIS, *Cours d'opérations de chirurgie,* 1ʳᵉ démonstration.

La tygre fu horrible, hydeuse et de mal aire Et de moult pesme forche ot et corps et viaire. Plus *d'une aune fu grande,* se le voir n'en voeil taire.

Doon de Maience, v. 1187.

Dans ces locutions *haut, long, large d'une aune,* il ne s'agit pas, la plupart du temps, d'une mesure réelle, mais d'une grandeur qu'on exagère par plaisanterie.

Celui auprès de qui j'étois étoit un petit ragot, grassouillet et rond comme une boule. Il avoit une fraise avec un chapeau pointu, *haut d'une aune.*

HAMILTON, *Mémoires de Grammont,* c. 3.

Celui qui nous a démontré la chose est un muscadin de Paris. C'est un gaillard qui en dégoise : il porte une barbe *longue d'une aune.*

ALFRED DE MUSSET, *Dupuis et Cotonet.*

Suis-moi donc. Mais je vois, sur ce début de prône, Que ta bouche déjà s'ouvre *large d'une aune,*

BOILEAU, *Épîtres,* XI.

Ainsi naguère encor j'entendais raisonner D'honnêtes gens qui tous n'étaient pas sur le trône. La liberté, pour eux, c'est un fil *long d'une aune,* Au bout duquel on laisse un peuple bourdonner.

ARNAULT, *Fables* : le Hanneton.

L'aune, comme les autres mesures, variait autrefois suivant les localités :

La lieue de Bourgogne contient cinquante portées de longueur ; la portée, douze cordes ; la corde, douze *aulnes* de Provins ; l'*aulne,* deux pieds et demy.

Coutume du comté de Bourgogne. (Voyez *Coutumier général,* t. I, p. 860.)

Cette variété a donné lieu aux expressions figurées suivantes et à d'autres analogues :

Que chacun ait bon vouloir et cœur. Tout ainsi qu'ils saillent de Paris, nous les aulnerons à l'*aulne de la ville,* qui est *la grant aulne.*

COMMINES, *Mémoires,* c. 19 (le duc de Calabre en parlant des Parisiens).

Oh ! quelle pitié que le plus grand roi (Louis XIV) et le plus vertueux, de la véritable vertu qui fait les plus grands princes, fût mesuré à l'*aune de Versailles.*

COLBERT, *Lettres,* t. V, p. 266-270.

On a dit aussi, dans un sens figuré : *à l'aune de quelqu'un* ou *de quelque chose.*

La roine d'Angleterre, qui de son naturel eust mesuré ses faveurs envers le prince affligé selon sa pitié et piété, fut contrainte de les régler *à l'aune de son Conseil* et de ses affaires.

D'AUBIGNÉ, *Histoire universelle,* t. III, liv. I, c. 1.

Si les petits potentats vouloyent mesurer leur défense *à l'aulne des grands princes,* ils seroyent apauvris, voire ruinez, avant que d'estre demi fortifiez.

DE LA NOUE, *Discours politiques et militaires,* XVIII.

Prov. et figur. *Mesurer les autres à son aune,* juger d'autrui par soi-même.

Prenez exemple à vous, et *mesurez les autres à vostre aulne.*

LARRIVEY, *le Laquais,* III, 3.

Je sais bien que quelqu'un de ceux-ci qui *mesurent les autres à leur aune,* me sauteroit volontiers au visage, pour ce que je dis qu'aussi heureux est celui qui a des adversités et les supporte, que celui qui parmi les prospérités se conduit avec discrétion.

MALHERBE, les *Épîtres* de Sénèque, LXXI.

Elle dira peut-estre qu'il faut que je *la mesure à mon aune,* et que je considere que comme je n'aurois pas la puissance de quitter l'affection que je luy porte pour la mettre en une autre, que de mesme estant engagée ailleurs elle ne s'en peut distraire pour m'aymer.

D'URFÉ, *l'Astrée,* IIᵉ part., liv. II.

Boniface veut *mesurer ma robe à son aulne.*

Comédie des comédiens, sc. 1.

Je lui disois, ajoutoit Mᵐᵉ Cornuel : depuis que vous avez pris l'*aune,* tout le monde *vous mesure à la sienne.*

TALLEMANT, *Historiettes* : Mᵐᵉ Cornuel.

Mesurer à une même aune.

Ils medecinent quasi toutes maladies d'une mesme façon et de mesme medecine, les *mesurans* toutes *à une mesme aulne.*

BOUCHET, *Serées,* I, 10.

On a dit aussi figurément : *mesurer à l'aune de la peur, de l'intérêt,* etc.

> Vous faictez bien *mesurant* le péril *à l'aulne de paour.*
>
> RABELAIS, *Pantagruel*, IV, 23.

La grande quantité de renegats calabrois qui ont authorité aux armées, ont voulu solliciter une grande descente en Italie ; la plus forte raison pour les vieux conseillers a esté prise sur les puissances et valleurs des Véniliens, qu'ils ont estimé en ce cas devoir rompre leur foi, les *mesurans à l'aune de leur fidellité.*

> D'AUBIGNÉ, *Histoire universelle*, t. II, liv. I, c. 15.

Nature nous apprend à *mesurer les* biens *à l'aulne de la nécessité.*

> CHARRON, *De la Sagesse*, I, 22.

Avez-vous opinion que je ne sache qui est Galathée, et qui je suis? Si fait certes, belle nymphe : et scay fort bien *mesurer* ma petitesse et sa grandeur *à l'aulne du devoir.*

> D'URFÉ, *l'Astrée.*

On distingue dans le *Thalmud* sept ordres de Pharisiens. L'un *mesurait* l'obéissance *à l'aune du profit et de la gloire...*

> DIDEROT, *Dictionnaire encyclopédique*, Juifs.

Prov. et figur. *Savoir ce qu'en vaut l'aune,* se dit en parlant des choses que par expérience on sait être difficiles, fâcheuses, pénibles, de grande dépense, etc.

> Je sçavois bien *ce que valloit l'aune* de tels affaires.
>
> MONTLUC, *Commentaires*, VI.

Il n'est contagion qui s'espande comme celle-là. *Je scay* par assez d'expérience *combien en vaut l'aune.* J'ayme à contester et à discourir, mais c'est avec peu d'hommes et pour moy.

> MONTAIGNE, *Essais*, III, 8.

Comme j'ay passé par les grandeurs et les richesses, *je scay ce qu'en vaut l'aune.*

> PERROT D'ABLANCOURT, trad. de Lucien, *le Songe.*

Que diroient-ils, s'ils me voyoient pousser si avant dans la noblesse, eux qui savent si bien *ce qu'en vaut l'aune* ?

> LEGRAND, *l'Épreuve réciproque*, sc. 16.

Pourquoi nous fuit-il ? — C'est que *nous savons ce qu'en vaut l'aune.*

> MARIVAUX, *la Surprise de l'amour*, I, 6.

Patience ! Vous aurez bientôt une femme aussi, et *vous saurez ce qu'en vaut l'aune.*

> DESTOUCHES, *l'Obstacle imprévu*, V, 4.

> Elle roulle des yeux ardents
> Et *montre* à tout ce qu'elle attrappe
> *Combien vaut l'aulne* de ses dents.
>
> SAINT-AMANT, *le Passage de Gibraltar.*

> Quelques-uns me pourront dire
> Que chaque terre a ses lois,
> Et qu'en tous lieux tous les rois
> N'ont pas un esgal empire :
> *On sait ce que l'aune en vaut.*
>
> SAINT-AMANT, *l'Albion.*

> J'ai les yeux diablement meurtriers, et la belle
> *Saura ce qu'en vaut l'aune ;* en attendant ce temps,
> Je vais prendre au logis mon épée et mes gants.
>
> MONTFLEURY, *Crispin gentilhomme*, II, 4

> Mon âge et mon expérience
> Doivent dans votre esprit inspirer ma science ;
> *Je sais ce qu'en vaut l'aune* et j'ai passé par là.
>
> LA FONTAINE, *le Florentin*, sc. 3.

Dans le passage suivant, cette locution proverbiale a un sens un peu différent :

> ... Si j'ay de linge souffrance,
> Soit coiffes, chemises ou collets,
> Couvrechefs, mouchouers douillets,
> Ne m'en donne guère de peine,
> Ne voulant rien qu'une semaine
> Pour m'en fournir ce qu'il m'en faut ;
> Et, pour *sçavoir que l'aune en vaut,*
> J'attens qu'on face la lessive.
>
> *Chambrière à louer.* (Voyez *Poésies françaises du* xve *et* xvie *siècle*, bibliothèque elzévirienne, t. I, p. 97.)

Prov. et figur. *Tout au long de l'aune, tout du long de l'aune,* beaucoup, excessivement, complètement.

> Faire le glorieux *tout au long de l'aune*, pouce et tout.
>
> NOËL DU FAIL, *Contes d'Eutrapel.*

> Il en a *tout du long de l'aulne*, le matou.
>
> LARRIVEY, *le Morfondu*, I, 5.

> Mais sans train et sans équipage
> Moi-même fus ici venu
> Quoique je vous sois peu connu
> Pour vous dire que le roi Daune
> M'en donne *tout du long de l'aulne.*
>
> SCARRON, *Virgile travesti*, VIII.

> Il en aura l'affront. — Mais *tout du long de l'aune*, Madame, il faut un peu lui montrer son bec jaune.
>
> POISSON, *les Femmes coquettes*, IV, 4.

C'est véritablement la tour de Babyloue,
Car chacun y babille, et *tout du long de l'aune.*

MOLIÈRE, *Tartuffe*, I, 1.

On a dit anciennement, dans un sens analogue,
à grans aunes :

Je rabatrai *à* moult *grans aunes*
Les corages des becs trop gaunes.

Athis, ms., fol. 67, v° col. 1. (Cité par Sainte-Palaye.)

On a dit proverbialement *ne savoir quartier ni aune* de quelque chose pour N'en rien savoir :

Sans faille ce n'est pas merveille
S'ous n'en savés quartier ne aune,
Car vous avés trop le bec gaune.

Roman de la Rose, v. 13016.

On a dit d'un grand mangeur qu'*il a toujours vingt aunes de boyaux vides pour festoyer ses bons amis.*

Frère Jean qui avoit tousjours vingt aulnes de boyaulx vuides pour avaller une saulgrenée d'advocats, se commençant à fascher, pria Pantagruel de penser du disner.

RABELAIS, *Pantagruel*, V, 16.

AUNER, v. a.

Ulnare, *auner.*

Dictionnaire latin-français du XII° siècle. (Bibliothèque nationale, ms. 7692.)

Compagnuons, courage! Devant qu'il soit long-temps, je vous ferez *aulner* le vellours avec la picque.

BRANTÔME, *Grands Capitaines françois* : M. de Salvoyson.

Il ne s'en fault que demye aulne,
Pour faire les six justement.
— J'en prendrai six tout rondement;
Aussi me fault-il chaperon.
— Prenez-la, nous les *aulneron.*
Si sont-elles cy, sans rabattre.
Empreu, et deux, et trois, et quattre,
Et cinq, et six! — Ventre sainct Pierre!
Ric à ric. — *Aulneray-*je arriere?

La Farce de Pathelin, sc. 2.

Et qui, fier des beaux arts dont son esprit se pique,
Aune son drap en vers, et le coupe en musique.

MONTFLEURY, *l'Ambigu comique*, scène 4.

AUNER a été quelquefois employé figurément au sens de Battre, de Frapper :

Des gardes fu aperceuz;
O maçues et o tiniaus
Li ont bien *auné* ses buriaus.

Roman de Renart, v. 13992.

Cil l'a ferru parmi les rains
D'une grande maçue à deus mains :
Moult li *aunent* mal ses buriaus.

Même ouvrage, v. 18559.

AUNE-JOUR, adjectif composé forgé par Du Bartas.

Le cadran *aune-jours.*

DU BARTAS, édit. de 1611, t. II, p. 526.

AUNEUR, s. m. Officier établi pour avoir inspection sur l'aunage.

Li corratier ne pourront estre marcheant ne *auneeur,* ne *auneeur* ne pourront estre marcheant ne corratier.

ÉTIENNE BOILEAU, *le Livre des métiers*, LIX, 16.

Il y a à Paris un corps de vingt-quatre jurés *auneurs.* L'ordonnance veut que les *auneurs* mesurent les étoffes bord à bois justement, et sans évent. Cet évent étoit autrefois d'un pouce au-delà de l'aune, qu'on donnoit en mesurant.

FURETIÈRE, *Dictionnaire*, 1630.

AUNAGE, s. m. Mesurage à l'aune.

Le marchand fait des montres pour donner de sa marchandise ce qu'il y a de pire... il a... un mauvais *aunage* pour en livrer le moins qu'il peut.

LA BRUYÈRE, *Caractères* : Des biens de fortune.

Ne parlez à un grand nombre de bourgeois ni de guérets, ni de baliveaux, ni de provins, ni de regains, si vous voulez être entendu : ces termes pour eux ne sont pas françois. Parlez aux uns d'*aunage,* de tarif, ou de sol pour livre, et aux autres de voie d'appel, de requête civile, d'appointement, d'évocation.

LE MÊME, même ouvrage : De la ville.

Nombre d'aunes que contient une pièce d'étoffe.

Plusieurs manufacturiers donnent des antécédants d'*aunage* pour s'attirer de la chalandise, comme à Laval, 24 aunes pour 20 et quelquefois jusqu'à 28, mais cet excédant d'*aunage* est réglé à une aune quart par les derniers statuts, que les façonniers donnent aux marchands pour bonne mesure.

FURETIÈRE, *Dictionnaire*, 1690.

On s'est servi aussi du mot AUNERIE, qui se trouve dans le *Livre des métiers* d'Étienne Boileau.

AUNE, s. m. Arbre qui croît dans les lieux humides, dont le tronc s'élève quelquefois à une fort grande hauteur, et dont le bois est très utile dans les arts.

J'ay entendu par aucuns, qui sème sa chambre de fueilles d'*aune*, les puces s'y prennent.

> *Le Ménagier de Paris*, 1ʳᵉ distinction, 7ᵉ art.

Les letrons y sont nommez Lucho et le *aulne* Schlitro.

> PIERRE BELON, *Observations de plusieurs singularitez de divers pays estranges*, I, 18.

Les *aunes* ou vergnes apportent teinture noire.

> BERNARD PALISSY, *Discours admirables : Des pierres*.

Autant qu'autre arbre aquatique, s'allonge l'*aune* en d'aucuns endroits, appellée verne.

> OLIVIER DE SERRES, *Théâtre d'agriculture*, VIIᵉ lieu, c. 10.

Il y avait une suite de petites métairies, dont le fond était couvert de gazons frais, planté de pommiers chargés de fruits, et entouré de grands *aunes*.

> BERNARDIN DE SAINT-PIERRE, *Études de la nature*, VII.

Les semences de l'*aune* qui croît sur le bord des fleuves n'ont pas d'aigrettes, parce que les fleuves ont des courants qui les charrient.

> LE MÊME, même ouvrage, XI.

Filles du blond Soleil, vierges Phaëthontides,
Pleurans vostre germain cheut és ondes liquides
Du superbe Eridan, les bons Dieux à ses bords
En *aunes* riuagers transmuerent vos corps.

> GARNIER, *Antoine*, act. V, v. 105.

Le saule aime une eau vive, et l'*aune* une eau dormante.

> DELILLE, trad. des *Géorgiques*, II.

AUNAIE, s. f. Lieu planté d'aunes.

Qu'aux lieux plus bas soient les estangs, saussaies, peuplaies, tremblaies, *aunaies*, ozeraies et semblables bois aquatiques.

> OLIVIER DE SERRES, *Théâtre d'agriculture*, 16.

Anciennement, on a employé au masculin les formes AULNOY, AUNOI, ALNOI, AUNEIS, etc. Voyez les exemples suivants :

Bois, vignes, *aunois*, gardins, prés, communément ne se mesurent pas selonc la mesure des terres, par mines, ançois se mesurent par arpens.

> BEAUMANOIR, *Coutume de Beauvoisis*, XXXVI, 10.

Lesquelz, tous là venus en une plaine assez près d'un *aulnoy* face à face de la cité, furent bien l'espace de trois ou quatre heures en ordonnance pour adviser et composer les lieux de leurs logis.

> MONSTRELET, *Chronique*, c. 83.

Enz uns *auneiz* s'en sunt entré,
Près des portes de la cité.

> *Chronique de Normandie*, t. I, v. 737.

Vés grans *alnois* en ces marés plantés.

> *Ogier*, v. 6124.

AUNÉE, s. f. Plante de la famille des Composées, dont la racine, aromatique et amère, est employée en médecine comme stomachique.

AUPARAVANT, adverbe qui marque priorité de temps

Il est composé des trois mots *au*, *par* et *avant* et s'est longtemps écrit soit ainsi, soit en deux mots, *au paravant*.

C'est une belle instruction, Sire, et un sage advertissement pour ceux à qui Dieu a mis en main les resnes du gouvernement de ce monde, leur estant adressé par un roy (Salomon), auquel Dieu donna jadis tant de sagesse, que jamais *au paravant* n'en avoit esté de semblable.

> AMYOT, trad. de Plutarque, *Œuvres morales :* Epistre au Roy.

Meint homme ambitieux a mis *au paravant*
Pour mieux flatter les roys son histoire en avant.

> RONSARD, en tête de la traduction de l'*Histoire d'Italie* de Guicciardin, par Chomedey.

On s'est servi longtemps aussi de *paravant*, soit en un ou en deux mots.

Soit comme adverbe :

A aucun qui n'auroit *par avant* meffait.

> *Ordonnances des Rois de France*, 1356, III, 144.

Comme nous avons dit *paravant*.

> AMYOT, trad. de Plutarque : Démétrius.

Tu leur as, malgré eux, enseigné le mestier de la guerre, que *paravant* ils ne vouloient apprendre ny exercer.

> LE MÊME, même ouvrage : Lycurgue.

Quand doncques nous verrons que, en discourant sur un mesme subject et argument, il n'y aura pas grande différence entre ce que nous dirons, et ce que l'autre *paravant* anra dit, alors nous retrancherons beaucoup de nostre mépris.

> AMYOT, trad. de Plutarque, *Œuvres morales :* Comment il fault ouyr, c. 9.

Les deux parties commancerent à avoir plus grand contentement que *par avant.*

> HENRI ESTIENNE, *Apologie pour Hérodote,* prologue.

Pour Dieu, vivons dorenavant en paix, et vous retirez en voz terres joyeusement, cedans ceste place icy, en laquelle n'avez droict quelconques, comme bien le confessez, et amis comme *par avant.*

> RABELAIS, *Gargantua,* I, 32.

S'il n'est rien en l'intellect qui n'ait *paravant* esté aux sens, il s'ensuit que si ceux-cy sont deceus, celui-là infailliblement sera trompé.

> CAMUS, évêque de Belley, *Diversités.*

Beaucoup de choses se font facilement par l'expérience, qui *paravant* sembloient tres malaysées et presque impossibles.

> LE MÊME, même ouvrage.

Le simulacre et la malheureuse ombre
De Creüsa fut veue en cest encombre
Devant mes yeux, et vids l'image d'elle,
Plus que jamais *paravant* grande et belle.

> DES MAZURES, *Énéide,* II.

Peu *paravant* avoit pris cestui là
La sœur Turnus, qui estoit de moindre aage,
A elle joint en lit de mariage.

> LE MÊME, même ouvrage, IX.

...Tout beau mon innocence
Veut savoir *par avant* le nom de l'imposteur,
Afin que cet affront retombe sur l'auteur.

> CORNEILLE, *Mélite,* édit. de 1633, IV, 2.

Soit comme préposition :

Et estoit très inutile pour la guerre *paravant* ce jour.

> COMMINES, *Mémoires.*

Paravant ses conquestes, le revenu ordinaire de la chose publique ne montoit par chascun an qu'à cinq millions d'escus.

> AMYOT, trad. de Plutarque : Pompéius.

Il y avoit bien eu d'autres Romains *paravant* luy qui avoient triomphé par trois fois.

> LE MÊME, même ouvrage : *ibid.*

Paravant l'establissement des juges présidiaux.

> NOËL DU FAIL, *Contes d'Eutrapel.*

Ne punis point la sœur de la faute du frère ;
Et reçois de ma main celle que ton désir,
Paravant cette offense, avoit voulu choisir.

> CORNEILLE, *la Veuve,* édit. de 1634, V, 10.

Quelquefois *paravant* était suivi d'un verbe à l'infinitif :

Et tellement leur ferma la bouche, qu'ils eussent fait trois lieues, *paravant* la pouvoir ouvrir.

> NOËL DU FAIL, *Contes d'Eutrapel.*

Se faisant payer en bourreau, et garnir la main, *paravant* rien faire.

> LE MÊME, même ouvrage.

AUPARAVANT a toujours été employé comme adverbe, ainsi qu'il l'est encore aujourd'hui :

Oncques depuis ils ne l'aimèrent tant comme ils faisoient *auparavant.*

> FROISSART, *Chroniques,* liv. I, IIᵉ part., c. 71.

Nostre feu bon roy et pere Francoys premier de ce nom... a nostre langage, *au paravant* scabreux et mal poly, rendu elegant.

> JOACH. DU BELLAY, *Deffence et illustration de la langue françoyse,* c. 4.

Quand Dieu voulut démembrer l'Empire de Rome, il suscita une infinité de nations, *auparavant* point ou peu connues, lesquelles jouèrent diversement à boute-hors.

> PASQUIER, *Recherches de la France,* I, 8.

Ils ont pensé... que l'orgueil étoit bien séant à la dignité, que s'ils paroissoient les mêmes qu'*auparavant,* leur condition ne seroit pas tout à fait changée.

> BALZAC, *Aristippe,* II.

La vanité se mesla parmy les sciences qui, *auparavant,* n'avoient esté inventées que pour le secours de nostre entendement et de nos nécessitez.

> RACAN, *Harangue à l'Académie,* 1635.

Croyez-vous qu'il soit permis de donner l'absolution indifféremment à tous ceux qui la demandent, sans reconnoître *auparavant* si Jésus-Christ délie dans le ciel ceux que vous déliez sur la terre ?

> PASCAL, *Provinciales,* X.

Hellen, fils de Deucalion, régna en Phtie, pays de la Thessalie, et donna son nom à la Grèce. Ses peuples, *auparavant* appelés Grecs, prirent toujours depuis le nom d'Hellènes, quoique les Latins leur aient conservé leur ancien nom.

> BOSSUET, *Discours sur l'Histoire universelle,* I, 3.

AUP

Un homme, *auparavant* obscur et inconnu, s'est poussé par des intrigues dans des emplois où, sans un miracle de la grâce, il est presque aussi impossible de se sauver qu'il est facile de s'enrichir en très peu d'années.

BOURDALOUE, *Sermon :* Sur l'aveuglement spirituel.

Qui est cet amour qu'elle dit qu'elle aime?... C'est donc son mari, répliqua la sœur. Je vous entens bien, reprit la cadette : mais les maris viennent-ils au monde tout faits : ne sont-ils point quelque autre chose *auparavant?*

LA FONTAINE, *Psyché*, II.

M. de Lesdiguières d'aujourd'hui, *auparavant* M. le comte de Saulx, et feu M. de Canaples, père de M. de Créqui d'à présent, vinrent de ce mariage.

TALLEMANT DES RÉAUX, *Historiettes :* Lesdiguières.

Il ne voulut point s'exposer à un refus, et résolut de s'assurer *auparavant* de l'esprit et du cœur de cette belle.

FLÉCHIER, *Mémoires sur les grands jours de 1665.*

Le contrat de notre province avec le roi fut signé vendredi ; mais *auparavant* on donna deux mille louis d'or à madame de Chaulnes.

Mme DE SÉVIGNÉ, *Lettres ;* à Mme de Grignan, 30 août 1671.

La conduite et l'exécution du dessein pour remettre la place de Casal fut *auparavant* concertée avec lui (Mattioli).

LE MARQUIS DE POMPONNE, *Mémoires*, II : Mantoue.

Comme il (le marquis de Saint-Maurice) ne pouvoit plus agir dans les affaires de France, il devint inutile pour ce qui est de plus important dans cette cour, et il perdit sa considération, en perdant la confiance que le roy (Louis XIV) avoit eue en lui *auparavant*.

LE MARQUIS DE POMPONNE, *Mémoires*, II : Savoye.

Pour les langues qu'ils (les apôtres) savoient déjà par des voies naturelles, nous avons sujet de croire que Dieu les leur laissa parler comme ils les parloient *auparavant*.

FÉNELON, *Dialogues sur l'éloquence*, III.

Quand il tournoit le diamant de la bague en dedans de sa main, il devenoit d'abord invisible ; et dès qu'il le retournoit en dehors, il étoit visible comme *auparavant*.

LE MÊME, *Fables*, 76.

Charost se laissa embarquer, et maria le marquis d'Ancenis à la fille d'Entraigues, qui avoit été petit commis, et bien pis *auparavant*, chez M. de Frémont.

SAINT-SIMON, *Mémoires*, 1709.

J'y trouvai son menage à peu près monté comme *auparavant*, et le fidèle Claude Anet toujours avec elle.

J.-J. ROUSSEAU, *les Confessions*, I, 5.

Les communautés des villes avaient commencé en France sous Philippe le Bel, en 1301, à être admises dans les États généraux, qui furent alors substitués aux anciens parlements de la nation composés *auparavant* des seigneurs et des prélats.

VOLTAIRE, *Essai sur les mœurs et l'esprit des nations*, c. 83 : Affranchissements, privilèges des villes.

Le chancelier Duprat, *auparavant* premier président, prostitua la magistrature au point de la vendre. Il mit à l'encan vingt charges nouvelles de conseillers au parlement.

LE MÊME, *Histoire du Parlement de Paris*.

Les terres qui firent naître dans ces temps illustres tant de fruits du génie avaient été longtemps préparées *auparavant*.

LE MÊME, *Siècle de Louis XIV*, c. 32.

Voyez combien *auparavant* elle avoit emprunté d'esprit de son visage ! il se pourroit bien faire que le mien m'en eût prêté aussi dans le temps qu'on m'en trouvoit beaucoup.

MARIVAUX, *la Vie de Marianne*, Ire part.

Du VIe au Xe siècle, les lois de presque tous les peuples barbares furent écrites. Elles ne l'étaient pas *auparavant*.

GUIZOT, *Histoire de la civilisation en Europe*, 4e leçon.

Ils me font méprisable alors qu'ils me font reine,
Et si Rome est encor telle qu'*auparavant*,
Le trône où je me sieds m'abaisse en m'élevant.

CORNEILLE, *Pompée*, IV, 3.

J'apprens *auparavant* les grimaces, le geste.

POISSON, *le Poète basque*, sc. 4.

Du moins *auparavant* il faut que je t'embrasse.

LEGRAND, *l'Aveugle clairvoyant*, sc. 8.

AUPARAVANT vient souvent après la désignation plus ou moins précise d'une certaine durée de temps : *peu auparavant, deux ans auparavant*, etc.

Et avoient les Juifs sorti bien cent ans *auparavant* que, quand une manière de gens apparroient au monde qui venir devoient, qui porteroient fiaiaus de fer, ainsi le bailloit leur sort, ils seroient tous détruits.

FROISSART, *Chroniques*, liv. Ier, IIe part., c. 5.

Dès le matin il estoit party pour s'en retourner chez luy, ayant *le jour auparavant* parachevé ce qui estoit du sacrifice.

D'URFÉ, *l'Astrée*, Ire part., liv. V.

Sans mentir ç'a esté un des grands personnages que l'Europe ait eu de *longtemps auparavant*.

LE MÊME, même ouvrage, IIe part., liv. XI.

A la cour il avoit des sujets de fâcherie (l'*année auparavant* il avoit été trois heures au soleil sur ses pieds à Fontainebleau, en attendant le cardinal Mazarin, et se tint un gros quart d'heure découvert quand il passa).

> TALLEMANT DES RÉAUX, *Historiettes* : le Maréchal de la Force.

Il (le duc de Beauvilliers) fut malade près de deux mois à Vaucresson, où *peu auparavant* il s'étoit retiré.

> SAINT-SIMON, *Mémoires*, 1714.

Les parlements n'étaient que les organes de la volonté du plus fort. Warvick en fit convoquer un qui rétablit bientôt Henri VI dans tous ses droits, et qui déclara usurpateur et traître ce même Édouard IV, auquel il avait *peu d'années auparavant* décerné la couronne.

> VOLTAIRE, *Essai sur les mœurs*, c. 116 : Édouard IV, Henri et Marguerite.

Dès le paravant, dès auparavant.

Elle vint dire d'une grace affaitée ce qu'elle avoit prémédité *dès le paravant*.

> BONAVENTURE DES PÉRIERS, *les Contes ou Nouvelles*, LXVI : De l'Enfant de Paris qui fit le fol.

Il (Ragolfi) s'étoit aussitôt après (la mort de Louis XIV) tout à fait retiré dans une maison qu'il avoit prise *dès auparavant*, et où il alloit quelquefois, aux Camaldules de Grosbois.

> SAINT-SIMON, *Mémoires*, 1717.

AUPARAVANT est assez souvent précédé de la préposition de : *le jour d'auparavant*, etc.

Combien les lunettes nous ont-elles découvert d'êtres qui n'étoient point pour nos philosophes *d'auparavant*.

> PASCAL, *Pensées*.

Une heure après on le vint éveiller (Turenne) en luy amenant le page d'Humières, qui avoit esté pris derriere son maistre *le jour d'auparavant*.

> BUSSY, *Discours à ses enfants*.

Anciennement, *auparavant* était fréquemment employé comme préposition.

Ceste grande puissance est telle que jamais roy *auparavant Alexandre le Grand* ne l'avoit assemblée.

> AMYOT, trad. de Plutarque : *Démétrius*.

Celuy qui premier eleva la communaulté des Achaeiens en quelque puissance et en quelque dignité, ce fut Aratus, car *auparavant luy* c'estoit bien peu de chose, à cause que les villes de l'Achaïe faisoient leurs affaires, chascune à par soy.

> LE MÊME, même ouvrage : *Philopœmen*.

Le remède que Dieu a apporté au mal n'est pas un nouveau conseil; si bien il est exécuté depuis la dépravation de la nature, il n'a pas laissé d'estre résolu, *auparavant mesme sa création*.

> G. DU VAIR, *De la constance et consolation es calamitez publiques*.

Ce n'est pas dans les escholes que l'on apprend cette éloquence, la facilité d'exprimer nos pensées et nos paroles; c'est peut-estre la seule que Dieu nous ait laissée de toutes les facultés naturelles que nous possédions *auparavant notre péché*, et nous sommes ingrats de le vouloir tenir de la science plutost que de sa bonté.

> RACAN, *Harangue à l'Académie*.

Auparavant l'adieu reçois de ma constance
Dedans ce peu de vers l'éternelle assurance.

> CORNEILLE, *Mélite*, II, 8.

Je l'estimai jadis, et je l'aime et l'estime
Plus que je ne faisois *auparavant ton crime*.

> LE MÊME, même ouvrage, IV, 2.

Demeure affreuse des coupables,
Lieux maudits, funeste séjour,
Dont *auparavant mon amour*
Les sceptres étoient incapables.

> LE MÊME, *Médée*, IV, 4.

En 1647, Vaugelas blâma dans ses *Remarques* cette façon d'employer le mot *auparavant*.

Le vray usage d'*auparavant* c'est de le faire adverbe, et non pas préposition... Ceux qui n'ont nul soin de la pureté du langage disent et escrivent tous les jours par exemple *auparavant moy*, *il est venu auparavant luy*, et en font une préposition.

> VAUGELAS, *Remarques*.

Cette décision, confirmée par la plupart des grammairiens postérieurs et notamment par Thomas Corneille, fit cesser dans la suite cet emploi d'*auparavant* comme préposition. Pierre Corneille modifia dans ses éditions subséquentes plusieurs des passages dans lesquels il avait employé *auparavant*, et refit ainsi les deux derniers vers du passage de *Médée*, rapportés plus haut, pour y substituer *avant* à *auparavant* :

> Dont jamais *avant* mon amour
> Les sceptres n'ont été capables.

Néanmoins on trouve encore pendant quelque temps des exemples, d'ailleurs très peu nom-

IV.

breux, de l'emploi d'*auparavant* comme préposition. En voici quelques-uns :

Je suis extrêmement aise que l'occasion se soit présentée de vous renouveler les promesses que je lui ai faites et les témoignages d'affection que je lui ai donnés *auparavant son départ*.

RANCÉ, *Lettres*, 4 septembre 1642.

N'avez-vous pas fixé votre octroi dès *auparavant le règne* de François Ier ?

M. DE BEZONS aux États de Languedoc de 1659. (Voyez DEPPING, *Correspondance administrative sous Louis XIV*, t. I, p. 20.)

Il étoit encore constant que le vicomte (de Canillac) avoit menacé de charger son ennemi, deux ou trois ans *auparavant l'action*.

FLÉCHIER, *Mémoires sur les grands jours de 1665*.

Quelques-uns placent ce dernier événement en l'an 1192, par conséquent *auparavant la prison* de Richard.

MÉZERAY, *Abrégé de l'Histoire de France* : Philippe-Auguste.

Newton est trop connu pour qu'on en parle. Le nommer c'est en faire l'éloge. Il naquit en 1642, huit ans *auparavant la mort* de Descartes.

THOMAS, *Éloge de Descartes*.

Anciennement, *auparavant* s'employait assez souvent comme conjonction et *auparavant que*, *auparavant que de*, *auparavant de*, étaient des locutions fort usitées.

Auparavant que :

Auparavant qu'on sçeust si bien parler italien en France on n'oyoit quasi point parler de ceste vilanie.

HENRI ESTIENNE, *Apologie pour Hérodote*.

Nous voulons que les séculiers reçoivent les degrés de bachelerie, licence et maistrise, *auparavant qu*'ils puissent faire profession publique de leur savoir.

EST. PASQUIER, *Plaidoyer contre les Jésuites*.

Il faut que le poète ait sa comédie toute prête *auparavant que* personne ne se présente sur le théâtre.

G. DU VAIR, *De la constance et consolation es calamitez publiques*.

Auparavant que vous me condamniez de la donner au public (ma pastorale), vous me mandez qu'il en court tant de copies mal correctes qu'il est à propos que je me justifie des fautes que les mauvais escrivains ont adjoustées aux miennes.

RACAN, *Lettres*; à Malherbe.

Il (M. le lieutenant de Riom) m'avoit si bien prêché *auparavant que* j'eusse prêché moi-même, qu'on voulut bien avoir quelque bonne opinion de moi sur sa parole.

FLÉCHIER, *Mémoires sur les grands jours de 1665*.

Auparavant que ton bras redoutable
Fasse aux pécheurs ton courroux ressentir.

RACAN, *Psaumes*, LXXXVIII.

Hâtant un peu le pas, quelque espoir me demeure
Que vous arriverez *auparavant que* lui.

CORNEILLE, *Clitandre*, IV, 8.

...Déjà dans l'esprit je sentois quelque ennui
D'avoir connu Lysandre *auparavant que* lui.

LE MÊME, *la Galerie du Palais*, II, 6.

Auparavant que de :

Il faut, *auparavant que de* venir à la question principale, sçavoir ce que c'est que l'éternité.

CAMUS, évêque de Belley, *Diversités*.

L'on dit en France que Du Bartas, *auparavant que de* faire cette belle description du cheval, où il a si bien rencontré, s'enfermoit quelquefois dans une chambre, et, se mettant à quatre pattes... tâchoit par toutes sortes de moyens à bien contrefaire le cheval.

G. NAUDÉ, *Coups d'État*.

Pour moi, je ne puis souffrir l'insolence de ces docteurs qui, pour avoir inventé trois ou quatre mots barbares, se vantent d'avoir trouvé autant de sciences, et ont fait une grammaire, une logique et une rhétorique des choses les plus communes, que nous avons pratiquées dès le berceau, dix ans *auparavant que d*'en sçavoir le nom.

RACAN, *Harangue à l'Académie*, 1635.

Quant au partage qu'il (le roi d'Angleterre) demandoit dans les conquêtes, il ne devoit pas non plus faire obstacle à la conclusion de ce traité, puisqu'il falloit attaquer les États (de Hollande) du côté de l'évêque de Munster, passer jusque dans le pays d'Utrecht et se rendre maître de presque toutes les Provinces-Unies, *auparavant que de* pouvoir attaquer ce qu'il demande pour sa part.

M. COLBERT à Louis XIV, 29 janvier 1670. (Voyez MIGNET, *Succession d'Espagne*, t. III, p. 146.)

Pleust à Dieu qu'icy nous eussions
Auparavant que de combattre,
Des fondes, à fin de les batre.

BAÏF, *l'Eunuque*, IV, 7.

Auparavant de :

Ce prince (Charles II), se voyant sur ce point (la guerre contre la Hollande) fortifié des conseils de tous ceux qui l'approchent et qu'il estime, pourra bien prendre le parti de la commencer *auparavant* même *de* se faire catholique.

M. Colbert à Louis XIV, 14 juillet 1670. (Voyez Mignet, Succession d'Espagne, t. III, p. 218.)

Vaugelas, qui voulait que *auparavant* ne fût employé que comme adverbe, blâma également cet emploi de ce mot : « *Auparavant que* pour *devant que,* ou *avant que,* dit-il, n'est pas aussi du bel usage. Les bons écrivains ne diront jamais par exemple, *auparavant que vous soyez venu,* pour dire *avant* ou *devant que vous soyez venu.* »

Cependant cette décision ne fut pas immédiatement suivie. Pierre Corneille a encore écrit après 1647 :

Mon bras, dont ses mépris forçoient la retenue,
N'eût plus considéré César ni sa venue,
Et l'eût mise en état, malgré tout son appui,
De s'en plaindre à Pompée *auparavant qu'à* lui.

Corneille, Pompée, II, 4.

Vous me fûtes promise *auparavant qu'à* lui.

Le même, Sophonisbe, II, 4.

Arnauld d'Andilly ne l'adopta jamais, bien qu'elle fût approuvée par les grammairiens de Port-Royal. Bouhours s'en étonne en 1674, dans ses *Doutes sur la langue françoise proposez à Messieurs de l'Académie françoise* (p. 152), et plus tard un autre grammairien, Louis Allemand, le constate en ces termes dans un de ses ouvrages :

M. Dandilly a fait secte à part, puisqu'il employe *auparavant* non seulement comme préposition... mais même comme conjonction; ainsi il dit fort souvent dans sa belle traduction de Josèphe : « *Auparavant que de* descendre dans la cisterne, *auparavant qu'ils* se fortifiassent davantage, *auparavant que* l'année fût expirée. »

Louis Allemand, Guerre civile des François sur la langue, p. 189.

AUPRÈS. Préposition de lieu qui marque le voisinage, la proximité.

Auprès de, s'emploie en parlant des choses et surtout des lieux.

Jehanne du Liz la Pucelle, laquelle estoit née et nourrie de *auprès de* Vaucoulour, d'un villaige assis dessus la rivière de Meuse.

Alain Chartier, Œuvres, p. 69.

Se portant la main au visage, le nez bouché et les yeux clos, il fit cinq ou six pas fort viste pour s'oster *d'auprès* du rosier.

Théophile, Fragment d'une histoire comique, c. 3.

Ce prince (Xerxès) repasse l'Hellespont avec frayeur; et un an après, son armée de terre, que Mardonius commandoit, est taillée en pièces, *auprès de* Platée, par Pausanias, roi de Lacédémone, et par Aristide, Athénien, appelé le Juste.

Bossuet, Discours sur l'Histoire universelle, I, 8.

Moïse fit déposer *auprès de* l'arche l'original de la loi.

Le même, même ouvrage, II, 3.

Cinq ou six officiers qui couroient la poste passèrent, et, voyant quelques personnes étendues mortes *auprès du* carrosse qui ne bougeoit, entendant un enfant qui crioit dedans, s'arrêtèrent à ce terrible spectacle.

Marivaux, la Vie de Marianne, Irᵉ part.

Ce personnage qui, dans cette cave, est *auprès de* ce fourneau embrasé, est un souffleur; le feu consume peu à peu son riche patrimoine, et il ne trouvera jamais ce qu'il cherche.

Le Sage, le Diable boiteux, c. 3.

Et je tiens ma boutique *auprès de* saint Hilaire.

Boursault, le Mercure galant, II, 7.

Figurément :

Mon petit Locmaria a toujours un air charmant : il fut un peu hier soir tout *auprès de* la cadence; je ne sais s'il n'étoit point ivre ; cela se dit ici sans qu'on s'en offense.

Mᵐᵉ de Sévigné, Lettres; à Mᵐᵉ de Grignan, 26 août 1671.

La dépense du maréchal a été tout *auprès* d'être ridicule, à force d'être excessive; il y avoit tous les jours soixante personnes à dîner et à souper chez lui.

La même, même ouvrage; à Mᵐᵉ de Grignan, 13 novembre 1689.

Je sens que je suis mère *auprès de* vos douleurs.

Corneille, Rodogune, IV, 3.

Il y a de très rares exemples *d'auprès* employé seul en ce sens, sans être suivi de la préposition *de* :

Lysandre se retirant *d'auprès* les boutiques.

Corneille, la Galerie du Palais, I, 7, jeu de scène.

Un pasteur frais et en parfaite santé, en linge fin, et en point de Venise, a sa place dans l'œuvre *auprès les* pourpres et *les* fourrures.

La Bruyère, Caractères : De quelques usages.

Auprès de, en parlant des personnes :

Le lendemain don Geronimo Quinones... vint me trouver pour me dire qu'il avoit reçu avec beaucoup de joie le commandement que la reine (d'Espagne) lui avoit donné d'être *auprès de* moi pour m'accompagner jusqu'à la frontière.

L'ARCHEVÊQUE D'EMBRUN à Louis XIV, 15 juillet 1667.
(Voyez MIGNET, *Succession d'Espagne*, t. II, pp. 185 et 186.)

Esaü prit ses femmes, ses fils, ses filles, et toutes les personnes de sa maison, son bien, ses bestiaux, et tout ce qu'il possédoit en la terre de Chanaan, s'en alla en un autre païs, et se retira *d'auprès de* son frère Jacob.

SACI, *Genèse*, c. 36.

Sa bonne tante avait un bon ami qui demeuroit aussi *auprès d'*un vieux chanoine dont il administroit le temporel.

LE SAGE, *Gil Blas*.

Diane rendoit ces jeux célèbres par sa présence. Elle n'y venoit point disputer le prix, car les déesses ne se comparent point aux mortelles. Je la vis seule, elle étoit belle comme Vénus : je la vis *auprès de* Vénus, elle n'étoit plus que Diane.

MONTESQUIEU, *Temple de Gnide*, c. 3.

Bajazet vit son fils aîné, Mustapha, tué en combattant *auprès de* lui.

VOLTAIRE, *Essai sur les mœurs*, c. 88 : De Tamerlan.

Quel funeste contraste de faire brûler à petit feu dans Paris des luthériens parmi lesquels il y avait des Allemands, et de s'unir en même temps aux princes luthériens d'Allemagne, *auprès desquels* il est obligé de s'excuser de cette rigueur !

VOLTAIRE, *Essai sur les mœurs* : Conduite de François Ier, c. 125.

Tout *auprès de* son juge il s'est venu loger.

RACINE, *les Plaideurs*, I, 5.

... *Auprès d'*une infidèle
Quand ton illusion n'aurait duré qu'un jour,
N'outrage pas ce jour lorsque tu parles d'elle.

A. DE MUSSET, *Nuit d'octobre*.

Auprès signifie encore, figurément, Dans l'esprit, dans l'opinion de quelqu'un.

Cette gaîté de visage leur donne souvent l'avantage dans l'opinion des écoutants, tant les sages imaginaires ont de faveur *auprès des* juges de même nature.

PASCAL, *Pensées*.

Les peuples ont besoin d'être trompés : la vérité est foible *auprès d'*eux ; le mensonge est tout-puissant sur leur esprit.

FÉNELON, *Dialogues des morts* : Alexandre et Diogène.

Il est fort bien *auprès du* roi, *auprès des* ministres. Il est bien *auprès de* plusieurs personnes de qualité.

Dictionnaire de l'Académie, 1694.

Auprès de, à côté de, en comparaison de :

Vous voyez, messeigneurs, comme ces syllogismes et enthymèmes procèdent, *auprès des* autres, rondement, selon la vraye raison dialectique.

G. DU BELLAY, *Mémoires*.

Il se répute heureux *auprès de* ceux-ci.

BOUCHET, *Serées*, III, 30.

Il se moque de croire l'emporter sur vous. Voilà, *auprès de* vous, un bon petit morveux de prince.

MOLIÈRE, *les Amants magnifiques*, I, 4.

Elle étoit (Mademoiselle) au désespoir que ses sœurs, cadettes et gueuses *auprès d'*elle, se mariassent à sa barbe.

CHOISY, *Mémoires*, III.

Phèdre ne donne guères d'étendue à ses fables ; mais, à tout prendre, il est encore prolixe *auprès d'*Ésope.

HOUDAR DE LA MOTTE, *Discours sur la fable*.

Voilà les plus grands poètes que la terre ait portés. Vous n'êtes que des Pygmées *auprès de* ces Géants.

LE MÊME, *Réflexions sur la critique*.

Ah ! combien les hommes sont cruels ! Les tigres sont encore bons *auprès d'*eux.

Mlle DE LESPINASSE, *Lettres*; 46.

Bref, je suis si pressé qu'ores je cognois bien,
Hélas ! qu'*auprès de* vous je n'aimay jamais rien.

DESPORTES, *Premières Œuvres*.

Ai-je *auprès de* l'amour écouté mon devoir ?

CORNEILLE, *Médée*, III, 3.

Auprès de mon honneur rien ne m'est précieux.

LE MÊME, *le Cid*, V, 1.

Les vôtres (vos maux) *auprès d'*eux vous sembleront
[un songe.

LE MÊME, *Horace*, III, 4.

*Auprès d'*un tel malheur, pour nous irréparable,
Ce qu'on promet pour l'autre est peu considérable.

LE MÊME, *Sertorius*, I, 2.

Dites, dites plutôt, cœur ingrat et farouche,
Qu'*auprès du* diadème il n'est rien qui vous touche.

RACINE, *Thébaïde*, I, 3.

Auprès s'emploie quelquefois comme adverbe :

Si vous aviez vu jouer la scène entière de Shakespeare, telle que je l'ai vue et telle que je l'ai à peu près traduite, nos déclarations d'amour et nos confidences vous paraîtraient de pauvres choses *auprès*.

VOLTAIRE, *Correspondance générale*.

Un arbre tout *auprès*, fertile en meures blanches, Nous offre le couvert de ses espaisses branches.

THÉOPHILE, *Pyrame et Thisbé*, IV, 1.

Pour les jardins c'est un miracle unique.
Marly, Versaille et leurs petits jets d'eau
N'ont rien *auprès* qui surprenne et qui pique.

VOLTAIRE, *Contes*.

Ma sœur assise *auprès*, un de ses bras passé
Au cou de notre mère avec force embrassé.

LAMARTINE, *Jocelyn*.

Prov., fig. et pop. :

Si vous n'en voulez point, couchez-vous *auprès*.

Dictionnaire de l'Académie, 1694.

Anciennement, on a dit *après* dans le sens d'*auprès* :

Serras *après* la pierre que l'um apele Ezel. (*Sedebis juxta lapidem, cui nomen est Ezel.*)

Les quatre Livres des Rois, I, XX, 19.

Emprès a été aussi très fréquemment employé dans la même signification.

Femme pour attraper martyrs
Et ruser quelque gaudisseur
Jette *emprès* luy de grands soupirs.

COQUILLART, *les Droits nouveaux*.

Je suis François, dont ce me poise,
Né de Paris *emprès* Ponthoise.

VILLON, *Quatrain*.

AURÉOLE, s. f. (de *aureola*, sous-entendu *corona*, couronne d'or, d'*aurum*, or). Cercle lumineux dont les peintres entourent ordinairement la tête des saints.

La lumière qui part de la sainte *auréole* dont sa tête est entourée a quelque chose de sublime.

Mᵐᵉ DE STAEL, *De l'Allemagne*.

Il se dit, par extension, de certains Phéno-

mènes lumineux qui offrent l'apparence d'un cercle.

Vous verrez d'abord blanchir à l'horizon le lieu où l'aurore doit paraître : et cette espèce d'*auréole* lui a fait donner, à cause de sa couleur, le nom d'aube, du mot latin alba, qui veut dire blanche.

BERNARDIN DE SAINT-PIERRE, *Études de la nature*, X.

Il signifie, par extension, le Degré de gloire qui distingue les saints dans le ciel.

Pour venir au thesme predict
Et deschiffrer le hariage
Qu'a le bon homme en mariage,
Je trouve qu'il est en tourment
Toute sa vie seullement,
Par quoy il acquiert et attire
L'*aureolle* de vray martyre.

Sermon des maulx de mariage. (Voyez *Poésies françoises des* xvᵉ *et* xviᵉ *siècles*, bibliothèque elzévirienne, t. II, p. 6.)

Son front brillait d'une sainte *auréole*.

VOLTAIRE, *la Pucelle*, I.

Enfin il signifie, d'une façon plus générale, Gloire éclatante.

Qu'ils ne perdent donc jamais de vue l'*auréole* immortelle qui doit environner les noms des restaurateurs de la monarchie.

J. DE MAISTRE, *Considérations sur la France*, X, 51.

Et que dès ici-bas l'âme a son *auréole*.

LAMARTINE, *Jocelyn*.

AURICULAIRE, adj. des deux genres.
Qui a rapport, qui appartient à l'oreille.
Doigt auriculaire, le petit doigt de la main, parce que sa petitesse permet de l'introduire dans l'oreille.
Témoin auriculaire, témoin qui a ouï de ses propres oreilles ce qu'il dépose.

Les cris de la multitude, l'ignorante déposition du chirurgien Lamarque, des *témoins auriculaires* qui, ayant une fois débité des accusations absurdes, ne voulaient pas s'en dédire, l'emportèrent sur la vérité la plus évidente.

VOLTAIRE, *Mémoire de Donat Calas*.

Son cri (de l'hyène) ressemble aux sanglots d'un homme qui vomiroit avec effort, ou plutôt au mugissement du veau, comme le dit Kæmpler, *témoin auriculaire*.

BUFFON, *Histoire naturelle* : l'Hyène.

Confession auriculaire, confession qui se fait en secret à l'oreille du prêtre.

Martin voulut supprimer la *confession auriculaire* et plusieurs constitutions canoniques receues d'une longue et saincte ancienneté.

ÉTIENNE PASQUIER, *Recherches de la France*, III, 43.

Dans le sixième (article) la nécessité de la *confession auriculaire*.

BOSSUET, *Histoire des variations des églises protestantes*.

Voilà la *confession*, quand elle n'est qu'*auriculaire*. C'est le moins que l'Église puisse demander; mais enfin il faut que le pécheur s'accuse.

FÉNELON, *Lettres*.

Jésus n'a jamais pratiqué, ni fait jamais pratiquer la *confession auriculaire*.

VOLTAIRE, *Philosophie générale*.

On prétend que la *confession auriculaire* ne commença en Occident que vers le septième siècle, et qu'elle fut instituée par les abbés qui exigèrent que leurs moines vinssent deux fois par an leur avouer toutes leurs fautes.

LE MÊME, *Dictionnaire philosophique*, Confession.

Ils proscrivirent la *confession auriculaire*; mais ils la voulurent publique : dans la Suisse, dans l'Écosse, à Genève, elle l'a été ainsi que la pénitence.

LE MÊME, *Essai sur les mœurs*, c. 133 : De Genève et de Calvin.

AURIFÈRE, adj. des deux genres.
Qui porte, qui contient de l'or.

Les rivières *aurifères* sont plus souvent situées au couchant qu'au levant des montagnes. La France, qui est à l'ouest des Alpes, a beaucoup plus de cet or de transport que l'Italie et l'Allemagne qui sont situées à l'est.

BUFFON, *Histoire naturelle*.

AURIQUE, adj. f. Terme de Marine. Il se dit des Voiles qui ont quatre côtés ou ralingues, sans être d'une forme carrée.

Les voiles des lougres, celles des chasse-marées, sont des voiles *auriques*.

Dictionnaire de l'Académie, 1835.

AUROCHS, s. m. Espèce de taureau sauvage qu'on appelle autrement *bœuf urus* et *ure*.

AURONE, s. f. Terme de Botanique. Espèce d'armoise, arbuste que l'on cultive dans les jardins à cause de l'odeur citronnée de ses feuilles, et qui a presque les mêmes qualités que l'absinthe.

L'*auronne*, ditte menu cyprès, pour le grand rapport qu'elle a auec cest arbre, autrement appellée garderobe, se plante par rejettons enracinés.

OLIVIER DE SERRES, *Théâtre d'agriculture*, VIe lieu, c. 11.

AURORE, s. f. La lueur qui paraît dans le ciel, avant que le soleil soit sur l'horizon.

L'*aurore*, que nous appelons l'aube.

H. ESTIENNE, *la Précellence du langage françois*.

Quelles sont, dit-elle, mes destinées..... et je vas mourir! Je me vas moi-même donner la mort! Faut-il que l'*aurore* ne se lève plus pour Psyché?

LA FONTAINE, *Psyché*, II.

Les longues nuits de l'hiver y sont adoucies par des *aurores* et des crépuscules.

VOLTAIRE, *Histoire de Charles XII*.

L'*aurore* est un effet de la grossièreté de l'air et des vapeurs; l'arc-en-ciel se forme dans les pluies qui tombent en certaines circonstances, et nous devons les plus belles choses à celles qui le sont le moins.

FONTENELLE, *les Mondes*.

Puisqu'il n'y a autour de la lune, ni vapeurs assez grossières, ni nuages pluvieux, adieu l'arc-en-ciel avec l'*aurore*, et à quoi ressembleront les belles de ce pays-là? Quelle source de comparaison perdue !

LE MÊME, même ouvrage.

Les feux de l'*aurore* ne sont pas si doux que les premiers regards de la gloire.

VAUVENARGUES, *Réflexions et maximes*, CCCLXXV.

Lorsque le soleil est plongé sous l'horizon, son abaissement n'excédant pas dix-huit degrés, la lumière qui frappe les hautes régions de l'atmosphère est réfléchie en partie vers la surface de la terre : voilà le crépuscule et l'*aurore*, qui ont d'autant moins d'éclat que le soleil est plus éloigné de l'horizon.

DELILLE, *les Trois Règnes*, II, note 1.

Puisque nous cherchons de nouveaux soleils, je me précipiterais au-devant de leur splendeur et n'attendrais plus le lever naturel de l'*aurore*.

CHATEAUBRIAND, *Mémoires d'outre-tombe*.

La gloire des méchants en un moment s'éteint.
L'affreux tombeau pour jamais les dévore.
Il n'en est pas ainsi de celui qui te craint :
Il renaîtra, mon Dieu, plus brillant que l'*aurore*.

RACINE, *Esther*, II, 8.

Chaque volet, ouvert à l'aube près d'éclore,
Semblait comme un ami solliciter l'*aurore*.

LAMARTINE, Jocelyn, 1re époque.

Le mal dont j'ai souffert s'est enfui comme un rêve.
Je n'en puis comparer le lointain souvenir
Qu'à ces brouillards légers que l'*aurore* soulève
Et qu'avec la rosée on voit s'évanouir.

MUSSET, Nuit d'octobre.

AURORE signifie le Point du jour, la matinée.

Le monstre partit, et quitta sa femme plus matin que de coutume; si bien qu'y ayant encore beaucoup de chemin à faire jusqu'à l'*aurore*, notre héroïne en acheva une partie en rêvant à la visite qu'elle étoit prête de recevoir.

LA FONTAINE, Psyché, I.

> Je puis enfin compter l'*aurore*
> Plus d'une fois sur vos tombeaux.

LE MÊME, Fables, XI, 8.

> ... Vous vous levez avant l'*aurore*
> Pour compter, supputer avec un intendant.

AUTREAU, Démocrite prétendu fou, I, 4.

On a dit *l'oiseau de l'aurore* :

> Toi qui donnas sa voix à l'*oiseau de l'aurore*
> Pour chanter dans le ciel l'hymne naissant du jour.

LAMARTINE, Harmonies, I, 1, Invocation.

Poétiquement et par personnification, *l'aurore aux doigts de roses, les pleurs de l'aurore.*

Votre amie a pris aujourd'hui la place de l'*aurore*, je ne l'ai jamais vue plus belle ni avec un teint qui marquât plus de santé.

M. DE COULANGES, Lettres; à Mme de Sévigné,
27 janvier 1696.

L'*aurore* qui sème son chemin de roses.

FÉNÉLON, Fables, XVIII.

Une personne très imparfaite est nommée un soleil, ou tout au moins une *aurore;* ses yeux sont deux astres.

LE MÊME, Dialogue sur l'éloquence.

L'*aurore* aux cheveux d'or, au visage de roses,
Desja, comme a demy descouvroit toutes choses.

RÉGNIER, Épistres, I.

Couleur d'aurore, espèce de jaune doré.

Taffetas, satin *couleur d'aurore.*

Dictionnaire de l'Académie, 1694.

Par ellipse, *aurore* pour *couleur d'aurore* :

Vous voulez savoir si nous avons encore des feuilles vertes; oui, beaucoup, elles sont mêlées d'*aurore* et de feuille-morte, cela fait une étoffe admirable.

Mme DE SÉVIGNÉ, Lettres; à Mme de Grignan,
15 novembre 1671.

Elles (les feuilles) sont encore toutes aux arbres, elles n'ont fait que changer de couleur : au lieu d'être vertes, elles sont *aurore*, et de tant de sortes d'*aurore* que cela compose un brocart d'or riche et magnifique.

LA MÊME, même ouvrage; à Bussy-Rabutin,
3 novembre 1677.

Aurore boréale, phénomène lumineux qui paraît quelquefois, la nuit, dans le ciel, du côté du nord.

Ce globe d'aimant, cette petite terre que nous avons dit qu'il imaginoit au centre du globe creux de la grande... il l'emploie encore à l'explication de l'*aurore boréale*.

MAIRAN, Éloge de Halley.

Des troupeaux de rennes grattent la neige pour chercher des mousses et s'avancent en bramant dans ces régions désolées de la nuit, à la lueur des *aurores boréales*.

BERNARDIN DE SAINT-PIERRE, Études de la nature, I.

L'*aurore boréale* est un de ces brillants phénomènes naturels dont la cause ne nous est pas connue. Elle appartient aux régions septentrionales du globe terrestre. C'est là qu'elle se montre fréquemment dans toutes les saisons et sous toutes les formes; souvent basse et tranquille, étendue sur l'horizon comme un nuage ou comme une fumée légère, ayant la forme d'un arceau plein qui comprend plusieurs arcs, alternativement obscurs et lumineux, de différentes teintes de lumière et de couleurs.

DELILLE, les Trois Règnes, I, note.

On vit une *aurore boréale* qui paroissoit partir du clocher de Saint-Hilaire de Poitiers; ce fut un signe céleste qui annonçoit aux François la victoire.

GAILLARD, Charlemagne.

Un jour, ajoutent-ils, l'*Aurore boréale*
Lasse de voir sa sœur, l'Aurore orientale,
Seule, étaler des Dieux les brillants attributs.

DELILLE, les Trois Règnes, I.

Telles, dans la nuit sombre, éclatants météores,
Du pôle nébuleux les brillantes *aurores*.

LE MÊME, la Pitié, III.

Il y a aussi des *aurores australes.*

L'aurore dont nous parlons semble appartenir au pôle

septentrional du globe; mais le pôle du midi a aussi les siennes : des voyageurs savants les ont observées. L'existence des *aurores australes* paroît aussi certaine que celle des aurores boréales.

DELILLE, *les Trois Règnes*, I, note.

AURORE se dit figurément, dans le style élevé, du Commencement de certaines choses.

Versailles présentoit une autre scène. Mgr et Mme la duchesse de Bourgogne y tenoient ouvertement la cour, et cette cour ressembloit à la première pointe de *l'aurore*.

SAINT-SIMON, *Mémoires*, 1711.

Outre le mensonge dans les faits, il y a encore le mensonge dans les portraits. Cette fureur de charger une histoire de portraits a commencé en France par les romans. C'est Clélie qui mit cette manie à la mode. Sarazin dans *l'aurore* du bon goût fit l'histoire de la conspiration de Valstein, qui n'avait jamais conspiré.

VOLTAIRE, *Histoire de l'empire de Russie*, préface historique, § 8.

Mes lectures m'ont affoibli les yeux, et il me semble que ce qu'il me reste encore de lumière n'est que *l'aurore* du jour où ils se fermeront pour jamais.

MONTESQUIEU, *Pensées diverses*.

Quelques-uns des écrivains célèbres, qui ont tant illustré le siècle de Louis XIV, annonçoient déjà la gloire de ce siècle à jamais mémorable, et faisoient briller aux yeux de la nation, encore barbare, la première *aurore* du bon goût.

D'ALEMBERT, *Éloge de Segrais*.

La vie m'est chère; il m'est affreux de la quitter à son *aurore*.

MARMONTEL, *Incas*.

Cet âge (l'enfance) est *l'aurore* de la vie.

BERNARDIN DE SAINT-PIERRE, *Harmonies de la nature*, VI : Harmonies des enfants.

Au crépuscule de mes jours
Rejoignez s'il se peut *l'aurore*.
Si vous voulez que j'aime encore,
Rendez-moi l'âge des amours.

VOLTAIRE, *Stances*.

Je jouis peu, mais j'aime encore,
Je verrai du moins vos amours.
Le crépuscule de mes jours
S'embellira de votre *aurore*.

LE MÊME, *Épîtres*, LXXIII.

Et dès ce moment même il entrevit *l'aurore*
De ce jour qui pour lui ne brilloit pas encore.

LE MÊME, *la Henriade*, I.

Ah, ma sœur! cette loi n'est pas la vôtre encore;
Le jour qui vous éclaire est pour vous à *l'aurore*.

VOLTAIRE, *Zaïre*, III, 4.

S'ils (.....) n'ont pas tout l'attrait de la terre chérie
Où commença pour nous *l'aurore* de la vie,
Ils rappellent cet âge où notre âme et nos sens
Par degrés essayaient leurs organes naissants.

DELILLE, *l'Imagination*, chant IV.

Non, si d'un jour plus beau cette vie est *l'aurore*.

LE MÊME, *Dithyrambe*.

AURORE signifie quelquefois le Levant, les pays qui sont à l'Orient.

Moi, ravie de voir ma mère venir courageusement me chercher du bout de l'univers, et du couchant à *l'aurore*.....

Mme DE GRIGNAN, *Lettres;* à M. de Coulanges, 17 décembre 1690.

De colline en colline en vain portant ma vue,
Du sud à l'aquilon, de *l'aurore* au couchant,
Je parcours tous les points de l'immense étendue,
Et je dis : « Nulle part le bonheur ne m'attend. »

LAMARTINE, *Premières Méditations*, I : l'Isolement.

AUSCULTATION, s. f. Terme de Médecine. Action d'écouter, de prêter l'oreille attentivement pour percevoir les sons.

Depuis un petit nombre d'années, quelques médecins ont essayé, dans certains cas de maladies du cœur, d'appliquer l'oreille sur la région précordiale... Cette méthode est... loin de donner les résultats qu'elle semblerait promettre... Corvisart... n'en faisait jamais usage : il dit seulement avoir entendu plusieurs fois les battements du cœur en écoutant très près de la poitrine, ce qui diffère de *l'auscultation* proprement dite.

LAENNEC, *De l'Auscultation médiate*, 1819 : Introduction.

C'est par *l'auscultation* que les médecins reconnaissent certaines lésions internes.

Dictionnaire de l'Académie, 1835.

AUSCULTER, v. a. Terme de Médecine. Écouter, en y appliquant l'oreille, les bruits qui se produisent dans la poitrine, le cœur ou les vaisseaux.

Ausculter un malade.

Dictionnaire de l'Académie, 1878.

AUSCULTATRICE, s. f. Religieuse qui en accompagne une autre au parloir pour écouter l'entretien qui s'y fait.

On n'y parlera point (au parloir) de choses qui puissent scandaliser les personnes séculières ni les *ausculta-trices*.

     Bossuet, *Exhortation sur la nécessité du silence.*

AUSPICE, s. m. Terme générique qui désignait, chez les Romains, diverses manières de consulter et de connaître l'avenir.

L'*auspice* de vos deux voyres et du fust de javeline estoyt bien par trop fallace.

          Rabelais, *Pantagruel*, II, 30.

          ... Soyez sa protectrice;
Ma mère, s'il est né sous un cruel *auspice*,
Corrigez de son sort le sinistre ascendant.

          Voltaire, *les Pélopides*, V, 2.

Il s'emploie surtout au pluriel :

Rome se vantoit d'être une ville sainte par sa fondation, consacrée dès son origine par des *auspices* divins, et dédiée par son auteur au dieu de la guerre.

     Bossuet, *Discours sur l'Histoire universelle*, II, 26.

Il (le Sénat) nommoit un magistrat tiré de son corps, qui élisoit un roi : le Sénat devoit approuver l'élection ; le peuple la confirmer, les *auspices* la garantir.

     Montesquieu, *Esprit des lois*, XI, 12.

Il falloit consulter les *auspices*, dont les patriciens étoient les maîtres.

     Le même, même ouvrage; XI, 14.

Et suivant de Bacchus les *auspices* sacrés,
De l'auguste chapelle ils montent les degrés.

          Boileau, *Lutrin*, III.

Notre armée a deux fois négligé les *auspices*,
Et deux fois la victoire échappa de ses mains;
Le Parthe contre nous trouva nos dieux propices,
Et vainqueur se para des trésors des Romains.

     Houdar de la Motte, *Odes*, III, 6 : Aux Romains.

On dit, surtout figurément : *sous d'heureux auspices, sous de tristes, sous de fâcheux auspices,* dans des circonstances qui présagent quelque succès, ou quelque revers, quelque malheur, etc.

Sous la conduite d'une reine qui lui servoit de mère par sa tendresse, et de guide par son expérience, et qui, déchargée du poids du gouvernement et libre des soins

IV.

et des distractions des affaires, n'avoit plus de pensées que pour le ciel et pour son salut ; *sous ces auspices*, dis-je, on la vit dans tous les lieux saints consacrer les prémices de son règne et mettre au pied de chaque autel la plus belle couronne du monde.

     Fléchier, *Oraison funèbre de Marie-Thérèse.*

Je suis... très flatté que mon ouvrage paroisse en Italie *sous de si grands auspices*.

     Montesquieu, *Lettres familières*, 2 décembre 1750.

Je puis vous dire, Madame, que jamais union n'a paru faite *sous de meilleurs auspices;* oui, je me flatte que l'amour a allumé le flambeau de l'hymen d'un feu qui ne s'éteindra jamais.

     Marivaux, *la Vie de Marianne*, XII⁰ part.

Il (le xviii⁰ siècle) s'annonça d'abord *sous de mauvais auspices* par la trop célèbre dispute sur les anciens et les modernes.

     Marmontel, *Éléments de littérature* : Essai sur le goût.

Il dissipe ses craintes, il lui présente le mariage de Cymodocée et d'Eudore *sous les auspices les plus prospères.*

     Chateaubriand, *les Martyrs*, XIII.

Une circonstance heureuse le conduisait d'ailleurs en France (Hume) *sous les plus favorables auspices*, pour l'amour-propre et le succès.

     Villemain, *Littérature au xviii⁰ siècle*, 28⁰ leçon.

Cette ardeur qui des chefs passe aux moindres soldats
Anime tous les cœurs, fait agir tous les bras;
Tout est beau, tout est doux *sous de si grands auspices,*
La peine a ses plaisirs, la mort a ses délices.

     P. Corneille, *les Victoires du roi en Flandre.*

Mais quand tu récitois des faits moins glorieux,
Sa foi partout offerte et reçue en cent lieux;
. . . .
Ariane aux rochers contant ses injustices,
Phèdre enlevée enfin *sous de meilleurs auspices,*
Tu sais comme à regret écoutant ce discours,
Je te pressois souvent d'en abréger le cours.

     Racine, *Phèdre*, I, 1.

Figurément, *sous les auspices de quelqu'un,* Sous sa conduite, avec son appui, sa faveur, sa protection.

La Persaïde (le roman de Cyrus) verra le jour et s'introduira dans les ruelles *sous les auspices du grand Scipion* (le prince de Condé).

     Somaize, *Dictionnaire des Précieuses*, au mot Prédictions.

Les envoyés d'Angleterre, de Brandebourg, de Neubourg et de l'Empereur ne marchoient que *sous ses auspices* (de Bierenclau).

LE MARQUIS DE POMPONNE, *Mémoires*, I, 8.

Cimon mourut soit de maladie, soit d'une blessure qu'il avoit reçue au siège de Citium. Se voyant près de mourir, il commanda à ses officiers de ramener promptement la flotte à Athènes en cachant soigneusement sa mort. Ce qui fut exécuté avec tant de secret, que ni les ennemis, ni même les alliés, n'en eurent aucune connoissance : et ils retournèrent chez eux en toute sûreté sous la conduite encore et *sous les auspices de Cimon*, quoique mort depuis plus de trente jours.

ROLLIN, *Histoire ancienne.*

Ce qu'il eût fallu bien remarquer dans l'histoire ancienne, c'est que toutes les capitales et même plusieurs villes médiocres furent appelées sacrées, villes de Dieu. La raison en est qu'elles étaient fondées *sous les auspices de quelque dieu* protecteur.

VOLTAIRE, *Pyrrhonisme de l'histoire*, c. 10.

La Révolution française marcha dans ses débuts *sous les auspices de Louis XVI.*

NAPOLÉON, *Mémoires*, t. VI, p. 7.

Les sciences exactes... attiraient l'attention du public, et s'illustraient par des entreprises formées *sous les auspices du souverain.*

BARANTE, *De la littérature française pendant le XVIIIᵉ siècle.*

AUSSI, adv.

On a dit anciennement *altresi* ou *autresi* tiré de *alterum sic.*

Altresi légièrement pout Deu par poi cume par multz faire salvatiun.

Les quatre Livres des Rois, I, XIV, 6.

Cil qui abandonne sa fille est *autresi* mal renommez.

Anc. trad. du *Digeste*, c. 1.

Li Quens de Chartres s'enfui
E Valeran fit *altresi :*
En Drewes se sunt abatuz.

WACE, *Roman de Rou*, v. 687.

Nus sumes homes cum il sunt,
Tex membres avum cum il unt,
Et *altresi* granz cors avum,
Et altretant sofrir poûm;
Ne nus faut fors cuer sulement.

LE MÊME, même ouvrage, t. I, p. 306.

Là perdit Hues et sa gent *autresi.*

Garin, I. v. 222.

On a dit également *alsi* venant de *aliud sic.*

Sire poestifs ki vostre salvatiun poz faire tut *alsi* à poi cume à multz.

Les quatre Livres des Rois, III, XV, Paralipom.

Aussi, Pareillement, de même.

Cil Alexis print l'empereour son frère, si lui traīst les iex de la teste, et se fist empereour par tel traīson come vos oez. Et un sien fil *aussi*, qui avoit non Alexis, tient-il moult longuement en prison.

VILLEHARDOUIN, *Conqueste de Constantinoble*, XLII.

Lors fu atournei par le conseil aus barons que la roīne seroit à un jour dedenz l'église Sainte-Croiz, qui est eveschiez d'Acre, et tenroit la couronne roial en sa main, et tuit li baron seroient entour lui... Veriteiz est que li jourz fu assis, et la roīne i fu, la couronne en sa main; et li rois, qui ses sires estoit, i fu *ausi.*

Récits d'un ménestrel de Reims au XIIIᵉ siècle, publiés par N. de Wailly, 16.

Dame, confortez-vous, et votre gentil fils *aussi*, car je vous tiendrai ma promesse.

FROISSART, *Chroniques*, liv. I, part. Iʳᵉ, c. 14.

Et fut là tout le jour et la nuit aussi.

LE MÊME, même ouvrage, liv. I, Iʳᵉ part., c. 13.

Vertu et vice sont contraires en une espèce; *aussy* sont bien et mal.

RABELAIS, *Gargantua*, I, 10.

Notre vérité de maintenant, ce n'est pas ce qui est, mais ce qui se persuade à autruy : comme nous appelons monnoye, non celle qui est loyalle seulement, mais la faulse *aussi*, qui a mise.

MONTAIGNE, *Essais*, II, 18.

Ne proposant cet écrit que comme une histoire... en laquelle, parmi quelques exemples qu'on peut imiter, on en trouvera peut-être *aussi* plusieurs autres qu'on aura raison de ne pas suivre, j'espère qu'il sera utile.

DESCARTES, *Discours de la Méthode*, Iʳᵉ part.

Don Pèdre... descendit chez un oncle qui le reçut fort bien... Cet oncle étoit un cavalier fort riche, qui n'avoit qu'un fils unique accordé avec une cousine, fille unique *aussi.*

SCARRON, *Nouvelles tragi-comiques :* la Précaution inutile.

Pyrrhus, roi des Épirotes... fut chassé par Démétrius Poliorcète, fils d'Antigonus, qu'il chassa *aussi* à son tour.

BOSSUET, *Discours sur l'Histoire universelle*, I, 8.

Ulysse est donc en vie? Thersite l'est *aussi* sans doute.

FÉNELON, *Télémaque*, XV.

Sa tête (du Père Tellier) et sa santé étoient de fer, sa conduite en étoit *aussi*.

SAINT-SIMON, *Mémoires*, 1709.

Partout où la vérité est indifférente, l'erreur contraire est indifférente *aussi*.

J.-J. ROUSSEAU, *Rêveries*, 4e promenade.

Un carrosse de voiture qui alloit à Bordeaux, fut, dans sa route, attaqué par des voleurs; deux hommes qui étoient dedans... furent tués avec trois autres personnes : il en coûta *aussi* la vie au cocher et au postillon.

MARIVAUX, *la Vie de Marianne*, 1re part.

Avec tant de goût, de jugement et de savoir, Pline est athée. La nature, au sein de laquelle il a puisé tant de lumières, peut lui dire comme César à Brutus : Et toi *aussi*, mon fils !

BERNARDIN DE SAINT-PIERRE, *Études de la nature*.

Bel-Acueil en sa chambre va,
Et la vieille *ausinc* se leva
Por besoingner par la meson.

Roman de la Rose, v. 14888.

A la fin, la main forte
Du grand Montmorenci
Rendra ta gloire morte
Et ta malice *aussi*.

RONSARD, *Odes*, II, 6.

Tout ce que je voulois, il le vouloit *aussi*.

RACAN, *Bergeries*, acte II, sc. 2.

Voyez : ne faut-il pas qu'elle s'en mêle *aussi*?

BOURSAULT, *les Mots à la mode*, sc. 12.

Comme les dieux sont bons, ils veulent que les rois
Le soyent *aussi* : c'est l'indulgence
Qui fait le plus beau de leurs droits,
Non les douceurs de la vengeance.

LA FONTAINE, *Fables*, XII, 12.

... De ces deux filles-ci,
L'une est ce qu'il me faut, mais l'autre l'est *aussi*.

DUFRESNY, *le Faux sincère*, II, 7.

Du hameau paternel c'était *aussi* la fête.

LAMARTINE, *Jocelyn*.

Ces reliques du cœur ont *aussi* leur poussière,
Sur leurs restes sacrés ne portons pas les mains.

A. DE MUSSET, *Nuit d'octobre*.

Il s'emploie souvent pour Encore, de plus :

Vous admirerez la suite des conseils de Dieu dans les affaires de la religion : vous verrez *aussi* l'enchaînement des affaires humaines.

BOSSUET, *Discours sur l'Histoire universelle*, avant-propos.

Ce Messie, tant de fois promis comme le fils d'Abraham, devoit *aussi* être le fils de David et de tous les rois de Juda.

LE MÊME, même ouvrage, II, 4.

Celui qui règne dans les cieux... à qui seul appartient la gloire, la majesté et l'indépendance, est *aussi* le seul qui se glorifie de faire la loi aux rois.

LE MÊME, *Oraison funèbre de la reine d'Angleterre*.

Ses vers lui acquirent de la réputation, et *aussi* la facilité qu'il avoit à parler.

TALLEMANT, *Historiettes* : Philippe Desportes.

Si je sens qu'il n'y a qu'un petit nombre de jours pour moi, je sais *aussi* qu'il y a des années éternelles.

FLÉCHIER, *Oraison funèbre de Mme la Dauphine*.

J'ai été saigné; mais je n'ai que faire de vous le dire, vous le savez bien, mais je ne sais si vous savez *aussi* qu'on m'a tiré du sang de poulet; il est vrai que j'en avois tant que j'en étouffois.

BUSSY-RABUTIN, *Lettres*; 17 juillet 1668, à Mme de Sévigné.

J'ay oy les intencions
Du noble prince Sallebry,
Les dictz et les opinions
De mon père Suffort *aussi*.

Le Mistère du siège d'Orléans, c. 113.

Ils me font dire *aussi* des mots longs d'une toise.

RACINE, *les Plaideurs*, III, 3.

Aussi s'emploie souvent dans un sens comparatif, devant un adjectif ou un adverbe suivi de la conjonction *que* :

Devant un adjectif ou un participe :

Si j'étois la Guiche, et si la Guiche étoit roi, je serois sûr, disoit Henri III, d'être *aussi* aimé de lui *qu*'il l'est de moi.

Histoire de l'ordre du Saint-Esprit : Philibert de la Guiche.

Qu'il se perde dans ces merveilles, *aussi* étonnantes dans leur petitesse *que* les autres dans leur étendue.

PASCAL, *Pensées.*

Rufin et Eutrope, successivement·favoris d'Arcade, et *aussi* méchants l'un *que* l'autre, périrent bientôt, et les affaires n'en allèrent pas mieux sous un prince foible.

BOSSUET, *Discours sur l'Histoire universelle,* I, 11.

Cet amas de vertus que leur humilité (des saints) tenoit secrètes, perce l'obscurité qui les cachoit aux yeux des hommes, et le voile même qui couvroit ce trésor céleste devient *aussi* brillant et *aussi* précieux *que* le trésor même.

FLÉCHIER, *Panégyrique de saint François de Paule.*

Il n'y a pas grand mérite à·trouver bons ou mauvais de très bons ou de très mauvais ouvrages. Le mérite est de les trouver *aussi* bons ou *aussi* mauvais *qu'*ils le sont en effet.

TRUBLET, *Essais de littérature.*

Le cardinal Chaumont d'Amboise, archevêque de Rouen, tant loué pour n'avoir eu qu'un seul bénéfice, mais à qui la France qu'il gouvernait en maître, tenait au moins lieu d'un second, voulut en avoir un autre plus relevé. Il prétendit être pape après la mort d'Alexandre VI, et on eût été forcé de l'élire, s'il eût été *aussi* politique *qu'*ambitieux.

VOLTAIRE, *Essai sur les mœurs,* c. 112 : Gouvernement de Louis XII.

Ce grand principe : rien ne vient de rien, est *aussi* vrai *que* deux et deux font quatre.

LE MÊME, *Philosophie générale.*

Je vous suis, et je crois devoir tout entreprendre
Pour lui donner un maître *aussi* grand *qu'*Alexandre.

RACINE, *Alexandre,* V, 3.

Corneille, des Romains peintre majestueux,
T'aurait vue aussi noble, *aussi* Romaine *qu'*eux.

VOLTAIRE, *Épitres,* LXXXV.

Devant un adverbe : ·

Un peintre flamand peut peindre un arbre *aussi* bien *que* Raphaël. Il ne sera pas pour cela égal à Raphaël.

VOLTAIRE, *Mélanges historiques.*

Le poëte lui dédia son ouvrage; mais il s'abstint de le traiter *aussi* bien, ou plutôt *aussi* mal, *que* le grand Corneille avait traité le financier Montauron dans la dédicace de Cinna, en le comparant à Auguste.

D'ALEMBERT, *Éloge de Crébillon.*

J'endormirai Monsieur tout *aussi* bien *qu'*un autre.

RACINE, *les Plaideurs,* II, 14.

Aussi, suivi des verbes *avoir, être* et surtout *faire,* formait autrefois un gallicisme aujourd'hui hors d'usage :

Là perdi-il son gonfanon roial, et une ancone qu'il faisoit porter devant·lui, où il se fioit·mout durement, *aussi faisoient* li autre Grieu; car l'image Nostre-Dame i estoit fremée.

VILLEHARDOUIN, *Conqueste de Constantinoble,* XCIX.

Aussi firent les Gennevois et tous ceux dessus la rivière de Gennes.

FROISSART, *Chroniques,* liv. I, Ire part., c. 61.

S'il avoit quelques imperfections, *aussi avez-vous, aussi* nous.

RABELAIS, *Pantagruel,* XI, 8. Prologue du 3e livre.

J'avois douze suisses de ma garde, qui me suivirent, *aussi fit* tout le reste.

MONTLUC, *Commentaires,* liv. IV.

Monsieur, j'avois renoncé à vous écrire, car si vous êtes paresseux, *aussi suis-je.*

MALHERBE, *Lettres;* à Peiresc, 2 février 1609.

Le Roi se porte fort bien, grâces à Dieu; *aussi font* la Reine et Monsieur le Dauphin, et le reste de Messieurs les enfants.

LE MÊME, même ouvrage; à Peiresc, 23-25 mars 1610.

Madame Denis vous présente toujours ses regrets et à M. de Condorcet; *aussi fais-je* et du fond de mon cœur.

VOLTAIRE, *Lettres à d'Alembert.*

Normant i vienent, *aussi font* borgueignon.

Garin, I, v. 23.

Il déjeûne très bien; *aussi fait* sa famille.

LA FONTAINE, *Fables,* IV, 4.

... Vous devez, en raisonnable époux,
Être pour moi contre elle, et prendre mon courroux.
— *Aussi fais-je...*

MOLIÈRE, *Femmes savantes,* II, 6.

Aussi se plaçait autrefois après une négation, dans le sens où nous employons *non plus :*

Les deux enfans d'Orléans dessusdiz et toutes leurs gens, après qu'ilz eurent prins congié au Roy, à la Royne, au Dauphin et aux autres seigneurs, s'en retournèrent à Blois, dont ilz étoient venus, et n'estoient bien contens, *ne* ceulx de leur conseil *aussi,* de celle paix.

MONSTRELET, *Chroniques,* I, c. 49.

Elles (les chanoinesses de Sainte-Vaudrud) ne logent pas en dortoirs, mais en maisons séparées, toutefois toutes dans un enclos, comme les chanoines; et en chaque maison il y en a trois ou quatre, cinq ou six jeunes avec une vieille, desquelles vieilles il y en a quelque nombre qui ne se marient point, *ny aussy* l'abbesse.

MARGUERITE DE VALOIS, *Mémoires.*

Il faut que l'argent ne manque pas, *ny* les vivres *aussi.*

MONTLUC, *Commentaires,* liv. I.

Je ne feray refus *ny* difficulté *aussi,* s'il faut qu'ils continuënt la guerre, de continuer pareillement à les secourir d'une bonne somme de deniers conjointement avec ledit roy d'Angleterre, s'il veut y entendre de bonne foy.

HENRI IV, *Lettres;* 13 juin 1607. (Voyez JEANNIN, *Négociations.*)

C'est pourquoy je *ne* puis *aussi* à présent accepter ny me contenter de l'offre que l'on vous a faite, de me faire escrire une lettre par les Estats.

HENRI IV, *Lettres;* 13 juin 1607. (Voyez le président JEANNIN, *Négociations.*)

Votre amitié toute solide n'aime point les cérémonies, *ni moi aussi.*

MALHERBE, *Lettres;* à Peiresc, 1ᵉʳ septembre 1608.

Les philosophes n'ont-ils pas maintenant réformé le monde? — Qui? ces fous mélancoliques, ces grandes barbes de bouc, qui sont toujours en querelle pour des choses où ils n'entendent rien, *ni moi aussi.*

PERROT D'ABLANCOURT, trad. de Lucien : *la Double Accusation.*

Et pour cela je souffrirai qu'il me méprise. — Non, mais je *ne* le mépriserois pas *aussi.*

LE MÊME, même ouvrage : *Dialogue de Philine et de sa mère.*

Tu vois donc que mes pieds ni mon corps n'ont pas besoin de couverture, puisque pour n'en avoir, ils ne s'en portent pas plus mal. Car quand on a besoin de quelque chose, on souffre lorsqu'on en manque. Je *ne* me porte pas *aussi* plus mal, pour ne manger que des choses ordinaires.

LE MÊME, même ouvrage : *le Cynique.*

Ils représentèrent qu'ils n'ignoroient pas l'ancienne alliance qui étoit entre les Romains et la famille des Arsacides, et qu'ils *ne* prétendoient pas *aussi* se soustraire de l'obéissance qu'ils devoient à leurs princes légitimes.

LE MÊME, trad. de Tacite, *Annales,* XII, 3.

Il *n'*oublia pas *aussi* sa mère pour qui il eut toujours un grand respect et une amitié exemplaire.

DU RYER, trad. des suppléments de Freinshemius sur Quinte-Curce, II, c. 5.

Il *n'*est pas besoin *aussi* de distinguer autant d'espèces d'amour, qu'il y a de divers objets qu'on peut aimer.

DESCARTES, *les Passions de l'âme,* part. II, art. 82.

Il fit entendre à la Rancune qu'une des comédiennes lui plaisoit infiniment. « Et laquelle? » lui dit la Rancune. Le petit homme étoit si troublé d'en avoir tant dit qu'il répondit : « Je ne sais. — Ny moi *aussi,* » dit la Rancune.

SCARRON, *Roman comique,* Iʳᵉ part., c. 11.

Comme la religion n'y étoit plus intéressée, je *ne* m'y intéressai plus *aussi.*

PASCAL, *Provinciales,* XVII.

Vous allez recevoir de moi bien des compliments : vous ne vous en lasserez point, *ni* moi *aussi,* je vous assure.

BUSSY-RABUTIN, *Correspondance;* à la marquise d'Uxelles, 17 mai 1689.

La tendresse des mères n'est pas ordinairement la règle de celle des filles; mais vous *n'*êtes point *aussi* comme les autres.

Mᵐᵉ DE SÉVIGNÉ, *Lettres;* 23 avril 1690, à Mᵐᵉ de Grignan.

Comme une âme fidèle ne souhaite pas l'estime des hommes, elle *ne* craint pas *aussi* leur mépris.

MASSILLON, *Sermons :* Sur le bonheur des justes.

Du grand Turc je n'ay souci
Ny du grand soldan *aussi.*

RONSARD, *Odes,* IV, 20.

Je *n'*oubliray *aussi*
Le grand Montmorancy.

JOACH. DU BELLAY, *A Mᵐᵉ Diane de Poictiers.*

Des pasquins contre aucun je ne compose icy,
Et *ne* sçaurois souffrir des injures *aussy.*

THÉOPHILE, *Satires,* II.

N'ayant besoin de rien je *ne* veux rien *aussi.*

BOURSAULT, *Ésope à la cour,* V, 2.

Considérant que rien ne reste en même état,
Ne voulant pas *aussi* demeurer intestat.

REGNARD, *le Légataire universel,* V, 6.

Elle *n'*est point votre maîtresse *aussi.*

VOLTAIRE, *l'Enfant prodigue,* IV, 4.

AUSSI BIEN, Après tout, d'ailleurs.

Car *aussi bien* se véoient-ilz perduz.

COMMINES, *Mémoires.*

En effet, qu'importe à l'histoire de diminuer ou de multiplier des siècles vides, où, *aussi bien,* l'on n'a rien à raconter?

BOSSUET, *Discours sur l'Histoire universelle,* I, 12.

Aussi bien, je vois dans l'opposition de ton exemple et du mien à celui de ta pauvre mère, que quand la femme gouverne, la maison n'en va pas plus mal.

J.-J. Rousseau, la Nouvelle Héloïse, IV.

Sa folie *aussi bien* lui tient lieu de supplice.

Boileau, Satires, IV.

Aussi bien, que ferois-je en ce commun naufrage?

Racine, la Thébaïde, II, 2.

Aussi bien ce n'est point que l'amour vous retienne.

Le même, même ouvrage, IV, 3.

Aussi bien que, signifie souvent De même que, comme.

Je reçois votre lettre du 23, écrite sur la plume des vents, *aussi bien que* la mienne du vendredi.

Mme de Sévigné, Lettres; à Mme de Grignan, 30 mars 1672.

Tout fléchit sous un si grand capitaine : les Germains et les Francs, qui vouloient entrer dans les Gaules, furent repoussés; et en Orient, *aussi bien qu'*en Occident, tous les Barbares respectèrent les armes romaines.

Bossuet, Discours sur l'Histoire universelle, I, 10.

Madame, me dit-il, vous êtes vengée : l'audacieux qui a voulu vous enlever est en prison, *aussi bien que* les trois malheureux qui ont porté sur vous leurs mains hardies.

Le Sage, le Bachelier de Salamanque, III, 3.

Après la perte de Jérusalem, le patriarche *aussi bien que* le roi se retira dans la ville d'Acre, où il résida jusques à la perte entière de la Terre Sainte.

Fleury, 6e discours sur l'Histoire ecclésiastique.

Il (Gœrtz) prit entre ses mains une carte géographique que le czar avait dessinée lui-même, et tirant une ligne depuis Vibourg jusqu'à la mer Glaciale, en passant par le lac de Ladoga, il se fit fort de porter son maître à céder ce qui était à l'orient de cette ligne, *aussi bien que* la Carélie, l'Ingrie et la Livonie.

Voltaire, Histoire de Charles XII, liv. VIII.

Quand on compte les grands poètes de l'antiquité, on nomme Anacréon *aussi bien qu'*Homère, Catulle *aussi bien que* Virgile, Martial *aussi bien que* Lucain.

Trublet, Essais de littérature et de morale.

Non, non, dans ce quartier les femmes, cher compère, *Aussi bien qu'*autre part ne se deffendent guère.

Legrand, Rue Mercière, sc. 1.

Au lieu de *aussi... que*, on a dit *aussi... comme*.

Gargantua... se soucioyt *aussi* peu des raitz *comme* des tondus.

Rabelais, Gargantua, I, 11.

Ma foi seule, *aussi* pure et belle
Comme le sujet en est beau,
Sera ma compagne éternelle,
Et me suivra dans le tombeau.

Malherbe, Stances.

Ménage, dans son commentaire sur Malherbe, traite cette expression de normanisme. Corneille, comme on le verra par les exemples qui suivent, l'a employée très fréquemment; mais en retouchant ses ouvrages, il a pris soin de la faire presque partout disparaître.

Nous jouissons à l'ombre de nos palmes
D'un repos *aussi* doux *comme* il est glorieux.

Racan, Psaumes, 114.

Regarde dans mes yeux et reconnois qu'en moi
On peut voir quelque chose *aussi* beau *comme* toi.

Corneille, Mélite, I, 4.

J'échappe néanmoins en ce pas hasardeux
D'*aussi* près de la mort *comme* je l'étois d'eux.

Le même, Clitandre, II, 3.

Je vois d'un œil égal croître le nom d'autrui,
Et tâche à m'élever *aussi* haut *comme* lui.

Le même, la Suivante, épître dédicatoire.

Tant qu'a duré la guerre on m'a vu constamment
Aussi bon citoyen *comme* fidèle amant.

Le même, Horace, I, 3.

Peut-être que tu mens *aussi* bien *comme* lui.

Le même, le Menteur, IV, 7.

Aussi bien *comme* vous je pensois être prise.

Le même, Suite du Menteur, IV, 1.

Je vous irai moi-même en demander justice.
— N'oubliez pas alors que je la dois à tous,
Et même à Théodore, *aussi* bien *comme* à vous.

Le même, Théodore, I, 4.

Aussi s'emploie souvent comme conjonction dans le sens de *c'est pourquoi, à cause de cela*.

Et *aussi* monseigneur de Comminges luy est demouré bon et loyal serviteur.

Commines, Mémoires, c. 2.

Quoiqu'il (le vicomte de Canillac) méritât la mort, il étoit plus malheureux que criminel. *Aussi*, c'est la loi seule qui l'a condamné, et les juges ne l'ont suivie que la larme à l'œil.

FLÉCHIER, *Mémoires sur les grands jours de 1665.*

Jusqu'à ce qu'il (le Christ) fût venu, Moïse devoit être lu dans toutes les assemblées comme l'unique législateur. *Aussi* voyons-nous, jusqu'à sa venue, que le peuple, dans tous les temps et dans toutes les difficultés, ne se fonde que sur Moïse.

BOSSUET, *Discours sur l'Histoire universelle,* II, 3.

Remarquez bien que les nez ont été faits pour porter des lunettes, *aussi* avons-nous des lunettes.

VOLTAIRE, *Candide,* c. 1.

Pour moi je ne dors plus, *aussi* je deviens maigre,
C'est pitié. Je m'étends et ne fais que bâiller.

RACINE, *les Plaideurs,* I, 1.

AUSSITÔT, adv. Aussi vite. Anciennement il s'écrivait ordinairement en deux mots.

Que plust à Dieu que mon corps peust aller *aussy tousi* que ma voulenté, tant poûr l'envie que j'ay de vous voir, que pour ne vous celer riens de ce que je congnois de pardessa.

LA REINE DE NAVARRE, *Lettres;* à François Ier, 1537.

On auroit *aussitost* conté les estoiles du firmament, les sablons de Lybie, les flots de l'Océan, que nombré nos infortunes.

CAMUS, évêque de Belley, *Diversitez.*

Hélas! petits moutons, que vous êtes heureux!
Vous paissez dans nos champs sans souci, sans alarmes,
Aussitôt aimés qu'amoureux.

Mme DESHOULIÈRES, *les Moutons,* idylle.

Il signifiait quelquefois *autant, aussi bien :*

C'estoit pour le trespas du prince de Castille... dont les roy et royne faisoient si merveilleux dueil que nul ne le sçauroit croire; et par especial la royne, de qui on esperoit *aussi tost* la mort que la vie.

COMMINES, *Mémoires,* VIII, 24.

Il (Dieu) a tousjours pris un soin si particulier de la conservation de vostre maison, qu'à mon advis il laisseroit *aussitost* toucher à ses autels et à ses images, qu'à des personnes qui lui sont chères comme vous estes.

BALZAC, *Lettres,* I, 1.

AUSSITÔT, Dans le moment même, sur l'heure :

Il faut ouvrir soi-même au maître qui vient, être bien aise de le recevoir, mais ouvrir avec diligence; et *aussitôt.*

BOSSUET, *Méditations sur l'Évangile.*

M. le prince de Conty nous a dit que ce que nous avions offert n'estoit pas assez, et, tous d'une voix et unanimement, l'avons porté à 1,400,000 livres; et comme cette union ne s'est jamais plus veue dans les Estats, elle a esté *aussitost* récompensée par l'acceptation que M. le prince de Conty et les commissaires du roy ont faict de ladite somme.

L'ÉVÊQUE DE MENDE à Colbert, 29 décembre 1663.
(Voyez DEPPING, *Correspondance administrative sous Louis XIV,* p. 133.)

Je ne puis souffrir le vers que la rime amène *aussitost.*

FÉNELON, *Lettre à l'Académie.*

Le roi et la reine (d'Espagne) qui, en maladie, en couches, en santé, n'avoient qu'un même lit, s'éveilloient à huit heures, et *aussitôt* déjeunoient ensemble.

SAINT-SIMON, *Mémoires,* 1717.

Aussitôt un concile s'assemble dans une salle du palais.

VOLTAIRE, *Histoire de Pierre le Grand,* Ire part., c. 5.

Enfin un dominicain s'offrit à passer à travers un bûcher pour prouver la sainteté de Savonarole. Un cordelier proposa *aussitôt* la même épreuve pour prouver que Savonarole était un scélérat.

VOLTAIRE, *Essai sur les mœurs :* De Savonarole, c. 108.

Aussitôt des proscrits le plus âgé s'élance.

LAMARTINE, *Jocelyn.*

Aussitôt après, tout aussitôt après :

Nous disons que le corps, comme mortel, visible, estoit dissoluble, et devoit, selon l'apparence, finir *tout aussi tost* après le trespas.

THÉOPHILE, *Immortalité de l'âme.*

Je me résolus de feindre que toutes les choses qui m'étoient jamais entrées dans l'esprit n'étoient non plus vraies que les illusions de mes songes. Mais *aussitôt après* je pris garde que, pendant que je voulois ainsi penser que tout étoit faux, il falloit nécessairement que moi qui le pensois fusse quelque chose.

DESCARTES, *Discours de la Méthode.*

Bassien, ou Caracalla son fils aîné, faux imitateur d'Alexandre, *aussitôt après* la mort de son père, tua son frère Géta, empereur comme lui.

BOSSUET, *Discours sur l'Histoire universelle,* I, 10.

Aussitôt après j'allai au Palais-Royal, par la porte de derrière, où j'étais attendu pour rendre compte au régent de ma conversation avec Monsieur le duc.

SAINT-SIMON, *Mémoires,* 1718.

AUSSITÔT QUE :

C'est bien être malheureux que d'être dans une tristesse insupportable *aussitôt qu'*on est réduit à se considérer, et à n'en être point diverti.

PASCAL, Pensées.

Le roi Ochozias... fut tué dans Samarie... *Aussitôt que* cette nouvelle fut portée à Jérusalem, Athalie résolut de faire mourir tout ce qui restoit de la famille royale.

BOSSUET, Discours sur l'Histoire universelle, I, 6.

La querelle des images duroit toujours. Léon IV, fils de Copronyme, sembloit d'abord s'être adouci; mais il renouvela la persécution *aussitôt qu'*il se crut le maître.

LE MÊME, même ouvrage, I, 12.

Ces sentiments furent gravés dans son esprit *aussitôt qu'*elle en fut capable.

FLÉCHIER, Oraison funèbre de Mme d'Aiguillon.

Quand ce peuple est pris, il s'enfuit;
Donc il faut le croquer *aussitôt qu'*on le trouve.

LA FONTAINE, Fables, XI, 9.

AUSSITÔT, AUSSITÔT QUE, avec ellipse du verbe auxiliaire :

*Aussitost qu'*arrivez ils sont saluez de l'artillerie catholique.

AGR. D'AUBIGNÉ, Histoire universelle, t. I, liv. IV, c. 9.

*Aussitost qu'*arrivé il va faire la révérence à la duchesse.

LE MÊME, même ouvrage, ibid, c. 21.

Aussitôt votre lettre reçue j'ai fait votre commission.

Dictionnaire de l'Académie, 1798.

J'en cache les deux tiers, *aussitôt qu'*arrivés,
Dans le fond des vaisseaux qui lors furent trouvés.

CORNEILLE, le Cid, IV, 3.

Proverb, *Aussitôt dit, aussitôt fait, Aussitôt fait que dit,* s'emploient pour exprimer une grande promptitude dans l'exécution de quelque chose :

Mon cousin le connestable d'Aumale cy present, fit préalablement descendre le Sainct-Esprit en poste sur une partie de messieurs de Sorbonne. Car *aussi tost dit, aussi tost faict,* et de là sont procedez tous nos beaux exploicts de guerre.

Satyre Ménippée, Harangue de M. le lieutenant.

Elle conseilla à Montufar de prendre tout l'or qu'ils avoient en grande quantité et de se mettre quelque part à couvert de la furieuse tempête qu'elle craignoit. *Aussitôt dit, aussitôt fait.*

SCARRON, Nouvelles tragi-comiques : les Hypocrites.

Et donnez l'ordre pour huit veaux
Et huit brebis que je demande
Pour faire pour vous une offrande.
Aussitôt dit, aussitôt fait.

LE MÊME, Virgile travesti, VI.

Aussitôt fait que dit, notre amant et la fée
Changent de forme en un instant.

LA FONTAINE, Contes : le Petit Chien.

On a dit dans un sens analogue, *aussitôt pensé, aussitôt fait.*

Aussitôt pensé, aussitôt fait.

Mme DE VILLARS, Lettres, 27 janvier 1680.

Aussitôt pris, aussitôt pendu, pour marquer une prompte expédition.

Dictionnaire de l'Académie, 1694.

AUSTER, s. m. (on prononce l'R). Nom que les Latins donnaient au vent du midi (du grec αὔω, dessécher).

L'Auster est le vent du midi; c'est lui qui amène presque toujours les tonnerres en Europe.

BERNARDIN DE SAINT-PIERRE, Études de la Nature, IV.

AUSTRAL, ALE, adj. Méridional, qui est du côté d'où souffle le vent du midi.

Tout cède enfin à la violence d'un vent *austral,* qui, plus horrible par le voisinage du septentrion, et plus impétueux par la multitude des eaux dont l'Allemagne est remplie, pousse la flotte contre des rochers, ou la dissipe par tout l'Océan.

PERROT D'ABLANCOURT, trad. de Tacite, Annales, liv. II.

On n'a point encore pénétré dans ce segment du globe; et il faut avouer qu'il vaut mieux cultiver son pays que d'aller chercher les glaces et les animaux noirs et bigarrés du pôle *austral.*

VOLTAIRE, Essai sur les mœurs.

Leur amiral Cabral, après avoir passé les îles du Cap Verd, pour aller par la mer *australe* d'Afrique aux côtes du Malabar, prit tellement le large à l'occident qu'il vit cette terre du Brésil, qui de tout le continent américain est le plus voisin de l'Afrique.

LE MÊME, même ouvrage, c. 55 : Du Brésil.

On se reposa dans une petite île nommée Sainte-Catherine, couverte en tous temps de verdure et de fruits, à vingt-sept degrés de latitude *australe.*

LE MÊME, Précis du siècle de Louis XV, c. 27 : Voyage de l'amiral Anson.

Il serait convenable peut-être d'appeler terres arctiques ou terres du nord tout le pays qui s'étend depuis la mer Baltique jusqu'aux confins de la Chine, comme on donne le nom de terres *australes* à la partie du monde non moins vaste, située sous le pôle antarctique, et qui fait le contre-poids du globe.

VOLTAIRE, *Histoire de Pierre le Grand*, Ire part., c. 1.

L'année suivante il fit imprimer son catalogue des étoiles *australes*.

MAIRAN, *Éloge de Halley.*

Les étoiles de l'hémisphère *austral*... demeuroient ou tout à fait inconnues, ou mal placées sur le globe céleste.

LE MÊME, même ouvrage.

Cette petite espèce de cormoran n'est pas moins répandue que la première; elle se trouve surtout dans les îles et les extrémités des continents *australe*.

BUFFON, *Histoire naturelle.*

Les Andes du Pérou s'arrêtent au cinquante-cinquième degré de latitude *australe*, dans la Terre de Feu.

BERNARDIN DE SAINT-PIERRE, *Études de la Nature*, IV.

Les vents les plus ordinaires dans les deux hémisphères, l'*austral* et le *boréal*, viennent du quart d'horizon dont le pôle occupe le milieu, c'est-à-dire d'entre le nord-ouest et le nord-est.

VOLNEY, *Voyage en Syrie.*

Devant lui (Bonaparte) se déroulait cet Océan qui d'une part baigne les côtes d'Afrique, de l'autre les rives américaines, et qui va, comme un fleuve sans bords, se perdre dans les mers *australes*.

CHATEAUBRIAND, *Mémoires d'outre-tombe.*

Vous riez. — Oui, je ris de voir que de nos jours,
Les Dunes, Présalé, les Ardennes, Cabours,
Pour bien des gens encor, sont des terres *australes*.

LA CHAUSSÉE, *le Retour imprévu*, I, 4.

Rassurez mes esprits encor tout effrayés
Des sentiers périlleux que je me suis frayés,
Du tumulte des flots, des glaces boréales,
Et de l'affreux aspect des tempêtes *australes*.

CASTEL, *les Plantes*, IV.

Fluide austral :

On a fait sur la cause des phénomènes électrodynamiques trois hypothèses : la première consiste à admettre l'existence de deux fluides nommés *austral* et boréal.

AMPÈRE, *Mémoire sur l'action mutuelle d'un courant voltaïque et d'un aimant.*

Aurore australe. Voyez AURORE, ci-dessus, p. 471.

IV.

AUSTRALIEN, IENNE, adj. A été employé dans le même sens :

Le développement de ces deux routes, des sardines *australiennes* et des harengs septentrionaux, est à peu près de la même longueur, et leurs destinées sont à la fin semblables.

BERNARDIN DE SAINT-PIERRE, *Études de la Nature.*

AUSTÈRE, adj. (du latin *austerus* tiré du grec αὐστηρος, de αὔω, dessécher).

Le sens primitif, aujourd'hui hors d'usage, est Qui dessèche, qui brûle :

Avec l'aide du Créateur
Fut la moitié du monastère
Préservée du feu *austère*.

Incendie du monastère de Meaux. (Voyez *Poésies françoises des* XVe *et* XVIe *siècles*, bibliothèque elzévirienne, t. I, p. 146.)

Fénelon a dit, dans un sens analogue :

Ses yeux (d'Éole), pleins d'un feu sombre et *austère*, tenoient en silence les fiers aquilons.

FÉNELON, *Télémaque*, IV.

Par suite, Qui a une saveur âpre :

Austère, en termes de physique, se dit d'une saveur âpre qui cause un resserrement dans la bouche : c'est une des neuf saveurs qui frappent l'organe du goût, telle est celle du vitriol.

FURETIÈRE, *Dictionnaire*, 1690.

Les fruits sauvages et les fruits verts sont la plupart d'un goût *austère*, sont *austères* au goût.

Dictionnaire de Trévoux.

Sévère, rude :
Prison, maison, retraite austère.

Les uns opinarent... qu'il le falloit mettre dans une *prison austère* et perpétuelle.

BRANTÔME, *Grands Capitaines estrangers :* Dóm Charles, t. II, p. 102.

C'est une bonne fille sans ambition, qui veut vivre dans une *maison* plus *austère*.

TALLEMANT, *Historiettes :* Mme d'Yères.

Madame de Tournon paroissoit encore inconsolable de la mort de son mari, et vivoit dans une *retraite austère*.

Mme DE LA FAYETTE, *la Princesse de Clèves.*

Quant à moy désormais, le seul bien que j'espère
Est de passer ma vie en un *désert austère*.

RACAN, *Bergeries*, II, 4.

... Elle n'est point faite
Pour l'éternel ennui d'une *austère retraite*.

DESTOUCHES, *le Médisant*, I, 2.

Une autre trouveroit cette *retraite austère*.
Hé bien, ma solitude a pour moi des appas.

COLLIN D'HARLEVILLE, *les Châteaux en Espagne*, III, 2.

AUSTÈRE s'emploie en parlant des personnes :

Le premier qui trouva chevallerie, ce fut un homme
moult divers et *auster* quy s'appelloit Membrot (Nemrod).

Dialogue de Placide et Timéo. (Voyez *Histoire littéraire
de la France*, t. XXX, p. 582.)

Vive Henry, et muire Dam Piètre qui nous a été si cruel
et si *austère !*

FROISSART, *Chroniques*, liv. I, IIe part, c. 199.

C'étoit un bourgeois *austère* qui ne permettoit pas à
son fils de porter des jarretières ni des roses de souliers.

TALLEMANT, *Historiettes :* Conrart.

Antisthène étoit un homme *austère*, qui vivoit d'une
manière très dure.

FÉNELON, *Vies des philosophes :* Antisthène.

Souvenez-vous des temps heureux où la foi, encore
naissante, formoit tant de martyrs généreux, tant de pénitents *austères*.

MASSILLON, *Sermons :* Sur la ferveur des premiers
chrétiens.

Le roi, si volontiers *austère* pour les autres, étoit accoutumé, non seulement à passer, mais à trouver tout bon
des cardinaux.

SAINT-SIMON, *Mémoires*, 1713.

...D'ailleurs ignorant toute chose (la reine d'Espagne),
élevée dans un grenier du palais de Parme par une mère
austère, qui ne lui donna connoissance de rien...

LE MÊME, même ouvrage, 1718.

Il suffit d'être novateur pour être *austère*.

VOLTAIRE, *Siècle de Louis XIV*, c. 25.

Il savait du latin, du grec, et de la mauvaise philosophie
de son temps : il écrivait mieux que Luther, et parlait
plus mal : tous deux laborieux et *austères*, mais durs et
emportés...

LE MÊME, *Essai sur les mœurs*, c. 133 : De Genève et
de Calvin.

Nous ne perdrons point de temps à repousser le men-

songe déjà réfuté plus d'une fois, sur le prétendu mariage d'un prélat (Bossuet), si *austère* dans ses mœurs.

D'ALEMBERT, *Éloge de Bossuet*.

Une comtesse assez belle pour prévenir en faveur d'un
mauvais procès le juge le plus *austère* fut solliciter pour
un colonel contre un marchand.

DUFRESNY, *Amusements sérieux et comiques*.

Moins *austère* et plus harmonieux que Lucrèce, il
(Ovide) expose aussi fidèlement que lui les principes des
écoles philosophiques.

CHÉNIER, *De la Littérature française*, c. 7.

Autrefois, le nom de philosophe appartenait à des
hommes *austères* qui, épris d'une forte passion pour la
vérité, dévouaient leur vie à la chercher.

BARANTE, *De la Littérature française pendant le* XVIIIe *siècle*.

O mon enfant, je souffre peine amère :
Las! veuille moy donner allègement,
Prent pitié de me voyr tant *austère* :
Pour toy nourrir tant ay eu de tourment.

*Moralité ou histoire rommaine d'une femme qui avoit
voulu trahir la cité de Romme*. (*Ancien Théâtre
françois*, bibliothèque elzévirienne, t. III, p. 183.)

Je représente un père *austère* et sans foiblesse.

PIRON, *la Métromanie*, III, 5.

Je ne m'érige point en *austère* censeur.

COLLIN D'HARLEVILLE, *les Mœurs du jour*, III, 13.

En ce sens, on l'a employé substantivement :

Nous verrons là-dessus le sentiment de M. Rigout, et
s'il sera de ces *austères* et de ces tristes qui voudroient
oster au ciel ses estoiles, et à la terre ses fleurs.

BALZAC, *Lettres*, V, 24.

Il se dit des habits :

Voilà comment ceste princesse paroissoit belle en toutes
façons d'habits, fussent barbares, fussent mondains, fussent *austères*.

BRANTÔME, *des Dames :* La reyne d'Escosse.

Théodote, avec un habit *austère*, a un visage comique,
et d'un homme qui entre sur la scène.

LA BRUYÈRE, *Caractères*, c. 8.

Du régime :

Leur régime est *austère ;* un étranger qui les avoit vus
étendus autour d'une table et sur le champ de bataille,

trouvoit plus aisé de supporter une telle mort qu'une telle vie.

BARTHÉLEMY, *Voyage d'Anacharsis*, c. 48.

Il se dit de la mine, du caractère, de l'humeur, de la conduite :

L'humeur *austère* de ce cardinal (Ximenès) étoit insupportable aux Espagnols.

SAINT-ÉVREMONT, *Dissertation sur le mot de* vaste.

Tout se disposoit tellement, du temps de Notre-Seigneur, à la manifestation du Messie, qu'ils (les Juifs) soupçonnèrent que saint Jean-Baptiste le pouvoit bien être. Sa manière de vie *austère*, extraordinaire, étonnante, les frappa ; et, au défaut des grandeurs du monde, ils parurent vouloir d'abord se contenter de l'éclat d'une vie si prodigieuse.

BOSSUET, *Discours sur l'Histoire universelle*, II, 23.

De ce fonds de modération naissoit cette douceur et cette affabilité si nécessaire et si rare dans les grands emplois, où l'importunité des hommes, l'opiniâtreté du travail, et je ne sais quel esprit de domination rendent l'humeur *austère* et chagrine.

FLÉCHIER, *Oraison funèbre de M. Le Tellier.*

Elle (Mme Scarron) passoit ses carêmes à manger un hareng au bout de la table et se retiroit aussitôt dans sa chambre parce qu'elle avoit compris qu'une conduite moins exacte et moins *austère* à l'âge où elle étoit, feroit que la licence de cette jeunesse n'auroit plus de frein.

Mme DE CAYLUS, *Souvenirs.*

Ses yeux creux (de Colbert), ses sourcils épais et noirs, lui faisoient une mine *austère*.

CHOISY, *Mémoires*, II.

Dans toutes les professions, il y a de certaines humeurs revêches et *austères* qui se font un calus de leur devoir, et qui s'effarouchent à la moindre proposition.

Arlequin Grapignan. (Voyez GHERARDI, *Théâtre italien*, t. I, p. 24.)

C'étoit (Harlay, fils du premier président) le plus étrange composé de l'*austère* écorce de l'ancienne magistrature et du petit-maître de ces temps-ci.

SAINT-SIMON, *Mémoires*, 1717.

Est-ce de l'amour ? Fût-on de l'humeur la plus *austère*, il est le bienvenu. Le plaisir d'être aimée trouve toujours sa place dans notre cœur ou dans notre petite vanité.

MARIVAUX, *la Vie de Marianne*, IIe partie.

Quand le caractère de celui qui parle est *austère* et grave, l'expression doit être pleine, forte et précise.

MARMONTEL, *Éléments de littérature* : Abondance.

Et ce poète crotté, avec sa mine *austère*,
Vous diriez à le voir que c'est un secrétaire.

RÉGNIER, *Satires*, XIII.

Il s'emploie, dans des sens très variés, au moral en parlant des mœurs, des doctrines philosophiques, des pratiques religieuses, du langage, du style, etc.

Que ces grâces *austères* (de Démosthène) me plaisent ! que cette sévérité est attrayante !

BALZAC, *Dissertations critiques*, II.

De toutes les retraites que nous pourrions faire quand nous sommes vieux, je n'en trouverois point de préférables à celles des couvents, si leur règle étoit moins *austère*.

SAINT-ÉVREMONT, *De la Retraite.*

Son âge, son crédit, ses dignités et je ne sais quoi d'*austère* et de vénérable dans ses mœurs et dans sa personne, lui avoient acquis une espèce d'autorité universelle contre laquelle le monde n'osoit réclamer.

FLÉCHIER, *Oraison funèbre de Montausier.*

Je viens... vous faire admirer un homme qui... s'est élevé par une *austère* sagesse au-dessus des craintes et des complaisances humaines.

LE MÊME, même ouvrage.

Enfin une piété qui n'étoit ni *austère* ni relâchée, qui se faisoit honorer de tous, et ne se faisoit craindre à personne.

LE MÊME, *Oraison funèbre de Mme la Dauphine.*

Son *austère* vertu (de la princesse de Clèves) étoit si blessée de cette imagination, qu'elle ne trouvoit guère moins de crime à épouser M. de Nemours qu'elle en avoit trouvé à l'aimer pendant la vie de son mari.

Mme DE LA FAYETTE, *la Princesse de Clèves*, 4e part.

Son esprit (de Mme de Montausier) étoit plus occupé du désir de plaire et de jouir ici-bas de la faveur que des *austères* douceurs qui, par les maximes chrétiennes, nous promettent les félicités éternelles.

LA MÊME, même ouvrage.

C'est une créature (la fille de Bussy-Rabutin, religieuse à Sainte-Marie) dont le fond est d'un christianisme fort *austère*, chamarré de certains agréments de Rabutin qui lui donnent un charme extraordinaire.

Mme DE SÉVIGNÉ, *Lettres* ; à Bussy, 24 janvier 1672.

Comment se flatter de pouvoir faire goûter à notre siècle ces poèmes *austères*, qui, sous l'enveloppe d'une fable ingénieusement inventée, renferment des instructions utiles.

Mme DACIER, trad. de l'*Iliade*, préface.

Vous leur faites observer des jeûnes si *austères* que ce ne sont plus rien que des idées ou des fantômes, des façons de chevaux.

MOLIÈRE, *l'Avare*, III, 5.

Des philosophes et des théologiens... ont su parer les sujets les plus *austères*.

LAMOTTE, *Remerciement à l'Académie.*

La sagesse n'a rien d'*austère* ni d'affecté.

FÉNÉLON, *Télémaque.*

Les princes gâtés par la flatterie trouvent sec et *austère* tout ce qui est libre et ingénu.

LE MÊME, même ouvrage.

Mille instructions étoient mêlées dans leurs fables et dans leurs poésies (des Grecs); ainsi la philosophie la plus grave et la plus *austère* ne se montroit qu'avec un visage riant.

LE MÊME, *Dialogues sur l'éloquence*, I.

Ne prenez point la piété par un certain sérieux triste, *austère* et contraignant.

LE MÊME, *Lettres spirituelles*, LXIII.

Une simplicité *austère* est un autre raffinement d'amour-propre; alors on ne renonce à la grandeur que par une manière éclatante d'y renoncer.

LE MÊME, même ouvrage; 3 mars 1700, CCXLIV.

Le style de l'orateur vieillira avec lui... il ne manquera pas même alors de grâces et d'ornements; mais ces grâces seront *austères*, ces ornements seront graves et majestueux.

D'AGUESSEAU, *Discours.*

On a vu en son temps la retraite, l'*austère* pénitence et la pieuse fin de Mme de Montespan.

SAINT-SIMON, *Mémoires*, 1715.

On croyait voir renaître les beaux jours de l'empire romain. La religion n'avait rien d'*austère*, elle s'attirait le respect par des cérémonies pompeuses.

VOLTAIRE, *Essai sur les mœurs*, c. 127 : De Léon X et de l'Église.

La morale *austère* anéantit la vigueur de l'esprit, comme les enfants d'Esculape détruisent le corps pour détruire un vice du sang, souvent imaginaire.

VAUVENARGUES, *Réflexions et maximes.*

Peut-être avoit-il comme son oracle (Boileau) le goût plus *austère* que fin.

D'ALEMBERT, *Éloge de d'Olivet.*

Un scrupule *austère*, si l'on veut, mais toujours louable, le porta à supprimer ces ouvrages.

D'ALEMBERT, *Éloge d'Abeille.*

L'éloquence (de Démosthène), presque toute adonnée aux affaires publiques, est plus *austère* et moins variée (que celle de Cicéron).

MARMONTEL, *Éléments de littérature :* Amplification.

Le ton de l'humanité, de la bonté, de l'intérêt, succéda à l'*austère* majesté d'un interrogatoire.

BEAUMARCHAIS, *Mémoires.*

Si ce propos vous semble trop *austère*,
Je le vous veulx prouver par escripture.

CL. MAROT, *le Riche en povreté.*

Jadis de vostre temps la vertu simple et pure,
Sans fard, sans fiction, imitoit la nature,
Austère en ses façons, sévère en ses propos.

RÉGNIER, *Satires*, V.

En amour l'innocence est un sçavant mistere,
Pourveu que ce ne soit une innocence *austère*,
Mais qui sçache par art, donnant vie et trespas,
Feindre avecques douceur qu'elle ne le sçait pas.

LE MÊME, même ouvrage, XIII.

Mais les raisons d'État qui par d'*austères* lois
Sont toujours les raisons les plus fortes des rois,
M'obligent à vous dire avec un cœur sincère
Qu'à l'hymen d'un grand roi l'amour n'assiste guère.

BOURSAULT, *Ésope à la cour*, II, 2.

Combien de grands seigneurs qui d'un devoir *austère*,
D'une dette de jeu s'acquittoient sur-le-champ,
Et qui sont morts sans satisfaire
Ni l'ouvrier ni le marchand!

LE MÊME, même ouvrage, IV, 5.

Qu'Agamemnon soit fier, superbe, intéressé,
Que pour ses dieux Énée ait un respect *austère*,
Conservez à chacun son propre caractère.

BOILEAU, *Art poétique*, III.

A d'*austères* devoirs le rang de femme engage.

MOLIÈRE, *École des femmes*, III, 2.

La vertu, qui n'admet que de sages plaisirs,
Semble d'un ton trop dur gourmander nos désirs.
Mais quoique, pour la suivre, il coûte quelques larmes,
Toute *austère* qu'elle est, nous admirons ses charmes.

LOUIS RACINE, *la Religion*, I.

.·. Mais devoit-il, sachant mon caractère,
M'embarrasser l'esprit d'une défense *austère*?

PIRON, *la Métromanie*, II, 5.

Là ses tourments pieux et ses rigueurs *austères*
Défiaient la ferveur des plus saints solitaires.

             DELILLE, *l'Imagination*, II.

AUSTÈREMENT, adv. Avec austérité.

Comme quelques-uns louassent devant luy (Alexandre) la simplicité d'Antipater, disans qu'il vivoit *austèrement*, sans superfluité ne delices quelconques, il leur respondit, « Antipater est voirement blanc au dehors, mais soyez assurez qu'il est tout rouge comme pourpre au dedans. »

    AMYOT, trad. de Plutarque, *Œuvres morales* : Dicts
    notables des anciens Roys.

En un village près de là, nommé Chernes, y avoit une fille vierge, vivant si *austèrement* que c'estoit chose admirable.

             Heptaméron, 33ᵉ nouvelle.

Je croy que la conversion et religion de cet empereur ne fut jamais dissimulée, car il en porta l'habit très *austèrement* deux ans quelques mois.

    BRANTÔME, *Grands Capitaines estrangers* : Charles-Quint.

Chacun en bénissoit le Seigneur, et ne pouvoit trop s'étonner de ce que des gens qui vivoient si *austèrement*, avoient meilleur visage que ceux qui vivoient dans le luxe et dans l'abondance.

        SCARRON, *Nouvelles tragi-comiques*.

Il y a un lac vers le nord à dix lieuës d'Erivan dans lequel on voit une isle où on a bâti un beau convent. Les moines qui y demeureut vivent si *austèrement* qu'ils ne mangent que quatre fois l'année de la viande ou du poisson.

    TAVERNIER, *Voyages de Perse*, liv. I, c. 3.

Madame de La Jaille y vint aussi avec sa fille Mourette, toutes deux portant fort *austèrement* le deuil de la reine-mère.

    TALLEMANT DES RÉAUX, *Historiettes* : Le marquis
    de Rouillac.

Au milieu de ma cendre et de mon cilice, il faut que je trouve le moyen de jeûner aujourd'hui très *austèrement*, en soupant ce soir chez Penautier.

    COULANGES, *Lettres*; à Mᵐᵉˢ de Sévigné et de Grignan,
    14 mars 1696.

Je me souviens d'avoir ouï raconter que, vivant de la façon dont je viens de parler avec le roi, elle (Mᵐᵉ de Montespan) jeûnoit si *austèrement* les carêmes qu'elle faisoit peser son pain.

        Mᵐᵉ DE CAYLUS, *Souvenirs*.

Il est beau, pour l'honneur du christianisme, qu'il y ait des personnes qui soient détachées de la terre, et qui vivent fort *austèrement ;* mais on peut faire son salut dans toutes les conditions de la vie.

    LE SAGE, *le Bachelier de Salamanque*, III, 4.

Ne laissez donc périr le plus beau de vos jours
Ainsi *austèrement* sans gouster aux amours.

        GARNIER, *Hippolyte*, III, 3.

AUSTÉRITÉ, s. f. Rigueur, sévérité.

Nous avons veu un des vostres (jésuites), voire l'un des plus estimez d'entre vous, avoir, l'espace de quatorze ans entiers, dissimulé toute *austérité* sous le masque de votre hypocrisie.

    EST. PASQUIER, *Recherches*, III, 43.

J'ay souvent remarqué avec grande admiration la merveilleuse nature d'Alcibiade, de se transformer si aisément à façons si diverses, sans interest de sa santé; surpassant tantost la sumptuosité et pompe persienne, tantost l'*austérité* et frugalité lacédémonienne, autant réformé en Sparte, comme volupueux en Ionie.

        MONTAIGNE, *Essais*, I, 25.

Quand l'*austérité* ou le choix sévère n'a pas réussi au vrai bien, et qu'il faut revenir à suivre la nature, elle devient fière par le retour.

        PASCAL, *Pensées*.

Dans les commencements de la République, le peuple romain, comme j'ai dit ailleurs, avoit quelque chose de farouche. Cette humeur farouche se tourna depuis en *austérité*.

    SAINT-ÉVREMONT, *Réflexions sur les divers génies du
    peuple romain*, c. 5.

Non-seulement saint Antoine et les moines des premiers siècles, gens d'une si terrible *austérité*, mais encore dans les derniers temps, saint Bernard, saint Dominique et saint François sont comptés dans l'Apologie parmi les saints Pères.

    BOSSUET, *Histoire des variations des églises
    protestantes*, III, 36.

Loin d'ici ces juges sévères qui, selon le langage du prophète, rendent les fruits de la justice amers comme de l'absinthe, qui perdent le mérite de leur équité par leur *austérité* chagrine.

    FLÉCHIER, *Oraison funèbre de M. de Lamoignon*.

Avec cette *austérité*, il (le duc de Bourgogne) avoit conservé de son éducation une précision et un littéral qui se répandoient sur tout.

        SAINT-SIMON, *Mémoires*, 1710.

Ce sont des moines blancs et noirs (à l'Escurial) dont l'habit ressemble à celui des Célestins, fort oisifs, ignorants, sans aucune *austérité*.

    LE MÊME, même ouvrage, 1721.

Croirai-je, sur le rapport d'un seul homme qui vivait longtemps après Tibère, que cet empereur presque octogénaire, qui avait toujours eu des mœurs décentes jusqu'à *l'austérité*, ne s'occupa dans l'île de Caprée que de débauches qui auraient fait rougir un jeune giton?

VOLTAIRE, *Pyrrhonisme de l'histoire*, c. 12.

. Il (Fénelon) blâmoit Molière de l'avoir représentée (la vertu) dans le Misanthrope, avec une *austérité* odieuse et ridicule.

D'ALEMBERT, *Éloge de Fénelon*.

L'austérité est une haine des plaisirs, et la sévérité, des vices.

VAUVENARGUES, *Introduction à la connoissance de l'esprit humain*, III, 45 : Du courage.

AUSTÉRITÉ est souvent suivi de la préposition *de :*

Soit lorsqu'il est question des choses :

Ils hypocrisent pour un temps quelque *austérité* superficielle *de* vie.

EST. PASQUIER, *Recherches*, III, 43.

Voylà comment le livre en parle; qui est une *austérité* estrange *de* dueil qu'il faut noter.

BRANTÔME, *Des Dames* : Anne de Bretagne.

*L'austérité d'*un lieu donne je ne sais quelle vigueur à l'esprit, et le rend capable de faire de grands effets.

MALHERBE, trad. des *Épîtres* de Sénèque, LI.

Les riches quittent leur bien, les enfants quittent la maison délicate de leurs pères pour aller dans *l'austérité d'*un désert.

PASCAL, *Pensées*.

Tout le monde n'est pas capable de porter *l'austérité de* la Trappe; je ne dis pas seulement à cause du manger, mais aussi pour cet admirable silence et cette application continuelle à Dieu.

ARNAULD, *Lettres*.

M. du Plessis est un si joli homme qu'il a ri, comme nous, de sa serge de Nîmes : vous dites tout cela fort plaisamment. Il ne prétendoit pas que ce fût vous qui sussiez *l'austérité de* son vêtement.

Mme DE SÉVIGNÉ, *Lettres* ; à Mme de Grignan, 8 juillet 1685.

Là nous voyons le Messie précédé par son précurseur. Le caractère de ce précurseur est encore montré au prophète. Ce doit être un nouvel Élie, remarquable par sa sainteté, par *l'austérité de* sa vie, par son autorité et par son zèle.

BOSSUET, *Discours sur l'histoire universelle*, II, 11.

La vraie *austérité du* christianisme, c'est d'aimer à être abaissé.

BOURDALOUE, *Sermons :* Sur la sévérité évangélique.

On ne sait que trop combien est formidable à la délicatesse des hommes mondains ce temps que l'Église destine à la mortification des sens et à *l'austérité du* jeûne.

FLÉCHIER, *Panégyrique de saint François de Paule*.

Depuis les jours de Jean-Baptiste on n'avoit vu une *austérité de* vie plus étonnante.

LE MÊME, même ouvrage.

Je dois vous représenter aujourd'hui... un homme doux et secourable, qui a su tempérer *l'austérité des* lois et *de* la justice par tous les adoucissements qu'inspirent la miséricorde et la charité.

LE MÊME, *Oraison funèbre de Lamoignon*.

Elle étoit fort pâle; ce que je ne manquai pas d'attribuer à *l'austérité du* célibat.

LE SAGE, *Gil Blas*, VII, 1.

Le silence, la retraite, *l'austérité* même *des* cloîtres, n'est pas la profession la plus sûre pour tous les hommes.

MASSILLON, *Carême*, mercredi de la 11ᵉ semaine : la Vocation.

L'abbé Regnier entra dans l'état ecclésiastique, presque sans en avoir formé le dessein... Il demandoit une pension... Louis XIV ne crut pas commettre un sacrilège en faisant payer par l'Église les dettes de l'État. Il donna au postulant un prieuré; ce prieuré fut sa vocation qui auroit pu paroître équivoque à des juges rigoureux, mais qu'il justifia par la conduite la plus régulière et la plus conforme à la sainte *austérité de* l'habit qu'il venoit de prendre.

D'ALEMBERT, *Histoire des membres de l'Académie :* Regnier Desmarais.

Singulier charlatanisme que celui qui repose sur *l'austérité du* caractère, et fait renoncer au plaisir de s'attacher beaucoup de créatures, en donnant facilement l'argent levé sur le peuple.

Mme DE STAEL, *Considérations sur la Révolution française*, I, 5.

Tite-Live offrait quelque chose de plus neuf et de plus vrai pour expliquer la conspiration des fils de Brutus : c'était le mécontentement et l'ennui que *l'austérité d'*une république naissante donnait à des jeunes gens alliés à la famille de Tarquin.

VILLEMAIN, *Littérature au XVIIIᵉ siècle*, 9ᵉ leçon.

Profanes amateurs de spectacles frivoles,
Dont l'oreille s'ennuie au son de mes paroles,
Fuyez *de* mes plaisirs la sainte *austérité*.
Tout respire ici Dieu, la paix, la vérité.

RACINE, *Esther*, prologue.

Soit lorsqu'il est question des personnes :
l'austérité de quelqu'un, son austérité :

Vostre austérité desnaturée ordonnera-t-elle que je refuse le bien que les Dieux m'envoyent?

> D'URFÉ, *l'Astrée*, II° part., liv. IV.

Je hais *l'austérité de* ces gens, qui, pour donner au devoir plus d'étendue, ne laissent rien à la bonne volonté.

> SAINT-ÉVREMONT, *De la Retraite*.

J'ai toujours craint *votre austérité* ; je vous avertis que
je vous croirai janséniste, si vous n'avez plus de soin de
vous.

> Mme DE MAINTENON, *Lettres*, CLXXXVIII : à M. le car-
> dinal de Noailles, 2 novembre 1705.

La cour la plus dissolue de la Palestine ne peut refuser
des honneurs publics à *l'austérité de* Jean-Baptiste.

> MASSILLON, *Carême*, mardi de la 11° semaine :
> Respect humain.

La discipline, rendue plus sévère de jour en jour
par *l'austérité* inflexible *du* ministre, enchaînait tous les
officiers à leur devoir.

> VOLTAIRE, *Siècle de Louis XIV*, c. 8.

Ce mot est d'un fréquent usage au pluriel, en
parlant des actes d'austérité :

Après ils se firent couper les veines des bras en mesme
temps; mais parce que le sang couloit plus lentement à
Sénèque, à cause de sa vieillesse et de ses *austeritez*, il se
fit couper aussi celles des jarrets et des jambes.

> PERROT D'ABLANCOURT, trad. de Tacite, *Annales*, XV, 12.

Il semble que les Luthériens s'éloignent davantage de
nos idées sur les œuvres satisfactoires et sur les *austérités*
de la vie religieuse.

> BOSSUET, *Histoire des variations des églises protestantes*,
> III, 36.

Elle aimoit tout dans la vie religieuse, jusqu'à ses *austérités* et ses humiliations.

> LE MÊME, *Oraison funèbre d'Anne de Gonzague*.

Ne nous apprendrez-vous rien de notre bon Père Joseph?
Il se porte fort bien, il est exempt de toutes sortes d'*austérités*.

> TALLEMANT DES RÉAUX, *le Père Joseph*.

Il n'y a point dans les couvents d'*austérités* pareilles à
celles auxquelles l'étiquette de la cour assujettit les
grands.

> Mme DE MAINTENON, *Lettres*; à Mme de Brinon, IX.

Pour les *austérités* elles ne sont pas exemptes d'illusions,
non plus que le reste; l'esprit se remplit souvent de lui-
même à mesure qu'il abat la chair.

> FÉNELON, *Lettres spirituelles*, XXIII.

Il (Janson) éprouva leur ingratitude sans en vouloir
sortir (de chez les Minimes), pour ajouter cette dure sorte
de pénitence à ses autres *austérités*.

> SAINT-SIMON, *Mémoires*, 1709.

Cependant ma flamme, qui n'étoit qu'assoupie, reprit
toute son activité; mon esclavage m'effraya; la dévotion
me parut fade et insipide; j'envisageai les *austérités* de
ma règle comme un joug pesant et insupportable.

> MARIVAUX, *la Vie de Marianne*, XII° part.

Ta sainteté est si grande, qu'il semble que tu aies le
cœur de notre saint prophète : tes *austérités* étonnent le
ciel même.

> MONTESQUIEU, *Lettres persanes*, XCIII.

C'est des Indiens que nous viennent ces prodigieuses
austérités, ces sacrifices et ces tourments volontaires auxquels ces hommes se condamnent, dans la persuasion que
la divinité se plaît aux souffrances des hommes.

> VOLTAIRE, *Essai sur les mœurs*, c. 139 : Des ordres religieux.

Le corps ne souffre jamais seul des *austérités* de l'esprit :
l'âme s'endurcit avec le corps.

> VAUVENARGUES, *Réflexions*, 621.

> Voilà le vrai chemin, franc de crainte et d'envie,
> Qui doucement nous meine à cette heureuse vié,
> Que, parmi les rochers et les bois désertez,
> Jeusne, veille, oraison, et tant d'*austérités*,
> Ces hermites jadis ayant l'Esprit pour guide
> Cherchèrent si longtemps dedans la Thébaïde.
>
> > RÉGNIER, *Satires*, XVI.

> Et souffrez qu'un couvent dans les *austérités*
> Use les tristes jours que le ciel m'a comptés.
>
> > MOLIÈRE, *Tartuffe*, IV, 3.

> Les larmes, les soupirs et les *austérités*,
> Quand ils se trouvoient seuls, faisoient leurs voluptés.
>
> > LA FONTAINE, *la Captivité de saint Malc*.

AUSTRÈGUE, s. m. (de l'allemand *austragen*,
exposer devant un tribunal). Membre d'un tribunal suprême de l'ancien empire d'Allemagne,
dont l'établissement remonte au XIII° siècle, et
devant lequel les électeurs, princes, comtes, barons, nobles et prélats avaient le droit de porter
leurs causes.

Tous les membres de l'Empire n'ont pas indifféremment le droit d'*austrègues*. C'est à peu près ce que nous appelons en France droit de committimus.

> *Dictionnaire de Trévoux.*

Ils choisirent le roi de Bohême Jean de Luxembourg pour *austrègue*, c'est-à-dire pour arbitre.

> VOLTAIRE, *Annales de l'Empire.*

AUTAN, s. m. Vent du midi. Il ne s'emploie guère qu'en poésie, et pour signifier Un vent violent.

L'*autan* gros de tourbillons.

> *Dictionnaire de l'Académie*, 1694.

C'est l'*autan* déchaîné, c'est l'Éolie entière,
Qui de ses noirs cachots renversant la barrière,
Coupe, déchire l'air par d'aigus sifflements.

> DE CHABANON, *Épître sur la Comédie.*

Qu'importe à l'heureux solitaire
Que l'*autan* dévaste la terre
S'il ne fait qu'agiter les bois!

> VICTOR HUGO, *Odes*, IV, 2.

Il s'emploie plus habituellement au pluriel :

Il dit : et les *autans* troublent déjà la plaine.

> LA FONTAINE, *Philémon et Baucis.*

Force aveugle que Dieu lâche de temps en temps
Ainsi que l'avalanche, ainsi que les *autans*.

> LAMARTINE, *Jocelyn*, 2° époque.

AUTANT, adv.
On trouve dans les plus anciens textes ALTRETANT :

Ocistrent, al jur, trente milie des Philistiens, e *altretant* en furent nafrez.

> *Les quatre Livres des Rois*, I, XVII, 51.

Apres iccls en avrat *altretant*.

> *Chanson de Roland*, v. 3021.

On y trouve aussi ALTANT : -

Restore *altant* chevaliers cume ocis i furent de ta privée maignée.

> *Les quatre Livres des rois*, III, XX, 25.

Enfin on rencontre souvent TANT où nous mettrions AUTANT :

Saul de *tant* plus le dutad.

> *Les quatre Livres des Rois*, XVIII, 29.

AUTANT, sans complément, Également, semblablement :

Là s'arestèrent-il a grant doute, car il doutèrent ceus de fors, et *autant* doutoient-il ceus dedens, car estoient-il par serement tenus vers le roi de Blaquie, qui devoit les Frans traïr.

> VILLEHARDOUIN, *Conqueste de Constantinoble*, CXXXVII.

Osterent ladicte vache à Pantagruel; mais ilz ne sceurent si bien faire que le jarret ne luy en demourast... et apres commença à dire : « bon, bon, bon... » voulant donner à entendre que il avoit trouvé fort bon, et qu'il n'en failloit plus que *autant*.

> RABELAIS, *Pantagruel*, II, 4.

Les hommes n'ont-ils pas raison d'en user comme ils font : le présent n'est qu'un instant et ce seroit grande pitié qu'ils fussent réduits à borner là toutes leurs vues ? Ne vaut-il pas mieux qu'ils les étendent le plus qu'il leur est possible, et qu'ils gagnent quelque chose sur l'avenir ? C'est toujours *autant* dont ils se mettent en possession par avance.

> FONTENELLE, *Dialogues des morts.*

Proverbialement, pour dire Il peut lui en arriver autant :

Il lui en pend *autant* à l'œil, à l'oreille.

> *Dictionnaire de l'Académie*, 1798.

Il lui en pend *autant* au nez.

> Même ouvrage, au mot NEZ, 1878.

Une fois autant, le double; *deux fois autant*, le triple, etc. :

Rehnskold n'avait que treize bataillons et vingt-deux escadrons, qui faisaient en tout près de dix mille hommes. Schulenbourg en avait une fois *autant*.

> VOLTAIRE, *Histoire de Charles XII*, liv. III.

Au lieu d'un million j'aurois deux fois *autant*.

> LEGRAND, *Plutus*, III, 8.

AUTANT, TOUT AUTANT, employé absolument après un verbe :

Celui-là (l'amiral anglais Jennings) disoit qu'il avoit gagné 500 000 écus depuis qu'il servoit. Il s'en faut tout que les nôtres gagnent *autant*.

> SAINT-SIMON, *Mémoires*, 1713.

Ne viens jamais, ô Mort! On t'en
Dit *tout autant*.

> LA FONTAINE, *Fables*, I, 15.

Puisque vous ne touchiez jamais à cet argent,
Mettez une pierre à la place,
Elle vous vaudra *tout autant*.

LA FONTAINE, *Fables*, IV, 20.

J'entends : il vous juroit une amour éternelle.
Ne vous assurez point sur ce cœur inconstant ;
Car à d'autres que vous il en juroit *autant*.

RACINE, *Phèdre*, V, 3.

Nous nous sommes tous deux chanté pouilles à tort,
Moi, vous nommant friponne, et vous m'appelant traître ;
Nous n'avions pas, pour lors, l'honneur de nous connoître,
Bien d'autres, avant nous formant ce lien,
S'en sont dit *tout autant*, et se connoissoient bien.

REGNARD, *les Ménechmes*, V, 7.

En faire autant, agir de même :

Ce qui fut dit à l'encontre de Dercyllidas, combien que
ce fut anciennement un bon et vaillant capitaine, car lui
entrant en une compagnie, il y eut un jeune homme qui
ne se daignoit lever pour lui faire honneur, et lui donner
place à se seoir, à cause, dit-il, que tu n'as point engendré
d'enfant, qui fust pour m'*en faire autant* à l'avenir.

AMYOT, trad. de Plutarque, *Lycurgue*.

Quand le soleil nous verra pleurer, ce ne sera pas un
grand mal : il en voit bien d'autres par l'univers qui *en
font autant*.

LA FONTAINE, *Psyché*, liv. Ier.

Agathocle ayant mis le feu au vaisseau qu'il montoit
lui-même, tous les officiers *en font autant* et sont suivis
du soldat.

ROLLIN, *Histoire ancienne*, t. Ier, liv. II, part. IIe, c. 1.

Quel avantage a-t-on qu'un homme vous caresse,
Vous jure amitié, foi, zèle, estime, tendresse,
Et vous fasse de vous un éloge éclatant,
Lorsqu'au premier faquin il court *en faire autant*?

MOLIÈRE, *le Misanthrope*, I, 1.

Absol. et fam. *Cela est fini ou autant vaut, C'est
un homme mort ou autant vaut,* On peut considérer cette chose comme finie, cet homme comme
mort.

Ypres n'est pas encore pris, mais *autant vaut*.

Mme DE SCUDÉRY, *Lettres*; à Bussy. (Voyez *Correspondance de Bussy*, 25 mars 1678.)

Madame de Monaco a reçu l'extrême-onction ; elle est
morte *autant vaut*.

Mme DE SCUDÉRY, *Lettres*; à Bussy. (Voyez *Correspondance de Bussy*, 27 mai 1678.)

IV.

Messieurs, vous n'avez qu'à faire entrer le prince ; votre
affaire est faite *autant vaut*.

Le Banqueroutier, scène des Ambassadeurs. (Voyez
GHERARDI, *Théâtre italien*, t. I, p. 395.)

Autant vaut être mordu d'un chien que d'une chienne ;
autant vaut bien battu que mal battu.

Dictionnaire de l'Académie, 1694

La suppression de *vaut* après *autant* est assez
fréquente dans certaines phrases familières où il
est facile de le suppléer : *Il a perdu neuf cent
quatre-vingt dix francs, autant dire mille francs.*

AUTANT suivi d'un adjectif ou d'un participe
employé substantivement, dans le cas où l'on
mettrait actuellement *aussi* :

S'il eust souhaité monter es cieulx dedans un charriot
flamboiant, comme Hélie ; multiplier en lignée, comme
Abraham ; estre *autant riche* que Job, *autant fort* que
Sanson, aussi beau que Absalon : l'eust-il impetré? C'est
une question.

RABELAIS, *Pantagruel*, IV, prologue.

Lesquels composez (pinsemaille, racledenare, serredenier,
serremiette, pleure-pain), je maintien estre *autant beaux* et
autant significatifs qu'aucuns que sçauroit faire la langue
grecque.

HENRI ESTIENNE, *Précellence du langage françois*.

La confusion des noms en aura sans doute beaucoup
mis dans les choses mêmes et dans les personnes ; et de
là vient la peine qu'on a de situer dans l'histoire grecque
les rois qui ont eu le nom d'Assuérus, *autant inconnu*
aux Grecs que connu aux Orientaux.

BOSSUET, *Discours sur l'Histoire universelle*, 1, 7.

Que puis-je penser autre chose, sinon que la Providence, *autant attachée* à lui conserver la vie qu'à renverser
sa puissance, a voulu qu'elle survécût à ses grandeurs?

LE MÊME, *Oraison funèbre de la reine d'Angleterre*.

Je profite avec plaisir de la favorable occasion que le
départ de M. de Pomponne me donne de vous renouveler
les assurances de mon service ; je m'assure que vous le
trouverez aussi galant homme que je suis certain qu'il va
être charmé d'un mérite *autant extraordinaire* qu'est le
vôtre.

M. DE LIONNE à M. de Witt, 6 février 1669. (Voyez
MIGNET, *Succession d'Espagne*, t. III, p. 571.)

AUTANT, devant un adverbe ou une locution
proverbiale :

Lesquelles églises sont *autant loing* l'une de l'autre

62

qu'est l'église Notre-Dame de Paris de celle de Saint-Martin-des-Champs.

> MONSTRELET, *Chronique*, I, 52.

Le pape saint Grégoire a donné dès les premiers siècles cet éloge singulier à la couronne de France, qu'elle est *autant au-dessus* des autres couronnes du monde que la dignité royale surpasse les fortunes particulières.

> BOSSUET, *Oraison funèbre de la reine d'Angleterre.*

Proverbialement, *Autant en emporte le vent :*

> Aussi bien meurt filz que servans ;
> De ceste vie sont bouffez :
> *Autant en emporte* ly vens.
>
> VILLON, *Grand Testament*, 3º ballade.

Projets de femme, *autant en emporte le vent.*

> LA CHAUSSÉE, *l'École des mères*, I, 1.

AUTANT répété, mettant en regard et en comparaison deux membres de phrase :

Or est ceste entreprise non moins haute que belle, et *autant* qu'elle est haute, *autant* importante à l'honneur et au proufit de nostre nation.

> H. ESTIENNE, *la Précellence du langage françois*, préface.

Tout *autant* de péchés que nous commettons, *autant* de dettes contractons-nous envers la justice divine.

> BOSSUET, *Sermons :* Sur la satisfaction.

Autant de vertus qu'elle a pratiquées sont *autant* de sujets de confiance en la bonté de Dieu qui se plaît à récompenser ceux à qui il inspire de le servir.

> FLÉCHIER, *Oraison funèbre de Mme de Montausier.*

Mais *autant* qu'elle avoit de docilité pour la vraie raison, *autant* avoit-elle de pénétration pour découvrir le foible de tous les faux raisonnements.

> MASCARON, *Oraison funèbre d'Henriette d'Angleterre*, Iʳᵉ part.

Autant que la terre de Chypre nous avoit paru négligée et inculte, *autant* celle de Crète se montroit fertile.

> FÉNELON, *Télémaque*, V.

Autant que la critique est légitime et utile, *autant* la satire est injuste et pernicieuse.

> HOUDAR DE LA MOTTE, *Réflexions sur la critique.*

Autant de vérités qui n'ont fait sur vous que des impressions passagères, sont *autant* de témoins qui déposeront contre vous devant le tribunal de Jésus-Christ.

> MASSILLON, *Carême :* Sermon sur la parole de Dieu.

Autant qu'ils seront rigides et inexorables en cas pareils, *autant* l'Académie sera-t-elle florissante. Par les sujets qu'elle choisira, elle fera elle-même sa destinée.

> D'OLIVET, *Histoire de l'Académie.*

Autant la satire personnelle est odieuse, *autant* la satire générale des mauvaises mœurs est honnête.

> MARMONTEL, *Éléments de littérature :* Allusion.

Comme cela vous parle, ces gens de spectacle ! *Autant* de mots, *autant* de sentences.

> PICARD, *les Marionnettes*, I, 4.

Autant de têtes, *autant* d'avis.

> *Dictionnaire de l'Académie*, 1835.

Leur douleur égaloit l'excès de leurs misères. *Autant* de pas, *autant* de pleurs.

> PIERRE CORNEILLE, *Psaumes*, CXXV.

PAR AUTANT, POUR AUTANT, sont des locutions fort employées jadis, mais aujourd'hui hors d'usage :

Par autant qu'ung royaulme ainsi désolé seroit facillement ruiné, si on ne refresnoit la convoytise et avarice des administrateurs d'iceluy...

> RABELAIS, *Gargantua*, I, 50.

Par autant qu'il avoit les bras liez dedans, il ne devoit rien prendre à manger; mais en grande peine s'enclinoit pour prendre à tout la langue quelque lippée.

> LE MÊME, *Pantagruel*, II, 4.

Ceux qui resseoyent en la ville de Cantium estoient les mieux appris du pays, *pour autant* quelle étoit maritime et approchant des mœurs et façons du Gaulois.

> EST. PASQUIER, *Recherches de la France*, liv. I, c. 11.

Pour autant que ledit grant seigneur depuis ma dernière dépesche estoit sur son partement pour aller en Andrinople, et qu'aussi il a esté la pluspart du temps hors de ce lieu à la chasse, je n'ay peu quelque diligence que j'aye sceu faire, avoir responce plus tost que à présent.

> M. D'ARAMON à Henri II, 20 janvier 1552. (Voyez CHARRIÈRE, *Négociations de la France dans le Levant*, t. II, p. 179.)

AUTANT DE, suivi d'un substantif :

Je dors sallé : et le dormir m'ha valu *aultant de* jambon.

> RABELAIS, *Gargantua*, I, 64.

Pensons-nous qu'Epicurus qui, en mourant tourmenté, comme il dit des extrêmes douleurs de la cholique, avoit toute sa consolation en la beauté de la doctrine qu'il laissoit au monde, eust receu *autant de* contentement d'un nombre d'enfans, bien nais et bien eslevez, s'il en eust eu, comme il faisoit de la production de ses riches escrits?

MONTAIGNE, *Essais*, II, 7.

Le parterre seul (le tiers état), qui est composé de consuls et de scindicz, a *autant de* voix et plus que tous les évesques, les barons, les grans vicaires et les envoyez.

L'ARCHEVÊQUE DE TOULOUSE à Colbert, 15 janvier 1663. (Voyez DEPPING, *Correspondance administrative sous Louis XIV*, t. I, p. 115.)

La France s'étendoit alors beaucoup au delà du Rhin; mais les partages des princes, qui faisoient *autant de* royaumes, l'empêchoient d'être réunie sous une même domination.

BOSSUET, *Discours sur l'Histoire universelle*, I, 11.

Tantôt, comme dans la Grèce, la simplicité du principe social a amené un développement prodigieusement rapide; jamais aucun peuple ne s'est déployé, en aussi peu de temps, avec *autant d'éclat*.

GUIZOT, *Histoire de la civilisation en Europe*, 2e leçon.

Implacable ennemi de Rome et du repos,
Comptez-vous vos soldats pour *autant de* héros?

RACINE, *Mithridate*, III, 1.

Héros entourés de victimes,
Vos exploits sont *autant de* crimes,
Si la paix n'en est pas le fruit.

VOLTAIRE, *Odes*, X.

Et les gouttes des fleurs, sur leurs seins découlées,
Y roulaient comme *autant de* perles défilées.

LAMARTINE, *Jocelyn*, 1re époque.

AUTANT DE est souvent suivi d'un participe passé dans diverses locutions familières et proverbiales : *autant de fait, autant de pris, autant de gagné, autant de perdu*.

Son cœur est pris, c'est *autant de perdu*.

MARIVAUX, *la Méprise*, sc. 1.

AUTANT DE, suivi d'un substantif et de la conjonction *que* :

Je viens de voir chez moy un petit homme, natif de Nantes, né sans bras, qui a si bien façonné ses pieds au service que lui devoient les mains, qu'ils en ont à la vérité à demi oublié leur office naturel. Au demeurant il les nomme ses mains... et les remue avec *autant de dextérité que* sçauroit faire quelqu'autre : l'argent que luy ay donné,

il l'a emporté en son pied, comme nous faisons en nostre main.

MONTAIGNE, *Essais*, I, 22.

Après la mort des vieillards qui avoient vu les miracles de la main de Dieu, la mémoire de ces grands ouvrages s'affoiblit, et la pente universelle du genre humain entraîne le peuple à l'idolâtrie. *Autant de fois qu'il y* tombe, il est puni; *autant de fois qu'il se* repent, il est délivré.

BOSSUET, *Discours sur l'Histoire universelle*, II, 3.

Autant de fois, chrétiens, *que* cette vérité vous paroît, c'est Jésus-Christ qui vous cherche.

BOSSUET, *Sermons* : Sur la ferveur de la pénitence.

Quand on se fait haïr pour contenter ses passions, on a *autant d'ennemis que* de sujets; on n'est jamais en sûreté.

FÉNELON, *Dialogues des Morts* : Platon et Denys le Tyran.

Je passois ainsi mon temps à la grille de mademoiselle du Châtelet avec *autant de* plaisir *que* de profit.

J.-J. ROUSSEAU, *les Confessions*, I, 4.

Les dieux qui ont donné à la plupart des hommes une lâche ambition, ont attaché à la liberté presque *autant de* malheurs *qu'*à la servitude.

MONTESQUIEU, *Dialogue de Sylla et d'Eucrate*.

La guerre de 1702 et celle de 1741 ont produit *autant de* mensonges dans les livres *qu'*elles ont fait périr de soldats dans les campagnes.

VOLTAIRE, *Des Mensonges imprimés*.

Un ouvrage dont on peut dire à peu près *autant de* bien *que* de mal, fait toujours honneur à celui qui l'a composé.

TRUBLET, *Essais de littérature et de morale*.

Quelqu'un me disoit un jour : Ah! si M. de Fontenelle avoit *autant de* goût *qu'*il a d'esprit! Je lui répondis : Vous demandez l'impossible; M. de Fontenelle a autant de goût qu'il est possible d'en avoir avec autant d'esprit.

LE MÊME, même ouvrage.

Il y a peut-être *autant de* vérités parmi les hommes *que* d'erreurs; *autant de* bonnes qualités *que* de mauvaises; *autant de* plaisirs *que* de peines.

VAUVENARGUES, *Réflexions et Maximes*.

Prudes femmes, par sainct Denys,
Autant en est que de phénix.

JEAN DE MEUNG, *Roman de la Rose*.

D'AUTANT, loc. adv. et fam. Dans la même proportion.

D'autant qu'elles estoient plus horribles et execrables, *d'auttant* il leur falloit donner d'advantage, aultrement le diable ne les eust voulu biscoter.

RABELAIS, *Pantagruel*, II, 17.

Autant qu'il y a de différence entre rien et peu, *d'autant* est plus grand l'avantage qu' ha nostre langue par dessus les autres en ce qui concerne la fauconnerie.

H. Estienne, *Précellence du langage françois.*

Autant que je m'estois jetté en avant, je me relance *d'autant* en arrière.

Montaigne, *Essais*, II, 12.

Pour l'indemniser *d'autant* du préjudice qu'il aura souffert.

Code pénal, art. 607.

Mais le drôle peut-être, en me rendant content,
Prétendroit me servir à la charge *d'autant.*

Montfleury, *la Femme juge et partie*, II.

Moi je vous la demande à la charge *d'autant.*

Boursault, *Médecin volant,* sc. 23.

Absol. et fam. *Boire d'autant,* boire beaucoup, boire en faisant raison aux buveurs.

Callisthenes fut en sa male grace (d'Alexandre) pour ce qu'il alloit envis soupper chez luy, à cause qu'il luy falloit *boire d'autant.*

Amyot, trad. de Plutarque, *Œuvres morales :* les Propos de table, I, 6.

Après que son charbon fut descendu et ses chevaux mis en l'estable, il voulut soupper tout à loisir, et firent très grant chière, qui pas ne se passa sans *boire d'autant* et d'autel.

Les Cent Nouvelles nouvelles, VII.

(Socrate)... tousjours riant, tousjours *beuvant d'aultant* à ung chascun, tousjours se guabelant, tousjours dissimulant son divin sçavoir.

Rabelais, *Gargantua,* prologue.

Et *beut d'aultant* avecques luy et ses gouvernantes.

Le même, même ouvrage, c. 13.

De ce fut dit en proverbe commun *Boire d'autant* et à grands traitz, estre pour vray crocquer la pie.

Le même, *Pantagruel,* IV, ancien prologue.

Esveillez vos endormis Cyclopes, Asteropas, Brontes, Arges, Polypheme, Steropes, Pyracmon : mettez-les en besoigne; et les faictes *boire d'aultant.*

Le même, même ouvrage, IV, nouveau prologue.

Mais, dist Pantagruel, faictes nous icy quelque peu Papegaut chanter, afin qu'oyons son armonie. — Il ne chante, respondit Æditue, qu'à ses jours, et ne mange qu'à ses heures. — Non fay-je, dist Panurge; mais toutes les heures sont miennes. Allons doncques *boire d'autant.*

Le même, même ouvrage, V, 8.

Tous estiment chose odieuse mettre de l'eau dedans leur vin, et encor pour l'heure présente *boivent d'autant* l'un à l'autre, et principalement ceulx de Crete. Ilz sont en ce différents aux Alemans en *beuvant d'autant,* que les Alemans boivent à grands traicts, mais les Grecs boivent souvent et à petits traicts de forte malvoisie.

Pierre Belon, *Observations de plusieurs singularitez de divers pays estranges,* I, 4.

Que si j'eusse esté, disoit-il au jeu de prix et combat qu'Alexandre proposa à ceux qui *boiroient le mieux d'autant,* j'eusse bien empesché de mourir quarante personnes qui demeurerent sur la place, pour s'estre voulus efforcer par-dessus leur portée.

G. Bouchet, *Serées,* I, 1.

De tout temps la confirmation d'amitié a esté s'invitans se présenter le verre comme le mot de Philotesia le porte, au moins se dit-on. Mais je croy, adjousta il, qu'on n'estoit pas contraint de *boire d'autant;* parce que Sophocles dit que c'est une aussi grande tyrannie de faire boire un homme qui n'a point de soif, que de l'empescher de boire quand il a grand soif.

Le même, même ouvrage, *ibid.*

Pourquoy ne jugeray-je d'Alexandre à table devisant et *beuvant d'autant.*

Montaigne, *Essais,* I, 50.

Sénèque, sévère censeur de l'yvrognerie, aussi bien que de tous les autres vices, permet bien jusque-là de *boire d'autant,* non pour se noyer dans le vin, mais pour y noyer la mélancholie.

Camus, évêque de Belley, *Diversités.*

Un vieil avocat, nommé Humbelot, étoit accusé de *boire d'autant.*

Tallemant des Réaux, *Historiettes :* Avocats.

J'étois bien le maître de ne pas me mettre à table; mais quand j'y étois une fois, il y falloit rester une *partie* de la journée et *boire d'autant.*

J.-J. Rousseau, *la Nouvelle Héloïse.*

Je veus, me souvenant de ma gentille amie,
Boire ce soir *d'autant.*

Ronsard, *Amours.*

Qu'on verse du vin dans ma tasse!
A qui le *boirai-je d'autant?*

Le même, *Odes,* II, 10.

Au reste, à manger peu, monsieur *beuvoit d'autant,*
Du vin qu'à la taverne on ne payoit contant.

Régnier, *Satires,* X.

Je n'aurois qu'à chanter, rire, *boire d'autant.*

Boileau, *Satires,* II.

Voilà mon âne à l'eau ; jusqu'au col il se plonge,
Lui, le conducteur et l'éponge.
Tous trois *burent d'autant*.

LA FONTAINE, *Fables*, II, 10.

J'ai mangé comme quatre, et j'ai *trinqué d'autant*.

REGNARD, *Démocrite*, II, 3.

D'AUTANT PLUS, locution adverbiale qui sert à relever l'importance d'un motif de penser ou d'agir.

D'autant plus Vostre Majesté fait profession de parler purement et disertement, *d'autant* mets-je ce mien livre en plus grand danger.

H. ESTIENNE, *la Précellence du langage françois* : Epistre au Roy.

Je puis *d'autant plus* librement disposer de ma fortune, qu'elle est plus mienne ; et de moy, que je suis plus mien.

MONTAIGNE, *Essais*, I, 22.

Il se perfectionna *d'autant plus* dans cette vertu (l'humilité) qu'il n'y trouva pas dans les commencements de sa vie les obstacles qu'y mettent ordinairement les pères passionnés de la fortune de leurs enfants.

FLÉCHIER, *Panégyrique de saint François de Paule*.

Échappa-t-il jamais à son esprit vif et présent quelqu'une de ces railleries *d'autant plus* piquantes qu'elles sont plus ingénieuses ?

LE MÊME, *Oraison funèbre de Madame la Dauphine*.

Une âme destituée de tout appui, de toute consolation humaine ! Quelle détresse d'un côté ! quelle joie de l'autre, lorsqu'on a *d'autant plus* Dieu, qu'on n'a que lui !

BOSSUET, *Méditations sur l'Évangile*.

On me l'apporta ; je le lus avec deux de mes amis qui étoient chez moi, et qui, depuis ce jour-là, n'ont cessé de me dire qu'il falloit le faire imprimer : je le veux bien, *d'autant plus* que cette histoire n'intéresse personne.

MARIVAUX, *la Vie de Marianne*, Iʳᵉ partie.

On ne peut encore disconvenir que Mahomet n'ait écouté le devoir d'un fils, et n'ait étouffé son ambition quand il fallut rendre le trône qu'Amurat lui avait cédé. Il redevint deux fois sujet, sans exciter le moindre trouble. C'est un fait unique dans l'histoire, et *d'autant plus* singulier que Mahomet joignait à son ambition la fougue d'un caractère violent.

VOLTAIRE, *Essai sur les mœurs*, c. 91. Prise de Constantinople.

Quand on n'a rien de grand que la naissance, on est et

on paroît *d'autant plus* petit que cette naissance est plus grande.

TRUBLET, *Essais de littérature et de morale*.

Qui n'est point irritée, ayant trop de quoi l'être,
L'est souvent *d'autant plus* qu'on le voit moins paroître.

CORNEILLE, *Sophonisbe*, III, 4.

Et mon cœur soulevant mille secrets témoins
M'en dira *d'autant plus* que vous m'en direz moins.

RACINE, *Andromaque*, IV, 5.

D'autant plus malheureux qu'il aura su lui plaire,
Narcisse, il doit plutôt souhaiter sa colère.

LE MÊME, *Britannicus*, II, 2.

Un amour mitigé, mélangé de raison
Et *d'autant plus* suspect...

DUFRESNY, *le Faux sincère*, I, 5.

D'AUTANT MIEUX :

Je l'en aime *d'autant mieux*. Je sais la chose mieux que lui, et *d'autant mieux* que j'en suis témoin oculaire.

Dictionnaire de l'Académie, 1694.

D'AUTANT MOINS :

La faveur des grands est rarement durable, et pour l'ordinaire l'est *d'autant moins* qu'elle est mieux méritée.

D'ALEMBERT, *Éloge de Ch. Perrault*.

D'AUTANT QUE, vu, attendu que, parce que :

D'autant que nous sommes tous de nature enclins à hypocrisie, quelque apparence légère de justice nous contentera tant et plus au lieu de l'effet et vérité.

CALVIN, *Institution chrestienne*, liv. I, c. 1, § 2.

La richesse te resjouira, *d'autant que* tu auras plus de moyen de faire du bien à plusieurs ; la pauvreté, *d'autant que* tu auras moins de soucy ; la gloire, *d'autant que* tu te verras honoré ; la basse condition, *d'autant que* tu en seras moins envié.

AMYOT, trad. de Plutarque, *Œuvres morales*.

Pour l'utilité que les autres recevroient de la communication de mes pensées, elle ne pourroit aussi être fort grande, *d'autant que* je ne les ai point encore conduites si loin qu'il ne soit besoin d'y ajouter beaucoup de choses avant que de les appliquer à l'usage.

DESCARTES, *Discours de la Méthode*, VI.

Il osta la liberté aux Rhodiens, *d'autant qu*'ils avoient eu l'effronterie d'attacher en croix quelques Romains.

COEFFETEAU, *Histoire romaine*, IV.

Corbulon adverty de ceste resolution envoye aussitost

deux legions à Tigranes, et commande à ses lieutenans d'avoir l'œil à tout, et de ne précipiter rien, *d'autant qu'il* aymoit mieux avoir la guerre que la faire.

LE MÊME, *même ouvrage*, V.

Elle a employé (l'Académie dans les sentiments sur le Cid) le mot *d'autant* pour dire parce que, et celui d'aucunement pour dire en quelque sorte, qui ne se disent que rarement aujourd'hui en ce sens-là. Page 185 : « *D'autant que* les unes ont été faites devant les règles. »

PELLISSON, *Histoire de l'Académie*.

*D'autant qu'*Ephialtes et Trasibule, Athéniens qui estoient avecque les Perses, avoient plus de haine pour les Macédoniens qu'ils n'avoient d'égard à l'humanité commune, ils remonstrerent qu'il ne falloit point accorder cela aux plus grands ennemis de la Perse.

DU RYER, *Supplément de Freinshemius sur Quinte-Curce*, liv. II, c. 9.

D'autant que ceux-là pénètrent le mieux les secrets divins, qui s'abaissent plus profondément devant Dieu, prosternons-nous de cœur et d'esprit devant cette majesté infinie.

BOSSUET, *Sermons* : Sur le mystère de la sainte Trinité.

Je ne suis point entrant, ma façon est rustique
Et le surnom de Bon me va-t-on reprochant,
D'autant que je n'ai pas l'esprit d'estre meschant.

RÉGNIER, *Satires*, III.

AUTANT QUE marquant Égalité, similitude :

Je confesse priser *autant* leur langue (des Italiens) *que* je mesprise l'espagnole.

HENRI ESTIENNE, *la Précellence du langage françois*, préface.

Il n'a déduit sa dite prétendue justification, qui *autant* luy sert *que* contre la pluie la couverture d'un sac mouillé.

GUILLAUME DU BELLAY, *Mémoires*.

Je me défie un peu de vos promesses, et je doute que vos auteurs en disent *autant que* vous.

PASCAL, *Provinciales*, VII.

Tout le fait rentrer en lui-même, *autant* les coups de grâce *que* les coups de rigueur et de justice, *autant* la chute des uns *que* la persévérance des autres, *autant* les exemples de foiblesse *que* les exemples de force, *autant* la patience de Dieu *que* sa justice exemplaire.

BOSSUET, *Sermons* : Sur la Providence.

Un homme s'est rencontré d'une profondeur d'esprit incroyable, hypocrite raffiné *autant qu'*habile politique.

LE MÊME, *Oraison funèbre de la reine d'Angleterre*.

Les riches de Sicile sont-ils magnifiques dans leurs aumônes, *autant* par proportion *qu'*ils sont superbes dans leurs habits, *autant qu'*ils sont splendides dans leurs tables, *autant qu'*ils sont prodigues dans leur jeu?

BOURDALOUE, *Sermons* : Sur l'aumône.

Si j'avois *autant* pleuré mes péchés *que* j'ai pleuré pour vous depuis que je suis ici, je serois très bien disposée pour faire mes pâques et mon jubilé.

Mme DE SÉVIGNÉ, *Lettres*; à Mme de Grignan, 1671.

Jamais princesse ne fut si touchante ni n'eut *autant qu'*elle l'air de vouloir bien que l'on fût charmé du plaisir de la voir (Henriette d'Angleterre).

L'ABBÉ DE CHOISY, *Mémoires*, VII.

Un art indifférent dont les méchants se peuvent servir aussi bien que les bons et qui peut persuader l'erreur, l'injustice, *autant que* la justice et la vérité.

FÉNELON, *Dialogues sur l'éloquence*, I.

Jamais homme n'a eu plus que lui (Fénelon) la passion de plaire, et au valet *autant qu'*au maître.

SAINT-SIMON, *Mémoires*, 1715.

La mère apprit que l'enfant avoit passé les deux tiers de la nuit hors de son lit. Aussitôt tout fut perdu, c'étoit un enfant *autant que* mort.

J.-J. ROUSSEAU, *Émile*.

Il n'hésitoit point à prédire qu'il viendroit un temps où, pour emprunter ses propres termes, le capucin le plus simple en sauroit *autant que* le plus habile jésuite.

D'ALEMBERT, *Éloge de l'abbé de Saint-Pierre*.

En général, les espèces les plus parfaites, surtout dans les animaux domestiques, tirent leur origine de l'espèce moins parfaite des animaux sauvages qui en approchant le plus, la nature seule ne pouvant faire *autant que* la nature et l'homme.

BUFFON, *Histoire naturelle* : la Chèvre.

De femmes sommes tous venus,
Autant les gros *que* les menus,
Pourquoi celuy qui en dist blasme
Doit être réputé infâme.

ANONYME DU XVe SIÈCLE, *Réponse à la satire de Matheolus*.

Mon innocente humeur se moque de vos soins;
J'en suis esmue *autant que* du bruit d'une fueille,
Car je vis sans reproche.

THÉOPHILE, *Pyrame et Thisbé*, I, 4.

Par là je m'aperçois, ou du moins je soupçonne,
Qu'on encense la place *autant que* la personne.

BOURSAULT, *Ésope à la cour*, I, 3.

Lise songeoit *autant que* sa poupée.

LA FONTAINE, *Contes* : Comment l'esprit vient aux filles.

En sorte que le fils d'un marchand... —Nous le sommes.
—Vous l'estimez *autant*...—*Que* les plus nobles hommes.

DUFRESNY, le Faux sincère, V, 9.

Autant qu'il faut de soins, d'égards et de prudence
Pour ne point accuser l'honneur et l'innocence,
Autant il faut d'ardeur, d'inflexibilité
Pour déférer un traitre à la société.

GRESSET, le Méchant, V, 4.

... Au fond, il estimait qu'un âne,
Pour Dieu qui nous voit tous, est *autant* qu'un ânier.

ALFRED DE MUSSET, Mardoche.

Crois-tu donc qu'on oublie *autant* qu'on le souhaite ?

LE MÊME, la Nuit d'août.

AUTANT QUE signifiant Selon, à proportion :

A quoy, *aultant que* Dieu m'a donné de pouvoir et de savoir, je désire vous fere service, comme le seul point où j'ay l'œuil fiché ferme.

LA REINE DE NAVARRE, Lettres; à François Ier, février 1542.

Autant que l'homme aime sa liberté et en abuse toutefois, autant haît-il la servitude et contrainte en laquelle neantmoins il se comporte mieux qu'en la jouissance de sa franchise.

MATTHIEU, Histoire des derniers troubles de France, liv. I.

Autant que l'Océan est plus sujet à la violence des orages que le reste des mers, et *autant que* le froid est plus aspre en Allemagne qu'aux autres provinces plus esloignées du septentrion, autant aussi ce naufrage fut-il plus pitoyable que nulle autre sorte de malheur qui fust encor arrivé aux Romains.

COEFFETEAU, Histoire romaine, liv. II.

Je sais fort bien qu'il (Richelieu) eût souhaité qu'on le traitât plus rudement (Corneille) si on ne lui eût fait entendre avec adresse qu'un juge ne doit pas parler comme une partie, et qu'*autant qu*'on témoigneroit de passion, autant perdroit-on d'autorité.

PELLISSON, Histoire de l'Académie.

Plusieurs autres circonstances de cette fameuse histoire se trouvent marquées dans les annales et dans les traditions des anciens peuples : les temps conviennent, et tout se rapporte, *autant qu*'on le pouvoit espérer dans une antiquité si reculée.

BOSSUET, Discours sur l'histoire universelle, I, 1.

Lorsque Cyrus permit aux Juifs de rétablir le temple de Jérusalem, les Samaritains traversèrent *autant* qu'ils purent leur dessein, en faisant semblant néanmoins d'y vouloir prendre part, sous prétexte qu'ils adoroient le Dieu d'Israël, quoiqu'ils en joignissent le culte avec celui de leurs fausses divinités.

BOSSUET, Discours sur l'Histoire universelle, I, 8.

Dieu, qui agit par intelligence et avec une souveraine liberté, applique sa vertu où il lui plait, et *autant* qu'il lui plait.

LE MÊME, même ouvrage, II, 1.

Le terroir (de Mazargues) est cultivé et travaillé comme un jardin; aussi tout le peuple est riche *autant* qu'il convient, c'est-à-dire qu'il abonde dans le nécessaire.

Mme DE GRIGNAN, Lettres; à Mme de Coulanges, 5 février 1703.

Vous faites très bien de ne demander à Dieu les goûts et les consolations qu'*autant* qu'il lui plaira de vous les donner.

FÉNELON, Lettres spirituelles, CXXXI.

On est toujours assez élevé quand on l'est *autant que* son état.

DAGUESSEAU, Discours, V.

Sa Sainteté, toujours occupée de ménager les deux partis *autant que* la crainte du plus fort le lui pouvoit permettre, vouloit par cette raison complaire aux Impériaux.

SAINT-SIMON, Mémoires, 1718.

La gloire n'est un bien qu'*autant* qu'on en est digne.

BUFFON, Discours de réception.

C'est d'un Roi que l'on tient cette maxime auguste,
Que jamais on n'est grand qu'*autant que* l'on est juste.

BOILEAU, Satires, II.

Combien de rois, brisés à ce funeste écueil,
Ne règnent plus qu'*autant* qu'il plait à son orgueil !

RACINE, Alexandre, I, 2.

J'ai vengé l'univers *autant que* je l'ai pu ;
La mort dans ce projet m'a seule *interrompu*.

LE MÊME, Mithridate, V, 5.

La valeur n'est valeur qu'*autant* qu'elle est tranquille.

PIRON, la Métromanie, III, 9.

Proverbialement, en parlant d'un homme qui a trop bu :

Il en a *autant* qu'il lui en faut.

Dictionnaire de l'Académie, 1694.

Il en a *autant* qu'il en peut porter.

Même ouvrage, 1762.

AUTANT QUE signifie encore Aussi loin :

Autant que mes regards au loin peuvent s'étendre,
On se mêle, on combat...
VOLTAIRE, *Mérope*, V, 5.

Et Aussi longtemps :

Ce bonheur a suivi leur courage invaincu
Qu'ils ont vu Rome libre *autant qu'*ils ont vécu.
CORNEILLE, *Horace*, III, 6.

AUTANT COMME :

Lors vint li dus de Venise qui viels homs estoit et ne veoit goute, et amena de tiex gens come il ot, bien *autant come* li emperères Baudoins en avoit et li quens Looys.
VILLEHARDOUIN, *Conqueste de Constantinoble*, CXLI.

Autant m'est li ainsneiz *comme* li puisniez.
Récit d'un ménestrel de Reims, publié par N. de Wailly, p. 3.

Autant vault l'homme *comme* s'estime.
RABELAIS, *Pantagruel*, II, 29.

Autant sont abhorrens de nopces *comme* les pontifes de Cybèle en Phrygie.
LE MÊME, même ouvrage, III, 48.

C'est *autant comme* qui voudroit faire d'un homme plusieurs.
AMYOT, trad. de Plutarque, *Œuvres morales*.

Je lui montrerai donc, en mourant premier qu'elle,
Que je suis courageux *autant comme* fidèle.
RACAN, *les Bergeries*, IV, 5.

Du métal inutile, *autant comme* il est rare,
Que le soleil à peine en dix siècles prépare,
L'aveugle idolâtrie en fait ses plus beaux dieux.
LE MÊME, *Psaumes*, CXLII.

Qu'il fasse *autant* pour soi *comme* j'ai fait pour lui.
CORNEILLE, *Polyeucte*, III, 3.

Voltaire a dit dans son commentaire à l'occasion de ce vers : On dit *autant que* et non pas *autant comme*.

Toi qui l'as honoré, sur cette infâme rive,
D'une flamme pieuse *autant comme* chétive.
CORNEILLE, *Pompée*, V, 1.

Ce beau feu vous aveugle *autant comme* il vous brûle.
LE MÊME, *Rodogune*, III, 4.

AUTEL, s. m. Il se dit en général d'une sorte de piédestal ou table destinée à l'usage des sacrifices et des offrandes.

De tutes les lignées de Israel le eslis que fust mis prestres; e a mun *altel* munstast, e encens i portast.
Les quatre Livres des Rois, I, II, 28.

Ne remuerai pas tut tun lignage de mun *autel*.
Même ouvrage, I, II, 33.

Jo avirunerai le tuen *alter*, sire.
Psaumes, 25.

Son berceau (de Jésus-Christ) a été fatal aux temples et aux *autels*, a ébranlé les fondements de l'idolâtrie.
BALZAC, *Socrate chrétien*, discours I.

C'est ce fameux Ozias, frappé de la lèpre, et tant de fois repris dans l'Écriture, pour avoir en ses derniers jours osé entreprendre sur l'office sacerdotal, et, contre la défense de la loi, avoir lui-même offert de l'encens sur l'*autel* des parfums.
BOSSUET, *Discours sur l'Histoire universelle*, I, 6.

Le Tabernacle, où le peuple avoit servi Dieu dans le désert, étoit encore à Gabaon ; et c'étoit là que s'offroient les sacrifices, sur l'*autel* que Moïse avoit élevé.
LE MÊME, même ouvrage, II, 4.

Bacchus, le plus enjoué de tous les dieux, avoit des *autels*, parce qu'on s'abandonnoit et qu'on sacrifioit, pour ainsi dire, à la joie des sens, plus douce et plus enivrante que le vin.
LE MÊME, même ouvrage, II, 25.

Cet homme qui... revenoit chargé des dépouilles de Samarie, après avoir brûlé sur leurs propres *autels* les dieux des nations étrangères.
FLÉCHIER, *Oraison funèbre de Turenne*.

Jérusalem se couvroit de cendre et de cilice ; ses prêtres pleuroient entre le vestibule et l'*autel*.
MASSILLON, *Carême* : Sermons sur les motifs de conversion.

Les patriarches étoient soigneux de conserver la mémoire des événements considérables, par des *autels*, des pierres dressées, et d'autres monuments solides.
FLEURY, *Mœurs des Israélites*, 2.

Il n'est pas vrai que, quand les anciens élevoient des *autels* à quelque vice, cela signifioit qu'ils aimassent ce vice : cela signifioit au contraire qu'ils le haïssoient.
MONTESQUIEU, *Esprit des Lois*, XXIV, 2.

Moy, qui tremblant encor du naufrage passé,
Du bris de mon navire au rivage amassé,
Bastissois un *autel* aux dieux légers des ondes.
RÉGNIER, *Élégies*, V.

J'ay beau recourir aux *autels*,
Je sens que pour moy les célestes
Sont foibles comme les mortels.
THÉOPHILE, *Ode*.

Ni les temples ni les *autels*
Ne sont point honneurs immortels.

RAGAN, *A M. de Balzac*, ode.

Qui voudra désormais encenser mes *autels*?

BOILEAU, *Lutrin*, I.

O qui pourroit décrire en langue du Parnasse
La majesté du dieu, son port si plein de grâce,
Cet air que l'on n'a point chez nous autres mortels,
Et pour qui l'âge d'or inventa les *autels*!

LA FONTAINE, *Psyché*, I.

Ne descendez-vous pas de ces fameux lévites
Qui lorsqu'au Dieu du Nil le volage Israël
Rendit dans le désert un culte criminel,
De leurs plus chers parents saintement homicides,
Consacrèrent leurs mains dans le sang des perfides,
Et par ce noble exploit vous acquirent l'honneur
D'être seuls employés aux *autels* du Seigneur.

RACINE, *Athalie*, IV, 3.

De ses plus braves chefs qu'elle entre accompagnée;
Mais de nos saints *autels* qu'elle tienne éloignée
D'un ramas d'étrangers l'indiscrète fureur.

LE MÊME, même ouvrage, V, 2.

Voyez au dieu de l'or tous ces *autels* dressés
Recevoir des mortels les vœux intéressés.

DELILLE, *Imagination*, II.

Mais les nobles tombeaux de ces morts immortels
Près de ces demi-dieux sont les premiers *autels*.

LE MÊME, même ouvrage, VII.

AUTEL s'emploie souvent dans un sens figuré :

Il alloit porter son encens avec peine sur les *autels* de
la fortune, et revenoit chargé du poids de ses pensées,
qu'un silence contraint avoit retenues.

FLÉCHIER, *Oraison funèbre de Montausier*.

Le moyen le plus assuré pour n'estre point éternellement rejeté de l'*autel* du ciel, c'est de se retirer durant
quelque temps de l'*autel* de la terre pour purifier sa vie.

ARNAULD, *De la fréquente communion*, part. III, c. 17.

Le cœur du magistrat ambitieux est un temple profane ;
il y place la fortune sur l'*autel* de la justice.

D'AGUESSEAU, *Mercuriales*.

On ne verra jamais profaner par d'autres feux l'*autel*
où Julie fut adorée.

ROUSSEAU, *la Nouvelle Héloïse*, I.

Les François pardonnent tout en faveur de la plaisanterie, au lieu que le citoyen Rousseau parle raison, et

IV.

renverse à grands coups de hache tous ces *autels* élevés
avec tant de prétention au génie de la musique françoise.

GRIMM, *Correspondance*, 15 décembre 1753.

Malheur à qui n'abjurerait pas toute rancune, toute
méfiance, toute haine sur l'*autel* du bien public.

MIRABEAU, *Discours*, 26 septembre 1789.

La terre entière, continuellement imbibée de sang,
n'est qu'un *autel* immense où tout ce qui vit doit être im-
molé sans fin.

JOSEPH DE MAISTRE, *Soirées de Saint-Pétersbourg*, VII.

On a dit, tant au propre qu'au figuré, *dresser des
autels à quelqu'un*, *mériter des autels* :

Ce voleur qui méritait la roue s'est fait quelquefois
dresser des autels.

VOLTAIRE, *Idées républicaines*, IV.

L'apologue est un don qui vient des immortels,
Ou, si c'est un présent des hommes,
Quiconque nous l'a fait *mérite des autels*.

LA FONTAINE, *Fables*, VII; à Mme de Montespan.

Et j'irai l'attaquer jusques sur les *autels*
Que lui dresse en tremblant le reste des mortels.

RACINE, *Alexandre*, I, 2.

Eux-même avec candeur se disant immortels
De leurs mains tour à tour se *dressent des autels*.

GILBERT, *le Dix-huitième Siècle*.

La croix a quelquefois été considérée comme
un autel, c'est-à-dire comme le lieu où s'accomplit un sacrifice :

La croix n'est pas seulement l'instrument du supplice
de Jésus, c'est l'*autel* de son sacrifice, c'est là qu'il immole
la victime de son corps pour s'offrir à Dieu dans toute
l'éternité.

NICOLE, *Essais de morale : J.-C.* élevé sur la croix.

O croix, ô supplice du juste et asile des criminels, ouvrage de l'injustice et *autel* de la sainteté.

BOSSUET, 4e *Sermon sur la Passion de Jésus-Christ*.

La croix est l'*autel* où saint André, comme prêtre et
pontife de la loi nouvelle, a exercé dans toute la perfection possible l'office de sacrificateur.

BOURDALOUE, *Panégyriques*.

AUTEL se dit particulièrement, chez les catholiques, de l'espèce de Table où l'on célèbre la
messe :

63

Ensi li dus avala le letrin et s'ala agenoiller devant l'*autel* saint Marc, moult plorant.

VILLEHARDOUIN, *Conqueste de Constantinoble*, XI.

Estoit li *autiex* de sainct Jehan Baptistre.

Recueil des historiens des Croisades : Historiens occidentaux, t. II, p. 508.

Cil écuyèr entra en l'église et vint à l'*autel*, et prit le calice où le prêtre devoit consacrer le corps de Notre-Seigneur, et jeta le vin par terre.

FROISSART, *Chroniques*, liv. I, 2º part., c. 97.

Les Pères capucins y donnèrent par leur piété aux *autels* leur véritable décoration, et au service divin sa majesté naturelle.

BOSSUET, *Oraison funèbre de la reine d'Angleterre*.

Méditons donc aujourd'hui à la vue de cet *autel* et de ce tombeau la première et la dernière parole de l'Ecclésiaste.

LE MÊME, *Oraison funèbre de la duchesse d'Orléans*.

Les désordres et les abus portés jusqu'aux environs de l'*autel* faisoient gémir les bons, les humilioient, les pressoient de se rendre encore meilleurs.

LE MÊME, *Histoire des variations des Églises protestantes*, liv. XII, n. 205.

Les tristes dépouilles d'une illustre morte, les larmes de ceux qui la pleurent, des *autels* revêtus de deuil... tout cet appareil de funérailles vous a sans doute déjà touchés.

FLÉCHIER, *Oraison funèbre de Mᵐᵉ d'Aiguillon*.

Les mains des pauvres sont aussi respectables, et en quelque sorte plus respectables pour nous, que les *autels*, parce que sur les *autels* on sacrifie Jésus-Christ, et que dans les mains des pauvres on soulage Jésus-Christ.

BOURDALOUE, *Sermons :* Sur l'aumône.

Laurent eut la générosité ou la prudence de sauver la vie au cardinal neveu qu'on vouloit égorger au pied de l'*autel* qu'il avait souillé, et où il se réfugia.

VOLTAIRE, *Essai sur les mœurs*, c. 105 : Suite de l'état de l'Europe au xvᵉ siècle.

Je hais comme vous la congrégation et ces associations d'hypocrites qui transforment mes domestiques en espions, et qui ne cherchent à l'*autel* que le pouvoir.

CHATEAUBRIAND, *Mémoires d'outre-tombe*.

Tretous feroie abatre *auteus* et crucefis.

Fierabras, v. 890.

Je ne lairai en France ne moustier ni *autés*.

Même ouvrage, v. 1167.

Or vos dis-je bien, par mes ieux,
Que je voil orendroit aler
A cest *autel* messe chanter,
Et je voi tot prest sor l'*autel*
Le vestement et le mesel.

Roman de Renart, v. 3204.

Le clou e la corune si ad mis sur l'*auter*.

Voyage de Charlemagne. (Voyez *Histoire littéraire de la France*, t. XVIII, p. 714.)

Devant l'*auter* la cucherum
E à Deu la cumanderum.

MARIE DE FRANCE, *lai d'Eliduc*, v. 929.

En quel palais et quels *autels*
Ne se peut glisser un tonnerre?
Quels vaisseaux et quels matelots
Sont toujours asseurez des flots?

THÉOPHILE, *Lettre à son frère*.

Mon innocence et ma raison,
Pour eschapper à leur colère,
Appellerent de ma prison
A l'*autel* d'un dieu tutélaire.

LE MÊME, *Odes*, VI.

Ah! plutôt qu'un moment cet affront m'obscurcisse,
Renonçons à l'*autel*, abandonnons l'office.

BOILEAU, *Lutrin*, IV.

... Périsse à jamais l'affreuse politique
Qui prétend sur les cœurs un pouvoir despotique,
Qui veut le fer en main convertir les mortels,
Qui du sang hérétique arrose les *autels*.

VOLTAIRE, *Henriade*, II.

Comme un vase encor pur qu'on réserve aux *autels*.

LAMARTINE, *Jocelyn*.

... Non loin est un caveau,
Peut-être une prison, peut-être un oratoire,
Car rien n'approche autant d'un *autel* qu'un tombeau.

ALFRED DE MUSSET, *le Saule*.

Le *maître-autel* ou *grand autel*, le principal autel de chaque église, qui est placé dans le chœur :

Il estoit de grant aage, et fu morz comme preudons et bons crestiens, et fu enfouiz devant le *maistre auteil* sainte Soufle.

Récit d'un ménestrel de Reims au x111º *siècle*, publié par N. de Wailly, p. 224.

Le *grand autel* et la sacristie épuisèrent mes yeux par leurs immenses richesses (à l'Escurial).

SAINT-SIMON, *Mémoires*, 1721.

Le roi fist faire un charnier bien ouvré
De bonne pierre, en bon mortier scellé...
Une chapelle fet sur les martirs Dé;
Sur le charnier fu le moustier fondé,
De saint Estienne en fu le *maistre auté*.

> *La Bretagne conquise.* (Voyez *Histoire littéraire de
> la France*, t. XXII, p. 406.)

Au grant mostier s'an est Berniers alés;
Un pàile offri desor le *maistre autel*.

> *Raoul de Cambrai*, p. 319.

Raimons oï la messe devant le *maitre autel*.

> *Parise la duchesse*, p. 40.

Proverbialement et par exagération, *Il pren-
drait sur le maître-autel*, se dit d'Un homme qui
prend effrontément tout ce qu'il peut et partout
où il peut :

Celui qui s'enrichit du maniement des affaires publiques, est un sacrilège qui *déroberoit jusques sur le maistre-
autel*, jusques dedans les sépultures des morts.

> Amyot, trad. de Plutarque, *Œuvres morales*.

Il en *prendroit sur le grand autel*.

> Henri Estienne, *Précellence du langage françois*.

Figurément et par exagération, *dépouiller les
autels* :

Jamais deux hommes si semblables (que Montrevel et le
maréchal de Villeroi), à la différence près du désintéressement du maréchal de Villeroy et du pillage de Montrevel, né fort pauvre et grand dépensier, et qui *auroit
dépouillé les autels*.

> Saint-Simon, *Mémoires*, 1703.

*Le sacrifice de l'autel, le saint sacrifice de l'au-
tel*, la messe :

De tant de passages qu'on allègue, il n'y en a pas un
seul où ces docteurs aient seulement songé à changer la
foi de l'Église; à corriger son culte qui consistoit principalement dans *le sacrifice de l'autel*.

> Bossuet, *Histoire des variations des Églises protestantes*,
> liv. I, § 2.

Mettez avant le jeu la prière, *le sacrifice des autels*, la
lecture d'un bon livre, l'office divin.

> Bourdaloue, *Sermons* : Sur les divertissements du monde.

Le saint sacrement de l'autel, l'eucharistie :

Au *saint sacrement de l'autel*,
    Commans en garde ma porteure.

> *Miracles de Notre-Dame :* Miracle de l'enfant donné au
> diable, v. 420.

Bâtir, élever, ériger autel contre autel, tant au
propre qu'au figuré :

Que si vous croyez que la terre qui vous a été donnée
en partage soit impure, passez à celle où est le tabernacle
du Seigneur, et demeurez parmi nous, pourvu seulement
que vous ne vous séparez point du Seigneur, et que vous
ne vous divisiez point d'avec nous, en *bâtissant un autel
contre l'autel du Seigneur* notre Dieu.

> Saci, *Josué*, c. 22, v. 19.

J'étois engagé à Monsieur, qui s'étoit défait de la pensée
d'*ériger autel contre autel* par l'impossibilité qu'il avoit
trouvée à Fontainebleau de diviser le cabinet, et de m'y
mettre en perspective vis-à-vis le cardinal Mazarin en
calotte rouge.

> Retz, *Mémoires*, IIᵉ part., 1650.

Après que M. le Prince eut cessé de parler, M. le premier président dit qu'il auroit peine de le voir en cette
place, avant qu'il eût vu le roi, et qu'il sembloit qu'il
voulût *élever autel contre autel*.

> Le même, même ouvrage, IIᵉ part., 1651.

La reine pense que vous avez dessein de décrier son
gouvernement dans l'esprit des peuples, et que vous voulez *élever autel contre autel*.

> Omer Talon, éd. de M. Rives, t. I, p. 81.

Voilà le divin Platon qui proscrit le divin Homère; c'est
autel contre autel.

> Houdar de la Motte, *Réflexions sur la critique*.

Je vous recommande le suisse de Félice et ses coopé-
rateurs, au nombre desquels sont quelques polissons d'é-
crivailleurs français qui prétendent, à ce qu'on dit, *élever
autel contre autel*.

> D'Alembert, *Lettres* ; à Voltaire, 8 juin 1776.

Prov. et fig. *Qui sert à l'autel doit vivre de l'autel*, ou simplement, *Le prêtre vit de l'autel*, Il est
juste que chacun vive de sa profession.

Lorsque l'Église permet aux prêtres qui sont pauvres de
recevoir de l'argent pour leurs messes, parce qu'il est
bien juste que *ceux qui servent à l'autel vivent de l'autel*,
elle n'entend pas pour cela qu'ils échangent le sacrifice
pour l'argent.

> Pascal, *Provinciales*, VI.

Sous prétexte qu'il est permis de *vivre de l'autel*, on fait de l'autel comme un métier qui nourrit son artisan, et l'on accoutume les peuples à ne pas distinguer le salaire d'un prêtre du Très-Haut, du salaire du vigneron et du laboureur qui défriche la terre.

Massillon, Conférences.

Celuy qui *sert l'autel doit vivre de l'autel.*

Ant. du Verdier, les Omonimes. (Voyez Poésies fran-
çoises des xvᵉ et xviᵉ siècles, bibliothèque elzévi-
rienne, t. III, p. 111.)

Ci-gît le pauvre Pellegrin,
Qui, dans le double emploi de poète et de prêtre,
Éprouva mille fois l'embarras que fait naître
   La crainte de mourir de faim,
Il *dînoit de l'autel* et soupoit du théâtre,
Le matin catholique et le soir idolâtre.

Charles Remi, Épitaphe de l'abbé Pellegrin.

Figurément, *Faire de la table un autel*, aimer la table, la bonne chère :

Il *fait de la table un autel.*

Farce de Pernet qui va à l'escolle. (Ancien Théâtre
françois, bibliothèque elzévirienne, t. II, p. 367.)

Autel signifie figurément, surtout au pluriel, la Religion, le culte religieux.

Lui manquoit-il quelque qualité nécessaire à ceux qui s'engagent au ministère des *autels?*

Fléchier, Panégyrique de saint François de Paule.

Aux *autels*, tu le sais, j'ai destiné ma vie.

Lamartine, Jocelyn.

Prov. et fig. *Ami jusqu'aux autels*, Ami à tout faire, excepté ce qui est contraire à la conscience, à la religion :

Je ne me contente point encore de la response que feit Pericles à un sien amy, qui le requit de porter un tesmoignage faulx pour luy, à laquelle faulseté il y avoit encore un parjurement adjoint. « Je suis, dit-il, *amy de mes amis jusques aux autels.* » Comme s'il eust voulu dire, jusques à n'offenser point les dieux.

Amyot, trad. de Plutarque, Œuvres morales : De
la mauvaise honte.

Estant un jour prié par un de ses grands amis de jurer et affirmer quelque chose fausse en sa faveur : Je suis, luy respondit-il, *amy jusques aux autels*, c'est-à-dire jusques à n'offenser point les dieux. Belle response, plus chretienne que payenne.

Camus, évêque de Belley, Diversités.

Jusqu'à l'autel ami faut estre.

Baïf, Mimes, liv. II.

Quand on dit *jurer devant les autels, promettre au pied des autels*, on a souvent en vue les Promesses qui accompagnent les fiançailles ou le mariage.

La chose, dit-il, alla jusqu'à se *jurer* fidélité *devant les autels.*

Fléchier, Mémoires sur les grands jours de 1665.

Hélas! vous savez qu'une fille bien née ne reçoit et ne fait de serments qu'*aux pieds des autels.*

Diderot, le Père de famille, II, 14.

Le trône et l'autel, le pouvoir monarchique et la religion :

Tout, en un mot, dans ces livres multipliés à l'infini, porteroit l'empreinte d'une littérature dépravée, d'une morale corrompue, et d'une philosophie altière, qui sape également *le trône et l'autel.*

Le Franc de Pompignan, Discours de réception,
10 mars 1760.

Quand on prononce devant une Académie un de ces discours dont on parle un jour ou deux et que même quelquefois on porte au pied du trône, c'est être coupable envers ses concitoyens d'oser dire dans ce discours que la philosophie de nos jours sape les fondements *du trône et de l'autel.*

Voltaire, les Quand.

Comme le gouvernement, comme les mœurs, comme la cour et la ville, la littérature chercha à revenir au passé. *Le trône et l'autel* défrayèrent tout.

Alfred de Musset, Dupuis et Cotonet.

Irois-je...
Aux lois d'un tribunal profane
Pliant la loi de l'Immortel,
Par une éloquence anglicane
Saper et *le trône et l'autel?*

Gresset, la Chartreuse.

Et les droits de *l'autel* sont avant ceux du *trône.*

Raynouard, États de Blois, II, 5.

On a dit : *les autels vivants*, les ecclésiastiques.

Jugeons par la révérence que nous devons porter aux *autels vivants* et animés de la même église; aux véritables oincts du Seigneur; aux personnes saintes et sacrées; aux prêtres et aux évêques.

Balzac, Dissertations critiques.

Les prêtres sont les tabernacles et les *autels vivants* de ce Dieu de gloire.

> BOURDALOUE, *Exhortations*.

AUTEUR, s. m. (du latin *auctor*). Il a, en ancien français, des formes très diverses : AUCTOR, AUCTOUR, AUCTEUR, AUTOR, AUTOUR, AUTHEUR (voyez le *Glossaire* de Sainte-Palaye). On a même employé·dans le même sens la forme ACTEUR (voyez ce mot précédemment, t. I, p. 766). Celui qui est la première cause de quelque chose :

Biaus sires Dieux, *peres* puissans qui es juges et *autours* de nature.

> Chroniques de Sainct-Denis. (Voyez *Historiens de France*, III, 192.)

Nous aurons à retenir ce que j'ay dit n'agueres, que jamais nous n'aurons ferme foy à la doctrine, jusques à ce qu'il nous soit persuadé sans doute que Dieu en est l'*autheur*.

> CALVIN, *Institution chrestienne*, liv. I, c. 7, § 4.

On voeit peu de grans seigneurs qui se soucient de l'honneur des femmes, ny du scandale du public, mais qu'ils ayent leur plaisir, et souvent sont *autheurs* que l'on pense pis qu'il n'y a.

> *Heptameron*, XXV.

Il fault éviter surtout en une risée qu'elle ne se puisse retourner contre son *aucteur*.

> AMYOT, *Projet de l'éloquence royale*.

Icelluy (César) toutesfoys, ce nonobstant, en certains endroitz paint rigoureusement les *autheurs* de rebelion.

> RABELAIS, *Gargantua*, I, 50.

On l'accusa qu'il avoit esté l'*autheur* principal de ceste entreprise dudict Anvers.

> BRANTÔME, *Grands Capitaines* : M. le mareschal de Biron.

De ce je vous prie, afin que vous ne demeuriez en faute de la part des vôtres, puisque Dieu vous est *auteur* et instigant.

> SALIAT, trad. d'Hérodote, liv. VII, 18.

S'il court un bruit qui vous déplaise, vous jugez que c'est moy qui en suis l'*autheur*.

> VOITURE, *Lettres* ; à M. d'Avaux.

Comme les barricades furent levées, j'allai cheux madame de Guéménée qui me dit qu'elle sçavoit de science certaine que le cardinal croyoit que j'en avois été *auteur*.

> RETZ, *Mémoires*.

Le pauvre Ragotin, qui vit que tout le monde s'éclatoit de rire à ses dépens, se jeta tout furieux sur le premier *auteur* de sa confusion.

> SCARRON, *Roman comique*, I, 16.

On comprend que la nature ayant gravé son image et celle de son *auteur* dans toutes choses, elles tiennent presque toutes de sa double infinité.

> PASCAL, *Pensées*.

Il ne se piquoit pas d'être l'*auteur* des bonnes résolutions qu'il avoit fait prendre ; c'étoit assez pour lui qu'on les eût prises.

> FLÉCHIER, *Oraison funèbre de Lamoignon*.

Ces négociations avantageuses, dont il fut et l'*auteur* et le conducteur par ses projets et par ses vues.

> LE MÊME, *Oraison funèbre de Le Tellier*.

Tout ce que vous vous attribuez dans vos bonnes œuvres, vous l'ôtez à Dieu qui en est l'*auteur*.

> BOSSUET, *Traité de la concupiscence*, c. 31.

Il n'y a rien que l'homme doive plus cultiver que son entendement, qui le rend semblable à son *auteur*.

> LE MÊME, *De la Connoissance de Dieu et de soi-même*, c. I, art. 15.

Si on attribuoit à un autre qu'à notre *auteur* de faire en nous notre action, on pourroit croire qu'il blesseroit notre liberté.

> LE MÊME, *Traité du libre arbitre*, c. 8.

Le concile frappa d'anathème un évêque célèbre par sa doctrine, un patriarche d'Alexandrie, quatre patriarches de Constantinople, c'est-à-dire tous les *auteurs* de la secte des monothélites, sans épargner le pape Honorius, qui les avoit ménagés.

> LE MÊME, *Discours sur l'Histoire universelle*, I, 11.

Maxime, *auteur* du meurtre (d'Aétius), en inspire la vengeance aux amis d'Aétius, et fait tuer l'empereur (Valentinien).

> LE MÊME, même ouvrage, *ibid*.

Voilà donc la religion toujours uniforme, ou plutôt toujours la même dès l'origine du monde : on y a toujours reconnu le même Dieu comme *auteur*, et le même Christ comme sauveur du genre humain.

> LE MÊME, même ouvrage, II, 1.

Cet admirable enfant, appelé par Isaïe le Dieu fort, le Père du siècle futur, et l'*auteur* de la paix, naît d'une vierge à Bethléem, et il y vient reconnoître l'origine de sa race.

> LE MÊME, même ouvrage, II, 19.

Collatin, nommé consul avec Brutus, comme ayant été avec lui l'*auteur* de la liberté.

> LE MÊME, même ouvrage, III.

L'esprit, intempérant dans le désir de savoir, se porte à ce qui est au-dessus de la nature, et cherche ce qu'il y a de plus secret en son *auteur*, moins pour l'adorer que par une vaine curiosité de tout connoître.

SAINT-EVREMONT, *Sur la religion.*

... L'arrest qui vous a esté envoyé, portant interdiction du syndic de la province de Languedoc, n'a point esté sollicité par Cambacerez, et n'a eu d'autre *auteur* et instigateur que moy.

COLBERT à de Besons, 10 octobre 1670. (Voyez DEPPING, *Correspondance administrative sous Louis XIV*, t. I, p. 252.)

Ce qu'il y a de principal à mettre sans cesse devant les yeux des enfants, c'est Jésus-Christ, *auteur* et consommateur de notre foi.

FÉNELON, *De l'Éducation des filles*, c. 8.

Comme nous ne sommes *auteurs* de rien, nous n'inventons rien, nous ne faisons que des composés de ce que nous avons vu, en l'altérant et le défigurant.

DUGUET, *Explication de l'ouvrage des six jours.*

On commençoit à regarder en Italie ce prince (le duc de Parme) comme l'*auteur* de la guerre que l'Espagne méditoit.

SAINT-SIMON, *Mémoires*, 1718.

Alberoni, rejetant sur son maître tout ce qu'il y avoit d'odieux dans le désir de la guerre, protestoit qu'il n'en étoit pas l'*auteur*.

LE MÊME, même ouvrage, *ibid.*

Il (Zaleucus) les exhorte (les Locriens) à honorer et à respecter les Dieux, comme *auteurs* de tout ce qu'il y a de bon, de juste, d'honnête parmi les mortels.

ROLLIN, *Histoire ancienne*, liv. VII, c. 2, § 2.

Chacun pressoit le moment de l'exécution, comme s'il avoit été le chef et l'*auteur* de l'entreprise.

VERTOT, *Révolutions de Portugal.*

La révolution dont il (Odoacre) fut l'*auteur*, causa une fermentation générale chez les barbares.

MABLY, *Observations sur l'Histoire de France*, liv. I, c. 1.

Je ne suis point l'*auteur* des idées qu'on a eues là-dessus.

MARIVAUX, *l'Épreuve*, sc. 21.

Juger par ses propres yeux, être l'*auteur* véritable de ses pensées, c'est une qualité singulière et qui prouve la supériorité de l'intelligence.

GUÉNARD, *Discours sur l'esprit philosophique.*

Tout est bien sortant des mains de l'*auteur* des choses : tout dégénère entre les mains de l'homme.

ROUSSEAU, *Émile*, I.

Venise était aussi riche qu'eux tous ensemble, elle se confia dans cette ressource, et surtout dans la désunion qui se mit bientôt entre tant d'alliés; il ne tenait qu'à elle d'apaiser Jules II, principal *auteur* de la ligue.

VOLTAIRE, *Essai sur les mœurs*, c. 113 : Ligue de Cambrai.

Les *auteurs* de complots ou de provocations attentatoires à la sûreté intérieure ou extérieure de l'État.

Code pénal, 535.

Les *auteurs* du faux.

Même ouvrage, 562.

On immole d'abord un taureau blanc à Jupiter, *auteur* des bons conseils.

CHATEAUBRIAND, *Martyrs*, liv. XV.

Jusque-là (vers la fin du xᵉ siècle), tous les essais pour mettre fin à la barbarie ont échoué; leurs *auteurs* supposaient les hommes plus avancés que ceux-ci n'étaient réellement.

GUIZOT, *Histoire de la civilisation en Europe*, 3ᵉ leçon.

... Luy (le Pape), qui est ung père directeur.
A esté cause, et, comme on dit, *aucteur*,
Dont par fureur se sont depuis deux ans
Entretués cent mil de ses enfans.

Épitre d'Henry VII à Henry VIII. (Voyez *Poésies françoises des* xvᵉ *et* xviᵉ *siècles*, bibliothèque elzévirienne, t. III, p. 69.)

Ils disoient entr'eux sourdement
Que je parlois avec la lune,
Et que le diable asseurément
Estoit *autheur* de ma fortune.

THÉOPHILE, *Requeste au Roy.*

... Le ciel dont l'artifice
Couvre de tant d'appas tant d'infidélité,
Est le premier *autheur* de ma méchanceté.

RACAN, *Bergeries*, 1, 4.

O ciel, *autheur* de ma noire adventure,
Mon cœur soumis ne t'a pas offencé;
Et cependant l'ordre de la nature
Est pour me nuire aujourd'huy renversé.

MAYNARD, *Ode.*

Dieu, notre souverain, tout-puissant et tout bon,
Auteur de la nature, et maître du tonnerre.

PIERRE CORNEILLE, *Psaumes*, VIII.

De nos propres malheurs *auteurs* infortunés,
Nous sommes loin de nous à toute heure entraînés.

BOILEAU, *Épitres*, V.

Grâce à l'*auteur* de l'univers,
Je suis oiseau; voyez mes ailes.

LA FONTAINE, *Fables*, II, 5

Cet Achille, l'*auteur* de tes maux et des miens.

RACINE, *Iphigénie*, II, 1.

Prêt d'imposer silence à ce bruit imposteur,
Achille en veut connoître et confondre l'*auteur*.

LE MÊME, même ouvrage, III, 1.

... C'est une horreur
Dont je veux dévoiler et confondre l'*auteur*.

GRESSET, *le Méchant*, III, 4.

Quelques charmes d'abord que la vengeance étale,
Songez qu'à ses *auteurs* elle est toujours fatale.

DE LA FOSSE, *Manlius*, III, 2.

Par suite, Créateur, prédécesseur, fondateur :

Au demeurant, Madame (de Duras), je n'eusse pas osé
remuer si hardiment les mystères de la médecine, attendu le crédit que vous et tant d'autres luy donnez, si je
n'y eusse été acheminé par ses *autheurs* même.

MONTAIGNE, *Essais*, II, 37.

Nous avons les Bénédictins, Bernardins, Dominiquains,
Francisquains et autres tels ordres. Dès l'entrée de leurs
professions, leurs *auteurs* furent de si saincte vie que,
du commun consentement de l'Église, ils furent enregis-
trez au calendrier des saincts.

EST. PASQUIER, *Recherches de la France*, III, 43.

Lorsque les protestants nous allèguent toutes ces sectes
(les Albigeois, les Vaudois, les Manichéens), ce n'est pas
leurs *auteurs* qu'ils nous nomment, mais leurs complices.

BOSSUET, *Histoire des variations des églises protestantes*,
liv. XI, n° 207.

Là se monstroit l'excellence et la gloire
Du sang troien, ces antiques ayeux
Du bon vieux temps, ces vaillants demidieux,
Ile, Assarac et Dardan fondateur,
Qui des Troiens fut le premier *autheur*.

JOACHIM DU BELLAY, *Livre VI de l'Énéide*.

AUTEUR signifie encore Père, ancêtre :

Il brusloit du désir de visiter le temple de Jupiter,
qu'il croyoit ou qu'il vouloit qu'on creust *autheur* de sa
naissance.

VAUGELAS, trad. de Quinte-Curce, *Histoire d'Alexandre*,
liv. IV.

La mémoire de ces trois premiers *auteurs* des nations
et des peuples (les fils de Noé) s'est conservée parmi les
hommes.

BOSSUET, *Discours sur l'Histoire universelle*, I, 2.

Mon cher fils, lui dit-il, reconnoissez l'*auteur* de vos

jours! si je vous ai laissé ignorer si longtemps votre
condition, croyez que je me suis fait en cela une cruelle
violence.

LE SAGE, *Gil Blas*, VI, 3.

Il faut toujours se souvenir qu'aucune famille sur la
terre ne connoît son premier *auteur*.

VOLTAIRE, *Histoire de Russie sous Pierre le Grand*.

Adam sans mere fut, et sans un charnel pere,
Ayant Dieu seul *autheur* qui seul le voulut faire.

LA BODERIE, *Hymnes ecclésiastiques*.

AUTEUR signifie Inventeur :

A bon droit est loué le roy Charles VII d'avoir esté
l'*autheur* d'un si profitable establissement que celui de la
gendarmerie.

DE LA NOUE, *Discours politiques et militaires*, XIII.

En somme c'est luy (Tarquinius Priscus) qui est l'*autheur*
de tous les ornemens, et de toutes les enseignes honorables, qui servent aujourd'huy à faire éclatter la dignité
de l'empire.

COEFFETEAU, *Histoire romaine de L. Florus*, I, 5.

Les *auteurs* de l'opinion que nous réfutons ne nient pas,
dans l'état présent, cette liberté de choix à l'égard des
actions purement civiles et naturelles.

BOSSUET, *Traité du libre arbitre*, V.

Les grands rois, les grands conquérants qui pouvoient
tout sur la terre, et les *auteurs* des inventions utiles à la
vie humaine, eurent bientôt après les honneurs divins.

LE MÊME, *Discours sur l'Histoire universelle*, II, 2.

Les deux Mercures, *auteurs* des sciences et de toutes les
institutions des Égyptiens.

LE MÊME, même ouvrage, III, 3.

La première (réflexion) est que le marquis de Castel
Rodrigo, avec ses amis dans le conseil d'État, est le seul
auteur de cette nouveauté, et que l'on peut la repousser
par la force dans tous les passages de ces troupes allemandes, sans préjudice de la paix.

L'ARCHEVÊQUE D'EMBRUN à Louis XIV, 28 février 1665.
(Voyez MIGNET, *Succession d'Espagne*, t. I, p. 348.)

Qu'esclave d'un habit fait selon sa méthode,
Il s'érige en *auteur* d'une nouvelle mode.

MONTFLEURY, *le Procès de la femme juge et
partie*, sc. 2.

AUTEUR se dit particulièrement de Celui qui a
fait un ouvrage de littérature, de science, d'art, etc.

Il faudra toujours mettre au premier rang ce Perrault,

auteur de la façade du Louvre et de la traduction de Vitruve.

VOLTAIRE, *Mélanges :* Défense de Louis XIV.

Il n'y a point d'exemple qu'un libelle ait fait le moindre bien à son *auteur*, jamais on ne recueillit de profit ni de gloire dans cette carrière honteuse.

LE MÊME, *Dictionnaire philosophique*, Quisquis Langleviel.

Rien de si commun dans toute cette populace de prétendus critiques qui se répètent les uns les autres, que de dire l'*auteur* d'Atrée comme on dit l'*auteur* du Cid, d'Andromaque, de Mérope.

LAHARPE, *Cours de Littérature.*

Je passe pour l'*auteur* du Mercure galant.

BOURSAULT, *le Mercure galant,* I, 1.

Je soutiens qu'on ne peut en faire de meilleur ;
Et ma grande raison est que j'en suis l'*auteur.*

MOLIÈRE, *les Femmes savantes,* III, 3.

Nous jouons une pièce aujourd'hui très plaisante,
J'en suis l'*auteur...*

PIRON, *la Métromanie,* II, 1.

Quoi! vous seriez l'*auteur* de la pièce nouvelle,
Que ce soir aux François l'on doit représenter!

LE MÊME, même ouvrage, III, 7.

Il signifie absolument Celui qui a écrit quelque ouvrage, ou qui écrit habituellement des ouvrages.

Les bons *aucteurs* nous ont laissé telz livres, preceptions et reigles, que pour en icelles profiter ne restera qu'estude et diligence.

MARTIN DU BELLAY, *Mémoires.*

En mon Philippe de Comines, il y a ceci : « Vous trouverez le langage doux et agréable, d'une naïfve simplicité, la narration pure, et en laquelle la bonne foy de l'*autheur* reluit évidemment, exempte de vanité parlant de soy, et d'affection et d'envie parlant d'autruy. »

MONTAIGNE, *Essais,* II, 10.

Ils avoient, de plus, un poëte, ou plutôt un *auteur,* car toutes les boutiques du royaume étoient pleines de ses œuvres, tant en vers qu'en prose.

SCARRON, *Roman comique,* I, 8.

Les plus petits *auteurs* pourroient faire des livres des éloges qu'ils reçoivent de leurs amis.

Logique de Port-Royal, IIIᵉ part., c. 20.

Il est constant que vos *auteurs* permettent de tuer pour la défense de son bien et de son honneur, sans qu'on soit en aucun péril de sa vie.

PASCAL, *Provinciales,* XIV.

On a ramassé avec soin ce que les *auteurs* ecclésiastiques ont dit.

BOSSUET, *Histoire des variations des églises protestantes.*

Vous aurez sans doute, Monseigneur, déjà remarqué que ce que je raconte de Cyrus est fort différent de ce que vous en avez lu dans Justin... et qu'enfin mon récit ne s'accorde guère avec ce que nous raconte cet *auteur* des trois premières monarchies.

LE MÊME, *Discours sur l'Histoire universelle,* I, 7.

On verra dans ce livre que non seulement les *autheurs* ont donné le jour aux Prétieuses, mais encore qu'ils servent à estendre leur empire et à conserver leur réputation et leur puissance : ce qui se fait réciproquement entre elles et les *autheurs.*

SOMAIZE, *Dictionnaire des Prétieuses,* édit. Livet, t. I, p. 23.

« Parler la manière d'un *autheur* » — locution précieuse pour : « imiter un *autheur.* »

LE MÊME, même ouvrage, t. I, p. 118.

C'est un métier que de faire un livre, comme de faire une pendule. Il faut plus que de l'esprit pour être *auteur.*

LA BRUYÈRE, *Caractères,* c. 1.

Il faut qu'un *auteur* reçoive avec une égale modestie les éloges et la critique que l'on fait de ses ouvrages.

LE MÊME, même ouvrage.

J'ai acheté une copie qui me coûte un peu cher à la vérité, mais elle est d'un *auteur...!* c'est de l'or en barre.

LE SAGE, *le Diable boiteux,* c. 16.

Ce cavalier, reprit Asmodée, est un garçon de famille qui a la rage d'écrire et de vouloir absolument passer pour *auteur.*

LE MÊME, même ouvrage, c. 17.

Je veux un homme qui me fasse oublier qu'il est *auteur,* et qui se mette comme de plain-pied en conversation avec moi.

FÉNELON, *Lettre à l'Académie.*

C'est elle (l'émulation) qui donne aux empires des citoyens illustres, des ministres sages et laborieux, de vaillants généraux, des *auteurs* célèbres, des princes dignes des louanges de la postérité.

MASSILLON, *Petit Carême :* Tentations des grands.

Dans la plupart des *auteurs,* je vois l'homme qui écrit ; dans Montaigne, l'homme qui pense.

MONTESQUIEU, *Pensées diverses.*

Il (le Père de la Chaise) eut toujours sur sa table le Nouveau Testament du Père Quesnel qui a fait tant de bruit depuis, et de si terribles fracas ; et quand on s'étonnoit de lui voir un livre si familier, à cause de l'*auteur,* il répondoit qu'il aimoit le bon et le bien partout où il le rencontroit.

Saint-Simon, *Mémoires*, 1709.

Voilà tout ce que j'avois à dire : ce petit préambule m'a paru nécessaire, et je l'ai fait du mieux que j'ai pu ; car je ne suis point *auteur*, et jamais on n'imprimera de moi que cette vingtaine de lignes-ci.

Marivaux, *la Vie de Marianne*, 1ʳᵉ part.

Ils distinguent, ils divisent, ils traitent la conversation par points; ils mettent dans leurs propos la même méthode que dans leurs livres, ils sont *auteurs*, et toujours *auteurs*.

Rousseau, *Nouvelle Héloïse*, VI.

On cite, on commente, on critique, on néglige, on oublie; mais surtout on méprise communément un *auteur* qui n'est qu'*auteur*.

Voltaire, *Dictionnaire philosophique*, Auteurs.

Cette aventure alors unique deviendra bientôt commune. On érigera des statues ou du moins des bustes aux artistes, comme la mode est venue de crier *l'auteur, l'auteur* dans le parterre.

Le même, *Mélanges littéraires*.

Il y a beaucoup de gens de lettres qui ne sont point *auteurs* et ce sont probablement les plus heureux.

Le même, même ouvrage. Gens de lettres.

Ceux qui, nés avec un vrai génie cultivé par la lecture des bons *auteurs* romains, avaient échappé aux ténèbres de cette érudition, étaient depuis le Dante et Pétrarque en très petit nombre.

Le même, *Essai sur les mœurs :* De Pic de la Mirandole, c. 109.

Nous avons à considérer dans Marivaux *l'auteur* dramatique et *l'auteur* de romans.

D'Alembert, *Éloge de Marivaux*.

Malgré ses défauts, observés même dans son éloge, il sera toujours le plus relu de tous les *auteurs*, et l'intérêt qu'inspirent ses ouvrages s'étendra toujours sur sa personne.

Chamfort, *Éloge de La Fontaine*.

Nul *auteur* n'a mieux possédé cette souplesse de l'âme et de l'imagination qui suit tous les mouvements de son sujet.

Le même, même ouvrage.

On a raison de conseiller le silence à un *auteur* qui n'a rien de nouveau à nous dire.

Grimm, *Correspondance*, 15 juin 1753.

On est toujours indulgent pour un *auteur* de société.

Le même, même ouvrage, 15 août 1753.

IV.

Quelle confiance pouvoit mériter un *auteur* qui ne savoit pas, ou qui feignoit d'ignorer, qu'on ne doit point attaquer le crime par le ridicule et qu'un portrait cesse d'être odieux dès qu'il est chargé de traits burlesques ?

Barthélemy, *Voyage d'Anacharsis*, c. 71.

Il n'est point permis en bonne morale de personnaliser la satire théâtrale à l'égard d'un *auteur* vivant, et Duclos n'avoit rien de commun avec les philosophes.

Laharpe, *Cours de littérature*, 3ᵉ part., liv. III, c. 2, sect. 2. Duclos.

E li *auctor* planierement,
Ki firent livres e escriz.

Roman de Rou, v. 10.

O vous, Messeigneurs, qui verrez
Les vigiles et les lirez,
Ne prenez pas garde à *l'auteur*,
Car grands faultes i trouverez.

Vigiles de Charles VII, t. II, p. 204.

Mais jugez s'il doit être et grossier et fantasque,
Puisque ce grand *auteur* est un poète basque.

'Poisson, *le Poète basque*, sc. 1.

C'est que, pour un *auteur*, vous avez bonne mine.

Boursault, *le Mercure galant*, II, 2.

Morbleu! dit-il, La Serre est un charmant *auteur*.

Boileau, *Satires*, III.

Muse, changeons de style, et quittons la satire,
C'est un méchant métier que celui de médire :
A *l'auteur* qui l'embrasse il est toujours fatal.

Le même, même ouvrage, VII.

Et tel mot, pour avoir réjoui le lecteur,
A coûté bien souvent des larmes à *l'auteur*.

Le même, même ouvrage, *ibid.*

Mais un *auteur* malin qui rit et qui fait rire,
Qu'on blâme en le lisant et pourtant qu'on veut lire,
Dans ses plaisants accès qui se croit tout permis,
De ses propres rieurs se fait des ennemis.

Le même, même ouvrage, *ibid.*

A peine quelquefois je me force à les lire (mes vers)
Pour plaire à quelque ami, que charme la satire ;
Qui me flatte peut-être, et d'un air imposteur,
Rit tout haut de l'ouvrage et tout bas de *l'auteur*.

Le même, même ouvrage, *ibid.*

Quoi! pour un maigre *auteur* que je glose en passant.

Le même, même ouvrage, IX.

Va des *auteurs* sans nom grossir la foule obscure.

Piron, *la Métromanie*, III, 7.

64

Tenez, voilà l'*auteur* que l'on vient de siffler.

PIRON, *la Métromanie*, V, 7.

Cet *auteur* si fameux vous apporte son livre
Et voudroit vous l'offrir. — Il peut s'en retourner.

DESTOUCHES, *le Dissipateur*, I, 4.

Un *auteur*, quel qu'il soit, me paroît mériter
Qu'aux efforts qu'il a faits on daigne se prêter.
Mais on dit qu'aux *auteurs* la critique est utile.

LE MÊME, *le Glorieux*, II, 5.

Ces messieurs les *auteurs* ne vous ont point flatté.

LE MÊME, *le Médisant*, III, 10.

Petits *auteurs* honteux, qui font, malgré les gens,
Des bouquets, des chansons et des vers innocents.

GRESSET, *le Méchant*, II, 3.

Boileau, correct *auteur* de quelques bons écrits.

VOLTAIRE, *Épîtres*; à Boileau.

J'étais seul l'autre soir au Théâtre-Français
Ou presque seul : l'*auteur* n'avait pas grand succès.
Ce n'était que Molière.

ALF. DE MUSSET, *Une soirée perdue*.

Il signifie quelquefois, par figure, l'Ouvrage même d'un auteur.

L'Académie va rendre à la France et à l'Europe le service de publier un recueil de nos *auteurs* classiques.

VOLTAIRE, *Lettres*; 10 avril 1761.

Je ne connais point d'entreprise plus digne de l'Académie et plus honorable pour la littérature, que celle de donner nos *auteurs* classiques avec des notes instructives.

LE MÊME, même ouvrage, 1er mai 1761.

AUTEUR, en termes de Jurisprudence, Celui de qui on tient quelque droit :

Je dois... vous faire observer qu'en 1670 ou 1671, il fut rendu une ordonnance générale pour obliger les propriétaires de ces sortes de droitz à représenter leurs titres, et qu'il faut savoir si alors il fut fait ou ordonné quelque chose à l'égard des *autheurs* de M. le duc de Châtillon.

LE COMTE DE PONTCHARTRAIN, secrétaire d'État, 10 août 1706.

(Voyez DEPPING, *Correspondance administrative sous Louis XIV*, t. I, p. 930.)

Ceux-ci seront seulement responsables de la gestion de leur *auteur*.

Code civil, 419.

AUTEUR signifie également Celui de qui on a eu quelque information :

Plutarque, en la vie de Lycurgue, est *autheur* qu'il n'es-

toit point permis d'escrire dessus le tombeau le nom d'un trespassé, sinon qu'il fust mort en la guerre.

EST. PASQUIER, *Recherches de la France*, II, 16.

Aimoin, au troisième livre, est *autheur* que le mesme Gontran, au vingt-septième an de son règne, fit Landegisile patrice de la province.

LE MÊME, même ouvrage, II, 39.

Les chrestiens se trouvans assez souvent affligez par la cruauté et tyrannie des empereurs, ceux qui nous ont rédigé par escrit l'histoire ecclésiastique nous sont *auteurs* que cela appresta occasion à plusieurs de se retirer en lieux escartez.

LE MÊME, même ouvrage, III, 43.

Nous nous étonnons tout aussitôt et nous mettons à fuir, comme ceux qui pour une poussière émue par la course de quelque troupe de moutons, ou pour quelque nouvelle qui n'a point d'*auteur*, prennent l'épouvante.

MALHERBE, trad. des *Épîtres de Sénèque*, XIII, 2.

Je m'assure qu'en l'état où sont les affaires, on vous conte force billevesées par delà, et peut-être vous en dirai-je moi-même quelqu'une, mais au moins si je mens, c'est après des *auteurs* qui doivent savoir autre chose que ce qui se dit en la basse-cour.

LE MÊME, *Lettres*; à Peiresc, 5 janvier 1610.

Je ne sçais ce que je vous dis de cela que par Bluet, qui estoit à la vérité un assez bon *auteur* pour ce petit détail.

LE CARDINAL DE RETZ, *Mémoires*.

Il y a des *auteurs* qui disent qu'elle est mariée dès ce carême; je n'en sais, en vérité, rien du tout.

Mme DE SÉVIGNÉ, *Lettres*, 11 mai 1689, édit. Capmas, t. II, p. 298.

Pendant tout le XVIe siècle et encore au commencement du XVIIe, on a dit *autrice*, dans les divers sens, en parlant d'une femme :

On l'a fort accusée (Catherine de Médicis) du massacre de Paris : ce sont lettres clauses pour moy quant à cela, car alors j'estois à nostre embarquement de Brouage; mais j'ay bien ouy dire qu'elle n'en fut la première *autrice*.

BRANTÔME, *Des Dames*, Catherine de Médicis.

Tout ce que vous dites sur les femmes *autrices* est admirable.

CHAPELAIN, *Lettres*; à Balzac, 9 octobre 1639.

S'il y a des Dieux ayant soing
D'assister les bons au besoing,
Ils permettront que la malice
Contre ta vertu rebouchant,
Recherra dessus son *authrice*,
Bourreau de son crime meschant.

GARNIER, *Hippolyte*, III, v. 629.

Et toy pauvre vieillette, *authrice* malheureuse
D'un esclandre si grand pour ta Dame amoureuse,
Pourras-tu regarder le sainct thrône des Dieux?

LE MÊME, *même ouvrage*, IV, v. 275.

Cette forme n'a pas prévalu et l'on a préféré
auteur.

Elle (la marquise de Rambouillet)... fit des prières pour
son usage particulier... Ce fut à M. Conrart qu'elle les
donna... Il les fit copier sur du vélin, et... il en fist un présent à celle qui en étoit l'*auteur*, s'il est permis d'user du
masculin quand on parle d'une dame.

TALLEMANT DES RÉAUX, *Historiettes* : La marquise de
Rambouillet.

Elle est *auteur* d'un tel livre, d'un tel ouvrage. C'est
elle qui est mon *auteur*.

Dictionnaire de l'Académie, 1762.

De livres et d'écrits bourgeois admirateur,
Vais-je épouser ici quelque apprentie *auteur*?

BOILEAU, *Satires*, X.

AUTHENTIQUE, adj. des deux genres.

En termes de jurisprudence, *authentique* signifie qui
est revêtu de toutes les formes et qui est attesté par des
personnes publiques.

COCHIN, *Cause* XLIX.

Le plus grand lustre du parlement de Paris vint de la
coutume que les rois de France introduisirent de faire
enregistrer leurs traités et leurs édits à cette chambre
du parlement sédentaire, afin que le dépôt en fût *authentique*.

VOLTAIRE, *Essai sur les mœurs*, c. 85 : Parlement de
Paris.

Acte, document, registre, écriture authentique :

Si on regarde combien l'esprit humain est enclin et
fragile pour tomber en oubliance de Dieu : combien aussi
il est facile à décliner en toutes espèces d'erreurs, de
quelle convoitise il est mené pour se forger des religions
estranges à chacune minute ; de là on pourra voir combien il a esté nécessaire que Dieu eust ses *registres authentiques* pour y coucher sa vérité, afin qu'elle ne perist
point par oubli.

CALVIN, *Institution chrestienne*, liv. I, c. 6, § 3.

On n'admet point la preuve testimoniale contre ce qui est
écrit dans un *acte authentique*, et cela pour deux raisons :
la première est la maxime ordinaire, qu'on ne met jamais
en balance la preuve testimoniale avec la preuve par
écrit, quand il s'agit d'un fait qui doit être la matière

d'un acte, et la seconde, que la preuve est parfaite par
l'acte même.

D'AGUESSEAU, *Plaidoyers*, XXXVII.

Un comte Schouvalof, chambellan de l'impératrice Élisabeth, l'homme de l'Empire peut-être le plus instruit,
voulut bien, en 1759, communiquer à l'historien de Pierre
les *documents authentiques* nécessaires, et on n'a écrit
que d'après eux.

VOLTAIRE, *Histoire de l'Empire de Russie* : Préface
historique, § 1.

L'*acte authentique* est celui qui a été reçu par officiers
publics.

Code civil, 1317.

Faux en *écriture authentique* et publique.

Code pénal, 567.

Instrument authentique :

On fit *instrumens* publics et *authentiques*, pour demeurer
les choses au temps avenir en droit, et pour être plus authentiques et patentes à tous ceux qui en orront parler.

FROISSART, *Chroniques*, II, 50.

Les cérémonies, si elles sont considérées en elles-
mêmes, sont à bonne raison nommées cedules contraires
au salut des hommes, veu que ce sont comme *instrumens
authentiques* pour obliger les consciences à confesser leurs
dettes.

CALVIN, *Institution chrestienne*, liv. II, c. 7, § 17.

Si cette donation avait été faite, les papes en auraient
conservé, en auraient montré l'*instrument authentique*.

VOLTAIRE, *Mélanges historiques*.

Ton beau-père futur vide son coffre-fort :
Et déjà le notaire a, d'un style énergique,
Griffonné de ton joug l'*instrument authentique*.

BOILEAU, *Satires*, X.

Copie authentique :

Je vous prie, mon cousin, de m'envoyer les *copies* de
tout ce que vous avez; et pour qu'elles soient plus *authentiques*, faites-les copier par-devant l'intendant de
votre province.

Mme DE SÉVIGNÉ, *Lettres* ; à Bussy, 16 août 1668.

Forme authentique .

Elle (Mme de Guémené) ne mettoit plus de poudre, elle
ne se frisoit plus, elle m'avoit donné mon congé dans la
forme la plus *authentique* que l'ordre de sa pénitence pouvoit demander.

CARDINAL DE RETZ, *Mémoires*, liv. I.

Et au cas qu'elles (Sa Majesté très-chrétienne et l'Infante) ne fassent lesdites renonciations et ratifications en vertu du présent contrat, iceux susdits traités... seront tenus... pour bien et dûment faits, passés et octroyés, ce qui se fera en la *forme* la plus *authentique* et efficace que faire se pourra.

> *Extrait du contrat de mariage de Louis XIV avec Marie-Thérèse,* du 7 novembre 1659, art. 4. (Voyez MIGNET, *Succession d'Espagne,* t. I, p. 53.)

Il n'y a qu'une seule copie (de l'acte) à laquelle nous devions et nous puissions nous arrêter. C'est celle qui a été compulsée en présence de toutes les parties : c'est la seule qui paroît aux yeux de la justice dans une *forme authentique* et irréprochable.

> D'AGUESSEAU, *Plaidoyers,* XLI.

Une pièce légale, une pièce expédiée dans une *forme authentique* et légalisée par le lieutenant de Marseille constate le refus du prévôt d'exécuter vos décrets.

> MIRABEAU, *Discours,* 8 décembre 1789.

AUTHENTIQUE signifie encore Officiel, public, solennel :

Porce que li seax de la baillie est *autentiques* et creus de che qui est tesmongnié par li en lettres, li baillis n'est pas sages qui songneusement ne le garde.

> BEAUMANOIR, *Coutumes de Beauvoisis,* c. I, 40.

Ce mot de maistre qui n'estoit anciennement attribué qu'aux dignitez *authentiques,* maintenant est venu en tel raval, que quand on veut se mocquer d'un homme, on l'appelle un maistre ès arts.

> EST. PASQUIER, *Recherches,* VIII, 19.

Lorsque M. d'Epernon vouloit aller en Provence, M. le Mareschal manda au roy, pour un grand conseil et fort *authentique,* qu'il rompist ce coup et empeschast ce voyage.

> BRANTÔME, *Grands Capitaines :* M. le Mareschal de Matignon.

Bien que j'aye déjà fait connoître à l'un de vos amis le jugement que je faisois des lettres qu'il m'a fait voir de votre part, je ne me satisferois pas moi-même, si ces lignes ne vous en portoient une approbation plus *authentique.*

> LE CARDINAL DE RICHELIEU, *Lettre à Balzac.*

Si les médecins n'avoient des soutanes et des mules et que les docteurs n'eussent des bonnets carrés et des robes trop longues de quatre parties, jamais ils n'auroient dupé le monde qui ne peut résister à cette montre si *authentique.*

> PASCAL, *Pensées.*

Cette parolle royalle (le serment fait par le roi pour la conservation des privilèges du Béarn), fortiffiée d'un acte

de religion aussi *authentique,* a esté nostre palladium et nostre fidélité.

> J. SALLIES, évêque de Lescar, président des États du Béarn, à Colbert, 5 septembre 1665. (Voy. DEPPING, *Correspondance administrative sous Louis XIV,* t. I, p. 610.)

Bertrand du Guesclin alla quérir une *authentique* absolution qui luy fut donnée tout de loin.

> MÉZERAY, *Histoire de France :* Charles V.

Toute la juridiction que Jésus-Christ exercera, comme souverain juge, sera de confirmer par une ratification *authentique* le jugement secret que notre foi aura fait de nous.

> BOURDALOUE, 1ᵉʳ *Avent :* Sermon sur le jugement dernier.

La louange qu'il fit de ce ministre (Mazarin) me parut être une approbation *authentique,* par le premier et le plus considérable des trois états du royaume, de la résolution que Leurs Majestés avoient prise de le rappeler.

> Mᵐᵉ DE MOTTEVILLE, *Mémoires.*

On imprima quantité d'exemplaires de cet arrêt, on les distribua à pleines mains à qui en voulut pour rendre la chose plus *authentique.*

> SAINT-SIMON, *Mémoires,* 1710.

Mais comme enfin je pouvois me tromper, et qu'en ce cas je devois à Vernes une réparation *authentique,* je lui fis dire par d'Ivernois que je la lui ferois telle qu'il en seroit content.

> J.-J. ROUSSEAU, *les Confessions,* II, 12.

M. Vernet m'a enfin répondu, et je suis tombé des nues à la lecture de sa lettre ; il ne me demande qu'une rétractation *authentique,* aussi publique, prétend-t-il, que l'a été la doctrine qu'il veut que je rétracte.

> J.-J. ROUSSEAU, *Lettres;* 8 octobre 1762.

Le révérend docteur Prideaux le fait naître l'aîné ; en quoi le révérend docteur s'est trompé, s'étant écarté en ce point de l'opinion *authentique* du révérend docteur Abulfeda, auteur très canonique chez les Turcs.

> VOLTAIRE, *Fragments sur l'Histoire,* art. XXV, 1.

Je regarderai comme une lâcheté infâme de travailler encore au Dictionnaire Encyclopédique, à moins qu'on n'obtienne une satisfaction *authentique.*

> LE MÊME, *Lettres;* 19 février 1758, à d'Alembert.

Il est vrai que l'Académie a fait en ma faveur une seconde démarche encore plus *authentique* et plus marquée.

> D'ALEMBERT, *Lettres;* 7 octobre 1765, à Voltaire.

Çà, mon père, il faut faire un exemple *authentique :* Jugez sévèrement ce voleur domestique.

> RACINE, *les Plaideurs,* II, 14.

AUTHENTIQUE signifie aussi Certain, dont la vérité ou l'autorité ne peut être contestée.

De jeune hermite, vieil diable, notez le proverbe *authentique.*
> RABELAIS, *Pantagruel,* IV, 64.

C'est le plus ancien livre du monde et le plus *authentique,* et au lieu que Mahomet pour faire subsister le sien a deffendu de le lire, Moyse pour faire subsister le sien a ordonné à tout le monde de le lire.
> PASCAL., *Pensées,* X, 14.

Après ces témoignages *authentiques,* que le seigneur garda par devers luy comme ses garants, il ne put se défendre d'agréer un homme qui se rendit aussi fameux par son ignorance, que les autres l'auroient pû faire par leur doctrine.
> FURETIÈRE, *Roman bourgeois,* liv. II.

On voit... cet article X couché en quatre manières différentes sans qu'on puisse presque discerner laquelle est la plus *authentique,* puisqu'elles ont toutes passé dans des éditions où étoient les marques de l'autorité publique.
> BOSSUET, *Histoire des variations,* III, 6.

Jésus-Christ, dans l'établissement de sa religion, nous a fait voir un miracle plus *authentique* et plus convaincant que celui des Ninivites convertis.
> BOURDALOUE, *Carême :* Sermon sur la religion chrétienne.

Il donna, un an au plus avant que de mourir, des preuves *authentiques* de sa vanité.
> TALLEMANT DES RÉAUX, *Historiettes :* Balzac.

Comme j'ai fait un très grand usage du fragment dont il s'agit, je ne crois pas pouvoir me dispenser d'exposer en peu de mots les motifs qui me le font regarder comme un monument *authentique,* heureusement échappé à l'injure des temps.
> GOGUET, *De l'Origine des lois,* t. VI : Dissertation sur le Sanchoniaton.

Ce M. Belleguier est quelquefois un peu ironique; mais il prouve tout ce qu'il dit par des faits *authentiques* auxquels il n'y a pas le plus petit mot à répondre.
> VOLTAIRE, *Lettres;* 15 janvier 1773, à d'Alembert.

Il est donc démontré par l'inspection attentive de ces monuments *authentiques* de la nature... que tous ces êtres organisés ont existé longtemps avant les animaux terrestres.
> BUFFON, *Époques de la Nature,* IV.

Et se tu scés riens de logique,
Qui bien rest science *authentique*
Puis que li grand seignor i faillent,
Li petit en vain se travaillent.
> *Roman de la Rose,* v. 6631.

Moy, povre pucelle, ravye
Des nouvelles que vous me dictes,
Sachez, je ne les entend mie,
Que y me seront trop *auctentiques.*
> *Le Mistère du siège d'Orléans,* v. 7096.

Mais tellement il s'avança
Et hastivement chevaucha,
Qu'il aconceut ceulx de devant,
Qui estoient partis par avant
Et portoient la saincte relique
Sur toutes autres *authentique.*
> *Le Mistère de la Sainte Larme.* (Voy. *Poésies françoises des* xve *et* xvie *siècles,* bibliothèque elzévirienne, t. Ier, p. 31.)

François de nom, vous sçavez, leurs reliques
Tant qu'ils avoient, ils ont fondues, et cloches,
Pour faire pièces et bombardes *autentiques.*
> *Le Courroux de la mort.* (Voy. *Poésies françoises des* xve *et* xvie *siècles,* bibliothèque elzévirienne, t. II, p. 84.)

L'arbre maulvais produire ne sçauroit,
Que maulvais fruict : qui autrement diroit,
Seroit menteur, et seducteur inique :
Dieu nous le dit en lieu bien *autentique.*
> CL. MAROT, *Sermon du bon pasteur et du mauvais.*

Les vitres sont de clair et fin chrystal :
Où painctes sont les gestes *autentiques*
De ceulx qui ont jadis de cueur loyal
Bien observé d'amours les loix antiques.
> LE MÊME, *Temple de Cupido.*

... Considérant ces hommes et leurs soins,
Si je n'en disois mot, je n'en pensois pas moins,
Et jugeai ce lourdaud, à son nez *authentique,*
Que c'étoit un pédant, animal domestique.
> RÉGNIER, *Satires,* X.

Vous parlez magnifiquement
De cinq ou six contes d'enfant.
Censeurs, en voulez-vous qui soient plus *authentiques*
Et d'un style plus haut? En voici...
> LA FONTAINE, *Fables,* II, 1.

Il a été quelquefois employé en parlant de personnes ou de réunions de personnes.

On dit : *des hommes, des témoins authentiques.*

Là vinrent les plus nobles *hommes* et les plus *authentiques* des bonnes villes de Flandre, en grand état et puissant.
> FROISSART, *Chroniques,* liv. I, Ire part., c. 344.

A ce conseil et avis se tint le roi Henry; et ordonna

sages *hommes* et des plus *authentiques* de son royaume pour aller en France.

> FROISSART, *Chroniques*, liv. I, 2ᵉ part., c. 335.

Si chacun poise bien et attentivement en soy ce que je touche ici comme en passant, il verra que Moyse est un tesmoin infaillible et un *heraut authentique*, pour publier quel est le créateur du monde.

> CALVIN, *Institution chrestienne*, liv. I, c. 14, § 2.

Les comiques... sont curieux à consulter, comme monument historique, et comme *témoins authentiques* des mœurs du temps.

> BARANTE, *De la Littérature française pendant le* XVIIIᵉ *siècle*.

Ces généreux martyrs par le nom du vrai dieu
Sont de ces véritez en tous temps, en tout lieu,
Les *témoins authentiques*.

> RACAN, *Psaumes*, 92.

On a dit *une assemblée authentique* :

Pour rendre cette *assemblée* plus *authentique*, il avoit projeté de la tenir dans la capitale de son empire.

> FLÉCHIER, *Histoire de Théodose le Grand*.

Dans une *assemblée authentique*
On agitoit s'il étoit bon
Qu'il fût des médecins ou non.

> RÉGNIER-DESMARETS, *Poésies françoises*, t. I, p. 143.

AUTHENTIQUE, s. f.

On trouve l'*authentique* de cette pièce dans les archives. J'ai vu l'*authentique* et la copie.

> *Dictionnaire de l'Académie*, 1798.

Nom de certains fragments de lois émanées de Justinien, lesquels ont été insérés dans le corps de droit romain.

La sentence des premiers juges la condamna à toutes les peines portées par l'*Authentique*.

> D'AGUESSEAU, *Plaidoyers*, 23.

Si vous avez besoin de lois et de rubriques,
Je sais le code entier avec les *Authentiques*.

> P. CORNEILLE, *le Menteur*, I, 6.

AUTHENTIQUEMENT, adv. D'une manière authentique.

Ainsi le signifièrent-ils *authentiquement* au roi d'Angleterre par certains messages.

> FROISSART, *Chroniques*, liv. I, 2ᵉ part., c. 6.

Et pour plus *authentiquement* et révéramment faire la

besogne... il fut embaumé et mis en un sarcueil de plomb.

> FROISSART, *Chroniques*, liv. I, 2ᵉ part., c. 384.

Pour commencer la matière, ung cordelier très sage, docteur en théologie de par l'Université de Paris, leur proposa les fais pour quoy ceste assemblée estoit faicte, en remonstrant bien *auctentiquement* et notablement comment l'Eglise universelle avoit par très longtemps esté, et encores estoit en très grande perplexité par le discord des deux papes.

> MONSTRELET, *Chronique*, I, c. 30.

Tantost le Roy retourna à Saint-Quentin, et les dessusdiz Bourguignons, par devers Audenarde, s'en alèrent à Douay, où ilz trouvèrent le duc de Bourgogne, duquel ilz furent receuz *auctentiquement* comme si tous eussent esté ses frères.

> LE MÊME, même ouvrage, c. 122.

Il n'y avoit que l'ubiquité qu'on ne trouvoit pas dans la confession d'Augsbourg; et ce fut cependant cette ubiquité, dont on fit parmi les Luthériens un dogme *authentiquement* inséré dans le livre de la Concorde.

> BOSSUET, *Histoire des variations des églises protestantes*, liv. VIII, n. 44.

Ces persécutions se faisoient, tantôt par les ordres des empereurs, et par la haine particulière des magistrats, tantôt par le soulèvement des peuples, et tantôt par des décrets prononcés *authentiquement* dans le sénat sur les rescrits des princes, ou en leur présence.

> LE MÊME, *Discours sur l'Histoire universelle*, I, 10.

Ils ne s'assembloient plus dans des lieux de réjouissance, mais dans le séjour de l'affliction et des larmes; parce que c'est là, comme dit Salomon, que l'on est *authentiquement* averti de la fin de tous les hommes.

> BOURDALOUE, *Sermons*.

Le fils de Dieu ayant promis *authentiquement* à son Église que jamais les portes de l'enfer ne prévaudroient contre elle, il ne pouvoit lui manquer dans une pareille rencontre.

> LE MÊME, *Panégyriques*.

On manda le parlement en corps... pour les recevoir *authentiquement*, on assembla les ducs et pairs, les maréchaux de France et tous les officiers de la couronne.

> Mᵐᵉ DE MOTTEVILLE, *Mémoires*.

Le Sénat, en rejetant absolument cette proposition (de racheter les captifs), voulut par ce refus confirmer *authentiquement* la loi ancienne des Romains, ou de vaincre, ou de mourir dans le combat.

> ROLLIN, *Traité des Études*, liv. VI, 3ᵉ part.

Comment, de ma retraite, publier cette rupture *authentiquement* et pourtant sans scandale?

> J.-J. ROUSSEAU, *Confessions*, II, 10.

Diderot... commença bien *authentiquement* par croire en Dieu.

LA HARPE, *Cours de littérature*, liv. IV, c. 2, sect. 1.

Le jeune homme qui aime l'objet le plus *authentiquement* méprisable est bien loin de s'en douter, il n'a peut-être pas encore attaché d'idées aux termes d'estime et de mépris.

DUCLOS, *Considérations sur les mœurs.*

Aucun voile ne nous cache la malveillance des puissances étrangères ; elle est bien *authentiquement* prouvée par la chaîne des faits que M. Brissot a si énergiquement développés dans son discours.

VERGNIAUD, *Choix de discours*, t. VIII, p. 200.

Authentiquement constaté

Code civil, art. 2103.

AUTHENTIQUER, v. a. Terme de Droit ancien. Rendre authentique. Il ne se disait guère qu'en parlant des actes où l'on faisait mettre l'attestation des magistrats et le sceau public.

Un homme qui avoit mauvais bruit, ayant proposé un bon avis au conseil des Lacédémoniens, ils le firent proposer par un autre... comme ayans opinion que cet avis ne pouvoit estre heureusement suivi... sinon qu'il *fust* autorisé par la bouche de cest autre personnage, voire comme émologué et *authentiqué.*

HENRI ESTIENNE, *la Precellence du langage françois*, Epistre au Roy.

Ubilla le porta au roi d'Espagne (le testament en faveur du duc d'Anjou) avec l'autre fait en faveur de l'archiduc ; celui-là *fut* brûlé par lui en présence du roi d'Espagne, du cardinal et du confesseur, et l'autre tout de suite signé par le roi d'Espagne et un moment après *authentiqué* au-dessus, lorsqu'il fut fermé par les signatures du cardinal, d'Ubilla et de quelques autres.

SAINT-SIMON, *Mémoires*, 1700.

J'écrivis donc au cardinal Gualterio de faire chercher par ses amis..... tout ce qui pouvoit prouver juridiquement cette roture (des Zamet),de le faire *authentiquer* et de me l'envoyer.

LE MÊME, même ouvrage, 1711.

AUTHENTIQUÉ, ÉE, participe.

AUTHENTICITÉ, s. f. Qualité de ce qui est authentique.

J. H. Ursinus est, je crois, le premier qui ait élevé des doutes sur l'*authenticité* du Sanchoniaton. Ce sentiment a été adopté par quelques écrivains, et entre autres, par R. Simon.

GOGUET, *De l'Origine des lois :* Dissertation sur le Sanchoniaton.

Pour l'*authenticité* d'un acte, il faut qu'il soit revêtu des formes essentielles que la loi a prescrites.

COCHIN, 9e *Cause.*

On voit par les mémoires mêmes que presque tout est puisé de ce qui a passé par mes mains... ce que j'ai ignoré, je n'ai pas honte de l'avouer. De cette façon les mémoires sont de source, de la première main. Leur vérité, leur *authenticité* ne peut être révoquée en doute.

SAINT-SIMON, *Mémoires*, Conclusion.

Abubéker rassembla d'abord en un corps les feuilles éparses de l'Alcoran. On lut, en présence de tous les chefs, les chapitres de ce livre, écrits les uns sur des feuilles de palmier, les autres sur du parchemin ; et on établit ainsi son *authenticité* invariable.

VOLTAIRE, *Essai sur les mœurs*, c. 6 : De l'Arabie.

L'éditeur, comme je l'ai déjà remarqué ailleurs, était tenu de constater l'*authenticité* de ce manuscrit, sans quoi il se déclarait indigne de toute croyance.

LE MÊME, *Contre le testament politique du cardinal de Richelieu.*

Le czar fit au clergé une déclaration à peu près semblable ; ainsi tout se passa avec la plus grande *authenticité*, et Pierre mit dans toutes ses démarches une publicité qui montrait la persuasion intime de sa justice.

LE MÊME, *Histoire de Pierre le Grand*, IIe part., c. 10.

Il faut, avant d'insérer une médaille dans une des suites, s'assurer de son *authenticité*, et des singularités qui la distinguent d'une médaille à peu près semblable, déjà existante dans sa suite.

BARTHÉLEMY, *Mémoire sur sa vie.*

Il n'y avait alors aucune église d'Occident à laquelle l'évêque de Rome adressât un pareil langage. Aussi a-t-on élevé quelques doutes sur l'*authenticité* de cette lettre ; cependant elle me paraît probable.

GUIZOT, *Histoire de la civilisation en France*, 27e leçon.

Dans le sixième volume des Mémoires de l'Académie des Inscriptions, je trouve déjà l'*authenticité* des premiers siècles de l'histoire romaine fort savamment attaquée.

VILLEMAIN, *Littérature au xviiie siècle*, 14e leçon.

AUTOBIOGRAPHIE, s. f. Biographie d'une personne écrite par cette personne même.

Les *autobiographies* sont souvent mensongères.

Dictionnaire de l'Académie, 1878.

AUTOCÉPHALE, s. m. Nom donné par les Grecs aux évêques qui n'étaient point sujets à la juridiction des patriarches.

AUTOCHTONE, s. m. Terme usité pour désigner les habitants primitifs d'un pays.

Des premiers habitans qui tindrent le pays d'Attique, lesquels on a depuis apellez *autochthones*, qui vaut autant dire comme, nez de la terre mesme, pourceque il n'est point de memoire qu'ils soyent onques venus d'ailleurs.

AMYOT, trad. de Plutarque, *Vies : Theseus.*

Chimère des Athéniens sur leur origine. Ils se disoient sortir du sein de la terre qu'ils habitoient, à peu près comme les plantes et les végétaux : ils avoient même adopté un mot pour caractériser et exprimer cette ridicule prétention; c'étoit celui d'*autocthones*, épithète ou surnom qui flattoit extrèmement la vanité du peuple d'Athènes.

GOGUET, *De l'Origine des lois*, t. I, p. 141.

Nous avons toujours soupçonné que les grands peuples des deux continents ont été *autochthones*, indigènes, c'est-à-dire originaires des contrées qu'ils habitent comme leurs quadrupèdes, leurs singes, leurs oiseaux, leurs reptiles, leurs poissons, leurs arbres, et toutes leurs plantes.

VOLTAIRE, *Fragments sur l'Histoire*, art. 4.

Je ne savais pas que vos auteurs eussent jamais rien pris, même des Italiens; je les croyais *autochthones*, en fait de littérature.

VOLTAIRE, *Lettres*, 15 juin 1762.

Les anciens peuples se regardant la plupart comme *autochthones*, ou originaires de leur propre pays, l'occupoient depuis assez longtemps pour avoir perdu la mémoire des siècles reculés.

J.-J. ROUSSEAU, *Émile.*

Il est aussi quelquefois employé adjectivement.

Un peuple *autocthone*.

Dictionnaire de l'Académie, 1835.

AUTOCRATE, s. m. et **AUTOCRATRICE**, s. f. Celui, celle dont la puissance ne relève d'aucun autre. Titre du czar ou empereur de Russie, ou de la czarine, quand c'est une femme qui règne.

On n'a exécuté aucun criminel sous l'empire de l'*autocratrice* Élisabeth.

VOLTAIRE, *Commentaire sur le livre des délits*, n° X : De la peine de mort.

Je me mêle de plaire à l'*autocratrice* de toutes les Russies.

VOLTAIRE, *Lettres*, 29 juin 1759.

Qu'est-ce qu'une *autocratrice?* me dit mon vilain. Eh! pardieu, lui dis-je, c'est une impératrice.

LE MÊME, même ouvrage, 24 janvier 1777.

Autocrate de toutes les Russies.

Dictionnaire de l'Académie, 1835.

On a quelquefois employé *autocratrice* adjectivement.

De là le démiourgos, ou grand ouvrier, constitué divinité *autocratrice* et suprême.

VOLNEY, *Ruines.*

AUTOCRATIE, s. f. Gouvernement d'un seul exercé avec une autorité absolue, indépendante, illimitée.

La Russie et l'Angleterre accroissaient sa soif de prépondérance, l'une par son *autocratie*, l'autre par sa suprématie spirituelle.

CHATEAUBRIAND, *Mémoires.*

AUTODAFÉ, s. m. Terme emprunté de l'espagnol, et qui signifie Acte de foi. Cérémonie dans laquelle l'inquisition faisait exécuter ses jugements. Il s'emploie surtout en parlant de l'exécution des jugements qui condamnaient au supplice du feu.

Seigneur cavalier, vous venez apparemment dans cette ville pour voir l'auguste cérémonie de l'*auto-da-fé* qui doit se faire demain.

LE SAGE, *Gil Blas*, XII, 1.

Une Juive de dix-huit ans, brûlée à Lisbonne au dernier *auto-da-fé*, donna lieu à ce petit ouvrage.

MONTESQUIEU, *Esprit des Lois*, XXV, 13.

Ces tristes effets de l'inquisition sont peu de chose en comparaison de ces sacrifices publics qu'on nomme *auto-da-fé*, acte de foi, et des horreurs qui les précédent.

VOLTAIRE, *Essai sur les mœurs*, c. 140 : De l'inquisition.

Il faudra bien qu'un jour les honnêtes gens gagnent leur cause; mais avant que ce beau jour arrive, que de dégoûts il faudra essuyer! que de sourdes persécutions, sans compter les chevaliers de la Barre, dont on fera des *auto-da-fé* de temps en temps.

LE MÊME, *Lettres; à d'Alembert*, 15 février 1777.

Ces *auto-da-fé* n'étaient pas rares jadis à Genève, et il

paroît, par ce qui me regarde, que ces messieurs ne manquent pas de goût pour les renouveler.

J.-J. ROUSSEAU, *Lettres écrites de la montagne.*

Il (Rousseau) imite de l'autre (de Montesquieu), mais avec plus de naturel, le discours de la jeune juive au dernier *auto-da-fé* de Lisbonne.

VILLEMAIN, *Littérature au* XVIII° *siècle,* 25° leçon.

C'est par elle enfin (par la Constitution) qu'on sera affranchi de cette théologie politique qui érige ses décisions sur toutes questions en autant de dogmes, qui menace tous les incrédules de ses *autodafés*, et qui par ses persécutions glace l'ardeur révolutionnaire dans les âmes que la nature n'a pas douées d'une grande énergie.

VERGNIAUD, *Choix de rapports, opinions et discours,* t. XII, p. 305.

Il est employé quelquefois figurément et en plaisantant, *faire un autodafé de quelque chose, le brûler.*

Gresset avait annoncé son pieux repentir, et le petit *auto-da-fé,* qu'il faisait de ses comédies, par une lettre publique.

VILLEMAIN, *Littérature au* XVIII° *siècle,* XII° leçon.

C'est là, mon cher ami, ce qui porte un auteur
A des *auto-da-fé,* à des infanticides.

ALFRED DE MUSSET, préface de *la Coupe et les Lèvres.*

AUTOGRAPHE, adj. des deux genres. Terme didactique. Qui est écrit de la main même de l'auteur :

Je trouvai un manuscrit *autographe* du savant Quaresmius.

CHATEAUBRIAND, *Itinéraire de Paris à Jérusalem.*

Il s'emploie substantivement au masculin :

Il (du Vair) fit... une inscription des faits du feu roi... vous la pourrez avoir de notre compère du Moustier. Pour l'*autographe,* Mme de Rohan, qui étoit au cabinet quand je le fis voir, me le demanda, et je ne pus pas le lui refuser.

MALHERBE, *Lettres;* à Peiresc, 21 août 1621.

Quand il me feroit présent de l'original des douze tables, de l'*autographe* des loix de Solon.

BALZAC, *Lettres,* X, 8.

Ménage a dit, à propos de ce passage des lettres de Balzac :

IV.

Aftographe. C'est ainsi qu'il faut dire, et non pas *autographe,* comme a dit M. de Balzac.

Observations sur la langue françoise, 1672, p. 477.

Je me rappelle que Lancelot vouloit me donner en troc de cette curiosité (une lettre du régent Philippe d'Orléans) un gros vilain Sanchèz élucidé de ses notes. Il possédoit déjà un certain nombre de lettres de personnages célèbres, entre autres un poulet de la main de Ninon de Lenclos au marquis de la Chatre, et une autre lettre de Vincent de Paul. Telle étoit la manie de Lancelot pour certains *autographes.*

JAMET, cité par le *Journal des Débats,* feuilleton du 30 juillet 1843, intitulé : Des ventes d'autographes.

AUTOGRAPHIE, s. f. Art de transporter l'écriture ou les dessins du papier sur une pierre.

Par l'*autographie,* on obtient rapidement plusieurs copies d'une même lettre.

Dictionnaire de l'Académie, 1878.

AUTOGRAPHIER, v. a. Reproduire un manuscrit par le moyen de l'autographie.

Autographier une lettre.

Dictionnaire de l'Académie, 1878.

AUTOGRAPHIÉ, ÉE, participe passé.

AUTOMATE, s. m. Machine qui a en soi le principe de son mouvement.

Jugeons que le corps d'un homme vivant diffère autant de celui d'un homme mort que fait une montre ou autre *automate* (c'est-à-dire autre machine qui se meut de soi-même lorsqu'elle est montée, et qu'elle a en soi le principe corporel des mouvements pour lesquels elle est instituée, avec tout ce qui est requis par son action) et la même montre ou autre machine, lorsqu'elle est rompue, et que le principe de son mouvement cesse d'agir.

DESCARTES, *les Passions de l'âme,* part. I, art. 6.

J'avois expliqué assez particulièrement toutes ces choses dans le traité que j'avois eu ci-devant dessein de publier, et ensuite j'y avois montré quelle doit être la fabrique des nerfs et des muscles du corps humain pour faire que les esprits animaux étant dedans aient la force de mouvoir ses membres... ce qui ne semblera nullement étrange à ceux qui, sachant combien de divers *automates,* ou machines mouvantes, l'industrie des hommes peut faire... considéreront ce corps comme une machine qui, ayant été faite des mains de Dieu, est incomparablement mieux ordonnée.

LE MÊME, *Discours de la Méthode,* V.

65

AUTOMATE se dit, en particulier, D'une machine imitant les êtres animés.

Je vais voir rue de Cléry des *automates* qui sont prodigieux, à ce qu'on dit. Quand j'allois dans le monde, je n'aurois pas eu cette curiosité : deux ou trois soupers en donnent satiété; mais ceux de la rue de Cléry valent mieux : ils agissent et ne parlent point.

Mlle DE LESPINASSE, *Lettres,* 91.

Mais n'exagérons rien : l'un dans l'être vivant
Veut voir de Vaucanson l'*automate* mouvant...

DELILLE, *les Trois Règnes,* VII.

L'*automate,* animant l'ivoire harmonieux,
Forme sous ses doigts morts des sons mélodieux.

LE MÊME, *Poésies fugitives.*

En ce sens, ce mot s'emploie souvent au figuré.

Il ne faut pas se méconnoître, nous sommes *automate* autant qu'esprit.

PASCAL, *Pensées.*

Si on osoit penser ici (aux eaux de Bourbon), on seroit accablé de cette pensée ; mais... on est comme un *automate.*

Mme DE SÉVIGNÉ, *Lettres;* 27 décembre 1687, à Mme de Grignan.

Le sot est *automate,* il est machine, il est ressort; le poids l'emporte, le fait mouvoir, le fait tourner, et toujours et dans le même sens, et avec la même égalité.

LA BRUYÈRE, *Caractères,* c. 11.

Je crois donc écrire à Votre Altesse royale, non pas comme à un *automate* créé pour être à la tête de quelques milliers de marionnettes humaines, mais comme à un être des plus libres et des plus sages que Dieu ait jamais daigné créer.

VOLTAIRE, *Lettres au roi de Prusse.*

Ceux mêmes qui ont un mouvement progressif, mais qui, comme des *automates,* ne font qu'un petit nombre de choses, et les font toujours de la même façon, n'ont qu'une faible portion de sentiment limité à un petit nombre d'objets.

BUFFON, *Histoire naturelle :* Animaux carnassiers.

Nous jugeons... que les qualités intérieures sont ce qu'il y a de plus relevé dans l'animal; c'est par elles qu'il diffère de l'*automate,* qu'il s'élève au-dessus du végétal et s'approche de nous.

LE MÊME, même ouvrage : Le Chien.

Presque insensibles à tout, ils ont l'air d'*automates* montés pour la propagation, faits seulement pour figurer une espèce.

LE MÊME, même ouvrage : Du cochon de l'Inde.

Qu'ils songent (les philosophes) qu'ils ont affaire à des espèces d'*automates,* auxquels il faut communiquer une impulsion ménagée.

DIDEROT, *Encyclopédie,* Éclectisme.

Faites contracter à vos enfants l'habitude du bien. Accoutumez de petites machines à dire la vérité, à étendre la main pour soulager le malheureux, et bientôt elles feront par goût, avec facilité et plaisir, ce qu'elles auront fait en *automates.*

LE MÊME, même ouvrage, Habitude.

Des hommes qui se disoient philosophes... l'avoient accusé d'impiété, pour avoir soutenu contre les cartésiens que les bêtes n'étoient pas des *automates.*

D'ALEMBERT, *Éloge du Du Marsais.*

Dieu pourroit faire faire à un *automate* tout ce que nous voyons faire à la bête la plus intelligente, à l'homme qui montre le plus de génie.

CONDILLAC, *l'Art de raisonner,* liv. IV, c. 3.

Que les conseillers de ces mesures désastreuses nous disent encore s'ils sont sûrs de conserver dans sa sévérité la discipline militaire, de prévenir tous les effets de l'éternelle jalousie entre les troupes nationales et les troupes étrangères, de réduire les soldats français à n'être que de purs *automates.*

MIRABEAU, *Discours,* 8 juillet 1789.

Il semble qu'on ait pris les hommes pour des *automates* et qu'on ait cru pouvoir les gouverner avec les lois de la mécanique.

VERGNIAUD, *Choix de rapports, opinions et discours,* t. XII, p. 312.

..... la fière philosophie.....
Ne souffre pas qu'un même nom
Honore sans distinction
Ce qui végète et ce qui pense,
Ni qu'on associe à ses yeux
La matière et l'intelligence,
Les *automates* et les Dieux.

GRESSET, *Épîtres;* XVII, Sur l'égalité.

Automate a ensuite été appliqué à l'Homme même, directement, et sans forme de comparaison.

Je ne suis qu'un *automate* à sensations et à idées, nécessairement dépendant, et entre les mains de l'Être suprême, infiniment plus soumis à lui que l'argile ne l'est au potier.

VOLTAIRE, *Dictionnaire philosophique,* Ame.

Faibles *automates,* mus par la main invisible qui nous

dirige sur cette scène du monde, qui de nous a pu apercevoir le fil qui nous conduit?

VOLTAIRE, *Dictionnaire philosophique*, Ame.

Ce qui vous surprendra davantage, c'est que cet *automate* s'étant approché d'une figure à peu près semblable, il s'en formera une troisième figure. Ces machines auront des idées; elles raisonneront, elles parleront comme vous; elles pourront mesurer le ciel et la terre.

LE MÊME, *Défense de mon oncle*, c. 21.

Nous retrouvâmes sur notre route quelques-uns de ces *automates* grossiers à qui on avait persuadé de piller Pontoise, Chantilly, Corbeil, Versailles, et même Paris.

LE MÊME, *Diatribe à l'auteur des éphémérides*, 10 mai 1775.

D'un regard étonné j'ai vu sur ces remparts
Ces géants court-vêtus, *automates* de Mars.

LE MÊME, *Voyage à Berlin*.

... D'un tube de bronze aussitôt la mort vole...
Et renverse, en deux coups prudemment ménagés,
Cent *automates* bleus à la file rangés.

LE MÊME, *la Tactique*.

D'un artisan suprême impuissantes machines,
Automates pensants, mus par des mains divines,
Nous serions à jamais de mensonge occupés,
Vils instruments d'un Dieu qui nous auroit trompés.

LE MÊME, *Discours de la Liberté*.

Ces mobiles châteaux, ces antennes, ces mâts,
Et ces tubes de bronze où d'aveugles soldats,
Automates vivants que fait mouvoir la guerre,
Sans fureur et sans trouble allument le tonnerre.

ESMÉNARD, *la Navigation*, II.

Fig. et familièrement, *c'est un automate*, se dit d'une personne inerte.

Je vis que j'avois affaire à un disciple qui me préparoit bien de l'occupation, à un sujet des plus pesants, à un *automate*.

LE SAGE, *le Bachelier de Salamanque*, IVᵉ part., c. 7.

Restez quelque temps dans une petite ville où vous aurez cru d'abord ne trouver que des *automates*, non seulement vous y verrez bientôt des gens beaucoup plus sensés que vos singes des grandes villes, mais vous manquerez rarement d'y découvrir, dans l'obscurité, quelque homme ingénieux qui vous surprendra par ses talents, par ses ouvrages.

ROUSSEAU, *Lettres à d'Alembert*.

Dans l'espèce humaine que d'*automates*! Combien l'éducation, la communication respective des idées n'augmentent-elles pas la quantité, la vivacité du sentiment? Quelle

différence à cet égard entre l'homme sauvage et l'homme policé, la paysanne et la femme du monde!

BUFFON, *Histoire naturelle : Des animaux carnassiers*.

Pour le petit Damis, et Monsieur Dorilas,
Et certain plat seigneur l'*automate* Alcidas,
Qui glorieux et bas se croit un personnage,
Tant d'autres importants, esprits du même étage;
Oh! fiez-vous à moi, je veux les célébrer
Si bien que de six mois ils n'osent se montrer.

GRESSET, *le Méchant*, II, 3.

Automate a été assez fréquemment employé adjectivement.

Bastissoient plusieurs petitz engins *automates*, c'est-à-dire : soy mouvens eulx mesmes.

RABELAIS, *Gargantua*, I, 24.

Le premier faisant toujours ce qu'on lui commande, ou ce qu'il a vu faire à son père, ou ce qu'il a fait lui-même dans sa jeunesse, ne va jamais que par routine; et dans sa vie presque *automate*, occupée sans cesse des mêmes travaux, l'habitude et l'obéissance lui tiennent lieu de raison.

J.-J. ROUSSEAU, *Émile*.

Considérez l'homme *automate* comme une horloge ambulante.

DIDEROT, *Lettres sur les sourds et muets*.

Ce n'est point une frayeur *automate* qui retient alors cet animal dans le terrier, c'est une crainte savante et raisonnée.

LE MÊME, *Encyclopédie*, Instinct.

Le flûteur *automate*. Le canard *automate*.

Dictionnaire de l'Académie, 1798.

Depuis le jour où le triste Hippocrate
S'est asservi ma vieillesse *automate*.

J.-B. ROUSSEAU, *Épîtres*, II.

AUTOMATIQUE, adj. des deux genres. Terme de Physiologie et de Médecine. Il se dit Des mouvements qui s'exécutent sans la participation de la volonté.

La circulation du sang est un mouvement *automatique*.

Dictionnaire de l'Académie, 1835.

Il se dit Des mouvements qu'un malade exécute sans but.

AUTOMATISME, s. m. Ensemble des mouvements non voulus ou des impulsions non voulues.

Les bêtes de la même espèce ont dans leurs opérations une uniformité qui en a imposé à ces philosophes (ceux de l'école de Descartes), et leur a fait naître l'idée d'*automatisme*.

DIDEROT, *Encyclopédie*, Instinct.

L'excès du pouvoir est de la tyrannie, l'excès de l'obéissance est de la servitude, l'excès de la discipline est de l'*automatisme*.

BONALD, *Pensées*.

AUTOMNE, s. m. et f. (on prononce *autonne*). Celle des quatre saisons de l'année qui est entre l'été et l'hiver.

L'année meismes est devisée en iiij tens, qui sont aussi complexioné; car li printens est chaus et moistes, estez est chaus et sès, autumpnes est froiz et sès, ivers est froiz et moistes.

BRUNETTO LATINI, *li Livres dou Tresor*, liv. I, III° part., c. 100.

Un manuscrit donne dans ce passage *automne* au féminin : « *autumpnes* est froide et seiche. »

L'*automne*, qui commence depuis que le soleil est entré en Libra, et dure presque autant que le printemps, est sec de sa nature, mais toutesfois en chaleur et froidure inégal.

A. PARÉ, *Œuvres*, liv. I, c. 7.

Je ne sais pourquoi vous avez été si longtemps à la campagne, mademoiselle, car l'*automne* n'a pas été belle.

BUSSY-RABUTIN, *Lettres*; à Mlle Dupré, 21 novembre 1670.

Je me représente cette *automne*-là délicieuse.

Mme DE SÉVIGNÉ, *Lettres*; à Mme de Grignan, 23 août 1671.

Mon Dieu, que vous allez passer une jolie *automne* ! Que vous êtes une bonne compagnie !

LA MÊME, même ouvrage; à Mme de Grignan, 4 août 1677.

Que vous êtes excessifs en province ! Tout est extrême, vos chaleurs, vos sereins, vos bises, vos pluies hors de saison, vos tonnerres en *automne*.

LA MÊME, même ouvrage; à Mme de Grignan, 1er novembre 1679.

Le temps est affreux et pluvieux; jamais il n'y eut une si vilaine *automne*.

LA MÊME, même ouvrage; à Mme de Grignan, 22 novembre 1688.

Peut-être... qu'aide est mâle et femelle, comme hymne, foudre, sphinx, aigle, fourmi, *automne*, épitaphe, et quel-

ques autres, dont je ne me souviens pas présentement.

BOUHOURS, *Doutes sur la langue françoise*, III° part.

On n'y sentoit jamais les doux zéphirs, ni les grâces naissantes du printemps, ni les riches dons de l'*automne*.

FÉNELON, *Télémaque*, XVIII.

La proximité de Saint-Germain et de Versailles, dont La Ferté n'est qu'à vingt lieues, fut cause de cette acquisition. C'étoit ma seule terre bâtie où mon père passoit les *automnes*.

SAINT-SIMON, *Mémoires*, 1694.

Tôt après, le château d'Alicante se rendit, la ville l'étoit de l'*automne* précédent.

LE MÊME, même ouvrage, 1709.

Cet *automne* fut la dernière saison qui vit debout le fameux monastère de Port-Royal-des-Champs.

LE MÊME, même ouvrage, *ibid.*

Il s'étend du midi au nord depuis le cinquante-cinquième degré, ou à peu près, jusqu'au soixante et dixième, sous un climat rigoureux, qui n'a presque ni printemps ni *automne*.

VOLTAIRE, *Histoire de Charles XII*, I.

J'ignore encore si l'ami qui devoit venir cet *automne* pourra venir ce printemps.

J.-J. ROUSSEAU, *Lettres*; 8 janvier 1767.

Pourquoi trouve-t-on à la fin de l'*automne* dans le trou d'un mulot assez de glands pour se nourrir jusqu'à l'été suivant ?

BUFFON, *Histoire naturelle* : Prévoyance des animaux.

Le souvenir de madame de Lévis est pour moi celui d'une silencieuse soirée d'*automne*.

CHATEAUBRIAND, *Mémoires d'outre-tombe*.

Ce Francion avoit un beau menton
Crespu de soye et pareil au coton
Prime et douillet, dont le fruitier *automne*
La peau des coings blondement environne.

RONSARD, *la Franciade*, III.

Dieux ! hastez donc l'hyver, et luy soyez tesmoins
Que le printemps, l'*automne* et l'esté valent moins.

THÉOPHILE, *Élégie*.

Il faut avant que d'en partir
Gagner cette reine des tonnes,
Qui seule pourroit engloutir
Tout le nectar de dix *automnes*.

SAINT-AMANT, *Ode héroï-comique pour Mgr le Prince*.

On y voit d'un coup d'œil le printemps et l'*automne*,
Les richesses de Flore et les dons de Pomone.

BOURSAULT, *Ésope à la cour*, III, 3.

Laisse-moi donc ici, sous leurs ombrages frais,
Attendre que septembre ait ramené l'*automne*,
Et que Cérès contente ait fait place à Pomone.

BOILEAU, *Épîtres*, VI.

La terre, aussi riche que belle,
Unissoit, dans ces heureux temps,
Les fruits d'une *automne* éternelle
Aux fleurs d'un éternel printemps.

GRESSET, *le Siècle pastoral*.

Une santé dès lors florissante, éternelle,
Vous feroit recueillir d'une *automne* nouvelle
Les nombreuses moissons.

J.-B. ROUSSEAU, *Odes*, III, 5.

De la dépouille de nos bois
L'*automne* avait jonché la terre.

MILLEVOYE, *la Chute des feuilles*.

La feuille que jaunit l'*automne*
S'en détache et ride ton sein.

LAMARTINE, *Harmonies*.

Avez-vous vu dans Barcelone
Une Andalouse au sein bruni,
Pâle comme un beau soir d'*automne*.

ALF. DE MUSSET, *l'Andalouse*.

C'était, il m'en souvient, par une nuit d'*automne*
Triste et froide, à peu près semblable à celle-ci.

LE MÊME, *Nuit d'octobre*.

Figurément :

Le pays de la littérature me paraît actuellement inondé de brochures ; nous sommes dans l'*automne* du bon goût et au temps de la chute des feuilles.

VOLTAIRE, *Lettres*, à M. de Cideville, 20 septembre 1735.

Il signifie l'Âge qui précède la vieillesse :

A ce mesme voyage et entrevue de Bayonne.... Madame de Guyse d'aujourd'hui, y estoit... Jeune il n'y en a poinct eu une qui l'ait passée, comme son *automne* en donne encore une belle apparence.

BRANTÔME, *Rodomontades espaignolles*.

J'ai bien de la peine à me souvenir de mon *automne*, quand, dans mes soirées, je vois passer devant moi ces femmes du printemps qui s'enfoncent parmi les fleurs, les concerts et les lustres de mes galeries successives.

CHATEAUBRIAND, *Mémoires d'outre-tombe*.

J'ay mille jours d'ennuy, mille jours de disgrâce,
Un printemps d'espérance et un hiver de glace,
De soupirs un *automne*, un esté de chaleurs.

RÉGNIER, *Complainte*.

Sous le règne inconstant de trois grands potentats
J'ai passé mon printems, mon été, mon *automne*.

RACAN, *Psaumes*, XXXVI.

Et chacun dans l'*automne* a des remords cuisants,
D'avoir en bagatelle employé le printemps.

BOURSAULT, *Ésope à la cour*, I, 4.

Quand voulez-vous aimer que dans votre printemps ?
Gardez-vous bien, surtout, de remettre à l'*automne* :
L'hyver vient aussitôt : rien n'arrête le temps.
Climène, hâtez-vous ; car il n'attend personne.

LA FONTAINE, *Climène*.

Lorsque votre *automne* s'avance,
On voit encor votre printemps ;
L'espoir avec la jouissance
Logent chez vous (chez les orangers) en même temps.

LA FONTAINE, *Psyché*, I.

J'étois déjà dans l'*automne* de l'âge ;
Et vers l'hyver avançant chaque jour,
Je devenois plutôt triste que sage.

DESMARETS, *Poésies françoises*.

Son esprit est dans son printemps,
Mais son corps est dans son *automne*.

VOLTAIRE, *Épîtres*, V.

Martel, l'*automne* de vos jours
Vaut mieux que le printemps d'une autre.

LE MÊME, même ouvrage, XXXI.

AUTOMNAL, ALE, adj. (on prononce l'M).
Qui appartient à l'automne.

On pare le Pantagruelion soubs l'æquinocte *automnal*, en diverses manieres, selon la phantasie des peuples, et diversité des pays.

RABELAIS, *Pantagruel*, III, 50.

Quand en un mesme jour il fait chaud et froid, il faut attendre avoir des maladies *automnales*.

A. PARÉ, *Œuvres*, liv. I, c. 7.

Je m'estonne que la figure de ce canal du Rhein ne soit desja imprimée.., et ay peine de me persuader que dans la dernière pièce du Mercurius Gallobellicus, il n'y en ait eu quelque griffonnement, pour le moins suis-je bien asseuré que s'il n'a esté faict à la foire *automnale*, il le sera sans doubte à celle-cy de Pasques prochaines.

PEIRESC, *Lettres* ; 5 mars 1627, à Du Puy.

J'embrasse M. de Grignan et M. de la Garde ; je les conjure, si vous voulez venir, de ne point attendre les horribles chemins. Il me paroît que le vent devient *automnal*, comme dit l'almanach.

Mᵐᵉ DE SÉVIGNÉ, *Lettres*; 15 octobre 1677,
à Mᵐᵉ de Grignan.

La partie *automnale* du bréviaire.

Dictionnaire de l'Académie, 1694.

... Il seroit bien saison
Qu'eussiez esgard à moy, pauvre grison,
Sur qui déjà l'*automnale* tempeste
A fait gresler quarante ans sur la teste.

RONSARD, *le Bocage royal*.

AUTONOMIE, s. f. Droit pour un peuple ou pour une cité de se gouverner par ses propres lois.

Ces peuples (les Mèdes), immédiatement après leurs révoltes contre les rois d'Assyrie, ne se formèrent pas un corps de monarchie, ils restèrent quelques années dans un état d'*autonomie*, comme l'appelle Hérodote.

GOGUET, *De l'Origine des lois*, t. V, p. 17.

AUTONOME, adj. des deux genres. Se dit Des pays, des villes, qui se gouvernent par leurs propres lois.

AUTOPSIE, s. f. Vue directe de la chose.

L'inspection de l'anatomie et des herbes, choses qui requièrent l'*autopsie* ou regard mesme, essaye en quelque sens l'esprit par l'estrangeté, la diversité, la beauté.

CAMUS, évêque de Belley, *Diversités*, t. II, fol. 459.

Vision ou intuition, état de l'âme dans lequel, suivant les païens, on avait un commerce intime avec la divinité.

Ceux qui étoient assez heureux pour parvenir à l'*autopsie*, état où l'on avoit un commerce intime avec les divinités, se croyoient revêtus de toute leur puissance.

Du Rapport de la magie avec la théologie payenne. (Voyez *Histoire de l'Académie des Inscriptions*, t. VII, p. 25.)

AUTOPSIE, en termes de Médecine, Inspection de toutes les parties d'un cadavre, examen de l'état où elles se trouvent.

Persuadé qu'il (Bonaparte) succombait à la maladie dont avait été atteint son père, il recommanda de faire passer au duc de Reichstadt le procès-verbal de l'*autopsie*.

CHATEAUBRIAND, *Mémoires d'outre-tombe*.

AUTORITÉ, s. f. Pouvoir ou droit de commander, d'obliger à quelque chose.

La renommée de cil saint home ala tant qu'ele vint à l'apostole Innocent, et l'apostoles li manda qu'il sermonast de la croix par s'*auctorité*.

VILLEHARDOUIN, *la Conqueste de Constantinoble*, I.

De tant que li baillis est en grengnour estat de l'*actorité* son segneur, de tant se doit il plus guarder qu'il ne mefface.

BEAUMANOIR, *Coutumes du Beauvoisis*, c. 1, 5.

Le seigneur ou prince est plus honnestement vestu et parle comme celuy qui a *auctorité*, et les aultres luy font honneur et reverence.

ORESME, *Politiques*, liv. I, c. 15.

Et commandoit le duc de Lancastre, qui plein pouvoir et *autorité* avoit au lieu du roi d'Angleterre son père, que, en quelque état qu'ils fussent, ils se partissent tantôt et sans délai.

FROISSART, *Chronique*, liv. I, 2ᵉ part., c. 381.

Ledit Alain Blanchart se absenta certaine espace de temps et depuis retourna en ladicte ville de Rouen, où il eut grant *auctorité* et grant gouvernement, comme cy-après sera déclaré.

MONSTRELET, *Chronique*, c. 169.

A cela voit-on la différence des hommes, qui vient de la grâce de Dieu : car il donne les plus saiges à la part qu'il veut soustenir, ou le sens de les choisir à celluy qui en a l'*auctorité*.

COMMINES, *Mémoires*, c. 3.

Guerre s'esmeut entr'eux pour leurs *auctoritez*, qui a duré par longues années.

LE MÊME, même ouvrage, c. 67.

Toujours on complaist plus aux gens dont on espère la puissance et *auctorité* accroistre pour l'advenir, que l'on ne faict pour celluy qui est ja en tel degré qu'il ne peult monter plus haut.

LE MÊME, même ouvrage, VI, 12.

D'où viendra ceste *authorité* aux hommes mortels, de définir selon leur advis d'une chose qui surmonte tout le monde?

CALVIN, *Institution chrestienne*, liv. I, c. V, § 12.

Périclès envoyoit par chacun an dix talents à Sparte, avecques lesquels il entretenoit ceulx qui y avoyent *auc-thorité*.

AMYOT, trad. de Plutarque, *Vie de Périclès*, c. 8.

Les austres disent que ce feut pour une arrogance et

opiniastreté, pour monstrer son *aucthorité* et sa puissance qu'il mesprisa les Lacédémoniens.

> Amyot, trad. de Plutarque, *Vie de Périclès*, c. 10.

Ayant le peuple ja essayé les austres capitaines et austres gouverneurs, et cogneu par expérience qu'il n'y en avoit pas un en poids ni d'*auctorité* suffisante pour une si grande charge, il le rappella à la fin luy-mesme à la tribune des harangues pour ouyr ses conseils.

> Le même, même ouvrage, c. 12.

N'est-ce pas là un effet de cette *autorité* qui vient du ciel ; de cette *autorité*, inhérente à la personne de celui qui l'a distincte et séparée de l'autre *autorité* qui naît du pouvoir donné par la république ?

> Balzac, *Dissertations politiques*, discours 1.

Il n'est pas question de l'éloquence des rois, qui prend force de leur *autorité*.

> Le même, même ouvrage, discours 2.

Les grands exemples donnent souvent de l'*autorité* au vice.

> Le même, *Lettres*, liv. III.

Monsieur trouva un si grand air d'*autorité* à se faire avouer par Madame les choses qu'il savoit déjà, qu'il lui en adoucit l'amertume.

> Mᵐᵉ de la Fayette, *Histoire d'Henriette d'Angleterre*.

J'ay toujours remarqué, en quelque lieu que j'aye esté que ces richards gens de moyen et d'*authorité* sont des baleines pour la plupart, qui ouvrant la gueule de leurs cupidités effrenées veulent engloutir toutes choses, afin que rien ne manque chez eux.

> Chapelain, trad. de *Le Gueux ou la Vie de Guzman d'Alpharache*, Iʳᵉ part.

Par quelle *autorité*, vous, qui n'êtes que des particuliers, donnez-vous ce pouvoir de tuer aux particuliers et aux religieux même ?

> Pascal, *Provinciales*, XIV.

Il est aussi arrivé que, lorsqu'au lieu de la discipline, des esprits inquiets et turbulents, comme un Pierre de Bruis, un Henri, un Arnould de Bresse, ont commencé à reprendre les dogmes, ce grand homme (saint Bernard) n'a jamais souffert qu'on en affoiblît aucun et a combattu avec une force invincible, tant pour la foi de l'Église, que pour l'*autorité* de ses prélats.

> Bossuet, *Histoire des variations des églises protestantes*, liv. I, § 4.

Dieu n'a donné tant d'*autorité* aux évêques, qu'afin qu'ils puissent prêter leurs voix aux infirmés, et leur force aux oppressés.

> Le même, même ouvrage, liv. VII.

Il n'y a point de plus grand obstacle à se commander soi-même, que d'avoir *autorité* sur les autres.

> Bossuet, *Sermons : Contre l'ambition*.

Que servira, chrétiens, d'avoir vécu dans l'*autorité*, dans les délices, dans l'abondance, si cependant Abraham nous dit : Mon fils, tu as reçu du bien en ta vie, maintenant les choses vont être changées ?

> Le même, même ouvrage : Sur la Providence.

Il faut une *autorité* qui arrête nos éternelles contradictions, condamne nos erreurs et nos ignorances, autrement la présomption, l'ignorance, l'esprit de contradiction ne laisseroient rien d'entier parmi les hommes.

> Le même, *Doctrine spirituelle : Des jugements humains*.

Gédéon, victorieux sans combattre, poursuit et abat les Madianites. Abimelech, son fils, usurpe l'*autorité*, par le meurtre de ses frères, l'exerce tyranniquement, et la perd enfin avec la vie.

> Le même, *Discours sur l'Histoire universelle*, I, 4.

Ainsi Pépin fut mis sur le trône, et le nom de roi fut réuni avec l'*autorité*.

> Le même, même ouvrage, I, 11.

Tous les termes de la prophétie sont clairs : il n'y a que le mot de sceptre que l'usage de notre langue nous pourroit faire prendre pour la seule royauté ; au lieu que, dans la langue sainte, il signifie, en général, la puissance, l'*autorité*, la magistrature.

> Le même, même ouvrage, II, 2.

Le Saint-Esprit n'a pas dédaigné... de louer la haute prudence de cette sage compagnie (le sénat romain), où personne ne se donnoit de l'*autorité* que par la raison.

> Le même, même ouvrage, III, 6.

... Il ne faut pas s'étonner si, l'*autorité* étant ainsi dispersée, les régences ont toujours à souffrir de fâcheuses tempêtes dans l'État.

> Mᵐᵉ de Motteville, *Mémoires*.

Cependant la lettre de congé étoit arrivée, et messieurs des grands jours, qui n'étoient plus que des conseillers du parlement sans *autorité*, ne songèrent qu'à déménager et à s'en retourner à Paris.

> Fléchier, *Mémoires sur les grands jours de* 1665.

Le discernement de ce cardinal fit reconnoître la prudence de M. Letellier, et la prudence de M. Letellier servit à rétablir l'*autorité* de ce cardinal dans un temps de confusion et de désordre.

> Le même, *Oraison funèbre de Le Tellier*.

Le moyen de parvenir à une extrême vieillesse, c'est de ne faire de mal à personne, de n'abuser point de l'*autorité*, et de faire en sorte que personne n'ait d'intérêt à souhaiter notre mort.

FÉNELON, *Dialogues des morts* : Romulus et Numa Pompilius.

On voit souvent le bout de son *autorité* ; si on la vouloit pousser trop loin, on révolteroit la multitude.

LE MÊME, *Lettres spirituelles*, IV.

Pour accoutumer les domestiques à obéir fidèlement, il faut ne leur ordonner que les choses qu'on veut qui s'observent avec exactitude, autrement l'*autorité* se diminue.

LE MÊME, même ouvrage, XLVII.

Il faut donner à chacun dans sa fonction l'*autorité* qui lui est nécessaire sur ses inférieurs.

LE MÊME, même ouvrage, CXCIII.

Le sage Mentor lui fit remarquer que les lois mêmes, quoique renouvelées, seroient inutiles, si l'exemple du roi ne leur donnoit une *autorité* qui ne pouvoit venir d'ailleurs.

LE MÊME, *Télémaque*, XII.

Il faut sans doute de l'*autorité*, car moins les gens sont raisonnables, plus il faut que la crainte les retienne.

LE MÊME, *De l'Éducation des filles*, c. XII.

Cette avidité d'amasser ne se bornoit pas à mille moyens que lui en fournissoit l'*autorité* dont il (Mazarin) étoit revêtu : son industrie n'avoit pour objet que le gain.

HAMILTON, *Mémoires de Grammont*, V.

Telle est la glorieuse nécessité que la justice impose au magistrat, lorsqu'elle imprime sur son front le sacré caractère de son *autorité*.

D'AGUESSEAU, *Mercuriales*.

Tout vous est permis ; mais cette licence est l'écueil de l'*autorité*, loin d'en être le privilège.

MASSILLON, *Sermons*, dimanche des Rameaux : Écueils de la piété.

Il est rare que nos supérieurs et nos maîtres aient sur notre cœur la même *autorité* qu'ils ont sur notre personne.

LE MÊME, *Mystères*.

Les peuples souffrent toujours des vices du souverain : tout ce qui outre l'*autorité*, l'affoiblit et la dégrade.

LE MÊME, *Carême*, 2º dimanche : Danger des prospérités.

Sa parole (de Dieu) n'est plus écoutée, ou perd tous les jours de son *autorité*, dès qu'elle n'est plus destinée qu'à être le pain des pauvres et des petits.

LE MÊME, même ouvrage, *ibid.*

Si l'*autorité* doit être un joug accablant, elle doit l'être pour ceux qui l'exercent et qui en sont revêtus, et non pour ceux qui l'implorent et qui viennent y chercher un asyle.

LE MÊME, *Panégyrique de saint Louis*.

Elle (la marquise d'Huxelles) étoit impérieuse et s'étoit acquis un droit d'*autorité*.

SAINT-SIMON, *Mémoires,* 1712.

Le père du cardinal d'Estrées fut un personnage toute sa vie par ses grands emplois, son mérite, sa capacité, et l'*autorité* qu'il conserva.

LE MÊME, même ouvrage, 1714.

Le testament avoit nommé et réglé le conseil de régence, en telle sorte que toute l'*autorité* de la régence fut ôtée à M. le duc d'Orléans.

LE MÊME, même ouvrage, 1715.

Je vis en M. le duc d'Orléans un air d'*autorité* et d'attention, qui me fut si nouveau que j'en demeurai frappé.

LE MÊME, même ouvrage, 1718.

L'*autorité* des empereurs fit tomber la plupart des anciennes hérésies, en leur défendant de s'assembler, et ordonnant la recherche de leurs livres.

FLEURY, *Mœurs des chrétiens*, § 43.

Dans un état libre où l'on vient d'usurper la souveraineté, on appelle règle tout ce qui peut fonder l'*autorité* sans bornes d'un seul.

MONTESQUIEU, *Grandeur et décadence des Romains*, c. 13.

Ceux qui ont cessé de craindre le pouvoir peuvent encore respecter l'*autorité*.

LE MÊME, même ouvrage, c. 15.

Les rois d'Europe législateurs, et non pas exécuteurs de la loi, princes et non pas juges, se sont déchargés de cette partie de l'*autorité* qui peut être odieuse ; et faisant eux-mêmes les grâces, ont commis à des magistrats particuliers la distribution des peines.

LE MÊME, même ouvrage, c. 16.

Point de ton d'*autorité*, sinon je reprends mes bottes et monte à cheval.

MARIVAUX, *l'Épreuve*, sc. 15.

Car, en vérité, l'amour ne nous trompe point ; dès qu'il se montre, il nous dit ce qu'il est, et de quoi il sera question ; l'âme avec lui sent la présence d'un maître qui la flatte, mais avec une *autorité* déclarée qui ne la consulte pas, et qui lui laisse hardiment les soupçons de son esclavage futur.

LE MÊME, *la Vie de Marianne*, IIᵉ partie.

Le cardinal (de Fleury) ne prit point le titre de premier ministre, il n'en eut garde ; et le roi déclara qu'il vouloit gouverner par lui-même ; mais il en eut toute l'*autorité*.

HÉNAULT, *Mémoires*, c. 9.

Quelque piqué qu'il (le duc d'Orléans) dût être et de la chose et de la manière dont elle arriva, il ne lui échappa rien qui sentit l'*autorité*.

LE MÊME, même ouvrage, c. 12.

Le roi, comme en revenant d'un long assoupissement, ouvrit les yeux; il se vit sans *autorité*. Sa femme, Marguerite d'Anjou, l'exhortait à être roi; mais pour l'être il fallait tirer l'épée.

> VOLTAIRE, *Essai sur les mœurs*, c. 115 : De l'Angleterre et de Marguerite d'Anjou.

Selon l'aveu d'un des plus saints pontifes de l'ancienne église, les évêques ne tiennent pas leur *autorité* du pape, mais de Dieu même.

> D'ALEMBERT, *Éloge de Du Marsais*.

Il est aussi indifférent de savoir si le chef de la nation françoise fut appelé du nom de roi ou de duc, qu'il importe de connoître l'étendue et les bornes de son *autorité*.

> MABLY, *Observations sur l'histoire de France*, I, 1.

Quand il (Térence) proposa son premier ouvrage l'Andrienne aux édiles, qui étoient dans l'usage d'acheter les pièces pour les faire représenter dans les jeux publics qu'ils donnoient au peuple, les édiles, avant de conclure avec lui, le renvoyèrent à Cécilius, auteur comique à qui ses succès avoient donné en ce genre une grande *autorité*.

> LA HARPE, *Cours de littérature*.

Dans toute société, soit des animaux, soit des hommes, la violence fit les tyrans, la douce *autorité* les rois.

> BUFFON, *Histoire naturelle* : le Cygne.

Les souverains qui ont le moins de résolution dans le caractère, sont ceux sur lesquels on produit le plus d'effet en leur parlant de leur *autorité*.

> Mme DE STAEL, *Considérations sur la Révolution française*, Ire part., c. 9.

> Vous avez allégué Orléans,
> Qui est noble et bonne cité;
> Mais ne doubtez aucunement
> Que ne l'ayons, de vérité,
> Du tout à nostre volenté,
> Aussi le remenant de France;
> Car leur roy n'a *auctorité*,
> Pour le present, ne nulle puissance.
>
> *Le Mistere du siege d'Orléans*, v. 97.

> Celuy de par qui venue suis
> A puissance et *auctorité* :
> C'est Dieu qui ainsi l'a permis
> Et commandé y m'a esté.
>
> Même ouvrage, v. 10211.

> Toy qui as grant *auctorité*,
> Ne pence Fortune durer!
>
> *Les Moyens d'éviter merencolie.* (Voyez *Poésies françoises des XVe et XVIe siècles*, bibliothèque elzévirienne, t. II, p. 73.)

IV.

> Quand un roy par tant de projets
> Voit dans l'âme de ses sujets
> Son *authorité* dissipée,
> Quoy que raisonne le conseil,
> Je pense que les coups d'espée
> Sont un salutaire appareil.
>
> THÉOPHILE, *Au Roy*.

> Quelque tort que ce soit, quand un roy nous accuse,
> Sa grande *authorité* ne manque point d'excuse.
>
> LE MÊME, *Pyrame et Thisbé*, III, 1.

> Vous n'aimez d'un mari que son *autorité*.
>
> DESTOUCHES, *le Philosophe marié*, I, 6.

Avec autorité :

Il n'est point d'art plus souverain que la médecine; elle ordonne *avec autorité* tout ce qui lui plaît et menace de mort ceux qui refusent d'obéir à ses ordonnances.

> FLÉCHIER, *Mémoires sur les grands jours de 1665*.

> ... Elle m'ôtera toute ma liberté
> Et voudra gouverner *avec autorité*.
>
> DESTOUCHES, *l'Irrésolu*, I, 7.

Par autorité :

Cette bergère, comme je vous ay dit, avoit esté mariée *par authorité*.

> D'URFÉ, *l'Astrée*, Ire part., liv. VI.

Toutes les puissances du monde ne peuvent *par autorité* persuader un point de fait, non plus que le changer.

> PASCAL, *Provinciales*, XVIII.

Ils veulent tout emporter *par autorité*, parce qu'ils ne distinguent jamais leur autorité de la raison.

> *Logique de Port-Royal*, IIIe part., c. 20.

M. Foucquet a répondu que souvent on faisoit des choses *par autorité*, que quelquefois on ne trouvoit pas justes, quand on y avoit fait réflexion.

> Mme DE SÉVIGNÉ, *Lettres*; 17 novembre 1664, à M. de Pomponne.

Son opinion (d'Auguste) étoit qu'il vaut mieux tomber naturellement dans le bon sens des autres par sa raison, que de faire recevoir ses caprices *par autorité*.

> SAINT-EVREMOND, *Réflexions sur les divers génies du peuple romain*, c. 16.

La reine crut que vous vouliez, *par autorité* et violence, obtenir ce que vous lui demandiez avec respect et soumission.

> OMER TALON, *Discours*.

J'ai cru dans mon enfance *par autorité*, dans ma jeunesse

66

par sentiment, dans mon âge mûr par raison, maintenant je crois parce que j'ai toujours cru.

J.-J. ROUSSEAU, *Lettres*, 15 janvier 1769.

Une question qui donne autant de prise à la discussion des principes et des faits, ne doit point être décidée *par autorité*.

TURGOT, *Lettres sur la liberté du commerce des grains*; Ire, 30 octobre 1770.

Massillon ne s'empare point de la persuasion *par autorité* et de vive force.

BARANTE, *De la Littérature française pendant le* XVIII° *siècle*.

Par autorité de justice :

Ventes faites *par autorité de justice*.

Code civil, art. 1649.

D'autorité, d'autorité absolue, de pleine autorité :

Il enleva *d'aucthorité* une jeune femme Melienne qui estoit entre les prisonniers de guerre, et la tint pour sa concubine.

AMYOT, trad. de Plutarque, *Vie d'Alcibiade*, c. 9.

Il est nécessaire de commander *d'authorité*, pour rendre les soldats plus prompts à se ranger à ce qui est convenable.

DE LA NOUE, *Discours politiques et militaires*, XIII.

Il partit promptement du lieu où il étoit, et, entrant dans la ville sans qu'on l'y attendît, alla *d'autorité* délivrer le Piémontais.

TALLEMANT, *Historiettes* : Lesdiguières.

Gardez-vous bien, dit Patru, de laisser la minute de la donation chez le notaire du village, car le bonhomme la retireroit *d'autorité*.

LE MÊME, même ouvrage : Beaulieu Picart.

Quelques historiens disent nettement qu'Alexandre voulut, *d'autorité absolue*, être fils de Jupiter Ammon.

FONTENELLE, *Histoire des Oracles*, Ire dissertation, c. 11.

Qu'aux volontés du Roi ce grand courage cède :
Il y prend grande part et son cœur irrité
Agira contre vous *de pleine autorité*.

CORNEILLE, *le Cid*, II, 1.

Il ne gagnera rien sur ce juge irrité
Qui lui fait un procès *de pleine autorité*.

BOILEAU, *Satires*, IX.

Gazetier clandestin dont la plate âcreté
Damne le genre humain *de pleine autorité*.

VOLTAIRE, *Loi naturelle*, III.

De sa seule autorité, de son autorité privée :

Quelque critique murmurera de la comparaison, à cause du peu de proportion qu'il y a d'une tortue à un homme; mais j'entends parler des grandes tortues, qui se trouvent dans les Indes, et de plus, je m'en sers *de ma seule autorité*.

SCARRON, *Roman comique*, V, 2.

Je pousserai mes ennemis, je les accuserai d'impiété, et saurai déchaîner contre eux des zélés indiscrets, qui, sans connoissance de cause, crieront en public contre eux, qui les accableront d'injures, et les damneront hautement *de leur autorité privée*.

MOLIÈRE, *le Festin de Pierre*, V, 2.

Actions d'autorité, coups d'autorité, abus d'autorité :

Mlle Mancini, qui ne se contentoit pas des mouvements de son cœur, et qui auroit voulu qu'il (Louis XIV) eût témoigné son amour par des *actions d'autorité*, lui reprocha, en le voyant répandre des larmes lorsqu'elle monta en carrosse, qu'il pleuroit et qu'il étoit le maître.

Mme DE LA FAYETTE, *Histoire d'Henriette d'Angleterre*, 1.

Quelques *coups d'autorité* que l'on ait faits de nos jours en France sur les monnoies, les Romains en firent de plus grands.

MONTESQUIEU, *Esprit des lois*, XXII, 11.

Dans cet état de choses, les *coups d'autorité*, que le gouvernement vouloit frapper, ne servoient qu'à manifester sa foiblesse.

Mme DE STAËL, *Considérations sur la Révolution française*, Ire part., c. 10, § 3.

Des *abus d'autorité* contre les particuliers.

Code pénal, 571.

Le Conseil des Anciens... voyait avec inquiétude ce *coup d'autorité* du pouvoir.

NAPOLÉON, *Mémoires*, t. I, p. 94.

Hommes, gens, personnes d'autorité :

De tous notables hommes et *gens d'auctorité* lui fut faicte aussi grant honneur et réception comme ilz eussent fait au Roy leur souverain seigneur.

MONSTRELET, *Chronique*, liv. I, c. 49.

Durant ceste tribulacion grant partie des gens d'armes dudit connestable et de messire Tannegui, comme dit est, se saulvèrent en la bastille Saint-Anthoine, et avecques eulx Jehan Louvet, président de Prouvence, maistre Robert Maçon et moult d'autres *gens de grant estat et auctorité*.

LE MÊME, même ouvrage, c. 189.

Ung gentil chevalier, des marches de Picardie, pour lors bruyant et frisque, *de grant auctorité* et de grand lieu, se vint loger en une hostelerie qui par le fourrier de monseigneur le duc Phelippe de Bourgongne son maistre lui avoit esté délivrée.

Les Cent Nouvelles nouvelles, LXXI.

Nous nous en retournasmes, et ay opinion encore que si mon poltron de valet ne m'eust failly, j'eusse prins quelque *homme d'autorité*.

Montluc, *Commentaires*, liv. II.

Je vous supplie très humblement, Madame, de faire de deux choses l'une : ou de bailler le dict évesché à ung *homme de grosse maison et de grande auctorité*, ou bien de laisser faire l'élection à ceulx à qui elle appartient.

Le même, *Lettres*; à la royne, 20 janvier 1563.

Il (le comte de Lalain) se disoit estre parent du Roy (de Navarre) mon mary, et estoit *personne de grande authorité* et de grands moyens.

Marguerite de Valois, *Mémoires*.

Il y eut un Labienus à Rome, *personnage de grande valeur et authorité*, et entre autres qualitez, excellent en toute sorte de littérature.

Montaigne, *Essais*, II, 8.

Les *personnes d'autorité* doivent avoir de la joie de pouvoir faire le bien à tous.

Bossuet, *Sermons : Sur la justice.*

Nos députez sont de retour... je croy qu'il est à propos de ne les point presser, affin que M. d'Oppede... soit en estat d'assister aux assemblées (des états de Provence) où j'ay remarqué qu'il falloit nécessairement qu'il y eust une *personne d'autorité* pour appuyer les délibérations.

Le comte de Grignan à Colbert, 2 novembre 1671. (Voyez Depping, *Correspondance administrative sous Louis XIV*, t. I, p. 391.)

Molt fu plains de grant sapience
Et molt bons *clers d'auctorité*.

Li Livres de moralité et de philosophie, fol. CLXXXVI, v° c. 3. (Bibliothèque nationale, ms. 283.)

En autorité :

Il y en a assez qui ne parlent que apres les aultres, sans gueres entendre aux matières, et desirent à complaire à quelcun qui aura parlé qui sera homme estant *en auctorité*.

Philippe de Commines, *Mémoires*, c. 2.

Estant donc lors *en aucthorité* et puissance plus grande que n'avoit jamais esté homme grec avant luy, il monta en une présomption et une gloire encores plus grande que n'estoit sa puissance.

Amyot, trad. de Plutarque, *Vie de Lysander*, c. 6.

J'ai tout sacrifié pour mettre *en autorité* des lois salutaires.

Fénelon, *Dialogues des morts : Solon et Pisistrate.*

Autorité est souvent accompagné de la préposition *sur :*

Partie adverse n'avoit nulle *auctorité sur* le défunct par quoy il feist occire si grant et si noble seigneur, comme il sera dit après.

Monstrelet, *Chronique*, I, 44.

Se je scavoye véritablement que à mon baptesme eussent esté pronuncées les dignes et sainctes paroles que j'ay ouyes à ceste heure au baptesme de mon nouveau filleul, je ne craindroye en rien le dyable qu'il eust *sur* moy puissance ne *auctorité*.

Les Cent Nouvelles nouvelles, LXX.

Je ne permets point aux femmes d'enseigner, ni de prendre *autorité sur* leurs maris : mais je leur ordonne de demeurer dans le silence.

Saci, trad. de l'*Épître de saint Paul à Timothée*, c. 2, v. 12.

Il suffira de ruiner l'*autorité* que les yeux ont *sur* la raison, pour nous détromper et pour nous porter à une défiance générale de tous nos sens.

Malebranche, *Recherche de la vérité*, liv. I, c. 6, § 1.

La plupart des grands princes ne se rabaissent jamais assez pour devenir les serviteurs en Jésus-Christ des peuples *sur* lesquels ils ont l'*autorité*; il faut pourtant qu'ils se dévouent à les servir, s'ils veulent être leurs pasteurs.

Fénelon, *Lettres spirituelles*, I.

Je vous conjure de ne suivre mes pensées qu'autant qu'elles seront conformes aux sentiments de ceux qui ont reçu de la Providence l'*autorité sur* vous.

Le même, même ouvrage, XIII.

Il semble ici que les familles se gouvernent toutes seules. Le mari n'a qu'une ombre d'*autorité sur* sa femme.

Montesquieu, *Lettres persanes*, LXXXVI.

Femmes ont eu *autorité*
Sur tous hommes qui ont esté,
Qui sont et qui jamais seront.

Le Débat de l'homme et de la femme. (Voyez *Poésies françoises des xv° et xvi° siècles*, bibliothèque elzévirienne, t. I, p. 9.)

Autorité se dit aussi, absolument, de l'Administration, du gouvernement considéré principalement dans ses rapports avec les citoyens.

Estre né grand, et vivre en chrétien, n'ont rien d'incompatible, ni dans les fonctions de l'*autorité*, ni dans les devoirs de la religion.

MASSILLON, *Petit Carême*, II° dimanche.

Les plaisirs publics n'ont pas besoin de protection. Hélas! la corruption des hommes leur répond assez de la perpétuité de leur crédit et de leur durée; et s'ils sont nécessaires aux États, l'*autorité* n'a que faire de s'en mêler.

LE MÊME, même ouvrage, *ibid.*

Rien n'est plus fâcheux pour l'*autorité* que de se rendre ridicule en voulant commander au bon goût.

D'ALEMBERT, *Éloge d'Abeille.*

On sait trop que les méchants aiment à faire la guerre dans la nuit, mais l'*autorité* doit la leur faire au grand jour.

LA HARPE, *Cours de littérature*, liv. III, c. 1ᵉʳ, sect. 4.

Le grand dictionnaire (encyclopédique) fut réellement le boulevard de tous les ennemis de la religion et de l'*autorité.*

LE MÊME, même ouvrage, *ibid.*

L'*autorité* ne doit jamais composer en aucune manière avec les ennemis de l'ordre public.

LE MÊME, même ouvrage, *ibid.*

Je pense qu'un homme dont l'état est de juger les autres sur des formes établies ne devroit pas m'inculper aussi légèrement, moins encore armer l'*autorité* contre moi.

BEAUMARCHAIS, *Mémoires.*

AUTORITÉ signifie, en outre, Crédit, considération, influence.

En parlant des personnes :

Il leur donna secrètement espérance de l'alliance et ligue des Athéniens, et les exhorta de ce faire en parlant avecques ceulx qui avoyent *aucthorité* et crédit envers le peuple.

AMYOT, trad. de Plutarque, *Vie d'Alcibiade*, c. 6.

Cet évêque de Zamora fut trez dangereux pour la sédition; et telles gens ont grande *authorité* parmi le peuple.

BRANTÔME, *Vies* : M. de Chièvre.

Il me seroit aisé de me justifier devant Vostre Majesté sy j'y avois autant d'accez que ceux qui me calomnient; mais puisque leur *autorité* sert à leur malice, et que mon innocence est sans appuy, je chercheray aux pays étrangers la liberté de ma vie.

THÉOPHILE, *Au Roy.*

Comme il s'étoit acquis une grande *autorité* dans le pays, il n'y eut personne de la compagnie qui ne rit autant ou plus que lui par complaisance ou de bon courage.

SCARRON, *Roman comique*, II, 3.

Le public pourra lui rendre des honneurs, et lui donner

de l'*autorité* (à l'orateur) : mais s'il est dégagé des passions et désintéressé, il n'usera de cette *autorité* que pour le bien public.

FÉNELON, *Dialogues sur l'éloquence.*

J'étois censeur, j'avois acquis de l'*autorité* par ma vieillesse et par ma vertu : pouvois-je me taire?

LE MÊME, *Dialogues des morts* : Rhadamante, Caton le Censeur et Scipion l'Africain.

J'appelle *autorité* un certain air et un certain ascendant qui imprime le respect et se fait obéir.

ROLLIN, *Traité des Études*, liv. VIII, Iʳᵉ part., art. 3.

Pourroit-on donner quelque *autorité* aux discours d'un homme qui tantôt assure qu'il est légitime, et tantôt qu'il est bâtard adultérin?

D'AGUESSEAU, *Plaidoyers*, XVII.

Cet ouvrage (l'Art poétique de Boileau), qui mit le comble à sa célébrité et à l'*autorité* qu'il avoit dans les lettres, fut donc un peu tardif : il ne laissa pas d'être utile.

MARMONTEL, *Éléments de littérature* : Essai sur le goût.

En parlant des choses :

Que si l'antiquité de la religion lui donne tant d'*autorité*, sa suite, continuée sans interruption et sans altération durant tant de siècles, et malgré tant d'obstacles survenus, fait voir manifestement que la main de Dieu la soutient.

BOSSUET, *Histoire universelle*, II, 1.

Comme il (Dieu) sait confondre l'orgueil des pécheurs, il sait honorer l'humilité des justes, soit pour donner plus de créance et d'*autorité* à la vertu, qui d'elle-même paroît infirme... soit pour faire éclater sa Providence.

FLÉCHIER, *Panégyrique de saint François de Paule.*

Si cette cour manquoit de prudence, elle ne manquoit pas de joie, puisque la jeunesse et la beauté y avoient une *autorité* souveraine.

Mᵐᵉ DE MOTTEVILLE, *Mémoires.*

Pendant que ces vieillards me parloient... je ne pouvois me lasser de les regarder. Ils avoient les yeux vifs, un regard et une contenance ferme, une parole grave et pleine d'*autorité.*

FÉNELON, *Télémaque*, IX

Hélas! si l'adulation a tant de charmes lors même que les vices et les dissolutions du flatteur en affoiblissent l'*autorité* et la rendent suspecte, quelle séduction ne forme-t-elle point lorsqu'elle est consacrée par les apparences de la vertu!

MASSILLON, *Petit Carême* : Tentations des grands.

AUTORITÉ, sentiment d'un auteur ou d'un personnage important, que l'on rapporte pour confirmer ce que l'on dit :

> Porce que li maistres veult plus apertement demonstrer ce que il a dit, metra il uns viels exemples de grant *auctorité*, sor quoi fu dit par plusors sages.
>
> BRUNETTO LATINI, *Li livres dou Trésor*, liv. III, Iʳᵉ part., c. 34.

Mon intention n'est point de corriger un vice par un autre, et de ne faire nulle estime des anciens, parce que l'on en fait trop ; et je ne prétends pas bannir leur *autorité* pour relever le raisonnement tout seul, quoique l'on veuille établir leur *autorité* seule au préjudice du raisonnement.

> PASCAL, *Pensées.*

Il est si aisé d'escroquer des approbations qu'elles ne doivent pas faire une *autorité.*

> Mᵐᵉ DE SÉVIGNÉ, *Lettres* ; à Mᵐᵉ de Grignan, 26 octobre 1689.

Le P. Bouhours m'a envoyé ses Nouvelles Remarques sur la langue ; il est toujours maître sur la langue françoise, et pour moi il me fait trop d'honneur de citer mon *autorité* sur cette matière.

> BUSSY-RABUTIN, *Lettres* ; à Corbinelli, 17 avril 1692.

Nous n'avons pas entrepris d'examiner les sentiments de saint Augustin, parce que nous n'avons pas eu dessein de disputer ici par *autorité.*

> BOSSUET, *Traité du libre arbitre*, c. 5.

On fit traduire ce procès (de Don Juan) de catalan en castillan, pour servir tout ensemble de modèle et d'*autorité.*

> SAINT-RÉAL, *Don Carlos.*

Cette femme (la duchesse d'Albe) lui ayant représenté que les médecins jugeoient ce remède nécessaire pour faire accoucher la reine heureusement, il (Philippe II) se rendit à cette *autorité.*

> LE MÊME, même ouvrage.

Excepté dans les choses où la raison n'a point de part, ou dans lesquelles l'*autorité* doit avoir lieu, on ne doit jamais citer personne.

> MALEBRANCHE, *Recherche de la vérité*, IXᵉ Éclaircissement sur le 3ᵉ ch. de la IIIᵉ part. du liv. II.

Se régler par l'*autorité* et par l'exemple du commun des hommes, c'est le partage des sots.

> FÉNELON, *Dialogues des morts :* Démocrite et Héraclite.

Tout ce qu'ont dit les anciens, soit bon, soit mauvais, est sujet à être bien répété ; et ce qu'ils n'ont pu eux-mêmes prouver par des raisons suffisantes, se prouve à présent par leur *autorité* seule.

> FONTENELLE, *Histoire des oracles*, Iʳᵉ dissertation.

Ce fut dans ces travaux de charité pastorale que Bossuet termina sa vie, honoré des regrets de toute l'Église, qui conservera une mémoire éternelle... de son attachement pour elle..... Aussi a-t-elle fait de lui une espèce d'apothéose, par le respect qu'elle témoigne pour ses ouvrages, par le poids qu'elle donne à son *autorité* dans les matières de la foi, par l'hommage que tous les partis qui la divisent et la déchirent, ont constamment rendu au nom de l'évêque de Meaux.

> D'ALEMBERT, *Éloge de Bossuet.*

Les philosophes ont rampé durant vingt siècles sur les traces des premiers maîtres ; la raison, condamnée au silence, laissoit parler l'*autorité.*

> GUÉNARD, *Discours sur l'esprit philosophique.* (Voyez *Recueil des pièces d'éloquence et de poésie qui ont remporté les prix de l'Académie française*, depuis 1753 jusqu'en 1759.)

Ce qui me confond, c'est que l'illustre auteur de l'Esprit des Lois ait donné quelque croyance à un libelle si manifestement supposé ; je sais de quel poids est son *autorité ;* mais elle cède à l'évidence.

> MARMONTEL, *Bélisaire*, préface.

Paterculle, quoique excellent écrivain, a toujours été regardé comme un historien suspect, puisqu'il n'a pas même pris soin de dissimuler sa partialité pour la maison des Césars, et jamais son *autorité* n'a été reçue que lorsqu'elle est d'accord avec d'autres historiens désintéressés et reconnus pour véridiques.

> LA HARPE, *Cours de littérature.*

Diderot avoit éminemment... le ton tranchant, qui est une *autorité* pour les ignorants, comme la raison pour les gens instruits.

> LA HARPE, *Cours de littérature*, liv. IV, c. 3, sect. 2.

Ce qui n'est pas une petite *autorité* dans les vérités naturelles, la figure du cercle est regardée comme la plus aimable au goût de tous les peuples.

> BERNARDIN DE SAINT-PIERRE, *Études de la Nature*, X.

> Si con on dit et conte et il est vérités,
> Après sa mort fu sains et en tertre levés :
> C'est sains Florans de Roie, ce dist l'*auctorités.*
>
> *Fierabras*, v. 1849.

> Or escoutez l'*autorité*
> Que nous avons en l'évangile.
>
> *Moralité des enfans de maintenant.* (Voyez *Ancien Théâtre françois*, bibliothèque elzévirienne, t. III, p. 30.)

> ... Je prétends
> Qu'Aristote n'a point d'*autorité* céans.
>
> J. RACINE, *les Plaideurs*, III, 3.

AUTORITÉS, au pluriel, s'emploie en parlant des Magistrats, des hauts fonctionnaires chargés d'une partie quelconque de l'administration publique.

Tous les hommes et toutes les *autorités* se réuniront sans doute avec empressement pour y concourir.

TURGOT, *Formation des bureaux de charité*, art. 1er, § 1.

Le ralliement des *autorités* constituées.

Bulletin des lois, an II.

Autorités administratives ou de police judiciaire.

Code pénal, art. 561.

Le pluriel est encore d'un très fréquent usage, dans le sens, expliqué plus haut, de témoignages d'auteurs ou de personnages importants.

Bien ay je espoir d'en escripre quelque jour plus amplement, et monstrer tant par raisons philosophicques que par *auctoritez* receues et approuvées de toute ancienneté quelles et quantes couleurs sont en nature, et quoy par une chascune peut estre designé.

RABELAIS, *Gargantua*, I, 9.

Ils apportent... des *autorités* pour prouver ou pour faire semblant de prouver leurs pensées.

MALEBRANCHE, *Recherche de la vérité*, IV, 8.

Pourquoi voulez-vous qu'Homère ait plutôt failli que Platon? répliqua Gélaste. Mais laissons les *autorités*, et n'écoutons que la raison seule.

LA FONTAINE, *Psyché*, I.

Un tel revers et si peu attendu l'étourdit (Fénelon), mais ne l'abattit pas. Il paya d'esprit, d'*autorités* mystiques, de fermeté sur ses étriers. Ses amis principaux le soutinrent.

SAINT-SIMON, *Mémoires*, 1696.

Je n'allègue point tous les jugements comme des *autorités*, c'est seulement pour faire voir que mon opinion n'est pas aussi hasardée qu'on le pense.

LA MOTTE, *Réflexions sur la critique*, I.

Les *autorités* avoient disposé leurs esprits à trouver tout excellent.

LE MÊME, *Discours sur Homère*.

Je répondrai que quand on aurait autant d'*autorités* que le P. Lelong a copié de titres, elles ne pourraient balancer une raison convaincante.

VOLTAIRE, *Contre le testament politique du cardinal de Richelieu*, art. XXIII.

Le critique me reproche d'affecter sur d'autres points de citer des *autorités* respectables, entre autres celle du cardinal de Fleuri, comme si j'étais un jeune homme ébloui de la grandeur.

LE MÊME, *Supplément au Siècle de Louis XIV*.

En voyant chez tous les peuples mille choses extravagantes et fort approuvées, il apprenoit, dit-il, à se défier de l'esprit humain, à ne point regarder l'exemple, la coutume et l'opinion comme des *autorités*.

THOMAS, *Éloge de Descartes*.

Les dissensions et les vengeances faussement attribuées aux dieux n'offrent que de grands crimes justifiés par de grandes *autorités*.

BARTHÉLEMY, *Anacharsis*, c. 54.

... Vos chansons et vos redittes,
Ce sont vaines *authoritez*,
Que Salomon n'a pas escrites.

GUILLAUME ALEXIS, *le Blason des faulces amours*.

Dans les autres acceptions, le pluriel est d'un emploi assez rare et ne se trouve guère que dans des textes d'une époque ancienne.

Nostredit filz (Henri V, roi d'Angleterre) fera du tout son devoir que la court du parlement de France sera, en tous et chascun lieu subject à nous, maintenant et ou temps avenir, observée et gardée ès *auctoritez* et souverainetez d'elle et à elle deuz en tous et chascuns lieux à nous subjectz, maintenant et en temps avenir.

MONSTRELET, *Chronique*, c. 235 (Traité de Troyes).

... et pourra ledit seigneur duc (d'York) attaquer et combattre les vaisseaux hollandois et faire tout ce qu'il jugera le plus à propos pour le bien de la concession commune, jouira aussi de l'honneur du pavillon, des saluts, et de toutes les autres *autorités*, prérogatives et prééminences dont les amiraux ont coutume de jouir.

Traité entre Louis XIV et Charles II, 22 mai, 1er juin 1670.
(Voyez MIGNET, *Succession d'Espagne*, t. III, p. 193.)

C'est le propre des *autorités* chancelantes de regarder le despotisme comme un moyen de salut.

BARANTE, *De la Littérature française pendant le* XVIIIe *siècle*.

AUTORITÉ est souvent accompagné d'un adjectif qui en détermine le sens : *autorité divine, autorité souveraine, autorité royale*, etc.

Les mille hommes d'ordonnance qui estoyent souldoyez aux dépends du public... essayerent d'oster l'*aucthorité souvveraine* à la commune.

AMYOT, trad. de Plutarque, *Alcibiade*, c. 8.

Il commença dès lors à estre envers le peuple autre qu'il n'avoit accoustumé... roidit celle un peu trop lasche, trop molle manière de gouverner... en la convertissant en un gouvernement plus seigneurial, et tenant plus de l'*authorité royale*.

AMYOT, trad. de Plutarque, *Périclès*, c. 32.

Il n'y a rien de plus grand en ce monde que l'*autorité*. Si elle est *souveraine*, elle s'appelle majesté, si subalterne, autorité, et se soutient de deux choses, admiration et crainte mêlées ensemble.

CHARRON, *De la Sagesse*, II, 8.

La raison ne trouve pas étrange qu'on la soumette à l'autorité dans les sciences qui, traitant des choses qui sont au-dessus de la raison, doivent suivre une autre lumière qui ne peut être que celle de l'*autorité divine*.

Logique de Port-Royal, 2e discours.

La reine mère, pendant sa régence, lui avoit (à Mazarin) laissé toute l'*autorité royale*, comme un fardeau trop pesant pour un naturel aussi paresseux que le sien.

Mme DE LA FAYETTE, *Histoire d'Henriette d'Angleterre*.

Il apprenoit alors à prononcer des arrêts, à sceller des grâces, à ramener, dans de plus importantes occasions, les peuples à l'*autorité royale*.

FLÉCHIER, *Oraison funèbre de Le Tellier*.

C'est la même chose d'être roi et d'être juge. Ce trône est un tribunal, et la *souveraine autorité* est un pouvoir suprême de rendre justice.

ROLLIN, *Histoire ancienne*, liv. IV, c. 4, art. 1er.

Le respect qu'on inspiroit aux Perses, dès leur enfance, pour l'*autorité royale*, alloit jusqu'à l'excès, puisqu'ils y mêloient de l'adoration, et paroissoient plutôt des esclaves que des sujets soumis par raison à un empire légitime.

BOSSUET, *Discours sur l'Histoire universelle*, III, 5.

La licence ne paroît plus revêtue de l'*autorité publique*.

MASSILLON, *Petit Carême* : Exemples des grands.

L'*autorité paternelle* est encore très utile pour maintenir les mœurs. Nous avons déjà dit que dans une république il n'y a pas une force si réprimante que dans les autres gouvernements. Il faut donc que les lois cherchent à y suppléer; elles le font par l'*autorité paternelle*.

MONTESQUIEU, *Esprit des Lois*, V, 7.

Un grand empire suppose une *autorité despotique* dans celui qui gouverne.

LE MÊME, même ouvrage, VIII, 9.

Qu'était donc Rome? Une ville où l'évêque avait un très grand crédit, où le peuple jouissait souvent de l'*autorité municipale*, et où l'empereur n'en avait aucune que lorsqu'il y venait à main armée, comme Alaric ou Totila, ou Arnoud, ou les Othons.

VOLTAIRE, *Remarques de l'Essai sur les mœurs*, 10e remarque.

Je ne m'étendrai pas sur les différents pays où le gouvernement est purement monarchique, c'est-à-dire où le prince possède toute l'*autorité publique*.

CONDILLAC, *De l'Étude de l'histoire*.

Les rois de Perse jouissent d'une *autorité absolue* et cimentée par le respect des peuples, accoutumés à les vénérer comme les images vivantes de la divinité.

BARTHÉLEMY, *Voyage d'Anacharsis*, introd., sect. 2.

Personne ne doit faire tout ce qu'il peut, surtout sur un terrain aussi chancelant que celui de l'*autorité arbitraire*, dans un pays éclairé.

Mme DE STAEL, *Considérations sur la Révolution française*, Ire part., c. 6.

Le travail maintenu par l'*autorité sociale* peut occuper et guider la classe laborieuse dans tous les instants de la vie, tandis que les hommes oisifs sont sans cesse en proie aux passions et aux sophismes qui agitent l'existence et mettent tout en question.

LA MÊME, *De l'Allemagne*, c. 4, IVe part , § 15.

Le XVIIIe siècle, dans la chronologie morale, a commencé du jour de la première protestation d'abord timide et discrète, contre la splendeur monarchique de Louis XIV, contre la domination religieuse de Bossuet et contre l'*autorité classique* de l'antiquité.

VILLEMAIN, *Littérature au XVIIIe siècle*, Ire leçon.

Vous lui laissez ici l'*autorité suprême*.

DESTOUCHES, *le Médisant*, V, 2.

Au mot *autorité* se joint souvent la préposition *de*, suivie d'un complément indiquant à qui appartient l'autorité, ou quelle en est la nature :

Il avient sovent as princes de la terre et as autres qui ont *auctorité de* seignorie ou de vertuz, que se il dient hautes paroles et monstrent franc corage, li oiant en sont esmeu à misericorde plus tost et mieux que par proiere ou par humilité.

BRUNETTO LATINI, *Li livres dou Tresor*, liv. III, part. I, c. 63.

Elisor, je ne vous demanderay (comme ignorant l'*auctorité d*'amour) quelle folie vous a esmeu à prendre une si grande, si haulte, et difficile opinion que de m'aimer.

MARGUERITE DE NAVARRE, *Heptaméron*, XXIV.

Si tost qu'ils se sentirent forts, et qu'ils se trouverent en main, sans contredict, l'*auctorité du* gouvernement, ils ne tindrent plus compte d'Alcibiades.

AMYOT, trad. de Plutarque, *Alcibiade*, c. 16.

En toutes les villes où il passoit, si elles estoyent gouvernées par *auctorité du* peuple, ou qu'il y eust quelque austre sorte de gouvernement, il y laissoit en chascune un capitaine lacædémonien.

AMYOT, trad. de Plutarque, *Lysander*, c. 5.

Charlemagne gouvernoit son Estat de l'*authorité de luy seul*, et non de la nécessité des ducs et comtes.

EST. PASQUIER, *Recherches*, II, 9.

Plus les villes estoient grandes, plus y estoient grands les évesques, soit que la grandeur et *authorité des* lieux en fust cause, ou bien que la necessité leur apprist d'y commettre gens non seulement nourris aux affaires, ains au monde.

LE MÊME, même ouvrage, III, 1.

Ainsi croissoit de jour en jour à veuë d'œil l'*authorité du Saint-Siège*, luy ayant l'évesque d'Alexandrie en toutes choses cédé.

LE MÊME, même ouvrage, *ibid.*

Le roy de France ne peut estre excommunié par l'*authorité du pape*.

LE MÊME, même ouvrage, III, 16.

Jamais peuple ne fut si jaloux de l'*auctorité de* sa langue comme fut l'ancien Romain.

LE MÊME, même ouvrage, VIII, 1.

Pythagoras donna à cette doctrine beaucoup de poids et de crédit, par l'*authorité de* son approbation.

MONTAIGNE, *Essais*, II, 2.

Alcippe me sembla digne d'estre regardé, je tins sur luy longuement les yeux, car l'*autorité de* sa barbe chenue et de sa vénérable vieillesse le fait honorer et respecter de chacun.

D'URFÉ, *l'Astrée*.

Je me contente, avec l'Apostre, de ne sçavoir que Jésus-Christ, et iceluy crucifié; et où mon esprit se trouve court à ce mystère, j'ay recours à l'*autorité de* l'Église, et croy absolument tout ce qu'elle croit.

THÉOPHILE, *Apologie*.

Le même peuple dont vous vous serez servi pour abattre l'*autorité des* magistrats, ne reconnoîtra plus la vôtre, dès que vous serez obligé de demander ce que les magistrats en exigent.

LE CARDINAL DE RETZ, *Mémoires*.

Un lieutenant de prévôt, entre autres, nommé La Rappinière, les vint accoster, et leur demanda, avec une *autorité de magistrat*, quels gens ils étoient.

SCARRON, *le Roman comique*, I, 1.

Le pape (Innocent XI) regarda ce que l'archevêque (de Paris) avoit fait comme une entreprise sur l'*autorité du Saint-Siège*.

LE MARQUIS DE POMPONNE, *Mémoires*, II : Rome.

L'Église a tant travaillé pour l'*autorité des rois*, qu'elle a sans doute bien mérité qu'ils se rendent les protecteurs de la sienne.

BOSSUET, *Sermons*, dimanche des Rameaux.

Ce qu'il faut considérer, c'est qu'on ait remis au prince seul toute l'*autorité de* la parole.

LE MÊME, *Histoire des variations des Églises protestantes*, liv. VII, n° 79.

Le concile de Chalcédoine, quatrième général, où ce grand pape (saint Léon le Grand) tenoit la première place, autant par sa doctrine que par l'*autorité de* son siège, anathématisa Eutychès et Diosdore, patriarche d'Alexandrie, son protecteur.

LE MÊME, *Discours sur l'Histoire universelle*, I, 11.

Que peuvent des évêques qui ont anéanti eux-mêmes l'*autorité de* leur chaire?

LE MÊME, *Oraison funèbre de la reine d'Angleterre*.

Nous souhaitons principalement que l'Angleterre, trop libre dans sa croyance, trop licencieuse dans ses sentiments, soit enchaînée comme nous de ces bienheureux liens qui empêchent l'orgueil humain de s'égarer dans ses pensées, en le captivant sous l'*autorité du Saint-Esprit et de* l'Église.

LE MÊME, *Oraison funèbre de la duchesse d'Orléans*.

S'il avoit toujours été, comme fils de l'homme, dans la béatitude et dans la gloire, sans participer à nos peines, il lui eût manqué par rapport à nous une certaine *autorité d'*expérience et d'exemple.

BOURDALOUE, *Panégyriques*.

Ils (les Jésuites) implorèrent la même faveur pour s'établir, qu'ils implorent pour détruire ceux qui les choquent; ils obtinrent des lettres de cachet, et intéressèrent l'*autorité du roi*.

FLÉCHIER, *Mémoires sur les grands jours de 1665*.

Lorsque Térence excitoit un jeune comédien à la débauche par l'exemple de Jupiter, ces désordres étoient considérables, et l'on avoit raison d'employer toute l'*autorité des lois* pour en arrêter le cours.

LE MÊME, même ouvrage.

L'*autorité des* personnes puissantes et accréditées fait souvent modérer l'imposition d'une ou plusieurs paroisses.

VAUBAN, *Projet d'une Dîxme royale*, préface.

Quand un homme a acquis la réputation de vrai, on jureroit sur sa parole : elle a toute l'*autorité des serments* : on a pour ce qu'il dit un respect de religion.

LA MARQUISE DE LAMBERT, *Avis d'une mère à son fils*.

Ce n'est pas le christianisme qui a introduit cette grande inégalité de condition, ce mépris du travail, cet amour du jeu, cette *autorité des* femmes et des jeunes gens, cette aversion de la vie simple et frugale qui nous rend si différents des anciens.

FLEURY, *Mœurs des Israélites*, § 1.

Ils (les Pères) cherchoient à émouvoir non pas tant par la véhémence des figures et l'effort de la déclamation, que par la grandeur des vérités qu'ils prêchoient, par l'*autorité de* leurs charges, leur sainteté personnelle.

LE MÊME, *Mœurs des Chrétiens*, § 40.

L'archevêque, qui étoit dévoué à la maison de Bragance, se servant habilement de toute l'*autorité de* son caractère, leur remontra avec beaucoup de force que le choix du gouvernement n'étoit point arbitraire.

VERTOT, *Révolutions de Portugal*.

Les princes affermissent donc leur autorité en affermissant l'*autorité de* la religion.

MASSILLON, *Petit Carême*, 2ᵉ dimanche.

Il falloit même montrer au monde que la puissance de Dieu n'avoit pas besoin de celle des hommes; que le crédit et l'*autorité du* siècle étoient inutiles à une doctrine descendue du ciel.

LE MÊME, même ouvrage, *ibid*.

Il est de notre devoir de commencer par expliquer ici les principes que la disposition des lois, l'*autorité des* ordonnances, la jurisprudence de vos arrêts ont établis dans cette matière.

D'AGUESSEAU, *Plaidoyers*, I.

Le premier point consiste à savoir si la question est entière, si elle n'est point préjugée, clairement, certainement, irrévocablement par l'*autorité de* votre arrêt.

LE MÊME, même ouvrage, II.

L'homme de bien ne fait croître l'*autorité de* sa charge que par celle de son mérite.

LE MÊME, *Mercuriales*, t. I, p. 234.

Il peut bien y avoir quelque chose de vrai dans ce reproche, surtout quand on ajoute que l'*autorité d*'un si grand homme (Fontenelle) étoit d'une dangereuse conséquence pour ceux qui écrivoient après lui.

HÉNAULT, *Mémoires*, c. 17.

Le feu roi (Louis XIV) avoit fait un testament qui bornoit l'*autorité du* régent.

MONTESQUIEU, *Lettres persanes*, XCII.

Sur un fait qui n'est fondé sur rien, l'*autorité de* celui qui le nie est égale à l'*autorité de* celui qui l'allègue.

LE MÊME, *Esprit des Lois*, liv. XXX, c. 24.

M. de Voltaire doit être d'autant plus circonspect dans ses éloges comme dans ses censures, qu'il sait de quel poids est l'*autorité d*'un homme dont les ouvrages sont perpétuellement entre les mains de toute l'Europe.

GRIMM, *Correspondance*, 1ᵉʳ juillet 1754.

L'*autorité de* ceux qui commandent n'est jamais plus forte que lorsqu'elle est unie à l'*autorité de* ceux qui pensent.

THOMAS, *Essai sur les Éloges*.

Il (Diderot) ne contredisoit pas moins formellement la religion de son pays en rejetant l'*autorité des* miracles.

LA HARPE, *Cours de Littérature*, liv. IV, c. 3, sect. 2.

Ce miracle d'antiquité étoit une grandeur qu'on ne pouvoit méconnoître; les François se soumirent à l'*autorité de* leur roi, comme à l'*autorité de* leur histoire.

CHATEAUBRIAND, *Marche et effets de la censure*.

On conduit les enfants par la raison de l'autorité, et les hommes par l'*autorité de* la raison.

DE BONALD, *Pensées*.

Tout ce qu'on dit de l'*autorité des* exemples, des habitudes, des beaux modèles n'est pas fondé sur autre chose, sinon sur cette conviction qu'un fait extérieur, bon, raisonnable, bien réglé, amène tôt ou tard, plus ou moins complètement, un fait intérieur de même nature, de même mérite.

GUIZOT, *Histoire de la civilisation en Europe*, 1ʳᵉ leçon.

Et possible, devant que le flambeau du jour
Nous fasse voir demain ses coursiers de retour,
Nous sçaurions ce que peut une fureur unie
Avec l'*autorité d*'une force impunie.

THÉOPHILE, *Pyrame et Thisbé*, IV, 1.

C'est le beau seul que je respecte
Et non l'*autorité* suspecte
Ni *des* grands noms, ni *des* vieux temps.

LA MOTTE, *la Nouveauté*, ode.

Sachez qu'on n'aime point selon l'ordre d'un père.
La main dépend de lui. Le cœur en liberté
Du pouvoir paternel brave l'*autorité*.

DESTOUCHES, *l'Ingrat*, I, 3.

Je vais *de* l'amitié joindre l'*autorité*
Au ton de la franchise et de la vérité.

GRESSET, *le Méchant*, IV, 4.

Soit quel est l'auteur ou le texte allégué comme autorité :

Comme tu has l'*autorité de* Marc Tulle en son livre de viellesse.

RABELAIS, *Pantagruel*, II, 8.

Cornelius Nepos, auteur ancien, et judicieux autant qu'élégant, ne veut pas qu'on doute de cette date après l'*autorité de* Thucydide.

BOSSUET, *Discours sur l'Histoire universelle*, I, 8.

IV.

On se relevoit même pour prier au milieu de la nuit, suivant l'*autorité du* pseaume et l'*exemple de saint Paul.

FLEURY, *Mœurs des Chrétiens*, § 6.

Je n'invoquerai point l'*autorité de* l'Écriture : nous ne sommes plus au temps où c'en étoit une que personne n'eût voulu récuser.

LA HARPE, *Cours de Littérature*.

AUTORITÉ est fréquemment suivi de la préposition *de* et d'un verbe à l'infinitif :

Par ainsi le roy d'Angleterre eut l'*auctorité de* passer la dicte rivière de Seine à tout son plaisir, et y mist très grant garnison de ses gens.

MONSTRELET, *Chronique*, c. 193.

Il demeura encores par dessuz tous les autres l'espace de quinze ans, ayant acquis une principaulté et *aucthorité de* commander qui dura tousiours pendant ce temps-là.

AMYOT, trad. de Plutarque, *Périclès*, c. 6.

Je regarde que tu te donnes *auctorité de* me prendre le gouvernement de mes biens.

Les Quinze Joyes de mariage, IX.

Quelque réputation qu'on ait acquise à escrire, on n'a pas acquis pour cela l'*authorité d'*establir ce que les autres condamnent, ny d'opposer son opinion particulière au torrent de l'opinion commune.

VAUGELAS, *Remarques*, préface.

C'est une consolation pour nous de trouver nos foibles en ceux qui ont l'*autorité de* nous gouverner.

SAINT-ÉVREMONT, *Discours sur les historiens françois*.

Je lui fis (au prince Lobkowitz) une fausse confidence que j'avois *autorité de* Votre Majesté, dans mes instructions particulières, *de* signer le traité quand je le trouverois convenable.

LE CHEVALIER DE GREMONVILLE à Louis XIV, 8 janvier 1668. (Voyez MIGNET, *Succession d'Espagne*, t. II, p. 404.)

Les gens de qualité font des lâchetés et des bassesses horribles pour soutenir leurs dépenses... Tous ces maux viennent de l'*autorité* que les femmes vaines ont *de* décider sur les modes.

FÉNELON, *De l'Éducation des filles*, c. 10.

AUTORISER, v. a. Donner autorité.

Le Roy nostre sire ne doit pas tant seulement estre content, mais doit avoir mondit seigneur de Bourgongne et son fait pour agréable et le *auctorizer* en tant que mestier seroit.

MONSTRELET, *Chronique*, I, c. 39.

Ayant le peuple receu et *aucthorisé* ce décret de la révocation de Metellus, luy, Marius, n'ayant pas le cœur de

le veoir revenir, monta sur mer pour s'en aller en la Cappadocie.

AMYOT, trad. de Plutarque, *Caius Marius*, c. 9.

Lors Metellus voyant la tribune aux harangues vuide, et ses adversaires fuyants de tous costez hors de la place, ...essaya de faire lors passer et *aucthoriser* son édict.

LE MÊME, même ouvrage, *Cato d'Utique*.

Il (Antonio Perez) *estoit* trop *authorisé* en Espagne pour estre sans envieux.

D'AUBIGNÉ, *Histoire*, t. III, p. 310, éd. de Maillé, 1620.

A l'imitation desquels maires du palais, les ducs et les comtes commencèrent pour *authoriser* davantage leurs cours, d'appeler leurs grands barons pairs, et leur donner voix et assistance en leurs jugemens.

PASQUIER, *Recherches*, II, 9.

Ce qui *avoit authorisé* l'Alexandrin (l'évêque d'Alexandrie) contre les autres, estoit que, dès lors de l'advenement de saint Marc, premier evesque d'Alexandrie, tousjours avoit esté cette église autant bien édifiée en bonnes et saintes institutions que nulle autre.

LE MÊME, même ouvrage, III, 1.

Aucuns disoient qu'il falloit qu'il le fist ainsi, estant en pays estrange, et que parmy les estrangers il falloit ainsi faire valoir et *authoriser* son roy.

BRANTÔME, *Grands Capitaines françois :* Maréchal de Brissac.

Ils n'eussent pu aller contre la raison, et aussi qu'il y avoit un grand roy qui de longue main se sçavoit bien faire *authoriser* et maintenir les privilèges de sa maison et de sa royauté.

LE MÊME, *Discours sur les duels*.

Il lui fut répondu que les États se tourneroient contre lui, et au lieu de l'*autoriser*, ils l'abaisseroient.

LE DUC DE ROHAN, *Mémoires*, t. I.

Environ ce temps l'advocat David fut surpris avec quelques mémoires des moyens d'*authoriser* ceste ligue et rompre l'ordinaire cours de la succession de France, par des formes impossibles qui ne doiuent estre ny sceuës ny creuës, et dont je ne veux deshonorer ce discours.

MATTHIEU, *Histoire des derniers troubles de France*, liv. I.

Les vins qu'on nous apporte de la Grèce sont communément orangez, qui est pour *autoriser* telle couleur.

OLIVIER DE SERRES, *Théâtre d'agriculture*, IIIᵉ lieu, c. 8.

Caius Gracchus, voulant venger la mort de son frère, et faire *authoriser* ses loix, ne montra pas moins de chaleur en ceste poursuite que Tiberius en avoit fait paroistre en la sienne.

COEFFETEAU, *Histoire romaine de L. Florus*, XII, 15.

J'admirai sur ces passages de voir que la piété du roi (Louis XIV) emploie sa puissance à défendre et à abolir le duel dans ses États, et que la piété des jésuites occupe leur subtilité à le permettre et à l'*autoriser* dans l'Église.

> PASCAL, *Provinciales*, VII.

Au lieu d'*autoriser* par là les particuliers, ils décréditent tout le corps.

> LE MÊME, *Cinquième factum pour les curés de Paris.*

Ils se servent de l'exemple d'autruy pour *authoriser* leurs fautes.

> DU VAIR, *De l'Éloquence françoise.*

Dinis, capitaine expérimenté, qui avoit éprouvé la valeur et la clémence romaine, voulut mettre bas les armes et pour *autoriser* son avis par son exemple, il se vint rendre à nous avec sa femme et ses enfans.

> PERROT D'ABLANCOURT, trad. de Tacite, *Annales*, IV, 23.

Ne parlons plus des flatteurs qui nous environnent par le dehors; parlons d'un flatteur qui est au dedans, par lequel tous les autres *sont autorisés.*

> BOSSUET, *Sermons :* Sur la charité fraternelle.

Les Grecs nous ont raconté les actions de Cyrus en plusieurs manières différentes. Hérodote en remarque trois... il remarque encore lui-même que la mort de Cyrus est racontée diversement, et qu'il a choisi la manière qui lui a paru la plus vraisemblable, sans l'*autoriser* davantage.

> LE MÊME, *Discours sur l'Histoire universelle,* I, 7.

Il n'oublia rien de tout ce qui pouvoit *autoriser* le maître, et rendre le disciple plus respectueux; car étant un jour entré dans la chambre du prince pour assister à la leçon et l'ayant trouvé assis, et Arsène debout devant lui, il se plaignit de l'un et de l'autre.

> FLÉCHIER, *Histoire de Théodose.*

Un des caractères de la vraie religion a toujours été d'*autoriser* les princes de la terre.

> BOURDALOUE, *Oraison funèbre de Henri de Bourbon.*

Tous les livres qui regardent la langue françoise vous doivent quelque sorte d'hommage et il ne faut pas un moindre crédit que le vôtre pour les *autoriser* dans le monde.

> BOUHOURS, *Remarques nouvelles sur la langue françoise,* dédicace à Patru.

La plupart des gens qui s'élèvent prennent de nouveaux titres, pour *autoriser* un nouveau pouvoir.

> SAINT-ÉVREMONT, *Réflexions sur les divers génies du peuple romain,* c. 16.

L'admiral menant les princes avec luy pour *autoriser* ses commandemens, et laissant la reyne de Navarre dans la Rochelle, partit le dix-huictième d'octobre avec trois mille reistres qui luy restoient et pareil nombre de gens de pied.

> MÉZERAY, *Histoire de France :* Charles IX.

J'étois même *autorisé* dans cette maxime par le propre exemple des Espagnols.

> LOUIS XIV, *Mémoires écrits par lui-même.*

Qui corrigera la fureur de bâtir, si prodigieuse en notre siècle, si les bons évêques même *autorisent* ce scandale?

> FÉNELON, *Lettres spirituelles*, III.

Voilà à quoi aboutit la licence effrénée que les esprits se donnent de supposer comme vérité éternelle tout ce que leur imagination leur fournit pour *autoriser* une fable.

> LE MÊME, *De l'existence de Dieu*, Ire part., c. 3, § 85.

En cela vous êtes précisément de l'avis de Platon, qui veut qu'on ne laisse point introduire dans sa république des poëmes et des tragédies, qui n'auront pas été examinés par les gardes des lois, afin que le peuple ne voie et n'entende jamais rien qui ne serve à *autoriser* les lois et à inspirer la vertu.

> LE MÊME, *Dialogues sur l'Éloquence,* I.

Ces dieux semblent inventés tout exprès par l'ennemi du genre humain, pour *autoriser* tous les crimes, et pour tourner en dérision la divinité.

> LE MÊME, *Lettre à l'Académie.*

Il est encore plus nécessaire d'expliquer quelle étoit cette doctrine que les miracles *autorisoient.*

> FLEURY, *Discours sur l'Histoire ecclésiastique,* 1er discours, § 3.

Leur exemple (des grands) peut bien séduire et détourner quelquefois de la vertu; mais il ne sauroit imposer et *autoriser* le vice.

> MASSILLON, *Petit Carême :* Exemples des grands.

Hélas! ils regardent comme une bienséance de leur rang d'*autoriser* par leur présence les plaisirs publics, et ils croiroient souvent se dégrader en paroissant à la tête des cantiques de joie et des solennités saintes de la religion.

> LE MÊME, même ouvrage, 2e dimanche.

...Un misérable vers
Qui ne rapporte, ingrat, qu'une longue risée,
Partout où l'ignorance *est plus authorisée.*

> J. DU BELLAY, *le Poëte courtisan.*

...La France n'a point eu,
Qui plus les bons *auctorise,*
Qui plus aime la vertu,
Qui plus le droit favorise.

> LE MÊME, à Mme Diane de Poitiers.

...Ceux qui trop me favorisent
Au pair de tes chansons les miennes autorisent.
                    J. DU BELLAY, *Épître à Ronsard.*

Mais, ô Phebus, *authorise*
Mon chant et le favorise,
Qui ose entonner le loz
De ce grand roy qui t'honore
Et ses beaux blasons decore
De l'arc qui charge ton dos.
                    RONSARD, *Odes,* II, 1.

Aussi, Seigneur, je te promets,
Quelque erreur que l'on *autorise,*
De ne me séparer jamais
De l'union de ton Église.
                    RACAN, *Psaumes,* 118.

Là-dessus, il se lève, et pour faveur insigne
Pour plus l'*authoriser,* comme l'en jugeant digne,
Tire d'un de ses doigts son anneau précieux.
                    SAINT-AMANT, *Moyse,* II° part.

Seigneur, depuis huit jours l'impatient Pharnace
Aborda le premier au pied de cette place,
Et de votre trépas *autorisant* le bruit
Dans ces murs aussitôt voulut être introduit.
                    RACINE, *Mithridate,* II, 3.

Un tel exemple m'*autorise,*
Car vous n'êtes pas homme à faire une sottise.
                    AUTREAU, *Démocrite prétendu fou,* I, 6.

En ce sens, *autoriser* est souvent suivi de la préposition *par :*

Ce décret *ayant esté* passé et *authorisé par* le peuple, la pluspart transporta ses pères et mères vieux, les femmes et les petits enfans en la ville de Trœzène.
                    AMYOT, trad. de Plutarque, *Thémistocle,* 19.

Un homme qui avoit mauvais bruit, ayant proposé un bon avis au conseil des Lacédémoniens, ils le firent proposer par un autre, qui estoit en bonne réputation : comme ayant opinion que cest avis, encore qu'il fust bon, ne pouvoit estre heureusement suivi et mis à exécution, sinon qu'il *fust autorizé par* la bouche de cest autre personnage.
                    H. ESTIENNE, *la Précellence du langage françois :* Épître au Roy.

Il est certain que Virgile présuppose que ce personnage (capable d'apaiser une sédition) soit éloquent; mais il veut que son éloquence *soit autorisée par* ces qualitez.
                    LE MÊME, même ouvrage, *ibid.*

La doctrine qui permettoit de prendre les armes pour la cause de la religion *fut* depuis *autorisée,* non plus seu-

lement *par* tous les ministres en particulier, mais encore en commun dans les synodes.
                    BOSSUET, *Histoire des variations des églises protestantes,* liv. X, 35.

AUTORISER est souvent suivi aussi de la préposition *de :*

Quant au regard de celuy qui monta premier sur la tour du Frice, il *fut* moult *auctorisé de* tous les seigneurs pour sa grand vaillance.
                    MONSTRELET, *Chronique.*

Ce conseil *fut* tant *autorisé de* raisons persuasives, qu'Oriane appaisa partie de son tourment.
                    Amadis de Gaule, II, 8.

Nostre raison et nostre ame recevant les fantaisies et opinions qui luy naissent en dormant, et *authorisant* les actions de nos songes *de* pareille approbation, qu'elle fait celles du jour : pourquoy ne mettons-nous en doubte si nostre 'penser, nostre agir, est pas un autre songer, et nostre veiller, quelque espèce de dormir?
                    MONTAIGNE, *Essais,* II, 12.

Ces paroles, qui s'appellent articles de paix, qu'on grave sur le cuivre et qu'on *autorise du* nom de Dieu, sont des paroles comme les autres, sont des chansons gravées sur le cuivre, quand elles ne partent pas du cœur et qu'on n'a pas intention de les observer.
                    BALZAC, *Œuvres.*

Achille, en répondant au discours d'Ulysse, *autorise* d'abord son ressentiment *de* l'ingratitude d'Agamemnon.
                    LA MOTTE, *Discours sur Homère.*

AUTORISER, Accorder le pouvoir, la faculté, la permission de faire quelque chose, soit au propre, soit au figuré, avec un nom de personne ou un nom de chose pour complément.

Avec un nom de personne :

Il donna un acte par lequel il déclara qu'il ne veut point *autoriser* sa femme.
                    D'AGUESSEAU, 3° *Plaidoyer.*

La cour, tout en *autorisant* la Société Royale de Londres, s'en souciait assez peu.
                    VILLEMAIN, *Littérature au* XVIII° *siècle,* 5° leçon.

Je scay bien que tous les vivans,
Eussent-ils juré ma ruine,
N'aideront point mes poursuivans
Malgré la volonté divine,
Tous leurs efforts, sans son adveu,
Ne sçauroient m'oster un cheveu
Si le ciel ne les *authorise.*
                    THÉOPHILE, *Lettre à son frère.*

Moi, me rendre complice en vous *autorisant !*

> DUFRESNY, *le Dédit,* sc. 1.

Imitez mon exemple, et dans huit jours je gage...
— *Autoriser* mon fils dans le libertinage?
— Bien loin de l'y plonger, vous l'en retirerez.

> DESTOUCHES, *l'Irrésolu,* I, 1.

Avec un nom de chose :

Les papes saint Innocent et saint Zozime... *autorisèrent* la condamnation et l'étendirent par tout l'empire.

> BOSSUET, *Histoire universelle,* I, 10.

Après avoir raconté les prospérités, il (Zacharie) reprend dès l'origine toute la suite des maux. Il voit tout d'un coup le feu dans le temple; tout le pays ruiné avec la ville capitale; des meurtres, des violences; un roi qui les *autorise.*

> LE MÊME, *même ouvrage,* II, 10.

Constance, fils de Constantin, séduit par les Ariens, dont il *autorise* le dogme, tourmente les catholiques par toute la terre.

> LE MÊME, *même ouvrage,* II, 20.

Jusqu'où vont ces excès, quand une princesse mondaine les entretient ou les *autorise !*

> FLÉCHIER, *Oraison funèbre de Marie-Thérèse.*

On renversoit l'ordre, et souvent on *autorisoit* la rébellion.

> LE MÊME, *Oraison funèbre de Lamoignon.*

Tolérer le vice est l'*autoriser.*

> BOURDALOUE, *Sermons.*

Comme je vois que la recherche que l'on fait de l'usurpation des hautes justices fait plus de peine aux députez de la noblesse que les autres affaires, je vous prie de bien examiner la qualité de cette recherche, et s'il y en a jamais eu de plus juste et de plus légitime, et mesme si jamais le roy peut *autoriser* une usurpation de cette qualité.

> COLBERT au duc de Chaulnes, 10 décembre 1673. (Voyez DEPPING, *Correspondance administrative sous Louis XIV,* t. I, p. 534.)

Je voudrois *autoriser* tout terme qui nous manque, et qui a un son doux, sans danger d'équivoque.

> FÉNELON, *Lettre à l'Académie.*

Il est vrai qu'il faudroit que des personnes d'un goût et d'un discernement éprouvé choisissent les termes que nous devrions *autoriser.*

> LE MÊME, *même ouvrage.*

Vous devez rendre contre-compte à Dieu, et réparer, selon l'étendue de votre pouvoir, tous les maux que vous *avez autorisés,* et qui ont été faits sans nécessité.

> LE MÊME, *Direction pour la conscience d'un roi.*

Ce n'est pas que je prétende *autoriser* dans les grands, non plus que dans le reste des hommes, une vie molle et obscure.

> MASSILLON, *Petit Carême :* Tentations des grands.

Vous *autorisez* les blasphèmes des libertins et des impies.

> LE MÊME, *Carême,* mercredi de la IVᵉ semaine : Injustice du monde.

Si les jeux guerriers des tournois avaient jamais dû *être autorisés,* c'était dans le temps des croisades, où l'exercice des armes était nécessaire et devenait consacré.

> VOLTAIRE, *Essai sur les mœurs,* c. 99 : Des Tournois.

Elle (l'inquisition) *fut* enfin *autorisée* en Sicile, après l'avoir été en Espagne par Ferdinand et Isabelle; mais elle fut en Sicile plus encore qu'en Castille un privilège de la couronne, et non un tribunal romain; car en Sicile c'est le roi qui est pape.

> LE MÊME, *Essai sur les mœurs,* c. 140 : De l'Inquisition.

Le sanhédrin n'est pas moins coupable d'*avoir* fomenté, préparé, *autorisé* les abominations des enfants de Bélial.

> LE MÊME, *Lettres;* 18 février 1770.

Le droit romain, rédigé dans un temps où le christianisme étoit la seule religion de l'Empire, et dans lequel le prêt à intérêt *est* expressément *autorisé,* prouve incontestablement que ce prêt n'étoit point proscrit par la religion.

> TURGOT, *Mémoire sur les prêts d'argent,* § XXIX.

Au commencement du VIIIᵉ siècle, le roi Witiza se brouille avec le pape, interdit tout recours à Rome, repousse la discipline romaine, *autorise* même, dit-on, le mariage des prêtres.

> GUIZOT, *Histoire de la civilisation en France,* 27ᵉ leçon.

N'as-tu rougi d'*authoriser*
Ces nopces tant à mespriser ?

> ÉTIENNE JODELLE, *l'Eugène,* III, 1.

En ce sens, AUTORISER est souvent suivi de la préposition à précédant soit un nom, soit un verbe à l'infinitif.

Quelque noble que soit l'état d'une créature, jamais il ne suffira pour l'*autoriser à* se glorifier en elle-même.

> BOSSUET, *Traité du libre arbitre,* c. 5.

On l'a quelquefois employé aussi avec la préposition *de :*

J'ay receu la lettre qu'il vous a pleu m'escripre, par

laquelle il vous plest *auctoriser* le roy de Navarre et moy de donner grace, à nostre requeste, au prisonnier.

LA REINE DE NAVARRE à François I⁰ʳ, *Lettres*, mai 1542.

AUTORISER s'emploie souvent dans ses diffé-rentes acceptions, avec un nom de chose pour sujet :

Je croy que l'abondance des bons autheurs qui se trou-vent en un siècle, *authorise* la langue de leur temps par-dessus les autres.

PASQUIER, *Recherches,* VIII, 3.

Mon absence, qui n'estoit que de peu, a donné des soupçons de crime, et la fuitte, que je prenois par res-pect de mes ennemis, *a authorisé* leur persécution.

THÉOPHILE, *Apologie au Roy.*

Tant s'en faut que la miséricorde *autorise* le relâche-ment, que c'est au contraire la qualité qui le combat for-mellement.

PASCAL, *Pensées.*

Ainsi cette compagnie (le sénat),... et une immense multitude de peuple... ne pouvoient être retirées de leurs erreurs, ni par la prédication de l'Évangile, ni par un si visible accomplissement des anciennes prophéties, ni par la conversion presque de tout le reste de l'empire, ni enfin par celle des princes dont tous les décrets *autorisoient* le christianisme.

BOSSUET, *Discours sur l'Histoire universelle,* III, 1.

Nul prétexte, ni nulle raison ne peut *autoriser* les révoltes.

LE MÊME, *Sermons :* De l'unité de l'Église.

Ils en recevroient sans doute un préjugé plus fort et plus raisonnable que celui de l'antiquité, qui *autorise* Platon, Aristote et plusieurs autres.

MALEBRANCHE, *Recherche de la vérité,* part. I, c. 4, § 5.

Je sais que son crédit n'a fait qu'*autoriser* sa probité.

FLÉCHIER, *Oraison funèbre de Le Tellier.*

L'usage... *autorise* jusqu'à des solécismes, selon la re-marque de Vaugelas.

BOUHOURS, *Entretiens d'Ariste et d'Eugène,* II.

Dieu... ne veut pas que la prudence humaine soit suivie d'événements qui puissent l'*autoriser.*

M⁰ DE MOTTEVILLE, *Mémoires.*

La religion n'*autorise* pas les excès et les indiscrétions du zèle, elle ne condamne que les craintes humaines.

MASSILLON, *Discours :* Du zèle contre les Scandales.

L'usage *autorise* cet abus, il est vrai ; mais l'usage ne jus-tifie jamais ce qu'il *autorise.*

LE MÊME, *Carême :* Sur l'Aumône.

Quand l'exemple des grands ne serviroit qu'à *autoriser* la vertu, qu'à la rendre respectable sur la terre.

MASSILLON, *Petit Carême :* Exemples des grands.

Je sais qu'il y a une noble émulation qui mène à la gloire par le devoir ; la naissance nous l'inspire, et la reli-gion l'*autorise.*

LE MÊME, même ouvrage : Tentations des grands.

C'est ainsi que cette passion, quand elle maîtrise un cœur, a toujours des ressources pour faire valoir ses projets, ou pour *autoriser* ses entreprises.

MARIVAUX, *le Paysan parvenu,* 6⁰ partie.

Il est encore plus nécessaire d'expliquer quelle étoit cette doctrine que les miracles *autorisoient,* et que les martyrs soutenoient par leur témoignage.

FLEURY, *Discours sur l'Histoire ecclésiastique,* I.

Quelques anciens capitaines de Frédéric II employaient ces noms de faction qui échauffent les esprits pour attirer du monde sous leurs drapeaux, et *autorisaient* leurs bri-gandages du prétexte de soutenir les droits de l'Empire.

VOLTAIRE, *Annales de l'Empire :* Conrad IV, 1253-1254.

François I⁰ʳ se serait couvert d'opprobre s'il eût retenu par une basse perfidie celui dont il avait été le captif par le sort des armes. Il y a des crimes d'État que l'usage *au-torise;* il y en a d'autres que l'usage et surtout la cheva-lerie de ce temps-là n'autorisait pas.

LE MÊME, même ouvrage : Charles-Quint, 1539.

Cette dame avait été créée marquise de Pompadour par des lettres patentes, dès l'année 1745. Elle passait pour gouverner le royaume, quoiqu'il s'en fallût beaucoup qu'elle fût absolue. La famille royale ne l'aimait pas ; et cette aversion augmentait la haine du public en l'*auto-risant.*

LE MÊME, *Histoire du Parlement de Paris :* Attentat de Damiens, c. 67.

Auguste, qui craignait avec raison qu'on ne trouvât dans cette rapsodie quelques vers qui *autoriseraient* des conspirations, défendit, sous peine de mort, qu'aucun Romain eût chez lui des vers sibyllins.

LE MÊME, *Essai sur les mœurs,* c. 32 : Des Sibylles chez les Grecs.

Nul droit, hors le droit naturel, ne pouvait *autoriser* le divorce ; mais le dégoût et la politique le rendaient né-cessaire.

LE MÊME, *Essai sur les mœurs,* c. 110 : D'Alexandre VI et de Louis XII.

Que voulez-vous qu'ils pensent de notre nation, et com-ment peuvent-ils concevoir, ou que nos lois *autorisent* un art déclaré si infâme, ou qu'on ose marquer de tant d'infamie un art autorisé par les lois, récompensé par les souverains, cultivé par les plus grands hommes et admiré des nations?

VOLTAIRE, *Lettres philosophiques*, XXIII.

J'ai cru qu'il me seroit permis de consulter ici le zèle qui m'anime, plus que le devoir qui devroit m'*autoriser*.

J.-J. ROUSSEAU, *Dédicace*.

Despréaux cherchoit à recouvrer peu à peu cette liberté si chère à mesure que l'âge sembloit l'y *autoriser*.

D'ALEMBERT, *Éloge de Despréaux*.

La dureté avec laquelle les lois, toujours faites par les riches, *autorisoient* à poursuivre les débiteurs, ajoutoit infiniment à l'indignation du peuple débiteur contre les usures et les usuriers.

TURGOT, *Mémoire sur les prêts d'argent*, § XXIX.

Tant plus les a fortune *authorisez*,
Tant moins seront en fin favorisez.

CL. MAROT, *Élégies*, I, 7.

L'exemple de vos mœurs force plus que la loy
Et vostre saincte vie *authorise* ma foy.

THÉOPHILE, *Au Roy*.

Et si ma passion cherchoit à s'excuser,
Mille exemples fameux pourroient l'*autoriser*.

CORNEILLE, *le Cid*, I, 2.

Permettez qu'à mon tour, je parle avec franchise,
Votre exemple à la fois m'instruit et m'*autorise*.

LE MÊME, *Sertorius*, III, 1.

Il n'est point de moyens que l'amour n'*autorise*.

BOURSAULT, *le Médecin volant*, sc. 1.

Je veux, pour donner cours à mon ardente haine,
Que sa fureur au moins *autorise* la mienne.

RACINE, *la Thébaïde*, VI, 1.

Je suis tout naturel, et j'aime la franchise,
Ma bouche ne dit rien que mon cœur n'*autorise*.

REGNARD, *le Joueur*, II, 4.

En effet ma foiblesse *autorise* à tout craindre.

PIRON, *la Métromanie*, IV, 8.

L'exemple ne peut pas *autoriser* un crime.

LA CHAUSSÉE, *le Préjugé à la mode*, II, 1.

Il s'emploie, dans ses différentes acceptions, avec le pronom personnel :

Quelques-uns trouvoient de mauvaise grâce qu'à chaque bout de champ je confirmasse mon dire par quelque autheur ancien, disans... que le temps affinoit comme l'or

les œuvres, et qu'ores que pour le jour d'huy on y eust moins de creance, toutesfois à l'advenir elles pourroient s'*authoriser* d'elles-mesmes, ainsi qu'il en estoit advenu aux anciens.

PASQUIER, *Recherches*, Avant-propos, I.

Il ne sera doncques hors de propos de vous discourir par le menu de quelle façon les papes *se* voulurent *authoriser* en grandeur par-dessus les roys et monarques.

LE MÊME, même ouvrage, III, 14.

Il ne vouloit s'*autoriser* dans le parti des réformés que pour se rendre plus considérable.

LE DUC DE ROHAN, *Mémoires*, liv. I.

Ces magistrats (les tribuns), pour s'*autoriser*, nourrissoient la division entre les deux ordres, et ne cessoient de flatter le peuple.

BOSSUET, *Discours sur l'Histoire universelle*, III, 7.

De quel secours sont aux calvinistes ces Vaudois dont ils veulent s'*autoriser* ?

LE MÊME, *Histoire des variations des églises protestantes*, liv. XI, n° 124.

Siècle vainement subtil, où l'on veut pécher avec raison, où la foiblesse veut s'*autoriser* par des maximes.

LE MÊME, *Oraison funèbre d'Anne de Gonzague*.

Il (le libertin) veut s'*autoriser* de sa vie libertine et déréglée.

BOURDALOUE, *Sermons pour les dimanches* : Sur l'hypocrisie.

Ne pouvant s'*autoriser* encore contre l'usage...

FLÉCHIER, *Oraison funèbre de Mme de Montausier*.

Octave, tout jeune qu'il étoit, s'est joué de ce grand Cicéron qui étoit la lumière de Rome. Il s'est servi de vous pour s'*autoriser*, ensuite il vous a livré à Antoine.

FÉNELON, *Dialogues des morts* : Caton et Cicéron.

J'avois pris les mêmes mesures que vous : flatter la jeunesse, la corrompre... s'*autoriser* par des femmes d'un esprit intrigant et brouillon. Pouviez-vous mieux faire?

LE MÊME, même ouvrage : Sylla, Catilina et César.

Ils étudioient sans choix (les moines),... ne cherchant au reste qu'à satisfaire leur curiosité ou à s'*autoriser* dans les affaires.

L'ABBÉ FLEURY, *Du Choix des études*, c. 5.

J'eus plus d'une fois la pensée... de vous faire l'ouverture de cette intrigue pour m'*autoriser* de votre consentement.

L'ABBÉ PRÉVOST, *le Doyen de Killerine*, c. 2.

Cette barbarie d'ailleurs, qui s'*autorisait* du nom de justice, pouvait être regardée comme une insulte aux droits des nations.

VOLTAIRE, *Essai sur les mœurs*, c. 134 : De Calvin et de Servet.

Joad de temps en temps le montre aux factieux,
Le fait attendre aux Juifs comme un autre Moïse,
Et d'oracles menteurs s'appuye et *s'autorise*.

RACINE, *Athalie*, III, 3.

AUTORISÉ est d'un très fréquent usage, comme participe ou comme adjectif, dans les divers sens du verbe, soit en parlant des choses, soit en parlant des personnes.

En parlant des choses :

Là, Pantagruel leur fict une briefve et saincte exhortation, toute *authorisée* de propos de la saincte Escripture.

RABELAIS, *Pantagruel*, IV, 1.

Testamens ne sont valables ne *auctorizez* si non par mort des testateurs.

LE MÊME, même ouvrage, IV, 21.

Il y a en chaque république plusieurs histoires que l'on tire d'une longue ancienneté, sans que le plus du temps, l'on en puisse sonder la vraye origine, et toutesfois on les tient non seulement pour véritables, mais pour grandement *auctorisées* et sacro-saintes.

PASQUIER, *Recherches*, VIII, 21.

Je me suis toujours grandement loüé de vostre intégrité et justice, et n'ay eu seulement regret que de ne la voir autant *authorisée* et fortifiée qu'il eust bien esté besoin.

HENRI IV, *Lettres*, 7 janvier 1584.

Il faut mettre une grande différence entre les questions inutiles dont les livres de philosophie sont remplis. Il y en a qui sont assez méprisées par ceux mêmes qui les traitent, et il y en a au contraire qui sont célèbres et *autorisées* et qui ont beaucoup de cours dans les écrits de personnes d'ailleurs estimables.

Logique de Port-Royal, 1er discours.

La contemplation est un genre d'oraison, *autorisé* par toute l'Église : elle est marquée dans les Pères et dans les théologiens des derniers siècles : mais il ne faut jamais préférer la contemplation à la méditation.

FÉNELON, *Lettres spirituelles*, XIII.

Dieu a regardé du haut du ciel, et il a vu les débauches et les excès affreux *autorisés* par de grands exemples.

MASSILLON, *Carême* : Sermon sur les motifs de conversion.

Le P. La Rue prêchoit devant le roi. On fut donc tout à coup surpris que le jour de l'Annonciation... il demanda

permission au roi de dire un mot contre des extravagants et des fanatiques qui décrioient les voies communes de la piété *autorisées* par un usage constant, et approuvées de l'Église.

SAINT-SIMON, *Mémoires*, 1697.

Si on imprime publiquement dans les plus grandes capitales tant de mensonges historiques, que d'absurdités n'écrivait-on pas obscurément dans de petites provinces barbares! Absurdités multipliées avec le temps par des copistes, et *autorisées* ensuite par des commentaires.

VOLTAIRE, *Pyrrhonisme de l'Histoire*, c. 43.

Il est bien vrai que la doctrine du plus grand nombre peut être proposée à tous comme la plus probable ou la plus *autorisée*.

J.-J. ROUSSEAU, *Lettres écrites de la montagne*.

Les tusques mains ingénieuses
Ja de trop velouter s'usoient
Pour nos femmes delicieuses
Qui sous robes trop precieuses
Du rang des nobles abusoient;
Mais or' la laine desprisée
Reprend son premier ornement,
Tant vaut le grave enseignement
De ta parole *authorisée*.

RONSARD, *Odes*, V, 1 : Au roy Henry II, sur ses ordonnances faites l'an MDL.

Tout abus regne *autorisé*.

J.-A. DE BAÏF, *les Mimes*.

Bien que foible et débile, et que mal reconnue,
Son habit décousu la montre à demy nuë (la Vertu);
Qu'elle ait seche la chair, le corps amenuisé,
Et serve à contre-cœur le vice *auctorisé*.

RÉGNIER, *Satires*, II.

En parlant des personnes :

La grandeur des papes s'est faite... au spirituel, pour avoir supporté les plus foibles contre les ecclesiastics les plus forts et *authorisez* de puissance.

PASQUIER, *Recherches*, III, 9.

Quand les supérieurs de l'Église ont voulu abuser de leur authorité au préjudice de la majesté du roy, l'Université de Paris, *authorisée* de cette cour, leur a toujours faict contre-teste, sous le nom d'Église gallicane.

LE MÊME, même ouvrage, III, 43.

L'injustice est une oppression publique et particulière des plus *authorisez* et puissans sur les pauvres et foibles.

DE LA NOUE, *Discours politiques et militaires*, I.

Qu'il vous plaise me conserver aux bonnes graces de

Messieurs du Puy, je ne manquerai pas de consolation. Ce sont des personnes qui sans pourpre et sans magistrature sont illustres et *authorisées* pour le moins dans le monde raisonnable et parmi les gens qui jugent des choses sainement.

> BALZAC, *Lettres*, III.

On vit un homme de bas lieu dès le premier jour *autorisé* plus que l'autre, et revêtu de sa dépouille.

> LE DUC DE ROHAN, *Mémoires*, I.

Je faillis à tomber de mon hault en voyant que des prisonniers disposoient de la Bastille avec la mesme liberté qu'eust peu prendre le gouverneur le plus *autorisé* dans sa place.

> CARDINAL DE RETZ, *Mémoires*.

Je m'ouvris à feu M. d'Estampes, président du grand conseil, et à M. l'Escuyer, présentement doyen de la Chambre des comptes, tous deux colonels et fort *autorisés* parmi les bourgeois.

> LE MÊME, *même ouvrage*.

Les monarchies les mieux établies et les monarques les plus *autorisés* ne se soutiennent que par l'assemblage des armes et des lois.

> LE MÊME, *même ouvrage*.

L'Église, *autorisée* par les miracles qui ont préoccupé la créance, nous dit qu'ils n'ont pas la vraie foi.

> PASCAL, *Pensées*.

Une même lumière nous paroît partout : elle se lève sous les patriarches; sous Moïse et sous les prophètes elle s'accroît. Jésus-Christ, plus grand que les patriarches, plus *autorisé* que Moïse, plus éclairé que tous les prophètes, nous la montre dans sa plénitude.

> BOSSUET, *Discours sur l'Histoire universelle*, II, 19.

L'infâme Barchochébas, un voleur, un scélérat, parce que son nom signifioit le fils de l'étoile, se disoit l'étoile de Jacob prédite au livre des Nombres, et se porta pour le Christ. Akibas, le plus *autorisé* de tous les rabbins, et, à son exemple, tous ceux que les Juifs appeloient leurs sages, entrèrent dans son parti.

> LE MÊME, *même ouvrage*, II, 22.

Notre siècle, qui n'avoit point vu de chancelier si *autorisé*, vit en celui-ci autant de modération et de douceur que de dignité et de force.

> LE MÊME, *Oraison funèbre de Le Tellier*.

Il falloit, dites-vous, envoyer pour le sacrifice, qui, par parenthèse, ne produit rien, un homme aussi *autorisé* qu'Hector.

> HOUDAR DE LA MOTTE, *Réflexions sur la critique*.

On eut des espérances de ce changement en Angleterre, mais elles s'évanouirent incontinent, et le prince d'Orange

IV.

y parut plus accrédité, plus *autorisé* et plus affermi que jamais.

> SAINT-SIMON, *Mémoires*, 1695.

Il (le prince Hermann de Bade) devint premier commissaire impérial à la diète de Ratisbonne,... la meilleure tête et le plus *autorisé* du conseil intime de l'empereur.

> LE MÊME, *même ouvrage*, 1707.

Muni des approbations qui ne lui avaient pas coûté cher, pressé par sa maîtresse, lassé des subterfuges du pape, soutenu de son clergé, *autorisé* par les universités et maître de son parlement, encouragé encore par François Ier, Henri fait casser son mariage.

> VOLTAIRE, *Essai sur les mœurs*, c. 135 : Du roi Henri VIII.

Dans tous les états du monde, la police veille avec le plus grand soin sur ceux qui instruisent, qui enseignent, qui dogmatisent; elle ne permet ces sortes de fonctions qu'à gens *autorisés*.

> J.-J. ROUSSEAU, *Lettres écrites de la montagne*.

Il n'y a point de sot qui ne se croie *autorisé* à décider de sa langue.

> GRIMM, *Correspondance*, 15 janvier 1755.

Il faut que les vérités fondamentales de cette matière deviennent communes et triviales, afin qu'ils (les peuples) ne se croient point *autorisés* à faire un crime à l'administration de la variété des saisons.

> TURGOT, *Lettres sur la liberté du commerce des grains*, I, 30 octobre 1770.

AUTORISATION, s. f. Action par laquelle on accorde ou on reçoit la faculté, la permission de faire quelque chose.

Lettres d'*authorisation*.

> COTGRAVE, *Dictionnaire*, 1611.

Authorisation du mari, *authorisation* du tuteur.

> *Dictionnaire de l'Académie*, 1694.

L'*autorisation* donnée à la mauvaise foi des emprunteurs a fermé toutes les bourses des prêteurs.

> TURGOT, *Mémoires sur les prêts d'argent*, § XI.

Autorisation de la justice.

> *Code civil*, 934.

Autorisation de la femme mariée.

> *Code de procédure commerciale*, 2e partie, titre VII.

AUTOUR. Préposition qui sert à marquer La situation de ce qui environne un objet, ou Le mouvement de ce qui en fait le tour.

Il est habituellement suivi de la préposition *de* : AUTOUR DE, TOUT AUTOUR DE, et s'emploie soit avec un nom de chose :

Et chevauchèrent *tout autour de* Saint-Omer, ainsi qu'ils avoient guides qui bien les savoient mener.

FROISSART, *Chronique*, liv. I, Ire part., c. 141.

M. Tambonneau le fils a quitté la robe, et a mis une sangle *autour de* son ventre et de son derrière; avec ce bel air il veut aller servir sur la mer.

Mme DE SÉVIGNÉ, *Lettres;* à Mme de Grignan, 16 mars 1672.

Comme il (Jacob) étoit prêt à expirer, et que ses enfants, *autour de* son lit, demandoient la bénédiction d'un si bon père, Dieu lui découvrit l'état des douze tribus.

BOSSUET, *Discours sur l'Histoire universelle*, II, 2.

Nous l'écoutions avec tant de complaisance qu'il (un religieux jacobin) nous jugea dignes de nous découvrir les mystères de son ordre, et pour soulager sa mémoire, nous interpréta de certaines peintures qui sont *autour du* cloître.

FLÉCHIER, *Mémoires sur les grands jours de 1665.*

Je vis quatre pies assises *autour d'*une table, qui jouoient aux cartes... elles mêloient, coupoient et donnoient comme si elles n'avoient fait autre chose de leur vie.

HAMILTON, *Fleur d'épine.*

Il me falloit cependant un lac et je finis par choisir celui *autour duquel* mon cœur n'a jamais cessé d'errer.

J.-J. ROUSSEAU, *Confessions*, II, 9.

Le mouvement des astres, celui de notre petite Terre, *autour du* Soleil, tout s'opère en vertu des lois de la mathématique la plus profonde.

VOLTAIRE, *Dictionnaire philosophique*, Athéisme.

Les hérauts d'armes faisaient ranger les spectateurs tous à pied *autour des* lices; il était défendu d'être à cheval au spectacle, sous peine, pour un noble, de perdre sa monture, et pour un bourgeois, de perdre une oreille.

LE MÊME, *Essai sur les mœurs*, c. 100 : Des Duels.

La Lune *autour de* la Terre, les planètes et les comètes *autour du* Soleil, décrivent des ellipses.

CONDILLAC, *l'Art de raisonner*, III, 4.

Ceux-ci croyent la terre une pesante boule
Qui, sans aucun repos, *autour de* soy se roule.

THÉOPHILE, *Immortalité de l'âme.*

Là, mon œil voit régner le grand flambeau du monde
D'un éclat emprunté brillant *autour de* lui,

Les astres de sa cour lui prêtent leur appui.

DELILLE, *Imagination*, I.

Soit avec un nom de personne :

Quant à Gélaste, il aimeroit mieux employer son temps *autour de* quelque Psyché que de converser avec des arbres et des fontaines.

LA FONTAINE, *Psyché*, I.

Aussitôt l'Amour fit mettre les cygnes à son char, descendit en terre, et trouva sa mère qui elle-même faisoit office de grâce *autour de* Psyché.

LE MÊME, même ouvrage, II.

Car considérez quelle est la condition des grands de la terre, qu'est-ce qui grossit leur cour, et qui fait la foule *autour d'*eux.

BOSSUET, *Sermons* : Contre l'ambition.

Les jeux et les ris brilloient à l'envi *autour d'*elle (Mlle de Murcé).

L'ABBÉ DE CHOISY, *Mémoires*, V.

Je ne puis encore tourner mes regards qu'*autour de* moi et m'occuper de ce que je n'y vois plus.

Mme DE GRIGNAN, *Lettres;* à M. de Pomponne, 15 juillet 1696.

Cependant toutes les nymphes, assemblées *autour de* Mentor, prenoient plaisir à le questionner.

FÉNELON, *Télémaque*, VII.

Toujours un aimable zéphire
Autour de vous se va jouant.

LA FONTAINE, *Psyché*, I.

Autour du fils d'Hector il a rangé sa garde.

RACINE, *Andromaque*, V, 2.

Il étoit sur son char; ses gardes affligés
Imitoient son silence, *autour de* lui rangés.

LE MÊME, *Phèdre*, V, 6.

J'ai mille courtisans rangés *autour de* moi.
Ma retraite est mon Louvre, et j'y commande en roi.

DESTOUCHES, *le Philosophe marié*, I, 1.

Autour de moi riait cette foule railleuse
Qui des infortunés n'entend jamais les cris.

ALFRED DE MUSSET, *Lettre à Lamartine.*

Il se dit figurément, tant au sens physique qu'au sens moral :

Il a un grand train, un beau palais, tant de crédit, tant de rente; tout cela est *autour de* luy, non en luy.

MONTAIGNE, *Essais*, I, 42.

Il y a le bien suprême, qui est Dieu, *autour duquel* sont

occupées toutes les vertus, et où se trouvent toutes les félicités de l'âme raisonnable.

> Bossuet, *Traité de la Concupiscence*, c. 15.

Son orgueil, quoique abattu par la main de Dieu, ne laissa pas de revivre dans ses successeurs. Ils ne pouvoient souffrir *autour* d'eux aucune domination.

> Le même, *Discours sur l'Histoire universelle*, III, 4.

Anges saints, rangez à l'entour vos escadrons invisibles, et faites la garde *autour du* berceau d'une princesse si grande et si délaissée.

> Le même, *Oraison funèbre de la reine d'Angleterre*.

Elle mit aussi, selon le conseil du sage, une haie d'épines *autour de* ses oreilles pour arrêter et pour piquer les médisants.

> Fléchier, *Oraison funèbre de Madame la Dauphine*.

Nous ne faisons que languir *autour de* nous-mêmes, ne nous occupant jamais de Dieu que par rapport à nous.

> Fénelon, *Lettres spirituelles*, CI.

La nature élève le caractère physique de ses ouvrages à un caractère moral sublime, en les réunissant *autour de* l'homme.

> Bernardin de Saint-Pierre, *Études de la Nature*, X.

Autour de lui (J.-B. Rousseau), rien du sérieux et de la passion que la controverse et la guerre civile ont communiqués à quelques-uns même des Psaumes de Marot.

> Villemain, *Littérature au xviiie siècle*, 2e leçon.

Les partisans du pouvoir absolu reculent tout à coup, et à leur insu, devant les résultats de leur doctrine; on sent qu'*autour* d'eux, il y a des idées, des influences qui les arrêtent et les empêchent de pousser jusqu'au bout.

> Guizot, *Histoire de la civilisation en Europe*.

> D'un long soupir qui devança
> La première voix qu'il poussa
> Pour prédire mon aventure,
> Je sentis mon sang se geler,
> Et comme *autour de* moi voler
> L'ombre de ma douleur future.
>
> Théophile, *la Maison de Sylvie*, ode IV.

> Selon qu'il vous menace, ou bien qu'il vous caresse,
> La cour *autour de* vous ou s'écarte ou s'empresse.
>
> Racine, *Britannicus*, IV, 1.

Tourner autour est d'un emploi fréquent, soit au propre, soit au figuré.

Il vint des masques plaisants : il y avoit une petite Grecque fort jolie, votre mari *tournoit* tout *autour*.

> Mme de Sévigné, *Lettres*; à Mme de Grignan, jeudi, 1672.

Il *tourne autour* d'une pensée, et il la répète sans la rendre ni plus vive ni plus sensible.

> Condillac, *l'Art d'écrire*.

Tourner autour du pot, proverbialement et figurément, Tâcher d'obtenir quelque chose de tentant ou d'avantageux.

Une héritière de la maison de la Trémouille ne lui avoit point paru (à Phélypeaux) au-dessus de ce qu'il pouvoit prétendre; il y *tournoit autour du pot*.

> Saint-Simon, *Mémoires*, 1695.

Plus habituellement encore Biaiser, user de détours avant d'arriver au fait.

A quoi bon tant barguigner et tant *tourner autour du pot* ?

> Molière, *Monsieur de Pourceaugnac*, I, 7.

> Sans tant *tourner autour du pot*,
> Æneas dit : Je suis un sot,
> Et vous allez être servie.
>
> Scarron, *Virgile travesti*, II.

Autour de est quelquefois précédé de la préposition *de* :

Son fils qui s'étoit fait appeler le baron de Beauvais avoit la capitainerie des plaines *d'autour de* Paris. Il avoit été élevé, au subalterne près, avec le roi.

> Saint-Simon, *Mémoires*, 1693.

C'est une famille de robe (Castromonte) et sans alliances, *d'autour de* Valladolid.

> Le même, même ouvrage, 1721.

Au lieu de *autour de*, on a dit anciennement *à l'entour de*. Voyez ci-dessus *Alentour*.

Autour de s'emploie quelquefois dans le sens d'Environ.

Le roi lui donna (à Ragotzi) six cent mille livres sur l'Hôtel de Ville, et lui paya d'ailleurs six mille livres par mois et l'Espagne trente mille livres par an. Cela lui fit *autour de* cent mille livres de rente.

> Saint-Simon, *Mémoires*, 1713.

Autour s'emploie quelquefois adverbialement et sans régime.

Si furent moult liés tous seigneurs, quand ils eurent trouvé leurs charrettes et leurs harnois; et reposèrent deux jours dedans la dite cité et l'ost tout *autour*.

> Froissart, *Chronique*, liv. I, Ire part., c. 44.

Si issirent de Nantes et allèrent assiéger Rennes tout *autour*.

FROISSART, *Chronique*, liv. I, Iᵉ part., c. 170.

Gens d'armes passoient outre, ou parmi eux, ou par *autour*.

LE MÊME, même ouvrage, liv. II, c. 181.

Un mirouer de crystallin, enchâssé en or fin, *autour* garni de perles.

RABELAIS, *Gargantua*, I, 55.

Le matin elle me dit que de toute la nuict elle n'avoit esté en repos, que les mânes de Lindamor luy estoient toute nuit *autour*.

D'URFÉ, *l'Astrée*, Iᵉ part., liv. IX.

Nous arrivâmes le soir à Charmely. C'est un bon village avec un fort beau caravansera et des bains *autour*.

TAVERNIER, *Voyages de Perse*, I, 4.

Sion fut sa demeure (à David), il bâtit *autour*, et la nomma la cité de David.

BOSSUET, *Discours sur l'Histoire universelle*, II, 4.

Le chœur (dans l'église de Tolède) a tout *autour* trois rangs de stalles, tous trois plus élevés l'un que l'autre, ce qui en fait un nombre prodigieux.

SAINT-SIMON, *Mémoires*, 1722.

Une table frugale et ses enfants *autour*,
Compagnons de sa peine et doux objets d'amour.

LEMIERRE, *les Fastes*, IV.

Ici autour, dans le voisinage.

Il loge quelque part *ici autour*.

Dictionnaire de l'Académie, 1762.

AUTOUR, s. m. Oiseau de proie, du genre de ceux qu'on nomme, en Fauconnerie, Oiseaux de poing.

On a dit anciennement OSTOUR, OSTOR, HOSTOIR, etc. Voyez les exemples suivants :

Ostour sont oiseau de proie, si comme sont faucon et esprevier.

BRUNETTO LATINI, *Li Livres dou tresor*, liv. I, part. V, c. 148.

Il y a les meilleurs *austours* du monde.

MARC POL, *le Livre*, c. 22.

Il i a marcheanz de fruit, de faucons, d'*ostors* et de grues.

Proverbes et dictons populaires, p. 163.

Aucipiter, *hostoir*.

Glossaire roman-latin du xvᵉ *siècle*, éd. Scheler, 1865, p. 30.

Avecques vn tiercelet d'*autour*, demye douzaine d'Hespanolz et deux levriers, vous voy là roy des Perdrys et Lievres pour tout cest hyver.

RABELAIS, *Gargantua*, I, 12.

L'*autour* est un bel oiseau, beaucoup plus grand que l'épervier, auquel il ressemble néanmoins par les habitudes naturelles, et par un caractère qui leur est commun.

BUFFON, *Histoire naturelle* : l'Autour.

Mais la pauvrette avoit compté
Sans l'*autour* aux serres cruelles.

LA FONTAINE, *Fables*, V, 17.

Aussitôt un *autour*, planant sur les sillons,
Descend des airs, fond et se jette
Sur celle qui chantoit, quoique près du tombeau.

LE MÊME, même ouvrage, VI, 15.

D'*autour* on avait fait : AUTOURSERIE et AUTOURSIER.

Autoursserie, c'est l'Art et la manière d'affuter et dresser toutes sortes d'oyseaux de poing, dont le premier est l'autour, duquel est dérivé ce mot, *autoursserie*, et dont sont appelez *austrussiers*, ou autrement, *autourssiers*, pour plus proprement parler, ceux qui ont accoustumé de manier les oyseaux de poing.

P. DE GOMMER, *l'Autoursserie*, c. I.

Les fauconniers distinguent les oiseaux de chasse en deux classes, savoir : ceux de la fauconnerie proprement dite, et ceux qu'ils appellent de l'*autourserie*.

BUFFON, *Histoire naturelle* : l'Autour.

AUTRE. Adjectif des deux genres qui marque que Les personnes ou les choses dont on parle sont différentes de celles dont on vient de parler.

L'*autre* muiller al flz Deu est sainte Eglise.

Les quatre Livres des Rois, I, 1.

Ces cinc maistres citez dunerent cinc anels et cinc rez d'or, en la honurance Deu. E les *altres* citez e les viles ki ne furent clos de mur, une suris d'or.

LE MÊME, même ouvrage, I, vi.

Après cele quinsaine vint li marchis de Montferrat qui encore n'estoit mie venus, et Mahius de Monmorenci et Pierres de Braiecuel et maint *autre* preudome.

VILLEHARDOUIN, *la Conqueste de Constantinoble*, c. 50.

Et fut avec lui li cuens dou Perche, et li cuens de Mon-

fort, et li cuens de Chartres, et li cuens de Monbleart, et
mes sires Enjorrans de Couci, et mout d'*autre* grant seigneur dont je ne parole mie.

> *Récits d'un ménestrel de Reims au treizième siècle*,
> publiés par N. DE WAILLY, p. 154.

Je leur donne loy (aux médecins) de me commander de
m'abrier chauldement, si je l'ayme mieux ainsi, que d'*autre* sorte; ils peuvent choisir d'entre les porreaux et les
laictues, de quoy il leur plaira que mon bouillon se face,
et m'ordonner le blanc ou le clairet; et ainsi de toutes
autres choses, qui sont indifférentes à mon appétit et
usage.

> MONTAIGNE, *Essais*, II, 37.

La guerre de Paris commence fort à m'ennuyer. Si vous
ne mourez promptement de faim, nous mourrons bientôt
de fatigue. Rendez-vous ou nous nous allons rendre. Pour
moi, avec tous mes *autres* maux, j'ai encore une extrême
impatience de vous voir.

> BUSSY-RABUTIN, *Lettres*; à Mme de Sévigné, 5 mars 1649.

Quand l'histoire seroit inutile aux *autres* hommes, il
faudroit la faire lire aux princes.

> BOSSUET, *Discours sur l'Histoire universelle*, avant-propos.

On l'accusoit dans le monde (le curé de Saint-Babel)
d'avoir instruit ses paroissiennes d'une manière toute nouvelle; de leur avoir inspiré quelqu'*autre* amour que celui
de Dieu.

> FLÉCHIER, *Mémoires sur les Grands Jours de 1665*.

Richelieu, né pour commander aux *autres* hommes, ami
généreux, cruel ennemi, avoit sur la même table son bréviaire et Machiavel.

> CHOISY, *Mémoires*, liv. I.

Un homme ne peut presque rien sur les *autres* hommes.

> FÉNELON, *Dialogues des morts* : Confucius et Socrate.

Il (Charles-Quint) donne un duc à Mantoue; il fait rendre
par le pape Modène et Reggio au duc de Ferrare; mais tout
cela pour de l'argent, et sans se réserver d'*autre* droit que
celui de la suzeraineté.

> VOLTAIRE, *Essai sur les mœurs*, c. 124.

Les mauvais ouvrages n'ont d'*autre* besoin que d'être
oubliés.

> GRIMM, *Correspondance*, 15 juillet 1755.

Les parents de l'athlète étoient gens inconnus;
Son père, un bon bourgeois; lui, sans *autre* mérite.

> LA FONTAINE, *Fables*, I, 14.

L'*autre* exemple est tiré d'animaux plus petits.

> LE MÊME, même ouvrage. Transition entre *le Lion et le
> Rat et la Colombe et la Fourmi*.

AUTRE se rapporte très souvent à un substantif
sous-entendu.

Cume cels s'en furent parti, li *altre* muntèrent sus del
puiz.

> *Les quatre Livres des Rois*, II, XVII, 21.

Il les menoit de respit en respit, et leur faisoit d'eures
en *autres* petis paiemens et povres, et en la fin fu li paiemens néans.

> VILLEHARDOUIN, *De la Conqueste de Constantinoble*, XCII.

Là fu mors Vilains de Nulli qui bien estoit uns des bons
chevaliers du monde, Giles de Traseignies et mains des
autres.

> LE MÊME, même ouvrage, .C.

Pierre de Froevile en reçut encores plus grant blasme
que tuit li *autre* ne firent.

> LE MÊME, même ouvrage, CXLVIII.

Et portoit ung mauvais chappeau different des *aultres*,
et ung image de plomb dessus.

> PHILIPPE DE COMMINES, *Mémoires*, I, 8.

Le désir de vous revoir m'est une si forte passion à soustenir, qu'elle fait taire toutes *aultres* que sans cete-là treu-
verois importables.

> LA REINE DE NAVARRE, *Lettres*; à François Ier, avant
> septembre 1531.

Je y envoyeray Jenton pour fere l'informacion des prisonniers qu'ils prendront, pour entendre qui est la cause
qui leur fait crier vive *aultre* que vous.

> LA MÊME, même ouvrage; mars 1537.

Je l'assure que c'est Mercure sans *autre*.

> BONAVENTURE DES PÉRIERS, *Cymbalum Mundi*,
> dialogue I.

On peut être plus fin qu'un *autre*, mais non pas plus fin
que tous les *autres*.

> LA ROCHEFOUCAULD, *Maximes*, 416.

Mon fils... lut l'autre jour l'endroit de votre lettre où
vous disiez que vous vouliez m'avoir : « Oui, sans doute, je
le veux, je prétends vous avoir comme *les autres*. Adieu *les
autres*. » Cela parut si plaisant qu'il en rit de tout son
cœur. Comme *les autres* paroît sec! Et puis tout d'un coup,
adieu *les autres*.

> Mme DE SÉVIGNÉ, *Lettres*; à Mme de Grignan,
> 24 août 1689.

Montre-moi tes mains. — Les voilà. — Les *autres*. —
Les *autres* ? — Oui. — Les voilà.

> MOLIÈRE, *l'Avare*, I, 3.

Vous devez éviter les anachronismes qui brouillent l'ordre des affaires, et laisser disputer des *autres* entre les savants.

BOSSUET, *Discours sur l'Histoire universelle*, I, 12.

De discours en *autre* ils vinrent aux merveilles de ce séjour.

LA FONTAINE, *Psyché*.

Quelle horrible barbarie que de voir un peuple qui se joue de la vie d'un *autre*, et qui compte pour rien ses mœurs et son repos !

FÉNELON, *Dialogues des Morts :* Socrate et Alcibiade.

Ce lieu (Marly) avoit encore un privilège qui n'étoit pour nul *autre*. C'est qu'en sortant du château, le roi disoit tout haut : « Le chapeau, Messieurs ! » Et aussitôt courtisans, officiers des gardes du corps, gens du bâtiment se couvroient tous.

SAINT-SIMON, *Mémoires*, 1715.

On dit que l'homme est un animal sociable. Sur ce pied-là, il me paroît qu'un François est plus homme qu'un *autre*.

MONTESQUIEU, *Lettres persanes*, 87.

Les ordres militaires de chevalerie, comme ceux du Temple, ceux de Malte, l'Ordre teutonique et tant d'*autres*, sont une imitation de l'ancienne chevalerie qui joignait les cérémonies religieuses aux fonctions de la guerre.

VOLTAIRE, *Essai sur les mœurs*, c. 97 : De la Chevalerie.

Ce qui est comique pour tel peuple, pour telle société, pour tel homme, peut ne pas l'être pour tel *autre*.

MARMONTEL, *Éléments de littérature*, Comique.

Li *altre* tuit unt prins cungié,
A lur maisuns sont repairié.

Roman de Rou, v. 6638.

Tot issi m'aïst Dex et li saint qui sont ci,
Et cil, et tuit li *autri* confessor et martir.

Parise la Duchesse, v. 62.

Hélas ! elle aime un *autre*, un *autre* est son époux.

CORNEILLE, *Polyeucte*, II, 1.

Dans ce qu'on voit de vous, rien ne s'offre du vôtre
Et votre vrai visage est caché sous un *autre*.

BOURSAULT, *Fables d'Ésope*, III, 5.

Non, ne la voyons point. Respectons sa douleur.
Assez d'*autres* viendront lui conter son malheur.

RACINE, *Bérénice*, III, 2.

Et d'objet en *autre* alors m'élevant
Sur les grands sujets je m'en vais rêvant.

RÉGNIER DESMARETS, *les Poésies françoises*, t. II, p. 80.

Une coquette sage est plus sage qu'une *autre*.

DUFRESNY, *la Coquette de village*, I, 1.

Car qu'une femme pleure, une *autre* pleurera,
Et toutes pleureront tant qu'il en surviendra.

DESTOUCHES, *le Glorieux*, III, 9.

Après un tel prodige, on en croira mille *autres*.

PIRON, *la Métromanie*, III, 7.

... Je connais une grotte profonde
Qu'aucun *autre* que moi ne connaît dans le monde.

LAMARTINE, *Jocelyn*.

LES AUTRES, Les autres personnes en général, Autrui.

Il n'est nul homme, de quelque dignité qu'il soit, qui ne souffre, ou en secret ou en public, et par especial ceulx qui font souffrir *les aultres*.

PHILIPPE DE COMMINES, *Mémoires*, VI, 11.

Il (Malherbe) disoit, quand on luy parloit de l'enfer et du paradis : « J'ay vescu comme *les autres*, je veux mourir comme *les autres* et aller où vont *les autres*. »

RACAN, *Vie de Malherbe*.

On se persuade mieux, pour l'ordinaire, par les raisons qu'on a soi-même trouvées, que par celles qui sont venues dans l'esprit *des autres*.

PASCAL, *Pensées*.

Ne jugez point *les autres* sans nécessité. Ne vous laissez passer à vous-même aucun tour pour vous donner *aux autres* comme étant meilleur que vous n'êtes.

FÉNELON, *Lettres spirituelles*, LV.

Celui-là est bon qui fait du bien *aux autres*.

LA BRUYÈRE, *Caractères*, c. 11.

Au reste mon dessein n'est pas d'écrire la grande histoire de son règne (Louis XIV), je ne sçai point aller sur le marché *des autres*.

CHOISY, *Mémoires*, liv. I.

Les princes et les grands ne semblent nés que pour *les autres*.

MASSILLON, *Petit Carême :* Des Exemples des grands.

La politesse flatte les vices *des autres*, et la civilité nous empêche de mettre les nôtres au jour.

MONTESQUIEU, *Esprit des Lois*, XIX, 16.

Je n'ai jamais aimé à jouir du ridicule *des autres*.

LE MÊME, *Pensées diverses*.

Cessez de vous en prendre *aux autres* de vos propres fautes.

ROUSSEAU, *Émile*.

Les distributeurs des grâces, auprès desquels son mérite lui donnoit accès, étoient étonnés de le voir sans cesse demander pour *les autres* et jamais pour lui.

D'Alembert, *Éloge de d'Olivet.*

Plus il croyoit être naturel et sans recherche, moins il pardonnoit *aux autres* de ne pas l'être.

Le même, *Éloge de Marivaux.*

On épargne volontiers *aux autres* les chagrins qu'on a eus.

Frédéric II, *Lettres;* à Voltaire, 14 septembre 1738.

Pour bien peindre la nature aux yeux *des autres*, il faut ne la voir qu'avec ses yeux, ni de trop près, ni de trop loin.

Marmontel, *Éléments de littérature*, Affectation.

Il est deux choses que les hommes vains ne trouvent jamais trop fortes : la flatterie pour eux-mêmes, la médisance contre *les autres*.

Le même, même ouvrage, Comédie.

Et pourquoi donc, méchant,
Faire *aux autres* un mal que tu conçois si grand?

Legrand, *Plutus*, III, 2.

Familièrement, *l'autre jour*, désigne indéterminément Un des derniers jours qui ont précédé celui où l'on parle.

Mlle de Croque-Oison se plaint de Mlle du Cernet, parce que *l'autre jour* il y eut des oranges douces à un bal qu'on lui donnoit, dont on ne lui fit point de part.

Mme de Sévigné, *Lettres;* à Mme de Grignan, mercredi 10 juin 1671.

Anciennement, *l'autre jour*, a quelquefois désigné, non une époque écoulée, mais un temps à venir.

Li empereres séjorna l'en demain, pour le peuple qu'il avoit rescous : si, à *l'autre jor* se parti del païs, et chevaucha par ses jornées, tant qu'il vint à la cité d'Andrenoble.

Villehardouin, *Conqueste de Constantinoble*, c. CLXVI.

L'autre hier, Avant-hier :

L'autre'ier entour la Saint-Remei
Chevauchoie pour mon afaire.

Rutebeuf, *Des patizions dou croisié.*

L'autrehier le vey aussi sec, aussi palle
Comme sont ceulx qu'au sepulchre on devalle.

Cl. Marot, *Épîtres*, I, 34.

Familièrement, *En voici bien d'un autre* ou *d'une autre*, Voici une chose encore plus surprenante; Voici une chose à laquelle on ne s'attendait pas.

En voici d'un autre. Il n'y a pas longtemps que je rencontray l'un des plus sçavans hommes de France.

Montaigne, *Essais*, III, 13.

Signons, signons. — Non, monsieur, je ne puis.
— Vous ne pouvez? — *En voici bien d'une autre.*

Voltaire, *l'Enfant prodigue*, II, 6.

Bon! dit Climène, *en voici bien d'une autre :*
Ma chère sœur, quelle idée est la vôtre?

Le même, *les Filles de Minée.*

En voici bien d'une autre! eh! dis-moi; je te prie,
Te prennent-ils souvent tes accès de folie?

Gresset, *le Méchant*, III, 9.

Prendre pour un autre, tant au propre qu'au figuré.

Monsieur, *vous me prenez* sans doute *pour une autre.*

Scarron, *Don Japhet d'Arménie*, II, 2.

Monsieur, *vous me prenez pour une autre*, sans doute.

Racine, *les Plaideurs*, II, 2.

On disait aussi, figurément, *se prendre pour un autre.*

C'est un petit homme tout rond, et joufflu comme un des quatre vents, et aussi bouffi d'orgueil qu'il y en ait au monde, et qui *se prend autant pour un autre.*

Tallemant des Réaux, *Historiettes :* Bezons.

Autre se dit aussi dans le sens de Second, pour exprimer la ressemblance, l'égalité, la conformité qu'il y a entre deux personnes ou entre deux choses.

Elle se montra donc (la duchesse de Berry), dès le lendemain de ses noces, telle qu'elle étoit, c'est-à-dire une *autre* reine de Navarre pour les mœurs.

Mme de Caylus, *Souvenirs.*

Je suis en eux : ils sont mes membres vivants : ce sont *d'autres* Jésus-Christ, *d'autres* moi-même.

Bossuet, *Méditations sur l'Évangile.*

C'est un *autre* lui-même. Cette ville est un *autre* Paris.

Dictionnaire de l'Académie, 1694.

Philippe est mort, dit quelqu'un. Non, dit un autre, il n'est que malade. Eh! que vous importe, puisque, s'il n'étoit plus, vous vous feriez bientôt un *autre* Philippe?

Fénelon, *Lettre à l'Académie.*

Faites voir à l'Asie un *autre* Mithridate.
Que nos tyrans communs en pâlissent d'effroi,
Et que le bruit à Rome en vienne jusqu'à moi.

RACINE, *Mithridate*, III, 1.

Un enfant courageux publie
Que Dieu lui seul est éternel,
Et parle comme un *autre* Élie
Devant cette *autre* Jézabel.

LE MÊME, *Athalie*, II, 9.

L'autre monde, la vie future :

Le culte des hommes morts faisoit presque tout le fond de l'idolâtrie... On tuoit leurs esclaves, et même leurs femmes pour les aller servir dans *l'autre monde*.

BOSSUET, *Discours sur l'Histoire universelle*, II, 19.

Et, si d'une muse féconde
Les vers aimables et polis
Sauvent une âme en *l'autre monde*,
Il ira droit en paradis.

VOLTAIRE, *Épîtres*, 19.

Dans le passage suivant, cette expression est employée au figuré :

Votre lettre est venue au commencement de ma retraite, monsieur, et il m'a fallu l'achever pour vous faire réponse, car on n'écrit point de ce pays-là ; c'est *l'autre monde* d'où il ne vient point de nouvelles par la poste.

LE P. BOUHOURS, *Lettres*, à Bussy-Rabutin, 30 octobre 1689. (Voyez *Correspondance de Bussy*, lettre 2502.)

L'autre vie :

Et ferait-il dans *l'autre vie*
Un plus beau ciel, un plus beau jour.

VOLTAIRE, *Correspondance générale*.

L'autre, dans un sens indéterminé.

On apprend à hurler, dit *l'autre*, avec les loups.

RACINE, *les Plaideurs*, I, 1.

Monsieur, je ne veux point être liée. — A *l'autre !*

LE MÊME, même ouvrage, I, 1.

Autre ou *l'autre* est souvent opposé à *un* ou à *l'un* :

Des *uns* en frad ses prévoz e cunestables, des *altres* vileins pur sa terre arer.

Les quatre Livres des Rois, I, VIII, 12.

Dous humes furent en une cited : *li uns* fud riches, *li altres* povres.

Les quatre Livres des Rois, II, XII, 1.

Lors s'armèrent quatorze galies mout isnelement... En *l'une* entra Quenes de Béthune et ses gens, en *l'autre* entra Joffrois de Ville-Hardoin et ses gens, et en *l'autre* Machaires de Sainte-Manehout, et en la quarte Miles li Brebans, et en la quinte Ansiaus de Caieu.

VILLEHARDOUIN, *Conqueste de Constantinoble*, CLXXIII.

Une heure perdoient les uns, *autre* heure perdoient les autres.

FROISSART, *Chronique*, liv. I, Ire part., c. 313.

Une heure perdoient les Anglois, et *l'autre* gagnoient.

LE MÊME, même ouvrage, liv. I, IIe part., c. 114.

... Et povoit-on bien dire que *l'une* partie du monde ne sçait point comment *l'autre* se gouverne.

COMMINES, *Mémoires*, liv. III, c. 3.

Considérez, messieurs, je vous supply, de *l'un* la vieillesse calamiteuse, et de *l'autre* la misérable jeunesse, sans qu'il l'ait mérité.

MARTIN DU BELLAY, *Mémoires*, t. II, p. 234.

Je vois bien maintenant à quoi vous servent les opinions contraires que vos docteurs ont sur chaque matière ; car *l'une* vous sert toujours, et *l'autre* ne vous nuit jamais.

PASCAL, *Provinciales*, V.

La violence et la vérité ne peuvent rien *l'une* sur *l'autre*.

LE MÊME, même ouvrage, XIII.

Salomon et Job ont le mieux connu et le mieux parlé de la misère de l'homme : *l'un* le plus heureux, et *l'autre* le plus malheureux ; *l'un* connoissant la vanité des plaisirs par expérience, *l'autre* la réalité des maux.

LE MÊME, *Pensées*.

Rufin et Eutrope, successivement favoris d'Arcade, et aussi méchants *l'un* que *l'autre*, périrent bientôt ; et les affaires n'en allèrent pas mieux sous un prince foible.

BOSSUET, *Discours sur l'Histoire universelle*, I, 11.

Ses quatre enfants (de Clovis) partagèrent le royaume, et ne cessèrent d'entreprendre *les uns* sur *les autres*.

LE MÊME, même ouvrage, *ibid.*

Avec le Père et le Fils nous connaissons aussi le Saint-Esprit, l'amour de *l'un* et de *l'autre*, et leur éternelle union.

LE MÊME, même ouvrage, II, 19.

On y voit ces fameux empires tomber *les uns* après *les autres*.

LE MÊME, même ouvrage, III, 1.

Un malheur ne vient jamais sans *l'autre*.

MOLIÈRE, *l'Amour médecin*, I, 1.

Voilà deux bonnes veuves, Mme de Senneterre et Mme de Leuville : *l'une* est plus riche que *l'autre*, mais *l'autre* est plus jolie que *l'une*.

Mme DE SÉVIGNÉ, *Lettres*; à Mme de Grignan, 15 novembre 1671.

Les uns doutoient de tout, *les autres* croyoient tout savoir.

MASSILLON, *Carême*, jeudi après les Cendres : Vérité de la religion.

Remarquez qu'entre les personnes qui avoient été tuées, il y avoit deux femmes : *l'une* belle et d'environ vingt ans, et *l'autre* d'environ quarante.

MARIVAUX, *la Vie de Marianne*, Ire partie.

Après ma mort, toutes ces inepties deviendront autant de faits incontestables, parce que monsieur *l'un*, et monsieur *l'autre*, et madame celle-ci, et mademoiselle celle-là, tous gens de la plus haute probité, les auront attestées.

J.-J. ROUSSEAU, *Lettres*; 26 février 1770.

Qu'*un* de vous deux me tue, et que *l'autre* me venge.

CORNEILLE, *Horace*, II, 6.

L'un veut plaider toujours, *l'autre* toujours juger.

RACINE, *les Plaideurs*, I, 5.

De défauts l'homme est plein, même de deux vertus
L'une en lui nuit à *l'autre*, en prenant le dessus.

DUFRESNY, *le Faux sincère*, V, 10.

Il tenait un luth d'*une* main,
De *l'autre* un bouquet d'églantine.

ALFRED DE MUSSET, *Nuit de décembre*.

L'un et l'autre, locution qui répond au latin *uterque*. Vaugelas s'exprime ainsi relativement à son accord avec le verbe lorsqu'elle lui sert de sujet : « *L'un et l'autre*. On les met avec le singulier et avec le pluriel. Tous nos bons autheurs sont pleins d'exemples pour cela, et il est également bien dit, *l'un et l'autre vous a obligé*, et, *l'un et l'autre vous ont obligé*. » Néanmoins c'est, comme on va le voir, le singulier qui l'emporte, probablement en souvenir de la locution latine :

L'un et l'autre chef ne *demandoit* que le combat.

PERROT D'ABLANCOURT, trad. de Tacite, *Histoires*, V, 11.

L'un et l'autre de ces effets *seroit* dangereux en cette encontre.

CORNEILLE, *Abrégé du martyre de saint Polyeucte*.

Par le rapport des deux Testaments, on prouve que *l'un et l'autre est* divin.

BOSSUET, *Discours sur l'Histoire universelle*, II.

Pour m'arracher le jour *l'un et l'autre conspire* !

CORNEILLE, *Cinna*, IV, 1.

A l'envi *l'un et l'autre étaloit* sa manie.

LE MÊME, *Polyeucte*, III, 2.

Croyez-moi, *l'une et l'autre a* redouté nos pleurs.

*LE MÊME, *Rodogune*, III, 5.

L'un et l'autre à mon sens *ont* le cerveau troublé.

BOILEAU, *Satires*, IV.

L'un et l'autre dès lors *vécut* à l'aventure.

LE MÊME, même ouvrage, X.

Étudiez la cour et connoissez la ville :
L'une et l'autre est toujours en modèles fertile.

LE MÊME, *Art poétique*, III.

A suivre ce grand chef *l'un et l'autre s'apprête*.

LE MÊME, *Lutrin*, II.

L'un et l'autre rival, s'arrêtant au passage,
Se mesure des yeux, *s'observe* et *s'envisage*.

LE MÊME, même ouvrage, V.

L'un et l'autre ont promis Atalide à ma foi.

RACINE, *Bajazet*, I, 1.

L'un et l'autre à la reine *ont-ils* osé prétendre ?

LE MÊME, *Mithridate*, II, 3.

L'un et l'autre à ces mots *ont* levé le poignard.

VOLTAIRE, *Mérope*, II, 2.

Votre époux avec lui termine sa carrière,
L'un et l'autre bientôt *voit* son heure dernière.

LE MÊME, *l'Orphelin de la Chine*, V, 1.

L'un l'autre, Mutuellement, réciproquement.

Il seroit à désirer que jusques à la parfaite majorité du roi, la puissance ne fût entre les mains d'un seul, qui en pourroit plus facilement abuser que plusieurs... s'empêchant *l'un l'autre* d'usurper l'État.

LE DUC DE ROHAN, *Discours sur le gouvernement de la reine mère*.

Mes malheurs vont sans fin *l'un l'autre* se suyvans.

THÉOPHILE, *Pyrame et Thisbé*, III, 2.

Que toujours le bon sens s'accorde avec la rime :
L'un l'autre vainement ils semblent se haïr;
La rime est une esclave, et ne doit qu'obéir.

BOILEAU, *Art poétique*, II.

Comme on voit tous ses vœux *l'un l'autre* se détruire.

RACINE, *Phèdre*, I, 3.

IV.

Tous ses projets sembloient *l'un l'autre* se détruire.

RACINE, *Athalie*, III, 3.

L'un dans l'autre, l'un portant l'autre, En compensant l'un avec l'autre :

Ce sou d'or équivalait à quarante deniers d'argent fin. Ces deniers, tantôt plus forts, tantôt plus faibles, pesaient, *l'un portant l'autre*, trente grains.

VOLTAIRE, *Essai sur les mœurs.*

Il falloit donc que les contractans qui vouloient se servir du mouton comme d'une mesure commune des valeurs, prissent les moutons, comme on dit, *les uns dans les autres; les uns portant les autres;* les gras compensant les maigres; les gros compensant les petits; les jeunes compensant les trop vieux.

MORELLET, *Prospectus.*

Ni l'un ni l'autre :

Neuter, *ne l'un ne l'autre.*

Dictionnaire latin-français du XIIIe *siècle*, ms. de la Bibliothèque nationale.

La Fontaine fut oublié (de Louis XIV), ainsi que Corneille ; *ni l'un ni l'autre* n'étoient courtisans.

LA HARPE, *Cours de Littérature.*

D'une heure à l'autre, D'un jour à l'autre, D'un moment à l'autre :

D'une heure à l'autre, d'un jour à l'autre ne vallent rien, il faut dire d'heure à autre, et de jour à autre.

MARGUERITE BUFFET, *Nouvelles Observations sur la langue françoise*, p. 63.

Elle plaît à tout le monde (la nièce de Corneille); elle se forme, non pas *d'un jour à l'autre*, mais *d'un moment à l'autre.*

VOLTAIRE, *Correspondance générale.*

AUTRE s'emploie souvent sans article :

Le dict Monseigneur Charles estoit homme qui peu ou riens faisoit de luy, mais en toutes choses estoit manié et conduict par *aultres.*

PHILIPPE DE COMMINES, *Mémoires*, II, 15.

Je me tairois... si je n'avois à dire à Votre Majesté des choses essentielles qu'*autre* que moi ne lui dira point.

PELLISSON, *Premier Discours au roi.*

Le Dieu créateur du monde n'avoit de temple ni de culte qu'en Jérusalem. Quand les Gentils y envoyoient leurs

offrandes, ils ne faisoient *autre* honneur au Dieu d'Israël que de le joindre aux autres dieux.

BOSSUET, *Discours sur l'Histoire universelle*, II, 16.

Souvent *autre*, employé sans article, se trouve répété dans deux membres de phrase :

Autre n'a mieux que toi soutenu cette guerre,
Autre de plus de morts n'a couvert notre terre.

CORNEILLE, *Horace*, III, 5.

Une servante vient balayer tout l'ouvrage.
Autre toile tissue; *autre* coup de balai.

LA FONTAINE, *Fables*, III, 8.

Bien d'autres :

De quoi vous avisez-vous de vouloir rompre des mariages, qu'il y a si long-temps qui sont faits? Les dieux, comme vous disiez sur un autre sujet, en font *bien d'autres.* Le monde est plein de ces mariages-là. N'ont-ils pas marié la peine au plaisir, le travail à la gloire, le ciel à la terre et Mademoiselle *** à Monsieur son mari?

VOITURE, *Lettres;* à Costar, 24 janvier 1642.

Les femmes environnèrent Psyché, et se consolèrent des avantages qu'elles avoient perdus, voyant que notre héroïne en perdoit *bien d'autres.*

LA FONTAINE, *Psyché*, II.

Si j'ai séduit Cinna, j'en séduirai *bien d'autres.*

CORNEILLE, *Cinna*, V, 2.

Si nous sommes cocus, nous en voyons *bien d'autres.*

LEGRAND, *Rue Mercière*, sc. 1.

J'ai *bien fait d'autres* tours étant clerc de notaire.

LE MÊME, *la Famille extravagante*, sc. 6.

Tout un ou tout autre :

Mes frères, il ne faut pas chanceler, il faut être *tout un ou tout autre.*

BOSSUET, *Sermons :* De la cène de Notre-Seigneur.

Il faut être *tout un ou tout autre.* Monsieur l'abbé, dans cet équipage, n'a l'air ni d'un bénéficier, ni d'un homme d'épée. Il n'y a personne qui ne le prenne pour un animal amphibie.

DANCOURT, *l'Été des coquettes*, sc. 10.

De manière ou d'autre :

Je le priai d'obtenir mon congé de Son Excellence, ajoutant que, *de manière ou d'autre*, il m'étoit impossible de rester.

J.-J. ROUSSEAU, *Confessions*, VII.

Entre autres :

Tel est *entre autres*, pour exemple, le bon Froissard, qui a marché en son entreprise d'une si franche naïveté, qu'ayant faict une faute, il ne craint aucunement de la recognoistre et corriger.

MONTAIGNE, *Essais*, II, 10.

Le style de l'Évangile est admirable en une infinité de manières, et *entre autres* en ce qu'il n'y a aucune invective de la part des historiens contre Judas, ou Pilate, ni contre aucun des ennemis ou des bourreaux de Jésus-Christ.

PASCAL, *Pensées.*

De lui (Jacob) naquirent les douze patriarches, pères des douze tribus du peuple hébreu : *entre autres* Lévi, d'où devoient sortir les ministres des choses sacrées.

BOSSUET, *Discours sur l'Histoire universelle*, I, 3.

On disait anciennement, avec l'article, *entre les autres :*

Moult aporta li messages le roi d'Aufrique biaus presents : *entre les autres* presenta à l'empereour le cors saint Ciprien.

Chroniques de France, t. V, p. 251.

Ledit duc d'Orliens... s'en vint en la cité de Cambray, où on luy fist plusieurs presents : et *entre les autres* luy donnerent ceux de la ville cinq cens escus d'or de France.

MONSTRELET, *Chronique*, c. 254.

De part etd'autre, Des deux côtés, réciproquement :

Je le priois de vouloir bien faire réflexion sur les trois principaux chefs de ce traité et sur les offres qu'on faisoit *de part et d'autre.*

M. COLBERT à Louis XIV, 29 janvier 1670. (Voyez MIGNET, *Succession d'Espagne*, t. III, p. 143.)

De là les guerres puniques malgré les traités, mal observés *de part et d'autre.*

BOSSUET, *Discours sur l'Histoire universelle*, I, 8.

Les parties contestèrent devant le roi (Philometor), et s'engagèrent *de part et d'autre*, à peine de la vie, à justifier leurs prétentions par les termes de la loi de Moïse.

LE MÊME, même ouvrage, I, 9.

De côté et d'autre :

Le comte Piper et quelques officiers de la chancellerie étaient sortis de ce camp, et ne savaient ni ce qu'ils devaient faire, ni ce qu'était devenu le roi ; ils couraient *de côté et d'autre* dans la plaine.

VOLTAIRE, *Histoire de Charles XII*, liv. IV.

D'un autre côté, s'emploie souvent au figuré :

Il y a donc une civilisation européenne, et c'est de son ensemble que je veux vous occuper. *D'un autre côté*, il est évident que cette civilisation ne peut être cherchée, que son histoire ne peut être puisée dans un seul des États européens.

GUIZOT, *Histoire de la civilisation en Europe*, 1re leçon.

AUTRE se place après les pronoms *nous, vous, eux*, pour indiquer une opposition plus ou moins marquée relativement à d'autres personnes :

Nous autres :

C'est la coutume ici qu'à *nous autres* gens de condition les auteurs viennent lire leurs pièces nouvelles.

MOLIÈRE, *les Précieuses*, sc. 9.

Qu'est-ce que ceci ? Qui nous payera *nous autres* ?

LE MÊME, même ouvrage, sc. 15.

Thomas, appelé Didyme, dit aux autres disciples : Allons aussi, *nous autres*, afin de mourir avec lui.

SACY, trad. de l'Évangile de saint Jean, c. 11.

Vous avez donc toujours votre bise ; ah ! ma fille, qu'elle est ennuyeuse ! Nous avons chaud, *nous autres.*

Mme DE SÉVIGNÉ, *Lettres* ; à Mme de Grignan, 26 juillet 1675.

Nous autres jolies femmes (car j'ai été de ce nombre), personne n'a plus d'esprit que nous quand nous en avons un peu.

MARIVAUX, *Vie de Marianne*, Ire partie.

Nous autres, bénissons notre heureuse aventure.

CORNEILLE, *Polyeucte*, V, 6.

Nous autres, réunis sous de meilleurs auspices.

LE MÊME, *Nicomède*, V, 9.

Vous autres :

Nos pères ont adoré sur cette montagne, et *vous autres* vous dites que c'est dans Jérusalem qu'est le lieu où il faut adorer.

SACY, trad. de l'Évangile de saint Jean, c. 4.

Et il leur dit : Pour *vous autres*, vous êtes d'ici-bas ; mais pour moi je suis d'en haut.

LE MÊME, même ouvrage, c. 8.

C'est cette pierre que *vous autres* architectes avez rejetée, et qui cependant a été faite la principale pierre de l'angle.

LE MÊME, trad. des *Actes des Apôtres*, c. 4.

Vous autres, gens de qualité, quand vous avez frappé deux fois sur l'épaule d'un procureur, vous croyez que c'est de l'argent comptant.

Arlequin Grapignan. (Voyez GHERARDI, *Théâtre italien*, t. I, p. 35.)

Je ne suis qu'un vieux Suisse. *Vous autres* Parisiens, vous jetterez mes hémistiches au feu, s'ils ne vous plaisent pas.

VOLTAIRE, *Lettres;* à d'Alembert.

Agis de ton côté; je la laisse avec toi :
Gêne, flatte, surprends. *Vous autres,* suivez-moi.

CORNEILLE, *Héraclius,* IV, 4.

Voltaire a fait dans son *Commentaire* la remarque suivante, à propos de ce passage d'*Héraclius :* « *Vous autres* ne se dit point dans le style noble. »

Vous autres, s'il vous daigne honorer de son lit,
Ce sont indignités égales;
La gloire s'en partage entre tant de rivales,
Qu'elle est moins un honneur qu'un sujet de dépit.

CORNEILLE, *Agésilas,* II, 1.

Eux autres :

Eux autres rarement passent pour gens de bien.

MOLIÈRE, *l'Étourdi,* IV, 7.

Proverbialement, *autres temps, autres soins,* D'autres circonstances demandent une conduite différente.

Le Bosphore m'a vu, par de nouveaux apprêts,
Ramener la terreur du fond de ses marais,
Et, chassant les Romains de l'Asie étonnée,
Renverser en un jour l'ouvrage d'une année.
D'autres temps, d'autres soins. L'Orient accablé
Ne peut plus soutenir leur effort redoublé.

RACINE, *Mithridate,* III, 1.

Autres temps, autres mœurs, Les mœurs, les usages changent avec le temps.

Autre temps, autres mœurs, autre système. L'immobilité des principes ne conviendroit qu'à une ville qui jouiroit d'une paix éternelle.

BARTHÉLEMY, *Voyage de la Grèce,* Introduction, II° partie.

Familièrement, *A d'autres!* Allez conter ces histoires, ces sornettes à d'autres, je n'y crois point.

Vous ne faites pas tant de cérémonies quand vous avez été deux bons mois sans songer seulement si je suis au monde. C'est assez pour vous de dire froidement que vous avez perdu la moitié de votre esprit depuis que je ne suis plus en votre compagnie. Mais *à d'autres!* Il faudroit que j'eusse

perdu tout le mien, si je recevois de telles galanteries en payement.

RACINE, *Lettres ;* à l'abbé Le Vasseur, 3 février 1662.

A d'autres, répondit le bonhomme ; passez votre chemin, voleurs, il n'y a rien à faire ici pour vous.

LE SAGE, *le Diable boiteux,* c. 8.

Tu te trompes, lui dis-je; mes affaires ne sont pas si florissantes que tu te l'imagines. *A d'autres,* répliqua-t-il, à *d'autres ;* tu veux faire le discret.

LE MÊME, *Gil Blas.*

A d'autres, interrompit don Ambroise en rougissant de honte et de dépit, car c'étoit un noble des plus fiers et des plus glorieux; ce n'est point à moi qu'on en fait accroire.

LE MÊME, *le Bachelier de Salamanque,* III, 2.

Non; à *d'autres,* dit-il, on connoît votre style.

BOILEAU, *Épîtres,* VI.

...A *d'autres,* je vous prie.
La chose est avérée, et je tiens dans mes mains
Un bon certificat du mal dont je me plains.

MOLIÈRE, *Sganarelle,* sc. 6.

Vois-tu ces crins? Vois-tu cette encolure?
Pour chevaux turcs on les vendit au roi.
— Turcs, Monseigneur ? *A d'autres.* Je vous jure
Qu'ils sont chrétiens ainsi que vous et moi.

J.-B. ROUSSEAU, *Épigrammes,* I.

AUTRES, différents.

Environ tous seigneurs se trouvent voulentiers quelques clercs et gens de robbes longues (comme raison est) et y sont bien séans, quant ils sont bons, et bien dangereux quant ils sont *aultres.*

COMMINES, *Mémoires,* II, 6.

Pendant que le pouls nous bat, et que nous sentons de l'émotion, remettons la partie : les choses nous sembleront à la vérité *autres,* quand nous serons r'accoisez et refroidis.

MONTAIGNE, *Essais,* II, 31.

Dans le rapport qu'ont ensemble les livres des deux Testaments, il y a une différence à considérer : c'est que les livres de l'ancien peuple ont été composés en divers temps. *Autres* sont les temps de Moïse, *autres* ceux de Josué et des Juges, *autres* ceux des Rois, *autres* ceux où le peuple a été tiré d'Égypte, et où il a reçu la loi, *autres* ceux où il a conquis la Terre Promise, *autres* ceux où il a été rétabli par des miracles visibles.

BOSSUET, *Discours sur l'Histoire universelle,* II, 27.

Autres seront les esprits d'un animal repu, *autres* ceux d'un animal affamé.

LE MÊME, *De la Connoissance de Dieu et de soi-même,* c. 5, art. 13.

Il semble que la grandeur leur donne (aux grands) un *autre* cœur, plus dur et plus insensible que celui du reste des hommes.

> MASSILLON, *Petit Carême*, 4° dimanche.

On peut les contraindre et non les changer; on peut empêcher les hommes de se montrer tels qu'ils sont, mais non les faire devenir *autres*.

> J.-J. ROUSSEAU, *Nouvelle Héloïse*.

Chaque tempête a son caractère particulier dans chaque parage; *autres* sont les tempêtes du cap de Bonne-Espérance et celles du cap Horn, de la mer Baltique et de la Méditerranée, du banc de Terreneuve ou de la côte d'Afrique.

> BERNARDIN DE SAINT-PIERRE, *Études de la Nature*.

En ce sens, *autre* est souvent suivi de *que* :

Tant s'en faut que par les privilèges et libertés de nostre Église nous soyons *autres que* nous devons envers l'Église romaine, qu'au contraire c'est par une grande abondance d'humilité et obéissance envers le Saint-Siège que nous les appellons privilèges.

> PASQUIER, *Recherches*, III, 29.

L'homme de goût a *d'autres* yeux, *d'autres* oreilles, un *autre* tact, *que* l'homme grossier. Il est choqué des draperies mesquines de Raphael, mais il admire la noble correction de son dessin.

> VOLTAIRE, *Dictionnaire philosophique*, Goût.

Si le plus méchant des hommes pouvoit être un *autre que* lui-même, il voudroit être un homme de bien.

> J.-J. ROUSSEAU, *Nouvelle Héloïse*.

Il nous paroit cependant très vraisemblable, quoique moins évident, que le lycaon et la crocuta des Indes et de l'Éthiopie dont parlent les anciens, ne sont pas *autres que* l'hyène.

> BUFFON, *Histoire naturelle* : De l'Hyène.

Ton sort est bien, dit-il, *autre que* tu ne penses;
Tu crains des châtiments, attends des récompenses.
César est en Égypte, et venge hautement
Celui pour qui ton zèle a tant de sentiment.

> CORNEILLE, *Pompée*, V, 1.

Autre chose, répété :

Autre chose est d'entendre, et *autre* est de voir.

> BOURDALOUE, *Exhortations*.

Autre chose sera la délibération publique, et *autre chose* la volonté générale.

> J.-J. ROUSSEAU, *Discours sur l'économie politique*.

Autre chose est de concevoir clairement sa pensée, et *autre chose* de la rendre avec la même clarté.

> CONDILLAC, *De l'Art d'écrire*.

De temps à autre :

Vous pourrez *de temps à autre* écrire à Mᵐᵉ d'Orbe, dans les occasions où vous aurez quelque événement intéressant à nous apprendre.

> J.-J. ROUSSEAU, *Nouvelle Héloïse*, IIIᵉ part.

Une autre fois :

Hé ! pourquoi diantre tant de pleurs? Est-ce pour n'avoir gagné que neuf cent mille francs à votre banqueroute ? Voilà bien de quoi se fâcher ! *Une autre fois* vous en ferez une meilleure, il faut bien commencer par quelque chose.

> *Le Banqueroutier*, scène de la cassette. (Voyez GHERARDI, *Théâtre italien*, t. I, p. 389.)

AUTRUI, s. m. qui n'a point de pluriel. Les autres personnes, le prochain. C'est originairement le cas régime du mot *autre*.

Dans les plus anciens textes, il est ordinairement complément indirect d'un substantif qu'il précède immédiatement, sans l'emploi d'aucune préposition.

Ne por ço n'osoient il *altrui* terre en voir.
> *Roman de Rou*, v. 802.

Si mengoit en *autruiz* ostex
Quar petiz estoit ses chastex.
> *Fabliaux et contes* publiés par MÉON, t. IV, p. 205.

A plusurs est mal avenu.
Suvente fois unt si perdu,
Qui trop creient *autrui* parole
Qui tus les deçoit è afole.
> MARIE DE FRANCE, *Fables*, XXIV.

Ainsi vet-il des robëeurs,
Des lairons è des trichëeurs,
Quant il emblent *autrui* avoir.
> LE MÊME, même ouvrage, XCIX.

...Cilz qui veult trahir ou desrober
Mauvaisement, ou qui *autrui* bien deult,
Pert tout bon nom...
> EUSTACHE DESCHAMPS, *Ballades*, 8, éd. Crapelet.

Puys que papes, roys, filz de roys,
Et conceuz en ventres de roynes,
Sont enseveliz, mortz et froidz,
En *aultruy* mains passent leurs resnes.
> VILLON, *Grand Testament*, 42.

Autrui, employé comme complément d'un substantif, se plaçait souvent entre l'article déterminant le substantif et le substantif lui-même.

Li saige home, tandis que il vivent, doivent faire dou lour aussi comme executour en deveroient faire, c'est à savoir que li bon executour desfont premierement les torfaiz au mort et rendent l'*autrui* chatel et dou remenant de l'avoir au mort font aumosnes.

Joinville, *Histoire de saint Louis*, V.

On oublie les *autrui* visces, et l'*autrui* pooir, les *autrui* amis, les *autrui* forces, les *autrui* vertus.

Li Mireoirs dou monde, ms. 7363, fol. 228.

Tu es trop riches et n'as pas besoing de l'*autrui* richesse ne de l'*autrui* argent.

Le Ménagier de Paris, 1re distinction, 9e art.

Autres sont avers et convoyteux d'avoir l'*autruy* bien.

Le chevalier de La Tour Landry, *le Livre pour l'enseignement de ses filles*, c. 37.

J'ai vescu de l'*autrui* chastei
Que hon m'a créu et prestei ;

Rutebeuf, *De la povretei Rutebueuf.*

Quelquefois il y avait ellipse du substantif, comme dans les exemples suivants, où les mots *État, péché, droit* sont sous-entendus.

Plusieurs roys et empereurs mettent toute leur félicité à guerroyer, et conquerir païs nouveaux : mais en bien y aduisant, lon trouvera estre meilleur à un prince de gouverner prudemment, et policer convenablement son Estat, que d'envahir et occuper l'*autruy*.

Louis Le Roy, trad. de la *Politique* d'Aristote, Dédicace.

Sauf en autres choses notre droit et l'*autrui* en toutes.

Dictionnaire de l'Académie, 1694.

Sovent plora, sovent gemi
Les siens pechiez et les *altrui.*

Fabliau de sainte Léocade.

L'autrui s'employait aussi seul pour désigner le bien, les richesses, l'avoir d'autrui, ce qui appartient aux autres, ce qui les concerne.

Au contraire, disoit-il (saint Louis) que male chose estoit de penre de l'*autrui*.

Joinville, *Histoire de saint Louis*, V.

Ainsi ne fist mie Godefrois de Bouillon, qui vendi sa duchée à touz jourz, et ala outre meir proprement au sien, et n'enporta rien de l'*autrui*.

Récits d'un ménestrel de Reims du treizième siècle, publiés par M. de Wailly, p. 190.

On fit un ban de par Philippe d'Artevelle... que nul ne pillât ni efforçât maison, ni prensist rien de l'*autrui* s'il ne les payoit.

Froissart, *Chronique*, liv. II, c. 158.

Non seulement il nettoya son ame des vices et passions que tout le monde estime reprochables, mais en osta la violence et la convoitise d'usurper à force l'*autruy*.

Amyot, trad. de Plutarque, *Vies :* Numa Pompilius, 6.

Vous eussiez proprement dict que feussent petitz Romipetes, vendens le leur, empruntans l'*aultruy* pour achapter Mandatz à tas d'un pape nouvellement créé.

Rabelais, *Pantagruel*, IV, nouveau prologue.

Tous s'excusarent, et sur tous les Allemans, qui, pour leurs excuses, dirent ne vouloir passer outre, n'estant là assemblez ny venus que pour deffendre leurs frontières et leur patrie, non pour deffendre ny conquérir l'*autruy*.

Brantôme, *Grands Capitaines*, Charles-Quint.

La meilleure partie des hommes ayme mieux atteindre et ravir l'*autruy* par travail, que jouyr du leur en repos et en seureté.

Noel du Fail, *Contes d'Eutrapel.*

Depuis que ces usurpateurs de l'*autruy*, je veux dire ces peuples que l'on appelle Romains, apportèrent avec leurs armes leurs dieux estrangers des Gaules... nous avons eu des temples où nostre Dieu a esté adoré parmy les leurs.

D'Urfé, *l'Astrée*, IIe part., liv. VIII.

Ainsi perdent justement le leur ceux qui désirent l'*autruy*.

Camus, évêque de Belley, *Diversités*, t. I, fol. 325.

En ravissant injustement l'*autruy* par des artifices iniques et prohibez.

Le même, même ouvrage, t. II, fol. 402.

Tuit s'efforcent de l'*autri* prendre :
Tex juge fait le larron pendre,
Qui miex déust estre pendus.

Roman de la Rose, v. 5607.

... Se de l'*autrui* riens avés,
Rendez-le, se vous le savés.

Même ouvrage, v. 20841.

Or les moins vicieux méritent des louanges
Qui, sans prendre l'*autruy*, vivent en bon chrestien,
Et sont ceux qu'on peut dire et saincts et gens de bien.

Régnier, *Satires*, XII.

Quand le monstre infâme d'envie,
A qui rien de *l'autrui* ne plaît,
Tant lâche et perfide qu'il est,
Jette les yeux dessus ta vie,
Est-il pas contraint d'avouer
Qu'il a lui-même de la peine
A s'empêcher de te louer ?

MALHERBE, à Monsieur le grand écuyer de France.

On disait quelquefois avec l'article *l'autrui*, dans le sens de L'autre, les autres, autrui.

Fault qu'il soit loisible de prendre de l'eau chez *l'autruy*, quand il n'y a ordre ni moyen d'en pouvoir trouver sur le sien.

AMYOT, trad. de Plutarque, *Œuvres morales.*

AUTRUI est quelquefois sujet dans des textes anciens ; mais il est presque toujours opposé au même mot employé comme complément indirect, dans un autre membre de phrase :

Ce qu'*à aultruy* tu auras fait, soys certain qu'*aultruy* te fera.

RABELAIS, *Pantagruel.*

La gloire qu'*autruy* donne est *par autruy* ravie.
Celle qu'on prend de soy vit plus loing que la vie.

D'AUBIGNÉ, *Tragiques*, IV.

AUTRUI signifiait aussi quelquefois A autrui :

Cil est bon baillis, en qui main le tere son segneur croist, sans *autrui* fere tort.

BEAUMANOIR, *Coutumes de Beauvoisis*, c. I, 10.

AUTRUI a été de tout temps d'un usage très fréquent comme complément direct :

Messire Geoffroy ne vouloit *autrui* que cel Aimery.

FROISSART, *Chronique*, liv. I, II° part., c. 4.

Comment (disoit-il) pourroy ie gouverner *aultruy*, qui moy mesmes gouverner ne sçaurois ?

RABELAIS, *Gargantua*, 52.

Nous ne parvenons point à persuader *autrui*, il n'y a que Dieu qui tient les cœurs dans ses mains.

FÉNELON, *Lettres spirituelles*, CIV.

Povre le tenist entur lui,
Qu'il ne péust servir *autrui*.

MARIE DE FRANCE, *Lai de Graelent.*

Croy-moy, suy mon conseil ; ne donnons point nos testes
Pour préserver *autruy* ; ne soyons pas si bestes.

THÉOPHILE, *Pyrame et Thisbé*, III, 1.

Du faux brillant on est trop ébloui :
Mettons la gloire à bien servir *autrui*.

ANDRIEUX, *Poésies fugitives :* Les arbres choisis par les dieux.

AUTRUI est très souvent précédé d'une préposition.

De la préposition *à* :

Bien vous mandent ce que, sans défiance, il ne feroient mal né à vous né *à autrui*, quar ils ne firent onques trahison, et en leur terres n'est-il mie acoustumé qu'il le facent.

VILLEHARDOUIN, *Conqueste de Constantinoble*, XCIV.

Allez de ce pas dire de ma part (de Saint-Simon) à M. le comte de Toulouse qu'il se fie en ma parole, qu'il soit sage, qu'il va arriver des choses qui pourront lui déplaire par rapport *à autrui ;* mais qu'il compte avec assurance qu'il n'y perdra pas un cheveu.

SAINT-SIMON, *Mémoires*, 1718.

Tout ce que les lois exigent, ce que les mœurs recommandent, ce que la conscience inspire, se trouve renfermé dans cet axiome si connu et si peu développé : Ne faites pas *à autrui* ce que vous ne voudriez pas qui vous fût fait.

DUCLOS, *Considérations sur les mœurs.*

De la préposition *chez :*

Ceux qui vont sans cesse chercher leur bonheur *chez autrui* ne l'ont point chez eux-mêmes.

J.-J. ROUSSEAU, *la Nouvelle Héloïse*, IV° part.

De la préposition *de :*

Il laissa les Hermins qui avec lui estoient qui avoient leurs femes et leurs enfans avec els, por ce qu'il ne pooient pas si tost venir, et cuidoit-il qu'il deussent bien seurement venir sans regard *d'autrui*.

VILLEHARDOUIN, *Conqueste de Constantinoble*, XLIX.

Et étoit si renommé par toute Flandre, de tenir justice sans point de pitié et de corriger cruellement les Gantois, que on ne parloit *d'autrui* en Flandre que de lui.

FROISSART, *Chronique*, liv. II, c. 225.

Se glorifiant veoir vn festu en l'œil *d'aultruy*, ne void unegrosse souche, laquelle luy poche les deux œilz.

RABELAIS, *Pantagruel*, III, 25.

Par ce que je ne veux m'occuper à escrire les faits *d'autruy*, ni les fautes par eux commises,... je ne m'arresteray plus longuement sur ce sujet.

MONTLUC, *Mémoires*, liv. I.

On connoîtra bien qu'il est malaisé, en ne travaillant

que sur les ouvrages *d'autrui*, de faire des choses fort accomplies.

DESCARTES, *Discours de la Méthode*, II⁰ part.

Pour moy, je ne me trouve que rarement dans l'opinion commune, et peu de proverbes viennent à mon sens; je ne défère guère aux exemples, et me desplais surtout en l'imitation *d'autruy*.

THÉOPHILE, *Lettres*, XVIII.

Quiconque méprise sa vie est maître de celle *d'autrui*.

MALHERBE, trad. des *Épîtres* de Sénèque, IV, II.

Nous avons tous assez de force pour supporter les maux *d'autrui*.

LA ROCHEFOUCAULD, *Maximes*, XIX.

Notre défiance justifie la tromperie *d'autrui*.

LE MÊME, même ouvrage, LXXXVI.

Je croirai sur la foi *d'autrui!* Je veux voir, je veux entendre moi-même.

BOSSUET, *Sermons*, 4⁰ dimanche après la Pentecôte.

Aussi avez-vous vu que, dans leurs commencements, et même bien avant dans leurs progrès, la pauvreté n'étoit pas un mal pour eux (les Romains) : au contraire, ils la regardoient comme un moyen de garder leur liberté plus entière, n'y ayant rien de plus libre ni de plus indépendant qu'un homme qui sait vivre de peu, et qui, sans rien attendre de la protection ou de la libéralité *d'autrui*, ne fonde sa subsistance que sur son industrie et sur son travail.

BOSSUET, *Discours sur l'Histoire universelle*, III, 6.

Venons à la liberté que l'auteur se donne de tailler dans le bien *d'autrui* ainsi que dans le sien propre.

LA FONTAINE, *Contes*, préface.

Je vous soutiens, dis-je, que les maux *d'autrui* nous divertissent, c'est-à-dire qu'ils nous attachent l'esprit.

LE MÊME, *Psyché*, I.

Quand le soleil nous verra pleurer, ce ne sera pas un grand mal : il en voit bien d'autres par l'univers qui en font autant, non pour le malheur *d'autrui*, mais pour le leur propre.

LE MÊME, même ouvrage, *ibid*.

...Je répondrai, dit Ariste, que les mortels sont mortels quand ils pleurent de leurs douleurs; mais quand ils pleurent des douleurs *d'autrui*, ce sont proprement des dieux.

LE MÊME, même ouvrage, *ibid*.

Un homme est plus fidèle au secret *d'autrui* qu'au sien propre : une femme, au contraire, garde mieux son secret que celui *d'autrui*.

LA BRUYÈRE, *Caractères*, c. 3 : Des Femmes.

On souffre bien plus volontiers de la déraison *d'autrui* que de sa déraison propre.

FÉNELON, *Lettres spirituelles*, CXIV.

Il n'y a que l'imperfection qui s'impatiente de ce qui est imparfait; plus on a de perfection, plus on supporte patiemment et paisiblement l'imperfection *d'autrui* sans la flatter.

FÉNELON, même ouvrage, CXXV.

Pour ton empire, il pourra aisément s'étendre, car tu n'as appris à tes citoyens qu'à usurper le bien *d'autrui*.

LE MÊME, *Dialogues des morts* : Romulus et Fabius.

Il (le duc d'Orléans) me présenta La Feuillade comme un jeune homme impérieux... qui voyant beaucoup d'abord étoit incapable aussi de rien voir au delà de ce premier coup d'œil, de souffrir aucun avis de personne, bien loin de se rendre jamais sur rien, par conséquent incapable d'apprendre jamais *d'autrui*.

SAINT-SIMON, *Mémoires*, 1706.

Celui-ci (Chamillart) étoit trop prévenu de soi, trop plein de ses lumières, trop attaché à son sens, trop confiant pour être capable de prendre en rien les impressions *d'autrui*.

LE MÊME, même ouvrage, 1708.

Né avec un esprit au-dessous du médiocre (Louis XIV), mais un esprit capable de se former, de se limer, de se raffiner, d'emprunter *d'autrui* sans imitation et sans gêne.

LE MÊME, même ouvrage, 1715.

Il (le maréchal de Montrevel) vivoit d'industrie, toujours aux dépens *d'autrui*, comme il avoit fait toute sa vie.

LE MÊME, même ouvrage, *ibid*.

Pour le secret *d'autrui*, il (Louis XIV) le gardoit aussi religieusement que le sien.

LE MÊME, même ouvrage, *ibid*.

On sent toujours de la joie d'être l'auteur de la prospérité *d'autrui*.

MASSILLON, *Petit Carême*, 4⁰ dimanche.

C'est peut-être un bonheur,... que nous trouvions de la consolation dans les foiblesses *d'autrui*.

MONTESQUIEU, *Lettres persanes*, LII.

Que servent de froides leçons démenties par un exemple continuel, si ce n'est à faire penser que celui qui les donne se joue de la crédulité *d'autrui* ?

J.-J. ROUSSEAU, *Nouvelle Héloïse*.

Il faut bien que les actions *d'autrui* leur servent de modèle, quand les jugements *d'autrui* leur servent de loi.

LE MÊME, *Émile*.

Une multitude de jeunes gens et de jeunes filles, qui font vœu dans un cloître d'être inutiles et de vivre aux dépens *d'autrui*, lui parut dangereuse; il ordonna qu'on n'entreroit dans les cloîtres qu'à cinquante ans.

VOLTAIRE, *Histoire de Pierre le Grand*, 1ʳᵉ part., c. 10.

Dissimuler, mentir, injurier, ce sont les péchés de la

parole; ceux de la volonté consistent à souhaiter le mal, à regarder le bien des autres avec envie, à n'être pas touché des misères *d'autrui*.

VOLTAIRE, *Essai sur les mœurs*, c. 17 : De l'Inde.

Les grands géomètres connoissent cette espèce de paresse qui préfère la peine de découvrir une vérité à la contrainte peu agréable de la suivre dans l'ouvrage *d'autrui*.

D'ALEMBERT, *Éloge de Bernoulli*.

On ne s'amuse pas longtemps de l'esprit *d'autrui*.

VAUVENARGUES, *Réflexions et maximes*, CXIV.

L'affectation de ne ressembler à personne fait souvent qu'on ne ressemble pas à soi-même, et qu'on outre son propre caractère, de peur de se plier au caractère *d'autrui*.

MARMONTEL, *Éléments de littérature*, Comédie.

Ses succès le mirent au nombre de ces hommes rares à qui le suffrage public donne le droit de se louer eux-mêmes sans affliger l'amour-propre *d'autrui*.

CHAMFORT, *Éloge de La Fontaine*.

En occupant les gens de leur propre intérêt, on les empêche de nuire à l'intérêt *d'autrui*.

BEAUMARCHAIS, *le Barbier de Séville*, I, 4.

Je ne veux point m'ayder de mon merite
Pour excuser ma faute qui t'irrite,
Ny, mandiant un estranger appuy,
Devoir ma paix à la faveur *d'autruy*.

THÉOPHILE, *Élégie*.

J'ai la plume féconde et la bouche stérile,
Bon galant au théâtre et fort mauvais en ville;
Et l'on peut rarement m'écouter sans ennui,
Que quand je me produis par la bouche *d'autrui*.

CORNEILLE, *Lettres*; à Pellisson.

Dans un poste si haut à quoi crois-tu qu'il pense?
A vivre dans le faste, et parmi l'opulence?
A bâtir sa maison des dépouilles *d'autrui*?
Il sert le roi, le peuple, et ne fait rien pour lui.

BOURSAULT, *Fables d'Ésope*, I, 1.

Et de tous les emplois le plus lâche aujourd'hui
Est d'être l'espion des paroles *d'autrui*.

LE MÊME, *Ésope à la cour*, I, 5.

Et libre de tous soins, il n'a plus que celui
De vivre en honnête homme avec le bien *d'autrui*.

LE MÊME, même ouvrage, IV, 5.

Le mal qu'on dit *d'autrui* ne produit que du mal.

BOILEAU, *Satires*, VII.

Un cœur noble est content de ce qu'il trouve en lui,
Et ne s'applaudit point des qualités *d'autrui*.

LE MÊME, *Épîtres*, IX.

On dit que l'abbé Roquette
Prêche les sermons *d'autrui*;
Moi qui sais qu'il les achète,
Je soutiens qu'ils sont à lui.

BOILEAU, *Épigramme*.

Le mal *d'autrui* n'est rien quand nous parlons du nôtre.

LA FONTAINE, *l'Eunuque*, IV, 1.

...J'ai bien moins d'ennui
De mon propre malheur que du bonheur *d'autrui*.

LEGRAND, *Plutus*, II, 7.

Le bonheur du prochain vous cause de l'ennui,
Et vous amaigrissez de l'embonpoint *d'autrui*.

DESTOUCHES, *le Philosophe marié*, II, 2.

Madame à ses devoirs ne borne point son zèle,
Elle se charge encor de la vertu *d'autrui*.

DUFRESNY, *le Mariage fait et rompu*, III, 4.

Par coquette j'entends une fille très sage
Qui du foible *d'autrui* sçait tirer avantage.

LE MÊME, *la Coquette de village*, I, 1.

Il voudroit qu'on fût sourd aux ouvrages *d'autrui*.

PIRON, *la Métromanie*, III, 10.

Si l'effort est trop grand pour la faiblesse humaine
De pardonner les maux qui nous viennent *d'autrui*,
Épargne-toi du moins le tourment de la haine.

ALFRED DE MUSSET, *Nuit d'octobre*.

AUTRUI, précédé de *en* :

J'estime *en* autrui la vertu que je n'ai pas.

BALZAC, *Socrate chrétien*, avant-propos.

De quel front donnerois-je un exemple aujourd'hui
Que mes lois dès demain puniroient *en* autrui?

CORNEILLE, *Pertharite*, II, 3.

Précédé de *par* :

Monseigneur, pour ce que vous saurez la venue de Don Hugues, ne vous en diray aultre chose; mais de peur que vous entendez *par* aultruy le mal que Madame a eu, vous en veux bien asseurer de la vérité.

LA REINE DE NAVARRE, *Lettres*; à François Ier
2 décembre 1525.

Ce sont choses qui ne sont point d'elles-mêmes, mais *par* autruy.

THÉOPHILE, *Immortalité de l'âme*.

J'ai eu pour principe de ne jamais faire *par* autrui ce que je pouvois par moi-même.

MONTESQUIEU, *Pensées diverses*.

Tout ce qu'on fait *par autrui* on le fait mal, comme qu'on s'y prenne.

              J.-J. Rousseau, *Émile.*

Comme le droit féodal n'est point un droit naturel, que ce n'est point la possession d'une terre qu'on cultive, mais une prétention sur des terres cultivées *par autrui*, il a toujours été le sujet de mille disputes indécises.

       Voltaire, *Annales de l'Empire.* Sigismond, 1418.

Contre un père absolu que veux-tu que je fasse ?
— Ce qu'il faut pour parer une telle menace.
— Quoi ? — Lui dire qu'un cœur n'aime point *par autrui.*

             Molière, *Tartuffe*, II, 3.

Précédé de *pour :*

Rien n'est si humiliant que de se trouver si tendre pour soi, si dur *pour autrui.*

           Fénelon, *Lettres spirituelles*, CLII.

La justice *pour autrui* est une charité pour nous.

         Montesquieu, *Lettres persanes*, XII.

D'ailleurs, dans ce premier temps, tout homme laborieux trouvant autant de terre qu'il en vouloit, ne pouvoit être tenté de labourer *pour autrui.*

     Turgot, *Réflexions sur la formation des richesses*, § IX.

    ... C'est *pour autrui* que brille cette pompe;
Vous croyez en jouir, et c'est ce qui vous trompe.

       Autreau, *Démocrite prétendu fou*, I, 4.

Balzac et Trublet ont employé dans les passages suivants le mot *autrui* d'une manière assez particulière :

Y a-t-il *un autrui* dont il soit plus éloigné, avec lequel il ait moins de société et moins de commerce ?

         Balzac, *Socrate chrétien*, disc. V.

On se conseille mal soi-même et on conseille mal les autres, parce qu'on *n'est pas assez autrui* pour soi et qu'on l'est trop pour les autres.

       Trublet, *Essais de littérature et de morale*, t. I.

Ce mot entre dans un grand nombre de locutions proverbiales :

D'*autruy* cuir font large corroye.

    Le Mariage des filles au Dyable (ms. du xiii° siècle, cité par Leroux de Lincy, *Le Livre des proverbes français*, 2° éd., t. II, 489).

Cil qui d'*autruy* voudra parler, regarde soy il se taire.

    Gruter (Recueil cité par Leroux de Lincy, t. II, p. 274).

Robbe d'*autruy* ne fait honneur à nulluy.

       Cotgrave, *Dictionnaire*, 1611.

Tout a esté à *autruy*, et sera à *autruy*.

          Le même, même ouvrage.

Le mal d'*autruy* n'est que songe.

       Dictionnaire de l'Académie, 1694.

Qui s'attend à l'escuelle d'*autruy* a souvent mal diné.

          Même ouvrage, 1694.

AUTREFOIS, adv. Proprement, Une autre fois. Il s'écrivait souvent en deux mots et se disait aussi bien anciennement de l'avenir que du passé :

Seigneurs, mon neveu, sur la fiance de vous et de votre confort, a fait sa chevauchée; si vous tournera à grand blasme s'il est perdu; et *autre fois* ceux de nostre costé ne s'aventureront pas si volontiers.

       Froissart, *Chronique*, II, ii, 15.

Il se disait aussi pour Une seconde fois :

Ma coulpe une fois, *autre fois* et tierce fois.

       Bouteiller, *Somme rurale*, p. 873. (Voyez Sainte-Palaye.)

On trouve *autresfois*, ainsi écrit, signifiant D'autres fois, dans d'autres cas, dans d'autres circonstances. En ce sens, il est opposé souvent à *quelquefois*, à *parfois*, etc.

Et faut noter qu'estant nom (*che*) c'est quelquesfois ce que nous disons *que*, *autresfois* ce que nous disons *quoy*.

       H. Estienne, *Précellence du langage français.*

L'escarmouche commença de tous les deux côtés, et parfois me ramenoyent (les ennemis) jusques à la maison, *autresfois* je les ramenois à eux jusques à leur troupe.

       Montluc, *Mémoires*, liv. II.

Il signifie plus ordinairement Anciennement, jadis, au temps passé, et ce sens est le seul qui se soit conservé.

« Quelle est la covenance ? » fait li emperères. « Tele comme je vos dirai », fait li messages. « Tout premiers, mettre tout vostre empire en l'obedience de Rome, si come il a *autrefois* esté. »

       Villehardouin, *Conqueste de Constantinoble*, LXXXVII.

Je crois que si Sparte a été *autrefois* très florissante, ce n'a pas été à cause de la bonté de chacune de ses lois en particulier... mais à cause que, n'ayant été inventées que par un seul, elles tendoient toutes à même fin.

DESCARTES, *Discours de la Méthode*, II⁰ part.

Il n'y a point de mémoire d'homme d'un temps si beau et si persévérant; on a oublié la pluie: quelques vieillards disent qu'ils en ont vu *autrefois*, mais on ne les croit pas.

Mme DE SÉVIGNÉ, *Lettres*; à Mme de Grignan, 12 octobre 1677.

J'ai fait assez de bruit *autrefois*; les uns en font au commencement, les autres à la fin de leur vie.

BUSSY, *Lettres*; à Mme de Sévigné, 12 septembre 1680.

Les Bourguignons et d'autres peuples germains, les Goths *autrefois* appelés les Gètes, et d'autres peuples qui habitoient vers le Pont-Euxin et au-delà du Danube, entrèrent dans l'Europe.

BOSSUET, *Discours sur l'Histoire universelle*, I, 10.

Ne parlons plus de Jérusalem ni du temple. Jetons les yeux sur le peuple même, *autrefois* le temple vivant de Dieu, et maintenant l'objet de sa haine.

LE MÊME, même ouvrage, II, 22.

Les provinces qu'elle a *autrefois* édifiées par sa piété, et par les aumônes qu'elle y a répandues retentissent du bruit de ses louanges.

FLÉCHIER, *Oraison funèbre de Mme de Montausier.*

C'est ainsi que parloit *autrefois* un roi selon le cœur de Dieu, quand ses jours défaillants et ses infirmités mortelles l'approchoient du tombeau.

LE MÊME, *Oraison funèbre de Madame la Dauphine.*

S'il a paru *autrefois* des impies, le monde lui-même les a regardés avec horreur.

MASSILLON, *Petit Carême*, 2⁰ dimanche.

Le luxe de la cour et de la ville étoit passé avec tant d'excès dans les armées qu'on y portoit toutes les délicatesses inconnues *autrefois* dans les lieux des plus grands repas.

SAINT-SIMON, *Mémoires*, 1707.

Autrefois il (M. le Prince) avoit été amoureux de plusieurs dames de la cour; alors rien ne lui coûtoit.

LE MÊME, même ouvrage, 1709.

Le Petit Trianon de porcelaine, fait *autrefois* pour Mme de Montespan, ennuyoit le roi, qui vouloit partout des palais.

LE MÊME, même ouvrage, 1715.

Ce n'étoit plus le même homme; dans sa physionomie *autrefois* si pénétrée et si attendrie quand j'étois présente, il n'y avoit plus de franchise, plus de naïveté, plus de joie de me voir.

MARIVAUX, *la Vie de Marianne*, 8⁰ part.

Un lecteur, curieux de remonter à la source des choses, aime qu'on lui dise: Ce parterre, émaillé de fleurs, étoit *autrefois* un marais bourbeux.

SAINT-FOIX, *Essais sur Paris.*

Un jor come *altrefeis* li païsant ara.

Roman de Rou, v. 1991.

Je dirai: *Autrefois* cette femme fut belle, Et je fus *autrefois* plus sot que je ne suis.

MALHERBE, *Poésies*, liv. II.

Dans Athène *autrefois*, peuple vain et léger, Un orateur voyant sa patrie en danger, Courut à la tribune...

LA FONTAINE, *Fables*, VIII, 4.

Autrefois sur l'honneur on étoit délicat: Un mari qui s'en pique à présent, est un fat.

DESTOUCHES, *l'Irrésolu*, I, 7.

On devoit *autrefois* du respect à son père, Mais à présent, monsieur, oh! c'est une autre affaire.

LE MÊME, même ouvrage, II, 10.

Ne vois-tu pas alors, aux rayons de la lune, Plier comme *autrefois* un beau corps dans tes bras?

ALFRED DE MUSSET, *Nuit d'octobre.*

Souvent il est précédé de la préposition *de*:

Le manteau que le vainqueur *d'autrefois* portait aux funérailles de Marengo servit de drap mortuaire au cercueil.

CHATEAUBRIAND, *Mémoires d'outre-tombe*, t. VII.

Et l'étranger cherchant ces palais *d'autrefois* Se dit: « C'était donc là la demeure des rois! »

DELILLE, *Imagination*, IV.

Hélas! depuis longtemps sa demeure est déserte, Des beaux jours *d'autrefois* rien n'y semble vivant.

ALFRED DE MUSSET, *Nuit d'octobre.*

On l'oppose souvent à *maintenant*, à *aujourd'hui*, et autres expressions analogues:

Un mauvais luicteur se fait médecin: Courage, lui dit Diogènes, tu as raison, tu mettras *à cette heure* en terre ceux qui t'y ont mis *autresfois*.

MONTAIGNE, *Essais*, II, 31.

Autrefois cette même Constantinople fut sous la protection d'Athènes. Chalcédoine fut sa tributaire; le roi de Thrace briguait l'honneur d'être admis au rang de ses bourgeois. *Aujourd'hui* les descendants des Tartares dominent dans ces belles régions, et à peine le nom de la Grèce subsiste.

VOLTAIRE, *Essais sur les mœurs*, c. 93 : État de la Grèce sous le joug des Turcs.

Nous devons au Code des Wisigoths toutes les maximes, tous les principes et toutes les vues de l'inquisition d'*aujourd'hui* ; et les moines n'ont fait que copier contre les Juifs des lois faites *autrefois* par les évêques.

MONTESQUIEU, *Esprit des Lois*, XXVIII, 1.

Enfin, pour épargner les discours superflus, Vous êtes *aujourd'hui* ce qu'*autrefois* je fus.

CORNEILLE, *le Cid*, I, 3.

AUTREMENT, adv. D'une autre façon.

Quant mes sires Loueys vit qu'*autrement* ne pouoit estre, si fist atourneir sa navie et s'en revint en France.

Récits d'un ménestrel de Reims au XIIIᵉ *siècle*, publiés par N. DE WAILLY, p. 159.

Nous ne trouvons mie en nos anciens registres ni ne tenons que le royaume d'Escosse soit de rien sujet, ni doit être au roi d'Angleterre, ni par hommage ni *autrement*.

FROISSART, *Chronique*, liv. I, 1ʳᵉ part., c. 55.

Pardonnez ce que cy vous diray en bénédicité, car pour pitié et vostre bien le fais et non *aultrement*.

Le Livre du chevalereux conte d'Artois, p. 150.

Car il semble que Madame ait entendu ce que vous m'avez commandé de luy dire ; ce que vous ne trouverez estrange, d'estre tous deux d'une opinion ; car vous ne fustes oncques *aultrement*.

LA REINE DE NAVARRE à François Iᵉʳ, *Lettres*; 3 décembre 1525.

Le nom de cet ami pour ceste heure sera Musée, puisque sa modestie ne permet pas d'*autrement* le vous nommer.

DU VAIR, *De la Constance et Consolation ès calamités publiques*, liv. I.

Ils prennent quatre flèches... si les victorieuses... ont esté nommées chrestiennes (car ils en appellent deux les Turcs, et donnent aux deux autres le nom de leur enemy), c'est signe que les chrestiens vaincront, si *autrement*, c'est une marque du contraire.

THÉVENOT, *Voyage de Levant*, c. XXVI.

Les estatz... ont libéralement donné et accordé au roy... la somme de trois millions de livres, laquelle sera payée... soubs les conditions suivantes et non *autrement*.

Les États de Languedoc de 1659. (Voyez DEPPING, *Correspondance administrative sous Louis XIV*, t. I, p. 28.)

Je n'ose plus voir le monde, et, quoi qu'on ait fait pour m'y remettre, j'ai passé tous ces jours-ci comme un loup-garou, ne pouvant faire *autrement*.

Mᵐᵉ DE SÉVIGNÉ, *Lettres*; à Mᵐᵉ de Grignan, 1671.

La morale chrétienne est excellente à tous les maux ; mais je la veux chrétienne ; elle est trop creuse et trop inutile *autrement*.

LA MÊME, même ouvrage; à Mᵐᵉ de Grignan, 20 septembre 1671.

C'étoit la tradition qui interprétoit l'Écriture : on croyoit que son vrai sens étoit celui dont les siècles passés étoient convenus, et nul ne croyoit avoir droit de l'expliquer *autrement*.

BOSSUET, *Discours sur l'Histoire universelle*, I, 11.

Il n'y a qu'à lire l'histoire de M. Burnet pour voir qu'il n'en alloit pas *autrement* en Angleterre.

LE MÊME, *Histoire des variations des églises protestantes*.

MARGOT. — Quand on aime les personnes, c'est pour le mariage, ou pour *autrement*. Si c'est pour *autrement* que vous aimez Claudine, je suis votre servante, ça ne se peut pas : si c'est pour le mariage, il n'y a encore rien à faire.

ÉRASTE. — Il n'y a rien à faire pour le mariage ? Que voulez-vous dire ?

L'OLIVE. — Il faudra l'aimer pour *autrement*, ce sera votre pis aller, je vois bien cela.

DANCOURT, *les Vendanges*, sc. 1.

Étoit-il question de mes parents ? C'étoient des étrangers, et sans difficulté de la première condition de leur pays ; il n'étoit pas possible que cela fût *autrement*, on le savoit comme si on l'avoit vu.

MARIVAUX, *la Vie de Marianne*, 1ʳᵉ part.

Il n'y a nulle incertitude dès qu'il est physiquement ou moralement impossible que la chose soit *autrement*.

VOLTAIRE, *Dictionnaire philosophique*, Certain, Certitude.

Il faut avouer que dans cette conquête de Naples il n'y eut qu'injustice, perfidie et bassesse ; mais l'Italie ne fut pas gouvernée *autrement* pendant plus de six cents années.

VOLTAIRE, *Essai sur les mœurs*, c. 110 : D'Alexandre VI et de Louis XII.,

C'est là l'homme de nos fantaisies : celui de la nature est fait *autrement*.

J.-J. ROUSSEAU, *Émile*.

Pour ço vus i covent venir, Car vivre ne puet *altrement*.

Tristan, v. 1483.

Y le fault avoir par engins, Par assault ou par *autrement*.

Le Mistere du siege d'Orleans, v. 2263.

Il est doux de mourir pour une sœur si chère.
Je l'aimois en amant, je l'aime encore en frère.
C'est sous un autre nom le même empressement ;
Je ne l'aime pas moins, mais je l'aime *autrement*.

CORNEILLE, *Œdipe*, III, 5.

...N'est-ce pas ce que vulgairement
On dit tabellion ou notaire *autrement ?*

BOURSAULT, *Fables d'Ésope*, IV, 3.

Pouvois-je en conscience en user *autrement ?*

LE MÊME, *le Mercure galant*, II, 4.

Vous parler *autrement* ce seroit vous tromper.

LEGRAND, *Plutus*, III, 8.

Il attendait le jour d'un heureux changement ;
Dieu qui juge les rois en ordonne *autrement*.

VOLTAIRE, *Sémiramis*, IV, 2.

AUTREMENT est suivi très souvent de la conjonction *que* :

·Si vous avez quelque voie pour connoître le sens d'un auteur *autrement que* par ses expressions.

PASCAL, *Provinciales*, 18.

Io courut par toute la terre ; on dit qu'elle étoit piquée d'une mouche : je soupçonne fort cette mouche de ressembler à l'amour *autrement que* par les ailes.

LA FONTAINE, *Psyché*, II.

Un homme vulgaire ou un savant à préjugés ne conçoit pas comment on peut penser ou parler *autrement que* lui.

TRUBLET, *Essais de littérature et de morale*, t. II.

Le crime de César, qui vivoit dans un gouvernement libre, n'étoit-il pas hors d'état d'être puni *autrement que* par un assassinat ?

MONTESQUIEU, *Considérations sur la grandeur des Romains*.

Oui, tout tourne *autrement que* je ne l'aurois cru.

DESTOUCHES, *l'Ingrat*, V, 1.

Votre plus grand défaut, c'est de n'en point avoir,
De penser le matin *autrement que* le soir.

PICARD, *Conjectures*, I, 1.

TOUT AUTREMENT, BIEN AUTREMENT, Beaucoup plus, beaucoup mieux :

Il vit la cousine germaine de cette fille à l'église ; elle se nommoit également Amelot. Il en devint amoureux ; aussi étoit-elle *tout autrement* jolie que l'autre, et il l'épousa.

TALLEMANT DES RÉAUX, *Historiettes* : Le président Nicolaï.

Gondran disoit qu'il n'y avoit point d'homme plus heureux que lui, qui étoit toujours en festin, et avec de grands seigneurs ; que les gens de la cour étoient *tout autrement* agréables que les gens de la ville, et qu'il ne pouvoit plus souffrir les bourgeois.

TALLEMANT DES RÉAUX, *Historiettes* : Sévigné.

C'étoit un homme de plaisir ; mais son fils l'étoit *bien autrement* que lui.

LE MÊME, même ouvrage : Tallemant, le Maître des requêtes.

Démosthène parloit *bien autrement* contre Philippe.

FÉNELON, *Dialogues sur l'éloquence*.

Ce qu'on trouve dans la chaleur de l'action est *tout autrement* sensible et naturel.

LE MÊME, même ouvrage, II.

Un auditoire qui auroit déjà entendu expliquer toutes les principales choses de l'ancienne loi, seroit *bien autrement* en état de profiter de l'explication de la nouvelle, que ne le sont la plupart des chrétiens d'aujourd'hui.

LE MÊME, même ouvrage, III.

La joie de faire du bien est *tout autrement* douce et touchante que la joie de le recevoir ; revenez-y encore ; c'est un plaisir qui ne s'use point.

MASSILLON, *Carême*, 1er dimanche : Humanité des grands.

Un maître qui a un nombreux auditoire s'anime *tout autrement* que celui qui, étant tête à tête avec un unique disciple, ne peut lui parler que froidement et d'un ton de conversation.

ROLLIN, *Traité des Études*, liv. VIII. Avant-propos, art. 2.

La perte de ses enfants (du duc de Beauvilliers) l'avoit foncièrement pénétré ;... la mort du dauphin lui fut encore *tout autrement* sensible.

SAINT-SIMON, *Mémoires*, 1714.

AUTREMENT signifie quelquefois Du reste, à d'autres égards, et, par suite, Assez, passablement, suffisamment.

Ilz laissoient la partie quand leur plaisoit, et cessoient ordinairement lorsque suoyent, parmy le corps, ou estoyent *aultrement* las.

RABELAIS, *Gargantua*, I, 23.

Les vins vieus failloient deja lors, qui me metoit en peine à cause de sa colique (de Montaigne), de boire ces vins troubles, *autremant* bons toutefois.

MONTAIGNE, *Voyage*, VINCENZA.

En ces divers sens, il s'emploie surtout avec une négation, et il équivaut alors souvent à Guère.

La jument de Gargantua... abatoit boys... Quoy voyant Gargantua y print plaisir bien grand, *sans aultrement* s'en vanter.

RABELAIS, *Gargantua*, I, 16.

Mme la comtesse de Soissons accoucha d'une fille il y a deux jours; elle croit que ce fut avant terme. Toutefois c'est une fille, voilà pourquoi il ne s'en parle *pas autrement*.

MALHERBE, *Lettres;* à Peiresc, 1608.

Monsieur, je suis bien marri que le paquet que j'envoyois par M. le Gras de Toulon se soit perdu; mais je n'en suis *pas autrement* en peine, pour ce que je n'écris autre chose que des compliments à mes amis.

LE MÊME, même ouvrage; à Peiresc, 1609.

Vologeses, voyant bien que la voye des armes ne luy estoit *pas autrement* heureuse contre un si grand capitaine, luy escrivit qu'il envoyeroit devers Neron.

COEFFETEAU, *Histoire romaine*, V.

Il l'appela toujours mignonne, quoiqu'elle ne le fût *pas autrement*.

TALLEMANT DES RÉAUX, *Historiettes :* Maréchal de la Force.

Un jour il tomba du haut d'un escalier en bas, *sans se* faire *autrement* de mal.

LE MÊME, même ouvrage : Créqui.

Il (Jean de Lingendes, évêque de Mâcon) se pique seulement de bien entendre saint Paul; cependant, quand il l'explique, on ne l'entend *pas autrement*.

LE MÊME, même ouvrage : Contes de prédicateurs.

C'est un mestier qu'on peut mieux faire que dire : car le nom n'en est *pas autrement* honneste, outre qu'il n'a pas encore esté réduit en art.

PERROT D'ABLANCOURT, trad. de Lucien, *le Parasite*.

Quoique le religieux ne se connût *pas autrement* en pierreries, il ne laissa pas de juger qu'il venoit de faire un bon coup de filet.

LE SAGE, *le Diable boiteux*, c. 17.

Est-ce que vous êtes retenu quelque part? — Hé ! mais, *pas autrement*. — Qu'est-ce que cela veut dire, *pas autrement?* Oh ! je vois bien à votre air que vous avez partie faite ailleurs !

Le Marchand dupé, II, 8. (Voyez GHÉRARDI, *Théâtre italien*, t. II, p. 179.)

Il signifie aussi Sinon, sans quoi.

Et mandèrent à l'empereour Kyrsac que il asseurast les convenances que ses fils avoit asseurées; ou *autrement* il ne le lairoient mie entrer en la vile.

VILLEHARDOUIN, *Conqueste de Constantinoble*, LXXXV.

Il les avóit reçus par celle manière que, si il lui plaisoit, il les retiendroit, ou *autrement* il les renverroit.

FROISSART, *Chronique*, liv. I, part. Ire, c. 300.

Rendez-vous, rendez-vous, *autrement* vous êtes mort.

LE MÊME, même ouvrage, liv. I, IIe part., c. 44.

Il faut que l'usage de la liberté soit compris dans l'ordre de la Providence; *autrement* on établit une sorte d'indépendance dans la créature.

BOSSUET, *Traité du Libre arbitre*, c. 3.

Sous prétexte que nous ne connoissons pas tout, ne croyons pas pour cela que nous ne connoissions rien ; *autrement* nous serions ingrats envers Celui qui nous éclaire.

LE MÊME, même ouvrage, c. 4.

Entendre les termes est chose qui précède naturellement les assembler : *autrement* on ne sait ce qu'on assemble.

LE MÊME, *De la Connoissance de Dieu et de soi-même*, c. 1, art. 13.

Il n'est point défendu de prendre ses petites seuretés. — La meilleure que vous pouvez prendre avec une fille de mon humeur et de mon caractère, c'est de me donner en garde à moi-même; *autrement* vous courrez grand risque d'être la duppe de vos sentinelles et de vos barreaux de fer.

La Précaution inutile, I, 3. (Voyez GHÉRARDI, *Théâtre italien*, t. I, p. 417.)

C'est un secret d'amour et bien grand et bien rare;
Mais il faut de l'adresse à le bien débiter.
Autrement, on s'y perd au lieu d'en profiter.

P. CORNEILLE, *le Menteur*, I, 1.

Dis la vérité pure, *autrement* ne dis mot.

BOURSAULT, *Fables d'Ésope*, I, 1.

Son fils ne souffre plus qu'on lui parle d'affaire.
Il nous le fait garder, jour et nuit, et de près.
Autrement, serviteur, et mon homme est aux plaids.

RACINE, *les Plaideurs*, I, 1.

AUTRUCHE, s. f. Grand oiseau, fort haut sur jambes et à cou très long, dont les ailes, ainsi que la queue, sont garnies de plumes molles et flexibles qui ne peuvent servir au vol.

Ostruce est une grant beste qui a eles et plumes en semblance d'oisel et a piez de chamel, et ne vole pas... et sachiez que ses estomas, ce est sa gorge, où il retient son past, est de si chaude nature que il engloutit le fer et l'enduist et consomme dedant soi.

BRUNETTO LATINI, *Li Livres dou tresor*, liv. I, part. V, c. 174.

Pour ses aneaulx (lesquelz voulut son pere qu'il portast pour renouveller le signe antique de noblesse), il eut au doigt indice de sa main gauche une escarboucle grosse comme un œuf d'*austruche*.

RABELAIS, *Gargantua*, I, 8.

L'empereur Firmus fit mener son coche à des *autruches* de merveilleuse grandeur, de manière qu'il sembloit plus voler que rouler.

MONTAIGNE, *Essais*, III, 6.

Les *autruches* ont des ailes et ne volent jamais...

SAINT FRANÇOIS DE SALES, *Introduction à la vie dévote*, I, I.

L'*autruche* est un oiseau très anciennement connu, puisqu'il en est fait mention dans le plus ancien des livres; il falloit même qu'il fût très connu, car il fournit aux écrivains sacrés plusieurs comparaisons tirées de ses mœurs et de ses habitudes; et plus anciennement encore, sa chair étoit, selon toute apparence, une viande commune, au moins, parmi le peuple, puisque le législateur des Juifs la leur interdit comme une nourriture immonde.

BUFFON, *Histoire naturelle* : De l'Autruche.

Ces régions, qui sont le pays natal du chameau, du rhinocéros, de l'éléphant et de plusieurs autres grands animaux, devoient être la patrie de l'*autruche*, qui est l'éléphant des oiseaux.

LE MÊME, même ouvrage, *ibid.*

L'empereur Héliogabale fit un jour servir la cervelle de six cents *autruches* dans un seul repas.

LE MÊME, même ouvrage, *ibid.*

L'*autruche*, qui vit dans les mêmes déserts que le chameau, est encore plus vorace que le porc.

BERNARDIN DE SAINT-PIERRE, *Études de la Nature*, étude 1re.

Tenant ces funestes propos,
Comme elle avoit le cœur dispos,
Haute en jambe comme une *autruche*,
Et grimpoit comme une guenuche,
Elle se fit voir d'un plein saut
Au beau milieu de l'échafaut.

SCARRON, *Virgile travesti*, IV.

Adieu, voisin grillon, dit-il, je pars d'ici;
Mes oreilles enfin seroient cornes aussi :
Et quand je les aurois plus courtes qu'une *autruche*,
Je craindrois même encor...

LA FONTAINE, *Fables*, V, 4.

De l'*autruche*, trottant sur ses pieds de chameau,
L'aileron emplumé la rejoint à l'oiseau.

DELILLE, *les Trois Règnes*, VIII.

Proverbialement et figurément :

Il a un estomac d'*austruche*.

Dictionnaire de l'Académie, 1694.

AUVENT, s. m. Petit toit en saillie, placé ordinairement au-dessus des boutiques pour les garantir de la pluie.

Gaston a un peu fait le fou en sa jeunesse, et la nuit il a brûlé plus d'un *auvent* de savetier.

TALLEMANT, *Historiettes* : M. d'Orléans.

A peine fut-il dans le faubourg Saint-Antoine, que voilà un orage qui le mouilla comme une carpe avant qu'il pût se mettre à couvert sous un *auvent*.

LE MÊME, même ouvrage : Pardaillan d'Escandecat.

On voit à gauche un mur nu; contre ce mur une espèce d'*auvent* en cintre; sous cet *auvent* une fontaine.

DIDEROT, *Salon de 1767* : Robert.

L'établissement des *auvents*... sur la voie publique.

Bulletin des lois, an IX.

Vostre orguel ne vaut une coque,
Sachiés que fortune vous moque.
Par ce songe poés entendre
Qu'el vous vuet faire au gibet pendre;
Et quand serés pendus au vent
Sans coverture et sans *auvent*,
Sus vous plovra, biaus sires rois,
Et li biaus solaus de ses rais
Vous essuera cors et face.

Roman de la Rose, v. 6543.

Ne ne vuet por nul serement
Recevoir excusacion,
Tant est de male entencion;
Ains fiert et frape et roille et maille
Cele qui brait et crie et braille,
Et fait sa voix voler as vens
Par fenestres et par *auvens*.

Roman de la Rose, v. 9410.

Pour éviter la pluye, à l'abry de l'*auvent*,
J'allois doublant le pas, comme un qui fend le vent.

RÉGNIER, *Satires*, X.

Les suspend aux rameaux mollement balancés,
Et dans ce doux hamac les enfants sont bercés :
Quelques-uns ont leur toit, leur *auvent*, leur issue.

DELILLE, *les Trois Règnes*, VII.

Quelques auteurs anciens ont employé *ôtevent* dans le même sens.

Les deux costés... sont couvers de grans *otevans* en maniere que vous y êtes à couvert et à sec en tout tamps; il est vrai que les boutiques en sont plus obscures.

                   Montaigne, *Voyage*, Saint-Rambert.

Cependant d'ordinaire *otevent* semble désigner plutôt Un paravent. (Voyez Littré.)

AUVERNAT, s. m. Nom qu'on donnait à un certain vin d'Orléans.

    Un laquais effronté m'apporte un rouge bord
    D'un *auvernat* fumeux, qui, mêlé de lignage,
    Se vendoit chez Crenet pour vin de l'Hermitage.
                   Boileau, *Satires*, III.

AUXILIAIRE, adj. des deux genres. Qui aide, dont on tire du secours. Il est principalement usité en parlant des Troupes qu'un prince, qu'un État envoie au secours d'un autre prince, d'un autre État.

Il (La Moussaye) estoit entré en garde avec le bataillon suisse de Molondin, et ce bataillon estoit un des vieux corps, et des plus aguerris des troupes *auxiliaires*.

                 Sarazin, *Siège de Dunkerque*.

Quoique sa vie fût simple et pacifique, il (Abraham) savoit faire la guerre, mais seulement pour défendre ses alliés opprimés. Il les défendit, et les vengea par une victoire signalée : il leur rendit toutes leurs richesses reprises sur leurs ennemis, sans réserver autre chose que la dixme qu'il offrit à Dieu, et la part qui appartenoit aux troupes *auxiliaires* qu'il avoit menées au combat.

         Bossuet, *Discours sur l'Histoire universelle*, II, 2.

Sous prétexte d'empêcher un combat, ils triomphent bien souvent eux-mêmes (les voisins amis); ils ravagent une maison, lorsqu'ils viennent la secourir, et les ennemis ne font pas souvent tant de désordre que ces troupes *auxiliaires*.

         Fléchier, *Mémoires sur les Grands Jours de 1665*.

Je combattis fort les apparences qu'il établissoit que la Hollande osât rompre ouvertement avec Votre Majesté, ni qu'elle pût prendre un prétexte de déclarer la guerre à la Suède, parce qu'elle auroit usé du privilège légitime d'envoyer des troupes *auxiliaires* à ses alliés.

     Le marquis de Pomponne à Louis XIV, 20 août 1667.
     (Voyez Mignet, *Succession d'Espagne*, t. II, p. 314.)

Depuis que nous avons l'honneur d'estre à Sa Majesté, nous avons... fourni aux troupes *auxiliaires* les ustensiles,

fourrages, avoines, escuries et autres plusieurs nécessités...

    Les Bourgmestres et échevins de la ville et chatellenie de Bergues-Saint-Winocx à Colbert, 4 février 1669. (Voyez Depping, *Correspondance administrative sous Louis XIV*, t. I, p. 802.)

Le prince de Tanjavar eut recours aux Anglais de Madras. Ils se disposèrent à faire une diversion; il eut le temps de faire entrer d'autres troupes *auxiliaires* dans sa ville capitale menacée d'un siège.

     Voltaire, *Fragments sur l'Inde*, art. XIII : Arrivée du général Lalli.

Les premiers Romains ne mettoient point dans leurs armées un plus grand nombre de troupes *auxiliaires* que de romaines.

         Montesquieu, *Grandeur des Romains*, c. 18.

Les officiers *auxiliaires* de tous grades.
                 Bulletin des lois, an VI.

La formation de bataillons *auxiliaires*.
                 Même ouvrage, an VIII.

Équipages *auxiliaires* (guerre).

                 Même ouvrage, 1845.

    Nous allons nous servir de nos armes dernières
    Et des troupes qu'au jeu l'on nomme *auxiliaires*.
             Regnard, *le Joueur*, IV, 2.

Il s'emploie aussi, en dehors du langage militaire, dans des sens, qui ont cependant quelque analogie avec le précédent :

Laure, contre l'ordinaire des personnes de sa profession, avoit coutume de se lever matin. Je la surpris à sa toilette, où en attendant son Portugais elle joignoit à sa beauté naturelle tous les charmes *auxiliaires* que l'art des coquettes pouvoit lui prêter.

         Le Sage, *Gil Blas*, VII, 11.

Lorsque nous comparons ces espèces voisines, et que nous les considérons relativement à nous, les unes se présentent comme des espèces de première utilité, et les autres semblent n'être que des espèces *auxiliaires*, qui pourroient, à bien des égards, remplacer les premières, et nous servir aux mêmes usages.

         Buffon, *Histoire naturelle* : la Chèvre.

Ces espèces *auxiliaires* sont plus agrestes, plus robustes que les espèces principales; l'âne et la chèvre ne demandent pas autant de soin que le cheval et la brebis.

         Le même, même ouvrage : *ibid.*

Qu'on voie de ces saules lisses et remplis de suc dresser en l'air leurs jeunes rameaux, et d'autres bien vieux dont la cime soit pendante et les troncs caverneux. Ajoutons-y leurs plantes *auxiliaires*, telles que des mousses vertes et des lichens dorés qui marbrent leurs écorces grises.

BERNARDIN DE SAINT-PIERRE, *Études de la Nature*, I.

Quelques vers de La Fontaine, dans Philémon et Baucis, nous donneraient bien mieux l'idée de la poésie originale de l'Odyssée que l'art de Pope et de ses poètes *auxiliaires*.

VILLEMAIN, *Littérature au xviiiᵉ siècle*, 7º leçon.

AUXILIAIRE, en termes de Grammaire, se dit Des verbes qui servent à former plusieurs temps des autres verbes :

Quand le verbe *auxiliaire* « avoir » se conjugue avec le verbe substantif « être », il n'aime pas à rien recevoir entre deux qui les sépare.

VAUGELAS, *Remarques sur la langue françoise*.

Nos articles, nos verbes *auxiliaires*, joints à la gêne de nos rimes, font un effet souvent ridicule dans les inscriptions.

VOLTAIRE, *Lettres en vers et en prose; à M. de Rochefort*, 1773.

On ne conjugue en françois la pluspart des temps des verbes qu'avec le secours de deux autres verbes, que pour cela même nous appelons des verbes *auxiliaires*, savoir le verbe possessif Avoir et le verbe substantif Être.

DU BOS, *Réflexions critiques*.

Les verbes Avoir et Être, qui entrent dans les formes composées, et qui se joignent au participe du passé, se nomment verbes *auxiliaires*, parce qu'ils concourent à la formation des temps.

CONDILLAC, *Grammaire*.

Aller est aussi un verbe *auxiliaire* dans la formation du futur prochain : je vais faire.

LE MÊME, même ouvrage.

Il s'emploie aussi substantivement :

Les vieux diables conseilloient de faire une dépêche par le monde, et appeller pour *auxiliaires* tous ceux qui en leurs propos communs se donnent aux diables si souvent, mais l'affaire estoit trop pressée.

D'AUBIGNÉ, *les Aventures du baron de Fæneste*, IV, 9.

On n'en étoit plus que sur les conditions, qu'on leur rendoit insupportables, lorsqu'un Lacédémonien, nommé Jantipe, arriva dans un corps d'*auxiliaires*.

SAINT-EVREMOND, *Réflexions sur les divers génies du peuple romain*, c. 4.

La politique a son compte par le secours assuré de ces *auxiliaires* cachés (les agrégés jésuites laïques) à qui ils font bon marché du reste.

SAINT-SIMON, *Mémoires*, 1715.

Depuis la fondation de la monarchie, cette guerre est la seule dans laquelle la France ait été simplement *auxiliaire*.

VOLTAIRE, *Précis du siècle de Louis XV*, c. 19 : Succès de l'infant don Philippe.

Le prince d'Hildbourghausen voulut absolument attaquer. Son sentiment devait prévaloir, parce que les Français n'étaient qu'*auxiliaires*.

VOLTAIRE, *Siècle de Louis XV*, c. 33.

Je ne réfute pas ici un écrivain célèbre, qui a prétendu que les François, amis, alliés et *auxiliaires* des empereurs... ne se sont pas emparés des Gaules, les armes à la main.

MABLY, *Observations sur l'Histoire de France*, liv. I, c. 1.

Allons aux États généraux; changeons de poste et de terrain, puisque l'intérêt de tous et le roi nous y invitent. Le combat reste le même, et nous aurons des *auxiliaires*.

MIRABEAU, *Discours*, 13 mars 1789.

Les pyrites, les sels, les gaz incendiaires,
De son prochain ravage ardents *auxiliaires*.

DELILLE, *les Trois Règnes*, IV.

Il en est de même au sens grammatical :

On ne peut pas choisir indifféremment entre les deux *auxiliaires*, quoique les parties puissent se construire également avec l'un et avec l'autre, il faut toujours considérer si on peut exprimer un état, ou si on veut exprimer une action.

CONDILLAC, *Grammaire*.

AVACHIR, v. a., employé souvent neutralement. Rendre lâche, mou, sans vigueur.

Les gens assubjectis, outre ce courage guerrier, ils perdent encores en toutes autres choses la vivacité, et ont le cœur bas et mol, et sont incapables de toutes choses grandes. Les tyrans cognoissent bien cela; et voyans qu'ils prennent ce ply, pour les faire mieux *avachir* encores, leur y aident-ils.

LA BOÉTIE, *De la Servitude volontaire*.

Il s'emploie plus habituellement comme verbe pronominal, soit en parlant des personnes, soit en parlant des choses :

Je n'ay rien cher que le soucy de la peine, et ne cherche qu'à *m*'anonchalir et *avachir*.

MONTAIGNE, *Essais*, III, 9.

Quand le langage d'aucun s'*avachist* et devient lasche.

NICOT, *Thresor de la langue françoyse*.

IV.

Cet homme, cette femme *s'avachit.* Ces rubans, ces étoffes *s'avachiront* bientôt. Voyez comme cela *s'est avachi.*

Dictionnaire de l'Académie, 1835.

AVACHI, IE. Part. passé.

Quant aux oreilles, l'homme seul les a immobiles. De là est venu que les Latins appelloyent Flaccus, ceux qui avoient les oreilles pendantes et *avachies.*

DU PINET, trad. de Pline, liv. XI, c. 37.

Des bottes *avachies.*

Dictionnaire de l'Académie, 1835.

AVAGE, s. m. Droit que levait le bourreau les jours de marché sur plusieurs sortes de marchandises.

Si par aventure iceluy exécuteur vouloit faire le renchéry, je luy feray bien connoistre qu'il est obligé de faire cette exécution gratis, puisqu'il reçoit dans Chartres et dans les marchés circonvoisins un droit qui s'appelle droit de *havage.*

LE PRÉSIDENT CHAMPROND, *Lettre* du 2 septembre 1657, citée dans le commentaire des *Historiettes* de TALLE-MANT DES RÉAUX, t. VI, p. 462.

Prendre les droits d'*avage.*

RICHELET, *Dictionnaire,* 1680.

AVAL, adv. (de *à* et *val,* vallée). En bas; en descendant.

Après le manger, descendirent... *aval* en la cité.

Les quatre Livres des Rois, I, IX, 25.

Il y a tant de serpens là *aval,* que celuy qui y descendroit seroit maintenant devouré.

MARC POL, *le Livre,* c. 172.

La saison s'en alloit *aval* et l'hiver approchoit.

FROISSART, *Chroniques,* II, 36.

Poussant les siens à travers le fil d'eau, qui estoit profonde, et qui couroit si roide, qu'elle les emmenoit presque *aval.*

AMYOT, trad. de Plutarque, *Alexandre.*

Ils meirent dedans des bateaux force fagots et autre bois sec frotté de souffre et de poix, et mettans le feu dedans les laisserent aller *à val.*

LE MÊME, même ouvrage, *Othon.*

Les auditeurs (à la Chambre des Comptes) furent, du commencement, appellez souvent petits clercs, à la différence des maistres clercs ecclésiastiques, et fort souvent clercs d'embas ou d'*aval,* parce que les maistres faisoient leur séance au bureau d'en haut, et les autres en ceux d'embas.

ESTIENNE PASQUIER, *Recherches,* II, 5.

Sont aussi d'advis (lesdits seigneurs et capitaines) qu'on face descendre des forêtz d'Allemaigne par les rivières qui tombent entre la Danoue, le nombre de rasteaux, le plus grant que faire se pourra, pour s'en servir, en allant *aval.*

Avis de l'Électeur Palatin sur la guerre contre les Turcs, 9-15 septembre 1532. (Voyez CHARRIÈRE, *Négociations de la France dans le Levant,* t. I, p. 225.)

Li lox à la sorse béveit
Et li aigniaus *à-vaul* esteit.

MARIE DE FRANCE, *Fables,* II, 3.

Je croy que tenez Tallebot
Qui est lieutenant general,
D'Escalles et Facestot,
Qui ne sont pas à mectre *aval.*

Le Mistere du siege d'Orleans, v. 20,262.

Il est très souvent opposé, soit au propre, soit au figuré à *amont,* qui signifie En haut :

Par ù li nés de mer vont *à val* et *à mont.*

Roman de Rou, v. 4133.

Encor ert Hubert sor son pont,
Gardout *à val,* gardout *à mont.*

Même ouvrage, v. 8875.

Au vilain m'as fet mal-mener
Primes *aval* et puis *amont.*

Roman de Renard, t. I, p. 175.

... J'ay tout veu, bien et mal,
Hierusalem, la cité sainct et bonne,
Et du monde les termes et la borne
Puis çà, puis là, puis *amont,* puis *aval.*

Les Dictz de maistre Aliborum. (Voyez *Anciennes Poésies françoises des* XVe *et* XVIe *siècles,* t. I, p. 39, bibliothèque elzévirienne.)

Certain soys qu'*amont* ny *aval*
A aulcun bien tu ne viendras
Par ce moyen, ne parviendras.

Les Moyens d'éviter merencolie. (Voyez *Anciennes Poésie; françoises des* XVe *et* XVIe *siècles,* t. II, p. 52.)

Tous je vous prie en general
Bons sotz, tant d'*amont* que d'*aval.*

Monologue des sotz joyeulx. (Voyez *Anciennes Poésies françoises des* XVe *et* XVIe *siècles,* t. III, p. 15.)

Voyez AMONT.

Vent d'aval. C'est, par rapport à une côte, le Vent du large, par rapport au courant d'une rivière, le Vent qui vient du bas de cette rivière :

> Il se leva tout à coup un *vent d'aval* qui les repoussa sur la coste de Phenicie.
>
> PERROT D'ABLANCOURT, trad. de Lucien, *le Navire.*

AVAL s'employait quelquefois comme préposition :

> La salive li curut *aval* la barbe.
>
> *Les quatre Livres des Rois*, I, xxi, 13.

> Et regarda mes sires Alains devant lui, et vit à meinz de deus liues grant foison de baronnie esparse *aval* la terre à destre et à senestre.
>
> *Récits d'un ménestrel de Reims au* xiii° *siècle*, publiés par N. de Wailly, p. 58.

> Il avoit toujours après lui, allant *aval* la ville de Gand, soixante ou quatre-vingts varlets armés.
>
> FROISSART, *Chroniques*, liv. I, Iʳᵉ part., c. 176.

> La comtesse qui regardoit *aval* la mer, par une fenêtre du châtel, commença à crier et à faire grand'joie.
>
> LE MÊME, même ouvrage, liv. I, Iʳᵉ part., c. 65.

> De là en avant firent pluiseurs desroys, et aloient par grans compaignies *aval* la ville ès hostelz des plus puissans.
>
> MONSTRELET, *Chronique*, c. 182.

> Tot *aval* la grant ost a fait li rois crier
> Se li plus povres hon qui an tote l'ost ert
> Barguignoit .i. avoir qu'il vosist acheter,
> Que ja mar fust si riches, si hardis ne osez
> Que nus i méist offre...
>
> *Gui de Bourgogne*, v. 290.

> Quant voi venir le bel tanz et la flour
> Que l'erbe vers resplent *aval* la prée.
>
> *Chatelain de Coucy*, v. 7222.

> Sire, tout n'est pas evangile
> Quanque l'en dit *aval* la vile.
>
> *Roman de la Rose*, v. 12481.

Aval le vent, sous le vent, vent arrière :

> Encore des nefs du connestable en y eut sept qui cheminerent *aval le vent* voulsissent ou non.
>
> FROISSART, *Chroniques*, III, 46.

> Un vent contraire s'éleva qui les prit soudainement, et les convint par force partir, tant étoit le vent fort et dur

et mauvais, et la fortune périlleuse sur mer. Si se desancrerent... et se mirent *aval vent.*

> LE MÊME, même ouvrage, I, part. II, c. 387.

> Quant passé furent li cinq jor,
> Gurlac, à cinq nés solement,
> A tant coru *aval le vent*
> Al quint jor vint en Engleterre.
>
> *Roman de Brut*, t. I, v. 2542.

> Palinurus tout premier prend le câble,
> Tournant tout court parmi l'onde implacable
> La proue à l'Ourse. Aussi la flotte toute
> *Avau le vent* de rame à Ourse boute.
>
> DES MASURES, trad. de l'*Énéide*, III.

Aval le fleuve, aval l'eau, en suivant le cours de l'eau :

> Quant nous fusmes eschappez de ce péril, qui estoit bien grant, nous commençames à tirer *aval le fleuve.*
>
> JOINVILLE, *Vie de saint Louis.*

> Ils jettoient *à val l'eau* de grosses tronches de bois que le fil de la riviere tiroit de roideur contrebas.
>
> AMYOT, trad. de Plutarque, *Marius.*

> Aller *aval l'eau*, c'est aller vers l'embouccheure en mer, où la rivière va se descharger, et charrier ses eaux.
>
> LE P. RENÉ FRANÇOIS, *Merveilles de nature*, édit. de 1629, p. 98.

> *A-val l'aigue* n'est pas alée.
>
> MARIE DE FRANCE, *Fables*, 96 : la Femme qui se noie.

De là vient la locution proverbiale *à vau l'eau,* employée au figuré, et encore en usage aujourd'hui :

> Nous allons en avant *à vau l'eau*, mais de rebrousser vers nous nostre course, c'est un mouvement pénible.
>
> MONTAIGNE, *Essais*, II, 9.

> Chapelain et lui (Conrart) imposent encore à quelques gens, mais cela se découd fort; et si celui-ci imprimoit comme l'autre, tout s'en iroit *à vau-l'eau.*
>
> TALLEMANT DES RÉAUX, *Historiettes :* Conrart.

> Je baise le Grignan, et fais mille amitiés à M. de la Garde : contez-lui par quel guignon la vente de notre guidon est allée *à vau-l'eau.*
>
> Mᵐᵉ DE SÉVIGNÉ, *Lettres;* à Mᵐᵉ de Grignan, 15 mai 1676.

> Le parterre se révolta, l'attention s'en alla *à vau-l'eau*, et il ne fut plus question que de huer chaque vers, chaque mot.
>
> PALAPRAT, *Discours sur la Prude du temps.*

> Tous les ouvrages commencés
> Par les ouvriers sont laissés;
> Les tours demeurent imparfaites,
> Les murailles ont des lunettes.
> Tous les desseins vont *à vau-l'eau.*
>
> SCARRON, *Virgile travesti,* IV.

> Ses agents, tels que la plupart des nôtres,
> En abusoient; il perdit un vaisseau,
> Et vit aller le commerce *à vau-l'eau.*
>
> LA FONTAINE, *Contes,* Belphégor.

> Qu'est-ce donc? Voici bien, monsieur, du rabat-joie.
> Est-ce que nos plaisirs s'en iront *à vau-l'eau* ?
>
> LE MÊME, *Je vous prens sans verd,* sc. 14.

> Quel jour avez-vous pris pour un hymen si beau ?
> Bon ! la paille est rompue, et tout est *à vau-l'eau.*
>
> BOURSAULT, *le Mercure galant,* III, 4.

AVAL, écrit soit en deux mots, soit en un seul, était souvent suivi de la préposition *de :*

> Respundi la dame à Joab : Nus vus frum ruer son chief *aval del* mur.
>
> *Les quatre Livres des Rois,* II, xx, 21.

> .Va cauteleux loin *à val des* ruisseaux
> Sur qui flottoient maintes plumes d'oiseaux.
>
> J.-A. DE BAÏF, *le Geai.*

Aval de routte, à vau de routte, s'est dit anciennement pour En pleine, en complète déroute :

> Ils ne laissoient point... de fouir tousjours *aval de roupte,* et n'y en avoit pas un qui ozast se retourner.
>
> AMYOT, trad. de Plutarque, *Vie de Romulus,* c. 28.

> Le Palvoisin marcha droict à ses ennemis, et d'abordée mist *à vau de routte* toute la cavallerie du duc de Milan.
>
> MARTIN DU BELLAY, *Mémoires,* t. I, p. 482.

On trouve aussi fréquemment l'expression *en aval, en aval de :*

> Toutes choses *dou ciel en aval* sont faites por l'ome.
>
> BRUNETTO LATINI, *Li Livres dou Tresor,* liv. I, part. I, c. 13.

> Après le repas nous causâmes à une fenêtre qui s'ouvrait sur la Tamise; on apercevait *en aval de* la rivière une partie de la cité dont le brouillard et la fumée élargissaient la masse.
>
> CHATEAUBRIAND, *Mémoires d'outre-tombe,* t. VII.

> Les mariniers... devront les conduire (les bateaux)

jusqu'en amont du pont de la Tournelle, s'ils sont *en aval de* ce pont.

> *Bulletin des Lois,* 1845.

AVAL, s. m. Terme de Négoce. Souscription qu'on met au bas d'un effet de commerce, et par laquelle on s'oblige d'en payer le montant, s'il n'est pas acquitté par celui qui a souscrit ou accepté l'effet.

> Mettre son *aval* au bas d'une lettre de change. L'*aval* peut être fourni par acte séparé. Donneur d'*aval.*
>
> *Dictionnaire de l'Académie,* 1835.

> Ses *avals* sont bons.
>
> *Même ouvrage,* 1878.

AVALER, v. a. Descendre, avec un nom de chose pour complément.

> Nostre sires *avalad* les ciels e descendid.
>
> *Les quatre Livres des Rois,* II, xxii, 10.

> Ensi li dus *avala* le letrin et s'ala agenoiller devant l'autel Saint-Marc moult plorant.
>
> VILLEHARDOUIN, *Conqueste de Constantinoble,* XL.

> Mener et faire mener et envoyer, tant en montant comme en *avalant* l'iaue de Saine toutes leurs denrées et marchandises.
>
> *Recueil des Ordonnances,* 1345, t. I, 599.

> Et tant allerent que ils les virent *avaler* un tertre, et étoient tant serrés en bon convenant, et cheminoient le bon pas sans eux dérouter.
>
> FROISSART, *Chroniques,* II, 97.

> Cil cevalier *avalent* les degrés.
>
> *Aliscans,* v. 4358.

> Et chil tout coiement le grand pont *avalèrent.*
>
> *Doon de Maience,* v. 3954.

> Et il fiert à .II. meins ; tant i a carpenté
> Que qui ne se geta aval ens u fosse
> Fu mors et depeshié; poi en est escapé.
> Et chil qui escapa *avala* le degré.
>
> *Même ouvrage,* v. 11,137.

> Le tertre *avalent,* vers Dijons se sunt mis.
>
> *Garin,* I, 205.

> Quant furent atournez, sus les chevax monterent,
> Le felon mesagier avec eus emmenerent,
> .I. poi devant le jor le grant pont *avalèrent,*
> Et toutes lez .III. portes maintenant deffermerent.
>
> *Gaufrey,* v. 8116.

> Les degrés en *avale* du grant palais pavé.
>
> *Gui de Bourgogne,* v. 2189.

Nos degrés tantost *avalés*
Debonnairement et de gré,
Ou jà ni conterés degré.

Roman de la Rose, v. 15104.

AVALER, abattre, faire tomber par terre.

Ez ungs escarbouilloit la cervelle, ez aultres rompoit bras et jambes... *avalloit* le nez, pochoit les yeux.

RABELAIS, *Gargantua*, I, 27.

Et luy vouloit *avaller* la teste tout net.

LE MÊME, *Pantagruel*, II, 29.

Il *avalla* l'espaule à l'un d'un coup d'épée et blécea l'autre au visage.

AMYOT, trad. de Plutarque, *César*, c. 20.

Elle feit signe de l'œil à l'un de ses gens qu'il tuast ce capitaine romain, ainsi comme il prenoit congé d'elle et la caressoit, ce que l'autre feit, et d'un coup d'espée lui *avalla* la teste.

LE MÊME, *Œuvres morales*.

Agraies le poursuyvit de si pres, que d'un coup d'espée il luy *avalla* le bras.

Amadis de Gaule, I, 40.

AVALER, abaisser :

Il fut force à ce pedagogue qui luy souloit tenir la bride courte, non seulement de la luy lascher, mais de la luy *avaler* du tout sur le col.

HENRI ESTIENNE, *Apologie pour Hérodote*.

Dieu fera les mons *avaller*,
Les gens ne feront plus de maulx,
Rien ne voirés dissimuler,
Quant tous hommes seront loyaux.

La Loyauté des hommes. (Voyez *Poésies françoises des xve et xvie siècles*, t, I, p. 227, bibliothèque elzévirienne.)

AVALER, faire descendre, laisser descendre.

Et pensa en son cuer qu'elle se feroit *avaleir* jus des creniaus a une corde par ses damoiseles par nuit; et fist tant qu'elle ot une corde bonne et grant qui avenoit jusques a terre. Et se fist jus *avaleir*, et une damoiselle avec li.

Récits d'un ménestrel de Reims au xiiie siècle, publiés par N. de Wailly, p. 26.

Quand ceux qui étoient sur la porte virent le grand meschef, ils eurent paour de perdre le château ; si laissèrent *avaler* le grand rastel, et encloirent le chevalier dehors.

FROISSART, *Chroniques*, liv. I, Ire part., c. 149.

Le varlet prit la lettre que les chevaliers lui baillèrent, qui étoit scellée de leurs trois sceaux, et lui encousirent en ses draps et puis le firent *avaler* ès fossés.

FROISSART, *Chroniques*, liv. I, Ire part., c. 228.

Quand Bernard Courant vit ce et qu'il n'en auroit autre chose, si fut tout enflambé d'aïr et se douta que il ne perdit le plus pour le moins, et lui *avala* une dague qu'il tenoit sur le chef qu'il avoit tout nu.

LE MÊME, même ouvrage, liv. II, c. 43.

Ung aultre jour s'exerçoit à la hasche, laquelle tant bien coulloit, tant verdement de tous pics resserroit, tant souplement *avalloit* en taille ronde, qu'il feut passé chevalier d'armes en campagne, et en touts essais.

RABELAIS, *Gargantua*, I, 23.

Un homme de cheval l'alla saisir au corps, et l'*avalla* par terre.

MONTAIGNE, *Essais*, III, 6.

Le vendredy d'après les festes de Pasques l'an 1436, le seigneur de l'Isle-Adam, le comte de Richemont et le bastard d'Orléans deffirent les Anglois. De ce pas, ils vindrent à la porte Saint-Jacques. Ils avoient intelligence au dedans, de maniere que le seigneur de l'Isle-Adam y entra le premier, par une grande eschelle qu'on luy *avala*, et mit la bannière de France sur la porte, criant : « Ville gaignée. »

PASQUIER, *Recherches*, VI, 4.

Avaler signifie... descendre quelque chose, *Avalez* la lampe. *Avalez* ce crochet à la viande. On dit aussi à un écolier qu'on veut fouetter : *Avalez* vos chausses.

FURETIÈRE, *Dictionnaire*, 1690.

A Doon l'a si fet à la temple hurter
Que le sanc contreval en fet jus *avaler*.

Doon de Maience, v. 9697.

Ralés vous ent, se il vous vient en gré,
Et jou irai les engiens *avaler*.

Huon de Bordeaux, v. 4870.

Il se disait aussi en parlant des degrés de parenté :

Et ceste coustume qui taut à l'aiol et à l'aiole les muebles et les conquès por donner les as frères ou as sereurs, ne les taurroit pas as enfans des enfans, qui sont en cel meisme degré de lignage en *avalant* que l'aiol et l'aiole sont en montant.

BEAUMANOIR, *Coutumes du Beauvoisis*, XIV, 23.

AVALER s'employait souvent dans le sens de Descendre, sans aucun complément.

Adonques l'yaue *estoit* descendue ou *avalée* par plusieurs doiz el dit celier.

Miracles de saint Louis, p. 486.

En *avallant* dou dessous dou pont de Mante droitement par dessous le pont de Rouen, tout droit contreval jusqu'à la mer.

Recueil des ordonnances, t. I, p. 599.

Ils trouvèrent uns beaux degrés de pierre qui *avaloient* aval et puis remontoient contre mont par dessous les murs de la ville et alloient droitement au châtel.

FROISSART, *Chroniques*, liv. I, IIᵉ part., c. 18.

Le mouvement des trains et bateaux *avalants*.

Bulletin des Lois, 1811.

Lors a pris l'aviron, mès ne s'en sot meller
Fors tant que le batel fet virer et tourner.
Une grant lieue et plus ne fina d'*avaler*.

Doon de Maience, v. 2708.

L'une partie de la sale
Va contre mont et l'autre *avale*.

Roman de la Rose, v. 6117.

Le paien voit le sanc qu'*est* aval *avalé*.

Fierabras, v. 512.

Li chevaliers ont entre eus pris
Si l'ont de-sur la roüe mis, ..
Contre-munt le firent lever,
Mais quant il deveit *avaler*,
Si ad nomé le non Jhesu,
Tout errament délivrés fu.

MARIE DE FRANCE, *Purgatoire*, v. 1093.

Tant va qu'il entre en un chemin
Qui vers une vile *avaloit*.

Roman de Renart, I, 183.

AVALER, descendre, s'abaisser, et, par suite, diminuer :

La farine ne défaldra ne l'olie ne *avalerad* jesque Deu enveit pluie en terre.

(Hydria farinæ non deficiet, nec lecythus olei minuetur...)

Les quatre Livres des Rois, III, XVII, 14.

On a dit *avaler dans le corps*, *dans l'estomac*, *dans la gorge*, *avaler aval*, pour Faire descendre les aliments dans l'estomac.

Pour ce que il peussent la viande mascher et *avaler aval*.

JOINVILLE, *Vie de saint Louis*.

Adonc fist Solehadins or et argent penre, et le fist

fondre en une paele de fer, et li fist *avaleir* tout bouillant en la gorge; et maintenant le convint mourir.

Récits d'un ménestrel de Reims au treizième siècle, publiés par N. de WAILLY, p. 111.

Aussi ont chiens autre maladie qui leur vient en la gorge, et aussi fait il aux hommes, qui ne les laisse transgloutir ce qu'ils menguent; ainz convient qu'ilz le getent arrière, et aucune fois ont le mal si fort qu'ils ne pevent rien *avaler dedanz le corps* et muerent.

GASTON PHŒBUS, *De la Chasse*.

Car, comme un malade, qui ayant reçeu la médecine en sa main ne l'*avaleroit* pas *dans son estomach*, auroit voirement reçeu la médecine, mais sans la recevoir, c'est-à-dire il l'auroit reçeu en une façon inutile et infructueuse...

SAINT FRANÇOIS DE SALES, *Traité de l'amour de Dieu*, II, 11.

Une poisou a molt tost destrappée,
A Aymeri a sa plaie bandée,
El cors li a la poison *avalée*.

Aymeri de Narbonne, v. 4415.

Pois prist un oignement qu'il avoit mervellos,
As plaies li tocha environ et entor,
Les ralie et rajoint maintenant sans demor,
Puis li ovre les dens à un cotel raont,
El cors li *avala* d'une sainte puison.
Si tost comme Richars en senti la flairor,
Il est salis en piés com s'il n'eust dolor.

Manuscrit de La Vallière, fol. 24. (Voyez *Histoire littéraire de la France*, t. XXII, p. 694.)

AVALER, faire passer par le gosier dans l'estomac, quelque aliment, quelque liqueur ou autre chose.

Broyes-tu une couppe de poison ? N'en baillas-tu pas autant à boire à Socrates ? et lui, tout doulcement et facilement sans... changer de contenance ny de couleur, l'*avalla*.

AMYOT, trad. de Plutarque, *Œuvres morales : Que le vice seul rend l'homme malheureux*.

Ces parolles achevées, Jupiter contournant la teste comme ung singe qui *avalle* pillules, feit une morgue tant espouvantable, que tout le grand Olympe trembla.

RABELAIS, *Nouveau prologue du IVᵉ livre*.

Je suys par la vertus Dieu, plus couraigeux, que si j'eusse autant de mousches *avallé*, qu'il en est mis en paste dedans Paris, depuys la feste sainct Jan iusques à la Toussains.

LE MÊME, *Pantagruel*, IV, 67.

Bajazet *ayant avallé* le breuvage, comme mortel, le

pere en prit le reste pour l'oster de frayeur et l'asseurer de reconciliation.

D'AUBIGNÉ, *Histoire*, t. I, liv. II, c. 35.

Certes, il croyoit l'enfer, mais non pas qu'il pensast et creust que ce fust, disoit-il, un grand dragon représenté par les painctres, qui, ouvrant sa grand'gueule, engloutissoit et *avalloit* ainsi les âmes pécheresses.

BRANTÔME, *Grands Capitaines*. Couronnels françois.

Je ne sçay qui, anciennement, désiroit le gosier allongé comme le col d'une grüe pour savourer plus longtemps ce qu'il *avalloit*.

MONTAIGNE, *Essais*, III, 5.

Il y avoit ces jours passez une damoiselle, fille de grand maison, qui estoit en grand danger de mourir, à cause d'une areste de poisson qu'elle avoit en la gorge : et laquelle tous les medecins, ne leurs remedes n'avoient peu mettre hors, ne faire *avaler*, ne faire pourrir et consumer, quelque peine et diligence qu'ils y eussent mis : soit en faisant *avaler* à ceste pauvre fille un morceau de pain molet ou une figue seiche un peu maschée.

BOUCHET, *Serées*, liv. I, 10.

Voicy le bourreau qui arrive, et, se tenant près de Socrate, il luy dit : « Je ne pense point trouver en toy l'estonnement que j'ai accoustumé de trouver aux autres, car ils se despitent à moy et me disent des injures lorsque, faisant ma charge, je leur viens annoncer qu'il leur faut *avaler* le poison. »

THÉOPHILE, *Immortalité de l'âme*.

Ils usent tous de mesme viande, qui sont des grenoüilles rosties sur les charbons ; car l'air en est tout rempli ; mais ils ne les mangent pas, et se contentent d'en *avaler* la vapeur.

PERROT D'ABLANCOURT, trad. de Lucien, *l'Histoire véritable*, I.

Le roy, se soûlevant et s'appuyant sur le coude, prit d'une main la lettre de Parménion, et de l'autre le breuvage, qu'il *avala* sans délibérer.

VAUGELAS, trad. de Quinte-Curce, *Histoire d'Alexandre*, liv. III.

Conducteurs aveugles, qui avez grand soin de passer ce que vous buvez, de peur d'*avaler* un moucheron, et qui *avalez* un chameau.

SACI, *Évangile selon saint Matthieu*, 23.

Je vais *avaler* mes deux verres d'eau deux à deux, afin d'être bientôt à Paris, où je vous embrasse par avance.

Mme DE SÉVIGNÉ, *Lettres*; à Bussy-Rabutin, 25 mai 1676.

Guides aveugles, qui coulez un moucheron et qui *avalez* un chameau.

BOSSUET, *Méditations sur l'Évangile*.

Tout autre que Sangrado se seroit défié de la soif qui me pressoit, et des grands coups d'eau que j'*avalois*.

LE SAGE, *Gil Blas*, II, 4.

Après cette convention, le banquier *avala* deux œufs frais qu'on lui fit cuire.

LE MÊME, *le Diable boiteux*, c. 8.

Socrate, ayant été condamné à mort, fut mené en prison, où quelques jours après il mourut *ayant avalé* la ciguë.

FÉNELON, *Vies des philosophes*. Socrate.

J'aime mieux *avoir avalé* du poison pour avoir enseigné la vérité,... que de trouver la mort comme toi dans le sein d'une courtisane.

LE MÊME, *Dialogues des morts :* Socrate et Alcibiade.

Si celui-ci (Troïle) est à table, et qu'il prononce d'un mets qu'il est friand, le maître et les conviés qui en mangeoient sans réflexion, le trouvent friand, et ne s'en peuvent rassasier ; s'il dit au contraire d'un autre mets qu'il est insipide, ceux qui commençoient à le goûter, n'osant *avaler* le morceau qu'ils ont à la bouche, ils le jettent à terre : tous ont les yeux sur lui, observent son maintien et son visage, avant de prononcer sur le vin ou sur les viandes qui sont servies.

LA BRUYÈRE, *Caractères*, De la Société.

M. de Metz, qui voulut se fortifier, dit, en lavant ses doigts sur le calice, de verser tout plein ; il l'*avala* d'un trait et ne s'aperçut qu'à la fin qu'il *avoit avalé* du vinaigre.

SAINT-SIMON, *Mémoires*, 1712.

Il (l'abbé de Lyonne) buvoit, depuis cinq heures du matin jusqu'à midi, vingt et quelquefois vingt-deux pintes d'eau de la Seine, sans se pouvoir passer à moins, outre ce qu'il en *avaloit* encore à son dîner.

LE MÊME, même ouvrage, 1715.

Ce qu'il (le czar Pierre) buvoit et mangeoit en deux repas réglés est inconcevable, sans compter ce qu'il *avaloit* de bière, de limonade et d'autres sortes de boissons entre les repas.

LE MÊME, même ouvrage, 1717.

Il (l'abbé d'Entragues) ne laissa pas, avec toute la dépravation de ses mœurs et un jeu qui l'avoit souvent dérangé, de donner toute sa vie considérablement aux pauvres, et avec tous les fruits et la glace qu'il *avaloit*, de passer quatre-vingts ans sans infirmité.

LE MÊME, même ouvrage, 1720.

Il (l'ambassadeur turc) fut très exact à ne boire ni vin ni liqueur ; mais retiré dans sa chambre, on dit qu'il ne se faisoit faute de bien *avaler* du vin en secret.

LE MÊME, même ouvrage, 1721.

Il me fut impossible d'*avaler* un seul morceau ; je suffoquois en buvant.

J.-J. ROUSSEAU, *Nouvelle Héloïse*, IVᵉ part.

Croyez qu'un poisson a *avalé* un homme et l'a rendu au bout de trois jours sain et gaillard sur le rivage.

VOLTAIRE, *Dictionnaire philosophique*, Athéisme.

Deux cent mille volumes découragent un homme tenté d'imprimer... Il se compare à la goutte d'eau qui se plaignait d'être confondue et ignorée dans l'Océan ; un génie eut pitié d'elle, il la fit *avaler* par une huître. Elle devint la plus belle perle de l'Orient, et fut le principal ornement du trône du Grand Mogol.

LE MÊME, même ouvrage, Bibliothèque.

Ils fendirent le ventre aux hommes, aux femmes, aux enfants de la nation juive qui tombèrent entre leurs mains, et cherchèrent dans leurs entrailles l'or qu'on supposait que ces malheureux *avaient avalé*.

LE MÊME, *Conspirations contre les peuples*.

Pour accabler mon ami, vous changez le procès criminel que vous lui faites en un autre procès. Vous parlez d'or potable, on ne vous a jamais nié qu'on pût *avaler* de l'or, du plomb, de l'antimoine. Que ne peut-on pas *avaler* ?

LE MÊME, *Un Chrétien contre six Juifs :* De l'or potable.

On prodigue, ce me semble, une bien vaine érudition pour deviner quel homme fut circoncis le premier ; qui prit le premier lavement ; qui porta la première chemise ; qui le premier *avala* une huître à l'écaille ; qui fut le premier vendeur d'orviétan, etc.

LE MÊME, même ouvrage, 12ᵉ niaiserie sur la circoncision.

Serai-je donc moins vertueuse que ces femmes anciennes, qui n'envisageoient d'autre consolation que d'*avaler* les cendres de leurs époux ? — Vous voyez dans un neveu les cendres vivantes de son oncle. Une prise de ces cendres-là vous guérira de vos scrupules.

DUFRESNY, *le Double Veuvage*, II, 4.

Les sauvages du Midi boivent l'eau du palmier, ceux du Nord *avalent* à longs traits l'huile dégoûtante de la baleine.

BUFFON, *Histoire naturelle :* Introduction à l'histoire des animaux carnassiers.

Il ne me faut rien commander
De ce qui despend du mesnage :
De bien filler je sçay l'usage,
Lin, chanvre ou soye, ce m'est tout un,
M'estant cela aussi commun
Comme d'*avaller* une fraize.

Chambrière à louer. (Voyez *Poésies françaises des* xvᵉ *et* xvıᵉ *siècles*, t. I, p. 91, bibliothèque elzévirienne.)

Par vous Jupiter favorable
M'admet à sa divine table
Où j'*avale* tant de nectar
Que je m'en trouve gras à lard.

SCARRON, *le Virgile travesti*, I.

Et sans dire un seul mot j'*avalois* au hasard
Quelque aile de poulet dont j'arrachois le lard.

BOILEAU, *Satires*, III.

La Justice, pesant ce droit litigieux,
Demande l'huître, l'ouvre et l'*avale* à leurs yeux.

LE MÊME, *Épîtres*, II.

D'un vin pur et vermeil il fait remplir sa coupe :
Il l'*avale* d'un trait, et chacun l'imitant,
La cruche au large ventre est vide en un instant.

LE MÊME, *le Lutrin*, I.

L'ancien sens d'*avaler*, descendre, et le nouveau, faire descendre les aliments dans l'estomac, ont donné lieu à divers jeux de mots :

Si je montasse aussi bien comme j'*avalle*, je feusse desja au-dessus la sphère de la Lune, avec Empedocles.

RABELAIS, *Pantagruel*, II, 14.

Avaller sans corde et sans poulain. Boire.

OUDIN, *Curiosités françoises*.

Fam. et par exagération. *Il avaleroit la mer et les poissons*, se dit d'un homme qui a une grande soif, ou qui a un appétit insatiable. Quelquefois, au figuré, il se dit de quelqu'un qui pense tout détruire, tout vaincre.

Chamilli va servir d'aide de camp auprès du roi ; nos troupes sont les plus belles du monde ; pour moi, je crois que nous allons *avaler la mer et les poissons*.

LA COMTESSE DE FIESQUE, *Lettres ;* à Bussy. (Voyez *Correspondance de Bussy-Rabutin*, t. I, lettre 37, mai 1667.)

Avaler le poison, le venin, dans un sens figuré :

Celle (la joie) qu'elle (la princesse de Montpensier) eut de les recevoir (ces lettres) fut extrême, elle ne prit pas le soin de la lui cacher, et lui fit à longs traits tout *le poison* imaginable en lui lisant ces lettres, et la réponse tendre et galante qu'elle y faisoit.

Mᵐᵉ DE LA FAYETTE, *la Princesse de Montpensier*.

C'étoient des manichéens, et leur piété n'étoit que feinte. Regardez le fond : c'est l'orgueil, c'est la haine contre le clergé, c'est l'aigreur contre l'Église : c'est par là qu'ils *ont avalé* tout *le venin* d'une abominable hérésie.

BOSSUET, *Histoire des variations des églises protestantes,*
liv. XI, nº 143.

Ces impies (les manichéens) s'imaginent paroître plus saints en disant qu'il faut être saint pour administrer les sacrements. L'ignorant vaudois *avale ce poison.*

LE MÊME, même ouvrage, liv. XI, nº 205.

C'est par les yeux que l'on commence à *avaler le poison* de l'amour sensuel.

LE MÊME, *Traité de la concupiscence,* c. 5.

C'est alors que les charmes de cette fille enchanteresse vont par torrents à son cœur, et qu'il commence d'*avaler* à longs traits *le poison* dont elle l'enivre.

J.-J. ROUSSEAU, *Émile.*

Avaler le calice :

Dès lors Dieu lui fit goûter (à Moïse) les opprobres de Jésus-Christ. Il les goûta encore davantage dans sa fuite précipitée, et dans son exil de quarante ans. Mais il *avala* jusqu'au fond *le calice* de Jésus-Christ, lorsque, choisi pour sauver ce peuple, il lui en fallut supporter les révoltes continuelles, où sa vie étoit en péril.

BOSSUET, *Discours sur l'Histoire universelle,* II, 3.

N'hésitez pas... quelque amer que soit le calice, *avalez-le* jusqu'à la lie, comme Jésus-Christ.

FÉNELON, *Lettres spirituelles,* CCXV, 17 novembre 1698.

Il excusoit donc tout ce qu'il ne pouvoit nier, et *avaloit* à longs traits *l'amertume de ce calice.*

SAINT-SIMON, *Mémoires,* 1690.

Boufflers, hors de lui de douleur et de dépit, mais trop sage pour donner des scènes, *avala ce dernier calice.*

LE MÊME, même ouvrage, 1704.

Au figuré, *avaler des injures, de la honte, des humiliations, des excuses, avaler la mort,* etc. :

Depuis qu'il estoit au fond d'une taverne, il n'en bougeoit jusques au soir, fors quand quelquefois sa femme le venoit querir, qui luy disoit *mille injures;* mais il les *avaloit* toutes avec un verre de vin.

DESPÉRIERS, *Nouvelles,* LXXIX.

Plusieurs gladiateurs se sont veus au temps passé, après avoir couardement combattu, *avaller* courageusement *la mort,* offrans leur gosier au fer de l'ennemy.

MONTAIGNE, *Essais,* III, 12.

La Ligue a produit avec elle de beaux diseurs pour faire croire au peuple, par leur babil et jaserie, que le blanc est noir, le vray faux, et le contraindre sous la douceur

de leurs ameçons, d'*avaller la rebellion,* la perfidie et la desobeissance.

MATHIEU, *Histoire des derniers troubles
de France,* liv. IV.

Ainsi sommes-nous assiegez de toutes parts de mille pechez veniels et mortels, nous humons et respirons les veniels sans y penser, nous ne les appercevons pas : *septies in die cadit justus,* le plus juste du monde en commet sept par jour. Les pervers *avalent les mortels* sans y penser, insensiblement, sans les voir.

CAMUS, évêque de Belley, *Diversités,* t. II, fol. 10.

J'ai fait mes excuses à Mᵐᵉ de Coulanges qui ne vouloit les *avaler.*

Mᵐᵉ DE SÉVIGNÉ, *Lettres;* 15 novembre 1688.

Tant d'humiliations, de contradictions, de traverses, tant d'infirmités, de maladies, mille autres peines que nous ne pouvons éviter; c'est pour nous la portion de ce calice que Dieu nous a préparée. *Nous avalons tout cela,* permettez-moi d'user de cette expression, et de quelle manière que ce soit, nous le digérons.

BOURDALOUE, *Panégyriques,* t. I.

Oui, Messieurs, pour professer le christianisme, il falloit *avaler toute cette honte.*

BOSSUET, *Panégyrique de saint Victor.*

Hélas! si une femme possédée du jeu oublie de se parer et de conserver sa beauté, que n'oublieroit-elle point dans l'occasion? La joueuse *avale cette avanie* dans l'espérance des vingt-cinq louis d'or.

DUFRESNY, *Amusements sérieux et comiques,* XI.

Peu à peu cette dignité (des cardinaux), habile en usurpation, et heureuse à les tourner en droits, avoit trouvé moyen d'avoir chacun un siège ployant à leur place auprès de la crédence de l'autel, comme Monseigneur et Monsieur et la maison royale en ont auprès du roi, qui à la fin le trouva mauvais et le leur ôta, ils *l'avalèrent* sans oser dire mot.

SAINT-SIMON, *Mémoires,* 1695.

Il (Villars) envoya lui-même ses lettres (de pairie) à Boufflers qui y biffa tout ce qu'il voulut... Villars cependant se distilla chez lui publiquement et tous les jours en respects pour le maréchal de Boufflers, en soumissions, en louanges, lui envoya plusieurs messages en hommages et en pardons, et *avala cet affront* dans toute son étendue.

LE MÊME, même ouvrage, 1710.

... Puisqu'elle est en quinte,
Elle bevra tantost sa pinte
Afin d'*avaller ce courroux.*

REMY BELLEAU, *la Reconnue,* I, 1.

Avaler un plaisir, des louanges, des éloges :

Le roi y fut loué fort naturellement; et M. le Prince encore fut contraint d'*avaler des louanges*, mais aussi bien apprêtées, quoique dans un autre goût que celles de Voiture.

> Mme DE SÉVIGNÉ, *Lettres*; 12 avril 1680.

Il (Hamilton) *avaloit* à longs traits *le plaisir* de la voir au désespoir (Mme de Chesterfield).

> HAMILTON, *Mémoires de Grammont*, c. 9.

Et fiers du haut étage où la Serre les loge,
Avalent sans dégoût *le plus grossier éloge.*

> BOILEAU, *Épîtres*, IX.

Avaler, en parlant du temps :

Mon esprit n'est pas monté présentement sur ce ton-là, mais il faut *avaler* et passer *ce temps* comme les autres.

> Mme DE SÉVIGNÉ, *Lettres*; 29 juillet 1671.

Avaler comme pilules, comme eau, comme lait, comme miel, comme vin de Champagne, expressions figurées qui signifient Avaler rapidement, aisément, facilement.

Il nous *avallera* touts et gents et naufs *comme pilules.*

> RABELAIS, *Pantagruel*, IV, 33.

Arrivé devant la première porte, se vouloit couler parmy la presse, quand par un archer des gardes, homme robuste et puissant, il fut arresté, lequel, en luy demandant où il alloit, luy mit quand et quand la main contre l'estomac, le repoussant si doucement qu'il luy fit faire trois pas et un sault en arrière, dont le pauvre Cimaroste se trouva tout scandalizé; toutesfois, voyant qu'il falloit filer doux, *avalla* cela *comme miel.*

> STRAPAROLE, *Facétieuses Nuits*, VIIe nuit, fable 3.

Elle l'appaisa par son babil, et cuyda lui avoir fait *avaller* sa colère *aussi douce que sucre.*

> DESPÉRIERS, *Nouvelles*, CXXVIII.

Je sens un poète de demi-lieue de loin; aussi, d'abord que je vous ai vu, vous ai-je connu comme si je vous avois nourri. Ragotin *avaloit* cela *doux comme lait,* conjointement avec plusieurs verres de vin.

> SCARRON, *Roman comique*, 1re partie, c. 11.

Ils ne voudroient pas qu'il manquât un Ave Maria à leur chapelet. Mais les rapines, mais les médisances, mais les jalousies, ils les *avalent comme de l'eau.*

> BOSSUET, *Méditations sur l'Évangile.*

Il n'a plus réveillé de remords : vous l'avez *avalé comme de l'eau* qui coule sans se faire sentir, et sans piquer d'aucun goût le palais par où elle passe.

> MASSILLON, *Avent.*

J'avois *avalé* le crime *comme l'eau* : mais ces eaux fatales, en grossissant, avoient inondé toutes les puissances de mon âme.

> MASSILLON, *Paraphrase morale des Psaumes.*

On *avale* la calomnie *comme du vin de Champagne.*

> VOLTAIRE, *Lettres*; 15 octobre 1762.

Doux *comme vin il avale* la honte.

> BOISROBERT, *Épîtres*, VI.

Avaler comme une médecine, avec peine, avec chagrin, avec ennui.

Je crains de m'éloigner de vous, cela me fait mal; j'avale ce voyage *comme une médecine.*

> Mme DE SÉVIGNÉ, *Lettres*; 23 mars 1689.

Je n'oublierai jamais la hâte que vous aviez de vous divertir vitement, *avalant* les jours gras *comme une médecine,* pour vous trouver promptement dans le repos du carême.

> LA MÊME, même ouvrage, 2 février 1680.

Avaler de l'absinthe, au figuré, Supporter un désagrément, une chose pénible.

Pour vous, j'ai sans regret *avalé cette absynthe.*

> J.-B. ROUSSEAU, *l'Hypocondre*, IV, 5.

Prov. et fig., *avaler des couleuvres,* recevoir des dégoûts, des mortifications qu'on est obligé de dissimuler, dont on n'ose se plaindre.

On m'*a fait avaler,* huit ans durant, *tant de couleuvres* dont je ne me vantois pas, que je regardois la fin de ces misères, de quelque façon qu'elle pût arriver, comme je regardois avant cela d'être maréchal de France.

> BUSSY, *Lettres*; à Mme de Sévigné, 23 mai 1667.

Au milieu de tous ces agréments, je trouve, ma chère sœur, que c'est un étrange pays que celui-ci; les gens qui y sont les mieux établis y *avalent bien des couleuvres,* mais c'est un enfer pour les malheureux.

> LE MÊME, même ouvrage; à la comtesse de Toulongeon, 28 avril 1690.

Il faut que le goût qu'il a pour elle soit bien extrême, puisqu'il lui *fait avaler,* et l'été et l'hiver, *toutes sortes de couleuvres.*

> Mme DE SÉVIGNÉ, *Lettres*; 11 septembre 1676.

Quelles couleuvres n'a-t-il point *avalées!* Vous l'avez vu.

> LE MÊME, même ouvrage; 2 novembre 1689.

Oh! amour, *que de couleuvres tu me fais avaler!* Mon fils me vole, ma femme me harasse, et il faut l'endurer parce que j'aime Isabelle, et que je ne veux point que ma passion soit traversée par ma famille.

Le Marchand dupé, I, 2. (Voyez GHÉRARDI, *Théâtre italien*, t. II, p. 161.)

Je pense que c'est mon jaloux qui vient chercher noise; il faut que je *lui fasse avaler la couleuvre* tout au long.

Colombine, femme vengée, II, 3. (Voyez GHÉRARDI, *Théâtre italien*, t. II, p. 234.)

... Je suis sûr que mes œuvres
Feront bien aux auteurs *avaler des couleuvres.*

POISSON, *le Poète basque*, sc. 6.

Sotte ignorance et jugement léger
Vous ont jadis, on le voit par vos œuvres,
Fait avaler anguilles et couleuvres.

J.-B. ROUSSEAU, *Épîtres*; à Clément Marot.

Proverbialement, *avaler l'éperlan, sans l'éplucher,* manger goulûment.

Or, entre tous ceux-là qui se mirent à table,
Il n'en estoit pas un qui ne fust remarquable,
Et qui, *sans esplucher, n'avallast l'éperlan.*

REGNIER, *Satires*, X.

Avaler le goujon :

Il va venir tout à l'heure un drôle qui replâtrera l'affaire à merveille. Votre frère sera encore trop aise *d'avaler le goujon* sans s'en apercevoir.

La Précaution inutile, II, 6. (Voyez GHÉRARDI, *Théâtre italien*, t. I, p. 456.)

Avaler un morceau :

Nous nous deffions aussi de la volonté du roy d'Espagne touchant la souveraineté; car nous sçavons qu'il ne peut *avaller ce morceau.*

VILLEROY, *Lettre à M. Jeannin*, du 15 juin 1607. (Voyez *Négociations de Jeannin*.)

Il (le roi) me dit assez longtemps toutes sortes de choses obligeantes sur Mme de Saint-Simon et moi, comme il le savoit mieux faire qu'homme du monde lorsqu'il savoit gré, et qu'il présentoit surtout un *fâcheux morceau à avaler.*

SAINT-SIMON, *Mémoires*, 1710.

Avaler la pilule :

Le premier président, le procureur général ausquels se joignirent le prevost de Paris et plusieurs autres notables bourgeois se roidirent à l'encontre si bien qu'ils empeschoient que l'édit de janvier ne fust vérifié. Le chancelier, pour adoucir *la pilule*, adjousta cette clause : Par provi-

sion et jusqu'à la détermination du concile. Néantmoins cette modification ne put encore *la leur faire avaler.*

MÉZERAY, *Histoire de France*; Charles IX.

Ajoutons à cela que je comptois bien de lui parler avec adresse et de lui faire *avaler la pilule* tout doucement.

LE SAGE, *Gil Blas*, VII, 4.

C'est ainsi que Son Excellence me dora la *pilule*, que *j'avalai* tout doucement, non sans en sentir l'amertume.

LE MÊME, même ouvrage, XII, 3.

Bon! à qui vous en prendre? il faut, ma chère sœur, *Avaler la pilule* aussi bien que Monsieur.

LEGRAND, *la Foire Saint-Laurent*, sc. 28.

... Il ne faut pas avec sévérité
Exiger des amants trop de sincérité.
Ma sœur, tout doucement *avalez la pilule.*

REGNARD, *le Joueur*, II, 7.

Tout va bien, grâce au ciel. Au beau-père crédule
J'ai fait fort doucement *avaler la pilule.*

DESTOUCHES, *le Curieux impertinent*, II, 1.

AVALER, au figuré, Absorber, dévorer, digérer :

Pour Pauline, cette dévoreuse de livres, j'aime mieux qu'elle en *avale* de mauvais, que de ne point aimer à lire.

Mme DE SÉVIGNÉ, *Lettres*; à Mme de Grignan, 15 janvier 1690.

De simples bourgeois, seulement à cause qu'ils étoient riches, ont eu l'audace *d'avaler* en un seul morceau la nourriture de cent familles.

LA BRUYÈRE, *Caractères*, c. 6.

Bien malade est l'estomac,
O Lansac!
Lansac, l'honneur de Sainctonge
Lequel ne peult *avaller*
Ton parler,
Qui jusq'en l'ame se plonge.

JOACHIM DU BELLAY, *Au Seigneur de Lansac*.

Le temps *avalera* de nos faits la mémoire.

D'AUBIGNÉ, *Tragiques*, Jugement, liv. VII.

Les rivières, les eaux salées
Perdront et bruit et mouvement;
Le soleil, insensiblement
Les *ayant* toutes *avallées,*
Dedans les voûtes estoillées
Transportera leur élément.

THÉOPHILE, *A monsieur de L.* Sur la mort de son père.

On a dit *avaler des yeux, par les yeux,* pour Regarder avec avidité.

J'*avalai par les yeux* un délicieux trait de leur joie, et je détournai les miens des leurs, de peur de succomber à ce surcroît.

SAINT-SIMON, *Mémoires*, 1715.

Un jour deux pèlerins sur le sable rencontrent
Une huître que le flot y venoit d'apporter :
Ils l'*avalent des yeux*, du doigt ils se la montrent.

LA FONTAINE, *Fables*, IX, 9.

Avaler par le nez, aspirer :

La superbe Junon, qui dans une charrette
Que des paons font rouler, fait souvent sa retraite,
En l'empire incertain des animaux volans,
Prit de la main d'Iris un bouquet d'ortolans,
Qui fleurissoit de graisse, et convioit la bouche
A luy donner des dents une prompte escarmouche,
Durant qu'il estoit chaud, et qu'il s'en exhaloit
'Un gracieux parfum que *le nez avaloit.*

SAINT-AMANT, *le Melon.*

AVALER a quelquefois un nom de personne pour complément :

Nous avons attaqué la première litière ; nous y avons trouvé le bon Valavoire ; ah ! que c'est bien le vieil homme ! Nous sommes tous descendus ; il m'a baisée, et m'a pensé *avaler ;* car il a, comme vous savez, quelque chose de grand dans le visage.

Mᵐᵉ DE SÉVIGNÉ, *Lettres ;* à Mᵐᵉ de Grignan, 29 août 1677.

On attend avec impatience les nouvelles d'Angleterre, le prince (d'Orange) est abordé ; l'armée du Roi est considérable ; rien ne lui a fait faux bond jusqu'ici ; si cela continue, il *avalera* ce téméraire.

LA MÊME, même ouvrage ; à Mᵐᵉ de Grignan, 26 novembre 1688.

Familièrement, *J'ai cru qu'il m'avalerait,* il s'est livré à une violente explosion de colère contre moi.

AVALER, accaparer :

Cette bonne Marbeuf vouloit m'*avaler,* et me loger, et me retenir ; je ne voulus ni souper ni coucher chez elle.

Mᵐᵉ DE SÉVIGNÉ, *Lettres ;* à Mᵐᵉ de Grignan, 31 mai 1680.

AVALER s'emploie souvent absolument :

Enfin, à force d'*avaler,* ils s'emplirent.

SCARRON, *Roman comique,* I, 11.

Il faut le mâcher longtemps pour le bien digérer (le pain sucré) ; ceux qui *avalent* avec promptitude et avidité, bien loin de se nourrir solidement, se causent des indigestions dangereuses.

FÉNELON, *Lettres spirituelles,* XXXV.

Prov. et popul., *ne faire que tordre et avaler,* manger trop avidement, et avaler presque sans mâcher.

Avaler sans mâcher :

Il n'oseroit de sa langue y toucher (à l'ail).
Son Seigneur rit et surtout il prend garde
Que le galant n'*avale sans mâcher.*

LA FONTAINE, *Contes :* Le paysan qui avoit offensé son seigneur.

Cette locution est surtout en usage au figuré :

Vous ouez par leur confession que ces ribaulx moynes ont fait merveilles d'armes, et espoir plus et mieulx que nous ne sçavons faire ; et s'elles le scavoient, elles ne se passeroient pas pour ceste fois seulement. C'en est mon conseil que *nous l'avallons sans mascher.*

Cent Nouvelles nouvelles, XXX.

Une autre fois, il en yra
Ainsi qu'il en pourra aller,
Il le me convient *avaller*
Sans mascher.

Farce de Pathelin, v. 1316.

On luy dict : « Il fault endurer ;
Femme grosse a loy de tout dire. »
Et fault, s'elle estoit cent foys pire,
Qu'*il avalle tout sans mascher.*

Sermon des maulx de mariage. (Voyez *Poésies françoises des* xvᵉ *et* xvɪᵉ *siècles,* t. II, p. 13, bibliothèque elzévirienne.)

Faire avaler, soit au propre :

Antiochus... revenoit victorieux : Cléopâtre lui présenta en cérémonie la coupe empoisonnée, que son fils, averti de ses desseins pernicieux, lui *fit avaler.*

BOSSUET, *Discours sur l'Histoire universelle,* I, 9.

On l'a dit (la fameuse perle pérégrine) la pareille et l'autre pendant de celle qu'on prétend que la folie de magnificence et d'amour fit dissoudre par Marc-Antoine dans du vinaigre, qu'il *fit avaler* à Cléopâtre.

SAINT-SIMON, *Mémoires,* 1722.

Je lui *fis* avec peine *avaler* une goutte
D'un flacon...

LAMARTINE, *Jocelyn.*

Soit au figuré :

Je vis le traict qu'on fist à Monsieur de Bourbon. L'on le mist en tel desespoir qu'il fust contrainct faire beaucoup de choses indignes : car l'on luy vouloit oster son bien et le remettre à la légitime du bien qu'il avoit eu de la maison de Bourbon, de laquelle il estoit puiné. Au camp de

Mesieres, et au voyage de Valenciennes on luy en *fit avaller* deux.

MONTLUC, *Commentaires*, liv. VI.

Le Roi avoit toutes ces choses, hor-mis la liberalité; mais en la place de cette piece sa qualité arboroit des esperances de l'avenir qui *faisoient avaler* les duretez du présent.

D'AUBIGNÉ, *Histoire*, liv. III, ch. 21.

Mme de Guitaut avoit fait un fils, il est mort le lendemain; on lui a fait croire qu'il est à Époisses. On lui en fit voir un autre avant qu'il partit. Enfin, c'est une étrange affaire; son mari est venu pour voir comme on pourra lui *faire avaler* cette affliction.

Mme DE SÉVIGNÉ, *Lettres*; à Mme de Grignan, 7 octobre 1677.

En vérité, ma fille, il faut songer à ceux qui sont plus malheureux que nous, pour nous *faire avaler* nos tristes destinées.

LA MÊME, même ouvrage, 26 mars 1680.

J'ai déjà fait entendre à mes amies l'impossibilité de retourner à Paris; il sera question de leur *faire avaler* le trajet.

LA MÊME, même ouvrage; 16 août 1690 (supplément Capmas).

Puisque M. Jurieu a commencé à prendre une médecine si salutaire, il faut la lui *faire avaler* jusqu'à la dernière goutte, quelque amère qu'elle lui paroisse.

BOSSUET, *Histoire des variations des églises protestantes*, liv. XV, n° 98.

Il n'y a rien de si impertinent et de si ridicule, qu'on ne *fasse avaler* lorsqu'on l'assaisonne en louange.

MOLIÈRE, *l'Avare*, I, 1.

La conférence se termina sans rien établir, si ce n'est, comme j'ai dit, par les espérances du cardinal, qui est un ragoût dont je me sers pour lui *faire avaler* plus doucement les points qui lui semblent plus difficiles.

LE CHEVALIER DE GREMONVILLE à Louis XIV, 12 janvier 1668. (Voyez MIGNET, *Succession d'Espagne*, t. II, p. 418.)

N'est-il pas louable à des pères et des mères, lorsque leurs enfants ne sont pas encore capables de goûter les vérités solides et dénuées de tous agréments, de les leur faire aimer, et, si cela se peut dire, de les leur *faire avaler*, en les enveloppant dans des récits agréables et proportionnés à la foiblesse de leur âge?

PERRAULT, *Contes*, Préface.

Pour nous *faire*, sans rire, *avaller* ce beau saut, Le Monsieur sur la veuë excuse ce deffaut.

REGNIER, *Satires*, X.

Il te faudroit des cœurs pleins de fausses tendresses, De ces femmes aux beaux et louables talents, Qui savent accabler leurs maris de caresses, Pour leur *faire avaler* l'usage des galants.

MOLIÈRE, *Amphitryon*, I, 4.

C'est toi qui le premier attaquant ma raison, Sus me *faire* à longs traits *avaler* le poison.

DESTOUCHES, *le Philosophe marié*, I, 2.

AVALER, terme de Banque, Donner la garantie appelée Aval. Voyez ce mot.

L'AVALER a été employé substantivement, dans le sens de La descente :

A *l'avaler* d'un tertre ont paiens consivis.

Fierabras, v. 1734.

AVALER s'employait avec le pronom personnel dans le sens de Descendre :

S'en *avala* arrière.

VILLEHARDOUIN, *Conqueste de Constantinoble*.

Il avint que environ deux cents lances des leurs... *s'avalèrent* devers Maing, et vinrent assaillir une forte tour quarrée.

FROISSART, *Chronique*, liv. I, Ire part., c. 111.

En ce temps *s'avala* le duc d'Anjou atout grands gens d'armes de Poitou, d'Anjou et du Maine, et s'en vint mettre le siège devant la Roche-sur-Yon.

LE MÊME, même ouvrage, II° part., c. 362.

Lequel *s'avalla* pour aller querir secours dedans Laon, lequel secours il amena.

MONSTRELET, *Chroniques*.

Il rompit le bout de son berceau... et ainsi qu'il eut mis les piedz dehors il *s'avalla* le mieulx qu'il peut.

RABELAIS, *Pantagruel*, II, 4.

La maiesté royale *s'avalle* plus difficilement du sommet au milieu, qu'elle ne se précipite du milieu au fond.

MONTAIGNE, *Essais*, I, 22.

Il s'enble de la sale, *s'avale* les degrés.

Aucassin et Nicolette.

S'AVALER, avec le sens neutre d'Être avalé ou de Descendre :

Le roy a-il eu Montpellier, Montauban et La Rochelle, comme l'on dict?

A quoy sur-le-champ la femme d'un tresorier de l'Espargne respondit que ces morceaux-là ne *s'avalloient* pas si aysement, parce qu'ils s'estoient grandement fortifiez.

Les Caquets de l'accouchée, V.

Le temps si ne peut séjourner,
Mais va toujours sans retourner,
Comme l'eaue qui *s'avale* toute,
Dont n'en retourne arrière goutte.

    Roman de la Rose. Description du temps.

AVALÉ, ÉE, participe, s'emploie comme adjectif dans les divers sens du verbe : *nuages avalés*, nuages bas.

    ... Si j'augure bien, quand je voy pendre en bas
Les *nuaux avallez*, mardy ne sera pas
Si mouillé qu'aujourd'huy.

    RONSARD, *Odes*, liv. III, 15.

Hiver avalé, qui passe, qui s'écoule :

    Je voy, je voy l'hyver comme *avallé;*
Le temps de pluye ore s'en est allé.

    LA BODERIE, *Hymnes.*

Voiles avalées, voiles abaissées :

Incontinent qu'il vit le temps propre pour faire voile, il fit à grande haste redevaler ses vaisseaux en mer, et tout aussitôt se partit, cinglant le jour à *voiles avalées* et baissées, et la nuict haussées, si bien que par le moyen de ceste ruse, il gagna Rhodes, sans faire pertes d'un seul vaisseau.

    AMYOT, trad. de Plutarque, *Lucullus.*

AVALÉ se disait D'une partie du vêtement abaissée, de la chevelure dénouée et pendante :

En ce temps-là on portoit les *collets* des chemises un peu *avallez.*

    MONTLUC, *Commentaires*, III.

Sa *robbe avallée*, que vous eussiez dit qu'il estoit espaulé.

    DESPÉRIERS, *Nouvelles*, 85.

Son *chapeau* rouge *avalé* en capuchon par derrière.

    Satyre Ménippée.

On voyoit la *manche avallée* jusques sous le coude permettant ainsi la veuë d'un bras blanc et potelé dont les veines pour la délicatesse de la peau par leur couleur bleue, descouvroient leurs divers passages.

    D'URFÉ, *l'Astrée*, IIe part., liv. VIII.

Femme au *chaperon avalé*,
Qui va les crucifix rongeans,
C'est signe qu'elle a estallé
Et autresfois hanté marchans.

    COQUILLART, *Droits nouveaux.*

Cette nymphe étoit d'âge, et ses *cheveux* mêlés
Flottoient au gré du vent sur son dos *avalés.*

    REGNIER, *Épîtres*, I.

A bride avalée, à bride abattue.

Soit au propre :

    Commencerent fuyr *à bride avallée.*

    RABELAIS, *Gargantua*, I, 43.

Il n'y aura pas à rire pour touts desormais, quand voyrons ces fols lunaticques, aulcuns ladres, autres bougres, autres ladres et bougres ensemble, courir les champs, rompre les bancz, grinsser les dents, fendre carreaux, batre pavez, soy pendre, soy noyer, soy precipiter, et *à bride avallée* courir à touts les diables selon l'énergie, faculté, et vertus des quartiers qu'ils auront en leurs caboches.

    RABELAIS, Ancien prologue du livre IV.

J'ay admiré autrefois de voir un cheval dressé à manier à toutes mains avec une baguette, *la bride avallée* sur ses oreilles.

    MONTAIGNE, *Essais*, I, 48.

J'ay veu homme donner carrière à deux pieds sur sa selle, démonter sa selle, et au retour la relever, reaccommoder et s'y rasseoir, fuyant toujours *à bride avallée.*

    LE MÊME, même ouvrage, *ibid.*

Quand le bon père eut mis tout en liesse
Par tel propos le cœur de la Déesse,
Attele au char ses chevaux, et les touche,
Leur met les mords écumant en la bouche,
Lâche la main, court *à bride avallée.*

    DES MASURES, trad. de l'*Énéide*, V.

Voyant, non sans avoir la fièvre,
Ces éperdus concitadins
Devant ce perceur de boudins,
Ce diable de fils de Pélée,
S'en courir *à bride avalée.*

    SCARRON, *Virgile travesti*, I.

Quand Jupin qui lors s'effraya,
Sauve qui peut aux Dieux cria,
Et depuis la voûte étoilée
S'en courut *à bride avallée*,
Aussi timide qu'un conil,
Jusques au rivage du Nil.

    LE MÊME, *Typhon*, I.

Soit au figuré :

Si Dieu permettoit à tous hommes de suivre leurs cupiditez *à brides avallées*, il n'y en auroit nul qui ne demonstrast par experience que tous les vices dont sainct Paul condamne la nature humaine, seroyent en lui.

    CALVIN, *Institution chrestienne*, II, III, § 3.

Ils courent *à bride avalée* après leurs voluptés.

H. Estienne, *Apologie pour Hérodote*, t. I, p. 481.

Salutaire prévoyance, qui fait esquiver une telle peine, où nous porte *à bride avalée* le courant de nos vices.

Camus, évêque de Belley, *Diversités*, t. II, fol. 86 v°.

Quel aveuglement doncques est en la pluspart des hommes, de courir *à bride avalée* à leur ruine!

Le même, même ouvrage, t. II, fol. 329 v°.

> Et vous mes vers, dont la course
> A de sa première sourse
> Les sentiers habandonnez,
> Fuyez *à bride avalée*.
>
> J. du Bellay, *Complainte du désespéré*.

Dès que l'ire et courroux dont nostre âme est voilée L'emportent outrageux comme *à bride avalée*.

La Boderie, *Hymnes*.

On a dit aussi, dans le même sens, *à rênes avalées* :

> Se relève aussitôt sortant de la meslée,
> Courant parmi les champs *à rennes avalées*.
>
> Sébastien Garnier, *Henriade*, XII.

Avalé, pendant, en parlant de diverses parties du corps :

La fille qu'on lui offrit avoit les joues *avallées* et le nez trop pointu.

Montaigne, *Essais*, I, 40.

Mais qui donc jouera Énide? Si c'est la Gaussin, elle a les fesses trop *avalées*, et elle est trop monotone.

Voltaire, *Correspondance générale*; à M. le comte d'Argental, 25 février 1758.

Les oreilles grandes et pendantes, les yeux petits et ardents, le cou grand et épais, le ventre *avalé*.

Buffon, *Histoire naturelle : Du Cochon*.

> Les cheveux roux, et le teinct tout haslé,
> La lippe enflée, et le sein *avalé*.
>
> J. du Bellay, *Jeux rustiques*.

L'un a le bras tronqué, ou la cuisse *avalée*, L'autre une autre partie en son corps mutilée.

Garnier, *Porcie*, acte IV, v. 124.

Denrées avalées, qui ont baissé de prix :

Denrées... deschenes et *avalées* d'un quart.

Ordonnances des Rois de France, 1330, t. II, p. 49.

Avalé, *ée*, qui a passé par le gosier. Soit au propre :

Cet or jeté dans le feu et réduit en poudre, et *avalé* par tout le peuple; les vingt mille hommes qui se laissent choisir et égorger sans se défendre... sont d'aussi grands prodiges que tous ceux dont le Pentateuque est rempli.

Voltaire, *Un chrétien contre six juifs*. Du Veau d'or.

> Buvez à ma santé, je vais boire à la vôtre;
> Et par six rougebords, *avalés* de bon cœur,
> Vous montrer que Pierrot est votre serviteur.
>
> Boursault, *les Fables d'Esope*, II, 7.

Soit au figuré :

> Il me prit par la main, après mainte grimace,
> Changeant sur l'un des pieds à toute heure de place,
> Et, dansant tout ainsi qu'un barbe encastelé,
> Me dist, en remâchant un propos *avalé* :
> Que vous êtes heureux, vous autres belles âmes!
>
> Régnier, *Satires*, 8.

AVALEUR, s. m. Celui qui avale, qui a l'habitude d'avaler quelque chose.

Ce grand Bringuenarilles *avalleur* de moulins à vent est mort.

Rabelais, *Pantagruel*, IV, 44

> Après cette expédition,
> Nous marchâmes à la Bruyère,
> Pour y faire la jonction
> De ces gros *avaleurs* de bière.
>
> Bussy, *Lettres*; à Mme de Sévigné, 21 octobre 1646.

> Le colonel Roze et ses troupes,
> Qui sont grands *avaleurs* de soupes,
> Ont pris leurs mal-heureux quartiers
> Aux environs de Colommiers.
>
> Loret, *Muse historique*, 24 septembre 1650.

Prov. et fig., *c'est un avaleur de pois gris*, c'est un glouton, c'est un gourmand.

Vous y verrez, disoit-il, pour tout potaige ung grand *avalleur de pois gris*.

Rabelais, *Pantagruel*, IV, 29.

Au temps passé demeuroit en un monastère un religieux assez aagé, nommé Dom Pomporio, mais si grand *avaleur de pois gris*, qu'il se vantoit manger en un seul repas un quartier de veau avec une paire de chapons gras.

Larivey, trad. de Straparole, *Facétieuses Nuits*, 11° nuit, fable III.

Avalleur de charrettes ferrées, un qui fait des rodomontades et n'est pas trop mauvais.

OUDIN, *Curiositez françoises.*

On a appelé autrefois les gens de justice *avalleurs de frimats, de frimars :*

Ces *avalleurs de frimars* font les proces davant eux pendens, et infiniz, et immortelz.

RABELAIS, *Gargantua,* I, 20.

Grippeminaulx, *avalleurs de frimars.*

LE MÊME, même ouvrage, I, 54.

Les géants doriphages *avalleurs de frimats* ont... assez sacs au croc pour venaison ; y vacquent s'ilz veulent.

LE MÊME, *Pantagruel,* III, Prologue.

Hoches-brides, et *avaleurs de frimats.*

Satire Ménippés.

AVALOIRE, s. f. Instrument employé par les tonneliers pour descendre le vin en cave.

Ce mot s'emploie familièrement et par plaisanterie, en parlant de Quelqu'un qui mange beaucoup.

Cela passe doux comme lait, mais je pense que tu es fils de tonnelier, tu as belle *avaloire.*

Comédie des proverbes, II, 3.

Assurément, si cette femme a mangé tout l'argent qu'elle a tiré de sa fille et de moi depuis vingt ans, il faut qu'elle ait une terrible *avaloire.*

J.-J. ROUSSEAU, *Lettres.*

AVALOIRE se dit aussi d'une Pièce du harnais des chevaux qui leur descend jusqu'aux cuisses.

Le harnois ne vaut plus rien, l'*avaloire* est toute rompue. L'*avaloire* descend trop bas, il faut la rehausser.

Dictionnaire de l'Académie, 1694.

AVALAGE, s. m.
Descente d'une pièce de vin dans une cave.
Action de faire descendre à un bateau le cours d'une rivière.
Ancien droit de navigation fluviale.

Droits de vieille coutume, *avalage.*

Bulletin des Lois, an XI.

AVALANCHE, s. f. Masse considérable de neige qui se détache du sommet ou des flancs glacés des montagnes.

La chute des neiges sous la forme d'*avalanches,* est un phénomène connu... celle des glaces, qui se fait avec plus de lenteur, et pour l'ordinaire avec moins de fracas, a été moins bien observée.

SAUSSURE, *Voyages dans les Alpes,* § 535.

Au-dessus de ce même village de Travers, il se fit il y a deux ans une *avalanche* considérable, et de la façon la plus singulière.

J.-J. ROUSSEAU, *Lettres;* 28 janvier 1763.

Plus loin, de chute en chute, ébranlant les campagnes,
L'*avalanche* a roulé les débris des montagnes.

DELILLE, *les Trois Règnes,* IV.

Un flocon que le vent assiége,
Comme une *avalanche* de neige,
S'écroule à leurs pieds, qu'il blanchit.

LAMARTINE, *Harmonies.*

L'édition de 1798 du *Dictionnaire de l'Académie* où ce mot a été recueilli pour la première fois donne les deux formes : AVALANGE OU AVALANCHE. On y remarque que c'est le même mot LAVANGE OU LAVANCHE, plus usité dans les Alpes. Le passage suivant justifie cette observation :

Que dirons-nous de la neige qui tombe
En un monceau tout le long de la combe ?
. . . .
Cette *lavanche* au choir se vient ouvrir
Au heurt des rocs et tout le val couvrir.

JACQUES PELLETIER du Mans, *la Savoie.*

AVALAISON ou **AVALASSE,** s. f. Chute d'eau impétueuse qui vient des grosses pluies formées en torrents.

Or avoit-on lors destourné l'eau, pour racoutrer les moulins qui avoient esté emportez par des *avalasses.*

SULLY, *OEconomies royales,* c. 28.

AVALAISON, en termes de Marine, se dit d'un Vent d'aval qui dure depuis huit jours et plus sans varier.

AVANT, préposition servant à marquer Priorité de temps.

Le jour *avant* la solemnité, les filles chantent dans le temple les hymnes qui sont faits en l'honneur de la Déesse.

> D'URFÉ, *l'Astrée*, Ire part., liv. VIII.

Il faut en revenir à Solon : Nulle louange *avant* la mort.

> Mme DE SÉVIGNÉ, *Lettres*, à Mme de Grignan, 11 décembre 1675.

En ce temps Homère fleurit, et Hésiode fleurissoit trente ans *avant* lui.

> BOSSUET, *Discours sur l'Histoire universelle*, I, 6.

L'an 552 de la fondation de Rome, environ 250° ans après celle de la monarchie des Perses, et 202 ans *avant* Jésus-Christ, Carthage fut assujettie aux Romains.

> LE MÊME, même ouvrage, I, 9.

Vous savez que c'est une erreur de penser que les fiefs n'eussent jamais été héréditaires *avant* les temps de Hugues Capet; la Normandie est une assez grande preuve du contraire.

> VOLTAIRE, *Essai sur les mœurs*, c. 96.

L'éloquence est née *avant* les règles de la rhétorique, comme les langues se sont formées *avant* la grammaire.

> LE MÊME, *Dictionnaire philosophique*.

Soyons bons premièrement, et puis nous serons heureux. N'exigeons pas le prix *avant* la victoire, ni le salaire *avant* le travail.

> J.-J. ROUSSEAU, *Émile*.

Mais je vous dirai, moi, sans alléguer la fable,
Que si sous Adam même et loin *avant* Noé,
Le Vice audacieux des hommes avoué
A la triste Innocence en tous lieux fit la guerre,
Il demeura pourtant de l'honneur sur la terre.

> BOILEAU, *Satires*, X.

... *Avant* la naissance du monde...

> RACINE, *les Plaideurs*, III, 3.

Croirai-je qu'un mortel *avant* sa dernière heure
Peut pénétrer des morts la profonde demeure ?

> LE MÊME, *Phèdre*, II, 1.

... Tous les jours tour à tour
Elle nous chantoit pouille *avant* le point du jour.

> DESTOUCHES, *le Glorieux*, I, 3.

Il frappe *avant* le geste, il parle *avant* la voix.

> DELILLE, *l'Imagination*, III.

Le substantif qui suit *avant* est parfois employé sans article. Cela arrivait beaucoup plus souvent autrefois.

IV.

Il résolut pour ne luy désobéir de partir aussitost que la Lune esclaireroit, qui pouvoit estre une demie heure *avant jour*.

> D'URFÉ, *l'Astrée*, Ire part., liv. IX.

La nuit elle (Mme de Chevreuse) eut des habits d'homme pour elle et pour une demoiselle, et se sauva *avant jour* à cheval.

> TALLEMANT DES RÉAUX, *Historiettes* : Le connétable de Luynes.

Résolument, par force, ou par amour,
Je veux savoir de toi, traitre,
Ce que tu fais; d'où tu viens *avant jour*.

> MOLIÈRE, *Amphitryon*, 1, 2.

Avant était quelquefois suivi immédiatement d'un verbe à l'infinitif :

Il luy print envie, comme il avoit le cœur en bon lieu, de faire quelque chose *avant se retirer*.

> MONTLUC, *Commentaires*, liv. I.

Je loüe Dieu de ce que je vois la victoire nostre *avant mourir*.

> LE MÊME, même ouvrage, liv. VII.

Je voulus repaistre le matin *avant partir*, pour-ce qu'il y a cinq bonnes lieuës de là à Aagen, et le pire chemin en hyver du monde.

> LE MÊME, même ouvrage, *ibid*.

N'esperant trouver mercy à tellegent, faisoit tout debvoir de les offendre *avant mourir*.

> *Amadis de Gaule*, I, 2.

Ce roy, *advant mourir*, fit les plus belles leçons et remonstrances au roy Henry son successeur.

> BRANTÔME, *Grands Capitaines françois* : Le grand roy François.

Pour quant à sa mort, il mourut comm' un autre, et bon chrestien, mais pourtant désespéré de regret qu'il ne survivoit à ses beaux desseins, qu'il eust bien voulu mettre *avant mourir* en bonnes exécutions.

> LE MÊME, même ouvrage : M. de Cossé.

Dans l'ancien français, on trouve souvent *avant de*, où nous ne mettrions qu'*avant* :

Avant de ço que jo t'ai otried.

> *Les quatre Livres des Rois*, I, II, 29.

Li rois morust *avant de* dan Ferrant ou dan Ferrant *avant du* roi.

> *Recueil des Historiens des croisades*. Historiens occidentaux, t. II, p. 470.

Y a encores assez temps à faire la dicte ligue. Autres-

73

ment, s'ilz ne la font, nous pouvons bien dire, *avant de* deux ans, adieu à la religion catholicque.

MONTLUC, *Lettres*, mémoire remis à Bardachîn, 1566.

AVANT est quelquefois précédé de la préposition *de* pour indiquer une antériorité :

Et quand tu congnoistras que auras tout le sçavoir de par delà acquis, retourne vers moy, affin que je te voye et donne ma benediction *d'avant* que mourir.

RABELAIS, *Pantagruel*, II, 8.

On vous surprit une nuit, en voulant dérober vous-même l'avoine de vos chevaux et votre cocher *d'avant* moi vous donna dans l'obscurité je ne sais combien de coups de bâton.

MOLIÈRE, *l'Avare*, III, 1.

AVANT sert aussi à marquer Priorité d'ordre et de situation, soit au propre, soit au figuré :

M. Rose m'avoit déjà dit de vous mander de sa part qu'après Dieu le roi étoit le plus grand médecin du monde, et je fus même fort édifié que M. Rose voulût bien mettre Dieu *avant* le roi ; je commence à soupçonner qu'il pourroit bien être en effet dans la dévotion.]

RACINE, *Lettres* ; à Boileau, 24 août 1687.

Tous les riches comptent l'or *avant* le mérite.

J.-J. ROUSSEAU, *Emile.*

Deux grands pas *avant* lui l'on voit marcher sa panse.

DUFRESNY, *la Coquette de village*, III, 2.

Il signifie aussi Principalement, préférablement :

Là se déclarent de nouveaux secrets de la Providence divine. On y voit, *avant* toutes choses, l'innocence et la sagesse du jeune Joseph toujours ennemie des vices, et soigneuse de les réprimer dans ses frères.

BOSSUET, *Discours sur l'Histoire universelle*, I, 8.

Quoi qu'en ses beaux discours Saint-Evremond nous prône, Aujourd'hui j'en croirai Senèque *avant* Pétrone.

BOILEAU, *Satires*, XI.

AVANT, dans l'ancienne langue, signifie quelquefois Devant, en présence de :

Nostre commandement soit obéy en tout et partout, et mis à exécution de tous ceulx *avant* lesquelz il viendra.

Confirmation par Soliman du traité fait antérieurement... avec les consuls de France, à Alexandrie. l'an 1528. (Voyez CHARRIÈRE, *Négociations de la France dans le Levant*, t. I, p. 129.)

Avant la main, avant d'agir :

Et jà recueilloit *avant la main* le fruict et contentement de la victoire, qu'il tenoit sienne indubitable.

MARTIN DU BELLAY, *Mémoires*, t. III, p. 12.

Cela fermeroit la bouche aux médisans, osteroit ou diminueroit la défiance à ceux qui craignent de l'advenir, armeroit et enhardiroit le Pape contre l'importunité des Espagnols, faciliteroit et advanceroit cest affaire, et tourneroit à plus grande loüange de Vostre Majesté, quand elle l'auroit faict de son propre mouvement, et *avant la main*.

D'OSSAT, *Lettres*, liv. I, 4.

AVANT, adverbe de lieu, pour *en avant*, anciennement était d'un assez fréquent usage.

Di al serjant qu'il alt *avant*.

Les quatre Livres des Rois, I, IX, 27.

Saül eissid de la cave e tint *avant* sun chemin.

Même ouvrage, I, XXIV, 8.

Adonc mut Joffrois li mareschaus et Manessiers de Lille et leur gent ; et chevauchièrent *avant* jusques à la cité de Cardiople.

VILLEHARDOUIN, *Conqueste de Constantinoble*, CXXXVIII.

Quant li baron virent leur dame qui nue estoit, si saillirent *avant* et li afublerent son mantel, et la menerent en sa chambre, et la firent vestir.

Récits d'un ménestrel de Reims au XIII° *siècle*, publiés par N. de Wailly, p. 98.

Nous arrivasmes sur les trois heures après midy à Linde, trois lieues, petite ville assise à cent pas *avant* dans le lac.

MONTAIGNE, *Voyages.*

Lors point *avant*, s'a la targe saisie.

Aliscans, v. 2097.

Quant il vit la cavée roche,
Ne set que est, *avant* s'aproche
Et por enquerre et por savoir
Où il peust repos avoir.

Roman de Renart, I, 14.

En mer chai li chief *avant*.

Roman de Rou, v. 9749.

Sa femme prent demeintenant,
El bain la met le chief *avant*.

MARIE DE FRANCE, *Lai d'Equiton*, v. 301.

Encontre l'eau ce vaisseau pousse *avant*.

DES MASURES, trad. de l'*Enéide.*

Avant, au sens de En avant, est souvent une sorte d'exclamation.

Ilz soient les très bien venuz, dist-elle, *avant, avant*, vous telz et telz, à coup alés tuer chappons et poulailles et ce que nous avons de bon en haste.

Les Cent Nouvelles nouvelles, LXXXI.

Si commença a cryer : *Avant*, compaignons, secourons noz gens.

Le Loyal Serviteur, c. 53.

Messeigneurs, sus, droit et *avant!*

Le Mistere du siege d'Orleans, v. 8740.

Avant, mon amy, en ce point,
Quelque sot en sera couvert.

La Farce de Pathelin.

Comment se porte marchandise?
S'en peult on ne soigner ne paistre?

LE DRAPPIER.

Et se m'aïst Dieu, mon doulx maistre,
Je ne sçay; tousjours hay! *avant!*

Même ouvrage.

Avant, combien me coustera
La première aune ?

Même ouvrage.

Avant, au sens de *en avant*, arrive quelquefois à signifier Plus loin, après, contrairement à son sens primitif.

Ne le vous conterai pas ore, mes *avant*, quant temps et lieu en sera.

MARC POL, *le Livre*, c. 38.

Messire Jean Chandos, qui depuis, de prouesse et de chevalerie fut plus recommandé que nul chevalier de son temps, si comme vous orrez *avant* en cette histoire.

FROISSART, *Chroniques*, liv. I, Iʳᵉ part., c. 92.

Et Kalles l'emperere en fu moult dolent,
Ains com vous orrés en la canchon *avant*.

Gaufrey, v. 4932.

... Nus n'en oï plus parler,
Ne jeo n'en sai *avant* cunter.

MARIE DE FRANCE, *Lai de Lauval*, v. 639.

Aller avant :

Fu tant grevé de maladie que il ne pot plus *aler avant*.

MARC POL, *le Livre*, c. 8.

L'asne n'osoit *avant aler*.

Roman de Renart, I, 9.

Alez avant. J'irai après.

Même ouvrage, I, 117.

Faites arester l'ost qu'ele ne *voist avant*.

Fierabras, v. 4590.

Pur la dolur ke il aveit grant
Ne pout mie *estre alé avant*.

Roman de Rou, v. 6289.

Quant j'*oi* ung poi *avant alé*,
Si vi ung vergier grant et lé.

Roman de la Rose, v. 137.

Bouter avant :

S'il convient que je m'applique
A *bouter avant* ma practique,
On ne sçaura trouver mon per.

Farce de Pathelin.

Mener avant :

Lors les prit tous deux et les *mena avant*.

FROISSART, *Chroniques*, liv. I, Iʳᵒ part., c. 7.

Mettre avant :

Lors *mist* li quens Baudoins de Flandres *avant* quanques il avoit et quanques il pot empruntier.

VILLEHARDOUIN, *Conqueste de Constantinoble*, XXXVII.

Après noz traiterons des deffenses que li deffenderes doit *metre avant* contre celi qui demande, les queles deffenses li clerc apelent exeptions.

BEAUMANOIR, *Coutumes de Beauvoisis*, c. VI, 1.

Voy bien, dist-il, dame Prudence, par vos belles parolles et par les raisons que vous *mettez avant*, que la guerre ne vous plaist point.

Le Ménagier de Paris, 1ʳᵉ distinction, 9ᵉ art.

Ce traité fut accordé et *mis avant*.

FROISSART, *Chroniques*, liv. I, Iʳᵒ part., c. 15.

Mettez votre gage *avant*, vous trouverez qui le lèvera.

LE MÊME, même ouvrage, I, IIᵉ part., c. 343.

Le dimenche ensuivant, iceulx ducs et l'évesque, avec tous les conseillers desdictes parties, se mirent ensemble, et y eut plusieurs propos *mis avant*, et furent en conseil sur les besongnes dessudictes jusques au mardi ensuivant.

MONSTRELET, *Chronique*, liv. I, c. 47.

Nous fault engaiger tous noz joyaulx, et se vous avez quelque mynot d'argent à part, il le vous fault *mettre avant*, car le cas le requiert.

Les Cent Nouvelles nouvelles, LXVIII.

Passer avant :

Passe avant, fist li reis, e ci esta.

Les quatre Livres des Rois, II, XVIII, 30.

Passez avant! Qui m'aime si me suive, je m'en vais combattre.

FROISSART, *Chroniques*, liv. I, II⁰ part., c. 170.

Se traire avant, tirer avant :

Au tiers jour après, l'ost qui étoit là se délogea et *se trait avant* de jour en jour.

LE MÊME, *Chroniques*, liv. I, I⁰ part., c. 33.

Mais leurs conseilz (des Vénitiens et du duc de Milan) estoient longs, et cependant le roy (Charles VIII) *tiroit avant*, et gens alloient et venoient des ungz aux aultres.

COMMINES, *Mémoires*, VII, 19.

Or fault dire quelle fut ma charge, qui fut à cause des bonnes responses qu'ilz (les Vénitiens) avoient faictes à deux serviteurs du roy qui avoient esté vers eulx, et que à leur fiance il *tirast* hardyment *avant* en ceste entreprinse.

COMMINES, *Mémoires, ibid.*

A l'entrée d'uns plains .I. Sesne encontre a ;
Le roy *se traist* avant et si li demanda
De chel fier Aubigant où il se trouvera.

Doon de Maience, v. 7476.

L'un *tire avant*, et l'autre boute,
A ce devant si va derrière,
Comme le gieu de la civiere.

GODEFROY DE PARIS, *Chronique métrique*, v. 1500.

Venir avant :

Lors *vindrent avant* les sis batailles des barons de France qui estoient armées, et se rengièrent par devant les lices.

VILLEHARDOUIN, *Conqueste de Constantinoble*, LXXXI.

Li niés Marsilie il *est venuz avant*.

Chanson de Roland, v. 860.

AVANT, en ce sens de En avant, est souvent précédé d'un autre adverbe, tel que *assez, bien, fort, plus, trop*, etc.

Assez avant :

Henri IV alloit quelquefois visiter la reine Marguerite, et gronda de ce que la reine-mère n'*alla* pas *assez avant* la recevoir à la première visite.

TALLEMANT DES RÉAUX, *Historiettes :* Marguerite de Valois.

Nous entrâmes *assez avant* dans le rocher (de la source des fontaines de Clermont) où l'on nous fit prendre garde que le tems seroit beau le lendemain, parce que ce rocher ne fumoit point : ce qui est infaillible, selon la remarque qu'on en a faite.

FLÉCHIER, *Mémoires sur les grands jours de 1665.*

Il (Coigny) s'étoit insinué *assez avant* par la chasse avec M. le comte de Toulouse du temps du feu roi.

SAINT-SIMON, *Mémoires*, 1716.

Aussi avant, si avant :

Endementres fu li temps *si avant* alés que Noël fu passés

VILLEHARDOUIN, *Conqueste de Constantinoble*, CLXVIII.

Adonc lui recorda le sire de Beaumont toutes nouvelles, *si avant* qu'il les put savoir.

FROISSART, *Chroniques*, liv. I, I⁰ part., c. 44.

Il avoit été présent au dit sire de Mauny mettre en terre : et pour ce en parloit-il *si avant* et si certainement.

LE MÊME, même ouvrage, liv. I, I⁰ part., c. 240.

Mon cher cousin, *si avant* que mon or, mon argent et tout mon trésor, que j'ai amené par deçà... se pourra étendre, je le veuil donner et départir à vos gens.

LE MÊME, même ouvrage, liv. I, II⁰ part., c. 203.

Tout cecy m'estoit bien nouveau, car jamais je n'avoye veu *si avant* des mutations de ce monde.

COMMINES, *Mémoires*, III, 6.

Ce murmure et mescontentement des catholiques passe *si avant*, qu'ils viennent à se liguer à la cour, par les provinces et par les villes, s'enroollans et signans, et faisants grand bruit, tacitement du sceu du roy, monstrans vouloir eslire Messieurs de Guise.

MARGUERITE DE VALOIS, *Mémoires.*

Capitaines mes amis, il faut plustost vous hazarder d'estre pris, et scauoir le vray, que non pas vous fonder sur le rapport des villains. Ils ont la peur *si avant* dans le ventre, qu'il leur semble que tous les buissons sont des esquadrons et l'assurent : et cependant fiez vous là. C'est comme quand ils voyent cent escus, il leur semble advis qu'il y en a mille.

MONTLUC, *Commentaires*, liv. VI.

En un combat qui se fit un jour, il y alla *si avant*, qu'il fut pris prisonnier des Anglois.

BRANTÔME, *Grands Capitaines françois :* M. de Salvoyson.

Le roy eut le cœur si bon, que, combien qu'il feust en tres grand peril de sa personne, ne s'esbahit de rien, ains s'esvertua de sorte, qu'il meit son espée *si avant* au ventre de la beste, qu'à l'instant elle tomba morte devant luy.

Amadis de Gaule, liv. I, c. 1.

Il faudroit avoir mangé beaucoup du pain d'Italie, premier que pouvoir disputer *si avant* de son langage.

H. ESTIENNE, *la Précellence du langage françois.*

Parquoy aucunes femmes commencèrent à la tanser d'avoir parlé *si avant*.

BOUCHET, *les Serées*, III : Des femmes et des filles.

Mes passions ne vont point *si avant* qu'elles ne demeur-
rent toujours en la puissance de la religion et de la philosophie.

> BALZAC, *Lettres*, liv. IV.

Encore suis-je bien aise de voir que pour reprendre
quelques-unes de mes actions, vous soyez contrainte de
rechercher ma vie *si avant.*

> VOITURE, *Nouvelles Lettres*; à M***...

Mon inclination... me donna tout entière à un homme
de quarante ans, passés, qui, par la douceur de son humeur et par l'extrême soin qu'il eut toujours de me plaire,
se mit *aussi avant* dans mon âme, qu'eût pu faire une
personne dont l'âge eût été plus proportionné au mien.

> SCARRON, *Nouvelles tragi-comiques,* l'Adultère innocent.

Je ne me trouverois pas dans le doute où je suis en faisant mon portrait, si j'étois *aussi avant* dans votre âme,
belle Caliste, comme vous êtes dans la mienne.

> M*** DE MONTPENSIER, *Portraits*, LXXXIX : M** des Marais.

Polybe, que son étroite familiarité avec les Romains
faisoit entrer *si avant* dans le secret des affaires... a vu
que les conquêtes de Rome étoient la suite d'un dessein
bien entendu.

> BOSSUET, *Discours sur l'Histoire universelle*, III, 6.

Là commencent les guerres puniques; et les choses en
viennent *si avant,* que chacun de ces deux peuples jaloux
croit ne pouvoir subsister que par la ruine de l'autre.

> LE MÊME, même ouvrage, III, 7.

Psyché s'enfonça *si avant* en ces rêveries, qu'elle en oublia ses ennuis passés.

> LA FONTAINE, *Psyché,* I.

Cela alla *si avant* que Charost s'en scandalisa, et mit le
feu sous le ventre au mari.

> TALLEMANT, *Historiettes* : La présidente Lescalopier.

Il y avoit déjà bien des années que je m'étois aperçu
qu'il s'en falloit tout que Charost ne fût *aussi avant* que
moi dans leur confiance.

> SAINT-SIMON, *Mémoires*, 1711.

J'ai le mépris de la mort *si avant* dans l'âme, que, sous
quelque aspect qu'elle se présente, elle ne sauroit m'effrayer un instant.

> M** DE LESPINASSE, *Lettres*, 34.

C'est de lui que le même Montaigne eût pu dire, comme
il a dit d'un roi de Maroc, que nul homme n'a vécu *si avant*
dans la mort.

> J.-J. ROUSSEAU, *Émile*, II.

Son maistre l'a mis à ces loix,
Il s'y est fourré *si auant*
Qu'on n'entend non plus qu'un Angloys
Ce qu'il dit.

> *Farce joyeuse de Maistre Mimin. (Ancien Théâtre fran-
çois,* t. II, p. 339, bibliothèque elzévirienne.)

Je voy desja la colomne elevee
De ta victoire : et ta gloire qui luit,
Est *si avant* dans les cieulx engravée,
Qu'on la peult lire en l'obscur de la nuit.

> JOACHIM DU BELLAY, *Prosphonematique au Roy tres
chrestien Henry II.*

Moult avant, bien avant :

Ils étoient pris et mis en prison et rançonnés *moult
avant* du leur.

> FROISSART, *Chroniques*, liv. II, c. 204.

Aussi dict-on qu'il n'y a vaillance et resolution plus
grande que d'un poltron, quand on luy a une fois mise et
bien advant enfoncée dans l'âme.

> BRANTÔME, *Grands Capitaines* : M. d'Aussun.

C'est dans ce régime que toutes sortes de viandes
froides et chaudes, grossières et délicates, m'ont été également salutaires et m'ont entretenu en santé *bien avant*
dans la vieillesse.

> RACAN, *Lettres*; à MM. Chapelain, Ménage et
Conrart, 30 octobre 1656.

Ses yeux sont petits et bruns, mais si vifs qu'ils se font
sentir et pénètrent *bien avant.*

> M** DE MONTPENSIER, *Portraits*, CXXVII : M** de Choisy.

Cette amourette passa *bien avant.*

> TALLEMANT DES RÉAUX, *Historiettes* : Villemontée.

Qui ne voit qu'en combattant par nos mœurs la doctrine de Jésus-Christ, nous nous liguons contre lui avec
ces perfides, et que nous entrons *bien avant* dans la cabale
sacrilège qui a fait mourir le Sauveur du monde?

> BOSSUET, *Sermons* : Sur le dimanche de la Passion.

De son temps, les Gaulois, conduits par Bellovèse, occu-
pèrent dans l'Italie tous les environs du Pô, pendant que
Ségovèse, son frère, mena *bien avant* dans la Germanie
un autre essaim de la nation.

> LE MÊME, *Discours sur l'Histoire universelle*, I, 7.

Nancré sortit, et, la porte fermée, nous entrâmes *bien
avant* en matière (avec le duc d'Orléans).

> SAINT-SIMON, *Mémoires*, 1706.

Mais quoi, ma barque vagabonde
Est dans les Syrtes *bien avant.*

> MALHERBE, *Poésies*, XXVII, A Monsieur le grand
écuyer de France, ode.

C'est pousser *bien avant* la charité chrétienne.

> MOLIÈRE, *Tartuffe*, III, 3.

Un os lui demeura *bien avant* au gosier.

> LA FONTAINE, *Fables*, III, 8.

Fort avant :

Le connétable eut deux enfants, M. de Luynes d'aujourd'hui, et une fille qui est *fort avant* dans la dévotion.

TALLEMANT, *Historiettes :* Le connétable de Luynes.

Plus avant :

Et n'en voulut adonc le dit roi d'Angleterre, par le conseil qu'il eut dudit hommage *plus avant* procéder.

FROISSART, *Chroniques,* liv. I, Iʳᵉ part., c. 52.

De celui ne sais-je *plus avant.*

LE MÊME, même ouvrage, liv. I, Iʳᵉ part., c. 281.

Car elle (Madame) me mande qu'elle viendra à Tournon ; mais je luy supplieray que pour l'amour de vous elle passe *plus avant.*

LA REINE DE NAVARRE, *Lettres;* à François Iᵉʳ, 1523.

Je ne sçeuz toutesfois faire si bonne diligence, que je ne trouvasse le Roy à Sorges, et Monsieur le grand maistre estoit deux journées *plus avant.*

MONTLUC, *Commentaires,* I.

La chaleur estoit grande, et les armes me pesoient fort : et fus contraint de me mettre dans un petit fossé, car je ne peux passer *plus avant,* à cause de la pesanteur des armes.

LE MÊME, même ouvrage, VII.

Ledict seigneur cardinal, s'il vous plaist, vous monstrera la lettre et vous en fera le discours au long, qui me gardera vous en parler *plus avant.*

LE MÊME, *Lettres;* à la royne, 12 juillet 1565.

Pour le regard de la despence, qui y convient faire, je n'ay voulu y procéder *plus avant* sans en entendre premier vostre bonne volonté.

LE MÊME, même ouvrage; au roy, 25 juillet 1566.

Plus heureux et *plus avant* dans la grâce des dieux.

AMYOT, trad. de Plutarque, *Œuvres morales.*

L'ensigne exterieure (c'est le tiltre), sans *plus avant* enquérir, est communement receu à dérision et gaudisserie.

RABELAIS, *Gargantua,* prologue.

Mais quoy ? j'entre *plus avant* en ceste matiere que n'etablissoys au commencement.

LE MÊME, même ouvrage, I, 2.

Ils (les Espagnols) veulent passer encore *plus avant* que les Italiens.

H. ESTIENNE, *la Précellence du langage françois,* préface.

Chose qui va *plus avant* et qui sert de marche et de degré pour un plus hault desseing.

HENRI IV, *Lettres,* 5 décembre 1585.

Monsieur, je crains de vous écrire des nouvelles, pource qu'elles ne sont pas encore assurées ; puis ayant comme vous avez des avis de gens qui sont du conseil, ce n'est pas pour faire cas de celles qui ne viennent point de *plus avant* que la basse-cour, comme sont les miennes.

MALHERBE, *Lettres;* à Peiresc, LXVI, 1610.

Pour moy, je ne vay point *plus avant,* et ne suis point capable de comprendre toutes ces autres causes excellentes.

THÉOPHILE, *Immortalité de l'âme.*

Lorsque nous fusmes *plus avant* dans le païs, nous fusmes pris par les Hippogryphes.

PERROT D'ABLANCOURT, trad. de Lucien, *Comment il faut écrire l'histoire.*

Il porta nos enseignes au delà de l'Elbe, et pénétra dans ces climats reculez, *plus avant* qu'aucun autre devant luy.

LE MÊME, trad. de Tacite, *Annales,* IV, 20.

Ce bon Père (le confesseur de la reine d'Espagne) se jette *plus avant* dans les affaires qu'il ne faisoit au commencement.

L'ARCHEVÊQUE D'EMBRUN à Louis XIV, 17 décembre 1665. (Voyez MIGNET, *Succession d'Espagne,* t. I, p. 408.)

Après nous avoir montré le mérite de Théophraste par sa traduction, il nous l'a un peu obscurci par la suite. Il est entré *plus avant* que lui dans le cœur de l'homme, il y est même entré plus délicatement et par des expressions plus fines.

BUSSY-RABUTIN, *Lettres;* au marquis de Termes, 10 mars 1688.

On ne croit pas qu'il se puisse inventer une manière de raisonner et d'exprimer des raisonnements qui s'accommode mieux avec la nature de l'esprit, et qui puisse le porter *plus avant* dans la découverte des vérités inconnues.

MALEBRANCHE, *Recherche de la vérité,* II, v, § 1.

Je ne crains pas de dire qu'il (Molière) a enfoncé *plus avant* que Térence dans certains caractères.

FÉNELON, *Lettre à l'Académie.*

Ce tabouret ne passa pas *plus avant* pour lors dans la maison de Rohan, et n'y produisit point d'autres distinctions.

SAINT-SIMON, *Mémoires,* 1698.

Ce ne fut que vers la fin du IXᵉ siècle que ces insulaires retirés *plus avant* dans leurs lagunes, donnèrent à cet assemblage de petites îles qui formèrent une ville, le nom de Venise.

VOLTAIRE, *Essai sur les mœurs,* c. 43 : De l'état de l'Europe aux Xᵉ et XIᵉ siècles.

Aucun n'ose pousser l'histoire *plus avant.*

CORNEILLE, *Héraclius*, II, 4.

C'est ainsi que le plus souvent
Quand on pense sortir d'une mauvaise affaire
On s'enfonce encor *plus avant.*

LA FONTAINE, *Fables*, V, 6.

N'allons point *plus avant.* Demeurons, chère OEnone.

RACINE, *Phèdre*, I, 2.

Être des plus avant :

De discourir de ceste bataille, ce seroit une honte à moy, puisque M. de Montluc, qui *estoit des plus advants* aux périls, l'a si bien descrite.

BRANTÔME, *Grands Capitaines françois :* M. d'Anguien.

Vous savez toutes les merveilles qu'on a faites sur les Turcs. Notre cousin de Vienne n'y *étoit*-il pas *des plus avant?*

Mᵐᵉ DE SÉVIGNÉ, *Lettres;* à Bussy, 2 septembre 1687.

Quelque peu avant :

Passans *quelque peu avant...* veismes la mer Méditerranée ouverte et découverte jusques aux abymes.

RABELAIS, *Pantagruel*, V, 31.

Trop avant :

De cela je ne sais rien, ni n'en voudrois parler *trop avant.*

FROISSART, *Chroniques*, liv. II, c. 56.

Mais cela feut impossible, estant les offenses passées *trop avant.*

MARGUERITE DE VALOIS, *Mémoires.*

Il (le pantomime) doit prendre garde surtout à garder la bienséance, sans s'emporter *trop avant.*

PERROT D'ABLANCOURT, trad. de Lucien, *De la danse.*

Ceste frayeur me tient pourtant dans les esprits
Trop avant pour avoir son présage à mespris.

THÉOPHILE, *Pyrame et Thisbé*, IV, 2.

Mais je vais *trop avant* et deviens indiscrète.

CORNEILLE, *le Cid*, I, 2.

Et la plus noble chose, ils la gâtent souvent,
Pour la vouloir outrer, et pousser *trop avant.*

MOLIÈRE, *Tartuffe*, I, 5.

Les traits dont m'a percé mon superbe vainqueur
Sont entrés *trop avant* dans le fond de mon cœur.

DELILLE, *Paradis perdu*, III.

AVANT est aussi adverbe de temps et signifie Auparavant :

Advant il faut retourner encore à ce brave empereur.

BRANTÔME, *Vie des Capitaines illustres*, discours I.

Il dist as moines, por faire paor grant :
« Louquel de vous mengerai ge *avant?* »

Moniage Rainouart, ms. 7535, f° 331. (Voyez *Histoire littéraire de la France*, t. XXII, p. 541.)

Mais *avant*, pour pouvoir mieux feindre ce trépas,
J'ai fait que vers sa grange il a porté ses pas.

MOLIÈRE, *l'Étourdi*, II, 1.

Que vous dirai-je enfin? Ils font tout le contraire
De ce qu'une heure *avant* on leur avoit vu faire.

LEGRAND, *Plutus*, II, 3.

... Depuis nos doux aveux souvent
Elle est plus caressante et plus libre qu'*avant.*

LAMARTINE, *Jocelyn*, 4ᵉ époque, février 1795.

On trouve souvent, en ce sens, *par avant*, en deux mots :

La comtesse de Montfort *par avant* l'avoit si fort garnie et rafraîchie de gens d'armes et de tout ce qu'il afféroit, que rien n'y failloit.

FROISSART, *Chroniques*, liv. I, Iʳᵉ part., c. 176.

Et l'office qu'il tenoit de luy fut aussi ostée : auquel fut remis et restitué celuy qui *par avant* l'exerçoit.

MONSTRELET, *Chronique*, c. CVII.

La liaison des choses précédentes avec celles des temps derniers me contrainct de commencer du temps du roy Charles, et au premier poinct où je me puisse ressouvenir y avoir eu quelque chose remarquable à ma vie *par avant.*

MARGUERITE DE VALOIS, *Mémoires.*

Je me treuve maintenant plus saine et plus forte que je ne faisois *par avant.*

LA REINE DE NAVARRE, *Lettres;* à François Iᵉʳ, automne de 1542.

Si vous m'ordonnez de vous en expliquer mon sentiment *par avant*, je crois que de nos propres forces nous irons gayement à 500 mil escus.

DE BESONS à Colbert, 19 décembre 1664. (Voyez DEPPING, *Correspondance administrative sous Louis XIV*, t. I, p. 161.)

On trouve plus habituellement encore *auparavant.* Voyez ce mot.

On trouve *à l'avant* au sens d'Auparavant :

Il fut résolu que ne pouvant à présent y aller (aux

étangs d'Aigues-Mortes) à cause du desbordement des eaux et des neiges, on se rendroit à Thoulouze le dernier septembre, mais qu'on envoieroit des experts quinze jours à l'avant pour niveler et prendre tous les alignements.

DE BESONS à Colbert, 8 février 1664. (Voyez DEPPING, *Correspondance administrative sous Louis XIV*, t. I, p. 149.)

Tout avant signifie Auparavant, tout d'abord, dans le passage suivant :

Alons à eus et leur chéons au piés, et leur prions por Dieu, qu'il aient pitié d'eus meismes *tout avant* et de nos aprés, et qu'il ne se honissent mie ne toillent la rescousse de la sainte terre d'outre mer.

VILLEHARDOUIN, *Conqueste de Constantinoble*, LVIII.

AVANT, employé adverbialement, est souvent opposé à *après :*

Afescam fu moigne profez
Boen fu *avant* é boen *aprez.*

Roman de Rou, v. 9688.

Tel on déteste *avant* que l'on adore *après.*

VOLTAIRE, *Catilina*, I, 1.

Avant, pendant et après, forme une sorte de locution consacrée.

Chacun causoit avec ses voisins, et la faim et la bonne chère empêchèrent qu'on ne s'ennuyât. *Avant, pendant et après* M. le duc d'Orléans fut d'une politesse infinie.

SAINT-SIMON, *Mémoires*, 1713.

AVANT QUE est ordinairement suivi d'un verbe au subjonctif :

Nous fusmes l'espace de plus de deux patenostres *avant que* ces archiers *peussent* saillir de la maison.

COMMINES, *Mémoires*, c. 12.

On nous donne esperance qu'apres les ceremonies des espousailles de ladite royne d'Espagne nous nous en retournerons à Rome, où nous nous désirons tous. Mais *avant que* tout *soit* achevé icy, nous serons si avant vers l'hiver que je ne m'en puis assurer.

D'OSSAT, *Lettres*, liv. IV, 154.

Mais le Dieu de nos pères... n'a pas seulement arrangé le monde, il l'a fait tout entier dans sa matière et dans sa forme. *Avant qu'il eût donné* l'être, rien ne l'avoit que lui seul.

BOSSUET, *Discours sur l'Histoire universelle*, II, 1.

Les mêmes Indiens se tuoient eux-mêmes, pour avancer la félicité de la vie future ; et ce déplorable aveuglement

dure encore aujourd'hui parmi ces peuples : tant il est dangereux d'enseigner la vérité dans un autre ordre que celui que Dieu a suivi, et d'expliquer clairement à l'homme tout ce qu'il est, *avant qu'il ait connu* Dieu parfaitement.

LE MÊME, même ouvrage, II, 19.

Avant qu'ils sachent qu'ils sont hommes et qu'ils sont pécheurs, on leur apprend qu'ils ont des sujets et qu'ils sont les maîtres du monde.

FLÉCHIER, *Oraison funèbre de M. de Montausier.*

Avant que ce monstre *naquit*, jamais il n'y avait eu de guerres religieuses sur la terre, jamais aucune querelle sur le culte. Rien n'est plus vrai ; et les plus déterminés imposteurs qui écrivent encore aujourd'hui contre la tolérance, n'oseraient contrarier cette vérité.

VOLTAIRE, *De la Paix perpétuelle*, c. 5.

Les grandes plaies du corps et de l'âme ne saignent pas à l'instant qu'elles sont faites ; elles n'impriment pas sitôt leurs plus vives douleurs ; la nature se recueille pour en soutenir toute la violence, et souvent le coup mortel est porté longtemps *avant que* la blessure *se fasse sentir.*

J.-J. ROUSSEAU, *Émile et Sophie*, lettre I.

Quant à moi, je dispute *avant que je m'engage.*

MALHERBE, *les Poésies*, II, 17.

Il fut des citoyens *avant qu'il fût* des maîtres.

VOLTAIRE, *Henriade*, IV.

L'homme de Waterloo nous dira-t-il sa vie,
Et ce qu'il a fauché du troupeau des humains,
Avant que l'envoyé de la nuit éternelle
Vint sur son tertre vert l'abattre d'un coup d'aile ?

ALFRED DE MUSSET, *Nuit de mai.*

Autrefois *avant que* était très fréquemment suivi d'un verbe à l'infinitif.

Toutes entreprises se doibvent bien peser et bien débatre *avant que* les *mettre* en effet.

COMMINES, *Mémoires*, c. 12.

Avant que partir de Bourdeaus, le matin j'assemblay le Procureur général.

MONTLUC, *Commentaires*, VI.

Avant que sortir de ceste lettre *r*, je dirai qu'on met aussi *d* en sa place : comme quand on dit rado pour raro.

HENRI ESTIENNE, *la Précellence du langage françois.*

Avant que se mettre sur les rangs du barreau en la ville de Rome...

EST. PASQUIER, *Recherches de la France*, IX, 1.

Le lendemain matin *avant que partir* j'allay au chasteau de Douvres.

SULLY, *Œconomies royales*, c. 17.

Il se pourroit faire qu'ils eussent concerté cela ensemble avec le dessein de Calais, *avant que se séparer.*

D'Ossat, *Lettres*, liv. II, 55.

Les Espagnols du commencement ne le vouloient croire, et y en a d'entre eux qui ont aposté des personnes de ma cognoissance, pour sçavoir de moy si cette nouvelle estoit vraye, *avant que l'escrire* en Espagne.

Le même, même ouvrage, liv. II, 82.

M'estant résolu de luy obéir, et voulant aussy que mon esprit se rendist net *avant que partir* du monde, j'ay prins le temps de vérifier pendant les festes qui ont retardé l'exécution de mon arrest.

Théophile, *Immortalité de l'âme.*

Avant que partir, Cecinna fit mourir un des principaux qui estoit cause en partie de la révolte, et laissa les autres à la discrétion de Vitellius.

Perrot d'Ablancourt, trad. de Tacite, *Histoires,* I, 9.

Avant que passer outre, il ne sera pas hors de propos de raconter icy les merveilles du païs.

Le même, trad. de Lucien, *l'Histoire véritable,* I.

Mais *avant que sortir,* viens que ton roi t'embrasse.

Corneille, *le Cid,* IV, 4.

Faut-il tant de fois vaincre *avant que triompher ?*

Le même, *Polyeucte,* V, 3.

Laissons venir la fête *avant que la chômer.*

Molière, *le Dépit amoureux,* I, 1.

Et je le connoissois *avant que l'avoir vu.*

Le même, *les Femmes savantes,* I, 3.

Ménélas rencontra des charmes dans Hélène, Qu'*avant qu'être* à Paris la belle n'avoit pas.

La Fontaine, *Contes,* la Coupe enchantée.

Vous êtes un tyran *avant qu'être* son roi.

Racine, *Thébaïde,* IV, 3.

AVANT QUE s'employait quelquefois dans des phrases elliptiques où le verbe était sous-entendu :

Tantost qu'elle fut partie et bon mary de monter à cheval et par autre chemin que celui que sa femme tenoit, picque tant qu'il peut au Mont Saint-Michiel, et vint descendre tout secretement *avant que* sa femme, à l'ostel de l'ostellier dessus dit.

Les Cent Nouvelles nouvelles, LXV.

Je dois tout à mon père *avant qu'à* ma maîtresse.

P. Corneille, *le Cid,* I, 10.

Mais, Madame, porter cette robe empestée, Que de tant de poisons vous avez infectée, C'est pour votre Nérine un trop funeste emploi : *Avant que* sur Créuse, ils agiroient sur moi.

P. Corneille, *Médée,* IV, 1.

Ah ! perfide, est-ce ainsi que tu me tiens parole ? Toi qui me promettois, même aux yeux de Jason Qu'on t'ôteroit le jour *avant que* la toison.

Le même, *la Toison d'or,* V, 5.

Mais on m'a vu soldat *avant que* courtisan.

Molière, *les Fâcheux,* I, 6.

Avant que de suivi d'un infinitif. Cette tournure était, comme on va le voir, la seule qui fût admise par Vaugelas.

Nous avons tous été enfants *avant que d'être* hommes.

Descartes, *Discours de la Méthode.*

Il faut dire *avant que de mourir* et devant que de mourir, et non pas *avant que mourir* et beaucoup moins encore *avant mourir,* comme disent quelques-uns en langage barbare.

Vaugelas, *Remarques.*

Dieu, *avant que de le sauver* (Noé) du déluge des eaux, l'avoit préservé par sa grâce, du déluge de l'iniquité.

Bossuet, *Discours sur l'Histoire universelle,* II, 1.

Avant que de mourir, il composa ce long et admirable cantique, qui commence par ces paroles : O cieux, écoutez ma voix, que la terre prête l'oreille aux paroles de ma bouche.

Le même, même ouvrage, II, 3.

Ce fut la résolution que prit François de Paule, quittant le monde *avant que de l'avoir connu.*

Fléchier, *Panégyrique de saint François de Paule.*

Il faut rire *avant que d'être* heureux, de peur de mourir sans avoir ri.

La Bruyère, *Caractères,* c. 4.

Il y a des gens qui parlent un moment *avant que d'avoir pensé.*

Le même, même ouvrage, c. 5.

Avant que d'être grand homme, il faut être honnête homme.

Fénelon, *Dialogues des morts :* Romulus et Remus.

Nous sommes chrétiens *avant que d'être* princes, sujets, hommes publics ou quelque autre chose sur la terre.

Massillon, *Carême.*

L'éducation de l'homme commence à sa naissance ; avant de parler, *avant que d'entendre,* il s'instruit déjà.

J.-J. Rousseau, *Émile.*

Ils ne peuvent se passer d'eau et la troublent *avant que de la boire.*

BUFFON, *Histoire naturelle :* l'Éléphant.

Avant que de partir, l'esprit dit à ses hôtes :
On m'oblige de vous quitter,
Je ne sais pas pour quelles fautes.

LA FONTAINE, *Fables,* VII, 6.

Des plaisants qui font rire *avant que de parler.*

REGNARD, *le Joueur,* III, 6.

AVANT DE suivi d'un infinitif :

Tous ont les yeux sur lui, observent son maintien et son visage *avant de prononcer* sur le vin ou sur les viandes qui sont servies.

LA BRUYÈRE, *Caractères,* c. 9.

On jouit moins de ce qu'on obtient que de ce qu'on espère, et l'on n'est heureux qu'*avant d'être* heureux.

J.-J. ROUSSEAU, *Nouvelle Héloïse.*

On demande qui frappe *avant d'ouvrir* sa porte.

PICARD, *les Conjectures,* I, 8.

Avant de dire ta peine,
O poète, en es-tu guéri ?

ALFRED DE MUSSET, *Nuit d'octobre.*

EN AVANT, loc. adv. S'emploie soit lorsqu'il est question du lieu, soit lorsqu'il est question du temps.

Au delà du lieu où l'on est, vers le lieu, vers le côté qui est devant.

Tallard, la tête *en avant,* suçoit pour ainsi dire toutes les paroles du régent à mesure qu'elles étoient proférées.

SAINT-SIMON, *Mémoires,* 1718.

En avant, marche, ou simplement *en avant,* Terme de commandement militaire.

En avant, marchons
Contre leurs canons.

CASIMIR DELAVIGNE, *la Parisienne.*

Aller, venir, marcher avant, en avant, au propre et au figuré.

Aux deux freres sembla bon d'*aler encore avant,* puis que il ne povoient retorner.

MARC POL, *le Livre,* c. 2.

Ceste opinion ne *fust* point *venue en avant* sans aucune couleur : pourtant il est vray-semblable qu'elle estoit procedée d'une fausse exposition de sa doctrine : comme tous erreurs quasi prennent leur occasion de vérité.

CALVIN, *Institution chrestienne,* liv. II, c. 7, § 14.

Tant plus nous *irons en avant,* tant plus nous sera la conduicte des vivres malaisée et de coustange.

GUILLAUME DU BELLAY, *Mémoires,* t. III, p. 39.,

Je vous puis assurer que plus *je vais en avant,* plus je trouve qu'il n'y a rien de si doux au monde que le repos de la conscience, et de regarder Dieu comme un père qui ne nous manquera pas dans tous nos besoins.

RACINE, *Lettres à Jean-Baptiste Racine,* 21 juillet 1698.

Dans cet état de choses, je fus frappé de l'importance d'*aller* rapidement *en avant.*

SAINT-SIMON, *Mémoires,* 1710.

La nature *marche* avec nous *en avant,* et nous porte vers un avenir qui vient à nous.

BERNARDIN DE SAINT-PIERRE, *Harmonies de la Nature,* liv. I : La Leçon de botanique.

Combien y a-t-il de gens qui *marchent en avant* et n'ont pas tant d'argent comptant ?

PICARD, *la Manie de briller,* III, 14.

Mettre en avant, Avancer, prétexter, objecter.

Pour assujettir tous les hommes et les rendre dociles, ils *mettent en avant* le nom sacré de Dieu.

CALVIN, *Institution chrestienne,* liv. I, c. 7, § 4.

C'est une sentence digne de memoire, que celle qu'allegue sainct Augustin, de Varro homme payen : Que ceux qui *ont mis* les premiers *en avant* les idoles ont osté la crainte de Dieu du monde.

LE MÊME, même ouvrage, liv. I, c. 11, § 6.

Et leur *mettois en avant,* que quand les ennemis auroient fait cinq grandes lieues de ce pays-là, mesmement les gens de pied, et singulierement la nuict, qu'à l'arrivée d'Ayre il faudroit que les gens de pied mengeassent et beussent.

MONTLUC, *Commentaires,* liv. VII.

Vous devriez avoir honte d'*avoir mis en advant* toutes ces calomnies contre luy (Montluc) que vous venez de dire.

BRANTÔME, *Grands Capitaines françois :* M. de Montluc.

Et *mettray en avant* ce droit commun, que jamais, par les loix de ce sainct empire, n'a esté veu que l'homme fust contrainct d'*accepter* aucun traitté.

MARTIN DU BELLAY, *Mémoires,* t. II, p. 246.

Madame, me respondit-il incontinent, ne laissez de *mettre en avant* contre moy toutes les sortes de peine que vous pourrez imaginer.

D'URFÉ, *l'Astrée,* IIᵉ part., liv. VI.

Il y a toujours dans les grandes affaires un prétexte qu'on *met en avant,* et une cause véritable qu'on dissimule.

VOLTAIRE, *Siècle de Louis XIV.*

Ton entretien est doux, agréable et sçavant
Aux plus doctes discours qu'on peut *mettre en avant.*
THÉOPHILE, *Élégie à M. de M...* (Montmorency).

On trouve aussi, dans un sens analogue, *jeter en avant :*

L'Espagne fait entendre qu'elle ne la veut traiter (la paix) qu'en Italie ou aux Pyrénées ; de sorte que ne restant plus que trois mois jusqu'à la campagne prochaine, elle veut encore, avant d'entrer en négociation, faire entièrement perdre un temps devenu si précieux pour la contestation d'un point préliminaire qu'elle *jette en avant.*
LOUIS XIV au duc de Chaulnes, 26 décembre 1667.
(Voyez MIGNET, *Succession d'Espagne,* t. II, p. 583.)

En avant, indiquant un temps futur :

Or parlerons-nous un petit du roi anglois, et comment il persévéra *en avant.*
FROISSART, *Chroniques,* liv. I, Ire part., c. 95.

Si obéirent *en avant* tous les barons et les chevaliers et les hommes des dessus dits pays à lui comme à leur seigneur, jusques à son retour.
LE MÊME, même ouvrage, liv. I, Ire part., c. 105.

La dite cité de Caours se tourna Françoise, et jurèrent foi et loyauté de ce jour *en avant* à tenir au roi de France.
LE MÊME, même ouvrage, liv. I, IIe part., c. 267.

Elle demanda aux bergères ce qu'il leur sembloit de son aventure, et quelle conduite elle avoit à tenir de là en *avant.*
LA FONTAINE, *Psyché,* II.

D'ore en avant, des hores en avant, désormais en avant, A l'avenir.

Sachiez que *des hore en avant* il ne vous tiegne ne por seignor, ne por ami.
VILLEHARDOUIN, *Conqueste de Constantinoble.*

Qu'il ne fut aucun *désormais en avant* d'une partie ne d'autre, qui nuise n'offence nullement sa partie adverse.
MONSTRELET, *Chronique.*

Dore en avant cist fabliaus conte.
MÉON, *Fabliaux et Contes,* t. III, p. 265.

Avant est souvent opposé à *arrière :*

Assez i ot paroles dittes *avant* et *arrière.*
VILLEHARDOUIN, *Conqueste de Constantinoble.*

La nature, je l'avoue, est dans un mouvement de flux continuel ; mais c'est assez pour l'homme de la saisir dans l'instant de son siècle, et de jeter quelques regards en *arrière* et en *avant* pour tâcher d'entrevoir ce que jadis elle pouvoit être, et ce que dans la suite elle pourroit être.
BUFFON, *Histoire naturelle :* Animaux communs aux deux continents.

Les anciens cherchoient à deviner ce que deviendroit leur postérité ; et nous, ce qu'ont été nos ancêtres. Ils regardoient en *avant,* et nous, en *arrière.*
BERNARDIN DE SAINT-PIERRE, *Études de la Nature,* IIIe part.

Les monts ne bougent de leurs lieux,
Pour ung paouvre, n'*avant,* n'*arrière.*
VILLON, *Grand Testament,* huit. 16.

Posant sur l'escalier une jambe en *avant,*
Étendant une main, portant l'autre en *arrière.*
VOLTAIRE, *Contes.* Gertrude.

AVANT s'emploie substantivement, en termes de Marine, et signifie la Partie d'un bâtiment qui s'étend depuis le grand mât jusqu'à la proue.

Je ne pense pas que les navires eussent un *avant* et un *arrière* marqués et distincts. La forme en devoit être la même ; ils pouvoient, à ce que je crois, gouverner de tout sens.
GOGUET, *Origine des lois,* t. IV, p. 210.

Le Saint-Géran parut alors à découvert avec son pont, chargé de monde, ses vergues et ses mâts de hune amenés sur le tillac, son pavillon en berne, quatre câbles sur son *avant* et un de retenue sur son *arrière.*
BERNARDIN DE SAINT-PIERRE, *Paul et Virginie.*

Chaque toueur devra porter une flamme rouge à son *avant.*
Bulletin des lois, 1845.

Aller de l'avant, Faire du chemin en avançant.

Le vaisseau *allait de l'avant.*
Dictionnaire de l'Académie, 1835.

Fig. et fam. *Aller de l'avant,* S'engager dans une affaire promptement et sans trop considérer les difficultés.

Il n'hésite jamais, *il va toujours de l'avant.*
Dictionnaire de l'Académie, 1835.

Tailler de l'avant :

Matelots, *taillons de l'avant.*
SAINT-AMANT, *le Passage de Gibraltar.*

Saint-Amant accompagne ce vers de la note suivante :

Taillons de l'avant, terme de mer qui signifie *allons*.

La préposition AVANT jointe à divers substantifs et adjectifs forme les mots composés suivants :

AVANT-BASSIN, s. m. Espace qui précède un bassin, qui lui sert d'entrée :

Les droits de pilotage, tonnage, cale, amarrage, et bassin ou *avant-bassin*.

> *Code de commerce maritime*, 406.

AVANT-BEC, s. m. Terme d'Architecture. Angle, éperon de chaque pile d'un pont, en amont.

L'eau s'élève à la rencontre de l'*avant-bec* d'un pont.

> BUFFON, *Histoire naturelle*, t. II.

AVANT-BRAS, s. m. Terme d'Anatomie. Partie du bras depuis le coude jusqu'au poignet.

Aucuns chirurgiens s'y sont trompés, estimans que la tête de l'*avant-bras* estoit luxée.

> AMBROISE PARÉ, *Œuvres*.

Ce mot sert aussi à désigner la partie de l'armure qui couvrait l'avant-bras :

Le vicomte blessa l'Anglois, du dernier coup de lance, entre l'*avant-bras* et le garde-bras.

> *Histoire de Louis III*, duc de Bourbon, p. 161.

AVANT-BRISE, s. f. Brise du matin.

On était caressé d'un petit souffle... sorte d'*avant-brise* du matin.

> CHATEAUBRIAND, *Mémoires d'outre-tombe*. Journal de Paris à Venise.

AVANT-CHAMBRE, s. f. Antichambre.

Croy qu'il y avoit plus de raison de dire *avant-chambre* que ce que nous disons antichambre.

> EST. PASQUIER, *Recherches*.

Que veut dire, dit-il en continuant, que Bacchus s'appelle Bimater (ses deux noms se commencans par B) ayant eu deux meres, Jupiter et Semelé ? Sinon que l'homme et la femme l'ayment bien : estant sorty par deux portes, premierement par l'*avant-chambre* de Semelé, puis par

le four de Jupiter, dont iceluy Bacchus a esté appellé Dithyrambe.

> BOUCHET, *Sérées*, I, 1.

AVANT-CONSEIL, s. m. Conseil pris d'avance ou consultation préliminaire, préalable :

En toutes les causes pour dettes, au sujet de trente francs et de plus, en toutes autres causes civiles ou criminelles, les procureurs seront tenus de prendre leur *avant-conseil* avec quelque avocat ou jurisconsulte, soit de cette ville ou chastellenie ou autre de dehors, avant que d'entrer en consultation.

> *Nouveau Coutumier général*, t. I, p. 617.

AVANT-CORPS, s. m. Terme d'Architecture. Corps de maçonnerie qui est en saillie sur la face d'un bâtiment.

Certains rochers qui sont dans un *avant-corps* d'architecture, vis-à-vis la cascade de Vaux.

> LA FONTAINE, *Songe de Vaux*.

Nous trouvâmes un ermitage. C'étoit une grande et profonde grotte que le temps avoit percée dans la montagne; et la main des hommes y avoit ajouté un *avant-corps* de logis bâti de rocailles et de coquillages.

> LE SAGE, *Gil Blas*, IV, 9.

Il y a dans le milieu de la façade un *avant-corps* à l'angloise par lequel la chambre du maître de la maison, et la mienne qui est au-dessus, ont une vue de trois côtés.

> J.-J. ROUSSEAU, *Lettres*.

AVANT-COUR, s. f. Espèce de cour, qui précède la cour principale d'un grand bâtiment :

Ils arrivèrent à une petite esplanade... c'étoit les jardins, la cour principale, les *avant-cours*, et les avenues de cette demeure.

> LA FONTAINE, *Psyché*, II.

Il entra dans une grande *avant-cour* où tout ce qu'il vit d'abord étoit capable de le glacer de crainte.

> PERRAULT, *Contes* : La Belle au Bois dormant.

Il (le château de Lerma) tient au bourg par une belle cour fort ornée, et par une magnifique *avant-cour*, mais fort en pente qui le joint.

> SAINT-SIMON, *Mémoires*, 1721.

Dans les *avant-cours* (des Invalides) tout retrace l'idée des combats.

> CHATEAUBRIAND, *Génie du Christianisme*, III, 1, 6.

Avant-coureur, s. m. Celui qui va devant quelqu'un et en annonce l'arrivée. En termes militaires, *avant-coureurs* se disait des Soldats qui faisaient l'escarmouche.

Les *avant-coureurs* qui les chargèrent en sursaut avant qu'ils eussent loisir de se ranger en bataille, ni ordonner leurs troupes, les contraignirent de combattre en foule et en désordre, ainsi qu'ils se rencontroyent à l'ouverture.

  Amyot, trad. de Plutarque, *Furius Camillus*.

Monseigneur, ce que je vous puis dire présentement des choses de Hongrie, c'est qu'ayant le G. S. entendu la bonne volonté des seigneurs du païs à l'endroict de leur prince... a commandé... à tous les sanjacs des frontières et akrugis et *avant-coureurs* de toute la lisière du Danube, de s'acheminer tout à l'instant et avec toutes leurs forces au secours du seigneur conte de Petrovijth.

  M. de Cambray à l'évêque de Lodève, 5 mars 1557.
  (Voyez Charrière, *Négociations de la France dans le Levant*, t. II, 377.)

Il se dit, figurément, de Tout ce qui annonce ou présage quelque chose qui arrive bientôt après.

Parce qu'il estoit naturellement phlegmatique, commençoit son repas par quelques douzaines de jambons, de langues de bœuf fumées, de boutargues, d'andoilles, et telz aultres *avant-coureurs* de vin.

  Rabelais, *Gargantua*, I, 21.

Ce que les Grecs disent πρόδρομος, nous l'appelons *avant-coureur*, usans d'une composition du tout semblable.

  Henri Estienne, *la Précellence du langage françois*.

Les Athéniens appellent *avant-coureurs* les figues d'hastiveau qui sont des premières meures.

  Du Pinet, trad. de Pline, *Histoire naturelle*, XVI, 26.

Sur le poinct de ceste sanglante journée (la bataille de Philippes), à Rome et ailleurs on vid un monde d'horribles prodiges qui apparurent au ciel et en la terre, comme *avant-coureurs* des miseres qui arriverent depuis.

  Coeffeteau, *Histoire romaine*, liv. I.

Quoy que Neron ne fût pas si tost puny de son crime, si est-ce que ces présages ne fûrent pas vains, mais fûrent les *avant-coureurs* du mal-heur qui l'enveloppa depuis.

  Le même, même ouvrage, liv. V.

Ils soutiennent (les Juifs) qu'ils sont formés exprès pour être les *avant-coureurs* et les hérauts de ce grand avènement et pour appeler tous les peuples à s'unir à eux dans l'attente de ce libérateur.

  Pascal, *Pensées*.

Cet *avant-coureur* du bourreau (La Rapinière, lieutenant du prévôt du Mans) ne conçut pas de petites espérances.

  Scarron, *Roman comique*, I, 19.

O mort ! tu m'es un remède. Tu envoies tes *avant-coureurs* les infirmités, les douleurs, les maladies de toutes les sortes, afin de rompre peu à peu les liens qui me plaisent trop, quoiqu'ils m'accablent.

  Bossuet, *Méditations sur l'Évangile*.

Ce n'est pas encore tout, seigneur Argante, et un malheur nous est toujours l'*avant-coureur* d'un autre.

  Molière, *les Fourberies de Scapin*, III, 6.

Qu'il étoit éloigné de ceux qui... désespèrent par leur dureté, des misérables... qui regardent le mépris qu'on a pour eux comme un *avant-coureur* de l'injustice qu'on leur va faire !

  Fléchier, *Oraison funèbre de Le Tellier*.

L'imprudence heureuse dans ses fautes, et la puissance montée jusqu'au dernier excès d'autorité absolue, sont les *avant-coureurs* du renversement des rois et des royaumes.

  Fénelon, *Télémaque*, XXI.

Tous ces succès étaient les *avant-coureurs* du détrônement du roi Auguste.

  Voltaire, *Histoire de Charles XII*.

Un calme profond est au contraire l'*avant-coureur* de la décadence. C'est la preuve que les mœurs se corrompent; que la patrie, la liberté et le bien public ne sont plus des objets assez intéressants pour remuer les esprits, et que les citoyens sont enchaînés par la crainte, ou vendus à la faveur et à l'avarice.

  Condillac, *De l'Étude de l'histoire*.

La longue obscurité des nuits ou la continuité des tourmentes sont les seules contrariétés qu'ils éprouvent, et qui les obligent à quitter la mer par intervalles. Ils servent alors d'*avant-coureurs* ou plutôt de signaux aux voyageurs, en leur annonçant que les terres sont prochaines.

  Buffon, *Histoire naturelle* : Les Oiseaux aquatiques.

La vue est le premier sens de l'âme, et l'*avant-coureur*, pour ainsi dire, des autres.

  Bernardin de Saint-Pierre, *Harmonies de la Nature*: Harmonies aériennes du Soleil et de la Lune.

Combien (si nous estions sages)
Se demonstrent de presages,
Avant-coureurs de noz maulx ?

  J. du Bellay, *Complainte du désespéré*.

... Et que son cercle, alors que sa face nouvelle
Va redorant les champs de sa flamme immortelle,
Ne soit point marqueté de diverses couleurs,
Car ce sont du fort temps certains *avant-coureurs*.
            REMY BELLEAU, *Seconde journée de la Bergerie.* Apparences célestes du soleil.

Les chenilles aussi, jointes aux sauterelles,
Dont les brouillards brûlants sont les *avant-coureurs*,
Dépouillèrent leurs champs d'herbes et de javelles,
L'espoir de leurs bergers et de leurs laboureurs.
            RACAN, *Psaumes*, CIV.

Un jour dans son jardin il vit notre écolier,
Qui, grimpant sans égard sur un arbre fruitier,
Gâtoit jusqu'aux boutons, douce et frêle espérance,
Avant-coureurs des biens que promet l'abondance.
            LA FONTAINE, *Fables*, IX, 5.

Ayant parlé du pouls, le frisson se présente.
Un froid *avant-coureur* s'en vient nous annoncer
Que le chaud de la fièvre aux membres va passer.
            LE MÊME, *Poème du Quinquina*, I.

Dieu détruira le siècle au jour de sa fureur.
Un vaste embrasement sera l'*avant-coureur*,
Des suites du péché long et juste salaire.
            LE MÊME, *Traduction paraphrasée de la prose du Dies iræ.*

Daigne, daigne, mon Dieu, sur Mathan et sur elle,
Répandre cet esprit d'imprudence et d'erreur,
De la chute des rois funeste *avant-coureur*.
            RACINE, *Athalie*, I, 2.

Des tambours, des clairons le son rempli d'horreur,
De la mort qui les suit était l'*avant-coureur*.
            VOLTAIRE, *Henriade*, VI.

Plains Zaïre; plains-moi; l'heure approche; ces pleurs
Du sang qui va couler sont les *avant-coureurs*.
            LE MÊME, *Zaïre*, V, 8.

Elle quitte ses traits, elle emprunte le corps
De cet oiseau qui, seul sur le tombeau des morts,
Sinistre *avant-coureur* des grandes infortunes,
Prolonge dans la nuit ses clameurs importunes.
            DELILLE, trad. de l'*Énéide*, XII.

Déjà, de l'incendie affreux *avant-coureurs*,
De sourds frémissements annoncent ses fureurs.
            LE MÊME, *les Trois Règnes*, IV.

Comme lui, respirons au bout de la carrière
Ce calme *avant-coureur* de l'éternelle paix.
            LAMARTINE, *Premières Méditations.*

AVANT-COUREUSES.

Les figuiers fleurissent une ou plusieurs fois; non à la manière des autres arbres, ains en produisans des petites figues de nulle valeur, qui, comparées à l'escume, comme *avant-coureuses* des bonnes, sans parvenir à maturité, sont par les bonnes expulsées de l'arbre.
            OLIVIER DE SERRES, *Théâtre d'agriculture*, 6e lieu, c. 26.

Ainsi si nous envoyons nos âmes comme *avant-coureuses* sur les ailes d'une méditation saincte, d'une ardante charité.
            CAMUS, évêque de Belley, *Diversités*, t. II, fol. 134.

AVANT-COURRIER, AVANT-COURRIÈRE. Celui, Celle qui précède, qui devance.

L'*avant-courrière* du soleil.
            Dictionnaire de l'Académie, 1694.

A peine du sommeil la prompte *avant-courrière*
Pour la douzième fois commençoit sa carrière.
            LA MOTTE, trad. de l'*Iliade*.

Ces mots sont d'un usage beaucoup plus fréquent au figuré :

Les petites pertes aux escarmouches, qui sont *avant-courriers* de la bataille, ne présagent jamais que perte et dommaige.
            MONTLUC, *Commentaires*, III.

Les Romains gagnoient de proche en proche, soumettant premièrement les royaumes voisins et se contentant, pour les pays éloignés, de les remplir de leur gloire, et d'y envoyer de loin leur réputation, comme l'*avant-courrière* de leurs victoires.
            BOSSUET, *Politique tirée de l'Écriture sainte*.

Conty, dont le mérite *avant-courrier* des ans,
A des astres bénins épuisé les présents.
            LA FONTAINE, *A Monseigneur le prince de Conty*.

Ou tel, lorsque sa sœur offusque ses clartés,
Pâle et portant le trouble aux rois épouvantés,
Il épanche à regret une triste lumière,
Des désastres fameux sinistre *avant-courrière*.
            DELILLE, trad. du *Paradis perdu*, I.

AVANT-DERNIER, IÈRE. Pénultième, Qui est avant le dernier.

Il écrivit du champ où il croyait combattre à cette Gabrielle d'Estrées, rendue célèbre par lui : « Si je meurs, ma dernière pensée sera à Dieu et l'*avant-dernière* à vous. »
            VOLTAIRE, *Essai sur les mœurs*.

Je quittai la plage dans une espèce de consternation religieuse, laissant le flot passer et repasser, sans l'effacer, sur la trace de l'*avant-dernier* pas de Napoléon.
            CHATEAUBRIAND, *Mémoires d'outre-tombe*, t. VII.

AVANT-FOSSÉ, s. m. Terme de Fortifications. Fossé qui environne la contrescarpe du côté opposé à la ville.

Sur le midi, l'*avant-fossé* de la porte de Saint-Nicolas se trouvant comblé, et toutes choses disposées pour attaquer la contrescarpe, les gardes suisses et le régiment de Stopa de la même nation, qui étoient de tranchée sous le marquis de Tilladet, lieutenant général de jour, y marchèrent, l'épée à la main, et l'emportèrent.

RACINE, Relation du siège de Namur.

Un *avant-fossé* est une invention nouvelle qui paraît fort jolie, et très propre à faire casser le cou à des gens qui viennent attaquer des lignes.

VOLTAIRE, Correspondance; 1734, camp de
Philipsbourg.

AVANT-GARDE, s. f. La partie d'une armée ou d'un corps de troupe qui marche la première.

Là fu devisés li consaus des batailles... Mais la fin du conseil fu telle, que l'*avangarde* fu commandée au conte Baudoin, pour ce qu'il avoit moult grant plenté de bonne gent et d'archiers et d'arbalestriers, plus que nus qui fust en l'ost.

VILLEHARDOUIN, Conqueste de Constantinoble, LXIX.

Joffrois li mareschaus fist l'*avant-garde*, et cil firent l'arrière-garde qui l'avoient le jor faite.

LE MÊME, même ouvrage, CXLVI.

Et quant il furent la venu, si sejournerent deus jourz, et au tierz jour commanda que l'*avant-garde* errast ; et li fourrier coururent.

Récits d'un ménestrel de Reims au treizième siècle, publiés par N. DE WAILLY, p. 49.

Et avoit chacun ost *avant-garde* et arrière-garde.

FROISSART, Chroniques, liv. I, IIᵉ part., c. 121.

Il est besoing que nous advisons et regardons aux ordonnances des batailles et lesquels yront à l'*avant-garde* avecques le connestable.

LE MÊME, même ouvrage, éd. Vérard, t. II, fol. 123.

Chier sire, il viendroit à grant contraire et desplaisance à mes compaignons et à ceulx de l'*avant-garde* s'ilz ne m'avoient en leur compaignie.

LE MÊME, même ouvrage, t. II, fol. 133.

De trante-six mille qu'ils estoient à l'*avant-garde,* il ne s'en saulva que quatre mille, qui leur fut grant esbahissemant.

Le Livre du chevaleureux comte d'Artois, p. 111.

Nostre *avant-garde* se esgara, par faulte de ses guides.

COMMINES, Mémoires.

L'on dict que l'*avant-garde* du Turc, au nombre de soixante-dix mil chevaux, est arrivée à Bellegrade.

DE BAÏF à l'évêque d'Auxerre, 30 juin 1532. (Voyez
CHARRIÈRE, Négociations de la France dans le
Levant, t. I, p. 205.)

Quand le roy deffist leur *avant-garde* en Flandre, ils en firent aussi feu de joye, disans que c'estoient eulx qui avoient deffaict les nostres.

MONTLUC, Lettres; au cardinal d'Armagnac, 20 mars 1554.

Montbrun... lui enleva d'abordée le principal logis de son *avant-garde.*

D'AUBIGNÉ, Histoire universelle, t. I, liv. II, c. 10.

Et nottez qu'à toutes ces battailles M. l'admiral menoit les *advant-gardes* et y estoit des premiers aux hazards et aux coups.

BRANTÔME, Grands Capitaines françois : L'admiral de
Chastillon.

M. de Montsallez menoit l'*avant-garde,* emportant cet honneur par dessus messieurs de Gondrin et de la Valete plus vieux capitaynes que luy.

LE MÊME, même ouvrage : M. de Montsallez.

Ordonnance du roy quand il va en armez... Quand le roy sault en armée sur les champs, il doit chevaucher en bataille... Après ce vient le connestable en l'*avant-garde* et sont barons allez et bonnes gens.

LE PÈRE DANIEL, Histoire de la milice françoise
t. I, p. 177.

Il envoya le général Janus avec l'*avant-garde* pour s'opposer à ce passage des Turcs ; mais le général n'arriva que dans le temps même qu'ils passaient sur leurs pontons; il se retira et son infanterie fut poursuivie jusqu'à ce que le czar vint lui-même la dégager.

VOLTAIRE, Histoire de Pierre le Grand, IIᵉ partie, c. 1.

Fetes IIIᵐ homes fervestir et armer,
Si faites l'*avangarde* sorvéoir et monter,
Savoir se il verroient Sarrazins et Esclers.

Gui de Bourgogne, v. 3804.

Icil fist l'*avangarde* à .vᵉ. fers armés.

Fierabras, v. 29.

Lahire fera l'*avangarde.*

Le Mistère du siège d'Orléans, v. 5076.

Voilà notre *avant-garde* à bien faire animée.

MOLIÈRE, Amphitryon, I, 1.

Notre *avant-garde* occupoit la frontière.

PARNY, Guerre des Dieux, X.

Dans l'ancien français, on trouve quelquefois *ansguarde* ou *angarde,* au sens d'*avant-garde* :

E ki serat devant mei en l'ansguarde.
> Chanson de Roland.

Amis, ce dist li rois, vos garnemens prenez,
Si faites ceste angarde sorvéoir et monter,
Savoir se vous verrez Sarrazins et Esclers.
> Gui de Bourgogne, v. 3814.

Mais ains qu'ils prengnent l'yaue, sera griés et irés ;
Car uns Sarrasins est en l'angarde montés.
> Fierabras, v. 44.

AVANT-GOÛT, s. m. Le goût qu'on a par avance de quelque chose.

Vous trouverez à la fin la paix de la conscience, et le repos qui ne sera qu'un avant-goût de celui que je vous souhaite dans l'éternité.
> BOSSUET, Sermons, 3e semaine.

Dieu ne sauroit s'empêcher de leur faire du bien, et de leur laisser tomber un petit avant-goût de leur béatitude.
> LE MÊME, même ouvrage, 2e sermon pour la fête de Tous les Saints.

Dieu nous a donné, dès cette vie même, un avant-goût de la possession dans l'espérance.
> LE MÊME, même ouvrage, 3e sermon pour la Circoncision.

N'ayant tous qu'un cœur et qu'une âme, nous trouverons dans cette union mutuelle une béatitude anticipée et comme un avant-goût de l'éternelle félicité.
> BOURDALOUE, Sermons.

Faites que ceux qui m'écoutent, pénétrés de la vertu de votre parole, conçoivent un désir ardent, une espérance vive, un saint avant-goût des biens que vous leur préparez.
> LE MÊME, même ouvrage.

Sans l'espérance et l'avant-goût des biens promis, les justes et les saints seroient en cette vie les plus malheureux de tous les hommes.
> MALEBRANCHE, Recherche de la vérité, liv. IV, c. 10, § 1.

Le repos, qui est un avant-goût du sabbat éternel, est bien doux ; mais le chemin qui y mène est un rude martyre.
> FÉNELON, Lettres spirituelles, CLXXVII.

L'espérance de parvenir au comble de mes vœux me donnoit un avant-goût des plaisirs dont je me flattois.
> LE SAGE, Gil Blas.

La jouissance des sentiments honnêtes sur la terre n'est que l'avant-goût des délices dont nous serons comblés.
> CHATEAUBRIAND, Génie du Christianisme, IIe part., liv. III.

Maudite Béatrix, peste d'une famille,
Pernicieux brûlot de l'honneur d'une fille,
Écueil de sa pudeur, c'est toi qui la séduis,
Qui lui donnes le jour un avant-goût des nuits.
> MONTFLEURY, le Gentilhomme de Beauce, IV.

Il choisissoit entre eux les plus hardis,
Et leur faisoit donner du paradis
Un avant-goût à leurs sens perceptible.
> LA FONTAINE, Contes. Féronde.

La grâce qui l'arrache aux voluptés funestes
Lui donne l'avant-goût des voluptés célestes.
> LOUIS RACINE, la Grâce, II.

Enfin, rassasié de ces fruits précieux,
Tout à coup je me sens une vigueur nouvelle.
Que dis-je ? un avant-goût de la vie éternelle,
Plus pur que l'ambroisie, et plus doux que le miel,
De la terre à l'instant m'a porté dans le ciel.
> DELILLE, Paradis perdu, IX.

Je veux vous en donner, dès ce soir, l'avant-goût.
> LE MÊME, la Conversation, I.

Mais la dernière goutte a l'avant-goût du ciel.
> LAMARTINE, Jocelyn.

AVANT-HIER. Loc. adv. de temps, qui signifie l'Avant-veille du jour où l'on est.

Respundi David : Si de aprecement à femme demandes, saces que dès ier e de avant-ier nus eimes guardez.
> Les quatre Livres des Rois, I, XXI, 5.

Sçais tu pas bien que la fin du monde approche ? Nous en sommes huy plus pres de deux trabutz et demie toise, que n'estions avant-hier.
> RABELAIS, Pantagruel, III, 25.

Le bruit court qu'avant-hier on vous assassina.
> BOILEAU, Épîtres, VI.

Madame eut avant-hier la fièvre jusqu'au soir.
> MOLIÈRE, Tartuffe, I, 5.

Il s'emploie quelquefois d'une manière générale pour désigner Un temps qu'on ne trouve pas fort éloigné.

La contrée de Delta est terre amassée par le fleuve, et, par manière de dire, produite hier ou avant-hier.
> SALIAT, trad. d'Hérodote, II, 15.

AVANT-JEU, s. m. Ce qui précède un jeu, une partie, une affaire.

Tout cecy estoit un *avant-jeu* de la tragédie qui depuis fust jouée dans la ville.

> Estienne Pasquier, *Recherches*, 1621, VI, 3.

Il ne sçait pas la rhétorique, ny pour *avant-jeu* capter la bénévolence du candide lecteur, ny ne lui chaut de le scavoir.

> Montaigne, *Essais*, I, 25.

Les banquets, ce dit Accurse en la Loy, Quod ait, ff. ad L. Iul. de adult. ne sont que un prelude et *avant-jeu* de Venus.

> Bouchet, *Serées*, I, 5.

Ce demy aveugle ayant ainsi achevé son *avant-jeu*, afin que la compagnie adjoutast plus de foy à ce qu'il vouloit dire, va ainsi commencer son conte.

> Le même, même ouvrage, II, 21.

Le sieur de Colombiere qui commandoit en ceste ville, alla au-devant des troupes de M. de Nevers, et les salua d'une furieuse escarmouche, qui laissa autant de perte aux uns qu'aux autres : apres semblables *avant-jeux* le canon fit ses efforts.

> Matthieu, *Histoire des derniers troubles de France*, liv. IV.

Lyre dorée, où Phebus seulement
Et les neuf Sœurs ont part également,
Le seul confort qui mes tristesses tue,
Que la danse oit, et toute s'évertue
De t'obeyr et mesurer ses pas,
Sous tes fredons mignardés par compas,
Lors qu'en bruyant tu marques la cadence
D'un *avant-jeu* le guide de la danse.

> Ronsard, *Odes*, I, 22.

Henry sage, vaillant, attendant que je face
Un ouvrage, qui soit plus digne de ta grâce ;
De ma dévote main, veuilles avoir à gré
Ce petit *avant-jeu* que je t'ai consacré :
Avant-jeu qui sera d'un bien rare exemplaire.

> Baïf, *A Monseigneur le duc d'Anjou*. Poèmes. liv. IX.

Les Gaules à César estoyent un *avant-jeu*,
Du discord citoyen, qu'il est depuis esmeu,
Pour se faire monarque, aprenant à combatre
Un peuple qui ne veut au servage s'abatre.

> Garnier, *Cornélie*, acte IV, v. 129.

Avant-jugé, s. m. Jugement prématuré, pré-jugé.

L'*avant-jugé* sans jugement
Condamne souvent l'innocent.

> Baïf, *Mimes*, I.

Avant-loge, s. m. Bâtiment qui est en avant du corps principal de logement.

IV.

Il sera tenu de les maintenir (les maisons) en tel point et estat comme il les prandra. C'est assavoir la granche, la sale, la cuisine, les *avans-loges* de lez l'église.

> 1392. Archives. (Voyez le *Glossaire* de M. Godefroy.)

Avant-main, s. m. Le métacarpe.

Le métacarpe ou *avant-main*.

> Ambroise Paré, *Œuvres*.

Il est constant, mes Pères, par l'aveu de l'offensé, qu'il a reçu sur sa joue un coup de la main d'un jésuite ; et tout ce qu'ont pu faire vos amis a été de mettre en doute s'il l'a reçu de l'*avant-main* ou de l'arrière-main.

> Pascal, *Provinciales*, 14.

Terme de Jeu de paume. Coup de devant de la raquette ou du battoir.

L'an 1424, vint à Paris une fille nommée Margot, qui jouoit au jeu de paume de cette rue, de l'*avant* et de l'arrière *main* mieux qu'aucun homme.

> Saint-Foix, *Essais sur Paris*.

Avant-main, en termes de Manège et d'Art vétérinaire, La partie antérieure du cheval, par opposition au corps et à l'arrière-main.

Il a de l'*avant-main*.
Un bel *avant-main*.

> *Dictionnaire de l'Académie*, 1798.

Avant-mur, s. m. Terme d'Architecture. Mur adossé à un autre mur.

Terme de Fortifications. Enceinte de murailles la plus éloignée du corps de la place. En ce sens, ce mot était d'un usage assez fréquent au figuré.

La Hongrie devenait le domaine de la maison d'Autriche, domaine qu'elle disputait sans cesse contre les Turcs qui était l'*avant-mur* de l'Allemagne.

> Voltaire, *Annales de l'Empire*, 1564.

Pierre minait chaque jour l'*avant-mur* de la Suède, et Charles ne s'y opposait pas assez.

> Le même, *Histoire de Russie sous Pierre le Grand*.

Ces droits et quelques autres que le parlement acquit encore, empêchoient que les articles essentiels de sa grande charte ne fussent attaqués et violés ; c'étoit, pour ainsi dire, un *avant-mur* dont la nation couvroit sa liberté, et que les rois devoient commencer à détruire.

> Mably, *Observations sur l'Histoire de France*, t. II.

AVANT-PARLEUR, AVANT-PARLIER, s. m. Négociateur, procureur, avocat.

Quant aucuns a bonne deffense et loiaux, li avocas et li *avant-parlier* doit mettre avant et proposer en jugement ses deffenses et ses barres.

Establissements de saint Louis.

Lors marcha avant le chevalier et commença à dire : Ma chiere dame, vecy ung chevalier qui se presente devant vous pour l'amender si en aucune manière vous a meffait. — Comment, sire, dist la royne, estes-vous son *avant-parleur*, qui tant vous meslez de ses besongnes?— Non, sinon à vostre bonne voulenté. — Laissez-le donc parler, dist la dame : car il s'en sçaura bien ayder.

Perceforest, vol. III, c. 26, édit. de 1528.

AVANT-PARLIÈRE, s. f. Avocate.

Je suis pour tous *avantparlière*
Et au Dieu d'amour consillière.

FROISSART, Poésies.

AVANT-PAS, s. m. Se disait pour Supériorité, prééminence.

L'autre, au contraire, soutenoit qu'il n'y avoit aucune rencontre de l'une à l'autre, et que la (langue) toscane passoit d'un grand *avant-pas* la françoise.

ESTIENNE PASQUIER, Recherches, VII.

AVANT-PEAU, s. f. Prépuce.

Au lieu de prépuce usant de ce mot *avant-peau*.

H. ESTIENNE, Apologie pour Hérodote.

AVANT-PÊCHE, s. f. Espèce de petite pêche qui mûrit avant les autres.

Ces *avant-pêches* sont fort bonnes.

Dictionnaire de l'Académie, 1762.

AVANT-PIED, s. m. Terme d'Anatomie. Synonyme de Métatarse.
En termes de cordonnier, Empeigne.

Ceux qui les appareillent ne prendront pour mettre un *avant-pied* ou une chausse que deux deniers.

Ordonnances des rois de France, 1350, t. II, p. 372.

Et mes houseaux sans *avantpiedz*.

VILLON, Petit Testament.

AVANT-PORT, s. m. Terme de Marine. Sorte de bassin qui précède certains grands ports.

Le port d'Honfleur est establi à peu près Nord et Sud. Il monte dans l'*avant-port* 18 pieds d'eau de grande mer et 9 à 10 pieds d'eau de basse mer. L'*avant-port* est très petit : il ne sert que pour la carène des navires.

Mémoire manuscrit rédigé au Havre de Grâce le 6 mai 1730 par un commissaire des classes nommé Sicard. — Archives de la Marine, cote C4, 143.

Avant-port. Espace de mer qui précède un port, qui peut mettre des vaisseaux à l'abri, mais qui ne présente pas, comme un port, des chantiers, des ateliers et des magasins établis sur ses contours.

ROMME, Dictionnaire de Marine, 1792.

AVANT-PORTE, s. f. Barrière.

Y avoit une *avant-porte*, où mout y ot fier assaut; et gangnerent les François l'avant-tour à celle fois et non plus.

MÉNARD, Histoire de Bertrand Du Guesclin, p. 533.

AVANT-POSTE, s. m. Terme de Guerre. Un poste avancé le plus près de l'ennemi.

L'ennemi attaqua nos *avant-postes* à la pointe du jour. Se présenter aux *avant-postes* en parlementaire.

Dictionnaire de l'Académie, 1835.

Les illustres morts que les Athéniens avoient placés hors de leur ville, comme aux *avant-postes*.

CHATEAUBRIAND, Itinéraire.

AVANT-PROPOS, s. m. Espèce de préface, discours qui se met à la tête d'un livre pour faire connaître ce qu'il contient, et quel a été le dessein de l'auteur en le composant.

Le premier qui mit en jeu *avant-propos* pour prologue fut Louys le Charond, en ses dialogues, dont on se mocquoit du commencement. Et depuis, je voy ceste parole reçue sans douter; non sans cause, car nous avons desjà plusieurs mots de mesme parure, avant-garde, avant-jeu, avant-bras.

ESTIENNE PASQUIER, Recherches, VIII, 3.

Je lui adresse mon Aristippe, comme vous le verrez dans l'*avant-propos*, qui sera tout ensemble, préface et épître liminaire.

BALZAC, Lettres, liv. XXV.

Qu'ai-je à faire de te donner un *avant-propos*, qui me coûteroit autant à faire que mon livre? Si tu es de mes amis, tu excuseras ce qui te déplaira. Si tu n'en es pas, tous les *avant-propos* du monde ne t'empêcheroient pas d'exercer ta mauvaise humeur à mes dépens.

SCARRON, Virgile travesti, Avant-propos.

Cette matière est si haute et si importante, qu'elle ne me permet pas de perdre le temps à vous faire dès *avant-propos* superflus.

> Bossuet, *Sermons* : Pour le jour de la Pentecôte.

Il signifie aussi, dans la conversation, Ce qu'on dit, ce qu'on écrit, avant de venir au fait.

Au fait l j'augure mal de ces *avant-propos*.

> Piron, *la Métromanie*, V, 8.

Avant-quart, s. m. Terme d'Horlogerie. Le coup que quelques horloges sonnent un peu avant l'heure, la demie, etc.

Des *avant-quarts*.

> *Dictionnaire de l'Académie*, 1878.

Avant-règne, s. m. Ce mot se trouve dans le passage suivant de Saint-Simon qui l'a probablement créé :

En un clin d'œil ce pupille devient dauphin; en un autre, comme on va le voir, il parvient à une sorte d'*avant-règne*. Quelle transition pour un ambitieux !

> Saint-Simon, *Mémoires*, 1711.

Avant-salle, s. f. Première salle, vestibule.

On nous reçut d'abord avec cérémonie dans une grande *avant-salle*.

> Parny, t. I, p. 94.

Avant-scène, s. f. C'était, chez les anciens, la Partie du théâtre où jouaient les acteurs, et qui précédait la scène proprement dite. Chez nous, c'est la Partie du théâtre qui est en avant du rideau et qui s'étend jusqu'à la rampe.

Ce théâtre a tant de pieds d'*avant-scène*.

> *Dictionnaire de l'Académie*, 1798.

Loge d'avant-scène :

> Au bruit d'une fade musique,
> Qu'attristaient des airs langoureux,
> Un soir à l'Opéra-Comique,
> Je bâillais comme un bienheureux.
> Mon voisin me tira de peine,
> Et grâce à lui je distinguai
> Dans une loge d'*avant-scène*
> Un spectacle beaucoup plus gai.
>
> De Jouy, *Poésies*.

Avant-scène, s'est dit, au figuré, des Événements que l'on suppose avoir précédé l'action, dans une pièce de théâtre, dans un poème, etc.

Virgile n'y parle point, à la vérité, du demiourgos qui représentait le Créateur; mais il fait voir dans le vestibule, dans l'*avant-scène*, les enfants que leurs parents avaient laissés périr, et c'était un avertissement aux pères et mères.

> Voltaire, *Essai sur les mœurs* : Introduction, c. 37.
> Des mystères de Cérès-Éleusine.

L'action (de la *Henriade*) devoit commencer après la mort de Valois; tout ce qui la précède et cette mort même ne devoient être qu'en récit, et faire partie de celui que fait Henri IV à Élisabeth. Valois est de plus un personnage trop avili pour paroître ailleurs que dans une *avant-scène*.

> La Harpe, *Cours de littérature*.

Tels sont les faits de l'*avant-scène*. Ils sont tous successivement exposés dans le premier acte et particulièrement dans la première scène.

> Le même, même ouvrage.

Dites-lui que, dans son palais même, les courtisans ont mêlé leurs danses au son de cette musique barbare, et que telle fut l'*avant-scène* de la Saint-Barthélemy.

> Mirabeau, *Discours*, 15 juillet 1789.

> Cette fable en enfante une autre :
> C'étoit mon *avant-scène* ; en voici l'action.
>
> La Motte, *Fables*.

Avant-toit, s. m. Toit en saillie.

Elle se réfugie sous les *avant-toits* et y construit son nid.

> Guéneau de Montbeillard, *Histoire naturelle*.

> ... conduisent au palais
> Qu'un *avant-toit* défend du vent et de la pluie.
>
> Lamartine, *Jocelyn*, VI.

Avant-tour, s. f. Tour avancée.
Voyez AVANT-PORTE.

Avant-tragédie, s. f. Expression employée, dans le passage suivant, par Joachim du Bellay, qui l'a probablement créée :

> Dieu, qui en mon Loire mouilles
> L'or de tes crespes cheveux,
> Reçoy doucement les veux
> De cette *avant-tragédie*.
>
> J. Du Bellay, *la Musagnæomachie*.

Avant-train, s. m. On appelle ainsi Le train qui comprend les deux roues de devant et le timon d'un carrosse ou d'un canon de campagne :

Un des chevaux, en fureur, monte sur le parapet, y court quelques pas, traînant avec lui la voiture où étoit cette pauvre dame ; heureusement l'*avant-train* se détache en se heurtant avec violence.

Thomas, *Correspondance*, t. II.

Les sauvages tirent ce char (des bagages) à l'aide d'une double bande de cuir dont les bouts sont liés à l'*avant-train*.

Chateaubriand, *Voyage en Amérique*.

Avant-veille, s. f. Surveille, le jour qui est immédiatement avant la veille.

Une *avant-veille*.

Dictionnaire de l'Académie, 1762.

Avant-vent, s. m. Auvent.

De ci en avant nulz ne pourra faire *avant venz*, saillies, ne fenestres pour estaulx, tenens a clous, a plastre, a mortier, a fer ne a cheville, sur les chemins, dessoubz quatorze pieds, sans le congié du majeur dudit evesque.

Ordonnances des Rois de France, 1331, XII, 6.

AVANCE, s. f. Portion de terrain qui s'avance, qui forme saillie.

On peut aussi observer que les deux continents font des *avances* opposées et qui se regardent, savoir : les côtes de l'Afrique depuis les îles Canaries, jusqu'aux côtes de la Guinée, et celles de l'Amérique depuis la Guiane jusqu'à l'embouchure de Rio-Janeiro.

Buffon, *Histoire naturelle*.

Toutes les fois que le bord d'une rivière fait une *avance* dans les terres, que je suppose à ma main gauche, l'autre bord fait au contraire une *avance* hors des terres à main droite.

Le même, même ouvrage.

Partie de bâtiment qui anticipe sur une rue, sur une cour, et qui sort de l'alignement.

Le mari cherchoit fortune où il pouvoit, n'étoit point jaloux, et la dame ne passoit pas pour fort cruelle. On en avoit fort médit avec M. de la Vrillière, et on appeloit certaines *avances*, qui avoient figure de cornes, que Cressy avoit faites à une maison qu'il a fait bâtir dans une place qui venoit de La Vrillière, « les cornes de Cressy ».

Tallemant, *Historiettes* : Ménage.

Son bon destin, par un très grand hasard,
Lui fit trouver une petite *avance*
Qu'avoit un toit, et ce toit faisoit part
D'une maison voisine du rempart.

La Fontaine, *Contes* : l'Oraison de saint Julien.

Avance signifie L'espace de chemin qu'on a devant quelqu'un :

J'espère que par ma diligence je regaygneray l'*advance* que mes ennemys ont plus que moy.

Henri IV, *Lettres*, 9 février 1593.

Il se dit aussi, tant au propre qu'au figuré, en parlant du Temps :

J'aime parfaitement l'*avance* de beaucoup d'années que j'ai sur vous, comme une assurance que, selon les règles de la nature, je conserverai mon rang : il m'est doux de penser que je ne vivrai jamais sans vous.

Mme de Sévigné, *Lettres* ; 27 décembre 1664.

Au lieu d'aller à Moulins et puis à Bourbon, nous allons demain droit à Bourbon : nous n'avons que dix lieues à faire, et voyez quelle *avance*.

La même, même ouvrage ; à Mme de Grignan, 20 septembre 1687.

Quand on pense que ces insulaires (les Anglais) ont sur nous l'*avance* d'un siècle, et qu'ils jouissent depuis cent ans des fruits d'une bonne administration...

Grimm, *Correspondance*, 1er juillet 1757

Mais cet autre, avec qui je suis de connivence,
A pris, depuis un mois, terriblement l'*avance*.

Piron, *la Métromanie*, IV, 1.

Avance, se dit également de Ce qui se trouve déjà de fait ou de préparé dans une affaire, dans un ouvrage.

Je ne savois rien de ce que vous me mandez de M. le Prince ; je n'en suis pas surpris : il a eu depuis longtemps loisir de faire des réflexions ; il a bien de l'esprit, fort peu de santé : ce sont de grandes *avances* dans les affaires du salut.

Le marquis de Trichateau à Bussy, 2 octobre 1680. (Voyez *Correspondance de Bussy-Rabutin*.)

C'est assurément une grande *avance* pour plaire et pour émouvoir que la célébrité des personnes qu'on introduit.

Lamotte, *Discours sur Homère*.

Il avoit le don de leur plaire, et c'est déjà une grande *avance* pour persuader.

Fontenelle, *Éloge de M. du Fay*.

Avance, se dit en outre des Premières recherches, des premières démarches, pour amener une réconciliation, un accommodement, un traité, pour former une réconciliation d'amour ou d'amitié.

Saint-Ibal qui avoit négocié pour M. le comte de Soissons à Bruxelles, le pressoit sur ses engagements, sur ses *advances*, sur ses instances.

CARDINAL DE RETZ, *Mémoires.*

J'en eus (de Mme de Longueville) toutes les honnestetés possibles et toutes les *advances* mesme pour rentrer en union avec moi (disoit-elle) et avec mes amis.

LE MÊME, même ouvrage.

Je fus ravi de me raccommoder de tout le monde, dans un instant où mes *advances* ne se pouvoient attribuer qu'à générosité.

LE MÊME, même ouvrage.

Il (l'Empereur) me fit réponse qu'il avoit reçu un fort grand plaisir d'apprendre les bonnes dispositions où étoit Votre Majesté pour parvenir à un accommodement; qu'à la vérité, l'inclination qu'il avoit de la procurer lui avoit fait désirer la cessation de toute hostilité comme une *avance* absolument nécessaire pour le faire réussir.

LE CHEVALIER DE GREMONVILLE à Louis XIV, 13 octobre 1667. (Voyez MIGNET, *Succession d'Espagne*, t. II, p. 241.)

Le comte de Bristol n'eut qu'à rengainer ses desseins, et Mlle Brook ses *avances.*

HAMILTON, *Mémoires de Grammont*, IX.

Ils (les honneurs) vinrent le chercher comme d'eux-mêmes, sans qu'il en eût jamais coûté aucune *avance* à sa vertu.

D'AGUESSEAU, *Vie de son père*, t. XV, p. 133.

Point d'*avances*, ce seroit une lâcheté, mais comptez que je serai toujours prêt à répondre aux siennes, d'une manière dont il sera content.

J.-J. ROUSSEAU, *Lettres.*

Sa hauteur l'emporta sur la prudence, et les *avances* de Mme de Pompadour le confirmèrent (M. d'Argenson) dans la pensée qu'elle touchoit à la fin de son crédit.

HÉNAULT, *Mémoires*, c. XXI.

Et, de là, nous pouvons tirer des conséquences,
Qu'on n'acquiert point leurs cœurs sans de grandes *avances.*

MOLIÈRE, *le Misanthrope*, III, 4.

On dit souvent en ce sens, *faire une avance, faire des avances :*

Mme de La Meilleraye m'avoit dit le détail des *advances* que M. le cardinal lui *avoit faites.*

CARDINAL DE RETZ, *Mémoires.*

Mademoiselle de Chevreuse mesme, par l'ordre de madame sa mère, si je ne me suis fort trompé, me *fit des advances* pour se raccommoder avec moi.

LE MÊME, même ouvrage.

Ils (les électeurs) savoient aussi, par l'expérience qu'ils en avoient faite eux-mêmes, le peu d'égard que ladite maison d'Autriche a eu jusqu'ici à toutes les *avances* qui lui *ont été faites* pour la porter à quelque accommodement.

M. DE GRAVEL à Louis XIV, 4 juin 1667. (Voyez MIGNET, *Succession d'Espagne*, t. II, p. 179.)

Il n'est pas imaginable combien je suis détaché de la fortune et résolu de ne plus guère *faire* de démarches de son côté, ou du moins d'*avances.*

BUSSY, *Lettres*; au R. P. dom Côme, 23 décembre 1667.

Jamais les sacramentaires *n'avoient fait* de si grande *avance* envers les luthériens.

BOSSUET, *Histoire des variations de l'église protestante*, II, 111.

Il ne faut pas s'étonner si un cœur si tendre et si étendu *fait* volontiers toutes *les avances*, il n'attend pas qu'il soit prévenu.

LE MÊME, *Sermons : De l'Incarnation.*

On dit tous les jours, *faire des avances*; après les *avances* qu'*il a faites*, je ne puis lui refuser mon amitié; *faire* toutes *les avances.*

BOUHOURS, *Entretiens d'Ariste et d'Eugène*, II.

Il est aussi dangereux à la cour de *faire les avances* qu'il est embarrassant de ne les point faire.

LA BRUYÈRE, *Caractères*, c. 8.

Il (M. de Sens) vouloit partir pour Conflans, afin de *faire* toutes les *avances* d'un raccommodement.

Mme DE MAINTENON, *Lettres*; à M. le cardinal de Noailles, 6 octobre 1699.

Au lieu de chercher comme auparavant l'occasion de m'entretenir, vous prenez soin de m'éviter; il est vrai que *j'ai fait les avances*, mais vous y avez répondu.

LE SAGE, *Gil Blas*, VII, 1.

Jermyn trouva mauvais qu'elle (Mme de Schrewsbury) ne lui *eût* point *fait d'avances*, sans considérer qu'elle n'en avoit pas le temps.

HAMILTON, *Mémoires de Grammont*, c. 7.

Elle ne se trouva pas d'humeur à *faire les avances*, et j'en fus pour mes lorgneries et mes soupirs.

J.-J. ROUSSEAU, *Confessions*, VI.

Il a tous les torts, il faut qu'il *fasse* toutes *les avances*.
J.-J. ROUSSEAU, *Lettres*; 23 février 1766.

J'ai souvent désiré d'être connu et aimé de vous. Je ne m'attendois pas que ce seroit vous qui *feriez les avances*.
LE MÊME, même ouvrage; 31 janvier 1767.

Il s'attacha d'abord en homme d'esprit à plaire au mari. Il lui *fesait mille avances*.
VOLTAIRE, *Contes : Cosi-Sancta*.

Je crois qu'il avait grande envie de se raccommoder avec vous; mais vous n'êtes pas homme à *faire les avances*.
LE MÊME, *Lettres*; à d'Alembert.

La reine reconnut que nulle (que Mᵐᵉ la duchesse de Luynes), à la cour, n'étoit plus digne de son amitié. Elle daigna en *faire* toutes *les avances*, et elle devint son amie.
HÉNAULT, *Mémoires*, c. 17.

Le goût de ces gens-là, comme vous le voyez, n'est pas le plus honnête; c'est pourtant, en général, le goût le mieux servi de la part des femmes, celui à qui leur coquetterie *fait le plus d'avances*.
MARIVAUX, *la Vie de Marianne*, II, 2ᵉ part.

Je *ferois des avances*, moi qui suis offensée ? Ah ! vraiment, on voit bien que vous ne savez guère les affaires du point d'honneur.
DANCOURT, *le Chevalier à la mode*.

Je pense, Dieu merci ! qu'on vaut son prix comme elles,
Que pour se faire honneur d'un cœur comme le mien,
Ce n'est pas la raison qu'il ne leur coûte rien,
Et qu'au moins, à tout mettre en de justes balances,
Il faut qu'à frais communs se *fassent les avances*.
MOLIÈRE, *le Misanthrope*, acte III, 1.

Je souffre quand je vois
Femmes à qui l'amour fait *faire quelque avance*
Et qu'un homme reçoit avec indifférence.
DUFRESNY, *le Faux sincère*, V, 2.

Faire des avances, s'est dit quelquefois au sens de S'avancer :

Il vit son ennemi qui venoit le chercher de ce côté-là, et qui... courut à lui le pistolet à la main. Il *fit ses avances* de son côté; ainsi ils se trouvèrent à une juste distance pour tirer leurs coups avant que de pouvoir en être empêchés.
FLÉCHIER, *Mémoires sur les grands jours de 1665*, p. 195.

Ou même d'Avancer quelque chose :

Ce ministre croit me mettre aux mains avec les savants auteurs de ma communion, en proposant à chaque page le grand savoir du Père Petau et de M. Huet, et me re-prochant en même tems que si j'avois traversé comme eux le pays de l'antiquité, je n'aurois pas *fait des avances* si téméraires.
BOSSUET, *Histoire des variations*, t. IV.

Répondre à des avances :

Voilà la source de ma première disgrâce : car, au lieu de *répondre à ses avances* (de Richelieu) et aux instances que M. le grand-maître me fit pour m'obliger à lui aller faire ma cour, je ne les payai toutes que de très mauvaises excuses.
CARDINAL DE RETZ, *Mémoires*, liv. I.

AVANCE se dit, principalement au pluriel, Des sommes nécessaires pour commencer une entreprise, d'un payement anticipé, d'un déboursé que l'on fait pour quelqu'un.

Le feu sieur de Chappes ayant esté contraint entrer en grandes *advances* pour me dignement servir en Auvergne comme il a fait, on luy auroit pour parties desdites *advances* donné des assignations sur des receptes particulières qu'il n'auroit peu recevoir.
HENRI IV. (Voyez SULLY, *Mémoires*, c. 32.)

Suppléant surtout par son bien à secourir les pauvres officiers, et par son addresse engageant les riches à faire des trouppes de leur argent, sur l'espoir de recouvrer leurs *avances* dans l'opulence du butin et des garnisons.
SARAZIN, *Conspiration de Valstein*.

Les habitants des paroisses de cette banlieue ne comptent pour rien cette surcharge des droits, ni toutes les *avances* qui leur sont faites par les commis des Aydes.
VAUBAN, *Projet d'une Dixme royale*, 1ᵉʳ fonds.

M. le Prince a obligé les estats de Bourgogne à faire une *advance* de cent mille escus comptant, ce qui est sans doute considérable pour une province comme la Bourgogne.
COLBERT à Bezons, 1ᵉʳ décembre 1662. (Voyez DEPPING, *Correspondance administrative sous Louis XIV*, t. I, p. 90.)

Chiverny a épousé la petite Saumery, à qui son père a donné cent mille francs et le roi soixante mille écus pour récompenser feu Montglas des *avances* qu'il avoit faites quand il étoit maître de la garde-robe.
BUSSY-RABUTIN, *Lettres*; à Mᵐᵉ de Sévigné, 26 juin 1680.

Quand ils (les banquiers) sont employés à faire des *avances*, leur art consiste à se procurer de gros profits de leur argent, sans qu'on puisse les accuser d'usure.
MONTESQUIEU, *Esprit des Lois*, XXII, 16.

La tribu me faisoit crédit, les *avances* étoient petites, et quand j'avois emporté mon livre, je ne songeois plus à rien.

J.-J. Rousseau, *les Confessions*, I, 1.

Guillaume hérita de grands biens, parmi lesquels il se trouvait des dettes de la couronne pour des *avances* faites par le vice-amiral dans des expéditions maritimes.

Voltaire, *Lettres philosophiques*, IV.

Ce qui reste est cette partie indépendante et disponible que la terre donne en pur don à celui qui la cultive, au-delà de ses *avances* et du salaire de ses peines.

Turgot, *Réflexions sur la formation des richesses*, § 14.

Tous les genres de travaux de la culture, de l'industrie, du commerce exigent des *avances*.

Le même, même ouvrage, § 54.

Sans *avances* et sans connoissance de la culture, le propriétaire mourroit de faim sur le plus beau domaine.

Le même, *Lettres sur la liberté du commerce des grains*, VI, 27 novembre 1770.

Le mandant doit rembourser au mandataire les *avances* et frais que celui-ci a faits pour l'exécution du mandat.

Code civil, 1999.

On a employé quelquefois cette expression au figuré :

Ils vous proposent sous la foy espagnole, sous la parole d'un prince qui désavouera ses agents quand il luy plaira, un mariage peu asseuré, dont la dot est une guerre, et les *advances* un honteux bannissement.

Mézeray, *Histoire de France* : François Ier (Discours de Matignon au connétable de Bourbon).

La Feuillade ne perdra pas l'*avance* qu'il fait de sa statue de marbre; le roi, qui aime d'être aimé, la lui rendra avec usure.

Bussy-Rabutin, *Lettres*; à Mme de Sévigné, 2 août 1679.

Savez-vous, jeune homme, poursuivit Bélisaire, ce que c'est que la noblesse ? Ce sont des *avances* que la patrie vous fait, sur la parole de vos ancêtres, en attendant que vous soyez en état de faire honneur à vos garants.

Marmontel, *Bélisaire*.

Ah! si tu me voulois faire, sans conséquence,
Sur notre hymen futur quelque petite *avance*.

Montfleury, *le Gentilhomme de France*, II.

Avance, précédé des prépositions *à*, *de* ou *par*, forme des locutions adverbiales qui marquent Anticipation de temps, soit par rapport à l'époque où l'on fait ordinairement une chose, soit par rapport à ce qui doit être fait ou dit postérieurement.

À l'avance :

Je vous écris un peu *à l'avance*, comme on dit en Provence.

Mme de Sévigné, *Lettres*; à Mme de Grignan, 7 octobre 1676.

Le nombre de ces vaisseaux (occupés devant Barcelone) n'estant pas assez considérable pour oser proposer à Sa Majesté de le diminuer, il est nécessaire d'attendre la fin du siège pour pourvoir à la seureté de vostre commerce. Elle en a déjà donné l'ordre *à l'avance*.

Le comte de Pontchartrain aux échevins de Marseille, 7 août 1697. (Voyez Depping, *Correspondance administrative sous Louis XIV*, t. I, p. 895.)

D'avance :

Si j'estoy de ceux à qui le monde peut devoir louange, je l'en quitteroy pour la moitié, et qu'il me la payast *d'avance*.

Montaigne, *Essais*, II, 37.

Pour faire réussir la chose (le don de 1 200 000 livres), M. de Besons a convenu aujourd'huy avec moy qu'il est nécessaire de disposer M. l'évesque d'Alby, premier opérant, à porter cest avis, et à en conférer *d'avance* avec chascun des prélats et barons, en particulier et en secret.

L'évêque de Saint-Papoul à Colbert, 13 janvier 1662. (Voyez Depping, *Correspondance administrative sous Louis XIV*, t. I, p. 60.)

Elle donna même de l'argent *d'avance* à l'hôtesse.

Le Sage, *Gil Blas*.

La compassion que j'avois pour son sort me faisoit éprouver *d'avance* une partie de ses peines.

L'abbé Prévost, *Doyen de Killerine*, liv. VI.

Les femmes qui se sentent finir *d'avance* par la perte de leurs agréments, voudroient reculer vers la jeunesse.

Montesquieu, *Lettres persanes*, LIII.

Ils ne sauroient plus manquer de reconnoissance sans en être honteux; ce qui les fâche au point qu'ils en manquent *d'avance*, précisément à cause qu'on sait trop ce qu'ils doivent.

Marivaux, *la Vie de Marianne*, V[e] part.

Il lui fit des propositions par le palatin de Marienbourg : l'une, qu'on lui laissât la disposition de l'armée de la République, à laquelle il paierait de ses propres deniers deux quartiers *d'avance*; l'autre, qu'on lui permit de faire revenir en Pologne douze mille Saxons.

Voltaire, *Histoire de Charles XII*, II.

Mon idée est que l'on ouvre une simple souscription sans rien payer *d'avance*.

> VOLTAIRE, *Lettres;* 1ᵉʳ mai 1761.

Je n'exige même aucune reconnoissance de ceux que j'ai le plaisir d'obliger, parce que ce plaisir est plus vif que celui qu'ils ressentent de mes bienfaits. Je me paye *d'avance*.

> DESTOUCHES, *l'Amour usé*, IV, 5.

Il semble qu'un instinct de grandeur portoit la petite ville de Rome à se donner *d'avance* une police convenable à la capitale du monde.

> J.-J. ROUSSEAU, *Contrat social*, IV, 4.

Je goûtois *d'avance*, mais sans ivresse, le plaisir de vivre auprès d'elle.

> LE MÊME, *Confessions*, I, 4.

Pourquoi se refuser au plaisir de voir *d'avance* un grand homme (Voltaire) à la place que la postérité lui destine?

> D'ALEMBERT, *Éloge de Despréaux*.

Quoique l'amour-propre soit beaucoup plus facile à mécontenter qu'à satisfaire, il se repaît plus aisément *d'avance* de ce qui le flattera qu'il ne soupçonne ce qui pourra le choquer.

> LE MÊME, *Sur les gens de lettres*.

Ce qui a été payé *d'avance* ne peut être répété.

> *Code civil*, 1186.

Il n'y a de vrais jugements que ceux qui sont écrits *d'avance* dans les lois.

> ROYER-COLLARD, *Discours.* Loi de la Presse, 18 décembre 1817.

Ouais, je pense
Qu'ayant sur cette sœur près de vingt ans *d'avance*
Je lui tiens lieu de père, et que je puis...

> MONTFLEURY, *le Comédien poète*, V.

Oh! tout est commandé, même payé *d'avance*.

> LE GRAND, *la Famille extravagante*, sc. 5.

Écoutez, j'ai le cœur le plus noble de France,
Quand mes appointements me sont payés *d'avance*.

> J.-B. ROUSSEAU, *le Flatteur*, II.

Leurs écrits sont des vols qu'ils nous ont faits *d'avance*.

> PIRON, *la Métromanie*, III, 7.

Quand on peut être utile et qu'on aime les gens,
On est payé *d'avance*.

> GRESSET, *le Méchant*, II, 7.

Par avance :

Combien un avocat bien payé *par avance* trouve-t-il plus juste la cause qu'il plaide !

> PASCAL, *Pensées*.

Les comédiens ouvrirent leur théâtre en humeur de bien faire, comme des comédiens payés *par avance*.

> SCARRON, *Roman comique*, II, 1.

Nous nous plaignons quelquefois légèrement de nos amis, pour justifier *par avance* notre légèreté.

> LA ROCHEFOUCAULD, *Maximes*, CLXXIX.

Pour estre plus certain du succès, il est nécessaire que *par avance* nous en convenions dans une conférence des évesques et barons.

> L'ÉVÊQUE DE BÉZIERS à Colbert, 9 janvier 1662. (Voyez DEPPING, *Correspondance administrative sous Louis XIV*, t. I, p. 63.)

Vous avez des fruits que je dévore déjà *par avance;* j'en mangerai l'année qui vient, si je ne meurs entre ci et là.

> Mᵐᵉ DE SÉVIGNÉ, *Lettres;* à Mᵐᵉ de Grignan, 13 septembre 1671.

Les diverses peines des condamnés lui passèrent devant les yeux... il n'y en eut point que la crainte ne lui fît souffrir *par avance*.

> LA FONTAINE, *Psyché*, II.

Non seulement les prophètes voyoient Jésus-Christ, mais encore ils en étoient la figure... Tous ont fait voir, par leur exemple, que... les hommes d'une sainteté extraordinaire étoient nourris dès lors du pain d'affliction, et buvoient *par avance*, pour se sanctifier, dans le calice préparé au Fils de Dieu.

> BOSSUET, *Discours sur l'Histoire universelle*, II, 4.

Il y a trois ou quatre jours qu'on plaide l'affaire d'un moine qui réclamoit contre ses vœux, et qui, ayant quitté le froc *par avance*, faisoit le galant en Auvergne.

> FLÉCHIER, *Mémoires sur les grands jours de 1665*.

Cette langueur, ces abattements, ces diminutions, que Tertullien appelle les portions de la mort, ne la lui faisoient-ils pas éprouver *par avance*?

> LE MÊME, *Oraison funèbre de Mᵐᵉ de Montausier*.

Ils se délassoient déjà de leurs travaux, et goûtoient *par avance* les douceurs de la paix.

> FÉNELON, *Télémaque*, IX.

Les peines qu'on veut voir de loin, accablent bien plus que celles qu'on voit de près, pourquoi vouloir les voir avant qu'elles viennent? c'est se tourmenter *par avance* et se mettre soi-même à pure perte en tentation de succomber.

> LE MÊME, *Lettres spirituelles*, LXVIII.

On ose mépriser Homère pour n'avoir pas peint *par avance* ces mœurs monstrueuses, pendant que le monde étoit encore assez heureux pour les ignorer.

> LE MÊME, *Lettre à l'Académie*.

Ces heureux domestiques comptoient d'assembler les

dépouilles de leurs maîtres par un hyménée dont ils goûtoient les douceurs *par avance.*

LE SAGE, *Gil Blas,* II, 1.

Je lui proposai (à Dumont) de lui dire (à Monseigneur)
qu'ayant appris ce qui m'étoit imputé auprès de lui, et le
regardant comme étant déjà roi *par avance,* je ne pouvois
demeurer en cet état.

SAINT-SIMON, *Mémoires,* 1710.

Voler *par avance* étoit trop de prévoyance, et voler pour
payer n'étoit pas même une tentation.

J.-J. ROUSSEAU, *les Confessions,* Ire part., liv. I.

J'en conçois *par avance* une idée agréable.

BOURSAULT, *Ésope à la cour,* II, 3.

Et je vais à Madame annoncer *par avance*
La part que vous prenez à sa convalescence.

MOLIÈRE, *Tartuffe,* I, 4.

Et si de me haïr, Amour, tu fus capable,
   Pourquoi m'aimer d'abord ?
Que ne punissois-tu mon crime *par avance ?*

LA FONTAINE, *Psyché,* liv. II.

L'ingrat, d'un faux respect colorant son injure,
Se leva *par avance,* et courant m'embrasser,
Il m'écarta du trône où je m'allois placer.

RACINE, *Britannicus,* I, 1.

Mes larmes *par avance* avoient su le toucher.

LE MÊME, *Iphigénie,* II, 5.

Je me suis fait céder tous les baux *par avance.*

DUFRESNY, *la Coquette de village,* III, 2.

En avance est une locution adverbiale, dans
laquelle *avance* peut s'employer dans les diverses
acceptions qui ont été passées en revue.

Je suis avec eux *en avance* de deux mille francs.

Dictionnaire de l'Académie, 1835.

Il n'est pas deux heures, vous êtes *en avance.*

Même ouvrage, 1878.

AVANCEMENT, s. m. Partie d'un objet qui
est en saillie, qui avance.

Quant à la corniche, il vous est aysé de cognoistre en
la dite figure toutes les saillies et *avancements* d'une chacune de ses parties.

PHILIBERT DE L'ORME, *Architecture,* V, 30.

Les vestemans ordinaires des fames me semblent aussi
propres que les nostres, mesme l'acoustrement de teste
qui est en bonnet à la cognarde ayant un rebras par

derriere, et par devant, sur le front, un petit *avancement.*

MONTAIGNE, *Voyages,* Hornes.

Le nid de l'aigle n'est point couvert par le haut, et n'est
abrité que par *l'avancement* des parties supérieures du
rocher.

BUFFON, *Histoire naturelle :* Oiseaux de proie. L'Aigle.

Progrès en quelque matière que ce soit :

Processus, avancement.

Dictionnaire latin français du XIIIe *siècle,* ms. de la
   Bibliothèque nationale.

Philippe-Auguste, sous lequel les bonnes lettres prindrent grand *avancement* et progrès.

EST. PASQUIER, *Recherches,* III, 43.

L'absence de l'Électeur qui est tousiours en Prusse, et
le peu de devoir qu'ont fait les siens jusques icy, sont
cause qu'il n'y a encore grand *avancement* en ses affaires.

JEANNIN, *Négociations.* Lettre à M. de Villeroy, du
   10 juin 1609.

N'estant esmerveillable, si les arbres se perdent à telle
cause, ou du moins s'ils languissent avec peu *d'advancement.*

OLIVIER DE SERRES, *Théâtre d'agriculture,* VIe lieu, c. 21.

Notre ferveur et *advancement* devroit croistre tous les
jours.

MICHEL DE MARILLAC, *Imitation de Jésus-Christ,*
   éd. Sacy, p. 31.

Son père, conduisant l'armée romaine en la Thrace, fit
faire un sacrifice qui confirma tous les autres présages de
son *advancement.*

COEFFETEAU, *Histoire romaine,* liv. I.

Il se dit particulièrement Du progrès que l'on
fait dans la carrière des emplois et surtout de
L'action de monter en grade :

Voir est que nous ne savons aujourd'hui au monde
seigneur de qui nous aimerions tant le profit et *l'avancement,* que nous ferions de vous.

FROISSART, *Chroniques,* liv. II, Ire part., c. 247.

Je ne suis pas marry de vostre *avancement :* mais sur
ma foy j'ay grant regret de vous laisser.

Loyal Serviteur, c. 5.

N'eust jamais musnier tant d'onneur et *d'avancement*
que ma dame et ses femmes luy donnèrent.

Les Cent Nouvelles nouvelles, III.

Jamais le lieutenant de roy, ou vostre colonel et maistre
de camp, ne vous bailleront entreprinse honnorable à
executer, qui pourroit, peut estre, estre cause de tout

IV.

vostre *avancement :* et diront, voulez-vous bailler une telle exécution entre les mains d'un tel, qui sera yvre à l'heure qu'il faudroit qu'il fut en bon sens, pour avoir la discretion de cognoistre ce que faut qu'il face ?

> MONTLUC, *Commentaires,* liv. I.

Sa valeur fut cause de son *advancement.*

> BRANTÔME, *Grands Capitaines françois :* M. de Vassé.

Vous n'avez pas une heure pour vos amis, ny pour vos exercices : tout se donne à une oysiveté bien nuisible à votre *avancement.*

> THÉOPHILE, *Lettres,* VII.

Vespasian considéroit sagement les forces dont il pouvoit s'asseurer en une si importante guerre, et les soldats estoient tellement affectionnés à son *avancement,* que comme il voulut leur faire prester le serment à Vitellius, ils se tinrent tous en un triste silence.

> COEFFETEAU, *Histoire romaine,* liv. VI.

L'étranger lui ayant fait valoir qu'il laissoit perdre une affaire de grande importance pour l'amour d'elle, lui protestant que le gain qu'il avoit fait de son cœur lui faisoit négliger celui d'un procès qu'il avoit à Madrid, et même ses prétentions à la cour, elle fut la première à hâter son départ, ne l'aimant pas assez aveuglément pour préférer le plaisir d'être avec lui à son *avancement.*

> SCARRON, *Roman comique,* II, 22.

Ce dernier mauvais succès acheva de me décourager; j'abandonnai tout projet d'*avancement* et de gloire.

> J.-J. ROUSSEAU, *les Confessions,* II, 7.

Voulez-vous ennoblir jusqu'aux petits emplois, que les services soient l'unique voie d'*avancement.*

> MIRABEAU, *Discours,* 10 décembre 1789.

Avez-vous résolu d'abandonner la France
Où tout le monde a soin de votre *avancement?*

> RACAN, *Bergeries,* V, 5.

Quelquefois il est particulièrement relatif à l'augmentation de la richesse :

Callirée alors, pour avoir le loisir de se conseiller avec nous, fit semblant d'en estre fort aise : mais qu'elle avoit des parents dont elle espéroit tout son *avancement* et sans l'advis desquels elle ne feroit jamais une resolution de telle importance.

> D'URFÉ, *l'Astrée,* Ire part., liv. VI.

Dans le langage religieux, *avancement spirituel* **se dit Des progrès faits dans la fervèur :**

Celui qui craint Dieu, c'est-à-dire l'humble qui désire ardemment son *avancement spirituel.*

> SAINT FRANÇOIS DE SALES, *Introduction à la vie dévote,* I, 4.

Jamais Dieu ne nous emploie à son service, si ce n'est dans la vue de notre *avancement spirituel.*

> BOURDALOUE, *Sermons :* Sur le soin des domestiques.

La crainte excessive de goûter du plaisir dans les choses innocentes et nécessaires vous fait plus de mal pour votre *avancement spirituel* que ce plaisir ne pourroit vous en faire.

> FÉNELON, *Lettres spirituelles,* CCXII, 27 juin 1690.

AVANCEMENT est très souvent suivi de la préposition *de* et du nom de la personne ou de la chose dont l'avancement est indiqué.

Avec un nom de personne :

Combien que ceste fille ne fust pas des plus belles ne des plus laides, si estoit-elle tant sage et gracieuse, que plusieurs grands seigneurs et personnages la demanderent en mariage, dont ils avoient froide reponse : car le pere aimoit tant son argent, qu'il en oublioit l'*advancement de* sa fille.

> *Heptameron,* 21e nouvelle.

Auquel j'ay a parler pour le bien et l'*avancement d'*un sieur tres honneste et docte filz, lequel estudie a Tholoze.

> RABELAIS, *Pantagruel,* III, 29.

Portons plus d'envie à l'*avancement* de nos frères qu'à celui de nos ennemis.

> LE DUC DE ROHAN, *Discours à l'Assemblée de Saumur.*

Je suis récompensé, ajouta-t-il, si j'obtiens l'*avancement de* mes officiers.

> THOMAS, *Éloge de Duguay-Trouin,* notes.

Avec un nom de chose :

La fortune du temps, qui sembloit s'estre du tout vouée à l'*advancement de* la papauté, ne peut permettre que Didier, roy des Lombards, demeurast quoyement dans ses bornes.

> EST. PASQUIER, *Recherches,* III, 4.

La première de ces trois lignées fut appellée tantost meroüienne, tantost meroüingienne, à cause du grand guerrier Meroüée, auquel on doit la primauté et *advancement de* la première lignée.

> LE MÊME, même ouvrage, III, 13.

Saint Bernard, escrivant à Eugène pape, le reprend très aigrement de ce qu'il employoit plus de temps à ouyr les plaicts qu'aux prieres, qu'à la doctrine, qu'à l'edification et *avancement de* son Esglise.

> LE MÊME, même ouvrage, III, 21.

Ce que M. de Selve, lors ambassadeur du roy, desiroit fort sçavoir pour le grand *avancement des* affaires de Sa Majesté.

HENRI ESTIENNE, *Précellence du langage françois.*

Chacun doit procurer l'*avancement du* bien public comme du sien.

Voylà la mort de Cossains, à l'*advancement de* laquelle ayda beaucoup la cruauté dont il usa à la Sainct-Barthélemy.

BRANTÔME, *Grands Capitaines.* Couronnels françois.

En ce mauvais *avancement de* ses affaires, il avisa d'un expédient.

SALIAT, trad. d'Hérodote, I, 191.

Son estat sera bien prudemment et heureusement manié et gouverné par vous, à l'*advancement de* la gloire de Dieu et de la religion.

HENRI IV, *Lettres;* octobre 1583.

Chacun trauaille à l'*advancement de* son dessein.

MATTHIEU, *Histoire des derniers troubles de France,* liv. IV.

Il me semble que toute la gloire du monde doit estre contée pour rien par ceux qui ne cherchent que l'*advancement de* celle de Dieu.

BALZAC, *Lettres,* liv. IV, 3.

Si nous ne mettons l'*advancement de* la religion qu'en ces observances extérieures, nostre dévotion prendra bientost fin.

MICHEL DE MARILLAC, *Imitation de Jésus-Christ,* éd. Sacy, p. 31.

Le duc de Parme, ayant connu les défauts du duc de Mayenne, fit connoistre au conseil d'Espagne qu'il estoit peu propre pour l'*avancement de* leurs intérêts.

HARDOUIN DE PEREFIXE, *Histoire de Henri le Grand,* année 1590.

Il tient leurs cœurs entre ses mains, et les tourne comme il lui plait, afin qu'ils servent à l'accomplissement de ses volontés et à l'*avancement de* sa gloire.

FLÉCHIER, *Oraison funèbre de Marie-Thérèse.*

Le ministre ou le plénipotentiaire... prend directement ou indirectement l'intérêt d'un allié, s'il y trouve son utilité et l'*avancement de* ses prétentions.

LA BRUYÈRE, *Caractères,* c. 10.

Bien loin de s'en prendre aux observateurs du peu d'*avancement de* la science, on ne sauroit trop louer leur assiduité au travail et leur patience.

BUFFON, *Manière de traiter l'Histoire naturelle,* discours Ier.

AVANCEMENT est quelquefois suivi d'autres prépositions :

Avancement à :

Ces deux roys, pour la fin de leurs jours, et pour leur *advancement à* plus tôt mourir, espousèrent deux secondes femmes.

BRANTÔME, *Vie des Capitaines illustres.*

Edouard (VI), roy d'Angleterre, mourut aagé seulement de treize ans. On peut dire que la mort luy fut en quelque façon favorable, de l'avoir pris à cet aage-là, pource qu'il luy eust esté bien difficile d'accomplir les grandes espérances que les peuples avoient conceües de luy : veu qu'il avoit monstré dès son enfance plus d'*avancement aux* illustres vertus, qu'on n'a accoustumé d'en voir dans la jeunesse des autres princes.

MÉZERAY, *Histoire de France :* Henri II.

On a dit, donner de l'avancement à quelque chose :

Charlemagne establit dans Paris une université où ces quatre grands docteurs (Alcuin, Raban, Jean et Claude, surnommé Clément) *donnèrent* les premiers *avancemens* et progrès *aux* bonnes lettres.

EST. PASQUIER, *Recherches,* III, 29.

Et n'est chose nouvelle que le souverain magistrat politic interpose son authorité pour *donner advancement aux* conseils.

LE MÊME, même ouvrage, III, 33.

Trois de nos roys du nom de Philippes *donnèrent* grande vogue et *avancement à* la Régale : Philippes second, quatriesme et sixiesme.

LE MÊME, même ouvrage, III, 37.

Une prompte et exemplaire justice eust *donné* beaucoup d'*advancement au* bien de la paix.

HENRI IV, *Lettres;* 12 juin 1589.

La Monarchie françoise seroit venüe au point souhaittable de sa grandeur, si elle avoit pour bornes les Alpes, les Pyrénées et le Rhin. Cette pièce de terre semble ainsi taillée pour estre le siège du plus heureux et du plus solide Empire du monde, si la prudence l'avoit pu estendre jusqu'aux limites que la nature luy a posées. Louis XI avoit donné un grand *avancement à* ce dessein.

MÉZERAY, *Histoire de France.* Charles VIII.

Avancement dans :

Mettez avant le jeu votre *avancement dans* les voies de Dieu, votre perfection et tout ce qui doit y contribuer.

BOURDALOUE, *Sermons :* Sur les divertissements du monde.

Cette marche qu'il (Dieu) nous ordonne n'est rien autre chose que l'*avancement* et le progrès *dans* le chemin du salut.

LE MÊME, même ouvrage : Sur la pensée de la mort.

On peut dire qu'il n'y a rien de si contraire à l'*avancement* des· enfants *dans* les sciences, que les divertissements continuels dont on les récompense, et que les peines dont on les punit et dont on les menace sans cesse.

MALEBRANCHE, *Recherche de la vérité*, II, 8, § 2.

Avancement vers :

Une âme garantie de préjugé a un merveilleux *avancement vers* la tranquillité.

MONTAIGNE, *Essais*, II, 12.

Désirant à Vostre Majesté une félicité plus présente et moins hasardeuse... je me réjouis que ce mesme *avancement* qu'elle faict *vers* la victoire l'avance aussi vers des conditions de paix plus faciles.

LE MÊME, *Lettres ;* à Henri IV, 18 janvier 1590.

Anciennement, *avancement* était d'un fréquent usage au pluriel.

Le President Jeannin n'oublia rien pour luy remonstrer... qu'il devoit considerer que l'honneur, le soustien, la fortune de toute sa maison, et la sienne en particulier, despendoit de ses bonnes graces, bien-faits et *aduancemens* qu'ils pourroient esperer de Sa Majesté.

Lettre de MM. les Ambassadeurs à M. de Villeroy, 27 juin 1607. (Voyez *Négociations de M. Jeannin.*)

Quant aux choses profitables, qui tiennent le second rang après les nécessaires, la diversité en est grande et le nombre infini. L'argent est de ce rang-là (toutefois jusqu'à la suffisance seulement, et au-deçà de la superfluité), les honneurs, les *avancements* de ceux qui ne sont point contents de leur fortune.

MALHERBE, *Traité des bienfaits de Sénèque*, I, 9.

Pour ce qui concerne l'esperance des *avancemens* et des successions, il differoit toujours d'y répondre, et les remettoit à une autre fois, ou quand son prophete l'en prieroit; car il paroit au nom de Dieu.

PERROT D'ABLANCOURT, trad. de Lucien, *Alexandre ou le Faux prophète.*

Cette hauteur qui consiste dans la noblesse des sentiments du cœur et dans une élévation d'esprit, et qui fait mettre un juste prix aux *avancemens* où l'on peut aspirer, comme à la peine qu'il faut prendre pour y parvenir.

DUBOS, *Réflexions critiques*, 3.

En Jurisprudence, *avancement d'hoirie*, ce qui se donne par avance à un héritier.

Je demeurerois d'accord de prendre les États et places que j'ai dits ci-dessus, en *avancement d'hoiries*.

LOUIS XIV à l'archevêque d'Embrun, 14 février 1662. (Voyez MIGNET, *Succession d'Espagne*, t. I, p. 109.)

Ce n'est qu'en *avancement d'hoirie*, il y a d'autres biens à espérer après sa mort.

LA BRUYÈRE, *Caractères*, c. 6.

Le duc de La Feuillade passa par Metz... et s'y arrêta chez l'évêque, frère de feu son père... et prit trente mille écus en or, beaucoup de pierreries, et laissa l'argent blanc. Le roi, d'ailleurs de longue main fort mécontent des débauches et de la négligence de La Feuillade dans le service, s'expliqua très durement sur cet étrange *avancement d'hoirie*, et fut si près de l'en punir que Pontchartrain eut toutes les peines du monde à l'empêcher.

SAINT-SIMON, *Mémoires* 1696.

Il m'appelle son protecteur, son père ; mais, en *avancement d'hoirie*, il finit par me voler vingt-cinq louis dans mon tiroir.

VOLTAIRE, *Lettres*, 20 décembre 1753.

Lorsqu'il sera question du mariage de l'enfant d'un interdit, la dot, ou l'*avancement d'hoirie*, et les autres conventions matrimoniales, seront réglés par un avis du conseil de famille.

Code civil, 511.

Coypel, digne héritier d'un Appelle nouveau,
Qui, recueillant sa sublime industrie,
S'est fait donner la part de son pinceau
En pur *avancement d'hoirie*.

LA MOTTE, *Fables.*

AVANCER, v. a. Porter en avant :

Là fut atteint, du jet d'une grosse pierre et vilaine, un bon écuyer de Hainaut, qui se tenoit tout devant pour son corps *avancer*.

FROISSART, *Chroniques*, liv. I, Ire part., c. 102.

Il y avoit de bons chevaliers et ecuyers qui grand desir avoient de leurs corps *avancer* pour honneur acquerre.

LE MÊME, même ouvrage, liv. I, Ire part., c. 262.

Nous avons à noter que Dieu par tels miracles a testifié que le soleil n'est pas tellement conduit par vn mouvement naturel, pour se lever et coucher chacun jour, que lui n'ait de souverain gouvernement pour l'*advancer* et retenir.

CALVIN, *Institution chrestienne*, liv. I, c. 16, § 2.

Elle... s'en alla le plus doucement qu'il lui fut possible vers l'endroit du lit où le monstre s'étoit couché, *avançant* un pied, puis un autre.

LA FONTAINE, *Psyché*, I.

Un sec et triste faiseur d'annales... répète un fait toutes les fois qu'il a besoin de raconter ce qui tient à ce fait ; il n'ose ni *avancer*, ni reculer aucune narration.

FÉNELON, *Lettre à l'Académie.*

Remarquez que pendant ce discours il *avançoit* sa main pour ravoir la mienne, que je lui laissois prendre, et qu'il baisoit encore en me demandant pardon de l'avoir baisée.

MARIVAUX, *la Vie de Marianne*, 2º part.

Avancez un siège et sortez.

SEDAINE, *la Gageure imprévue*, sc. 11.

Où le bon vent si bien la nef *avance*
Qu'elle aborda au pays de Provence.

CL. MAROT, *Épîtres*, II, 1.

Avancer le pas, avancer chemin, son chemin, au propre et au figuré :

Le roy Charles huictiesme de ce nom, envoya en Allemagne un gentil-homme nommé Bernage, seigneur de Cyvré pres Amboise, lequel pour faire bonne diligence, et *advancer son chemin*, n'espargnoit jour ne nuict.

L'Heptameron, 32º nouvelle.

Loupgarou, haussant sa masse, *avancea son pas* sur luy.

RABELAIS, *Pantagruel*, II, 29.

Comme je fus près d'eux, je voyois la mine qu'ils tenoient, qui estoit d'*avancer fort le pas*, pensant gagner une petite montagne qu'il y avoit.

MONTLUC, *Commentaires*, V.

Cependant, l'Exaudiat *avançoit* toujours *chemin*.

SCARRON, *Roman comique*, I, 15.

Elle fit venir le pilote et lui commanda de ne point tirer, mais d'*avancer* toujours *chemin*.

MOTTEVILLE, *Mémoires*.

Tout fuit en effet, messieurs; et pendant que nous sommes ici assemblés, et que nous croyons être immobiles, chacun *avance son chemin*, chacun s'éloigne, sans y penser de son plus proche voisin.

BOSSUET, *Sermons :* Sur la mort et l'immortalité de l'âme.

Je me console avec le siècle de Louis XIV des sottises de celui-ci. Je ne laisse pas d'*avancer chemin*.

VOLTAIRE, *Lettres*, 22 septembre 1735.

AVANCER est souvent opposé à Différer, retarder et signifie Hâter.

Advancer les fruicts tardifs, retarder les hastifs.

OLIVIER DE SERRES, *Théâtre d'Agriculture*, VIª lieu, c. 21.

Les chimistes se sont imaginez de pouvoir trouver un feu, tempéré d'humidité, qui, en conservant les germes de la nature, *avançast* sa conception et la rendist, en un an, plus parfaicte qu'elle n'est en mille.

RACAN, *Harangue à l'Académie*, 1635.

Ils voudroient hâter le cours de la Providence et *avancer* ses effets.

BALZAC, *le Prince*, c. 22.

Le Parlement donna arrest d'union à M. de La Trémouille, lui donna plein pouvoir sur les receptes générales, et le pria d'*avancer* ses levées avec diligence.

CARDINAL DE RETZ, *Mémoires*.

Cinéas disoit à Pyrrhus, qui se proposoit de jouir du repos avec ses amis, après avoir conquis une grande partie du monde, qu'il feroit mieux d'*avancer* lui-même son bonheur, en jouissant dès lors de ce repos, sans aller le chercher par tant de fatigues.

PASCAL, *Pensées*.

Les mêmes Indiens se tuoient eux-mêmes, pour *avancer* la félicité de la vie future; et ce déplorable aveuglement dure encore aujourd'hui parmi ces peuples.

BOSSUET, *Discours sur l'Histoire universelle*, II, 20.

Il laisse censurer ses desseins aux fous et aux téméraires, mais il ne trouve pas à propos d'en *avancer* l'exécution pour les murmures des hommes.

LE MÊME, *Sermons :* Sur la Providence.

Nos tristes et malheureuses prévoyances *avancent* les maux, bien loin d'en empêcher le cours.

LE MÊME, même ouvrage, 3º sermon pour la fête de Tous les saints.

Il étoit entre les mains de la Suède d'*avancer* ce secours dont elle avoit besoin, si elle vouloit *avancer* notre traité.

LE MARQUIS DE POMPONNE, *Mémoires*, I, c. 5.

Par ce juste tempérament, il *avançoit* en lui les fruits de la raison, et corrigeoit les défauts de l'âge.

FLÉCHIER, *Oraison funèbre de Mgr de Montausier*.

M. de Lorges est enfin maréchal de France; n'admirez-vous point combien il en auroit peu coûté de lui *avancer* cet honneur de six ou sept mois.

Mme DE SÉVIGNÉ, *Lettres;* à Mme de Grignan, février 1676.

Je ne sais encore si mes affaires me permettront d'aller faire un petit voyage à Fontainebleau. J'en ai bien envie, et ce qui l'augmente, c'est que je m'*avancerai* par là l'honneur et le plaisir de vous voir.

BUSSY-RABUTIN, *Lettres;* à l'évêque d'Autun, 15 octobre 1686.

Avancer une horloge.

Dictionnaire de l'Académie, 1694.

Sur ce faux préjugé on a *avancé* le repas de vêpres à none, comme il étoit du temps de saint Thomas d'Aquin, et de none à midi, comme il est encore, sans qu'aucune communauté religieuse, pour austère qu'elle soit, ait gardé l'ancien usage.

FLEURY, 8e *Discours sur l'histoire ecclésiastique.*

Le mal de Phalante diminua de jour en jour par les soins des deux hommes qui avoient la science d'Esculape, Télémaque était sans cesse auprès du malade, pour les rendre plus attentifs à *avancer* sa guérison.

FÉNELON, *Télémaque*, XIII.

L'Église... de peur qu'une tristesse trop profonde et trop abondante n'abattît et ne décourageât ces pénitents, brisés de componction, abrégeoit leurs peines, se relâchoit de sa sévérité, leur *avançoit* la grâce de la paix et de la réconciliation.

MASSILLON, *Conférences :* Instruction sur le Jubilé.

Il n'avait pas assez de crédit pour oser se charger lui-même de l'entreprise dangereuse d'ôter la régence à la reine et d'*avancer* la majorité du roi.

VOLTAIRE, *Histoire de Charles XII*, liv. I.

Il l'assura que son maître était disposé à partir, et que cet argent faciliterait et *avancerait* son départ.

LE MÊME, même ouvrage, liv. VI.

Attention sur la journée, Monsieur Figaro ! d'abord *avancer* l'heure de votre petite fête, pour épouser plus sûrement.

BEAUMARCHAIS, *le Mariage de Figaro*, I, 2.

Les juges... lui accordent la gloire particulière d'*avoir* inventé un nouveau calcul, et par conséquent *avancé* le progrès et étendu la sphère des sciences.

LA HARPE, *Cours de littérature*, liv. III, c. Ier, sect. 4.

Daignez-vous *avancer* le succès de mes vœux ?

RACINE, *Iphigénie*, I, 2.

J'*avance* des malheurs que je puis reculer.

LE MÊME, *Bérénice*, IV, 4.

Avancer la mort, la hâter :

Feuquières finit ses jours à la Charité-sur-Loire de sa *mort* naturelle : si toutefois elle ne luy *fut* pas *avancée* par quelque boucon.

MÉZERAY, *Histoire de France :* Charles IX.

Qu'elle nous parut au-dessus de ces lâches chrétiens, qui s'imaginent *avancer* leur *mort* quand ils préparent leur confession !

BOSSUET, *Oraison funèbre de la duchesse d'Orléans.*

Amour, Amour, donne-moy paix ou trêve
Ou bien retire, et d'un garrot plus fort
Tranche ma vie et m'*avance* la *mort.*

RONSARD, *Amours*, I, 11.

Hélas ! gardez-vous bien d'*advancer vostre mort !*

RACAN, *Bergeries*, III, 4.

Avancer la fin, les jours, les années :

Son oncle mourut. Je ne sais mie de quelle mort; je crois bien que il fut saigné au haterel, ainsi comme ils ont d'usage à faire leurs saignées en Lombardie, quand ils veulent à un homme *avancer sa fin.*

FROISSART, *Chronique*, liv. II, c. 226.

Faut que le médecin baille tousiours bon courage au malade, et qu'il l'asseure de santé, et ne faire pas comme un medecin qui descouragea si bien un hydropicque qu'il luy *advança ses jours.*

BOUCHET, *Serées*, liv. Ier, 10.

Tant y a que du tout résolu à la vengeance, il la pria de n'*avancer* point *ses jours* de peur d'irriter Dieu contre elle.

D'URFÉ, *l'Astrée*, IIe part., liv. XII.

Puisqu'il m'est défendu d'*avancer mes jours*, je me retirerai dans quelque désert où personne ne me verra.

LA FONTAINE, *Psyché*, II.

Depuis ce temps il (le roi) la traita (la reine) avec une dureté qui *avança ses jours.*

VOLTAIRE, *Histoire de Charles XII*, liv. I.

O ciel, disoit-il, ô Parque !
Avancez mon jour dernier,
Et m'envoyez en la barque
De l'avare nautonier !

RONSARD, *Odes*, IV, 10.

Quel remède à mon deuil, à ma langueur extrême,
Que d'*avancer mon jour* et mon heure suprême?

GARNIER, *Antigone*, act. III, v. 249.

Gardez-vous bien, berger, d'*advancer vos années.*

RACAN, *Bergeries*, V, 2.

AVANCER, pousser, faire faire du progrès :

Si étoit cil dit roi tant cru et honoré, et de raison que on disoit, que parmi son travail et la certaineté qu'il remontreroit à tous seigneurs de ce voyage, il *avanceroit* plus tous cœurs que autres prédications.

FROISSART, *Chronique*, liv. Ier, IIe part., c. 155.

Henri sixiesme fut couronné dedans Sainct-Denis, mais pour cela il n'*avança* de rien plus ses affaires.

EST. PASQUIER, *Recherches*, VI, 4.

Je ne me puis persuader qu'il faille *advancer* notre religion par les armes.

LE MÊME, même ouvrage, VI, 25.

Le roy, apres que vous luy eustes porté ses jettons d'or et d'argent, du commencement de l'année 1603, vous manda un soir qu'il vouloit aller le lendemain visiter l'Arsenal, pour voir comme vous y *advanciez* toutes choses, tant pour les artilleries et armes que les munitions.

SULLY, *Œconomies royales*, c. 11, t. II, p. 133.

Ceux qui *avancent* de toute leur force la régénération que l'esprit de saincteté a commencé en leur cœur, combattent avec les armes de la foy et de l'espérance les affections charnelles du péché.

THÉOPHILE, *Apologie.*

L'on *avance* toujours fort le logement de la petite reine.

MALHERBE, *Lettres*, 1614.

Sur ces entrefaites, les ambassadeurs de Vologésès qui avoient esté envoyez, comme j'ay dit, vers l'Empereur, reviennent de Rome sans *avoir* rien *avancé*, et les Parthes se préparent à la guerre tout ouvertement.

PERROT D'ABLANCOURT, trad. de Tacite, *Annales*, XVI.

Il parut en peu de temps combien la présence et la capacité du général *avancent* les choses.

SARAZIN, *Siège de Dunkerque.*

Son écuyer, qui passoit pour son père, l'étant venu voir pour apprendre ce qu'elle *avoit avancé* pour son dessein, elle lui en rendit compte.

SCARRON, *Roman comique*, I, 22.

Le légat demanda au comte de Toulouze pour assurance sept chasteaux en Provence, et que s'il ne tenoit son serment, la comté de Melgueil seroit confisquée au profit du Saint-Siège, article qui fit douter que le Pape *advançoit* ses intérêts par ceux de la religion.

MÉZERAY, *Histoire de France* : Philippe-Auguste.

L'admiral n'oublioit rien pour *avancer* sa religion. La reyne escrivoit aux juges par les provinces, pour en faire tolérer les assemblées.

LE MÊME, même ouvrage : Charles IX.

Burenclau et ceux qui servoient la maison d'Autriche profitèrent de ce temps pour leurs desseins : ils *avancèrent* la négociation avec Passerode.

LE MARQUIS DE POMPONNE, *Mémoires*, I, 9.

Nous *avançons* autant qu'il se peust les affaires affin de finir bientost.

L'ARCHEVÊQUE DE TOULOUSE à Colbert de Croissy, 31 décembre 1663. (Voyez DEPPING, *Correspondance administrative sous Louis XIV*, t. I, p. 135.)

J'ai cru qu'agissant avec cette sincérité, je disposerois d'autant plus facilement Sa Majesté britannique et ceux à qui elle confie cette affaire à réduire tous les autres articles aux termes que Votre Majesté peut souhaiter, et je crois

aussi d'*avancer* matière pendant que le roi d'Angleterre est mal satisfait de son parlement.

COLBERT DE CROISSY à Louis XIV, 30 décembre 1668. (Voyez MIGNET, *Succession d'Espagne*, t. III, p. 134.)

Elle essaia toutefois inutilement d'effacer cette noirceur avec l'onde. Après s'être lavée long-tems sans rien *avancer* : O destins ! s'écria-t-elle, me condamnez-vous à perdre aussi la beauté ?

LA FONTAINE, *Psyché*, II.

Les catholiques ne voulurent plus continuer les conférences, où aussi bien on n'*avançoit* rien.

BOSSUET, *Histoire des variations des églises protestantes*, liv. III, nº 34.

Je suis fort aise que Mᵐᵉ de Saint-Julien soit hors de péril ; mais il seroit à souhaiter qu'elle crût encore y être et qu'elle eût grand'peur, cela pourroit *avancer* les affaires de Mᵐᵉ de Rabutin.

Correspondance de Bussy-Rabutin ; le marquis de Trichâteau à Bussy, 2 octobre 1680.

Quand même vous pourriez *avancer* beaucoup l'esprit d'un enfant sans le presser, vous devriez craindre de le faire ; car le danger de la vanité et de la présomption est toujours plus grand que le fruit de ces éducations prématurées qui font tant de bruit.

FÉNELON, *De l'Éducation des filles*, c. 3.

Attendons avec patience qu'il plaise à Dieu d'*avancer* son œuvre.

FLEURY, *Discours sur l'histoire ecclésiastique*, II, § 17.

Ils appellent études utiles, non pas celles qui vont à quelque utilité publique, comme d'*avancer* les arts et perfectionner les mœurs, mais celles qui vont à enrichir ceux qui étudient.

LE MÊME, *Du Choix des études*, c. 23.

Il me sembla que j'y laissois ma vie ; j'expirois à chaque pas que je faisois pour m'éloigner d'elle, je ne respirois qu'en soupirant ; j'étois cependant bien jeune, mais quatre jours d'une situation comme étoit la mienne *avancent* bien le sentiment ; ils valent des années.

MARIVAUX, *la Vie de Marianne*, 9ᵉ partie.

La confiance élève l'âme ; l'on ne doit plus traiter un homme en enfant ; et qu'aurois-je *avancé* jusque-là, si mon élève ne méritoit pas mon estime ?

J.-J. ROUSSEAU, *Émile*, V.

Je repris mon dictionnaire de musique, que dix ans de travail *avoient* déjà fort *avancé*, et auquel il ne manquoit que la dernière main et d'être mis au net.

LE MÊME, *Confessions*, liv. XII.

Du preus conte Doon commence chi l'enfanche :
Dieu nous doinst *avanchier* jusqu'à la definanche.

Doon de Maience, v. 13.

Mais s'il veut *avancer* affaire,
Qu'il s'explique bientôt d'une façon plus claire
Sans appréhender les dangers
Qu'il croit voir à ne pas se taire.

RÉGNIER DESMARAIS, *Poésies françoises*, t. I, p. 93.

Nous verrons ce qu'il veut ; mais je répondrois bien
Que par cette entreprise on *n'avancera* rien.

RACINE, *la Thébaïde*, IV, 1.

Apprenez pour avoir votre esprit raffermi,
Qu'une femme qu'on garde est gagnée à demi,
Et que les noirs chagrins des maris ou des pères
Ont toujours du galant *avancé* les affaires.

MOLIÈRE, *l'École des maris*, I, 4.

Voyons combien nos mains *ont avancé* nos toiles.

LA FONTAINE, *les Filles de Minée.*

AVANCER, payer par avance, avant que l'argent soit dû.

Notre ami le duc partit hier ; il m'a dit qu'il ne seroit que trois mois au Havre. Je n'ai jamais eu le cœur si serré que je l'eus la veille de son départ ; il n'avoit pas un quart d'écu, et M. Colbert lui refusa de lui faire *avancer* cinquante pistoles sur le quartier de juillet.

Mme DE SCUDÉRY, *Correspondance de Bussy-Rabutin*, 11 juin 1677.

Cette pension dont elle avoit prié qu'on lui *avançât* deux quartiers, et sur laquelle elle ne reçut tout au plus que le tiers de la somme, continua toujours d'être si mal payée, qu'il fallut à la fin quitter son appartement.

MARIVAUX, *la Vie de Marianne*, IIe partie.

Pouvez-vous m'*avancer* le payement de ma lettre de change, ou ne le pouvez-vous pas ?

SEDAINE, *le Philosophe sans le savoir*, V, 4.

Je reviendrai demain pour la seconde fois.
— Reviens. — Vous plairoit-il de m'*avancer* le mois ?

REGNARD, *le Joueur*, I, 10.

AVANCER, faire des avances d'argent :

Le duc de Lerme a aussi *avancé* et presté audit roy deux cens mille escus, pour remettre sus une nouvelle armée de mer.

VILLEROY, *Lettres*; à M. le Président Jeannin, 30 mai 1607. (Voyez *Négociations de M. Jeannin*, p. 51.)

Vous me parlez de vous *avancer* de l'argent sur les dix mille écus que vous aurez à toucher dans la succession de M. de Chalon.

Mme DE SÉVIGNÉ, *Lettres*; à Bussy, 26 juillet 1668.

C'est une chose pitoyable de voir comme on traite aujourd'hui les gens d'honneur de notre profession. Nous avons beau écrire jour et nuit, *avancer* notre argent, perdre notre temps : Bon, au bout de tout cela, les procureurs sont encore des fripons.

La Matrone d'Éphèse ou Arlequin Grapignan, scène de l'Étude. (Voyez GHERARDI, *Théâtre italien*, t. II, p. 45.)

Vous n'ignorez pas que plusieurs personnes ont entrepris d'emmener à leurs dépens la rivière d'Ourcq à Paris, dans la veue de la vendre bien cher à ceux qui en ont besoin. M. Persillet faisoit état que cela lui vaudroit plus d'un million. Pour cela, il a fallu faire de grandes dépenses pour sa part, et il a *avancé* quatre cent mille livres dont il se doit rembourser sur la première eau qui sera vendue.

Le Banqueroutier, scène des créanciers, même ouvrage, t. I, p. 385.

Il craignait tellement de livrer l'État aux traitants que, quelque temps après la dissolution de la chambre de justice qu'il avait fait ériger contre eux, il fit rendre un arrêt du conseil qui établissait la peine de mort contre ceux qui *avanceraient* de l'argent sur de nouveaux impôts.

VOLTAIRE, *Siècle de Louis XIV*, c. 30.

L'argent comptant, ce principe de tous les biens et de tous les maux, levé avec tant de peine dans les provinces, se rend dans les coffres de cent entrepreneurs, dans ceux de cent partisans qui *avancent* les fonds, et qui achètent par ces *avances* le droit de dépouiller la nation au nom du souverain.

LE MÊME, même ouvrage, *ibid.*

Il fit construire plusieurs grandes maisons de pierre, quoique sans aucune architecture régulière. Il encourageait les principaux de sa cour à bâtir, leur *avançant* de l'argent, et leur fournissant des matériaux.

LE MÊME, *Histoire de Pierre le Grand*, Ire part., c. 1.

AVANCER s'emploie quelquefois pour Donner d'avance, sans qu'il soit question d'argent :

Je vous en escriray plus amplement par l'ordinaire de Lyon, que nous dépescherons dans cinq ou six iours; cependant j'ay voulu vous *advancer* celle-cy par la voye de Gennes, dont l'ordinaire partira ceste nuict.

D'OSSAT, *Lettres*, liv. II, 53.

Comme l'envieuse fortune prend plaisir à nous *advancer* quelque félicité pour augure d'une future disgrace !

LARIVEY, *la Veuve*, V, 10.

On fut jeté dans les plaisirs comme on avait été entassé dans les prisons; on forçait le présent à *avancer* des joies sur l'avenir, dans la crainte de voir renaître le passé.

CHATEAUBRIAND, *Mémoires d'outre-tombe*, t. VI.

AVANCER signifie aussi, figurément, Mettre en avant, proposer comme véritable.

Le Père Edmond Auger prononça l'oraison funèbre en présence du duc de Mayenne, et *avançant* les louanges de ce seigneur, dit qu'il n'avoit jamais signé la Ligue.

MATTHIEU, *Histoire des derniers troubles de France*, liv. IV.

Vous me faites tort, dit le Père, je n'*avance* rien que je ne prouve.

PASCAL, *Provinciales*, VII.

C'est lui (le cardinal de Richelieu) qui a commencé à punir les magistrats, pour *avoir avancé* des vérités pour lesquelles leur serment les oblige d'exposer leur propre vie.

LE CARDINAL DE RETZ, *Mémoires*.

Madame de Montbazon qui crut qu'il y auroit plus de péril en ce voyage (le voyage de Compiègne), puisqu'on vouloit bien y négocier effectivement, *avança*, même avec précipitation, qu'il seroit mieux que M. de Beaufort y allât.

LE MÊME, même ouvrage.

Ce n'est pas que personne fasse expressément ces sortes de raisonnements... il est de grande naissance, donc on doit croire ce qu'il *avance* comme véritable.

Logique de Port-Royal, IIIe part., c. 20.

Je vous supplie très humblement, Monsieur, de croire que ma passion ne me fait rien *avancer* au delà de la justice, et de ce que je crois absolument nécessaire pour le service du roy dans le diocèse de Saint-Pons.

TUBEUF, évêque de Saint-Pons, à Colbert, 19 décembre 1664. (Voyez DEPPING, *Correspondance administrative sous Louis XIV*, t. I, p. 161.)

Dans le dessein que je me propose, de traiter aujourd'hui ces deux vérités, je me garderai plus que jamais de rien *avancer* de mon propre sens.

BOSSUET, *Sermons : Sur les devoirs des rois*.

Tibère, sur les relations qui lui venoient de Judée, proposa au sénat d'accorder à Jésus-Christ les honneurs divins. Ce n'est point un fait qu'on *avance* en l'air, et Tertullien le rapporte comme public et notoire dans son Apologétique.

LE MÊME, *Discours sur l'histoire universelle*, II, 26.

Il faut qu'elle (cette fille que vous tenez auprès de vous)

se fasse un front qui ne rougisse de rien, lorsqu'il s'agit d'*avancer* le mensonge et de le soutenir.

BOURDALOUE, *Sermons pour les dimanches : Sur le soin des domestiques*.

Les rebelles domptés pour tant de calamitez et de pertes, eussent souhaité quelque accommodement avec leur nouveau prince, mais Jacques Du Bois, chef de la rebellion, assommoit tous ceux qui lui en *avançoient* quelque propos.

MÉZERAY, *Histoire de France*. Charles VI.

Personne n'*avance* de soi qu'il est brave ou libéral.

LA BRUYÈRE, *Caractères*, c. 11.

Pourquoi Sénèque fait-il cette injure à Auguste, ou plutôt à ses deux amis, d'*avancer* qu'ils n'avoient pas coutume de dire la vérité à ce prince?

ROLLIN, *Traité des Études*, liv. IV, c. 3, art. 2, § 2.

Avouez de bonne grâce que vous avez reconnu votre erreur, et que le vin n'est pas une funeste liqueur comme vous l'avez *avancé* dans vos ouvrages, pourvu qu'on n'en boive qu'avec modération.

LE SAGE, *Gil Blas*, liv. X, c. 1.

Avance-t-il que les femmes ne sont pas propres au gouvernement? Il est démenti depuis Tomiris jusqu'à nos jours.

VOLTAIRE, *Commentaires sur l'Esprit des Lois*, art. 4.

Il reste encore beaucoup de nos contemporains qui déposent de la vérité de ce que j'*avance*.

LE MÊME, *Siècle de Louis XIV*, c. 3.

Quelle étrange idée dans deux ou trois têtes de Français qui n'étaient jamais sortis de leur pays, de prétendre que l'Égypte s'était transportée à la Chine, quand aucun Chinois, aucun Égyptien n'a jamais *avancé* une telle fable!

LE MÊME, *Fragments sur l'Histoire*, art. IV.

Ce serait une étrange prétention de la part des militaires que celle d'*avancer* qu'eux seuls aient de l'honneur.

NAPOLÉON, *Mémoires*, t. II, p. 148.

La vertu se contente et vit à peu de frais :
Pourquoi donc s'égarer en des sujets si vagues?
Ce que j'*avance* ici, crois-moi, cher Guilleragues,
Ton ami dès l'enfance ainsi l'a pratiqué.

BOILEAU, *Épîtres*, V.

Tout babillard, tout conteur, tout pédant,
Se peut connoître au discours que j'*avance*.

LA FONTAINE, *Fables*, I, 14.

AVANCER a souvent un nom de personne pour complément :
Avancer quelqu'un vers quelque chose, l'y acheminer :

IV.

77

Chaque heure *nous avance vers* la mort.
Bossuet, Méditations sur l'Évangile.

Chaque instant nous dérobe une portion de notre vie *nous avance* d'un pas *vers* le tombeau.
Massillon, Sermons : Sur la mort.

Avancer quelqu'un, lui faire faire des progrès :

Cette méthode d'enseigner, rapide et superficielle, qui flatte assez les parents et quelquefois même les maîtres, parce qu'elle fait paroître davantage les écoliers, bien loin de les *avancer,* les retarde considérablement.
Rollin, Traité des Études, liv. II, c. 3.

> Le pape doibt souvent penser
> Pour nous en vertus *avancer.*
> Il est Dieu souverain en terre.
> De prier Dieu ne se doibt lasser
> Tous prestres en saincteté passer,
> S'aultrement fait je dys qu'il erre.

Jean Dupin, le Champ vertueux de bonne vie, v. 1330.

Avancer quelqu'un, signifie plus ordinairement Lui procurer de l'avancement.

Et laissa le roi, à son département de Calais, pour capitaine, un Lombard que moult aimoit et *lequel il avoit avancé* qui s'appeloit Aimery de Pavie.
Froissart, Chroniques, liv. I, Ire part., c. 323.

Vostre royaume est le mieux peuplé, que royaume du monde. Vous estes riche en bons et grands capitaines, si vous les voulez entretenir sans *avancer ceux* qui en sont indignes.
Montluc, Commentaires, liv. VII.

Je ne scay qu'il n'a point fait pour *advancer* ceste nouvelle mariée, et rendre son mariage meilleur.
Les Caquets de l'accouchée, IV.

Je voudrois faire beaucoup pour toy et *te* voudrois *avancer* d'aussi bon cœur que mon propre enfant : mais je crains qu'en te montrant l'art de terre ce seroit plutost te reculer que *t'avancer.*
Bernard Palissy, De l'Art de terre.

M. le connestable, retournant à la court après la mort du roy François, *l'advança* fort et luy fit avoir le gouvernement du marquisat de Salusses.
Brantôme, Grands Capitaines : M. de Vassé.

Grande pitié, certes, que Brunehaut s'estoit donné pour mignon de couche Protade, gentilhomme romain, *qu'elle avança* aux honneurs.
Pasquier, Recherches, X, 14.

C'est ceste obéissance entière, parfaite, absolue qui

gagne les batailles, qui dissipe les ennemis, qui *avance le mérite* et couronne le labeur.
Antoine Arnauld, Plaidoyer pour l'Université, juillet 1594.

Il (le Pape) *avanse ses parans,* mais sans aucun interest des droits de l'Église, qu'il conserve inviolablement.
Montaigne, Voyages : Rome.

Le roy se trouva réduit à remettre ce dessein de *vous avancer* à une autre fois.
Sully, Œconomies royales, c. 58.

Auguste de son costé *avança quelques-uns* de ses amis aux charges publiques.
Coeffeteau, Histoire romaine, liv. Ier.

Livia se trouva si puissante auprès d'Auguste, que ses artifices, et le soin qu'elle eut d'*avancer Tibére* furent victorieux du mérite et des belles qualitez de Germanicus.
Le même, même ouvrage, liv. II.

Sous son nepveu Caïus qui *avançoit les plus perdus hommes* de la République, il fut créé consul.
Le même, même ouvrage, liv. IV.

De tous ses amis, c'estoit *ceux* qu'il chérissoit le plus, et *qu'il avoit avancez* par son credit.
Vaugelas, Quinte-Curce, liv. VII.

Je ne m'étonne pas que le Père de la Chaise ne soit pas au goût du pape ; ils ne se ressemblent point. Sa Sainteté a la modération de ne pas *avancer ses parents,* le Père confesseur n'est pas si scrupuleux, comme vous voyez.
Bussy-Rabutin, Lettres, au Père Rapin, 23 mars 1687.

... Tout cela n'est souvent fondé que sur une aversion qu'elles (les femmes) auront pour quelqu'un, sur le dessein d'en *avancer un autre,* ou sur une promesse qu'elles auront faites légèrement.
Louis XIV, Mémoires, IIe partie.

Si vous avez le pouvoir d'*avancer ceux* qui en sont dignes, faites-leur sentir votre protection. Si vous ne pouvez pas *les avancer,* du moins qu'il paroisse que vous êtes affligé de ne le pouvoir pas, et que vous recommandez de bon cœur leurs intérêts.
Fénelon, Lettres au duc de Bourgogne, 5.

Son Excellence lui fit un accueil des plus gracieux, et lui témoigna de la joie de ce qu'il avoit choisi pour gendre *un homme* qu'elle affectionnoit beaucoup et *qu'elle prétendoit avancer.*
Le Sage, Gil Blas, IX, c. 1.

Elle (la reine d'Espagne) aimoit fort les Italiens, et *les avança* toujours tant qu'elle put.
Saint-Simon, Mémoires, 1715.

Pour former un tel clergé, il eût fallu que les évêques

eussent renoncé à leurs intérêts particuliers : qu'ils n'eussent pas désiré d'*avancer leurs parents* dans les dignités ecclésiastiques.

> FLEURY, *Discours sur l'histoire ecclésiastique*, VI.

> Oès, segnurs, pour Dieu le vrai roi droiturier,
> Comme Dieu sceit et peut *son ami avanchier*
> Et l'orgueil du felon mater et abessier.

> *Doon de Maïence,* v. 1889.

> Mais, sage, sois content du jugement de ceux
> Lesquels trouvent tout bon, auxquels plaire tu veux,
> Qui peuvent *t'avancer* en estats et offices.

> J. DU BELLAY, *le Poëte courtisan.*

> Elle *avance* (la Fortune) *un chacun,* sans raison et sans
> [choix :
> Les fous sont aux échecs les plus proches des rois.

> RÉGNIER, *Satires,* XIV.

> Permettez-moi seulement de vous dire
> Qu'on me promit cent fois de *m'avancer :*
> Mais, sans appui, comment peut-on percer ?

> VOLTAIRE, *Nanine,* III, 6.

AVANCER semble signifier, dans quelques anciens textes, Devancer, Avoir le dessus, Vaincre. Dans le premier passage de Brunetto Latini, une variante remplace *avançons* par *devanchons,* et dans le second *avancier* par *vencre :*

> Nos *avançons* les autres animaus non mie par force ne par sens, mais par raison.

> BRUNETTO LATINI, *Li Livres dou tresor,* liv. Ier, part. I, c. 15.

> Tuit li home qui estudient d'*avancier* les autres animaus, devroient garder que il ne meinnent lor vie en manière de bestes.

> LE MÊME, *même ouvrage,* liv. II, part. II, c. 72.

> Peu s'en sauvèrent, par lesquels le prince de Galles et ses gens scurent que le roi de France les *avoit avancés* à si grand nombre de gens d'armes que merveilles seroit à penser.

> FROISSART, *Chroniques,* liv. Ier, IIe part., c. 28.

AVANCER est souvent neutre, et signifie Aller en avant, faire des progrès, soit au propre, soit au figuré.

> *Avancèrent* les dessusdits assez près de Notre-Dame au Bois et du Crousage.

> FROISSART, *Chroniques,* liv. I, Ire part., c. 133.

Quant le prince vey ceste retraicte, il commanda ses gens *avancier* et courir après ses ennemis.

> *Le livre du Chevaleureux comte d'Artois,* p. 52.

La doulceur faict de meilleurs effects que la rigueur, et par icelle on gagne et *advance* beaucoup plus qu'aultrement.

> HENRI IV, *Lettres,* 20 octobre 1572.

Je vous prie ne laisser perdre aucune occasion de serrer et faire resoudre les affaires que ie vous ay commandées, et continuer à me donner avis de ce que vous y *advancerez.*

> LE MÊME. (Voyez SULLY, *Œconomies royales,* t. II, c. 20.)

Ceux qui ne marchent que fort lentement peuvent *avancer* beaucoup davantage, s'ils suivent toujours le droit chemin, que ne font ceux qui courent et qui s'en éloignent.

> DESCARTES, *Discours sur la Méthode,* I.

Comme un homme qui marche seul, et dans les ténèbres, je me résolus d'aller si lentement et d'user de tant de circonspection en toutes choses, que si je n'*avançois* que fort peu, je me garderois bien au moins de tomber.

> LE MÊME, *même ouvrage,* II.

Puis, Berger, luy dit-elle, que jusques icy par les bons offices, et par tant de tesmoignages d'affection, que je vous ay rendus, je connoy de n'*avoir* rien *avancé,* asseurez-vous que ce que j'en plains le plus, c'est la peine et le temps que j'y ay employez.

> D'URFÉ, *l'Astrée,* Ire part., liv. VIII.

Luarzab sépara ses troupes en deux, et ferma le passage par de grands abatis de bois ; en sorte que l'armée persanne ne pouvoit ni *avancer,* ni retourner sur ses pas.

> CHARDIN, *Journal du voyage en Perse,* Ire partie.

Rien ne me donne de distraction ; je vois ce carrosse qui *avance* toujours, et qui n'approchera jamais de moi.

> Mme DE SÉVIGNÉ, *Lettres ;* à Mme de Grignan, 1670.

C'est jour à jour que nous *avançons ;* nous sommes aujourd'hui comme hier, et demain comme aujourd'hui ; ainsi nous *avançons* sans le sentir.

> LA MÊME, *même ouvrage ;* 27 janvier 1687.

Je suis guérie de mille petites incommodités que j'avois autrefois ; non seulement j'*avance* doucement comme une tortue, mais je suis prête à croire que je vais comme une écrevisse.

> LA MÊME, *même ouvrage ;* à Coulanges, 26 avril 1695.

On craint, on espère, on désespère, on entreprend, on *avance,* on recule suivant ses désirs.

> BOSSUET, *Traité de la concupiscence,* c. 27.

Si vous n'*avancez,* vous reculez. Vous regardez en arrière.

> LE MÊME, *Méditations sur l'Évangile.*

Qui ne sait que Luther... attaqua premièrement les abus que plusieurs faisoient des indulgences ?... Des abus, il passa bientôt à la chose même. Il *avançoit* par degrés.

BOSSUET, *Histoire des variations des églises protestantes,* liv. Iᵉʳ, nᵒ 6.

Tous les conquérants ont plus *avancé* par leur nom que par leur épée.

LOUIS XIV, *Mémoires,* IIᵉ part., année 1667, p. 10.

Qu'on ne s'imagine pas *avoir* peu *avancé,* si l'on a seulement appris à douter.

MALEBRANCHE, *Recherche de la vérité,* liv. Iᵉʳ, c. 20, § 3.

On dit qu'une horloge *avance,* pour dire qu'elle va trop vite.

Dictionnaire de l'Académie, 1694.

Plus nous *avançons,* plus nous voyons de chemin à faire.

MASSILLON, *Sermons :* la Purification.

Pensez-y, ou n'y pensez pas, la mort *avance* toujours.

LE MÊME, *Carême :* Sermon sur la mort.

Je ne prétends pas que les jeunes gens doivent ou puissent imiter en tout Démosthène et Cicéron; mais quand ils ne feroient que les suivre de loin, ils *avanceroient* beaucoup.

ROLLIN, *Traité des Études,* liv. V, c. Iᵉʳ, art. 2.

Le cardinal de Bouillon, accoutumé par le rang accordé à sa maison aux usurpations et aux chimères, croyoit reculer quand il n'*avançoit* pas.

SAINT-SIMON, *Mémoires,* 1715.

En effet, mes fils *avancèrent* avant l'âge, et ils n'avoient pas encore seize ans, quand je me vis en état d'égayer leurs études sérieuses par des occupations plus amusantes.

MARIVAUX, *le Paysan parvenu,* VIIIᵉ partie.

Je vais barbouiller bien du papier; mais je ne veux pas songer à cela, il ne faut pas seulement que ma paresse le sache : *avançons* toujours.

LE MÊME, *la Vie de Marianne,* 1ʳᵉ partie.

Nous *avancions* pendant qu'elle parloit, et nous voici dans la cour de ma mère.

LE MÊME, même ouvrage, VIIᵉ part.

Il fut extrêmement négligé d'un premier régent qu'il eut, et n'*avança* guère sous lui.

FONTENELLE, *Éloge de Sauveur.*

Ce n'est sûrement pas sur ce pied qu'il faut présenter en Angleterre un homme à qui l'on veut attirer un peu de considération. Mais cette charité peut être bénignement interprétée, et je consens qu'elle le soit. *Avançons.*

J.-J. ROUSSEAU, *Correspondance,* 10 juillet 1766.

En France, des troubles affreux sous un roi en dé-

mence; en Angleterre, des guerres civiles; les Maures tenant encore les plus belles provinces de l'Espagne; les Turcs *avançant* vers la Grèce et l'empire de Constantinople touchant à sa fin.

VOLTAIRE, *Annales de l'empire :* Robert, 1402-1403.

Charles *avançait* en Pologne, mais les Russes *avançaient* en Ingrie et en Livonie.

LE MÊME, *Histoire de Pierre le Grand,* Iʳᵉ part., c. 12.

Il (le prince Eugène) se vit lui-même assiégé par une armée innombrable de Turcs, qui *avançaient* contre son camp et qui l'environnèrent de tranchées.

LE MÊME, *Siècle de Louis XV,* c. 1.

L'âge *avance,* je le sens bien, et mes quatre-vingts ans m'en avertissent rudement.

LE MÊME, *Lettres,* 1ᵉʳ novembre 1773.

Je ne regrettois point l'Europe; au contraire, plus nous *avancions* vers l'Amérique, plus je sentois mon cœur s'élargir.

PRÉVOST, *Manon Lescaut,* IIᵉ partie.

On voit encore (à Pompéi), sur les murs d'un corps de garde, les caractères mal formés, les figures grossièrement esquissées que les soldats traçaient pour passer le temps, tandis que ce temps *avançait* pour les engloutir.

Mᵐᵉ DE STAEL, *Corinne,* liv. XI, c. 4, § 1.

Frédéric II, qui s'y entendoit un peu, disoit : « Vaincre, c'est *avancer.* »

J. DE MAISTRE, *Soirées de Saint-Pétersbourg,* t. II, p. 15, éd. 1821.

Puis k[e] il voit k'i ne puet *avancir*
Et ke sa force ne li puet esforcir,
S'il plus demeure, por fol se puet tenir,
Quant por .1. cop en veut .c. requellir.

Aliscans, v. 624.

Chière dame, *avancier* vous faut,
Se le sermon voulez oir.

Miracles de Nostre-Dame. Miracle de l'Abbeesse grosse, v. 24.

Tels cuide *avancer* qui recule.

MÉON, *Fables et Contes anciens,* III, 28.

Qui bien commence, bien *avance.*

BAÏF, *Mimes,* liv. Iᵉʳ.

Mais quoy? Plus on se haste et moins *avance*-t-on.

RÉGNIER, *Satires,* XI.

...Tant plus on s'efforce, et tant moins on *avance.*

LE MÊME, *Épîtres,* II.

Ils voyaient devant eux *avancer* le trépas,
Sans détourner les yeux, sans reculer d'un pas.

VOLTAIRE, *Henriade,* III.

Marqué du sceau des dieux, séparé des humains,
Avancez dans la nuit qui couvre vos destins.
VOLTAIRE, Sémiramis, I, 1.

Il a beau me flatter, il n'*avancera* rien.
DESTOUCHES, le Médisant, V, 2.

L'âge *avance*; et le goût avec l'âge varie.
PIRON, la Métromanie, II, 1.

Mais qu'il *avance* donc, il marche à pas comptés.
DUFRESNY, le Mariage fait et rompu, I, 8.

C'est assez !
Abrégeons un détail inutile ; *avancez*.
COLLIN D'HARLEVILLE, les Châteaux en Espagne, IV, 1.

Avançons. Aucun bruit n'a frappé mon oreille.
LAMARTINE, Premières Méditations.

Inquiet, j'*avançai* d'un pas discret et sûr.
LE MÊME, Jocelyn, 1re époque, 6 mai 1796.

Quelquefois ce verbe s'emploie en ce sens avec un substantif abstrait pour sujet.

Parmi toutes ces réformations, la seule qui n'*avançoit* pas étoit visiblement celle des mœurs.
BOSSUET, Histoire des variations des églises protestantes,
liv. VII, n° 97.

Et desjà tu peux voir, au train de cet escrit,
Comme la guarison *avance* en mon esprit.
THÉOPHILE, Élégie.

On trouve quelquefois *avancer* suivi de la préposition *à* et d'un verbe à l'infinitif, dans le sens de Parvenir, arriver promptement à quelque chose.

Si Grandgousier nous mettoit siege, des à present m'en irois faire arracher les dents toutes, seulement que troys me restassent, autant à voz gens comme à moy, avec icelles nous n'*avangerons* que trop à manger noz munitions.
RABELAIS, Gargantua, I, 32.

On trouve aussi *avancer de*, dans le sens de Hâter, presser.

Il fouettoit sans remission les paiges qu'il trouvoit portants du vin à leurs maistres, pour les *advancer* d'aller.
RABELAIS, Pantagruel, II, 16.

Avancer en quelque chose, dans quelque chose :

Selon que j'aurai désormais la commodité d'en faire plus ou moins (des expériences), j'*avancerai* aussi plus ou moins *en* la connoissance de la nature.
DESCARTES, Discours de la Méthode, VI.

Comment se sauveront ceux qui reculent en arrière, puisque ceux qui n'*avancent* pas *dans* la vertu sont dans un péril manifeste?
BOSSUET, Sermon du jour de Pâques.

C'étoit le dessein d'*avancer dans* cette étude de la sagesse qui la tenoit si attachée à la lecture de l'histoire.
LE MÊME, Oraison funèbre de la duchesse d'Orléans.

Cela toutefois ne pourroit faire de tort au fond de son système, duquel on tirera toujours toute l'utilité qu'on peut attendre du véritable pour *avancer dans* la connoissance de l'homme.
MALEBRANCHE, De la recherche de la vérité, liv. II,
Ire part., c. 1.

En étudiant, comme un fait, le mot civilisation, en recherchant toutes les idées qui y sont comprises, selon le bon sens des hommes, nous *avancerons* beaucoup plus *dans* la connaissance du fait lui-même que si nous tentions d'en donner nous-mêmes une définition scientifique.
GUIZOT, Histoire de la civilisation en Europe, 1re leçon.

Avancer en âge :

Le roi *avançoit en âge*, et Monseigneur vers le trône.
SAINT-SIMON, Mémoires, 1707.

Plus vous *avancez en âge* et plus vous extravaguez.
SEDAINE, le Philosophe sans le savoir, I, 9

Avancer sur, anticiper, empiéter, au propre :

Vous *avez avancé* de plus de deux perches *sur* ma terre.
Dictionnaire de l'Académie, 1694.

Celui *sur* la propriété duquel *avancent* les branches des arbres du voisin, peut contraindre celui-ci à couper ces branches.
Code civil, 672.

Au figuré :

Il l'avoit (l'ambition) comme un courageux et généreux prince qu'il estoit, mais non pas qu'il la voulust *advancer sur* son roy ny *sur* son authorité jamais.
BRANTÔME, Grands Capitaines : M. de Guise.

Avancer, dans ses divers sens, est souvent précédé du verbe *faire* : *faire avancer*. Voyez FAIRE.

Avancer, avec le pronom personnel, signifie
Aller en avant :

Les chevaliers de Bretagne *s'avancèrent* et ouvrirent
leurs barrières, chacun son glaive au poing.
FROISSART, *Chroniques*, liv. I, Iʳᵉ part., c. 206.

Fist li rois aporteir pain et vin ; et fist taillier des sou-
pes, et en prist une et la manja ; et puis dist à touz ceus
qui entour lui estoient : « Je proi à touz mes loiaus amis
qui ci sont qu'il manjucent avec moi... » Atant *s'avança*
mes sires Enjorrans de Couci, et prist la première soupe.
Et li cuens Gauchiers de Saint Pol prist la seconde.
Récits d'un ménestrel de Reims au treizième siècle,
publiés par N. DE WAILLY, p. 147.

Je voys coucher à Médine, où je pense trouver Brion, et
ne fauldray à le vous diligenter. Mais j'ay entendu que
pour les choses qu'il vous porte et pour le malaisé chemin, il ne se peult *advancer*.
LA REINE DE NAVARRE à François Iᵉʳ, *Lettres*,
3 décembre 1525.

Tout seul les desconfiray icy ; mais il ne fauldra pas
tarder, *avancez-vous*.
RABELAIS, *Pantagruel*, II, 21.

Sur ces mots, il (Socrate) *s'advança* sur les bords de la
couchette tout assis, et, appuyant ses pieds à terre, il
continua à s'entretenir avec nous.
THÉOPHILE, *Immortalité de l'âme*, 5.

A l'autre rive du port s'élève une chaussée, qui, *s'avançant* cinq ou six cens pas dans la mer, le couvre du costé
de Flandres, et qui aboutit à un petit fort de bois chargé
de quelques canons.
SARAZIN, *Siège de Dunkerque*.

Il étoit difficile que les deux armées fussent si proches
sans combattre. Celle d'Angleterre *s'avança* la première,
et celle de la Hollande fut à sa rencontre.
LE MARQUIS DE POMPONNE, *Mémoires*, I, 6.

Lorsque le roy de Navarre alla à la chambre de la
reyne-mère, le cardinal qui s'estoit tenu près d'elle ne
s'avança pas d'une seule démarche pour aller au devant.
MÉZERAY, *Histoire de France : François II*.

Il (le duc d'Orléans) recevoit cependant des avis de
toutes parts que l'armée impériale *s'avançoit*.
SAINT-SIMON, *Mémoires*, 1706.

Alors le roi se leva sans se découvrir et l'ambassadeur
(turc) *s'avança* au pied des trois premières marches où il
fit sa seconde révérence.
LE MÊME, même ouvrage, 1721.

Dès que le canon suédois eut fait brèche aux retranchements, ils *s'avancèrent* la bayonnette au bout du fusil,

ayant au dos une neige furieuse qui donnait au visage des
ennemis.
VOLTAIRE, *Histoire de Charles XII*, liv. II

Il part, *s'avance* à la porte de la salle, et appelle impétueusement un laquais.
MARIVAUX, *la Vie de Marianne*, IIᵉ part.

A cest mot *se sont avancié*,
En la charete l'ont chargié
Et puis se sont mis à la voie.
Roman de Renart, v. 823.

L'un recule, l'autre *s'avance*.
G. GUIART, *Royaus Lignages*, t. II, v. 6985.

Messagier, va toust et *t'avance*,
Pour aller leur dire au devant
Que nous avons rejoissance,
Et qu'i soient les bien venant.
Le Mistere du siege d'Orleans, v. 725.

...Aux nopces, comme je croy,
Servante n'a qui mieux *s'avance*,
Ny qui entende la cadance
Des instrumens comme je fais.
Chambrière à louer. (*Poésies françoises des* xvᵉ *et*
xviᵉ *siècles*, t. I, p. 100.)

Chantons, dansons, que chacune *s'avance*,
Et la carole elle mesme commence.
RONSARD, *la Franciade*, IV.

Entre les deux partis Calchas *s'est avancé*,
L'œil farouche, l'air sombre et le poil hérissé.
RACINE, *Iphigénie*, V, 6.

S'AVANCER est d'un très fréquent usage au
figuré :

Il nous faut bien estre sur nos gardes, que nos pensées
ou nos langues ne *s'avancent* point plus loin que les limites
de la parole de Dieu ne s'estendent.
CALVIN, *Institution chrestienne*, liv. I, c. 13, § 21.

Il se mit à l'entretenir de choses agréables, luy parlant
tantost de sa mere et de ses sœurs, et tantost de cette
grande victoire qui *s'avançoit* à grands pas pour couronner ses triomphes.
VAUGELAS, trad. de Quinte-Curce, liv. III.

La mort qui *s'avançoit* fit sentir aux hommes une vengeance plus prompte ; et comme tous les jours ils s'enfon-
çoient de plus en plus dans le crime, il falloit qu'ils fussent
aussi, pour ainsi parler, tous les jours plus enfoncés dans
leur supplice.
BOSSUET, *Discours sur l'Histoire universelle*, II, 1.

Celui-là est savant, qui ne sait pas seulement où il faut s'avancer, mais où il faut s'arrêter.

BOSSUET, Sermons : Sur l'utilité des souffrances.

Il se dit figurément De l'écoulement du temps :

Le mois de juillet s'avançoit sans que le colonel Stanhope sût autrement que par les conjectures et par les raisonnements vagues du public quelle étoit la destination de l'escadre espagnole.

SAINT-SIMON, Mémoires, 1718.

L'été s'avance, les jours commencent à diminuer.

J.-J. ROUSSEAU, Émile.

Ne perdons point de tems ; déjà la nuit s'avance.

LEGRAND, Plutus, I, 5.

Encor si la saison s'avançoit davantage !
Attendez les zéphirs : qui vous presse ? Un corbeau
Tout à l'heure annonçoit malheur à quelque oiseau.

LA FONTAINE, Fables, IX, 2.

Il signifie encore, figurément, Faire du progrès dans une carrière, y obtenir de l'avancement :

Si fut la dite croix manifestée et prêchée par le monde, et venoit à plusieurs chevaliers bien à point, qui se désiroient à avancer.

FROISSART, Chroniques, liv. I, Iʳᵉ part., c. 61.

Là-dessus cet esprit servile se présentant la grande fortune qu'il pouvoit faire en le déférant, oublia l'amour de son maistre, et la mémoire de la liberté qu'il lui avoit donnée, pour s'avancer aux despens de sa vie.

COEFFETEAU, Histoire romaine, V.

De Marle, beau-frère de M. le président de Bragelonne... a l'esprit obscur, difficile, a grande passion de s'avancer.

Notes secrètes des intendants de province à Colbert, fin de 1663. (Voyez DEPPING, Correspondance administrative sous Louis XIV, t. II, p. 49.)

Un honnête homme fait tout ce qu'il peut pour s'avancer, et se met au-dessus des mauvais succès quand il n'a pas réussi.

BUSSY-RABUTIN, Lettres ; à Mᵐᵉ de Sévigné, 23 mai 1667.

J'étois il y a longtemps dans une disgrâce sourde, inconnue au public, mais qui m'eût empêché de m'avancer, à moins que d'un changement dans le ministère.

LE MÊME, même ouvrage ; à Mᵐᵉ de Sévigné, 29 juillet 1668.

L'inquiétude de M. de Sévigné n'est pas mal fondée de s'ennuyer dans sa charge ; on ne sert que pour s'avancer,

et un guidon ne s'avance pas, tant que ses officiers supérieurs ne meurent ou ne quittent point.

LE MÊME, même ouvrage ; à Mᵐᵉ de Sévigné, 19 octobre 1675.

Les exemples de ceux qui s'avancent semblent reprocher aux autres leur peu de mérite : et c'est sans doute ce dessein de se distinguer qui pousse l'ambition aux derniers excès.

BOSSUET, Sermons : Contre l'ambition.

Par cette bonté avec laquelle il encourageoit les uns, il excusoit les autres et donnoit à tous les moyens de s'avancer, de vaincre leurs malheurs, ou de réparer leurs fautes.

FLÉCHIER, Oraison funèbre de M. de Turenne.

J'ai tout lieu de croire qu'en vous faisant part du peu de bien, et du revenu que Dieu nous a donné, vous serez cent fois plus heureux, et plus en état de vous avancer.

RACINE, Lettres, 19 septembre 1698, à Jean-Baptiste Racine.

Un homme d'un petit génie peut vouloir s'avancer : il néglige tout, il ne pense du matin au soir, il ne rêve la nuit qu'à une seule chose, qui est de s'avancer.

LA BRUYÈRE, Caractères, c. 6.

Votre devoir est de reculer ceux qui s'avancent trop, et d'avancer ceux qui demeurent reculés en faisant leur devoir.

FÉNELON, Direction pour la conscience d'un roi.

Avec du caractère et de l'esprit, tu pourrois un jour t'avancer dans les bureaux. — De l'esprit pour s'avancer ? Monseigneur se rit du mien. Médiocre et rampant ; et l'on arrive à tout.

BEAUMARCHAIS, Mariage de Figaro, III, 5.

L'un pour ne s'avancer se voit être avancé,
L'autre pour s'avancer se voit désavancé,
Et ce qui nuit à l'un, à l'autre est profitable.

J. DU BELLAY, Sonnet.

Tousiours un orgueilleux, qui veut trop entreprendre,
Au lieu de s'avancer recevra de l'esclandre.

GARNIER, Antoine, act. IV, v. 69.

La Muse est inutile, et si ton oncle a sceu
S'avancer par cet art, tu t'y verras deceu.

REGNIER, Satires, IV.

Bon ! c'est bien à la cour que l'on a du scrupule :
On cherche à s'avancer sans voir qui l'on recule.

BOURSAULT, Ésope à la cour, IV, 3.

C'est par là que l'on voit à la ville, à la cour
Tant de fourbes adroits s'avancer chaque jour,

DESTOUCHES, l'Ingrat, II, 2.

Je songe à *m'avancer*, je m'estime, je m'aime,
Et je n'ai point d'ami plus zélé que moi-même.

DESTOUCHES, *l'Ingrat*, IV, 7.

S'avancer, faire un progrès moral ou intellectuel :

Nul n'est encore parvenu à telle sagesse, qu'il ne puisse par la doctrine quotidienne de la loy *s'avancer* de jour en jour, et profiter en plus claire intelligence de la volonté de Dieu.

CALVIN, *Institution chrestienne*, liv. II, c. 7, § 12.

Tous les saincts ont passé par plusieurs tribulations et tentations, et s'y *sont advancés*.

MICHEL DE MARILLAC, *Imitation de Jésus-Christ*, édit. de M. de Sacy, p. 36.

Celuy qui évite seulement les occasions extérieures des tentations, et n'en arrache pas la racine, ne *s'advancera* pas beaucoup.

LE MÊME, même ouvrage, p. 37.

Il peut y avoir de très grandes différences par la diversité des esprits qui *s'avancent* plus ou moins.

FLEURY, *Choix des études*, c. 37.

S'avancer, faire des propositions, des déclarations.

Combien qu'anciennement aucuns se soyent eslevez, et qu'aujourd'hui encores plusieurs *s'avancent* pour nier qu'il y ait aucun Dieu : toutesfois maugré qu'ils en ayent si faut-il qu'ils sentent ce qu'ils désirent d'ignorer.

CALVIN, *Institution chrestienne*, liv. I, c. 3, § 2, p. 6.

Je lui dis (au duc de Medina) que je ne ferois point ce pas-là que je n'en eusse une permission expresse de Votre Majesté ; que je *m'étois* un peu *avancé* à Aranjuez par son avis, et que je l'avois cité en même temps pour garant, auprès de Votre Majesté, sur ce qu'il m'avoit dit qu'il connoissoit l'esprit de son maître.

L'ARCHEVÊQUE D'EMBRUN à Louis XIV, 25 mai 1662. (Voyez MIGNET, *Succession d'Espagne*, t. I, p. 142.)

C'étoit un homme (Bergheyck) qui ne *s'avançoit* jamais, qui ne parloit jamais aussi contre sa pensée, mais ferme dans ses avis.

SAINT-SIMON, *Mémoires*, 1706.

Si je voy qu'on me rit, c'est que je *m'avance*,
Et ne me veux chaloir du lieu, grand ou petit.

RÉGNIER, *Epistres*, II.

S'avancer, en parlant des choses, Faire des progrès, approcher de son terme, de sa fin :

J'espère que toutes choses *s'avancent* de mieux en mieux.

HENRI IV, *Lettres*; 6 juin 1589.

Les levées que le cardinal Albert vouloit estre faites en Italie pour luy estre envoyées, ne *s'advancent* point, et quasi ne s'en parle plus.

D'OSSAT, *Lettres*, III, 93.

La tranchée de Bouchain est ouverte de jeudi 7 de ce mois. On croit que le siège sera long ; car le terrain est mauvais et les travaux ne *s'y avanceront* pas aisément.

Mᵐᵉ DE RABUTIN, *Lettres*; à Bussy, 10 mai 1676.

La grossesse de Madame la Dauphine *s'avance*, et je crois que son terme sera du 15 au 20 d'août.

LE DUC DE SAINT-AIGNAN, *Lettres*; à Bussy, 21 juillet 1686.

Tout est surprenant, à le regarder que les causes particulières, et néanmoins tout *s'avance* avec une suite réglée.

BOSSUET, *Discours sur l'Histoire universelle*, III, 8.

Elle vouloit voir si le travail de Mentor *s'avançoit*.

FÉNELON, *Télémaque*.

Il est étonnant de voir comment en peu d'années il amena sur ce point la langue latine à une souveraine perfection, qui n'est ordinairement que le fruit d'une longue expérience, et qui *s'avance* peu à peu par des accroissements fort lents.

ROLLIN, *Traité des Études*, liv. III, art. 3.

Pour Cicéron, il dévore et consume tout ce qu'il rencontre avec un feu qui ne s'éteint point et qui, à mesure qu'il *s'avance*, prend toujours de nouvelles forces.

LE MÊME, même ouvrage, liv. IV, c. 3, art. Iᵉʳ, § 2.

Aujourd'hui qu'il peut tout, que votre hymen *s'avance*
Exemple infortuné d'une longue constance,
Après cinq ans d'amour et d'espoir superflus,
Je pars, fidèle encor, quand je n'espère plus.

RACINE, *Bérénice*, I, 2.

S'avancer à :

Il est vray, Monseigneur, que nos voisins (les soldats de Charles-Quint) ne dormiront pas et *s'advanceront à* fere le pis qu'ils pourront.

LA REINE DE NAVARRE, *Lettres*; à François Iᵉʳ, 1537.

Et comme si chacun voyoit en moy aussi clair que je fay, au lieu de me tirer arrière de l'accusation je *m'y avance*, et la renchéry plustost.

MONTAIGNE, *Essais*, III, 12.

Et ces années passées, n'estoit-ce pas un loisir et commodité de vous *avancer au* bien de vostre âme ?

SAINT FRANÇOIS DE SALES, *Introduction à la vie dévote*, I, 11.

C'en étoit assez (à Polybe) pour conclure que les Romains ne s'avançoient pas à la conquête du monde par hasard, mais par conduite.

BOSSUET, *Discours sur l'Histoire universelle*, III, 6.

Elle (la mort) a effacé, pour ainsi dire, sous le pinceau même, un tableau qui s'avançoit à la perfection avec une incroyable diligence.

LE MÊME, *Oraison funèbre de la duchesse d'Orléans*.

Par là il (Richelieu) sembla montrer son successeur à la France ; et le cardinal Mazarin s'avançoit secrètement à la première place.

LE MÊME, *Oraison funèbre de Le Tellier*.

Le jeune Brienne qui, ayant le bras fracassé à ce combat d'Exilles, monte encore à l'escalade en disant : « Il m'en reste un autre pour mon roi et pour ma patrie, » ne vaut-il pas bien un habitant de l'Attique et du Latium? et tous ceux qui comme lui s'avançoient à la mort ne pouvant la donner aux ennemis, ne doivent-ils pas nous être plus chers que les anciens guerriers d'une terre étrangère ?

VOLTAIRE, *Éloge funèbre des officiers morts dans la guerre de 1741*.

Nos âmes se sont corrompues à mesure que nos sciences et nos arts se sont avancés à la perfection.

J.-J. ROUSSEAU, *Discours à l'Académie de Dijon*.

Leur arme est leur épée ; et sans autre défense,
Exposé tout entier, l'un à l'autre s'avance.

VOLTAIRE, *Henriade*, X.

S'avancer contre :

Entre les Drouois se réboute
Dont li floz *contre* lui s'avance.

G. GUIART, *Royaus Lignages*, v. 6959.

S'avancer dans :

Comme le corps allemand pourroit cependant se mettre en marche et s'avancer dans la route... il importe beaucoup que l'on ne perde pas le temps de delà à consulter sur la matière.

LOUIS XIV à l'archevêque d'Embrun, 8 février 1655. (Voyez MIGNET, *Succession d'Espagne*, t. I, p. 333.)

S'en tenir à la foi, sans s'avancer dans les bonnes œuvres, c'est s'arrêter dès le premier pas.

BOSSUET, *Sermons : Sur la parole de Dieu*.

Outre que le service et le zèle au bien de l'État étoient le moyen le plus sûr pour s'avancer dans les charges, les actions militaires avoient mille récompenses qui ne coûtoient rien au public, et qui étoient infiniment précieuses aux particuliers.

LE MÊME, *Discours sur l'Histoire universelle*, III, 6.

IV.

Il s'avança dans la perfection sans empêchement et sans obstacles.

FLÉCHIER, *Panégyrique de saint François de Paule*.

Je m'imagine voir, avec Louis le Grand,
Philippe Quatre qui s'avance
Dans l'île de la Conférence.

LA FONTAINE, *Fables*, XII, 4.

S'avancer de faire une chose, avoir la hardiesse, le courage de la faire :

Là eut un varlet que on appeloit Gobin Agace, qui s'avança de parler, qui connoissoit le passage de la Blanche-Tache mieux que nul autre.

FROISSART, *Chroniques*, liv. I, Ire part., c. 278.

Il s'avança de venir vers son cousin, et fit tant qu'il y eut asségurances d'eux deux.

LE MÊME, même ouvrage, liv. I, IIe part., c. 389.

Pour ce qu'il (le duc de Bourgogne) étoit terrible à ses gens, nul ne s'étoit avancé de lui donner nul confort où conseil.

COMMINES, *Mémoires*, V, 5.

Saint Jehan ! dit-il, vous voyés que c'est, or *vous avancés* de moy tirer d'icy, car je suis tant las que je n'en puis plus.

Les Cent Nouvelles nouvelles, XXVIII.

Pour le très grant plaisir qu'elle print aux doulx et mélodieux chans et armonies de tous instrumens dont on jouoit à son huys, elle s'advança de venir beyer et regarder par les crevaces des fenestres et secretz traillis d'icelles.

Même ouvrage, C.

Sa damoiselle de chambre, qui estoit derrière sa maîtresse, s'advança de parler.

Les Caquets de l'accouchée, I.

Il s'avancea de donner la bataille.

AMYOT, trad. de Plutarque, *Lucullus*, XV

Je laisse maintenant au jugement des lecteurs de quelle sorte de mots principalement nous pouvons faire notre proufit, entre ceux que nous trouvons ès rommans. Quant à moy, je m'avanceray bien de dire « que marinette », en poésie principalement, seroit celuy duquel je craindrois moins user.

H. ESTIENNE, *De la Précellence du langage françois*, éd. Feugère, p. 206.

Le capitaine Charry s'avança de monter.

MONTLUC, *Mémoires*, liv. III.

Il ne fut pas plustost party, que le capitaine Hortolan, son sergent-major, *se voulut ingérer et advancer de leur* commander à tous.

BRANTÔME, *Grands Capitaines :* Couronnels françois.

Ayant tué quelques hommes qui *s'advançoient* d'essayer de passer les premiers.

BRANTÔME, *Discours d'aucunes retraictes de guerre.*

A ceste parole s'esvanouit Oriane, et tumba sur le plancher de sa chambre, ce que voyant la damoyselle de Dannemarc, elle cogneut bien que trop indiscretement *s'estoit avancée de* luy porter ceste mauvaise nouvelle.

Amadis de Gaule, I, 21.

Sur le soir, ils demandent de parler au Fresne, qui voulant sortir et estant encore sur la planche abaissée, d'entre plusieurs arquebuziers apostez, un *s'avança de* tirer.

MATTHIEU, *Histoire des derniers troubles de France*, liv. II.

Or notez que celuy qui *s'avança de* parler ainsi des femmes de lettres et d'entendement, fut si advisé qu'il dit en latin tout ce qu'il avoit récité au mespris des femmes doctes et d'esprit.

BOUCHET, *Serées*, II, 23.

Pource que vous craigniez que le prince ne rêvât encore, *vous vous êtes avancée de* répondre pour luy.

VOITURE, *Histoire d'Alcidalis et de Zélide.*

Je diray donc que le poëme de Samson, lequel *je m'estois avancé de* promettre dans mes premières œuvres, et dont il y avoit déjà environ quatre ou cinq cens vers de faits qui ont été perdus, ne se doit point attendre.

SAINT-AMANT, *Dernier Recueil de diverses poésies*, préface.

Le duc de Guise entreprit par un trait d'insigne hardiesse de s'esgaler aux princes du sang : la première fois que le roy sortit de sa chambre en habit de deuil, il *s'avança de* porter la queuë de son manteau avec les princes de Condé et de la Roche-sur-Yon.

MÉZERAY, *Histoire de France* : François II.

Sire est des autres Guibouin de Plesance,
Devant le roy *de parler* moult *s'avance.*

Chevalerie Vivien, ms. de la Vallière, 23, fol. 189 vᵒ.
(Voyez *Histoire littéraire de la France*, t. XXII, p. 507. *Chansons de geste.*)

Des miens le moindre, je dy voir,
De me desadvouer *s'avance.*

VILLON, *le Grand Testament*, 23.

Jamais ne me veuil *advancer*
De plus jouer de ma vie.

Moralité des enfants de maintenant. (Ancien Théâtre françois, bibliothèque elzévirienne, t. III, p. 51.)

Et si je me suis *avancé*
Quelquefois *de parler* à elle.

R. BELLEAU, *la Reconnue*, III, 2.

S'avancer en :

Je pensai que je ne pouvois mieux que... d'employer toute ma vie à cultiver ma raison, et à *m'avancer* autant que je pourrois *en* la connoissance de la vérité.

DESCARTES, *Discours de la Méthode.*

Cependant Moïse *s'avançoit en* âge. A quarante ans, il méprisa les richesses de la cour d'Égypte.

BOSSUET, *Discours sur l'Histoire universelle*, I, 3.

Il est temps de penser
En quel rang tu *te* veux maintenant *avancer.*

VAUQUELIN DE LA FRESNAYE, *Satires.*

S'avancer sur :

Et avoit espousé madamoyselle de Bouillon, une très belle et honneste princesse, et qui l'est encor telle, bien qu'elle *s'advance sur* l'aage; mais il ne luy faict encor aucun tort à sa beauté.

BRANTÔME, *Grands Capitaines françois* : M. Louis de Nevers.

S'avancer vers :

Je pars présentement pour *m'advancer vers* mes ennemis.

HENRI IV, *Lettres;* 6 septembre 1592.

La patience est absolument nécessaire pour exécuter les hautes et importantes entreprises;—pour *s'avancer* tout droit *vers* le but, sans s'arrêter de côté ni d'autre par les chemins.

BALZAC, *le Prince*, c. 22.

Tous les hommes *s'avancent*, du néant qui a précédé leur condition, *vers* le tombeau, où leur nature trouve d'abord comme une autre espèce de néant.

ABBADIE, *Sermons* : Sur le chemin qui conduit à Dieu.

Cyrus paroît à la tête des Mèdes et des Perses : tout cède à ce redoutable conquérant. Il *s'avance* lentement *vers* les Chaldéens, et sa marche est souvent interrompue.

BOSSUET, *Discours sur l'Histoire universelle*, II, 6.

Rome alors étoit, pour ainsi dire, dans la force et la vigueur de l'âge et *s'avançoit* à grands pas *vers* la conquête de l'univers.

ROLLIN, *Traité des Études*, liv. VI, IIIᵉ part., c. 2, art. 2. 4ᵒ morceau de l'Histoire romaine, c. 1.

La reine d'Espagne *s'avançoit vers* Madrid avec ce qui avoit été la recevoir aux frontières d'équipage, de maison et de gardes du roi d'Espagne.

SAINT-SIMON, *Mémoires*, 1715.

Avançons-nous avec joie, sous la protection de la divinité, *vers* des jours qui doivent être éternels.

BERNARDIN DE SAINT-PIERRE, *Harmonies de la nature*, liv. I, Leçon de botanique : Virgile.

Ce sont les Obotrites, les Wiltzes... toute la race slave qui pèse sur la race germaine, et, du VIe au IXe siècle, la contraint à *s'avancer vers* l'Occident.

GUIZOT, *Histoire de la civilisation en Europe*, 3e leçon.

S'AVANCER figure dans certaines locutions proverbiales :

Eschaudé est qui trop *s'avance*.

Le Mistere du siege d'Orleans, v. 1224.

... Bien souvent qui trop *s'avance*
Son fait ne vient pas en avant.

Même ouvrage, v. 14056.

AVANCÉ, ÉE, participe. Qui avance, proéminent :

Mon menton est un peu *avancé*, mon teint n'est pas délicat, quoiqu'il paroisse uni en certains jours.

Mlle DE MONTPENSIER, *Portraits*, LXXII : Portrait d'une dame de condition de la ville de Caen.

Le prince est... par sa charge, à chaque particulier, un abri pour se mettre à couvert du vent et de la tempête, et un rocher *avancé* sous lequel il se met à l'ombre dans une terre sèche et brûlante.

BOSSUET, *Politique tirée de l'Écriture*, I, 3.

AVANCÉ, qui s'est avancé, qui s'est tenu au premier rang dans un combat :

Lavardin, ayant raporté ces choses au roi de Navarre, y ajouta que le capitaine Dominge s'étoit trouvé des plus *avancez* dans ce susdit combat, et y avoit fait des merveilles.

D'AUBIGNÉ, *Mémoires*, t. I, p. 67.

En termes militaires :
Gardes avancées, postes avancés, etc.

La cavalerie espagnolle marchoit en trois *gros avancez*, et en trois autres de soustien.

D'AUBIGNÉ, *Histoire*, t. II, liv. I, c. 13.

Les Grecs étoient dans l'usage non seulement de poser des sentinelles, mais encore d'établir des *gardes avancées*. Homère remarque comme un manque de discipline de la part des Troyens d'avoir négligé cette précaution.

GOGUET, *Origine des lois*, t. IV, p. 320.

La *garde avancée* de cinq mille hommes, qui gardait, entre des rochers, un poste où cent hommes résolus pouvaient arrêter une armée entière, s'enfuit à la première approche des Suédois.

VOLTAIRE, *Histoire de Charles XII*, liv. II.

Surprend des ennemis les *postes avancés*.

SAINT-ANGE, trad. des *Métamorphoses* d'Ovide, XIII

Logis, ouvrages, travaux avancés, tant au propre qu'au figuré :

Negrepelisse, avec ce qu'il pût mettre ensemble de Roüergue et de Querci, attaqua un *logis avancé* et assez rudement.

D'AUBIGNÉ, *Histoire*, liv. V, c. 14.

Je crois que la superstition est un *ouvrage avancé* de la religion qu'il ne faut pas détruire.

J. DE MAISTRE, *Soirées de Saint-Pétersbourg*, 10e entretien.

Tout le secret ne gît qu'en un peu de grimace,
A mentir à propos, jurer de bonne grâce,
. . . .
Avoir toujours en bouche angles, lignes, fossés,
Vedette, contrescarpe, et *travaux avancés*.

CORNEILLE, *le Menteur*, I, 6.

AVANCÉ, en parlant D'une affaire, d'une entreprise, d'un projet, d'un mariage, d'une guérison :

J'ay grand soin d'augmenter par estude et par discours ce privilege d'insensibilité qui est naturellement bien *avancé* en moi.

MONTAIGNE, *Essais*, III, 10.

Les ouvrages de Maintenon sont fort *avancés*.

Mme DE MAINTENON, *Lettres* ; à la comtesse de Saint-Géran, 28 juillet 1687.

Il est entré des quantités considérables de bleds dans cette ville (Marseille), venant de Gênes, de Barbarie et de Provence... Ainsi, vous devez vous imputer à vous-mesmes si vostre provision n'est pas plus *avancée*.

LE COMTE DE PONTCHARTRAIN aux échevins de Marseille, 2 décembre 1693. (Voyez DEPPING, *Correspondance administrative sous Louis XIV*, t. I, p. 893.)

Faut-il que j'abandonne une entreprise si *avancée*, je ne puis m'y résoudre.

LE SAGE, *le Diable boiteux*, c. 8.

Plus on désespère de soi pour n'espérer qu'en Dieu sur la correction de ses défauts, plus l'œuvre de la correction est *avancée*.

FÉNELON, *Lettres spirituelles*, CLV.

Il alla sur les neuf heures du soir visiter la tranchée, et ne trouvant pas la parallèle assez *avancée* à son gré, il parut très mécontent.

VOLTAIRE, *Histoire de Charles XII*, liv. VIII.

Il plaignit l'égarement où j'étois tombé ; il me félicita de ma guérison, qu'il croyoit *avancée*.

PRÉVOST, *Manon Lescaut*, Iʳᵉ partie,

Patience, les choses sont déjà bien *avancées*.

PICARD, *les Ricochets*, sc. 2,

Cum plus ert cest ovre *avancée*,
Plus te sera proz e honor.

BENOÎT, *Chronique de Normandie*, v. 18411.

C'est alors que chacun, rappelant le passé,
Découvrit mon dessein, déjà trop *avancé*,

RACINE, *Britannicus*, IV, 2.

Du projet d'un hymen déjà fort *avancé*,
Devant vous aujourd'hui criminel dénoncé,
Et mis sur la sellette aux pieds de la critique,
Je vois bien tout de bon qu'il faut que je m'explique.

BOILEAU, *Satires*, X.

Être bien avancé, aussi avancé; n'être pas plus avancé, s'emploie souvent dans un sens ironique :

Si vous dites à l'enfant simplement qu'on a besoin de grâce pour être fidèle, il n'entend pas tous ces mots-là, et si vous l'accoutumez à les dire sans les entendre, vous n'en êtes *pas plus avancé*.

FÉNELON, *De l'Éducation des filles*, c. 7.

Je suis arrivé ici, un peu plus tôt que toi, mais enfin nous y sommes tous deux, et tu n'es *pas plus avancé* que moi, ni mieux dans tes affaires.

LE MÊME, *Dialogues des morts :* Romulus et Remus.

Le pauvre diable avoit beau venir me démentir, il n'en étoit *pas* pour cela *plus avancé ;* il passoit pour un brutal, et l'on me croyoit toujours plutôt que lui.

LE SAGE, *Gil Blas*, I, 5.

Il faut auparavant que je communique la chose au père, et que je la lui fasse agréer. Bon ! repris-je en éclatant de rire, tu en es encore là ? voilà un mariage *bien avancé !*

LE MÊME, même ouvrage, IX, 1.

Son mari (de Mᵐᵉ de Caderousse) qui s'appeloit Cadart, et qui vouloit se nommer Ancezune, étoit un gentilhomme du comtat d'Avignon, qui portoit le nom de duc de Caderousse, dont il n'étoit *pas plus avancé*.

SAINT-SIMON, *Mémoires*, 1710.

Nous serons tous deux *aussi avancés* l'un que l'autre.

MARIVAUX, *la Méprise*, sc. 2.

Heureusement, je ne crains pas son amour. Quand il me demanderoit à ma mère, il n'en sera *pas plus avancé*.

MARIVAUX, *l'Épreuve*, sc. 6.

Voyez comme cela réussit. Me voilà *bien avancé !*

LE MÊME, *le Legs*, sc. 9.

Depuis bien long-temps j'ai perdu le sommeil ; mais madame de Talmont a perdu la vie, elle est *plus avancée* que moi.

Mᵐᵉ DU DEFFAND, *Lettres,* CLXXXI ; à H. Walpole, 29 décembre 1773.

N'être pas avancé d'un pas, être aussi avancé, moins avancé que le premier jour :

Les réveils de la nuit ont été noirs, et, le matin, je n'étois point *avancée d'un pas* pour le repos de mon esprit.

Mᵐᵉ DE SÉVIGNÉ, *Lettres ;* à Mᵐᵉ de Grignan, 6 février 1671.

Hélas ! non ; il n'y a encore rien de fini, reprit-il ; nous sommes un peu *moins avancés que le premier jour ;* ma mère vous en parlera sans doute.

MARIVAUX, *la Vie de Marianne*, VIIIᵉ partie.

Combien y a-t-il que vous plaidez, ne vous déplaise? — Il y a déjà treize ans ; et me voilà, Dieu merci, et vous, *aussi avancé que le premier jour.*

La Matrone d'Éphèse ou *Arlequin Grapignan*, scènes de l'Étude. (Voyez GHERARDI, *Théâtre italien*, t. I, p. 46.)

Être trop avancé pour reculer :

Je suis *trop avancé* pour oser reculer.

LE GRAND, *le Roi de Cocagne*, II, 2.

AVANCÉ, en parlant Des personnes, dans les diverses acceptions du verbe :

Aussi fit messire Gautier de Mauny, qui devint en ces chevauchées chevalier, et fut retenu du plus grand conseil du roi et moult *avancé* en sa cour.

FROISSART, *Chroniques*, liv. I, Iʳᵉ part., c. 59.

Je vous dy pour vray que telle se cuide *avancié* qui se desavance, et telle cuide venir la premiere qui se treuve la derniere.

Le Livre du chevalier de La Tour Landry pour l'enseignement de ses filles, c. 18.

Je confesse bien que ceux qui sont entendus et experts en science, ou les ont aucunement goustées, sont aidez par le moyen, et *avancez* pour comprendre de plus près les secrets de Dieu.

CALVIN, *Institution chrestienne*, liv. Iᵉʳ, c. 5, § 2.

M. Florence fit la leçon au roi en présence de M. le Fèvre, qui ne dit jamais un mot, mais se contenta de voir comme il étoit *avancé*, et de quelle façon on le faisoit étudier.

   MALHERBE, *Lettres*, 99 ; à Peiresc, 1611.

Il n'épargna rien à me faire apprendre à lire et à écrire ; et, sitôt que je fus assez *avancé* pour apprendre le latin, il obtint du seigneur du village... que j'étudierois avec ses deux fils.

   SCARRON, *le Roman comique*, I, 13.

Les Samoyèdes, les Lapons, les habitants du nord de la Sibérie, ceux du Kamstschatka, sont encore moins *avancés* que les peuples de l'Amérique.

   VOLTAIRE, *Essai sur les mœurs*, c. 111 : De l'antiquité des nations.

Qui a jamais pu douter que du côté des sciences qui dépendent de l'exactitude des observations,... nous ne soyons infiniment plus *avancés* que les anciens ?

   GRIMM, *Correspondance*, 1er décembre 1754.

Nul doute que la nation des Goths ne fût plus *avancée*, n'eût des mœurs un peu plus douces que celle des Francs.

   GUIZOT, *Histoire de la civilisation en Europe*, 2e leçon.

AVANCÉ, qui a obtenu de l'avancement :

Si j'eusse faict tels services du vivant des feuz roys François, ou Henry, il n'y a gentilhomme en France, s'il ne porte tiltre de prince, qui eust esté plus *advancé*, ny mieux recogneu, que j'eusse esté.

   MONTLUC, *Commentaires*, liv. V.

AVANCÉ, en parlant De l'esprit :

Je trouve que les charmes de votre esprit surpassent encore ceux de votre beauté ; jamais il n'y en a eu de plus fait ni de plus *avancé* en une jeunesse comme la vôtre.

   Mlle DE MONTPENSIER, *Portraits*, XXXI : Portrait de Mme la comtesse de La Marck.

Elle (Mme de Valentinois) avoit retardé, autant qu'elle avoit pu, le mariage du dauphin avec la reine d'Écosse ; la beauté et l'esprit capable et *avancé* de cette jeune reine, et l'élévation que ce mariage donnoit à MM. de Guise, lui étoient insupportables.

   Mme DE LA FAYETTE, *la Princesse de Clèves*, Ire partie.

Comme mademoiselle votre fille montre un esprit assez *avancé*, avec beaucoup d'ouverture, de facilité et de pénétration, je crains pour elle le goût du bel esprit et un excès de curiosité vaine et dangereuse.

   FÉNELON, *Avis à une dame sur l'éducation de sa fille*.

J'avois le cœur plus fin et plus *avancé* que l'esprit, quoique ce dernier ne le fût déjà pas mal.

   MARIVAUX, *la Vie de Marianne*, Ire partie.

Dans les climats chauds, où règne ordinairement le despotisme, les passions se font plus tôt sentir, et elles sont aussi plus tôt amorties ; l'esprit y est plus *avancé* ; les périls de la dissipation des biens y sont moins grands.

   MONTESQUIEU, *l'Esprit des Lois*, V, 15.

En parlant De la prudence, de la sagesse, des mœurs, de la raison :

Sa prudence *avancée* lui tenoit lieu d'éducation.

   FLÉCHIER, *Oraison funèbre de Mme la Dauphine*.

Cette sagesse *avancée* le fit dispenser des règles ordinaires de l'âge.

   LE MÊME, *Oraison funèbre de Lamoignon*.

Quand la raison humaine seroit aussi *avancée* qu'on voudroit le faire croire, qu'il faut peu de chose pour la replonger dans les ténèbres !

   GRIMM, *Correspondance*, 15 janvier 1757.

AVANCÉ, hâté :

Nous serons mardi à Rennes ; notre retour est *avancé* de deux ou trois jours.

   Mme DE SÉVIGNÉ, *Lettres ; à* Mme de Grignan, 13 août 1689.

Souvent, les jours qu'il n'y avoit pas de conseil, le dîner étoit *avancé* plus ou moins pour la chasse ou la promenade.

   SAINT-SIMON, *Mémoires*, 1715.

AVANCÉ, hâtif, prématuré :

Ces progrès *avancés* ressemblent à ces semences qu'on jette sur la surface de la terre et qui lèvent incontinent, mais n'ont point de racines.

   ROLLIN, *Traité des Études*, liv. VIII, Ire part., art. 11.

Mort avancée, mort prématurée :

Vivre esloigné d'elle, est plustost pour me faire souffrir d'avantage en vivant que pour me faire abreger mes peines par une *mort avancée*.

   D'URFÉ, *l'Astrée*, IIe part., liv. VII.

Si jamais envers vous je change de pensée,
Me punissent les dieux d'une *mort avancée* !

   LA FONTAINE, *l'Eunuque*, IV, 2.

AVANCÉ, dans un sens physique, Développé. avancé en âge :

Quand je la pressois et que je luy disois qu'elle m'aymoit en enfant, et que ce n'estoit pas d'amour : Si fait,
disoit-elle, d'amour, et en effect l'aage en quoy elle estoit,
privée de toute malice, m'eût permis de l'engager à toute
sorte de preuve de bonne volonté, si je n'eusse eu dessein
de l'espouser, lorsqu'elle eust esté un peu plus *avancée*.

> D'URFÉ, *l'Astrée*, II° part., liv. I.

Il étoit important, attendu la situation de l'Europe,
que le roi (Louis XV) eût des enfants ; et il est certain que
l'Infante ne paroissoit pas assez *avancée* pour qu'on en
pût espérer sitôt.

> LE PRÉSIDENT HÉNAULT, *Mémoires*, c. 15.

AVANCÉE s'emploie quelquefois dans un sens
ironique et défavorable, en parlant D'une jeune
fille qui sait des choses qu'elle devrait ignorer :

Sachez, pour rassurer vos timides esprits,
Qu'à quinze ans aujourd'hui l'on est plus *avancée*
Qu'à trente on ne l'étoit jadis.

> BOISSY, *les Billets doux*, sc. 2.

On la croit une Agnès ; mais, comme elle a l'usage
De sourire à des traits un peu forts pour son âge,
Je la crois *avancée*...

> GRESSET, *le Méchant*, II, 7.

Avancé, qui touche à son terme :

Il semble que pour ceste année l'on ne pourra envahir
ne assalir le Turcq ne la Turquie, à cause que la saison
est *trop avancée*.

> (Voyez CHARRIÈRE, *Négociations de la France dans le
> Levant*, t. I, p. 64, note.)

Je vais prendre ma coiffe, et sortir pour aller entendre
un petit bout de vêpres ; elles seront bien *avancées* : mais
je ne perdrai pas tout, et j'en aurai toujours peu ou prou.

> MARIVAUX, *la Vie de Marianne*, III° partie.

Quelques contre-tems m'arrêtèrent jusques au dixième
d'octobre, saison bien *avancée* pour une course sur des
montagnes aussi élevées.

> SAUSSURE, *Voyages dans les Alpes*, t. I, c. 13,
> p. 261, § 323.

Les pois verts sont bientôt passez,
Les artichaux fort *avancez*.

> VOITURE, *Réponse pour Mademoiselle de Rambouillet
> à M. de Montausier*.

Quelques couples tardifs, une main dans la main,
Laissaient sonner deux fois l'heure *avancée* et sombre.

> LAMARTINE, *Jocelyn*.

Avancé dans :

Il me semble toujours, ma fille, que je ne saurois continuer de vivre sans vous : je me trouve peu *avancée* dans
cette carrière.

> Mᵐᵉ DE SÉVIGNÉ, *Lettres* ; à Mᵐᵉ de Grignan,
> 22 septembre 1679.

Dès que les jeunes gens seront un peu *avancés* dans l'intelligence des auteurs latins, on doit leur en faire traduire
par écrit des endroits choisis.

> ROLLIN, *Traité des Études*, liv. II, c. 1ᵉʳ, art. 3.

Il est sans doute *avancé* dans le service.

> SEDAINE, *le Philosophe sans le savoir*, II, 9.

Vous êtes jeune, brave, et *dans* votre métier
Déjà fort *avancé*.

> DESTOUCHES, *l'Irrésolu*, V, 6.

Avancé en :

Il (M. de la Force) est un honnête gentilhomme et bien
advancé en grades près de son roy, tout huguenot qu'il
est.

> BRANTÔME, *Grands Capitaines* : M. de Montluc.

Avancé en âge :

Quoy qu'il fust fort *avancé en âge*, il ne mangeoit pas
volontiers de la viande aux jours défendus, sans permission.

> RACAN, *Vie de Malherbe*.

Je vous suis sensiblement obligé, monsieur, de ce que
vous voulez bien vous réjouir avec moi de ma bonne
santé, qui est la principale affaire après le salut, pour les
gens qui sont *avancés en âge* comme nous.

> JEANNIN DE CASTILLE à Bussy. (Voyez *Correspondance
> de Bussy-Rabutin*, 9 mars 1687.)

La médisance est le vice de la cour, de la ville, de
l'homme de robe et de l'homme d'épée, des jeunes et des
plus *avancés en âge*.

> BOURDALOUE, *Sermons pour les dimanches* : Sur la
> médisance.

Je ne sais qui est plus à plaindre, ou d'une femme
avancée en âge qui a besoin d'un cavalier, ou d'un cavalier qui a besoin d'une vieille.

> LA BRUYÈRE, *Caractères*, c. 3.

L'honnêteté, les égards et la politesse des personnes
avancées en âge,... me donnent bonne opinion de ce qu'on
appelle le vieux temps.

> LE MÊME, même ouvrage, c. 12.

Ce n'est pas une honte, ni une faute à un jeune homme,
que d'épouser une femme *avancée en âge*, c'est quelquefois prudence, c'est précaution.

> LE MÊME, même ouvrage, c. 14.

Lorsqu'il étoit jeune, il disoit qu'il ne savoit rien, et

quand il fut plus *avancé en âge*, il assuroit qu'il savoit tout, et que rien ne lui étoit inconnu.

FÉNELON, *Vies des philosophes*. Héraclite.

La régente avait eu part aux affaires sous le règne du roi son fils, elle *était avancée en âge;* mais son ambition, plus grande que ses forces et que son génie, lui faisait espérer de jouir long-temps des douceurs de l'autorité sous le roi son petit-fils.

VOLTAIRE, *Histoire de Charles XII*, liv. Ier.

On trouve quelquefois *avancé*, employé seul dans le même sens :

Comment vous êtes-vous accommodé de ce terrible hiver ? Nous autres, gens *avancés*, en trouvons la carrière bien rude.

Mme DE SCUDÉRY à Bussy. (Voyez *Correspondance de Bussy-Rabutin*, 2 mai 1691.)

Age avancé, peu avancé, vieillesse avancée, vie peu avancée :

Mon *âge* n'est point si *avancé* que, selon le cours ordinaire de la nature, je ne puisse encore avoir assez de loisir pour cet effet.

DESCARTES, *Discours de la Méthode*, VI.

Josué, étant déjà vieux, fit assembler tout Israël, les anciens, les princes, les chefs et les magistrats, et il leur dit : « Je suis vieux, et mon *âge* est fort *avancé*. »

DE SACI, *Josué*, c. 23, v. 1 et 2.

Il a eu dans la jeunesse toute la prudence d'un *âge avancé*, et dans un *âge avancé* toute la vigueur de la jeunesse.

FLÉCHIER, *Oraison funèbre de M. de Turenne.*

Madame la maréchale d'Albret étoit une femme de mérite sans esprit, mais madame de Maintenon, dont le bon sens ne s'égara jamais, crut dans un *âge* aussi *peu avancé* qu'il valoit mieux s'ennuyer avec de telles femmes, que de se divertir avec d'autres.

Mme DE CAYLUS, *Mémoires.*

Cyrus, dans un *âge fort avancé*, avoit encore toute la vigueur de la jeunesse.

ROLLIN, *Histoire ancienne.*

C'étoit un homme (le comte de Péterbourg) qui, dans un *âge fort avancé* et chevalier de la Jarretière, ne pouvoit durer en place.

SAINT-SIMON, *Mémoires*, 1713.

Il (Bonac) avoit de l'esprit, de l'expérience et de la capacité dans les négociations où il avoit passé sa *vie*, alors assez *peu avancée*.

LE MÊME, même ouvrage, 1716.

Il n'a rien d'un *âge avancé* que l'expérience et la sagesse.

J.-J. ROUSSEAU, *la Nouvelle Héloïse*, III.

AVANCÉ, en parlant Des vivres qu'on a trop tardé à manger et qui sont près de se gâter :

Une viande *avancée*,

Dictionnaire de l'Académie, 1835.

AVANCÉ, masculin, substantivement :

Ha ! que vous fustes fols, pauvres pères, de faire
Apprendre à vos enfans le mestier literaire !
Mieux vaudroit leur apprendre un publique mestier,
Vigneron, laboureur, maçon ou charpentier,
Que celuy d'Apollon, ou celuy qui amuse
Les plus gentils esprits des honneurs de la Muse,
Titres ambitieux, qui par les *avancez*
Les fait estimer fols, furieux, insensez.

RONSARD, *le Bocage royal.*

Pour moi, je n'ai point veu, parmy tant d'*avancez*,
Soit de ces tems ici, soit des siècles passez,
Homme que la fortune ait tasché d'introduire,
Qui durant le bon vent ait sçu se bien conduire.

RÉGNIER, *Satires*, XIV.

AVANCÉE, féminin, substantivement. Terme militaire.

A vingt pas de l'*avancée*, je vois lever le premier pont.

J.-J. ROUSSEAU, *les Confessions*, Ire part., liv. I.

AVANCEUR, s. m.

Bautru dit qu'il y a des *avanceurs* de Pâques et des continuateurs de mardi gras.

TALLEMANT DES RÉAUX, *Historiettes*. Avocats.

AVANTAGE, s. m. Ce qui est utile, profitable, favorable à quelqu'un :

Se il connoist les volentés et les manieres de son seigneur, c'est grans *avantages* de soi bien maintenir en son office.

BEAUMANOIR, *Coutumes de Beauvoisis*, c. 1.

Ce n'est tout l'*advantaige* de courir bien toust, mais bien de partir de bonne heure.

RABELAIS, *Gargantua*, I, 21.

Je l'ai secouru de gens, d'argent, de faveur et de conseil, en tous cas que ay peu cognoistre son *advantaige*.

LE MÊME, même ouvrage, I, 28.

Lors Gymnaste, voyant son *advantaige*, descend de cheval.

RABELAIS, *Gargantua*, I, 35.

Il (François Ier) ne s'asseuroit gueres de la foy du roy Ferrand, lequel legerement changeoit d'opinion quand il cognoissoit son *advantage*.

MARTIN DU BELLAY, *Mémoires*, t. Ier, p. 272.

Les parens de ceste bergere desiroient que le mariage d'elle et de moy se fist, à cause qu'ils avoient opinion que ce luy fust *advantage*.

D'URFÉ, *l'Astrée*, Ire part., liv. VIII.

Tout de bon, mon père, votre doctrine est bien commode. Quoi! avoir à répondre oui et non à son choix? On ne peut assez priser un tel *advantage*.

PASCAL, *Provinciales*, V.

Il n'ignoroit pas que le moyen d'estre en beaucoup de considération dans un party, estoit celuy d'y aporter d'abord grand *avantage*.

CARDINAL DE RETZ, *Conjuration de Fiesque*, p. 13.

Qui ne sait où son rare mérite et son éclatante beauté, *avantage* toujours trompeur, lui firent porter ses espérances?

BOSSUET, *Oraison funèbre d'Anne de Gonzague*.

Une fille de Paris fut long-temps recherchée par un homme qui la vouloit épouser; mais, quoique ce fût son *avantage*, elle ne s'y put jamais résoudre.

TALLEMANT DES RÉAUX, *Historiettes*. Bizarreries de quelques femmes.

Je travaillois avec ardeur, soit pour le bien général de mon royaume, soit pour l'*avantage* des particuliers.

LOUIS XIV, *Mémoires*, IIe part., p. 73.

Puisque j'ai le bonheur d'être protégé de Votre Seigneurie, j'aurois tort de m'éloigner d'un séjour où je jouis d'un si grand *avantage*.

LE SAGE, *le Diable boiteux*, c. 20.

Comment, monsieur, mon discours vous auroit-il ému? — Il a bien fait plus. Il m'a tellement persuadé que je crois qu'un bon père de famille est obligé, en conscience, de faire banqueroute au moins une fois en sa vie, pour l'*avantage* de ses enfants.

Le Banqueroutier, scène du Notaire. (Voyez GHERARDI, *Théâtre italien*, t. I, p. 361.)

Pour avoir vécu du temps de Platon, et avoir même été son disciple, il me semble que vous avez bien peu profité de cet *avantage*.

FÉNELON, *Dialogues des morts* : Cicéron et Démosthène.

Le grand *avantage* des écoles, c'est l'émulation. Un enfant y profite de ce qu'on lui dit à lui-même et de ce qu'on dit aux autres.

ROLLIN, *Traité des Études*, liv. VIII, art. 2 de l'avant-propos.

Athénaïs de Mortemar, femme du marquis de Montespan, sa sœur aînée la marquise de Thiange, et sa cadette pour qui elle obtint l'abbaye de Fontevraud, étaient les plus belles femmes de leur temps; et toutes trois joignaient à cet *avantage* des agréments singuliers dans l'esprit.

VOLTAIRE, *Siècle de Louis XIV*, c. 26.

Tout sert à faire voir que si, dans les royaumes héréditaires, on peut se plaindre des abus du despotisme, les États électifs sont exposés à de plus grands orages, et que la liberté même, cet *avantage* si naturel et si cher, a quelquefois produit de grands malheurs.

LE MÊME, *Essai sur les mœurs*, c. 117 : État de l'Europe au XVIe siècle.

C'est un *avantage* rare à un savant d'être goûté par un prince; et pour tout dire aussi, c'est un *avantage* rare à un prince de goûter un savant.

FONTENELLE, *Éloge de La Hire*.

Il (l'abbé Dubos) suppose que les François n'ont vaincu que pour l'*avantage* de leur capitaine.

MABLY, *Observations sur l'Histoire de France*, I, 1.

Le plus grand *avantage* du changement de lieu est de rendre visibles des tableaux, des situations pathétiques, qui sans cela n'auroient pu se retracer qu'en récit.

MARMONTEL, *Éléments de littérature* : Unité.

Une raison plus épurée veut que la noblesse soit regardée par les citoyens comme un *avantage* et non comme un mérite.

GRIMM, *Correspondance*, 15 février 1758.

Les règles morales pour juger de la légitimité des conventions se fondent, comme les conventions elles-mêmes, sur l'*avantage* réciproque des parties contractantes.

TURGOT, *Mémoire sur les prêts d'argent*, § XXVII.

Un pays fertile est souvent un *avantage* funeste pour un peuple.

CHATEAUBRIAND, *Itinéraire*. Voyage en Grèce.

Mon gendre prétendu me paroît bien sauvage,
Mais le bien qu'il apporte est un grand *avantage*.

REGNARD, *les Ménechmes*, III, 8.

... Si mon front par vous a reçu du dommage,
Je l'ignore et pour moi c'est un grand *avantage*.

DESTOUCHES, *le Médisant*, I, 1.

Que la philosophie est un grand *avantage* !

LE MÊME, *le Philosophe marié*, III, 2.

AVANTAGE signifie Supériorité, ce qu'on a par dessus un autre en quelque genre que ce soit.

Abusant... de l'*avantage* que leur esprit a sur le sien.
BALZAC, *Aristippe*, 7e discours.

Il ne m'a pas été difficile de reconnoître l'*avantage* de la religion chrétienne sur les autres.
SAINT-EVREMONT, *Sur la Religion.*

Perrault a mieux trouvé les défauts des anciens, qu'il n'a prouvé l'*avantage* des modernes.
LE MÊME, *Jugement sur quelques auteurs françois.*

N'a entre nos nul *advantage*,
Ço m'est avis, forz d'ainznéage,
— WACE, *Roman de Rou*, v. 15798.

Frappons sur eulx incontinent
L'*avantaige* est à qui commence.
Le Mistere du siège d'Orleans, v. 4782.

Tu profites de l'*avantage*
Que te donne sur moi mon manque de courage.
MOLIÈRE, *Amphitryon*, I, 1.

AVANTAGE, Position, situation avantageuse, soit à la guerre, soit dans les exercices physiques :

Or sont ces deux rois de France et d'Angleterre logés entre Buironfosse et la Flamengerie, en plein pays, sans nul *avantage.*
FROISSART, *Chroniques*, liv. I, Ire part., c. 90.

Les dessus dits chevauchèrent autour des champs et imaginèrent et considérèrent bien le pays et leur *avantage.*
LE MÊME, même ouvrage, liv. I, Ire part., c. 282.

Nous avons souvent, sans *advantage*, attaqué l'ennemi, et l'avons le plus souvent battu.
MONTLUC, *Commentaires*, année 1544.

Alors il prend quelque petite haie pour *avantage*, se battant en retraitte par petites trouppes.
D'AUBIGNÉ, *Histoire universelle*, t. I, liv. V, c. 8.

Car le cheval est mal sanglé
Et on n'a qui tienne l'estrié
Et convient quérir *avantaige*
Pour monter.
GACE DE LA BIGNE, chapelain du roi Jean, poème des *Déduits.*

Il se dit absolument pour signifier Un succès militaire, une victoire :

Sur cette *avantage* toutte l'armée impériale cria victoire.
D'AUBIGNÉ, *Histoire universelle*, t. I, liv. I, c. 7.

Il est aisé de juger, par ce seul événement, à qui (de Romains ou d'Annibal) devoit enfin demeurer tout l'*avantage.*
BOSSUET, *Discours sur l'Histoire universelle*, III, 6.

AVANTAGE, en termes de Jurisprudence, signifie une Libéralité qui marque prédilection, préférence pour celui à qui elle est faite; et, en général, Tout ce que l'on donne à quelqu'un au delà de ce qu'il pouvait exiger ou attendre :

Il y a d'autres personnes à consulter... qui savent aplanir les difficultés d'une affaire, et trouver les moyens d'éluder la coutume par quelque *avantage* indirect.
MOLIÈRE, *le Malade imaginaire*, I, 7.

Le long des chemins il me parle de son bien, et de l'*avantage* qu'il me fera en m'épousant.
La Femme vengée, sc. 10. (Voyez GHERARDI, *Théâtre italien*, t. II, p. 248.)

Dans le cas où il résulterait du partage et des dispositions faites par préciput, que l'un des copartagés aurait un *avantage* plus grand que la loi ne le permet.
Code civil, 1079.

Monsieur, vous épousant vous fait un *avantage*,
Qui doit faire oublier et ses maux et son âge.
REGNARD, *le Légataire universel*, I, 5.

L'avantage de, suivi d'un substantif, indiquant ce qui est avantageux :

Tous s'accordèrent à ce conseil ; et entrèrent en un pré, et prirent l'*avantage* d'un fossé qui là étoit environ ce pré.
FROISSART, *Chroniques*, liv. I, IIe part., c. 8.

Ils s'enfuirent dans la ville d'une course précipitée ; et de là ils se défendirent plus facilement, comme estant favorisez de l'*avantage du* lieu.
DU RYER, *Supplément de Freinshemius sur Quinte Curce*, liv. II, c. 10.

Les mains de l'autre, qui avoient l'*avantage* du lieu, tombèrent à plomb cinq ou six fois sur le haut de sa tête, et si pesamment, qu'elle entra dans son chapeau jusqu'au menton.
SCARRON, *le Roman comique*, I, 10.

Il y a auprès une belle source d'eau, et c'est tout l'*avantage de* ce lieu-là ; car d'ailleurs on n'y trouve aucune chose à manger.
TAVERNIER, *Voyages de Perse*, II, 5.

Ces extrémitez où s'emporta la déesse marquent merveilleusement bien le naturel et l'esprit des femmes : rarement se pardonnent-elles *l'avantage de* la beauté.

LA FONTAINE, *Psyché*, I.

Anciennement les cavaliers ne se servoient point d'étriers. Il falloit donc, quand l'âge les appesantissoit, qu'ils prissent *l'avantage d'*un terrain plus élevé, ou de quelque pierre, ou d'un tronc d'arbre.

ROLLIN, *Traité des Études*, liv. VI, IVᵉ part., c. 1, art. 2.

Ils avaient *l'avantage du* nombre et du terrain.

VOLTAIRE, *Histoire de Charles XII*.

Lorsqu'on fait le parallèle de ces deux poètes, il semble qu'on ne convienne de l'art de Racine que pour donner à Corneille *l'avantage du* génie.

VAUVENARGUES, *Réflexions critiques*.

Du nombre, il est bien vrai, nous avions *l'avantage*.

LEGRAND, *le Mauvais Ménage*, sc. 23.

Je suis vaincu. Pompée a saisi *l'avantage*
D'une nuit, qui laissoit peu de place au courage.

RACINE, *Mithridate*, II, 3.

Des vains honneurs du pas le frivole *avantage*.

VOLTAIRE, *Œdipe*.

À *l'avantage* :

Messire Luces Malleueche qui estoit monté *à l'avantage* saillit hors du grant chemin.

Le Loyal Serviteur, c. 35.

Il arriva un jeune muguet vestu *à l'advantage* avec l'habit de satin découpé.

Caquets de l'accouchée, 3ᵉ journée.

Clovis mène les plus aguerris de son royaume, range ses troupes *à l'avantage* près de Tolbiac et se promet la victoire.

MÉZERAY, *Histoire de France* : Clovis.

Le sire de Coucy dressa une partie de cinq cents lances et autant d'arbalestriers, tous montez *à l'avantage* pour chercher fortune à la campagne.

LE MÊME, même ouvrage : Charles VI.

Comme le roy de France et le roy d'Angleterre avoient amené l'eslite des plus belles dames de leurs terres, parées *à l'avantage* et de la plus belle noblesse qui eust jamais esté vuë en assemblée du monde, aussi se virent là estalées avec une extrême prodigalité toutes les richesses des deux royaumes.

LE MÊME, même ouvrage : François Iᵉʳ.

Les catholiques estoient quinze mille hommes de pied, parmy lesquels je conte le gros de six mille Suisses, et près de trois mille chevaux montez *à l'advantage* presque tous lanciers.

MÉZERAY, *Histoire de France* : Charles IX.

Saulter, danser, chanter *à l'advantage*,
Faulx envieux, est-ce chose qui blesse ?...

CL. MAROT, *Ballades*, I, 7.

À *l'avantage de* :

Comme il a esté dit que la nature n'est jamais si grande que dans les petites choses, il me semble qu'on pourroit dire ici le mesme de l'art, et conclure *à l'avantage du* moindre sur le plus grand, ou certes à l'égalité de l'un et de l'autre.

BALZAC, *Dissertations critiques*, I.

S'il s'y trouve quelque différence, il est aisé de voir combien elle est *à l'avantage de* la question présente.

PASCAL, *Provinciales*, 17.

La fortune tourne *à l'avantage de* ceux qu'elle favorise.

LA ROCHEFOUCAULD, *Maximes morales*, LX.

Cette guerre dura vingt-sept ans, et finit *à l'avantage de* Lacédémone.

BOSSUET, *Histoire universelle*, I, 8.

Il faut d'un autre côté considérer ce qui est *à l'avantage des* anciens.

FÉNELON, *Lettre à l'Académie*.

Elle accusoit ce valet de ne t'avoir pas entretenue *à l'avantage de* son maistre.

MARIVAUX, *le Jeu de l'amour et du hasard*, II, 11.

Il mourut avec la tranquillité d'un homme de bien, qui n'avoit jamais consacré ses talents qu'*à l'avantage de* la vertu et de l'humanité.

D'ALEMBERT, *Éloge de Montesquieu*.

Je cognois bien que l'œil d'un ange
Que le ciel ne gouverne pas,
Ce qui tient à peu de louange
Qu'Amour brusle de ses appas,
S'il veut un jour, à ma prière,
Jetter l'esclat de sa lumière
A l'avantage de mes vœux,
Fera naistre au sort qui m'irrite
Plus de bien que je ne mérite
Et plus d'honneur que je ne veux.

THÉOPHILE, *à Cloris*, ode.

AVANTAGE s'emploie dans le même sens avec un adjectif possessif :

La belle meschine bonne et saige ne fust pas si beste que aux gracieux motz de son maistre baillast response en rien *à son advantage*, mais se excusa si gracieusement que Monseigneur en son courage très bien l'en prisa.

Les Cent Nouvelles nouvelles, XVII.

C'est pourquoy je prends ces trois sors *à mon grand adventaige*.

RABELAIS, *Pantagruel*, III, 12.

Qu'ils s'en taisent doncques, et souffrent que la perte de leursdites lettres soit le gaing de cestuy-cy, et qu'il la puisse compter *à son advantage*.

MARTIN DU BELLAY, *Mémoires*, t. II, p. 248.

Je prie Dieu, l'autheur de tout bien, qu'il luy plaise reduire l'opinion de toute cette grande assistance *à vostre advantage!*

EST. PASQUIER, *Recherches*, III, 43.

Ainsi est le brigand liberal, qui chevale par beaux semblans le pauvre passant, jusques à ce que, le tenant *à son advantage*, il luy oste miserablement sa vie et son avoir.

LE MÊME, même ouvrage, *ibid.*

Oriane qui l'attendoit s'estoit coiffée *à son advantaige* si proprement, que jamais n'avoit esté mieulx pour la nuict.

Amadis de Gaule, liv. I, c. 15.

N'est-il pas vrai que nous haïssons la vérité et ceux qui nous la disent, et que nous aimons qu'ils se trompent *à notre avantage*, et que nous voulons être estimés d'eux, autres que nous ne sommes en effet ?

PASCAL, *Pensées*.

Il ne manqua pas de se trouver à sa grille... et il ne manqua pas aussi... d'être saisi par quatre hommes masqués... Je laisse à juger au lecteur les injures qu'il leur dit, et les reproches qu'il leur fit de l'avoir pris *à leur avantage*.

SCARRON, *le Roman comique*, I, 9.

Vous voulez, madame, apparemment vous attirer un compliment. — Bon ! j'attends bien après cela pour vivre ! Cela est bon à de petites mijaurées qui mettent toujours quelque mot en avant pour les faire relever *à leur avantage*.

DELOSME DE MONCHENAI, *la Cause des femmes*. (Voyez
GHERARDI, *Théâtre italien*, t. II, p. 39.)

Quand le médecin est auprès de mon lit, le confesseur me trouve *à son avantage*.

MONTESQUIEU, *Lettres persanes*.

Vous êtes, monsieur, dans le cas de Valler qui proposait une question de philosophie à Saint-Évremont qui se mourait. Saint-Évremont lui répondit : Vous me prenez trop *à votre avantage*.

VOLTAIRE, *Lettres*, CXXXVI.

Ce portrait-là n'est pas fort *à votre avantage*.

DESTOUCHES, *le Philosophe marié*, II, 2.

Avec avantage :

Il faut placer vers ce temps la fondation de Carthage, que Didon, venue de Tyr, bâtit en un lieu où, à l'exemple de Tyr, elle pouvoit trafiquer *avec avantage* et aspirer à l'empire de la mer.

BOSSUET, *Discours sur l'Histoire universelle*, I, 6.

Les pertes de l'État sont réparées; le cardinal fait la paix *avec avantage*.

LE MÊME, *Oraison funèbre de Le Tellier*.

Un diamant brut ne sauroit servir d'ornement : il faut le polir pour le faire paroître *avec avantage*.

ROLLIN, *Traité des Études*, liv. VIII, art. 9.

Le prince Eugène prétendoit que si l'empereur différoit à attaquer les Turcs lorsqu'il le pouvoit *avec avantage*, il le seroit lui-même par eux l'année suivante avec un grand désavantage.

SAINT-SIMON, *Mémoires*, 1716.

Toutefois il (Montéléon) croyoit que si on pouvoit envisager un moyen de sortir d'affaire *avec quelqu'avantage*, c'étoit celui de savoir se plier aux conjonctures présentes.

LE MÊME, même ouvrage, 1718.

Cette femme (M\u1d50ᵉ des Ursins), âgée de près de soixante ans, étoit si bien conservée et si fraîche, et employoit tant d'art... pour paroître *avec avantage*, que ce n'étoit point une entreprise téméraire à elle d'oser se flatter de plaire à un prince (Philippe V) qui avoit plus de tempérament que de délicatesse.

LE PRÉSIDENT HÉNAULT, *Mémoires*, c. 15.

On veut parler d'un homme qu'on connoît beaucoup, dont le caractère, la figure, le maintien, tout est présent à l'esprit, hors son nom qu'on veut nommer, et qu'on ne peut rappeler; de même de beaucoup de choses dont on a des idées fort nettes, mais que l'expression ne suit pas : de là vient que d'habiles gens manquent quelquefois de cette facilité à rendre leurs idées, que des hommes superficiels possèdent *avec avantage*.

VAUVENARGUES, *Introduction à la connoissance
de l'esprit humain*, liv. I, XIII.

Mais je m'en fais peut-être une trop belle image,
Elle m'est apparue *avec trop d'avantage*.

RACINE, *Britannicus*, II, 2.

L'avantage de, suivi d'un verbe à l'infinitif :

Aucune nation ne sauroit disputer à la nôtre *l'avantage* d'exceller aux tragédies.

SAINT-ÉVREMONT, *Sur les tragédies*.

Quantité de bourgeois disent : « Le bien de vous voir, *l'avantage* de vous connoître », parce qu'ils craignent d'en trop dire, et qu'ils croiroient s'abaisser s'ils disoient : « L'honneur de vous voir, l'honneur d'estre connu de vous », et ainsi de quelques autres termes que la civilité a introduits parmy les gens qui parlent bien, et qui ne sont évités ou ménagés que par ceux qui n'ont pas l'usage du monde et des manières dont on s'exprime en pareil cas.

> De Callières, *Du bon et du mauvais Usage dans les manières de s'exprimer*, 1693, p. 31.

Vous étiez libres, leur ai-je dit, et vous vouliez vivre esclaves? Non, mais mourez, et vous aurez *l'avantage de* mourir citoyens d'une ville libre.

> Montesquieu, *Dialogue de Sylla et d'Eucrate.*

Je vais seulement vous indiquer sommairement comment il est facile de procurer au consommateur *l'avantage de* ne pas payer le pain plus cher.

> Turgot, *Lettres sur la liberté du commerce des grains*, 7°.

Pour l'homme qui pense avec liberté, *l'avantage de* penser l'élève et le bonheur de sentir le console.

> Beaumarchais, *Mémoires*, in-4°, p. 31.

Nous avons *l'avantage*, nous autres Français, d'être plus spirituels, mais aussi plus bêtes qu'aucun autre peuple de l'Europe; je ne sais si nous devons nous en vanter.

> Mᵐᵉ de Stael, *Considérations sur la Révolution française*, VIᵉ part., c. 9, § 4.

Avantage, précédé de la préposition *de*, s'employait dans le sens de Par surcroît, en plus, en outre :

J'avois prins dix soldats *d'avantage*, plus que des vingt-cinq, pour me tenir escorte à passer le Maupas.

> Montluc, *Commentaires*, liv. I.

Si *d'avantage* il lui survient (au corps) aucunes maladies, elles nous divertissent de la contemplation et inquisition de la vérité.

> Amyot, trad. de Plutarque, *Consolation à Apollonius.*

D'avantage il pouvoit faire son voyage sans se travailler.

> Le même, même ouvrage, *Comparaison de Theseus avec Romulus*, c. 1.

Fut conclud qu'on envoiroit quelque homme prudent devers Picrochole... *D'advantaige* qu'on envoyast quérir Gargantua et ses gens, affin de maintenir le pays et deffendre à ce besoing.

> Rabelais, *Gargantua*, I, 28.

Tout est prest, dy leur hardiment,
Et auront le vent *d'advantaige*.

> Le Mistere du siege d'Orléans, v. 491.

C'est cette locution qui a donné lieu à l'adverbe *davantage*. Voyez ce mot.

Avoir avantage, l'avantage, de l'avantage, un avantage :

Vous convient tout faire à l'apostoile et à ses freres que vous soiez exans en vostre terre, et pour Dieu travailliez i, si ferez grant aumosne. Et vous en *avez* ja mout bon *avantage*; et si averez la priere le roi, qui mout vous vaura.

> *Récits d'un ménestrel de Reims au* xiiiᵉ *siècle*, publiés par N. de Wailly, p. 246.

Par ainsi le roy d'Angleterre, qui estoit descendu ou pays comme dessus est dit, à grant puissance, *eut* plus bel *avantage* de faire sa conqueste, sans avoir quelque empeschement ne danger aucun.

> Monstrelet, *Chronique*, c. 176.

Vous *avez* maintenant *un advantage*, c'est qu'on imprime tous vos livres, et on ne laisse voir rien des miens.

> Théophile, *Apologie.*

Lorsque nous fûmes à la grande garde, je détachay des gens pour l'escarmouche qui fut assez vive. Nous y *eusmes* quelque *avantage*.

> Bussy, *Discours à ses enfants.*

Il acquit de la réputation, se battit en duel et *eut avantage*.

> Tallemant, *Historiettes :* Rénevilliers.

Si la curiosité rendoit les gens malheureux jusqu'en l'autre monde, il n'y *auroit* pas *d'avantage* à être femme.

> La Fontaine, *Psyché*, II.

Ce qui tranche en un mot toute la difficulté, les auteurs sacrés, plus voisins par les temps et par les lieux des royaumes d'Orient, écrivant d'ailleurs d'histoire d'un peuple dont les affaires sont si mêlées avec celles de ces grands empires, quand ils *n'auroient* que cet *avantage*, pourroient faire taire les Grecs et les Latins, qui les ont suivis.

> Bossuet, *Discours sur l'Histoire universelle*, I, 7.

Dans ce jeu sanglant, où les peuples ont disputé de l'empire et de la puissance, qui a prévu de plus loin, qui s'est le plus appliqué, qui a duré le plus longtemps dans les grands travaux, et enfin qui a su le mieux ou pousser ou se ménager suivant la rencontre, à la fin *a eu l'avantage*, et a fait servir la fortune même à ses desseins.

> Le même, même ouvrage, III, 2.

S'il en a peu (d'amis), au moins *a-t-il* cet *avantage*, qu'il n'en perd point.

> Fléchier, son *Portrait par lui-même.*

Fabius n'engageoit que de légères escarmouches et avec tant de précaution, que ses troupes *avoient* toujours *l'avantage.*

> Rollin, *Traité des Études,* liv. VI, III° part., c. 2, art. 2, 3° morceau de l'Histoire romaine.

Ils (les Troglodytes) se faisoient des présents, où celui qui donnoit croyoit toujours *avoir l'avantage.*

> Montesquieu, *Lettres persanes,* XII.

Molière *a ce* bel *avantage* que ses dialogues jamais ne languissent. Une forte et continuelle imitation des mœurs passionne ses moindres discours.

> Vauvenargues, *Réflexions critiques,* 4.

S'il (Segrais) n'eut pas les talents d'un grand poète, il *eut un avantage* beaucoup plus désirable, il fut sage et heureux.

> D'Alembert, *Éloge de Segrais*

> ... Ainsi comme je le croy,
> Y n'*ont pas éu l'avantaige*
> Mès un très piteux desarroy
> Ont éu et ung grant dommaige.

> *Le Mistère du siège d'Orléans,* v. 12739.

> Foibles humains, si fiers de vos grandeurs,
> De votre sort vantez moins les splendeurs,
> Des immortels si vous êtes l'ouvrage,
> Les animaux *ont le même avantage.*

> J.-B. Rousseau, *Allégories,* II, 5.

> Il *a* seul *l'avantage*
> De pouvoir vous donner une dispense d'âge.

> Legrand, *Plutus,* III, 8.

> Vous avez *l'avantage*
> De n'avoir point d'enfans, de goûter le veuvage.

> Destouches, *le Philosophe marié,* II, 6.

Le parti le plus juste *eut* enfin *l'avantage.*

> Voltaire, *Henriade,* VI.

Avoir l'avantage, un avantage sur :

Ne vouloient mie que les archers qui tant les haioient *eussent* aucun *avantage sur* eux.

> Froissart, *Chroniques,* liv. I, I° part., c. 33.

Je croy qu'il le faisoit, afin d'*avoir* cest *advantage sur* moy, dè pouvoir dire si je recevois un'escorne, je lui avois bien dict.

> Montluc, *Commentaires,* VIII.

Dans l'application des lettres saintes, les petits enfants de l'église, les simples catéchumènes *ont de l'avantage sur* les géans de l'école.

> Balzac, *Socrate chrétien,* 11° discours.

Reconnoissons l'imperfection de l'homme, séparé de l'homme, et *l'avantage* qu'a la société *sur* la solitude.

> Balzac, *Aristippe,* 1er discours.

Le duc de Guise... *eut de l'avantage sur* le martyr de Mme de Longueville (le comte de Coligny); il lui donna un grand coup d'épée.

> Mme de Motteville, *Mémoires,* t. II, p. 59, éd. Petitot.

L'homme seroit encore plus noble que ce qui le tue, parce qu'il sait qu'il meurt, et *l'avantage* que l'univers *a sur* lui, l'univers n'en sait rien.

> Pascal, *Pensées.*

> Vous les tenez, c'est chose vraye,
> Prisonniers comme en une caige,
> *Sur eulx avez tel avantaige*
> Qu'i ne savent plus où fouyr.

> *Le Mistere du siege d'Orléans,* v. 3097.

> *Vous avez sur eulx l'avantaige,*
> Leur ville, faubours, seront pris
> Et leur boucherez le passaige.

> Même ouvrage, v. 5112.

> Quand *sur* l'esprit d'un autre on *a* quelque *avantage,*
> N'est-il pas plus flatteur d'en mériter l'hommage?

> Gresset, *le Méchant,* IV, 4.

Bailler, donner de l'avantage, un avantage :

Les grandes et souveraines puissances ayant esté données par Dieu aux princes, aussi est-il à présumer qu'il leur *bailloit un advantage* de jugement par dessus tous les autres, et de meilleure heure, pour le maniement et direction de leurs affaires.

> Est. Pasquier, *Recherches,* II, 18.

Ils sont (les généreux) entièrement maîtres de leurs passions, particulièrement de la colère, à cause que, n'estimant que fort peu les choses qui dépendent d'autrui, jamais ils ne *donnent* tant *d'avantage* à leurs ennemis que de reconnoître qu'ils en sont offensés.

> Descartes, *les Passions de l'âme,* III° part., art. 156.

Il (Louis XIV) avoit bien plus que sa maîtresse l'esprit qui *donne de l'avantage sur* les autres.

> Mme de Caylus, *Souvenirs.*

Dans beaucoup de pays libres les droits du sang ne *donnent* aucun *avantage.* On ne connaît que ceux de citoyen; et même à Bâle aucun gentilhomme ne peut parvenir aux charges de la république, à moins qu'il ne renonce à ses prérogatives de gentilhomme.

> Voltaire, *Essai sur les mœurs,* c. 98.

Le plus grand tort de Perrault fut d'avoir censuré les anciens en mauvais vers, et d'avoir, par là, donné beaucoup d'*avantage* à Despréaux, dont la poésie était le principal et redoutable domaine.

D'ALEMBERT, *Éloge de Ch. Perrault.*

> La dignité de la corone
> Mult *grant advantage* vos done.
>
> WACE, *Roman de Rou*, v. 15802.

> Et je déteste en lui cet *avantage* affreux
> Que lui donne un forfait qui nous unît tous deux.
>
> VOLTAIRE, *Sémiramis*, I, 5.

Choisir avantage :

> Sans parler je t'entends : il faut suivre l'orage ;
> Aussi bien on ne peut où *choisir avantage.*
>
> RÉGNIER, *Satires*, III.

Faire un avantage :

Sans blesser l'autorité des autres corps de justice, je crois que l'*advantage* que Vostre Majesté m'*a fait* de laisser ma cause à la cour du Parlement de Paris a beaucoup diminué mon danger.

THÉOPHILE, *Apologie au Roy.*

> Li roys li *fist* tel *avantage*
> Qu'il mist sa fille en son lignage.
>
> G. GUIART, *Royaus Lignages*, t. I, v. 2767.

Gagner avantage :

Il m'a asseuré que les ennemys s'acheminoient par Saincte Gestie et Confolens vers la rivière de Loire, et que mondict sieur les suyvoict, mays non de si prez qu'ilz ne peussent *gaigner grand advantaige* et arryver plus tost vers la dicte rivière.

BLAISE DE MONTLUC, *Lettres*; à M. Dampville, 7 juillet 1569.

Poursuivre son avantage :

Il (Turenne) fit, avec le peu qui lui restait de troupes, des mouvements si heureux... qu'il empêcha Condé de *poursuivre son avantage.*

VOLTAIRE, *Siècle de Louis XIV*, c. 5.

Prendre avantage, son avantage :

Elles se contraignent et dissimulent en la veue et præsence de leurs mariz. Iceulx absens *elles prennent leur advantaige*, se donnent du bon temps, vaguent, trotent, deposent leur hypocrisie.

RABELAIS, *Pantagruel*, III, 32.

Nous ne devons rien mesler en cette légation où le roy puisse juger que nous voulons *prendre adventage* de son infortune et insulter à son affliction.

DU VAIR, *Actions et Traités oratoires*, p. 6.

Il est picqué, et a mal pris ma bonne intention. Elle ne fut jamais de *prendre de l'avantage* sur lui ; oui bien de lui donner de l'exercice, d'exciter sa subtilité et de lui fournir la matière d'une excellente dissertation.

BALZAC, *Lettres*, liv. XVIII.

Je traitai avec un marchand de Nantes, appellé Jucatières, qui *prit avantage* de ma précipitation, et qui, moyennant 1 000 écus comptans qu'il me donna, conclut un marché qui a fait sa fortune.

CARDINAL DE RETZ, *Mémoires*, I.

Il n'y en avoit pas un qui ne *prit avantage* sur le ministre, des frotades que nous lui donnions.

LE MÊME, même ouvrage, III.

Depuis son trébuchement quand la carabine tira entre ses jambes, il fit serment de ne monter jamais sur un animal chevauchable sans prendre toutes ses sûretés. Il *prit* donc *avantage* pour monter sur sa bête.

SCARRON, *le Roman comique*, II, 2.

Quelque *avantage* que *prenne* un ennemi habile autant que hardi... il faut qu'il laisse en proie au duc d'Enghien non seulement son canon et son bagage, mais encore tous les environs du Rhin.

BOSSUET, *Oraison funèbre du prince de Condé.*

J'avoue que quand on a une fois fait trembler quelqu'un, on conserve presque toujours quelque chose de l'*avantage* qu'on *a pris.*

MONTESQUIEU, *Dialogue de Sylla et d'Eucrate.*

> En conversation *je prends mon avantage.*
> Chacun a pour briller ses talents en partage.
> Tel en répondant juste à chaque question
> Fait voir modestement son érudition :
> A bien questionner, moi, je mets ma science.
>
> DUFRESNY, *le Mariage fait et rompu*, III, 2.

> Je me défie un peu d'un amant assez sage
> Pour sçavoir de sang-froid *prendre son avantage.*
>
> LE MÊME, *le Faux sincère*, I, 6.

Recevoir avantage :

Je suis bien aise que vous vous renforciez assez aux échecs pour me donner du plaisir à vous battre ; voilà tout ce que vous pouvez espérer ; car, à moins que vous ne *receviez avantage*, mon pauvre ami, vous serez battu, et toujours battu.

J.-J. ROUSSEAU, *Lettres*, 27 septembre 1767.

Remporter, emporter l'avantage :

Maintenant que vous me craignez (Vénus à Psyché), vous me trouvez belle. Nous verrons bientôt qui *remportera l'avantage.*

LA FONTAINE, *Psyché,* II.

Dis-moi par où ma sœur *emporte l'avantage.*

DESTOUCHES, *l'Irrésolu,* V, 1.

Tirer, retirer avantage, un avantage :

Pour vous, il me semble que vous ne devez point *tirer d'avantage* d'estre arrivé de bonne heure au port.

RACAN, *Lettres,* IV, à M. de Balzac.

Ainsi nous *tirerons avantage* de nos propres imperfections.

PASCAL, *Pensées.*

L'autre, grand parleur comme il étoit, dit plus de choses qu'il n'en devoit dire. Barat en *tira avantage.*

TALLEMANT, *Historiettes :* Arnauld d'Andilly.

Si j'inventois un art chimérique, ou une langue imaginaire, dont on ne pût *tirer aucun avantage,* servirois-je le public en lui enseignant cet art ou cette langue?

FÉNELON, *Dialogues sur l'éloquence,* I.

Il n'est pas moins clair que l'emprunteur a *tiré avantage* de cet argent, puisqu'il n'a eu d'autre motif pour l'emprunter que cet avantage.

TURGOT, *Mémoire sur les prêts d'argent,* § 27.

L'esprit faux gâte tous les talents, l'esprit superficiel ne *tire avantage* d'aucun.

MARMONTEL, *Éléments de littérature.* Poète.

Il connaît leurs talents, il sait en faire usage. Souvent du malheur même *il tire un avantage.*

VOLTAIRE, *la Henriade,* III.

Qu'importe de quel bras Dieu daigne se servir ? M'en croirez-vous ? Le juste, aussi bien que le sage, Du crime et du malheur sait *tirer avantage.*

LE MÊME, *Zaïre,* II, 1.

Par coquette, j'entends une fille très sage Qui du foible d'autrui sçait *tirer avantage.*

DUFRESNY, *la Coquette de village,* sc. 1.

Trouver son avantage, de l'avantage :

Rien ne pouvoit retarder un traité où la justice et la religion avoient tant de part, et où chacun devoit *trouver* sa consolation ou son *avantage.*

FLÉCHIER, *Oraison funèbre de Marie-Thérèse.*

Ce ne sont point les peuples qui se suffisent à eux-mêmes,

mais qui n'ont rien chez eux, qui *trouvent de l'avantage* à ne trafiquer avec personne.

MONTESQUIEU, *Esprit des Lois,* XX, 23.

AVANTAGE est d'un emploi très fréquent au pluriel, dans ses divers sens :

L'on dit que comme il (le comte de Bresne) fut dedans, il se voulut jouer un peu insolemment avec Mlle de Senetaire, qui étoit au lit... elle ne put si bien faire qu'il lui déchirât sa chemise depuis le haut jusques en bas, et ne prît tout plein *d'avantages* sur elle.

MALHERBE, *Lettres à Peiresc,* XCVII, 1er août 1611.

Il falloit chercher quelque autre méthode qui, comprenant les *avantages* de ces trois, fût exempte de leurs défauts.

DESCARTES, *Discours de la Méthode.*

A bien examiner l'histoire, elle (Cléopâtre) n'avoit que de l'ambition sans amour, et... par politique, elle servoit des *avantages* de sa beauté pour affermir sa fortune.

CORNEILLE, *Examen de Pompée.*

Je trouvai le moyen de prendre mesme des *advantages* de la jalousie de M. de Paris, en ce que je pouvois à jeu seur faire paroistre une bonne intention.

CARDINAL DE RETZ, *Mémoires.*

Alcidalis étoit né si heureusement et avec tant d'*avantages* de la nature, qu'une des moindres qualitez qui fût en luy étoit d'être fils de roy.

VOITURE, *Histoire d'Alcidalis et de Zélide.*

Ils firent aussi maintes belles sorties, auxquelles ils eurent de grands *avantages* sur les Romains.

COEFFETEAU, *Histoire romaine,* VII.

Cette dame avoit tous les *avantages* des femmes, hormis la chasteté.

PERROT D'ABLANCOURT, trad. de Tacite, *Annales,* liv. XIII, xvi.

Après la bataille de Contras, au lieu de poursuivre ses *avantages,* il s'en va badiner avec la comtesse de Guiche.

TALLEMANT, *Historiettes :* Henri IV.

Elle ne parle jamais de ses *avantages,* et ce n'est pas, sans mentir, ce qui est de moins remarquable que sa modestie.

Mlle DE MONTPENSIER, *Portraits,* XC. Portrait de Mme la comtesse de ***.

Pendant que l'empereur Constance, occupé des affaires de l'arianisme, faisoit négligemment celles de l'empire, les Perses remportèrent de grands *avantages.*

BOSSUET, *Discours sur l'Histoire universelle,* I, 11.

Les choses humaines ne sont point parfaites, et il est

malaisé d'avoir ensemble dans la perfection les arts de la paix avec les *avantages* de la guerre.

    Bossuet, *Discours sur l'Histoire universelle*, III, 3.

Le voyez-vous comme il considère tous les *avantages* qu'il peut ou donner ou prendre ?

    Le même, *Oraison funèbre de Condé.*

Il porta si loin les *avantages* d'un prince de France,... que tout ce qu'on put obtenir de lui, fut qu'il consentit de traiter d'égal à égal avec l'archiduc.

    Le même, *même ouvrage.*

On ne rougit pas de prendre tous les jours des *avantages* frauduleux.

    Le même, *Sermons :* Sur la justice.

Tantôt se servant de tous les *avantages* des temps et des lieux, il arrête avec peu de troupes une armée qui venoit de vaincre...

    Fléchier, *Oraison funèbre de Turenne.*

Quand la nature ne lui auroit pas donné tous ces *avantages*, elle auroit pu les recevoir de l'éducation.

    Le même, *Oraison funèbre de M*me *de Montausier.*

Chacun veut trouver son plaisir et ses *avantages* aux dépens des autres.

    La Rochefoucauld, *Réflexions diverses*, IV : De la société.

L'Angleterre, comme étant déjà en rupture avec nous, n'étoit pas difficile à disposer à quelque liaison avec la maison d'Autriche, pour peu d'*avantages* qu'elle eût pu en envisager.

    Le marquis de Pomponne, *Mémoires*, I, 8.

Mme de Montespan abusant de ses *avantages* affectoit de se faire servir par elle (Mme de La Vallière).

    Mme de Caylus, *Souvenirs.*

Le Navarrois commençoit à se dégoûter du party huguenot, non seulement pour ce qu'il en détestoit les séditions, mais encore pour ce qu'il n'y trouvoit pas ses *avantages.*

    Mézeray, *Histoire de France :* Charles IX.

Assurez-vous que... dans toutes les occasions qui regarderont vos *avantages* et votre gloire, vous éprouverez combien est solide le fondement que vous devez faire sur mon amitié.

    Louis XIV à Charles II, 14 février 1674. (Voyez Mignet, *Succession d'Espagne*, t. IV, p. 267.)

Tous les *avantages* de la nature et de la fortune, réunis ensemble, ne sauroient former une pleine et entière félicité.

    Saint-Evremont, *De l'usage de la vie*, c. 3.

Ce jour-là, pour ainsi dire, étoit le dernier des Romains,

si Annibal n'eût mieux aimé jouir des commodités de la victoire, que d'en poursuivre les *avantages.*

    Le même, *Réflexions sur les divers génies du peuple romain*, c. 7.

Je viens d'apprendre le mariage de mademoiselle d'Humières avec beaucoup de joie, monsieur, parce qu'elle a trouvé une personne de grande qualité avec beaucoup de bien, et que tous les *avantages* de votre maison me réjouiront toujours.

    Bussy, *Lettres ;* au maréchal d'Humières, 15 février 1677.

On est prompt à connoître ses plus petits *avantages*, et lent à pénétrer ses défauts.

    La Bruyère, *Caractères*, c. 11.

Ils (les Cyniques) faisoient gloire de mépriser les richesses, la noblesse et tous les autres *avantages* de la nature ou de la fortune.

    Fénelon, *Vies des philosophes :* Antisthène.

On lui cache ses pertes, on lui grossit ses *avantages* (au souverain).

    Massillon, *Petit Carême :* Tentations des grands.

Plus les efforts sont vifs, plus le désordre est grand dans la retraite, et M. le Prince étoit l'homme du monde qui savoit le mieux profiter de ses *avantages.*

    Hamilton, *Mémoires de Grammont.*

Une facilité de parler admirable (le cardinal de Rohan) et un désinvolte merveilleux pour conserver tous les *avantages* qu'il pouvoit tirer de sa princerie et de sa pourpre.

    Saint-Simon, *Mémoires*, 1713.

Dieu sembloit avoir pris plaisir à rassembler en lui (saint Bernard) tous les *avantages* de la nature et de la grâce.

    Fleury, *Discours sur l'histoire ecclésiastique*, VII, § 4.

Le luxe est donc nécessaire dans les États monarchiques ; il l'est encore dans les États despotiques. Dans les premiers, c'est un usage que l'on fait de ce qu'on possède de liberté : dans les autres, c'est un abus qu'on fait des *avantages* de la servitude.

    Montesquieu, *Esprit des Lois*, VII, 4.

Plus il paroîtra tirer d'*avantage* de sa liberté, plus il s'approchera du moment où il doit la perdre. Il se forme de petits tyrans qui ont tous les vices d'un seul. Bientôt ce qui reste de liberté devient insupportable ; un seul tyran s'élève, et le peuple perd tout, jusqu'aux *avantages* de sa corruption.

    Le même, *même ouvrage*, VIII, 2.

Dans les deux premiers degrés de succession, les *avantages* des mâles et des femelles étoient les mêmes.

    Le même, *même ouvrage*, XVIII, 22.

Craignant donc que mon abord ne prévînt pas en ma faveur, je pris autrement mes *avantages* et je fis une belle lettre en style d'orateur.

J.-J. ROUSSEAU, *les Confessions*, I, 2.

L'un des *avantages* des bonnes actions est d'élever l'âme et de la disposer à en faire de meilleures.

LE MÊME, même ouvrage, I, 6.

Stanislas avait une physionomie heureuse, pleine de hardiesse et de douceur, avec un air de probité et de franchise, qui de tous les *avantages* est le plus grand.

VOLTAIRE, *Histoire de Charles XII*, liv. III.

La maladie ne laisse pas d'avoir de grands *avantages*; elle délivre de la société.

LE MÊME, *Lettres*; 19 mai 1754.

C'est au temps à fixer l'objet, la nature et les limites de cette révolution, dont notre postérité connoîtra mieux les inconvénients et les *avantages*.

D'ALEMBERT, *Éléments de philosophie.*

Je ne l'épouserai point qu'on ne lui fasse de grands *avantages*.

DANCOURT, *le Chevalier à la mode*, IV, 1.

L'un des grands *avantages* de l'inversion pour les anciens étoit de terminer les phrases par le verbe.

MARMONTEL, *Éléments de littérature.* Nombre.

La comédie, jusqu'à Molière, ignora ses vrais *avantages*.

LE MÊME, même ouvrage. Poésie.

Malheur au peuple qui produit un homme de génie sans qu'il en résulte pour lui des *avantages* pour plus d'une génération!

GRIMM, *Correspondance*, 1er mars 1757.

Les femmes ne voient que les *avantages* naturels, et les hommes que ceux de la fortune.

BERNARDIN DE SAINT-PIERRE, *Études de la Nature*, IIIᵉ partie.

Il déploya toujours une hauteur inflexible à l'égard de ces hommes qui, fiers de quelques *avantages* frivoles, veulent que le génie ne le soit pas des siens.

CHAMFORT, *Éloge de Molière.*

Dès lors le prêt à intérêt a dû devenir moins odieux, puisque, par l'activité du commerce, il est devenu au contraire une source *d'avantages* pour l'emprunteur.

TURGOT, *Mémoire sur les prêts d'argent*, § 30.

C'est une règle à la fois d'équité et de prudence que les grades, les emplois, les honneurs et les *avantages* d'une profession soient attribués exclusivement à ceux qui l'exercent.

ROYER-COLLARD, *Discours* : Sur la loi de recrutement, 5 février 1818.

IV.

Tandis que l'ennemi, par ma fuite trompé,
Tenoit après son char un vain peuple occupé,
Et gravant en airain ses frêles *avantages*
De mes États conquis enchaînoit les images,
Le Bosphore m'a vu, par de nouveaux apprêts,
Ramener la terreur du fond de ses marais.

RACINE, *Mithridate*, III, 1.

Le plaisir d'obliger fait tous mes *avantages*.

DESTOUCHES, *le Médisant*, II, 12.

Il faut, puisqu'il te fait de si grands *avantages*,
Que de ton savoir-faire il ait souvent besoin.

GRESSET, *le Méchant*, I, 1.

AVANTAGES, terme de Fortification, qui s'est dit autrefois de certains Ouvrages avancés :

La Burlotte, aiant desbandé ses meilleurs hommes, fut meslé hazardeusement par la cavalerie, qui n'atendit pas les gens de pied, et enfila les fossez, les *avantages*, et mesmes les trenchées.

D'AUBIGNÉ, *Histoire universelle*, t. III, liv. IV, c. 9.

AVANTAGER, v. a. Donner des avantages à quelqu'un par-dessus les autres; faire à quelqu'un un avantage, des avantages :

Il l'*advantagea* de plus grand nombre de vaisseaux.

BRANTÔME, *Grands Capitaines étrangers* : Dragut.

L'effort qu'il print soubz le souvenir d'Oriane, l'*advantagea* tant, qu'il feit plus qu'oncques chevalier n'avoit fait.

Amadis de Gaule, liv. II, c. 2.

Nous disons doncques qu'il faut buter avec eux à la paix, y porter et *avantager* le prince Maurice et sa suite tant que l'on pourra.

VILLEROY, lettre à M. Jeannin, 15 juin 1607. (Voyez *Négociations de M. Jeannin*.)

Ce vieux garçon mort, par le testament il *avoit* fort *avantagé* ses deux frères au préjudice de quatre sœurs qu'il avoit.

TALLEMANT, *Historiettes* : Conrart.

Cet homme étoit de mauvaise humeur et tout plein de cautères; il ne pouvoit même *avantager* sa femme, car il n'avoit que quatre mille livres de rentes.

LE MÊME, même ouvrage : La maréchale de Thémines.

Sa femme dit que, par ce moyen, elle ne marie point sa fille comme principale héritière, et qu'ainsi elle peut couper pour quatre cent mille livres de bois, et en *avantager* les cadettes.

LE MÊME, même ouvrage : Mᵐᵉ de Vieillevigne.

Il (Henri III) s'amusoit à ces passe-temps qui avilissoient l'autorité royale et profanoient tant d'illustres qualités dont la nature l'*avoit* si heureusement *avantagé*.

MÉZERAY, *Histoire de France :* Henri IV.

Il mourut dès le lendemain, et je demeurai maîtresse du bien considérable dont il m'*avoit avantagée* en m'épousant.

LE SAGE, *Gil Blas,* I, 14.

...Il peut l'*avantager*
Lorsqu'il l'aime beaucoup, et qu'il veut l'obliger,
Et cela par douaire, ou préfix qu'on appelle.

MOLIÈRE, *l'École des femmes,* IV, 2.

Mais je dois ménager
Cette tante qui m'aime et veut m'*avantager*.

DE BOISSY, *le Babillard,* sc. 1.

Avantager sur, par-dessus :

L'intention des principaux chefs n'estoit que d'empiéter l'authorité du royaume, et *advantager* une maison *sur* l'autre.

Satyre Ménippée.

Je recognoissois bien que la nature *avoit* en quelque sorte *advantagé* Celadon *par-dessus* Lycidas.

D'URFÉ, *l'Astrée,* Ire part., liv. IV, p. 150.

Les parents l'*avantagèrent par-dessus* ses autres sœurs, en faveur de la qualité du mari.

FLÉCHIER, *Mémoires sur les grands jours de 1665,* p. 244.

S'AVANTAGER :

Il n'y avoit lors aucun qui, de pauvre, *se* voulust rendre riche et *advantager* aux despens de sa patrie.

EST. PASQUIER, *Recherches,* III, 7.

Quant à ce qui me regarde, je veux qu'on sçache que je respecte et honore le Saint-Siège de Rome, non pour m'*advantager* par quelque acte contrevenant à l'honneur de ma patrie, mais à la vieille gauloise, et ainsi qu'ont fait nos ancestres.

LE MÊME, même ouvrage, III, 18.

Nos prédécesseurs voirent des colleges *s'estre advantagez* avec le temps en réputation, ores que leurs statuts originaires fussent foibles.

LE MÊME, même ouvrage, IX, 17.

Quelques gens de cheval qui arrivèrent les premiers, mirent pied à terre, et habilement mettent deux de leurs charrettes debout, les poussent dans la rue pour *s'en avantager,* s'ils eussent trouvé grand combat.

D'AUBIGNÉ, *Histoire universelle,* t. III, liv. IV, c. 16.

M. d'Orléans vouloit un peu trop *s'advantager,* tant pour

l'amour de son humeur qui estoit folastre, que pour ce qu'il pensoit estre gendre ou nepveu de l'empereur.

BRANTÔME, *Grands Capitaines françois :* M. d'Orléans.

Aucun homme de cœur ne daigne *s'advantager* de ce qu'il a de commun avec plusieurs.

MONTAIGNE, *Essais,* II, 7.

Ils eussent bien voulu essayer, en se donnant eux-mesmes au roy, de *s'en advantager* de quelques immunitez et privilèges.

SULLY, *Œconomies royales,* c. 56.

Il ne faut point douter aussi que ledit Empereur et les siens n'embrassent tous les moyens qui leur seront offerts, et propres pour *se* prévaloir et *advantager* des contentions que ladite succession engendrera.

HENRI IV, *Lettre;* 3 avril 1609. (Voyez *Négociations de M. Jeannin.*)

Ses remèdes eurent quelque succès. Les médecins, jaloux à leur ordinaire, lui firent toutes sortes de querelles, puis de tours pour le faire échouer, et *s'avantagèrent* tant qu'ils purent des mauvais succès qui lui arrivoient.

SAINT-SIMON, *Mémoires,* 1698.

L'électeur de Brandebourg tiroit sa prétention (à la principauté d'Orange) de la maison de Châlons. Elle étoit encore plus éloignée, plus enchevêtrée, s'il étoit possible, que celle de madame de Mailly; aussi ne *s'en avantagea*-t-il que comme d'un prétexte.

LE MÊME, même ouvrage, 1707.

La moitié de l'armée n'ayant point combattu, il falloit tourner toutes ses pensées à recommencer le lendemain matin, et pour cela, profiter de la nuit, rester dans les mêmes postes où on étoit et *s'y avantager* au mieux qu'on pourroit.

LE MÊME, même ouvrage, 1708.

Enfin j'osai lui dire (à M. de Beauvilliers) qu'il s'étoit mis en tel état avec le roi, pour ne vouloir *s'avantager* de rien.

LE MÊME, même ouvrage, 1709.

Il n'est pas étonnant que M. le duc, premier ministre tout-puissant sous la jeunesse du roi,... *se soit avantagé* de l'exemple de 1688, pour la promotion qu'il fit signer au roi, toute faite, en 1724, et où il fourra le chien, le chat et le rat.

LE MÊME, même ouvrage, 1712.

Personnes respectivement capables de se donner ou de recevoir l'une de l'autre, et auxquelles il n'est point défendu de *s'avantager* au préjudice d'autres personnes.

Code civil, 1840.

S'avantager sur, par-dessus :

Tous roys et spécialement ceux de France estoient dès leurs enfances mis en si bonnes mains pour estre instruits qu'ils *s'advantageoient* en peu de temps *par-dessus* tous les autres enfans du commun peuple, en bon sens, jugement et conduite.

   —Est. Pasquier, *Recherches*, II, 18.

Comme toutes négociations, en Allemagne, sont longues, beaucoup de temps s'escoula, qui donna moyen aux adversaires du prince de Condé de *s'avantager sur* lui.

   La Noue, *Discours politiques et militaires*, 26.

Les advocats, procureurs, et clercs et solliciteurs *se sont* accreus et augmentez en si grand nombre, et tellement *advantagez sur* le peuple et du sang du peuple, qu'il se cognoist que la justice couste au peuple de ce royaume deux fois plus que la taille.

   Matthieu, *Histoire des derniers troubles de France*, liv. IV.

Sa réponse (de Mᵐᵉ de Nevers) fut... que Monsieur son frère, ayant de l'affection pour Mˡˡᵉ de Vendôme, elle ne lui sauroit rien dire de plus fâcheux que de lui parler de se désister de la servir. Elle en parla puis après à M. de Nevers, qui lui dit que c'étoit la gloire d'un galant homme d'avoir des rivaux en son amour, et que l'émulation leur feroit faire des merveilles pour *s'avantager l'un sur l'autre* en la bonne grâce de leur maitresse.

   Malherbe, *Lettres à Peiresc*, 24 novembre 1613.

Et voyez comme l'amour se joue et se mocque de la prudence des amants! Ce que Polemas avec tant de soing et d'artifice va recherchant pour *s'avantager par-dessus* Lindamor, luy nuit le plus, et le rend presque son inférieur.

   D'Urfé, *l'Astrée*, Iʳᵉ part., liv. IX.

Avantagé, avantagée, participe :

En l'Abbaye estoit pour lors ung moyne claustrier, nommé Frere Jean des Entommeures, jeune, gallant, frisque, dehait, bien à dextre, hardi, adventureux, deliberé, hault, maigre, bien fendu de gueule, bien *advantaigé* en nez.

   Rabelais, *Gargantua*, I, 27.

La ville est sur une crouppe *avantagée* de tous costez, normis du haut et de la teste.

   D'Aubigné, *Histoire universelle*, t. I, liv. V, c. 19.

Je suis vieux soldat et signalé, et de compaignie, et bien *advantagé*.

   Brantôme, *Rodomontades espaignolles*.

C'est une mode moult louable, que je devois avoir ad-

joustée lors que j'ay parlé de ce qui les rend *avantagez* en leurs guerres.

   Pierre Belon, *Observations de plusieurs singularitez de divers pays estranges*, III, 43.

Il ne faut donc point s'estonner de la response que l'Oracle fist aux fondateurs... « vis-à-vis des aveugles », leur donnant à entendre qu'ils devoient bastir vis-à-vis des Chalcedoniens, qu'il pretendoit avoir esté bien aveuglez, de negliger cette situation si *avantagée* de la nature, et d'avoir basti Chalcedoine en Asie vis-à-vis de ce lieu-là.

   Thévenot, *Voyage de Levant*, c. 15

On dit qu'ils (les Hollandais) étoient *avantagés* par le terrain, y ayant des défilés qu'il a fallu passer pour aller à eux.

   Mᵐᵉ de Rabutin à Bussy, 14 août 1674. (Voyez *Correspondance de Bussy-Rabutin*, lettre 757.)

Dieu n'a rien de plus cher que l'homme, qu'il a fait à sa ressemblance : rien par conséquent n'est mieux ordonné que ce qui touche cette créature chérie, et si *avantagée* par son créateur.

   Bossuet, *Sermons : Sur la Providence*

Dieu conserve au juste un plus grand don, il retire le pécheur d'un plus grand mal; le juste semblera plus *avantagé*, si l'on pèse son mérite, et le pécheur plus chéri, si l'on considère son indignité.

   Le même, *Oraison funèbre de Marie-Thérèse*.

Grimoald, *avantagé* du crédit de son père, avoit beaucoup de pouvoir sur les deux royaumes.

   Mézeray, *Histoire de France : Clovis II*.

L'abbé Hugues, qu'aucuns tiennent avoir été fils de Charlemagne, seigneur *avantagé* de toutes les vertus que doit avoir un prince chrétien, élu par le suffrage de tous les autres grands de Neustrie, n'oublia rien pour le service de son pupille.

   Le même, même ouvrage : Charles le Gros

Jean estoit âgé environ de quarante ans, et Jeanne à peu près de vingt-neuf, mais au reste *avantagée* d'une taille si majestueuse et d'un maintien si élevé, qu'on pouvoit penser en la voyant que sa beauté avoit mérité la couronne.

   Le même, même ouvrage : Jeanne, seconde femme du roi Jean.

Avantagé sur, par-dessus :

Le moyne, détournant son cheval à gauche, courut sur l'autre, lequel voyant son compagnon mort et le moyne *advantaigé sur soy* cryoit à haulte voix.

   Rabelais, *Gargantua*, I, 44.

Si cela estoit, j'aurois bien occasion de me plaindre, et de trouver mauvais qu'à mes despens il fust tant *advantagé par-dessus* son mérite.

D'URFÉ, *l'Astrée*, IIe part., liv. III.

AVANTAGEUX, EUSE, adj. Qui rapporte, qui produit de l'avantage :

Le cueur revint ausdictz Liegeois, qui avoient leurs picques longues (qui sont bastons *advantaigeux*) et chargerent sur nos archiers.

PHILIPPE DE COMMINES, *Mémoires*, II, 2.

Leurs armes deffencives estoient un morion en teste, et des manches de maille assez longues et *avantageuses* par le devant.

BRANTÔME, *Discours sur les dueis*.

Pour ce que les assiegez faisoient des vaisseaux tous neufs *avantageux*, le comte de Bossu eut commandement avec ceux d'Amsterdam de faire armée navalle.

D'AUBIGNÉ, *Histoire universelle*, t. II, liv. I, c. 17.

Je vous dirai d'abord une des plus importantes et des plus *avantageuses* maximes que nos Pères aient enseignées.

PASCAL, *Provinciales*, VIII.

Qu'il est *avantageux*, mes Pères, d'avoir affaire à ces gens qui disent le pour et le contre !

LE MÊME, même ouvrage, XV.

L'on pourroit peindre Monsieur le Prince dans le bal, car c'est sans contredit l'homme du monde qui danse le mieux, et en belles danses et en ballets. Les habits que l'on y a, et les personnages que l'on y représente sont fort *avantageux* en peinture, et donnent grande matière d'écrire.

Mlle DE MONTPENSIER, *Portraits*, CXLVI. Portrait de M. le Prince.

A considérer purement le repos de cette vie, il seroit *avantageux* que la religion eût plus ou moins de pouvoir sur le genre humain. Elle contraint et n'assujettit pas assez.

SAINT-EVREMOND, *Réflexions sur la religion*.

Les deux belles-sœurs moralisèrent longtemps sur les priviléges *avantageux* qu'avoient les hommes par-dessus les femmes, qui n'étoient presque jamais mariées qu'au choix de leurs parents.

SCARRON, *Roman comique*, II, 19.

Il se faisoit mille conversions, qui venoient moins de la grâce de Dieu que de la justice des hommes, et qui ne laissoient pas d'être *avantageuses*, pour être contraintes.

FLÉCHIER, *Mémoires sur les grands jours de 1665*, p. 55.

Le duc de Guise, désirant aussi signaler son entrée en Italie par quelque action *avantageuse*, prit occasion d'assiéger Valence.

MÉZERAY, *Histoire de France* : Henri II.

Il (Louvois) introduisit le premier cette méthode *avantageuse*, que la foiblesse du gouvernement avait jusqu'alors rendue impraticable, de faire subsister les armées par magasins.

VOLTAIRE, *Siècle de Louis XIV*, c. 8.

Adieu : je vais chercher au milieu des combats
Cette immortalité que donne un beau trépas,
Et remplir dignement, par une mort pompeuse,
De mes premiers exploits l'attente *avantageuse*.

CORNEILLE, *Polyeucte*, II, 2.

Ma perte n'est pour vous qu'un change *avantageux*.

LE MÊME, même ouvrage, V, 2.

AVANTAGEUX, en termes de Guerre, en parlant Des lieux, des postes :

Entre les autres places où les besongnes se faisoient et continuoient, y avoit ung fort molin sur une haulte mote assez *avantageuse*.

ENGUERRAND DE MONSTRELET, *Chronique*, c. 80.

Choisissant tousjours lieu fort *avantageux* d'assiette pour se loger, à fin de pouvoir passer les nuicts en seureté.

AMYOT, trad. de Plutarque, *Vie de Marius*.

Puis considérant l'assiette de la ville, qui estoit en lieu hault et *advantageux*, delibera celle nuyct sus ce qu'estoit de faire.

RABELAIS, *Gargantua*, I, 48.

Tenez-vous de pié quoy dans vostre fort, si vous l'avez tant soit peu *advantageus* : et là attendez ou que vostre ennemy se lasse, ou qu'il vous vienne combattre.

MONTLUC, *Commentaires*, liv. III

...Les endroits de là, couverts de maretz mal *advantageux* pour la cavalerie et gendarmerie françoise.

BRANTÔME, *Vies des Capitaines illustres*, discours VI.

Ils apprirent à éviter les plaines, et cherchèrent des lieux *avantageux* contre une cavalerie qu'ils avoient méprisée mal à propos.

SAINT-EVREMOND, *Réflexions sur les divers génies du peuple romain*.

Monseigneur étant le plus foible a fait sagement de prendre un poste *avantageux*.

BUSSY-RABUTIN, *Lettres*, 10 septembre 1690.

Ils eurent avis des journées de la caravane, et ils la surprirent à un passage *avantageux* pour un tel coup.

CHARDIN, *Journal du voyage en Perse*, Ier partie.

Il ne périt, dit-on, que neuf Espagnols dans cette bataille; preuve évidente que Gonsalve avait choisi un poste *avantageux*, que Nemours avait manqué de prudence et qu'il n'avait que des troupes découragées.

VOLTAIRE, *Essai sur les mœurs*, c. 111.

On ne sait guère, dans l'oisiveté des grandes villes, quels efforts il en coûte pour rassembler des vivres dans un pays qui en fournit à peine à ses habitants, pour avoir de quoi payer le soldat, pour lui fournir le nécessaire sur son crédit, pour garder des rivières, pour enlever aux ennemis des postes *avantageux* dont ils se sont emparés.

LE MÊME, *même ouvrage*, c. 215.

AVANTAGEUX, Qui est à l'avantage de quelqu'un ou de quelque chose :

Le Turc louoit le chrétien (Barberousse et André Doria), et en parloit comme du seul homme qui lui donnoit de la peine : le chrétien rendoit la pareille au Turc par des paroles aussi obligeantes et aussi *avantageuses*.

BALZAC, *Aristippe*, discours V.

Nous ne pouvons pas seulement voir un avocat en soutane et le bonnet en tête, sans une opinion *avantageuse* de sa suffisance.

PASCAL, *Pensées*.

M. de Boisrobert, qui l'entretenoit de tout (le cardinal de Richelieu), ne manqua pas de lui faire un récit *avantageux* de la petite assemblée qu'il avoit vue et des personnes qui la composoient.

PELLISSON, *Histoire de l'Académie*.

Je donnois un sens si *avantageux* à l'embarras de Don Ramire, qu'il ne m'eût pas mieux persuadé par ses paroles.

Mme DE LA FAYETTE, *Zayde*.

Qu'un maître montre toujours à ses disciples la vertu sous une idée *avantageuse* et agréable.

ROLLIN, *Traité des Études*, liv. VIII, Ire part., art. 4.

C'étoit un personnage dont on ne pouvoit porter un jugement *avantageux*.

LE SAGE, *Gil Blas*, III, 1.

Cependant j'aimai mieux regarder la chose du bon côté que du mauvais, et je conservai l'*avantageuse* opinion que j'avois conçue de ma venue.

LE MÊME, *même ouvrage*, III, 5.

Prenez soin de faire sentir à une jeune personne, dans les occasions, l'incommodité des défauts qui se trouvent dans ce qui la charme, et la commodité des qualités *avantageuses* qui se rencontrent dans ce qui lui déplaît.

FÉNELON, *Éducation des filles*, c. 5.

Quelque conjecture *avantageuse* qu'on puisse faire de votre naissance, cela ne vous donne aucun état, et vous devez vous régler là-dessus.

MARIVAUX, *la Vie de Marianne*, Ire partie.

De ces deux dames, il y en eut une qui parla fort peu, ne prit presque point de part à ce que l'on disoit, ne fit que remuer la tête pour en varier les attitudes, et les rendre *avantageuses*; enfin qui ne songea qu'à elle et à ses grâces.

LE MÊME, *même ouvrage*, VIIe partie.

Ce qui peut donner une idée *avantageuse* de son caractère, c'est qu'on le voit dans cette guerre observer au moins le droit des nations.

VOLTAIRE, *Essai sur les mœurs*, c. 88 : De Tamerlan.

Les glaces aujourd'hui sont vraiment odieuses...
On ne sait plus du tout les faire *avantageuses*
Comme autrefois... C'était un plaisir de s'y voir.

ANDRIEUX, *le Vieux fat*, II, 2.

Dans le langage des Précieuses :

« Des taches *advantageuses*, » c'est-à-dire « des mouches ».

SOMAIZE, *le Grand Dictionnaire des Précieuses*.

En parlant de Mariage, de parti, etc. :

Je vous ay supplyé par ma dernière lettre de m'envoyer le cappitaine Perot pour le marier en quelque lieu fort *advantageux* pour luy et pour ma maison.

MONTLUC, *Lettres*; au maréchal de Brissac, 6 novembre 1558.

Sur ces entrefaites un barbare qui sçavoit la langue latine, pousse son cheval vers le camp, et promet à haute voix, de la part d'Arminius, cent sesterces par jour à chaque soldat qui se viendroit rendre à luy, et pour récompense de ses travaux après la fin de la guerre, un *mariage avantageux*, et une retraite assurée.

PERROT D'ABLANCOURT, trad. de Tacite, *Annales*, liv. II, 2.

Je suis assuré qu'elle (Mlle de Sévigné) n'est pas si mal satisfaite de sa fortune que moi; et sa vertu lui fera attendre sans impatience un *établissement avantageux*.

BUSSY, *Lettres*; à Mme de Sévigné, 1667.

La Providence nous destinoit ou nous avoit destinés à un *mariage* si *avantageux*, que dans le temps où mon fils pouvoit le plus espérer, je ne lui en eusse pas désiré un meilleur.

Mme DE SÉVIGNÉ, *Lettres*; à Bussy, 15 décembre 1683.

C'étoit un homme bourru, et qui avoit tant d'aversion pour le mariage, ou plutôt tant de répugnance à établir ses filles, qu'il n'a jamais voulu les marier, quelques *par-tis avantageux* qui se soient présentés pour elles.

> LE SAGE, *le Diable boiteux*, c. 8.

J'oubliai que je retournois à Paris; j'oubliai jusqu'à un *mariage avantageux* qu'on m'y ménageoit.

> MARIVAUX, *la Méprise*, sc. 4.

Pourquoi un brave militaire, maltraité par la fortune, ne chercherait-il pas à faire une *fin avantageuse* pour lui, en épousant une veuve honorable et riche?

> ANDRIEUX, *le Jeune Créole*, II, 2.

Ce *mariage* n'est-il pas bien plus *avantageux* pour vous que pour moi?

> PICARD, *les Marionnettes*, III, 4.

AVANTAGEUX, en parlant De la taille, de la figure, de la mine :

Ils ont les cheveux blonds, les yeux bleus, un regard farouche, une *taille* robuste et *avantageuse*, le corps incapable d'un long travail,

> PERROT D'ABLANCOURT, trad. de Tacite, *Germanie*.

Zoraïde conseilla à Sophie de s'habiller en homme, puisque sa *taille, avantageuse* plus que celle des autres femmes, facilitoit ce déguisement.

> SCARRON, *le Roman comique*, I, 14.

Elle (Mlle de la Tour d'Auvergne) avoit la *taille* fort *avantageuse*, des yeux fort doux qui faisoient paroître que le cœur n'étoit pas inflexible.

> FLÉCHIER, *Mémoires sur les grands jours de 1665*, p. 84.

Votre *taille* est *avantageuse*; elle n'est pas d'une grandeur démesurée et sans grâce, aussi n'est-elle pas d'une petitesse ridicule; elle tient le milieu entre ces deux extrémités.

> Mlle DE MONTPENSIER, *Portraits*, XCVII. Mme la marquise de R..

Pour sa personne, il n'avoit pas une *mine* fort *avantageuse*. Madame de Simier, qui étoit accoutumée à voir Henri III, dit, quand elle vit Henri IV : « J'ai vu le roi, mais je n'ai pas vu Sa Majesté. »

> TALLEMANT DES RÉAUX, *Historiettes* : Henri IV.

Il étoit très beau de visage, d'une *taille avantageuse* et d'une force surprenante.

> FÉNELON, *Vies des philosophes* : Cléobule.

Charles XII était d'une *taille avantageuse* et noble.

> VOLTAIRE, *Histoire de Charles XII*.

Il me proposa de profiter de ma jeunesse et de la *figure avantageuse* que j'avois reçue de la nature, pour me mettre en liaison avec quelque dame vieille et libérale.

> PREVOST, *Manon Lescaut*, Ire partie.

(Lekain), malgré une *figure* peu *avantageuse* et une voix peu sonore, n'a jamais manqué de mériter les plus grands applaudissements.

> GRIMM, *Correspondance*, 15 juin 1753.

AVANTAGEUX, présomptueux, en parlant soit Des personnes, soit De l'air, du ton :

Je ne puis me résoudre à laisser partir votre laquais sans poulet. J'aurois de quoy vous en faire un le plus amoureux du monde, si je voulois vous écrire la moindre partie de ce que j'ai pour vous dans le cœur. Mais sachant combien vous êtes *avantageuse*, je n'oserois vous faire savoir de quelle sorte vous y êtes.

> VOITURE, *Lettres*. —

Il (le marquis de Bussy) est trop rude, trop violent et trop *avantageux* en paroles. Cela m'est venu de traverse; je vous le dis avec amitié.

> Mme DE SÉVIGNÉ, *Lettres*; à Bussy, 25 février 1686.

L'heure étoit indue, les illusions mènent loin, et les géants sont *avantageux*.

> HAMILTON, *Contes* : le Bélier.

Vendôme, de victorieux et d'entreprenant, étoit réduit à la défensive; et au milieu de tous ses tons *avantageux* s'en trouvoit fort embarrassé.

> SAINT-SIMON, *Mémoires*, 1706.

C'étoient (les La Frette) peut-être les deux hommes de France les mieux faits et les plus *avantageux*.

> LE MÊME, même ouvrage, 1708.

C'étoit un homme (Sainctot) tout doucereux, et avec cela tout *avantageux*.

> LE MÊME, même ouvrage, 1713.

Je n'étois pas homme à devenir *avantageux* sur mon déclin, après l'avoir été si peu dans mes plus belles années.

> J.-J. ROUSSEAU, *Confessions*, II, 9.

Impossible d'avoir plus d'esprit (que la duchesse du Maine), plus d'éloquence, plus de badinage, plus de véritable politesse : mais en même temps, on ne sauroit être plus injuste, plus *avantageuse*, ni plus tyrannique.

> LE PRÉSIDENT HÉNAULT, *Mémoires*, c. 11.

Le glorieux n'est pas tout à fait le fier, ni l'*avantageux*, ni l'orgueilleux... l'*avantageux* abuse de la moindre déférence qu'on a pour lui.

> VOLTAIRE, *Dictionnaire philosophique*.

Il y en avait enfin qui poussaient cet air *avantageux* et cette envie dominante de se faire valoir jusqu'au plus grand ridicule.

> VOLTAIRE, *Siècle de Louis XIV*, c. 32.

En société, quand j'étois libre et discret, peut-être avoit-on droit de me croire *avantageux*.

> BEAUMARCHAIS, *Mémoires*, t. I, p. 146.

Beaumarchais ne se piquoit point du tout d'être modeste, et avoue quelque part qu'on a pu le trouver un peu *avantageux*, aveu qui prouve qu'il l'étoit déjà moins. Il paroît qu'il le fut longtemps, de façon à rendre sa supériorité impardonnable.

LA HARPE, *Cours de littérature*.

Noble homme, hault, puissant et preux
Messire Enguerrant l'oultrageux,
Seigneur sur poulain entravé,
En petis fais *advantageulx*,
Cappitaine de plusieurs lieux,
Et chevalier sur le pavé.

COQUILLART, *l'Enqueste d'entre la simple et la rusée*.

Messieurs, dit-il, d'un air *avantageux*,
Ce fait n'est pas exact, je sais toute l'affaire.

DELILLE, *la Conversation*, II.

Avantageux à :

Les autres (historiens), un peu plus sobres et non si *avantageux à* mesdire, disent que l'occasion de ce grand desbord fut pour descharger le pays des Gaulois, adoncques trop abondant en peuple.

EST. PASQUIER, *Recherches*, I, 3.

L'événement n'en peut être *advantageux* qu'à cet état.

BALZAC, *Lettres*, I, 1.

Je doute si ces années de malheurs ne *vous* ont pas été plus *avantageuses* que les autres.

VOITURE, *Lettre au duc de Bellegarde*.

Je me forgeai cent belles aventures *avantageuses à* ma fortune et à mon amour.

SCARRON, *le Roman comique*, I, 13.

La femme de chambre de Mme de Launay, croyant faire merveille, lui avoit fait les sourcils. Je lui dis que cette coquetterie-là ne *lui* étoit pas *avantageuse*.

TALLEMANT DES RÉAUX, *Historiettes : Mme de Launay*.

J'ai Malherbe, qui a comparé la reine Marie à Vénus, avec quatre vers aussi beaux qu'ils me sont *avantageux*.

J. RACINE, *Lettres*; à l'abbé Le Vasseur, 13 septembre 1660.

Il est visible que cette diversité de jugement ne peut venir d'autre cause, sinon qu'il plaît aux uns de tenir pour vrai ce qui *leur* est *avantageux*, et que les autres, n'y ayant point d'intérêt, en jugent d'une autre sorte.

Logique de Port-Royal, IIIe part., c. 20.

De toutes les vérités, il n'a caché que celles qui *lui* étoient *avantageuses*.

FLÉCHIER, *Oraison funèbre de M. de Montausier*.

Voyez comment sont gouvernés les diocèses et les États de ces prélats si puissans d'Allemagne et de Pologne. Vous verrez par cette expérience que les anciens étoient bien sages, et que l'alliance de la puissance temporelle à la spirituelle n'étoit *avantageuse* ni à la religion ni à l'État.

FLEURY, *Discours sur l'Histoire ecclésiastique*, IV.

On peut mettre en question s'il fut *avantageux aux* Romains de faire le commerce de l'Arabie et des Indes.

MONTESQUIEU, *Esprit des Lois*, XXI, 16.

Je ne vous saurois aucun gré de tromper les gens en ma faveur : ainsi ne faites point difficulté de parler suivant votre conscience, sans vous soucier de ce qui *me* sera *avantageux* ou non.

MARIVAUX, *la Vie de Marianne*, IIIe partie.

C'est là tout le système, dans un raccourci qui ne *lui* est pas *avantageux*.

FONTENELLE, *Éloge de P. Malebranche*.

Non, jamais l'amour n'a causé tant de désordres parmi les femmes que la fureur du jeu. Comment peuvent-elles s'abandonner à une passion qui altère leur esprit, leur santé, leur beauté, qui altère... que sais-je moi? Mais ce tableau ne *leur* est point *avantageux*, tirons le rideau dessus.

DUFRESNY, *Amusements sérieux et comiques*.

Avantageux pour :

Leur habit est *avantageux pour* paroître de belle taille.

THÉVENOT, *Voyage de Levant*, c. 22.

Sa fermeté (de Gracchus) se tournoit en quelque chose d'opiniâtre; et des vertus, qui pouvoient être utiles à la République, devenoient autant de talens *avantageux pour* les factions.

SAINT-ÉVREMOND, *Réflexions sur les divers génies du peuple romain*, c. 8.

A des temps si *avantageux pour* la République succédèrent ceux d'Adrien mêlés de bien et de mal.

BOSSUET, *Discours sur l'Histoire universelle*, I, 10.

Ce qu'il y a d'*avantageux pour* lui, c'est qu'il se croit archevêque de Tolède.

LE SAGE, *le Diable boiteux*, c. 9.

Le dedans du pays est diversifié par quantité de montagnes et de collines, *avantageuses pour* les vignes.

FLEURY, *Mœurs des Israélites*, § 7.

La liberté du commerce est *avantageuse pour* tous, et plus *avantageuse* encore, plus nécessaire *pour* le consommateur, qu'elle seule peut sauver du danger de mourir de faim.

TURGOT, *Lettres sur la liberté du commerce des grains*, VII, 2 décembre 1770.

AVANTAGEUSEMENT, adv. D'une manière avantageuse :

Vous ayant exagéré autrefois le mal que j'ai rencontré en Espagne, je croy au moins être obligé de vous décrire *avantageusement* ce que j'y trouve de bon.

Voiture, *Lettres*, à M. de Chaudebonne.

Elle n'a point de joie d'être si *avantageusement* mariée, puisqu'elle n'est point aux bonnes grâces d'une personne qu'elle estime tant.

Tallemant, *Historiettes :* Bazinière.

Dieu, qui est un admirable ouvrier, se sert *avantageusement* des défauts de son ouvrage, et il ne les permet que parce qu'il sait bien s'en prévaloir.

Bourdaloue, *Sermons.*

La justice que rendirent à Fabius Maximus et ses citoyens et les ennemis mêmes, le dédommagea bien *avantageusement* de tous les bruits qu'on avoit répandus contre lui.

Rollin, *Traité des Études*, liv. VI, III° part., c. 2, art. 2, 3° morceau de l'Histoire romaine, c. 2 de ce morceau, art. 1er.

Après m'être si *avantageusement* défait de ma mule, l'hôte me mena chez un muletier.

Le Sage, *Gil Blas*, I, 2.

Je suis persuadé qu'il ne me sera pas bien difficile de vous placer *avantageusement.*

Le même, même ouvrage, III, 1.

Je suis le démon de la luxure, ou, pour parler plus honorablement, le dieu Cupidon; car les poètes m'ont donné ce joli nom, et ces messieurs me peignent fort *avantageusement.*

Le même, *le Diable boiteux*, c. 1.

Deux députés des Communes représentèrent que ce seroit ruiner l'Angleterre que de donner occasion à l'Espagne d'interrompre le commerce si *avantageusement* établi entre les deux nations.

Saint-Simon, *Mémoires*, 1718.

Je ne renonce pas au projet de l'établir *avantageusement.*

Marivaux, *l'Épreuve*, sc. 17.

Ce qui manquoit du côté de la science et de la politesse étoit *avantageusement* récompensé par la piété et les autres vertus solides.

Fleury, *Mœurs des chrétiens*, 58.

Il se posta *avantageusement* entre le camp et la ville : là il dormit quelques heures sur la terre enveloppé dans son manteau.

Voltaire, *Histoire de Charles XII*, liv. II.

Sa figure annonçoit *avantageusement* les grâces de son esprit.

Mairan, *Éloge de Fleury.*

Celui (l'usage) de se blanchir les cheveux avec de la poudre, et de les enfler par la frisure, paroît avoir été imaginé pour faire sortir davantage les couleurs du visage, et en accompagner plus *avantageusement* la forme.

Buffon, *Histoire naturelle :* De l'Homme.

La grosseur de son cou (du bœuf) et la largeur de ses épaules indiquent assez qu'il est propre à tirer et à porter le joug; c'est aussi de cette manière qu'il tire le plus *avantageusement.*

Le même, même ouvrage : le Bœuf.

Sa queue traînante et touffue couvre et termine *avantageusement* l'extrémité de son corps.

Le même, même ouvrage : le Cheval.

Juger, penser, parler avantageusement de quelqu'un :

Je croy qu'il ne m'est pas permis d'être triste, en un temps où tout le monde *parle* si *avantageusement* de vous.

Voiture, *Lettres;* au marquis de Rambouillet, 8 mars 1627.

Sur la fin il (Balzac) n'ose plus faire de lettres; il les déguise en entretiens, et souvent il fait semblant de vider ses tablettes et *parle* de lui-même fort *avantageusement* en tierce personne en plusieurs endroits de ce livre.

Tallemant des Réaux, *Historiettes :* Balzac.

Si ma modestie me permettoit de conter mes exploits, vous verriez que vous n'*avez* pas *jugé* trop *avantageusement* de moi.

Le Sage, *Gil Blas*, V, 1.

Il n'y a personne qui ne *parle* de vous aussi *avantageusement* que moi.

Le même, *le Diable boiteux*, c. 7.

Il m'a cependant toujours paru que M. de Richelieu avoit naturellement de l'inclination pour moi, et *pensoit avantageusement* de mes talents.

J.-J. Rousseau, *les Confessions*, II, 7.

Le présomptueux *pense* trop *avantageusement* de lui-même; l'humble n'en *pense* pas assez *avantageusement.* Le modeste en pense comme il faut en penser.

Trublet, *Essais de littérature et de morale*, t. I.

Avantageusement, d'une manière présomptueuse :

Nous deux donnerons bien ordre aux choses qui pourront survenir en ce royaulme. Quand le roy les entendit parler si *advantaigeusement*, il les regarda d'un très mauvais œil.

Amadis de Gaule, II, 21.

AVANIE, s. f. Il se disait proprement Des vexations que les Turcs exerçaient envers ceux qui n'étaient pas de leur religion, pour en extorquer de l'argent :

Arramoñ, partant d'icy, emporta le privilège que la Forest avoit obtenues pour les libertés et franchises que les François doivent avoir par deçà. J'en ay escrit un mot à monseigneur le connestable, affin qu'ils me soient envoiés ; je vous prie d'en voulloir escrire vous-mesmes un mot audict Arramon, autrement ils me feront mille *avanyes* par deçà, et à tous les François qui y viendront.

M. DE LA VIGNE à l'évêque de Lodève, 8 janvier 1557.
(Voyez CHARRIÈRE, *Négociations de la France dans le Levant*, t. II, p. 398.)

Pendant leurs cérémonies ils mettent des gardes aux portes de leurs églises, de peur que les Turcs n'y entrent, et ne prennent sujet de leur faire quelque *avanie*, ce que nous appellons parmi nous une injuste amande.

TAVERNIER, *Voyages de Perse*, II, 8.

Il n'y a pas de gens au monde plus aisés à tromper, et qui aient été plus trompez que les Turcs. Ils sont naturellement simples, et assez épais, gens à qui on en fait aisément à croire. Aussi les chrétiens leur font sans cesse une infinité de friponneries et de méchans tours. On les trompe un tems, mais ils ouvrent les yeux, et alors ils frappent rudement, et se paient de tout en une seule fois. On appelle ces amandes qu'ils font payer *avanies*. Elles ne sont pas toutes des impositions injustes, et il en est comme des confiscations si fréquentes aux douanes.

CHARDIN, *Journal du voyage en Perse*, Ire part., p. 8.

Il est le despote du commerce, qu'il règle à son gré. Son bail n'est jamais que pour un an. Le prix de sa ferme, en 1783, étoit de mille bourses, qui, à raison de cinq cens piastres la bourse, et de cinquante sols la piastre, font douze cens cinquante mille livres. Il est vrai qu'on y doit joindre un casuel d'*avanies*, ou de demandes accidentelles ; c'est-à-dire, que lorsque Mourad Bek ou Ibrahim ont besoin de cinq cens mille livres, ils font venir le douanier qui ne se dispense jamais de les compter.

VOLNEY, *Voyage en Syrie et en Égypte*, Égypte, c. 15.

On cite de lui un trait qui donnera une idée de son caractère : S'étant un jour trouvé dans un besoin d'argent, les délateurs qui environnent les pachas lui conseillèrent d'imposer une *avanie* sur les chrétiens et sur les fabricants d'étoffes. — Combien croyez-vous que cela puisse

IV.

me rendre, dit Asad ? — Cinquante à soixante bourses, lui répondirent-ils. — Mais, répliqua-t-il, ce sont des gens peu riches ; comment feront-ils cette somme ? — Seigneur, ils vendront les joyaux de leurs femmes ; et puis ce sont des chiens. — Je veux éprouver, reprit le pacha, si je serai plus habile avaniste que vous.

VOLNEY, *Voyage en Syrie et en Égypte*, Syrie, c. 30.

Il signifie, figurément et familièrement, Affront fait de gaieté de cœur, traitement humiliant qu'une personne reçoit en présence de plusieurs autres :

La Middleton fait impunément de nouvelles conquêtes, et de vos présents vous souffrez qu'elle vous crève les yeux sans la moindre *avanie*.

HAMILTON, *Mémoires de Grammont*, VII.

Elle (la marquise de Charlus) étoit toujours faite comme une crieuse de vieux chapeaux, ce qui lui fit essuyer maintes *avanies*.

SAINT-SIMON, *Mémoires*, 1719.

Il n'y a pas jusqu'aux indifférents qui ne le raillent ; en un mot, c'est tout ce qu'il y a de plus mortifiant qu'il faut qu'il essuie ; ce sont des *avanies* sans fin ; je ne vous en répète pas la moitié.

MARIVAUX, *la Vie de Marianne*, VIIIe partie.

La France ne put obtenir qu'avec beaucoup de difficulté le droit de pêche vers Terre-Neuve, et une petite île inculte, nommée Miquelon, pour y faire sécher la morue, sans pouvoir y faire le moindre établissement ; triste droit, sujet à de fréquentes *avanies*.

VOLTAIRE, *Précis du siècle de Louis XV*, c. 35.

Permettez-moi de recourir encore à vos bontés pour une autre affaire... celle de la saisie de mes blés... C'est une *avanie* de Turc, qu'on punit chez les Turcs.

LE MÊME, *Lettres*, 20 février 1760.

Les Vénitiens avoient fait jusque-là le commerce des Indes par les pays des Turcs, et l'avoient poursuivi au milieu des *avanies* et des outrages.

MONTESQUIEU, *Esprit des Lois*, XXI, 21.

Ma foi, madame, *avanie* pour *avanie*, il vaut mieux, à ce qu'il me semble, en recevoir d'une marquise que d'un marchand.

DANCOURT, *le Chevalier à la mode*, I.

Vous devriez vous défaire de toutes vos manières et de vos airs de grandeur, surtout pour ne plus recevoir d'*avanie* pareille à celle d'aujourd'hui.

LE MÊME, même ouvrage, II.

Si sa pauvre charrette renverse, loin d'être aidé par

personne, je le tiens heureux s'il évite en passant les avanies des gens lestes d'un jeune duc.

> J.-J. ROUSSEAU, *Discours sur l'économie politique.*

J'avais été prévenu de ne me laisser jamais plaisanter par un Turc, si je ne voulais m'exposer à mille avanies.

> CHATEAUBRIAND, *Itinéraire de Paris à Jérusalem.*

De là... l'évasion de Voltaire échappé à sa chaîne, et son avanie dans Francfort où il est arrêté.

> VILLEMAIN, *Littérature au XVIIIᵉ siècle,* 12ᵉ leçon.

Vous méritez, monsieur, cette belle avanie.

> DESTOUCHES, *l'Irrésolu,* III, 5.

Je veux aux yeux de tous vous en faire avanie,
A toute heure, en tous lieux...

> REGNARD, *le Joueur,* V, 4.

Quel contre-temps fatal !̄ quelle triste avanie !
Un quart d'heure plus tard l'affaire étoit finie.

> J.-B. ROUSSEAU, *le Flatteur,* V.

AVARE, adj. des deux genres. Qui a un attachement excessif pour l'argent, pour les richesses. Ce mot se trouve d'abord sous la forme *avers.*

Cil rois Jehans dont je vous di fu mauvais chevaliers et avers et traitres si comme je vous dirai.

> *Récits d'un ménestrel de Reims au treizième siècle,* publiés par N. de Wailly, p. 229.

Li hom avers convoite ferment le denier; et por ce avient que li hom liberaüs n'a pas tant de possessions comme li avers.

> BRUNETTO LATINI, *li Livres dou tresor,* liv. II, Iʳᵉ part., c. 32.

Nuns avers prince ne puet monter enprès.

> *Garin le Loherain,* t. I, p. 239.

Par cest essample woel mustrer
Que li rique hume et li aver
Vuelent tuz-jurs trop cuveitier.

> MARIE DE FRANCE, *Fables,* XCVII.

Ne te fai tenir por aver,
Car ce te porroit moult grever.

> *Roman de la Rose,* v. 2221.

Si parla l'en de ces clercs riches,
Et des prestres avers et chiches
Qui ne font bontei ne honour
A evesque ne à seignour.

> RUTEBEUF, *Œuvres,* éd. Jubinal, t. I, p. 279.

Avare remplaça cette vieille forme avers, et fut bientôt seul en usage :

C'est l'homme le plus avare et sordide de la terre.

> L'ÉVÊQUE D'ACQS, *Lettre à Charles IX,* 22, 28 mars 1573. (Voyez *Négociations du Levant,* t. III, p. 374.)

Nous disons avare ou avaricieux. Ce mot avare vient du latin *avarus,* lequel proprement respond à ce grec φιλόχρυσος (c'est-à-dire *amateur de l'or*), si on le veut déduire de *avere* et *aurum.*

> HENRI ESTIENNE, *la Précellence du langage françois,* éd. Feugère, p. 106.

Celui qui n'ose toucher à son argent, qui n'en est que le triste gardien, et semble ne se réserver aucun droit que celui de le regarder, est proprement avare.

> BOSSUET, *Traité de la concupiscence,* c. 9.

Enfin le temple s'achève; les victimes y sont immolées, mais les Juifs avares y offrent des hosties défectueuses.

> LE MÊME, *Discours sur l'Histoire universelle,* II, 11.

Après cette glorieuse marque d'estime et de confiance, quels projets d'établissement et de fortune n'auroit pas faits un homme avare et ambitieux !

> FLÉCHIER, *Oraison funèbre de Turenne.*

Ah ! ne me parlez point de madame de Meckelbourg, je la renonce. Comment peut-on vouloir paroître aux yeux du monde, ce monde dont on veut l'estime et l'approbation au-delà du tombeau ? Comment veut-on lui paroître la plus avare personne du monde, avare pour les pauvres, avare pour ses domestiques, à qui elle ne laisse rien; avare pour elle-même, puisqu'elle se laissoit quasi mourir de faim; et en mourant, lorsqu'elle ne peut plus cacher cette horrible passion, paroître aux yeux du public l'avarice même ?

> Mᵐᵉ DE SÉVIGNÉ, *Lettres;* 3 février 1695.

Hé ! mais, répondit Asmodée, tous les gueux que la fortune enrichit brusquement deviennent avares ou prodigues

> LE SAGE, *le Diable boiteux,* c. 17.

...Fort bien fait (Phélypeaux), point marié, qui n'avoit rien, avare quand il pouvoit, mais honorable et ambitieux

> SAINT-SIMON, *Mémoires,* 1713.

Elle (la maréchale d'Estrées) étoit avare à l'excès, et en rioit la première.

> LE MÊME, même ouvrage, 1714.

D'Antin maria son second fils à la fille unique de Vertamont, premier président du grand conseil, riche à millions, et plus avare, s'il se peut, que riche.

> LE MÊME, même ouvrage, 1716.

Je n'ai point paru dépenser, mais je n'ai jamais été avare.

> MONTESQUIEU, *Pensées diverses.*

Un prince, qui a des domaines absolument séparés des revenus de l'État, peut être avare comme un particulier ; mais un roi de France, qui n'est réellement que le dispensateur de l'argent de ses sujets, ne peut guère être atteint de ce vice.

VOLTAIRE, *Siècle de Louis XIV*, c. 25.

Un contrôleur général doit être par état avare et négatif.

LE PRÉSIDENT HÉNAULT, *Mémoires*, c. 20.

Si j'avois eu jamais un revenu fixe et suffisant pour vivre, je n'aurois point été tenté d'être avare.

J.-J. ROUSSEAU, *les Confessions*, I, 1.

Dieu, si magnifique envers nous, n'a pu être inconséquent ni avare dans les dons qu'il nous a faits.

LA HARPE, *Cours de littérature*, IIIe part., liv. IV, c. 11. Helvétius.

... Il est plus surprenant
De l'avoir vu prodigue et de le voir avare.

DESTOUCHES, *le Dissipateur*, III, 3.

Il se dit en parlant Du cœur, des sentiments et même des choses, des objets, des lieux :

A ce mot d'argent, mon père qui avoit l'âme avare, voulut déployer son éloquence d'écuyer.

SCARRON, *Roman comique*, I, 18.

Elle luy monstra donc un puits, et lui fit accroire qu'elle avoit jetté dedans toutes ses bagues et ses pierreries. Mais comme ce barbare s'en fut approché, et qu'il regardoit dedans avec un œil avare, elle l'y poussa du pied.

DU RYER, trad. du Suppl. de Freinshemius sur *Quinte-Curce*, liv. I, c. 12.

Quelques misérables aumônes, foibles et inutiles secours d'une extrême nécessité, que nous répandons d'une main avare, comme une goutte d'eau sur un grand brasier, ou une miette de pain dans la faim extrême.

BOSSUET, *Sermon du jour de la Pentecôte*.

Tu céderas, ou tu tomberas sous ce vainqueur, Alger, riche des dépouilles de la chrétienté, tu disois en ton cœur avare : Je tiens la mer sous mes lois.

LE MÊME, *Oraison funèbre de Marie-Thérèse d'Autriche*.

Ames tièdes qui ménagez votre timide et avare pitié, et qui croyez avoir toujours assez fait pour votre salut.

FLÉCHIER, *Oraison funèbre de Marie-Thérèse d'Autriche*.

La terre... se rend avare et ingrate pour ceux qui la cultivent négligemment.

FÉNELON, *Télémaque*, XIX.

La passion n'est jamais avare.

MASSILLON, *Panégyrique de sainte Madeleine*.

On se met presque toujours en trop grands frais pour les recherches qu'on a entreprises, et il y a peu de génies heureusement avares qui n'y fassent que la dépense absolument nécessaire.

FONTENELLE, *Éloge du marquis de l'Hôpital*.

Car la main seule invinciblement forte
Peult des enfers briser l'avare porte,
Et me tirer aux rayons du beau jour,
Qui luyt au ciel : ton éternel séjour.

DU BELLAY, *Hymne chrestien*.

Donque moy, qui suis nay François,
Composeur de rimes barbares
Hé ! doy-je esperer que ma vois
Surmonte les siècles avares ?

RONSARD, *Odes*, V, 18.

Et cachent par son ordre en leurs gouffres avares
Les perles, l'ambre et le corail.

RACAN, *Psaumes*, XXXII.

Mais sais-tu Freminet ceux qui me blâmeront,
Ceux qui dedans mes vers leurs vices trouveront,
A qui l'ambition la nuit tire l'oreille,
De qui l'esprit avare en repos ne sommeille.

RÉGNIER, *Satires*, XII.

Mais dès ce jour Adam déchu de son état,
D'un tribut de douleurs paya son attentat.
Il fallut qu'au travail son corps rendu docile
Forçât la terre avare à devenir fertile.

BOILEAU, *Épîtres*, III.

En vain vous espérez qu'un Dieu vous le renvoie ;
Et l'avare Achéron ne lâche point sa proie.

RACINE, *Phèdre*, II, 5.

Et des enfers charmés de ressaisir leur proie,
Trois fois le gouffre avare a retenti de joie.

DELILLE, trad. des *Géorgiques*, IV, 493.

Tel le brigand nocturne assiège le trésor
Où l'avide opulence accumule son or ;
En vain d'épais barreaux, en vain le coffre avare,
Opposent un obstacle aux assauts qu'il prépare.

LE MÊME, *le Paradis perdu*, IV.

Malheur au citoyen ingrat à sa patrie
Qui vend à l'étranger son avare industrie.

LE MÊME, *Poésies fugitives*.

Et cette lampe avare au milieu des ténèbres
Jetant le faible éclat de ses lueurs funèbres.

DUCIS, *Épîtres*, VI.

Enfant de Némésis, dont le dédain barbare
Aux besoins des mortels ferme son cœur avare.

A. CHÉNIER, *le Mendiant*.

Avare de :

Le soleil même nous a esté plus *avare de* ses rayons, et n'a meuri qu'à demi nos fruits.

BALZAC, *Lettres*, liv. V, 2.

N'avois-je pas raison de trouver étrange qu'étant libéral de toutes autres choses, vous fussiez seulement *avare de* vos paroles ?

VOITURE, *Lettre*, à M. d'Avaux.

Il ne desiroit point le bien d'autruy, estoit ménager du sien et *avare de* celuy du public.

PERROT D'ABLANCOURT, trad. de Tacite, *Histoires*, I, 7.

Les jours passeront ; j'ai vu que j'*en* étois *avare* ; je les jette à la tête présentement.

Mᵐᵉ DE SÉVIGNÉ, *Lettres* ; à Mᵐᵉ de Grignan, 20 octobre 1679.

Mon fils... commence à devenir si *avare de* moi, que je ne puis plus m'adonner à la contemplation, comme je faisois dans ces bois quelquefois, sans le voir à mes côtés.

LA MÊME, même ouvrage, *id.*, 8 juillet 1685.

On le trouvera (Louis XIV) sans doute un des plus grands rois qui aient jamais été, un des plus honnêtes hommes de son royaume, et l'on pourroit dire le plus parfait s'il n'étoit point si *avare de* l'esprit que le ciel lui a donné, et qu'il voulût le laisser paroître tout entier sans le renfermer si fort dans la majesté de son rang.

Mᵐᵉ DE LA FAYETTE, *Histoire d'Henriette d'Angleterre*.

Devenant aussi *avare de* regards agaçants que j'en avois été jusqu'alors prodigue, je résolus de n'arrêter ma vue que sur des ducs, des comtes ou des marquis.

LE SAGE, *Gil Blas*.

Avare de notre estime, nous ne l'accordons qu'au mérite personnel.

LAMOTTE, *Discours sur la protection donnée aux lettres par les grands*.

Avec tout cela ce n'étoit (le duc de Noailles) ni un méchant homme ni un malhonnête homme ; et quoique très *avare de* crédit, il n'a pas laissé de faire des plaisirs et de rendre des services.

SAINT-SIMON, *Mémoires*, 1708.

Découvrir des vérités, et en découvrir les sources, ce sont deux choses qui peuvent d'abord paroître inséparables, et qui cependant sont souvent séparées, tant la nature a été *avare de* connoissances à notre égard.

FONTENELLE, *Éloge de M. Varignon*.

Le public est rarement avide de ce qu'on ne lui donne pas, mais toujours *avare de* ce qu'il a une fois en sa possession.

D'ALEMBERT, *Éloge de Despréaux*, note 18.

Celui qui étoit si saintement *avare du* temps auroit-il été se prodiguer dans les intrigues de l'ambition ?

THOMAS, *Éloge de Daguesseau*.

Uniquement occupé à découvrir, et *avare du* temps qu'il y employoit, il (Newton) ne se hâtoit nullement de rédiger ses découvertes.

MAIRAN, *Éloge de Halley*.

Viens éclairer quelqu'un d'entre nous de ton céleste flambeau, ô nature *avare de* grands hommes, et les sujets ne nous manqueront pas.

GRIMM, *Correspondance*, 1ᵉʳ novembre 1754.

Je te proteste aussi de n'estre point *avare*
De tout ce que la mer et la terre ont de rare,
Et qu'un de tes regards me vaut mille fois mieux
Que le gouvernement de l'empire des cieux.

THÉOPHILE, *Élégie*.

Apollon *de* son feu leur fut toujours *avare*.

BOILEAU, *Art poétique*, II.

De faire voir sa femme un jaloux est *avare*.

LA FONTAINE, *le Florentin*, sc. 4.

Avare du secours que j'attends de tes soins,
Mes vœux t'ont réservé pour de plus grands besoins.

RACINE, *Phèdre*, IV, 2.

Trop *avare d'*un sang reçu d'une déesse.

LE MÊME, *Iphigénie*, I, 2.

Ou si par des barreaux *avare de* clarté
Un faible jour se glisse en ces ombres funèbres.

DELILLE, *la Pitié*, II.

Mais Dieu, qui *de* ses dons fut pour nous trop *avare*.

LAMARTINE, *Jocelyn*.

AVARE est aussi substantif des deux genres :

Prodigues est cil qui se desmesure en doner et faut en recoivre et li *avers* fait le contraire.

BRUNETTO LATINI, *Li livres dou tresor*, liv. II, 1ʳᵒ part., c. 20.

Ainsi comme le Déable fait ses commandemens à l'*aver* tels comme tu as oy, ainsi le Saint-Esperit fait à celui qui a misericorde ou charité en lui ses commandemens.

Le Ménagier de Paris, 1ʳᵒ distinction, art. 3.

Le prodigue est celuy qui despense son bien où il ne faut pas, plus qu'il ne faut, et quand il ne faut pas ; l'*avare*, qui ne le dépense ny où, ny autant, ny quand il faut.

CAMUS, évêque de Belley, *Diversités*, t. I, fol. 210.

Jamais on ne parle de vous que sous les noms d'*avare*, de lâche, de vilain et de fesse-mathieu.

MOLIÈRE, *l'Avare*, III, 5.

Il réfute en dernier lieu l'opinion des *avares*, qui mettent la félicité dans la richesse.

FÉNELON, *Vies des Philosophes* : Aristote.

Du reste, ne cherchez pas en moi le tic des *avares*, celui de dépenser pour l'ostentation ; tout au contraire, je dépense en secret et pour le plaisir.

J.-J. ROUSSEAU, *les Confessions*, I, 1.

La crainte habituelle de l'*avare* est de manquer, ou du moins d'éprouver quelqu'une de ces pertes dont personne n'est à l'abri.

LA HARPE, *Cours de littérature*, III° part., liv. IV, c. 11. Helvétius.

Semblables à des *avares* fastueux, qui étalent une magnificence extérieure, et se privent dans leur famille du nécessaire, ils sont encore plus déraisonnables.

DE MONCRIF, *Moyens de plaire*.

Le plus riche des hommes, c'est l'économe ; le plus pauvre, c'est l'*avare*.

CHAMFORT, *Maximes et Pensées*, c. 2.

L'*avare*, d'autre part, n'aime que la richesse,
C'est son roy, sa faveur, sa cour et sa maltresse.
. . . .
L'*avare* n'a plaisir qu'en ses doubles ducats.

RÉGNIER, *Satires*, IX.

L'*avare* des premiers rit du tableau fidèle
D'un *avare* souvent tracé sur son modèle.

BOILEAU, *Art poétique*, III.

Un certain homme avoit trois filles,
Toutes trois de contraire humeur :
Une buveuse ; une coquette ;
La troisième *avare* parfaite.

LA FONTAINE, *Fables*, II, 20.

Que l'*avare* en secret te vende son suffrage.

VOLTAIRE, *Mérope*, I, 4.

En songe sur la scène un acteur se déploie,
L'auteur poursuit sa rime, et le chasseur sa proie.
Le grand voit des cordons, l'*avare* de l'argent,
Et Penthièvre ouvre encor sa main à l'indigent.

DELILLE, *l'Imagination*, VIII.

Ce mot entre dans différentes locutions proverbiales :

A père *avare* enfant prodigue,
A femme *avare* galant escroc.

AVAREMENT, adv. D'une manière avare ou avide.

Avare, *averement*.

Dictionnaire latin-français du XIII° *siècle*, Manuscrit de la Bibliothèque nationale.

Lequel chasteau ils s'amuserent à saccager, par aventure plus *avarement* que prudemment.

G. DU BELLAY, *Mémoires*, t. III, p. 89.

Il est juste qu'il ne départe pas des honneurs communs à une vertu extraordinaire, qu'il ne dispense pas ses grâces *avarement*, en un lieu où le ciel a versé toutes les siennes.

BALZAC, *Œuvres*, t. II.

Il commença, à la persuasion de sa mère, à amasser *avarement* de grands thresors.

COEFFETEAU, *Histoire romaine*, liv. XV.

Tout ce qu'Amour *avarement* couvoit
De beau, de chaste et d'honneur sous ses ailes,
Emmiella les grâces immortelles
De son bel œil, qui les dieux esmouvoit.

RONSARD, *Amours*, I, II.

...La Parque fatale
Ne fut d'un si grand bien longuement libérale,
Retirant, comme un don *avarement* offert,
Ce qu'à peine elle avoit au monde descouvert.

J. DU BELLAY, *les Furies contre les infracteurs de foy*, I.

J'ay discouru sçavant, des astres radieux,
. . . .
Descouvert les thresors et les veines dorées,
Du ventre de la Terre *avarement* tirées.

R. BELLEAU, *Discours de la vanité*.

Excusez donc mes yeux si trop *avarement*
Fichez sur vos beautez, ils prennent aliment.

AMADIS JAMYN, *Poésies*, p. 272.

Passant, ce peu de marbre *avarement* enserre
Les cœurs ensevelis de trois proches parens.

BERTAUT, *Poésies*, p. 266.

AVARICE, s. f. Attachement excessif à l'argent, aux richesses.

Ne sewirent pas la vie ne les veies le père ; mais turnèrent à *avarice*.

Les quatre Livres des Rois, I, VIII, 3.

N'ay tendu à aultre fin que à pacifier toutes choses particulières, pour leur apprendre (aux nobles) à n'avoir en ce temps aultre guerre que à vos ennemys, ny aultre *avarice* que pour vostre proufist.

LA REINE DE NAVARRE, *Lettres*, XLV ; à François Ier, fin de 1527.

Depuis ces ordonnances royales ainsi publiées, les Ordinaires, par une avarice qui leur est quelquefois ordinaire; commencèrent à gratifier leurs valets de bénéfices.

EST. PASQUIER, Recherches, III, 24.

La condamnation des Templiers ne s'est peu garantir que plusieurs histoires anciennes ne l'imputent à une inimitié particulière que Philippes le Bel avoit conçue encontre eux, conjointe à une avarice pour s'enrichir de leurs dépouilles.

LE MÊME, même ouvrage, III, 25.

Outre les choses par moy cy-dessus discourues, il restoit encore la réformation des mœurs, et falloit, au moins mal qu'il seroit possible, exterminer l'avarice et l'ambition de nostre Église : l'avarice en la distribution des saincts sacremens.

LE MÊME, même ouvrage, III, 30.

Si vous vous laissez dominer à l'avarice, vous n'aurez amais auprès de vous soldat qui vaille.

MONTLUC, Mémoires, liv. I.

L'avarice est comme la flamme, qui s'élance d'autant plus haut qu'elle part d'un plus grand embrasement.

MALHERBE, trad. du Traité des Bienfaits de Sénèque, II, 28.

L'avarice, la jalousie, la colère, Dieu même se les attribue.

PASCAL, Pensées.

Là paroissent les mœurs contraires des deux frères : l'innocence d'Abel, sa vie pastorale, et ses offrandes agréables; celles de Caïn rejetées, son avarice, son impiété, son parricide, et la jalousie mère des meurtres.

BOSSUET, Discours sur l'Histoire universelle, I, 1.

Ils (les Romains) faisoient la guerre à Persée, qui, plus prompt à entreprendre qu'à exécuter, perdoit ses alliés par son avarice, et ses armées par sa lâcheté.

LE MÊME, même ouvrage, I, 9.

Au caractère de vengeance que la Réformation anglicane avoit déjà dans son commencement, il y fallut joindre celui d'une si honteuse avarice.

LE MÊME, Histoire des variations des églises protestantes, I, 284.

L'avarice, dit saint Paul, est la racine de tous nos maux.

LE MÊME, Sermons : Pour Mlle de la Vallière.

Il savoit qu'une charité tardive, selon les Pères de l'Église, avoit plus d'avarice que de piété.

FLÉCHIER, Oraison funèbre de Montausier.

Les prodigues prennent toujours la frugalité pour une avarice infâme.

FÉNELON, Dialogues des morts : Lucullus et Crassus.

Prenez garde que l'avarice gagne peu et qu'elle se déshonore beaucoup.

LE MÊME, l'Éducation des filles, c. 11.

L'avarice, la débauche, l'ambition étoient ses dieux (au cardinal Dubois).

SAINT-SIMON, Mémoires, 1713.

Les peuples, au lieu de cette suite continuelle de vexations que l'avarice subtile des empereurs avoit imaginées, se virent soumis à un tribut simple.

MONTESQUIEU, Esprit des Lois, XIII, 16.

Il n'y a point de travail si pénible qu'on ne puisse proportionner à la force de celui qui le fait, pourvu que ce soit la raison et non pas l'avarice qui le règle.

LE MÊME, même ouvrage, XV, 8.

L'avarice garde l'or et l'argent parce que, comme elle ne veut pas consommer, elle aime les signes qui ne se détruisent point.

LE MÊME, même ouvrage, XXII, 9.

L'avarice est une extrême défiance des événements, qui cherche à s'assurer contre les instabilités de la fortune par une excessive prévoyance, et manifeste cet instinct avide qui nous sollicite d'accroître, d'étayer, d'affermir notre être.

VAUVENARGUES, Introduction à la connoissance de l'esprit humain, liv. II, 29 : De l'avarice.

Les Juifs... gardèrent tous leurs usages, qui sont précisément le contraire des usages sociables : ils furent donc avec raison traités comme une nation opposée en tout aux autres, les servant par avarice, les détestant par fanatisme.

VOLTAIRE, Essai sur les mœurs, c. 103 : De l'état des Juifs en Europe.

Elle (Mme de Léon) se vit alors dans l'opulence et sur-le-champ son humeur changea : elle a fini par une économie ou plutôt par une avarice qui lui fit marchander sa bière, la veille de sa mort.

LE PRÉSIDENT HÉNAULT, Mémoires, c. 10.

Dans les marchés, même infâmes, le plus infâme de tous est celui où l'on est fourbe et de mauvaise foi par avarice : n'êtes-vous pas de mon sentiment ?

MARIVAUX, la Vie de Marianne, Ire partie.

Il se frustra lui-même de tout ce que lui avoit préparé, avant qu'il fût en place, une avarice ingénieuse et inventive, dont il pouvoit assez innocemment recueillir le fruit.

FONTENELLE, Éloge de Fagon.

Il vivoit avec cette économie et cette simplicité si ordinaire et si naturelle à ceux qui cultivent les lettres; économie que l'on a injustement taxée d'avarice dans quelques écrivains célèbres.

D'ALEMBERT, Éloge de d'Olivet.

On voyoit les Castillans, témoins de nos paisibles jeux,

nous entourer, nous observer avec des yeux où l'*avarice* étinceloit comme une fièvre ardente.

MARMONTEL, *les Incas*.

La guerre et le commerce,... l'ambition et l'*avarice*, ont successivement étendu sur le globe les découvertes de l'histoire.

LE MÊME, *Éléments de littérature : Histoire*.

L'*avarice* est la plus vile, mais non pas la plus malheureuse des passions.

DUCLOS, *Considérations sur les mœurs*.

Il lui faut (à l'homme) une passion dominante, et l'*avarice* est ordinairement la seule des avares.

LA HARPE, *Cours de Littérature*, IIIᵉ part., liv. IV, c. 11 : Helvétius.

Je priai les archers d'arrêter un moment par compassion; ils y consentirent par *avarice*.

L'ABBÉ PRÉVOST, *Manon Lescaut*, IIᵉ part.

Terres, maisons, esclaves, troupeaux, chacun prit ce qui se trouvoit à sa bienséance, et se fit des domaines plus ou moins considérables, suivant son *avarice*.

MABLY, *Observations sur l'Histoire de France*, liv. I, c. 2.

La fable de Tantale n'a presque jamais servi d'emblème qu'à l'*avarice*, mais elle est pour le moins autant celui de l'ambition, de l'amour, de la gloire, de presque toutes les passions.

CHAMFORT, *Maximes et Pensées*, c. 1.

D'*avarice* le cuer li sèche.

MÉON, *Fabliaux et Contes anciens*, III, 371.

Sans mentir l'*avarice* est une étrange rage.

BOILEAU, *Satires*, IV.

N'imite point ces fous dont la sotte *avarice*
Va de ses revenus engraisser la justice.

LE MÊME, *Épîtres*, II.

Je n'ai que trop souffert de l'indigne *avarice*
D'un père qui faisoit son bonheur de ce vice.

DESTOUCHES, *le Dissipateur*, I, 6.

Son ménage à présent va jusqu'à l'*avarice*.

LE MÊME, même ouvrage, III, 3.

Ses dons versés avec justice,
Du pâle calomniateur,
Ni du servile adulateur,
Ne nourriront point l'*avarice*.

J.-B. ROUSSEAU, *Odes*, I, 8.

L'ombre d'une vertu couvre souvent un vice,
Et l'amour paternel déguise l'*avarice*.

ANDRIEUX, *le Trésor*, I, 1.

L'*Avarice* est quelquefois personnifiée :

Autour d'elle voloient les noirs Soucis, les cruelles Défiances, les Vengeances, toutes dégouttantes de sang et couvertes de plaies; les Haines injustes; l'*Avarice*, qui se ronge elle-même.

FÉNELON, *Télémaque*, XIV.

Debout, dit l'*Avarice* : il est temps de marcher.

BOILEAU, *Satires*, VIII.

Montre-nous l'*Avarice*, à l'œil sombre, au teint blême
Ardente à se tyranniser,
Et qui craint follement de perdre le bien même
Dont elle ne veut point user.

HOUDAR DE LA MOTTE, *la Variété*, ode.

En ce sens, le mot s'employait autrefois sans article :

C'est une diablerie quant *Avarice* précède l'Honneur.

Loyal Serviteur, c. 26.

Les espies, comme chascun scet, ne sont creez que par dame *Avarice*.

Même ouvrage, c. 40.

Quant aux façons de parler, les unes sont bien plus violentes que les autres :
    Avarice luy commande;
    Avarice le maistrise;
    Avarice luy domine;
    Avarice le gaigne;
    Avarice l'emporte;
    Avarice le transporte.
Nous disons aussi :
    Avarice le mène;
    Avarice l'aveugle.

HENRI ESTIENNE, *De la Précellence du langage françois*.

En l'ostel avoec nous menia
Tricherie, sa suer Rapine;
Et *Avarixe* sa cousine
Vint avoec li, si com moi samble,
Por moi veoir toutes ensemble.

RAOUL DE HOUDAN. (Voyez *Histoire littéraire de la France*, t. XVIII, p. 788.)

AVARICE est pris quelquefois dans un sens favorable :

Je me promène extrêmement, et parce qu'il fait le plus parfait temps du monde, et parce que je sens par avance l'horreur des jours qui viendront; ainsi je profite avec avarice de ceux que Dieu me donne.

Mᵐᵉ DE SÉVIGNÉ, *Lettres;* à Mᵐᵉ de Grignan, 4 octobre 1684.

Je crois qu'il faut faire ses aumônes avec discernement, et même avec *avarice.*

Mᵐᵉ DE MAINTENON, *Lettres,* CXV; 1ᵉʳ juin 1699, à M. le cardinal de Noailles.

L'*avarice,* devenue honorable par la fatigue et le danger, lui fait parcourir le globe avec deux vaisseaux de guerre.

VOLTAIRE, *Siècle de Louis XIV.*

Lorsque des comédiens s'avisèrent de représenter une pièce pour se moquer de la respectable *avarice* du roi (Louis XII), il ne souffrit pas qu'on les punît.

Mᵐᵉ DE STAEL, *Considérations sur la Révolution française,* Iʳᵉ part., c. 11.

AVARICE s'emploie quelquefois au pluriel :

L'Italie, comme de sa nature n'est pas très constante à la dévotion d'ung seigneur, quand il seroit des meilleurs du monde, est tant lassée et ennuyée des superbes, tirannyes et violentes *avarices* espaignoles, qu'il semble qu'elle n'appelle et ne demande que l'appuy et la faveur du roi (Henri II).

M. DE SELVE au connétable de Montmorency, 7 et 27 avril 1553. (Voy. CHARRIÈRE, *Négociations de la France dans le Levant,* t. II, p. 251.)

Que sera-ce de ces *avarices* sordides, et couvertes d'un voile de désintéressement dont on se pare?

BOURDALOUE, *Carême* : Sermon sur la parfaite observation de la loi.

AVARICE est quelquefois suivi de la préposition *de* et d'un substantif désignant la chose dont on est avare, avide.

L'*avarice* de quelque peu de pillage desgoute souvent ceux qui ont envie de prendre party.

MONTLUC, *Commentaires,* liv. II.

Le roy a bon argument de responde que le pappe mésmes, qui est le grand pasteur de nostre Esglise, entretient par toutes ses terres en Ytalie et en ce qu'il a en France mesmes, la relligion judayque, ennemye de la nostre et contraire encore plus que celle de Mahomet; et le tout pour l'*avarice des* succides qu'il en tire.

LE MÊME, *Lettres,* 271; t. V, p. 314.

Saint Augustin dit que ce n'est pas assez d'être exemt

de l'*avarice* de l'argent; mais qu'il faut éviter aussi l'*avarice* de la vie.

NICOLE, *De l'Oraison dominicale,* c. 4.

AVARICIEUX, EUSE, adj. Avare, avide.

Li cuers *avariscieus* acquiert ne li caut comment et ne pot estre assasiés d'avoir.

BEAUMANOIR, *Coutumes de Beauvoisis,* c. 1, 7.

Et meesmement avarisce herbegiée en cuer de bailli est plus malvaise et plus perilleuse qu'en autre gent, car il convient au bailli *avarissieux,* pour asazier s'avarisce, fere et soufrir assés de cozes qui sont contraires à son estat.

LE MÊME, même ouvrage, *ibid.*

Ilz (les Italiens) sont jaloux et *avaricieux* plus que aultres.

PHILIPPE DE COMMINES, *Mémoires,* c. 9.

Nous sçavons bien tous qu'il n'est rien si *avaricieux* que la femme.

Heptameron, 13ᵉ Nouvelle.

Dedans Paris, où il y a tant de sortes de gens, y avoit un cousturier nommé Janicot, lequel ne fut jamais *avaricieux,* car tout l'argent qu'il gaignoit c'estoit pour boire.

DESPERIERS, *Contes et Nouvelles,* LXXIX.

Tout ainsi que le mesnager *avaricieux* ne tend sa tapisserie dans la salle sinon aux jours qu'il festoye les estrangers pour en faire montre : aussi maintenant n'usons-nous de toutes ces belles ordonnances que par forme de parade.

EST. PASQUIER, *Recherches,* III, 33.

En la ville de Bergame demeuroit jadis un vieil prestre *avaricieux,* lequel avoit le bruict d'estre autant riche et pecunieux qu'homme de sa robe.

Trad. de Straparole, *Facétieuses Nuits,* 6ᵉ nuit, fable V.

Il y avoit, disoit-il, un président de cour souveraine, qui estoit le plus *avaricieux* et chiche qu'on ait jamais ouy parler.

Contes d'Eutrapel, fol. 22.

Du temps de Henri le Grand, chacun se plaignoit d'un gouvernement *avaricieux,* mais personne n'osoit branler.

LE DUC DE ROHAN, *Discours sur le gouvernement présent,* 1617.

Ils sont fort *avaricieux,* c'est pourquoy on gagne facilement leur amitié par l'argent, ou autres presens.

THÉVENOT, *Voyage de Levant,* c. 44.

Le mot d'office... a fait celuy d'officieux qui est fort bon. — C'est ainsi, dit le duc, que le mot d'avarice aura fait le mot d'*avaricieux;* mais il ne me paroît pas si bon; et il me semble qu'il n'y a que les gens du commun qui s'en servent... Ce n'est pas que le mot d'*avaricieux* ne soit françois aussi bien que celuy d'avare; mais ce dernier est du bel usage, et l'autre n'en est pas.

> De Callières, *Du bon et du mauvais usage dans les manières de s'exprimer*, suite des *Mots à la mode.*

Ceux qui taquinement et d'une manière *avaricieuse* et mesquine, vont accumulant maille à maille, liardant sur tout.

> Camus, évêque de Belley, *Diversités*, t. I, fol. 395.

Un père de famille qui, ayant vingt mille livres de rente, n'en dépensera que cinq ou six, et qui accumulera ses épargnes pour ses enfants, est réputé par ses voisins *avaricieux*, pince-maille, ladre vert, vilain, fesse-mathieu, gagne-denier, grippe-sou, cancre,

> Voltaire, *Dictionnaire philosophique*, Avarice.

> L'*avaricieuse* Nature .
> Et les trois Sœurs filans la vie
> Se deulent quand la créature
> Dure longtemps...
> Ronsard, *Odes retranchées*, à Gaspard d'Auvergne

> Ne vous repentez pas d'une œuvre méritoire,
> Voulez-vous, démentant un généreux effort,
> Estre *avaricieux* même après votre mort?
> Regnard, *le Légataire universel*, V, 6.

Dans le passage suivant, il est suivi de la préposition *de* et d'un verbe à l'infinitif.

Les Druydes furent si *avaricieux de* rédiger aucune chose par escrit, que de toutes les grandes entreprises de la noblesse gauloise, nous n'en avons presque connoissance que par emprunt.

> Est. Pasquier, *Recherches*, I, 1.

On l'emploie aussi comme substantif :

Solon fut ung des vii sages et parloit des *avaricieulx* ou convoiteux et entendoit de peccunes qui ne sont pas vraies richesses.

> Oresme, *Politiques*, liv. I, c. 9.

Ils seroient aussi étonnez qu'un *avaricieux* qui a perdu sa bourse.

> La Noue, *Discours politiques et militaires.*

Estant sur le propos de la richesse, je me suis avisé de parler de l'*avaricieux*, qui est celuy par lequel plus elle est désirée.

> H. Estienne, *la Précellence du langage françois.*

Le feu prophane de l'avarice consomme et dévore l'*avaricieux*.

> Saint François de Sales, *Introduction à la vie dévote*, IIIe part., c. 14.

IV.

On se moque d un *avaricieux* lorsqu'il est jaloux de son trésor, c'est-à-dire lorsqu'il le couve des yeux et ne s'en veut jamais éloigner, de peur qu'il lui soit dérobé; car l'argent ne vaut pas la peine d'être gardé avec tant de soin.

> Descartes, *les Passions de l'âme*, IIIe part., art. 169.

Le mal de l'affaire étoit que mon amant se trouvoit dans l'état où l'on voit très souvent les fils de famille, c'est-à-dire qu'il étoit un peu dénué d'argent; et il a un père qui, quoique riche, est un *avaricieux* fieffé, le plus vilain homme du monde.

> Molière, *les Fourberies de Scapin*, III, 3.

La peste soit de l'avarice et des *avaricieux!*—Comment? Que dis-tu? — Ce que je dis? — Oui, qu'est-ce que tu dis d'avarice et d'*avaricieux?* — Je dis que la peste soit de l'avarice et des *avaricieux*. — De qui veux-tu parler? — Des *avaricieux*. — Et qui sont-ils ces *avaricieux?* — Des vilains et des ladres.

> Le même, *l'Avare*, I, 3.

Si vous ne pouvez lire aujourd'hui mon écriture, monsieur, ce ne sera pas à cause de la blancheur de mon encre. Je vous écris de la plus noire de Paris. Il n'est festin que d'*avaricieux*.

> Mme de Grignan, *Lettres;* 24 janvier 1675. (Voyez Bussy-Rabutin, *Correspondance*, t. II, lettre 799.)

> Mais au regard de son faict vicieux,
> Riche est nommé ung *avaricieux*.
> Alain Chartier, *Paraboles.*

AVARIE, s. f. Terme de Marine. Dommage arrivé à un bâtiment, ou aux marchandises dont il est chargé.

L'assureur est tenu d'indemniser son marchand des frais, mises, *avaries* et empirances qui surviennent à la marchandise depuis qu'elle a été chargée, dont le tout est comprins en ce mot : *avarie*, qui reçoit plusieurs divisions. La première est dite commune ou grosse *avarie*... Bref, *avarie* est proprement le coust extraordinaire qui survient à la nef et marchandises après qu'elles sont expédiées.

> *Guidon de la mer* (xvie siècle), c. 5.

Ils sont responsables des *avaries* des choses qui leur sont confiées.

> *Code civil*, 1784.

A raison de la perte ou de l'*avarie* des marchandises.

> *Code de commerce*, 396.

Avaries souffertes par les marchandises.

> *Code de commerce maritime*, 407.

AVARIER, v. a. Causer un dommage, gâter.

82

Un coup de vent *avaria* sa mâture. L'eau avait *avarié* ses provisions.

Dictionnaire de l'Académie, 1878.

AVARIÉ, ÉE, part. passé.

Ce bâtiment a été *avarié* dans son échouage. Des marchandises *avariées*. Café, sucre *avarié*.

Dictionnaire de l'Académie, 1835.

A VAU-L'EAU, loc. adv. Voyez AVAL.

AVE ou **AVE-MARIA**, s. m. La salutation angélique, la prière que l'on adresse à la Vierge, et qui, en latin, commence par les deux mots *Ave Maria*.

Il introduisit la coutume italienne de sonner la cloche à midi, et de dire un *Ave-Maria*.

VOLTAIRE, *Essai sur les mœurs*, c. 94 : Du roi de France Louis XI.

Psaltiers et pater nostres et *ave-maria*.

JEAN DE MEUNG, *Testament*, t. IV, p. 50.

D'un *Ave Maria* lui donnant le bon jour.

RÉGNIER, *Satires*, XIII.

L'aveugle y vient pour boire, et des deux yeux privé,
Retourne aux Quinze-Vingts marmotant son *Ave*.

VOLTAIRE, 7e *discours sur la vraie vertu*.

A cet *Ave* jugez si l'on dut rire
Tous en chorus devant le pauvre sire.

GRESSET, *Vert-vert*, II.

En moins d'un Ave-Maria, en moins de temps qu'il en faut pour réciter un *ave*.

Soit mis blasme et loz en balance,
On pourra voir la différence
En moins d'ung Ave-Maria.

Le Débat de l'homme et de la femme. Poésies françoises des xve et xvie siècles, t. I, p. 8.

AVE-MARIA se dit aussi des Grains du chapelet sur lesquels on dit l'*ave* :

Le monde est plein de ces fausses piétés ! Ils ne voudroient pas qu'il manquât un *Ave-Maria* à leur chapelet; mais les rapines, mais les médisances, mais les jalousies, ils les avalent comme de l'eau.

BOSSUET, *Méditations sur l'Évangile*.

AVE MARIA est aussi l'endroit du sermon où le

prédicateur s'interrompt pour implorer les secours du Saint-Esprit par l'intercession de la sainte Vierge.

Sa chute à son *Ave Maria* a été pleine d'art.

FÉNELON, *Dialogues sur l'éloquence*, I.

AVEC, préposition.

Il y avait dans l'ancien français un fort grand nombre de formes diverses pour signifier *avec*. (Voyez le *Dictionnaire* de Sainte-Palaye.) Voici des exemples de celles qu'on rencontre le plus souvent :

O.

Il s'esbat iluec et solace
O ses gens...

Roman de la Rose, v. 615.

Or s'ebate, de par Dieu, Franc-Gontier,
Helene *o* luy, soubz le bel esglantier.

VILLON, *Grand Testament* : les Contredictz de Franc-Gontier.

Et emporta mon sentement
Qui gist *o* elle soubz sa lame.

ALAIN CHARTIER, *Œuvres*, p. 503.

Ronsard, qui a voulu ressusciter cette forme, s'exprime ainsi dans son *Abbregé de l'art poétique* :

Je te conseille d'user de la lettre *Ô*, marquée de ceste marque, pour signifier *avecques*, à la façon des Anciens, comme *ò* luy, pour *avecques luy*; car *avecques* composé de trois syllabes donne le grand empeschement au vers mesmement quand il est court.

Mettant son précepte en pratique, il a dit :

Manger *ò* mon compaignon
Ou la figue d'Avignon,
Ou la provençale olive,
L'artichot et la salade,
L'asperge et la pastenade
Et les pepons tourangeaux
Me sont herbes plus friandes
Que les royales viandes
Qui se servent à monceaux.

RONSARD, *Odes*, III, 24, à Gaspard d'Auvergne.

Il a eu soin d'inscrire en marge : « *ò* pour *avec*, vieil mot françois ».

O_D.

Od sun seignur, le matin, Deu aürat.
>   *Les quatre Livres des Rois*, I, ι, 19.

Ne pœnt aveir *od* els raisun,
Ne lur gaainz ne lur laburs.
>   *Roman de Rou*, v. 5974.

De son fil Rousiel li aporte
Nouvieles uns sierjans qu'est pris
Od lui cent chevaliers de pris.
>   *Roman de Renart*, t. IV, p. 169.

O_VE_, OVOC, OVEUC, OVEQUE, OVEQUES.

E Samuel crut e esforcha; e Deus fut *ove* li.
>   *Les quatre Livres des Rois*, I, ιιι, 19.

Ove un croys de fust en sa main.
B_AITTO_, c. 25. (Voyez D_U_ C_ANGE_, *Glossarium*, Abjuratio.)

Oveques les dites genz de ladite ville.
>   *Ordonnances des Rois de France*, 1311.

En la terre li rei *oveuc* li chevalchassent.
>   *Roman de Rou*, v. 870.

Poiz seront *ovoc* tei el paiz herbergiez.
Là sus *oveuc* li Angles, par mult grant amistiez.
>   *Même ouvrage*, v. 1018.

Ki tant luing des altres esteit
Oveque la gent k'il meneit.
>   *Même ouvrage*, v. 9023.

Et *ouec* ce noz vices croistre avecques le temps.
>   A_LAIN_ C_HARTIER_, *Œuvres*, p. 495.

Quelques-unes de ces formes, conservées dans les dialectes, étaient parfois employées au xviiᵉ siècle par des personnes bien élevées.

Elle avoit un mauvais mot dont elle n'a jamais pu se défaire, c'est qu'elle disoit toujours *ovec* pour *avec*, et cela sembloit le plus vilain du monde à une personne de sa condition.
>   T_ALLEMANT DES_ R_ÉAUX_, *Historiettes* : Mᵐᵉ la comtesse
>   de Soissons.

A_VOC_, A_VOQUES_, A_VOLC_, A_VOEC_, A_VE_, A_VEUC_.

Lors manda Joffrois li mareschaus le duc de Venise, qui en l'ost estoit et qui estoit mout viex homs, et *avoec* tout ce, il ne véoit goute, mès mout estoit sages et preus.
>   V_ILLEHARDOUIN_, *Conqueste de Constantinoble*, CXLV.

Avolc son suire l'envoia
Em Bretagne.
>   W_ACE_, *Roman de Brut*, v. 2081.

Si tieng Jherusalem, la mirable cité,
Et le sepucre *avoec* où il fu reposé.
>   *Fierabras*, v. 380.

Ains n'i oi chevalier de si haut parenté
Qui léans *avoc* aus i fust onc apelés.
>   *Gui de Bourgogne*, v. 2101.

Mout ot li mestre Tristran chier

Quant il son branc ne vout laisier,
Ainçois le prist là où estoit
Avoc le suen là où estoit.
>   *Tristan*, vol. I, p. 49, v. 938.

Avoec sa grant proecce et son corage fier.
>   *Roman d'Alexandre*, éd. Michelant, p. 161, v. 36.

Mais se volés *aveuc* moi demorer,
Por le Signor dont m'avés salué,
Vous abandoins les biens de mon ostel.
>   *Huon de Bordeaux*, v. 4004.

A_VEQUES_, avecques :

Et nos *aveques* vos.
>   *Recueil des historiens des croisades* : Historiens
>   occidentaux, t. II, p. 253.

Item, le cinquiesme jour du moys de juillet oudit an, le duc de Bourgongne, *avecques* lui ses deux frères, se party de Paris en grant indignacion.
>   M_ONSTRELET_, *Chronique*, I, c. 42.

Le roy sçachant que Monsieur de Sainct-Pol avoit fait un roy de la febve en son logis, delibera *avecques* ses supposts d'envoyer deffier le dit roy.
>   M_ARTIN DU_ B_ELLAY_, *Mémoires*, t. I, p. 286.

On vous propose une liberté pour prétexte, *avecques* autres semblables tiltres merveilleusement beaux en apparence.
>   B_LAISE DE_ V_IGENÈRE_, trad. de Tacite, citée par
>   H. Estienne, *Précellence du langage fran-
>   çois*, p. 63.

Avecques un bonjour amis comme devant.
>   R_ÉGNIER_, *Satires*, III.

A_VECQUE_.

Maintenant, pensez-vous que la cavalerie thessalienne, et celle des Acarnaniens, et des Etoliens, peuples invincibles à la guerre, soient gens à estre repoussez *avecque* des frondes et de meschans bastons bruslez par le bout?
>   V_AUGELAS_, trad. de Quinte-Curce, *Histoire d'Alexandre*, III.

AVE

Comme *avecque* plaisir vous louez le Seigneur,
C'est *avecque* plaisir qu'il entend les cantiques
Que vous chantez en son honneur.

RACAN, *Psaumes*, XXXI.

Après ne me réponds qu'*avecque* cette épée.

CORNEILLE, *le Cid*, III, 4.

Vous régnez sur mon âme *avecque* trop d'empire.

LE MÊME, *Cinna*, I, 1.

Ci gît par la morbleu,
Le cardinal de Richelieu,
Et ce qui cause mon ennui,
Ma pension *avecque* lui.

BENSERADE, *Épitaphe de Richelieu*. Tableau historique
de l'esprit et du caractère français, t. II, p. 118.

Deux acteurs joueront donc toute une comédie
Avecque des fagots ?

POISSON, *le Poète basque*, sc. 9.

Les loups firent la paix *avecque* les brebis.

LA FONTAINE, *Fables*, III, 13.

Le possesseur du champ vint *avecque* son fils.

LE MÊME, même ouvrage, IV, 22.

Jeune épouse, il faut vivre *avecque* votre époux
Comme Monsieur et moi nous vivons entre nous.

DUFRESNY, *Mariage fait et rompu*, I, 6.

Au XVIIᵉ siècle, il existait encore trois formes,
que Vaugelas parvint à réduire à deux.

Avec, avecque, avecques. Pour commencer par le dernier,
avecques, ne vaut rien, ni en prose, ni en vers, et pas un
de nos bons poëtes ne s'est donné la licence d'en user.
Mais parce que je vois de bons autheurs qui souffrent cette
orthographe dans leurs œuvres, et qu'insensiblement elle
pourroit bien se glisser jusques dans les vers, j'ay jugé à
propos de la comprendre en cette remarque, pour empescher qu'on ne s'y trompe. *Avec*, et *avecque*, sont tous deux
bons, et ne sont pas seulement commodes aux poëtes
pour allonger ou accourcir leurs vers d'une syllabe selon
la nécessité qu'ils en ont, mais encore à ceux qui escrivent en prose avec quelque soin de satisfaire l'oreille.

VAUGELAS, *Remarques sur la langue françoise*.

Conformément à cette remarque de Vaugelas,
Bossuet a dit :

On dit indifféremment *avec* ou *avecque*

BOSSUET, *Lettres*, CCLXX ; à Mᵐᵉ Albert de Luynes.

AVEC, Ensemble, conjointement.

Li emperères Morchufles n'ert mie à celui jour esloin-
giés de Constantinoble plus de quatre jornées, et si avoit
avec lui mené l'empereris, qui fille fu l'empereour Alexis.

VILLEHARDOUIN, *Conqueste de Constantinoble*, CXIII.

Or avint que il li prist talant d'aleir outre meir, et volentiers meist conseil à delivreir la sainte Terre des mains
aus Sarrezins. Et se croisa, et esmut grant gent *avec* lui,
et atournerent leur muete.

Récits d'un ménestrel de Reims au XIIIᵉ siècle, p. 4.

L'on vit des chiens et des loups qui couroient urlans,
et qui entroient dans leurs villes *avec* l'effroy de tous les
habitans.

COEFFETEAU, *Histoire romaine*, X.

Les parties du monde ont toutes un tel rapport et un
tel enchaînement l'une *avec* l'autre que je crois impossible
de connoître l'une sans l'autre.

PASCAL, *Pensées*.

Celui qui n'est point *avec* moi, est contre moi ; et celui
qui n'amasse point *avec* moi, dissipe au lieu d'amasser.

SACI, *Évangile selon saint Luc*, 11.

Pour n'être pas mieux tout seul qu'*avec* le monde ; il
vaut autant être *avec* le monde que tout seul.

NICOLE, *Pensées*, p. 64.

La jalousie naît toujours *avec* l'amour ; mais elle ne
meurt pas toujours *avec* lui.

LA ROCHEFOUCAULD, *Maximes*, 383.

Elle n'a su compatir *avec* personne, et c'est la plus avare
et la plus bizarre personne qui vive.

TALLEMANT DES RÉAUX, *Historiettes* : La comtesse
de Vertus.

La ligue des Achéens l'empêcha de s'accroître. C'étoit
le dernier rempart de la liberté de la Grèce, et ce fut elle
qui en produisit les derniers héros *avec* Aratus et Phi-
lopœmen.

BOSSUET, *Discours sur l'Histoire universelle*, I, 8.

Falloit-il qu'il ne me restât pas au moins la foible consolation d'avoir un des deux *avec* qui me plaindre ?

Mᵐᵉ DE LA FAYETTE, *Zayde*.

On dit indifféremment : il s'est reconcilié à Pierre et
avec Pierre.

BARY, *Rhétorique françoise*, p. 258.

Je crois devoir faire *avec* M. de la Hire, le pied romain
antique précisément d'onze pouces de roi.

GOGUET, 6ᵉ dissertation.

Le premier écueil de notre innocence, c'est le plaisir.
Les autres passions plus tardives ne se développent et ne
mûrissent, pour ainsi dire, qu'*avec* la raison.

MASSILLON, *Petit Carême* : Tentation des grands.

Que le pape soit toujours le plus auguste, mais non pas l'unique juge de notre foi ; que les évêques soient toujours assis après lui, mais *avec* lui.

D'AGUESSEAU, *Discours*, XIII.

Puisque vous le voulez savoir, un prince, *avec* tout son pays, n'est qu'à cent pas d'ici qui demande votre fille en mariage.

Le Banqueroutier, scène du maître à chanter. (Voyez GHERARDI, *Théâtre italien*, t. I, p. 390).

Le meilleur moyen que vous ayez de guérir les extravagances de votre femme, est d'extravaguer *avec* elle.

J.-J. ROUSSEAU, *la Reine fantasque*.

Godeheu a remarqué qu'au printemps les cailles n'abordent à Malte qu'*avec* le nord-ouest.

BUFFON, *Histoire naturelle* : Oiseaux, la Caille.

Avec moy n'ay ne vin ne pain.

Miracle de la femme du Roy de Portugal, v. 81. (Voyez *Miracles de Notre-Dame*, t. II, p. 154.)

La source de ma haine est trop inépuisable,
A l'égal de mes jours je la ferai durer,
Je veux vivre *avec* elle, *avec* elle expirer.

CORNEILLE, *Pompée*, V, 4.

Périssons, périssons, madame, l'un pour l'autre,
Avec toute ma gloire, *avec* toute la vôtre.

LE MÊME, *Othon*, IV, 1.

Le singe *avec* le léopard
Gagnoient de l'argent à la foire.

LA FONTAINE, *Fables*, IX, 3.

Rien n'est si beau que de voir joint ensemble
Un grand mérite *avec* un grand pouvoir.

QUINAULT, *Atys*, I, 1.

Et, tout ingrat qu'il est, il me sera plus doux
De mourir *avec* lui que de vivre *avec* vous.

RACINE, *Andromaque*, IV, 3.

Revenez, ô mes fils, *avec* ou sur vos armes.

LEBRUN, *Ode*.

Il a de babiller une fureur extrême,
Jusque-là qu'étant seul il jase *avec* lui-même.

DE BOISSY, *le Babillard*, sc. 3.

Lorsqu'au déclin du jour, assis sur la bruyère,
Avec un vieil ami tu bois en liberté,
Dis-moi, d'aussi bon cœur lèverais-tu ton verre
Si tu n'avais senti le prix de la gaîté ?

ALFRED DE MUSSET, *Nuit d'octobre*.

AVEC, sert à désigner le moyen, l'instrument qu'on emploie pour faire quelque chose.

Ce qui distinguait le plus les chrétiens, et ce qui a duré jusqu'à nos derniers temps, était le pouvoir de chasser les diables *avec* le signe de la croix.

VOLTAIRE, *Dictionnaire philosophique*, Église.

César avait bien raison de dire qu'*avec* de l'or on a des hommes et qu'*avec* des hommes on a de l'or. Voilà tout le secret.

LE MÊME, même ouvrage. Roi.

Nous raisonnons *avec* des mots, comme nous calculons *avec* des chiffres, et les langues sont pour les peuples ce qu'est l'algèbre pour les géomètres.

CONDILLAC, *Grammaire*.

Avec de l'attention on se corrige de ses mauvaises habitudes, *avec* de l'application on en acquiert de bonnes.

LE MÊME, *De l'Art d'écrire*.

L'ancre est levée et le zéphire,
Avec un mouvement léger,
Enfle la voile et faict nager
Le lourd fardeau de ce navire.

THÉOPHILE, *Contre une tempeste*.

D'abord *avec* son haleine
Il se réchauffe les doigts.

LA FONTAINE, *Fables*, V, 7.

Heureux qui fuit sa femme *avec* le vent en poupe.

DUFRESNY, *le Mariage fait et rompu*, II, 7.

On emploie souvent, En un sens analogue, la locution *avec le temps* :

Ces premiers arts que Noé avoit conservés, et qu'on voit aussi toujours en vigueur dans les contrées où se fit le premier établissement du genre humain, se perdirent à mesure qu'on s'éloigna de ce pays. Il fallut, ou les rapprendre *avec le temps*, ou que ceux qui les avoient conservés les reportassent aux autres.

BOSSUET, *Discours sur l'Histoire universelle*, I. 2.

C'étoit une petite personne éveillée, fort jolie, et dans laquelle on remarquoit assez d'esprit pour juger qu'elle en auroit beaucoup *avec le temps*.

LE SAGE, *le Bachelier de Salamanque*, IV, 11.

L'empire ottoman n'est point un gouvernement monarchique, tempéré par des mœurs douces, comme le sont aujourd'hui la France et l'Espagne ; il ressemble encore moins à l'Allemagne devenue *avec le temps* une république de princes et de villes, sous un chef suprême qui a le titre d'empereur.

VOLTAIRE, *Essai sur les mœurs* : État de la Grèce sous le joug des Turcs, c. 93.

Tu peux *avec le temps* être un jour un grand homme,
Mais tu n'as pas acquis le droit d'asservir Rome.
VOLTAIRE, *Catilina*, II, 3.

Avec l'âge :

Cependant la réputation de cette jeune princesse croissoit *avec l'âge.*
FLÉCHIER, *Oraison funèbre de Mme la Dauphine.*

AVEC sert à indiquer la manière dont on fait quelque chose.

Aratus cependant s'efforceoit de monter contre mont les rochers droits et couppez, pas à pas du commencement, et *avec* grande peine et grande difficulté.
AMYOT, trad. de Plutarque, *Aratus.*

Jésus-Christ expire *avec* un grand cri : toute la nature s'émeut.
BOSSUET, *Discours sur l'Histoire universelle*, II, 19.

Il écoutoit *avec* patience, il accordoit *avec* bonté, et refusoit même *avec* grâce.
FLÉCHIER, *Oraison funèbre de M. Le Tellier.*

Il (Charlemagne) savoit punir; il savoit encore mieux pardonner. Vaste dans ses desseins, simple dans l'exécution, personne n'eut à un plus haut degré l'art de faire les plus grandes choses *avec* facilité, et les difficiles *avec* promptitude.
MONTESQUIEU, *Esprit des Lois*, XXXI, 18.

Sa voix s'est fait entendre *avec* un cri terrible.
RACINE, *Esther*, II, 1.

AVEC, à l'égard de :

Avec de telles gens, faut-il tant de façon ?
Jamais une suivante a-t-elle été farouche ?
MONTFLEURY, *le Comédien poète*, III.

Comment ! *avec* ta femme user de bastonnade ?
— Si j'y manquois un jour, elle seroit malade !
LE GRAND, *Plutus*, III, 4.

AVEC, dans certaines phrases familières, indique Ce qu'une personne offre en elle de singulier, d'extraordinaire, de ridicule :

Tu es une bavarde et une carogne qui ne cherche qu'à me donner du chagrin. — Oh! ne faites point comme ça le Vespasian et le Ferragus *avec* vos injures.
La Précaution inutile, III, 1. (Voyez GHÉRARDI, *Théâtre italien*, t. I, p. 468.)

C'étoit (Mézières) un petit bossu devant et derrière à faire peur, *avec* un visage très livide, qui ressembloit fort à une grenouille.
SAINT-SIMON, *Mémoires*, 1721.

Ma foi, je l'enverrois au diable *avec* sa fraise.
MOLIÈRE, *l'École des maris*, I, 2.

Au diable la pécore, *avec* ses visions !
REGNARD, *le Bal*, SC. XVIII.

AVEC, dans certains cas, signifie Malgré, sauf :

Avec tous ces défauts il (Balzac) charmait l'oreille.
VOLTAIRE, *Siècle de Louis XIV*, c. 32.

Madame la comtesse d'Houdetot approchoit de la trentaine et n'étoit point belle : son visage étoit marqué de petite vérole, son teint manquoit de finesse, elle avoit la vue basse et les yeux un peu ronds; mais elle avoit l'air jeune *avec* tout cela, et sa physionomie, à la fois vive et douce, étoit caressante.
J.-J. ROUSSEAU, *Confessions*, II, 3.

Avec ce que, outre que :

Il avoit au-devant une fondrière d'un torrent aspre et mal aisée à passer, *avec ce que* dès le matin il se leva un grand vent.
AMYOT, trad. de Plutarque, *Pompéius.*

Vous savez, sans doute, que M. de Lamoignon a perdu son beau-frère. Je vous ai toujours ouï dire que les grandes successions étouffoient les sentiments de la nature : si cela est, tout doit rire dans cette maison. Cependant j'y ai vu des larmes qui m'ont paru sincères : c'est qu'*avec ce qu'*il étoit frère, il étoit encore ami.
Mme DE SÉVIGNÉ, *Lettres*; à Mme de Grignan,
28 octobre 1685.

AVEC est précédé de la préposition *de*, dans un grand nombre de locutions :

Dieu donques a garni l'âme d'intelligence, par laquelle elle peut discerner le bien du mal, ce qui est juste *d'avec* ce qui est injuste, et voir ce qu'elle doit suivre ou fuir, estant conduite par la clarté de raison.
CALVIN, *Institution chrestienne*, liv. I, c. 15, § 8.

Je ne sçaurois, avec le respect que je dois à Vostre Majesté, bien despeindre la saleté et l'horreur ny du lieu ny des personnes dont j'estois gardé; je n'y avois de la clarté que d'une petite chandelle à chaque repas; le jour y esclaire si peu, qu'on ne sçauroit discerner la voûte *d'avec* le plancher, ny la fenestre *d'avec* la porte.
THÉOPHILE, *Apologie au Roy.*

Il m'est avis que je vous ois dire : « Ne serai-je jamais hors *d'avec* cet homme ? »

MALHERBE, trad. de Sénèque, *Traité des bienfaits*, VI, 55.

On voit clairement qu'elle (Mme de Mouci)... ne se permet pas le moindre badinage. Dieu la bénisse et la conduise, puisqu'elle veut être en paradis dès ce monde, elle n'est plus *d'avec* nous, elle est bien heureuse.

Mme DE SÉVIGNÉ, *Lettres ;* à Mme de Grignan, 9 octobre 1689.

Il n'y a rien de plus remarquable que cette séparation des Juifs incrédules *d'avec* les Juifs convertis au christianisme.

BOSSUET, *Discours sur l'Histoire universelle*, II, 22.

On distingue agir par raison *d'avec* agir par habitude.

LE MÊME, *De la connoissance de Dieu et de soi-même*, c. 5, n° 4.

Elle fut contrainte de se séparer *d'avec* le roi, qui étoit presque assiégé dans Oxford.

LE MÊME, *Oraison funèbre de la reine d'Angleterre.*

Il n'y avoit homme excellent, ou dans quelque spéculation, ou dans quelque ouvrage qu'il n'entretint ; tous sortoient plus éclairés *d'avec* lui.

LE MÊME, *Oraison funèbre du prince de Condé.*

Il n'y a personne de ceux qui se payent de mines et de façons de parler qui ne sorte *d'avec* lui fort satisfait.

LA BRUYÈRE, *Caractères*, c, 8.

C'est que je ne voulois y aller (chez M. de Beauvilliers) au sortir de chez ceux *d'avec* qui je sortois, et que, sans grande précaution, tout se sait dans les cours.

SAINT-SIMON, *Mémoires*, 1707.

Le sujet (du sermon) fut de la différence de la béatitude des saints *d'avec* le bonheur le plus complet dont on puisse jouir ici-bas.

LE MÊME, même ouvrage, *ibid.*

Nos pères sur ce point étoient gens bien sensés,
Qui disoient qu'une femme en sait toujours assez,
Quand la capacité de son esprit se hausse
A connoître un pourpoint *d'avec* un haut-de-chausse.

MOLIÈRE, *les Femmes savantes*, II, 7.

Un écolier qui sort *d'avec* son précepteur ;
Une fille longtemps au célibat liée
Qui quitte ses parents pour être mariée,
. . . .
N'ont pas le demi-quart tant de plaisir que j'ai,
En recevant de vous ce bienheureux congé.

REGNARD, *Folies amoureuses*, I, 2.

AVEC, adverbialement.

L'avant-garde y fu commandée Joffroi le maréchal de Romenie et de Champaigne et Machaires de Sainte-Manehalt fu *avec.*

VILLEHARDOUIN, *Conqueste de Constantinoble.*

Le roi Robert Bruce... reconquit toute Ecosse, et la bonne cité de Bervich *avec.*

FROISSART, *Chroniques*, liv. I, Ire part., c. 2.

Jean des Temps, escuyer de l'Empereur Charles le Grand... vescut trois cens ans, comme tesmoignent toutes les histoires de France et d'Allemaigne et d'Italie *avec.*

J. LE MAIRE, *Illustrations des Gaules*, liv. III, p. 286.

Or doncques, Sire, ne vous en faut prendre à monsieur de Strossi, ny à vous *avec.* Car l'vn et l'autre avez faict tout ce qui estoit en vostre puissance.

MONTLUC, *Commentaires*, III.

Si le gouverneur a gaigné quelque réputation... non seulement il fera combattre la noblesse, les soldats, les gens de justice, mais les moines, les prestres, les laboureurs, et les femmes *avec.*

LE MÊME, même ouvrage, VIII.

Prinse Italie, voilà Naples, Calabre, Apoulle et Sicile, toutes à sac et Malthe *avec.*

RABELAIS, *Gargantua*, I, 33.

Thémistocle ne se put contenir de lui dire injures, et aux Corinthiens *avec.*

SALIAT, trad. d'Hérodote, VIII.

Il prit un petit livre de ce temps-là qu'on appeloit la France mourante et s'en alla *avec* au privé.

TALLEMANT DES RÉAUX, *Historiettes*, Racan.

Toutes sortes de malheurs arrivent aux ennemis : un des faubourgs de Mons vient d'être brûlé et plus de cinq cents personnes *avec.*

Mme DE RABUTIN à Bussy, 22 août 1677. (Voyez *Correspondance de Bussy-Rabutin*, Lettre 1138.)

Ses compaignons (de Silène) sont tous coys à leur (porte,
Fort ennuyez de demourer à sec
Et maint Satire aussi se desconforte,
Faulnes, sylvans et dryades *avec.*

Eglogue sur le retour de Bacchus. (Voyez *Poésies françoises des xve et xvie siècles*, t, Ier, p. 249.)

Il avoit dans la terre une somme enfouie
Son cœur *avec*, n'ayant autre déduit
Que d'y ruminer jour et nuit.

LA FONTAINE, *Fables*, IV, 20.

AVEC, pris substantivement.

Le Père Bouhours condamne deux *avec* qui se suivent, et qui ont des rapports différents, comme une négligence vicieuse.

THOMAS CORNEILLE, *Observations sur les remarques de Vaugelas.*

AVEINE. Voyez AVOINE.

AVEINDRE, v. a. Tirer une chose hors du lieu où elle a été placée ou serrée.

Puisque nous ne la pouvons *aveindre* (la grandeur), vengeons-nous à en médire.
MONTAIGNE, *Essais*, III, 7.

Y avoit un merveilleux plaisir d'y voir sagement inventorier ses coffres et ses bahuts et d'en voir religieusement *aveindre* l'estendart de sa foy.
Satyre Ménippée, les Pièces de tapisserie.

J'étois, il y a quelques jours, chez une femme de la ville, qui vouloit me faire voir un lit de tapisserie de sa façon « *Aveignez*-moi mon ouvrage », dit-elle à sa femme de chambre ; et comme elle n'y alloit pas assez vite : « Je vous dis d'*aveindre* mon ouvrage de cette ormoire. »
— Ce mot d'*aveindre* me paroit du dernier bourgeois, et je ne saurois m'y accoutumer quoiqu'il y ait quelques femmes de qualité qui s'en servent ; je voudrois que M. le Commandeur me dît ce qu'il en pense.
— Je crois comme vous, Madame, répondit le Commandeur, que ce mot est bas et populaire, et qu'il est bon d'éviter de s'en servir ; il est fort en usage parmi la petite bourgeoisie, et il y en a qui disent : *Aveindez*-moi cela.
DE CALLIÈRES, *Du bon et du mauvais usage dans les manières de s'exprimer,* suite *des Mots à la mode.* 1694.

Lui appuyant un pied sur sa houlette,
De son bissac *aveind* une musette,
La mit en bouche et ses lèvres enfla,
Puis coup sur coup en haletant souffla.
RONSARD, *Monologue ou chant pastoral, à madame Marguerite de France, duchesse de Savoye.*

En colère je sors de mon laboratoire
J'entre en mon cabinet et j'*aveins* un grimoire
Que j'avois eu jadis d'un vieil Égyptien ;
Je le lis tout du long sans y comprendre rien.
LEGRAND, *l'Amour diable,* sc. 6.

AVEINDRE est quelquefois suivi de la préposition *à,* et s'emploie dans le même sens qu'Atteindre.

Ils la tiennent si cachée que les pauvres coupe-bourses n'y peuvent *aveindre.*
DESPERIERS, *Nouvelles,* 81.

Aillent donc les mortels recherchant en vain la perfection, si celuy là n'y peut *aveindre.*
CAMUS, évêque de Belley, *Diversités,* t. I, fol. 275, v°.

AVEINT, TE, participe passé.

AVELINE, s. f. Espèce de grosse noisette. On a dit d'abord *avelaines.*

Figues, dates, raisins, *avelaines.*
Le Ménagier de Paris, II, 4.

La rheubarbe tenuë en la bouche, et maschée au matin, la grosseur d'une *avelaine,* avec un clou de girofle est préservative.
A. PARÉ, *Œuvres,* liv. XXII, c. 8

Amandes, noix, noisettes ou *avelaines* et chastaignes sont les fruits semables.
OLIVIER DE SERRES, *Théâtre d'agriculture,* 8e lieu, c. XVII.

Les autres fruicts ont leurs coquilles et leurs noyaux d'une pièce ainsi qu'on void és noisettes et *avellaines.* On les appeloit anciennement *abellines,* pour ce que les bonnes venoyent d'Abella, ville du royaume de Naples.
DU PINET, trad. de Pline, liv. XV c. 22.

En Angoumois nous avons communément d'un petit abricot à amande si douce qu'on la prendroit presque pour des *avelines.*
LA QUINTINIE, *Des jardins fruitiers,* III. 14.

Casser des *avelines,* manger des *avelines.*
Dictionnaire de l'Académie, 1694.

AVENIR, v. n.

AVENU, participe. Voyez **ADVENIR.**

AVENIR, s. m. Le temps futur, ce qui doit arriver. Ce qu'on a d'abord écrit sous cette forme : *Le temps advenir, à venir.*

Tousjours on complaist plus aux gens dont on espère la puissance et auctorité accroistre pour l'*advenir,* que l'on ne faict pour celuy qui est à un tel degré qu'il ne peult monter plus haut.
COMMINES, *Mémoires,* c. 12.

Vostre parole à tel pouvoir et effet sus mon opinion obstinée, qu'elle convertit le regret du passé en désir estreme de voir l'*advenir.*
LA REINE DE NAVARRE, *Lettres;* à François Ier, IV, après le 11 avril 1525.

Furent les choses omologuées avecques toute seureté pour l'*avenir*.

MARTIN DU BELLAY, *Mémoires*, t. II, p. 133.

L'*avenir* a autant de formes et de visages que notre imagination lui en veut donner.

BALZAC, *Aristippe*, discours V.

Il (le cardinal de Richelieu) ne considéroit l'État que pour sa vie; mais jamais ministre n'a eu plus d'application à faire croire qu'il en ménageoit l'*avenir*.

RETZ, *Mémoires*, liv. II.

Nous ne nous tenons jamais au temps présent, nous anticipons l'*avenir*.

PASCAL, *Pensées*.

Le passé est un [abîme sans fond qui engloutit toutes les choses passagères; l'*avenir* est un autre abîme impénétrable.

NICOLE, *Pensées*, p. 41.

Parlant du temps, il est mieux de dire les choses qui regardent le futur, que de dire les choses qui regardent l'*avenir*.

MARGUERITE BUFFET, *Nouvelles Observations sur la langue françoise*, 1668, p. 86.

Je regarde l'*avenir* comme une obscurité dont il peut arriver bien des clartés à quoi l'on ne s'attend pas.

Mᵐᵉ DE SÉVIGNÉ, *Lettres*, 5 juin 1680.

Avec le Père et le Fils nous connoissons aussi le Saint-Esprit, l'amour de l'un et de l'autre, et leur éternelle union. C'est cet Esprit qui fait les prophètes, et qui est en eux pour leur découvrir les conseils de Dieu, et les secrets de l'*avenir*.

BOSSUET, *Discours sur l'Histoire universelle*, II, 19.

Ni ils (les rois) ne sont maîtres des dispositions que les siècles passés ont mises dans les affaires, ni ils ne peuvent prévoir le cours que prendra l'*avenir*, loin qu'ils le puissent forcer.

LE MÊME, même ouvrage, III, 8.

Chacun, s'interrompant lui-même par ses soupirs et par ses larmes, admire le présent, regrette le passé, et craint pour l'*avenir*.

FLÉCHIER, *Oraison funèbre de Turenne*.

Je cherche dans le passé des souvenirs agréables et des idées plaisantes dans l'*avenir*.

SAINT-EVREMONT, *Sur les plaisirs*.

Cela tendoit à gouverner les esprits par la crainte et par l'espérance des événements humains; mais le grand *avenir* d'une autre vie n'étoit guère envisagé.

LEIBNITZ, *Théodicée*, préface.

L'*avenir* est un abîme que Dieu nous cache.

FÉNELON, *Sur l'amour de Dieu*, VIII.

IV.

Si la volonté présente de Dieu nous suffisoit, nous n'étendrions point nos désirs et nos curiosités sur l'*avenir*. Dieu fera sa volonté, et il ne fera point la nôtre : il fera fort bien.

FÉNELON, *Lettres spirituelles*, CXL.

L'*avenir* n'est point encore à vous; il n'y sera peut-être jamais. Bornez-vous au présent, mangez le pain quotidien... C'est tenter Dieu que de faire provision de manne pour deux jours; elle se corrompt.

LE MÊME, même ouvrage, CLVIII.

Les enfants n'ont ni passé ni *avenir*; et ce qui ne nous arrive guères, ils jouissent du présent.

LA BRUYÈRE, *Caractères*, c. 11.

La soumission seule à la volonté de Dieu nous fait attendre l'*avenir* sans inquiétude.

MASSILLON, *Sermons* : Sur la Purification.

Cette pratique continuelle de lecture... l'avoit élevé à un tel point de sagacité, que ses conjectures (de Bedmar) sur l'*avenir* passoient presque dans le conseil d'Espagne pour des prophéties.

SAINT-RÉAL, *Conjuration contre Venise*.

La fille (Mˡˡᵉ de Melun) entre deux duchesses se pâmoit de honte et de frayeur jusqu'à perdre toute contenance. Au sortir de là, Monsieur lui lava bien la tête et la rendit sage pour l'*avenir*.

SAINT-SIMON, *Mémoires*, 1698.

Les vieux trépieds étoient en possession de l'*avenir*, depuis un temps immémorial.

FONTENELLE, *Histoire des Oracles*, 1ʳᵉ dissertation, c. 11.

Il refusoit courageusement tout ce qu'on lui offroit pour l'engager à tirer des horoscopes; car presque personne ne sait combien on gagne à ignorer l'*avenir*.

LE MÊME, *Éloge de Ozanam*.

J'ai vu l'*avenir* à pure perte, je n'ai jamais pu l'éviter.

J.-J. ROUSSEAU, *les Confessions*, I, 3.

Qui croiroit que des géomètres ont été assez extravagans pour imaginer qu'en exaltant son âme, on pouvait voir l'*avenir* comme le présent?

VOLTAIRE, *Précis du siècle de Louis XIV*, c. 43 : Des progrès de l'esprit humain.

S'emparer des causes secondes, rassembler les débris du passé, hâter la fécondité de l'*avenir*,... c'est ce qu'on appelle inventer.

MARMONTEL, *Éléments de littérature*. Inventions poétiques.

Venons à l'empereur. Il a été partout, il a voulu voir le

passé, le présent, l'*avenir;* on ne pénètre point l'époque qu'il préfère.

Mᵐᵉ ᴅᴜ ᴅᴇꜰꜰᴀɴᴅ, *Lettres*, CCLXXVI; 17 mai 1777, à H. Walpole.

Chacun fait ce qu'il veut de l'*avenir;* mais il ne faut pas mentir sur le présent.

Lᴀ Hᴀʀᴘᴇ, *Cours de littérature*, IIIᵉ part., liv. Iᵉʳ, c. 1, sect. 11, Voltaire.

La connoissance du passé lèvera le voile qui vous cache l'*avenir.*

Cᴏɴᴅɪʟʟᴀᴄ, *De l'Etude de l'histoire,*

N'est-ce pas mon fils? N'est-ce pas lui qui fonde dans l'*avenir* tout le bonheur de ma vieillesse?

Sᴇᴅᴀɪɴᴇ, *le Philosophe sans le savoir*, IV, 9.

Qui voudroit vivre s'il connoissoit l'*avenir?*

Bᴇʀɴᴀʀᴅɪɴ ᴅᴇ Sᴀɪɴᴛ-Pɪᴇʀʀᴇ, *Paul et Virginie.*

Pour moi, je me laisse entraîner en paix au fleuve du temps, vers l'océan de l'*avenir* qui n'a plus de rivage.

Lᴇ ᴍᴇ̂ᴍᴇ, *même ouvrage.*

Donnant le présent à la joie, et s'inquiétant de l'*avenir* tout aussi peu que du passé.

Bᴇᴀᴜᴍᴀʀᴄʜᴀɪs, *le Mariage de Figaro*, I, 4.

Les philosophes recherchent la forme scientifique en toutes choses; on diroit qu'ils se flattent d'enchaîner ainsi l'*avenir*, et de le soustraire entièrement au joug des circonstances.

Mᵐᵉ ᴅᴇ Sᴛᴀᴇʟ, *De l'Allemagne*, IIIᵉ part., c. 15, § 2.

Ses auxiliaires en avaient tout de suite profité pour conquérir l'impunité du passé, l'occupation du présent, et une prime sur l'*avenir.*

Nᴀᴘᴏʟᴇᴏɴ, *Mémoires*, t. VI, p. 176.

Chez les hommes de l'antiquité, l'*avenir* des sentiments ne passoit pas le tombeau, où il venoit faire naufrage.

Cʜᴀᴛᴇᴀᴜʙʀɪᴀɴᴅ, *Génie du Christianisme*, IIᵉ part., liv. III, c. 1.

Quand les partis font des journaux, on n'en lit pas d'autres ; c'est là seulement qu'on cherche et le présent et l'*avenir*, et l'espérance et la crainte.

Rᴏʏᴇʀ-Cᴏʟʟᴀʀᴅ, *Discours*, Loi des journaux, 27 janvier 1817.

Je hais l'empressement de ces devoirs sincères,
Qui ne jette en l'esprit que de vaines chimères,
Et ne me présentant qu'un obscur *avenir*,
Me donne tout à craindre, et rien à prévenir.

Cᴏʀɴᴇɪʟʟᴇ, *Pulchérie*, IV, 3.

Le passé fait trembler, l'*avenir* embarrasse.

Bᴏᴜʀsᴀᴜʟᴛ, *Ésope à la cour*, III, 3.

Chacun plaint le présent et craint pour l'*avenir.*

Vᴏʟᴛᴀɪʀᴇ, *Henriade*, IV.

Les lois de leur instinct sont leurs uniques guides,
Et pour eux le présent paroît sans *avenir.*

J.-B. Rᴏᴜssᴇᴀᴜ, *Odes*, I, 5.

Vous voyez l'*avenir* comme on voit le passé.

Cᴏʟʟɪɴ ᴅ'Hᴀʀʟᴇᴠɪʟʟᴇ, *les Châteaux en Espagne*, IV, 5.

Leur *avenir* n'a point d'alarmes,
Leur coupe n'aura point de fiel.

Lᴀᴍᴀʀᴛɪɴᴇ, *Harmonies.*

Dans le langage des Précieuses :

Le mémoire de l'*avenir*, c'est-à-dire l'almanach.

Sᴏᴍᴀɪᴢᴇ, *le Grand Dictionnaire des Précieuses.*

Il se dit figurément Du bien-être, de l'état de fortune que l'on peut espérer.

Un tel excès de rigueur ne laissoit envisager aux malheureux obérés qu'un *avenir* plus affreux que la mort.

Tᴜʀɢᴏᴛ, *Mémoire sur les prêts d'argent*, § XXIX.

Ce lien sur lequel on ne peut revenir,
Fait le sort d'une femme et tout son *avenir.*

Aɴᴅʀɪᴇᴜx, *le Vieux fat*, II, 8.

Je jouirois aussi déjà, si j'étois père ;
Mais pour un vieux garçon il n'est point d'*avenir.*

Cᴏʟʟɪɴ ᴅ'Hᴀʀʟᴇᴠɪʟʟᴇ, *le Vieux célibataire*, II, 1.

L'Aᴠᴇɴɪʀ, la postérité.

Tous ces exemples ai-je mis par escrit, qui peuvent servir à l'*advenir.*

Mᴏɴᴛʟᴜᴄ, *Mémoires*, liv. III.

...Tout me sera doux, si ma trame coupée
Me rend à mes aïeux en femme de Pompée,
Et que sur mon tombeau ce grand titre gravé
Montre à tout l'*avenir* que je l'ai conservé.

Cᴏʀɴᴇɪʟʟᴇ, *Sertorius*, III, 1.

Le Parnasse françois ennobli par ta veine,
Contre tous ces complots saura te maintenir,
Et soulever pour toi l'équitable *avenir.*

Bᴏɪʟᴇᴀᴜ, *Épîtres*, VII.

Qu'en dira l'*avenir?* Qu'en diront nos neveux ?

Lᴇɢʀᴀɴᴅ, *le Roi de Cocagne*, II, 15.

Si la main des neuf sœurs ne pare vos trophées,
Vos vertus étouffées
N'éclaireront jamais les yeux de l'*avenir.*

J.-B. Rᴏᴜssᴇᴀᴜ, *Odes*, IV, 2.

J'ignore quel surnom l'histoire me destine :
L'*avenir* jugera ce que Rome examine.

JOUY, Sylla, V, 4.

A l'avenir, loc. adv. Désormais, dorénavant :

Le roi très-chrétien promet... de ne point permettre qu'on lève des soldats... pour attaquer l'empire, ou les électeurs et princes alliés qui sont présentement entrés dans cette alliance, ou qui y pourront entrer *à l'avenir*.

Alliance du Rhin, 15 août 1658. (Voyez MIGNET, Succession d'Espagne, t. II, p. 16.)

Il (Ch. Perrault) fit, le jour de sa réception, un discours de remerciement, dont cette compagnie fut si contente, qu'elle prit la résolution de rendre publiques *à l'avenir* les réceptions de ses membres.

D'ALEMBERT, Éloge de Ch. Perrault.

Mais je ne serai plus si sotte *à l'avenir*.

LE GRAND, la Rue Mercière, sc. 7.

On a quelquefois employé AVENIR au pluriel :

Je veux espérer que la Providence démêlera tout mieux que nous ne pensons ; il y a de certains *avenirs* obscurs qui s'éclaircissent quelquefois tout d'un coup,

Mme DE SÉVIGNÉ, Lettres ; à Mme de Grignan, 11 mai 1680.

Ma mémoire, qui me retrace uniquement les objets agréables, est l'heureux contre-poids de mon imagination effarouchée qui ne me fait prévoir que de cruels *avenirs*.

J.-J. ROUSSEAU, Confessions, II, 7.

AVENIR, s. m. Terme de Pratique. On a écrit d'abord *à-venir*. Sommation de l'avoué d'une partie à l'avoué de l'autre partie, de comparaître à l'audience au jour déterminé par l'acte.

Sans sommation ni *avenir*.

Code pénal, 280.

Un simple acte contenant *avenir* à la prochaine audience.

Même ouvrage, 711.

AVENANT, participe présent du verbe *avenir*.

L'usage de la médecine grégeoise estant arrivé dedans Rome, les gentilshommes romains faisoient apprendre cest art à leurs valets et esclaves, affin d'estre par eux secourus, *avenant* qu'ils fussent malades.

EST. PASQUIER, Recherches, IX, 31.

AVENANT, ANTE, adj. Qui a bonne grâce :

Orent une bele fille et *avenant*, qui fu mariée au conte Simon.

Récits d'un ménestrel de Reims au XIIIe siècle, publiés par N. de Wailly, p. 11.

Ceste femme, voyant que son mary estoit vieil, print en amour un jeune clerc beau et *advenant*.

Heptameron, 36e nouvelle.

Par adventure ma femme sera aussi belle et *advenente* que sa Vénus (de Vulcain).

RABELAIS, Pantagruel, III, 12.

Sus ses vieulx jours il espousa la fille du baillif Concordat, jeune, belle, frisque, guallante, *advenente*, gratieuse par trop envers ses voisins et serviteurs.

LE MÊME, même ouvrage, III, 28.

Ces statues antiques sont bien faictes, je le veulx croire. Mais par sainct Ferreol d'Abbeville, les jeunes bachelettes de nos pays sont mille foys plus *advenentes*.

LE MÊME, même ouvrage, IV, 11.

Les Grecs exprimèrent par le même mot le plaisir et le revenir. Or les Français ont suivi la même idée, précisément. Ils ont dit homme *avenant*, femme *avenante*, figure, physionomie revenante.

J. DE MAISTRE, Soirées de Saint-Pétersbourg, 2e entretien, t. I, p. 194, note 29.

Bele fu mult et *avenant*.

WACE, Roman de Brut, v. 7151.

Sous ciel n'ont dame ne pucele,
Ki tant fu *avenans* et bele ;
Se il d'amor la requisist
Ke volentiers nel retenist.

MARIE DE FRANCE, Lai de Gugemer, v. 61.

Ge vi vers moi tout droit venant
Vng varlet bel et *avenant*.

Roman de la Rose, v. 2801.

Femmes ne sont toutes reconnoissantes.
A cela près ce sont choses charmantes,
Sous le ciel n'est un plus bel animal,
Je n'y comprends le sexe en général ;
Loin de cela, j'en vois peu d'*avenantes*.

LA-FONTAINE, Contes : le Faucon.

Il se dit du corps, de la physionomie, de la figure, de la façon, de l'accueil.

C'étoit un grand homme (le marquis de Brancas), fort bien fait, d'une figure *avenante*.

SAINT-SIMON, Mémoires, 1715.

C'étoient là tous mes talents ; ajoutez cette physionomie

assez *avenante* que le ciel m'avoit donnée, et qui jouoit sa partie avec le reste.

> Marivaux, *le Paysan perverti*, Iᵉʳ part.

Tout droit au roi dites que jolimant
Que il m'envoit sa fille maintenant,
Ma bele niece au gent cors *avenant*.

> *Aliscans*, v. 8163.

Mais le voici qui vient poussé d'un heureux vent,
Il a les yeux sereins et l'accueil *avenant*.

> Regnard, *le Joueur*, III, 4.

Il se dit aussi des Choses :

De sa nature il est tout joyeulx et esbaudi, quand il tient une espaule de mouton en main bien séante et *advenente*.

> Rabelais, *Pantagruel*, II, 7.

Si une robe d'or ne vous est pas *advenente*, direz-vous qu'elle ne vaut rien ?

> Saint François de Sales, *Traité de l'amour de Dieu*, VIII, 9.

Portet ses armes, mult li sunt *avenanz*.

> *Chanson de Roland*, v. 1154.

Qui vuet oïr chançon cortoise et *avenant*,
Si laist ester la noise et se traie en avant.

> *Destruction de Jérusalem*. (Voyez *Histoire littéraire de la France*, t. XXII, p. 414.)

La pucelle iert mult prouz et si fut mout vaillant.
Blainche chemise et braies a vestu metenant,
Qui furent à Richier, lou ardi combatant,
Et par desures vet une cote *avenant*.

> *Floovant*, v. 1780.

Six aulnes de drap maintenant,
Dites, est-ce chose *avenant*,
Par vostre foy, que je les perde ?

> *La Farce de Patelin*, v. 563.

Autrefois, en termes de Droit, *mariage avenant* :

Si elle (la fille normande) n'est point mariée, elle peut demander un *mariage avenant*, ce qui n'est regardé que comme une créance sur la succession et non une part héréditaire.

> Cochin, *Consultations*, 36.

Avenant, s. m. Acte modificatif d'un contrat d'assurance.

Faire son avenant de quelque chose, agir convenablement, équitablement :

Quant aucun sont semons por lor segneur deffendre ou por aler en bataille por le commun porfit du roiaume, bien se gart qu'il en *face son avenant*.

> Beaumanoir, *Coutumes de Beauvoisis*, c. II, 23, t. I, p. 56.

De tant comme il se floit en aus et il prirent sor aus son testament et *n'en firent lor avenant*, il sont larron quant à Dieu.

> Le même, même ouvrage, c. 12, 29, t. I, p. 192.

A l'avenant, loc. adv. et familière A proportion, ou De même, pareillement :

On vendoit un tonnelet de harengs trente écus, et toutes autres choses *à l'avenant*.

> Froissart, *Chroniques*, liv , IIᵉ part., c. 78.

Les oyseaux estoient grans, beaux et polis *à l'advenant* ressemblans ès hommes de ma patrie.

> Rabelais, *Pantagruel*, V,

Par ma foy, fait-elle, il n'y avoit si petite de l'estat dont je suis, qui n'eust robe d'escarlate, ou de malignes, ou de fin vert, fourée de bon gris, ou de menu-ver, à grands manches, et chaperon *à l'avenant*.

> *Les Quinze Joyes de mariage*, 1ᵉ Joye, p. 12.

Il estoit fort grand, haut et proportionné *à l'advenant*.

> Brantôme, *Grands Capitaines* : M. le maréchal de Saint-André, t. V, 41.

Une armée, pour grande qu'elle soit, et bien conduicte, si elle n'a des provisions et munitions *à l'aduenant*, est tousiours suivie de blasme, de honte et de regret.

> Matthieu, *Histoire des derniers troubles de France*, liv. III, f. 109, recto.

Le duc d'Aumont étoit d'une force prodigieuse, d'une grande santé, débauché *à l'avenant*.

> Saint-Simon, *Mémoires*, 1713.

Je n'ai jamais vu une si belle peau, blanche, unie, ferme, et le reste *à l'avenant*.

> J.-J. Rousseau, *la Mandragore*, acte V.

Oui; mais je sis d'obligation aussi de revenir voir ce qui en est, pour me comporter *à l'avenant*.

> Marivaux, *l'Épreuve*, sc. 13.

Assez as-tu quant ton vivre as,
Entre les gens, honnestement,
Et as souffisant vestement
Et à *l'avenant* le surplus.

> Jean Bruyant, *Chemin de povreté et de richesse*. (Voyez *Ménagier de Paris*, t. II, p. 22.)

A son avenant, à son gré, à sa guise, convenablement :

Puisque une femme a perdu son premier mary et mariage, communément à peine treuve-elle, selon son estat, le second *à son advenant*.

> *Le Ménagier de Paris*, 1re distinction, 7º art.

Ecce, ma tres douce gent, quomodo ista beata peccatrix habuit indulgentiam de tous ses péchiés; verum si vis habere de tes péchiés mercit, oportet quod tu facias à *ton auenant* ensi come elle fit.

> *Sermons mi-partis de français*, vers 1300. (Voyez *Histoire littéraire de la France*, t. XXI, p. 316.)

N y demoura chevaliers, qui *au advenant d'eulx*... ne venist pour le désir que chascun avoit de les veoir.

> *Gerard de Nevers*, part. I, p. 81.

La première est que tu te vestes
De bonnes robes et honnestes
Fourrée *à leur avenant*.

> JEAN BRUYANT, *Chemin de povreté et de richesse*.
> (Voyez *Ménagier de Paris*, t. II, p. 26.)

AVENANT s'est employé adverbialement :

Sire, dist Hues, vous parlés *avenant*.

> *Huon de Bordeaux*, v. 2969.

On disait aussi AVENAUMENT :

Quant ele l'at bien entendu,
Avenaument ad respundu.

> MARIE DE FRANCE, *Lai de Gugemer*, v. 509.

Bien sot chanter et plesamment,
Ne nule plus *avenaument*,
Ne plus bel ses refrains ne fist,
A chanter merveilles li sist.

> *Roman de la Rose*, v. 735.

AVENABLE a été employé dans le même sens qu'Avenant.

I. lit orent paré en la chambre *avenable*,
Et i ot on couchié la belle o le cors sage.
Chele nuit engendra .I. vallet *avenable*,
Puis ot à nom Berart, moult fu courtois et sage.

> *Gaufrey*, v. 4704.

AVENANTISE, s. f.

N'est pas, dist-ele, *avenantise*,
Ke le plus bas de ma kemise,
Ki à mes jambes fiert et tuche
Seit turnée vers vostre buche.

> *Roman de Rou*, t I, v. 8007.

AVÈNEMENT, s. m. Arrivée.

Proventus, *avenement*.

> *Dictionnaire latin-françois du* XIIIº *siècle*. Ms. de la Bibliothèque nationale, nº 7692.

Ce Brouez et les siens, sur leur premier *advenement*, se logerent petitement et quoyement en une chambre au college des Lombards.

> ESTIENNE PASQUIER, *Recherches*, III, 43.

J'ay usé de ce mot de nunce, puisqu'il s'use aujourd'huy ; mais j'ay veu, à mon *advènement* à la cour, que l'on n'en usoit, sinon d'ambassadeur du pape.

> BRANTÔME, *Grands Capitaines françois* : L'admiral de Chastillon.

Vous êtes monté, sans avoir eu besoin de degrés. Nous vous avons veû au but, et nous ne vous avons point remarqué dans la carrière. Tout le genre humain a battu des mains à votre *avénement* dans le monde.

> BALZAC, *Lettres*, VII.

A son *avénement* à la cour, c'étoit après le siège d'Amiens, il tomba par malheur entre les mains de Sigongne, celui qui a été si satirique.

> TALLEMANT, *Historiettes* : Le maréchal de Bassompierre.

Le Page étoit un homme bien fait, mais de bas lieu ; son père étoit sergent à Châlons. A son *avénement* à Paris, il épousa une laide femme, parce qu'elle avoit quatre mille livres en mariage.

> LE MÊME, même ouvrage : Le Page.

C'est un malheur qu'à ce premier *avénement* à la cour,.. le petit colonel (le jeune marquis de Grignan) n'ait été soutenu d'aucun des siens.

> Mme DE SÉVIGNÉ, *Lettres;* à Mme de Grignan, 22 février 1690.

Les eaux, dans leur premier *avénement*, avoient d'abord été dirigées des pôles vers l'équateur.

> BUFFON, *Époques de la nature*.

AVÈNEMENT, arrivée au monde, naissance.

Par ce luy convenoit prendre couraige nouveau au nouvel *advenement* de son poupon.

> RABELAIS, *Gargantua*, I, 6.

Oh ! quel cœur si mal fait n'a tressailli au bruit des cloches de son lieu natal, de ces cloches qui frémirent de joie sur son berceau, qui annoncèrent son *avènement* à la vie !

> CHATEAUBRIAND, *René*.

L'avènement de notre religion, son origine, sa naissance :

S'il ne faut rapporter *l'advenement de notre foy* à saint Denis l'Aréopagite, nous ne devons non plus faire estat de saint Denis le Corinthien.

Est. Pasquier, Recherches, III, 6.

Avènement à la couronne, au royaume, au trône :

Il les avoit desappointez à son *advenement à la couronne.*

Commines, Mémoires, éd. in-4°, t. I, p. 67.

Depuis son *avènement au royaume,* il (Henri IV) a employé huit années à le remettre à son obéissance.

Le duc de Rohan, Discours sur la mort de Henri le Grand.

Il (Henri II) envoya le comte de Randan à Elisabeth, sur son *avènement à la couronne;* elle le reçut avec joie.

Mme de la Fayette, la Princesse de Clèves, Ire partie.

Il (Heinsius, pensionnaire de Hollande) étoit créature du roi Guillaume, son confident, et l'âme de son parti dans tous les temps avant et depuis son *avènement à la couronne* d'Angleterre.

Saint-Simon, Mémoires, 1715.

Ce fut le comble de l'abaissement, d'être réduit à féliciter de son *avènement au trône* le prince qui allait s'y asseoir à sa place.

Voltaire, Histoire de Charles XII, liv. III.

Avènement s'emploie souvent seul en ce sens :

Au nouvel *avènement* du jeune roi, et pour réjouir le peuple parmi le royaume de France, toutes impositions, aides, gabelles, subsides, fouages et autres choses mal prises dont le royaume étoit trop blessé furent abattues et ôtées.

Froissart, Chroniques, II, 74.

Jacques Sylvius... la présenta (sa Grammaire) à la royne Leonor à son *advenement...*

P. de la Ramée, Grammaire. Dédicace à la royne, mère du roy.

A l'*avenement* de Tibère, cette complaisance se tourna en bassesse et en adulation.

Saint-Evremont, Réflexions sur les divers génies du peuple romain, c. 17.

Le duc d'Ormond, aussi aimé en Angleterre que le duc de Marlborough y était admiré, avait quitté son pays à l'*avénement* du roi George.

Voltaire, Histoire de Charles XII, liv. VIII.

Rollin... se prit... d'une vive affection pour Frédéric ; et lorsque le prince devint roi, il fut des premiers à saluer son *avènement.*

Villemain, Littérature au xviiie siècle; ... leçon.

Sire, commencez bien à vostre *advenement,*
De tout acte la fin suit le commencement.

Ronsard, le Bocage royal.

Avènement au pontificat, au ministère :

Il prit le nom de Jean XII en mémoire de Jean XI son oncle. C'est le premier pape qui ait changé son nom à son *avènement au pontificat.* Il n'était point dans les ordres quand sa famille le fit pontife.

Voltaire, Annales de l'Empire, 956-960.

Il (Colbert) fut le restaurateur des finances, qu'il trouva en fort mauvais état à son *avènement au ministère.*

Choisy, Mémoires, liv. II.

Avènement, en parlant d'un évêque, du chevalier du guet :

On parle, ce dit-elle, d'une nouvelle religion où les filles de maison seront reçeuës à peu de fraiz, et si dit-on d'avantage, que nostre evesque, à son *advenement,* veut faire largesse pour ce subject.

Les Caquets de l'accouchée, V.

Philippe le Bel, en l'an 1311, ordonna... que le chevalier du guet, dès son *advenement,* jureroit de garder en tout et partout les privilèges de l'Université.

Est. Pasquier, Recherches, III, 29.

Joyeux avènement, don de joyeux avènement .

Le cardinal Mazarin, ajoutoit-il, ne m'eût point ôté le *joyeux avènement* sur Angers que M. de Lyonne m'avoit fait avoir.

Tallemant des Réaux, Historiettes : Ménage.

C'étoit un ancien usage de faire un présent aux rois pour leur *joyeux avènement* à la couronne... Les évêques eux-mêmes étoient en possession d'exiger un présent de leurs vassaux dans le temps de leur sacre; c'est un des cas marqués par la constitution de Sicile, où les seigneurs peuvent exiger de loyaux aides de leurs hommes.

D'Aguesseau, Mémoire sur le droit de joyeux avènement.

On trouve la preuve du droit de *joyeux avènement* dans un arrêt du parlement rendu à la Chandeleur de l'année 1274, et cette preuve est confirmée sous tous les règnes suivans; ce qui réfute pleinement les auteurs qui ont écrit que ce droit étoit inconnu en France avant le règne de Henri III.

> Le président Hénault, *Histoire de France*, Iʳᵉ partie.

Avènement est pris, dans le passage suivant, dans le sens d'Arrivée au pouvoir :

Le 5 et le 6 octobre furent, pour ainsi dire, les premiers jours de l'*avènement* des Jacobins.

> Mᵐᵉ de Staël, *Considération sur la Révolution française*, IIᵉ part., c. 12, § 1.

Avènement, en parlant du Messie, se dit Du temps auquel il s'est manifesté aux hommes, et de celui où il doit paraître pour les juger.

Je respons que ce fist nostre souverain Seigneur et Sauveur Jhesucrist, moyennant son *advenement* sus terre, en prenant notre humanité.

> Gerson, *Sermons français : Sur les sept péchés capitaux*. (Voyez *Thèse* de l'abbé Bonnet, 1858, p. 74.)

Or selon que Dieu à l'*aduenement* de son Fils unique s'est plus clairement manifesté, aussi les trois personnes ont esté alors mieux cognues.

> Calvin, *Institution chrestienne*, liv. I, c. 13, § 16.

Quand le Seigneur Jesus dit que il n'est point venu pour abolir la loy, mais pour l'accomplir; et qu'il n'en passera vne seule letre jusques à tant que le ciel et la terre faudront, que tout ce qui y est escrit ne se face : en cela i demonstre que par son *aduenement* la reverence et obéissance de la loy n'est en rien diminuée.

> Le même, même ouvrage, liv. II, c. 7, § 14, p. 207.

Nous croyons tous en l'*advenement* de Jésus-Christ, en son baptesme et en sa résurrection et aux promesses qu'il nous a faictes pour-notre sauvation.

> Blaise de Montluc, *Lettres*, 271, Discours au Roy, 1573.

Le temps du premier *avènement* de Jésus-Christ est prédit, le temps du second ne l'est pas; parce que le premier devoit être caché, au lieu que le second doit être éclatant, et tellement manifeste que ses ennemis mêmes le reconnoîtront.

> Pascal, *Pensées*.

Ce peuple (les Juifs), déçu par l'*avènement* ignominieux et pauvre du Messie, a été son plus cruel ennemi.

> Le même, même ouvrage.

Qui est celui d'entre les prophètes que vos pères n'ayent point persécuté? Ils ont tué ceux qui leur prédisoient

l'*avènement* du Juste, que vous venez de trahir et dont vous avez été les meurtriers.

> Saci, *Actes des Apôtres*, c. 7.

Comme un éclair qui sort de l'orient paroît tout d'un coup jusqu'à l'occident, ainsi sera l'*avènement* du Fils de l'homme.

> Le même, *Évangile selon saint Matthieu*, c. 24.

Tous les Pères nous enseignent que la marque des vrais fidèles est le désir de la mort; que comme le premier *avènement* du Messie a été l'objet des désirs continuels et de la dévotion des vrais israélites, ainsi le second avènement de Jésus-Christ doit être l'objet de la plus solide piété, et des plus fervents désirs des chrétiens.

> Arnaud, *Lettres*, t. III.

Vous l'avez méprisé dans ses disgrâces; vous n'aurez pas de part à sa gloire. Que cet *avènement* changera les choses !

> Bossuet, *Sermons : De la Nativité de Notre-Seigneur*.

Idolâtrie la plus aveugle et la plus opiniâtre que Jésus-Christ ait eu à combattre et à détruire dans son *avènement* au monde !

> Bourdaloue, *Sermons : Sur les richesses*.

Saint Justin, ou celui qui a pris son nom, dit qu'Enoch et Elie sont dans le paradis terrestre, et qu'ils y attendent le second *avènement* de Jésus-Christ.

> Voltaire, *Dictionnaire philosophique*, Élie et Enoch.

De l'*advenement* Jesucrist
Mainte devote femme escript,
Et haultement prophecia :
Malheureux est qui rïen n'y a.

> *Le débat de l'homme et de la femme*. (Voyez *Poésies françoises des* xvᵉ *et* xvıᵉ *siècles*, t. I, p. 5.)

AVENT, s. m. Le temps destiné par l'Église catholique pour se préparer à la fête de Noël :

Ce fist nostre souverain Seigneur et sauveur Jhesucrist, moyennant son *advenement* sus terre, en prenant nostre humanité, lequel *advant* remembre nostre mere sainte Église en ce temps ci.

> Gerson, *Sermons français : Sur les sept péchés capitaux*. (Voyez *Thèse de l'abbé* Bonnet, 1858, p. 74.)

En ce temps fut né, par un *advent*, Charles de France, ains-né fils au roi de France, l'an 1368 dont le royaume fut tout réjoui.

> Froissart, *Chronique*, liv. I, IIᵉ part., c. 254.

Le temps de l'*avent* nous doit inspirer de grands désirs de nous donner à Dieu, de préparer notre cœur pour recevoir la plénitude de ses grâces et nous disposer à renaître avec Jésus-Christ.

> FÉNELON, *Lettres spirituelles*, CCXXVII.

Il (Louis XIV) manquoit peu de sermons l'*avent* et le carême.

> SAINT-SIMON, *Mémoires*, 1715.

J'ai gardé toujours une affection tendre pour un certain air du *Conditor alme siderum*, qui marche par iambes, parce qu'un dimanche de l'*avent* j'entendis de mon lit chanter cette hymne avant le jour sur le perron de la cathédrale, selon un rite de cette église-là.

> J.-J. ROUSSEAU, *les Confessions*, I, 3.

Un rat plein d'embonpoint, gras, et des mieux nourris,
Et qui ne connoissoit l'*avent* ni le carême,
Sur le bord d'un marais égayoit ses esprits.

> LA FONTAINE, *Fables*, IV, 11.

Aux quatre-tems autant il en faisoit,
Sans oublier l'*avent* ni le carême.

> LE MÊME, *Contes*, le Calendrier des vieillards.

Prêcher l'avent, composer un avent :

Il (le Père Henri de la Grange-Palaiseau, capucin) *prêcha* l'*avent* au Havre.

> TALLEMANT DES RÉAUX, *Historiettes* : Mme de Villars.

L'abbé de La Trappe mourut pendant que j'étois à l'Institution, et le Père Massillon étoit venu s'y retirer, pour *composer* cet *avent* célèbre qu'il prêcha devant le roi à Fontainebleau.

> LE PRÉSIDENT HÉNAULT, *Mémoires*, c. 11.

AVENT s'emploie au pluriel, dans ses diverses significations :

En l'entrée des *advens* se esmut li roys, et li os pour aler vers Babiloine, ainsi comme li cuens d'Artois l'avoit loei.

> JOINVILLE, *Histoire de Saint Louis*, XXXIX, édit. N. de Wailly.

Pres la ville de Bleré en Touraine, y a un village nommé Sainct-Martin le Beau, ou fut appellé un cordelier du couvent de Tours, pour prescher les *advents*.

> *Heptameron*, 11e nouvelle.

Tout ainsi que nous sommes six sepmaines à faire abstinence le quaresme avant la Passion de Nostre-Seigneur : aussi ne sommes-nous pas moins de temps à nous esjouyr devant les festes de Noël que nous appellons les *avants*.

> EST. PASQUIER, *Recherches*, IV, 16.

Je liray avidement les relations que je demande à M. Ménage, l'histoire de vos *avens* et de vos caresmes,

c'est-à-dire des acclamations et des applaudissements de Paris.

> BALZAC, *Lettre au coadjuteur de Paris*.

Il a prêché une infinité de carêmes et d'*avents*.

> TALLEMANT DES RÉAUX, *Historiettes* : Le Père André.

Les avents de Noël :

Dans les villes ils se servoient des langues de certains prescheurs fort séditieux, qui durant les *advents de Noël* avoient jetté le feu par la gorge contre le roi.

> MATTHIEU, *Histoire des derniers troubles de France*, liv. V.

Mais après, en cherchant, avoir autant couru,
Qu'aux *avans de Noël* fait le moyne bourru.

> REGNIER, *Satires* XIV.

AVENTURE, s. f. Dans un sens général, Ce qui arrive, et particulièrement, Ce qui arrive d'inopiné, d'extraordinaire :

Crierent e l'*aventure* nuncierent.

> *Les quatre Livres des Rois*, I, XIV, 16.

Les *aventures* aviennent si come à nostre Seigneur plaist.

> VILLEHARDOUIN, *Conqueste de Constantinoble*, XXI.

Or oiés une des grans merveilles et des greignors *aventures* que vous onques oissiés.

> LE MÊME, même ouvrage, XLI.

Or avint une *aventure* en France d'un jugement qui fu renduz en la court le roi des enfanz la contesse de Flandres...

> *Récits d'un ménestrel de Reims au* XIIIe *siècle*, publiés par N. de Wailly, p. 204.

Quant aucuns vuelt faire aucuns voiage si va aux astronomiens et leur compte s'*aventure* pour savoir se il est bon de cheminer ou non.

> MARC POL, *le Livre*, c. 151.

Phelippe de Charrolois sachant la dure et piteuse *adventure* des François, de ce aiant au cuer grant tristesse et par especial de ses deux oncles, c'est assavoir le duc de Brabant et le conte de Nevers, qui estoient nudz sur le champ, si les fist aler querir.

> MONSTRELET, *Chronique*, c. 150.

Vous veux de point en point parler et montrer toutes les *aventures*, depuis la nativité du noble roi Edouard d'Angleterre qui si puissamment a régné.

> FROISSART, *Chronique*, liv. I, Ire part., c. 1.

Telles sont les *adventures* du monde, que celluy qui fuyt et pert, ne trouve point seullement qui le chasse, mais amys tournent ses ennemis.

COMMINES, *Mémoires*, VII, 10.

L'histoire est le thresor de la vie humaine, qui préserve de la mort d'oubliance les faits et dits memorables des hommes, et les *adventures* merveilleuses et cas estranges que produit la longue suitte du temps.

AMYOT, trad. des *Vies* de Plutarque, *Aux lecteurs*.

Il y a entre autres deux principales espèces d'histoire : l'une qui expose au long les faicts et *adventures* des hommes, et qui s'appelle du nom commun d'histoire; l'autre qui déclare leur nature, leurs dicts et leurs mœurs, qui proprement se nomme Vie.

LE MÊME, même ouvrage, *ibid*.

Pensez-vous plustost eviter vostre predestinée *adventure* pour en estre advertie?

Amadis de Gaule, II, 18.

Il eut ce bonheur d'avoir rompu la paix en Piedmont par le commandement du roy, à cause de Parme, comme j'ay dict, par la prise de Sainct-Damian, qu'il surprit et prit par une belle *advanture*.

BRANTÔME, *Grands Capitaines françois* : M. de Vassé.

Pour moy, quand je me remets devant les yeux les mémorables *aventures* que vous avez si heureusement achevées, je m'imagine que, si elles sont escrites fidelement, la postérité croira qne ce soit plutost un roman qu'une histoire.

RACAN, *Épître au roi*, en tête de *la Bergerie*.

Les belles *avantures* ont besoin que vous soyez leur historien.

BALZAC, *Lettres*, VI, 13.

Après une très exacte recherche de ma vie, il se trouvera que mon *advanture* la plus ignominieuse est la fréquentation de Balzac.

THÉOPHILE, *Lettre à Balzac*.

C'est une étrange *avanture* que celle qui m'est arrivée, d'avoir trouvé en une seule personne tout ce qu'il y a d'aymable au monde.

VOITURE, *Lettres amoureuses*, 82.

Elle lui présenta une bague qu'il reçut, si surpris de l'*aventure*, qu'il oublia quasi à lui faire la révérence lorsqu'elle le quitta.

SCARRON, *Roman comique*, I, 9.

On voyoit par cy par là des hommes et des chevaux morts, qui représentoient aux esprits des nostres déjà troublez quelque plus horrible *adventure*.

MÉZERAY, *Histoire de France* : Louis VII.

La Fortune nous tourna le dos. Les zelez disent que Dieu, qui tient en sa disposition les *advantures* d'icy bas, le

voulut ainsi pour punir Philippe de ce qu'il avoit pour des présents rappellé les Juifs en ses terres.

MÉZERAY, *Histoire de France* : Philippe-Auguste.

C'estoit chose assez commune, que les seigneurs de l'Europe estant de retour du voyage d'outre-mer, donnoient à quelque terre ou chasteau les noms des lieux où ils avoient eu quelque notable *advanture*.

LE MÊME, même ouvrage : Philippe le Bel.

Le roy fut touché d'une douleur plus sensible que toutes les autres; ce fut la mort de la reyne Anne, sa femme, qui expira entre ses bras, le treizième jour du mois de janvier (1514). Depuis cette funeste *adventure*, il ne fut plus capable d'aucune joie.

LE MÊME, même ouvrage : Louis XII.

Le cœur du roy ne s'enfla pas de tous ses bons succez ny celuy de l'Empereur ne s'amollit point par tant de mauvaises *adventures*.

LE MÊME, même ouvrage : François Ier.

Ces deux illustres personnes (M. et Mlle de Scudéry) n'avoient pas grand équipage, mais ils traînoient partout avec eux une troupe de héros qui les suivoient dans leur imagination, et quoiqu'ils allassent à petit bruit, ils avoient toujours dans l'esprit de grandes *aventures*.

FLÉCHIER, *Mémoires sur les grands jours de 1665*, p. 64.

Il (Louis XIV) s'est trouvé présent à Saint-Cloud à toute cette funeste et étonnante *aventure* (la mort de Mme Henriette), y étant arrivé une heure avant [que Madame fut attaquée de son mal, et n'ayant point parti d'auprès d'elle tant qu'elle a vécu.

M. DE LIONNE à M. Colbert, 1er juillet 1670. (Voyez MIGNET, *Succession d'Espagne*, t. III, p. 210.)

Après beaucoup d'*aventures*, Dion rétablit sa patrie dans sa liberté, et en chassa les tyrans.

ROLLIN, *Traité des Études*, liv. VI, IIIe part., c. 2, art. Ier, 4e morceau tiré de l'Histoire grecque.

C'est donc du salut seul que nous faisons une espèce d'*aventure*, si j'ose parler ainsi, c'est-à-dire une entreprise sans mesures, sans précautions, que nous abandonnons à l'incertitude des événements.

MASSILLON, *Carême*.

Là-dessus Chamillart, le cœur gros de l'*aventure*, m'apprit que, sans lui, Boufflers n'eût pas eu la survivance de ses gouvernements de Flandre et de Lille pour son fils.

SAINT-SIMON, *Mémoires*, 1709.

Il arrivoit qu'un oracle étoit ruiné pour un temps, et qu'ensuite il se relevoit; car les oracles étoient sujets à diverses *aventures*.

FONTENELLE, *Histoire des Oracles*, 2e dissertation, c. 11.

IV.

84

La gloire ne fut pas le partage de François Ier. Dans cette triste *aventure*, il avait donné sa parole à Charles-Quint de lui remettre la Bourgogne, promesse faite par faiblesse, faussée par raison, mais avec honte.

> VOLTAIRE, *Essai sur les mœurs*, c. 124 : Prise de François Ier.

Il a cela de commun avec les plus insipides romanciers, qui suppléent à la stérilité de leurs idées à force de personnages et d'*aventures*.

> J.-J. ROUSSEAU, *Confessions*, liv. II.

Monsieur a souffert ! Parbleu ! il me semble que cette *aventure*-ci mérite un peu d'inquiétude.

> MARIVAUX, *Fausses Confidences*, III, 1.

Ayez compassion de ma bonne *aventure*.

> LE MÊME, *Jeu de l'amour et du hasard*, III, 1.

Vous avez beau dire, on a eu tort de m'exposer à cette *aventure*-ci.

> LE MÊME, *l'Épreuve*, sc. 14.

La critique ajoutoit que les anciens n'avoient pas connu cette espèce de drame, où l'on avoit l'imbécile prétention de vouloir intéresser à des *aventures* bourgeoises.

> D'ALEMBERT, *Éloge de La Chaussée*.

A la première nuit qu'ils furent hébergeant,
Avint bele *aventure* à Tangré le Puissant.

> *Chanson d'Antioche*, IV, v. 505

N'i convient nule coverture,
Tote est aperte l'*aventure*.

> *Roman de Renart*, v. 645.

Bone fame, dist Bedoer,
Di-moi qui es, et porqoi plores,
En ceste ille porquoi demores,
Qui gist en ceste sépulture ?
Conte-moi tote l'*aventur*

> WACE, *Roman de Brut*, v. 11672.

Tousjours de Nemesis, il te faut souvenir,
Qui fait nostre *adventure* ore blanche, ore brune.

> RONSARD, *Sonnets pour Hélène*, VII.

Mais si jamais quelque *adventure*
Nous eslevoit d'un coup de vent
Pour nous faire voir plus avant
Les merveilles de la nature,
Nous irions jusqu'où le soleil
Paroist si clair et si vermeil.

> THÉOPHILE, *Immortalité de l'âme*.

Il voit dans les choses futures
Qui sont présentes à ses yeux

Les glorieuses *advantures*
De vos exploits laborieux.

> RACAN, *Ode au Roi*.

Vous estes chère aux dieux, ils le tesmoignent bien
Il faut espérer d'eux vostre bonne *aventure* :
Le soin qu'ils ont de vous m'en donne bon augure.

> RACAN, *Bergeries*, V, 2.

O qu'une sagesse profonde
Aux *aventures* de ce monde
Préside souverainement !

> MALHERBE, *Aux Dames, pour les petits dieux marins conduits par Neptune*. Stances.

Nous autres bénissons notre heureuse *aventure*.

> CORNEILLE, *Polyeucte*, V, 6.

Qu'Énée et ses vaisseaux, par le vent écartés,
Soient aux bords africains d'un orage emportés ;
Ce n'est qu'une *aventure* ordinaire et commune,
Qu'un coup peu surprenant des traits de la fortune.

> BOILEAU, *Art poétique*, III.

Et conduisons si bien cette heureuse *avanture*
Qu'elle fasse du bruit dans le premier Mercure.

> BOURSAULT, *le Mercure galant*, V, 9.

...Que jamais une bouche si pure
Ne s'ouvre pour conter cette horrible *aventure*.

> RACINE, *Phèdre*, V, 1.

Je vois Condé, prince à haute *aventure*,
Plutôt démon qu'humaine créature.

> LA FONTAINE, *Épître à M. de Turenne*.

L'*aventure* me charme et tient du merveilleux.

> DESTOUCHES, *le Médisant*, III, 4.

Et vous ne trouvez pas l'*aventure* impayable !

> PIRON, *la Métromanie*, II, 1.

...Eh ! mais, dans nos lectures,
Nous avons vu, ma foi, bien d'autres *aventures*.

> PICARD, *les Conjectures*, I, 12.

AVENTURE, destinée.

Chapelain étoit riche, et Corneille ne l'étoit pas : « La Pucelle » et « Rodogune » méritoient chacune une autre *aventure*.

> LA BRUYÈRE, *Caractères*, c. 42.

Male aventure :

Infortunium, *male aventure*.

> *Dictionnaire latin-françois* du XIIIe siècle. Bibliothèque nationale, mss. et GUILLAUME BRITON, *Vocabulaire latin-françois*, XIVe siècle.

Ce pendant aucuns yssirent de l'autre costé et alèrent à Saint-Denis au duc d'Orléans, noncer la *male aventure* de ses gens.

MONSTRELET, *Chronique*, c. 81.

Les *malles aventures* sont quand Dieu est tant offensé qu'il ne le veult plus endurer, mais veult monstrer sa force et sa divine justice.

COMMINES, *Mémoires*, V, 19.

Qoe Dex vos doinst *male aventure !*

Roman de Renart, v. 20802.

Li rossignos à tart i chante,
Mès moult i brait et se démente
Li chahuan o sa grant hure,
Prophetes de *male aventure*,
Hideus messagier de dolor,
En son cri, en forme et color.

Roman de la Rose, v. 5997.

Bonne aventure signifie habituellement Prédiction de ce qui doit arriver :

A Clode Albin, soucieux d'entendre sa *bonne adventure* advint ce qu'est escript.

RABELAIS, *Pantagruel*, III, 20.

Dire la bonne aventure :

Voyant un devin qui prenoit de l'argent pour *dire la bonne aventure* : Si tu peux changer, dit-il, l'ordre des Destins, on ne te sçauroit trop donner; sinon, l'on ne te sçauroit donner trop peu.

PERROT D'ABLANCOURT, trad. de LUCIEN. *Demonax*.

Ah ! voici des Égyptiennes; il faut que je me fasse *dire ma bonne aventure.*

MOLIÈRE, *le Mariage forcé*, sc. 5.

Un peuple qui se prosternait devant des bœufs, des chats et des crocodiles, et qui finit par aller *dire la bonne aventure* à Rome.

VOLTAIRE, *Lettres chinoises et indiennes.*

... Pour gagner Paris, il vendit par la plaine
Des brevets à chasser la fièvre et la migraine,
Dit la bonne avanture et s'y rendit ainsi.

CORNEILLE, *l'Illusion*, I, 3.

On croiroit qu'il vous *dit votre bonne aventure.*

DESTOUCHES, *le Philosophe marié*, V, 6.

Diseur de bonne aventure :

Ce personnage-là... me semble avoir eu ceste imperfection, qu'il hantoit plus souvent avecques des devins, pronosticqueurs, et *diseurs de bonne advanture*, que non pas avec gents entendus au faict des armes.

AMYOT, trad. de Plutarque, *Vie de Caius Marius.*

Elles (Price et Jennings) virent le commencement du combat, lorsque, après avoir abandonné le projet de voir le *diseur de bonne aventure*, elles étoient revenues pour se mettre en carrosse.

HAMILTON, *Mémoires de Grammont*, XII.

Rome alors étoit pleine d'astrologues et de *diseurs de bonne aventure.*

DIDEROT, *Essai sur Claude et sur Néron.*

Un père eut pour toute lignée
Un fils qu'il aima trop, jusques à consulter
Sur le sort de sa géniture
Les *diseurs de bonne aventure.*

LA FONTAINE, *Fables*, VIII, 16.

AVENTURE, intrigue galante :

La Cleveland lui donna le bonsoir comme il (Charles II) entroit chez sa rivale, et se retira pour attendre l'issue de cette *aventure.*

HAMILTON, *Mémoires de Grammont*, XIII.

On venoit pour me voir de tous les cantons voisins; on vouloit savoir quelle physionomie j'avois, elle étoit devenue un objet de curiosité; on s'imaginoit remarquer dans mes traits quelque chose qui sentoit mon *aventure*, on se prenoit pour moi d'un goût romanesque.

MARIVAUX, *la Vie de Marianne*, I° part.

Voyez si ce n'étoit pas là un vrai instinct de femme, et même un pronostic de toutes les *aventures* qui devoient m'arriver.

LE MÊME, même ouvrage, *ibid.*

Elle étoit précieuse, affectée, galante, et eut beaucoup d'*aventures.*

Mme DU DEFFAND, *Lettres*, CCLXIX; 23 mars 1777, à Horace Walpole.

Mon hôtesse, comme j'ai dit, m'avoit pris en amitié, me dit qu'elle m'avoit peut-être trouvé une place, et qu'une dame de condition vouloit me voir. A ces mots, je me crus tout de bon dans les hautes *aventures.*

J.-J. ROUSSEAU, *Confessions*, II.

Il est entré mystérieusement dans votre cabinet, comme si je l'eusse fait cacher, et je gagerois qu'il prend ceci pour une *avanture* dans les formes.

DANCOURT, *l'Eté des Coquettes*, sc. 20.

Jugez de ma surprise, lorsqu'avec un air de mystère on m'a fait entrer chez vous par la petite porte du parc... Je vous l'avouerai; je me suis cru destiné aux grandes *aventures.*

SEDAINE, *la Gageure imprévue*, sc. 28.

Nous avons le cœur bon, et dans nos *aventures*
Nous ne fûmes jamais hommes à confitures.

CORNEILLE, *la Suite du Menteur*, II, 6.

A tous ceux qui liront ces vers
Salut et galante *avanture*.

> L'abbé Régnier Desmarais, *Poésies françoises*,
> t. I, p. 92.

Qu'après l'éclat d'une *aventure*
Qui ternit son nom pour toujours,
Fuyant les ris ou le murmure
Qu'excitent ses nombreux amours,
Et survivant à sa figure,
Dans quelque cotterie obscure
Belise aille compter ses jours.

> Desmahis, *Épîtres*, VII.

Aventure, hasard :

Si le mena vent et *aventure* au port de Michon.

> Villehardouin, *Conqueste de Constantinoble*, CXXXIII.

Il entra en Osteriche ainsi comme *aventure* le menoit, et vint droit au chastel ou li rois estoit en prison.

> *Récits d'un ménestrel de Reims au treizième siècle*,
> p. 42.

Ils avisèrent que... les Escots pourroient bien par nuit venir briser et assaillir leur ost à deux côtés pour mettre à l'*aventure* de vivre ou de mourir.

> Froissart, *Chroniques*, liv. I, Ire part., c. 44.

Et s'*aventure* donne que la fortune soit pour nous, nous serons tous riches et recouvrés pour un grand temps.

> Le même, même ouvrage, liv. I, IIe part., c. 144.

Trop peu stable et ferme est celluy qui ne meet sa cure, garde et confiance en vous; et se bien luy en vient, c'est *adventure*.

> *Le Livre de l'internelle consolation*, II, 18.

Car il se trouve tousjours assez gens pour troubler ung affaire, mais il s'en trouve peu qui ayent l'*adventure*, et le vouloir ensemble, d'acorder si grant différent.

> Commines, *Mémoires*, VIII, 16.

Cela a esté tres bien dit de Basilius le Grand, quand il a escrit que Fortune et *Aventure* sont mots de Payens : desquels la signification ne doit point entrer en vn cœur fidele.

> Calvin, *Institution chrestienne*, liv. I, c. 16, § 8.

J'ay bien voulu mettre cette lectre à l'*adventure*, pour vous advertir que hier j'eus nouvelles que Madame fait fort bonne chère.

> La reine de Navarre à François Ier, *Lettres* ;
> fin de février 1526.

La grand *advanture* de nostre sort nous a menez et conduicts icy au poinct et au lieu que nous avons tant désiré.

> Brantôme, *Vie des Capitaines illustres*, disc. 20.

Il (l'art) imite le désordre et l'*aventure*.

> Balzac, *Dissertations critiques*, t. II, p. 513.

Ce seroit se figurer, comme ces philosophes insensés, une divinité indolente, qui laisse au hasard et à l'*aventure* le soin des choses d'ici-bas.

> Massillon, *Carême* : Sermon sur la vocation.

Ne sai se jà verrés mais mon retor ;
Aventure est que jamais vous revoie.

> Le Châtelain de Coucy, chanson XXII. (Voyez *Histoire*
> *littéraire de la France*, t. XVII, p. 647.)

Aujourd'huy mille mattelots,
Où la fureur combat les flots,
Deffaillis d'art et de courage,
En l'*aventure* de tes eaux
Ne rencontrent que des tombeaux.

> Théophile, *Contre l'hiver*.

En termes de Commerce Prêt, contrat à la *grosse aventure*, convention par laquelle on prête une somme sur un navire de commerce, au hasard de la perdre si le navire périt.

Le prêt à *grosse aventure*.

> *Code civil*, 1964.

Dans le passage suivant, un paysan emploie en ce sens *grande aventure*, pour *grosse aventure* :

Mon argent bouté dans la *grande avanture*, ça renflera d'abord.

> Dufresny, *la Coquette de village*, III, 5.

Par extension, on s'est servi de ce terme, en parlant de toute entreprise hasardée :

Les usuriers me fournirent tout le reste qui m'étoit nécessaire, et mirent sur ma tête, à la *grosse aventure*.

> Choisy, *Mémoires*, V.

Autrefois Carpillon fretin
Eut beau prêcher, il eut beau dire,
On le mit dans la poële à frire.
Je fis voir que lâcher ce qu'on a dans la main
Sous espoir de *grosse aventure*,
Est imprudence toute pure.

> La Fontaine, *Fables*, IX, 10.

Mal d'aventure, nom vulgaire du panaris :

Le panaris... est une tumeur qui vient à l'extrémité des doigts, et que le public appelle *mal d'aventure* ou abcès.

DIONIS, *Cours d'opérations de chirurgie*, 8° démonstration.

Aventure est souvent suivi de la préposition *de*, accompagnée d'un substantif qui en détermine la nature :

Il y avait longtemps que Louis XI animait les Suisses contre le duc de Bourgogne, et qu'on avait commis beaucoup d'hostilités de part et d'autre avant *l'aventure de* la charrette; il est très sûr que l'ambition de Charles était l'unique sujet de la guerre.

VOLTAIRE, *Essai sur les mœurs*, c. 95 : De la Bourgogne et des Suisses.

Voilà une véritable *aventure de* caffé.

J.-B. ROUSSEAU, *le Caffé*, I.

C'est donc une *aventure de* carrosse que celle-ci?

DANCOURT, *le Galant jardinier*, sc. 9.

... Vous verrez dans le premier Mercure
Que j'aurai *de* la housse adouci *l'aventure*.

BOURSAULT, *le Mercure galant*, I, 3.

Et ma chute aux dépens de quelque meurtrissure
De vingt coups de bâtons m'a sauvé *l'aventure*.

MOLIÈRE, *École des femmes*, V, 2.

Aventure de couleurs se dit du mélange de couleurs qui se rencontre dans certaines pierres :

On pourroit prendre cette pierre pour une variété colorée de la pierre œil-de-poisson, ou pour une aventurine sans accident, sans *aventure de couleurs*.

BUFFON, *Histoire naturelle*.

On les appelle pour ce motif *pierre d'aventure* :

Tu me mustraz une painture
Sor une *pierre d'aventure*.

MARIE DE FRANCE, *Fables*, LXIX.

On les nomme aussi *aventurine*. (Voyez ce mot.)

On disait autrefois *aventures de batailles, aventures d'armes*.

Di à Joab qu'il ne se déhaite pas, kar diverses sunt les *aventures de bataille*, e ore chiet cist e ore li altres.

Les quatre Livres des Rois, II, XI, 25.

Or parlerons premièrement du comte de Derby, car li

eut la plus grand'charge, et aussi les plus belles *aventures d'armes*.

FROISSART, *Chronique*, liv. I, I° part., c. 216.

Souvent aussi la préposition *de* est suivie du nom de la personne à qui l'aventure est arrivée :

Depuis *l'aventure d'Énée* et *de* Didon toutes les grottes sont suspectes.

LE FRANC DE POMPIGNAN, *Voyage de Provence*.

De Caumont, jeune enfant, l'étonnante *aventure*
Ira de bouche en bouche à la race future.

VOLTAIRE, *la Henriade*, II.

Les aventures d'une personne, sa vie, son histoire :

Racontez la captivité de Babylone, où les Juifs pleuroient leur chère Sion. Avant leur retour, montrez, en passant, les *aventures* délicieuses de Tobie et de Judith, d'Esther et de Daniel.

FÉNELON, *De l'éducation des filles*, c. 6.

L'on voit en bas-reliefs toutes les plus agréables *aventures* de la déesse.

LE MÊME, *Télémaque*.

Un fils qui s'épanche en racontant ses *aventures* ne sauroit lasser l'attention d'un père et d'une mère.

LE SAGE, *le Diable botteux*, c. 8.

On sait le reste de ses *aventures* (d'Ignace de Loyola), comment il se fit chevalier de la Vierge, après avoir fait la veille des armes pour elle; comment il voulut combattre un Maure qui avait parlé peu respectueusement de celle dont il était chevalier, et comment il abandonna la chose à la décision de son cheval, qui prit un autre chemin que celui du Maure.

VOLTAIRE, *Essai sur les mœurs*, c. 139 : Des ordres religieux.

Signor, oï avés assés...
Les *aventures* et le conte
Que Pierres de Saint-Cloot conte
De Renart et de ses affaires.

Roman du Renart, Supplément, v. 3.

Sez faiz, ses diz, sez *adventures* (de Guillaume le Conquérant)
Ke nos trovons as escriptures,
Sereient bien à racunter,
Maiz ne povonz de tuit parler.

WACE, *Roman de Rou*, v. 10465.

Cette expression sert de titre à plusieurs ouvrages : *Les Aventures de Télémaque, les Aventures de Robinson Crusoé*. On a quelquefois employé cette locution en parlant non d'une personne, mais d'un lieu :

J'avois fait un opéra, moi, qu'on alloit jouer quand je mourus... Je l'avois tiré tout entier de l'histoire de France. Il portoit pour titre : les *aventures* du Pont-Neuf... — Les *aventures* du Pont-Neuf un sujet de l'histoire de France?... — Comment donc, est-ce que je dis des impertinences ? Paris n'est-il pas la plus belle ville de France? le Pont-Neuf n'est-il pas le plus bel endroit de Paris ? ergo les *aventures* du Pont-Neuf sont les plus beaux traits de l'histoire de France.

> Regnard, *la Descente de Mezzetin aux enfers*, scène de l'auteur. (Voyez Gherardi, *Théâtre italien*, t. II, p. 289.)

Soldat d'aventure :

De son naturel il aimoit mieux estre capitaine et *soldat d'aventure*, et aller... à la guerre où il lui plairoit.

> Brantôme, *Vies des Capitaines illustres.*

Vie d'aventures :

Les invasions par terre sont devenues très difficiles; la société a acquis, de ce côté, des frontières plus fixes et plus sûres. La portion de population errante qui ne peut être refoulée en arrière est contrainte de se détourner, et de porter sur mer sa *vie d'aventures*.

> Guizot, *Histoire de la civilisation en Europe*, 3e leçon.

Chercher, quérir aventure, son aventure, les aventures, des aventures :

Il s'accorda qu'il demeureroit, et les autres iroient *quérir les aventures* devant Tournay.

> Froissart, *Chroniques*, liv. I, Ire part., c. 133.

Ses enfans, pressez par la necessité, voyant l'extrême indigence de leur pere... delibererènt... s'en aller par le monde avec le baston et le bissac *chercher leur aventure*, et s'ils pourroient gaigner quelque chose pour les nourrir un temps qui viendroit.

> Trad. de Straparole, *Facétieuses Nuits*, VIIIe fable, 5.

Ils sont bien délibérés d'aller *chercher leur aduenture*, servir plus tost le Turc que de demeurer inutiles en ce royaulme.

> Montluc, *Lettres*, à la Royne, 5 juin 1566.

Un jour pria le Roy son pere que puisqu'il avoit paix avec ses ennemys, de luy donner congé d'aller en la grand Bretaigne *chercher les adventures*.

> *Amadis de Gaule*, liv. I, c. 11.

Ce n'est pourtant pas les Espagnols qui ont descouvert la Floride, mais un certain Sebastien Gabot, Venitien, qui par emulation de Christofle Colomb, entreprit d'aller aussi *chercher ses advantures* sous les auspices de Henry VII, roy d'Angleterre.

> Mézeray, *Histoire de France* : Charles IX.

J'ay entendu que M. de Guise commanda à ceux qui avoient la teste, qu'ils marchassent par plusieurs corps de deux et trois cens hommes, droict à la place : et que s'ils la trouvoyent abandonnée, alors le soldat pouvoit *cercher son aventure*.

> De la Noue, *Discours politiques et militaires*, XXVI.

Je ne voyois pas un château à droite ou à gauche, sans aller *chercher l'aventure* que j'étois sûr qui m'y attendoit.

> J.-J. Rousseau, *les Confessions*, I, 2.

Un loup survient à jeun, qui *cherchoit aventure*.

> La Fontaine, *Fables*, I, 10.

Je serois fille à prendre un parti violent;
Et sous un habit d'homme, en chevalier errant,
Pour m'affranchir d'Albert et de ses loix si dures,
J'irois par le pays *chercher des aventures*.

> Regnard, *les Folies amoureuses*, I, 1.

Tenter l'aventure, des aventures :

Peut-être Alberoni, Gortz et Charle même, étaient-ils plutôt des hommes inquiets qui *tentaient de grandes aventures* que des hommes profonds qui prenaient des mesures justes.

> Voltaire, *Histoire de Pierre le Grand.*

Je vous conseille donc de *tenter l'aventure*.

> Destouches, *le Philosophe marié*, II, 1.

Éprouver l'aventure :

Monsieur voulut que j'*esprouvasse l'adventure*, qu'il tenoit fort incertaine.

> Cardinal de Retz, *Mémoires.*

Il ne voulut pas se refuser à lui-même le plaisir d'*éprouver une si belle aventure*.

> Mme de Motteville, *Mémoires.*

Poursuivre l'aventure :

Poursuivez donc vostre *advanture*, car elle ne peult prendre qu'une désirée et heureuse fin...

> Larivey, *les Escholiers*, II, 2.

Pousser l'aventure jusqu'au bout :

C'est là le point; car monsieur votre époux
Jusques au bout a poussé l'aventure.

> La Fontaine, *Contes : la Servante justifiée.*

A l'aventure, au hasard, par hasard, sans dessein, sans réflexion :

Quand il n'y auroit plus grand mal que cestui-ci, desja ce n'est point un vice à pardonner, d'adorer *à l'aventure* un dieu incognu.

> CALVIN. *Institution chrestienne*, liv. I, c. 5, § 12.

Si l'un n'a en cela non plus de jugement que l'autre, ne faut-il pas qu'il y aille *à l'avanture* aussi bien que l'autre.

> H. ESTIENNE, *Dialogues du nouveau langage françois italianizé*, II.

Il s'en trouveroit *à l'adventure* quelque page digne d'estre communiquée à la jeunesse oysive, embabouinée de cette faveur.

> MONTAIGNE, *Essais*, I, 39.

J'ayme la vie privée, parce que c'est par mon choix que je l'ayme, non par disconvenance à la vie publique qui est *à l'adventure* autant selon ma complexion.

> LE MÊME, même ouvrage, III, 9.

Je te veux icy rendre raison de quelques points qui autrement *à l'adventure* te mettroient en mauvaise humeur.

> SAINT FRANÇOIS DE SALES, *De l'amour de Dieu*. Préface.

Vous estes de ceux dont les faveurs les plus indifférentes obligent, et qui ne jettent point de regards si *à l'avanture* qu'il ne les faille soigneusement recueillir.

> BALZAC, *Lettres*, liv. V, 7.

M. le duc d'Orléans estoit cruellement embarrassé cinq ou six fois par jour, parce qu'il estoit persuadé que tout estoit *à l'aventure*.

> CARDINAL DE RETZ, *Mémoires*.

Je sais combien il y a de différence entre écrire un mot *à l'aventure*, sans y faire une réflexion plus longue et plus étendue, et apercevoir dans ce mot une suite admirable de conséquences.

> PASCAL, *Pensées*.

Ils commencerent à trouver par-cy par-là quelque trace d'hommes, et quelques troupeaux de bestes, comme *à l'aventure*.

> VAUGELAS, trad. de QUINTE-CURCE, liv. V.

Nonobstant les remontrances du seigneur de Graville, fut jetté *à l'adventure* et sans beaucoup de raison ce grand et ruineux dessein d'Italie.

> MÉZERAY, *Histoire de France* : Charles VIII.

Il (Turenne) va sur cette petite colline avec huit ou dix personnes : on tire de loin *à l'aventure* un malheureux coup de canon, qui le coupe par le milieu du corps.

> Mme DE SÉVIGNÉ, *Lettres* ; à Mme de Grignan, 31 juillet 1675.

Ils les (Perses) croyoient avoir tout fait quand ils avoient ramassé sans choix un peuple immense, qui alloit au combat assez résolûment, mais sans ordre... et dans une action tout alloit comme *à l'aventure*, sans que personne fût en état de pourvoir à ce désordre.

> BOSSUET, *Discours sur l'Histoire universelle*, III, 5.

Le libertinage s'écrie que l'innocence ainsi opprimée rendra témoignage certain contre la Providence divine, et fait voir que les affaires humaines vont au hasard et *à l'aventure*.

> LE MÊME, *Sermons* : Sur la Providence.

Ils vivent *à l'aventure*, pressés et entraînés par le vent de la faveur.

> LA BRUYÈRE, *Caractères*, c. 9.

Il ne faut pas, disent les philosophes rigides, mettre notre bonheur dans tout ce qui ne dépend pas de nous, ce serait trop le mettre *à l'aventure*.

> FONTENELLE, *Du bonheur*.

Mon récit ne peut plus marcher qu'*à l'aventure*, et selon que les idées me reviendront à l'esprit.

> J.-J. ROUSSEAU, *les Confessions*, II, 12.

Sans cela, le meilleur écrivain s'égare, sa plume marche sans guide et jette *à l'aventure* des traits irréguliers et des figures discordantes.

> BUFFON, *Discours de réception*.

Respondez-moy : icy je vous demande,
Si quelque mal nous vient *à l'aventure* ?

> CL. MAROT, *le Riche en povreté*, v. 139.

...Sans toy laisse errer *à l'advanture*
Des estrangers la teste si parjure.

> RONSARD, *la Franciade*, II.

...Ces jours, allant *à l'adventure*,
Resvant comme un oyson allant à la pasture,
A Vanves j'arrivay.

> RÉGNIER, *Satires*, II.

Ils disent que le sort règne seul dans les cieux,
Que les foudres sur nous tombent *à l'avanture*.

> RACAN, *Psaumes*, I.

La Fortune, aux yeux aveuglez,
Aux mouvemens tous desreglez,
Les a conceus *à l'adventure*.

> THÉOPHILE, *Remerciment à Corydon*.

Ainsi sortant de Fontenay,
Dedans le chemin de Gournay,
Faisant des vers *à l'avanture*,
Suivant l'humeur qui l'emportoit,
L'insensible et le froid Voiture
Parloit d'amour comme il sentoit.

> VOITURE, *Poésies*.

.,. Un naufrage cruel
Sur ces bords ignorés nous jette à *l'avanture.*

VOLTAIRE, *Oreste,* II.

Et devant mes regards flottent à *l'aventure,*
Avec des pans de ciel, des lambeaux de nature.

LAMARTINE, *Premières Méditations.*

A toute aventure, à toutes aventures, A tout
hasard, quoi qu'il en puisse arriver.

A toutes aventures firent sonner ad capitulum capitu-
lantes.

RABELAIS, *Gargantua,* I, 27.

Si ne me les direz-vous si bas (des nouvelles) que Monsieur... ne les oye à *toutes avantures.*

H. ESTIENNE, *Dialogues du nouveau langage françois
italianizé,* II.

Les Providadours vénitiens, désirant se réserver un
secours entier à *toutes adventures,* retinrent deux grosses
compagnies d'hommes d'armes et mille fantassins pour
garder leurs logemens.

MÉZERAY, *Histoire de France :* Charles VIII.

Lautrec voulut laisser à Alexandrie garnison françoise
afin qu'à *toute adventure* ses troupes y eussent retraitte.

LE MÊME, même ouvrage : François Ier.

Noviciat d'épreuves un peu dures;
Elle en reçut abondamment le fruit.
Nonnes je sais, qui voudroient, chaque nuit,
En faire un tel, à *toutes aventures.*

LA FONTAINE, *Contes :* La Courtisane amoureuse.

D'aventure, par hasard :

Si *d'aventure* il n'y a aucun présent.

GERSON, *Sermons françois.* Pour la fête de la Purification, 1394 ou 1395. (Voyez *Thèse* de l'abbé BOUR-
RET, 1858, p. 181.)

Si trouverent *d'aventure* le guichet ouvert.

FROISSART, *Chroniques,* liv. I, Ire part., c. 79.

Si *d'adventure* il rencontroit gens aussi folz que luy.

RABELAIS, *Gargantua,* I. Prologue.

Quelques Troyens... s'embarquèrent sur des vaisseaux
qu'ils trouvèrent *d'adventure* au port.

AMYOT, trad. de PLUTARQUE, *Vie de Romulus,* I.

Si, *d'adventure,* vous n'attendez un plus doux et meilleur empire, lorsque Tutor et Classicus régneront.

BLAISE DE VIGENÈRE, trad. de TACITE, Discours de
Cerealis.

Si quelqu'un *d'aventure* nous oyoit qui leur allast redire
cela, nous serions bien accoustrez.

H. ESTIENNE, *Dialogue du nouveau langage
françois italianizé,* I.

L'Enéïde de Virgile, que je tenois *d'aventure* entre les
mains.

BALZAC, *le Prince.* Avant-propos.

Si *d'avanture* je ne me puis empescher que je ne vous
ayme moins que de coutume, je vous jure que vous serez
le seul à qui je l'oseray dire.

VOITURE, *Lettres;* à Balzac, 1625.

Aventure est un fort bon mot en divers sens, mais l'adverbe qui en est composé, *d'avanture,* pour signifier par
hasard, de fortune, n'est plus guère en usage parmi les
excellents écrivains.

VAUGELAS, *Remarques.*

J'estois lors *d'aventure* au pied du lict funeste
Où ses yeux attendoient le somme du trespas,
Socrate estoit assis plus haut que tout le reste,
Et moy sur sa main droite, en un siège assez bas.

THÉOPHILE, *Immortalité de l'âme.*

Le moindre vent qui *d'aventure*
Fait rider la face de l'eau
Vous oblige à courber la tête.

LA FONTAINE, *Fables,* I. 23.

Notre aigle aperçut *d'aventure,*
Dans les coins d'une roche dure
Ou dans les trous d'une masure
(Je ne sais pas lequel des deux),
De petits monstres fort hideux.

LE MÊME, même ouvrage, V, 18.

Andrès et Trufaldin, à l'éclat du murmure,
Ainsi que force monde, accourus *d'aventure.*

MOLIÈRE, *l'Étourdi,* V, 9.

De bonne aventure, par bonheur :

De bonne adventure le mary n'estoit point céans, mais
plus de quarante lieues loing de là.

Les Cent Nouvelles nouvelles, LXXXI.

Romulus,.. couppa un beau grand et droit chesneau,
qui se rencontra *de bonne adventure* au lieu où son camp
estoit logé.

AMYOT, trad. de PLUTARQUE, *Vie de Romulus,* c. 25.

En aventure, en grand'aventure, en hasard, en
danger :

Ensi montèrent li message seur leur chevaus, les espées
ceintes, et chevauchièrent ensemble jusques el palès de
Blaquerne; et sachiés que selonc la grant traïson qui es

Griex estoit, il i alèrent en grant peril et *en grant aventure.*

VILLEHARDOUIN, *Conqueste de Constantinoble*, XCIII.

Fut le roi Philippe informé et avisé de ses plus espéciaux amis, que s'il alloit au voyage d'outre-mer qu'il avoït empris, il mettroit son royaume *en très grand'aventure.*

FROISSART, *Chronique*, liv. I, Ire part., c. 63.

Pour l'amour de ma dame et de vous, je mettrai *en aventure* mon corps pour faire ce message.

LE MÊME, même ouvrage, liv. I, Ire part., c. 163.

Pour ce est-ce grand peril de prendre tension à telles gens. Car qui l'y prent, il met son honneur *en grant adventure.*

LE CHEVALIER DE LA TOUR-LANDRY, *le Livre pour l'enseignement de ses filles*, c. 29.

En aventure de mort, de mourir, de périr :

Se Dex proprement n'i éust mis conseil, toute éust esté perdue la conqueste qu'il avoient faite, et la crestienté en fust mise *en aventure de périr.*

VILLEHARDOUIN, *Conqueste de Constantinoble*, CXV.

Mais que vaut-ce ? li Franc ne porent l'estor soufrir; ains furent desconfit; si fu pris Tierris de Los et navrés parmi le vis, et *en aventure de mort.*

LE MÊME, même ouvrage, CLXXIV.

A mis le bon roy saint Loys par plusieurs foys son corps *en danger et aventure de mort* pour le peuple de son royaume.

JOINVILLE, *Histoire de saint Louis.*

Furent, ces diz messagés, *en grant aventure d'estre mort* ou pris.

MARC POL, *le Livre*, c. 12.

Se ils (les éprevriers) souffrent tant soit petit de pluie ne de froidure, ils sont *en adventure de mourir.*

Le Ménagier de Paris, 3e distinction, art. 2.

Par aventure :

Rendrez louenge e gloire al halt Deu de Israel si *par aventure* volsist relascher sa main qui tant est dure sur nous.

Les quatre Livres des Rois, I, VI, 5.

... Et de la grant honte *par aventure* se convertissoit.

GERSON, *Sermons français* : Pour la fête de a Purification. (Voyez *Thèse* de l'abbé BOURRET, 1858, p. 180.)

A l'heure qu'il y pensera le moins, Dieu luy fera sourdre ung ennemy, dont *par adventure* jamais ne se fut advisé.

COMMINES, *Mémoires*, liv. V, c. 19.

Je prions et exortons en Nostre Seigneur, nostre vray Saulveur, que ne veuilles oyr iceulx mauvais qui *par aventure* quèrent à trouver leur prouffit ou dommage de nous et de l'Église.

MONSTRELET, *Chronique*, I, 40.

Doncques, me marirai-je ? — *Par adventure.* — M'en trouveray-je bien ? — Selon la rencontre.

RABELAIS, *Pantagruel*, III, 36.

Je suis condamné par les médecins de ne recouvrer d'un an, ne *par adventure* de ma vie, ma sainté.

BLAISE DE MONTLUC, *Lettres*, 9.

Par inspiration divine, ont esclarcy ce que *par aventure* la pure lettre bailloit douteux et ambigu.

MARTIN DU BELLAY, *Mémoires*, t. II, p. 158.

Par aventure, pour peut-estre, commence... à devenir vieux, quoyqu'il y ait encore de fort bons autheurs qui s'en servent dans des ouvrages. Je ne le voudrois pas faire, estant bien asseuré qu'il vieillist.

VAUGELAS, *Remarques sur la langue françoise.*

Je vous demande si je ferai bien d'épouser la fille dont je vous parle. — Selon la rencontre. — Ferai-je mal ? — *Par aventure.*

MOLIÈRE, *le Mariage forcé*, sc. 5.

« Si *par hasard*, ou *par aventure*, vous faites telle chose », sont des termes si anciens, qu'ils ne se disent plus qu'entre le petit peuple.

MARGUERITE BUFFET, *Nouvelles Observations sur la langue françoise*, 1668, p. 73.

Je n'eus pas beaucoup de peine à lui faire sentir que, *par aventure*, je pourrois lui être bon à quelque chose.

CHOISY, *Mémoires*, liv. V.

J'ay parmi mes joyaux trouvé *par aventure* Cette bague enchantée.

LEGRAND, *le Roi de Cocagne*, II, 1.

Madame, par hasard, n'êtes-vous point ma femme ? — Monsieur, *par aventure*, êtes-vous mon époux ?

REGNARD, *Démocrite*, IV, 7.

Par cas d'aventure :

J'avoye ung cheval extremement las et vieil. Il beut ung seau plein de vin. *Par aucun cas d'adventure* il y mit le museau; je le laissay achever : jamais ne l'avoye trouvé si bon ne si fraiz.

COMMINES, *Mémoires*, I, 4.

Par cas d'adventure nostre avant-garde se esgara par faulte de ses guides.

LE MÊME, même ouvrage, c. 117.

IV.

Or estoit, *par cas d'adventure*, la riviere du Tybre sortie hors de rive.

AMYOT, trad. de PLUTARQUE, *Vie de Romulus*, c. 27.

Nous disons... *par cas d'aventure*, ou *par coup d'aventure*, et *d'aventure*.

H. ESTIENNE, *Précellence du langage françois*, éd. Feugère, p. 344.

Sous aventure de, au hasard, au risque de :

Au regart des marchans, ilz n'osoient mener leurs marchandises hors des bonnes villes et fortresses, si non par tribut ou sauf-conduit, ou *soubz aventure de* perdre corps et biens.

MONSTRELET, *Chronique*, c. 160.

AVENTUREUX, adj.

Casualis, *aventureus*.
Fortuitus, *aventureus*.

Dictionnaire latin-françois du XIII° *siècle*, ms. de la Bibliothèque nationale.

Fortunatus, *aventureus*.

G. BRITON, *Vocabulaire latin-français* (XIV° siècle).

Qui s'aventure, qui hasarde, en parlant des personnes ou des animaux :

Sur ce la bonne dame avoit jà prié moult de chevaliers bacheliers et *aventureux*.

FROISSART, *Chronique*, liv. I, I°° part., c. 10.

Messire Guillaume de Montagu et messire Gautier de Mauny, adonc nouvel chevalier, y éloient renommez pour les mieux faisans et les plus *aventureux*.

LE MÊME, même ouvrage, liv. I, I°° part., c. 59.

En après, durant le temps que ledit duc de Bourgongne estoit à Saint-Denis, comme dit est, le seigneur de Croy qui estoit en sa compaignie, envoya jusques à vint hommes d'armes ou environ, dès plus expers et *aventureux* de sa charge, passer la rivière de Seine, très bien montez, devers Conflans.

MONSTRELET, *Chronique*, c. 115.

La estoit present le baron de Bearn, lieutenant du duc de Nemours lequel estoit *advantureux* chevalier et toujours prest à l'escarmouche.

Loyal Serviteur, c. 52.

Pour ce qu'il estoit impétueux et *aventureux* à la

guerre, ses citoyens l'en estimoyent capitaine belliqueux et homme d'exécution.

AMYOT, trad. de PLUTARQUE, *Timoléon*.

Pour autant mesmement que le tiers capitaine qu'ils envoyoyent aussi, Lamachus, encore qu'il fut ja homme d'aage, ne s'estoit pas monstré moins bouillant, hasardeux et *avantureux* en quelques combats qu'Alciciade.

LE MÊME, même ouvrage, *Alcibiade*.

En l'abbaye estoit pour lors un moine claustrier nommé frere Iean des Entommeures, jeune, guallant, frisque, de hayt, bien à dextre, hardy, *adventureux*.

RABELAIS, *Gargantua*, I, 27.

Qui sçauroit donc assez louer ces deux braves hommes de tel courage *adventureux*, qui amprès leur servit de beaucoup ?

BRANTÔME, *Grands capitaines françois. Des Couronnels françois*.

Celuy que vous vistes hier si *avantureux* ne trouvez pas estrange de le voir aussi poltron le lendemain.

MONTAIGNE, *Essais*, II, 1.

Du côté du Nord, la fortune a suscité à la maison d'Autriche le plus dangereux ennemy qu'elle ayt jamais eu, un conquérant en qui la moindre qualité étoit celle de roy sage et vaillant, prudent et *avantureux*.

VOITURE, *Éloge du duc d'Olivarès*.

Demain matin à grand déduit
Irons cachier le blanc cers tuit
En la forest *aventurose;*
Cele cace est moult délitose.

CHRESTIEN DE TROYES, *Roman d'Eric et d'Énide*. (Voy. *Histoire littéraire de la France*, t. XV, p. 200.)

Soyez preux et *adventureux*
Adfin que vous leur faciez peur
A ceste premiere rencontre.

Le Mistere du siege d'Orleans, v. 2226.

Messeigneurs, il nous convient faire
Une bombarde merveilleuse
Pour contre les Tourelles batre,
Qui soit grosse et *adventureuse*.

Même ouvrage, v. 3655.

Songeons aux trois qu'on prise
Pour plus *avantureux*,
Et qu'en toute entreprise
Les Dieux ont fait heureux.

JODELLE, *Didon*, IV, chœur.

Sus donc, enfans de Mars, sus, peuple *avantureux*,
Ne repaissez de rien vostre cœur genereux,
Qui ne sente le fer, la cholere et la rage.

GARNIER, *Hippolyte*, I, v. 102.

La teste luy bondist et ressaute sanglante,
De ses membres saigneux la terre est rougissante,
Comme on voit un limas qui rampe *aduentureux*
Le long d'un sep tortu laisser un trac glaireux.

LE MÊME, même ouvrage, V, v. 155.

Dans les plaisirs qui vous entourent
Et qui de tous costez accourent
Pour vous rendre ici-bas heureux,
O chevalier *aventureux!*

VOITURE, *Poésies.*

En parlant de la vie, des sentiments ou même des choses :

Ces parties ou manieres de marchandises different les unes des aultres, car les unes sont plus certainnes et moins *aduentureuses*, et les aultres sont moins certaines.

ORESME, *le Premier Livre de Politiques*, c. 13, 23 v°.

...C'est maintenant
Si tu as de l'entendement,
Julien, qu'il te fault mettre ordre
A cet *avantureux* désordre.

J. GREVIN, *les Esbahis*, II, 2.

Un plus savant que moy ou plus amy des cieux...
Dira de Godefroy l'*aventureuse* armée.

RONSARD, *Hymne de la justice.*

A voir comme quoy tout succède
A ses desseins *advantureux...*
Sa faveur à qui la possède
Rend le sort à son gré propice ou malheureux.

THÉOPHILE, *Pour le duc de Luynes.*

AVENTUREUX, substantivement :

Assez tost après ledit duc avecques toute son armée, dudit lieu ala asséger tout à l'environ ladicte ville de Crespy, dedens laquelle estoient bien cinq cens combatans tenans la partie du Daulphin, desquelz estoient chefz et capitaines La Hire, Poton de Saincte-Treille, Daudonnet et autres *aventureux.*

MONSTRELET, *Chronique*, c. 220.

AVENTUREUSEMENT, adv. D'une manière aventureuse :

Quant à sa hardiesse de se hasarder aussi *aventureuse-*ment à tout danger, ils ne s'en esbahissoyent pas tant, sachant bien que c'estoit la convoitise de gloire.

AMYOT, trad. de PLUTARQUE, *Julius Cæsar.*

Et pour le convier par son exemple à travailler, il prenoit encore plus de peine que jamais à la guerre et à la chasse, et se hazardoit à tout péril plus *aventureusement* qu'il n'avoit onques fait.

LE MÊME, même ouvrage, *Alexandre le Grand.*

AVENTURER, v. a. Hasarder, mettre à l'aventure.

Il me semble que on doit bien le corps *aventurer*, pour les vies de deux si vaillans chevaliers sauver.

FROISSART, *Chronique*, liv. I, Ire part., c. 188.

De mesmes les roys doivent faire de leurs vies, ne les *advanturer* à tous heurtz et occasions légères.

BRANTÔME, *Discours*, 41.

Il est raisonnable que j'*adventure* ma personne, non seulement pour garantir de mort deux de mes meilleurs compaignons et amys, mais pour essayer d'accroistre les limites et auctorité du roy et de son royaulme, j'accepte le combat contre Ardan.

Amadis de Gaule, liv. II, c. 19.

C'étoit de l'amour, au mot près que je n'*aventura* point, parce que je le trouvois trop gros à prononcer.

MARIVAUX, *le Paysan parvenu*, IIe part.

Je conclus
Qu'il faut *aventurer* nos corps
Sur ces meschans Mahometz Turcs
Et sur ces Lutheriens durs
A la foy.

ROGER DE COLLERYE, *Œuvres*, édit. Jannet, p. 148.

On l'a employé neutralement.

S'il vous plaisoit, et vous me voulussiez prêter six ou sept cents armures de fer, je irois *aventurer* aval ce pays pour querre bêtes et vitailles.

FROISSART, *Chronique*, liv. I, Ire part., c. 110.

Si se mit le dit messire Louis en ces vaisseaux qu'il avoit trouvés sur mer en la compagnie de messire Othon Dorie et d'aucuns Gennevois et Espaignols pour aller aucune part, pour *aventurer* sur la marine.

LE MÊME, même ouvrage, liv. I, Ire part., c. 179.

S'AVENTURER :

Et lui dirent qu'ils s'*aventureroient* volontiers avec lui, et ne lui fauldroient jusques au mourir.

FROISSART, *Chronique*, liv. I, Ire part., c. 110.

Qui ne *se adventure* n'a cheval ny mule, ce dist Salomon. Qui trop (dist Echephron) *se adventure*, perd cheval
et mule, respondit Malcon.

> RABELAIS, *Gargantua*, I, 33.

Il vaut beaucoup mieux de *s'advanturer* et tenter fortune
où elle peut favoriser, que de ne la tenter point.

> BRANTÔME, *Grands Capitaines* : M. de Montluc.

Le soldat qui void son prix asseuré, comme devant les
yeux, ne craint nullement de *s'avanturer*.

> DE LA NOUE, *Discours politiques et militaires*, XVII.

M. le Prince fut pris sur la fin, et blessé aussi. D'ici
peut naistre une question, à sçavoir si un chef *se doit*
tant *avanturer*?

> LE MÊME, même ouvrage, XXVI.

Puis ne fut voie ne sentiers
Où il n'alàst mout volentiers
Se hom s'i pot *aventureir*.

> RUTEBEUF, *Complainte au comte de Nevers*.

S'aventurer à :

Quelquefois... le voyant mollir, *je m'aventurois à* des
démarches hasardeuses dont plusieurs m'ont réussi.

> J.-J. ROUSSEAU, *Confessions*, VII.

Mais il *nous* fault *adventurer*
A y mettre empeschement.

> *Moralité nouvelle contenant*
> *Comment Envie au temps de maintenant*
> *Fait que les Frères que Bon Amour ensemble*
> *Sont ennemis et ont discord ensemble...*
> (Voyez *Ancien Théâtre françois*, t. III, 98.)

S'aventurer de :

Les Bretons... *s'aventureroient* d'assaillir durement et
courageusement.

> FROISSART, *Chronique*, liv. I, Iʳᵉ part., c. 202.

Il y eut aucuns jeunes compaignons de moien estat et
de légère voulenté, qui autrefoiz avoient esté punis pour
leurs démérites, lesquelz *s'aventurèrent d'*aler secrètement parler au seigneur de l'Isle-Adam, qui se tenoit à
Pontoise en garnison.

> MONSTRELET, *Chroniques*, c. 189.

Il (Barberousse) ne craignoit en façon que ce feust
l'armée de l'empereur ny toute la puissance des chrestiens
quant elle seroit ensemble, et... sy d'adventure l'armée
dudict empereur *se adventuroit de* prendre le chemin du-

dict Constantinoble,... il ne fauldroit d'y estre à la queue
et si près qu'il la garderoit bien de mal faire...

> L'ÉVÊQUE DE MACON à François Iᵉʳ, 29 mai 1535.
> (Voyez CHARRIÈRE, *Négociations de la France*
> *dans le Levant*, t. I, p. 264.)

Trois laquais qui estoient avec eux estoient cause qu'ils
s'estoient advanturez de passer de iour.

> SULLY, *Œconomies royales*, c. 36.

Qui *se peut adventurer* de me cognoistre ne se sçauroit
deffendre de m'aymer.

> THÉOPHILE, *Au lecteur*.

Atlas *s'avantura* de soustenir les cieux,
Autrement la nature eust veu tomber les dieux.

> LE MÊME, *Au Roy Estreine*.

Or c'étoit un soliveau,
De qui la gravité fit peur à la première
Qui, *de le voir s'aventurant*,
Osa bien quitter sa tanière.

> LA FONTAINE, *Fables*, III, 4.

AVENTURÉ, ÉE, participe passé.

De ma vie n'aymeray toy ny aultre, que le bon cheualier, qui si valleureusement t'a vaincu. — Comment, damoyselle? respondit-il : est-ce le guerdon de mon honneur,
et de ma vie *aventurée* pour vous ?

> *Amadis de Gaule*, liv. I, c. 13.

Son cœur est pris... celui de votre maitresse me paroît
bien *aventuré*, j'en crois la moitié de parti, et l'autre en
l'air.

> MARIVAUX, *la Méprise*, sc. 1.

La femme la plus *aventurée* sent en elle une voix qui
lui dit : Sois belle si tu peux, sage si tu veux, mais sois
considérée, il le faut.

> BEAUMARCHAIS, *le Mariage de Figaro*, I, 4.

Prends de mes almanachs et tiens pour assuré
Que le bonheur de l'autre est fort *aventuré*.

> PIRON, *la Métromanie*, IV, 1.

AVENTURÉ, substantivement :

Nostre *aventuré*, sans espoir et sans conseil aiant achevé
un mot de prière et le second couplet du pseaume 142,
arrive entre ces deux trouppes.

> D'AUBIGNÉ, *Histoire universelle*, t. II, liv. V, c. 13.

AVENTURIER, s. m. Celui qui aime les
aventures extraordinaires, qui court le monde et

s'engage volontiers dans les entreprises hasardeuses. Il se prend souvent en mauvaise part.

Dom Pedre étoit fort hardi de son naturel, grand *aventurier*, et homme à tout entreprendre pour une avanture extravagante.

SCARRON, *Nouvelles tragi-comiques*, la précaution inutile.

Quand je vois, dis-je, ce prince (Louis XIV) ne se pas contenter de sa fortune et s'exposer aux périls comme un *aventurier* pour chercher de la gloire, ne puis-je pas assurer que c'est un héros?

BUSSY-RABUTIN, *Correspondance*, à la comtesse de Fiesque, 26 août 1667.

La Sardaigne et la Corse étoient disputées entre les Musulmans et quelques *aventuriers* chrétiens. Ces *aventuriers* avaient recours aux papes qui leur donnaient des bulles et des aumônes.

VOLTAIRE, *Annales de l'Empire*.

L'*aventurier* disposa donc ses hommes et ses relais pour surprendre et pour enlever Stanislas. L'entreprise fut découverte la veille de l'exécution. Plusieurs se sauvèrent, quelques-uns furent pris.

LE MÊME, *Histoire de Charles XII*, liv. VIII.

Ce prince (Pyrrhus)... étoit un *aventurier* qui faisoit des entreprises continuelles, parce qu'il ne pouvoit subsister qu'en entreprenant.

MONTESQUIEU, *Grandeur des Romains*, c. 4.

Ce sont toujours les *aventuriers* qui font de grandes choses, et non pas les souverains des grands empires.

LE MÊME, *Pensées diverses*.

Charles XII périt comme un *aventurier*, ayant pu devenir l'arbitre de l'Europe.

HÉNAUT, *Histoire de France*, IIIᵉ part.

La Grèce avoit été peuplée par une foule de colonies, dont chacune avoit eu pour chef un *aventurier* courageux.

MARMONTEL, *Éléments de littérature*, art. Poésie.

Richard Cœur de Lion est, sans nul doute, le roi féodal par excellence, c'est-à-dire le plus hardi, le plus inconsidéré, le plus passionné, le plus brutal, le plus héroïque *aventurier* du moyen âge.

GUIZOT, *Histoire de la civilisation en France*, 13ᵉ leçon.

Il s'est dit particulièrement de certains Corsaires qui pirataient sur les mers de l'Amérique.

Les Espagnols appellent les corsaires venturéros, *aventuriers*, et nous avons aussi donné le nom d'*aventuriers* aux premiers corsaires qui ont couru les isles de l'Amérique et les Antilles. On les a nommés aussi flibustiers du terme anglois flibet ou flibot, qui signifie un petit bâtiment de quatre-vingt ou cent tonneaux, qui est une espèce de fluste ou vaisseau rond qui n'a aucune quarrure.

Académie des Inscriptions. t. VI : *Sur les Pirates*.

Il s'est dit anciennement de Ceux qui allaient volontairement à la guerre.

En ceste prise le seigneur de Molart et ses *aventuriers* se postèrent fort bien et y eurent gros honneur.

Loyal Serviteur, c. 40.

S'il vous plest ouïr ce porteur, il vous dira les maulx que des *aventuriers* vagabonds font à vostre pays de Berry.

LA REINE DE NAVARRE, *Lettres*; à François Iᵉʳ, mars 1537.

Je voy les brigans, les boureaulx, les *adventuriers*, les palefreniers de maintenant, plus doctes que les docteurs et prescheurs de mon temps.

RABELAIS, *Pantagruel*, II, 8.

Et feut par son edict constitué le seigneur Trepelu sus l'avant-garde : en laquelle furent comptez seize mille quatorze hacquebutiers, trente mille et unze *adventuriers*.

LE MÊME, même ouvrage, I, 26.

Il luy mena quatre cens gentilzhommes voulontaires, qu'on nomme là *adventuriers*.

BRANTÔME, *Grands Capitaines estrangers* : L'empereur Maximilien.

Les uns passoient comme estant de la garnison, les autres comme *aventuriers* qui demandoient à prendre party.

CARDINAL DE RETZ, *Conjuration de Fiesque*.

Il se fait une levée nouvelle des Suisses, qu'ils appellent *aventuriers*, pource qu'ils ne sont point de ceux que les cantons doivent par leur traité.

MALHERBE, *Lettres*; à Peiresc, 69, 1610.

... Des généraux d'armée,
Jaloux de leur honneur et de leur renommée,
Ne se commettent point contre un *aventurier*.

CORNEILLE, *Don Sanche*, 1, 5.

Qu'il souffre cependant, quoique brave guerrier,
Que notre bras dédaigne un simple *aventurier*.

LE MÊME, même ouvrage, IV, 1.

Il veut que son nom seul renverse les murailles,
Et plus grand politique encor que grand guerrier,
Il tient que les combats sentent l'*aventurier*.

LE MÊME, *Attila*, IV, 1.

De même dans une signification figurée :

Balzac lui apporta (à Malherbe) le sonnet de Voiture pour Uranie... Il s'étonna qu'un *aventurier*, ce sont ses propres termes, qui n'avoit point été nourri sous sa discipline, qui n'avoit point pris attache de lui, eût fait un si grand progrès dans un pays dont il disoit qu'il avoit la clef.

Tallemant des Réaux, Historiettes : Malherbe.

On les appelait plus particulièrement encore *aventuriers de guerre*, comme nous l'apprend Brantôme :

C'estoit un fort grand homme, et beau et venerable vieillard, avec une grand'barbe qui lui descendoit très bas, et sentoit bien son vieux *adventurier de guerre* du temps passé.

Brantôme, Grands Capitaines : M. d'Estrées.

D'autres les ont appellez (les soldats d'infanterie) *advanturiers de guerre*, tesmoingt la chanson :

> *Advanturiers de guerre*
> Tirez de là les monts.

Le même, Grands Capitaines françois : Des couronnels françois.

C'est dans un sens analogue que le mot *aventuriere* semble pris dans les exemples suivants :

Mme de Longueville eust eu peu de défauts, si la galanterie ne lui en eust donné beaucoup. Comme sa passion l'obligea à ne mettre la politique qu'en second dans sa conduite, d'héroïne d'un grand parti, elle en devint l'*adventurière*.

Le cardinal de Retz, Mémoires.

> Je m'imagine voir, avec Louis le Grand,
> Philippe Quatre qui s'avance
> Dans l'isle de la Conférence.
> Ainsi s'avançoient pas à pas
> Nez à nez nos *avanturières*.

La Fontaine, Fables, IV, 12.

Aventurier se dit plus souvent d'Une personne qui est sans état et sans fortune, et qui vit d'intrigue.

Pour vous faire voir que ces drôles sont des *aventuriers*, je vais les mener en prison tout à l'heure.

Le Sage, Gil Blas, V, 1.

Je dis fidèle jusque dans la relation des réflexions et des sentiments, que le jeune *aventurier* exprimoit de la meilleure grâce du monde.

Prévost, Manon Lescaut, Ire part.

Il y a longtemps que j'ai envie de trouver sous ma patte un de ces *aventuriers*, qui croyent beaucoup honorer une fille riche quand ils se donnent la peine de l'enlever.

La Précaution inutile, III, 1. (Voyez Gherardi, Théâtre italien, t. I, p. 470.)

C'étoit un homme de beaucoup d'esprit, intrigant, génie à projets comme elle (Mme de Warens), mais qui ne s'y ruinoit pas; une espèce d'*aventurier*.

J.-J. Rousseau, les Confessions, I, 3.

Le féminin *aventurière* s'emploie principalement dans cette dernière acception :

Les temps étoient bien changés depuis que les filles d'honneur de la reine et de la duchesse couroient sur le marché des pauvres *aventurières* de la ville.

Hamilton, Mémoires de Grammont, XII.

Il s'est avancé vers la dame qu'accompagnoit une autre qui faisoit assez connoître, par son air, qu'elles étoient toutes deux des *aventurières*.

Le Sage, le Diable boiteux, c. 8.

J'allois soupçonner la dame d'être une franche *aventurière*.

Le même, Gil Blas, I, 16.

Il (Saint-Geniès) épousa, en 1675, une fille de Roland, fermier général, manière d'*aventurière* aussi et grande danseuse.

Saint-Simon, Mémoires, 1718.

Elles ont été trompées par la relation, que nous avons encore, d'une *aventurière* qui prit le nom de la pucelle, trompa les frères de Jeanne d'Arc, et à la faveur de cette imposture, épousa en Lorraine un gentilhomme de la maison des Armoises.

Voltaire, Un Chrétien contre six Juifs, 18e sottise sur Jeanne d'Arc.

Que n'avois-je pas souffert depuis une demi-heure? Comptons mes détresses : une vanité inexorable qui ne vouloit point de Mme Dutour, ni par conséquent que je fusse lingère; une pudeur gémissante de la figure d'*aventurière* que j'allois faire, si je ne m'en tenois pas à être fille de boutique.

Marivaux, la Vie de Marianne, 2e part.

> Je le reconnois bien, il ne fait qu'yvrogner,
> Toujours à table, auprès de quelque *avanturière*.

Dancourt, Céphale et Procris, III, 8.

Aventurier a été employé adjectivement en parlant soit des personnes, soit des choses.

Il n'y a rien ici-bas de téméraire ni *d'adventurier* que nostre ignorance et indiscrétion.

> G. Du Vair, *De la constance et consolation es calamitez publiques*, fol. 81.

Vous lirez bien par cy par là dans quelques autheurs les noms de certains roitelets depuis Faramond jusques à Clovis; mais il faut entendre qu'ils relevoient de ce premier chef, que c'étoient quelques capitaines *advanturiers*, qui s'estoient separez du corps pour chercher fortune.

> Mézeray, *Histoire de France* : Pharamond Ier.

Combien de mots *avanturiers* qui paroissent subitement e. que bientôt on ne revoit plus !

> La Bruyère, *Caractères*, c. 5.

Le jeune Tancrède, à l'exemple de tant de gentilshommes *aventuriers* qui alloient chercher fortune partout où leur courage pouvoit la leur procurer, s'étoit attaché au service des empereurs grecs.

> La Harpe, *Cours de littérature*, t. X.

Il en est de même pour *aventurière* :

> Si devant eux commençant sa carrière,
> D'un jeune auteur la muse *aventurière*
> Vient à s'ouvrir quelque obligeant accès.
>
> J.-B. Rousseau, *Épîtres.*

La Chèvre *aventurière* a quitté l'Orient.

> Delille, *Géorgiques*, II.

AVENTURINE, s. f. Sorte de pierre jaune ou brune semée de points brillants dorés.

Elle fut applaudie à l'excès. Le roi, les dames, les courtisans ne cessoient de dire : Quel dommage qu'elle n'ait pas un teint couleur *d'aventurine*, et de belles grosses lèvres bleues !

> Moncrif, *Moyens de plaire.*

AVENUE, s. f. Accès, chemin par lequel on arrive en quelque lieu.

Lors que vous aurez resolu de garder quelque place, prenez garde à escarper les reposades, qui sont aux *avenues.*

> Montluc, *Commentaires*, II.

Nos gens (pour choisir quelque chose de plus aisé) firent assiéger Navarin par Alexandre Farnaise, duc de Parme, qui commença lors de faire le capitaine; l'ignorance des *avenues* fit qu'il y laissa entrer cinq cents hommes.

> D'Aubigné, *Histoire universelle*, t. II, liv. I, c. 15.

La troupe, ne se sentant assez forte, se ferma du charroy, ayant farcy toutes les *advenues* d'archers.

> M. du Bellay, *Mémoires*, t. I, p. 231.

On n'y pouvoit venir que par une *advenue* qui n'avoit point cent pieds de large.

> Le même, même ouvrage.

Le seigneur du Reu... vint recognoistre la ville et visiter les *avenues*, pour choisir lieu convenable à planter son camp.

> Le même, même ouvrage.

Les *avenues* de Rome, quasi partout, se voient pour la pluspart incultes et stériles.

> Montaigne, *Voyages.*

Ce petit destour ou passe-temps luy est (au roi de Navarre) comme un exercice de vertu, dont il use le plus souvent au lieu de la chasse et de la venerie, sans laisser parmy ses esbats de reconnoistre les *avenues* de son armée, de remarquer l'assiette des villes et places où il passe.

> *Satire Ménippée*, harangue de M. d'Aubray.

Cette ville de Sinope est à *l'avenue* du Danube, la part où il se décharge dans la Majour.

> Saliat, trad. d'Hérodote, II, 34.

Que pour le decorement de son lieu, il dresse les *advenues* de sa maison de tant loin qu'il pourra, par longues et larges allées droittement alignées.

> Olivier de Serres, *Théâtre d'agriculture*, 1er lieu, c. 4.

Après, il fortifia les *avenues*, et fit trancher la tête aux principaux des musulans.

> Perrot d'Ablancourt, trad. de Tacite, *Annales*, IV, 12.

Le roy se tenoit ainsi sur ses gardes, à cause de l'humeur belliqueuse de ces peuples, et de la situation du païs, dont les *avenues* sont difficiles.

> Vaugelas, trad. de Quinte-Curce, liv. VI.

Les esprits se rassurèrent et déposèrent leurs haines particulières pour donner ordre à celles de l'État. Ils pourvurent leurs havres et leurs *avenues* de bonnes munitions et de quantité de gens de guerre.

> Mézeray, *Histoire de France* : Charles VI.

L'artillerie placée en divers endroits advantageux regardoit terriblement sur les *avenues.*

> Le même, même ouvrage : François Ier.

Est-ce donc là, dira-t-on, ce grand signe que Jésus-Christ devoit donner? Étoit-il temps de s'enfuir quand Tite assiégea Jérusalem, et qu'il en ferma de si près les *avenues*, qu'il n'y avoit plus moyen de s'échapper ?

> Bossuet, *Discours sur l'Histoire universelle*, II, 22.

AVE

Quatre allées à perte de vue, et bornées de part et d'autres par des sphinx d'une matière aussi rare que leur grandeur est remarquable, servent d'*avenues* à quatre grands portiques dont la hauteur étonne les yeux.

Bossuet, *Discours sur l'histoire universelle*, III, 3.

L'augmentation qu'il y eut au prix du pain, le 12 de ce mois, servit de prétexte aux soldats pour commencer à enlever le pain sur les *avenues* du marché.

La Reynie à de Harlay, 29 novembre 1692. (Voyez Depping, *Correspondance administrative sous Louis XIV*, t. II, p. 632.)

Les amants de Pénélope ont occupé toutes les *avenues* du port pour mieux assurer notre perte à notre retour.

Fénelon, *Télémaque*, VII.

Après une heure et un quart de cette montée rapide, nous entrâmes dans le rocher par une grande ouverture, qui n'est pas encore celle de la caverne, mais une *avenue* bien singulière qui conduit à son entrée.

Saussure, *Voyages dans les Alpes*, c. 7, § 232.

Des rivières qui descendoient en torrens des montagnes à travers ces bois, y ouvroient çà et là de profondes *avenues* d'eaux mugissantes sous de magnifiques arcades de verdure.

Bernardin de Saint-Pierre, *Harmonies de la Nature*, liv. I. Tableau des harmonies générales de la nature.

Les marchands, après avoir fait leur tournée, ne pouvaient rentrer en paix dans leur ville ; les routes, les *avenues*, étaient sans cesse assiégées par le seigneur et ses hommes.

Guizot, *Histoire de la civilisation en Europe*, 7e leçon.

J'ai vu forcer les *avenues*
Des Alpes qui percent les nues.

Racan, *Ode au Roi*.

Saisissez l'Hippodrome avec ses *avenues*.

Corneille, *Héraclius*, III, 4.

Résous-toi, pauvre époux, à vivre de couleuvres ;
A la voir tous les jours, dans ses fougueux accès,
A ton geste, à ton rire intenter un procès ;
Souvent de ta maison gardant les *avenues*,
Les cheveux hérissés t'attendre au coin des rues.

Boileau, *Satires*, X.

Hé, Seigneur! quand nos cris pourroient du fond des rues,
De leurs appartements percer les *avenues*

. . . .

Pensez-vous, au moment que les ombres paisibles
A ces lits enchanteurs ont su les attacher,
Que la voix d'un mortel les en puisse arracher ?

Le même, *le Lutrin*, IV.

Ces faubourgs, aujourd'hui si pompeux et si grands,
Que la main de la paix tient ouverts en tout temps,
D'une immense cité superbes *avenues*.

Voltaire, *Henriade*, VI.

On l'a employé quelquefois dans le sens d'Accès, abord :

Gênes est rendue inaccessible par le costé de terre par de hautes montagnes qui se courbant tout à l'entour en forme d'un demy cercle, n'ont que deux entrées entaillées dans le rocher, et toutes deux sur le bord de la mer, de très difficile *advenue*.

Mézeray, *Histoire de France* : Louis XII.

Il se dit particulièrement d'Une allée plantée d'arbres qui conduit à une habitation :

Dans cette occurrence, un jour qu'elle reposoit, et que je me promenois en lisant aux environs du château, j'entendis du bruit au bout de la grande allée qui servoit d'*avenue* ; je tournai de ce côté-là, pour savoir de quoi il étoit question.

Marivaux, *la Vie de Marianne*, 10e part.

On a planté deux rangées de noyers jusqu'au chemin, à la place des vieux tilleuls, qui bordoient l'*avenue*.

J.-J. Rousseau, *la Nouvelle Héloïse*, IV.

Le roi ne voulut point les voir; ils insistèrent, on les fit retirer. Ils rencontrèrent dans les *avenues* le cardinal qui revenait d'Issy.

Voltaire, *Histoire du Parlement de Paris*, c. 64.

Ces jolis oiseaux (les fauvettes) se dispersent dans toute l'étendue de nos campagnes; les uns viennent habiter nos jardins, d'autres préfèrent les *avenues* et les bosquets.

Buffon, *Histoire naturelle* : la Fauvette.

On peut donner à l'*avenue* une tournure mélancolique et champêtre.

Picard, *les Marionnettes*, II, 10.

D'abord, en arrivant, il faut vous préparer
A le suivre partout, tout voir, tout admirer,
Son parc, son potager, ses bois, son *avenue* ;
Il ne vous fera pas grâce d'une laitue.

Gresset, *le Méchant*, II, 7.

On a dit, par analogie, *avenue de colonnes* :

Un péristyle, des arcades à demi ruinées, des *avenues de colonnes*, de simples pans de murs présentent encore au voyageur, dans une île de la Grèce, l'image d'un temple antique.

Bernardin de Saint-Pierre, *Études de la nature*, étude 1re.

Avenue s'emploie souvent figurément :

Les dieux ont mis plustost la sueur aux *advenués* des cabinets de Vénus que de Pallas.

MONTAIGNE, *Essais.*

C'est grand cas que les choses en soyent là en nostre siècle, que la philosophie soit jusques aux gens d'entendement un nom vain et fantastique.,. je croy que ces ergotismes en sont cause, qui ont saisi ses *avenues.*

LE MÊME, même ouvrage, I, 25.

Un bien court, assuré moyen de braver la fortune, lui coupant toutes les *avenues*, lui ôtant toute prise sur nous, pour vivre content et heureux, en un mot être sage, est retrancher fort court ses désirs, ne désirer que bien peu ou rien.

CHARRON, *De la sagesse*, II, 6.

Le souverain artisan (Aristote) lui descouvrira les différentes *avenues* du siège de la raison.

BALZAC, *Dissertations critiques*, II.

Que s'il se rencontre des difficultés aux *avenues* de cette science, ce n'est pas une excuse qui puisse justifier la paresse et la làcheté des ignorans.

LE MÊME, *Socrate chrétien*, discours 11°.

Quand toutes les puissances de l'enfer s'élèvent à la fois pour l'attaquer, que ses yeux, ses oreilles et les autres *avenues* de son cœur sont continuellement assiégées.

LE MÊME, *le Prince*, 6.

Les prélats firent leurs plaintes et leurs remontrances, et le pape (Urbain II) menaça Philippe d'excommunication. En vain tout cela : les *advenues* de sa raison, occupées par cette passion brutale, ne recevoient les advis ny ne craignoient les menaces.

MÉZERAY, *Histoire de France* : Philippe Ier.

Le connestable fit tant envers les ennemis, qu'ils luy donnèrent un congé, sous sa parole, d'aller vers le roy pour le disposer à la paix. Il fut reçu d'abord assez froidement; mais comme il sçavoit toutes les *advenues* de son esprit, il s'y remit aussitôt mieux que jamais.

LE MÊME, même ouvrage : Henri II.

Les sorties pour échapper, les *avenues* pour nous secourir sont fermées par une circonvallation d'iniquité.

BOSSUET, *Sermons* : 4e sur la Passion de Jésus-Christ.

Ces personnes (celles entre les mains desquelles les rois tombent dans leur bas âge) se saisissent de toutes les *avenues*, et empeschent que les gens de bien n'approchent point de ces oreilles tendres.

HARDOUIN DE PÉRÉFIXE, *Histoire de Henri le Grand*, IIIe part.

IV.

Grand Dieu ! Loin d'être ébloui de leur grandeur et de leur prospérité, je la regarde comme un don que vous leur avez fait dans la colère... Elle est comme une graisse fatale qui étouffe bientôt en nous la vie de la grâce et de la foi, et qui bouche toutes les *avenues* par où toutes les influences de votre Saint-Esprit pourroient se communiquer à nos âmes.

MASSILLON, *Paraphrase morale.*

Les discours flatteurs assiègent leur trône, s'emparent de toutes les *avenues* et ne laissent plus d'accès à la vérité.

LE MÊME, *Petit Carême :* Tentations des grands.

Madame de Maintenon qui vouloit tenir le roi par toutes les *avenues*, et qui considéroit celle de premier médecin habile et homme d'esprit comme une des plus importantes, à mesure que le roi viendroit à vieillir et la santé à s'affoiblir, sapoit depuis longtemps d'Aquin.

SAINT-SIMON, *Mémoires*, 1693.

Tout étoit donc pour l'abbé de Soubise, et toutes les *avenues* de la fortune saisies de toutes parts.

LE MÊME, même ouvrage, 1700.

Toutes les *avenues* d'approcher du roi (d'Espagne) étoient absolument fermées.

LE MÊME, même ouvrage, 1716.

J'aurois bien ajouté à un autre que M. le duc d'Orléans, de quel danger il étoit pour lui d'établir premier ministre un homme aussi capable que l'étoit le cardinal Dubois de saisir toutes les *avenues* du roi à force d'argent.

LE MÊME, même ouvrage, 1722.

Le parfait orateur ne négligera pas même ces sciences abstraites que le commun des hommes ne méprise que parce qu'il les ignore. La connoissance de l'homme lui apprendra qu'elles sont comme les routes naturelles et si l'on peut s'exprimer ainsi, les *avenues* de l'esprit humain.

D'AGUESSEAU, *Discours sur la connoissance de l'homme.*

...On diroit qu'il n'a été juge (le mauvais magistrat), que pour mieux posséder ces voies obliques et ces chemins tortueux, par lesquels on peut se rendre maître de toutes les *avenues* de la justice.

LE MÊME, *Mercuriales*, éd. Pardessus, t. I, p. 149.

La cour est un pays très amusant: On y respire le bon air; les *avenues* en sont riantes, d'un abord agréable, et aboutissent toutes à un seul point.

DUFRESNY, *Amusements sérieux et comiques*, II : la Cour.

Un sentiment plus fort que celui de l'amitié l'anime

(l'époux) dans ses travaux, lui montre en beau toutes les *avenues* de la vie, et lui en fait braver les tempêtes.

> BERNARDIN DE SAINT-PIERRE, *Harmonies de la Nature*, VII : Harmonies conjugales.

> Le royaume des morts a plus d'une *avenue*.
> Il n'est route qui soit aux humains si connue.
>
> LA FONTAINE, *Psyché*, II.

AVENUE a signifié anciennement Ce qui advient, ce qui arrive, événement :

> En ces entrevaus li desloiaus rois Henriz ala tant entour la damoisele que il jut charneument à li. Et quant cil Henriz au Court Mantel fu revenuz et il sot la veritei de cele *avenue*, si en fu si durement courrouciez que il en alita au lit de la mort, dont il mourut.
>
> *Récits d'un ménestrel de Reims au treizième siècle*, publiés par N. DE WAILLY, p. 10.

> Mout vous porroie, dist li Sarrezins, conter des *avenues* Solehadin; mais une chose fist à la mort qui mout nous ennuia.
>
> Même ouvrage, p. 111.

> Il en fut grandement courroucé et brisa pour cette *avenue* son propos et son emprise.
>
> FROISSART, *Chronique*, liv. I, 1ʳᵉ part., c. 108.

> En cas que sur un nouveau bruict le roy voulust s'asseurer de sa personne, le connestable de Bourbon prit nouveau conseil de se retirer à Chantelle, sur les limites d'Auvergne, chasteau à luy appartenant, qu'il pensoit estre un seur boulevert contre toutes les *avenues* dont on le voudroit saluer.
>
> EST. PASQUIER, *Recherches*, VI, 12.

AVÉRER, v. a. Vérifier, établir, prouver :
Avérer quelque chose :

> Par cez enseignes-que jà verrez, nostre sires sun dire *averrad;* cist altel errannment se deviserad, e la cendre ki amunt est par sei aval charrad.
>
> *Les quatre Livres des Rois*, III, XIII, 3.

> Doibt estre réputé à grant faulte aux princes qu'ils ne les *advèrent* ou facent *adverer* (les rapports qu'on leur fait) quant ce sont choses qui leur touchent.
>
> COMMINES, *Mémoires*, VII, 20.

> Et tient-on que ce feut la principale cause pour laquelle il chercha les moyens de faire mourir Demetrius, craignant que le fils légitime ne feust occasion de faire rechercher et *avérer* sa bastardise.
>
> AMYOT, trad. de PLUTARQUE, *Vie de Paulus Æmylius* c. 5.

> L'ignorance qui estoit naturellement en nous, nous l'avons par longue estude confirmée et *avérée*.
>
> MONTAIGNE, *Essais*, II, 12.

> L'homme de qui vous a parlé Briquesyère m'a faict de meschans tours, que j'ai sceus et *avérés* depuis deux jours.
>
> HENRI IV, *Lettres*, 17 mars 1588.

> Je n'oublie rien pour *avérer* ce faict.
>
> LE MÊME, même ouvrage, 20 mars 1588.

> Nous eusmes trois sortes de preuves pour la verification des crimes... Celle dont j'entends traicter en ce lieu estoit d'*averer* le crime par l'attouchement du fer chaud.
>
> EST. PASQUIER, *Recherches*, IV, 2.

> Le chevalier qui sçavoit bien que Leriane luy vouloit mal, oyant ces parolles, se douta incontinent de quelque trahison, et pour l'*adverer* la tirant à part la pria de luy dire comment elle le sçavoit.
>
> D'URFÉ, *l'Astrée*, IIᵉ part., liv. VI.

> Et veul prouver qu'ils estoient cogneus entre les marchands, comme estoient les autres drogueries : chose que je puis facilement *avérer* par les compositions des medicaments, esquelles lon avoit accoustumé de tout temps en mesler.
>
> PIERRE BELON, *Observations de plusieurs singularitez de divers pays estranges*, II, 39.

> Garcia, s'allant jetter aux pieds de son père, luy advoua sa méchanceté et luy asseura l'innocence de sa mère, laquelle n'ayant pas oublié les sentiments de nature, comme avoit fait ce mauvais fils, supplia le roy de luy vouloir pardonner. Il fut si joyeux d'*avoir avéré* la chasteté de sa femme, qu'il ne put refuser ce pardon à ses prières.
>
> MÉZERAY, *Histoire de France* : Philippe le Hardi.

> Le théâtre d'honneur et de chevalerie ne dit pas quel fut l'événement; mais, quel qu'il fût, le parlement ordonna un parricide pour *avérer* un inceste.
>
> VOLTAIRE, *Essai sur les mœurs*, c. 100. Des duels.

> Pour mon cas *avérer*
> Déliberé je suis perséverer
> De le prier de tres bon cueur, affin
> D'estre pourveu de luy, avant ma fin.
>
> ROGER DE COLLERYE, *Œuvres*, éd. Jannet, p. 167

> Je crois trop tôt le mal sans l'*avoir avéré*.
>
> SCARRON, *la Fausse Apparence*, V, 7.

> Si je puis *avérer* le tour le plus sanglant
> Dont je l'ai soupçonné...
>
> GRESSET, *le Méchant*, III, 4.

Avérer quelqu'un :

Ayez pitié de ma doulente mère,
Juste jugé, pardonnez ce meffaict...
Puisqu'ainsi est que sa vie vous desplaît,
Jamais ne quiers que mort, car dueil *m'avère.*

> *Moralité ou histoire rommaine d'une femme qui avoit*
> *voulu trahir la cité de Romme.* (Voyez *Ancien*
> *Théâtre français,* bibliothèque elzévirienne, t. III,
> p. 176.)

Avérer que :

Comme Antigenes le Borgne se fust enroller à fausses
enseignes entre les endettés, ayant amené un qui afermoit
lui avoir presté argent à la Banque, il fit payer l'argent,
mais depuis on *avera* contre lui *qu'*il n'en estoit rien.

AMYOT, trad. de PLUTARQUE *Alexandre le Grand.*

Nous *averasmes que* les cailles passent deçà de la
Sclavonie.

MONTAIGNE, *Voyages :* Ancona.

On *avéra que* Sorel avoit fait faire le coup.

TALLEMANT DES RÉAUX, *Historiettes :* M. le duc de
Luynes.

Être avéré, en parlant des choses :

Dont fu jus boutés li emperères Morchufles et chaï de si
haut que quant il vint à terre il fu tout esmiés... Et de
lonc tens estoit porphetisié que il auroit un empereour en
Constentinoble qui seroit gietés contreval cele colombe :
ensi *fu* cele prophécie *avérée.*

VILLEHARDOUIN, *Conqueste de Constantinoble,* CXXVII.

Les promesses de la duchesse *furent avérées.*

FROISSART, *Chroniques,* II, 229.

Ceste espèce de louanges dissimulées, aiant besoing de
plus grande circonspection pour s'en garder, mérite d'*être*
diligemment *avérée* et éprouvée.

AMYOT, trad. de PLUTARQUE : *Œuvres morales.*

Il *est* vray et *avéré* par mille expériences, vous le scaviez
desia.

RABELAIS, *Pantagruel,* III, 52.

Ciceron, en ses Offices, disoit qu'il n'y avoit rien qui
obligeast tant nostre promesse que la prestation du serment : chose qui *estoit avérée* en tous les actes solennels.

PASQUIER, *Recherches,* IV, 3.

Voyons maintenant comme Dieu permet quelquefois
que les crimes *soient averez,* lorsque les juges pensent estre
plus esloignez de la preuve.

LE MÊME, même ouvrage, VI, 35.

Le meilleur moyen de tous est celuy des armes, pour le
moins en ces choses, qui ne peuvent *estre* autrement
avérées.

D'URFÉ, *l'Astrée,* Ire part., liv. IX.

Tibere ne s'oppose point à l'erreur, et la laisse découvrir au temps et à la vérité. Mais à la fin, la mort *estant*
avérée, le peuple, comme s'il l'eust perdu une seconde
fois, le pleura tout de nouveau.

PERROT D'ABLANCOURT, trad. de Tacite, *Annales,* II, 23.

Permettez-moi de vous dire que je n'ay esté surpris en
rien par tout ce que contient le placet qui m'a esté présenté, puisque tous les mesmes et principaux faits *sont*
avérés par vostre propre lettre.

> LE CHEVALIER DE PONTCHARTRAIN au maréchal de
> Montrevel, commandant en Guyenne, 12 octo-
> bre 1711. (Voyez DEPPING, *Correspondance ad-*
> *ministrative sous Louis XIV,* t. II, p. 504.)

Il n'y a que Socrate dont il *soit avéré* que ses opinions
lui coûtèrent la vie ; et il fut encore moins la victime de
ses opinions que celle d'un parti violent élevé contre lui.

VOLTAIRE, *Essai sur les mœurs,* c. 24. Des Grecs.

Tout ce qui *est* bien *avéré,* c'est que Louis XI avait en
exécration la maison des Armagnacs.

LE MÊME, même ouvrage, c. 94.

Vous ordonnâtes par un décret que les coupables seraient
poursuivis devant le tribunal révolutionnaire. Le crime
est avéré : quelles têtes sont tombées ? Aucune.

VERGNIAUD, *Choix de rapports, opinions et discours,*
t. XI, p. 399.

Vos qui aveiz sens et savoir,
Entendre vos fais et savoir
Que de Dieu *sont* bien *averies*
Les paroles des profecies.

RUTEBEUF, *Œuvres,* t. I, p. 110.

Vous viendrez : votre crime *est* assez *avéré.*

RACAN, *Bergeries,* IV, 3.

Sa noblesse d'ailleurs *est* assez *avérée*
Et ne s'est point encor, je pense, enroturée.

J.-B. ROUSSEAU, *les Aveux chimériques,* II.

En parlant des personnes :

Ce moine d'Auvillé *fut* donc *avéré* être l'auteur de ce
livre qui venoit de paroître contre la monarchie.

SAINT-SIMON, *Mémoires,* 1703

Qui, malgré qu'on en eût, voulut par son caprice,
Être avéré cocu par arrêt de justice.

         LEGRAND, *Rue Mercière*, sc. 1.

AVÉRÉ, ÉE, participe.

Les gens de Monseigneur de Berry dient que aux dimenches et grans festes, il leur convient trois bœufs, trente moutons... mais j'en doubte. *Avéré* depuis.

         Le Ménagier de Paris, distinction II, art. 4.

N'est chose confessée ne *averée* que elle soit sorciere.

         RABELAIS, *Pantagruel*, III, 16.

Voicy choses grandes, et paradoxes, vraies toutesfois, veues et *averées*.

         LE MÊME, même ouvrage : Ancien prologue
            du livre IV.

Je ne garantis point ces faits scandaleux, jusqu'à ce que je les trouve bien *avérés* par les auteurs du parti.

         BOSSUET, *Histoire des variations des églises protes-
            tantes*, liv. VII, n° 9.

Voilà donc déjà un fait *avéré* et public; c'est la ruine totale de l'état du peuple juif dans le temps de Jésus-Christ.

         LE MÊME, *Discours sur l'Histoire universelle*, II, 30.

Nous aurions trop mauvaise grâce de contester une dette si bien *avérée*; et il vaut mieux que nous recherchions le terme qui nous est donné pour payer.

         LE MÊME, *Sermons : Sur la charité fraternelle.*

Que peuvent opposer à des témoignages si exprès, si *avérés*, si respectables, les partisans du monde ?

         BOURDALOUE, *Sermons pour les dimanches : Sur les
            divertissements du monde.*

Combien d'histoires se racontent dans les entretiens, comme des choses certaines et *avérées*, et ne sont néanmoins que des faux bruits et de simples imaginations ?

         LE MÊME, *Exhortations.*

Tous ces propos furent reçus pour ce qu'ils valoient, et les choses en demeurèrent là après cet éclat, mon père n'en pouvant espérer davantage; et de l'autre côté par la difficulté de soutenir un mensonge si fort *avéré*.

         SAINT-SIMON, *Mémoires*, 1693.

La première donation bien *avérée* qu'on ait faite au siège de Rome fut celle de Bénévent.

         VOLTAIRE, *Dictionnaire philosophique : Donations.*

Si un miracle prédit n'est pas aussi public, aussi *avéré* qu'une éclipse annoncée dans un almanach, soyez sûr que ce miracle n'est qu'un tour de gibecière ou un conte de vieille.

         LE MÊME, même ouvrage : Miracles.

Il faut dans un tribunal des faits *avérés*, des chefs d'accusation précis et circonstanciés.

         VOLTAIRE, *Traité de la tolérance*, c. 7.

Vous ne voulez pas non plus qu'on démente des faits *avérés* de toute l'Europe.

         LE MÊME, *Lettres*, 29 mai 1759.

Il ne se fonde jamais que sur l'expérience bien *avérée*, et laisse à part tous les systèmes qui ne peuvent être que d'ingénieuses productions de l'esprit humain, désavouées par la nature.

         FONTENELLE, *Éloge de M. Boerhaave.*

Les faits pourront être tenus pour *avérés*.

         Code de procédure commerciale, 330.

Là fut la parole *avérée*
Que qui de glaive fiert autrui
A glaive ira le corps de lui.

E. DESCHAMPS, *Miroir de mariage*, éd. Crapelet, p. 240.

Sa tombe est encor révérée
Et de miracles honorée,
Mais de miracles *avérés*.

         MAUCROIX, *Épîtres*, 1.

AVERSE, s. f. Pluie subite et abondante :

Averse d'eau se dit d'une grande quantité d'eau de pluie survenue tout d'un coup par quelque orage.

         LA QUINTINYE, *Instruction pour les jardins*, Explication
            des termes du jardinage.

A VERSE, loc. adv. — Voyez : VERSE (A).

AVERSION, s. f. Au propre, détournement :

Il faut craindre de faire *aversion* du sang vers les parties nobles.

         AMBROISE PARÉ, *Œuvres*, IX, 10.

Ce mot est d'un emploi beaucoup plus fréquent au figuré, il signifie alors Haine, antipathie, répugnance extrême.

Je crus que quelque grande devotion que je peusse avoir à vostre commun service et contentement, il me seroit impossible... de rapprocher jamais intentions, volontez et desseins de telle *adversion*.

         SULLY, *Œconomies royales*, c. 79.

Je sais bien que communément dans l'école on oppose la passion qui tend à la recherche du bien, laquelle seule on nomme désir, à celle qui tend à la fuite du mal, laquelle on nomme *aversion*.

         DESCARTES, *les Passions de l'âme*, IIe part., art. 87.

Il veut être l'objet de l'amour et de l'estime des hommes, et il voit que ses défauts ne méritent que leur *aversion* et leur mépris.

> PASCAL, *Pensées*.

Les femmes n'ont point de sévérité complète sans *aversion*.

> LA ROCHEFOUCAULD, *Maximes*, CCCXXXIII.

Cette lettre et les discours que cette reine (Christine) tenoit à Hambourg, servirent de prétexte à rendre publique l'*aversion* secrète qui s'opposoit depuis longtemps à sa venue.

> LE MARQUIS DE POMPONNE, *Mémoires*, I, c. 7.

L'*aversion*, autrement nommée la fuite ou l'éloignement, est une passion d'empêcher que ce que nous haïssons ne nous approche.

> BOSSUET, *De la Connoissance de Dieu et de soi-même*, c. 1, art. 6.

Nous ne laissons pas d'avoir toujours et la médisance à la bouche, et l'envie ou l'*aversion* dans le cœur.

> LE MÊME, *Sermons : Sur le mystère de la sainte trinité*.

Dans le mépris et l'*aversion* le corps peut se retirer en arrière, les bras dans l'action de repousser l'objet pour lequel on a de l'*aversion*.

> CH. LEBRUN, *Conférence tenue en l'Académie royale de peinture et de sculpture*, p. 49.

De toutes les passions, celles dont les jugemens sont les plus éloignés de la raison et les plus à craindre, sont toutes les espèces d'*aversion*.

> MALEBRANCHE, *Recherche de la vérité*, V, 12.

Saint Augustin assure que la douleur est une *aversion* que l'âme conçoit, de ce que le corps n'est pas disposé comme elle le souhaite.

> LE MÊME, même ouvrage. Éclaircissements sur le VI° livre.

Chacun fait de ses créatures les partisans de ses ressentimens et de son *aversion*.

> MASSILLON, *Carême : Sermon sur le pardon des offenses*.

On eût dit qu'indépendamment de toute autre raison, c'étoit (Chamillart) une victime que le roi ne pouvoit plus refuser à l'*aversion* publique.

> SAINT-SIMON, *Mémoires*, 1709.

C'étoit parmi eux (ses valets) qu'il (Louis XIV) se sentoit le plus à son aise, et qu'il se communiquoit le plus familièrement, surtout aux principaux : leur amitié et leur *aversion* a souvent eu de grands effets.

> LE MÊME, même ouvrage, 1715.

Le roi Georges ne pouvoit souffrir le prince de Galles qu'il ne croyoit pas son fils, l'*aversion* étoit réciproque.

> SAINT-SIMON, *Mémoires*, 1716.

Ceux qui ne sont pas assez retenus dans leur jugement, font aisément passer à la profession l'*aversion* qu'ils ont des personnes.

> FLEURY, *Du choix des études*, c. 1.

L'*aversion* que les méchants inspirent, disoit-il, peut flatter leur détestable amour-propre, parce que cette *aversion* tient à la crainte.

> D'ALEMBERT, *Éloge de Destouches*.

Il avoit voué à la religion musulmane une *aversion* particulière, moins encore pour son absurdité, que pour l'appui déclaré qu'elle prête à l'ignorance, et à tous les moyens d'abrutir ses peuples.

> LE MÊME, *Éloge de l'abbé de Saint-Pierre*.

Dans l'horreur, nous avançons les bras avec précipitation, comme pour repousser ce qui fait l'objet de notre *aversion*.

> BUFFON, *Histoire naturelle : De l'homme*.

La peinture des plus mauvaises mœurs peut avoir sa bonté morale, si elle attache à ces mœurs l'*aversion* et le mépris.

> MARMONTEL, *Éléments de littérature*. Bonté.

A cette époque, l'esprit humain, en possession du pouvoir absolu, en a été corrompu, égaré... il a pris les faits établis, les idées anciennes, dans un dédain et une *aversion* illégitime; *aversion* qui l'a conduit à l'erreur et à la tyrannie.

> GUIZOT, *Histoire de la civilisation en Europe*, 14° leçon.

En vain contre ce flot d'*aversion* publique,
Vous tiendrez quelque temps ferme sur la boutique.

> BOILEAU, *Épîtres*, X.

Le bachelier déploya sa science,
Ce fut en vain : le peu d'expérience,
L'humeur farouche, ou bien l'*aversion*,
Ou tous les trois firent que la bergère,
Pour qui l'amour étoit langue étrangère,
Répondit mal à tant de passion.

> LA FONTAINE, *Contes : la Clochette*.

Une robe toujours m'avoit choqué la vue;
Mais cette *aversion* à présent diminue.

> RACINE, *les Plaideurs*, II, 6.

C'est une *aversion* qui n'est pas surmontable.

> VOLTAIRE, *Charlot*, II, 1.

Esprit d'*aversion* :

J'ai toujours cru que, pour faire un sain jugement des hommes et de leurs ouvrages, il les falloit considérer par eux-mêmes, avoir du mépris ou de la vénération pour les choses passées, selon leur peu de valeur ou leur mérite. J'ai cru qu'il ne falloit pas s'opposer aux nouvelles par *esprit d'aversion*, ni les rechercher par amour de la nouveauté.

SAINT-ÉVREMONT, *Observations sur le goût et le discernement des François.*

L'*esprit d'aversion* se fonde sur l'humeur et sur les défauts naturels de ceux qui nous déplaisent.

BOSSUET, *Doctrine spirituelle de la charité pratique.*

Objet d'aversion :

Cependant ils (les Juifs) demeurent la risée des peuples et *l'objet de* leur *aversion*, sans qu'une si longue captivité les fasse revenir à eux, encore qu'elle dût suffire pour les convaincre.

BOSSUET, *Discours sur l'Histoire universelle*, II, 24.

Avant qu'il y eût des arts, il y avoit, pour le sens intime, des objets de prédilection et des *objets d'aversion*.

MARMONTEL, *Éléments de littérature* : Essai sur le goût.

Oh ! traître de valet, tu es ma *carte d'aversion*.

DUFRESNY, *le Chevalier joueur*, IV, 8.

On dit souvent, en parlant de quelque chose qu'on déteste, *c'est mon aversion :*

J'ai une extrême envie de savoir comment vous vous portez de cette frayeur : *c'est mon aversion* que les frayeurs.

Mᵐᵉ DE SÉVIGNÉ, *Lettres ;* à Mᵐᵉ de Grignan, 16 septembre 1671.

C'est mon aversion que les faux détails, mais j'aime les vrais.

LA MÊME, même ouvrage, 12 février 1672.

Oh ! bien moi, les boudeurs sont *mon aversion*, Et je n'en veux jamais souffrir dans ma maison.

GRESSET, *le Méchant*, III, 3.

Fig. et fam. *C'est ma bête d'aversion*, se dit d'Une personne ou d'une chose pour laquelle on éprouve une forte aversion.

L'ingratitude *est ma bête d'aversion :* de bonne foi je ne la puis souffrir, et je la poursuis en quelque lieu que je la trouve.

Mᵐᵉ DE SÉVIGNÉ, *Lettres ;* à Mᵐᵉ de Grignan, 16 octobre 1689.

Avoir, prendre en aversion, être en aversion :

Vos décisions meurtrières *sont* maintenant *en aversion* à tout le monde, et vous seriez mieux conseillés de changer

de sentiments, si ce n'est par principe de religion, au moins par maxime de politique.

PASCAL, *Provinciales*, XIV.

La nature prend quelquefois plaisir à favoriser ceux que la fortune *a pris en aversion*.

SCARRON, *Roman comique*, I, 13.

Je devois cacher des traits qui étoient cause de tant d'erreurs, je devois les défigurer : il falloit mourir puisque vous (Vénus) m'*aviez en aversion*.

LA FONTAINE, *Psyché*, II.

Son ambition (de Canillac) étoit si peu éteinte par sa retraite de la guerre et de la cour, qu'il ne *prit en aversion* quiconque y faisoit fortune.

SAINT-SIMON, *Mémoires*, 1715.

Je n'ai jamais su pourquoi le roi l'*avoit pris en une sorte d'aversion* (le duc de Sully), si ce n'est qu'il ne fut jamais assidu à la cour.

LE MÊME, même ouvrage, 1721.

Je n'avois pas songé même à désirer pour moi cette place ; mais il m'étoit dur de la voir remplir par un autre ; cela étoit fort naturel. Cependant, au lieu de *prendre en aversion* celui qui me l'avoit soufflée, je sentis réellement s'étendre à lui l'attachement que j'avois pour elle.

ROUSSEAU, *Confessions*, V.

AVERSION est souvent suivi d'une préposition. Aversion à :

Je n'ay pas voulu être si-tôt enterré, pour ce, premièrement, que j'ay eu toujours *aversion à* cela, et puis je suis bien ayse que le bruit de ma mort ne coure pas si-tôt, et je fais la meilleure mine que je puis.

VOITURE, *Lettre* à Mˡˡᵉ de Rambouillet.

Ma pensée avoit esté de lui produire (à Monsieur) le président de Bellièvre, parce qu'il lui falloit toujours quelqu'un qui le gouvernast ; mais il ne prit pas le change, parce qu'il avoit *aversion à* sa mine trop fine et trop bourgeoise, ce disoit-il.

LE CARDINAL DE RETZ, *Mémoires.*

Ce qui obligeoit M. le Prince à se conduire comme il se conduisoit, estoit l'*adversion* qu'il avoit à la guerre civile.

LE MÊME, même ouvrage.

Dans l'âme de M. le Prince (Condé) on a dû remarquer une naturelle *aversion au mal*.

Mᵐᵉ DE MOTTEVILLE, *Mémoires*, t. IV, p. 180.

La nation angloise est naturellement fort intéressée, et les ministres de leurs rois n'ont guère jamais fait de scrupule de toucher de l'argent de France ; il est seulement à craindre de celui-ci (lord Arlington) que son *aversion à* cette couronne et ses engagements avec l'Espagne et la Hollande forment encore en lui une passion plus prédominante que celle d'un grand avantage qu'il peut retirer en servant le roi.

> Louis XIV à M. Colbert, 2 août 1668. (Voyez Mignet, *Succession d'Espagne*, t. III, p. 34.)

Aversion contre :

Il (Malherbe) avoit *aversion contre* les fictions poétiques.

> Racan, *Vie de Malherbe.*

Je ne puis être spectateur des désordres de mon païs, ni considérer l'orgueil des oppresseurs, sans concevoir une violente *aversion contre* eux.

> Saint-Évremont, *De l'usage de la vie*, c. 5.

C'est pour cette raison que les Romains... avoient conçu une telle *aversion contre* ces renonciations (à la succession paternelle), qu'encore qu'ils donnassent aux pères la puissance de vie et de mort sur la personne de leurs enfants, néanmoins ils ne leur ont jamais accordé le droit de les faire renoncer à leurs successions.

> *Traité des droits de la reine*, 1667. (Voyez Mignet, *Succession d'Espagne*, t. II, p. 67.)

Les peuples qu'on avoit fait venir en Samarie, à la place des anciens habitants, s'y trouvoient fort tourmentés des lions. Le roi de Babylone ayant appris que cela venoit de ce qu'ils n'adoroient pas le Dieu du pays, ordonna qu'on leur envoyât un prêtre israélite..., afin qu'il leur enseignât le culte du dieu d'Israël. Mais ces idolâtres se contentèrent de l'associer avec leurs anciennes divinités, et c'est là la source de l'*aversion* des Juifs *contre* les Samaritains.

> Rollin, *Histoire ancienne*, t. II, liv. III, c. 1.

Aversion de, désignant, soit de qui vient l'aversion :

C'étoit principalement à la présence réelle que l'*aversion des* peuples étoit attachée.

> Bossuet, *Histoire des variations des églises protestantes*, liv. XIV, n° 99.

Il (l'ambassadeur turc) étoit l'ami particulier du grand visir, et se proposoit à son retour d'établir à Constantinople une impression et une bibliothèque, malgré l'*aversion des* Turcs.

> Saint-Simon, *Mémoires*, 1721.

Soit contre qui ou contre quoi elle est dirigée.

Rien ne pouvoit d'abord vous former une *aversion de* moy comme la qualité d'impie, directement contraire à la piété dont Votre Majesté est aujourd'huy l'essence et la perfection.

> Théophile, *Apologie au Roy.*

Je le sais bien, mon Père; mais vous n'*en* avez pas *d'aversion*, et bien loin de détester les auteurs de ces maximes, vous avez de l'estime pour eux.

> Pascal, *Provinciales*, X.

L'*aversion du* mensonge est souvent une imperceptible ambition de rendre nos témoignages considérables, et d'attirer à nos paroles un respect de religion.

> La Rochefoucauld, *Maximes*, LXIII.

Il (Bierenclau) répandoit avec une même application dans le Sénat tout ce qu'il croyoit capable de faire concevoir de fausses craintes et une véritable *aversion de* la France.

> Le marquis de Pomponne, *Mémoires*, I, 8.

Ne faut-il pas avoir une étrange *aversion d*'une Providence, pour s'aveugler ainsi volontairement de peur de la reconnoître, et pour tâcher de se rendre insensible à des preuves aussi fortes et aussi convaincantes que celles que la nature nous en fournit ?

> Malebranche, *De la recherche de la vérité*, liv. II. *De l'Imagination*, Ire part., c. 4.

Il (M. de Chevreuse) avoit retenu de son éducation une *aversion* parfaite *du* jésuite, qu'il cachoit avec soin.

> Saint-Simon, *Mémoires*, 1711.

Ce discours de dom Ruinart me parut profond et d'une grande utilité. Cependant je sentais qu'il y a dans le cœur humain un sentiment encore plus profond qui nous inspire l'*aversion d*'être trompés.

> Voltaire, *Lettres chinoises*, XI.

On reproche à nos médecins l'abus qu'ils font de la saignée; celui-ci (Ant. de Jussieu) *en* avoit une si grande *aversion* qu'il n'a jamais voulu saigner aucun malade.

> Grimm, *Correspondance*, 15 mai 1758.

En un mot, j'ai reçu du ciel pour mon partage
L'*aversion de* Rome et l'amour de Carthage.

> Corneille, *Sophonisbe*, II, 4.

Et par cent petits jeux de son invention
Il lui sçait *de* l'étude ôter l'*aversion*.

> Palaprat, *la Prude*, II, 7.

Aversion pour :

Il (M. Sirmond) vouloit que tous les académiciens fussent obligez, par serment, à employer les mots approuvez par la pluralité des voix dans l'assemblée; de sorte que si cette loi eût été reçue, quelque *aversion* particulière qu'on eût pu avoir *pour* un mot, il eût fallu nécessairement s'en servir.

PELLISSON, *Histoire de l'Académie.*

M. le maréchal de Brézé avoit pris une si forte *aversion pour* M. de la Meilleraie, qui étoit grand maître de l'artillerie en ce temps-là, et qui a été depuis le maréchal de la Meilleraie, qu'il ne le pouvoit souffrir.

CARDINAL DE RETZ, *Mémoires,* I.

Avant que de finir le discours de la religion de ces chrestiens de saint Jean, il faut remarquer encore la grande *aversion* qu'ils ont *pour* la couleur bleue appellée indigo, jusques-là qu'ils ne la veulent pas mesme toucher.

TAVERNIER, *Voyage de Perse,* II, 7.

J'ai *aversion pour* la danse, et je crois que la coutume seulement empêche qu'on ne la trouve ridicule.

Mlle DE MONTPENSIER, *Portraits,* XLVI. Mme de Sainctot.

Je me tuë à vouloir relever des courages abatus, et à ramener des esprits qui ont de l'*aversion pour* moy.

VAUGELAS, trad. de QUINTE-CURCE, IX.

Il conçut une telle *aversion pour* elle, qu'il résolut, au péril de sa vie, de faire tout ce qu'il pourroit pour se tirer hors de sa prison.

SCARRON, *Roman comique,* I, 9.

Je ne crois pas qu'il soit fort nécessaire de nous déclarer sur le fait de la députation, à moins que Sa Majesté eust *aversion pour* quelqu'un des prétendans, et qu'elle ne souhaitast pas qu'il allast à la cour.

BEZONS à Colbert, 6 janvier 1662. (Voyez DEPPING, *Correspondance administrative sous Louis XIV,* t. I, p. 57.)

On ne peut dire toutefois si la peine qu'avoit la duchesse de Savoye) de la voir assise (la marquise de Villars) sur une chaise, ou quelque autre raison, donna lieu à l'*aversion* qu'elle conçut *pour* elle.

LE MARQUIS DE POMPONNE, *Mémoires,* II : Savoye.

Elle a une *aversion* horrible *pour* le jeu, ce qui n'est pas commun aux femmes d'aujourd'hui.

MOLIÈRE, *l'Avare,* II, 5.

Les manches du chevalier font un bel effet à table : quoiqu'elles entraînent tout, je doute qu'elles m'entraînent aussi; quelque foiblesse que j'aie pour les modes, j'ai une grande *aversion pour* cette saleté.

Mme DE SÉVIGNÉ, *Lettres;* à Mme de Grignan, 19 août 1671.

Quelle rage aux Messinois d'avoir tant d'*aversion pour* les pauvres François, qui sont si aimables et si jolis !

LA MÊME, même ouvrage, 28 mars 1676.

Je n'ai d'*aversion pour* quelqu'un que parce qu'il m'est un obstacle à posséder ce que j'aime.

BOSSUET, *De la Connoissance de Dieu et de soi-même,* c. 1er, art. 6.

Rappelez en votre mémoire avec quelle circonspection elle ménageoit le prochain, et combien elle avoit d'*aversion pour* les discours empoisonnés de la médisance.

LE MÊME, *Oraison funèbre de la reine d'Angleterre.*

Elle a tant d'*aversion pour* le comique, qu'elle sort ordinairement de sa loge après la grande pièce.

LE SAGE, *le Diable boiteux,* c. 14.

Quelque *aversion* que mon maître ait *pour* les emprunts, je ne désespère pas de lui faire agréer vos cent pistoles.

LE MÊME, *Gil Blas,* V, 1.

Polybe commença par inspirer au jeune Scipion une *aversion* extrême *pour* ces plaisirs également dangereux et honteux auxquels s'abandonnoit la jeunesse romaine.

ROLLIN, *Histoire ancienne,* t. I, liv. II, II° part., c. 2, art. 4.

C'étoit un homme (Maréchal) qui, avec fort peu d'esprit, avoit très bon sens, connoissoit bien ses gens, étoit plein d'honneur, de probité, et d'*aversion pour* le contraire.

SAINT-SIMON, *Mémoires,* 1703.

Il (Bissy) étoit trop initié pour ignorer l'*aversion* de Mme de Maintenon, et même de Saint-Sulpice *pour* les Jésuites.

LE MÊME, même ouvrage, 1713.

Les troubles de la minorité, dont cette ville (Paris) fut le grand théâtre, avoient imprimé au roi de l'*aversion pour* elle.

LE MÊME, même ouvrage, 1715.

C'est en cela surtout qu'ils ressemblèrent le plus aux quakers qui sont venus après eux; et c'est principalement leur *aversion pour* le baptême des enfants qui leur fit donner par le peuple le nom d'anabaptistes.

VOLTAIRE, *Essai sur les mœurs,* c. 146 : Suite de la religion d'Angleterre.

L'on me comptoit pour des vertus quelques marques d'*aversion* naturelle *pour* le vin.

PREVOST, *Manon Lescaut,* Ire part.

Outre ce principe commun qui m'attachoit au culte de mes pères, j'avois l'*aversion* particulière alors à notre ville *pour* le catholicisme, qu'on nous donnoit pour une affreuse idolâtrie.

J.-J. ROUSSEAU, *Confessions,* Ire part., II.

Ma mortelle *aversion pour* tout ce qui s'appeloit parti.

faction, cabale, m'avoit maintenu libre, indépendant, sans autre chaine que les attachements de mon cœur.

J.-J. ROUSSEAU, *Confessions*, II° part. II.

Elle a pour les flatteurs peu d'inclination.
— D'autres n'ont pas *pour* eux la même *aversion.*

COLLIN D'HARLEVILLE, *Monsieur de Crac*, sc. 4.

Aversion est d'un très fréquent usage au pluriel.

Je connois le monde présent; je sais ses dégoûts et ses *aversions* pour nos écritures.

BALZAC, *Socrate chrétien* : Avant-propos.

A son avis, la barbarie avoit commencé dès les premières années de l'empire des premiers Césars. Sénèque étoit une de ses grandes *aversions.*

LE MÊME, même ouvrage, discours.

L'avarice est une de mes plus fortes *aversions.*

Mlle DE MONTPENSIER, *Portraits*. Mlle de Melson.

La table n'étoit couverte que de choses que le comte n'aimoit pas. En causant, on lui avoit fait dire, à diverses fois, toutes ses *aversions.*

TALLEMANT, *Histoires* : La marquise de Rambouillet.

Tremblez, insensibles; tremblez, vous tous dont les *aversions* sont implacables, les inimitiés irréconciliables.

BOSSUET, *Méditations sur l'Évangile.*

Dieu défend les *aversions* qu'ont les peuples les uns pour les autres.

LE MÊME, *Politique tirée de l'Écriture sainte.*

Combien d'*aversions*, de haines secrètes, qui n'ont point d'autre fondement que la prévention et l'erreur ?

BOURDALOUE, *Sermons* : Sur l'aveuglement spirituel.

Leur esprit (des enfants) n'est plein que de frayeur et de désirs, d'*aversions* et d'amitiés sensibles, desquelles il ne se peut dégager pour se mettre en liberté, et pour faire usage de sa raison.

MALEBRANCHE, *De la recherche de la vérité*, liv. XI, Ire part., c. 8.

L'humeur fait perdre les occasions les plus importantes; elle donne des inclinations et des *aversions* d'enfant au préjudice des plus grands intérêts; elle fait décider les plus grandes affaires par les plus petites raisons.

FÉNELON, *Télémaque*, XXIV.

Demeurez en silence le plus que vous pouvez, évitez de décider; suspendez vos jugements, vos goûts et vos *aversions.*

LE MÊME, *Lettres spirituelles*, LXXXVI.

La peur est donc une passion dont l'animal est susceptible, quoiqu'il n'ait pas nos craintes raisonnées ou pré-

IV.

vues; il en est de même de l'horreur, de la colère, de l'amour, quoiqu'il n'ait ni nos *aversions* réfléchies, ni nos haines durables, ni nos amitiés constantes.

BUFFON, *Effets de la peur sur les animaux.*

Il m'avait fait entendre qu'il aimait mieux me servir dans mes amours que dans mes *aversions.*

VOLTAIRE, *Lettres* : à d'Alembert, 4 février 1771.

AVERTIN, s. m. Maladie d'esprit qui rend opiniâtre, emporté, furieux.

On lui attitroit des salueurs, qui lui faisoient de grandes reverences et barettades, pour voir un peu cest asne en son *avertin* faire ses gambades.

BONAVENTURE DES PERIERS, *Nouvelles*, XXIX.

Vostre chere Florette sera bien tost guerie, et son mal ne procede point de sortilege, mais plustost de l'ardeur du soleil, qui luy ayant offencé le cerveau, d'où procede la source des nerfs, lui donne ce mal, que nous nommons *avertin.*

D'URFÉ, *l'Astrée*, II° part., liv. I, t. II, p. 22.

Quelquefois, quand mon *avertin*
Me prend, je fais de la diablesse.

Chambrière à louer. (Voyez *Poésies françoises des* XV°
et XVI° *siècles.* Bibliothèque elzévirienne, t. II,
p. 107.)

Si Dieu ne l'avoit deffendu,
Et je fusse en mon *advertin;*
Je donrois quinze à l'aretin,
Et si gagnerois la partie.

CL. MAROT, *Discours du Coq à l'Asne*, II.

...Les hommes sots et jaloux,
Sous l'*avertin* qui les transporte,
Y sont autant de loups garoux.

SAINT-AMANT, *la Rome ridicule*, LXXXVII.

O le plaisant *avertin*
D'un fou du pays latin,
Qui se travaille et se gêne,
Pour devenir à la fin
Sage comme Diogène.

J.-B. ROUSSEAU, *Odes*, II, 2.

Il se dit par extension de ceux qui sont travaillés de cette maladie.

Le peuple appelle saint Mathurin le patron des *avertins.*

Dictionnaire de l'Académie, 1798.

Il se dit aussi de la maladie des moutons qu'on nomme ordinairement *tournis* :

Ce mal (des bestes à laine) est appelé *avertin* par d'aucuns François, et en Escosse, avec raison, Estourdi.

OLIVIER DE SERRES, *Théâtre d'agriculture*, lieu VIII. Remèdes pour les bestes à laines.

AVERTIN a été employé adjectivement dans le sens de malin, bizarre :

Or est mort n'a pas longtemps ce preud'homme *avertin*.
BONAVENTURE DES PERIERS, *Contes*, CXXV.

AVERTINEUX, AVERTINEUSE, adj. Capricieux.

Mule *avertineuse*, c'est phrenesieuse et contumace.
NICOT, *Thresor de la langue françoyse*.

Nos cerveaux éventez sont bien *avertineux*.
RONSARD, *Responce aux injures de je ne sais quels predicantereaux*, éd. Blanchemain, t. VII, p. 24.

AVERTINER, v. a.

Ta fureur puisse *avertiner* les chefs
De mes haineux...
RONSARD, *Poëmes*, I, le Pin.

AVERTINER (s'), v. r.

Se *avertiner*, c'est s'opiniastrer.
NICOT, *Thresor de la langue françoyse*.

AVERTIR, v. a. Donner avis, instruire, informer quelqu'un de quelque chose.

C'est le comble de l'orgueil de se soulever contre la vérité même lorsqu'elle vous *avertit*, et de regimber contre l'éperon.
BOSSUET, *Traité de la concupiscence*, c. 31.

Humiliée sous la main de Dieu, elle lui rend grâces de l'*avoir* ainsi *avertie*.
LE MÊME, *Oraison funèbre de Marie-Thérèse d'Autriche*.

Tous les hommes font des fautes, mais la plupart n'aiment pas qu'on les *avertisse*.
CHOISY, *Mémoires*, IX.

vous me ferez plaisir de m'*avertir* si vous voyez que je m'écarte de cette règle.
FÉNELON, *Dialogues sur l'éloquence*, I.

A ces repas (de Louis XIV à l'armée) tout le monde étoit couvert : ç'eût été un manque de respect dont on vous *auroit averti* sur-le-champ de n'avoir pas son chapeau sur la tête.
SAINT-SIMON, *Mémoires*, 1715.

Il en vint d'abord quelques-uns de ces indignes amis ;

mais dès qu'ils virent que le feu étoit dans les affaires, et que la fortune de leur amie s'en alloit en ruine, ils courent encore, et apparemment ils *avertirent* les autres ; car il n'en revint plus.
MARIVAUX, *le Paysan parvenu*, 1re part.

L'homme, s'il n'*étoit averti*, mangeroit le fruit du mancenillier comme la pomme, et la ciguë comme le persil.
BUFFON, *Histoire naturelle : De l'homme*.

AVERTIR, prévenir, mander, convoquer :

Lui-même (Ménalque) se marie le matin, l'oublie le soir, et découche la nuit de ses noces, et quelques années après il perd sa femme, elle meurt entre ses bras, il assiste à ses obsèques, et le lendemain quand on lui vient dire qu'on a servi, il demande si sa femme est prête, et si elle est *avertie*.
LA BRUYÈRE, *Caractères*, c. 11.

Je *fus averti* par le duc de Villeroy de me trouver le soir de ce même jour chez le duc de la Rocheguyon, pour y discuter encore je ne sais quoi.
SAINT-SIMON, *Mémoires*, 1711.

Pendant la messe, les ministres *étoient avertis*, et s'assembloient dans la chambre du roi (pour le conseil).
LE MÊME, même ouvrage, 1715.

Au plus vite il faudroit *avertir* le notaire.
DUFRESNY, *la Coquette de village*, II, 4.

AVERTIR est quelquefois employé absolument :

Quoique, sans menacer et sans *avertir*, elle (la mort) se fasse sentir tout entière dès le premier coup, elle trouve la princesse prête.
BOSSUET, *Oraison funèbre de la duchesse d'Orléans*.

L'exemple contenu dans la fable en est l'indication, et non la preuve : son but est d'*avertir* et non pas de convaincre.
MARMONTEL, *Éléments de littérature*. Fable.

Tant que le jour est long, il gronde entre ses dents
Fais ceci, fais cela, va, viens, monte, descens,
Fais bien la guerre à l'œil, ferme porte et fenêtre,
Avertis, si de loin tu vois quelqu'un paroître.
REGNARD, *les Folies amoureuses*, I, 1.

AVERTIR s'emploie avec la préposition *de*, suivie soit d'un substantif ou d'un pronom :

Le roy d'Angleterre *fut adverty de* ce désordre, et en eut honte.
COMMINES, *Mémoires*, IV, 9.

Je vous supplie commander que plus souvent Madame *soit advertie* de vostre bonne santé.

LA REINE DE NAVARRE, *Lettres;* à François Ier, 24 janvier 1526.

Alors me dict que *de telles calomnies avoit esté* le defunct roy Françoys d'éternelle mémoire *adverty*.

RABELAIS, *Pantagruel*, IV, épistre dédicatoire.

Ne m'*advertira* de rien de nouveau la survenance de la mort.

MONTAIGNÉ, *Essais*, I, XIX.

L'âme n'*est* immédiatement *avertie des* choses qui nuisent au corps que par le sentiment de la douleur.

DESCARTES, *les Passions de l'âme*, IIe part., art. 137.

Mes cheveux gris me reprochent que je suis votre original, et m'*advertissent de* ce mauvais advantage.

BALZAC, *Lettres*, éd. de 1665, liv. VI, p. 238.

On a bien de l'obligation à ceux qui *avertissent des* défauts, car ils mortifient.

PASCAL, *Pensées*.

César fut troublé d'un songe, qui lui prédisoit l'empire, et se moqua de celui de sa femme, qui l'*avertissoit de* sa mort.

SAINT-EVREMONT, *Jugement sur César et sur Alexandre*.

Pour moi, que rien n'*avertit* encore *du* nombre de mes années, je suis quelquefois surprise de ma santé.

Mme DE SÉVIGNÉ, *Lettres;* à M. de Coulanges, 26 avril 1695.

Eux-mêmes (les impies), au contraire, s'étonneront comment ils ne voyoient pas que cette publique impunité les *avertissoit* hautement *de* l'extrême rigueur de ce dernier jour.

BOSSUET, *Sermons : Sur la Providence*.

Les poules, animal d'ailleurs simple et niais, semblent appeler leurs petits égarés et *avertir* leurs compagnes, par un certain cri, *du* grain qu'elles ont trouvé.

LE MÊME, *De la Connoissance de Dieu et de soi-même*, c. 5.

La force de la coutume est douce, et on n'a pas besoin d'*être averti de* son devoir depuis qu'elle commence à nous en avertir d'elle-même.

LE MÊME, *De l'Instruction de Mgr le Dauphin*.

Bien loin de leur faire voir leur perte infaillible, à peine les *avertit*-on *de* leur danger.

FLÉCHIER, *Oraison funèbre de Mme de Montausier*.

Il y a certaines pratiques de dévotion courtes et faciles, qui ne sont point à charge aux jeunes gens, mais qui les *avertissent de* plusieurs devoirs qu'on néglige.

ROLLIN, *Traité des Études*, liv. VIII, IIe part., c. 1, art. 5.

Personne n'osait *avertir* Henri *de* sa fin prochaine, parce qu'il avait fait statuer quelques années auparavant par le parlement que c'était un crime de haute trahison de prédire la mort du souverain.

VOLTAIRE, *Essai sur les mœurs*, c. 135 Du roi Henri VIII.

Le sens de l'odorat est au goût ce que celui de la vue est au toucher : il le prévient, il l'*avertit de* la manière dont telle ou telle substance doit l'affecter.

J.-J. ROUSSEAU, *Émile*.

Au milieu des superbes portiques, asile de tant de merveilles, il y a des fontaines qui coulent sans cesse, et vous *avertissent* doucement *des* heures qui passoient de même, il y a deux mille ans, quand les artistes de ces chefs-d'œuvre existoient encore.

Mme DE STAEL, *Corinne*, liv. VIII, c. 2, § 10.

Ce sont ceux que nous revoyons tout à coup, après les avoir perdus quelques années de vue, qui nous *avertissent de* la vitesse avec laquelle s'écoule le fleuve de nos jours.

BERNARDIN DE SAINT-PIERRE, *Paul et Virginie*.

Messeigneurs, *adverti* je suis
D'une besoigne très doubteuse,
Par quoy bien dire je vous puis
Que nous peut estre dommageuse.

Le Mistere du siege d'Orleans, v. 15952.

L'Orient de leurs noms *fut* à peine *averti*
Qu'il fit Vespasian chef d'un plus fort parti.

CORNEILLE, *Tite et Bérénice*, I, 1.

Soit d'un verbe à l'infinitif :

Aussi le jeune homme lisant ce que Thersites un plaisant, ou Sisiphus un amoureux desbaucheur de filles... va disant ou faisant, *soit* instruict et *adverty de* louer l'art et la suffisance de celuy qui les a bien sceu naïvement représenter, mais au demourant de blasmer et détester les conditions qu'il représente.

AMYOT, trad. de Plutarque, *Œuvres morales*.

La vieillesse nous *avertit de* plier bagage.

MALHERBE, trad. de Sénèque, *Épîtres*, XIX.

Une ennuyeuse et chagrine maladie, qui le minoit peu à peu, l'*avertissoit de* penser à la mort.

MÉZERAY, *Histoire de France : Charles-Martel*.

Le rouge au visage et le feu aux yeux sont un signe de la colère, comme l'éclair qui nous *avertit* d'éviter la foudre.

BOSSUET, *De la connoissance de Dieu et de soi-même*, c. 5, art. 5.

Il commence par des choses que j'ai censurées moi-même et auxquelles, pour ainsi dire, *j'ai averti de* s'ennoyer.

La Motte, Réflexions sur la critique, IIe part., t. III, p. 183.

A ces paroles, je sentis un trouble de joie du grand spectacle qui s'alloit passer en ma présence, qui *m'avertit de* redoubler mon attention sur moi.

Saint-Simon, Mémoires, 1718.

Nous ne parlons que d'après les Anglais revenus de Madras, qui n'avaient nul intérêt de nous déguiser la vérité. Quand les étrangers estiment un ennemi, il semble qu'ils *avertissent* ses compatriotes *de* lui rendre justice.

Voltaire, Fragments sur l'Inde et le général Lalli, art. 111. Sommaire des actions de la Bourdonnais.

Vous voulez passer pour de beaux esprits, vous cessez d'être pasteurs; vous *avertissez* le monde *de* ne plus respecter votre caractère.

Le même, Honnêtetés littéraires, XXII.

Ce parent-là étoit différent, je ne trouvois pas que mon attendrissement pour lui fût si honnête; il se passoit entre lui et moi je ne sais quoi de trop doux qui *m'avertissoit d'*être moins libre, et qui lui en imposoit à lui-même.

Marivaux, la Vie de Marianne, 10e partie.

Moy, comme *de* me battre on me vient *d'avertir*,
Une autre porte est là par où je puis sortir.

Poisson, le Poète basque, sc. 4.

Souffrez quelques froideurs sans les faire éclater;
Et n'*avertissez* point la cour *de* vous quitter.

Racine, Britannicus, I, 2.

Avertir est souvent accompagné du pronom *en* :

M. de Burie, qui à sa venue a recongnu ce langaige et trouvé toute menterie, a esté d'opinion que je vous *en* devois *advertir*.

La reine de Navarre, Lettres; CXLII, à François Ier, avant juin 1546.

Vous ne m'avez point écrit le dernier ordinaire; vous deviez m'*en avertir* pour m'y préparer.

Mme de Sévigné, Lettres; à Mme de Grignan 1er juillet 1672.

La bonne princesse (de Tarente) me vint voir sans m'*en avertir*, pour supprimer la sottise des fricassées.

La même, même ouvrage, 21 juillet 1680.

Je n'eus pas beaucoup de peine à lui faire sentir (au chevalier de Chaumont) que, par aventure, je pourrois lui être bon à quelque chose : depuis ce jour-là il ne crache plus sans m'*en avertir*.

Choisy, Mémoires, V.

Les princes sont des hommes, ils peuvent se tromper; ils peuvent être trompés : leur sagesse est de vouloir *en* être *avertis*.

Le Présid. Hénault, Histoire de France, IIIe part.

Dieu parla encore à Mosé et à Aaron, disant : Quand vous serez en Canaan, s'il se trouve un bâtiment infecté de lèpre, le maître de la maison *en avertira* le prêtre.

Voltaire, Ancien Testament. Lévitique.

Avertir que :

Le pilote nous *advertit que* c'estoyent lanternes des guets, lesquelles autour de la banlieue descouvroyent le pays

Rabelais, Pantagruel, V, 32.

Elle se desroba un peu de nous pour dire tout bellement à son lasquais qu'il *advertist* à nostre logis *que* nous n'y d*is*nerions pas.

Théophile, Fragments d'une Histoire comique, c. 5.

Ce qu'il a de mauvais eût pu être corrigé en un moment si on l'eût *averti qu'il* faisoit trop d'histoires, et qu'il parloit trop de soi.

Pascal, Pensées.

Je vous *avertis*, ma très chère, *que* vous n'aimez point à lire, et que votre fils tient cela de vous.

Mme de Sévigné, Lettres; à Mme de Grignan, Noël 1689.

Le maréchal de Choiseul a exécuté vos ordres; c'est une vérité, je ne le vois plus; il dit qu'on l'*a averti qu'il* se rendoit ridicule par aller souvent chez des femmes.

Mme de Coulanges, Lettres; à Mme de Sévigné, 10 décembre 1694.

L'Apôtre *avertit* Timothée *que* le désir des richesses est la racine de tous les maux.

Bossuet, Panégyrique de saint Bernard.

Les inscriptions des Pyramides n'étoient pas moins nobles que l'ouvrage; elles parloient aux spectateurs. Une de ces pyramides, bâtie de brique, *avertissoit* par son titre *qu'*on se gardât bien de la comparer aux autres, et « qu'elle étoit autant au-dessus de toutes les pyramides que Jupiter étoit au-dessus de tous les dieux ».

Le même, Discours sur l'Histoire universelle, III, 3.

Je vous *avertirai que* le monde est une figure trompeuse qui passe, et que vos richesses, vos plaisirs, vos honneurs passent avec lui.

Fléchier, Oraison funèbre de Mme de Montausier.

Les premiers gentilshommes de la chambre eurent encore une dispute avec les maîtres d'hôtel du roi, à qui l'*avertiroit que* sa viande étoit servie.

Saint-Simon, Mémoires, 1717.

La célébration des fêtes de Noël et de Pâques *avertira* toujours les hommes les plus grossiers *que* Jésus-Christ est né pour notre salut, *qu'il* est mort et ressuscité.

FLEURY, *Discours sur l'Histoire ecclésiastique*, III, § 23.

Quand Poniatowski, le confident et le compagnon de Charles XII, vint complimenter ce vizir sur sa nouvelle dignité, il lui dit : « Païen, je t'*avertis qu'*à la première intrigue que tu voudras tramer, je te ferai jeter dans la mer, une pierre au cou. »

VOLTAIRE, *Histoire de Pierre le Grand*, XIᵉ part., c. 11.

J'ai ouï dire à un seigneur anglais qu'il avait vu une lettre du seigneur Polus ou de la Pole, depuis cardinal, à ce pape, dans laquelle, en le félicitant sur ce qu'il étendait le progrès des sciences en Europe, il l'*avertissait qu'*il était dangereux de rendre les hommes trop savants.

LE MÊME, *Essai sur les mœurs*, c. 123. De Léon X et de l'Église

Un ministre malhabile veut toujours vous *avertir que* vous êtes esclaves.

MONTESQUIEU, *Esprit des Lois*, XII, 25.

Un instinct invincible *avertit* les gouvernements *que* la force ne fonde pas un droit, et que, s'ils n'avaient pour origine que la force, le droit ne pourrait jamais en sortir.

GUIZOT, *Histoire de la civilisation en Europe*, 3ᵉ leçon.

De l'œil Amphitryon a semblé m'*avertir*
Que je l'obligerois de... — De quoi ? — De sortir.

ROTROU, *les Sosies*, III.

Quand d'un argent commun toute seule on dispose,
On devroit *avertir qu'*on le prend, mais on n'ose.

DUFRESNY, *le Dédit*, sc. 10.

AVERTI, IE, participe.

L'on n'eust jamais le moindre vent de ceste entreprise dans le temps de M. le cardinal de Richelieu qui a esté le ministre du monde le mieux *adverti*.

LE CARDINAL DE RETZ, *Mémoires*.

Sous un prince habile et bien *averti*, personne n'ose mal faire.

BOSSUET, *Politique tirée de l'Écriture sainte*.

Anne, *avertie* de loin par un mal aussi cruel qu'irrémédiable, vit avancer la mort à pas lents, et sous la figure qui lui avoit toujours paru la plus affreuse.

LE MÊME, *Oraison funèbre de Marie-Thérèse*.

De Mesmes, bien éveillé, bien *averti*, avoit tourné vers cette première charge de la robe (la charge de chancelier) une gueule béante.

SAINT-SIMON, *Mémoires*, 1714.

Je crois que vous voilà bien dûment *averti*.

DESTOUCHES, *l'Irrésolu*, IV, 4.

Tenir, rendre averti :

Je luy parlois (à la reine Catherine de Médicis) toujours de mon frère, et le *tenois* luy *adverty* de tout ce qui se passoit avec tant de fidélité que je ne respirois autre chose que sa volonté.

MARGUERITE DE VALOIS, *Mémoires*, p. 16.

J'ai commandé de vous *tenir advertis* du progrès de sa négociation.

HENRI IV, *Lettres*, mai 1585.

Je ne puis que faire des compliments de bienséance qui n'engagent à rien, et observer ce qui se passera pour *tenir* Votre Majesté *avertie* du cours des affaires.

L'ARCHEVÊQUE D'EMBRUN à Louis XIV, 14 septembre 1665. (Voyez MIGNET, *Succession d'Espagne*, t. I, p. 375.)

...Enfin les douleurs d'une contrainte extrême
L'ont réduite à vouloir se servir de moi-même,
Pour vous *rendre averti*, comme je vous ai dit,
Qu'à tout autre que moi son cœur est interdit.

MOLIÈRE, *l'École des maris*, II, 2.

Se tenir pour averti :

Il (le roi de Prusse) *se tenoit pour* bien *averti* que le landgrave de Hesse agissoit pour obtenir de la Suède que le roi d'Angleterre conservât Bremen et Verden.

SAINT-SIMON, *Mémoires*, 1717.

Pas averti. Terme de manège.

Un *pas averti*, ou un pas écouté, est un pas d'école réglé et soutenu. Vous avez bien remarqué que mon cheval a toujours marché un *pas averty*. M. de la Broue disoit un pas racolt dans le même sens, ce qui n'est plus en usage.

GUILLET, *les Arts de l'homme d'épée*, 1680.

Proverbialement, *Un bon averti en vaut deux :*

On dit que l'homme surpris est à demi battu, et, au contraire, *un averti en vaut deux.*

CHARRON, *De la sagesse*, liv. II, c. 7.

AVERTISSEMENT, s. m. Avis qu'on donne à quelqu'un de quelque chose afin qu'il y prenne garde.

Ung peu d'*advertissement* sert aucunes fois.

COMMINES, *Mémoires*, c. 1.

Je vous suivray, protestant que si j'ay *advertissement* qu'elle use de sort ou enchantement en ses responses, je vous laisseray à la porte, et plus de moy accompaigné ne serez.

RABELAIS, *Pantagruel*, III, 16.

Quelques-uns tiennent que Dieu a en particulière protection les grands, et qu'aux esprits où il reluit quelque excellence non commune, il leur donne, par des bons génies, quelques secrets *advertissemens* des accidens qui leur sont préparez ou en bien ou en mal.

MARGUERITE DE VALOIS, *Mémoires*, p. 42.

De l'obeïssance que chascun, sans autre *advertissement* que de son naturel, porte à ses père et mère, tous les hommes en sont tesmoings, chascun en soy et pour soy.

LA BOETIE, *Discours de la servitude volontaire*.

Et eust-on dit qu'elle dormoit si les yeux ternis et le sang perdu par les playes n'eussent donné *advertissement* d'une certaine mort.

JACQUES YVER, *le Printemps d'Yver*, 1598, p. 122.

Il faut supposer que la langue des *avertissements* est une particulière; qu'on ne s'y exprime qu'à demy; que ce ne sont que réticences perpétuelles, et qu'à moins que d'y suppléer et d'entendre à demy-mot, on est trompé par ceux mesmes qui s'efforcent de nous détromper.

NICOLE, t. III, 1er traité, IIe part., c. 12.

Tous les plus grands personnages sont alarmés, et croient fermement que le ciel, bien occupé de leur perte, en donne des *avertissements* par cette comète.

Mme DE SÉVIGNÉ, *Lettres;* au comte de Bussy, 2 janvier 1681.

Luther regarde la croix qu'on mettoit entre les mains des mourants comme un monument de piété et comme un salutaire *avertissement* qui nous rappeloit dans l'esprit la mort et la passion de Jésus-Christ.

BOSSUET, *Histoire des variations des églises protestantes*, liv. III, no 60.

Sous Anysis l'aveugle, l'Éthiopien Sabacon envahit le royaume... Jamais on ne vit une modération pareille à la sienne, puisque, après cinquante ans d'un règne heureux, il retourna en Éthiopie, pour obéir à des *avertissements* qu'il crut divins.

LE MÊME, *Discours sur l'Histoire universelle*, III, 3.

La Providence divine pouvoit-elle nous mettre en vue ni de plus près ni plus fortement la vanité des choses humaines? Et si nos cœurs s'endurcissent après un *avertissement* si sensible, que lui reste-t-il autre chose que de nous frapper nous-mêmes sans miséricorde?

LE MÊME, *Oraison funèbre de la duchesse d'Orléans*.

Nous l'avons vue, sur un simple *avertissement*, pratiquer à la rigueur toute l'austérité des jeûnes et des abstinences.

FLÉCHIER, *Oraison funèbre de Marie-Thérèse*.

Tant d'efforts réitérés pour tromper le public, tant d'empressement à acheter un livre tout défiguré, sont des *avertissemens* que le fond de l'ouvrage n'est pas sans utilité, et m'imposent le devoir de le publier un jour moi-même,

VOLTAIRE, *Fragments sur l'Histoire*, art. XXVIII.
à l'occasion du Siècle de Louis XIV.

Il fut relégué à sa maison de Conflans à trois quarts de lieue de la ville; exil doux qui ressembloit plus à un *avertissement* paternel qu'à une punition.

LE MÊME, *Précis du siècle de Louis XV*.

Que sont toutes les sensations, sinon un *avertissement* éternel pour l'âme qu'elle existe? Peut-elle sortir hors d'elle-même, sans y rentrer à chaque instant par la pensée?

THOMAS, *Éloge de Descartes*.

Le peuple, accoutumé à regarder certains phénomènes comme des *avertissements* du ciel, sévissoit contre les philosophes qui vouloient lui ôter des mains cette branche de superstition.

BARTHÉLEMY, *Voyage de la Grèce*. Introduction, IIe part.

J'ai éprouvé plus d'une fois que les songes sont des *avertissemens* que nous donne quelque intelligence qui s'intéresse à nous.

BERNARDIN DE SAINT-PIERRE, *Paul et Virginie*.

Les sentiments habituels de l'âme laissent une trace remarquable sur le visage; grâce à cet *avertissement* de la nature, il n'y a point de dissimulation complète dans le monde.

Mme DE STAEL, *Delphine*, Ire part., lettre VII.

Inutile Cassandre, j'ai assez fatigué le trône et la patrie de mes *avertissements* dédaignés.

CHATEAUBRIAND, *Mémoires d'outre-tombe*, t. VII, p. 385.

AVERTISSEMENT est particulièrement le titre qu'on donne à une espèce de petite préface, mise à la tête d'un livre.

C'est par ce moyen qu'il (le Père Le Moine) « enseigne la vertu et la philosophie chrétienne », selon le dessein qu'il en avoit dans cet ouvrage (la Dévotion aisée) comme il le déclare dans l'*avertissement*.

PASCAL, *Provinciales*, IX.

L'auteur d'une pièce croit qu'on a les yeux sur lui comme il les a sur lui-même : voilà l'origine des *avertissements*.

SEDAINE, *le Roi et le Fermier*, Avertissement de l'auteur.

M. l'abbé Raynal nous dit, dans son *avertissement*, qu'il a fait ses efforts pour se corriger de ses défauts.

GRIMM, *Correspondance*, 1753.

AVERTISSEMENT, en terme de droit :

En fait de proces, *aduertissemens*, ce sont les escriptures que les parties baillent esquelles sont desduits les moyens et raisons tant de fait que de droit, dont lesdites parties prétendent respectivement les juges devoir estre bien advertis et instruits chacune pour obtenir adjudication de ses fins et conclusions et emporter gain de cause.

NICOT, *Thrésor de la langue françoyse.*

Il se dit des Avis à comparaître devant différentes juridictions et particulièrement de ceux qui sont adressés par les percepteurs des impôts aux contribuables.

Billet d'avertissement, convocation.

Je me levai avant six heures, et peu après je reçus mon *billet d'avertissement* pour le lit de justice.

SAINT-SIMON, *Mémoires,* 1718.

AVERTISSEMENT, sous le second Empire, avis donné à un journaliste qu'un de ses articles avait déplu à l'autorité, et qu'un autre article qui attirerait un second avertissement pourrait faire supprimer le journal.

Un journal peut être suspendu par décision ministérielle, alors même qu'il n'a été l'objet d'aucune condamnation, mais après *deux avertissements* motivés et pendant un temps qui ne pourra excéder deux mois.

Décret organique sur la Presse, du 17 février 1852, art. 32.

AVERTISSEUR, s. m. Celui qui avertit.

Ce prince donc achevoit sa chasse, il avoit couru dès le soleil levant, quand il trouva ses chevaux au faubourg de Senlis qui avoient repeu; à l'abord il demande à son *avertisseur :* Qu'y a-t-il?

D'AUBIGNÉ, *Histoire universelle,* t. II, liv. II, c. 18.

Quelques-uns ont mis le duc de Maienne au nombre des *avertisseurs,* mais après une bonne perquisition on a trouvé que non.

LE MÊME, même ouvrage, t. III, liv. II, c. 14.

Si *l'advertisseur* n'y présente quant et quant le remede et son secours, c'est un advertissement injurieux.

MONTAIGNE, *Essais,* III, 5.

AVERTISSEUR désigne, en termes de théâtre, un employé chargé d'avertir les comédiens du moment de leur entrée en scène. Cet emploi n'existe guère qu'à la Comédie française.

AVETTE, s. f. Abeille.

L'herbe que nous appellons thym n'a pas telles marques, aussi n'est-ce pas elle à qui ce nom de thym puisse convenir, c'est à sçauoir duquel les *avettes* recueillent l'excellent miel pres d'Athènes au mont Hymettus, et en Sicile au mont Hybla, et lequel les autheurs pour ceste raison appellent Atticum et Hyblæum.

PIERRE BELON, *Observations de plusieurs singularitez de divers pays estranges,* liv. I, c. 2.

Le petit enfant Amour
Cueilloit des fleurs à l'entour
D'une ruche, où les *avettes*
Font leurs petites logettes.

RONSARD, *Odes,* IV, 16.

Le larron Amour
Déroboit un jour
Le miel aux ruchettes
Des blondes *avettes.*

BAÏF, *les Passetemps,* I.

Déjà la diligente *avette*
Boit la marjolaine et le thym.

THÉOPHILE, *le Matin,* ode.

AVEU. Voyez après AVOUER.

AVEUGLE, adj. des deux genres. Qui est privé de l'usage de la vue.

Depuis celle eure que Godefrois de Bouillon et la baronnie de France orent conquise Antioche et Jherusalem... n'orent crestien victoire contre Sarrezins en la terre de Surie fors seulement d'Acre... et de Constantinoble que li dus de Venise conquist qui estoit *avules.*

Récits d'un ménestrel de Reims au XIIIe *siècle,* publiés par N. de WAILLY, p. 1.

Quoiqu'il fût là armé et en grand arroy, si ne veoit-il goute et étoit *aveugle.*

FROISSART, *Chroniques,* liv. I, Ire part., c. 288.

Celuy-là s'y entendoit, ce me semble, qui dit qu'un bon mariage se dressoit d'une femme *aveugle* avec un mary sourd.

MONTAIGNE, *Essais,* II, 5.

Il (Joachim d'Estaing, évêque de Clermont) saluoit toutes les dames plus que paternellement, et mesurant avec sa main leur visage, il rendoit compte de ce qu'elles étoient, et ne se trompoit pas sur le jugement de leur beauté, quelque *aveugle* qu'il fût.

FLÉCHIER, *Mémoires sur les grands jours de* 1665, p. 123.

O que tu es fier, bonhomme *aveugle!* tu te prévaux de ma mort.

FÉNELON, *Dialogues des morts :* Achille et Homère.

Je suis plus vieux que Milton et je suis presque aussi *aveugle* que lui.

VOLTAIRE, *Lettres,* 26 février 1767.

Ton père étoit *aveugle* et jouoit du hautbois.

BOURSAULT, *le Mercure galant,* V, 7.

AVEUGLE, au figuré, en parlant des personnes :

C'est vne autre Lamie, laquelle en maisons estranges, en public, entre le commun peuple, voyant plus pénetramment qu'vn Oince, en sa maison propre estoit plus *aveugle* qu'une taulpe.

RABELAIS, *Pantagruel,* III, 25.

Ce qui me surprend, c'est que les princes et les grands du royaume, qui, pour leurs intérêts, doivent être plus clairvoyants que le vulgaire, furent les plus *aveugles.*

CARDINAL DE RETZ, *Mémoires,* II.

Ne vouloir pas qu'on vous loue de cette action, c'est vouloir qu'on soit *aveugle* ou méconnoissant.

BOSSUET, *Sermons :* Sur l'honneur du monde.

Chacun est éclairé pour reprendre, et *aveugle* quand il s'agit de se corriger et de se reconnoître.

LE MÊME, *Méditations sur l'Évangile.*

Celui qui compte Dieu pour rien devient *aveugle,* ignorant, foible, impuissant, injuste, mauvais, captif du plaisir, ennemi de la vérité.

LE MÊME, *Traité de la concupiscence,* c. 13.

Si on admire tant les philosophes parce qu'ils découvrent une petite partie de cette sagesse qui a tout fait, il faut être bien *aveugle* pour ne pas l'admirer elle-même.

FÉNELON, *Traité de l'existence de Dieu,* Ire part., c. 5.

Il n'est personne qui ne soit *aveugle* à certains égards, et qui ne se séduise soi-même par quelque endroit.

MASSILLON, *Carême,* t. I, p. 379.

Il (Condé) se hâta d'aller dans cette ville jouir de sa gloire et des dispositions favorable d'un peuple *aveugle.*

LE MÊME, *Siècle de Louis XIV,* c. 5.

Nous sommes si *aveugles,* que nous ne savons quand nous devons nous affliger ou nous réjouir.

MONTESQUIEU, *Lettres persanes,* XL.

Aveugle et sans raison je confonds toute chose.

RÉGNIER, *Elégie,* II.

Et si ses traits (l'Amour) ont eu la force d'entamer
Les cœurs de Pluton et d'Hercule,
Il n'est pas inconvénient
Qu'étant *aveugle,* étourdi, téméraire,
Il se blesse en les maniant.

LA FONTAINE, *Psyché,* I.

J'étois *aveugle* alors : mes yeux se sont ouverts.

RACINE, *Andromaque,* III, 6.

Ignorant le danger, *aveugles,* furieux,
Le cor excite au loin leur instinct belliqueux.

VOLTAIRE, *Henriade,* VIII.

Je le déclare donc, je restitue aux belles
Un cœur qui trop longtemps fut *aveugle* pour elles.

COLLIN D'HARLEVILLE, *l'Inconstant,* IV, 12.

Aveugle est très souvent employé au figuré avec des noms, des choses et des substantifs abstraits.

C'est la fortune, traîtresse et *aveugle* quell'est, qui, amprès m'avoir repeu assez de vent, m'a quicté et s'est mocquée de moy.

BRANTÔME, *Grands Capitaines françois.* Des couronnels françois, t. V, p. 396.

Il ne faut pas se fier à cette félicité *aveugle* qui les a guidés.

BALZAC, *Aristippe,* discours II.

Ils sont souvent instrumens aveugles et sans connoissance, de l'intérêt ou de la passion d'autrui.

LE MÊME, même ouvrage, discours III.

Ces mesmes gents passèrent tout d'un coup, et sans sçavoir pourquoi, de la peur mesme bien fondée à l'*aveugle* fureur.

LE CARDINAL DE RETZ, *Mémoires.*

La fortune ne paroît jamais si *aveugle* qu'à ceux à qui elle ne fait pas de bien.

LA ROCHEFOUCAULD, *Maximes,* CCCXCII.

S'ils (les Pères Jésuites) s'emportent seulement contre les repréhensions, et non pas contre les choses qu'on a reprises, en vérité, mes Pères, je ne m'empêcherai jamais de leur dire qu'ils sont grossièrement abusés, et que leur zèle est bien *aveugle.*

PASCAL, *Provinciales,* XI.

Nous nous sommes attachés à nous-mêmes, et c'est dans ce malheureux et *aveugle* amour que consiste la tache originelle.

BOSSUET, *Traité de la concupiscence,* c. 32.

Connoissons que tant de parties où nous ne voyons qu'une impétuosité *aveugle,* ne pourroient pas concourir à cette fin si elles n'étoient tout ensemble et dirigées et formées par une cause intelligente.

> BOSSUET, *De la connoissance de Dieu et de soi-même*, c. 4, art. 2.

Que la réforme est *aveugle*, qui, pour donner de l'horreur des pratiques de l'Église, les appelle des idolâtries !

> LE MÊME, *Histoire des variations des églises protestantes*, liv. VII, n° 107.

Il ne lui est plus permis d'avoir d'autre sentiment que celui d'une humble et d'une *aveugle* soumission.

> BOURDALOUE, *Sermon sur la prière de Jésus-Christ.*

La conscience *aveugle* et corrompue ne l'emporte jamais tellement sur la saine conscience, que celle-ci, quoique d'une voix foible, ne réclame encore contre le mal que nous faisons.

> LE MÊME, *Carême : Sermon sur le jugement de Dieu.*

Ne vous figurez pas de ces élévations soudaines que produit quelquefois dans les États l'heureuse ambition des sujets ou l'*aveugle* faveur des princes.

> FLÉCHIER, *Oraison funèbre de Le Tellier.*

Au lieu d'y trouver (dans les couvents) le soulagement de ses maux, on y trouve la dureté d'une obéissance *aveugle* en des choses inutiles commandées, en des choses innocentes défendues.

> SAINT-EVREMONT, *De la Retraite.*

Toute la vie du roy Jean est la plus illustre preuve que je trouve dans toute nostre histoire, pour monstrer que les vertus sont *aveugles* sans la prudence.

> MÉZERAY, *Histoire de France : Jean.*

La volonté est une puissance *aveugle*, qui ne peut se porter qu'aux choses que l'entendement lui représente.

> MALEBRANCHE, *Recherche de la vérité*, liv. I, c. 1, § 2.

Non, un sculpteur ne fit jamais cette statue... Vous croiriez, il est vrai, que cette figure marche, qu'elle vit, qu'elle pense et qu'elle va parler; mais elle ne doit rien à l'art, et c'est un coup *aveugle* du hasard qui l'a si bien finie et placée.

> FÉNELON, *Traité de l'existence de Dieu*, 1re part., c. 1.

Non, mon cher Mentor, ce n'est point une passion *aveugle* comme celle dont vous m'avez guéri dans l'isle de Calypso.

> LE MÊME, *Télémaque*, XXII.

Nous sommes nés dans un siècle où la généreuse liberté de nos pères est traitée d'indiscrétion, où le zèle du bien public passe pour l'effet d'un chagrin *aveugle* et d'une liberté téméraire.

> D'AGUESSEAU, *Mercuriales*, t. I, p. 59.

Il (Quintilien) regarde l'*aveugle* indolence des pères et des mères à l'égard de leurs enfants... comme la source de tous les désordres.

> ROLLIN, *Traité des Études*, Discours préliminaire.

Périclès ne suivit pas l'ardeur *aveugle* du peuple qui formoit de grands projets, songeoit de nouveau à attaquer l'Égypte et à se soumettre les provinces maritimes de l'empire des Perses.

> LE MÊME, même ouvrage, liv. VI, IIIe part., c. 2, art. 1. Second morceau tiré de l'*Histoire grecque.*

Quelle plus grande absurdité qu'une fatalité *aveugle*, qui auroit produit des êtres intelligents !

> MONTESQUIEU, *Esprit des Lois*, I, 1.

Il pourroit arriver que la loi, qui est en même temps clairvoyante et *aveugle*, seroit en de certains cas trop rigoureuse.

> LE MÊME, même ouvrage, II, 6.

Ce prince (Christiern) combloit ce seigneur (Séverin de Norbi) de bienfaits, pour reconnoître la complaisance *aveugle* qu'il avoit indifféremment pour toutes ses volontés.

> VERTOT, *Révolutions de Suède.*

Il étoit cependant bien éloigné de mépriser les anciens; il les avoit trop lus, pour ne pas connoître et tout ce qu'ils valent et tout ce que nous leur devons, mais son hommage raisonnable et tempéré ne plut pas à ceux qui leur prostituoient un encens *aveugle*; il fut regardé et traité comme impie parce qu'il n'étoit pas superstitieux.

> D'ALEMBERT, *Éloge de Charpentier.*

La nature a si peu laissé ignorer ses lois à ses créatures, qu'elle les force, pour ainsi dire, par des impulsions *aveugles*, mais irrésistibles, à les accomplir.

> GRIMM, *Correspondance*, 1er janvier 1756.

S'il y a quelque chose capable de nous rendre misérable, et de nous faire détester le jour de notre naissance, ce seroit la certitude d'une fatalité *aveugle*.

> LE MÊME, même ouvrage, 1er septembre 1756.

La passion... est rarement aussi *aveugle* que l'amour-propre.

> MARMONTEL, *Éléments de littérature*, Mémoires.

Le respect *aveugle* seroit superstition : la vraie religion suppose au contraire un respect éclairé.

> BUFFON, *Histoire naturelle : Époques de la nature.*

L'attachement des père et mère devient excessif, *aveugle*, idolâtre, et celui de l'enfant reste tiède.

> LE MÊME, même ouvrage.

O Dieux, pourray-je bien sans vous fascher un peu, Suivre les mouvemens de mon *aveugle* feu ?

> THÉOPHILE, *Élégie*

IV.

Et ce dessein d'honneur, qui leur ferme les yeux,
Tout *aveugle* qu'il est, respecte encor les dieux.

         P. Corneille, *Horace*, III, 2.

Il n'est rien qui ne cède à l'ardeur de régner;
Et depuis qu'une fois elle nous inquiète,
La nature est *aveugle*, et la vertu muette.

         Le même, *Nicomède*, II, 1.

Fortune *aveugle* suit *aveugle* hardiesse.

         La Fontaine, *Fables*, X, 14.

Si l'heureux Amurat, secondant leur grand cœur,
Aux champs de Babylone est déclaré vainqueur,
Vous les verrez soumis rapporter dans Bysance
L'exemple d'une *aveugle* et basse obéissance.

         Racine, *Bajazet*, I, 1.

Jadis tous les humains errants à l'avanture
À leur sauvage instinct vivoient abandonnés
Satisfaits d'assouvir de l'*aveugle* nature
     Les besoins effrénés.

         J.-B. Rousseau, *Odes*, II, 10.

A quel propos vouloir donc par caprice
Intervertir l'ordre de sa justice,
Et la tenter par d'*aveugles* regrets,
Ou par des vœux encor plus indiscrets ?

         Le même, *Épîtres*, II, 6.

Va subir du public les jugements fantasques,
D'une cabale *aveugle* essuyer les bourrasques.

         Piron, *la Métromanie*, III, 7.

Oui, l'esprit du Seigneur travaille incessamment
Par l'esprit des mortels, son *aveugle* instrument.

     Lamartine, *Jocelyn*, 2ᵉ époque, 28 février 1793.

Aveugle est quelquefois suivi d'une préposition.

Aveugle à :

Le grand Henry sur tous apparoissant,
Comme un sapin aux montaignes croissant
Passe le fresne aimant la fresche rive,
Ou l'olivier à la perruque vive,
Souillé du sang des souldars estrangers,
Rendra les siens *aveugles aux* dangers.

     J. du Bellay, *Chant triumphal sur le voyage de Boulongne.*

Près de Thunis, sur le bord More,
L'Africain, *aveugle au* danger,
La mer verte en pourpre colore
Au sang du soldat estranger.

     Ronsard, *Odes retranchées*, édit. Blanchemain, t. II, p. 413.

Aveugle dans, en :

Nations opiniastres en vostre mal, et *aveugles en* vostre bien, vous vous laissez emporter devant vous le plus beau et le plus clair de vostre revenu.

     La Boëtie, *Discours de la servitude volontaire.*

Mais puisque tout le monde est *aveugle en* son fait,
Et que dessous la lune il n'est rien de parfait,
Sans plus se contrôler, quant à moi je conseille
Qu'un chacun doucement s'excuse à la pareille.

         Régnier, *Satires*, XV.

Hélas ! j'étois *aveugle en* mes vœux aujourd'hui.

         P. Corneille, *le Cid*, II, 5.

Il (Dieu) ne recherche point, *aveugle en* sa colère,
Sur le fils qui le craint l'impiété du père.

         Racine, *Athalie*, I, 2.

Aveugle dans sa haine, *aveugle en* son amour,
Qui menace et qui craint, règne et sert en un jour.

         Voltaire, *Brutus*, I.

Aveugle sur :

Les nations les plus éclairées et les plus sages, les Chaldéens, les Égyptiens, les Phéniciens, les Grecs, les Romains, étoient les plus ignorants et les plus *aveugles sur* la religion : tant il est vrai qu'il y faut être élevé par une grâce particulière et par une sagesse plus qu'humaine.

     Bossuet, *Discours sur l'Histoire universelle*, II, 16.

Qui dit amoureux dit *aveugle sur* les défauts de ce qu'il aime.

         Dubos, *Réflexions critiques.*

Est-il permis à un époux, à un père d'avoir cette fierté, et d'être sourd à la plainte, *aveugle sur* la misère qui l'entoure ?

         Diderot, *Salon de 1767*, Brehel.

Il vous suffit qu'elle est *aveugle sur* son compte.

         Gresset, *le Méchant*, II, 7.

Aveugle est aussi substantif :

Ke wels-tu, ce dist Nostres Sires à cel *aveule*, ke ju te face ?

     Saint Bernard, *Sermons*, publiés par Leroux de Lincy, p. 558.

Une ville sans cloches est comme un *aveugle* sans baston.

         Rabelais, *Gargantua*, I, 19.

L'obscurité des distinctions et des principes dont ils se servent est cause qu'ils peuvent parler de toutes choses aussi hardiment que s'ils les savoient... en quoi il me semblent pareils à un *aveugle* qui, pour se battre sans désavantage contre un qui voit, l'auroit fait venir dans le fond de quelque cave fort obscure.

Descartes, Discours de la Méthode, VI.

Comment voudroit-il (Jupiter) qu'un *aveugle* comme moi (Plutus) pût trouver un homme de bien, qui est une chose si rare ?

Perrot d'Ablancourt, trad. de Lucien, Timon ou le Misanthrope.

Le cœur est un *aveugle* à qui sont dues toutes nos erreurs.

Saint-Evremont, l'Amitié sans amitié.

Vous ne parlerez point mal au sourd, et vous ne mettrez rien devant l'*aveugle* qui le puisse faire tomber.

Saci, Lévitique, c. 19, v. 14.

Les conseils semblent toujours trop longs aux paresseux ; c'est pourquoi il abandonne tout et s'accoutume à croire quelqu'un qui le mène comme un enfant et comme un *aveugle*.

Bossuet, De la Connoissance de Dieu et de soi-même, c. 1er, art. 16.

C'est lui encore qui entre dans une église et prenant l'*aveugle* qui est collé à la porte pour un pillier et sa tasse pour un bénitier y plonge la main.

La Bruyère, Caractères, c. 11.

Il (le duc de Lauzun) contrefaisoit le sourd et l'*aveugle* pour mieux voir et entendre sans qu'on s'en défiât.

Saint-Simon, Mémoires, 1723.

On dit qu'il y a des *aveugles* qui donnent des coups de pied dans le ventre à ceux qui veulent leur rendre la lumière.

Voltaire, Lettres, 21 décembre 1760.

Vous envoyez, Monsieur, une paire de lunettes à un *aveugle* et un violon à un manchot.

Le même, même ouvrage, 2 février 1762.

Un *aveugle* n'a nulle idée de l'objet matériel qui nous représente les images des corps.

Buffon, Histoire naturelle.

Chez les Péruviens, ni les *aveugles* ni les muets n'étoient dispensés du travail ; les enfants mêmes, dès l'âge de cinq ans, étoient occupés à éplucher le coton et à égrener le maïs.

Marmontel, les Incas.

L'estropié marcha, l'*aveugle* ouvrit les yeux.

Boileau, Satires, XII.

L'*aveugle* environné de l'astre qui nous luit,
Couvert de ses rayons, est toujours dans la nuit,

L. Racine, la Religion, V.

Viens, prophète éloquent, *aveugle* harmonieux...

André Chénier, l'Aveugle.

Au figuré :

Les payens juroient rarement. Les Sarrasins n'osoyent faillir en ce poinct. Et encores maintenant les Turcs s'abstiennent de blaspheme. Certes tous ces peuples se lèveront quelque jour contre les chrestiens, et nommement contre les François, qui ayans plus de connoissance que ces pauvres *aveugles*, ont fait dix fois pis qu'eux.

De la Noue, Discours politiques et militaires, I.

S'il y a rien de clair et d'apparent en la nature, et en quoy il ne soit pas permis de faire l'*aveugle*, c'est cela que Nature, le ministre de Dieu et la gouvernante des hommes, nous a tous faits de mesme forme, et, comme il semble, à mesme moule, afin de nous entrecognoistre tous pour compaignons, ou plus tost freres.

La Boétie, Discours de la servitude volontaire.

On s'étonne de voir des *aveugles* et des endurcis se reconnoître et devenir sensibles aux vérités éternelles.

Bourdaloue, Carême. Sermon sur l'aumône.

Nous ne sommes que des *aveugles* qui marchons à tâtons pour enseigner ensuite le chemin à d'autres.

Voltaire, Philosophie générale.

Ce sont les travaux des astronomes qui nous donnent des yeux, et nous dévoilent la prodigieuse magnificence de ce monde presque uniquement habité par des *aveugles*.

Fontenelle, Éloge de Cassini.

On a appelé *aveugles spirituels* ceux qui ne l'étaient pas corporellement :

N'y a-t-il pas ample matière, non pas de rire, ains plustot de lamenter de celui qui estant *aveugle spirituel* ne pense pas l'estre, et estime ceux qui sont clair-voyans pleins d'aveuglement ?

De la Noue, Discours politiques et militaires, III.

Et *aveugles volontaires*, ceux qui se complaisent dans leur aveuglement :

Parlons d'une autre lumière toujours prête par elle-même à luire au fond de notre âme, et à la rendre toute lumineuse. Qu'arrive-t-il à l'*aveugle volontaire*, qui l'empêche de luire pour lui, sinon de s'enfoncer dans les ténèbres ?

Bossuet, Méditations sur l'Évangile, t. IV.

Monseigneur le prince de Conty... exposa le désir du roy touchant le canal du Rhosne depuis Beaucaire jusqu'à Aigues-Mortes... Ensuite M. de Besons... représenta l'avantage qu'en recevroit la province ; mais cela ne désilla pas les yeux à certains *aveugles volontaires* qui sont toujours meslez dans les grandes compagnies.

L'ARCHEVÊQUE DE TOULOUSE à Colbert, 29 janvier 1663. (Voyez DEPPING, *Négociations administratives sous Louis XIV*, t. I, p. 120.)

Aveugle-né, aveugle de naissance.

Je sçay bien, messieurs, que vous direz que je ne puis parler des sciences que comme les *aveugle-nais* font du soleil et de la lumière.

RACAN, *Harangue à l'Académie.*

A sa parole (de Jésus-Christ) les *aveugles-nés* reçoivent la vue, les morts sortent du tombeau, et les péchés sont remis.

BOSSUET, *Discours sur l'Histoire universelle*, II, 19.

Étoit-ce légèreté de suivre un homme, qui, pour gage de ses promesses, guérissoit devant eux les *aveugles-nés*, et rendoit la vie aux morts de quatre jours ?

BOURDALOUE, *Carême*. Sermon sur la religion chrétienne.

Celui, disoit-il, qui n'a jamais vu cette lumière pure, est aveugle comme un *aveugle-né;* il passe sa vie dans une profonde nuit, comme les peuples que le soleil n'éclaire point pendant plusieurs mois de l'année; il croit être sage, il est insensé; il croit tout voir et il ne voit rien; il meurt n'ayant jamais rien vu.

FÉNELON, *Télémaque*, IV.

On ne va qu'à tâtons sur la machine ronde,
On a les yeux bouchés à la ville, à la cour;
Plutus, la Fortune et l'Amour
Sont trois *aveugles-nés* qui gouvernent le monde.

VOLTAIRE, *Lettres*, CXL.

A L'AVEUGLE, EN AVEUGLE, locutions adverbiales. A la manière d'un aveugle, sans lumières, ou sans réflexion.

A *l'aveugle :*

Je meslois dans mon advis de certains traits qui servirent à me desmeler de la multitude, c'est-à-dire qui me distinguèrent de ceux qui n'opinèrent qu'à *l'aveugle* contre le nom de Mazarin.

CARDINAL DE RETZ, *Mémoires.*

Il fallut se réduire au parti de brousser à *l'aveugle*. C'est le nom que Patru donnoit à nostre manière d'agir.

LE MÊME, même ouvrage.

Les luthériens s'emparèrent de l'esprit d'Herman, et le firent donner à *l'aveugle* dans leurs sentiments.

BOSSUET, *Histoire des variations des églises protestantes*, liv. VIII, n° 2.

Céder à l'autorité de l'Église universelle, ce n'est plus agir à *l'aveugle*, ni se soumettre à des hommes.

BOSSUET, *Histoire des variations des églises protestantes*, liv. XV, n° 169.

On va plus à *l'aveugle*, et l'âme ayant moins de secours, elle est moins blâmable de se laisser vaincre.

LE MÊME, *Sermons :* Sur le péché d'habitude.

O Réforme ! falloit-il, pour comble de témérité, vouloir que chacun soit juge à *l'aveugle ?*

FÉNELON, *Sermons :* Pour la profession d'une religieuse.

Il y a bien des parents qui se déterminent presque à *l'aveugle* sur le choix d'un collège.

ROLLIN, *Traité des Études*, liv. VIII, II° part., c. 1, art. 3.

Et ne voulut (le Père Tellier) que des va-nu-pieds et des valets à tout faire, gens obscurs, à mille lieues d'obtenir ce qu'on leur donnoit, et qui se dévouoient sans réserve aux volontés du confesseur, à *l'aveugle*, et sans même le savoir.

SAINT-SIMON, *Mémoires*, 1710.

Le propriétaire ne fait sa demande qu'à *l'aveugle* et d'après le désir vague d'augmenter son revenu.

TURGOT, *Lettres sur la liberté du commerce des grains*, VI°, 27 novembre 1770.

En aveugle :

Vous ne songez, ma chère fille, qu'à m'ôter mes craintes sur l'état de votre santé... ce qui augmente l'empressement que j'ai de vous voir, c'est pour ne point penser *en aveugle* sur des vérités qui me sont si sensibles

Mme DE SÉVIGNÉ, *Lettres;* à Mme de Grignan, 25 septembre 1680.

C'est ainsi que nous vivons et que nous marchons *en aveugles*, ne sachant où nous allons, prenant pour mauvais ce qui est bon, prenant pour bon ce qui est mauvais, et toujours dans une entière ignorance de nous.

LA MÊME, même ouvrage; à Bussy, 15 décembre 1683.

O Père, ayez pitié de ces insensés qui courent *en aveugles* à leur damnation en riant, en battant des mains, en s'applaudissant les uns aux autres.

BOSSUET, *Sermons :* Sur la Passion de Jésus-Christ, IV.

Quand une fois on a trouvé le moyen de prendre la multitude par l'appât de la liberté, elle suit *en aveugle*, pourvu qu'elle en entende seulement le nom.

LE MÊME, *Oraison funèbre de la reine d'Angleterre.*

L'histoire du prince de la Mirandole n'est que celle d'un écolier plein de génie, parcourant une vaste carrière d'erreurs, et guidé *en aveugle* par des maîtres aveugles.

VOLTAIRE, *Essai sur les mœurs*, c. 109 : De Pic de la Mirandole.

Je veux croire *en aveugle*, étant sous votre empire,
Tout ce que vous aurez la bonté de me dire.

MOLIÈRE, les Fâcheux, I, 5.

La Fortune *en aveugle* ouvre ou ferme la main,
Et puissant aujourd'hui, l'on ne l'est plus demain.

BOURSAULT, Ésope à la cour, II, 5.

Je me livre *en aveugle* au destin qui m'entraîne.

RACINE, Andromaque I, 1.

Fig. *C'est un aveugle qui en conduit un autre*, se dit d'Une personne qui ne montre pas plus de prudence ou d'habileté que celle dont elle s'est chargée de diriger les actions.

Quant *un aveugle maine l'autre*, ce n'est pas de merveille se ils chéent tous deux en une fosse.

Le Ménagier de Paris, 1re distinction, art. 3.

Un *aveugle* peut-il conduire un autre *aveugle*? ne tomberont-ils pas tous deux dans le précipice?

SACI, Évangile de saint Luc, c. 6.

Vous et eux avez un pareil sujet de craindre cette parole de saint Augustin sur celle de Jésus-Christ dans l'Évangile : *Malheur aux aveugles qui conduisent; malheur aux aveugles qui sont conduits!*

PASCAL, Provinciales, XI.

Tous deux tombent dans l'abîme, et *l'aveugle qui mène, et celui qui suit.*

BOSSUET, Méditations sur l'Évangile.

Si *l'aveugle meine l'aveugle,*
Au fossé tous deux tumberont.

BAÏF, Mimes, II.

Prov. *Il n'est pire aveugle que celui qui ne veut pas voir.*

Il n'est pire sourd ny pire *aveugle* aussi
Que celui de voir et d'ouyr n'a souci.

BAÏF, Églogues, XIX.

Prov. *Crier comme un aveugle qui a perdu son bâton,* crier bien fort pour quelque mal léger.

Ayant dit tout cela d'un ton
D'aveugle qui perd son bâton.

SCARRON, Virgile travesti, V.

Prov. et fig. *Au royaume des aveugles les borgnes sont rois.* Les personnes d'un mérite médiocre ne laissent pas de briller lorsqu'elles se trouvent parmi des ignorants ou des sots.

Les femmes ont peu de cervelle; et quand il s'en trouve une qui sait dire quatre mots, on l'admire comme quelque chose de beau, parce que, *au royaume des aveugles, les borgnes sont rois.*

J.-B. ROUSSEAU, la Mandragore, III.

Entre aveugles borgnes sont rois.

BAÏF, Mimes, II.

Juger d'une chose comme un aveugle des couleurs, En juger sans en avoir aucune connaissance.

Alain Chartier, qui fut l'un des premiers de son siècle, n'en *parloit* point *comme aveugle des couleurs.*

EST. PASQUIER, Recherches, III, 29.

Tu ne peux *juger* des beaux endroits, non plus qu'*un aveugle des couleurs.*

PERROT D'ABLANCOURT, trad. de LUCIEN. Contre un ignorant qui faisoit une bibliothèque.

Ils *jugeoient* des affaires de l'État *comme un aveugle des couleurs.*

SOREL, Francion, VI.

Il *parle* de Newton *comme un aveugle des couleurs.*

VOLTAIRE, Correspondance générale.

En style précieux, on a dit *de beaux aveugles* pour désigner des statues.

Des figures de marbre : *De beaux aveugles.*

MÉGASTE (LE PÈRE LEMOINE) en ses Passions. (Voyez SOMAIZE, Dictionnaire des Précieuses, éd. Livet, t. I, p. 102.)

AVEUGLÉMENT, adv. Il ne s'emploie qu'au figuré, et signifie sans réflexion, sans examen.

Elle fut la première à hâter son départ, ne l'aimant pas assez *aveuglément*, pour préférer le plaisir d'être à lui, à son avancement.

SCARRON, le Roman comique.

Aussi-tost on court aux armes, et l'on accuse de trahison Flavianus, sans aucun sujet apparent; mais comme il estoit haï de long-temps, on se portoit *aveuglément* à sa ruine.

PERROT D'ABLANCOURT, trad. de TACITE, Histoire, III, 11.

D'autre part, la colère des mauvais traitements receus, la haine, l'appétit de vengeance, et plus que tout, l'avidité de régner ne pouvant s'éteindre dans cet esprit immodéré, le précipitoient *aveuglément*.

SARAZIN, Conspiration de Valstein.

Ils sont fidèles à leur prince, auquel ils portent grand

respect, et luy obéissent fort *aveuglément,* on ne voit point de Turcs qui trahissent leur prince et qui se rangent du costé des chrestiens.

THÉVENOT, *Voyage de Levant,* c. 44.

Les plus célèbres professeurs ne s'obligent plus à cette servitude de recevoir *aveuglément* tout ce qu'ils trouvent dans ses livres (d'Aristote).

Logique de Port-Royal, 2º discours.

Las d'obéir *aveuglément* à une mère si impérieuse, il (Constantin) tâchoit de l'éloigner des affaires, où elle se maintenoit malgré lui.

BOSSUET, *Discours sur l'Histoire universelle,* I, 11.

Ainsi, il (le marquis de Canillac) agissoit sans crainte, et suivoit *aveuglément* toutes ses passions.

FLÉCHIER, *Mémoires sur les grands jours de* 1665, p. 289.

Le roy Henry estoit devenu *aveuglément* amoureux d'Anne, fille de Thomas de Boulen.

MÉZERAY, *Histoire de France :* François Iᵉʳ.

Pour être fidèle il faut croire *aveuglément,* mais pour être philosophe il faut voir évidemment.

MALLEBRANCHE, *Recherche de la vérité,* liv. I, c. 3, § 2.

Je n'admire point *aveuglément* tout ce qui vient des anciens.

FÉNELON, *Dialogues sur l'éloquence.*

Puisque c'est vous qui le produisez auprès de moi, je le reçois *aveuglément* à mon service.

LE SAGE, *Gil Blas,* III, 3.

Aimez Jésus-Christ comme vous avez aimé le monde, aussi tendrement, aussi vivement, aussi *aveuglément,* pour ainsi dire, aussi souverainement; et que vos passions soient le modèle de votre pénitence.

MASSILLON, *Panégyrique de sainte Magdelaine.*

La plus vile populace fait en ce point la loi aux grands et aux sages; elle compose le plus grand nombre; elle est conduite *aveuglément,* elle est fanatique; et Henry IV n'était pas en état d'imiter Henri VIII et la reine Élisabeth.

VOLTAIRE, *Essai sur les mœurs,* c. 174 : De Henry IV.

On dit croire *aveuglément,* on pourroit dire aussi nier *aveuglément* et l'expression trouveroit son application.

TRUBLET, *Essais de littérature et de morale,* t. II.

Les imprudents amis de la liberté, qui embrassent *aveuglément* des doctrines inflexibles, parlent comme les factions.

ROYER-COLLARD, *Discours.* Loi de sûreté, 14 janvier 1817.

Car puisque la fortune *aveuglément* dispose
De tout, peut-être enfin aurons-nous quelque chose.

RÉGNIER, *Satires,* IV.

Je ne vous ferai point de harangue importune. Choisissez hors des trois, tranchez absolument : Je jure d'obéir, madame, *aveuglément.*

CORNEILLE, *Don Sanche,* I, 1.

A tout ce qu'elle a dit je signe *aveuglément.*

RACINE, *les Plaideurs,* II, 6.

AVEUGLEMENT, s. m. Privation du sens de la vue.

Cela fut cause que Ferrand pilla tout le païs de Manuchiar, et par intelligence qu'il eut avec les Turquomans de Perse gastoit tout le païs, sans l'armée que le roi assembla à Tauris, qui effraia les Turquomans par la prise, *aveuglement,* et mort de leur chef Émir Cham.

D'AUBIGNÉ, *Histoire universelle,* liv. IV, c. 17.

Ce qui suit est une vieille histoire d'Orion aveugle, qui porte quelqu'un, qui luy montre le chemin qu'il doit tenir, pour recouvrer la lumière : et le soleil qui paroist, guérit son *aveuglement.*

PERROT D'ABLANCOURT, trad. de LUCIEN, *Louange d'une maison.*

L'*aveuglement* du corps attire la compassion. Que peut avoir celui de l'esprit pour exciter de la haine ?

SAINT-EVREMONT, *Sur la religion.*

Ne craignez point que je vous rende compte des raisons et des réflexions qui m'amènent à penser ainsi : en faut-il d'autres que la vieillesse et l'*aveuglement* ?

Mᵐᵉ DU DEFFAND, *Lettres,* CLXVI ; à H. Walpole, 27 juillet 1773.

D'où vous vient donc à tous ce grand étonnement ? Est-ce de voir la fin de mon *aveuglement* ?

LE GRAND, *l'Aveugle clairvoyant,* sc. 27.

AVEUGLEMENT est d'un emploi très fréquent au figuré :

En l'*avoglement* ke il ont s'enleecent alsi com en la clarteit de lumière.

Livre de Job, à la suite des *quatre Livres des Rois,* p. 493.

Et te garde fort de vaine plaisance en toy et d'orgueil; car pour ce plusieurs sont cheuz en grans erreurs, et menez en *aveuglemens* presque incurables.

Le Livre de l'internelle consolacion, II, 6.

Ce que i'ay dit qu'aucuns declinent et tombent en superstition par erreur, ne doit pas estre entendu comme si leur simplicité les justifioit de crime, veu que l'*aveuglement* duquel ils sont occupez est quasi tousjours enveloppé en presomption orgueilleuse et en outrecuidance.

CALVIN, *Institution chrestienne,* liv. I, c. 4, § 1.

Le remède du vulgaire, c'est de n'y penser pas (à la mort); mais de quelle brutale stupidité lui peult venir un si grossier *aveuglement*.

MONTAIGNE, *Essais*, I, 19.

S'ils ne jugent pas qu'il est temps de s'élever contre de tels désordres, leur *aveuglement* sera aussi à plaindre que le vôtre.

PASCAL, *Provinciales*, XI.

Non seulement le zèle de ceux qui le cherchent prouve Dieu, mais l'*aveuglement* de ceux qui ne le cherchent pas.

LE MÊME, *Pensées*.

L'empire romain mis à l'encan, et celui des Ottomans exposé tous les jours au cordeau, nous marquent par des caractères bien sanglants, l'*aveuglement* de ceux qui ne font consister l'autorité que dans la force.

CARDINAL DE RETZ, *Mémoires*, II.

J'en oubliay mon mal d'yeux pour songer à celuy de mon âme, et à un plus dangereux *aveuglement*.

PERROT D'ABLANCOURT, trad. de LUCIEN, *Nigrinus*.

Dieu frappa d'*aveuglement* tout ce qui avoit contribué à la rupture d'un mariage aussi solennel que celui de Catherine.

BOSSUET, *Histoire des variations des églises protestantes*, liv. VII, n 24.

Dieu redresse, quand il lui plaît, le sens égaré; et celui qui insultoit à l'*aveuglement* des autres tombe lui-même dans des ténèbres plus épaisses.

LE MÊME, *Discours sur l'Histoire universelle*, III, 8.

C'est donc le dernier des *aveuglements*, avant que notre volonté soit bien ordonnée, de désirer une puissance qui se tournera contre nous-mêmes, et sera fatale à notre bonheur parce qu'elle sera funeste à notre vertu.

LE MÊME, *Sermons* : Contre l'ambition.

Quel est notre *aveuglement*, si, toujours avançant vers notre fin, et plutôt mourants que vivants, nous attendons les derniers soupirs pour prendre les sentiments que la seule pensée de la mort nous devroit inspirer à tous les moments de notre vie ?

LE MÊME, *Oraison funèbre de la duchesse d'Orléans*.

Il y a dans la conscience de l'homme un *aveuglement*, ou affecté par malice, ou formé par négligence.

BOURDALOUE, *Carême* : Sermon sur la parfaite observation de la loi.

Un *aveuglement* volontaire, qu'on s'est fait durant le cours de plusieurs années par la négligence de ses devoirs, forme enfin des ténèbres impénétrables.

FLÉCHIER, *Oraison funèbre de Marie-Thérèse*.

Quelle fut la constance de M. Le Tellier dans ces jours

d'*aveuglement* et de foiblesse, et combien de formes donna-t-il à sa fidélité et à sa prudence !

FLÉCHIER, *Oraison funèbre de Le Tellier*.

Je trouve que l'*aveuglement* des hommes est bien grand d'estimer en moi de médiocres appas, après que les vôtres leur ont paru.

►LA FONTAINE, *Psyché*, II.

Il eut le transport de l'ivresse sans en avoir le trouble et l'*aveuglement*.

FÉNELON, *Télémaque*, XIX.

Quand nous sommes privés de tout principe de guérison, nous ne sentons point le fond de notre mal : c'est l'état d'*aveuglement*, de présomption et d'insensibilité où l'on est livré à soi-même.

LE MÊME, *Lettres spirituelles*, CCVIII.

Elles (les erreurs de Sénèque) sont revêtues dans ces livres d'ornements pompeux et magnifiques, qui leur ouvrent le passage dans la plupart des esprits. Elles y entrent, s'en emparent, elles les étourdissent, elles les aveuglent. Mais elles les aveuglent d'un *aveuglement* superbe, d'un *aveuglement* éblouissant, d'un *aveuglement* accompagné de lueurs, et non d'un *aveuglement* humiliant et plein de ténèbres, qui fait sentir qu'on est aveugle, et qui le fait reconnoître aux autres.

MALEBRANCHE, *Recherche de la vérité*, IIe part., liv. III, c. 4.

L'*aveuglement* est de toutes les peines du péché la plus universelle.

MASSILLON, *Carême* : Sermon sur la Confession.

L'ambition consomme l'*aveuglement* et achève de creuser le précipice.

LE MÊME, *Petit Carême* : Tentation des Grands.

L'esprit de vertige et d'*aveuglement* étoit tellement répandu sur nous depuis très longtemps que l'ineptie étoit un titre de choix et de préférence en tout genre.

SAINT-SIMON, *Mémoires*, 1709.

On ne peut s'empêcher de s'arrêter ici une dernière fois sur Albéroni et sur l'*aveuglement* de souffrir des ecclésiastiques dans les affaires.

LE MÊME, m me ouvrage, 1719.

Jamais les moines n'ont été puissants que par l'*aveuglement* des autres hommes, et les yeux ont commencé à s'ouvrir dans ce siècle.

VOLTAIRE, *Siècle de Louis XIV*.

J'ai ouï plusieurs fois l'*aveuglement* du conseil de François Ier, qui rebuta Christophe Colomb qui lui proposoit es Indes.

MONTESQUIEU, *Esprit des Lois*, XXI, 22.

Je sentis tout le prix de sa générosité; j'en fus touché

jusqu'au point de déplorer l'*aveuglement* d'un amour fatal qui me faisoit violer tous les devoirs.

> PRÉVOST, *Manon Lescaut*, Ire partie.

Nulle part cette imperturbable hardiesse, cet *aveuglement* de la logique qui éclatent dans les civilisations anciennes.

> GUIZOT, *Histoire de la civilisation en Europe*, 2e leçon.

> Adieu, sages parents, de qui les bons advis
> En mon *aveuglement* furent si mal suivis.

> RACAN, *Bergeries*, act. II, sc. 4.

> Mes langueurs, mes douces furies,
> Quel sort, quel Dieu, quel élément,
> Nous ostera l'*aveuglement*
> De vos charmantes resveries ?

> THÉOPHILE, *A Cloris*, Ode.

> Marcelle, avec regret j'espère vainement
> De répandre le jour sur votre *aveuglement*.

> ROTROU, *Saint Genest*, V, 2.

> Tel est d'un cœur épris l'*aveuglement* extrême,
> Il se fait un plaisir de s'abuser lui-même.

> LE FRANC DE POMPIGNAN, *Didon*, II, 1.

> Serions-nous donc pareils au peuple déicide,
> Qui, dans l'*aveuglement* de son orgueil stupide,
> Du sang de son Sauveur teignit Jérusalem ?

> LAMARTINE, *Harmonies*.

Outre le mot *aveuglement*, il y en avait, pour signifier la même chose, plusieurs autres actuellement hors d'usage : AVEUGLERIE, AVEUGLESSE, AVEUGLETÉ, AVEUGLEURE, AVEUGLISSEMENT, AVEUGLOISON. Voyez le *Glossaire* de Sainte-Palaye, et le *Dictionnaire* de M. Godefroy.

AVEUGLETTE (A L'), loc. adv. A tâtons.

> Oh ! de ses tours jamais mon maître ne m'instruit ;
> Tous ses projets pour moi sont une obscure nuit ;
> Car j'y marche à tâtons, je sers à l'*aveuglette*.

> DUFRESNY, *Réconciliation normande*, III, 12.

> Mais croirez-vous que Thémis si discrète,
> Thémis si grave, et qui n'y peut trop voir,
> A ce jeu-là parfois se compromette ?
> Alors Dandin lui serre le mouchoir ;
> Et le mal est qu'allant à l'*aveuglette*
> Aucun ne peut lui crier : Pot au noir !

> LEBRUN, *Épigrammes*, LI.

AVEUGLER, v. a. Rendre aveugle.

> Il semble que tu ignores comme les dieux me firent juge de leur différent, et que Junon m'*aveugla* : mais Jupiter me donna le don de prophétie pour récompense.

> PERROT D'ABLANCOURT, trad. de LUCIEN. *Dialogue de Ménippe et de Tirésias*.

Lors qu'ils furent arrivez au temple de Cerès, quelques-uns d'eux s'y jetterent avec intention de le piller, mais aussi tost il sortit du fond du temple un feu si vif et si reluisant, qu'il *aveugla* ces sacrileges.

> DU RYER, *Supplément de* FREINSHEMIUS *sur* QUINTE-CURCE, liv. II, c. 7.

Le prince de Mingrélie luy fit à l'instant arracher les yeux ; et envoya cette nuit-là même faire savoir à Darejan qu'il tenoit son mary prisonnier, et qu'il l'avoit fait *aveugler*.

> CHARDIN, *Journal du voyage en Perse*, Ire part., c. 126.

L'agitation causée par l'union des rayons dans le cristallin a un point brûlant qui *aveugleroit*, c'est-à-dire brûleroit l'organe de la vision, si on s'opiniâtroit à regarder fixement le soleil.

> BOSSUET, *De la Connoissance de Dieu et de soi-même*, c. 3, art. 98.

A la Chine, on n'a jamais imaginé que la sûreté du trône exigeât de tuer ou d'*aveugler* ses frères et ses neveux.

> VOLTAIRE, *Essai sur les mœurs*.

> ... i. augre du chiel contreval devala ;
> Devant le conte vint, ainc mot ne li sonna ;
> Mez de la grant clarté le bon quens *aveugla*.

> *Doon de Maience*, v. 1882.

> Estreigniés lei si fort que, tout outre son gré,
> Le getés tout envers devant tout mon barné.
> Puis li traiés les iex, s'en avés pooste ;
> Plus en sera courtois, quant l'aron *aveuglé*.

> *Même ouvrage*, v. 9349.

Éblouir, empêcher pour quelque temps la fonction de la vue :

> Les mouches icy m'*aveuglent*.

> RABELAIS, *Gargantua*, I, 36.

Vous m'*avez* maintenant *aveuglé* de la plénitude de votre lumière.

> BALZAC, *Lettres*, VII, 23.

Comme une grande lumière nous *aveugle* et qu'un grand bruit nous assourdit, les grandes douleurs non plus que les grandes joyes ne se sentent point.

> VOITURE, *Histoire d'Alcidalis et de Zélide*.

Ternir, éclipser :

Tes logis tapissez en magnifique arroy,
D'éclat *aveugleront* ceux-là mesme du roy.

RÉGNIER, *Satires*, XVI.

AVEUGLER, au figuré :

Donc fist li prophètes sa uraisun à Nostre-Seignur, si
dist : Sire, sire, *avuglez* tute ceste gent.

Les quatre Livres des Rois, IV, vi, 18.

Par foi, dit li sages, puisque nous ne povons avoir pais
à l'empereeur sans nous destruire, je lo endroit moi que
nous envoions à la pape, et li offrons un si grant tresor
que nous l'en *avulons* tout. Et je connois tant la maniere
de Lombarz et que convoiteus sont de gaaingner par
nature, que nous averons pais parmi le nostre.

Récits d'un ménestrel de Reims au treizième siècle,
publiés par N. DE WAILLY.

Viennent Ire, Envie et Haine, qui *aveuglent* l'âme.

GERSON, *Sermons français*, Pour la fête de la Purification, en 1394 ou 1395. (Voyez *Thèse* de l'abbé
BOURRET, 1858, p. 177.)

Le comte qui ne véoit mie bien clair, car la convoitise
de la chevance l'*aveugloit*, ot conseil, et de lui-même il
ôta Jean Lyon de son office et y mit Gisebrest Mahieu.

FROISSART, *Chroniques*, liv. II, c. 52.

Il est dit que Satan a le monde en sa possession sans
contredit, jusqu'à ce qu'il en soit dejetté par Christ. Item,
qu'il *aueugle* tous ceux qui ne croyent point à l'Evangile.

CALVIN, *Institution chrestienne*, liv. I, c. 14, § 18.

Ayez memoire, ma dame, qu'Amour est aveugle, lequel
aveuglist de sorte, que ou lon pense le chemin plus seur,
est à l'heure qu'il est le plus glissant.

Heptameron, 4e nouvelle.

Ce qui l'*aveugla* le plus en son ambition, ce fut aux
premieres guerres civiles, quand il se vist quasi commander à la moytié de la France.

BRANTÔME, *Grands Capitaines françois* : M. le Prince
de Condé.

Je me plains de sa particulière indiscrétion, de se
laisser si fort piper et *aveugler* à l'authorité de l'usage
présent, qu'il soit capable de changer d'opinion et d'advis
tous les mois, s'il plaist à la coutume.

MONTAIGNE, *Essais*, I, 49.

O que cet ancien parloit bien de la puissance de Dieu
sous le nom de la Fortune quand il disoit : Que lorsqu'elle
a resolu quelque chose elle *aveugle* les esprits des hommes,
de peur qu'ils ne luy rompent son coup.

G. DU VAIR, *De la Constance et consolation ès calamitez
publiques*, liv. I.

IV.

Vous demandez ce que vous pouvez faire pour eux ?
Faites que leur félicité ne les *aveugle* point.

MALHERBE, *Traité des bienfaits* de SÉNÈQUE,
liv. VI, c. 33.

Cette lumière éclaire la simplicité et la soumission du
cœur ; mais elle *aveugle* la vanité et l'élévation de l'esprit.

BALZAC, *Socrate chrétien*, discours XI.

M. de la Rochefoucault faisoit croire à M. le prince de
Conti qu'il le servoit dans sa passion pour madame sa
sœur ; et lui et elle de concert l'*avoient* tellement *aveuglé*
que, plus de quatre ans après, il ne se doubtoit encore de
quoi que ce soit.

CARDINAL DE RETZ, *Mémoires*.

Les grands aident à *aveugler* le reste des hommes, et
ils *s'aveuglent* eux-mesmes après plus dangereusement
que le reste des hommes.

LE MÊME, même ouvrage.

L'intérêt qui *aveugle* les uns, fait la lumière des autres.

LA ROCHEFOUCAULD, *Maximes*, XL.

Ainsi Dieu, disposant toutes choses en faveur de Sa
Majesté pour une si grande conquête (la Franche-
Comté), *aveugla* la cour de Vienne en permettant qu'elle
n'acceptât pas la neutralité.

LE MARQUIS DE POMPONNE, *Mémoires*, II, Suisses.

Vous ne recevrez point de présents, parce qu'ils *aveuglent* les sages même, et qu'ils corrompent les jugements
des justes.

SACI, *Exode*, c. 23, v. 8.

Je suis venu, afin que ceux qui ne voient pas soient
éclairés, et que ces superbes clairvoyants qui s'imaginent
tout voir par eux-mêmes, et sans ma lumière, *soient
aveuglés*.

BOSSUET, *Méditations sur l'Evangile*.

Il (Dieu) connoît la sagesse humaine, toujours courte
par quelque endroit ; il l'éclaire, il étend ses vues, et puis
il l'abandonne à ses ignorances ; il l'*aveugle*, il la précipite ; il la confond par elle-même.

LE MÊME, *Discours sur l'Histoire universelle*, III, 8.

Le fils de Dieu... s'est rendu sensible pour se faire connoître aux hommes charnels et grossiers, Il les a voulu
instruire par ce qui les *aveugloit*.

MALEBRANCHE, *Recherche de la vérité*, liv. V, c. 5.

Les passions *aveuglent* à un tel point non seulement les
peuples sauvages, mais encore les nations qui semblent
les mieux policées qu'elles ne voyent pas la lumière qui
les éclaire.

FÉNELON, *De l'existence de Dieu*.

Villeroy, par cette première lettre de la main du roi, ne

sentit qu'une faveur étonnante dans la situation où il se trouvoit, et cette faveur l'*aveugla*.

SAINT-SIMON, *Mémoires*, 1706.

Les enfants du siècle s'étudient assez à corrompre les grands et à les *aveugler* par le poison continuel des éloges.

MASSILLON, *Discours :* Du zèle contre les scandales.

Pour moi, dit Cicéron dans sa harangue pour Ligarius, si l'on me demande quel est le propre et véritable nom que l'on doit donner à notre malheur, il me semble que c'est une fatale influence qui *a aveuglé* tous les hommes et les a entraînés comme malgré eux.

ROLLIN, *Traité des Études*, liv. IV, c. 3, art. 2, § 6.

Les deux Jésuites périrent du même supplice. Le roi soutint publiquement qu'ils avaient été légitimement condamnés : leur ordre les soutint innocents, et en fit des martyrs. Tel était l'esprit du temps dans tous les pays où les querelles de la religion *aveuglaient* et pervertissaient les hommes.

VOLTAIRE, *Essai sur les mœurs*, c. 179 : De l'Angleterre jusqu'à l'année 1641.

Notre voyage fut long, mais très agréable; la vanité, ce tyran flatteur, qui chaque jour sembloit accroître son pouvoir sur mon cœur sans pouvoir l'*aveugler* entièrement, m'y faisoit trouver des charmes.

MARIVAUX, *le Paysan parvenu*, VIIIe partie.

Le monde est le livre des femmes; quand elles y lisent mal, c'est leur faute, ou quelque passion les *aveugle*.

J.-J. ROUSSEAU, *Émile*.

Ce n'est pas que M. de Montmollin ne soit fin; mais un homme que la colère *aveugle* ne fait plus que des sottises quand il se livre à sa passion.

LE MÊME, *Lettres;* 8 août 1765.

Rien n'est sensible, rien n'est clair pour le vulgaire, et même pour ce vulgaire savant qu'*aveugle* le préjugé.

BUFFON, *Histoire naturelle :* Époques de la nature.

Lesse-li sa roë torner,
Qu'el torne adès sans séjorner
Et siet où milieu comme avugle :
Les uns de richeces *avugle*,
Et d'onors et de dignités;
As autres donne povretés,
Et quand li plaist tout en reporte.

Roman de la Rose, v. 5925.

Chacun veut le monde *aveugler*.

Le Dit de chascun. (Voyez *Poésies françoises des xve et xvie siècles*, t. I, p. 226.)

Et si mon desir n'*eust aveuglé* ma raison,
N'estoit-ce pas assez pour rompre mon voyage ?

J. DU BELLAY, *les Regrets*, XXV.

Quel jour sombre, quel trouble, avec ce jour te roulent
Tes destins, ô Carthage ? et pourquoy ne se soullent
Les grands dieux, qui leur veuë et leurs oreilles sainctes
Aveuglent en nos maux, essourdent en nos plaintes.

JODELLE, *Didon*, I, 1.

Ami, peux-tu penser que d'un zèle frivole
Je me laisse *aveugler* pour une vaine idole,
Pour un fragile bois, que malgré mon secours
Les vers sur son autel consument tous les jours ?

RACINE, *Athalie*, III, 3.

Et tout esprit qu'*aveugle* la fumée
De ce grand rien qu'on nomme Renommée.

J.-B. ROUSSEAU, *Épîtres*, II, 6.

Le bandeau de l'erreur *aveugle* tous les yeux.

VOLTAIRE, *Henriade*, VI.

Son père qu'*aveugla* l'amour de la patrie,
Mourut sur l'échafaud, pour soutenir les droits
Des malheureux Flamands, opprimés par leurs rois.

LE MÊME, même ouvrage, VIII.

Mon désespoir m'*aveugle*, il m'emporte trop loin.

LE MÊME, *Mérope*, II, 2.

En termes de Marine, *aveugler une voie d'eau*, La boucher provisoirement le mieux qu'il est possible, en attendant qu'on puisse la boucher tout à fait. Jal, qui, dans son *Dictionnaire nautique*, ne donne pas d'exemple de cette locution, remarque qu'elle est assez nouvelle. « On ne la trouve, dit-il, ni dans le Dictionnaire de Guillet (1683), ni dans ceux de Desroches (1687) et d'Aubin (1702). Lescallier la recueillit en 1777, et, après lui, l'*Encyclopédie* (1783).

En termes de Guerre, *aveugler une casemate*, Dresser une batterie contre une casemate, pour en démonter le canon et le rendre sans effet.

La batterie commença au ravelin, où ils tirèrent 1 200 coups de canon le premier jour, le despouillèrent de deffences; mais pour ce qu'il n'y en avoit point à l'endroit de la petite casematte de barriques, ils ne la peurent ni faire quitter ni *aveugler*.

D'AUBIGNÉ, *Histoire universelle*, liv. IV, c. 13.

Anciennement, *aveugler* a été employé neutralement au sens de Devenir aveugle :

Il ensevelissoit les mors de sa main; puis *avugla* par le fien d'une arondelle.

BRUNETTO LATINI, *Li Livres dou Tresor*, liv. I, Iʳᵉ part., c. 54.

Le peuple de la ville *aveugloit* et estouffoit d'harquebusades.

D'AUBIGNÉ, *Histoire universelle*, liv. II, c. 4.

AVEUGLER s'emploie avec le pronom personnel ; Au propre :

Ceux qui ne se contentent pas de la lumière abondante des rayons du soleil... ains veulent à plein fond regarder le cercle mesme de son corps en osant se promettre qu'ils pénétreront sa clarté... ils *s'aveuglent*.

AMYOT, trad. de Plutarque, *Œuvres morales*.

Democritus *se aveugla*, moins estimant la perte de sa veue, que diminution de ses contemplations.

RABELAIS, *Pantagruel*, III, 31.

Des yeux trop fixement arrêtés sur le soleil, c'est-à-dire sur le plus visible de tous les objets, et par qui les autres se voient, y souffrent beaucoup, et à la fin *s'y aveugleroient*.

BOSSUET, *De la Connoissance de Dieu et de soi-même*, c. 1ᵉʳ, art. 17.

La grande passion que Démocrite avoit pour l'étude fit enfin qu'il *s'aveugla* lui-même pour se mettre hors d'état de pouvoir s'appliquer à d'autres choses.

FÉNELON, *Vies des philosophes :* Démocrite.

Il m'a semblé d'errer aux infernalles rives,
Où d'une nuict plus noire encore *m'aveuglant*,
J'ay rencontré d'abord un corps pasle et sanglant.

THÉOPHILE, *Pyrame et Thisbé*, IV, 2.

Au figuré :

Il faudroit *s'aveugler* soi-même pour ne pas voir qu'on a toute autre intention que celle qu'on veut donner à entendre.

LOUIS XIV à M. Colbert, 26 décembre 1668. (Voyez MIGNET, *Succession d'Espagne*, t. III, p. 62.)

A ce coup l'artifice est trop grossier; et pour y être surpris, il faudroit vouloir *s'aveugler*.

BOSSUET, *Histoire des variations des églises protestantes*, VII, 35.

La raison est sujette à se prévenir et à *s'aveugler*.

BOURDALOUE, *Carême :* Sermon sur la religion et la probité.

Ne faut-il pas avoir une étrange aversion d'une Provi-dence, pour *s'aveugler* aussi volontairement de peur de la reconnoître ?

MALEBRANCHE, *De la recherche de la vérité*, liv. II : De l'Imagination, Iʳᵉ part., c. 4.

Il fut ordonné par l'édit à tous les ministres qui ne voulaient pas se convertir, de sortir du royaume dans quinze jours. C'était *s'aveugler* que de penser qu'en chassant les pasteurs, une grande partie du troupeau ne suivrait pas.

VOLTAIRE, *Siècle de Louis XIV*, c. 36 : Du Calvinisme.

Il est vrai que cette illusion avoit moins en lui pour principe un amour-propre qui *s'aveugle*, que l'erreur où il étoit de très bonne foi, sur la manière d'être qui lui étoit propre.

D'ALEMBERT, *Eloge de Marivaux*.

Je ne *m'aveugle* point, clairement je le voi,
Lisette me préfère à plus riche que moi.

DUFRESNY, *Coquette de village*, II, 6.

Il est bon quelquefois de *s'aveugler* soi-même.

DESTOUCHES, *le Glorieux*, II, 4.

En ce sens, il peut être suivi de diverses prépositions :

S'aveugler à :

N'est-ce pas donc belle exemple pour ceulx qui sont aujourd'huy appellez aux plus haultz honneurs du monde ? ausquelz ilz *s'aveuglent* tant que (peult estre) ilz en oublient Dieu.

Amadis de Gaule, liv. I, c. 35.

S'aveugler de :

...Pour mon sens remettre en mon cerveau,
Il me faudroit un Astolphe nouveau,
Tant ma raison *s'aveugle de* ma faute.

RONSARD, *Amours*, I, 73.

S'aveugler par :

Les soins qu'il avoit pris lui-même de *s'aveugler par* des lectures dangereuses étoient autant d'engagements qui le lioient à sa communion.

FLÉCHIER, *Oraison funèbre de Montausier*.

Mon esprit, rebuté de ce travail pénible,
Poursuivant un dessein qui n'estoit pas possible,
Craignit de *s'aveugler par* un objet si beau.

THÉOPHILE, *Immortalité de l'âme*.

S'aveugler pour :

Il (le grand Chancelier) convint que s'étant *aveuglé* une

fois *pour* l'Angleterre, il (Bierenclau) s'étoit dévoué. ensuite à tous nos ennemis.

Le marquis de Pomponne, *Mémoires*, I, 9.

S'*aveugler pour* moi par excès d'amitié,
Du plaisir d'être aimé c'est m'ôter la moitié.

Dufresny, *le Faux Sincère*, II, 5.

S'*aveugler sur :*

Le public s'*aveugle* quelquefois *sur* des pièces où il y a de faux brillants, et il n'en connoît le prix qu'après l'impression.

Le Sage, *Gil Blas*, X, 5.

On s'*aveugle sur* sa fortune, *sur* son devoir, *sur* ses intérêts.

Massillon, *Carême* : Sermon sur l'Enfant prodigue.

Mais *sur* elle après tout *je* m'*aveugle* peut-être.

Dufresny, *le Faux Sincère*, IV, 6.

Aveuglé, ée, participe.
Au propre :

C'estoit bien une chose plus pitoyable, repliqua un autre, de voir quinze mille Bulgariens *aueuglez* par un Basilius, apres les avoir vaincus.

Bouchet, *Serées*, II, 19.

Bien sont or mort et *aveglé*...

Rutebeuf, *Œuvres*, t. I, p. 189, éd. Jubinal.

Ils naquirent pour estre infames.
La Fortune, aux yeux *aveuglez*,
Aux mouvemens tous desreglez,
Les a conceus à l'adventure.

Théophile, *Remerciment à Coridon*.

Et qu'*aveuglé* d'éclairs et de bouillonnement
Il ne voit plus que flots...

Lamartine, *Jocelyn*.

Aveuglé, au figuré, en parlant des personnes, dans les différentes acceptions du verbe :

Que gaignerais-je me plaindre à luy, si tu dis qu'il est *aveuglé* en l'amour d'icelle ?

Larrivey, *les Jaloux*, II, 3.

Les jésuites sont si *aveuglés* en leurs erreurs, qu'ils les prennent pour des vérités.

Pascal, *Cinquième factum pour les curés de Paris*.

J'allois voir tous les jours mademoiselle de la Boissière et sa fille, si *aveuglé* de passion que je ne remarquois point la froideur que l'on avoit pour moi.

Scarron, *Roman comique*, I, 15.

Le duc mort, Gauffredy, *aveuglé* d'ambition, et s'imaginant qu'il gouverneroit le fils comme le père, presse pour faire la guerre contre le pape.

Tallemant, *Historiettes* : Gauffredy.

La pluspart des autheurs s'entresuivant les uns les autres, et, ce me semble, *aveuglez* par les Italiens, font faire à Charles une donation si ample qu'elle en est ridicule.

Mézeray, *Histoire de France* : Charlemagne.

Sous Sévère, et un peu après, Tertullien, prêtre de Carthage, éclaira l'Église par ses écrits, la défendit par une admirable Apologétique, et la quitta enfin *aveuglé* par une orgueilleuse sévérité, et séduit par les visions du faux prophète Montanus.

Bossuet, *Discours sur l'Histoire universelle*, I, 10.

Vous pouvez reconnoitre par là, mon cher Mentor, combien cet attachement est différent de la passion dont vous m'avez vu *aveuglé* pour Eucharis.

Fénelon, *Télémaque*, XXII.

L'affaire en elle-même avoit indigné tout ce qui n'étoit pas dévoué aux jésuites ou à la fortune, ou *aveuglé* de l'abus qui se faisoit du jansénisme pour décrier et perdre qui on vouloit.

Saint-Simon, *Mémoires*, 1711.

Il n'est pas bien étonnant que les peuples voisins se réunissent contre les Juifs, qui, dans l'esprit des peuples *aveuglés*, ne pouvaient passer que pour des brigands exécrables, et non pour les instruments sacrés de la vengeance divine et du futur salut du genre humain.

Voltaire, *Essai sur les mœurs*, c. 41 : Des Juifs après Moïse.

Aveuglée par votre amour, vous vous persuadez que tout vous est permis, et cette persuasion-là vous fait mal juger des autres.

Marivaux, *la Vie de Marianne*, XIIe partie.

La duchesse du Maine, transportée et *aveuglée* de fureur, ne s'occupa que de projets de vengeance contre le Régent.

Duclos, *Mémoires secrets sur Louis XIV*. (Voyez *Œuvres*, t. V, p. 286.)

Ces hommes, *aveuglés* par leur bonne foi, manquèrent de politique.

Napoléon, *Mémoires*, t. VI, p. 118.

Maint poète, *aveuglé* d'une telle manie,
En courant à l'honneur court à l'ignominie.

Boileau, *Satires*, VI.

Ce n'est plus un vain peuple en désordre assemblé;
C'est d'un zèle fatal tout le camp *aveuglé*.

Racine, *Iphigénie*, V, 3.

Le vertueux Bourbon, plein d'une ardeur guerrière,
A son prince *aveuglé* vint rendre la lumière.

VOLTAIRE, *la Henriade*, I.

AVEUGLÉ, au figuré, se rapportant à un substantif abstrait :

Du quel erreur la principale cause est le fat et *aveuglé* amour de soy-mesme qui rend les hommes amateurs des premiers lieux, opiniastres en toute choses et voulant tout pour eux, insatiablement, sans pouvoir estre contents.

AMYOT, trad. de Plutarque, *Œuvres morales*.

Nostre estourdissement a esté si grand, qu'on n'a laissé d'exalter et magnifier les prodigieuses actions que la plus *aveuglée* fureur avoit perpétrées.

DE LA NOUE, *Discours politiques et militaires*, II.

Ce qui rend les jésuites plus recommandez dedans Rome est l'obéissance *aveuglée* qu'ils rendent au Saint-Siège.

PASQUIER, *Recherches*, III, 43.

Philippe avoit acquis assez de gloire et de puissance, il avoit assez de blesseures, et avoit encouru assez de dangers si son esprit *aveuglé* par l'ambition eust pu endurer le repos.

DU RYER, *Suppléments* de FREINSHEMIUS sur QUINTE-CURCE, II, 5.

Outre les autres vertus de Memnon, sa modération estoit signalée; et ce capitaine ne croyoit pas qu'il fust honneste de faire injure mesme à un ennemy par une passion *aueuglée*, mais qu'il falloit le surmonter et luy rabaisser le courage par la force et par la prudence.

LE MÊME, même ouvrage, II, 9.

Des Barres emporté d'une ardeur *aveuglée* suivoit l'Empereur à pied, mais il n'avoit garde de l'attaquer.

MÉZERAY, *Histoire de France* : Philippe-Auguste.

Leur esprit *aveuglé* n'estime que le bien.

RACAN, *Bergeries*, I, 1.

O que le désir *aveuglé*
Où l'âme du brutal aspire
Est loin du mouvement réglé
Dont le cœur vertueux souspire !

THÉOPHILE, *Odes*, IV.

AVEUGLANT, ANTE, adj. verbal.

La passion plus *aveuglante*, c'est l'amour, et la personne plus aveuglée, c'est la femme.

Heptameron, LXVIIIe nouvelle.

AVIANDER (s'), verbe réfléchi. Se repaître.

Dedans faisoit sa bauge une beste sauvage,
Qui jamais autre part ne cherchoit son gaignage,
S'aviandant de glands qui secs se desroboient
Des chesnes en automne et à terre tomboient.

RONSARD, *le Bocage royal*.

Moy je ne souffriray qu'une louve gourmande
Du corps de mon germain à plaisir *s'aviande*.

GARNIER, *Antigone*, IV, v. 67.

On l'a quelquefois employé au figuré :

T'aviandant aux secrets
Des orateurs latins et grecs.

GREVIN. (Voyez GOUJET, *Bibliothèque françoise*, t. XII, p. 153.)

AVIDE, adj. des deux genres. Qui désire quelque chose avec beaucoup d'ardeur.

Il se dit au propre, en parlant Du désir immodéré de boire, de manger :

J'aime à manger, sans être *avide*; je suis sensuel et non pas gourmand; trop d'autres goûts me distraient de celui-là.

J.-J. ROUSSEAU, *Confessions*, I, 1.

AVIDE signifie figurément et absolument Qui a une grande cupidité :

Enfin, tant fut donné à une nation *avide* et prodigue, toujours désireuse et nécessiteuse par son luxe, son désordre, sa confusion des états, que le papier manqua et que les moulins n'en purent assez fournir.

SAINT-SIMON, 1720.

Les chevaliers étoient les traitants de la République : ils étoient *avides*.

MONTESQUIEU, *Esprit des Lois*, XI, 18.

Il semble que la finance, comme un monstre *avide*, ait été guetter au passage toutes les richesses des citoyens.

TURGOT, *Plan d'un mémoire sur les impositions*.

Les souverains temporels, qui n'étaient pas moins *avides* ni moins ambitieux que les évèques, se prévalaient souvent de leurs droits, comme seigneurs ou comme souverains, pour attenter à l'indépendance spirituelle.

GUIZOT, *Histoire de la civilisation en Europe*, 5e leçon.

Voulez-vous donc, mortels *avides*,
Habiter sur des champs arides,
Seuls sur la terre des vivants?

LAMARTINE, *Premières Méditations*.

En ce sens, *avide* est souvent suivi de la préposition *de* et d'un complément :

M. de Montluc ne se voulut contenter de la raison; ain voulut retenter fortune, tant il étoit *avide* d'ambition et de gloire.

BRANTÔME, *Grands Capitaines* : M. de Montluc.

Il n'y a moyen ni de remplir ni d'employer son âme suffisamment, tant elle est *avide* et insatiable *de* connoissance.

BALZAC, *Lettres*, VI, 20.

Dans cette profusion de louanges que l'on fait avec si peu de discernement, il y a sujet de s'étonner qu'il y ait des personnes qui *en* soient si *avides*.

Logique de Port-Royal, III° part., c. 19, § VIII.

Deniau, Angevin, charge françoise (au parlement de Bretagne); homme capable, fort intéressé et *avide* d'affaires...

Notes secrètes des intendants de province à Colbert, fin de 1663. (Voyez DEPPING, *Correspondance administrative sous Louis XIV*, t. II, p. 75.)

Si vous êtes *avide de* désespoirs, comme nous le disions autrefois, cherchez-en d'autres, car Dieu vous a conservé votre cher enfant.

Mme DE SÉVIGNÉ, *Lettres*; à Mme de Grignan, 1er novembre 1688.

La gloire est le souverain bien que les hommes se proposent; et vous, Seigneur, comment les punissez-vous? En leur donnant cette gloire *dont* ils sont *avides*.

BOSSUET, *Traité de la concupiscence*, c. 19.

Dieu enfin se ressouvint de tant de sanglants décrets du sénat contre les fidèles, et tout ensemble des cris furieux dont tout le peuple romain, *avide du* sang chrétien, avoit si souvent fait retentir l'amphithéâtre.

LE MÊME, *Discours sur l'Histoire universelle*, III, 1.

Le monde veut de la parure, on lui en donne; il est *avide* de la superfluité, on lui en montre.

LA BRUYÈRE, *Caractères*, c. 11.

Aussi remarqua-t-on bientôt en lui tout ce qui fait les grands magistrats... un esprit *avide* de tout savoir et capable de tout apprendre.

FLÉCHIER, *Oraison funèbre de Lamoignon*.

La nation (anglaise), *avide* de changement et de nouveauté, goûtoit le plaisir d'un gouvernement naturel.

HAMILTON, *Mémoires de Grammont*, VI.

Toute la cour fondit chez Madame, de là chez Monseigneur et chez M. le duc de Berry, chacun *avide de* se faire voir et plus encore de pénétrer des visages.

SAINT-SIMON, *Mémoires*, 1710.

Un dominicain s'offrit à passer à travers un bûcher pour prouver la sainteté de Savonarole. Un cordelier proposa aussitôt la même épreuve pour prouver que Savonarole était un scélérat. Le peuple, *avide* d'un tel spectacle, en pressa l'exécution; le magistrat fut contraint de l'ordonner.

VOLTAIRE, *Essai sur les mœurs*, c. 108 : De Savonarole.

Ce fut dans le temps de cette entrevue que le roi Auguste renouvela l'ordre de l'Aigle blanc, faible ressource alors pour lui attacher quelques seigneurs polonais, plus *avides* d'avantages réels que d'un vain honneur qui devient ridicule quand on le tient d'un prince qui n'est roi que de nom.

LE MÊME, *Histoire de Charles XII*, liv. III.

Le sentiment de sa foiblesse... rend l'enfant *avide de* faire des actes de force.

ROUSSEAU, *Émile*, liv, I.

Il n'en est pas moins sûr qu'on est *avide de* vers, et que la Henriade, si elle paraissoit aujourd'hui, ne manqueroit pas de lecteurs.

GRIMM, *Correspondance*, 15 août 1753.

Dans les fictions comme dans la vie, l'imagination réclame le passé, quelque *avide* qu'elle soit de l'avenir.

Mme DE STAEL, *De l'Allemagne*, c. 25, § 12.

...*De* tous mets sucrés, secs, en pâte, ou liquides
Les estomacs dévots toujours furent *avides*.

BOILEAU, *Satires*, X.

Tout homme d'un haut rang sentant sa bourse vide
D'une riche bourgeoise est diablement *avide*.

DESTOUCHES, *l'Ingrat*, I, 6.

Nos orgueilleux barons, *avides* de pouvoir,
Veulent dicter des lois, et non en recevoir.

ANDRIEUX, *Lénore*, III, 4.

Il se dit également des Choses, dans ces diverses significations :

C'est ainsi qu'une tendre fauvette, que la crainte et l'amour retiennent sur ses petits, reste immobile sous la main *avide* qui s'approche, et ne peut consentir à les abandonner.

MONTESQUIEU, *Temple de Gnide*, VII.

Il ne va pas rire, car il pleurera peut-être, et ce sera tant mieux pour lui : il va voir, il va ouvrir ses yeux stupidement *avides* : il va jouir bien sérieusement de ce qu'il verra.

MARIVAUX, *la Vie de Marianne*, II° partie.

Son esprit (de Diderot) ressembloit à ces estomacs chauds et *avides* qui dévorent tout et ne digèrent rien.

LA HARPE, *Cours de littérature*, liv. IV, c. 2, s. 1.

...Dès qu'il se présente quelque institution qui porte quelque caractère du souverain droit et promet à la société son empire, la société s'y rallie avec un *avide* empressement, comme des proscrits se réfugient dans l'asile d'une église.

Guizot, *Histoire de la civilisation en Europe*, 9ᵉ leçon.

> On dans le sein des mers *avides*
> Jetons ces richesses perfides,
> L'unique élément de nos maux.
>
> J.-B. Rousseau, *Odes*, II, 9.

> De nombreux végétaux, dans sa course intrépide,
> Avoient déjà grossi son portefeuille *avide*.
>
> Delille, *la Pitié*, IV.

> Elle arrive... son œil jette de toutes parts
> Sur l'immense Océan ses *avides* regards.
>
> Le même, *l'Imagination*, II.

AVIDEMENT, adv. Avec avidité.

Au propre :

> Il ne mange pas, il dévore,
> Et le fait tant *avidement*
> Qu'il s'engoue ordinairement.
>
> Scarron, *Virgile travesti*, liv. III.

Au figuré :

Les peuples, déjà prévenus d'une secrète aversion pour leurs conducteurs spirituels, écoutent *avidement* la nouvelle doctrine.

Bossuet, *Histoire des variations des églises protestantes*.

L'esprit du jeune Henri s'était nourri *avidement* des subtilités de l'école. Il voulut écrire contre Luther.

Voltaire, *Essai sur les mœurs*, c. 128 : De Luther et des indulgences.

M. l'abbé de Gouvon m'avoit appris à lire moins *avidement* et avec plus de réflexion.

J.-J. Rousseau, *les Confessions*, I, 3.

L'amour *avidement* croit tout ce qui le flatte.

Racine, *Mithridate*, III, 5.

AVIDITÉ, s. f. Désir ardent et immodéré.
Ronsard a dit dans la *Franciade* (liv. II) :

> Incontinent que la soif fut esteinte,
> Et de la faim l'*avidité* restreinte...

et il a lui-même ajouté cette note au mot *avidité* « L'ardeur de manger. Je ne sçache point de mot françois plus propre, encorès qu'il soit mendié du latin. »

On a donc considéré ce poète comme le créateur de ce mot, dont on ne trouve en effet aucun exemple antérieur à celui qui vient d'être cité.

Au propre :

Ne faut s'esmerveiller si le poisson aussi a tousjours une *avidité* de manger.

Bouchet, *Serées*, I, 6.

L'appétit donne de l'exercice à notre chaleur dans la digestion ; l'*avidité* lui prépare du travail et de la peine.

Saint-Evremont, *Lettre au comte d'Olonne*.

Une aiguille aimantée fuit un côté de l'aimant, et s'attache à l'autre avec une plus apparente *avidité* que celle que les animaux témoignent pour leur nourriture.

Bossuet, *De la Connoissance de Dieu et de soi-même*, c. 5, art. 2.

Au figuré :

Considérez comme l'immense *avidité* des hommes a toujours la bouche ouverte, et ne se lasse jamais de demander.

Malherbe, *Traité des bienfaits* de Sénèque, VII, 26.

—J'ai sans doute dans le cœur les sentiments que tout prince doit avoir pour la gloire, mais ils ne sont pas déréglés par une *avidité* de conquérir et d'étendre ma domination, le ciel m'ayant assez avantageusement partagé de ses grâces pour qu'il me suffise de mettre mes envieux en état de ne me pouvoir jamais faire de mal.

Louis XIV *au comte d'Estrades*, 6 avril 1665. (Voyez Mignet, *Succession d'Espagne*, t. I, p. 187.)

Les nymphes avoient assez de peine à la suivre, l'*avidité* de ses yeux la faisant courir sans cesse de chambre en chambre et considérer à la hâte les merveilles de ce palais.

La Fontaine, *Psyché*, I.

Tous vos désirs déterminés enferment je ne sais quoi qui n'a point de bornes, et une secrète *avidité* d'une jouissance éternelle.

Bossuet, 4ᵉ *Sermon pour la circoncision*.

Il avoit fait une abondante récolte, et plus abondante qu'il n'étoit nécessaire pour l'histoire de Brunswick, mais une savante *avidité* l'avoit porté à prendre tout.

Fontenelle, *Éloge de Leibnitz*.

Ménagez vos forces dans l'exercice de l'oraison... c'est parce que cette occupation intérieure épuise et mine insensiblement, qu'il faut s'y donner des bornes et éviter une certaine *avidité* spirituelle.—

> FÉNELON, *Lettres spirituelles*, CCXLVII, 16 avril 1700.

Quand on ne lit point les anciens avec une *avidité* de savant, ni par le besoin de s'instruire de certains faits, on se borne par goût à un petit nombre de livres grecs et latins.

> LE MÊME, *Lettre à l'Académie.*

L'esprit de Jésus-Christ est une sainte *avidité* des souffrances; une attention continuelle à mortifier l'amour-propre, à rompre sa volonté, à réprimer ses désirs.

> MASSILLON, *Mystères.*

Madame la duchesse abrégea sa visite... et se retira comme avec *avidité* de se délivrer d'un état si violent.

> SAINT-SIMON, *Mémoires*, 1710.

C'est la nécessité, et peut-être la nature du climat, qui ont donné à tous les Chinois une *avidité* inconcevable pour le gain.

> MONTESQUIEU, *Esprit des Lois*, XIX, 20.

Il parut bien, quand il (Fouquet) fut arrêté et conduit à la Bastille et à Vincennes, que son parti n'était autre chose que l'*avidité* de quelques courtisans et de quelques femmes, qui recevaient de lui des pensions et qui l'oublièrent dès qu'il ne fut plus en état d'en donner.

> VOLTAIRE, *Siècle de Louis XIV*, c. 25.

Bons et mauvais (livres), tout y passoit; je ne choisissois point; je lisois tout avec une égale *avidité*.

> J.-J. ROUSSEAU, *les Confessions*, I, 1.

D'abord ses yeux se jetèrent sur moi et me parcoururent; je dis se jetèrent, au hasard de mal parler, mais c'est pour vous peindre l'*avidité* curieuse avec laquelle elle se mit à me regarder; et de pareils regards sont si à charge!

> MARIVAUX, *la Vie de Marianne*, 5e partie.

Il (Bossuet) se livra dès son enfance à l'étude avec l'*avidité* d'un génie naissant, qui saisissoit et dévoroit tout.

> D'ALEMBERT, *Éloge de Bossuet.*

Personne n'a crié si souvent au voleur que M. de Voltaire. L'infidélité de ses secrétaires et l'*avidité* des libraires se sont réunis plusieurs fois pour lui dérober ses manuscrits.

> GRIMM, *Correspondance*, 15 décembre 1755.

On verroit l'*avidité* pressurer la crainte, et l'argent tenir lieu de tous moyens.

> BEAUMARCHAIS, *Mémoires*, éd. Collin, 1809, t. I, p. 156.

On assure que la famille du sieur C... a déboursé plus de soixante mille livres pour satisfaire l'*avidité* de ces exacteurs.

> TURGOT, *Mémoire sur les prêts d'argent*, § VIII.

Il (Diderot) avoit naturellement une extrême *avidité* de connoissances, et c'est à peu près tout ce qu'il eut de la philosophie.

> LA HARPE, *Cours de littérature*, liv. IV, c. 2, § I.

Maintenant des forêts sans nombre ont été abattues; pourrait-il en effet exister de nos jours des lieux assez sanctifiés pour que l'*avidité* s'abstînt de les dévaster?

> Mme DE STAEL, *Corinne*, liv. V, c. 3, § 5

AVILIR, v. a. Rendre abject, méprisable.
On trouve d'abord les formes *avilier, aviler*.

Ore est venuz li jurs que nus sumes en anguisse, e que nostre sires nus chastied, e que noz enemis nus rampodnent e *avilent*.

> *Les Quatre Livres des Rois*, IV, XIX, 3.

Celle bonne dame reprist une fois sa clavière d'un meffait que elle avoit fait; mais celle qui fust fière et orgueilleuse lui reproucha ses seigneurs, en elle *avilant*.

> LE CHEVALIER DE LA TOUR-LANDRY, *le Livre pour l'enseignement de ses filles*, c. 80.

> Mut cumencastes vilain plait,
> De moi hunir è laidengier,
> E de la roïne *avillier*.

> MARIE DE FRANCE, *Lai de Lanval*, v. 362.

Ne jamez ne fust veu que nous nos freres payssions, et qui les vouldroit faire payer non-seulement nous *aviliroit* noz privilegez en France, mais encore les nations estrangierez vouldroient faire le semblable.

> VILLIERS DE L'ILE-ADAM, *Lettre à l'amiral Bonnivet.* (Voyez *Négociations dans le Levant*, t. I, p. 87.)

En cette occasion, le mot... est inférieur à la chose qu'il signifie : il *avilit* la noblesse de l'action.

> BALZAC, *Socrate chrétien*, Discours.

M. d'Elbeuf a esté le premier prince que la pauvreté ait *avili*.

> CARDINAL DE RETZ, *Mémoires.*

Que s'il est enfin entraîné dans ces guerres infortunées, il y aura du moins cette gloire de n'avoir pas laissé *avilir* la grandeur de sa maison chez les étrangers.

> BOSSUET, *Oraison funèbre du prince de Condé.*

Que deviendra la pauvreté de Jésus-Christ si ceux qui doivent le représenter recherchent la magnificence? Voilà ce qui *avilit* le ministère, loin de le soutenir; voilà ce qui ôte l'autorité aux pasteurs.

> FÉNELON, *Lettres spirituelles*, III.

Le bon homme Eumée me touche bien plus qu'un héros de Clélie ou de Cléopâtre. Les vains préjugés de notre temps *avilissent* de telles beautés.

> FÉNELON, *Lettre à l'Académie*, V.

Plus le Seigneur veut élever une âme à un degré sublime de grâce, de lumière et de dignité, plus il l'abaisse et l'*avilit* aux yeux des hommes.

> MASSILLON, *Sermons :* l'Assomption.

L'impiété, qui devroit *avilir* l'éclat même de la naissance et de la gloire, décore et ennoblit l'obscurité et la roture.

> LE MÊME, *Petit Carême :* 2ᵉ dimanche.

Il y a tant de dignité pour les grands à ne pas souffrir qu'on insulte et qu'on *avilisse* devant eux la foi de leurs pères!

> LE MÊME, même ouvrage.

Souvent, par de petites et minces pensées, il (Sénèque) affoiblissoit la force et *avilissoit* la noblesse des choses dont il parloit.

> ROLLIN, *Traité des Etudes*, liv. III, c. 3, art. 2.

Il (Louis XIV) sut s'humilier en secret sous la main de Dieu, en reconnoître la justice, en implorer la miséricorde, sans *avilir* aux yeux des hommes sa personne ni sa couronne.

> SAINT-SIMON, *Mémoires*, 1715.

Dans le gouvernement monarchique, où il est souverainement important de ne point abattre ou *avilir* la nature humaine, il ne faut point d'esclave.

> MONTESQUIEU, *Esprit des Lois*, XV, 1.

Comme Henri VII, roi d'Angleterre, augmenta le pouvoir des communes pour *avilir* les grands, Servius Tullius avant lui avoit étendu les priviléges du peuple pour abaisser le Sénat.

> MONTESQUIEU, *Grandeur et décadence des Romains*.

Scarron était d'une ancienne famille du Parlement, illustrée par de grandes alliances; mais le burlesque dont il fesait profession l'*avilissait* en le fesant aimer.

> VOLTAIRE, *Siècle de Louis XIV*, c. 27.

Le petit nombre de cloitres fit d'abord beaucoup de bien. Ce petit nombre proportionné à l'étendue de chaque État eût été respectable. Le grand nombre les *avilit*, ainsi que les prêtres, qui, autrefois presque égaux aux évêques, sont maintenant à leur égard ce qu'est le peuple en comparaison des princes.

> LE MÊME, *Essai sur les mœurs*, c. 139 : Des ordres religieux.

Plus on a voulu l'*avilir*, plus j'ai voulu l'élever (Mˡˡᵉ Clairon).

> LE MÊME, *Lettres*, 17 septembre 1763.

C'est une erreur, au reste, que de penser qu'une obscure naissance vous *avilisse*, quand c'est vous-même qui l'avouez, et que c'est de vous qu'on le sait.

> MARIVAUX, *le Paysan parvenu*, Iʳᵉ partie.

Garde-toi donc de tomber dans un abattement dangereux qui t'*aviliroit* plus que la foiblesse.

> J.-J. ROUSSEAU, *Nouvelle Héloïse*, Iʳᵉ part., lettre XXX.

Naturellement l'homme sait souffrir constamment et meurt en paix. Ce sont les médecins avec leurs ordonnances, les philosophes avec leurs préceptes, les prêtres avec leurs exhortations, qui l'*avilissent* de cœur, et lui font désapprendre à mourir.

> LE MÊME, *Émile*, I.

J'étois né foible; les mauvais traitements m'ont fortifié : à force de vouloir m'*avilir*, on m'a rendu fier.

> LE MÊME, *Correspondance*, 26 août 1764.

La profusion *avilit* ceux qu'elle n'illustre pas.

> VAUVENARGUES, *Réflexions et maximes*, CCCCVI.

Rien n'est plus propre à *avilir* une religion, si quelque chose peut l'*avilir*..., que de la défendre par des preuves foibles ou absurdes.

> D'ALEMBERT, *Éloge de Du Marsais*.

Qui fera respecter les lettres, si ceux qui doivent y avoir le plus d'intérêt sont les premiers à les *avilir*?

> LE MÊME, *Éloge de La Chaussée*.

Le ton de la chaire changea dès qu'il (Bossuet) y parut; il substitua aux indécences qui l'*avilissoient*... la force et la dignité qui convient à la morale chrétienne.

> LE MÊME, *Éloge de Bossuet*.

Ce que je ne saurois lui passer (à Voltaire), c'est cette avidité démesurée avec laquelle il a toujours travaillé à capter la faveur des grands, qui l'*a* si souvent *avili* aux yeux des honnêtes gens.

> GRIMM, *Correspondance*, 15 décembre 1755.

Autant les fonctions de l'orateur étoient en honneur dans Athènes et dans Rome, autant la profession d'avocat y *fut avilie* par la vénalité.

> MARMONTEL, *Eléments de littérature :* Barreau.

Il faut croire que l'estime et l'amitié ont inventé l'épître dédicatoire; mais la bassesse et l'intérêt en *ont bien avili* l'usage.

> LE MÊME, même ouvrage : Épître dédicatoire

Ceux qui se font un métier de l'art de la critique littéraire présument souvent trop d'eux-mêmes et trop peu des difficultés de cet art qu'ils ont *avili*.

> LE MÊME, même ouvrage : Extrait.

IV.

90

Lorsqu'un peuple choisit mal les analogies, il fait sa langue sans précision et sans goût, parce qu'il défigure ses pensées par des images qui ne leur ressemblent pas, ou qui les *avilissent*.

> CONDILLAC, *De la langue des calculs*.

Il parvint au grade de lieutenant général. Il ne le dut point à ces manœuvres sourdes, à ces intrigues obscures qui *avilissent* et les honneurs et celui qui les obtient.

> THOMAS, *Éloge du maréchal de Saxe*.

Veut-on réduire la France à ses anciennes limites ? C'est l'*avilir*.

> NAPOLÉON, *Mémoires*. Lettre au duc de Vicence, 4 janvier 1814.

La Roïne s'en par à-tant
En sa cambre s'en va plurant ;
Mut fu dolente et curécie
De ce que si l'*eut avillie*.

> MARIE DE FRANCE, *Lai de Lanval*, v. 304.

Pour *avilir* un vers ils le prononcent mal.

> SAINT-AMANT, *Élégie*.

La cour de Claudius, en esclaves fertile,
Pour deux que l'on cherchoit, en eût présenté mille,
Qui tous auroient brigué l'honneur de l'*avilir*.

> RACINE, *Britannicus*, I, 2.

...O reine, levez-vous,
Et daignez me prouver que Cresphonte est mon père,
En cessant d'*avilir* et sa veuve et ma mère.

> VOLTAIRE, *Mérope*, I, 1.

Il signifie aussi Déprécier, altérer :

Ceste proposition ne sera sans esbahissement : que *avilier* les vins avec de l'eau est meilleur qu'avec du vin, tant pour le goust que pour la garde.

> OLIVIER DE SERRES, *Théâtre d'agriculture*, 3e lieu, c. 8.

Les Carthaginois étoient sur le chemin des richesses ; et s'ils avoient été jusqu'au quatrième degré de latitude nord, et au quinzième de longitude, ils auroient découvert la Côte d'Or et les côtes voisines. Ils y auroient fait un commerce de toute autre importance que celui qu'on y fait aujourd'hui, que l'Amérique semble *avoir avili* les richesses de tous les autres pays.

> MONTESQUIEU, *Esprit des Lois*, liv. XXI, c. 11.

Les compagnies et les banques que plusieurs nations établirent achevèrent d'*avilir* l'or et l'argent dans leur qualité de signe ; car, par de nouvelles fictions, ils multiplièrent tellement les signes des denrées, que l'or et l'ar-

gent ne firent plus cet office qu'en partie et en devinrent moins précieux.

> MONTESQUIEU, *Esprit des Lois*, liv. XXI, c. 22.

Il s'emploie avec le pronom personnel :

Vous ne me défendez qu'une chose, qui est de me dégrader, de m'abaisser, de m'*avilir*.

> NICOLE, *Essais de morale* : Sur l'Évangile du jeudi de la 2e semaine de carême.

Étiez-vous donc nées pour vous *avilir* de la sorte ?

> BOURDALOUE, *Sermons* : Sur l'obéissance religieuse.

Il y a dans l'affabilité une sorte de confiance en soi-même qui sied bien aux grands, qui fait qu'on ne craint point de s'*avilir* en s'abaissant.

> MASSILLON, *Petit Carême* : 4e dimanche.

Cette princesse (la duchesse de Berry) si superbe, et qui se plaisoit tant à montrer et à exercer le plus démesuré orgueil, s'*avilit* à faire des repas avec lui (Rion) et des gens obscurs.

> SAINT-SIMON, *Mémoires*, 1716.

Où a-t-il pris ces blasphèmes qu'il débite avec autant d'ignorance que de rage, et qui font rougir ceux qui s'*avilissent* jusqu'à le confondre ? Le burlesque se joint ici à l'horreur.

> VOLTAIRE, *Supplément au Siècle de Louis XIV*, IIe partie.

Nous étions trop élevés aux yeux l'un de l'autre pour pouvoir nous *avilir* aisément.

> J.-J. ROUSSEAU, *Confessions*, IX.

Il est inconcevable que M. de Voltaire ait pu s'*avilir* jusqu'à répondre à La Beaumelle.

> GRIMM, *Correspondance*, 15 juin 1753.

Notre école de chirurgie a eu anciennement de la réputation ; insensiblement elle s'*est avilie* en se livrant au soin humiliant de faire la barbe.

> LE MÊME, même ouvrage, 1er novembre 1753.

Lorsqu'il (l'avocat) prend le rôle de bouffon et cherche à faire rire ses juges, il se dégrade et s'*avilit*.

> MARMONTEL, *Éléments de littérature* : Barreau.

S'AVILIR, se déprécier.
Au propre :

Lors de la conquête du Mexique et du Pérou, les Espagnols abandonnèrent les richesses naturelles de signe qui s'*avilissoient* par elles-mêmes.

> MONTESQUIEU, *Esprit des Lois*, XXI, 22.

Et qu'on ne dise pas que je répands de fausses terreurs,

que les billets de la caisse d'escompte ne *s'avilissent* point, qu'ils sont toujours reçus pour la valeur qu'ils représentent.

MIRABEAU, *Discours*, 6 novembre 1789.

Au figuré :

Saint Augustin dit que ces merveilles *se sont avilies* par leur répétition continuelle.

FÉNELON, *Traité de l'existence de Dieu*, Ire part., c. 1.

AVILI, IE. Participe.

On le trouve d'abord sous les formes *avilé*, *advilé*, *avilié :*

Souvent avient que les plus grosses noisetes sont les moindres en valeur, le dedans de leur fruit estant leger, langui, ridé, de mauvais goust, dont·la debite est d'autant plus *auilee*, que moins l'on tire d'argent des choses legeres que des pesantes se vendant au poids, ainsi que d'ordinaire l'on·faict de ce fruict-ci.

OLIVIER DE SERRES, *Théâtre d'agriculture*, 6e lieu, c. 38.

L'autorité que je debvrois avoir ici comme ambassadeur d'un si grand prince est si *avilye*, qu'il ne m'est possible de garder·que l'on ne me face·turche une jeune femme belle comme le jour, fille d'une Françoise née à Rhodes, mariée à un François.

M. DE LA VIGNE à l'évêque de Lodève, 8 juin 1557.
(Voyez CHARRIÈRE, *Négociations de la France dans le Levant*, t. II, p. 697.)

Combien ce discours seroit-il énervé, indécent et *avili*, si on y mettoit des pointes et des jeux d'esprit !

FÉNELON, *Lettre à l'Académie.*

Il eut rang dans l'église grecque après celui de Jérusalem ; mais il fut en effet le seul patriarche libre et puissant, et par conséquent le seul réel. Ceux de Jérusalem, de Constantinople, d'Antioche, d'Alexandrie, ne sont que les chefs mercenaires et *avilis* d'une église esclave des Turcs.

VOLTAIRE, *Histoire de Pierre le Grand*, Ire part., c. 11.

Elle (Mlle Clairon) m'a mandé que, puisqu'on ne voulait pas confirmer la déclaration de Louis XIII en faveur de vos spectacles, et encore moins la fortifier par quelques nouvelles grâces, elle ne pouvait plus cultiver un art trop. *avili*.

LE MÊME, *Lettres*, 17 mai 1766.

Qui sait, à son âge, où le découragement de l'innocence *avilie* a pu la porter ?

J.-J. ROUSSEAU, *les Confessions*, I, 2.

En voilà assez; je suis assez *avilie*, assez convaincue que Valville a dû m'abandonner, et qu'il a pu le faire sans être moins honnête homme.

MARIVAUX, *la Vie de Marianne*, VIIIe partie.

La flatterie, sous les empereurs, fut proportionnée à la bassesse d'un peuple *avili* et à l'orgueil de ses tyrans.

MARMONTEL, *Éléments de littérature :* Démonstratif.

Le burlesque, si justement *avili* depuis, étoit alors fort à la mode et presque en honneur.

D'ALEMBERT, *Éloge de Perrault.*

Des citoyens qui ont l'âme *avilie* ont beau avoir des lois pour être libres, ils veulent être esclaves.

CONDILLAC, *De l'Étude de l'histoire.*

J'ai veu les nobles *avilis*,
Abaissez d'estat et courage,
Estafiers, en piètre équipage
Suivre les vilains anoblis.

BAÏF, *les Mimes*, II.

Vas, après t'être vu, sur leur scène, *avili*,
De l'opprobre, avec eux, retomber dans l'oubli.

PIRON, *la Métromanie*, III, 7.

... Une raison hardie,
De ce vieil univers nouvelle maladie,
Calcule ses devoirs·et discute ses droits,
Sous la pourpre *avilie* interroge les rois.

DELILLE, *la Pitié*, IV.

Pendant que sous ses fers l'univers *avili*
Du front césarien étudiait le pli,
Ce petit coin de·terre, oasis de vengeance,
Protestait pour le siècle et pour·l'intelligence.

LAMARTINE, *Premières Méditations*, Ressouvenir du lac Léman.

AVILISSANT, ANTE. adj. Qui avilit.

L'agriculture et les autres arts utiles sont devenus presque *avilissants*.

FÉNELON, *Fables*, 47.

On a trop affecté d'oublier dans son épitaphe·le nom de Scarron : ce nom n'est point *avilissant*, et l'omission ne sert qu'à faire penser qu'il peut l'être.

VOLTAIRE, *Siècle de Louis XIV*, c. 27 : Suite des particularités.

Croit-on qu'en écartant le commerce par des gênes *avilissantes*... l'on fera porter ou emmagasiner davantage ?

TURGOT, *Lettres sur la liberté du commerce des grains*, 2 décembre 1770.

AVILISSEMENT, s. m. L'état d'une personne ou d'une chose qui a perdu sa valeur ou sa dignité.

En l'assemblée des Estats qui fut tenue dedans la ville de Blois l'an 1588, luy seul (Pontus de Thyard) se roidit pour le service du Roy, contre le demeurant du clergé, lequel, en ses communes délibérations, ne respiroit que rebellion et *avilissement* de la majesté de nos roys.

> Est. Pasquier, *Recherches*, 1621, VII, 11.

Le mépris des richesses étoit, dans les philosophes, un désir caché de venger leur mérite de l'injustice de la fortune, par le mépris des mêmes biens dont elle les privoit; c'étoit un secret pour se garantir de l'*avilissement* de la pauvreté.

> La Rochefoucauld, *Maximes*, LIV.

L'homme de robe ne sauroit guères danser au bal, paroître aux théâtres, renoncer aux habits simples et modestes, sans consentir à son propre *avilissement*.

> La Bruyère, *Caractères*, c. 14.

Quel *avilissement* pour nous, si nous faisons du ministère même de la vérité un ministère d'adulation et de mensonge !

> Massillon, *Petit Carême* : Tentation des grands.

Rien n'approche de l'opprobre et de l'*avilissement* où la honte de mes passions m'a fait tomber.

> Le même, *Paraphrases*, Ps. CXI.

Donner au public des pièces médiocres, c'est le dernier des métiers pour un homme, et le comble de l'*avilissement* pour une femme.

> Voltaire, *Lettres*, 5 octobre 1749.

Je crois cette tragédie (*Irène*) vraiment tragique... J'oserais même dire que le théâtre a besoin de ce nouveau genre, si on veut le tirer de l'*avilissement* où il commence à être plongé.

> Le même, même ouvrage, 10 novembre 1777.

Il regardoit avec raison les parodies comme propres à décourager les talents naissants... et à jeter sur le genre noble une espèce d'*avilissement*, toujours dangereux chez une nation frivole.

> D'Alembert, *Éloge de Marivaux*.

Ce haut prix (les avances) est la compensation des risques que court le capital par l'insolvabilité fréquente des emprunteurs et de l'*avilissement* attaché à cette manière de faire valoir son argent.

> Turgot, *Mémoire sur les prêts d'argent*, § XXXI.

Lorsque... à sa nullité au dedans, l'administration joint le tort le plus grave qu'elle puisse avoir aux yeux d'un peuple fier, je veux dire l'*avilissement* au dehors, alors une inquiétude vague se répand dans la société.

> Napoléon, *Mémoires*, t. I, p. 52.

Il est des situations qui peuvent condamner à cacher les sentiments qu'on éprouve, mais il n'y a que l'*avilissement* du caractère qui rende capable de feindre ceux que l'on n'a pas.

> Mme de Staël, *Delphine*, Ire part., lettre 22, § 6.

Massillon a employé ce mot au pluriel :

Vos placés rappellent sans cesse les *avilissements* qui les ont méritées.

> Massillon, *Petit Carême* : Tentation des grands.

Les grands regardent souvent leur naissance comme une prérogative qui en autorise les *avilissements*.

> Le même, *Oraison funèbre de Madame d'Orléans*.

On a dit anciennement *avilement, avilance, aviltance* :

Sire en Rou n'a *avilement*,
Qu'il n'est pas nez de basse gent,
Qui de reis e de Dus estraiz,
Si n'est vilains ne fons ne laiz.

> *Chronique de Normandie*, t. I, v. 6161.

Ja ne vos deussez entremettre
De chose dont trestote France
Vos eust en tel *avilance*.

> Même ouvrage, t. I, v. 14555.

Là li preie e requis
Mult cherement reis Lowis
Qu'il li ajut vers ceus de France
Qui torné l'unt en *aviltance*
E en despit de lui parti.

> Même ouvrage, t. I, v. 10114.

AVINER, v. a. Imbiber de vin.

Aviner une cuve, *aviner* les futailles.

> *Dictionnaire de l'Académie*, 1694.

AVINÉ, ÉE, part. passé.

Et (qui fut plus regretté que tout) la bouteille de cuir de Madame, bien *avinée*.

> D'Aubigné, *les Aventures du baron de Fæneste*, III, 3.

En parlant des personnes :

Et s'il eust esté prestre, il n'eust chanté que de vin,
tant il avoit sa personne bien *avinée*.

> BONAVENTURE DES PERIERS, *Nouvelles*, LXXIX : Du bon
> yvrogne Janicot et de Jeannette sa femme.

A bon droit le ciel a donné
A l'homme qui n'est *aviné*
Tousjours quelque fortune dure.

> RONSARD, *Odes*, V, 14.

Les masques *avinés*, se croisant dans la fange,
S'accostaient d'une injure ou d'un refrain banal.

> ALFRED DE MUSSET, *Lettre à Lamartine*.

Bouches, jambes avinées :

Pas mal, en vérité ; vos *jambes* seulement un peu plus
avinées.

> BEAUMARCHAIS, *le Barbier*, I, 4.

Quant leurs *bouches* sont *avinées*,
Et ilz ont les bonnes vinées...

> A. CHARTIER, *Livre des quatre dames*.

Avez-vous quelquefois rencontré, vers le soir,
Un brave campagnard regagnant son manoir,
Après avoir à table employé sa journée ?
Sa tête est vacillante et sa *jambe avinée*.
Il trébuche parfois, mais toujours sans danger.

> BERCHOUX, *la Gastronomie*, IV.

AVIRON, s. m. Rame.

Elles vont à *avirons* quant elles n'ont vent. Et ont si
grans avirons qu'il y convient à chascun quatre mariniers
au ramer.

> MARC POL, *le Livre*, c. 157.

Panurge, a costé du fougon, tenent un *aviron* en main,
non pour ayder aux moutonniers, mais pour les enguar-
der de grimper sur la nauf...les preschoit éloquemment.

> RABELAIS, *Pantagruel*, IV, 8.

Un *aviron* droit semble courbe en l'eau. Il n'importe
pas seulement qu'on voye la chose, mais comment on la
voye.

> MONTAIGNE, *Essais*, I, 40.

Les Copéens inventerent les rames et *avirons*.

> DU PINET, trad. de PLINE, *Histoire naturelle*,
> liv. VII, c. 56.

Ils sçavent mieux manier l'*aviron* et la rame que donner
un coup d'espée.

> COEFFETEAU, *Histoire romaine*, I.

Les soldats disputèrent entr'eux à qui s'asseoiroit le
plus près d'elle... la chose alloit à se battre, et à renverser la nacelle, si Charon n'eût mis le hola à coups d'*aviron*.

> LA FONTAINE, *Psyché*, II.

Les anciens pensoient que les nageoires des poissons
avoient fourni les modèles des rames et des *avirons*.

> GOGUET, *Origine des Lois*, t. II, p. 219.

De l'*aviron* qu'il tint, si vilment le bouta,
Que trestout l'estendi, devant li le geta.

> *Doon de Maïence*, v. 363.

Muse, repren l'*aviron*
Et racle la prochaine onde
Qui nous baigne à l'environ,
Sans estre ainsi vagabonde.

> RONSARD, *Odes*, I, I.

Tethys, qui tousjours avoit eu
D'*avirons* le dos non batu,
Sentit des playes incogneües.

> LE MÊME, même ouvrage, A André Thevet. V, 23.

Injuste nautonnier, hélas ! pourquoy sers-tu
Avec mesme *aviron* le vice et la vertu ?

> THÉOPHILE, *Satires*, I.

Alors les *avirons*, sous nos mains vigoureuses,
Luttent contre la paix des ondes paresseuses.

> SARAZIN, *Œuvres*, IIe partie.

... Ah ! te voilà, Charon,
Dépêche promptement, et d'un coup d'*aviron*,
Passe-moi, si tu peux, jusqu'à l'autre rivage.

> P. CORNEILLE, *Mélite*, IV, 6.

Nos vaisseaux blessés jusqu'aux quilles
Ont besoin de clous et chevilles,
De planches de bois, de chevrons,
Ont perdu tous leurs *avirons*.

> SCARRON, *le Virgile travesti*, I.

...Trente légers vaisseaux
D'un tranchant *aviron* coupent déjà les eaux.

> BOILEAU, *Epîtres*, IV.

Je songe a me pourvoir d'esquifs et d'*avirons*.

> LE MÊME, même ouvrage, V.

Tandis que d'une main craintive
Tu tiens le docile *aviron*.

> LAMARTINE, *Premières Méditations*.

AVIRONNEUR, s. m. Rameur.

...Monsieur Pierre Damaz... dit et affirme... que icelui
chevalier yra querir vers Narbonne... quatre cents mariniers *avironneurs*.

> *Engagement de M. Pierre Damaz*, 23 avril 1338.
> (Voyez JAL, *Glossaire nautique*.)

AVIS, s. m. Opinion, sentiment.

Je l'ai dégeté, kar ne jug pas sulunc l'*avis* as genz.
  Les quatre Livres des Rois, I, XVI, 7.

Ainsi qu'il jeta son *avis*, il le fit, et férit son cheval des éperons, et passa par force la route, et s'en vint au seigneur de Montmorency.
  FROISSART, *Chroniques*, liv. I, Iʳᵉ part., c. 140.

Ces trois dessus dits jetèrent leur *avis* à prendre en France aucunes forteresses.
  LE MÊME, même ouvrage, liv. I, Iʳᵉ part., c. 278.

Mais fut dit à icellui roy d'armes par le chancelier de France, que le Roy avoit bien veu et oy ce que son maistre le duc de Bourgongne avoit envoyé, et avoit *advis* sur ce de lui faire response en temps et en lieu.
  MONSTRELET, *Chronique*, c. 112.

Il se conclud et délibéra de pourveoir et mener à fin sa querelle à l'encontre de tous ceulx qui nuire lui vouldroient, et gecta son ymaginacion et *advis*, que très bonne et prouffitable chose seroit à lui la ville de Pontoise, s'il la povoit avoir.
  LE MÊME, même ouvrage, c. 209.

Quant nous fumes partis, mon seigneur de père me dist : Que te samble de celle que tu as veue? Dy m'en ton *avis*.
  LE CHEVALIER DE LA TOUR-LANDRY, *le Livre pour l'enseignement de ses filles*, c. 13.

Aristote mesme, Démocritus et Chrysippus ont depuis réprouvé quelques *advis* qu'ils avoient approuvés.
  AMYOT, trad. de PLUTARQUE, *Œuvres morales*.

Benoist XIII voyant que tous les órdres de la France s'estoient ahurtez à la soubstraction de son obéissance... il remua toutes sortes d'*avis* à part soy pour destourne de luy ceste tempeste.
  EST. PASQUIER, *Recherches*, III, 28.

Quand on luy demandoit son *avis* de quelque mot françois, il envoyoit ordinairement aux crocheteurs du Port-au-Foin, et disoit que c'estoient ses maîtres pour le langage.
  RACAN, *Vie de Malherbe*.

Nous, de l'*advis* de la royne nostre très honorée dame et mère..., avons confirmé et confirmons, en tant que besoin est, l'edict du mois d'octobre de l'année 1649.
  LOUIS XIV, *Édit du mois de décembre* 1659. (Voy. DEPPING, *Correspondance administrative sous Louis XIV*, t. I, p. 38.)

Une sage timidité lui fit presque toujours supprimer une partie de son *avis*, bien loin de décider, comme la plupart des personnes de son élévation et de son sexe.
  FLÉCHIER, *Oraison funèbre de Madame la Dauphine*.

Depuis Henri VIII jusqu'à Elizabeth, lés Anglois changèrent quatre fois de religion. Comprend-on que ce soit une nation libre qui change d'*avis* tant de fois ?
  HÉNAULT, *Histoire de France*, 2ᵉ partie.

Je ne le quittai point (M. d'Argenson) pendant deux fois vingt-quatre heures, pour tâcher de le faire changer d'*avis*; il n'y eut pas moyen.
  LE MÊME, *Mémoires*, c. 8,

L'orateur met sous les yeux des souverains le danger presque égal pour eux de la foiblesse qui n'a point d'*avis*, et de l'orgueil qui n'écoute que le sien...
  DALEMBERT, *Éloge de Massillon*.

Sans le commentaire de ce grand géomètre sur l'Apocalypse, on devroit être bien étonné que sur de pareilles matières, un homme tel que Newton pût se résoudre à avoir un *avis*.
  LE MÊME, *Éloge de la Motte*.

Il faut que vous m'aidiez tous deux dans ces affaires
Et que vous me donniez les *avis* nécessaires.
  LE GRAND, *Plutus*, II, 4.

Le peuple a son *avis*, le sénat a le sien.
  AUTREAU, *Démocrite prétendu fou*, III, 2.

Je n'écouterai plus aucun *avis* contraire.
  GRESSET, *le Méchant*, I, 2.

Je suis las d'un valet qui donne des *avis*.
  DESTOUCHES, *l'Ingrat*, II, 7.

Lorsqu'on est d'un *avis*, j'en prends un tout contraire.
  LE MÊME, *l'Irrésolu*, I, 1.

Il s'agit d'une idylle, où j'ai quelque intérêt
Et vous nous en direz votre *avis*, s'il vous plaît.
  PIRON, *la Métromanie*, II, 9.

Mais que j'ose un moment combattre son *avis*,
Il parle en maitre alors... comme tous les maris.
  ANDRIEUX, *le Manteau*, I.

A mon avis, à son avis, etc., Suivant mon sentiment.

(Ils) croyent, à mon *advis*, que la théologie doit entrer dans leurs divertissements.
  BALZAC, *Dissertations critiques*, I.

Vous étendez un peu vos privilèges, et vous avez raison, *à mon avis*, de la même chose où tout le monde auroit tort.

BUSSY-RABUTIN, *Lettres;* à Mme de Sévigné, 12 août 1669.

...Nous flottons continuellement, *à mon avis*, entre la tentation de nous plaindre pour trop peu de chose, et celle de nous contenter à trop bon marché.

GUIZOT, *Histoire de la civilisation en Europe.*

Je croi, *à mon avis*, quant vous m'escaperés,
Que de Dieu le puissant jamés ne mesdirés.

Gaufrey, v. 3520.

Monseigneur, je voy gens venir,
Et sont Anglois *à mon advis.*

Le Mistere du siege d'Orleans, v. 5235.

Quoi donc ! *à votre avis*, fut-ce un fou qu'Alexandre ?

BOILEAU, *Satires*, VIII.

Le monde, *à mon avis*, est comme un grand théâtre.

LE MÊME, même ouvrage, XI.

A mon avis, l'hymen et ses liens
Sont les plus grands ou des maux ou des biens.

VOLTAIRE, *l'Enfant prodigue*, II, 1.

AVIS est d'un très fréquent usage avec le verbe *être* :
Etre d'avis, de même avis, du même avis, etc. :

Puisque nous sommes si avant, *je suis d'advis* que nous poursuyvons.

Loyal Serviteur, c. 59.

Là *feut* Ponocrates *d'advis* qu'on feist rehoyre ce bel orateur.

RABELAIS, *Gargantua*, c. 20.

Je suis de cet advis que la plus honorable vacation est de servir au publicq, et estre utile à beaucoup.

MONTAIGNE, *Essais*, III, 9.

Je serois aussi *d'avis* que les intrigues du poème épique et du roman trompassent le lecteur et qu'ils se dénouassent par des moyens imprévus.

RACAN, *Lettres;* à M. Chapelain, 25 octobre 1654.

Je suis d'avis qu'ils commencent leur conférence.

SCARRON, *Roman comique*, I, 7.

Je n'ose appuyer sur les arrangements qui me plaisent, de peur que la Providence ne *soit pas de même avis*.

Mme DE SÉVIGNÉ, *Lettres;* à Mme de Grignan, 7 octobre 1687.

Ces extases de la pitié n'accommodent pas un homme

de mon humeur... enfin le rire me rit davantage. Toute la nature *est* en cela de *mon avis*.

LA FONTAINE, *Psyché*, I.

Ma foi, tout bien considéré, *je serois d'avis* de perdre les deux tiers pour sauver l'autre : c'est ma maxime en fait de banqueroute.

Le Banqueroutier, scène des Créanciers. (Voyez GHERARDI, *Théâtre italien*, t. I, p. 386.)

Un Français s'ennuierait *d'être* seul *de son avis* comme d'être seul dans sa chambre.

Mme DE STAEL, *De l'Allemagne*, 69.

Me mêler là dedans ?... *ce n'est pas mon avis.*

GRESSET, *le Méchant*, IV, 7.

Depuis vingt ans et plus que nous sommes unis,
Nous n'avons pas été deux fois *du même avis*.

ANDRIEUX, *le Trésor*, III, 2.

Il est avis, avis m'est, m'est avis, ce m'est avis.

Et se perçurent les gardes de l'ost et dirent au roi : « Sire, il *nous est avis* que il n'a nului dedenz la cité; car nus ne pert aus creniaus ne aus portes nuit ne jour. »

Récits d'un ménestrel de Reims au XIIIe *siècle*, publiés par N. DE WAILLY, p. 194.

Tant penser n'affiert pas à vous, *ce m'est avis*, sauve votre grâce.

FROISSART, *Chroniques*, liv. I, Ire part., c. 166.

Avis lui étoit que parmi eux il pouvoit le plus aise venir à són entente.

LE MÊME, même ouvrage, liv. I, Ire part., c. 310.

Quand ils furent venus en Avignon, *il fut avis* que ils étoient là cauteleusement traits pour trahir le pape.

LE MÊME, même ouvrage, l. II, c. 51.

M'est avis que ferez bien du page et du cheval faire present au roy.

Loyal Serviteur, c. 4.

Mais *mon advis est* que, en tout le monde, n'y a région mieulx située que celle de France.

COMMINES, *Mémoires*, liv. IV, c. 6.

Il eut une telle vision, la nuict en dormant : *il lui feut advis* qu'une lyce asprement courroucée abayoit contre lui.

AMYOT, trad. de PLUTARQUE. *Vie de Cimon*, c. 12.

Item, *m'estoit avis* que j'entendois la voix de plusieurs vierges qui gardoyent leurs troupeaux.

BERNARD PALISSY, *Recepte véritable.*

Il leur est advis que rien ne leur est impossible, pour les prosperitez qu'ils ont euës depuis quelques mois.

> D'OSSAT, *Lettres,* liv. II, 66.

Mesme la nuict *il luy estoit advis* qu'il voyoit sa mère qui luy reprochoit son parricide.

> COEFFETEAU, *Histoire romaine,* liv. V.

S'étant vêtu un jour extraordinairement, à cause du grand froid qu'il faisoit, il avoit encore étendu sur sa fenêtre trois ou quatre aunes de frise verte; et comme on lui demanda ce qu'il vouloit faire de cette frise, il répondit brusquement à son ordinaire : Je pense qu'*il est avis* à ce froid qu'il n'y a plus de frise dans Paris; je lui montrerai bien que si.

> RACAN, *Vie de Malherbe.*

Mon avis est qu'épouser une femme dont on n'est point aimé, c'est s'exposer...

> BEAUMARCHAIS, *le Barbier de Séville,* IV, 1.

Bien ai ol son non et escouté,
Moi est avis Rainouar est nomé.
> *Aliscans,* v. 5035.

L'ire que il en ot l'a si fort tourmenté
Que chen *li est avis* de fl et de verté,
Que chen soit Herchembaut à qui il a jousté.
> *Doon de Maïence,* v. 2552.

Segnórs, or escoutez pour Dieu de paradis :
Garins est retourné, le chevalier de pris,
Et Robastre avec li, fier et mautalentis,
Et n'estoient que .c., si comme *il m'est avis.*
> *Gaufrey,* v. 152.

Tel forme d'omme que me puet il grever ?
Cou m'est avis, par sainte carité,
Que il n'ait mie plus de .v. ans passés.
> *Huon de Bordeaux,* v. 3440.

La destinée lur cummande
Ke voir dient de la demande,
E ce k'*avis lur en esteit.*
> MARIE DE FRANCE, *Fables,* VI, 11.

Çe m'iert avis en mon dormant,
Qu'il estoit malin durement.
> *Roman de la Rose,* v. 82.

Miex vosisse estre mors que vis,
Car en la fin, *ce m'est avis,*
Fera Amors de moi martir.
> *Même ouvrage,* v. 1844.

Advis m'est que j'oy regretter
La belle qui fut heaulmiere.
> VILLON, *Grand Testament.* Les regrets de la belle heaulmiere.

Preux Charlemaine, se tu fusses en France,
Encor y fust Rolland, *ce m'est advis.*
> E. DESCHAMPS, *Art de dictier,* éd. de Crapelet, p. 273.

Il m'est advis tout clerement
Que c'est-il de vous proprement.
> *Pathelin,* p. 9.

Quand j'en faisois, ce pauvre roy,
Il m'est avis que je le voy,
Rioit si fort que quand j'y pense
J'en ris encore de souvenance.
> SCARRON, *le Virgile travesti,* VIII.

M'est avis qu'oublier n'est pas avoir mal fait,
Car ça se fait sans qu'on y pense.
> AUTREAU, *Démocrite prétendu fou,* II, 1.

Il semble avis, il paraît :

Par la *sembloit advis* que le seigneur domp Alonce voulsist fuyr la lice.

> *Le Loyal Serviteur,* c. 22.

Il semble avis qu'il (Dieu) ait voulu brievement comprendre tout ce qui est loisible aux hommes de cognoistre de lui.

> CALVIN, *Institution chrestienne,* liv. I, c. 10.

Ils alleguent toutesfois un tesmoignage de la loy de Moyse, qui *semble avis* fort repugner à nostre solution.

> LE MÈME, même ouvrage, liv. II, c. 5, § 12.

Toutesfois elle teint ferme, et aima mieux le lien de sa prison en conservant celuy de son mariage, que toute la liberté du monde sans son mary, et *sembloit advis* à son visage que toutes ses peines luy estoient passe temps tres plaisant, puisqu'elle les souffroit pour celuy qu'elle aimoit.

> *Heptaméron,* 21e nouvelle.

Parce qu'il a pleu à la royne voulloir encores sçavoir de nouveau la délibération dudict cappitaine Monluc... *il semble advis* que ce soit pour opinion qu'elle ayt... qu'il veuille faire quelque chose contre les ordonnances.

> MONTLUC, *Lettres;* 8 juillet 1566. A la royne.

Il se sentoit tant de foy qu'il luy *sembloit advis* que jamais le roy d'Espaigne ne luy fairoit mauvais tour.

> BRANTÔME, *Grands Capitaines estrangers :* le comte d'Aiguemont.

Avis, conseil :

Homme saige et discret dont en diverses et contentieuses affaires il avoit esprouvé la vertu et bon *avis.*

> RABELAIS, *Gargantua,* I, 30.

...Il (Patelin) s'abouche avecques luy (Guillaume), lui raconte l'amitié qu'il avoit portée à feu son père, les *advis* qui estoient en luy, ayant, dès son vivant, prédit tous les malheurs depuis advenus par la France.

 EST. PASQUIER, *Recherches*, VIII, 59.

L'empereur Maurice, ayant éprouvé la fidélité du saint pontife, se corrigea par ses *avis* et reçut de lui cette louange si digne d'un prince chrétien, que la bouche des hérétiques n'osoit s'ouvrir de son temps.

BOSSUET, *Discours sur l'Histoire universelle*, I, 11.

Je hais ceux qui se glorifient des *avis* qu'ils donnent, qui veulent s'en faire honneur, plutôt que d'en tirer de l'utilité, et triompher de leur ami plutôt que de le servir.

LE MÊME, *Sermons :* Sur la charité fraternelle.

Un roi d'Aragon, grand mathématicien, mais apparemment fort peu dévot, disoit que si Dieu l'eût appellé à son conseil, quand il fit le monde, il lui eût donné de bons *avis*.

FONTENELLE, *les Mondes*, premier soir.

Madame, nous vous avons prise pour nous donner des enfants et non pour nous donner des *avis*.

VOLTAIRE, *Histoire de Charles XII*.

En l'estat où je suis, aveugle et furieux,
Tout bon *advis* me choque et m'est injurieux.

THÉOPHILE, *Élégie*.

Mais c'est une imprudence assez commune aux rois
D'écouter trop d'*avis*, et se tromper au choix.

CORNEILLE, *Pompée*, IV, 1.

J'écoutois vos *avis* estimés de chacun.
— Vous les écoutiez tous, et n'en suiviez aucun.

BOURSAULT, *Ésope à la cour*, I, 4.

Donneur d'avis :

Les *donneurs d'avis* parmi les princes sont en quelque manière garants du succès de ce qu'ils proposent.

CHOISY, *Mémoires*, VII.

Donneur d'avis se disait particulièrement autrefois De celui qui proposait un moyen pour faire venir de l'argent dans les coffres du roi.

Le chevalier de Bouillon... proposa au régent qu'il y eût trois fois la semaine un bal public dans la salle de l'Opéra... le *donneur d'avis* eut six mille francs de pension.

SAINT-SIMON, *Mémoires*, 1715.

Droit de l'avis, droit payé au donneur d'avis :

... Si vous vouliez me prêter deux pistoles,
Que vous reprendriez sur le *droit de l'avis*.

MOLIÈRE, *les Fâcheux*, III, 3.

AVIS, opinion, délibération, suffrage des membres d'une assemblée politique ou judiciaire.

Et avec ce, tint plusieurs consaulx avecques ses deux frères et ses deux serourges, c'est assavoir le duc Guillaume et Jehan de Baviere, et plusieurs autres ses feaulx amis et conseillers, pour avoir *advis* et deliberacion comment il se auroit à conduire et gouverner sur les grans afaires qu'il avoit touchans ceste matière.

MONSTRELET, *Chronique*, c. 48.

En après furent dictes et proposées plusieurs paroles sur l'*advis* de la paix, d'un costé et d'autre.

LE MÊME, même ouvrage, c. 106.

Les Estats ont pris avis entr'eux en présence du prince Maurice, de ne rien adjouster à ladite trefue; mais n'ont voulu conclure sans avoir nostre *advis*, et nous ont envoyé à cet effet Monsieur Barnevelt.

Lettre au Roy du 27 juin 1607, signée P. JEANNIN DE BUZANVAL et DE RUSSY. (Voyez *Négociations de M. Jeannin*, p. 87.)

Le président de Mesme finissoit tous ses *advis* par la nécessité de ne pas laisser les troupes inutiles.

CARDINAL DE RETZ, *Mémoires*.

Depuis qu'un sénateur a receu la liberté de parler, n'a-t-il pas droit de toucher dans son *avis* tout ce qui concerne le bien public ?

PERROT D'ABLANCOURT, trad. de TACITE, *Annales*, XIII, 18.

Cependant le Sénat s'assemble tumultuairement. On va aux *avis* avec encore plus de tumulte et de désordre.

ROLLIN, *Histoire romaine*, III, § 111.

Il (César) porta le mépris jusqu'à faire lui-même les sénatus-consultes; il les souscrivoit du nom des premiers sénateurs qui lui venoient dans l'esprit. « J'apprends quelquefois, dit Cicéron, qu'un sénatus-consulte passé à mon *avis* a été porté en Syrie et en Arménie avant que j'aie su qu'il ait été fait. »

MONTESQUIEU, *Grandeur et décadence des Romains*, c. 11.

Le premier de ceux qu'ordonna Henry fut celui de Jarnac et de la Châteigneraye. Celui-ci soutenait que Jarnac couchait avec sa belle-mère. Celui-là le niait. Était-ce là une raison pour un monarque de commander, de l'*avis* de son conseil, qu'ils se coupassent la gorge en sa présence?

VOLTAIRE, *Essai sur les mœurs*, c. 100 : Des duels.

Avis du Conseil d'État, Opinion du Conseil d'État en interprétation d'un règlement ou d'une ordonnance.

Avis de parents, Délibération d'un conseil de famille sur ce qui concerne un mineur ou un interdit :

Des *avis de parents*.
Code de procédure civile, II⁰ part., titre X.

Heureux ! si de son temps (d'Alexandre), pour cent bonnes [raisons.
La Macédoine eût eu des Petites Maisons,
Et qu'un sage tuteur l'eût en cette demeure,
Par *avis de parents*, enfermé de bonne heure.

BOILEAU, *Satires*, VIII.

Ouvrir un avis :

Un homme de mauvaises mœurs *ayant ouvert un* bon *avis* dans le conseil de Sparte, les éphores, sans en tenir compte, firent proposer le même avis par un citoyen vertueux. Quel honneur pour l'un, quelle note pour l'autre !

J.-J. ROUSSEAU, *Contrat social*, IV, 8.

L'*avis* en *fut ouvert* par Mirabeau, homme plus intéressé que personne à mettre une barrière entre les lois et lui.

MARMONTEL, *Mémoires*, liv. XV.

Un fat quelquefois *ouvre un avis* important.

BOILEAU, *Art poétique*, IV.

Je vous *ouvre* peut-être *un avis* salutaire.
Faisons de ce trésor Jéhu dépositaire.

RACINE, *Athalie*, III, 6.

Avis se prend aussi pour Avertissement :

J'escrivy au roy et à la royne ma mère l'estat en quoy je voyois les affaires de ce pais-là (en Guyenne), pour en avoir esté les *advis* que je leur en avois donnez negligez.

MARGUERITE DE VALOIS, *Mémoires*, édit. Guessard, p. 167.

...Quant à cest autre mot *aviso*, depuis huict ans (peu plus, peu moins), il a engendré en la cour un *avis*, tenant pareillement la place d'avertissement, quand on dit : Il est venu au roy un *avis* d'un tel lieu touchant telle chose, ou, Le roy en a eu *avis*. Voylà comment quelques-uns (car il s'en faut beaucoup que tous parlent ainsi), en leur langage naturel, ensuivent la faute de ces estrangers, au lieu de la leur remonstrer.

H. ESTIENNE, *la Précellence du langage françois*, éd. Feugère, p. 351.

Scipion eut *advis* de leur cruelle résolution, et ne voulut pas permettre de combattre à ceux qui estoient ainsi résolus de se précipiter à la mort.

COEFFETEAU, *Histoire romaine de L.* FLORUS, II, 18.

Voilà comme il faut traiter ceux qui donnent de faux *avis*.

SCARRON, *Roman comique*, I, 14

On fait quelquefois couver des œufs de cane à une poule, qui est ensuite trompée par son affection et qui prend pour sa famille naturelle des enfants étrangers qui courent à l'eau au sortir de la coque, sans que leur prétendue mère puisse les en empêcher par ses *avis*.

DUGUET, *Explication de l'ouvrage des six jours*, p. 144.

Que l'on suive ce goût simple et exempt de toute réflexion qui nous porte à certaines viandes, ou un dégoût pareil qui nous en éloigne ; ce sont des avis secrets de la nature, si cependant la nature a un soin de nous si exact, et auquel on puisse tant se fier.

FONTENELLE, *Éloge de M. Tschirnhaus.*

C'est aussi le dernier nonce (le cardinal Gualterio) qui ait reçu en France l'*avis* de sa promotion.

SAINT-SIMON, *Mémoires*, 1713.

Tant que vous ne lui défendez pas de manger, il mange ; quand vous le lui défendez, il ne mange plus ; il n'écoute plus les *avis* de son estomac, mais les vôtres.

J.-J. ROUSSEAU, *Émile.*

As-tu chez le libraire appris quelque nouvelle ?
— Oui, monsieur. — Et de qui ? — D'un commis des [gabelles
Qui, n'ayant pas trouvé ses profits assez grands,
A fait un petit vol de deux cent mille francs.
Qui pourroit de sa route avoir un sûr mémoire
Auroit pour droit d'*avis* mille louis pour boire !

BOURSAULT, *le Mercure galant*, I, 1.

Je reçois vingt *avis* qui me glacent d'effroi.

BOILEAU, *Épître*, VI.

Madame, je vous crois l'âme trop raisonnable,
Pour ne pas prendre bien cet *avis* profitable.

MOLIÈRE, *le Misanthrope*, III, 4.

Seigneur, vous le savez, son *avis* salutaire
Découvrit de Tharès le complot sanguinaire.

RACINE, *Esther*, II, 1.

J'ai longtemps attendu ferme et de bonne grâce
L'*avis* des espions que j'avois dans la place.
PALAPRAT, *la Prude*, II, 16.

Mylord, on me remet un *avis* d'importance
Dont je dois à l'instant vous donner connaissance.
ANDRIEUX, *Lénore*, III, 3.

Avis au lecteur, Petite préface qu'on met à la tête d'un livre :

Ce livre saint, mis depuis en lumière,
Fut enrichi d'un docte commentaire
Pour diriger et l'esprit et le cœur,
Avec préface et l'*avis au lecteur*.
VOLTAIRE, *la Pucelle*, XVIII.

Prov. et fig. *Avis au lecteur*, se dit D'un conseil ou d'un reproche exprimé d'une manière indirecte et générale, avec dessein que telle personne s'en fasse l'application.

Je suis bien aise de voir votre amitié, et d'avoir entendu le beau panégyrique que vous avez fait de moi. Voilà un *avis au lecteur* qui me rendra sage à l'avenir, et qui m'empêchera de faire bien des choses.
MOLIÈRE, *le Malade imaginaire*, III, 18.

Quoique cela fût un *avis au lecteur*, et que je dusse en profiter, je ne cessai point d'entretenir de ma passion la femme de Mascarini.
LE SAGE, *Gil Blas*, 1.

Ceci doit s'appeler un *avis au lecteur*.
Adieu, Lélie, adieu, très humble serviteur.
MOLIÈRE, *l'Étourdi*, III, 4.

Bientôt se ralluma la discorde civile ;
Et bientôt l'étranger, s'emparant de la ville,
Mit sous un même joug et peuple et sénateurs.
Français, ce trait s'appelle un *avis aux lecteurs*.
ANDRIEUX, *le Procès du Sénat de Capoue*.

Avoir avis que, être avisé, prévenu que :

Si eurent avis qu'ils delogeroient et retourneroient vers Valenciennes.
FROISSART, *Chroniques*, liv. I, Iʳᵉ part., c. 137.

Sur cela, on *a advis* de Bourgogne que le siège de Dôle estoit levé...
VOITURE, *Lettres*, 74ᵉ. Sur le siège de Corbie.

Ce sage capitaine *ayant eu avis qu'*un des satrapes de Darius l'avoit devancé, et craignant d'estre attaqué avec le peu de gens qu'il menoit, se résolut de faire venir du renfort.
VAUGELAS, trad. de QUINTE CURCE, liv. III.

Il (le pape) *eut avis que* Péterboroug, se promenant en Italie, avoit de mauvais desseins sur la vie du prétendant.
SAINT-SIMON, *Mémoires*, 1717.

Dans les passages suivants, *avis* semble synonyme de Prudence, d'expérience :

Et entendirent les aucuns et presque tous à sauver, et les enfans du roi aussi... qui étoient pour ce temps moult jeunes et de petit *avis*.
FROISSART, *Chroniques*, liv. I, IIᵉ part., c. 39.

Et saillit hors tout effréé sans ordonnance et sans *avis*.
LE MÊME, même ouvrage, liv. II, c. 13.

Jeunesse et peu d'*advis* font aucunes fois à ceux dedans lesquels se logent entreprendre si hautes choses, que puis après ils succombent soubs le faix.
BRANTÔME, *Discours sur les duels*.

Ce mot entre dans diverses locutions proverbiales :

En grans honneurs se perd l'*advis*.
JEHAN MIELOT, *Proverbes*, xvᵉ siècle.

En cas hastif n'y a *advis*.
GABRIEL MEURIER, *Trésor des sentences*, xvıᵉ siècle.

Il sera demain jour, et la nuit porte *avis*.
CORNEILLE, *le Menteur*, III, 6.

Autant de têtes, autant d'*avis*.
J.-J. ROUSSEAU, *le Persifleur*,

Il y a jour d'*avis*. Pour dire il y a du temps pour se résoudre.
LEROUX, *Dictionnaire comique*.

Barque d'avis. Voyez AVISO.

AVISEMENT, s. m. Avait anciennement le même sens qu'Avis, et quelquefois celui de Prudence, jugement.

Ce n'est pas entamemens de plet que de requerre jor de conseil ne jor de veue ou jor d'*avisement*, es cas exquis il doivent estre doné.
BEAUMANOIR, *Coutumes du Beauvoisis*, c. 9, 1.

Plaise vous avoir en ce fait tel *advisement* que nous et

nos amis ne soions mie desherités et perdus par nostre folie.

Le Ménagier de Paris, 1ᵈ° distinction, art. 9.

Après fut monstré par ledit chancelier d'Acquitaine ung petit *advisement*, lequel ledit père Jaques Petit avoit fait sur le gouvernement de ce royaume, contenant plusieurs articles.

Enguerran de Monstrelet, *Chronique*, c. 87.

Le troisieme enseignement et *advisement* que mon père, dont Dieu ait l'âme, me bailla si fut que jamais je ne espousasse femme d'estrange region.

Les Cent Nouvelles nouvelles, III.

A l'enfourner, il n'y va que d'un peu d'*avisement*, mais depuis que vous estes embarqué, toutes les cordes tirent.

Montaigne, *Essais*, III, 10.

Il faut être sociable, lié avec des gens dignes de vous, utile à la société, plein d'*avisement* et de précautions.

Fénelon, *Lettres au duc de Chaulnes*, 30.

Tous les petits soins, toutes les recherches, tous les *avisemens* les moins prévus coulent de source chez lui (le duc de Noailles).

Saint-Simon, *Mémoires*, 1711.

Tenez, ne faut-il pas bien du temps pour s'aviser si on dira oui avec mademoiselle? Vous n'y songez pas vousmême, avec votre *avisement*. Ce n'est pas là la difficulté.

Marivaux, *le Paysan parvenu*, Iʳᵉ partie.

Morgué! vous me faites là un vilain tour avec votre *avisement*, monsieur.

Lemé e, *l'Épreuve*, sc. II.

Avision, s. f. Vision, apparition, avertissement.

Tuz ces paroles e tute ceste *avisium* mustrad Nathan à David de part Nostre-Seignur.

Les quatre Livres des Rois, II, vii, 17.

Euoit m'avint un *avisium* d'angèle.

Chanson de Roland.

Une noit k'il se fu de maintes porpensez,
Vit une *avision*, dont fu mult efreez:
Co li esteit avis ke sor un mont seeoit.

Roman de Rou, v. 983. (Voy. *Histoire littéraire de la France*, t. XVII, p. 624.)

Quant Kalles fu couchié, si prist à sommeillier.
Une *avision* vit qui le fist merveiller.

Doon de Maience, v. 8142.

... Cy après vous retrairay
Une *advision* qui m'avint.
A dix-huit jours ou a vint.

Jean Bruyant, *Chemin de poureté et de richesse*, dans le *Ménagier de Paris*, t. II, p. 4.

Moult lui viendra d'*avisions*
Par nuyt, quant il sera couché.

Patelin, éd. Génin, v. 999.

AVISER, v. a. Apercevoir, voir, regarder, découvrir ·

Sera point en nostre temps *avisée* voie et maniere de venir à paix et union de saincte Église et de Crestienté...?

Gerson, *Sermons français*: Sur l'Épiphanie, en 1390 (Voy. *Thèse de l'abbé Bouret*, 1858, p. 87.)

Et si fit-on aucuns compagnons monter sur coursiers pour escarmoucher à eux, et pour *aviser* le passage de la rivière.

Froissart, *Chroniques*, liv. I, Iʳᵉ part., c. 41.

Cil messire Olivier etoit à marier. Si *avisa* en France un moult bel et haut mariage pour lui en Picardie.

Le même, même ouvrage, liv. I, IIᵉ part., c. 371.

Ponocrates... *advisoit* une foys le moys, quelque jour bien clair et serain, auquel bougeoient au matin de la ville.

Rabelais, *Gargantua*, liv. I, c. 24.

Item, après les besongnes dessus dictes, environ dix jours devant Pasques, fut envoyé messire Jehan de Luxembourg, avec cinq cens combatans, pour *adviser* une forteresse à six lieues de Troies vers Moyniers.

Enguerran de Monstrelet, *Chronique*, c. 222.

En montant le degré, rencontra le mary, qui avoit en sa main une bougie, duquel il fut plus tost veu qu'il ne le peult *adviser*.

Heptameron, 25ᵉ nouvelle.

Le roy estoit fort scrupuleux et *advisant* de près sur les poincts de sa royauté.

Brantôme, *Grands Capitaines françois*: M. de Sainct-Pol.

Si qu'aucuns gentilzhommes s'approcharent près de Perpignan, mais ilz ne [le firent qu'*adviser* et guigner de loing, comme fit jadis ce roy d'Angleterre Hiérusalem.

Le même, même ouvrage: L'admiral de Chastillon.

Vous *advisastes* à travers les branchages quelques huict cens pas de vous, sur ce grand chemin, une quantité de goujats et valetaille.

Sully, *Œconomies royales*, c. 52.

Aviser, pour apercevoir ou descouvrir, ne peut pas estre absolument rejetté, comme un mot qui, en ce sens-là, ne soit pas françois; mais il est bas et de la lie du peuple. On n'oseroit s'en servir dans le beau stile, quoiqu'un de nos meilleurs escrivains en use souvent. Pour le faire mieux entendre, il en faut donner un exemple : *J'advisay un homme sur une tour ou sur un arbre*, pour dire *j'apperceus*, ou *je descouvris un homme*, etc.

Vaugelas, Remarques.

Voicy encore où on manque : par exemple, ayant veu une personne de loing, on dira, *je l'ay avisé*, pour dire je l'ay aperceu.

Marguerite Buffet, Nouvelles Observations sur la langue françoise, 1668, p. 87.

Comme il n'estoit pas seur pour Charles d'Autriche de s'esloigner de la Flandre sans estre bien avec le roy, il desputa Philippe de Clèves Ravastain vers luy, pour *adviser* un lieu commode où ils se pussent entrevoir.

Mézeray, Histoire de France : François Ier.

Le jour arrive et devient bientôt assez clair pour *aviser* sa maison.

Saint-Simon, Mémoires, 1693.

Ma surprise fut extrême lorsqu'en me retournant j'*avisai* Cilly. Je jugeai qu'il y avoit eu une action heureuse en Espagne.

Le même, même ouvrage, 1707.

Étant le mardi 4 juin dans la galerie de Versailles, attendant que le roi allât à la messe, il *avisa* (le nonce Cusani) le maréchal de Tessé qui causoit avec le maréchal de Boufflers.

Le même, même ouvrage, 1709.

Elle *avisa* (la Dauphine), auprès de la place où Pont-Chartrain avoit été, de gros vilains crachats pleins de tabac : Ah! voilà qui est effroyable, dit-elle au roi, c'est votre vilain borgne, il n'y a que lui qui puisse faire de ces horreurs-là ; et de là à lui tomber dessus de toutes les façons.

Le même, même ouvrage, 1711.

Quant li Turc ont nos gens perçus et *avisés*,
Chascuns gueneist son frain, s'est en fuies tournés.

Chanson d'Antioche, c. 5, v. 582.

As fenestres devant li sire s'acousta,
Doolin jouste li, qui si grant biauté a
Que le riche vassal moult s'en esmerveilla,
C'onques mès si bel homme ne vi ne n'*avisa*.

Doon de Maience, v. 3435.

Il garde avant, si *a* tant *avisé*,
Qu'il a véu un crucifi doré.

Moniage Rainouart. (Voy. Histoire littéraire de la France, t. XXII, p. 540.)

Il n'i a nul de vous de si haut parenté,
S'il se fait à son pere connoistre n'*aviser*
Et il repaire à moi, qu'il n'ait le chief copé.

Gui de Bourgogne, v. 673.

Asis se sont por esgarder
Par les chans et por *aviser*
Les vingnes et les praeries.

Roman du Renart, v. 22577.

Arbalestriers pour traire visent,
Mès nul homme aus creniaus n'*avisent*.

G. Guiart, Royaus Lignages, t. II, v. 4068.

Ces ymaiges bien *avisé*,
Qui, si comme j'ai devisé
Furent à or et à asur
De toutes pars paintes ou mur.

Roman de la Rose, v. 462.

Je vueil la chandelle alumer,
Pour miex congnoistre et *aviser*,
Quelz homs il est.

Miracles de Nostre-Dame. Miracle de la femme du roy de Portugal, v. 692.

Mais dessous les autels des idoles, j'*advise*
Le visage meurtri de la captive église.

D'Aubigné, Tragiques Misères, liv. I.

Nostre raison qui tout *avise*,
Des dieux compagnons nous rend.

Ronsard, Odes, au cardinal du Bellay.

Si de l'œil du désir une femme j'*avise*,
Ou soit belle, ou soit laide, ou sage ou mal apprise,
Elle aura quelque trait qui de mes sens vainqueur,
Me passant par les yeux me blessera le cœur.

Régnier, Satires, VII,

Quand notre hôte charmé, m'*avisant* sur ce point :
Qu'avez-vous donc, dit-il, que vous ne mangez point?

Boileau, Satires, III.

Se trouvant seule, elle *avise* une brèche
A certain mur ; et semblable à la flèche
Qu'on voit partir de la corde d'un arc,
Madame saute et vous franchit le parc.

Voltaire, la Bégueule.

Aviser, Avertir, donner avis :

Li baillis doit si justement ouvrer en son office que nules des parties qui ont devant lui à pledier ne *soient avisées* par li ; car il n'est nule doute que li baillis ne se mefface qui avise partie de quoi l'autre partie puist avoir damace.

Beaumanoir, Coutumes du Beauvoisis, c. 1, 22.

Adonc fermèrent les portes afin que nul n'issist pour aler *adviser* l'empereur de leur emprinse.

Le Ménagier de Paris, 1re distinction, 4° art.

Le jugement en fut assez tôt rendu; car chacun en estoit jà, par renommée et par juste information, tout *avisé* et informé.

Froissart, *Chroniques*, liv. Ier, 1re part., c. 50.

Avecques ce avons entencion avec aucuns preudommes, par les meilleures manieres et voies que Dieu nous enseignera et *advisera*, pourveoir au bon gouvernement de tout le peuple.

Enguerran de Monstrelet, *Chronique*, c. 65.

Gargantua venu à l'endroict du boys de Vede *feut advisé* par Eudémon que dedans le chasteau estoit quelque reste des ennemys.

Rabelais, *Gargantua*, I, 36.

Un fol *advise* bien un sage.

H. Estienne, *la Précellence du langage françois*, éd. Feugère, p. 212.

Quant l'entent Oliviers, si en fu effraés:
« Sire, dist-il au roi, bien en *sui avisés*,
« Et je ferai ensi, puisque vous le volés. »

Fierabras, v. 1536.

Raisons m'enseigne et *avise*
Et jou sai certainement
Que qui aime sans faintise
Cent guierredon en atent.

Gilbert de Berneville, chanson. (Voyez Roquefort, *Glossaire de la langue romane*, t. I, p. 114.)

Aviser, Examiner, considérer, décider, conclure :

Sor ce, les dits barons eurent ensemble plusieurs fois parlement pour *aviser* qu'ils en pourroient faire.

Froissart, *Chroniques*, liv. I, 1re part., c. 5.

Louis XI dit qu'il passeroit le traicté en toutes telles formes, comme il *avoit esté advisé* par plusieurs journées précédentes.

Philippe de Commines, *Mémoires*, c. 13.

L'autre fondement et nerf de ceste entreprise (croisade prêchée par Léon X) gist et consiste en l'argent requis et necessaire pour la soulde des gens de guerre et conduite de l'artillerie; et à ceste cause est besoing executer le plus promptement que faire se pourra ce que a *esté advisé* par vosdits commis et députez.

François Ier à Léon X, 16 décembre (1517). (Voyez Charrière, *Négociations de la France dans le Levant*, t. I, p. 42.)

Aussy, Monseigneur, si vous *avez advisé* aultre chose et que je puisse faire en France davantaige que le mareschal de Montmorency, je suis preste à obéir.

La reine de Navarre, *Lettres*; à François Ier, novembre 1525.

Je jure en ceste croix, et sur l'espée, avec laquelle j'ay receu l'ordre de chevalerie, de faire ce que vous, damoyselle, me demandez, toutes foys et quantes que par vostre maistresse Elisene *sera advisé*.

Amadis de Gaule, I, 1.

Non contant de ce, ayant esté mis en route en son siege, et encor retiré dans une ville assés bonne, il devoit *adviser* les moyens, ou de se retirer plus avant, ou de se fortifier.

Montluc, *Commentaires*, liv. VII.

Comme toutes choses se sont changées avecques le progrez du temps en l'Église, aussi *advisa* l'on de faire de ce commun clergé des colleges, lesquels seroient toutesfois logez en clouestres, joignant la maison de leur evesque.

Est. Pasquier, *Recherches*, III, 37.

Quant à ce qu'il est besoin de faire pour empeseher le dessein dudit Doria et les Espagnols, vous le sçaurez trop mieux *adviser* que nul aultres.

D'Ossat, *Lettres*, liv. II, 77.

Ayant avisé sa retraite et laissé sur la place de cinq à six cents morts, il emporte unze drapeaux des compagnies qui logeoient aux faubourgs.

D'Aubigné, *Histoire universelle*, t. III, liv. III, c. 3.

J'envoye exprez vers vous ce porteur... ayant commandé au dict porteur vous dire... que si n'estes asseurez de ma parole, qui est trez veritable, *advisiez* entre vous quelque aultre seureté vous voulez de moy.

Henri IV, *Lettres*, 15 février 1576.

Je vous prieray... d'*adviser* tous les moyens convenables pour le service du Roy et le mien.

Le même, même ouvrage, août 1585.

Ce chevalier veut dire qu'il vous presente ce gage, vous promettant qu'il sera demain dés le lever du soleil, au lieu qui *sera advisé* pour se battre avec vous à toute outrance.

D'Urfé, *l'Astrée*, 1re part., liv. IX.

Mais ne pouvant s'accorder dans leurs opinions, il leur dit qu'il *aviseroit* luy-mesme ce qui seroit pour le mieux.

Vaugelas, trad. de Quinte-Curce, liv. VII.

Enjoint à tous régents, maîtres-ès-arts et professeurs, d'enseigner comme ils ont accoustumé, et de se servir, pour raison de ce, de tels raisonnemens qu'ils *aviseront* bon estre.

Boileau, *Arrest burlesque*.

Après avoir fait telles réquisitions et observations qu'elles aviseront.

> Code de procédure civile, art. 207.

Faire ses offres au demandeur, de la somme qu'il avisera pour les dommages-intérêts.

> Même ouvrage, art. 524.

Il convient aviser combien
Vous en voulez.

> Patelin, éd. Géqin, v. 222.

Cela fut faict aussitôt qu'advisé.

> A. Héroet, l'Androgine de Platon.

Voilà dans les deux choix de quoi vous satisfaire;
Avisez maintenant celui qui peut vous plaire.

> Molière, Dom Garcie de Navarre, IV, 8.

Aviser, neutralement et absolument :

Avise; et si tu crains qu'il te fût trop infâme
De remettre l'Empire en la main d'une femme,
Tu peux dès aujourd'hui le voir mieux occupé.

> Corneille, Héraclius, I, 2.

Aviser à :

Cela vous advisera une autre fois à pourvoir mieux à vos affaires.

> Montluc, Mémoires, liv. III.

A Paris est emploié le prevost des marchans, pour avec le conseil de la ville aviser à la sûreté.

> D'Aubigné, Histoire universelle, t. II, liv. I, c. 3.

Les François s'amusoient un peu trop à faire leur butin et pillage (ce disoit-on), et adviser à leur prompt retour.

> Brantôme, Grands Capitaines : M. de Montluc.

J'ai advisé à le contrefaire ici et le montrer (le signet du roi Louis XI).

> Le même, même ouvrage : Louis XI.

Le juge doit estre d'un vertueux courage, et avoir la force, et peser les crimes d'un chacun sans respecter personne : c'est pourquoy on peint Justice cachant la teste dans les cieux, advisant à Dieu seul.

> Bouchet, Serées, liv. I, 9.

Emeri ayant proposé une conférence particulière pour aviser aux expédiens d'accommoder l'affaire...

> Cardinal de Retz, Mémoires, liv. II.

Encore si c'estoit de bonne foy qu'il me demandast la paix, j'aviserois à ce que j'aurois à faire.

> Vaugelas, trad. de Quinte-Curce, liv. IV.

J'aviserai à vous faire savoir quelque chose.

> Le chevalier de Gremonville à Louis XIV, 2 août 1667. (Voyez Mignet, Succession d'Espagne, t. II, p. 221.)

Il y a des choses à quoi nous devons aviser, parce que nous y devons agir, et nous y déterminer par notre choix.

> Bossuet, Traité du libre arbitre, c. 2.

Tu m'assures donc que tu ne te vengeras point? — Commençons par aller souper; nous aviserons au reste tout à loisir.

> Colombine femme vengée, I, 7. (Voyez Gherardi, Théâtre italien, t. II, p. 230.)

Ce collège est chargé de rechercher quels sont les abus qui souillent l'Église, comment on doit y porter remède, et d'en faire un rapport au concile, qui avisera aux moyens d'exécution.

> Guizot, Histoire de la civilisation en Europe, 11e leçon.

Madame, avisez-y; vous perdez votre gloire
De me l'avoir promis et vous rire de moi.

> Malherbe, Poésies, II.

Or avisons aux lieux qu'il nous faut habiter.

> La Fontaine, Fables, VI, 8.

Aviser de :

Ainsi le vint-il dire de nuit à la roine d'Angleterre et l'avisa du péril où elle étoit.

> Froissart, Chroniques, liv. I, Ire part., c. 12.

Il ne nous faut faire autre chose, sinon de bien adviser de ne les aller assaillir dans un fort, comme nous fismes à la Bicquoque.

> Montluc, Commentaires, liv. II.

Advisez bien, quand vous serez devant le roy, d'estre sage et parler sagement, car vous ne parlerez plus à ce roy douz, benin et gracieux, que vous avez veu ci-devant; il est tout changé.

> Brantôme, Grands Capitaines françois : Charles IX.

J'ay advisé de vous dire en peu de paroles ce qui, la guerre ayant pris fin, vous sera plus utile d'avoir ouy, qu'à nous de l'avoir remonstré.

> Blaise de Vigenère. (Voyez H. Estienne, la Précellence du langage françois, éd. Feugère, p. 62.)

...D'autant plus meschants sont les prestres, qui en la confession auriculaire... par leurs interrogats esveillent les esprits, et les advisent de plusieurs vilanies.

> H. Estienne, Apologie pour Hérodote, liv. I, c. 10, alin. 1.

Les choses estant en cette façon disputées, avant que d'y interposer aucun decret, il *fut advisé* d'implorer la grâce du Saint-Esprit.

Est. Pasquier, *Recherches*, III, 24.

J'ai *advisé* de retarder mon voyage.

Henri IV, *Lettres*, 6 octobre 1576.

Je voulòis vous *adviser de* la reception de la lettre qu'il vous pleut m'escrire de Saint-Germain-en-Laye le 11 juillet.

D'Ossat, *Lettres;* liv. IV, 145ᵉ.

Il fut dit qu'une femme de Lacedemone disoit à son fils en l'armant : ton père t'a tousjours conservé ce bouclier, *avise de* le garder aussi, ou de mourir.

Bouchet, *Sérées*, liv. III, 25.

Enfin ils *advisèrent* entre eux *de* s'enfuir.

Coeffeteau, *Histoire romaine* de L. Florus, liv. II, c. 18.

Il y avoit : « La science, dit Plutarque. » Cela ne sonne pas bien, disoit cet âne de fils ; il faudroit mettre : « La science, au dire de Plutarque. » — Vous avez raison, dit le petit Boileau qui étoit présent, et il seroit bon de le corriger ; M. de Vence vous en auroit obligation. — Vous m'*en avisez*, reprit-il ; et sur l'heure il envoie quérir une plume, et le corrige.

Tallemant, *Historiettes :* Godeau.

Comme l'année avoit esté si pluvieuse, que mesme les bleds et les raisins n'estoient pas venus à maturité, la riviere de Lys luy refusoit passage (à Louis le Hutin) ; si bien qu'il *fut advisé de* se tirer de là avant que les eaux submergeassent le camp tout à fait.

Mézeray, *Histoire de France :* Louis Hutin.

Le Prince disoit aux Confédérez que, puisqu'ils ne pouvoient se retirer sans laisser la victoire à leurs ennemis, il ne falloit plus délibérer s'ils devoient combattre, mais *aviser des* ordres qu'ils devoient tenir pour cela.

Le même, même ouvrage : Charles IX.

Je vais vite consulter un avocat et *aviser des* biais que j'ai à prendre.

Molière, *les Fourberies de Scapin*, II, 1.

Ils disent tous deux (le médecin et l'apothicaire), « Point de douche. » Ils croiroient faire un attentat d'attaquer et de mettre en alarme une santé comme la mienne ; ils croiroient *aviser* les nerfs d'un désordre à quoi ils ne pensent pas.

Mᵐᵉ de Sévigné, *Lettres;* à Mᵐᵉ de Grignan, 7 octobre 1687.

Je vous priois de ne les point *aviser de* remarquer de mes défauts ceux qui leur étoient échappés.

Mᵐᵉ Du Deffand, *Lettres*, CXLV ; à H. Walpole, 14 octobre 1772.

Ces folles idées l'ont *avisé de* ce qu'il devoit faire, non pas pour vous, mais pour lui.

Picard, *les Marionnettes*, III, 4.

Aviser pour :

Est aussi nécessaire que vous et moy *advizons pour* le paiement de la pention de monsieur le cardinal de Guyse.

Montluc, *Lettres;* à M. de Condom, 11 juillet 1565.

Aviser que :

*Advise qu'*il ne s'entretaille (le cheval) ; convient adviser s'il lieve les piés ouniement.

Le Ménagier de Paris, II, 75.

Sire de Beaumanoir, je vous *avise que* vous ne chevauchiez maishuy plus avant.

Froissart, *Chroniques*, liv. I, IIᵉ part. c. 187.

Bien vous *advise que* le cuer, le corps, l'avoir et le sçavoir, si Dieu y en a aucun mis, sont en vostre disposition autant que le moindre de voz subjects.

Le Loyal Serviteur, c. 5.

Alexandre... *advisa que* la fureur du cheval ne venoit que de frayeur qu'il prenoit à son ombre.

Rabelais, *Gargantua*, I, 14.

Pour signe de mon pronostic, *adviserez que* leans sont les mangeoires au-dessus des rateliers.

Le même, *Pantagruel*, V, 11.

Je vous *advise que* je n'ay pas eu la guerre seullement avec les Turqs, mais avec l'ung des plus grans de nostre conseil, lequel, par envie et ambicion de dominer, dès longtemps avoit conspiré faire venir le Turq et promiz luy rendre ceste cité.

Villiers de l'Isle-Adam, *Lettre* (1522). (Voyez *Négociations de la France dans le Levant*, t. I, p. 132.)

Il est vray que nous n'usons pas seulement en une sorte du verbe aviser, comme du nom « avis », mais nous disons aussi : je vous *avise que*, si vous ne faites autrement, il vous en prendra mal.

H. Estienne, *la Précellence du langage françois*, éd. Feugère, p. 352.

Avisez plustost *que* ce qu'ils veulent maintenir pour constance ne soit droictement une opiniâtre cruauté et cruelle opiniastreté.

Martin du Bellay, *Mémoires*, t. II, p. 232.

Benoist vouloit casser et annuller toutes les eslections, confirmations... mais l'Esglise de France s'y opposa, et *fut advisé que* le roy defendroit les possesseurs en leurs possessions qui avoient tiltre.

Est. Pasquier, Recherches, III, 24.

Puis que tu veulx sçavoir mon nom, je *t'advise que* l'on m'appelle Amadis de Gaule, chevalier de la Royne Brisenca.

Amadis de Gaule, liv. I, c. 19.

Si quelqu'un se scandalise de quoy si hardiment j'use des choses d'autruy, je l'*advise qu'*il ne fut jamais rien plus exactement dict ne escript aux escholes des philosophes du droit et des devoirs de la sainte amitié que ce que ce personnage et moy en avons pratiqué ensemble.

Montaigne, Lettres, 4°.

Il y estoit arrivé une tartane envoyée en grande diligence par Cazau, pour *adviser* le prince Doria *qu'*à la tour de Bouc et à l'isle de Martigues on avoit crié : Vive le Roy.

D'Ossat, Lettres; liv. II, 38°.

Ils *avisent* donc ensemble *que* Lucidas, feignant de vouloir rompre l'accord qui estoit entre luy et Arthénice, tascheroit à mesme temps de luy faire connoistre la faute qu'elle faisoit de souffrir la recherche d'Alcidor.

Racan, Argument des Bergeries.

M. Conrart, chez qui les assemblées s'étoient faites jusques alors, vint à se marier. Ayant donc prié tous ces messieurs, comme ses amis particuliers, d'assister à son contrat, ils *avisèrent* entre eux *qu'*à l'avenir sa maison ne seroit plus si propre qu'auparavant pour leurs conférences.

Pellisson, Histoire de l'Académie.

Le duc de Bourgogne avoit accommodé un pétard sous le siège de la princesse d'Harcourt, dans le salon où elle jouoit au piquet. Comme il y alloit mettre le feu, quelque âme charitable l'*avisa que* ce pétard l'estropieroit, et l'empêcha.

Saint-Simon, Mémoires, 1703.

Aviser si :

Advisez *si* conseil voulez d'ung fol prendre.

Rabelais, Pantagruel, III, 37.

Advise *si* tu voudrois estre de la taille de ces honnêtes gens, dont l'esprit est estouffé dans la graisse.

Balzac, Lettres, III, 3.

Tous ceux qui font de grands desseins doivent aviser *si* ce qu'ils entreprennent est utile à la République, glorieux à eux-mesmes, et s'il est aisé, ou au moins s'il n'est point trop difficile à exécuter.

Coeffeteau, Histoire romaine, liv. VI.

IV.

Il s'emploie avec le pronom personnel dans le sens de : Penser, s'imaginer, inventer, trouver, être assez téméraire, assez hardi pour...

Si *s'avisa* la dame qu'elle se partiroit tout coyement et vuideroit le royaume d'Angleterre.

Froissart, Chroniques, liv. I, Ire part., c. 6.

Ceux qui reprennent leurs enfans de fautes qu'ils commettent eux-mesmes, ne *s'advisent* pas que soubs le nom de leurs enfans ils se condamnent eux-mesmes.

Amyot, trad. de Plutarque, Œuvres morales.

A la fin il *s'advisa* la nuict d'envoyer tous les petits batteaux, qu'il avoit mené, avecques luy chargez de soldats, faire descente par des rochers, derrier l'Isle, où les ennemis ne se prenoient garde.

Montluc, Commentaires, liv. VI.

Ils ne font pas ce tour à tous les vocables... mais espargnent les uns, les autres non, selon qu'ils *s'avisent*.

H. Estienne, Précellence du langage françois.

Ayant l'Empire continué de père en fils par droict successif, du premier au second et du second au troisiesme Othon, Gregoire *s'avisa* de rendre l'Empire eslectif.

Est. Pasquier, Recherches, III, 4.

O Paris, te voilà aux fers, te voilà en l'inquisition d'Espagne, plus intolérable mille fois et plus dure à supporter aux esprits nez libres et francs, que les plus cruelles morts, dont les Espagnols se sçauroient *adviser*.

Satire Ménippée, Harangue de M. d'Aubray.

Il (M. le cardinal) *s'avisera* d'une sorte d'ambition, qui est plus belle que toutes les autres et qui ne tombe dans l'esprit de personne, de se faire le meilleur et le plus aymé du royaume.

Voiture, Lettres; à M... après la prise de Corbie, 24 novembre 1636.

Je me suis *avisé* que je serois bien attrapé si ce passage étoit du vieux Pline.

Le même, même ouvrage ; à Costar, 1641.

M. de Turenne a eu dès sa jeunesse toutes les bonnes qualités, et il a acquis les grandes d'asses bonne heure. Il ne lui en a manqué aucune, que celles dont il ne *s'est* pas *avisé*.

Le cardinal de Retz, Mémoires.

Vous estes surprise de ce que M. de Turenne *s'advise* de se déclarer contre la cour, estant général de l'armée du roi.

Le même, même ouvrage.

Les hommes, n'ayant pu guérir la mort, la misère, l'ignorance, se *sont avisés*, pour se rendre heureux, de ne point y penser.

Pascal, Pensées.

Le diable de la Rappinière, qui *s'avisoit* toujours de quelque malice, dit qu'il ne falloit point d'autres habits que ceux des deux jeunes hommes qui jouoient une partie dans le tripot.

> Scarron, *le Roman comique*, I, 2.

L'idée d'Église invisible ne vint pas seulement dans l'esprit aux réformateurs, tant elle est éloignée du bon sens et peu naturelle. On *s'avise* pourtant dans la suite qu'on en a besoin.

> Bossuet, *Histoire des variations des églises protestantes*, liv. XV, n° 28.

Dans une extrême disette d'eau, que Marc-Aurèle souffrit en Germanie, une légion chrétienne obtint une pluie capable d'étancher la soif de l'armée... L'empereur en fut touché, et écrivit au Sénat en faveur des chrétiens. A la fin, ses devins lui persuadèrent d'attribuer à ses dieux et à ses prières un miracle que les païens ne *s'avisoient* pas seulement de souhaiter.

> Le même, *Discours sur l'Histoire universelle*, I, 10.

Ils ne tiroient rien des procès et on ne *s'étoit* pas encore *avisé* de faire un métier de la justice.

> Le même, même ouvrage, III, 3.

De cent hommes qui prient à peine trouverons-nous un seul chrétien qui *s'avise* de faire des vœux et de demander des prières pour obtenir sa conversion.

> Le même, *Sermons*, 3e semaine de carême.

Ainsi il est ridicule de penser ou de dire, comme Lucrèce, que le hasard a formé toutes les parties qui composent l'homme; que les yeux n'ont point été faits pour voir, mais qu'on *s'est avisé* de voir, parce qu'on avoit des yeux.

> Malebranche, *De la Recherche de la vérité*, liv. II de l'imagination, Ire partie, c. 4.

Il faut le tenir (le peuple) toujours dans quelque grand embarras, afin qu'il ait sans cesse besoin de vous, et qu'il ne *s'avise* pas de censurer votre conduite.

> Fénelon, *Dialogues des morts* : Mercure, Charron et Alcibiade.

Peut-estre aussi, que tu m'as appelé Promethée, au sens que ce poète comique a dit, que Cleon estoit un Promethée, mais que ce n'estoit qu'après coup, pour dire, qu'il manquoit de prévoyance, et qu'il ne *s'avisoit* de ses fautes qu'après les avoir faites.

> Perrot d'Ablancourt, trad. de Lucien. Contre un homme qui l'avoit appelé Promethée.

C'est vous qui m'avez appris à parler de notre amitié comme d'une pauvre défunte, car pour moi je ne *m'en serois* jamais *avisée*, en vous aimant comme je fais.

> Mme de Sévigné, *Lettres*; à Ménage, 1644.

Vous vous avisez de me gronder, au lieu d'entrer dans le plaisir de savoir que je me porte mieux que je n'ai jamais fait.

> La même, même ouvrage, à Mme de Grignan, 7 octobre 1687.

J'ai un fils qui *s'avise* d'avoir dix-sept ans; on dit que c'est le bel âge, non pas pour plaider, mais pour aller à la guerre.

> Mme de Grignan, *Lettres*; au comte de Bussy, 26 août 1688.

Pour moi, je me porte si bien, ma bonne humeur et mon appétit sont si bien revenus, et ma veine poétique s'est si bien ouverte, qu'il n'y a sottise dont je ne *m'avise* ci.

> Coulanges, *Lettres*; à Mme de Sévigné, 3 octobre 1674.

Personne presque ne *s'avise* de lui-même du mérite d'un autre.

> La Bruyère, *Caractères*, c. 11.

Il (Louis XIV) *s'avisa* fort tard de ces dîners (chez Mme de Maintenon), qui furent longtemps rares.

> Saint-Simon, *Mémoires*, 1715.

Il (Saül) a négligé Samuel pendant la vie de ce prophète, et il *s'avise* de le rappeler du tombeau et de le consulter après sa mort.

> Massillon, *Petit Carême* : 3e dimanche.

L'injuste... a recours à la ruse; il n'en est aucune dont il ne *s'avise*.

> Le même, *Paraphrases*, ps. IX.

Cet homme (M. de Saint-Aulaire), mort à cent ans, ne *s'avisa* de ses talents qu'à soixante.

> Hénault, *Mémoires*, c. 11.

Il est assez surprenant que la prose n'ait fait que succéder aux vers, et qu'on ne *se soit* pas *avisé* d'écrire d'abord dans le langage le plus naturel.

> Fontenelle, *Histoire des oracles*, 2e dissertation, c. 5.

Si je viens dans quelques années à vous aimer par hasard, et vous aussi à m'aimer, à la bonne heure... Comme *vous vous aviserez*, je *m'aviserai*.

> Voltaire, *l'Écossaise*, II.

Cicéron, qui vivait dans le temps où César conquit l'Égypte, dit dans son livre de la divination qu'il n'y a point de superstition que les hommes n'aient embrassée, mais qu'il n'est encore aucune nation qui *se soit avisée* de manger ses dieux.

> Le même *Pyrrhonisme de l'histoire*, c. 5.

Le nombre de ceux qui pensent est excessivement petit, et ceux-là ne *s'avisent* pas de troubler le monde.

VOLTAIRE, *Lettres philosophiques*, XIII.

Que je serai enchanté de vous revoir!... N'allez pas *vous aviser* de vous bien porter; n'allez pas changer d'avis. Croyez fermement que les eaux sont absolument nécessaires pour votre santé.

LE MÊME, *Lettres*, 3 mai 1754.

Il n'est pas bon qu'une nation *s'avise* de penser; c'est un vice dangereux qu'il faut abandonner aux Anglais.

LE MÊME, même ouvrage, 8 mai 1764.

Je jetai d'abord sur le papier quelques lettres éparses, sans suite et sans liaison, et lorsque je *m'avisai* de vouloir les coudre, j'y fus souvent fort embarrassé.

J.-J. ROUSSEAU, *Confessions*, II, IX.

Enfin, ma fille, continua-t-elle, de remède, je n'y en vois point; voyez, *avisez-vous;* car, après ce qui est arrivé il faut bien prendre votre parti, et le plus tôt sera le mieux.

MARIVAUX, *la Vie de Marianne*, IIIe partie.

Oh! pour cet argent-ci, me répondit-elle, tu veux bien que je n'en dispose qu'en faveur du mari que j'aurai. *Avise-toi* là-dessus.

LE MÊME, *le Paysan parvenu*, Ire partie.

Du moment qu'un homme choque la volonté générale et qu'il *s'avise* d'en avoir une à lui, on dit : c'est un homme insupportable dans la société.

GRIMM, *Correspondance*, 1er juin 1755.

Quel bonheur si les sots *s'avisoient* tous à la fois de ne plus écrire !

LE MÊME, même ouvrage, 1er décembre 1756.

Qu'on *s'avise* de remarquer en eux quelques-uns des défauts dont ils se reprennent, on y sera bien venu.

DIDEROT, *le Père de famille*, I, 12.

Il (Diderot) cherchoit comment cette idée (d'un Dieu) étoit entrée dans le monde, et quel étoit le premier qui avoit pu *s'en aviser.*

LA HARPE, *Cours de littérature*, liv. IV, c. 3, sect. 2.

Il n'y a rien de si violent en France que la colère qu'on a contre ceux qui *s'avisent* de résister sans être les plus forts.

Mme DE STAEL, *Considérations sur la Révolution française*, t. I, 2e part., c. 11, § 8.

Prince tant vit fol qu'il *s'advise.*

VILLON, *Ballades.*

De l'humeur dont le ciel a voulu le former
Je ne sais pas comment il *s'avise* d'aimer.

MOLIÈRE, *le Misanthrope*, IV, 1.

Pourquoi *vous aviser* de vivre si longtemps ?

LE GRAND, *Plutus*, II, 5.

Je n'avois qu'un valet pour me désennuyer,
Et je *m'avise* encor de le congédier.

COLLIN D'HARLEVILLE, *l'Inconstant*, II, 8.

Avisé, ée. Participe.

Et s'en venoient ainsi tout bellement le pas, chacun sire en son arroy et entre ses gens, et sa bannière devant lui ou son pennon, *avisés* de ce qu'ils devoient faire.

FROISSART, *Chroniques*, liv. I, IIe part., c. 188.

La chose réussit comme on se l'étoit proposé, et le comte *avisé* consentit enfin volontairement à ce qu'il ne pouvoit pas empêcher.

FLÉCHIER, *Mémoires sur les grands jours de 1665*, p. 158.

Je viens d'apprendre en ce moment, par une personne très-*avisée*, que samedi dernier il vit, dans le marché de Dourdan, une très grande quantité de bled, et le plus beau à 18 livres le septier.

LA REYNIE à de Harlay, 20 juillet 1693. (Voyez DEPPING, *Correspondance administrative sous Louis XIV*, t. II, p. 649.)

Il faut que nostre fuite à la nuict se hazarde,
Car avec trop de soin tout le jour on me garde.
— C'est très bien *advisé.*

THÉOPHILE, *Pyrame et Thisbé*, IV, 2.

C'est fort bien *avisé*, la prévoyance est bonne.

LE GRAND, *Aveugle clairvoyant*, sc. 12.

Ce fut à lui bien *avisé.*

LA FONTAINE, *Fables.*

Avisé, ée, adjectif. Prudent, circonspect, en parlant des personnes :

La royne (Catherine de Médicis) ma mère, la plus prudente et *advisée* princesse qui ait jamais esté.

MARGUERITE DE VALOIS, *Mémoires*, éd. Guessard, p. 60.

Ce grand Cosme de Médicis que nous avons veu de nos temps si renommé et si grand homme d'Estat, si sage et si *advisé*, qu'il ne s'en est veu un pareil à luy de nos temps.

BRANTÔME, *Grands Capitaines estrangers* : Le grand Cosme de Médicis.

Nature n'a pas envoyé icy bas les plus forts et les plus *advisez*, comme des brigands armez dans une forest, pour y gourmander les plus foibles.   —

LA BOETIE, *De la Servitude volontaire.*

Je m'estonne, dit-il, qu'il y ait si peu de bergeres qui prennent garde à ces tromperies, quoy que d'ailleurs elles soient fort *avisées.*

D'URFÉ, *l'Astrée*, Ire part., liv. IV.

Peut-il estre qu'une beauté rustique, une champestre, une sauvage ait eu plus de pouvoir sur ton âme que la mienne? Falloit-il que pour ma punition le ciel te fît si aimable et si peu *avisé.*

LE MÊME, même ouvrage, IIe part., liv. VII.

Macrian donc, se voyant eslevé à ce haut degré de gloire avec ses enfans, recueillit toutes les forces qu'il pust mettre ensemble, et s'achemina en Orient où il fit devoir de grand et *advisé* capitaine.

COEFFETEAU, *Histoire romaine*, liv. XVII.

J'avois un laquais aussi *avisé* que le valet de chambre de Verville étoit maladroit.

SCARRON, *Roman comique*, t. I.

On n'est jamais si *avisé* en son fait propre, qu'en celuy d'autruy.

VAUGELAS, trad. de Quinte-Curce, liv. VII,

La reyne Blanche mourut à Melun aagée de 63 ans : comparable aux plus sages politiques, résolue en ses conseils, hardie en ses entreprises, *advisée* en ses procedez, équitable, libérale, fort chrestienne.

MÉZERAY, *Histoire de France* : Blanche reine de France.

De tous les peuples du monde, le plus fier et le plus hardi, mais tout ensemble le plus réglé dans ses conseils, le plus constant dans ses maximes, le plus *avisé*, le plus laborieux, et enfin le plus patient, a été le peuple romain.

BOSSUET, *Discours sur l'Histoire universelle*, III, 6.

Quel triste honneur de vivre avec un homme qui ne parle point! — Vraiment! il ne se fera que trop entendre. Ne vous y trompez pas au moins. Ces nations-là sont plus *avisées* que nous.

(Voyez GHERARDI, *Théâtre italien*, t. I, p. 397.)

Ce pauvre enfant étoit le souffre-douleurs de la maison, et on lui donnoit toujours tort. Cependant il étoit le plus fin et le plus *avisé* de tous ses frères.

CH. PERRAULT, *Contes* : le petit Poucet.

Madame de Soubise, trop *avisée* pour ne pas sentir la fragilité du rang que sa beauté avoit conquis, n'étoit occupée qu'à le consoler.

SAINT-SIMON, *Mémoires*, 1707.

Le pain enchérit à proportion du désespoir de la récolte. Les plus *avisés* resemèrent des orges dans les terres où il y avoit eu du blé.

SAINT-SIMON, *Mémoires*, 1709.

Le maréchal de Tessé étoit trop *avisé* pour se charger d'une pareille commission, et il la refusa net.

HÉNAULT, *Mémoires*, c. 13.

Lorsque ensuite le vassal eut défait les armées du suzerain, Philippe proposa le duel; Édouard III vainqueur le refusa, disant qu'il était trop *avisé* pour remettre au hasard d'un combat singulier ce qu'il avait gagné par des batailles.

VOLTAIRE, *Essai sur les mœurs* : Des duels, c. 100.

Dans Renars avoit le non
D'iestre sages et *avisés.*

Roman de Renart, t. IV, v. 2916.

Maxime, en voilà trop pour un homme *avisé.*

CORNEILLE, *Cinna*, IV, 6.

...Une fille *avisée*
Doit avoir un air libre, une manière aisée.

BOURSAULT, *Ésope à la cour*, II, 1.

En parlant du cœur, des sens, des sentiments, etc.

On voit dans l'histoire de Tacite plus de vices encore, plus de méchancetés, plus de crimes; mais l'habileté les conduit, et la dextérité les manie : on y parle toujours avec dessein, on n'agit point sans mesure; la cruauté est prudente, et la violence *avisée.*

SAINT-EVREMONT, *Observations sur Salluste et sur Tacite.*

Car moult avoit le cuer tres large et *avisé.*

Roman de Berte, p. 154

Mais pourtant quel esprit, entre tant d'insolence,
Sait trier le savoir d'avecque l'ignorance,
Le naturel, de l'art, et d'un œil *avisé*
Voit qui de Calliope est plus favorisé.

RÉGNIER, *Satires*, II.

En parlant des Choses :

Ha! qu'il a maintenant bien certaines les mains!
Son arc n'est plus faultier; sa flèche est *advisée*,
Qui mire droict au cœur sans y prendre visée.

RONSARD, *les Vers d'Eurymedon et Callirée.*

Bien avisé :

Icelluy Dalvyano plus hardy que *bien advisé* se voulut adventurer.

Loyal Serviteur, c. 29.

Mal avisé :

Celuy-là est fort *mal advisé* qui s'occupe à d'autres choses qu'à celles qui servent à son salut.

MICHEL DE MARILLAC, *Imitation de Jésus-Christ.* Éd. de M. de Sacy, p. 6.

Il n'est pas rare que dans une famille il y ait un homme habile qui fasse fortune, et un autre *mal avisé* qui soit repris de justice.

VOLTAIRE, *Dictionnaire philosophique,* Sammonocodom.

> Pauvre Philis *mal avisée,*
> Cessez de servir de risée,
> Et souffrez que la vérité
> Vous témoigne votre ignorance,
> Afin que perdant l'espérance,
> Vous perdiez la témérité.

MALHERBE, *Poésies,* liv. II, stance 8.

Avisé, mal avisé, s'emploient quelquefois substantivement :

Les hardis pour acquérir le bien qu'ils demandent ne craignent point le danger, *les advisez* ne refusent pas la peine.

LA BOETIE, *Discours de la Servitude volontaire.*

Dire des impertinences à ma fille ! vous êtes *un mal avisé.*

DESTOUCHES, *la Fausse Agnès,* II.

AVISÉMENT, adv. D'une manière avisée.

En ceste besongne l'on doit aler *adviséement* et à grand délibération.

Le Ménagier de Paris, 1ᵉ distinction, 9ᵉ art., t. I, p. 207.

Messire Boucicaut répondit moult *avisément.*

FROISSART, *Chroniques,* liv. I, IIᵉ part., c. 17.

AVISEUR, s. m. Celui qui avise, qui remarque quelque chose :

Entre les compagnons avoit là trois écuyers de la terre du prince, grands capitaines des compagnies et hardis et apperts hommes d'armes durement, grands *aviseurs* et écheleurs de forteresses.

FROISSART, *Chroniques,* c. 278

AVISO, s. m. Terme de Marine. Petit bâtiment de guerre, tel que brigantin, cutter ou lougre, chargé de porter des avis, des ordres, des paquets. Au XVIIᵉ siècle, cette espèce de bâtiment avait le nom de *barque d'avis.* Voyez Furetière au mot *Barque.*

Ce terme, nouvellement introduit dans le langage marin et tiré de l'espagnol, signifie une barque d'avis couverte, ou autre petit bâtiment de l'État, dépêché uniquement pour porter des nouvelles, ou des ordres pressés.

LESCALIER, *Vocabulaire des termes de marine,* an VI.

Corvettes, *avisos,* flûtes, etc.

Bulletin des Lois, an IV.

AVITAILLER, AVICTUAILLER. v. a. Approvisionner, mettre des vivres dans une place, un camp ou un vaisseau :

Ilz furent d'opinion que le roy allast en Alixandrie, pource que devant la ville avoit bon port à arriver les nefz et bateaux, pour *avitailler* l'ost.

JOINVILLE, *Vie de saint Louis.*

Disant que dès ce que les Allemands *auroient avitaillé* Nancy, ils y iroient.

COMMINES, *Mémoires,* c. 8.

Guillet recepueur pour le roy en ces quartiers-là print grand peine de *avitailler* et préparer les navires.

MONTLUC, *Commentaires,* liv. VI.

Il *avitailla* Vitray en Bretagne, assiégé de M. de Mercure.

BRANTÔME, *Grands Capitaines françois :* Couronnels françois.

C'estoit l'exercice de nos premiers pères, que le gouvernement du bestail, ne pouvant sans admiration lire les histoires d'Abraham, d'Isaac, de Jacob, de ses enfans, de Job, de David et d'autres saincts personnages du temps passé, non seulement à raison de ce qu'eux-mesmes estoient pasteurs, ains pour le grand nombre de bestail qu'ils entretenoient, suffisant pour *avictuailler* plusieurs peuples.

OLIVIER DE SERRES, *Théâtre d'agriculture,* 4ᵉ lieu, c. 1.

> Pour vivre, pour *avitailler*
> Les gendarmes et piétons
> Il y fauldra.

ROGER DE COLLERYE, *Œuvres,* éd. Jannet, p. 150.

AVITAILLÉ, ÉE, participe.

Et en fut la dite cité bien pourvue et rafraîchie un grand temps et largement *avitaillée.*

FROISSART, *Chroniques,* liv. I, Iᵉ part., c. 107.

Nous sommes icy assez mal *avituaillez*, et pourveuz maigrement des harnoys de gueule.

RABELAIS, *Gargantua*, I, 32.

J'ay mignons prestz autour de moy,
Avitaillés pour le hutin.

COQUILLART, *le Blason des armes et des dames.*

AVITAILLEMENT OU AVICTUAILLEMENT, Nourriture, approvisionnement.

Cest entretien se rapporte seulement à la nourriture des pigeons, lesquels tant plus multiplieront... que mieux on les traitera durant le temps qu'ils ne treuvent rien à manger en la campaigne : car en autre saison, ne se faut soucier de leur vivre, par eux mesmes pourvoir à leur *avictuaillement.*

OLIVIER DE SERRES, *Théâtre d'agriculture*, 5° lieu, c. 8.

Il se dit particulièrement de l'Approvisionnement des vivres dans une place, dans une ville qui court risque d'être assiégée, ou dans un vaisseau.

Estant déclaré chef du haut Languedoc et de la Guienne, il marcha pour sa première diligence à l'*avitaillement* du Mas de Verdun.

D'AUBIGNÉ, *Histoire*, liv. II, c. 13.

Je partiray demain pour aller à Bourdeaulx donner ordre aux biscuitz, chières sallées et autres choses necessaires pour l'*avitaillhement* des dictes galères.

MONTLUC, *Lettres* ; à M. Dampville, 6 juillet 1560.

Je m'arrestay trois ou quatre jours à Saint-Jehan d'Angely pour remedier à faire assembler des vivres pour l'*avituaillement* du camp durant ledict siége.

LE MÊME, même ouvrage, au Roy, 29 mars 1568.

Tous les bledz, farines et vins ordonnés pour l'*advitaillement* et munition de ladite place (Calais).

CATHERINE DE MÉDICIS, *Lettres* ; 27 février 1563.

Il estoit très bon capitaine, comm'il le monstra à l'*avitaillement* de Therouanne.

BRANTÔME, *Grands Capitaines* : M. de Longueville.

Le capitaine qui aura, sans nécessité, pris de l'argent sur le corps, *avitaillement* ou équipement du navire.

Code de commerce maritime, 413.

AVITAILLEUR, s. m. Celui qui approvisionne.

Lesquelles marchandises ont esté prinses par les *advitailleurs* du navire du dict cappitaine Menyn.

MONTLUC, *Lettres* ; au Roy, 5 mai 1566.

AVIVER, v. a. Rendre vif, donner de la vivacité.

C'est un travail qui délasse et *avive* le cœur par la suavité qui en revient à ceux qui l'entreprennent.

FRANÇOIS DE SALES, *Introduction à la vie dévote*, préface.

La beauté est sans effect, inutile et morte, si la clarté et la splendeur ne l'*avive* et lui donne efficace.

LE MÊME, *Traité de l'amour de Dieu*, I, 1.

...Il falloit être pour ainsi dire en son âme (du duc de Noailles), pour imaginer qu'il pût n'être pas un en tout et partout avec le cardinal de Noailles... d'autant qu'il me le disoit avec un air de naïveté et de vivacité qui *avivoit* ses raisonnements là-dessus.

SAINT-SIMON, *Mémoires*, 1711.

La marche a quelque chose qui anime et *avive* mes idées : je ne puis presque penser quand je reste en place.

J.-J. ROUSSEAU, *les Confessions*, I, 4.

Conseillez... à la jeunesse de lire les longues histoires de M. Rollin ; ne les abrégez pas : les détails *avivent* le souvenir.

VILLEMAIN, *Littérature au XVIII° siècle*, 10° leçon.

Et saches que du regarder
Feras ton cuer frire et larder,
Et tout adès en regardant,
Aviveras le feu ardant.

Roman de la Rose, v. 2353.

La poule cache au loin son nid mystérieux,
Réchauffe son larcin, le féconde, l'*avive*.

LALANNE, *les Oiseaux de la ferme.*

AVIVER, neutralement.

Voiés les malisses du mont,
Comment tousjours croist et *avive*.

Bestiaire manuscrit. (Voyez DU CANGE, *Glossaire*, avivare.)

AVIVÉ, ÉE, participe.

Henry II avoit le sang *avivé* par la bile et poussé aux grandes actions comme François (Ier).

MÉZERAY, *Histoire de France* : Henri II.

Pour ce que si te voi de prouece *avivé*,
Moult me poise que n'ies de sens amesuré.

Fierabras, v. 587.

Et bevés .1. petit de moult riche raspé;
Quant en arés le front un petit *avivé*,
Plus en arés orgueil et forche et cruauté
Contre cheus qui nous ont ichi mis à vilté.

Doon de Maience, v. 5744.

AVIVES, s. f. pl. Terme d'Art vétérinaire.
Sortes de glandes qui sont à la gorge des chevaux, et qui, venant à s'enfler, leur causent une
maladie appelée aussi *les avives*.

Les jumens ne sont si difficiles à boire, ny à manger,
ny à traicter, ny si subiectes à morfondure, ny aux *avives*,
à la morve, à la pousse, au farcin, et à estre recreuës, que
les chevaux.

BOUCHET, Serées, liv. I, 11.

On a d'abord dit *vives :*

Quand cheval a *vives*, il luy convient dire ces trois mos,
avec trois patenostres.

Ménagier de Paris. Distinction II, art. 3.

AVOCAT, s. m. Voyez après AVOUER.

AVOINE. Plante de la famille des graminées,
dont le grain sert principalement à la nourriture
des chevaux. On a dit aussi *aveine.*

Noz avons dit que blés en terre et *aveines* sont muebles.
BEAUMANOIR, Coutumes du Beauvoisis, c, 23.

L'*avoine*, destinée aux lieux humides, a des feuilles
étroites, arrêtées autour de sa tige, pour intercepter les
eaux des pluies.
BERNARDIN DE SAINT-PIERRE, Études de la Nature, XI.

En ce sens, on l'emploie souvent au pluriel :

Escouter les *aveines* lever.
HERNAN NUNEZ, Refranes o proverbios. (Voyez GENIN,
Récréations philologiques, t. II, p. 239.)

Les *avoines*, millets, fèves et pois sont les grains qui
plus désirent l'eau.
OLIVIER DE SERRES, Théâtre d'agriculture, 2ᵉ lieu, c. 5.

Avoine stérile :

Une herbe croissant communément ès murailles et parois nouvelles, semblables à l'herbe appelée yvroye, vulgairement ditte *avoine sterile.*
NICOT, Thresor.

Avoine folle :

Avoine folle, ægilops... Aucuns l'appellent Aveneron, les
autres Averon, ou Avron.
LE MÊME, même ouvrage.

On dit aussi *folle avoine* ou *folle aveine.*
AVOINE se dit du grain même :

Il fist souper ses chevaliers et sa gent de haute eure, et
donneir *avoine* aus chevaus.
Récits d'un ménestrel de Reims au treizième siècle,
publiés par N. de Wailly, p. 12.

Si rapporterent les plusieurs foins et *avoines* pour leurs
chevaux.
FROISSART, Chroniques, II, 17.

Les cruautez qu'ils avoient commises aux François,
comme de leur avoir mangé le cueur, leur ouvrir le ventre
tous vifs, et dedans faire manger l'*avoine* à leurs chevaux.
M. DU BELLAY, Mémoires, t. I, p. 373.

Tous trois estoient gouverneurs de la Normandie en
trois parts; et le disoit en riant, car elle disoit bien le
mot. « Ouy, madame, respondit Canonges, mais à l'un
vous luy donnez du bon foing et bonn'*avoyne*, et aux
autres deux vous ne leur donnez que de la paille, et les
traictez à coups de fourche.
BRANTÔME, Grands Capitaines : M. le maréchal
de Matignon.

Il n'entendit rien de tout cela, car l'hôte parloit de lui
faire payer le déchet de son *avoine.*
SCARRON, Roman comique, I.

Ne croyez point, au reste, que je sois assez sotte pour
me laisser mourir de faim : on mange son *avoine* tristement, mais enfin on la mange.
Mᵐᵉ DE SÉVIGNÉ, Lettres; à Mᵐᵉ de Grignan,
18 octobre 1688.

Le pain de munition, l'*avoine*, le foin, et toutes les munitions de guerre nous venoient de Calais par les barques
angloises.
BUSSY, Discours à ses enfants.

On vous surprit une nuit venant dérober vous-même
l'*avoine* de vos chevaux.
MOLIÈRE, l'Avare, III, 1.

Péri prit Haguenau et deux mille hommes qui étoient
dedans prisonniers de guerre, soixante pièces de canon,
cinq cents milliers de poudre, et grande quantité de farine
et d'*avoine.*
SAINT-SIMON, Mémoires, 1706.

La table de l'Empereur plus haute de trois pieds que
celle de l'Impératrice, et celle de l'Impératrice plus haute

de trois pieds que celle des électeurs; un gros tas d'*avoine* devant la salle à manger, un duc de Saxe venant prendre à cheval un picotin d'*avoine* dans ce tas; enfin tout cet appareil ne ressemblait pas à la majestueuse simplicité des premiers Césars de Rome.

VOLTAIRE, *Annales de l'Empire :* Charles IV, Bulle d'or.

Avec l'*avoine* torréfiée, on peut faire des crèmes qui ont le parfum de la vanille.

BERNARDIN DE SAINT-PIERRE, *Études de la Nature*, XI.

> Il me venoit et secorre et edier,
> Quant je voloie errer et cevauchiers
> En sa compaigne .x. mil chevaliers.
> Jou n'i metoie valisant .i. denier,
> Forsque l'*avaine* le soir, après mengier.
>
> *Huon de Bordeaux*, v. 271.

> Se du poing le ferist u front par mautalent,
> Que jamez jour mengast *aveine* ne fourment.
>
> *Doon de Maïence*, v. 1961.

> Leur chevaus ont torchiés et conraés,
> Fuerre et *avaine* leur donnent à plentés.
>
> *Aliscans*, v. 8479.

> Avoine donnent aus bons chevaus de pris.
>
> *Garin le Loherain*, t. I, p. 194.

> Li chamberlancs comence l'*avoine* à escrïer :
> Qui or vieut de l'avoine s'an vigne demander.
>
> *Parise la duchesse*, v. 1440.

Balle d'avoine, Pellicule qui enveloppe les graines d'avoine.

Le coucher des petits enfants est ordinairement fait de *balle d'avoine*.

Dictionnaire de l'Académie, 1835.

Pain d'avoine :

Pour entretenir le luxe de Paris, des millions d'âmes innocentes sont obligées de vivre de pain de son et d'avoine.

OMER TALON (Éd. de M. Rives), t. I, p. 128

Je mange du *pain d'avoine ;* il est très bon.

Mme DE MAINTENON, *Lettres ;* au duc de Noailles, 28 mai 1709.

Avoine entre dans un grand nombre de locutions proverbiales :

Aveine toullée (de redevance) croît comme enragée.

Proverbes communs du xve *siècle.* (Voyez LE ROUX DE LINCY, le livre des *Proverbes français.*)

Elles ne hennissoient après autre *avoine*.
Manger son *avoine* en son sac.
Il ne perdra son *avoine* à faute de brailler.
Fais-lui bien gagner son *avoine*.

COTGRAVE, *Dictionnaire français-anglais*, 1611.

Saint-Amant a employé la dernière de ces locutions dans le passage suivant

> Je suis aussi frais qu'un moine,
> Je nage dans les douceurs
> Et fay gagner son *avoine*
> Au bon Bayard des Neuf-Sœurs.
>
> SAINT-AMANT, *la Polonoise*.

On dit aussi :

Cheval d'*aveine*, cheval de peine, cheval faisant la peine ne mange pas l'*aveine*.

Celui qui gagne l'*avoine* ne la mange pas toujours.

On a beaucoup hésité sur la prononciation de ce mot.

Il faut dire *avoine*, avec toute la cour, et non pas *aveine* avec tout Paris.

VAUGELAS, *Remarques.* Quand la diphtongue *oi* doit estre prononcée comme elle est escrite.

D'abord on l'a prononcé (avoine) avec oi, depuis on l'adoucit et on prononça *avaine*, et enfin on l'a écrit *aveine*, qui se prononce *avaine*... J'ai ouï beaucoup de gens de la cour dire *aveine ;* à Paris on le prononce partout ainsi et je suis pour cette prononciation... Il est vray que plusieurs disent *avoine*, et la grande A (Arthénice, Mme de Rambouillet) parloit ainsi.

PATRU, *Notes sur les Remarques de Vaugelas*.

Il y eut un gentilhomme qui dit hautement qu'il n'iroit point voir M. de Montausier tandis que Mlle de Rambouillet y seroit, et qu'elle s'évanouissoit quand elle entendoit un méchant mot. Un autre, en parlant à elle, hésita longtemps sur le mot d'avoine, *avoine, avene, aveine.* « *Avoine, avoine*, dit-il, de par tous les diables ! on ne sait comment parler céans. »

TALLEMANT DES RÉAUX, *Historiettes :* Mme de Montausier.

AVENIÈRE, s. f. Champ ensemencé d'avoine.

Durant quatre mortelles heures, nous n'aperçûmes que

des bruyères güirlandées de bois, de friches à peine écrêtées... et d'indigentes *avénières*.

> CHATEAUBRIAND, *Mémoires d'outre-tombe*. Départ pour Combourg.

AVOIR, v. a. posséder, obtenir un objet physique.

Nus n'*avum* ne pain ne el (aliud).

> *Les quatre Livres des Rois*, I, IX, 7.

Il convient de tel boys comme l'on *a*, faire le feu.

> *Le Livre du chevaleureux comte d'Artois*, p. 95.

Mille gens à la Cour y traînent leur vie à embrasser, serrer et congratuler ceux qui reçoivent, jusqu'à ce qu'ils meurent sans rien *avoir*.

> LA BRUYÈRE, *Caractères*, c. 8.

Nous revenons d'une terre que nous *avons* dans le Dauphiné.

> MARIVAUX, *la Méprise*, sc. 2.

Vous nous assurez, que dans le désert affreux d'Oreb, les garçons juifs et les filles juives qui manquaient de vêtements et de pain, *avaient* assez d'or à leurs oreilles pour en composer un veau.

> VOLTAIRE, *Un Chrétien contre six Juifs*. Magnificence des Juifs qui manquaient de tout dans le désert.

Bel *avret* corps bellezour l'anima.

> *Cantilène de sainte Eulalie*.

Et de quelques bons yeux qu'on ait vanté Lyncée, Il en *a* de meilleurs.

> MALHERBE, *Odes*.

Sans vous on auroit cru que j'*avois* un carrosse.

> BOURSAULT, *la Comédie sans titre*, I, 3.

Et quel douaire *aura* l'épouse contractante.

> DESTOUCHES, *le Glorieux*, V, 5.

Et là, comme autre part, les sens entraînant l'homme, Minerve est éconduite, et Vénus *a* la pomme.

> PIRON, *la Métromanie*, II, 4.

...Elle *a* d'assez beaux yeux...
Pour des yeux de province.

> GRESSET, *le Méchant*, IV, 5.

Avoir, prendre de force, obtenir, conquérir, acquérir :

Messeigneurs, il nous fault *avoir* ce chasteau : car il y a gros butin dedans, ce sera pour noz gens.

> *Le loyal Serviteur*, c. 36.

Puis s'en vint le comte Derby à Libourne... et l'assiegea, et dit bien à tous ceux qui ouïr le voulurent, qu'il ne s'en partiroit, si l'*auroit*.

> FROISSART, *Chroniques*, liv. I, Iʳᵉ part., c. 226.

J'ai dit et juré que jamais ne partirai de ci si *aurai* le châtel à ma volonté.

> LE MÊME, même ouvrage, liv. II, c. 11.

Il faut *avoir* mauvaise beste par douceur.

> COTGRAVE, *Dictionnaire français-anglais*.

Durandal, dist liber, or me va gentement.
Se je vous puis *avoir*, par le Dieu qui ne ment,
Tel essart feroi ja de cheste pute gent
Que mi bras en seront jusqu'as coutes sanglant.

> *Doon de Maience*, v. 9829.

Messeigneurs, y nous fault penser
A deffendre le bouloart,
Que les Angloys se sont vantez
Qu'i l'*aront* demain toust ou tart.

> *Le Mistere du siege d'Orleans*, v. 2287.

Il m'est, disoit-elle, facile
D'élever des poulets autour de ma maison.
Le renard sera bien habile,
S'il ne m'en laisse assez pour *avoir* un cochon.

> LA FONTAINE, *Fables*, VII, 4.

AVOIR, suivi d'un nom de choses, forme certaines locutions consacrées, soit qu'il ait le sens de Posséder, obtenir :

Que le feu saint Antoine les arde, dit la tripotière; ils seront cause que nous n'*aurons* pas la comédie.

> SCARRON, *le Roman comique*, I, 2.

Ils *ont* la parole, président au cercle.

> LA BRUYÈRE, *Caractères*, c. 8, De la Cour.

Il connoit les marches de ces armées; il sait ce qu'elles feront et ce qu'elles ne feront pas, vous diriez qu'il *ait* l'oreille du prince ou le secret du ministre.

> LE MÊME, même ouvrage, c. 10, Du Souverain.

Vous *avez* le pas sur moi.

> MARIVAUX, *les Fausses Confidences*, I, 9.

Zadig ne lut point; mais dès qu'il put sortir, il se prépara à rendre visite à celle qui faisait l'espérance du bonheur de sa vie, et pour qui seule il voulait *avoir* des yeux.

> VOLTAIRE, *Contes*, Zadig.

Si j'étois plus jeune, ah !... pour lui j'*aurois* des yeux.

> DUFRESNY, *le Faux sincère*, I, 3.

IV.

Soit qu'il signifie Recevoir, essuyer, supporter :

Le grand Bethune disoit quand il *eut* le coup de canon : « Le gros Saint-Géran est bon homme, honnête homme; mais il a besoin d'être tué pour être estimé solidement. »

> Mme DE SÉVIGNÉ, *Lettres*; à Mme de Grignan, 8 janvier 1676.

Je crois que nous *aurons* de l'orage.

> MARIVAUX, *le Spectacle*, sc. 10.

Vous *aurez* le fouet en entrant au logis.

> BOURSAULT, *le Mercure galant*, I, 3.

AVOIR, Posséder, obtenir une chose immatérielle.

Chaère de glorie li fait *aveir*.

> *Les quatre Livres des Rois*, I, II, 8.

N'*aiez* à eulx, ne monstrez quelconque hayne, sur quanque vous pourriez mesprendre et forfaire envers nous, excepté les facteurs de l'omicide devant dis, qui à tous jours sont et seront bannis de nostre royaume.

> MONSTRELET, *Chronique*, I, 49.

Qui *a* le prouffit de la guerre, il en *a* l'honneur.

> COMMINES, *Mémoires*, I, 5.

Monseigneur, on se resjouit icy du succez de vostre bataille... Il semble que vostre reputation soit aussi chere à la France que son propre salut. Un autre que vous n'*auroit pas eu* ce bonheur accompagné d'une joye si générale.

> THÉOPHILE, *Au duc de Montmorency*.

Vous croyez *avoir* la force et l'impunité, et je crois *avoir* la vérité et l'innocence.

> PASCAL, *Provinciales*, XII.

Cette duplicité de l'homme est si visible, qu'il y en a qui ont pensé que nous *avions* deux âmes.

> LE MÊME, *Pensées*.

S'ils *avoient* la véritable justice, si les médecins *avoient* le vrai art de guérir, ils n'auroient que faire de bonnets carrés.

> LE MÊME, même ouvrage.

Si vous *avez* quelque chose contre quelqu'un; pardonnez-lui afin que votre Père qui est dans les cieux vous pardonne aussi vos péchés.

> SACI, *Évangile*, Marc, c. 11.

Tout le monde y vit (dans les tripots) de Turc à Maure,

et chacun y est venu pour railler, selon le talent qu'il a *a eu* du Seigneur.

> SCARRON, *Roman comique*, I, 3.

Il ne soupçonnoit rien encore de l'intelligence que ses sœurs *avoient* avec nous.

> LE MÊME, même ouvrage, I, 15.

Ayant force habitudes dans Madrid, où il avoit passé sa jeunesse.

> LE MÊME, même ouvrage, I, 22.

On n'est jamais si ridicule par les qualités que l'on *a*, que par celles que l'on affecte d'*avoir*.

> LA ROCHEFOUCAULD, *Maximes*, 134.

Il n'appartient qu'aux grands hommes d'*avoir* de grands défauts.

> LE MÊME, même ouvrage, 190.

Afin de tout entendre, il faut savoir le rapport que chaque histoire peut *avoir* avec les autres.

> BOSSUET, *Discours sur l'Histoire universelle*, Avant-propos.

Le pape Étienne III trouva dans le nouveau roi le même zèle que Charles Martel *avoit eu* pour le Saint-Siège contre les Lombards.

> LE MÊME, même ouvrage, I, 11.

N'*ayant* point de lettres, il n'apprenoit rien dans l'ordre, et ne savoit aucun principe.

> TALLEMANT, *Historiettes* : La Leu.

L'on blâme les gens qui font une grande fortune pendant qu'ils en *ont* les occasions.

> LA BRUYÈRE, *Caractères*, c. 8.

Nous employions le reste du temps que nous *avions* à nous à lire des livres d'amusement.

> LE SAGE, *Gusman d'Alfarache*, III, 8.

Je viens de faire une mission à Tournai : tout cela s'est assez bien passé, et l'amour-propre même y pourroit *avoir* quelque petite douceur; mais dans le fond le bien, que nous faisons est peu de chose.

> FÉNELON, *Lettres spirituelles*, CLIV.

Celui-ci *avait* la crainte des dieux, et l'âme grande mais modérée.

> LE MÊME, *Télémaque*, XI.

Ne dites jamais à certains flatteurs qui sèment la division les sujets de peine que vous croirez *avoir* contre les chefs de l'armée où vous serez.

> LE MÊME, même ouvrage, XII.

Parmi les officiers de l'armée, comme partout ailleurs

on voyoit des gens de mérite, ou des gens qui en vouloient *avoir*.

HAMILTON, *Mémoires de Grammont*, c. 1.

Il faut *avoir* la bonté de lui pardonner ces premiers mouvements-là.

MARIVAUX, *l'Épreuve*, sc. 14.

Est-ce que vous *aviez* quelque dessein pour elle?

LE MÊME, même ouvrage, sc. 19.

Cette femme-ci *a* un rang dans le monde.

LE MÊME, *les Fausses Confidences*, I, 2.

Si vous *aviez* eu la charité de m'avertir de mes défauts je m'en serois peut-être corrigée.

LE MÊME, *le Paysan parvenu*, IIe partie.

Je parlois tout à l'heure de style, je ne sais pas seulement ce que c'est. Comment fait-on pour en *avoir* un?

LE MÊME, *Marianne*, Ire partie.

Par quel prodige *avais-tu* (Vauvenargues) à l'âge de vingt-cinq ans la vraie philosophie et la vraie éloquence, sans autre étude que le secours de quelques bons livres?

VOLTAIRE, *Oraison funèbre des officiers morts dans la guerre de 1741.*

Les premiers chrétiens ne se révoltaient pas contre les empereurs païens; quel droit *aurions-*nous de nous révolter contre notre souverain musulman?

LE MÊME, *Un Chrétien contre six Juifs.* 31e sottise sur le cardinal Du Perron.

Le pape peut donc permettre aux filles de confesser les hommes; cela sera assez plaisant; tu réjouiras fort Besançon, en confessant tes fredaines à la vieille fille que tu fréquentes et que tu endoctrines. *Auras-*tu l'absolution?

LE MÊME, *les Honnêtetés litté aires*, 22e honnê teté, n° 15.

Un esprit ferme, mâle, courageux, grand, petit, faible, léger, doux, emporté, etc., signifie le caractère et la trempe de l'âme, et n'a point de rapport à ce qu'on entend dans la société par cette expression, *avoir* de l'esprit.

LE MÊME, *Dictionnaire philosophique*, Esprit.

En voulant paroitre *avoir* plus d'esprit qu'on n'en *a*, on paroit en *avoir* moins.

TRUBLET, *Essais de littérature*, t. III.

Si j'*ai* quelque passion dominante, c'est celle de l'observation.

J.-J. ROUSSEAU, *la Nouvelle Héloïse.*

Jamais je n'*eus* si grand besoin de prudence, et jamais la peur d'en manquer ne nuisit tant au peu que j'en *ai*.

LE MÊME, même ouvrage.

Comment peut-on mériter le respect d'autrui, sans en *avoir* pour soi-même.

J.-J. ROUSSEAU, *La Nouvelle Héloïse.*

La jouissance de la vertu est toute intérieure, et ne s'aperçoit que par celui qui la sent; mais tous les avantages du vice frappent les yeux d'autrui, et il n'y a que celui qui les *a* qui sache ce qu'ils lui coûtent.

LE MÊME, même ouvrage.

Je n'entrerai pas dans le détail de ces obligations; il me suffit que vous en *ayez* une idée générale.

GUIZOT, *Histoire de la civilisation en Europe*, 4e leçon.

... Si li promist
Si cel service li feseit,
Bon guerdun de li *avereit.*

MARIE DE FRANCE, *Lai du frêne*, v. 118.

S'en *ay* le dueil, toy le mal et douleur.

VILLON, *le Débat du cœur et du corps.*

Les escripvains qui ses vertus desduysent
La nomment tous ma dame de l'Estrange;
Mais veu la forme, et la beauté qu'elle *ha*,
Je vous supply, compaignons, nommez-la
Doresnavant, ma dame qui est ange.

MAROT, *Épigrammes*, 112.

Et, sans penser plus loin, jouïssons de la vie
Tandis que nous l'*avons.*

RACAN, *Odes*, à Bussy.

Encor voudrois-je que le sort
Me fîst *avoir* plus d'une vie
Afin d'*avoir* plus d'une mort.

THÉOPHILE, *Ode.*

Quoi! vous causez sa perte, et n'*avez* point de pleurs!
— Non, je ne pleure point, madame, mais je meurs.

CORNEILLE, *Surena*, V, 5.

La belle instruction de votre fille *avoit!*

BOURSAULT, *Fables d'Ésope*, III, 5.

J'*aurai* la joye au moins de gronder en repos.

LE MÊME, *Mots à la mode*, sc. 12.

Monsieur, quand une femme *a* le don de se taire,
Elle *a* des qualités au-dessus du vulgaire!

CORNEILLE, *le Menteur*, I, 4.

Hippolyte est sensible et ne sent rien pour moi!
Aricie *a* son cœur, Aricie *a* sa foi!

RACINE, *Phèdre*, IV, 5.

Et si de t'agréer je n'emporte le prix,
J'*aurai* du moins l'honneur de l'avoir entrepris.

LA FONTAINE, *Fables*, A Mgr le Dauphin.

C'étoil assez pour lui d'*avoir* le nécessaire.

> Le Grand, *Plutus,* III, 5.

Ah ! quels rois dans la Grèce en seroient aussi dignes ?
Ils n'ont que des ayeux, vous *avez* des vertus.

> Voltaire, *Eriphile,* III.

La plus riche des deux *aura* la préférence.

> Destouches, *l'Ingrat,* IV, 7.

Eh bien ! vous en allez *avoir* le passe-temps.

> Piron, *la Métromanie,* I, 6.

Comment *as*-tu le cœur de me traiter si mal ?

> Gresset, *le Méchant,* III, 2.

L'esprit qu'on veut *avoir* gâte celui qu'on *a.*

> Le même, même ouvrage, IV, 7.

Mais lorsque nous *avons* quelque ennui dans le cœur,
Nous nous imaginons, pauvres fous que nous sommes,
Que personne avant nous n'a connu la douleur.

> A. de Musset, *la Nuit d'octobre.*

Avoir, en parlant de l'âge, suivi de la désignagnation d'un nombre d'années :

Je ne veulx point dire que le Roy ne fust saige de son
aage ; mais il n'*avoit* que vingt et deux ans, ne faisoit que
saillir du nid.

> Commines, *Mémoires,* c. 5.

Asdrubal mourut, et Annibal, quoiqu'il n'*eût* encore
que vingt-cinq ans, fut mis en sa place.

> Bossuet, *Discours sur l'Histoire universelle,* I, 8.

Non : vous n'y pensez pas, j'*ai* plus de quarante ans.

> Dufresny, *le Dédit,* sc. 11.

Comme j'allais *avoir* quinze ans,
Je marchais un jour à pas lents
Dans un bois, sur une bruyère.

> A. de Musset, *Nuit de décembre.*

Avoir est souvent suivi d'un substantif sans
article, qui forme quelquefois avec le verbe une
sorte de locution consacrée, comme *avoir faim,
avoir soif, avoir raison, avoir tort,* etc.

Deus, ki de tut bien faire *a* poesté.

> *Les quatre Livres des Rois,* I, i, 17.

Grant joie en *ous.*

> Même ouvrage, I, xix, 5.

Séurement vien à mei ; kar pais i *averas.*

> Même ouvrage, I, xx, 22.

Nous *avons droit* et ils *ont tort.*

> Récits d'un menestrel de Reims au treizième siècle,
> publiés par N. de Wailly, p. 21.

Proièrent à plaintes et à pleurs, à ceus qui dedens estoient, qu'ils *eussent,* pour Dieu, merci de la crestienté et
de leurs seigneurs liges, qui estoient perdus en bataille.

> Villehardouin, *Conqueste de Constantinoble,* CXLVII.

Ne purent oncques les Escots *avoir* victoire ni durée
contre lui.

> Froissart, *Chroniques,* liv. I, Ire part., c. 2.

Combien qu'elle *eut* grand deuil au cœur.

> Le même, même ouvrage, liv. I, Ire part., c. 158.

Le duc de Lancastre et le comte de Cantebruge...
avoient eu vent contraire pour venir en Normandie.

> Le même, même ouvrage, liv. II, c. 27.

Ledit duc de Bretaigne se parti de Paris par mal talent,
et devant son partement *eut* paroles avecques son serourge
le duc d'Alençon.

> Monstrelet, *Chronique,* c. 90.

Nostre vie est si briefve, qu'elle ne suffist à *avoir* de
tant de choses experience.

> Commines, *Mémoires,* c. 6.

Cela se disoit de telle façon comme si le juge l'eût
voulu sonder pour tirer argent de lui, à quoi il n'*avoit*
veine qui ne tendist.

> Est. Pasquier, *Recherches de la France,* VI, 36.

Nous connoissons l'existence de l'infini et ignorons sa
nature, parce qu'il *a* étendue comme nous, mais non pas
des bornes comme nous ; mais nous ne connoissons ni
l'existence, ni la nature de Dieu, parce qu'il n'*a* ni étendue
ni bornes.

> Pascal, *Pensées.*

Rien ne fortifie plus le pyrrhonisme que ce qu'il y en a
qui ne sont point pyrrhoniens : si tous l'étaient, ils auraient tort.

> Le même, même ouvrage.

La Rapinière, selon sa coutume, *eut* grand'peur, et
pensa bien *avoir* quelque chose de pis.

> Scarron, *Roman comique,* 1, 3.

Enfin, ne pouvant *avoir* nouvelles de mes inconnues...
je préparai mon petit équipage pour partir.

> Le même, même ouvrage, I, 13.

Ils (les Samaritains) n'*avoient* garde d'imiter les Juifs,
non plus qu'Esdras leur grand docteur, puisqu'ils les
avoient en exécration.

> Bossuet, *Discours sur l'Histoire universelle,* 1, 8.

Le père *avoit* inclination pour cette femme et pour sa famille.

> TALLEMANT, *Historiettes : M. et Mme d'Estrades.*

Avoir obligation de faire. Plusieurs disent et écrivent j'*ai* obligation de faire cela.

> BOUHOURS, *Remarques nouvelles,* éd. de 1692, p. 320.

Avoir nouvelles. *Avoir* des nouvelles. Ces deux phrases n'ont pas tout à fait le même sens.

> LE MÊME, même ouvrage, p. 472.

On craint Dieu plus qu'on ne l'aime. On veut le payer d'actions, que l'on compte pour en *avoir* quittance, au lieu de lui donner tout par amour, sans compter avec lui.

> FÉNELON, *Lettres spirituelles,* CI.

Elle n'*avoit* pas d'abord envie de me mener avec elle.

> MARIVAUX, *la Vie de Marianne,* Ire partie.

J'y veux mettre ordre absolument, ou nous *aurons* querelle ensemble.

> LE MÊME, même ouvrage, *ibid.*

Il *a* tort d'être fat; mais il *a* raison d'être beau.

> LE MÊME, *le Jeu de l'amour et du hasard,* I, 1.

N'*avrai* confort se n'est par lui.

> *Tristan,* v. 999.

Il n'*a* rien qui n'*a* santé.

> *Le Mireoir dou monde,* ms. 7363, fol. 213, v°.

Car je n'*avois* intention
D'avoir drap...

> *Pathelin.*

Et je ne sais que vous avec qui j'*aie* envie
De penser, de causer, et de passer ma vie.

> GRESSET, *le Méchant,* II, 3.

Sans doute alors la colère des dieux
Avait besoin d'une victime.

> A. DE MUSSET, *Nuit d'octobre.*

Avoir nom, Avoir pour nom, se nommer, s'appeler :

Uns bers fu jà, en l'antif pople Deu, e *out num* Helcana.

> *Les quatre Livres des Rois,* I, 1, 1.

Seigneur, sachiés que mil et cent et quatre-vins et dis-huit ans après l'incarnation Jhesu-Crist... *ot non* Foulque de Nulli.

> VILLEHARDOUIN, *Conqueste de Constantinoble,* I.

Cil rois Raous si *ot* de sa famme deus fiuz, dont il ainsneiz *ot non* Roberz, et li mainsneiz *ot non* Loueys.

> *Récits d'un ménestrel de Reims au treizième siècle,* publiés par N. DE WAILLY, p. 2.

L'autre *avoit nom* messire Aymes et étoit comte de Kent.

> FROISSART, *Chroniques,* liv. I, Ire part., c. 3.

Son vieil écuyer *avoit nom* Rodrigue Santillane.

> SCARRON, *Roman comique,* I, 22.

Comment *avés* vous *nom* et qui vous engendra ?

> *Gaufrey,* v. 703.

Floripas a saisi Richart de Normendie :
Comment *avés* à *nom,* frans chevaliers nobiles?

> *Fierabras,* v. 2779.

Vien à Guillaume, se li a demandé :
Com *avés nom* ? De qel terre estes nés ?

> *Aliscans,* v. 2365.

Certain ajustement, dites-vous, rend jolie;
J'en conviens : il est noir ainsi que vous et moi.
Je veux qu'il *ait nom* mouche, est-ce un sujet pourquoi
Vous fassiez sonner vos mérites ?

> LA FONTAINE, *Fables,* IV, 3.

Comment vous nommez-vous ?.— J'*ai nom* Eliacin.

> RACINE, *Athalie,* II, 7.

Comment a nom, dans un sens libre :

Lors se descouvrit jusques au menton, en la forme que jadis les femmes persides se presenterent à leurs enfans fuyans la bataille, et luy monstra son *comment a nom.*

> RABELAIS, *Pantagruel,* IX, 47.

Bien ait, mal ait, sorte d'exclamation exprimant un vœu, un souhait :

Sire, vous dites voire; et *mal ait* qui fuira.

> FROISSART, *Chronique,* liv. I, Ire part., c. 327.

Bien ait qui on aime, mais especialement *bien ait* qui on craint.

> LE MÊME, même ouvrage, liv. II, c. 143.

Oevre le pôrte, *mal ait* qui t'engerra !

> *Huon de Bordeaux,* v. 5490.

Avoir, avec un nom de personne, en parlant de Mari, d'amant, de femme, de maîtresse, d'enfants, d'invités, etc.

Phenenna *out enfanz* plusurs.
> *Les quatre Livres des Rois*, I, ı, 1.

E *ourent* li plusur *muillers* plusurs.
> Même ouvrage, I, ı, 3.

Li reis Saül *aveit une amie oue.*
> Même ouvrage, II, ı, 7.

C'est grant richesse à ung prince *d'avoir* ung *saige homme* en sa compaignie, et bien seur pour luy, et le croire, et que cestuy-là ait loy de luy dire verité.
> Philippe de Commines, *Mémoires*, c. 5.

C'est un grand honneur à un bourgeois comme vous *d'avoir* tous les jours *ce qu'il y a de plus grand seigneur* à sa table.
> *Le Banqueroutier*, scène de Persillet et de Colombine (Voyez Gherardi, *Théâtre italien*, t. I, p. 339.)

Claudie attend pour *l'avoir* (Roscius) qu'il se soit dégoûté de Messaline.
> La Bruyère, *Caractères*, c. 3, Des femmes.

Il ne dépend pas toujours des princes *d'avoir de grands poëtes.*
> Fénelon, *Dialogues des morts :* Achille et Homère.

Accoutumez-vous à mon absence ; vous ne *m'aurez* pas toujours.
> Fénelon, *Télémaque*, XII.

Avec une femme on *a des enfants,* c'est la coutume.
> Marivaux, *les Fausses Confidences*, I, 3.

Avez-vous eu beaucoup de monde?
> Sedaine, *la Gageure imprévue*, sc. 22.

Se cis n'est mes maris, je *n'arai homme né.*
> *Fierabras*, v. 2244.

Allons, mon beau soleil, le devoir nous convie
D'avoir l'advis de ceux dont vous tenez la vie.
— Cela sera facile, il n'en faut point douter ;
L'honneur de *vous avoir* n'est point à rejetter.
> Racan, *Bergeries*, V, 4.

Le Sommeil, aise de *t'avoir,*
Empesche tes yeux de me voir.
> Théophile, *Stances*, X.

Quoy que Jacob se rende aux vertus de Lya,
Que depuis son mérite estroitement lia,
Il veut *avoir Rachel,* n'a point l'âme contente

Si l'on frustre son cœur d'une si chère attente.
> Saint-Amant, *Moyse*, IX⁰ partie.

...Hé ! croyez-vous qu'on ait cette pensée
Et que de *vous avoir* on soit tant empressée ?
> Molière, *le Misanthrope*, V, 6.

Et, pourvu que j'obtienne un bonheur si charmant,
Pourvu que je *vous aie,* il n'importe comment.
> Le même, *les Femmes savantes*, V.

Tu n'auras plus d'amour si-tôt que tu *m'auras.*
> Dufresny, *le Faux sincère*, V, 13.

Ayez-la, c'est d'abord ce que vous lui devez ;
Et vous l'estimerez après si vous pouvez.
> Gresset, *le Méchant*, II, 7.

La Dorville à la fin a fixé tous mes soins ;
Je crois qu'elle *m'aura* deux grands mois tout au moins.
> Destouches, *l'Homme singulier*, IV, 2.

Avoir, Avoir dans ses relations, dans son voisinage, dans sa province, dans une certaine région :

Je croy que je vous dois donner advis que vous *avés* un gentilhomme à Paris, nommé le viscomte du Rosey, qui a procès au conseil, qui a 4 ou 5 voix qui dépendent fort de luy pour estre ses proches parens ou fort bons amis.
> Le marquis de Castries à Colbert, 11 décembre 1662.
> (Voyez Depping, *Correspondance administrative sous Louis XIV*, t. I, p. 99.)

Vous *avez,* Monsieur, un certain monsieur de Pourceaugnac qui doit épouser votre fille.
> Molière, *M. de Pourceaugnac*, II, 2.

Nous *avons* le fils du gentilhomme de nostre village qui est le plus grand malitorne et le plus sot dadais que j'aie jamais veu.
> Le même, *le Bourgeois gentilhomme*, III, 12.

Avoir, Dompter, vaincre, au propre et au figuré :

Et se tinrent et defendirent le châtel moult bien ; et ne les pouvoit-on pas *avoir* à son aise, car ils étoient bien pourvus d'artillerie et de vivres.
> Froissart, *Chroniques*, liv. I, IIe part., c. 177.

Son seigneur estoit maulx homs et crueulx ; mais par son sens et par son bel acqueil elle le savoit bien *avoir.*
> Le chevalier de la Tour Landry, *le Livre pour l'enseignement de ses filles*, c. 91.

Je ne pouvoy donner·la bataille sans y perdre beaucoup de gens·de bien, mais je les *auray* la corde au col.

Martin du Bellay, Mémoires, t. II, p. 57.

Il nous sera aysé de les enfermer dans cette isle et de les prendre à vive force, ou au moins de les dompter par la famine, si nous ne les pouvons *avoir* autrement.

Coeffeteau, Histoire romaine, I.

Si nous devons descendre en Normendie,
    Pour faire fin en especial
    A nostre roy jeune et cordial,
    Et recouvrer sa noble seigneurie ;
Car de legier vous l'*arez*, quoy qu'on die.

Le Mistere du siege d'Orléans, v. 63.

Avoir est souvent suivi d'un adjectif :

S'il pensoit que cela deust advenir, il *auroit* beaucoup plus *cher* qu'on la noyast.

Est. Pasquier, Recherches, VI, 5.

Une dignité que vous *avez commune* avec plusieurs ne m'a point si particulièrement assujetty que le merite de vostre personne.

Théophile, Lettres, XXVIII.

Le roi témoigna à M. de Noailles n'*avoir* pas *désagréables* les offres que je lui faisois de mes services.

Bussy-Rabutin, Lettres ; à Mᵐᵉ de Scudéry, 6 mai 1672.

Tuit furent si parent et moult l'*avoient* chier.

Doon de Maience, v. 6710.

Avoir beau, suivi d'un infinitif, forme une sorte de gallicisme pour dire : *On ferait vainement.*

On *auroit beau* nous faire là-dessus de longs discours ; on *auroit beau* nous redire tout ce qu'ont dit les philosophes ; on *auroit beau* y procéder par voie de raisonnement et de démonstration, nous prendrions tout cela pour des subtilités.

Bourdaloue, Sermons : Sur la pensée de la mort.

Nous *avons beau* nous humilier devant ses autels, nous *avons beau* le *reconnoitre* pour le souverain arbitre, ce n'est qu'on pur langage.

Le même, même ouvrage : Sur la prière de Jésus-Christ.

On *a beau être élevé* au-dessus des autres : l'élévation nous expose encore plus aux regards et aux discours de la multitude.

Massillon, Avent : Bonheur des justes.

Nous *avons beau* nous *éblouir* par les hommages qu'on

nous rend, nous sentons bien que nous ne sommes point dignes d'être aimés.

Massillon, Carême. 2ᵉ dimanche : Danger des prospérités.

On *a beau dire* que l'ambition est la passion des grandes âmes ; on n'est grand que par l'amour de la vérité.

Le même, Sermons : Sur la Passion.

Vous avez beau dire, on a eu tort de m'exposer à cette aventure-ci.

Marivaux, l'Épreuve, sc. 14.

J'eus beau dire et beau faire, le médecin triompha, et l'enfant mourut de faim.

J.-J. Rousseau, les Confessions, II, 2.

Crois que dorénavant Chimène *a beau parler*
Je ne l'écoute plus que pour la consoler.

Corneille, le Cid, IV, 3.

Ses vœux depuis quatre ans *ont beau l'importuner*.

Racine, Britannicus, II, 2.

Avoir a souvent pour complément un pronom. Soit démonstratif :

Et quand on n'*a* pas *ce* qu'on aime,
Il faut bien aimer ce qu'on *a*.

Dancourt, L'Inconnu. Prologue, sc. 2.

Soit relatif :
Qu'avez-vous ?

Qu'avez-vous ?—Je n'ai rien. Mais je n'ai rien, vous dis-je,
Répondra ce malade à se taire obstiné.

Boileau, Épitres, III.

Qu'est-ce donc, *qu'avez-vous ?*—Laissez-moi, je vous prie.

Molière, le Misanthrope, I, 1.

N'avoir que faire :

Ils ont bouté en guerre le royaume de France, dont il *n'avoit que faire.*

Froissart, Chroniques, liv. II, c. 163.

Je te donne ma malédiction. — Je *n'ai que faire* de vos dons.

Molière, l'Avare, IV, 5.

Elle appréhendoit que parmi un si grand nombre de gens qui *n'avoient que faire,* il n'y en eût qui observassent ses actions.

La Fontaine, Psyché, II.

Pop., *avoir de quoi,* être riche ou dans l'aisance.

Ceste année sera bien fertile, auecques planté de tou biens à ceulx qui *auront de quoy*.

    Rabelais, *Pantagrueline prognostication*, c. à

Avoir de quoi, suivi d'un infinitif, être capable, susceptible de :

  Non, non, la perfidie *a de quoi* vous tenter.

      Racine, *Andromaque*, IV, 5.

Avoir forme quelquefois avec les pronoms personnels des gallicismes assez difficiles à analyser.

    Elle *vous avoit* un corset
    D'un fin bleu, lassé d'un lasset
    Jaulne qu'elle avoit faict expres.
    Elle *vous avoit* puis apres,
    Mancherons d'escarlatte verte.

    Cl. Marot, *Dialogue de deux amoureux*,

Nous avons, je le vois, la tête un peu légère.

    Gresset, *le Méchant*, III, 9.

Avoir est d'un fréquent usage avec le pronom *en*.

Oui, malotru ! oui, douze sous, tu *n'en auras* pas davantage, disoit-elle.

    Marivaux, *la Vie de Marianne*, II° partie.

En ay je ? — De quoy ? — Que devint
Vostre vieille colte hardie ?
— Il est grand besoin qu'on le die !
Qu'en voulez-vous faire ? — Rien, rien.
En ay je ? je le disoye bien.
Est-il ce drap cy ?

        Pathelin.

Mais, hélas ! c'est d'Iris que je suis amoureux,
Et j'*en ai* pour toute ma vie.

    La Sablière, *Madrigaux*, p. 111.

En avoir, avoir du bien.

Il engageroit son âme au diable pour *en avoir*.

    H. Estienne, *la Précellence du langage françois*,
    éd. Feugères, p. 109.

Prov. *Il n'est rien de tel que d'en avoir*.

Si l'on n'a du bien, on n'est point considéré dans le monde.

En avoir, en tenir, subir l'action, l'influence de quelque chose :

N'arresta guères que ceste liqueur commença à faire son opération, et le mignon s'endormit si pesamment, que le grand bruit des plus grosses artilleries de ce monde ne l'auroit pas réveillé. Alors Simphrosie voyant qu'*il en avoit*, et que le breuvage faisoit son opération, se partit.

    Straparole, *Facétieuses nuits*, 2° nuit, fable.

Tourets entroient en jeu, fuseaux étoient tirés,
  De çà de là vous *en aurez*
  Point de cesse, point de relâche.

    La Fontaine, *Fables*, V, 8.

En avoir à quelqu'un, à quelque chose, lui en vouloir, l'attaquer, le prendre à partie.

A qui en avez-vous ?

    Molière, *Pourceaugnac*, I, 3.

Qu'est-ce qui gnia, Madame ? Morguenne ! *à qui en avez-vous ?* Comme vous gueulez.

    Dancourt, *le Chevalier à la mode*, V.

A qui en as-tu donc ?

    Marivaux, *le Jeu de l'amour et du hasard*, II, 11.

Comme notre arbre, nous occupant tout entier, nous rendoit incapables de toute application, de toute étude, que nous étions comme en délire, et que ne sachant *à qui nous en avions*, on nous tenoit de plus court qu'auparavant. Nous vîmes l'instant fatal où l'eau nous alloit manquer, et nous nous désolions dans l'attente de voir notre arbre périr de sécheresse.

    J.-J. Rousseau, *les Confessions*, Part. I, liv. I.

Il commença par leur demander, *à quoi ils en avoient* avec tout ce vacarme ? ceux-ci répondent fièrement qu'ils sont les apôtres de la vérité, appelés à réformer l'Église.

    Le même, *Lettres écrites de la montagne*.

Malgré qu'on en ait, en dépit qu'on en ait :

La crainte de la mort est donc le premier bien de la société civile, et le premier frein de l'amour-propre. C'est ce qui réduit les hommes *malgré qu'ils en ayent*, à obéir aux loix.

    Nicole, 2° *Traité*, c. 2.

Un superbe Novatien se fait évêque dans un siège déjà rempli, et fait une secte qui veut réformer l'Église ; on le chasse, on l'excommunie. Quoi ! parce qu'il continue à se dire chrétien, il sera de l'Église *malgré qu'on en ait* !

    Bossuet, *Histoire des variations*, liv. XV.

Ce rêve a quelque chose d'effrayant, qui m'inquiète et m'attriste *malgré que j'en aie.*

> J.-J. ROUSSEAU, *la Nouvelle Héloïse.*

On n'a besoin d'élever que les hommes vulgaires; leur éducation doit seule servir d'exemple à celle de leurs semblables. Les autres s'élèvent *malgré qu'on en ait.*

> LE MÊME, *Émile.*

Il faudra que je change et *malgré que j'en aye,*
Plus soigneux devenu, plus froid, et plus rassis,
Que mes jeunes pensers cèdent aux vieux soucis.

> RÉGNIER, *Satires,* V.

En dépit qu'on en ait, elle se fait aimer.

> MOLIÈRE, *le Misanthrope,* I, 1.

Il ne fait pas bien sûr, à vous le trancher net,
D'épouser une fille *en dépit qu'elle en ait.*

> LE MÊME, *les Femmes savantes,* V, 1.

En avoir dans l'aile, voyez *Aile.*

AVOIR est souvent suivi d'une préposition :
Avoir à :

J'*aurai,* Seigneur, toute ma vie
Votre éloge à la bouche, et votre amour au cœur.

> PIERRE CORNEILLE, *Pseaume,* CX.

Ce qu'on n'*a* point *au cœur* l'a-t-on dans ses écrits?

> LA FONTAINE, *Climène.*

Avoir à, avoir pour :

Lors se commencièrent li Grieu devers lui à torner par l'acointement de l'empereris que il *avoit à* fame.

> VILLEHARDOUIN, *Conqueste de Constantinoble,* CXVII.

Avoir à mépris, mépriser :

Ceste frayeur me tient pourtant dans les esprits
Trop avant pour *avoir* son présage *à mespris.*

> THÉOPHILE, *Pyrame et Thisbé,* IV, 2.

Avoir à, suivi d'un verbe à l'infinitif, devoir, être dans l'obligation, dans la nécessité de :

Si ceste negotiation *avoit à* finir mal, ce seroit par là.

> D'OSSAT, *Lettres,* liv. I, 4.

Vous *aurez* toujours plusieurs grâces *à* me faire, mais je n'*avois* qu'un cœur *à* donner.

> BALZAC, *Lettres,* liv. XIV.

On *eut* d'abord *à* combattre les bêtes farouches.

> BOSSUET, *Discours sur l'Histoire universelle,* I, 2.

IV.

Le peuple de Dieu n'*avoit* point *à* attendre de prophète; la loi de Moïse lui devoit suffire.

> BOSSUET, *Discours sur l'Histoire universelle,* II, 11.

Quand on *a à* mourir, cela se fait avec lui le plus vite du monde.

> MOLIÈRE, *Pourceaugnac,* I, 5.

J'*ai* mon champ *à* labourer.

> MONTESQUIEU, *les Lettres persanes.*

Il vient à moi; il paroit *avoir à* me parler.

> MARIVAUX, *l'Épreuve,* sc. 2.

Mais qu'*avez-vous* donc encore *à* soupirer?

> LE MÊME, même ouvrage, sc. 21.

Il envoya dire par un trompette aux habitants qu'ils *eussent à* se retirer.

> VOLTAIRE, *Histoire de Charles XII.*

Malheur à qui n'*a* plus rien *à* désirer.

> LE MÊME, même ouvrage.

Si dans les temps passés j'*avois* moins compté sur mes lumières, j'*aurois* moins *à* rougir de mes sentiments.

> LE MÊME, même ouvrage.

Les vertus sociales sont celles qui nous rendent agréables à ceux avec qui nous *avons à* vivre.

> DUCLOS, *Considérations sur les mœurs.*

Je vous demande ce que vous *avez à* pleurer.

> SEDAINE, *le Philosophe sans le savoir,* I, 1.

Voz gens *ont eu* fort *à* faire.

> *Le Mistere du siege d'Orléans,* v. 12,185.

Lorsque je n'*auray* plus d'espions *à* flatter,
Que je n'*auray* parens ny mere *à* redouter,
Et qu'Amour ennuyé de se monstrer barbare,
Ne nous donnera plus de mur qui nous sépare,
. . . .
Lors je n'*auray* personne *à* respecter que toy.
— Lors tu n'*auras* personne *à* commander que moy.

> THÉOPHILE, *Pyrame et Thisbé,* IV, 1.

L'ambition, l'amour n'*ont* rien *à* désirer;
Mais, Seigneur, la nature *a* beaucoup *à* pleurer.

> RACINE, *la Thébaïde,* V, 4.

Mais comme vous, ma sœur, j'*ai* mon amour *à* suivre.

> LE MÊME, *Alexandre,* I, 1.

Vous *avez à* combattre et les dieux et les hommes.

> LE MÊME, *Iphigénie,* V, 3.

Hé! quoi! n'*avez-vous* rien, Madame, *à* me répondre?

> LE MÊME, *Mithridate,* II, 4.

Tout Paris croit *avoir,* en ce pressant danger,
L'Église *à* contenir, et son père *à* venger.

> VOLTAIRE, *la Henriade.*

N'avoir qu'à :

Oui, tu *n'as qu'à* me dire le sujet de ta tristesse.
Molière, l'Amour médecin, I, 2.

Je *n'aurois qu'à* chanter, rire, boire d'autant.
Boileau, Satires, II.

... Hé! que ne disiez vous?
Vous *n'aviez qu'à* parler.
Molière, l'Étourdi, V, 4.

Et qui me trouve mal, *n'a qu'à* fermer les yeux.
Le même, l'École des maris, I, 1.

Crois-tu qu'un juge *n'ait qu'à* faire bonne chère?
Racine, les Plaideurs, I, 4.

Vous *n'avez qu'à* marcher de vertus en vertus.
Le même, Britannicus, IV, 3.

Pour être vertueux on *n'a qu'à* le vouloir.
Crébillon, Electre, III, 1.

Avoir, suivi de la préposition *de*, et d'un substantif employé dans un sens partitif.

Celui qui dit incessamment qu'il *a de* l'honneur et *de* la probité... ne sait pas même contrefaire l'homme de bien.
La Bruyère, Caractères, c. 5.

Vous êtes ingénue et naturelle : de là vient que vous faites très bien, sans avoir besoin d'y penser, à l'égard de ceux pour qui vous *avez du* goût et *de* l'estime; mais trop froidement dès que ce goût vous manque.
Fénelon, Lettres spirituelles, XL; à Mme de Maintenon.

Combien de fois me suis-je surprise à dire des choses qui *auroient eu* bien *de* la peine à passer toutes seules.
Marivaux, la Vie de Marianne, Ire partie.

L'en guérir, nous *aurions de* la peine, repartit Mme Dorsin; mais je crois qu'il suffira *de*. rendre cette passion raisonnable, et nous le pourrons avec le secours de mademoiselle.
Le même, même ouvrage, IVe partie.

Dans la simplicité de leur parure, elles *ont de* la grâce et *du* goût; elles en ont dans leur entretien, dans leurs manières.
J.-J. Rousseau, la Nouvelle Héloïse.

Il suffit *d'avoir* un peu *d'*oreille pour éviter les dissonances, et de l'avoir exercée, perfectionnée par la lecture des poètes et des orateurs, pour que mécaniquement on soit porté à l'imitation de la cadence poétique et des tours oratoires.
Buffon, Discours de réception à l'Académie,

Pour Dieu, n'y *ayez* point *d'*envie.
Villon, Petit Testament.

Être de qualité sans *du* bien, c'est un sort
Pour peu qu'on *ait de* cœur, plus cruel que la mort.
Boursault, Ésope à la cour, V, 7.

Cette fille vouloit aussi
Qu'il *eût du* bien, *de* la naissance,
De l'esprit, enfin tout. Mais qui peut tout avoir?
La Fontaine, Fables, VII, 5.

Quoiqu'il *ait de* l'esprit on le prend pour un sot.
Destouches, le Glorieux, II, IV.

S'il m'épouse, la veuve *aura* bien *du* chagrin.
Dufresny, la Coquette de village, I, 4.

Bon! les voilà partis. — Ah! je n'*ai* plus *de* peur.
Le même, le Mariage fait et rompu, III, 8.

Avoir de, tenir, participer de :

Les poètes *ont* cela *des* hypocrites qu'ils défendent toujours ce qu'ils font, mais que leur conscience ne les laisse jamais en repos.
Racine, Lettres, II, à l'abbé Le Vasseur.

Ma jeunesse pénétrant dans ma vieillesse, la gravité de mes années d'expérience attristant mes années légères... ont produit dans mes récits une sorte de confusion... mon berceau *a de* ma tombe, ma tombe *a de* mon berceau.
Chateaubriand, Mémoires d'outre-tombe. Avant-propos.

C'est avec d'autres yeux que ne fait la princesse,
Seigneur, que je verrais le tourment qui vous presse;
Mais nous *avons du* ciel ou du tempérament
Que nous jugeons de tout chacun diversement.
Molière, Don Garcie de Navarre, IV, 6.

Avoir de qui tenir, se dit en parlant d'un enfant qui ressemble en quelque chose à son père ou à sa mère :

Quand on dit que la Reine avoit senti remuer M. le Dauphin : « Il *a de qui tenir*, dit-il, de donner déjà des coups de pieds à sa mère. »
Tallemant, Historiettes, M. et Mme Guéméné.

Ce n'est pas parce qu'il est mon fils... mais il a plus d'esprit qu'il n'est gros; il *a de qui tenir*, répondit un autre bourgeois.
De Callières, Du bon et du mauvais usage dans les manières de s'exprimer. Première conversation

Avoir en :

C'est peu de chose que du peuple, s'il n'est conduict par quelque chef qu'ilz *ayent en* reverence et *en* craincte, sauf qu'il est des heures et des temps que en leur fureur sont bien à craindre.

COMMINES, *Mémoires*, c. 13.

Il arriva que la Perse perdit le seul général qu'elle pût opposer aux Grecs : c'étoit Memnon, Rhodien. Tant qu'Alexandre *eut en* tête un si fameux capitaine, il put se glorifier d'avoir vaincu un ennemi digne de lui.

BOSSUET, *Discours sur l'Histoire universelle*, III, 5.

Avoir pour, avoir en qualité de...

Du tems de Charlemagne, il couroit à Constantinople un proverbe qui disoit, ayez le françois *pour* ami, nullement *pour* voisin.

LA HOUSSAYE, t. II.

On aurait pu joindre encore au royaume de France les dix-sept provinces qui restaient à peu près à cette princesse, en lui faisant épouser le fils de Louis XI. Ce roi se flatta vainement *d'avoir pour* bru celle qu'il dépouillait.

VOLTAIRE, *Essai sur les mœurs*, c. 95. De la Bourgogne et des Suisses.

Proposez-vous *d'avoir* le lion *pour* ami.
Si vous voulez le laisser craître.

LA FONTAINE, *Fables*, XI, 1.

Avoir pour soi, avoir en sa faveur, de son côté :

Je me trouve fort dans mes maximes, lorsque j'ai *pour moi* les Romains.

MONTESQUIEU, *l'Esprit des lois*, VI, 15.

Avoir pour, suivi d'un adjectif :

Il jugea que les dieux n'*avoient* plus *pour agréable* qu'il régnât.

MONTESQUIEU, *l'Esprit des lois*, XXIV, 4.

Je ne vois pas, pour moi, que le cas soit pendable ;
Et je vous supplierai *d'avoir pour agréable*,
Que je me fasse un peu grâce sur votre arrêt,
Et ne me pende pas pour cela, s'il vous plaît.

MOLIÈRE, *le Misanthrope*, I, 1.

Avoir sur les bras :

J'ai quatre pauvres petits enfants *sur les bras*...

LE MÊME, *le Médecin malgré lui*, I, 2.

Vous et vos créanciers je vous *ai sur les bras*.

PIRON, *la Métromanie*, I, 6.

Avoir sur le cœur :

Lors. avec mille sermens, je luy dis tout ce que j'en *avois sur le cœur.*

D'URFÉ, *l'Astrée*, Iʳᵉ part., liv. VIII.

Qui m'a volé dans le temps cent écus que j'*ai sur le cœur.*

BEAUMARCHAIS, *le Mariage de Figaro*, I, 4.

De folles on vous traite, et j'ai fort *sur le cœur*...

MOLIÈRE, *les Femmes savantes*, II, 7.

Ces pauvres paysans (pardonne-moi lecteur),
Ces pauvres paysans, je les *ai sur le cœur*.

MUSSET, *Une bonne fortune*, XIX.

Avoir sur la conscience :

Si j'avois là-dessus quelque chose *sur ma conscience*, ce seroit peut-être d'avoir trop déféré quelquefois à sa réputation.

HOUDART DE LA MOTTE, *Réflexions sur la critique*, t. III.

AVOIR s'emploie souvent avec un nom de chose pour sujet :

Une bataille perdue *a* tousjours grant queue, et mauvaise pour le perdant.

COMMINES, *Mémoires*, c. 2.

La nuict n'*a* point de honte.

LE MÊME, même ouvrage, c. 10.

Si on soumet tout à la raison, notre religion n'*aura* rien de mystérieux et de surnaturel.

PASCAL, *Pensées*,

L'on voit une solitude effroyable aux grands ouvrages, lorsque des sottises *ont* tout Paris.

MOLIÈRE, *la Critique de l'école des femmes*, sc. 6.

Cependant on amena deux carrosses, qu'on appeloit de la pompe, qui servoient à Bontems et à divers usages pour le roi, qui étoient à lui, mais sans armes et *avoient* leurs attelages.

SAINT-SIMON, *Mémoires*, 1693.

Le blasphème n'*a*-t-il rien qui vous épouvante ? Cette absurdité n'*a*-t-elle rien qui vous révolte ?

J.-J. ROUSSEAU, *Nouvelle Héloïse*.

Sa finesse *a* ce qu'elle mérite.

SEDAINE, *la Gageure imprévue*, sc. 18.

Hélas ! si mon malheur *avoit* un peu de crime,
Ma raison trouveroit ta froideur légitime.

THÉOPHILE, *Plainte à un Amy*.

Je doute que la terre ait un plus honnête homme.

BOURSAULT, *Fables d'Ésope*, V, 5.

Des ouvrages vantés qui n'*ont* ni pieds ni têtes.

GRESSET, *le Méchant*, II, 3.

La vérité n'est qu'une, et n'*a* qu'un seul langage.

COLLIN D'HARLEVILLE, *Le vieux célibataire*, V.

Avoir, absolument. Posséder.

A celui qui *aura*, il lui sera donné.

CALVIN, *Institution chrestienne*, liv. II, c. 3, § 11.

Cette ardente cupidité qui me brûle, et ce désir insatiable d'amasser, d'accumuler, d'*avoir*?

BOURDALOUE, *Sermons*.

Les grands hommes ne s'abusent point sur leur supériorité, ils la voient, la sentent, et n'en sont pas moins modestes; plus ils *ont*, plus ils connaissent tout ce qui leur manque.

J.-J. ROUSSEAU, *Émile*, t. II.

Prov. Assez *a* qui se contente.

COTGRAVE, *Dictionnaire français-anglais*.

Je brulay du désir d'amasser et d'*avoir*.

RONSARD, *Poèmes*, II. Discours contre fortune.

Et la justice en vain opposa son pouvoir
A la coupable ardeur d'acquérir et d'*avoir*.

TH. CORNEILLE, trad. des *Métamorphoses d'Ovide*, I.

Avoir, avec le pronom personnel, comme le latin *se habere*, se comporter, se conduire.

Je te vueil monstrer comment *tu te dois avoir* en amassant les richesses et en usant d'icelles.

Le Ménagier de Paris, 1re distinction, 9e art.

Avec ce, leur furent baillez par escript, de par ladicte Université, tous les poins et articles touchans ceste matière, et comment *ilz se avoient* à gouverner.

MONSTRELET, *Chronique*, I, c. 43.

Dans le passage suivant *avoir*, quoique employé sans le pronom, semble présenter un sens à peu près analogue.

En devant de cette fête il n'étoit pas ainsi et n'étoit point en souvenance d'homme ni en mémoire que depuis deux cens ans si grand'fête eût été à Cambray, comme elle se tailloit de *avoir* et être.

FROISSART, *Chroniques*, liv. II, c. 224.

Avoir s'emploie souvent impersonnellement, dans le sens du verbe être :

En cité u *a* portes e serrures.

Les quatre Livres des Rois, 1, XXIII, 7.

Dedans Haspre *a* une prévoté de moines noirs.

FROISSART, *Chroniques*, liv. I, Ire part., c. 100.

Je veux gésir en ma ville de Belleville. De longtemps *a* y ai-je ordonné ma sépulture.

LE MÊME, même ouvrage, liv. I, IIe part., c. 8.

Là *eut* grand'bataille et dure, et eurent les Anglois bien à quoi entendre.

LE MÊME, même ouvrage, liv. I, IIe part., c. 338.

Aux batailles tant renommées de Miltiade, de Léonide, de Thémistocle, qui ont esté données deux mille ans *a*.

LA BOETIE, *De la servitude volontaire*, p. 17.

Maintes gens disent que en songes
N'*a* se fables non et mençonges.

Le Roman de la Rose, v. 2.

Lez la maison Symon, près d'une praérie,
Avoit une chapelle de grant ancesserie.

Roman de Berte, p. 147.

...Il en vient tout venant,
N'*a* pas la moitié d'un quart d'heure.

Pathelin.

Avoir, ainsi employé, est ordinairement accompagné de la particule *y*.

Des autres homes et des autres dames i *avoit*-il tant qu'on n'i pooit son pié tourner.

VILLEHARDOUIN, *Conqueste de Constantinoble*, LXXXVI.

Si est-ce, diront-ils, que vous ne pouvez nier qu'en vostre langue pareillement n'*y ait* beaucoup de mal, et qu'elle n'ait perdu beaucoup de sa pureté.

HENRI ESTIENNE, *De la Précellence*, préface, éd. Feugère, p.23.

Nous sçavons qu'encore que tout ce qui n'est pas langage toscan (lequel seul est tenu pour le bon et naïf) ne soit pas bergamasque, toutesfois *y* en *a* bien peu qu'on vueille mesler avec ce toscan, et *y a* mainte sorte d'autre langage que le bergamasque, qu'on n'*y* voudroit mesler non plus que du fer avec l'or.

LE MÊME, même ouvrage, p. 175.

Dites moi si c'est qu'*il y a* déjà des roses, ou qu'*il y* en *ait* encore? Si ce sont des restes ou des avances, si c'est le dernier printemps qui a été paresseux ou le nouveau qui se hâte.

BALZAC, *Lettres*, liv. XI.

On peut bien connoître qu'*il y a* un Dieu sans savoir ce qu'il est.

PASCAL, *Pensées*.

S'*il n'y avoit* qu'une religion, Dieu y seroit bien manifeste.

LE MÊME, même ouvrage.

Chacun voulut dominer... *Il n'y eut* pas jusqu'à Spartacus gladiateur, qui ne crût pouvoir aspirer au commandement.

BOSSUET, *Discours sur l'Histoire universelle*, I, 9.

Comme le public est le juge absolu de ces sortes d'ouvrages, *il y auroit* de l'impertinence à moy de le démentir.

MOLIÈRE, *les Précieuses*, préface.

Et quels avantages, Madame, puisque Madame *y a*.

LE MÊME, *George Dandin*, I, 4.

J'allai au-devant de lui, m'imaginant que c'étoit un chevalier de Saint-Jacques ou d'Alcantara. Je lui demandai ce qu'*il y avoit* pour son service.

LE SAGE, *Gil Blas*, XII.

Lycurgue ayant conçu le hardi dessein de réformer en tout le gouvernement de Lacédémone, jugea à propos de faire plusieurs voyages... afin de consulter ce qu'*il y avoit* de personnes plus habiles et plus expérimentées dans l'art de gouverner : il commença par l'isle de Crète, dont les lois dures et austères étoient fort célèbres.

ROLLIN, *Histoire ancienne*, t. II, liv. V.

A ces mots je m'écriai : N'*y aura-t-il* plus de frein sur la terre ?

VOLTAIRE, *la Voix du curé*, art. 11.

Un certain Abakum, archiprêtre, avait dogmatisé à Moscou, sur ces paroles de Jésus : *Il n'y aura* ni premier ni dernier.

LE MÊME, *Histoire de Pierre le Grand*, 1re part., c. 5.

Un parti suédois prit le bagage d'Auguste où *il y avoit* deux cent mille écus d'argent monnoyé.

LE MÊME, *Histoire de Charles XII*, liv. III.

Qu'*y a-t-il* donc ? On diroit que vous vous querellez.

MARIVAUX, *les Fausses confidences*, III, 6.

Y a-t-il quelque chose là-dessous ?

BEAUMARCHAIS, *le Mariage de Figaro*, I, 1.

Il n'*y avait* à cette époque point de campagnes ; c'est-à-dire les campagnes ne ressemblaient nullement à ce qu'existe aujourd'hui ; elles étaient cultivées... elles n'étaient pas peuplées.

GUIZOT, *Histoire de la civilisation en Europe*, 2e leçon.

La *i avera* des morz e des navrez.

Otinel, v. 925.

O vent donc puisque vent *y a*,
Viens dans les bras de notre belle.

LA FONTAINE, *Fables*, IX, 7.

Chapitre donc, puisque chapitre *y a*
Fut assemblé...

LE MÊME, *Contes*, II, 20.

Il y a est souvent suivi d'une expression indiquant la durée du temps.

Les livres que les Égyptiens et les autres peuples appeloient divins sont perdus *il y a* longtemps, et à peine nous en reste-t-il quelque mémoire confuse dans les histoires anciennes.

BOSSUET, *Discours sur l'Histoire universelle*, II, 27.

Y a-t-il tant que cela ? Que le temps passe vite !

MARIVAUX, *l'Épreuve*, sc. 8.

Tant il y a, *tant y a*, quoiqu'il en soit :

Le couronnement de la reine est remis, qui dit en juin, qui dit en octobre ; *tant y a* qu'il est remis.

MALHERBE, *Lettres*; à Peiresc, 1610.

Si ce dénoûment est selon l'art ou non, c'est une autre question qui se videra en son lieu ; *tant y a* qu'il se fait avec surprise, et qu'ainsi l'intrigue ni le démêlement ne manque point à cette pièce.

Sentiments de l'Académie sur le Cid.

Tant y a qu'il n'est rien que votre chien ne prenne.

RACINE, *les Plaideurs*, III, 3.

Avoir est quelquefois précédé de *si* : *si ai*, *si comme ils ont*, tournure elliptique, qui sert à remplacer un verbe exprimé dans une phrase précédente.

Il leur sembloit qu'ils avoient bien fait la besogne et acquis grand honneur, *si comme ils avoient*.

FROISSART, *Chroniques*, liv. I, 1re part., c. 25.

Et quoi donc ? n'ai-je jamais vu personne qui se soit tué soi-même ? *Si ai*; j'en ai vu, et ne me suis point contenté de les voir, je les ai regardées.

MALHERBE, *les Épîtres de Sénèque*, XX, VII.

Contredisant à une affirmation par la réponse négative, on dit ainsi... Vous n'avez point de raison — *si aÿ*... mais on dit plus courtoisement : Excusez-moy.

CHIFFLET, *Essay d'une parfaite grammaire*, 1688, p. 131.

Rabelais a quelquefois employé l'infinitif *avoir* dans le sens de : *après avoir*.

Pantagruel *avoir* entièrement conquesté le pays de Dipsodie.

RABELAIS, *Pantagruel*, III, 1.

Avoir longuement considéré ce pays de satin.

LE MÊME, même ouvrage.

A'vous se disait par apocope pour *avez-vous*.

Apocopa... utimur etiam vulgo in quibusdam, ut *a'vous* pro *avez-vous*.

BEZA, *De Francicæ linguæ recta pronuntiatione*.

On dit communément en parlant, *avous dit*, *avous fait*, pour *avez-vous dit*, *avez-vous fait*.

VAUGELAS, *Remarques*.

Comment, vous tenez la main haute,
A'vous mal aux dents, maistre Pierre ?

Pathelin.

AVOIR entre dans la conjugaison de nos verbes comme auxiliaire.

Cet emploi d'*avoir* se rencontrait quelquefois, par exception dans la latinité classique, comme dans ce passage souvent cité de Tite-Live et dans plusieurs autres qu'on y pourrait joindre :

Ne Romanis quidem exemplis abstinui, quæ aut *visa*, aut *audita habebam*.

TITE-LIVE, *Annales*, XL, 8.

Dans la basse latinité, cette tournure devint très fréquente et donna lieu à l'emploi habituel d'*avoir* comme auxiliaire.

On disait souvent *r'avoir*, dans le sens d'Avoir, de Posséder de nouveau.

Estant arrivé en la maison d'une des tantes de Fleuriot, où il avoit auparavant résolu de se retirer en cas qu'il soit blessé, il se trouva si foible, qu'il demeura plus de trois semaines avant que de se *r'avoir*.

D'URFÉ, *l'Astrée*.

Les Grecs sont presque aussi fous d'épuiser leurs états pour la *r'avoir* (Hélène) que les Troyens de périr pour ne pas la rendre.

LA MOTTE, *Discours sur Homère*, t. II, p. 13.

La gregnur pars deit estre meie
Car jeo sui Rois, la Cort l'otreie.
L'autre *r'aurai*, car g'i corrui,
E la tierce car plus forz sui.

MARIE DE FRANCE, *Fables*, XII, 7.

AYANT, participe présent, prenait l's au pluriel.

De ces Dieux qui sont sourds bien qu'*ayants* des oreilles.

LA FONTAINE, *Fables*, IV.

AYANT-CAUSE, t. de droit :

J'eus bon marché des articles IV et V qui regardoient es *ayant-cause* et les duchés femelles.

SAINT-SIMON, *Mémoires*, 1711.

Héritiers ou *ayant-cause*.

Code de Commerce, 391.

Droit à la chose léguée, droit transmissible à ses héritiers ou *ayants-cause*.

Code civil, 1014.

EU, EUE, participe passé :

Car quant il i passe pucele
Lors est li eve clere et bele;
Au trespasser de feme *eue*
L'eve en est lues tote meue.

Flore et Blanceflor, v. 2069.

Ce participe a longtemps formé deux syllabes :

Ce mot du prétérit parfait d'avoir, j'ay *eu*, tu as *eu*, etc., n'est qu'une syllabe, qui est une des diphtongues de nostre langue; neantmoins plusieurs font cette faute de prononcer *eu*, en faisant de chaque lettre une syllabe, comme si l'on escrivoit *eü*, avec deux points, pour en faire deux syllabes.

VAUGELAS, *Remarques*.

Dites-moi si vous approuvez la prononciation qui coup en deux le monosyllabe *eu* : j'ai *eü*, il a *eü*.

BALZAC, *Lettres*; 20 janvier 1640, à Chapelain.

Il (Malherbe) reprenoit Racan de rimer qu'ils ont *eu* avec vertu ou battu, parce, disoit-il, qu'on prononçoit à Paris le mot *eu* en deux syllabes.

TALLEMANT DES RÉAUX, *Historiettes*.

Nous avons *heu* grant travail,
Ainsi comme chascun peut croire.

Le Mistere du siege d'Orléans, v. 8870.

AVOIR, s. m.

Quelquefois *l'avoir* est seulement l'infinitif du

verbe employé substantivement, comme dans les exemples qui suivent :

En ce regard plaisance et amour lui entrèrent au cœur ; car il la vit belle et jeune et si avoit grand désir du voir et de *l'avoir*.

         Froissart, *Chronique*, liv. II, c. 229.

L'homme est une intelligence et il a des organes. *L'avoir* est donc une manière de l'être, et la plus générale possible, puisqu'elle comprend toutes les autres.

         De Bonald, *Législation primitive*, liv. I, c. 2, § 9.

C'est plus ordinairement un véritable substantif qui désigne ce qu'on possède de bien.

D'altre part guerriout ces de Moab, e forment les destruéit ; e de lur cors e de lur terres et de lur *aveirs* fist sun talent.

         Les quatre Livres des Rois, II, viii, 2.

Lors véissiez grifons abatre et gaaignier chevaus et palefrois, et murs et mules, et autres *avoirs* assés.

         Villehardouin, *la Conqueste de Constantinoble*, CV.

Li Franc commencièrent à ocirre les Grius, et gaaignièrent les *avoirs* de la vile et pristrent tout.

         Le même, même ouvrage, CLI.

Mes sires Henris vint à Namur atout son ost ; et li bourjois le reçurent voulentiers, et li mirent en abandon cors et *avoir* et vile.

         Récits d'un ménestrel de Reims au treizième siècle, publiés par N. de Wailly, p. 231.

Il tolent et ravissent les *avoirs* dont li communs pueples se doit vivre.

         Beaumanoir, *Coutumes de Beauvoisis*, c. 1, 9.

Pourquoi ne preis tu ton *avoir* et l'eusses donné aux chevaliers et as soldaires genz d'armes pour toi deffendre et ta cité.

         Marc Pol, *le Livre*, c. 24.

Estoit estably et ordonné de par le roy, que nulz ne feist autre metier que celluy de son pere, et eust tout *l'avoir* du monde.

         Le même, même ouvrage, c. 151.

Ils eurent conseil qu'ils se rendroient, et la ville avec, sauves leurs vies, leurs membres et leur *avoir*.

         Froissart, *Chroniques*, liv. I, Iʳᵉ part., c. 20.

Adonc étoit le royaume de France gras, plein et dru, et les gens riches et puissans de grand *avoir*.

         Le même, même ouvrage, I, Iʳᵉ part., c. 60.

Et (la ville) fut toute pillée et robée, et tous les grans *avoirs* et profits qui dedans étoient chargés sur chars et charrettes et envoyés à Chimay.

         Froissart, *Chroniques*, liv. I, Iʳᵉ part., c. 103.

En ce temps furent généralement par tout le monde pris les Juifs et ars et acquis leurs *avoirs* aux seigneurs.

         Le même, même ouvrage, liv. I, IIᵉ part., c. 5.

Il sçauoit que si Amadis l'attrapoit, que tout *l'avoir* du monde ne le sauveroit.

         Amadis de Gaule, liv. I, c. 36.

Ils payent les trompeurs de leur propre monnaie, et moi de tout mon *avoir*, c'est-à-dire de mes sentiments.

         Bernardin de Saint-Pierre, *Études sur la nature*,   IVᵉ partie.

Si reis apelet Malduir sun trésorer :
L'*aveir* Carlun est-il apareilliez ?

         Chanson de Roland, st. L.

Je vos ai tos [et] servis et amés,
Mains grans *avoirs* par maintes fois donés.

         Aliscans, v. 2418.

Illuec si est mainte nés arrivée
Qui les *avoirs* mainent par la contrée.

         Même ouvrage, v. 8349.

Tant te donroi *avoir* et fin or et argent
Que ne seras mez povre en trestout ton vivant.

         Gaufrey, v. 4192.

Se Dex me veut aidier, bon compengnon avés ;
Ma terre et mes *avoirs* vous est abandonnés.

         Doon de Maience, v. 8126.

Dex ! quels *avoirs* et quels trésors ;
Se Dex garist de mal nos cors,
Auront cil qui *avoir* valront !

         Wace, *Roman de Brut*, v. 11295.

N'a pas l'*avoir* qui l'enprisone,
Mais cil qui le despent et done.

         Chronique normande, III, 76.

Li abbés son *avoir* perdi
Pour tant seulement k'il menti.

         Roman d'Eustache le moine, v. 1775.

Je vis les grans poiçons dévorer les menus ;
Ainsi à povres gens est li *avoirs* tolus.

         Roman d'Alexandre, édit. Michelant, p 264.

Jà ne prendra femme à nul jur,
Ne pur *avoir*, ne pur amur.

         Marie de France, *Lai de Gugemer*, v. 640.

Je n'ay ne cens, rente, n'*avoir*.

         Villon

Chascun m'emporte mon *avoir*,
Et prent ce qu'il en peut avoir.

> *Pathelin*, éd. Génin, v. 1008.

Quant homme meurt qui a *avoir*
Du corps ne chault tant que des biens.

> *Les ditz des bestes.* (Voyez *Anciennes poésies fran-
> çoises des XVᵉ et XVIᵉ siècles*, t. I, p. 258.)

J'enrichy nostre France, et pris en gré d'avoir
En servant mon pays plus d'honneur que d'*avoir*.

> Ronsard, *Poëmes*, II. Discours à Pierre Lescot.

Il n'avoit point des outils à revendre;
Sur celui-ci rouloit tout son *avoir*.

> La Fontaine, *Fables*, V, 1.

Ils sont pauvres : et n'ont qu'un trou pour tout *avoir*.

> Le même, même ouvrage, XII, 17.

Avoir, s'emploie dans les livres de compte par opposition à *Doit*. La partie d'un compte où l'on porte les sommes dues à une personne. *Doit* et *avoir*, Le passif et l'actif.

Étant devenu l'inspecteur de sa maison, je jugeois par moi-même de l'inégalité de la balance entre *le doit et l'avoir*.

> J.-J. Rousseau, *les Confessions*, liv. V.

AVOISINER, v. a. Être proche, être voisin :

Il ne fut point besoin d'aucune despence, pource que cette princesse, quoy qu'elle se sentit fort fatiguée de la mer lorsqu'elle *avoisina* les costes de Provence, si ne voulut-elle entrer en aucune ville de France.

> Sully, *Œconomies royales*, c. 88.

Ce mot n'est guères bon en prose, mais la pluspart des poëtes s'en servent, comme quand ils descrivent quelque montagne ou quelque tour extrèmement haute, ils disent qu'elle *avoisine* les cieux. J'ay dit la pluspart, parce qu'il y en a qui ne s'en voudroient pas servir.

> Vaugelas, *Remarques*.

On ne pourroit pas se dispenser, ce me. semble, de conclure... qu'encore bien que le roy ait acquis l'Alsace à ce titre de souveraineté, si est-ce néantmoins que Sa Majesté devroit... porter à diettes toutes contentions qui pourroient survenir entre Sa Majesté et lesdits estats qui *avoisinent* les terres qu'elle possède sur les bords du Rhein.

> Colbert, intendant en Alsace, à Colbert, contrôleur général des finances, 11 février 1665. (Voyez Depping, *Correspondance administrative sous Louis XIV*, t. I, p. 745.)

Le grand défaut de ce temple était dans les rues étroites qui l'*avoisinaient*. C'est le défaut des portails de Saint-Gervais et de Saint-Sulpice à Paris. Point de temple, point de palais bien entendu, sans une belle vue et sans une grande place.

> Voltaire, *Nouveau Testament :* d'Hérode.

Les vallées, celles qui *avoisinent* ou les Alpes ou les Vosges, et qui ne sont pas séparées de ces montagnes primitives par des montagnes élevées et continues, sont remplies de cailloux roulés.

> Saussure, *Voyages dans les Alpes*, t. I, c. 14.

Il y avait une portion de l'Europe qui ressemblait beaucoup à l'Italie : c'était le midi de la France, et les provinces de l'Espagne qui l'*avoisinent*, la Catalogne, la Navarre, la Biscaye.

> Guizot, *Histoire de la civilisation en Europe*, 10ᵉ leçon.

Je passe mon exil parmy de tristes lieux
Où rien de plus courtois qu'un loup ne m'*avoisine*.

> Théophile. *Sonnet sur son exil, faict dans les Landes de Castel-Jaloux.*

Ainsi le jeune chêne en son âge naissant
Ne peut se comparer au chêne vieillissant,
Qui, jetant sur la terre un spacieux ombrage,
Avoisine le ciel de son vaste branchage.

> Ch. Perrault, *Poëmes :* le Siècle de Louis le Grand.

Ce verbe était anciennement d'un fréquent usage avec le pronom personnel :

Nous avons en ceste France deux grands estats s'*avoisinans* en plusieurs choses aucunement de la souveraineté, l'un le connestable sur la terre, l'autre d'admiral sur la mer.

> Pasquier, *Recherches*, II, 14 bis.

Pour s'apprivoiser à la mort, il n'y a que de s'en *avoisiner*.

> Montaigne, *Essais*, II, 6.

Quelqu'un voudroit conclurre que c'est seulement l'imprudence qui est cause du mal-heur, quand on appelle à son secours, qu'on s'*avoisine*, ou qu'on s'allie mal à propos d'un qui est puissant et désireux de s'accroistre.

> De la Noue, *Discours politiques et militaires*, XXI.

Prov. De grasse cuisine pauvreté s'*avoisine*.

> Cotgrave, *Dictionnaire français-anglais*.

Avoisiné, ée, participe passé.

Il estoit logé tout *avoisiné* de maisons infectes de peste, de laquelle il avoit quelque appréhension.

> Montaigne, *Lettres*, 5.

AVOISINEMENT, s. m. Proximité, voisinage.

Les herbes et plantes sont affectionnées les unes aux autres, et entre autres n'y en a de si ardentes qu'est le palmier, desquels ils sont deux espèces, masle et femelle, et que le masle convoite l'*avoisinement* de sa compagne.

Du VERDIER, *Bibliothèque*, p. 5.

Mais le malheur voulut qu'y estant logé, un ieune Jacobin nommé Jacques Clement, aagé de 22 à 23 ans, practiqué de longue main par ceux qui prevoyoient du bon succes des affaires de Sa Majesté couler l'*avoisinement* de leur ruine inevitable, choisit l'opportunité de s'y presenter.

MATTHIEU, *Histoire des derniers troubles de France*, V.

AVORTER, v. n. Accoucher avant terme.

Abortari, *avorter*.

Dictionnaire latin-français du XIII*e siècle*, Manuscrit de la Bibliothèque nationale.

Puis leva les yeulx au ciel, et les tournoit en la teste comme une chievre qui *avorte*.

RABELAIS, *Pantagruel*, III, 20.

Il se trouva en la place Saint-Jean un si grand et horrible monceau de morts, que deux femmes grosses qui es voulurent voir par curiosité en *avortèrent*.

D'AUBIGNÉ, *Histoire universelle*, t. II, liv. I, c. 5.

On ne nie pas cependant que Dieu, sans cette communication dont nous venons de parler, n'ait pu disposer d'une manière si exacte et si régulière toutes les choses qui sont nécessaires à la propagation de l'espèce pour des siècles infinis, que les mères n'eussent jamais *avorté*, et même qu'elles eussent toujours eu des enfants de même grandeur, de même couleur, en un mot, tels qu'on les eût pris l'un pour l'autre.

MALEBRANCHE, *De la recherche de la vérité*, liv. II, Ire part., c. 5.

Rien de plus terrible que le chœur des Euménides dans la tragédie de ce nom : on dit que l'effroi qu'il causa fut tel, que dans l'amphithéâtre les femmes enceintes *avortèrent*.

MARMONTEL, *Éléments de littérature*. Chœur.

Au pouvre homme, sa vache *advorte*.

Les secrets et loix de mariage, Poésies françoises des XVe et XVIe siècles, t. III, p. 183.

Figurément :

Vous donc quiconque soyez qui avez fait un temple contre moi... vn commentaire sur ma réponse, mille odes,

IV.

mille sonnets, et mille autres tels fatras qui *avortent* en naissant... je vous conseille... d'en escrire davantage.

RONSARD, *Épître par laquelle l'autheur respond à ses calomniateurs*.

On se demande, comment pourrai-je soutenir la contradiction et les discours du monde ? Avec cela il n'y a point de bons désirs qui n'*avortent*, point de résolutions qui ne s'évanouissent, point de ferveurs qui ne s'éteignent.

BOURDALOUE, *Panégyriques*, t. II.

Quand les jeunes gens sont accoutumés dès le plus bas âge par l'étude de l'histoire à admirer les exemples de vertu, et à détester les vices, on peut espérer que ces premières semences, aidées d'un secours supérieur, sans lequel elles *avorteroient* bientôt, porteront leur fruit dans le temps.

ROLLIN, *Traité des Études*, liv. VI, IIIe part., c. 1, § 6.

Des milliers de siècles s'écoulent dans l'ignorance et dans la barbarie ; des milliers de tentatives *avortent*. Enfin un art est ébauché ; il faut encore des milliers de siècles pour le perfectionner.

VOLTAIRE, *Dictionnaire philosophique*.

Ce fut (Chamfort) un homme de beaucoup d'esprit bien plus qu'un homme de talent ; il n'en avoit montré que le germe dans sa jeune Indienne, et ce germe *avorta*.

LA HARPE, *Cours de littérature*, t. XI.

L'imagination quand elle est seule *avorte* plus souvent qu'elle ne produit ; il faut qu'elle soit secondée par le jugement pour devenir cette force créatrice d'où naissent les conceptions soutenues et durables.

LE MÊME, même ouvrage, t. XVI.

Ces complots ont *avorté* ; mais leurs auteurs, demeurés impunis, ne se sont point découragés.

VERGNIAUD, *Choix de rapports, opinions et discours*, t. XII, p. 37.

Ils virent *avorter* les complots téméraires
De leurs cœurs vains et sanguinaires,
Et leur conception n'enfanter aucun fruit.

RACAN, *Psaume*, 47.

Tout mon dessein *avorte* au milieu du succès.

CORNEILLE, *Héraclius*, II, 7.

AVORTER est souvent employé avec l'auxiliaire *être*.

La mère regrettant que n'*estoyt avortée* en tel tant triste et tant malheureux enfantement.

RABELAIS, *Pantagruel*, III, 48.

Je desirerois que les inventeurs des poisons *fussent avortez* au uentre de leurs meres.

A. PARÉ, *Œuvres*, liv. XXI, c. 1.

Si un arbre ne croissoit point ce seroit une marque qu'il *seroit avorté*, et qu'il sécheroit bientôt.

NICOLE, *Sur l'épitre XVI du dimanche après la Pentecôte.*

Vous saurez vous servir des hommes et vous en défendre; vous les connaîtrez; enfin vous aurez la sagesse dont les gens timides ont voulu se revêtir avant le temps, et qui *est avortée* dans leur sein.

VAUVENARGUES, *Réflexions sur divers sujets.* Conseil à un jeune homme.

S'il faut que par hasard il vienne à démeler
Qu'avec moi cette trame ait été concertée,
Je connois ses soupçons, l'affaire *est avortée*.

J.-B. ROUSSEAU, *l'Hypocondre*, I.

AVORTER, était quelquefois suivi de la préposition *de* et d'un complément :

Il y a bien d'autres exemples de la force de l'imagination des mères dans les auteurs, et il n'y a rien de si bizarre *dont* elles *n'avortent* quelquefois; car non seulement elles font des enfants difformes, mais encore des fruits dont elles ont souhaité de manger; des pommes, des poires, des grappes de raisin, et d'autres choses semblables.

MALEBRANCHE, *De la Recherche de la vérité,* liv. II, Iᵉ part., c. 6.

...Sur chaque auteur il trouve de quoi mordre.
L'un n'a point de raison, et l'autre n'a point d'ordre;
L'autre *avorte* avant temps *des* œuvres qu'il conçoit.

RÉGNIER, *Satires*, X.

De quantité de gens le sort seroit plus doux,
Si jadis votre mère eût *avorté de* vous.

BOURSAULT, *Fables d'Ésope*, IV, 5.

AVORTER a été quelquefois employé activement :

Ha, ha, faît la dame, mauldite soit l'eure que je fu oncques née, et que je ne *avorté mon enfant*.

Les quinze Joyes de mariage, III.

Soubs un inique Mars parmi les durs labeurs
Qui gastent le pappier et nostre ancre de pleurs,
Au lieu de Thessalie aux mignardes vallées,
Nous *avortons ces chants* au milieu des armées.

D'AUBIGNÉ. *Tragiques*. Misères, liv. I.

Faire avorter, au propre :

Dans l'isle de Formose la religion ne permet pas aux femmes de mettre des enfants au monde qu'elles n'aient trente-cinq ans : avant cet âge, la prêtresse leur foule le ventre et les *fait avorter*.

MONTESQUIEU, *Esprit des Lois*, XXIII, 16.

Si l'on a des enfants au-delà du nombre défini par la loi, il (Aristote) conseille de *faire avorter* la femme avant que le fœtus ait la vie.

LE MÊME, même ouvrage, XXIII, 17.

En parlant des récoltes, des maladies, etc.

Par ce que je vois que la terre est cultivée le plus souvent par gens ignorans qui ne la *font* qu'*avorter*, j'ay mis plusieurs enseignemens en ce livre.

BERNARD PALISSY, *Espitre au maréchal de Montmorency*, en tête du livre sur l'agriculture.

Nous nous éloignâmes de ces métaphysiciens bruyants, et par là je *fis avorter* une migraine qui commençoit à me prendre.

LE SAGE, *Gil Blas*, VII, 13.

Des accidents de saison, des sécheresses excessives ayant *fait avorter* les récoltes, le gouvernement n'a fait pour l'impôt ni délai, ni grâce.

VOLNEY, *Ruines*.

Au figuré : Faire échouer, empêcher de réussir.

Caligula voulut entreprendre quelque chose; mais le mauvais succez de son expédition d'Allemagne, avec sa légèreté ordinaire, *firent avorter* ce dessein.

PERROT D'ABLANCOURT, trad. de TACITE, *Vie d'Agricola*.

On a vu ici en son lieu que l'extrême supériorité des Anglois par mer et des impériaux par terre, joints à eux, avoient *fait avorter* les grands desseins de l'Espagne sur l'Italie.

SAINT-SIMON, *Mémoires*, 1720.

Que sont tous ces efforts de pygmées qui se roidissent pour *faire avorter* la plus belle, la plus grande des révolutions, celle qui changera infailliblement la face du globe, le sort de l'espèce humaine ?

MIRABEAU, *Discours*, 9 janvier 1790.

Ces petits souverains qu'il fait pour une année,
Voyant d'un temps si court leur puissance bornée,
Des plus heureux desseins *font avorter* le fruit,
De peur de le laisser à celui qui les suit.

CORNEILLE, *Cinna*, II, 1.

Nous en romprons le coup avant qu'elle grossisse,
Et *ferons* par nos soins *avorter* l'artifice.

Le même, Sertorius, IV, 3.

Mais ce qui vint détruisit les châteaux,
Fit avorter les mitres, les chapeaux,
Et les grandeurs de toute la famille.
La signora mit au monde une fille.

La Fontaine, Contes : l'Ermite.

Partez, lui dit Junon ; à ce destin sévère
Hâtez-vous, s'il se peut, d'arracher votre frère ;
Ou d'un fatal traité prévenant les effets,
Qu'un stratagème heureux *fasse avorter* la paix.

Delille, Énéide, XII.

Se faire avorter :

Elle (Marion de l'Orme) devint grosse trois ou quatre
fois ; mais elle *se faisoit avorter.*

Tallemant des Réaux, Historiettes : Des Barreaux.

Il y a chez les sauvages une autre coutume... c'est la
cruelle habitude où sont les femmes de *se faire avorter.*

Montesquieu, Lettres persanes, CXX.

La dureté du gouvernement peut aller jusqu'à détruire
les sentiments naturels, par les sentiments naturels même.
Les femmes d'Amérique ne *se faisoient*-elles pas *avorter*
pour que leurs enfants n'eussent pas des maîtres aussi
cruels ?

Le même, Esprit des Lois, XXIII, 11.

Avorter a été quelquefois employé avec le
pronom personnel.

Je ne penserois point faillir, en croyant qu'il y a en
nostre âme quelque naturelle semence de raison, qui entretenue par bon conseil, fleurit en vertu, et, au contraire,
souvent né pouvant durer contre les vices survenus, es-
touffée *s'avorte.*

La Boetie, Discours de la servitude volontaire.

Leurs desseins tôt conçus, *se* sont tôt *avortés.*

La Fontaine, Poésies mêlées.

Avorté, ée. Part. passé.
Au propre :

Ainsi la main fidèle
De Silène sauva du ventre de Semele
Bacchus, germe imparfaict, par le foudre *avorté.*

Ronsard, Élégie sur le livre de la chasse du feu roi
Charles IX.

Avec peine échappé des froides régions,
Où meurent *avortés* les germes inféconds.

Delille, le Paradis perdu, II.

Avorté, au figuré :

Mon ignorance est aussi connue que mon nom ; et s'il
m'est échappé quelques méchants vers qui ayent duré
jusqu'à présent, vous pouvez bien juger, à leur langueur
et à leur foiblesse, que ce sont enfants *avortez* qui ne
vivent que pour leur honte.

Racan, Harangue à l'Académie.

Cette partie, ainsi *avortée*, avoit été dressée à la Rapinière par deux petits nobles.

Scarron, Roman comique, I, 3.

Ce dessein *avorté*, elle accusa de fausse monnoie, car
elle s'y entendoit bien, et c'étoit là toute sa pierre philosophale, un nommé Morel, qui avoit été commis de
Barbier.

Tallemant des Réaux, Historiettes : La Montarbault.

On peut les comparer à ces enfans, qui, se mariant
avant d'être hommes, veulent donner la vie à d'autres
quand l'âge n'a pas achevé de les former eux-mêmes, et
sont punis, par des productions *avortées*, de la violence
qu'ils font à la nature.

D'Alembert, Éloge de Sacy.

Cette vocation n'étoit que le fruit malheureux et *avorté*
de l'amour-propre mécontent.

Le même, Éloge de La Motte.

Bien différent de cette foule de jeunes littérateurs qui,
craignant de perdre ce que le public n'eut jamais réclamé,
se hâtent de lui offrir les fruits *avortés* de leur verve.

Le même, Éloge de D'Olivet.

Règle générale, rien de ce qui forme un nœud dans un
drame, rien de ce qui met en danger les personnages, ne
doit se dénouer qu'à la fin ; sans quoi c'est un moyen
avorté.

La Harpe, Cours de littérature, I.

Dois-je voler, emplumé d'espérance,
Ou si je dois, forcé du désespoir,
Du haut du ciel en terre laisser choir
Mon jeune amour *avorté* de naissance ?

Ronsard, Sonnets pour Astrée, I.

Mais, sans avoir du bien, que sert la renommée ?
C'est une vanité confusément semée
Dans l'esprit des humains, un mal d'opinion,
Un faux germe *avorté* dans nostre affection.

Régnier, Satires, XIII.

Les plus ardents transports d'une haine connue,
Ne sont qu'autant d'éclairs *avortés* dans la nue.

Corneille, Médée, I, 5.

Et son impunité triomphe arrogamment
Des projets *avortés* de mon ressentiment.
CORNEILLE, *Médée*, V, 7.

Un peu d'abaissement suffit pour une reine,
C'est déjà trop de voir son dessein *avorté*.
LE MÊME, *Nicomède*, V, 6.

Avortée de :

Vous trouverez que les plaintes que je vous ai faites
d'une pouvre fame *avortée de* son enfant par la gehenne
est véritable.
LA REINE DE NAVARRE, à François Ier, *Lettres*,
mai 1542.

AVORTEMENT, s. m. Accouchement avant terme.

La débauche redouta la fécondité : on apprit à tromper
la nature, et l'art affreux des *avortements* se multiplia.
THOMAS, *Essai sur les femmes.*

L'*avortement* d'une femme enceinte.
Code pénal, 590.

Figurément :

Il ne faut que s'arrêter aux premières notions que nous
avons de la vérité, qui ne sont jamais bien nettes ni bien
démêlées, et... ressemblent plutôt à des *avortements* in-
formes qu'à de parfaites productions.
BALZAC, *Lettres*, VII.

Ces méprises de talent, nous l'avons déjà dit, ne sont
que trop communes, et l'écrivain qui a le malheur d'y
tomber, n'en est détrompé pour l'ordinaire que par le
triste *avortement* qui les suit.
D'ALEMBERT, *Histoire des membres de l'Académie.*

Il y a dans notre âge, à quelques exceptions près, une
sorte d'*avortement* général des talents.
CHATEAUBRIAND, *Génie du christianisme*,
IIIe part., IV, 5.

AVORTON, s. m. Fœtus sorti avant terme du ventre de la mère.

Elle la feroit advoulter de l'*advoulton*, dont elle estoit
grosse.
Lettres de rémission de 1387. (Voyez DU CANGE, *Glos-
sarium*, abortire.)

Pourquoi le sein de ma mère n'a-t-il pas été mon tombeau ? Nuit affreuse, nuit malheureuse, où j'ai été conçu !
Que ce soit une nuit d'horreur, de tourbillon et de tempête ! Que les étoiles n'y luisent jamais ! Que l'horreur
n'en dissipe jamais l'obscurité, puisqu'elle ne m'a pas

étouffé en venant au monde, et n'a pas fait de moi un
avorton !
BOSSUET, *Méditations sur l'Évangile*, t IX, p. 512,
éd. de Lebel.

La mort dès leur printemps ces chenilles suffoque
Comme le limaçon sèche dedans la coque,
Ou comme l'*avorton* qui naist en périssant,
Et que la mort reçoit de ses mains en naissant.
D'AUBIGNÉ, *Tragiques*, Chambre dorée, VIII.

Quelque part que ce soit, je ne me puis contraindre
Voyant...
Un médecin remplir les limbes d'*avortons*.
RÉGNIER, *Satires*, XV.

Toi, qui meurs avant que de naître,
Assemblage confus de l'être et du néant;
Triste *avorton*, informe enfant,
Rebut du néant et de l'être.
HÉNAUT, *L'Avorton*, sonnet. (Voyez BOUHOURS,
Manière de bien penser.)

Avorton, Homme ou animal beaucoup moins
grand qu'il ne devrait être :

Cette race est, comme l'on voit, bien différente des autres; il semble que ce soit une espèce particulière, dont
tous les individus ne sont que des *avortons*.
BUFFON, *Histoire naturelle :* De l'homme.

A le bien mesurer, il n'est pas, que je crois,
Plus haut que sa seringue, et glapit comme trois.
Ces petits *avortons* ont tous l'humeur mutine.
REGNARD, *le Légataire universel*, II, 11.

Il se dit aussi des végétaux :

J'ai vu en Russie des sapins, auprès desquels ceux de
nos climats ne sont que des *avortons*.
BERNARDIN DE SAINT-PIERRE, *Études de la nature*, t. I.

Avorton est au figuré un terme de dénigrement, de mépris :

Tels chevaliers j'ai veu que nous les appellions des
avortons, comme n'estans venus à terme, ny achevez de
faire.
BRANTÔME, *Grands capitaines :* le mareschal
de Tavannes.

Après tous les autres, il s'est fait voir à moi-même, qui
ne suis qu'un *avorton*.
SACI, *Épître de saint Paul aux Corinthiens*,
c. 15, p. 788.

Quel *avorton*, quel néant, que le prince le plus puissant

de la terre au milieu de cet abyme de corps et d'espaces immenses, et quelle place y occupe-t-il !

ROLLIN, *Histoire ancienne*, t. IV.

Quelquefois il est suivi de la préposition *de* et d'un complément :

Il se présentoit tant de petits *avortons de* poésie, qu'il fut un temps (au moment de la grande vogue de Ronsard) que le peuple, se voulant moquer d'un homme, il l'appeloit poète.

PASQUIER, *Recherches*, VII, 7.

Il n'y eut aucun mouvement dans le Royaume, sinon qu'à deux mois de là il fut menacé des furieux brigandages de quelques *avortons de* Luther.

MÉZERAY, *Histoire de France : François Ier*.

Le duc de Guise et le comte de Lude, ayant donné ordre de bien recevoir les assaillants, représentoient à ceux qui estoient près d'eux qu'ils devoient se souvenir qu'ils soustenoient la cause de Dieu et de leur Prince contre des *avortons d'*enfer, qui degorgeant leur rage depuis quelques années sur les choses saintes, vouloient abatre le thrône avec les autels.

LE MÊME, même ouvrage : Charles IX.

Voilà une étrange origine pour une langue aussi noble que la nôtre. Je ne trouvois pas fort bon... qu'un savant critique l'eust appellée un *avorton de* la langue latine. Mais, à ce que je voy, il n'a rien dit qui ne soit bien fondé.

BOUHOURS, *Entretiens d'Ariste et d'Eugène*, 2e entretien.

Tu as bien fait, Gil Blas, me dit-il, de défendre l'honneur de nos remèdes contre ce petit *avorton de* la Faculté.

LE SAGE, *Gil Blas*, II, 4.

Un *avorton de* mouche en cent lieux le harcelle.

LA FONTAINE, *Fables*, II, 9.

Il se dit, figurément, des ouvrages d'esprit faits avec trop de précipitation, auxquels on n'a donné ni assez de soin, ni assez de temps.

Fi ! ne me parlez point de ces sujets d'invention ; j'appelle ces monstres moderne des *avortons* d'une imagination bornée.

MONTFLEURY, *le Comédien poète*, Prologue.

Il y a une extrême injustice à me rendre responsable de cet *avorton* informe, dont des imprimeurs avides avaient fait un monstre méconnaissable.

VOLTAIRE, *Lettres*, 12 septembre 1754.

Je vous demande en grâce que cet *avorton* (*L'Orphelin de la Chine*) ne soit vu que de vous et de vos amis.

VOLTAIRE, *Lettres*, 21 septembre 1754.

Je sais trop quel mal cet indigne *avorton* d'une histoire universelle, qui n'est certainement pas mon ouvrage, a dû me faire.

LE MÊME, même ouvrage, 25 septembre 1754.

Je vous supplie... de me renvoyer les deux copies, c'est-à-dire la première qui n'était qu'un *avorton*, et la seconde, que je trouve un enfant assez bien formé.

LE MÊME, même ouvrage, 31 septembre 1760.

Combien d'*avortons* poétiques, que notre siècle enfante avec une fécondité malheureuse, méritent le mot du même Segrais, qu'une femme avait prié de lui lire un de ces riens rimés : « Quel arrêt m'a condamné, madame, à lire cela jusqu'au bout ? »

D'ALEMBERT, *Éloge de Segrais*.

Bien éloigné de la présomption si souvent punie de tant d'*avortons* tragiques ou comiques... qui viennent naître et mourir au même instant sur la scène, Marivaux ne s'y montra qu'à trente-deux ans.

LE MÊME, *Éloge de Marivaux*.

Enfin la liberté d'écrire en prose ne rendroit pas les tragédies plus intéressantes, mais contribueroit seulement à multiplier les tragédies mauvaises ou médiocres ; et au lieu de gagner par cette licence quelques bons ouvrages, on inonderoit le théâtre d'une foule d'*avortons* indignes de l'occuper.

LE MÊME, *Éloge de La Motte*.

A ce fatras d'insipides romans,
Que je vois naître et mourir tous les ans,
De cerveaux creux, *avortons* languissans.

VOLTAIRE, *la Pucelle*, VIII.

AVORTONS s'est dit de peaux d'animaux mort-nés.

Voyez DU CANGE, *Glossaire*, au mot *avotroni*.

AVORTON s'emploie quelquefois adjectivement :

Encore que les autres livres soient grandement advancez, si ne suis-je pas tant assotté de mes œuvres que par une précipitation trop légère je les veuille rendre *avortons*.

PASQUIER, *Recherches*, I, 1.

...Un éléphant nain, pigmée, *avorton*.

LA FONTAINE, *Fables*, X, 14.

Je hais le triste personnage
De ces insipides rimeurs
Qui...
Ne permettent point qu'une femme

Mette au jour un petit poupon,
Sans accoucher après madame
D'un petit poème *avorton*.

> DELILLE, *Poésies fugitives* : Épître sur les vers de Société.

On a employé le féminin *avortonne :*

SATHAN.

... Quoy nous avons
Perduz les Ames et Esperitz
Des Chrestiens qui furent prins
De nous, et qui estoient ia mors?

LEVIATHAN.

Par qui?

SATHAN.

Par les maulvais records
De Barbe, la faulce *avortonne*.

> (*Mystère de Sainte-Barbe*. Voyez *Histoire du Théâtre françois*, t. II, p. 73.)

Et le diminutif *avortillon :*

Regardez quel seigneur voicy,
Quel *avortillon*, quel coquart !

> *Farce du Nouveau Marié*. (Voyez *Ancien Théâtre françois*, t. I, p. 19.)

AVOUER, v. a. Confesser et reconnaître qu'une chose est ou n'est pas, en demeurer d'accord.

La pire de mes actions et conditions ne me semble pas si laide, comme je trouve laid et lasche de ne l'oser *advouer*.

> MONTAIGNE, *Essais*, III, 5.

Lequel des deux, Simias, aymes-tu le mieux *advouer*, où que nous naissions sçavans, ou que nous venions après à nous ressouvenir des choses que nous avons sceues autrefois.

> THÉOPHILE, *Immortalité de l'âme*.

Il est à mon sens d'un plus grand homme de savoir *avouer* sa faute, que de savoir ne la pas faire.

> CARDINAL DE RETZ, *Mémoires*.

La sincérité est une ouverture de cœur qui nous montre tels que nous sommes; c'est un amour de la vérité, une répugnance à se déguiser, un désir de se dédommager de ses défauts, et de les diminuer même par le mérite de les *avouer*.

> LA ROCHEFOUCAULD, *Réflexions diverses*, I. De la confiance.

On fait souvent vanité des passions, même les plus cri-

minelles; mais l'envie est une passion timide et honteuse que l'on n'ose jamais *avouer*.

> LA ROCHEFOUCAULD, *Maximes*, XVII.

Nous *avouons* nos défauts, pour réparer par notre sincérité le tort qu'ils nous font dans l'esprit des autres.

> LE MÊME, même ouvrage, CLXXXIV.

Nous n'*avouons* de petits défauts que pour persuader que nous n'en avons pas de grands.

> LE MÊME, même ouvrage, CCCXXVIII.

Quand on a tort, Madame, et qu'on l'*avoue* bonnement comme vous faites, on ne l'a presque plus.

> BUSSY, *Lettres*, 10 juin 1679, à Mme de Sévigné.

Faisons la paix, mon pauvre cousin, j'ai tort; je ne sais jamais faire autre chose que de l'*avouer*.

> Mme DE SÉVIGNÉ, *Lettres*, 3 avril 1681.

Je veux bien *avouer* de lui (Charles Ier), ce qu'un auteur célèbre a dit de César, qu'il a été clément jusqu'à être obligé de s'en repentir.

> BOSSUET, *Oraison funèbre de la reine d'Angleterre*.

Il est vrai que les philosophes avoient à la fin reconnu qu'il y avoit un autre Dieu que ceux que le vulgaire adoroit : mais ils n'osoient l'*avouer*.

> LE MÊME, *Discours sur l'Histoire universelle*, II, 16.

Quelques-uns se défendent d'aimer et de faire des vers, comme de deux foibles qu'ils n'osent *avouer*, l'un du cœur, l'autre de l'esprit.

> LA BRUYÈRE, *Caractères*, c. 4.

Pardonnez, de grâce, cette fable à un homme dont la raison étoit troublée par l'amour ; c'est un crime que la violence de ma passion m'a fait commettre, et que j'expie en vous l'*avouant*.

> LE SAGE, *le Diable boiteux*, c. 5.

L'histoire doit *avouer* les fautes des grands hommes; ils en ont eux-mêmes donné l'exemple.

> FONTENELLE, *Éloge du Czar Pierre*, I.

C'est le chef-d'œuvre de la plus sincère modestie que d'*avouer* de l'orgueil.

> LE MÊME, *Éloge de Saurin*.

Il est certain que l'église romaine avait besoin de réforme; le pape Adrien, successeur de Léon X, l'*avouait* lui-même.

> VOLTAIRE, *Essai sur les mœurs* : Progrès du luthéranisme, c. 130.

Il n'est pas honteux pour un roi d'être trompé; mais ce qui serait bien glorieux, ce serait d'*avouer* son erreur.

> LE MÊME, *Lettres*, 28 janvier 1753.

Songez que j'aurois perdu mille fois la vie, avant que d'*avouer* ce que le hasard vous découvre.

MARIVAUX, *Les fausses confidences*, II, 15.

C'est donc par foiblesse qu'on ne convient point de ses erreurs et qu'on veut en prévenir les torts sans les *avouer*.

GRIMM, *Correspondance*, 15 novembre 1753.

Pourquoi je le demande ? O ciel ! Le puis-je croire ?
Qu'on ose des fureurs *avouer* la plus noire?

RACINE, *Iphigénie*, IV, 6.

Une honte secrète
L'empêchoit tout à coup d'*avouer* sa défaite.

DESTOUCHES, *l'Irrésolu*, II, 8.

Il faut *avouer* tout, ou je te ferai pendre.

LE MÊME, *l'Ingrat*, IV, 3.

AVOUER QUE :

Sans doute il nous faut *advouer que* l'esprit doit nécessairement estre rangé en l'espèce de ces choses incapables de mutation et le corps au contraire.

THÉOPHILE, *Immortalité de l'âme.*.

J'*avoue* bien *qu'*un de ces chrétiens qui croient sans preuves, n'aura peut-être pas de quoi condamner un infidèle qui en dira autant de soi.

PASCAL, *Pensées*.

L'on croit qu'il est moins honteux de se tromper toujours que d'*avouer que* l'on s'est trompé.

Logique de Port-Royal, III° part., c. 20.

Ravi des oracles qui avoient prédit ses victoires, il (Cyrus) *avoue qu'*il doit son empire au Dieu du ciel que les Juifs servoient, et signale la première année de son règne par le rétablissement de son temple et de son peuple.

BOSSUET, *Discours sur l'Histoire universelle*, II, 6.

Il faut *advouer que* vous donnez dans le vray de la chose — c'est-à-dire, il faut *advouer que* vous dites les choses comme il faut.

SOMAIZE, *le Grand Dictionnaire des Pretieuses*.

Il faut *avouer qu'*étant aussi prude que vous l'êtes, vous m'avez grande obligation de ce que je ne vous aime pas plus que je fais.

BUSSY, *Lettres*; à Mᵐᵉ de Sévigné, 1654.

Vous me demandez, ma chère enfant, si j'aime toujours bien la vie : je vous *avoue que* j'y trouve des chagrins cuisants; mais je suis encore plus dégoûtée de la mort.

Mᵐᵉ DE SÉVIGNÉ, *Lettres*; à Mᵐᵉ de Grignan, 6 mars 1672.

Elle *avouoit qu'*il y a dans la grandeur, quoique innocente, je ne sais quel esprit d'orgueil et de mollesse.

FLÉCHIER, *Oraison funèbre de Mᵐᵉ la Dauphine*.

J'*avoue que* je me suis pleuré en pleurant un ami qui faisoit la douceur de ma vie.

FÉNELON, *Lettres spirituelles*, XX.

Il faut *avouer que* Molière est un grand poète comique.

LE MÊME, *Lettre à l'Académie*.

Qu'on amène un possédé du diable devant votre tribunal : si quelque chrétien lui commande de parler, ce démon *avouera qu'*il n'est qu'un diable, quoique ailleurs il soit un dieu.

VOLTAIRE, *De la paix perpétuelle*, c. 13.

Sortons de la carrière des Beaux-Arts pour considérer les grands capitaines et les habiles ministres; nous *avouerons que* la gloire des Condé, des Turenne, des Luxembourg, des Villars, ne sera jamais éclipsée; nous redirons que le nom des Colbert doit être immortel.

LE MÊME, *Fragments sur l'Histoire*, art. XX.

J'*avoue que* voilà le vertigo le mieux conditionné qui soit jamais sorti d'aucun cerveau femelle.

MARIVAUX, *la Méprise*, sc. 13.

Quand l'inquisiteur Voltaire m'aura fait brûler, cela ne sera pas plaisant pour moi, je l'avoue, mais *avouez* aussi *que*, pour la chose, cela ne sauroit l'être plus.

J.-J. ROUSSEAU, *Lettres*, 31 janvier 1765.

Loin d'accuser Voltaire d'avoir pillé le théâtre anglais, *avouons qu'*il en a parfois méconnu les richesses.

VILLEMAIN, *Littérature au* XVIII° *siècle*, 9° leçon.

Vous m'*avouerez* aussi *que* quand on est marchande,
On ne doit vendre rien que ce qu'il faut qu'on vende.

LE GRAND, *la Rue Mercière*, sc. 1.

Quel trésor est un cœur qui n'a jamais aimé,
Et qui n'ose *avouer que* l'amour l'a charmé.

DESTOUCHES, *l'Irrésolu*, II, 8.

...Un fat
Avoueroit que la cour fait de lui quelque état.

PIRON, *la Métromanie*, IV, 4.

Je l'avoue, je vous l'avoue, il faut l'avouer, sont des locutions fort en usage, qui semblent dans certains cas n'avoir guère qu'une valeur explétive.

Pour moi, *je vous l'avoue*, ma belle cousine, j'aimerois assez à vous faire faire un crime, de quelque nature qu'il fût.

BUSSY, *Lettres*; à Mᵐᵉ de Sévigné, 1650, lettre 10.

Mᵐᵉ la Dauphine, *je l'avoue*, ne fut pas insensible à cette espèce de gloire, mais elle n'en fut pas éblouie.

FLÉCHIER, *Oraison funèbre de Mᵐᵉ la Dauphine*.

Regarde ce portrait... — Voilà une jolie personne, *je vous l'avoue.*

         DANCOURT, *le Galant jardinier*, sc. 6.

Ma foi ! je n'étois pas venu dans ce dessein-là, *je te l'avoue.*

         MARIVAUX, *le Jeu de l'amour et du hasard*, I, 8.

Vous avez, *je l'avoue,* un talent admirable.

         BOURSAULT, *les Fables d'Ésope*, III, 4.

Vous louez avec grâce, *il le faut avouer.*

         LE MÊME, *le Mercure galant*, IV, 3.

Voilà, *je vous l'avoue,* un abominable homme.

         MOLIÈRE, *Tartuffe*, IV, 6.

Ton esprit, *je l'avoue,* est bien matériel.

« Je » n'est qu'un singulier, « avons » est pluriel.

         LE MÊME, *les Femmes savantes*, II, 6.

Je l'avouerai, je joue un fort sot personnage.

         LE GRAND, *le Mauvais Ménage*, sc. 10.

Il faut vous l'avouer, jour et nuit j'étudie.

         DESTOUCHES, *le Dissipateur*, III, 5.

...Votre Ariste m'assomme.

C'est, *je vous l'avoûrai,* le plus plat honnête homme.

         GRESSET, *le Méchant*, I, 4.

Ce père est un bon homme, *il le faut avouer.*

         PALAPRAT, *la Prude*, II, 4.

Avouer une personne, l'approuver, l'appuyer, l'admettre :

Les majeurs et les jurés de la ville de Gand s'excusèrent, et répondirent... que si Jean Pruniaux avoit fait un outrage de soi-même, la ville de Gand ne *le* vouloit mie *avouer* ni-soutenir.

         FROISSART, *Chroniques*, II, 61.

Le peuple (d'Italie) *nous advouoit* comme sainctz, estimans en nous toute foy et bonté, mais ce propos ne leur dura guère.

         COMMINES, *Mémoires*, liv. VII, c. 9,

Sa collacion et prédicacion finée, le chancelier de France lui dist qu'il *se feist advouer.* Lequel avoit au dos le devant dit prévôt des marchans et les eschevins de la ville de Paris, lesquelz incontinent *le advoerent.*

         MONSTRELET, *Chronique*, c. 3.

Et pour la délibération et advisement de plusieurs tant de notre sang et lignage, comme de notre grand conseil *les avons* allouez, approuvez et *advouez.*

         LE MÊME, *même ouvrage*, *ibid.*

Lesquelz, de toute memoire, aultre seigneur n'*avoyent* congneu, recongneu, *advoué* ne servy que luy.

         RABELAIS, *Pantagruel*, III, 1.

Je fus prié par M. de Lamolle Laisné, qui avoit deux enseignes, que je parlasse à M. d'Anguyen pour tous, et ils *m'advoueroient.*

         MONTLUC, *Commentaires*, II.

Combien que luy mesme... eust fait recevoir et *advouer* leur roy Ariovistus pour amy et allié du peuple romain.

         AMYOT, trad. de Plutarque, *Vie de César*, c. 24.

Le Dauphin fit saisir et arrester le Recteur en la maison d'un chantre de la saincte chapelle ; et, quant à Desportes, il fut envoyé en la Conciergerie du Palais, et ensemble tous les autres qui *l'avoient advoué.*

         EST. PASQUIER, *Recherches*, III, 28.

Il n'estoit permis à aucun de lire en la théologie qu'il *n'eust esté* préalablement *advoué* par un maistre qui avoit charge de cette affaire.

         LE MÊME, *même ouvrage*, IX, 21.

Ceux *que* vous daignez *advouer* sont à couvert de toutes les disgrâces du monde.

         THÉOPHILE, *Lettres*, XL.

Je ne sais comme vous *m'avouez* dans votre rabutinage.

         Mme DE SÉVIGNÉ, *Lettres* ; à Bussy, 23 octobre 1683.

Je suis obligé d'*avouer* un *être* où la vérité est éternellement subsistante, et où elle est toujours entendue.

         BOSSUET, *De la connoissance de Dieu et de soi-même*, c. 4, art. 5.

Il n'*avoua* ni ne désavoua *le* baron de Goërtz.

         VOLTAIRE, *Histoire de Charles XII*, liv. VIII.

Le gouverneur de Flandre, Monterey, sans *être avoué* du conseil timide d'Espagne, renforça la petite armée du prince d'Orange d'environ dix mille hommes.

         VOLTAIRE, *Siècle de Louis XIV*, c. 11.

Il (Bedmar) ne songea plus qu'à disposer son dessein en sorte qu'il se put assurer d'être *avoué.*

         SAINT-RÉAL, *Conjuration contre Venise.*

De tous ces grans avoirs et de ces .V. cités
Vous rent je la baillie, s'en *soiés avoués.*

         Gui de Bourgogne, v. 3970

De Caerwent *fu avoez,*
E du païs sire clamez.

         MARIE DE FRANCE, *Lai d'Ywenec*, v. 13.

Qui mal paye ses laboureurs
De nul ne *se fait avouer.*

         Le doctrinal des nouveaux mariés. (Voyez *Poésies françaises des xv*e *et xvi*e *siècles*, t. I, p. 135.)

Fay que toute France me loue,
M'estime, me prise, *m'avoue*
Entre ses poëtes parfaits.

         RONSARD, *Odes retranchées.*

Et depuis que la cour *advoue*
Ces âmes de cire et de boue
Que tout crime peut employer,
Chacun attend qu'on le corrompe.

THÉOPHILE, *Au Prince d'Orange, Ode.*

Il ne veut *m'avouer* qu'après l'événement.

PIRON, *la Métromanie,* III, 8.

Avouer une personne de quelque chose, ratifier ce qu'elle a fait.

Je ne pense pas qu'elle *vous advoue du* rapport que vous me faites de son mal.

BALZAC, *Lettres,* liv. VII.

Il n'étoit pas nécessaire de faire venir un ordre de six vingt lieues pour une affaire que vous pouviez terminer sur le champ, et *dont je vous eusse bien avoué.*

LE MÊME, même ouvrage, liv. XVII.

Ce sont des superstitions ridicules, et une affectation impertinente, *de* laquelle les cicéroniens ne *seroient* pas *avoués* par leur Cicéron.

LE MÊME, *Socrate chrétien.* Discours X.

Il y a icy des personnes qui *m'avoueront de* tout ce que j'écriray.

VOITURE, *Lettres* à M⁶ le cardinal de la Vallette, 69.

La Reine... envoya aussitôt un courrier en Espagne pour *avouer* le duc de Guise de tout ce qu'il avoit fait contre le roi son frère.

Mᵐᵉ DE MOTTEVILLE, *Mémoires,* t. II, p. 345.

Je crois qu'il *m'avoueroit de* ce que je vous dis.

Mᵐᵉ DE MAINTENON, *Lettres;* 9 mars 1696, au cardinal de Noailles.

Courage, Crispin, cela va à merveille, et M. de Fontaubin *t'avoue de* tout.

LEGRAND, *l'Usurier gentilhomme,* sc. 19.

Soit bien, soit mal, tence ou mesdie,
Tousjours veult femme *estre loée,*
Et *de* ce que dit *advoée.*

JEAN BRUYANT, *Chemin de povreté et de richesse dans le Ménagier de Paris,* t. II, p. 42.

Si te supply de me prester la grâce.
Que tes genoux d'affection, j'embrasse,
Et que je *sois de* baiser *advoué*
Ce divin pied, qui sur l'autre est cloué.

CL. MAROT, *Oraison devant le crucifix.*

D'un si bel avenir *avouez* vos devins;
Avancez les succès, et hâtez les destins.

CORNEILLE, *Attila,* I, 2.

IV.

Alors sans consulter si Phébus *l'en avoue,*
Ma muse toute en feu te prévient et te loue.

BOILEAU, *Discours au roi.*

Presse, pleure, gémis, peins-lui Phèdre mourante,
Ne rougis point de prendre une voix suppliante.
Je *t'avouerai de* tout, je n'espère qu'en toi.

RACINE, *Phèdre,* III, 1.

Je devrais servir Rome en la vengeant d'un traître,
Nos dieux *m'en avoûraient...*

VOLTAIRE, *Catilina,* III.

Avouer quelqu'un pour, comme en qualité de :

Il (Malherbe) *avouoit pour* ses escoliers *les sieurs de* Touvant, Coulomby, Mainard et Racan.

RACAN, *Vie de Malherbe.*

...Nus ne puet Diex trop loer;
Ne trop *por* seignor *avoer.*

Roman de la Rose, v. 7077.

Sion, en toutes ses familles,
A bien sujet de te louer,
Lorsque tu daignes *l'avouer*
Pour la plus chère de tes filles.

RACAN, *Psaume* 9.

Mon père ne peut plus *l'avouer pour* sa fille.

CORNEILLE, *Horace,* IV, 6.

J'irai par mon suffrage affermir cette erreur,
L'avouer pour mon frère, et pour mon Empereur.

LE MÊME, *Héraclius,* I, 2.

...Elle voudroit, Monsieur,
Que devant des témoins, vous lui fissiez l'honneur
De *l'avouer pour* sage et point extravagante.

RACINE, *les Plaideurs,* II, 4.

Et qui sait si, sensible aux vertus de la reine,
Rome ne voudra point *l'avouer pour* romaine ?

LE MÊME, *Bérénice,* IV, 4.

Et *pour* disciple enfin si tu veux *m'avouer,*
C'est par cet endroit seul qu'on pourra me louer.

REGNARD, *les Menechmes.* Epître à M. Despréaux.

Avouer quelque chose pour...

Bien que j'aie souvent expliqué quelques-unes de mes opinions à des personnes de très bon esprit, et qui, pendant que je leur parlois, sembloient les entendre fort distinctement, toutefois, lorsqu'ils les ont redites, j'ai remarqué qu'ils les ont changées presque toujours en telle sorte que je ne *les* pouvois plus *avouer* pour miennes.

DESCARTES, *Discours de la méthode,* VI.

Avouer, suivi immédiatement d'un substantif ou d'un adjectif, dans un sens analogue.

Le roi Henri troisième estant allé visiter les dames de Poissy, qui vivent très catholiquement, y trouva la dame de Ventenac, qui couroit les champs de l'amour qu'elle portoit au jeune Oraison. Le roy parla à elle, comme l'*advoüant sa parente*, et lui demanda à quoi faire elle estoit là; la bonne dame respondit : J'y suis pour le jeune et Oraison.

Aventures du baron de Fœneste, liv. IV, c. 12.

Quels doctes vers *me feront avouer*
Digne de te loüer.

Malherbe, Stances, IV.

Avouer une chose, l'approuver, la confirmer.

Lequel de nous lui remontrera notre entente? dirent-ils. « Je tout seul, répondit Soustrée; mais *avouez ma parole.* » Tous lui orent en convenant de l'advoer.

Froissart, Chronique, liv. II, c. 143.

Et quant en fut donné à entendre audit chevalier, il dist que *son scel et sa lectre il advouoit.*

Ant. de la Sale, l'Hystoyre du petit Jehan de Saintré, c. 68.

Le roy *a advoué* et trouvé bon *tout* ce que M. le mareschal avoit faict, et mauvais tout ce que j'avois faict.

Montluc, Commentaires, liv. VII.

Il m'est facile de loüer entre les François leur langage, jusques à luy donner ce titre de précellence (comme excellent entre les excellens): mais quand j'aurois en teste les Italiens et les Espagnols, il me seroit difficile de leur faire *avouer ceste louange.*

H. Estienne, De la Précellence du langage françois, p. 19.

Quand nous n'aurions que ce premier (composé) « portefaix », il nous pourroit suffire pour nous faire *avouer les compositions* susdites, ausquelles j'adjouste ceste-ci « portecharge ».

Le même, même ouvrage, p. 164.

Le roy Louis XI estoit maistre passé en telles choses; car si elles alloient bien, il *les advouoit;* si mal, il les désadvouoit et desnioit comme un beau diable.

Brantôme, Discours sur les duels.

Ses afflictions sont des dons de Dieu... Et quand vous ne m'*advoueriez pas cette proposition*, vous avez toujours fait si peu d'estat de la mort, que je ne sçauroi croire que vous plaigniez personne, pour estre en une condition que vous n'estimez pas malheureuse.

Balzac, Lettres, II, 8.

J'en ai dit ces deux mots, par une nécessité de me défendre d'une objection qui détruiroit tout mon ouvrage, non par ambition d'étaler mes *maximes*, qui peut-être ne sont pas généralement *avouées* des savants.

P. Corneille, Héraclius. Préface.

On pourra douter si la liberté de la poésie peut s'étendre jusqu'à feindre un sujet entier sous des noms véritables où, depuis la narration du premier acte, qui sert de fondement au reste, jusqu'aux effets qui paraissent dans le cinquième, il n'y a *rien que l'histoire avoue.*

Le même, Rodogune. Préface.

Le maréchal de Bouillon répliqua... qu'il se faisoit fort de faire *avouer l'action* au prince après l'exécution.

Le duc de Rohan, Mémoires, liv. I.

Le Roy desirant fermer la bouche aux Huguenots, *advoua* par une déclaration *tout* ce que le comte de Candale et ses compagnons avoient fait, comme ayant ordre de luy.

Mézeray, Histoire de France : Charles IX.

Le cardinal de Chastillon qui ménageoit les affaires des Huguenots en Angleterre, leur rendoit la Reyne Élisabeth favorable, et *advouoit toutes les prises*, pourveu que le tiers en vinst au profit de la cause commune.

Le même, même ouvrage, ibid.

C'est vous qui les faites agir et parler, madame, et je suis persuadée qu'aucun d'eux n'*avouerait ce* que vous leur faites dire à tous.

Marivaux, la Vie de Marianne, 7e partie.

Muer vous fault vos lances et vos picques,
Et que d'armeures vous soyez desarmez,
Afin que mieulx *ceste paix advoez.*

Coquillart, Poésies diverses : Balade quand on cria la paix à Reims.

Me voyant froidement *ses œuvres avouer*,
Il les serre, et se met lui-même à se loüer.

Régnier, Satires, VIII.

Je fay des vers, qu'encor qu'Apollon *les avoue*,
Dedans la cour, peut-être on leur fera la moue.

Le même, même ouvrage, XV.

Les dieux n'*avoueront point un combat plein de crimes.*

P. Corneille, Horace, III, 2.

Qu'Octavie à vos yeux ne fasse point d'ombrage,
Rome aussi bien que moi vous donne son suffrage,
Répudie Octavie et me fait dénouer
Un hymen que le ciel ne veut point avouer.

Racine, Britannicus, II, 3.

Avouer, reconnaître, en parlant d'une opinion, d'une croyance, d'un ouvrage, d'une lettre, d'une signature, etc.

La doctrine de la justice chrétienne, de ses œuvres et de son mérite *étoit avouée* dans les deux parties de la nouvelle Réforme.

> Bossuet, *Histoire des variations des églises protestantes,* liv. III, n° 43.

J'ai si bien pris son esprit, que je compose déjà des *morceaux abstraits qu'il avouerait.*

> Le Sage, *Gil Blas.*

Je vous écris naturellement par la poste, n'écrivant rien que je ne pense, et ne pensant rien *que je n'avoue* à la face du public.

> Voltaire, *Lettres;* 12 mars 1753.

S'il est peu convenable d'imprimer les lettres d'autrui sans l'aveu des auteurs, il l'est beaucoup moins de les leur attribuer sans être sûr qu'ils *les avouent,* ou même qu'elles soient d'eux.

> J.-J. Rousseau, *Lettres,* 4 novembre 1755.

Celui auquel on oppose un acte sous seing privé est obligé d'*avouer* ou de désavouer formellement *son écriture* ou sa signature.

> *Code civil,* 1323.

> Au quart moys les yeulx lui couvrirent
> Ne oncques puis ne luy ouvrirent
> Tant que sa mère la voua
> Et *la saincte lerme advoua.*
>
> *Le mistere de la saincte lerme.* (Voyez *Poésies françaises des xve et xvie siècles,* t. I, p. 53.)

> Si-tôt que l'Auteur signe un écrit qu'il proclame,
> Son nom doit partager et l'éloge et le blâme!
> C'est un garant public du plaisir qu'il me vend.
> S'il fut dans mes bons mots cité pour mon argent,
> Mon crime fut celui de l'orgueil qui l'enivre :
> Lui seul a dû rougir d'*avouer un sot livre.*
>
> Gilbert, *Mon Apologie.*

Avouer s'emploie absolument :

> *Avouez* maintenant rien est-il plus sortable ?
>
> Piron, *la Métromanie,* V.

Avouer s'emploie aussi avec le pronom personnel.

S'avouer quelque chose à soi-même :

Fernand Pizarre s'en allait, le cœur flétri, l'âme abattue, n'osant *s'avouer à lui-même qu'il* respiroit par la clémence d'un Indien, d'un Indien neveu de Montézume.

> Marmontel, *Incas.*

Avec tant de délicatesse dans l'organe du goût il (Pascal)

put ne pas aimer Montaigne, mais il l'estimoit plus qu'il ne croyoit, ou qu'il n'osoit *se l'avouer.*

> Marmontel, *Éléments de littérature.* Essai sur le goût.

Les caractères les plus méchants ne veulent pas *s'avouer qu'*ils le sont.

> Mme de Stael, *Delphine,* Ire part., lettre 29, § 2.

S'avouer quelque chose mutuellement :

Nous nous avouâmes l'un à l'autre que ce qui peut convenir à une nation est souvent fort insipide pour le reste des hommes.

> Voltaire, *Lettres chinoises,* XII.

S'avouer, Se déclarer, se reconnaître.

Rien ne coûte plus à l'homme, que de *s'avouer* coupable.

> Massillon, *Carême :* Vendredi de la 1re semaine. La confession.

Les cinquante-neuf qu'on brûla vifs prirent Dieu à témoin de leur innocence, et ne voulurent point la vie qu'on leur offrait à condition de *s'avouer* coupables. Quelle plus grande preuve non seulement d'innocence, mais d'honneur.

> Voltaire, *Essai sur les mœurs et l'esprit des nations.*

S'avouer était suivi souvent d'un titre conférant des privilèges, *s'avouer citoyen, s'avouer bourgeois du roi.*

Par l'ordonnance de Philippes le Bel de l'an mil trois cent deux, il estoit permis à tout homme de *s'advouer bourgeois du Roy,* en faisant les submissions à ce requises.

> Pasquier, *Recherches,* IV, 7.

Lorsque sainct Paul *s'advoua citoyen* de Rome, il ferma la bouche au Proconsul de la Palestine.

> Le même, même ouvrage, *ibid.*

S'avouer de quelqu'un, se réclamer de quelqu'un :

S'ils vous demandent à qui vous estes, vous respondrez ainsi : Nous sommes serviteurs et subjects du seigneur Constantin. Et je m'asseure que *vous advouans de* luy, duquel ils sont bons amys, ne vous feront aucun tort.

> Straparole, *Facétieuses nuits.*

Les habitants de je ne sais quelle paroisse le prièrent un jour de trouver bon qu'ils *s'avouassent de* lui pour être exemptés des gens de guerre.

> Tallemant, *Historiettes :* Feu M. le prince Henri de Bourbon.

Robert Stuard fut détenu en prison, *s'estant* en vain, *advoüé* d'estre parent de la reyne régnante, qui le renonça pour tel.

MÉZERAY, *Histoire de France* : François II.

Tel dit : *avouez-vous de moy*,
Et l'on vous fera bonne chière,
Que quant il y seroit de soy
On le feroit tirer arrière.

P. GRINGORE, *les Faintises du monde*, strophe 29.

Avouez-vous de moi par tous les coins du monde.

CORNEILLE, *Illusion comique*, III, 10.

AVOUÉ, ÉE, participe.
Il s'emploie dans les divers sens du verbe.

Nous pensons que l'auteur, soit l'abbé Bourzeys, soit quelque autre, a voulu lier ces deux ouvrages ensemble, et faire passer ses propres idées, non seulement sous un nom illustre, mais à la faveur d'une pièce *avouée* en quelque façon par le cardinal lui-même.

VOLTAIRE, *Arbitrage entre M. de Voltaire et M. de Foncemagne.*

L'Académie française est l'objet de l'ambition, secrète ou *avouée*, de presque tous les gens de lettres, de ceux même qui ont fait contre elle des épigrammes bonnes ou mauvaises.

D'ALEMBERT, *Éloges*. Préface.

L'éloignement de Voltaire, dont la supériorité *avouée* faisoit un homme à part, laissa trop croire à d'Alembert qu'il pouvait régner dans la littérature française.

LA HARPE, *Cours de littérature*, 3e p., liv. III, I, § 4.

On vit par le public un poète *avoué*,
S'enrichir aux dépens du mérite joué.

BOILEAU, *Art poétique*, III.

Que par des vers tous neufs *avoués* du Parnasse,
Il faut de mes dégouts justifier l'audace.

LE MÊME, *Épîtres*, I.

Vous suivrez un époux *avoué* par lui-même.

RACINE, *Iphigénie*, V, 2.

AVOUÉ, s. m. Protecteur, défenseur des droits d'une église ou d'une cité.

Si i estoit Guillaumes li *avoés* de Béthune et Baudoins d'Aubegni, et Jehans de Vieson qui estoit de la terre au conte Looys de Bloys et ses homes liges.

VILLEHARDOUIN, *la Conqueste de Constantinoble*, CXLVII.

Et jou prie, fait l'empereris, à mon seigneur l'empereour, si comme à mon droit *avoué*, que il me tiegne à droict.

HENRI DE VALENCIENNES, XXII, p. 208.

Les trois premiers et plus anciens cantons ont toujours esté depuis Charlemagne en forme de Cité, avec droit de faire des loix et des magistrats, quoique néantmoins ils dépendissent de l'Empire, et qu'ils en receussent des *advouez* ou préfects souverains qui venoient, trois ou quatre fois par an, dans le pays pour juger les causes criminelles et lever quelques droits pour les empereurs.

MÉZERAY, *Histoire de France*, Louis XI.

L'Empereur est le général né, le défenseur, l'*advoüé* de l'Église.

FONTENELLE, *Éloge de Leibnitz.*

La ville de Fribourg en Brisgaw, qui avait voulu être libre, retombe au pouvoir de la maison d'Autriche par la cession du comte Egon, qui en était l'*avoué*, c'est-à-dire le défenseur.

VOLTAIRE, *Annales de l'Empire.*

Godefroi de Bouillon... fut fait roi de Jérusalem l'an 1099, que cette première croisade finit, quoiqu'il n'eût voulu prendre que la simple qualité d'*avoué* ou de défenseur du saint sépulcre.

LE PRÉSIDENT HÉNAUT, *Histoire de France*, Ire partie.

Et respont Oliviers : « Car Jhesu m'a sauvé ;
Ki en lui a fiance moult a bon *avoué*.

Fierabras, v. 1132.

Te feri en la crois du fer par le costé,
Dont le cuer te parti, par quoi sommes sauvé
Des grans paines d'enfer, où estion geté
Pour le pechié Adam, no premier *avoué*.

Doon de Maience, v. 4044.

C'en i ot et plus, qui tuit sunt parjuré
Contre lor droit seignor et lor droit *avoé*.

Même ouvrage, v. 5764.

L'empereres, nostre *avoué*,
Nos a por son besoing armé.

(*Histoire littéraire de la France*, t. XXII, p. 833. *Poèmes d'aventures*, GUILLAUME DE PALERME, Bibliothèque de l'Arsenal, Belles-lettres, n° 178, in-4°, f° 93, col. 1.)

AVOUÉ, officier de justice, autrefois appelé procureur, dont la fonction est de représenter les parties devant les tribunaux et de faire en leur nom tous les actes de procédure civile nécessaires.

Le défenseur sera tenu, dans les délais de l'ajournement, de constituer *avoué*.

Code de Proc. civ., c. 75.

Acte signifié d'*avoué* à avoué.

Même ouvrage, *ibid.*

Avoueur, s. m. Qui avoue, qui admet, accueille.

Au cas qu'ils (les Italiens) se fissent avouer par quelques-uns mesmement de nos François, je desavoueray hardiment tels *avoueurs*.

> H. Estienne, *la Précellence du langage françois*, p. 39.

AVEU, s. m. En termes de Jurisprudence féodale, Acte qu'un nouveau vassal était obligé de donner à son seigneur.

Les serfs anciennement faisoient part et portion de notre tresfonds, et estoient desnombrez en nos anciens *adveuz* tout ainsi que les autres choses que nous tenions des seigneurs féodaux.

> Est. Pasquier, *Recherches*, IV, 11.

Le chapitre obtint des lettres de surannation et relief d'adresse pour la Chambre sur ses lettres patentes de 1618 données vingt ans auparavant. Elles y furent registrées, et ensuite l'*aveu* fut reçu avec cette clause.

> Pellisson, *Œuvres*, t. III, p. 394.

En matière féodale, les hommages et les *aveux* ne déclarent pas seulement le droit, mais ils l'établissent, soit qu'ils soient les premiers titres du fief, soit qu'ils rappellent et qu'ils renouvellent les premiers : ce sont là les titres essentiels et fondamentaux (si l'on peut parler ainsi) de toute mouvance.

> D'Aguesseau, 5e *Requête*.

L'hommage ne se rend que pour reconnoître le seigneur en général, et l'*aveu* se présente pour expliquer en particulier, par un détail exact tout ce qui relève de lui.

> Le même, même ouvrage.

Homme sans aveu se disait de celui qui ne pouvait invoquer la protection d'aucun seigneur.

Ah! pauvre Damoysel de la mer sans parentz, sans terre, *n'adueu*, comme as tu osé mettre ton cœur si hault, que d'aymer celle qui precelle toutes aultres.

> *Amadis de Gaule*, I, 9.

Il ne faut pas se faire une si grande idée de l'avantage que ces serfs tiroient de l'affranchissement, surtout dans les derniers tems; la servitude étoit alors si peu impérieuse, que même les hommes libres se choisissoient des seigneurs, quand ils n'étoient pas assez riches pour en être les vassaux, afin d'appartenir à quelqu'un et de n'être pas un *homme sans aveu*.

> Le Président Hénault, *Histoire de France*, IIIe partie.

Par extension, vagabond, homme qui n'a ni feu ni lieu.

L'édit de 1666 désigne parfaitement ceux qui doivent estre censez vagabonds et *sans aveu*.

> Le comte de Pontchartrain, secrétaire d'État, au premier président du Parlement de Paris, 8 septembre 1700. (Voyez Depping, *Correspondance administrative sous Louis XIV*, t. II, p. 382.)

Le grand éloignement des conquêtes força les Romains de tenir longtemps sur pied les mêmes armées, de les recruter de *gens sans aveu*, et d'en perpétuer le commandement à des proconsuls.

> Rousseau, *Gouvernement de Pologne*, c. 12.

Les vagabonds ou *gens sans aveu* sont ceux qui n'ont ni domicile certain, ni moyen de subsistance, et qui n'exercent habituellement ni métier, ni profession.

> *Code pénal*, 582.

Homme sans aveu s'est dit quelquefois en parlant de quelqu'un qui n'est pas autorisé, qui n'a pas qualité pour faire quelque chose :

Quelque ineffables et inexplicables que soient ces mystères d'oraison, un *homme* particulier et *sans aveu* s'estime assez heureux pour en parler.

> Bourdaloue, *Sermons pour les dimanches : Sur la prière*.

Voltaire a dit : *Livres sans aveu* :

Philippe III fut un prince borné, mais non d'une imbécillité si humiliante; une telle aventure n'est croyable d'aucun prince. Elle n'est rapportée que dans des *livres sans aveu*, dans le tableau des papes, et dans ces faux mémoires imprimés en Hollande sous tant de faux noms.

> Voltaire, *Essai sur les mœurs : De l'inquisition*, c. 140.

Aveu, approbation, consentement, agrément qu'une personne supérieure donne à ce qu'un inférieur a fait ou a dessein de faire.

Le baillif obéit, ce fut raison; et fit faire un commandement général parmi la comté de Hainaut, que nul ne menât vivres à ceux de Gand; car si ils étoient sur le chemin vus, sçus, ni trouvés, ils n'auroient point d'*aveu* de lui.

> Froissart, *Chronique*, liv. II, c. 124.

Loy au monde n'estoyt qui es enfans liberté de soy marier donnast, sans le sceu, l'*adveu* et consentement de leurs peres.

> Rabelais, *Pantagruel*, III, 48.

Arci, gouverneur du lieu, se faisant faire place avec grande protestation d'amitié, le receut en ses mains, puis le fît poignarder lui trentiesme ; disant tout haut qu'il ne faisoit rien sans bon *aveu* et commandement exprés.

> D'AUBIGNÉ, *Histoire universelle*, t. I, liv. v, c. 1.

Le capitaine luy respondit qu'il y iroit voulontiers, mais qu'il luy en donnast le commandement et un *adveu* escrit et signé de sa main.

> BRANTÔME, *Grands Capitaines :* Couronnels François.

Sire, les Politiques que j'avois premierement publiees sous vostre *adveu* retournent maintenant à Vostre Majesté, reueuës et amendées.

> LOUIS LE ROY, trad. de *la Politique d'Aristote*, Dédicace.

J'ay cy-devant faict expédier ung mien *adveu* aux seigneurs du Villar et de Bouguerolz pour raison du combat qui a esté faict au mois de juin 1576.

> HENRI IV, *Lettres*, 6 mars 1579.

...Il me parut très satisfait quand je l'assurai que, dans le même temps que l'ambassadeur d'Angleterre étoit parti de Madrid pour Lisbonne, le roi de Portugal faisoit assurer Votre Majesté de ne vouloir conclure aucun traité sans son *aveu*.

> LE CHEVALIER DE GREMONVILLE à Louis XIV, 8 janvier 1668. (Voyez MIGNET, *Succession d'Espagne*, t. II, p. 400.)

En fait de langue, on ne vient à bout de rien sans l'*aveu* des hommes pour lesquels on parle.

> FÉNELON, *Lettre à l'Académie.*

J'ai son *aveu* pour vous dire que vous pouvez lui demander ma main.

> MARIVAUX, *Jeu de l'amour et du hasard*, III.

Je ne puis exprimer la joie avec laquelle j'ai appris que le conseil avoit agréé, au nom de la République, la dédicace de cet ouvrage, et je sens parfaitement tout ce qu'il y a d'indulgence et de grâce dans cet *aveu*.

> J.-J. ROUSSEAU, *Lettres*, 5 juillet 1755.

Il s'offrit de veiller à l'édition de cet ouvrage ; et, en ayant obtenu l'*aveu* de l'auteur (Newton), il le fit paroître.

> MAIRAN, *Éloge de Halley.*

Ceux que nous croyons nos amis sont assez souvent les derniers à nous accorder leur *aveu*.

> VAUVENARGUES, *Conseils à un jeune homme.*

C'étoit une chose assez nouvelle que de voir deux puissances qui se donnoient pour médiatrices s'ériger sans *aveu* en arbitres de leurs voisins.

> MARMONTEL, *Histoire du duc d'Orléans*, c. 6.

Lors (o Daphné) vray est qu'à ta demande
Ton père entend : mais ceste beauté grande
A ton vouloir ne donne aucun *adveu*,
Et ta forme est repugnante à ton vœu.

> CL. MAROT, *la Métamorphose*, liv. Ier.

Et que l'*aveu* d'un père, engageant notre foi,
A fait de ce tyran (l'amour) un légitime roi.

> P. CORNEILLE, *Horace*, III, 5.

Mais sans votre congé mon sang n'ose sortir ;
Comme il vous appartient votre *aveu* doit se prendre.

> LE MÊME, même ouvrage, V, 2.

Donnez l'*aveu* du prince à sa mort qu'on apprête.

> LE MÊME, *Héraclius*, II, 5.

Mais répondez un peu, quelle verve indiscrète
Sans l'*aveu* des neuf sœurs vous a rendu poète ?

> BOILEAU, *Satires*, IX.

Monsieur, sans votre *aveu* l'on me fait prisonnier.

> RACINE, *les Plaideurs*, II, 9.

Puisque le testament que nous venons de faire,
Où je vous institue unique légataire,
Ne peut avoir l'honneur d'obtenir votre *aveu*,
Il faut le déchirer et le jeter au feu.

> REGNARD, *le Légataire universel*, IV, 7.

Hélas ! lorsqu'à Damon je donnai mon *aveu*,
Je n'avois jamais vu Léandre son neveu.

> LE GRAND, *l'Aveugle clairvoyant*, sc. I.

Sans avoir votre *aveu* je ne veux rien conclure.

> LE MÊME, *le Médisant*, IV, 8.

Il ne lui manque plus que l'*aveu* de la belle.

> PIRON, *la Métromanie*, III, 6.

De l'aveu de quelqu'un, du consentement de quelqu'un :

Il (l'abbé de Montgon) n'avoit agi que *de l'aveu de* M. de Fréjus.

> LE PRÉSIDENT HÉNAULT, *Mémoires*, c. 12.

Jamais, durant mon séjour en France, aucun de mes ouvrages n'y paroîtra *de mon aveu* qu'avec celui du magistrat.

> J.-J. ROUSSEAU, *Lettres*, 8 septembre 1755.

Quel ridicule... de voir un amant qui n'ose rien sentir que *de l'aveu* de la rime !

> LAMOTTE, *Œuvres*, t. I, p. 536.

Favori des neuf sœurs qui sur le mont Parnasse,
De l'*aveu* d'Apollon, marche si près d'Horace.

> REGNARD, *Épistre à M. Despréaux* (en tête de les *Ménechmes*).

Quelquefois, d'après le témoignage, l'avis, le sentiment de quelqu'un :

Zuingle aussi ne connoissoit pas le péché originel... Dans quatre ou cinq traités qu'il a faits exprès, pour prouver contre les Anabaptistes le baptême des petits enfants, et expliquer l'effet du Baptême dans ce bas-âge, il n'y parle seulement pas du péché originel effacé, qui est pourtant, *de l'aveu de* tous les chrétiens, le principal fruit de leur Baptême.

   Bossuet, *Histoire des variations des églises protestantes*, liv. II, n° 21.

Les statues de l'Empereur furent renversées en plusieurs endroits. Il se crut outragé dans sa personne : on lui reprocha un semblable outrage qu'il faisoit à Jésus-Christ et à ses saints, et que, *de son aveu propre*, l'injure faite à l'image retomboit sur l'original.

   Le même, *Discours sur l'Histoire universelle*, I, 11.

De l'aveu de toute la terre, votre femme est d'une vertu et d'une soumission qui devroient vous obliger à toutes sortes d'égards.

   Mᵐᵉ de Maintenon, *Lettres*; au comte d'Aubigné, 25 juin 1684.

Il (le Père Tellier) avoit affaire à un prince (Louis XIV) qui, *de son aveu même*, étoit de la plus profonde ignorance.

   Saint-Simon, *Mémoires*, 1713.

C'étoit (Chirac) le plus savant médecin de son temps, en théorie et en pratique, et, *de l'aveu de* tous ses confrères et de ceux de la première réputation, leur maître à tous.

   Le même, même ouvrage, 1718.

On ne leur prit (aux Russes) que douze pièces de campagne et vingt-quatre mortiers à grenades, *de l'aveu* même des historiens suédois.

   Voltaire, *Histoire de Pierre le Grand*, Iʳᵉ part., c. 16.

Si un corps pesant peut monter à quinze pieds étant jeté de bas en haut avec une certaine vitesse, il doit monter, *de l'aveu de* tout le monde, à soixante pieds étant jeté avec une vitesse double.

   D'Alembert, *Éloge de Bernoulli*.

Il (Pope) était à vingt-cinq ans le premier poète de l'Angleterre, *de l'aveu* même *du* jaloux Addison.

   Villemain, *Littérature au* xviiiᵉ *siècle*, 7ᵉ leçon.

Aveu, Déclaration verbale ou écrite par laquelle on avoue avoir fait ou dit quelque chose.

Tout est vain en nous, excepté le sincère *aveu* que nous faisons devant Dieu de nos vanités.

   Bossuet, *Oraison funèbre de la duchesse d'Orléans*.

Quant à son *aveu* (du vicomte de La Mothe de Canillac), on ne le trouvoit pas moins coupable pour avoir été sincère; on disoit que la justice seroit inutile si l'on devenoit innocent en avouant qu'on est criminel.

   Fléchier, *Mémoires sur les Grands Jours de* 1665, p. 76.

Dans tout le cours de sa vie et de ses actions, elle a exprimé ce parfait original par sa générosité naturelle, par le bon usage des biens et de la faveur, par la connoissance de son néant et de la grandeur de Dieu, par un *aveu* sincère des foiblesses et des vanités humaines.

   Le même, *Oraison funèbre de* Mᵐᵉ *de Montausier*.

Scipion représentoit aux siens la conquête des Espagnes, les succès qu'il avoit eus dans l'Afrique, et *l'aveu* que les ennemis faisoient de leur foiblesse en venant demander la paix.

   Rollin, *Traité des Études*, liv. VI, iiiᵉ part., c. 2, art. 2.

C'étoit un roi infidèle qui faisoit cet *aveu* public à ses sujets.

   Massillon, *Petit Carême :* Tentations des grands.

Voyez combien d'*aveux*! au sieur Colin, à un clerc du commissaire, à Desbrugnières, au commissaire, à M. de Morangiès lui-même, dont ils ont imploré la miséricorde. N'est-ce pas la vérité qui a parlé ?

   Voltaire, *Déclaration de M. de Voltaire sur le procès de M. de Morangiès*.

Le besoin de troupes étrangères étoit un *aveu* du danger que l'on couroit.

   Le même, *Siècle de Louis XIV*.

Je pris l'instant où personne ne songeoit à moi, je tournai le coin de la rue, et je disparus. Grâces au ciel, j'ai fini ce troisième *aveu* pénible !

   J.-J. Rousseau, *les Confessions*, III, 1.

L'*aveu* de mes sentiments pourroit exposer votre raison.

   Marivaux, *Jeu de l'amour et du hasard*, III.

Savez-vous ce qu'ont produit tous les *aveux* que vous avez faits à ma mère?

   Le même, *la Vie de Marianne*, VIᵉ partie.

C'est là que la pudeur virginale faisoit, en rougissant, un *aveu* surpris, mais bientôt confirmé par le consentement des pères.

   Montesquieu, *Lettres persanes*, XII.

Une autre disoit tout bas : Puissante déesse, donne-moi la force de cacher quelque temps mon amour à mon berger, pour augmenter le prix de l'*aveu* que je veux lui en faire.

MONTESQUIEU, *Temple de Gnide*, I.

C'est à l'*aveu* d'une intelligence supérieure à la nôtre qu'aboutissent toutes les causes mécaniques de nos systèmes les plus ingénieux.

BERNARDIN DE SAINT-PIERRE, *Études de la Nature*, IV,

Vous entendez le poids, le sens, la liaison,
Et n'avez, en jugeant, pour but que la raison;
Aussi mon sentiment à vostre *adveu* se range.

THÉOPHILE, *Elegie à une dame*.

M'aimez-vous toujours?—Oui, j'en fais l'*aveu* sans honte.

BOURSAULT, *le Mercure galant*, III, 2.

Est-ce qu'au simple *aveu* d'un amoureux transport,
Il faut que notre honneur se gendarme si fort?

MOLIÈRE, *Tartufe*, IV, 3.

Misérables jouets de notre vanité,
Faisons au moins l'*aveu* de notre infirmité.

BOILEAU, *Épîtres*, III.

Seigneur, dans cet *aveu* dépouillé d'artifice,
J'aime à voir que du moins vous vous rendiez justice.

RACINE, *Andromaque*, IV, 5.

Il viendra, malgré moi, m'arracher cet *aveu*.
Mais, n'importe! s'il m'aime il en jouira peu.

LE MÊME, *Mithridate* II, 1.

Que dis-je? Cet *aveu* que je te viens de faire,
Cet *aveu* si honteux, le crois-tu volontaire?

LE MÊME, *Phèdre*, II, 5.

Puis-je enfin obtenir un *aveu* de tendresse?

DUFRESNY, *Réconciliation normande*, I, 3.

Ce silence discret est un *aveu* sincère.

DESTOUCHES, *l'Irrésolu*, IV, 7.

Vous ne pouviez me faire un *aveu* plus charmant.

LE MÊME, *le Philosophe marié*, IV, 7.

Là s'épanche le cœur : le plus pénible *aveu*,
Longtemps captif ailleurs, échappe au coin du feu.

DELILLE, *les Trois Règnes*, V.

Je rougis de l'*aveu* que je m'en vais vous faire.

PICARD, *les Conjectures*, II, 9.

AVEU se dit particulièrement, en jurisprudence,

de la reconnaissance que fait une partie du droit prétendu par son adversaire :

L'*aveu* qui est opposé à une partie est ou extra-judiciaire ou judiciaire.

Code civil, 1354.

AVOUABLE, adj. des deux genres. Que l'on peut avouer.

Mais cete louange encor'
Fille des Dieux *avoüable*
Passe l'indique tresor,
Venant d'vn loüeur loüable.

J. DU BELLAY, *Contre les envieux poëtes*.

ADVOUEMENT, s. m. S'est dit, comme aveu, dans le sens d'action de déclarer une chose, d'en convenir.

Il a pardonné et pardonne encor tous les jours sur une simple recognoissance et *aduoüement* des crimes commis.

SULLY, *Œconomies royales*, c. 114.

ADVOUERIE, ADVOESON, ADVOISON, ADVOUAISON, s. f. Protection, bail, tutelle, droit de patronage.

Quand li Saines me vit de seignor deguerpie
Que je baron n'avoie ne point d'*avoerie*,
Si a par son orgoil ma grant terre envaie.

Le Chevalier au cygne, I, 2999.

AVOCAT, s. m. Celui qui fait profession de défendre des causes en justice.

Li avocaz doivent desfendre sans loier les personnes qui sont si pauvres que eles ne trouvent point d'avocaz.

TANCRÈDE, *Li Ordinaires*, fol. 15, vᵒ. 2.

Vous sçavez qu'il n'est si mauvaise cause qui ne trouve son *advocat*.

RABELAIS, *Pantagruel*, III, 44.

Ceux qui ont été longtemps bons *avocats* ne sont pas pour cela par après meilleurs juges.

DESCARTES, *Discours de la méthode*, VI.

Combien un *avocat* bien payé par avance trouve-t-il plus juste la cause qu'il plaide !

PASCAL, *Pensées*.

Il y avoit, entre autres, un petit homme veuf, *avocat* de profession, qui avoit une petite charge dans une petite juridiction voisine.

SCARRON, *Roman comique*, I, 8.

Le premier (capitoul) et qui porte la parole est le plus fameux *advocat* de Thoulouze, nommé Chassan, qui m'avoit toujours paru bien intentionné ; mais je craignois que son collègue ne le fist caduque, et nous ne pouvions pas résoudre un *advocat*, et de Thoulouze, à ne point haranguer en une occasion comme celle-cy ; mais nous avons trouvé moyen qu'ils soient demeurez d'accord tous deux de bien faire.

De Besons à Colbert, 15 décembre 1662. (Voyez Depping, *Correspondance administrative sous Louis XIV*, t. I, p. 103, note.)

L'*avocat*, qui n'avoit point encore plaidé, et qui faisoit attendre une belle cause à toutes les demoiselles de la ville, fit un exorde fort emphatique.

Fléchier, *Mémoires sur les Grands Jours de 1665*, p. 216.

La fonction de l'*avocat* est pénible, laborieuse, et suppose dans celui qui l'exerce un riche fonds et de grandes ressources.

La Bruyère, *Caractères*, c. 15.

Le prédicateur n'est point soutenu, comme l'*avocat*, par des faits toujours nouveaux, par de différents événements, par des aventures inouies.

Le même, même ouvrage, *ibid*.

L'usage public de l'éloquence est maintenant presque borné aux prédicateurs et aux *avocats*.

Fénelon, *Lettre à l'Académie*.

Je ne connois que votre cousin, monsieur l'*avocat*, qui soit aussi ridicule.

Dancourt, *le Galant Jardinier*, sc. 9.

Un nommé Tessé, intendant de mon père... disparut tout à coup, et lui emporta cinquante mille livres...C'étoit un petit homme, doux, affable, entendu, qui avoit montré du bien, qui avoit des amis, *avocat* au Parlement de Paris et *avocat* du roi au bureau des finances de Poitiers.

Saint-Simon, *Mémoires*, 1692.

Une austérité pharisaïque le rendoit redoutable par la licence qu'il (le Président de Harlay) donnoit à ses répréhensions publiques, et aux parties, et aux *avocats*, et aux magistrats ; en sorte qu'il n'y avoit personne qui ne tremblât d'avoir affaire à lui.

Le même, même ouvrage, 1694.

Il maintint l'usage où étaient les Parlemens du royaume de choisir trois sujets pour remplir une place vacante ; le roi nommoit un des trois. Les dignités de la robe n'étaient données alors qu'aux *avocats* ; elles étaient le prix du mérite ou de la réputation qui suppose le mérite.

Voltaire, *Essai sur les mœurs*. Suite des affaires de Louis XII, c. 114.

Je voudrais bien le voir (un mémoire) avant qu'il fût imprimé, et je voudrais surtout que les *avocats* se défissent un peu du style des *avocats*.

Voltaire, *Lettres ;* 7 novembre 1765.

Par complaisance pour sa famille, il (Despréaux) commença par être *avocat*.

D'Alembert, *Éloge de Despréaux*

Les bonnes mœurs d'un *avocat* seront toujours sa première éloquence.

Marmontel, *Éléments de littérature : Barreau*.

Jusqu'à Patru et à Pelisson, les *avocats* eurent le défaut de Le Maitre, et n'en eurent pas le talent.

Le même, même ouvrage : Déclamation.

Convoitise, qui fait maint *avocas* mentir.

Rutebeuf, édit. de Jubinal, t. I, p. 243.

Il se peut faire que lon meine
Bien justement la vie humaine
Sans *advocat* ni laboureur.

Baïf, *Mimes*, II.

Combien, au Parlement, d'*avocats* de grand poids
Pour aller à grand train vont-ils contre les lois !

Boursault, *Fables d'Ésope*, IV, 3.

Puisqu'on plaide, et qu'on meurt, et qu'on devient malade,
Il faut des médecins, il faut des *avocats*.

La Fontaine, *Fables*, XII, 25.

... L'*avocat* se peut-il égaler au poète?

Piron, *la Métromanie*, III, 7.

Mieux que mon *avocat* j'aurois plaidé moi-même.

De Boissy, *le Babillard*, sc. 5.

Avocat plaidant, Celui qui s'adonne principalement à la plaidoirie.

Avocat consultant, Celui qui donne seulement son conseil par écrit sur les affaires litigieuses.

Avocat général, Membre du Ministère public qui porte la parole dans l'intérêt de la loi et de l'ordre public, devant une cour supérieure.

Pour cajoler M. Talon, l'*avocat général*, qui l'écoutoit, il dit, en parlant de Cicéron : « Cicéron, messieurs, c'étoit un grand avocat général. »

Tallemant, *Historiettes* : Le Père André.

L'*avocat* Joli-de-Fleuri porta la parole et fit la réquisition.

Saint-Simon, *Mémoires*, 1713.

Ces clercs prirent bientôt les titres de chevaliers et de

IV.

97

bacheliers, à l'imitation de la noblesse ; mais ce nom de chevalier, qui leur était donné par les plaideurs, ne les rendait pas nobles à la cour, puisque l'*avocat général* Pastourel et le chancelier Dormans furent obligés de prendre des lettres de noblesse.

> Voltaire, *Essai sur les mœurs.* De la noblesse, c. 98.

Avocat, se dit figurément D'une personne ou d'une chose qui intercède pour une autre, qui en soutient, qui en défend les intérêts :

> Sachiez de voir que li dui meilleur *avocat* de la court par cui vous esploiterez plus tost de vostre besoingne acheveir, c'est aurum et argentum ; si faites que vous les aiez de vostre conseil, et je vous afi que vostre besoingne sera faite.
>> *Récits d'un ménestrel de Reims au* XIII° *siècle*, publiés par N. de Wailly, p. 246.

> Il appert derechief que ceux qui entreprenent d'estre *advocats* des images, taschent d'eschapper par une cavillation trop friuole, en pretendant qu'elles ayent esté défendues aux Juifs, pource qu'ils estoyent enclins à superstition.
>> Calvin, *Institution chrestienne*, liv. I, c. 11, § 2.

> C'est aussi bien à fausses enseignes qu'ils prenent Tertullian pour leur *advocat ;* car combien qu'il soit dur et enveloppé en son langage, toutesfois sans difficulté aucune il enseigne la mesme doctrine pour laquelle maintenant je comba.
>> Le même, même ouvrage, liv. I, c. 13, § 28.

> Les prédicateurs de l'Évangile sont les véritables *avocats* des pauvres.
>> Bossuet, *Exorde d'un sermon prêché dans une assemblée de charité.*

> Nous avons un *avocat* auprès du Père, Jésus-Christ le juste.
>> Le même, *Sermons :* Sur le mystère de l'Ascension.

> Jésus-Christ est l'*avocat* des pécheurs ; mais il ne le fut jamais, et il ne le peut être des péchés.
>> Bourdaloue, *Carême :* Sermon sur la prière.

> Les jeunes gens ont besoin (s'il m'est permis de me servir de ce terme) d'un moniteur fidèle et assidu, d'un *avocat* qui plaide auprès d'eux la cause du vrai, de l'honnête, de la droite raison.
>> Rollin, *Traité des Études :* Discours préliminaire.

> Je ne prétends point me rendre ici l'*avocat* ou l'apologiste de l'ostracisme, qui pouvant être considéré sous différentes faces, peut aussi partager les esprits sur le jugement qu'on en doit porter.
>> Le même, même ouvrage, liv. VI, III° part., c. 2, art. 1er.

Fig. et fam. *Avocat du diable,* Celui qui propose les objections, dans une conférence, sur quelque point de doctrine ou de morale religieuse.

> Je fais la fonction de l'*avocat du diable.*
>> Voltaire, *Correspondance générale.*

Le mot *Avocat* entre dans un grand nombre d'autres locutions proverbiales :

> J'ay un estomac pavé, creux comme la botte sainct Benoist, tousjours ouvert comme la gibbessiere d'un *advocat.*
>> Rabelais, *Gargantua,* I, 39.

> Vous dictez qu'il n'est desjeuner que de escholiers ; dipner, que d'*avocatz ;* ressiner, que de vinerons ; soupper, que de marchans ; regoubillonner, que de chambrieres.
>> Le même, *Pantagruel,* IV, 46.

> Ce n'est que conseil d'*advocats* qui ne demandent qu'à brouiller les cartes partout où ils mectent la main.
>> Montluc, *Lettres,* à l'évesque de Condom, 12 mars 1575.

> L'hôte... appela Ragotin *avocat* de causes perdues.
>> Scarron, *le Roman comique,* I, 17.

> Bon *advocat* mauvais voisin.
> De jeune *advocat* heritage perdu.
> Longuement procéder est à l'*advocat* vendenger.
>> Cotgrave, *Dictionnaire français-anglais.*

Avocat sous l'orme, locution qui remonte au temps où le juge assignait sous l'orme du village.

> Maistre Mathieu de Hocheprune,
> Patron des enfans dissolus,
> Notaire en parchemin de corne
> Et grant *avocat* dessoubz l'orme.
>> Coquillart, *Enqueste d'entre la simple et la rusée.*

> Je vy que chascun vous vouloit
> Avoir pour gangner sa querelle :
> Maintenant chascun vous appelle
> Par tout *advocat* dessoubz l'orme.
>> *Pathelin.*

Avocate, Femme d'un avocat.

> Je ne vous dis rien là-dessus, dit l'*advocate.*
>> *Les Caquets de l'accouchée,* IV.

> Il me souvient d'avoir ouy une greffiere du quartier qui

disoit d'elle en enrageant : « Il n'appartient qn'à ces *advocates* à faire les magnifiques. »

FURETIÈRE, *le Roman bourgeois*, liv. I.

Qu'appelles-tu des bourgeois ? repartit fièrement la soubrette : pour qui prends-tu les comédiennes ? les prends-tu pour des *avocates* ou pour des procureuses ?

LE SAGE, *Gil Blas*, III, 9.

Celle qui défend les intérêts d'un autre :

Je ne voy mie que, se la benoîte Vierge Marie sa mère, ne nous sequeurt comme *advocate*, que par le bon jugement d'icelui souverain juge nous ne soions pugnis.

Le Ménagier de Paris, 1re distinction, 3e art.

Auguste, bien aise d'avoir trouvé une telle *advocate* des coulpables qu'il estoit résolu de sauver, envoya dire à ses amis, qu'il avoit envoyez querir pour deliberer du chastiment des conjurez, que sa colere estoit passée.

COEFFETEAU, *Histoire romaine*, liv. I.

Je veux prendre la vérité pour mon *avocate*.

PERROT D'ABLANCOURT, trad. de LUCIEN, *le Pescheur ou la Vengeance*.

Il voyoit la sainte Vierge s'intéresser pour les hommes, les recommander à son Fils comme leur *avocate*.

BOSSUET, *De l'instruction de M. le Dauphin*.

Bertrude avoit tant de bonté pour ses sujets, qu'elle estoit comme leur *advocate* envers son mary.

MÉZERAY, *Histoire de France* : Bertrude, femme de Clotaire II.

Faut-il qu'envers une âme outre mesure ingrate,
Je face derechef la priere *advocate*?

JODELLE, *Didon*, III.

J'ai près de votre fille une bonne *avocate*.

BOURSAULT, *les Fables d'Ésope*, II, 8.

Laissez-moi là-dessus être votre *avocate*.

DUFRESNY, *le Faux sincère*, V, 9.

AVOCACEAU, s. m. Mauvais avocat.

Le Scipion de Claveret est un *avocaceau*.

CHAPELAIN, *Lettres*, t. I, p. 674.

AVOCASSER, v. n. Plaider.

Il avoit accoutumé de s'en aller de grand matin aux petites villes d'alenviron *advocasser* et plaider pour ceux qui s'adressoyent à lui, et puis s'en retournoit à sa maison.

AMYOT, trad. de Plutarque : *Cato*.

Poussé par les exhortements de son père et de ses amis il se meit à la fin à *advocasser*.

AMYOT, trad. de Plutarque : *Cicero*.

Ceux qui s'attachent seulement à la superficie des choses me diront qu'il ne faut rien attendre de sinistre d'eux (les Jésuites), attendu la simplicité dont nous les voyons se gouverner et maintenir avec nous. Car ainsi *advocassent* les simples femmes pour eux.

EST. PASQUIER, *Recherches*, III, 43.

Il étoit avocat *avocassant* : il est vrai qu'il avoit un brevet de conseiller d'État.

TALLEMANT, *Historiettes* : Mme de Gondran.

Regardez du ciel nos services,
Et *advocassez* pour nos vices.

RONSARD, *Hymne à saint Gervais et saint Protais*.

On ne l'emploie plus que dans un sens défavorable.

AVOCASSERIE, s. f. Profession d'avocat; action, habitude d'avocasser; mauvaise chicane :

On ne saura trouver mon per.
— Par saint Jacques, non de tromper
Vous en estes un fin droit maistre.
— Par celui Dieu qui me fit naistre,
Mais de droite *avocasserie*.

Pathelin.

AVOCASSAGE, s. m.

Les autres dient que ce que l'en gaigne par *advocassage* que c'est illicite gaing.

Contredicts de Songecreux, éd. de 1530, f° 98, v°.

AVOCATION, AVOCACION, s. f. Office d'avocat.

Cil qui se veut meller d'*avocation*, s'il en est requis du juge ou de le partie contre qui il plede, doit jurer qu'il, tant qu'il maintenra l'office d'avocas, il se maintenra en l'office bien et loialment.

BEAUMANOIR, *Coutumes de Beauvoisis*, c. 5, 2.

Il n'y a nul qui se congnoisse
Si hault en *avocacion*.

Pathelin.

ADVOCATEUR, s. m. Défenseur, surveillant, inspecteur, censeur.

Il seroit bon que tous officiers de justices fussent subjects à correction, et rendre raison de leurs actions, et syndiquez, comme il se faisoit anciennement en Grece par devant les Nomophylaces, et à Rome par les Censeurs, en Lacedemone par les Ephores, en Athenes par les Areopagites, en Espagne par les Visiteurs, et à Venise par les *Advocateurs.*

BOUCHET, *Serées*, liv. I.

AVOCATOIRE, adj. Terme de jurisprudence. Qui rappelle.

Lettres avocatoires, par lesquelles un prince cherche à faire rentrer dans son royaume quelques-uns de ses sujets qui sont passés dans un autre.

AVOCATOIRE s'emploie aussi comme substantif masculin :

Le coup fatal fut porté quand l'empereur Maximilien, gagné enfin par le pape, fit publier les *avocatoires* impériaux, par lesquels tout soldat allemand qui servait sous les drapeaux de France devait les quitter, sous peine d'être déclaré traitre à la patrie.

VOLTAIRE, *Essai sur les mœurs*, Ligue de Cambrai, c. 113.

AVOYER, s. m. Nom d'un magistrat de Suisse.

Les Bernois avoyent durant cette négotiation envoyé à Genève le fils du premier *avoyer,* requerir Aubigné de les visiter.

D'AUBIGNÉ, *sa vie à ses enfants,* année 1621.

Il est vrai, Madame, qu'un jour, en me promenant dans les tristes campagnes de Berne, avec un illustrissime et excellentissime *avoyer* de la République, qui me dessina...

J.-J. ROUSSEAU, *Lettres.*

AVRIL, s. m. Un des mois de l'année, quatrième de l'année grégoriennne.

Ensi fu Johannis tot le mois d'*avril* devant Andrenoble.

VILLEHARDOUIN, *Conqueste de Constantinoble,* CLXXII.

Blanc ad la barbe comme flur en *averill.*

Chanson de Rolland, Stance CCLV.

Dame, n'i mourront pas, par foi le vous plevis ; Ariere les arons ains que passe *avril.*

Gaufrey, V, 1375.

Li quens Fromans fet ses serjans venir, Volent sajetes come pluie en *avril.*

Garin le Loherain, t. II, p. 170.

A l'issue d'*avril* un temps dous et joli, Que erbelette poignent et pré sont raverdi.

Roman de Berte, p. 1.

Li maines fiex leur pere fu Charles li gentiex, Mais aussi proprement come mais et *avriex* Entre les autres mois est biaus et doux et piex, Fu Charles li plus gens et li plus signoriex.

ADAM DE LA HALLE, *Chanson du roi de Secile,* ms. la Vallière, n° 81, f° 52. (Voyez *Histoire littéraire de la France,* t. XX, p. 664.)

Avril, l'honneur des bois, Et des mois ; *Avril,* la douce esperance Des fruicts qui, sous le coton Du bouton, Nourrissent leur jeune enfance.

REMY BELLEAU, *Première Journée de la Bergerie.*

Comme un *avril* estoient belles ces dames.

RONSARD, *la Franciade,* II.

L'avril, le temps de la jeunesse :

Ainsi j'allois, sans espoir de dommage, Le jour qu'un œil, sur *l'avril* de mon âge, Tira d'un coup mille traits dens mon flanc.

RONSARD, *Amours,* I, 59.

Quand on perd son *avril* en octobre on s'en plaint.

LE MÊME, *Sonnets pour Hélène,* II, 44.

En mon jeune *avril,* d'Amour je fus soudart.

LE MÊME, *Odes,* V, 31.

Je devalle aux enfers en *l'avril* de mon âge, Soulant des ennemis la carnagere rage.

GARNIER, *la Troade,* III, v. 427.

O bois ! ô prez ! ô monts ! qui me fustes jadis, En *l'avril* de mes jours, un heureux paradis.

RÉGNIER, *Plainte.*

D'où vous vient cette humeur en *l'avril* de votre âge ?

RACAN, *Bergeries,* III, 1.

Nous verrons escouler *l'avril* de notre vie Sans gouster les plaisirs où l'âge nous convie.

LE MÊME, même ouvrage, IV, 3.

Dans mon commencement, en *l'avril* de mes jours, La riche métaphore occupa mes amours.

DESMARETS, *les Visionnaires,* V, 7.

Pop. *Poissons d'avril,* les maquereaux.

Dictionnaire de l'Académie.

Fig. Entremetteur :

La Rivière, qui avoit un laquais et un petit *poisson d'avril*, qui... espioit les allées et venues de son voisin, s'adressa un jour à sa femme.

Noël du Fail, *Contes et discours d'Eutrapel*, II.

Le *poisson d'avril* y est-il (à la cour) tousiours de requesté ? — Il y est en plus grande recommandation que jamais.

Henri Estienne, *Dialogues du nouveau langage françois italianisé.*

Aujourd'hui l'aveugle fortune
Est pour qui boit, pour qui pétune ;
Pour le joüeur, pipeur fût-il,
Pour le *poisson du mois d'avril*,
Maquereau, qu'on nomme en vulgaire.

Scarron, *Epître chagrine à M. Rosteau.*

Prov. et fig. *Donner un poisson d'avril à quelqu'un*, Faire accroire à quelqu'un, le premier jour d'avril, une fausse nouvelle, ou l'engager à faire quelque démarche inutile, pour avoir lieu de se moquer de lui :

Les esprits sont aigris de part et d'autre par plusieurs *poissons d'avril* qui ne sont point encore digérés.

La marquise de Simiane, *Lettres.*

Il (l'Electeur de Cologne) s'avisa un premier jour d'avril de monter en chaire ; il y avoit envoyé inviter tout ce qui étoit à Valenciennes, et l'église étoit toute remplie. L'electeur parut en chaire, regarda la compagnie de tous côtés, puis tout à coup se prit à crier : « *Poisson d'avril ! poisson d'avril !* » et à musique avec force trompettes et timbales à lui répondre. Lui cependant fit le plongeon et s'en alla. Voilà des plaisanteries allemandes.

Saint-Simon, *Mémoires*, 1711.

A l'égard de ce qui devait vous revenir vers le mois d'avril, ne prenez pas cela pour un *poisson d'avril*, s'il vous plaît : je tiendrai ma parole, tôt ou tard.

Voltaire, *Correspondance générale*, t. LXXXIX.

Avrillier, ière, adj.

Semblables au printemps, dont les fleurs *avrillères*,
Bigarrant un jardin, promtes et journalières,
Vous plaisent sans penser aux bons fruits de l'esté.

Vauquelin de la Fresnaye, *Art poétique*, I.

AXE, s. m. Ligne droite réelle ou imaginaire qui passe ou est censée passer par le centre d'un corps auquel elle sert comme d'essieu.

Quand une boule rencontre une pierre, on dit c'est un hasard... Si elle ne roule plus sur son *axe*, mais qu'elle tournoie et qu'elle pirouette, conclurai-je que c'est par ce même hasard qu'en général la boule est en mouvement ?

La Bruyère, *Caractères* : Des esprits forts.

Il s'emploie particulièrement en parlant des corps célestes :

Si Dieu cessoit un moment de soutenir l'univers par la force de sa puissance, le soleil s'égareroit de sa route, la mer forceroit toutes ses bornes, la terre branleroit sur son *axe.*

Bossuet, 3° *sermon pour la fête de tous les saints.*

La pesanteur, la chute accélérée des corps tombant sur la terre, la révolution des planètes dans leurs orbites, leurs rotations autour de leur *axe*, tout cela n'est que du mouvement.

Voltaire, *Lettres philosophiques*, XV.

Qu'est-ce que le soleil ? et pourquoi tourne-t-il sur son *axe* ? et pourquoi plutôt en un sens qu'en un autre ? et pourquoi Saturne et nous tournons-nous autour de cet astre ?

Le même, *Philosophie générale.*

Un tonton rond tournant sur sa pointe représente le ciel tournant sur son *axe.*

J.-J. Rousseau, *Émile.*

Ne pourroit-on pas soupçonner, sur l'inclinaison et la déclinaison de l'aiguille aimantée, que son extrémité décrit d'un mouvement composé une ellipse semblable à celle que décrit l'extrémité de l'*axe* de la terre.

Diderot, *Encyclopédie.*

Vous pouvez imaginer une ligne tirée d'un pôle à l'autre : C'est sur cette ligne que les cieux paroissent se mouvoir, et on la nomme pour cette raison l'*axe* du monde.

Condillac, *l'Art de raisonner*, liv. V, c. 2.

Il s'aperçoit que ces courbes... ont un mouvement latéral réglé et périodique autour d'un *axe* et sur des pôles qui ne sont pas ceux de la terre.

Mairan, *Éloge de Halley.*

L'inclinaison de l'*axe* du globe n'étant pas constante, la terre a pu tourner autrefois sur un axe assez éloigné de celui sur lequel elle tourne aujourd'hui pour que la Sibérie se fût alors trouvée sous l'équateur.

Buffon, *Histoire naturelle* : Époques de la nature.

Cassini évalue à cinquante lieues la longueur dont l'*axe* de la terre surpasse ses diamètres.

Bernardin de Saint-Pierre, *Études de la nature*, IX.

Que, l'astrolabe en main, un autre aille chercher
Si le soleil est fixe ou tourne sur son *axe*,
Si Saturne à nos yeux peut faire un parallaxe...

BOILEAU, *Epitres*, V.

C'est cet astre du jour, par Dieu même allumé,
Qui tourne autour de soi sur son *axe* enflammé.

VOLTAIRE, *Henriade*, VII.

Tel Homère peignait ses dieux...
S'élançant du centre des cieux
Jusqu'au bout de l'*axe* du monde.

LE MÊME, *Temple du Goût* : Variante.

...Pourquoi vers le soleil notre globe entraîné
Se meut autour de soi sur son *axe* incliné.

LE MÊME, *Discours sur la modération.*

Portés du couchant à l'aurore
Par un mouvement éternel,
Sur leur *axe* ils tournent encore
Dans les vastes plaines du ciel.

MALFILATRE, *le Soleil*, ode.

Les monts, les flots, les déserts,
Ont pressenti la lumière,
Et son *axe* de flamme, aux bords de sa carrière,
Tourne, et creuse déjà son éclatante ornière
Sur l'horizon roulant des mers.

LAMARTINE, *Harmonies.*

Depuis que le soleil, dans l'horizon immense,
A franchi le Cancer sur son *axe* enflammé,
Le bonheur m'a quittée, et j'attends en silence
L'heure où m'appellera mon ami bien-aimé.

ALFRED DE MUSSET, *Nuit d'août.*

Il a dans les arts et dans les sciences diverses
acceptions analogues :

Tout le globe de l'œil s'allonge ou s'aplatit selon l'*axe*
de la vision pour s'ajuster aux distances, comme les lunettes à longue vue.

BOSSUET, *De la Connoissance de Dieu et de soi-même*,
c. 4, art. 2.

La moelle allongée, à la prendre depuis le cerveau
jusqu'à son extrémité inférieure, et les vertèbres qui la
contiennent, paroissent être l'*axe* réel auquel on doit
appliquer toutes les parties doubles du corps animal.

BUFFON, *Histoire naturelle.*

Quelques-unes de ces mouches s'élevoient en l'air, en
se dirigeant contre le vent, par un mécanisme à peu près
semblable à celui des cerfs-volants de papier qui s'élèvent
en formant avec l'*axe* du vent un angle, je crois, de vingt-
deux degrés et demi.

BERNARDIN DE SAINT-PIERRE, *Études de la Nature.*

Figurément, Broche, essieu, etc. :

L'or reluisoit partout aux *axes* de tes chars.

ANDRÉ CHÉNIER, *Bacchus.*

Sur un *axe* allongé, le poulet, le canard,
Tournent emmaillotés d'un vêtement de lard.

BERCHOUX, *la Gastronomie*, II.

AXIOME, s. m. Vérité évidente par elle-même ;
proposition générale reçue et établie dans une
science :

Sur le discours ordinaire par lequel on se mocquoit
des Reformez de n'avoir pas aux premieres guerres saisi
la personne du roi, ce fut un *axiome* parmi eux qu'il falloit commancer par ce bout, si jamais on venoit aux
armes.

D'AUBIGNÉ, *Histoire universelle*, liv. IV, c. 7.

Il y a long-temps que l'*axiome* est arresté, que les
papes n'ont aucun pouvoir de juger les royaumes temporels.

Satyre Ménippée : Harangue de M. d'Aubray.

Pour corroborer ce qu'il avoit dit que le gros et grand
poisson estoit le meilleur, il va faire un *axiome* : Que lors
que l'animant est venu à sa juste croissance, c'est lors
qu'il est en sa fleur de bonté, et le meilleur.

BOUCHET, *Serées*, liv. I, 6.

Les degrés qui nous mènent à la connoissance des
vérités sont la définition, l'*axiome* et la preuve.

PASCAL, *Lettre à M. Le Pailleur.*

Ces propositions claires et intelligibles par elles-mêmes,
et dont on se sert pour démontrer la vérité des autres,
s'appellent *axiomes* ou premiers principes.

BOSSUET, *De la Connoissance de Dieu et de soi-même*,
c. 1er, art. 13.

On ne sauroit trop être attentif à remarquer tout ce
qui peut former un *axiome* ou une règle générale du droit.

D'AGUESSEAU, *Instructions.*

Laisser dire, faire et agir en s'abandonnant à la Providence est un *axiome* qui m'a toujours paru d'un grand
usage à la cour.

SAINT-SIMON, *Mémoires*, 1710.

On ne tarda pas à s'apercevoir qu'il (le régent) avoit
mis sa politique, tant en choses générales qu'en particulières de toute espèce, à faire naître des disputes ; et
bientôt ce mot familier lui échappa comme un *axiome*
admirable dans la pratique : *Divide et impera.*

LE MÊME, même ouvrage, 1715.

Cet homme ne connoît pas Dieu, mais ne l'offense pas.
Dans l'autre cas, au contraire, est le philosophe qui, à
force de vouloir exalter son intelligence, de raffiner, de

subtiliser sur ce qu'on pensa jusqu'à lui, ébranle enfin tous ces *axiomes* de la raison simple et primitive, et, pour vouloir toujours savoir plus et mieux que les autres, parvient à ne rien savoir du tout.

J.-J. ROUSSEAU, *Lettres*, 15 janvier 1769.

Il faut se défier de ces *axiomes* absolus, de ces proverbes de physiques que tant de gens ont mal à propos employés comme principes, par exemple : « Il ne se fait pas de fécondation hors du corps. »

BUFFON, *Histoire naturelle.*

Mon système sur les Époques de la Nature étant purement hypothétique, il ne peut nuire aux vérités révélées, qui sont autant d'*axiomes* immuables.

LE MÊME, même ouvrage : Époques de la Nature.

Jamais prince n'a mérité les éloges que lui prodiguent ses courtisans : c'est une vérité, c'est un *axiome* qui ne souffre aucune exception.

CONDILLAC, *De l'étude de l'histoire.*

Ceux pour qui nos principes sur la formation des pierres ne sont pas des *axiomes*, et qui n'ayant pas l'habitude d'observer en grand les opérations de la nature, ne se sont pas familiarisés avec les idées de révolutions et de catastrophes aussi étendues, demeureront peut-être encore dans le doute.

SAUSSURE, *Voyages dans les Alpes*, t. I, c. 6.

Omettez une seule circonstance, et vous ne pourrez, avec un *axiome* mal appliqué, condamner ce qu'il y a de meilleur et approuver ce qu'il y a de plus mauvais : c'est là toute la science des faux critiques. Ils partent toujours d'un exposé qui n'est que partiel et par conséquent trompeur.

LA HARPE, *Cours de littérature*, IIIᵉ part., liv. Iᵉʳ, c. 1, sect. II. *Commencements de Voltaire. Idée générale de la Henriade.*

Les maximes, les *axiomes* sont, ainsi que les abrégés, l'ouvrage des gens d'esprit, qui ont travaillé, ce semble, à l'usage des esprits médiocres ou paresseux.

CHAMFORT, *Maximes et Pensées*, c. 1.

La loi des compensations a fait naître en géométrie plusieurs *axiomes* fort douteux, quoique fort célèbres, tels que celui-ci : « L'action est égale à la réaction. »

BERNARDIN DE SAINT-PIERRE, *Études de la Nature*, X.

Un esclave ne peut être éloquent. Cet *axiome* est de Longin, et rien n'est mieux senti ni mieux prouvé.

CHÉNIER, *Tableau historique de la littérature française*, c. 4.

Il est d'*axiome* à Marseille qu'un Levantin doit être un jeune homme dissipé, paresseux, sans émulation, et qui ne saura autre chose que parler plusieurs langues, quoique cette règle ait ses exceptions comme toute autre.

VOLNEY, *Voyage en Égypte et en Syrie*. Syrie, c. 31.

La subtilité, la vigueur logique, l'art de suivre, sans en jamais perdre le fil, un *axiome* fondamental dans son application à une multitude de cas différents, tel est le caractère essentiel de l'esprit légiste.

GUIZOT, *Histoire de la civilisation en France*, 15ᵉ leçon.

Madame, s'il est vrai, selon nos *axiomes*,
Que tous corps ici-bas sont composés d'atomes.

REGNARD, *Démocrite*, II, 7.

L'antiquité tenoit pour *axiome*
Que rien n'est rien, que de rien ne vient rien.

VOLTAIRE, *le Pauvre Diable.*

AXONGE, s. f. Graisse molle.

Soigneusement consideroyent les fruicts, racines, feuilles, gommes, semences, *axunges* peregrines.

RABELAIS, *Gargantua*, I, 24.

Nos épiciers-droguistes ne tiennent point d'huile d'ours, mais ils font venir de Savoie, de Suisse ou de Canada de la graisse ou *axonge* qui n'est pas purifiée.

BUFFON, *Histoire naturelle.*

AZEROLE, s. f. Sorte de petit fruit aigrelet, de la couleur et de la grosseur d'une cerise, et contenant plusieurs noyaux.

Nous mimes pied à terre à ces mots ; et, tandis que nos gens cueilloient des grenades et quelques *azeroles* pour rafraîchir nos chameaux...

HAMILTON, *les Facardins.*

La Quintinie s'est servi de ce mot pour désigner l'arbre même :

L'*azerolle* est une espèce d'espine blanche, qui fait son fruit semblable en couleur et figure au fruit de cette espine blanche; mais il est une fois plus gros, l'œil en est fort grand et fort ouvert, la queue courte, menue et enfoncée, la chair jaunastre et un peu pâteuse, ayant deux assez gros noyaux, ce qui fait que ce fruit n'a pas beaucoup de chair; le goust en est aigrelet, qui plaist à de certaines gens.

LA QUINTINIE, *Des Jardins fruitiers*, III, 14.

AZEROLIER, s. m. Arbre épineux qui porte les azeroles : il appartient à la famille des rosacées.

Dans sept ans, vingt toises d'espaliers, outre tout le raisin, les dix pavies et les deux *azeroliers* marquez dans la distribution de six cens toises, nous aurons deux cens sept pêchers.

La Quintinie, Des Jardins fruitiers, III, 14.

AZOTE, s. m. Terme de chimie. Gaz qui entre dans la composition de l'air atmosphérique, mais qui, seul, ne peut entretenir ni la respiration ni la combustion.

Comme toutes les bases des différens gaz, l'*azote* peut prendre la forme liquide ou solide.

Fourcroy, Encyclopédie méthodique. Azote.

On dit aussi, adjectivement, *Gaz azote.*

AZUR, s. m. Nom de la pierre appelée aussi lapis-lazuli.

En ceste province treuve l'en les pierres de quoi l'en fait l'*azur*.

Marc Pol, le Livre, c. 7.

Encore y a en ceste meisme contrée une autre montaigne où se treuve l'*azur*.

Le même, même ouvrage, c. 40.

Puis donc que ma maistresse porte
La parure de mesme sorte,
Et de mesme couleur que toy,
Pierre d'*azur*, ie te veux dire
Trois petits vers de mon martyre,
Et de mon amoureux esmoy.

Remy Belleau, les Amours et nouveaux Eschanges des Pierres précieuses. La Pierre d'azur ditte lapis lazuli.

Verre coloré en bleu par l'oxyde de cobalt, et réduit en poudre extrêmement fine, pour servir aux peintres.

Le verre d'*azur* se fait de saphre.

B. Palissy, Des Pierres.

Sans me servir d'aucun métal,
Foullant aux pieds l'or et la nacre,
La fine lacque et l'*azur* d'Acre,
Qui touchent les yeux du brutal,
Je te consacre un mausolée
D'une beauté plus signalée
Que tous ceux qu'on nous a décrits.

Scudéry, le Tombeau de Théophile.

Le plomb produit le jaune, et le cobalt l'*azur*.

Delille, les Trois Règnes, IV.

Il se dit également d'un bleu clair, comme celui de l'azur :

Sa robe étoit d'*azur*, où cent fameuses villes
Eslevoient leurs clochers sur des plaines fertiles.

Régnier, Épistres, I.

Il faut pour ses habits que le Mexique enfante
La pourpre d'un insecte et l'*azur* d'une plante.

Delille, l'Imagination, VI.

Poétiq. *L'azur des cieux, l'azur des mers, des flots*, etc.

L'élégance ordinaire de nos escrivains est à peu près selon ces termes : « L'aurore, toute d'or et d'*azur*, brodée de perles et de rubis, paroissoit aux portes de l'Orient. »

Théophile, Fragments d'une histoire comique.

Le soleil est le roi du jour. Devant lui tout disparaît. Le ciel brillant d'étoiles n'est plus qu'un *azur* où l'on ne distingue rien.

Duguet, Explication de l'ouvrage des six jours, p. 112, éd. de 1740, in-12.

La lumière tremblante de la lune répandue sur la face des ondes, le sombre *azur* du ciel semé de brillantes étoiles, servoient à rendre le spectacle encore plus beau.

Fénelon, Télémaque, VII.

Des millions d'étoiles rayonnent dans le sombre *azur* du dôme céleste, la lune au milieu du firmament, une mer sans rivages, l'infini dans le ciel et sur les flots.

Chateaubriand, Génie du christianisme, Ire part., liv. V, c. 12.

Je voyais de ma fenêtre la mer de Messénie peinte du plus bel *azur*.

Le même, Itinéraire : Voyage en Grèce.

J'ay dans l'*azur* du ciel ta louange décrite.

Ronsard, Sonnets pour Hélène de Surgères, LX.

Des fragiles humains le diapré séjour
Fut faict en six soleils, et le septiesme jour
Fut le sacré sabat. Ainsi la terre, l'onde,
L'air et l'*azur* doré des pavillons du monde
Subsisteront six jours, mais longs, et tous divers
Des jours bornez du cours de l'œil de l'Univers.

Du Bartas, les Artifices, 4e partie du 1er jour de la seconde semaine.

On dict que ce grand siège où tous les dieux reposent
Et, d'un conseil secret, de nos desseins disposent,
Ce grand pourpris d'*azur*, d'où cent mille flambeaux
Esclattent à nos yeux si puissants et si beaux,
Eut autrefois besoin qu'un mortel print l'audace
De se charger du faix de sa pesante masse.

Théophile, Au Roy. Estreine.

Autour de nos fontaines vives,
Toutes peintes d'*azur* et de rayons du jour,
Les zéphirs et les eaux parlent toujours d'amour
Aux nymphes de ces belles rives.

THÉOPHILE, *les Princes de Cypre.*

Par ses enchantements les vagues s'adoucissent,
La mer se fait d'*azur* et le ciel de saphirs.

RACAN, *Epigrammes et chansons.* Pour un marinier.

Les éléméns cessent leur guerre;
Les cieux ont repris leur *azur*.

J.-B. ROUSSEAU, *Odes*, II, I.

Oui, toujours je revois avec un plaisir pur
Dans l'*azur* de ses lacs briller ce ciel d'*azur*.

DELILLE, *Géorgiques*, IV.

L'*azur* du firmament par l'aurore éclairé,
C'est l'*azur* des beaux yeux dont il est enivré.

LEGOUVÉ, *Mérite des femmes.*

Là, le lac immobile étend ses eaux dormantes
Où l'étoile du soir se lève dans l'*azur*.

LAMARTINE, *Premières Méditations.*

Par les yeux bleus de ma maîtresse
Et par l'*azur* du firmament.

MUSSET, *la Nuit d'octobre.*

Azur, en termes de blason, se dit de l'émail
bleu des armoiries :

Et portoit un écu d'*azur* semé de fleurs de lis d'or à un
lion d'or rampant et un bâton de gueules parmi l'écu.

FROISSART, *Chroniques*, liv. I, Ire part., c. 192.

A son col pend .i. escu d'*asur* bis.

Huon de Bordeaux, v. 1734.

Merveilleus cous se donent es escus d'*asur* bis.

Gui de Bourgogne, v. 2460.

Me semble voi le cy venir
Que je voy la ung estendart
De roige et d'*asur* my parti,
Et ou milieu a ung liepart.

Le Mistère du siège d'Orléans, v. 5403.

Azurer, v. a. Teindre d'azur.

O le beau cristal murmurant,
Que le ciel est *azurant*
D'une belle couleur bleu!

RONSARD, *Odes*, V, XII.

Azuré, ée, participe. Qui est de couleur d'azur :

Je ne connois ny plante, ny minéral, ny aucune matière

qui puisse teindre les pierres bleues ou *azurées*, que le
saphre.

BERNARD PALISSY, *Des Pierres.*

Les mouches cantharides sont resplendissantes comme
or, et sont fort belles à voir, à raison de leur couleur
azurée parmy le jaulne.

A. PARÉ, *Œuvres*, XXI, 35.

La plus commune plante qui soit en l'isle est l'herbe
de chamæleon noir, qui fait une fleur de couleur celeste,
si naïfve, que, sans estre vaincue, elle pourroit provocquer
l'asur au parangon d'excellence et beauté *asurée*.

PIERRE BELON, *Observations de plusieurs singularitez de
divers pays estranges*, I, 25.

Entre nous, les yeux noirs sont les plus recommandez,
et tient-on que tels furent ceux de Vénus : mais en
Gaule, on faict plus de conte des *azurez* et celestes.

BOUCHET, *Serées*, II, 19.

Le martin-pêcheur, qui vole le long des rivières, est à
la fois couleur de musc et glacé d'*azur*; en sorte qu'il se
détache des rivages rembrunis par sa couleur *azurée*, e
de l'azur des eaux par sa couleur de musc.

BERNARDIN DE SAINT-PIERRE, *Études de la Nature*, X.

... De l'austre costé l'*azurée* ancolye.

Nuptiaux Virelays. (Voyez *Poésies françoises des* xve *et*
xvie *siècles.*)

L'hiver a ses beautés. Que j'aime des frimats
L'éclatante blancheur, et la glace brillante
En lustres *azurés* à ces roches pendante!

DELILLE, *Géorgiques*, I.

Le ciel, le jour azuré, les champs azurés :

L'ombre et le jour luttent dans les champs *azurés*.

BERNARDIN DE SAINT-PIERRE, *Études de la Nature*, X :
De l'harmonie.

Ces trois icy, du haut ciel *azuré*,
Jettent leurs yeulx sur le climat de France.

Nuptiaux Virelays. (Voyez *Poésies françoises des* xve *et*
xvie *siècles*, t. II, p. 32.)

La douteuse lueur, dans l'ombre répandue,
Teint du jour *azuré* la pâle obscurité.

LAMARTINE, *Nouvelles Harmonies.*

Le rayon du soleil, comme une onde éthérée,
Rejaillit de la terre à sa source *azurée*.

LE MÊME, *Harmonies.*

Poétiq. *La voûte azurée*, le ciel :

On voit que la mer est de la même couleur que la

IV.

voûte azurée, et qu'elle paroît toucher au ciel lorsqu'on la regarde au loin.

         BUFFON, *Histoire naturelle.*

C'est lui qui du néant a tiré l'univers...
Qui de l'air étendit les humides contrées,
Qui sema de brillans les *voûtes azurées.*

         ROTROU, *Saint-Genest*, III, 2.

Il fend des vastes cieux les *voûtes azurées.*

         VOLTAIRE, *Henriade*, IX.

Son onde toujours épurée (Vaucluse)
Va fertiliser les sillons
De la plus riante contrée
Que le Dieu brillant des saisons
Du haut de la *voûte azurée*
Puisse échauffer de ses rayons.

         LEFRANC DE POMPIGNAN, *Voyage de Provence.*

Les eaux, les ondes azurées, etc.

Là le Rhône se repose et se dépouille du limon dont il étoit chargé. Il sort ensuite brillant et pur de ce grand réservoir, et il vient avec ses *eaux* limpides et *azurées* traverser la ville de Genève.

         SAUSSURE, *Voyages dans les Alpes*, t. I, Ire partie, c. 1.

Pour naviguer à rames mesurées
Dessus le dos des *ondes azurées.*

         RONSARD, *Franciade*, I.

Ce pilote savant,
Aydé par les soupirs d'un favorable vent,
Avec moins de travail l'ailé vaisseau ne guide
Sur le *sol azuré* de la campagne humide.

         DU BARTAS, *les Furies*, 2e partie du 1er jour de la
         seconde semaine.

Ces noirs cyprès à la nuit consacrés
Semblent noyés dans les *flots azurés*
D'un océan de clartés immortelles.

         J.-B. ROUSSEAU, *Allégories*, II, 2. Sophronyme.

Tandis qu'il (l'oiseau) s'applaudit dans l'*empire azuré*,
Eurithion prépare un coup plus assuré.

         DELILLE, *Énéide.*

Clément Marot a dit, en plaisantant, des *termes azurés* :

Tes poinctz sont grans, tes mètres mesurez,
Tes dictz tous d'or, tes *termes azurez*,
Voyre si haultz, et arduz a tout prendre
Que mon esprit travaille à les comprendre.

         CL. MAROT, *Épîtres*, I, 17.

On a dit aussi :
AZURIN.

Son bras, d'un mouvement adroit,
Fend devant nous l'onde *azurine.*

         SAINT-AMANT, *le Passage de Gibraltar.*

Aux globes *azurins* donna le mouvement.

         DESMARETS, *Visionnaires*, II, 6.

AZYME, adj. Terme de l'Écriture sainte. Qui est sans levain.

On agitait s'il était permis de prier en latin, si la lumière du Thabor était créée ou éternelle, si l'on pouvait se servir de pain *azyme.*

         VOLTAIRE, *Annales de l'Empire*, année 1453.

Calvin se brouilla d'abord avec ceux de Genève, qui communiaient avec du pain levé ; il voulait du pain *azyme.*

         LE MÊME, *Essai sur les mœurs*, c. 133.

Il est aussi substantif :

Le quinzième jour du même mois, c'est la fête solennelle des *azymes* du Seigneur. Vous mangerez des pains sans levain pendant sept jours.

         SACI, *Lévitique*, c. 23, 6.

Serez-vous un anathème au milieu de vos frères, séparé de l'autel et des sacrifices, tandis qu'ils participeront tous à l'*azyme* sacré, et qu'ils célébreront le jour du Seigneur ?

         MASSILLON, *Carême*, t. II.

Dans le passage suivant, il est employé dans un sens métaphorique :

Votre Pâque véritable sera ce grand jour, ce jour désirable où vous vous convertirez au Seigneur ; où vous renoncerez à vos passions déréglées ; où vous deviendrez un *azime* pur.

         MASSILLON, *Carême*, t. IV.

TABLE ALPHABÉTIQUE

DES

ARTICLES CONTENUS DANS CE VOLUME.

(Les mots précédés d'un astérisque ne figurent pas dans le *Dictionnaire de l'Académie* de 1878.)

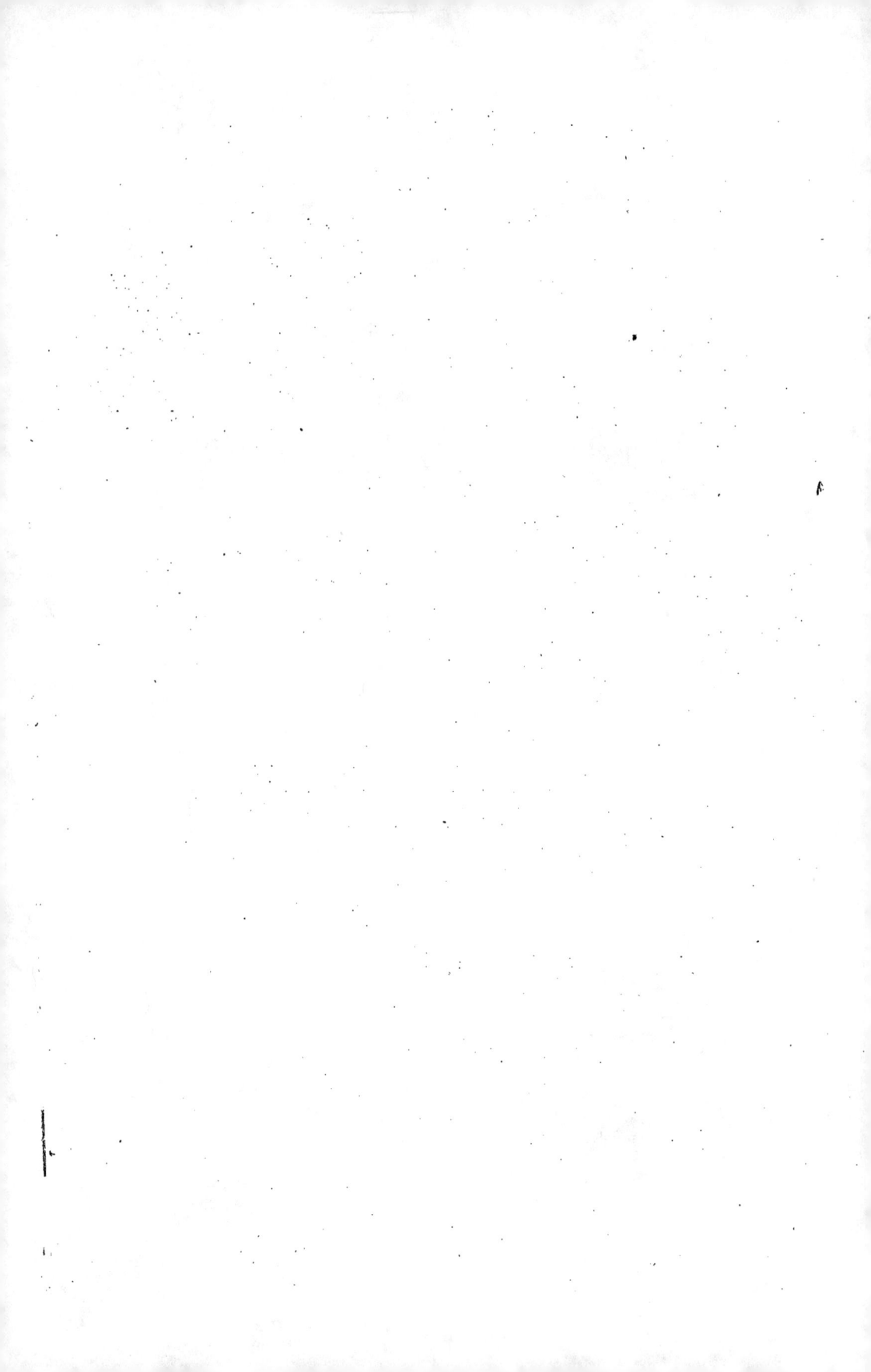